2011年4月2日，党和国家领导人胡锦涛、吴邦国、温家宝、贾庆林、李长春、习近平、李克强、贺国强、周永康来到北京市永定河畔参加首都义务植树活动。这是胡锦涛同少先队员一起给刚栽下的树苗浇水。◆新华社 供稿

2010年10月10日，中共中央政治局委员、国务院副总理、中央农村工作领导小组组长回良玉在全国集体林权制度改革百县经验交流会上亲切接见全国林改典型县代表。

◆ 李惠均 供稿

2010年9月10日，国家林业局局长贾治邦在黑龙江参加全国森林抚育经营暨北方林业棚户区改造现场会。

◆ 黑龙江省森林工业总局 供稿

2010年2月12日，国家林业局副局长李育材到森警驻国家林业局警卫班，看望慰问节日期间坚守岗位的官兵。

◆ 李惠均　供稿

2010年4月28日，国家林业局副局长祝列克考察新疆和田林业工作。　◆ 俞言琳　供稿

2010年4月26日，国家林业局副局长张建龙会见全国林业系统劳模和先进工作者代表并讲话。

◆ 国家林业局办公室　供稿

2010年10月21日，国家林业局副局长印红检查四川卧龙灾后重建工作。

◆ 国家林业局办公室　供稿

2010年6月30日，国家林业局副局长孙扎根在扑救黑龙江大兴安岭夏季雷击火火场指导工作。

◆ 国家林业局森林公安局　供稿

2010年12月3日，中央纪委驻国家林业局纪检组组长、局党组成员陈述贤考察湖南省宁乡县政务公开大厅，现场观看网上办证系统。

◆ 国家林业局办公室　供稿

2010年9月24日，国家林业局副局长张永利在北京会见“友谊奖”获奖专家温南齐奥·瓦勒拉尼博士。 ◆贾达明 供稿

# 中国林业年鉴

# CHINA FORESTRY YEARBOOK 2011

中国林业出版社

**图书在版编目（CIP）数据**

中国林业年鉴. 2011 / 国家林业局编纂. －北京：中国林业出版社, 2012.8
ISBN 978-7-5038-6725-5
Ⅰ. ①中… Ⅱ. ①国… Ⅲ. ①林业－中国－2011－年鉴
Ⅳ. ①F326.2-54
中国版本图书馆CIP数据核字(2012)第205163号

出　版：中国林业出版社（100009 北京西城区德内大街刘海胡同7号）
网　址：http://lycb.forestry.gov.cn
E-mail：cfybook@163.com　　电　话：83282326
发　行：中国林业出版社
印　刷：北京中科印刷有限公司
版　次：2012年11月第1版
印　次：2012年11月第1次
开　本：880mm×1230mm 1/16
印　张：41.125
字　数：1737千字
定　价：300.00元

# 中国林业年鉴编辑委员会

| | | |
|---|---|---|
| 名誉主任 | 贾治邦 | 国家林业局局长 |
| 主　　任 | 陈述贤 | 中央纪委驻国家林业局纪检组组长、局党组成员 |
| 副 主 任 | 张鸿文 | 国家林业局办公室主任 |
| | 封加平 | 国家林业局发展规划与资金管理司司长 |
| | 谭光明 | 国家林业局人事司司长 |
| | 程　红 | 国家林业局宣传办公室主任 |
| | 金　旻 | 中国林业出版社社长 |
| 委　　员 | 刘永范 | 国家林业局政策法规司司长 |
| | 王祝雄 | 国家林业局造林绿化管理司司长、全国绿委办秘书长 |
| | 汪　绚 | 国家林业局森林资源管理司司长 |
| | 张希武 | 国家林业局野生动植物保护与自然保护区管理司司长 |
| | 张　蕾 | 国家林业局农村林业改革发展司司长 |
| | 王海忠 | 国家林业局森林公安局局长 |
| | 彭有冬 | 国家林业局科学技术司司长 |
| | 苏春雨 | 国家林业局国际合作司司长 |
| | 高红电 | 国家林业局直属机关党委常务副书记 |
| | 张习文 | 中央纪委、监察部驻国家林业局纪检组副组长、监察局局长 |
| | 孙传玉 | 国家林业局离退休干部局局长 |
| | 王永海 | 国家林业局机关服务局局长 |
| | 李世东 | 国家林业局信息中心主任 |
| | 杨　超 | 国家林业局国有林场和林木种苗工作总站总站长 |
| | 潘世学 | 国家林业局林业工作站管理总站总站长 |
| | 孔　明 | 国家林业局林业基金管理总站总站长 |
| | 孟宪林 | 国家林业局濒危物种进出口管理中心常务副主任 |
| | 孙国吉 | 国家林业局天然林保护工程管理办公室主任 |
| | 潘迎珍 | 国家林业局西北华北东北防护林建设局局长 |
| | 周鸿升 | 国家林业局退耕还林工程管理办公室主任 |
| | 刘　拓 | 国家林业局防治荒漠化管理中心主任 |
| | 闫　振 | 国家林业局世界银行贷款项目管理中心主任 |
| | 胡章翠 | 国家林业局科技发展中心主任 |
| | 刘东生 | 国家林业局经济发展研究中心主任 |
| | 黄正秋 | 国家林业局人才交流开发中心主任 |

苏　明　国家林业局对外合作项目中心常务副主任
焦德发　国家林业局森林防火预警监测信息中心主任
马广仁　国家林业局湿地保护管理中心主任
张松丹　国家林业局森林资源监督管理办公室副主任
鲁　德　亚太森林网络管理中心副主任
张守攻　中国林业科学研究院院长
王忠武　国家林业局调查规划设计院党委书记
郭青俊　国家林业局林产工业规划设计院党委书记
李向阳　国家林业局管理干部学院党委书记
柏章良　中国绿色时报社社长
岳永德　国家林业局竹藤中心常务副主任
赵良平　中国林学会秘书长
臧春林　中国野生动物保护协会秘书长
刘　红　中国花卉协会秘书长
陈　蓬　中国绿化基金会副秘书长兼办公室主任
王　满　中国林业产业联合会秘书长
李怒云　中国绿色碳汇基金会秘书长
刘树人　国家林业局驻内蒙古自治区森林资源监督专员办事处（中华人民共和国濒危物种进出口管理办公室内蒙古自治区办事处）专员（主任）
王志高　国家林业局驻长春森林资源监督专员办事处（中华人民共和国濒危物种进出口管理办公室长春办事处）专员（主任）
赵恩举　国家林业局驻黑龙江省森林资源监督专员办事处（中华人民共和国濒危物种进出口管理办公室黑龙江省办事处）专员（主任）
蒋周明　国家林业局驻大兴安岭林业集团公司森林资源监督专员办事处专员
付　贵　国家林业局驻成都森林资源监督专员办事处（中华人民共和国濒危物种进出口管理办公室成都办事处）专员（主任）
万兆奇　国家林业局驻云南省森林资源监督专员办事处（中华人民共和国濒危物种进出口管理办公室云南省办事处）专员（主任）
冯树清　国家林业局驻福州森林资源监督专员办事处（中华人民共和国濒危物种进出口管理办公室福州办事处）专员（主任）
侯　龙　国家林业局驻西安森林资源监督专员办事处（中华人民共和国濒危物种进出口管理办公室西安办事处）专员（主任）

楼国华　浙江省林业厅厅长
韩柏泉　安徽省林业厅厅长
陈家东　福建省林业厅厅长
刘礼祖　江西省林业厅厅长
贾崇福　山东省林业厅厅长
王照平　河南省林业厅厅长
王海涛　湖北省林业厅厅长
邓三龙　湖南省林业厅厅长
张育文　广东省林业厅厅长
陈秋华　广西壮族自治区林业厅厅长
关进平　海南省林业厅厅长
吴　亚　重庆市林业局局长
王　平　四川省林业厅厅长
黄永昌　贵州省林业厅党组成员
陈玉侯　云南省林业厅厅长
雷桂龙　西藏自治区林业厅厅长
张社年　陕西省林业厅厅长
赵建林　甘肃省林业厅副厅长
党晓勇　青海省林业厅厅长
赵永清　宁夏回族自治区林业局党组书记
彭小明　新疆维吾尔自治区林业厅党委委员、政治部主任
杨江勇　新疆生产建设兵团林业局局长
张学勤　中国内蒙古森林工业集团公司总经理
贾玉霞　中国吉林森林工业集团有限责任公司秘书长
李文达　黑龙江省森林工业总局副总局长
单增庆　大兴安岭林业集团公司总经理
宋维明　北京林业大学校长
杨传平　东北林业大学校长
曹福亮　南京林业大学校长
周先雁　中南林业科技大学校长
赵　忠　西北农林科技大学常务副校长
刘惠民　西南林业大学校长

中国林业
年鉴
CHINA FORESTRY
YEARBOOK

# 中国林业年鉴特约编辑

| | |
|---|---|
| 国家林业局办公室 | 涂先喜 |
| 国家林业局政策法规司 | 周金锋 |
| 国家林业局造林绿化管理司 | 覃庆锋 |
| 全国绿化委员办公室 | 周力军 |
| 国家林业局森林资源管理司 | 杨　净 |
| 国家林业局野生动植物保护与自然保护区管理司 | 张云毅 |
| 国家林业局农村林业改革发展司 | 邢　红 |
| 国家林业局森林公安局 | 王金海 |
| 国家林业局发展规划与资金管理司 | 刘建杰 |
| | 袁卫国 |
| | 孔　卓 |
| 国家林业局科学技术司 | 谢春华 |
| 国家林业局国际合作司 | 黄一川 |
| 国家林业局人事司 | 严　剑 |
| 国家林业局直属机关党委 | 冷　鹏 |
| 中央纪委、监察部驻国家林业局纪检组、监察局 | 唐长宏 |
| 国家林业局信息中心 | 冯峻极 |
| 国家林业局国有林场和林木种苗工作总站 | 隗合飞 |
| 国家林业局林业工作站管理总站 | 许　缇 |
| 国家林业局林业基金管理总站 | 刘文萍 |
| 国家林业局宣传办公室 | 曹　靖 |
| 国家林业局濒危物种进出口管理中心 | 张　旗 |
| 国家林业局天然林保护工程管理办公室 | 徐　鹏 |
| 国家林业局西北华北东北防护林建设局 | 熊善松 |
| 国家林业局退耕还林工程管理办公室 | 汪飞跃 |
| 国家林业局防治荒漠化管理中心 | 林　琼 |
| 国家林业局世界银行贷款项目管理中心 | 马　藜 |
| 国家林业局科技发展中心 | 龚玉梅 |
| 国家林业局经济发展研究中心 | 菅宁红 |
| 国家林业局人才交流开发中心 | 何乐观 |
| 国家林业局对外合作项目中心 | 孙念军 |
| 国家林业局湿地保护管理中心 | 王隆富 |
| 国家林业局森林资源监督管理办公室 | 董　冶 |
| 亚太森林网络管理中心 | 庄作峰 |
| 中国林业科学研究院 | 林泽攀 |
| 国家林业局调查规划设计院 | 赵有贤 |
| 国家林业局林产工业规划设计院 | 田健夫 |
| 国家林业局管理干部学院 | 潘世英 |
| 中国绿色时报社 | 蔡　鸿 |
| 中国林业出版社 | 段植林 |
| | 刘若云 |
| 国家林业局竹藤中心 | 王　刚 |
| 中国林学会 | 刘合胜 |
| 中国野生动物保护协会 | 王晓婷 |
| 中国花卉协会 | 宿友民 |
| 中国绿化基金会 | 费　勇 |
| 中国林业产业联合会 | 白会学 |
| 国家林业局森林病虫害防治总站 | 闫　峻 |
| 国家林业局东北航空护林中心 | 黄丽梅 |
| 国家林业局西南航空护林总站 | 杨　林 |
| 南京森林警察学院 | 夏桂林 |
| 国家林业局华东林业调查规划设计院 | 楼　毅 |

国家林业局中南林业调查规划设计院 齐建文
国家林业局西北林业调查规划设计院 王义贵
国家林业局昆明勘察设计院 张凤仙
武警森林指挥部 管黎丽
北京市园林绿化局 黄桂林
天津市林业局 王　浩
河北省林业厅 袁　媛
山西省林业厅 谢英杰
内蒙古自治区林业厅 张爱军
辽宁省林业厅 王树森
吉林省林业厅 刘　明
黑龙江省林业厅 崔祥娟
上海市绿化和市容管理局 胡建文
江苏省林业局 吴小巧
浙江省林业厅 肖　林
安徽省林业厅 王小明
福建省林业厅 林　萍
江西省林业厅 钟传宇
山东省林业厅 刁训禄
河南省林业厅 杨晓周
湖北省林业厅 彭锦云
湖南省林业厅 李邵平
广东省林业厅 欧阳学工
广西壮族自治区林业厅 李巧玉
海南省林业厅 慕立忠
重庆市林业局 谭挺锋
四川省林业厅 贾发扬
贵州省林业厅 侯勇军
云南省林业厅 王　锐
西藏自治区林业厅 陈　平
陕西省林业厅 吕旭东
甘肃省林业厅 赵　俊
青海省林业厅 宋晓英
宁夏回族自治区林业局 马永福
新疆维吾尔自治区林业厅 俞言琳
新疆生产建设兵团林业局 贾寿珍
中国内蒙古森林工业集团公司 杨建飞
中国吉林森林工业集团有限责任公司 路增春
黑龙江省森林工业总局 宋淑华
姜东涛
大兴安岭林业集团公司 陈广辉
北京林业大学 张　勇
东北林业大学 黄靖强
南京林业大学 王　强
中南林业科技大学 李波涛
西北农林科技大学 陈　辉
西南林业大学 杨　恬

# 编辑说明

一、《中国林业年鉴》是一部综合反映我国社会主义林业建设重要活动、发展水平、基本成就与经验教训的大型资料性工具书。每年出版一卷，反映上年度情况。2011 年卷为第二十五卷，收录限 2010 年的资料，宣传彩页部分收录 2011 年资料。

二、《中国林业年鉴》的基本任务是为全国林业战线和有关部门的各级生产和管理人员、科技工作者、林业院校师生和广大社会读者全面、系统地提供中国森林资源消长、森林培育、林政保护、森林工业、林业经济、科学技术、专业理论研究、院校教育以及体制改革等方面的年度信息和相关资料。

三、第二十五卷编纂内容设 22 个栏目。统计资料除另有说明外，均不含香港特别行政区、澳门特别行政区、台湾省数字。

四、年鉴编写实行条目化，条目标题力求简洁、规范。长条目设黑体和楷体两级层次标题。全卷编排按内容分类。条头设【】。按分类栏目设书眉。

五、年鉴撰稿及资料收集由国家林业局机关各司（局），各直属单位承担；其中“各省、自治区、直辖市林业”由各省（区、市）林业厅（局）承担。

六、释文中的计量单位执行 GB3100 ～ 3102—1993《国际单位制（SI）及其应用》的规定。数字用法按GB/T15835—1995《出版物上数字用法的规定》执行。

七、条目、文章一律署名，文责自负。

《中国林业年鉴》编辑部

# 林业贴息贷款

## 林业贴息贷款助推江苏省林业产业发展

江苏红豆杉生物科技有限公司培育的7年龄红豆杉　摄影：雷礼纲

“十一五”期间，国家安排江苏省林业贷款建议计划17.17亿元，实际落实贷款20.07亿元，是“十五”期间落实贷款总额的10倍。实际落实贷款建设项目223个，内容涵盖速生丰产林和原料林基地建设、林业龙头企业种植业、养殖业和林产品加工项目，国有林场、苗圃开展的多种经营项目，自然保护区和森林公园开展的森林生态旅游项目等。“十一五”合计安排财政贴息资金13 113.5万元，是“十五”下达贴息资金的11倍，其中中央财政贴息资金7505.7万元，省财政贴息资金5607.8万元。

**推进江苏由林业产业大省向林业产业强省的转变**　“十一五”是全省深入推进绿色江苏建设，大力发展林业产业,如期实现森林覆盖率小康指标的五年。五年里，全省上下依据《绿色江苏现代林业工程总体规划》，大力实施林业“双五”工程，植树造林任务全面完成，林业产业效益稳步提升，综合实力显著增强，为全省经济社会发展作出了重要贡献。到2010年底，全省森林覆盖率已达20.64%，平均年增1个百分点以上，林业产业产值突破了1500亿元，达1559亿元，以占全国0.7%的林地创造了占全国7%的林业产值，为江苏赢得了林业“资源小省、产业大省”的美誉。在江苏林业特别是林业产业的快速发展过程中，国家实施的林业贴息贷款政策功效尤为显著。通过林业贴息项目的实施，全省新建了一大批以意杨为主的速生丰产林基地和林木种苗花卉基地，促进了林场（苗圃）多种经营项目的开展，扶持壮大了一批林业龙头企业，对全省以非公

大亚人造板集团人造板自动化生产线　摄影：雷礼纲

省级产业化龙头企业宜兴狮王木业公司厂房　摄影：雷礼纲

有制为主体的林业产业发展起到了积极的推动作用，全省林业产值、杨树用材林面积和蓄积量、在田林木种苗数量、人造板产量、地板产量均居全国前列。

**促进了农民增收、林业增效、环境增益** 江苏省一直将林业贴息贷款项目作为促进林农增收、林业增效的重要手段。五年来，通过林业贴息贷款项目的实施，一大批非公有制企业加入到造林的大军中，非公企业累计完成各类造林6.27万公顷，其中新造速生丰产林3.65万公顷，速生丰产林抚育1.21万公顷，新造经济林0.6万公顷，经济林改造0.17万公顷，其他造林0.63万公顷。各类造林形成产值近60亿元，有力推进全省资源培育步伐；实施木材加工等多种经营项目共185个，数量为“十五”期间的4.1倍。创总产值64.6亿元，创利税8.5亿元，分别为“十五”期间的6倍和5.5倍。安置就业人员2.5万人，项目总投资35.8亿元，龙头企业带动基地面积1.17万公顷，龙头企业联农户人数9.3万人。带动农民增收合计超过3亿元，为“十五”期间带动农民增收合计的3.9倍。林业产业发展水平得到较大提升，惠农成效日益显著，林业贴息贷款社会影响力进一步扩大。

赣榆县文峰木业有限公司原料林基地 摄影：孙传习

连云港昶森科技发展有限公司原料林抚育 摄影：孙传习

林业贴息贷款项目江苏红豆杉生物科技有限公司是红豆集团下属企业。公司五年累计种植红豆杉0.18万公顷。红豆杉的种植带动了周边林业的发展，给农民创造了就业条件，提高了他们的收入。公司通过村企合作、以工促农、反哺农业、回报社会的重要举措，与农户签订合同，采用“公司+基地+农户”的联结形式，采取劳动工资收入和土地财产收入相结合的兑现措施，利益共享，风险共担。据统计，“十一五”期间红豆杉生物科技有限公司安置农民就业2750人，带动基地农民5500户，项目的实施促使当地农民每年人均创收6500元，五年促进农民增收合计过1亿元。在促进农民增收的同时，红豆杉基地的建设也促进了当地林木覆盖率的增加，调节了气候，净化了空气，改善了环境。被当地居民亲切地誉为“健康树”。

溱湖省级森林公园森林旅游设施 摄影：雷礼纲

# 狠抓服务创新
# 江西林业贴息贷款工作取得突出成效

资溪县金桥林场2009年造杉木林(两年半后的长势)

"十一五"期间是江西林业发展极不平凡的五年。全省以科学发展观为指导，以创新管理与服务机制为动力，以服务于林业产业体系建设、林权制度改革、造林绿化"一大四小"工程建设、社会主义新农村建设为着力点，突出重点、规范管理，认真做好林业贴息贷款项目管理工作。一是以省财政厅、省林业厅名义制定并下发了《江西省林业贷款中央财政贴息资金管理实施细则》，明确了相关政策，规范了工作程序；二是充分利用江西林业信息网络、各县的林业产权交易中心、金融机构营业网点（特别是农信社）等平台进行专题宣传；三是每年都有针对性地举办一次林业贴息贷款项目管理培训班，着力提高申报主体的政策和业务水平。由于服务工作到位，"十一五"期间，林业贴息贷

江西林业厅组织中央林业贴息贷款项目重点企业座谈会

款规模和贴息规模大幅增加。贴息规模从2006年的1.5亿元增加到2010年的13.5亿元，翻了9倍；贴息资金由2006年的554.6万元增加到2010年的5503万元。“十一五”期间江西省累计获得林业贷款中央财政贴息资金1.28亿元，比“十五”期间增加1.05亿元，增幅达455%。全省利用林业贴息贷款及其自有资金营造速生丰产林16.53万公顷，抚育27.33万公顷次，营造经济林11万公顷，改造经济林5.8万公顷，种植经济植物近0.8万公顷，多种经营项目创产值近13亿元，创利税超2亿元，安置就业人员约3万人。

2008年，江西被列为林业小额贴息贷款试点省后，大胆探索出了“安远经验”。安远县从2008年实施林业贷款贴息项目以来，累计争取中央财政贴息资金1052万元，受益农户达7366户， 1052万元的贴息资金撬动了3.8亿的银行贷款投向林业产业，产生了明显的经济效益，林农从中得到了巨大的实惠。通过推广安远县小额贷款管理经验，全省林业小额贷款得到了快速发展。据统计，2008~2010年共落实林业小额贷款超13亿元，中央财政累计贴息4837万元，惠及林农、林业职工近3.6万户。林业小额贴息贷款提高了林农造林的积极性，同时也进一步巩固了集体林权制度改革的成果。“安远经验”告诉我们：要做好林业小额贴息贷款工作，除了要具有良好的金融发展环境，更要做到以下四到位：组织机构到位；配套政策到位；操作方法到位；监管落实到位。

安远县林业小额贴息资金发放仪式

利用林业小额贷款营造的湿地松速生丰产林基地

资溪县金桥林场2010年新造林

摄影：孙燕

# 抓好林业龙头企业贴息贷款项目 促进山东省林业产业又好又快发展

高唐县金如意木业有限公司杨树原料林基地

“十一五”时期是山东省林业贴息贷款工作取得历史性突破的重要时期。五年来，在国家林业局的大力指导下，在省委、省政府的正确领导下，全省各级林业部门深入贯彻落实科学发展观，认真做好林业贴息贷款工作，完善新功能，探索新路子，发挥了林业贴息贷款这项政策的杠杆作用和导向作用，促进了全省林业产业的又好又快发展。五年来，全省累计落实林业贴息贷款规模36.9亿元，比“十五”增加了23亿元，增幅165%；争取中央财政贴息资金2.1亿元，比“十五”增加1.44亿元，增幅275%。2010年，全省当年落实林业贴息贷款规模13.3亿元，取得了历史性突破。2011年被授予全国林业贴息贷款管理先进单位荣誉称号。

山东省林业局党组高度重视林业贴息贷款工作，局长贾崇福同志多次在全省林业工作会议上安排部署林业贴息贷款工作。省林业局分别于2009年、2010年召开了两次全省林业贴息贷款项目管理经验交流会，对全省林业贴息贷款管理工作进行交流、总结、部署和培训。在局党组的领导推动下，五年来，全省利用林业贴息贷款完成造林20.79万公顷，其中，营造速生丰产用材林基地13.17万公顷，经济林基地7.62万公顷(其中改造4.29万公顷)。累计落实林业贴息贷款36.9亿元，带动社会资金投入56亿元，形成了林业建设资金多渠道投入的新格局。

在项目实施过程中，结合省情、林情，以林业龙头企业作为承贷主体，坚持“企业+基地+农户”的经营模式，充分发挥林业龙头企业的示范带动作用。“十一五”期间，全省累计落实林业龙头企业贴息贷款项目123个，贷款规模12亿元，占“十一五”期间全省林业贴息贷款规模的32.5 %。

庆云鼎力红枣购销专业合作社

山东鼎力枣业食品集团有限公司金丝小枣示范基地

山东华鲁食品有限公司核桃油产品

山东省在把握林业贴息贷款政策的扶持方向上，突出了以下几个方面的重点：

**工业原料林基地建设项目**　“十一五”期间，分别扶持了正和木业、华泰纸业、高唐县金如意木业等123家林业龙头企业的工业原料林基地建设项目，营造工业原料林基地13.17万公顷。

**以木本粮油、干果为主的经济林种植加工项目**　“十一五”期间，先后扶持了安德利果胶、绿润集团、济南华鲁等30家林业龙头企业的经济林种植及加工项目。在山区发展经济林种植，具有很好的经济效益，生态效益也十分明显。绿润集团位于莒南县，从2008年开始利用林业贴息贷款，先后种植板栗基地333.33公顷。济南华鲁有限公司，2009年利用林业贴息贷款，先后种植核桃基地0.2万多公顷，示范带动周边老百姓发展核桃基地1.33万公顷，1万多农户受益。

**结合集体林权制度改革加大对林业专业合作社和林农小额贷款的扶持，在实现林业发展、林农增收中发挥良好的社会效益**　德州市2010年精心组织，积极争取，全市完成林业贴息小额贷款1.93亿元，签订贷款合同977份，直接扶持林农912户，完成经济林、速生丰产林等种植示范项目0.67万公顷。特别是鼎力集团、中澳集团等企业积极为林农小额贷款提供担保。鼎力集团2008年成立了“鼎力枣农合作社”，推行“龙头企业+专业合作社+标准化基地+农户”的经营模式，带动了庆云县4.5万户农民加入到金丝小枣的种植行列。

山东绿润食品有限公司速冻开口笑栗

山东绿润食品有限公司板栗产品

山东绿润食品有限公司厂景　　摄影：赵克

# 湖北林业贴息贷款项目：生态、产业两不误

湖北省林业贴息贷款管理工作自1986年开展以来，认真贯彻落实国家林业贴息贷款政策，紧紧围绕现代林业建设中心任务，以资源增量、林业增效、农民增收为目标，不断完善林业贴息贷款工作管理机制，为湖北林业生态建设和产业发展、社会主义新农村建设工作作出了较大的贡献。

**贯彻林业贴息贷款政策，促进“生态立省”战略实施**　“十一五”期间，国家累计下达湖北省林业贴息贷款建议计划17.46亿元，中央财政累计贴息9177.4万元，省财政累计配套贴息1718万元。累计新造杨树等速生丰产原料林14万公顷；抚育速生丰产原料林26.11万公顷次；种植油茶和油桐等经济林3.66万公顷；累计创产值10亿多元，实现利税0.23亿元。如：湖北康欣科技开发有限公司仅在“十一五”期间，投入4.7亿元，其中林业贴息贷款2.65亿元，新建1.43万公顷的杨树速生丰产林基地。该公司通过实施林业贴息贷款项目，采取自主造林、合作造林等不同形式，利用荒山、河堤、河滩、江滩种植杨树速生丰产林，使企业获得了较高的经济回报，直接增加了农民就业，扩大了农民增收，实现了企业与林农的双赢。通过项目实施，增加了造林面积，改善了生态环境，实现了森林资源增量，林业产业发展和林农增收的目标，为生态立省战略实施打下了坚实基础。

湖北宝石花工艺品有限公司栽植的母竹

湖北宝源木业2010年10月8日试产第一张OSB板场景

湖北宝石花工艺品有限公司生产的普通印花筷

湖北宝石花工艺品有限公司漆树基地

湖北康欣公司利用林业贴息贷款营造的杨树林

湖北康欣公司利用林业贴息贷款营造的杨树林

**实施林业贴息贷款政策，壮大林业产业发展规模** “十一五”期间，湖北省利用林业贴息贷款这一优惠政策，共支持林产品加工项目约10个，项目总投资达10.4亿元，创产值107亿元，创利税2.5亿元，安置就业人员14 137人。2009年9月10日，国家林业局局长贾治邦为“国家现代林业湖北东宝森工科技产业园区”授牌，指出“森工科技产业园建设是发展现代林业一种很好的办法，为加快现代林业发展提供了重要经验”。该企业投资建设的“定向结构刨花板技改项目”在国家林业局大力支持下，获得2010年林业贴息贷款8522万元计划，项目总投资4.6亿元，吸引德国蒂芬巴赫机械制造有限公司、美国GTS能源公司与之合作。该项目是亚洲第一条生产线，技术先进，有力地促进了林业产业升级，效益提高。

**善用林业贴息贷款政策，发挥山区林业产业特色** 湖北宝石花工艺品有限公司位于湖北省西南山区。“十一五”期间，利用林业贴息贷款3750万元，先后发展了楠竹基地0.13万公顷、漆树基地0.1万公顷，以满足公司漆筷生产需求。通过基地建设带动周边3000余农户、1万余人脱贫致富，每年基地农户平均增加收入2800元，同时提供就业岗位350余个。公司以“弘扬筷子文化、振兴民族经济”为经营理念，以“绿色环保、造福于民”为服务宗旨，经过多年不懈努力，现已成为少数民族企业中的一颗新星，被国家民委、财政部和中国人民银行确立为全国少数民族用品定点生产企业和湖北省林业产业化龙头企业，并被纳入湖北省“双百”重点扶持企业。该公司在发展过程中，受到党和国家各级领导人的亲切关怀和大力支持。

摄影：石志军

宝石花公司栽植的母竹林

宝石花公司栽植的母竹林

# 促生态恢复　助产业发展

## —— 湖南林业贴息贷款

国务院副总理回良玉(左二)考察油茶产业发展　摄影：申福春

自1986年国家开展林业贴息贷款以来，湖南省累计利用林业贴息贷款58.14亿元，以此为契机，全省上下联动，通过提高思想认识、狠抓制度建设、强化责任落实、夯实基础工作，有效地引导了社会力量积极参与林业建设，特别是在支持推动油茶基地建设和应对2008年冰冻灾害等方面发挥了重要的引导作用。

**加速了油茶等产业建设的发展**　2008年以来，全省发放油茶贴息贷款2.44亿元，贴息730多万元，带动农户建设油茶基地近4万公顷，安置就业37 860人。由于贴息贷款政策的扶持和引导，全社会投资油茶产业热情高涨，企业单位和社会闲散资金被有效吸引到林业部门，形成了油茶产业资金多渠道投入的格局。2011年衡阳市耒阳市神龙农业科技发展有限公司等7个民营企业申请计划贷款2.15亿元新造油茶1.6万公顷。2008年、2010年两次全国油茶产业发展现场会在湖南召开，更是促成了全省发展油茶产业的热潮一浪高过一浪。2010年年底，全省油茶面积达到122.47万公顷，年产茶油10万多吨，油茶总产值达到75亿元，金拓天等一批茶油品牌“湘军”正在崛起。油茶产业正在成为湖南具有区位特色和富民强省的优势产业。回良玉副总理曾称赞：湖南是

丰收的喜悦　摄影：陈凯军

蓝天下的绿色产业——神龙公司油茶高产基地　摄影：刘智丰

贴息贷款扶持，油茶低改，硕果累累　摄影：陈凯军

2008年初，湖南罕见的雨雪冰冻灾害，全省123个县市区普遍受灾，林业受灾程度之深史无前例 摄影：申福春

全国油茶产业的领跑者、全国油茶科研的领先者，湖南油茶科研人员是把论文写在大地上。

**帮助了林业灾后恢复重建** 2008年年初罕见的冰灾发生后，全省林业系统利用17亿元财政贴息贷款，帮助32个林业企业收购雪压材213.64万立方米、小径材杂木108.67万吨、楠竹215.86万根，实现加工产值70亿元，创利税6.1亿元，安置就业19 566人。大大降低了受灾林农的经济损失，维护了林区稳定。其中湖南骏泰浆纸有限责任公司利用5.4亿元专项贷款，收购雪压原木68.63万立方米、雪压枝丫材32.12万吨。与此同时，大力开展植树造林，新造速生丰产林4.68万公顷、经济林1.14万公顷。到2010年，全省森林蓄积量恢复至4.02亿立方米，森林生态效益价值达8492亿元。2011年3月，国家副主席习近平到湖南考察时，对湖南林业生态建设给予了充分肯定并作出了重要指示：既要金山银山又要绿水青山，绿水青山就是金山银山，金山银山不如绿水青山。

2008年春，冰灾过后，泰格林纸集团收购的雪压材 摄影：张绍成

湘林集团有限公司桉树基地一角 摄影：李小云

森华公司速生丰产林基地 摄影：李卫平

# 加强林业贴息贷款管理 推动甘肃林业产业发展

甘肃条农集团防护林基地

陇南田园油橄榄基地

天水雪园花牛苹果基地

林业贴息贷款是国家扶持林业产业的一项优惠政策，多年来，甘肃各级林业、财政和金融部门密切配合，通力协作，林业企业和林农积极利用贴息贷款投入林业建设，有效地促进了全省林业经济的发展。特别是“十一五”期间，全省确定了以用材林、经济林、林产品加工及储藏、种苗、花卉和森林旅游为主的林业支柱产业，把争取贴息贷款作为林业产业建设的重点，启动实施了一批以支柱产业为重点的贷款项目。国有林场、苗圃使用贴息贷款建设林木种苗基地、发展森林旅游等项目，提升了经济实力，取得了较好的经济效益，有效地减轻了转产分流安置人员的压力，促进了林区和谐。沙区县利用贴息贷款发展种植业及多种经营项目，营造用材林及防护林，引导农民利用小额贷款建设施发展葡萄、枸杞产业等，促进了沙区经济的发展，调动了企业和农民防沙治沙的积极性，为防治荒漠化作出了积极贡献。林业龙头企业使用贴息贷款发展林业产业，推广龙头企业带基地、基地连农户、产销一条龙的运营模式，带动了周边农村经济发展。结合集体林权制度改革，鼓励林农利用小额贷款发展林业经济，使农民得到了实惠。林业贴息贷款的投入促进了全省林业产业发展，使产业结构更加合理，发展后劲不断提升，对加快新农村建设和农民增收发挥了重要作用，“十一五”期间建成速生丰产用材林及防护林0.17万公顷、经济林1.46万公顷，实施了一批林产品加工及储藏、森林旅游、种苗、花卉等林业贷款项目，以上项目实现产值12.35亿元，利税3.08亿元，安置人员5万多人，带动项目区农民人均年增收1000元以上。

为推动林业贴息贷款工作规范有序开展，各级林业部门积极协调，强化管理，制定了贷款及贴息管理办法，加强项目和贴息审核，严格把关，确保了项目建设质量。同时加强对贷款及贴息资金管理使用和项目建设的监督检查，发现问题及时督促整改，提高了贷款的使用效率，有效地保证了贴息贷款在促进林业产业建设和生态建设中发挥积极的作用。

摄影：李烜

陇南田园油橄榄成熟果实

陇南田园油橄榄深加工

条农集团经济林基地

张掖设施葡萄基地

甘肃恒徽公司日本落叶松基地

# 宁夏积极利用林业贴息贷款
# 促进全区林业产业健康发展

林业贴息贷款项目的实施，有效地拓宽了宁夏回族自治区林业产业发展的融资渠道，吸引了大批非公有制企业和林业种植大户发展特色林业产业；通过积极发挥财政贴息杠杆的导向作用，有效地带动了各类银行的信贷资金和其他社会资本等各种生产要素进入林业产业建设领域。逐步打破传统的只靠枸杞支撑林业产业的局面，形成了以枸杞为主导产业，苹果、红枣、葡萄等产业协同发展的林业产业格局。截至2010年年底，全区特色经济林面积达到17.4万公顷。其中：枸杞面积达到4.67万公顷，总产量达到8万吨，种植产值超过30亿元，出口创汇达2035万美元；苹果基地总面积已达4.53万公顷，产量48万吨，创造产值8亿元；红枣基地总面积已达5.33万公顷，年总产量突破4.3万千克，创造产值4亿元；葡萄基地面积达到2.87万

青铜峡市禹皇酒庄有限公司酿酒葡萄基地　摄影：王俭

吴忠苹果基地　摄影：拓占军

灵武长枣鲜果　摄影：陈海滨

灵武长枣喜获丰收　摄影：陈海滨

御马葡萄酒生产车间　摄影：王俭

青铜峡设施葡萄基地　摄影：王俭

宁夏红公司枸杞酒加工车间　摄影：李进文

公顷，葡萄总产量达12.8万吨，创造产值16亿元。自2006年以来，林业龙头企业及林业大户通过种植基地反包倒租、林产品加工等形式累计吸纳市县的农村劳动力和下岗失业人员20余万人，直接带动当地农民增收2亿多元。初步形成了"公司+农户"的发展格局，有效带动了非公有制林业的发展，使当地农民发展林业的积极性极大提高，为自治区"六个百万公顷工程"项目的顺利实施打下坚实的基础。"十一五"期间国家下达宁夏林业贴息贷款规模达到14.17亿元，比"十五"期间增加了77.35%；安排贴息资金5370.8万元，比"十五"期间增加了49%。

宁夏中宁县早康公司枸杞基地　摄影：李进文

# 国家林业局森林病虫害防治总站

贾治邦局长看望慰问森防总站干部职工，要求大家当好“森林卫士、树木天使”

2010年3月贾治邦局长在北京开通国家网络森林医院

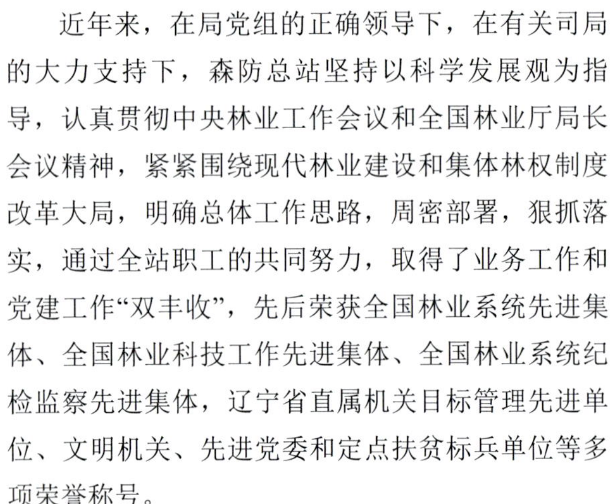

近年来，在局党组的正确领导下，在有关司局的大力支持下，森防总站坚持以科学发展观为指导，认真贯彻中央林业工作会议和全国林业厅局长会议精神，紧紧围绕现代林业建设和集体林权制度改革大局，明确总体工作思路，周密部署，狠抓落实，通过全站职工的共同努力，取得了业务工作和党建工作“双丰收”，先后荣获全国林业系统先进集体、全国林业科技工作先进集体、全国林业系统纪检监察先进集体，辽宁省直属机关目标管理先进单位、文明机关、先进党委和定点扶贫标兵单位等多项荣誉称号。

总站始终把国家林业局的重点工作作为研究制定工作计划、落实各项工作任务的重点来抓。在总体工作思路上，坚持围绕“一个中心”、抓好“两大任务”、强化“三项工作”、突出“四个重点”，就是紧紧围绕发展现代林业、建设生态文明、推动科学发展这个中心；切实抓好局党组赋予总站的林业有害生物防治和野生动物疫源疫病监测两大任务；不断强化党的建设、机关建设和后勤服务三项工作；突出抓好松材线虫病预防和除治、美国白蛾防控、森林鼠（兔）害综合治理和候鸟高致病性禽流感疫情监

中国林业生物灾害防治战略研究专家论证会

深入开展学习型党组织建设，鼓励职工开展定向研究

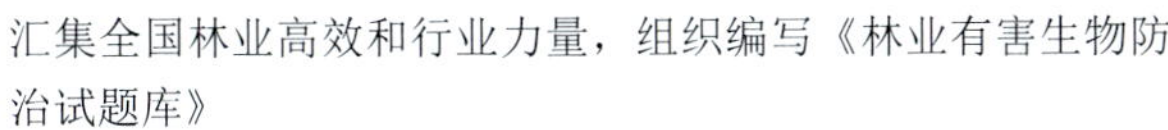
汇集全国林业高效和行业力量，组织编写《林业有害生物防治试题库》

举办村级森防员示范培训班

测四个工作重点。先后完成了“中国林业生物灾害防治战略”、“林业有害生物防治标准化”、“气候变化对林业生物灾害影响及适应对策研究”等重大科技攻关课题；创办开通了国家网络森林医院，并发挥了积极作用；狠抓松材线虫病、美国白蛾、鼠（兔）害等主要林业有害生物治理，避免突发性有害生物大面积爆发；围绕林业建设和集体林权制度改革大局，服务基层，开展调研，先后编印了《主要林业有害生物防治历》、《林业有害生物防治手册》、《林用药剂药械使用手册》等多部科技资料。同时，积极应对突发疫情，野生动物疫源疫病监测工作有序开展；制定总站《十年发展规划和工作思路》；深入开展学习型党组织建设和争先创优活动，两个文明建设协调发展。

撰稿人：才玉石

图片提供：闫峻、才玉石、孙玉剑

组织全国林业有害生物防治知识竞赛

组织参加中国林业博览会有害生物防治展区

# 坚持防沙治沙　促进绿色增长

## 京津风沙源治理工程

京津风沙源治理工程（以下简称京津工程）是党中央、国务院为遏制京津及周边地区风沙危害启动实施的一项重点生态工程。截至2011年6月底，京津工程累计完成林业建设任务619.27万公顷，其中：退耕还林229.8万公顷，营造林389.47万公顷。

河北省丰宁县小坝子沙地治理前后对比

天津蓟县五名山治理前后对比

京津工程启动实施以来，在党中央、国务院的正确领导下，在有关部门和工程区各地的共同努力下，取得了显著成效。工程区生态经济状况明显好转。植被盖度明显增加，生物多样性有所改善；地表释尘量减少19%；土壤风蚀总量下降44%；自然灾害损失率由2.2%下降到0.6%；农田草牧场防护率从3.5%提高到14.8%，从沙尘暴加强区变为减弱区；工程建设促进了农村产业结构优化，农民收入明显增加，2009年工程区农民人均纯收入达到4379元，增长了1.3倍，年均增长8.6%，增速高于全国平均水平；可持续发展能力明显增强，社会可持续发展综合指数提高了26%。

## 国务院七部门联合开展省级政府防沙治沙目标责任期末综合考核

根据《国务院办公厅关于转发林业局等部门省级政府防沙治沙目标责任考核办法的通知》（国办发〔2009〕29号）要求，国家林业局会同发展改革委、监察部、国土资源部、环境保护部、水利部、农业部等全国防沙治沙目标责任考核工作组成员单位，于2011年对河北、山西、内蒙古、辽宁、吉林、黑龙江、西藏、陕西、甘肃、宁夏、新疆、青海省（自治区）人民政府和新疆生产建设兵团（以下统称各有关省级政府）“十一五”防沙治沙目标责任落实情况进行了期末综合考核。考核结果经国务院审定后，报中央组织部作为对各有关省级政府领导班子和领导干部综合考核的重要依据，同时向各有关部门和省级政府进行通报。

通过这次考核，切实提高了地方各级政府和有关部门防沙治沙的责任意识，有力促进了地方各级政府防沙治沙问责制度的建立和完善，找到了防沙

治沙工作中存在的问题和薄弱环节，明确了推进防沙治沙工作的思路和措施，形成了一级抓一级，层层抓落实，明确任务，落实责任，共同推动工作的格局，对于进一步推动防沙治沙工作，发挥了重要的促进作用。

### 国家林业局石漠化监测中心成立

2011年11月15日，国家林业局石漠化监测中心在湖南省长沙市国家林业局中南林业调查规划设计院揭牌成立，这标志着我国石漠化监测、预警、评估工作将步入正规化轨道。国家林业局副局长张永利、湖南省人大常委会副主任谢勇为中心揭牌。局石漠化监测中心是国家林业局石漠化监测与防治技术支撑单位，承担石漠化监测相关技术规程规范制订、国家级监测成果汇总、成果总报告编制与数据管理，省级石漠化监测技术指导、成果审核和质量控制，石漠化综合治理工程林业行业的检查、指导与监督、效益监测与评估，石漠化防治规划和政策性文件的编制等工作。

### 岩溶地区石漠化综合治理工程

石漠化是岩溶地区最为严重的生态问题。党中央、国务院高度重视石漠化治理工作，2008年2月，国务院批复了《岩溶地区石漠化综合治理规划大纲（2006~2015年）》（以下简称《规划大纲》）。《规划大纲》包括贵州、云南、广西、湖南、湖北、四川、重庆、广东8省（区、市）的451个县（市、区）。2008年，国家安排专项资金在100个石漠化县开展试点工程。试点三年，国家已累计安排石漠化综合试点工程中央预算内专项投资22亿元，下达林业建设任务47.95万公顷，其中：封山育林33.52万公顷，人工造林14.43万公顷。目前，试点工程林业建设任务已全部完成。

### 《联合国防治荒漠化公约》第十次缔约方大会

2011年10月10~21日《联合国防治荒漠化公约》第十次缔约方大会在韩国昌原举行，共169个国家和37个国际组织参会，30位部长级高官参加了高级别论坛。会议主要审议了加强履约十年战略框架实施计划、全球机制的机构设置和管理安排、公约两年度工作方案和预算等17项议题，通过了23项决议。

中韩蒙三国林业部门签署东北亚防治荒漠化土地退化和干旱网络备忘录

我国由国家林业局副局长印红率团与会。印红副局长在高级别会议上发言指出，防治荒漠化是缓解贫困的核心手段之一，其作用在于降低环境风险，直接促进社会公平和地区稳定，荒漠化防治的务实行动直接创造了绿色就业与发展机会。促进荒漠化防治，根本在于认识，关键在于行动，并呼吁国际社会应以全球2012年可持续发展大会为契机，强化政治意愿，高度重视并深化理解荒漠化防治对促进绿色经济发展的重大意义，使荒漠化防治进程成为各缔约方的自觉行动，推动十年战略实施。

印红副局长就公约未来的发展提出了四点建设性意见，席间还担任高级别会议圆桌会议第三议题的联合主席，引导与会代表针对该议题进行了深入的讨论。会外，印红副局长还会见了《联合国防治荒漠化公约》执行秘书、韩国山林厅长官、伊朗农业部副部长等，并出席了《东北亚防治荒漠化、土地退化和干旱网络备忘录》的签字仪式。

# 生态建设典型

## 筑牢绿色屏障　扩大生态战果

### 阜新市彰武县治沙造林掠影

彰武县位于辽宁省西北部，地处科尔沁沙地南部，是辽宁省最为严重的风沙区。全县总土地面积36.413万公顷，所辖24个乡镇中有23个属于沙区，沙区面积34.95万公顷，占全县总面积的96.95%，占全省沙化面积的25%。

彰武县阿尔乡镇省级防沙治沙综合示范区治理前照片

通过多年实施防沙治沙工程，使全县的生态、社会和经济效益成效明显：60年间，彰武林地面积由1.2万公顷增加到11.73万公顷，森林覆盖率由2.9%增加到34.5%。扬沙天气由过去的40天减少到18天。由于生态环境的改善，粮食产量快速增长，使彰武县成为辽宁省新的商品粮基地，同时也促进了畜牧业的大发展。

彰武县阿尔乡镇省级防沙治沙综合示范区治理后照片

彰武县治沙造林事业的发展，有效地控制了科尔沁沙地南侵，保护了以沈阳为主的中南部城市群生态安全。国家和省对彰武的治沙造林工作给予了充分肯定，彰武县先后被国家授予绿化先进单位、治沙先进集体、平原绿化先进县和中国沙产业先进单位等荣誉；被辽宁省授予人工造林先进县和造林绿化模范县光荣称号，并树碑表彰。

如今的彰武，平原着绿，荒山披锦，展望彰武林业发展，县委县政府已制定了“十二五”乃至2050年的林业发展规划：到2015年，有林地面积达到15.73万公顷；林木绿化率达到40%；林木蓄积量达到675万立方米；林业总产值达到1050亿元。省政府正以彰武县丰富的林业资源为依托，打造全国重要的板材家具加工制造基地，建设拥有50万人口的“沈彰新城”，塑造一个全新的绿色彰武。

彰武县大冷蒙古族乡治沙造林工程治理前照片

彰武县大冷蒙古族乡治沙造林工程治理后照片

# 中国榛子之乡——铁岭县

铁岭县林业局党委书记、局长　魏丽华

铁岭县地处辽宁省北部，全县幅员面积22.49万公顷，自然构成基本是五山一水四分田。全县林业用地总面积8.99万公顷，其中有林地面积6.85万公顷。全县商品林面积4.51万公顷，公益林面积4.42万公顷。人工林面积3.85万公顷，天然林面积3万公顷。活立木蓄积量478.9万立方米，森林覆盖率34.1%。

多年来，铁岭县立足区位优势、绿色优势和品牌优势，大力发展榛子产业，通过政府积极引导、政策资金扶持、典型示范带动、科学技术注入、品牌战略推进、龙头建设牵动等一系列有效措施，实现了榛子产业快速发展，有力地促进了林业产业结构优化，切实增加了农民人均收入。

目前，全县榛林面积已发展到2.4万公顷， 2010年产榛果1200万千克，实现产值12亿元，占林业总产值26.9亿元的44.6%，仅榛子一项，就使全县农民人均增收3428元，占全县农民人均纯收入的33.9%。东部山区农民人均增收8000元，占农民人均纯收入的79.2%。全县从事榛子生产、加工、营销人员达到3万多人，铁岭榛子已经成为独具特色的知名品牌，产品远销全国各地。

随着榛子产业化进程的推进，铁岭县榛子知名度和影响力不断提高，榛子产业也给铁岭县带来了众多荣誉，2004年铁岭被国家林业局命名为中国榛子之乡；"春园"、"铁珍"两大品牌榛子通过国家原产地标识认证；2007年1月被国家林业局命名为全国经济林产业示范县；2007年铁岭县的"平顶御榛"荣获北京国际林业博览会金奖；2009年3月铁岭县又被国家林业局评为国家级林业科技示范县。2011年被中国林业产业联合会授予中国榛子第一县荣誉称号。

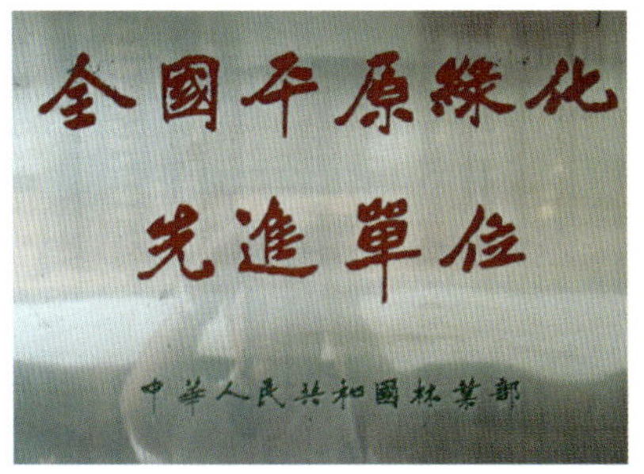


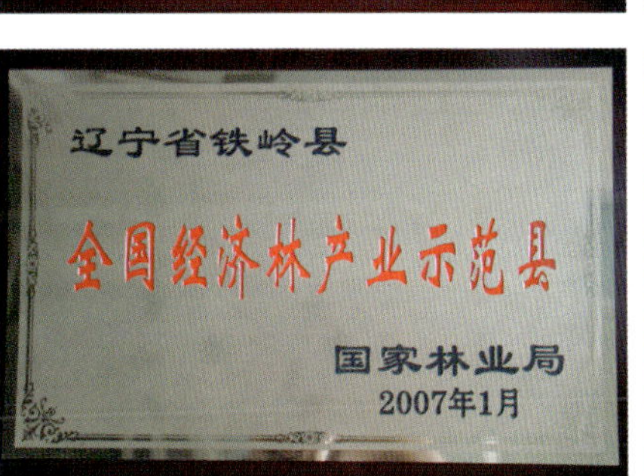


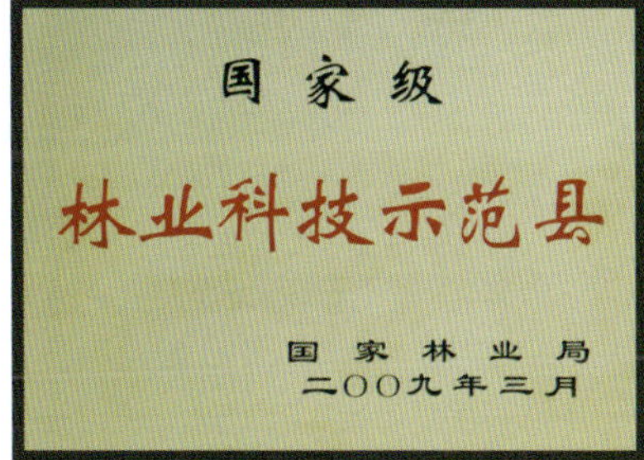


为进一步做大做强全县榛子产业，壮大县域经济，促进农民增收，县政府规划榛林面积在"十二五"末期将达到3.2万公顷，年产榛果2400万千克，实现产值20亿元。可为全县农民人均增收5500元，仅榛子一项就可为全县农民人均增收贡献55%，实现榛子产量、榛子产值、榛子人均增收全国第一。

# 保护鸟类　人鸟和谐

## 上海市崇明东滩鸟类国家级自然保护区

2009年10月31日上海市市长企业家咨询会议户外活动在崇明东滩进行　摄影：陈海滨

保护区工作人员与当地边防武警开展联合执法，清除保护区非法设置的地笼　摄影：臧洪熙

东滩志愿者之家项目开展顺利，3M公司员工在保护区开展志愿者活动

上海市崇明东滩鸟类自然保护区于1998年11月经上海市人民政府批准建立，总面积为241.55平方千米。2005年7月，经国务院批准晋升为国家级自然保护区；2006年被国家林业局列为51个“国家级示范自然保护区”之一。十几年来，保护区全体干部职工紧紧把握发展机遇，攻坚克难，推动管护基础设施建设、执法管理、科研监测、环境教育等各项事业取得了长足发展。

**管护基础设施建设渐趋完备**　按照国家示范自然保护区建设要求，先后完成5个主要陆路道口的管护站和岗亭建设，完成了保护区四至边界、主要陆路和水域通道及各功能区的界碑、界桩、指示牌等标识的规范化建设；全面建成南部核心区域2.3千米长的野外工作步道以及环志工作站、关键物种监测站，建成覆盖保护区全部核心区和重要道口的视频监控系统，建成崇明东滩鸟类科普教育基地，为全面开展反偷猎执法管理、生态系统监测、疫源疫病监测、鸟类科学研究、科普宣传教育等各项工作奠定了坚实基础。

崇明东滩鸟类科普教育基地全景　摄影：张斌

**保护区执法管理工作有力推进**　多年来，通过持续开展日常巡护执法以及清除"高脚屋"、拆除定置网、反偷猎"夜鹰"、"春隼"行动等专项执法行动，基本消除了对滩涂和生物资源的非法破坏现象；通过核心区季节性封区管理、入区道口前移、滩涂资源利用限额管理等措施，使保护区内人类活动全部纳入监控范围，依法管理水平显著提升。

**科研和资源监测工作卓有成效**　多年来坚持开展水鸟同步调查和监测工作，积累了大量鸟类资源种类和数量分布的基础数据，基本掌握了保护区内水鸟资源数量的动态变化情况，每年对外发布《上海崇明东滩鸟类国家级自然保护区年度资源监测公报》；坚持每年春秋两季对迁徙鸟类进行环志工作，连续多年占据全国涉禽环志总数首位，截至2010年年底共环志鸟类52种3万多只，在国内外环志研究领域形成了较大影响力，为研究鸟类迁徙规律和生活史提供了十分重要的生物学资料；积极推进科研服务平台建设，主动服务高校、科研院所等单位，先后建成崇明东滩大气成分综合观测站、全球碳通量东滩野外观测站、长江河口湿地生态系统研究野外站、禽流感生态安全实验室等科研平台。

**科普宣教和对外合作交流不断拓展**　充分利用湿地日、爱鸟周、世界环境日等契机，定期组织开展各类科普宣传活动；积极探索与企业、学校、社团组织共同开展生态环境教育的新模式，为社会公众提供接受环境教育的平台；与世界自然基金会合作开展"志愿者之家"建设，培育社会公众共同参与生态环保事业的意识。先后发起成立了"中国东部迁徙涉禽姊妹保护区网络"、"长江中下游湿地保护区网络"及华东自然保护区生态保护联盟，与多家国内外环保组织和专业机构广泛开展人员互访、研讨培训与科研合作活动，保护区国内外影响力日益扩大。

**互花米草生态控制和治理成效初现**　大力推进崇明东滩外来入侵物种——互花米草的生态控制治理与栖息地优化工作，与高校合作完成了《崇明东滩互花米草生态控制与栖息地优化关键技术项目研究》，积极争取中央湿地保护补助项目资金，开展互花米草生态治理中试示范项目，采用物理控制结合生物替代的综合方法，对互花米草进行控制与治理，并在保护区北八效和捕鱼港区域166.67公顷范围内取得了良好效果。

撰稿人：肖卫锋

数百只须浮鸥群

监测人员在滩涂进行疫源疫病监测　摄影：臧洪熙

捕鸟能手金伟国环志期间张网捕鸟　摄影：臧洪熙

东滩科研监测步道

# 加强野生动植物保护宣传
# 让生态文明渐行渐近

## 上海市野生动植物保护管理站

城市生态文明直接关系到城市的可持续发展。作为一个拥有2300万人口的特大型现代化大都市，上海高度重视生态文明建设，加大生态城市建设步伐，不断改善城市生态环境。野生动植物保护是建设生态文明的重要内容，是衡量城市生态质量的重要标准之一。多年来，上海市林业局以野生动植物保护宣传为抓手，努力提高市民生态保护意识，在社会经济发展的道路上播撒了生态文明的种子。

第七届上海市未成年人生态道德教育研讨会

第25届“英特尔”上海市青少年科技创新大赛颁奖现场

**建立了社会宣传协调与合作体系** 野生动植物保护科普宣传离不开社会各界的支持和积极参与。上海积极整合社会资源，构筑了一个由上海市林业局牵头，教育系统、科普教育单位、工商、公安等政府部门，国际环保组织，野生动物经营利用单位，知名国际企业，主流新闻媒体等组成的野生动植物保护宣传社会协调合作系统。这些合作单位充分发挥各自在野生动植物保护宣传方面的优势，有效地推进上海野生动植物保护工作。

**建立了未成年人生态道德教育活动网络** 野生动植物保护教育应该从娃娃抓起。多年来，上海不断探索对未成年人生态道德教育的研究和实践，在全国率先命名了野生动物保护特色教育学校，自2000年始，共发展了138所野生动物保护特色教育学校，涉及学生20余万人，覆盖全市所有区（县）。上海市中小学野生动物保护俱乐部和上海市青少年爱鸟俱乐部也先后成立，会员人数达8万余人。野生动物保护特色教育学校通过各种丰富多彩的实践、教学活动将野生动植物保护渗透到学科教育和班、团、队活动之中，如创新大赛、“生物限时寻”活动、“田二杯”濒危物种保护、“康健•樱花”杯爱鸟识鸟活动等。同时，不断创新发展活动网络，在各区（县）成功推广“管理部门+学校”的青少年野生动植物保护生态教育联盟模式，在进一步推动未成年人生态道德教育方面发挥了重要作用。

**建立了以品牌活动为主的宣教载体** 开展以“爱鸟周”、“野生动物保护宣传月”等品牌活动为主的各项宣传活动。上海迄今已连续开展了30届“爱鸟周”宣传活动，参与总人数600余万人(次)，公开出版发行图书近30种，各类宣传海报折页小册子30余种，调查报告、论文集20余种。开展进公园、进社区、进学校“三进”活动，成功渗透到全市153所公园、180多个社区和近200所学校，利用各种宣传渠道，形成全社会关注、支持保护的良好社会氛围。

撰稿人：严晶晶

“保护长江、拯救白鳍豚”活动

市民摄影展

野生动物保护特色学校教师培训

“十地青少年手拉手、呵护中华鲟长江游”活动

绿野寻踪——少年儿童生态知识竞赛

# 生态立省 福建林业大发展

林木林权拍卖会

林业种苗科技攻关

福建作为南方重点集体林区，山多林多是其一大特色、一大优势和一大潜力。新中国成立以来特别是改革开放以来，福建省委、省政府高度重视林业工作，先后作出“大念山海经”、“三五七造林绿化”、“建设林业强省”、“建设绿色海峡西岸”、“深化集体林权制度改革”、“建设海西现代林业”、“实施四绿工程”、“开展大造林”等战略部署，有力推动福建林业可持续发展。2010年胡锦涛总书记来闽考察时指出：福建生态环境良好，尤其是森林覆盖率达到63.1%，位居全国第一。要精心保护好这一片青山绿水，为我们的子孙后代留下美好的家园。

**福建在全国率先开展集体林权制度改革** 1998年，被誉为中国林改的“小岗村”——福建永安洪田村点燃了集体林权制度改革的星火。2003年，福建在全国率先开展了以“明晰产权、放活经营权、落实处置权、确保收益权”为主要内容的集体林权制度改革；2006年又率先推进配套改革，初步实现“山定权、树定根、人定心”和“国家得绿，林农得利”目标，成为全国林改的一面旗帜。

**福建森林覆盖率居全国第一** 1977年第一次全国森林资源清查以来，福建森林覆盖率连续30多年居全国第一；1993年以来，福建实现森林面积和蓄积量持续“双增长”。据第七次全国森林资源清查，福建林地面积

绿水青山成了森林旅游的好去处

莆田秀屿国家级木材贸易加工示范区内的现代锯木车间

杉木速丰林

914.8万公顷，森林面积766.7万公顷，森林覆盖率63.1%；活立木蓄积量5.32亿立方米。其中人工林蓄积量1.96亿立方米，竹林面积99.3万公顷，毛竹总株数19.73亿株，均列全国第一。2010年，启动“绿色城市、绿色村镇、绿色通道、绿色屏障”建设；2011年，开展43.3万公顷大造林活动，确保森林覆盖率2013年达65%、2015年达65.5%。

全国生态文化村——龙岩市新罗区龙门镇洋畲村

**福建生态环境居全国前列**　福建生态环境质量评比连续多年居全国前列，是全国唯一一个生态环境、空气质量均为优的省份。福建建立以281.7万公顷生态公益林为主体的森林生态体系，生态效益价值超7000亿元；福建森林每年吸收的二氧化碳占全省二氧化碳排放总量的57.8%。

**福建林产业名列前茅**　福建林业由粗放经营转向产业集群经营，拥有省级龙头企业79家、境内外林业上市企业11家，中国名牌产品2个、中国驰名商标10枚、国家免检产品7个、省级名牌产品113个，2010年实现林产总值1673亿元。

**福建林业对农民增收贡献大**　农民涉林收入比重逐年上升，“十一五”期间，年均增长20%左右，2010年农民涉林收入约占农民纯收入的25%，在重点林区县高达30%~50%。

绿满八闽（武夷山国际自然保护区）　摄影：黄海

# 广东省生态公益林建设成效显著

中共中央政治局委员、广东省委书记汪洋会见国家林业局局长贾治邦，希望国家林业局加大对广东现代林业强省建设的支持力度

1991年，广东被党中央、国务院授予全国荒山造林绿化第一省光荣称号后，率先实施森林分类经营改革，被国家林业局确定为全国唯一省级林业分类经营改革试验示范区。1999年，省政府颁布了《广东省生态公益林建设管理和效益补偿办法》，在全国率先实行森林生态效益补偿制度。截至2011年，广东已建成国家、省、市、县四级生态公益林体系，其中国家和省级生态公益林387.6万公顷，占全省国土面积的21.6%，林业用地面积的35.3%。据统计，1999～2011年，中央和省级财政累计安排生态公益林补偿资金61亿元(其中中央财政5.91亿元，省级财政55.1亿元)，补偿标准由1999年的37.5元/公顷•年提高到2011年的240元/公顷•年，补偿资金从1999年的1.28亿元增加至2011年的9.43亿元，年均增长18%，补偿惠及21个市、122个县(市、区)、1316个镇(乡、街)、10 623个行政村、559.7万农户、2649.7万农民，约占全省农业人口的三分之二。在落实效益补偿的同时，广东省不断加强生态公益林保护和建设力度，全省共落实国家级和省级生态公益林管护人员21 018人，人均管护面积约180公顷。2003年以来，广东省围绕“生态建设、生态安全、生态文明”这一核心，开展创建林业生态县、

汪洋书记、黄华华省长参加植树造林

广东省林业厅张育文厅长在惠阳检查造林质量

从化流溪河

韶关、清远航拍防护林带

广东省生态公益林

电白沿海防护林带

建设林业生态省活动，科学发展生态、民生、文化、创新、和谐等“五个林业”，加快建设现代林业强省，掀起了建设南粤秀美山川的新热潮。经过不懈努力，全省已有75个县（市、区）被省人民政府授予广东省林业生态县称号，4个地级市被授予广东省林业生态市称号，全省建成林业生态文明村6017个。根据年度监测，2010年年底，广东省森林吸收二氧化碳总量9.245亿吨，固碳总量2.521亿吨，释放氧气总量6.723亿吨，储能111 685.33亿兆焦，调水蓄水180.50亿吨，保育土壤5154.75万吨，森林生态效益总值达8818.58亿元。

红树林湿地受到有效的保护

水源涵养林得到有效的保护

# 广东省争当全国自然保护区建设的排头兵

广东省委、省政府历来十分重视和支持自然保护区建设。1956年，建立了全国首个自然保护区——鼎湖山自然保护区。1999年，省九届人大常委会第十三次会议通过了《关于加快自然保护区建设的决议》，广东成为了全国率先以省人大议案形式推动自然保护区建设的省份。议案实施10年来，省财政共投入建设资金1.643亿元、国债配套资金1857万元，进一步加快自然保护区建设步伐，并着力解决管理体制、机构编制、人员经费等“老大难”问题，自然保护区建设实现了跨越式发展。截至2010年年底，全省林业系统已建立各级各类自然保护区266个，其中国家级5个、省级53个、市县级208个，总面积115.14万公顷，占全省国土面积的6.4%，有效保护了全省典型的自然生态系统、自然遗迹和珍稀濒危野生动植物。广东也由自然保护区建设相对落后的省份一跃成为全国自然保护区数量最多的省份，建设管理工作走在了全国前列。2006年，广东迄今最大的林业外援项目“中荷合作广东雷州半岛红树林综合管理和沿海保护项目”圆满完成，粤港合作汇丰/世界自然基金会海丰湿地项目正式启动；2007年，车八岭国家级自然保护区加入世界人与生物圈保护区网络；2008年，海丰鸟类省级自然保护区被列入国际重要湿地名录；2010年，华南虎在广东人工驯养繁殖首次获得成功；2010年3月，省十一届人大常委会第二十五次会议作出决议，同意

2006年10月，在全国林业自然保护区发展50周年纪念大会上，时任广东省林业局党组成员、副局长陈俊勤代表广东省林业局接受自然保护区建设示范省牌匾

广东湛江红树林国家级自然保护区　摄影：全凌锋

广东象头山国家级自然保护区

广东云开山省级自然保护区办公楼

汇丰/世界自然基金会海丰湿地项目捐赠仪式

广东海丰鸟类省级自然保护区•紫水鸡　　摄影：曾向武

自然保护区建设议案结案，对广东省自然保护区建设发展提出了更高要求。

广东自然保护区建设所取得的显著成效，得到了国家有关部门的充分肯定。2006年10月，在中国自然保护区50周年纪念大会上，国家林业局等7部委授予广东省林业局全国自然保护区建设先进集体光荣称号，国家林业局正式将广东省列为全国自然保护区建设示范省并授牌。

回顾过去，成果丰硕；展望未来，任重道远。今后，广东将继续以建设自然保护区示范省为抓手，以数字化监测管护平台建设为载体，积极构建与社会经济发展相适应的自然保护区保护管理体系，争取做到自然保护区保护管理规范化、基础设施标准化、科研监测数字化、宣传教育普及化、社区关系和谐化，努力为自然保护区科学发展探索新路子。

广东南岭国家级自然保护区•广东松

# 建设生态广西　打造林业强区

广西壮族自治区党委书记郭声琨(中)、自治区林业厅厅长陈秋华(左一)在植树造林工地　摄影：韦健康

陈秋华厅长（左）到柳州兰花基地调研　摄影：韦健康

广西地处亚热带季风气候区，雨热同季，是南方集体林区的重要组成部分，生态区位重要、自然条件优越、物种资源丰富，发展林业有资源、有优势、有基础、有潜力、有后劲。全区林地面积1560万公顷，居全国第六位。集体林地面积1400万公顷，居全国第三位。全区有维管束植物8562种，居全国第三位；有陆生野生脊椎动物1149种，是全国野生动物较多的省区之一。全区有1000多种动植物具有较高的经济价值，适宜栽培的珍贵树种达100多种，能开发出不少大产业。

"十一五"时期是广西林业发展最快的五年，是实现林业科学发展、跨越发展的五年。五年来，在国家林业局的支持和指导下，在自治区党委、政府的正确领导下，全区林业系统和各族人民团结一致，齐心协力，深入贯彻落实科学发展观，按照"发展现代林业、建设生态文明、促进科学发展"的总体要求，围绕建设生态文明示范区和林业强区的目标，深化改革，扩大开发，积极应对国际金融危机的冲击，战胜了严重雨雪冰冻灾害、罕见干旱和洪涝灾害的影响，林业建设取得了显著成绩。

**森林资源大幅增长**　年均增长近23.3万公顷，"十一五"时期全区完成营造林113.3万公顷。2010年，全区森林面积达1374万公顷，比"十五"期末增加约125.87万公顷。人工林、速丰林、经济林面积稳居全国第一位。

**森林覆盖率快速增长**　年均增长超过1个百分点。2010年年底，全区森林覆盖率达58%，比"十五"期末

广西桉树林相　摄影：韦健康

丰林中纤板加工厂　摄影：韦健康

七坡林场花卉示范基地　摄影：韦健康

增加约5.3个百分点。

**活立木总蓄积量快速增长**　年均增长1800万立方米，是历史以来蓄积量增长最快的五年。2010年年底，全区森林活立木总蓄积量突破6亿立方米，比"十五"期末净增9000万立方米。

**林业产业发展实现重大突破**　"十一五"时期是广西历史以来林业产业发展最快的五年。2010年，全区林业产业总产值突破千亿元大关，达到1276.5亿元，比2005年翻了两番多，从全国的第十一位跃居到第六位。

生态广西　摄影：韦健康

**集体林权制度改革取得决定性胜利**　2010年年底，全区累计勘界确权1227万公顷，占总任务的91.6%(比全国平均水平高11个百分点左右)，提前两年完成勘界确权目标任务；累计发证面积1014万公顷，占总任务的75.8%(比全国平均水平高8个百分点左右)。启动了17个县区的林改配套改革试点工作，配套改革迈出了关键步伐。广西林改在全国已从后进省区跨进了先进省区行列。

**林业固定资产投资跨越式增长**　"十一五"时期是广西历史以来林业固定资产投资增长最快、总量最大的五年。2010年，全区林业固定资产投资达到350亿元，是2005年的20.2倍。

**沼气入户率稳步增长**　入户率稳居全国第一位。2010年全区沼气池总量达到371.4万座，入户率达到46.4%。"十一五"全区新建沼气池106万座，入户率比"十五"期末提高12个百分点。

**森林生态功能持续增强**　2010年，全区森林生态功能总价值突破8600亿元，居全国第四位。

撰稿人：张雷

梧州市创建森林城市　摄影：陈健任

# 新疆维吾尔自治区林业有害生物防治检疫局

新疆维吾尔自治区林业有害生物防治检疫局（以下简称新疆林检局），是从事林业有害生物检疫、监测、防治工作的参照公务员管理的正县（处）级事业单位。始建于1979年，当时为森林病虫防治试验站。1985年，更名为森林病虫害防治检疫总站。2007年，更名为林业有害生物防治检疫总站。2010年，更名为林业有害生物防治检疫局。主要负责全区林业有害生物防治检疫法规以及相关政策、规划、计划、技术规程的拟定和组织实施，主要工作是林业有害生物检疫执法、监测预报和防治减灾等。

国家林业局局长贾治邦在新疆考察林业有害生物防控工作

新疆林检局现有工作人员17名，其中：博士1人，硕士2人，其余均为大学本科及以上学历。“十一五”期间，新疆林检局紧跟林业建设步伐、抢抓产业发展机遇，坚持“预防为主、科学防控、依法治理、促进健康”的防控方针，着力加快防控体系建设，强化基础设施，规范技术标准，积极推进林业有害生物防治工作“四个转变”，即：在指导思想上，由重除治向重预防转变；在防治策略上，由以治标为主向标本兼治以治本为主转变；在防治管理上，由一般防治向工程治理转变；在防治措施上，由化学防治为主向以生物防治为主转变。在财政的大力支持下，重点加强了以林果主产县（市）为主的林果有害生物防控体系建设。截至2010年年末，全疆共组建区、地、县三级林业有害生物防治检疫机构105个，建成地、县、乡三级测报监测站（点）232个、地州级检疫检验实

新疆林业厅党委书记张小平（中）在阿克苏地区检查林业有害生物防控体系建设

新疆林业厅厅长尼加提·马合木提与地州领导签订林业有害生物防控责任状

全国森防工作先进个人、新疆维吾尔自治区林业有害生物防治检疫局局长陈梦

2010年4月13日，自治区林业植物检疫执法专项行动新闻发布会在乌鲁木齐召开

2010年5月11日，自治区林业有害生物防控体系建设现场会在和田召开

人工鸟巢

验室14座，组建地、县检疫执法队伍81支、县（市）应急防控专业队72支、乡（镇）防治服务队202支，培养专职测报员450名、兼职监测员9265名、专职检疫员526名、兼职检疫员722名，基本构建起了覆盖全疆林果主产区的林业有害生物防控网络。全区林业有害生物成灾率由“十五”期末的1.16‰下降到“十一五”期末的0.08‰，无公害防治率由62%提高到78.8%，种苗产地检疫率由97.2%提高到100%，为全区林业生态建设、林果产业发展提供了有力保障，作出了重要贡献。

近年来，新疆林检局主持开展的糖槭蚧生物学特性及综合防治技术的研究、环塔里木特色林果有害生物防控等4项科研成果荣获自治区科技成果一、二等奖，单位集体先后获得全国林业系统“‘五五’普法宣传教育先进集体”和自治区林业厅“五好党支部”、“优秀文明处室”等荣誉。

撰稿人：王海峰　摄影：俞言琳

# 新疆林业科学院

新疆林科院党委书记米尔夏提·肉孜

新疆林科院院长 杨健

求真务实的新疆林科院党委领导班子

新疆林业科学院始建于1955年，2001年经自治区人民政府批准为副厅级科研院所，2004年8月经国家林业局批准成立中国林业科学研究院新疆分院。2008年成立了新疆农业大学研究生院林科院分院和林科院博士后工作站。全院现有在职职工225人，专业技术人员179人，享受政府特殊津贴的专家12人。在职正高级职称6人，副高级职称57人；具有研究生以上学历27人，硕士12人、博士3人、博士后1人。

"十五"以来，先后取得研究成果47项，获科技成果奖励17项，其中国家科技进步奖1项、自治区科技进步一等奖1项、自治区科技进步二等奖2项、自治区科技进步三等奖13项。"十一五"以来，获得自治区良种评审委员会审（认）定林木优良品种17个；获得专利授权1项；研发果树病虫害地理信息管理系统计算机软件著作权3项；制订核桃、红枣等标准体系4项，制定发布技术规程17项；出版专著12部，发表论文344篇。获得工程咨询成果奖3项。"杨树快繁技术体系的研究与应用"及"银白杨和新疆杨杂交无性系的选育、繁育"，分别荣获自治区科技进步一等奖和三等奖，累计繁育两个优良品系的苗木200余万株，推广辐射面积0.67万公顷，直接经济效益2000万元。"十一五"期间，该院造林治沙研究所先后获全国林业科技工作先进集体和自治区绿化先进集体荣誉称号；2人荣获全国林业科技先进工作者，1人荣获全国五一奖章，1人获得全国农林水工会劳动奖章，1人入选第十届全国青联委员，3人被聘为自治区特色林果业发展科技支撑首席专家，2人获自治区绿化奖章荣誉称号，1人获自治区优秀共产党员荣誉称号。

撰稿人：李子宁　陈梅静

哈萨克斯坦专家来访

2005年8月20日，中国林科院新疆分院成立，新疆维吾尔自治区主席努尔·白克力（右）、国家林业局党组成员、中国林科院院长江泽慧出席并揭牌

# 新疆伊犁州林木良种繁育中心

全国绿化奖章获得者、新疆伊犁州林木良种繁育中心主任　雷双喜

速生杨

优良种苗培育区

新疆伊犁州林木良种繁育中心杨树基因库

伊犁州林木良种繁育中心建于1959年，面积344.67公顷。1984年被列为新疆五大部省联营林木良种基地之一，2001年被列为自治区级种苗繁育示范基地；2009年被列为全国第一批重点杨树、白榆林木良种基地。良种基地经过三期工程的建设，保留的杨树品种品系达600余个，柳树品种品系56个，榆树品种14个以及83个白榆优良无性系，52个小叶白蜡优良单株，其中杨树基因资源保存数量位居全国第二，35个杨树品种经自治区林木良种审定委员会审（认）定为良种，为伊犁州生态林、用材林建设确定了主栽品种，14项科研成果获得自治区及伊犁州科技进步奖。

伊犁州林木良种繁育中心先后荣获全国林木良种基地先进单位、全国特色种苗基地、全国国有林场先进单位、全国林业科技先进集体、全国精神文明建设工作先进单位、自治区最佳文明单位、自治区绿化先进集体、自治区种苗执法先进单位等荣誉称号，中心主任雷双喜荣获全国绿化奖章、新疆维吾尔自治区绿化奖章。

撰稿人：俞言琳

# 中国核桃之乡——温宿

2011年7月5日，国家林业局局长贾治邦考察温宿县林果业

国家林业局局长贾治邦在品尝温宿核桃

新疆维吾尔自治区林业厅党委书记张小平考察温宿矮化核桃密植

新疆温宿县总面积1.46万平方千米，总人口24.5万人，耕地8.27万公顷，经济林5.33万公顷，先后被命名为“中国核桃之乡”、“国家林业标准化示范县”。2010年农牧民人均纯收入7183元，其中，林果业收入2345元，占纯收入的32.65%，2011年人均纯收入突破9000元，其中，林果业收入3600元，占人均纯收入的40%，到2015年，全县林果业总面积将达到10万公顷，增加核桃种植面积4.67万公顷，各类干鲜果品总产量突破30万吨，林果业经济总收入达到25.8亿元，果品加工率达到45%以上，农牧民人均纯收入达17 000元以上，其中，林果业收入突破9500元，占人均纯收入的54%。温宿县核桃壳薄、味美、香脆、果仁白嫩、出仁率高，公顷产300~400千克。目前建立了高密度矮化栽培试验园413.33公顷有机核桃基地、133.33公顷核桃育苗基地、33.33公顷核桃良种采穗圃等，全面提升了温宿县核桃产业技术含量。2007年，在全国第五届果品生产与科研进展学术研讨会上，“温185”、“新新2”、“新早丰”等5个品种获得干果类一等奖，同年在2008年北京奥运会推荐果品第四次综合评选活动中，温宿县选送的核桃“温185”荣获一等奖，被授予中华名果称号，并被指定为2008年北京奥运会推荐果品。2009年10月参加陕西商洛举办的中国第二届核桃大会上，“温185”、“新新2号”又获得两项金奖、两项银奖。

撰稿人：边淑华　俞言琳

摄影：俞言琳

# 生态立局 产业强局 富民兴局 天西林业创辉煌

党委书记徐洪星

局长阿力木江

天山西部国有林管理局成立于1978年1月1日，为新疆维吾尔自治区林业厅直属二级局。天西局管理着伊犁州直七县境内8个山区林场、1个国家级自然保护区、4个国家级森林公园，经营区总面积224.6万公顷，林地面积80.07万公顷，森林蓄积6781万立方米，97%为雪岭云杉。林区内有野生动物363种、植物3000余种、昆虫4000余种、食用菌150余种，野生动植物资源非常丰富。全局在册职工最多时近6000人，2010年年底，在册职工1100人，离退休职工810人。

从建局到1998年，全局更新造林保存面积达1.65万公顷，修建各类房屋25万平方米、林区道路1589千米、大中桥梁2129延米/202座、桥涵1265座，生产木材427.2万立方米，实现总产值14.1亿元，上缴利税、育林基金和护林防火费4.2亿元，实现利润7089万元，森工生产、营林生产、护林防火、多种经营、科技创新、经济效益、职工收入、林区建设等水平长期保持自治区同行业领先地位，在全国也属先进水平，创造了天西林业建设的当代辉煌，为自治区经济发展作出了重要贡献。自1998年国家实施天保工程以来，全面完成了国家下达的天保工程区各项建设任务，林业生态建设取得显著成效：森林资源得到有效保护，林地面积蓄积大幅度双增长，森林覆盖率超过22%，后续产业规模和效益长足发展，民生工程扎实推进，职工生活水平稳步上升，为自治区生态基础建设又作出积极贡献。

在中国共产党成立90周年之际，在天保二期工程启动之时，天西局党委新一届班子制定了天西林业总体发展新思路：坚持一个战略，突出三大任务，落实六项措施，实现三大目标；即坚持环保优先、生态立区，资源开发可持续、生态环境可持续战略，突出抓好生态保护、产业发展和民生建设，全力落实天保二期工程，强力抓好森林资源管理工作，大力推进后续产业发展，努力做好民生建设工作，着力争取项目资金，积极主动服务和融入地方加快发展，实现生态立局、产业强局、富民兴局。

撰稿人：王波

旅游业声名远扬

饲养业蓬勃发展

# 林木遗传育种国家重点实验室批准立项

中国林科院与东北林业大学联合申报的林木遗传育种国家重点实验室于2011年3月29日经科技部批准立项。该实验室的建设填补了中国林业行业在国家重点实验室领域的空白，也将使中国林业科技创新拥有更高水平的平台。

林木遗传育种国家重点实验室以国家林业局林木培育重点实验室和林木遗传育种与生物技术教育部重点实验室为基础筹建。实验室拥有一支创新能力强、学术水平高、年龄结构和学历结构合理的研究团队，其中固定研究人员78人，客座研究人员11人，博士后、访问学者等流动研究人员每年在30人以上。实验室先后主持"973"项目2项，承担"863"计划、国家科技支撑计划、国家自然科学基金等林木育种相关项目110余项。在林木遗传育种领域取得了一批具有国际先进及领先水平的研究成果，"ABT生根粉系列的推广"获得林业系统目前唯一的国家科技进步特等奖，"沙棘良种选育"、"杉木种源试验"等5项获国家科技进步一等奖。新品种的培育涉及杨树、杉木、落叶松、白桦、马尾松、桉树、红松、樟子松等主要造林树种，培育的优良品种占我国推广品种的70%以上，为中国林业发展战略和林业重大工程提供了强有力的科技支撑，对加快林业发展、改善生态环境、维护生态安全作出了重大贡献。

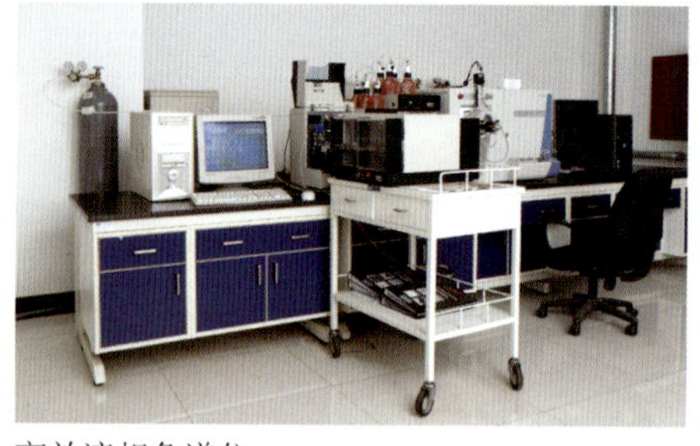
高效液相色谱仪

Affymetrix基因芯片系统

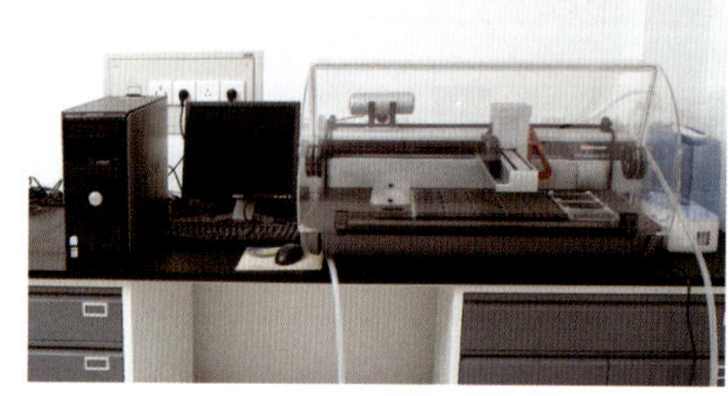
芯片点样系统

实验室针对制约我国林木遗传育种发展的关键问题，围绕林业"增加森林面积4000万公顷、蓄积量13亿立方米"对林木良种的需求，以林木遗传育种国家级重点学科为核心，以林木重要性状形成的分子基础、林木分子育种、林木种质创新与利用3个主要内容为研究方向，将建设国际一流的林木遗传育种理论和技术创新平台，建立高效的常规育种与分子育种相结合的现代林木育种技术体系，培育符合中国林业发展需求的林木新品种，培养高层次创新人才，建成具有世界影响力的林木遗传育种研究的学术中心、交流中心和人才培养基地，提高中国林木遗传育种的原始创新能力和国际竞争力，实现出成果、出大成果，出人才、出高层次人才的目标。

重点实验楼

# 落叶松现代遗传改良与定向培育技术体系

“落叶松现代遗传改良与定向培育技术体系”研究由中国林科院院长张守攻研究员主持，中国林科院林业研究所、东北林业大学、辽宁省林科院、湖北省林科院等单位完成，获2010年国家科技进步二等奖。该成果针对落叶松造林良种缺乏、集约经营水平低下、林分生产力不高等问题，以定向培育速生、丰产、优质和高效的纸浆材、大中径材为目标，开展了选择育种、杂交育种和分子聚合育种的综合研究，突破了落叶松高世代生态育种、干细胞同步化繁育、杂种优势利用瓶颈，创新了纸浆材性状改良与速生丰产培育、大中径材林分结构优化培育等技术，构建了落叶松遗传改良、良种繁育及定向培育一体化的技术支撑体系。首次划定寒温带、温带、暖温带和北亚热带4个落叶松育种区，制定了与各区气候及树种资源相匹配的育种及良种化策略，选育出与各育种区气候相适应的独立育种群体及优良品系，分育种区建立了核心育种园和高世代种子园，构建了基本群体、育种群体与生产群体分离经营的落叶松高效生态育种体系；发明干细胞高成胚率新工艺，创建了落叶松干细胞同步化繁育体系与分子育种技术平台，实现了DreB1-2A等5类抗干旱基因转化，转基因品系表现出优良抗性和速生性；攻克大型染色体多色荧光原位杂交技术，精确鉴定了落叶松属不同种染色体的荧光带型，证实了杂种F2代具有较高遗传增益，开拓了杂种优势实生利用新途径；分区提出了落叶松纸浆材速生丰产培育配套技术，研究了种、家系、无性系材性及制浆造纸性能的变异规律，提出日本落叶松最具造纸应用潜力，确定了制浆造纸工艺及最适抄造纸种；构建了落叶松人工林形态和材质基础模型系统，研制了可视化经营模拟软件，提出了大中径材优质干形培育配套技术。

获得国家林木良种审定的日本落叶松纸浆材优良家系224，19年材积生比当地良种对照提高36.8%

# 人造板及其制品环境指标检测技术体系

“人造板及其制品环境指标检测技术体系”研究由中国林科院木材工业研究所周玉成研究员主持完成，项目获2010年度国家技术发明奖二等奖。项目突破国外检测环境控制精度的极限，发明动态精确跟踪技术。开发自适应模糊控制实验压机、甲醛检测气候箱等7类11个品种的检测设备与仪器，颁布4项人造板及其制品环境指标检测仪器的行业标准，创建具有自主知识产权的“人造板及其制品环境指标检测技术体系”。解决了人造板甲醛释放量检测环境动态控制精度低、干扰大的关键技术难题，产品在人造板及其制品质量控制、监督检测中应用，有效地提高了中国人造板行业的检测水平，取得了良好的社会效益与经济效益。

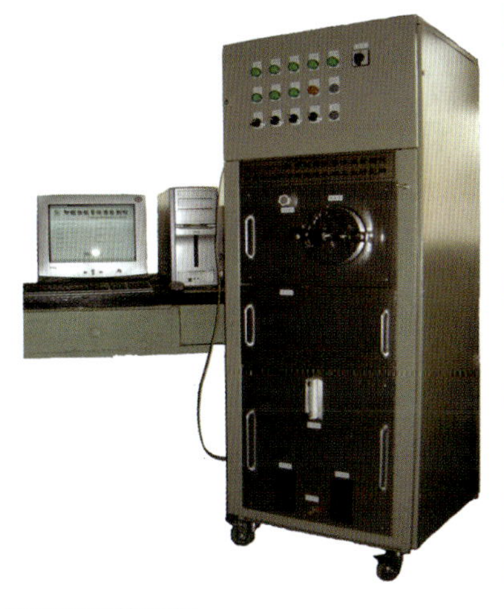

快速甲醛检测仪

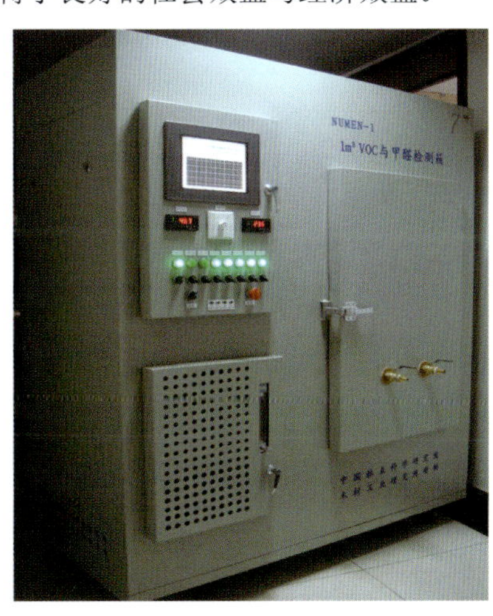
1立方米甲醛和VOC检测箱

大型甲醛与VOC检测室

# 森林防火千秋业　生态安全万代兴

**森林防火工作先进个人国家林业局西南航空护林总站党委委员、副总站长　史永林**

2005年5月26日，史永林带领国家森防指赴火场工作组第一梯队在协助处置四川木里县塘央火场

史永林同志自2000年3月调任国家林业局西南航空护林总站副总站长以来，主抓森林航空消防、森林防火协调、森林防火物资储备、卫星林火监测等业务工作。史永林同志在森林航空消防工作中狠抓航护效益的提高，参与引进M-26、K-32大型直升机，提升了南方高海拔林区森林火灾的防控能力；推广科技防火，主持研发了火场实时传输系统、火场标绘系统、数字化调度指挥系统等，提升了森林航空消防科技水平；理顺与空管、安监和保障部门的关系，建立森林航空消防协作机制，为航护飞机在关键时刻能够“飞得起、用得上、打得胜”奠定了良好基础；他高度注重飞行安全生产，使森林航空消防工作实现了“安全高效”的目标。他带领赴火场工作组多次代表国家森林防火指挥部，参与指挥扑救了云南、四川、西藏、广西等地发生的多起重特大森林火灾，每次森林火灾中，他都是带领第一梯队的同志上山察看火情，掌握第一手资料，都要在崎岖险峻的山路上徒步行走数小时，多次摔倒负伤，带病坚持工作，使森林防火协调工作顺利进行。他带领职能部门，狠抓内部管理，建立健全规章制度，不断完善工作程序，安全出入库，保证了扑火物资按时、按质、按量发送到位，并向相关省(区、市)紧急调拨了大量的扑火物资，圆满完成了国家林业局交给的森林防火物资储备调拨任务。他注重加强新技术、新设备的推广应用，使得卫星林火监测的定位精度不断提高，对林火热点的判读更加准确，飞机与卫星的结合更加紧密，林火信息的传输、反馈渠道更加快捷畅通。

2004年5月26日，史永林带领国家森防指赴火场工作组第一梯队在协助处置四川木里县水洛火场时，与雷加富副局长会面

近年来，史永林所领导的西南航空护林总站各项业务工作不断取得新成绩、新突破，一年上一个新台阶，森林航空消防、森林防火协调、卫星林火监测、森林防火物资储备等四项职能作用发挥越来越好，为南方林区生态保护及森林防火工作作出了积极贡献。同时，他本人也被云南省森林防火指挥部评为2001~2005年森林防火工作先进个人，被国家森林防火指挥部评为2007~2009年度全国森林防火工作先进个人，2005年、2006年国家林业局两次考核均为优秀。

2006年4月3日，史永林在指挥扑救云南安宁“3·29”森林火灾

# 湖北长阳：建设林药大县 打造梦境家园

湖北省林业厅长王海涛在长阳县委书记马尚云、县林业局长覃勇陪同下考察全国油茶重点企业华饴油脂公司

长阳土家族自治县位于鄂西南武陵山区、清江中下游，处于中国中部崛起与西部大开发结合部，国土面积3430平方千米，人口41万，是湖北省唯一一个集“老、少、山、穷、库”于一体的民族自治县、天保工程县。

长阳是中外游客心驰神往的梦境家园。长阳自古山林茂密，人林和谐。20万年前“长阳人”驰骋林海创造了远古文明；4000年前又“据捍关而王巴”，建立巴国；巴王廪君出生地武落钟离山成为全国800万土家儿女的巴土圣山。土地革命时期，贺龙元帅在这里组建了苏维埃政权和土家第一军——红六军。新中国成立后特别是改革开放以来，红色土地掀起绿色浪潮，天然林得到保护，人工林快速增长，生物多样性不断恢复，县域内各类动物种类1000多种、植物种类3000多种，森林覆盖率66.19%，人均林地0.83公顷，人均水量3.31万立方米。这里是金钱豹模式产地、中国小鲵原生地、珙桐之乡、药用木瓜之乡、观赏石之乡和湖北省绿化达标先进县，不愧为著名的动植物基因库和旅游休闲胜地。

长阳林业局班子成员共同谋划生态民生大计

长阳适宜发展特色健康食品产业和中药材产业。近年来，长阳深入推进农民“金饭碗”工程，不断加快兴林富民步伐，致力打造百亿健康食品产业集群和全国木本油料产业大县、中药材产业大县。县委政府作出了关于加快林业发展的决定、关于建设百万亩木本油料产业大县的决定，从政策上对林业产业发展给予坚强支持。全县239名林业干部职工扎根山区，燃烧激情开展“保姆式”服务，引领了林业产业的发展方向。全县核桃、油茶等木本油料基地面积达到13 466.7公顷，建立了省级油茶采穗圃、专业苗圃和精品园。华饴油脂公司落户清江健康食品产业园，成为全国油茶重点企业，年可生产优质茶油2万吨。在中药材产业发展方面，有以《中国药典》记载为特色的“资丘独活”、“资丘木瓜”、“金福红栀”等中药材基地1万公顷；清江药谷科技有限公司正茁壮成长，年综合产值近10亿元，成为林药产业领军企业。随着产业结构的不断调整，全县木本油料、木瓜、栀果、林下经济等特色产业基地不断扩大，农村人均经济林超过1亩；深加工龙头企业不断跟进，打造了一批“金色林庄”和华饴茶油、一致魔芋、资丘木瓜、清江椪柑、清江香椿、木瓜果醋、栀子色素等精品名牌，形成了以科技龙头企业带动产业基地集群发展的良好态势。截至目前，清江健康食品产业园共落户各类企业50多家，产值近百亿元。

县委书记马尚云出席长阳2009年启动木本油料产业大县建设签约仪式

# 栏　目

# 目　录

## 特　辑



## 重要林业法律法规

## 中国林业概述



## 林业重点工程



## 森林培育与生态建设

## 林业产业



# 森林资源保护与林政管理

## 森林资源保护

## 森林防火



## 森林公安

## 森林资源管理与监督



## 林业政策法规与体制改革



## 集体林权制度改革



## 林业科学技术

## 林业信息化



## 林业教育与培训

## 林业计划统计



## 林业财务会计与资金稽查



## 林业精神文明建设

## 各省、自治区、直辖市林业

## 林业人事劳动



## 国家林业局直属单位

## 林业社会团体

## 林业大事记与重要会议

# CONTENTS

## Specials

## Forestry Industry

## Forest Resource Protection and Forestry Administration & Governance

### Forest Resource Protection



### Forest Fire Prevention



### Forest Public Security



### Forest Resource Management and Supervision



## Forestry Policies & Laws and System Reform

## Collective Forest Tenure Reform

## Forest Science and Technology

## Forestry Development in Provinces, Autonomous Regions and Municipalities



## Forestry Human Resources



## Institutions Directly under the State Forestry Administration

# 特　辑

# 01

# 国家领导人重要讲话

## 回良玉在全国森林草原防火工作电视电话会议上的讲话

（2010年3月1日）

在今年全国“两会”召开的前夕，在我国云南等部分南方省区正处于高森林火险等级的严峻形势下，在全国各地陆续进入春季森林草原防火的重要时段，国务院召开全国森林草原防火工作电视电话会议，很及时，很必要，也很重要，这充分体现了党中央、国务院对森林草原防火工作的高度重视。刚才，我们隆重表彰了2007～2009年度全国森林、草原防火工作先进单位和先进个人；河北、吉林、黑龙江、湖南、云南5个省的负责同志作了发言，讲得都很好，请各地区结合实际予以学习和借鉴；贾治邦、牛盾同志分别对去年的森林和草原防火工作进行了回顾总结，并对今年工作进行了安排部署，希望各地区、各部门认真抓好贯彻落实。下面，我强调三点意见。

**一、充分肯定成绩，清醒认识形势，继续毫不松懈地抓好森林草原防火工作**

2009年是我国林业发展史上具有里程碑意义的一年，也是森林草原防火工作取得重大成绩的一年。去年，中央首次召开林业工作会议，胡锦涛、温家宝等中央领导同志对林业改革发展作出重要指示，确定了新时期我国林业发展的新地位、新使命、新目标、新举措和新要求，也为加强森林草原防火工作指明了方向。国务院多次召开会议研究部署森林草原防火工作。在党中央、国务院的坚强领导下，经过各地区、各部门的共同努力，全国森林草原防火工作取得了重大进展。主要体现在三个方面：一是森林草原防火法制化、规范化建设迈出重大步伐，新修订的《森林防火条例》和《草原防火条例》公布施行，《全国森林防火中长期发展规划》正式出台。二是森林草原火灾应急处置能力明显提升，组建了武警森林部队直升机支队，加强了地方森林消防队伍和草原防扑火队伍建设。三是森林草原防火应急指挥体系进一步健全，调整充实了国家森林防火指挥部，加强了草原防火指挥中心建设。在多个省区遭遇数十年不遇干旱天气的不利条件下，森林防火实现了火灾次数、受害面积和伤亡人数“三下降”，草原防火实现了火灾次数历史最低和首次连续两年无人员伤亡，为保护国家森林草原资源和人民生命财产安全、维护社会和谐稳定作出了重要贡献。在此，我代表党中央、国务院，向森林草原防火战线的广大干部职工表示亲切的慰问，向所有关心支持森林草原防火工作的各界人士表示真挚的感谢，向受到表彰的森林草原防火工作先进单位和先进个人表示热烈的祝贺！

综合分析各方面因素，今年的森林草原防火工作面临的形势十分严峻，面对的情况非常复杂，承担的任务异常艰巨。我们必须认清当前形势，切实做到高度重视、高度警惕。

第一，从气象条件看，森林草原防火形势十分严峻。今年以来，我国南方部分省区遭遇了严重干旱天气，一些地区的干旱程度创60年历史纪录，特别是进入2月份以后，云南、四川、贵州、广西等省区高森林火险等级持续时间之长，森林火灾发生时间之早、频率之高、来势之猛、扑救之难，为多年来少有。据气象专家分析，受新一轮厄尔尼诺现象影响，今年有可能成为有气象记录以来全球最热的一年。受此影响，今年我国大部分地区可能以干旱少雨天气为主，森林草原火险等级偏高，防火的压力很大。

第二，从资源变化情况看，森林草原防火任务十分艰巨。据第七次森林资源清查，我国森林面积已达1.95亿公顷，森林覆盖率为20.36%，森林蓄积量为137.21亿立方米，已成为世界上森林资源增长最快的国家。随着森林面积的不断扩大和森林资源总量的持续增加，森林防火战线日益拉长，火灾防控任务日益加重。随着草原保护建设工程不断推进，草原植被明显恢复，草原高火险区域不断扩大，草原防火的任务也越来越重。

第三，从林区牧区管理现状看，森林草原火险防控十分困难。一是近年来进入林区牧区旅游度假、生产作业、施工采矿的人员车辆不断增多，入春后烧荒、炼山等生产用火，野外做饭、吸烟等生活用火，燃放烟花爆竹等庆典用火，以及烧纸、燃香等祭祀用火交织在一起，森林草原火险隐患急剧增多。二是集体林权制度改革后，农民保护林木的愿望十分强烈，一旦发生森林火灾，自发扑火情况增多，容易造成人员伤亡。三是近几年我国一些省区遭遇特大雨雪冰冻和寒潮暴雪灾害，植被损毁死亡严重，林下可燃物剧增，引发重特大森林火灾的可能性增加。四是目前林区牧区交通不便、通信不畅，一些地方防火基础设施差、装备水平低、扑救能力弱，工作中也存在一些薄弱环节和突出问题。因此，我们对防范和控制森林草原火灾的难度绝不可低估。

第四，从应对气候变化看，森林草原防火作用十分突出。目前，维护生态安全、应对气候变化已成为国际政治、经济、外交和国家安全领域的热点之一。森林是陆地上最大的吸碳器和储碳库。有关研究表明，森林每生长1立方米蓄积量，平均能吸收1.83吨二氧化碳，释放1.62吨氧气。在2009年召开的联合国气候变化峰会和哥本哈根气候大会上，各方对森林应对气候变化的特殊作用达成广泛共识，成为大会谈判的突出亮点，并写入了《哥本哈根协议》。草原的储碳功能也很强，仅次于森林。我国森林面积居世界第五位，其中人工林面积居世界第一，草地面积居世界第二，近些年来我国林业和草原建设加快推进，为应对全球气候变化作出了巨大贡献。因此，做好森林草原防火工作，保护好资源，发挥其吸碳和储碳功能，有利于为我们应对气候变化创造良好的环境。

第五，从国家大局看，森林草原防火责任十分重大。近些年来，世界森林草原火灾有愈演愈烈之势，损失十分惨重，教训十分深刻。2007年8月，希腊发生的特大森林火灾，造成巨大人员伤亡和财产损失，并引发了政治危机。2009年2月，澳大利亚发生的特大森林火灾，造成200多人死亡，并引发一系列生态、政治和社会问题。同年9月，美国加州发生的特大森林火灾，烧毁了3.4万公顷森林，6600多户居民被迫疏散，全州进入紧急状态。前些年我国发生的一些重特大森林火灾也造成了很大损失。历史的教训一再告诫我们，森林草原火灾一旦防范不好、控制不住，就会严重威胁经济发展和社会稳定大局。

总之，森林草原防火事关人民群众生命财产安全和亿万农民切身利益，事关林草产业发展和林畜产品供给，事关国家资源安全和生态安全，事关社会和谐稳定和应对气候变化大局，既是重大的民生问题和经济问题，也是重大的生态课题和政治任务。各地区、各部门必须从全局和战略的高度，深刻认识做好森林草原防火工作的极端重要性，深刻认识肩负的重大责任和使命，深刻认识面临的严峻形势，思想上要倍加警惕，措施上要更加有力，行动上要狠抓落实，严防发生重特大森林火灾，严防造成重大人员伤亡，努力夺取森林草原防火工作的全面胜利。

**二、突出重点，抓住关键，切实强化森林草原火灾防控能力**

今年是继续应对国际金融危机冲击、保持经济平稳较快发展、加快转变经济发展方式的关键一年，是全面实现“十一五”规划目标、为“十二五”时期发展打好基础的重要一年，改革发展稳定的各项任务十分繁重。在森林草原防火方面，决不能出大的问题。今年的森林草原防火工作，必须深入贯彻落实科学发展观，坚持以人为本、预防为主、积极消灭的工作方针，坚持政府全面负责、部门齐抓共管、社会广泛参与的工作机制，坚持依靠法制、依靠科学、依靠群众的工作原则，坚持因地制宜、分类指导、分区施策的工作举措，坚持专群结合、军地协同、各方支持的工作方式，最大限度地减少火灾发生、最大限度地降低火灾损失，切实维护人民生命财产和森林草原资源安全，为建设生态文明、促进社会和谐提供有力保障。要认真总结森林草原防火工作的科学规律，突出重点，抓住关键，全面提升森林草原防火能力，切实做到“五个加强”。

一要加强火源管控，做到火患早排除。减少和避免森林草原火灾最根本、最直接、最有效的办法，就是坚决管住野外人为用火。当前，南方省区火险很高，北方地区火险等级正在逐步升级。各地区要及时组织开展森林草原火灾隐患大排查、大整改和火案大侦破活动，切实消除火灾隐患。林区周边农户、入山作业人员，都要签订防火保证书，逐一落实防范责任和措施。要采取疏、导、堵相结合的办法，分类管好野外用火。在“清明”、“五一”等重点时段，以及持续高火险时期，要及时划定森林高火险区和草原防火管制区，发布禁火令，加大宣传力度和巡护密度，坚决杜绝火种进入。

二要加强预案演练，做到工作早到位。森林草原火灾突发性强、危险性大，各级政府、有关部门、有关单位都要提前制定和完善相应的应急预案，增强其操作性和实效性。要组织相关部门和人员加强预案的实战演练，使大家真正熟悉预案的内容，明白自身职责，通晓工作流程。要围绕预案，提前做好扑火救灾的人、财、物等准备工作，确保预案一启动，在最短时间内做到组织领导到位、技术指导到位、资金物资到位、扑火人员到位。

三要加强火灾监测，做到火情早发现。森林草原火灾只有早发现，才能实现“打早、打小、打了”。各地要切实采取有力措施，全面加强森林草原火险预警和监测工作。要加快建设森林草原火险预警示范系统，及时组织开展中长期火险趋势预测和短期火险天气预报，公开发布森林草原火险预警等级，督促基层落实不同火险等级条件下的分级响应措施，做到科学设防、有备无患。要充分运用卫星遥感、飞机巡护、高山瞭望和地面巡逻等手段，对林区牧区进行立体式的全方位监测，进行24小时不间断的全天候监测，进行不漏任何盲区死角的全覆盖监测，确保火灾早发现。

四要加强科学处置，做到火灾早扑灭。要高度重视防火值班和接处警工作，一旦接到火情报告，各级政府要及时启动相应的应急预案，立即就近调集足够的扑火队伍迅速处置，确保火灾早扑灭，提高当日扑灭率。要科学扑火，加强火场统一指挥，落实扑火责任，特别是在多火场同时作战、多兵种协同作战时，要建立科学高效、统一规范的应急指挥机构，避免打乱仗。要安全扑救，加强扑火战略技术研究，强化安全扑火常识和紧急避险技能的培训，严防扑火人员伤亡和火烧连营等情况的发生。

五要加强应急保障，做到能力早提升。要抓好《森林防火条例》和《草原防火条例》的贯彻实施，抓紧制定完善有关法规规章和配套制度，推进依法治火工作。各地区、各部门在编制“十二五”规划时，要统筹考虑森林草原防火工作。各级政府要将森林草原火灾预防和扑救经费纳入本级财政预算，建立起与森林草原防火任务相适应、与国家投资相匹配的“人、财、物”保障体系。推进建立森林保险制度，引导保险公司参与火灾预防。进一步加大森林草原防火资金投入，加强重点火险区综合治理，改善林区牧区的道路和通信条件，增加大型消防装备配置，提高应急物资储备和保障能力。加强森林草原防火基础理论研究和先进装备研发，积极推广和应用高新技术，增强森林草原防火科技支撑能力。落实好对防扑火机具实施购置补贴的政策，支持林农、牧民和护林组织购置配备防扑火机具，提高防火机械化水平。抓好地方森林消防队伍、武警森林部队和森林航空消防队伍建设，进一步提高扑火作战能力。

**三、加强领导，完善机制，切实把森林草原防火的各项责任落实到位**

森林草原防火工作点多、面广、线长，是一项十分复杂的系统工程。各地区、各有关部门要进一步加强组织领导，全面构筑起“党委领导、政府负责、部门联动、社会参与”的森林草原防火工作格局。

（一）全面落实地方行政首长负责制。《森林防火条例》和《草原防火条例》明确规定，森林和草原防火工作实行地方各级人民政府行政首长负责制。各地要进一步强化和完善行政首长负责制，省、市、县、乡人民政府主要负责同志作为第一责任人，要亲自过问、亲自部署、亲自检查防火工作；分管负责同志作为主要责任人，要具体安排、抓好落实。各级政府要层层签订防火责任状，明确目标，分解任务，细化责任，严明纪律。要建立和完善森林草原防火绩效评估制度和责任追究制度，加大考核和问责力度。对领导到位、责任落实、工作成绩突出的，要大张旗鼓地表彰奖励；对因失职、渎职或因责任制不落实引发火灾并造成重大损失的，依法依纪追究有关领导和人员的责

任，做到“事故原因不查清不放过，事故责任者得不到处理不放过，整改措施不落实不放过，教训不吸取不放过”。

（二）全面落实部门分工责任制。各级森林防火指挥部成员单位和草原防火有关部门既要各司其职、各负其责，切实承担起本部门的职责任务，又要树立大局意识，密切配合、通力协作，形成预防和扑救森林草原火灾的整体合力。林业和农业部门作为森林和草原防火的行政主管部门，要认真履行监督和管理职能，把森林和草原防火摆在突出位置抓紧抓好。发展改革、财政部门要做好森林草原火灾预防和扑救经费保障工作。交通运输、铁路、商务等部门要做好救灾物资、设备的调运工作。民政部门要做好公墓祭祀管理和灾后救助工作。公、检、法等部门要密切配合，加大火案查处力度，依法严惩火灾肇事者。通信部门要做好火场应急通信保障和服务工作。气象部门要做好火灾气象预测和火场气象服务工作。宣传部门和新闻媒体要加强森林草原防火公益宣传以及火险信息的播发。城镇消防、林区驻军、预备役部队、武警部队和公安机关要积极主动地参与森林草原防火灭火工作。其他有关部门也要抓好森林草原防火相关扶持政策的落实，加强对包片地区的检查督促，积极出谋划策，主动完成任务。

（三）全面落实经营主体责任。森林草原防火工作是一项社会公益事业，需要各级人民政府承担领导责任，同时也需要从事林业经营和草原经营使用的单位和个人认真履行相关责任和义务。各类经营主体要按照《森林防火条例》和《草原防火条例》的规定，在经营范围内承担防火责任，配备必要的防火设施和设备，尤其要在高火险时采取相应预防和应急措施，切实管好自己的人、看好自己的地、防住自己的火。要按照自愿、自律、互助、互利的原则，推进各经营主体之间的联防、联保、联控。要采取部门包片、干部包村、党员包户、“十户联防”等措施，把每个山头、地块的管护责任分解落实到人。

（四）全面增强全社会防火意识。做好森林草原防火，人人有责。要研究制定森林草原防火宣传方案，尽快掀起森林草原防火宣传高潮。有关媒体要开展森林草原防火公益宣传，重点宣传森林草原防火工作的重大意义、防火法律法规、防扑火科学知识和森林草原火灾典型案例。要着力推进森林草原防火知识“进学校、进社区、进乡村、进农户、进生产企业”，不断提高全社会森林草原防火的意识和能力。

做好森林草原防火工作，是当前一项十分重要而紧迫的任务。让我们在以胡锦涛同志为总书记的党中央领导下，以邓小平理论和“三个代表”重要思想为指导，深入贯彻落实科学发展观，求真务实，开拓进取，狠抓落实，不断开创森林草原防火工作新局面，为建设生态文明、保障经济社会又好又快发展作出新的更大贡献。

## 回良玉在全国绿化委员会全体会议上的讲话

（2010年4月1日）

再过三天就是清明节，正值植树造林、播撒绿色的大好时节，在此时召开全国绿化委员会全体会议，很及时、很必要，也很重要。这次会议的主要任务是认真贯彻落实今年中央1号文件、中央林业工作会议和全国“两会”精神，深入分析林业发展和植树造林的形势，全面安排部署今年的造林绿化工作。本次会议是全国绿化委员会成立以来召开的第二十八次会议。为贯彻全国人大五届四次会议于1981年12月通过的《关于开展全民义务植树运动的决议》，动员全国各方面的力量加快绿化祖国进程，中央绿化委员会于1982年2月成立，1988年更名为全国绿化委员会，并每年召开一次全体会议，这本身就体现了国土绿化工作的极端重要性，体现了党中央、国务院对此项工作的高度重视。

刚才，贾治邦同志代表全国绿化委员会，回顾总结了2009年国土绿化工作情况，并对2010年工作进行了安排部署。贾治邦同志的工作报告很实在、很明确，也很有指导性，体现了中央对林业的安排部署，也符合中央林业工作会议精神，各地区、各有关部门要结合实际抓好贯彻落实。有关单位负责同志也作了发言，提出了宝贵的意见。全国绿化委员会办公室要根据意见，将工作报告修改完善后尽快以全国绿化委员会的名义下发。会议印发了中央直属机关事务管理局、广东省增城市、北京市海淀区、广西壮族自治区4个典型材料，要推广他们的先进经验，进行必要的宣传报道。会议还审议通过了关于表彰全国绿化单位的决定和关于颁发2009年度全国绿化奖章的决定。这次会议虽然时间短，但是内容丰富、实效性强，将对推动国土绿化工作起到重要作用。

2009年是新世纪以来我国经济发展最为困难的一年，也是我国经济社会发展取得显著成效的一年，同时也是国土绿化事业经受重大考验、取得重大成效、具有里程碑意义的一年。在应对国际金融危机的关键时刻，我们召开了新中国成立60年来的首次中央林业工作会议，进一步确立了新时期国土绿化和林业发展新的地位，赋予了新的使命、明确了新的目标、出台了新的举措，为推动国土绿化事业又好又快发展提供了有力保障。在实施保增长保民生保稳定的一揽子计划时，我们坚持把生态建设作为支持重点，加大国土绿化投入力度，全年完成造林8827万亩，比上年增长23.3%。在深化农村改革中，我们把推进集体林权制度改革作为重点，全国确权林地面积达17.2亿亩，占集体林地的62.9%，农民造林、护林、管林的积极性空前高涨。在维护国家粮食安全和能源安全、促进农业发展农民增收中，我们把木本粮油作为重要抓手，大力发展油茶、核桃等木本粮油，大力发展生物质能源，在发挥林业多种功能、发展林业产业上迈出了重要步伐。经过近年来的不懈努力，我们提前完成了2010年森林覆盖率达到20%的奋斗目标，在世界森林资源呈减少趋势的情况下实现了我国森林资源的持续增长，为改善生态环境、促进经济社会发展、应对气候变化作出了重要贡献。

当前，国土绿化工作面临着十分难得的有利条件和发展机遇。一是政策环境好。今年中央1号文件和政府工作报告，对造林绿化提出了明确要求，出台了扶持措施，包括减轻林农经济负担，对林木良种补贴和政策性森林保险进行试点，将林业机械全面纳入农机购置补贴范围，提高国家造林补助标准和国家级生态公益林补偿标准，扩大林权抵押贷款规模等。二是社会氛围好。随着经济社会的发展和长期不懈的宣传，人们对国土绿化重要性的认识不断深化，特别是对其在美化环境、愉悦身心、观光疗养、提升形象以及增加森林碳汇、减缓气候变化中的作用日益形成共识，城乡居民绿化意识空前高涨，绿化国土、改善生态已成为人民群众的共同愿望。三是天气条件好。今年尽管西南地区大旱，但全国大部分地区特别是作为造林绿化重点的东北、华北、西北地区和南方部分地区，降水明显比常年偏多，土壤墒情较好，这为加快造林绿化提供了非常难得的机遇。

在看到我国国土绿化取得巨大成就、有着难得发展机遇的同时，也必须清醒地认识到当前面临的压力和挑战，进一步增强加快国土绿化事业的责任感和紧迫感。一是国土绿化的任务越来越重。根据第七次全国森林资源清查(2004~2008年)结果，我国森林覆盖率达到20.36%，比第六次清查结果提高了2.15个百分点，但是我国依然缺林少绿，森林覆盖率居世界第一百三十位，人均森林面积居世界第一百三十四位，人均活立木蓄积量居世界第一百二十二位。在工业化、城镇化加快推进的背景下，破坏森林资源和违法占用林地、湿地的行为在一些地方呈上升趋势，土地沙化、水土流失、生物多样性破坏等生态问题还相当严重。中央从战略和全局出发，提出了到2020年新增森林面积4000万公顷、新增森林蓄积量13亿立方米的目标。胡锦涛总书记在联合国气候变化峰会上作了庄严承诺。这就要求我们不仅每年要完成造林任务近1亿亩，而且每年要抚育森林1亿亩，任务十分繁重。二是国土绿化的立地条件越来越差。经过多年的植树造林，立地条件较好的荒山荒地大部分已经绿化，留下的宜林荒山荒地60%分布在干旱、半干旱的中西部地区。这些地区自然条件恶劣，成活率低，造林绿化的难度大、成本高。三是气候变化对国土绿化的影响越来越大。在全球气候变化的作用下，近年来我国极端天气事件明显增多，气象灾害的突发性、异常性、不可预见性日益突出，对植树造林和森林防火造成严重影响。2008年初南方发生历史罕见的低温雨雪冰冻灾

害，2009年初十几个省区发生数十年不遇的大旱，都使林业造成重大损失。今年西南地区又发生百年不遇的特大干旱，尽管近日相继降雨，但旱情尚未得到有效缓解。截至3月25日，受灾森林面积5399万亩、未成林的造林地1452万亩，而且森林火险等级提高、火灾频繁发生，森林病虫害集中暴发，春季造林因缺水严重受阻，有的地方新栽苗木死亡率高达90%以上。总之，对今年发生极端天气事件的几率不可低估，对部分地区干旱的严重影响不可低估，对造林绿化和森林防火的难度不可低估。

当前和今后一个时期，是我国全面建设小康社会、加快推进社会主义现代化的重要时期，必须统筹解决一些关系全局的重大战略问题。生态问题日益成为促进经济社会可持续发展最为突出的问题之一，生态建设日益成为夺取全面建设小康社会新胜利最为紧迫的课题之一，生态差距日益成为我国与发达国家最为显著的差距之一。加快国土绿化、改善生态，既是改善生态环境、建设生态文明的一项重大任务，也是提高生活质量、推动科学发展的一个重大举措；既是应对全球气候变化、拓展国际发展空间的一张重要王牌，也是保障林木产品供应、维护国家能源安全和粮食安全的一个重要选择；既是改善农业生产条件、夯实农业发展基础的一个关键保障，也是扩大农民就业、促进农民增收的一条有效渠道。我们一定要深刻领会国土绿化的重大意义，准确把握面临的形势，下更大决心、花更大力气，将国土绿化事业不断推向前进。

各地区、各有关部门要紧紧围绕"完成两项任务、抓好两大支撑、调动两个积极性、处理好两个关系"，扎实做好今年的国土绿化工作。

完成两项任务，就是要全面完成8880万亩造林任务和《2011～2020年全国造林绿化规划纲要》的编制任务。林业工作既要立足当前、保质保量地实现年度计划目标，也要着眼长远、科学谋划好中长期的发展。今年的政府工作报告明确要求，加快国土绿化进程，新增造林面积不低于8880万亩。国家林业局要尽快将造林绿化任务分解落实到各省（区、市）。各地也要分解落实到基层，并做好苗木调剂调运、技术指导等各项准备工作。编制好《2011～2020年全国造林绿化规划纲要》，是今年林业工作的一件大事。国家林业局要尽快牵头组织编制力量，发改、财政、国土、农业、水利、交通等各相关部门要密切配合，共同把这件事办好。《规划纲要》的编制，要与经济社会发展十年规划和"十二五"发展规划相结合，通盘考虑国家重点生态工程、全民义务植树、部门绿化、绿色通道、城市绿化、身边增绿、草原建设等各个方面。各地区、各部门也要结合自身实际，编制相应的规划。

抓好两大支撑，就是要着力抓好重点生态工程建设和全民义务植树活动，依靠"双轮"驱动推进我国国土绿化进程。重点生态工程建设，是我们国土绿化的中坚和支柱。要继续深入推进天然林资源保护、退耕还林、三北和沿海防护林体系等重点工程建设，加快城乡绿化和绿色通道建设，实施好沿海防护林、石漠化治理等生态工程，不断拓展国土绿化新领域。继续深入开展全民义务植树运动，是我国的一大优势，是加快国土绿化的有效途径，是建设生态文明的重要载体。各级绿化委员会要认真总结全民义务植树活动经验，与时俱进地创新形式、完善举措、健全机制，激发和调动各方面的积极性，不断提高义务植树尽责率，把全民义务植树运动不断引向深入。

调动两个积极性，就是要充分调动农民造林护林和地方政府重林抓林的积极性。集体林地面积占我国林地面积的近60%，是我国国土绿化的主战场。集体林权制度改革是调动农民造林护林积极性的关键，要加大推进力度，尽快完成"明晰产权、承包到户"任务，确立农民的经营主体地位。同时要加快配套改革步伐，健全支持服务体系，完善相关措施，努力巩固和扩大改革成果。造林绿化既是各级政府义不容辞的重要职责，也是提升地方形象、改善发展环境、转变发展方式的内在需要。要全面落实造林绿化行政领导负责制，逐级签订造林绿化目标管理责任状，做到有任务、有验收、有考核、有成效，同时要认真落实中央制定的关于生态效益补偿、造林和森林抚育补贴等政策，进一步研究制定鼓励各地多造林、造好林的奖励措施，充分调动各地组织领导造林绿化的积极性。

处理好两个关系，就是要处理好生态效益与经济效益、造林与护林的关系。坚持生态效益优先，是我国林业发展和国土绿化的重要指导思想，必须坚定不移地贯彻执行；要确保植树造林深入推进、国土绿化成果长久保持，必须使造林人特别是林农得到合理收益，这就要求我们完善利益驱动机制，多出台一些鼓励政策，多种一些经济效益高的林木，努力实现生态效益和经济效益相统一。提高国土绿化水平，要坚持森林资源培育与资源管护并重的原则，在高度重视植树造林的同时，着力加强森林经营和管护，加大森林草原火灾和林业有害生物防控力度，确保森林资源总量不断增加。当前，西南地区旱情依然严重，要切实做好林业抗旱保苗工作，尤其要做好森林防火工作，确保西南地区在大旱之年不发生特大森林火灾。

国土绿化是一项利在当代、功在千秋、恩泽全球的伟大事业。让我们紧密团结在以胡锦涛同志为总书记的党中央周围，高举中国特色社会主义伟大旗帜，以邓小平理论和“三个代表”重要思想为指导，深入贯彻落实科学发展观，深化改革，开拓创新，真抓实干，再创国土绿化新佳绩，为建设生态文明、推动科学发展作出新的更大贡献！

## 回良玉在全国集体林权制度改革百县经验交流会上的讲话

（2010 年 10 月 10 日）

党中央、国务院历来对林业工作高度重视，对集体林权制度改革极为关切。特别是党的十六大以来，中央连续出台文件、专门召开会议，中央领导同志多次发表重要讲话、作出重要指示，谋划林业发展大计，部署林业改革工作，其规格之高、密度之大、措施之有力，前所未有，令人振奋。党中央、国务院 2003 年出台的《关于加快林业发展的决定》（中发〔2003〕9 号），作出了加快林业发展的决策部署，国务院召开了全国林业工作会议，开启了林业发展的新纪元。2008 年，党中央、国务院又出台了《关于全面推进集体林权制度改革的意见》（中发〔2008〕10 号），作出了全面推进集体林权制度改革的重大决定，并在 2009 年首次以中央名义召开林业工作会议，拉开了新一轮农村改革的大幕。胡锦涛总书记、温家宝总理等中央领导同志，多次深入林改一线，考察林改工作，指导林改实践，给广大干部群众以巨大鼓舞，为林改工作注入了强大动力。现在，林改大政方针已定，工作进展顺利，成效开始显现。

在这样的背景下，我们今天召开全国集体林权制度改革百县经验交流会，有三个方面的考虑。一是林改进入了攻坚阶段，确实需要再动员再部署。目前，全国近八成集体林地已明晰产权、承包到户，剩下的两成大多是难啃的“硬骨头”，情况更复杂，改革难度更大，需要下更大的决心，花更大的气力，采取更有力的措施来推动改革攻坚。同时，配套改革才开始起步，完善政策、创新机制要做的事情还很多。在这个关键时刻，我们有必要召开一次会议，进一步统一思想，深化认识，明确要求，细化措施。二是林改积累了宝贵经验，确实需要认真总结推广。各地推进林改的生动实践，涌现了一大批先进典型，探索了一系列成功模式，积累了十分丰富的鲜活经验，具有很强的引领、示范、带动作用。召开这次会议，就是为了深入交流、相互学习、大力推广各地的好经验好做法。同时，总结好林改的经验，也可以为推动农村其他方面的改革提供有益借鉴。三是林改遇到了新的情况，确实需要抓紧研究解决。对全面推进林改，个别地方仍存在等靠思想和畏难情绪，认识不够统一、工作不够到位、政策不够落实。明晰产权、承包到户后，又遇到了如何发展产业、筹措资金、强化服务、对接市场等难题。如何针对问题，研究解决办法，完善相关措施，也迫切需要我们召开会议。这次会议专门请了 107 个县的县委书记参加，因为县一级是承上启下的重要枢纽，是贯彻落实中央决策部署的关键环节。在推进集体林权制度改革中，县委书记是直接领导者、组织者、推动者，是决定改革成败的重要因素。需要特别指出的是，这 107 个县都是林地面积大、在全国林业发展中占有举足轻重地位的县，都是林改启动早、农民林业收入比重大的县，都是森林资源明显增长、生态状况持续改善的县，都是把林改作为深入贯彻落实科学发展观的生动实践、开始实现经济发展转型的县，都是县委书记亲自抓林改、为林农提供全方位服务的县。这些县委书记身处林改第一线，对林改操心最多、体会最深、感悟最真，请他们来交流经验、探讨问题、提出建议，一定会很生动、很鲜活、很有针对性、很有说服力。下面，我讲三点意见。

**一、充分肯定集体林权制度改革的显著成效，深刻认识全面深化林改的重大意义**

集体林权制度改革，是继农村“大包干”之后，农村经营体制的又一次大变革，农村生产关系的又一次大调整，农村生产要素的又一次大活化，农村社会生产力的又一次大解放。党中央、国务院对此高度重视。地方各级党委政府高位推动、精心组织，有关部门大力支持、密切配合，广大基层干部群众大胆探索、勇于创新，迅速掀起全面推进集体林权制度改革的热潮，取得了重大进展和显著成效。特别是县级党委政府作为林改的直接领导者、组织者、实施者，付出了艰苦努力，创造了丰富经验，作出了重要贡献。这次参加会议的107个县，就是其中的典型代表。在此，我代表党中央、国务院向你们并通过你们向奋战在林改一线的广大干部群众表示崇高敬意和亲切慰问!

经过几年的努力，福建、江西、辽宁、浙江、云南、河北等17个省市基本完成了明晰产权、承包到户的改革任务，其他省区市的改革正在加快推进。截至今年9月底，全国已完成集体林地确权面积21.76亿亩，占总面积的79.5%；重新核发全国统一林权证的集体林地17.23亿亩，占总面积的63%；6779万农户拿到林权证，直接惠及近3亿农民。林业支持保护制度、林业金融支撑制度、林木采伐管理制度、林权保护和流转制度、林业社会化服务体系等方面的建设不断推进和完善。实践证明，林改充分激发了广大农民兴林致富积极性，有效激活了林业生产要素潜能，呈现出资源增长、农民增收、生态良好、林区和谐的可喜局面。

林改实践是一个不断探索、不断创新的过程，林改作用是一个不断显现、不断增强的过程，我们对林改工作的认识也有一个不断加深、不断升华的过程。对林改的重大意义，中央领导同志多次讲过，《中共中央国务院关于全面推进集体林权制度改革的意见》(中发〔2008〕10号)也作过全面阐述。结合当前形势的变化、全局工作的要求和林改实践的深入，我们对林改的重大意义又有了一些新的体会、新的认识。

(一)集体林权制度改革推进了农村体制机制创新，必将为进一步解放农村社会生产力注入强大动力。改革是发展的动力，创新是进步的灵魂。只有不断深化体制改革，才能为发展提供不竭的动力；只有不断推进机制创新，才能为发展增添持久的活力。推进集体林权制度改革，把27亿多亩集体林地和价值数十万亿元的森林资产确权到农户，使农民真正拥有林地承包经营权和林木所有权，赋予农民充分的占有、使用、处置、收益权，无疑将再次激发农民的创业积极性，进一步盘活农村资源要素，迎来农村社会生产力的又一次大解放、大发展。林改先行地区实践表明，林改后农民务林营林护林积极性高涨，同时通过林权抵押贷款和林权流转，盘活林地、森林资源，吸引资金、技术、人才等现代生产要素向农村流动，破解了长期困扰农村发展的融资难等问题，林地发展潜力得到充分释放，产出效益明显提高，农民的生产性收入和财产性收入大幅度增加。据初步统计，全国林地直接产出率已由2003年的84元/亩提高到2009年的180元/亩。有的地区农民的林业收入增长了几倍甚至十几倍，一些农民通过发展林下经济、森林旅游、森林药材等增收致富。越来越多的山区林区农民，开始购置大型农机具等生产资料、建材和家电、汽车等耐用消费品。特别是在国际金融危机爆发后，林改吸引了大量返乡农民工务林创业，有效拓展了农民就业空间。实践证明，林改为应对国际金融危机冲击，实现保增长保民生保稳定目标，作出了特殊重要的贡献。随着林改的不断深入，林业资源潜力还将进一步释放，农民就业增收空间将进一步拓展，农村消费增长对经济长期平稳较快发展的促进作用也将进一步凸显。

(二)集体林权制度改革促进了节能减排，必将为转变经济发展方式作出重要贡献。加快转变经济发展方式，事关改革开放和社会主义现代化建设全局，是当前全党全国面临的一项重大战略任务。转变经济发展方式的一个重要方面，就是要加快摒弃过去主要依靠消耗资源、牺牲环境来换取经济增长的发展方式，大力推进节能减排，走循环经济、绿色经济、低碳经济的发展新路。林业是庞大的循环经济体，是绿色经济的重要组成部分，也是发展低碳经济极其有效的途径。推进集体林权制度改革，赋予农民生产经营自主权，在激发农民造林育林、增加生态产品的同时，有力地促进了森林培育、木材综合利用、森林旅游、森林食品、生物质能源、生物质材料、生物制药等产业大发展，壮大了循环、绿色、低碳产业规模，从而促进产业结构转型升级，加快提升经济发展整体素质和活力。随着林改的全面推开，全国越来越多的地方将林改作为加快经济发展方式转变的重要抓手，逐步摆脱了拼资源、拼能源的旧发展模式，把生态优势转化为经济优势，把绿水青山变成了金山银山，高耗能、高排放、高污染的传统产业正在被新兴产业所替代，开始步入资源节约、环境友好、创新驱动的发展轨道。

（三）集体林权制度改革提升了生态承载力，必将为实现可持续发展提供有力保障。我国资源相对短缺、生态承载力较低，自然资源消耗水平已远远超过生态系统供给能力，成为经济社会可持续发展的瓶颈制约。森林是陆地生态系统的主体，又是巨大的资源库和能源库。林业不仅肩负着维护生态平衡、提高生态承载力的神圣使命，而且承担着提供可再生资源和能源、保障经济社会发展的光荣任务。林改后，农民成了山林的真正主人，他们说“造林是造福，栽树能致富”，造林护林营林的积极性空前高涨，森林资源持续增长、质量明显提升、功能显著增强。较早开展林改的福建、江西、辽宁等省造林面积连创历史新高，重庆市去年一年造林面积超过过去10年的总和。森林还是一种仅次于煤炭、石油、天然气的第四大战略性能源资源，而且具有可再生、可降解的特点。在化石能源日益枯竭的严峻背景下，发展生物质能源已成为世界各国能源替代战略的重要选择。我国高含油量的木本油料树种多达154种，每年可用于燃烧发电的枝丫剩余物约有3亿吨，发展森林生物质能源潜力巨大、前景广阔。

（四）集体林权制度改革激发了山区林区后发优势，必将为缩小区域发展差距开辟有效途径。区域之间发展不平衡、差距过大，是加快推进现代化、全面建设小康社会面临的突出矛盾。我国发展滞后地区多是革命老区、民族地区、边疆地区、贫困地区，主要分布在山区、林区、沙区，是实现区域协调发展的重点和难点。但另一方面，这些地区又大多拥有丰富的林地资源、物种资源、景观资源和劳动力资源，具有独特的后发优势，蕴藏着巨大的发展潜力。加快这些地区的发展，需要多方努力，但最大的希望在山，最大的潜力在林，最好的出路在推进林改。林改后，农村劳动力有了用武之地，林地、物种、景观等生态资源加速转化为发展资本，林地成了香饽饽，物种成了金娃娃，景观成了聚宝盆。许多地方，可以毫不夸张地讲，一根翠竹撑起了一方经济，一个物种成就了一大产业，一处景观带来了一片繁荣。现在，丰富的森林资源和良好的生态环境，日益成为展示地区形象的绿色名片、吸引社会投资的重要筹码、赢得新一轮竞争的制胜法宝。

（五）集体林权制度改革推动了基层民主政治建设，必将为完善乡村治理机制发挥积极作用。集体林权制度改革的过程，是一个民主决策、民主管理、民主监督的过程，是一个宣传政策、普及法律、化解矛盾的过程，也是一个加强党的领导、转变工作作风、密切干群关系的过程。在集体林权制度改革中，各级党委政府和基层组织广泛发动群众，充分依靠群众，热心服务群众。据统计，全国共有1000多万基层干部投身林改一线，与农民群众同吃同住同劳动，同心同德同改革，尽心为农民勘界发证，真心为农民调处纠纷，热心为农民排忧解难，赢得了群众空前信任，得到了群众衷心拥护。在林改过程中，广大乡村认真落实规则公平、机会公平、权利公平、分配公平原则，普遍完善利益协调、诉求表达、矛盾调处、权益保障机制，充分保障了农民群众的民主权利和物质利益。各地结合实际创造的许多有效机制和办法，既是林改工作的好经验好做法，也是对党领导的村级民主自治机制的细化、丰富和完善。

随着时代的发展，我们对林业的认识也不断深化，林业的地位日益重要，内涵不断拓展，作用愈加凸显，功能更加多样。林业功能的多样性可以概括为五点：一是林业产品的供给功能。森林是巨大的可再生资源宝库，不仅可以提供木材、木本粮油、生物质能源，而且还能提供大量的生态产品。二是林业的就业增收功能。我国的林地面积大，林地资源丰富，产业链条长，涉及一二三产业，市场潜力大，农民增收就业空间广阔。三是林业的生态保护功能。林业是生态建设的主体，在生态文明建设中发挥着巨大作用。林业的生态效益是其经济效益的几倍、几十倍甚至上百倍。要不断提高生态的承载力，就要加强森林保护，增强森林的多种功能。四是林业的观光休闲功能。在广阔的田野、山林可以陶冶情操，美景总让人们流连忘返。现在走进自然、亲近自然、享受自然的人越来越多，工业化的推进使人们越来越渴望回归自然、拥抱自然。五是林业的文化传承功能。林业是记录农耕传统文化的重要载体，随着林业的发展，林业的生态文化功能也日益增强。总之，随着林业改革发展的不断深入，林业的内涵不断丰富，过去一提林业就是提供木材，现在还包括提供木本粮油、木本药材、生物质能源、森林旅游、森林保健；过去一提林业工作就是植树造林，现在林业工作涵盖了森林、湿地、荒漠三大生态系统和生物多样性保护；过去一提林业发展就是增收致富，现在已经延伸到改善生态、传承文明、提升形象。对于林业的作用，今天我们可以毫不夸张地说，没有绿色和树木，就没有宜居的环境；没有花卉和园林，就没有迷人的景观；没有森林和湿地，就没有碧水蓝天；没有造林绿化，就没有祖国的秀美山川。这正在成为人们的共识，并为实践印证。

**二、继续加大集体林权制度改革的攻坚力度，不断巩固和扩大林改成果**

按照中央的统一部署，要用5年左右的时间，基本完成明晰产权、承包到户的林改任务。现在，时间已经过半，任务完成也已近八成，但改革进展还不平衡，个别地方认识还不到位，有的地方不敢正面碰硬，一些地方执行政策还有偏差，配套改革还刚刚起步。如期实现改革目标，任务还十分艰巨，工作还相当繁重。我们必须充分认识这场改革的长期性、艰巨性和复杂性，进一步加大改革推进力度，突出抓好以下五项重点工作：

（一）切实明晰产权，坚持承包到户，确保农民享有平等的承包经营权。明晰产权、承包到户，赋予农民长期稳定的林地承包经营权，是集体林权制度改革的核心和关键，也是完善政策、创新机制、加快发展的前提和基础。各地林改实践表明，产权越明晰、到户越彻底、利益越直接，改革就越顺利、成效就越明显、农民就越满意。如果做不到这一点，就不是真改革，对农民群众就没有实质意义。现在，有的地方没有准确把握林改政策，片面强调大户承包和林权流转；有的地方没有把决策权真正交给农民，代替群众决策行事；有的地方勘界确权发证工作不细致、不扎实，留下许多矛盾隐患。这些问题必须引起高度重视，及时纠正和解决。各地务必紧紧抓住明晰产权、承包到户这个中心环节，把政策真正落到实处，决不能偏离改革的正确方向。基本完成改革任务的地方，要认真组织开展“回头看”，切实解决改革工作不到位、政策执行有偏差的问题。正在进行改革的地方，要统一思想认识，不得以任何理由阻碍明晰产权、承包到户。确实不宜实行家庭承包的极少数集体林地，必须严格依法经村民会议决定，并报乡镇备案，才能以其他形式明晰产权。各地要对明晰产权、承包到户工作切实加强指导，严格监督检查，确保农民平等享有承包经营权。

（二）加大投入力度，强化政策扶持，完善林业支持保护制度。中央林业工作会议后，各地区各部门纷纷出台支持林业改革发展的政策措施。中央财政建立了造林、林木良种和森林抚育补贴制度，启动了湿地补助试点工作，提高了森林生态效益补偿标准，扩大了森林保险补贴试点范围，对育林基金减征带来的地方财政减收给予转移支付，对西部地区和享受西部政策的自治州增加了林改工作经费，将涉林公益事业纳入村级公益事业一事一议财政奖补试点范围等等。各地也结合实际，加大对林业改革发展的支持力度，许多省区市建立了地方公益林生态效益补偿制度，将林业行政事业经费纳入地方财政预算。但也要清醒地看到，强林惠林政策体系还不够完善，与现代林业发展的要求还有不小差距。各地区各部门要继续按照《中共中央国务院关于全面推进集体林权制度改革的意见》（中发〔2008〕10号）和中央林业工作会议精神，进一步细化实化落实已有政策，并抓紧研究出台新的支持保护措施。要不断完善森林生态效益补偿制度，逐步提高补偿标准。扩大森林保险保费补贴试点范围，建立健全森林保险制度。切实改善林业金融服务，完善林权抵押贷款办法，引导更多资金投向林业和林区。加快完善森林资源资产评估管理办法，规范森林资源资产评估行为。出台支持发展林下经济和森林旅游的财税金融政策。各地应将林区基础设施建设纳入本地区相关行业发展规划，进一步改善林区生产生活条件。

(三)健全服务体系，创新服务机制，提高林业社会化服务水平。林地承包到户后，经营形式更加多样，经营内容更加丰富，对社会化服务的需求更加强烈。必须加快培育服务主体，改进服务方式，为农民兴林致富提供全方位、多层次、高效便捷的服务，切实帮助农民解决好种什么、怎么种、怎么管、怎么销等实际问题，真正实现生态受保护、农民得实惠。一要加强体系建设。在林区县和重点林业乡镇建立健全林业综合服务中心，在非林区县和一般乡镇的行政服务中心设立专门的办事窗口，加强服务设施建设，提高工作人员素质，增强服务能力。支持发展林业专业合作组织、专业协会和中介服务机构等服务组织，帮助农民提高生产经营效率，提升市场竞争能力。完善林业产业化龙头企业与农户的利益联接机制，充分发挥辐射带动作用。二要丰富服务内容。加强技术、资金等生产性服务，加大科技投入，搞好技术培训，加快推广种苗培育、造林营林、病虫害防治、森林防火、林产品加工等先进实用技术。加强政策、法律等保障性服务，加大宣传力度，搞好咨询服务，为规范林权流转、维护农民权益提供援助支撑。加强信息、市场等经营性服务，拓展信息渠道，搞好产销衔接，引导农民积极参与市场竞争、有效应对市场变化。三要创新服务方式。逐步推行服务代理，在林业规划设计、林木采伐运输、森林资产评估、林权流转、政策指导和技术咨询等方面为农民提供“一站式”服务。利用现代传媒技术，大力推行网上服务和远程指导。推广专家门诊、林间课堂、农超对接和能人领、企业带、干部帮等有效办法，使更多农户尽快走上致富之路。

(四)发展林业产业，拓展增收渠道，增强农民兴林致富能力。立足资源优势，开发特色产品，培育主导产业，壮大林区经济。要按照市场需要和生态要求，优化林种树种结构，着力强化森林经营，因地制宜培育工业原料林、特色经济林、木本粮油林、珍贵用材林、高产能源林、休闲风景林，扩大资源规模，提高营林效益。大力发展林下经济，推广林药、林菌、林菜、林牧等立体开发、循环利用模式，实现长中短有机结合、上中下综合利用、林农牧复合经营，大大提高林地利用率和产出率。充分利用青山绿水的资源优势，积极发展休闲林业和森林旅游，兴办森林人家、森林氧吧、森林疗养等休闲旅游项目，充分实现森林资源的生态景观价值。同时，加快发展林产品精深加工，推进技术进步和产业升级，延长产业链，提高附加值。

(五)加强林权管理，规范流转行为，维护农民合法权益。切实加强林权管理工作，既是维护农民合法权益的必然要求，也是深化改革、巩固成果的客观需要，必须作为当前一项重要任务抓紧抓好。要健全林权管理机构，强化管理职能，提高管理效率，真正把林权登记发证、建档立档、流转管理、争议仲裁、纠纷调处等工作做实做细。依法规范集体林权流转，切实解决强迫流转、阻碍流转、侵害农民流转权益以及流转合同不规范、管理服务不到位等突出问题，依法依规妥善处理流转面积过大、期限过长、租金过低等历史遗留问题。在推动林业规模经营、集约经营的同时，切实保护流转各方的合法权益。抓紧完善相关法律法规制度，积极推动集体林权保护管理、流转管理、登记管理和档案管理等立法工作。在加强林权管理工作中，要尽量简化审批手续和环节，坚决制止各种乱收费、乱摊派的行为。

**三、切实加强集体林权制度改革的组织领导，努力保障林改工作顺利推进**

当前，林改正处在全面深化、整体推进的关键阶段，明晰产权、承包到户还需攻坚克难，完善政策、创新机制更需要下大工夫、苦工夫。必须进一步增强责任感、紧迫感和使命感，乘势而上，顺势而为，精心谋划，统筹推进，确保如期完成中央交给我们的改革任务。

(一)继续高位推动，坚持“五级书记”抓林改。“五级书记”抓林改、“四大班子”齐上阵，是许多地方抓林改的好经验，确实是林改顺利推进、取得成效的坚强组织保障。地方各级党委、政府要把林改作为深入学习实践科学发展观的重要行动，作为各地开展“创先争优”活动的重要内容，作为加快推进农村改革发展的重要突破口，切实抓紧抓好。主要领导要深入林改一线，及时指导工作，解决实际问题。建立健全党委统一领导、党政齐抓共管、部门分工负责的工作机制，充实加强林改工作领导机构，明确任务、落实责任、加强督导。有关部门要各司其职、各尽其责，主动参与改革、积极支持改革，努力形成推动改革的强大合力。各级林业部门要深入基层、摸清林情、了解民意，当好党委政府的参谋助手。大力总结宣传推广典型经验，特别要注重学习借鉴这次会议交流的百县的好经验、好做法，用榜样的力量推动改革深入发展。县一级作为林改最重要、最关键的环节，书记、县长要亲自抓、负总责，确保领导到位、工作到位、措施到位。

（二）积极稳妥推进，坚持规范有序抓林改。林改事关千家万户切身利益，事关农村社会和谐稳定。推进林改，中央有明确的原则要求，各地也有具体的操作程序，一定要坚持原则不动摇，严格程序不走样。坚持质量优先，进度服从质量，决不能敷衍塞责、应付了事。既要不等不靠、积极作为，又要避免简单行事、急于求成；既要因地制宜、分类指导，又要防止强调特殊、各行其是。在实际操作中，宣传发动要充分，调查摸底要深入，制定方案要民主，确权勘界要精细，登记发证要认真，档案管理要规范，切实做到情况不清楚不实施、意见不一致不票决、公示有异议不确权，避免因情况不明、方案不妥、操作不当、工作不细引发新的问题，产生新的矛盾。

（三）强化生态保护，坚持统筹兼顾抓林改。国家得绿、农民得利是林改成功的根本标志。推进林改，必须立足增加森林资源、增强生态功能，实现生态建设与产业发展良性互动，决不能以破坏森林、牺牲生态为代价。认真贯彻落实《全国林地保护利用规划纲要(2010～2020年)》，严格实行征占用林地审批管理制度，全面加强林地保护管理，坚决遏制林地流失。要大力加强森林公安等专业执法力量建设，严厉打击非法征占用林地、毁林开荒、乱砍滥伐、乱捕滥猎等破坏森林资源行为。严格执行《森林防火条例》，切实落实地方行政首长负责制，全面加强预防、扑救和保障三大体系建设，进一步提高森林火灾综合防控能力，切实减少森林火灾，坚决避免重特大森林火灾。加强林业有害生物和野生动物疫源疫病防控工作，坚决避免林业有害生物和疫情大面积暴发。各地要把林业灾害处置纳入政府应急管理体系，实行联防、联保、联控，抓紧建立政府主导、部门协作、群众参与的林业灾害防控机制。

全面推进集体林权制度改革，使命光荣，任重道远。让我们紧密团结在以胡锦涛同志为总书记的党中央周围，高举中国特色社会主义伟大旗帜，以邓小平理论和“三个代表”重要思想为指导，深入贯彻落实科学发展观，锐意进取，开拓创新，扎实工作，努力开创现代林业发展新局面，为建设社会主义新农村、夺取全面建设小康社会新胜利作出更大贡献！

局领导重要讲话

# 深入贯彻落实中央决策部署
# 努力实现林业发展宏伟目标
## ——在全国林业厅局长会议上的讲话

贾治邦
(2010年1月21日)

这次会议的主要任务是，深入贯彻党的十七大和十七届三中、四中全会及中央经济、农村、林业工作会议精神，认真落实胡锦涛总书记、温家宝总理等中央领导同志重要批示精神，系统总结2009年林业工作，深入分析林业面临的新形势，科学谋划林业发展思路，研究部署2010年林业工作。国务院对这次会议高度重视，会前，中共中央政治局委员、国务院副总理回良玉同志专门听取汇报，并作出重要指示，1月19日又作出重要批示。我们要深刻领会、切实贯彻中央的部署要求，集中精力把会议开好。下面，我讲三点意见。

**一、2009年林业工作的简要回顾**

2009年是新中国成立60周年，是我国应对国际金融危机关键之年，也是我国林业发展史上具有里程碑意义的一年。一年来，党中央召开了新中国成立60年来的首次中央林业工作会议，全国掀起了加快林业改革发展的新热潮；提前实现了2010年森林覆盖率达到20%的奋斗目标，有力提升了我国在应对气候变化中负责任大国形象；重点国有林区棚户区改造全面实施，林区民生明显改善；林业政策调整取得重大突破，强林惠林政策体系开始建立；全国林业信息化建设取得突破性进展，林业发展进入了“以信息化带动现代化”的新阶段。在特大旱情等自然灾害和国际金融危机严重影响的情况下，全年完成造林8827万亩，义务植树24.8亿株，林业产业总产值达到1.58万亿元，同比增长9.8%。总体上看，过去的一年是我国林业发展史上划时代的一年，是发展现代林业、建设生态文明、推动科学发展取得重大进展的一年。

(一)*林业改革取得重大成效*。集体林权制度改革全面推开。已有26个省区市召开了省委或全省林业工作会议，形成了五级书记、五大班子抓林改的好局面。全国已确权林地面积15.14亿亩，占集体林地的59.4%，发证面积11.36亿亩，占已确权面积的75%。林地承包到户后，农民真正成为山林的主人，山林成为农民的宝贵资产。陕西省宁陕县有集体林306万亩，蓄积量943万立方米，林改后全县每个农户分得林地186亩，蓄积量558立方米，户均资产达到50万元。由于农民对林木拥有了所有权、经营权、处置权，原来的集体林由“我们的”变成了“我的”，蕴藏在农民群众中的巨大能量得到充分释放，农民就像解放区参加土改和20世纪80年代实行农田大包干一样，热情高涨，敢于投入，舍得投入，展现出家家户户齐动员、热火朝天干林业的动人景象。过去担心引发乱砍滥伐的情况不但没有发生，反而出现了全家护林、合作护林、精心护林的可喜局面。农民通过精心经营林地、发展林下经济和森林旅游，收入大幅度增加。浙江省安吉县农民人均纯收入达到1万多元，其中仅竹产业一项农民人均收入就达到6500多元。甘肃省合水县农民胡振东2009年在林下养鸡4万多只，产出达到120多万元。云南省大理州漾濞县通过发展核桃产业，收入在1万~5万元的农户1.2万户，山区农民收入首次超过了平原坝区的农民收入。已完成主体改革的地方，收到了生态受保护、农民得实惠的显著成效。

同时，集体林木采伐管理机制改革取得突破，在24个省区市、193个单位进行了改革试点。推行了林木采伐指标公示制，湖南省林木采伐指标实现了“阳光分配”，入村到户率达到100%。国有林场和重点国有林区改革试点取得新进展。《关于加快国有林场改革的实施意见》已上报国务院，将于今年启动实施。伊春国有林改革试点也进一步进行了总结完善。

(二)*生态体系建设扎实推进*。一是森林生态系统建设取得新进展。森林面积大幅度增加，森林质量明显提升，森林保护进一步加强。据第七次森林资源清查，全国森林面积29.25亿亩，比上一次清查净增3.08亿亩；森林覆盖率20.36%，净增2.15个百分点；活立木蓄积量149.13亿立方米，净增11.28亿立方米；人工林面积9.3亿亩，净增1.26亿亩，继续保持世界首位。两大生态屏障建设成效显著，三北防护林工程重点区域治理得到加强，沿海防护林工程建设实现了基干林带合拢。天然林资源保护工程木材产量调减到位，退耕还林工程成果进一步巩固，长江防护林工程两湖两库治理效果明显，林业血防工程建设规模进一步扩大，太行山绿化工程建设涌现出山西长治等一批典型，珠江防护林工程、平原绿化工程稳步推进。义务植树、部门绿化和各种形式的社会造林深入开展。二是湿地生态系统保护恢

复取得新成效。实施了湿地生态保护恢复工程。启动了第二次全国湿地资源调查。新增国家湿地公园试点62处，新增杭州西溪湿地公园为国际重要湿地，湿地保护网络体系初步形成。在广东等3省开展了国家重要湿地确认试点。8个省出台了省级湿地保护条例，湿地保护与恢复管理逐步进入信息化、法制化、规范化轨道。三是荒漠生态系统治理与改善取得新突破。《省级政府防沙治沙目标责任考核办法》颁布施行，成为继计划生育、耕地保护、节能减排之后又一项对省级政府具有约束力的考核办法。京津风沙源治理工程稳步推进，全年完成沙化土地治理近1500万亩。建立防沙治沙综合示范区37个。沙尘暴灾害防范和应对工作加强。颁布了石漠化治理林业专项规划，治理项目试点顺利进行。开展了第四次荒漠化沙化监测。四是生物多样性保护得到新加强。新增国家级自然保护区14个。全国林业系统自然保护区达到2011个，面积18.42亿亩，占国土面积的12.79%。开展了全国林业自然保护区评估工作，自然保护区管理水平进一步提升。大熊猫、朱鹮、金丝猴、苏铁、红豆杉等一大批濒危物种野外种群稳中有升，成功组织了鳄蜥放归自然和德保苏铁回植活动。70%的野生大熊猫及60%的栖息地纳入保护区有效管理，野生种群发展到1600只，濒危状况得到有效缓解，圈养种群总数达到290只，基本实现自我维持。野生动物损害补偿试点进展顺利。组织了打击破坏鸟类资源等专项行动，遏制了破坏野生动植物资源的势头。野生动物疫源疫病监测防控进一步加强，活禽和活体鸟类经营市场专项整治成效显著，遏制了高致病性禽流感的蔓延。

（三）林业产业体系初步形成。经国务院批准，颁布了《林业产业振兴规划》。召开了第二届全国林业产业大会，各级政府出台了一系列促进林业产业发展的政策措施，木材加工、木浆造纸、林产化工、森林旅游、木本粮油、竹藤、花卉、野生动植物繁育利用、林业生物质能源、沙产业等十大林业支柱产业加快发展，林业产业体系初步形成。森林旅游业产值达到1500亿元，带动社会总产值超过4000亿元，经济林种植与采集业产值达到3700亿元，木材加工业产值达到3600亿元，木浆造纸业产值达到1300亿元，竹藤花卉业产值超过1000亿元。河南省许昌市种植花卉苗木90万亩，年总产值60亿元，花木主产区农民年人均纯收入达到10 600元，高于全市平均水平4000多元。油茶产业发展势头良好，实施了《全国油茶产业发展规划》，全年生产良种嫁接苗近4.2亿株，可出圃油茶良种苗1.6亿株，可新造油茶林150多万亩，投资建设油茶良种采穗圃项目76个，新种植油茶林134万亩，改造低产油茶林298万亩，油茶籽产量达到89万吨。湖南省新造油茶林46.5万亩、低改抚育136万亩；江西省新造油茶林39.4万亩，低改抚育46.2万亩。山东、江苏、广西的木材加工业，湖南、四川的森林旅游业，云南、河南的花卉业，辽宁、河北的林下经济，广东、吉林的野生动物繁育利用业，浙江、江西的竹产业，陕西、新疆的林果业等，已成为当地的主导产业。福建、浙江、广东、江苏等省林业产业总产值继续保持高位增长，其中福建达到1460亿元，浙江达到1434亿元，广东达到1419亿元，江苏达到1136亿元，山东、江西、四川、广西、湖南都达到了800亿元以上，辽宁、河南、吉林等省也超过了600亿元。

（四）生态文化体系建设深入开展。一是组织体系不断完善。各类生态文化协会、学会、促进会、创作基地不断涌现，生态文化管理、研究、创作和宣传队伍不断壮大。山东省各级生态文化群众团体达260多个，创作队伍达90多支。二是宣传平台不断丰富。大力推进森林博物馆、标本馆、科普长廊等基础建设，建成了中国湿地博物馆、退耕还林展览馆，在中国林业网开辟了中国树木博览园、野生动物博物馆、林业展厅等，打造了一批集保护、展示、教育于一体的生态文化平台。三是生态文化传播日益广泛。开展了国家森林城市和国家生态文明教育基地创建活动，成功举办了第六届中国城市森林论坛和第二届中国生态文明高层论坛。开展了全国林业职工原创作品展、林业公益招贴画进万家和“原山杯”全国书画大赛活动。举办了“生态中国十大杰出人物”评选、全国生态文学作品大赛、全国生态建设成就摄影大赛。涌现了以《鹤乡谣》、《中国野生动物档案》、《远方的呼唤》为代表的一大批生态科普文化作品。同时，森林、湿地、野生动物等文化内涵得到进一步挖掘。通过公益广告、野生动物宣传月、爱鸟周、荒漠化日，举办林博会、花博会、湿地文化节等活动，进一步扩大了生态文化的影响力。

（五）林业“三防”工作成效显著。实施了《全国森林防火中长期发展规划》，加强了森林防火基础设施建设，开展了“侦破森林火案攻坚战”行动，组建了武警森林部队直升机支队，成功处置了“4·27”黑龙江沾河等36起重特大森林火灾，实现了火灾次数、受害面积和人员伤亡“三下降”，森林防火工作的基础建设、保障能力、扑救水平、社会影响显著提升。进一步强化了林业有害生物防控，重点加强了美国白蛾、松材线虫病防治，美国白蛾防控基本实现了有虫不成灾。开展了“绿盾三号”、林区社会治安整治、禁种铲毒等一系列专项严打行动，有效维护了森林资源安全和林区稳定。全国林业行政案件首次控制在30万起以下，比2008年减少5.62万起。

（六）强林惠林政策实现重大突破。一是支持林业发展的公共财政制度进一步完善。森林经营首次列入中央财政预算，由中央财政安排5亿元在11个省区和大兴安岭林区进行500万亩中幼林抚育补贴试点。林木良种补贴开始试点。林业机具纳入补贴范围。生态效益补偿标准提高，与财政部联合发布了《国家级公益林区划界定办法》，制定了《国家级公益林管理办法》，将国家级公益林补偿标准由每亩每年5元提高到10元，广东、福建、江苏、湖北、北京等省市将公益林补偿标准提高到每亩每年15～60元。造林补助标准从每亩100元提高到每亩200元。二是林业金融政策实现重大突破。森林保险开始试点，投保面积2.7亿亩，保险金额1141亿元。林权抵押贷款规模扩大，林权抵押面积5430万亩，获得贷款217亿元。林业贷款中央财政贴息政策进一步完善，各金融机构林业贷款规模达到240亿元，落实林业贴息贷款160亿元、中央财政贴息资金6.5亿元。三是林业税费政策得到重大调整。颁布了新的《育林基金征收使用管理办法》，林业部门过去从育林基金中列支的经费，明确由同级财政预算解决，湖南省已将林业部门行政事业经费全额纳入财政预算。延续了以林区“三剩物”和次小薪材为原料生产加工的综合利用产品，实行增值税即征即退政策。四是实施了改善林区民生的投入政策。国有林区棚户区改造累计安排中央投资23.5亿元，安排改造任务15.67万户，竣工539万平方米，交付入住10.8万户。下发了《关于做好国有林场危旧房改造工作的通知》。家电、汽车、摩托车等下乡补贴对象扩大到国有林区、林场职工。五是林区基础设施投入力度加大。编制了《林区道路建设工程规划》、《林区用水安全工程规划》，林区基础设施建设逐步加强。全年中央林业投入再创历史新高，达到691.7亿元，增幅13.9%。同时，各地进一步完善了林业投融资政策，林业投资大幅度增加。

（七）科教兴林、依法治林不断强化。一是林业科技支撑能力不断增强。实施了公益性行业科研专项、地方推广专项、高技术产业化示范工程和林业科技富民示范工程，取得了一批重要成果，并在生产建设中推广应用。加强了生态定位观测研究，新建生态定位站22个，制定了《陆地生态系统定位研究网络中长期发展规划》，完善了森林、湿地、荒漠生态系统生态定位站网络体系。成立了生物资源科学研究院。加强了林木新品种、生物质能源、生物产业、木本粮油等领域的科研和推广。林业标准化、知识产权保护等取得新进展。成立了国家级森林认证中心。成功举办了第二届中国林业学术大会。在福建省三明市命名了首个“全国生物产业基地”，在湖北省建立了“林业科技示范园区”。安徽省实施了“森林质量提升计划”，湖南省实施各级各类科技项目500多项。二是林业法制建设进一步强化。《森林法》修改已列入全国人大议程。湿地保护条例立法进程加快。新修订的《森林防火条例》正式实施。在农村土地承包经营纠纷调解仲裁相关法规中明确了集体林权纠纷调解机制。各地认真落实国务院颁布的《全面推进依法行政实施纲要》，辽宁省出台了《防沙治沙条例》，福建省出台了《林权登记条例》，甘肃省出台了《林地保护条例》，湖南省下发了规范行使林业行政处罚自由裁量权的指导意见，海南省制定了《沿海防护林建设与保护指导意见》。

（八）林业信息化建设取得实质性进展。发布了《全国林业信息化建设纲要》及其《指南》。召开了首届全国林业信息化工作会议，确立了“加快林业信息化，带动林业现代化”的基本思路，举办了首届全国林业信息化高峰论坛、林业信息化成果展，设立了林业信息化标识。实施了国家林业局内外网整合改造、林业专网扩建、自然资源信息库等一批重点信息化工程。“金林工程”立项工作加快推进。林业信息化标准体系初步形成。组织了林业信息化战略研究，启动了辽宁、湖南、福建、吉林森工等首批全国林业信息化示范省建设。整合打造了中国林业网、国家林业局办公网、全国林业专网，形成了包括计划单列市在内的省级以上林业部门视频和在线办公网络，国家林业局无纸化办公即将实现。辽宁、江苏等多数省份召开了全省林业信息化工作会议，广西、江西、浙江等多个省区编制了林业信息化建设规划。山西、辽宁、吉林森工等建立了数据支撑平台。福建、辽宁、云南等省制定了省级数字林业标准。湖南省建立了包括470万个森林小班的“林农科学种树电子地图”，林农点击地图，就能迅速查到自家山地适宜种什么树、怎么种等资料。全国林业信息化建设进入了全面发展的新阶段，已成为现代林业建设的一大亮点。

（九）林业国际影响力显著提升。林业在应对气候变化中的特殊作用受到空前重视，为国家外交战略作出了重要贡献。在2009年第十七次APEC会议上，胡锦涛主席再次强调了“亚太森林恢复与可持续管理网络”建设。在胡锦涛主席的重视下，亚太森林网络建设取得重要进展，国际影响不断提升。在2009年9月召开的联合国气候变化峰会上，胡锦涛主席向世界作出了“大力增加森林碳汇，争取到2020年森林面积比2005年增加4000万公顷，森林蓄积量比2005年增加13亿立方米”的庄严承诺，又一次赢得了世界各国的高度评价。当时的国际舆论称，胡锦涛主席的减排承诺赢得了世界掌声，中国让全球气候谈判出现了转机。CNN当天报道说，中国计划增加4000万公顷森林，相当于挪威的国土面积。美国前副总统戈尔说：“其他地方的很多人并不知道，近两年来，中国每年植的树是全世界其他地区加起来的2.5倍”，“中国的表率作用令人印象深刻”。在哥本哈根会议上，温家宝总理向世界郑重宣布，中国是世界人工林面积最大的国家，人工造林面积居世界第一。充分表明了我国为应对全球气候变化作出的巨大贡献。为配合国家整体外交，国家林业局派代表团出席了联合国气候变化峰会和哥本哈根会议，积极参加应对气候变化林业议题谈判，参与相关国际规则制定，适时发布了《应对气候变化林业行动计划》，扎实推进林业碳汇计量和监测工作。林业还成为中美、中日、中欧、中非战略经济合作的重要议题。打击森林非法采伐、国际履约以及经济技术合作等领域也取得了新进展。国际竹藤组织成员国达到34个，在20多个国家开展了30多个建设项目。同时，加强了境外森林资源合作，落实了境外森林资源合作6项扶持政策，发布了《中国企业境外森林可持续经营利用指南》，确定了10个在俄木材深加工重点项目，总投资达6.37亿美元。山东省17家企业已投资4.72亿美元在境外租赁或购置森林7875万亩、蓄积量近4亿立方米。争取欧投行贷款5000万欧元，实施了林业生物质能源和碳汇项目。总投资2亿美元的世行贷款“林业综合发展项目”和总投资1.8亿美元的亚行贷款“西北三省区林业生态发展项目”准备工作基本完成。

（十）林业队伍建设继续加强。深入推进干部人事制度改革，干部竞争上岗、轮岗交流力度明显加大，开展了干部集中教育管理活动，推进了干部工作的科学化、民主化、制度化。开展了“小金库”专项治理活动，加强了机关建设、党的建设和廉政建设。实施了派驻地方林业监督管理机构合署办公，提升了监管水平。森林公安基本完成了“三定”工作，正规化建设全面加强。各省区市进一步加强了林业机构建设，职能得到明显拓展。启动了全国林业站标准化建设试点。后勤保障、工青妇、老干部、林业社团等都发挥了重要作用。

一年来，在党中央、国务院的正确领导下，林业改革发展取得了重大成果，全体务林人为之付出了艰苦努力，中央有关部门和地方各级党委、政府为之付出了智慧和心血。在此，我代表国家林业局向全体务林人、各有关部门和各级党委政府、各新闻媒体以及一切关心支持林业改革发展的同志们、朋友们，致以崇高的敬意，表示衷心的感谢！

同时，我们也清醒地认识到，林业改革发展还存在着很多新困难、新问题，还面临着许多新挑战。我们一定要发扬成绩，正视问题，克服困难，迎接挑战，继续开创林业改革发展的新局面。

**二、当前林业改革发展面临的新形势**

当前，林业改革发展面临着千载难逢的好机遇，承担着十分重大的历史任务。去年底，中共中央总书记、国家主席胡锦涛等中央领导同志对林业改革发展作出了重要批示。胡锦涛总书记指出，经过多年努力，我国林业发展和生态建设取得显著成效，希望林业战线同志们，继续努力，依靠人民群众，依靠科学技术，依靠深化改革，扎实开展植树造林活动，着力加强森林保护和经营，确保实现2020年的奋斗目标。去年6月，中共中央政治局常委、国务院总理温家宝同志在中央林业工作会议上对林业作出了“四个地位”的精辟概括，明确指出，在贯彻可持续发展战略中林业具有重要地位，在生态建设中林业具有首要地位，在西部大开发中林业具有基础地位，在应对气候变化中林业具有特殊地位。中共中央政治局委员、国务院副总理回良玉同志明确提出了新时期林业的“四大使命”，明确要求，实现科学发展必须把发展林业作为重大举措，建设生态文明必须把发展林业作为首要任务，应对气候变化必须把发展林业作为战略选择，解决“三农”问题必须把发展林业作为重要途径。中央林业工作会议和中央领导同志对林业的重要论述，是我们党对林业发展和生态建设的最新认识成果，确定了新时期林业发展和生态建设的新地位、新使命、新目标和新要求。我们一定要认真学习，深刻领会，统一思想，提高认识，抓住当前这一十分宝贵而重大的历史机遇，全面完成发展现代林业、建设生态文明、推动科学发展这一光荣而伟大的历史使命。

第一，发展林业已成为深入贯彻落实科学发展观的重大实践，成为全党全国工作的战略重点。科学发展观是我们党在新世纪新阶段根据党和国家事业发展新特点提出的重大战略指导思想，是统领国家各项事业改革发展的总方针、总政策和总要求。科学发展观第一要义是发展，核心是以人为本，基本要求是全面协调可持续，根本方法是统筹兼顾。林业是具有多种功能的产业，在经济建设、生态建设、文化建设和社会建设中具有重要地位，在实现经济社会科学发展中具有不可替代的独特作用。实现科学发展必须把发展林业作为重大举措，这是中央林业工作会议赋予新时期林业的首要使命。为什么中央把林业提升到这样特殊的战略位置？首先，集体林权制度改革是统筹城乡发展的战略举措，是深入贯彻落实科学发展观的生动实践。农村和城市发展的不协调，是当前我国经济社会发展最大的不协调。我国有9亿农村人口和27亿亩集体林地，山区面积占全国陆地面积的近70%，山区人口占全国人口近60%。实行集体林权制度改革，充分释放亿万农民的巨大潜能和集体林地的巨大潜力，不仅可以极大地解放和发展农村生产力，加快实现农民特别是山区农民的小康目标，而且可以极大地推动城市经济的发展。这既体现了发展这个第一要义，又体现了以人为本；既体现了全面协调可持续发展，又体现了统筹兼顾的科学方法。其次，林业是一项重要的基础产业和公益事业，承担着物质产品和生态产品的供给任务。在贯彻可持续发展战略中林业具有重要地位，在生态建设中林业具有首要地位，在西部大开发中林业具有基础地位。在全面建设小康社会进程中，发展林业已成为全党全国工作的战略重点，必须加快林业发展，才能推动整个社会走上生产发展、生活富裕、生态良好的文明发展道路，才能建设好资源节约型和环境友好型社会，才能全面提升生态承载力，实现人口、资源、环境协调发展，人与自然和谐共进。按照中央的部署，各级党委政府自觉将发展林业作为深入贯彻落实科学发展观的重大实践，把林业摆上了战略位置，在全国掀起了前所未有的加快林业改革发展的新热潮。山东省把林业发展作为“率先发展、科学发展、和谐发展”的主要载体，加快推进绿色山东建设。湖南省把保持青山绿水、增加森林覆盖率和蓄积量作为实现科学发展的“四条底线”之一。云南省把林业发展作为统筹城乡发展的重大举措，力争农民林业人均收入达到3000元，实现山区农民脱贫致富奔小康。江西省把到2010年森林覆盖率达到63%作为实现科学发展的主要指标，各级党政领导干部带头参加植树造林，将每年春节后上班的第一天确定为植树团拜活动。江苏、河南、重庆、甘肃、陕西、河北、江西等省市分别将造林绿化、林改等主要任务纳入地方党政班子考核指标。各地召开省委或全省林业工作会议规格之高，规模之大，影响之深远，是划时代的，全国形成的全党动员、全民动手、全社会办林业的大好局面，也是前所未有的。

第二，发展林业已成为建设生态文明的首要任务，林业部门已成为生态文明建设的主体部门。党的十七大提出，要建设生态文明，基本形成节约能源资源和保护生态环境的产业结构、增长方式、消费模式，循环经济形成较大规模，可再生能源比重显著上升，生态环境质量明显改善，生态文明观念在全社会牢固树立。这标志着建设生态文明已经成为全面建设小康社会的新要求、新目标和新任务，标志着建设生态文明已经成为中国特色社会主义伟大事业的崇高追求。生态文明是指人类在改造客观物质世界过程中，自觉遵守自然和社会客观规律，不断调整改善进而实现低消耗、低排放、高效益的产业结构和生态化的生产方式、生活方式，达到人与自然、经济与生态和谐共进，取得的物质和精神的总和，是人类文明的高级形态。建设生态文明，必须把发展林业作为首要任务，充分发挥林业部门在生态文明建设中的主体作用。这是因为，森林是陆地生态系统的主体，在维护生态平衡中起着决定作用。林业部门承担着建设和保护“三个系统一个多样性”的重要职能，即：建设和保护森林生态系统、管理和恢复湿地生态系统、改善和治理荒漠生态系统、维护和发展生物多样性。科学家把森林生态系统喻为“地球之肺”，把湿地生态系统喻为“地球之肾”，把荒漠化喻为地球一种很难医治的疾病，把生物多样性喻为“地球的免疫系统”。这“三个系统一个多样性”，对保持陆地生态系统的整体功能起着中枢和杠杆作用，无论损害和破坏哪一个系统，都会影响地球的生态平衡，影响地球的健康长寿，危及人类生存的根基。只有建设和保护好这些生态系统，维护和发展好生物多样性，人类才能永远地在地球这一共同的美丽家园里繁衍生息、发展进步。其次，林业是发展循环经济、低碳经济的必然选择。森林既是一个巨大的资源库，又是一个最大的循环经济体，具有“生产—消费—分解”可循环的基本属性。木材是经济建设不可缺少的世界公认的三大传统原材料之一，具有可再生、可降解、可循环利用、绿色环保的独特优势。在经济建设中用木材和木材深加工制成品代替钢铁、水泥和石油、天然气深加工制成品，不仅可以大幅度降低二氧化碳的排放，而且可以促进生态环境的改善。同时，森林又是一种仅次于煤炭、石油、天然气的第四大战略性能源。利用林木的枝丫发电和果实炼油不仅潜力巨大，而且再生力强。在化石能源日益枯竭的情况下，发展森林生物质能源已成为世界各国能源替代的重大战略，也是我国开发替代能源的战略选择。各级党委政府在贯彻落实中央关于建设生态文明的战略决策中，都把加快林业发展作为生态文明建设的首要任务，把林业部门作为生态文明建设的主体部门，确立了生态立省、生态兴省、生态强省的发展战略，林业的地位空前提高，林业的投资显著增加，林业发展步伐明显加快。重庆市把建设“森林重庆”作为建成长江上游生态文明示范区的主要目标，制定了建设规划，仅 2009 年就投资 178 亿元，造林 798 万亩，超过前 10 年的总和。河南省实施了林业生态省建设规划，2009 年投资 79 亿元，造林 715 万亩。山西省实施生态兴省战略，大力推进省级造林绿化十大工程。广东省计划用 5 年时间在全省建成 1 万个以上生态文明村，等等。全国各地掀起了兴林、种树、护绿三大热潮。

第三，发展林业已成为全球政治的重大议题，成为应对气候变化的战略选择。森林在应对气候变化中具有三大功能。一是吸收功能。森林是陆地上最大的吸碳器。它通过光合作用，吸收二氧化碳，放出氧气，形成碳汇。科学研究表明：森林每生长 1 立方米蓄积量，平均能吸收 1.83 吨二氧化碳，释放 1.62 吨氧气。二是贮存功能。森林是陆地上最大的储碳库。陆地生态系统一半以上的碳，储存在森林生态系统中。同时，木制品的储碳能力也很强。据日本《木材工业》报道，全球木制品碳储量每年约增加 6000 万吨。三是替代功能。据国际能源机构测算，用木结构代替钢筋混凝土结构，单位能耗可从 800 降到 100。由于森林在应对气候变化中具有这些特殊功能，因此，《京都议定书》规定了工业直接减排和森林间接减排两条减排途径。日本在第一个承诺期，承诺减排 6%，其中 3.9% 通过森林间接减排来实现。2007 年在第十五次 APEC 会议上，胡锦涛主席提出我国森林覆盖率要由 18.21% 提高到 2010 年的 20%，并倡导与美国、澳大利亚发起建立“亚太森林恢复与可持续管理网络”，被国际社会誉为应对气候变化的“森林方案”。在 2009 年联合国气候变化峰会上，胡锦涛主席又提出了我国到 2020 年森林面积和蓄积量增长的目标，又获得国际社会的一致好评。在 2009 年 12 月哥本哈根气候变化大会上，虽然 119 个国家的首脑和众多国际组织、非政府组织 5 万人分别代表不同国家、不同利益集团展开了异常艰难的谈判和辩论，但各方对森林应对气候变化的共识高度一致，成为大会谈判的突出亮点，写入了《哥本哈根协议》，明确指出，减少由毁林和森林退化造成的碳排放、增加森林碳汇，在应对气候变化中至关重要，发达国家应提供充足的资金，支持发展中国家采取相应措施，同时决定建立哥本哈根基金予以支持。这一重要成果，为更广泛更充分地发挥森林在应对气候变化中的特殊作用，展示了广阔前景。我国是二氧化碳排放大国，随着经济的高速增长，二氧化碳排放总量必然继续增加。加快林业发展、增加森林碳汇已成为我国应对气候变化的战略选择，成为争取发展空间、维护国家形象的战略制高点。

第四，发展林业已成为增加农民收入的重要途径，成为拉动国内需求的战略举措。经济发展的永恒动力是消费，扩大内需的关键是扩大消费。如果消费上不去，投资过快形成的产能就释放不出来，就好像人吃进去消化不了，拉不出来，这样会更危险。我们国家扩大消费的潜力在农村，广大农民和部分城市低收入者消费意愿强，消费倾向高，但没有钱消费，购买力低，而高收入者虽然购买力强，但消费倾向低，这就出现了购买能力和消费意愿的错位。要解决这一症结，就要扩大农民消费，根本措施是增加农民收入，增加农民收入的希望和潜力在林业。各级党委政府已把全面推进集体林权制度改革、大力发展林业产业作为破解“三农”问题的重要途径和拉动国内需求的重大举措来抓，取得了明显成效。新疆维吾尔自治区已把发展林果业作为实现农民人均收入过万元的根本举措，特色林果业目前已成为新疆尤其是南疆 5 地州农民增收致富的主要途径。若羌县进入盛产期的红枣亩均效益都在万元以上，2009 年全县农民人均收入已达到 1 万元，其中红枣收入超过 8000 元，一些农户靠种植红枣成了 10 万元户，有的已成为百万富翁。各地兴林富民的典型，为增加农民收入、拉动国内需求，展示了光明前景。当然，林业生产周期长，不像耕地承包那样收效快，但随着林业产业的大发展，必将使农民收入大幅度增加，推动整个国民经济再上一个大台阶。

总之，时代潮流已经把林业推到了历史的前台，林业发展既面临着千载难逢的历史机遇，又面临着十分艰巨而光荣的历史使命。我们一定要用世界眼光和战略思维来认识林业，深刻领会和准确把握党中央、国务院赋予林业的“四个地位”、“四大使命”，把思想统一到中央的决策上来，把行动落实到中央的部署中去，紧紧抓住发展机遇，团结一致开拓进取，加快林业改革发展，切实肩负起我们的历史责任，切实履行好我们的神圣使命。

当前和今后一个时期，林业改革发展的总体要求是：以邓小平理论和“三个代表”重要思想为指导，深入贯彻落实科学发展观，全面落实中央林业工作会议和胡锦涛总书记、温家宝总理等中央领导同志重要批示精神，依靠人民群众，依靠科学技术，依靠深化改革，扎实开展植树造林，大力发展林业产业，全面加强生态保护，着力强化森林经营，确保 2020 年比 2005 年新增森

林面积4000万公顷，新增森林蓄积量13亿立方米，森林覆盖率达到23%以上，林业产业总产值达到4万亿元，为发展现代林业、建设生态文明、推动科学发展作出新贡献。

各级林业部门必须围绕这一总体要求，坚持把深化改革作为解放和发展林业生产力的不竭动力，坚持把科学技术作为做大做强林业的根本支撑，坚持把加强森林经营作为现代林业建设的永恒主题，坚持把兴林富民作为林业改革发展的根本宗旨，坚持把全面实现2020年奋斗目标作为林业部门的重大政治任务，坚定意志，振奋精神，扎实工作，确保林业发展的宏伟目标顺利实现。

**三、2010年林业改革发展的重点任务**

2010年是“十一五”和“十二五”衔接之年，是贯彻落实中央林业工作会议和中央领导同志重要批示精神的关键之年。各级林业部门一定要扎实落实中央关于林业工作的决策部署，把全社会的力量动员起来，把科技第一生产力的作用发挥出来，把林业发展的活力激发出来，圆满完成全年林业工作任务，为确保实现2020年奋斗目标打下坚实的基础。

（一）积极稳妥地推进改革，创新林业体制机制。全面推进集体林权制度改革。一是继续坚持五级书记抓林改。进一步加强领导，精心组织，加快推进主体改革，坚持以明晰产权为核心、以承包到户为主，凡适宜家庭承包经营的林地，都要把承包经营权落实到本集体经济组织的农户；对不宜实行家庭承包经营的林地，也要通过均股、均利等方式明晰产权，真正确立农民的经营主体地位。二是全面深化配套改革，放活经营。进一步健全林业公共财政制度、金融支撑制度、采伐管理制度、林权流转制度和林业社会化服务体系。要制定林权抵押贷款办法，规范抵押贷款行为，扩大抵押贷款规模。进一步完善林业贷款中央财政贴息政策，增加贴息规模，发挥贴息在金融支持林业发展中的杠杆作用。积极探索总结林业担保公司的运行机制，发挥担保公司在林业金融中的重要作用，为扩大林业融资规模、化解林业融资风险提供有效保障。认真总结森林保险试点经验，完善保险办法和机制，在基层林业工作站培训一大批熟悉森林保险的业务队伍，为扩大森林保险规模、实现农民与保险公司双赢奠定坚实基础。要充分发挥中国林权交易所等各级林权交易机构的作用，进一步规范交易行为，实现林业生产要素的科学、高效配置。同时，积极引导农民林业专业合作社等社会化服务组织健康发展。三是加强林权登记、发证和档案管理。林权登记、发证和档案管理，是保障林农合法权益、巩固改革成果的重要保证，也是林权抵押贷款、资产变现、流转、继承、纠纷调处的基本依据，必须高度重视，认真对待，规范管理。四是大力培育各类先进典型，发挥“点亮灯一盏，照亮一大片”的作用。同时，启动实施好国有林场改革，结合天保二期工程政策调整，继续抓好重点国有林区改革试点工作。

（二）全面强化生态建设，着力改善生态状况。全年完成造林任务8880万亩以上，义务植树25亿株。一是继续抓好重点工程建设。天保一期工程要搞好总结，认真制定二期工程实施方案。退耕还林工程要巩固成果，在重点生态脆弱区和重要生态区位，适当增加安排退耕还林任务，并与当地林业产业发展紧密结合起来，确保退得下、稳得住、有收益。三北、长江、沿海等防护林工程要按照建设两大生态屏障的要求，落实规划、优化结构、完善体系、提升功能。同时，要加快荒山荒地造林绿化步伐，将造林任务落实到山头地块，加快速丰林、碳汇林、能源林、珍贵用材林、木本油料林等基地建设。二是大力推进身边增绿。结合森林城市、森林乡镇、森林村庄、森林校园、森林厂矿、森林营区创建活动，深入开展全民义务植树运动，创新义务植树实现形式，努力提高义务植树尽责率。切实落实部门造林绿化责任制，大力推进铁路、公路等部门绿化。三是努力提高造林绿化质量。加强林木种子区划和良种基地管理，突出抓好区域性、示范性林木种苗基地建设，加强种苗市场监管和质量监督，全面提高良种壮苗使用率。要增加混交林和乡土树种比重，注重封山育林，强化自然恢复。要强化造林质量监管，确保种一棵、活一棵、成材一棵。

同时，要全面加强生态保护。一是加强森林和林地管理。强化森林资源监督管理，规范木材运输管理，深化采伐管理机制改革，简化审批手续，方便林农群众。争取国务院批复《全国林地保护利用规划纲要》，抓紧制定“十二五”征占用林地定额，防止林地非法流失。二是加强湿地资源保护。建立健全湿地保护管理制度，研究制定湿地生态效益补偿相关政策，开展湿地生态效益补偿和湿地生态补水试点工作。加强国际重要湿地、国家湿地公园建设管理，做好第二次全国湿地资源调查。三是加强荒漠资源保护。抓紧编制全国防沙治沙规划、全国防沙治沙综合示范区建设工程规划，加快推进京津风沙源工程建设。加强沙化土地封禁保护，抓好石漠化综合治理项目试点。做好第四次荒漠化监测及沙尘暴灾害应急处置。四是加强生物多样性保护。加强大熊猫等濒危物种的拯救和保护，编制《全国野生动植物保护和自然保护区建设工程总体规划（2010～2020年）》，强化野生动植物及其制品的国内国际贸易监管，抓好野生动物损害补偿试点，开展第二次全国野生动物资源调查和第四次全国大熊猫调查，推进自然保护区示范省和示范自然保护区建设，完善野生动物疫源疫病监测体系，做好野生动物疫源疫病监测工作。

（三）继续加强“三防”工作，切实巩固建设成果。一是切实提升森林火灾应急处置能力。以深入实施《森林防火条例》和《全国森林防火中长期发展规划》为重点，全面推进依法治火、科学防火和群防群治，着力强化基础设施、扑火装备、消防队伍和应急机制建设。严格落实行政首长负责制。重点加强森林航空消防，加大森林防火物资储备。加强火灾隐患排查，严格管理野外火源。加强火险预警监测，及时处置森林火情，切实提高火灾当日扑灭率。二是狠抓林业有害生物防控。重点强化美国白蛾、松材线虫病等重大危险性林业有害生物防控。严格落实各级政府的防治责任。加大虫情监测和检疫执法力度。继续开展生物防治试点，扩大防治规模，提高防治效果。开展林业有害植物调查，认真研究制定防控措施。三是组织开展专项严打行动。及时查处涉林大案要案，严厉打击破坏森林资源违法犯罪行为。

深化林区禁毒斗争。

（四）着力强化森林经营，进一步提高森林质量。全年完成森林抚育7875万亩、低产林改造2500万亩。一是抓紧编制全国森林经营规划。确定全国森林经营工作的方向、布局、任务和重点。各地也要编制相应的实施规划，多方筹集资金，加大森林经营投入，育林基金和森林植被恢复费可用于森林经营。二是抓好森林经营试点。优先在森林资源相对集中、中幼林比重大、短期内易见成效的林区开展森林经营试点，实行边试点、边总结、边推广。三是建立健全森林经营管理制度。建立森林经营年度计划制度，将森林经营面积指标纳入年度生产计划。研究建立森林经营绩效考核制度，将评价结果与林业项目和资金投入挂钩。认真总结森林认证试点经验，加强森林认证机构建设，逐步推进森林经营认证和产销监管链认证。深入总结推广森林经营的科学模式，修改完善森林采伐抚育规程。四是积极参与国际森林可持续经营进程，引进和掌握可持续经营模式和技术，不断提高我国森林经营水平。

（五）大力发展林业产业，促进农民就业增收。深入落实第二届全国林业产业大会精神，不断壮大木材加工、木浆造纸、林产化工、森林旅游、木本粮油、竹藤、花卉、野生动植物繁育利用、林业生物质能源、沙产业等十大林业支柱产业，力争林业总产值达到1.7万亿元。一是全面落实林业产业政策。认真实施林业产业振兴规划，积极筹措林业产业发展资金，落实各项优惠政策，切实降低林业生产经营者负担。积极争取野生动植物繁育利用产业发展扶持政策。二是加快产业结构调整。以提高林地生产力为核心，加强以资源培育为基础的第一产业；以提高产品质量和附加值为核心，改造和提升第二产业；以提高生态服务价值为核心，大力发展森林旅游、生态观光等第三产业。三是转变产业发展方式。加快科技进步和创新，抓紧淘汰落后产能，大力发展生物材料、生物制药等高新技术产业，着力优化林业产业结构。推动林业专利产业化，创新产业发展模式，推进产业重组，建立大型林业企业集团和产业集群。充分利用国家大型企业集团的资金优势和林业部门的资源优势，加强联合开发。四是强化市场引导。加强林产品市场信息的搜集与分析，准确掌握市场发展变化趋势，及时发布林产品价格信息。建立重点出口林产品知识产权预警机制，提升林业企业应对国际贸易技术壁垒的能力。

（六）加快发展生态文化，增强社会生态意识。一是鼓励生态文化产品的发掘和创作。积极推进林业大型典志编纂工作，组织创作一批文学、影视、动漫、戏剧、书画、音乐等人们喜闻乐见的生态文化产品，着力推出一批社会效益明显的生态文化精品。二是发展生态文化产业。鼓励社会资本投资森林文化、竹文化、茶文化、花文化、湿地文化等生态文化产业。三是组织生态文化宣传教育活动。继续开展国家森林城市创建活动，办好第二届绿化博览会、森林旅游节、湿地文化节以及具有地方特色的生态文化节庆、会展活动。突出抓好青少年生态道德教育，充分运用广播、电视、报纸、网站等媒体，不断增强全社会热爱自然、保护自然的生态意识。四是加强生态文化基础设施建设。继续加强生态文明教育基地建设，强化旅游风景林、古树名木和各种纪念林的保护，不断完善森林公园、湿地公园和自然保护区的生态教育功能。

（七）继续推进科教兴林，全面提升发展水平。一是推进科技创新和科技成果转化。加强优良品种培育、困难立地造林、森林抚育经营、生物资源开发等科技攻关，尽快破解林业发展中的技术难题，力争在林业新品种研发、林业应对气候变化、生态服务功能等方面取得重大进展。启动“林业科技引领计划”，推进“林业科技富民示范工程”和“林业科技特派员创业行动”，加快科技成果转化。加强林业植物新品种等知识产权保护和运用，强化林业生物安全管理，促进林业自主创新和生物产业发展。适时召开全国林业科技大会。二是加快推进林业信息化进程。加大信息资源整合力度，促进信息共享和信息公开。编制全国林业信息化“十二五”规划，做好“金林工程”立项工作。强化林业信息化统一管理，加强信息化标准建设，大力推进示范省建设。启动林业资源监管体系行动计划，强化林业卫星遥感数据应用。积极开展战略研究，加大培训工作力度。推进先进成熟信息技术的应用普及，拓展林业信息化应用领域，提升林业信息化应用水平。三是全面改善林业装备水平。研究制定有利于促进产业结构升级的政策措施，吸引多方资金进入林业机械制造领域。支持林业先进设备技术研发，积极引进国外先进林业设备和技术，培育大型林业装备企业集团，提升我国林业装备制造水平。落实林业机具补贴政策，推动林业机械的广泛应用。四是进一步完善林业标准体系。强化标准示范区建设，大力推进林业全过程的标准化生产，积极参与国际标准化工作。建立健全林产品质量检验检测体系，着力加强林产品质量安全监管。五是继续深化科技体制改革。加强全国林业科技资源的优化整合，探索建立以提高科技效率为核心的科技体制，加快地方林业科技发展。加强与其他部门、科研机构的合作，创新产学研结合机制，进一步发挥企业在技术创新中的重要作用。加强重点实验室、生态定位站、科技推广站建设。六是加强对林业院校的指导和共建工作，不断强化林业学科建设，为现代林业建设培养更多的优秀人才。

（八）大力加强基础建设，加快改善林区民生。坚持从规划项目政策等方面入手，为林业长远发展创造良好条件，全面增强林业自我发展能力。一是编制出台林业重大规划。编制完成《林业发展“十二五”规划》、《全国造林绿化规划纲要》、《三北防护林体系建设五期工程规划》、《农业综合开发林业“十二五”规划》、《全国湿地保护工程实施规划(2011～2015)》等规划，科学谋划林业发展蓝图。将林区基础设施建设纳入相关行业规划，全面改善林区生产生活条件。二是继续实施重点国有林区棚户区改造工程，全面启动国有林场危旧房改造项目。着力加强林区道路、饮水、供电、通讯、资源监测等基础设施建设。三是贯彻落实育林基金使用管理办法。降低育林基金征收比例，加快林业部门行政事业经费纳入地方财政预算进度，切实减轻林业税费负担。四是加快发展林区社会事业。将林区就业、增收、医疗、教育等纳入当地发展规划，争取国有林场分离办社会政策，提高社会保障能力，解除林区干部职工后顾之忧。

落实国有林区、林场职工购置家电等补贴政策。五是抓好重大政策争取和落实工作。协调落实天然林资源保护工程延续政策，完善林业补贴政策体系、生态补偿机制、金融支持体系，积极争取林业税收扶持政策和林产品出口退税政策。全力做好2010年林业预算内基本建设、部门预算及各类财政专项投资争取工作，提早做好2011年林业项目储备。

（九）加强国际交流合作，扩大林业对外开放。统筹国际国内两个大局，认真做好事关林业发展和国家利益的各项工作，全面提升我国林业对外开放水平。一是积极参与多边林业国际事务。全面参与国际林业规则制定，认真履行相关国际公约，切实维护国家利益。加强国际合作队伍建设，提高林业国际谈判能力。二是积极应对气候变化等涉林国际热点问题。加强气候变化、非法采伐和老虎保护等热点问题的对策研究，认真落实林业应对气候变化行动计划，推进相关合作。加强森林碳汇计量监测。三是深化双边林业国际合作。深入研究林业国际合作国别政策，巩固和拓展对外合作渠道。积极争取国外资金和技术援助，拓展利用援外资金领域，扩大利用资金规模。四是加强与国际非政府组织和民间社会的交流与合作。在完善管理的基础上，强化对国际非政府组织和民间社团的引导，促使其为加快我国林业发展发挥积极作用。五是加快亚太森林恢复与可持续管理网络和国际竹藤组织建设。推进试点示范项目建设，加强对外磋商，加快成员发展。加大对外宣传力度，提高国际影响力。六是全面推进林业对外开放。实施“走出去、引进来”战略，拓展林业发展空间，积极稳妥地推进海外森林资源开发和培育。扩大世行、亚行、欧投行贷款林业项目规模，提高外资利用水平。继续争取国家鼓励林产品出口政策，推动林产品进出口贸易稳定增长，加强非政府组织建设，支持林业企业国际维权工作。

（十）强化行政能力建设，提高林业管理水平。坚持依法治林和人才强林，全面提升各级林业部门的行政能力和管理水平。一是加强林业法制建设。高度重视并认真组织森林法修改，加快湿地保护条例、沿海防护林条例等立法进程。逐步推进林业综合行政执法，组织开展规范行政执法行为示范点建设。深化行政审批制度改革，加强林业行政许可工作。认真做好林业行政复议工作，妥善处置各类突发事件。二是加强干部培养管理。优化干部队伍结构，调动干部工作积极性。实施林业专业技术人才知识更新工程，推进干部教育培训规范化、信息化、组织化。研究探索林业高级专家培养机制，加强各类后备人才培养。加快干部人事制度改革，加大干部竞争上岗和轮岗交流工作力度。加强森林公安、林业工作站等基层队伍建设，充分发挥工青妇、老干部、社团等方面的作用。三是推进反腐倡廉建设。不断加强思想道德教育和党纪国法教育，大力推进廉政文化建设。紧紧抓住群众普遍关注和容易发生腐败问题的关键环节，对权力运行过程实行重点关注和全程监督。强化从源头上预防和治理腐败，把制度建设贯穿于反腐倡廉各个环节。对少数滥用职权、以权谋私的干部，一经发现，严肃查处，决不姑息。四是切实改进工作作风。继续开展“创建四型机关、争做五个模范”活动和“讲党性、重品行、作表率”活动，引导广大干部树立强烈的进取心、事业心、责任心，形成知难而进、真抓实干、狠抓落实的工作作风。

同志们，林业是一项利在当代、功在千秋、恩泽人类的丰功伟业。回顾过去取得的丰硕成果我们深感欣慰，面对未来新的挑战我们充满信心。让我们紧密团结在以胡锦涛同志为总书记的党中央周围，高举中国特色社会主义伟大旗帜，深入贯彻落实科学发展观，全面落实中央林业工作会议和中央领导同志的重要批示精神，振奋精神，锐意改革，狠抓落实，为发展现代林业、建设生态文明、推动科学发展作出新的贡献，为全面实现林业发展的宏伟目标而努力奋斗！

# 认清形势　抓住机遇<br>进一步推进集体林权制度改革向纵深发展

## ——在全国集体林权制度改革厅局长座谈会上的讲话

贾治邦

（2010年1月23日）

今天利用半天时间召开厅局长座谈会，会议开得很好，各位厅局长都作了很好发言，内容丰富，站得高，想得远。党中央、国务院高度重视集体林权制度改革，并且把推进改革的重任交给国家林业局。对此，国家林业局党组和我本人都深感责任重大，一直兢兢业业、竭尽全力去完成这项伟大而艰巨的历史使命。下面，我根据掌握的情况，结合大家的发言，对当前改革的形势以及推进改革的基本思路谈几点意见。

**一、对当前林业改革形势的分析**

2009年是全面推进集体林权制度改革极其关键的一年。新中国成立以来首次以中央的名义召开林业工作会议，对全面推进集体林权制度改革进行了全面部署安排。中央林业工作会议召开后，各地深入贯彻落实会议精神。截至目前，全国已有26个省区市召开了省委或者全省林业工作会议或集体林权制度改革现场会，省委书记作动员、省长作部署，并出台了含金量很高的政策文件。会议规格之高、规模之大、影响范围之广，都是前所未有的，有力地推动了集体林权制度改革。我们坚持分区指导，着力加强对西部和北方自然条件差、生态公益林多的地区的集体林权制度改革指导；建立健全公

共财政支持林业发展的制度；协调出台金融支持林业发展的政策；进一步强化林权保护和流转管理；精心组织集体林采伐管理改革试点；积极推动农民林业专业合作社发展。

回顾一年的工作，在中央林业工作会议的有力推动下，全国集体林权制度改革取得了重大进展。目前，已有福建、江西、浙江、云南、辽宁等10个省区基本完成了明晰产权、承包到户的改革任务，另有12个省改革已全面推开，其余省也已开展改革试点。全国已完成林改确权面积15.14亿亩，占集体林地的59.4%，勘界发证面积11.36亿亩，占集体林地总面积的44.6%。改革正在逐步发挥其积极作用，取得了显著的成效，农民的潜能不断释放，造林育林护林的积极性空前高涨，森林资源得到了有效保护。通过林改，广大农民特别是山区农民得到了可观的财产，通过精心经营林地、发展林下经济和森林旅游等，农民群众得到了更多的实惠，农村经济发展的活力大大增强，社会更加和谐稳定，干群关系进一步改善。这场史无前例的集体林权制度改革，受到了亿万农民的热烈拥护和社会各界的高度评价，也引起了国际社会的普遍关注。

全国集体林权制度改革虽然取得了明显成效、发展势头良好，但也应当看到，目前林改正处在深化发展的关键时刻。现在的问题是，我们能否搞好这项改革，改革是否能稳步推进，改革效果是否明显，改革是否做到不留任何后患、瑕疵和漏洞，改革是否真正地彻底地解放和发展生产力，形成长效发展机制。贵州省锦屏县解放以前因为有“林契”，形成了稳定的山林权属关系和发展机制，森林经营管理得很好，老百姓年年砍树年年种树，树越砍越多，就像年年宰猪年年养猪，猪越宰越多一样。民间流传一句话：“杀不完的猪，砍不完的树。”锦屏县森林蓄积量在解放前有980万立方米，经过人民公社后仅剩下200多万立方米。这些年来一直在积极恢复发展，到现在也只有700多万立方米，还没有恢复到解放前的水平。现在我们经营管理森林还做不到这一点，根本原因在于制度安排不合理。这个例子足以说明改革彻底了，产权落实到位了，老百姓把这当作一项产业来发展了，经营管理的积极性充分调动起来了，他们就会千方百计去种树，想方设法去发家致富，林子就越砍越多，林业发展前景就越来越好。

现在，集体林权制度改革已经获得很大范围的认可和支持，党中央、国务院不断接到来自各地的积极反映。我们要深刻认识到肩上的担子重、责任大，要抓住当前的好形势，进一步提高思想认识，知难而上，扎扎实实地把改革向纵深推进。

**二、对下一步工作的几点意见**

面对当前的改革形势，怎么样进一步推进改革？下面，我讲五点意见供参考。

（一）统一思想，提高认识。要全面深入推进集体林权制度改革，就一定要把解放思想、提高认识作为一项极其重要的工作来抓。

一是加强学习培训。首先要学习中央10号文件。中央10号文件是在广泛深入调研的基础上，组织了多方面力量，征求了各方面意见，最后逐字逐句地推敲完成的。大家反映中央10号文件政策规定很硬，文字很实，基本涵盖了改革所涉及的各个方面，对改革的各项要求和政策规定也写得很清楚。大家刚才热烈讨论的流转问题、山林权属纠纷处理问题等，在中央10号文件里都能找到解决的办法和指导意见。希望大家认真学习研究中央10号文件并加以具体贯彻落实。特别要认真学习温家宝总理在《求是》杂志上发表的关于林业改革的文章。温家宝总理在这篇文章中集中讲了集体林权改革要明晰产权、放活经营、完善政策、加强服务四条意见，这四条意见站得高、看得远，切合林业改革实际，具有很强的指导性和操作性。温家宝总理在文章中指明集体林权制度改革的方向和重点，就是把林地承包经营权、林木所有权承包到户。大家要逐字逐句地深入研读温家宝总理的这篇文章，这样才能正确地理解和贯彻落实中央的改革政策。中央制定的改革政策具有长期性、根本性，给予农民的承包经营权具有物权性、资本性。中央的要求是通过家庭承包的方式，把林地承包经营权和林木所有权确权到户，建立起以农民为经营主体的集体山林承包经营制度。用农民的话来说，就是“以分为主”，“包山包林包产到户”。所以说，“两权”均分、承包到户就是当前改革的方向和关键。有的地方“以股”代改、“以卖”代改，不符合中央10号文件的要求和中央林业工作会议的精神。各地要坚持改革的正确方向，紧紧抓住改革的关键，保证农民平等享有初始承包经营的合法权益。

二是抓好典型示范。用成功的实践来教育大家，统一思想认识。要及时发现、培养和宣传改革各个方面的好典型、新典型。希望每一个厅局长都要抓好两个类型的典型：一个是抓好国有林场改革的典型。争取今年以中央或国务院的名义召开一个关于国有林场改革的会议，拟在这个会上交流。还有一个是抓好县一级的集体林改典型。抓思想认识的关键环节在县一级，推动林改工作的关键环节也在县一级。大家一定要抓好县一级的典型，这些典型是榜样和旗帜。我们打算在下半年或者明年适当时候，召开100个县委书记座谈会，总结交流这100个县在集体林改中承包到户落实得好，林业产业发展得好，农民就业增收效果明显，真正解放和发展了生产力的好经验、好做法。要把这些县委书记甚至乡镇长请到北京来座谈，对他们进行表彰和宣传。县一级是全面推进林改的关键，希望大家回去后注意发现和培养这样的典型，在各地推介的基础上，国家林业局组织力量调研确定。对于这些林改典型县，国家在政策和投资上要有所倾斜，加大扶持力度，把这些典型作为旗帜和模范，引导改革，推动改革。

三是加大宣传力度。要充分利用有利时机，积极开展林改宣传工作，让社会各界了解、支持、参与林改，为改革营造良好的舆论环境。现在，各省区市对集体林改非常支持，特别是农民反映很好。宣传就是解决思想认识问题的有效途径，目前改革仍然存在思想认识不够的问题，这说明宣传工作要进一步加强和提高。当务之急就是抓紧在“两会”召开之前，掀起新一轮集体林改宣传的新高潮。希望各省区市尽快制定“两会”召开前的宣传计划。林改司要积极配合宣传办，把宣传当作集体林权制度改革的一项重要工作抓好抓实。

（二）承包到户，完善政策。把林地承包经营权和

林木所有权通过家庭承包落实到户，是集体林权制度改革的核心和精髓，也是这次国务院集体林权制度改革督查的主要内容。这次督查要求各督查组深入实际，随机抽取调查对象，深入各村与农民座谈，主要检查"两权"是否承包到户，确权发证是否落实，必要时还要抽查勘界发证的质量。

确权发证是一项很重要而细致的工作，需要组织精干力量投入到这项工作中去。要学习推广甘肃省泾川县明晰"两权"、承包到户的好经验。泾川县把全县每一个小班宗地都明晰权属关系，并把这些林权信息都输入到电脑里。抓好林权管理服务工作，要进一步做好林改档案建立管理工作。林权管理工作意义重大，林权登记一定要规范化，做到人、地、证相符，表、图、册一致。这项工作是今后林权流转、林权抵押贷款、森林保险等一系列深化改单工作的基础和依据，一定要准确无误。《福建省林权登记条例》开创了地方林权登记立法的先例。我们要把甘肃、福建等好经验、好做法综合整理后转发各地参考。

各地一定要坚持改革的方向，坚持以分为主、明晰产权、"两权"承包到户，在此基础上着力完善有关政策，妥善处理两个相关问题。

一是妥善解决以其他方式发包林地的利益分配问题。对于不宜采取家庭承包方式的林地，依法采取招标、拍卖、公开协商等其他方式发包的，也要突出一个"均"字，实行均股均利，发包所获得的收益也要坚持落实到户。不宜实行家庭承包的林地，均股均利也不是这次改革的主要方式，还是要坚持家庭承包经营为主，尽量把林地承包经营权和林木所有权承包到户。同时，也不要急于推动农民流转承包的山林。群众认识林地价值需要一段时间，要尽量避免农民过早轻易流转林地。我们这么做不是反对林权流转和林业规模经营，而是说推动林业规模经营也要在明晰产权、承包到户的基础上进行。做不到产权明晰，推进林业规模经营也是沙上筑台，根基不牢，后患很大。

二是积极探索处理林权流转的历史遗留问题。这次林改客观上触及了各种历史遗留问题，这些问题涉及各种利益纠纷，一定要积极探索，妥善处理。许多地方已取得了很多好的经验做法。海南省召开调处纠纷和解决历史遗留问题的现场经验交流会，依靠科学手段把勘界搞清楚，探索采取各种方法去解决"三过"问题。陕西省在处理历史遗留问题上，也总结出"国家让集体、集体让个人、上级让下级"的"三让"经验。这些地方根据实际探索出来的解决办法，对其他地方都有借鉴意义，为各地解决历史遗留问题探了路子。

总之，完善政策、"两权"承包到户还有很多工作要做，承包不到户，纠纷不解决，产权就无法落实到位。国家林业局在政策上要有所倾斜，凡是承包到户落实好的地方，强林惠农的政策先在这些地方落实，林改经费、森林生态效益补偿等各项资金支持也先在这些地方到位。希望各地加强政策完善和纠纷处理工作，在保证改革质量的前提下，加快推进确权到户、勘界发证工作，这是当前工作的关键。只要坚持和稳定明晰产权、承包到户的政策，就为各项林业改革工作的开展奠定了坚实的基础，从而更加有力地保护了广大农民的合法权益。

（三）*减轻负担，放活经营*。山林承包到户以后，最主要的工作就是放活经营。温家宝总理在《求是》杂志上发表的文章中把放活经营作为第二条意见，进行了深刻的分析和阐述，这说明放活经营非常重要。林业经营不放活，改革就难以巩固，成效就难以体现。

第一，减轻林农负担。要抓紧检查和深入调研，看农民还有什么负担和摊派。减轻农民负担也是这次国务院关于集体林权制度改革督查的主要内容。对督查发现的有关农民负担的问题要曝光。现在，农民已经没有农业负担了，但还有林业负担。要抓紧研究，根据实际情况逐步减轻农民林业负担，直至取消农民所有林业负担。

第二，推进林木采伐管理改革。这项工作已经在一些地方试点，湖南等地的试点取得了很好的经验。这些试点情况也证明了农民对其承包的林子是不会乱砍滥伐的。为什么？这是因为承包到户后，农民认识到林子就是自己的，是否采伐要考虑林木生长、市场价格等多方面因素，要实现利益最大化，不合算坚决不砍。采伐管理改革也面临一些新情况，比如山东、河南等非林业用地上造的林的采伐问题，也要抓紧研究和妥善处理，对其制定比较宽松的采伐管理政策。我们要深入调研这些新情况、新问题，整理充实湖南等地采伐改革试点所获得的好经验、好做法，转发各地参考。总之，林木采伐管理改革的总趋势是要放宽，木材运输管理等相关改革也要不断适应。

第三，依法推进林权流转。搞活经营还要抓好林权流转工作，在保证稳定的前提下积极探索和推进。在改革的初期阶段，各地不宜鼓励林地承包经营权的流转，要流转的主要是林木所有权。福建等地的经验也证明了，不流转林地承包经营权也照样能搞活林业。林改涉及到的集体林地面积有27亿多亩，集体林木蓄积量达到50多亿立方米。陕西省宁陕县一户农民在这次林改中，仅分到的林木资产就高达50多万元。这些森林资源资产流转变现必将对农民增收、农村经济社会发展产生巨大的推动作用。在我国大力推进国民经济发展时，中央很担心出现经济过热和通货膨胀问题，现在钢材、水泥、玻璃等很多产业都处于产能严重过剩的状况。但是，对农村怎么投资也不会出现产能过剩的问题，尤其是我国林产品和生态产品都十分短缺，林业更具有吸纳投资的容量和发展的空间。只要能增加农民收入，就能有效地拉动内需，有利解决消费需求和购买力错位的问题。森林资源流转、林权抵押贷款，实现资产变现十分有利于吸纳投资，促进农民就业增收。为此，我们正在抓紧林权交易市场建设。已组建的中国林业产权交易所要积极协作，先设计方案，引导各地按照交易成本最小化的原则开展林权交易市场建设，让农民在林权交易市场中实现其利益最大化。

（四）*因地制宜，发展产业*。发展林业产业是引导集体林权制度改革深入发展的驱动力。只有林业产业发展起来了，农民看到经营林业有回报，改革成果才能真正地巩固下来。现在，各地都认识到了发展产业的重要性。当前，林业产业要突出在以下几个方向加快发展：

一是发展用材林。现在，广西、云南、福建、江西等很多地方的用材林建设取得了长足发展，形成了比较成熟的产业，在树种改造、抚育经营上也探索了各具特色的路子。

二是发展林下经济。辽宁、河北、山西、陕西、甘肃等林下经济发展走在前面，不少农民积极探索利用林地资源发展种植业、养殖业等林下产业，搞起养鸡、养菌、种中药材等，给农民带来了可观效益。

三是发展森林旅游。各地有很多发展森林旅游的好经验、好典型。在我们今天召开座谈会的地方——广东番禺的长隆集团，就是一个鲜活的例子。长隆集团充分利用林业资源优势，发展野生动物观光等旅游，如今形成了规模庞大的产业群。

四是发展特色产业。各地要根据区域优势特点，充分发展有特色、有市场、有前景的林业特色产业。一些地方发展特色产业有了成功的案例，培养成为支柱产业。比如浙江的竹产业、河南的花卉产业、陕西的苹果产业等。陕西32个县靠发展苹果，带动了这些贫困地方一大批农民致富。希望各地在发展林业产业上继续狠下工夫，加强对农民的培训和引导，因地制宜，集中力量培育支柱产业。

（五）转变职能，搞好服务。明晰产权、承包到户后，农民成为林业经营主体，同时面临许多新的困难和问题，如干什么、怎么干，种什么树、怎么种等等。面对集体林权制度改革带来的新形势，各级林业主管部门要主动转变职能，积极适应形势要求，搞好各项服务。在改革开展顺利的地方，搞好服务已经成为深化改革的重头戏了。

各地要以林业产业发展为切入点，采取有力措施，认真做好政策咨询、信息、科技、金融、保险、合作经营组织发展等各方面的服务工作，加快推进林权抵押贷款、林农小额贷款、森林保险等工作，着力解决农民想发展没资金、没技术、没种苗、没门路等问题。

在加强对农民的服务上，各地的一些政策规定层出不穷、异彩纷呈。政策对头了，就能极大地激发农民的积极性，极大地解放和发展林业生产力。希望各地要把加强对农民的服务当作一项重要课题，认真抓紧调查研究，因地制宜地加强指导。

以上这五个方面的内容都是国务院关于集体林权制度改革督查的重点。在国务院关于集体林权制度改革督查结果出来后，对改革存在的问题要及时采取有力措施进行整改，必要时要调整财政投资结构和投资力度，还要把有关情况通报监察部门甚至国务院有关领导。下一步，我们要根据实际需要，抓紧制定2010年集体林权制度改革工作要点，把今年改革要抓的主要工作作一个安排，按时间按步骤地完成。在今年下半年或明年合适的时候，召开100个林改典型县的县委书记座谈会，进一步推进集体林权制度改革。2010年，还要启动国有林场改革，进一步拓展林业改革发展的空间。

同志们，林业的任务越来越繁重，希望大家进一步增强责任感，加强组织领导，认真调查研究，深入贯彻落实中央10号文件和中央林业工作会议精神，坚持依靠人民群众，坚持依靠科学技术，坚持依靠深化改革，把集体林权制度改革和林业各项工作扎扎实实地向前推进，为实现2020年奋斗目标不懈努力！

# 2009年国土绿化工作总结和2010年工作安排意见

## ——在全国绿化委员会全体会议上的讲话

贾治邦

（2010年4月1日）

现在，我就2009年国土绿化工作情况和2010年工作安排意见作一简要汇报。

**一、关于2009年国土绿化工作的简要回顾**

2009年是新中国成立60周年，也是国土绿化事业具有里程碑意义的一年。党中央召开了新中国成立以来的首次中央林业工作会议，确立了新时期林业的新地位、新使命。胡锦涛主席在联合国气候变化峰会上庄严承诺：“到2020年全国森林面积比2005年增加4000万公顷，森林蓄积量比2005年增加13亿立方米”，明确了新时期造林绿化工作的新任务、新目标。在党中央、国务院的正确领导下，全年完成造林8827万亩，全国森林覆盖率达到20.36%，提前实现了2010年森林覆盖率达到20%的目标；有5.9亿人（次）参加义务植树，义务植树24.8亿株；草原围栏9.3亿亩，禁牧、休牧、轮牧14.8亿亩，退牧还草工程围栏封育6.76亿亩，工程区产草量比非工程区提高75%；城市建成区绿化覆盖率由上年的35.29%上升到37.37%，绿地率由上年的31.3%上升至33.29%；城市人均拥有公园绿地9.71平方米，比上年增加0.73平方米。国土绿化事业的快速发展，有效改善了城乡人居环境，有力促进了生态文明建设。

（一）领导率先垂范，植树造林蔚然成风。2009年4月5日，胡锦涛总书记等党和国家领导人参加首都全民义务植树，并就全民义务植树作出重要指示。全国人大、国务院、全国政协、中央军委的领导同志，以及中央直属机关和中央国家机关180多名部级领导、驻京部队100多名将军先后在北京参加义务植树活动。地方各级党委、政府将植树造林列为重要议事日程，主要领导亲自部署、亲自参加。在各级领导的带领下，社会各界踊跃投身植树造林，营造“共青林”、“三八林”、“先锋林”、“同心林”、“友谊林”、“希望林”、“安居林”蔚然成风。

（二）继续深化改革，生态建设扎实推进。集体林权制度改革全面推开，呈现出生态状况改善、农民群众增收、林区经济增长的喜人局面。目前，全国森林面积已达到29.25亿亩，人工林面积突破9亿亩，继续保持世界首位。湿地自然保护区达550多处，37处湿地被列入国际重要湿地名录，总面积约为5700万亩。《省级政府防沙治沙目标责任考核办法》颁布施行，防沙治沙力度进一步加大，沙区“三禁”制度全面实施。京津风沙源治理工程顺利推进，沙尘暴监测应急工作得到加强。生物多样性保护取得新进展，新增国家级自然保护区14处，总面积达到18.42亿亩，占国土面积的12.79%。

（三）开展争先创优，城市绿化不断加快。全国绿化委员会修订了《全国绿化评比表彰实施办法》，完善了城市绿化考评机制，开展了第四批全国绿化模范单位评选活动。各地以争先创优活动为契机，新建了一大批高质量的绿色广场、绿色长廊、景观大道、森林社区，推动城市绿化迈出了新步伐。全国城市建成区绿化覆盖面积达到2034万亩，比上年增加157.5万亩；全国城市绿地面积达2620.5万亩，比上年增加57万亩。

（四）坚持开拓创新，义务植树深入开展。各地推行了义务植树“包栽、包活、包管护、包成林”制度，明确将公共绿地认建认养、古树名木保护、以资代劳捐资等纳入义务植树范畴。各地区、各部门不断创新义务植树实现形式，促进了全民义务植树运动向纵深发展。北京市规范了18种履行植树义务的形式，全年新增绿化面积14.19万亩。广西壮族自治区大力开展“绿满八桂”造林绿化行动，让森林进社区、进村屯、进工厂、进校园，植树造林300万亩。

（五）充分发挥优势，部门绿化成效明显。中央直属机关新建庭院绿地35.7万平方米，改建绿地26万多平方米，新建屋顶绿化面积7000平方米。中央国家机关今年参加义务植树达10多万人（次），共完成植树10多万株，抚育中幼林200多万株。交通系统投入绿化资金33.9亿元，新增公路绿化里程6.7万千米。铁道系统大力推进万里铁路万里林建设，投入资金4.2亿元，在铁路沿线栽植乔木964.4万株、灌木8360.8万株，当年绿化里程4082.7千米，铁路累计绿化里程达到33 155.2千米，占宜林铁路线的73.7%。水利系统加速推进绿化工程，投入资金5600多万元，完成义务植树520万株，绿化荒山、荒沟、荒丘、荒滩2700万亩，庭院绿化3600亩，绿化湖泊、水库区域5.7万亩，绿化渠道两侧1.86万亩，江河沿岸绿化5200千米。中国人民解放军投入“三荒”造林资金8000万元，完成“三荒”造林40万亩；投入沿海防护林建设资金1000万元，完成造林近5万亩；创建绿色生态营区154个，同时支持地方造林绿化45万多亩。武警部队以生态营区建设为抓手，累计植树45万株，植绿篱11万米，种草坪23万平方米，创建绿色营区30个。住房和城乡建设部大力推进城市园林建设，共青团中央、全国妇联分别组织开展的保护母亲河行动和“三八”绿色工程建设又取得了新进展。

（六）坚持依法治绿，法律法规逐步完善。2009年，北京市出台了《绿化条例》，制定了义务植树登记考核办法、验收管理办法、责任区和基地管理办法。内蒙古自治区出台了义务植树条例。甘肃省建立了义务植树任务通知书、登记卡制度和义务植树考核管理办法。目前，已有江苏、安徽、江西、河南、新疆等12个省区市相继颁布了国土绿化条例或义务植树条例，国土绿化工作的法律法规体系逐步完善。

（七）宣传力度加大，进一步形成了良好氛围。北京、山东、湖南等省市开展了绿化知识竞赛、摄影比赛、征文比赛等系列活动。山西、福建两省与通讯部门联合开展了“生态汾河”和“绿色移动”大型公益植树活动。农业部开展了全国种草绿化宣传周活动。通过形式多样的宣传活动，弘扬了人与自然和谐相处的价值观，激发了广大公民参与国土绿化的热情，有力推动了国土绿化和生态文明建设。

国土绿化工作也存在一些困难和问题，主要是：地区间工作进展还不平衡；造林的立地条件越来越差，实现2020年“两增”目标难度大；义务植树尽责率不高，考核机制不健全，属地管理制度没有完全落实。这些问题应在下步工作中逐步加以解决。

**二、关于2010年国土绿化工作安排意见**

2010年国土绿化工作的总体要求是：以邓小平理论和“三个代表”重要思想为指导，深入贯彻落实科学发展观，全面落实中央农村工作会议、中央林业工作会议及全国春季农业生产工作会议精神，依靠人民群众，依靠科学技术，依靠深化改革，扎实开展植树造林，全面加强生态保护，着力强化森林经营，力争完成造林8880万亩，完成森林抚育7875万亩，改造低产林2500万亩，义务植树25亿株，城市绿化覆盖率达到40%以上，人均公园绿地达到10平方米，为改善人居环境、转变发展方式、建设生态文明、推动科学发展作出新的更大贡献。重点抓好以下六项工作。

（一）加强组织领导，全面落实造林绿化目标责任制。各地要按照中央林业工作会议的部署，切实加强对国土绿化工作的组织领导，进一步健全领导干部造林绿化任期目标责任制。切实强化对责任制执行情况的监督、检查和考核，严格兑现奖惩。尽快编制2011～2020年全国造林绿化规划纲要，明确目标、政策、资金和措施，把实现“两增”的目标任务层层分解落实，确保逐步实现奋斗目标。

（二）创新实现形式，努力提高义务植树尽责率。继续深化集体林权制度改革，调动广大农民群众植树造林的积极性。巩固和发展义务植树基地，为适龄公民义务植树提供便利条件。鼓励适龄公民以从事育苗、林木管理、绿地养护、古树名木保护、门前三包、绿化宣传等方式履行植树义务，并制定相应的折算标准和管理办法。认真研究“以资代劳”的条件和缴费标准，组织开展植纪念树、纪念林活动，不断丰富义务植树的内涵。积极探索义务植树与生态工程建设相结合、与基础设施和景观建设相结合、与农民增收致富相结合的有效办法，切实提高公民义务植树的尽责率。认真落实义务植树属地管理制度，重点做好公民义务植树的组织、登记和考核工作，确保适龄公民切实履行法定义务。

（三）改善人居环境，推进重点生态工程建设和身边增绿。继续加强重点生态工程建设，确保完成各项建设任务。同时，各地要根据城区、郊区和农村的不同特点，科学规划，优化布局，积极推进身边增绿行动。城市绿化要重点抓好城市中心区公园、广场、绿地建设，不断提高绿化覆盖率和人均公共绿地面积。老城区要结合拆迁、环境整治、道路改扩建，注重搞好居民小区、主要道路、停车场和屋顶绿化。城乡结合部要大力营造环城林带和隔离片林，建立森林公园，加快建设城市森林生态屏障。乡村要积极开展“创绿色家园、建富裕新村”行动，重点搞好村屯绿化、庭院绿化、四旁植树和房前屋后绿化美化，整体改善村容村貌。支持和鼓励发展珍贵树种、乡土树种。通过城乡联动，建设一批绿色城市、绿色乡镇、绿色庭院、绿色校园、绿色营区，实现城乡绿化一体化。

(四)注重造林质量，切实提升国土绿化水平。要按照适地适树的原则，坚持针叶、阔叶树种合理混交，常绿、落叶树种科学配置，乔灌花草有机结合，提高森林生态系统的稳定性和抗灾能力。加强森林抚育经营，切实做到“三分造、七分管”，努力提高造林绿化成活率和保存率，确保种一棵、活一棵、成材一棵。大力开展中幼林抚育和残次林改造，提高林分的质量和效益。继续开展送科技下乡活动，大力推广林业先进适用技术。强化对基层干部和广大林农的科技培训，提高国土绿化的科技水平。

(五)不断完善机制，深入推进部门绿化。各部门、各系统要根据新形势、新要求，结合各自特点与优势，研究制定深入推进绿化工作的有效措施，完善部门造林绿化规划，并将规划任务落实到具体单位和地域。建立定期检查验收和考核通报制度。认真研究新形势下部队、共青团、妇联和社会团体参加林业生态工程建设的有效办法，进一步加快国土绿化进程。

(六)规范评比表彰，推广各地先进经验。今年，全国绿化委员会将开展“全国绿化先进集体、全国绿化劳动模范和先进工作者”评选活动，各地区、各部门要高度重视，精心组织，认真做好评选推荐工作。各级绿化委员会办公室要加强对评比表彰的动态管理，对获得荣誉的单位进行定期复查，对工作滑坡、失去模范作用的，要视具体情况，给予通报批评、限期整改和取消荣誉称号等处理。全国绿化委员会办公室将联合有关部门开展生态文明示范区建设，用榜样的力量推动生态文明建设和国土绿化工作。

# 在全国林业厅局长座谈会上的讲话

贾治邦

(2010年7月13日)

这次会议是在林业改革发展面临良好机遇，现代林业建设全面推进的关键时刻召开的一次重要会议。主要任务是，深入贯彻落实中央林业工作会议和全国林业厅局长会议精神，认真学习塞罕坝林场的成功经验，全面回顾今年上半年工作，安排部署下半年工作。昨天，我们参观了塞罕坝林场造林绿化、防沙治沙、湿地保护等现场，了解了塞罕坝林场的发展历程，感受了塞罕坝林场的巨大成效，令人震撼，深受教育，很有启发。刚才，河北省副省长张和发表了热情洋溢的讲话，让我们进一步了解了河北省经济社会发展和林业建设的情况。下面，我讲三点意见。

**一、认真总结上半年工作，准确把握林业改革发展形势**

今年上半年，国际金融危机的阴霾还没有完全散去，我国又相继遭受西南地区严重干旱、北方地区持续低温和南方洪涝等自然灾害。同时，随着哥本哈根气候大会的召开，国际社会对林业更加关注，林业改革发展面临的形势十分复杂，承担着更加繁重的任务，面临着更加严峻的考验。在党中央、国务院的正确领导下，各级林业部门认真贯彻落实中央决策部署和胡锦涛总书记、温家宝总理、回良玉副总理等中央领导同志的重要批示精神，按照全国林业厅局长会议的安排部署，科学谋划，从容应对，克服困难，狠抓落实，各项工作都取得了新进展。

(一)生态建设成效明显。一是造林绿化形势喜人。今年上半年，全国完成造林7404.37万亩，占全年计划的83.38%；完成中幼林抚育3900.83万亩，占全年计划的49.53%；义务植树21.46亿株，占全年计划的83.44%。辽宁、天津、湖南、广西、宁夏等14个省区市超额完成了全年造林任务。其中，辽宁省完成人工造林366万亩，是去年同期的1.28倍；广西完成造林340万亩，比去年同期增长40.5%。各地造林绿化投入明显增加。辽宁、黑龙江分别达到100亿元和60亿元，均是去年的3倍以上。重庆市的投入达到61亿元。广东、重庆、湖南、广西等多个省区市的党政主要负责人亲自部署、亲自指导、亲自参加春季造林绿化活动。广东省委书记汪洋先后3次参加植树活动。黑龙江省委书记吉炳轩亲自主持开会研究造林绿化工作。吉林、河南、甘肃、青海等省把造林绿化纳入政府年度考核指标体系，层层签订目标责任书。造林已经成为各地推动科学发展、建设生态文明、转变发展方式、改善投资环境、应对气候变化的一个重要手段，绿色已经成为各地的一种时尚和旗帜。在造林数量不断增加的同时，造林的良种使用率、栽植合格率和成活率明显提升。湖北省大力推行专业化、机械化、科技化和四季化造林，认真落实质量监理制和资金报账制。甘肃省坚持适地适树，积极开展优良乡土树种和耐旱灌木树种造林。全国林木种苗工作不断加强，编制了《全国林木种苗发展规划(2011～2020年)》，开展了林木种苗质量抽查和执法检查活动。全国供应林木种子2500万千克，苗木215亿株。同时，天然林资源保护工程建设任务全面完成，三北防护林、退耕还林、速生丰产林、沿海防护林等工程建设扎实推进。二是森林资源管理全面加强。国务院常务会议审议并原则通过了《全国林地保护利用规划纲要(2010～2020年)》，为林业发展奠定了坚实基础。修订了《国家级公益林管理暂行办法》，基本完成了“十二五”期间年森林采伐限额编制工作，稳步推进了第八次全国森林资源清查工作。三是防沙治沙工作顺利推进。认真实施京津风沙源治理工程和石漠化治理试点项目，总结评估了京津风沙源治理工程10年建设成效。加快了《国家沙化土地封禁保护区规划》报批进度，完善了《全国防沙治沙综合示范区建设规划(2010～2020年)》，起草了《关于加快沙产业发展的指导意见》，加强了防沙治沙工程效益监测，基本完成了第四次全国荒漠化和沙化监测工作。四是湿地保护恢复工作扎实开展。认真实施《全国湿地保护工程实施规划》，审核了60多个湿地保护项目。开展了全国湿地资源调查工作，编制了《全国湿地公园发展规划》，确认了5块国家重要湿地，部署了36块国际重要湿地监测工作，开展了湿地生态价值、功能和效益研究。五是生物多样性得到有效保护。启动了全国第二次野生动物资源调查工作，恢复了汶川地震损毁大熊猫栖息地46.98万亩。加大了濒危野生动植物拯救保护力度，及时救护了因灾受困的野生动物。实施了麋鹿、梅花鹿放归活动，推进了野生动物损害补偿试点工作。开展了国家级自然保护区生物多样性保护监测和本底调查。启动了上海及周边八省区野生动物保护执法行动，实行了世博会濒危物种特别审批程序。加快了野生动植物行政许可制度改革。

（二）集体林权制度改革深入推进。在中央林业工作会议精神的指引下，各地掀起了深化集体林权制度改革的新热潮。全国31个省区市都召开了省委或全省林业工作会议，对集体林权制度改革作出了全面部署。目前，福建、江西、辽宁等12个省市基本完成了明晰产权、承包到户的改革任务，其他省区市正在全面推进。全国集体林地确权面积19.5亿亩、发证面积14.7亿亩，分别占总面积的71.3%和53.7%。全国已发放林权证6419万本，6113万农户拿到林权证，两亿多农村人口获得了增收致富的创业平台。配合国务院办公厅开展了林改督查工作，总结了改革的成效，发现了存在的问题。在海南省召开了林改现场会，推动了历史遗留问题的解决。全国累计调处林权纠纷70.1万起，调处率达88%。完成了林改百县典型推荐和核实工作。林权保护和流转管理、林木采伐管理改革试点、林业社会化服务体系建设等工作有序推进，林业发展活力明显增强，林地林木价值显著提升。全国林地直接产出率已由2003年的84元/亩提高到现在的155元/亩，林农群众从中获得了可观的收益。随着林改的深入推进，社会各界的造林积极性空前高涨。今年春季，辽宁省各类非公有制造林主体达11.2万户，完成造林294.1万亩，占全省人工造林面积的80%。正如温家宝总理最近批示的那样，集体林权制度改革极大地调动了农民的积极性，不仅推进了植树造林，而且促进了林下产业发展，实现了经济、社会和生态效益的统一。

（三）林业产业全面复苏。一是产业规模继续壮大。截至5月底，全国林业产业总产值达到7375亿元，同比增长21.8%。累计生产人造板5903万立方米、木质家具9139万件、木地板16 693万平方米，分别同比增长25.9%、25.2%、23.7%。全国林产品进出口贸易总额364.1亿美元，同比增长41.7%。木质家具出口额59亿美元，创历史同期新高。木制品出口额14.4亿美元，胶合板出口额12.5亿美元，基本恢复到金融危机前的水平。森林旅游业继续保持旺盛的发展态势，全国森林公园上半年共接待游客1.76亿人(次)，直接旅游收入120亿元，创社会综合旅游收入900亿元。二是木本粮油发展态势良好。中央下达各类油茶专项资金2.6亿元，新造油茶林223万亩。加强了油茶种苗培育和质量监管，良种种苗产量达5.34亿株，较去年增加1亿多株。《全国核桃产业发展规划》、《全国油橄榄产业发展规划》正在编制。三是林下经济快速发展。随着集体林权制度改革的逐步深入，林下经济不断壮大。广西规划未来三年发展林下经济2000万亩，实现年产值200亿元。重庆市启动了农户万元增收工程，规划投资100亿元，发展林下经济1000万亩。四是林业合作经济组织明显增多。全国已有25个省区市成立各类林业合作经济组织4.35万个，同比增长48%，经营林地面积1.5亿亩，同比增长15%，为广大农户提供了有效的服务。

（四）强林惠林政策体系不断完善。确定了全国林业发展“十二五”规划基本思路，完成了部分专项规划编制工作。天然林资源保护工程延长期政策和实施方案基本确定，待报国务院批准实施。林木良种补贴、造林补贴和湿地保护补助开始试点。中央财政安排森林抚育补贴试点资金20亿元，比去年增加15亿元。中央财政对新增的1.91亿亩集体林地和西部12个省区市包括享受西部政策的3个自治州的14.43亿亩集体林地追加了林改工作经费。中央财政提高了集体所有的国家级公益林补偿标准，已经下达2010年森林生态效益补偿资金75.8亿元，比去年增加23.3亿元。全国已有25个省区面向农户开展林权抵押贷款，贷款金额221.4亿元，比去年同期增长2.5倍。中央财政森林保险保费补贴试点范围扩大到6个省，公益林保险保费补贴比例由30%提高到50%，已有15个省开展了森林保险工作。中央基本建设投资规模明显增加，上半年共争取到林业投资158亿元，同比增加47亿元。下达林业贴息贷款建议计划180亿元，比去年增加20亿元。安排林业小额贴息贷款计划近50亿元，比去年增加15亿元。随着强林惠林政策的落实，中央林业投资总额今年有望突破1000亿元。各地林业投资也保持高速增长势头。广西上半年完成固定资产投资132亿元，同比增长24.5%，全年有望达到400亿元。

（五）林业应急和救灾工作快速有效。一是森林防火工作成效明显。落实了防火责任制，加强了火灾防范和应急处置，森林防火工作水平有效提升。武警森林部队不断加强训练管理和队伍建设，整体战斗力明显提高。认真落实《森林防火条例》和《全国森林防火中长期发展规划》，森林火灾防控能力明显增强。克服极端气候等不利条件，成功扑救了发生在西南地区和黑龙江、内蒙古大兴安岭林区的多起森林火灾，受到国务院领导同志的表扬。7月6日，温家宝总理批示：大兴安岭森林火灾扑救工作组织及时、科学、果断、有力，把损失降低到了最低程度。回良玉副总理批示，此次雷击森林大火扑救工作抓得很好、很有成效，要不断总结经验、研究问题，切实抓好森林防火工作。截至6月底，全国共发生森林火灾7002起，受害森林面积48万亩，分别同比下降8%和19.6%。二是沙尘暴灾害得到有效处置。启动了39个沙尘暴地面监测站，开展了沙尘暴灾害预防常识和应急处置措施宣传，加强了重点预警期应急值守和监测工作。妥善处置了两次重大沙尘暴灾害，最大限度地降低了灾害损失。三是野生动物疫源疫病监测防控工作不断强化。坚持疫情监测信息日报制度，及时发现并妥善处置了西藏那曲候鸟高致病性禽流感等6起野生动物疫情。制定了陆生野生动物疫源疫病监测管理办法，编制了《全国陆生野生动物疫源疫病监测防控体系建设工程规划(2010～2013年)》。四是林业有害生物防控工作扎实有效。加快了《全国林业有害生物防治建设规划》修改和报批工作，制定了《松材线虫病防治(预防)目标责任考核办法》，加强了林业有害生物监测预报和疫木加工企业监管。与国家质检总局、上海市政府联合开展了为世博服务、保生物安全，林业植物检疫执法行动。山东省投入417.3万个人工，2.73亿元资金，有效控制了美国白蛾的危害。五是林业抗灾救灾工作及时有力。西南旱灾、玉树地震、南方洪涝灾害发生后，各级林业部门及时派出工作组赴一线指导抗灾救灾工作，安排专项资金支持抗灾救灾和恢复重建。玉树地区林业植被恢复、基础设施重建等内容已纳入玉树地震恢复重建规划。

(六)林区民生逐步改善。一是林业棚户区(危旧房)改造工作进展良好。今年共安排中央预算内投资47亿元，计划改造36.75万户。目前，投资计划已全部下达，各地正在抓紧组织施工。预计到7月底，可累计完成15.67万户改造任务。二是林区基础设施建设全面推进。经过积极协调，一些省份将林区道路、水电、通讯等纳入了城乡统筹发展规划，林区基础设施逐步与社会接轨，林区封闭落后的状态将有所好转。同时，林区医疗条件和教育水平开始改善，林区看病难、上学难等问题逐步缓解。三是职工群众收入开始增加。随着生态效益补偿、森林抚育补贴和造林补贴等政策的逐步建立，以及林下经济的快速发展，林业职工和林农群众的收入明显增加。辽宁省本溪市农民通过种人参、养林蛙，涌现出了3000多个百万元户、120个千万元户、3个亿元户，生活水平显著提高。

(七)生态文化建设继续加强。一是生态文明教育扎实开展。完成了10处国家生态文明教育基地考察核验工作。福建、山东、贵州等省建立了一批省级生态文明基地。"弘扬生态文明，共建绿色校园"活动深入开展，浙江等省启动了"千校万人同栽千万棵树"活动，青少年的生态文明观念明显增强。组织开展了2010大熊猫上海世博行活动。二是林业宣传报道工作丰富多彩。围绕集体林权制度改革、森林防火、造林绿化等重点工作，组织开展了多次宣传活动，中央媒体共播发林业稿件和新闻报道4000多条(次)。各地也组织开展了形式多样的主题宣传活动，为林业改革发展营造了良好氛围。三是城市森林建设方兴未艾。成功举办了第七届中国城市森林论坛，授予武汉等8个城市"国家森林城市"称号。制定和修改了《国家森林城市评价指标》、《国家森林城市建设总体规划编制导则》和《国家森林城市申报与考核办法》，加强了对城市森林建设的指导。四是生态文学作品更加丰富。以集体林权制度改革、油茶产业发展为题材，创作了一批有影响力和感染力的报告文学。出版了《走进森林》等中小学生生态道德教育系列图书，制作了《大漠长河》专题片和《熊猫宝宝成长日记》纪录片，完成了"绿野寻踪"、"绿色时空"栏目和《生态文化》杂志改版工作。林业新闻出版事业蓬勃发展，中国林业出版社转企改制工作稳步推进。

(八)林业信息化建设全面推进。成立了国家林业局信息中心，开通了中国林业网和国家林业局办公网，搭建了信息发布、在线办公和互动交流的统一平台，国家林业局进入了无纸化办公阶段。批复了第一批4个林业信息化示范省实施方案，加快了"金林工程一期"立项进程，启动了国家级林业资源综合监管服务体系建设项目、全国林业资源基础数据库建设项目和国家卫星林业遥感数据应用平台建设。湖南、浙江等综合办公系统建设起步较早的省份正在完善功能、强化应用，有的省已经延伸到乡镇林业工作站和国有林场。辽宁省开通了林业政务商务一体化门户网站群。福建省完成了全省林业应急视频会商指挥系统建设，实现了视听到村、会商到乡的目标。江西省开发了林权交易网和网上林权交易系统，打造了统一的电子商务平台。吉林森工集团自主研发的"经济运行系统"和"森林防火监控系统"达到了国际先进水平。

(九)支撑保障能力明显提升。一是科技支撑更加有力。加大了林业重大领域科技储备，组织申报了204项林业公益行业科技专项。深入实施林业科技富民工程，推广科技项目297个，制修订林业标准166项。选派2278名科技特派员，开展了科技特派员创业行动。举办了林业专业技术人才知识更新培训班。创立了全国木竹产业技术创新联盟，积极探索产学研相结合的新机制。针对严重旱情，云南省编制印发了《抗旱技术手册》，大力推广径流造林以及覆膜、保水剂等抗旱实用技术。二是依法治林水平逐步提高。《森林法》修改工作有序推进，森林公园、濒危物种进出口、大熊猫保护等部门规章立法进程明显加快。开展了林业综合行政执法示范点建设，办理了4起林业行政复议案件。加强了林区禁毒工作，破获毒品案件21起，缴获毒品14千克。开展"春季行动"，查处案件6.4万起，收缴木材20.81万立方米，收回林地9.28万亩。三是国际交流合作深入开展。积极参与中美战略与经济对话、濒危物种保护等国际会议，妥善处理了气候变化、非法采伐、老虎保护等热点问题。认真履行《湿地公约》、《联合国防治荒漠化公约》、《濒危野生动植物种国际贸易公约》等国际公约，提升了林业的话语权，维护了国家权益。加强对外谈判人才培养和履约机构能力建设，提高了林业对外谈判水平和参与国际交流的能力。新签署两个林业部门间合作协议。争取到13个官方和非官方无偿援助项目，受援金额1180多万美元。亚太森林网络机制建设和项目实施稳步推进，国际影响力进一步提升。赠送澳门大熊猫工作有序开展。四是干部人事制度改革不断深化。继续推进干部竞争上岗、轮岗交流、挂职锻炼等工作，不断强化干部的监督管理，起草了《中共国家林业局党组关于贯彻落实进一步从严管理干部的意见》等文件。编制了《林业生态建设与保护人才中长期发展规划》，加强了林业教育培训平台建设。五是党风廉政建设全面加强。召开了全国林业系统党风廉政建设工作会议，印发了《关于做好2010年全国林业系统党风廉政建设和反腐败工作的意见》。加强了中央政策落实、集体林权制度改革、重点项目资金使用等情况的监督检查。强化了项目资金管理，加大了违法违纪、失职渎职案件查处力度。开展了“小金库”专项治理“回头看”工作。六是机关“两建”工作成效明显。国家林业局党组印发了《关于推进学习型党组织建设的实施意见》，部署开展了创先争优活动，继续推进了“讲党性、重品行、作表率”教育活动。加强了党务干部培训，提高了党建工作水平。机关后勤保障、事务管理、节能减排等工作全面加强。

总结上半年工作，我们深切地感受到，林业改革发展迎来了历史上前所未有的好形势、好机遇。党中央、国务院从来没有像现在这样深刻认识林业，真正把林业放在了国家战略全局的高度来研究、来部署、来推动；各级地方党委政府从来没有像现在这样高度重视林业，呈现出了“五级书记抓林改”、“五级书记抓造林”的大好局面；各个部门从来没有像现在这样大力支持林业，纷纷出台推动林业改革发展的政策措施；国际社会从来没有像现在这样普遍关注林业，林业已成为国际会议的热点话题和外交斗争的重要领域；农民群众从来没有像现在这样主动参与林业，造林育林护林的积极性空前高涨。在这样的大好形势下，通过各级林业部门的共同努力，全国林业建设呈现出了势头强劲、态势良好的可喜局面。

同时，我们也清醒地认识到，要切实承担起中央赋予林业的“四个地位”和“四大使命”，任务之重，责任之大，前所未有；要顺利实现胡锦涛主席提出的2020年森林资源增长目标，困难之多，难度之大，也前所未有。尤其是当前林业建设还存在一些亟待解决的问题：一是林业改革进展不平衡。个别地方集体林权制度改革进展较慢、质量不高，国有林场改革还没有启动，重点国有林区改革任务繁重，束缚林业发展的体制机制性障碍没有完全破除。二是森林资源保护压力很大。随着极端天气的不断增多，森林防火、有害生物防控形势日益严峻。同时，林地、湿地流失现象仍然突出，乱捕滥猎行为时有发生，巩固和扩大林业建设成果的难度正在加大。三是林区民生亟待进一步改善。林业基础设施十分落后，林区经济社会发展相对缓慢，林业职工、林农群众收入仍然很低，与其他行业差距甚大。四是林业产业发展质量有待提高。部分林业企业还没有完全摆脱国际金融危机的影响，调整结构、推动转型、提高效益还任重道远。对于这些问题，一定要高度认识，认真研究，切实解决。

**二、切实做好下半年工作，全面完成林业建设任务**

今年是两个五年规划的衔接之年。做好下半年工作，不仅关系到全面完成今年林业建设任务，而且关系到为“十一五”规划收好尾、打好结。下半年，要根据年初全国林业厅局长会议的安排部署，对照“十一五”林业发展目标，认真检查，狠抓落实，确保全面完成今年和“十一五”各项林业建设任务。在此，我再强调几项重点工作。

（一）抓好造林绿化和森林经营，加快推进国土绿化进程。一要全面完成今年造林任务。积极推广各地书记、省长亲自抓造林绿化的主要做法，认真开展雨季秋季造林，切实搞好受灾林地补植补造，全面落实林木良种和造林补贴政策，保质保量地完成全年造林任务。筹备召开全国林木种苗工作会议，加强国家重点林木良种基地管理和林木种苗市场监管，确保种苗质量。二要认真实施林业重点工程。继续抓好三北防护林、天然林资源保护、退耕还林、速生丰产林、沿海防护林等工程建设。天然林资源保护工程要深入总结一期建设成效，认真做好启动二期的准备工作，完善管理措施，提高建设水平。退耕还林工程要在切实巩固成果的基础上，抓紧编制新的退耕还林工程规划，争取把25度以上的坡耕地逐步退下来。三要不断加强森林经营工作。筹备召开全国森林经营现场会，继续抓好森林抚育补贴试点工作。编制《全国森林经营规划》，下发《全国森林可持续经营实施纲要》，按树种、按地区编制森林抚育技术规程。建立森林经营管理制度，加强森林经营管理模式和关键政策研究。四要切实抓好碳汇造林试点。加快推进林业碳汇计量监测体系建设，编制《森林经营增汇减排最佳模式》、《森林经营碳汇计量监测指南》和《应对气候变化林业行动计划》“十二五”行动要点。五要继续推进防沙治沙工作。加快《沙化土地封禁保护区建设规划》报批工作，制定防沙治沙目标责任期末考核工作方案，做好石漠化治理试点范围扩大工作，发布第四次荒漠化和沙化监测结果。

（二）强化资源保护与灾害防控，切实巩固林业建设成果。一要认真落实《全国林地保护利用规划纲要》。全面启动省县两级林地保护利用规划编制工作，制定出台《征占用林地定额管理办法》。编制全国“十二五”征占用林地定额，推进“十二五”期间年森林采伐限额报批工作，继续开展采伐限额、征占用林地、“三总量”检查和全国营造林综合核查。组织开展区域严打行动，严肃查处涉林大案要案。二要高度重视森林火灾防控工作。筹备召开秋冬季森林防火工作会议暨防火队伍建设现场会，切实做好秋冬季森林火灾防控工作。严格落实防火责任制，强化野外火源管理，加强火险预警和应急响应，及时妥善处置火灾火情。认真实施《森林防火条例》和《全国森林防火中长期发展规划》，制定出台《森林航空消防管理办法》。三要切实搞好林业有害生物防治。继续做好美国白蛾和松材线虫病等有害生物监测预报和防控工作，认真落实地方政府松材线虫病防治目标责任制。继续抓好生物防治试点，开展有害植物摸底调查。四要继续加强湿地保护管理。认真实施各项湿地保护项目，出台《国家重要湿地确认办法》、《国际重要湿地监测技术规程》，发布《中国国际重要湿地生态状况白皮书》，抓好国家湿地公园试点，加强国际重要湿地建设管理。组织力量搞好湿地补贴政策依据研究工作。五要不断强化生物多样性保护。完成全国第二次野生动物资源调查试点和第二次重点保护野生植物资源调查工作。研究制定野生动植物繁育利用扶持政策，出台《野生动植物进出口证书核发管理办法》。加强野生动物保护执法，确保世博会和亚运会期间不出现敏感问题。强化自然保护区机构建设，依法理顺管理体制。切实做好野生动物疫源疫病监测防控工作，加强风险评估与监测预警，加快监测防控体系建设。

（三）全面深化林业改革，创新林业发展的体制机制。一要全面深化集体林权制度改革。这项改革十分复杂、永无止境，要不断深化，积极推进。全面落实林改政策，准确把握林改方向，扎实推进明晰产权、承包到户的改革，真正确立农民经营林业的主体地位。同时，要继续完善林改配套政策，巩固和扩大林改成果。加快林权管理服务中心标准化建设，搞好农民林业专业合作社和林木采伐管理改革试点工作。结合修改《森林法》，研究制定强化林权保护管理的法律措施。制定出台林权登记管理办法、集体林权流转管理办法、林权档案管理办法，进一步规范林权保护管理工作和流转行为。认真筹备召开百名县委书记林改座谈会，总结推广林改的典型经验，用典型推进林改深入开展。二要积极推进国有林场改革。按照国务院常务会议的要求，会同有关部门开展调查研究，并选择部分省份开展改革试点，进一步探索路子，积累经验。各地要不等不靠，按照2003年中央林业决定的精神，积极推进国有林场改革与发展，重点解决职工养老、医疗等社会保障问题，把学校、医院等社会职能交由当地政府承担，把林场的水、电、路等基础设施建设纳入地方经济社会发展规划，享受国家有关政策。把林场办的二三产业推向市场，由市场配置资源，创新经营机制，增强发展活力。三要认真研究重点国有林区改革工作。会同国家发展改革委、财政部等有关部门，认真做好重点国有林区改革调研工作，继续抓好伊春国有林区林权制度改革试点工作。

（四）大力发展林业产业，促进农民就业增收。森林具有多种功能，开发潜力巨大。要根据森林的经济属性和生态属性，培育类型多样的林业产业，充分发挥林业的多种效益，为社会提供又多又好的物质产品和生态产品。一要加快发展木材培育和木材加工业。充分发挥森林的经济属性，加快建设速生丰产林基地，努力增加木材尤其是大径材供给。大力发展木材加工业，切实提高木材制品生产能力，不断满足社会对人造板、木地板、木质家具等绿色环保产品的巨大需求。二要做大做强森林旅游业。充分发挥森林的生态属性，以森林景观资源为依托，搞好旅游产品开发和推介，做大做强森林旅游业。编制《全国森林公园和森林旅游发展规划》，制定《关于加快森林旅游产业发展的指导意见》。建立国家森林旅游试验示范区，探索生态保护与旅游开发良性互动的产业发展模式。三要大力发展油茶等木本粮油。认真实施《全国油茶产业发展规划》，各油茶产区也要抓紧编制出台油茶产业发展规划。加快良种采穗圃和繁育基地建设，开展种苗质量专项检查。切实抓好今冬明春油茶新造林工作，积极开展油茶低产林抚育。搞好茶油产品精深加工，提高附加值。召开全国油茶产业发展现场会。四要重点开发林下经济。充分利用林地资源和林阴空间，大力发展以种植业和养殖业为主的林下经济，可以大大提高林业综合效益，转变林业经济发展方式，缩短林业生产周期，解决农民长期没有收益的问题，实现近期得利、长期得林，以短养长、长短协调的良性循环，极大地调动农民发展林业的积极性。发展林下种植业，还可以丰富森林生态系统的生物多样性，增强保持水土和涵养水源的能力。发展林下养殖业，还可以把畜禽养殖由村内转移到林间，改善人畜混居的传统生产生活方式，减少病菌传播，改善人居环境，促进环境友好型社会建设。因此，要按照以林为主、保护第一，集约经营、规模发展，因地制宜、突出特色的原则，加大林下经济开发力度。引导农民利用承包的林地，大力发展林参、林果、林药、林菌、林花等林下种植业，以及养鸡、养猪、养兔等林下养殖业，让农民实现快速致富的愿望。筹备召开林下经济发展现场会，总结推广各地发展林下经济的典型经验。积极争取国家制定出台扶持林下经济发展的政策，为农民增收致富创造更好的条件。同时，要大力培育林业支柱产业和产业集群，扩大产业规模，优化产业结构，提高产业效益。认真实施《全国林业产业振兴规划》，加快林业产业信息服务体系建设，建立林产品市场预警机制，加强林业科技服务和技术培训，为企业和农民发展林业产业提供更多更好的支持与服务。

（五）着力改善林区民生，切实改变林区生产生活条件。一要积极推进林区棚户区改造工作。筹备召开林区棚户区改造现场会，全力推进棚户区改造和国有林场危旧房改造工作，尽快改善林区干部职工住房条件。积极协调有关部门，解决配套资金和建设用地等相关问题。加强工程质量管理，合理安排建设工期，确保住房质量和建设进度。二要加快林区基础设施建设。将国有林区承担的医疗、教育等社会职能交给地方政府，减轻林业办社会的负担。协调有关部门，切实将林区各项基础设施建设纳入国民经济和社会发展规划及相关专项规划，并落实建设资金。三要全面落实各项补贴政策。配合有关部门落实部分林业机械纳入农机具购置补贴政策，以及国有林区、林场职工购置家电的补贴政策。摸清林区低收入职工底数，积极协调社保部门，将国有林区、国有林场低收入人群纳入地方最低生活保障体系，享受地方最低生活补贴。四要支持灾区搞好林业恢复重建。继续支持玉树地震灾区和南方洪涝灾区搞好林业恢复重建，妥善安置受灾林业干部职工。加快林区受损的公路、房屋、通讯等基础设施建设，尽快恢复正常的生产生活条件。

（六）认真编制林业发展“十二五”规划，科学谋划林业发展蓝图。要按照中央林业工作会议和中央领导同志重要批示精神，全力做好林业发展“十二五”规划和各个专项规划的编制工作。要在认真总结“十一五”工作的基础上，对“十二五”规划的各项内容进行深入研究，确保规划的前瞻性、科学性和可操作性。要搞好与国家“十二五”规划和政策取向的衔接，争取国家政策和资金的更大支持，建立健全符合社会主义市场经济政策环境的现代林业支持保护体系。要通过编制实施林业发展“十二五”规划，着力解决林业发展中的突出问题，构建现代林业的基本框架，奠定生态文明的牢固基础，创建科学发展的良好环境。

（七）全面增强支撑保障能力，确保林业持续发展。一要加强林业政策资金的争取和管理工作。协调出台天然林资源保护工程延长期政策。认真编报2011年林业投资计划，积极争取中央林业投资。总结森林保险试点经验，扩大保费补贴试点范围，提高保费补贴比例。研究制定森林抚育试点、林业生产救灾、林业科技推广示范等中央财政资金的管理办法或绩效考评办法，切实加强资金管理，确保资金安全有效运营。开展统计法和统计违法行为大检查。二要强化依法治林工作。高度重视并积极推进森林法修改工作，要在广泛征求意见的基础上，进一步完善《森林法》修改送审稿。深入开展自然保护区立法调研论证工作，积极做好自然遗产保护法立法工作，继续推进湿地立法工作。继续抓好林业综合行政执法示范点建设，全力做好林业行政复议工作。启动行政许可公告修改工作，开展林业系统“五五”普法抽查验收和“六五”普法规划制定工作。三要增强林业科技支撑能力。围绕现代林业发展中的重大技术难题和未来林业发展的制高点，加大科技攻关力度，力争在林业新品种研发、困难立地造林、林业应对气候变化、生态服务功能评价等方面取得重大进展。深化林业科技体制改革，加强科研团队建设，提高科研效率和成果转化效率，促进科技与生产结合，全面增强科技支撑能力。四要加快林业信息化建设。争取“金林工程”早日立项。加强林业信息化示范省建设和林业信息化标准建设，为互联互通、资源共享奠定基础。做好资源整合改造工作，拓展林业信息化应用领域，提升林业信息化应用水平。五要推进生态文化体系建设。认真开展林改百县行大型采访活动，切实搞好全国林地保护利用规划、第四次荒漠化和沙化监测结果的宣传报道工作。加大生态文学作品创作力度，启动湿地保护电视专题片拍摄制作工作。办好第二届中国绿化博览会，全面展示我国造林绿化和生态建设的伟大成就。六要深化国际合作交流与履约。做好国际林业热点问题研究和应对工作，认真履行相关国际公约和双边协议，维护国家利益和形象。积极参与气候变化公约林业议题国际谈判、中日高层经济对话、中美战略与经济对话等重要活动，推进相关林业合作协议的签署和执行工作。继续拓宽并巩固国际合作渠道，努力争取各类合作项目和资金。认真筹备 2011 国际森林年系列活动。加强亚太森林网络制度建设，谋划网络长远发展战略规划，推动网络向区域性国际组织发展。

（八）继续加强人才队伍建设，全面提高行政执行能力。一要深入开展学习型党组织建设和创先争优活动。通过抓好理论武装和业务学习，加强党性修养，转变工作作风，提高科学决策、狠抓落实的能力。扎实推进创建先进基层党组织、争当优秀共产党员活动，营造学习先进、争当先进、赶超先进的良好风气，引导党员干部牢固树立艰苦奋斗、勤于学习、不断开拓的进取精神。二要全面落实全国人才工作会议精神。编制实施《全国林业人才中长期发展规划》和《全国林业教育中长期发展规划》，推进农村党员干部现代远程教育林业专题教材制播工作。筹备召开林业人才工作座谈会。认真执行干部选拔任用四项监督制度，继续推进干部竞争上岗和轮岗交流工作。三要加强基层林业队伍建设。加强基层林业站所建设，搞好人员培训，提高推动改革、落实政策、服务林农的能力。筹备召开全国森林公安工作座谈会，继续深化森林公安“五化”建设。四要切实加强党风廉政建设。制定出台《中共国家林业局党组巡视工作办法》，认真落实领导干部重大事项报告制度。开展警示教育活动，从严教育和管理干部，加大违法违纪案件查处力度。加强涉林职务犯罪预防工作，坚决纠正行业不正之风，抓好森林公安机关警车和涉案车辆违规问题专项治理。

**三、大力弘扬塞罕坝精神，把现代林业建设不断引向深入**

我们之所以把这次会议放在塞罕坝林场召开，主要目的就是想让大家亲身感受一下塞罕坝林场建设取得的巨大成绩，认真学习塞罕坝林场建设积累的成功经验，大力弘扬几代塞罕坝人创造的伟大精神。以此为动力，推动两大生态屏障建设和现代林业建设又好又快发展。塞罕坝自古就是一处水草丰沛、森林茂密、兽禽繁集的天然名苑。早在辽、金时期，就被称作“千里松林”，是皇帝的狩猎场所。清朝时期，康熙皇帝在此设置了“木兰围场”，作为塞外的皇家猎苑。后来由于清王朝的衰败，同治二年（1863 年）对塞罕坝进行开围放垦，森林植被遭到严重破坏。后来又遭受日本侵略者的掠夺采伐和连年山火，这里的原始森林便荡然无存。新中国成立初期，塞罕坝已经退化为“飞鸟无栖树，黄沙遮天日”的高原荒丘。1962 年，林业部在此组建直属的塞罕坝机械林场，开始大规模的植树造林。经过近 50 年的艰苦奋斗，几代塞罕坝林场干部职工在极端困难的立地条件下，成功营造了 112 万亩人工林，创造了一个变荒原为林海、让沙漠成绿洲的绿色奇迹。塞罕坝林场森林覆盖率由新中国成立初期的 11.4% 提高到现在的 79.4%，林木总蓄积量达到 1012 万立方米，每年可采木材 10 万多立方米，可吸收二氧化碳 74.7 万吨，释放氧气 54.5 万吨，不仅当地生态状况明显改善，无霜期由 42 天增加至 72 天，年降水量由 417 毫米增加到 530 毫米，6 级以上大风天数由 76 天减少至 47 天，而且有效阻滞了浑善达克沙地南侵，为京津地区构筑起一道坚实的绿色屏障。塞罕坝林场所取得的丰硕成果，令人震撼，令人折服，确确实实是一个非常了不起的伟大创举。

伟大的事业孕育伟大的精神，伟大的精神推动伟大的事业。塞罕坝人在创造绿色奇迹的同时，也创造了伟大的塞罕坝精神。这种精神的内涵可以概括为五句话：一是艰苦创业的精神。塞罕坝地处高寒地区，最低气温零下 43.6℃，一年中零下 20℃ 以下的天数达 120 天，年均积雪 7 个月。近 50 年来，塞罕坝人在这样恶劣的气候环境和艰苦的生活条件下，啃窝头、喝冷水、住马架、睡窝棚，以苦为荣，以苦为乐，以坚韧不拔的顽强斗志，在流沙中植树，在荒漠上建房，终于将昔日的荒原变成了今天的百万亩林海，创造了“人逼沙退、绿荫蓝天”的伟大业绩，成为全国林业建设的一面光辉旗帜。二是无私奉献的精神。塞罕坝人视林场为家乡，将绿化当事业，几十年如一日地扎根基层，无怨无悔，矢志不渝。建场初期，承德二中刚刚毕业的七名女高中生，毅然决然地离开城市来到塞罕坝林场，书写了“七女上坝”的感人故事。1985 年，塞罕坝林场下放到围场县管理时，国家基本没有投入，干部职工失落感很强，但许多干部坚持留了下来，默默奉献。正是这样的塞罕坝人，为林业建设奉献了青春年华，奉献了聪明才智，有的甚至献出了宝贵生命。他们用自己的青春、智慧、热血和生命，谱写了一曲曲可歌可泣的绿色赞歌。三是科学求实的精神。塞罕坝人坚持尊重自然规律，依靠科学技术，攻克了高寒地区引种、育苗、造林等技术难关，探索出了落叶松、樟子松、云杉等树种的全光育苗技术，自行改进了造林机械，解决了机械造林苗木挤压不实、机械伤苗等问题，创造了“三锹半人工缝隙植苗法”、“苗根蘸浆保水法”、“越冬造林苗覆土防寒防风法”等技术，成为全国科技兴林的先进典型。四是开拓创新的精神。在漫长的发展历程中，塞罕坝林场曾经多次遭遇阵痛、陷入困境，但他们坚持解放思想，深化改革，转换机制，确立了“生态立场、营林强场、产业富场、人才兴场、文化靓场”的发展战略，把林场的教育、医疗纳入地方体系，并在加强保护的前提下，大力发展二三产业，走出了一条以副养林、以林兴场、多业并举的可持续发展之路，每年为地方创造上万个就业岗位，实现社会总收入5亿多元。五是爱岗敬业的精神。几代塞罕坝人把个人理想与林业事业、个人选择与国家需要、个人追求与人民利益紧密结合起来，始终以造林绿化为崇高使命，坚持“先治坡、后治窝，先生产、后生活”，兢兢业业，倾心工作。陈瑞军、初景梅夫妇常年坚守“夫妻望火楼”守护森林。由于远离人群，缺乏交流，儿子长到8岁时说话还不清楚。塞罕坝人这种脚踏实地、一丝不苟、呕心沥血的精神，表现出了对绿色、对人民、对事业的无限热爱。

当前，我国林业发展既迎来了十分难得的历史机遇，又面临着前所未有的严峻挑战。在机遇和挑战并存、希望和压力同在的形势下，大力弘扬思想内涵丰富、行业特点突出、时代特色鲜明的塞罕坝精神，对于我们抓住机遇，迎接挑战，实现林业大发展、大繁荣具有十分重要的意义。

第一，大力弘扬塞罕坝精神，对于确保实现胡锦涛总书记提出的“双增”目标具有重大的现实意义。胡锦涛总书记提出的“双增”目标，是向国际社会作出的庄严承诺，是交给林业部门的一项重大政治任务。如期实现这个目标，要求每年必须完成8800万亩以上的造林任务，并切实搞好森林经营和保护工作。目前，我国剩余的宜林荒山荒地有60%分布在像塞罕坝这样的干旱半干旱地区，造林难度大，成活率低，林木生长缓慢，是最难啃的“硬骨头”。只有大力弘扬塞罕坝精神，树立必胜信心，敢啃硬骨头，善打攻坚战，知难而进，迎难而上，才能确保“双增”目标顺利实现。

第二，大力弘扬塞罕坝精神，对于推动现代林业科学发展具有重要的示范意义。推动现代林业科学发展，就是要充分发挥林业的多种效益，满足经济社会对林业的多样化需求。经过多年建设，塞罕坝林场实现了生态效益、经济效益和社会效益的协调统一，是现代林业科学发展的成功典范。当前，全国现代林业建设刚刚起步，林业的多种功能还不完善，多种效益还没有充分发挥，改革发展的任务也十分繁重。塞罕坝林场的成功实践，为我国现代林业建设树起了一面旗帜，提供了有益借鉴，值得把他们的宝贵经验和伟大精神，在全国认真总结推广，并不断发扬光大。

第三，大力弘扬塞罕坝精神，对于构建北方绿色生态屏障具有巨大的推动意义。近50年来，塞罕坝人在这里营造的百万亩林海，已成为塞北高原的绿色明珠，为抵御风沙侵害发挥了重要作用。大力弘扬塞罕坝精神，可以进一步鼓舞全体务林人特别是三北地区务林人的斗志，有力地推动三北防护林体系工程建设，尽快构筑起北方绿色生态屏障。今后，三北防护林工程建设要以塞罕坝林场为借鉴，改变原来“撒胡椒面”式的投资方式，按照“点面结合、突出重点、科学布局”的原则，以基地为抓手，以项目为带动，在山西、内蒙古、辽宁、陕西、黑龙江等省区，规划建设一批百万亩以上的植树造林基地，集中力量加快工程建设步伐。争取通过几十年的努力，再造几个甚至十几个塞罕坝，在我国北方地区真正构筑起一道坚实的绿色长城，充分发挥森林防风固沙的生态屏障功能。工程建设中，要尊重自然规律，坚持适地适树，科学选择造林树种和造林模式，确保种一棵、活一棵、成材一棵，实现生态效益和经济效益最大化。下半年要在陕西省榆林市召开三北防护林体系建设现场会，专门对此进行研究部署。

第四，大力弘扬塞罕坝精神，对于引导全社会牢固树立生态文明观念具有深远的历史意义。生态文明观念的形成，不是一朝一夕之功，需要用生动的事例教育人，用先进的精神感染人。塞罕坝林场无论是创造的生态成果还是蕴含的精神内涵，社会影响都很大，感染力都很强，是一个鲜活的生态文明教育范例，是一部生动的生态文明教材。大力弘扬塞罕坝精神，对于普及生态文化知识，弘扬人与自然和谐发展的核心价值观，教育和引导全社会形成热爱自然、尊重自然、保护自然的浓厚氛围，牢固树立生态文明观念，具有不可替代的重要作用。

大力弘扬塞罕坝精神，关键要把握好以下五点。

（一）大力弘扬塞罕坝精神，就是要树立干事创业、造福子孙的崇高追求。人的一生能够做几件有益于国家、有利于人民的事，确实不易。林业是积德行善、造福子孙的德政事业。大力弘扬塞罕坝精神，就要真正树立正确的政绩观，深刻认识到青山绿水也是政绩，把发展林业作为人生的崇高追求，为百姓多做实事，为子孙多做善事，真正做到为官一任，绿化一方，给子孙后代多造几个塞罕坝，为自己、为社会多树几座绿色丰碑。

（二）大力弘扬塞罕坝精神，就是要有淡泊名利、甘于奉献的高尚品格。林业是艰苦行业，选择林业就选择了清贫，选择了奉献。大力弘扬塞罕坝精神，就要以祖国和人民的利益为重，不计个人得失，在清贫的岗位上和艰苦的环境中，磨炼意志，加强修养，经受考验。广大林业干部职工都要向塞罕坝人学习，站在建设生态文明、推动科学发展的高度，主动到林业建设一线去，奉献自己的青春和才华，为现代林业建设作出应有贡献。

（三）大力弘扬塞罕坝精神，就是要坚持求真务实、尊重科学的正确理念。不尊重科学，作决策、办事情就必然会失败。大力弘扬塞罕坝精神，就要强化科学意识，秉持科学态度，自觉按照自然规律、经济规律和社会规律办事。各级领导干部要坚持实事求是，切实做到察实情、说实话、办实事。要加快科技人才培养，加强科学技术攻关，强化科技成果推广运用，坚持依靠科学技术推动林业发展，不断提高林业发展的质量和效益。

（四）大力弘扬塞罕坝精神，就是要增强抢抓机遇、勇于改革的进取意识。当前和今后一个时期，是林业改

革的机遇期，也是林业改革的攻坚期。大力弘扬塞罕坝精神，就要大胆探索，勇于改革，争做改革的倡导者、推动者和实践者。当前，要全面深化集体林权制度改革，重点抓好各项配套改革，巩固和扩大改革成果。同时，要按照国务院要求，积极推进国有林场改革和重点国有林区改革。要像塞罕坝林场那样，通过改革解决问题、推动发展。

(五)大力弘扬塞罕坝精神，就是要发扬兢兢业业、狠抓落实的优良作风。任何工作部署都要通过抓落实才能见成效。大力弘扬塞罕坝精神，就要咬定青山不放松，一任接着一任干，不出成效不罢手。各位厅局长、司局长是抓落实的第一责任人，要亲自抓落实，带头抓落实，一抓到底，抓出成效。全体务林人要立足本职岗位，认真履职尽责，做到事事有落实，件件见成效。只有形成狠抓落实的优良作风，林业发展才会有希望。

伟大的塞罕坝精神，是几代塞罕坝人用心血和汗水甚至生命凝结而成的，是中华民族精神在林业行业的具体体现，是全国林业行业的宝贵财富，是激励广大务林人不断进取的光辉旗帜，是发展现代林业、建设生态文明、推动科学发展的强大动力。各级林业部门要把大力弘扬塞罕坝精神，作为当前的一项重要工作，切实抓紧抓好，以此振奋精神、鼓舞斗志、凝聚力量、推动发展。

做好下半年工作，完成“十一五”林业建设任务，责任重大，意义深远。让我们紧密团结在以胡锦涛同志为总书记的党中央周围，高举中国特色社会主义伟大旗帜，以邓小平理论和“三个代表”重要思想为指导，深入贯彻落实科学发展观，大力弘扬塞罕坝精神，按照发展现代林业、建设生态文明、推动科学发展的总体要求，锐意改革，开拓进取，狠抓落实，努力开创现代林业建设新局面，为夺取全面建设小康社会新胜利作出新的更大贡献。

# 在全国油茶产业发展现场会上的讲话

贾治邦

(2010 年 9 月 27 日)

自 2008 年以来，国家林业局按照党中央、国务院的部署和要求，坚持每年召开一次现场会，专题研究部署油茶产业发展工作，充分体现了国家林业局党组对这项工作的高度重视和抓好这项工作的坚定决心与信心。两年多来的实践证明，我们的工作是扎实的，推进的步伐是稳妥的，取得的成效是显著的。这次会议虽然只安排一天时间，但内容十分丰富，主题非常突出，是专题研究创新油茶产业发展模式与机制，科学谋划新时期油茶产业大发展的一次重要会议，也是进一步深入贯彻落实中央领导同志重要批示和中央林业工作会议精神，扎实推进油茶产业又好又快发展的再动员、再部署。刚才，祝列克同志代表国家林业局作了一个很重要的主题报告，讲得很全面、很具体，具有很强的针对性和指导性，希望大家认真学习，并结合各地实际贯彻落实好。下面，我再强调几点意见。

**一、进一步统一思想，提高认识，积极稳妥地推动油茶产业发展**

发展油茶产业，是党中央、国务院站在保障我国粮油安全、促进农民增收致富的战略高度作出的重大决策，胡锦涛总书记、温家宝总理、回良玉副总理都对油茶产业发展作出重要批示；2009 年、2010 年连续两年的中央 1 号文件都明确提出要大力发展油茶等木本油料；特别是作为单一树种，《全国油茶产业发展规划》得到国务院批准，更是前所未有的。党中央、国务院之所以如此重视油茶产业发展，主要是因为：

第一，发展油茶产业是我国解决粮油安全问题的一项重要举措。油料匮乏仍是摆在我国当前的一个突出问题，特别是食用植物油严重缺乏，供需矛盾十分突出。近几年来，我国食用植物油的消费量以每年 10% 以上的幅度增加，并且对外依存度达到60% 以上。目前，我国国产植物油的主要来源是菜籽油和花生油，而这两种油料作物的种植都与粮食生产存在着争地的矛盾。发展油茶产业，不仅不与粮食争地，还具有很高的经济效益和社会效益。按照现有良种平均产油量，即平均亩产茶油 35 ~ 40 千克计算，到 2020 年《全国油茶产业发展规划》任务完成时，茶油总产量将达到 300 万吨左右。这将是对保障国家粮油安全作出的重大贡献。所以说，发展油茶为我们找到了一条解决植物油生产供应问题的有效途径，也是解决粮油安全的一项重大举措。

第二，发展油茶产业是促进农民增收和县域经济发展的一个重要途径。发展油茶产业既是落实科学发展观的生动实践，又是推进经济转型的有效办法。集体林权制度改革之后，农民拥有了林地的使用权，如何继续搞好后续服务，在给农民提供技术、资金扶持的同时，进一步帮助他们解决种什么、怎么种的问题至关重要。经过反复研究，我们认为，在南方地区引导农民种植油茶，并使之发展壮大成为主导产业，就是林改后发展后续产业的一个很好的办法。油茶产业显著的经济效益，不仅能有效促进农民增收，还能为返乡农民工实现再就业，有利于促进县域经济的发展。特别是油茶产业涵盖第一产业和第二产业，从种植到加工以及加工剩余物的综合开发利用，可以形成一条完整的产业链，为县域经济转型提供一条很好的途径。另外，油茶根系发达、枝叶茂盛、四季常青，抗干旱，耐贫瘠，具有绿化和改善生态环境的功能。可以说，油茶既是生态树、景观树，又是摇钱树，是促进县域经济发展的一个新的增长点。

第三，发展油茶是优化人民消费结构，提高健康水平的最好选择。油茶从开花到果实成熟，经历了春夏秋冬四个季节。专家研究结果表明，茶油是一种保健油、长寿油，民间还称之为“爱妻油”。它与目前我们日常食用的菜籽油、花生油相比，在营养保健等方面具有很多独特的特点和优势，其主要营养成分甚至比橄榄油还高。特别是茶油具有的降血压、降血脂和提高免疫力、提高长寿率的“两降低两提高”功能，使其越来越受到人们的青睐，为优化人们植物油消费结构，提高国民健康水平提供了一个很好的选择。

从两年多的实践来看，油茶产业被地方各级政府作为促进农民增收致富的重要渠道和加快山区综合开发的新的切入点来抓，并得到了广大企业和林农的积极参与，充分显示了油茶产业的巨大发展潜力。

前段时间，湖南金浩公司生产的部分茶油被查出质量问题，引起了中央领导和社会的高度关注，给油茶产业发展造成了一定的负面影响。目前，事情已基本调查清楚。从调查结果来看，这次出现的产品质量问题，仅仅是茶油加工过程中出现的问题，与油茶树种本身没有关系，与油茶林基地建设没有关系，只要加工企业严格控制好加工工艺，进一步强化产品质量安全意识，就完全可以避免。希望各地要切实采取有针对性的措施加强宣传引导，消除误解，重新树立消费者的信心，切实巩固来之不易的成果和良好的发展趋势。当然，更为重要的是，我们一定要从此次事件中吸取教训，以此为契机，采取强有力的措施，强化加工企业的社会责任感，强化产品质量安全意识，确保消费者的身体健康。首先，要严格按照党中央、国务院的要求积极稳妥地推进油茶产业发展。各级各部门一定要认真对待油茶产业发展过程中出现的问题，充分借鉴各方面的经验，加强对油茶产业发展的正确引导，不能因为当前发展过程中出现一些小问题影响油茶产业的发展大局。其次，要加强市场监管。要加强与工商总局、质检总局沟通协作，加大对市场的监督力度，严格监管加工工艺流程；同时，也不能因噎废食，不能因为出现一个小问题，就对油茶全盘否定。第三，要对所有茶油加工厂进行一次全面清理，对于加工设备差、技术工艺落后的加工点，特别是一些土作坊，要逐步予以取缔，使茶油加工尽快实现规模化、标准化。要实行茶油加工企业准入制，切实规范加工行业的管理。第四，要进一步加大对茶油加工工艺研发的创新力度，不断改进加工工艺，提高技术水平，特别是要通过加工工艺的改进，努力提高压榨出油率，提高浸提油的质量。第五，要尽快完善茶油产品质量安全标准体系，督促加工企业严格按照质量标准开展生产，切实加强产品质量的检验检测。

总之，我们要更加深刻地认识发展油茶产业的重大意义，既要坚决贯彻落实好党中央、国务院的战略部署，进一步坚定推进油茶产业发展的决心和信心，又要积极稳妥地推进油茶产业发展，在全面总结两年多来所做的工作和取得的成效、深入分析存在的问题及其原因的基础上，不断完善政策措施，不断加大工作力度，努力把油茶产业推向又好又快发展的新阶段。

**二、突出抓好几项重点工作**

油茶产业发展虽然已经取得了显著的成效，但同时也还存在一些亟待解决的问题，如种苗质量问题、技术推广与服务问题、资金短缺问题、茶油产品质量安全问题等。针对这些问题，我们一定要在过去两年工作基础上，切实采取更有针对性的措施认真加以研究解决。尤其“十二五”是我国油茶产业发展非常关键的五年，各地一定要以这次现场会为契机，进一步理清思路，突出重点，把各项工作抓紧扎实抓好。

（一）进一步抓好良种壮苗的生产供应及种苗质量。种苗的问题非常关键。经过两年多的努力，目前种苗生产能力得到了显著提高，除个别地方外，种苗供需矛盾已大为缓解。但是，苗木质量不高已上升为种苗的主要问题。主要表现为：有些地方生产的苗木根系不发达，甚至达不到标准要求；有些地方对嫁接苗的管理还不到位，混杂的实生苗比例偏高；有些地方有苗就栽的现象依然存在。要解决这些问题，就是要在始终坚持“四定三清楚”的基础上，进一步做到：一是依法加强对苗木市场的监管，继续采取强有力的措施加大对油茶种苗的检查力度，把种苗工作的重心转移到提升苗木质量上来。要树立“发展油茶产业，不但要求必须是良种，而且要求必须是壮苗”的思想。二是逐步推行分品系育苗。营造高产油茶林，必须采用花期一致的多品种搭配才能达到高产目的。因此，必须在育苗时就要按品种分开，然后进行品种的合理搭配后给农民或企业造林，确保油茶产业发展成效。三是要大力推行两年生苗和容器苗上山造林。从这两年各地的实践来看，两年生的苗木和容器苗抗性更强，造林质量更高。随着种苗生产供应能力的不断提升，今后要尽可能使用两年生苗和容器苗上山造林，以提高造林的质量。四是要进一步加强对种苗的科学研究，不断选育出产量更高、抗性更强、茶油品质更好的新品种，不断创新种苗繁育技术。

（二）着力抓好技术推广和示范带动。油茶产业是一项技术密集型产业，各个生产环节技术要求都非常高。但目前科技支撑的能力还亟待加强，突出表现在面向基层为生产一线提供技术服务的专业技术人员缺乏，广大林农对一些实用技术掌握不全面，影响油茶产业的快速发展。我们要深刻认识到，农民技术水平提高之时就是我们油茶产量提高之日。为此，一是要围绕育苗、造林、抚育等环节，进一步加大技术培训力度，通过一级抓一级，层层开展各类技术培训，努力培养基层技术人员，让他们把实用技术送到广大林农手中。二是要根据农业生产的特点，充分利用各类项目和资金，建立一批让老百姓看得见、摸得着、学得会的示范基地，通过典型引路，带动广大林农经营油茶林技术的全面提高。三是要结合各地实际，通过开展送科技下乡、开通技术服务热线，或充分利用广播、电视等媒介，有针对性地组织开展各类技术服务活动。

（三）着力抓好油茶造林工作。随着种苗生产供应能力的不断提高，油茶新造林任务将不断增加。从今年种苗生产的情况来看，各地今冬明春能够出圃的良种壮苗将可以造林350万亩以上，任务十分艰巨，工作十分繁重。各地一定要精心组织，周密安排，严格按照良种苗木生产供应情况科学安排好造林计划，并按照“良种+良法”的要求，确保造一棵、活一棵，造一片、成一片。特别是重点县，既要在高标准、高质量新造油茶林上起到示范效果，更要在规模化、集约化经营上起到引领作用。要坚决防止有苗就栽的盲目发展的做法。

（四）着力抓好油茶新造林抚育和低产林抚育改造。油茶造林与其他树种一样，是“三分造、七分管”。各地要在认真完成新造林任务的同时，必须高度重视新造林的管理和抚育，针对不同的地类和林分，采取不同的技术措施，确保造林成活率和保存率，加快基地建设步伐，提高基地建设成效。关于现有低产林的抚育改造，实践证明，这确实是一项投入少、见效快、投入产出比较高的有效措施，各地要按照《全国油茶产业发展规划》确定的任务，把现有低产油茶林的抚育改造作为尽快提高茶油产量、促进农民增收的重要措施来抓，进一步加大投入，通过各种技术措施的综合应用，充分挖掘现有低产林的增产潜力。

**三、认真抓好会议精神的学习传达和贯彻落实**

这次会议总结了成绩，分析了问题，部署了工作，是在两个五年规划交替的时候召开的一次十分重要的会议。与会同志回去后要及时主动给党委政府主要领导同志汇报，力争当地党委政府进一步加大对油茶工作的领导和支持力度。会议安排了典型发言，印发了交流材料，组织了现场参观，从各个层面介绍了各地发展油茶产业的好经验、好做法，这些都是各地在长期的实践中总结出来的，各级林业部门一定要把这些好做法好经验学习好、借鉴好，紧密结合本地实际，进一步研究制定和完善促进油茶产业发展的政策措施。只有这样，才能达到我们召开现场会的目的。同时，要加大宣传力度，把会议精神传达到乡镇和村组，以及参与油茶产业发展的企业和林农等，进一步营造良好的氛围。国家林业局各司局和有关直属单位，要按照职能分工，进一步加大工作力度，进一步加强协调配合，切实把各项工作抓紧抓实抓好，抓出更大的成效。

同志们，我们党即将召开十七届五中全会，科学谋划“十二五”发展蓝图，我国现代林业建设和油茶产业发展都将进入一个新的发展时期。让我们紧密团结在以胡锦涛同志为总书记的党中央周围，深入学习贯彻十七届四中全会和即将召开的五中全会精神，以中央林业工作会议精神为指导，深入贯彻落实科学发展观，以饱满的热情肩负起历史赋予我们的重任，开拓创新，扎实工作，为开创油茶产业发展新局面作出应有的贡献！

# 在全国集体林权制度改革百县经验交流会结束时的讲话

贾治邦

（2010 年 10 月 11 日）

在全体会议代表的共同努力下，全国集体林权制度改革百县经验交流会圆满完成了各项议程。中央领导同志对这次会议十分重视。中共中央政治局常委、国务院总理温家宝同志专门对会议作出重要批示，对集体林权制度改革取得的成效给予了高度评价，对全面深化林改提出了明确要求。中共中央政治局委员、国务院副总理回良玉同志会前对筹备工作多次研究指导。昨天上午，回良玉副总理又亲自出席会议并发表重要讲话，充分肯定了集体林权制度改革取得的显著成效，深刻分析了新形势下全面深化林改的重大意义，对继续加大林改推进力度、切实加强组织领导作出了新的部署。昨天下午，会议进行了分组讨论，与会代表认真学习了温家宝总理的重要批示和回良玉副总理的重要讲话，广泛交流了林改工作经验。刚才，16 个县进行了典型发言，介绍了各自的林改工作情况和先进经验。

总的看，会议开得很成功，达到了预期目的，取得了预期成效。一是进一步统一了思想、提高了认识。大家认为，集体林权制度改革是我国农村经营制度的又一重大变革，是深入贯彻落实科学发展观的生动实践。全面深化集体林权制度改革不仅能够极大地解放和发展农村生产力，充分调动农民造林护林育林的积极性，进一步促进森林资源增加和农民收入增长，而且对推动全国经济增长、转变经济发展方式、实现可持续发展具有重大意义。二是进一步明确了深化林改的任务和要求。会议明确提出，集体林权制度改革是一项长期而艰巨的任务，既要如期完成明晰产权、承包到户的改革任务，又要完善林业支持保护制度、提高林业社会化服务水平、培育壮大林业主导产业、不断增强农民兴林致富的能力、巩固和扩大集体林权制度改革成果，使更多的农户走上致富之路，为扩大内需、促进增长注入持久动力。三是进一步交流了深化林改的做法和经验。会议上交流的林改百县经验，内容丰富，各具特色，鲜活生动，凝结着基层的创造、实践的探索和群众的智慧，对全面深化林改具有很强的借鉴意义和推广价值。

这次会议是在全国上下深入贯彻落实科学发展观、加快转变经济发展方式的重要时期，在全面深化集体林权制度改革、大力推进生态文明建设的关键时刻，召开的一次十分重要的会议，对于指导我国林业改革发展将产生重大而深远的影响。温家宝总理的重要批示和回良玉副总理的重要讲话，主题突出，内涵丰富，论述深刻，目标明确，措施有力，充分体现了贯彻落实科学发展观的基本要求，充分体现了党中央、国务院对林业改革发展的高度重视，是当前和今后一个时期林改工作重要的指导方针。会议结束后，各地要尽快向党委政府汇报，认真研究制定贯彻落实会议精神的具体措施。各级林业部门要当好党委政府的参谋，积极为贯彻落实会议精神、全面深化林改出主意、献良策。贯彻落实好这次会议精神，要着力抓好以下四项重点工作：

第一，切实明晰产权，确保如期完成中央确定的承包到户的改革任务。明晰产权、承包到户仍然是当前改革的中心工作，全国还有 20.05% 的集体林地没有承包到户。各地要按照回良玉副总理的要求，坚持以明晰产权为核心，继续加强指导，强化督促检查，确保如期完成承包到户的改革任务。已经基本完成明晰产权改革任务的地方，要组织开展“回头看”，对政策落实不到位的要进一步落实完善，对勘界发证质量不过关的要认真核实整改，对档案管理不规范的要切实补齐规范。正在开展明晰产权改革的地方，要扎实做好承包到户工作，确保改革质量。对存在面积过大、期限过长、租金过低等"三过"问题的集体林地，要分类指导，妥善处理，避免留下隐患。在明晰产权、承包到户的基础上，加快建立健全林权保护管理体系，进一步强化和完善林权保护管理。

第二，全面加强服务，切实为农民发展林业解决实际困难。林地承包到户后，不能"一包了之"，要着力强化综合服务，帮助农民解决好在发展林业中遇到的资金筹措难、技术服务难、市场对接难等实际困难，为农民经营林业创造更为有利的条件。各级林业部门要尽快转变职能，加强政策服务，简化审批手续和环节，使农民获得更方便、更直接、更优质的行政服务。加强市场服务和信息服务，为农民进入市场、销售产品提供畅通的渠道。加快建立农民林业专业合作社，引导农民标准化、专业化、集约化、规模化生产，帮助解决好"一家一户办不了、也办不好"的事。大力推进林业社会化服务体系建设，积极引导发展各类专业协会和森林资源评估等中介机构，为农民发展林业提供全方位的优质高效服务。

第三，培育主导产业，真正让农民获得更大的经济利益。发展林业产业，增加农民收入，是改革的动力和目的。林地承包到户后，各地要结合当地实际，确立和培育主导产业。特别要大力扶持农民发展林下经济等特色产业，引导农民精心经营森林，立体开发林地资源，大力发展"林参"、"林药"、"林菌"、"林菜"等林下种植业和"林蛙"、"林鸡"、"林兔"、"林猪"等林下养殖业，提高林地综合利用率和产出率，促进农民在较短时间内增收致富。积极引导农民开发森林的旅游、保健、休憩等功能，促进森林旅游业大发展。同时，注重发展林产品精深加工业，延长产业链，提高资源利用率和产品附加值，让农民从林业产业中获得更多的实惠、更大的利益。

第四，完善配套政策，建立健全强林惠林的政策体系。各级林业部门要积极与发展改革、财政等部门加强沟通协调，结合"十二五"规划编制工作，进一步完善强林惠林政策体系，争取在以下几个方面取得实质性进展。一要落实好育林基金减收后，将基层林业单位经费纳入地方财政预算的政策，扩大农村公益事业"一事一议"的财政奖补范围，扶持农村林业合作组织建设。二要切实将森林防火、病虫害防治及林区道路、供水、供电、通信等基础设施建设纳入相关规划。三要兑现生态效益补偿政策，提高补偿标准，落实好林木良种、中幼林抚育和低产林改造补贴政策，对农民营造商品林、抚育经营森林给予补贴。四要落实好林权抵押贷款政策，简化评估程序和放贷手续，增加贷款贴息规模，扩大贴息范围。逐步扩大森林保险试点范围，提高保险保费补贴率。五要深入开展森林采伐管理改革试点工作。简化采伐管理环节，推行采伐管理公示制。

同志们，集体林权制度改革意义重大，影响深远，我们的责任重大，使命光荣。让我们在党中央、国务院的正确领导下，认真贯彻落实中央10号文件、中央林业工作会议和这次会议精神，统一思想，提高认识，狠抓落实，开拓创新，如期完成集体林权制度改革任务，为实现胡锦涛总书记提出的2020年林业"双增"目标，为发展现代林业、建设生态文明、推动科学发展作出新的更大贡献。

# 高度重视林业信息化在现代林业建设中的重大作用

## ——在全国林业信息化示范省建设工作座谈会上的讲话

贾治邦

（2010年12月27日）

刚才，祝列克同志代表局党组作了一个非常重要的报告，充分肯定了一年来信息化各项工作取得的成效，客观分析了信息化工作面临的机遇和挑战，对今后信息化发展提出了明确的要求，具有很强的针对性，讲得很生动、很好，对今后的信息化工作具有很重要的指导意义。会后要印发与会代表和各司局、各直属单位，大家一定要认真学习领会，深入贯彻落实。下面，我再强调三点。

**一、信息办做了大量卓有成效的工作，取得了非常明显的成效**

2009年之前，全国林业信息化工作比较分散，各司局、各单位的信息化工作诸侯割据，大家都在建网站，还建数据库和应用系统，但标准制式不统一，各自为政，信息孤岛很多，不能实现互联互通、资源共享。为消除林业信息化重复建设和资源浪费现象，2009年初，按照国家信息化建设的总体部署，根据国内外信息化发展的理论与实践、形势与任务，结合国情、林情，局党组决定成立国家林业局信息化管理办公室，大力推进林业信息化建设，加大信息资源整合力度。2010年3月，中央编办正式批复成立了国家林业局信息中心。信息中心与信息办两块牌子，一套人马。

信息办成立以来，按照局党组的要求，在有关部门的配合下，统一规划，整合资源，勤勉工作，化解矛盾，在困难中前进，在协调中发展，做了大量卓有成效的工作，进展快，标准高，效果好。编制了《纲要》和《指南》，完成了全国林业信息化顶层设计；成功筹备召开了首届全国林业信息化工作会议，确立了全国林业信息化总体思路；建成了高标准的内网、外网、专网，形成了全国林业信息高速公路；林业综合办公系统正式上线运行，全国林业系统开始进入无纸化办公时代；整合改造了各司局各单位网站，形成了"中国林业网"统一门户网站；强化了数据库和应用系统建设整合，信息资源共享迈出了实质性步伐；积极推动“金林工程”立项，大力开展示范工程和示范省建设；编撰了首部《中国林业信息化发展报告》，开展了首次“中国林业信息化发展战略”研究；努力加强制度和标准建设，林业信息化逐步走上了规范化管理轨道；加强信息化机构队伍建设，中央编办正式批复成立了国家林业局信息中心等，取得了非常明显的成效，圆满完成了局党组部署的各项任务。林业信息化成为现代林业发展的一大亮点，赢得了国务院办公厅和有关部委的赞誉，许多部委来我局参观考察，在林业信息化发展史上乃至我国林业发展史上具有里程碑意义。这些成绩的取得，得益于全国林业系统广大干部职工，尤其是信息办的同志们付出的辛勤努力，局党组对林业信息化建设取得的成绩非常满意。

希望信息办和全国林业信息系统的同志们，继续发扬辛勤努力、团结奋进、无私奉献、爱岗敬业的光荣传统，力争把今后的林业信息化工作做得更好。同时，希望各司局、各单位和各地林业部门今后更加重视信息化工作，积极支持、配合信息办把这一现代林业的重要支柱做大做强。

**二、林业信息化工作非常重要，任务十分艰巨而光荣**

近年来，党中央、国务院对林业工作作出了一系列重要指示，巩固林业的“四个地位”，实现林业的“四大使命”和“五大功能”，都必须按照胡锦涛总书记“三个依靠”、“两个着力”、实现“双增”目标的指示精神，全面贯彻以生态建设为主的林业发展战略，发展现代林业，建设生态文明，推动科学发展。发展现代林业是林业工作的总任务，建设生态文明是林业工作的总目标，推动科学发展是林业工作的总要求，三者相互联系，相互促进。这既是林业改革和发展的核心和主题，也是今后林业发展的旗帜和方向。

科学化、信息化、机械化是现代林业的三大支柱。林业现代化首先必须有林业的信息化，林业信息化是林业现代化最主要、最具有标志性意义的任务。没有林业的信息化，就没有林业的现代化，就无法建成真正意义上的现代林业。现代林业是用现代技术装备的林业，信息技术是当今世界最典型、集成度最高的现代技术。所以，现代林业首先是用现代信息技术装备的林业。

林业围绕生态系统建设，拓展了很多职能，林业部门管理的林地、沙地、湿地占国土面积的56%，这些都是非常重要的生产资料。不借助于现代信息手段，就搞不清现状，就无法管理好林业庞大、复杂的资源，也无法科学有效地指导林业产业发展和生态文化建设。最近我到北京市调研，他们对照2003年与目前的卫星照片，土地的变化情况一目了然。如果各省区市都能把管辖的森林、湿地、沙地、生物多样性等林业资源信息采集处理，形成全国统一的林业信息资源基础数据库，就可以随时了解全国林业资源的变动情况，作出合理的规划和安排，作出科学的工作决策。

在目前城市周围土地严格控制和投资风险日益增大的情况下，依法保护林地、湿地和野生动植物等稀缺资源的任务更加艰巨，从中央到省、市、县、乡都要利用先进的信息手段来管理林业，没有林业信息化，林业资源保护利用也搞不好，这些工作都凸显了信息化的极端重要性。

**三、林业信息化必须打破条块分割，实行“五个统一”**

怎样才能搞好林业信息化？国内外的实践、行业内外的实践都充分证明，搞好林业信息化，必须避免各自为政，实行“五个统一”，即统一规划、统一标准、统一制式、统一平台、统一管理。信息办的主要任务，就是搞好组织、协调、指导、监督和管理工作，落实好“五个统一”。

一是统一规划。林业信息化建设首先要明确应该做哪些事情，然后做好统一规划，根据规划逐步实现。林业信息化是一项非常重要的系统工程，必须做一个成一个，投资一定要产生相应的效率和效益。2009年初，国家林业局颁布了《全国林业信息化建设纲要（2008～2020）》和《全国林业信息化建设技术指南（2008～2020）》，这是我们推进林业信息化的纲领性文件，对未来10年的信息化工作作了总体部署和安排。目前，信息办会同计财司等有关司局正在抓紧编制《全国林业信息化发展“十二五”规划》，即将印发。同时，指导未来20年信息化工作的《中国林业信息化发展战略研究》已完成初稿。这些都是结合林业现状作的统一谋划，发展思路非常清晰，是统一规划的具体体现。信息办工作很有章法，抓得很好。下一步，各司局、各直属单位要积极配合信息办工作，在统一规划指导下开展信息化工作，共同抓好规划的落实。林业信息化建设如同登山，每个阶段都很重要，都是在为下一个阶段打基础，一点一点爬到新的高度。有了统一的规划，在具体实施上，按照“由易到难”的原则逐步实施，从基础建设向应用推进，应用从简单逐渐向主体业务推进。

二是统一标准。林业信息化需要制定统一的信息技术标准，统一标准是林业信息化建设的关键，是确保各种信息流在不同层级、不同部门间顺利流动的前提。在此基础上，才能整合提升目前分散的信息系统。如果建设标准不统一，即便建设速度再快，质量再高，建成一个系统，就形成一个孤岛，也无法连接到国家林业局统一的大平台。信息办成立以来，把与信息化相关的国际标准、国家标准、行业标准进行了认真梳理，并且研究制定了8个急需标准，从数据代码、功能要求、交换标准等方面进行规范，为林业信息化的规范建设与高效发展奠定了坚实基础。各地各单位都要认真贯彻执行这些标准。目前，信息办正在抓紧组织制定另外13个信息化相关标准。但标准化工作还不能完全适应全国林业信息化全面快速发展的要求，需要进一步加强，通过标准规范，来提高数据采集质量，解决数据的一致性、适应性问题。要尽快完成一批高技术含量的基础性综合类标准，争取早日形成比较完备的林业信息化标准体系。

三是统一制式。林业信息化应用的软件系统，要尽量做到上下统一，避免相同的事情，用多种互不兼容的软件来支撑。因为如果制式不统一，各层级、各系统之间就会存在壁垒，林业系统就无法形成一个真正意义上的完整统一的大平台，就会浪费国家对林业信息化建设的投资。实践证明，不按照统一制式的应用系统，最终都要被边缘化，所有的信息化投资将变得毫无意义。只有统一制式，大家应用的普遍性功能才会不出问题，才能保证全国林业系统信息化建设成果的平滑对接，实现统一升级和完善。林业系统各级领导干部和信息办主任，在统一制式的问题上，一定要引入相关标准，实现上下对接，作出的决策和建成的系统要能经得起历史的考验，为林业信息化建设创造后续发展的机会。从历史发展角度看，秦朝统一度量衡“书同文、车同轨”的创举，促进形成了伟大的中华民族。同样，全国林业信息化统一制式，纵向才能与中央、省、市、县、乡实现连接兼容，横向与所有的部委互连互通，各省区市林业厅局也要做到横向到边、纵向到底的互联互通，以形成合力，共同促进现代林业的又好又快发展。

四是统一平台。要基于多年的林业信息化经验，引入国内外强大的技术实力，重点打造一个林业信息化统一平台。基于信息共享的平台框架，便于用户在统一平台上进行一体化的设计，实现林业基础数据、业务数据、管理数据的共享。系统设计要遵循国家及林业系统关于信息化建设的规范标准，统一权限管理，完成多业务的管理，实现各个业务数据的融合，还要便于业务的拓展。统一平台必须采用统一的设计。通过计算机电信集成技术、数据库技术、视频媒体流和射频识别技术的融合，基于系统框架的设计和流程化的设计思想，通过分布式、模块化的实现方式，将林业数据库、应用系统、网站整合在统一平台上，建立林业统一门户网站。只要进入林业统一门户，就像进了迪斯尼乐园，想了解的都可以看到，这样才便于地方领导和社会各界了解林业情况。如果没有统一门户，各自建设的门户太多，就给想了解林业情况的人增添了麻烦，整个设备和设施都会造成浪费。在统一平台上，各个环节通过软件的数据共享、实时控制，有效地协调同步起来，形成一个完善的、规范的、可控的信息化管理系统。

五是统一管理。信息化发达国家和国内各部委信息化建设经验充分证明，信息化建设必须实行统一的部署和管理。不统一管理，各司局、各直属单位、各省区市林业厅局建设的各种数据库和应用系统，采用不同的形式存储数据，就难以有效快速地进行数据交换，不能有效进行数据共享、整合，从而形成信息孤岛，难以满足新形势下现代林业又好又快发展的需求。因此，必须树立长远的观点、全局的观点、统一的观点，坚决打破司局、部门、条块的界限和封锁。今后林业信息化建设，各业务司局、直属单位根据工作需要提出需求，由信息办统一整合包装项目，通过招投标利用社会技术力量统一建设，实现林业信息化项目的统一管理，实现数据存储的统一管理，最终实现数据的快速交换、高效传递，真正实现互联互通、信息资源共享，减少管理和运维成本，提高工作效率和工作成效。

在“五个统一”的前提下，该放开的要放开，该搞活的要搞活，调动各方面的积极性，共同维护中国林业统一门户网站。矛盾具有普遍性和特殊性，即有共性和个性。在保证共性的基础上，要突出个性、鼓励个性，把我们的网站办成百花齐放、反映各方面最新成果的网站。林业网站趣事多，知识面广，要充分调动各单位的积极性，争取集中力量把国家林业局各个子站都办成有特色、有个性的网站。比如：野生动物、花卉等子站要办出特色，进入统一门户就能看到野生动物的生活习性，吸引大家进入我们的网站。一定要破除林业部门比较保守的观念，把微观层面和宏观层面的事物结合起来，建设一个统一灵活的中国林业门户网站，走出一条中国特色林业信息化发展之路，为全面推进现代林业建设作出新的更大贡献。

最后，我代表局党组向为林业信息化建设付出辛勤劳动的信息化战线的全体同志表示衷心的感谢！局党组对林业信息化工作寄予厚望，实现全国林业信息化任重而道远。希望各司局、各单位和各地林业部门认真落实会议精神，继续以饱满的热情，大力推进林业信息化，为发展现代林业、建设生态文明、推动科学发展作出更大贡献！

# 重要林业法律法规

# 国务院办公厅关于做好自然保护区管理有关工作的通知

## 国办发〔2010〕63号

各省、自治区、直辖市人民政府，国务院各部委、各直属机构：

建立自然保护区是保护生态环境、自然资源的有效措施，是保护生物多样性、建设生态文明的重要载体，是加快转变经济发展方式、实现可持续发展的积极手段。多年来，自然保护区的建设和管理工作取得了显著成效。但是，随着工业化、城镇化的加速推进，保护与开发的矛盾日益突出，一些自然保护区频繁进行调整或被非法侵占，部分物种的栖息地受到威胁，生态环境遭到破坏，自然保护区发展面临的压力不断加大。为切实做好自然保护区管理工作，促进自然保护区事业健康发展，经国务院同意，现就有关问题通知如下：

**一、科学规划自然保护区发展。**定期开展全国生态环境和生物多样性状况调查和评价，并在各部门相关规划的基础上，统筹完善全国自然保护区发展规划。积极推进中东部地区自然保护区发展，在继续完善森林生态类型自然保护区布局的同时，将河湖、海洋和草原生态系统及地质遗迹、小种群物种的保护作为新建自然保护区的重点。按照自然地理单元和物种的天然分布对已建自然保护区进行整合，通过建立生态廊道，增强自然保护区间的联通性。对范围和功能分区尚不明确的自然保护区要进行核查和确认。设立其他类型保护区域，原则上不得与自然保护区范围交叉重叠；已经存在交叉重叠的，对交叉重叠区域要从严管理。

**二、强化对自然保护区范围和功能区调整的管理。**任何部门和单位不得擅自改变自然保护区的性质、范围和功能分区，不得随意撤销已批准建立的自然保护区。自然保护区自批准建立或调整之日起，原则上五年内不得进行调整。确因国家立项核准的重大工程建设需要，必须对自然保护区进行调整的，应在确保自然保护区功能不发生改变的前提下，从严控制缩小自然保护区及其核心区、缓冲区的范围。地方级自然保护区的调整由其所在地省级人民政府审批，并报环境保护部和相关部门备案。各省、自治区、直辖市人民政府要抓紧制定地方级自然保护区调整的管理规定。

**三、严格限制涉及自然保护区的开发建设活动。**自然保护区属禁止开发区域，在自然保护区核心区和缓冲区内禁止开展任何形式的开发建设活动；在自然保护区实验区内开展的开发建设活动，不得影响其功能，不得破坏其自然资源或景观。加强涉及自然保护区的矿产资源开发活动管理，限期对自然保护区内违法违规探矿和采矿活动予以清理。加强对自然保护区内旅游活动的监管。

**四、加强涉及自然保护区开发建设项目管理。**涉及自然保护区的开发建设项目的环境影响评价文件，应对项目可能造成的对自然保护区功能和保护对象的影响作出预测，提出保护与恢复治理方案。项目所在地环保部门要会同有关部门加强项目实施期间的监管，督促建设单位落实保护与恢复治理方案。对于未按规定完成生态恢复任务的地区和建设单位，暂停审批其新的涉及自然保护区的建设项目环评文件，并对相关责任人依法予以处罚。

**五、规范自然保护区内土地和海域管理。**将自然保护区涉及的土地、海域纳入土地利用、草地和林地保护等相关规划以及海洋功能区划统筹考虑。加强自然保护区内土地和海域权属管理，依法确定其土地所有权和使用权及海域使用权。对自然保护区内的集体所有土地，可采取签订委托管理协议等方式妥善解决管理问题。依法使用自然保护区内土地的单位和个人，不得擅自改变土地用途，扩大使用面积。禁止任何单位和个人破坏、侵占、买卖或者以其他方式非法转让自然保护区内的土地。

**六、强化监督检查。**根据功能定位和主要保护对象的特点，对自然保护区实施分类管理。定期开展自然保护区专项执法检查和管理评估，严肃查处各类违法行为，提高规范化管理水平。对管理不善、保护不力的，有关部门要责令其限期整改。对环境和资源受到严重破坏，不再符合条件或失去保护价值的自然保护区，原批准机关要给予降级或撤销处理。对由于人为因素导致自然保护区降级或撤销的，要依照相关规定追究有关人员的责任。环境保护部要会同有关部门制定自然保护区评估标准，有关部门可根据所管理自然保护区的特点和需要制定相应标准。

**七、加大资金投入。**国家级自然保护区管护基础设施的建设投资由发展改革委在现有投资渠道中统筹安排，能力建设投资由财政部以专项资金形式给予补助，日常管理经费纳入其所在地省级财政预算。地方级自然保护区的建设和管理经费参照国家级自然保护区予以保障。要综合考虑自然保护区功能定位和土地权属等特点，加大财政转移支付力度，逐步提高当地居民基本公共服务均等化水平。加快建立自然保护区生态补偿机制。自然保护区内的野生动物对周边居民造成损害的，地方人民政府应给予补偿。规范涉及自然保护区开发建设活动的补偿措施。

**八、增强科技支撑。**加强自然保护区生物多样性基础理论、保护技术和管理政策等方面的研究。建立自然保护区生态系统、植被和珍稀濒危物种分布数据库。建立卫星遥感监测和地面监测相结合的自然保护区生态和资源监测体系。认真履行有关国际公约，加强迁徙物种监测与保护、外来物种入侵等领域的国际交流与合作。充分发挥自然保护区的生态环境保护宣传教育、自然科学普及平台功能。加强自然保护区科研、管理等专业人

员培训。

**九、加强领导和协调。**各省、自治区、直辖市人民政府要加强对自然保护区管理工作的组织领导，建立考核和责任追究制度，实行任期目标管理，保障工作经费，健全管理机构，积极划建自然保护区，建立当地居民参加的自然保护区共管机制，妥善处理好自然保护区管理与当地经济建设及居民生产生活的关系。各有关部门要加强沟通协调，完善自然保护区建立、调整评审等工作机制，共同做好自然保护区管理工作。环境保护部要加强自然保护区的综合管理，会同有关部门完善相关政策、法规、规划，制定标准和技术规范，发布相关信息。国土资源部、水利部、农业部、林业局、海洋局和中科院等部门和单位要依据职责分工，做好各自管理自然保护区的相关工作。

中华人民共和国国务院办公厅

2010年12月28日

# 国家林业局关于印发《国家湿地公园管理办法(试行)》的通知

林湿发〔2010〕1号

各省、自治区、直辖市林业厅(局)，内蒙古、龙江、大兴安岭森工(林业)集团公司，新疆生产建设兵团林业局，国家林业局各司局、各直属单位：

为进一步促进国家湿地公园健康发展，规范国家湿地公园建设和管理，我局研究制定了《国家湿地公园管理办法(试行)》，现印发给你们，请遵照执行。执行中有何意见和建议，请及时反馈我局。

附件：国家湿地公园管理办法(试行)

国家林业局

2010年1月28日

# 附件　国家湿地公园管理办法(试行)

**第一条**　为促进国家湿地公园健康发展，规范国家湿地公园建设和管理，根据国家有关规定，制定本办法。

国家湿地公园的建立、建设和管理应当遵守本办法。

**第二条**　湿地公园是指以保护湿地生态系统、合理利用湿地资源为目的，可供开展湿地保护、恢复、宣传、教育、科研、监测、生态旅游等活动的特定区域。

湿地公园建设是国家生态建设的重要组成部分，属社会公益事业。国家鼓励公民、法人和其他组织捐资或者志愿参与湿地公园保护工作。

**第三条**　国家林业局依照国家有关规定组织实施建立国家湿地公园，并对其进行指导、监督和管理。

县级以上地方人民政府林业主管部门负责本辖区内国家湿地公园的指导和监督。

**第四条**　建设国家湿地公园，应当遵循“保护优先、科学修复、合理利用、持续发展”的基本原则。

**第五条**　国家湿地公园边界四至与自然保护区、森林公园等不得重叠或者交叉。

**第六条**　具备下列条件的，可建立国家湿地公园：

(一)湿地生态系统在全国或者区域范围内具有典型性；或者区域地位重要，湿地主体功能具有示范性；或者湿地生物多样性丰富；或者生物物种独特。

(二)自然景观优美和(或者)具有较高历史文化价值。

(三)具有重要或者特殊科学研究、宣传教育价值。

**第七条**　申请建立国家湿地公园的，应当提交如下材料：

(一)所在地县级以上(含县级)人民政府同意建立国家湿地公园的文件；跨行政区域的，需提交其同属上级人民政府同意建立国家湿地公园的文件。

(二)拟建国家湿地公园的总体规划及其电子文本。

(三)拟建国家湿地公园管理机构的证明文件或者承诺建立机构的文件。

(四)县级以上人民政府出具的拟建国家湿地公园土地权属清晰、无争议，以及相关权利人同意纳入湿地公园管理的证明文件。

(五)县级以上人民政府出具的拟建国家湿地公园相关利益主体无争议的证明材料。

(六)反映拟建国家湿地公园现状的图片资料和影像资料。

(七)所在地省级林业主管部门出具的申请文件、申报书，以及对总体规划的专家评审意见。

**第八条**　建立国家湿地公园由省级林业主管部门向国家林业局提出申请。

国家林业局对申请材料进行审核，对申请材料符合要求的，组织专家进行实地考察，并提交考察报告。

申报单位应根据专家实地考察报告组织对湿地公园总体规划进行修改和完善，并报国家林业局审查备案。

对通过专家实地考察论证和国家林业局初步审核符合条件的，由国家林业局在拟建国家湿地公园所在地进行公示。

**第九条**　对完成国家湿地公园试点建设的，由省级林业主管部门提出申请，国家林业局组织验收。对验收合格的，授予国家湿地公园称号；对验收不合格的，令其限期整改；整改仍不合格的，取消其试点资格。

**第十条**　国家湿地公园采取下列命名方式：

省(自治区、直辖市)名称＋湿地名＋国家湿地公园。

**第十一条** 国家湿地公园应当按照总体规划确定的范围进行标桩定界，任何单位和个人不得擅自改变和挪动界标。

**第十二条** 国家湿地公园所在地县级以上地方人民政府应当设立专门的管理机构，统一负责国家湿地公园的保护管理工作。

国家湿地公园管理机构的管理和技术人员应当经过必要的岗位培训。

**第十三条** 国家湿地公园总体规划应当由具有相应资质的单位参照有关规定编制。

国家湿地公园的撤销、范围的变更，须经国家林业局审批。

**第十四条** 国家湿地公园可分为湿地保育区、恢复重建区、宣教展示区、合理利用区和管理服务区等，实行分区管理。

湿地保育区除开展保护、监测等必需的保护管理活动外，不得进行任何与湿地生态系统保护和管理无关的其他活动。恢复重建区仅能开展培育和恢复湿地的相关活动。宣教展示区可开展以生态展示、科普教育为主的活动。合理利用区可开展不损害湿地生态系统功能的生态旅游等活动。管理服务区可开展管理、接待和服务等活动。

**第十五条** 国家湿地公园应当设置宣教设施，建立和完善解说系统，宣传湿地功能和价值，提高公众的湿地保护意识。

鼓励国家湿地公园定期向中小学生免费开放。

**第十六条** 国家湿地公园管理机构应当定期组织开展湿地资源调查和动态监测，建立档案，并根据监测情况采取相应的保护管理措施。

**第十七条** 禁止擅自占用、征用国家湿地公园的土地。确需占用、征用的，用地单位应当征求国家林业局意见后，方可依法办理相关手续。

**第十八条** 除国家另有规定外，国家湿地公园内禁止下列行为：

（一）开（围）垦湿地、开矿、采石、取土、修坟以及生产性放牧等。

（二）从事房地产、度假村、高尔夫球场等任何不符合主体功能定位的建设项目和开发活动。

（三）商品性采伐林木。

（四）猎捕鸟类和捡拾鸟卵等行为。

**第十九条** 国家林业局依照国家有关规定组织开展国家湿地公园的检查评估工作。对不合格的，责令其限期整改。整改仍不合格的，取消其“国家湿地公园”称号。

**第二十条** 本办法自发布之日起试行。

# 国家林业局关于印发《种用林木种子（苗）进口管理实施细则》的通知

林场发〔2010〕4号

各省、自治区、直辖市林业厅（局），内蒙古、吉林、龙江、大兴安岭森工（林业）集团公司，新疆生产建设兵团林业局：

为了加强种用林木种子（苗）进口的审批与管理，根据《财政部 国家税务总局关于“十一五”期间进口种子（苗）种畜（禽）鱼种（苗）和种用野生动植物种源税收问题的通知》（财关税〔2006〕3号）和《财政部 海关总署 国家税务总局关于印发〈种子（苗）种畜（禽）鱼种（苗）和种用野生动植物种源进口税收优惠政策暂行管理办法〉的通知》（财关税〔2009〕50号）等规定，我局制定了《种用林木种子（苗）进口管理实施细则》，现印发给你们，请遵照执行。

附件：种用林木种子（苗）进口管理实施细则

国家林业局

2010年1月5日

# 附件 种用林木种子（苗）进口管理实施细则

为了加强种用林木种子（苗）进口审批与管理，根据《财政部 国家税务总局关于“十一五”期间进口种子（苗）种畜（禽）鱼种（苗）和种用野生动植物种源税收问题的通知》（财关税〔2006〕3号）和《财政部 海关总署 国家税务总局关于印发〈种子（苗）种畜（禽）鱼种（苗）和种用野生动植物种源进口税收优惠政策暂行管理办法〉的通知》（财关税〔2009〕50号）等规定，制定本细则。

一、种用林木种子（苗）进口审批机关

按照《中华人民共和国种子法》和《中华人民共和国行政许可法》的有关规定，种用林木种子（苗）进口审批由国家林业局组织实施，具体工作由国家林业局国有林场和林木种苗工作总站承办。

二、种用林木种子（苗）进口申请

申请种用林木种子（苗）进口的单位和个人，应提供以下材料：

（一）林木种子苗木（种用）进口申请表；

（二）进口单位所在地省级林业行政主管部门林木种苗管理机构的审核文件，并附《种用证明》；

（三）进口合同复印件；

（四）种子（苗）质量说明，或合同中有质量约定；

（五）从事进口的单位首次办理种用林木种子（苗）

进口审批时，需提交林木种子生产许可证和国务院林业行政主管部门核发的林木种子经营许可证复印件；按照《中华人民共和国种子法》有关规定可以不办理林木种子生产许可证的单位或个人需要提交培育、繁殖种子苗木的土地证明复印件。

三、种用林木种子（苗）进口应具备的条件

（一）申请办理种用林木种子（苗）进口审批的单位和个人必须具有林木种子生产许可证或具备适宜培育、繁殖林木种子苗木的固定场所和必需设施；

（二）种用林木种子（苗）进口的种类必须在财关税〔2006〕3号文件所附《进口种子（苗）、种畜（禽）、鱼种（苗）和种用野生动植物种源免税货品清单》范围内；

（三）进口用途是以科研、种植、培育为目的，直接用于或服务于林业生产。

进口用于高尔夫球场、足球场、度假村或俱乐部等场所建设的林木种子（苗）不享受种用林木种子（苗）进口免税优惠政策。

四、种用林木种子（苗）进口审批数量

种用进口审批的免税品种、数量按照财政部和国家税务总局核定的年度计划执行。

五、申请与审批程序

（一）申请人向所在地省级林业行政主管部门提出申请；

（二）省级林业行政主管部门林木种苗管理机构审核后出具审核文件及《种用证明》；

（三）国家林业局对申请人提交的材料进行审查，审查合格的，由国家林业局依法作出准予行政许可的决定，向申请人核发《国家林业局种子苗木（种用）进口许可表》，有效期不超过90天；审查不合格的，由国家林业局书面通知申请人并说明理由，告知复议或诉讼权利。

六、种用林木种子（苗）进口年度计划的申请

申请办理种用林木种子（苗）进口审批的单位和个人根据实际需要，于每年11月20日前向所在地省级林业行政主管部门林木种苗管理机构报送下一年度进口计划；省级林业行政主管部门根据本省（含自治区、直辖市，下同）林业发展规划及实际需要，将各单位和个人的进口计划汇总后于每年11月30日前报国家林业局国有林场和林木种苗工作总站。年度进口计划应包括进口种类、申请单位、计划进口数量、进口用途等内容，并对其中种用进口数量大幅超过上一年度进口数量的品种详细说明原因。国家林业局根据各省上报的进口计划，结合全国林业发展规划及实际需要，于次年1月15日前向财政部、国家税务总局报送本年度种用林木种子（苗）进口计划。

七、监管与处罚

（一）国家林业局负责对从事林木种苗进口活动的单位和个人的监督管理，具体工作由国家林业局国有林场和林木种苗工作总站负责。采取书面检查和实地监督检查相结合的办法，重点对申请进口的林木品种、生产、经营许可证、进口合同、获得种用进口林木种苗的使用等进行监督检查。

（二）免税进口的林木种子（苗）用途应符合本细则“三、种用林木种子（苗）进口应具备的条件”的规定。对违反规定的种子（苗）进口单位，按照《财政部　海关总署　国家税务总局关于印发〈种子（苗）种畜（禽）鱼种（苗）和种用野生动植物种源进口税收优惠政策暂行管理办法〉》等有关规定处罚。

（三）各省林业行政主管部门要按照本细则“六、种用林木种子（苗）进口年度计划的申请”的要求，及时报送本省下一年度种用林木种子（苗）进口计划，逾期不报下一年度计划的省，不予办理种用种子苗木进口审批。

（四）国家林业局将按照《中华人民共和国行政许可法》、《中华人民共和国公务员法》和《财政部　海关总署　国家税务总局关于印发〈种子（苗）种畜（禽）鱼种（苗）和种用野生动植物种源进口税收优惠政策暂行管理办法〉的通知》（财关税〔2009〕50号）等有关规定，对种用林木种苗进口情况进行监督检查。

八、本细则由国家林业局负责解释。

九、本细则有效期为2009年1月1日至2010年12月31日。

# 国家林业局关于印发《国家林业局荒漠化监测项目资金管理办法（试行）》的通知

## 林规发〔2010〕8号

各有关省、自治区、直辖市林业厅（局），内蒙古、吉林、龙江、大兴安岭森工（林业）集团公司，新疆生产建设兵团林业局，国家林业局各有关直属单位：

为加强国家林业局部门预算荒漠化监测项目资金的管理，规范项目资金使用范围，明确项目资金的申报程序，提高资金使用效益，根据财政部《中央本级项目支出预算管理办法》（财预〔2007〕38号）等文件规定，我局制定了《国家林业局荒漠化监测项目资金管理办法》（试行）。现印发你们，请遵照执行。执行中有何意见和建议，请及时反馈我局。

附件：国家林业局荒漠化监测项目资金管理办法（试行）

国家林业局

2010年1月11日

# 附件　国家林业局荒漠化监测项目资金管理办法(试行)

## 第一章　总　则

**第一条**　为加强荒漠化监测项目资金的管理，规范资金使用范围，明确项目资金的申报程序，提高资金使用效益，根据财政部《中央部门财政拨款结余资金管理办法》(财预〔2006〕489 号)、《中央本级项目支出预算管理办法》(财预〔2007〕38 号)等文件规定，特制定本办法。

**第二条**　本办法所称的荒漠化监测项目资金是指通过中央部门预算安排，专项用于支持开展荒漠化和沙化监测工作的中央财政专项经费。

**第三条**　本办法适用于利用荒漠化监测项目资金承担荒漠化和沙化监测任务的所有项目单位。

**第四条**　国家林业局每年根据荒漠化和沙化监测工作的需要，在部门预算中统筹安排荒漠化监测项目补助资金。国家林业局根据财政部批复的项目支出预算，具体负责组织实施项目，并对项目资金的使用进行监督和管理。

## 第二章　资金使用范围和支出内容

**第五条**　荒漠化监测项目资金主要用于开展全国荒漠化、沙化和石漠化的宏观监测，荒漠化年度趋势监测，重点(或敏感)地区专题监测，定位监测，重点工程效益监测，沙尘暴灾害监测与评估，以及监测能力建设等方面的支出。使用范围具体包括：

(一)宏观监测支出。荒漠化、沙化和石漠化土地的全面调查支出；提交全国荒漠化、沙化和石漠化状况的定量数据、监测动态变化数据及相关图件等支出。

(二)荒漠化年度趋势监测支出。北方重点省区样线调查支出；对植被指数状况、土壤干湿状况的卫星数据监测支出；对重点地区地下水位以及其他环境因子情况的实地调查支出；综合分析支出；提交年度荒漠化和沙化趋势报告支出。

(三)重点(敏感)地区专题监测支出。为满足全国宏观监测、年度趋势监测成果的分析和特定决策需要而对一些荒漠化、沙化呈现扩展或明显逆转区域，或重点治理区域、备受社会关注的区域或问题进行的专门监测或分析支出，以及提供分析所需的案例剖析支出；提交专题监测报告支出。

(四)定位监测支出。荒漠化、沙化和石漠化监测长期定位监测站(点)按照定位监测技术规定，对植物、土壤和相关生态指标进行观测、调查和样品分析等支出；提交年度监测报告支出。

(五)沙尘暴灾害监测与评估支出。针对沙尘暴灾害情况开展的灾害遥感和地面监测支出；对重大沙尘暴的发生源地、移动路径、影响范围及造成灾害的监测评估支出：提交单次沙尘暴灾害分析评估报告及当年沙尘暴灾害监测评估的年度报告支出。

(六)重点工程效益监测支出。对沙化、石漠化治理等重点工程实施前后的沙化、荒漠化或石漠化土地变化及生态和社会效益进行的跟踪监测支出；提交工程效益监测评价报告支出。

(七)监测能力建设支出。主要是为提高荒漠化、沙化和石漠化监测的技术能力与水平相关的支出，包括：监测的外业调查、内业汇总、处理和数据管理等必需的设备和软件的购置、更新或升级等支出；以及卫星遥感数据的购置支出；技术协作和技术培训等支出。

**第六条**　荒漠化监测项目经费支出内容包括：

(一)印刷费：用于监测成果报告的印刷出版。

(二)差旅费：用于开展各类监测、质量监督检查等所发生的住宿费、旅费、伙食费补助费、杂费等。

(三)维修(护)费：用于成果档案和管理信息系统运行与维护费用。

(四)会议费：用于项目研讨、论证、验收及审定等小型会议支出。

(五)培训费：用于培训所需的师资、教材、场地和交通工具租用等方面支出。

(六)劳务费：用于荒漠化监测临时聘用人员的劳务支出和咨询费用。

(七)设备和资料费：用于监测仪器设备及软件、地形图、资料和卫星数据等的购置费，以及租赁其他单位仪器设备而发生的费用。

(八)其他费用：用于技术协作、监测指标的制(修)订、技术方案编制、成果档案和管理信息系统建设、成果报告编写等。

## 第三章　项目申报与管理

**第七条**　荒漠化监测项目支出预算实行申报指南指导下的申报制度。国家林业局每年根据荒漠化和沙化监测工作计划，编制并发布下一年度荒漠化监测项目申报指南。

**第八条**　项目申请单位应当按照项目申报指南及有关要求，严格按预算管理级次自下而上、逐级编制，并在规定时间内提交下一年度项目申报材料和项目支出预算申请报告。对预算申报数额较大或者专业技术复杂的项目，应当进行可行性论证。

**第九条**　国家林业局根据荒漠化和沙化监测工作的需要，在对各项目申报材料和项目支出预算合理性、可行性和必要性进行审核的基础上，提出下一年度项目支出预算的细化分配方案，纳入国家林业局部门预算“二上”报送财政部审核批复。

**第十条**　对经国家林业局确定需长期连续开展、投资额度在 10 万元以下(含 10 万元)、项目年度任务和年度支出预算与上一年度没有明显变化的项目，可不再提交项目申报材料和项目支出预算申请报告。

**第十一条**　国家林业局在财政部批复部门预算的 15 日内，及时批复下达荒漠化监测项目支出预算。项目支出预算一经批复，项目承担单位应当按照批复的项目支出预算组织实施项目，严格执行项目计划和项目支出预算。预算执行过程中，如发生项目变更、终止、调整预算的，必须上报国家林业局批准后执行。

## 第四章　资金监督与管理

**第十二条**　各级林业主管部门应当按规定及时批复荒漠化监测项目支出预算，并将项目资金及时、足额拨付相关项目承担单位，保证项目的及时开展和实施。

**第十三条**　各级林业主管部门应当加强对荒漠化监测项目资金的监督管理，并主动接受上级有关部门的监督与检查。对于经检查发现存在截留、挤占、挪用项目资金等违反有关法律、行政法规和财务规章制度的行为，国家林业局将采取停止拨付剩余项目资金、追回被截留挪用资金，以及取消相关单位项目申报资格等措施进行相应处罚，并按照《财政违法行为处罚处分条例》及其他法律法规追究有关单位及其责任人的法律责任。

**第十四条**　项目年度任务完成后，各级林业主管部门和项目承担单位应当及时进行总结，在每年年底前向国家林业局上报项目完成及资金使用情况总结报告。

**第十五条**　各单项项目任务完成后，各级林业主管部门和项目承担单位应当按有关规定及时组织项目验收和总结，并将项目完成情况总结报告和项目成果上报国家林业局。

**第十六条**　项目结余资金应当按照财政部《中央部门财政拨款结余资金管理办法》(财预〔2006〕489 号)规定进行管理和使用。

## 第五章　附　则

**第十七条**　本办法由国家林业局负责解释。

**第十八条**　本办法自发布之日起实施。

# 国家林业局关于进一步推进中央部门预算项目支出绩效评价试点工作的通知

林规发〔2010〕9 号

各省、自治区、直辖市林业厅(局)，内蒙古、吉林、龙江、大兴安岭森工(林业)集团公司，国家林业局各司局、各直属单位，有关院校：

为进一步推进我局中央部门预算项目支出绩效评价试点工作，提高绩效评价工作的制度化、规范化、科学化程度，切实提高绩效评价工作实效，根据《财政部关于进一步推进中央部门预算项目支出绩效评价试点工作的通知》(财预〔2009〕390 号)精神，现就进一步推进我局中央部门预算项目支出绩效评价试点工作有关问题通知如下：

**一、关于绩效评价各方职责**

我局中央部门预算项目支出绩效评价，采取“项目承担单位开展自评、国家林业局组织实施评价和财政部进行重点评审”相结合的方式。国家林业局和项目承担单位的职责如下：

国家林业局的职责：提出本部门绩效评价项目，科学设立项目绩效目标和绩效指标，负责指导项目承担单位开展绩效评价工作，对项目事前自评结果进行审核。项目执行结束后，组织专家组对项目进行绩效评价。积极运用绩效评价结果，提出优化支出结构、加强项目管理等改进意见。组织在部门内部或有选择地向社会公开绩效评价结果。

项目承担单位的职责：提出项目绩效目标，进行绩效评价项目的事前自评和事后自评，协助国家林业局组织开展项目绩效评价工作。根据评价结果和国家林业局、财政部的有关意见，提出改进项目支出管理的具体措施。

**二、关于绩效评价工作程序**

我局和相关单位按照以下程序开展绩效评价试点工作。

(一)确定绩效评价项目。我局报送“一上”预算时，提出绩效评价项目建议。绩效评价项目一般选择与部门履行职能密切相关的重大项目。绩效评价项目经财政部审核同意后，财政部在下达“一下”预算控制数时将确定的绩效评价项目通知我局，我局将绩效评价项目通知相关单位。

(二)进行项目事前自评。项目承担单位根据我局通知下达的绩效评价项目，提出项目绩效目标，组织进行项目的事前自评。项目事前自评由项目承担单位自行组织完成。在报送“二上”预算时，我局对项目承担单位报送的项目自评结果审核后报送财政部。财政部根据绩效评价工作需要选择部分重点项目，对部门项目事前自评结果组织评审。

(三)进行项目事后自评和绩效评价。绩效评价年度中，项目承担单位组织对项目绩效实现情况进行事后自评，在此基础上，我局组织专家组进行项目绩效评价。对评价中发现的问题，提出切实的整改措施。绩效评价工作结束后我局将绩效评价情况报送财政部，财政部根据绩效评价工作需要选择部分重点项目，对部门项目绩效评价结果组织评审。

(四)评价结果运用。我局和项目承担单位根据绩效评价结果，及时调整和优化预算支出结构，合理配置资源，加强项目支出财务管理，提高管理效率。积极推进绩效评价结果公开，接受监督。财政部在进行部门预算测算时，将结合部门项目支出绩效评价情况，合理安排项目支出预算。

**三、关于绩效评价内容体系**

项目支出绩效评价内容体系，包括项目绩效目标和项目绩效问题框架两部分。

项目绩效目标，是项目承担单位根据其履行职能、发展事业的需要，结合项目支出预算提出的项目完成后将要达到的目的或结果。包括年度目标、长期目标和效率目标。其中年度目标，是针对项目所期望达到的年度结果设定的目标；长期目标，是针对项目所期望达到的长期结果设定的目标；效率目标，是在实现项目结果方面体现成本节约或效率改进的目标。

项目绩效目标可通过定量或定性绩效指标的形式来体现，绩效指标应做到与项目绩效目标密切相关，突出重点，系统全面。

项目绩效问题框架，是开展项目支出绩效评价的工具，即围绕项目绩效目标，针对“项目定位、计划、管理和结果”设计的一系列问题。这些问题是项目承担单位进行事前自评、事后自评和我局组织进行绩效评价的依据。项目绩效问题框架包括以下四个部分，每个部分由若干问题组成：

第一部分，项目定位。包括评价项目的绩效目标是否具体明确，项目的设计是否避免了重大缺陷，项目是否避免了与其他项目的重复，项目是否有明确的服务对象或受益人等。

第二部分，项目计划。包括评价项目是否有明确的实施计划，项目是否有科学合理的绩效指标体系，项目的预算安排是否合理等。

第三部分，项目管理。包括评价项目的管理者和参与者是否有明确的责任，项目是否有有效的财务管理办法，部门是否运用项目的绩效信息来加强项目管理等。

第四部分，项目结果。包括评价项目是否实现了年度绩效目标、长期绩效目标和效率绩效目标等。

项目绩效问题框架的每个部分、每个问题，均设定相应的权重值。通过采取评分和评级的方式，实施对项目支出的绩效评价。

以上为通用的绩效问题框架设计，我局在具体开展绩效评价工作时，将根据本部门行业特点和项目管理的具体要求，对绩效问题框架进行细化、补充或调整。

**四、关于绩效评价文本**

绩效评价文本体系包括《中央部门预算项目支出自评报告》、《中央部门预算项目支出绩效报告》和《中央部门预算项目支出绩效评价报告》共3个报告。具体内容如下：

《中央部门预算项目支出自评报告》，该报告由项目承担单位编写，主要内容包括项目的基本信息、项目的绩效目标(包括年度目标、长期目标、效率目标等)、项目绩效问题自评打分结果(包括项目定位、项目计划、项目管理、项目预期结果等)，项目支出预算及测算依据，主管部门的审核意见等。此报告的核心是在项目实施前，由项目承担单位提出绩效目标并依照项目绩效问题框架进行事前自评，并报送我局。

《中央部门预算项目支出绩效报告》，该报告由项目承担单位在预算年度结束后填写，主要内容为报告项目绩效目标的完成情况，并依据项目绩效问题框架，对项目执行绩效进行评价打分。此报告的核心是在项目年度预算执行结束后，由项目承担单位依照项目绩效问题框架进行事后自评，报告项目执行绩效情况。

《中央部门预算项目支出绩效评价报告》，该报告由我局在项目年度预算执行结束并组织对项目支出进行绩效评价后填写，主要内容为依据项目绩效问题框架，对项目执行绩效进行评价打分，并提出综合评价意见等。此报告的核心是对项目执行结果和项目的绩效实现情况提出评价意见。

我局在报送“二上”预算时，将《中央部门预算项目支出自评报告》一并报送财政部；年度预算执行结束后4个月内，我局将《中央部门预算项目支出绩效报告》和《中央部门预算项目支出绩效评价报告》报送财政部。

以上3个报告的文本格式及编写说明详见附件1、2、3。

**五、关于绩效评价结果公开**

绩效评价结果公开，以我局自主公开为主。即我局将项目支出绩效评价目标、绩效评价结果等以适当方式在部门内部或有选择地向社会公开。另外，财政部将商中央部门选择部分绩效评价项目，将评价情况报送全国人大常委会预算工作委员会审核，并以适当方式向社会公开。

**六、其他**

本通知由我局计财司负责解释，从发布之日起执行。相关规定与《国家林业局关于印发〈中央部门预算支出绩效考评实施细则(试行)〉的通知》(林计发〔2007〕5号)及我局其他有关制度文件不一致的，以本通知规定为准。

附件：1. 中央部门预算项目支出自评报告及编写说明(略)

2. 中央部门预算项目支出绩效报告及编写说明(略)

3. 中央部门预算项目支出绩效评价报告及编写说明(略)

国家林业局

2010年1月12日

# 关于做好2010年春季造林绿化工作的通知

## 林造发〔2010〕14号

各省、自治区、直辖市绿化委员会、林业厅(局)，各有关部门(系统)绿化委员会，中国人民解放军、中国人民武装警察部队绿化委员会，内蒙古、吉林、龙江、大兴安岭森工(林业)集团公司，新疆生产建设兵团绿化委员会、林业局：

2010年，是全面实现“十一五”规划目标和科学谋划“十二五”规划的关键之年，也是认真落实胡锦涛总书记关于实现2020年比2005年增加森林面积4000万公顷、森林蓄积13亿立方米目标的关键之年。切实做好2010年的造林绿化工作具有特殊重要意义。为着力抓好春季造林绿化工作，现将有关事项通知如下：

**一、认真做好春季造林准备工作**

春季是造林绿化的黄金季节。春季造林的进展情况直接关系到全年造林绿化任务能否全面完成。当前，正

值冬闲季节，各地要提前做好造林绿化的组织协调、计划安排、资金投入、作业设计、种苗调剂、种子处理、整地备耕等各项准备工作。北方省区要抓住当前出现明显降雪、土壤墒情好转的有利时机，提前做好苗木储藏越冬、机具检修等工作，为及时、全面开展春季造林做好准备。

**二、切实抓好造林种苗检验检疫**

加强种苗检验检疫是确保种苗质量、提高造林绿化成效的重要手段。各地要切实加强造林绿化种苗生产、经营和使用的监督管理，严格实行“两证一签”制度，加强对出圃种苗的检疫监管，及时开展检验检疫，严格按照标准进行苗木分级，坚决杜绝检验检疫不合格的带病苗木、等外苗木出圃、上山和调运。凡是异地调运的林木种苗，都必须进行严格的现地检疫，严防危险性病虫害随种苗在地区间传播。

**三、着力加强新造林地的抚育管护**

各地在抓好春季造林绿化进度的同时，要对新造林地及时开展浇水、松土、除草、割灌等抚育管护工作，促进新造幼苗正常生长。要将新造林地纳入林业有害生物普查监测范围，及时发现，及时处置。特别是中西部地区要将新造林地的鼠害作为预防和治理的重点。要搞好管护设施维护，加强封山护林，落实管护责任，做好防火灾、防病虫害、防牲畜破坏等管护工作，切实做到“三分造七分管”，努力提高造林成活率和保存率。

**四、切实加强造林绿化的科技支撑**

针对我国造林绿化重点向西部地区转移，立地条件越来越差、造林难度越来越大的现状，各地要大力加强对现有林业科技成果的组装配套和推广应用，全力开展困难立地、干旱半干旱地区造林绿化难点攻关。要着力开展抗性树种选育和扩繁，加快培育一批抗性强、品质优的树种(品种)用于造林绿化。要积极组织林业科技人员深入造林生产第一线，加强对基层林业干部和广大林农开展科技培训与技术指导，提高营造林队伍的科技水平。

**五、积极探索造林质量管理新机制**

各地要按照《造林质量管理暂行办法》、《造林质量事故行政责任追究制度》等制度的规定，加强造林绿化各环节的质量管理，建立健全造林绿化项目事前招标、过程监理、事后报账等相关管理制度。加强《营造林总体设计规程》、《人工造林质量评价指标》等新标准的培训和宣传，加强作业设计、施工作业、检查验收的监督检查。继续探索推广造林绿化持证上岗制度，加强对作业设计、施工监理人员的培训和考评。积极推行专业队等造林组织进行造林施工，确保“种一棵、活一棵、成材一棵”。

**六、大力开展中幼林抚育和低效林改造**

针对我国中幼林和低效林面积大、比例高，林分竞争激烈、抚育改造形势紧迫的现状，各地要抓住时机，大规模开展中幼林抚育和低效残次林改造，优化林分结构，提高森林质量和林地生产力。2009 年启动中央财政森林抚育补贴试点的省级林业主管部门，要高度认识试点工作的重大意义，认真编制试点实施方案，按照试点管理办法和有关技术规定，把好作业设计关，加强施工质量监管，认真组织开展检查验收和试点总结，确保试点工作取得实效。

**七、充分调动社会力量开展造林绿化**

要大力宣传造林绿化在应对气候变化、保障国土生态安全、促进经济社会可持续发展等方面的重要意义，不断提高广大人民群众的生态道德和履行植树义务的责任意识。要不断创新义务植树实现形式和管理机制，努力提高适龄公民的义务植树尽责率，切实发挥各部门、各系统、各单位的作用，加快造林绿化步伐。要认真做好义务植树统计工作，将适龄公民直接参加植树活动和间接参加植树活动(以资代劳、古树名木保护、绿地认养等)的人数、株数、尽责率等分别统计上报，客观真实地反映适龄公民义务植树情况。要积极探索新形势下推进造林绿化的新机制、新办法，充分调动广大林农和各种社会主体参与造林育林护林的积极性，开创造林绿化工作新局面。

**八、提前做好防旱防寒等预防工作**

近几年，雨雪冰冻灾害、严重持续旱情对我国国土绿化和林业建设造成了很大的损失。在目前以变暖为主要特征的全球气候变化大背景下，各种灾害性天气发生的频率呈现加大趋势。各地要牢固树立防大旱、防大灾的意识，加强抗旱防寒设施维护和相关物资储备，做好抗旱造林、浇水保苗应急预案。要充分考虑近期局部地区出现较大降雪和低温雨雪冰冻天气的情况，切实搞好苗圃地、新造林地等重点地段的防寒防冻应对措施。要加强林业有害生物预测预报，做好林业有害生物防控应急预案，采取积极有效的防控措施，最大限度地减少各种自然灾害造成的损失，巩固国土绿化和林业建设成果。

特此通知。

全国绿化委员会
国家林业局
2010 年 1 月 14 日

# 国家林业局关于印发《森林抚育补贴试点管理办法》和《中幼龄林抚育补贴试点作业设计规定》的通知

林造发〔2010〕20 号

内蒙古、辽宁、吉林、福建、江西、湖南、四川、云南、陕西、甘肃省、自治区林业厅，内蒙古、龙江、大兴安岭森工(林业)集团公司：

森林经营是发展现代林业的永恒主题。转变林业发展方式、加强森林抚育，提高森林质量，提升森林多种功能，满足社会多样化需求，是发展现代林业的基本要求，也是实现林业科学发展的重要体现。为深入贯彻落实中央林业工作会议精神，抓好中央财政森林抚育补贴试点工作，扎实推进森林经营，我局研究制定了《森林抚育补贴试点管理办法》和《中幼龄林抚育补贴试点作业设计规定》。现印发给你们，请遵照执行。

附件：1. 森林抚育补贴试点管理办法

2. 中幼龄林抚育补贴试点作业设计规定

国家林业局

2010 年 1 月 19 日

# 附件 1　森林抚育补贴试点管理办法

## 第一章　总　则

**第一条**　为提高森林经营水平，确保森林抚育补贴试点工作顺利开展并取得预期成效，根据国家有关林业法律法规和《财政部　国家林业局关于开展 2009 年森林抚育补贴试点工作的意见》(财农〔2009〕464 号)精神，结合试点实际，制定本办法。

**第二条**　实施森林抚育补贴试点，旨在对急需抚育的中幼龄林采取科学合理的森林抚育措施，优化森林结构，促进林木生长，提高森林质量，探索森林经营技术模式和管理机制，为全面推进森林经营奠定基础。

**第三条**　本办法适用于中央财政支持的森林抚育补贴试点管理，包括试点单位确定、任务安排、作业设计、施工作业、检查验收、成效监测、信息档案管理等方面。

**第四条**　各级林业主管部门要加强森林抚育补贴试点工作组织领导，科学设计，突出重点，相对集中，积极推进。要加强内部各职能机构的协调配合，落实相关责任，确保试点成效。

**第五条**　森林抚育补贴试点单位优先选择全国森林经营试点单位、森林经营示范国有林场、森林可持续经营管理试点单位、森林采伐管理改革试点单位、国家森林经营科技示范项目试验示范单位等。

**第六条**　试点任务安排，对天然林资源保护工程区，安排国有林(包括公益林、商品林)中幼林抚育，东北、内蒙古重点国有林区公益林抚育试点仅限于在限伐区内；对集体林区，主要安排集体和林农个人所有的国家级公益林中人工林中幼林抚育，可适当扩大到国有的国家级公益林中的人工林中幼林抚育。试点任务安排要突出重点、相对集中连片、规模推进，优先安排卫生伐和幼龄林透光抚育。

**第七条**　各级林业主管部门和试点单位要严格按照法律法规和《森林抚育规程》、《森林采伐作业规程》、《生态公益林建设技术规程》等相关技术标准开展试点工作。

**第八条**　试点省区林业主管部门要确保抚育试点所需采伐限额，限额不足的，要优先使用省级预留指标，确有困难的，按照有关管理程序单报单批；项目实施单位要按照采伐管理的相关要求，做好采伐限额和采伐作业的公示工作。

## 第二章　作业设计

**第九条**　作业设计编制。试点单位根据试点省区批复的实施方案，按照有关技术标准和《国家林业局中幼龄林抚育补贴试点作业设计规定》和批准的森林经营方案，组织有林业调查规划设计资质的单位编制作业设计。

**第十条**　作业设计审批。试点单位将作业设计报所属的地市级林业主管部门审批。省级林业主管部门直属的试点单位的作业设计由省级林业主管部门审批。作业设计审批文件报省级林业主管部门备案。省级林业主管部门组织对试点单位作业设计质量进行抽查。

大兴安岭林业集团公司所属试点单位的作业设计由大兴安岭林业集团公司审批，作业设计审批文件报国家林业局备案。国家林业局组织对其作业设计质量进行抽查。

**第十一条**　作业设计变更。作业设计必须在试点计划文件下达后 3 个月内完成审批并上报备案。作业设计未经批准，不得组织施工作业；一经批准，不得随意变更；确需变更的，按照第十条规定的审批程序进行审批及备案。

## 第三章　施工作业

**第十二条**　试点单位和施工作业主体要严格依据批准的作业设计组织施工。

**第十三条**　各级林业主管部门要组织试点管理、调查设计、施工作业等技术技能培训和安全知识教育。关键岗位逐步推行持证上岗。

**第十四条**　试点单位和施工作业主体要强化作业质量管理。实行专业技术人员跟班作业，依事定责，事前指导、事中检查、事后验收的全过程质量管理。作业质量不合格的，必须返工。

**第十五条**　施工作业实行合同制管理，试点单位与施工作业主体签订施工作业合同，依据作业设计明确作业地点、面积、方式、时间、质量要求、验收程序、合同金额、付款方式、违约责任等事项。施工作业合同一经签订，不得擅自转包。

## 第四章　检查验收

**第十六条**　检查验收组织。各级林业主管部门成立由相关部门参与的检查验收队伍。

**第十七条**　检查验收依据与内容。主要依据国家下达的试点任务、批准的作业设计文件、有关施工作业合同等进行检查验收。检查内容主要包括作业设计执行、中幼龄林抚育作业数量与质量、资金使用、森林采伐限额执行、成效监测、信息档案管理等情况。

**第十八条**　检查验收方法。包括县级自查、省级核查验收和国家抽查。

县级自查。施工作业主体完成施工任务后，县级试点单位要及时组织自查，向上级林业主管部门和财政部

门提交自查报告。

省级核查验收。省级林业主管部门会同本级财政部门负责组织核查验收。核查面积比例不低于计划任务量的5%，具体比例由试点省区依据满足核查验收的需要确定。核查结束后要形成省级核查验收报告报国家林业局。省级核查验收报告的主要内容包括：作业设计执行、任务完成、施工作业质量、资金到位和使用、采伐限额执行情况及抚育成效、存在问题与建议等。

国家抽查。根据省级林业主管部门上报的核查验收报告，国家林业局会同财政部组织抽查。

大兴安岭林业集团公司组织所属试点森工企业按以上要求全面自查，并向国家林业局报送自查报告，由国家林业局组织对其试点情况进行核查。

**第十九条** 国家林业局驻各试点省区森林资源监督机构要加强对抚育试点工作的监督和指导，对不按照规定作业和弄虚作假，造成森林资源破坏的，可责令试点单位停止作业；驻东北、内蒙古重点国有林区森林资源监督机构要对森林抚育试点所需限额单独建档、单独发证。

**第二十条** 各级林业资金稽查监管部门，要加强对森林抚育补贴资金的监督检查工作，监督试点单位严格按照国家规定合理使用资金。对违规使用资金，造成资金损失浪费的试点单位，按照《林业重点工程资金违规责任追究暂行规定》及相关办法追究领导和责任人的责任。

**第二十一条** 各级林业主管部门要建立奖惩制度。省级核查和国家抽查结果要作为拨付资金和逐级调控下一年度任务量的依据。

## 第五章 成效监测与评估

**第二十二条** 监测范围与内容。试点省区要结合森林抚育补贴试点和全国森林经营试点建设需要，根据不同森林类型、抚育措施、区域分布等情况，选择确定森林抚育监测点。依托科技支撑单位，开展森林抚育成效监测与评估工作，监测森林生长、森林结构、森林健康、林下植被、森林碳汇变化和森林抚育生态、经济、社会效益等，总结森林经营技术和管理模式。

**第二十三条** 监测方法。抚育成效监测工作要充分利用现有森林资源清查和森林生态系统定位监测工作平台与成果。定期监测抚育后1年内以及抚育后第三、第五年相关因子变化情况。

**第二十四条** 成效评估。承担抚育成效监测工作的单位按程序定期向省级林业主管部门提出监测报告，省级林业主管部门组织成效评估，并将成效评估结果报国家林业局。国家林业局组织对各地森林抚育试点成效监测开展情况、监测结果进行分析与评价。

## 第六章 信息档案

**第二十五条** 各级林业主管部门和试点单位要建立健全档案制度，明确专人负责，实行电子数字化管理。

**第二十六条** 档案内容主要包括项目申报、组织管理、试点实施方案、试点任务下达、作业设计、施工作业、检查验收、财务管理、成效监测等方面的文件、图表和相关电子资料。

**第二十七条** 地方各级林业主管部门要建立健全定期信息报告制度，相关信息及时报送上级林业主管部门。

## 第七章 附 则

**第二十八条** 省级林业主管部门可根据本办法制定本省区的试点实施细则，报国家林业局备案。

**第二十九条** 本办法由国家林业局负责解释。

**第三十条** 本办法自发布之日起施行。

# 附件2 中幼龄林抚育补贴试点作业设计规定

## 第一章 总 则

**第一条** 为规范和加强中幼龄林抚育作业设计管理，改善森林环境，促进林木生长，培育健康稳定的森林生态系统，提高森林的生态、经济和社会效益，依据《森林法》等法律法规及相关技术标准，制定本规定。

**第二条** 本规定适用于中央财政森林抚育补贴试点的中幼龄林抚育作业设计。

**第三条** 抚育作业是以中幼龄林为对象，进行的以抚育间伐、定株修枝、除草割灌、抚育区内简易道路修建维护、抚育材集运、抚育剩余物处理、林地清理等为主的森林经营活动。

**第四条** 中幼龄林抚育以形成稳定、健康、丰富多样的森林群落结构、提高森林质量、林地生产力和综合效益为原则，优先抚育密度过大、结构不良、森林质量和生态功能明显下降的林分。

**第五条** 中幼龄林抚育要广泛应用先进、成熟的科学技术，总结成功经验，筛选和组装配套实用技术，提高森林抚育成效。

**第六条** 中幼龄林抚育作业设计应由具备林业调查规划设计资质的单位承担。

## 第二章 抚育对象

**第七条** 防护林和特用林抚育对象按《生态公益林建设 技术规程》(GB/T18337.3－2001)的规定执行。《生态公益林建设导则》(GB/T18337.1－2001)中界定的特殊保护地区的生态公益林，东北、内蒙古重点国有林区天然林资源保护工程禁伐区的森林、法律法规禁止人为活动的生态公益林，不纳入抚育对象。

**第八条** 用材林抚育对象按《森林抚育规程》(GB/T15781－2009)的规定执行。

## 第三章 抚育技术

**第九条** 抚育间伐

(一)透光伐

在幼龄林中进行。按照确定的保留株数，间密留疏，去劣留优，保留珍贵树种和优质树木，调整林分结构。

(二)生态疏伐

在特用林和防护林的中龄林中进行。按照有利于林冠形成梯级郁闭、主林层和次林层立木都能受光的要求，将林木分为优良木、有益木和伐除木。保留优良木、有益木和适量的灌木。

对风景林的景观疏伐，按《生态公益林建设　技术规程》(GB/T18337.3－2001)中的5.2.1、2.4条规定执行。

(三)生长伐

在用材林的中龄林中进行。采用上层抚育、下层抚育、综合抚育等方式，伐除影响保留木生长的树木，具体技术执行《森林抚育规程》(GB/T15871－2009)中的8.1～8.5条规定。

(四)卫生伐

主要对遭受病虫害、风折、风倒、冰冻、雪压、森林火灾等灾害的林分开展，清除生态功能明显降低的被害木。

(五)抚育强度

抚育作业后，人工林郁闭度不得低于0.6，天然林郁闭度不得低于0.5，林分平均胸径不得低于伐前林分平均胸径。

**第十条**　修枝

主要在自然整枝不良、通风透光不畅的林分中进行。一般采取平切法，重点针对枝条、死枝过多的林木。修枝高度幼龄林不超过树高的1/3，中龄林不超过树高的1/2。

**第十一条**　割灌

在下木生长旺盛、与林木生长争水争肥严重的中幼龄林中进行。采取机割、人割等不同方式，清除妨碍树木生长的灌木、藤条和杂草。作业时，注重保护珍稀濒危树木，以及有生长潜力的幼树、幼苗，以有利于调整林分密度和结构。

**第十二条**　抚育材及抚育剩余物处理

抚育材及抚育作业剩余物应按照森林病虫害防治、森林防火、环境保护等要求，采取堆集、平铺或运出等适当方式予以处理。

**第十三条**　简易作业道修建

根据抚育作业需求，修建简易的集材道、作业道、临时楞场，密度、布局和技术要求参照《森林采伐作业规程》(LY/T1646－2005)等规定执行。

## 第四章　外业调查

**第十四条**　作业区(地块)确定

依据森林资源规划设计调查成果或符合管理要求的森林资源档案资料，在符合条件的中、幼龄林中，按照相对集中的原则，在全面踏查的基础上，合理确定抚育作业区(地块)。

**第十五条**　作业小班区划

在选择确定的作业区中，以原二类调查区划小班为基础，根据不同的抚育方式、作业方式、抚育强度区划作业小班。

**第十六条**　小班调查

采用标准地调查法，根据小班森林资源分布状况典型或机械布设标准地，每个标准地面积一般为0.1公顷，标准地总面积应不小于作业小班面积的2%。在标准地内，按标准地调查表逐项调查填写各项调查内容，分别树种、保留木和采伐木进行每木检尺，填写每木检尺记录，起测胸径为5厘米；在标准地内，分别不同径级选取标准木测量树高，一般每个标准地至少量测15株树，标准木按胸径的正态分布进行选取，根据量测结果绘制树高曲线，查算每个径级平均树高。

## 第五章　作业设计

**第十七条**　根据外业调查结果和本规定第三章技术要求确定的技术措施，以作业小班为单位进行设计，简易作业道等辅助设施按作业区进行设计。

**第十八条**　设计内容

(一)抚育方式：明确采取的具体抚育方式和作业方式等。

(二)抚育指标：包括抚育面积、抚育强度、采伐蓄积量、出材量等及相应的工程量、用工量、进度安排、费用概算等设计。

(三)辅助设施：包括必要的作业道、集材道、临时楞场、临时工棚等。

(四)作业设计图：应注明小班位置、边界、小班号、目的树种、面积、郁闭度等主要设计内容，比例尺不小于1:10000。

**第十九条**　作业设计文件组成

作业设计文件由作业设计说明书、作业设计图和调查设计系列表组成。

作业设计说明书以试点单位为单元编写。

**第二十条**　作业设计文件汇总

(一)试点单位汇总填写作业设计文件一览表。

(二)文件装册。资料装订的顺序为：作业设计审批文件、作业设计说明书、作业设计汇总表、作业设计一览表、作业区位置示意图、调查设计表、作业设计图。

**第二十一条**　作业设计文件由试点单位上一级林业主管部门负责审批。作业设计审批文件报省级林业主管部门备案，大兴安岭林业集团公司作业设计审批文件报国家林业局备案。作业设计一经审批，不得随意改动；确需改动的，须经原审批部门同意。

## 第六章　成效监测

**第二十二条**　承担森林抚育试点成效监测的单位要同步进行森林抚育成效监测设计，对林分生长情况、林分结构变化、林分健康状况、林下植被状况、森林土壤状况、森林抚育实际成本、社会经济效益等进行监测和分析。

**第二十三条**　成效监测采用典型选样、设置标准地长期观测的方法。分别不同森林类型和立地条件，选择有代表性的标准地，包括作业区和对照区监测样地，进行标准地设置与调查设计。具体监测办法和监测指标另行制定。

## 第七章　档案管理

**第二十四条**　试点单位要建立中幼龄林抚育作业档

案，包括调查设计文件、审批文件、作业验收和总结文件，以及成效监测样地调查资料等。

### 第八章　附　则

**第二十五条**　省级林业主管部门可依据本规定制定本省区的实施细则。

**第二十六条**　本规定由国家林业局负责解释。

**第二十七条**　本规定自发布之日起实施。

附：中幼龄林抚育作业设计文件组成及装订顺序（略）

## 国家林业局关于选派林业科技特派员的通知

林科发〔2010〕21号

各省、自治区、直辖市林业厅（局），内蒙古、吉林、龙江、大兴安岭森工（林业）集团公司，新疆生产建设兵团林业局，国家林业局有关直属单位：

为积极推动和指导林业科技特派员开展科技创业行动，充分发挥林业科技在集体林权制度改革和林业三大体系建设中的支撑作用，根据国家林业局、科技部联合下发的《关于印发〈关于开展林业科技特派员科技创业行动的意见〉的通知》（林科发〔2009〕309号）精神，我局决定在全国选派林业科技特派员，现将有关事项通知如下：

**一、选派原则**

紧紧围绕集体林权制度改革后林农增收和林业产业发展的现实需求，坚持“因地制宜、双向选择”的选派原则，倡导林业科技特派员结合各类科技项目的实施，深入林业生产一线和集体林权制度改革地区，积极开展形式多样、机制灵活、服务高效的科技创业行动。

**二、选派单位**

采取多种形式，从各级科研、教学、管理等单位选派林业科技特派员。林业科技特派员既可从国家级、省级科研院所、高等院校、科技推广机构、职业技术学院、林业管理部门等掌握先进科技成果的专业技术人员或管理人员中选派，也可从市、县级科研单位、推广机构、林业管理部门等具有实用技术或丰富实践经验的专业技术人员或管理人员中选派。

**三、选派条件**

（一）长期从事林业科学研究、技术推广、林业教学以及林业科技管理工作，实践经验丰富，能致力于林业科技特派员科技创业行动事业。

（二）爱岗敬业，学有所长，有强烈的事业心，能够肩负起科技特派员各项工作任务，有吃苦耐劳的工作作风和持之以恒的创业精神。

（三）身体健康、有中级以上专业技术职称的在岗人员。具有相关科技成果的人员可优先选派。

（四）能合理安排一定时间，深入林业生产一线开展多种形式的科技服务和创业活动，积极履行科技特派员职责。

**四、服务期限**

科技特派员可采取定期或不定期的服务方式，定期服务期限原则上为1～2年。对于定期服务方式，鼓励科技特派员连选、连派、连任，服务期满后所延长的服务期限可根据具体情况作相应调整。

**五、分配名额**

按林科发〔2009〕309号文要求，5年（2010～2014年）内选派1万名林业科技特派员，每年选派2000名林业科技特派员。各地、各有关单位要结合工作需要，积极选派林业科技特派员，每年度选派的人数不低于分配名额（详见附件1）。

各级林业主管部门要充分认识林业科技特派员科技创业行动的重大意义，把林业科技特派员科技创业行动作为贯彻落实科学发展观的一项重要举措抓紧抓好，积极创造各项有利条件，广泛调动科技优势力量，切实做好林业科技特派员选派工作，并于2010年2月1日前将2010年选派的林业科技特派员名单（见附件2）报送我局科技司。

附件：1. 全国林业科技特派员2010～2014年间每年选派名额分配计划表（略）

2. ××省（单位）2010年林业科技特派员选派名单（略）

国家林业局

2010年1月19日

## 国家林业局关于印发《国家林业局中央本级项目支出定额标准管理暂行办法》的通知

林规发〔2010〕24号

国家林业局各司局、各直属单位：

为深化部门预算改革，规范项目支出定额标准管理，提高预算科学化精细化管理水平，根据《财政部关于印发〈中央本级项目支出定额标准管理暂行办法〉的通知》（财预〔2009〕403号）精神，结合我局中央本级项目具体情况，我局制定了《国家林业局中央本级项目支出定额标准管理暂行办法》。现印发给你们，请认真贯彻执行。

附件：国家林业局中央本级项目支出定额标准管理暂行办法

国家林业局

2010年1月20日

# 附件　国家林业局中央本级项目支出定额标准管理暂行办法

## 第一章　总　则

**第一条**　为规范我局部门预算项目支出定额标准管理，提高预算管理的科学化精细化水平，根据财政部预算管理有关规定，制定本办法。

**第二条**　本办法适用于我局部门预算中央本级项目支出定额标准(以下简称项目定额标准)管理的全过程，主要包括立项、编制、发布和实施、复审和修订等环节的管理。

**第三条**　本办法所称的项目定额标准，是指为满足项目支出预算管理需要，在对部门预算项目进行合理分类的基础上，结合经济社会发展水平，以项目的资产配置量、资产消耗量或业务工作内容为主要对象确定的预算支出标准。

**第四条**　项目定额标准管理遵循以下原则：

(一)统筹规划。统一项目定额标准体系建设规划，优化项目定额标准体系整体结构，注重项目定额标准之间的相互衔接，发挥项目定额标准体系的整体功能。

(二)突出重点。按照项目定额标准管理规律，优先选择与我局核心职能最相关的，以及我局最急需的业务工作开展项目定额标准管理。

(三)动态优化。在保持项目定额标准相对稳定的前提下，结合经济社会发展和技术水平变化，对项目定额标准实施动态优化。

## 第二章　项目定额标准的分类和内容

**第五条**　项目定额标准分为财政部标准和部门内部标准。财政部标准是指由财政部(或会同中央部门)发布或认可的项目定额标准；部门内部标准是指由中央部门自行发布的项目定额标准。

**第六条**　财政部标准分为通用定额标准和专用定额标准。通用定额标准是指适用于所有或大多数部门的、共性的项目定额标准，具有普遍适用性；专用定额标准是指适用于特定部门、特定活动或特定项目的定额标准，具有特定的适用范围。

**第七条**　项目定额标准原则上应涵盖项目的全部支出内容，主要包括：项目支出范围、资产配置标准、资产耗费标准、业务工作内容标准、取费标准等。项目定额标准可根据业务特点，分类分级制定。

## 第三章　项目定额标准的管理职责

**第八条**　我局项目定额标准管理实行“统一领导，分工负责”的管理体制，由我局规资司统一领导，我局规资司和各司局、各直属单位分工负责。

**第九条**　我局规资司的职责是：

(一)统一审核、制定我局项目定额标准体系建设总体规划及年度计划。

(二)具体管理专用定额标准。

(三)组织、协调、指导我局部门内部标准有关制定、实施、管理等工作。

(四)负责我局项目定额标准管理其他相关工作。

**第十条**　我局各司局、各直属单位的职责是：

(一)具体编制报送相关项目定额标准体系建设总体规划及年度计划。

(二)具体实施相关专用定额标准。

(三)具体负责制定相关部门内部标准。

(四)配合完成项目定额标准制定、实施、管理等方面其他相关工作。

## 第四章　项目定额标准的立项

**第十一条**　项目定额标准实行年度立项制度，每年按职责分工由各司局、各直属单位编制本单位项目定额标准建设年度计划(见附1)，于每年2月15日前以书面形式报送我局规资司。

**第十二条**　申请立项的项目支出定额标准应当符合以下条件：

(一)符合项目支出预算管理实际工作的需要。

(二)没有现行项目定额标准，或现行的项目定额标准应予以修改。

(三)属于项目定额标准体系管理的范围。

**第十三条**　我局自行发布的项目定额标准属部门内部标准。如需上升为财政部标准，则视同需修订的财政部标准，需逐项填写《项目支出定额标准立项申请表》(见附2)，随同项目定额标准建设年度计划一并报送。

**第十四条**　我局根据财政部批准下达的中央本级项目定额标准建设年度计划有关情况，对各司局、各直属单位下达中央本级项目定额标准建设年度计划，明确项目定额标准的名称、主编部门、完成时间等。

**第十五条**　项目定额标准建设年度计划应严格执行。确有特殊原因需要在年中调整立项的，按程序经审批后可调整列入年度计划。

## 第五章　项目定额标准的编制

**第十六条**　项目定额标准编制的依据是：

(一)国家预算财务管理法律法规和规章制度。

(二)已发布的相关定额标准及其规程规范。

(三)相关行业、部门发展规划。

(四)相关市场公允价格。

(五)其他相关资料。

**第十七条**　项目定额标准编制遵循以下原则：

(一)统一公正。项目定额标准一视同仁，不同部门的同一事项采用相同的项目定额标准，保持项目定额标准的统一性和公正性。

(二)简便易行。项目定额标准要满足项目支出预算管理的实际需要，紧密结合部门职能活动，充分利用已有项目定额标准，突出项目定额标准的可操作性和稳定性。

(三)经济节约。坚持量力而行，充分考虑我国经济社会实际发展水平和财力可能，注重经济节约。

**第十八条**　项目定额标准编制的方法主要包括专家

意见法、类比法、数理统计法、技术测定法等。主编单位可结合实际工作需要，采取一种或多种方法，测定项目定额标准。

（一）专家意见法。专家意见法也称德尔菲法，指由行业中知识渊博、经验丰富的专家来估算定额。一般做法为：

先成立一个专家小组，由每个专家独立估计定额的大小，然后把这个结果及理由告诉每个专家，再由每个专家参考别人的数据，分析产生差异的原因，再修正自己的预测。这样反复几次，直到大家取得一致意见，得出最后的项目定额标准。

（二）类比法。类比法也称典型推算定额法，是以已实施的与本次项目定额十分相关的行业典型定额项目为基准，通过分析比较，确定出与之相同或相似的项目定额标准的方法。

（三）数理统计法。指通过广泛的调查研究，获取各种历史统计数据，根据现实的生产技术、组织状况、物价水平等条件，运用一定的数理统计方法来确定各种费用项目的单位定额标准。

（四）技术测定法。指对一定的生产技术组织条件进行分析研究，设计合理的工艺和操作标准，在一定的条件下以实际的测定结果作为项目定额标准。

**第十九条** 项目定额标准编制的程序一般分为五个阶段：准备阶段、起草阶段、征求意见阶段、试点阶段、审批阶段。

（一）准备阶段。主要工作包括成立标准工作小组、拟定项目定额标准编制方案等。

1. 主编部门牵头成立标准工作小组，由标准工作小组具体负责定额标准编制工作。标准工作小组成员应具备胜任相关工作的专业知识和技能。

2. 项目定额标准编制方案应主要包括编制的指导思想和原则、调研重点、编写大纲、编制进度安排、具体分工等。编制方案拟定后，按规定报财政部备案。

（二）起草阶段。项目定额标准编制应在深入调查研究、总结实践经验、进行科学论证的基础上，广泛听取有关单位和专家的意见，形成项目定额标准征求意见稿。

（三）征求意见阶段。项目定额标准征求意见的范围应包括项目定额标准相关的利益各方。征求意见结束后，主编部门应将反馈意见汇总成表进行分析，提出修改处理意见，形成项目定额标准试点稿，报财政部备案。

（四）试点阶段。为确保项目定额标准的可操作性，项目定额标准一般要提前进行试点，试点期一般为1～2年。

（五）审批阶段。试点结束后，主编部门要根据试点情况完善项目定额标准，形成项目定额标准报批稿，连同项目定额标准编制说明（见附3）及其他必要的材料一起报送我局规资司审核后上报财政部。财政部标准由财政部审批；我局部门内部标准由我局自行审批，报财政部备案。

## 第六章　项目定额标准的发布和实施

**第二十条** 通用定额标准由财政部发布实施，专用定额标准由财政部和中央部门共同发布实施。

**第二十一条** 我局部门内部标准由我局根据自身加强管理的需要自行编制并发布，但不得与财政部标准相抵触。

**第二十二条** 项目定额标准一般以单独文件形式发布，或根据情况作为其他预算管理文件的组成部分，以其他预算管理文件形式发布。

**第二十三条** 财政部标准发布实施后，中央本级项目支出预算申报、审核、安排均以此为依据。

**第二十四条** 我局部门内部标准发布实施后，原则上作为部门内部管理和预算编制、审核、安排的依据，也可作为财政部预算审核和经费安排的参考依据。

**第二十五条** 行业主管部门制定的行业定额标准，经财政部认定、发布后，视同财政部标准，可作为预算申报、审核、安排的依据。

## 第七章　项目定额标准的复审和修订

**第二十六条** 项目定额标准实施后，编制部门应根据需要适时进行复审。项目定额标准复审周期一般不超过五年。

**第二十七条** 项目定额标准在复审后按三种情况分别处理：

（一）不需修订的项目定额标准被确认继续有效，保持项目定额标准的原状。

（二）需修订的项目定额标准列入下一年度计划。

（三）已无存在必要的项目定额标准，予以废止。

**第二十八条** 出现下列情况时，相关的项目定额标准应当废止：

（一）项目定额标准的适用环境或者条件已不存在。

（二）新的项目定额标准已经发布。

（三）与新发布的法律、法规、规章制度相违背。

（四）其他应废止的情况。

## 第八章　附　则

**第二十九条** 本办法由我局规资司负责解释。

**第三十条** 本办法自发布之日起施行。

附：1. ××年度项目定额标准建设年度计划（略）

2. 项目支出定额标准立项申请表（略）

3. ××项目支出定额标准编制说明（略）

# 国家林业局关于进一步加强京津风沙源治理工程林业建设质量管理的通知

林沙发〔2010〕28号

北京市、天津市、河北省、山西省、内蒙古自治区林业厅(局)：

京津风沙源治理工程(以下简称"京津工程")实施以来，在各地各部门的共同努力下，工程进展顺利，成效显著。但随着工程建设的推进，工程待治理区的立地条件越来越差，建设难度越来越大，加之近年来，工程区旱情严重，工程建设质量有下滑趋势。为进一步加强工程质量管理，提高林业建设成效，促进工程林业建设质量再上新台阶，特作如下通知。

**一、加强领导，进一步提高工程建设重要性的认识**

实施京津工程建设，事关首都及京畿生态安全，事关国家形象，事关广大群众根本利益，事关构建和谐社会大局。搞好工程建设，加快风沙源治理步伐，尽快改善风沙源区生态状况，促进人与自然和谐，是工程区人民的强烈愿望，是经济社会发展的根本要求，是应对气候变化的有效途径、是建立北方生态屏障的切实行动，更是贯彻落实科学发展观的重要举措。各地要充分认识搞好京津工程建设的重大意义，进一步增强责任感和使命感，把治沙造林工作摆上重要议事日程，切实加强对工程营造林工作的组织领导，精心安排，周密部署，充分发挥行政推动作用，确保工程建设高质量推进。

**二、采取措施，进一步提高工程营造林质量**

营造林质量是工程林业建设的生命线，我局将2010年定为京津工程林业建设"质量年"，各地要借开展"质量年"活动之机，进一步树立"质为先"意识，采取强有力措施，切实提高营造林质量。

一要落实责任。各地要按照"四到省"责任制要求，进一步落实营造林质量管理责任制，把任务分解到山头地块，把责任明确落实到人头。各级领导，特别是"一把手"，一定要以科学发展观为指导，牢固树立质量观念、质量意识，在营造林工作中，把质量摆在优先位置，常抓不懈。

二要严把"三关"。实施科学造林是提高造林质量的关键。各地必须牢牢把握整地、苗木、栽植等三个造林关键技术环节。要根据地形、土壤及苗木根系特性等合理整地；要选择一、二级优质壮苗，优先选用乡土树种，积极推广容器苗；要严格按照苗木习性和设计要求进行栽植，林业技术人员要实施全程技术服务和质量把关。

三要加强管护。各地要建立管护责任制，签订护林合同，把植被管护落实到人；加大依法保护力度，对于破坏植被，造成沙化的案件要依法严厉查处；做好防火、病虫害防治等工作，加强预案和应急储备；对因干旱使造林成活率和保存率下降，达不到国家标准的，要抓紧补植补造，确保造一片、活一片、成一片。

四要推广技术。各地要加大抗旱造林实用技术的推广，特别要推广坐水栽植、径流林业整地、容器育苗和耐旱优良品种造林等实用技术；要结合实际认真总结推广科学的植被恢复方式和治理模式；要经常性地组织科技人员下乡指导、咨询和服务；开展多层次、多形式的培训活动，提高治沙造林水平。

五要创新机制。明晰的产权是保证营造林质量的动力之源。各地要抓紧完成已造林地的确权发证，对权属不清、经营主体不明确的，要尽快明晰，把产权明确到户；继续稳步推进集体林权制度改革，积极探索新形势下造林绿化工作的新机制、新办法；制定优惠政策，优化发展环境；实行造林质量奖惩机制，奖优罚劣，提高工程营造林质量。

**三、严格管理，进一步提升工程林业质量**

管理与工程林业建设质量密切相关，严格规章制度是质量管理工作的基本要求，也是搞好营造林质量的基本保证。各地要按照《京津风沙源治理工程管理办法》的要求，严格管理制度，确保工程林业项目规范运行，质量稳步提升。

一要搞好作业设计。各地要按照因地制宜、因害设防、适地适树的原则，科学编制作业设计，做到宜乔则乔、宜灌则灌，乔灌结合；严格审批县级作业设计，坚决杜绝无设计施工，边施工、边设计和随意更改作业设计的现象，做到按规划设计、按设计施工、按标准验收，确保营造林质量与效益。

二要规范档案管理。各地要建立健全营造林档案，制定档案管理规章制度，做到档案管理工作有章可循，规范操作；切实加强工程档案管理，有关工程建设的图、文、音像等基础资料要及时立案建档，分类管理；要安排专人负责，妥善保管；要加快档案信息化建设，全面提升档案管理水平。

三要加强信息反馈。各地要重视信息沟通，坚持工程信息报送制度；进一步加强信息员队伍建设；要规范统计，指定专人对工程进展信息进行统计、汇总和提报；要把工程建设中的典型经验与重大事项及时上报；要对群众举报反映的质量问题及时查处并反馈。

四要严格检查验收。检查验收是促进造林质量提高的必要手段。我局将继续开展造林督察和营造林质量检查。各地要充分重视质量检查监督工作，进一步完善检查验收制度，避免层层检查、重复检查，使检查工作规范统一，提高效率；要加大县级自查和省级复查力度，不断总结经验，改进方法，自查不合格的，一律不准向上瞒报。

五要实行责任追究。各地要进一步完善造林质量监督举报制度，健全造林质量责任追究制度；认真查处造林质量责任事故，对虚报、冒领、弄虚作假等恶劣行为要严厉查处；对工程质量达不到要求的，要进行通报；对群众反映强烈，造成重大损失或重特大质量事故的，要依法查处，决不姑息。

**四、加强宣传，进一步发挥社会舆论监督作用**

各地要充分利用报刊、广播、电视、网络等各种媒体，采用多形式、多层次、多角度，大力宣传营造林政策与技术，宣传治沙造林经验和成功做法，用质量高、效益好的科学治理模式和典型示范工程，带动京津工程林业建设整体质量的提升。

各地要根据本地实际，结合“质量年”活动，创造性地开展工作，切实搞好当前和今后一个时期的工程营造林质量管理，保质保量地完成各项营造林任务。

国家林业局

2010年1月28日

# 国家林业局关于做好2010年退耕还林工作的通知

林退发〔2010〕32号

各有关省、自治区、直辖市林业厅(局)，新疆生产建设兵团林业局：

退耕还林工程建设已经走过了十年历程，工程建设取得了生态改善、农民增收、农业增效和农村发展的巨大的综合效益。2009年9月22日，胡锦涛主席在联合国气候变化峰会上向世界庄严承诺：“争取到2020年森林面积比2005年增加4000万公顷，森林蓄积量比2005年增加13亿立方米。”温家宝总理在哥本哈根气候变化会议领导人会议上讲话时着重指出，我国通过持续大规模开展退耕还林和植树造林，使我国成为世界人工造林面积最大的国家，大力增加了森林碳汇。《中共中央国务院关于加大统筹城乡发展力度进一步夯实农业农村发展基础的若干意见》(中发〔2010〕1号)和2010年全国林业厅局长会议要求，要巩固退耕还林成果，在重点生态脆弱区和重要生态区位，结合扶贫开发和库区移民，适当增加安排退耕还林。2010年是“十一五”和“十二五”衔接之年，为进一步做好今年的退耕还林工作，为发展现代林业、建设生态文明、推动科学发展作出新的贡献，现就有关要求通知如下：

**一、强化认识，切实加强组织领导。**实施退耕还林工程是党中央、国务院站在民族生存和发展的战略高度，着眼于经济社会可持续发展大局作出的重大战略决策。退耕还林工程以生态建设为基础，服务于经济社会的统筹协调，服务于全球环境与发展战略，服务于解决城乡二元结构，不仅是我国生态建设史上的历史性突破，也是中国文明发展史上的重要里程碑。做好新时期的退耕还林工作，是落实科学发展观的必然要求，是加强生态文明建设的重大举措，是增加森林碳汇、应对全球气候变化的重要手段，是拉动内需、增加农民收入的重要载体，是促进民族团结、维护社会和谐和边疆稳定的重要途径。当前，各地要继续从历史的高度、战略的高度、全局的高度来看待和认识退耕还林工程，要以对党中央、国务院和全国人民高度负责的态度，加强对退耕还林工作的组织领导，稳定和加强退耕还林工程管理机构和队伍，不断提高工程建设质量和效益，使退耕还林工程为我国生态建设和经济社会发展作出新的更大的贡献。

**二、周密部署，切实巩固好已有退耕还林成果。**退耕还林工程已累计完成营造林面积4.15亿亩。巩固好已有成果，任务十分艰巨。为此，中央专门安排了巩固退耕还林成果专项资金，批复了各省区市的巩固成果专项规划，并从2008年起分8年集中安排巩固成果建设任务和资金。各级林业主管部门要当好当地政府和退耕还林工程建设领导小组的参谋和助手，加强与有关部门的沟通协调，明确分工，各负其责，加强对专项资金和建设项目的管理、监督、检查和考核，确保专项规划的实施取得实效。各地要加强组织领导，精心组织实施林业主管部门负责的项目，保质保量地完成任务，促进退耕还林成果切实得到巩固，促进退耕农户长远生计得到有效解决。一要严格按基本建设程序审批并组织实施，即按规划设计，按设计施工，按标准验收，按验收结果兑现补助。二要科学规划设计。专项建设项目要瞄准退耕农户的长远生计问题，因地制宜、因户制宜选择项目，解决巩固成果的关键问题。三要突出重点，公平公开。实施巩固成果专项规划，要优先解决巩固成果和退耕农户生产生活中的突出问题，确保专项资金落实到生计存在较大问题、巩固成果困难较大的退耕农户。要切实维护退耕农户的知情权、参与权和监督权，将工程建设范围、内容、标准、受益退耕农户等进行公示。四要确保质量，提高成效。既要重视项目建设，也要高度重视建后管护。项目建成验收后，对需要移交的项目及时办理移交手续，按照“谁使用、谁管理”的原则，明确产权，落实项目运行管护主体和管护责任，确保项目长期发挥效益。

**三、继续抓好工程检查验收，切实落实好直补政策。**做好检查验收工作，及时兑现直补政策，是各级林业主管部门对党、对人民高度负责的具体体现，也是巩固退耕还林成果的重要手段。2010年国家将对2002年实施的退耕还生态林和2005年实施的退耕还经济林进行阶段验收，验收面积大、范围广。各地要本着对中央投资负责、对人民群众根本利益负责的态度，继续发扬严格要求、精益求精的工作作风，把好检查验收关。一要高度重视阶段验收工作，加强组织领导，将其作为加强工程管理、提高工程建设质量、巩固和发展退耕还林成果的一项重要工作抓实抓好。二要按照《退耕还林工程退耕地还林阶段验收办法(试行)》(林退发〔2008〕146号)的要求，认真做好政策和技术培训工作，确保验收工作质量。三要加快进度，提高效率，按时完成任务。四要加强监督检查，严肃工作纪律，严禁弄虚作假和违法违纪现象的发生。五要根据检查验收结果，及时兑现直补政策。各级林业主管部门要和财政等部门密切配合，对经检查验收合格的面积，及时兑现直补政策，并认真执行公示制度，保证政策兑现的公开透明。

**四、深化集体林权制度改革，依法保护退耕农民合法权益。**退耕还林的确权发证等工作是集体林权制度改革的重要组成部分。各地要认真落实好“个体承包”政策，明晰退耕农民对退耕还林地的经营权和林木所有权，不断深化退耕还林工程区集体林权制度改革，切实保护好退耕农民的合法权益，巩固退耕还林成果。一要切实加强宣传引导，帮助退耕农民提高认识，充分调动退耕农民主动参与林改的积极性。二要进一步加快确权发证进度，规范发证行为。把退耕还林工程的确权发证工作与落实退耕还林工程责任书紧密结合起来，把确权发证工作进度和质量纳入责任考核范围。进一步规范管理，严格执行有关规定，杜绝“一地两证”或“一地多证”。三要落实各项政策法规，依法保障退耕农民对林地、林木的处置权和收益权。

**五、组织实施好荒山造林和封山育林，切实提高工程质量。**荒山荒地人工造林和封山育林，是退耕还林工程建设的重要内容，在加快国土绿化进程中发挥了重要作用。今后一个时期，退耕还林工程荒山荒地造林和封山育林仍将承担着国土绿化的主要任务。各地一定要高度认识工程荒山荒地造林和封山育林工作的重要性，把组织实施好工程荒山荒地造林和封山育林作为新时期退耕还林工作的重点来抓。一要精心安排，周密部署。根据当地实际，及时分解落实好国家下达的年度计划任务。层层落实责任，确保组织领导到位、责任到位。注重与培育后续产业、碳汇造林、生物质能源建设、油茶产业发展等相结合，利用工程造林推动成果巩固和现代林业发展。二要严把设计关，做好前期基础工作。严格执行实施方案、作业设计审核审批制度。科学选择林种、树种和植被配置模式，搞好优质种苗的培育与储备供应，确保良种壮苗。三要活化机制，切实提高造林质量。结合集体林权制度改革，在明晰所有权的基础上，放活经营权，充分调动广大群众和各种社会主体投身荒山荒地造林的积极性，提高退耕还林工程建设成效。对“无主”的荒山、荒地、荒滩，要通过租赁、拍卖等方式，明确经营主体。

**六、认真谋划，科学编制新的退耕还林工程规划。**2010 年是“十二五”规划编制之年，各级林业主管部门一定要立足于大局，紧紧抓住国家高度重视生态安全、积极应对全球气候变化等历史机遇，认真谋划退耕还林工程“十二五”及长远规划。要根据中发〔2010〕1 号文件、《国务院关于完善退耕还林政策的通知》和《全国土地利用总体规划纲要（2006～2020）》精神，按照国家发展改革委和我局关于编制林业“十二五”规划的要求，依据第二次全国土地资源调查结果，科学编制退耕还林工程“十二五”及长远规划。规划要充分体现突出重点、注重实效的原则，兼顾耕地保护与生态建设的需要，将重点生态脆弱区和重要生态区位的陡坡耕地和严重沙化耕地纳入规划范围，注重将新规划与农业产业调整、扶贫开发和库区移民等结合起来。

**七、分类指导，抓好突出问题的整改。**通过近两年的退耕地造林阶段验收发现，一些地方造林保存率不高，高强度林粮间作甚至间作高秆农作物，对退耕还林地缺乏抚育管理，成林率低。通过 2009 年的造林实绩综合核查发现，一些地方对荒山荒地造林和封山育林重视不够，造林成活率低。各地对检查验收发现的问题要给予高度重视，采取有针对性的措施，扎实进行整改。一要通过阶段验收和年度检查验收，摸清需要开展补植补造、重新造林的具体数量和地块，抓好补植补造工作，并督促申请补查，确保退耕还林计划任务的全面完成。二要对阶段验收发现的新造林面积重点加以督促整改，确保新造林面积最终成活成林。三要加强抚育管理工作。对未成林造林地要限制间作品种和间作强度，对已成林地一律禁止林粮间作。对已经郁闭成林而且密度较大的退耕还林地，要按照有关规定，安排抚育间伐指标，及时开展抚育性间伐，提高退耕还林地的质量效益。要加强森林防火和病虫鼠兔害防治工作，健全管护制度，落实管护责任，切实提高森林经营水平。四要对年度检查验收及阶段验收结果较差、问题较突出的地区，加强指导、监督、检查，对问题严重的地区进行任务和资金调控，促进退耕还林工程建设质量的全面提高。

**八、进一步强化工程管理，提升工程管理水平。**随着退耕还林工程建设的深入推进，工程管理任务越来越艰巨。各地要继承和发展十年来工程建设好的经验，进一步做好各项工程管理工作。一要进一步强化档案工作。退耕还林政策兑现时间长，档案工作十分重要。各地要高度重视，切实配备责任心强、业务素质高的专门档案管理人员；务必保证档案的完整收集、规范整理、安全保管；利用阶段验收工作的契机，修正、完善档案的基础数据。二要加强效益监测工作。已经开展的要进一步完善监测内容和办法，健全指标体系，没有开展的要抓紧启动。要通过全面、系统的监测，尽快拿出实实在在的监测数据，科学、准确地反映工程建设成效。三要切实加强对工程管理和技术人员的培训，特别是对新接触退耕还林工作的政府分管领导、林业局长、退耕办主任的培训。四是要继续做好群众举报办理等工作，切实维护好退耕还林者的合法权益。五要进一步加强软硬件建设，推广应用信息化管理手段，不断提升工程管理效率和水平。

各地要紧密结合当地实际，研究制定做好 2010 年退耕还林工作的具体措施，并于 3 月 31 日前将落实措施报我局。

国家林业局<br>2010 年 2 月 5 日

# 国家林业局关于印发《国家林业局直属事业单位国有资产管理暂行办法》的通知

林规发〔2010〕34 号

国家林业局各直属单位：

为加强国家林业局直属事业单位国有资产管理，规范国有资产管理、使用、配置、处置等行为，防止国有资产流失，根据财政部《事业单位国有资产管理暂行办法》(财政部令第 36 号)等相关规定，我局制定了《国家林业局直属事业单位国有资产管理暂行办法》，现印发给你们，请遵照执行。

附件：国家林业局直属事业单位国有资产管理暂行办法

国家林业局

2010 年 2 月 10 日

# 附件　国家林业局直属事业单位国有资产管理暂行办法

## 第一章　总　则

**第一条**　为加强国家林业局直属事业单位(以下简称局事业单位)国有资产管理行为，规范国有资产管理、使用、配置、处置等行为，防止国有资产流失，根据财政部《事业单位国有资产管理暂行办法》(财政部令第 36 号)、《中央级事业单位国有资产管理暂行办法》(财教〔2008〕13 号)、《中央级事业单位国有资产处置管理暂行办法》(财教〔2008〕495 号)和《中央级事业单位国有资产使用管理暂行办法》(财教〔2009〕192 号)等相关规定，制定本办法。

**第二条**　本办法适用于执行事业单位财务和会计制度的局事业单位。

**第三条**　本办法所称事业单位国有资产，是指局事业单位占有、使用的，依法确认为国家所有，能以货币计量的各种经济资源的总称。

事业单位国有资产包括：事业单位用国家财政资金形成的资产，国家无偿调拨给事业单位的资产，事业单位按照国家政策规定运用国有资产组织收入形成的资产，以及接受捐赠和其他经法律确认为国家所有的资产，其表现形式为流动资产、固定资产、无形资产和对外投资等。

**第四条**　本办法所称局事业单位国有资产处置，是指局事业单位对其占有、使用的国有资产，进行产权转让或者注销产权的行为。

## 第二章　管理机构及其职责

**第五条**　国家林业局负责对局事业单位国有资产实施管理监督。主要职责是：

(一)贯彻执行国家有关国有资产管理的法律、行政法规和政策。

(二)根据财政部有关国有资产管理的规定，制定局事业单位国有资产管理的实施办法，并组织实施和监督检查。

(三)组织开展对局事业单位国有资产的清查、登记、统计汇总及日常监督检查工作。

(四)按规定权限审核或者审批局事业单位有关资产配置、处置事项以及利用国有资产对外投资、出租、出借等事项，负责局事业单位长期闲置、低效运转和超标准配置资产的调剂工作，优化局事业单位国有资产配置，推动局事业单位国有资产共享、共用。

(五)督促局事业单位按规定缴纳国有资产处置收益。

(六)按照财政部有关规定，组织开展局事业单位国有资产管理的绩效考评。

(七)接受财政部的监督、指导，并按要求报告局事业单位国有资产管理工作的有关事项。

**第六条**　局事业单位负责对本单位占有、使用的国有资产实施具体管理。主要职责是：

(一)贯彻执行国家有关国有资产管理的法律、行政法规和政策。

(二)根据财政部、国家林业局有关国有资产管理的规定，制定本单位国有资产管理的具体办法并组织实施。

(三)负责本单位资产购置、验收入库、维护保管等日常管理，负责本单位资产的账卡管理、清查登记、统计报告及日常监督检查工作，按照国有资产信息化管理的要求，及时将资产变动信息录入管理信息系统，对本单位国有资产实行动态管理。

(四)办理本单位国有资产配置、处置和对外投资、出租、出借等事项的报批手续；根据国家林业局授权，审批本单位有关国有资产处置事项；根据财政部、国家林业局对事业单位国有资产使用事项的批复，以及事业单位报国家林业局备案的文件，办理产权登记和账务处理；账务处理按照国家事业单位财务和会计制度的有关规定执行。

(五)负责本单位用于对外投资、出租、出借等资产的保值增值，按照规定及时、足额缴纳国有资产收益。

(六)负责本单位存量资产的有效利用，参与大型仪器、设备等资产的共享、共用和公共研究平台建设工作。

(七)接受财政部和国家林业局的监督、指导，并报告有关国有资产管理工作。

**第七条**　为提高工作效率，根据《中央级事业单位国有资产处置管理暂行办法》(财教〔2008〕495 号)第四十二条规定，国家林业局授权局直属二级事业单位对本单位一次性处置单项价值或批量价值(账面原值)30万元(含30万元)以下的事项予以审批(仅限于处置办公设备和办公家具)，审批文件于15日内一式三份报国家林业局备案。

其他国有资产处置行为和对外投资、出租、出借、担保等经营性行为必须报国家林业局审核或者审批。

**第八条** 局事业单位应当按照本办法的规定，明确国有资产管理机构和工作人员，做好国有资产管理工作。

## 第三章 资产配置及使用

**第九条** 本办法所称国有资产配置是指局事业单位根据履行职能的需要，按照国家有关法律、行政法规和规章制度规定的程序，通过购置或者调剂等方式为本单位配备资产的行为。

**第十条** 局事业单位国有资产配置应当符合以下条件：

(一)现有资产无法满足本单位履行职能的需要。

(二)难以与其他单位共享、共用相关资产。

(三)难以通过市场购买服务方式实现，或者采取市场购买服务方式成本过高。

**第十一条** 局事业单位国有资产配置应当符合国家规定的配置标准；国家没有规定配置标准的，应当从严控制，合理配置。

**第十二条** 对于局事业单位长期闲置、低效运转或者超标准配置的资产，原则上由国家林业局进行调剂，并报财政部备案。法律、行政法规另有规定的，从其规定。

**第十三条** 局事业单位向财政部申请用财政性资金购置资产的，除国家另有规定外，在编制年度部门预算时，填报《中央行政事业单位资产存量情况表》和《中央行政事业单位新增资产配置预算表》，并按照财政部批复的年度部门预算，履行政府采购程序。

**第十四条** 局事业单位购置纳入政府采购范围的资产，应当按照政府采购管理的有关规定实行政府采购。

**第十五条** 局事业单位国有资产的使用包括单位自用和对外投资、出租、出借等方式。

**第十六条** 局事业单位应当建立健全资产购置、验收、保管、使用等内部管理制度。

局事业单位应当对实物资产进行定期清查，做到账账、账卡、账实相符，加强对本单位土地使用权等无形资产的管理，防止无形资产流失。

**第十七条** 局事业单位对外投资、出租、出借等，应当符合国家有关法律、行政法规的规定，遵循投资回报、风险控制和跟踪管理等原则，并进行可行性论证，确保国有资产的保值增值。局事业单位对外投资效益情况是国家林业局审核新增对外投资事项的主要参考依据。

**第十八条** 局事业单位应当对本单位对外投资、出租、出借的资产实行专项管理，同时在单位财务会计报告中对相关信息进行披露，局事业单位对外投资收益以及利用国有资产出租、出借等取得的收入应当纳入单位预算，统一核算，统一管理。

**第十九条** 局事业单位申报国有资产对外投资、出租、出借等事项，应当附可行性论证报告和拟签订协议(合同)等相关材料，并按以下方式履行审批手续：单项(批量)价值在800万元以下的，以正式文件报国家林业局审批；800万元以上(含800万元)的，经国家林业局审核后报财政部审批。

**第二十条** 局事业单位申请利用国有资产对外投资、出租、出借，应当提供如下材料，并对材料的真实性、有效性、准确性负责：

(一)事业单位拟对外投资、出租、出借事项的书面申请。

(二)拟对外投资、出租、出借资产的价值凭证及权属证明复印件(加盖单位公章)，如购货发票或者收据、工程决算副本、国有土地使用权证、房屋所有权证、股权证等凭据的复印件。

(三)事业单位进行对外投资、出租、出借的可行性分析报告。

(四)事业单位拟同意利用国有资产对外投资、出租、出借的会议决议或者会议纪要复印件。

(五)事业单位法人证书复印件、拟合作方、拟出租、出借对象法人证书复印件或企业营业执照复印件、个人身份证复印件等；

(六)拟创办经济实体的章程和工商行政管理部门下发的企业名称预先核准通知书(对外出租、出借不需提供)。

(七)事业单位与拟合作方签订的合作意向书、协议草案或者合同草案(对外出租、出借不需提供)。

(八)事业单位上年度财务报表(对外出租、出借不需提供)。

(九)经中介机构审计的拟合作方上年财务报表(对外出租、出借不需提供)。

(十)其他材料。

**第二十一条** 对外投资、出租国有资产的价值确认。局事业单位经批准利用国有资产进行对外投资的，应当聘请具有相应资质的中介机构，对拟投资资产进行资产评估，资产评估事项按规定履行备案或者核准手续；局事业单位国有资产出租，原则上应采取公开招租的形式确定出租的价格，必要时可采取评审或者资产评估的办法确定出租的价格。局事业单位利用国有资产出租、出借的，期限一般不得超过5年。

**第二十二条** 局事业单位不得从事以下对外投资事项：

(一)买卖期货、股票，国家另有规定的除外。

(二)购买各种企业债券、各类投资基金和其他任何形式的金融衍生品或者进行任何形式的金融风险投资，国家另有规定的除外。

(三)利用国外贷款的事业单位，在国外债务尚未清偿前利用该贷款形成的资产对外投资。

(四)其他违反法律、行政法规规定的。

**第二十三条** 局事业单位应当在保证单位正常运转和事业发展的前提下，严格控制货币性资金对外投资。不得利用财政拨款和财政拨款结余对外投资。

## 第四章 资产处置

**第二十四条** 国有资产处置方式包括无偿调拨(划

转)、对外捐赠、投资、出售、出让、转让、置换、报废报损、货币性资产损失核销等。

**第二十五条** 局事业单位国有资产处置应当遵循公开、公正、公平和竞争、择优的原则，按照规定权限对本单位国有资产处置事项进行审批、备案、报批，未按照本办法规定履行审批、备案手续，不得擅自处置；不得利用本单位国有资产对外提供担保。

**第二十六条** 财政部、国家林业局对局事业单位国有资产处置事项的批复，以及局事业单位按授权权限及有关规定处置国有资产并报备案的文件，是财政部安排局事业单位有关资产配置预算项目的参考依据，局事业单位应当依据其办理产权变动和进行账务处理。账务处理按照现行事业单位财务和会计制度的有关规定执行。

**第二十七条** 局事业单位拟处置的国有资产应当权属清晰。权属关系不明确或者存在权属纠纷的资产，须待权属界定明确后方可处置。

**第二十八条** 局事业单位国有资产处置的范围包括：闲置、拟置换资产，报废、淘汰资产，产权或者使用权转移的资产，盘亏、呆账及非正常损失的资产，以及依照国家有关规定需要处置的其他资产；不包括经营性事业单位经营的产品、商品、原材料等资产。按资产性质分为流动资产、固定资产、无形资产、对外投资等。

**第二十九条** 局事业单位处置授权限额以上的国有资产，应当按以下程序办理：

(一)单位申报。局事业单位处置授权限额以上国有资产，须填写《国家林业局直属事业单位国有资产处置申请表》(见附1、2)，并附实物照片、价值凭证复印件(加盖单位公章)等相关材料，以正式文件向国家林业局申报，并对所提供材料的真实性负责。

(二)主管部门审核。国家林业局对局事业单位申报处置材料的合规性进行审核后，根据财政部授权进行审核或者审批。局事业单位收到国家林业局国有资产处置的批复文件后，将复印件报当地财政专员办备案。

(三)评估备案与核准。局事业单位国有资产处置按规定需要进行评估的，要委托具有资产评估资质的评估机构对国有资产进行评估，评估结果报国家林业局备案。评估结果按照国家有关规定须经核准的，报财政部核准。

(四)公开处置。局事业单位对申报处置的国有资产进行公开处置。

1. 审批程序。局事业单位处置授权限额以上的国有资产，按照单位申报—国家林业局审核或审批—评估备案与核准—公开处置的程序，由国家林业局审批后，报财政部备案；事业单位处置授权限额以下的国有资产，按照单位内部资产管理处室申报—单位领导办公会议审批—评估备案与核准—公开处置的程序，单位审批后，报国家林业局备案。

2. 处置平台。国有资产公开处置，应当通过北京产权交易所、上海联合产权交易所、中国再生资源开发有限公司及省区市分支机构等财政部、国管局搭建的国有资产处置平台或者证券交易系统以及国家法律、行政法规规定的其他方式进行。严格控制产权交易机构和证券交易系统以外的直接协议方式。

## 第五章 无偿调拨(划转)和捐赠

**第三十条** 无偿调拨(划转)资产是指在不改变国有资产性质的前提下，以无偿转让的方式变更国有资产占有、使用权的行为。无偿调拨(划转)的资产包括：

(一)长期闲置不用、低效运转、超标准配置的资产。

(二)因单位撤销、合并、分立而移交的资产。

(三)隶属关系改变，上划、下划的资产。

(四)其他需调拨(划转)的资产。

**第三十一条** 无偿调拨(划转)资产应当按以下程序办理：

(一)局事业单位之间、局事业单位与局机关之间以及局事业单位与企业之间的国有资产无偿调拨(划转)，由国家林业局按规定限额审批。

(二)跨部门国有资产的无偿调拨(划转)。划出方和接收方协调一致(附意向性协议)，分别报主管部门审核同意后，由划出方主管部门报财政部审批，并附接收方主管部门同意无偿调入(划转)的有关文件。

(三)跨级次国有资产的无偿调拨(划转)。局事业单位国有资产无偿调拨(划转)给地方的，应当附省级主管部门和财政部门同意接收的相关文件，由国家林业局报财政部审批；局事业单位无偿接收地方单位国有资产的，经地方单位同级财政部门审批后，办理国有资产无偿调入(划转)手续。局事业单位应当将接收资产的有关情况报国家林业局备案。

**第三十二条** 局事业单位申请国有资产无偿调拨(划转)，应当提交以下材料：

(一)无偿调拨(划转)申请文件。

(二)《国家林业局直属事业单位国有资产处置申请表》。

(三)资产价值凭证及产权证明复印件(加盖单位公章)，如购货发票或者收据、工程决算副本、国有土地使用权证、房屋所有权证、股权证等凭据的复印件。

(四)因单位撤销、合并、分立而移交资产的，需提供撤销、合并、分立的批文。

(五)拟无偿调拨(划转)国有资产的名称、数量、规格、单价等清单。

(六)其他相关材料。

**第三十三条** 本办法所称对外捐赠是指局事业单位依照《中华人民共和国公益事业捐赠法》，自愿无偿将其有权处分的合法财产赠与合法受赠人的行为，包括实物资产捐赠、无形资产捐赠和货币性资产捐赠等。

**第三十四条** 局事业单位国有资产对外捐赠，应当提交以下材料：

(一)对外捐赠申请文件。

(二)《国家林业局直属事业单位国有资产处置申请表》。

(三)捐赠报告，包括：捐赠事由、途径、方式、责任人、资产构成及其数额、交接程序等。

(四)捐赠单位出具的捐赠事项对本单位财务状况和业务活动影响的分析报告，使用货币资金对外捐赠的，应当提供货币资金的来源说明等。

(五)本单位决定捐赠事项的有关文件(如会议决议

等)。

(六)能够证明捐赠资产价值的有效凭证复印件(加盖单位公章),如购货发票或者收据、工程决算副本、记账凭证、固定资产卡片及产权证明等凭据的复印件。

(七)其他相关材料。

**第三十五条** 实际发生的对外捐赠,应当依据受赠方出具的同级财政部门或者主管部门统一印(监)制的捐赠收据或者捐赠资产交接清单确认;对无法出具同级财政部门或者主管部门统一印(监)制的捐赠收据的,应当依据受赠方所在地城镇街道、乡镇等基层政府组织出具的证明确认。

**第三十六条** 局事业单位国有资产管理部门对单位接受捐赠、无偿划拨等方式获得的资产应及时办理验收入库手续,严把数量、质量关,验收合格后送达具体使用部门;事业单位财务管理部门应当根据资产的相关凭证或者文件及时进行账务处理,并报国家林业局备案。

## 第六章 出售、出让、转让和置换

**第三十七条** 本办法所称出售、出让、转让是指变更局事业单位国有资产所有权或占有、使用权并取得相应收益的行为。

**第三十八条** 局事业单位国有资产出售、出让、转让,应当通过产权交易机构、证券交易系统、协议方式以及国家法律、行政法规规定的其他方式进行。

**第三十九条** 为避免国有资产遭受损失,对于已到使用期限且本单位不需用的非国家强制报废(汽车、锅炉等)国有资产,应当以通过产权交易机构进行公开处置为优先选择方式。

**第四十条** 局事业单位申请出售、出让、转让国有资产,应当提交以下材料:

(一)出售、出让、转让国有资产申请文件。

(二)《国家林业局直属事业单位国有资产处置申请表》。

(三)资产价值凭证及产权证明复印件(加盖单位公章),如购货发票或者收据、工程决算副本、国有土地使用权证、房屋所有权证、股权证等凭据的复印件。

(四)出售、出让、转让方案,包括资产的基本情况,处置的原因、方式等。

(五)出售、出让、转让合同草案,属于股权转让的,还应提交股权转让可行性报告。

(六)其他相关材料。

**第四十一条** 置换。指局事业单位与其他单位以非货币性资产为主进行的交换。这种交换不涉及或者只涉及少量的货币性资产(即补价)。

**第四十二条** 局事业单位申请国有资产置换,应当提交以下材料:

(一)置换申请文件。

(二)《国家林业局直属事业单位国有资产处置申请表》。

(三)资产价值凭证及产权证明复印件(加盖单位公章),如购货发票或者收据、工程决算副本、国有土地使用权证、房屋所有权证、股权证等凭据的复印件。

(四)对方单位拟用于置换资产的基本情况说明、是否已被设置为担保物等。

(五)双方草签的置换协议。

(六)对方单位的法人证书或营业执照的复印件(加盖单位公章)。

(七)本单位近期的财务报告。

(八)其他相关材料。

## 第七章 报废报损和核销

**第四十三条** 报废。指按有关规定或者经有关部门、专家鉴定,确已不能继续使用的资产,进行产权注销的资产处置行为。

**第四十四条** 报损。指由于发生呆账损失、非正常损失等原因,按有关规定对资产损失进行产权注销的资产处置行为。

**第四十五条** 局事业单位申请国有资产报废、报损,应当提交以下材料:

(一)局事业单位申请报废、报损的文件。

(二)《国家林业局直属事业单位国有资产处置申请表》。

(三)能够证明盘亏、毁损以及非正常损失资产价值的有效凭证复印件(加盖单位公章)。如购货发票或者收据、工程决算副本、记账凭证、固定资产卡片、盘点表及产权证明等凭据的复印件。

(四)报废、报损价值清单。

(五)非正常损失责任事故的鉴定文件及对责任者的处理文件。

(六)因房屋拆除等原因需办理资产核销手续的,提交相关职能部门的房屋拆除批复文件、建设项目拆建立项文件、双方签订的房屋拆迁补偿协议。

(七)其他相关材料。

**第四十六条** 局事业单位国有资产对外投资、担保(抵押)发生损失申请损失处置的,应当提交以下材料:

(一)局事业单位申请对外投资、担保(抵押)损失处置的文件。

(二)《国家林业局直属事业单位国有资产处置申请表》。

(三)被投资单位的清算审计报告及注销文件。

(四)债权或股权凭证、形成呆坏账的情况说明和具有法定依据的证明材料。

(五)申请仲裁或提起诉讼的,提交相关法律文书。

(六)其他相关材料。

**第四十七条** 货币性资产损失核销是指单位按现行财务与会计制度,对确认形成损失的货币性资产(现金、银行存款、应收账款、应收票据等)进行核销的行为。

**第四十八条** 局事业单位申请货币性资产损失核销,应当提交以下材料:

(一)局事业单位申请核销货币性资产损失的文件。

(二)《国家林业局直属事业单位国有资产处置申请表》。

(三)债务人已被依法宣告破产、撤销、关闭,用债务人清算财产清偿后仍不能弥补损失的,提供宣告破产的民事裁定书以及财产清算报告、注销工商登记或吊销营业执照的证明、政府有关部门决定关闭的文件。

(四)债务人死亡或者依法被宣告失踪、死亡的,提供其财产或遗产不足清偿的法律文件。

（五）涉及诉讼的，提供判决裁定申报单位败诉的人民法院生效判决书或者裁定书，或虽胜诉但因无法执行被裁定终止执行的法律文件。

## 第八章　国有资产收入和支出管理

**第四十九条**　国有资产收入包括处置收入、对外投资、出租、出借收入等。处置收入是指在出售、出让、转让、置换、报废报损等处置国有资产过程中获得的收入，包括出售实物资产和无形资产的收入、置换差价收入、报废报损残值变价收入、保险理赔收入、转让土地使用权收益等。

**第五十条**　局事业单位国有资产处置收入，在扣除相关税金、评估费、拍卖佣金等费用后，按照政府非税收入管理和财政国库收缴管理有关规定上缴中央国库，纳入预算。

（一）土地使用权转让收益，按照《财政部关于将中央单位土地收益纳入预算管理的通知》（财综〔2006〕63号）规定，上缴中央国库，实行"收支两条线"管理。

（二）出售实物资产和无形资产收入、置换差价收入、报废报损残值变价收入、保险理赔收入等上缴中央国库，实行"收支两条线"管理。

（三）科技成果转化（转让）收入，按照《国务院办公厅转发科技部等部门关于促进科技成果转化若干规定的通知》（国办发〔1999〕29 号）的有关规定，扣除奖励资金后上缴中央国库。国家另有规定的，从其规定。

中央级事业单位对外投资收益以及利用国有资产出租、出借等取得的收入应当纳入单位预算，统一核算，统一管理。

实行参照公务员法管理的局事业单位国有资产出租、出借收入实行"收支两条线"管理，上缴中央财政，其中应缴纳的税款和所发生的相关费用（资产评估费、技术鉴定费、交易手续费等）可以在收入中抵扣，抵扣后的余额按照在抵扣后两个工作日内上交局本级汇缴专户，由局本级上交中央财政专户，支出时从中央财政专户中拨付。

**第五十一条**　局事业单位利用国有资产对外投资形成的股权（权益）的出售、出让、转让收入，按以下规定办理：

（一）利用现金对外投资形成的股权（权益）的出售、出让、转让，属于中央级事业单位收回对外投资，股权（权益）出售、出让、转让收入纳入单位预算，统一核算，统一管理。

（二）利用实物资产、无形资产对外投资形成的股权（权益）的出售、出让、转让收入，按以下情形分别处理：

1. 收入形式为现金的，扣除投资收益，以及税金、评估费等相关费用后，上缴中央国库，实行"收支两条线"管理；投资收益纳入单位预算，统一核算，统一管理。

2. 收入形式为资产和现金的，现金部分扣除投资收益，以及税金、评估费等相关费用后，上缴中央国库，实行"收支两条线"管理；

（三）利用现金、实物资产、无形资产混合对外投资形成的股权（权益）的出售、出让、转让收入，按照本条第（一）、（二）项的有关规定分别管理。

**第五十二条**　局事业单位需实行"收支两条线"管理的国有资产收入，应当在抵扣应缴纳的税款和所发生的相关费用（资产评估费、技术鉴定费、交易手续费等）后，两个工作日内全额缴入国家林业局中央财政汇缴专户。

有下属三级预算单位的二级预算单位，财政部将为二级预算单位开设中央财政汇缴专户，二级预算单位及所属三级预算单位取得处置收入后，两个工作日内，将国有资产处置收入缴入中央财政汇缴专户。

国家林业局中央财政汇缴专户：

开户名称：国家林业局发展计划与资金管理司

开户银行：中国工商银行北京和平里支行

银行账户：0200004229200153334

**第五十三条**　局事业单位上缴的国有资产处置收入，纳入预算管理。事业单位因事业发展需要配置的资产，在编制部门预算时由财政部根据有关资产配置标准及中央财力情况统筹安排。

## 第九章　监督检查和法律责任

**第五十四条**　国家林业局建立国有资产管理检查制度，定期或者不定期对所属事业单位资产管理情况进行监督检查。

**第五十五条**　国家林业局及局事业单位在授权范围内的国有资产处置情况接受财政部及财政部驻地方专员办的监督。

**第五十六条**　国家林业局及所属事业单位在国有资产处置过程中不得有下列行为：

（一）未按规定程序申报，擅自越权对规定限额以上的国有资产进行处置。

（二）对不符合规定的申报处置材料予以审批。

（三）串通作弊、暗箱操作，压价处置国有资产。

（四）截留资产处置收入。

（五）其他造成单位资产损失的行为。

**第五十七条**　局事业单位和有关责任人违反本办法规定的，应根据《财政违法行为处罚处分条例》（国务院令第 427 号）等有关法规追究法律责任。

## 第十章　附　则

**第五十八条**　二级事业单位可以根据实际工作需要，授权所属三级事业单位一定限额的国有资产处置权限，并根据本办法制定本单位国有资产处置管理办法，报国家林业局备案。

**第五十九条**　执行《民间非营利组织会计制度》的事业单位及社会团体涉及国有资产处置、出租、出借、对外投资等事项，参照本办法执行。

**第六十条**　对涉及国家安全和秘密的国有资产处置，事业单位应当按照国家有关保密制度的规定，做好保密工作，防止失密和泄密。

**第六十一条**　局事业单位所办全资企业及控股企业的国有资产处置及相关事宜，按照《企业财务通则》（财政部令第 41 号）、《企业国有资本与财务管理暂行办法》（财企〔2001〕325 号）、《企业国有产权转让管理暂行办法》（国资委　财政部令第 3 号）等有关规定办理。接受财政部及驻地方专员办管理监督。

**第六十二条** 国家林业局机关本级和机关服务中心国有资产管理按照国务院机关事务管理局有关规定执行。

**第六十三条** 本办法自发布之日起施行。

**第六十四条** 本办法未尽事项，按照国家国有资产管理有关规定执行。

附：国家林业局直属事业单位国有资产处置申请表（略）

# 国家林业局关于进一步做好2010年美国白蛾防治工作的通知

## 林造发〔2010〕37号

北京、天津、河北、辽宁、山东、河南、陕西省、直辖市林业厅(局)：

2009年，各地继续认真贯彻落实《国务院办公厅关于进一步加强美国白蛾防治工作的通知》(国办发明电〔2006〕6号)精神，建立健全防治责任制度，落实防治任务，开展联防联治和实施科学防治，克服高温干旱等极端天气的不利影响，较好地完成了美国白蛾防治任务，实现了目标要求。为巩固防治成效，实现长期控灾减灾，现就进一步抓好2010年美国白蛾防治工作通知如下：

**一、落实防控指标，坚决防止疫情反弹**

美国白蛾是国际社会广泛关注的检疫性有害生物，具有食性杂、繁殖快、易暴发、主要发生在人们生产生活区等典型特征。各地在已取得一定防治成效的基础上，要进一步提高对美国白蛾危害性和危险性的认识，坚决克服麻痹懈怠思想，充分看到目前有的地区虫口密度还比较大、存在扩散蔓延潜在威胁等不利因素，进一步增强责任意识，落实防控指标，确保疫情不反弹、不蔓延。为实现持续控灾和重要地区景观安全，今后一个时期美国白蛾防控工作的任务指标为：主要风景区的有虫株率控制在0.1%以下；城区、交通要道两侧、行政区交界带等区域有虫株率控制在1%以下；村庄及周边地区有虫株率控制在5%以下。各地要按照以上指标要求，抓紧制定2010年防治实施方案，经省级人民政府同意后于3月底前报我局批复。

**二、大力推进生物防治措施，逐步实现整体持续控灾**

在目前美国白蛾防治已全面实现无公害防治技术措施的基础上，要进一步大力推广核型多角体病毒、周氏啮小蜂等两项生物防治措施的应用，加大保护天敌资源的力度。核型多角体病毒、周氏啮小蜂可相互配合使用。其中核型多角体病毒可选择在美国白蛾幼虫1~2龄期，网幕较多的林分喷施，通过相互感染，造成美国白蛾发生初期病毒病流行。虫龄较大(如3~4龄)及美国白蛾发生情况较为严重地区，可选择喷施核型多角体病毒和苏云金杆菌的复合生物制剂。同时可人工辅助采取将感染病毒的幼虫移送其他网幕的办法扩大病毒感染范围。周氏啮小蜂应选择在美国白蛾老熟幼虫期和化蛹初期使用。放蜂量可按照蜂虫1∶1~3∶1的比例计算。一个美国白蛾发生世代可释放两次周氏啮小蜂，两次放蜂期可间隔7~10天。放蜂时应注意选择气温25℃以上、晴朗、风力小于3级的气候条件，10:00~16:00的时间段，避开阴雨、大风等不利天气。如释放后出现此类天气，应及时补放。同时应特别注意坚持在较大区域连续释放，释放区严禁使用化学药剂。各地应进一步加大督导检查和技术工作指导力度。

**三、狠抓防治关键环节，推进防治机制创新**

防治关键环节的落实到位，是确保防治工作取得预期效果的基础。各地一是要坚持虫情查防员制度，抓好查防员的技术培训，明确责任任务，切实发挥虫情查防员的作用。二是要利用性诱捕器和诱虫灯等先进监测手段，开展虫情监测，做好虫情分析，为开展防治工作及时提供数据。要积极扩大监测范围，努力实现监测覆盖率达100%。三是抓好美国白蛾第一代防治。充分利用好美国白蛾第一代发生相对整齐、多集中于树冠下层危害、便于防治的有利时机，突出抓好第一代防治，以确保全年防治成效。四是继续深化联防联治，进一步加强发生区间、发生区与毗邻未发生区间的协调沟通，避免由于信息不沟通，你防我不防，影响防治成效情况的发生。五是要继续推进防治机制创新，及时总结经验，引导、鼓励和吸纳社会力量介入防治，加速社会化防治工作进程，逐步形成群防群控的工作局面。

**四、加强预防工作，建立预防责任制**

目前与各美国白蛾发生区毗邻的内蒙古、山西、吉林、江苏、安徽、湖北等省(区)，要切实提高预防意识，增强预防责任感，确保各项预防工作落实到位。一是切实部署和开展好美国白蛾监测普查工作。及时、准确掌握实际情况，真正做到第一时间发现，第一现场根除，防止加深危害，扩散蔓延。二是加强检疫执法，建立责任追溯制度。做好检疫登记工作，对苗木生产、木材加工等涉木单位进行全面登记管理，要规范检疫执法程序，对木材、苗木等相关林产品的生产、流通实行严格的检疫管理，做到从哪里来、到哪里去都登记可查，健全责任追溯制度，对不检疫或者检疫不负责任、检疫不到位的违法违规行为，严格按照《植物检疫条例》等有关法律法规追究责任。三是积极开展技术培训。其中要特别抓好美国白蛾识别、监测检疫、防治基础知识的培训工作，提高相关人员的防治能力。四是认真做好宣传动员工作。广泛宣传美国白蛾的危害性，动员广大群众积极参与美国白蛾防治工作，发现异常情况及时报告。

特此通知。

国家林业局

2010年2月27日

# 国家林业局关于做好2010年春季重大沙尘暴灾害应急处置工作的通知

林沙发〔2010〕43号

各有关省、自治区、直辖市林业厅(局)，新疆生产建设兵团林业局：

当前，我国北方地区已开始进入沙尘暴多发季节。据专家预测，今春我国北方地区沙尘天气形势仍很严峻，不排除在强冷空气作用下发生重大沙尘暴灾害的可能性。为有效应对和防范重大沙尘暴灾害，保障人民群众生命财产安全，现就有关事项通知如下：

一、要进一步提高认识。沙尘暴是我国北方地区春季常见的自然灾害，突发性强，危害性大，影响面广。近年来发生的强沙尘暴，不仅严重影响人民群众生产生活和交通运输，也造成了重大的经济损失，甚至还出现了人员伤亡。各级林业主管部门一定要提高认识，切实增强责任感和紧迫感。要认真研判今春沙尘暴灾害应急工作形势，查找隐患和薄弱环节，积极完善应对措施，做到思想上重视，工作上主动，行动上迅速。

二、要尽早制定应急方案。各级林业主管部门要对今春重大沙尘暴灾害应急处置工作早谋划、早准备、早部署，尽快制定应对和处置工作方案，明确工作目标和任务，细化各项应对措施，提前做好应急工作准备，把应急的各项准备关口前移，切实将沙尘暴灾害应急工作抓细、抓实、抓好。

三、要搞好监测工作。在沙尘暴重点预警期，各级林业部门都要建立应急值守制度，安排专门人员负责应急值守工作。要充分利用卫星遥感、地面监测站和信息员等信息源，搞好沙尘暴灾害监测工作，掌握沙尘暴灾害的发生发展状况，及时采取有针对性的处置措施。

四、要加强信息报送工作。各地要认真贯彻执行信息日报、月报和年报等报告制度，安排专人负责应急信息报送工作。一旦出现沙尘暴灾害，要及时组织开展灾情调查，掌握灾害损失情况，按时限要求将灾情信息报送我局。2010年，我局将对各地沙尘暴灾害应急信息上报数量、质量及责任落实情况进行通报。

五、要抓好应急宣传和培训。各地要采取网络、报纸、电视、广播、海报等多种形式，积极向社会和广大群众宣传沙尘暴基本知识和沙尘暴灾害预防常识，重点向沙区广大农牧民、中小学生宣传和普及预防、避险、自救、互救等知识，提高公众防灾减灾能力。要组织开展多层次、多形式的应急管理培训，重点培训应急管理人员、灾情监测员和信息管理员，提高应急指挥和应急处置能力。

六、进一步推进预案体系建设。各地要根据实际情况，抓紧完善沙尘暴灾害应急预案，进一步提高预案的针对性、实用性和可操作性。要着力抓好市、县两级，特别是受沙尘暴灾害影响严重地区的应急预案编制，明确应急组织领导体系，建立工作机制，完善应急措施，强化部门协作。

七、切实加强组织领导。重大沙尘暴灾害应急工作是国务院赋予林业主管部门的一项重要职责，各级林业主管部门一定要高度重视，加强组织领导，主要领导要亲自抓，亲自部署，确保把沙尘暴灾害应急处置工作落到实处。

特此通知。

国家林业局

2010年3月4日

# 国家林业局关于印发《国家林业局2010年工作要点》的通知

林办发〔2010〕83号

各省、自治区、直辖市林业厅(局)，内蒙古、吉林、龙江、大兴安岭森工(林业)集团公司，新疆生产建设兵团林业局，各计划单列市林业局，国家林业局各司局、各直属单位：

《国家林业局2010年工作要点》已经局领导审定。现印发给你们，请认真贯彻落实。

附件：国家林业局2010年工作要点

国家林业局

2010年3月16日

## 附件　国家林业局2010年工作要点

根据党中央、国务院的总体部署，2010年林业工作总体要求是：以邓小平理论和“三个代表”重要思想为指导，深入贯彻落实科学发展观，全面落实中央林业工作会议和胡锦涛总书记、温家宝总理等中央领导同志重要批示精神，依靠人民群众，依靠科学技术，依靠深化改革，扎实开展植树造林，大力发展林业产业，全面加强生态保护，着力强化森林经营，确保2020年比2005年新增森林面积4000万公顷，新增森林蓄积量13

亿立方米，森林覆盖率达到23%以上，林业产业总产值达到4万亿元，为发展现代林业、建设生态文明、推动科学发展作出新贡献。全年完成造林任务8880万亩以上，义务植树25亿株。全年完成森林抚育7875万亩、低产林改造2500万亩。全年力争林业总产值达到1.7万亿元。

**一、积极稳妥地推进改革，创新林业体制机制**

（一）加强集体林权制度改革组织领导。继续坚持五级书记抓林改，精心组织，全力推进。坚持以明晰产权为核心、以承包到户为主体，凡适宜家庭承包经营的林地，都要把承包经营权落实到本集体经济组织的农户；对不宜实行家庭承包经营的林地，也要通过均股、均利等方式明晰产权，真正确立农民的经营主体地位。同时，要认真对照国办督查报告中提出的五类问题，逐一分析检查，认真剖析原因，抓住重点环节，认真细致、保质保量地完成整改。

（二）建立健全集体林权制度改革配套政策。进一步健全林业公共财政制度、金融支撑制度、采伐管理制度、林权流转制度和林业社会化服务体系。加强森林资源资产评估度量体系建设。制定林权抵押贷款办法，规范抵押贷款行为，扩大抵押贷款规模，强化森林资源资产评估人员培训。进一步完善林业贷款中央财政贴息政策，增加贴息规模。积极探索总结林业担保公司的运行机制。认真总结森林保险试点经验，完善保险办法和机制，在基层林业工作站培训一大批熟悉森林保险的业务骨干，积极扩大森林保险规模、实现农民与保险公司双赢。充分发挥中国林权交易所等各级林权交易机构的作用，进一步规范交易行为，实现林业生产要素的科学、高效配置。积极引导农民林业专业合作社等社会化服务组织健康发展。结合各地特点，大胆尝试加大植被恢复费补偿力度等政策试点工作，并在实践中不断总结，逐步扩大试点范围。

（三）加强集体林权登记、发证和档案管理。高度重视林权登记造册和核发证书工作，做到林权登记内容齐全规范，数据准确无误，图表册一致，人地证相符。加强林改档案库房、柜架、电脑和安全防护措施等基础设施建设，严把林权档案验收关，不断推进林改档案信息化建设。

（四）加强集体林权制度改革典型示范。要充分利用电视、报刊、网络等媒体，挖掘集体林权制度改革中的亮点，用生动的实践说服人，用鲜活的事例引导人，努力营造良好的舆论氛围。要积极培养典型、树立典型、宣传典型，发挥“点亮灯一盏，照亮一大片”的典型示范带动作用。2010年，将在全国筛选100个集体林权制度改革工作成绩突出的典型县，并邀请县委书记进行座谈，认真总结、宣传，推广他们的经验。拟对改革先行省认真落实中央精神、完善配套政策的典型经验予以推广，还将对工作不得力的落后地区给予全国通报批评。各地也要积极引导各县区扎实推进林改工作，认真挖掘各类先进典型，每个省区市争取培养典型20~50例。

（五）启动实施好国有林场改革和重点国有林区改革。争取以国务院名义尽快颁发关于加快国有林场改革的实施意见，积极筹备国有林场改革启动大会。同时，结合天然林资源保护二期工程政策调整，继续开展重点国有林区管理体制和国有森林资源统一管理改革试点工作。

**二、全面强化生态建设，着力改善生态状况**

（六）继续抓好重点工程建设。搞好天然林资源保护一期工程总结，认真制定二期工程政策意见。巩固退耕还林成果，在重点生态脆弱区和重要生态区位，适当增加安排退耕还林任务。按照建设两大生态屏障的要求，三北、长江、沿海等防护林工程要落实规划、优化结构、完善体系、提升功能。同时，加快荒山荒地造林绿化步伐，将造林任务落实到山头地块，加快速丰林、碳汇林、能源林、珍贵树种及大径用材林、木本粮油林等基地建设。

（七）大力推进身边增绿。结合森林城市、森林乡镇、森林村庄、森林校园、森林厂矿、森林营区建设，深入开展全民义务植树运动，创新义务植树实现形式，努力提高义务植树尽责率。切实落实部门造林绿化责任制，大力推进铁路、公路等部门绿化。

（八）努力提高造林绿化质量。出台《全国林木种苗发展规划》，加强林木种子区划和良种基地建设与管理，突出抓好国家级重点林木良种基地和骨干苗圃建设，加快推进林木良种化进程；加强种苗市场监管和质量监督，全面提高良种壮苗使用率。增加混交林和乡土树种比重，注重封山育林，强化自然恢复。抓好全国营造林综合核查工作，强化造林质量监管，确保种一棵、活一棵、成材一棵。

（九）切实推进林业应对气候变化工作。加快推进林业碳汇计量与监测基础工作，加强林业碳汇计量与监测队伍建设与管理。认真落实《应对气候变化林业行动计划》，编制“十二五”行动要点。积极开展碳汇造林试点，探索开展林业发展低碳经济试点。认真做好《联合国气候变化框架合约》、《京都议定书》、《哥本哈根协议》等国际公约和协定涉林部分的相关履约工作。

（十）加强森林资源监督管理。规范木材运输管理，深化采伐管理改革，简化审批手续，方便林农群众，编制全国“十二五”年森林采伐限额，制定《全国森林可持续经营实施纲要》。争取国务院批复《全国林地保护利用规划纲要》，抓紧制定“十二五”征占用林地定额，严格征占用林地行政许可人监督检查，防止林地非法流失。扎实启动并推进第八次全国森林资源清查，加强森林碳汇计量标准和检测体系建设，强化森林生态功能效益监测能力。认真做好与第二次国土调查数据共享衔接工作。改革优化森林资源监测体系，完善全国林业数表体系。强化森林资源监督检查，制定保护发展森林资源任期目标责任制考核办法和指标体系，开展森林资源监督工作绩效考评。

（十一）加强湿地资源保护。建立健全湿地保护管理制度，研究制定湿地生态效益补偿相关政策，开展湿地生态效益补偿和湿地生态补水试点工作。加强国际重要湿地、国家湿地公园建设管理，做好第二次全国湿地资源调查。组织编制《全国湿地保护工程实施规划(2011~2015年)》。

（十二）加强荒漠资源保护。抓紧编制全国防沙治沙规划、全国防沙治沙综合示范区建设工程规划，加快推进京津风沙源治理工程建设。加强沙化土地封禁保

护，抓好石漠化综合治理项目试点。做好第四次荒漠化监测及沙尘暴灾害应急处置。

（十三）加强生物多样性保护。加强大熊猫等濒危物种的拯救和保护，推进人工繁育野生动植物放归自然工作，编制《全国野生动植物保护和自然保护区建设工程总体规划(2010~2020年)》，抓紧加快野生动植物种“十二五”规划的上报，强化野生动植物及其制品的国内国际贸易监管，积极履行《濒危野生动植物种国际贸易公约》。抓好野生动物损害补偿试点，开展第二次全国野生动物资源调查和筹备第四次全国大熊猫调查，修订《全国大熊猫保护管理计划》，积极做好中央政府赠澳门大熊猫工作，推进自然保护区示范省和示范自然保护区建设。

**三、继续加强“三防”工作，切实巩固建设成果**

（十四）切实提升森林火灾应急处置能力。以深入实施《森林防火条例》和《全国森林防火中长期发展规划》为重点，全面推进依法治火、科学防火和群防群治，着力强化基础设施、扑火装备、消防队伍和应急机制建设。严格落实行政首长负责制。重点加强森林航空消防，加大森林防火物资储备。加强火灾隐患排查，严格管理野外火源。加强火险预警监测，及时处置森林火情，切实提高火灾当日扑灭率。

（十五）狠抓林业有害生物防控。重点强化美国白蛾、松材线虫病等重大危险性林业有害生物防控。严格落实各级政府的防治责任。加大虫情监测和检疫执法力度。继续开展生物防治试点，扩大生物防治规模，提高防治效果。开展林业有害生物灾害调查和有害植物标准制定，认真研究制定防控措施。

（十六）切实做好野生动物疫源疫病监测防控工作。完成《全国陆生野生动物疫源疫病监测体系建设二期规划》编制和100个国家级监测站的投资建设工作。做好野生动物疫源疫病监测工作，重点强化春秋候鸟迁徙和高致病性禽流感高发季节等重点时节野生动物疫源疫病监测防控，以及重要的边境地区、野生动物驯养繁殖场所、野生动物经营市场等重点区域的隐患排查。完成主要疫源疫病本底编目，积极开展野生动物疫源疫病监测预警工作。

（十七）组织开展专项严打行动。要按照有关规定，严厉打击破坏森林资源和森林防火违法犯罪行为，及时查处涉林大案要案，不断深化林区禁毒斗争。对于重特大森林火灾案件要做到发现一起、曝光一起、惩处一起，切实起到警示一片、稳定一方的作用。

**四、着力强化森林经营，进一步提高森林质量**

（十八）抓紧编制全国森林经营规划。确定全国森林经营工作的方向、布局、任务和重点。各地也要编制相应的实施规划，多方筹集资金，加大森林经营投入，育林基金和森林植被恢复费可用于森林经营。

（十九）抓好森林经营试点。优先在森林资源相对集中、中幼林比重大、短期内易见成效的林区、林场开展森林经营试点，实行边试点、边总结、边推广。

（二十）建立健全森林经营管理制度。建立森林经营年度计划制度，将森林经营面积指标纳入年度生产计划。研究建立森林经营绩效考核制度，将评价结果与林业项目和资金投入挂钩。认真总结森林认证试点经验，完善标准，健全制度，加强森林认证机构建设，夯实基础，力争在认证标识使用，国家认证体系运行，国际互认等方面取得重大突破。深入总结推广森林经营的科学模式，修改完善森林采伐抚育规程。

（二十一）积极参与国际森林可持续经营进程。引进和掌握国际先进的可持续经营模式和技术，不断提升我国森林经营水平。

**五、大力发展林业产业，促进农民就业增收**

（二十二）全面落实林业产业政策。深入落实第二届全国林业产业大会精神，认真实施林业产业振兴规划，积极筹措林业产业发展资金，落实各项优惠政策，切实降低林业生产经营者负担。积极争取野生动植物繁育利用产业发展扶持政策。

（二十三）加快产业结构调整。以提高林地生产力为核心，加强以资源培育为基础的第一产业；以提高产品质量和附加值为核心，改造和提升第二产业；以提高生态服务价值为核心，大力发展森林旅游、生态观光等第三产业。不断壮大木材加工、木浆造纸、林产化工、森林旅游、木本粮油、竹藤、花卉、野生动植物繁育利用、林业生物质能源、沙产业等十大林业支柱产业。突出抓好油茶产业，组织实施好《全国油茶产业发展规划》。

（二十四）转变产业发展方式。加快科技进步和创新，促进传统产业提升，抓紧淘汰落后产能，大力发展林业新兴产业如生物材料、生物制药等高新技术产业，着力优化林业产业结构。推动林业专利产业化，促进中小科技型企业发展，创新产业发展模式，推进产业重组，建立大型林业企业集团和产业集群。充分利用国家大型企业集团的资金优势和林业部门的资源优势，加强联合开发。

（二十五）强化市场引导。加强林产品市场信息的收集与分析，准确掌握市场发展变化趋势，及时发布林产品价格信息。建立重点出口林产品知识产权预警机制，提升林业企业应对国际贸易技术壁垒的能力。

**六、加快发展生态文化，增强社会生态意识**

（二十六）鼓励生态文化产品的发掘和创作。积极推进林业大型典志编纂工作，组织创作一批文学、影视、动漫、戏剧、书画、音乐等人们喜闻乐见的生态文化产品，着力推出一批社会效益明显的生态文化精品。

（二十七）发展生态文化产业。鼓励社会资本投资森林文化、竹文化、茶文化、花文化、湿地文化等生态文化产业。

（二十八）组织生态文化宣传教育活动。继续开展国家森林城市创建及全国生态文化村遴选命名活动，办好第七届中国城市森林论坛、第二届中国绿化博览会、森林旅游节、生态文化高峰论坛、湿地文化节以及具有地方特色的生态文化节庆、会展活动。突出抓好青少年生态道德教育，充分运用广播、电视、报纸、网站等媒体，广泛开展生态文明宣传教育活动，不断增强全社会热爱自然、保护自然的生态意识。

（二十九）加强生态文化基础设施建设。继续加强生态文明教育基地建设，强化旅游风景林、古树名木和各种纪念林的保护，不断完善森林公园、湿地公园和自然保护区的生态教育功能。

**七、继续推进科教兴林，全面提升发展水平**

（三十）推进科技创新和科技成果转化。加强优良品种培育、困难立地造林、森林经营、林业灾害防控、生物资源开发等科技攻关，尽快破解生态建设和林业发展中的技术难题，力争在林业新品种研发、林业应对气候变化、生态服务功能等方面取得重大进展。启动“林业科技引领计划”，推进“林业科技富民示范工程”和“林业科技特派员创业行动”，加快科技成果转化，加强生态定位站、重点试验室等林业科技平台建设。加强林业植物新品种等知识产权保护和运用，强化林业生物安全管理，促进林业自主创新和生物产业发展。适时召开全国林业科技大会。

（三十一）加快推进林业信息化进程。加大信息资源整合力度，促进信息共享和信息公开。编制全国林业信息化“十二五”规划，做好“金林工程”立项工作。强化林业信息化统一管理，加强信息化标准建设，大力推进示范省建设。启动林业资源监管体系行动计划，强化林业卫星遥感数据应用。积极开展战略研究，加大培训工作力度。推进先进成熟信息技术的应用普及，拓展林业信息化应用领域，提升林业信息化应用水平。

（三十二）全面改善林业装备水平。研究制定有利于促进产业结构升级的政策措施，吸引多方资金进入林业机械制造领域。支持林业先进设备技术研发，积极引进国外先进林业设备和技术，培育大型林业装备企业集团，提升我国林业装备制造水平。落实林业机具补贴政策，推动林业机械的广泛应用。

（三十三）进一步完善林业标准体系。强化标准示范区建设，大力推进林业全过程的标准化生产，努力完善林业特有工种职业标准体系，积极参与国际标准化工作。建立健全林产品质量检验检测体系，着力加强林产品质量安全监管。

（三十四）继续深化科技体制改革。加强全国林业科技资源的优化整合，探索建立以提高科技效率为核心的科技体制，加快地方林业科技发展。加强与其他部门科研机构的合作，创新产学研结合机制，进一步发挥企业在技术创新中的重要作用。加强重点实验室、生态定位站、科技推广站建设。

（三十五）加强对林业院校的指导和共建工作。不断强化林业学科建设，为现代林业建设培养更多更实用的优秀人才。

**八、大力加强基础建设，加快改善林区民生**

（三十六）编制出台林业重大规划。编制完成《林业发展“十二五”规划》、《全国造林绿化规划纲要》、《三北防护林体系建设五期工程规划》、《退耕还林工程规划(2011～2020年)》、《农业综合开发林业“十二五”规划》、《全国湿地保护工程实施规划(2011～2015年)》等规划，科学谋划林业发展蓝图。将林区基础设施建设纳入相关行业规划，全面改善林区生产生活条件。

（三十七）继续实施重点国有林区棚户区改造工程。全面启动国有林场危旧房改造项目。着力加强林区道路、饮水、供电、通讯、资源监测等基础设施建设。

（三十八）贯彻落实育林基金使用管理办法。降低育林基金征收比例，加快林业部门行政事业经费纳入地方财政预算进度，切实减轻林业税费负担。

（三十九）加快发展林区社会事业。将林区就业、增收、医疗、教育等纳入当地发展规划，争取国有林场、重点国有林区、国有森工企业分离办社会政策，提高社会保障能力，解除林区干部职工的后顾之忧。落实国有林区、国有林场职工购置家电等补贴政策。

（四十）抓好重大政策争取和落实工作。协调落实天然林资源保护工程延续政策，完善林业补贴政策体系、生态补偿机制、金融支持体系，积极争取林业税收扶持政策和林产品出口退税政策，落实林木良种补贴政策。全力做好2010年林业预算内基本建设、部门预算及各类财政专项投资争取工作，提早做好2011年林业项目储备。

**九、加强国际交流合作，扩大林业对外开放**

（四十一）积极参与多双边林业国际事务。统筹国际国内两个大局，认真做好事关林业发展和国家利益的各项工作。加强《国际森林文书》的履约工作。积极推动非政府国际组织的合作与管理。

（四十二）积极应对气候变化等涉林国际热点问题。全面深入参与《联合国气候变化框架公约》和《京都议定书》涉林议题谈判进程。切实加强气候谈判队伍建设，推进相关合作。

（四十三）深化双边林业国际合作。深入研究林业国际合作国别政策，巩固和拓展对外合作渠道。积极争取国外官方和非官方资金和技术援助，拓展利用援外资金领域，扩大利用资金规模。加强对中日民间绿化合作的归口管理和协调，不断推动与港澳台的林业合作。

（四十四）加快亚太森林恢复与可持续管理网络和国际竹藤组织建设。加强对外磋商，加快成员发展和机构建设，推进试点示范项目。加大对外宣传力度，提高国际影响力。

（四十五）积极争取外资和进出口政策。扩大世行、亚行、欧投行贷款林业项目规模，提高外资利用水平。继续争取国家鼓励林产品出口政策，推动林产品进出口贸易稳定增长。

**十、强化行政能力建设，提高林业管理水平**

（四十六）加强林业法制建设。高度重视并认真组织森林法修改，加快湿地保护条例、沿海防护林条例等立法进程。逐步推进林业综合行政执法，组织开展规范行政执法行为示范点建设。深化行政审批制度改革，加强林业行政许可工作。认真做好林业行政复议工作，妥善处置各类突发事件。

（四十七）加强干部培养管理。优化干部队伍结构，调动干部工作积极性。实施林业专业技术人才知识更新工程，推进干部教育培训规范化、信息化、组织化。研究探索林业高级专家培养机制，加强各类后备人才培养。加快干部人事制度改革，加大干部竞争上岗和轮岗交流工作力度。加强森林公安、林业工作站、林木种苗站等基层队伍建设，充分发挥工青妇、老干部、社团等方面的作用。

（四十八）推进反腐倡廉建设。不断加强思想道德教育和党纪国法教育，大力推进廉政文化建设。紧紧抓住群众普遍关注和容易发生腐败问题的关键环节，对权力运行过程实行重点关注和全程监督。强化从源头上预防和治理腐败，把制度建设贯穿于反腐倡廉各个环节。

对少数滥用职权、以权谋私的干部，一经发现，严肃查处，决不姑息。

（四十九）切实改进工作作风。继续开展“创建四型机关、争做五个模范”活动和“讲党性、重品行、作表率”活动，引导广大干部树立强烈的进取心、事业心、责任心，形成知难而进、真抓实干、狠抓落实的工作作风。

各级林业主管部门要紧紧围绕2010年工作要求，坚持把深化改革作为解放和发展林业生产力的不竭动力，坚持把科学技术作为做大做强林业的根本支撑，坚持把加强森林经营作为现代林业建设的永恒主题，坚持把兴林富民作为林业改革发展的根本宗旨，坚持把全面实现2020年奋斗目标作为林业部门的重大政治任务，坚定意志，振奋精神，扎实工作，确保林业各项任务圆满完成。

# 关于贯彻落实中央领导重要批示精神进一步做好林改档案工作的通知

林改发〔2010〕89号

各省、自治区、直辖市林业厅（局）、档案局，新疆生产建设兵团林业局、档案局：

中共中央政治局委员、国务院副总理回良玉同志，中共中央书记处书记、中央办公厅主任令计划同志近日专门就集体林权制度改革（以下简称林改）档案工作作出重要批示，要求林改档案工作要总结经验，完善制度，加强培训，注重督查。中央领导同志的批示充分体现了对林改档案工作的关心支持和殷切希望，是对从事林改档案工作的各级干部职工的有力鞭策和极大鼓舞。为切实做好批示精神的贯彻落实，进一步做好林改档案工作，推动各地林改档案工作跨上一个新的台阶，现就有关事项通知如下：

**一、认真传达学习，充分认识做好林改档案工作的重要意义**

林业和档案部门要及时传达、认真学习、深入贯彻中央领导同志的重要批示精神，把传达学习批示精神与学习贯彻落实中央10号文件、中央林业工作会议等一系列重要精神紧密结合起来，进一步统一各地领导干部的思想认识，进一步坚定林改的正确方向，进一步增强责任感和紧迫感，积极研究制定有力措施，真正把林改档案工作当作一项重要的基础性和长远性工作来抓紧抓实，确保林改档案收集完整、整理规范、保管安全、利用方便，成为查询历史资料、解决林权争议、保证林权顺畅流转的重要依据，成为巩固改革成果，维护林地林木权利人的合法权益，稳定和完善农村林地林木承包经营关系，确保农村社会和谐稳定的重要保证。

**二、认真研究部署，扎实推进林改档案各项工作**

贯彻落实中央领导同志的重要批示精神，要高度重视，专题部署，迅速展开，力求实效。林业和档案部门要结合当地林改的实际，积极开展林改档案工作的专题调研，研究制定贯彻落实批示的具体措施，扎实推进林改档案各项工作。

（一）总结经验。林业和档案部门的主要领导要深入基层一线，以改革试点县、试点乡、试点村为重点开展林改档案工作调研，解剖麻雀，举一反三，认真总结如何加强部门协作，如何推进建好、管好、用好林改档案的经验做法，并切实加大推广试点经验做法的力度。

（二）完善制度。林业和档案部门要抓紧制定林改档案管理办法，确保林改档案管理工作有法可依。要尽快制定林改档案形成、收集、分类、保管和利用的制度规范，建立健全包括库房管理、计算机房管理、档案查阅利用、管理员工作职责等一系列制度规章，确保林改档案工作有章可循。

（三）加强培训。林业和档案部门要积极采取请进来与走出去相结合、短期培训与长期培训相结合、综合培训与专业进修相结合、在岗学习与跟班学习相结合的方式，通过一级抓一级、一级带一级的培训形式，加大林改档案工作的培训力度，提高各级林改档案工作人员的素质。

（四）注重督查。林业和档案部门要根据实际需要适时开展林改档案工作的督导检查，特别是注意开展经常性的林改档案专项业务检查。同时要以开展林改工作检查验收活动为契机，将林改档案质量作为这一活动的重要内容和重要指标，从林改档案是否收集完整、是否整理规范、是否保管安全、是否利用方便、是否建好相关综合配套制度等五个方面，严把林改档案检查验收关。

**三、认真落实责任，进一步加强对林改档案工作的组织领导**

林业和档案部门要按照中央领导同志的重要批示精神，从对人民负责、对历史负责的高度，充分认识加强林改档案工作的重要性和紧迫性，把林改档案工作真正列入重要议事日程，精心组织，明确责任，周密部署，积极稳妥地加以推进。要深入实际，摸清情况，认真做好林改档案工作方案，明确目标、分解责任、细化任务、制定措施，切实加强对林改档案工作的密切协作和统筹指导，全面抓好林改档案各项基础工作。要进一步积极争取同级发展改革、财政、农业、监察等有关部门的支持。要进一步加强林改档案工作队伍机构建设，充实干部队伍，提高人员素质，改进工作作风，创造工作条件，为林改档案工作提供有力的组织保障，努力开创林改档案工作的新局面。

省级林业和档案部门要将学习贯彻中央领导同志的重要批示精神情况及时报送国家林业局农村林业改革发展司和国家档案局经济科技档案工作指导司。

特此通知。

国家林业局

国家档案局

2010年3月19日

# 国家林业局关于进一步完善和落实各级林业部门信访工作制度的通知

## 林办发〔2010〕90 号

各省、自治区、直辖市林业厅(局)，内蒙古、吉林、龙江、大兴安岭森工(林业)集团公司，新疆生产建设兵团林业局，各计划单列市林业局，国家林业局各司局、各直属单位：

多年来，各级林业部门信访工作在当地党委、政府的领导下，紧紧围绕林业工作大局，认真履行信访工作职责，坚持为党分忧、为民解难，付出了极大艰辛，取得了突出成绩，为维护群众合法权益、保障林业改革发展、促进社会和谐稳定发挥了重要作用。但是，当前林业部门的信访工作也存在一些不容忽视的问题，有的制度不完善，有的办事不规范，有的工作不到位，个别的甚至因为工作疏忽给诉讼举证造成很大困难，信访工作亟待加强。为进一步贯彻落实《信访条例》，完善和落实各级林业部门信访工作制度，规范信访工作行为，更好地服务于发展现代林业、建设生态文明、推动科学发展的大局，现就有关问题通知如下：

一、深刻认识涉林信访形势，切实增强做好林业部门信访工作的责任感。林业部门信访情况是与林业有关的社情民意和社会矛盾状况的综合反映。近几年，涉林信访居高不下，工作任务十分繁重。2009 年，我局受理来信来访总数达到 6700 多件，比上年增长 10%，群访人数比上年增加 32%，而且初信初访比例高，反映的问题集中在乱砍滥伐森林和林木、林地权属纠纷、侵害林农权益、退耕还林中弄虚作假、林区群众生活困难等方面。从信访趋势上看，在当前加快转变经济发展方式的大背景下和林业改革发展的关键阶段，各种与林业有关的矛盾和问题将继续凸显，并通过信访渠道反映出来，信访工作形势不容乐观。各级林业主管部门一定要从密切党同人民群众的血肉联系、提高党的执政能力、巩固党的执政地位的高度，从维护林农合法权益、化解林业各种矛盾纠纷、促进林区社会和谐稳定、保障林业改革发展健康顺利推进的高度，充分认识做好林业部门信访工作的重要性，进一步增强责任感和使命感，自觉把信访工作放在国家改革发展稳定和林业科学发展的全局中来把握、来谋划、来推动，切实把林业部门信访工作抓实抓好。

二、深入排查化解矛盾纠纷，积极预防和减少涉林信访问题的发生。矛盾纠纷排查化解是妥善处理新时期人民内部矛盾的有效方式，是及时解决我国改革发展中群众利益诉求的成功举措。各级林业主管部门要把矛盾纠纷排查化解工作作为做好信访工作的第一道工序来抓，着力构建重点明确、责任到位、协调联动的工作格局和常态化排查工作机制，切实做好矛盾纠纷排查化解工作，力求使矛盾纠纷发现得早、化解得了、控制得住、处理得好。应根据征占用林地、林权变更、林木采伐管理、重点工程建设、棚户区改造、林区下岗职工生活问题等领域易发多发信访问题的特点，结合当地实际，确定排查化解的重点环节、重点地区、重点群体和重点人员。加强信访信息工作，建立信访信息分析制度，定期分析研判，掌握信访动态，增强工作的针对性，把握工作主动权。着力加强矛盾纠纷化解工作，对排查出来的矛盾纠纷，要登记建档、建立台账，并根据法律法规和政策，能解决的要及时解决到位，诉求合理但政策不明确的要积极推动解决，不能解决的要做好心理疏导、理顺情绪，努力把矛盾纠纷化解在基层、解决在当地，把隐患消除在萌芽状态。

三、严格规范信访受理办理行为，全面推进林业部门信访工作制度化、规范化。信访受理和办理是信访工作的两个关键环节。各级林业主管部门应当根据《信访条例》，制定本地的信访工作规则，进一步完善工作制度，强化规范管理。要严格规范信访受理行为，信访工作机构对收到的信访事项，应当予以登记，并区分情况，在 15 日内按规定分别作出告知、转送、交办的处理意见。登记内容应当包括信访人的自然情况、联系方式、反映问题的主要内容、信访时间、处理方式等。有关行政机关收到信访事项后，能够当场答复是否受理的，应当当场书面答复；不能当场答复的，应当自收到信访事项之日起 15 日内书面告知信访人。切实做到受理有人管。

要严格规范信访办理行为。对受理的信访事项实行办理、复查、复核三级终结制度。信访事项办理机构应当严格依法按政策解决问题，对群众提出的合理诉求，力争在第一时间、第一地点一次解决到位，办理工作应当在自受理之日起 60 日内办结。信访事项办理结束后，办理机构应当向信访人出具书面处理意见书，讲清基本事实、规定依据和处理意见，并请信访人签署意见。同时，对交办的信访事项，应当向交办信访工作机构报送结案报告；对转送的信访事项，应当向转送信访工作机构通报办结情况。对复查或者复核的信访事项，收到复查或者复核请求的行政机关应当自收到复查或者复核请求之日起 30 日内，提出复查或者复核意见，并予以书面答复。切实做到办理有回音，反馈有着落。

四、加大信访督查督办力度，全力促进涉林信访问题的解决。要建立健全信访督查督办工作制度，对重大信访事项进行督查督办，切实确保“事要解决”。认真落实领导干部阅批群众来信、定期接待群众来访、带案下访、包案处理疑难复杂信访问题的制度，协调推动及时解决疑难复杂问题。实行定期组织机关干部下访的制度，检查地方解决信访突出问题的情况，指导推动地方就地及时化解矛盾，提出改进工作和完善政策措施的意见和建议。信访工作机构应当采取函调处理结果、调卷审查、直接听取承办单位情况汇报等方式，对交办、转办的重要信访事项进行督查督办。督查督办的主要内容是：重要信访事项的办理工作，事实是否清楚，适用法律法规是否正确，程序是否合法，证据是否充分，办结是否按时，处理意见是否恰当。对逾期未办结的交办信访事项，应当通过电话、通知书等形式进行催办。对出现无正当理由未按规定期限办结信访事项、未按规定程序办理信访事项及办理信访事项推诿、敷衍、拖延等情况的，信访工作机构应当依法提出改进工作建议。

五、强化能力建设，着力提高林业部门信访队伍素质。要高度重视信访队伍建设，配齐配强信访工作人员和领导班子，加强对信访干部的教育培训工作，切实提高林业部门信访干部的政策业务水平，努力培养一支政治坚定、纪律严明、办事公道、作风优良、熟悉法律法规和政策、拥有丰富群众工作经验、具备较强社会管理能力的信访干部队伍。把信访工作机构作为培养锻炼干部的重要基地，培养锻炼干部，并使林业部门干部都了解信访工作情况，理解、关心和支持信访工作。加强林业部门信访信息系统建设，努力提高信访工作信息化水平，着力提高信访工作效能。

六、认真落实责任制度，进一步强化各级林业主管部门对信访工作的领导。各级林业主管部门领导要站在全局和政治的高度，经常研究部署信访工作，经常过问信访工作情况，落实和创新信访工作机制，切实帮助解决信访工作中遇到的实际问题。按照"属地管理、分级负责，谁主管、谁负责"的原则，建立健全主要领导负总责，分管领导具体抓，其他领导"一岗双责"，形成一级抓一级，层层抓落实的信访工作责任体系。对因推诿扯皮、敷衍塞责及不作为、乱作为引发信访突出问题和群体性事件，造成重大恶劣影响的，要严肃追究有关责任单位和责任人的责任。

特此通知。

国家林业局
2010 年 3 月 24 日

## 国家林业局关于深入开展"安全生产年"活动的通知
### 林行发〔2010〕94 号

各省、自治区、直辖市林业厅(局)，内蒙古、吉林、龙江、大兴安岭森工(林业)集团公司，新疆生产建设兵团林业局，国家林业局各直属单位：

为认真贯彻落实党中央、国务院关于加强安全生产工作的重要部署，根据《国务院办公厅关于继续深入开展"安全生产年"活动的通知》(国办发〔2010〕15 号，以下简称国办通知)和《国务院安委会办公室关于认真贯彻国办通知精神 扎实做好继续深入开展"安全生产年"活动各项工作的通知》(安委办〔2010〕6 号)精神，结合林业工作实际，现就 2010 年在全行业深入开展林业"安全生产年"活动有关要求通知如下：

**一、总体思想**

深入贯彻落实科学发展观，坚持安全发展理念，继续深入开展"安全生产年"活动，以预防为主、加强监管、落实责任为重点，深化"三项行动"和"三项建设"，促进林业安全生产保持良好态势，有效遏制重特大事故的发生，实现全国安全生产形势持续稳定好转。

**二、重点内容**

*(一) 预防为主，着力做好事故防范*

继续开展隐患排查治理，建立并完善各级各类重大隐患和危险源的治理监控和隐患整改评价制度。对重大隐患挂牌督办，限期整改，把防范措施做在前面，把预防为主落到实处，做到防患于未然。特别要对林区加油站等重点部位和压力容器、森林公园大型游乐设施等重点设施在五一、十一和春节等假日前进行安全检查，把不符合标准规范的生产布局、工艺流程、设施设备以及企业行为、人的行为等作为隐患排查治理的重要内容。继续深化对林区道路交通运输、建筑施工等重点行业的安全治理整顿和公共娱乐场所的消防安全整治。

*(二) 加强监管，继续严厉打击非法违法生产经营行为*

各级负有林业安全管理职责的部门要坚持经常性监督检查，会同有关部门组织联合执法，加强重点专项检查，严厉打击非法违法生产、经营、建设行为。督促各有关企业和生产经营单位加大安全基础设施建设力度，严格执行生产经营各个环节的现场安全管理。要充分发挥社会监督作用，依法落实职工对安全生产的参与权和监督权，对群众举报的各类非法违法行为，及时查处、兑现奖励，并向社会公开曝光。要加大事故查处力度，按照"四不放过"和"依法依规、实事求是、注重实效"的原则，严肃查处每一起事故。

*(三) 落实责任，严格安全问责制度*

进一步落实企业法人作为安全生产第一责任人的责任，确保安全投入、管理、装备、培训等措施落实到位。对由于安全生产责任制度不落实而造成人员伤亡和财产损失的，要依法从严处理。进一步落实部门安全监管职责，各级林业主管部门要切实承担起对林业安全生产工作的指导和管理职责，加强对林业安全生产工作的协调指导和监督检查，督促落实安全生产责任，提高安全生产水平，促进安全发展。进一步加强安全目标责任考核，健全和落实安全生产"一岗双责"制度，加大各级领导干部政绩业绩考核中安全生产的权重和考核力度。把安全生产工作纳入社会主义精神文明和党风廉政建设、社会治安综合治理体系之中，制定完善安全生产奖惩制度，对成效显著的单位和个人要以适当形式予以表彰。认真执行党政领导干部安全生产问责制，对发生的事故要严肃查处，对违法违规、失职渎职的，要严格追究责任。

*(四) 加强安全生产宣传教育和基础工作，促进林业安全生产再上新水平*

配合国家以"安全发展、预防为主"为主题的"安全生产月"、"安全生产万里行"等全国性宣传活动，组织开展形式多样、主题鲜明的宣传教育和群众性活动，推进安全生产法律法规的宣传贯彻，加强对林业干部职工和林区群众的安全教育。继续做好省级林业主管部门分管安全负责人、监管部门负责人的安全生产专题培训。推进林业企业全员安全培训，执行持证上岗、培训合格上岗制度。积极推动林业各类生产经营企业严格落实安全生产法律法规和行业规程标准，推广先进的安全管理模式和方法，鼓励林业企业开展职业健康安全管理体系认证，逐步提升安全管理工作的科学性和规范性。认真落实和完善地方党委政府统一领导、相关部门共同参与的工作联动机制，加强各有关部门的协调和配合，在安全指导、安全检查、监管执法、政策制定、事故查处以及打击瞒报事故行为等方面，形成齐抓共管的合力。进一步建立和完善应急预案，加快基层应急机构和救援队伍建设，加强应急演练，做好应急物资储备，并建立健全部门、行业间的应急救援联动机制。

**三、工作要求**

(一)提高认识，加强领导

继续深入开展"安全生产年"活动，是有效遏制重特大事故发生、实现全国安全生产形势持续稳定好转的根本途径。各级林业主管部门和有关单位要充分认识国办通知的重要意义，增强贯彻落实的主动性和自觉性，增强责任感和使命感，切实加强组织领导，明确责任分工，狠抓工作落实。要把继续深入开展"安全生产年"工作纳入年度工作目标，作为各级领导干部政绩业绩考核的重要内容，分解目标责任，一级抓一级，层层抓落实，确保取得成效。

(二)广泛宣传，营造氛围

各级林业主管部门和有关单位要加大学习宣传力度，充分利用电视、广播、报纸、互联网等各种媒体，通过多种形式和途径，把国办通知精神迅速传达到本部门和各基层单位及各生产经营单位，把有关要求落实到基层每一位从事安全生产工作的干部、管理人员和从业人员，营造一个有利于推进继续深入开展"安全生产年"活动的良好工作氛围。

(三)制定方案，强化督导

各地区和有关单位要紧密结合工作实际，制定具体的活动方案和措施，把"安全生产年"活动各项工作具体化、明细化，突出重点，落实责任，逐项抓实抓好。各级林业主管部门和有关单位要充分发挥监督检查和协调指导作用，加大对重点地区、重点企业、重点部位的检查指导力度，督促各项工作的贯彻落实。我局将安排专项督导小组赴有关省区市和单位督促检查活动开展情况。

各级林业主管部门、各有关单位要制定活动落实方案和具体措施，于4月15日前报我局全国木材行业管理办公室。要将活动开展情况认真加以总结，每季度将总结报告及时报我局全国木材行业管理办公室，并于11月底前提交整个活动情况的总结报告。

特此通知。

国家林业局
2010年3月25日

# 国家林业局关于开展林业综合行政执法示范点建设的通知

林策发〔2010〕103号

各省、自治区、直辖市林业厅(局)，内蒙古、吉林、龙江、大兴安岭森工(林业)集团公司，新疆生产建设兵团林业局，国家林业局有关司局、有关直属单位：

为了积极推进以相对集中林业行政处罚权为主要内容的林业综合行政执法工作，创新林业行政执法机制，为集体林权制度改革创造良好环境，根据2010年全国林业厅局长会议关于"逐步推进林业综合行政执法，组织开展规范行政执法行为示范点建设"的要求，我局决定在全国范围内开展林业综合行政执法示范点建设工作。现将有关事宜通知如下：

**一、开展林业综合行政执法示范点建设的重要意义**

《中共中央 国务院关于全面推进集体林权制度改革的意见》明确指出"推行林业综合行政执法，严厉打击破坏森林资源的违法行为"。这是党中央、国务院对林业行政执法工作提出的新要求。开展林业综合行政执法示范点建设，全面推进林业综合行政执法，可以从体制和机制上解决林业主管部门内部存在的多头执法问题，全面提升各级林业主管部门的行政执法能力和水平，既是为实现发展现代林业、建设生态文明、推动科学发展的总体目标提供坚强的法制保障的需要，也是确保完成新时期林业发展和生态建设的新使命、新目标和新要求的需要；既是深化林业行政管理体制改革、不断深入推进林业综合行政执法的有效途径，也是落实中央文件精神、适应当前林业发展新形势需要，保障集体林权制度改革顺利进行的具体行动。

**二、开展林业综合行政执法示范点建设的总体目标和基本原则**

(一)总体目标

在全国建立一批林业综合行政执法示范点。通过林业综合行政执法示范点建设，实现林业行政执法体系不断健全，林业行政执法队伍不断加强，林业行政执法手段不断改善，林业行政执法行为不断规范，为全面推进林业综合行政执法，逐步建立权责明确、行为规范、监督有效、保障有力的林业行政执法体制奠定良好的基础。

(二)基本原则

开展林业综合行政执法示范点建设，按照以下基本原则进行：

1. 依法行政、规范管理。综合行政执法应当明确行政执法主体资格，进一步规范执法程序和执法行为，全面落实执法责任制，加大执法责任追究力度，建立健全有效的行政案件查处工作运行机制和管理制度。

2. 精简统一、注重效能。综合行政执法不仅要在形式上实现综合统一，还要在深层次上真正解决行政执

法中长期存在的执法机构多、职能相互交叉重复、执法力量分散等问题，不断理顺执法关系，提高执法效率，提升综合执法效能。由林业综合行政执法机构统一行使林业行政处罚权，其他机构(单位)不再承担查处林业行政案件职责。

3. 协调配合、强化监督。综合行政执法要在林业主管部门的领导下，正确处理好林业综合行政执法机构与林业主管部门其他业务管理机构之间的关系，按照"行政管理职能与行政处罚职能相对分开"的要求，做到分工明确，团结协作，相互促进，共同服务于现代林业建设大局。按照"行政处罚职能与监督检查职能相对分开"的要求，强化林业主管部门法制工作机构的监督职能。

4. 积极建设，讲求实效。综合行政执法要根据本地区的实际情况，在原有的综合行政执法工作基础上，积极探索机构和职能调整方式，强化林业行政执法的科学化、规范化和标准化建设，切实提高林业综合执法的能力和水平。

**三、推荐条件和程序**

(一)基本条件

各地要从实际出发，认真推荐本地区符合以下条件的县级单位。

1. 领导重视支持。示范点单位领导有积极性、主动性。示范点所在县级人民政府对林业综合行政执法改革工作高度重视、积极支持。

2. 机构建设规范。组建相对独立、集中统一的林业综合行政执法机构，经当地人民政府编制部门批准成立，并有20人以上的行政执法人员。

3. 监督机制完善。林业主管部门已经成立专门的法制工作机构或明确专职的法制工作人员。

(二)推荐程序

各省级林业主管部门应当根据上述条件，在开展林业综合行政执法工作的单位中，选取工作基础较好的县级人民政府林业主管部门(推荐名额见附件1)，作为示范点建设备选单位，向我局推荐。

推荐材料于2010年5月30日前报我局政策法规司。具体应当包括拟推荐单位名单、拟推荐单位开展林业综合行政执法工作的基本情况、拟推荐单位的执法人员统计表(样表见附件2)、2007~2009年每年度的林业行政处罚案件统计表(样表见附件3)。

**四、具体要求**

(一)统一思想，加强领导。开展林业综合行政执法示范点建设，是以点带面，进一步推动全国林业综合行政执法改革工作的重要举措。各级林业主管部门要充分认识示范点建设的重要意义，把这项工作作为现代林业建设的一件大事来抓，切实加强领导，积极争取政府和有关部门的支持，做好相关协调工作。省级林业主管部门负责示范点建设的组织和指导，县级林业主管部门负责示范点建设的具体实施工作，各级林业主管部门法制工作机构负责归口管理。

(二)认真部署，积极推荐。各省级林业主管部门要在深入开展调查研究的基础上，根据本地林业行政管理体制、执法队伍现状、资源保护状况等方面实际情况，认真挑选推荐林业综合行政执法示范点建设备选单位，力争建设一批，成功一批。

(三)完善机制，打牢基础。各省级林业主管部门要建立健全工作指导、监督检查、信息反馈、经验交流等制度，完善推动落实的工作机制。各示范点建设单位要认真完善协调机制、合作机制、监督机制等制度，不断推进示范点建设工作。要加强调查研究，及时解决示范点过程中出现的新情况、新问题。

(四)推广典型，整体推进。各地要及时总结提炼林业综合行政执法示范点建设中的好的做法，广泛宣传示范点的成功经验，有计划、有步骤地把点上的经验做法及时推广到面上去，充分发挥示范点的引导、带动和辐射作用，提高林业综合行政执法改革工作整体水平。

附件：1. 林业综合行政执法示范点推荐名额表(略)

2. 拟推荐示范点单位执法人员情况统计表(样表)(略)

3. 林业行政处罚案件统计表(一、二)(略)

国家林业局

2010年4月9日

# 国家林业局关于推进2010年三北防护林体系重点区域建设的通知

## 林北发〔2010〕104号

各有关省、自治区、直辖市林业厅(局)，新疆生产建设兵团林业局：

为认真贯彻落实构建祖国北方生态屏障的战略和发展现代林业、建设生态文明、推进科学发展的总体要求，进一步加快三北防护林体系重点区域建设(以下简称三北重点区域建设)，现就有关事宜通知如下：

**一、充分认识推进三北重点区域建设的重要意义**

推进三北重点区域建设是构建北方生态屏障的迫切需要，是贯彻落实《国务院办公厅关于进一步推进三北防护林体系建设的意见》(国办发〔2009〕52号)的重要举措，是新形势、新任务对三北工程建设提出的时代要求，是新时期、新阶段发挥投资效益、确保建设质量、提高建设成效，加快三北工程建设步伐的重要途径，对于维护国土生态安全、统筹区域协调发展、促进人与自然和谐，具有十分重要的意义。各有关省区林业主管部门对此一定要高度重视，进一步提高认识，切实采取有效措施，全力抓好推进三北重点区域建设各项工作。

**二、认真编制2010年三北重点区域建设项目实施**

**方案**

各有关省区林业主管部门要按照“持续建设、集中治理、规模推进”的原则和要求，精心组织，周密部署，认真编制2010年三北重点区域建设项目实施方案(有关表格详见附件2)，力争三北重点区域生态治理取得新突破。三北重点区域建设项目实施方案要认真贯彻落实科学发展观，从项目区实际出发，科学布局，明确主攻方向和建设目标；要严格按照项目建设范围，突出重点，集中连片，规模推进，建设地点明确到乡(镇)级，建设任务落实到山头地块并标注于建设图纸之上，保质保量完成年度建设任务。2010年三北重点区域建设项目实施方案报国家林业局三北局审批。“十二五”期间要继续加强三北重点区域建设并与三北五期工程规划衔接一致。

**三、采取有力措施，积极推进三北重点区域建设**

推进三北重点区域建设，关键要在抓落实上下工夫，各有关省区林业主管部门要在2009年工作的基础上，继续加大三北工程重点区域建设力度。

一是要由主要领导亲自抓，成立三北重点区域建设领导小组和工作办公室，积极加强与地方发展改革、财政等部门的工作沟通，通过建立协调推进机制，落实项目建设责任制，落实工作职责和责任，积极推动三北重点区域建设。

二是要扎实做好三北重点区域建设前期工作，确定不同阶段的工作重点，按照国家基本建设项目程序和有关规定，依据项目实施方案，抓好项目建设前期各环节的重点难点工作。

三是要积极改革创新，完善相关政策措施，探讨加强三北重点区域建设新思路，争取在落实建设资金和任务上有所突破。特别是积极争取地方各级政府加大对三北重点区域建设的投入力度，落实项目建设地方配套资金。

**四、确保三北重点区域建设质量**

各地要精心组织三北重点区域建设的实施，加强项目管理，做到有目标、有责任、有考核，严格控制三北工程重点区域的建设质量、进度和投资，提高投资效益。要严格实行项目法人负责制和项目经理负责制，落实组织单位、建设单位的相关责任；要严格按照基本建设有关规定，推行工程监理制度、招投标制度和合同管理制度；要按照批复要求和三北局项目分片包干管理要求，依据现行的国家标准和行业标准加强对三北重点区域建设的质量管理，确保建设质量，保证建设目标、任务全面完成。项目竣工后，要及时进行竣工验收。

附件：1. 2010年三北防护林体系重点区域建设项目汇总表(不发地方)(略)

2. 2010年三北防护林体系重点区域建设项目表(分发地方)(略)

国家林业局

2010年5月5日

# 国家林业局关于上海世博会期间执行濒危野生动植物进出口特别审批程序的通知

林濒发〔2010〕111号

上海市林业局、国家濒管办上海办事处：

中国2010年上海世博会将于5月1日至10月31日举办。为了给各国展馆布展物资进出境，以及世博会期间国际旅客携带、购买相关旅游纪念品进出境提供高效便捷的服务，保障上海世博会圆满成功，经研究决定自发文之日起至11月15日止，国家林业局、国家濒管办分别委托上海市林业局、国家濒管办上海办事处对世博园内濒危野生动植物标本进出口进行审批、发证。现就有关事宜通知如下：

一、对于各国展馆布展及其他文化交流活动需要进口，并将在世博会闭幕之后再出口离开我国的，经申请人依法申请，上海世博局证明，上海市林业局审批同意后，国家濒管办上海办事处直接受理、审批并核发相应进口及再出口许可证明。

二、对于各国展馆布展及其他文化交流活动需要进口，拟在世博会期间或闭幕之后赠送、出售或以其他形式留在中国的，经申请人依法申请，上海世博局证明，上海市林业局审批同意后，国家濒管办上海办事处直接受理、审批并核发相应进口许可证，但就世博会闭幕之后我国是否接受赠予或是否允许其仍然以某种形式留在中国这一事项，请相关单位在展览期间履行正常法定审批程序。

三、对各国参加上海世博会官方代表或工作人员，进口及再出口涉及濒危物种个人物品的，经申请人依法申请，上海世博局证明，上海市林业局审批同意后，国家濒管办上海办事处直接受理、审批并核发相应进出口许可证明。

四、对于使用《非〈进出口野生动植物种商品名录〉物种证明》管理的野生植物及其产品的进出口，由国家濒管办上海办事处直接受理申请并核发上述《物种证明》。

五、上海世博会结束后，上海市林业局、国家濒管办上海办事处要将上海世博会期间受理、审批和发证情况汇总报告国家林业局。

特此通知。

国家林业局

2010年4月23日

# 国家林业局关于进一步抓好油茶种苗生产及质量管理工作的通知

## 林场发〔2010〕112号

浙江、安徽、福建、江西、河南、湖北、湖南、广东、广西、重庆、四川、贵州、云南、陕西省、自治区、直辖市林业厅(局)：

2009年以来，各地按照我局关于大力发展油茶产业的部署和扎实抓好油茶种苗生产及质量管理的一系列要求，充分挖掘生产潜力，着力强化质量管理，使油茶良种种苗生产能力得到较大提升，全年生产良种嫁接苗达4亿多株，为全国油茶产业发展开好局、起好步奠定了坚实基础。但是，通过全国油茶种苗质量专项检查发现，油茶种苗生产还存在一些不容忽视的问题，突出表现在："四定三清楚"的要求在一些地方还没有得到严格落实，非定点育苗还没有得到有效遏制；执法不严、违法生产经营现象仍然存在；一些地方对嫁接未成活后形成的萌芽清除不彻底，导致实生苗比例过高；档案建设意识不强、内容不全、管理不规范等。当前，油茶种苗生产即将开始，为切实抓好当前及今后一段时期油茶种苗生产，进一步强化种苗质量管理，特提出如下要求。

**一、进一步深化对油茶良种极端重要性的认识**

根据《全国油茶产业发展规划(2009～2020年)》，到2020年需新造油茶林面积5200多万亩(包括现有低产林更新改造)。这些新造油茶林能否实现高产稳产，取得预期经济效益，关键在于良种。如果未把住良种培育使用关，使用了非良种苗木上山造林，7～8年后达不到应有的产量，将给企业和农民造成巨大的经济损失，也会严重损害政府形象。各地一定要深刻认识到良种在油茶产业发展中的极端重要性，始终坚持把良种壮苗生产作为油茶产业发展最根本、最关键、最基础的工作来抓，切实采取有效措施，充分挖掘各种潜力，最大限度提高良种种苗生产供应能力。在当前良种种苗供应不足的情况下，要坚持以苗定造，有多少良种苗就造多少林，宁可慢，必须好，力戒急于求成，确保油茶产业科学健康有序发展，使油茶产业真正成为兴林富民的支柱产业，成为林业经济新的增长点。

**二、切实抓好油茶种苗生产及质量管理各项规定的落实**

(一)坚定不移地推行"四定三清楚"。"四定三清楚"(即定点采穗，定点育苗，定单生产，定向供应；品种清楚，种源清楚，销售去向清楚)是我局依据《中华人民共和国种子法》(以下简称《种子法》)的要求，并结合油茶种苗生产的特殊性而采取的超常规措施。其目的就是从种苗生产的源头防止假良种苗木、劣质苗木流入种苗市场，并避免种苗生产的大起大落，保证油茶种苗生产科学有序进行。各地要毫不动摇地落实"四定三清楚"的要求，组织好油茶种苗生产。需从省(自治区、直辖市，下同)外调入穗条和苗木的，必须在引种试验或专家论证的基础上，由省级种苗管理部门统一组织调入。

(二)严格实行良种生产经营许可证制度。根据《种子法》第二十条和第二十六条规定，主要林木良种的种子(含苗木)生产、经营许可证由所在地县级人民政府林业主管部门审核，省人民政府林业主管部门核发。各省林业厅(局)要据此规定尽快对本辖区内良种生产经营许可证发放情况进行一次全面清理和专项检查，凡是县、市两级林业主管部门越权发放的良种生产经营许可证，坚决予以注销和收回。在此基础上，严格按照审批发放程序，对确定的定点采穗圃和定点育苗单位，由省级林业主管部门重新核发良种生产经营许可证。对于没有省级林业主管部门核发良种生产经营许可证的生产经营单位，一律视为无证非法生产经营，坚决依法取缔。同时，要加强对持证生产经营者的监督检查和指导，督促其规范生产、守法经营。

(三)进一步强化执法检查。各地要严格按照《种子法》的要求，紧密结合当地油茶种苗生产的实际情况，切实采取有效措施，进一步加大种苗执法检查力度，规范育苗生产，净化种苗市场。一是要严厉打击非法育苗，对于非定点育苗单位，要做到查出一起取缔一起；二是要加强从穗条采集、运输到苗木生产全过程的监督检查，防止非良种穗条和劣质穗条进入种苗生产环节；三是要加强对嫁接苗中实生苗清除情况的检查，努力提高嫁接苗的纯度。要把油茶种苗执法检查作为2010年开展《种子法》执法大检查的主要内容，切实加大对非法育苗的查处和打击力度，为促进油茶产业又好又快发展提供坚实保障。

(四)着力强化档案管理工作。建立健全油茶种苗生产经营档案，既是落实"四定三清楚"要求、规范油茶种苗生产经营管理的迫切需要，也是建立种苗可追溯制度、实行责任追究的重要依据。各地要充分认识建立完善油茶种苗生产经营档案的重要性，严格按照国家林业局《林木种子生产、经营档案管理办法》(林场发〔2008〕88号)和国家林业局场圃总站《关于加强油茶种苗生产经营档案管理的通知》(林场法字〔2009〕41号)要求，及时将林木种子生产许可证和经营许可证、良种证书、林木种子生产档案表和经营档案表、生产经营记录、购销合同、检疫证书等油茶种苗生产、经营、使用过程中的相关资料归档入案，切实做到每一批穗条和苗木的来源清楚、品种清楚，繁殖及栽植地点清楚，生产过程清楚，责任人清楚，做到有据可查，有据可依。油茶种苗生产经营档案尚未建立或内容不全的，要组织有关人员抓紧开展相关材料的收集或补充工作。

(五)进一步强化技术培训。各地部分采穗圃基地和育苗单位由于对种苗生产各环节的技术掌握得还不够，导致近两年嫁接成活率不高，圃地管理不到位，实生苗比例偏高等问题发生，浪费了紧缺的良种穗条资源，影响了产业的发展。各地要根据油茶种苗生产的特点，进一步加大技术培训力度，切实提高嫁接工人的技术水平和实际操作能力，落实苗圃管理技术措施，提高苗圃的管理水平。特别是育苗基础比较薄弱的省份，要通过送出去、请进来等多种方式，加快嫁接技术人员的培训，尽快培养当地的技术能手。要加强种苗生产单位与相关科研机构和高等院校的合作，签订技术服务协议，鼓励、引导科技人员深入基层、深入生产一线开展各种形式的技术服务活动。

（六）逐步推行分系育苗，积极推广容器苗和两年生苗木上山造林。实行分系育苗是确保种苗品种清楚，实现油茶造林多品种有效配置的基础，各地要从实现油茶高产稳产的高度深刻认识分系育苗的必要性，逐步由现在的混系育苗向分系育苗转变。各地实践证明，容器苗、两年生苗抗性强，造林成活率高，目前，容器育苗的技术日益成熟，各地要紧密结合当地实际，逐步加大容器苗生产比重。同时，随着种苗供需矛盾的缓解，要大力提倡使用两年生苗木造林，逐步取消一年生苗木造林。

**三、认真抓好油茶良种采穗圃及繁育基地项目建设**

2009 年，国家批复并安排了 76 个油茶采穗圃及繁育基地建设项目，中央投资达 1.4 亿元。2010 年是项目建设的关键之年，各地一定要高度重视，严格按照“三落实”（落实项目建设配套资金、落实科技支撑单位和技术人员、落实项目管理单位和责任人）、“三确保”〔确保建圃材料是已通过国家或省级林木品种审定委员会审（认）定并适宜当地发展的优良品种，确保项目建设质量和进度，确保资金安全〕的要求，认真抓好各项工作的落实，按期完成项目建设任务，尽快形成生产能力，缓解供需压力，逐步满足油茶产业快速发展对良种壮苗的需求。2010 年适当时候，我局将组织对项目建设情况进行检查。

2010 年油茶种苗生产即将开始，各地要认真贯彻落实我局 2009 年江西全国油茶产业发展现场会精神，严格按照我局关于油茶种苗生产和质量管理的一系列规定，进一步加强领导，周密部署，精心组织，科学确定 2010 年的种苗生产总量，合理安排好各定点育苗单位的生产任务，为全面实施《全国油茶产业发展规划（2009—2020 年）》提供基础保障。请各地在 6 月底之前将 2010 年油茶种苗生产情况以书面形式报我局油茶办。

特此通知。

国家林业局

2010 年 4 月 22 日

# 国家林业局关于禁止利用野外救护大熊猫收养个体开展有关活动的通知

林护发〔2010〕121 号

四川、陕西、甘肃省林业厅：

大熊猫是我国特有濒危野生动物，有“国宝”和“活化石”之称，具有极高的生态、科研、文化及美学价值，在国家政治、外交等领域扮演着独特角色。加强大熊猫及其栖息地保护管理，对提高公众保护意识、推进生态文明、扩大对外交往、树立我国良好形象具有重要作用。当前，我国野外和圈养大熊猫种群恢复工作虽然取得了举世瞩目的成绩，但是大熊猫保护管理工作仍然面临许多新情况新问题，特别是野外大熊猫救护管理工作亟待规范和加强。为进一步规范大熊猫保护管理，强化野外种群保护恢复工作，树立我国大熊猫保护管理的良好形象，我局决定从即日起禁止将野外救护大熊猫收养个体用于与圈养种群发展无关的所有活动。现将有关事项通知如下：

一、各地要严格执行《国家林业局关于野外大熊猫救护工作的规定》（林护发〔2001〕68 号），进一步规范野外大熊猫救护工作，确保救治后适于放归的大熊猫及时放归野外，确实不适于放归的大熊猫必须按规定报我局批准后收养。

二、省级大熊猫救护机构要切实做好收养大熊猫个体的饲养管理工作，禁止将收养大熊猫个体用于与圈养种群发展无关的所有活动。

三、原经批准正在开展借展等活动的野外救护大熊猫个体，活动期满后一律要将其尽快返回收养单位。

以上通知，请遵照执行。

国家林业局

2010 年 5 月 6 日

# 国家林业局关于印发《全国森林公安“五化”建设指导意见》等的通知

林安发〔2010〕125 号

各省、自治区、直辖市林业厅（局），内蒙古、吉林、龙江、大兴安岭森工（林业）集团公司，新疆生产建设兵团林业局，南京森林警察学院：

为深入贯彻中央林业工作会议精神，全面提高森林公安机关服务现代林业建设的能力与水平，实现森林公安队伍正规化、执法规范化、保障标准化、警务信息

化、警民关系和谐化(以下简称“五化”),我局研究制定了《全国森林公安机关“五化”建设指导意见》(见附件1),现印发你们,请结合本地实际认真贯彻落实。

为进一步指导和推动指导意见的贯彻落实,我局成立了由孙扎根副局长担任组长,相关部门负责人参加的国家林业局森林公安“五化”建设领导小组(见附件2),并在森林公安局设置办公室和工作组,具体负责“五化”建设的协调组织等工作。

各级林业主管部门要高度重视,加强领导,努力调动各方面的积极性、创造性,明确分工,强化责任,狠抓落实,积极推动“五化”建设有效开展。

各地工作开展情况,请及时报送国家林业局森林公安“五化”建设领导小组办公室。2006年设立的全国森林公安“三基”工作领导小组及办公室由此撤销,相应工作由国家林业局森林公安“五化”建设领导小组及其办公室、工作组承担。

附件:1. 全国森林公安“五化”建设指导意见

2. 国家林业局森林公安“五化”建设领导小组人员组成与职责任务(略)

国家林业局

2010年5月10日

# 附件1 全国森林公安“五化”建设指导意见

为深入贯彻落实国家林业局党组“发展现代林业、建设生态文明、推动科学发展”和公安部党委“深化‘三基’工程建设(抓基层、打基础、苦练基本功)与‘三项建设’(执法规范化、警务信息化、构建和谐警民关系),深入推进‘三项重点工作’(社会矛盾化解、社会管理创新、公正廉洁执法)”的部署要求,全面提高森林公安机关服务林业改革发展的能力和水平,促进森林公安事业长远发展,提出如下指导意见。

**一、指导思想和总体目标**

(一)*指导思想*。以邓小平理论和“三个代表”重要思想为指导,以党的十七大精神为指引,以科学发展观为统领,深入贯彻落实中央林业工作会议和中央领导同志的重要批示精神,紧紧围绕现代林业改革发展大局,努力建设一流森林公安队伍,为促进林业又好又快发展提供优质服务和坚强保障。

(二)*总体目标*。到“十二五”期末,基本实现森林公安队伍正规化、执法规范化、警务信息化、保障标准化、警民关系和谐化。

**二、建设内容**

(一)*全力推进队伍正规化建设*。按照《全国森林公安队伍正规化建设指导意见》要求,进一步理顺机构名称,规范机构设置。按照民主、公开、竞争、择优的原则,进一步选齐配强森林公安领导干部,落实中央和有关部门关于森林公安主要领导实行高配的要求,力争3年内使90%的县级以上森林公安机关主要负责人进入同级林业主管部门领导班子或实行高配,派出所主要负责人全部按副科级以上配备。认真落实领导干部协管制度,建立健全森林公安党委(党组),强化森林公安领导集体。建立完善并严格执行森林公安民警省级统一招录制度,把好“进口”,畅通“出口”。建立教官队伍,加强教育培训基地建设,坚持政治练兵、业务练兵和岗位练兵,努力提高民警的综合素质。严格执行“五条禁令”和《公安机关人民警察内务条令》,强化内务管理,展现良好的警风警貌。坚持以人为本,落实从优待警政策,完善职业保障制度,努力激发队伍活力。加强基础理论研究,推动队伍管理和警务机制改革创新。

(二)*着力推进执法规范化建设*。协调公安、检察、法院等有关部门,全面落实森林公安刑事、治安案件的管辖范围和执法权限。从执法活动最容易发生问题的环节入手,健全执法制度,细化执法标准,制定出台《森林公安机关执法指南》,制作推广森林公安机关执法办案标准卷宗。推进警务公开,不断提高执法工作的公信力和权威性。建立单位和民警的执法档案,完善案件审核和个案监督机制,推行网上执法办案和监督考评工作。扎实开展执法示范单位评选活动,培养、创建一批基层森林公安机关和民警看得着、学得会的规范执法榜样。

(三)*加速推进警务信息化建设*。以林业信息化和金盾工程二期建设为契机,争取将森林公安信息化建设纳入林业、公安信息化体系,推进“森林金盾工程”建设。大力加强信息化基础设施建设,到2010年底,全国所有县级以上森林公安机关和城镇森林派出所全部接入公安网,百名民警配备电脑不少于50台。加强林情、社情、山情、群防群治网、边界联防网、案件协查网、情报信息网等“三情四网”的基础信息数据采集和数据库建设,加快森林公安警务地理信息系统建设,2012年底前推广使用森林公安刑事案件信息管理系统、人事管理信息系统等办公办案系统,实现网上办公、网上办案。加强信息通信机构和队伍建设,增强信息化技术保障水平。

(四)*不断推进警务保障标准化建设*。按照中共中央办公厅、国务院办公厅《关于加强政法经费保障工作的意见》(中办发〔2009〕32号)精神,争取将森林公安人员经费、公用经费、业务经费、基建经费纳入地方建设规划和财政预算,实现全额保障,并与地方公安机关同步享受中央和地方各项投资补助和优惠政策。国家林业局将继续争取国家发展改革委、财政部和公安部的支持,进一步加大对森林公安基础设施和装备建设的投入。各地要进一步拓宽森林公安经费渠道,加大对警用车辆购置、办公用房和信息化建设等方面的投入,着力解决森林公安基层所队无独立办公用房、无警用汽车、无通讯工具、无计算机等“四无”和单警装备配备率低、公安网接入率低等突出问题。3年内,全部解决派出所“四无”问题,完全统一派出所外观标识与建筑外观形象,派出所公安网接入率不低于80%。

(五)*努力构建和谐警民关系*。大力加强森林公安民警走访群众工作长效机制建设,进一步做好涉林信访和矛盾纠纷排查化解工作,将问题解决在基层,化解在

萌芽状态。全面实施林区警务战略，把林区警务室建成服务群众、密切警民关系的重要纽带和桥梁。加强思想政治建设，教育广大森林公安民警牢记历史使命，坚定理想信念，永远做党的忠诚卫士和人民群众的贴心人。坚持不懈地抓好党风廉政建设，营造风清气正的良好警风。加强警务督察，预防和减少民警违法违纪现象的发生。加大新闻宣传工作力度，广泛宣扬森林公安工作成果，不断树立和巩固森林公安的良好社会形象。

**三、工作要求**

（一）高度重视，加强领导。森林公安“五化”建设是林业系统大力推进现代林业的重大战略举措，对推动公安事业长远发展至关重要。各级林业主管部门，特别是领导同志要高度重视，将森林公安“五化”建设作为大事来抓。要成立由林业主管部门领导牵头、相关部门参加的工作机构，为“五化”建设提供坚强的组织领导保证。要把森林公安工作摆上重要议事日程，经常听取工作汇报，主动争取地方各级党委、政府和上级领导机关及社会有关部门的大力支持，帮助解决突出问题。

（二）明确分工，落实责任。国家林业局森林公安“五化”建设领导小组负责制定全国发展规划和有关政策规定，领导全国森林公安“五化”建设。各级林业主管部门和森林公安“五化”建设领导小组制定本级工作计划和实施措施，指导下级抓好落实。要将森林公安“五化”建设与年度综合考评结合起来，与绩效考核相结合，奖优罚劣。国家林业局森林公安“五化”建设领导小组办公室对各省（区、市）森林公安“五化”建设情况进行抽查，定期通报工作进展情况，对年度工作情况进行考评验收。国家林业局对完成任务好、工作成绩突出的单位和个人给予表彰和奖励，对工作不落实、成效不明显的给予通报批评。

（三）加强宣传，营造氛围。大力宣传基层在“五化”建设中的首创精神，充分调动各部门、各方面的积极性、创造性，努力形成上下联动、齐心协力的工作局面。充分发挥典型辐射和模范带动作用，认真总结和提炼各单位的成功经验，上升为好的工作机制、工作制度、工作措施，实现“点上开花、面上结果”。积极开展主题宣传，树标兵、推典型、评先进，进一步弘扬正气、鼓舞斗志，为森林公安“五化”建设注入强大动力和不竭活力。

# 国家林业局关于深入开展林业“十二五”规划编制工作的通知

林规发〔2010〕128 号

各省、自治区、直辖市林业厅（局），内蒙古、吉林、龙江、大兴安岭森工（林业）集团公司，新疆生产建设兵团林业局：

根据党中央、国务院的统一部署，我局于 2009 年 9 月全面启动了林业“十二五”规划的编制工作。目前，在各级林业主管部门的共同努力下，我局组织编制的《林业发展“十二五”规划基本思路》（以下简称《基本思路》，见附件）已经局党组审定后报送国家发展改革委。为深入开展林业“十二五”规划编制工作，现将有关事项通知如下：

**一、总体要求**

林业“十二五”规划是贯彻落实中央林业工作会议和中央领导同志重要批示精神的第一个中长期规划，也是发展现代林业、建设生态文明、推动科学发展的第一个中长期规划。各级林业主管部门要将“十二五”规划作为贯彻落实中央林业工作会议和中央领导同志重要批示精神，发展现代林业、建设生态文明、推动科学发展的行动计划，全面启动规划编制工作。编制工作一是要注重规划的全面性，统筹兼顾、科学谋划，确保“十二五”期间林业全面发展。二是要准确把握，突出重点，要有世界眼光和战略思维，要有前瞻性、科学性和可操作性。三是要突出体现转变发展方式等具体要求，以规划为统筹，以项目为带动，不断拓展林业发展领域和发展空间，争取在“十二五”时期构建现代林业的基本框架、奠定生态文明的牢固基础、创建科学发展的良好环境。四是要坚持开门搞规划，要充分学习借鉴国内外先进理念和好经验，更广泛地凝聚社会各界的智慧和力量，共谋现代林业发展。

**二、具体要求**

各地和国家林业局各司局、各直属单位要高度重视，认真准备、精心组织，抓紧开展本地区、本领域的“十二五”规划编制工作。

（一）规划要始终把落实胡锦涛总书记批示和“双增目标”作为规划核心，把加强“三个系统一个多样性”作为发展现代林业、建设生态文明、推动科学发展的主体

胡锦涛总书记针对林业工作的批示为今后林业发展和生态建设指明了方向，我局编制的《基本思路》中，对“双增目标”进行了详细测算，提出了“十二五”期间落实新增 4000 万公顷森林面积的年度造林安排意见，将任务分解到省区市和重点工程，并在 2010 年 1 月全国林业厅局长会期间征求了各省级林业主管部门意见。各地要进一步做好与《基本思路》造林分解方案的对接工作，使“双增目标”任务落到实处。

森林生态系统、湿地生态系统、荒漠生态系统和生物多样性，构成了我国生态文明建设的主体。各地要结合本地实际，在“十二五”规划指标体系设计、战略任务安排等内容中充分体现这一主体。

（二）规划要突出林业发展方式转变

加快经济发展方式转变是决定我国现代化命运的重大抉择，也是国家“十二五”规划的主线。林业具有的生态、经济、社会、碳汇和文化功能，是促进我国经济发展方式转变的重要内容和载体，也是推动我国经济发

展方式转变的题中应有之义。从我国林业发展的阶段性特征和未来实现的战略目标看，各级林业主管部门必须顺应时代要求，加快林业发展方式转变，从数量扩张向数量扩张与质量提高并重转变，从单一功能向多功能转变，将科技创新作为林业发展方式转变的核心和关键。各地要切实按照胡锦涛总书记提出的“依靠人民群众、依靠科学技术、依靠深化改革”的要求，在“十二五”规划中提出本地区、本领域转变林业发展方式的思路、任务，以及林业生产实践中重大科学技术需求。

（三）规划要将应对气候变化作为林业“十二五”发展的亮点和重要内容

应对全球气候变化赋予了林业重大使命，也为“十二五”林业发展创造了新的平台。各地在规划中要进一步突出林业的碳汇功能，结合我局编制的《基本思路》，提出落实森林固碳抵排战略的具体任务措施，以体现林业是我国应对气候变化的战略选择。

（四）规划工作要把林业置于整个国民经济和社会发展中去谋划和占位

各省级林业主管部门一方面要与我局组织编制的《基本思路》和《林业发展“十二五”规划》搞好衔接；另一方面要积极主动向省级人民政府汇报，并同步与省级发展改革部门做好沟通协调，政策需求和续建或新建重点工程要纳入本地区“十二五”规划相关专项、专业规划中去，努力谋求林业在本地区国民经济和社会发展“十二五”规划中的合理地位。

（五）进一步提高认识，加强组织领导

我局已将“十二五”规划编制工作作为当前林业工作的重中之重，局党组两次组织专题学习，研究“十二五”规划工作。为加强对规划编制工作的领导和协调，我局成立了以祝列克副局长为组长，各司局、各直属单位主要负责人参加的规划编制领导小组，领导小组办公室设在规划资金司，负责规划编制的具体组织协调工作。各地要抽调精兵强将，组建得力的规划编制工作组，安排必要的规划经费，保障规划编制工作顺利开展。

**三、相关安排**

一是请各地于5月31日前提出对我局《基本思路》中造林任务年度安排的意见，并正式函告我局计财司。这将作为今后建立落实胡锦涛总书记“双增目标”责任制的基础。

二是请各地在认真研究我局《基本思路》的基础上，于6月15日前提出希望纳入国家林业“十二五”规划的内容和重大科学技术需求报送我局计财司。各地在本地区“十二五”规划完成后亦请报送我局计财司。

三是为进一步做好“十二五”规划编制工作，我局将通过召开区域座谈会和专题调研方式，解决规划编制过程中的重大问题；同时，针对林业规划管理和编制人员就规划编制程序、形式、内容、协调、评估和审批等内容进行培训，具体安排另行通知。

特此通知。

附件：林业发展“十二五”规划基本思路（略）

国家林业局

2010年5月21日

# 国家林业局关于开展全国林业系统“文明窗口单位”创建活动的通知

林宣发〔2010〕161号

各省、自治区、直辖市林业厅（局），内蒙古、吉林、龙江、大兴安岭森工（林业）集团公司，新疆生产建设兵团林业局：

为全面贯彻落实党的十七大和十七届三中、四中全会精神，大力弘扬生态文明，进一步加强林业系统精神文明建设和职业道德建设，提高职工队伍的整体素质，深入推进反腐倡廉工作，纠正行业不正之风，推进“服务型政府”建设，树立林业的良好社会形象，我局决定在乡镇林业工作站、木材检查站、林业行政许可实施机构、濒危物种进出口管理中心各办事处等林业窗口单位组织开展全国林业系统“文明窗口单位”创建活动。现将有关事项通知如下：

**一、指导思想**

以邓小平理论和“三个代表”重要思想为指导，认真落实科学发展观，以“服务人民、奉献社会”为宗旨，以“增强诚信意识、提高服务水平”为主题，以“依法行政、优质服务、形象良好、环境优美”为主要内容，通过开展创建活动，引导窗口单位的广大员工依法行政，诚信守纪，文明用语，增强业务本领，全心全意为人民服务，提高窗口单位两个文明建设总体水平和文明程度，努力塑造让人民满意的窗口单位形象，全面促进林业干部职工队伍建设、行业管理、深化改革等工作，推动现代林业建设又好又快发展。

**二、创建内容**

（一）工作扎实。坚持物质文明、政治文明、精神文明和社会建设一起抓，把创建活动摆上单位重要议事日程，主要领导负总责，有组织、有部署、有分工，目标明确、措施有力、责任落实。领导班子团结协作，作风民主，开拓创新，勤政廉政，在群众中有较高威信。围绕林业改革发展大局，认真履职，全面完成业务工作各项任务，业务水平领先，工作实绩显著。

（二）依法行政。建立健全规章制度，规范行政管理和执法行为，公示办事的条件和程序，确保程序合法。实事求是，坚持秉公办事、公正执法等原则。

（三）优质服务。主动帮助林农和群众解决实际问题，想群众所想，急群众所急；宣传林业方针政策和法律法规，做耐心细致、解疑释惑的工作；坚决杜绝门难进、脸难看、事难办和吃、拿、卡、要等不良社会风气，不断提高工作效率和服务质量；改革创新，举措有力，争先创优，综合和单项工作荣获上级奖励和表彰。

（四）形象良好。服务态度和蔼可亲，耐心细致周到；用语文明，着装干净整洁，有饱满的工作热情和良好的精神风貌。

（五）环境优美。办事大厅、办公室整洁、美观、明亮；有健全的卫生保洁制度，公共卫生设施配套；内外环境净化、绿化、美化，整体环境整洁、优美、舒适。

**三、创建要求**

（一）高度重视，加强领导。各级林业主管部门的领导要高度重视，把创建“文明窗口单位”作为提高执政能力和行业精神文明建设的主要抓手，以及服务林权改革和提高队伍素质的主要措施摆上议事日程，加强领导，认真落实。

（二）宣传发动，提高质量。一是各地各窗口单位要广泛发动群众，动员全体人员参加，大张旗鼓地宣传创建活动的目的、意义、做法，使之深入人心，以宣传发动营造氛围，促进创建；二是要把创建方案和内容面向社会公布，接受社会监督，以创建促工作，整体推进和提高林业系统窗口单位的服务质量；三是要选择一批群众真正满意的“文明窗口单位”向社会广泛宣传，不断发现和总结推广“文明窗口单位”的典型经验。

（三）突出重点，建立机制。文明窗口单位具有很强的示范辐射作用，体现出一个地方和行业的形象，对整个社会和行业的精神文明建设具有重大的影响。各地要以此为契机，广泛开展创建活动，把活动的重点放到基层，落实到林业行业的窗口单位。对重视创建工作、诚信守纪、服务质量好、群众满意度高的文明窗口单位，各级林业行政主管部门要在能力建设上给以倾斜。

各地要将林业系统文明窗口单位创建活动开展情况和先进典型的经验材料，于2010年底前报送我局宣传办。我局将通过报纸、广播、电视、网络等广泛宣传林业系统文明窗口单位先进典型，向社会展示林业系统精神文明创建活动开展成效，对于特别优秀的窗口单位，由我局向中央文明办推荐申报“全国文明单位”。

国家林业局

2010年6月10日

# 国家林业局关于进一步加强林木种子生产经营许可证管理的通知

## 林场发〔2010〕164号

各省、自治区、直辖市林业厅（局），内蒙古、吉林、龙江、大兴安岭森工（林业）集团公司，新疆生产建设兵团林业局：

林木种子生产经营许可制度是《种子法》规定的一项重要制度。《种子法》实施以来，各级林业主管部门积极贯彻落实《种子法》，先后制定出台了一系列管理制度，加强宣传和指导，组织开展执法检查，严厉打击无证经营等违法行为，效果显著，林木种子生产经营许可证发证率达到90%以上。

但是，不可否认，一些地方仍然存在无证生产经营林木种子，林业主管部门审核发放林木种子生产经营许可证程序不规范，对被许可人监督管理不到位等问题，对种苗市场秩序带来一定影响。

为进一步落实林木种子生产经营许可制度，规范林木种子生产经营许可证的发放和管理，特提出如下要求。

**一、充分认识实施林木种子生产经营许可制度的重要意义**

林木种苗是林业建设的重要基础，林木种苗质量的好坏直接关系到林业建设成效。因此，《种子法》第二十条和第二十六条规定，主要林木商品种子生产和林木种子经营实行许可制度，以确保林木种子质量，维护林木种苗生产经营者的合法权益，满足林业发展和生态文明建设需要，防止达不到质量要求的林木种子流入市场和使用环节，给林业生产和生态文明建设带来危害。各地一定要深刻认识实施林木种子生产经营许可制度的重要性，全面贯彻执行许可制度，把落实许可制度作为贯彻落实《种子法》的关键步骤和基本措施抓实抓好，切实采取有效措施，加大宣传和指导力度，加强监督管理，严格规范审核发放程序，严格规范生产经营秩序，营造有序、良好的发展环境。

**二、规范审核发放和管理林木种子生产经营许可证**

*（一）严格实行分级发放*

根据《种子法》第二十条和第二十六条规定，主要林木良种的林木种子生产、经营许可证，由生产、经营者所在地县级人民政府林业行政主管部门审核，省、自治区、直辖市人民政府林业主管部门核发；其他林木种子的生产许可证，由生产所在地县级以上地方人民政府林业行政主管部门核发。实行选育、生产、经营相结合并且注册资本金达到2000万元人民币的林木种子公司和从事林木种子进出口业务的公司的林木种子经营许可证，由省、自治区、直辖市林业行政主管部门审核，国家林业局核发。因此，凡是应该由国家林业局核发林木种子生产经营许可证的，省、地、县林业主管部门无权发放；应由省级林业主管部门核发林木良种生产经营许可证的，地、县林业主管部门无权发放，已经发放的要予以注销和收回，并按照《种子法》的规定重新办理。同时，除地方法规授权，林木种子生产经营许可证必须经林木种苗管理机构加盖印章的，其余一律加盖林业主管部门印章。

*（二）严格审查申报材料*

各级林业主管部门要按照《种子法》和国家林业局《林木种子生产、经营许可证管理办法》规定，严格审查生产经营者提交的申请材料，包括注有经营者基本情况、经营品种、技术人员、设施和设备情况等内容的林木种子生产经营许可证申请表；经营场所使用证明、照片和资金证明材料；林木种子加工、包装、贮藏设施设备和种子检验仪器设备的所有权或者使用权证明和照片；林木种子检验、贮藏、保管等技术人员资质证明和法定代表人身份证明；申请领取林木良种《林木种子经营许可证》的，还应当提供国家级或者省级林木品种审定委员会颁发的林木良种证书复印件等。对于申请材料不齐全或者不符合法定形式的，应当当场或者5个工作日内一次性告知需要补正的全部内容，对于补正后材料仍不齐全的，一律不予受理核发林木种子生产经营许可证。需要对申请材料的实质内容进行核实的，应当指派两名以上工作人员进行现场核查。

（三）严格填写注明事项

一是要依法确定林木种子经营许可证的有效区域。林木种子经营许可证的有效区域由核发该证的林业行政主管部门在其管辖范围内确定。林木种子经营许可证的有效区域是指林木种子经营许可证的有效范围，即林木种子经营者持林业行政主管部门核发的《林木种子经营许可证》从事林木种子经营行为的有效范围。二是严格执行3年有效期。林木种子生产经营许可证的有效期为3年，有效期届满需延续的，从届满之日起重新确定有效期。三是要规范填写生产经营种类。林木种子生产经营许可证申请表的经营种类填写一般林木种子、林木良种，苗木生产经营许可证的经营种类填写造林苗、城镇绿化苗、经济林苗和花卉。

（四）严格审核发放对象

《种子法》明确规定林业行政主管部门及其工作人员不得参与和从事林木种子生产、经营活动，同时规定林木种子生产、经营机构不得参与和从事林木种子行政管理工作，并且要求林木种子的行政主管部门与林木种子的生产、经营机构在人员和财务上必须分开，以维护正常的林木种子生产、经营秩序。因此，承担林木种子行政管理的机关和事业单位不得申请办理林木种子生产经营许可证，不得从事林木种子生产经营活动。同时，林木种子生产经营许可证的发放和管理是一项重要的行政行为，所需费用应当纳入同级财政预算，发放过程中不得收取任何费用。

**三、加强对被许可人的指导和监督管理**

各级林业主管部门要加强对被许可人的培训，认真贯彻落实《种子法》和国家林业局《林木种子生产、经营许可证管理办法》以及相关规定，使林木种子从业人员知法、懂法，引导其依法从业。同时，要加强对被许可人的监督检查，实行动态管理，及时了解掌握被许可人登记项目、生产经营条件变化、生产经营档案建立等生产经营动态情况；了解被许可人执行林木种子检验、标签等情况；重点检查被许可人是否存在生产经营假劣林木种子行为，是否按照被许可核准的名称、地点、种类、有效区域、经营方式生产经营林木种子，是否有伪造、变造、买卖、租借许可证的行为，是否设立分支机构或者变更项目等。发现问题，及时处理，确保林木种苗生产经营活动有序进行。

各地要认真贯彻落实林木种子生产经营许可制度，采取有力措施加强管理，要对本行政区域内从事林木种子生产经营的单位和个人进行一次清理，对于已经取得林木种子生产经营许可证的企业，经核实具备生产经营条件并合法生产经营的，要给予支持和指导；对于违法生产经营的要严肃查处；对于无证生产经营林木种苗的，要严格按照《种子法》的规定，依法予以取缔。同时，各地要将清理结果建立档案，及时归档，并以适当的形式在网上公布，我局将在年内组织专项抽查。

国家林业局

2010年6月21日

# 国家林业局关于印发《国家林业局履行国际公约与国际合作配套项目资金管理暂行办法》的通知

林规发〔2010〕168号

国家林业局各司局、各直属单位：

为加强我局履行国际公约与国际合作配套项目资金的管理，明确项目资金使用范围和支出内容，强化对因公出国（境）经费的管理，根据中共中央办公厅、国务院办公厅《关于进一步加强因公出国（境）管理的若干规定》（中办发〔2008〕9号）和财政部、外交部、监察部、审计署、国家预防腐败局联合印发的《加强党政干部因公出国（境）经费管理暂行办法》（财行〔2008〕230号）有关要求，结合中央部门预算管理有关规定和国家有关财政规章制度，我局制定了《国家林业局履行国际公约与国际合作配套项目资金管理暂行办法》，现印发给你们，请遵照执行，执行中有何问题及意见建议，请及时反馈。

附件：国家林业局履行国际公约与国际合作配套项目资金管理暂行办法

国家林业局

2010年6月17日

# 附件 国家林业局履行国际公约与国际合作配套项目资金管理暂行办法

## 第一章 总 则

**第一条** 为加强国家林业局履行国际公约与国际合作配套项目(以下简称"履约与合作配套项目")资金的管理，明确项目资金使用范围和支出内容，强化对因公出国(境)经费的管理，根据中共中央办公厅、国务院办公厅《关于进一步加强因公出国(境)管理的若干规定》(中办发〔2008〕9号)和财政部、外交部、监察部、审计署、国家预防腐败局联合印发的《加强党政干部因公出国(境)经费管理暂行办法》(财行〔2008〕230号)有关要求，结合中央部门预算管理有关规定和国家有关财政规章制度，制定本办法。

**第二条** 本办法适用于纳入国家林业局部门预算的局本级和所属事业单位等各级预算单位(以下简称"预算单位")。

**第三条** 本办法所称履约与合作配套项目资金，是指通过部门预算安排，专项用于国家林业局代表中国政府履行国际公约，或者完成多边、双边国际合作协议等支出的财政项目经费。

## 第二章 项目资金申报条件与程序

**第四条** 申报履约与合作配套项目资金应当符合以下条件：

(一)已加入国际公约或者已签订国际合作协议。包括：1. 代表中国政府与国际公约组织签订了加入国际公约议定书；2. 以中国政府或者国家林业局名义与外国政府、机构、国际组织、国际非政府组织等签订了国际多边、双边协议；3. 配合国务院其他部门加入的国际公约议定书或者签订的国际多边、双边协议而开展的国际活动。

(二)有明确的履约任务或者国际合作任务。按照国际公约或者国际合作协议规定，需承担相应的履约或者合作权利及义务，并相应发生履约活动或者国际合作活动支出。

(三)国际合作项目有明确的合作期限。凡申报国际合作项目配套经费应当在项目协议签订的起始年内，项目终止年的下一年度原则上停止安排相应的配套经费。国际合作项目结束后，按协议需由中方继续履行完成相关项目工作的按其规定申报相应配套资金。

**第五条** 履约与合作配套项目资金按部门预算编制程序和要求进行管理。局本级预算由局国际司统一归口管理，直属单位预算纳入本单位部门预算进行管理，局计财司按部门预算程序进行审核管理。预算单位因履行国际公约或者执行国际合作项目需要，按如下程序申报履约与合作配套项目资金：

(一)"一上"申请。预算单位应当统一按照部门预算"一上"编制要求，编制申请履约与合作配套项目资金预算。同时，应当按规定格式编制下一年度履约与合作配套项目资金出国(境)安排计划及预算。各司局编制的履约与合作配套项目资金预算统一报送局国际司，局国际司进行初步审核、汇总形成局本级履约与合作配套项目资金预算；各直属单位直接向局计财司编制报送本单位履约与合作配套项目资金预算。局计财司统一对局本级和直属单位履约与合作配套项目资金预算、申报材料进行审核、调整、汇总后，纳入国家林业局部门预算"一上"报送财政部。各单位编制履约与合作配套项目资金预算时，涉及出国(境)预算需按要求单独编报履约与合作配套项目出国(境)计划及预算，未报送或者未按时报送履约与合作配套项目出国(境)计划及预算的单位，视为无履约与国际合作出国(境)任务。属国家外交需要和国家林业局根据对外合作实际需要临时增派的出国任务除外。

(二)"一上"报送材料。

1. 首次申请立项和项目资金的单位及原项目立项依据发生变化，重新签订协议的单位需提供：已签署的加入国际公约文书或者国际多边、双边协议复印件，以及中文译件；

2. 申请履约与合作配套项目资金预算情况，详细说明预算支出内容、编制标准及测算依据等。

(三)"二上"细化。根据财政部审核下达国家林业局部门预算"一下"控制数，局计财司统一下达局本级和有关直属单位履约与合作配套项目资金"一下"控制数。局本级"一下"控制数下达局国际司，由局国际司提出"二上"细化分配建议数；直属单位根据"一下"控制数，调整下一年度履约与合作配套项目预算安排计划，并编制"二上"部门预算。局计财司统一审核后汇总纳入国家林业局"二上"部门预算报送财政部。涉及出国(境)预算的，需按规定调整编报履约与合作配套项目出国(境)计划及预算。

## 第三章 项目资金使用范围和支出内容

**第六条** 项目资金使用范围包括国内外相关费用，具体包括：国外履约或者合作项目会议、培训、考察及交流协作；国内履约会谈及交流协作，国内合作项目会议、培训、考察、交流、评估、验收、检查、宣传、总结等。

**第七条** 项目资金支出内容包括：

(一)办公费：用于因履约或者国际合作项目工作开展需要，在正常机构之外，经人事部门按程序批复专设履约或者国际合作办公机构的日常办公用品支出；

(二)印刷费：用于项目评估、总结、宣传等方面的资料印刷费支出；

(三)邮电费：用于与境内外有关机构联系发生的邮寄、电话、传真等通讯支出；

(四)差旅费：用于开展国内项目考察、评估、检查、交流等活动所发生的住宿费、旅费、伙食补助费、杂费等支出；

(五)出国费：用于赴国外参加履约或者国际合作

项目会议、培训、考察等发生的住宿费、旅费、伙食补助费、杂费、培训费等支出；

（六）会议费：用于在国内举办履约谈判和国际合作项目研讨会、专家咨询会、总结会、年会等会议中，按规定开支的住宿费、伙食补助费以及文件资料的印刷费、会议场地及设备租用费等；

（七）培训费：按照履行公约或者国际合作计划要求，为提高相关人员的履约能力或者项目执行能力，在国内举办或者参加相关培训所发生的培训支出；

（八）其他费用：用于项目宣传、评估、租赁费、设备购置、水电费、劳务费、咨询费等必要的费用支出。

### 第四章　项目支出预算的批复及使用

**第八条**　财政部正式批复部门预算后，局计财司在15日内批复包括履约与合作配套项目预算在内的各单位部门预算。局本级履约与合作配套项目预算批复下达给各有关司局，直属单位履约与合作配套项目预算直接批复下达给相关直属单位。

**第九条**　各单位严格按照预算批复要求安排履约与合作配套项目支出，涉及出国（境）经费预算需在办理出国（境）任务时按《国家林业局关于贯彻执行因公出国（境）经费预算审核补充规定的通知》（林计发〔2009〕40号）规定填报“国家林业局因公出国（境）经费预算承诺函”，并按程序进行审批。

### 第五章　资金监督与检查

**第十条**　国家林业局各级财务部门应当加强对履约与合作配套项目资金使用情况的日常监督与管理，建立经费使用的监督检查制度，对违反有关法律、行政法规和财务规章制度的，依法进行处理。

**第十一条**　履约与合作配套项目结转或者结余资金应当严格按《财政部关于印发〈中央部门财政拨款结转和结余资金管理办法〉的通知》（财预〔2010〕7号）规定加强管理和使用。在编制申请下年度履约与合作配套项目资金时，预算单位应当主动提出统筹使用结转或者结余资金计划，结转或者结余资金不足以安排支出时，方可申请增加财政预算。

**第十二条**　各单位应当加强履约与合作配套项目资金的执行进度管理，预算执行进度应当达到财政部的有关要求。对预算执行进度慢、影响资金使用效益的单位，下一年度安排项目预算时，一律予以压缩预算安排规模。

**第十三条**　履约与合作配套项目资金属于明确含有因公出国（境）支出内容的财政专项经费，除遵照执行本办法外，还应当严格执行《加强党政干部因公出国（境）经费管理暂行办法》（财行〔2008〕230号）、《国家林业局因公出国（境）经费管理暂行办法》（林计发〔2008〕200号）和《国家林业局关于贯彻执行因公出国（境）经费预算审核补充规定的通知》（林计发〔2009〕40号）等有关因公出国（境）管理规定。

### 第六章　附　则

**第十四条**　本办法由国家林业局计财司负责解释。

**第十五条**　本办法自发布之日起实施。

# 国家林业局关于印发《中国林业网管理办法》等五项信息管理制度的通知

林办发〔2010〕185号

各省、自治区、直辖市林业厅（局），内蒙古、吉林、龙江、大兴安岭森工（林业）集团公司，新疆生产建设兵团林业局，各计划单列市林业局，国家林业局各司局、各直属单位：

中国林业网、国家林业局办公网已于2010年1月21日在全国林业厅局长会议上开通，扩建后的全国林业专网和国家林业局中心机房已投入使用。为确保林业网络的正常运行，规范机房和应急管理，在广泛征求各方面意见的基础上，我局研究制定了《中国林业网管理办法》、《国家林业局办公网管理办法》、《全国林业专网管理办法》、《国家林业局中心机房管理办法》和《国家林业局网络信息安全应急处置预案》等五项制度。现印发给你们，请结合工作实际，认真贯彻执行。

附件：1. 中国林业网管理办法

2. 国家林业局办公网管理办法

3. 全国林业专网管理办法

4. 国家林业局中心机房管理办法（略）

5. 国家林业局网络信息安全应急处置预案（略）

国家林业局

2010年7月8日

# 附件1　中国林业网管理办法

### 第一章　总　则

**第一条**　为加强中国林业网的规范管理，构建长效运行机制，根据国家有关法律法规及规定，制定本办法。

**第二条**　本办法适用于国家林业局各司局、各直属单位，地方各级林业主管部门、各森工集团、新疆生产建设兵团林业主管部门（以下简称地方各单位）。

**第三条**　中国林业网与国家林业局政府网、国家生态网一网三名（域名：http：www. forestry. gov. cn），为国家林业局唯一官方网站。

**第四条** 中国林业网采用网站群架构模式，由国家林业局主站和各司局、各直属单位、地方各单位子站和业务主题子站组成，具有信息发布、在线办事、互动交流和林业展示等功能。

**第五条** 中国林业网实行“统一建设、分级维护、资源共享、强化服务”的基本原则，努力塑造中国林业第一门户网站。

## 第二章 职责分工

**第六条** 国家林业局信息化管理办公室（信息中心）是中国林业网建设管理主管部门，负责中国林业网规划建设、内容保障、运行维护、升级改造和日常管理等工作，并指导和监督各子站内容维护与运行安全。

**第七条** 国家林业局各司局、各直属单位负责所属子站内容维护及主站相关栏目内容更新工作，负责提供主站场景式服务、留言回复、意见回复等在线咨询服务，负责提出子站及主站栏目建设需求。

**第八条** 地方各单位负责本单位子站建设和日常运行维护等工作，向主站报送本单位政务信息，参与主站在线办事、互动交流栏目的内容维护工作。

## 第三章 网站建设

**第九条** 中国林业网建设项目的立项、申报、建设、验收等工作应在国家林业局信息办的统筹协调下进行，并严格执行国家基本建设程序有关规定。

**第十条** 中国林业网建设项目的确定应符合《全国林业信息化建设纲要》和《全国林业信息化建设技术指南》要求，并基于林业信息化统一平台上建设。

**第十一条** 国家林业局各司局、各直属单位结合工作实际，提出子站建设和主站栏目增设需求，经国家林业局信息办审核并组合包装成建设项目，统一进行项目立项、申报并组织实施。

**第十二条** 地方各单位网站建设由所在单位自行规划、建设与管理，并作为主题子站链接至中国林业网主站。

## 第四章 信息发布

**第十三条** 凡确定为社会公开的国家林业局文件、国家林业局办公室文件等公文、信息，均应在文件、信息发送后的15个工作日内在中国林业网上发布。

**第十四条** 制定与公众利益密切相关的部门规章、政策，应通过中国林业网相关栏目广泛征求社会各界意见；出台或发布后，应同步在中国林业网上进行政策解读。

**第十五条** 发生突发重大公共事件时，相关单位应在中国林业网相关栏目及时发布权威信息，积极引导社会舆论。

**第十六条** 坚持“谁制作、谁审核、谁发布”的原则，对需在中国林业网上发布的公文、信息或事项，相关单位应对其真实性、准确性、权威性，是否涉密、能否公开负全责。

**第十七条** 中国林业网各子站必须发布的信息：

（一）本单位机构设置及职责分工。

（二）与本单位业务有关的法律、法规、部门规章及政策。

（三）本单位的行政审批事项，包括审批程序、具体事项、标准时限、办事机构、联系方式及电子服务方式等。

（四）本单位按规定需要向社会发布的公告、公示、通知、工作动态、业务数据等。

（五）本单位的公众信箱或联系方式。

## 第五章 在线办事与互动交流

**第十八条** 承办单位应及时发布行政许可依据、条件、数量、办理流程、期限、需提交的材料目录、申请示范文本及审批结果等信息，并按照规范格式及时发布未实现在线办理的可公开的行政许可决定或行政审批结果。有关其他公共服务事项，应及时发布服务指南。

**第十九条** 召开全国性重要会议、新闻发布会、听证会，会议主办单位应提前3日向国家林业局信息办提出网上直播申请，由信息办统一组织实时图文直播或网络视频播出。

**第二十条** 结合林业发展新形势，针对林业重点工作和社会公众关注的热点问题，信息办应及时会同相关单位，研究确定访谈主题和内容，积极组织策划在线访谈活动。

**第二十一条** 通过局长信箱、网上调查等互动栏目征集到的重要公众留言和公众意见，经国家林业局信息办统一整理后转相关单位提供答复内容，由信息办统一上网反馈。

## 第六章 运行维护与内容更新

**第二十二条** 内容维护按照《中国林业网内容维护职责分工》有关要求执行。

**第二十三条** 各司局、各直属单位及地方各单位应明确一名负责人分管中国林业网相关工作，指定一名网站信息员具体承办相关工作。网站信息员因工作等原因调离原岗位时，所在单位应提前重新确定信息员并报局信息办备案。网站信息员应具有较高的政治素质、文字功底和专业技能，并经系统培训后持证上岗。

**第二十四条** 中国林业网日常运行管理和内容维护经费从国家林业局财政专项经费中列支，执行财政专项经费使用有关规定。

## 第七章 信息安全

**第二十五条** 凡涉及国家秘密、工作秘密和商业秘密的文件、敏感信息严禁上网发布。任何人不得泄露网站台后密码。

**第二十六条** 根据公安部等《关于信息安全等级保护工作的实施意见》有关要求，中国林业网执行三级网站建设有关要求与技术规范。

**第二十七条** 中国林业网中心机房应实时备份网站系统和信息数据，实时监控系统和网页防篡改等安全系统，每周出具网站运行及内容更新等情况的监测报告。

**第二十八条** 一旦发生突发事件，立即启动《国家林业局网络信息安全应急处置预案》做好应急工作。

## 第八章 奖 惩

**第二十九条** 国家林业局信息办定期对中国林业网管理和运行维护工作进行考核，按季度通报各司局、各直属单位和地方各单位信息报送和采用情况，按年度评选优秀信息员。

**第三十条** 国家林业局信息办每年组织开展一次主站各栏目和各主题子站的绩效评估工作，对优秀子站和栏目给予表彰和奖励；对于信息内容长期得不到及时更新的子站或主站栏目，将进行通报或实施关闭处理。

**第三十一条** 未履行审核程序擅自在中国林业网上发布信息、上网内容出现虚假信息或存在较多错误等情况，给予通报批评；造成失泄密的，将依据国家有关法律法规和规定，追究有关领导和直接责任人的责任。

## 第九章 附 则

**第三十二条** 本办法由国家林业局信息办负责解释。

**第三十三条** 本办法自印发之日起实施，《国家林业局网站管理暂行办法》(办发字〔2005〕21号)同时作废。

# 附件2 国家林业局办公网管理办法

## 第一章 总 则

**第一条** 为加强国家林业局办公网(以下简称为办公网)的规范管理，根据国家有关法律法规及规定，制定本办法。

**第二条** 本办法适用于国家林业局各司局、各直属单位，各省级林业主管部门、各森工集团、新疆生产建设兵团林业主管部门、各计划单列市林业主管部门(以下简称地方各单位)。

**第三条** 国家林业局信息化管理办公室(信息中心)是办公网的主管部门，负责办公网项目建设的立项审核、建设规划和日常维护等工作。

**第四条** 办公网域名为“http：//www. sfa. gov. cn”，是国家林业局统一的办公平台和各应用系统的统一入口。办公网管理遵循“谁发布、谁负责，谁承诺、谁办理”的原则。

**第五条** 国家林业局京外直属单位和地方各单位可通过全国林业专网访问办公网。

## 第二章 管理职责

**第六条** 国家林业局信息办负责信息资源整合和更新维护协调工作，统筹考虑办公网门户、各应用系统建设需求，保障办公网信息全面、准确、及时、实用。

**第七条** 各司局、各单位负责向办公网提交机关文件、信息，并维护好各自专区。

**第八条** 新建办公网应用系统，必须在国家林业局信息办的统一协调下，统一规划，统一平台，统一标准，填写《国家林业局办公网应用系统注册申请表》，经国家林业局信息办审批并组织实施。

## 第三章 内容保障

**第九条** 国家林业局信息办负责办公网内容保障协调和更新维护的督促、检查工作。各司局、各直属单位按照《国家林业局办公网相关栏目内容保障职责分工》，负责办公网办公平台、信息平台、学习平台、生活平台相关栏目的内容保障，允许在办公网上发布公开范围属于内部公开的信息，确保信息更新或发布内容的及时性、准确性和权威性。涉及国家秘密、工作秘密和商业秘密的文件、信息不得上网。

**第十条** 各司局、各直属单位应当建立健全信息采集、审核和发布制度，做到分级管理，严格把关。明确1名司局级负责人分管办公网信息维护工作，指定1名处级负责人负责审核发布信息，指定1~2名工作人员负责日常信息维护工作。

**第十一条** 国家林业局信息办每年对各司局、各直属单位办公网信息维护工作组织1次考评，并定期通报各栏目维护情况，对成绩突出的单位和个人给予通报表扬。

**第十二条** 涉及国家林业局重要政策规章和统计数据等信息的发布工作，应当按发布程序报批。相关司局或直属单位可发布属于本单位业务范围内的一般信息。

**第十三条** 各应用系统的内容保障工作，由相关司局、单位按照本办法自行确定，并确保信息内容的准确与安全。

## 第四章 运行维护

**第十四条** 国家林业局信息办统一负责用户证书的签发与管理。各司局、各直属单位对证书申请(《国家林业局办公网数字身份证书申请表》)、更新、停用、撤销、补发及使用负有审批和监管职责，对用户身份的真实性负责，并为系统提供用户身份信息支持。各地各单位办公室负责本单位范围内用户证书的签发与管理。

**第十五条** 国家林业局信息办配备超级管理员、系统管理员和密钥管理员负责系统的运行与管理。

(一)超级管理员，须由3人共同承担，负责系统的初始化与系统管理员的设定。超级管理员进行系统关键操作时，要做到权限分割。进行超级管理员与系统管理员变更、系统或口令更新等重要操作时，至少需两名超级管理员同时在场操作。

(二)系统管理员，负责办公网日常运行管理，包括用户系统管理员、OA系统管理员、应用系统管理员、网络管理员等。系统管理员定期检查系统状态，确保系统正常运行。

(三)密钥管理员，负责密钥及密钥管理系统的日常运行管理，不承担证书受理工作。密钥管理员定期对日常操作进行安全审计，并向国家林业局信息办及时报告有关情况；作废的敏感文档与介质要及时销毁。

**第十六条** 国家林业局信息办应当配备证书申请录入员、证书申请审核员、证书制证员和注册管理员，负责证书受理工作。证书申请录入员和证书申请审核员不能由同一人兼任，证书制证员和注册管理员负责注册应用系统并提供相关技术支持。

**第十七条** 各岗位工作人员应当严格遵守各自职责和操作流程，妥善保管用户信息，未经允许不得以任何形式泄露用户信息，不得违规操作，未经许可不得越权。

**第十八条** 办公网计算机设备应当专机专用，不得进行与本系统无关的操作；严禁在系统内所有服务器主机上设置信息共享，实时采取漏洞扫描、入侵防护、用户身份验证、存取权限控制、数据保护和网络安全监控管理等措施；业务终端必须安装防病毒工具，并进行实时监控，及时为计算机系统安装补丁。

**第十九条** 办公网重要的信息和数据应当实时备份；办公网系统运行应当设置 24 小时值班制度，由专人负责监控，出现异常情况时，应及时处理。系统软硬件升级应上报主管部门审批。

## 第五章 数字身份证书

**第二十条** 数字身份证书(以下简称密钥)，是国家林业局身份认证系统对持有者信息经数字签名的密钥文件，根据在职用户按需发放，凡持有密钥的工作人员可访问办公网。经授权后方可进入相关应用系统。

**第二十一条** 密钥由国家林业局信息办指定专人统一制作，由申请者所在单位统一代领代发。

**第二十二条** 密钥介质管理实行“谁持有，谁负责”。领取密钥介质后，应当及时更改密钥介质保护口令，防止他人冒用。建议定期更改密钥介质保护口令。发现口令可能泄露，立即更改。

**第二十三条** 密钥使用完毕，持有者应当立即从计算机上取下并妥善保管，防止他人非法使用。未经批准不得将密钥转借他人使用。

**第二十四条** 密钥持有者如遇工作调整，应当及时填写《国家林业局办公网数字身份密钥撤销/停用、恢复、更新申请表》，经本单位审批后提交国家林业局信息办进行身份转换。密钥停用半年以上将自动失效，持有者应当按相关程序重新申请办理。

**第二十五条** 如密钥介质丢失或损坏，应当及时向国家林业局信息办申请撤销密钥，并按相关程序补发新密钥。

## 第六章 安全管理

**第二十六条** 办公网与中国林业网实行物理隔离，办公网不得联接国际互联网。

**第二十七条** 办公网计算机放置场所要符合防盗、防火要求。计算机数量多或信息化程度高的单位，应当安装防盗门窗和防盗报警装置，配备必要的防火器材。

**第二十八条** 办公网计算机要设置开机口令，每台计算机的使用和管理要落实到人。

**第二十九条** 办公网计算机原则上为台式机。确因特殊原因作为办公网计算机使用的笔记本电脑，不得擅自带离工作场所，防止信息被盗和泄露案件发生。

**第三十条** 办公网计算机与中国林业网计算机之间不得交叉使用优盘等移动存储介质。

**第三十一条** 办公网计算机维修应送到国家林业局信息办指定单位，并将硬盘拆除由专人保管。在确保办公网信息安全的前提下，可请厂家上门维修，并派人现场监修，登记维修时间、故障原因、维修单位和维修人员。对办公网计算机进行淘汰处理时，必须拆除内置硬盘送国家林业局保密办，并办理销毁手续。

**第三十二条** 办公网综合办公系统打印输出带有电子公章的正式公文，应按相应流程进行管理。

**第三十三条** 国家林业局信息办定期对办公网计算机及网络进行监督检查，有关单位和个人应积极配合检查。

**第三十四条** 用于联接办公网的电话号码、用户名、口令及联网方式、技术、网络系统等要严格保密。未经主管领导批准，不得向外提供办公网信息和资料。

**第三十五条** 国家林业局信息办(中心机房网络管理员)要检查各司局、各直属单位的办公网系统，及时发现并弥补漏洞。同时，实时检查网络内储存的信息，防止涉密文件和其他敏感信息进入网络。

**第三十六条** 一旦发生事故和案件，国家林业局中心机房网络管理员应当立即向国家林业局信息办报告，于第一时间处理，保护好现场并按有关规定向公安部门报案。

**第三十七条** 系统管理员要实时备份重要数据，防止因存储介质损坏造成数据丢失。备份介质可采用光盘、硬盘等方式，并妥善保管。

**第三十八条** 各司局、各直属单位办公网操作人员，要按照《国家林业局保密委员会关于组织开展保密承诺书签订工作的通知》(林密委发〔2009〕1 号)有关规定签署保密承诺书。调离原单位时，需办理有关材料、软件的移交手续，对需保密的内容仍负有保密义务。接替人员要重新设置用户名、密码。

**第三十九条** 各司局、各直属单位应当指定专人负责保管本单位账号密码、电子公章、加密设备等，防止被人盗用。

## 第七章 罚 则

**第四十条** 泄露用户信息，私自借出、盗用他人密钥或恶意使用密钥等原因造成安全事故的，视其情节轻重，予以通报批评或行政处分，违反国家法律法规或有关规定的，由有关部门依法追究其法律责任。

**第四十一条** 使用办公网设备进行与业务无关的操作或在密钥处理中出现失误的，视其情节轻重，对责任人和责任单位予以通报批评或行政处分。

**第四十二条** 通过网上恶意攻击身份认证系统造成系统不能正常工作或敏感信息泄露的，视其情节轻重，给予当事人行政处分，构成违法行为的，移送司法机关处理。

**第四十三条** 办公网联入中国林业网的，除追究当事人责任外，对其所在单位负责人通报批评。

**第四十四条** 丢失或人为损坏密钥，需重新补办，每补办 1 个由责任人补交成本费 500 元。

## 第八章 附 则

**第四十五条** 本办法由国家林业局信息办负责解释。

**第四十六条** 本办法自印发之日起实施。

# 附件3　全国林业专网管理办法

## 第一章　总　则

**第一条**　为加强全国林业专网(以下简称专网)的规范管理，保证网络系统正常、高效、安全运行，根据国家有关法律法规及规定，制定本办法。

**第二条**　本办法适用于国家林业局各司局、各直属单位，各省级林业主管部门、各森工集团、新疆生产建设兵团林业主管部门、各计划单列市林业主管部门等专网接入单位(以下简称各节点单位)。

**第三条**　国家林业局信息办(信息中心)是专网主管部门，负责专网建设的立项审核、内容建设和组织协调等工作。

**第四条**　专网与互联网实行物理隔离。

## 第二章　网络管理

**第五条**　国家林业局信息办负责专网运行维护和日常管理，主要工作包括：及时解决网络故障，保证网络畅通；做好数据备份工作，保障数据安全；提供网络安全服务，建立应急处置机制；承担国家林业局各司局、各直属单位专网计算机的维护管理工作；负责其他业务系统接入专网的技术审查等。

**第六条**　各节点单位接入专网的运行维护管理，要在国家林业局信息办的统一指导下，由各单位自行负责。

**第七条**　国家林业局专网中心机房和各节点单位机房建设应当符合国家有关技术标准，采取有效措施，为专网设备安全运行提供必要环境。

**第八条**　各节点单位应当指定专人负责机房日常运行、设备保管和故障报告，发现问题及时报告国家林业局信息办。

**第九条**　各节点单位有责任和义务保护专网线路和设备，发现网络线路故障应当立即采取有效措施，恢复线路畅通，保障网络正常运行。

## 第三章　电子公文传输系统

**第十条**　电子公文传输系统是部署在专网上用于国家林业局办公网与各节点单位之间传输电子文件的专用系统，每单位通过20个节点与国家林业局内网连通。

**第十一条**　各节点单位办公室按照系统命名规范，确定本单位公文发送、接收专门用户，并报国家林业局信息办备案。

**第十二条**　传输电子公文应当使用国家林业局信息办统一提供的密码设备及公文发送、接收管理系统、彩色激光打印机等设备和软件。

**第十三条**　电子公文传输系统所有密钥、IC卡等密码设备应当按照中央办公厅机要局有关要求实施管理。

国家林业局信息办统一制发“公章密钥库盘”、“系统管理卡”、“公章卡”和“用户卡”，这是系统重要的保密部件，必须指定专人管理，规范使用，确保安全。

电子公文传输系统密码设备及密钥应当定期更换、备案。

**第十四条**　通过电子公文传输系统将国家林业局办公网生成的电子文件发送至各节点单位，各节点单位也可通过该系统向国家林业局办公室或相关司局、直属单位报送相关电子文件。

**第十五条**　电子公文发送后，发送单位应当在24小时内对所发公文的接收情况进行核实；对接收单位退回的电子公文应当及时签收，发现问题应当及时与接收单位联系解决。

**第十六条**　接收电子公文的各节点单位应当对公文的发送单位、公文的完整性和体例格式等审核无误后方可接收。对紧急公文应当及时签收办理。对不能正常接收的电子公文，接受单位应当及时与发送单位联系解决。

**第十七条**　电子公文应当存放在指定的服务器，明确专人严格管理，未经文书处理部门同意，不得修改、删除和打印。

**第十八条**　电子公文归档执行国家档案管理部门有关规定。

## 第四章　全国林业视频会议系统

**第十九条**　全国林业视频会议系统(以下简称视频会议系统)是基于专网平台、连通国家林业局与各节点单位的会议系统。

**第二十条**　国家林业局信息办统一负责视频会议系统的管理，各节点单位办公室负责辖区内视频会议系统的日常管理。

**第二十一条**　视频会议系统平台由国家林业局信息办统一配置和管理，各节点单位的信息管理部门协助维护。

**第二十二条**　各节点单位要明确视频会议系统管理人员，并报国家林业局信息办备案。系统管理人员实行AB制，并保持相对稳定，确保视频会议系统连续、稳定、安全运行。

**第二十三条**　各节点单位办公室会同本单位相关部门(信息办或信息中心)技术人员定期检查视频会议系统的网络状况及视频终端运行状况，发现问题及时解决，或与国家林业局信息办协同解决。

**第二十四条**　视频会议系统终端在操作过程中如遇异常情况，操作人员应当及时与国家林业局信息办取得联系，发现问题，及时解决。

**第二十五条**　各节点单位视频终端设备必须专配专用，不得挪作他用；禁止他人随意开启或挪动设备；禁止私自更改视频设备设置；禁止私自拆机和连接线路，如有特殊情况须经专业人员同意，并在专业人员指导下进行操作。

**第二十六条**　利用视频会议系统可以举办以下会议：

全国性大会。由国家林业局主持召开，各省级林业主管部门、各森工集团、新疆生产建设兵团林业主管部门、各计划单列市林业主管部门及国家林业局各司局、各直属单位参加的会议。

区域性会议。由专网内两个以上单位参加的视频会议，可由国家林业局主办，也可由专网内的任何单位主办。

1+1会议。专网内的任何两个单位之间的会议。

**第二十七条** 申办会议可按以下流程进行：主办单位填写《国家林业局视频会议申请表》报国家林业局信息办审批，经批准，于会前3天与国家林业局视频会议管理人员取得联系，由其提前组织系统调试，各参会单位视频系统管理人员要在同一时间参与调试工作。主办单位和各参会单位分别负责布置主会场和各单位分会场。

**第二十八条** 任何单位与个人不得擅自更改机器设备的设置参数。

**第二十九条** 各节点单位如需增添或更换视频会议系统设备，应当填写《国家林业局视频会议系统设备增加申请表》《国家林业局视频会议系统设备更换申请表》报国家林业局信息办审批，经批准后按要求进行设备采购。

**第三十条** 国家林业局信息办对各节点单位视频会议系统的运行和使用情况进行监督、检查。各节点单位负责对辖区内的视频会议系统运行和使用情况进行监督、检查。

## 第五章 新增业务系统

**第三十一条** 需在国家林业局内网运行的业务应用系统，经国家林业局信息办审核批准后方可接入专网。

**第三十二条** 各节点单位业务应用系统由相关业务部门遵循公用平台建设相关标准和规范组织管理。

## 第六章 运行维护

**第三十三条** 专网实行全网统一网管，网管中心设在国家林业局信息办。网管中心对全网设备与线路状况进行监控、网络设备配置实施与调整。各节点单位在维护网络设备时，应当主动接受网管中心的指导，不得擅自更改专网设备的配置。

**第三十四条** 为保障专网全天候不间断运行，各节点单位应当建立值班制度，由专人负责专网设备的运行，确保专网设备正常运行。

**第三十五条** 各节点单位应当建立专网设备档案和运行工作日志。运行工作日志应当定期向国家林业局信息办报告。

**第三十六条** 各节点单位必须做到：

(一)24小时开机运行，不得随意关机或退出专网系统。

(二)认真记录专网设备运行工作日志，填写设备运行档案。

(三)及时处理各类告警和故障。

(四)按时交纳电信资费。

## 第七章 安全保密管理

**第三十七条** 接入专网的所有终端设备，不得与国际互联网或其他公共信息网络相连接。

**第三十八条** 凡要求接入专网的单位，应当向国家林业局信息办提出书面申请，经审批同意方可接入。

**第三十九条** 国家林业局信息办对专网实行统一监控和安全管理，各节点单位必须严格遵守专网安全策略，有责任和义务协助做好专网安全工作。

**第四十条** 各节点单位应当建立本单位安全保密管理制度，制定安全保密防范措施，并以书面形式报国家林业局信息办备案。

**第四十一条** 各节点单位应当严格执行安全保密制度，不得利用专网从事危害国家利益、泄露国家秘密等违法犯罪活动。

## 第八章 罚 则

**第四十二条** 对违反本办法的行为，国家林业局将给予相关单位通报批评。造成失泄密的，将依据国家有关法律法规和有关规定追究领导和相关人员的责任。

## 第九章 附 则

**第四十三条** 本办法由国家林业局信息办负责解释。

**第四十四条** 本办法自印发之日起实施，《国家林业局全国林业视频会议系统及网络管理办法》、《国家林业局林业综合办公电子传输系统管理办法》同时废止。

# 国家林业局关于印发《全国林业信息化工作管理办法》的通知

林办发〔2010〕187号

各省、自治区、直辖市林业厅(局)，内蒙古、吉林、龙江、大兴安岭森工(林业)集团公司，新疆生产建设兵团林业局，各计划单列市林业局，国家林业局各司局、各直属单位：

现将《全国林业信息化工作管理办法》印发给你们，请结合工作实际认真贯彻执行。

附件：全国林业信息化工作管理办法

国家林业局

2010年7月9日

# 附件　全国林业信息化工作管理办法

**第一条**　为进一步规范全国林业信息化工作，确保林业信息化工作健康有序协调发展，为现代林业科学发展提供强力支撑，依据有关法律法规及规定，结合林业工作实际，制定本办法。

**第二条**　全国林业信息化工作遵循统一领导、分级管理，统筹规划、分步实施，统一标准、资源共享，互联互通、安全可靠的管理原则。

**第三条**　全国林业信息化工作领导小组，是全国林业信息化工作的领导决策机构，负责决策部署全国林业信息化工作的发展战略、重大举措。

**第四条**　国家林业局信息化与电子政务工作领导小组，是国家林业局信息化工作的领导决策机构，负责确定国家林业局信息化工作的发展战略和重大举措。

**第五条**　全国林业信息化工作领导小组办公室和国家林业局信息化与电子政务工作领导小组办公室为领导小组日常办事机构，设在国家林业局信息化管理办公室（信息中心，以下简称国家林业局信息办），负责组织、协调、管理、指导、监督、实施全国林业信息化工作，承办领导小组日常工作及领导小组交办的其他工作。

各省级林业主管部门负责综合协调、指导监督并具体实施本地林业信息化工作。

**第六条**　国家林业局信息办根据国家信息化发展方针、政策、规划和现代林业发展要求，组织编制全国林业信息化建设发展规划，并按照国家林业局规定进行论证和审批。

各省级林业主管部门组织编制本地林业信息化建设发展规划，并报国家林业局备案。

**第七条**　国家林业局各司局、各直属单位组织编制的其他行业性发展规划、计划，如涉及林业信息化建设内容，应当事先送国家林业局信息办审核同意。相关规划、计划经批准后抄送国家林业局信息办备案。

各省级林业主管部门组织编制的其他行业性发展规划、计划，如涉及林业信息化建设内容，应当事先征求本单位相关部门的意见。相关规划、计划经批准后抄送本单位相关部门备案。

**第八条**　林业信息化建设项目的申请、审批、建设、验收等严格执行国家基本建设程序有关规定。

关系全局的重大林业信息化建设项目，立项前须将项目建设方案报全国林业信息化工作领导小组批准。未经领导小组批准的建设项目，不得开展相关前期工作，不得自行筹集经费建设。

**第九条**　国家林业局信息办根据全国林业信息化建设发展规划有关要求，负责组织起草重大林业信息化项目的立项申请、可行性研究报告等相关文件，经专家评审后，按基本建设程序报国家林业局或者国家有关部委批准后组织实施。

各省级林业主管部门按照全国林业信息化建设发展规划有关要求，结合当地工作实际，组织开展当地重大林业信息化项目立项申请工作。相关项目，按基本建设程序报有关部门批准后组织实施。

**第十条**　林业信息化建设项目的确定应当符合《全国林业信息化建设纲要》、《全国林业信息化建设技术指南》和首届全国林业信息化工作会议精神，并基于林业信息化统一平台上建设。

项目建设主要内容：包括林业网站、应用系统、应用支撑、数据库、信息化基础设施、标准规范体系、安全与综合管理体系、林业信息资源开发利用项目的建设、运维、升级改造等。

**第十一条**　国家林业局各司局、各直属单位提出的信息化拟建项目，以及各省级林业主管部门向国家申请立项的信息化拟建项目，应当于每年 2 月底前，提出下一年度本单位、本地区林业信息化建设需求，经国家林业局信息办初审后，按基本建设程序向国家林业局或者国家有关部委申请立项并组织实施。

**第十二条**　林业信息化建设的安全保护等级工作执行国家有关规范和标准。

**第十三条**　涉及国家秘密的林业信息化建设项目，需同步制定保密方案，报国家林业局保密管理部门或者当地保密局审批同意后申报立项。

涉密信息系统应当由具有国家保密局认可的具有相应涉密资质的机构设计开发，建设必须选用国家保密局、国家密码管理局认定的产品，建成后应当由国家保密局或者其认定的测评机构进行测评。未经测评或者测评未通过的，不得交付使用。

**第十四条**　除涉及国家秘密或者法律法规另有规定的外，建成后的国家林业局信息化应用系统、基础数据库和网站必须统一集成于国家林业局内网或外网，在一个平台上经授权后管理使用。各省级林业主管部门信息化项目应当与国家林业局内网或者外网实现资源共享。

**第十五条**　国家林业局网络系统的运行维护工作，按照《中国林业网管理办法》、《国家林业局办公网管理办法》、《全国林业专网管理办法》、《国家林业局中心机房管理办法》和《国家林业局网络信息安全应急处置预案》有关要求实行分工负责制。

针对运行保障情况，国家林业局信息办应当进行适时评比，对于信息内容长期得不到及时更新的国家林业局子站或者栏目，将进行通报或者实施关闭处理。网络系统运行管理和维护所需费用按财政经费渠道列入林业信息化工作经费预算。

各省级林业主管部门信息网络和信息系统的维护和管理，所需费用列入当地单位同级财政预算。

**第十六条**　本办法由国家林业局负责解释。

**第十七条**　本办法自印发之日起施行。

# 国家林业局关于印发《关于支持新疆加快林业发展的意见》的通知

林规发〔2010〕191 号

新疆维吾尔自治区林业厅，新疆生产建设兵团林业局，国家林业局各司局、各直属单位：

为深入贯彻落实中央新疆工作座谈会议精神，做好新时期林业对口援疆工作，我局研究提出了《关于支持新疆加快林业发展的意见》。现印发给你们，请遵照执行。

附件：关于支持新疆加快林业发展的意见

国家林业局

2010 年 7 月 23 日

## 附件　关于支持新疆加快林业发展的意见

新疆地域辽阔，生态状况极其脆弱，加快新疆的林业建设对新疆乃至全国都具有十分重要的意义。为深入贯彻落实中央新疆工作座谈会议精神，推进新疆实现跨越式发展和长治久安，结合新疆林业生态建设的实际和林业行业职能，提出支持新疆加快林业发展的意见。

**一、加快新疆林业发展具有重大意义**

新疆工作在党和国家的工作大局中占有突出重要的战略地位。近年来，在中央一系列关于加快新疆发展与稳定政策措施的支持下，新疆维吾尔自治区党委、政府以及新疆生产建设兵团高度重视林业工作，召开了全区林业工作会议，先后颁布了《关于加快林业改革和发展的决定》等一系列政策性文件。为加快新疆林业发展，国家在新疆实施了天然林资源保护工程、退耕还林工程、三北防护林四期工程、野生动植物保护及自然保护区建设工程、以林果业为主的林业产业基地建设工程等一系列工程的实施，取得了显著成就，有力地促进了新疆林业的发展，新疆森林覆盖率达到了 4.02%，林果业已成为新疆经济发展的支柱产业。但是，由于特殊的地理条件，新疆的生态环境还十分脆弱，全国沙漠总面积的 60%、荒漠化土地面积的 46% 分布在新疆，风沙、干旱、荒漠化、盐渍化、水土流失等生态问题长期制约和困扰着新疆经济发展，林业发展远不能适应新疆经济社会可持续发展的需要，生态建设任务极其繁重。

进一步加快新疆的生态建设步伐，确保新疆经济社会快速发展和长治久安，努力改善新疆各族人民的生产生活生存空间，不仅是维护祖国统一，加强民族团结，保障边疆安全的战略举措，也是推进西部大开发及全面建设小康社会，促进区域协调发展的战略需要；是实践“三个代表”重要思想，落实科学发展观，实现经济社会全面、协调、可持续发展的必然选择。

**二、支持新疆加快林业发展的总体思路和工作重点**

根据中央关于新疆工作的总体部署，按照新时期林业发展战略和现代林业建设的要求，结合新疆林业面临的新形势、新任务，“十二五”期间，必须进一步支持新疆林业发展，加大资金投入力度，加快生态建设步伐。总体思路是：深入贯彻党的十七大精神及中央关于新疆工作的总体部署，以科学发展观统领林业援疆工作全局，结合新疆林业发展实际，以生态建设为主，坚持保护优先、因地制宜、科学治理、深化改革，不断增加森林植被，着力构建以绿洲为主体的林业生态体系，以林果业为主的林业产业体系和具有民族特色的森林生态文化体系，切实保护并积极拓展全疆人民的生产生活生存空间，全面提升林业的生态、经济和文化功能，为新疆经济社会可持续发展作出更大贡献。

围绕上述基本思路，“十二五”期间，国家林业局将采取更有力的措施，加大资金投入力度，在以下七个方面予以重点支持。

（一）指导新疆科学编制林业建设相关规划。积极协调国家发展改革委，抓紧批复《新疆维吾尔自治区塔里木盆地周边防沙治沙一期工程建设规划（2009～2015）》和《新疆维吾尔自治区准噶尔盆地南缘防沙治沙一期工程建设规划（2009～2015）》，并尽快组织实施。指导新疆编制好《新疆林业“十二五”发展规划》和《全疆“十二五”防沙治沙规划》，全面加强对新疆林业发展的指导和支持；将南疆和北疆地区生态区位重要、暂时不具备治理条件、集中连片的沙化土地或具有明显沙化趋势的土地纳入《国家级沙化土地封禁保护区规划》。

（二）着力推进新疆林业生态建设。实施新疆防沙治沙工程，重点推进塔里木盆地周边和准噶尔盆地南缘防沙治沙；以更优惠的政策继续支持新疆天然林资源保护，中央财政安排森林管护费等专项补助资金；启动天山北坡谷地森林植被保护与恢复工程；继续支持新疆开展退耕还林工作，在巩固成果的基础上稳步推进。积极促成新疆亚行贷款项目通过审批和尽快实施；组织实施三北防护林五期工程建设，在生态最脆弱区域，布局一批重点建设项目，提高投资标准，加大资金投入，加快治理进度，力争通过林业重点工程建设，进一步增强山区天然林和荒漠河谷林的生态功能，并实施森林生态效益补偿，构筑全区最主要的生态屏障；在平原地区绿洲内，通过建设农田林网，公路、铁路沿线绿化，油（煤）田地区绿化以及重要河流沿岸防护林建设，形成功能较为完备的生态防护体系；针对新疆特有的野生动植物以及湿地资源分布地区，建设一批不同类型的自然保护区，进一步加大保护力度。

（三）积极促进新疆林业产业发展。通过林业重点工程、农业综合开发以及林业贴息贷款，多渠道扶持新疆林果业发展，重点支持红枣、核桃、香梨、杏、巴旦木、开心果、沙棘、石榴、枸杞、苹果等十大优势特色经济林品种；通过加强基地建设和抚育管理，提质增效，促进农民增加收入。支持新疆林木良种基地建设，从2010年开始对国家认定的良种基地给予补贴，促进良种的使用和推广。大力扶持林果产业化龙头企业，加快农村经济结构调整，促进产业升级。充分利用新疆得天独厚的森林资源、荒漠景观等自然条件，大力发展森林旅游业，使新疆成为人们回归自然、亲近绿色、休闲度假的旅游胜地。积极发展野生动植物驯养繁殖加工产业，使之成为新疆新的林业经济增长点。

*（四）加大对新疆林业基础设施建设支持力度。*进一步加大对新疆各级林业主管部门和乡镇林业站基础设施建设投入；加强森林防护体系建设，实施重点火险区综合治理项目和边境防火隔离带工程；加大森林病虫鼠害防治投资力度；实施符合新疆森林公安实际的森林金盾工程和基层派出所基础设施建设，维护生态安全。

*（五）继续支持新疆开展集体林权制度改革等项工作。*新疆的集体林权制度改革工作已全面展开，国家林业局将积极争取中央财政支持，安排专项资金用于新疆集体林权制度改革。积极协调有关部门，进一步完善森林保险、林权流转、抵押贷款等基层急需的林业政策，解决制约新疆林业发展的政策机制问题。

*（六）着力改善林区民生。*将新疆作为国有林区棚户区改造和国有林场危旧房改造的重点地区予以积极支持，力争用两年左右时间，完成新疆国有林区棚户区和国有林场危旧房改造任务。为进一步改善国有林区职工的生产生活条件，积极协调有关部门将林区安全饮水和道路等基础设施建设纳入有关总体规划。加大对贫困国有林场的扶持力度。

*（七）加大科技支撑，不断提高新疆林业科技水平。*围绕种质资源保护、新品种创制、森林经营、丰产栽培、生物产业、生态建设、灾害防控、储藏保鲜、加工利用等领域开展科技攻关，重点支持和推广银乘新优良杨树新品种、生态经济型防沙治沙林培育技术、天山北坡速生丰产林栽培技术、准噶尔盆地沙漠绿洲边缘无灌溉节水造林技术、塔里木盆地南缘荒漠植被保育恢复与防沙治沙技术、哈密大枣节水高效栽培技术、国外巴旦木优良品种、石榴标准化栽培技术、库尔勒香梨标准化栽培技术、寒富苹果矮化密植栽培技术等10项科技成果，突破瓶颈环节，攻克关键技术，为天然林资源保护、退耕还林、三北防护林体系建设、野生动植物保护及自然保护区建设、重点地区速生丰产用材林基地建设等五大林业重点工程建设以及特色林果业等产业发展提供关键技术支撑，依靠林业科技实现兴林富民。

**三、强化林业援疆工作的组织保障**

在已有林业援疆工作领导小组基础上，进一步加强组织领导，强化和完善办公室工作职责。国家林业局党组书记、局长贾治邦同志担任领导小组组长，局党组副书记、副局长祝列克同志为副组长，有关司局、直属单位一把手为成员。领导小组下设办公室（设在“发展规划与资金管理司”），负责具体做好相关的组织协调工作，各有关司局和直属单位按照各自工作职能开展工作。继续坚持国家林业局与新疆维吾尔自治区和新疆生产建设兵团林业援疆联席会议制度，不定期召开林业援疆工作联席会议，研究解决新疆林业发展面临的问题。继续加大新疆林业干部培训和职业教育方面工作，力争每年举办林业援疆培训班。继续做好选派干部支援新疆工作和接收新疆干部到国家林业局挂职锻炼工作。

新疆维吾尔自治区林业厅、新疆生产建设兵团林业局等要切实加强组织领导，按照林业改革发展目标任务，制定阶段性行动计划，尽快细化完善相关措施，将各项任务分解落实到相关区县（团、场），明确目标任务和工作责任，完善监督考核机制，切实把林业改革发展的各项政策落到实处。

国家林业局各司局、各有关直属单位要高度重视新疆的林业建设，要按照国家林业局党组确定的关于新疆林业工作的总体部署，结合各自职能狠抓落实，全力推进新疆林业生态建设迈上新的台阶。

# 国家林业局关于认真学习和贯彻落实《国务院关于进一步加强企业安全生产工作的通知》的通知

林行发〔2010〕198号

各省、自治区、直辖市林业厅（局），内蒙古、吉林、龙江、大兴安岭森工（林业）集团公司，新疆生产建设兵团林业局，国家林业局各直属单位：

日前，国务院下发了《国务院关于进一步加强企业安全生产工作的通知》（国发〔2010〕23号，以下简称《通知》）。为学习宣传和贯彻落实好《通知》精神，进一步加强林业安全生产工作，现就有关事项通知如下：

**一、充分认识《通知》出台的重大意义，进一步增强做好林业安全生产工作的紧迫感、责任感和使命感**

《通知》是继2004年《国务院关于进一步加强安全生产工作的决定》之后的又一重大举措，充分体现了党中央、国务院对安全生产工作的高度重视。《通知》进一步明确了现阶段安全生产工作的总体要求和目标任务，提出了新形势下加强安全生产工作的一系列政策措施，是指导全国安全生产工作的纲领性文件。各地区和各有关单位要充分认识《通知》对于加强安全生产工作、促进安全发展的重大意义，要从深入贯彻落实科学发展观，加快推进经济发展方式转变的高度，切实增强进一步搞好林业安全生产工作的紧迫感、责任感和使命感，把思想统一到《通知》精神上来，坚定不移地抓好各项政策措施的贯彻落实工作，确保《通知》所提出的工作要求不折不扣地得到贯彻执行，努力推动全国安全生产形势持续稳定好转。

**二、加大学习宣传力度，准确把握《通知》内容和精神实质**

《通知》涵盖企业安全管理、技术保障、产业升级、应急救援、安全监管、安全准入、指导协调、考核监督和责任追究等多个方面，既有政策措施，又有制度保障，既总结了我国安全生产工作的实践，也借鉴了国外先进经验，要认真组织学习、切实领会精神实质，强化宣传教育。一是要认真领会精神实质，进一步认识安全生产工作的长期性、复杂性和艰巨性，加深对《通知》指导思想和主要任务的理解，牢固树立以人为本、安全发展的科学理念和正确的政绩观，把安全生产状况作为衡量工作绩效的重要标志。二是各级林业主管部门和各单位主要负责同志和班子成员要率先学习好、领会好《通知》精神，把握核心内容，为本单位干部职工的学习做好宣讲辅导，努力把学习贯彻《通知》精神转化为完善工作思路、强化工作措施的自觉行动。三是要通过互联网、报纸、电视、广播等多种途径，加大宣传贯彻力度、拓展宣传贯彻广度、延伸宣传贯彻深度，注重宣传效果，要将《通知》迅速传达贯彻到各地区、各单位和所有企业及职工，在全社会掀起宣传热潮。

**三、制定相关配套制度，创新机制、落实责任，确保《通知》要求执行到位**

《通知》在总结近年来国内外安全生产工作经验教训的基础上，对提高事故伤亡赔偿标准，实现重大隐患和事故查处挂牌督办与公告制度，企业安全生产信用状况与相关金融、保险等经济政策挂钩，事故企业负责人资格否决制，相关高危行业全员安全风险抵押金和责任保险制，安全生产现场人员遇有危险情况临时处置决策权，扶持发展安全产品、产业、装备，以及先进技术推广应用的内容和时限等方面提出了明确要求。

一是要在制度配套上下工夫。各地区和各有关单位要抓紧制定落实《通知》的责任分工方案并抓好组织实施。要落实林业企业安全生产主体责任，严格企业安全管理，实施更加严厉的监督管理和更加严格的行业安全准入，大力推进技术保障体系和应急救援体系建设，推行实施更加有效的安全生产工作政绩考核和责任追究制度，结合实际，抓紧研究制定相互配套、有机衔接、推动落实的工作机制。

二是要在创新安全监管工作手段和方法上下工夫。林业各级负有安全生产监管职责的相关部门，要围绕《通知》确定的目标要求和主要任务，切实改进安全监管手段和方法，注重严格执法与强化服务相结合、全面执法与分类监管相结合、现场执法与网络监控相结合、全面检查与重点监管相结合，注重综合运用法律、经济、行政、科技、教育等手段，着力解决突出问题，进一步增强安全监管工作实效。

三是要在落实林业企业安全生产责任制上下工夫。各地区、各有关单位要充分认识企业在安全生产工作中的主体地位和基础作用，指导和督促所有企业进一步规范安全生产行为，强化生产过程管理和安全技术管理，强化职工安全培训，全面开展安全质量标准化，层层落实企业内部责任制度，确保安全生产主体责任的全面落实，不断提升企业安全水平。

**四、加强督促检查，解决突出问题，做好当前工作**

各级林业主管部门和各有关单位要统筹协调、扎实推进，加强督促检查和指导，及时掌握本地区、本单位工作进展情况，及时研究、协调解决贯彻实施中出现的突出问题。要加强社会监督和舆论监督，进一步畅通安全生产的社会监督渠道，充分发挥工会、共青团、妇联组织的作用，依法维护企业职工对安全生产的参与权和监督权，强化新闻媒体的舆论监督，确保各项规定、措施落实到位。各地区、各有关单位要把学习宣传和贯彻落实《通知》精神与当前工作结合起来，严格安全执法，加大现场执法力度，统筹做好深入开展安全生产“打击非法违法”专项行动，协调有关部门搞好联合执法，有效防范和坚决遏制重特大事故发生。

请各地、各单位于8月31日前将学习宣传《通知》精神及相关重点工作责任分工和落实情况报全国木材行业管理办公室。

特此通知。

国家林业局

2010年8月13日

# 国家林业局关于处理罚没红豆杉及其制品的复函

## 林护发〔2010〕212号

江西、湖南、云南省林业厅：

你们关于处理罚没红豆杉及其制品的请示文件收悉。经研究，现函复如下：

一、野生红豆杉属国家一级保护野生植物，其活体及其制品的利用应当用于科学研究、人工培育和文化交流等目的。

二、对依法罚没的红豆杉原木及其制品，可以参照国家对罚没木材的相关法律法规的规定，由你们制定处理方案，依法进行处理，并将变卖所得上缴国库。

三、请你们严密监管对罚没品的处理和处理后的利用活动，严格防止因对罚没品的处理所可能导致的对野生红豆杉资源的破坏行为，进一步强化执法和保护工作。

特此复函。

国家林业局

2010年9月15日

# 国家林业局关于加快推进森林认证工作的指导意见

## 林技发〔2010〕213 号

各省、自治区、直辖市林业厅(局),内蒙古、吉林、龙江、大兴安岭森工(林业)集团公司,新疆生产建设兵团林业局,国家林业局各司局、各直属单位:

为深入贯彻《中共中央国务院关于加快林业发展的决定》提出的“积极开展森林认证工作,尽快与国际接轨”的要求,落实中央林业工作会议精神,深化集体林权制度改革,促进森林可持续经营,推动现代林业又好又快发展,现就加快推进森林认证工作提出如下指导意见。

**一、充分认识开展森林认证工作的重要意义**

(一)开展森林认证是发展现代林业的必然要求。森林认证是由独立的第三方按照规定的程序和标准对森林经营和林产品生产销售进行合格评定的活动。实施森林认证制度,有利于实现森林资源由政府直接管理向政府和社会共同监督管理转变,森林经营由注重经济效益向生态社会经济综合效益均衡发展转变,林木采伐由限额管理向森林经营方案管理转变,经过认证的木材运输由许可证管理向认证标识管理转变,林产品利用由过度消费向绿色消费转变,是林业贯彻落实科学发展观的具体实践。

(二)开展森林认证是拓展林产品市场的有效途径。随着公众环境保护意识的不断增强,鼓励绿色消费,优先购买森林认证产品,已成为合理利用森林资源、有效保护生态环境的共识和行动。积极开展森林认证,有利于培育绿色林产品市场,提高我国林产品信誉度、认知度和国际竞争力,应对绿色贸易壁垒,扩大国际市场份额,促进我国林业产业可持续发展。

(三)开展森林认证是巩固集体林权制度改革成果的重要手段。实施森林认证制度,为创新集体林经营体制和机制、改进林木采伐管理制度提供了新模式,为提高林业生产的组织化程度、增加林农收入开辟了新渠道,为林农或林业新型合作组织提高森林经营水平、增强风险抵御能力提供了新手段,为全社会参与森林经营、支持林业发展提供了新途径。

(四)开展森林认证是加快我国林业国际化进程的战略选择。实现森林可持续经营,既是国际社会的广泛共识,也是我国政府的郑重承诺。建立符合国情林情的国家森林认证体系,加快国际互认,推进森林认证,有利于提高森林质量、增加森林碳汇、应对气候变化,有利于保护森林资源、遏制非法采伐、促进合法贸易,有利于履行国际承诺、树立国际形象、推进国际合作。

**二、开展森林认证工作的总体要求**

(五)指导思想

坚持以邓小平理论、“三个代表”重要思想和科学发展观为指导,认真贯彻落实中央林业工作会议精神,以实现森林可持续经营、增强森林生态服务功能、提高林业产业持续发展能力为目标,科学规划,规范管理,分类指导,分步实施,建立既符合国情林情又与国际接轨的国家森林认证体系,促进现代林业又好又快地发展。

(六)基本原则

——政府引导,社会监督。在国家统一认证认可制度框架下,国家林业行政主管部门负责建立国家森林认证体系。充分发挥政府部门、行业协会、非政府组织、新闻媒体和社会公众的作用,加强对认证过程和认证对象的监督管理。

——市场驱动,企业自愿。按照资源节约型、环境友好型社会的要求,增强社会绿色消费意识,培育认证产品市场。森林经营单位和林产品生产销售企业根据自身发展状况和产品市场份额,自愿选择认证机构、认证领域和认证类别。

——统一管理,分类实施。按照统一认证标准,统一认证规则,统一认证标志,统一认证监管,逐步开展不同类别的认证。

——先行试点,稳步推进。选择不同森林类型、不同森林权属、不同区域的森林经营单位和不同产品类型的林产品生产销售企业,开展森林认证试点,总结经验,完善体系,以点带面,稳步推进。

(七)发展目标

到 2015 年,在国有林区试行森林认证制度,在集体林区开展森林认证试点,引导主要外向型林产品生产销售企业开展产销监管链认证,探索扩大认证类别和范围,初步建立国家森林认证体系并实现国际互认。

到 2020 年,鼓励国有林区和集体林区积极开展森林经营认证,引导主要林产品生产销售企业开展产销监管链认证,进一步扩大认证类别和范围,形成比较成熟的森林认证市场,完善国家森林认证体系并扩大国际互认范围,提高森林可持续经营水平。

(八)主要任务

选择符合条件的森林经营单位和林产品生产销售企业开展森林认证试点;完善认证标准和技术规范;推动国家森林认证体系国际互认进程;探索碳汇林、竹林、非木质林产品、森林生态环境服务和生产经营性珍贵稀有濒危物种等认证;培育认证市场,推动森林认证产品纳入政府采购目录;加强能力建设,加大宣传力度,推动绿色生产与消费。

**三、建立健全国家森林认证体系**

(九)完善森林认证标准体系。根据现代林业发展的要求,针对不同认证类别,制定相应认证标准,适时修订和完善现有认证标准和技术规范,构建完善的森林认证标准体系。

(十)引导认证机构建设。鼓励有条件的单位或个人申请注册认证机构,为认证机构提供技术咨询和服务,帮助认证机构完善技术性文件和内部管理体系,支持认证机构依法开展认证活动。

(十一)强化认证监管。加强对认证机构及其认证活动的监督管理,推进森林认证工作规范化、制度化和法制化,确保森林认证工作健康有序地发展。

**四、积极开展森林认证试点工作**

(十二)扎实推进森林经营认证试点。结合森林可持续经营试点和森林抚育试点，选择不同所有制的森林经营单位开展森林认证试点。各地应从实际出发，本着简便易行、先易后难的原则，指导试点单位建立健全企业内部经营管理体系，探索和创新适应集体林权制度改革的森林认证模式，引导林农按照联合认证的要求组建新型林业合作组织，帮助林农或林业合作组织编制森林经营方案，提供技术咨询。

(十三)积极开展产销监管链认证试点。按照市场需求和企业意愿，选择家具、木地板、浆纸等生产销售企业先行试点。各地应按统一要求，积极推荐试点企业，为企业建立健全符合认证要求的内部管理体系提供技术支持。

(十四)努力拓展认证范围。根据经济社会发展需求，积极创造条件，逐步推进碳汇林、竹林、非木质林产品、森林生态环境服务和生产经营性珍贵稀有濒危物种等认证。

(十五)认真总结试点经验。各地应及时对试点工作进行总结评估，为完善森林认证规则、认证标准和操作指南等技术性文件和管理规范提供依据，推动和指导森林认证工作全面开展。

**五、切实加强森林认证能力建设**

(十六)加强专业技术培训。把森林认证纳入行业培训计划，采取灵活多样的方式，切实开展不同层次、不同内容、不同对象的森林认证及相关专业技术培训工作，重点加强森林经营单位和林产品生产销售企业管理人员和技术骨干的培训，鼓励有条件的单位或个人申请注册培训机构。

(十七)强化认证队伍建设。建立认证机构、培训机构和咨询机构从业人员的准入制度。建立科学的考核与评价机制，监督认证机构、培训机构和咨询机构定期开展技能培训，以保持知识更新与提高。加强职业道德教育，确保认证过程公平、公正，提高认证结果的信誉度。

(十八)提高科技支撑水平。鼓励和支持林业科研机构和高等院校开展森林认证技术、政策和管理研究，建立森林认证专家库和信息服务平台，鼓励有条件的单位或个人申请注册咨询机构，为进一步完善国家森林认证体系提供科技支撑。

(十九)推进国际合作交流。加强与国际森林认证体系和国家森林认证体系的多边、双边合作与交流，把握国际动向和趋势，加强信息共享，推进国际互认，建立对话机制，积极参与国际规则的制定。

**六、保障措施**

(二十)加强组织领导。各级林业行政主管部门要高度重视森林认证工作，把森林认证作为现代林业建设的重要内容，纳入议事日程，确定专门机构或配备专职人员，明确职责，落实责任，切实推进森林认证工作。

(二十一)加大宣传力度。充分利用广播、电视、报纸、广告、网络等多种途径，普及森林认证知识，扩大森林认证影响，增强公众环境意识，倡导绿色消费，营造全社会采信森林认证结果、共同保护森林的良好氛围。

(二十二)加强政策支持。制定有利于森林可持续经营和森林认证的政策措施，加强与有关部门的沟通协调，将森林认证产品尽快纳入政府采购目录并逐步提高采购比例。对通过森林认证的森林经营单位和林产品生产销售企业，在技术指导、信息服务、项目安排、资源利用、银行信贷、市场开拓等方面予以支持。

国家林业局

2010 年 9 月 16 日

# 国家林业局关于授予河北省塞罕坝机械林场“国有林场建设标兵”称号的决定

林场发〔2010〕214 号

各省、自治区、直辖市林业厅(局)，内蒙古、吉林、龙江、大兴安岭森工(林业)集团公司，新疆生产建设兵团林业局，国家林业局各司局、各直属单位：

河北省塞罕坝机械林场始建于 1962 年。48 年来，塞罕坝人面对恶劣的气候环境和艰苦的生活条件，克服了常人难以想象的巨大困难，以饱满的精神、昂扬的斗志、乐观的态度和必胜的信念，坚持不懈地奋战在塞北高原，矢志不渝地同土地沙化进行了顽强抗争，在极端困难的立地条件上，成功营造起了百万亩人工林海，建成了中国乃至亚洲面积最大的集中连片人工林基地，创造了我国生态建设史上的一个奇迹，铸就了“艰苦创业、无私奉献、科学求实、开拓创新、爱岗敬业”的塞罕坝精神，成为全国林业战线上的一面旗帜。

为了树立典型，表彰先进，进一步激发全国林业系统广大干部职工艰苦奋斗、大胆改革、不断创新的工作热情，我局决定授予河北省塞罕坝机械林场“国有林场建设标兵”称号。

全国林业系统要认真学习“艰苦创业、无私奉献、科学求实、开拓创新、爱岗敬业”的塞罕坝精神，进一步弘扬中华民族吃苦耐劳、自强不息的传统美德，依靠科学技术、依靠改革创新、依靠人民群众，全面完成林业各项建设任务，再造千百个塞罕坝，努力开创我国现代林业发展和生态文明建设新局面，为全面完成小康社会奋斗目标实现中华民族的伟大复兴奠定生态基础。

希望河北省塞罕坝机械林场珍惜荣誉，再接再厉，继续发挥模范表率作用，进一步解放思想，改革创新，不断为我国国有林场改革发展创造新经验，为发展现代林业、建设生态文明、推动科学发展作出新的更大的贡献。

国家林业局

2010 年 9 月 16 日

# 国家林业局关于开展向杨善洲同志学习活动的通知

## 林人发〔2010〕232号

各省、自治区、直辖市林业厅(局),内蒙古、吉林、龙江、大兴安岭森工(林业)集团公司,新疆生产建设兵团林业局,国家林业局各司局、各直属单位:

日前,中共中央政治局委员、书记处书记、中央组织部部长李源潮同志对杨善洲同志的感人事迹作出重要批示,指出,杨善洲同志60年坚守共产党人的精神家园,一辈子把党和群众的利益放在个人利益前面,一辈子淡泊名利、地位,一辈子公而忘私、廉洁奉公。他的先进事迹和思想境界十分感人。要求把杨善洲同志作为创先争优的重大典型予以宣传。

杨善洲,男,1927年1月出生,云南施甸县人,1952年11月加入中国共产党,先后任施甸区、县主要领导,保山地委副书记,1977年2月至1986年3月任保山地委书记。工作30多年来,杨善洲始终艰苦朴素,两袖清风,全心为民,忘我工作,为保山经济社会发展作出了突出贡献。1988年3月,他从保山地委书记岗位上退休后,始终坚守共产党人的精神家园,情系大山、心系群众,为实践"帮家乡办点实事"、"为后代人造林绿化荒山"和"只要生命不结束,服务人民不停止"的诺言,主动放弃进省城安享晚年的机会,毅然回到偏僻山村,扎根大山,艰苦创业,义务植树,经过20余年的奋斗,使近6万亩山秃水枯的大亮山林场重披绿装,改善了当地的生态面貌,创造的活立木直接经济价值超过3亿元。2009年4月,他将大亮山林场无偿移交给国家。杨善洲退休之后,曾先后被评为省、市优秀共产党员、获得"全国绿化十大标兵"、"全国绿化奖章"、"全国老有所为先进个人"等众多荣誉,被誉为"活着的孔繁森"(其先进事迹详见附件)。

杨善洲同志是当代共产党员的优秀代表,是领导干部的楷模,是老干部中的优秀典型,是生态和林业建设者的杰出榜样。为深入学习杨善洲同志的先进事迹,大力宣传、弘扬他的崇高精神,我局决定在全国林业系统迅速开展向杨善洲同志学习的活动,以他的先进事迹和优秀品质为榜样,激励和推动林业战线的创先争优活动,促进广大党员干部和职工群众进一步解放思想,真抓实干,为发展现代林业、建设生态文明、推动科学发展争做新贡献。现将有关事项通知如下:

**一、要大力宣传和学习杨善洲同志的先进事迹和优秀品质**

杨善洲同志是领导干部中涌现出来的杰出代表,是生态建设和林业战线的光辉榜样。要把向杨善洲同志的学习活动作为创先争优活动的重要内容,把他的先进事迹作为党员干部学习的生动教材。

一要学习他牢记宗旨、鞠躬尽瘁的公仆情怀。杨善洲同志坚守共产党人的精神家园,牢记全心全意为人民服务的宗旨,时刻把人民群众的利益放在首位,真心实意地为人民群众办实事。作为一名地委书记,退休之后放弃在城市安享晚年的优厚待遇,扎根家乡的荒山,植树造林20余年,使荒山重披绿装。他始终牢记党员的信仰和使命,自觉实践了高尚的人生追求和价值,做到鞠躬尽瘁,死而后已,成为群众心目中优秀共产党员的鲜活形象。学习杨善洲,就要像他那样,时刻牢记全心全意为人民服务的宗旨,坚定理想信念,争做先锋模范;就要像他那样,牢固树立和自觉践行科学发展观,全力融入经济社会发展和生态建设大局;就要像他那样,甘当公仆,无私奉献,毕生报效祖国和人民。

二要学习他一心为民、淡泊名利的高尚情操。杨善洲同志一辈子公而忘私,一辈子淡泊名利,一辈子赤诚奉献。他考虑的是多为老百姓办实事,多为贫困山村献爱心,多为国家社会尽余力。他关心群众生活,体察群众疾苦,倾听群众呼声,为群众排忧解难,把党的温暖送给群众。他给贫困山村送粮送物,尽力资助贫困家庭,他义务办林场,不要报酬,谢绝国家分配的提成奖励。向杨善洲同志学习,就要像他那样,以党的事业、人民的利益为重,心系人民,记挂群众,真正做到权为民所用、情为民所系、利为民所谋;就要像他那样,咬定青山不放松,老当益壮,老而弥坚,发扬愚公精神,矢志不渝奋斗;就要像他那样,淡泊金钱名利,不计个人得失,以实际行动熔铸共产党员的高尚情操和博大胸怀。

三要学习他造福后人、倾力生态建设的创业精神。杨善洲同志担任地委书记期间为群众办好事,退下领导岗位后仍然不忘造福后人,承诺"帮家乡办点实事",绿化大亮山,立志改变家乡的生态面貌。他与群众一起,爬高山,住窝棚,搭油毛毡,脚穿草鞋,手拿砍刀,肩扛锄头,挖山育苗,艰苦创业。曾经捡果核造林,曾经为植树摔折左腿,克服难以想象的困难,历经20多年的奋斗,使山秃水枯的大亮山旧貌换新颜。他用自己的模范行动实现了庄严的承诺。学习杨善洲,就要像他那样,始终保持强烈的事业心和责任感,勤奋敬业,尽职尽责,造福后人;就要像他那样,始终奋发向上,积极进取,毕其一生,无怨无悔;就要像他那样,始终充满信心、充满激情,保持改革创新的斗志,立足本职,勇挑重担,为生态建设和林业事业建功立业 。

四要学习他不忘本色、艰苦朴素的思想境界。杨善洲是农民出身的干部,他始终没有忘记自己从哪里来,根在何处。始终保持农民群众的本色,用淳朴的感情对群众,对家乡,对亲友,以艰苦奋斗为乐,永远植根于老百姓当中,把党员领导干部的理想信念和民族的传统道德操守完美结合在一起。他处处从农民的角度去理解农民,从农民的角度去思考怎样"为民",从农民的角度去思考怎样"为官",与父老乡亲始终保持着一种水乳交融的紧密联系,把余生精力全部放在绿化山乡上。向杨善洲同志学习,就要像他那样,加强党性修养,不断自我完善,始终做到艰苦朴素,甘于奉献;就要像他那样,深入基层,扎根群众,兢兢业业,忘我工作,永葆共产党人的政治本色；就要像他那样，转变工作作风，坚持求真务实，重信践诺，不断提高思想境界和品行素质。

五要学习他两袖清风、清正廉洁的高尚品德。杨善洲同志为官30余载，他把全部的心血和热情都用在了为人民群众办实事上，为国家创造了巨大的生态价值和财富，自己依然蜗居陋室，豁达乐观，毫无怨言。他公而忘私，舍“小家”，顾“大家”，小女儿8岁才第一次看到父亲。他的子女、老伴一直是农民，组织多次提出把他家人转为城镇户口，他坚决不同意。他生活简朴，从不讲究吃穿，始终保持艰苦奋斗、勤俭节约的作风。向杨善洲同志学习，就要像他那样，牢固树立正确的世界观、人生观、价值观，激浊扬清，弘扬正气；就要像他那样，始终保持艰苦奋斗的优良作风，清正廉洁，严于律己，不谋私利，作风俭朴，以自己的模范行动为群众作出表率；就要像他那样，保持清醒头脑，坚持反腐倡廉，为经济社会发展和生态建设创造良好环境。

**二、认真组织，精心安排，确保学习活动取得实效**

各地各单位要把开展向杨善洲同志学习活动作为争先创优活动的一项重要内容，作为当前的一项重要政治任务，认真安排，精心组织，加强领导，切实抓紧抓好。各级领导干部要率先垂范，带头学习，带头实践，一级带一级，确保学习活动层层落实，取得实效。

要利用这一真实、生动的教材，教育党员，教育干部，教育群众。要把学习活动同学习贯彻十七届五中全会精神相结合，同贯彻刚刚结束的全国集体林权制度改革百县经验交流会相结合，同“讲党性、重品行、作表率”相结合，同总结年终工作，理清工作思路，谋划和推动明年工作相结合，同每一位党员、干部的思想实际和本职工作相结合，教育引导广大党员、干部和群众树立正确的世界观、人生观和价值观，坚持勤政为民，自觉抵御和摒弃利己主义、拜金主义、享乐主义等腐朽思想，大力弘扬杨善洲同志“三个一辈子”的精神，把党和群众的利益放在个人利益前面，大力倡导热爱林业、献身生态、廉洁奉公、无私奉献、全心全意为人民服务的社会新风尚，营造争先创优、干事创业的良好氛围，为推动林业又好又快发展、全面建设小康社会作出新的更大的贡献。

国家林业局

2010年10月15日

# 国家林业局关于进一步深化森林采伐管理改革试点工作的通知

## 林资发〔2010〕251号

北京、天津、河北、山西、内蒙古、辽宁、吉林、黑龙江、江苏、浙江、安徽、福建、江西、河南、湖北、湖南、广东、广西、海南、重庆、四川、贵州、云南、陕西省、自治区、直辖市林业厅(局)：

为落实中央林业工作会议精神，建立健全林木采伐管理制度，2009年我局在24个省(含自治区、直辖市，下同)的193个县(含区、市、林场，以下简称各试点单位)开展了全国森林采伐管理改革试点。一年多来，各试点单位在省采伐管理改革试点领导小组的指导下，按照各自的试点方案，克服困难，大胆探索，已经取得了初步成效。但是，仍有一些地方对采伐管理改革的重要性认识不足，改革的力度不大，效果不明显；少数地方甚至缺乏改革的信心和动力，存在消极畏难情绪，试点工作流于形式，具体措施乏力，行动迟缓，发展很不平衡。为加快推进森林采伐管理改革，确保采伐管理改革试点工作取得预期成效，现就进一步深化森林采伐管理改革试点工作通知如下：

**一、进一步提高对深入推进森林采伐管理改革试点工作重要意义的认识**

(一)深入推进森林采伐管理改革试点是深化集体林权制度改革的重要内容。集体林权制度改革是以明晰林地使用权和林木所有权、放活经营权、落实处置权、保障收益权为主要内容的综合性改革。而森林采伐管理改革是放活经营权、落实处置权、保障收益权的关键措施，只有不断改革和完善森林采伐管理制度，才能延伸集体林权制度改革的“释放效应”，才能让广大林农真正成为山林的主人，调动起他们发展林业的积极性。

(二)深入推进森林采伐管理改革试点是建立新型林木采伐管理制度的具体行动。随着集体林权制度改革的深入推进，森林经营主体多元化、资源配置市场化、行业服务中介化的趋势已经形成，与时俱进地开展森林采伐管理改革试点，赋予广大森林经营者更充分的林木处置权，建立新型的林木采伐管理制度，既是贯彻中央林业工作会议的具体行动，也是落实科学发展观，不断完善森林采伐管理制度的改革实践。

(三)深入推进森林采伐管理改革试点是规范行政审批、提高行政效率、保障林农权益的重要举措。森林采伐指标审批是林业主管部门的重要审批项目。由于林木采伐指标有限，传统管理方式层级较多，林农申请采伐指标周期较长，费用较高，同时，采伐限额指标分配自由裁量空间大，容易滋生腐败。因此，通过深入推进森林采伐管理改革试点，改革行政审批方式，提高审批效能、强化服务，实行采伐指标分配的“公平、公正、公开”，推进“阳光政务”，自觉接受群众的监督，避免“权力寻租”等现象的发生，既可以规范林业主管部门的行政行为，又可以保障林农合法权益。

**二、系统推进森林采伐管理试点工作，完成试点方案确定的各项任务**

(一)切实加强对试点工作的组织领导。各试点单位要把森林采伐管理改革试点工作作为林业改革的重要内容，摆上议事日程，落实工作责任制，确保采伐管理改革试点工作有专人抓、有能人管、有经费支撑。各试点省采伐管理改革试点工作领导小组应当切实履行职责，加强对本省采伐管理改革试点工作的组织领导和督促指导，帮助各试点单位有针对性地解决采伐管理方面的突出问题。

（二）加强对参与森林采伐管理改革试点工作人员的培训。要通过举办不同层次、不同形式的培训班，有计划地培训各级林业干部、业务骨干，使各级林业干部提高思想认识，掌握试点政策，理解试点方案，熟悉工作程序，提高组织和驾驭改革的能力，确保采伐管理改革试点工作规范有序进行。各试点省也要加大培训指导力度，采取集中培训和到试点单位现场指导等多种形式培训业务骨干，提高试点单位把握政策的能力和水平。

（三）如期完成试点方案确定的各项任务。各试点省和试点单位要在总结前一阶段试点工作的基础上，根据《试点方案》抓紧对下步试点工作作出部署。试点单位要认真学习、准确理解我局下发的《关于改革和完善集体林采伐管理的意见》（林资发〔2010〕166号），深刻领会和整体把握采伐管理改革的基本原则、总体目标和要求，进一步解放思想，拓宽思路，增强信心，克服因循守旧、观望等待的消极畏难情绪，更不能为维护既得利益阻碍改革，要大胆尝试，创造性地解决改革试点中涉及到的具体问题，防止试点工作流于形式或做表面文章，要不断将试点工作推向深入，确保《试点方案》确定的目标任务如期完成。

**三、扎实开展"回头看"活动，巩固森林采伐管理改革试点成果**

（一）明确"回头看"的内容和重点。各试点省要在2010年年底前组织一次采伐管理改革试点回头看活动（以下简称"回头看"）。目的是再发动、再组织，深入推进森林采伐试点工作，使试点工作再上新台阶。重点内容就是对照《试点方案》查缺补漏，总结得失，巩固成绩，提出改进的意见和措施并狠抓落实；重点就是看试点政策掌握情况、试点任务完成情况、长效机制建立情况、林农群众满意情况。

（二）统筹推进"回头看"和深化试点工作。对在"回头看"过程中总结出的经验，认真加以推广应用，使试点工作取得更大成效；对经过实践检验、群众认可的做法，要尽快总结提炼，吸收到相关政策和规程中，为建立新型的采伐管理长效机制奠定基础；对在"回头看"过程中发现的问题，要认真分析、系统研究，将其作为深化试点工作的重点，加以突破。

**四、认真做好森林采伐管理改革试点的总结工作**

（一）开展森林采伐管理改革试点成效的评估工作。各地应根据各试点单位的试点方案，采用定量或定性相结合的方法，组织相关专家对改革试点成效进行及时、全面、系统的总结、分析、评估，并将考评结果作为试点工作总结的主要内容报我局。我局将适时派工作组赴有关省对试点工作成效进行实地考核。

（二）及时报送森林采伐管理改革试点工作总结。试点单位要于2010年12月31日前向省林业主管部门提交试点工作总结报告；试点省林业主管部门要在本省各试点单位总结报告基础上，形成本省的采伐管理改革试点成果总报告，与各试点单位总结报告一并于2011年1月31日前报我局。

特此通知。

国家林业局

2010年11月3日

# 国家林业局　住房城乡建设部　国家发展改革委　国土资源部关于印发《国有林区棚户区改造工程项目管理办法》的通知

林规发〔2010〕252号

各省、自治区、直辖市林业厅（局）、发展改革委、住房城乡建设厅（局）、国土资源厅（局），内蒙古、吉林、龙江、大兴安岭森工（林业）集团公司，各计划单列市林业局：

为进一步加强项目管理，规范建设程序，提高建设质量，积极稳妥推进林业棚户区（危旧房）改造工作，确保各项建设目标的实现，依据国家有关法律、法规及政策文件，结合国有林区棚户区改造和国有林场危旧房改造工作实际我们修订了《国有林区棚户区改造工程项目管理办法》，现印发你们，请认真执行。

附件：国有林区棚户区改造工程项目管理办法

国家林业局

住房和城乡建设部

国家发展和改革委

国土资源部

2010年10月26日

# 附件　国有林区棚户区改造工程项目管理办法

## 第一章　总　则

**第一条**　为全面加快国有林区棚户区（以下简称"棚户区"）改造步伐，加强项目管理，规范建设程序，提高建设质量，切实改善棚户区居民住房条件，根据国家有关法律、法规及政策文件，制定本办法。

**第二条**　本办法适用于国家有关部门已经批复的棚户区改造建设方案中确定的国有林区棚户区改造项目。

**第三条**　国有林区棚户区是指国有森工林业局、国有营林局局址和林场中破旧平房集中连片、泥草房和危房面积超过50%，基础设施不齐全、道路狭窄、治安和消防隐患大、环境卫生脏乱差，低收入家庭户数较多的居民点。

**第四条** 棚户区改造应当统筹规划，分步实施，制定改造规划和实施计划；应当坚持分类指导，因地制宜，宜平则平，宜楼则楼；新建与维修改造相结合，统规统建与统规自建相结合。棚户区改造以满足基本居住需要为目标，新建住房基本户型建筑面积为50平方米，各地在户型设计上可根据本地实际情况适度调整。改造后的房屋面积不低于50平方米，而且要满足居住需求，确保基本功能齐全。

**第五条** 棚户区改造所需投资实行政府扶持（包括中央补助和省级人民政府配套）、企业自筹、职工合理负担相结合。棚户区改造政府补助额度以每户50平方米为标准核定，户型面积中超出50平方米以上的部分不享受政府补助。中央补助每户15000元，省级人民政府配套不低于每户10000元，企业自有（筹）资金和职工个人出资由国有森工林业局依据各地实际情况合理确定标准，并可结合投工投料解决。

**第六条** 省级人民政府对本地区棚户区改造项目的"目标、任务、资金"负总责。负责制定本地区棚户区改造实施细则和优惠政策，落实地方配套资金，协调解决棚户区改造实施过程中的有关重大事宜。

**第七条** 林区棚户区改造要符合当地土地利用总体规划，原则上实行原地改建，不扩大占地规模，人均建设用地标准不得突破当地规定。确需异地改建的，经充分论证后，在土地供应计划中优先安排。异地改建中涉及新增建设用地的，应符合土地利用总体规划和年度计划，依法办理农用地转用和土地征收审批手续。涉及占用耕地的，应依法履行耕地占补平衡义务。

**第八条** 林区棚户区改造应当与国有林场布局调整、林区城镇化建设、"社企分离"相结合，积极推进林区各项改革工作。工程实施中，首先解决山上林场职工的住房困难，优先解决特困群体的住房困难。

**第九条** 棚户区改造项目涉及群众切身利益，必须实行公示制度，公开、公平、公正，民主监督。

**第十条** 棚户区改造项目的审批（审核、规划许可）、咨询、勘察、设计、施工等单位（机构）应当严格遵守国家、行业的有关法规、标准和本办法及其实施细则的要求，并对其行为负责。

## 第二章 项目组织管理

**第十一条** 国务院发展改革部门会同林业、住房城乡建设、国土资源部门负责安排国有林区棚户区改造计划。国务院林业主管部门负责审批国有林区棚户区改造省级年度建设方案；会同发展改革、住房城乡建设、国土资源部门负责国有林区棚户区改造项目监督管理。

**第十二条** 省级发展改革部门负责会同本级林业、住房城乡建设、国土资源等部门对棚户区改造项目可行性研究报告（初步设计）进行审查和审批，并协调落实地方配套资金，转发下达明细计划。

**第十三条** 省级林业行政主管部门和森工（林业）集团公司（以下简称林业）负责会同本地区发展改革、住房城乡建设、国土资源部门编制年度建设方案，负责棚户区入户调查、签订合同、房屋拆迁、住宅建设（施工、物资采购）等项目实施管理工作等；配合有关部门对棚户区改造项目进行检查验收。

**第十四条** 省级住房城乡建设部门负责会同林业、发展改革、国土资源部门将棚户区改造任务纳入本地区保障性住房建设规划，加强对棚户区改造项目拆迁、规划、勘察设计、施工、监理、竣工验收、备案等环节的监督管理，保证工程质量。

**第十五条** 省级国土资源管理部门负责对市县国土资源部门供地行为的监管，市县国土资源部门应依据国有林区棚户区改造项目批准文件，确定改造项目用地的供应标准、规模及时序，落实具体地块，并依法及时办理用地手续。

**第十六条** 棚户区改造项目所在地的县（含市、区，下同）人民政府和有关主管部门应在落实国家有关优惠政策的同时，根据本行政区域的实际情况制定支持棚户区改造的相关优惠政策。

**第十七条** 实施棚户区改造的国有森工林业局为项目建设单位，对项目实施负全责。经省级发展改革、住房城乡建设、林业主管部门同意后，也可由项目所在地县级人民政府指定的单位为项目建设单位，对项目实施负全责。项目建设单位具体负责棚户区改造项目可行性研究报告（初步设计）、建设方案、年度计划的编制，自有（筹）资金和职工出资的筹措，棚户区改造资金的具体使用和管理。定期上报项目建设、计划完成、资金使用情况及存在的问题和建议。项目建设单位应当加强棚户区改造项目的组织领导，成立棚户区改造项目工作专门办事机构。

## 第三章 项目计划管理

**第十八条** 国务院发展改革部门会同林业、住房城乡建设等主管部门，依据省级年度建设方案和年度计划申请报告，省级配套资金落实情况，统筹平衡、联合下达各省棚户区改造项目年度计划。

**第十九条** 省级发展改革部门会同本级林业、住房城乡建设等部门，依据国家计划、省级年度建设方案、企业自有（筹）资金、职工出资落实情况，将计划分解到具体项目，转发下达明细计划。

**第二十条** 实施棚户区改造的省、自治区应当严格按照批复的建设方案和年度计划组织项目建设。项目建设单位应当严格按照批复的可行性研究报告（初步设计）组织实施，不得擅自调整或者更改计划内容、变更项目建设方案、扩大（或压缩）建设规模。确需调整，须报经原审批部门批准。对擅自调整或者变更投资计划，配套资金不落实的省，国家有关部门将调减下一年度投资计划。

## 第四章 项目建设管理

**第二十一条** 对于采用划拨方式供应林区棚户区改造项目用地的，应在《国有建设用地划拨决定书》中明确约定住房套型建筑面积、项目开竣工时间等土地使用条件。对于配套建设的商业、服务业等经营性设施用地，必须实行有偿使用，严格坚持以招标拍卖挂牌出让方式供地。严禁以棚户区改造名义变相进行商品房开发。

**第二十二条** 在实施棚户区改造中，因布局调整撤销的林场原场址范围内建筑物、构筑物，必须全部拆除、平整，恢复林业生产条件，用于植树造林，不得改变林地用途。

**第二十三条** 建设单位应当根据有关批复文件编制切实可行的年度建设方案，严格按照建设方案内容组织项目建设。

**第二十四条** 棚户区改造工程项目建设应当严格实行项目法人责任制、招标投标制、监理制和合同管理制。大宗物资应当集中采购。

**第二十五条** 参与棚户区改造的有关部门、单位应当建立健全项目建设档案，项目各环节的资料均应当严格按照档案管理有关规定收集、整理和归档。档案管理必须有专人负责并严格履行职责。

**第二十六条** 建设单位应当认真组织力量，按照国家规定的标准，对已批复改造方案中的棚户区居民逐户核查，建立详细完善的棚户区住房档案。

**第二十七条** 建设单位应当按照统筹规划、先易后难的原则，在棚户区改造前做好群众意愿普查工作，充分尊重棚户区居民意愿，与棚户区居民签订包括职工意愿、资金〔含政府补助、企业自有(筹)资金、职工个人出资〕、住房管理、房屋产权等相关内容的合同。

**第二十八条** 建设单位应当充分考虑棚户区居民的承受能力，做好与各项住房政策的衔接，妥善安置被搬迁居民。对确实无力购房的特困户，可以通过廉租房等多种方式妥善安置。

**第二十九条** 按照当地政府的有关规定取得房屋产权的，地方房屋登记部门应当及时给予相应登记。涉及林区棚户区改造的建设用地，必须依法办理土地登记，明晰土地产权，并及时办理土地变更登记手续，保护土地权利人的合法权益。

**第三十条** 棚户区改造后，室外给水、排水、供电、供暖、有线电视、道路、绿化等基础设施要基本齐全，达到正常使用功能。

## 第五章 项目资金管理

**第三十一条** 棚户区改造项目资金来源包括：中央补助投资、地方配套资金、企业自有(筹)资金、职工个人出资。

**第三十二条** 棚户区改造项目建设资金实行专款专用、单独核算，严防截留挪用、滞留不用和浪费建设资金。严禁以任何形式挤占、挪用，违规抵扣建设资金。严禁将棚户区改造中央补助资金用于偿还以往债务和拖欠款。对违反规定的单位，国务院有关部门将采取停拨资金、停止审批项目的调控措施，并建议国家有关部门追究有关责任人的行政和法律责任。

**第三十三条** 已实行国库集中支付的建设单位，通过国库集中支付系统将资金直接支付施工单位或者供应商；未实行国库集中支付的建设单位，应当实行报账制，由建设单位提出资金申请、提供相关支付凭证，经财务部门审核无误后，将资金直接支付施工单位或者供应商。工程款拨付应当按相关规定预留工程质量保证金。

## 第六章 监督检查和竣工验收

**第三十四条** 棚户区改造项目实行定期报告制度。棚户区改造有关单位和部门应当按规定程序及时报送有关投资、项目进度、资金筹措与使用情况以及存在的问题等，并对填报内容的真实性负责。

**第三十五条** 国务院林业主管部门在棚户区改造实施过程中将会同有关部门对工程进行抽查或专项稽察；省级林业主管部门应当会同本省有关部门对建设单位棚户区改造情况进行不定期的检查和专项稽察；省级林业主管部门应当对年度计划执行情况进行验收检查。

**第三十六条** 棚户区改造项目实施情况由省级发展改革部门会同相关部门实施竣工验收并将验收结果上报国务院林业、发展改革、住房城乡建设、国土资源部门备案。

棚户区改造项目所需的监督、检查、验收、管理等费用由省级财政部门解决。

## 第七章 优惠政策

**第三十七条** 棚户区改造以及相关基础设施和公益事业建设用地应当同步纳入当地年度土地供应计划，确保优先供应。

**第三十八条** 对适用本办法的林区棚户区改造项目用地中的保障性安居工程用地实行划拨供应，按规定减免相关费用。对在城镇规划区外单独选址建设的林区棚户区改造项目用地中的保障性安居工程用地，不征收新增建设用地土地有偿使用费。棚户区改造项目符合国家规定廉租房、经济适用住房建设标准的，享受与煤矿棚户区、城市棚户区改造以及廉租房、经济适用住房相同的中央和地方税收优惠政策。按规定免收各项行政事业性收费和政府性基金。

**第三十九条** 各地可在本办法基础上制定出台进一步支持棚户区改造的优惠政策。

## 第八章 附 则

**第四十条** 棚户区改造项目所在省、自治区和建设单位应当切实做好改造后住宅区的管理与服务工作，建立规范住房维修基金制度。

**第四十一条** 实施棚户区改造的省、自治区应当依据本办法，结合地方实际情况，制定本地区棚户区改造实施细则，并报国务院林业、发展改革、住房城乡建设、国土资源部门备案。

**第四十二条** 本办法由国务院林业、发展改革、住房城乡建设、国十资源部门负责解释。

**第四十三条** 本办法自公布之日起施行。

# 国家林业局关于印发《森林抚育补贴试点检查验收管理办法(试行)》的通知

林造发〔2010〕254 号

各省、自治区、直辖市林业厅(局),内蒙古、吉林、龙江、大兴安岭森工(林业)集团公司,新疆生产建设兵团林业局,各计划单列市林业局:

根据《财政部　国家林业局关于开展2009年森林抚育补贴试点工作的意见》(财农〔2009〕464号)和《森林抚育补贴试点管理办法》(林造发〔2010〕20号)的要求,我局组织制定了《森林抚育补贴试点检查验收管理办法(试行)》,现印发给你们,请遵照执行。执行过程中有何意见建议,请及时与我局造林绿化管理司联系。

附件:森林抚育补贴试点检查验收管理办法(试行)

国家林业局

2010年11月5日

## 附件　森林抚育补贴试点检查验收管理办法(试行)

### 第一章　总　则

**第一条**　检查目的

为加强森林抚育补贴试点管理与监督,掌握全国森林抚育试点开展情况,监测和评价森林抚育补贴试点的实绩与成效,为科学管理、科学决策提供依据,全面推进全国森林抚育工作,特制定本办法。

**第二条**　编制依据

(一)《财政部　国家林业局关于开展2009年森林抚育补贴试点工作的意见》(财农〔2009〕464号)。

(二)《国家林业局关于印发〈森林抚育补贴试点省级实施方案编制框架意见〉的通知》(林规发〔2010〕27号)。

(三)《国家林业局关于印发〈森林抚育补贴试点管理办法〉和〈中幼龄林抚育补贴试点作业设计规定〉的通知》(林造发〔2010〕20号)等文件及有关规定。

**第三条**　检查对象

依据《国家林业局关于印发〈森林抚育补贴试点省级实施方案编制框架意见〉的通知》(林规发〔2010〕27号)编制森林抚育补贴试点实施方案的单位。

**第四条**　检查形式

检查验收采取县级自查、省级核查验收、国家抽查的形式,由县级试点单位对所有抚育地块进行实测自查;省级单位在县级自查的基础上,会同本级财政部门组织核查验收,核查面积比例不低于计划任务量的5%;国家林业局根据省级林业主管部门上报的核查验收报告,会同财政部组成抽查工作组,开展抽查工作。

**第五条**　检查内容

(一)中央财政森林抚育补贴试点任务分解下达情况

1. 省(自治区、直辖市、森工集团公司,以下简称省)森林抚育补贴试点年度任务分解下达情况。以省为单位自上而下逐级核对森林抚育补贴试点年度任务总量和分解下达情况。

2. 县级(林场、林业局,以下简称县)森林抚育补贴试点作业设计编制情况。依据《中幼龄林抚育补贴试点作业设计规定》以及省级森林抚育补贴试点实施方案,对县级森林抚育补贴试点作业设计进行检查。重点检查作业设计是否与省级森林抚育补贴试点实施方案紧密衔接,是否经上级林业主管部门审核批准并备案;作业设计内容和格式是否符合有关要求等。

(二)抚育作业实施情况

1. 任务完成情况。重点核实抚育面积完成情况,是否存在虚报、多报以及重复上报抚育面积问题等。

2. 抚育作业质量。重点检查是否存在因不按作业设计施工,出现超证采伐、越界采伐、乱砍滥伐、采好留坏以及开林窗等问题;是否存在擅自变更小班作业位置、改变抚育对象、改变抚育方式等问题;是否存在其他违规行为等。

3. 抚育采伐许可证的核发及管理情况等。

(三)组织管理情况

1. 是否成立森林抚育补贴试点工作领导小组。

2. 项目审批、公示制度和程序是否依法合规。

3. 是否组织相关人员进行技术和管理培训。

4. 是否按规定建立森林抚育补贴试点管理档案。

5. 是否开展省级核查验收。

(四)成效监测情况

1. 成效监测任务是否已经落实到科技支撑单位,省级成效评估结果是否按要求报国家林业局。

2. 是否根据不同森林类型、抚育措施、区域分布等情况,选择确定森林抚育监测点,科学布设对照监测样地(以下简称"对照样地")。

3. 是否在抚育后一年内以及第三、第五年定期对森林生长、森林结构、森林健康、林下植被、森林碳汇变化等进行调查。

4. 是否对森林抚育补贴试点的经济、社会效益进行全面的定量统计和定性分析。

5. 是否建立森林抚育补贴试点成效监测档案,是否做到档案资料完备齐全,图表、数据和影像资料一一对应。注:2009年度任务只检查成效监测基准数据。

**第六条**　准备工作

(一)技术准备:组织检查验收人员学习《国家林业

局关于印发〈森林抚育补贴试点管理办法〉和〈中幼龄林抚育补贴试点作业设计规定〉的通知》(林造发〔2010〕20号)、《森林抚育技术规程》(GB/T 15781 - 2009)、《森林采伐更新管理办法》等有关法律、法规及相关规定，开展好技术培训。

(二)资料设备准备

1. 检查验收调查表和统计表及电子文档。

2. 便携式电脑、GPS 定位仪、测绳、围尺等设备。

3. 受检县级单位地形图(1:5 万或 1:1 万)或带有准确坐标网格的小班作业图纸。

## 第二章 技术标准

**第七条** 标准依据

(一)《森林抚育规程》(GB/T 15781 - 2009)。

(二)《森林资源规划设计调查技术规程》(GB23/T 1250 - 2008)。

(三)《生态公益林建设技术规程》(GB/T 18337.3 - 2001)。

(四)《森林采伐作业规程》(LY/T 1646 - 2005)。

(五)《低效林改造技术规程》(LY/T 1690 - 2007)。

(六) 省级森林经营技术规程(标准)等。

**第八条** 主要检查因子

(一)小班检查因子

1. 实测面积：指现地实测的小班面积。

2. 平均胸径：指实测标准样地推算的小班伐前、伐后平均胸径。抚育小班林分平均胸径不得低于伐前林分平均胸径。

3. 树种组成：指实测标准样地推算的小班主要树种株数或蓄积比例。

4. 小班株数：指实测标准样地推算的小班抚育前株数。

5. 郁闭度：指实测标准样地推算的小班抚育后郁闭度。

(二)对照样地调查因子

1. 对照样地面积：对照样地实测面积。

2. 树种径级株数：不同树种各径级的株数。

3. 树种径级蓄积：不同树种各径级的蓄积。

4. 郁闭度：同上。

**第九条** 抚育方式及要求

(一)抚育间伐

1. 透光伐：在林分的幼龄林阶段、开始郁闭后进行的抚育采伐。间密留均、留优去劣，调整林分组成，为保留木留出适宜的营养空间。天然林抚育采伐后郁闭度不低于 0.6，人工林郁闭度不低于 0.7。

2. 生态疏伐：在特用林和防护林的中龄林中进行。按照有利于林冠形成梯级郁闭、主林层和次林层立木都能受光的要求，将林木分为优良木、有益木和伐除木。保留优良木、有益木和适量的灌木；对风景林的景观疏伐，按《生态公益林件建设技术规程》(GB/T 18337.3 - 2001)中的 5.2.1、2.4 条规定执行。

3. 生长伐：在中龄林阶段进行的抚育采伐。伐除生长过密、生长不良和影响目标树生长发育的林木，进一步调整树种组成与林分密度，加速保留木生长，缩短工艺成熟期，提高林分质量和经济效益。抚育后郁闭度应保留在 0.6 ~ 0.7，飞播林伐后郁闭度控制在 0.7 ~ 0.8。

4. 卫生伐：在遭受自然灾害的森林中进行，选择性地伐除已被危害、丧失培育前途的林木。抚育后林分郁闭度保持在 0.6 以上。

(二)人工修枝

在中幼龄林阶段进行，主要适用于天然整枝不良的林木。要求幼龄林阶段修枝高度不超过树高 1/3，中龄林阶段修枝高度不超过树高的 1/2。

(三)割灌

在下木生长旺盛、与林木生长争水争肥严重的中幼龄林中进行。采取机割、人割等不同方式，清除妨碍树木生长的灌木、藤条和杂草。

**第十条** 小班作业质量合格的条件

(一)主要调查因子准确无误。

(二)抽检小班无作业设计图、改变作业地点、改变抚育方式、越界采伐、无证采伐、禁伐区采伐、作业设计未经批准已作业的为否定因子，满足其一即为不合格小班。

其他详见《抚育间伐小班作业质量综合评价表》、《修枝割灌小班作业质量综合评价表》。

**第十一条** 抚育作业设计合格的条件

(一)由具有林业调查规划设计资质的单位完成的抚育作业设计，内容符合森林抚育补贴试点实施方案和森林采伐更新的有关规定。

(二)主要调查因子准确无误。

(三)抚育措施和抚育对象符合有关技术规定的要求。

(四)作业设计的内容和格式符合有关要求，图表数据完备且一一对应。

(五)抚育作业设计档案管理规范。

其他详见《抚育作业设计质量综合评价表》。

**第十二条** 对照样地的合格条件

(一)对照样地的布设具有典型代表性，能真实反映抚育成效。

(二)对照样地的调查因子准确无误。

## 第三章 检查验收方法

**第十三条** 听取汇报

(一)受检单位在森林抚育补贴试点方面的政策、实施方案、作业设计等执行情况以及制定的管理办法。

(二)受检单位执行森林抚育补贴试点方案、组织管理、抚育技术等方面的经验和做法以及存在的问题。

(三)受检单位对森林抚育补贴试点的意见和建议。

**第十四条** 查阅和收集资料

(一)省级资料

1. 森林抚育补贴试点任务分解下达的文件。

2. 省级森林抚育补贴试点实施方案。

3. 省级成效监测实施方案。

4. 制定出台的相关政策、规定等。

5. 省级核查验收报告和有关材料、省级成效监测结果和有关档案资料。

6. 全省主要树种(组)根径材积表、一元或二元立木材积表、树种出材率表等。

7. 省级森林抚育补贴试点汇报材料。

(二)县级资料

1. 县级自查报告及相关说明。

2. 县级森林抚育补贴试点作业设计和有关材料。

3. 森林抚育补贴试点施工作业合同，补贴资金支付使用情况的说明及相关票据或凭证。

4. 最新森林资源调查数据和森林资源统计表和档案。

5. 森林资源分布图和林相图。

6. 抚育试点在促进农林增收、调整产业结构、创造就业机会等方面的量化数据和典型资料。

7. 森林抚育补贴试点采伐许可证发放情况及说明。

**第十五条** 检查样本的组织和确定

检查采取按类型抽样的方法，以省为单位，依次确定县级单位和受检小班，具体方法如下：

(一)省级样本

省级试点单位抽查率为100%。

(二)县级样本

县级样本的检查包括对省级核查验收情况的复查和国家检查验收抽查两部分内容(以下简称“复查”和“抽查”)，这两部分采用相同的检查验收方法。

1. 受检县个数的确定：

按照县级单位个数15%～25%确定受检县，具体计算方法如下：

①县级单位个数不超过12个的，抽取25%。

②县级单位个数超过12个的，抽取15%。

③县级单位个数超过30个的，抽取12%(以上均四舍五入取整)。

复查受检县个数占受检县总数的30%～50%。

2. 受检县的确定：由国家林业局森林经营业务主管部门确定各省县级样本的起始号和间隔号，按复查和抽查分别抽取，具体方法：

复查：将省级核查验收过的受检县按上报面积从大到小排序(任务相同的按行政顺序排序)，按照起始号和间隔号循环抽取(遇死循环，可从下一县重新开始抽取，间隔号不变)，直至满足复查受检县个数。

抽查：将省级核查验收未检查到的受检县按上报面积从大到小排序(任务相同的按行政顺序排序)，进行循环抽取(遇死循环，可从下一县重新开始抽取，间隔号不变)，直至满足复查受检县个数。

如果省级检查验收未检查到的受检县个数不能满足抽查所需县的个数，则可在小班抽样中进一步区分。

3. 受检县检查面积的确定：根据受检县上报面积的1%～10%确定检查面积，具体计算方法如下：

①受检县上报面积1000～5000亩，检查10%。

②受检县上报面积5001～10000亩，检查5%。

③受检县上报面积10001～20000亩，检查3%。

④受检县上报面积20001～35000亩，检查2.5%。

⑤受检县上报面积35001～45000亩，检查2%。

⑥受检县上报面积45000～55000亩，检查1.5%。

⑦受检县上报面积55000亩以上，检查1%(以上均四舍五入取整)。

(三)受检小班

将受检县小班按上报面积从大到小排序，根据起始号、间隔号循环抽取受检小班(遇死循环，可从下一小班重新开始抽取，间隔号不变)，直至实抽面积满足受检县应查面积(相差±10%以内)。每个县受检小班不应少于3个。

当复查和抽查受检县同为一个县，则按照复查小班和抽查小班分别抽样，具体方法同上。

(四)受检对照样地

根据省级对照样地，每种作业方式抽取一个样地进行检查，每个省级单位不低于两个。

**第十六条** 外业调查

外业调查对象为抽查县所抽中的森林抚育试点受检小班和部分对照区监测样地。检查时应携带伐区调查作业设计和伐区作业质量检查验收单等资料。

(一)小班调查

1. 面积检查：采用GPS控制点与地形图(或作业设计图)调绘相结合的方法求算面积，当实测面积与设计面积相差≤±5%时，认可小班上报面积，否则以实测面积为准。

具体方法和要求：

当小班全部以山脊、沟壑、河流、道路等明显地物为边界时，经与作业设计核对后，可在明显地物处设置1个GPS控制点。

当小班部分以山脊、沟壑、河流、道路等明显地物为边界时，其余边界用GPS实地测量，且GPS控制点不少于3个。

小班无明显地物边界的，按照小班面积设置GPS控制点，要求GPS点能够精确反映小班面积和空间位置，正确反映小班基本轮廓形状。

1～100亩小班设置4个及以上GPS控制点。

100～500亩小班设置5个及以上GPS控制点。

500亩以上小班设置6个及以上GPS控制点(以上均四舍五入取整)。

2. 样地布设和检查：采用实测样地的方法推算小班检查因子，根据小班作业情况布设面积为1000平方米的样地，75亩以下(含75亩)小班设置1个样地，75亩以上小班按照面积的2%确定样地个数(四舍五入)，最多不超过5个样地。

检查人员应根据小班作业设计图纸事先确定好样地的基本位置，到作业区后，选择有代表性的地段布设样地，按照小班调查表测量和记录样地内各项调查因子，并记录样地中心点GPS定位数据。

(二)对照样地调查

1. 面积检查：采用GPS控制点与地形图(或作业设计图)调绘相结合的方法求算面积，当实测面积与设计面积相差≤±5%时，认可设计面积，否则以实测面积为准。

2. 主要因子的检查：实测对照样地，按不同树种进行每木检尺，并填写《对照样地调查表》。

3. 对照样地的定位：用GPS定位对照样地，每个对照样地至少设置4个定位控制点，并填写《小班边界/样地GPS点(千米网格)记录表》。

(三)其他要求

外业调查如遇洪水冲路、塌方等特殊原因无法检查小班时，应先查其他小班，待道路通行后再查；确实无法进入检查的，请县级林业主管部门提交书面报告和相关证明(盖公章)，检查验收小组应及时上报备案，并另行抽取面积相近的小班进行检查。

**第十七条** 内业工作

(一)检查验收阶段

1. 要求当天完成检查小班检查因子的计算和数据填表工作，每个县外业检查验收完成后，检查组应安排在受检县完成内业数据处理工作，并建立检查验收外业调查电子文档。

2. 检查组组长负责组织收集整理各类资料、表格、图件，避免遗漏调查数据和资料，做好成果汇总的前期准备工作，检查组完成受检县检查任务后，应向受检县就检查验收情况进行意见反馈。

(二)成果汇总阶段

1. 认真梳理检查验收阶段的外业调查资料，按照省、县、乡、小班建立层级分明的检查验收资料档案。

2. 建立和完善电子文档，做到小班、图形、数据、表格一一对应。

3. 根据外业调查数据、收集的资料，提炼汇总检查验收中发现的突出问题，值得推广借鉴的经验和做法，意见和建议等。

## 第四章 检查验收成果

**第十八条** 提交成果

检查成果包括省级森林抚育补贴试点年度检查验收报告。具体内容包括，检查验收工作开展情况、抚育任务完成情况、抚育作业质量、抚育试点的组织管理情况、抚育采伐限额执行情况；森林抚育补贴试点的生态、经济、社会效益等，并总结各地在森林抚育补贴试点的主要经验、存在的问题以及意见和建议等。

## 第五章 附 则

**第十九条** 本办法主要适用于国家林业局对各试点省份、森工集团公司森林抚育补贴试点项目的抽查工作。本办法由国家林业局负责解释。

**第二十条** 本办法自公布之日起执行。

**第二十一条** 附表(略)

调查表1 抚育间伐小班调查表

调查表2 修枝割灌小班调查表

调查表3 对照样地调查表

调查表4 小班(对照样地)边界/样地 GPS 点(千米网格)记录表

调查表5 小班(对照样地)形状和样地布设示意图

调查表6 抚育间伐小班作业质量综合评价表

调查表7 修枝割灌小班作业质量综合评价表

调查表8 对照样地布设情况评价表

调查表9 抚育作业设计质量综合评价表

调查表10 县级森林抚育补贴试点组织管理情况调查表

调查表11 县级森林抚育补贴试点成效调查表

统计表1 省(区、市、森工集团公司)县级抽样表

统计表2 县(林业局、林场、市)小班抽样表

统计表3 小班调查情况统计表

统计表4 县(林业局、林场、市)检查工作量统计表

统计表5 检查验收资料收集统计表

统计表6 省(区、市、森工集团公司)年度森林抚育补贴试点检查验收综合评价表

统计表7 县(林业局、林场、市)年度森林抚育补贴试点检查验收综合评价表

# 国家林业局关于印发《国家林业局部门预算执行进度管理暂行办法》的通知

林规发〔2010〕258 号

国家林业局各司局、各直属单位：

为加强对我局部门预算执行进度的监督管理，不断提高预算执行的科学性、规范性和有效性，落实预算执行管理责任，建立健全规范高效的预算执行管理机制，根据《中华人民共和国预算法》，我局制定了《国家林业局部门预算执行进度管理暂行办法》，现印发给你们，请遵照执行。执行中有何意见建议，请及时反馈我局计财司。

附件：国家林业局部门预算执行进度管理暂行办法

国家林业局

2010 年 11 月 12 日

# 附件 国家林业局部门预算执行进度管理暂行办法

## 第一章 总 则

**第一条** 为加强对国家林业局部门预算执行进度的监督管理，不断提高预算执行的科学性、规范性和有效性，落实预算执行管理责任，建立健全规范高效的预算执行管理机制，依据《中华人民共和国预算法》，结合财政部有关要求和国家林业局实际，制定本办法。

**第二条** 按照责任明确、奖罚分明、强化绩效的原则，建立预算执行与下年预算申请、当年预算调整挂钩的联动运行机制，强化预算执行进度的计划性、时效性和均衡性。

**第三条** 国家林业局各司局、各直属单位(以下简

称各单位)的主要负责人为本单位预算执行进度的总责任人，分管项目的单位负责人为第一责任人。总责任人对本单位预算执行进度工作负全责，第一责任人对总责任人负责。

**第四条** 各单位要按照依法理财、科学管理的要求，建立总责任人负全责的预算执行工作机制，合理制定预算执行进度计划，强化项目前期的各项准备工作，加强财务部门与基建、科研等相关业务部门的沟通，完整、真实、准确地编制年度部门预算，为预算执行的高效、科学、合理奠定工作基础。

**第五条** 在年度部门预算正式下达前，各单位需在上一年12月15日前结合本单位“二上”预算安排的财政专项和基本建设项目需求情况，向国家林业局发展规划与资金管理司(以下简称“计财司”)报送下一年度一季度预请款计划。预请款计划包括项目的科目代码、项目“二上”预算指标、预请金额、请款用途等。上年结转资金，财政部将在一季度自动返还，不需单独报送请款申请，如确需1月份全额返还结转资金的，应当于1月10日前向计财司报送申请报告。部门预算正式下达后，各单位需在3月、6月、9月20日前，分别将财政专项和基本建设项目下季度用款计划报送计财司。不按照规定时间报送用款计划的，一律不予补报。

## 第二章 预算支出计划制度

**第六条** 各单位应当于每年1月25日前，依据本单位“二上”预算，编制《预算支出进度计划表》(以下简称“预算支出计划”)(见附表1，略)报计财司审核。

**第七条** 预算支出计划应当在充分协商、翔实细化、责任到人、切实可行的前提下，以序时进度为基础，结合本单位业务工作计划、项目实施进度计划，按月编制本单位年度预算支出计划表。在编制预算支出计划时，对每季度末预算执行计划不能达到序时进度要求的基本支出和项目支出，需作出专门说明，随预算支出计划一并报计财司。

**第八条** 预算支出计划应当全面反映单位财政拨款支出情况。编报范围包括当年财政拨款和以前年度财政拨款结转(余)资金(即零余额账户上年应返还额度)安排的基本支出和项目支出(含基本建设项目支出)。一季度的预算支出计划应当与预请资金规模和上年结转(余)资金规模紧密挂钩。

**第九条** 计财司负责审核各单位报送的预算支出计划。对未能满足序时进度要求的单位，应当对所附说明进行认真审核，结合实际情况与该单位商榷调整，确保汇总后国家林业局部门预算执行进度能够按月达到序时进度要求。经国家林业局和财政部审核调整确认的预算支出计划，各单位务必严格执行。

**第十条** 各单位收到计财司追加下达的财政预算(含基本建设项目支出预算)后，应当在5个工作日内补报相应的预算支出计划。计财司应当于5个工作日内反馈意见，如无反馈意见，补报的预算支出计划即行生效。

**第十一条** 对于项目进度有重大变动，确需先行垫付资金的，实行事先备案制度。根据《中央单位财政国库管理制度改革试点资金支付管理办法》(财库〔2002〕28号)等有关规定，中央预算单位通过本单位实有资金账户垫付资金，实行事先备案制度。相关单位在垫付资金之前必须将拟垫付事项、原因和资金来源等情况逐级上报，并由计财司审核确认后报财政部国库司备案。财政部国库司同意垫付资金后，由计财司通知相关单位，相关单位方可垫付资金。对未履行备案程序的，一律不得自行垫付。

## 第三章 预算实际执行进度工作按月通报及约谈制度

**第十二条** 部门预算实际执行进度实行月报制度，各单位须按月填报《国家林业局预算执行进度表》(见附表2，略)，并于每月5日前报送截至上月末本单位预算执行进度情况。同时，对低于序时进度5个百分点的科目，要按具体项目作出书面说明。计财司根据工作需要组织编报半月报或旬报等临时性预算执行进度统计工作时，各单位应按要求积极配合并及时上报。

**第十三条** 各单位上报的预算执行进度情况应当与国库实际支付金额一致。对于工作责任意识不强，导致出现数据失真的单位，计财司将在全局范围内进行通报。

**第十四条** 计财司对各单位预算执行进度情况经分管局领导签批后实行按月通报制度。对实际执行进度不能达到预算支出计划所确定进度的单位，计财司应当在通报中提出警示。

**第十五条** 每季度末预算实际执行进度不能达到相应预算支出计划所确定进度的单位，由计财司酌情约谈该单位分管财务的负责人，以及财务部门和项目承担部门负责人。

**第十六条** 6月、9月和12月末的预算实际执行进度，低于相应预算支出计划所确定进度10个百分点以上的单位，计财司应当报请分管局领导约谈该单位预算执行进度总责任人。

## 第四章 执行进度与预算安排挂钩制度

**第十七条** 建立预算执行进度与下年度“一上”部门预算挂钩的制度(基本建设项目除外)。

(一)上年度12月底，延续性项目的预算执行进度不足90%的，编制下年度“一上”部门预算时，各单位申报的相应项目预算额度不超过按如下公式核定的规模：下年度预算规模=(上年度预算规模+本年度预算规模)÷2×上年度预算执行进度。

(二)截至上年度12月底，一次性项目的预算执行进度不足90%，编制下年度“一上”部门预算时，该单位同一项级科目的项目预算额度，比照本条第(一)款规定方法予以控制。

(三)截至本年度6月底，各单位整体预算执行进度不足50%的，且月度报告所反映的实际执行进度低于相应预算支出计划所确定进度10个百分点以上的，编制下年度“一上”部门预算时，该单位整体预算规模按零增长或负增长控制。

(四)单位整体预算执行进度上年度12月底超过95%的，且本年度6月底超过55%的，编制下年度“一上”部门预算时，该单位整体预算规模可适当突破当年

"一上"预算申报要求，并优先考虑该单位申报项目。

（五）纳入直属事业单位预算的司局细化项目，比照本条第（一）、（二）项规定，控制相应预算细化司局的项目预算额度；参照第（三）项规定，同时控制直属事业单位和相应预算细化司局的整体预算规模。

**第十八条** 建立预算执行进度与下年度"一下"部门预算挂钩的制度（基本建设项目除外）。

（一）截至本年度9月底，延续性项目实际执行进度不足50%，或低于相应月度计划所确定进度10个百分点以上的，下达下年度"一下"部门预算控制数时，调整该单位相应项目的预算控制数。

（二）截至本年度9月底，一次性项目实际执行进度不足50%，或低于相应预算支出计划所确定进度10个百分点以上的，下达下年度部门预算"一下"控制数时，调整该单位同一项级科目的预算控制数。

（三）截至下年度6月底，相应项目结转资金仍未使用完毕的，按本条第（一）、（二）项调减的预算控制数，由计财司按规定程序调剂用于国家林业局应急性项目支出。

**第十九条** 建立预算执行进度与本年度预算调整挂钩的制度（基本建设项目除外）。

（一）截至本年度6月底，月度报告所反映的项目支出或基本支出实际执行进度不足30%，或低于相应预算支出计划所确定进度10个百分点以上的，由计财司按程序调减该单位相应基本支出或项目支出预算，用于局应急性项目支出。

（二）截至本年度9月底，月度报告所反映的项目支出或基本支出实际执行进度不足50%，或低于相应预算支出计划所确定进度10个百分点以上的，比照本条第（一）项处理。

## 第五章 项目结转（余）资金统筹调剂制度

**第二十条** 项目支出结转（余）资金分为结余资金和结转资金。

（一）项目支出结余资金包括：项目当年已完成形成的结余资金；由于受政策变化、计划调整等因素影响，项目中止或撤销形成的结余资金；某一预算年度安排的项目支出连续两年未动用，或者连续三年仍未使用完形成的结余资金（基本建设项目除外）。

（二）项目支出结转资金是指项目当年已执行但尚未完成而形成的结转资金，或项目因故当年未执行，需要推迟到下年执行形成的结转资金。

连续三年仍未使用完形成的项目支出剩余资金中，按规定预留的质量保证金和工程尾款，应当在相关合同约定期限内及时依法处理。未能按期处理完毕的，原则上应核定为结余资金。

**第二十一条** 各单位连续年度安排预算的延续项目，有专项结转资金的，在编制以后年度预算时应当根据项目专项结转资金情况和项目年度资金需求情况，统筹申请财政拨款预算（基本建设项目除外）。

**第二十二条** 结余资金形成后，未经批复不得擅自动用（基本建设项目除外）。

**第二十三条** 结余资金经财政部审核确认后，由计财司按规定程序进行预算调剂，统筹用于国家林业局本年度或下年度重点项目支出（基本建设项目除外）。

**第二十四条** 对当年专项结转和结余资金比上年增加较多，或连续三年累计专项结转和结余资金规模较大的单位，计财司可在编制部门预算时视情况适当压缩其财政拨款预算总额（基本建设项目除外）。

## 第六章 附 则

**第二十五条** 本办法所要求报送各种表格及说明，各单位将电子版发送至以下邮箱：

外网邮箱：denghaiyi@ forestry. gov. cn

内网邮箱：denghaiyi@ sfa. gov. cn

**第二十六条** 因年中追加预算下达时间较晚、遭遇直接制约特定项目实施的突发事件或不可抗力等因素，影响特定项目预算执行进度的，计财司应当视实际情况，酌情处理。

**第二十七条** 因预算编制不科学、前期工作不充分或与有关部门沟通协调不够等原因，影响预算执行进度的，不适用本办法第二十六条之规定。

**第二十八条** 本办法所称"本年度"、"上年度"、"下年度"、"连续两年"、"连续三年"等，均按预算年度顺次计算。

**第二十九条** 本办法自印发之日起实行，未尽事宜按照国家有关规定执行。

**第三十条** 本办法由国家林业局负责解释。

# 国家林业局关于加强今冬明春野生动物疫源疫病监测防控工作的通知

林护发〔2010〕263号

各省、自治区、直辖市林业厅（局），内蒙古、吉林、龙江、大兴安岭森工（林业）集团公司，新疆生产建设兵团林业局：

2010年以来，各级林业主管部门认真贯彻落实全国林业厅局长会议和全国野生动植物保护及自然保护区建设管理工作会议精神，野生动物疫源疫病监测防控工作稳步推进。但必须清醒地认识到，目前我国野生动物疫源疫病监测防控形势依然严峻。当前正值高致病性禽流感等野生动物疫病的高发期；受强降雨、地震、台风等极端天气影响，受灾地区存在较大的野生动物疫情隐患；国内疫情呈点状、多样、无规律散发态势，珍贵濒危野生动物保护面临严峻挑战；周边国家疫情频发，非洲猪瘟等外来疫病传入风险加大；野生动物驯养繁殖场所疫病防控条件良莠不齐，疫病防控难度较大；监测防控体系不健全，制约监测防控整体效能的发挥。为扎实做好今冬明春野生动物疫源疫病监测防控工作，现就有关事宜通知如下：

**一、高度重视野生动物疫源疫病监测防控管理工作**

认真传达学习野生动物疫源疫病监测防控管理培训班精神，按照今后一个时期野生动物疫源疫病监测防控工作的总体要求，统一思想，充分认识野生动物疫源疫病监测防控工作的重要性，监测防控形势的严峻性，疫病的多样性，疫情的突发性和任务的艰巨性，切实加强对监测防控工作的领导和组织管理。对野生动物疫源疫病监测防控在疫病防控大局中的作用要准确定位，进一步强化大局意识、责任意识、风险意识和忧患意识，不断探索和完善野生动物疫源疫病监测防控长效机制，着力夯实基础，提升监测防控能力，保障监测防控工作的有序开展。

**二、认真落实野生动物疫源疫病监测防控措施**

精心组织，周密安排，认真贯彻落实野生动物疫源疫病监测防控管理培训班各项部署。按照《陆生野生动物疫源疫病监测规范(试行)》要求，组织排查工作中的薄弱环节，坚持信息报告制度，确保人员全面到岗到位。进一步优化监测站点布局，科学设置巡查路线，减少监测盲区，特别要强化边境地区、野生动物集中活动等重点区位与野生动物及其产品流通等重点环节的日常监测和隐患排查，确保第一时间发现，第一现场处置。强化应急值守，做好必要的应急物资储备。结合本辖区实际，科学确定目标，积极推进主动监测、风险评估和趋势预测，促进主动预警工作的开展。

**三、加强野生动物驯养繁殖场所监测防控工作的检查指导**

做好驯养繁殖场所野生动物疫源疫病监测防控是各级林业主管部门的重要职责，各级林业主管部门要组织专门力量，结合今冬明春野生动物疫源疫病监测防控工作，对本辖区野生动物驯养繁殖单位的疫病(情)防控工作进行全面检查，及时发现问题，排查疫情隐患，指导其采取科学的监测和卫生防疫防控措施，确保从业人员的生命健康安全和驯养繁殖野生动物种群安全。

**四、加强野生动物疫源疫病监测防控技术培训和宣传教育**

针对野生动物疫源疫病监测防控专业性强、技术要求高的特点，各级林业主管部门要根据管理、技术和一线操作等不同工作层面的实际需求，组织开展技术培训和应急演练，提升监测防控队伍的实战能力和整体水平。结合监测防控工作需要，多渠道、多形式、多层次、有针对性地开展科普宣传教育，提升人民群众对野生动物疫病的防范意识和能力，营造群防群控的良好氛围。加强与农业、卫生等相关部门的联系与沟通，建立健全协调会商机制，确保对突发疫情的有效防控。

特此通知。

国家林业局
2010 年 11 月 19 日

## 国家林业局、住房和城乡建设部、国家发展改革委关于印发《国有林场危旧房改造工程项目管理办法(暂行)》的通知

林规发〔2010〕266 号

各省、自治区、直辖市林业厅(局)、住房城乡建设厅(局)、发展改革委，内蒙古、吉林、龙江、大兴安岭森工(林业)集团公司，各计划单列市林业局：

为进一步加强项目管理，规范建设程序，提高建设质量，积极稳妥推进国有林场危旧房改造工作，确保各项建设目标的实现，依据国家有关法律、法规及政策文件，结合国有林场危旧房改造工作的实际，我们研究制定了《国有林场危旧房改造工程项目管理办法(暂行)》，现印发给你们，请认真执行。

附件：国有林场危旧房改造工程项目管理办法(暂行)

国家林业局
住房和城乡建设部
国家发展改革委员会
2010 年 10 月 26 日

## 附件　国有林场危旧房改造工程项目管理办法(暂行)

### 第一章　总　则

**第一条**　为全面加快国有林场危旧房(以下简称“危旧房”)改造步伐，加强项目管理，规范建设程序，提高建设质量，切实改善国有林场职工住房条件，根据国家有关法律、法规及政策文件，制定本办法。

**第二条**　本办法适用于国家有关部门已经批复的危旧房改造建设方案中确定的国有林场危旧房改造项目。

**第三条**　国有林场危旧房是指在国家林业局备案的国有林场中的泥草房、板加泥、干打垒、土坯房等简易房屋；符合《危险房屋鉴定标准》(JGJ125—99)C、D 等级的危房；建房年限超过 30 年的房屋；基本功能不健

全需要改造的房屋。

**第四条** 危旧房改造原则上以户为单位进行，各地可根据具体情况、经济实力和职工意愿，确定不同的改造模式，新建与维修改造相结合，统规统建与统规自建相结合，宜平则平，宜楼则楼。危旧房改造要以满足基本居住需要为目标，新建住房基本户型建筑面积为50平方米，各地可结合当地居民平均居住水平和职工意愿，在初步设计阶段按照国家有关规定作适度调整。改造后的房屋要保证质量，确保居住安全和基本功能齐全。

根据当地实际，也可采取由林场统一购买经济适用住房的方式解决职工住房困难问题。

**第五条** 危旧房改造资金筹措采取中央补助，省级人民政府配套，市、县政府支持，国有林场和职工个人共同负担的方式解决。其中中央补助每户10 000元，省级人民政府配套不低于每户10 000元。市、县政府要根据当地实际情况安排一定比例的资金投入。林场和职工自筹资金由林场和职工依据实际情况合理分担，并可结合投工投料解决。

**第六条** 省级人民政府对本地区危旧房改造负总责，落实本地区危旧房改造的配套资金和优惠政策，协调解决危旧房改造实施过程中的有关重大事宜。市、县人民政府要保障危旧房改造的土地供应，并在金融信贷、收费减免、拆迁补偿等方面给予优惠和支持。

**第七条** 危旧房改造应当与产业结构调整、国有林场布局调整和区域小城镇建设相结合，与推进国有林场改革和林业生产力布局调整相衔接，推进生产区与生活区逐步分离。项目实施中，以整场推进为主，首先解决困难林场、山上一线职工的住房困难，优先解决危房问题突出、生活贫困职工的住房困难。

**第八条** 危旧房改造应坚持统一规划、合理布局、综合开发、配套建设，做好与国有林场道路、供水、供电、旅游等规划的衔接。地方人民政府应把国有林场危旧房改造与城市规划、土地利用规划相衔接，加强市政基础设施和配套公共服务设施建设，提高国有林场职工生活环境质量和公建配套质量。

**第九条** 危旧房改造项目涉及国有林场职工切身利益，应当实行公示制度，坚持公开、公平、公正，实行民主监督。要严格执行国家有关法律法规和政策规定，妥善处理和化解各种问题和矛盾，维护职工合法权益，确保林区社会稳定。

**第十条** 危旧房改造项目的审批(审核、规划许可)、咨询、勘察、设计、施工等单位(机构)应当严格遵守国家、行业的有关法律、法规和标准要求，并对其行为负责。

## 第二章 项目组织管理

**第十一条** 国务院林业主管部门负责危旧房改造省级年度建设方案的审批。

**第十二条** 省级林业主管部门负责会同本级发展改革、住房城乡建设等部门，组织编制并联合上报年度建设方案。按照国有林场隶属关系，省、市、县林业主管部门负责入户调查、严格界定改造对象、签订合同、房屋拆迁、住宅建设等项目实施管理等工作；配合有关部门对危旧房改造项目进行检查验收。

**第十三条** 省级发展改革部门负责会同本级林业、住房城乡建设等部门联合上报年度投资建议计划，协调落实省级配套资金，转发下达投资明细计划。按照国有林场隶属关系，省、市、县发展改革部门负责会同本级林业、住房城乡建设等部门对本地区危旧房改造项目可行性研究报告(初步设计)进行审批。

**第十四条** 地方各级住房城乡建设部门负责会同本级林业、发展改革等部门将危旧房改造任务纳入本地区保障性住房建设规划，加强对危旧房改造项目拆迁、规划、勘察设计、施工监理、竣工验收、备案等环节的监督管理，保证工程质量。

**第十五条** 实施危旧房改造的国有林场为项目建设单位，对项目实施负全责。经省级发展改革、住房城乡建设、林业主管部门同意后，也可由项目所在地县人民政府指定的单位为项目建设单位，对项目实施负全责。项目建设单位负责自有(筹)资金和职工出资的筹措。要定期上报项目建设进度、计划完成、资金使用情况及存在的问题和建议。

项目建设单位要加强危旧房改造项目的组织领导，成立危旧房改造项目工作专门办事机构。

## 第三章 项目计划管理

**第十六条** 国务院发展改革部门会同林业、住房城乡建设等部门，依据省级年度建设方案，年度投资建议计划，省级配套资金落实等情况，统筹平衡，联合下达各省危旧房改造项目年度投资计划。

**第十七条** 省级发展改革部门会同本级林业、住房城乡建设等部门，依据中央投资计划、省级年度建设方案、林场自有(筹)资金、职工出资落实等情况，将计划分解到具体项目，转发下达明细计划。

**第十八条** 实施危旧房改造的省、自治区、直辖市应当严格按照批复的建设方案和年度投资计划组织项目建设。项目建设单位应当严格按照批复的可行性研究报告(初步设计)组织实施，不得擅自调整或者更改计划内容、变更项目建设方案、扩大或压缩建设规模。确需调整的，须报经原审批部门批准。对擅自调整或者变更投资计划，配套资金不落实的省、自治区、直辖市，国家有关部门将调减下一年度投资计划。

## 第四章 项目建设管理

**第十九条** 对于采用划拨方式供应危旧房改造项目用地的，应在《国有建设用地划拨决定书》中明确约定住房套型建筑面积、项目开竣工时间等土地使用条件。严禁以危旧房改造名义变相进行商品房开发。

**第二十条** 危旧房改造工程项目由林场统规统建的，应当严格实行项目法人责任制、招标投标制、监理制和合同管理制。大宗物资应当集中采购。

**第二十一条** 参与危旧房改造的有关部门、单位应当在各自的职责范围内认真做好档案建设与管理工作，并建立档案检索目录。档案管理工作要与改造规划、建设、管理等同步进行，确保档案管理工作的连续性。归档的资料要保证完整性、真实性，做到内容齐全、字迹清楚、图面整洁、影像清晰。档案管理必须有专人负责并严格履行职责。

**第二十二条** 建设单位应当认真组织力量，按照国家规定的标准，对已批复建设方案中的危旧房改造职工逐户核查，建立详细完善的国有林场职工住房档案。

**第二十三条** 建设单位应当按照统筹规划、先易后难的原则，在危旧房改造前做好职工意愿普查工作，充分尊重职工意愿，与职工签订包括职工意愿、资金〔含政府补助、林场自有(筹)资金、职工个人出资〕、住房管理、房屋产权等相关内容的合同。

**第二十四条** 建设单位应当充分考虑危旧房改造职工的承受能力，做好与各项住房政策的衔接，采取多种途径解决国有林场职工住房困难问题，确保职工住房条件切实得到改善。

**第二十五条** 对生活困难、无力出资进行房屋改造的职工家庭，可通过由林场统一建设廉租住房的方式解决职工住房困难问题，免收或减收租金。廉租住房产权归林场。条件具备时，林场可按照有关规定将廉租住房的产权出售给职工。

**第二十六条** 按照当地政府的有关规定取得房屋产权的，地方房屋登记部门应当及时给予相应登记，也可实行共有产权。涉及危旧房改造的建设用地，必须依法办理土地登记，明晰土地产权，并及时办理土地变更登记手续，保护土地权利人的合法权益。

**第二十七条** 危旧房改造要与城镇基础设施建设相结合，与改善人居环境相结合，与社区建设相结合，同步建设道路、给排水、供电、通信等基础设施。

## 第五章 项目资金管理

**第二十八条** 危旧房改造项目资金来源包括：中央补助资金，省级配套资金，市、县政府投资，林场自有(筹)资金和职工个人出资等。

**第二十九条** 危旧房改造资金要严格执行国家有关法律、法规、办法，实行专款专用，单独核算，严防截留挪用、滞留不用和浪费建设资金。严禁以任何形式挤占、挪用，违规抵扣建设资金。严禁将危旧房改造中央补助资金用于偿还以往债务和拖欠款。对违反规定的单位，国务院有关部门将采取停拨资金、停止审批项目的调控措施，并建议国家有关部门追究有关责任人的行政和法律责任。

## 第六章 监督检查和竣工验收

**第三十条** 危旧房改造项目实行定期报告制度。有关单位和部门应当按规定程序及时报送有关投资、项目进度、资金筹措与使用情况以及存在的问题等，并对填报内容的真实性负责。

**第三十一条** 国务院林业主管部门在危旧房改造实施过程中将会同有关部门对工程进行抽查或专项稽察；省级林业主管部门应当会同本省有关部门对危旧房改造情况进行不定期的检查和专项稽察；省级林业主管部门应当对年度计划执行情况进行验收检查。

**第三十二条** 按照国有林场隶属关系，由省、市、县发展改革部门会同本级林业主管部门组织相关部门对项目进行竣工验收。省级林业部门会同本级发展改革、住房城乡建设部门将本省危旧房改造实施情况分别向国务院林业、发展改革和住房城乡建设部门进行报告。

危旧房改造项目所需的监督、检查、验收、管理等费用由同级财政部门解决。

## 第七章 优惠政策

**第三十三条** 危旧房改造项目享受与煤矿棚户区、城市棚户区改造以及廉租房、经济适用住房相同的中央和地方各项优惠政策，免收各项行政事业性收费和政府性基金。

**第三十四条** 危旧房改造项目涉及征占用林地的，免收森林植被恢复费。

**第三十五条** 危旧房改造工程项目实施中所涉及的土地利用和管理政策参照《国家林业局 住房城乡建设部 国家发展改革委 国土资源部关于印发〈国有林区棚户区改造工程项目管理办法〉的通知》(林规发〔2010〕252 号)中的有关规定执行。

**第三十六条** 地方各级人民政府和有关主管部门应在落实国家有关优惠政策的同时，应根据本行政区域的实际情况制定支持危旧房改造的相关优惠政策。

**第三十七条** 项目所在地人民政府和建设单位应当切实做好改造后住宅区的管理与服务工作，建立规范住房维修基金制度。

**第三十八条** 新建的住宅小区要推行物业管理，执行有关物业管理政策，切实做好改造后住宅小区的管理与服务工作。

## 第八章 附 则

**第三十九条** 实施危旧房改造的省、自治区、直辖市可依据本办法，结合地方实际情况，制定本地区危旧房改造实施细则，并报国务院林业、发展改革、住房城乡建设部门备案。

**第四十条** 本办法由国务院林业、发展改革、住房城乡建设部门负责解释。

**第四十一条** 本办法自公布之日起施行。

# 国家林业局关于印发《全国性经济林产品节(会)管理规定》的通知

林造发〔2010〕269 号

各省、自治区、直辖市林业厅(局)，内蒙古、吉林、龙江、大兴安岭森工(林业)集团公司，新疆生产建设兵团林业局，各计划单列市林业局：

为进一步规范管理全国性名特优经济林产品节

(会)活动，促进经济林产业又好又快发展，我局组织制定了《全国性经济林产品节(会)管理规定》，现印发你们，请各地结合实际，认真贯彻执行。执行过程中有何意见和建议，请及时反馈我局造林绿化管理司。

国家林业局

2010年11月24日

## 附件　全国性经济林产品节(会)管理规定

**第一条**　为规范全国性名特优经济林产品节(会)的管理，促进经济林产业又好又快发展，特制定本规定。

**第二条**　凡冠用“全国”或“中国”名义主办的，以名特优经济林产品为主题的全国性经济林产品节(会)，均执行本规定。

**第三条**　全国性经济林产品节(会)可由国家林业局与省、自治区、直辖市人民政府共同主办，中国经济林协会、中国竹产业协会等协会及省、自治区、直辖市林业厅(局)可协办。

**第四条**　地级市以上人民政府(以下简称“申办城市”)均可申请承办全国性经济林产品节(会)。申办城市应当提前一个年度申请承办全国性经济林产品节(会)，并具体负责组织实施。

**第五条**　申办条件

(一)申办城市应当有被命名为国家级或者省级的经济林行业的龙头企业，或者中国名特优经济林之乡，或者区域性经济林产品批发市场。

(二)申办城市应当是名特优经济林主产区，主导经济林产品资源丰富，品质优良，产业发达；当地经济林产业发展，对农民增收致富、扩大社会就业、促进地方经济发展发挥了重要作用。

(三)申办城市应当高度重视节(会)承办工作，并提供必要的服务和条件。

(四)申办城市应当具有良好的市容市貌，环境优美，交通便利，通讯发达，具备开展大型活动的设施和条件。

(五)申办城市应当具有承办大型活动的经验和组织能力。

(六)其他相关条件。

**第六条**　申报材料

(一)申办承诺。申办城市及其所在的省、自治区、直辖市人民政府应当承诺在人、财、物等方面给予支持。

(二)具体方案。包括活动主题、时间、地点、主要内容、组织机构、宣传措施、经费预算、资金筹措等。

(三)城市概况。包括政治、经济、文化、交通、气候、环境等；申办城市经济林产业发展的特点、做法、经验及生产、流通、消费等概况；举办大型活动的经历等。

(四)保障措施。包括交通、食宿、运输、商贸、旅游、安保、仓储等服务和保障条件，有关场馆布局等相应的配套设施。

(五)优惠条件。提供给国内外参展单位的优惠条件。

(六)其他相关材料。

**第七条**　申报程序

(一)申办城市人民政府提出申请报告，征求所在省、自治区、直辖市林业厅(局)意见，经省、自治区、直辖市人民政府审核同意并函送国家林业局。

(二)国家林业局造林绿化管理司负责对申报材料、申报条件进行审查，必要时组织专家进行实地考察，并征求有关司(局、直属单位)意见后，提出是否同意申办城市承办的初审意见，报国家林业局局领导审定。

**第八条**　经国家林业局批准的申办城市，可在举办全国性经济林产品节(会)活动名称前冠用“全国”或“中国”字样开展相关活动。

**第九条**　组团参加全国性经济林产品节(会)的省份数量原则上不应少于相应经济林产品主产省的三分之二。

**第十条**　申办城市要以突出宣传主导产品、推动当地乃至全国经济林产业发展为中心确定主题，组织开展相关活动。

**第十一条**　对参加全国性经济林产品节(会)的任何单位和个人，国家林业局不收取任何费用。

**第十二条**　申请主办国际性名特优经济林产品节(会)活动，需国家林业局与省、自治区、直辖市人民政府共同主办的，参照本规定执行。

**第十三条**　本规定自发布之日起执行。2002年11月28日国家林业局发布的《关于审批主办全国性经济林产品节(会)活动的暂行规定》同时废止。

# 关于追授杨善洲同志“全国绿化模范”荣誉称号的决定

林人发〔2010〕277号

各省、自治区、直辖市绿化委员会、林业厅(局)，内蒙古、吉林、龙江、大兴安岭森工(林业)集团公司，新疆生产建设兵团林业局，各有关部门(系统)绿化委员会，中国人民解放军、中国人民武装警察部队绿化委员会，国家林业局各司局、各直属单位：

近些年来，广大干部群众在党中央、国务院的领导下，以邓小平理论和“三个代表”重要思想为指导，深入贯彻落实科学发展观，大力开展植树造林，扎实推进林业生态建设，为发展现代林业、建设生态文明、推动科学发展作出了突出贡献，并涌现出大批先进模范人物，杨善洲同志就是其中的优秀代表。

杨善洲，男，1927年1月出生，云南省施甸县姚关镇陡坡村人。1951年5月参加革命工作，1952年11月加入中国共产党，历任云南省保山县委副书记、书记，保山地委副书记、书记，1988年6月退休后回家乡施甸县大亮山义务造林，创建林场。2010年10月10日因病逝世，享年84岁。

杨善洲同志从地委书记岗位上退下来后，主动放弃进省城安享晚年的机会，长年累月扎根大亮山，带领群众植树造林，兴办林场，以老年之躯，头戴竹叶帽，脚穿草鞋，手拿砍刀，肩扛锄头，爬高山，住窝棚，艰苦创业20多年，使5.6亩昔日山秃水枯的大亮山变成一片绿洲，森林郁郁葱葱，溪流四季不断，创造的活立木直接经济价值超过3亿元，森林覆盖率达到90%。2009年4月，他将大亮山林场无偿移交给国家。杨善洲同志把退休后的余生精力全部用于林业和生态建设，用60岁以后的生命铸就了一个绿色的家园，造福了当地老百姓，实践了自己“只要生命不结束，服务人民不停止”的诺言。杨善洲同志义务办林场，不计报酬，对功、名、利、禄，淡而忘之，把全部的心血和热情都用在了为人民群众办实事上，为国家创造了巨大的生态价值和财富，自己依然蜗居陋室，一辈子过着清贫的生活，以自己的模范行动为广大干部群众作出了表率。

为了弘扬杨善洲同志的崇高精神和学习他的先进事迹，激励后人继承他的遗志，为生态建设作出新的更大贡献，全国绿化委员会、国家林业局决定，追授杨善洲同志“全国绿化模范”荣誉称号。

全国绿化、林业战线的广大干部职工要以杨善洲同志为榜样，紧紧团结在以胡锦涛为总书记的党中央周围，高举中国特色社会主义伟大旗帜，深入贯彻落实科学发展观，全面落实中央林业工作会议和中央领导同志的重要批示精神，振奋精神，锐意进取，真抓实干，为发展现代林业、建设生态文明、推动科学发展作出新的贡献，为全面实现林业发展目标而努力奋斗！

全国绿化委员会<br>国家林业局<br>2010年12月1日

# 国家林业局关于进一步加快发展沙产业的意见

林沙发〔2010〕278号

各省、自治区、直辖市林业厅（局），新疆生产建设兵团林业局，国家林业局各司局、各直属单位：

为认真贯彻党的十七大、十七届五中全会精神，科学指导并合理规范沙产业健康发展，充分发挥沙产业在拉动生态建设、增加社会就业、促进农民增收、保障市场供应、推动沙区经济发展等方面的重要作用，现就加快发展沙产业提出如下意见。

**一、正确把握当前沙产业发展的形势**

长期以来，尤其是近年来，随着各项防沙治沙重点工程的实施，广大沙区治理区林草资源不断增加，既显著改善了当地的生态状况，又为沙产业的发展奠定了良好基础，各地已初步形成了以木材、灌草饲料、中药材、经济林果、沙漠旅游等为重点的沙区特色产业，开发出人造板、纸浆、饲料、药品、保健品、食品、饮料、果品等一大批沙产业产品，并带动了加工、贮藏、包装、运输等相关产业的发展，沙产业链不断延长，产值不断增长。据不完全统计，近几年我国沙产业年产值逾千亿元。沙产业发展为促进当地农牧民增收，加快区域经济发展发挥了积极作用。

但是应当看到，沙产业发展基础薄弱、规模不足、效益不高、市场发育不全、发展不平衡等问题还相当突出。沙产业发展处于起步阶段，增长方式粗放，技术相对落后，尚未形成规模效益，抗击风险和参与市场竞争能力仍然较弱；沙产业产品的科技含量还比较低，拳头产品和知名品牌不多；扶持政策落实不到位，社会各界力量参与沙产业开发的积极性尚未得到充分调动，龙头企业的带动作用远未得到发挥；个别地方沙产业发展不规范，甚至无序，有的是资源利用不充分，发展缓慢，有的是利用过度，超过其承载能力，造成生态环境退化等。对此，需要予以高度重视并切实采取有效措施认真加以解决，努力使我国沙产业得到大力发展，生态得到更好保护。

**二、充分认识加快沙产业发展的重要性**

我国沙化土地面积大，分布广，沙产业发展的物质基础丰富多样，合理开发利用沙区资源，既是推动沙区经济发展，增加沙区农牧民收入的需要，又是持续拉动沙区生态建设的重要途径，意义重大。

（一）*加快沙产业发展是贯彻落实党的十七大精神的必然要求*。党的十七大提出了建设生态文明、实现生态良好的奋斗目标和“基本形成节约能源资源和保护生态环境的产业结构、增长方式、消费模式，循环经济形成较大规模，可再生能源比重显著上升”的要求，发展沙产业，是促进沙区生态建设，带动区域经济发展的重要途径，同时，林草资源的可再生性和沙产业产品的无公害性，使沙产业成为发展循环经济的重要组成部分。加快沙产业发展，对于建设资源节约型和环境友好型社会，实现全面建设小康社会的奋斗目标，具有重要作用。

（二）*加快沙产业发展是巩固治理成果、保护和改善沙区生态的必然要求*。沙区不但生态脆弱，而且经济落后，群众大多依赖土地和地上资源维持生计，对生态造成很大压力，只有合理利用沙区资源，创造良好经济效益，增强当地群众的自我发展能力，减少对沙区资源的过度依赖，才能走出治理、破坏、再治理的恶性循

环，步入防沙治沙、适度发展沙产业、逆向拉动防沙治沙的可持续发展路子。同时，从国内外长期的实践经验看，利用沙区独特的自然条件，发展沙产业可以增加大量的可利用土地资源，为促进区域经济发展提供更加广阔的空间。

（三）加快沙产业发展是沙区转变经济发展方式的必然要求。沙区具有丰富的灌木资源，发展生物质发电、生物柴油等新型能源产业具有广阔前景。沙区的野生经济动植物种类繁多，许多具有独特的经济价值和利用前景。沙区还蕴藏着丰富的栽培作物品种和优良家畜品种，是我国重要的特色农牧业产品生产基地。充分利用沙区独特的资源条件，因地制宜发展独具特色的沙产业，培育沙产业带和沙产业群，有利于实现沙区资源多层次、多途径的开发利用，为沙区转变经济发展方式、调整优化经济结构提供有利条件。

（四）加快沙产业发展是促进农牧民就业增收的必然要求。我国的沙区大都属于贫困地区，加快发展沙产业，把基地建设和加工利用结合起来，带动储藏、运输、销售等相关产业的发展，把资源优势转化为经济优势，形成区域性的支柱产业，可以为农民提供最适应、最直接、最方便的就业机会，充分释放沙地资源和沙区劳动力资源的巨大潜力，为沙区开辟新的经济增长点，对于增加农民收入、破解"三农"难题、推动农村改革与发展具有十分重要的促进作用。

随着我国经济快速发展，综合国力不断增强，在调整产业结构、转变经济增长方式和大力发展循环经济、低碳经济的新形势下，沙产业的发展面临着前所未有的历史机遇。特别是由于可利用土地日益减少，沙地作为一种潜在的土地资源已越来越得到社会的认同，沙区独特的自然条件和丰富的自然资源为沙产业的发展提供了广阔的发展空间。

**三、准确把握加快沙产业发展的指导思想、原则和目标**

（一）指导思想

深入贯彻落实科学发展观，在全面保护沙区生态建设成果的基础上，尊重自然规律和经济规律，因地制宜，科学规划，合理布局，以市场为导向，适度开发利用，以资源培育为基础，以精深加工为途径，发挥区域优势，依托科技进步，推进资源培育基地化，生产经营规模化，种养加销一体化，形成区域优势突出，资源配置合理，品牌特色明显，综合效益显著的沙产业发展新格局，为实现沙区经济社会可持续发展作出贡献。

（二）基本原则

——坚持以保护生态为前提。在保护生态的前提下，合理开发利用沙区资源。发展沙产业要与资源存量、原料基地规模和市场需求相适应，必须将发展规模控制在环境容量或自然生产力恢复所允许的限度内，不断提升沙区的生态承载力。

——坚持以市场为导向。要充分运用市场调节机制，发展适销对路的特色产品和优质产品，逐步建成资源培育—加工利用—产品销售的沙产业发展体系。巩固沙区小城镇市场，发展城市消费市场，逐步走向国际市场，不断适应和满足市场需求。

——坚持政府扶持与引导。积极引导资金、技术、人才等要素向沙产业聚集。建立健全与沙区经济社会发展水平相适应的沙产业投入和激励机制。

——坚持统筹规划。综合考虑沙区资源条件、市场需求、投资能力，发挥区域资源优势，科学制定沙产业发展规划，建立相对集中的区域化、专业化的原料生产和加工基地，确定重点发展领域和优先开发区域。

——坚持依靠科技进步。保护和发展具有区域民族特色的传统工艺，依托先进科学技术，节约沙区水资源，在合理确定生活、生产和生态用水的基础上，积极开展抗旱性林草资源培育和产业开发，发展低碳循环经济。鼓励企业自主创新，积极引进和研发新设备、新工艺、新产品，强化品牌建设，提高沙产业的科技含量和整体素质。

——坚持服务"三农"。发挥沙产业优势和农牧民积极性，支持沙区建立合作社、协会，努力扩大农牧民就业，增加农牧民收入，促进沙区经济发展和生态改善。

（三）发展目标

在切实巩固沙区生态建设成果、不断改善沙区生态状况的前提下，力争用10～15年左右的时间，大力培育林草资源基地，引导建立一批加工企业，每个沙化类型区和重点领域内至少争创3～5个国家级名优品牌，有效促进农牧民增收致富，实现生态环境良性循环，探索沙产业发展的新途径和新机制，典型引路，示范带动，不断提升沙产业科技含量和竞争力，努力建立比较完备的沙产业科技创新体系和技术服务保障体系，为发展区域经济、实现全面建设小康社会目标作出贡献。

**四、科学确定沙产业发展的总体布局和重点领域**

（一）总体布局

根据我国沙化土地的自然分区，在准确把握市场发展趋势的前提下，在不同类型区确定沙产业发展的主攻方向，形成分工合理、优势互补、特色鲜明的沙产业布局。

在干旱沙漠、戈壁及绿洲类型区，要以沙漠边缘和绿洲为依托，大力发展高效节水灌溉林业，培育具有本地特色的经济林、干鲜果品、花卉苗木、饲用植物、药用植物等资源，延长产业发展链条，发展沙漠森林景观旅游。

在半干旱沙地类型区，要运用高效节水灌溉技术等现代科学技术，积极开展工业原料林基地建设，适度发展人造板、造纸等加工业；合理开展人工饲料林草基地建设，发展饲料加工业；促进畜牧业及畜产品加工业的发展；大力开展种植特色中草药材，发展中药材及加工业。

在青藏高原高寒荒漠类型区，要积极发展高原特有中药材的培育和加工利用，支持研究和推广灌木饲料新品种，建设人工饲草料基地，开展饲草料深加工，发展高原畜牧业。

在黄淮海平原及南方湿润沙地类型区，坚持治理和开发并重，合理利用沙化土地，实行林草、林果、林药间作，开展复合经营，大力发展木材、木本粮油、果品、饲料、药材、种苗、花卉等生产和加工，不断延伸加工产业链，提高经济效益。

（二）重点领域

各地区要依据当地自然、社会、经济特点和沙产业发展现状，合理确定沙产业发展重点领域。要按照加快转变经济发展方式的要求，努力发展循环经济和低碳绿色环保产业。突出抓好应用高新技术开展的现代种植业、养殖业和加工业；积极推进名特优新干鲜果、特有药材和食用植物基地建设；采取有效措施大力开发果品、药品、生物药品、保健品及藻类等系列产品，实现产业化、规模化经营；努力推广、引进节水新技术和新设备，提高沙区水资源利用率和太阳能利用；积极开展灌木资源的综合利用，大力推进以灌木为主的生物质能源、生物柴油和饲料林等产业的发展。

**五、加大促进沙产业发展的政策支持力度**

（一）多渠道增加投入

依托林业重点工程和现有扶持政策，加大对沙区林草植被资源建设的支持。对能促进沙产业发展的资源基地培育项目，凡列入工程规划并满足工程建设要求的，按政策享受国家补助。

中央财政对符合条件的林业龙头企业开展的种植业、养殖业以及林产品加工业贷款项目，各类经济实体营造的工业原料林、木本油料经济林以及有利于改善沙区生态环境的种植业贷款项目，国有林场（苗圃）、集体林场（苗圃）、国有森工企业开展的多种经营贷款项目以及自然保护区和森林公园开展的森林生态旅游项目，农户和林业职工个人从事的营造林、林业资源开发和林产品加工贷款项目予以贴息，年贴息率为3%，贴息期限最长为3年。农户和林业职工个人营造林小额贷款，贴息期限最长为5年。

支持沙产业企业通过发行短期融资债券、中期票据和发行股票上市等形式多渠道融资，采用联营、合资、股份合作等方式，广泛吸收社会资金投资沙产业。

积极协调财政支农、农业综合开发、小城镇建设、科学研究和技术推广、教育培训等方面资金对沙产业发展领域加大支持力度。积极协调落实国家扩大农牧民经营林业补贴范围，提高补贴标准，为沙产业发展提供资金保障。

要积极争取政府设立沙产业技术创新发展基金，促进沙产业企业技术创新。积极争取地方财政根据实际情况，加大对发展沙产业的资金扶持力度。

（二）加大信贷支持力度

按照《人民银行　财政部　银监会　保监会　林业局关于做好集体林权制度改革与林业发展金融服务工作的指导意见》要求，积极争取银行业金融机构开办林权抵押贷款、林农及中小企业小额信用贷款和林农联保贷款，贯彻落实沙区林地、林木资源抵押政策，为发展沙产业服务。

鼓励地方政府、林业专业合作组织、林业企业和林农等出资组建或扶持壮大互助性沙产业担保体系，为沙产业贷款融资服务。

（三）认真落实税收、保险等相关优惠政策

对以沙区三剩物、次小薪材为原料自产的综合利用产品，按照财政部、国家税务总局的有关规定，享受相关的增值税即征即退政策。为发展沙产业需要进口设备的，凡属于国家产业结构调整指导目录鼓励类投资项目的进口自用设备，除国内投资项目不予免税的进口商品外，按照国家有关规定，免征进口关税和进口环节增值税。根据国家有关税收法律法规的规定，沙产业企业从事农、林、牧、渔业项目的所得，可以免征、减征企业所得税，符合条件的小型微利企业，减按20%的税率缴纳企业所得税。沙产业企业被认定为国家需要重点扶持的高新技术企业的，减按15%的税率征收企业所得税。

各地可通过保费补贴等必要的政策手段引导保险公司、林业企业、林业专业合作组织和林农积极参与森林保险，扩大森林投保面积，有条件的地方可设立森林保险补偿基金，建立统一的基本森林保险制度，创新投保方式，降低沙产业经营风险。

按照《国家林业局关于改革和完善集体林采伐管理的意见》的精神，沙区非林业用地上的林木，不纳入采伐限额管理，商品林抚育采伐和其他采伐可占用主伐指标，各项指标可结转使用。

根据财政部、国家林业局关于育林基金征收使用管理办法的规定，育林基金按照最高不超过林木产品销售收入的10%计征。

各地可根据国家有关规定，结合当地实际，制定促进沙产业发展的相关优惠政策。

（四）切实保障投资者合法权益

进一步深化沙区集体林权制度改革，凡是适宜家庭承包的集体林地，都要承包到户并确权发证、放活经营权，落实处置权。治理后的沙化土地可依法进行流转、继承，维护治理者的合法权益。征占用治理后的沙化土地，由征占者给予治理者合理的经济补偿。

充分发挥农民林业专业合作社和行业协会在促进沙产业发展中的作用，使其为沙产业发展提供社会化服务，开展行业自律，防止无序竞争，协调解决争端，维护农民和其他投资者的合法权益。

**六、强化加快沙产业发展的保障措施**

（一）加强组织领导。要深入学习和研究沙产业理论，深刻认识发展沙产业的重大意义，充分挖掘沙产业发展的巨大潜力，将沙产业纳入区域产业发展规划，加强宏观指导。各级林业主管部门要主动当好政府的参谋，积极争取相关部门的支持，共同推进沙产业发展。要扶持和培育一批市场竞争力强、技术含量高、符合国家环保标准、具有辐射带动作用的龙头企业，创建具有原产地特色的产品和品牌，提高沙产业的整体素质。要大力宣传防沙治沙和沙产业发展的先进典型，营造良好的社会舆论氛围。

（二）强化科技支撑。科学编制区域沙产业发展总体规划和沙产业企业建设规划，做到加工项目、生产规模与资源培育相协调。充分发挥科技对沙产业发展的支撑作用，鼓励科研机构开展沙地动植物资源选育和开发利用技术研究。筛选并推广一批技术成熟、效益显著的科技成果。抓紧制定和完善沙区灌木林等经营技术标准，提高经营水平。依托相关科研院所和高等院校，加强沙产业实用技术培训，提高沙产业管理人员和农牧民的技能。鼓励科技人员开展技术咨询、技术转让和信息服务。建立一批沙产业发展的典型示范区，探索模式，总结经验，辐射带动沙产业发展。

（三）依法规范沙产业发展。要严格执行《防沙治沙法》、《森林法》、《土地管理法》、《草原法》、《营利性治沙管理办法》等法律法规，依法规范沙产业开发行为。沙区要严格执行环境影响评价制度，开发建设项目必须进行环境影响评价。在沙产业开发中，严格禁止滥开垦、滥放牧、滥樵采，防止因发展不当对生态环境造成新的破坏。加强监督管理，对于有沙化趋势或者沙化程度加重的地区，要依法制止导致土地沙化的开发行为，并积极开展防治。

（四）充分发挥市场调节作用。扶持重点龙头企业和产业集群建设，建立并完善生产、加工、营销体系。创造公平竞争环境，为各种社会主体参与防沙治沙、发展沙产业提供平台。积极创新沙产业发展体制和机制，努力实现市场要素的优化组合。

（五）搞好信息服务。各级林业主管部门要积极协调相关部门，为发展沙产业在资源培育、生产加工、产品销售、运输贮藏等方面做好全方位的技术咨询服务。健全沙产业信息服务系统，做好信息的收集整理、分析预测、反馈发布工作，为各类投资者提供政策、技术、市场信息共享平台，不断提高公共服务能力。

国家林业局

2010 年 12 月 3 日

# 国家林业局关于加强林业应对气候变化培训工作的通知

## 林人发〔2010〕303 号

各省、自治区、直辖市林业厅（局），内蒙古、吉林、龙江、大兴安岭森工（林业）集团公司，新疆生产建设兵团林业局，国家林业局各司局、各直属单位：

为切实履行《联合国气候变化框架公约》义务，向国际社会阐明我国应对气候变化的政策主张，国务院于 2007 年 6 月发布了《中国应对气候变化国家方案》（以下简称《国家方案》）。我局于 2007 年 7 月成立了应对气候变化和节能减排工作领导小组及其办公室。2009 年 6 月，中央林业工作会议明确了林业在应对气候变化中具有特殊地位。我局于 2009 年 11 月发布了《应对气候变化林业行动计划》（以下简称《林业行动计划》）。为全面学习、贯彻落实《国家方案》、《林业行动计划》和中央林业工作会议精神，现就加强林业应对气候变化培训工作提出如下要求。

**一、充分认识加强林业应对气候变化培训工作的重要意义**

林业在减缓气候变化中的作用主要是通过增汇、减排、储存、替代四个途径来实现。《国家方案》提出了林业增加温室气体吸收汇、维护和提升森林生态系统整体功能、构建良好生态环境的政策措施。《林业行动计划》提出了不断增强林业碳汇功能，增强我国林业减缓和适应气候变化能力的主要目标、任务及措施等。全面贯彻《国家方案》和《林业行动计划》，对于指导各级林业主管部门开展应对气候变化相关工作，充分发挥林业在应对气候变化中的作用具有重要意义。加强林业应对气候变化培训工作，是落实《国家方案》和《林业行动计划》的重要措施，有利于深化林业干部职工对林业应对气候变化工作重要作用的认识，推动林业应对气候变化工作扎实有序开展；加强林业应对气候变化培训工作，是提高各级领导和林业管理干部政策水平、业务能力的重要途径，有利于科学制定、正确执行与应对气候变化相关的林业法律法规和方针政策；加强林业应对气候变化培训工作，是广泛宣传林业在应对气候变化中的重要意义，以及林业应对气候变化相关政策的有效方式，有利于广大林业从业人员准确把握林业应对气候变化林业行动的政策措施，激发参与应对气候变化林业行动的热情。总之，加强林业应对气候变化培训工作，将为我国充分发挥林业在应对气候变化中的特殊作用奠定有力基础，作出实质贡献。各级林业主管部门对此务必高度重视，切实采取有效措施，抓紧抓好。

**二、明确林业应对气候变化培训工作指导思想、总体目标和主要任务**

（一）指导思想

以科学发展观为指导，紧紧围绕《国家方案》和《林业行动计划》中心任务，加强组织领导，调动各方培训资源，多形式、高质量地开展林业应对气候变化培训工作，为全面推进《林业行动计划》提供强有力的保障。

（二）总体目标

通过培训，培养一批政治素质高、科研能力强、工作作风实的应对气候变化专家；培养一批将生态系统、生态建设与气候变化紧密联系开展工作的地方党政领导；培养一批具有可持续发展、节约资源、保护生态、改善环境、合理消费、循环经济观念的林业专业技术人才。

（三）主要任务

通过各种学习方式，将应对气候变化有关内容纳入各类干部职工的培训计划。

——对应对气候变化专家，开展以学习《国家方案》和《林业行动计划》为重点的集中研讨，通过科研立项、建立公平竞争机制等措施，积极鼓励中青年科技工作者从事林业应对气候变化相关领域科研。

——对地方党政领导，开展以学习《国家方案》和《林业行动计划》为重点的集中轮训，结合《森林法》，充分发挥当地林业作用，积极配合党中央、国务院提出的构建良好生态环境的政策措施，领导本地贯彻落实《国家方案》和《林业行动计划》，发挥好应对气候变化宣传者、组织者和推动者的重要作用。

——对专业技术人才和林业干部，认真组织学习《国家方案》和《林业行动计划》原文，使之准确理解应对气候变化精神实质，把握林业与气候变化的关系、林业应对气候变化的重点领域、主要行动以及林业应对气候变化的指导思想、基本原则和主要目标，掌握《森林法》、《国家方案》和《林业行动计划》等的具体规定，熟悉政策、吃透精神，增强运用专业知识完成实际工作的能力，紧扣实际需要，开展以应对气候变化业务为重点的专项培训。

——对其他林业从业人员，开展以应对气候变化政策和技能为重点的培训，使之全面了解把握林业减缓气候变化和适应气候变化的重点领域和主要行动，充分发挥他们在应对气候变化工作中的主体作用，准确把握林业应对气候变化相关政策。

**三、采取有力措施，全面加强林业应对气候变化培训工作**

（一）加强组织领导。我局负责全国《林业行动计划》培训工作的指导和协调；各级林业主管部门负责本地区林业应对气候变化培训工作的指导和协调。地方各级林业主管部门要高度重视林业在应对气候变化中特殊地位和作用的认识，积极开展培训工作，把林业应对气候变化培训列入本地区林业工作的重要日程，结合工作实际制定应对气候变化培训工作方案，切实抓好本地区林业应对气候变化培训工作。

（二）调动培训资源。充分发挥各级林业干部学院（校）、党校和培训基地的主渠道作用；支持和依靠高等林业院校、科研院所和社会团体开展相关研究；发动基层林业工作站、农（林）业广播电视学校和林业技术推广站（中心），大力开展林业应对气候变化培训工作。

（三）搞好三个培训创新。即不断创新培训的思路、内容和方式。要加强培训需求分析，科学设置培训班次，不断完善课程设计和培训内容。根据各级各类学员特点，有针对性地综合运用讲授式、研讨式、案例式、模拟式、体验式等培训方法，提高培训质量和效果。充分利用广播、电视、网络等现代化技术和手段，扩大林业应对气候变化培训工作的规模和覆盖面。

（四）加强师资队伍和教材建设。各省级林业主管部门应根据培训任务，建立林业应对气候变化培训师资库，加强动态管理，优化师资配备；对师资进行业务培训，不断提高教师的业务素质和教学水平；参考我局组织编写的《林业应对气候变化培训大纲》（见附件），积极利用多媒体等现代技术，促进培训教材信息化建设。

（五）落实保障经费。各级林业主管部门要切实按照《国家方案》和《林业行动计划》的要求，积极争取政府财政支持，将相关培训列入本级财政项目支出预算，保证林业应对气候变化培训顺利开展。加强培训经费的管理，提高培训经费的使用效率。

（六）规范培训管理。各单位或个人不得采取不正当手段招揽生源，不得以培训名义组织公费旅游或进行高消费活动，不得违反国家有关规定收取培训费用，不得借培训名义增加林业干部群众负担。跨省区招生的培训班必须经我局有关业务主管部门批准，并通过网上公示接受社会监督。

应对全球气候变化、维护全球生态安全，是全人类的共同责任；控制和减少温室气体排放符合建设资源节约型、环境友好型和低耗能、低排放社会的长远发展目标，也是落实科学发展观、实现经济社会可持续发展的内在要求。应对气候变化，是党中央、国务院赋予林业的一项全新、特殊的使命，各级林业主管部门应积极行动起来，加强合作、共同努力，促进林业发展，为减缓和适应气候变化作出积极贡献。

附件：林业应对气候变化培训大纲（略）

国家林业局

2010年12月29日

# 国家林业局关于商请做好虎等大型猫科动物非法贸易控制工作的函

林函濒字〔2010〕15号

四川、云南、西藏、甘肃、青海省、自治区人民政府：

虎、豹、雪豹和云豹等大型猫科动物既是我国国家一级保护野生动物，也是我国缔结的《濒危野生动植物种国际贸易公约》（CITES）附录一物种。根据我国《野生动物保护法》、《陆生野生动物保护实施条例》、《国务院关于禁止犀牛角和虎骨贸易的通知》（国发〔1993〕39号）以及CITES公约的规定，未经批准，不得猎捕、杀害大型猫科动物以及出售、运输、收购和进出口大型猫科动物及其制品。

2004年以来，个别非政府组织每年都在你省（自治区）发现摆卖大型猫科动物毛皮、骨骼以及使用大型猫科动物毛皮制品的现象，经国际媒体和非政府组织大肆炒作，已引起国际社会强烈关注。为维护国家形象，消除我国存在的摆卖大型猫科动物毛皮、骨骼及其制品现象，特商请你省（自治区）配合做好以下工作。

一、抓紧清理摆卖大型猫科动物毛皮、骨骼及其制品行为。建议由工商、林业、公安、民委等有关部门组成联合工作组，立即对存在摆卖大型猫科动物毛皮、骨骼及其制品现象的地区，特别是国际上反映强烈的甘肃省临夏市北大街市场、青海省西宁市滨河路和水井巷市场以及西藏自治区拉萨、日喀则和那曲等地进行检查，清理市场、商店内任何摆卖行为。同时，通过适当形式，教育群众不得经营大型猫科动物毛皮、骨骼及其制品，引导干部、群众特别是党员领导干部不使用大型猫科动物毛皮服饰。

二、持续保持高压态势，防止出现死灰复燃现象。国际社会极为关注大型猫科动物的保护和非法贸易控制工作，如果不能彻底解决近期困扰我国打击非法贸易方面存在的问题，既会给保护不力的国家向我转嫁责任提供借口，也会给国际反华力量诋毁我国添加素材。请务必要求地方各级人民政府，高度重视对大型猫科动物非法贸易的控制工作，严厉查处走私和非法经营利用大型猫科动物及其制品行为，杜绝摆卖大型猫科动物毛皮、骨骼及其制品现象，确保不出现死灰复燃现象。

三、及时函告清理结果，随时通告相关案件案情。国际有关组织将于2010年1月在泰国召开保护老虎部长级会议、3 月在卡塔尔召开第十五届 CITES 缔约国大会、10 月在俄罗斯召开保护老虎峰会。预计，大型猫科动物非法贸易控制问题仍将成为此类会议的主要议题之一。为做好与会准备工作，妥善处理该问题，特请你省(自治区)将此次清理活动的结果在 2010 年 2 月底之前函告我局，并请林业主管部门随时将本地查获的走私和非法经营利用大型猫科动物案件案情逐级上报我局。

特此致函，请予大力支持。

国家林业局

2010 年 1 月 20 日

# 国家林业局关于印发《全国林地保护利用规划纲要(2010～2020 年)》的通知

林函规字〔2010〕181 号

各省、自治区、直辖市人民政府，国家发展改革委、财政部、国土资源部、环境保护部、水利部、农业部：

根据《国务院关于全国林地保护利用规划纲要(2010～2020 年)的批复》(国函〔2010〕69 号)的要求，现将《全国林地保护利用规划纲要(2010～2020 年)》(以下简称《纲要》)印发给你们，请认真贯彻执行。

林地是国家重要的自然资源和战略资源，是森林赖以生存和发展的根基，是野生动植物栖息繁衍和生物多样性保护的物质基础。我国是一个少林国家，生态系统整体功能非常脆弱，当前和今后一个时期，经济社会发展需求与林地供给的矛盾依然十分突出。加强林地保护利用管理，提升森林资源承载能力，已经成为应对气候变化、发展现代林业、保障国土生态安全、统筹人与自然和谐、推进生态文明建设的首要任务。贯彻落实《纲要》是时代赋予林业的重大使命，体现了党和国家全面加强生态建设，应对气候变化的决心和意志。

《纲要》是我国第一个中长期林地保护利用规划，是指导我国未来十年林地保护和利用工作的纲领性文件。《纲要》为实现林地科学管理、优化林地结构布局、落实林地用途管制、提高林地利用效益提供了重要依据。各省、自治区、直辖市人民政府要根据《纲要》的要求，科学分解落实《纲要》确定的主要指标，尽快组织完成省级和县级林地保护利用规划的编制工作，按程序报批。规划编制所需工作经费要纳入地方财政预算。省级和县级林地保护利用规划的分区、分类、分级和布局安排必须服从上一级林地保护利用规划并与同级主体功能区划、土地利用总体规划相衔接，县级规划要把林地落实到现地，造册成图，建立林地档案管理数据库。各地区、各部门编制的城乡、交通、水利、能源、旅游、工业、农业、环保和生态建设、林业建设等相关规划，应与林地保护利用规划相衔接，符合林地保护利用规划的方向和要求。政府主管部门要严格依据林地保护利用规划审查各类建设项目使用林地。

各地区、各有关部门要切实加强组织领导、密切配合，认真落实《纲要》提出的各项任务和措施，确保林地保护利用规划顺利实施和规划目标的实现。地方各级人民政府要落实林地保护利用目标责任制，将森林保有量和征占用林地定额作为地方政府目标考核的重要内容。国家林业局建立林地监测、评估和统计制度，对各地实施《纲要》情况进行监督检查，检查结果通报全国。

国家林业局

2010 年 8 月 20 日

# 全国林地保护利用规划纲要(2010～2020 年)

林地是国家重要的自然资源和战略资源，是森林赖以生存与发展的根基，在保障木材及林产品供给、维护国土生态安全中具有核心地位，在应对全球气候变化中具有特殊地位。国务院明确要求“要把林地与耕地放在同等重要的位置，高度重视林地保护”。为贯彻落实科学发展观，统筹好林地资源的保护利用，不断增加森林资源，根据《中华人民共和国森林法》、《中华人民共和国森林法实施条例》、《中共中央国务院关于加大统筹城乡发展力度进一步夯实农业农村发展基础的若干意见》(中发〔2010〕1 号)和《全国土地利用总体规划纲要(2006～2020 年)》等法律法规和国家有关林地保护管理的方针、政策，制定《全国林地保护利用规划纲要(2010～2020 年)》(以下简称《纲要》)。

本《纲要》主要阐明规划期内国家林地保护利用战略，明确全国林地保护利用的指导思想、目标任务和政策措施，引导全社会严格保护林地、节约集约利用林地、优化林地资源配置，提高林地保护利用效率，实现 2020 年森林覆盖率奋斗目标，实现我国在联合国气候变化峰会上提出的争取到 2020 年森林面积和蓄积分别比 2005 年增加 4000 万公顷和 13 亿立方米的目标。《纲要》是指导全国林地保护利用的纲领性文件。

本《纲要》的规划范围未包括香港特别行政区、澳门特别行政区和台湾省。

## 第一章　林地保护利用面临的形势

### 第一节　保护利用现状

根据第七次全国森林资源清查(2004～2008 年)结果，全国林地总面积 30 378.19 万公顷，占国土面积的 31.6%；森林覆盖率 20.36%。林地中，有林地 18 138.09 万公顷，灌木林地 5365.34 万公顷，疏林地 482.22 万公顷，未成林造林地 1132.63 万公顷，苗圃地 45.4 万公顷，迹地(含采伐迹地和火烧迹地)709.61 万公顷，宜林地 4403.54 万公顷，林业辅助用地 101.36 万公顷。

专栏一　不同时期全国林地状况和森林覆盖率

| 清查时间 | 1973～1976 | 1977～1981 | 1984～1988 | 1989～1993 | 1994～1998 | 1999～2003 | 2004～2008 |
|---|---|---|---|---|---|---|---|
| 林　地[1]（万公顷） | 25 509 | 26 688.57 | 25 969.28 | 25 677.4 | 25 704.73 | 28 280.34 | 30 378.19 |
| 有林地（万公顷） | 11 978 | 11 402.09 | 12 268.33 | 12 852.78 | 15 363.23 | 16 901.93 | 18 138.09 |
| 人均有林地（公顷） | 0.128 | 0.114 | 0.121 | 0.113 | 0.124 | 0.132 | 0.135 |
| 森林覆盖率 | 12.70 | 12.00 | 12.98 | 13.92 | 16.55 | 18.21 | 20.36 |

注1. 林地面积以全国森林资源连续清查数据为统计口径，包含《土地利用现状分类》(GB/T21010－2007)确定的林地、部分园地、部分建设用地、部分未利用地，下同。

**林地相关概念及划分标准**

林地：根据《中华人民共和国森林法实施条例》，林地包括郁闭度0.2以上的乔木林地以及竹林地、灌木林地、疏林地、采伐迹地、火烧迹地、未成林造林地、苗圃地和县级以上人民政府规划的宜林地。

有林地：连续面积大于0.067公顷、郁闭度0.2以上、附着有森林植被的林地，包括乔木林地和竹林地。

灌木林地：由灌木树种或因生境恶劣矮化成灌木型的乔木树种以及胸径小于2厘米的小杂竹丛组成，以经营灌木林为目的或起防护作用，连续面积大于0.067公顷、覆盖度在30%以上的林地。其中：

国家特别规定灌木林地(特灌林地)：具有一定经济价值，以取得经济效益为目的进行经营的灌木林，或者分布在干旱、半干旱地区和乔木生长界限以上专为防护用途，且覆盖度大于30%的灌木林地。

疏林地：由乔木树种组成，连续面积大于0.067公顷、郁闭度在0.10～0.19的林地。

采伐迹地：采伐后保留木达不到疏林地标准、且尚未人工更新或天然更新达不到中等更新等级的林地。

火烧迹地：火灾后活立木达不到疏林地标准、且尚未人工更新或天然更新达不到天然幼苗3000株/公顷以上或幼树500株/公顷以上的林地。

未成林造林地：造林或封育后不到成林年限，当年造林成活率85%以上或保存率80%(年均等降水量线400毫米以下地区当年造林成活率为70%或保存率为65%)以上，飞播造林后保留苗木3000株/公顷以上或沙区成苗2500株/公顷以上，封育地天然幼苗3000株/公顷以上或幼树500株/公顷以上，分布均匀，尚未郁闭但有成林希望的林地。

苗圃地：固定的林木、花卉育苗用地。

宜林地：经县级以上人民政府规划为林地的土地。包括宜林荒山荒地、宜林沙荒地和其他宜林地。

郁闭度：单位面积乔木树冠垂直投影面积之和，用十分数表示。

森林覆盖率：一定行政区域范围内有林地与特别规定灌木林地面积占土地总面积的百分率。

党中央、国务院一直高度重视生态建设和林业发展，各级政府认真贯彻落实《中华人民共和国森林法》等有关法律法规和党中央、国务院的林业发展方针、政策，林地保护利用取得了明显成效。

——促进了国土绿化和森林资源持续增长。我国森林覆盖率已从新中国成立初期的8.6%提高到20.36%。森林面积达到19 545万公顷，比改革开放初期增长61%；森林蓄积量达到137亿立方米，比改革开放初期增长34%。尤其是近20年来，森林面积和蓄积实现了持续增长。人工林面积达6169万公顷，居世界第一位，占全球人工林面积的38%。仅“十五”期间，全国植树造林面积就达3993万公顷。

——实现了局部生态明显改善。改革开放以来，国家先后实施了“三北”防护林、天然林资源保护、退耕还林、京津风沙源治理等重点生态工程。“三北”防护林工程造林2400多万公顷，工程区森林覆盖率提高了1倍。天然林资源保护工程有效保护天然林9500多万公顷，减少森林资源消耗4.26亿立方米。退耕还林工程造林2600多万公顷，其中退耕地造林900多万公顷，工程区森林覆盖率提高两个多百分点。全国沙化面积由20世纪末的年均扩展约3436平方千米变为目前的年均缩减约1283平方千米，总体上实现了从“沙逼人退”向“人逼沙退”的历史性转变。

——保护了生态区位重要地区的林地资源。2001年以来，共区划界定国家级公益林地10 500多万公顷，中央财政每年支出的公益林补偿费已超过30亿元；建立了各类自然保护区总面积达12 200多万公顷，约占国土面积的12.7%；已建森林公园2151处，总经营面积1597.47万公顷，有效保护了全国生态区位重要地区的林地及生物多样性。新中国成立以来，国务院确定了重点国有林区，并建立了一批国有林业局；还先后建立了4466个国有林场，重点林区的森林资源得到了有效的保护利用。

——提高了木材及林产品供给能力。新中国成立60年来，累计为社会提供木材60多亿立方米，人造板、地板、家具、松香等林工产品产量居世界首位，经济林、花卉、紫胶、活性炭等林副林特产品产量居世界前列。2008年，我国林业产业产值达到1.44万亿元，林产品进出口贸易额突破700亿美元，已跃升为世界林产品生产和贸易大国。

但必须清醒地看到，我国目前仍然存在人多林少、人与林地关系紧张的矛盾，林地保护利用依然面临着一些突出问题。

——林地总量不足，逆转日趋严重。我国森林覆盖率仅为世界平均水平的三分之二，居世界第一百三十九位，用占全球4.7%的森林支撑占全球23%的人口对生态和林产品的基本需求。我国人均有林地面积0.13公顷，仅为世界人均水平(0.6公顷)的22%；林地逆转日趋严重，第七次全国森林资源清查数据表明，清查5年间隔期内因毁林开垦、自然灾害、工程建设等导致林地转为非林地面积达832万公顷，其中近85%逆转为其他农用地。有林地逆转为非林地的面积为377万公顷，相当于同期全国造林面积的十分之一。

——林地质量不高，生产力低下。我国大部分林地分布在干旱半干旱地区，土层瘠薄、水肥条件差，林地生产力低。全国乔木林单位面积蓄积量不到86立方米/公顷，仅是世界平均水平的78%；林分平均郁闭度只有0.56，只相当于正常密度的67%；森林年净生长量仅为3.85立方米/公顷，相当于林业发达国家的一半左右。现有森林呈现人工纯林多、混交林少，单层林多、复层林少，中幼林多、成过熟林少等现象，森林资源总体质量不高。特别是约占我国林地总量60%的集体林地，单位面积蓄积量只有53立方米/公顷。

——林地退化明显，治理难度大。全国有近500万公顷林地退化为疏林地，超过5000万公顷林地退化为郁闭度小于0.4的低质低效林地，尤其是西部地区、南方地区以及集体林区的林地退化十分严重。在林地中，宜林荒山荒地、沙荒地等占到14.5%，其中超过60%的宜林地分布于西北、华北北部和东北西部等"三北"干旱、半干旱地区，造林比较困难，恢复植被难度大。毁林开垦和征占用等消耗的多是优质林地，通过石漠化治理等增加的多是质量不高的林地。

——违法使用林地屡禁不止，管理形势严峻。随着我国工业化、城镇化步伐的加快，各项建设对土地的需求增加，加之国家对耕地保护力度的加大，大量的用地项目大规模向林地转移，毁林开垦、蚕食林地和非法占用林地的现象日趋严重。2006~2008年，全国共发生违法征、占用林地林业行政案件3.9万起，损失林地4.9万公顷，损失林木2.2万立方米，违法使用林地的形势依然严峻。

### 第二节　必要性与紧迫性

——是保障国土生态安全、建设生态文明的基本要求。随着经济社会的发展，人们对绿色生态空间和生态文化的需求迅速增长。但目前全国生态状况整体恶化的趋势尚没有得到根本遏制，林地退化、水土流失、土地沙化依然严重，自然灾害频繁，防灾减灾任务十分繁重。在此形势下，要实现党的十七大提出的建设生态文明、建成生态环境良好国家的新要求，完成党中央、国务院提出的到2020年森林覆盖率达到23%以上的战略目标，迫切需要统筹安排经济社会发展与生态建设用地需求，保障生态、经济、社会的协调可持续发展。

——是加强节能减排、提高林业应对气候变化能力的客观要求。森林是陆地最大的储碳库和最经济的吸碳器，林业在应对气候变化的间接减排方面具有无可比拟的优势。我国现有森林每年吸收9亿多吨碳，净吸收量达到了每年工业碳排放的8%。在2007年的APEC会议上，中国政府提出的建立"亚太森林恢复与可持续管理网络"的重要倡议，被国际社会誉为应对气候变化的森林方案。联合国《气候变化框架公约》第十三次缔约方大会将植树造林、加强抚育、减少毁林、控制森林退化作为巴厘岛路线图的重要内容。2007年颁发的《中国应对气候变化国家方案》将植树造林、发展森林资源作为减缓气候变化的重要措施之一。而提高林业应对全球气候变化的能力，需要从根本上增加林地面积，提高森林保有量，从而增强森林植被的碳汇功能。胡锦涛主席在气候变化峰会上向国际社会作出的争取到2020年比2005年森林面积增加4000万公顷、森林蓄积增加13亿立方米的目标，将保护利用林地、增加森林资源提高到了国家目标和战略高度。

——是满足市场需求、增强木材及林产品供给能力的必然要求。随着我国经济社会的快速发展，木材及其制品的国内消费也在迅速增长，其中人造板、纸浆及纸张消费已居世界第二位。2007年，我国林产品折算的木材消费总量约3.71亿立方米，但木材产品市场国内供给仅为2.02亿立方米，实际消费缺口超过1亿立方米。据测算，到2020年，我国木材消费总量将提高到4.57亿~4.77亿立方米，木材供应缺口将长期保持在1亿~1.5亿立方米左右。如此巨大的需求缺口，仅依靠进口和节约资源是远远不够的，迫切需要立足国内，统筹安排好木材及林产品生产用地，提高森林经营水平，最大限度地满足经济社会发展对木材及林产品的需求。

——是加强林地宏观调控、适应国土区域利用格局的形势要求。当前，我国正在根据不同区域的资源环境承载能力、现有开发密度和发展潜力，统筹谋划未来人口分布、经济布局和国土利用格局，完善区域政策，调整功能布局，形成合理的空间开发结构。林地作为巩固并扩大绿色生态空间、改善生态环境、保障生态安全的重要载体，为适应国家新时期区域发展战略，需要及时调整适应于国土区域开发利用格局的林地保护利用结构、布局、管理政策和措施，实行分区施策、分类指导、分级管理。

## 第二章　指导思想与目标任务

### 第一节　指导思想

以邓小平理论和"三个代表"重要思想为指导，深入贯彻落实科学发展观，发展现代林业，建设生态文明，坚持严格保护、积极发展、科学经营、持续利用的方针，统筹协调林地保护与利用的关系，充分发挥森林的生态、经济和社会效益，为经济社会可持续发展奠定坚实基础。要遵循以下基本原则：

——严格保护，突出重点。按照现代林业发展和生态文明建设的战略要求，严格保护现有林地资源，积极拓展绿色生态空间。对生态区位重要和生态脆弱区域林地，以及高效生产木材、木本粮油和生物质能源林地进行重点保护。

——持续利用，提高效益。按照建设资源节约型和环境友好型社会的要求，转变林业发展和林地利用方式，科学使用林地，充分发挥林地生产力，促进林地利用从粗放低效向集约高效转变。

——优化结构，合理布局。根据经济社会发展对林地的多功能需求，优化林地保护利用结构与空间布局，统筹生态、生产、建设使用林地需求，分区明确林地利用方向和重点，合理配置林地资源。

——强化调控，科学管理。创新林地保护利用管理的机制和政策，强化规划实施保障措施，增强林地管理参与宏观调控的有效性和针对性。遵循自然规律和经济规律，因地制宜，分区施策，分类管理。

第二节 规划目标

——林地总量适度增加。到2020年，林地保有量增加到31 230万公顷，占国土面积的比重提高到32.5%以上。

——森林保有量稳步增长。到2020年，全国森林保有量达到22 300万公顷以上，比2005年增加4200万公顷左右，比2010年增加2230万公顷左右，森林覆盖率达到23%以上。

——林地保护利用结构逐步优化。到2020年，重点公益林地①达到12 490万公顷，占到林地总面积的40%；重点商品林地达到5000万公顷，占到林地总面积的16.1%。

——林地生产力明显提高。到2020年，全国林地生产率达到90立方米/公顷以上，现有乔木林地的林地生产率力争达到102立方米/公顷；全国森林蓄积量增加到150亿立方米以上，比2005年增加约23亿立方米左右，比2010年增加约12亿立方米左右；通过实施森林经营、控制消耗等措施，全国森林蓄积量力争达到158亿立方米。

——建设项目征占用林地规模逐步得到严格控制。2011～2020年，全国征占用林地总额控制在105.5万公顷以内。

**专栏二 林地保护利用的主要规划指标**

| 属性 | 指标 | 涵 义 | 2020年 |
|---|---|---|---|
| 约束性 | 森林保有量（万公顷） | 一定时期确保森林覆盖率目标实现的最低森林面积[1] | 22 300 |
| | 征占用林地定额（万公顷） | 各类建设用地征用、占用林地面积上限 | 105.5 |
| 预期性 | 林地保有量（万公顷） | 一定时期确保实现森林覆盖率等战略目标的最小林地面积 | 31 230 |
| | 林地生产率[2]（立方米/公顷） | 森林（乔木林）单位面积蓄积量，是反映林地生产潜力的重要指标 | 102 |
| | 重点公益林地比率（%） | 重点公益林地面积与林地总面积之比 | 40.0 |
| | 重点商品林地比率（%） | 国家和地方建设的用材林、木本粮油林、生物能源林基地面积之和与林地总面积之比 | 16.1 |

注 1. 森林面积为有林地和国家特别规定灌木林地面积之和。

2. 衡量林地生产率的指标有蓄积量、生物量、生长率、经济产出等不同指标，本《纲要》仅选用单位面积蓄积量，重点针对有林地。表中的指标指现有乔木林地的林地生产率。

第三节 主要任务

——以严格保护为前提，确保林地规模适度增长。通过严格林地用途管制，严厉打击毁林开垦和违法占用林地等措施，防止林地退化，减少林地逆转流失数量；通过生态自我修复和加大对石漠化沙化土地、工矿废弃地、生态重要区域的治理等，有效补充林地数量，确保全国林地资源动态平衡、适度增长。

——以增加森林面积为重点，确保森林覆盖率目标实现。采取重点生态工程带动、激励社会力量广泛参与等措施，通过加快宜林地造林绿化，加强生态脆弱区的生态治理，有针对性地规划和实施退化林地修复工程等，增加森林面积，为实现森林覆盖率目标、建设现代林业和生态文明提供基础保障。

——以科学经营为核心，大力提高森林质量和综合效益。加大投入力度、政策扶持和科技支撑，建立林地质量评价定级制度，科学利用林地，提高森林经营水平；实施森林质量工程和木本粮油工程，挖掘林地增产增收潜力，大幅度提高森林质量和林地生产力，构建健康稳定的森林生态系统。

——以优化结构布局为手段，统筹区域林地保护利用。围绕我国可持续发展林业战略，分区、分类、分级确定林地保护利用方向、重点、政策和主要措施，保障重点公益林、重点工程建设、木材及林产品生产基地、国家生态屏障等对林地的需求。对不同区域林地实行有针对性的差别化保护利用政策，规范林地利用秩序，促进林地利用的区域协调，确保全国林地保护利用整体效益最大化。

——以创新管理制度为突破，形成林地保护利用管理新机制。完善用途管制、定额转用、分级保护、差别管理等林地保护利用制度和差别化补偿政策等；综合运用法律、经济、行政、技术等手段，改革和完善林地保护利用机制，形成有利于保护林地和发展森林资源的管理机制，提高林地保护利用宏观调控能力，强化规划实施执行力。

## 第三章 全面保护林地

按照发展现代林业和建设生态文明的要求，严格实施用途管制，认真落实林地分级管理，切实保护现有森林，有效补充林地数量，引导节约使用林地，确保林地资源稳定增长。

第一节 严格用途管制

——严格限制林地转为建设用地。林地必须用于林业发展和生态建设，不得擅自改变用途；进行勘查、开采矿藏和各项建设工程，应当不占或者少占林地，必须

①重点公益林地包括国家级公益林和地方重点公益林，下同。

占用或者征用林地的，应当依法办理审核手续。国家每5年编制或修订一次征占用林地总额，并将总额指标按年度分解到省(区、市)。2011~2020年，总额控制在105.5万公顷以内。

——严格控制林地转为其他农用地。禁止毁林开垦、毁林挖塘等将林地转化为其他农用土地。在农业综合开发、耕地占补平衡、土地整理过程中，不得挤占林地。对国有林业局、国有林场已经开垦种植、破坏的林地要逐步还林。

——严格保护公益林地。合理区划界定公益林地，全面落实森林生态效益补偿基金制度和管护责任制。严禁擅自改变国家级公益林的性质、随意调整国家级公益林地的面积、范围或降低保护等级。禁止在国家级公益林地采石、采沙、取土，严格控制勘查、开采矿藏和工程建设占用征用国家级公益林地。除国务院有关部门和省级人民政府批准的基础设施建设项目外，不得占用征用一级国家级公益林地。

——加大对临时占用林地和灾毁林地修复力度。临时占用林地期满后必须按要求恢复林业生产条件，及时植树造林，恢复乔灌植被。加强林地和森林生态系统的防灾、抗灾、减灾能力建设，减少自然灾害损毁林地数量，国家对灾毁林地应及时进行修复治理。

### 第二节　实行分级管理

——科学划分林地保护等级。坚持全面保护与突出重点相结合的原则，根据生态脆弱性、生态区位重要性以及林地生产力等指标，对林地进行系统评价定级，划定为Ⅰ级、Ⅱ级、Ⅲ级和Ⅳ级4个保护等级。

Ⅰ级保护林地是我国重要生态功能区内予以特殊保护和严格控制生产活动的区域，以保护生物多样性、特有自然景观为主要目的。包括流程1000千米以上江河干流及其一级支流的源头汇水区、自然保护区的核心区和缓冲区、世界自然遗产地、重要水源涵养地、森林分布上限与高山植被上限之间的林地。在现有1385.82万公顷的基础上，规划到2020年，增加187万公顷。

Ⅱ级保护林地是我国重要生态调节功能区内予以保护和限制经营利用的区域，以生态修复、生态治理、构建生态屏障为主要目的。包括除Ⅰ级保护林地外的国家级公益林地、军事禁区、自然保护区实验区、国家森林公园、沙化土地封禁保护区和沿海防护基干林带内的林地。在现有9131.99万公顷的基础上，规划到2020年，增加572万公顷。

Ⅲ级保护林地是维护区域生态平衡和保障主要林产品生产基地建设的重要区域。包括除Ⅰ、Ⅱ级保护林地以外的地方公益林地，以及国家、地方规划建设的丰产优质用材林、木本粮油林、生物质能源林培育基地。规划到2020年，划定11 111万公顷。

Ⅳ级保护林地是需予以保护并引导合理、适度利用的区域，包括未纳入上述Ⅰ、Ⅱ、Ⅲ级保护范围的各类林地。

——实施林地分级保护管理。根据林地的保护等级，分别制定相应的保护、利用和管理措施。

Ⅰ级保护管理措施：实行全面封禁保护，禁止生产性经营活动，禁止改变林地用途。

Ⅱ级保护管理措施：实施局部封禁管护，鼓励和引导抚育性管理，改善林分质量和森林健康状况，禁止商业性采伐。除必需的工程建设占用外，不得以其他任何方式改变林地用途，禁止建设工程占用森林，其他地类严格控制。

Ⅲ级保护管理措施：严格控制征占用森林。适度保障能源、交通、水利等基础设施和城乡建设用地，从严控制商业性经营设施建设用地，限制勘查、开采矿藏和其他项目用地。重点商品林地实行集约经营、定向培育。公益林地在确保生态系统健康和活力不受威胁或损害下，允许适度经营和更新采伐。

Ⅳ级保护管理措施：严格控制林地非法转用和逆转，限制采石取土等用地。推行集约经营、农林复合经营，在法律允许的范围内合理安排各类生产活动，最大限度地挖掘林地生产力。

**专栏三　各级林地面积与比重**　　单位：万公顷

| 保护等级 | | Ⅰ级保护 | Ⅱ级保护 | Ⅲ级保护 | Ⅳ级保护 |
|---|---|---|---|---|---|
| 现状 | 面　积 | 1385.82 | 9131.99 | 9204.20 | 10 656.18 |
| | 占林地比例% | 4.56 | 30.06 | 30.31 | 35.07 |
| 2020年 | 面　积 | 1573 | 9704 | 11 111 | 8842 |
| | 占林地比例% | 5.04 | 31.07 | 35.58 | 28.31 |

注：我国目前还未建立林地分级保护制度，现状数据是按照统一分级标准对第七次全国森林资源清查(2004~2008年)中林地的分类结果。

### 第三节　加强森林保护

——严格保护森林。围绕不同时期森林覆盖率奋斗目标，国家、省、市、县各级行政区域分别设定森林保有量目标，切实加强对有林地和生态脆弱地区灌木林地的保护，提高林地利用率，确保森林面积总量逐步增加。

——实行森林面积占补平衡。强化对征占用林地的控制和引导，实行建设项目所在县级行政区域内的森林(有林地和国家特别规定的灌木林)占补平衡。征占用林地收缴的森林植被恢复费，必须优先用于统一安排植树造林，恢复的森林植被不得少于因征占用林地而减少的森林面积，并且不降低林地生产力。

——遏制林地退化。推广应用先进科技成果和实用技术，防止并减少森林土地退化；对已经退化为疏林地、灌丛和荒山荒地的有林地，有针对性地规划和实施退化林地修复工程。

### 第四节　积极补充林地

——增加林地资源。切实落实国家退耕还林政策，对于生态重要区域的陡坡耕地和生态脆弱区域的沙化耕地，在与耕地保护、农业发展协调的基础上，按照国家部署逐步实行退耕还林。对于石漠化严重地区、退化土地等，符合植被恢复条件的，应积极封育恢复、造林绿化、修复生态，多种途径增加林地资源。推行森林省、森林城市、森林社区、森林乡村建设，积极拓展绿色生态空间。

——加强宜林闲置地整治。对政府收回的闲置土地，原属于林地的，应当优先用于林业生产经营活动。加强废弃工矿、废弃山区村庄及村中空闲地的整治，对其中坡度25度以上的，应按照宜林则林的原则，优先用于植树造林。

### 第五节　引导节约用地

——适度保障国家基础设施及公共建设使用林地。保障国家能源基地、国家级电网、油气干线管网、干线公(铁)路、港口、机场、水利工程等国家基础设施建设用地。引导建设项目节约使用林地，适当配套绿化工程，扩大防护林地面积。

——控制城乡建设使用林地。加强城镇(村屯)配套绿化林、游憩林、绿化进校、绿化进厂矿(企业)工程等城市森林建设。对农村人口转移后的废弃坡地实施植被恢复治理，保持城镇建设使用林地与生态恢复新增林地的动态平衡。

——限制工矿开发占用林地。限制独立选址的工业、矿产资源开发项目使用公益林地、天然林地和重点商品林地。矿山用地实行生态优先、缴费使用、保障恢复、占补平衡政策，禁止私挖滥采，无序开发。建立矿山开发配套实施生态工程制度，对生态状况严格监控。

——规范商业性经营使用林地。规范旅游经营设施等用地，适度保障符合自然保护区、森林公园、省级旅游度假区规划的生态旅游用地。严格控制其他旅游开发项目使用公益林地和重点商品林地。鼓励新建工业企业由林地资源紧缺地区向林地资源相对充足，特别是低保护等级、低质量等级林地资源较充足的地区疏散，减少优质林地改变用途。

——制定征占用林地项目禁限目录。根据国家产业发展政策、土地供应政策等，在国家发布的《限制用地项目目录》和《禁止用地项目目录》的基础上，定期细化制定、颁布、实施禁止和限制使用林地项目目录。修订和完善国有林区、国有林业局(场)基建项目使用林地标准。制定限制经营性项目使用林地相应的约束性措施。通过行政、经济补偿、市场等手段引导建设项目节约使用林地，控制多占、浪费林地等行为。

## 第四章　合理利用林地

坚持优化结构、保障重点、科学经营、持续利用的方针，按照科学用地、因地制宜、适地适策、地尽其力的原则，大力推行节约集约利用林地，充分发挥林地的功能与效益。

### 第一节　优化结构

——统筹规划公益林地与商品林地。根据国家、区域生态建设和经济社会发展的需求，合理调整防护林、特用林等公益林地结构和用材林、经济林、薪炭林等商品生产林地结构，优化林地资源配置，满足林地多功能作用的发挥。规划到2020年，以提供生态产品为主体功能兼顾木材等林产品生产的公益林地从第七次全国森林资源清查的36.2%调整到2020年的56%；以生产木材和其他林产品为主体功能的商品林地从第七次全国森林资源清查的63.8%调整到2020年的44%，优化生态产品与物质产品生产用地结构。

——科学调整天然林地与人工林地结构。严格控制征占用天然林地，积极保护天然林资源，禁止采伐原始林、生态重要地区天然林，加强对天然林的科学保育，努力培育复层、混交、异龄林，构建健康稳定的生态系统；生态脆弱区林地及重点公益林地采用封育等近自然培育和经营措施，推进形成天然林生态系统。加快在水热条件较好地区培育高效、丰产人工林，逐步替代对天然林的采伐消耗。到2020年，努力保证现有1.2亿公顷天然林地面积不减少，人工林地面积和比重逐渐增加。

### 第二节　保障重点

——保障国土生态屏障用地。国家继续实施重点林业生态工程，加强对青藏高原、黄土高原、云贵高原、东北森林带、北方沙化土地带、南方丘陵山地带、沿海防风减灾带的生态建设和生态系统修复，形成强大的生态庇护能力，减少和预防各种自然灾害对人类生存和经济社会发展的影响。

——保证重点公益林地。优先保障重点公益林地的发展空间，加强对公益林的经营管理，提高公益林的质量和生态效益，在不破坏生态功能的前提下，依法合理利用林地资源，开发林下种养业，利用森林景观发展森林旅游业等。建设项目尽可能不占或少占重点公益林地，并对其实施森林生态效益补偿。探索非国有公益林收购或置换、租借、补偿等机制，保障生态产品生产和供给空间。

——保障国家木材及林产品生产的基本林地。面对我国粮食安全、能源安全、木材安全与食用油料供应紧缺的形势，优先保障国家木材及林产品生产基地建设用地需要，集中建设一批丰产优质用材林、木本粮油林、生物质能源林培育基地。

### 第三节　科学经营

——建立林地质量评价定级制度。以林地的自然属性和经营条件为主要依据，实行林地质量等级综合评价。基于林地质量等级，确定适宜的森林经营目标和经营利用程度，做到适地适树，选好经营方式，充分发挥林地潜力。实行与林地质量等级对应的森林经营模式和利用方式，制定差别化的林地林木指导价格体系，指导科学经营。

——实施森林质量工程。以东北国有林区和南方集体林区为重点，以大幅度提高林地生产力、增加森林蓄积量为目标，主要通过扩大有林地规模、合理确定培育周期等措施，增加森林资源的数量、丰富木材及林产品供给、提高森林碳汇功能。对生态脆弱地区的林地，以培育混交、异龄复层林为主，丰富生物多样性，增强生态系统稳定性；对生态区位重要地区的林地，以培育大径级、长周期的森林资源为主；对水热资源丰富地区的林地，以集约经营、基地化管理为主，重点发展优良、珍贵、高价树种培育基地，形成速生、丰产、优质、高效的森林资源，缓解木材及林产品供应的结构性矛盾。

——实施木本粮油工程。从保障国家粮食安全的高度，突出森林资源优势和区域特色，实施木本粮油工程，因地制宜地发展油茶、板栗、核桃、枣等木本粮油基地，加快山区综合开发步伐，缓解粮食、油料生产对耕地的压力，有效补充我国粮食、食用油的稳定供应，降低部分产品的进口依存度，通过对林地的科学经营，充分发挥木本粮油在保障国家粮食安全中的重要作用。

第四节　持续利用

——加速生态修复与造林绿化进程。继续深入推进天然林资源保护、“三北”及长江流域、沿海等防护林体系、野生动植物保护及自然保护区建设等林业重点工程建设。加快实施防沙治沙、南方岩溶地区石漠化综合治理和森林保护与恢复等重点生态工程。启动后续重大生态工程，加快宜林地造林绿化步伐，可持续利用林地资源。

——加强重点区域退化林地生态治理。以植被恢复和生态修复为重点，尽快实现生态治理重点区域的生态状况明显好转。

**专栏四　全国生态治理重点地区**

| 生态治理重点地区 | 主要治理思路 |
|---|---|
| 三江源地区 | 现有林地植被保护，陡坡地和严重沙化耕地退耕还林还草，退化林地和草原植被恢复 |
| 长江上游地区 | 荒漠化治理，陡坡地和严重沙化耕地退耕还林还草，退化生态系统修复，退化林地和草原植被恢复 |
| 三峡库区 | 退化林地植被恢复，陡坡地退耕还林，库区周边防护林体系建设 |
| 丹江口水库源区 | 退化林地植被恢复，陡坡地退耕还林，现有植被保护 |
| 鄱阳湖和洞庭湖周边地区 | 退化林地植被恢复，封山育林 |
| 南方重点石漠化地区 | 退耕还林还草，封山育林育草，植树种草 |
| 京津风沙源区 | 生物治理与工程治理结合，建设防风固沙林体系，恢复退化草场植被 |
| 黄土高原区 | 退化林地植被恢复，陡坡地和严重沙化耕地退耕还林，保护和恢复林(灌)草植被，营造生态林 |
| 阿拉善地区 | 恢复灌草植被，建设防风固沙屏障 |
| 科尔沁沙地 | 保护现有植被，建设防风固沙、水源涵养、牧场防护林体系 |
| 毛乌素沙地 | 保护现有植被，恢复退化草场植被，治理沙化土地 |
| 呼伦贝尔沙地 | 保护现有植被，恢复退化草场植被，治理沙化土地 |
| 石羊河流域 | 禁止过度人为活动，加强祁连山水源涵养林保护，保护、恢复中下游地区林草植被 |
| 准噶尔盆地南缘和艾比湖盆地周边地区 | 建设综合型防护林体系，营造基干防风固沙林带，恢复流动沙地林草植被，恢复退化沙地植被 |
| 塔里木盆地周边地区 | 加强天然林资源保护，恢复严重沙化耕地植被，建设防风固沙防护林体系 |
| 西藏一江两河地区 | 保护现有植被，造林绿化，恢复沙区植被 |

## 第五章　统筹区域管理

按照分区施策、差别管理、统筹调控的原则，制定并实施与国家、区域主体功能定位相适应的差别化林地管理措施，加大宏观调控力度，形成新时期林地保护利用管理体系。

第一节　优化区域布局

调整和优化林地利用空间布局。依据全国林业区划，结合各区自然地理条件，把全国划分为10个林地保护利用区域。根据各区域特点确定全国林地利用方向和空间布局。省级、县级林地利用布局也应分别区域调整优化，把调整空间利用结构、提高空间利用效率作为林地资源配置的重要着眼点，从空间布局上统筹好生态产品生产与物质产品生产的关系。

大兴安岭区：严格保护水源区林地和现有原生林尤其是岭西北以兴安落叶松为主的原生林地。该区也是我国重要的战略性森林资源储备基地，适度对天然次生林进行保育，培育樟子松等珍贵树种。

东北区：严格保护大兴安岭东部嫩江源头区和长白山南部辽河、鸭绿江、松花江等大江大河源头区林地，建设松辽平原农田防护林网；全面实施天然林保育，重点培育以红松针阔混交林为典型群落的大径级珍贵用材林基地，恢复我国最大的木材、非木质林产品生产加工基地和生态旅游、生态文化产业基地。

华北区：严格保护燕山长城沿线、中部山区、黄土高原、黄河故道区、土石山区、太行山伏牛山一带江河源头等生态脆弱区的林地；集约经营低山区、丘陵区、汾渭谷地、辽东与胶东半岛环渤海湾、黄淮海平原等自然条件优越地区的林地，大力发展经济林、优质丰产用材林、生物质能源林、工业原料林基地，适度发展薪炭林。

南方亚热带区：保护秦巴山区、喀斯特地貌区、云贵高原石漠化区等生态脆弱区林地；保护大熊猫等珍稀野生动物栖息地；在四川盆地及盆周区、长江中下游平原区以及沿海积极营造防护林，构建生态屏障；在低山丘陵区发展优质丰产用材林、珍贵树种大径级材和工业原料林基地，适度发展经济林地，建设商品林生产基地；在平原及东部沿海区发展经济林和工业原料林基地。

南方热带区：严格保护现有热带雨林、红树林生态系统及自然保护区林地；在沿海地区营造防护林，构建生态屏障，加大风景林地保护管理力度；在水热条件优越的滇东南、滇南等地发展经济林，在珍贵树种丰富区域集约经营大径级用材林，集中发展工业原料林、生物质能源林基地。

云贵高原区：严格保护生物多样性丰富区域尤其是滇西北区域的自然保护区、生物多样性热点地区和生态脆弱区域林地；在水热条件好的滇中等区域，发展优质丰产用材林、生物质能源林基地，适当发展薪炭林。

青藏高原峡谷区：严格保护三江流域、川西、藏南等大江大河源头区、水土流失区及生物多样性富集区等高保护价值区林地；在雅鲁藏布江下游适宜区域，加大集约经营力度，培育以珍贵用材林和大径级材为主的木材生产基地。

蒙宁青区：加强保护呼伦贝尔高原、锡林郭勒高原农牧区、阴山山地、黄河河套、鄂尔多斯高原生态林地，以农田草牧场防护林建设为重点，构建综合防护林体系；在大兴安岭东南丘陵平原、黄河河套、青东陇中等丘陵、盆地和平原区，发展商品林基地；以丘陵低山和宜林沙区为主的区域，大力发展生物质能源林基地。

西北荒漠区：严格保护阿尔泰山、天山和准噶尔、塔里木、河西走廊、阿拉善高原荒漠区林地；结合资源优势发展沙产业基地和沙区经济林基地。

青藏高原高寒区：严格保护江河源头区及昆仑山、阿尔金山、祁连山等野生动物主要分布区、生态脆弱的羌塘阿里高寒荒漠区、沙区荒漠区林地；集约经营河流两岸和河谷自然条件较好的林地，营造防风林、薪炭林、能源林地；柴达木盆地和藏南谷地发展部分经济林地。

### 第二节　实行差别管理

——积极保护并扩展优化开发区绿色生态空间。严格控制优化开发区建设用地，特别是工矿企业使用林地。限制占地多、消耗高的加工业、劳动密集型产业和各类开发区使用林地；支持高新技术产业、循环经济产业和现代服务业节约集约使用林地；通过造林绿化、生态治理等措施，加快城乡绿化一体化建设。

——支持重点开发区发展与生态建设同步推进。积极支持城镇化、工业化及城市基础设施建设用地需求，支持主导产业及配套建设、循环经济产业占用林地，尽力保障中心城市建设对林地的需求；限制高能耗、高污染产业占用林地。鼓励建设高标准森林公园、郊野公园，建设宜居环境；加强粮食产区、水源区、沿海区域生态林和农田林网建设，构建生态屏障。

——保障限制开发区生态用地需求。适度支持环境友好型的特色产业、服务业、公益性建设及资源环境承载能力较强的中心城镇建设使用林地；禁止可能威胁生态系统稳定、生态功能正常发挥和生物多样性保护的各类林地利用方式和资源开发活动；严格控制林地转为建设用地，逐步减少城市建设、工矿建设和农村建设占用林地数量；通过生态脆弱区和退化生态系统修复治理，积极扩大和保护林地，逐步增加森林比重。

——严格保护禁止开发区的林地资源。严格控制人为因素对禁止开发区自然生态的干扰，严禁任何有悖于保护目的的各项林地利用活动，禁止开发区内各类建设项目确需占用林地的，要组织论证评估，尽量缩小使用林地规模。禁止各类项目占用Ⅰ级保护林地。

### 第三节　强化宏观调控

——强化国家宏观调控能力。根据各区林地保护利用方向、政策，综合经济社会发展水平、发展趋势，资源环境条件，林地利用现状和潜力等因素，分别确定各省(区、市)森林保有量、征占用林地定额等林地保护利用的约束性指标，以及林地保有量、林地生产率、重点公益林地比率、重点商品林地比率等预期性指标，强化国家对省级行政区域林地保护利用的调控。

——强化省级林地保护利用责任。约束性指标和主要林地保护利用任务分解下达到省(区、市)，明确各省(区、市)林地保护利用责任，由省级人民政府作为责任主体组织实施、严格落实。预期性指标通过经济和必要的行政手段加以引导，逐步实现。

——落实区域林地保护利用管理政策。各省(区、市)在规划纲要指导和控制下，积极配合国家区域发展战略的实施，切实落实所属区域的林地保护利用政策和差别化管理政策，加强本行政区域内林地保护利用的统筹协调，做好国家、省级及省级以下林地保护利用的相互衔接，促进形成统筹协调的林地保护利用秩序。

## 第六章　规划实施保障体系

进一步深化改革、理顺政策、健全制度、落实责任，促进各方面形成合力，保障《纲要》顺利实施。

### 第一节　完善规划体系

——分级编制林地保护利用规划。分级编制国家、省级、县级三个层次的林地保护利用规划，下一级规划应根据上一级规划编制，并与同级土地利用总体规划相衔接，层层落实林地保护利用各项目标、任务、措施和管理政策。省级林地保护利用规划要强化战略性和政策性，重点确定本行政区域林地保护利用的目标、指标、任务和政策措施；县级林地保护利用规划要划定林地范围，进行功能区划，突出空间性、结构性和操作性，制定林地保护利用的具体措施。

——维护规划的严肃性和权威性。各级林地保护利用规划由同级人民政府组织编制、颁布实施和监督管理。各地区、各部门编制的城乡、交通、水利、能源、旅游、工业、农业、环保和生态建设等相关规划，应与林地保护利用规划相衔接，符合林地保护利用的方向和要求，切实落实各项林地保护利用制度和政策。规划的衔接工作由地方各级人民政府负责统筹落实。

——严格规范林地保护利用规划修订。严禁擅自修改林地保护利用规划。确需对规划进行修改和完善的，在实施评价的基础上进行修改，报原批准机关批准后颁布实施。

——强化对规划实施的监管。建立健全监督检查制度，实行专项检查与经常性检查相结合，及时发现、制止违反林地保护利用规划的行为，定期公布检查结果。加大执法力度，对擅自修改林地保护利用规划的行为要严肃查处，追究责任；对违反规划使用林地的行为，依法查处，限期整改。

### 第二节　健全管理制度

——深化改革，形成有利于林地保护利用管理的新

机制。全面推进和不断深化集体林权制度改革，完善政策，放活经营，规范流转，强化服务，提高农民保护林地和发展森林的积极性；统筹开展国有林场和国有林区改革，通过体制改革和机制创新，落实国有林地保护责任，充分发挥国有林地在国家生态建设中的主体作用，形成有利于林地保护利用管理的坚实基础。

——加强林地林权管理。规划一经批准，对确认的林地，依据有关法律法规，统一确权发放林权证，做到图、文、表一致，人、地、证相符。对已发放林权证的，应按照《中华人民共和国森林法实施条例》的有关规定进行管理，稳定林权；对尚未发放林权证的，应认真组织林地林权的实地勘界和林权证核发，明确林地林木性质和权属，并将权属落实到地块，将面积与空间位置和权属证书落实到明确的主体。规范林地林权流转行为，流转后不得改变规划林地用途。

——落实林地保护利用目标考核责任制。地方各级政府主要负责人要对本行政区域内的林地保护管理负总责。把规划确定的森林保有量、征占用林地定额作为地方各级政府森林资源保护和发展目标责任制考核的重要内容，把全面保护林地、节约集约用地作为地方经济社会发展评价的重要因素，建立并落实考核体系和考核办法。

——建立林地保护利用协作管理机制。各级林业、国土、农业等部门要依据《中华人民共和国森林法》、《中华人民共和国土地管理法》等法律法规，建立协作机制，加强沟通，密切配合，形成林地保护利用管理工作的合力。

第三节　强化调节机制

——建立林地保护利用的稳定投入机制。国家应建立稳定的资金渠道，对生态地位极为重要和生态极为脆弱地区的林地，加大保护资金投入力度，防止毁林和森林退化；对退化林地修复、规划的宜林地造林的，应按照其恢复难度，给予必要的财政补贴；积极鼓励和引导社会资金用于补充森林及林地资源。确保林地确权、定界、调查、监测、档案管理以及林地执法、管护、用地审核等资金投入。

——强化建设项目节约使用林地的价格调节机制。建立全国林地分等评级体系，健全征占用林地补偿和安置机制，制定补偿政策，实行林地优质优价、不同林地利用方向差别化经济调控制度。收缴森林植被恢复费应根据项目性质、林地的区位和用途等制定不同的标准，促进建设项目科学、节约用地。

——完善公益林地补偿制度。不断完善森林生态效益补偿基金制度，多渠道筹集公益林补偿基金，逐步提高中央和地方财政对森林生态效益的补偿标准。建立种苗、造林、抚育、保护、管理投入补贴制度。

第四节　加强基础建设

——制定和完善林地保护利用规章和标准。尽快制定、颁布林地保护、管理、流转、分类分级、动态普查监测等规章和标准，修改征占用林地的审核管理规定，以适应节约集约利用林地和分级、分类、分区管理林地的需要。

——完善林地调查和定期监测。加强和完善现有森林资源调查监测网络，定期组织开展林地调查和动态监测，并建立全国性的林地资源数据库和信息管理系统，统一管理林地数据。加强林地档案管理，在国家、省级宏观指导或控制下，以县级行政区域(国有林区以林业局)为单位划定林地范围，逐块登记造册，建立林地地籍档案。运用遥感等现代技术手段，做好年度林地变更调查，及时更新林地档案和利用数据库，全面掌握林地变化状况。

——强化林地保护管理队伍建设。健全林地林权管理机构、基层林业工作站、林业行政执法机构等机构和队伍建设，强化教育培训，提高队伍素质和能力。

林地问题是我国实现森林覆盖率目标、保障木材及林产品供给、建设生态文明和全面推进小康社会建设进程中的基础性和战略性问题，林地保护利用规划事关生态、事关民生、事关经济社会发展全局。各级人民政府必须高度重视，把林地保护利用规划编制与实施工作纳入政府重要议事日程，切实加强组织领导。各有关部门要各负其责、密切配合，扎实推进各项工作，保障规划顺利实施。

# 国家林业局关于印发《松材线虫病防治(预防)目标责任考核办法》的函

林函造字〔2010〕246号

各省、自治区、直辖市人民政府：

为全面贯彻落实《国务院办公厅关于进一步加强松材线虫病预防和除治工作的通知》(国办发明电〔2002〕5号)精神，进一步强化和推动松材线虫病防治工作，经国务院同意，现将《松材线虫病防治(预防)目标责任考核办法》印发给你们，请认真执行。

附件：松材线虫病防治(预防)目标责任考核办法

国家林业局

2010年12月24日

## 附件　松材线虫病防治(预防)目标责任考核办法

**第一条**　为切实做好全国松材线虫病防治工作，坚决遏制松材线虫病扩散蔓延的势头，保护森林资源和国土生态安全，根据《国务院办公厅关于进一步加强松材线虫病预防和除治工作的通知》(国办发明电〔2002〕5号)等有关规定，制定本办法。

**第二条**　松材线虫病防治(预防)目标责任考核工作，坚持客观公平、科学合理、求真务实的原则，以国家林业局与有关省(区、市)人民政府签订的《松材线虫病防治(预防)目标责任书》(以下简称责任书)规定的目标任务为重点，并综合考核防治(预防)工作的开展情况。

**第三条**　松材线虫病防治目标责任考核对象为与国家林业局签订责任书的省(区、市)人民政府。

**第四条**　国家林业局成立全国松材线虫病防治(预防)目标责任考核工作组，对有关省(区、市)人民政府松材线虫病防治(预防)目标责任履行情况进行综合考核。

**第五条**　松材线虫病防治(预防)目标责任考核实行到期考核的办法，在责任书规定期限结束前一个月进行。考核内容包括防治(预防)目标完成情况、防治措施落实情况和保障措施落实情况三部分，在此基础上再细化考核内容，并进行量化评分(评分标准见附1、2)。超额完成任务的实行附加分。

**第六条**　目标责任考核等级为：考核得分在90分以上的为优秀，76～89分为良好，60～75分为合格，59分以下为不合格。

**第七条**　在责任书规定期限结束前一个月内，有关省(区、市)人民政府在进行自查的基础上，将以下书面材料提交给国家林业局。

(一)签订的责任书。

(二)省级防治(预防)方案及对市、县年度防治(预防)方案的批复文件或年度防治(预防)任务书。

(三)省(区、市)防治(预防)工作总结或自查报告。

(四)省(区、市)签订责任书以来松材线虫病疫情监测普查报告及各地上报的疫情监测普查材料。

(五)省级财政专项经费文件和中央财政及省级财政经费分配情况。

(六)其他有关文件、召开会议材料、防治进度和质量督查通报、领导批示和讲话、各项规章制度、技术资料等。

**第八条**　国家林业局组织进行认真核查和抽查后，将考核结果上报国务院并向有关省(区、市)人民政府通报。对认真履行松材线虫病防治(预防)目标责任，考核为优秀的，予以表扬；考核为不合格的，限期提出整改措施，在考核结果通报后一个月内向国家林业局作出书面报告。

**第九条**　对在松材线虫病防治(预防)工作中弄虚作假、瞒报虚报情况的，予以通报批评，对直接责任人依照有关规定进行处理，并追究有关人员的责任。

**第十条**　有关省(区、市)人民政府可根据本办法，结合本地实际，制定实施细则。

**第十一条**　本办法由国家林业局负责解释。

附：1. 松材线虫病防治目标责任考核评分标准(略)

2. 松材线虫病预防目标责任考核评分标准(略)

## 国家林业局办公室关于印发《国家林业局林业碳汇计量与监测管理暂行办法》的通知

办造字〔2010〕26号

国家林业局各有关直属单位：

为积极推进林业应对气候变化工作，落实《应对气候变化林业行动计划》，探索建立与可测量、可报告、可核查(以下简称"三可")相匹配的碳汇造林项目碳汇计量与监测技术体系，规范碳汇造林、森林管理等项目碳汇计量与监测工作，为我国森林生态系统增汇固碳开展"三可"进行试点，我局制定了《国家林业局林业碳汇计量与监测管理暂行办法》。现印发你们，请遵照执行。

附件：国家林业局林业碳汇计量与监测管理暂行办法

国家林业局办公室

2010年2月25日

## 国家林业局林业碳汇计量与监测管理暂行办法

**第一条**　为了推进我国林业应对气候变化工作，落实《应对气候变化林业行动计划》的战略目标，加快我国林业碳汇计量与监测方法和技术体系与国际接轨的步伐，加强碳汇造林管理工作，规范林业碳汇计量与监测活动，根据当前实际工作情况，制定本办法。

**第二条**　国家林业局造林绿化管理司作为国家林业局林业碳汇计量与监测工作管理部门，负责审查林业碳汇计量与监测单位的业务能力，并监督和指导其开展具体活动。

**第三条**　本办法所称林业碳汇计量与监测单位，是

指受国家林业局委托开展林业碳汇计量与监测业务的机构(以下简称碳汇计量单位)。

**第四条** 碳汇计量单位应当严格执行有关法律、法规和相关的技术标准，科学、公正、独立地开展工作。

**第五条** 受委托的碳汇计量单位，必须具备下列条件：

(一)基本条件

1. 具有独立法人资格，单位有良好的社会信誉，有相应的经济实力，注册资金不少于100万元的勘察设计事业单位、科研院所等非营利性机构。

2. 具有5年以上的勘察、设计、科研资历，主营业务涉及林业或者有关应对气候变化内容的范畴。近5年独立承担过不少于5项相关林业或者有关应对气候变化专业的勘察、设计、碳汇计量、科研任务。

3. 具备承揽我国境内实施的碳汇造林、森林经营等林业碳汇计量和监测业务的能力；主营业务为应对气候变化涉及的林业以及土地利用和土地利用变化等范畴。

(二)人员条件

1. 至少有10名熟知林业碳汇计量与监测原理、技术指南的技术骨干和级配合理的技术队伍，其中不少于5人参加过国家林业局举办的林业碳汇计量与监测培训，并且通过理论考试，获得国家林业局颁发的结业证书。

2. 技术负责人具有3年以上的从事林业、农业管理或研究工作的经历，具有高级技术职称。

3. 林业专业人员以及工程、管理、经济等相关专业类的管理和技术人员不少于15人。其中具有高级职称的人员不少于5人；具有中级职称的人员不少于10人。

(三)技术装备条件

1. 具有满足工作需要的固定工作场所。

2. 具有不少于50平方米的实验室。

3. 具有足够数量、品种、性能良好的仪器及设备，能满足林业碳汇计量与监测工作的需要。

(四)管理水平

有健全的生产经营、财务会计、设备物资、业务建设、技术培训等管理办法和完善的质量保证体系，并能有效地运行。

(五)业绩要求

承担过不少于1项2007年以来中国绿色碳基金造林项目碳汇计量与监测任务。

(六)其他条件。

**第六条** 接受委托的碳汇计量单位应当提交下列书面申请材料(附后)。

(一)国家林业局林业碳汇计量与监测申请表(以下简称申请表)；

(二)申请单位法人代表和技术负责人个人简历。

(三)申请表中所列主要技术人员的身份证明、毕业证书、职称证书及业绩证明材料(复印件)。

(四)申请表中所列专业技术人员林业碳汇计量和监测培训结业证书(复印件)。

(五)近5年独立承担的林业(农业)或者有关应对气候变化专业的勘察、设计、碳汇计量、科研项目证明材料、获奖证明材料(复印件)。

(六)中国绿色碳基金造林项目碳汇计量与监测任务业绩材料(复印件)。

详见附表1~6。

(七)其他材料。

**第七条** 国家林业局在收到申报材料后，将于受理之日起15个工作日完成初步审核，对申报材料齐全、符合本办法规定的，颁发碳汇计量单位证书，在“中国碳汇网”公告，并出具相关书面文件告知申请单位；对申请材料不齐或者内容不符合有关要求的，申请单位应当按本办法补齐资料重新申请；对达不到申请要求的，不予受理的，应当及时告知申请单位。

**第八条** 碳汇计量单位证书由国家林业局统一印制，证书有效期为两年。需要延续证书有效期的，碳汇计量单位应当在有效期届满前3个月向国家林业局提出书面申请，国家林业局将于证书有效期届满前作出是否准予延续的决定，并反馈书面文件、更换新版证书。

**第九条** 碳汇计量单位证书因各种原因被撤销或者注销的，国家林业局将及时予以公告。

**第十条** 碳汇计量单位出具的林业碳汇计量与监测报告，应当附碳汇计量单位证书，并加盖国家林业局规定的授权标识。

**第十一条** 碳汇计量单位对在项目活动中获知的国家秘密、商业秘密负有保密的义务。因泄密造成不利影响的，应当依法承担法律责任。

**第十二条** 未经国家林业局认定业务能力的单位，不得在名称中使用“国家林业局”、“中国(或全国)林业”等易与碳汇计量单位相混淆的字样。

**第十三条** 国家林业局将定期对委托从事林业碳汇计量与监测活动单位的情况进行监督检查。碳汇计量单位应当按期如实提供国家林业局要求的有关材料和情况。

**第十四条** 碳汇计量单位接受行政执法机关或者公民、法人和其他组织的委托提供碳汇计量与监测服务时，依法承担相应的法律责任。碳汇计量单位及其工作人员在实际工作中，伪造、变造林业碳汇计量与监测报告的，国家林业局将撤销其碳汇计量单位证书。

**第十五条** 本办法自发布之日起施行。

附表：1. 国家林业局林业碳汇计量与监测申请表(略)
2. 单位业绩基本情况表(略)
3. 单位法人代表简历(略)
4. 单位技术负责人简历(略)
5. 技术骨干人员情况汇总表(略)
6. 技术骨干登记表(略)

# 国家林业局办公室关于开展全国林业知识产权试点工作的通知

## 办技字〔2010〕36号

各省、自治区、直辖市林业(厅)局，内蒙古、吉林、龙江、大兴安岭森工(林业)集团公司，新疆生产建设兵团林业局，国家林业局有关直属单位：

为认真贯彻实施国家知识产权战略，推动林业企事业单位运用知识产权促进自主创新和产业发展，促进现代林业建设，我局决定开展全国林业知识产权试点工作。现将有关事宜通知如下：

一、试点工作的主要目的是通过在不同类型的林业企业、科研单位等企事业单位开展知识产权试点，建立林业系统运用知识产权的示范样板，引导林业行业积极开展知识产权工作，大力提升林业企事业单位创造、运用、保护和管理知识产权能力，并不断总结典型经验，形成具有宏观指导意义的支持林业自主创新和产业发展的政策。各省级林业主管部门和我局有关直属单位对此要高度重视，提高认识，积极参与和做好试点工作。

二、试点工作由我局统一组织，试点单位由我局发布并授牌，我局将在政策指导、人才培训、战略研究和信息利用等方面给予政策引导和支持，并统一对试点工作进行验收。各省级林业主管部门和我局有关直属单位具体负责辖区内或所属试点单位的推荐申报和指导工作。

三、申报试点的企事业单位应具有一定的知识产权工作基础，产业发展前景广阔，拥有一定数量的林业专利、林业植物新品种、林业地理标志或商标等自主知识产权，通过运用国家相关知识产权政策进行有效保护并取得显著经济效益。

四、试点工作采取分批申报、分批审批的方式进行，第一批试点单位拟确定30家左右，各省级林业主管部门和我局有关直属单位可筛选推荐辖区内或所属单位1~2家报我局。试点期为两年，两年后由我局统一组织验收考核。

五、请各省级林业主管部门和我局有关直属单位认真组织辖区内或所属单位进行申报。申报的企事业单位填写《全国林业知识产权试点单位申报表》(见附件)，由省级林业主管部门和我局有关直属单位提出审核意见，并以正式文件形式于2010年4月10日前将申报材料报送国家林业局科技发展中心，我局将组织专家进行评审。

附件：全国林业知识产权试点单位申报表(略)

国家林业局办公室

2010年3月19日

# 国家林业局办公室关于贯彻落实《应对气候变化林业行动计划》的通知

## 办造字〔2010〕56号

各省、自治区、直辖市林业厅(局)，内蒙古、吉林、龙江、大兴安岭森工(林业)集团公司，新疆生产建设兵团林业局，国家林业局各司局、各直属单位：

按照《国务院关于印发中国应对气候变化国家方案的通知》(国发〔2007〕17号)和《国家应对气候变化领导小组办公室关于贯彻落实应对气候变化国家方案的指导意见》(国气候办函〔2008〕1号)要求，为统筹推进林业应对气候变化工作，发展碳汇林业，增加森林碳汇，应对气候变化，我局组织编制了《应对气候变化林业行动计划》(以下简称行动计划，见附件)，并于2009年、11月6日对外发布。现就推进行动计划落实相关事宜通知如下：

**一、充分认识贯彻落实林业行动计划的重大意义**

气候变化是国际社会普遍关注的重大全球性问题，事关国家长远发展和核心利益。林业在减缓和适应气候变化中具有特殊地位和重要作用，是应对气候变化的重要途径和有效手段。党中央国务院始终高度重视林业应对气候变化工作。2007年6月，国务院发布《中国应对气候变化国家方案》(以下简称国家方案)，明确提出林业是减缓和适应气候变化的重点领域。2009年9月，胡锦涛主席在联合国气候变化峰会上向世界庄严承诺，要大力增加森林碳汇，到2020年森林面积比2005年增加4000万公顷，森林蓄积量比2005年增加13亿立方米(以下简称“两增”目标)。2010年3月，温家宝总理在《政府工作报告》中强调，要加快国土绿化进程，增加森林碳汇。林业已成为我国应对气候变化国家战略的重要组成部分。因此，编制并推进林业行动计划是落实胡锦涛主席向全世界重要承诺的具体体现，是践行国家方案赋予林业任务的需要，是充分发挥林业应对气候变化重要作用的需要。各级林业主管部门要认真学习，深刻领会，提高认识，紧紧围绕发展现代林业、建设生态文明、推动科学发展的目标，结合当地实际，全力推进林业行动计划的落实。

**二、广泛深入地开展宣传工作**

各地要充分依靠新闻媒体的力量，宣传我国林业建设取得的伟大成就及其对应对全球气候变化的重要贡献，为推进林业应对气候变化工作向纵深发展创造良好舆论氛围。要深入宣传林业在应对气候变化中的特殊地位和重要作用，鼓励企业和公众参与植树造林，增加森

林碳汇，体现社会责任，促进低碳生活，引导社会公众关注气候变化问题。要加强典型宣传，推动全社会造林、全民搞绿化。林业碳汇工作政策性很强，各级林业主管部门都要加强对气候变化国际动态、国家政策、碳汇知识的宣传，正确引导舆论，谨防不实宣传。

**三、全力推进林业“两增”目标的实现**

林业“两增”目标已经正式纳入我国政府确定的2020年控制温室气体排放的自主行动目标。这一重大举措充分体现了党中央国务院对林业应对气候变化工作的高度重视和殷切期望，既是对林业工作的认可和勉励，也对林业工作提出了新要求和新任务。各级林业主管部门要以科学发展观为指导，以“两增”目标为总任务，以林业行动计划确定的重点领域和主要行动为抓手，结合重点工程造林规划和年度造林任务，研究确定落实林业行动计划的具体措施，重点提出阶段目标、任务安排、实现途径，通过扎实开展植树造林，着力加强森林保护和经营，扩大森林面积，提高森林质量，增强森林生态系统整体服务功能，为发展碳汇林业、应对气候变化、赢取国家发展空间作出新的更大贡献。

**四、扎实开展碳汇造林试点**

碳汇造林是指在确定了基线的土地上，以增加森林碳汇为主要目的，对造林和林木生长全过程进行碳汇计量和监测而开展的有特殊要求的造林活动。开展碳汇造林试点是落实“两增”目标任务的组成部分，是发展碳汇林业的重要抓手，是直接增加森林碳汇的有效手段，是探索建立“三可”(可测量、可报告、可核查)技术体系的有效途径，是推进生态服务市场发育的积极尝试。当前，我局正在研究布置碳汇造林试点相关工作。各地林业主管部门要结合本地实际，按照我局碳汇造林相关要求，摸清适合碳汇造林的地块情况，了解碳汇造林及碳汇计量与监测的技术要求，统筹做好碳汇造林试点准备。

特此通知。

附件：应对气候变化林业行动计划(略)

国家林业局办公室

2010年4月29日

# 国家林业局办公室关于印发《国家林业局重要工作事项督促检查办法》的通知

办发字〔2010〕69号

国家林业局各司局、各直属单位：

督促检查是推动决策落实、提高工作效率、保证政令畅通的重要环节和手段。为进一步加强国家林业局重要工作事项督促检查，保证党中央、国务院及国家林业局重大决策、重要工作部署的落实，根据新形势新情况，我局组织修订了《国家林业局重要工作事项督促检查办法》，现予印发，请遵照执行。执行中有何意见与建议，请及时反馈局办公室。

附件：国家林业局重要工作事项督促检查办法

国家林业局办公室

2010年5月7日

# 附件　国家林业局重要工作事项督促检查办法

## 第一章　总　则

**第一条**　为进一步加强国家林业局重要工作事项督促检查，保证党中央、国务院及国家林业局重大决策、重要工作部署的落实，依据中共中央、国务院有关加强督促检查工作的意见和规定，结合我局实际，制定本办法。

**第二条**　国家林业局重要工作事项督促检查是指对党中央、国务院及国家林业局重大决策、重要工作部署、重要会议议定事项、领导同志重要批示及交办事项的落实情况进行督促检查。

**第三条**　国家林业局重要工作事项督促检查的指导思想是：以邓小平理论和“三个代表”重要思想为指导，深入贯彻落实科学发展观，进一步加强督促检查工作，推动党中央、国务院及国家林业局重大决策和重要工作部署的落实，保证政令畅通，为发展现代林业、建设生态文明、推动科学发展提供有力保障。

**第四条**　国家林业局重要工作事项督促检查遵循实事求是、突出重点、注重实效、务求落实的原则，对列入督查督办的重要工作事项，要及时办理、按时反馈，做到事事有着落、件件有结果。

**第五条**　局办公室负责国家林业局重要工作事项督促检查的组织、协调和指导，对重要工作事项进行立项、交办和督促，对落实情况进行汇总、报告和通报。各司局、各直属单位(以下简称“司局”)负责各自职能范围内工作事项的督促检查，承办局交办事项的组织、实施和落实，并反馈、报告结果。

## 第二章　督促检查内容

**第六条**　国家林业局重要工作事项督促检查内容

(一)中共中央、国务院重要文件和会议作出的需要我局落实的重大决策、重要工作部署，中共中央、国务院交办的重要工作事项。

(二)中央领导同志明确要求我局办理并报告结果的批示件，或批请我局领导阅、参阅、阅酌、研究、考虑，并需要报告办理结果的批示件。

(三)国家林业局重要文件、会议作出的需要落实的重大决策、重要工作部署及议定事项。

(四)局领导明确要求办理并报告结果的批示件及交办事项。

(五)其他需要落实的重要工作事项。

**第七条** 国家林业局重要工作事项督促检查分为决策督查和专项督查。决策督查是指对中共中央、国务院重要文件和会议作出的需要我局落实的重大决策、重要工作部署，中共中央、国务院交办的重要工作事项，以及国家林业局重要文件、会议作出的重大决策、重要工作部署及议定事项的督查督办。专项督查是指对中央领导同志和局领导重要批示件及交办事项的督查督办。

## 第三章 督促检查程序与办理时限要求

**第八条** 国家林业局重要工作事项督促检查程序

(一)交办。根据中共中央、国务院及国家林业局重要文件、会议作出的重大决策、重要工作部署及议定事项，领导同志重要批示件及交办事项的内容、要求，对需要落实或督查督办的任务或事项，由局办公室分解立项，提出分工意见，明确承办司局或牵头、协办司局、办理时限等要求，并按程序征求司局意见、报经室主任或局领导审批同意后，向承办司局下达任务。

(二)承办。承办司局接到任务通知后，要抓紧制定落实计划，明确工作措施、进度安排、责任处室及责任人等，并按时限要求认真落实。对多个司局共同落实的事项，牵头司局要商协办司局共同做好工作，避免推诿扯皮、敷衍塞责；协办司局要积极主动，协助抓好落实。

(三)督办。局办公室要及时了解、掌握督查督办事项进展情况，适时提醒、督促承办司局抓好落实；对需要较长时间办结的事项，要跟踪督办。

(四)反馈。承办司局要按时限要求，及时反馈所承办事项的落实措施、工作进展和完成情况。几个司局共同承办的事项，由牵头司局或列第一位的承办司局统一汇总反馈。领导同志批示件的办理情况，由承办司局按要求报告局领导。局办公室要及时对各督办事项进展和完成情况进行汇总、通报和报告。对重要督办事项，实行一事一报。

(五)归档。督查督办事项办结后，局办公室、承办司局要按档案管理有关规定，对有关材料进行整理、立卷和归档。

**第九条** 督查督办事项办理时限要求

(一)决策督查事项。凡有明确时限要求的，按任务下达通知和分工方案确定的时限完成并报告结果。年度性工作任务，一般每半年报告一次阶段性进展情况，年底前报告完成情况；中共中央、国务院和局领导有特殊要求的，按规定时间报告情况。对没有明确办理时限的，承办司局也要本着及时、高效的原则，抓紧落实并报告结果。

(二)专项督查事项。凡要求报告结果、有时限要求的，严格按时限要求办结并报告结果；没有时限要求的，一般在30个工作日内办结。确因情况复杂等原因，难以在规定时限内办结的，也要说明情况，并将已取得的进展、拟采取的措施等情况作简要反馈，办结后及时报告结果。

## 第四章 督促检查方式

**第十条** 书面督促检查。对需要报告结果的重大决策、重要工作部署和领导同志重要批示件，局办公室以书面形式通知承办司局，并明确办理时限等要求。

**第十一条** 电话督促检查。对紧急督办事项，局办公室可电话通知承办司局抓紧办理，并跟踪督办事项进展情况。

**第十二条** 现场督促检查。对重点、难办事项，适时组织有关人员深入基层，开展现场督促检查，推动工作落实。

**第十三条** 网络督促检查。利用现代网络技术，建立网络管理平台，实现网上督查，提高办事效率。

## 第五章 督促检查制度

**第十四条** 报告制度。对决策督查事项的完成情况，局办公室要跟踪掌握、汇总，及时向局领导及中共中央、国务院报告。对领导同志批示件及交办事项的办理情况，各司局要按规定的时限要求向局领导报告。报告要求文字精炼，事实清楚，结论准确。

**第十五条** 通报制度。各司局在规定时限内反馈承办事项落实情况，由局办公室进行汇总、通报，对落实工作抓得好的单位给予鼓励，对措施不得力、工作不落实的要督促其整改。

**第十六条** 责任制度。建立权责统一、分级负责的督促检查工作责任制和自上而下、层层抓督查落实的目标责任体系。凡督查督办事项，都要明确其目标任务、工作内容、完成时限、承办单位和责任人等。

**第十七条** 调研制度。对需要深入调查了解的重点、难办事项，适时组织开展调研，提出解决问题措施，推动工作落实。

**第十八条** 联系制度。建立健全督促检查工作联系制度，形成便捷、畅通、高效的督促检查工作体系，提高督促检查工作效率和水平。

**第十九条** 保密制度。严格执行《保守国家秘密法》等有关规定，加强督查督办事项涉密管理，防止失泄密事件发生。

## 第六章 附 则

**第二十条** 本办法自印发之日起施行。2001年2月28日国家林业局办公室印发的《国家林业局重要工作事项督促检查办法》(办发字〔2001〕30号)同时废止。

# 国家林业局办公室关于调整部分司局直属单位机构简称和发文代字的通知

## 办发字〔2010〕77 号

国家林业局各司局、各直属单位：

2009 年 12 月我局以办发字〔2009〕207 号文印发了《国家林业局各司局各直属单位机构简称和发文代字》，有效地规范了公文管理，提高了办文质量。近期，经教育部、中央编办批准，我局直属原"南京森林公安高等专科学校"变更为"南京森林警察学院"，部分司局直属单位也对其简称和发文代字提出调整需求。为了更好地适应新的变化和需求，提高公文办理质量和效率，经研究，将有关司局、直属单位简称和发文代字调整如下：

一、发展规划与资金管理司，简称：计财司。

二、南京森林警察学院，简称：南京警院。

三、森林资源监督管理办公室，增加发文代字：督。

特此通知。

国家林业局办公室

2010 年 5 月 21 日

# 国家林业局办公室关于正式实行无纸化办公有关事宜的通知

## 办发字〔2010〕78 号

各省、自治区、直辖市林业厅(局)，内蒙古、吉林、龙江、大兴安岭森工(林业)集团公司，新疆生产建设兵团林业局，各计划单列市林业局，国家林业局各司局、各直属单位：

为积极适应全国林业信息化发展形势，认真落实《全国林业信息化建设纲要》和首届全国林业信息化工作会议精神，按照《国家林业局办公室关于开通运行中国林业网和国家林业局办公网有关事宜的通知》(办信字〔2010〕15 号)部署，在纸质、电子双轨运行两个月的基础上，我局决定自 6 月 1 日起正式启用综合办公系统，除涉密文件、信息外，所有文件、信息(包括系统五大功能模块的所有内容，下同)都通过综合办公系统进行网上流转，实现文件、信息在线起草、审核、会签、签批、排版、发送、归档。为确保此项工作的顺利进行，现将有关事项通知如下：

**一、进一步深化对实行无纸化办公重要性和紧迫性的认识**

综合办公系统的上线运行，是林业信息化建设的一件大事，在林业信息化发展史上具有里程碑意义，在林业发展史上具有重大意义。以此为标志，我局将正式告别纸质文件，进入无纸化办公时代。必将对现代林业建设起到巨大的推动和促进作用。

(一)运用现代信息技术实行无纸化办公，是应对全球气候变化的重要举措。气候变化是当前国际社会普遍关注的重大全球性问题，事关国家长远发展和核心利益。应对气候变化当务之急就是减少碳排放，除直接关闭一些能耗大、污染严重、产能效益低的企业实现直接减排外，还有一个更经济、更持久、更稳妥的手段就是通过多种树少砍树实现间接减排。通过运用现代信息技术，实现无纸化办公，可以大大减少纸张等物质资源和能源的消耗，进而减少林木采伐量，保护森林资源，增强森林碳储能力，有效应对气候变化。

(二)运用现代信息技术实行无纸化办公，是加强政府自身建设的重要举措。通过运用现代信息技术实行无纸化办公，可加快政府职能转变进程，大力促进行政管理的规范化和决策的科学化、民主化，使机关运转更加规范有序、工作更加公正透明、办事更加高效便民，大大增强政府行政能力，重塑政府机关良好形象。这种形式既解决了传统方法消耗大量人力物力的弊端，又大大缩短了文件运转时间，显著提高工作效率和工作水平。

(三)运用现代信息技术实行无纸化办公，是全面推进现代林业发展的重要举措。林业涉及的业务范围很广、事务繁多、性质庞杂，靠传统手段很难科学管理。只有通过信息化手段，才能把丰富的资源梳理清楚，进行科学分类。由于管理手段落后，过去林业行业经常发生重复立项、重复建设问题，造成国家财力的浪费。因此，对林业行业来说，运用现代信息技术，实现无纸化办公，不断提高林业资源调控配置能力和资源监管水平，迫在眉睫，尤为重要。

总之，运用现代信息技术实行无纸化办公呈大势所趋。各司局、各单位一定要进一步深化运用现代信息技术实行无纸化办公重要性和紧迫性的认识，顺应形势，统一思想，创新思维，更新观念，全力推进无纸化办公进程，为加快林业改革发展作出积极贡献。

**二、实行无纸化办公的主要内容**

国家林业局综合办公系统，面向国家林业局各司局、各直属单位，通过林业专网连通各省、自治区、直辖市林业厅(局)，内蒙古、吉林、龙江、大兴安岭森工(林业)集团公司，新疆生产建设兵团林业局和各计划单列市林业局，为集中式协同办公和信息资源共享平台，具体包括领导专区、公文办理、会议办理、事务办理、综合管理五大功能模块。

(一)领导专区。针对国家林业局领导在日常工作中的需求，设立包括安排领导日程和领导会见、重要活动等，并对领导指示批示、领导讲话和领导办公文档进行科学管理，被授予相应管理权限的工作人员可以随时查询相关信息。

（二）公文办理。公文办理是综合办公系统中最为核心的一项应用内容，它提供了从收文登记、批办，到公文的起草、会签、审核、督办、监控、校对、电子印章、发布、归档、查询等全过程的网上公文服务。具体包括：发文管理、收文管理、签报管理、建议提案、查询统计、公文授权、公文维护等功能模块。

（三）会议办理。会议管理是综合办公系统的重要内容，涵盖全国性会议、局内部会议、国际会议、外部会议等，可对会议计划申报、审批，会议通知拟制、发送，会议材料起草、审批，会议纪要起草、审批、发送等环节进行全过程自动化管理，科学管理各类会议。

（四）事务办理。提供功能全面、方便快捷的日常办公环境，满足相关工作人员的特殊需求。具体包括：值班管理、信息管理、督查督办、人事管理、国际合作、后勤服务等功能模块。

（五）综合管理。综合管理的设立，旨在以人性化的服务宗旨，提供全方位的综合管理应用服务，提高办公效率和工作质量，减轻工作人员的工作负担。具体包括：通知、留言条、办公助理、通讯录、意见征询、大事记等功能模块。

**三、实行无纸化办公的工作要求**

（一）充分发挥领导带头作用。实行无纸化办公是一场技术变革，更是一场思想变革。任何变革都不可避免地会对传统的思维方式和工作习惯带来压力和挑战。面对新形势、新挑战，只有积极应对、努力践行，才能化被动为主动，由外行成内行。各地各单位，特别是各级领导同志一定要克服畏难情绪，迎难而上，知难而进，及时转变思想观念，加快信息化知识更新，带头学、带头用，努力做到熟练掌握，灵活应用，以全新的姿态积极投身其中，争做无纸化办公的倡导者、示范者和实践者。

（二）规范收发文管理工作。在收文方面，对所有与国家林业局内网相连通的单位，除涉密文件、信息外，我局不再受理纸质文件、信息。对未与我局内网连通单位的纸质文件，可将文件全文扫描处理后进入综合办公系统按程序办理（对个别过长过大的附件，可将纸质附件随扫描处理后的主件同步运转）。在发文方面，除涉密文件、信息外，所有文件、信息的起草、会签、审核、签批、排版、发送、归档均必须在网上办理。

（三）加大保密工作力度。国家林业局内网为非涉密网。凡涉及国家秘密、工作秘密、商业秘密的文件、信息不得在综合办公系统内运行，由相关司局、单位指定涉密计算机处理，并通过我局统一配发的保密专用优盘进行数据中转至局文印室，由文印室按传统方式排版打印。文件起草人员一定要严格按照《林业工作国家秘密范围的规定》（林办发〔2005〕162 号）有关要求准确界定所办公文的密级及公开方式，各审核环节在对公文内容和公文格式进行认真审核的同时，必须对所办公文是否涉密、能否公开进行严格把关，确保万无一失。不得在连接内网的计算机和连接外网的计算机之间交叉使用移动存储介质。

（四）切实做好文件归档工作。归档是公文流转的最后一个环节。按照国家有关规定，各司局、各单位在通过《国家林业局电子档案管理系统》随时进行电子文件归档的同时，要将需归档的电子文件的最后版本，打印 1 份纸质稿按档案工作有关要求于次年 6 月底前向档案部门移交归档。归档电子文件与纸质文件要保持完全一致。

（五）全力做好支撑保障工作。各司局、各单位要加大设备调试安装力度，确保连接国家林业局内网的每一台计算机均保持畅通状态。有关部门要采取有效措施，实时做好数据备份工作。实时检查 UPS 电源运行状况，确保一旦断电，可随时启用备用电池。在前期集中培训工作的基础上，加大日常培训指导力度，确保有关问题得到及时有效处理。实时开展网络病毒库升级工作，提高网络防范病毒的能力，确保网络运行安全。

特此通知。

国家林业局办公室
2010 年 5 月 21 日

# 国家林业局办公室关于学习贯彻《公安机关人民警察纪律条令》的通知

办安字〔2010〕79 号

各省、自治区、直辖市林业厅（局），内蒙古、吉林、龙江、大兴安岭森工（林业）集团公司，新疆生产建设兵团林业局，南京森林警察学院：

经国务院批准，2010 年 4 月 21 日，监察部、人力资源社会保障部、公安部联合公布了《公安机关人民警察纪律条令》（以下简称《条令》），2010 年 6 月 1 日起施行。为保证《条令》在全国林业系统，特别是森林公安机关全面、正确实施，促进各级林业主管部门依法严格管理森林公安队伍，全面加强森林公安队伍正规化建设，现就学习贯彻《条令》的有关事项通知如下：

**一、充分认识《条令》公布实施的重要意义，增强学习贯彻《条令》的责任感和使命感**

《条令》根据《人民警察法》、《行政监察法》、《行政机关公务员处分条例》等法律法规，针对公安机关执法过程中常见易发的问题，设定了相关行为的惩戒性规定，是我国第一部系统规范公安机关及其人民警察纪律以及对违反纪律行为给予处分的部门规章。《条令》明确规定其适用于森林公安机关在编在职民警。当前，全

国森林公安机关编制、经费问题得到全面解决，森林公安队伍正规化建设迈上新台阶。《条令》的公布实施对于严肃森林公安机关纪律，规范森林公安民警行为，加强森林公安执法监督，有效预防违纪违法行为，全面提高森林公安队伍素质，具有十分重要的意义。各级林业主管部门要从事关现代林业建设的战略高度，从对森林公安队伍负责的政治高度，充分认识《条令》的公布实施对加强森林公安队伍管理的特殊意义，切实增强学习贯彻《条令》的责任感和使命感。

**二、及时开展《条令》学习宣传活动，深入领会《条令》的精神实质**

各级林业主管部门要及时组织相关部门开展《条令》学习宣传活动。森林公安、人事、纪检监察等相关部门，特别是领导同志要带头学习，做到熟知熟记、熟练应用。各级森林公安机关要全警动员、全面学习，使森林公安民警尽快熟知《条令》的主要内容。要将《条令》纳入入警培训、晋职晋衔培训、任职资格培训及各类业务培训之中，作为必修课程和必考科目。要全面组织开展自查自纠工作，对照《条令》的各项规定，认真查找纪律作风建设中存在的突出问题和薄弱环节，对存在的苗头性和倾向性问题，采取有效措施及早加以解决。

**三、严格执行《条令》的各项规定，坚决维护纪律的严肃性**

各级林业主管部门要严格执行《条令》的各项规定，真正做到有纪必依、执纪必严、违纪必究。各级派驻林业主管部门的纪检监察机构、森林公安纪检监察部门要加大办案力度，严肃查处森林公安机关及其民警违反《条令》的案件。要严格依纪依法办案，确保办案质量，坚决防止畸轻畸重等问题的发生，切实维护《条令》的权威性和严肃性。案件调查结束后，要按照人事管理权限，及时向处分决定机关提出处分建议，由处分决定机关作出处分决定。同时，要依纪依法受理森林公安民警的申诉，严肃查处打击报复、诬告陷害、恶意炒作等侵害森林公安民警合法权益的行为，旗帜鲜明地支持森林公安民警依法履行职责、行使职权。各级森林公安机关要认真执行民警违法违纪案件报告制度，及时上报民警违法违纪案件及其查处情况。

**四、认真对照《条令》的规定，大力开展纪律条规的清理工作**

各级林业主管部门要对照《条令》的规定，对现有针对森林公安机关及其民警的纪律性规定和文件进行一次集中清理，做好立、改、废工作，确保《条令》统一性。《条令》施行后，各级林业、公安、纪检监察等部门在《条令》公布实施前针对森林公安机关及其民警制定的处分性规定，其处分种类、幅度、程序与《条令》不一致的，要以《条令》为准。各级森林公安机关在《条令》公布实施前自行制定的处分性规定，一律予以废止。要根据《条令》规定的内容，出台相关配套措施，切实将《条令》作为规范森林公安民警警务纪律行为的有力依据和重要抓手。

**五、切实加强贯彻实施《条令》的组织领导，确保各项措施落到实处**

各级林业主管部门要把学习贯彻执行《条令》作为当前一项重要工作，摆上议事日程，精心组织，全面部署，狠抓落实。各级派驻林业主管部门的纪检监察机构要充分发挥职能作用，加强组织协调，会同林业人事和森林公安等部门，一级抓一级，层层抓落实。要加强对《条令》贯彻实施情况的监督检查，重点检查组织领导是否到位、学习宣传是否深入、贯彻执行是否严格等情况。要通过监督检查，坚决纠正一些地方存在执行纪律失之于宽、失之于软的现象，对违反规定实施处分、不执行处分决定或擅自改变处分决定的，要及时予以纠正。对贯彻执行《条令》过程中出现的新情况、新问题，要深入开展调查研究，及时向有关部门提出合理建议。

**六、抓住学习贯彻《条令》的良好机遇，大力加强森林公安反腐倡廉建设**

森林公安是林业部门的组成部分，但又不同于一般的林业行政机构，是具有武装性质、兼具刑事执法和行政执法职能的重要力量，具有自身的特殊性。各级林业主管部门要深刻认识到加强森林公安反腐倡廉建设的极端重要性。要以学习贯彻《条令》为契机，大力加强各级森林公安机关的纪检监察部门建设。要在具备条件的森林公安机关建立健全党委（党组）和纪委（纪检组），健全森林公安内部纪检监察工作机构，完善内部监督机制，强化内部监督检查，进一步促进森林公安反腐倡廉建设工作。

各级林业主管部门要把学习贯彻《条令》同贯彻落实国家林业局党组的有关决策部署紧密结合起来，进一步加大整个林业系统特别是森林公安机关的反腐倡廉工作力度，狠抓各项工作措施的落实，努力为森林公安更好地服务于林业改革发展和生态文明建设提供坚强的纪律保证。

附件：公安机关人民警察纪律条令（略）

国家林业局办公室
2010 年 6 月 2 日

# 国家林业局办公室关于印发《碳汇造林技术规定（试行）》和《碳汇造林检查验收办法（试行）》的通知

办造字〔2010〕84 号

各省、自治区、直辖市林业厅（局），内蒙古、吉林、龙江、大兴安岭森工（林业）集团公司，新疆生产建设兵团林业局，国家林业局各司局、各直属单位：

碳汇造林与普通造林相比，更加突出了森林的碳汇功能，在造林地选择、基线调查、碳汇计量与监测、树种配置、造林施工、检查验收、档案管理等方面都有特殊的要求。为顺利开展碳汇造林试点工作，参照相关国际规则和我国林业建设实际，我局组织制定了《碳汇造林技术规定(试行)》(见附件1)和《碳汇造林检查验收办法(试行)》(见附件2)，现印发给你们，请遵照执行。

鉴于碳汇造林是一项新的工作，各地在开展碳汇造林试点过程中，对上述试行的技术规定和检查验收办法如有修改意见，请及时反馈我局造林绿化管理司。

附件：1. 碳汇造林技术规定(试行)

2. 碳汇造林检查验收办法(试行)

国家林业局办公室

2010年6月13日

# 附件1　碳汇造林技术规定(试行)

**1　范围**

本规定对碳汇造林地点选择、调查和作业设计、树种选择、造林方式、整地栽植、未成林抚育、检查验收、档案管理等提出了技术要求。

本规定适用于中国境内的碳汇造林。

**2　规范性引用文件**

下列文件中的条款通过本规定的引用而成为本规定的条款。凡是注明日期的引用文件，其后所有的修改单或修订版均不适用于本规定，然而鼓励根据本规定达成协议的各方研究是否可使用这些文件的最新版本。凡是不注明日期的引用文件，其最新版本适用于本规定。

GB/T15776－2006　造林技术规程

LY/T1607－2003　造林作业设计规程

GB/T18337.3　生态公益林建设 技术规程

GB6000－1999　主要造林树种苗木质量分级

GB7908　林木种子质量分级

LY/T1000　容器育苗技术

**3　术语和定义**

3.1　基线

能合理地代表在没有开展项目活动时的碳吸收或碳排放状况。本规定的基线是指没有开展碳汇造林活动时地表植被、土地利用、人为活动、碳库的状况。

3.2　碳库

指在碳循环过程中，地球系统中碳储存的形式和场所。其中，森林生态系统碳库包括地上生物量、地下生物量、枯落物生物量、枯死木生物量和土壤有机质。

3.3　碳汇

指从大气中清除二氧化碳的过程、活动或机制。森林碳汇是指森林生态系统吸收大气中二氧化碳的过程、活动或机制。

3.4　碳汇造林

碳汇造林是指在确定了基线的土地上，以增加碳汇为主要目的，并对造林及其林分(木)生长过程实施碳汇计量和监测而开展的有特殊要求的营造林活动。

3.5　计入期

又称管理运行期，指对项目进行管理并可进行碳汇计量和监测以及发证的时间周期。

3.6　碳泄漏

由项目活动引起的、发生在项目边界外的、可测量的温室气体排放的增加量。本规定的碳泄漏主要指造林、抚育、护林过程中使用运输工具燃烧化石燃料、施用化肥以及其他相关活动引起的二氧化碳排放。

3.7　项目边界

指开展碳汇造林项目活动的地理范围。如果一个碳汇造林项目涉及若干个不同的造林地块，则每个造林地块都应有确定的地理边界，该碳汇造林项目的边界不包括各个造林地块之间的土地。

**4　总则**

4.1　碳汇造林在最大限度地获得碳汇的同时，应注重当地生物多样性保护、生态保护和促进经济社会发展。

4.2　碳汇造林优先发展公益林。

4.3　碳汇造林坚持因地制宜、适地适树，多树种、多林种结合。

4.4　碳汇造林应按规划设计，按设计施工，按项目组织管理，按技术标准进行检查验收。

4.5　碳汇造林计入期为20年。在计入期内，必须保证造林成果得到维护。对于20年内进行主伐的，在实施方案、作业设计中应包括碳平衡的采伐更新方案，及时进行伐后更新，将碳排放控制在最低限度。

**5　碳汇造林地点选择**

5.1　一般规定

碳汇造林实施地点优先考虑生态区位重要和生态环境脆弱的地区。

5.2　碳汇造林适用条件

选择实施碳汇造林的地点应同时满足以下条件：

5.2.1　至少自2000年1月1日以来一直是宜林荒山荒地、宜林沙荒地和其他宜林地。根据当地实际情况，可放宽到2005年1月1日前。

5.2.2　造林地权属清晰，具有县级以上人民政府核发的土地权属证书。

5.2.3　适宜树木生长，预期能发挥较大的碳汇功能。

5.2.4　有助于促进当地生物多样性保护、防治土地退化、促进地方经济社会发展等多种效益。

**6　碳汇造林调查和作业设计**

6.1　碳汇造林调查

实施碳汇造林活动前，要对拟开展造林的地点进行造林地调查与基线调查。

造林地调查按照LY/T1607－2003、GB/T15776－2006的规定执行。

基线调查内容主要包括地表植被、土地利用状况、人为活动和碳库调查等。基线调查可采用分层调查的方式，对于地表植被、土地利用状况、人为活动和碳库等基本一致的造林地块，可作为一个类型进行基线调查，并以小班为单位，填写《碳汇造林基线调查表》(见附表

1，略），全面反映造林地块的基线情况，为开展碳汇计量和监测提供基础资料。

在开展基线调查的同时，应针对拟开展碳汇造林地点的典型立地状况拍摄照片或录像加以记录，以便和造林后进行对照。

6.2 在造林地调查、基线调查的基础上，按照LY/T1607－2003规定的具体程序和内容编制造林作业设计，将相应的造林技术措施落实到造林小班。

碳汇造林作业设计应按照减少造林活动造成的碳排放和碳泄漏的要求，针对整地方式、造林栽植、施肥、抚育管护等内容提出相应的措施。

对造林地中的极小种群、珍稀濒危动植物保护小区要设计特别的保护措施。

造林实施单位原则上要将造林小班勾绘到1:10 000的地形图上，并完成造林小班信息数字化，满足可查询、可修订的碳汇造林管理地理信息系统相关基础数据的要求。碳汇造林管理地理信息系统的具体要求另行制定。

6.3 造林作业设计应在造林施工前报省级林业主管部门批准，并报国家林业局备案。作业设计要满足以下条件：

6.3.1 造林地调查相关表格完备；

6.3.2 基线调查相关表格完备；

6.3.3 有减少碳泄漏的措施；

6.3.4 有极小种群保护、珍稀濒危物种保护等生物多样性保护措施。

没有作业设计或作业设计未经批准的，不得施工。作业设计一经批准，应遵照执行。因特殊情况需变更时，应在设计单位修改后，报原审批部门批准。

**7 造林方法与技术**

7.1 树种选择

碳汇造林树种选择应遵守以下原则：

7.1.1 优先选择吸收固定二氧化碳能力强的树种，同时兼顾生态效益、经济效益和社会效益。

7.1.2 树种的生物学、生态学特性与造林地立地条件相适应，优先选择优良乡土树种。

7.1.3 优先选择稳定性好、抗逆性强的树种。

7.1.4 因地制宜确定阔叶树种和针叶树种比例，提倡多树种造林和营造混交林，防止树种单一化。

7.2 种子和苗木

执行GB6000－1999、GB7908、GB1000、GB/T 15776－2006的规定。

碳汇造林优先采用就地育苗或就近调苗，减少长距离运苗等活动造成的碳泄漏。

7.3 造林技术

7.3.1 一般规定

碳汇造林宜采用人工植苗造林，生物学特性有特殊要求的树种可采用直播造林或分殖造林。

7.3.2 整地

执行GB/T15776－2006的规定。

禁止全垦整地和炼山。

对造林地的原生散生树木应加以保护，对灌木或草本植物尽量保留，在山脚、山顶应保留10～20米宽的原生植被保护带。

对造林地中的极小种群、珍稀濒危动植物保护小区不得进行造林整地，并保留适当宽度的缓冲保护带。

7.3.3 栽植密度和种植点配置

执行GB/T15776－2006的规定。

7.3.4 种苗处理和施肥

执行GB/T15776－2006的规定。

碳汇造林提倡施用有机肥。

7.3.5 栽植和播种

执行GB/T15776－2006的规定。

7.3.6 未成林抚育与管护

执行GB/T15776－2006、GB/T18337.3的规定。

要及时开展抚育，落实森林防火和病虫害防治措施，维持林分的健康状况和稳定性，减少碳排放。

对碳汇造林活动中或成林后发生的病虫害，宜采用以生物防治为主的综合防治措施。

7.4 碳汇造林活动记录

碳汇造林实施过程中，应以小班为单位，详细填写《碳汇造林项目碳汇计量所需参数记录表》（见附表2，略），准确记录造林活动中机械整地、苗木运输、浇水施肥、抚育管护等活动中使用汽车等机械造成的温室气体排放相关数据，为开展碳汇计量与监测提供依据。

**8 检查验收**

8.1 一般规定

造林施工前对作业设计进行检查，发现问题及时纠正。造林施工期间，造林项目管理单位要对各项作业随时进行检查监督，严格按照作业设计规定的措施施工，减少碳泄漏。造林结束后一年或一个生长季后对造林成活率进行检查，造林3～5年后进行成林验收和造林保存率检查。

8.2 检查内容和方法

8.2.1 造林作业设计

按照造林作业设计，逐个小班进行核实。

检查碳汇造林作业设计是否符合本规定“6. 碳汇造林调查和作业设计”的要求。

8.2.2 造林面积

执行GB/T15776－2006的规定。

8.2.3 造林成活率

执行GB/T15776－2006的规定。

8.2.4 造林作业质量

检查造林是否按照作业设计和减少碳泄漏的要求进行施工。

8.2.5 未成林林业有害生物发生情况

执行GB/T15776－2006的规定。

8.2.6 生态公益林混交林比例

执行GB/T15776－2006的规定。

8.3 检查验收结果评价

8.3.1 评价指标和标准

8.3.1.1 造林面积核实率

执行GB/T15776－2006的规定。

8.3.1.2 造林合格

执行GB/T15776－2006的规定。

8.3.1.3 造林综合合格

除执行GB/T15776－2006的规定外，对碳汇造林项目碳汇计量所需参数记录表进行了完整记录的为合格。

8.3.2　结果评定

8.3.2.1　造林合格面积和造林合格率

达到8.3.1.2标准的造林面积为造林合格面积。

计算方法执行GB/T15776－2006的规定。

8.3.2.2　造林综合合格面积和造林综合合格率

执行GB/T15776－2006的规定。

如果没有填写《碳汇造林项目碳汇计量所需参数记录表》或者记录不完整，则综合合格率为零。

8.3.3　成林验收和造林面积保存率

执行GB/T15776－2006的规定。

**9　碳汇计量与监测**

碳汇造林要定期开展碳汇计量与监测，有关造林项目碳汇计量与监测的具体要求另行制定。

**10　技术档案**

10.1　实施单位应建立完整的技术档案，专人负责，长期保存。

10.2　碳汇造林档案主要内容：除执行GB/T15776－2006的规定，还应包括碳汇造林项目实施方案，造林作业设计文件、基线调查表，碳汇计量参数记录表，造林地权属证书复印件，碳汇造林项目任务批准通知书，其他相关资料及相应的电子文档和地理信息管理系统。

# 附件2　碳汇造林检查验收办法(试行)

## 第一章　总　则

**第一条**　为规范碳汇造林管理，提高造林质量，加强碳汇造林实施成效监测和评价，依据《碳汇造林技术规定(试行)》和相关技术规程，特制定本办法。

**第二条**　碳汇造林检查验收实行县级自查、省级复查和国家级检查验收的三级检查验收方式。

**第三条**　县级自查由县级林业主管部门组织，抽调专业技术人员进行全面检查；省级复查和国家级检查验收分别由省级林业主管部门和国家林业局组织具有相应资质单位的专业技术人员进行抽样检查。

## 第二章　县级自查

**第四条**　自查内容。

县级林业主管部门在造林后一年或一个生长季，根据作业设计对碳汇造林地块的造林面积、施工质量、造林成活率、林业有害生物危害发生情况等进行全面自查；在达到成林年限后开展碳汇造林保存情况自查。内容包括：

(一)是否按照批复的碳汇造林年度计划、实施方案和作业设计完成建设任务。

(二)碳汇造林实施面积、合格面积、待补植面积、失败面积等。

(三)整地方式及规格、树种选择及配置、栽植密度、株行距、种苗质量、栽种年限、施肥情况等与作业设计的一致情况。

(四)造林地的抚育管护、林业有害生物危害发生等情况。

(五)碳汇造林保存面积和保存率。

**第五条**　自查方式。

核实面积、保存面积的检查验收采用现地逐个小班调绘或实测，量算小班面积。调绘和实测的小班均需留存GPS控制点位的坐标。

采用样行或样地调查法调查株数成活率和株数保存率。

样行或样地调查的面积比例：当小班面积在100亩以下时，样行或样地面积应当不少于小班面积的5%；100～500亩时应当不少于3%；500亩以上时应当不少于2%。

样行或样地应当均匀布设在小班内有代表性的地段。

碳汇造林自查结果应当按小班、行政村(林班)、乡镇(林场)逐级统计、汇总至县级单位，各项因子调查结果应当制表并录入计算机，建立数据库。小班面积原则上应按位置、形状和范围、比例标绘在1:10 000地形图上，并标注小班号。

**第六条**　碳汇造林特定的检查内容：

(一)基线状况。

包括反映造林地在实施碳汇造林前使用状况的图片、文字，土地利用规划，土地所有权证等文件，证实造林地符合“至少自2000年1月1日以来一直是宜林荒山荒地、宜林沙荒地和其他宜林地。根据当地实际情况，可放宽到2005年1月1日前”的规定；土地使用权在碳汇计入期20年内发生变化的可能性。

(二)碳汇造林计入期内的稳定性。

碳汇造林实施单位是否有具体可行的营林方案和保障措施，确保在造林后的20年内，造林成果得到有效保护。

(三)碳汇计量所需参数记录表的记录情况。

检查实施单位是否按照《碳汇造林技术规定(试行)》要求对碳汇造林碳汇计量所需参数记录表进行了全面、完整、如实的记录。

(四)碳汇计量、监测单位的工作情况。

碳汇计量、监测单位开展工作情况；实施单位与碳汇计量、监测单位的合作情况。

**第七条**　自查报告。

县级自查结束后，市(县)级林业主管部门应当及时向省级林业主管部门上报自查报告，并申请省级复查。自查报告应当包括以下内容：

(一)碳汇造林实施概况。包括碳汇造林完成情况和质量情况、实施单位和县级林业部门的管理情况。

(二)碳汇造林地块的基线状况、碳汇造林项目碳汇计量所需参数记录表的记录情况、碳汇计量期内的稳定性评价等。

(三)自查工作概况。

(四)自查结果。

(五)分析评价。

(六)碳汇造林建设的措施和经验，实施中的问题、

对策及建议。

（七）附表、图面材料及数据库。

**第八条** 自查档案管理。

将碳汇造林实施方案，计划任务书，项目造林作业设计及图表，年度资金使用报告及报表，碳汇计量所需参数记录表，项目自查验收报告，外业调查图、表（含面积量算记录）、小班调查卡、统计汇总表等有关资料按技术档案管理规定立卷归档。

## 第三章 省级复查和国家级检查验收

**第九条** 检查验收内容。

在县级自查上报数据的基础上进行省级复查和国家级检查验收。省级复查和国家级检查验收内容同县级自查。

**第十条** 检查验收工作量。

（一）省级复查。

应当对本省（含自治区、直辖市，下同）的碳汇造林按实施单位进行复查。复查面积不少于全省上报完成（保存）总面积的10%。各县（市）的抽检面积按该县（市）上报完成（保存）面积占全省总上报完成（保存）面积比例确定。

（二）国家级检查验收。

应当抽取各省不少于25%的碳汇造林实施单位进行检查验收。抽查面积不少于全省上报完成（保存）总面积的5%。各县（市）的抽检面积按全省抽查面积以及该县（市）上报完成（保存）面积占全省检查县（市）总上报完成（保存）面积的比例确定。

**第十一条** 检查验收样本抽取。

（一）国家级检查验收的县级样本由国家林业局确定。各省抽检县（市）数量原则上不少于3个；少于3个的则全部检查。

（二）国家级检查验收乡级样本、小班的确定。

1. 检查的乡镇和行政村（小班）由外业检查人员到达抽检县（市）后抽取。

2. 各抽检县（市）检查乡镇数量原则上不少于2个。

3. 按抽检县（市）各乡镇的上报完成（保存）面积，从小到大依次排列，形成一个闭合环，按照规定的起始号和间隔号（起始号和间隔号由国家林业局造林司事先确定）抽取检查乡镇，直至抽中乡镇的累计面积大于该县应检查面积的90%。如抽取的检查累计面积大于应当检查面积的120%，最后一个被抽取的检查乡镇应当调换到累计检查面积最接近应当检查面积的乡镇。如果没有累计检查面积在90%～120%的乡镇可以调换，将原抽中的最后一个乡镇的各行政村造林面积（不落实到村时以造林小班为单位）按照从大到小排序，按规定的起始号和间隔号，依次抽取行政村（小班）使累计面积最接近该县（市）应查面积。

4. 如正常抽取未达到两个乡镇即因超过应查面积需要调换乡镇时，按照顺序抽足两个乡镇，将其行政村（不落实到村时以造林小班为单位）按从小到大依次混合排序，形成一个闭合环，按规定的起始号和间隔号直接抽取行政村（小班），使累计面积最接近该县（市）应查面积。如抽中的全部为同一乡镇的行政村（小班）时也不再补抽乡镇。

5. 抽取乡镇或行政村（小班）时，当重复抽取的轮次中再次抽到已抽中的乡镇或行政村（小班）时，顺延抽取下一个单位。

6. 乡镇或行政村（小班）上报面积相同时，依次按照乡镇或行政村第一字、第二字笔画由小到大排序；小班按照县（市）自查小班号顺序由小到大作序。

有关表格详见附表1、2、3（略）。

7. 如按照上述方法不能正常抽取检查乡镇或行政村（小班）时，检查人员应当将抽检县（市）的上报情况传回检查验收工作组织单位以确定检查样本。

8. 检查乡镇或行政村（小班）一旦确定，不得随意改动，如遇重大灾情或特殊情况需要改动时，应当得到检查验收工作组织单位的同意。

9. 受检的实施单位或县级林业主管部门应当先提供分乡镇、行政村（小班）的上报数据、检查材料和作业设计，检查人员再按照起始号和间隔号抽取检查样本。如上报数据与检查材料、自查报告或作业设计（未进行自查时）不一致时，实施单位或县级林业主管部门需加盖公章确认后，检查人员再抽取检查样本。

（三）省级复查乡级样本、小班的抽取以随机为原则，可自行制定抽样方法。

**第十二条** 检查验收方式。

（一）检查验收采取现地检查、听取汇报、查阅材料和座谈交流等多种形式相结合的方式。

（二）对抽中的小班全部进行现地检查。

（三）检查的小班原则上需勾绘到1：10 000的地形图上，利用GPS定位技术，现地核对小班位置、形状和范围，重新求算小班面积。当检查核实（保存）面积与上报面积相差在±5%范围内时，认可原上报面积；否则以核实面积为准。

小班采用GPS控制点与地形图调绘相结合的方法求算面积。每个小班均需留存GPS控制点位的坐标。

（四）采用样行或样地调查法调查株数成活率和株数保存率。

（五）填写检查验收卡片的各项内容。

**第十三条** 检查验收成果提交。

（一）省级复查后，应当将检查验收工作报告和检查验收结果及时上报并申请国家级检查验收，同时上报县级自查结果汇总表。

（二）国家级检查验收后，及时汇总检查结果，形成分省检查验收报告和全国总报告，并提交检查验收标准数据库文件。国家级检查验收提交成果包括以下内容：

1. 检查的全部数据库文件。

2. 各类统计汇总表。

3. 检查成果报告。

（三）分省检查验收报告和全国总报告中除应当对检查结果做一说明外，还应当着重对检查结果进行深入分析，并反映检查中所发现的问题。报告内容包括：

1. 工作开展情况、任务量、检查单位数、工作时间、参加人员等。

2. 检查结果：用文字和表格分述受检单位碳汇造林完成（保存）情况，体现质量的指标情况。

3. 实施省、县（市）碳汇造林管理、碳汇计量开展情况、碳汇宣传开展情况。

4. 成绩与经验：实施省、县(市)较为突出的做法，典型材料。

5. 问题：对上报与完成面积相差较大的、成活率较差的单位进行说明和分析。突出问题、有代表性问题要落实到小班。

6. 建议：包括实施单位对碳汇造林的建议和检查验收人员对检查验收中具体问题改进的建议。

**第十四条** 检查验收档案管理

省级复查、国家级检查验收后，应当将检查验收报告，外业调查图、卡片，数据库、统计汇总表等有关资料按技术档案管理规定立卷归档。

## 第四章 计算方法与统计汇总

**第十五条** 评价指标

(一)面积核实率、面积保存率

$$面积核实率(\%)=\frac{核实的小班面积}{小班上报面积}\times100\%$$

$$面积保存率(\%)=\frac{保存小班面积}{小班上报面积}\times100\%$$

(二)造林合格率

$$造林合格率(\%)=\frac{合格小班面积}{小班核实面积}\times100\%$$

(三)造林综合合格率

造林综合合格率(%)=(造林合格率+未受林业有害生物严重危害率+作业设计符合率)/3×100%×碳汇计量表填写情况指数

其中，

$$未受林业有害生物严重危害率(\%)=\frac{未受林业有害生物严重危害的小班面积}{小班核实面积}\times100\%$$

$$作业设计符合率(\%)=\frac{造林作业符合作业设计的小班面积}{小班核实面积}\times100\%$$

碳汇计量表填写情况指数：如果碳汇造林项目碳汇计量所需参数记录表填写完整，则指数为1；如果没有填写记录表或记录不完整，则指数为0。

(四)管理指标

$$作业设计合格率(\%)=\frac{作业设计合格的小班核实面积}{小班核实面积}\times100\%$$

$$检查验收率(\%)=\frac{经自查验收小班核实面积}{小班核实面积}\times100\%$$

$$建档率(\%)=\frac{有档案小班核实面积}{小班核实面积}\times100\%$$

$$管护率(\%)=\frac{有管护措施小班核实面积}{小班核实面积}\times100\%$$

$$抚育率(\%)=\frac{抚育小班核实面积}{小班核实面积}\times100\%$$

## 第五章 其 他

**第十六条** 省级复查、国家级检查验收结果推算到省。

**第十七条** 省级复查、国家级检查验收与县级自查结果误差允许范围：小班面积检查允许误差为±5%；小班造林成活率、株数保存率调查允许误差为±2%。超过允许误差时，以省级复查、国家级检查验收结果为准。

**第十八条** 所有面积均以水平面积计，以亩为单位，保留整数。造林成活率和株数保存率的百分数均取整数，其他各率的百分数均保留一位小数。面积核实率、面积保存率，成活率，管理指标等各项指标不大于100%。

**第十九条** 开展保存验收时因各种原因碳汇造林小班出现下列情况的，不能认定为面积保存：

(一)作业设计变更而没有经过批准的。

(二)未按批复的作业设计施工的。

(三)造林失败，而重新造林与保存验收检查之间的时间不足两年(含两年)的。

(四)造林不合格，需要进行补植，而补植与保存验收检查之间的时间不足一年(含一年)、补植株树比例高于50%的。

**第二十条** 本办法由国家林业局负责解释。

**第二十一条** 本办法自印发之日起执行。

# 国家林业局办公室关于开展碳汇造林试点工作的通知

办造字〔2010〕98号

各省、自治区、直辖市林业厅(局)，内蒙古、吉林、龙江、大兴安岭森工(林业)集团公司，新疆生产建设兵团林业局，国家林业局各司局、各直属单位：

气候变化严重影响了经济社会的可持续发展，成为国际社会共同关注的重大问题。采取林业措施增加森林碳汇、保护森林减少碳排放，成为国际公认的减缓和适应气候变化的重要途径。开展碳汇造林，发展碳汇林业，是林业应对气候变化工作的重要措施。为此，我局决定进行碳汇造林试点。现将有关事宜通知如下：

**一、开展碳汇造林试点工作的重要意义**

党和国家高度重视林业在应对气候变化中的特殊地位和作用。2009年和2010年中央1号文件均明确提出要"大力增加森林碳汇"。全国人大2009年《关于积极应对气候变化的决议》要求"继续推进植树造林，积极发展碳汇林业，增强森林碳汇功能"。特别是胡锦涛主席在2009年9月联合国气候变化峰会上，向全世界宣布"大力增加森林碳汇，争取到2020年森林面积比2005年增加4000万公顷，森林蓄积量比2005年增加13亿立方米。"(简称林业"双增"目标)，成为中国政府向国际承诺的自主控制温室气体行动的主要内容和措施。开展碳汇造林，是实现林业"双增"目标的重要措施，是发展碳汇林业的重要抓手，是探索林业碳汇计量监测的

有效方式。开展碳汇造林有助于借助市场机制、探索森林生态效益价值的实现途径，进一步完善森林生态效益补偿机制，实现国家生态建设目标与社会各界实践低碳发展诉求的有机结合。通过开展碳汇造林，培养一支熟悉碳汇计量监测技术的专家和管理人员队伍，提升营造林管理与技术水平。各地各单位要充分认识开展碳汇造林工作的重要意义，高度重视，积极行动，切实把这项试点工作抓紧抓好。

**二、碳汇造林概念、目的、申报程序**

碳汇造林是指在确定了基线的土地上，以增加森林碳汇为主要目的，对造林及其林分(木)生长过程实施碳汇计量和监测而开展的有特殊要求的造林活动。相比普通的造林，碳汇造林突出了森林的碳汇功能，增加了碳汇计量监测等内容，强调了森林的多重效益，并提出了相应的技术要求。参照相关国际规则和我国林业实际，碳汇造林在造林地选择、基线调查、碳汇计量与监测、树种配置与模式、检查验收、档案管理等方面都有特殊的要求。碳汇造林在最大限度地获得碳汇的同时，更加注重生态保护特别是生物多样性保护和区域社会经济发展。

碳汇造林试点的主要目的是，探索与国际接轨并具有中国特色的森林碳汇计量监测方法，为测算不同区域、不同模式、不同树种的营造林碳汇提供技术支撑和科学依据，为全国森林碳汇可测量、可报告、可核查(简称“三可”)奠定基础；培养掌握国内外森林碳汇计量监测技术与碳汇管理的专门人才和队伍，通过企业自愿捐资造林增汇，参与应对气候变化行动，体现企业社会责任，并探索社会资金参与公益造林的林业投融资机制改革。

碳汇造林试点阶段采取社会(企业)捐资与林业重点工程国家补助相结合的投入方式。在国家林业重点工程规划区域范围内，按照自愿的原则，地方社会(企业)捐资到位后，由县(市)林业主管部门依据相关规定要求，向省(自治区、直辖市)林业主管部门提出申请；经省(自治区、直辖市)林业主管部门审核配套资金落实，并依据林业重点工程国家造林补助资金安排计划，将确定的试点县(市)报我局；经我局批准后，列为国家碳汇造林试点。

碳汇造林试点项目，须由我局授权的林业碳汇计量监测专门机构实施碳汇计量与监测，费用计入碳汇造林成本。碳汇计量监测结果，按投资比例记入我局为捐资企业设立的专门碳汇账户，并在中国碳汇网上予以公布。

为做好碳汇造林试点的计量与监测工作，承担碳汇计量与监测工作的单位同时也是试点项目的科技支撑单位。

有关碳汇造林的技术规定和检查验收办法详见我局办造字〔2010〕84号文。

**三、碳汇造林试点工作的管理**

开展碳汇造林是落实国家应对气候变化战略部署和《应对气候变化林业行动计划》的具体措施，是林业主管部门的一项全新的工作。各级林业主管部门要高度重视，认真学习林业应对气候变化的相关知识，掌握基本概念，积极准备，统筹安排，保证试点工作顺利开展。

地方各级林业主管部门可利用本地区森林资源清查资料和其他土地资源信息，按照相关规定和要求，筛选适合碳汇造林的土地资源并建立项目储备库，为开展碳汇造林奠定基础。开展碳汇造林，需要一批既熟悉常规营造林技术又了解碳汇造林特定要求以及碳汇计量监测的技术人员。要从应对气候变化和林业发展大局考虑，加强对现有管理和科技人员的林业应对气候变化知识的培训，以适应新形势下林业发展需要。

要加强宣传林业在应对气候变化中的特殊地位和重要作用，宣传碳汇造林的目的意义，引导社会公众关注气候变化问题。积极鼓励企业和公众通过捐资造林增汇、保林固碳，展现企业社会责任，消除碳足迹，实践低碳生产和低碳生活。林业碳汇工作政策性很强，要切实加强对国家应对气候变化政策、林业碳汇知识的宣传，正确引导舆论，谨防不实报道，确保碳汇造林工作健康有序发展。

特此通知。

国家林业局办公室
2010年6月28日

# 国家林业局办公室关于印发《全国森林资源清查涉密数据成果管理办法》的通知

办资字〔2010〕99号

各省、自治区、直辖市林业厅(局)，内蒙古、吉林、龙江、大兴安岭森工(林业)集团公司，新疆生产建设兵团林业局，国家林业局各司局、各直属单位：

为加强和规范全国森林资源清查涉密数据成果管理，根据《中华人民共和国保守国家秘密法》等有关法律法规和国家有关保密规定，我局研究制定了《全国森林资源清查涉密数据成果管理办法》，现印发你们，请遵照执行。

附件：全国森林资源清查涉密数据成果管理办法

国家林业局办公室
2010年6月28日

## 附件　全国森林资源清查涉密数据成果管理办法

**第一条**　为加强全国森林资源清查涉密数据成果管理，切实防范全国森林资源清查涉密数据成果失泄密隐患和风险，促进清查成果合法、有效利用，防止发生失泄密事件，根据《中华人民共和国保守国家秘密法》等有关法律法规和林业工作有关保密管理规定，制定本办法。

**第二条**　根据《林业工作国家秘密范围的规定》，全国及各省、自治区、直辖市的森林资源清查原始数据和公布前的全国及各省、自治区、直辖市的森林资源清查统计成果属国家秘密级保密事项。

**第三条**　全国森林资源清查涉密数据成果的管理，遵循严格管理、严密防范、方便工作、确保安全的原则。

**第四条**　全国森林资源清查涉密数据成果由国家林业局森林资源管理司（以下简称资源司）依照有关保密规定，具体负责成果的印制、登记以及成果使用管理。

**第五条**　森林资源清查涉密原始数据，是指全国森林资源清查固定样地的原始调查数据，不包括临时样地、遥判读样地的原始调查数据。涉密森林资源清查原始数据的保密期限为长期。全国及各省、自治区、直辖市的森林资源清查原始数据应当及时归档建库，储存在符合《国家秘密载体保密管理规定》的专门场所设备中，指定专人管理。

**第六条**　森林资源清查涉密统计成果（《全国森林资源统计》）的印制，应当在本机关、单位内部文印机构或保密行政管理部门审查批准的定点单位进行，并签署安全保密责任书，履行交接、签收手续，落实保密责任。印制过程中不需归档的材料，应当按照程序销毁。

**第七条**　森林资源清查成果的使用要按照《国家森林资源清查数据使用管理规定》执行。

**第八条**　森林资源清查涉密统计成果分发由资源司指定专人负责，并履行清点、编号、登记等手续。领取单位要指定专人负责，履行签收手续，并签署安全保密责任书。

领取单位要按照国家保密法律法规和有关规定进行保密管理，明确涉密全国森林资源清查统计成果管理的部门和责任人，掌握成果的使用对象和使用范围。

**第九条**　森林资源清查涉密统计成果的保密期限，至本轮次全国森林资源清查成果发布之日止。标明保密期限的按标注期限执行，保密期限届满，自行解密。森林资源清查涉密统计成果解密后，按照“内部资料”使用和管理。

**第十条**　对外提供森林资源统计涉密成果，要从国家整体利益和对外合作交流的实际出发，权衡利弊，遵循合理、合法、适度的原则，做到既有利于保障和促进对外交流合作的顺利进行，又维护国家秘密的安全。

对外提供森林资源清查涉密统计成果，要严格按照《对外经济合作提供资料保密暂行规定》（国保38号）执行。经资源司批准，并与对方签订保密协议。同时报国家林业局保密办备案。提供单位应当以一定的形式要求外方承担保密义务。

**第十一条**　泄露全国森林资源清查成果国家秘密的，按照国家有关规定予以追究和处理，并及时将有关情况报国家林业局保密办。

**第十二条**　本办法由资源司负责解释。

**第十三条**　本办法自印发之日起实行。

## 国家林业局办公室关于印发《林业政务信息工作办法》的通知

办发字〔2010〕165号

各省、自治区、直辖市林业厅（局），内蒙古、吉林、龙江、大兴安岭森工（林业）集团公司，新疆生产建设兵团林业局，各计划单列市林业局，国家林业局各司局、各直属单位：

政务信息是党中央、国务院了解林业情况的主要渠道，是我局党组及各级领导及时掌握林业动态、把握趋势、科学决策的重要途径，也是各省区市交流工作经验的重要手段。为进一步加强林业政务信息工作，实现政务信息工作的科学化和规范化，根据新形势新情况，我局组织修订了《林业政务信息工作办法》，现印发你们，请遵照执行。

附件：林业政务信息工作办法

国家林业局办公室

2010年11月10日

## 附件　林业政务信息工作办法

### 第一章　总　则

**第一条**　为了进一步做好林业政务信息工作，实现政务信息工作的科学化和规范化，根据有关规定，制定本办法。

**第二条**　本办法适用于各省、自治区、直辖市林业厅(局)，内蒙古、吉林、龙江、大兴安岭森工(林业)集团公司，新疆生产建设兵团林业局，各计划单列市林业局(以下简称各省厅)和国家林业局各司局、各直属单位(以下简称各司局)政务信息工作。

**第三条** 林业政务信息是中央领导了解林业情况、实现科学决策的重要渠道，是各级林业主管部门领导把握林业动态、部署开展工作的重要途径，也是各省厅、各司局交流经验、反馈工作的重要平台。

**第四条** 国家林业局政务信息工作的指导思想是：以邓小平理论和"三个代表"重要思想为指导，深入贯彻落实科学发展观，紧紧围绕党中央、国务院的战略部署和林业改革发展实际，切实发挥政务信息工作向上汇报情况、提出对策建议，向下沟通交流、指导系统工作的主渠道作用。

**第五条** 国家林业局办公室是林业政务信息工作的组织协调机构，负责林业政务信息工作的综合组织、协调和指导，研究制定林业政务信息工作计划并组织实施。

**第六条** 各省厅、各司局是林业政务信息工作的主体，做好林业政务信息工作是各省厅、各司局的重要职责，各省厅、各司局的工作人员都有做好政务信息工作的义务和责任。

**第七条** 各省厅、各司局应当建立健全林业政务信息工作机制，明确政务信息工作分管领导，确定专人担任信息联络员，制定岗位职责，做到责任明确，机制健全，任务落实。信息分管领导和联络员名单报国家林业局办公室备案，人员遇有变化应当及时报备变更。

## 第二章　政务信息报送内容

**第八条** 林业政务信息主要包括以下内容：

(一)党和国家的重大会议、重大方针、政策和重大工作部署的落实和执行情况。

(二)中央领导同志关于林业工作的重要指示、批示和交办事项的贯彻落实情况。

(三)国家林业局重大决策、重大部署，局领导重要指示、批示和交办事项的贯彻落实情况。

(四)中央领导同志、国家林业局领导关注的重要工作进展情况。

(五)省级党委、政府关于林业工作的重大决定、政策规定、重要部署和领导同志的重要指示、批示及活动情况。

(六)林业经济运行情况、存在问题和建议。

(七)对林业改革发展全局有重要影响的、带有倾向性、苗头性的情况和问题，趋势分析及应对措施。

(八)林区社会治安、森林火灾、自然灾害等紧急突发重大事件情况。

(九)与林业职能相关的社会焦点、热点问题。

(十)有关围绕林业改革发展重大问题的调研报告，专家建议，国外林业发展重要动态。

(十一)各地各单位重点工作安排、进展情况、典型经验和存在问题。

(十二)其他重要信息。

## 第三章　政务信息刊物

**第九条** 国家林业局现有政务信息刊物四种：《林情专报》、《林业要情》、《林业情况通报》、《林情快报》。

**第十条** 《林情专报》是国家林业局向党中央、国务院报送林业重要情况的信息载体。主要反映林业系统贯彻落实党中央、国务院重要会议、重大部署，中央领导重要批示、指示精神等情况；林业重要工作部署、重大事项进展，林业发展难题、相关政策建议；林业经济运行情况；林业改革发展中的新情况、新问题；重大调研报告，专家建言献策；林业应急突发信息；对林业发展起重要作用的其他问题。

**第十一条** 《林业要情》是各省厅、各司局政务信息交流的主要平台。主要反映林业某一领域工作情况、发展经验；重要调研报告；各地各单位的重要工作情况，突出成绩，典型经验；国外林业发展成果及经验等。开设有林业改革发展、省级领导关注林业、地方林业工作动态、各地林业情况交流等重要专题。

**第十二条** 《林业情况通报》是刊登领导讲话的重要载体。主要刊发中央领导同志、国家林业局领导和各省区市领导在林业相关会议上的重要讲话。

**第十三条** 《林情快报》是国家林业局办公室向局领导报送局内及各单位重要工作动态的主要载体。主要刊登一周内中央领导同志关于林业情况的批示、局领导的重要批示，局领导主要活动，各司局活动等信息。

## 第四章　政务信息报送要求

**第十四条** 报送信息应当真实准确。政务信息必须以客观事实为依据，做到反映工作进展和成绩恰如其分，反映困难和问题实事求是。对信息中的事例、人名、地名、数字应予以认真核实，确保真实、准确。

**第十五条** 报送信息应当迅速及时。林业政务信息必须保证时效性。重要信息应在新闻发布前或媒体、网络公布前报至国家林业局办公室。重大突发事件信息，必要时应当连续报送。对约稿信息应当在规定时限内报送。

**第十六条** 报送信息应当客观全面。政务信息要一事一报，应当有情况、有分析、有建议。经济运行情况应当有定性分析和定量分析。分析问题应当客观公正，防止以偏概全。

**第十七条** 加强问题类信息报送工作。信息报送应当有喜报喜，有忧报忧。应当及时报送林业改革发展中出现的突出矛盾和问题类信息；及时报送群众和社会舆论关注的林业热点、难点和焦点问题类信息；及时报送倾向性、苗头性信息。

**第十八条** 各省厅、各司局要在信息内容筛选、主题提炼、编辑加工、送审报签等各个环节严格把关，确保做到观点明确，内容真实，逻辑严密，文法规范，文字简练，确保信息质量。

**第十九条** 政务信息应当通过国家林业局办公网电子公文传输系统"信息"子系统(内网，主送机关选国家林业局)直接报送至国家林业局办公室，但涉密信息必须通过纸质件和光盘报送。

## 第五章　政务信息工作制度

**第二十条** 信息报送制度。各省厅、各司局应当全面、及时、准确地报送林业政务信息。信息联络员负责各自单位的政务信息组织报送工作。

**第二十一条** 信息约稿制度。国家林业局办公室定期发布林业政务信息报送要点，有计划、有针对性地进行信息约稿。各地各单位接到约稿题目后，应当认真组织撰写，确保质量，及时报送。

**第二十二条** 信息审签制度。各省厅、各司局报送的林业政务信息须经本单位负责同志审签。

**第二十三条** 信息联系制度。各省厅、各司局应当通过组织召开不同层次、不同范围的座谈会、研讨会等形式，及时沟通情况，总结交流经验，分析研究问题，提高工作水平。

**第二十四条** 信息调研制度。各省厅、各司局应当围绕林业改革发展中的重大问题，有计划、有重点地组织开展专题信息调研，深入挖掘具有较高参考价值的信息。

**第二十五条** 信息员培训制度。国家林业局办公室定期组织政务信息培训。各省厅、各司局应当制定培训计划，通过举办培训班、以会代训、印发资料等多种有效形式，加强人员培训，增强业务素质，提高工作能力。

**第二十六条** 信息保障制度。各省厅、各司局应当为信息联络员阅读文件、参加会议、参与重大调研和重大活动创造条件，便于其及时了解领导决策意图、工作思路和工作部署。

**第二十七条** 信息通报制度。国家林业局办公室负责督促检查政务信息工作情况，对信息工作成绩突出的单位和个人给予通报表扬；对虚报、假报或者重要信息迟报、漏报、瞒报的给予通报批评；对发生重大责任事故的追究相关单位和人员的责任。

## 第六章 政务信息考核

**第二十八条** 国家林业局办公室对各省厅、各司局报送的政务信息采用评分制进行考核。具体标准如下：

（一）将各省厅、各司局分为两组进行考核评分。

（二）被《林情专报》采用的动态类信息，每条记10分；综合专题信息，每条记30分。信息采用后如有局领导批示的，加30分。被中办、国办信息刊物采用的每条加40分，被中央领导同志批示的加50分。每条信息累计加分。

（三）被《林业要情》采用的动态信息，每条记5分；综合专题信息，每条记15分。信息采用后如有局领导批示的，加30分。被中办、国办信息刊物采用每条加40分，被中央领导同志批示的加50分。被《林情快报》采用的司局动态信息每条记2分。每条信息累计加分。

（四）直接送领导同志和有关部门参阅的动态信息，每条记5分；综合专题信息，每条记15分。

（五）超过政务信息约稿时限两个工作日无任何回复的视为无回复，扣减5分。报送信息失实，数据不准确的每条扣减5分，造成严重后果的扣减20分。有以上情况之一的取消当年优秀政务信息工作单位及个人的评选资格，并根据情况予以通报。

以上同一内容的信息被几个刊物同时采用的，以记分高的刊物为准，不重复记分。

**第二十九条** 依据以上评分办法，累计得分较高，符合以下条件的，可评选为政务信息先进单位。

（一）有专门的政务信息工作机构，领导高度重视信息工作。

（二）信息报送规范无误，信息报送及时、准确，上报信息质量高、采用量大。

（三）信息报送年度总评分排名前10位。

**第三十条** 优秀政务信息工作者条件

（一）政务信息编写意识强，撰写的信息质量高、时效性强，被采用的稿件数量较多。

（二）编写的政务信息内容真实可靠、数据翔实，未出现失误，成绩突出。

**第三十一条** 优秀政务信息联络员条件

（一）积极协助本单位领导组织政务信息，成绩突出。

（二）报送信息及时，信息格式规范，未出现工作失误。

（三）热爱政务信息工作，工作作风严谨务实，在政务信息工作领域有开拓创新精神。

**第三十二条** 国家林业局办公室定期对各单位政务信息采用情况进行统计，并加载国家林业局办公网信息简报栏目，每两个月进行一次通报，每年度对政务信息先进单位、优秀政务信息工作者、优秀政务信息联络员进行通报表扬。

## 第七章 附 则

**第三十三条** 本办法自2011年1月1日起施行，2004年6月23日国家林业局办公室印发的《林业政务信息工作办法》(办发字〔2004〕42号)同时废止。

**第三十四条** 本办法由国家林业局办公室负责解释。

# 国家林业局办公室关于加强林业有害生物疫情信息管理的通知

办造字〔2010〕166号

各省、自治区、直辖市林业厅(局)，内蒙古、吉林、龙江、大兴安岭森工(林业)集团公司，新疆生产建设兵团林业局：

为了及时准确地掌握林业有害生物灾害和重大、应急突发林业有害生物紧急事件情况，确保信息上传下达的时效性和针对性，根据国务院应急办和国家减灾委的有关要求，经研究，我局决定启动林业有害生物应急突发紧急事件周报制(以下简称应急周报)并完善林业有害生物联系报告制度。现将有关事宜通知如下：

**一、启动应急周报**

(一)应急周报应具备如下条件之一：

1. 新发生(发现)的危险性林业有害生物面积50公顷以上。

2. 达到当地启动林业有害生物应急突发紧急事件防治预案二级及以上。

3. 直接危及和影响人身健康的林业有害生物突发紧急事件。

4. 新发生(发现)从国(境)外传入的林业有害生物突发事件。

(二)报告内容、时间和方式。

1. 应急周报内容和范围：应急突发事件发生的基本情况、发生面积、发生程度、扩散的区域和蔓延趋势，包含发生突发事件接壤相邻省(含自治区、直辖市、集团公司、生产建设兵团，下同)、地(市)、县名称和距离及范围等。同时，填写特别重大、重大突发公共事件基本情况表(见附件，略)。

2. 应急周报方式和时间：应急突发事件以省为单位汇总报告我局。报告内容如涉密(按有关规定)，则需按我局机要通道报送；“零”报告及不涉密内容，按本通知指定邮箱报送(国家林业局综合办公系统在各地运行后，通过“应急报告”通道报送)。

应急周报报告时间为每周一上午8：15以前，实行零报告制。

**二、完善月报**

(一)增加月报文字材料报告。

各省每月要向我局报送汇总情况的文字材料。主要内容为：全省当月汇总的主要林业有害生物情况。概述本月发生的种类、面积、危害特点，以及灾害趋势和预测的依据，并提出防治对策和建议。

(二)月报数据传输。

各省林业有害生物月报数据汇总传输方式不变，继续通过全国林业有害生物防治管理信息系统传输到国家监测数据处理系统。

(三)月报方式和时间。

各省月报文字材料如有涉密内容，请按机要通道报送。非涉密内容，可发送到我局指定邮箱(国家林业局综合办公系统在各地运行后，按系统要求方式报送)。报告时间由原来的4～9月份调整为全年，每月为25日前上报，并实行零报告制。

**三、相关要求**

(一)提高认识，加强领导。

林业有害生物信息是各级林业主管部门实施科学防治管理的重要决策依据。抓好信息管理和服务工作，是推进集体林权制度改革和建立社会防治保障体系的重要措施，也是各级林业主管部门的一项重要任务。各地林业主管部门要做到主要负责人亲自过问，分管领导主要负责，以确保林业有害生物灾害和重大、突发林业有害生物信息及时报送和预警发布。

(二)强化职能，创新机制。

各级林业主管部门要在林业发展的新形势下，强化林业有害生物防治管理职能，健全各级森防机构。要积极探索和创新防治管理机制，开展社会防治保障体系建设，逐步推进林业有害生物监测预报进村、入户工程。建立和完善多元化信息服务方式，确保信息传递畅通。

(三)加强管理，突出服务。

各地要加强监测预报规范化管理，把监测预报工作重点和信息服务对象放在基层生产性预报、推广应用监测预报新技术和研究掌握专业预报方法等方面上来。广泛开展监测调查与专项普查、一般监测与系统调查、专业预报与群众举报相结合的监测预报方法。同时积极组织林业专业公司、护林员参与监测调查，鼓励群众自发报告。并与当地气象部门密切合作，健全林业有害生物监测预警信息发布和传输渠道，充分发挥信息传递媒介作用，做好监测预报、警示通报和中、长期趋势发布。

(四)强化监督，奖优惩劣。

要加强信息报送的监督管理，实行奖优惩劣制度。各省要认真执行本通知各项要求，执行情况纳入年度防治管理绩效考核，并与防治经费安排挂钩。对发现疫情信息漏报、瞒报、虚报等造成严重后果的，将追究有关责任人的责任，并进行全国通报。

本通知从2011年1月1日起执行。

附件：特别重大、重大突发公共事件情况表(略)

国家林业局办公室

2010年11月12日

# 国家林业局办公室关于进一步做好雪灾和强降温灾害性天气应对准备工作的通知

## 办发字〔2010〕168号

各省、自治区、直辖市林业厅(局)，内蒙古、吉林、龙江、大兴安岭森工(林业)集团公司，新疆生产建设兵团林业局，国家林业局各司局、各直属单位：

11月11日，国务院应急管理办公室发出了《关于做好雪灾和强降温应对准备工作的通知》(以下简称《通知》，见附件)。《通知》指出，据中国气象局预报，今年冬季我国气温总趋势较常年同期略偏低，冷暖变化幅度较大，气温将呈现前冬暖、后冬冷趋势，有可能出现区域性低温和阶段性强降温过程。新疆北部、西北地区中东部、内蒙古大部、东北大部、西南地区中部、长江下游等地区降水较常年同期偏多；新疆北部、内蒙古中西部、东北地区东部、西北地区中东部的部分地区可能出现雪灾；华北、黄淮、江南大部、华南等地降水较常年同期偏少，黄淮、华南地区可能出现冬旱。为认真贯彻落实《通知》精神，现将有关事项通知如下：

一、密切关注灾害性天气过程。各级林业主管部门要高度重视，加强领导，把保障林区群众生活和林区生产安全放在突出位置，加强监测预报，密切关注天气变化，及时对灾害性天气进行分析。完善各项林业灾害性应急预案，切实增强预案的针对性和可操作性，落实防灾减灾措施，认真做好应对准备工作。南方地区要密切关注可能出现的低温雨雪冰冻天气对林区群众生活和林业生产的影响，提前采取有力措施，切实做好防范应对工作。

二、全面落实灾害防范应对措施。各级林业主管部门要指导林农落实防灾减灾措施，针对天气多变和气温起伏大的特点，及时采取低温保枝措施，确保林木安全过冬。遇有雨雪天气时，要及时清除种苗花卉大棚和种苗培育基地苗木上的积雪，尽可能清理常绿树木、经济林木枝梢上的积雪和冰挂，防止压折树木，造成损失。对压折的枝条，要尽快进行清理。森林旅游部门要加强对旅游景区设施设备的维护管理，确保安全运营，出现恶劣天气，要及时劝阻游客不冒险出游。

三、确保林区群众和林业职工正常生产生活秩序。要加强对供电、供水、供暖、通讯等设施的隐患排查和抢修工作，确保供电、供水、供暖设备正常运转，防止长时间停电、大面积停水。一旦受灾，要及时做好受灾群众安置和救灾物资发放工作，确保灾区社会稳定。

四、积极做好林区道路扫雪除冰工作。林区出现雨雪冰冻灾害后，要及时发布灾害信息，对事故多发地段加强管理，科学运用封路、封山、间断放行及组织车辆分流等方法，严防发生交通事故。

五、加强应急值守工作。各级林业主管部门要进一步加强值班工作，严格落实24小时值班和领导带班制度，确保联络畅通。值班人员要坚守岗位，密切关注天气变化，一旦有灾情发生要立即上报，并按林业灾害应急预案规定处理。

特此通知。

附件：国务院应急管理办公室《关于做好雪灾和强降温应对准备工作的通知》(略)

国家林业局办公室
2010年11月17日

# 国家林业局办公室关于印发《国家湿地公园试点验收办法(试行)》的通知

办湿字〔2010〕191号

各省、自治区、直辖市林业厅(局)，内蒙古、吉林、龙江、大兴安岭森工(林业)集团公司，新疆生产建设兵团林业局：

为规范国家湿地公园试点验收，促进国家湿地公园健康发展，我局研究制定了《国家湿地公园试点验收办法(试行)》，现印发给你们，请遵照执行。执行中有何意见和建议，请及时反馈我局。

附件：国家湿地公园试点验收办法(试行)

国家林业局办公室
2010年12月22日

# 附件　国家湿地公园试点验收办法(试行)

**第一条**　为规范国家湿地公园试点验收，加强国家湿地公园建设管理，保障国家湿地公园健康发展，根据有关规定和标准，制定本办法。

**第二条**　试点国家湿地公园的验收工作适用本办法。

**第三条**　试点国家湿地公园验收期限原则上不得超过自批准试点之日起6年。

试点国家湿地公园验收，由所在地省级林业主管部门依据本办法的要求及标准进行自查后，向国家林业局提出申请。

申请材料符合要求的，国家林业局组织评估验收专家组(以下简称专家组)进行现场评估验收；对验收达标的，由国家林业局授予国家湿地公园称号。

**第四条**　试点国家湿地公园具有下列情形之一的，国家林业局不受理验收，并由省级林业主管部门监督整改：

(一)未经国家林业局批准，擅自调整试点国家湿地公园规划边界、功能分区、公园名称的。

(二)尚未建立国家湿地公园专门管理机构，或者管理机构未能有效履行管理职责的。

(三)新建自然保护区、森林公园、风景名胜区等与试点国家湿地公园规划范围重叠或者交叉的。

(四)试点国家湿地公园存在土地所有权、使用权或者管理权属争议，或者与社区利益相关者存在其他严重利益冲突的。

(五)未经国家林业局批准，试点国家湿地公园内土地被征占用或者擅自改变用途的。

(六)在试点国家湿地公园内从事开(围)垦湿地、开矿、开发房地产、建高尔夫球场或者度假村、非法采石或者挖沙等，以及其他造成生态系统严重破坏的开发建设活动的。

**第五条**　申请试点国家湿地公园验收的，应当提交以下书面材料：

(一)所在地省级林业主管部门的验收申请和自查评估报告。

(二)试点国家湿地公园建设情况报告。

（三）成立试点国家湿地公园专门管理机构的批准文件。

（四）所在地县级以上人民政府出具的与当地社区利益相关者无严重利益冲突的证明文件。

（五）试点国家湿地公园边界、分区、名称作过调整，土地被征占用或者改变用途的，还应提交相关批准文件。

**第六条** 试点国家湿地公园的验收内容主要包括：

（一）湿地生态系统基本状况。

（二）湿地保护与恢复情况。

（三）湿地公园管理基本条件及能力建设情况。

（四）湿地科研监测及科普宣教体系建设情况。

（五）湿地合理利用及与社区关系协调情况。

（六）服务设施及基础设施建设情况。

（七）整体建设水平及示范作用情况。

**第七条** 试点国家湿地公园验收评估，由专家组依据国家林业局制定的《试点国家湿地公园验收评分标准》和现场评估情况进行评分，并向国家林业局提交评估报告。

**第八条** 国家林业局审核评估报告，并开展综合评议。

对专家组验收评估总分大于或者等于80分，且加权计算前子项指标平均评分均不小于60分以及无其他异议的，认定验收达标。

对验收未达标的，由国家林业局提出整改意见，由试点国家湿地公园所在地省级林业主管部门监督整改后重新提出验收申请。

**第九条** 试点国家湿地公园无适当理由逾期不申请验收，或者整改后仍不达标的，由国家林业局取消其国家湿地公园试点资格。

**第十条** 本办法自公布之日起试行。

# 国家林业局公告

## 2010年第1号

根据《中华人民共和国标准化法》、《林业标准化管理办法》有关要求，我局对现有842项林业行业标准进行了复审。现将复审结果公告如下：

一、《便携式割灌机 切割附件 单片金属刀片》等395项标准继续有效（见附件1）。

二、《容器育苗技术》等316项标准需修订，我局将按计划组织修订。在新修订的标准发布之前，原标准继续有效（见附件2）。

三、《森林铁路线路和信号标志》等131项标准自本公告发布之日起废止（见附件3）。

特此公告。

附件：1. 继续有效的林业行业标准目录（略）

2. 需修订的林业行业标准目录（略）

3. 废止的林业行业标准目录（略）

国家林业局

2010年1月14日

# 国家林业局公告

## 2010年第2号

国家林业局批准发布《植物新品种特异性、一致性、稳定性测试指南 蔷薇属》（LY/T1868－2010）等84项林业行业标准，现予以公布，自2010年6月1日起实施。

特此公告。

附件：《植物新品种特异性、一致性、稳定性测试指南 蔷薇属》等84项林业行业标准目录（参见本书林业科学技术中林业标准化内容）

国家林业局

2010年2月9日

# 林业有害生物警示通报

## 2010年第1号

### 警惕本土有害植物——葛藤对林木的危害

葛藤 *Pueraria lobata*（Willd.）Ohwi. 是隶属豆科 Leguminosae 葛属 *Pueraria* DC. 的一种多年生草质落叶藤本植物，俗称“野葛”、“葛根”，是我国的本土物种，由于其具有一定的食用、药用及美化环境的价值，在我国一直以来被作为一种有益植物进行种植和利用。但近年来，一些地方对其疏于管理，导致葛藤逐渐散逸到野外或在原分布地疯狂生长，种群数量急剧增加，危害加大，目前，已在我国的江苏、浙江、辽宁、湖北等多个省份大面积成灾。

该植物生长速度惊人，攀援能力极强，在气候条件好的情况下，一天可生长5厘米，一年就可生长15～30米长。葛藤主要通过缠绕和覆盖林木，绞缢枝干及阻碍阳光，造成树木无法制造和输送养分，严重影响林木的正常生长，甚至导致幼树、大树的死亡。葛藤还通过大面积繁殖生长，与其他植物抢占水分、养分、空间，迅速建立起单优生物群落，造成本地生物多样性丧失，威胁本地的林木资源和生态的安全。其有关形态及危害情况详见附件。

为此，各地林业主管部门务必高度重视，积极采取有效措施加以防治，保护当地的林木资源及生态安全。一要认真做好本地葛藤分布和危害情况调查，全面掌握葛藤的发生危害情况。二要加强对葛藤入侵性较大的宜林地、疏林地、林缘及道路两侧等的监测，一旦发现应立即清除。三要对葛藤已造成危害的地方，结合营造林措施，采取人工、药剂等方式，积极开展防治工作，以减少损失。四要充分利用葛藤具有的食用和药用价值，鼓励开展葛藤的安全利用。

附件：葛藤形态及危害状(略)

国家林业局

2010年9月21日

# 中国林业概述

# 2010年的中国林业

2010年，各级林业部门坚持以邓小平理论和“三个代表”重要思想为指导，深入贯彻落实科学发展观，全面落实中央林业工作会议和胡锦涛总书记、温家宝总理等中央领导重要批示精神，依靠人民群众，依靠科学技术，依靠深化改革，扎实开展植树造林，大力发展林业产业，全面加强生态保护，着力强化森林经营，顺利完成了全年各项工作任务，推动林业工作取得了积极进展。

**生态建设和保护全面加强** 一是森林生态系统建设积极推进。全年完成造林591万公顷，义务植树26.03亿株。全国森林面积达1.95亿公顷，森林覆盖率达20.36%，活立木蓄积达149.13亿立方米。人工林保存面积达0.62亿公顷，稳居世界首位。林木良种使用率达到51%。天然林资源保护工程完成一期建设任务；退耕还林成果得到进一步巩固，重启退耕地造林工作取得重要进展；三北防护林、速生丰产用材林等工程建设成效明显。国务院批准了《全国林地保护利用规划纲要(2010~2020年)》，占用征收林地定额管理制度开始实施，确立了林地使用“总量控制、定额管理、节约用地、合理供地、占补平衡”的新机制。全国193个县林木采伐管理制度改革试点继续推进，全国“十二五”期间年森林采伐限额编制全面完成，突出以森林经营方案确定采伐限额的原则，初步实现限额管理与林业改革相结合。制定《森林经营方案编制及实施规范》《简明森林经营方案编制技术规程》，稳步推进中国特色森林可持续经营管理体系建设。编制了《全国木材检查站建设规划》，启用全国木材运输管理系统和统一式样运输证。二是湿地生态系统保护全面加强。启动第二次全国湿地资源调查。建立长江流域湿地保护网络。湿地自然保护区达550多处，国家湿地公园达145处，国际重要湿地达37处。自然湿地保护率达到50.3%。三是荒漠生态系统明显改善。全面实行省级政府防沙治沙目标责任制。继续推进京津风沙源治理、石漠化治理工程和全国防沙治沙综合示范区建设。第四次全国荒漠化沙化监测结果显示，2005~2009年，全国沙化土地面积年均缩减1717平方千米，比上个监测期年均多缩减434平方千米，沙化土地减少的省份增加到29个。全国土地沙化整体得到初步遏制，沙化土地面积持续减少，局部地区仍有扩展。四是生物多样性保护成效明显。大熊猫等50多个濒危野生动物繁育种群持续扩大，苏铁等千余种野生植物人工种群基本建立，野马等物种回归自然进展顺利。林业系统自然保护区达2035处，总面积达1.24亿公顷，占国土面积的12.9%，90%的陆地生态系统类型、85%的野生动物种群和65%的高等植物群落得到有效保护。森林景观多样化保护持续推进，森林公园总数达到2583处，0.17亿公顷珍贵森林风景资源纳入森林公园保护管理体系。

**集体林权制度改革取得重大成果** 截至2010年年底，已有20个省(区、市)基本完成明晰产权任务，确权到户林地1.62亿公顷，占全国集体林地总面积的88.82%，7260万农户拿到林权证，3亿多农民直接受益。公共财政支持制度、林业金融支撑制度、林权保护和流转制度、林木采伐管理制度和林业社会化服务体系相继建立。林木采伐管理制度改革试点在全国193个县展开。林业合作组织达到9.45万个，其中专业合作社1.78万个，加入合作社的农户为655万户，合作社经营林地面积为486.27万公顷，占已确权林地的3%。集体林权制度改革大幅度增加了农民的家庭财产，极大地激发了农民兴林致富的热情，为破解农民增收难的问题找到了有效途径。林下经济快速发展，拓展了农民不砍树也能致富的新路子。2550个集体林权制度改革县的农民林业收入占人均年收入的比重由2009年的12.96%增加到20%以上，重点林区县超过60%。集体林权制度改革还推动了基层民主政治建设和党风廉政建设，密切了党群干群关系，促进了农村和谐稳定。同时，国有林场改革稳步推进，重点国有林区改革试点顺利推进。

**林业产业发展继续保持强劲势头** 2010年，全国林业产值突破两万亿元，林产品进出口贸易额增加到938亿美元。松香、人造板、木竹藤家具、木地板产量跃居世界第一，干鲜果品和花卉产量名列世界前茅，成为世界林产品生产和贸易大国。林业一二三产业的比例调整为目前的39:52:9，林业工业化进程明显加快，第三产业比重逐步加大。经济林产品产量突破1.26亿吨。油茶、核桃等木本油料产业快速发展。特色产业集群初步形成，龙头企业逐步壮大，林产品质量继续提高，产业化经营势头良好，工农合作更加紧密，产业带动能力持续增强。

**生态文化体系建设全面推进** 全社会生态文明观念明显增强。建设生态文明成为各级党委政府和全社会的共同行动，“生态立省”、“生态立市”、“生态立县”，“既要金山银山，更要绿水青山”成为地方各级党政领导的执政理念，加强生态建设、加快林业发展成为各地规划的重要内容。深入开展生态价值观、生态道德观、生态发展观、生态消费观、生态政绩观等问题研究，取得一批重要理论成果。创作一批反映林业生态建设的生态文学、影视和艺术作品。整理出版《中华大典·林业典》。林业宣传影响广泛。围绕林业改革发展的中心工作，开展丰富多彩的林业宣传活动，林业政策深入人心，林业行业精神得到弘扬，生态文化知识广泛普及。生态文明教育活动扎实开展。与教育部、共青团中央共同建设国家生态文明教育基地，成功举办中国城市森林论坛、生态文化论坛、生态文明高层论坛、绿博会等生态文化宣传教育活动。

**林业防灾减灾能力显著增强** 森林防火取得显著成效。加强了火灾防控能力建设和责任、措施的落实。成功扑灭呼中等地发生的重大森林火灾，维护了森林资源和林区群众生命财产安全。林业有害生物防控全面加强。落实地方政府及林业主管部门防控责任，形成联防联控有效机制，推进有害生物测报站点建设，测报准确率达到85%，成灾率降至5‰以下。野生动物疫源疫病监测防控不断强化。设立350处国家级、768处省级和一批市县级监测站，成功控制多起突发疫情，维护了公共卫生安全和人民群众利益。沙尘暴应急体系逐步健全。完善了部门应急预案和重点省区应急预案及沙尘暴趋势会商制度。推进沙尘暴地面监测站建设，开展重点地区监测工作。加强重大沙尘暴灾害应急处置工作和现场救灾指导，减轻了沙尘暴危害。林区治安状况继续改善。进一步推进森林公安"五化"建设，严密组织专项打击违法犯罪行动，重点加强林区治安源头管理、重点地区综合治理、突发事件应对和林区禁毒工作，妥善处理一批涉林非法集资案件，维护了林区社会和谐稳定。

**林业对外开放水平不断提高** 以应对气候变化为重点，积极推进林业国际合作，全力服务国家发展和外交大局，林业的国际地位和影响力显著提升。认真落实胡锦涛主席在亚太经合组织领导人非正式会议和联合国气候变化峰会上的庄严承诺，实施《应对气候变化林业行动计划》，提前兑现了2010年森林覆盖率达到20%的承诺，确立了林业在应对气候变化中的特殊地位。积极实施"引进来"和"走出去"战略。2010年启动实施世行贷款1亿美元造林项目、欧投行贷款2500万欧元内蒙古碳汇造林示范项目，争取到多双边无偿援助项目110个，金额2055万美元。争取到科技部和商务部对外援助培训项目6个，中美能源环境十年合作研究项目1个，项目总金额约725万元人民币。援助欠发达国家生态建设起步良好，林业"走出去"步伐加快，利用两种资源、服务两个市场的能力明显增强。深入开展各领域的国际合作。积极配合国家重大外交行动，开展大熊猫等外交工作，成功参与"老虎峰会"，妥善处理老虎保护、森林非法采伐等敏感问题。

**强林惠林政策体系初步形成** 林业投资创历史新高。2010年，林业基本建设投入164亿元，财政资金606亿元。林业贴息贷款和基本建设贴息贷款分别达到162亿元和19亿元。林业公共财政支持制度初步建立。属集体的国家级公益林，中央财政补偿标准由每亩每年5元提高到10元。造林、林木良种和森林抚育补贴和湿地保护补助等试点相继启动，32种林业机具纳入农机购置补贴范围。林业金融扶持政策取得重大突破。中央财政森林保险保费补贴试点稳步推进，公益林保费补贴比例提高到50%，与中国人保财险公司签订了《共同推进森林保险框架协议》。林权抵押贷款规模不断扩大，全年涉林贷款规模预计达1200亿元。林业税费政策更加优惠。以林区"三剩物"和次小薪材为原料生产加工的综合利用产品增值税即征即退政策继续执行。育林基金征收标准从20%降至10%以下，农民涉林负担进一步减轻。林业部门行政事业经费纳入同级财政预算，改变了靠收费养人的状况。林区民生工程和基础设施建设扎实推进。国有林区棚户区改造和国有林场危旧房改造安排中央投资70.5亿元，安排改造任务52.43万户，林区134万户列入全国保障性住房建设规划，林区安全饮水纳入全国农村饮水安全工程规划。

**林业基础工作取得实质性进展** 一是科技兴林全面加强。科技研究取得一批新成果。科技成果转化应用率首次超过50%，林业科技进步贡献率由39.1%提高到43%。生态定位站、基层推广站和林业质检机构等科技能力建设明显加强。森林认证和林业知识产权保护工作有序推进。二是人才强林取得实效。林业干部培训实现规范化、信息化，人才总量进一步增长，素质进一步提高。一大批基层实用人才脱颖而出，在带动农民增收致富中发挥了重要作用。三是依法治林成效明显。《森林法》、《种子法》修改和《湿地保护条例》制定工作全面展开，行政许可工作进一步规范，林业综合行政执法工作稳步推进，多起行政复议案件得到妥善处理。林业执法力度不断加大。全国共发生林业行政案件30.45万起，查处29.95万起，挽回经济损失32.55亿元。四是林业信息化建设实现重大突破。建成高标准的内网、外网、专网，形成全国林业信息高速公路。林业综合办公系统和移动办公系统正式上线运行，全国林业系统进入无纸化办公时代。整合改造各司局各单位网站，形成"中国林业网"统一门户网站。强化数据库和应用系统建设整合。开展了"金林工程"立项、示范期工程和示范省建设。编制《全国林业信息化发展"十二五"规划》，开展首次中国林业信息化发展战略研究，发布首部《中国林业信息化发展报告》。建立林业信息化标准规范和制度体系。五是机构队伍建设全面推进。森林防火、林业改革、种苗执法、信息化管理、森林认证、碳汇造林等林业机构得到强化。增加武警森林部队编制，新建福建、甘肃总队和机动、直升机支队。南京森林公安专科学校升格为森林警察学院。局派驻地方森林资源监督机构和濒危物种进出口管理机构实现合署办公。全国省地县三级林业站管理机构3013个，乡镇林业站29 528个，职工134 573人。六是机关建设和党建工作常抓不懈。深入开展学习实践科学发展观、"讲党性、重品行、作表率"、"创四型机关、做五个模范"、"强党性、促政风、带行风"廉洁从政警示教育和"创先争优"活动，惩治和预防腐败体系进一步健全，林业行风政风继续改善，林业行政效能全面提高。 （郝育军）

# 中国林业基本情况

**【森林和野生动植物资源】**

*森林资源* 1949年新中国成立以来，我国先后共开展7次全国森林资源清查。第七次全国森林资源清查（2004～2008年）结果显示，全国森林面积19 545.22万公顷，活立木总蓄积149.13亿立方米，森林蓄积137.21亿立方米，森林覆盖率20.36%，比1949年的

8.6%净增11.76个百分点。中国森林面积居俄罗斯、巴西、加拿大、美国之后，列世界第五位；森林蓄积量居巴西、俄罗斯、美国、加拿大、刚果民主共和国之后，列世界第六位。中国人工林保存面积6168.84万公顷，蓄积19.61亿立方米，人工林面积列世界第一位。

除香港、澳门和台湾地区外，全国有林地面积18 138.09万公顷。按林种划分，公益林、商品林面积分别占52.41%和47.59%，其中公益林面积中防护林8308.38万公顷、特种用途林1197.82万公顷；商品林面积中用材林6416.16万公顷、薪炭林174.73万公顷、经济林2041万公顷(其中油茶林320万公顷)。按土地权属划分，国有林7246.77万公顷，集体林10 891.32万公顷，分别占39.95%和60.05%。按林木权属划分，国有的7143.58万公顷，集体经营的5176.99万公顷，个体经营的5817.52万公顷，分别占39.38%、28.54%和32.08%。全国现有天然林面积11 969.25万公顷，占有林地面积的65.99%；蓄积114.02亿立方米，占全国森林蓄积的85.33%。全国现有人工林面积6168.84万公顷，占有林地面积的34.01%；蓄积19.61亿立方米，占全国森林蓄积的14.67%。

总体上看，中国森林资源仍存在总量不足、质量不高、分布不均衡的问题。中国的森林覆盖率只有世界平均水平30.3%的2/3，人均占有森林面积不到世界人均占有量0.62公顷的1/4，人均占有森林蓄积量仅相当于世界人均占有蓄积量68.54立方米的1/7强。造林良种使用率仅为51%，与林业发达国家的80%相比，还有很大差距。除香港、澳门和台湾地区外，在全国现有森林中，中、幼龄林比重较大，面积占乔木林面积的67.25%，蓄积量占森林蓄积量的40.03%。从地域分布上看，中国东北的大、小兴安岭和长白山，西南的川西川南、云南大部、藏东南，东南、华南低山丘陵区以及西北的秦岭、天山、阿尔泰山、祁连山、青海东南部等区域，森林资源分布相对集中；而地域辽阔的西北地区、内蒙古中西部、西藏大部以及人口稠密、经济发达的华北、中原及长江、黄河中下游地区，森林资源分布较少。

*野生动植物资源*　中国野生动植物资源十分丰富。全国有脊椎动物6482种，约占世界脊椎动物种类的10%，其中兽类581种，鸟类1332种，爬行类412种，两栖类295种，鱼类3862种。全国有许多特有的野生动物，其中特有的兽类86种，鸟类80种，两栖类163种，爬行类126种。全国约有高等植物3万多种，居世界前三位，其中特有植物种类约1.7万余种，如银杉、珙桐、银杏、百山祖冷杉、香果树等，均为中国特有的珍稀濒危野生植物种类。为保护这些珍稀濒危野生动植物，中国先后颁布国家重点保护野生动物名录和国家重点保护野生植物名录，将341种陆生野生动物、246种野生植物，确定为国家一级或二级保护对象，予以重点保护。我国现有古树名木323.2万株，其中国家一级古树14.43万株(树龄500年以上)、国家二级古树107.27万株(树龄300~499年)、国家三级古树199.6万株(树龄100~299年)，国家级名木1.89万株。林木良种资源收集保存库面积1000万余公顷，收集保存林木种质资源约5万份。

*林业自然保护区*　全国林业系统共建立各类自然保护区2012处，总面积1.237亿公顷，约占国土陆地面积的12.88%，其中国家级自然保护区247处，面积7597.42万公顷。林业系统建立的自然保护区中，森林生态系统类型自然保护区1254处，面积3086.26万公顷；湿地生态系统类型自然保护区356处，面积3178.55万公顷；荒漠生态系统类型自然保护区30处，面积3709.35万公顷；野生植物类型自然保护区107处，面积168.32万公顷；野生动物类型自然保护区284处，面积2227.57万公顷。此外，我国还建立了近5万个自然保护小区，100处国家湿地公园。这些自然保护区，有效地保护了全国90%的陆地生态系统、85%的野生动物种群和65%的高等植物群落以及20%面积的天然林群落。调查结果显示，全国50.3%的自然湿地，85%以上的珍稀野生动植物物种，特别是大熊猫、朱鹮等物种的野外种群，都依靠自然保护区得到了有效保护。全国共有28处自然保护区加入联合国教科文组织“人与生物圈”保护区网络，37处被列入国际重要湿地名录，18处被列为世界自然遗产名录，相当一部分自然保护区是全球生物多样性保护的重点地区。

*国有林场*　中国共有国有林场4507个，职工总数66万人，其中在职职工43.5万人、离退休职工22.5万人。全国国有林场总经营面积6200万公顷，其中林业用地面积5500万公顷，森林面积4500万公顷，森林蓄积量23.4亿立方米，分别约占全国林业用地面积、森林面积和森林蓄积量的18%、23%和17%。在5500万公顷林业用地面积中，商品林面积1000万公顷，公益林面积4300万公顷，其中重点公益林面积2700万公顷。国有林场有林地总面积3000万公顷，疏林地面积200万公顷，灌木林地面积900万公顷，宜林荒山荒地面积800万公顷。

*森林风景资源*　中国森林风景资源十分丰富，是自然文化遗产的重要组成部分。为有效保护和合理开发利用这些珍贵的森林风景资源，1982年开始建立第一个森林公园——湖南张家界国家森林公园。目前，全国共建立各类森林公园2583处，保护森林风景资源1677万公顷，其中国家级森林公园740处、国家级森林旅游区1处，保护森林风景资源1152万公顷，基本形成了以国家级森林公园为骨干，国家级、省级和县级森林公园协同发展的森林风景资源保护管理体系。中国世界自然和文化遗产名录中有15处涵盖森林公园的景观资源，中国世界地质公园名录中有15处是森林公园，森林风景资源保护在自然文化遗产保护中发挥着重要作用。

**【湿地资源保护】**

*湿地资源状况*　据首次全国湿地资源调查(1996~2003年)结果显示，全国单块面积大于100公顷的湿地总面积3848.55万公顷(人工湿地只包括库塘)，居亚洲第一位、世界第四位，其中自然湿地3620.05万公顷，占94.06%；库塘湿地228.50万公顷，占5.94%。在自然湿地中，沼泽湿地1370.03万公顷，近海与海岸湿地594.17万公顷，河流湿地820.70万公顷，湖泊湿地835.16万公顷。湿地内分布有高等植物2276种，野生动物724种，其中水禽类271种、两栖类300种、爬行

类122种、兽类31种。

全国湿地主要有以下特点：一是类型多，《湿地公约》定义的各类湿地在我国均有分布，是全球湿地类型最丰富的国家；二是分布广，从寒温带到热带，从沿海到内陆，从平原到高原都有分布；三是区域差异显著，东部地区河流湿地多，东北部地区沼泽湿地多，长江中下游和青藏高原湖泊湿地多；四是生物多样性丰富，湿地生境类型众多，不仅物种数量多，且许多为中国特有。总体来看，全国自然湿地仅占国土面积的3.77%，远远低于6%的世界平均水平，人均自然湿地面积0.028公顷，仅相当于世界人均湿地面积的13.15%。

湿地保护管理　中国是《湿地公约》缔约国。加入《湿地公约》以来，中国政府采取了一系列措施保护和恢复湿地。2000年，国务院17个部门联合颁布《中国湿地保护行动计划》。2003年，国务院批准《全国湿地保护工程规划(2002～2030年)》。2004年，国务院办公厅发出《关于加强湿地保护管理的通知》。2005年，国务院批准了《全国湿地保护工程实施规划(2005～2010年)》，提出以工程措施对重要退化湿地实施抢救性保护。全国已建立湿地类型自然保护区553处，国家湿地公园145处，以湿地自然保护区、湿地公园为主的湿地保护网络体系初步形成，湿地保护面积达到1820万公顷，占全国自然湿地总面积的50.3%。通过积极有效的政策和行动，中国的湿地保护得到了国际社会的肯定。2002年，世界自然基金会将"献给地球的礼物"荣誉奖颁发给了中国国家林业局；2004年湿地国际将"全球湿地保护与合理利用杰出成就奖"授予中国，我国科学家蔡述明教授获得了"湿地科学奖"。

**【荒漠化和沙化状况】**

荒漠化和沙化状况　中国是世界上荒漠化和沙化面积大、分布广、危害重的国家之一，严重的土地荒漠化、沙化，威胁着我国生态安全和经济社会可持续发展。全国第四次荒漠化和沙化监测(2005～2009年)结果显示，全国荒漠化土地面积为262.37万平方千米，沙化土地面积为173.11万平方千米，分别占国土总面积的27.33%和18.03%。与全国第三次荒漠化和沙化监测(2000～2004年)比较，五年间全国荒漠化土地面积年均减少2491平方千米，沙化土地面积年均减少1717平方千米。监测表明，全国土地荒漠化和沙化整体得到初步遏制，荒漠化、沙化土地持续净减少，局部地区仍有扩展。

第四次全国荒漠化和沙化监测与第三次监测间隔五年内，全国防沙治沙呈现四个重要变化。一是荒漠化和沙化土地面积持续净减少。五年间全国荒漠化土地减少1.25万平方千米，沙化土地减少8587平方千米，分别比第二、第三次监测时减少0.47%和0.49%。全国有荒漠化土地分布的18个省(区、市)，荒漠化土地均有所减少；有沙化土地分布的30个省(区、市)，绝大部分省(区、市)沙化土地有所减少。二是荒漠化和沙化程度持续减轻。五年间，中度、重度、极重度三种类型的荒漠化土地分别减少1.69万平方千米、6800平方千米和2.34万平方千米；中度、重度、极重度三种类型的沙化土地分别减少9906平方千米、1.04万平方千米和1.56万平方千米；流动沙地、半固定沙地减少7084平方千米。三是沙区植被状况进一步改善。5年间，沙化土地植被平均盖度由17.03%提高到17.63%，植被盖度50%以上的沙化土地面积增加1.03万平方千米，盖度小于10%的沙化土地面积减少1.36万平方千米。荒漠化和沙化重点保护治理区植物种类明显增加，植被群落稳定性增强。四是重点治理区生态环境明显改善。重点治理的科尔沁沙地、毛乌素沙地、浑善达克沙地、呼伦贝尔沙地、京津风沙源治理工程区等区域生态明显改善。

困难与挑战　中国防沙治沙虽然取得巨大成绩，但也存在一些需要解决的问题和困难。总体上说，防沙治沙是成绩与困难同在、机遇与挑战并存。全国现有沙化土地173万平方千米，占国土总面积的近1/5，其中可治理面积53万平方千米，按照每年缩减1717平方千米的速度计算，完成全部治理任务大概需要300年时间。同时，人口、经济发展的压力与生态承载能力的矛盾突出。全国生态承载能力只及世界平均水平的1/3，现在人口、牲口、灶口这"三口"问题比较突出，一些地区滥樵采、滥开垦、滥放牧、不合理利用水资源等行为在沙区较为严重。另外，防沙治沙投入严重不足，相关优惠政策亟待完善，机制需要活化，防沙治沙的科技含量较低，科技支撑不够等，也是我国防沙治沙工作亟待解决的问题。

**【林业法律法规和规章】**　1949年新中国成立以来，全国基本形成了以《森林法》为主体，其他相关林业法律、法规、规章相辅相成的林业法律体系。各项林业工作基本做到有法可依、有章可循，为推动现代林业建设、促进林业部门依法行政发挥了重要作用。

林业法律　颁布的林业法律有10部，分别是：《森林法》、《野生动物保护法》、《种子法》、《防沙治沙法》、《农业法》、《农业技术推广法》、《农村土地承包法》、《农民专业合作社法》、《农村土地承包经营纠纷调解仲裁法》和《第五届全国人民代表大会第四次会议关于开展全民义务植树运动的决议》。

林业行政法规　林业行政法规有17件，分别是《森林法实施条例》、《陆生野生动物保护实施条例》、《野生植物保护条例》、《自然保护区条例》、《植物新品种保护条例》、《森林防火条例》、《植物检疫条例》、《森林病虫害防治条例》、《森林采伐更新管理办法》、《国务院关于开展全民义务植树运动的实施办法》、《森林和野生动物类型自然保护区管理办法》、《退耕还林条例》、《濒危野生动植物进出口管理条例》、《城市绿化条例》、《风景名胜区条例》、《血吸虫病防治条例》、《重大动物疫情应急条例》。

林业部门规章　林业部门规章共42件，主要有《林木和林地权属登记管理办法》、《占用征用林地审核审批管理办法》、《林业行政处罚程序规定》、《林业标准化管理办法》、《植物新品种保护名录(林业部分)》、《引进陆生野生动物外来物种种类及数量审批管理办法》、《林木种子生产、经营许可证管理办法》、《国家级森林公园设立、撤销、合并、改变经营范围或者变更隶属关系审批管理办法》、《林木种子质量管理办法》、

《主要林木品种审定办法》、《林木种质资源管理办法》、《开展林木转基因工程活动审批管理办法》、《森林资源监督工作管理办法》、《国家林业局产品质量检验检测机构管理办法》、《营利性治沙管理办法》、《突发林业有害生物事件处置办法》等。

此外，还有地方人大、政府制定的地方性林业法规和地方政府林业规章400多件。

**【林业科技、教育与信息化】**

林业科技　1949年新中国成立以来，特别是改革开放以来，全国林业科技工作取得显著成绩，共取得科技成果2.4万多项，其中获国家级奖励290多项，省部级科技进步奖近2000项，林业科技贡献率达到39.1%。全国审(认)定林木良种3383个，颁布实施林业国家标准334项，行业标准778项，在基础研究、应用研究、高新技术研究、软科学研究以及科技成果转化推广、高新技术产业化等领域全面参与国家各类重大科技计划，并初步形成了包括林业科学研究与技术开发、科技推广与技术服务、技术标准与质量监督、林业科技管理等在内的比较完整的林业科技创新体系。全国共有地(市)级以上林业科研机构232个，研究开发人员1.4万人。现有局级重点实验室34个，国家级和局级陆地(森林、湿地、荒漠)生态系统定位观测研究台站79个，国家级林木种质资源保存库13个，国家级林木良种基地131处，科学数据中心1个，国家级和局级工程技术(研究)中心11个，林业科技示范园6个、林业科技示范县70个，标准化示范区238个，林业专业标准化技术委员会23个，国家级和局级林业质量检验检测机构28个，省级林木种苗质量检验机构29个，地(市)、县级林木种苗质量检验机构666个，省、地(市)、县三级林业科技推广机构2638个，林业科学技术普及基地45个。已建立植物新品种测试中心1个、测试分中心5个，分子测定实验室两个，专业测试站5个。

林业教育　林业教育体系健全，形成了普通高等林业教育与高、中等林业职业技术教育、林业培训协调发展的林业教育培训体系。目前，涉林一级学科有生物学、林业工程、林学、建筑学、农业资源与环境、农林经济管理6个，授予专业学位的种类有风景园林、林业、工程3种。全国独立设置的普通高等林业本科院校7所，独立设置的林业(生态)职业技术学院12所、中等林业(园林)职业学校31所，另有346所其他普通高等院校和高等职业院校、587所中等职业学校招收了林科专业学生。以国家林业局管理干部学院为骨干的培训机构负责林业干部培训工作，设有国家林业局教育培训信息中心、成人教育研究中心、职业教育研究中心、自学考试管理中心。全国共有林业行业关键岗位培训单位57个，林业职业技能鉴定站61个。全国林科类专业在校研究生1.9万人，本科生和高职、高专生21.2万人，中专生28.2万人，全行业年培训林业从业人员300多万人次，3.8万人次通过林业行业职业技能鉴定考核获得国家职业资格证书。

林业信息化　林业信息化全面快速推进。建成高标准的内网、外网、专网，形成全国林业信息高速公路。林业综合办公系统建成运行，实现公文办理、会议办理、事务办理等政府机关主要工作的在线办理，全国林业系统进入无纸化办公时代。启动实施移动办公系统，彻底打破传统办公方式的时空局限，实现随时随地办公的模式。整合改造机关内部网站，建成“中国林业网”统一门户网站，形成国家林业信息发布、在线办事和互动交流的统一平台。整合林业数据库和应用系统建设，初步实现副省级以上决策层面的专业数据集中管理和统一基础平台上的跨部门数据共享。启动了林业信息化示范工程和示范省建设。《全国林业信息化发展“十二五”规划》印发实施。信息化标准规范建设步伐加快。开展中国林业信息化发展战略研究，公布了首部《中国林业信息化发展报告》。信息化制度建设得到加强，印发了《全国林业信息化工作管理办法》等15个管理办法，林业信息化走上规范化管理轨道。信息化机构队伍建设加强，经中央编办批复，成立了国家林业局信息中心，对全国林业信息化工作履行行业管理等职能。

**【林业机构与队伍】**

林业机构　国家林业局内设办公室、政策法规司、造林绿化管理司(全国绿化委员会办公室)、森林资源管理司、野生动植物保护与自然保护区管理司、农村林业改革发展司、森林公安局(国家森林防火指挥部办公室)、发展规划与资金管理司、科学技术司、国际合作司(港澳台办公室)、人事司11个职能司局和机关党委、离退休干部局，机关行政编制311名。另有国家林业局国有林场和林木种苗工作总站、林业工作站管理总站、濒危物种进出口管理中心、天然林资源保护工程管理中心、退耕还林(草)工程管理中心、防治荒漠化管理中心、森林资源监督管理办公室、湿地保护管理中心、中国林业科学研究院、调查规划设计院等52个直属事业单位，其中国有林场和林木种苗工作总站、林业工作站管理总站、濒危物种进出口管理中心、防治荒漠化管理中心、森林资源监督管理办公室、湿地保护管理中心等24个直属事业单位列入参照公务员法管理事业单位。此外，还有主管或挂靠的中国林业产业协会、中国花卉协会、中国竹产业联合会、中国林场协会、中国经济林协会、中国林业机械协会、中国治沙暨沙业学会、中国林业经济学会、中国林业职工思想政治工作研究会等28个全国性社会团体。

林业队伍　全国林业自上而下拥有一套完整的行政管理体系，每个省(区、市)都设有林业厅(局)，绝大多数地市县设有单独的林业行政机构，大部分乡镇设有林业工作站。同时，拥有健全的林业执法机构和执法队伍。全国共有近7000个森林公安工作机构、1.7万个防火检查站、4236个木材检查站、28 112个乡镇林业工作站、3081个森林病虫害防治检疫局(站)、1372多个林木种苗管理站、7083个野生动植物管理站和350个国家级、768个省级、2000余个市县级陆生野生动物疫源疫病监测站，共有执法人员约32万人，其中森林公安民警6万人。全国共有3595个县级以上森林防火指挥部办事机构，人员2.1万人；专业、半专业森林消防队近两万支，人员61万人。全国共有851个林权管理服务机构。全国共有林业有害生物防治检疫工作人员两万余人，野生动物疫源疫病专兼职监测人员1万余人，林木种苗质量检验人员10 376人，从事森林公园管理和服务人员14.3万人，另有乡村护林员70.4万人。全国共有2000多个林业调查规划设计单位，各类专业技术人员5万人。全国共有国有重点森工企业135个，重点营林局20个，国有林场4507个，乡村林场8.8万个，国有苗圃8738个，林木良种基地876个。全国林业系统职工总人数169万人。

**【林业国际合作】**

国际交流与援助　中国已与德国、美国、加拿大、日本、澳大利亚、俄罗斯等40多个国家和联合国粮农组织、联合国开发计划署、全球环境基金、国际热带木材组织、世界银行、亚洲开发银行、世界自然基金会、大自然保护协会、湿地国际等20多个国际组织建立了林业交流与合作渠道，在湿地保护、自然保护区建设、人员培训等领域开展了一系列的项目合作，引进了技术和资金，改善了项目区的生态环境。全国林业共争取无偿援助项目760个，无偿援助金额8.5亿美元；争取世界银行林业贷款项目6个，引进世界银行贷款9亿多美元；承担着并与世界自然基金、保护国际等19个非政府国际组织在华代表处的业务主管单位建立紧密联系，有效推动了多边国际合作。中日民间绿化合作（"小渊基金"）共争取日方援助资金达50亿日元，实施项目163个，项目造林4.17万公顷，促进了两国的交流与合作。

执行国际公约　中国由林业部门牵头执行的国际公约有4项，分别是：《联合国防治荒漠化公约》、《濒危野生动植物种国际贸易公约》、《关于特别是作为水禽栖息地的国际重要湿地公约》和《国际森林文书》。同时，林业部门还参与执行了《联合国生物多样性公约》、《国际植物新品种保护公约》、《联合国气候变化框架公约》（京都议定书）、《国际热带木材协定》等国际公约协定和牵头负责联合国森林论坛各项谈判工作。

政府间合作　由林业部门负责执行的政府间双边协定有12项，分别是：《中日候鸟保护协定》、《中国澳大利亚候鸟保护协定》、《中印老虎保护协定》、《中俄森林防火联防协定》、《中俄兴凯湖保护区协定》、《中俄老虎保护协定》、《中蒙森林草原防火联防协定》、《中印尼联合打击非法林产品贸易谅解备忘录》、《中南非林业合作谅解备忘录》、《中韩候鸟保护协定》、《中美打击木材非法采伐谅解备忘录》、《中国澳大利亚打击木材非法采伐谅解备忘录》。

中国与芬兰、加拿大、新西兰、墨西哥、澳大利亚、俄罗斯、印度尼西亚、泰国、美国、越南、奥地利、苏里南、圭亚那、韩国、德国、智利、伊朗、土耳其、缅甸、西班牙、法国、斯洛伐克、斐济、希腊、英国、埃及、日本、莱索托、瑞典、阿曼、意大利、巴西、捷克、印度、科特迪瓦、蒙古、朝鲜、阿根廷、伊拉克、刚果共和国、尼泊尔、奥地利、阿联酋、马来西亚等44个国家，先后签署了56个林业部门间合作协议（备忘录）。　（中国林业基本情况由局办公室供稿）

# 林业重点工程

04

# 天然林资源保护工程

【综　述】 2010年是天保工程一期最后一年。在各级政府、全体林业职工、林农的共同努力下，较好地完成了工程建设各项任务。全年资金到位合计82.28亿元，其中基本建设资金12.96亿元，财政专项资金69.32亿元。资金完成合计81.78亿元，其中基本建设资金12.25亿元，财政专项资金69.54亿元。

一是通过强化营造林及管护措施，不断增加森林资源。全年公益林建设完成95.5万公顷，其中人工造林面积16.35万公顷，飞播造林面积6.49万公顷，封山育林面积72.66万公顷。管护森林面积达到1.08亿公顷，建立了县、场、站三级森林管护网络体系，层层落实管护责任制，各类管护站(点、所)达4万多个。二是通过妥善分流富余职工，林区社会稳定不断加强。对国有林业职工实行转岗就业，通过森林管护和公益林建设已累计有20多万砍树人变成护林人和种树人。不少地方解决了多年职工工资历史欠账、抚恤补助、退休职工医疗费等老大难问题。并切实加强培训指导，实现下岗职工再就业。林区社会保障体系建设不断加强，工程区职工养老、医疗、工伤、失业、生育等五项保险参保率分别达到98%、89%、84%、93%和84%。三是通过积极引导林区改革，激发企业发展活力。不少地方，对全面禁伐的企业，改制为国有林管理局，将一批公益性的国有林场改制为事业单位；对仍有木材生产任务的企业，实行政企分开、事企分开改革，将林业公检法经费全部纳入地方财政预算，将企业承担的教育、卫生等社会职能全部移交地方政府管理。积极调整产业结构，大力发展森林旅游、林下经济、非林非木经济等多种经济，促进了林区经济发展和职工、林农增收。国有林业职工年平均工资由2000年的5178元提高到2010年的17 000多元。四是切实加强工程管理，确保工程建设质量。继续强化了国家、省、县三级核查工作，对发现的问题进行及时整改，实行“四到省”(即目标、任务、资金、责任到省)考核。强化资金管理，各工程建设单位都对工程资金实行了单独设账、单独核算、专款专用，并加大稽查力度，对资金的使用形成制约、检查和监督机制，确保工程资金安全有效运行。

党中央、国务院十分重视天保工程，党的十七届三中全会作出了“延长天然林资源保护工程实施期限”的决定，2009年中央1号文件提出了“增加天然林资源保护投资，抓紧研究延长天然林资源保护工程实施期限有关政策”的要求，2010年中央1号文件又明确要求“延长天然林资源保护工程实施期限，抓紧制订实施办法”。为维护国家生态安全，有效应对全球气候变化，促进林区经济社会可持续发展，2010年12月29日，国务院总理温家宝主持召开国务院常务会议，决定2011～2020年，实施天然林资源保护二期工程，实施范围在原有基础上增加丹江口库区的11个县(市、区)。力争经过10年努力，新增森林面积520万公顷，森林蓄积净增加11亿立方米，森林碳汇增加4.16亿吨，生态状况与林区民生进一步改善。 (局天保办)

# 退耕还林工程

【综　述】 2010年党中央、国务院对退耕还林工作高度重视，提出新要求。《中共中央 国务院关于加大统筹城乡发展力度进一步夯实农业农村发展基础的若干意见》(中发〔2010〕1号)和《中共中央国务院关于深入实施西部大开发战略的若干意见》(中发〔2010〕11号)明确要求，巩固和发展退耕还林成果，在重点生态脆弱区和重要生态区位，结合扶贫开发和库区移民，适当增加退耕还林任务。《国务院关于切实加强中小河流治理和山洪地质灾害防治的若干意见》(国发〔2010〕31号)提出：“在巩固退耕还林成果的同时，新增退耕还林任务要有重点地安排在江河源头、湖库周围，25度以上陡坡耕地要逐步实现退耕还林。”这些要求使得巩固退耕还林成果的任务更加艰巨，继续实施退耕还林的责任更加重大。另一方面，退耕还林工程经过10多年的建设，又出现了许多新情况、新问题。其中既有基层要求实施退耕地还林愿望更加强烈的问题；也有面对国家种粮补贴力度不断加大，巩固退耕还林成果工作难度也随之加大的问题；还有随着工程建设的不断深入，工程管理的任务越来越重的问题。这些情况和问题，使得退耕还林工作面临的形势更复杂，管理的难度进一步加大。2010年，退耕还林工程总投入达335.9亿元，其中种苗造林补助费16亿元，粮食补助资金和生活补助费208.3亿元，巩固退耕还林成果专项资金111.6亿元。退耕还林工作按照“紧紧围绕巩固和发展退耕还林成果这一目标，继续稳步推进退耕还林工程建设，努力创建巩固退耕还林成果的长效机制，不断提升工程建设质量，充分发挥工程的多种效益”的总体思路，各项工作进展顺利。

**成果巩固工作进一步深入** 2010年是实施巩固退耕还林成果专项规划的第三年。由于前两年的任务计划下达较晚，相当一部分建设任务都叠加到2010年来完成，使得2010年的巩固成果专项建设任务更加繁重。一年来，各级工程管理部门积极推进巩固成果建设项目实施工作。①在各地申报2010年度巩固成果专项建设任务计划的基础上，国家林业局会同有关部门联合审核下达2010年度巩固成果任务计划，协调财政部下达了2010年巩固成果专项资金111.6亿元。各级林业部门在落实2008～2010年巩固成果林业建设项目的同时，积极配合其他部门认真做好非林业建设项目的组织实施，努力做到基本口粮田建设等各项措施与退耕农户紧密结合。②国家林业局作为副组长单位，配合国家发改委等部门在陕西省柞水县召开全国巩固退耕还林成果部际联席第一次会议暨现场会，总结交流巩固退耕还林成果工作特别是基本口粮田建设的经验，参观了现场，部署了下一步巩固成果的有关工作。③国家发改委、国家林业局等8部门制定《巩固退耕还林成果专项规划建设项目管理办法》，对专项规划建设项目的计划下达、组织实施、资金拨付、检查验收、后期管护、信息统计和效益监测等作了进一步规范。贵州、云南等地也结合实际制定了相应的管理办法。④为及时了解巩固成果建设项目进展情况，评估专项规划实施效果，国务院10部门组成8个联合检查组，对所有工程省(区、市)进行了一次全面检查。联合检查结果表明，在所有巩固成果建设项目中，补植补造和后续产业中林业建设项目完成的速度最快、质量最高、效果最好，对《国务院关于完善退耕还林政策的通知》(国发〔2007〕25号)提出的两个“确保”目标的实现作用最直接。其中，天津、江西、湖北、湖南、重庆、云南、陕西、甘肃、青海、宁夏等省(区、市)专项建设林业项目进展较快，与退耕农户结合较紧密。根据检查情况，2010年12月有关部门向国务院上报《关于巩固退耕还林成果专项规划建设项目进展情况的报告》。同时，为了使下一步的专项规划建设项目更加符合各地实际，真正实现两个“确保”的目标，国家发改委、财政部、农业部、水利部、国家林业局向各省(区、市)下发了《关于适当调整巩固退耕还林成果专项建设规划有关事项的通知》，部署各地因地制宜、实事求是地开展巩固成果专项规划调整工作。

**工程继续积极稳妥推进** 2010年，退耕还林工程新增中央基本建设投资16亿元，安排退耕还林工程荒山荒地造林和封山育林任务77.8万公顷，其中荒山荒地造林44.47万公顷、封山育林33.33万公顷。计划下达后，为保证工程顺利实施，国家林业局与各工程省(区、市)人民政府签订《2010年度退耕还林工程责任书》，落实各级政府工程建设、巩固成果以及工程管理等方面的责任，各地也逐级签订责任书。各工程省(区、市)认真编制省级年度实施方案，国家林业局退耕办对各工程省(区、市)编制的省级年度实施方案逐一进行审核，并下达审核意见。各地按照审核的实施方案，抢抓造林季节，组织造林施工。据统计，截至2010年年底，2010年退耕还林工程荒山荒地造林和封山育林分别完成14.47万公顷和14.8万公顷，占计划任务的33%和44%，特别是辽宁、黑龙江、海南、宁夏等省(区)已经全面完成计划任务。国家林业局组织的年度造林实绩核查结果表明，退耕还林工程造林继续保持较高质量。

**阶段验收工作圆满完成** 2010年，全国退耕还林工程阶段验收省级验收面积达251.67万公顷，国家级验收面积达121.73万公顷，是开展阶段验收工作以来任务最重的一年。为完成好这一任务，各级工程管理部门克服困难，采取一系列有效措施，圆满完成2010年的阶段验收工作。①提早部署。国家林业局2009年底就下发了《关于开展2010年度退耕还林工程阶段验收工作的通知》，提早进行安排部署，并对《退耕还林工程退耕地还林阶段验收办法(试行)》作了进一步修改完善，以局文下发执行。多数工程省(区、市)于2009年底或2010年初及时开展了省级验收工作。②明确责任。国家林业局退耕还林工程阶段验收工作领导小组办公室与5个局直属规划院和22个工程省(区、市)林业厅(局)签订了《2010年度退耕还林工程重点核查验收工作责任书》，进一步明确了阶段验收工作的各项责任。各工程省(区、市)也采取多种方式，落实阶段验收工作的责任。③充实力量。为增加验收力量，国家林业局严格按照标准和程序，筛选38个地方林业调查规划设计单位参加2010年国家级重点核查验收。各工程省(区、市)也积极发挥省、地、县三级专业队伍和工程管理人员的积极性，全力开展阶段验收工作。④培训督察。国家林业局举办了两期国家级重点核查验收培训班，对各省(区、市)工程管理部门及国家级重点核查验收参加单位技术负责人共100多人进行培训。各地省级培训达50多期，地、县级培训近千期，培训人员数万人。在验收工作过程中，国家林业局组织3个督察组对9个省(区)进行了实地督察。各地也随时跟踪掌握本地验收工作情况，及时发现问题、解决问题。2010年，各级、各地共投入验收人员2.6万余人，高质量地完成阶段验收工作任务。

**工程管理进一步强化** 为适应退耕还林工作的新形势和新特点，2010年各级工程管理部门进一步强化工程管理工作。①加强机构建设。经积极协调，2010年1月中央编办正式明确国家林业局退耕还林(草)工程管理中心的行政职能，11月23日人力资源和社会保障部、国家公务员局正式批复国家林业局退耕还林(草)工程管理中心为参照《公务员法》管理单位，大大加强和稳定了国家层面退耕还林工程管理机构和队伍。在省级管理机构建设上，新疆维吾尔自治区编办2010年批复成立自治区林业厅退耕办并独立分设；宁夏回族自治区林业局也进一步明确退耕办的职责，增加退耕办的编制人数。在26个省级工程管理单位中，已有16个省(区)有独立的退耕还林工程管理机构，其中9个省(区)为公务员单位或参公单位。同时，一些市、县也加强了退耕还林工程管理机构和队伍建设。②加强工作指导。7月28～29日，召开全国退耕还林工作座谈会，传达学习和贯彻落实全国林业厅局长座谈会精神，总结上半年的退耕还林工作，研究部署下一阶段的退耕还林工作，国家林业局副局长张永利出席会议并作重要讲话。为全面了解和掌握工程管理情况，国家林业局组织开展了年度工程管理实绩核查。通过召开座谈会、查看内业管理、调查外业小班、走访退耕农户等方式，对各地工程实施进展情况、工程管理情况、成果巩固情况以及存在突出问题的整改情况等进行实地了解和指导。③加强经营管理。加强森林经营管理工作是提高工程建设质量和成效的重要手段。各级工程管理部门抓住实施巩固成果专项规划的契机，认真开展补植补造、抚育间伐、经营管护等森林经营管理工作，提高退耕还林的保存率和林分质量。④加大宣传力度。国家林业局不仅在《中国绿色时报》开设了“退耕还林典型系列专题”专版，对所有工程省(区、市)涌现出的典型进行集中系列宣传，而且在中国林业网和国家林业局办公网开设退耕还林栏目，扩大宣传覆盖面。同时，积极协调全国绿化委员会办公室，向退耕还林工程建设中涌现出的优秀工作者颁发全国绿化奖章。各工程省(区、市)也利用报刊、电台、电视台及信息简报等途径，采用文字、图片、音像等各种方式，对退耕还林工程取得的巨大成效进行大力宣传，形成良好的舆论氛围，对重启退耕地造林、巩固成果等工作起到了很好的促进作用。⑤认真办理群众举报。2010 年，国家林业局和各工程省(区、市)省级林业主管部门共接到反映退耕还林有关问题的群众举报 390 多件，已办结 360 多件。同时，国家林业局退耕办对 2009 年度批转到相关省(区)的退耕还林群众举报办理情况进行了汇总分析，并向各省(区)通报了有关情况。⑥加强调查研究。针对近年来交通、水利、矿产等国家重点工程建设征占用退耕还林地较多的问题，经报请国家林业局领导同意，将退耕还林地征占用管理情况调研列入 2010 年局林业重大问题调研课题，并开展调研活动，形成调研报告，提出加强退耕还林地征占用管理的意见。启动中国南方退耕还林工程建设效益监测与评价研究，开展退耕还林工程基础空间地理信息库、退耕还林工程监测技术研究等项目。部分省(区)的工程管理部门还积极配合国家审计署对退耕还林工程开展审计，主动加强协调、沟通，及时跟踪审计进展情况，对审计出的问题认真开展整改，有力地促进工程建设的健康发展。 (汪飞跃)

**【国家林业局关于做好 2010 年退耕还林工作的通知】** 《中共中央国务院关于加大统筹城乡发展力度进一步夯实农业农村发展基础的若干意见》(中发〔2010〕1 号)和 2010 年全国林业厅局长会议要求，巩固退耕还林成果，在重点生态脆弱区和重要生态区位，结合扶贫开发和库区移民，适当增加安排退耕还林。2010 年 2 月 5 日国家林业局下发《关于做好 2010 年退耕还林工作的通知》(林退发〔2010〕32 号)，要求各地：一要强化认识，切实加强组织领导；二要周密部署，切实巩固好已有退耕还林成果；三要继续抓好工程检查验收，切实落实好直补政策；四要深化集体林权制度改革，依法保护退耕农民合法权益；五要组织实施好荒山造林和封山育林，切实提高工程质量；六要认真谋划，科学编制新的退耕还林工程规划；七要分类指导，抓好突出问题的整改；八要进一步强化工程管理，提升工程管理水平。

(汪飞跃)

**【2010 年度退耕还林工程责任书】** 为全面贯彻落实《退耕还林条例》，进一步强化地方政府实施退耕还林工程的责任意识，根据“国家对退耕还林实行省、自治区、直辖市人民政府负责制”的规定，国家林业局副局长张永利代表国家林业局与 25 个省(区、市)人民政府和新疆生产建设兵团签订了 2010 年度退耕还林工程责任书。2010 年度退耕还林工程责任书主要包括三部分内容：第一部分是建设任务，明确 2010 年国家下达给各有关省(区、市)、新疆生产建设兵团的退耕还林工程建设任务；第二部分是省级人民政府责任，主要是切实巩固退耕还林成果、逐级落实年度建设任务、强化工程管理和监督等；第三部分是国家林业局责任，主要是下达计划、审核实施方案、制定和完善工程各项管理规定、组织工程实施和检查监督等。 (王维亚)

**【全国退耕还林工作座谈会】** 2010 年 7 月 29 日，国家林业局在北京召开全国退耕还林工作座谈会。国家林业局副局长张永利从退耕还林有利于国家生态安全、有利于经济社会协调发展、有利于民族团结和边疆稳定、有利于提升我国国际地位以及退耕还林促进了强农惠农、促进了农民生产生活方式的转变、促进了农民生存环境的改善等方面分析了退耕还林工程利国利民的重大意义，从国际和国内两个方面深入分析了退耕还林工作面临的形势，最后要求大力弘扬塞罕坝精神，扎实做好新形势下退耕还林五个方面的重点工作：一是精心实施专项规划，切实巩固退耕还林成果；二是切实加强森林经营，进一步提高工程质量效益；三是严格做好检查验收，及时兑现政策补助；四是稳步推进工程建设，努力实现工程建设新突破；五是强化工程管理，提升工程管理水平。全国 25 个退耕还林工程省(区、市)林业厅(局)和新疆生产建设兵团林业局分管领导及退耕办主任参加了会议。 (汪飞跃)

**【全国退耕还林工作总结及经验交流会】** 2010 年 12 月 22～23 日，国家林业局退耕还林办公室在重庆市云阳县召开全国退耕还林工作总结及经验交流会，回顾“十一五”退耕还林工作，总结 2010 年退耕还林工作，表扬退耕还林工作先进单位，研究部署“十二五”及 2011 年的退耕还林工作。与会代表参观了云阳县“领袖林”等退耕还林工程建设现场。大会表扬了 16 个退耕还林管理工作优秀省份和 10 个阶段验收工作先进省份和单位，有 7 个省份在会上作了典型发言。 (汪飞跃)

**【退耕还林工程管理先进单位】** 2010 年 12 月 17 日，国家林业局办公室下发《关于退耕还林工程管理工作先进单位的通报》(办退字〔2010〕190 号)，对在退耕还林工程巩固成果、档案管理、案件办理、信息宣传、检查验收、确权发证、效益监测等工作中表现突出的先进单位进行了表扬。

**退耕还林工程巩固成果工作先进单位**

湖南省林业厅

重庆市林业局

陕西省林业厅

**退耕还林工程检查验收工作先进单位**

甘肃省林业厅

内蒙古自治区林业厅

云南省林业厅

**退耕还林工程信息宣传工作先进单位**

重庆市林业局

湖北省林业厅

宁夏回族自治区林业局

**退耕还林工程案件办理工作先进单位**

辽宁省林业厅

河北省林业局
安徽省林业厅
**退耕还林工程档案管理工作先进单位**
贵州省林业厅
吉林省林业厅
江西省林业厅
**退耕还林工程效益监测工作先进单位**
湖北省林业厅
辽宁省林业厅
甘肃省林业厅
**退耕还林工程确权发证工作先进单位**
河南省林业厅
湖南省林业厅
青海省林业局 （王维亚）

**【退耕还林工程2010年度阶段验收工作先进单位】** 为表扬先进，宣传典型，根据阶段验收工作先进单位评选条件，在认真审核评选的基础上，2010年12月17日，国家林业局办公室下发《关于退耕还林工程2010年度阶段验收工作先进单位的通报》（办退字〔2010〕189号），对甘肃省林业厅、内蒙古自治区林业厅、湖南省林业厅、云南省林业厅、吉林省林业厅、湖北省林业厅、陕西省林业厅、河北省林业局、辽宁省林业厅、国家林业局中南林业调查规划设计院等10个阶段验收工作先进单位进行通报表扬。 （曹海船）

**【全国巩固退耕还林成果部际联席第一次会议暨现场会】** 全面落实《国务院关于完善退耕还林政策的通知》（国发〔2007〕25号）精神，总结交流巩固退耕还林成果工作经验，扎实推进各项建设任务特别是基本口粮田建设，解决退耕农户长远生计问题，2010年6月18～19日全国巩固退耕还林成果部际联席第一次会议暨现场会在陕西省柞水县召开。这次会议是2009年国务院批复建立巩固退耕还林成果部际联席会议制度后召开的第一次会议。部际联席会议召集人、国家发改委副主任杜鹰，部际联席会议副召集人、国家林业局副局长祝列克，部际联席会议成员、水利部副部长刘宁、农业部总经济师杨绍品出席会议并讲话，陕西省委常委、副省长洪峰到会致辞；国家发改委、监察部、财政部、国土资源部、水利部、农业部、审计署、国家统计局、国家林业局、国家粮食局等部际联席会议组成单位有关司局负责同志以及退耕还林工程区25个省（区、市）和新疆生产建设兵团发展改革、财政、水利、农业、林业等委厅局负责同志参加了会议。与会代表参观了柞水县巩固退耕还林成果基本口粮田、后续产业、农村能源、生态移民等项目建设点，各省（区）有关县（市）交流了巩固退耕还林成果典型经验，部际联席会议有关成员单位作了发言，分析了巩固退耕还林成果面临的形势，部署了2010年及今后一个时期巩固退耕还林成果工作。 （汪飞跃）

**【巩固退耕还林成果专项规划建设项目管理办法】** 为加强巩固退耕还林成果专项规划建设项目管理，确保工程建设质量和投资效益，根据《退耕还林条例》、《国务院关于完善退耕还林政策的通知》（国发〔2007〕25号）等有关法规和政策规定，2010年6月30日国家发改委、监察部、国土资源部、水利部、农业部、审计署、国家统计局、国家林业局、国家粮食局联合下发《关于印发巩固退耕还林成果专项规划建设项目管理办法的通知》（发改西部〔2010〕1382号）。《巩固退耕还林成果专项规划建设项目管理办法》分总则、组织管理、计划管理、建设管理、资金管理、验收与管护、信息统计与效益监测、附则等八章共三十条。 （汪飞跃）

**【巩固退耕还林成果专项规划建设项目实施情况联合检查】** 根据国家发改委、监察部、财政部、国土资源部、水利部、农业部、审计署、国家统计局、国家林业局、国家粮食局《关于开展巩固退耕还林成果专项规划建设项目联合检查的通知》（发改西部〔2010〕564号），为全面了解巩固退耕还林成果专项规划建设项目实施情况，评估规划实施效果，督促项目管理和实施单位加快项目建设进度，提高项目建设质量和投资效益，在各地自查的基础上，2010年7～9月有关部门组成8个联合检查组对25个工程省（区、市）和新疆生产建设兵团进行了检查，其中国家林业局退耕办带队对湖北省、湖南省、重庆市进行了联合检查。根据检查情况，有关部门联合向国务院上报了《关于巩固退耕还林成果专项规划建设项目进展情况的报告》（发改西部〔2010〕2946号），向各工程省（区、市）下发了《关于适当调整巩固退耕还林成果专项建设规划有关事项的通知》（发改西部〔2010〕2670号）。 （汪飞跃）

**【国家林业局退耕办关于开展2009年度退耕还林工程省级复查工作的通知】** 为全面掌握退耕还林工程建设情况，为巩固退耕还林工程建设成果打好基础，2010年3月1日，国家林业局退耕还林办公室印发了《关于开展2009年度退耕还林工程省级复查工作的通知》（退核字〔2010〕13号），对各工程省（含自治区、直辖市、新疆生产建设兵团、部队，下同）2009年度退耕还林工程省级复查工作进行了部署。通知要求，①各工程省要在省级复查工作开始前，组织本省退耕还林工程县认真开展自查工作。②准确把握复查内容。省级复查内容为：2009年度完成的宜林荒山荒地造林和封山育林任务和2006年度完成的退耕地还林、宜林荒山荒地造林保存面积。③省级复查工作要严格按照国家林业局有关技术规定执行。④及时、准确上报复查结果。 （曹海船）

**【2010年退耕还林工程管理实绩核查】** 为进一步掌握退耕还林工程建设管理情况，更加有针对性地加强工程管理，确保工程建设质量，切实巩固退耕还林成果，10月9日国家林业局下发《关于开展2010年退耕还林工程管理实绩核查工作的通知》（林退发〔2010〕229号）。2010年退耕还林工程管理实绩核查以退耕还林工程责任书执行情况为重点，主要包括以下四个方面内容：①2009年和2010年度工程实施进展情况。②工程管理情况。③成果巩固情况。④存在突出问题的整改情况。在各工程省（含自治区、直辖市、新疆生产建设兵团，下同）组织本省的工程县开展自查的基础上，国家林业局组织核查组分别到各工程省进行核查，并对每省随机抽

取若干个工程县进行深入调查。核查工作采取听取工作汇报、查看管理文件、查看技术资料和图表、调查外业小班、核对有关数据、走访退耕农户了解情况等方式进行。国家林业局退耕还林办公室于2010年10月上旬至12月中旬，组织若干核查组先后对各工程省(区、市)进行了退耕还林工程管理实绩核查。期间，各核查组认真查看了有关省(区、市)级和县(市、区)级的档案管理文件、技术资料和图表，调查了100余个外业小班，走访了240余户农户。通过管理实绩核查，较深入地掌握了2009年和2010年工程实施进展情况、工程管理情况、成果巩固情况及各地对存在的突出问题整改情况等。 (曹海船)

**【国家林业局关于开展2011年度退耕还林工程阶段验收工作的通知】** 为深入贯彻落实国发〔2007〕25号文件精神，巩固和发展退耕还林成果，为中央财政拨付完善退耕还林政策补助资金和巩固退耕还林成果专项资金以及工程管理决策服务，2010年11月24日国家林业局下发《关于开展2011年度退耕还林工程阶段验收工作的通知》(林退发〔2010〕268号)，对2011年退耕还林工程阶段验收工作进行安排部署。2011年度阶段验收范围为国家计划安排的2003年退耕地还生态林和2006年退耕地还经济林面积以及申请补查的2009年和2010年阶段验收不合格面积；验收内容主要包括面积保存、造林质量和工程管理等情况。阶段验收工作采取省级全面检查验收和国家级重点核查验收相结合的方式进行。省级全面检查验收由各工程省(含自治区、直辖市和新疆生产建设兵团，下同)林业主管部门组织进行全面检查验收；国家级重点核查验收由国家林业局各直属林业调查规划(勘察)设计院和部分工程省的林业调查规划设计单位共同实施，对省级全面检查验收上报的各工程县2003年退耕地还生态林和2006年退耕地还经济林分别抽取约50%的面积进行核查验收。有关工程省申请的2009年和2010年阶段验收不合格面积的补查工作，由承担相应国家级重点核查验收任务的单位同步完成。阶段验收工作由国家林业局退耕还林工程阶段验收工作领导小组统一领导，国家林业局退耕还林办公室具体负责。 (曹海船)

**【中国北方退耕还林工程效益监测与评价课题研究通过专家鉴定】** 由国家林业局李育材副局长担任课题总负责人，国家林业局退耕办和北京林业大学等单位共同承担的国家林业局“十一五”科技专项——中国北方退耕还林工程效益监测与评价，课题历经三年时间的研究，圆满完成并于2010年1月14日通过国家林业局科技司组织的专家鉴定。经过包括中国工程院李文华、王涛、尹伟伦等3位院士在内的地理、资源、社会林业、森林培育、农业、水利、水土保持、生态、治沙等方面专家的评审，鉴定委员会一致认为该研究指导思想明确，数据翔实，技术路线科学，评估方法先进，总体达到国内外同类研究领先水平。 (孔忠东)

**【国家林业局退耕还林(草)工程管理中心参照公务员法管理】** 2010年1月27日，中央编办以《关于明确国家林业局退耕还林(草)工程管理中心职责的批复》(中央编办复字〔2010〕14号)明确国家林业局退耕还林(草)工程管理中心的主要职责，即受国家林业局委托，承担退耕还林工程总体规划、年度计划编制的有关工作，经批准后监督实施；拟定退耕还林工程建设的标准和办法，并监督执行；实施退耕还林工程三级检查验收制度，承担工程营造林、工程管理实绩核查的具体工作；组织开展退耕还林工程监测和评估、信息统计和汇总；负责退耕还林工程的技术指导、人员培训等。11月23日人社部、国家公务员局《关于批准国家林业局退耕还林(草)工程管理中心参照公务员法管理的函》(人社部函〔2010〕311号)正式批准国家林业局退耕还林(草)工程管理中心参照《中华人民共和国公务员法》管理。 (汪飞跃)

# 京津风沙源治理工程

**【京津风沙源治理工程】** 2010年京津工程下达林业建设任务44.49万公顷，其中：飞播造林12.6万公顷，封山育林22.33万公顷，人工造林(含爆破和困难地造林)10.22万公顷。截至2010年年底，工程林业建设44.49万公顷任务全部完成。

2010年京津工程国家下达国债投资17亿元，其中林业建设投资7.54亿元。 (局治沙办)

**【京津风沙源治理工程10年建设】** 《京津风沙源治理工程规划》期限为10年(2001~2010年)；范围涉及北京、天津、河北、山西、内蒙古5省(区、市)的75个县；按照2006年4月国务院批复同意中期调整的京津工程规划，工程建设总任务为：退耕还林265.707万公顷；营造林582.804万公顷；草地治理947.049万公顷(含禁牧568.45万公顷)，建暖棚1115.44万平方米，购买饲料机械126 970套；建水源工程109 082处，节水灌溉102 172处，完成小流域综合治理16 508平方千米；生态移民18万人。

工程规划总投资579.92亿元，其中固定资产投资303.93亿元(中央投资209.54亿元)，财政投资275.99亿元(全部为中央财政投资)。

截至2010年年底，国家已累计下达国债投资186.1亿元，其中林业建设项目资金76.87亿元，林业专项建设投资5.23亿元；累计下达退耕还林钱粮补助资金约195.6亿。

截至2010年年底，工程已累计下达林业建设任务642.97万公顷，占规划任务的76%。其中退耕还林229.8万公顷(退耕地造林109.47万公顷，匹配荒山造

林120.33万公顷)；营造林413.17万公顷(人工造林91.08万公顷，飞播造林94.57万公顷，封山育林227.52万公顷)。目前，工程区五省区市已累计完成林业建设任务600.13万公顷，占计划下达任务的93%。

**工程建设主要治理措施** 京津工程自启动以来，始终坚持预防为主、保护优先，统筹规划、综合治理的原则，坚持因地制宜、因害设防，以生物措施(林草植被建设)为核心，工程措施相配套，强化植被保护与建设，主要采取了以下几项治理措施。

一是采取强有力的植被保护措施，实行“三禁”制度。切实汲取长期存在的边治理、边破坏的教训，杜绝滥垦、滥牧、滥采等破坏行为，遏制沙地活化，保护沙区植被。

二是采取植树种草措施，迅速恢复沙区林草植被。通过封山(封沙)育林(育草)、飞播造林、人工造林(种草)、小流域治理等措施，加快植被恢复速度，扩大林草植被面积。

三是采取退耕还林(还草)措施，遏制新的沙化形成。对粮食产量低而不稳、不适宜耕种的坡耕地、沙化耕地进行了有计划地退耕还林还草。

四是采取改进牧业方式、改善牧业结构、改良草场等措施，恢复和提高草原的生产能力和生态功能，实行禁牧舍饲，变放养为圈养，减轻植被破坏的压力。

五是采取合理的水资源管理措施，通过节水灌溉和水源工程配套措施，促进了生活、生产、生态用水的合理分配和协调利用，提高了水资源的利用率。

六是采取营造防护林措施，降低风速，减弱并阻挡风沙。通过营造草原灌木林网和农田林网，保护农田和草牧场免受风沙危害，促进粮食稳产高产。

七是通过移民搬迁措施，有组织地把自然和生产条件恶劣地区的农牧民移居到条件相对较好的城镇周边，充分发挥生态系统自我修复功能，改善农牧民生产生活条件。

**工程建设主要成效** 京津工程通过10年建设，已取得明显成效，为当地经济与社会发展作出了显著贡献。

一是初步建立了京津地区生态防护体系，为“绿色奥运”作出了重要贡献。初步建成了首都生态圈三道生态屏障：在沙化草原区通过沙障、灌草结合的措施固定流沙；在坝上及晋北、京北地区营造防护林带和林网，阻止风沙的侵袭；在北京及城郊地区建设纵横交错的绿化网，形成了功能强大的空气净化器。生态防护功能得到明显加强，地表起沙得到有效遏制，风沙危害明显减轻，京津工程区已经从沙尘暴加强区变为减弱区，森林覆盖率由工程建设之初的12.4%提高到18.2%；自然灾害损失率由2.2%下降到0.6%；农田草牧场防护林率从3.5%提高到14.8%。

二是产业结构得到优化调整，为强农富民作出了重要贡献。工程区第一产业比重在下降，第二、三产业的比重在增加。根据2009年国家林业局经研中心组织的工程经济效益监测结果，监测样本县(旗)粮食播种面积比工程启动之初下降12.91%，粮食总产量增加58.24%；农业产值占比下降，畜牧业产值占比增加。样本县(旗)农村居民收入持续增长，人均纯收入年增长幅度超过15%。自2000年工程实施以来，样本县(旗)农村居民人均纯收入增长156.75%，增幅高于同期全国平均水平。

三是工程区经济社会发展步伐加快，为生态文明建设作出了重要贡献。工程的实施，不仅改善了生态环境，优化调整了农村产业结构，也加快了工程区经济社会发展步伐，提高了生态文明程度。目前，工程区已初步实现从游牧放养到舍饲圈养、从毁林开荒到植树种草、从广种薄收到精耕细作的三大转变，由单纯从事第一产业向第二、三产业转移，工程区社会经济可持续发展指数增长22%，其中增量的四成来自于工程治理的贡献。工程的实施，干部群众生态意识明显增强，增绿、爱绿、护绿的生态文明氛围日益高涨，为生态文明建设作出了重要贡献。

**存在问题** 工程建设虽然成效很大，但工程建设中仍存在一些问题：一是工程治理范围未将影响京津地区的沙尘源全部覆盖，仅覆盖了京津沙尘源的部分地区，沙源问题还没有妥善解决，风沙危害的根源依然存在。二是治理难度加大，资金投入相对不足。剩下未治理的立地条件越来越差，造林难度加大，加上物价上涨，劳动力成本提高，导致造林投入与实际需求缺口拉大。三是工程管护难度加大。工程区幼林抚育、管护、防火、防治“四害”(病、虫、鼠、兔)等任务繁重，一些地区林牧矛盾日益突出。四是工程区科技支撑滞后，严重影响工程建设质量进一步提高。五是后续产业缺乏政策扶持，制约工程建设的可持续发展。 *(局治沙办)*

## 三北及长江流域等防护林体系建设工程

**【长江流域等防护林工程建设】** 2010年，长江流域等防护林工程以“两湖两库”(即洞庭湖、鄱阳湖地区和三峡库区、丹江口库区)及沿线生态建设、沿海基干林带和红树林建设保护、平原农田防护林建设、村镇绿化、石漠化治理等为重点，完成了年度建设计划任务。据统计，2010年长江流域、珠江流域、沿海防护林、太行山绿化、全国平原绿化工程共完成投资22.56亿元，其中中央完成专项投资15亿元，地方配套7.56亿元；群众投劳折资2.77亿元。全年共完成造林54.164万公顷，其中长江流域防护林工程完成15.12万公顷，珠江流域防护林完成8.08万公顷，沿海防护林工程完成26.16万公顷，太行山绿化工程完成4.27万公顷，全国平原绿化工程完成0.53万公顷。

长江流域等防护林工程建设使工程区森林资源稳步增长，林种树种结构进一步优化；森林在涵养水源、保持水土等生态功能不断增强，防御台风、干旱、洪涝、泥石流等自然灾害的能力逐步提高；改善了农业生产条件和农村生活环境，加快了区域农村产业结构调整和农民增收，为促进区域经济社会可持续发展发挥了重要作用。（王福祥）

# 重点地区速生丰产林基地建设工程

**【综　述】** 重点地区速生丰产用材林基地建设工程自2002年8月启动以来，截至2010年年底，19个项目省(区)累计完成营造林811.33万公顷。速丰林工程大径材培育取得突破。在22个省(区)和四大森工(林业)集团177个国有林场建设大径材试点基地2万公顷。

**实施特点** 一是速丰林基地建设规模质量全面提高。"十一五"期间，速丰林工程完成基地建设441.2万公顷，2010年当年完成80.4万公顷。初步形成粤桂琼闽地区、长江中下游地区、黄河中下游地区和东北、内蒙古地区等四大区域工业原料用材林产业带。据2009年全国营造林实绩核查结果，速丰林工程2008年度人工造林(更新)核实率96.5%，合格率99.0%；2005年度人工造林(更新)保存率99.3%，合格率、保存率均居当年核查重点工程前列。二是社会造林成为速丰林基地建设主体。在速生林工程建设中，以企业和公司为龙头的"公司+基地+农户"多元化造林已经成为速生丰产用材林建设的主体，造林面积占80%以上。福建、湖南、江苏、山东等地通过大力培育龙头企业，形成了市场牵龙头、龙头带基地、基地联农户的产业化经营模式。三是速丰林基地建设科学经营水平稳步提高。通过选育新品种，运用无性系造林、伐根嫁接等技术，实行集约经营和定向化培育，缩短了林木培育周期，提高了营造林质量，初步实现了科学经营。南方一些省(区)通过培育速生优质良种，速丰林每亩年生长量平均可以达到1.5立方米以上。四是速丰林基地建设促进了林业产业大发展。据对全国450农户集体林改后的典型调查，有82.2%的农户造了林，70%的农户参加了森林资源联防组织。目前，湖北省有各类木材加工企业3200多家，其中产值过亿元的龙头企业达17家，人造板年产量达150多万立方米。五是速丰林基地建设生态和环境效益显著。速丰林生长较快，固碳储碳能力强，具有良好的生态效益、经济效益和社会效益。鲁西南、豫北黄河故道沙区、黄河滩区、豫南淮河两岸滩区营造杨树速丰林基地，对改善当地生态环境起到了重要保障作用。山东省菏泽市通过发展速丰林，全市的粮食产量由1978年的17亿千克增加到2009年的55.5亿千克，成为山东省最大的粮仓。

**主要问题** 一是国家用于营造速丰林的各种补助，难以落实到林农；二是企业和林农多倾向于营造短周期工业原料林，培育周期较长的大径级材基地建设进展缓慢；三是速生优质的良种壮苗使用率较低，速丰林经营还比较粗放；四是速丰林造林实体很难通过商业贷款或现行的贴息扶持贷款获得建设资金，融资和金融支持力度不够。（王周绪）

**【大径材培育试点项目】** 实施4年来，按照大径级材培育计划，项目在22个省(区)、四大森工(林业)集团及大连市、青岛市的177个国有林场实施，建设大径材基地20 040公顷，其中新造10 607公顷，改培9433公顷。项目总投资为10 745万元，其中中央补助6910万元，地方配套3835万元。

**实施特点** 一是大径材培育项目提高了林分质量，改善了生态环境。通过采取抚育间伐和森林培育，可以使得林分中的林种、树种、林龄等各种森林结构将得到逐步调整和优化，林地资源配置将逐步合理化。辽宁省实验林场日本落叶松大径材新造培育试验研究表明，落叶松大径材林下灌木种类6种、幼树种类3种、草本植物13种，盖度为65%，较落叶松一般用材林有显著提高。二是大径材培育项目增加了木材生长量，提高了木材质量。通过加强抚育管理，采取间伐、修枝、施肥等措施，改善了目的树种的生长环境，促进了木材生长和质量的提高。黑龙江省汤原县石场沟林场大径材培育项目定期监测表明，实施抚育间伐的大径材林分，2007～2008年的胸径平均增长为1.4厘米，蓄积平均增加0.0266立方米，比标准地对照分别高0.4厘米和0.02立方米。三是大径材培育项目提高了经营水平，带动了农民增收致富。通过因地制宜，因林施策，采取科学经营手段，大径材培育初步走出一条科学发展、循环发展、持续发展的路子。如河北、河南、山东、辽宁、黑龙江等省在大径材抚育后的林分里，发展林下养鸡、养鸭，种植人参、木耳等林畜、林牧、林药、林菌等林下经济经营模式，大大提高了林地的经营效益，增加了农民和职工收入。四是大径材培育项目积累了经验，起到了示范带动作用。大径材培育试点项目，初步积累了培育高效优质大径材的经营模式，锻炼培养了一大批基层项目管理和技术人员。河北省木兰围场2008年实施大径材培育试点项目，对42年生林木进行3次抚育间伐、每亩保留32株的华北落叶松人工林。监测表明，林分平均胸径29.4厘米，平均亩蓄积18.5立方米，比一般林分平均胸径和平均亩蓄积分别提高38.7%和54.2%，在大径材培育方面积累了一定的经验。

**存在问题** 一是项目国家投资金额较小，项目的实施对增加国家大径材的战略储备十分有限；二是大径材培育的方式有待进一步研究，如何建立有效的营造、管护和利用方式还需要研究探索；三是项目的计划下达、方案编制、审批备案、配套资金、计划变更等还需要进一步规范；四是部分省(区)还需要进一步加强实施方案的审批、上报备案工作。（王周绪）

# 森林培育与生态建设

# 林木种苗生产

【综　述】

**林木种子生产**　据全国31个省、自治区、直辖市，内蒙古、吉林、龙江、大兴安岭森工(林业)集团公司，新疆生产建设兵团种苗管理部门上报的年报统计，2010年全国共采收林木种子2393万千克，与2009年相比基本持平。

2010年采收前种子库存量为270万千克，2010年实际用种量为1651万千克。

**良种基地生产**　2010年全国良种基地共生产种子191万千克(种子园产种量62万千克，母树林产种量129万千克)，比2009年减少66万千克。2010年全国良种基地生产穗条18.5亿条(根)，其中采穗圃生产穗条11.9亿条(根)、无性系繁殖圃生产穗条6.6亿条(根)，比2009年增加5.3亿条(根)。良种生产中实生种子产量减少、无性繁殖穗条产量增加是2011年良种生产的主要特点。

**采种基地生产**　2010年全国采种基地共采收种子646万千克，占全国林木种子采收量的27%，比2009年增加55万千克，内蒙古、辽宁、湖北、陕西、甘肃、吉林森工采种量增加较为明显。

**苗木生产**　2010年全国共完成育苗面积68.8万公顷，其中新育苗面积22.8万公顷，占育苗总面积的33.18%。国有、乡村集体和个体育苗面积分别占育苗总面积的16.04%、5.06%和78.9%，与2009年相比，国有育苗面积比重增加1.31个百分点，乡村集体育苗面积比重减少0.39个百分点，个体育苗面积比重减少0.92个百分点，但个体育苗面积比重大的格局并未改变。

2010年育苗总量为423亿株，除留圃苗木外，实际用于造林绿化的苗木量为166亿株，其中生态公益林苗木87亿株，经济林苗木26亿株，其他林种苗木53亿株。2010年实际用苗量中31%来自国有单位，6%来自乡村集体，还有63%来自个体。

2010年容器育苗产量为52亿株，良种苗产量131亿株，与2009年相比，容器苗产量增加12亿株，良种苗产量增加6亿株。

**林木种苗工程建设投资**　据统计，全国林木种苗工程项目投资总计107 114万元，其中国家投资39 152万元，地方配套投资67 962万元。主要用于省级种苗示范基地、良种基地、采种基地、苗圃和基础设施建设，投资范围涉及全国31个省、自治区、直辖市，内蒙古、吉林、龙江、大兴安岭森工(林业)集团公司，新疆生产建设兵团。

**林木种子基地建设**　截至2010年年底，全国林木良种基地建设面积40.91万公顷，其中：种子园1.96万公顷、母树林14.61万公顷、采穗圃1.32万公顷、良种繁殖圃0.49万公顷、子代测定林0.49万公顷、区域试验林0.41万公顷、良种示范林21.31万公顷、其他0.32万公顷。全国采种基地可采种面积63万公顷。

**育苗单位**　2010年底，全国共有苗圃33.6万个，国有、乡村集体和个体所占比例分别为2.6%、2.41%和94.99%。在国有苗圃单位中，林业系统内部的苗圃有5910个。　(李　焰)

【林木种苗工作成就及经验】

**林木种苗良种化进程进一步加快**　一是林木良种生产能力明显提高。截至"十一五"期末，全国已建成国家级重点林木良种基地131处，各类林木良种基地累计达到700多处，面积25.33多万公顷，采种基地90.67多万公顷，国有苗圃育苗面积13.33万公顷。5年来，全国累计提供林木种子1亿多千克，其中林木良种1100多万千克，供应合格苗木1500多亿株，基地供种率达到63%，主要造林树种良种使用率达到51%。二是种质资源收集保存工作继续强化。北京、浙江等13个省(市)开展了用材林、经济林和绿化树种种质资源清查工作。全国累计选择收集优树4.46万株，保存育种材料和品种资源约5万份，建立国家级林木种质资源库13处。同时，积极开展林木良种审(认)定工作，截至2009年年底全国累计审(认)定林木良种3383个，其中通过国家级审(认)定的林木良种319个，通过省级审(认)定的林木良种3064个。三是法制建设全面加强，为推进依法治种提供了有效保障。2000年12月1日《种子法》施行以来，北京、吉林等24个省(区、市)和2个计划单列市颁布了种子法实施办法或地方条例，国家林业局出台了15个部门规章和规范性文件，各级地方林业主管部门制定了200多件配套规定和200多项地方标准。林木种子和苗木合格率分别从2002年的35.1%和80%提高到现在的90%以上。国家林业局共受理林木种苗行政许可6937件，做出行政许可决定6274件，发出许可文书312件，不予许可141件。四是支持力度不断加大。为发展林木种苗事业建立了长效机制，2009年出台林木良种补贴试点政策，2010年林木良种补贴试点资金2亿元。"十一五"期间，中央预算内共投入7亿元用于林木种苗工程项目的基本建设，2010年11月份，国家林业局、国家发改委和财政部又联合印发了《全国林木种苗发展规划(2011～2020年)》，进一步明确了今后10年林木种苗事业的发展目标和任务。明确在今后林木种苗工程建设中，增加机构能力建设内容。据不完全统计，2009年全国林木种苗产业总产值达1200亿元，林木种苗产业已成为农村经济发展的重要支柱和农民就业增收的重要渠道。

**油茶良种壮苗为油茶产业发展打下坚实基础**　2009年10月，国务院正式批准实施了《全国油茶产业发展规划(2009～2020年)》。为推动全国油茶产业又好又快发展，提出加强油茶良种培育和采穗圃建设。一是开展油茶良种审(认)定工作，良种生产能力得到了进一步提升。三年来国家和省共审(认)定油茶良种265多个，有效保证了开展油茶生产对品种的选择，建立了76个油茶良种采穗圃基地，14个省区市油茶良种苗木生产能力由2008年的5000万株提高到2010年的3.4亿株，大大缓解了油茶良种苗木供需矛盾。二是严把油茶种苗质量关。制定出台一系列政策措施，确保油茶种苗供应质量。三是加大油茶采穗圃及良种基地建设。2007～2010年，投资建设84个油茶种苗项目，中央预算内投资达15 964万元。（隗合飞）

**【林木种苗工程项目投资与建设】**

**林木种苗工程项目投资** 2010年中央预算内投资计划下达林木种苗工程建设投资20 000万元，与2009年相同。其中林木良种基地建设投资13 801万元，林木种质资源收集保存库建设投资5173万元，林木采种基地建设投资402万元，其他投资624万元，分别占中央预算内投资的69.0%、25.87%、2.01%、3.12%。与2009年相比，林木良种基地与种质资源收集保存库所占比例提高了2.91%，采种基地比例降低了5.53%；由此可见，林木良种基地和林木种质资源收集保存库建设比重逐年增大。

**林木种苗工程项目建设** 2010年建设林木种苗工程项目133个，开工建设规模11 896公顷。其中林木良种基地项目97个，林木种质资源保存库项目28个，采种基地等项目4个，种苗基地等其他项目4个，建设规模依次为9261公顷、1646公顷、859公顷、130公顷，分别占建设总规模的77.85%、13.84%、7.22%、1.09%；在建设过程中，计划建成项目79个，规模4744公顷。其中建成林木良种基地项目63个，林木种质资源库10个，采种基地等项目3个，种苗基地等其它项目3个，规模依次为3447公顷、689公顷、516公顷、92公顷，分别占投资建成规模的72.7%、14.5%、10.9%、1.9%。反映出中央预算内资金的建设重点。

省级林木种苗示范基地项目验收工作有了新的进展。2010年，配合计财司验收了云南省、贵州省、江苏省三个省级林木种苗示范基地建设项目，截至2010年年底全国已验收省级林木种苗示范基地项目18个。（于滨丽）

**【中央财政林木良种补贴试点工作全面启动】** 2010年5月20日财政部和国家林业局联合下发了《关于开展2010年度林木良种补贴试点工作的意见》(财农字〔2010〕102号)，明确规定林木良种补贴分为国家重点林木良种基地补贴和林木良种苗木培育补贴两部分。试点对象为131处国家重点林木良种基地、22个省和龙江森工集团的国有育苗单位。试点任务为：国家重点林木良种基地2.28万公顷，培育良种苗木5亿株。补贴标准为：种子园、种质资源库每亩分别补贴600元，采穗圃每亩补贴300元，母树林、试验林每亩分别补贴100元；每株良种苗木平均补贴0.2元，试点省可根据实际情况确定不同树种苗木的补贴标准。要求试点省林业主管部门与培育良种苗木的国有育苗单位签订合同，明确生产任务、技术和质量标准、时间要求、良种苗木限价等，做到"定点育苗、定向供应、定单生产、定量补助"。培育良种苗木的国有育苗单位要对培育的良种苗木建立详细可查的种子来源、苗木培育和出圃销售去向等档案资料，要对享受补贴的良种苗木提出良种苗木销售指导价，实行限价销售，并优先用于林农和林业重点工程造林。

林木良种补贴制度的建立是中国林木种苗建设史上历史性突破，对于促进中国林木良种基地持续发展，转变林业发展方式和林农增收，实现2020年发展目标具有重要意义。（赵　兵）

**【全国杉木和马尾松良种基地技术协作组成立】** 为进一步加强国家重点林木良种基地的建设与管理，提高基地的技术管理和经营水平，促进科研成果的推广和应用，开展技术协作，实现资源共享。国家林业局场圃总站于2010年5月4～8日和9月13～16日分别在福建省武夷山市和浙江省杭州市举办了杉木和马尾松良种基地技术协作组成立大会暨良种选育技术培训班，共有来自全国15个省(区、市)45个国家杉木和马尾松重点良种基地的负责人、省种苗站负责人及部分从事杉木、马尾松育种的专家200余人参加了会议。

杉木和马尾松良种基地技术协作组旨在根据全国林木种苗发展规划和良种需求，结合杉木和马尾松产地的特点，指导制定不同地区杉木和马尾松遗传改良的策略和技术路线、良种基地建设规模和建设方向，协调区域间或省际间杉木和马尾松良种选育和基地建设，实现技术和信息共享，为中国杉木和马尾松遗传改良和国家杉木和马尾松良种基地建设提供先进和实用技术支撑。

全国杉木良种基地技术、马尾松良种基地技术协作组由国内长期从事杉木和马尾松良种选育的科研院所、林业种苗管理机构及杉木和马尾松国家重点林木良种基地的科研、管理人员组成，具有科学技术含量高、科技支撑覆盖面广、科技服务功能强的特点。两个协作组下设指导委员会和技术委员会，指导委员会由国家局林业场圃总站杨超总站长任主任，委员由各相关省(区、市)林木种苗站负责人组成。杉木技术工作委员会由南京林业大学副校长、教授施季森任组长，中国林科院亚林所原所长陈益泰为技术顾问，成员由国内长期从事杉木良种选育的科研院所的专家和25个国家杉木重点良种基地的技术负责人组成，协作组办公室设在南京林业大学；马尾松技术工作委员会主任由中国林科院亚林所研究员周志春担任，中国林科院亚林所秦国峰研究员和南京林业大学王章荣教授担任技术顾问，成员由国内长期从事马尾松良种选育的专家和20个国家马尾松重点良种基地的技术负责人组成，协作组办公室设在中国林科院亚林所。

杉木和马尾松良种基地技术协作组的成立，标志着我国林木良种建设步入新的时期，为推进科研—生产—管理的有机结合，提高中国林木良种选育和良种基地生产管理的水平，提高良种产量和质量创造了良好的条件。（赵　兵）

**【国家对西部12省(区)重点建设给予支持】** 林木种苗是林业的命脉，是林业发展的基础和前提。2010年，为进一步支持开展西部大开发工作，在林木种苗工作方面主要开展了以下五方面工作。一是在2010年11月印发的《全国林木种苗发展规划》中，进一步确立了西部地区的发展重点，特别是在机构能力建设、种质资源保护和利用、良种基地建设等方面建设予以重点支持。在林木种苗工程项目建设上，围绕发展重点，着力促进林果、核桃、油茶等经济林产业发展。二是加大投资力度。在西部地区投资建设林木种苗工程项目 52 个，中央预算内投资安排资金 7624 万元。三是加大良种壮苗培育的扶持力度，保证造林良种壮苗的供应。自 2010 年起中央财政开始启动林木良种补贴试点工作，安排西部省区林木良种补贴试点资金 8040 万元，其中国家重点良种基地补贴试点 53 处，补贴资金为 3600 万元；培育 2.22 亿株良种苗木，补贴资金为 4440 万元。四是加强西部地区林木种质资源收集保存工作。扶持贵州省开展种质资源清查工作，补贴资金 20 万元；在陕西、甘肃建立核桃和云杉国家种质资源库，各扶持 15 万元；在宁夏开展枸杞种质资源保存工作，扶持 20 万元。五是开展林木良种选育科技攻关。组织各方面技术人才，围绕西部林业建设重点和主导需求，开展多方向、多目标的林木良种选育科技攻关，培育了一批高产、优质、抗逆性强的新品种。 （于滨丽）

**【援疆工作】** 在林木种苗工程投资与建设、林木良种补贴、提高良种基地人员素质等方面给予支持。一是林木种苗工程投资与建设。2010 年，为推进新疆林果业、生物质能源的发展，安排林木种苗工程项目 8 个，主要建设红枣、核桃、小浆果、文冠果等经济树种良种基地，总投资 1518 万元，其中中央投资 1207 万元，占全国中央预算内投资的 6.04%。二是林木良种补贴试点。2010 年共安排新疆林木良种补贴试点资金 1135 万元，其中 6 处国家重点林木良种基地补贴 335 万元；林木良种苗木培育补贴 800 万元。三是扶持建立杨树国家种质资源库。通过调研确认新疆伊犁州林木良种繁育基地收集的杨树种质资源符合国家种质资源库的标准，计划 2011 年安排 15 万元专项资金建立杨树国家种质资源库。四是加强林木良种基地建设与管理人员培训。于 2010 年 5 月和 9 月特邀新疆林木种苗的有关人员 12 人参加分别在福建和浙江举办了杉木和马尾松良种选育技术培训班。通过培训和交流，开拓了视野，学到了南方林木良种基地建设与管理成功的经验，极大地提高了基地技术人员的业务能力。 （于滨丽）

**【制定出台《全国林木种苗发展规划(2011～2010)》】** 为充分发挥林木种苗在现代林业建设中的基础保障和战略性作用，保证林木种苗事业在宏观规划指导下全面协调可持续发展，在组织征求各有关部门意见的基础上，经过修改完善，通过专家评审，11 月 4 日国家林业局、国家发改委、财政部联合下发了《关于印发〈全国林木种苗发展规划(2011～2020)〉的通知》(林规发〔2010〕250 号)。《全国林木种苗发展规划(2011～2010)》(以下简称《规划》)顺利出台。《规划》根据我国社会经济发展和现代林业建设的新形势，以及林木种苗发展现状，认真分析林木种苗工作中存在的主要问题、面临的需求，提出了新时期中国林木种苗发展的指导思想、遵循的基本原则、发展目标，阐明了全国林木种苗发展战略，确定了今后一个时期我国林木种苗建设布局、建设重点、主要建设内容与任务，提出了实施《规划》的政策需求与保障措施。《规划》作为指导全国林木种苗发展与建设的纲领性文件，是各级林业行政主管部门开展林木种苗工作的重要依据，是中国林木种苗事业发展的一个崭新里程碑。 （韩文兵）

**【林木种质资源保护】** 2010 年，场圃总站继续以补贴的方式，支持部分省(区)开展林木种质资源清查和林木种质资源收集保存工作。

**林木种质资源清查**

*黑龙江省林木种质资源清查* 成立黑龙江省林木种质资源调查领导小组，制定了清查方案，开展了清查前的技术培训。对全省良种基地中的母树木、种子园、基因收集区、示范林内的种质资源分布状况进行了调查，同时开展了濒危树种种质资源调查。2010 年完成了部分地区外业调查，并收集了红松、樟子松等树种种质 300 份。

*贵州省林木种质资源清查* 成立贵州省林木种质资源调查领导小组，制定了清查方案。分别在黔南州和遵义市开展了两期清查业务培训，目前遵义市和贵阳市已完成外业清查。黔西南州完成了林木种质资源分布图的绘制，标本鉴定及蜡叶标本制作，树种名录及图片整理，完成了全州优良林分、优树、优良乡土树种、古大珍稀树种及引进树种的资源清查汇总工作。

*龙江森工集团林木种质资源清查* 成立龙江森工集团林木种质资源领导小组，制定《黑龙江省森工国有林区林木种质资源普查实施方案》和《黑龙江省森工国有林区林木种质资源普查技术方案》，并对有关人员进行业务培训，外业调查和内部整理工作已全部完成，已有两个林业局形成了林木种质资源普查工作调查报告。

**林木种质资源收集与保存**

*河北板栗种质资源收集保存* 河北省收集保存板栗种质 300 份；编写了中国林木种质资源系列丛书之《板栗种质资源》一书。

*宁夏枸杞种质资源收集保存* 宁夏对全区枸杞种质资源进行了全面的调查和整理，收集规范有关技术资料，并汇总全区枸杞种质资源收集保存情况。编写了中国林木种质资源系列丛书之《枸杞种质资源》一书。

**国家林木种质资源异地保存库建设**

*国家级杨树种质资源异地保存库* 在江苏省泗洪县陈圩林场建立国家级杨树种质资源异地保存库。从河南、陕西等地采集小叶杨种质资源 200 多份，并将采集小叶杨种质资源进行异地保护，营建了小叶杨种质资源库 13.33 公顷。同时对杨树国家级种质资源异地保护库进行评价，并开展杂交育种，选育新品种与推广工作。

*国家级竹子种质资源异地保存库* 在浙江安吉竹博园建立国家级竹子种质资源异地保存库。引进竹子品种 15 个，完成 120 余种竹子品种的形态调查，制作 120 份竹子品种笋箨标本和 150 余份蜡叶标本，采集 500 余张竹子品种图片。

*国家级山茶花种质资源异地保存库* 在浙江省金华市国际山茶物种园建立国家级山茶花种质资源异地保存库。已收集保存来自四川、云南、贵州、广西、广东、浙江、江西等十余个山茶植物自然分布区以及中国香

港，越南等地的山茶属4个亚属、17个组别的山茶物种204种。

国家级核桃种质资源异地保存库　在陕西省建立国家级核桃种质资源异地保存库。对省内及部分省市主要核桃种质资源开展调查与收集，在省苗木繁育中心建立3.33公顷核桃种质资源异地保存库，收集各类核桃种质资源40份。

国家级云杉种质资源异地保存库　在甘肃省小陇山林业局沙坝良种基地建立国家级云杉种质资源异地保存库。收集了台湾云杉、天山云杉、雪岭云杉和鱼鳞云杉等云杉种质资源3500份，利用前期收集保存的云杉属种质材料，建立云杉异地保存库1.33公顷，开展种间杂交育种等科学研究。

国家级樟子松种质资源异地保存库　在大兴安岭樟子松国家重点良种基地建立国家级樟子松种质资源异地保存库。在大兴安岭林区进行踏查，收集保存了240个樟子松优良无性系，建立5公顷樟子松异地保存库。

（丁明明）

**【林木品种审定】** 2010年全国共审（认）定通过了包括用材树种、经济林树种及观赏品种在内的林木良种607个，其中国家林业局林木品种审定委员会审（认）定通过了33个品种，并以国家林业局2011年第7号公告公布；北京、河北、山西、辽宁、黑龙江、江苏、山东、河南、湖北、湖南、广东、四川、重庆、云南、陕西、甘肃、宁夏、新疆等18个省（区、市）审（认）定公布了林木良种574个。

**国家林业局林木品种审定委员会**　审定29个。水杉：湖北利川水杉母树林种子；杞柳：丽白；美洲黑杨：南林862杨、南林3804杨、南林3412杨；青绿苔草：四季；绿爬山虎：翠玉；五叶爬山虎：加引1号；枣：早脆王、沧蜜1号、曙光、京枣18、京枣28、京枣31、京枣60；桃：丽春、超红珠；杏：围选1号；猕猴桃：金艳；板栗：云红、云雄；金银花：亚特、亚特红、亚特立本；油茶：赣70、赣无12、赣无24、桂普32、桂普101。

认定4个。猕猴桃：金铃；川鄂爬山虎：锦带；桃：黄中皇；核桃：川早1号。

**北京市**　审定23个。禾叶山麦冬：金麦冬；一串红：彩铃红、红粉佳人、京妍1140；万寿菊：京越1号；月季：北京红；蝴蝶兰：顺科京鑫红；观赏海棠：红亚当、圣乙女；草莓：冬香、红袖添香；桃：忆春、金秋蟠桃、中农红久保、中农醯保；杏：京香红、京脆红；甜樱桃：彩霞、早丹；板栗：燕昌早生、燕山早生；葡萄：京艳。

**河北省**　审定25个。葡萄：紫脆无核、紫甜无核、金田蓝宝石、金田翡翠、金田玫瑰、金田美指；枣：牛妈妈枣、沧金1号、金丝硕星、大金丝王枣；梨：世纪无核；桃：久玉、久脆、久硕、久红、久艳；樱桃：拉宾斯、龙冠；毛白杨：毛白杨1316、毛白杨1319、毛白杨8001；刚毛柽柳；萱草：金娃娃萱草、红运萱草；七沟林场油松种子园种子。

认定1个。桃：佳保桃。

**山西省**　审定9个。和顺义兴母树林油松种子；海眼寺母树林油松种子；核桃：金薄丰1号；枣：金谷大枣、晋赞大枣、宫枣；苹果：晋18短枝红富士、苹果矮化砧木SH1；甜樱桃：友谊。

认定2个。樱桃：吉塞拉5号；树莓：海尔特兹。

**辽宁省**　审定11个。东部白松：2000－4号种源、2000－15号种源、2000－16号种源；喀左大平顶枣；阜新镇油松母树林种子；胜利油松母树林种子；班克松；东部白松；红松果林高产无性系（9512、9526）；日本落叶松优良家系（F13、F41）；辽宁杨。

认定2个。连山侧柏母树林种子；章古台樟子松母树林种子。

**黑龙江省**　审定35个。杨树：银中杨、山新杨、青山杨；沙棘HF－14；错海樟子松第一代无性系种子园种子；错海长白落叶松第一代无性系种子园种子；孟家岗长白落叶松初级无性系种子园种子；东方红樟子松第一代无性系种子园种子；青山杂种落叶松实生种子园种子；青山长白落叶松第一代种子园种子；青山樟子松初级无性系种子园种子；渤海长白落叶松初级无性系种子园种子；太东长白落叶松初级无性系种子园种子；梨树长白落叶松初级无性系种子园种子；梨树樟子松初级无性系种子园种子；鸡西长白落叶松初级无性系种子园种子；缸窑兴安落叶松初级无性系种子园种子；陈家店长白落叶松初级无性系种子园种子；鹤岗长白落叶松初级无性系种子园种子；樟子松卡伦山种源；樟子松金山种源；桶子沟红松天然母树林种子；大亮子河红松天然母树林种子；胜山红松天然母树林种子；胜山兴安落叶松天然母树林种子；中央站兴安落叶松天然母树林种子；阁山兴安落叶松天然母树林种子；宝龙店水曲柳天然母树林种子；加格达奇兴安落叶松第一代无性系种子园种子；加格达奇樟子松第一代无性系种子园种子；嫩江云杉；东方红钻天松；垦绥垂柳；欧洲垂枝桦；光皮小黑杨。

**江苏省**　认定11个。中山杉136；银杏：银丰、优酸果、富酸果、万年金；黄纹竹；板栗：溧阳处暑红、筑波；红五月月季、金陵红三角枫、红叶石楠H204。

**福建省**　审定56个。尾巨桉无性系ZL9、尾叶桉无性系ZL11、尾巨桉无性系ZL15；马尾松家系闽林WY36、闽林WY37、闽林WY38、闽林WY39、闽林WY40、闽林WY41、闽林WY42、闽林WY43、闽林WY44、闽林WY45、闽林WY46、闽林WY47、闽林WY48、闽林WY49、闽林WY50、闽林WY51、闽林WY52、闽林WY53、闽林WY54、闽林WY55、闽林WY56、闽林WY57、闽林WY58、闽林WY59、闽林WY60、闽林WY61、闽林WY62；杉木无性系CO1、CO2、CO3、CO4、CO5、CO6、CO7、CO8；马尾松种源MP8189、MP8166、MP8136、MP8174、MP8168、MP8139、MP8190、MP8186、MP8164、MP8183、MP8161；马尾松家系W82138、W82139、W82170、W82171；福建柏种源FH001、FH002、FH006。

认定5个。漳平五一马尾松二代种子园；顺昌埔上马尾松二代种子园；邵武卫闽杉木三代种子园；邵武卫闽马尾松二代种子园；顺昌县油茶临时采穗圃。

**山东省**　审定50个。绒毛白蜡：鲁蜡1号、鲁蜡2号、鲁蜡3号、鲁蜡4号；美国红梣：鲁蜡5号、鲁蜡6号；沙地柏；板栗：泰林1号、宝丰、岱岳早丰；苹果：青矮1号、青矮2号、青矮3号、甘红、太平洋玫瑰、粉红佳人；枣丰1号核桃；枣：鲁枣4号、鲁枣5号、鲁枣6号、鲁枣7号、乳脆蜜、沾冬2号；秋红珠油桃；甜樱桃：哥伦比亚、红南阳、泰山红日、泰山朝阳；石榴：霜红宝石；梨：德玉；红叶石楠：红罗宾、金红；月季：希望；欧洲白蜡：冬红；美国白蜡：紫叶；沂州海棠：沂蒙红、时代红、绿宝石、锦绣彩、醉西施、蓝黛颜；红叶短枝卫矛；扶芳藤：阳光、金边、凯文斯；曹州1号国槐；落羽杉：中山杉302、中山杉118、中山杉102、中山杉9。

认定7个。苹果：皮诺娃；蓝莓：伯克利、北陆、喜来；槭树：秋天火焰；银边扶芳藤；加拿大紫荆：森林火焰。

**河南省** 审定30个。桃：秋硕、兴农红；油桃：中油桃12号、中油桃14号、中农金硕；富嘎苹果；早金艳杏；樱桃：万寿红、红樱、红锦；核桃：哈特利；蜂蜜罐枣；笑然1号山茱萸；卢氏油松种子园种子；楸树：宛楸8401、宛楸8402、洛楸1号、洛楸2号；无刺皂荚；桃：洒红龙柱、红伞寿星；红云紫薇；金叶连翘；杜仲：华仲1号、华仲2号、华仲3号、华仲4号、华仲5号；济源侧柏；胡栾头柿。

认定16个。树莓：香妃、红宝、莎妮、凯欧；油茶：豫油茶8号、豫油茶9号、豫油茶10号、豫油茶11号、豫油茶12号、豫油茶13号、豫油茶14号、豫油茶15号；泡桐：白四、兰四；悬铃木：少球1号、少球2号。

**湖南省** 审定62个。杨树：XL－75杨、XL－77杨、XL－90杨、XL－92杨、XL－101杨；杉木：会同县杉木2代种子园种子、攸县林科所杉木2代种子园种子、靖州县马园杉木2代种子园种子、资兴市天鹅山杉木2代种子园种子；马尾松：城步县林木良种场马尾松种子园种子、桂阳县林业局苗圃马尾松种子园种子、汨罗市桃林国有林场马尾松种子园种子；湿地松：汨罗市桃林国有林场湿地松去劣种子园种子；杉木无性系：靖全02、靖全03、靖全04、靖全05、靖全06、靖全07、靖全08、靖全09、靖全10、靖全11、靖全13、靖全21、靖全22、靖全24、靖全25、靖全27、靖半01、靖半02、靖半06、靖半07、攸全02、攸全06、攸全08、攸全14、攸全15、攸全16、攸全18、攸半01、攸半02、江全01、江全03、会全01、会全06、会全09、会全10、会半01、会半04、会半08、会无02、会无03；油茶：湘林106、湘林117、湘林121、湘林124、湘林131、浏阳油茶杂交种子园种子；花叶檵木1号；西施杜鹃；花叶女贞。

认定16个。会同县杉木1代种子园种子；靖州县马园杉木1代种子园种子；江华国有林场杉木1.5代种子园种子；资兴市天鹅山杉木1.5代种子园种子；城步县林木良种场杉木去劣种子园种子；杉木无性系：堡优9、堡优37、堡优38、靖杂1、靖杂2、靖杂3；油茶：常林3、常林36、常林39、常林58、常林62。

**四川省** 审定9个。柳杉：洪雅柳杉母树林种子；杉木：洪雅杉木第一代无性系种子园种子、洪雅杉木第一代改良无性系种子园种子、筠连杉木第一代改良无性系种子园种子、高县杉木第一代无性系种子园种子、高县杉木第一代改良无性系种子园种子；马尾松：高县马尾松第一代无性系种子园种子；柏木：三台柏木第一代去劣实生种子园种子、蓬安柏木第一代实生种子园种子。

认定37个。高县杉木第二代无性系种子园种子慈竹；慈竹：沐川慈竹01号、慈竹6号、蓉慈一号；香椿：巴山红；油橄榄：西油1号；核桃：川早3号、巴塘金核1号；板栗：川栗早；夹江石斛；高山杜鹃：粉金蝶；檫木母树林种子；油樟母树林种子；会东华山松母树林种子；香叶木姜子母树林种子；小叶香樟母树林种子；利川润楠母树林种子；川乡1号杂交杨；南林895杨；油茶：江安－1、江安－12、江安－24、江安－54、翠屏－7、翠屏－16、翠屏－36、翠屏－39、翠屏－41、达林－22、达林－32、达林－34、达林－39、川荣－444、川荣－523、川荣－476、川荣－108、川荣－241。

**重庆市** 认定17个。油茶：湘林1、湘林4、湘林27、湘林34、湘林36、湘林69、湘林210、长林3号、长林4号、长林18号、长林21号、长林23号、长林27号、长林40号、长林53号、长林55号、长林59号。

**云南省** 审定9个。木豆：ICP7035、ICP12746；久树：云久1号；核桃：云新301、云新303、云新306；澳洲坚果：农试246、农试508、农试788。

认定51个。膏桐：云宇1号、云宇2号、云宇3号；旱冬瓜：云旱1号、云旱2号；屏边县秃杉无性系种子园种子；昌宁县旱冬瓜采种基地种子；普洱市卫国林业局西南桦母树林种子；尾巨桉：JL113、JL102；沾益县川滇桤木采种基地种子；一平浪林场云南松无性系种子园种子；龙竹：孟连县巨龙竹优良种源、新平县龙竹优良种源；新平县云南甜竹优良种源；陇川麻竹采节圃；昭通小草坝林场金佛山方竹采节圃；西畴县香坪山林场云南拟单性木兰母树林种子；屏边县云南拟单性木兰母树林种子；永胜县云新云林、永11号核桃采穗圃、玉龙县核桃采穗圃、蒙自县漾濞核桃采穗圃、弥勒县五七村漾濞核桃采穗圃、红河州林科所红河1号、红河2号核桃采穗圃、石屏县漾濞系列核桃采穗圃、泸西县云新系列核桃采穗圃、绿春县云新高原、云新云林核桃采穗圃、寻甸县大姚三台核桃采穗圃、丽科1号、丽科2号、华宁县大白壳、大砂壳核桃采穗圃、云晚霜1号、云晚霜2号、庆丰1号、庆丰2号、沾益县九龙山苗圃核桃采穗圃；油茶：保油10号、金平县花果山油茶采穗圃、建水县油茶采穗圃、云油茶红河1号、云油茶红河2号、云油茶红河3号、云油茶红河4号、云油茶红河5号；丽江市林科所云南红豆杉采穗圃；云八角1号、云八角2号、云八角3号；奇楠沉香1号；南美油藤；沾益县九龙山苗圃板栗采穗圃。

**陕西省** 审定8个。油松：周至厚畛子油松母树林种子；樟子松：榆林市樟子松种子园种子；枣：陕北长枣、方木枣；花椒：美凤椒、小红冠；杜仲：饲仲1号；石榴：昭陵御石榴。

认定2个。油茶：镇油1号、镇油33号。

**甘肃省** 审定26个。刺槐；油松；欧美杨107、欧美杨108；华北落叶松母树林种子；圆冠榆；楸树；柠条；三倍体毛白杨；山桃；小叶杨；花棒；垂榆；琼瑶浆酿酒葡萄、沙棘；赛美容酿酒葡萄；文冠果；紫叶封箱果、金叶封箱果；仙客来；张掖红梨2号；陇南15号核桃、陇南775号核桃；世纪无核鲜食葡萄；香玲核桃；紫果云杉母树林种子。

认定8个。山杏：镇丰1号；白榆；紫叶矮樱；蛇龙珠酿酒葡萄、西拉酿酒葡萄、贵人香酿酒葡萄；沙棘：辽阜1号、实优1号、中国无刺；北美海棠。

**宁夏回族自治区** 审定9个。青海云杉：罗山青海云杉天然母树林种子；刺槐：金山刺槐母树林种子；柽柳：红花多枝柽柳；矮樱：紫叶矮樱；苹果：红叶乐园；楸子：景观柰-29；宁夏枸杞：宁杞3号、宁杞6号、宁杞7号。

**新疆维吾尔自治区** 审定15个。叶娜杏；枣：若羌灰枣、若羌冬枣、若羌金丝小枣；樟子松；长富2号苹果；葡萄：克瑞森无核葡萄、赤霞珠、红地球葡萄、无核白；香梨：早美香；欧洲李：新梅1号、新梅2号、新梅3号；三倍体毛白杨(193系列)。

认定22个。红勋1号海棠；西域红叶李；苹果：寒富、阿波尔特、首红；欧洲李：伊梅1号、理查德早生、黑宝石李；树莓：新康R08-1；沼泽小叶桦；欧洲黑杨；葡萄：梅鹿辄、霞多丽、蛇龙珠、烟73、西拉、雷司令；核桃：新温724、新温915、新温917；杏：叶河红、库山早。 (鲁新政)

**【全国林木种苗工作会议】** 2010年11月7日，全国林木种苗工作会议在安徽省合肥市召开。各省(区、市)林业厅(局)、内蒙古、吉林、龙江、大兴安岭森工(林业)集团公司、新疆生产建设兵团林业局主要负责人、种苗站长、国家林业局有关司局和直属单位负责人以及先进集体和先进个人代表共270余人参加了会议。国家林业局局长贾治邦主持会议并在会上作讲话。

国家林业局副局长张建龙出席会议，并作主题报告。张建龙在工作报告中总结了种子法颁布实施10周年来全国林木种苗工作取得的巨大成就和多年积累的宝贵经验，深入分析了当前林木种苗工作面临的新形势、新任务，部署了“十二五”时期的林木种苗工作。

安徽省委常委、副省长赵树丛在会上介绍了全省林木种苗建设情况。安徽省林业厅厅长韩柏泉、浙江省林业厅厅长楼国华、吉林省吉林市林业局局长任庆士等单位代表和河北省龙头山林木良种场技术员袁德水等个人代表作了典型发言。

为弘扬林木种苗从业单位的先进事迹和广大从业人员艰苦创业、无私奉献的精神，激励全社会关心支持林木种苗事业，推动全社会关心支持林木种苗事业发展，推动林木种苗工作再上新台阶，国家林业局决定授予北京市林业种子苗木管理总站等112个单位全国生态建设突出贡献奖——林木种苗先进单位荣誉称号，授予刘福山等201名同志全国生态建设突出贡献奖—林木种苗先进工作者荣誉称号。 (丁明明)

**【全国林木种苗站长座谈会】** 2010年7月27~29日，场圃总站在长春市组织召开全国林木种苗站长座谈会，传达学习贯彻全国林业厅局长座谈会议精神，研究落实2010年林木良种补贴试点工作，筹备全国林木种苗工作会议，总结交流上半年林木种苗工作，安排部署下半年林木种苗重点工作。各省、自治区、直辖市林业厅(局)及内蒙古、吉林、龙江、大兴安岭森工(林业)集团公司、新疆生产建设兵团林业局林木种苗站站长，国家林业局林木种子质量检验中心主任等共50多人参加会议。 (丁明明)

**【2010中国·合肥苗木花卉交易大会】** 由国家林业局和安徽省人民政府共同主办，国家林业局国有林场和林木种苗工作总站、安徽省林业厅、合肥市人民政府承办的2010中国·合肥苗木花卉交易大会，于2010年11月9~11日在肥西中国中部花木城举行。来自26个省份(包括台湾)的近1400家参展商、贸易商，约3万专业人士前来参展、交易、寻求合作。有697家苗木花卉生产经营企业进场参展，较2009年增长了11.12%。其中市外企业达385家，较2009年增长了21.45%。大会期间，总交易额6.664亿元，较2009年增长了27.7%。本届苗交会以“承接转移、做强产业”为主题，突出生态、绿色、科技、特色等理念，展示了安徽及周边省份苗木花卉生产成果，凸显了苗木花卉研究、开发的新技术、新成果、新理念。

国家林业局局长贾治邦、副局长张建龙，国家发改委及国家林业局28位司局级领导，全国31个省、自治区、直辖市、林业厅(局)长和种苗站站长出席了大会，并对苗交会组织工作、成果展示、产品交易、观光游览、科普宣传、技术交流等方面给予了充分肯定。

(李玉洁)

**【2010中国(昌邑)北方绿化苗木博览会暨第十五届中国园林花木信息交流会】** 由国家林业局、山东省人民政府主办，国家林业局国有林场和林木种苗工作总站、中国花卉报社、山东省林业局、潍坊市人民政府、昌邑市人民政府承办的2010中国(昌邑)北方绿化苗木博览会暨第十五届中国园林花木信息交流会，于9月20~22日在山东昌邑隆重举办。

本届展会以“绿色·和谐”为主题，以开展信息交流、加强合作发展为重点，全面展示了绿化苗木及园林花木的最新发展成果，博览会还进行了广泛的商务洽谈和市场交易活动，实现了展示、交流、招商的良性互动和同步发展。会议共吸引参展客商单位600多家，浙江、江苏、安徽、黑龙江、大连、内蒙古等20个省市的苗木企业参展，参会参展客商5000余人，观众超过10万人次，会议期间签订苗木购销合同1500多笔，交易额3亿多元。该会的举办对促进苗木产业发展，扩大招商引资，带动旅游业及相关产业发展、提高昌邑知名度等方面都发挥了重要的作用。 (李玉洁)

**【全国林木种苗统计年报审核会】** 由国家林业局场圃总站主办、云南省林木种苗工作总站承办的全国林木种苗统计年报审核会，于2010年3月30~31日在昆明召开，来自全国30多个省(区、市)种苗信息员参加了会议。

会议对2010年全国春季造林种苗准备情况进行了通报，并就首次使用数据库软件报送数据的情况及报送过程中存在的问题进行了分析、总结，同时，对今后的春季种苗供需调度工作及年报统计工作提出要求。

会议认真审核各单位2009年林木种苗统计年报填报数据，并对填报指标进行了统一规范，并就数据库内容、功能使用情况进行了意见征求，云南、内蒙古、黑龙江等省(区)林木种苗信息员就如何开展新时期林木种苗信息工作进行经验交流发言。

会议期间，参会代表到石林林场墨西哥柏种子园和苗圃实地了解了云南种苗受干旱影响情况，针对云南百年未遇的特大旱情，在会议主办单位和承办单位倡议下，开展了“抗旱救灾，我们参与”的捐款活动，所捐款项已委托云南省林业厅全部交云南省接收救灾捐赠办公室。 (李玉洁)

**【场圃总站开展林木良种宣传工作】** 2010年，场圃总站为加强社会对林木良种重要性的认识，配合林木良种补贴制度的建立和实施，开展了林木良种系列宣传活动。

2010年4月在中国绿色时报开辟了“推进林木良种化进程 促进现代林业发展方式转变”专栏，宣传林木良种建设取得的成就，配合林木良种补贴制度的建立和实施。专栏共有5篇文章，分别是《以“种”为本 夯实现代林业之基》、《林木良种化建设，拓展林业发展的舞台》、《建立林木良种补贴制度 四两拨千斤》、《基地建设，推进林木良种化的重要抓手》、《林木种质资源保护——决胜生物经济时代的战略选择》，从不同的角度对林木良种的地位和作用进行了宣传报道。还开辟了题为“聚焦林木良种化建设典型”2个专版，重点介绍7个国家重点林木良种基地和福建、浙江、河北、新疆等省(区)的典型经验，供各地学习借鉴。

2010年6月出版了《林木良种与现代林业》宣传画册，画册以实物照片形式集中展现了中国半世纪以来在林木良种选育、林木良种基地建设、林木良种管理方式等方面取得的显著成绩，旨在宣传林木良种在林业建设中的基础地位和在森林经营中的重要作用，提高人们选育和使用良种的积极性和自觉性，为我国现代林业建设作出应有的贡献。 (丁明明)

**【2010年行政许可工作开展情况】** 场圃总站承担6项行政许可事项，2010年主要办理了其中的4项，依次为林木种子经营许可证核发、向境外提供或从境外引进林木种质资源审批、国家级森林公园设立、撤销、合并、改变经营范围或变更隶属关系审批、林木种苗进口审批。“采集或采伐国家重点保护种质资源审批”、“国家林木种子质量检验机构资质考核”两项许可事项。2010年共受理行政许可申请2032件。作出准予许可决定1888件(包括准予延续45件，准予变更5件)，占许可决定的93%；作出不予许可决定9件，退文2件；办理许可文书60件，修改许可决定书73件。

经严格审查作出准予许可决定1888件，其中林木种子经营许可证发放、延续、变更21件；向境外提供或从境外引进林木种质资源审批5件；设立国家级森林公园及变更、撤销28件；种苗进口审批及延续有效期1834件。分别占行政许可决定的1.16%、0.26%、1.48%、97.1%。办理不予许可决定9件，其中林木种子经营许可证5件；国家级森林公园1件；种苗进口审批3件。分别占不予许可总数的55.5%、1.1%、33.3%。在审查过程中，办理行政许可文书60件，其中发放专家考察通知书38份，发出补正通知书22件。 (韩文兵)

**【林木种苗进口】** 为了丰富国内物种资源，保障造林绿化种苗的供应，2010年共从美国、加拿大、澳大利亚、荷兰、比利时、日本、丹麦、中国香港等国家和地区进口林木种子18 886.611吨，苗木1033.12万株，种球14 479.66万粒。其中松、杉、柏、槭树、桉树、水果、干果等各类林木种子432.469吨；早熟禾、黑麦草、高羊茅、狗牙根等草坪种子18 307.625吨；鸡冠花、一串红、仙客来、蝴蝶兰、百合、郁金香、唐菖蒲等花卉种子146.517吨；百合、郁金香、唐菖蒲等花卉种球14 479.66万粒。 (赵 兵)

**【《中华人民共和国种子法》实施10周年】** 2000年12月1日，《中华人民共和国种子法》颁布实施。十年来，全国各级林业主管部门积极采取一系列行之有效的措施，推动了《种子法》的贯彻落实。《种子法》配套法规逐步完善，种苗执法和质量监管制度依法建立，全社会法律意识和法制观念不断提高，种苗管理机构建设得到加强，种苗行政管理职能和依法行政能力逐步强化，种苗市场逐步规范，种苗生产经营秩序明显好转，种苗质量明显提高。种苗生产、经营和使用者的合法权益得到有效保护。

**执法检查活动** 在2002年全国人大常委会组织开展了《种子法》执法检查的基础上，2003年和2004年，国家林业局分别组织开展了全国林木种苗行政执法和质量监督年活动和全国林木种苗质量年活动；2004年与国家工商管理总局就林木种苗广告问题联合开展了种苗行政执法专项检查行动；2005年，全国人大农委又组织种子法执法调研活动，召开了部分省区种苗管理人员、企业代表参加的座谈会；2010年，全国人大常委会就品种选育与审定、品种权益人保护情况，种苗经营情况，查处违法行为情况等组织开展了执法检查。与此同时，各地林业主管部门也与工商、公安、纪检等部门协调，联合组织开展了多种形式的林木种苗执法检查活动。通过多层次、多种形式的执法检查，推动了种苗违法案件的查处，有效地遏制了林木种苗违法行为，规范了种苗市场，保护了林木种苗生产、经营和使用者的合法权益。据统计，全国共查处种苗违法案件2000多起，涉案金额近亿元。

**制定配套文件** 国家林业局先后制定出台了《中华人民共和国主要林木目录(第一批)》、《林木种子生产、经营许可证管理办法》、《主要林木品种审定办法》、《林木种子质量管理办法》、《林木种质资源管理办法》等5个部门规章，下发了《林木种苗质量监督抽查暂行规定》、《林木种子包装和标签管理办法》、《林木种子采收管理规定》、《林木种子生产、经营档案管理办法》、《国家林业局关于加强林木种苗质量监督管理的规定》、《林木种苗质量监督检验机构建设规定》、《林木种苗质量检验机构考核办法》、《国家林业局林木种子经营行政许可监督检查办法》和《油茶种苗质量管理规定》等9个规范性文件。同时，还和国家工商总局联合下发了《关于加强林木种子广告管理的通知》。北京、天津、河北、山西、内蒙古、辽宁、吉林、江苏、浙江、江西、山东、河南、湖北、湖南、广西、重庆、四川、贵州、云南、西藏、陕西、甘肃、新疆等23个省(区、市)和大连、青岛等2个计划单列市颁布了《种子法》实施办法或条例，其中北京、天津、甘肃、新疆等4个省(区、市)的地方行政法规明确受权林木种苗管理机构行政处罚权。据不完全统计，各地制定出台了200多件配套规定，200多项地方标准，基本形成了以《种子法》为主体，地方行政法规、部门规章和地方政府规章等相配套的林木种苗法律、法规和技术标准体系。

**落实各项制度** 一是初步建立起完善的林木种子生产经营行政许可和标签制度。全国发证率由2002年的13%提高到目前90%以上；有30个省(区、市)实行了林木种子标签制度。同时，国家林业局按照《行政许可法》的规定，加强了对被许可人的动态管理和事后监督管理。先后发布了10个公告注销42家不合格企业。二是建立了规范的林木种苗质量检验制度。林木种苗质量管理实现常态化。从2002年开始，国家林业局每年组织国家级林木种子质量检验中心对林业重点工程使用种苗质量进行抽查，对抽查结果进行通报，建立了国家林木种苗质量抽查通报制度。从2006年开始，林木种苗质量抽查内容从形态指标抽查向遗传品质延伸，从定量抽查向定量与定性检查相结合方式转变，抽查的内容不仅包括林木种苗质量指标，也涵盖了林木种苗生产经营档案建设情况、许可标签制度执行情况、品种审定情况、种苗质量自检情况、林木种子来源情况、采种期公告情况等。三是开始建立林木种苗生产、经营档案制度。为进一步推进林木种苗生产、经营档案制度建立，国家林业局下发了《林木种子生产、经营档案管理办法》，明确林木种苗生产、经营档案包括的内容、保存期限。分别在河北、广东、黑龙江、贵州4个省的8个县开展档案建设试点工作，要求试点单位按照《种子法》规定，认真记录林木种子来源、销售去向、生产过程等相关内容，并于2009年召开了经验交流会，推广试点经验。四是建立了林木品种审定制度，全国共审(认)定了2776个林木良种，在适生范围内推广应用，全国主要造林良种使用率由2002年的20%提高到目前的51%。

**加强宣传引导** 一是开辟专栏。2003年、2004年和2007，国家林业局在《中国绿色时报》开辟了"种苗法制园地"等3个专栏，刊登了149期相关文章，集中宣传《种子法》及相关政策、各地林木种苗行政执法好的做法和典型案例、良种建设与发展等方面的内容。二是举办知识竞赛。2001年、2003年、2006年、2010年，国家林业局分别举办了四次林木种苗知识竞赛，各地也分别组织了不同形式的知识竞赛活动，全国累计参与人数40余万人，取得了良好的宣传效果。三是强化人员培训。全国各地林业主管部门先后组织了形式多样的培训活动，培训种苗管理和技术人员近30万人(次)。四是编印发放宣传材料。国家林业局先后编印了《〈中华人民共和国种子法〉重点法条实用指南》、《林木种苗行政执法手册》、《林木种苗行政执法知识问答》等实用教材；各地根据本省实际编写实用技术和宣传册子，据不完全统计，全国林业系统发放各类书籍100多万册，宣传材料1000多万份。五是利用互联网、编印简报等多种形式宣传《种子法》。在林业主流媒体国家林业局局域网、国家种苗网、地方林业和种苗网刊登种苗法律、法规和管理、技术信息，介绍各地种苗管理经验；定期编印种苗简报，实行政务公开，畅通信息沟通渠道。

**健全种苗管理机构** 全国31个省(区、市)和4个森工集团都建立了林木种苗管理机构，其中30个省级林木种苗管理机构依法开展林木种苗执法工作，内蒙古、辽宁、黑龙江、浙江、安徽、福建、江西、河南、湖南、贵州、四川、重庆、广西、陕西、甘肃、新疆等16个省(区、市)和大兴安岭森工集团林木种苗管理机构参照公务员法进行管理。1500多个地县级林业主管部门设立了林木种苗管理机构。目前，已成立4个国家级种苗质量检验机构，29个省(区、市)、145个地市和521个县成立了种苗质量检验机构，全国现有林木种苗质量检验人员10 376人，初步形成了林木种苗管理和质量检验体系，林木种苗管理逐步向引导、规范、监管和服务转变，公共服务水平明显提高。

十年来，各级政府高度重视，各级林业主管部门依法履行职责，林木种苗事业取得了长足发展。但是，从总体上讲，林业在整顿种苗市场秩序，建立健全各项制度方面还存在较大差距，与当前形势要求还有距离，个别区域仍存在一些亟待解决的问题，如制售假劣林木种子、苗木，以次充好，坑农害农现象时有发生；购销环节依然存在无证、无签、乱引、乱繁违法行为；广告宣传中随意进行产量和效益预测，适生范围表述含混不清，误导林农等，需要进一步加大管理力度，逐步规范。总之，《种子法》的实施，极大地保护了林木种质资源，规范了品种选育和林木种苗生产、经营、使用行为，维护了品种选育者和林木种苗生产、经营和使用者的合法权益，提高了林木种苗质量，推动了林木种苗产业化，促进了现代林业发展。 (周景莉)

**【全国林木种苗质量检查】** 2010年，国家林业局委托南方林木种子检验中心、北方林木种子检验中心、林木种苗质量检验检测中心(长沙)、林木种苗质量检验检测中心(呼和浩特)对河北、山西、内蒙古、浙江、安徽、福建、江西、河南、湖北、湖南、广东、广西、重庆、四川、贵州、云南、陕西、宁夏、甘肃等19个省(区、市)的林木种子、苗木质量进行了质量检查。共检查了54个市县的70个单位、42个树种、266个种批、84个苗批。其中河北、山西、内蒙古、河南、广东、重庆、四川、贵州、陕西、宁夏、甘肃等11个省(区、市)的林木种子样品合格率为91.7%，较2009年的96.7%下降了5个百分点，苗木苗批合格率为78.7%，较2009年的96.2%下降了17.5个百分点。

从检查的结果看，一是在42个树种(品种)中，列入主要林木目录的树种(品种)28个，通过审(认)定为林木良种的11个，占列入主要林木目录树种的39.3%。二是在检查的70个单位中，有生产许可证的单位67个，占检查单位总数的95.7%，有经营许可证的单位

65个，占检查单位总数的92.9%，生产经营环节使用标签的单位50个，标签使用率达71.4%，实行种苗质量自检的单位48个，占检查单位总数的68.6%，档案内容齐全的单位32个，占检查单位总数的45.7%，已建立档案但内容不齐全的单位31个，占检查单位总数的44.3%。三是在检查的16个市县中，在采种季节确定采种林的15个县，占检查市县总数的93.8%，向社会公告采种期的9个县，占检查市县总数的56.2%。四是在检查的266个种批中，来源于种子园的种批数为4个，占1.5%，来源于母树林的种批数为23个，占8.6%，来源于采种基地的种批数为93个，占35%，来源于一般采种林的种批数为44个，占16.5%，来源不详的种批数102个，占38.3%。五是在检查的84个苗批中，使用良种基地种子育苗的苗批18个，占21.4%，使用采种基地种子育苗的苗批数为7个，占8.3%，使用一般采种林种子育苗的苗批数为40个，占47.6%，使用来源不详的种子育苗的19个，占22.6%。

从检查的情况看，各地在种苗质量管理中还存在一些不容忽视的问题：一是苗木质量下降幅度较大，与2009年相比下降了17.5个百分点；二是"三证一签"制度执行落实不到位，无证无签现象在一些地方依然存在；三是林木品种审(认)定工作滞后，在检查的列入主要林木目录的31个树种中，通过审(认)定的只有11个，仅占35.5%；四是档案不健全和没有档案的问题仍然比较突出；五是种苗质量自检制度落实不到位；六是仍然存在种子来源不清的问题；七是一般采种林的种子在育苗中占有较大比例。

国家林业局向全国通报了此次抽查结果，要求各地要进一步提高对林木种苗质量管理工作重要性的认识，加强种苗管理机构和质量检验机构队伍建设，严格落实"三证一签"制度，切实加强林木种苗质量自检工作，切实重视林木品种选育和品种审(认)定工作，进一步落实档案制度，继续加强林木种子采收工作，依法打击抢采掠青行为。　(郑欣民)

**【林木种苗执法示范县试点工作开展】** 为了提高林木种苗行业的行政执法管理水平，树立典型，以点带面，推进依法治种，进一步规范林木种苗市场秩序，2010年，国家林业局在河北的赞皇、围场，辽宁的阜新、喀左四个县开展了林木种苗执法示范县试点工作。示范县的建设围绕《林木种苗执法体系框架》中规定的六项制度开展，包括质量管理制度、行政许可制度、专项检查制度、办案制度、奖惩制度和宣传制度等。通过开展试点工作，四个试点县完善了种苗管理规章制度，健全了林木种苗管理机构，完善了种苗管理基础设施，购置了必要的办公设备和仪器设备，组织了《种子法》及相关规定的宣传和林木种苗业务培训，开展了专项检查，共查处案件50多起，罚款31.8万余元，提高了依法行政能力，规范了林木种苗市场秩序，探索了林木种苗行政执法模式，为其他省份林木种苗执法工作的规范化开展树立了典型。　(薛天婴)

**【下发《国家林业局关于进一步加强林木种苗生产经营许可证管理的通知》】** 林木种子生产经营许可制度是《种子法》规定的一项重要制度。《种子法》实施以来，各级林业主管部门积极贯彻落实《种子法》，先后制定出台了一系列办法和规章，加强宣传和指导，组织开展执法检查，严厉打击无证经营违法行为，效果显著，林木种子生产经营许可证发证率达到90%以上。但是，仍然存在无证生产经营林木种子，林业主管部门审核发放林木种子生产经营许可证程序不规范，对被许可人监督管理不到位等问题。为进一步落实林木种子生产经营许可制度，规范林木种子生产经营许可证的发放和管理，国家林业局下发《关于进一步加强林木种苗生产经营许可证管理的通知》(林场发〔2010〕614号)(以下简称《通知》)。　(薛天婴)

**【国家林业局组织开展打击侵犯知识产权和制售假冒伪劣商品专项行动】** 为认真贯彻落实全国知识产权与执法工作电视电话会议精神，按照国务院的统一部署，从2010年10月开始，国家林业局组织开展了打击制售假劣林木种苗和保护植物新品种权专项行动。

此次专项行动的重点：一是对种苗集散地、种苗交易市场等林木种苗生产、经营比较集中的区域，特别是以油茶为主的经济林生产、经营相对集中的区域，选择部分省区组织开展执法检查，严查以次充好、以假乱真的违法行为；二是规范林业重点工程使用种苗行为，对三北防护林体系建设工程、退耕还林工程和京津风沙源工程等林业重点工程使用的林木种子和苗木，开展种苗质量检查，突出检查产种用种大省和造林任务大省，从源头上加强种苗质量监管；三是严厉打击未经权利人授权，盗用已授权品种、专利和地理标志进行营利性种植、繁殖、生产和销售的侵权行为严厉打击仿冒授权品种、专利和地理标志，进行营利性生产和销售的假冒行为；四是严厉打击未经权利人和主管机关许可，违规使用注册商标、仿冒伪造生产许可、质量认证标志和虚假标识的违法行为。

通过专项行动的开展，进一步宣传贯彻《种子法》和《植物新品种保护条例》，提高公众法律意识，严厉打击制售假冒伪劣林木种苗、依法查处无证无签(林木种子生产许可证、林木种子经营许可证、林木种苗质量检验证和林木种子标签)生产经营林木种苗的违法行动，整顿和规范种苗生产经营秩序，加强林木种苗质量全过程管理。加大植物新品种权保护力度，查处一批侵犯和假冒林业植物新品种权的典型案件，维护权利人的合法权益。推进依法治种进程，创造公平的市场环境，保障林木种苗事业科学发展。

为加强对专项行动的组织领导，保证各项工作落到实处，国家林业局印发了《打击制售假劣林木种苗和保护植物新品种权专项行动实施方案》，专门成立打击制售假劣林木种苗和保护植物新品种权专项行动领导小组，国家林业局张建龙副局长任领导小组组长，国家林业局国有林场和林木种苗工作总站总站长杨超、科技中心主任胡章翠任副组长，杨超总站长兼任办公室主任，办公室、造林司、政法司、计财司、科技司、驻局监察局、信息办、场圃总站、宣传办、三北局、退耕办、治沙办、速丰办、科技中心等单位的司局级领导为成员。

(郑欣民)

**【国家林业局表彰一批林木种苗先进单位和先进工作者】** 2010年10月，国家林业局下发《国家林业局关于表彰全国林木种苗先进单位和先进工作者的决定》(林场发〔2010〕246号)，对在林木种苗工作中成绩显著的单位和个人予以表彰，并授予全国生态建设突出贡献奖——林木种苗先进单位、全国生态建设突出贡献奖——林木种苗先进工作者荣誉称号。

**全国生态建设突出贡献奖——林木种苗先进单位名单**(共112个)

**北京市**(2个)
北京市林业种子苗木管理总站
延庆县种子苗木管理站
**天津市**(1个)
蓟县林业局林木种苗管理站
**河北省**(5个)
河北省林木种苗管理站
承德市林木种苗管理站
邯郸市林木种苗管理站
平山县种苗管理站
赤城县林业局种苗管理股
**山西省**(4个)
太谷县林业局
山西省林业种苗管理总站
太行山国有林管理局种苗站
山西省林业厅实验苗圃
**内蒙古自治区**(5个)
根河市林木种苗管理站
科尔沁左翼中旗林业种苗站
赤峰市林业种苗站
鄂尔多斯市林业种苗站
内蒙古自治区林木种苗站
**辽宁省**(4个)
辽宁省林业种苗管理总站
大连市林木种苗站
阜新蒙古族自治县林业种苗管理站
清原满族自治县大孤家林场
**吉林省**(4个)
吉林市林木种苗管理站
抚松县林业局
柳河县林业局
双辽市郑家屯苗圃
**黑龙江省**(4个)
黑龙江省林木种苗管理总站
宁安市小北湖母树林林场
鹤岗市林木良种繁育中心
黑龙江省林木种苗示范基地
**上海市**(1个)
上海市林业总站
**江苏省**(2个)
江苏省林木种苗管理站
泗洪县陈圩林场
**浙江省**(5个)
浙江省林业种苗管理总站
建德市林业局
临海市林木种籽苗木管理站
淳安县新安江开发总公司姥山林场
开化县林场
**安徽省**(4个)
池州市青阳县林业局种苗站
滁州市林木种苗站
黄山市林业科学研究所
安徽省林木种苗总站
**福建省**(5个)
福建省林木种苗总站
漳平五一国有林场
福建省洋口国有林场
龙岩市林业种苗站
南平市林业种苗站
**江西省**(4个)
赣州市信丰县林木良种场
吉安市安福县陈山林场
江西高峰生态农林开发有限公司
吉安市林木种苗站
**山东省**(3个)
东营市林木种苗站
昌邑市林业局
山东省国有冠县苗圃
**河南省**(4个)
河南省经济林和林木种苗工作站
洛阳市中心苗圃
许昌市林木种子管理站
郑州市苗木场
**湖北省**(3个)
武汉市林木种苗管理站
宜昌市林木种苗管理站
石首市林木种苗管理站
**湖南省**(5个)
湖南省林木种苗管理站
永州市林木种苗管理站
汨罗市桃林国有林场
攸县林业科学研究所
浏阳市林木种苗管理中心
**广东省**(4个)
广东省林木种苗与基地管理总站
肇庆市林业局林木种苗站
台山市红岭种子园
信宜市林业科学研究所
**广西壮族自治区**(3个)
广西壮族自治区国营东门林场
钦州市林业种苗管理站
岑溪市林业局林业种苗站
**海南省**(1个)
临高县林木良种场
**重庆市**(3个)
重庆市林木种苗站
南川区林木良种场
梁平县林木种苗站
**四川省**(3个)

四川省林木种苗站
高县月江森林经营所
成都市农林科学院林业研究所
**贵州省**(3个)
黎平县国有东风林场
贵阳市林业种苗站
贵州省林业种苗站
**云南省**(4个)
云南省林木种苗工作总站
保山市林木种苗管理站
永平县林木种苗森防检疫技术推广站
大姚县林业局
**西藏自治区**(1个)
日喀则地区林业技术服务中心
**陕西省**(4个)
榆林市榆阳区林木种子站
安康市汉滨区林木种苗管理站
延安市宝塔区林木种苗工作站
陕西省林木种苗工作站
**甘肃省**(4个)
甘肃省林木种苗管理总站
敦煌市林业技术推广中心种苗站
平凉市林木种苗管理站
天水市麦积区码头苗圃
**青海省**(2个)
湟中县林草种苗站
互助县林木种苗管理站
**宁夏回族自治区**(2个)
宁夏回族自治区林木种苗管理总站
泾源县林业局
**新疆维吾尔自治区**(4个)
新疆维吾尔自治区林木种苗管理总站
昌吉州林木种苗森林病虫防治检疫站
阿克苏地区林木种苗管理站
伊犁哈萨克自治州林业科学研究院
**中国内蒙古森林工业集团有限责任公司**(2个)
内蒙古阿里河林业局中心苗圃
内蒙古甘河林业局苗木培育中心
**中国吉林森林工业集团有限责任公司**(2个)
临江林业局
汪清林业局
**中国龙江森林工业(集团)总公司**(2个)
苇河林业局青山林木种子园
海林林业局
**大兴安岭林业集团公司**(2个)
大兴安岭林业集团公司林木种苗管理站
大兴安岭林业集团公司森林经营部营林技术推广站
**新疆生产建设兵团**(1个)
农八师林业工作管理站中心苗圃

**全国生态建设突出贡献奖——林木种苗先进工作者名单**(共201人)

**北京市**(4人)
刘福山 张喜利 王学江 冯天爽
**天津市**(2人)
梁 立 刘国权
**河北省**(7人)
王印肖 纪清巨 王建召 耿新杰 马利波
王雪梅 袁德水
山西省(6人)
韩惠娟 张占宏 蔡良玉 文彦忠 武志会
李前锋
**内蒙古自治区**(7人)
林国华 牛林龙 辛庆瑞 张 峰 段 霞
王治国 杨雪芹
**辽宁省**(6人)
贾 斌 李云波 杜桂艳 张秀艳 秦 辉
张 杰
**吉林省**(6人)
王福维 张建秋 王业隆 陈月德 姜长吉
满玉成
**黑龙江省**(6人)
戴凤海 肖 诚 张含国 王海清 袁桂华
王亚斌
**上海市**(1人)
吴四军
**江苏省**(5人)
仲 磊 黄利斌 高冬平 戴 蔚 左春霞
**浙江省**(7人)
徐文成 张建忠 袁冬明 沈伟东 孟现东
冯建国 黎志云
**安徽省**(6人)
裴忠诚 程金年 胡 超 吕晓为 李书荣
方乐金
**福建省**(7人)
肖石海 刘仕旺 黄 琦 韩金发 郑建铃
张伯聪 林小梅
**江西省**(6人)
沈彩周 江香梅 邹元熹 李章作 王国瑞
李发凯
**山东省**(5人)
刘加平 魏士省 许兴华 武朝菊 张善洪
**河南省**(7人)
王运钢 张建友 孙怀玺 夏孔建 邵明丽
孙荣霞 申明海
**湖北省**(5人)
李竹芹 杨年友 蔡光文 陈邦海 张曲波
**湖南省**(7人)
殷元良 周伟民 向志斌 吴成田 曾令文
胡庆祝 郭献忠
**广东省**(5人)
古定球 朱爱光 潘 伟 曾永胜 林 军
**广西壮族自治区**(5人)
覃英繁 张乃燕 蒙金甫 梁荣发 谢少义
**海南省**(2人)
曾祥全 赖月茹
**重庆市**(5人)
陈翠玲 彭 伟 向俊超 唐永洪 戴 军
**四川省**(5人)

王国良　段守荣　王富林　何西川　于长春

**贵州省**(5人)

宋云萍　郑　晟　舒符庆　徐施强　陈恩长

**云南省**(6人)

蒋云东　杨华斌　徐长山　郗三旺团　曾清贤

王国祥

**西藏自治区**(1人)

普布次仁

**陕西省**(6人)

赵满权　陈彦斌　张海平　李　强　陈淑兰

徐小丽

**甘肃省**(6人)

常承源　席忠诚　靳景春　胡继周　李才娃

杨　林

**青海省**(3人)

赵　昀　马正彪　魏发元

**宁夏回族自治区**(4人)

沈效东　赵庆丰　李新志　王双贵

**新疆维吾尔自治区**(6人)

边芬艳　刘文国　郑兴国　艾热提·阿不都艾尼

古丽娜孜·木尔沙里木　艾麦尔江·伊敏

**中国内蒙古森林工业集团有限责任公司**(2人)

高继承　徐成才

**中国吉林森林工业集团有限责任公司**(2个)

宋　林　刘世清

**中国龙江森林工业(集团)总公司**(2人)

张彦鹏　王　平

**大兴安岭林业集团公司**(2人)

刘　岩　姚占轩

**新疆生产建设兵团**(2人)

张秀玲　彭　进

**国家林业局南方林木种子检验中心**(1人)

高捍东

**国家林业局北方林木种子检验中心**(1人)

李庆梅

**国家林业局林木种苗质量检验检测中心(长沙)**(1人)

宋自力

**国家林业局林木种苗质量检验检测中心(呼和浩特)**(1人)

王生军

**有关单位**(28人)

中国林科院(8人)

马常耕　苏晓华　孙晓梅　姜景民　姚小华

周志春　任华东　徐建民

北京林业大学(3人)

沈熙环　张志毅　续九如

南京林业大学(2人)

施季森　季孔庶

东北林业大学(1人)

杨传平

华南农业大学(1人)

黄少伟

中南林业科技大学(1人)

谭晓风

西北农林科技大学(1人)

郭军战

西南林业大学(1人)

李莲芳

福建省林业科学研究院(1人)

郑仁华

湖南省林业科学院(1人)

陈永忠

陕西省治沙研究所(1人)

封　斌

国家发展改革委(4人)

吴晓松　王心同　李明传　侯全章

财政部(3人)

赵鸣骥　褚利明　刘克勇　　　　　　(周景莉)

**【国家林业局组织开展《中华人民共和国种子法》实施10周年知识竞赛活动】**　为了普及林木种苗法律知识，在林业系统内进一步宣传《种子法》，国家林业局国有林场和林木种苗工作总站与机关党委、政策法规司联合组织了《种子法》知识竞赛活动。内容包括《种子法》及其配套法律文件、《行政许可法》、《行政处罚法》等，涵盖了林木种子生产经营许可制度、林木良种审定制度、标签制度、检验制度等重要林木种苗生产、经营、管理制度，取得了良好的宣传效果。　　　　(薛天婴)

**【国家林业局组织印制《中华人民共和国种子法》实施10周年宣传招贴画】**　为扩大《种子法》社会影响，让社会大众知道并了解《种子法》，在基层种苗工作者心中树立依法治种的观念，国家林业局国有林场和林木种苗工作总站组织了《种子法》实施10周年宣传招贴画征集、评选、印制发放活动。在“中国征集网”发布了《〈中华人民共和国种子法〉颁布十周年全国公益招贴画设计大赛活动方案》，共收到社会各界投稿85份。经过初步筛选，选出20幅作品在国家林业局一层大厅进行为期一周的展出，供院内干部职工投票评选，共收到选票282张，根据投票结果选出2幅作品，分别印制2万份免费发放各地，在重点地县的乡镇进行张贴。　　(薛天婴)

**【国家林业局组织制作《中华人民共和国种子法》普法宣传片】**　自《种子法》实施以来，各级林业主管部门采取了一系列措施宣传贯彻《种子法》，无证生产经营、制售假劣林木种苗现象大幅减少，市场秩序明显好转，林木种苗生产、经营和使用者的法律意识不断提高。但是，还存在着对《种子法》相关制度理解不足而违法的情况。为使广大林木种苗生产、经营者进一步了解《种子法》相关规定，依法从业，用法律维护自己的合法权益，国家林业局国有林场和林木种苗工作总站与政策法规司联合，组织编制了三集林木种苗案例宣传片《不发芽的种子》、《无证生产》和《两败俱伤》。通过案例演绎、旁白注解和律师分析的方式，对销售劣质种苗、无证及超范围生产经营、未审先推等违法行为及其法律后果进行了详细讲解，生动翔实，是一套适合广大农民观看理解的宣传教育片。　　(薛天婴)

【《林木种苗质量管理手册》出版】《种子法》实施以来，各级林业主管部门高度重视，采取一系列措施，加强林木种苗质量监督管理，取得了明显成效：林木种苗质量意识不断提高，管理制度进一步完善，监督管理力度进一步加强，林木种苗质量显著提高。国家林业局国有林场和林木种苗工作总站组织专家编写了《林木种苗质量管理手册》，本书对从林木种苗质量检验、质量控制、质量检验机构和队伍、实验室质量管理、程序文件、计量技术与计量认证等方面进行了全方位系统的阐述和介绍，是一本在实际工作中很有操作性的工具书，对于普及林木种苗质量管理知识、健全管理制度、规范管理程序、完善林木种苗检验机构、提高检验人员操作技能等都具有重要的指导意义。首次出版15 000册，免费发放给各地供工作学习使用。（薛天婴）

【全国林木种苗生产经营许可证核发情况】根据《林木种子生产、经营许可证管理办法》(国家林业局令2002年第5号)第十七条规定，各省、自治区、直辖市林业行政主管部门应当于每年3月底前将上一年度发证情况上报国家林业局。2009年，全国共核发林木种子生产、经营许可证21 330份，其中生产许可证10 763份，经营许可证10 567份；全国共注销林木种子生产、经营许可证5223份。各地积极采取有效措施进一步贯彻落实林木种子生产经营许可制度，持证生产经营意识明显提高。（高　举）

【国家种苗网站建设】国家种苗网自2002年12月开通运行以来，始终坚持服务林农、服务社会的原则，成为种苗生产者、经营者、管理者沟通交流的平台。截至2010年年底，已有网站注册会员313 265人，月访问量达34 567人次，发布林木种苗供求信息881 120条，政务新闻29 417条。

2010年国家种苗网站增加了已审定的良种信息查询、各省政务信息排行榜、国家级种苗交易市场动态新闻和价格行情查询等功能，栏目设置更贴近实际工作，充分调动了基层信息报送的积极性，为社会提供了更多更好的信息资讯。（李玉洁）

# 森林培育

【综　述】2010年，各级林业主管部门紧紧围绕实现胡锦涛总书记提出的林业“双增”目标，加强组织领导，采取有效措施，积极应对干旱、洪涝等灾害性气候，扎实推进造林绿化工作，全年造林592.25万公顷，较2009年增加3.78万公顷，取得明显成效。主要特点和做法：

**领导重视，狠抓落实**　年初国家林业局党组在全国林业厅局长会议上，对2010年造林绿化工作进行专项部署，并下发《关于做好2010年春季造林绿化工作的通知》，要求各地、各部门围绕实现“双增”目标，抓紧抓实造林绿化工作，全面完成各项计划任务。各地高度重视，及时召开会议和下发通知，积极发动，周密部署，督导检查，狠抓落实，推进造林绿化工作的有效开展。内蒙古各地将造林绿化作为当地经济社会发展的一项重要工作来抓，把林业生态建设任务完成情况与领导干部实绩考核挂钩，制定和完善相关的政策措施，进一步强化各级领导造林绿化目标责任制，普遍推行行政领导负责制、科技承包责任制、实绩考核制和责任追究制。重庆市委、市政府主要领导把“森林重庆”建设作为“一把手”工程，逢会必讲森林重庆，调研必看森林工程。市委组织部将森林重庆“六大工程”纳入党政目标考核办法，并将考核权重从往年的5分提升到10分，占党政实绩考核的1/10。湖南省政府出台了《“湘林杯”林业建设目标管理考核办法》，对各市(州)政府抓林业工作情况进行考核。

**加大扶持，完善机制**　启动造林、林木良种补贴试点，安排资金5.15亿元，加强良种繁育、荒山造林和迹地人工更新。扩大了森林抚育补贴试点范围，中央财政补贴资金从5亿元增加到20亿元。完善森林生态效益补偿制度，中央财政对属于集体的国家级公益林，补偿标准由每亩每年5元提高到10元，当年拨付补偿资金75.8亿元，比2009年增长44%。各地对造林绿化的投入显著增长。辽宁省投入造林绿化资金165.8亿元，比2009年增加1.4倍。河南省政府明确规定，从2008年起5年内省级财政安排的林业生态建设资金不低于年度一般预算支出总额的2%，2010年全省完成投资96.42亿元。江苏省工程造林每亩投入基准水平达到3000元以上。陕西各地从本级财政安排专项资金用于造林绿化，厂矿企业也列出专款开展周边环境绿化，千方百计加大投入。云南省加大森林抚育和低产林改造力度，全年地方各级财政投入资金1.32亿元。海南省在国家每亩造林补助200元基础上，省、市(县)财政增加配套资金每亩100～200元。

**重点突出，特色纷呈**　北京市紧紧围绕“人文北京、科技北京、绿色北京”、“建设生态城市、宜居城市”的目标，依托重点工程，推进造林绿化。河北省提出“构筑京津绿色屏障，再造河北秀美山川”的总体目标，实施重点工程带动，坚持全社会办林业，全民搞绿化，加快森林资源培育步伐。山西省以林业生态县建设为重点，贯彻生态兴省战略，推动全省造林绿化向高速度、高质量、高效益迈进。吉林省重点扶持2000个村屯绿化，带动全省村屯绿化上水平。浙江省坚持“两条腿”走路，山下抓绿化，扩大森林面积，解决平原、沿海地区的少林问题；山上抓抚育，提高森林质量，破解单位蓄积量不高的难题。福建省以“弘扬生态文明，共建绿色海西”为主题，以实施绿色城市、绿色村镇、绿色通道、绿色屏障的“四绿”工程建设为主要抓手，辐射推动全省面上植树造林的发展。广东省坚持以市场为导向，按照“公司+基地+农户”的模式，大力发展非公有制林业，稳步推进商品用材林基地建设，为木材加工业发展奠定坚实基础。广西发挥“绿满八桂”造林绿化工程和“百万农户种千万棵树”活动的带动作用，将造林绿化拓展到全社会、各部门，极大地调动各界植树造林、改善生态的积极性。天津加强高速公路两侧绿化带建设，断带补齐同时沿线坑塘因地制宜搞好绿化，确保绿化带的整体效果。宁夏集中力量开展黄河沿线造林绿化，打造黄河金岸经济带，依托生态推进社会、经济、人居建设水平全面提升。

**强化科技，提升质量** 各地围绕年度造林计划，科学制订造林实施方案，将任务严格落实到山头、地块，真正做到按规划设计，按设计施工。在造林中，大力推广专业队造林、公司造林，保证施工质量。在树种选择上，尽量选用优良乡土树种和优质壮苗造林，积极推广、应用生根粉、保水剂、覆膜等造林实用技术，确保造林成活率。同时，组织林业技术人员深入林业生产一线，加强技术指导，确保造林质量。湖北省推行造林专业化、机械化、科技化和四季化，推行专业队造林，提倡机械整地，推广应用林业实用技术，良种使用率、栽植合格率和造林成活率明显提高。四川省以核桃为突破口，统一规划，科学布局，建设采穗圃和良种繁育基地，做到定点采穗、定点育苗，有效提高种苗品质。山东省实行统一规划、统一标准、统一栽植，加强技术指导，严把造林质量关，造林质量明显提高。安徽一些地方实行林业技术干部包村、包片、包点、包小班负责制，加大林业实用技术的应用与推广力度，鼓励营造混交林。青海省对集中连片造林，要求必须匹配灌溉条件，并尽量采用大苗造林，力求一次造林成型，提高造林成效。甘肃大力推广应用优良乡土树种和耐旱灌木树种造林，做到适地适树。

**加强指导，应对灾害** 2010年，广西、重庆、四川、贵州、云南等西南省区市发生特大旱情，北方地区遭遇持续低温，部分地区洪涝灾害严重，给造林绿化带来极为不利的影响。针对严重旱情，林业部门派出工作组，深入基层和林区受灾一线，现场指导林农开展抗旱保苗与造林工作。云南省采取了厅领导挂钩包片、技术组蹲点指导、层层落实工作责任制、启动行政问责等超常规措施应对旱情，全省累计投入林业抗旱救灾资金6.44亿元，完成营造林73.33万公顷，最大限度降低了灾害损失。广西、四川采取群众挑水、机具抽水等抗旱措施，确保树苗栽得上，能成活。贵州春季全力以赴抓好抗旱保苗，并认真抓好土地落实、作业设计、整地等各项准备，做好雨季补植补造。针对低温天气，新疆采取提早调苗、低温假植窖藏或采用带土球大苗造林，确保造林用苗和造林成活。针对洪涝灾害，安徽省组织科技、造林、种苗等单位到各地指导林业抗灾救灾工作，对灾后防止林木、苗木病虫害大面积发生，做好工程造林补植补造，以及调整林种结构，探索江滩、河滩、湖滩等低洼地带造林新模式等各项准备工作提出指导意见。

**深化改革，推进发展** 集体林权制度改革的深入推进，从根本上确立了林农经营林业的主体地位，得到广大农民的拥护，调动了全社会造林绿化的积极性。呈现出各界人士、团体、各类投资主体争相造林的喜人局面。黑龙江省通过林权改革不仅清理出大量宜林地，为发展造林绿化提供了空间，而且选好苗、种活树、育成林成为广大林农的自发行为。江西省坚持“谁造林谁所有，谁投资谁受益，谁经营谁得利”，多渠道、多形式筹集造林绿化资金，引导和组织社会各方面力量参与造林绿化，建成了一批“进村一条绿、环村一片林、房前屋后种果树”的绿色生态村庄，打造了一批“十里桂花长廊”、“十里香樟长廊”、“十里银杏长廊”、“百里生态旅游风光带”、“百里果业风光带”等生态富民工程。

**存在问题** ①克服气候变化和自然灾害对造林绿化的不利影响有待加强。2010年春季不仅西南省（区、市）遭受严重干旱，而且北方地区持续低温，入春较往年明显偏后，春造适宜时间缩短，对全国造林绿化的实施和进度影响较大。加强防灾减灾工作，减小气候和灾害对造林绿化的影响，并建立未成林地灾害损失核定、补偿机制势在必行。②林木种苗供给与造林质量提升需求之间的衔接有待加强。种苗结构性矛盾尚未得到根本解决，珍贵树、优良乡土树、特色经济林木培育有待加强。种苗基地建设滞后、生产布局不合理、科技含量偏低、结构性矛盾突出、大规格苗木缺口等问题，在各地不同程度存在。③造林绿化投入与实际需求矛盾的解决有待加强。由于立地条件越来越差，造林成本较过去大幅提高，各级财政投入有限，难以满足生态建设需要。亟待完善政府主导，部门协作，全社会参与的生态建设机制。④造林绿化突出生态优先的指导思想有待加强。一些地方造林过于追求经济效益，造林采用的树种单一、营造纯林较多，混交林较少，不利于水土保持、保护生物多样性。 （周力军）

**【中央财政造林补贴试点启动】** 为落实中央林业工作会议精神，调动社会造林积极性，加快造林绿化步伐，2010年启动了中央财政造林补贴试点政策。围绕试点工作的开展，相关部门和试点省（区）主要做了以下工作。

**明确补贴政策** 财政部、国家林业局联合下发《关于开展2010年造林补贴试点工作的意见》（财农〔2010〕103号），明确中央财政造林补贴试点范围、资金规模、补贴对象、补贴标准、资金拨付等政策，对试点工作提出明确要求。

试点范围 选择西南、西北造林任务重，已经完成集体林权制度主体改革以及地方政府支持造林力度大的三类省（区），包括河北、山西、内蒙古、辽宁、黑龙江、浙江、福建、江西、河南、湖北、湖南、广东、广西、四川、云南、陕西、甘肃、青海、宁夏、新疆等20个省（区）。

资金规模 2010年中央财政安排造林补贴试点资金3.15亿元。

补贴对象 使用先进技术培育的良种苗木在宜林荒山荒地、沙荒地人工造林和迹地人工更新，面积不小于1亩（含1亩）的林农、林业合作组织以及承包经营国有林的林业职工。造林地块不能与林业重点工程重复。

补贴标准 包括造林直接补贴和间接费用补贴。

造林直接补贴，是对造林主体实施造林所需费用的补贴。具体标准为：人工营造乔木林每亩200元，灌木林每亩120元，木本粮油经济林每亩160元，水果、木本药材等其他经济林每亩100元，新造竹林每亩100元。对迹地人工更新，每亩补助100元。间接费用补贴，是对试点县组织开展补贴造林工作必要的经费的补贴。按照中央财政造林补贴总额5%的比例安排，主要用于试点县组织开展政策宣传、作业设计、技术指导、监督检查、档案管理等方面的支出。同时明确，省、地(市)两级组织开展造林补贴工作所需经费，分别由同级财政部门预算安排。享受中央财政造林补贴营造的乔木林，造林后10年内不准主伐。

资金拨付　对造林主体的直接补贴资金分两次拨付。造林主体完成当年造林任务后向试点县提出造林成活率验收申请，试点县依据造林作业设计、合同、检查验收技术规定等组织检查，达到规定要求的，当年拨付造林补贴资金的50%；造林主体完成造林任务3年后，由省级林业主管部门会同省级财政部门组织乙级以上林业调查规划设计资质的单位，对试点单位进行造林保存状况检查验收，验收合格后再拨付余下的50%造林补贴资金。

政策突破点　中央财政造林补贴政策，是继建立森林生态效益补偿制度、森林抚育补贴制度后我国林业政策的又一重大突破。一是突破了过去对林业重点工程以外的造林主体即群众造林中央资金没有扶持的禁区；二是突破了一般商品林、竹林造林、迹地更新等过去没有资金扶持的禁区，不论生态林还是商品林，只要造林就给补贴，只是林种、造林更新方式不同补贴标准不同而已；三是突破了过去国家林业重点工程(退耕还林除外)没有工作经费的政策；四是突破了过去先拨付资金后开展造林的资金兑付和组织管理机制，相当于启动实施了报账制，将从政策机制上保证造林质量和成效。

**组织编制《中央财政造林补贴试点检查验收管理办法》**　为规范造林补贴试点工作的管理与监督，掌握全国造林补贴试点情况，监测评价造林补贴试点成效，为补贴资金兑现及管理决策提供依据，国家林业局组织制定了《中央财政造林补贴试点检查验收管理办法》，并经专家审议通过。

**各地全力做好造林补贴试点实施工作**　造林补贴政策深受试点省(区)欢迎。各地认真落实财农〔2010〕103号文件精神，通过成立试点工作领导小组，组织编制实施方案，认真做好宣传发动、造林主体确定、公告公示、合同签订、作业设计编制报批、技术培训、组织实施及建立健全档案等各项工作，确保试点造林工作实效。

(王恩苓　张　华)

**【珍稀树种培育示范基地建设】**　2010年，珍稀树种培育示范基地建设(以下简称示范建设)继续安排2000万元中央预算内林业基本建设投资，在全国27个省份、3个森工集团的62个县级单位实施，建设任务4731公顷，其中，新造4087公顷，改培42.93公顷，对水曲柳、核桃楸、黄波罗、蒙古栎、红松、青杆、胡桃秋、黄檀、红豆杉、红锥、火力楠、麻栎、金丝楸、黄连木、马褂木、福建柏、桃花心木、樟树、秃杉、珙桐、光皮桦、深山含笑、红椿、连香树、圆柏等珍贵树种开展培育示范。

**主要工作**　为全面掌握示范建设和各地珍稀树种培育工作开展情况，总结经验，查找问题，着力提升建设成效，切实推进珍稀树种培育工作，国家林业局对2007年度和在2009年开展的示范建设抽查中未检查过的2005年度、2006年度示范建设情况组织开展交流检查，涉及28个省份的70个建设单位。8月18日，下发《关于提报珍稀树种培育工作总结和组织开展珍稀树种培育基地建设示范项目交叉检查的通知》(造造函〔2010〕55号)，制定检查工作方案，对有关省珍稀树种培育工作总结和交叉检查工作进行了安排部署。赴有关省进行的现地检查工作于9~10月进行。11月21~22日，国家林业局造林司在长沙组织召开工作会议，汇报交流示范建设开展以来相关省(区)的建设进展和全省珍稀树种培育工作情况，研讨进一步推进珍稀树种培育工作的对策措施。会后以造造函〔2010〕77号印发了《王祝雄同志在汇报交流珍稀树种培育基地建设示范项目交叉检查工作会议上的讲话》。检查工作进展顺利，最终形成《珍稀树种培育示范基地建设交叉检查报告》，总结了示范建设成效，查找了存在问题，提出了对策建议，对示范带动、科学推进全国珍稀树种培育工作将起到重要作用。

**建设成效**　一是示范建设初具规模。示范建设从2005年开展以来，已连续实施5年。截至2010年年底，国家累计投入11 140万元，先后在全国27个省份和3个森工集团、250多个县(场、局)开展珍稀树种培育，建设规模达到2.87万公顷，其中新造2.04万公顷，定向改培0.83万公顷，选择培育了降香黄檀等红木类、水曲柳、胡桃楸、黄菠萝、楸树、榉木、刨花楠、红豆杉、红椎、任豆等87个树种，初步建立了珍稀树种培育基地建设示范体系，示范建设发展态势良好。二是示范带动效果明显。示范建设对引导各地采取有效措施，调整优化造林树种结构，提高林分质量和森林生态系统的稳定性，保护和发展种质资源，起到了积极的推动作用，示范带动效果初步显现。特别是在森林城市、森林乡镇、森林校园、绿色通道等建设中，大力发展珍稀树种，提升了城乡绿化水平。广西截至2009年年底营造红锥、荷木、桦木、香椿、任豆、柚木、降香黄檀等珍贵树种人工林约6.67万公顷。吉林省近3年通过抚育、改造等措施，每年改培珍稀树种面积达6667公顷以上。福建省在2006~2010年，坚持基地建设与试验示范相结合，推动珍稀树种用材林集约化、规模化发展，全省新造、改培珍稀树种用材林基地2.33万公顷。广东省截至2010上半年发展珍稀树种商品林基地2.13万公顷。海南省自2006年以来大力发展珍稀乡土树种资源，全省近5年人工种植珍贵乡土树种0.83万公顷，其中海南花梨木0.4万公顷，白木香、黄桐、柚木、胆木、紫檀、铁力木等其他树种0.43万公顷。三是培养了一支珍稀树种培育的技术与管理队伍。各地结合实际，积极总结探索珍稀树种培育技术、管理模式和政策机制，提高了示范建设水准，增加了技术储备，提高了各级林业主管部门珍稀树种培育的认识和管理水平，初步形成一支熟悉当地主要珍稀树种栽培技术、掌握一定技能的人才队伍。

**存在问题**　一是示范建设布局分散，难以形成规模效应，不利于充分发挥示范带动作用。二是投入不足，投资标准偏低，影响建设成效。三是管理水平和科技含量有待进一步提高。个别省和建设单位存在作业设计不规范，审批把关不严格，不能完全按要求组织实施等问题。示范建设中科技成果推广应用力度不大，总结探索深入不够。（王恩苓　张　华）

【森林经营】 2010年，完成森林抚育525万公顷、中低产改造166.67万公顷。2010年1月，财政部和国家林业局联合下发了《财政部国家林业局关于开展2009年森林抚育补贴试点工作的意见》(财农〔2009〕464号，由中央财政下达补贴资金5亿元、森林抚育计划33.33万公顷，确定在辽宁、吉林、内蒙古、江西、湖南、福建、四川、云南、陕西、甘肃等10个省(区)和内蒙古森工、龙江森工和大兴安岭林业集团公司开展森林抚育补贴试点工作。经检查验收，2009年森林抚育补贴试点任务已经完成，抚育面积核实率达100%，作业质量合格率达98%，13个试点省份(含森工集团，下同)综合评价得分均在96分以上，森林抚育试点工作的目标圆满实现，取得了重要的阶段性成果。2010年森林抚育补贴试点资金和任务进一步扩大到20亿元和133.33万公顷，试点省份扩大到29个，除北京、天津、上海、江苏、山东以外的所有省份全部被纳入试点范围。（高均凯）

【经济林行业管理】 按照2010年国家林业局工作要点的安排，紧紧围绕发展现代林业，建设生态文明，落实科学发展的总目标，完善法规，创新机制，强化宣传，加强经济林行业管理，确保我国森林培育事业又好又快发展。一是组织修订了2002年下发的《关于审批主办全国性经济林产品节(会)活动的暂行规定》，经局长办公会议审定通过后，颁发并施行了《全国性经济林产品节(会)管理规定》(林造发〔2010〕269号)，规范和引导全国性经济林产品节(会)有序开展。二是将编制《全国特色经济林产业发展规划(2011～2020年)》列入国家林业局2010年专项规划立项计划，组织开展规划编制调研，分赴河北、山西、云南等12个省(区)调研，明确规划的目标任务、发展思路、政策需求、对策措施等，为编好规划打下坚实基础。三是完成《关于我国核桃产业发展情况的汇报》，多次向财政部汇报我国木本粮油产业发展情况，财政部召开木本粮油产业发展座谈会，专题研究并采纳国家林业局所提的意见和建议，出台了整合和统筹资金支持木本油料产业发展的实施方案，中央财政整合和统筹现代农业发展、财政扶贫、农业综合开发等十项涉农专项资金，用于核桃、油茶等高标准示范基地建设。四是参与审定2010年国家农业综合开发经济林和花卉项目194个，中央财政投入16183万元，带动核桃、油茶等木本粮油经济林产业又好又快发展。五是认真贯彻落实《全国油茶产业发展规划(2009～2020年)》，确定油茶重点县，落实各项建设资金，召开全国油茶产业发展现场会，分析存在的主要问题，提出对策措施。六是参与制订国家林业局与财政部联合下发的《关于开展2010年造林补贴试点工作的意见》(财农〔2010〕103号)，将新造经济林、竹林纳入中央效财政造林补贴试点示范，开启中央财政投资对造林实行直接补贴的先河。试点范围包括河北、山西、内蒙古等20个省(区)；补贴对象为林农、林业专业合作组织以及承包国有林的林业职工；补贴标准分别为木本粮油经济林160元/亩，水果、木本药材等其他经济林100元/亩、新造竹林100元/亩。同时，除造林直补外，按照中央财政造林补贴总额5%的比例安排间接费用补贴，主要用于试点县开展政策宣传、作业设计、技术指导、监督检查、档案管理等方面工作的支出。（刘道平）

【《应对气候变化林业行动计划》印发出版】 为落实《中国应对气候变化国家方案》、《中国应对气候变化的政策与行动》，2010年，国家林业局编制出台了《应对气候变化林业行动计划》。以国家林业局办公室文件印发了，为当前及今后一个时期我国林业应对气候变化工作全面统筹推进提供了宏观指导。中国林业出版社出版了该计划中英文版，并作为墨西哥坎昆气候大会的宣传材料，宣传我国林业应对气候变化的对策措施。

（蒋三乃）

【全国林业碳汇计量监测体系建设】 为加强中国林业应对气候变化工作的基础，支撑气候变化林业议题谈判，国家林业局积极推进全国林业碳汇计量监测体系建设。2010年，组建了国家林业局林业碳汇计量监测中心和国家林业局西南林业碳汇计量监测中心。组织制定了《全国林业碳汇计量监测技术指南(试行)》，并在山西、辽宁、四川省开展林业碳汇计量监测试点，启动开展了林业碳汇计量监测有关指标和标准体系研究制定工作。

（蒋三乃）

【碳汇造林技术规定和检查验收办法出台】 为指导各地规范开展碳汇造林试点工作，2010年，国家林业局造林司参照相关国际规则，结合国内林业建设实际，组织编制了《碳汇造林技术规定(试行)》和《碳汇造林检查验收办法(试行)》，并以国家林业局办公室文件印发各地执行。碳汇造林技术规定和检查验收办法的出台，明确了碳汇造林的概念和相关技术要求，相比普通造林，更加突出了碳汇造林的碳汇功能，增加了碳汇计量监测等内容，强调了森林的多重效益，在碳汇造林地点选择、基线调查、作业设计、树种选择、造林方式、整地栽植、未成林抚育、检查验收、档案管理等方面都提出了特殊要求，规范了碳汇造林管理。（蒋三乃）

【全国碳汇造林试点工作启动开展】 为探索与国际接轨并具有中国特色的森林碳汇计量监测方法，为测算不同区域、不同模式、不同树种的营造林碳汇提供技术支撑和科学依据，2010年国家林业局造林司启动开展了碳汇造林试点。试点项目通过中国绿色碳汇基金会募集的社会资金，在北京、山西、内蒙古、浙江、广西、四川、云南、陕西等省(区、市)和大兴安岭林业集团安排碳汇造林试点任务8000多公顷。试点项目要求由国家林业局授权的林业碳汇计量监测资质单位实施项目碳汇计量与监测。试点工作的开展，对于探索社会资金参与公益造林、增加森林碳汇的投融资机制，鼓励企业和公众通过捐资造林增汇、积极应对气候变化，展现企业社会责任，并依托项目培养掌握国内外森林碳汇计量监测技术与碳汇管理专门人才队伍具有积极意义。

（蒋三乃）

【林业碳汇计量与监测管理暂行办法出台】 为积极推

进林业应对气候变化工作，落实《应对气候变化林业行动计划》，探索建立与“三可”(可测量、可报告、可核查)相匹配的林业项目碳汇计量与监测技术体系，加强对碳汇造林、森林管理等项目碳汇计量与监测的规范管理，2010年国家林业局办公室印发了《国家林业局林业碳汇计量与监测管理暂行办法》。该办法从林业碳汇计量与监测工作主管部门、林业碳汇计量监测资质单位应具备的条件、申报程序、责任和义务等方面作出了规定。（蒋三乃）

**【中国绿色碳汇基金会成立】** 经国务院批准，民政部注册登记，2010年，在中国绿色碳基金基础上，中国绿色碳汇基金会成立。该基金会是全国首家以造林增汇、应对气候变化为目的的全国性公募基金会，为企业、团体、组织和个人搭建一个自愿捐资造林、增加森林碳汇、应对气候变化的平台。8月31日，在人民大会堂举行了基金会成立大会，全国政协副主席白立忱、国家林业局局长贾治邦出席会议并讲话，原林业部副部长、基金会理事长刘于鹤主持会议，国家林业局副局长李育材、张永利出席会议。（蒋三乃）

**【中国碳汇林业与低碳经济高峰论坛】** 2010年10月27日，国家林业局与浙江省人民政府在浙江省临安市联合举办以“森林·生态·让生活更美好”为主题的2010中国碳汇林业与低碳经济发展高峰论坛。全国政协副主席白立忱出席论坛并宣布开幕，中共浙江省委副书记夏宝龙、国家林业局副局长祝列克出席会议并讲话，国家林业局有关司局、全国11个现代林业示范市、浙江省重点林区县(市)的代表和浙江农林大学、上海交通大学等有关高校和研究单位的专家学者参加论坛并出席相关活动。在论坛开幕式上，祝列克授予临安市“全国碳汇林业试验区”牌匾，造林司司长王祝雄宣读国家林业局办公室关于同意浙江省临安市作为全国碳汇林业试验区的复函。由临安市发起，11个全国现代林业示范市和浙江省重点林区县(市)共同发布了以发展现代林业、增加森林碳汇、促进低碳发展为主要内容的《临安宣言》。中国工程院院士沈国舫、清华大学教授毛其智、加拿大帝国银行副总裁罗伯茨、临安市市长王宏分别就森林增汇减排战略、生态建筑与低碳城市、新一代生物能源技术、发展碳汇林业、迎接低碳时代等重大课题作了专题报告。（蒋三乃）

**【气候变化与森林碳汇和水国际研讨会】** 为进一步加强有关技术人员和管理人员对林业在应对气候变化中具有特殊地位和重要功能的认识，掌握国际国内林业应对气候变化的最新研究成果，跟踪国际林业应对气候变化发展动态，学习和借鉴发达国家的成功经验，展示我国森林碳汇研究成果，宣传我国林业应对气候变化的政策措施和实践经验，2010年6月16～18日，国家林业局造林司、世界自然基金会北京代表处、中国林科院、美国林务局南方研究院、法国开发署在云南省腾冲县联合举办了气候变化与森林碳汇和水国际研讨会。来自美国、加拿大、法国、德国、罗马尼亚、印度、喀麦隆、中国等8个国家的专家和各省(区、市)林业厅(局)营造林处长，共100多位代表参加了此次会议。33位来自国内外高等院校、科研院所、国际组织的资深专家，在大会上作了专题报告。研讨会从森林减缓与适应气候变化、森林与水资源、气候变化下的森林可持续经营三个方面，围绕气候变化与森林的减缓和适应性、森林碳汇功能和森林管理、造林与水资源、流域管理与气候变化、森林经营增汇减排、碳贸易、森林认证、乡镇林业建设和私有林经营管理等议题，从理论和实践层面展开了广泛交流、探讨。（蒋三乃）

**【坎昆气候大会通过两项林业决定】** 2010年底，在墨西哥坎昆召开《联合国气候变化框架公约》第十六次缔约方大会和《京都议定书》第六次缔约方大会。大会通过了《关于与减少发展国家毁林和森林退化所致排放以及森林保护、可持续经营和增加森林碳储量有关问题的政策方法和激励措施的决定》(REDD+)、《关于土地利用、土地利用变化和林业的决定》(LULUCF)两个林业议题决定。REDD+议题决定的主要内容：一是发达国家要通过多边和双边渠道，为发展中国家开展实施减少森林排放及保护和增加森林碳储量行动提供资金、技术支持。二是在获得资金和技术支持后，发展中国家要根据国情和能力，制定国家战略或行动计划。三是在国家或次国家层面上，针对核算减少森林排放及保护和增加森林碳储量行动的效果，确定参考水平(即基准线)，建立森林碳监测体系。四是通过发达国家和发展中国家共同努力，扭转全球森林面积减少趋势，进一步增加全球森林碳汇。LULUCF议题决定的主要内容：①发达国家要向公约秘书处提交核算森林管理活动碳汇和碳排放的“参考水平”数值，说明其确定“参考水平”数值依据的数据和方法，并经过专家评审。②“参考水平”数值评审合格后，将被正式确定下来，作为发达国家第二承诺期核算森林管理活动碳源/碳汇的重要依据。此外，发达国家还主张增加湿地管理、采伐木质林产品碳源/碳汇核算，扣除不可抗拒自然因素引起的森林火灾、病虫害导致的碳排放等。坎昆气候大会通过的两个林业决定，标志着林业作为减缓和适应气候变化的有效途径和重要手段，在应对气候变化中的特殊地位进一步得到了国际社会充分肯定，气候变化林业议题谈判取得新进展。（蒋三乃）

**【林业生物质成型燃料现场学习交流会】** 国家林业局造林司于2010年10月11～13日在长春市辉南林业局龙湾召开林业生物质成型燃料现场学习交流会。会议的主要内容是以吉林省宏日新能源有限公司利用林业生产过程中产生的清林剩余物为主要原料，生产高密度木质颗粒燃料，为酒店、工厂、社区等提供供暖的林业生物质能源产业项目为典型，推动全国林业生物颗粒燃料的开发利用。国家林业局、吉林省能源局、北京林业大学、东北林业大学、国家林业局调查规划设计院、吉林省能源局、宏日新能源公司、辉南林业局等专家、领导在会上作了报告和交流发言。来自全国各省(区、市)林业厅(局)主管部门的70余人参加了会议。会议期间，参观了宏日生物质成型燃料生产企业及他们的两个供暖单位；听取了北京林业大学、东北林业大学专题报告及辉南森林经营局、蛟河林业实验区管理局、延边大兴沟林业局及宏日生物质成型燃料生产企业关于生物质成型

燃料生产应用情况、生物质成型燃料和森林经营、森林保护的关系分析和听取了局规划院关于规划编制情况介绍。（王桂芝）

**【林业生物质能源研究所成立】** 2010年10月29日，北京林业大学举行了北京林业大学林业生物质能源研究所成立揭牌仪式，相关职能部门负责人和专家20余人参加了仪式。林业生物质能源研究所今后将针对包括林业生物质能源的栽培、加工、转化和综合利用等重点领域开展一体化生产研究，并根据研究方向，相应成立林业生物质能源植物培育、加工装备、能源转化和能源综合利用等4个研究室。（王桂芝）

# 森林公园发展与生态文化建设

**【综　述】** 2010年，森林公园建设稳步增长。截至2010年年底，全国共建立森林公园2583处，总面积1677.69万公顷。其中"十一五"期间新增森林公园655处，新增面积164.37万公顷。以国家级森林公园为龙头，国家、省和县(市)级森林公园协同发展的森林风景资源保护利用体系日趋完善。山西省将城郊森林公园建设列为全省十大林业重点工程，由省政府出台《关于加快城郊森林公园建设的意见》加以引导规范，并每年安排1000万元专项资金加以推进，实现了森林公园建设由人烟稀少的深山、远山向人口聚居的城郊、近郊延伸的战略性转移，构建了以县级(城郊)森林公园为主的森林生态休闲公共服务体系，为森林公园和森林旅游的持续发展开辟了新路。

**森林公园的资源保护培育工作进一步加强** 据不完全统计，2010年全国森林公园用于资源培育和生态保护的投资达25.33亿元，共营造风景林12.64万公顷，改造林相13.6万公顷。"十一五"期间，全国森林公园投入的资源培育和生态保护资金近80亿元，营造风景林总面积达48.87万公顷，改造林相总面积达51.2万公顷。湖南九嶷山国家森林公园启动核心景区的资源保护工程，对核心景区和旅游公路可视范围内的集体山林实行租赁管护，签订协议1.2万公顷，每年投入补贴资金100多万元，同时科学组织核心景区的生态移民，大幅度减少核心景区内的人为干扰。北京市凡属国有林场基础上设立的森林公园都制订了森林健康经营方案，积极引进森林认证、森林近自然经营、森林生态系统碳汇功能以及生物质能源等新理念、新模式、新技术，不仅使森林公园的风景资源质量得到大幅提高，而且对全国森林公园的资源保护与培育作出了有益的探索和示范。

**森林公园的地方性立法成就斐然** 2010年，广东、江西和黑龙江省相继颁布实施了森林公园管理条例，成为森林公园地方性立法成果最大的年度。这些条例的条款不仅全面涵盖了森林公园设立、规划、建设和经营等环节的管理，而且结合本省实际作出了一些特色规定，如广东省规定除道路建设外用于工程设施建设的用地不得超过森林公园陆地面积的3%，江西省要求省森林公园管理工作机构定期向社会公布森林公园内森林资源增长或者减少、森林生态环境变化、负氧离子含量等情况，黑龙江省规定森林公园经森林公园主管部门验收合格后方可对外开放。截至2010年年底，全国已有湖南、四川、安徽、贵州、广东、江西、黑龙江等7省颁布了森林公园条例，山西、甘肃施行了森林公园管理办法，广州、南昌、洛阳、青岛等4市也公布施行了森林公园管理条例。

**森林公园的生态文化教育功能日益突出** 2008～2010年，国家林业局于2008～2010年间以国家级森林公园为重点相继实施了"生态文化教育示范基地"建设和"生态文化解说体系示范点"建设，安排项目单位和中央投资分别达90个、9600万元和36个、720万元，不仅使有效强化了项目单位的生态文化教育设施和生态文化教育功能，而且极大推动了全国森林公园的生态文化建设。山西省2009年和2010年连续两年累计投入3600多万元，支持51处森林公园进行了生态文化教育示范基地(点)、生态文化广场、生态文化解说体系、生态文化宣传栏(馆、厅)、生态文化标识标牌等宣教基础设施建设，使全省近1/3的森林公园具备了开展生态教育的基本条件。湖南桃花江国家森林公园大力弘扬竹文化，建立了竹博物馆，收藏保存竹文化艺术品近万件，并聘请民间匠人保存和传承了小郁、竹编、竹雕、竹刻等传统工艺手法，传统竹文化得以传承并发扬光大。内蒙古红花尔基樟子松国家森林公园建立了樟子松森林博物馆，以体现林业工人保护和建设樟子松生态资源的主题雕塑、书法与诗词碑刻等，多形式挖掘和展示樟子松文化。宁夏苏峪口国家森林公园免费向游客开放贺兰山博物馆，配备专业讲解员为每年近20万人次的游客讲解生态文化知识，并定期开展青少年的生态科普夏令营和户外课堂教育等活动，成为宁夏优秀科普教育基地。

**森林公园的旅游产品开发与营销水平显著提高** 2010年，吉林森工集团公司在成立吉林森工旅游集团有限责任公司、吉林森工旅游商品公司和吉林森工旅游会务公司，注册了"吉森旅游"商标，实行吉森旅游"五统一"标准的基础上，正式开设营业部，将黄金水上旅游线路等森工旅游系列商品推向市场，同时与三岔子林业局协议建立吉森旅游商品基地，着力构建属于自己的产销体系。辽宁省林业厅与辽宁广播电视台家庭旅游频道进行战略性宣传合作，选择了17处森林公园进行免费宣传，同时与省旅游局积极合作，在《辽宁旅游工作用图》、《辽宁旅游地图集》、《辽宁旅游文化丛书》等一批经典性的旅游书籍中增加省级以上森林公园内容，充分扩大森林公园的影响。湖南省林业厅指导各森林公园以主题营销活动、节庆活动为卖点，创建森林旅游品牌，2009年以来组织长沙天际岭、宜章莽山、双牌阳明山、浏阳大围山等4个国家森林公园联合举办湖南省杜鹃花生态旅游节，通过整合营销，使更多的群众走进森林公园，去品味深厚的生态文化内涵。北京八达岭国家森林公园提出了丁香生态文化节以嗅觉为引导的观赏模式，让市民寻找北京最香的山谷，红叶生态文化节则以秋季观赏长城与红叶的构图奇观为主要生态特征，令游客在"玩、赏、闻"的过程中深度体会林业绿化给城市带来的生态效果，寓教于乐。黑龙江龙江三峡国家森林公园引进一家实体旅游公司，成功开发了天赐龙兴石、根雕、墨雕等特色旅游纪念品 11 大类 5 万多件，填补了本省旅游购物市场的空白。

**森林公园的旅游接待与服务体系日趋完善** 据不完全统计，截至 2010 年年底，全国森林公园共拥有旅游道路 5.47 万千米，旅游车(船)2.52 万台(艘)，接待床位 62.66 万张，餐位 113.6 万个，从事旅游管理和服务的职工达 13 万人，导游 1.3 万人。森林公园已经成为我国国内旅游重要的基地。据统计，2010 年全国森林公园共接待游客 3.96 亿人(次)，占国内旅游总人数的 18.8%，森林公园直接旅游收入达 294.94 亿元，分别比 2009 年增长 13% 和 30%，均高于国内旅游的增速(10.6% 和 23.5%)。"十一五"期间，我国森林公园共接待游客 14.79 亿人(次)，年均增长率达 18%(国内旅游为 12%)，共取得直接旅游收入 984.46 亿元，年均增长率达 28%(国内旅游为 15%)。

**森林公园的旅游带动能力不断增强** 新疆林业厅每年都整合各类生态建设工程资金 2000 万元以上，将天保工程、重点公益林工程、护林防火等工程中的所(站)进行合并建设，并重点提高森林公园和重点旅游区等人员密集区所(站)的建设标准，使每个所(站)具备 20~40 人的旅游接待能力，把管护(所)站建成集森林资源保护和森林旅游发展于一体的多功能平台。各管护所(站)职工积极开展旅游接待的同时，采集、加工绿色山野菜、野生食用菌，开展特色种植、养殖，管护所(站)职工的年人均创收超 3000 元，使各类生态工程成为一项富民工程，同时也增强了管护人员的工作积极性和责任心，为各类生态工程建设增添了活力。福建省林业厅自 2007 年推行"森林人家"这一全新旅游品牌建设，至 2010 年年底共直接扶持建立授牌户和示范点 375 处，覆盖全部设区的市，2010 年全省"森林人家"接待游客突破 200 万人次，创社会产值 9000 多万元。湖南五尖山国家森林公园发展特色森林人家，开展农家作坊参与、珍稀植物赏析等原生态项目，被省农庄协会评为全省十大最受欢迎的农庄，2010 年"森林人家"接待游客 10 万人次，实现收入 850 万元。湖南桃花江国家森林公园扶持发展 200 多家"竹乡农家"，形成了竹文化休闲基地，年接待游客 30 多万人，为竹农带来了丰厚的经济效益。天津九龙山国家森林公园梨木台景区的旅游辐射下营镇 35 个行政村 22 个村，农家乐经营户发展到 460 多户，从业人员达 4000 多人，黄乜村、船舱峪村、道古峪村、小港、石头营、孙各庄等村的年人均旅游收入达 6 万多元。据不完全统计，全国森林公园年提供就业岗位 60 余万个，社会综合旅游收入近 2400 亿元，"十一五"期间所创造的社会综合旅游总收入近 8000 亿元。

**国家专类园发展成绩喜人** 据统计，2010 年洛阳国家牡丹园、鄢陵国家花木博览园和邳州国家银杏博览园共接待游客 294 万人(次)，综合旅游收入达 1.48 亿元。

(许 晶)

**【全国森林公园工作座谈会】** 2010 年 4 月 21~22 日，在位于安徽省潜山县的天柱山国家级森林公园召开，31 个省(区、市)和 4 个森工(林业)集团公司森林公园主管人员以及部分重点森林公园负责人共 120 余人参加了会议。会上，国家林业局森林公园管理办公室张健民副主任作了《深入贯彻中央林业工作会议精神，大力推进森林旅游产业快速发展》的主题报告。报告对 2009 年的森林公园建设与森林旅游发展工作进行了总结回顾，分析了当前森林公园建设和森林旅游发展面临的新形势和新要求，安排部署了 2010 年的重点工作。在会上，江西省森林公园管理办公室、湖南省国有林和森林公园管理局、浙江省永嘉县政府、陕西省商南县政府、辽宁省本溪县林业局、安徽省天柱山林场、安徽芜湖马仁奇峰森林旅游开发公司、湖北大别山国家森林公园管理处等 8 个单位领导，还分别就切实用好森林公园扶持政策、打造"湘约天下"绿色旅游品牌、创建"森林生态休闲示范县"、依托林业优势发展全县生态旅游、突出林业自身实力建设森林公园、正确处理国有林场与森林公园和风景名胜区关系、立足企业发展推进森林公园保护与建设、充分发挥生态文化示范项目带动作用等方面作了典型发言。

(许 晶)

**【第三批中国国家森林公园专用标志使用授权】** 2010 年 5 月 4 日，国家林业局以林场发〔2010〕118 号下发通知，公布第三批获得中国国家森林公园专用标志使用授权的国家级森林公园名单，同意授权北京小龙门等 108 处国家级森林公园使用中国国家森林公园专用标志。同时，鉴于辽宁天桥沟国家森林公园已经国家林业局批准撤销，通知决定取消对其专用标志的使用授权。至此，全国共有 451 处国家级森林公园获得了中国国家森林公园专用标志的使用授权。

(许 晶)

**【2010 中国(温州)森林旅游节】** 2010 年 6 月 29 日，由国家林业局和浙江省人民政府共同主办、以"走进海上名山，体验森林旅游"为主题的 2010 中国(温州)森林旅游节暨浙江省第三届森林旅游节在位于乐清市的雁荡山国家级森林公园开幕。国家林业局副局长张建龙、浙江省人大常委会副主任程渭山、浙江省政协副主席冯明光和浙江省林业厅厅长楼国华等领导出席了开幕式。

本届森林旅游节为期两天，先后举办了央视七套"乡村大世界"大型直播晚会、开启森林旅游动车专列、种植"名人桂花林"、民歌民俗表演、山水旅游文化论坛、非遗作品展、特色森林产品展示展销等活动。为使本届森林旅游节实现"二氧化碳零排放"，浙江英博雁荡山啤酒有限公司出资 10 万元购买了本次活动产生的碳排放，成为全国首次以企业出资购买形式抵消节庆活动产生的二氧化碳量。

(许 晶)

**【新设立 18 处国家级森林公园】** 2010 年，经材料审查、实地考察、会议评审并经最终审定通过，国家林业局先后作出行政许可决定，准予设立宝格达乌拉等 18

处国家级森林公园。同时，准予天柱峰等 8 处国家级森林公园改变经营范围，并根据相关规定撤销了承德石海和万有国家级森林公园。截至 2010 年年底，全国共建立 746 处国家级森林公园和 1 处国家级森林旅游区，规划总面积 1177.66 万公顷。

| 序号 | 行政许可决定书文号 | 内容提要 |
|---|---|---|
| 1 | 林场许准〔2010〕2 号 | 准予天柱峰国家级森林公园改变经营范围，面积变更为 20 757 公顷 |
| 2 | 林场许准〔2010〕3 号 | 准予狼牙山国家级森林公园改变经营范围和变更名称，面积变更为 8446 公顷，名称变更为易州国家级森林公园 |
| 3 | 林场许准〔2010〕4 号 | 准予大茂山国家级森林公园改变经营范围和变更名称，面积变更为 4873.33 公顷，名称变更为古北岳国家级森林公园 |
| 4 | 林场许准〔2010〕5 号 | 准予本溪环城国家级森林公园改变经营范围，面积变更为 19 876.1 公顷 |
| 5 | 林场许准〔2010〕11 号 | 准予金银滩国家级森林公园改变经营范围和变更名称，面积变更为 2400 公顷，名称变更为翔云岛国家级森林公园 |
| 6 | 林场许准〔2010〕519 号 | 准予桥口坝国家级森林公园改变经营范围，面积变更为 7655.17 公顷 |
| 7 | 林场许准〔2010〕563 号 | 准予二郎山国家级森林公园改变经营范围，面积变更为 57 517 公顷 |
| 8 | 林场许撤〔2010〕1 号 | 撤销林场许准〔2009〕1053 号行政许可决定，撤销设立承德石海国家级森林公园 |
| 9 | 林场许准〔2010〕1329 号 | 准予设立宝格达乌拉国家级森林公园，面积 32 562.8 公顷 |
| 10 | 林场许准〔2010〕1330 号 | 准予设立龙湖山国家级森林公园，面积 2697.21 公顷 |
| 11 | 林场许准〔2010〕1331 号 | 准予设立南靖土楼国家级森林公园，面积 2233.83 公顷 |
| 12 | 林场许准〔2010〕1332 号 | 准予设立嵩云山国家级森林公园，面积 3349.67 公顷 |
| 13 | 林场许准〔2010〕1333 号 | 准予设立天泉山国家级森林公园，面积 3538.1 公顷 |
| 14 | 林场许准〔2010〕1334 号 | 准予设立巴尔盖国家级森林公园，面积 3644.3 公顷 |
| 15 | 林场许准〔2010〕1335 号 | 准予设立石门山国家级森林公园，面积 8856 公顷 |
| 16 | 林场许准〔2010〕1336 号 | 准予设立哈巴河白桦国家级森林公园，面积 24 700.95 公顷 |
| 17 | 林场许准〔2010〕1337 号 | 准予设立阿尔泰山温泉国家级森林公园，面积 88 793 公顷 |
| 18 | 林场许准〔2010〕1338 号 | 准予设立夏塔古道国家级森林公园，面积 38 507.49 公顷 |
| 19 | 林场许准〔2010〕1723 号 | 准予撤销万有国家级森林公园，面积 431.8 公顷 |
| 20 | 林场许准〔2010〕1709 号 | 准予千佛洞国家级森林公园改变经营范围，面积变更为 993.42 公顷 |
| 21 | 林场许准〔2010〕1830 号 | 准予设立南京栖霞山国家级森林公园，面积 1019 公顷 |
| 22 | 林场许准〔2010〕1831 号 | 准予设立杭州半山国家级森林公园，面积 1002.88 公顷 |
| 23 | 林场许准〔2010〕1832 号 | 准予设立庆元国家级森林公园，面积 2455.7 公顷 |
| 24 | 林场许准〔2010〕1833 号 | 准予设立东阿黄河国家级森林公园，面积 2446.33 公顷 |
| 25 | 林场许准〔2010〕1834 号 | 准予设立峨庄古村落国家级森林公园，面积 6800 公顷 |
| 26 | 林场许准〔2010〕1835 号 | 准予设立诗经源国家级森林公园，面积 8280 公顷 |
| 27 | 林场许准〔2010〕1836 号 | 准予设立西瑶绿谷国家级森林公园，面积 12 441 公顷 |
| 28 | 林场许准〔2010〕1837 号 | 准予设立青洋湖国家级森林公园，面积 3247.47 公顷 |

（许　晶）

**【设立中国森林旅游试验示范区】** 2010 年 11 月 4 日，国家林业局以林函场字〔2010〕229 号复函浙江省人民政府，同意在温州市设立中国森林旅游试验示范区，成为国家林业局同意设立的首个中国森林旅游试验示范区。为确保该森林旅游试验示范区达到预期成效，复函希望温州市在浙江省委、省政府的领导和支持下，进一步解放思想，充分利用温州丰富的森林风景资源，发挥温州在区位、市场和资金等方面的综合优势，在森林旅游发展模式、管理体制、经营机制、组织保障和项目建设等方面进行大胆的探索和创新，为全国森林旅游业发展提供有益的试验成果。复函同时要求浙江省政府责成温州市抓紧编制《中国（温州）森林旅游试验示范区实施方案》和《中国（温州）森林旅游试验示范区总体规划》，明确目标任务、实施内容和保障措施等，报国家林业局审核、批复。

（许　晶）

# 油茶产业与发展

【综　述】 2010年，14个油茶主产区各级政府和林业部门认真贯彻落实第二次全国油茶产业发展现场会议精神，制定出台一系列政策措施，推动全国油茶产业在实现良好开局的基础上，又取得了新进展、新成效。①油茶良种种苗供需矛盾大大缓解，苗木质量进一步提高。14个省(区、市)共培育油茶良种苗木5.34亿株，其中嫁接苗5.15亿株，比2009年增加了近1亿株，加上2009年生产并留床的两年生苗，可为造林提供良种苗木3.4亿株以上，油茶良种苗木供需矛盾大大缓解。各地严格按照国家林业局提出的“四定三清楚”组织良种苗木生产，14个省(区、市)共确定了82个定点采穗圃、252个定点育苗基地，保证了穗条来源和供应。种苗档案管理进一步加强，基本做到种苗生产全过程都有案可查。开展各种形式的种苗质量专项检查活动，油茶种苗质量进一步提高。②油茶造林稳步推进。14个省(区、市)新造油茶林面积17.33多万公顷，是2009年造林面积的4倍多。一是坚持以苗定造。各地在全面掌握良种苗木出圃数量基础上，科学安排造林计划，保证苗木的来源和质量。同时采取有力措施加强苗木质量监管。二是严格技术规程，确保造林质量。按照“良种+良法”的要求，各地大力推广应用各种丰产栽培技术，有效提高了造林成活率和保存率。三是领导带头，示范推动。贵州省天柱县四大班子各挂点营建一个33.33公顷集中连片的示范点，县油茶产业发展领导小组成员单位和主要乡镇各办一个3.33公顷科技示范点，2010年全县共建科技示范点28个，面积达333.33公顷。湖北省通城县44个部门对口扶持44个重点村，新建油茶基地333.33公顷。③油茶低产林抚育改造得到加强。各地在扎实抓好新造油茶林的同时，通过采取财政补贴、提供技术指导等各种措施，引导广大林农积极开展油茶低产林抚育。14个省(区、市)抚育低产林面积超过20万公顷，比2009年翻了一番。实践证明，开展油茶低产林抚育投资少，见效快，投入产出比较高，是当前尽快提高全国茶油产量的有效措施和重要途径。福建省宁化县城郊乡瓦庄村通过对6.67公顷低产林实施劈草、翻土、施肥等措施，亩产茶油由原来的不足5千克增长到2009年的12.5千克，2010年达25千克；湖南省常宁市西岭镇桐江村对全村66.67多公顷油茶低产林实行统一管理和经营，2010年的茶油产量比2009年增长32%，收入增加80多万元。④扶持油茶产业发展的力度不断加大。据不完全统计，一年来，全国投入油茶产业发展的资金达到51.7亿元，比2009年增长近一倍，其中各级政府投入16亿多元，企业投入近21亿元，种植大户及林农投入10.2亿元，油茶合作社等投入2.6亿元。在各级政府投入的16亿多元中，中央投入6亿多元、省级财政投入2.7亿元、县级财政投入2.7亿元、县财政整合各类涉农项目投入近5亿元。⑤社会各方面参与油茶产业发展的积极性日益高涨。截至目前，14个省(区、市)参与油茶产业发展的企业已达1060家，带动参与的农民达到199万；已成立油茶专业合作社、油茶协会等1400多个，参与的农户达到34万多户。在2010年新造的17.33多万公顷油茶林中，企业造林5.7万公顷，造林大户造林5.4万余公顷，散户及其他主体造林6.33多万公顷，大体各占1/3左右。这充分说明，全社会对发展油茶产业的认识不断深化，积极性不断高涨，涌现出了许多舍得投入、敢于投入的典型。⑥科技支撑的力度进一步增强。一是科技创新进一步深化，国家科技支撑计划“油茶产业升级关键技术研究与示范”项目正式启动，组织69个单位414位技术人员，围绕油茶产业发展各个环节的关键技术开展联合攻关。同时，通过“948”引进、林业公益性行业科研专项等渠道，新设立了一批研究项目。二是成果推广和技术培训力度进一步加大，国家投入1695万元开展林业科技富民工程，选择新品种复合经营、容器育苗等18项技术在各地推广应用；各地培训人员15万多人(次)，发放技术手册约20多万册。

油茶产业发展存在问题：一是随着良种苗木生产供应能力的不断提高，资金短缺已成为制约油茶产业发展的瓶颈；二是科技支撑能力有待进一步加强，特别是面向基层直接为生产一线提供各类技术服务的技术人员严重不足，制约了经营管理水平的提高；三是促进油茶产业实现又好又快发展的长效机制尚未形成，如油茶良种补贴还没有落实，政府对新造油茶林的补助标准偏低，一些地方的发展模式还不科学、经营机制还不够灵活等；四是一些地方重造轻管、重新造轻低产林抚育，导致造林后的管护措施跟不上，低产林抚育的力度不大，特别是个别地方甚至还存在盲目发展的现象；五是产品加工领域亟待整顿秩序、规范管理，有些企业依靠诚信和产品质量赢得市场的意识还不强。　　(欧国平)

【第三次全国油茶产业发展现场会】 2010年9月26～27日，国家林业局在湖南省耒阳市召开全国油茶产业发展现场会。会议的主要任务是，全面总结一年来油茶产业发展进展情况，深入研究进一步创新油茶产业发展模式和机制，全面部署2011年以及“十二五”期间油茶产业发展工作，扎实有效地推动油茶产业更加科学有序健康发展。这也是继2008年第一次湖南现场会重点解决了“为什么要发展油茶”、2009年江西现场会重点解决了“如何科学发展油茶产业”之后，专题研究创新油茶产业发展模式和机制、科学谋划新时期油茶产业大发展的一次重要会议，也是进一步深入贯彻落实中央领导同志重要批示和中央林业工作会议精神，扎实推进油茶产业又好又快发展的再动员、再部署

国家林业局局长贾治邦主持会议并作总结讲话，湖南省省委副书记、代省长徐守盛致辞，国家林业局副局长祝列克作主题报告，湖南省副省长徐明华、省政协副

主席龙国健等出席会议；国家发改委以及国家开发银行、中粮集团中国植物油公司等单位有关同志应邀参加了会议。油茶产区14个省(区、市)林业厅(局)的负责人及造林、计财、科技、种苗部门负责人，部分油茶重点县主要领导及林业局局长，国家林业局有关司局和直属单位主要负责同志，有关科研院所的专家等200余人参加了会议。

贾治邦强调指出，发展油茶产业，是党中央、国务院站在保障我国粮油安全、促进农民增收致富的战略高度作出的重大决策，胡锦涛总书记、温家宝总理、回良玉副总理都对油茶产业发展作出重要批示，2009年、2010年连续两年的中央1号文件都明确提出要大力发展油茶等木本油料；特别作为单一树种，《全国油茶产业发展规划(2009～2020年)》得到国务院批准，更是前所未有。党中央、国务院如此重视油茶产业发展，是因为发展油茶产业是我国解决粮油安全问题的一项重要举措，是促进农民增收和县域经济发展的一个重要途径，是优化人民消费结构、提高健康水平的最好选择。

祝列克在主题报告中全面总结了一年来各地推进油茶产业发展所取得的主要成绩，认真分析了当前油茶产业发展存在的突出问题，深刻阐述了创新发展模式和机制在油茶产业发展中的重要性以及要处理好的几个关系，全面部署了"十二五"期间油茶产业发展工作。

会上，湖南省衡阳市、安徽省舒城县、江西省上犹县、河南省光山县、湖北省阳新县、广东省兴宁市作了典型发言，分别介绍了推进油茶产业发展的做法与经验。会议还组织参观了衡阳市百里油茶产业示范带，并组织中国粮油集团与湖南省常宁市人民政府、湖南省林业厅与湖南省农业银行签订了发展油茶产业项目合作协议。

(欧国平)

**【国家林业局下发《关于进一步抓好油茶种苗生产与质量管理的通知》】** 为切实抓好2010年及今后一段时期油茶种苗生产，进一步强化种苗质量管理，2010年4月22日，国家林业局下发了《关于进一步抓好油茶种苗生产与质量管理的通知》，重点就三个方面提出明确的要求。①进一步深化对油茶良种极端重要性的认识。②切实抓好油茶种苗生产及质量管理各项规定的落实。③认真抓好油茶良种采穗圃及繁育基地项目建设。

(张超英)

**【油茶产业发展重点县建设】** 国家发改委、国家林业局以发改投资〔2010〕768号文件下达油茶产业发展中央预算内投资计划2亿元，新造林6.67万公顷，全面启动100个油茶产业发展重点县建设。其中浙江430万元，常山、青山、莲都区、开化县、江山市、松阳县等6个重点县(市)新造林1433.33公顷；安徽800万元，太湖、舒城、潜山、歙县等4个重点县新造林2666.67公顷；福建1000万元，尤溪、德化、顺昌、长汀县、平和等5个重点县新造林3333.33公顷；江西4600万元，上犹县、于都县、万载县、宜丰县、永丰县、安福县、万年县、瑞昌市、芦溪县、莲花县、东乡县、进贤县、宁都县、会昌县、浮梁县、贵溪县、高安市、新干县、临川区、峡江县、瑞金市、铅山县、修水县等23个重点县新造林15 333.33公顷；河南200万元，新县新造林666.67公顷；湖北1300万元，麻城市、阳新县、通城县、谷城县、黄陂区等5个重点县(市区)新造林4333.33公顷；湖南5400万元，耒阳市、平江县、常宁市、浏阳市、永兴县、溆浦县、桃源县、衡东县、祁阳县、永顺县、沅陵县、邵阳县、鼎城区、辰溪县、茶陵县、攸县、中方县、宁远县、苏仙区、涟源市、慈利县、绥宁县、湘乡市、衡南县、桃江县等25个重点县(市、区)新造林1800公顷；广东1200万元，兴宁市、龙川县、紫金县、平远县、丰顺县、连州市等6个重点县新造林4000公顷；广西2430万元，三江县、融水县、凤山县、融安县、巴马县、东兰县、右江区、田阳县、田东县、龙胜县、八步县等11个重点县新造林8100公顷；重庆800万元，秀山县、酉阳县、梁平县、彭水县等4个重点县新造林2666.67公顷；四川40万元，荣县新造林133.33公顷；贵州800万元，天柱县、黎平县、锦屏县、玉屏县等4个重点县新造林2666.67公顷；云南800万元，广南县、富宁县、腾冲县、陇川县等4个重点县新造林2666.67公顷；陕西200万元，汉滨区新造林666.67公顷。

(张超英)

**【油茶种苗与造林质量大检查】** 2010年7～9月国家林业局油茶办组织4个检查组，分别对浙江、安徽、福建、湖北、江西、重庆、贵州等7省(市)的油茶种苗质量和造林质量进行了专项大检查。通过检查规范了油茶种苗市场，增强了各地种苗质量和造林质量意识，极大地防止了假劣苗木、非良种苗木上山造林，有效地提高了种苗质量和造林质量，确保了全国油茶产业科学有序快速发展。

(张超英)

**【全国油茶产业发展办公室主任座谈会】** 2010年11月25日，国家林业局油茶办在北京组织召开了首次全国油茶产业发展办公室主任座谈会。会议座谈交流了各省(区、市)贯彻落实全国油茶产业发展现场会议精神情况，研究部署油茶造林及种苗生产工作。会议由国家林业局场圃总站总站长杨超主持，国家林业局计财司副司长、油茶办常务副主任郝燕湘对做好2011年工作进行了安排部署。全国14个油茶分布省(区、市)油茶办主任，国家林业局有关单位负责人参加了会议。会议对2011年工作进行了部署：一是要长抓不懈，毫不放松地抓好良种壮苗生产工作，要坚定不移地坚持"四定三清楚"，要采取有效措施监督到位，要因地制宜地推广应用容器育苗、两年生苗和分蔸育苗，大力提升苗木质量。二是要努力保持油茶造林的高质量发展，要做到以苗定造，要认真处理好造林规模与当地土地、劳力的问题。三是要坚持新造和抚育并重，不同的地方要有所侧重。四是要进一步加强调查研究和信息采集，加强调研工作，深入研究问题，研究制约油茶产业发展的主要因素。五是争取在油茶良种补贴和油茶基地建设方面有所突破。六是苗木生产能力不足的省(区、市)要有一个计划和工作安排，一定要立足本地，尽快实现苗木自给。

(李世峰)

**【全国油茶产业发展重点县林业局局长培训班】** 为认真贯彻落实2009年全国油茶产业发展现场会和2010年全国林业厅局长会议精神，组织实施好《全国油茶产业发展规划(2009～2020年)》，切实抓好国家林业局、国家发改委共同确定的100个全国油茶产业发展重点县建设，2010年3月4~6日和3月11~13日，国家林业局油茶办分东、西片区分别在福州市和南宁市举办了全国100个油茶产业发展重点县林业局局长培训班。培训班重点从四个方面进行了培训、交流和研讨：一是进一步深化对油茶良种在产业发展中极端重要性的认识；二是研究探讨如何抓好重点县建设；三是了解掌握油茶良种选育及种苗繁育、栽培及管理、低产林抚育、加工利用等方面的关键技术要点；四是总结交流近两年来推进油茶产业发展的主要做法和成功经验。（李世峰）

**【全国油茶发展省(区、市)省级种苗站站长座谈会】** 为组织好2010年油茶良种种苗生产，进一步加强油茶种苗质量管理，国家林业局场圃总站(局油茶办)于2010年4月12~13日在武汉市召开全国油茶发展省(区、市)省级种苗站站长座谈会。会议通报了2010年组织开展的全国油茶种苗质量抽检情况，总结交流了2009年油茶种苗生产及质量管理情况，研究部署了2010年油茶良种种苗生产工作。全国14个油茶发展省(区、市)林木种苗站站长，国家林业局南方、北方、长沙林木种子检验中心主要负责人参加了会议。会议对2010年的油茶种苗生产提出了三点要求：一是要认真组织好2010年春季育苗生产工作；二是进一步提升油茶种苗生产的科技含量；三是要切实加强采穗圃及良种繁育基地的建设和管理。（李世峰）

**【加大油茶宣传工作　提升茶油社会认知度】** 2010年，在《中国绿色时报》头版开辟聚焦油茶产业发展专栏，从油茶产业发展的重大意义、油茶良种苗木的生产使用管理等方面连续刊发6篇专题系列报道全方位进行宣传报道。在全国油茶产业发展现场会召开前夕，以专版形式《油茶火了半边天》报道了重点县的典型经验。

2010年，共编印《油茶产业发展简报》47期。组织编写，广泛散发《油茶营养与健康》(宣传册)，大力宣传茶油的营养保健功能和茶油对促进人们健康的作用，提升广大群众和全社会对茶油的认知度，促进民众建立良好的健康消费理念。（李世峰）

# 防沙治沙

**【综　述】**

**继续推进京津风沙源治理和石漠化综合治理等重点工程**　京津风沙源治理工程完成林业建设任务44.49万公顷，石漠化综合治理完成林业建设任务16.87万公顷，均占计划任务的100%。京津风沙源治理工程开展了“质量年”活动，京津工程有效克服了工程区五十年不遇特大旱灾的不利影响，确保了工程建设成效，核实率达100%，政策兑现更加及时、透明，群众满意度明显提高。石漠化综合治理工程由试点期转入全面建设期，确立了以林草植被建设为核心的技术路线，总结出近百套石漠化治理经验和模式，为改变生态状况、改善民生作出了贡献。

**积极争取防沙治沙重点建设项目**　编制了《国家级沙化土地封禁保护区规划(2011~2020年)》并组织了专家论证，待会签有关部委后报国务院批复实施。编制了《全国防沙治沙综合示范区建设规划》并已批复实施。协调有关地方组织编制了新疆塔里木盆地周边和准噶尔盆地南缘两大防沙治沙工程规划、甘肃石羊河流域防沙治沙及生态恢复规划，已报国家发改委审批。协调有关部门将新疆全疆防沙治沙工程规划纳入中央援疆整体计划。

**切实加强和规范沙产业发展**　在认真调查研究的基础上，制定出台了《国家林业局关于进一步加快发展沙产业的意见》，明确了加快发展沙产业的指导思想、原则和目标，提出了沙产业发展的总体布局和重点领域，明确了促进和扶持沙产业发展的政策措施和保障措施。

**全面完成第四次荒漠化沙化监测，沙尘暴灾害应急工作取得进展**　第四次全国荒漠化沙化监测工作历时两年，区划和调查图斑592.5万个，获取各类信息记录2.5亿条。监测成果已于2011年1月4日在国务院新闻办正式对外发布。针对春季沙尘暴多发、频发状况，国家林业局积极采取应对和处置措施，开展了预测分析会商，启动运行了39个沙尘暴地面监测站，实行重点预警期应急值守和沙尘暴灾害信息定期报告制度，加强应急知识宣传和普及，最大程度减轻沙尘暴灾害损失。

**进一步推进荒漠化履约与国际合作**　组织完成了国家履约报告的信息提报和第四次国家履约报告；向荒漠化公约秘书处宣传了中国民间企业治沙经验和模式，代表亚洲受荒漠化影响国家参加了“联合国防治荒漠化十年”启动活动。推动了荒漠化领域与国际社会交流与合作，与蒙古国、阿根廷、德国等国家及联合国粮农组织开展了荒漠化防治项目合作。荒漠化作为重要内容已纳入中国—阿拉伯国家、中国—突尼斯、中国—伊朗、中国—印度经贸合作或林业合作协议。

**采取多种方式开展了防沙治沙宣传**　组织各有关省(区)开展以“防沙治沙惠及民生”为主题、形式多样的宣传纪念活动。春季沙尘暴多发期间，宣传荒漠化危害，普及沙尘暴应急常识，积极正确引导社会舆论。“6·17”世界防治荒漠化与干旱日期间，通过报刊、网络、电视、广播、手机短信等多种形式宣传我国荒漠化防治的重要意义、工作进展和战略举措，全面反映我国防治荒漠化的成效。上海世博会期间，在联合国馆与公约秘书处联合开展了主题为“改良四方土壤、造福天下众生”的“6·17”荒漠化日纪念活动，发行了纪念明信片，积极向国际社会展示我国履约最新成果。

据不完全统计，2010年全国共完成沙化土地治理面积140多万公顷。

**【出台有关防沙治沙和京津风沙源治理政策】** 2010年1月28日，国家林业局下发了《关于进一步加强京津风沙源治理工程林业建设质量管理的通知》（林沙发〔2010〕28号）。将2010年确定为京津工程林业建设"质量年"，要求工程区5省（区、市）加强领导，提高对工程建设重要性的认识，确保工程建设高质量推进；要采取措施，提高工程营造林质量，巩固工程建设成果；要严格管理，提升工程林业质量，确保林业建设成效；要加强宣传，发挥社会舆论监督作用，带动工程林业建设整体质量的提升。

2010年12月3日，国家林业局出台《国家林业局关于进一步加快发展沙产业的意见》（林沙发〔2010〕278号），分析了当前沙产业发展的形势和加快沙产业发展的重要性，明确了加快发展沙产业的指导思想、原则和目标，确定了沙产业发展的总体布局和重点领域，明确了促进和扶持沙产业发展的政策措施和保障措施。

**【石漠化综合治理工程投资】**

**工程进展** 2008年2月1日，国务院批复了《岩溶地区石漠化综合治理规划大纲（2006～2015年）》，规划范围涉及贵州、广西、云南、湖南、湖北、重庆、四川、广东8省（区、市）的451个县（市、区）。同年启动了100个试点县治理工作。三年来，试点工程林业建设进展顺利。

2010年国家下达石漠化综合试点工程中央预算内投资10亿元，下达林业建设任务21.17公顷，其中封山育林任务14.66万公顷，人工造林任务6.51万公顷。

2008～2010年，国家累计下达石漠化综合试点工程中央预算内投资22亿元，下达林业建设任务47.95万公顷，其中封山育林33.52万公顷，人工造林14.43万公顷。截至2010年年底，工程已累计完成林业建设任务36.55万公顷。

**工程第二次省部联席会暨现场会** 2010年6月12～13日，岩溶地区石漠化综合治理工程第二次省部联席会暨现场会在广西壮族自治区百色市召开。国家发改委、国家林业局、农业部、水利部、财政部、国土资源部、环境保护部、国务院扶贫办、中国气象局等部门有关领导和贵州、广西、云南、湖南、湖北、四川、重庆、广东8省（区、市）政府分管领导出席会议。

国家发改委副主任杜鹰作了会议总结。国家林业局副局长祝列克出席会议，并就国家林业局所开展的工作、下一步重点工作作了发言。财政、国土、环保、农业、水利、扶贫办等有关部委局、8省区市领导分别发言。

与会人员实地考察了石漠化工程建设现场，总结交流了经验。会议肯定了工程建设取得的成效，强调既要看到岩溶地区石漠化综合治理工程建设的重要性、必要性和紧迫性，又要充分认识工程建设的复杂性、艰巨性和长期性，要以坚韧不拔的精神、科学的态度、广阔的视角推动工程建设。

**【沙尘天气及应急处置工作】** 据监测，2010年，中国北方地区共出现16次沙尘天气过程，其中扬沙、浮尘过程7次，沙尘暴过程7次，强沙尘暴过程2次。16次沙尘天气过程中，3月份发生7次，4月份发生5次，5月份发生3次，11月份发生1次。2010年沙尘暴灾害造成直接经济损失约9.8亿元。

与往年相比，2010年沙尘暴灾害有以下特点：一是沙尘天气发生频次与近9年同期均值（15.8次）基本持平。二是沙尘天气强度较强。特别是4月24～25日发生在甘肃河西走廊和内蒙古阿拉善高原的沙尘暴过程强度较强，民勤县4月24日晚甚至出现"黑风暴"。三是沙尘暴造成的灾情损失较重。4月24～25日发生在甘肃、内蒙古的沙尘暴造成直接经济损失约9.57亿元。四是沙尘天气主要起源于蒙古国南部和我国甘肃河西走廊至内蒙古西部地区。五是北京地区遭受3次沙尘天气影响，少于近9年同期均值（5.4次）。

按照《重大沙尘暴灾害应急预案》的要求，国家林业局认真做好沙尘暴灾害应急处置工作，主要采取了以下措施：一是认真做好沙尘暴灾害预测预警。与中国气象局联合开展春季沙尘天气趋势预测分析会商，加强与气象、农业等部门灾害预警信息沟通与交流，全面启动39个地面监测站，随时掌握灾情发生发展走势。二是全面部署沙尘暴灾害应急工作。下发了《关于做好今春沙尘暴灾害应急处置工作的通知》，召开了春季沙尘暴灾害应急工作会议。三是加强重点预警期应急值守和监测工作。建立了沙尘暴应急值守和监测值班制度，随时收集、汇总和分析卫星遥感和地面监测信息，编撰简报，并及时报告。四是建立灾害信息报送机制。做好沙尘暴灾害信息日报、周报、月报和半年报和年报工作，建立省级沙尘暴应急信息通报制度和地面监测站数据报送通报制度。五是赴灾区调研并指导救灾工作。4月24～25日甘肃、内蒙古发生沙尘暴后，派员分赴两省（区）灾区调查研究，全面了解灾情，协助地方指导救灾工作。六是加强沙尘暴灾害地面监测网络建设。完善了沙尘暴地面监测技术规程，统一了监测指标、技术方法。培训地面监测站技术人员，印发《沙尘暴地面监测站管理办法（试行）》。七是切实做好宣传工作。通过中央新闻媒体宣传沙尘暴灾害预防常识和国家林业局应急处置措施，将沙尘暴应急基本常识以汉、蒙、维文印发到老百姓手中。

**【第四次全国荒漠化和沙化监测】** 为了掌握全国荒漠化和沙化最新变化动态，国家林业局组织开展第四次全国荒漠化和沙化监测工作，获得了2005年初至2009年底5年间全国荒漠化和沙化土地现状及动态变化信息。本次监测共动用技术人员6000多名，调查图班592万个，获取各类数据2.5亿个。监测结果显示，截至2009年年底，全国荒漠化土地面积262.37万平方千米，沙化土地面积173.11万平方千米，分别占国土总面积的27.33%和18.03%。5年间，全国荒漠化土地面积年均减少2491平方千米，沙化土地面积年均减少1717平方千米。监测表明，全国土地荒漠化和沙化呈整体得到初步遏制，荒漠化、沙化土地持续净减少，局部地区仍在扩展的局面。

第四次全国荒漠化和沙化监测与第三次监测间隔5年内，中国防沙治沙呈现四个重要变化。一是荒漠化和沙化土地面积持续净减少。5年间，全国荒漠化土地减少1.25万平方千米，沙化土地减少8587平方千米，分别比上次监测时减少0.47%和0.49%。全国有荒漠化土地分布的18个省(区、市)，荒漠化土地均有所减少；有沙化土地分布的30个省(区、市)，绝大部分省(区、市)沙化土地有所减少。二是荒漠化和沙化程度持续减轻。5年间，中度、重度、极重度三种类型的荒漠化土地分别减少1.69万平方千米、6800平方千米和2.34万平方千米；中度、重度、极重度三种类型的沙化土地面分别减少9906平方千米、1.04万平方千米和1.56万平方千米；流动沙地、半固定沙地减少7084平方千米。三是沙区植被状况进一步改善。5年间，沙化土地植被平均盖度由17.03%提高到17.63%，植被盖度50%以上的沙化土地面积增加1.03万平方千米，盖度小于10%的沙化土地面积减少1.36万平方千米。荒漠化和沙化重点保护治理区植物种类明显增加，植被群落稳定性增强。四是重点治理区生态环境明显改善。重点治理的科尔沁沙地、毛乌素沙地、浑善达克沙地、呼伦贝尔沙地、京津风沙源治理工程区等区域生态明显改善。以京津风沙源治理工程为例，与2001年相比，工程区土壤风蚀总量减少5.2亿吨，土壤水蚀总量减少2.87亿吨，地表释尘量减少1352万吨，分别减少了44%、82%和43.3%，有效减缓了沙尘天气对京津地区的影响。

监测结果也反映出，全国荒漠化和沙化土地防治工作依然面临着以下突出问题：一是土地荒漠化和沙化的趋势尚未得到根本改变。中国是世界上荒漠化、沙化面积最大的国家，荒漠化发生率居于高位，全国还有31万平方千米具有明显沙化趋势的土地。二是受过度放牧、滥开垦、水资源的不合理利用以及降水量偏少等综合因素的共同影响，川西北、塔里木河下游等局部地区沙化土地仍在扩展。三是荒漠化地区植被总体上仍处于初步恢复阶段，自我调节能力较弱，稳定性、抗逆性较差，极易反弹、退化。四是人为活动对荒漠植被的负面影响还较严重，超载放牧、盲目开垦、滥采滥挖和不合理利用水资源等破坏植被行为依然存在。五是气候变化导致的持续干旱等极端气象灾害频繁发生，对植被建设和恢复影响甚大，土地荒漠化、沙化的危险性增大。

**【荒漠化公约履约与国际合作】** 2010年，联合国防治荒漠化公约启动公约第四次国家履约报告，首次采用互联网报告平台，实施量化履约绩效评估(PRAIS)，启动了“联合国防治荒漠化十年”活动，倡议全球范围积极推动荒漠化防治，倡导发展绿色经济促进可持续荒漠化防治。中国响应公约要求，积极开展各项工作，取得了成效。

一是组织协调各有关部门和受荒漠化影响主要省(区)，按照荒漠化公约要求，进行网上信息收集和填报的同时撰写文字报告，完成第四次国家履约报告，充分反映中国履约成效。

二是利用荒漠化公约执行秘书来华访问机会，宣传中国民间企业将改善生态与发展绿色经济相结合的治沙模式，促成中国企业在荒漠化公约正式注册为民间组织，获得参与国际活动的资格，体现了国家鼓励民间参与和多元投资的积极政策效果。

三是代表亚洲受荒漠化影响国家，应邀参加“联合国防治荒漠化十年”亚洲启动仪式，介绍中国人民在荒漠化防治中的贡献和成绩，体现了中国在受影响发展中国家中的代表性、重要性和参与国际活动的话语权。

四是围绕世界防治荒漠化和干旱日，开展公众宣传活动。与公约秘书处合作，设计和发行2010年世界防治荒漠化日明信片(一套两张)，突出“防沙治沙、改善民生”主题。6月17日，国家林业局与荒漠化公约秘书处合作，联合全国青联、韩国未来林运动和中央电视台七频道及全球环境教育项目，在上海世博园联合国馆举行主题为“改良四方土壤，造福天下众生”的全球荒漠化日纪念活动。通过嘉宾讨论、观看《气候变化中的希望》专题纪录片、与游客互动、民俗表演等形式，宣传中国荒漠化防治政策和治理成效，鼓励广大青年和社会团体广泛参与防沙治沙活动。

**【防治荒漠化国际合作】**

*实施中德合作防治荒漠化北方框架项目* 促进项目与国家重点工程经验和技术交流，加强部门协调和能力建设；建立项目网站，编发项目通讯，加强项目班与各省信息沟通；开展防治荒漠化生态效益影响指标研究和荒漠化防治典型措施经济影响评价专题研究；召开气候变化与荒漠化高级专家咨询会，明确了防治荒漠化是应对气候变化和促进可持续发展的重要措施，提出加强干旱地区荒漠化防治对土壤和生物碳储存的影响，有效利用荒漠可再生能源等领域合作研究，利用国际碳信用交易机制，为荒漠化防治引进国际资金的建议。

*完成全球干旱地区土地退化评估项目(LADA)* 将LADA干旱地区土地退化评估技术方法与中国实践相结合完成了国家评估和各个试点的当地评估；针对全球评估中国部分的方法和结论进行了验证，并提出相应建议；在中国首次使用世界水土保持联盟(WOCAT)方法完成了中国可持续土地管理最佳实践模式的收集和编撰；召开了LADA项目国家最终研讨会，参加了全球LADA项目最终研讨，中国的项目成果得到各界充分肯定。按照项目计划，积极筹备为亚洲国家进行土地退化评估技术培训。

*与发展中国家交流与合作* 在联合国粮农组织和联合国发展计划署的支持下，2010年8月，国家林业局再次应邀派遣两名荒漠化监测专家前往蒙古国，为蒙古国应用全球干旱地区土地退化评估项目方法和借鉴中国荒漠化监测评估经验，进行当地培训和实地指导；在国家林业局与阿根廷环境部双边部门合作的基础上，形成荒漠化领域合作交流实施计划，拟定了在土地退化评估专题工作计划。应各国要求，荒漠化防治纳入中国—阿拉伯国家经贸合作协议，中国—突尼斯、中国—伊朗经贸合作、中国—印度双边林业合作等双边协议或合作意向，并提出优先合作方向。

*参与全球环境基金第五周期土地退化领域项目规划* 根据国内建设需要，将支持中国荒漠化监测评估体系建设和技术升级列为重点。积极协调商务部，争取中非合作防治荒漠化能力建设项目。

(防沙治沙由局治沙办供稿)

# 全民义务植树和全国城乡绿化

【综　述】 2010年，国土绿化部门及社会各界努力克服干旱、低温、洪涝等灾害影响，采取有力措施，扎实推进全民义务植树和全国城乡绿化，取得显著成绩。

**全民义务植树开展**　领导示范带动不断加强。首都全民义务植树日，胡锦涛等党和国家领导人参加北京市义务植树活动。胡锦涛总书记指出：开展全民义务植树活动，对于改善环境质量、建设生态文明、应对气候变化、推动科学发展，都具有重要意义。我们要持之以恒地把这项活动开展下去，动员全社会为建设祖国秀美山川作出不懈努力，为广大人民群众创造一个优美宜居的生活环境。植树节前后，全国人大、全国政协、共和国部长、百名将军相继开展义务植树活动，地方各级党委、人大、政府、政协领导带头参加义务植树。

**宣传发动不断深入**　4月1日，全国绿化委员会召开第二十八次全体会议，部署全民义务植树和国土绿化工作。全国绿化委员会、国家林业局、河南省人民政府联合举办第二届中国绿化博览会，展示和宣传国土绿化取得的新成就，激发人们参与生态建设的热情。全国绿化委员会、国家林业局、国务院三峡办、全国政协人资环委、重庆市人民政府、中国绿化基金会共同发起“绿化长江、重庆行动”，广泛发动社会各界积极参与绿化长江、保护三峡。各地相继召开动员会，组织开展形式多样、丰富多彩的义务植树活动。江苏提出“绿色江苏”的建设目标；辽宁发出“大干四年，绿化辽宁”的号召；黑龙江发出“用三五年的时间绿化龙江大地”的号召；福建开展了以“弘扬生态文明，共建绿色海西”为主题的“四绿”工程建设；广西开展了“绿满八桂”春季植树大行动；山东开展“打造绿色黄河，实现人与自然和谐相处”为主题的义务植树活动；浙江开展“应对气候变化——千校万人同栽千万棵树”活动；甘肃各级绿委组织植树节大型主题宣传咨询活动，出动宣传车，设立咨询点，悬挂义务植树横幅，发放绿化科普读物。

**管理制度不断完善**　各地高度重视建章立制，改进、加强义务植树管理工作。截至2010年年底，全国已有天津、内蒙古、新疆等12个省(区、市)颁布了义务植树条例或管理办法。北京市制定实施了《义务植树责任区和基地管理办法》、《义务植树登记考核管理办法》和《义务植树验收管理办法》。湖南省财政厅制定印发《义务植树绿化费征收使用管理办法》，巩固完善义务植树以资代劳制度。浙江各地相继出台林木绿地认建认养办法。陕西省人大常委会审议通过《古树名木保护条例》。湖北省政府制定颁布《古树名木保护管理办法》。河北、河南、四川建立健全义务植树登记考核制度，西藏坚持义务植树检查验收制度。甘肃、贵州、青海推行义务植树目标责任制，山西签订古树名木保护责任书。内蒙古建立“义务植树周”制度。黑龙江实行义务植树“包栽、包活、包管护”责任制。山西省大力推行“一矿一企绿化一山一沟”、“挖一吨煤栽一棵树”等以煤(矿)补林做法，积极引导和组织资源型企业，履行社会责任，以出资或承包荒山的方式参与造林绿化。

**实现形式不断创新**　江西、广东等省一些地方将尽责形式拓展到义务从事绿化宣传教育活动、单位节日摆花、屋顶绿化、购买碳汇、捐赠绿化资金、门前“三包”、社区绿地管护、古树认养，以及修林道、打防火隔离带、造林整地、育苗、林木抚育和管护等方面，实现形式更加丰富，地点、时间更加灵活，方便了广大适龄公民参加义务植树。上海市开展“共建绿色家园、同庆世博盛会”、“绿化你我阳台、扮靓幸福家园”等义务植树主题活动，使绿化“进社区、进校区、进营区、进园区、进村宅、进楼宇”。吉林、安徽、山东等省将义务植树与部门绿化、重点生态工程、城乡绿化以及植纪念树造纪念林、共青团保护母亲河行动、妇联“三八”绿色工程建设等相结合，加强义务植树基地建设和管理，拓展义务植树载体。

据统计，2010年全国共有5.90亿人(次)参加义务植树，植树26.03亿株。截至2010年年底，累计有127亿人(次)参加义务植树，植树589亿株。

**城市绿化稳步推进**　各地认真编制绿地系统规划、城市森林建设规划，强化绿线管制，深入开展节约型、生态型、功能完善型城市森林和园林绿化建设，积极开展全国绿化模范单位、国家森林城市、国家园林城市(区、县、镇)创建活动，有力地促进了城市绿化发展和人居环境改善。全国城市建成区绿化覆盖面积已达149.45万公顷、绿地面积133.81万公顷、公园绿地面积40.16万公顷；城市建成区绿化覆盖率38.22%、绿地率34.17%、人均公园绿地面积10.66平方米。同时，各地根据地域特色，建设了一大批高质量的公园绿地、城市片林和林荫大道，加强了城市自然资源和生物多样性保护。截至2010年年底，共设立63个国家重点公园和41个国家城市湿地公园。各地、各部门积极开展绿化先进创建工作，助推城乡生态文明建设。2010年表彰了335个全国绿化模范单位(城市21个、县89个、单位225个)。截至2010年年底，命名了180个国家园林城市、7个国家园林城区、61个国家园林县城、15个国家园林城镇以及22个国家森林城市。

**部门绿化扎实开展**　中央直属机关、中央国家机关绿化委员会积极组织各直属机关开展义务植树和庭院绿化美化活动。中直机关全年新建绿地12万余平方米，改建绿地20万余平米。中央国家机关通过城乡手拉手开展义务植树活动，积极支援首都郊区绿化和新农村建设。

交通运输系统通过加强领导、明确目标、落实责任、创新机制、加强管护，2010年新增公路绿化里程17.04万千米。累计实现全国公路绿化194.33万千米，其中国道绿化12.99万千米，公路宜绿化路段绿化率91.2%；省道绿化23.08万千米，绿化率86.4%；农村公路(县、乡、村道)绿化155.13万千米，绿化率53.9%；各类专用公路绿化3.1万千米，绿化率

56.7%。高速公路已基本实现绿化。

铁道系统以加强管护、巩固成果为重点，深入开展铁路沿线植树造林，巩固提高造林绿化水平，改善沿线生态环境。2010年在全国铁路沿线共栽植乔木647.5万株，灌木8626.2万株。目前，已实现绿化达标的宜林线路3.43万千米，占宜林线路的74.40%。

水利系统全面加强水源涵养林和水土保持林建设，2010年完成湖泊、水库周边绿化3900公顷，累计绿化湖泊、水库周边1.03万公顷；江河沿岸绿化长度5300千米，累计绿化江河沿岸长度5.07万千米。

全国绿化委员会与教育部门共同发起了"弘扬生态文明，共建绿色校园"活动，组织开展"我为气候变化植棵树"和"生态文明从我做起"的征文比赛活动，组织开展绿色文明校园创建活动，掀起绿化美化校园的高潮。各级各类学校将国土绿化、森林防火、生态文明教育等内容渗透到教学过程，开展主题鲜明、内容丰富、形式多样的植绿护绿、保护生态主题实践活动。

农垦系统实行农场领导干部任期绿化目标责任制，分解落实造林绿化任务，充分利用农场闲置土地资源，大力开展植树造林。据统计，全年新建农田林网5.68万公顷。

中国人民解放军和武装警察部队狠抓绿化宣传、监督指导、配套建设，营区绿化、"三荒"造林同步推进。2010年创建全军绿色营区、生态营区120多个，完成"三荒"造林2.67万公顷。义务出动兵力、车辆、机械、工具，积极支援驻地生态建设。北京军区在内蒙古商都义务植树、成都军区组织"百万民兵绿化长江"、贵州军区助推贵毕公路沿线绿化等，受到当地人民群众好评。

各级共青团开展形式多样的绿化活动，倡导青少年爱绿植绿护绿。全国绿化委员会、共青团中央继续开展保护母亲河系列活动，各地积极响应。辽宁省共青团组织开展青少年"绿化辽西北荒山"植树行动；黑龙江共青团在植树月组织全省青少年造林1333.33公顷；江苏开展"共建青奥林，绿满新江苏"主题活动，200余万青少年参与植树。

各级妇联组织围绕绿色主题，精心设计具有鲜明特点的活动，调动广大妇女绿化美化的积极性。陕西省妇联先后组织妇女开展建设"'三八'绿色工程"、"山川秀美巾帼工程"、"十万农家女创建妇字号林果业示范基地"、"妈妈环保示范林"等。截至2010年年底，全省累计有近百万人(次)参加，植树1200万株，庭院绿化12.25万公顷。

石油、石化、冶金、煤炭等行业把绿化美化、节能减排、生态建设作为实现可持续发展、提升企业整体形象的一项重要工作，坚持把造林绿化完成情况作为考核各单位领导业绩的重要内容。在积极组织单位职工参加义务植树的同时，进一步加大厂区、矿区、生活区绿化和矿山复垦造林力度，不断提高绿化种植、养护和管理水平，一些企业成为当地绿化的排头兵。

**森林、草原保护** 森林、草原有害生物防治取得新进展。进一步落实重大危险性林业有害生物地方政府和林业主管部门"双线"责任制，加强责任兑现检查。开展联合检疫执法行动，形成联防联控有效机制，建立突发林业有害生物周报制度，测报准确率达85%以上。重点加强松材线虫、美国白蛾、鼠兔害和薇甘菊等重大危险性林业有害生物防控，松材线虫病首次呈现县级疫点数量减少趋势，扩散蔓延得到初步遏制。积极推进新型草原鼠虫害防治生态治理技术，选用高效、低毒、低残留杀虫剂，大力推广人工招引粉红椋鸟、牧鸡牧鸭、招鹰养狐等鼠虫害天敌控制技术。2010年全国主要林业有害生物发生面积1198.93万公顷，防治面积829.67万公顷，其中无公害防治654.80万公顷。防治草原鼠害666.67万公顷，防治草原虫灾400万公顷，治虫灭鼠减少直接经济损失约16亿元。

**存在问题** ①全国现有宜林地4400多万公顷，自然条件大都比较差，造林绿化难度大。②造林绿化体制机制障碍仍未消除，资金投入不足，企业和群众开展造林绿化的内在驱动力不够。③新造林地后期抚育管护亟待加强，造林绿化基础设施薄弱。 （周力军）

**【全国绿化委员会办公室发布国土绿化状况公报】** 为大力宣传国土绿化成绩和经验，进一步激励全社会参与生态建设，推动全民义务植树和城乡造林绿化开展，2010年3月12日(植树节)，全国绿委办发布《2010年中国国土绿化状况公报》。公报全面反映全民义务植树、林业重点工程造林、城市绿化、部门绿化、草原建设、自然保护区和湿地建设、森林草原保护等方面的成绩以及政策保障措施。公报在《人民日报》以及新华网、中国网、中央人民政府网、中国日报网、中国林业网、新浪网、搜狐网、凤凰网、网易网、腾讯网等各大新闻媒体登载。 （周力军）

**【共和国部长义务植树活动】** 2010年3月27日，全国绿化委员会、中共中央直属机关绿化委员会、中央国家机关绿化委员会、首都绿化委员会联合组织168名部级领导在北京市房山区长阳镇参加全民义务植树活动，栽种了3000多株侧柏、杨树、垂柳等树木。该活动自2002年开展以来，已连续9年在北京举行，先后有1600多人(次)部级领导参加了义务植树活动，共栽种各种树木17 540余株，建成共和国部长纪念林9处。 （魏晓双）

**【绿色畅想大型公益晚会】** 2010年4月2日晚，绿色畅想大型公益晚会在人民大会堂举行。公益晚会由全国绿化委员会、中国人民对外友好协会、美中文化产业交流促进会、中央歌剧院主办。以保护生态为主题。全国绿化委员会副主任、国家林业局局长贾治邦等12名全绿委成员及部级领导干部，与首都各界7300多名观众一起观看了演出。 （魏晓双）

**【组织"绿化长江　重庆行动"有关活动】** 2010年9月3日，全国绿化委员会组织召开"绿化长江　重庆行动"大型公益活动座谈会。共8家政府部门、13家大型国有企业和15家民营企业参加了座谈会。

10月8日上午，"绿化长江 重庆行动"启动仪式在人民大会堂举行。中共中央政治局常委、全国政协主席贾庆林担任"绿化长江 重庆行动"组委会名誉主席。中共中央政治局委员、国务院副总理、全国绿化委员会主任回良玉出席北京主会场启动仪式，并分别讲话。全绿委成员及150多家企业代表参加启动仪式。现场募集资金10多亿元，用于长江重庆段绿化。 （魏晓双）

# 林业产业

06

【综　述】 2010年，国家加强对林业产业发展的扶持和指导，成功应对国际金融危机冲击，林业产业继续保持强劲势头发展，主要特点：一是产业规模不断壮大，成为世界林产品生产和贸易大国。2010年，林业产业总产值首次突破两万亿元，达到2.28万亿元，比2009年增长30.21%。林产品进出口贸易额962.7亿美元，比2009年增长37.1%。木材、锯材、人造板产量分别为8089.62万立方米、3733.63万立方米、15 360.83万立方米。竹材产量为14.30亿根。木竹地板产量达到4.79亿平方米。松香类产量133.28万吨。松香、人造板、木地板和木竹藤家具产量仍居世界第一。二是工业化进程明显加快，产业结构调整迈出新步伐。2010年，第一、二、三产业产值分别为8895.21亿元、11 876.95亿元和2006.86亿元，比2009年分别增长23.11%、36.24%和29.43%。产业结构不断优化，已由"十五"末期的52∶41∶7，调整为39∶52∶9，林业工业化进程明显加快，第三产业比重逐步加大。三是产业素质实现新提升，特色产业集群初步形成。龙头企业逐步壮大，林产品质量继续提高，产业化经营势头良好。第一产业中，干鲜果品、茶、中药材以及森林食品等在内的经济林产品种植与采集业产值为5158.19亿元，占第一产业产值的57.99%。第二产业从人造板生产来看，山东、江苏、广西、河北、河南、广东、福建和安徽等省(区)的人造板产量均超过700万立方米，总产量共计11 921.95万立方米，占全国人造板总产量的77.61%。第三产业主要以森林旅游为主，全年涉及林业旅游和休闲的人数为10.32亿人次，直接产值为1310.37亿元。

【林业产业信息建设】

**全国林业产业基础数据库**　2010年，全国林业产业基础数据库进行了改版，修正了数据库部分内容，使数据库数据查找，浏览更加便捷。数据内容得到充实和完善，更新了2005～2009年各年度全国林业产业数据。数据库的建设为全面准确地了解林业产业市场，为政府部门进行决策提供了依据。为林业产业信息化工作搭建了良好的平台。

**中国现代林业产业网**　中国现代林业产业网自2008年1月开通运行以来，免费为林业企业管理者及广大林产品经营者发布林产品供求信息，建立政府和企业沟通的平台。2010年8月，网站进行改版，对网站部分功能进行优化，使添加、查询内容更加便捷。截至2010年底，更新各类林业产业信息近2000条。

**林业产业数据库培训会议**　2010年11月1～2日，国家林业局全国木材行业管理办公室在浙江省义乌市召开全国林业产业基础数据库培训会议，全国31个省(区、市)林业厅，内蒙古、吉林、龙江、大兴安林森工(林业)集团公司林业产业主管部门的负责人和业务人员参加了培训。培训集中对数据库新改版内容进行讲解，对数据加载、维护、应用等内容进行了上机培训。

(田　野)

【林业产业集群建设调研】 2010年3月，国家林业局全国木材行业管理办公室和速生丰产林管理办公室对湖北省产业园建设情况进行专题调研，对产业园区建设及运行、配套措施的扶持和落实、速生丰产用材林基地建设及林纸一体化、林板一体化建设情况进行了全面了解，对该省产业园建设的主要经验和做法进行了全面总结，研究加强产业园区建设，促进产业集群发展的有效途径。

【一次性木筷子管理】 2010年6月，为贯彻落实《国务院办公厅关于深入开展全民节能行动的通知》精神，以持续推动"减少使用一次性筷子"工作深入开展并切实取得实施，在餐饮业形成节约资源、保护环境的良好氛围，国家林业局与商务部、发改委、环保部、税务总局、质检总局、食品药品监管局联合下发《关于在餐饮与饭店业开展减少使用一次性筷子工作的通知》，要求合理调整、不断优化林产品产业结构，限制新上一次性木筷子生产企业，规范现有企业的一次性木筷子生产，完善一次性木筷子标准。要建立一次性筷子回收利用机制、监管机制和税费政策，各部门将加强部门联动，形成工作合力，加强对企业和消费环节的引导，加大宣传，使减少使用一次性筷子成为自觉行动，促进木材的合理、有效利用。

【建材市场专项整治活动】 2010年11月，国家林业局与环保部、质检总局等赴广西、湖南省对建材市场整治工作进行了督导检查，实地检查了人造板生产企业及建材市场等，并要求各省级林业主管部门积极配合省级质检部门，开展清新居室百日行动，以人造板等室内装饰装修材料为主的建材市场专项整治工作取得明显成效。人造板质量显著提高，产品合格率年均提高5%以上。目前胶合板类产品检测合格率70%～75%，刨花板合格率约为70%，中密度纤维板合格率85%，木地板合格率达到90%以上，比室内装饰装修材料强制标准实施之初人造板合格率提高了20%以上。通过专项整治，既督促了生产企业不断强化产品质量意识和责任感，又引导消费者提高了安全、绿色消费理念，提升了人造板等产品的质量。

【中国(伊春)森林产品博览会】 2010年7月5～7日，国家林业局和黑龙江省人民政府在伊春市共同主办中国(伊春)森林产品博览会。博览会共设标准展位400个，展区面积1.5万平方米，展览品种为木制家具、木制工艺品、北药、森林食品等系列产品。共有来自全国300余家森林产品企业、2100余名来宾、客商参会，400多个品种、1万多件展品参展，参观人数达52万余人。共签订合作项目39项，签约金额37.94亿元，其中对外经济技术合作项目28项，签约额26.69亿元；贸易供货合同11项，签约额11.25亿元。

【第七届中国林产品交易会】 2010年9月19～22日，国家林业局和山东省人民政府在菏泽市举办第七届中国林产品交易会。来自美国、德国、加拿大、瑞士、日本、韩国等20个国家和地区及国内12个省(区、市)的客商参加了交易会。签订投资和销售合同及协议122个，其中内资合同、协议117个，金额89.6亿元，外资合同、协议5个，金额1.4亿美元，现场交易额8700万元。

**【第三届中国(义乌)国际森林产品博览会】** 2010年11月1~4日，国家林业局和浙江省人民政府共同主办第三届中国义乌国际森林产品博览会。森博会主展馆展览面积5万平方米，设国际标准展位2160个，吸引了来自国内20个省(市、区)及日本、俄罗斯、韩国等30多个国家和地区的1200家企业参展。实现展览成交额28.21亿元，比第二届增长13.6%，其中外贸成交额14.89亿元，比第二届增长66.5%。100多个国家(地区)的11.26万名境内外采购商参会，比第二届增长6.9%，其中境外客商6326人，比第二届增长22.6%。

**【第六届海峡两岸(三明)林业博览会】** 2010年11月6~9日，国家林业局和福建省人民政府在三明市举办第六届海峡两岸林业博览会暨投资贸易洽谈会。林博会秉承"以林为桥，沟通两岸，加强合作，共同发展"的办会宗旨，围绕"发展绿色产业、建设绿色家园"的主题，进一步突出对台交流，突出商品贸易，突出项目带动，突出产业升级。展馆面积2万平方米，新加坡、德国、日本、美国、澳大利亚、意大利等25个国家和地区代表以及国内部分省(区、市)代表，共3510名来宾、客商参会。境内外企业、单位参展489家，展品2300多种，实现现场销售额3103万元，贸易订单总额24.8亿元。

(林业产业除署名外由孔卓供稿)

# 森林资源保护与林政管理

# 森林资源保护

## 林业有害生物防治

【综　述】 受全球气候异常等因素的影响，2010 年全国林业有害生物灾害呈现偏重发生，局部成灾严重。在党中央、国务院的高度重视下，各地积极采取防控措施，应对林业有害生物灾害，不断加强突发性林业有害生物灾害处置工作，取得了较好效果。

**发生防治情况**　2010 年，全国主要林业有害生物发生面积 1198.93 万公顷，其中虫害发生面积为 865.73 万公顷，病害 139.87 万公顷，鼠(兔)害 193.33 万公顷。另外有害植物 11.53 万公顷。成灾 14.93 万公顷。与 2009 年同期相比，发生面积和成灾面积有所增加。采取各种措施防治 837.07 万公顷，成灾率控制在 0.7‰。发生特点为：一是松树钻蛀性害虫上升明显，西南地区成灾严重。二是松树、杨树和经济林病害发生面积增加。黑龙江、山东、河南等局部地区为害程度较重，并造成一定数量树木死亡。三是食叶害虫迅猛反弹。杨树食叶害虫在河南、山东、河北、安徽、湖北、新疆，松毛虫在西南和辽宁等地局部地区发生较重。四是一些突发性病虫上升。红树林食叶害虫在广西、花布灯蛾在吉林局部暴发成灾。五是美国白蛾等外来有害生物出现新扩散。在河北、山东等地发生偏重，并扩散到江苏。六是鼠(兔)害在西部地区为害较重。七是有害植物为害进一步增加。薇甘菊、金钟藤在广东、海南发生面积增加，为害程度进一步加重。

**采取的措施**　一是围绕松材线虫病、美国白蛾的防治，抓好政府责任制的落实。2010 年年初，在京召开全国松材线虫病防治工作动员部署暨技术培训会议，各松材线虫病发生省的林业厅(局)主要负责同志参加了会议，中国科学院、中国林科院、南京林业大学和森防总站的专家给与会的同志进行了技术培训。与此同时，进一步狠抓国办文件精神的落实，强化责任的落实，督促各有关省(区、市)政府制定并报批了省级松材线虫病防治方案，有 16 个省(区、市)政府上报了防治方案，并进行了批复，转发了《安徽省松材线虫病防治责任追究暂行规定》的通知，对推动各级政府、各有关部门做好松材线虫病防治工作取得了良好效果。制定了《松材线虫病防治(预防)目标责任考核办法》，并报请国务院审批，业经通过。组织人员多次赴各地对松材线虫病防治工作进行督导。2010 年松材线虫病防治成效显著，县级疫点比 2009 年同期明显减少。

美国白蛾防治。加强防治责任和任务的落实，批复了美国白蛾 7 个发生省(市)林业厅(局)的美国白蛾防治方案，要求有关省(市)把美国白蛾防治工作列入政府重要议事日程，加强组织领导，加大督导检查力度。多次赴河北、山东等 7 省(市)检查指导美国白蛾防治工作，确保了美国白蛾防治目标的实现。全年完成美国白蛾防治作业面积 400 多万公顷(次)，实现了城区、主要交通要道及风景区有虫(网)株率控制在 0.1% 以下、重点防控区有虫(网)株率均控制在 1% 以下、一般防控区有虫(网)株率控制在 5% 以下的目标要求。

二是全力抓好监测预警和检疫执法工作，坚决遏制灾害蔓延态势。根据气候变化可能对有害生物的影响，发布了 2010 年全国主要林业有害生物发生趋势预测，先后两次在中央电视台气象预报栏目发布林业有害生物预警信息，以《病虫快讯》形式及时向各地发布虫情预报，指导各地加强林业有害生物监测预报工作，及时发布预警信息，进一步扩大了有害生物预报的防灾减灾公共服务作用。以培训班代会议形式召开专门会议，部署了全年的监测预报工作。与此同时，紧紧围绕为世博会服务，与国家质检总局、上海市人民政府联合开展了为期 6 个月的华东六省一市“为世博服务、保生物安全，林业植物检疫执法行动”，并在上海举行了启动仪式，贾治邦局长亲自到会动员部署。之后各地检疫执法工作有力推进，查办了一批违法案件。

三是强化应急防控工作，增强应对重大生物灾害的处置能力。针对年初西南干旱、持续低温对林业有害生物的影响，及时召开专家会商会议，发布预警信息，指导西南五省和东北等省(区)做好应急处置工作，印发了《特大干旱区林业有害生物防治实用手册》。各级也积极开展应急演练，上海市为服务好世博会，应对突发生物灾害的发生，成立了 9 支应急防控队，每支应急防控队 15 人，统一标识、统一服装，配备了专门应急设备，并开展了以“迎世博 强化突发林业有害生物灾害除治”为主题的应急演练。为筑牢绿色亚运防线，广东省印发了《广州亚运会林业有害生物防治行动计划》、《广州亚运会林业有害生物应急防治预案》，实施了“保绿色亚运林业有害生物防治专项行动”、“保绿色亚运林业生物灾害监测预警行动”、“迎亚运检疫监管专项行动”、“迎亚运防治督查行动”。郑州市也举行了重大林业有害生物灾害应急防控演练，演练防治 80 公顷，提高了森防队伍的应急实战水平。

四是加大先进防治技术应用，提高防灾减灾工作成效。继续在九华山、张家界开展生物防治松材线虫病示范建设，积极探索通过释放花绒寄甲、川硬皮肿腿蜂防治松褐天牛的新技术；继续加大通过释放白蛾周氏啮小蜂和施用白蛾病毒防治美国白蛾的力度；积极推广应用雄性不孕剂、环保型毒饵增效诱鼠器等无公害措施防治林业鼠(兔)害；加大松毛虫性信息素和诱捕器技术的应用，在25个省份99个县设立了278个示范区、2547个诱捕点。在广东召开了全国薇甘菊防治技术研讨暨示范推广现场会，研讨薇甘菊防治技术，部署推广了薇甘菊防治的新农药、新技术。组织专家加强了技术方案的修订工作，修订并发布《松材线虫病防治技术方案》、《苹果蠹蛾防治技术方案(修订版)》，制订《桉树枝瘿姬小蜂应急防控技术方案》，进一步规范了林业有害生物新技术的应用。

五是积极参与"防灾减灾日"宣传活动，营造减灾防灾工作良好氛围。2010年5月12日是全国第二个防灾减灾日，全国各地森防检疫机构主动参与，突出主题，举办了多种形式的宣传活动。上海市林业总站开展了以"减灾从社区做起"为主题的林业有害生物防灾减灾宣传活动，活动以世博会为契机，通过展板和现场讲解的方式向广大市民宣传和普及目前上海面临的林业有害生物发生的严峻形势以及世博会生态安全等林业有害生物防灾减灾知识，并进行现场签名及宣传材料和书签赠送活动。安徽、河南等地也开展大型的减灾场咨询宣传活动，向社区居民发放林业有害生物防治等宣传资料万余份。为宣传林业有害生物防治知识，进一步扩大防治工作的社会影响，在全国组织开展了以林业有害生物生态摄影比赛和森防记者行活动为主要内容的森防宣传系列活动。各地积极响应，精心制定宣传活动实施方案，许多省市将具体宣传次任务落实到区县，形成了上下联动局面，在全国掀起了林业有害生物防治宣传的热潮，营造了林业有害生物防治工作的良好氛围。

六是强化行业管理和防治能力建设。组织召开全国林业有害生物防治目标管理研讨会，深入研究讨论了全国林业有害生物防治目标管理工作取得的成就经验、存在的主要问题及深化"十二五"目标管理的建议。成立林业特有工种职业技能的鉴定站，加强基层森防队伍建设。加快基础设施建设步伐，批复2011森防基础设施建设项目60个，总投资6.51亿元，其中中央投资4.21亿元。

七是推进防治机制创新。建成并开通了"国家网络森林医院"，为广大林农提供了及时高效服务。继续推进防治社会化试点工作，对社会化防治涉及的防治组织资质、防治招投标管理办法、承包防治合同、防治监理合同等进行了实践，从政策、技术、操作层面上积极探索了社会化防治的具体措施。 (王剑波)

## 自然保护区建设

**【全国野生动物保护及自然保护区建设管理工作会议】** 2010年1月31日至2月1日，在海口市召开。国家林业局贾治邦局长高度重视，并作出了"这次会议很重要，要认真总结保护工作的经验，从维护生物多样性、促进生态平衡、建设生态文明高度认识其重要性，提出明确要求，采取得力措施，做好保护的各项工作，取得更新成绩"的批示，印红副局长出席会议并讲话。会议对2009年全国自然保护工作进行了认真总结，对2010年的工作进行了全面部署。 (张云毅)

**【国家级自然保护区晋升】** 2010年3月，经林业系统国家级自然保护区评审委员会评审，国家林业局将黑龙江小北湖、黑龙江三环泡、江西赣江源、湖南白云山、广东云开山、陕西皇冠山等6处自然保护区上报国务院提请晋升为国家级自然保护区。西藏芒康滇金丝猴、甘肃祁连山、宁夏白芨滩等3处国家级自然保护区上报国务院申请范围及功能区调整。截至目前，林业系统经国务院批准的国家级自然保护区有247处。

(安丽丹　李　忠)

**【自然保护区基础设施建设】** 2010年国家林业局批复天津八仙山等42个国家级自然保护区基础设施建设可行性研究报告，批复总投资额为41 072万元，其中中央投资33 503万元；2010年下达中央投资3亿元用于国家级保护区的基础设施建设，保护区管护能力得到进一步提高。 (安丽丹　李　忠)

**【自然保护区发展】** 2010年，全国林业系统新增各种类型的自然保护区23处，使全国林业系统自然保护区达2035处，总面积12 352.76万公顷，占全国国土面积的12.87%。其中，林业系统国家级自然保护区达247处，面积7597.42万公顷。有效地保护了我国大部分森林、湿地、荒漠等生态系统、珍稀野生动植物物种及其栖息地，为维护国家国土生态安全和生物多样性保护作出了巨大贡献。

截至2010年年底，全国共有28处自然保护区加入了"国际人与生物圈保护区网络"，其中林业系统自然保护区21处；27处林业系统自然保护区被列为"国际重要湿地名录"；此外还有18处自然保护区成为世界遗产地的组成部分；内蒙古达赉湖、上海崇明东滩等一批自然保护区加入"东亚－澳大利亚涉禽迁徙网络"；安徽升金湖、江西鄱阳湖等一批自然保护区被列入"东北亚鹤类保护网络"。 (武立磊　李　忠)

**【自然保护区总体规划及旅游规划】** 2010年，国家林业局组织专家审核批复了黑龙江红星湿地等21个国家级自然保护区的总体规划，从而使220个林业系统国家级自然保护区的总体规划得到审批，占所有林业系统国家级自然保护区总数的89%；此外，还组织专家对云南南滚河等8个国家级自然保护的生态旅游规划进行了评审论证并得到国家林业局批复，有力地促进了这些保护区生态旅游活动的开展。 (武立磊　李　忠)

**【自然保护区业务培训】** 2010年11月2～8日在北京举办第十四期国家级自然保护区领导干部培训班，51位国家级自然保护区的局长接受了培训。学员均为担任国家级自然保护区主要行政领导后的首次业务培训。此项培训自1998年至今，累计培训国家级自然保护区管理局局长达640多人(次)。主要培训内容为国家有关自然保护区建设管理的法规、政策，生态保护和自然保护区建设管理的基本理论，国内外有关自然保护区管理的先进理念和做法，主要目的是通过培训，使承担国家重点生态保护工作的基层领导，能够比较全面地了解本职工作，明确工作方向。

作为国际生物多样性年的活动之一，根据国家林业局的培训计划，保护司在2010年分别在福建武夷山、江西井冈山和云南西双版纳3个自然保护区举办了5期国家级自然保护区生物多样性保护及可持续发展培训班。培训班内容主要为自然保护区政策及建设管理、生物多样性保护技术和监测、自然保护区生态旅游等。全国140个保护区的300名国家级自然保护区主管保护业务的负责人和业务科长以及省林业厅局负责自然保护区工作的人员参加了培训。 (郭红燕 李 忠)

**【海峡两岸自然保护区交流合作】** 根据海峡两岸轮流举办交流研讨会的合作机制，经国台办批准，2010年分别在台湾和大陆举办了第十四届、第十五届海峡两岸自然保护区业务交流研讨会。

2010年5月15～24日，大陆方面从事自然保护行政管理、科研、自然保护区建设和管理的25人赴台湾参加了第十四届海峡两岸自然保护业务交流研讨会。海峡两岸的15位专业人员(其中7名大陆代表)就全球气候变化对自然保护区的影响、物种保护研究、志工(志愿者)制度、生态学理论和发展方向等自然保护领域的热点问题进行了论文交流。随后，大陆代表实地考察了台湾阳明山、雪霸、太鲁阁、垦丁、台江、金门6个不同类型的国家公园以及高雄都会公园等生态建设项目。了解学习台湾相关的管理体制、法律法规、物种保护、生态旅游、社区共管、公众宣教及环境治理工作。

2010年9月6～15日在大陆举办了第十五届海峡两岸自然保护区业务交流研讨会。浙江大学、北京林业大学、浙江农林大学以及上海、浙江、江苏、安徽等省(市)林业厅(局)和保护区的30余人、台湾国家公园学会的26名会员共计60余人参加了会议。大陆、台湾各有9名代表就大熊猫、鸿雁、丹顶鹤等物种的生态学问题、森林旅游问题、湿地保护与利用问题、数字档案等问题进行了论文交流。台湾代表实地考察了天目山、清凉峰、崇明东滩等自然保护区及西溪湿地公园和黄山等自然资源利用。 (郭红燕 李 忠)

# 大熊猫保护管理

**【大熊猫栖息地灾后重建】** 2010年，四川省完成地震损毁大熊猫栖息地恢复9.08万公顷，占全省大熊猫栖息地恢复目标的84.89%，完成灾后重建投资2.16亿元。卧龙保护区完成都江堰基地综合楼抗震加固等4个项目，中国保护大熊猫研究中心雅安碧峰峡基地专家综合楼已开工，基层保护站恢复重建项目已完成初步设计，四川省下达的11个重建项目完成前期可研和中期调整，香港援建23个项目可研均获批复，其中16个项目完成环评。白水江保护区已完成所有重建项目。

**【大熊猫栖息地保护和野外救护】** 截至2010年年底，全国已建以大熊猫为主要保护对象的自然保护区64处，总面积约344万公顷，保护区内大熊猫栖息地面积约133万公顷，使全国57%的大熊猫栖息地和70%多的野外大熊猫得到自然保护区的有效保护；2010年全年新增省级和县级自然保护区各1处；全年救护野外大熊猫5只，救护并放归2只，收容1只，救治无效死亡2只。

2010年全年共繁育圈养大熊猫幼仔27胎38仔，成活31只，使圈养大熊猫种群数量达到312只，基本实现了自我维持的目标。继续推动圈养大熊猫标记及所有圈养个体基本情况统计工作；指导卧龙碧峰峡基地抓好圈养种群疫病防控工作，确保种群安全；启动圈养大熊猫野化培训第二期项目，使受“5·12”地震影响暂停的大熊猫野化培训工作得到重新启动；《圈养大熊猫国内借展管理规定》制订工作稳步推进，2010年7月完成全国征求意见，并进入专家论证阶段。

**【大熊猫保护管理规划】** 针对汶川地震造成大熊猫栖息地受损的新情况，委托中科院生态中心牵头，组织有关单位和专家修编《大熊猫保护管理规划》已于2010年11月上旬修订完成，11月底在保护司司务会讨论并通过，并开始组织专家论证评审。

**【大熊猫保护展示宣传】** 举办2010年大熊猫上海世博行欢送仪式等活动，配合和支持上海世博会大熊猫展示活动；在广州亚运会和亚残运会召开前夕，举办12只广州亚运大熊猫展示活动，为亚运会助威，也更好地宣传了大熊猫保护，提升了大熊猫的影响力。

**【大熊猫保护合作与交流】** 组织人员赴澳门考察大熊猫场馆建设地址，确定成都大熊猫基地提供赠送澳门大熊猫，组织专家优选出大熊猫“蜀祥”和“奇妙”作为赠送澳门大熊猫，完成赠澳大熊猫征名工作，组织专家验收大熊猫场馆，于2010年12月18日将赠澳门大熊猫送达，完成胡锦涛主席宣布的中央政府赠送澳门特区大熊猫任务。

中国在西班牙马德里和日本和歌山的大熊猫各繁育2只，奥地利美泉宫和美国亚特兰大的大熊猫各繁育1只，在美国华盛顿、圣地亚哥和亚特兰大出生的4只大熊猫幼仔顺利回国。

(大熊猫保护管理由张陕宁供稿)

## 野生动物保护与繁育

【清理整顿野生动物驯养繁殖及相关活动】 2010年7月26日，针对我国部分野生动物观赏展演单位出现的以不当方式对待野生动物、违规经营野生动物产品以及野生动物非正常死亡、伤人等事件和低俗广告、误导性宣传等情况，为进一步规范野生动物观赏展演行为，引导全行业沿着生态文明方向健康发展，国家林业局印发了《国家林业局关于对野生动物观赏展演单位野生动物驯养繁殖活动进行清理整顿和监督检查的通知》(林护发〔2010〕195号)，在全国范围内对野生动物驯养繁殖及相关活动，开展全面清理整顿和监督检查活动。截至2010年年底，在各野生动物观赏展演单位自查自纠的基础上，各级林业部门对全国700多家野生动物观赏展演单位进行了清理整顿和监督检查，取缔非法经营或条件恶劣展演单位7家，整改50多家，有效地促进了野生动物观赏展演活动的规范和驯养繁殖条件的改善和提高。

【中阿合作保护波斑鸨】 2010年3月21日，贾治邦局长代表国家林业局与阿拉伯联合酋长国阿布扎比环境署签署了《中华人民共和国国家林业局与阿拉伯联合酋长国阿布扎比环境署关于开展波斑鸨保护、繁育及放归自然合作的协议》，两国将在加强我国波斑鸨野外种群及其栖息地保护、建立波斑鸨繁育中心等开展长期合作。

【中日续签朱鹮保护合作计划】 2010年8月27日，贾治邦局长代表国家林业局与日本环境大臣签署了《中华人民共和国国家林业局与日本环境省关于朱鹮保护的合作计划》。这是在国家林业局与日本环境省2003年签署的《中日朱鹮保护合作计划》期满后，两国相关部门根据需要，经协商再次续签了该合作计划。按照合作计划约定，两部门将在朱鹮保护、繁育、放归自然等方面开展长期合作 。(野生动物保护与繁育由张德辉供稿)

## 野生动物疫源疫病监测与防控

【野生动物疫情应急管理】 2010年，针对各地野生动物异常死亡等情况，特别是北京、湖北、西藏等省(区、市)的突发野生动物疫情出现后，国家林业局切实加强组织协调和应急管理，从资金保障、技术支持等方面，支持和指导各地开展野生动物疫源疫病监测防控工作，有效防止了野鸟高致病性禽流感、麋鹿产气荚膜梭菌病、猴结核病等2起较大和4起一般野生动物疫情的扩散和蔓延，实现突发疫情的及时发现和妥善处置，维护了人民群众的生命财产安全。 (阮向东)

【监测防控体系建设】 2010年，针对野生动物疫源疫病监测防控体系建设现状、存在的薄弱环节和问题，国家林业局组织开展专项调研，科学谋划监测防控体系建设，组织编制《全国野生动物疫源疫病监测防控体系建设工程规划(2010～2013年)》，重点加强疫情动态监测、风险评估、主动预警、决策指挥、应急响应等方面的基础设施建设，有效提升对公共卫生安全、经济社会发展和生态建设的保障能力。 (阮向东)

【亚太野生动物疫病国际研讨会】 2010年7月19～23日，由国家林业局保护司会同中国科学院生命科学与生物技术局、美国农业部动植物检疫局共同组织召开。会议探讨与相关国家和国际组织特别是周边国家的野生动物疫源疫病监测防控合作交流，讨论建立亚太地区野生动物疫病网络，同时关注与高致病性禽流感、狂犬病、西尼罗河热、鼠疫、非洲猪瘟等相关疫病及其他野生动物疫病的研究与防控。来自美国、加拿大、越南、泰国等国家和地区的100余名代表参加了会议。该会的召开，进一步密切了与美国及周边相关国家部门、机构、国际组织的沟通与联系，初步搭建了亚太地区野生动物疫病监测网络框架，为今后更好地交流与合作、共同应对野生动物疫病带来的威胁奠定了基础。 (阮向东)

## 野生植物保护管理

【极小种群关键技术研究首次纳入林业科技发展规划】 由于极小种群野生植物的致濒机理多数不清，相关的研究极为重要，2010年国家林业局科技司首次将极小种群野生植物拯救保护关键技术研究纳入林业科技发展规划。 (刘德望 王春玲)

【全国极小种群野生植物拯救保护一期实施方案】 于2010年8月25日由国家林业局计财司组织专家评审，并获得通过。该方案包括120种极小种群野生植物。 (刘德望 王春玲)

# 濒危野生动植物进出口管理和履约

【综　述】 2010 年，濒危野生动植物进出口管理和履约工作坚持围绕国家生态建设大局，大力加强体制、机制建设，全力维护国家权益，积极服务企业发展，各项工作取得明显成效。

**野生动植物进出口管理** ①完善规章制度。制定形成《野生动植物进出口证书核发管理办法(征求意见稿)》，征求了有关部门意见。出台受理文书办理规则、审批工作流程、对外确认证书管理规定，进一步提高法制化建设水平。②强化贸易监管基础建设。总结和系统分析 2009 年动植物进出口贸易情况。启动两爬类物种动态监测试点，对肉苁蓉等物种开展了大宗、敏感物种贸易评估工作。出版《苏铁识别手册》、《主要毛皮动物鉴别手册》。与国际热带木材组织合作编制《热带木材识别手册》。全面启用进出口证书新打证系统。③加强行政许可管理。2010 年审批核发允许进出口证明书和物种证明 6 万余份。组织开展行政许可监督检查制度试点研究，制定下发《国家濒管办 2009 年度野生动植物进出口行政许可监督检查工作方案》，在 13 个办事处辖区集中开展被许可人实施重点物种进出口行政许可情况的监督检查工作。④服务企业发展。与印度尼西亚签署《印度尼西亚林业部公约管理机构—中国国家林业局公约管理机构加强沉香木产业和贸易合作研讨会会议纪要》，制订了为期三年的《关于促进中国—印度尼西亚两国开展沉香木直接贸易的行动方案》，促成我国企业代表团赴印度尼西亚访问，实现了贸易企业对接，促进了中国与印度尼西亚间沉香木的直接贸易。服务上海世博会，紧急协调、组织上海市有关部门及企业，及时召开通报协调会，制定实施细则，在上海办事处启动“24 小时全天候服务制度”，制定濒危物种物资突发事件的紧急应对预案，派员入住园区加强现场服务，确保世博会正常运行。⑤加强战略研究。分析进出口领域国际、国内形势及存在问题，明晰发展思路与策略，组织起草《国家濒管办 2011 ~ 2013 年履约行动计划》、《履行 CITES 公约发展规划(2011 ~ 2015)》。⑥推进合署办公。向合署机构下发《关于进一步做好 2010 年重点工作的通知》，从推进合署办公工作、提高工作质量、规范内部管理等方面对办事处提出具体要求。举办大型培训，进一步拓展合署机构人员工作思路，发挥合署办公的优势，成效明显。开展合署机构进出口证明书签发人的更换工作，与海关总署联合发文实施并向公约秘书处进行了备案。

**履行濒危野生动植物种国际贸易公约** ①完成参加公约第十五届缔约国大会预定任务。会前积极会同外交部、农业部就老虎和渔业物种问题协调各国立场。会上与相关国家广泛接触，争取支持，并积极会同林业、农业等野生动植物主管部门，共同解决涉及虎及水生动物的履约事务，完成了各项谈判任务。召集 30 多个部门、行业协会等，召开缔约国大会情况通报会。召开中央及港澳特区三方会谈。翻译并发布公约新修订的物种附录公告。②加强履约主动性。组织渔业、公安、海关等部门、有关国际组织、有关网站召开控制濒危物种网络交易研讨会，进一步强化监督管理。积极协调中国中药协会开展敏感物种入药问题的战略研究。与农业部渔业局联合召开鲟鳇鱼及其产品履约管理工作会，指导行业做好相关养殖及加工设施的公约备案管理，积极应对公约要求；向公约秘书处报送中国 2010 年度鲟鳇鱼捕捞和利用限额。会同国家旅游局向中国公民发布涉及濒危物种进出口的提示信息，针对赴非旅游公民印发关于濒危物种保护法规方面的宣传材料；组织赴台与有关部门开展对台贸易管理交流活动。在上海国际机场设置永久性保护濒危物种实物展柜，并印发相关宣传资料。在广州亚运会期间开展相关宣传工作。③妥善处理敏感物种热点问题。会同有关单位制定老虎问题对外谈判方案及在缔约国大会上应对老虎问题的执行方案。研究提出《中国关于虎保护和贸易问题的立场》，并提交公约登载在秘书处网站。向藏、滇、川、青、甘 5 省(区)政府发出《国家林业局关于商请做好虎等大型猫科动物非法贸易控制工作的函》。参加泰国亚洲虎保护部长级会议和在俄罗斯召开的老虎峰会，成功应对老虎问题，彻底改变了中国在虎问题上的被动局面，切实维护国家利益。针对国内外广泛关注的中国养犀取角、犀角治癌等说法以及走私和非法经营利用犀角、象牙等问题，主动宣传中国的管理措施和执法成就，避免了有关国家和组织借此阻止中国养殖犀牛和进口象牙的企图。④加强履约交流合作。确定中英两国履约部门合作协议，组织公安部、海关总署、国家药监局等部门代表赴英国开展了公约执法交流与培训活动，并组织接待英国警方的回访。在新疆召开赛加羚羊保护国际研讨会，进一步扩大了我国履约影响力，为传统医药行业发展提供支持。加强与公约秘书处、国际刑警组织和世界海关组织等政府间国际组织以及比利时、法国、新加坡等各有关缔约国的联系，适时开展信息交流、口岸查验、案件调查、项目协商等工作，积极推动对外履约合作。⑤推动履约执法工作。协调海关、森林公安等有关部门，向公约秘书处等国际组织报送 2009 年查获的 860 多起走私濒危物种案件案情。会同国际组织及有关部门分析全球及地区范围内走私动态，制定打击走私犯罪策略。组织海关总署、森林公安局等有关部门和相关省(区)召开第六届敏感物种履约执法研讨会。国家濒管办昆明办事处会同昆明海关和云南省森林公安局在云南开展为期 3 个月的专项打击行动，取得战果。会同有关部门在全国开展边境巡护和一线口岸培训活动并协调有关部门查处发现的非法案件。在西双版纳国家级自然保护区实施大象 MIKE 项目。

（张　旗）

**【濒危野生动植物种国际贸易公约第十五届缔约国大会】** 2010 年 3 月 13 ~ 25 日，在卡塔尔多哈召开，共

158个缔约国参会，创历届之最。各国代表及联合国环境规划署、联合国粮农组织、世界海关组织、国际刑警组织、世界自然保护联盟、世界自然基金会等上百个政府间或非政府组织以及新闻媒体等共2000人与会。中国以国家林业局副局长印红为团长，由国家林业局、国家濒危物种进出口管理办公室、国家濒科委、外交部、农业部及香港、澳门特区政府部门组成的代表团出席会议。中国中药协会、中国工艺美术协会和香港海产进出口商会作为非政府组织与会。大会前后分别举行公约第五十九届和第六十届常委会会议。卡塔尔环境部长阿卜杜拉、联合国环境署执行主任施泰纳、公约秘书长约翰·斯甘伦出席开幕式并致辞。中国代表团本着“维护国家利益、坚持可持续发展观点、积极参与讨论、加强对外合作”的原则，团结协作、艰苦努力，实现与会目标。

本届缔约国大会讨论约70个政策性文件、42个修订附录的提案，涉及财政预算、科学委员会评估、大宗贸易回顾、非致危性判断、执法、海上引进等综合性议题以及虎、大象、犀牛、金枪鱼、鲨鱼、红珊瑚、热带木材等大量敏感物种问题。会议作出30余项决议和100余项决定，附录修订提案21项获通过，3项修正后通过，12项被否决，6项被提案国撤回。会议结果将对各国的物种保护和贸易管理及经济、文化发展产生深远影响。会议期间多个组织召开20多场招待会、新闻发布会和情况介绍会。

中国代表团在会议期间取得的主要成果有：①会议期间，广泛开展双边交流活动，表达与各方加强合作、共同履约的意愿，宣传中国野生动植物保护和履约工作的成绩及可持续发展理念；②就虎问题，最终修正案删除原提案的实质性内容，以协商一致的形式获得通过，有力地制止发达国家在虎等大型猫科动物方面进一步对中国加紧限制和施压的行动，初步扭转了中国在虎问题上长期面临的被动局面，团结广大发展中国家，维护和反映了亚洲虎分布国的利益和要求，树立中国在亚洲虎分布国中的威信；③就渔业物种问题与立场相近的日本、冰岛、新加坡等共同研究与会方案，分头争取支持，最终金枪鱼提案因绝大多数国家反对被否决，三个鲨鱼提案在分委会略少于2/3多数被否决，为中国渔业发展争取了利益；④全面参与大象、蛇类、犀牛、高鼻羚羊、热带木材、海上引进、非致危性判断、国家立法、圈养繁殖机构注册、财政预算、许可证和证明书问题、附录修订、个人和家庭财产议题等重点议题的工作组讨论，使会议形成的决议决定尽可能符合中国对案目标，最大限度体现中国立场，有力维护了国家利益。

（史蓉红）

**【赛加羚羊保护与可持续利用研讨会】** 2010年9月27～29日，国家濒管办与濒危野生动植物种国际贸易公约秘书处和联合国迁徙物种公约秘书处共同在乌鲁木齐市召开赛加羚羊保护与可持续利用研讨会，应邀出席会议的包括俄罗斯联邦、哈萨克斯坦、乌兹别克斯坦和蒙古等4个赛加羚羊主要分布国代表，以及部分国际组织和国际知名专家代表、中国有关省（区）和有关部委的代表，共80多人参加会议。会议进一步促进国际社会的保护力量与中国传统中医药界开展合作，同时敦促中国传统中医药界更加重视并直接参与相关入药濒危物种野生种群的保护工作，向国际社会表达中国对赛加羚羊保护工作的重视，推动国际社会对传统中医药发展合理性的认同。

经大会主办方的协调和努力，赛加羚羊保护与利用双方深化了相互了解，建立起初步沟通渠道，达成了下一步工作计划的优先领域，为树立中国支持可持续发展的立场作出了良好的示范作用。（吕晓平）

**【肉苁蓉资源与贸易评估】** 肉苁蓉（*Cistanche deserticola* Ma）作为濒危野生动植物种国际贸易公约附录Ⅱ物种，在第十七届植物委员会列入了该公约大宗贸易回顾范围。为做好大宗贸易回顾工作，提高履约能力，国家濒管办对肉苁蓉属植物的存在现状、保护措施和贸易状况等进行了调查和评估。该项目的实施不仅立足于肉苁蓉的保护和利用问题，并体现了坚持中央确定的西部开发生态先行的原则，坚持优势产业优先发展，从国家生态建设大局和现代林业发展大局出发提出了具体工作建议。同时，国家濒管办以肉苁蓉的保护、人工培植技术和病虫害防治为重点，设计、印制肉苁蓉宣传挂图，于采挖季节前下发到有关产区，有力促进了生态建设和农民增收。（鲁兆莉）

**【肉苁蓉履约管理座谈会】** 2010年11月29～30日，国家濒管办在西安市组织召开肉苁蓉履约管理座谈会。项目实施单位国家濒管办呼和浩特、西安和乌鲁木齐办事处代表以及卫生部、药监局等部门，国家林业局科技司、保护司、治沙办等有关单位，北京大学、中国林科院、内蒙自治区有关研究院所的专家和部分企业的代表共64人参加会议。通过研讨，会议达成了共识，正视了肉苁蓉发展过程中的问题，研究探索了解决问题的办法，找出了肉苁蓉可持续发展的新途径。（鲁兆莉）

**【苏铁鉴别手册】** 苏铁科植物均为濒危野生动植物种国际贸易公约附录物种，也是公约关注的一个物种，多年来走私活动猖獗。2010年，国家濒管办和深圳仙湖植物园共同编写并出版《苏铁物种的识别和管理手册》。该手册收录中国分布的、常见贸易物种的苏铁图片和基本识别资料，为野生动植物进出口监管和打击苏铁走私提供简单快速识别的参考资料。（鲁兆莉）

**【许可人实施行政许可情况专项检查】** 2010年5～11月，国家濒管办组织对被许可人2009年度实施大宗和敏感贸易物种进出口行政许可的情况开展了一次专项监督检查。经过总办和相关办事处的共同努力，监督检查工作取得明显成效。一是被许可人实施两项行政许可项目的总体执行情况良好。监督检查结果显示，2009年度被许可人对涉及重点物种的允许进出口证明书和物种证明的总体执行率达到85%左右，未发现有被许可人超越允许进出口证明书或物种证明所限定的物种、数量等核心内容实施进出口的情况。二是对发现的不规范行为予以及时纠正。检查中发现部分经营石斛和实验猴进出口的企业存在办理允许进出口证明书时的申报价格低于实际交易价格而少缴进出口管理费的行为，为此及时督促企业补缴所欠管理费，维护了行政许可工作的严肃性和权威性。三是增进管理者与经营者间的沟通交流。通过深入一线对经营单位实施野生动植物进出口的活动进行实地核查，使濒管办系统全面了解相关业界需求，系统掌握行业特点和规律，也增强了经营者遵约守法开展野生动植物进出口活动的意识，扩大了濒危物种进出口管理履约工作的社会影响力。

本次监督检查是濒管办系统首次针对大宗、敏感的野生动植物种在其重点进出口贸易区域所进行的集中监督检查，涉及13个办事处管辖区域、33种(类)野生动植物种、128个进出口经营单位、1631份允许进出口证明书和物种证明。（张　月）

# 湿地保护管理

【综　述】 2010年，全国湿地保护管理工作进一步加强。继续组织实施全国湿地保护工程规划，建设工程项目39个，项目区生态脆弱状况明显改善。按照2009年中央1号文件关于启动湿地生态效益补偿试点的精神，中央财政首次设立专项资金，实施湿地保护补助项目，完成专题研究。继续开展第二次全国湿地资源调查，9个省完成调查任务，确认5块国家重要湿地，并起草《国家重要湿地确认办法》。推动湿地立法和制度建设，吉林省、西藏自治区出台省级湿地保护条例。有力推进湿地公园建设发展，组织考察47个拟建国家湿地公园试点，批准开展试点45个。认真履行《湿地公约》，切实加强国际合作，在国际上树立了中国重视生态保护的良好形象。大力开展湿地保护宣传教育工作，显著提高全社会湿地保护意识。2010年11月，在福建长乐召开全国湿地保护管理工作会议，贾治邦局长对会议作出了重要批示，印红副局长到会并作主题报告，会议进一步明确当前及今后一段时期湿地保护的工作方向。目前，全国已建立各级湿地自然保护区550多处，国家湿地公园试点145处，国际重要湿地37处，使1820万公顷、约50.3%的自然湿地受到较为有效的保护。（鲍达明）

【湿地保护工程】 一是通过开展国家湿地重点工程，积极保护和恢复重要湿地。对60多个湿地项目进行技术审核。2010年，实施39个林业湿地项目，完成中央投资2.21亿元。“十一五”共实施134个项目，中央累计投入9.17亿元。全国已经开展201个湿地项目建设，中央累计投入14亿元。国家湿地项目有效改善了项目区生态脆弱和退化湿地的生态状况，逐步形成了我国湖泊、沼泽、滨海等多种湿地类型的保护和恢复的示范模式。二是组织开展湿地项目终期评估。组织局西北院对不同地理位置和不同湿地类型的10个湿地项目开展实地考察和评估，形成国家湿地保护工程的评估报告。三是指导地方开展湿地保护和恢复工作，指导和督促地方编制省级湿地保护中长期发展规划。批准在太湖之滨树立“国家林业局——太湖治理湿地生态保护与恢复国家示范工程”的牌子，成为以生态工程措施综合治理湖泊湿地生态系统的典范。四是启动了“十二五”规划的编制工作，提出规划基本思路，制订工作方案，召开由国家发改委等10个部门共同参加的领导小组会议，成立了规划编制小组，下发规划编制文件。五是对涉及湿地保护的60多项重大战略规划，包括全国水资源保护综合规划、区域规划以及省市级土地利用总体规划等进行技术审核，提出加强湿地保护的意见和建议。（刘　平）

【全国湿地调查监测】 ①2010年初在长沙组织召开全国湿地资源调查2009年工作总结暨2010年启动会议，系统部署2010年调查工作，进一步完善《全国湿地资源调查技术规程》。②组织召开由多领域多专业专家组成的技术鉴定委员会，对2009年开展调查的6省市调查报告进行鉴定，组织中科院东北地理与农业生态研究所对2009年6省市调查工作进行检查验收并形成报告。2009年调查工作取得预期效果，对2010年及今后的调查工作将起到很好的示范作用。6省市首次调查湿地总面积为880万公顷，本次调查总面积为1144万公顷，其中100公顷以上的可比湿地总面积905万公顷，湿地面积数量增加了25万公顷。③组织完成了2010年的调查任务。部署辽宁、内蒙古、福建、湖南、陕西、宁夏、西藏、甘肃、重庆等9省(区、市)开展调查工作。审核省级实施细则和工作方案。参加9省(区、市)省级湿地调查启动会和技术培训班，编发三期《湿地资源调查工作简报》。各省直接参与调查人员4400多人，地方配套资金3300多万元，超过中央投入的3倍。目前，上述9个省份已经完成了调查任务，正在开展内业汇总和报告编写。④国家重要湿地确认进展顺利，在2009年确认9块国家重要湿地的基础上，2010年又确认5块国家重要湿地，并起草了《国家重要湿地确认办法》。⑤国际重要湿地监测取得一定成效，部署36块国际重要湿地按照新的监测规程开展日常监测活动，完善《中国国际重要湿地生态状况公报》，正在按程序组织向全社会发布。⑥湿地科学研究按计划推进，湿地生态系统价值、功能和效益研究已由中科院多个研究所组织相关力量合作开展研究，其他相关研究如湿地自然保护区分区研究等正在顺利进行。根据西南五省特大干旱的突发情况，组织由院士牵头的多学科专家小组，完成西南五省特大干旱与湿地保护的关系研究，产生了较好的社会影响。（姬文元）

【中央财政湿地保护补助项目】 2009年中央1号文件提出“启动湿地生态效益补偿试点”，中央林业工作会议再次明确提出“建立湿地生态效益补偿机制”。2010年5月，财政部和国家林业局联合下发《关于2010年湿地保护补助工作的实施意见》，并首次安排专项资金2亿元，用于补助20个国际重要湿地、16个湿地自然保护区和7个国家湿地公园，开展湿地监控监测和生态恢复项目。这项工作的开展对湿地保护具有里程碑的意义，对中国湿地保护将产生深远的影响。2010 年，项目资金全部到位，各项目点均编制完成项目实施方案，据统计，全部项目已完成湿地恢复 2253 公顷，清淤 50.5 万立方米，生态补水 2 亿立方米，聘用管护人员 341 人，部分监测监控设备的配备，湿地监测站点建设等正在开展设计、招标、采购等工作。通过项目实施，加快了湿地保护和恢复的进程，提高了湿地监测监控和科研水平，改善了周边社区居民的生活和生存条件。项目实施为宣传湿地知识、功能、价值和文化，提供了重要平台。2010 年中央电视台“新闻联播”节目多次播报万鸟群翔的湿地壮观景象，其中绝大部分都在项目区，包括星海湖、东洞庭湖、升金湖等报道，均产生了良好的社会影响，其中安徽升金湖湿地保护节目 2010 年 11 月 29 日在“新闻联播”上报道后，11 月 30，新闻频道又专门对中央财政支持升金湖开展湿地保护补助工作进行了更为详尽的报道。同时，委托局经研中心组织开展湿地生态效益补偿的相关专题研究，完成了辽宁双台河口等湿地地区的生态补偿调研工作，赴黑龙江省参加了国家发改委组织的《生态补偿条例》调研工作，力争将重要湿地纳入补偿范围。 （王福田）

**【国家湿地公园发展和建设】** 为规范国家湿地公园的建设管理，国家林业局组织编制并颁布《国家湿地公园管理办法》、《国家湿地公园总体规划导则》、《国家湿地公园试点验收办法》和《全国湿地公园发展规划》等一系列规范性文件，系统建立国家湿地公园发展和建设的管理制度。成功举办 2010 年国家湿地公园培训班，使各省（区、市）林业厅（局）主管湿地的处（站）长、100 处国家湿地公园（试点）主要负责人、部分规划编制单位的人员共计约 170 人得到系统培训。组织完成 48 处拟建国家湿地公园（试点）的专家实地考察论证工作，编制《国家湿地公园（试点）评审指标与赋分标准》，成功举办 2010 年国家湿地公园专家评审会，在拟建国家湿地公园（试点）所在地开展了公示工作，经国家林业局审核同意，新批准了 45 处国家湿地公园（试点），使我国国家湿地公园（试点）总数达到 145 处。组织设计完成中国国家湿地公园标志，编制《中国国家湿地公园标志使用暂行办法》，并在国家工商总局进行了注册。

（王隆富）

**【履约与国际合作】** ①不断强化湿地履约的跨部门协调机制。组织召开国家履行湿地公约委员会第三次会议，通报 2009 年湿地履约和保护管理工作的进展，研究讨论 2010 年履约工作的计划安排。②积极参加国际湿地公约第四十一次常委会等履约会议，对会议议题所提建议均被会议采纳。特别是通过主动宣传中国湿地保护成就，争取了在“喜马拉雅区域动议”等重大问题上的主动权，维护了国家权益。③成功争取“亚洲湿地论坛”在中国江苏无锡的举办权。④及时妥善处理鄱阳湖、达赉湖、崇明东滩等国际重要湿地的相关敏感问题。⑤对国内 36 块国际重要湿地在 2007 年调查基础上再次进行全面系统调查，进一步全面掌握国际重要湿地相关情况。⑥与澳大利亚政府合作的“中澳湿地保护政策和能力建设项目”获得批准。2010～2012 年，澳大利亚政府将提供 120 多万澳元开展相关湿地项目活动。中美能源和环境合作框架下的“中美湿地合作十年行动计划”项目取得重大进展。组织完成首次中美湿地保护互访团。参加在美国召开的中美能源和环境十年合作联合工作组第六次会议，美方对中美湿地保护方面合作予以高度评价和充分的肯定，并达成共识，将进一步在湿地保护恢复、生态系统管理技术等方面开展合作与交流。组织实施《中美自然保护交流与合作议定书附件十》互访项目。启动并签署“中国湿地生物多样性保护”中德技术合作项目执行协议，召开项目启动会。与湿地国际、世界自然基金会、美国大自然协会等国际组织开展的合作项目进展顺利。⑦组织 3 期香港湿地保护管理培训班，提高各级湿地保护管理人员保护管理水平。 （肖 红）

**【湿地保护宣传教育】** 一是加强主流媒体宣传。贾治邦局长在《人民日报》发表题为《保护湿地与生物多样性，积极应对气候变化》的文章；湿地办主任做客人民网进行视频访谈；结合 2010 年“世界湿地日”主题，与中央电视台、世界自然基金会联合拍摄了《遗鸥启示录》电视专题片，在中央电视台播放；授予汇丰银行湿地保护杰出贡献奖。二是组织举办各种群众性湿地保护宣传活动。“湿地中国”网的信息员和志愿者队伍不断发展壮大，网站信息数量和质量提高。据统计，志愿者队伍已达 2500 余人，全年共发布信息 2 万多条，并完成了“湿地水鸟”专业栏目的制作。与交通运输部、国家海洋局联合举办“2010 沿海湿地万里行”活动，《人民日报》等 7 家中央媒体和 4 家部门媒体随行采访。考核评审黑龙江富锦国家湿地公园（试点）为“国家生态文明教育基地”。三是与世界自然基金会、国际湿地公约秘书处联合主办题为“绿地图诠释湿地之美”的湿地使者行动，全国 30 个大学的环保社团的 600 多名大学生参加，直接向近 10 万社区群众宣传了湿地保护的知识和理念。四是与湖北省和世界自然基金会共同举办长江网络年会，共有长江流域 12 个省市、150 多个网络单位代表以及国内外知名湿地专家等 300 多人参加了会议，发表了《武汉宣言》，对流域湿地保护起到了示范作用。五是宣传中国的湿地履约工作。设计制作 2010 年“湿地、生物多样性和气候变化”张贴画 1.6 万张，发送至全国各地和有关国际组织，并设计制作 2011 年《森林与水和湿地息息相关》张贴画 2 万张及有奖明信片 4000 张发送各地。 （王福田 闫晓红）

# 森林防火

**【森林防火综述】** 2010年，全国共发生森林火灾7723起、受害森林面积4.57万公顷、人员伤亡108人，同比分别下降13%、1%和2%。一年来，在党中央、国务院的统一领导下，各地各部门克服极端天气增多和特大旱情带来的困难，齐心协力，多措并举，森林火灾防控工作取得显著成效。

**提升社会影响** 各级领导高度重视，把森林防火工作作为维护社会和谐稳定的基础保障，摆上了全局工作的重要位置。胡锦涛总书记作出重要指示，要求加强森林火险防范。温家宝总理多次到基层考察指导森林防火工作。周永康同志作出批示，对森林防火工作提出明确要求。回良玉副总理亲自出席全国森林草原防火工作电视电话会议，对森林防火作出全面部署，并在多次会议上强调做好森林火灾防控工作。马凯、孟建柱等领导也多次对森林防火工作提出要求。地方各级党委、政府精心组织，狠抓落实，吉林实现连续30年无重大森林火灾，江西实行森林防火"一票否决"和重点管理县制度，重庆、甘肃层层签订责任状，云南加大问责力度，有效促进了森林防火行政首长负责制和部门分工责任制的落实。俄罗斯7月份发生特大森林火灾后，中国政府及时向俄方提供了100万美元现汇和价值2000万元人民币的物资援助，并做好了扑火人员国际救援准备。同时，中国还积极支援越南、蒙古等国森林防火工作，受到有关国家高度评价。

**强化工作部署** 国家森林防火指挥部召开4次会议研究部署森林防火工作，派出近40个工作组深入各地明查暗访，下发100多个文电安排春节、清明、亚运会等重要时期的森林防火工作，有力推动了各项工作的开展。黑龙江、湖南主要领导亲自安排、亲赴林区检查指导森林防火工作。广东提前谋划、周密部署亚运会期间森林防火工作，确保了赛事期间广州市零热点、零火灾。上海实现了全年无森林火灾，为世博会的安全举办作出了贡献。山西、山东、河南面对严重旱情，坚持早动员、早部署，采取超常规措施，实现了大旱之年无大火。

**加大防控力度** 在宣传教育上，中宣部印发森林防火宣传方案；国家开展防火知识竞赛和"防灾减灾宣传周"活动，发放宣传挂图2.5万套；表彰全国森林防火工作先进单位和个人。安徽、陕西、新疆组织宣传月活动，浙江、贵州开展"文明祭祀、平安清明"专题宣传，进一步提升公众防火意识。在火险预警上，国家林业局与中国气象局签署合作协议，加强监测预报合作，开通数字专线专门接收气象基础数据，提升了火险预测密度和精度。全年共制作森林火险预测预报信息650多期，发布高森林火险预警信号29次，监测热点1.25万个，做到了信息早掌握、防控早安排。火源管理上，在全国部署开展火灾隐患大排查活动，辽宁出台严管火源的制度规定，河北组织开展火患清理大会战，福建对火灾多发市县进行专项整治，湖北从严审批野外用火，青海加强森林草原火灾联防，海南开展交叉检查，有效减少了火灾隐患。各级森林公安加大火灾案件和违章用火查处力度，打击处理违法犯罪人员1.7万多人(次)。

**提高应急能力** 森林航空消防取得重大进展，引进第三架米-26大型直升机，新建成江西航站，出台《森林航空消防管理办法》。武警森林部队直升机支队大庆基地正式启用，8架直-8飞机进场到位。国家森林防火指挥部组织编制《应对重特大森林火灾直升机应急支援方案》、《武警森林部队扑救重特大森林火灾总体预案》和《重、特大森林火灾信息报告和协助处置工作流程》，举行两次扑火指挥系统实战演练，培训400多名扑火指挥员，江苏、广西、宁夏开展扑火演练，西藏加大物资储备，应急处置能力进一步提升。四川组织村民轮流巡山，力争第一时间发现森林火灾。大兴安岭"6·26"雷击火发生后，国家森林防火指挥部和当地政府立即启动预案，周密部署，经过3.4万人7昼夜奋战，火灾被全部扑灭，创造了极端天气条件下战胜自然灾害的又一典型范例，受到中央领导同志的充分肯定。

**增强部门联动** 国家森林防火指挥部成员单位履职尽责、密切配合，加大对森林防火工作的支持保障力度。外交部积极协调国际援助和边境防火工作。国家发改委、财政部积极推进《全国森林防火中长期发展规划》的实施，经费投入同比增加近一倍。民航、军队等部门大力支持森林航空消防工作。民政、宣传、旅游等部门配合部署森林防火工作。铁路、交通、电信部门为扑火队伍和物资运送、火场通讯等提供有力保障。农业部门加强野外生产用火指导。工信部统一全国森林防火超短波通信频率。教育部组织开展中小学生森林防火安全教育活动。各级财政、税务部门积极做好森林消防车辆的免征购置税工作，各级气象部门加强森林火险预警和火场气象服务保障工作。人民解放军、武警部队和公安民警在防扑火中发挥了重要作用。武警森林部队全年出动兵力7.9万人(次)，扑救火灾588起。另外，各地加强区域联动，京津冀、苏浙皖、川陕鄂渝等省际联防机制不断完善，协同作战能力明显提升。 (敖孔华)

**2010 年全国森林火灾分月统计表**

| 月份 | 森林火灾次数 | | | | | 火场总面积（公顷） | 受害森林面积（公顷） | | | 损失林木 | | 人员伤亡 | | | | 其他损失折款（万元） | 出动扑火人工（工日） | 出动车辆（台次） | | 出动飞机（架次） | 扑火经费（万元） |
|---|---|---|---|---|---|---|---|---|---|---|---|---|---|---|---|---|---|---|---|---|---|
| | 共计 | 一般火灾 | 较大火灾 | 重大火灾 | 特大火灾 | | 共计 | 其中 原始林 | 其中 人工林 | 成林蓄积（立方米） | 幼林株数（万株） | 共计 | 轻伤 | 重伤 | 死亡 | | | 共计 | 其中汽车 | | |
| **全年** | **7723** | **4795** | **2902** | **22** | **4** | **116 243.40** | **45 800.46** | **20 208.82** | **21 048.67** | **740 099.36** | **29 227.50** | **108** | **25** | **18** | **65** | **11 610.68** | **1 053 212** | **89 396** | **63 844** | **827** | **16 091.63** |
| 1 月 | 566 | 432 | 134 | | | 4074.80 | 1042.78 | 242.35 | 719.43 | 10 444.11 | 3726.68 | 2 | | | 2 | 278.22 | 59 376 | 4694 | 3444 | 4 | 464.91 |
| 2 月 | 2700 | 1734 | 962 | 4 | | 37 863.54 | 9072.65 | 1738.52 | 7011.33 | 351 125.69 | 10 201.16 | 49 | 11 | 12 | 26 | 3127.57 | 419 948 | 35 283 | 21 855 | 96 | 3470.79 |
| 3 月 | 2768 | 1624 | 1142 | 2 | | 35 714.40 | 10 465.36 | 833.99 | 9112.63 | 283 092.68 | 4198.78 | 28 | 12 | 5 | 11 | 5994.07 | 334 208 | 29 067 | 22 777 | 125 | 1981.85 |
| 4 月 | 835 | 524 | 311 | | | 8830.00 | 2606.28 | 156.74 | 2189.67 | 36 493.20 | 413.50 | 8 | | 1 | 7 | 1415.35 | 83 590 | 8382 | 6167 | 23 | 577.83 |
| 5 月 | 145 | 86 | 58 | 1 | | 2539.29 | 642.24 | 49.20 | 414.03 | 24 508.49 | 92.43 | 17 | 1 | | 16 | 239.47 | 39 676 | 4008 | 3460 | 14 | 320.44 |
| 6 月 | 93 | 31 | 52 | 8 | 2 | 13 474.46 | 12 725.16 | 9549.20 | 74.46 | 2641.00 | 0.30 | | | | | 126.98 | 30 023 | 1056 | 752 | 388 | 2530.29 |
| 7 月 | 38 | 13 | 16 | 7 | 2 | 9266.78 | 7678.03 | 7609.56 | 68.48 | 2088.92 | 1.81 | 3 | 1 | | 2 | 19.21 | 20 738 | 536 | 360 | 117 | 6148.92 |
| 8 月 | 27 | 12 | 15 | | | 148.22 | 77.60 | 2.66 | 66.13 | 853.76 | 4.34 | 1 | | | 1 | 18.70 | 2497 | 238 | 146 | | 20.94 |
| 9 月 | 24 | 16 | 8 | | | 88.86 | 44.02 | 4.11 | 39.91 | 1133.05 | 2.25 | | | | | 15.19 | 3339 | 289 | 220 | 2 | 14.01 |
| 10 月 | 29 | 12 | 17 | | | 537.35 | 85.20 | 0.93 | 83.97 | 3236.02 | 10 356.55 | | | | | 14.02 | 6897 | 699 | 550 | 39 | 61.28 |
| 11 月 | 159 | 87 | 72 | | | 1567.87 | 502.10 | 3.73 | 467.32 | 11 530.19 | 23.15 | | | | | 120.80 | 17 992 | 1886 | 1260 | 3 | 213.80 |
| 12 月 | 339 | 224 | 115 | | | 2137.83 | 859.04 | 17.82 | 801.31 | 12 952.24 | 206.55 | | | | | 241.11 | 34 928 | 3258 | 2853 | 16 | 286.57 |

（韩学林）

# 森林火灾

【全国森林火灾情况】 2010年森林火灾情况(见2010年全国森林火灾分月统计表)如下。

**森林火灾次数** 2010年，全国共发生森林火灾7723起，为2003年以来森林火灾次数最少的一年，比近三年(2007～2009年，下同)平均值下降3031起，下降幅度为28.2%。其中一般火灾4795起，较大火灾2902起，重大火灾22起(其中内蒙古8起，黑龙江7起，贵州3起，四川2起，湖南、云南各1起)，特大火灾4起(黑龙江3起、内蒙古1起)。一般火灾和较大火灾分别比近三年平均值下降26.1%和31.7%，而重大火灾和特大火灾分别上升26.9%和1100.0%。与2009年相比，森林火灾次数减少12.8%，其中一般火灾、较大火灾和重大火灾次数分别减少3.0%、25.2%和37.1%，特大火灾上升300.0%，特大火灾由2009年的1起上升为4起。

**森林火灾损失** 2010年，全国森林火灾受害森林面积45 800公顷，比近三年平均值上升3140.2公顷，上升幅度达7.4%。因森林火灾伤亡108人，比近三年平均值减少18人，减少幅度为14.3%。其中轻伤、重伤和死亡人数分别为25人、18人和65人，分别比近三年平均值减少31.8%、23.9%和1.0%。2010年因森林火灾死亡的65人中，贵州省26人，云南省16人，湖南省8人，广西壮族自治区4人，重庆市3人，湖北省和西藏自治区各2人，安徽省、河北省、江西省和四川省各1人。与2009年相比，受害森林面积减少0.8%，森林火灾伤亡人数减少1.8%，其中死亡人数上升66.7%，受伤人数减少39.4%。总之，在党中央和国务院的领导下，在国家森林防火指挥部和全国各级森林防火部门的直接指挥和指导下，在全国军民的不懈努力下，继2009年我国取得森林火灾次数、受害森林面积和森林火灾伤亡人数三项重要指标全面下降的良好业绩后，2010年我国森林防火工作再次实现森林火灾次数、受害森林面积和森林火灾伤亡人数三项重要指标的下降。

**森林火灾扑救情况** 2010年，全国扑救森林火灾共出动105.3万个人工日，出动车辆8.9万辆(台)次，分别比近三年平均值减少21.1%和6.0%。共出动飞机827架(次)，比近三年平均值增加了7.4%。投入扑救森林火灾经费1.61亿元，比近三年平均值增加了57.2%。

**森林火灾原因分析** 2010年全国因雷击火引发的森林火灾次数为52起，比2009年上升了13.0%。而其他自然火引发的森林火灾次数为66次。2010年因非生产性火源引发的森林火灾次数为2734起，因生产性火源引发的森林火灾次数为2981起，分别比2009年减少12.7%和26.8%。而未查明原因的森林火灾1715起，比2009年增加了18.4%。2010年全国发生的森林火灾中，人为因素引发的森林火灾仍然占已查明火源的森林火灾总次数的90%以上。其中烧荒烧炭、上坟烧纸、野外吸烟、小孩玩火以及痴呆人弄火分别占已查明火源的森林火灾总次数的34.05%、18.14%、5.91%、4.33%和3.53%。

**森林火灾"三率"情况** 2010年森林火灾发生率(起火灾/10万公顷森林)为3.95，森林火灾控制率(公顷受害森林面积/每起森林火灾)为5.92，森林火灾受害率(受害森林面积/森林总面积)为0.234‰。 (韩学林)

【大兴安岭"6·26"雷击森林火灾】 受持续高温干旱，干雷暴活动频繁等因素影响，2010年6月26日至7月2日，大兴安岭林区接连发生数十起雷击森林火灾，其中特大森林火灾4起(黑龙江省3起，内蒙古自治区1起)。经3.4万余人8昼夜扑救，内蒙古自治区境内的森林火灾于7月1日扑灭，黑龙江省境内的森林火灾于7月3日扑灭。4起特大森林火灾造成1.2万公顷森林受害。火灾发生后，党中央、国务院领导高度重视，温家宝、周永康、回良玉等中央领导同志多次作出重要批示，国家森林防火指挥部贾治邦总指挥亲赴火场一线，传达中央领导同志的指示精神，协调指挥火灾扑救工作。李育材、孙扎根副总指挥始终在火场一线协调指导扑救工作。 (王　岩)

【云南省宁蒗县"5·22"森林火灾】 2010年5月22日，云南省丽江市宁蒗县翠玉乡发生森林火灾。经800余人奋力扑救，明火于5月24日全部扑灭。过火面积35公顷，受害森林面积9公顷，扑火中12人死亡。火灾发生后，党中央、国务院领导高度重视，回良玉副总理作出重要批示，国家森林防火指挥部贾治邦总指挥及时组织召开会议传达落实中央领导同志重要指示精神，对火灾扑救工作作出安排部署。 (陈国保)

【四川省雅江县"2·13"森林火灾】 2010年2月13日，四川省雅江县八角楼乡扎日村发生森林火灾，经1300余人奋力扑救，火灾于18日全部扑灭，过火面积106公顷。火灾发生后，国家森林防火指挥部贾治邦总指挥对火灾扑救工作作出重要指示，孙扎根副总指挥在指挥中心坐镇指挥。国家森林防火指挥部派出工作组赴火场协助指挥，并增调航护飞机和森林部队支援扑救工作。

(陈国保)

# 森林防火重要会议及活动

【中央领导高度关注森林防火工作】 2010年春季，中国南方部分省（区）遭遇百年不遇的特大旱情；夏季，东北、华北林区出现异常高温干旱天气，森林火险等级持续偏高。对此，党中央、国务院高度重视，中央领导作出系列重要指示和批示，对森林防火工作提出明确要求。

针对俄罗斯7～8月发生的特大森林火灾，胡锦涛总书记作出重要指示，要求有关部门和地区认真分析俄罗斯森林火灾暴露出的问题，对照中国情况认真做好森林火险防范工作。胡锦涛主席还向俄罗斯总统梅德韦杰夫致慰问电并通电话，代表中国政府和人民向受灾人员和遇难者亲属表示诚挚慰问，对遇难者表示深切哀悼，祝愿俄罗斯政府和人民早日战胜这场罕见的自然灾害，重建美好家园。

3月19～21日，温家宝总理在云南省曲靖市指导抗旱救灾工作时指出，持续的干旱使旱区的森林火险长时间处在高危险等级。一定要认真做好森林防火工作，严格落实责任制，加强宣传，加强火灾隐患排查，严密监测火情，完善应对预案，努力避免发生重特大森林火灾和重大人员死亡。8月9日，温家宝总理就俄罗斯森林火灾致电俄总理普京表示慰问，并指示要把俄罗斯森林大火作为一个专题来研究，从中吸取经验教训，切实做好我国的森林防火工作。

2月4日，回良玉副总理就做好森林防火工作提出明确要求。他指出，近期以来中国西南、华南部分地区高温少雨，森林火险等级很高，加上春节临近，人员活动频繁，国家森林防火指挥部和有关地区要对森林防火工作作出进一步的安排部署，严格管控野外火源，切实落实防火责任制和各项措施。对已发生的火灾要科学组织扑救，调集足够力量，尽快予以扑灭，坚决遏制当前森林火灾高发态势。2月24～26日，回良玉副总理在云南省考察指导抗旱救灾和森林防火工作时，深入昆明市盘龙区金殿林区详细了解了森林防火措施落实情况，慰问了坚守岗位的森警官兵和防火人员。他强调，各受旱地区要认真贯彻落实中央关于抗旱救灾的部署安排，充分认识当前森林防火的严峻形势，严格落实森林防火责任制，加强防火法规、知识和火灾典型案例宣传，做好火灾隐患排查，严格管控野外火源，严密监测火情，加强应急值守。一旦发生森林火灾，立即启动预案，进行科学扑救，坚决“打早、打小、打了”，避免发生重大森林火灾和重大人员伤亡。3月1日，回良玉副总理出席全国森林草原防火工作电视电话会议并讲话，强调要强化防控能力、落实各项责任，坚决避免发生重大森林火灾和重大人员伤亡。3月15日，回良玉副总理在全国春季农业生产工作会议上强调，要切实加强植树造林和森林防火工作，完善集体林权制度改革配套政策，推进林业产业发展。4月1日，回良玉副总理在全国绿化委员会全体会议上强调，要坚持森林资源培育与管护并重的原则，加大森林火灾防控力度。同日，回良玉副总理在国务院抗旱专题会议上强调，各地区、各有关部门要进一步动员和行动起来，采取更加有力的措施，坚决打好抗旱减灾这场硬仗，确保不出现重特大森林火灾和重大人员伤亡。6月26日，针对黑龙江、内蒙古大兴安岭交界处发生的森林火灾，回良玉副总理作出重要批示，指出近日北方异常高温持续，要高度重视森林防火工作，务必强化防火责任制及监测、预警和预案等相关要求的落实。对于此次大兴安岭火情，要迅速组织力量予以科学扑救，并且要保障扑火人员安全。10月10日，回良玉副总理在全国集体林权制度改革百县经验交流会上强调，要严格执行《森林防火条例》，切实落实地方行政首长负责制，全面加强预防、扑救和保障三大体系建设，进一步提高森林火灾综合防控能力，切实减少森林火灾，坚决避免重特大森林火灾。 （敖孔华）

【全国森林草原防火工作电视电话会议】 2010年3月1日在国务院小礼堂召开，中共中央政治局委员、国务院副总理回良玉出席会议并讲话。会议指出，2009年，全国森林防火工作取得重大成绩，实现了火灾次数、受害面积和伤亡人数“三下降”。会议强调，2010年全国森林防火工作要深入贯彻落实科学发展观，加强火源管控，做到火患早排除；加强预案演练，做到工作早到位；加强火灾监测，做到火情早发现；加强科学处置，做到火灾早扑灭；加强应急保障，做到能力早提升。会议要求，要进一步加强组织领导，完善工作机制，全面落实地方行政首长负责制、部门分工责任制和经营主体的责任，全面增强全社会的森林防火意识。会上，国家森林防火指挥部总指挥、国家林业局局长贾治邦作了工作安排，河北、吉林、黑龙江、湖南、云南省政府负责人作了发言，表彰了2007～2009年度全国森林防火工作先进单位和个人。 （敖孔华）

【全国森林防火工作会议】 2010年9月6～7日在北京召开。会议总结“十一五”期间全国森林防火工作取得的成绩，指出“十二五”时期全国森林防火工作迎来了良好机遇，承担着繁重任务，面临着巨大挑战，必须承担起保护生态建设成果、维护林业改革成果、维护林区社会和谐和应对气候变化的“四大任务”。会议要求，要完善森林防火体系，大力提升依法治火、科学防火、预警响应、应急处置和基础保障“五大”能力，力争“十二五”期末省级森林防火专职副指挥配备比例达到80%，三级以上火险县建立有编制、有经费保障的专业森林消防队伍比例达到80%，瞭望覆盖率达到90%，火灾当日扑灭率达到98%，森林火灾年均受害率控制在1‰以内。会议强调，要认真汲取俄罗斯森林大火教训，坚决打好2010年秋冬季森林防火硬仗，做到思想认识到位、领导责任到位、工作措施到位、应急预案到位、工作检查到位。国家森林防火指挥部总指挥、国家林业局局长贾治邦，国家森林防火指挥部副总指挥李育材，国家林业局副局长张建龙，国家森林防火指挥部副总指挥、国家林业局副局长孙扎根，国家林业局党组成员、中央纪委驻局纪检组组长陈述贤，国家森林防火指挥部成员单位有关负责同志及专家组成员，中央和国家机关有关部门负责同志出席会议；各省(区、市)林业厅局、四大森工集团和国家林业局各司局、直属单位主要负责同志参加了会议。（敖孔华）

**【东北、内蒙古重点省(区)春季森林防火工作座谈会】** 2010年4月28日在长春市召开。国家森林防火指挥部副总指挥、国家林业局副局长孙扎根出席会议并讲话。吉林省人民政府森林防火指挥部总指挥、吉林省副省长王守臣与会致辞，武警森林指挥部主任王佐明，国家森林防火指挥部专家组组长马福出席会议。会议传达学习了中央领导同志对森林防火工作的重要指示精神和国家森林防火指挥部总指挥贾治邦的批示要求，对进一步做好东北、内蒙古重点省(区)春防工作提出了明确的目标和要求。会议指出，东北、内蒙古林区是全国林业建设的重点地区，是全国森林防火的重中之重。各地、各部门要始终绷紧森林防火这根弦，采取更加有力有效的措施，努力夺取东北、内蒙古林区春季森林防火工作的胜利，确保我国森林防火工作整体水平的提升。要从“广”字入手，确保宣传教育到位；要从“早”字入手，确保预警响应到位；要以“严”字当头，确保火源管控到位；要从“细”处着手，确保战备保障到位；要以“快”字为先，确保应急处置到位；要从“实”字出发，确保责任落实到位。同时，要强化组织领导，努力配齐森林防火专职领导干部；强化依法治火，深入贯彻《森林防火条例》，做到家喻户晓，人人熟知；强化科技支撑，加大科技投入力度，努力做到科学防控；强化防火理论研究，认真总结实践经验；强化保护意识，以森林防火工作的成效促进森林资源和野生动植物保护；强化现代化装备配备，用一流的管理水平和一流的装备提升防火能力。内蒙古、辽宁、吉林、黑龙江林业厅、四大森工集团、国家林业局有关司局和直属单位以及武警内蒙古、吉林、黑龙江森林总队主要负责同志参加了会议。（敖孔华）

**【全国重点林区森林防火工作座谈会】** 2010年12月8日在长沙市召开。国家森林防火指挥部副总指挥、国家林业局副局长孙扎根出席会议并讲话，湖南省委副书记梅克保与会致辞，武警森林指挥部参谋长郝晓光出席会议。会议传达学习了胡锦涛、温家宝等中央领导同志对加强防火工作的重要指示精神，研究部署了冬春森林防火工作。会议指出，从世界范围看，美国、澳大利亚、希腊、俄罗斯、以色列等国相继发生历史罕见的森林大火。特别是2010年7月俄罗斯、12月以色列发生的森林大火，造成重要财产损失，影响到政府在民众中的形象。前车之鉴，必须引以为戒。会议要求，一定要采取更加有力的防控措施，坚决遏制森林火灾高发态势，坚决避免发生重特大森林火灾，坚决打赢森林防火攻坚战。要强化宣传教育，提高防火意识；强化火险预警，完善响应机制；强化火源管控，消除火灾隐患；强化扑火准备，提高战备水平；强化科学处置，提升应急能力；强化组织领导，严格落实责任；强化科技对防火的支撑力度，提高森林防火科技含量；强化森林防火的理论研究，以最新成果指导森林防火实践。北京、河北、山西、江苏、浙江、安徽、福建、江西、山东、河南、湖北、湖南、广东、广西、重庆、四川、贵州、云南、西藏、陕西20省(区、市)林业厅局、国家森林防火指挥部分成员单位、国家林业局有关司局和直属单位，以及武警福建、四川、云南、西藏森林总队和机动支队负责同志参加了会议。（敖孔华）

**【扑火前指信息化指挥系统综合实战演练】** 2010年5月20~21日和9月28日，国家森林防火指挥部组织东北航空护林中心、黑龙江省森林防火指挥部，在黑龙江省沾河林业局幸福森林防火指挥中心和大兴安岭林区成功组织了2次扑火前指信息化指挥系统综合实战演练。演练集火场指挥、应急通讯、地空配合于一体。演练中，通过森林航空消防飞机开展火场侦察、红外探火、视频图像拍摄、态势图标绘，实时将模拟火场综合信息传输至演练前指以及国家森林防火指挥中心，实现了演练现场与国家森林防火指挥中心的有效沟通。国家森林防火指挥部副总指挥、国家林业局副局长孙扎根全程观摩了演练，指出此次演练达到了锻炼人员、检验设备、磨合系统、提升指挥水平的目的。中央电视台、新华社、中国绿色时报社和黑龙江电视台等媒体作了专题报道。（陈国保）

**【森林防火先进评选活动】** 根据《森林防火条例》和《全国森林防火工作先进单位和先进个人表彰奖励办法》规定，国家森林防火指挥部、国家林业局2010年3月份组织评选表彰了2007~2009年度全国森林防火工作先进单位和先进个人，授予北京市门头沟区园林绿化局等100个单位全国森林防火工作先进单位称号，授予宁晋杰等248名同志全国森林防火工作先进个人称号，向连续从事森林防火工作20年以上的徐海峰等1603位同志颁发全国森林防火工作纪念奖章。为弘扬典型模范的先进事迹和崇高精神，推进森林防火工作再创新的佳绩，国家森林防火指挥部办公室从中遴选部分先进事迹，编辑出版了《森林防火群英谱——2007~2009年度全国森林防火工作先进单位和先进个人事迹选编》一书，供各地相互学习借鉴。（刘　萌）

**【森林防火知识竞赛】** 为贯彻落实2010年全国森林草原防火工作电视电话会议精神，进一步抓好新《森林防火条例》的贯彻实施，扎实推进依法治火工作，在新修订的《森林防火条例》颁布实施一周年之际，国家森林防火指挥部办公室与中国绿色时报社联合开展《森林防火条例》大型知识竞赛活动。竞赛历时3个月，经过精心组织，得到了社会各界的积极响应和热情参与，共收到35万多份参赛答卷，创造了中国绿色时报社合作举办同类活动所收答卷数量之最。通过竞赛活动，社会各界进一步加深了对森林防火工作极端重要性的认识，广大读者进一步了解了《森林防火条例》的基本内容和知识，各级政府特别是林业干部职工进一步明确了《森林防火条例》赋予的职责任务，在全国掀起了学习贯彻落实《森林防火条例》的新高潮。国家森林防火指挥部办公室对收到的35万份答卷进行认真评卷，确定一等奖5个，二等奖10个，三等奖20个，优秀奖50个，优秀组织单位5个。（刘　萌）

**【参与举办"全国中小学生安全教育日"活动】** 2010年3月29日，由教育部、公安部、国家林业局等13部委共同组织的第十五个"全国中小学生安全教育日"在北京市宣武区康乐里小学举办启动仪式，这是国家林业局首次以主办方的身份参加此次活动。国家森林防火指挥部副总指挥李育材出席启动仪式，国家森林防火指挥部办公室向南方森林防火重点省（区、市）捐赠"虎威威森林防火知识挂图"1万套，发放《中国绿色时报》(《森林防火条例》知识竞赛专刊)、《虎威威说防火》漫画版书籍和动画版光盘300多份。各地以此次活动为契机，组织举办了丰富多彩的活动，进一步促进了森林防火知识进校园、进课堂，提高了全社会的防火意识。（吴建国）

**【四部门联合部署森林防火工作】** 2010年3月23日，国家森林防火指挥部、国家林业局、民政部、国家旅游局首次联合下发《关于加强清明和"五一"节期间森林防火工作的通知》（国森防〔2010〕12号），对清明、"五一"期间的森林防火工作进行联合部署、联合监督检查。四部门联动机制的建立，对加强重点时段森林防火工作、进一步营造全民防火氛围，具有十分重要的意义。（吴建国）

**【森林防火专题座谈会】** 2010年8月29～31日在湖北省召开。来自内蒙古、吉林、黑龙江、广东、四川、云南6省（区）的森林防火专职指挥和有关科研院所的部分专家、学者参加会议，就扑火组织指挥和火源管理工作进行了座谈，对2009年森林火灾典型战例进行了审议点评。（王　岩）

## 森林消防体系建设

**【森林消防组织机构及扑火队伍建设】** 截至2010年年底，全国共有森林防火指挥部3346个，指挥部成员65 767人；共有森林防火办事机构3595个，编制15 238人，实有21 315人；共有森林消防检查站18 874个，检查人员63 491人；共有专业（半专业）森林消防队19 500支，队员609 702人；共有义务森林消防队135 202支，人员3 475 268人；共有专职护林员505 138人，兼职593 326人。（韩学林）

**【森林防火规划实施情况】** 2010年，《全国森林防火中长期发展规划》全面实施。国家林业局组织编制了《全国森林防火中长期发展规划实施意见》，进一步细化分解建设任务。中央基本建设投资达11亿元，同比增加近一倍。全年启动实施100多个重点火险区综合治理、森林防火通信、森林航空消防等建设项目，新建长沙、西安、乌鲁木齐等国家物资储备库，增购4000万元的扑火物资，开设维护边境防火隔离带，进一步提升森林火灾综合防控能力。（李　杰）

**【森林防火与气象合作框架协议】** 2010年4月8日，国家林业局和中国气象局就深入开展合作，建立持续高效的沟通交流机制，进一步发挥气象部门在森林防火工作中的积极作用，提高森林防扑火工作效率达成一致意见，并在京签署《森林防火与气象合作框架协议》。国家森林防火指挥部总指挥、国家林业局局长贾治邦，中国气象局局长郑国光出席签字仪式并讲话。国家森林防火指挥部副总指挥、国家林业局副局长孙扎根，中国气象局副局长矫梅燕分别代表双方签署了协议。

协议开展的合作内容主要包括，健全和完善气象、林业信息共享机制，实现相关监测和预报信息共享；完善相关预测预报模型，提高森林火险等级预报的时效和精度；做好森林火险预警信息发布工作，扩大预警信息覆盖面，加大森林防火宣传，提高相关部门和社会公众的森林火灾防范意识；完善森林火灾监测信息互通机制和火灾扑救应急联动机制；加强科研合作，不断提高森林火险预警、火灾监测的能力和水平。（王新岩）

**【森林防火对外援助情况】** 应越南请求，2010年2月份中国向其提供了扑救森林火灾的经验和战法。7月份俄罗斯森林大火发生后，中国政府向其提供了100万美元现汇援助和价值2000万元人民币的人道主义救援物资，迅速组建了300人的支俄中国国家森林消防队。俄方对此高度评价，俄总统专门致电胡锦涛主席表示感谢，并派工作组到中国考察森林防火工作。12月份以色列发生森林大火后，中国及时做好了向其提供森林灭火剂和派出专家组的准备。（王　岩）

**【协调落实全国森林防火专用超短波通信频率】** 为规范全国森林防火通信工作，提高扑救指挥效率，国家森林防火指挥部办公室积极协调工业和信息化部无线电管理局，于2010年上半年申请落实了森林防火专用的3对双频频点和2个单工频点通信频率。同时，向各地下发通知，就做好超短波对讲机专用频率落实工作进行了安排部署。（王　岩）

**【省级森林防火办公室年度工作考核】** 2009年，全国森林防火取得了全年森林火灾次数、受害森林面积、火灾伤亡人数等同比"三下降"的好成绩，有力地保护了森林资源和人民群众的生命财产安全。根据《省级森林防火办公室年度工作综合考评办法》规定，2010年8月，国家森林防火指挥部办公室对各省（区、市）2009年度工作开展情况进行了量化考核，对综合得分前10名的江西、云南、河北、吉林、辽宁、安徽、江苏、湖北、湖南、陕西、福建、河南、广东、山西、浙江、北

京、宁夏、内蒙古、山东等19个省(区、市)森林防火办公室予以通报表彰。（李新华）

【森林防火培训工作】 2010年7～11月，国家森林防火指挥部办公室在南京森林警察学院举办7期全国森林防火培训班、在江西举办3期森林防火培训班，参训人员达到700人，培训时间总计达到50天。本次培训聘请了长期从事森林防火组织管理工作的森林防火专职副指挥、防火办主任授课。他们从管理者的角度，结合丰富的实战案例，讲授了森林防火、灭火队伍的组织建设和日常管理，森林火灾应急预案制定及响应，扑救重大森林火灾的组织指挥、协同作战等知识。同时，培训班还邀请国内知名的森林防火专家介绍了国内外先进的林火管理理论、方法与扑救森林火灾的技术。

（金　博）

【考察边境森林防火隔离带建设情况】 2010年8月5～6日，国家森林防火指挥部办公室在吉林省延边州首次组织全国边境森林防火隔离带建设考察活动，内蒙古、吉林、黑龙江、广西、云南、新疆等6省(区)派人参加了考察活动。活动期间，参会人员实地考察了解了中俄边境地区森林防火隔离带的开设情况，并互相交流了边境防火隔离带开设和维护经验，提出了存在的问题，研究了解决方案。（金　博）

【森林火险预警工作】 2010年，在气象部门的支持下，国家森林防火指挥部办公室共发布12期月度森林火险气象等级趋势预测，4期节假日森林火险气象预报，52期一周森林火险预测，365期森林火险气象等级预报，137期高森林火险警报和30期高森林火险预警信号，组织制作、提供80期火场气象服务专报和42期"内蒙古根河、黑龙江呼玛火场周边天气实况监测报告"。

（王新岩）

【卫星林火监测情况】 2010年，国家林业局森林防火预警监测信息中心和西南、西北、东北三个分中心共接收和处理中国风云卫星、美国NOAA和EOS系列卫星数据8000余轨，制作监测图像6183幅，监测热点13 339个(较2009年减少11.1%)，其中反馈为林火1869个，占热点总数的14%。2010年，通过卫星监测到森林火灾数占实际发生火灾次数的比重由2009年的21%提高的24.2%；各地热点反馈率由2009年的97.7%提高到98.1%。（闫　厚）

【卫星林火监测系统建设】 2010年，国家林业局森林防火预警监测信息中心完成了风云三号卫星数据接收和预处理系统的建设工作。该系统建成投入使用后，实现了对风云三号新一代气象卫星数据的接收和处理，用于林火监测的气象卫星由4颗增加到了8颗，增加了监测频次，提高了监测质量，提升了监测能力和水平，有利于及时发现和科学处置森林火灾。同时，国家林业局森林防火预警监测信息中心与中国资源卫星应用中心开展合作，利用环境减灾卫星监测森林火灾，共制作监测图像498幅，监测热点373个，对河北、云南、四川、广西、内蒙和黑龙江等省(区)的7起较大森林火灾进行了跟踪监测。（闫　厚）

## 森林航空消防

【综　述】 国家高度重视森林航空消防事业的发展。2010年，国家新建成江西航空护林站，至此，全国已在北京、河北、山西、内蒙古、辽宁、吉林、黑龙江、江西、广东、河南、广西、贵州、四川、云南、新疆等15省(区、市)开展了森林航空消防工作，航护面积达到221.9万平方千米，占国土总面积的23.1%。2010年，中国还扶持引进了第三架米－26TC直升机，推进了武警森林部队直升机支队组建和直升机选型、改装和试飞工作，建成启用了大庆基地，森林航空消防综合能力显著增强。全年共租用各类飞机165架(次)，飞行7238小时，机降3244人(次)，索降60人，空中发现火场286个，参与扑救森林火灾193起，喷洒灭火药液167 000千克，吊桶和机腹洒水共计6 342 000千克，运送物资58 500千克，空投森林防火宣传单6万多份。在云南石林"2・7"和大兴安岭"6・26"等森林大火扑救中，森林航空消防飞机发挥了重要作用。

（张连生　刘国珍）

【北方森林航空消防】 2010年，东北航空护林中心新一届党政领导班子带领全体干部职工，按照国家林业局赋予的职能，制定东北、华北、西北省(区、市)3个航期的扑大火预案，派出工作协调处置大兴安岭"6・26"雷击森林火灾，举行火场前指信息化指挥系统实战演练，多方协调引进第三架米－26TC直升机，积极开展航空消防，圆满完成各项防扑火任务。据统计，2010年，东北、内蒙古林区的森林航空消防共租用各类飞机142架(包括配置在伊春、嫩江、塔河和根河、扎兰屯的5个航空化学灭火机群)，总计飞行2881架(次)5625小时15分。其中，机降飞行245架(次)259小时46分3206人(次)；洒水飞行183架(次)1 865 000千克；索降飞行10架(次)60人次。空中发现火场102个，参与扑救火场112个，运送扑火物资58 500千克；对8个火场实施157架(次)航化灭火作业，喷洒灭火药液1.67万千克，扑灭火线12 260米。东北森林防火物资储备库共出库森林防火储备物资6813件。（黄丽梅）

【西南森林航空消防】 2010年，西南林区遭遇了百年不遇的特大旱灾，面对异常严峻的森林防火形势，西南航空护林总站采取超常规措施，认真履行国家林业局赋予的职能，安全高效地完成了全年森林航空消防任务，为西南林区抗旱救灾和南方林区生态建设以及广州亚运会的召开作出了应有贡献。据统计，2010年西航总站在河南洛阳，江西南昌，四川成都、道孚、西昌，云南

丽江、大理、保山、普洱，广西田阳、柳州、梧州，广东清远、梅州等6个省(区)14个航站(基地)开展了森林航空消防工作，共租用飞机23架累计飞行666架(次)1612小时48分钟，空中发现和处置林火184起，对其中81起林火实施了航空直接灭火，吊桶灭火飞行119架(次)275小时35分钟，洒水934桶(约4 477 000千克)，机降灭火飞行3架(次)38人(次)，空投防火宣传单6万份。西南森林防火协调中心先后派出赴火场工作组到达云南香格里拉、石林、宜良，四川雅江，广西百色，西藏林芝等地处置了6起影响较大的森林火灾。西南卫星林火监测分中心共标定、处理两个以上像素热点9700个。西南森林防火物资储备库先后向云南、广西、重庆等7省(区、市)调拨森林防火物资6173件，约800多万元。此外，为了提高南方省(区)森林航空消防部门业务水平，西航总站在云南普洱组织岗位练兵活动和业务培训班，对相关工作人员进行业务培训。

（杨　林）

## 武警森林部队

【概　况】 中国人民武装警察部队森林指挥部(简称武警森林指挥部)，正军级。1999年2月10日，根据国务院、中央军委国发〔1999〕6号文件，武警森林部队实行武警总部和国家林业主管部门双重领导管理体制，组建森林指挥部，设司令部、政治部、后勤部，下辖内蒙古、吉林、黑龙江、云南4个森林总队和森林指挥学校。2002年9月10日，根据总参谋部〔2002〕第137号文件批复和武警总部〔2002〕武司字第283号命令，森林部队落实新编制，调整4个森林总队机关编制序列名称，由处(室)改为科(室)建制。2002年10月10日，根据国务院、中央军委关于组建武警四川、西藏、新疆森林总队有关问题的批复(国函〔2001〕164、165、166号)，成立武警四川、西藏、新疆3个森林总队。2006年9月1日，根据武警部队武司〔2006〕169号文件《关于院校和训练机构体制编制调整有关问题的通知》精神，黄金技术学校、森林指挥学校和水电技术学校合并组建为警种指挥学院，正师级，隶属森林指挥部领导管理。2007年11月28日，根据国务院、中央军委关于武警内蒙古自治区、黑龙江省森林总队增编有关问题的批复(国函〔2007〕121号)，内蒙古自治区森林总队增编400人，黑龙江省森林总队增编600人。根据国务院、中央军委关于组建武警森林机动支队、福建省、甘肃省森林总队有关问题的批复(国函〔2007〕122、123号)，组建森林指挥部机动支队(旅级)；组建福建省森林总队、甘肃省森林总队(正师级)。指挥部机关驻北京市海淀区。

【指挥部领导和指挥部各部门领导】

主　任　王佐明　少将
第一政治委员　党委第一书记　贾治邦(国家林业局局长兼)
政治委员　王长河　少将(12月任武警部队副政治委员兼纪检委书记)
副主任　李全海　少将
　沈金伦　少将(7月晋少将)
　金林炎　大校(12月任，武警浙江省总队原参谋长)
副政治委员　崔建设　少将
参谋长　郝晓光　少将
副参谋长　张京科　大校
　郑虎平　大校
　闫　鹏　大校
政治部主任　闻培德　少将(12月退休)
　聂增龙　大校(12月任，武警上海总队政治部原主任)
政治部副主任　崔永安　大校
　李哲训　大校(6月退休)
　刘树荣　大校
　徐元鸿　大校(6月任，新疆森林总队原政治委员)
后勤部部长　崔进福　大校
后勤部副部长　杨宇光　大校(12月任内蒙古森林总队总队长)
　刘宝会　大校
　朱金跃　大校
　董立初　大校(12月任，吉林省森林总队原副总队长)

【综　述】 2010年是森林部队完成以防火灭火为中心多样化任务比较出色、各项建设取得丰硕成果的一年。全体官兵高举中国特色社会主义伟大旗帜，以邓小平理论和“三个代表”重要思想为指导，深入贯彻落实科学发展观，突出抓党建，扎实建基层，重点强队伍，持续正风气，全力保中心，部队全面建设取得了新的发展进步。

**思想政治建设**　坚持用中国特色社会主义理论体系武装官兵，狠抓学习实践科学发展观活动整改落实后续工作，广泛开展“科学发展观引领我成长”主题队会活动，有力推动了学习实践活动向深度和广度发展。坚持用当代革命军人核心价值观引领官兵，原原本本学习总政编印的《学习读本》，扎实搞好主题教育先行试点，遴选6名先进典型作巡回报告，广泛开展首届“绿色卫士”评选表彰活动，进一步铸牢了广大官兵忠实履行职责使命的思想根基。于连合高票当选第十三届中国武警“十大忠诚卫士”。坚持用强有力的思想教育凝聚官兵，编印下发经常性思想教育《基层读本》，突出抓好基本理论、基本法规、基本常识学习教育，建立健全心理服务骨干队伍，加大人员政治审查力度，确保了部队内部稳定和集中统一。坚持用丰富多样的宣传手段激励官兵，修订颁发森林部队“火场精神”，唱响“森林卫士组歌”，研发配备政治工作宣传车，大力宣扬遂行任务中涌现出的先进典型，为圆满完成各项任务注入了强大精神动力。深入学习贯彻《政工条例》，积极开展政治工作重大现实问题研究，进一步增强了思想政治工作的科学性。

**核心军事能力** 狠抓战备教育和各项制度落实，签订定边境防火协议，建立跨区联防联打机制，坚持防期重点区域靠前驻防，实现了打早打小打了目标。狠抓专业基础训练，实施新兵训练大集中，举办军事教练员、水泵骨干等9个专业千人大集训，广泛开展“三手”评选和比武竞赛活动，组织240名灭火骨干跨区轮训，持续抓好野外化模拟化综合演练，扎实搞好火场紧急避险训练，部队遂行任务能力明显提升。狠抓专勤专训，认真组织反恐处突理论、防暴器材使用、营区防袭击等专业技能训练，积极参加总部“卫士—10”演习，部队维稳处突实战能力有新加强。狠抓中心工作组织指导，认真落实党委议中心制度，加大军事理论研究探索力度，各级领导深入一线靠前指挥、科学决策，实现了任务完成好、人员无伤亡目标。全年共出动兵力39.8万余人(次)，执行防火勤务10 166次，参与扑救森林火灾588起，完成抢险救灾任务234起，特别是成功扑灭大兴安岭“6·26”、道孚“12·5”等重大森林草原火灾；出色完成西南抗旱灭火、援俄灭火准备、维稳备勤、舟曲救灾、抗洪抢险和“高原利剑”专项行动等急难险重任务，为维护社会稳定、保护人民群众生命财产安全作出了突出贡献，进一步彰显了森林部队忠诚于党、忠诚于人民、忠诚于国家绿色事业的卫士本色。

**现代化建设** 认真贯彻胡锦涛主席关于建设现代化武警的战略部署，研究制定落实《建设现代化武警纲要》实施意见和“十二五”建设规划，组织召开现代化建设研讨会，进一步明确了推进现代化建设的指导思想、原则标准和方法步骤。注重加强装备建设，为部队配发以水泵为重点的灭火装备21类4.4万余台(套)，车辆572台，投入8000万元为两个大兴安岭支队配备60台新研发履带式森林灭火装甲车，争取地方配套60台拖车，部队摩托化灭火机动能力明显增强。注重加强信息化建设，更新支队以上单位的程控交换机、计算机通信网和电视会议系统，改造所有独立驻防单位固定短波通信网和所有大(中)队机动短波通信网，为支队以上单位配发卫星综合通信车和卫星便携站，完成软件需求方案评审和系统基础数据采集任务，“三网一系统”通信平台初步建成，基本实现“火场通”、“动中通”。注重加强直升机支队建设，多方协调选调航空专业人员，组织进厂改装飞行训练，加强航空法规建设，大庆基地设施建设基本完成，第一批8架直升机已列装，组建飞行二大队工作开始调研论证，初步形成多样化灭火作战新格局。注重加强人才队伍建设，采取院校轮训、依托培训、专业集训、岗位练兵等途径和方法，加大人才选拔、培养、保留力度，涌现出了一批懂现代化、干现代化的骨干人才。

**正规化管理水平** 始终把依法从严治警作为全局性、基础性、长期性工作紧抓不放，逐级组织依法从严治警集训，定期召开安全形势分析讲评会，突出抓好重大节日和敏感时段管理教育，广泛开展“五个过一遍”活动，进一步正规了部队“四个秩序”。严格落实新条令和正规化管理规定，认真解决有法不依、有章不循等突出问题，清查“外挂”人员26名、清退不合格新兵106名，有效排除了安全隐患。针对森林部队案件在钱、事故在车、违纪在酒、高危在火的险点规律，组织部队开展3次隐患大排查、3次专项教育整顿，着力抓好直升机试飞转场、靠前驻防、灭火作战安全管理，严控网络失泄密和经济风险，进一步夯实了部队安全发展的基础。内蒙古、福建森林总队和直升机支队成功避险排险的做法，受到了军委和总部首长的褒奖。

**部队建设基础** 认真落实《纲要》和《三十条》，着力建强“一线指挥部”，下大力纠治指导思想“偏”、指导水平“低”、抓基层作风“漂”、自身建设“弱”等突出问题，积极改进支队级先进单位考评办法，坚持对基层大(中)队季考年评制度，有效提高了“一线指挥部”按纲指导能力；着力夯实“四个基本”，重点做好固强补弱工作，一些长期影响制约基层建设质量的“短板”和“弱项”得到有效加强；着力加强党支部建设，深入开展创先争优活动，持续搞好思想发动，普遍建立党委常委联系点，分级组织骨干业务培训，突出抓好七项组织生活制度落实，加大对多年未进入先进行列中队的帮建力度，党支部战斗堡垒、党员先锋模范作用明显增强；着力提高干部队伍素质，依托军地院校培训298名干部，严密组织在职学历教育，广泛开展大练基本功活动，培养了一批按纲抓建的明白人；着力抓好经常性基础性工作落实，扎实开展“三互”和“深知兵真爱兵”活动，组织38个咨询小组送法服务到基层，依法维护官兵合法权益，制定基层风气建设评估标准，认真纠治群众反映的突出问题，公平公正处理涉及官兵切身利益的实际问题，充分调动了广大官兵建设基层、履行使命的积极性创造性。

**综合保障能力** 注重加强应急力量建设，积极完善各类预案，高效组织应急保障行动，为部队遂行重大任务提供了有力的物质支撑。注重加强经费物资管理，扎实推进资产管理与预算管理相结合改革，深入开展军需物资清查和对外有偿服务整顿，为全部队23个军械弹药存放点安装了“联管联控”系统，加大领导干部离任和基建工程审计监督力度，累计审计金额4.7亿元，审减工程造价956万元，进一步规范了后勤管理秩序。注重改善官兵物质文化生活条件，投入1.33亿元，对部分单位营房进行迁建、翻建和扩建，配备安装新型节能灶和服装洗涤设备，基层“四项设施”基本配套率达100%，新建单位营建任务按计划推进，部分单位经济适用住房建设顺利启动，森林部队医疗全部纳入内卫部队保障体系。

**党委核心领导作用** 认真贯彻党的十七届四中、五中全会和全军党建座谈会精神，紧紧抓住思想作风建设不放松，坚持正学风促党风，在支队以上党委机关集中开展“建设学习型党委班子，争做学习型领导干部”专题教育，有力推动了部队学习型党组织建设深入发展；紧紧抓住民主集中制建设不放松，深入开展学习贯彻活动，逐级召开党委民主生活会，组织两批联合工作组对支队以上党委班子考察帮建，精心选配各级主官，调整配备师团职干部235名，各级班子结构进一步优化，科学民主依法决策水平不断提高；紧紧抓住党风廉政建设不放松，坚持警示教育和领导干部上廉政党课制度，在全部队开展风气建设专项整顿，各级班子向官兵、领导干部向党委做出风气建设公开承诺，加大群众来信查处力度，树立勤政廉政领导干部典型，各级党委班子的公信度感召力明显提升。

【温家宝总理看望慰问官兵】 2010年8月8日18时10分，正在甘肃省舟曲抢险救援一线组织抢险救援工作的国务院总理温家宝在武警部队司令员王建平、甘肃省委书记陆浩、代省长刘伟平陪同下，看望并慰问了甘肃省森林总队陇南支队参加抢险救援的官兵，温家宝指出：甘肃省舟曲发生泥石流灾害后，作为驻地的甘肃省森林总队陇南部队官兵，反应敏捷、行动迅速，能够在第一时间赶赴灾区一线，组织开展抢险救援工作，任务完成出色，成绩可佳。大家辛苦了！我代表党中央、国务院向全体官兵表示慰问。灾情就是命令，现在的第一任务就是救人，只要有一线希望，我们就绝不能放弃。8月22日上午8时30分，中共中央政治局常委、国务院总理温家宝在国务院副总理回良玉、甘肃省委书记陆浩、代省长刘伟平、武警部队副司令员戴洪生等领导的陪同下，到甘肃舟曲瓦长桥、罗家峪、三眼峪和城江大桥作业点看望慰问了甘肃森林总队救援一线官兵。温家宝强调：人民不会忘记，这场灾害和在灾难中死去的人民；人民更不会忘记，在灾难中挺身而出、为人民的利益舍生忘我、抗灾救灾的人民子弟兵。人民看到你们，心里就感到安全，就感到欣慰，就感到放心。现在救灾工作还处于关键时期，你们肩上的担子还很重，还要清除淤泥，拆除危房，建设新的美好家园。我们人民子弟兵一定要和人民站在一起，团结奋斗，建设一个新的舟曲。大家要继续努力，继续奋斗，夺取抢险救援斗争的最后胜利！

【周永康书记视察锡盟支队】 2010年6月8日下午，中共中央政治局常委、中央政法委书记周永康，在内蒙古自治区党委书记胡春华、主席巴特尔以及锡盟盟委书记荣天厚、盟长张国华等领导的陪同下，视察了锡盟森林支队。先后视察了战士宿舍、官兵食堂和灭火装备，对支队全面建设情况给予充分肯定，对支队在维护生态安全、维护民族团结、维护社会稳定方面发挥的重要作用给予高度评价。

【回良玉副总理慰问视察锡盟支队】 2010年1月30日下午，国务院副总理回良玉一行在内蒙古自治区党委书记胡春华、主席巴特尔、国家民委主任杨晶等领导陪同下，到内蒙古森林总队锡盟支队机关慰问全体官兵。回良玉来到战士宿舍，亲切慰问战士，参观了支队机关食堂，观看了支队建设成绩展览和扑火装备展示，详细了解了支队2009年扑火情况，对支队整体建设和中心工作完成情况给予充分肯定。希望部队继续发扬优良传统，再接再厉把工作做好。8月22日，回良玉视察并慰问了甘肃省森林总队陇南市支队官兵，代表党中央、国务院向大家表示衷心的感谢和致意。

【郭伯雄副主席看望慰问部队】 2010年8月11日，中央军委副主席郭伯雄在武警部队司令员王建平、甘肃省委书记陆浩、代省长刘伟平的陪同下，看望并慰问了甘肃森林总队参加抢险救援的官兵，并作指示。郭伯雄充分肯定了森林武警官兵在抢险救援工作中所作出的突出成绩，并与森林指挥部副主任沈金伦、总队长张林、政委郭四同一一握手表示慰问。

【警种指挥学院与国防大学合作办学】 2010年3月11日，警种指挥学院在学院礼堂与国防大学举行合作办学签约仪式，开创了国防大学与部队初级指挥院校合作办学的首例。国防大学训练部副教育长严大鹏、武警部队司令部训练部副部长李勇刚、森林指挥部副主任李全海等领导及学院全体教职员工参加了签约仪式。签约仪式由警种学院沈德富政委主持。

【"高原利剑"行动】 2010年5月下旬，西藏森林总队参加"高原利剑"行动的全体参战官兵，历时16天，行程6000余千米，在羌塘国家级自然保护区执行野生动物保护任务，先后完成阿里地区盐湖乡、双湖特别区、玛依保护区等近10个执勤区域的武装巡护、定点查缉任务；参战官兵共抓捕盗猎藏羚羊的犯罪嫌疑人2名，缴获藏羚羊皮10张，藏羚羊头24个，野牦牛头3个、狼皮4张、狐狸皮3张、岩羊皮3张，盘羊头7个，小口径步枪1只，摩托车1台。官兵们还积极开展野生动物保护宣传和为驻地群众送医送药活动，义务诊治群众近300人。

【抢险救灾】 2010年6月14日，福建中北部鹰厦铁路外洋至沙县路段多处山体滑坡，造成东南铁路大动脉陷入瘫痪，致使20多趟旅客列车受阻。福建森林总队三明市支队出动168名官兵参加抢险战斗，连续奋战8个多小时，在地方群众的协助下，突击抢修了4个铁路沿线塌方点，搬运转移物资100多吨，清除淤泥4500多立方米，搬运石块600余立方米，排除洪水1万立方米，挽回经济损失200多万元。6月15日，新疆森林总队阿勒泰支队出动120名官兵火速赶赴福海县阔克阿尕什乡阔甫别尔根村受灾地点，官兵们连续奋战5个多小时，加固1米高的堤坝400余米，固定木桩230根，抢运沙袋8100袋约20余吨，确保了166.67公顷农田和120户农牧民的生命财产安全，为各族群众挽回直接经济损失80余万元。福建省森林总队三明市支队为三明市博物馆成功抢救出500余件珍贵的文物。6月16日，福建省森林总队三明市支队再次出动150名官兵，完成三明市沙县境内鹰厦铁路K327处南500米塌方地段的疏通任务，清理塌方地约120米，搬运土方达700多立方米，石料500余块，排除路边积水100多立方米，清理路障和倒塌的树木50余根。6月18日13时，福建省森林总队南平支队紧急出动105名官兵携带冲锋舟、救生衣和绳索等救生器材前往救援，搜救出无转移能力的老人和小孩27名。7月15日至8月5日，驻赣机动支队五大队共出动兵力1980人(次)，累计清理街道15千米，淤泥90余吨，装填土石50立方米，挖掘搬运土石140立方米，疏通道路100米，清除密林218立方米，紧急排险50余米，向堤坝内装填沙袋5000余袋，装填转运沙石11 000余袋，转运打桩圆木1400余根，挖渗水渠600余米，清理大堤杂草树木19千米，清理内堤垃圾7.5千米。7月17日，机动支队五大队120名官兵转战至九江市彭泽县芙蓉墩镇芳湖内堤，装运沙石1500余袋，卸载打桩圆木36立方米，加固岸堤2000余米。8月16日，云南省森林总队昆明支队出动200名官兵，奋战7个多小时，疏散群众脱离淹水区208人，装填运送沙袋4000余袋，堵截东大河小决口6个共120米，疏通河道600米，挖排水渠1200米，抽排淹积水2000立方米，抢救淹水车辆6辆，抢运淹水物资3吨，转移物资220件，搭建临时简易桥1座，成功排除了李南园村、东大河堤坝和下可乐村的多处险情。9月1日晚23时，保山市隆阳区瓦马乡河东村大石房村民小组发生山体滑坡，云南省森林总队保山市支队官兵经过9个多小时连续奋战，转移群众33人，运送遇难者遗体12具，搭建帐篷12顶，搬运救灾物资120余件，帮助灾区恢复挖掘遇难者遗体时留下的坑洞数十个，回填土石近百立方米；抢通灾区塌方道路200余米，抢运伤员1人，并帮助受灾群众运送生活物资4吨。

**【贾治邦局长慰问官兵】** 2010年7月2日，国家林业局局长贾治邦在森林指挥部主任王佐明的陪同下，深入大兴安岭火场一线，慰问黑龙江省森林总队扑救呼中地区森林火灾参战官兵。贾治邦对总队参战官兵前期灭火作战取得的成绩给予了充分肯定，并希望参战的全体指战员在省委、省政府的领导下，再接再厉，坚决夺取大兴安岭地区火灾扑救工作的胜利。

**【首届森林部队“十大绿色卫士”】** 2010年7月8日，首届森林部队“十大绿色卫士”评审委员会召开终评评审会议，评选产生朴金波、母强、白呼和、张洪振、徐兵、樊万东、罗锰、崔恺、盖晓磊、高伟为首届森林部队“十大绿色卫士”。

**【舟曲抢险救援】** 2010年8月7日，甘肃省森林总队陇南支队100名官兵紧急赶赴舟曲灾区，组织进行清理淤泥和道路疏通，救援27批(次)，抢救出被水围困群众138人，搜寻和挖出、搬运遇难者遗体48具，搬运煤、粮食等各类物资18吨，家具230件、钱物9.2万元，清理坍塌房间35间、土石1200余立方米。8月8日15时，四川省森林总队阿坝州支队派出100官兵长途跋涉900余千米抵达舟曲一线，投入紧张的抢险救灾中，平整道路200余米，清理淤泥120余立方米，并挖掘出遇难者尸体5具。8月12日，甘肃省森林总队陇南支队武都大队驻成县森林中队27名官兵赶赴现场解救和转移围困群众124人，其中老人14人，残疾人8人，儿童23人，搬运沙袋1400袋，构筑3道拦水坝，运送转移商铺物资430件。

**【“武警爱民学校”落成】** 2010年9月1日，武警森林部队援建新疆民丰县“武警爱民学校”落成典礼暨交接仪式，在新疆和田民丰县若克雅乡举行。若克雅乡200余名各民族学生告别危房搬进新校舍，开始了新学年的学习生活。至此，由武警森林指挥部、武警新疆森林总队援建的若克雅乡“武警爱民学校”正式投入使用。

**【直升机支队授装仪式】** 2010年11月7日，森林指挥部在直升机支队举行大庆基地启用暨授装仪式。武警部队司令员王建平、副司令员潘昌杰和国务院办公厅、军委办公厅、财政部、国家林业局、总参谋部、总装备部、空军、沈阳军区、黑龙江省委省政府、大庆市委市政府等军警地有关单位领导出席了仪式，并视察了直升机支队。授装仪式由森林指挥部政委王长河主持，王建平司令员、国家林业局副局长孙扎根为直升机支队进行了授装，直升机支队进行了接装宣誓，森林指挥部主任王佐明、大庆市书记韩学键、中航工业集团副总经理李方勇分别致辞，王建平、孙扎根发表了讲话。

**【英模集体和个人】**

**中国武警十大忠诚卫士——于连合** 2010年5月22日，武警部队授予于连合第十三届中国武警十大忠诚卫士荣誉称号。2010年8月23日，武警部队为于连合记一等功。

于连合 男，汉族，1968年11月出生，1987年11月入伍，大学文化，中共党员，现任黑龙江省森林总队大兴安岭地区支队三大队特种车辆修理技师，二级警士长。入伍23年来，先后带出11个先进班，为部队培养特种车辆驾驶员300余人，维修车辆3500余台次、灭火机3800多台，为部队节约资金800多万元，安全行驶21万千米，参加灭火作战、抢险救灾260余次。荣立二等功1次，三等功3次，2003年分别被解放军四总部、武警总部授予红旗车驾驶员标兵称号，2004年被森林指挥部评为学习成才标兵，2005年获武警部队士官优秀人才三等奖，2006年被国务院扑火前线总指挥部授予扑火尖兵荣誉称号，2007年获全军士官优秀人才一等奖，2008年被解放军四总部授予全军红旗车驾驶员标兵称号，2009年被武警部队评为学习成才标兵，被指挥部评为优秀共产党员。

**集体一等功——甘肃省森林总队陇南市支队武都大队武都中队** 2010年9月22日，武警部队党委给甘肃省森林总队陇南市支队武都大队武都中队记一等功。

武都中队在舟曲特大泥石流灾害抢险救援中，坚决执行上级命令指示，大力发扬森林部队“不怕困苦、不畏艰险、不负重托”的火场精神，中队边疏通道路，边强行开进。在连续3次打通被堵道路后，冒着随时可能出现的塌方和滚石，强行军6个多小时，作为进入舟曲的第一支救援部队，最先抵达灾区，迅速展开营救被洪水围困群众的战斗。通信车艰难行进至瓦场桥地域后，利用车载云台摄像机，最先传出灾情，并派出一名通信兵携带单兵无线图传赶到救援地域，将现场的实时画面最先传至指挥部和总部，为上级首长了解灾区情况、进行科学决策和实施有效指挥提供了依据。54名官兵忍饥受饿连续奋战18小时，营救被困群众138人，挖掘搬运遇难者遗体8具，挖出现金、存折5.3万余元。

**首届“森林卫士”——朴金波** 男，朝鲜族，黑龙江勃利人。1956年11月出生，1971年10月参加工作，1987年8月入伍，本科学历，中共党员，现任警种指挥学院森林灭火教研室主任，教授，专业技术五级，大校警衔。他始终战斗在森林防火灭火教学科研第一线，致力于防火灭火理论研究和装备技术革新。从事森林防火灭火工作40多年来，他先后3次荣立三等功，3次被评为全国森林防火先进个人，荣获全国优秀教师称号1次，获全军教学成果二等奖2项，武警部队科研成果二、三等奖各1项，被选为国务院应急专家库首批专家、中国森林消防专业委员会专家委员和武警部队高层次专业技术人才，是全军育才金、银奖获得者。

**首届“森林卫士”——母强** 男，羌族，四川绵阳人，1976年9月出生，1995年12月入伍，本科学历，中共党员，现任四川省森林总队警勤中队通信班班长，四级警士长。入伍16年来，他始终立足本职岗位，践行根本宗旨，自觉用当代革命军人核心价值观引领人生航向，用实际行动诠释了一名绿色卫士的铮铮誓言。2001年、2005年两次荣立三等功，2003年、2006年、2008年先后被总部、指挥部和总队评为优秀共产党员。2007年被总队评为首届“十佳优秀士官”，被指挥部评为优秀团干部，荣获武警总部优秀士官人才奖二等奖。2008年“5·12”汶川特大地震发生后，得知岳父母及妻女4位亲人全部遇难，他强忍悲痛，短暂善后，毅然返回部队奔赴一线，怀着大悲救大灾。2008年9月，母强同志被指挥部记一等功，被总部表彰为抗震救灾先进个人；10月7日，中共中央、国务院、中央军委授予母强全国抗震救灾模范荣誉称号。作为通信专业骨干，他先后完成300多场灭火作战通信保障任务，并坚持当好“铺路石”和“领路人”，培训通信骨干160余人。2009年4月27日，他代表森林部队参加全国劳动模范先进个人表彰大会。

**首届“森林卫士”——白呼和** 男，蒙古族，内蒙古通辽人，1964年11月出生，1983年10月入伍，本科学历，中共党员，现任内蒙古森林总队司令部通信修理技师，一级警士长。入伍27年来，他从入伍时不懂汉语的蒙古族青年成长为今天森林部队通信领域有名专业人才。作为通信修理技师，他以过硬的专业技术，为部队节省经费40多万元。白呼和同志先后参加大小灭火战斗100多次，特别是在2002年扑救“7·28”特大森林火灾中，39岁的他爬上十几米高的大树，抢修供电设备、架设天线，由于连日的奔波操劳，以致身体乏力从树上滑落，胳膊和双腿被刮得血肉模糊，但他全然不顾，简单包扎后又投入了战斗。先后两次荣立二等功、1次三等功，15次受嘉奖，多次被总部、指挥部评为优秀共产党员，被内蒙古自治区政府评为劳动模范，被中央军委、四总部、武警总部评为优秀士官，并获得全军士官优秀人才奖一等奖，被选为29届奥运会奥运火炬手。

**首届“森林卫士”——张洪振** 男，汉族，山东莒南人，1980年3月出生，1998年12月入伍，大学学历，中共党员，现任云南省森林总队保山市支队腾冲中队副营职中队长，上尉警衔。入伍以来，先后参与指挥灭火作战63次，圆满完成18次林政执勤、21次防火执勤和17次警卫任务，树立了森林部队的良好形象。先后两次荣立三等功，两次被武警总部评为优秀带兵干部，连续3年被总队政治部评为优秀政治教员。所在中队先后6次被森林指挥部评为基层建设标兵中队，3次荣记集体二等功，1次被评为学雷锋先进集体，被武警总部及云南省委省政府授予基层建设标兵中队和云岭绿色卫士中队荣誉称号，被总政治部和武警党委表彰为先进基层党组织和全军先进基层党组织。

**首届“森林卫士”——徐兵** 男，汉族，山东莒南人，1974年12月出生，1992年12月入伍，本科学历，中共党员，现任黑龙江省森林总队大兴安岭地区支队漠河大队政治教导员，少校警衔。入伍以来，参加扑救森林火灾36次，独立指挥灭火作战18次。先后4次荣立三等功，在漠河大队工作13年，任中队长4年，中队连续4年被总队评为基层建设先进中队；任教导员3年，大队党委连续3年被指挥部党委评为先进基层党委，大队连续3年被指挥部评为基层建设先进大队，被总部表彰为农副业生产先进大队。

**首届“森林卫士”——樊万东** 男，汉族，黑龙江伊春人，1971年3月出生，1990年3月入伍，大专学历，中共党员，现任福建森林总队南平市支队武夷山大队大队长，中校警衔。入伍以来，参加灭火作战300余次，出色完成任务。先后4次荣立三等功，5次被评为优秀共产党员，6次被评为优秀四会教练员。荣获黑龙江省森林防火模范、伊春市森林防火先进个人、南平市森林防火先进个人称号。2009年2月，在扑救三明市沙县特大森林火灾中，他潜心研究适合东南林区的灭火战法，灭火头、攻险段，连续奋战3个昼夜，八战八捷，被誉为“点子多、战法活、敢硬拼的优秀火场指挥员”。2010年2月，他带领官兵成功制服一名企图纵火行凶、报复社会的犯罪嫌疑人，避免了一起重大案情发生。在抢险救灾中，他带领官兵转移遇险群众4500余人，排除险情23起，挽回经济损失4000多万元。

**首届“森林卫士”——罗锰** 男，汉族，辽宁辽阳人，1978年10月出生，1996年12月入伍，大专学历，中共党员，现任黑龙江省森林总队黑河市支队爱辉大队四中队一排四班班长，四级警士长，特种车辆驾驶员。入伍15年来，参加灭火作战110多次，荣立一等功1次、三等功两次，两次被评为优秀士兵，4次被总队评为红旗车驾驶员，获全军士官优秀人才奖一等奖。2003年3月19日，他在高烧39度的情况下，和部队奔赴南瓮河火场，在两个多月的扑火战斗中，他每天坚持工作近18个小时，先后转战11个火场，独立维修发生故障的装甲车，在雪夜里把头伸出驾驶舱外行驶260千米。他勤于钻研，潜心研究特种车辆维修，多次参与特种车辆的设计改造，发现了履带车跑偏问题的根源在于每片履带的间隙上，解决了这一难题，同时改造全道路运兵车炉条和鼓风机接口，解决了炉灶燃烧不充分的难题。

**首届“森林卫士”——崔恺** 男，汉族，江苏宜兴人，1986年5月出生，2005年12月入伍，大专学历，中共党员，现任甘肃省森林总队平凉市支队崆峒大队二中队四班班长，下士警衔。他先后4次荣立三等功，3次被评为优秀士兵。6月20日《人民武警报》头版、甘肃省内媒体以《一位“富二代”的警营咏叹调》为题，报道了他的先进事迹。他热爱驻地群众，先后资助4名回族学生，3次向地震灾区捐款6000余元。他拾金不昧，2009年7月21日，将捡到的5000元现金交还失主。他工作负责，关爱战士，严格要求。两年来所带战士先后有7人被评为优秀士兵、4人当上骨干、两人入党。在完成急难险重任务中，他冲锋在前、身先士卒，特别是在扑救崆峒山林火中，为抢救祖孙俩人脱离危险，身上多处受伤，坚持不下火线。在扑救灵台县林场火灾中，他带领战斗小组扑灭明火31处，清理火线3.7千米，连续看守火场17个小时。

**首届"森林卫士"——盖晓磊** 男，汉族，黑龙江牡丹江人，1982年11月出生，1999年12月入伍，大专学历，中共党员，现任西藏森林总队林芝地区支队松多林政执勤分队分队长，中尉警衔。盖晓磊带领官兵10余次成功化解集体冲卡、聚众闹事等突发事件，平均每天查处违法车辆10余台次、收缴各类木材20余立方米，先后查获野生动物20余头(只)，累计挽回直接经济损失近千万元。面对不法分子的"糖衣炮弹"，盖晓磊不为所动，先后拒贿几十次，金额数十万元，让不法分子无"空子"可钻，从根本上遏制了私拉盗运现象，为保护森林资源作出了突出贡献。入伍11年来，他先后被森林指挥部、总队表彰为优秀班长、优秀士官、优秀共产党员和训练标兵，5次被各级嘉奖，两次荣立三等功。2009年底，所带的松多执勤分队荣立集体一等功。

**首届"森林卫士"——高伟** 男，汉族，内蒙古通辽人，1978年9月出生，1996年12月入伍，本科学历，中共党员，现任吉林省森林总队白山市支队松江河大队副大队长，上尉警衔。他带领官兵钻山沟、穿林海，进行实地踏查和武装巡护，6年如一日地战斗在执勤第一线，成为远近闻名的"铁脚板、山里通、活地图"。2006年10月，他率领战士抓捕9名偷猎盗采分子，当嫌犯拿出5000元向他威逼利诱时，他一身正气，不为所动，毅然将嫌犯扭送公安机关，在林区引起强烈反响。先后两次荣立三等功，并被森林指挥部评为优秀基层带兵干部。所在中队连续5年被评为基层建设先进中队、4次荣立集体三等功，中队党支部被武警部队评为先进基层党支部。

**革命烈士——张飞** 男，汉族，河北省平山县人，1991年7月出生，2009年12月入伍，初中文化。武警黑龙江省森林总队佳木斯市支队鹤北大队三中队战士，列兵警衔。2010年6月26日，在扑救黑龙江省大兴安岭地区呼中自然保护区雷击森林火灾中，因过度疲劳牺牲。2010年7月15日，森林指挥部政组〔2010〕76号文件批复张飞为革命烈士。

（武警森林部队由管黎丽供稿）

# 森林公安

**【森林公安综述】** 党中央、国务院高度重视森林公安工作。2010年，胡锦涛、温家宝等中央领导同志接见了全国公安机关爱民模范代表，其中有7名森林公安民警。周永康、回良玉、孟建柱等领导同志多次批示，肯定了森林公安工作成绩，对今后发展提出明确要求。在国家林业局党组、公安部党委的统一领导下，在有关单位和部门的大力支持下，森林公安工作取得新的进展。

**积极推进"五化"建设** 国家林业局召开全国森林公安工作会议，贾治邦局长对"十二五"时期森林公安工作，特别是"五化"建设作出重大部署，提出明确要求。国家林业局印发了《全国森林公安"五化"建设指导意见》，成立了由孙扎根副局长担任组长，相关司局和直属单位参加的"五化"建设领导小组，下设办公室和6个工作组，分头负责各项工作的落实。

**全力保护森林资源安全** 森林公安机关围绕国家中心工作和林业改革发展全局，进一步加大了涉林案件的查处力度。组织开展了严厉打击破坏森林资源违法犯罪活动的"春季行动"，20起国家级、248起省级挂牌督办的案件告破。加强生物多样性保护工作，加大了上海及周边8省区野生动物执法工作，在广东等15省(区、市)开展了严厉打击野生动物违法犯罪专项行动，参与了"老虎行动"、"旋梯行动"等两项全球性执法行动。

**有效维护林区治安稳定** 在全国组织开展了净化社会治安环境的"冬季行动"和"严打整治行动"，加大了全国"两会"、世博会和亚运会等重点时期林区安全保卫力度。组织民警积极参与玉树地震、舟曲泥石流、吉林洪灾等抢险救灾活动，有8名民警在救灾和执勤中献身。深入推进林区禁毒严打斗争，不断加大禁种铲毒、堵源截流、预防教育等工作力度，林区发现铲除的毒品原植物数量持续保持历史最低水平，受到国家禁毒委员会通报表扬。

**大力推进公安队伍建设** 加大协调推荐力度，河北、山西、江苏等5省森林公安局主要负责人新进入同级林业主管部门领导班子。深入推进民警大轮训工作，举办全国森林公安系统警务技能大比武活动。南京森林警察学院挂牌成立，并纳入公安民警招录培养体制改革试点院校。严格队伍管理，组织开展了警用和涉案车辆、枪支安全、执法环节涉案人员非正常死亡等三个专项治理活动，加大了《公安机关人民警察纪律条令》、"五条禁令"等纪律规定的执行力度。

**不断提升警务保障能力** 按照中共中央办公厅、国务院办公厅加强政法机关经费保障工作的要求，财政部建立了森林公安机关经费转移支付政策，下达了2010年转移支付资金；国家发改委一次性下达中西部森林公安派出所房建资金，并同意将地、县级森林公安业务用房建设纳入国家规划统筹安排。根据人社部、公安部、国家公务员局统一部署，组织开展了森林公安机关执法勤务机构人民警察警员职务套改工作。组织编写了《森林公安机关执法指南》，积极创建执法示范单位。

（敖孔华）

# 森林公安重要活动

**【全国森林公安工作会议】** 2010年9月6~7日在北京召开。会议深入总结了森林公安“十一五”工作成绩，科学谋划了“十二五”发展蓝图。会议强调，要把认识统一到中央对生态文明建设的总体要求上来，把工作统一到林业改革发展大局上来，坚持把队伍建设置于首位、把资源保护作为核心、把法制建设作为基础、把强化保障作为关键、把科技应用作为支撑、把加强领导作为保障，着力推进队伍正规化、执法规范化、警务信息化、保障标准化和警民关系和谐化，承担起保护生态安全、保障林改成果、维护林区和谐以及应对气候变化的重任，力争到“十二五”期末，县级以上森林公安机关主要负责人高配达90%，落实独立执法权限达到100%，“四无”派出所解决率达到100%，公安网络接入率达到100%，大专学历以上民警达到80%。国家林业局党组书记、局长贾治邦，局党组成员、副局长张建龙、孙扎根，局党组成员、中央纪委驻局纪检组组长陈述贤和公安部党委委员、副部长黄明出席会议；中央和国家机关有关部门负责同志应邀出席会议；各省(区、市)林业厅局、四大森工集团和国家林业局各司局、直属单位主要负责同志参加了会议。 (敖孔华)

**【全国森林公安系统警务技能大比武活动】** 2010年10月24~28日在南京森林警察学院举办，共有34支代表队的224名队员参加比赛。比赛设立了PPC300分射击、计算机运用与执法办案、武装越野3个大项。经过2天角逐，内蒙古大兴安岭森工集团、云南省、湖南省森林公安代表队分获团体前3名，同时产生了分项目团体、男子全能、女子全能以及个人前8名。国家林业局局长贾治邦、全国政协人资环委副主任江泽慧、江苏省副省长黄莉新、国家林业局副局长孙扎根和公安部有关领导为获奖代表颁了奖。这次大比武，对提升全国森林公安民警整体素质、提高队伍整体作战能力、强化现代林业保障能力等发挥了重要推动作用。 (张英男)

**【全国林业系统贯彻落实两办32号文件精神电视电话会议】** 2010年10月25日召开，国家林业局副局长孙扎根出席会议并讲话。会议深入传达学习了中央加强政府机关经费保障工作的政策精神，研究提出了林业系统贯彻落实要求。会议指出，落实好中央有关政策精神，事关森林公安依法履行职责，事关森林公安长远发展，事关森林公安经费保障问题的根本解决。会议要求，要按照中央统一部署，推进森林公安经费保障体制改革，抓紧建立明确的保障责任机制、科学的分类保障机制、正常增长的投入机制、按标准保障的长效机制和收支脱钩的管理机制。会议强调，各级林业主管部门要加强对森林公安经费保障工作的组织领导和沟通协调，尽快落实省级和同级政府的保障责任，加强资金使用管理和监督检查，提高资金使用效益。会议还就加强中西部森林公安派出所建设、推进森林公安警车和涉案车辆违规问题专项治理、办好全国森林公安警务技能大比武活动、做好秋冬季森林防火工作等重点工作进行了部署。国家发改委、财政部有关负责同志应邀出席会议，各省(区、市)林业厅局、四大森工集团和国家林业局各司局、直属单位负责同志参加了会议。 (张晓辉)

**【全国森林公安机关警车和涉案车辆违规问题专项治理工作电视电话会议】** 2010年4月7日召开，国家林业局孙扎根副局长出席会议并讲话。会议传达学习了国家林业局贾治邦局长和公安部刘金国副部长的批示精神，对专项治理工作进行了再动员、再强调、再部署。孙扎根要求，要强化组织领导、宣传教育、摸排调查、责任追究和督察整改，全面整治警车和涉案车辆违规问题。会上，国家林业局森林公安局杜永胜局长通报了全国森林公安机关专项治理工作安排意见；内蒙古、浙江、湖南、广西四省(区)在本地分会场介绍了专项治理情况。国家林业局专项治理工作领导小组成员单位负责同志、各省(区、市)林业厅局主管领导以及森林公安局全体民警参加了会议。 (贺　飞)

**【南京森林警察学院挂牌成立】** 2010年3月，教育部批准成立南京森林警察学院。南京森林警察学院是全国唯一一所专门培养、培训森林公安民警的全日制普通高等院校，由国家林业局主管，与公安部共建，其前身是1953年成立的林业部南京林业学校，1994年经中央编委批准改建为林业部南京人民警察学校，2000年经教育部批准改建为南京森林公安高等专科学校。10月28日，全国绿化委员会副主任、国家林业局局长贾治邦出席学院揭牌仪式并讲话，要求学院以“升本”为新起点，以建成合格本科院校为近期目标，以建成优秀本科院校为中期目标，以建设更具知名度、更富竞争力、更有中国特色的世界一流森林警察学院为长远目标，推动学院建设再上新台阶。 (张英男)

**【加强上海世博会、广州亚运会期间林区安保工作】** 按照胡锦涛总书记等中央领导同志的重要批示精神和国家林业局党组、公安部党委的部署要求，国家林业局森林公安局组织全国森林公安机关切实做好上海世博会、广州亚运会期间的林区安全保卫工作。各级森林公安机关按照统一部署，严密防范、严厉打击林区敌对势力的捣乱破坏活动，深入开展林区社会治安整治行动，切实做好涉林矛盾纠纷的排查化解，不断加强和改进队伍教育管理，确保了林区安保工作万无一失。长三角、珠三角以及周边地区森林公安机关，集中清理整顿野生动物消费市场，坚决打击野生动物违法犯罪活动，积极构建野生动物执法区域协作机制，确保了世博会、亚运会期间“市场无非法公开摆卖、出售野生动物及其制品现象，无社会影响重大的野生动物案件，无野生动物方面的负面报道”的总目标，确保了公共卫生健康和国土生态安全，有力维护了中国政府良好的国际形象。（汶　哲）

【**全国森林公安执法规范化建设会议**】　为认真贯彻落实国家林业局党组、公安部党委对森林公安“五化”建设的重大部署精神，进一步加强森林公安执法规范化建设，提升森林公安服务林业改革发展的能力和水平，2010年7月13~15日，国家林业局森林公安局在甘肃省酒泉市召开全国森林公安执法规范化建设会议，总结执法规范化建设工作情况，对继续推动执法规范化、推进落实执法权限、完善执法制度等工作作出了安排部署。各省级森林公安机关分管领导、治安和法制部门负责人参加了会议。（汶　哲）

【**全国森林公安网上办案工作座谈会**】　2010年9月14~15日在山东省青岛市召开。会议传达学习了全国森林公安工作会议和全国公安刑侦“网上作战”经验交流会议精神，全面总结了近期森林公安刑侦工作，分析了森林公安刑事执法和执法信息化建设面临的形势，有针对性地举办了“网上作战技战法”、“串并案侦查理论与方法”等专题培训，研究部署了当前及今后一个时期的工作。会议要求把网上办案作为森林公安警务信息化建设的切入点和突破口，在云南、湖北等省试运行森林公安刑事案件管理系统的基础上，着力推进系统推广应用工作，确保2012年在全国全面施行网上办理森林刑事案件，促进森林公安执法规范化、警务信息化建设。各省级森林公安机关的分管领导、刑侦部门负责人和基层代表近70人参加了会议。（郑璐璐）

【**警员职务套改工作**】　根据人社部、公安部、国家公务员局统一部署，2010年国家林业局在全国森林公安机关组织开展了执法勤务机构人民警察警员职务套改工作。为确保这项工作推进，国家林业局专门成立工作领导小组，组织开展相关调研，召开部分省（区）人员座谈会，并下发《关于在全国森林公安系统实施人民警察警员职务套改工作有关问题的通知》，对套改工作作出具体安排。到2010年年底，有5个省（区、市）已完成森林公安警员职务套改工作，18个省（区、市）正在积极推进。全国市级森林公安机关中，已完成套改工作的124个，正在积极推进的153个。全国县级森林公安机构中，已完成套改工作的845个，正在积极推进的826个。全国森林公安机关已完成套改10 875人。建立公安民警职务序列，推行执法勤务机构警员职务套改，将有利于解决基层民警压职压级问题，拓展民警的职业发展空间。（邹庆浩）

## 森林公安队伍建设

【**森林公安机构及人员**】　2010年，全国除上海外，其他30个省（区、市）共设有森林公安机构近7000个，实有警力近6万人。大专以上学历民警数占80.09%，比2009增加了3.89个百分点；中专和高中学历民警数占17.86%，同比减少了3.58个百分点；初中以下学历民警数占2.04%，同比减少了0.33个百分点。30岁以下民警数占14.44%，31~50岁民警数占69.41%，50~60岁民警数占16.15%。（王凤阁）

【**领导干部协管工作**】　根据森林公安机关领导干部双重管理有关规定，各级森林公安机关严格执行领导干部协管工作。2010年，国家林业局森林公安局组成考核组，对15个省级森林公安机关的28名领导干部任免情况履行了协管程序。河北、河南、陕西、江苏4省森林公安局主要领导进入当地林业厅（局）党组或高配为副厅级。（邹庆浩）

【**加强市县法制机构建设**】　根据全国公安机关执法规范化建设工作座谈会精神和《公安部关于县级公安机关建立完善法制员制度的意见》（公通字〔2010〕53号），国家林业局森林公安局制定下发了《关于加强市县森林公安机关法制机构建设的意见》（林公治〔2010〕46号，以下简称《意见》）。《意见》明确提出，市级森林公安机关和独立承担执法职能的县级森林公安机关必须设置专门的法制机构，不具备独立执法条件的县级森林公安机关和执法任务重的森林公安派出所应当派驻或配备专职法制员。《意见》还对法制机构和法制员的职责任务、法制民警的任职资格、管理考核等作出了具体规定。（汶　哲）

【**省级森林公安局年度工作考核**】　2009年，全国各级森林公安机关认真贯彻落实中央林业工作会议精神，着力推进“三定”（定机构、定编制、定职能）工作，深入开展“三项”（执法规范化、警务信息化、构建和谐警民关系）建设，全面巩固“三基”（抓基层、打基础、苦练基本功）成果，努力提高森林公安工作水平和战斗力，为发展现代林业、建设生态文明、促进科学发展发挥了重要作用。根据《省级森林公安局年度工作综合考评办法》规定，2010年8月，国家林业局森林公安局对各省（区、市）2009年度森林公安工作开展情况进行了量化评分，并对综合得分前10名的江西、河南、云南、湖北、宁夏、黑龙江大兴安岭、河北、山西、湖南、新疆、广东、吉林、重庆等12个省（区、市）和林业集团公司森林公安局予以通报表彰。（李新华）

【**警衔评授工作**】　2010年，国家林业局森林公安局共审核审批森林公安人民警察警衔8015人。其中：警监警衔46人（首授3人，选升43人），警督警衔3684人（首授229人，晋升3455人），警司、警员警衔4285人（首授1302人，晋升2983人）。国家林业局森林公安局选送20名森林公安民警参加了公安部举办的选升三级

警监警衔培训班，并完成授衔。（王凤阁）

【教育训练工作】 根据中央政法委和公安部的统一部署，全国森林公安民警招录培养体制改革工作加快推进。2010年4月7日，国家林业局森林公安局在南京召开全国森林公安民警招录培养体制改革试点会议，传达学习《公安部关于做好2010年公安民警招录培养体制改革试点招录计划编制工作的通知》（公人传发〔2010〕46号）精神，落实招录培养体制改革的有关工作要求和任务，积极探索和研究推进符合自身特点与需求的民警招录培养体制改革。根据试点精神，2010年南京森林警察学院招录了22名定向培养生。为进一步加强和改进全国森林公安教育训练工作，国家林业局森林公安局1月份组织9个工作组，对各地森林公安民警大轮训工作开展情况进行了检查。2010年，国家林业局森林公安局组织各类训练班36期，参训人员4590人（次）。各地组织训练班900期，参训人员33 125人（次）。

（张英男）

【立功创模活动】 2010年，全国森林公安机关共有455个（次）集体受到表彰，其中集体二等功23个（次），集体三等功196个（次），集体嘉奖229个（次），其他荣誉称号7个。全国森林公安民警共有1947人（次）受到表彰，其中荣立个人一等功8人，二等功124人，三等功637人（次），获得个人嘉奖1177人（次）。安徽省宁国市公安局狮桥森林派出所副所长曹军被公安部授予全国公安系统二级英雄模范称号。3月26日，公安部在北京人民大会堂举行全国公安机关爱民模范先进事迹报告会，森林公安系统两个爱民模范集体代表和5位爱民模范参会，受到胡锦涛总书记等中央领导同志的亲切接见。

（王凤阁）

【公安优抚工作】 2010年，按照公安部、财政部《因公牺牲公安民警特别补助金和特别慰问金管理暂行规定》（公通字〔2004〕49号）等有关规定，国家林业局森林公安局对符合1980～2002年特别慰问金条件的208名因公牺牲民警家属发放了特别慰问金，对符合2003年以来特别补助金发放条件的15名因公牺牲民警家属发放了特别补助金。根据公安部、民政部、财政部联合印发的《关于发给公安机关做出特殊贡献的牺牲病故人民警察家属特别抚恤金的通知》》（公通字〔1995〕42号）规定，对1995年1月1日以来符合发放条件的22名牺牲病故民警家属发放了一次性特别抚恤金。根据公安部做好公安系统英雄模范民警休养工作的要求，国家林业局森林公安局组织安排了森林公安系统英模修养活动。2010年，全国共有7名森林公安民警因公牺牲，21人因公负伤。（王凤阁）

【警务督察工作】 2010年，各级森林公安机关进一步加大警务督察力度，推动各项工作的落实。一是围绕重大活动开展重点督察。在全国人大与全国政协会议召开期间，国家林业局森林公安局在全国森林公安机关组织开展了全国“两会”安全保卫督察活动，重点督察林区矛盾纠纷排查化解、执法安全防范等工作落实情况。10～11月，国家林业局森林公安局在全国森林公安机关组织开展了广州亚运会安全保卫督察活动，重点督察林区社会治安管控、队伍内部管理等工作落实情况。二是围绕重大警务部署开展专项督察。2010年，公安部在全国公安机关部署开展了警车和涉案车辆违规问题专项治理、执法中涉案人员非正常死亡问题集中整治、枪支安全专项检查整治行动等工作（以下简称“三项治理”）。4月7日，国家林业局召开电视电话会议，对全国森林公安机关警车和涉案车辆违规问题专项治理等工作进行强调部署。4～9月，国家林业局森林公安局派出15个督察组，分赴30个省级、187个市县级和106个基层森林公安机关，督察各地“三项治理”工作开展情况，听取基层单位和民警对做好森林公安“三项治理”工作的意见和建议。通过督察调研，发现并纠正了各地在“三项治理”工作中存在的问题，挖掘总结了一些好的做法，推动了“三项治理”工作的深入开展。三是围绕队伍管理开展现场督察。在元旦、春节、中秋和国庆等节日期间，国家林业局森林公安局组织督察队，对25个省份、247个森林公安基层单位的民警遵守“五条禁令”等警规警纪情况进行了现场督察。各地森林公安机关也加大了现场督察力度，查纠了一些问题，提高了民警遵纪守法的自觉性和主动性。（张子辉）

【督察队伍建设】 2010年，各级森林公安机关积极争取有关部门的支持，进一步加强警务督察机构和队伍建设。国家林业局森林公安局新增4个机动警务督察队，调整充实了原有11个机动警务督察队的队员。全国有23个省级、92个地市级、146个县级森林公安机关组建了专门的督察机构，充实了督察警力。（张子辉）

【反腐倡廉建设】 2010年，全国森林公安机关认真贯彻落实党的十七大和十七届四中、五中全会精神，坚持教育、监督、制度并重，大力加强反腐倡廉建设。一是积极开展反腐倡廉教育工作。国家林业局森林公安局通报了2009年民警违法违纪情况，以及2010年内发生的重大民警违法违纪案件，要求各级森林公安机关组织学习，开展警示教育，加强反腐倡廉建设，切实预防和减少民警违纪违法案件的发生。二是加强反腐倡廉制度建设。国家林业局办公室下发了通知，对林业系统特别是森林公安机关学习贯彻《公安机关人民警察纪律条令》工作进行了安排部署。国家林业局森林公安局下发文件，对森林公安机关领导干部重要情况和民警违法违纪案件报告工作作出了进一步部署。三是加大民警违纪违法案件查办、督办力度。各级森林公安机关积极处理民警违法违纪信访案件，对领导批办、上级转办和自身发现的重大案件线索及时进行查办和督办，查清了一些违法违纪问题，清除了森林公安队伍中的害群之马。对不实举报予以澄清，维护了民警的正当权益。

（张子辉）

【宣传文化工作】 2010年，各级森林公安机关积极协调新闻媒体，全面宣传森林公安工作和队伍建设成就，广泛组织形式多样的文化活动，丰富了森林公安警营文化生活，展示了民警风采，营造了良好的舆论氛围。一是全面宣传了全国森林公安森林防火会议情况。邀请近30家媒体派记者采写报道会议情况，在《中国绿色时报》开设专版集中宣传了典型发言单位的工作经验，收集编发了各地贯彻会议精神情况的简报，推动了会议精神的落实。二是深入报道森林公安机关警用车辆和涉案车辆违规问题专项治理活动。邀请媒体记者出席并报道全国森林公安机关警用车辆和涉案车辆违规问题专项治理电视电话会议；在《中国绿色时报》、《森林公安》杂志开设专版，全面报道了会议内容以及全国森林公安机关警用车辆和涉案车辆违规问题专项治理工作部署。三是多角度报道全国森林公安系统警务技能大比武活动情况。组织有关新闻媒体记者，现场采访报道全国森林公安系统警务技能大比武活动，并在《中国绿色时报》、《人民公安报》开设专版，全面报道全国森林公安举行大比武活动以及为期三年的"大轮训"工作整体情况。四是在有关媒体开设专栏，宣传报道全国森林公安机关组织开展"春季行动"、"区域严打"以及森林公安"五化建设"等工作开展情况。五是组织开展"公安文化基层行"活动。2010年，国家林业局森林公安局在全国森林公安机关组织开展了"公安文化基层行"活动。选调四川省森林公安民警刘兴林参加了公安部"公安文化基层行"小分队汇报和慰问演出活动。（张子辉）

**【森林公安服务林改工作调研】** 为贯彻落实2010年10月份召开的全国集体林权制度改革百县经验交流会精神，更好地发挥森林公安职能作用，为林业改革保驾护航，10～11月，国家林业局森林公安局组织辽宁、福建、江西、云南等12省森林公安机关，开展了"森林公安服务林改工作调研"。这次调研，共征集到调研报告50余篇。调研结束后，《中国绿色时报》开设专栏，《人民公安报》刊登专版，刊发了题为《充分发挥森林公安职能作用，积极为林业改革做好服务保障》的国家林业局森林公安局分党组署名文章，并集中报道了基层森林公安机关服务林业改革的做法和成效。（敖孔华）

**【理论研究征文】** 2010年4～12月，国家林业局森林公安局在全国森林公安机关组织开展理论研究征文活动。各级森林公安机关围绕森林公安"五化建设"，发动和组织广大民警积极调研，深入总结，广泛开展理论研究工作。活动期间，共收到征文文章500多篇。经组织专家评审，评出一等奖8名、二等奖19名、三等奖32名、优秀奖83名，优秀组织奖6个。（张子辉）

**【恢复组建人民公安报社驻森林公安记者站】** 1998年国家机构改革后，人民公安报社驻森林公安记者站停止运转。2010年1月，人民公安报社在国家林业局森林公安局重新设立了驻森林公安记者站，确认站长1人、记者1人，同时发展了一批记者站、通讯员。记者站的恢复建立，为森林公安宣传工作搭建了更好的平台。（张子辉）

**【全国森林公安机关警车和涉案车辆违规问题专项治理】** 为切实加强公安机关内部管理和执法规范化建设，着力解决警车和涉案车辆违规问题，根据公安部统一部署，2010年2～12月，国家林业局在全国森林公安机关部署开展了警车和涉案车辆违规问题专项治理活动。国家林业局及地方各级林业部门成立专项治理工作领导小组及其办公室，各级森林公安机关通过宣传发动、自查自纠、建章立制、检查验收等4个阶段的专项治理，对所有警车和涉案车辆违规问题进行全面整改。到年底，专项治理工作取得显著成效，各级森林公安机关已将非警管、警用的379辆警车和587副警车号牌全部收回，配合交警等部门通过转民牌、报废和销户等方式核减警车1657辆，现有警车和涉案车辆程序、手续合法齐全、保管妥善规范。（贺　飞）

## 森林公安执法办案

**【办理行政案件情况】** 2010年，全国森林公安机关共受理森林和野生动物行政案件178 637起，比2009年上升9.1%；查处行政案件176 557起，同比上升10.3%。共处罚违法人员340 495人(次)，收缴林木树木和木材579 479立方米、野生动物835 051头(只)，涉案金额86.1亿元。森林和野生动物行政案件呈现以下特点：一是森林行政案件总体呈上升态势。全年共立森林行政案件172 508起，比2009年上升8.4%。二是破坏森林资源违法行为主要集中在源头阶段。盗伐林木、滥伐林木、毁坏森林或者林木、擅自改变或者占用林地案、森林火灾案占到森林行政案件的44.4%。三是野生动物行政案件大幅上升。全年共立野生动物行政案件6129起，比2009年上升31.9%。（汶　哲）

**【刑事案件侦破情况】** 2010年，全国森林公安机关共立森林和野生动物刑事案件近2万起，比2009年上升15.6%，破案1.5万余起，打击处理违法犯罪人员近2万人，收缴林木9万余立方米、野生动物33余万头(只)，涉案金额55亿余元。2010年森林和野生动物刑事案件呈现五个特点：一是森林刑事案件同比上升17%，重特大案件同比下降6.7%。二是盗伐、滥伐林木案件同比分别上升6.2%和18.1%，滥伐林木对森林资源的破坏最为严重，森林刑事案件中76.9%的林木损失都由滥伐造成。三是非法采伐毁坏国家重点保护植物案、非法收购运输加工出售国家重点保护植物及其制品案、走私国家重点保护植物及其制品案等破坏国家重点保护植物资源的案件同比上升了65.1%。四是非法占用林地案件同比上升了28.4%，并呈现多年连续上升的趋势。五是野生动物刑事案件同比下降13.2%，但非法狩猎案件同比上升了29.7%。（郑璐璐）

**【春季行动】** 按照中央领导同志的重要批示和全国森林草原防火工作电视电话会议、全国林业厅局长会议精神，2010年4月1日至6月30日，国家林业局在全国范围内部署开展了以打击破坏森林资源违法犯罪为主要内容的“春季行动”。各级林业主管部门高度重视，领导亲自挂帅督战，相关单位通力合作，广大群众积极参与，集中查处了一批社会影响重大的案件，着力解决了一批涉林信访突出问题，有力打击和遏制了涉林违法犯罪活动，切实维护了森林资源安全和林区社会稳定。行动期间，各地共出动人员100余万人（次）、车辆21余万台（次），清查木材收购加工经营场所3万余处、征占用林地场点8003处，查处案件6万余起，打掉犯罪团伙200余个，打击处理违法犯罪人员9万余人，收缴林木木材20余万立方米，收回林地6000余公顷，涉案总价值达1亿余元。行动结束后，国家林业局通报表扬了河北省林业局等8个优秀组织单位和北京市大兴区森林公安处等100个先进基层单位。（郑璐璐）

**【冬季行动】** 2010年初，根据公安部统一部署，国家林业局森林公安局在全国林区组织开展了“冬季行动”。各级森林公安机关坚持“严管、严控、严治、严打”方针，切实加大查处案件和打击犯罪的力度，积极清查治理各类安全隐患，有效防控和遏制了涉林违法犯罪和林区严重刑事犯罪，严密防范了群体性事件、个人极端行为及监管、消防等领域重大安全事故的发生。一是集中查处了一批森林和野生动物案件。共查办森林和野生动物案件2万余起，打击处理违法犯罪人员4万余人，打掉团伙179个，收缴林木木材近5万立方米、野生动物15万余头（只）。二是成功抓捕了一批涉案在逃人员。共抓获在逃人员543人，其中网上在逃人员240人，外省在逃人员58人，森林和野生动物案件在逃人员254人。三是排查治理了一批安全隐患。共组织监所安全检查461次、消防安全检查2703次，排查治理监所安全隐患1442处、消防安全隐患5054处；走访群众14万余人（次），排查化解矛盾纠纷8746起，处理群众信访举报2702件。通过冬季行动，林区治安持续保持了平稳良好态势，确保了岁末年初森林和野生动物资源安全，确保了“两节”、“两会”期间林区稳定。

（郑璐璐）

**【加强野生动物执法工作】** 2010年5～11月，国家林业局森林公安局先后在上海、广州及周边地区部署开展专项行动，强化野生动物执法，并参与了“老虎行动”、“旋梯行动”等两项全球性执法行动，共查办野生动物案件3853起，打击处理违法犯罪人员4388人（次），收缴野生动物68.7万头（只）。通过集中清理整顿野生动物消费市场，严厉打击野生动物违法犯罪活动，构筑了一道全天候、全方位野生动物保护网，促进了人与自然和谐相处，为上海世博会、广州亚运会的举办创造了良好环境。（郑璐璐）

**【林区禁毒人民战争】** 2010年是新一轮全国禁毒人民战争的决战之年。按照国家禁毒委员会统一部署，各级林业主管部门和森林公安机关紧紧围绕“打击要有新突破、战果要有新增长、形势要有新好转”的工作目标，深入开展禁毒严打行动和无毒林区创建活动，不断加大禁种铲毒、堵源截流、预防教育等工作力度，夺取了林区禁毒工作的全面胜利。全年破获毒品刑事案件39起，其中千克以上毒品大案6起，抓获犯罪嫌疑人79名；查获鸦片、海洛因、冰毒等毒品34.05千克，同比上升1.2倍；林区发现铲除的毒品原植物数量持续保持历史最低水平。国家禁毒委员会办公室5次发来贺电，1次发出全国通报，在全国通报表扬了林业禁毒工作，并在《禁毒周刊》上多次宣传林区禁毒工作的做法和成效。

（汶　哲）

**【加强案件督办工作】** 2010年，国家林业局森林公安局下发68份督办函，并与公安部督察局、国家林业局资源司等单位组成联合工作组，如国家林业局、公安部领导批示的“伊春、密山非法占用林地案件”、“鹤立民警徇私枉法案件”以及中央电视台“焦点访谈”节目报道的“违法建设为何肆无忌惮”、“保护区里的乱采滥伐”等一些重特大案件进行了督办。同时，坚持依法处理的原则，以解决实际问题为核心，向各省（区、市）转办群众举报信88份。（耿永平）

**【推进执法规范化建设】** 国家林业局森林公安局将2010年确定为执法规范化建设推进年，多项工作取得进展。一是下发了《关于深入推进执法规范化建设的通知》（林公治〔2009〕47号），从深化认识、推动执法制度建设、加强执法主体建设、强化执法管理、培养创建执法示范单位等五个方面，提出了明确要求。二是从有关省（区）抽调一批法制业务骨干，集中力量编撰《森林公安机关执法细则》，两次举办由部分基层森林公安机关负责人和有关专家参加的专题研讨会议，广泛征求各级森林公安机关的意见，为最终形成定稿奠定了基础。三是制定下发《森林公安机关开展案件评查活动实施方案》（林公明发〔2010〕55号）、《关于建立案例指导制度的通知》（林公治〔2010〕40号）等指导性文件，组织开展执法规范化建设的专项工作。（汶　哲）

**【组织开展执法示范单位评选活动】** 根据公安部对培养、创建执法示范单位的部署要求，国家林业局森林公安局制定下发了《关于森林公安系统创建执法示范单位的实施意见》（林公治〔2009〕46号），明确了创建森林公安机关执法示范单位的指导思想、基本原则、评选标准、工作职责和有关要求。2010年在全国森林公安系统组织了首次执法示范单位申报、评选活动。经过层层审查、实地考核，江西省安福县森林公安局、浙江省淳安县公安局森林警察大队、北京市公安局大兴分局榆垡森林派出所和内蒙古大兴安岭满归森林公安局第一派出所被公安部命名为全国公安机关执法示范单位。在公安部命名的基础上，国家林业局森林公安局命名山西省森林公安局吕梁山分局等21个单位为全国森林公安机关执法示范单位。（汶　哲）

**【开展涉案人员非正常死亡集中整治活动】** 按照公安部的统一部署，为解决执法安全问题，杜绝执法中涉案人员非正常死亡案（事）件的发生，2010年国家林业局森林公安局在全国组织开展了执法过程中涉案人员非正常死亡问题集中整治工作。通过为期9个月的集中整治，各级领导抓执法安全、防责任事故的意识明显增强，广大民警的人权、法治观念和执法水平进一步提高，有效解决了玩忽职守、失职渎职、刑讯逼供、滥用枪支等执法不作为、乱作为问题，进一步改善和规范了执法办案场所及相关设施，及时消除了执法安全隐患和苗头性、倾向性问题；建立健全了执法安全机制，有效防范和遏制了涉案人员非正常死亡案事件的发生。集中整治期间，省、市级检查指导835次，市、县级自查自纠3466次；发现隐患单位1361个，其中刑侦部门235个、派出所869个、看守所19个、拘留所9个；排查、整改安全隐患和苗头问题2597个。（郑璐璐）

## 森林公安警务保障

【森林公安"五化"建设】 为深入贯彻中央林业工作会议精神，按照公安部党委深化"三基"工程建设与"三项建设"，深入推进"三项重点工作"的部署要求，结合森林公安实际情况，国家林业局党组作出加快推进森林公安队伍正规化、执法规范化、警务信息化、保障标准化、警民关系和谐化等"五化"建设的决定。为加大对这项工作的指导和推进力度，2010年5月20日，国家林业局成立"五化"建设领导小组和6个工作组，印发了《全国森林公安"五化"建设指导意见》(林安发〔2010〕125号)，对深化"五化"建设作出安排部署。各地积极推进"五化"工作，浙江、湖北、广西等省(区)成立了林业厅(局)长任组长、相关部门负责人为成员单位的工作机构，天津、山东、江西等省(市)林业厅局和黑龙江森工总局制订下发了工作方案，宁夏回族自治区、内蒙古大兴安岭森工集团召开了工作部署会。一年来，各地以"五化"建设为抓手，以打造一流公安队伍为目标，科学设置机构，严格队伍管理，规范执法行为，加强警务保障，和谐警民关系，推动森林公安工作取得了新进展。（唐　伟）

【森林公安经费保障工作】 为落实中央关于加强政法经费保障工作的部署精神，国家林业局积极争取国家发改委、财政部等部门的支持，推进森林公安经费保障体制改革工作。财政部和国家林业局研究出台了加强森林公安经费保障工作的政策，明确了各级财政分级保障的责任和措施，自2010年起设立并下达了中央财政森林公安转移支付资金。国家发改委加大了对地、县级森林公安机关业务用房和中西部地区森林公安派出所建设的投入力度。（张晓辉）

【中西部地区森林公安派出所建设】 2010年，国家发改委进一步加大了对中西部地区森林公安派出所建设项目的资金投入，共下达中央预算内资金5.88亿元，用于2692个森林公安派出所建设。至此，从2007年起开始的《中西部地区森林公安派出所建设规划》已基本实施完毕，国家共投入资金7.31亿元，建设森林公安派出所3355个，基本解决了中西部森林公安派出所房建问题，有效改善了基层办公办案条件。（贺　飞）

【派出所等级评定工作】 按照公安部对派出所等级评定工作的部署，国家林业局森林公安局组织全国森林公安机关开展了2009年度森林公安派出所等级评定工作。对省级森林公安机关申报的一、二级派出所，国家林业局森林公安局要求其必须派出工作组实地考察，对照派出所等级评定标准逐项打分，并对拟申报的派出所进行全省(区、市)排名。根据评定结果，全国森林公安系统已有一级派出所112个，占派出所总数的2.5%；二级派出所426个，占9.7%；三级派出所1942个，占44.3%；四级派出所1523个，占34.8%；五级(不合格)派出所379个，占派出所总数的8.7%。总体来看，一、二级派出所总量稳步增加，首次实现了不合格派出所比例低于10%的阶段性目标。北京、福建、宁夏、重庆等省(区、市)已无不合格派出所。（汶　哲）

【森林看守所等级评定】 2010年，根据《公安部监所管理局关于做好2010年度看守所等级评定工作的通知》(公监管〔2010〕378号)要求，国家林业局森林公安局组织开展了森林看守所等级评定工作。依据《看守所等级评定办法》、《公安部关于进一步加强和改进公安监管工作的意见》和《森林看守所等级评定实施细则》等有关规定，结合各地申报情况，国家林业局森林公安局批准吉林省白河森林看守所等18个看守所为二级看守所，吉林省露水河森林看守所等11个看守所为三级看守所。（关旭庆）

# 森林资源管理与监督

【森林资源管理与监督综述】 2010年，资源司、监督办按照国家林业局党组的部署，坚持以加强林地保护管理为基础，以深化改革、转换管理方式为主线，以构建森林资源监测体系集成应用平台为目标，以推进森林可持续经营为根本，稳步推进森林资源管理和监督各项工作，为发展现代林业，建设生态文明，促进科学发展奠定了基础。

**第八次森林资源清查** 制定第八次森林资源清查补充技术规定、森林生物量模型建立暂行办法、生态定点监测原则方案以及清查质量管理办法，下发《国家林业局关于部署开展第八次全国森林资源清查工作的通知》，组织完成了辽宁、黑龙江、江苏、广西、贵州、山西、宁夏和大兴安岭林业公司、龙江森工集团等9个省级单位的清查工作，复查面积134万平方千米，调查地面样地5.84万个，判读遥感样地41.57万个。完成9个树种(组)森林生物量调查建模工作。发布2009年7省(市)森林资源清查成果工作。制定印发了《涉密全国森林资源清查成果管理办法》。

举办2010年FAO遥感监测技术培训班，明确遥感样地调查技术要求和操作流程。下发《关于做好2010年全球森林资源评估遥感监测工作的通知》，建立省级联络员制度，确保遥感调查工作的有序推进。

**林业数表编制** 制定《林业数表管理办法》、《全国林业数表体系建设导则》、《林业数表编制数据采集技术规程》、《一元立木材积表编制技术规程》和《地位指数表编制技术规程》，《根径立木材积表编制技术规程》和《二元立木材积表编制技术规程》通过论证审定。

**公益林管理** 制定《国家级公益林管理办法》，其与《国家级公益林区划界定办法》、《中央财政森林生态效益补偿基金管理办法》共同构成了国家级公益林保护、管理、补偿的政策体系。完成对各地按照新的《国家级公益林区划界定办法》补进、调出国家级公益林范围和数量的审查工作，并对天保二期方案的编制和审议提供支持。

**森林资源一体化监测** 努力推进森林资源规划设计调查工作，目前，全国已开展过森林资源规划设计调查的单位占到了95%以上，比2008年的统计结果提高了33个百分点。在上述工作基础上，进一步研究完善森林资源监测体系，积极推进全国森林资源一体化监测工作，编制《优化全国森林资源监测体系 推进森林资源一体化监测总体方案》、《全国森林资源一体化监测规划》，并广泛征求意见。开展局部地区一体化监测的试点工作，形成了森林资源数据从宏观到微观、从小班区划到林权宗地相衔接的示范性成果。采用多阶遥感技术，对部分区域森林资源变化进行试验性监测。

**森林资源利用监管**

*"十二五"采伐限额编制* 利用七次连清数据对全国"十二五"期间年森林采伐限额进行测算，制定审核办法，对全国9000多个编限单位、130多万组数据进行全面审核和复测，合理测定了"东北四大家"的初步产量，专题形成《东北、内蒙古重点国有林区"十二五"期间年森林采伐限额及木材产量测算说明》，完成《全国"十二五"期间年森林采伐限额编制成果审核报告》，并对国务院转来的各省上报的采伐限额进行复审。2010年9月8日，局科技委论证通过全国"十二五"采伐限额；11月2日，贾治邦局长主持局长办公会审议通过了"十二五"采伐限额，并按程序报国务院审批。

*森林采伐管理改革* 召开全国森林采伐管理改革试点座谈会，讨论改革试点的做法经验和存在的问题，系统总结试点单位在建立新型森林采伐指标分配机制、简化采伐审批程序、简化伐区调查设计、改变伐区监管方式和验收办法、修订完善森林经营方案、采取按面积控制皆伐方式等6个方面的试点成果。印制《改革和完善集体林采伐管理政策解读》，向31个省(区、市)及试点单位发放了5万多册，从改革的背景、意义、原则、主要内容等50个方面对《意见》进行了解读。下发《国家林业局关于进一步深化森林采伐管理改革试点工作的通知》，指导各地做好深化试点工作。开展森林采伐管理改革的调研和政策宣讲，赴云南、四川、广东、广西、湖南、重庆等省(区、市)进行调研，并多次在培训班上对采伐管理改革政策进行宣讲。

*木材运输管理* 完成《全国木材检查站建设规划》编制。2010年11月2日，贾治邦局长主持召开局长办公会议，专题审议《全国木材(林业)检查站建设规划(2010~2015)》，并以国家林业局局文下发各地执行。启用全国木材运输管理系统和统一式样的运输证，举办第二期全国木材运输管理系统培训班，召开部分省(区)木材运输管理座谈会。

*森林可持续经营管理* 完成《森林经营方案编制及实施规范》和《简明森林经营方案编制技术规程》两项标准，进一步规范国有、集体和个人森林经营方案的编制工作。组建由130多名专家组成的森林可持续专家库，编写《中国森林可持续经营实施纲要》，积极配合中幼龄林抚育试点的有关工作，参加中德森林可持续经营项目培训研讨会，完成了与瑞典宜家公司合作的森林可持续经营研究项目，组织冲突管理和林权纠纷调处培训班，参与海南岛东林场经营方案的评审以及云南镇沅县森林采伐管理改革试点国际项目评估，参加德国、奥地利森林可持续经营考察。

**林地林权管理**

*编制全国林地保护利用规划纲要* 2010年6月9日，国务院总理温家宝主持召开国务院第114次常务会议，审议并原则通过《纲要》。7月25日，《国务院关于全国林地保护利用规划纲要(2010~2020年)的批复》(国函〔2010〕69号)正式批复《纲要》，这是新中国成立以来经国务院批准实施的第一个中长期林地保护利用规划，对未来10年的林地保护发展作出了前瞻性的科学部署，拓展了林业发展空间。8月20日，国家林业局正式印发《纲要》；8月26日，召开贯彻落实《纲要》工作会议，全面启动省县两级林地保护利用规划编制工作，部署各地结合县级规划编制，建立以覆盖全国的2.5米以上高分辨率遥感影像为底图，以县级林地保护利用规划界线、范围为主要内容的全国林地保护利用规划数据库，形成"全国林地一张图"，实现由以数字管地向以图管地的转变，为全国林地乃至森林资源的年度更新奠定基础。制定《县级林地保护利用规划编制规范》、《林地保护利用规划遥感影像图制作技术规定》和《林地保护利用规划林地落界技术规定》3个行业标准，印发《省级林地保护利用规划编制指导意见》、《县级林地保护利用规划编制要点》，举办4期培训班，规范省县两级林地保护利用规划编制工作。

*征占用林地审批* 起草《占用征用林地定额管理办法》，对各省上报的林地定额编制成果进行了审核，下发了《国家林业局关于下达"十二五"期间占用征用林地定额的通知》，确定"十二五"期间占用征用林地定额总量为56.48万公顷和2011年度占用征用林地定额为11.29万公顷。出台《国家林业局关于石油天然气管道建设使用林地有关问题的通知》，完成《森林植被恢复费征收使用管理暂行办法》修订稿，起草《占用征用林地审核审批管理办法》。全国共审核审批占用征收林地

项目 17 008 项，占用征收林地面积 169 495.64 公顷，征收森林植被恢复费 103.92 亿元。

*林权管理工作* 起草《林地和林木权属登记管理办法》修订稿，研究规范外资企业在中国使用林地的政策，会同政法司督促黑龙江省处理好重点国有林区林权政府议案，配合政法司做好万里大造林和亿霖案件善后处置。

**森林资源监督**

*林政案件督查督办* 根据国务院领导的批示精神，集中查处 15 个省 22 起林业信访事项。张建龙副局长主持与国家信访局联合召开了集中查处督办调研动员会议，专题部署集中查处督办调研工作。督办 60 起破坏森林资源案件，涉案林地 651.65 公顷，林木 6676 立方米。与最高人民检察院渎职侵权检察厅联合编写《破坏森林资源渎职案例评析》，汇编成册 156 个林业系统渎职侵权案例。组织开展违法收购、运输木材案件情况调研。

*森林资源监督检查* 首次大规模将遥感技术引入营造林、采伐限额、征占用林地、"三总量"等专项检查核查中，2010 年分别检查 413、40、70 和 5 个县级单位，分别下发了通报和整改通知。对 2009 年采伐限额、征占用林地和"三总量"检查中发现问题的单位，督促整改落实。继续组织长春、福州、西安专员办开展保护和发展森林资源目标责任制考核试点，召开责任制检查工作会议，起草《保护发展森林资源目标责任制检查办法》。

*森林资源监督建设* 印发《国家林业局森林资源监督管理办公室关于对派驻森林资源监督机构业务工作实施绩效考评的通知》。指导驻乌鲁木齐、合肥、海口、福州专员办召开森林资源监督工作联席会议，促进与濒管合署办公。

*重点国有林区体制改革* 起草了《关于东北内蒙古重点国有林区国有森林资源管理体制改革的意见》和说明稿，明确提出了实行政企分开、社企分开、森林资源行政管理与企业经营利用分开，构建以地方政府为主导的林区社会管理体制，以市场微观组织为重点的林区经济发展体制，以国有林管理机构为核心的国有森林资源统一管理体制的总体改革思路。协调沟通国家发改委、财政部，对黑龙江省人民政府报国务院扩大伊春林权制度改革试点面积的请示进行了认真研究，并就答复意见向国务院进行请示。与场圃总站联合召开了国有林场和国有林区改革座谈会，总结了国有林区改革的经验和问题。

（陈　昱）

# 林地林权管理

**【国务院批复《全国林地保护利用规划纲要(2010～2020年)》】** 2010 年 6 月 9 日，国务院 114 次常务会议审议并原则通过了国家林业局编制的《全国林地保护利用规划纲要(2010～2020 年)》(以下简称《纲要》)；7 月 25 日，国务院以《关于全国林地保护利用规划纲要(2010～2020 年)的批复》(国函〔2010〕69 号)正式批复，这是首次经国务院批准实施的新中国第一个中长期林地保护利用规划，确定了今后 10 年全国林地保护利用的主要任务：一是严格保护林地，确保林地规模适度增长。到 2020 年，林地保有量增加到 3.12 亿公顷，占国土面积比重提高到 32.5% 以上。实行用途管制和分级管理，从严保护和管理现有林地。加强沙化石漠化土地、工矿废弃地治理，实行生态重要区域陡坡耕地退耕还林，积极补充林地数量。二是加大森林保护力度，确保森林面积总量逐步增加。到 2020 年，森林保有量达到 2.23 亿公顷，比 2005 年增加 4000 万公顷，森林覆盖率达到 23% 以上。严格保护有林地和生态脆弱地区的灌木林地，实行森林面积占补平衡。加快宜林地造林绿化，加强生态脆弱地区的生态治理，实施退化有林地修复工程。三是科学经营林地，提高森林质量和综合效益。确保重点公益林、重点商品林和生态屏障等用地需要，合理调整天然林地和人工林地结构。建立林地质量评价定级制度，实施森林质量工程和木本粮油工程，提高林地生产力。四是优化结构布局，统筹区域林地保护利用。对不同区域林地实行差别化保护利用政策，规范林地利用秩序。五是深化集体林权制度和国有林场改革。创新管理制度，形成有利于保护林地和发展森林资源的管理机制。落实林地保护利用责任制，将森林保有量、征占用林地定额作为政府目标考核的重要内容。加强林地林权管理，建立稳定的投入机制，加强基础建设，提高林地保护利用调控能力。

（韩爱惠）

**【全国林地保护利用规划编制工作稳步推进】** 2010 年 8 月 26 日，国家林业局召开贯彻落实《纲要》工作会议，全面启动了省、县级林地保护利用规划编制和全国林地"一张图"工作。其中，省级规划是宏观性规划，要求落实《纲要》提出的战略目标和任务，明确林地发展空间，强化战略性和政策性，对未来林地的规模、结构、布局和时序做出战略性和政策性决策，并制定规划实施保障措施。县级规划是实施层面规划，主要是落实省级林地保护利用规划确定的目标，划定林地边界和范围，将林地保护利用主要规划任务和分区施策、分类经营、分级保护、分等利用等措施落实到山头地块(小班)，突出空间性、结构性和操作性。"全国林地一张图"是以高分辨率遥感影像为底图，采用区划调查的方法，将林地逐块落界，形成标准统一、时效一致、现势性强，直观反映全国林地分布及其利用情况的林地监管平台。

该项工作由国家林业局统一部署，资源司组织实施，各省(区、市)林业厅(局)和国家林业局直属院具体承担。2010 年，全国及各省(区、市)逐级制定了工作方案、技术方案，明确省、县级林地保护利用规划编制工作任务和工作进度；国家林业局印发《省级林地保护利用规划编制指导意见》、《县级林地保护利用规划编制要点》，编制《县级林地保护利用规划编制技术规程》、《森林资源调查卫星遥感影像图制作技术规程》和《林地保护利用规划林地落界技术规程》等，统一林地规划工作技术标准；举办4期培训班，对全国参与林地规划的300余名技术骨干进行了培训；确定了利用2.5米以上高分辨率遥感影像作为林地区划落界底图，快速查清规划基期数据，构建新中国成立以来第一张“全国林地一张图”的技术线路。为了实现“全国林地一张图”的无缝拼接，国家林业局采取了统一组织、集中会战、流水作业的方式开展遥感底图制作。按照工作进度安排，省级规划与遥感底图制作工作将于2011年6月完成，县级规划将于2011年底完成，“全国林地一张图”建设工作将于2012年完成。（韩爱惠）

**【贯彻落实《全国林地保护利用规划纲要(2010～2020年)》】** 2010年8月26日，国家林业局在北京召开贯彻落实《全国林地保护利用规划纲要(2010～2020年)》工作会议。国家林业局局长贾治邦到会并作题为《贯彻落实全国林地保护利用规划纲要，全面开创林地保护利用管理工作新局面》的报告；副局长印红宣读《国务院关于全国林地保护利用规划纲要(2010～2020年)的批复》；湖南、辽宁、重庆3个省(市)林业厅(局)长在会上作了典型发言；副局长张建龙作了总结报告。

会议指出，林地是国家重要的自然资源和战略资源，是森林赖以生存和发展的根基，是野生动植物栖息繁衍和生物多样性保护的物质基础，是林业发展和生态建设的载体。加强林地保护，提高林地利用效率，提高森林资源承载能力，已经成为应对气候变化、发展现代林业的首要任务，对统筹人与自然和谐、保障国土生态安全、推进生态文明建设、实现经济社会可持续发展，具有重要而深远的意义。《纲要》是首次经国务院正式批复实施的我国第一个中长期林地保护利用规划。实施《纲要》是时代赋予林业的重大使命，是实现中国政府庄严承诺的重要保障，是统筹林地保护利用、推动现代林业科学发展的迫切要求。

会议要求，各级林业主管部门要全力抓好省县级林地保护利用规划编制工作，按时保质保量地完成省县级规划编制工作。（胡长茹）

**【编制和下达全国“十二五”期间占用征收林地定额】** 根据《国家林业局关于编制“十二五”期间征占用林地定额的通知》(林资发〔2009〕282号)要求，各省(区、市)在深入调查研究的基础上，按时完成了占用征收林地定额编制工作，并经过相关部门专家论证和省级人民政府同意后，上报国家林业局。国家林业局组织4个直属调查规划设计院对占用征收林地定额编制报告进行了审核，复核数据200多万条，汇总分析形成了全国“十二五”期间占用征收林地定额编制成果报告，在与省级林业主管部门充分沟通和通过专家评审的基础上，最终确定了“十二五”期间占用征收林地定额总量为56.48万公顷，2011年度占用征收林地定额为11.29万公顷，并以《国家林业局关于下达“十二五”期间占用征收林地总额和2011年占用征收林地年度定额的通知》(林资发〔2010〕301号)下发各地执行。（胡长茹）

**【规范石油天然气管道建设使用林地】** 按照2009年8月12日国务院法制办办公室《研究石油天然气管道通过林地、饮用水水源保护区法律适用问题的会议纪要》要求，经与中国石油天然气集团公司、中国石油化工集团公司研究协商一致后，国家林业局出台了《关于石油天然气管道建设使用林地有关问题的通知》(林资发〔2010〕105号，以下简称通知)。

通知明确石油天然气管道工程“管道中心线两侧各5米范围内”[不包括线路站场、线路阀(室)、标志桩、固定墩、跨越的基础等永久性工程]使用的林地，依法办理临时使用林地手续，建设单位依法支付林地和林木补偿费，缴纳森林植被恢复费。

通知对上述范围内临时占用林地补偿费标准提出了指导意见，即以项目所在地征收占用林地补偿标准(相应类型)为基数，其中国家级及省级自然保护区、国家级森林公园和东北内蒙古重点国有林区范围内的所有林地，依据国家林业局与财政部联合下发的《国家级公益林区划界定办法》(林资发〔2009〕214号)界定的重要江河源头、江河两岸的防护林林地、特种用途林林地(包括采伐迹地、火烧迹地和未成林造林地，不包括灌木林地)，为基数的100%。防护林林地、特种用途林林地(包括采伐迹地、火烧迹地和未成林造林地，不包括灌木林地)，为基数的90%。用材林林地、经济林林地、薪炭林林地、国家特别规定的灌木林地(包括采伐迹地、火烧迹地和未成林造林地)，为基数的80%。疏林地、灌木林地，为基数的55%。宜林地等其他林地，为基数的40%。

通知明确按上述规定确定的林地补偿标准低于当地临时占用林地补偿标准的，执行当地临时占用林地补偿标准。（付长捷）

**【国家林业局占用征收林地网上审批系统试运行】** 2010年是国家占用征收林地管理信息系统试运行的第一年。全年共有5208个审核审批项目录入到系统，约占全国总数的30%。其中国家林业局审批审核的非涉密项目全部录入系统，浙江、福建等部分省份实现了网上实时审批。系统运行总体平稳，取得预期效果，基本上满足了网上实时审批和统计查询项目的需求。（何　涛）

**【2010年度全国审核审批占用征用林地情况】** 2010年，全国(不含台湾省，下同)共审核占用征收林地项目15 248项，审核同意面积160 383.04公顷；批准临时占用林地和直接为林业生产服务的工程设施占用林地项目1760项，批准面积9112.60公顷；征收森林植被恢复费1 039 157.19万元。其中，国家林业局审核占用征收林地项目405项，审核同意面积83 283.39公顷；批准临时占用林地和直接为林业生产服务的工程设施占用林地项目110项，批准面积4299.23公顷；征收森林植被恢复费580 622.76万元。各省(区、市、新疆生产建设兵团)林业主管部门审核占用征收林地项目14 843项，审核同意面积77 099.65公顷；批准临时占用林地和直接为林业生产服务的工程设施占用林地项目1650项，批准面积4813.37公顷；征收森林植被恢复费458 534.43万元。

2010年占用征收林地审核审批工作中的主要做法：一是继续做好扩大内需建设项目服务工作。对扩大内需建设项目满足定额，简化申报材料，特事特办。二是把用地规模、林分蓄积量作为审查的重点内容之一，促进建设项目节约使用林地，不占或少占林分质量高的林地。三是严格审查补偿协议，做到补偿标准明确，补偿责任落实。四是严格规范使用林地可行性报告附图，做到图表相符，图地相符。

2010年度国家林业局审核审批占用征收林地情况统计表见附表一。

2010年度各省(区、市、新疆生产建设兵团)审核审批占用征收林地情况统计表见附表二。

**附表一　2010年度国家林业局审核审批占用征用林地情况统计表**

| 省(区、市)、新疆兵团、森工(林业)集团 | 审核征占用林地 | | | 审批临时占用林地 | | | 审批直接为林业生产服务占用林地 | |
|---|---|---|---|---|---|---|---|---|
| | 项目数 | 面积(公顷) | 森林植被恢复费(万元) | 项目数 | 面积(公顷) | 森林植被恢复费(万元) | 项目数 | 面积(公顷) |
| **总　计** | **405** | **83 283.3916** | **555 770.5531** | **96** | **4161.9824** | **24 852.2050** | **14** | **137.2453** |
| 北　京 | 4 | 184.8080 | 2174.9150 | 0 | 0 | 0 | 0 | 0 |
| 天　津 | 1 | 34.5890 | 235.9568 | 0 | 0 | 0 | 0 | 0 |
| 河　北 | 3 | 728.8362 | 5343.7974 | 0 | 0 | 0 | 0 | 0 |
| 山　西 | 9 | 1408.4791 | 7834.4485 | 0 | 0 | 0 | 0 | 0 |
| 内蒙古 | 34 | 4338.1947 | 22 638.8383 | 5 | 310.2848 | 1685.7725 | 0 | 0 |
| 辽　宁 | 13 | 1906.5891 | 14 575.4116 | 3 | 159.6119 | 1182.6600 | 0 | 0 |
| 吉　林 | 25 | 1988.7822 | 14 934.6393 | 14 | 223.8240 | 1550.4208 | 3 | 10.4422 |
| 黑龙江 | 18 | 2133.1384 | 15 107.5818 | 5 | 151.4371 | 1171.1180 | 0 | 0 |
| 上　海 | 0 | 0 | 0 | 0 | 0 | 0 | 0 | 0 |
| 江　苏 | 3 | 201.3801 | 1602.4202 | 0 | 0 | 0 | 0 | 0 |
| 浙　江 | 8 | 758.9103 | 4907.7153 | 2 | 68.0841 | 235.8688 | 0 | 0 |
| 安　徽 | 7 | 856.8394 | 5572.9659 | 4 | 169.7975 | 1177.7765 | 0 | 0 |
| 福　建 | 15 | 1787.5358 | 12 003.3329 | 0 | 0 | 0 | 0 | 0 |
| 江　西 | 15 | 3725.8435 | 26 218.1766 | 0 | 0 | 0 | 0 | 0 |
| 山　东 | 2 | 337.7003 | 2264.6548 | 0 | 0 | 0 | 0 | 0 |
| 河　南 | 11 | 760.5269 | 7677.8200 | 1 | 53.8207 | 320.7592 | 0 | 0 |
| 湖　北 | 9 | 4118.0425 | 24 150.9001 | 0 | 0 | 0 | 0 | 0 |
| 湖　南 | 14 | 3259.7781 | 24 230.0376 | 0 | 0 | 0 | 0 | 0 |
| 广　东 | 23 | 4906.5308 | 31 351.9018 | 0 | 0 | 0 | 0 | 0 |
| 广　西 | 27 | 5338.3271 | 39 404.7627 | 4 | 125.6073 | 983.9372 | 0 | 0 |
| 海　南 | 5 | 2702.1851 | 16 676.9947 | 0 | 0 | 0 | 0 | 0 |
| 重　庆 | 7 | 822.5656 | 4757.5550 | 0 | 0 | 0 | 0 | 0 |
| 四　川 | 24 | 5832.9299 | 43 359.9719 | 8 | 216.6845 | 1797.9674 | 0 | 0 |
| 贵　州 | 37 | 5075.2182 | 48 581.1884 | 6 | 326.0373 | 3913.3074 | 0 | 0 |
| 云　南 | 27 | 24 151.5169 | 145 833.9782 | 3 | 176.5899 | 1168.3937 | 0 | 0 |
| 西　藏 | 1 | 235.0467 | 705.1401 | 0 | 0 | 0 | 0 | 0 |
| 陕　西 | 6 | 772.7025 | 4776.9369 | 1 | 100.2172 | 499.9518 | 0 | 0 |
| 甘　肃 | 4 | 1231.8413 | 5073.9777 | 6 | 739.8923 | 2756.5360 | 0 | 0 |
| 青　海 | 1 | 83.5910 | 578.5449 | 0 | 0 | 0 | 0 | 0 |
| 宁　夏 | 0 | 0 | 0 | 0 | 0 | 0 | 0 | 0 |
| 新　疆 | 12 | 810.0329 | 5000.6027 | 4 | 81.2228 | 387.0036 | 0 | 0 |
| 新疆兵团 | 2 | 28.8340 | 225.1370 | 0 | 0 | 0 | 0 | 0 |
| 内蒙古森工集团 | 7 | 220.7107 | 784.1206 | 9 | 58.7705 | 158.1232 | 10 | 118.8871 |
| 龙江森工集团 | 19 | 356.7025 | 2490.0480 | 12 | 188.7241 | 1102.9482 | 1 | 7.9160 |
| 大兴安岭林业集团 | 12 | 2184.6828 | 14 696.0804 | 9 | 1011.3764 | 4759.6607 | 0 | 0 |

附表二 2010 年度各省(区、市)、新疆生产建设兵团审核审批占用征用林地情况统计表

| 省(区、市)、新疆兵团 | 审核征占用林地 | | | 审批临时占用林地 | | | 审批直接为林业生产服务占用林地 | |
|---|---|---|---|---|---|---|---|---|
| | 项目数 | 面积(公顷) | 森林植被恢复费(万元) | 项目数 | 面积(公顷) | 森林植被恢复费(万元) | 项目数 | 面积(公顷) |
| **总　计** | **14 843** | **77 099.6528** | **437 398.7909** | **1233** | **3650.6740** | **21 135.6411** | **417** | **1162.7016** |
| 北　京 | 115 | 397.3434 | 6452.0304 | 19 | 35.6582 | 618.5254 | 4 | 22.0983 |
| 天　津 | 65 | 222.6035 | 1242.6555 | 3 | 29.1828 | 190.4586 | 0 | 0 |
| 河　北 | 284 | 2653.2214 | 11 196.0145 | 5 | 34.7737 | 189.3496 | 4 | 26.2224 |
| 山　西 | 138 | 1311.4099 | 9387.1013 | 12 | 15.4188 | 88.8537 | 3 | 0.6519 |
| 内蒙古 | 646 | 6265.2830 | 20 919.5567 | 18 | 61.5411 | 302.0980 | 21 | 182.1480 |
| 辽　宁 | 371 | 1958.5695 | 11 630.1589 | 48 | 132.0470 | 784.1852 | 13 | 51.8887 |
| 吉　林 | 241 | 909.6498 | 7679.5797 | 43 | 104.7735 | 889.4619 | 3 | 7.6173 |
| 黑龙江 | 250 | 809.7215 | 4760.2440 | 21 | 103.7981 | 737.3806 | 17 | 68.8775 |
| 上　海 | 13 | 13.2410 | 595.6560 | 1 | 0.1700 | 0 | 0 | 0 |
| 江　苏 | 179 | 563.7307 | 5018.4934 | 5 | 15.8988 | 103.4896 | 16 | 24.3668 |
| 浙　江 | 883 | 4090.9698 | 24 114.8676 | 34 | 156.1470 | 905.3501 | 39 | 37.1193 |
| 安　徽 | 529 | 2600.0402 | 14 159.9283 | 24 | 41.3121 | 313.0621 | 16 | 7.3280 |
| 福　建 | 1452 | 6729.5658 | 51 990.7808 | 170 | 293.9814 | 1952.7715 | 114 | 87.5197 |
| 江　西 | 1801 | 7210.9304 | 39 884.6861 | 7 | 18.406 | 152.5408 | 15 | 21.3355 |
| 山　东 | 129 | 588.1749 | 3269.9270 | 11 | 33.1985 | 232.3874 | 9 | 4.9900 |
| 河　南 | 375 | 2253.0502 | 16 823.6564 | 29 | 103.4319 | 670.7002 | 4 | 2.4101 |
| 湖　北 | 1019 | 3679.6523 | 22 332.4762 | 9 | 50.6054 | 289.0977 | 4 | 59.6200 |
| 湖　南 | 2007 | 6769.3477 | 35 834.9198 | 59 | 111.2732 | 741.4381 | 41 | 237.2902 |
| 广　东 | 909 | 6993.0300 | 35 881.1000 | 19 | 52.7300 | 349.1000 | 13 | 34.0000 |
| 广　西 | 448 | 3210.2956 | 19 168.4291 | 73 | 354.5749 | 2130.0546 | 31 | 195.9640 |
| 海　南 | 44 | 271.7427 | 1531.5837 | 29 | 217.0046 | 521.1340 | 0 | 0 |
| 重　庆 | 159 | 1078.8771 | 6396.4666 | 10 | 44.0962 | 277.5988 | 9 | 3.2070 |
| 四　川 | 539 | 2805.1611 | 15 801.0102 | 120 | 326.8108 | 1688.5349 | 15 | 20.9313 |
| 贵　州 | 291 | 926.6968 | 8221.8612 | 11 | 8.9420 | 106.5470 | 4 | 3.5631 |
| 云　南 | 1139 | 7212.9847 | 36 274.5235 | 95 | 335.2326 | 1473.3683 | 6 | 23.0429 |
| 西　藏 | 8 | 29.2168 | 222.6729 | 1 | 4.6210 | 46.2060 | 0 | 0 |
| 陕　西 | 539 | 3901.3592 | 17 787.9580 | 130 | 142.4037 | 567.4839 | 7 | 19.7680 |
| 甘　肃 | 35 | 119.2267 | 535.6900 | 67 | 100.0746 | 295.3800 | 0 | 0 |
| 青　海 | 47 | 180.5586 | 1228.6669 | 4 | 3.6554 | 9.0239 | 2 | 1.0667 |
| 宁　夏 | 49 | 389.9738 | 1224.1803 | 57 | 111.4044 | 512.6546 | 1 | 10.0000 |
| 新　疆 | 110 | 854.1467 | 5039.1475 | 99 | 607.5063 | 3997.4046 | 6 | 9.6749 |
| 新疆兵团 | 29 | 99.8780 | 792.7685 | 0 | 0 | 0 | 0 | 0 |

(付长捷)

**【2010 年全国占用征用林地情况检查】** 2010 年国家林业局组织直属调查规划设计院和驻内蒙古自治区、长春、黑龙江省、大兴安岭林业集团公司森林资源监督专员办事处，全面应用遥感技术，对全国 31 个省(区、市和新疆生产建设兵团)及内蒙古、吉林、龙江、大兴安岭森工(林业)集团公司的 70 个县级单位 2009 年以来占用征收林地情况进行了检查。

本次共检查占用征收林地项目 1277 项，实际占用征收林地面积 7157.0 公顷。其中经过林业主管部门审核(批)的项目 1115 项，面积 6426.4 公顷，项目审核率 87.3%，面积审核率 89.8%。应用两期遥感图片，结合现地核实，共查出各类违法占用征收林地项目 186 项、面积 752.6 公顷。

在 1277 项占用征收林地项目中，按标准应缴纳森林植被恢复费的项目 1209 项，费用 38 367.23 万元；实际缴纳的项目 1045 项，收费 34 599.6 万元，项目收缴率 86.4%，费用收缴率 90.2%。

与 2009 年检查结果相比，项目审核率上升了 1.2 个百分点，面积审核率下降了 4.4 个百分点；森林植被恢复费项目收缴率和费用收缴率分别下降了 6.1 和 6.8

个百分点。

在抽查已经到期的临时占地275个项目中，已停止占用的134项，占48.7%；未重新办理占地审批手续继续占用的18项，占6.5%。

从检查结果看，全国占用征收林地管理水平逐渐提高，违法占用林地问题的查处力度不断加大，林地项目审核率有所提高。辽宁、吉林和湖北等11个省森林植被恢复费和项目收缴率为100%。其中，吉林、湖北、青海、内蒙古森工集团、吉林森工集团和龙江森工集团连续两次达到双百。

从检查结果看，全国占用征收林地管理取得了一定的成效，但依然存在一些不容忽视的问题。主要有：一是勘查采矿破坏林地问题没有得到根本遏制。本次检查出的勘查采矿未经审核(批)等违法占用林地56个项目、面积354.7公顷，占全部违法占用林地项目的30.1%、面积的47.1%。福建长汀县、内蒙古林西县等地勘查采矿乱占林地问题突出。二是城乡经营性建设项目侵占林地问题日益突出。本次检查出的房地产开发、工业园区等各类城乡经营性建设项目未经审核(批)占用林地42个项目、面积58.1公顷，占全部违法占用林地项目的22.6%、面积的7.8%。安徽泾县蔡村镇工业集中区建设项目，未办理占用征收林地审核(批)手续，非法占用林地面积7.9公顷。三是毁林开垦在局部地区依然存在。毁林开垦16起，面积63.6公顷。毁林开垦较严重的有新疆阿克苏市喀拉塔勒镇艾米热拉·肉孜开垦集体灌木林地面积达56公顷，甘肃临泽县廖泉镇双泉村23户村民毁林开垦面积5.596公顷。

根据检查结果，国家林业局下发了通报，公布了10项严重违法占用征收林地项目。要求各省级林业主管部门要高度重视林地审核(批)管理工作，依法加强占用征收林地管理。要将此次通报的问题及相关情况，及时向省级人民政府汇报，制定有力措施，切实加强整改，并督促有关部门依法处理；要加大行政问责力度，对于林地管理混乱造成森林资源破坏严重的，要对县级人民政府主要负责同志和主管负责同志追究行政责任。

(柏建伟)

## 森林资源利用监管

**【全国森林采伐管理改革试点】** 为全面贯彻落实《中共中央国务院关于全面推进集体林权制度改革的意见》，不断改革林木采伐管理办法，进一步完善我国森林采伐管理制度，国家林业局从2009年开始，在全国24个省(区、市)的193个县(区、市、林场)开展了森林采伐管理改革试点。两年来，各级林业主管部门、特别是试点单位，对试点工作高度重视，精心组织，通过成立试点领导小组、开展宣传发动、制定试点方案、建立监管机制，确保了试点顺利进行，并取得了初步成效。①初步建立起了“公平、公开、公正”的采伐指标分配办法，缓解了林改后不同经营主体迫切要求采伐与采伐指标不足的矛盾。经过探索、创新，试点县普遍健全采伐公示制度，推行了按可采资源面积份额分配采伐指标、依林龄大小和申请先后顺序批准采伐的新举措，扭转了以往采伐指标分配不公、随意性大和林农难以申请到指标的现象，不但体现了公平公正，让林权所有者、尤其是林农提前知道了自己的林子哪一年可以采伐，确保了林农权益，而且规范了管理，防止了腐败，进一步调动了林农护林育林的积极性。既坚持了限额采伐制度，保障了森林资源持续增长，又最大限度地满足了林农的采伐需求，初步破解了采伐处置权难以落实的问题，进一步加深了广大林农对现行采伐管理制度的理解与支持，引起了社会对生态建设和环境的更加关注，限额采伐、凭证采伐意识进一步增强。②以实施森林经营方案和实行小班经营法为载体，从规范采伐指标分配办法入手，初步建立起了采伐管理的新机制。精简管理环节，简化申报审批手续，降低管理成本，提高管理时效。与此同时，企业、个人的木材非经营性支出费用明显下降，形成了林农收益增加、企业赢利扩大、林业行政管理部门省时节资的共赢局面。③以建立和健全采伐公示制度为重点，进一步充实和完善了采伐管理监管体系。一是建立采伐指标分配使用监管机制。二是强化伐区调查设计和伐区作业监管机制。三是健全木材经营加工监管机制。四是形成多层次、多形式监督检查机制，包括省、市林业主管部门和驻各地专员办的监督检查、试点县对采伐指标分解、采伐设计审批和山场管理等关键环节的监督检查以及其他部门和公众通过公示、公告和网络等媒体参与管理和实施监督。四是促进了林业行政主管部门职能的转变和管理方式、管理手段的创新。林业服务意识进一步增强，管理效率大大提高，林业形象得以提升，采伐管理的权威性不断加强。

(谢守鑫)

**【森林可持续经营试验示范点建设】** 吉林省汪清林业局、福建省永安市、江西省井冈山市和靖安县、浙江省临安市、甘肃省小陇山林业实验局和辽宁省清原满族自治县等7个国家级森林可持续经营管理试验示范单位，在已取得试点成效和经验的基础上，面对新的林业发展形势，紧密结合集体林权制度改革、林木采伐管理改革、森林经营方案制度建立、森林抚育工作加强等林业建设的焦点和热点，特别是在总结已有试点成效的基础上，结合制定“十二五”及今后更长时期的试点总体思路，紧紧围绕森林经营规划编制、森林经营方案编制、森林可持续经营规范制定、森林可持续经营管理系统开发、森林可持续经营模式林建立、不同类型林分经营模式探索等重点工作，积极开展试点示范，取得了进一步的试点成效。

同时，为系统、科学、规范地推进森林经营方案制度的建立，国家林业局在制定下发《森林经营方案编制与实施纲要》和《县级森林可持续经营规划编制指南》的基础上，2010年编制完成了《森林经营方案编制与实施规范》和《简明森林经营方案编制技术规程》两个行业标准，符合中国林业特点的森林经营方案制度框架已经初步构建。“十二五”采伐限额编制过程中，有14%的编限单位是通过科学编制森林经营方案来确定合理采伐量的，可以说，各级林业主管部门已经充分认识科学编制森林经营方案重要意义，正在结合具体的森林经营管理过程，强化森林经营方案的地位和作用。　（崔武社）

**【《全国木材(林业)检查站建设规划(2010～2015)》全面贯彻实施】**　为适应“发展现代林业，建设生态文明，促进科学发展”新阶段对森林资源管理工作提出的要求，充分发挥木材检查站执行凭证运输木材制度、维护正常的木材流通、有效地保护森林资源的法定职责，较好地适应当前形势对木材运输检查监督工作的需要，进一步明确今后木材检查站建设的目标和任务，加强全国木材检查站的建设，国家林业局组织编制了《全国木材(林业)检查站建设规划(2010～2015)》，并以《国家林业局关于印发〈全国木材(林业)检查站建设规划(2010～2015)〉的通知》(林规发〔2011〕23)正式印发各省(区、市)林业厅(局)和内蒙古、龙江、大兴安岭林业集团公司贯彻执行。

《全国木材(林业)检查站建设规划(2010～2015)》按照“依法设立、合理布局，服务林改、保障权益，突出重点、分步实施，立足发展、提高效率”的原则，以系统调研为基础，广泛吸收各省(区、市)上报数据材料，综合分析调研结果，广泛征求、采纳专家意见，形成《全国木材(林业)检查站建设规划(2010～2015)》。

《全国木材(林业)检查站建设规划(2010～2015)》的规划基准年为2010年，规划期限为2010～2015年，分为前期(2010～2012年)，后期(2013～2015年)两个时期，重点为前期规划。前期目标：到2012年，完成945个木材检查站的基本建设任务，使其实现设施建设标准化、技术装备现代化，同时完成新建站的队伍建设和制度建设，及时、充分发挥其木材运输检查监督职能。后期目标：到2015年，共完成3044个木材检查站的基本建设任务，并完成全国一级木材检查站的队伍建设和制度建设，实现木材运输检查监督网络化、设施建设标准化、技术装备现代化、检查执法规范化，最大限度地发挥木材检查站保护和发展森林资源的职能作用。

按照规划的指导思想和遵循原则，为大力保护与发展森林资源和改善木材检查人员的工作环境与执法手段，提高执法水平，确保林业重点建设工程的顺利实施，本次规划建设重点确定为区域上保障林业重点建设工程及木材主产区的木材检查站建设；布局上保证国道和林区交通主干线以及木材产销结合部的木材检查站建设；项目上统筹木材检查站的基础设施建设和技术装备建设以及队伍建设。

《全国木材(林业)检查站建设规划(2010～2015)》对规划实施的提出了加强组织领导、加大投资力度、强化机构和队伍建设、加强制度建设、加大培训力度、加强检查监督管理、加强法规与政策的宣传教育等具体保障措施，确保《全国木材(林业)检查站建设规划(2010～2015)》的全面贯彻实施。　（张厚武）

**【2009年度森林采伐限额执行情况检查】**　2010年，国家林业局对全国2009年度森林采伐限额执行情况进行了检查，共抽查26个省(区、市)的40个县(市、区、旗、局)，涉及340个乡(镇、林场)，999个村(林班)。共核对林木采伐许可证43 106张，检查有证采伐小班1320个，总面积5583.06公顷。外业实测面积3857.93公顷，其中有证采伐小班1320个，实测面积1137.53公顷；无证零星采伐调查202个乡，实测面积29 387.07公顷。检查结果如下：

**检查的主要结果**　全国森林采伐限额制度执行情况继续保持良好态势，超限额采伐现象得到有效控制，伐区凭证采伐率、发证合格率比2008年度有一定程度的提高，森林采伐管理制度改革试点工作取得初步成效。

40个县的年林木采伐总量均未超年森林采伐限额。全国伐区凭证采伐率平均为97.4%，与2008年度的89.9%相比，上升了7.5个百分点。全国发证合格率平均为92.8%，与2009年的84.0%相比，上升了8.8个百分点。全国发证率平均为80.4%，与2008年度的83.0%相比，下降了2.6个百分点。

在抽查的1320个采伐小班中，有1150个小班的采伐蓄积未超林木采伐许可证规定的数量，占检查采伐小班总数的87.1%，与2008年度的76.8%相比，上升了10.3个百分点。

**存在问题**　检查结果表明，尽管森林采伐管理水平有了较大提高，未发现超限额采伐问题，但与全面加强森林资源保护管理、发展现代林业、建设生态文明、推动科学发展的战略要求相比，依然存在一定差距，主要表现在以下几个方面。

*无证采伐现象依然严重*　宁夏回族自治区平罗县、陕西省汉滨区、安徽省谯城区和临泉县等4个县的无证采伐率达98%以上，共计无证采伐林木56 401立方米，其中，宁夏回族自治区平罗县林木采伐全是无证采伐。福建省长汀县、江西省铜鼓县、湖南省会同县、重庆市綦江县、广西壮族自治区临桂县5个县的无证成片采伐量分别为7250立方米、748立方米、458立方米、437立方米、362立方米，占40个检查县无证成片采伐总量的90.9%。

*超证采伐情况仍然存在*　安徽省临泉县和谯城区、河北省沽源县，辽宁省铁岭县，吉林省柳河县、陕西省镇巴县等6个县，有30%以上的有证采伐小班超出林木采伐许可证规定数量采伐，其中辽宁省铁岭县超证采伐小班数占检查小班总数的53.7%。

安徽省谯城区、辽宁省铁岭县、吉林省柳河县、内蒙古自治区南木林业局、安徽省临泉县、湖南省东安县等6个县超过20%的采伐小班采伐蓄积量超过林木采伐许可证规定数量10立方米以上，且超采量都在林木采伐许可证规定数量的5%以上。

*基层采伐管理人员素质不高*　安徽省临泉县、新疆自治区阿克苏市、陕西省汉滨区、云南省南华县、重庆市綦江县等6个县林木采伐许可证发证人员达不到持证上岗要求，林木采伐许可证发证质量不高，存在较多差错，发证合格率均低于30%。

**处理情况**　针对检查发现的问题，国家林业局下发通报要求各地进一步加强管理，整改存在的问题，并依法严肃处理相关责任人和责任单位。各地共对122起违法案件进行了处理，共行政处理181人，罚款63.5万元；公安刑事立案24起；检察院起诉8起，涉案9人；法院判决5起，涉案5人，并处罚金10.5万元。通过整改工作，有力地促进了各级地方政府、林业主管部门主要领导对森林采伐限额和林木采伐管理工作的重视。相关省、市、县针对通报指出的问题，举一反三，深刻分析原因，采取了得力措施进行整改，特别是依法依纪追究了相关责任人的责任，起到了良好的警示教育作用，达到了加强森林资源管理的目的。（王　鹏）

# 森林资源监测

**【第七次全国森林资源清查成果资料编制】** 第七次清查于2004年开始，历时5年，有两万余技术人员参与清查工作，共调查地面样地41.50万个，判读遥感样地284.44万个，获取清查数据1.6亿组。国家林业局党组高度重视第七次清查汇总分析工作，成立了以贾治邦局长担任组长的汇总领导小组，成立了由多名院士专家组成的专家咨询组，建立了专家咨询机制，组织130余名专家和技术人员，历时1年多的辛勤努力，完成了42项专项分析和10余项综合成果。第七次清查特别是全国汇总分析中，突出加强了林地资源变化、森林资源结构、林地林木权属、林木采伐消耗等方面的分析，客观反映了林业工程建设、林业分类经营、林权制度改革以及森林资源保护管理等林业改革发展的成效。科学采用了量化分析和综合评定方法，首次对全国林地质量、森林质量以及森林功能进行了宏观评价，直观反映了中国森林资源质量和功能状况。第一次对全国森林生态服务功能进行了评估，测算了全国森林碳汇总量和森林生态价值，全面地反映了森林的多功能、多效益，为全国参加联合国气候变化峰会和哥本哈根会议、积极应对气候变化林业议题谈判提供了决策支持。

为了充分发挥清查结果在国家重大决策、林业科学发展和应对气候变化中的积极作用，资源司组织编制了第七次全国森林资源清查《中国森林资源图集》、《全国森林资源统计(内部资料)》和《全国森林资源专项分析(内部资料)》等系列成果，贾治邦局长亲自主编并为《中国森林资源图集》撰写了署名前言。（张　敏）

**【第八次全国森林资源清查】** 根据《国家林业局关于部署开展第八次全国森林资源清查工作的通知》的要求，2010年资源司围绕加强多资源、多功能、多效益综合监测，全面服务现代林业建设的目标，组织完成了辽宁、黑龙江、江苏、广西、贵州、山西、宁夏和大兴安岭林业公司、龙江森工集团等9个省级单位的第八次清查工作，复查面积134万平方千米，调查地面样地5.84万个，判读遥感样地41.57万个。在2010年的工作中，围绕加强多资源、多功能、多效益综合监测，全面服务现代林业建设为目标，求实创新，着力抓了五方面工作：一是加强清查工作组织管理，及时召开了2010年清查前期和中期工作会议，全面掌握清查工作进度，研究解决突出问题，明确工作要求。督促各单位严格执行《国家森林资源连续清查质量管理办法(试行)》(办资字〔2009〕63号)，强化清查工作质量管理，推进清查工作的规范化、程序化、制度化。二是加强森林碳汇监测，推进森林生物量建模工作，增强对应对全球气候变化的服务能力。在总结2009年森林生物量调查建模试点工作基础上，组织制定了《国家森林资源连续清查森林生物量建模样本采集技术规定(试行)》，下发《关于作好2010年全国森林生物量调查建模工作的通知》，成立森林生物量调查建模专家组，组织有关单位完成东北地区柞树、华北地区侧柏和油松等9个树种(组)森林生物量调查建模样本采集工作。三是组织完成2009年7省(市)森林资源清查成果审定与发布工作。为增强清查成果的时效性，满足有关各省制定规划和相关政策的需要，充分发挥森林资源清查成果在林业宏观决策和森林资源经营管理中的作用，于10月印发《国家林业局关于公布吉林、上海等7省(直辖市)2009年森林资源清查主要结果的通知》(林资发〔2010〕237号)，公布2009年清查省的森林资源主要结果。为便于成果的使用和交流，首次编制《第八次全国森林资源清查第一批7省(市)森林资源清查主要结果》(宣传册)。四是为切实增强清查成果的服务能力，规范清查成果使用，防止发生失泄密事件，在系统梳理森林资源清查成果管理基础上，制定并印发了《涉密全国森林资源清查成果管理办法》。五是服务建设森林生态系统和保护生物多样性工作需要，反映林权制度改革成效以及森林保土固肥和生物多样性保护情况，清查中加强了对集体林地经营权、造林更新状况、树种名录、林下植被和林地土壤侵蚀等调查指标和因子的指导力度。同时，继续加强全国森林植被宏观变化年度监测的研究和完善工作，全面推动清查技术进步。（张　敏）

**【吉林、上海等7省(市)2009年度森林资源清查】** 2009年国家林业局启动第八次全国森林资源清查，同年完成吉林、上海、浙江、安徽、湖北、湖南、陕西等7省(市)森林资源清查工作，共调查地面样地4.7万个，遥感判读样地41.3万个。7省(市)森林资源清查主要结果如下：

**吉林省**　森林面积763.87万公顷(其中有林地763.03万公顷)，森林覆盖率40.38%。活立木总蓄积96 534.93万立方米，森林蓄积92 257.37万立方米。有林地面积中，天然林602.47万公顷，人工林160.56万公顷；森林蓄积中，天然林81 859.95万立方米，人工林10 397.42万立方米。乔木林每公顷蓄积量122.45立方米，生态功能等级达到中等以上的面积占96%。

**上海市**　森林面积6.81万公顷(其中有林地6.81万公顷)，森林覆盖率10.74%。活立木总蓄积380.25

万立方米，森林蓄积 186.35 万立方米。有林地全部为人工林，无天然林资源。乔木林每公顷蓄积量 42.74 立方米，生态功能等级达到中等以上的面积占46%。

**浙江省**　森林面积 601.36 万公顷（其中有林地 601.36 万公顷），森林覆盖率 59.07%。活立木总蓄积 24 224.93 万立方米，森林蓄积 21 679.75 万立方米。有林地面积中，天然林 342.83 万公顷，人工林 258.53 万公顷；森林蓄积中，天然林 14 847.99 万立方米，人工林 6831.76 万立方米。乔木林每公顷蓄积量 52.87 立方米，生态功能等级达到中等以上的面积占 97%。

**安徽省**　森林面积 380.42 万公顷（其中有林地 380.30 万公顷），森林覆盖率 27.53%。活立木总蓄积 21 710.12万立方米，森林蓄积 18 074.85 万立方米。有林地面积中，天然林 155.23 万公顷，人工林 225.07 万公顷；森林蓄积中，天然林 8700.08 万立方米，人工林 9374.77 万立方米。乔木林每公顷蓄积量 61.97 立方米，生态功能等级达到中等以上的面积占 91%。

**湖北省**　森林面积 713.86 万公顷（其中有林地 648.90 万公顷），森林覆盖率 38.40%。活立木总蓄积 31 324.69 万立方米，森林蓄积 28 652.97 万立方米。有林地面积中，天然林 454.05 万公顷，人工林 194.85 万公顷；森林蓄积中，天然林 22 645.90 万立方米；人工林 6007.07 万立方米。乔木林每公顷蓄积量 50.06 立方米，生态功能等级达到中等以上的面积占 97%。

**湖南省**　森林面积 1011.94 万公顷（其中有林地面积 950.78 万公顷），森林覆盖率 47.77%。活立木总蓄积37 311.50万立方米，森林蓄积 33 099.27 万立方米。有林地面积中，天然林 476.17 万公顷，人工林 474.61 万公顷；森林蓄积中，天然林 19 004.81 万立方米，人工林 14 094.46 万立方米。乔木林每公顷蓄积量 45.26 立方米，生态功能等级达到中等以上的面积占 90%。

**陕西省**　森林面积 853.24 万公顷（其中有林地面积 769.13 万公顷），森林覆盖率 41.42%。活立木总蓄积 42 416.05万立方米，森林蓄积 39 592.52 万立方米。有林地面积中，天然林 532.16 万公顷，人工林 236.97 万公顷；森林蓄积中，天然林 36 780.38 万立方米，人工林 2812.14 万立方米。乔木林每公顷蓄积量 61.93 立方米，生态功能等级达到中等以上的面积占 92%。

总体来看，7 省（市）森林资源呈现出森林总量持续增加、森林质量有所提高、森林功能不断增强的良好态势，经营结构发生显著变化，个体经营者已成为人工林经营的主体。清查结果客观反映了我国全面实施以生态建设为主的林业发展战略以来，林业重点工程建设、森林分类经营与集体林权制度改革所取得的成效。与上次清查相比较，7 省（市）森林资源清查结果主要呈现出如下特征：一是林地面积继续增加，净增 73.36 万公顷；林地保护管理进一步加强，林地转为非林地面积减少 9.71%。二是森林面积和森林蓄积持续增长，森林面积净增 349.92 万公顷，森林蓄积净增 28 381.59 万立方米。三是森林质量有所提高，乔木林每公顷蓄积量增加 4.44 立方米，每公顷株数增加 57 株，平均胸径增加 0.1 厘米。四是林木蓄积长消盈余进一步扩大，年均净生长量大于采伐消耗量 5231.15 万立方米，增幅 11.99%。五是个体承包经营的森林资源比例继续上升，个体经营的林地面积比例上升 8.48 个百分点，达 50.00%；个体经营的有林地面积比例上升 11.35 个百分点，达 55.78%；个体经营的人工林面积比例上升 13.06 个百分点，达 70.90%。随着集体林权制度改革的不断深入，个体经营者已成为森林资源特别是人工林经营的主体。

清查结果也显示，7 省（市）森林资源保护管理还面临一些问题：一是森林经营水平总体不高，森林质量偏低。乔木林平均每公顷蓄积量只有 68.64 立方米，平均胸径只有 12.6 厘米，平均郁闭度只有 0.58。二是生态功能较差的状况仍未改变。森林生态功能指数平均只有 0.54，森林生态功能等级达到良好的森林面积仅占 8%。三是林分过密和过疏的问题依然比较突出。中幼龄林中郁闭度 0.8 以上的面积占 18%，中龄林和近成过熟林中郁闭度 0.2 ~ 0.4 的面积占 20%。加强森林资源培育，提高科学经营水平，构建高效稳定的森林生态系统，促进生态、产业和生态文化三大体系建设，仍是当前和今后一段时期中国现代林业建设的重要任务。

（张　敏）

**【全国森林资源一体化监测】**　2010 年国家林业局资源司组织有关单位和专家，对完善森林资源监测体系进行了系统的研究，充分借鉴发达林业国家的做法，形成了构建全国森林资源一体化监测体系的思路。

全国森林资源一体化监测，就是要紧密围绕现代林业改革、建设和发展的要求，通盘筹划和部署国家和地方森林资源监测工作，整合集成现有监测资源，着力推进全国森林资源监测工作“一盘棋”；以现行森林资源监测体系为基础，创新监测方法，充分利用以遥感为核心的现代高新技术，形成协调统一的森林资源监测技术框架；平稳衔接现有森林资源监测工作，统筹开展全国森林资源状况定期调查和年度变化监测，逐步形成中央和地方森林资源的“一套数”、森林分布的“一张图”。最终建成标准一致、准确可靠，信息完备、服务高效，上下一体、运转协调，满足现代林业建设和社会经济可持续发展需要的，具有世界先进水平的森林资源监测体系。

开展森林资源一体化监测，将拓展监测服务与应用领域，提升监测服务能力。一是具备快速准确掌握森林资源变化情况的能力，重点解决森林资源监管针对性不强的问题。二是提供时间基准点统一的森林资源现状和年度变化数据，重点满足国家对监测信息时效性的需求。三是实现国家和地方森林资源监测数据成果相一致，使林业决策与经营相衔接。四是提供全国森林资源可视化服务，满足林业决策和管理现势性的需求。

围绕着完善监测体系、推进一体化监测，2010 年重点开展了以下几个方面的工作：一是在对当前森林资源监测体系存在的不足进行认真总结的基础上，组织对完善监测体系的方向性、根本性的问题进行了研究和总结，初步确定了完善森林资源监测体系的方向。二是组织对技术问题进行了专题研究，对全国森林资源监测的组织管理一体化、监测方法一体化、技术手段一体化、成果服务一体化等核心性问题提出技术解决方案。三是统筹考虑了工作推进的步骤和方法，提出了“统一规划、分步实施、共建共享、平稳过渡”的推进原则，按照试点示范、稳步推进的方式，制定了后续工作的计划。四是编制了《优化全国森林资源监测体系 推进森林资源一体化监测总体方案》，并广泛地征求了专家院士、相关部门、基层单位的意见。五是按计划组织开展并完成了部分具体的示范性工作。完成全国森林和林地资源分布图的制作，初步处理了200多个县的二类调查数据，并在辽宁省进行了森林资源数据从宏观到微观、从小班区划到林改宗地衔接的研究。六是采用多阶遥感技术，对全国森林资源变化监测进行了研究，重点分析了黑龙江、辽宁、湖南局部地区资源变化趋势，完善了多阶遥感技术，为监测紧密服务于森林资源管理奠定了基础。

（闫宏伟）

**【国家级公益林管理】** 2010年，以"完善管理规范、强化基础工作、督促制度落实"为目标，重点督促各地按照《国家级公益林区划界定办法》的要求将国家级公益林区划落实到山头地块、建立公益林资源档案和信息系统，并按规定做好补充区划等工作。

根据《国家级公益林区划界定办法》的要求，下发《国家林业局关于报送国家级公益林有关数据资料的通知》，细化国家级区划落实工作的要求。至2010年6月上旬，各省(区、市)、国有重点森工(林业)集团公司和新疆生产建设兵团共35个单位已按要求报送了国家级公益林有关数据资料。从6月初开始，组织国家林业局4个直属院的专家，在掌握各地数据资料的基础上，对已认定国家级公益林数据的完整性、规范性、逻辑性和合理性进行审核，按照《国家级公益林区划界定办法》规定的条件对补进、调出国家级公益林的范围和数量进行审查。特别是东北、内蒙古重点国有林区补充区划范围较大，涉及天保工程政策衔接问题，在审核区位的同时，还对其国家级公益林分级以及与原禁伐区、限伐区、商品林经营区对接等情况进行了重点审议，支持和配合了天保方案(二期)的编制工作。在组织开展了必要的外业核查工作基础上，完成了数据的审查工作任务。

（闫宏伟）

**【全国林业数表编制】** 为推动全国林业数表建设工作，2010年资源司以完善全国林业数表体系架构、健全林业数表技术体系、规范林业数表管理和推动地方林业数表建设为重点，开展了以下工作：一是编制并出台了《林业数表管理办法》，明确了林业数表工作分国家和省两级管理，明晰了各级管理工作的内容，明确了林业数表专家委员会对林业数表工作的技术支撑作用，对林业数表的编制、审查、修订和颁布等重点事项进行了明确规定。二是组织开展了《根径立木材积表编制技术规程》、《二元立木材积表编制技术规程》和《林业数表编制数据采集技术规程》的标准编制工作。三是组织对东北地区落叶松二元立木材积表、西北地区云杉二元立木材积表等部颁二元立木材积表的检验工作。四是着手研究制定全国林业数表体系建设导则、建设方案等规范性文件，以进一步明确林业数表的建设思路和内容与任务，突出需重点建设的林业数表类型、急需编制或修订林业数表、林业数表建设的优先次序和林业数表建设的任务分工等内容，为指导地方林业数表建设提供基础支撑。

（白卫国）

**【2010年全国营造林综合核查】** 全国营造林综合核查是掌握年度营造林建设情况、定期监测评估营造林质量和成效的重要手段。2010年，以服务"双增"目标、服务集体林改、服务抗旱救灾的"三服务"为工作重点，坚持标准、组织、核查、评价"四统一"的工作原则，以优化核查方法、强化分析评价、深入调查研究为抓手，着力反映我国营造林发展新形势和取得的新成就，揭示营造林中存在的问题，为提高营造林质量、确保"双增"目标实现提供决策依据。

2010年核查工作，采取了5项主要措施：一是明确工作思路，科学谋划综合核查工作。4月，国家林业局资源司组织召开了2010年全国营造林综合核查技术研讨会，制定了核查补充规定和专题调查研究方案，开展了廉政、纪律、业务等多项教育培训和交流活动，并及时下发《关于做好2010年全国营造林综合核查工作的通知》(办资字〔2010〕55号)，对2010年综合核查的任务、要求予以了明确。二是强化组织管理，加强廉政纪律监督。继续将廉政建设和工作质量作为综合核查工作的重中之重，建立和落实了核查的廉政纪律。强调了核查工作领导责任制，继续推行了廉政信息反馈卡制度，提高了监督实效。三是加强沟通协调，建立健全协调工作机制。核查工作广泛征求了各有关司局及工程办的意见和建议，针对有关技术问题，进行了沟通反馈，专题组织召开汇总会审会，向各有关司局单位通报核查结果。通过广泛的沟通协调和全过程的合作，提高了服务效率。四是创新工作方法，充分发挥综合核查点多面广、深入基层的优势，积极开展专题调研。围绕集体林权制度改革工作，开展典型剖析和农户访问调查，反映林改后农户在资源培育、林业投入、经营方式等方面的发展状况。服务林业抗旱救灾和恢复重建工作，典型调查分析西南5省区严重旱灾新造林受损情况，提出措施建议。五是加强了核查成果的宣传和应用，以局文下发2010核查结果通报，主要结果反馈各省，对存在突出问题的有关单位下发整改通知书。通过核查，实现了对各地营造林建设的有效监管，挤掉了营造林过程中存在的时间差、统计差、空间差和工程差"四差"，促进了营造林质量的提高，保障了国家投资效益。 （张 敏）

**【2010年全国营造林核查】** 2010年，全国共抽查了除西藏外的30个省(区、市)和新疆生产建设兵团、东北四大家共计35个省级单位的413个县、1371个乡，共33 991个小班、127个播区，抽查营造林面积29.456万公顷。

**全国营造林规模和质量** 随着集体林权制度改革的深入推进，国家造林补助标准的提高以及中央扩大内需林业任务的增加，全国营造林规模继续保持增长态势。2009年度全国营造林上报完成面积达到0.068亿公顷，比2008年度增长15.8%；核实总面积641.98万公顷，比2008年度增长19.8%。在遭受特大旱灾的情况下，营造林质量仍稳步提高。2009年度全国营造林合格总面积577.808万公顷，总体合格率90.0%，为近四年来的最高水平。

根据对2006年度人工造林(更新)保存状况和2004年度封山育林、飞播造林成效的核查，全国相关年度营造林成效总面积398.48万公顷，综合成效率90.2%。

**林业重点工程造林**　2009年度全国林业重点工程营造林上报完成面积451.636万公顷，经核查，核实总面积为414.89万公顷，合格总面积为368.66万公顷，合格率为88.9%，与2008年度同比上升3.9个百分点。

在中央发展林业的政策支持下，重点工程营造林规模增长明显。与2008年度比较，上报面积增加129.11万公顷，核实面积增加123.49万公顷，合格面积增加120.976万公顷，增幅均超过40%。重点工程营造林面积占全国的比重也在上升。核实面积占全国的比重为64.6%，较2008年度上升了10.2个百分点；合格面积占全国的比重为63.8%，较2008年度上升了10.2个百分点。相关年度重点工程营造林成效面积263.49万公顷，对全国营造林成效的贡献率达到66.1%，继续发挥了营造林主战场作用。

**非公有制造林**　集体林权制度改革调动了广大农民和社会各界参与林业发展的积极性，以个体为主的非公有制造林继续壮大，广大农民成为森林资源培育和保护的骨干力量。2009年度非公制人工造林核实面积占全国的67.2%，比2008年度提高2.1个百分点，总量增长40万公顷。全国有10个省个体造林比例超过70%。根据在8个林改试点示范县的调研结果，718个样本农户中有381户在林改后造了林，占样本农户总数的53.1%；超过90%的样本农户对林改后农村森林资源保护现状感到满意。

**木本粮油、生物质能源林等资源培育**　2009年度全国商品林造林核实面积达到193.33万公顷，占全国的48.0%。速生树种营造规模扩大，全国用材林造林面积中，杨树、桉树分别占21.0%、28.1%。经济林造林规模达到120多万公顷，占全国的29.5%，木本粮油林、生物质能源林成为造林新的增长点。核桃、枣、高产油茶林造林面积分别占全国的16.7%、3.1%、1.2%，较2008年度分别提高了6.0、2.9、0.9个百分点；生物质能源林造林占全国的2.8%，提高了0.1个百分点。

此外，各地还深入开展“生态省”、“森林城市”、“森林村庄”创建活动，高投入高标准推进城乡绿化和身边增绿，提质增效，营造林空间和质量得到了进一步提升。

通过核查，也发现了一些问题，主要是，自然灾害对营造林质量影响较大，据测算，因特大旱灾，西南五省2009年度有12.722万公顷造林失败，其中涉及重点工程造林7.53万公顷，干旱特别严重的贵州、云南两省2009年度人工造林合格率分别只有40.8%、65.7%，比2008年度分别下降了58.6、9.2个百分点；营造林难度加大，现有重点工程投资标准偏低，新造林抚育管护欠账较多；生态公益林造林树种单一，混交林比例较低，影响工程建设效益。（张　敏）

**【完成联合国粮农组织2010年全球森林资源评估工作】**参与联合国粮农组织（FAO）牵头的2010年全球森林资源评估，提交中国国家评估报告是中国作为成员国应承担的责任和履行的义务，也是向国际社会展示中国林业发展和生态建设成就的重要窗口。2008年6月，国家林业局成立了由贾治邦局长担任组长、14个司局单位参加的局评估领导小组，在资源司设立了评估领导小组办公室，并成立了专家咨询组。2008～2009年，由资源司牵头，紧密结合中国森林资源调查监测和管理实际，遵循FAO统一制定的评估规范和评估技术指南的要求，以全国森林资源清查、专项调查和国家林业统计数据为基础，充分利用最新清查结果和有关调研资料，对17项评估内容共计100余项指标进行了系统评估，形成了整套国家评估报表，全面系统反映了1990年以来中国森林资源发展、灾害防控、林业产业、科研教育、机构建设和财政收支现状和总体趋势。中国提交的国家报告的得到了FAO的高度认可，FAO林业高级官员Mette女士指出“国家林业局为报告编制付出了巨大努力，评估工作富有成效、感人至深。中国的评估报告有效满足了FAO及国际社会的信息需求”。

2010年3月25日，FAO正式发布了2010年全球森林资源评估主要结果，先后4次提及和列举中国，充分肯定了中国在造林绿化、林业发展和生态建设中取得的瞩目成就，高度评价了中国在扭转全球森林资源持续减少中所作的重大贡献。10月，在FAO第二十届林业委员会大会上，FAO表扬了中国政府所作的工作和付出的巨大努力。

森林资源遥感动态监测也是2010年全球森林资源评估的重要内容，按照FAO评估工作的安排，中国负责承担中国境内991块遥感样地的判读、区划调查任务。为抓好此项工作，2009年资源司组织完成了吉林、四川、青海等8个省（区）9个遥感样地的方法测试工作，为完善全球遥监测感技术方法积累了经验，并两次派专家参加了全球遥感监测技术研究工作。2010年10月，资源司会同FAO，在北京举办了东亚地区遥感监测技术国际培训班。同时，结合国内实际，组织编写了《中国遥感样地调查操作规程》和《通用操作流程》，11月资源司举办了全国2010年FAO遥感监测技术培训班，明确了我国遥感样地调查的技术要求和操作流程，建立了省级联络员制度，确保遥感调查工作的有序推进。（张　敏）

**【2010年FAO特别评价中国林业发展和生态建设成就】**根据最新发布的2010年全球森林资源评估结果，目前世界森林面积达40亿公顷，约占土地面积（不含内陆水域面积）的31%，人均森林面积0.6公顷。全球人工林面积2.64亿公顷，约占世界森林面积的7%。从森林功能来看，全球商品林面积接近12亿公顷，生物多样性保护林面积超过4.6亿公顷，防护林面积3.3亿公顷，分别占世界森林面积的30%、12%和8%。从森林权属来看，公有林面积占世界森林面积的80%。

FAO发布的2010年全球森林资源评估主要结果，扼要反映了1990年以来全球和各大洲的森林资源现状、动态变化、功能效益以及保护与发展策略。FAO在报告中先后4次提及和列举中国，是提及次数最多的国家。一是在阐述世界森林资源分布时，指出“全球超过50%的森林资源集中分布在5个国家，中国是其中之一，列俄罗斯、巴西、加拿大和美国之后，位居第五”。二是在评价世界森林资源变化时，特别指出“进入新世纪以来，亚洲地区森林面积在上世纪90年代减少的情况下，出现了净增长，主要归功于中国大规模植树造林，抵消了南亚及东南亚地区森林资源的持续大幅减少”。三是在评估世界人工林资源发展状况时，特别指出“2005～2010年世界人工林面积每年增加约500万公顷，主要原因是中国近年来在无林地上实施了大面积造林”。四是在分析世界防护林资源变化原因时，特别指出“1990～2010年世界防护林面积增加了5900万公顷，主要归结于上世纪90年代以来，中国大面积营造防风固沙林、水土保持林、水源涵养林和其他防护林。”（张　敏）

**【国家林业局发布《涉密全国森林资源清查成果管理办法》】** 为加强全国森林资源清查涉密数据成果管理，增强清查成果的服务能力，规范清查成果使用，防止发生失泄密事件，2010年在系统梳理森林资源清查成果管理基础上，根据《中华人民共和国保守国家秘密法》、《林业工作国家秘密范围的规定》等有关法律法规和林业工作有关保密管理规定，资源司组织制定了《涉密全国森林资源清查成果管理办法》。管理办法对全国森林资源清查涉密数据的内容、保密期限、使用管理程序和办法等方面进行了明确，并对《全国森林资源统计》等涉密资料的编写印制、登记发放、回收销毁、解密公开等各个环节做出明确具体的规定，确保涉密资料管理有章可循、有据可依。（白卫国　闫宏伟　张敏）

**【森林资源监测标准化】** 2010年，森林资源标委会组织审议通过了8项标准，其中国家标准1项，行业标准7项。这8项标准都是森林资源管理中的基础性规范。其中，属于国家标准的《森林植被状况监测技术规范》，从林业的职能出发，规范了森林植被与生态的监测和评价技术，为评价和保护生物多样性、应对全球气候变化打好基础。属于行业标准的《林种区划技术规程》、《二元立木材积表编制技术规程》、《根径立木材积表编制技术规程》、《森林资源调查卫星遥感影像图制作技术规程》等对森林资源调查监测基础性工作进行了规范；《林地保护利用规划林地落界技术规程》、《县级林地保护利用规划编制技术规程》为扎实落实林地保护利用规划提供了依据；《平原围垦地区防护林更新改造技术规程》填补了平原防护林更新改造管理的空白。这些标准的颁布，将有效地推进对森林资源管理的规范化进程。

（闫宏伟　白卫国）

## 林政执法

**【全国重大林政案件受理和督办】** 2010年，国家林业局资源司根据群众举报、新闻媒体曝光和局领导批示，发函责成省级林业主管部门和专员办查处督办破坏森林资源案件63起，查处56起，查处率89%。国家林业局派工作组现地督办重大案件3起，集中查处信访事项5起。共计涉案林地654.68公顷，林木6676.0385立方米。其中，福建长汀开采稀土非法占用林地案，共非法占用林地88.4公顷、非法采伐林木1913.4立方米。在国家林业局直接调查和督办下，福建省政府依法依纪处理了相关责任人。黑龙江密山风电建设项目非法占用林地案，共非法占用林地39公顷、非法采伐林木700立方米，国家林业局发文商请黑龙江省人民政府督促有关单位依法进行处理。湖南沅陵林权纠纷案件得到了妥善解决，国家林业局向国务院报告了相关情况，并提出了在集体林权制度改革中，如何妥善处置林权纠纷案件的建议。黑龙江省五营林业局非法采伐林木320立方米，非法占用林地700平方米案件，国家林业局派出工作组现地调查后又进行了督办，违法人员已被依法处理。

通过对大要案的查处和督办，严厉打击了乱砍滥伐、违法占用林地等破坏森林资源的行为，震慑了犯罪分子，维护了林区社会稳定和正常生产秩序。

（于伯康）

**【全国林业行政案件统计分析】** 2010年度，根据35个省级林业单位的统计，全国共发生林业行政案件30.45万起，查处林业行政案件29.95万起，查处率为98.34%。

**案件发生情况**　在发生的林政案件中，各类主要案件为：盗伐林木案2.17万起，占7.13%；滥伐林木案3.71万起，占12.18%；毁坏林木、苗木案0.68万起，占2.23%；违法征占用林地案1.56万起，占5.12%；非法收购、运输木材案16.82万起，占55.24%；非法经营、加工木材案1.71万起，占5.62%；其他案件3.80万起，占12.48%。

**案件处理情况**　通过查处林政案件，全国共收缴木材54.13万立方米、苗木2612.16万株、种子18 317.53千克；挽回经济损失325 470.27万元，其中，处以罚款、责令赔偿损失、补征林业金费275 838.42万元，没收违法所得49 631.85万元；责令补种树木1325.31万株；行政处罚人数31.93万人次。

**林政案件特点**　与2009年相比，2010年全国林政案件有以下特点：一是全年林政案件发生的总量仍然较高。据统计，2010年全国共发生林业行政案件30.45万起，与2009年29.75万起相比，有小幅上升，但基数仍然较大，森林资源保护管理的形势依然严峻。二是非法收购运输木材案件呈高发势头。据统计，2010年全国共发生非法收购运输木材案件16.82万起，与2009年同期相比上升0.65万起，上升4.03%，占2010年案件总量的55.24%。三是集体林改主体改革基本完成的省区的林业行政案件发生总量呈明显下降趋势。根据2006年和2010年的林业行政案件发生总数比较，18个省区中有16个林业案件发生数均有不同幅度的下降。

**林政案件发生的原因及对策措施**　造成林业行政案件高发的原因，既有少数地方政府对林业工作重视程度不够和经济利益驱驱动的因素，又受林业行政执法力量总体薄弱，执法机构建设存在严重滞后等问题制约。

要从根本上遏制林业行政案件高发的势头，就必须全面贯彻落实科学发展观和中央林业工作会议精神，深化林业改革，加快林业发展，落实地方政府林业发展目标责任制。

一是强化林业行政执法工作。认真贯彻落实中央林业工作会议和全国林业厅局长会议精神，高度重视林业行政执法工作，加强对林业行政案件的稽查和督办，充分发挥各级林业行政主管部门、森林资源监督机构以及林业工作站、木材检查站、林政稽查队等基层执法队伍的作用，严厉打击毁坏林木、侵占林地、破坏野生动植物资源等违法犯罪行为，对社会关注的重大案件进行媒体曝光，震慑犯罪分子，切实保护好森林资源。

二是规范林业行政案件统计工作。个别单位过去只统计资源林政部门办理的林业行政案件，对森林公安办理的行政案件未予统计，造成统计口径不一致。为准确掌握全国林业行政案件发生规律，各单位要统一口径并正确运用统计软件上报、规范林业行政案件统计工作，不多头或重复统计，以保障统计数据的科学性和准确性。

三是加强林业行政执法队伍建设。稳定和加强林政执法机构队伍，提高执法人员的专业素质，充分发挥行政执法机构的职能作用，加大投入，加强林政执法基础设施建设，同时，加强林政执法队伍培训，提高林政执法队伍的综合素质。（伍步生　宋文龙）

**【国家林业局森林资源行政案件稽查办公室受理举报林政案件办理情况】**

**案件发生情况**　2010 年，稽查办共受理并批转群众举报林政案件 103 件。其中举报政府行为违法案件 11 件，占 10.68%，企业法人违法案件 32 件，占 31.07%，村组负责人违法案件 34 件，占 33.01%，其他行为主体人 26 件，占 25.24%；举报盗伐林木案件 13 件，占 12.62%，滥伐林木案件 29 件，占 28.16%，毁坏林木和苗木案件 43 件，占 41.75%，违法征占用林地案件 3 件，占 2.91%，非法运输木材案件 2 件，占 1.94%，非法收购加工木材案件 2 件，占 1.94%，反映其他林政案件 11 件，占 10.68%。

**案件办理情况**　2010 年受理的 103 件林政案件，全部按领导批示转发到相关省林业主管部门办理。要求各地反馈查处情况的案件 58 件、占总量的 56.31%，到期未反馈 14 件。

**案件的特点和存在问题**　2010 年受理的林政案件呈现出以下几个方面的特点和问题：

一是举报案件略有上升。共受理林政案件 103 件，与 2009 年同期受理的林政案件 94 件相比增加了 9 件。二是举报村组负责人违法案件仍然突出，与 2009 年同期相比基本持平。三是各省案件发生的情况不平衡，林改好的省份举报情况明显呈下降趋势，举报案件较多的单位大多集中在国有林区，主要有：黑龙江省 9 件、内蒙区 8 件、辽宁省 7 件、浙江省、湖北省、龙江森工集团各 6 件。四是反馈率低。在要求反馈的 58 件中，除 5 件未到反馈期外，有 14 件逾期未反馈，占要求反馈率的 25.86%。（刘铁军）

**【林业信访事项集中查处活动】**　2010 年，温家宝总理、回良玉副总理在国家信访局“2009 年反映林业问题来信情况简析”上作了重要指示。国家林业局党组对此高度重视，多位局领导作出批示。2 月，根据局领导批示精神，由资源司牵头，林改司、公安局、监察局、退耕办共同进行了专题研究。就开展林业信访事项集中查处活动的具体办法进行了讨论，梳理核对了相关情况，制定了查处方案。经局领导批准，下发了《国家林业局关于集中查处一批林业信访案件的通知》，涉及的 15 个省份开展了案件查处工作，上报了案件查处情况，各相关派驻森林资源监督机构进行了督办。5 月，张建龙副局长主持召开林业信访案件集中查处督办调研动员会，分析了林业信访案件发生的特点及原因，部署了集中查处督办调研工作。按照集中查处活动安排，由资源司、林改司、退耕办牵头，与公安局，监察局，工作总站，驻成都、西安、贵阳专员办等单位组成了 3 个工作组，分别赴四川、贵州、甘肃 3 省，对案件查处情况进行督办，并就滥砍乱伐、林地权属纠纷、违反退耕还林政策等问题开展调研。国家信访局办信二司有关负责同志出席了动员会，并派员参加了督办调研工作。

经查，15 件反映的情况基本或部分属实。其中对于涉及毁林、非法占地、贪占退耕还林款等查有实据的，已经立案进入司法程序，依法依规追究其行政或刑事责任；对于涉及林权纠纷的，地方政府大多以尊重历史，兼顾现实，客观公正的原则，组织各方进行谈判、协商、调解，切实维护群众合法权益。大部分案件已经结案或调处到位，信访群众对涉林案件的查处结果表示基本满意。国家林业局向国务院领导报告了相关情况。（王　鹏）

**【破坏森林资源渎职案例评析】**　为贯彻落实依法治国基本方略、全面推进依法治林的具体举措，警醒各级林业主管部门干部职工，特别是领导干部，带头学法、守法、用法，大力加强林业普法和宣传教育工作，规范林业行政执法行为，强化执法监督，按照贾治邦局长、张建龙副局长的批示，资源司（监督办）联合最高人民检察院编写了《破坏森林资源渎职案例评析》一书。

资源司（监督办）收集了 25 个省（区、市）各级检察机关近年来办理的林业系统渎职侵权犯罪典型案例 388 件，内容包括案件发生的背景、基本案情和判决结果等。从这些典型案例中，筛选了 156 个案例汇编成册，进行了分类分析并加以检察官点评。同时，收集摘选了刑法、森林法以及相关部门规章等法律法规中的有关条款。2011 年 4 月，书稿正式出版发行，共约 15 万余字。该书已赠送全国基层林业管理部门和检察院系统。（于伯康）

# 森林资源监督

【综　述】 2010年，森林资源监督工作紧紧围绕林业建设中心任务，工作成效显著。

**林地保护管理监督** ①认真组织开展征占用林地行政许可被许可人监督检查，对国家林业局审核审批的225项建设项目开展了检查，发现44项存在违法违规使用林地情况，违法违规使用林地面积128.87公顷。有30项建设项目配套的附属设施或辅助工程存在违法违规使用林地情况，违法违规使用林地面积288.28公顷。针对检查中发现的问题和违法占用林地项目分别下达了整改意见。②加大对重大建设项目征占用林地的监督检查。主要采取提前介入、跟踪督促等多种方式，提高了监督工作实效。内蒙古专员办加强对工程项目征占用林地的审查，严格进行材料审查和现地核实，发现问题及时提出监督整改意见。③严格执行占用林地项目初审工作。对各省上报国家林业局审批的占用林地项目，派驻监督机构进行严格的初审，对发现的问题及时提出监督整改意见，使得一些工程建设问题得到了及时纠正，确保了林地资源的有效利用。

**推进森林资源采伐利用管理监督** ①认真完成“三总量”检查工作，共检查了东北内蒙古重点国有林区5个林业局2009年度林木采伐总量、木材销售总量和运输总量计划执行情况，检查了68个林场(经营所)的299个采伐小班，检查面积1835.53公顷，查出在非法占用林地，无证、超证采伐，丢弃材，商品材经营不到位等方面存在问题，对于发现的问题及时下发了整改通知。②开展重点国有林区森工企业局伐区调查设计和作业质量检查。在检查方式方法上有所加强，引入了地理信息系统审阅调查设计。共核查小班826个，合格636个，伐区合格率为77%；在伐区调查设计方面，共检查小班869个，合格788个，调查合格率为91%。对检查中发现的问题，对有关责任人员进行了处理。③严格执行林木采伐许可证核发制度。长春、大兴安岭专员办增加了采育林的审核程序。黑龙江专员办在两个1%核查存在问题整改到位的基础上，积极主动为企业核发林木采伐许可证，确保不出问题。内蒙古、长春、龙江、大兴安岭专员办累计核发林木采伐许可证116 782份，核发面积1 031 561公顷，核发出材1094.2万立方米。④进一步加强木材凭证运输和经营加工监督。大兴安岭专员办对林业公路、铁路和木材检查站抽查20余次，与集团公司有关部门合力监控铁路出区运材车辆34 141车次。

**督察督办破坏森林资源案件** ①督办了一批重大影响的案件。重点督办金寨县林地管理突出问题的整改，福建长汀开采稀土非法占用林地案，黑龙江密山风电建设项目非法占用林地案等一批重大案件，有力打击了破坏森林资源违法犯罪行为，受到局领导和有关部门的好评。②组织开展了案例编写分析工作，与最高人民检察院渎职侵权检查厅联合编写了《破坏森林资源渎职案例评析》。③认真受理群众的来信来访，分门别类地进行查办督办或转办。④商请部分省区人民政府，督促有关部门依法严肃查处了一批久拖不决的案件。据统计2010年，各派驻森林资源监督机构共查办、督办各类林业行政案件400余起，结案率80%以上。

**其他监督工作** ①按时向驻地人民政府提交年度森林资源监督报告。各省区政府及领导同志高度重视，促进了一批重点难点问题的解决，对进一步加强森林资源管理工作起到了重要的推动和促进作用。②积极做好中央林业投资重点检查工作。对发现存在的问题，提出了整改建议，发挥了中央投资效益，圆满完成了检查任务。③认真开展任期目标责任制试点工作。长春、西安专员办在认真总结前两年试点工作经验的基础上，进一步完善了考核指标体系。福州专员办修改了考核办法，并对安福县保护发展森林资源责任制建立和执行情况进行了考核试点，取得了阶段性成效。④加大了对野生动植物、自然保护区和湿地保护的监督检查力度，成都专员办先后组织对九寨沟、金佛山等自然保护区和成都、重庆野生动物园及若尔盖湿地等进行检查，联合森林公安对一些非法贩卖野生动物及其制品市场进行打击。⑤深入开展林业建设和资源管理调查研究。各派驻监督机构紧紧围绕当前林业热点和难点问题，结合驻在地实际，有针对性地开展调查研究工作，并提交了调研报告。

（沙永恒）

**【2009年度“三总量”检查】** 2010年，国家林业局组织驻内蒙古自治区、长春、黑龙江省、大兴安岭林业集团公司森林资源监督专员办事处，联合各直属调查规划设计院分别对内蒙古森林工业集团公司的金河林业局，吉林省林业厅的敦化林业局，龙江森林工业集团公司的美溪和亚布力林业局以及大兴安岭林业集团公司的塔河林业局等5个林业局，2009年度林木采伐、木材销售和运输总量(以下简称“三总量”)计划执行情况进行了检查。

从对5个林业局森林采伐限额制度执行情况的检查结果看，大规模超限额采伐的现象基本得到了遏制，但仍然存在4个方面突出问题。一是非法占用林地。伊春龙源风力发电有限公司在美溪林业局违法占用林地面积16.7458公顷，非法采伐林木蓄积721立方米；在金山屯林业局违法占用林地面积42.92公顷，无证采伐林木蓄积1043.2立方米。亚布力林业局共有4块非法占用林地项目，面积3.29公顷，无证采伐林木蓄积206.58立方米。其中，黑龙省广电中心违法占用亚布力林业局林地1.84公顷，无证采伐林木蓄积154.48立方米。二是无证、超证采伐。检查的5个林业局中共发现45个无证采伐地块，共涉及无证采伐面积55.31公顷，蓄积1353.15立方米。美溪林业局有6个无证采伐地块，面积12.69公顷，蓄积96.33立方米，其中青山林场3林班2、3小班在禁伐区内无证采伐66.21立方米，群峦林场3林班12、15小班在禁伐区内无证采伐14.62立方米。塔河林业局有19个无证采伐地块，面积10.46公顷，蓄积872.4立方米，其中马林林场320林班25小班在限伐区内无证采伐153.57立方米，蒙克山林场153林班15小班在限伐区内无证采伐124.24立方米。亚布力林业局有20个无证采伐地块，面积32.16公顷，蓄积384.42立方米，其中青云经营所40林班8小班无证采伐154.48立方米。5个林业局共检查136个有证采伐小班，发现19块超证采伐小班。亚布力林业局有5块超证采伐地块，其中，宝山林场13林班2小班超采20立方米，超采率74%，庆阳林场21林班9小班超采71立方米，超采率40%。美溪林业局有4块超证采伐地块，其中群峦林场3林班2小班超采6立方米，超采率37.5%，碧仓库24林班4小班超采61立方米，超采率18.3%。塔河林业局有9块超证采伐地块，其中沿江林场308林班1小班超采5立方米，超采率11.36%。敦化林业局有1块超证采伐地块，光明林场5-1-12小班，超采10立方米，超采率6.44%。三是丢弃材。检查的5个林业局中，塔河林业局检查了30个小班，有24个小班不同程度的存在丢弃木材现象，个别小班丢弃木材现象严重，如马林林场70林班2小班和5小班抚育采伐，小班平均每公顷丢弃木材分别达2.74立方米和2.68立方米。四是商品材管理不到位。金河林业局在剩余物中混有应缴库的商品材242立方米。

国家林业局下发了通报，要求各省级林业主管部门负责本辖区各林业局存在问题的整改。要做到原因不查清不放过，责任人处理不到位不放过，整改措施不落实不放过，教训不吸取不放过，涉嫌犯罪的依法移送司法机关处理。对超证采伐、丢弃材等问题，坚决追究林业局主管领导的责任。（柏建伟）

**【森林资源监督报告】** 按照国家林业局林资发〔2007〕150号文件的要求，13个派驻森林资源监督机构分别向国家林业局和26个省(区、市)人民政府和集团公司提交了《森林资源监督报告》，对被监督省(区、市)2009年度森林资源保护管理等情况作出了客观评价，肯定成绩，指出不足，并就解决突出问题提出监督建议。

2009年，全国森林资源保护管理工作取得成效。一是强化源头管理，全面推进森林采伐管理制度改革试点。二是林地管理不断加强，林权管理日益完善。三是加强能力建设，净化木材流通环境。四是积极争取资金，重点公益林管护工作取得新突破。五是夯实基础，森林资源监测工作成效显著。六是立足实际，森林资源保护立法工作进一步规范。七是常抓不懈，严厉打击破坏森林资源违法行为。八是加大投入，林业行政执法机构和队伍建设不断加强。九是多措并举，自然保护区、湿地和野生动植物保护管理工作再上新台阶。

存在着六方面主要问题：一是林地保护和利用的矛盾日益加剧。二是公益林生态效益补偿工作推进迟缓。三是森林资源管理力量薄弱。四是木材流通环节存在漏洞。五是采伐管理理念仍需转变。六是自然保护区管理工作仍需加强。

各派驻森林资源监督机构就现阶段急需解决的问题，向驻在省区人民政府提出了监督建议：一是加大对林地资源的保护力度，严格执行林地征占用定额制度。二是进一步落实林业建设任期目标责任制。三是加强木材运输管理工作。四是强化基层林业机构队伍建设。五是加快森林经营方案编制工作。（于伯康）

**【保护发展森林资源目标责任制检查试点完成】** 2010年，国家林业局资源司、监督办继续组织驻长春、福州和西安3个专员办对吉林省镇赉县、辽宁省灯塔市、江西省安福县、甘肃省古浪县和华亭县开展了保护发展森林资源目标责任制检查试点工作。10月26~28日，在江西省吉安市组织召开保护发展森林资源目标责任制监督检查工作会议，认真总结三年来试点工作取得的经验，全面谋划责任制检查工作开展思路、原则和方法，讨论修改《保护发展森林资源目标责任制检查办法》。

《保护发展森林资源目标责任制检查办法》经充分征求各省(区、市)林业主管部门意见，并多次修改完善，检查办法更加科学、更具操作性，为2011年在全国启动责任制检查工作做好了准备。（段秀廷）

## 森林资源管理体制改革

**【东北内蒙古重点国有林区改革】** 2010年，积极稳妥地推进国有林区改革工作。一是总结森林资源管理体制改革试点经验。2004年，国家林业局在根河、阿里河、汪清、红石、鹤北、西林吉等6个林业局开展了森林资源管理体制改革试点，遵循"国家所有、强化监管、产权清晰、责权明确、资企分开、委托经营"的总原则，基本实现了国有森工企业、森林资源管理权与经营权适度的分离，提高了试点企业局森林资源管理的经营水平。2010年1月，国家林业局召开森林资源管理体制改革试点工作总结会，对东北、内蒙古重点国有林区森林资源管理体制改革试点工作取得的成效和存在的问题进行了总结，研究了深化重点国有林区和森林资源管理体制改革的意见。二是草拟《关于东北内蒙古重点国有林区国有森林资源管理体制改革的意见》。在深入研究和总结试点经验的基础上，对东北四大家已探索的不同改革模式、经验，进行了对比、分析，结合制定天保工程后续政策和编制大小兴安岭生态保护与经济转型规划，草拟了《关于东北内蒙古重点国有林区国有森林资源管理体制改革的意见》。三是召开国有林场和国有林区改革座谈会。为贯彻落实2010年国务院第111次常务会议精神，2010年11月，国家林业局会同国家发改委召开国有林场和国有林区改革座谈会，进一步总结分析国有林区改革取得的经验和存在的问题，并对下一步工作安排进行了部署。四是国务院批准的《大小兴安岭林区生态保护与经济转型规划(2010～2020年)》(国函〔2010〕119号)对重点国有林区改革提出明确要求"用5年左右的时间,完成将地方行政管理、森林资源管理和企业经营分开的改革。稳步推进森林资源管理体制改革,深化国有森工企业改革。" (艾 畅)

**【完善伊春国有林区林权制度改革试点】** 2010年8月,国务院办公厅将《黑龙江省人民政府关于扩大伊春国有林区林权制度改革试点面积的请示》(黑政发〔2010〕67号)批转国家林业局商有关部门研究办理。按照国办的要求,国家林业局会同国家发改委、财政部进行了认真研究,并就答复意见向国务院进行了请示。12月份,根据国务院的批复,以林函资字〔2010〕244号文件明确答复黑龙江省政府:"请黑龙江省人民政府按照《国务院第119次常务会议纪要》和国务院批准同意的改革方案,对伊春改革试点进行全面、系统的检查,总结出改革的经验、成效、存在的问题,特别是对存在问题的整改情况作出总结后,再上报国务院。按照《中共中央 国务院关于加快林业发展的决定》(中发〔2003〕9号)精神和《国务院关于大小兴安岭林区生态保护与经济转型规划(2010～2020年)的批复》(国函〔2010〕119号)的要求,进一步研究提出深化改革试点工作的意见。" (艾 畅)

# 林业政策法规与体制改革

08

**【部署开展规范性文件清理工作】** 为贯彻落实国务院《全面推进依法行政实施纲要》，根据《国务院办公厅关于做好规章清理工作有关问题的通知》（国办发〔2010〕28号）要求，国家林业局开展了局规范性文件清理工作。

根据局档案室提供的数据，国家林业局从新中国成立至2009年底归档文件约为27万多件，其中文件名含有“意见”、“办法”、“通知”、“规定”、“决定”的文件有8万多件，规范性文件清理工作艰巨复杂。根据国办28号文件提出的清理标准有关要求和林业实际情况，国家林业局确定了规范性文件清理的工作原则、重点和标准。一是明确职责。明确了政策法规司作为牵头司局，有关业务司局单位按照“谁制定，谁清理”的原则负责具体清理工作。二是明确清理范围。2009年12月31日之前，以国家林业局名义发布的所有林业规范性文件属于本次清理范围。三是明确清理原则和标准。对不符合法律、法规、规章规定，或者规范性文件之间相互抵触、依据缺失以及不适应经济社会发展要求、不符合现代林业发展方向的规范性文件，特别是对含有加重企业负担、地方保护、行业保护等方面内容的规范性文件，要予以修改或者废止。原文件规定内容已经被法律法规规定或者新的文件规定取代的，应予废止。国家林业局在局网站发布公告，公开征求对我局规范性文件清理的意见和建议。

截至2010年11月，各司局单位共报送规范性文件1000多件。政法司将组织有关专家对各司局提交的规范性文件清理结果逐个进行审查，清理结果将及时向社会公布。 （颜国强）

**【应对涉林非法集资】** 最近几年，涉林非法集资案件多发频发，涉及面广，金额巨大，涉及人员众多，社会关注度高。一些公司假借贯彻落实中央林业决定的名义，打着投资造林、绿化祖国的旗号，以林地林木流转为载体，夸大投资回报率，通过签订一系列合同，吸引大量群众投资。

针对“合作托管造林”发展情况，国家林业局及时出台《国家林业局关于合作（托管）造林有关问题的通知》，提醒投资人注意投资风险，警惕虚假宣传。在中央电视台“焦点访谈”栏目播出专题节目，进行政策解读和引导。同时，为确保社会公众方便快捷地了解各种社会造林政策和林木生长规律，还制作了专题网页，宣传有关法律法规、林业政策、社会造林应注意的问题等内容。

在有关案件处置过程中，国家林业局积极配合协调有关部门对涉案林地林木进行调查核实，加强林地林木保护。同时，稳妥做好购林人的上访接待工作。信访接待工作人员讲政治、讲大局，克服各种困难和问题，依法依规认真做好每次来访接待工作，缓和了矛盾，维护了社会稳定。 （颜国强）

**【林业立法】**

**自然遗产保护法的立法协调工作** 全国人大环资委起草的自然遗产保护法拟将国家级自然保护区和国家级风景名胜区作为自然遗产进行统一管理。这与林业系统自然保护区管理关系密切。为了配合全国人大环资委等有关方面做好立法工作，国家林业局按照全国人大环资委的要求报送了有关自然保护区管理方面的论证材料。为加强林业系统自然保护区管理创造了良好条件。

**《森林法》修改工作** 根据局党组的决定，制定《森林法（修改）工作实施方案》，就集体林权制度改革、林木采伐、林地管理等重大问题，进行立法调研，并在调研、汇总、分析各司局、直属单位和地方林业主管部门意见的基础上，形成《森林法》（修改草稿第一次征求意见稿）及其说明，并再次形成了《森林法修改章节安排及主要内容》。

**法规和部门规章审查工作** 初步审查了沿海防护林保护管理条例；审查修改形成了《野生动植物进出口证书核发管理办法（征求意见稿）》、《大熊猫借展管理办法（征求意见稿）》，《国家级森林公园管理办法（草案）》上报局务会议审议。对有关林权登记、公益林管理、集体林权改革档案管理等方面的部门规章（草稿）提出修改意见。

与农业部共同起草《农村土地承包经营纠纷仲裁法律文书示范文本（试行）》，并于2010年7月由农业部、国家林业局联合发布施行。

**部门规章清理工作** 根据《中华人民共和国立法法》、《国务院办公厅关于做好规章清理工作有关问题的通知》（国办发〔2010〕28号），组织开展了部门规章和规范性文件清理工作，形成《国家林业局关于废止和修改部分林业部门规章的决定（草案）》，并上报局务会议审议。

**农业技术推广法评估工作** 根据全国人大环资委的要求，制定立法后评估工作方案，明确评估的主要内容、工作方式和要求；组织起草完成《国家林业局关于贯彻实施农业技术推广法、种子法情况的汇报》。

**法律法规草案征求意见的协调工作** 对征求国家林业局意见的、涉及林业职能职责的其他部门起草的法律、法规草案，及时会同有关司局提出修改意见，并跟踪意见的采纳情况，例如水土保持法、环境监测条例、土地复垦条例等共办理51件，在相关法律法规草案中体现了林业的职能和职责。 （政法司法规处）

**【林业执法监督和行政复议】**

**林业综合行政执法工作** 按照2010年全国林业厅局长会议关于“逐步推进林业综合行政执法，组织开展规范行政执法行为示范点建设”的要求，起草下发了《国家林业局关于开展林业综合行政执法示范点建设的通知》（林策发〔2010〕103号），决定在全国开展林业综合行政执法示范点建设，力争通过建立一批林业综合行政执法示范点，实现林业行政执法体系不断健全，林业行政执法队伍不断加强，林业行政执法手段不断改善，林业行政执法行为不断规范。研究起草《“十二五”期间林业综合行政执法机构能力建设规划》编制工作方案，并经局领导批准后，按照工作方案要求，在深入调研、认真测算的基础上，完成规划涉及的建设重点、投资估算、保障措施等主要内容的起草工作。组织完成《林业综合行政执法示范点建设标准（征求意见稿）》的起草工作。

**规范林业行政执法行为工作** 组织开展林业行政处罚文书的修改研究工作；开展预防林业渎职犯罪的相关课题研究，在对课题研究成果归纳整理的基础上，形成《预防林业渎职犯罪研究报告》，该报告得到了有关局领导的充分肯定，并专门批示“要认真吸收该研究报告有益成果，坚持教育、制度、监督并重和有机结合，不断加大预防和惩治林业渎职犯罪工作力度，为树立林业良好形象作出应有贡献”。

**全国林业行政执法人员管理系统的升级改造工作** 根据国家林业局关于做好内外网整合改造的总体要求，为保障该系统的稳定运行及执法人员的信息安全，在充分调研和征求意见的基础上，制定对该系统进行安全升级和优化改造的详细方案，并正式开始组织具体实施工作。2010 年共为国家林业局有关单位及 22 个省级林业主管部门增发、补发林业行政执法证 5467 套，确保了全国各级林业主管部门的执法人员能够做到持证上岗、严格执法。

**行政复议工作** 2010 年，国家林业局共有行政复议案 9 件，其中往年结转 1 件，新收办行政复议案件 8 件。继续做好黑龙江虎林独木河行政复议案件有关工作；加强行政复议案件办理工作，积极探索行政复议案件有效办理形式；组织召开全国林业行政复议案例研讨会，研讨分析了近年来新发生的林业行政复议典型案例，交流各地区行政复议案件办理经验，对于指导地方林业主管部门开展行政复议工作，起到了良好的作用；做好国务院法制办有关行政复议的征求意见答复工作，提出了国家林业局关于行政复议法修改的有关意见和建议。

（政法司监督检查处）

**【林业普法】**

1. 制定并印发《2010 年林业系统法制宣传教育工作要点》(办策字〔2010〕37 号)，指导林业系统法制宣传教育工作。

2. 组织实施“五五”普法总结验收。研究制定林业系统的“五五”普法检查验收标准；制定印发《国家林业局关于开展林业系统“五五”普法检查验收工作的通知》(林策发〔2010〕99 号)，全面部署“五五”普法总结验收工作；局有关单位组成抽查小组，分别对有关省区和局直属单位进行抽查，并对“五五”普法进行了全面总结验收。

3. 组织拍摄系列普法短剧。根据全国农村党员干部现代远程教育工作领导协调小组印发的《农村党员干部现代远程教育专题教材制播工作实施意见》(远组字〔2008〕1 号)和国家林业局摄制普法短剧的总体安排，组织拍摄了普法短剧。

4. 组织开展“六五”普法规划研究工作。按照司法部、全国普法办印发《2010 年全国普法依法治理工作要点》(司发通〔2010〕4 号)的要求，对林业系统法制宣传教育“六五”规划的有关理论问题进行了研究，组织开展了“林业系统法制宣传教育第六个五年规划”的课题研究。

（政法司普法办）

**【林业行政许可和行政审批制度改革】**

**完善林业行政许可制度，依法规范林业行政许可行为** 启动行政许可公告修改工作，进一步简化或明确申请人需要提交的材料，简化申报程序，进一步规范行政许可行为；加强对省级林业主管部门行政许可指导工作，及时纠正一些地方行政许可项目初审不规范的情况，推动地方行政许可的规范化和程序化工作；部署开展行政许可监督检查，对部分省开展行政许可专项监督检查工作；组织开展“行政许可项目资金定额标准研究”，对国家林业局行政许可项目资金的支出范围、资产配置标准、资产耗费标准、业务工作内容标准等进行研究制定，行政许可资金使用有章可循，规范使用；首次举办林业行政许可窗口人员培训班，进一步提高行政许可窗口工作人员的法律素质。

**依法履行职责，确保林业行政许可工作正常开展** 2010 年，共实施林业行政许可事项 197 725 件(准予 188 976 件，不准 8749 件)。其中按具体承担单位计：国家林业局机关实施许可 4880(准予许可 4823，件，不准予许可 57 件)；植物检疫机构准予许可 23 件；濒管系统实施许可 61 003 件(准予许可 60 996 件，不准予许可 7 件)；国家林业局驻内蒙古森林资源监督专员办事处实施许可 27 976(准予许可 27 918 件，不准予许可 58 件)；国家林业局驻长春森林资源监督专员办事处实施许可 27 053；国家林业局驻黑龙江省森林资源监督专员办事处实施许可 55 223(准予许可 47 133 件，不准予许可 8090 件)；国家林业局驻大兴安岭林业集团森林资源监督专员办事处实施许可 21 567(准予许可 21 030 件，不准予许可 537 件)。

**继续推进行政审批制度改革** 根据国务院审改办印发的《关于印发马馼同志在行政审批制度改革工作部际联席会议第五次会议上的讲话及行政审批制度改革工作部际联席会议下一阶段工作要点的通知》(监办发〔2010〕20 号)和《关于填报行政审批项目情况登记表的通知》(监函〔2010〕58 号)精神，对 2008 年以来国家林业局行政许可和非行政许可审批项目的变化情况进行摸底调查，填报新设立或拟取消和调整的行政审批项目，加强对已取消项目的后续监管，部署相关单位逐项制定具体处理方式和后续监管办法。

（政法司许可办）

# 集体林权制度改革

【综　述】

**林改确权**　全国30个省(区、市)已确权面积1.62亿公顷，占88.8%，比2009年增加了37.3%。其中家庭承包经营的1.04亿公顷，占64.1%，包括自留山0.25亿公顷、均山到户0.11亿公顷、联户承包0.08亿公顷；集体经营的0.36亿公顷，占21.9%，包括集体股份制经营0.21亿公顷，集体统一经营0.15亿公顷；其他形式经营0.23亿公顷，占13.9%，包括大户承包0.08亿公顷。全国已经发放林权证7753万本，比2009年增加了39.9%，发证宗地数1.9亿宗，发证面积1.34亿公顷，占已改林地总面积的82.6%。

**地方森林生态效益补偿制度**　有24个省(区、市)建立了地方森林生态效益补偿基金制度，在中央财政补偿国家生态公益林0.6993亿公顷，补偿资金75.8亿元的基础上，补偿地方公益林0.173亿公顷，金额25.88亿元，其中省级财政23.28亿元，市县2.60亿元。北京市地方公益林亩均补偿24元，资金2.44亿元。江苏亩均21元、浙江亩均17元、福建亩均13元。福建、浙江、海南、江苏、湖南、广东、四川、甘肃8省财政就出资4.15亿元。

**抵押贷款**　全国有26个省(区、市)开展了抵押贷款工作。抵押贷款面积280.53万公顷，贷款金额322亿元，比2009年增加了45.4%，平均每亩贷款765元。其中农民抵押贷款面积179.8万公顷，抵押贷款金额131亿元，比2009年增加了31%，平均每亩贷款486元。

**森林保险**　有17个省(区、市)开展森林保险，投保面积0.317亿公顷，比2009年增加了75.9%，保险金额2061.78亿元，同比增长80.6%，保费3.82亿元，同比增长1.12倍，其中政策性补贴2.82亿元，增长了1.35倍，平均每亩保险金额约434元，平均每亩保费0.8元。

**林权流转**　全国有26个省(区、市)成立了851个林权管理服务机构，618个资产评估机构。发生集体林地流转0.0813亿公顷，占已确权林地的5%，流转宗地4089万宗，流转总金额178亿元。

**合作组织**　全国除西藏外的30个省(区、市)共建立林业合作组织9.45万个，比2009年增加了1.17倍，加入合作组织的农户1136万户，合作组织经营林地面积0.143亿公顷，比2009年增加了43.3%，占已确权的林地总面积的8.8%，其中林业专业合作社1.78万个，加入合作社的农户为655万户，合作社经营的林地面积为486.27万公顷，占已确权的林地总面积的3%。

**增收贡献**　据29个省(区、市)不完全统计，2010年农民人均年收入为5669元，其中来自林业的收入829元。占总收入的1/7。

(集体林权制度改革由林改司供稿)

# 林业科学技术

10

# 林业科技管理

【综　述】 2010年，林业科技工作重点围绕实现2020年林业奋斗目标，加强攻关、促进转化、提高能力，打响新形势下的林业科技攻坚战，按计划如期完成各项工作任务，继续把“服务林改、引领产业、规划长远”等工作引向深入、抓出实效，推动林业科技工作再上新台阶、全行业科技进步再上新水平，为发展现代林业、建设生态文明作出新贡献。

**确保实现“双增”目标**　通过组织召开“依靠科学技术，发展现代林业，确保2020年奋斗目标”为主题的院士专家座谈会、全国林业科技处处长座谈会、部分司局和直属单位座谈会，找准现代林业发展的科技支撑点，明确科技工作重点目标。2010年，紧扣实现“双增”目标、应对气候变化、促进产业升级、服务集体林改等重大战略需求，共组织实施林业公益性行业科研专项、国家科技支撑计划、国家重大科技专项、中央财政林业科技推广示范资金专项、农业科技成果转化项目以及引进国际先进技术(“948”)、国家级科技成果推广、林业标准化等中央财政预算项目近800项，累计争取中央财政投入近7亿元，与2009年度同比增加约21%。同时，针对2011年及“十二五”林业科技形势，已争取到59项(课题级)国家“十二五”科技计划储备项目，其中逆境生态林树木种质优选与示范等7个林业生态科技工程类项目已获准优先启动，国拨经费5000万元；争取林业公益性行业科研专项93项，国拨经费1.86亿元；国家重大科技专项高分辨率对地观测系统林业应用项目，首批中央财政预算850万元；已初步批复2011年林业科技财政项目7686万元。

**全面推进科技服务林改活动**　依托2010年中央财政林业科技推广示范资金，实施“林业科技富民工程”，促进林业增效、林农增收。按照“突出重点，科学规范”的原则，围绕集体林权制度改革工作重点，组织实施297个跨区域重点推广和地方示范推广项目，总经费达3亿元；组织5个调研组分赴全国10个省(区)开展“林业科技富民工程”调研，掌握和监督工程组织、实施、管理情况，提高中央财政林业科技推广示范资金项目的辐射带动成效。启动林业科技特派员科技创业行动，选派2278名林业科技特派员，深入林业改革发展第一线开展创业活动，累计承担技术开发项目1221项、技术推广项目614项，指导农户57万户，培训林农186万人，受到广大林农的欢迎，在2010年科技特派员农村科技创业行动工作推进会等多种场合得到科技部等的充分肯定。利用举办科技活动周、杨凌高新科技成果博览会等重要平台，加强林业科技知识普及和科技成果推介，不断提升林农科学素质。经中国科协认定，9个林业科普基地被评选为全国科普基地。

**引领战略新兴产业发展**　着眼林业科技产业发展战略全局，启动“林业科技引领计划”，重点围绕林业生物种业、林药、林业新材料、林业生物质能源等战略性新兴产业，组织实施33项林业产业技术攻关项目，引导林业产业向着高效、高值、高端、低碳“三高一低”的方向发展。油茶产业升级关键技术研究与示范项目取得重要进展，建立油茶优良种质资源1000多份，选育出油茶高产、优质、抗逆优良无性系91个，其中42个通过良种审(认)定，并确定主要良种适生区域；开展油茶高产良种、丰产栽培技术集成与示范，累计达0.51万公顷；建立油茶精深加工技术示范中试线、生产线8条，有机原料生产基地0.11万公顷；开展茶油化学成分及对健康促进机理专项研究，并在临床医学得到初步验证，为油茶产业开发、发展提供了科学实验数据和理论支持。进一步加强对林业新兴产业的引导和规范，印发《国家林业生物产业基地认定办法(试行)》，批复建立了山东菏泽国家牡丹高技术产业基地；起草《国家林业局工程技术研究中心管理办法(试行)》，进一步规范林业工程技术研究中心建设；小径材重组木高效加工利用产业化示范工程和林木良种繁育(山西太原基地)高技术产业化示范工程通过验收，国产遥感影像在林业灾害应急处理中的应用高技术产业化示范工程项目获国家发改委批复立项；联合科技部、卫生部召开林源中药培育与开发利用研讨会，引导林源中医药产业健康发展。

**科学谋划长远发展**　组织编制《林业科技“十二五”发展规划》(以下简称《规划》)。《规划》以中央林业工作会议精神为指导，按照“发展现代林业、建设生态文明、推动科学发展”的总体工作目标，以《国家中长期科学和技术发展规划纲要》和《林业科学和技术中长期发展规划》等为依据，围绕“支撑双增、引领发展”的总体要求，立足“突出创新、强化应用、升级产业、服务林改”四个主题，紧扣生态建设、木材安全及产业升级、林改及兴林惠民和应对全球气候变化等战略需求，对“十二五”林业科技工作作出全面规划，布局33个林业科技重大工程。《规划》在征求相关方面意见和建议的基础上，已于2010年10月26日通过局科技委论证，即将进入组织实施阶段。会同农业部、水利部共同起草的《关于“十二五”期间继续加强引进国际农业先进科学技术工作的请示》获得国务院批准。组织编写了“林业科学试验林基地建设”、“陆地生态系统定位研究网络建设”、“国家林业生物基因资源库建设”等重大科技基础设施建设“十二五”和中长期建设需求，已提交国家发改委。

**提升林业发展质量效益**　针对林业中心工作和国际标准发展态势，加强林业标准制定修订工作，组织开展林业行业标准制定修订项目166项，批准发布84项，建立了油茶、核桃、板栗等10个全国林业标准化示范区，林业标准化项目通过财政部绩效考核。落实国家采标战略和实质性参与国际标准化活动的要求，积极参与国际标准化活动，承担《实木地板》等6项国际标准制修订任务，承办ISO/TC218(木材)和TC89(人造板)国际标准年会，为中国争取更多的国际话语权，更加迅速地抢占了中国林产品进出口贸易的技术制高点。启动全国森林消防、林业有害生物防治标准化技术委员会筹建工作，开展林业标准化知识培训。加强林产品质量安全监管，编制《全国林产品质量检验检测机构建设规划(2011～2020)》，开展中国林科院林化所、河北省林果桑花质检中心的“国家林业局质检机构设立审批”相关工作，研究起草《林产品质量安全管理办法(草稿)》。

**加强科技服务与决策咨询** 推进森林防火科技，重点加强森林防扑火机具和装备研制、森林防火通信和信息体系建设、森林火险预警和火情监测等关键技术研究。加强保护科技，重点开展自然保护区建设与生物多样性保育、极小种群野生植物保护、野生动物保护与重大疫病防控、森林有害生物防控、森林火灾监测预防扑救等技术研究。强化湿地科技，重点开展农源湿地保护与利用、典型湿地退化机理及恢复等研究，攻克重要物种栖息地恢复、源头污染湿地截留与消减净化、退化湿地生态系统生境恢复等关键技术研究。服务科学决策，充分发挥科技委、专家咨询委员会的作用，对林业发展规划、荒漠化监测、天然林资源保护工程等6个林业发展重大事项进行专家论证；围绕现代林业建设中林权制度改革等8个重点战略问题开展林业软科学研究，为局党组决策提供技术咨询服务。

**提升科技基础条件能力** 依据《生态定位站发展规划》，开展34个拟建生态站的论证咨询工作，争取中央财政投资4000万元，进一步加强国家林业局陆地生态系统定位观测研究台站网络建设。以生态定位监测数据为基础，科学评估全国森林生态服务功能，并通过国务院新闻发布会向社会予以正式公布，正式发布《中国森林生态服务功能评估》专题报告。重点实验室建设稳步推进，组织推荐中国林科院“林木种质创新实验室”和“森林生态实验室”申报国家重点实验室；启动国家林业局重点实验室建设运行评估的相关工作。组织编制《全国林业科技推广体系建设规划(2010～2015年)》，配合全国人大农业与农村委员会开展了《农业推广法》立法后评估和执法情况调研工作，落实中央投资计划2100万元，进一步加强基层林业科技推广机构条件能力建设。争取中央投资1200万元，进一步加强林产品质量检验检测体系建设。林机、林化、竹产业等重点产业的创新联盟已进入申报程序，《国家林业局关于林业产业技术创新战略联盟构建工作的指导意见》已完成意见征求工作。

**提高科技工作绩效** 强化项目组织管理，采取以会代训的方式，邀请相关管理专家，各项目承担单位负责人、项目及财务管理负责人、项目负责人、上级主管理单位科技和财务负责人等，集中进行相关管理知识的培训。强化项目实施过程管理，开展项目中期评估，及时掌握项目实施和目标实现情况，督促项目按计划执行，重点加强项目现场查定、财务审查、会议验收等工作。强化项目总结验收管理，严格考核项目任务书规定的考核指标和预期目标，根据项目任务实现情况，指导制定后续相关项目计划。建立林业科技成果推广项目储备库和林业科技推广专家库，共收集4027个林业科技成果推广项目，2126位高级专家。通过强化管理，国家重点基础研究发展计划(“973”计划)速生优质林木培育的遗传基础及分子调控项目通过科技部组织的中期评估，并获得科技部后续滚动支持，国拨经费1410万元；牵头组织的“十一五”支撑计划项目的78个课题通过验收，认定科技成果165项；118个“948”项目通过中期评估，180个项目通过验收；对77个林业科技推广项目进行集中验收，对32个农业科技成果转化资金项目进行现场查定；70个林业标准化示范区项目通过验收，对2005年前发布的国家标准进行复审。全年共登记林业科技成果275项，6项获国家科技进步二等奖、1项获国家技术发明二等奖。

**推动国际科技合作交流** 继成功实施中国/GEF干旱生态系统土地退化防治伙伴关系第一阶段能力建设项目之后，第二阶段管理与政策支持项目于2010年5月正式启动。新项目继续坚持多部门、多层次参与的领导体制和协调配合机制，站在国家发展的全局和战略高度，把全球利益、国家利益、区域利益、民众利益紧密结合，创新和发展IEM理念，探索治理模式，考量治理效果，为各级政府决策提供管理与政策支持。目前，新项目聘用的中央、省区两级专家以及4个组分设定的5个研究领域的创新团队已相继到位，创建项目节点联动、多位互动、多方协作的高效工作机制，以财务管理为重点的项目组织管理工作继续加强；从发展国家伙伴关系的角度，稳步推进与土地退化防治紧密相关的植被碳吸收、经济成本效益分析、公—私伙伴关系、效益监测与评价、综合性生态补偿机制等几个重大领域的探索创新活动，按计划取得了阶段性工作进展。

**【林业科技活动周】** 2010年，国家林业局科技司联合绿委办、宣传办、湿地办、中国林科院、中国林学会、中国野生动物保护协会等单位开展了“林业科技活动周”系列活动，包括林业与全球气候变化、倡导低碳生活科普宣传活动，林业科技服务和科普惠民活动，科普服务集体林权制度改革活动，爱鸟周活动，中国湿地万里行——2010年沿海湿地采访活动等。

(林业科学管理由科技司综合处供稿)

## 林业科学研究

**【国家科技支撑计划项目】** 油茶产业升级关键技术研究与示范项目经过近两年的攻关，选育、创制并保持了1000多份油茶优良种质，选育出普通油茶高产、优质、抗逆优良无性系91个，其中通过审(认)定42个，并研究提出主要良种的适生区域，试验林产油量多数达到50千克以上；通过新品种新技术的组装配套和集成创新，分别在各主产区开展油茶高产良种、丰产栽培技术集成与示范，累计示范面积达5108公顷，并建立油茶精深加工技术示范中试线、生产线8条，有机原料生产基地1160公顷，为油茶产业发展提供强有力的技术支撑。茶油化学成分及对健康促进机理研究取得突破。

2010年9月，国家林业局科技司对"十一五"到期的8个项目所属的78个课题进行课题计划任务与财务验收，认定科技成果165项，筛选11项重大科技成果向科技部进行推荐。经过5年的科技攻关，各项目在生态建设与保护、林木资源培育、荒漠化防治、木(竹)材加工、林产化工等研究领域取得新的突破和重大进展。研制开发成功各类新产品(或新品种)、新材料、新工艺、新装置、计算机软件等403项(种、件、套)；发表科技论文3714篇，其中向国外发表428篇；出版科技著作117部，计4264万字；培养研究生1793名，其中取得博士学位500名，取得硕士学位1293名；获得国内外专利授权132项，其中发明专利72项；研制完成国家标准19项，行业标准80项；成果应用138项，成果转让37项；获得国家科技奖励12项，省部级科技奖励43项。

**【公益性行业科研专项】** 经专家评审、报送项目建议等程序，国家林业局2010年报送的75个项目获得财政部、科技部正式批准立项，批复经费总预算23 051万元，较2009年度增长9000万元。这批项目主要结合林业的重点需求，围绕生态建设、林木良种与生物技术、森林可持续经营、林业生物质材料与资源高效利用、林业应对气候变化等方面，开展相关研究。

经过近三年的科技攻关，一批有重要影响力的科技成果已初步产生并在林业生态建设和产业发展中得以应用，取得显著成效。共发表研究论文457篇，其中SCI 44篇，EI 36篇；撰写专著27部，申请专利65项，培养研究生189名，制定国家和行业标准21项；获得国家科技进步二等奖4项，省部级奖励11项。其中毛竹基因测序研究专项完成了毛竹基因组序列的测定与组装，进行了毛竹cDNA数据库的构建与系统进化信息分析，为全面开展竹子基因组学研究搭建了优势平台，将对毛竹和其他竹类植物的遗传改良发挥重要作用。森林与气候变化专项在中国典型林区气候变化趋势和区域气候情景模式构建等方面取得阶段性成果，同时围绕国际热点问题开展跟踪探索，提出REDD+和LULUCF议题的研究对策，并被联合国坎昆气候变化大会中国谈判代表团采纳，总结编写的《世界主要国家林业应对气候变化行动及政策机制借鉴》、《林业应对气候变化国际进展与对策分析》、《气候变化对中国林业发展的影响评价》等研究与咨询报告，为国家制定应对气候变化政策、参与国际谈判等提供了重要的基础数据和技术支持。

**2010年度林业公益性行业科研专项经费项目一览表**

| 序号 | 项目编号 | 项目名称 |
|---|---|---|
| 1 | 201004001 | 新型木本生物质能源资源培育及开发利用研究 |
| 2 | 201004002 | 我国典型森林类型健康经营关键技术研究 |
| 3 | 201004003 | 森林病虫害生物控制及火灾生态调控技术研究 |
| 4 | 201004004 | 杨树产业资源林培育及新产品开发关键技术研究 |
| 5 | 201004005 | 丛生竹高附加值建筑制品制造关键技术研究 |
| 6 | 201004006 | 木材产业升级关键技术研究 |
| 7 | 201004007 | 林区重要林化医药资源就地采集加工及开发利用技术研究 |
| 8 | 201004008 | 林改后南方林地可持续高效经营关键技术研究与集成示范 |
| 9 | 201004009 | 重要乡土树种核心种质评价及高效育种共性技术研究 |
| 10 | 201004010 | 荒漠生态系统服务功能监测与评估技术研究 |
| 11 | 201004011 | 秦巴山区栓皮栎林定向培育与高效利用技术研究 |
| 12 | 201004012 | 梅花新品种选育及产业升级关键技术研究 |
| 13 | 201004013 | 植物多酚型稀有金属络合剂开发及产业化研究 |
| 14 | 201004014 | 松杉人工林地力恢复与有害生物防控关键技术研究 |
| 15 | 201004015 | 银杏叶和外种皮加工产业化关键技术研究 |
| 16 | 201004016 | 生态建设驱动模式与监测评价研究 |
| 17 | 201004017 | 枣新品种选育和产业升级关键技术研究 |
| 18 | 201004018 | 南方退耕还林工程建设效益监测评价研究 |
| 19 | 201004019 | 生态脆弱区发展菌草业关键技术研究 |
| 20 | 201004020 | 优良速生阔叶树种黄梁木和红椿定向培育技术 |
| 21 | 201004021 | 油松、华北落叶松高效培育与经营关键技术研究 |
| 22 | 201004022 | 悬铃木种质资源创制与新品种培育研究 |
| 23 | 201004023 | 科尔沁沙地植被构建模式与生态防护体系研究 |
| 24 | 201004024 | 退化山地营建生态经济型水土保持林关键技术研究 |
| 25 | 201004025 | 青海湖周抗寒抗旱固沙植物筛选与快繁研究 |
| 26 | 201004026 | 东北林区主要树种基础模型系统研究 |
| 27 | 201004027 | 保健功能性核桃产业化开发关键技术研究 |
| 28 | 201004028 | 玛咖规范种植及保健产品研制关键技术研究 |
| 29 | 201004029 | 杜仲育种群体建立与综合利用技术研究 |
| 30 | 201004030 | 森林防火统一通信系统研究与试点示范 |
| 31 | 201004031 | 大叶女贞、广玉兰等华北常绿阔叶乔木树种良种选育技术研究 |
| 32 | 201004032 | 南方集体林区次生林抚育间伐与高效利用技术研究 |
| 33 | 201004033 | 生态经济型石漠化植被恢复模式构建技术研究 |
| 34 | 201004034 | 山杏种质资源发掘及定向育种技术研究 |
| 35 | 201004035 | 额尔齐斯河天然杨树种群遗传多样性研究 |

（续）

| 序号 | 项目编号 | 项目名称 |
|---|---|---|
| 36 | 201004036 | 秦岭山地森林增汇理水技术体系研究 |
| 37 | 201004037 | 仁用杏良种选育及优质稳产栽培关键技术研究 |
| 38 | 201004038 | 杉木实木功能地板刨制关键技术研究 |
| 39 | 201004039 | 三峡库区流域生态修复关键技术研究 |
| 40 | 201004040 | 木豆叶活性成分高效生产加工关键技术研究 |
| 41 | 201004041 | 枣树裂果综合防控技术体系研究 |
| 42 | 201004042 | 城市地带性乡土植物材料筛选与体系构建模式研究 |
| 43 | 201004043 | 大小兴安岭低质林结构与功能优化技术研究 |
| 44 | 201004044 | 低山丘陵区林草复合模式优化及水土保持效应研究 |
| 45 | 201004045 | 玛曲退化湿地生态恢复关键技术与模式 |
| 46 | 201004046 | 白桦基因组测序研究 |
| 47 | 201004047 | 华南立体林业经营模式研究与示范 |
| 48 | 201004048 | 核桃集约及可持续生产关键技术研究 |
| 49 | 201004049 | 杉木优异种质资源挖掘、创新和新品种定向培育技术研究 |
| 50 | 201004050 | 乐昌油杉良种选育研究 |
| 51 | 201004051 | 热能自给型木质活性炭连续化生产利用技术研究 |
| 52 | 201004052 | 枣和核桃病虫害防控技术装备研究 |
| 53 | 201004053 | 都市型自然保护区保护与适应关键技术研究 |
| 54 | 201004054 | 濒危物种再引入的关键技术及评估体系研究 |
| 55 | 201004055 | 黄精资源培育及深加工关键技术研究 |
| 56 | 201004056 | 石蒜属植物新品种选育和产业化技术研究 |
| 57 | 201004057 | 木质碳纤维化学反应、微细结构及其调制技术研究 |
| 58 | 201004058 | 黄土高原生态恢复对径流泥沙影响评价技术研究 |
| 59 | 201004059 | 中国沙漠分类与编目指标体系研究 |
| 60 | 201004060 | 强降温气候对杨树抗冻性影响及抗冻防病技术 |
| 61 | 201004061 | 林木解磷细菌与菌根互作机理及促生抗逆效应研究 |
| 62 | 201004062 | 松材线虫病重点新疫区精细化风险评估研究 |
| 63 | 201004063 | 樟子松人工林稳定高效、可持续经营技术研究 |
| 64 | 201004064 | 西部山地型城市森林生态网络构建与景观建设研究 |
| 65 | 201004065 | 蓝靛果忍冬引种选育及栽培技术研究 |
| 66 | 201004066 | 闽楠优良种源选择及培育关键技术研究 |
| 67 | 201004067 | 云南松小蠹生物调控关键技术研究 |
| 68 | 201004068 | 北五味子等寒地浆果育种及栽培技术研究 |
| 69 | 201004069 | 桦木醇高效利用的关键技术研究 |
| 70 | 201004070 | 蔗糖高容量替代三聚氰胺制备新型木材胶黏剂产业化关键技术研究 |
| 71 | 201004071 | 南方特色工业用油料植物利用关键技术研究 |
| 72 | 201004072 | 抗松材线虫病马尾松种源及抗性育种技术研究 |
| 73 | 201004073 | 樟树特色品种选育与化学开发利用研究 |
| 74 | 201004085 | 香梨等新疆特色林果产业支撑技术研究 |
| 75 | 201004091 | 滨海淤长型湿地保护与恢复关键技术研究 |

**【引进国际先进林业科学技术计划项目(“948”项目)】** 2010年度，国家林业局批准立项引进国际先进林业科学技术计划项目24项，主要围绕生态建设与生态安全、林业良种培育、林业资源高效利用、森林可持续经营等领域开展先进技术引进及引进技术的创新与示范。完成2010年度到期“948”项目的验收工作，通过验收123项，认定成果100项。

**2010年度“948”项目一览表**

| 序号 | 项目编号 | 项目名称 |
|---|---|---|
| 1 | 2010－4－01 | 利用生境制图进行黄土高原林地分析评价技术引进 |
| 2 | 2010－4－02 | 用于滇西北重要生态功能区森林植被恢复技术引进 |
| 3 | 2010－4－03 | 人工林智能经营决策系统三元混合通量模型的技术引进 |
| 4 | 2010－4－04 | 大型水库水源涵养林可持续经营技术引进 |
| 5 | 2010－4－05 | 原木径级视频识别与数字化检尺技术引进 |
| 6 | 2010－4－06 | 珍贵观赏树种欧洲银柳、西伯利亚野苹果资源及培育技术引进 |
| 7 | 2010－4－07 | 仁果类果树综合栽培管理技术引进 |
| 8 | 2010－4－08 | 便携式原木弹性模量分等技术引进 |
| 9 | 2010－4－09 | 光皮树生物柴油生产新工艺引进 |
| 10 | 2010－4－10 | 生物柴油多效催化剂生产技术引进 |
| 11 | 2010－4－11 | 水源林结构定向调整与恢复技术引进 |
| 12 | 2010－4－12 | 天然林可持续施业技术引进 |
| 13 | 2010－4－13 | 优质鲜食苹果新品种及矮砧密植集约栽培技术引进 |
| 14 | 2010－4－14 | 现代木结构桥梁工程材制造应用技术引进 |
| 15 | 2010－4－15 | 基于森林生态系统管理的人工林经营技术引进 |
| 16 | 2010－4－16 | 木质素与纤维素细胞壁区域检测新技术引进 |
| 17 | 2010－4－17 | 生物缓冲带荒漠化防治技术体系引进 |
| 18 | 2010－4－18 | 应对气候变化下的水源涵养林经营与景观恢复技术引进 |
| 19 | 2010－4－19 | 银杏叶精深加工功能菌种及关键技术引进 |
| 20 | 2010－4－20 | 水溶性喜树碱衍生物纳米新材料制备工艺与技术引进创新 |
| 21 | 2010－4－21 | 城市周边污染土地生物修复技术引进 |
| 22 | 2010－4－22 | 植物油脂生物精炼关键技术引进 |
| 23 | 2010－4－23 | 沿海滩涂植被新品种及生物改良技术引进 |
| 24 | 2010－4－24 | 林区木材剩余物就地加工木颗粒技术引进 |

**2010 年度"948"验收项目认定成果一览**

（续）

| 序号 | 成果名称 | 完成单位 |
|---|---|---|
| 1 | E0 级胶合板用新型木材胶黏剂制备技术 | 中国林科院木材工业研究所 |
| 2 | MW 级锥形流化床热解气化发电及综合利用技术 | 中国林科院林产化学工业研究所 |
| 3 | 桉树人工林可持续立地管理技术 | 国家林业局桉树研究开发中心 |
| 4 | 百合资源收集、评价及新品种选育 | 北京林业大学 |
| 5 | 薄壳山核桃采穗圃营建与规模化繁殖技术 | 中国林科院亚热带林业研究所 |
| 6 | 报春花属种质资源收集、保存及新品种培育 | 北京林业大学 |
| 7 | 北方滨海重盐碱地植被恢复技术 | 天津市泰达盐碱地绿化研究中心 |
| 8 | 北美红花槭、北美鹅掌楸和鲁蜡系列双容器培育配套技术 | 山东省林木种质资源中心 |
| 9 | 餐用油橄榄罐头加工工艺与技术 | 甘肃省林业科学研究院 |
| 10 | 超薄木工圆锯片制造技术 | 中国林科院木材工业研究所 |
| 11 | 大袋蛾性信息素的鉴定、合成及立体构型的确定 | 南京林业大学 |
| 12 | 单根植物短纤维拉伸力学性能测试技术及装备 | 国际竹藤网络中心 |
| 13 | 淡水森林湿地植被恢复适生树种筛选技术 | 中国林科院森林生态环境与保护研究所 |
| 14 | 邓恩桉优良种源－家系－无性系选择和繁育技术 | 广西壮族自治区林业科学研究院 |
| 15 | 东部白松抗逆性良种选育及配套栽培技术 | 辽宁省林业科学研究院 |
| 16 | 多通道森林土壤自动监测系统 | 中国林科院热带林业研究所 |
| 17 | 高热值速生能源树种选择及能源林培育技术研究 | 湖南省林业科学院 |
| 18 | 果蓬类废弃物机制炭化棒工艺技术与设备 | 浙江省林业科学研究院 |
| 19 | 红树林适应性群团抽样调查技术 | 中国林科院资源信息研究所 |
| 20 | 蝴蝶兰、大花蕙兰、兜兰资源收集、评价及种质创制 | 北京林业大学 |
| 21 | 虎眼万年青繁育技术 | 中国林科院林业研究所 |
| 22 | 花吊丝竹、麻竹等丛生竹种的组培快繁技术 | 中国林科院亚热带林业研究所 |
| 23 | 花木泥炭基质生产关键技术 | 北京林业大学 |
| 24 | 桦木醇提取及转化技术 | 东北林业大学 |
| 25 | 环保多功能木材改性处理剂合成技术与新型木材改性技术处理设备 | 北京林业大学 |
| 26 | 基于光谱和纹理特征的竹资源遥感监测技术 | 国际竹藤网络中心 |
| 27 | 基于景观规划的自然保护区管理技术 | 湖北省林业科学研究院 |
| 28 | 基于木材密度的人工林碳储量估测技术 | 中国林科院热带林业研究所 |
| 29 | 基于遥感反演的沙化草地生物量评价技术 | 中国林科院林业研究所 |
| 30 | 集成化林火动态监测与精确定位系统及定位方法 | 南京森林警察学院 |
| 31 | 甲醛等有害物质消除剂生产与应用技术 | 北京林业大学 |
| 32 | 结构用杉木胶合木及其制造方法 | 国际竹藤网络中心 |
| 33 | 结构用杉木指接规格材及其制造方法 | 国际竹藤网络中心 |
| 34 | 巨桉、尾巨桉和巨赤桉转基因技术 | 中国林科院热带林业研究所 |
| 35 | 均相共溶剂油脂连续化制备生物柴油技术 | 中国林科院林产化学工业研究所 |
| 36 | 卡特兰花期调控技术 | 中国林科院林业研究所 |
| 37 | 可降解木塑育苗苗盘制造技术 | 中国林科院木材工业研究所 |
| 38 | 控制柏肤小蠹的信息化合物合成及其应用技术 | 北京市园林绿化国际合作项目管理办公室 |
| 39 | 昆虫体内活性物质诱导及提取技术 | 中国林科院资源昆虫研究所 |
| 40 | 兰云杉体细胞诱导技术 | 吉林省林业科学研究院 |
| 41 | 梁柱式杉木结构建筑制造技术 | 国际竹藤网络中心 |
| 42 | 林化产品的喷雾冷冻干燥技术 | 中国林科院林产化学工业研究所 |
| 43 | 林区沼气小型发电关键技术 | 广西壮族自治区林业科学研究院 |
| 44 | 磷高效利用桉树品系的筛选及推广示范 | 福建省林业科学技术推广总站 |
| 45 | 裸地植被系统快速恢复与重建技术 | 上海市林业总站 |
| 46 | 落叶松材工字格栅关键制造技术 | 国际竹藤网络中心 |
| 47 | 马桑、多兰木兰等紫色土先锋植物在高速公路边坡植被恢复技术研究 | 湖南省森林植物园 |
| 48 | 马尾松和马褂木营养高效品种选育及配套育林技术 | 中国林科院亚热带林业研究所 |
| 49 | 美国银合欢新品种引种栽培技术 | 云南省林业科学院 |
| 50 | 木材薄板染色及树脂浸渍技术 | 国际竹藤网络中心 |
| 51 | 木材加工高速电主轴制造技术 | 国家林业局林业机械研究所 |

（续）

| 序号 | 成果名称 | 完成单位 |
|---|---|---|
| 52 | 木材热处理设备与技术 | 中国林科院木材工业研究所 |
| 53 | 木材微波预处理技术 | 中国林科院木材工业研究所 |
| 54 | 木材物理力学性能快速预测技术 | 中国林科院木材工业研究所 |
| 55 | 木蠹象引进诱剂制备及应用技术 | 中国林科院森林生态环境与保护研究所 |
| 56 | 木结构房屋舒适性能评价技术 | 中国林科院木材工业研究所 |
| 57 | 木质纤维 SSCF 法制取乙醇燃料技术 | 中南林业科技大学 |
| 58 | 木质纤维原料制取燃料乙醇的集成技术 | 南京林业大学 |
| 59 | 诺丽引种栽培及产业化利用技术 | 西南林业大学 |
| 60 | 欧洲云杉无性系选育和苗木产业化生产技术 | 中国林科院林业研究所 |
| 61 | 培育表达葡激酶基因番茄的技术 | 北京林业大学 |
| 62 | 盆栽牡丹花期调控技术及滇牡丹资源收集与繁育技术 | 中国林科院林业研究所 |
| 63 | 蔷薇属资源收集、保存、评价与月季新品种培育 | 北京林业大学 |
| 64 | 热压过程中板坯内部压力释放技术 | 西南林业大学 |
| 65 | 人造板施胶智能诊断控制关键技术 | 东北林业大学 |
| 66 | 日本栗矮化、丰产栽培新技术研究 | 河南省林业科学研究院 |
| 67 | 日本藤梨繁育新技术 | 中南林业科技大学 |
| 68 | 森林多功能单轨运输系统 | 黑龙江省森林工程与环境研究所 |
| 69 | 森林系统水文生态功能综合监测与模拟 | 北京林业大学 |
| 70 | 沙表粗化过程的地面数值影像评价技术 | 国际竹藤网络中心 |
| 71 | 山茶花组培扩繁技术及盆栽轻型基质优化 | 中国林科院林业研究所 |
| 72 | 陕北毛乌素沙地无灌溉条件植被恢复技术体系 | 西北农林科技大学 |
| 73 | 扇子花适栽品种选择及繁殖与栽培技术 | 重庆市林木种苗站 |
| 74 | 石斛兰快繁技术体系及生产技术规程 | 中国林科院林业研究所 |
| 75 | 实木复合地板连续冷压技术与装备 | 南京林业大学 |
| 76 | 树干内部缺陷检测与修复技术 | 中国林科院木材工业研究所 |
| 77 | 水溶性木材防腐防变色剂制备技术 | 中国林科院木材工业研究所 |

（续）

| 序号 | 成果名称 | 完成单位 |
|---|---|---|
| 78 | 微生物酶法制取害虫壳聚糖技术 | 中南林业科技大学 |
| 79 | 无色萜烯树脂及生产工艺技术 | 中国林科院林产化学工业研究所 |
| 80 | 纤维乙醇渗透汽化原位分离技术 | 北京林业大学 |
| 81 | 盐松优良种源的筛选 | 东北林业大学 |
| 82 | 杨树抗黑斑病相关候选基因的鉴定技术研究 | 湖北省林业科学研究院 |
| 83 | 杨树能源林培育技术 | 中国林科院热带林业研究所 |
| 84 | 一种土壤蒸发传感器及信息获取方法 | 中国林科院林业研究所 |
| 85 | 一种纤维素吸附剂的制备方法 | 中国林科院木材工业研究所 |
| 86 | 一种再生刨花、刨花板及其制备方法 | 北京林业大学 |
| 87 | 依兰香优良种质资源选择及栽培技术 | 广东省林业科学研究院 |
| 88 | 优良百里香和刺山柑品种繁育技术 | 中国林科院热带林业研究所 |
| 89 | 油橄榄优良种质材料及培育技术 | 云南省林业科学院 |
| 90 | 云杉嫁接育苗技术 | 中国吉林森林工业集团有限责任公司 |
| 91 | 杂交鹅掌楸体细胞胚胎工程种苗繁育产业化 | 南京林业大学 |
| 92 | 智利牧豆、牛蹄豆扩繁及培育技术 | 中国林科院森林生态环境与保护研究所 |
| 93 | 智能化固液两相植物光自养微繁殖技术 | 福建农林大学 |
| 94 | 中国水仙快繁、种球低温处理及遗传转化技术 | 中国林科院林业研究所 |
| 95 | 中国重大林业外来有害生物的定量风险分析 | 北京林业大学 |
| 96 | 珠三角不同森林类型土壤碳通量观测技术 | 中国林科院热带林业研究所 |
| 97 | 竹材 OSB 刨片机制造与刨片技术 | 国家林业局林业机械研究所 |
| 98 | 竹木复合材料翼梁连续化制造技术 | 国际竹藤网络中心 |
| 99 | 竹木复合梁柱制造技术 | 国际竹藤网络中心 |
| 100 | 竹子真菌病害快速检测技术 | 国际竹藤网络中心 |

**【科技基础性工作专项】** 2010年12月30日，科技基础性工作专项重大项目库姆塔格沙漠综合科学考察通过科技部组织的项目验收。该项目经过4年的努力，初步查明该沙漠"羽毛状"沙丘的形态学特征及形成过程，首次发现并命名"沙砾碛"这一独特地貌类型，编制出版库姆塔格沙漠地貌图；科考队关于库姆塔格风沙地貌的多篇研究论文在国际地貌学权威刊物上发表，并被英

国《自然》杂志作为最新研究亮点转载介绍；初步查清库姆塔格沙漠现代水系分布及水文特征；基本摸清库姆塔格沙漠野生动物种群、数量和分布区域；确定了库姆塔格沙漠的地域范围和面积；提出"大敦煌"区域可持续发展的战略对策，为拯救敦煌绿洲、保护敦煌文化遗产提供了科学依据。项目共发表研究论文41篇，其中SCI收录11篇，完成学位论文9篇。项目成果丰硕，填补了多项沙漠研究空白。

**【国家林业局重点科研计划项目】** 2010年，新立项国家林业局重点科研计划项目2项，总经费55万元。完成2010年度到期局重点项目的验收工作，通过验收63项，认定成果36项。

**2010年度国家林业局重点科研项目一览表**

| 序号 | 项目编号 | 项目名称 |
|---|---|---|
| 1 | 2010-01 | 基于计算机视觉的森林火灾视频图像识别技术 |
| 2 | 2010-02 | 有机黑木耳标准化栽培技术研究与示范 |

**2010年度国家林业局重点科研计划项目验收认定成果一览表**

| 序号 | 成果名称 | 完成单位 |
|---|---|---|
| 1 | 大青杨"伊林7号"无性系选育及造林技术 | 伊春林科院 |
| 2 | 杜仲雄花茶加工工艺及其食品安全性评价技术 | 中国林科院经济林研究开发中心 |
| 3 | 杜仲雄花高产栽培及鲜花保鲜技术 | 中国林科院经济林研究开发中心 |
| 4 | 俄罗斯杨树优良品种选育 | 黑龙江省黑河市林业科学院 |
| 5 | 甘肃抗旱乡土树种种质利用技术开发 | 甘肃农业大学 |
| 6 | 高级烷醇混合物的定量分析方法 | 中国林科院资源昆虫研究所 |
| 7 | 工业双戊烯催化脱氢制备对伞花烃的连续化反应技术 | 中国林科院林产化学工业研究所 |
| 8 | 广西岩溶地区树种选择及栽培模式 | 广西壮族自治区林业科学研究院 |
| 9 | 贵州苏铁繁育技术 | 贵州省林业科学研究院 |
| 10 | 桂角45号、77号和78号3个八角优良无性系选育 | 广西壮族自治区林业科学研究院 |
| 11 | 核果类果树根癌病防治技术 | 中国林科院经济林研究开发中心 |
| 12 | 红花玉兰苗木繁育技术 | 北京林业大学 |
| 13 | 环境友好型林地兔害可持续控制技术 | 西北农林科技大学 |
| 14 | 喙尾琵琶甲养殖及活性物提取技术 | 中国林科院资源昆虫研究所 |
| 15 | 胶合板用生物油-酚醛树脂胶合成工艺 | 北京林业大学 |
| 16 | 抗旱耐寒花椒种质资源筛选及快繁技术 | 西北农林科技大学 |
| 17 | 梨自交不亲和技术的开发与应用 | 中南林业科技大学 |
| 18 | 利用蛋白酶抑制剂基因防制杨树食叶害虫的生物制剂及其应用技术 | 北京林业大学 |
| 19 | 林区兔害区域监测预警技术 | 西北农林科技大学 |
| 20 | 美国黑核桃与中国核桃种间杂交试验及繁育技术应用 | 国家林业局西北华北东北防护林建设局 |
| 21 | 木质材料改性及聚合复合技术 | 北京林业大学 |
| 22 | 南方经济林健康经营关键技术研究与示范 | 中南林业科技大学 |
| 23 | 饲料型刺槐良种——长叶刺槐选育研究 | 河南省林业科学研究院 |
| 24 | 松树小蠹的生态调控与抗虫林分结构模式 | 西北农林科技大学 |
| 25 | 酸枣等4个乡土经济树种良种筛选与栽培技术 | 河北省林业科学研究院 |
| 26 | 台湾桤木优良无性系选育与示范 | 湖南省林业科学院 |
| 27 | 陶瓷化单板层积材制造技术 | 中国林科院木材工业研究所 |
| 28 | 特产珍稀筇竹资源保育与开发利用 | 中国林科院亚热带林业研究所 |
| 29 | 西藏干旱区优良抗逆灌木繁育技术 | 中国林科院林业研究所 |
| 30 | 优良材用大木竹育苗及其林分平衡施肥技术 | 国家竹藤网络中心 |
| 31 | 优良抗逆尖果沙棘和甘蒙锦鸡儿繁育技术 | 内蒙古自治区林业科学研究院 |
| 32 | 油茶林主要病虫害可持续控制技术 | 中南林业科技大学 |
| 33 | 樟树等5种乡土阔叶树种优良家系选育 | 广东省林业科学研究院 |
| 34 | 长春碱及其衍生物高效提取生态工艺 | 东北林业大学 |
| 35 | 中美山杨组织培养育苗技术 | 黑龙江省林业科学院 |
| 36 | 竹笋夜蛾综合控制技术 | 中国林科院亚热带林业研究所 |

**【陆地生态系统定位观测研究网络建设】** 为更加全面、系统地介绍我国森林生态系统服务功能，反映林业建设成效及对国家经济社会发展的贡献，国家林业局组织编写了《中国森林生态服务功能评估》专题报告，2010年5月20日，该报告由国家林业局正式发布。

国家林业局聘请专家从现有设施、观测区布局、观测研究基础、科研队伍、条件能力、组织机构保障、建设及依托单位合作情况等方面对34个申请新建的生态站进行了综合论证。

（林业科学研究由科技司计划处供稿）

# 林业科技成果

**【成果统计与奖励】** 2010 年，由国家林业局牵头组织的“十一五”支撑计划项目的 78 个课题全部通过验收，认定科技成果 165 项；118 个“948”项目通过中期评估，180 个项目通过验收；77 个林业科技推广项目通过集中验收，32 个农业科技成果转化资金项目通过现场查定；70 个林业标准化示范区项目通过验收。2010 年共登记林业科技成果共 434 项，其中软科学类 11 项，基础理论类 19 项，应用技术类 404 项。人造板及其制品环境指标的检测技术体系获国家技术发明二等奖，落叶松现代遗传改良与定向培育技术体系、东南部区域森林生态体系快速构建技术、我国北方几种典型退化森林的恢复技术研究与示范、无烟不燃木基复合材料制造关键技术与应用、泡桐丛枝病发生机理及防治研究、西藏藏羚羊生物生态学研究 6 项获国家科技进步二等奖。

**2010 年获国家科学技术奖励的林业项目表**

| 项目名称 | 主要完成人 | 主要完成单位 | 奖　种 |
|---|---|---|---|
| 人造板及其制品环境指标的检测技术体系 | 周玉成　程　放　井元伟　安　源　张星梅　侯晓鹏 | 中国林业科学研究院 | 国家技术发明二等奖 |
| 落叶松现代遗传改良与定向培育技术体系 | 张守攻　孙晓梅　李凤日　张含国　王军辉　韩素英　宋丛文　董　健　齐力旺　赵　鲲　祁万宜　马建伟　黄选瑞　徐成立　张灿明 | 中国林业科学研究院林业研究所，东北林业大学，辽宁省林业科学研究院，湖北省林业科学研究院，洛阳市林业科学研究所，湖北省宜昌市林业科学研究所，甘肃省小陇山林业实验局林业科学研究所，河北农业大学，河北省木兰围场林管局，湖南省林业科学院 | 国家科技进步二等奖 |
| 东南部区域森林生态体系快速构建技术 | 江　波　周国模　袁位高　叶功富　余树全　张方秋　张金池　周志春　李土生　朱锦茹 | 浙江省林业科学研究院，浙江林学院，福建省林业科学研究院，广东省林业科学研究院，南京林业大学，中国林业科学研究院亚热带林业研究所，浙江省林业生态工程管理中心 | 国家科技进步二等奖 |
| 我国北方几种典型退化森林的恢复技术研究与示范 | 李俊清　宋国华　卢　琦　刘艳红　赵雨森　李景文　王襄平　田永祯　张力平　王小平 | 北京林业大学，北京建筑工程学院，中国林业科学研究院，东北林业大学，内蒙古自治区阿拉善盟林业治沙研究所，北京市园林绿化国际合作项目管理办公室，新疆维吾尔自治区防沙治沙工作协调领导小组办公室 | 国家科技进步二等奖 |
| 无烟不燃木基复合材料制造关键技术与应用 | 吴义强　彭万喜　杨光伟　刘　元　周先雁　李凯夫　刘君昂　胡云楚　吴志平　李新功 | 中南林业科技大学，广州市木易木制品有限公司，华南农业大学 | 国家科技进步二等奖 |
| 泡桐丛枝病发生机理及防治研究 | 范国强　翟晓巧　徐　宪　何松林　尚忠海　孙中党　苏金乐　刘　震　茹广欣　毕会涛 | 河南农业大学，河南省林业科学研究院，河南省林业技术推广站，郑州市环境保护科学研究所 | 国家科技进步二等奖 |
| 西藏藏羚羊生物生态学研究 | 刘务林　李炳章　吴晓民　朱雪林　赵建新　梁文业　丹　丁　次仁平措　张　涌　旦　增 | 西藏自治区林业调查规划研究院 | 国家科技进步二等奖 |

（林业科技成果由科技司综合处供稿）

# 林业科技推广

**【林业科技富民工程】** 2010 年，为了充分了解“富民工程”的组织、实施和管理等方面的工作，及时总结经验，切实发挥好中央财政林业科技推广示范资金项目的辐射带动作用，国家林业局下发了《国家林业局办公室关于开展林业科技富民工程调研工作的通知》（办科字〔2010〕153 号），在全国开展科技富民工程总调研。国家林业局科技司组织5个调研组于11月分别对河北、辽宁、山东、河南、福建、江西、四川、云南、陕西、甘肃等10省进行调研，并形成调研报告。

**【中央财政林业科技推广示范资金专项】** 按照国家财政预算的有关要求，2010年中央财政林业科技推广示范资金3.0亿元，共支持297个项目。其中由国家林业局负责组织的跨区域重点推广示范项目80项，资金0.8亿元，推广成果涉及困难立地植被恢复技术，森林抚育经营技术，杨树、竹等优良速生用材树种繁育及丰产栽培技术；省级林业主管部门会同财政部门负责组织的其他推广示范项目217项，资金2.2亿元，推广成果涉及优良生态树种及生态环境建设技术、木本粮油等优良经济林(花卉)品种繁育及丰产栽培技术、林业生物质能源林种植技术、森林资源培育技术、林特资源开发及高效利用技术、重大林业有害生物防治及森林防火等技术，共在全国31个省(区、市)实施。

**【林业科技成果国家级推广项目】** 2010年林业科技成果国家级推广项目资金1508.5万元，共组织实施推广项目48项。项目主要涉及木本粮油、经济林果等优良品种(系)繁育、丰产栽培、产业化技术；速生用材林、珍贵树种等优良品种繁育、高效栽培、经营管理、产业化技术；林特资源培育及林业生物质化学利用、深加工技术；困难立地植被恢复技术、沿海防护林建设技术等林业重点生态建设技术；重大森林病虫鼠(兔)害防治及森林防火、林业信息化管理技术等。

**国家林业局2010年度林业科技成果国家级推广项目表**

| 序号 | 项目名称 | 承担单位 |
|---|---|---|
| 1 | 晋东北太行山地退化天然林恢复及开发技术推广示范 | 中国林科院林业研究所 |
| 2 | 核桃优良品种及杂交砧木无性繁殖技术推广与示范 | 中国林科院林业研究所 |
| 3 | 应用辐射不育技术防治松材线虫媒介昆虫松褐天牛 | 中国林科院森林生态环境与保护研究所 |
| 4 | 林业数据分析和生物数学模型计算软件网络版的完善与推广 | 中国林科院资源信息研究所 |
| 5 | 模塑料用木质素酚醛树脂制备技术推广 | 中国林科院林产化学工业研究所 |
| 6 | 油茶高产新品种高效栽培技术推广 | 中国林科院亚热带林业研究所 |
| 7 | 甜柿优质品种及高效栽培技术示范推广 | 中国林科院亚热带林业研究所 |
| 8 | 南方主要速生阔叶树新品种及培育技术示范推广 | 中国林科院热带林业研究所 |
| 9 | 优良木麻黄在沿海防护林建设中应用 | 中国林科院热带林业研究所 |
| 10 | 生物固氮技术在桉树速生丰产林的应用与推广 | 中国林科院热带林业研究所 |
| 11 | 优质紫胶规模生产及综合加工利用技术示范 | 中国林科院资源昆虫研究所 |
| 12 | 观赏蝴蝶规模化人工养殖示范与推广 | 中国林科院资源昆虫研究所 |

(续)

| 序号 | 项目名称 | 承担单位 |
|---|---|---|
| 13 | 红椎西南桦等珍贵优良树种大径材培育技术创新集成与示范 | 中国林科院热带林业实验中心 |
| 14 | 油茶高产新品种及配套技术示范 | 中国林科院亚热带林业实验中心 |
| 15 | 沙棘种质资源整理、培育及其资源库建设 | 中国林科院沙漠林业实验中心 |
| 16 | 杜仲高产胶良种及果园化栽培技术推广 | 国家林业局泡桐研究开发中心 |
| 17 | 速生尾巨桉大径材培育技术与推广 | 国家林业局桉树研究开发中心 |
| 18 | 退化湿地恢复技术体系 | 中国林科院林业新技术研究所 |
| 19 | 半流动沙丘固沙植树造林装备技术集成示范 | 国家林业局哈尔滨林业机械研究所 |
| 20 | 纺织用竹纤维鉴别技术的推广与示范 | 国际竹藤网络中心 |
| 21 | 红豆杉药用林产业化高效栽培示范 | 国家林业局林产工业规划设计院 |
| 22 | 航空静电喷雾系统技术及设备的推广应用 | 国家林业局森林病虫害防治总站 |
| 23 | 寒温带地区蓝莓引种人工标准化栽培技术推广 | 大兴安岭地区农业林业科学研究院 |
| 24 | 经济林良种栽培实用技术培训 | 中国林学会 |
| 25 | 青海高寒区水土保持型植被恢复技术推广与示范 | 北京林业大学 |
| 26 | 沙地海岸松林培育技术及其在海防林体系建设中的应用 | 北京林业大学 |
| 27 | 矮生观赏针叶树品种及繁育技术的推广 | 北京林业大学 |
| 28 | 木质电磁屏蔽材料化学镀制备技术 | 北京林业大学 |
| 29 | 高寒区桑园复合经营农林模式的推广 | 东北林业大学 |
| 30 | 流动沙地沙障治理模式推广 | 东北林业大学 |
| 31 | 林木用植物源杀虫制剂的产业化生产 | 东北林业大学 |
| 32 | 预油漆装饰纸用水性涂料技术推广 | 东北林业大学 |
| 33 | 年产5000立方米速生杨木无醛胶合板生产线成套技术开发 | 南京林业大学 |
| 34 | 农林生物质能源多联体综合利用技术示范 | 南京林业大学 |
| 35 | 红榿木繁育与栽培技术推广 | 南京林业大学 |
| 36 | 银杏叶生物饲料添加剂的关键技术应用与推广 | 南京林业大学 |
| 37 | 泥质海岸防护林体系建设综合配套技术推广示范 | 南京林业大学 |
| 38 | 魔芋产业化配套技术推广 | 西北农林科技大学 |
| 39 | 陕南绿色无公害核桃板栗施肥及其配套生产技术推广 | 西北农林科技大学 |

（续）

| 序号 | 项目名称 | 承担单位 |
| --- | --- | --- |
| 40 | 塔里木公路防护林高性能滴灌灌水器及其地下灌溉技术示范 | 西北农林科技大学 |
| 41 | 林木重大鼠害综合控制技术与应用 | 西北农林科技大学 |
| 42 | 困难地（紫色砂砾岩山地、矿区废弃地）森林植被恢复技术推广 | 中南林业科技大学 |
| 43 | 湿地技术在重金属污染区植被修复中的推广应用 | 中南林业科技大学 |
| 44 | 油茶早果丰产栽培技术推广 | 中南林业科技大学 |
| 45 | “中秋酥脆枣”新品种及其栽培技术推广示范 | 中南林业科技大学 |
| 46 | 室外级人造板用酚类共缩聚树脂合成与应用成套技术 | 西南林学院 |
| 47 | 美国葡萄柚新品种及优质高效栽培技术推广 | 西南林学院 |
| 48 | 高效丰产西南桦高阿丁枫培育试验与示范 | 西南林学院 |

【农业科技成果转化】 2010 年，根据科技部、财政部《关于 2010 年度农业科技成果转化资金项目立项的通知》，国家林业局组织推荐的 19 个农业科技成果转化资金项目通过评选立项，国拨转化资金项目总经费 1100 万元。项目主要由中国林科院、国际竹藤网络中心等直属科研单位承担。

**2010 年度农业科技成果转化资金项目表**

| 序号 | 项目名称 | 承担单位 |
| --- | --- | --- |
| 1 | 孟烷二胺合成与精制产业化技术 | 中国林科院林产化学工业研究所 |
| 2 | 欧洲云杉无性扩繁技术体系应用与示范 | 中国林科院林业研究所 |
| 3 | 高效热能回收与零排放木材干燥技术 | 中国林科院木材工业研究所 |
| 4 | 四季茶花新品种盆栽标准化栽培示范 | 中国林科院亚热带林业研究所 |
| 5 | 苗圃机械化精细作业关键技术中试示范 | 国家林业局哈尔滨林业机械研究所 |
| 6 | 生物杀线虫剂防治林木根结线虫病应用示范 | 中国林科院森林生态环境与保护研究所 |
| 7 | 4 种特色珍贵用材树种现代育林技术示范 | 中国林科院亚热带林业研究所 |
| 8 | 1ZC－50 型林木种子去翅精选联合机中试应用 | 国家林业局哈尔滨林业机械研究所 |
| 9 | 反相悬浮聚合法制备两性离子型纤维素基高吸水树脂的产业化技术开发 | 中国林科院林产化学工业研究所 |
| 10 | 紫胶综合加工中试技术 | 中国林科院资源昆虫研究所 |
| 11 | 甜角良种繁育及栽培技术示范 | 中国林科院资源昆虫研究所 |

（续）

| 序号 | 项目名称 | 承担单位 |
| --- | --- | --- |
| 12 | 纸浆用优良丛生竹的筛选与定向培育技术示范 | 国际竹藤网络中心 |
| 13 | 优良丛生竹种组培快繁技术转化与示范 | 中国林科院亚热带林业研究所 |
| 14 | 利用菌根菌剂提高林木生产力 | 中国林科院热带林业研究所 |
| 15 | 阻燃实木表面装饰材料制造技术 | 中国林科院木材工业研究所 |
| 16 | 耐旱柚木无性系在贵州罗甸干热河谷推广示范 | 中国林科院热带林业研究所 |
| 17 | 负压沸腾提取和膜分离高纯度油橄榄苦苷的产业化技术 | 中国林科院林产化学工业研究所 |
| 18 | 攀援植物新品系及其栽培技术在特殊困难立地绿化中的应用 | 中国林科院林业研究所 |
| 19 | 若尔盖高寒沙地防沙治沙关键技术应用与示范 | 中国林科院 |

【林业科技推广项目管理】 2010 年 4 月，国家林业局科技司下发《国家林业局科技司关于做好到期林业科技推广计划项目验收准备工作的通知》（科推字〔2010〕27 号），并于 6～8 月组织专家对到期项目进行现场查定；2010 年 10 月，下发《国家林业局科技司关于组织召开林业科技成果推广计划项目验收会的通知》（科推字〔2010〕64 号），并于 11 月 3～5 日在浙江省富阳市召开项目验收会，对 26 个省（区、市）和国家林业局有关直属单位的 77 个到期项目进行项目验收，同时召开 2011 年林业科技推广示范项目重点支持方向专家座谈会。

【林业科技成果转化资金项目管理】 2010 年年初，国家林业局科技司组织专家对由该司负责监理的 2007 年度和 2008 年度共 32 个农业科技成果转化资金项目进行现场查定。1 月底，科技司召开会议听取 15 个 2008 年度项目组的集中监理汇报。3 月中旬，科技司对 16 个 2007 年度项目进行集中验收。

【林业科技特派员创业行动】 2009 年 12 月，国家林业局、科技部联合印发《关于开展林业科技特派员科技创业行动的意见》（林科发〔2009〕309 号），要求力争用 5 年时间，选派 1 万名林业科技特派员，科技特派员工作将覆盖全国 80% 以上的林业县（市、区、旗），建立 7 大领域林业科技特派员创业链，构建 8 个林业产业技术创新战略联盟，建设 100 个林业科技产业示范园区，形成新的经济增长点，带动当地农户经济收入显著增长，实现科技兴林富民。

2010 年 1 月 22 日，国家林业局在广州组织召开林业科技特派员科技创业行动启动会。国家林业局局长贾治邦，副局长祝列克、印红、孙扎根，局党组成员、中央纪委驻局纪检组组长陈述贤，局总工程师姚昌恬，局林改领导小组副组长黄建兴，武警森林指挥部主任王佐明、广东省副省长李容根出席启动仪式。国家林业局副局长张建龙、科技部副部长张来武致辞，国家林业局副局长李育材主持仪式。贾治邦等为林业科技特派员代表颁发证书。

3月，国家林业局下发《国家林业局关于扎实做好林业科技特派员工作的通知》(科推字〔2010〕12号)，计划在5年内每年选派2000名林业科技特派员，深入林业生产第一线，带动林农增产增收，促进林区经济发展。据统计，目前各地已选派林业科技特派员2278名。

9月9~10日，国家林业局作为全国科技特派员农村科技创业行动协调领导小组成员单位，出席了在宁夏银川召开的2010年科技特派员农村科技创业行动工作推进会。国家林业局科技司魏殿生司长作《科技特派员创业行动在现代林业建设中大放光彩》的典型发言。

**【林业科技推广体系建设】** ①组织编制《全国林业科技推广体系建设规划(2010~2015年)》。已完成《规划》的初稿，正在征求各方意见。②重点加强基层林业科技推广站能力建设，为河北、山西等31个省(区、市)、计划单列市、新疆生产建设兵团176个基层重点林业科技推广站安排投资2000万元，主要用于配置开展科技推广工作必需的新技术示范仪器设备、技术培训设施设备等。③组织开展林业行业内的《农业推广法》立法后评估相关工作。制定《农业技术推广法》立法后评估林业细化方案，上报全国人大农业与农村委员会；同时下发组织开展农业技术推广法立法后评估工作的通知，在全国开展立法后评估调研活动，编写立法后评估林业分报告。2010年8~9月，配合全国人大常委会执法检查组，分赴江苏、浙江、重庆、湖北、辽宁、山西等6省市开展《中华人民共和国农业技术推广法》执法检查活动，并提交相关材料。

**【林业高技术产业化工作】** ①按照国家林业局印发的《国家林业生物产业基地认定办法(试行)》的要求，批复山东省菏泽市建立山东菏泽国家牡丹高技术产业基地。②推荐申报国家发改委国产遥感影像在林业灾害应急处理中的应用高技术产业化示范工程项目，并获国家发改委批复立项。③组织验收小径材重组木高效加工利用产业化示范工程和林木良种繁育(山西太原基地)高技术产业化示范工程项目。④组织编写《国家林业局工程技术研究中心管理办法(试行)》初稿。

**【林源中药培育与开发利用研讨会】** 为推动全国现代中医药产业的发展，科技部、卫生部、国家林业局等15个部委与四川省政府于2010年11月25日在成都市共同主办第三届中药现代化国际科技大会。国家林业局作为大会的主办单位之一，主办了林源中药培育与开发利用研讨会专题活动。

**【建立林业科技成果推广项目储备库和林业科技推广专家库】** 截至2010年3月，项目储备库中共收集4027个林业科技成果推广项目，涉及优良种质、丰产栽培技术、森林抚育经营、病虫害防治、林产化学、木材加工等领域；专家库共有专家2126位，遍及森林培育、遗传育种、经济林、生态学等专业。

(林业科技推广由科技司推广处供稿)

# 林业标准化

**【林业国家标准和行业标准】** 经国家林业局批准，2010年发布林业行业标准84项。经国家质量监督检验检疫总局、中国国家标准化管理委员会批准，2010年发布林业国家标准14项。

**2010年发布的林业国家标准和行业标准项目表**

| 序号 | 标准编号 | 标准名称 | 代替标准号 |
|---|---|---|---|
| 1 | GB/T 24882-2010 | 松毛虫防治技术规程 | |
| 2 | GB/T 24883-2010 | 植物新品种特异性、一致性、稳定性测试指南　连翘属 | |
| 3 | GB/T 24884-2010 | 植物新品种特异性、一致性、稳定性测试指南　梅 | |
| 4 | GB/T 24885-2010 | 植物新品种特异性、一致性、稳定性测试指南　桂花 | |
| 5 | GB/T 24886-2010 | 植物新品种特异性、一致性、稳定性测试指南　榛属 | |
| 6 | GB/T 24887-2010 | 植物新品种特异性、一致性、稳定性测试指南　鹅掌楸属 | |
| 7 | GB/T 14721-2010 | 林业资源分类与代码　森林类型 | GB/T 14721-1993 |
| 8 | GB/T 17668-2010 | 电链锯 安全使用规程 | GB/T 17668-1999 |
| 9 | GB/T 25864-2010 | 球孢白僵菌粉剂 | |
| 10 | GB/T 26424-2010 | 森林资源规划设计调查技术规程 | |
| 11 | GB/T 26423-2010 | 森林资源 术语 | |
| 12 | GB/T 26422-2010 | 印楝种子质量分级 | |
| 13 | GB/T 26421-2010 | 印楝苗木质量分级 | |

（续）

| 序号 | 标准编号 | 标准名称 | 代替标准号 |
|---|---|---|---|
| 14 | GB/T 26150－2010 | 免洗红枣 | |
| 15 | LY/T1868－2010 | 植物新品种特异性、一致性、稳定性测试指南　蔷薇属 | |
| 16 | LY/T1869－2010 | 植物新品种特异性、一致性、稳定性测试指南　云杉属 | |
| 17 | LY/T1870－2010 | 植物新品种特异性、一致性、稳定性测试指南　柿 | |
| 18 | LY/T1871－2010 | 植物新品种特异性、一致性、稳定性测试指南　刺槐属 | |
| 19 | LY/T1872－2010 | 森林生态系统定位研究站数据管理规范 | |
| 20 | LY/T1873－2010 | 森林生态站数字化建设技术规范 | |
| 21 | LY/T1874－2010 | 中国东北地区森林可持续经营指标 | |
| 22 | LY/T1875－2010 | 中国热带地区森林可持续经营指标 | |
| 23 | LY/T1876－2010 | 中国西北地区森林可持续经营指标 | |
| 24 | LY/T1877－2010 | 中国西南地区森林可持续经营指标 | |
| 25 | LY/T1878－2010 | 森林经营认证审核导则 | |
| 26 | LY/T1879－2010 | 林业科技统计指标 | |
| 27 | LY/T1880－2010 | 木本植物种子催芽技术 | |
| 28 | LY/T1881－2010 | 木本植物种子离体胚测定技术 | |
| 29 | LY/T1882－2010 | 林木组织培养育苗技术规程 | |
| 30 | LY/T1883－2010 | 核桃优良品种育苗技术规程 | |
| 31 | LY/T1884－2010 | 核桃优良品种丰产栽培管理技术规程 | |
| 32 | LY/T1885－2010 | 杉木无性系扦插育苗技术规程 | |
| 33 | LY/T1886－2010 | 柿苗木 | |
| 34 | LY/T1887－2010 | 柿栽培技术规程 | |
| 35 | LY/T1888－2010 | 尾叶桉扦插繁育技术规程 | |
| 36 | LY/T1889－2010 | 雪松播种育苗技术规程 | |
| 37 | LY/T1890－2010 | 雪松绿化苗木质量分级 | |
| 38 | LY/T1891－2010 | 湿加松良种扦插繁殖技术规程 | |
| 39 | LY/T1892－2010 | 落叶松扦插育苗技术规程 | |
| 40 | LY/T1893－2010 | 石榴苗木培育技术规程 | |
| 41 | LY/T1894－2010 | 漆树栽培技术规程 | |
| 42 | LY/T1895－2010 | 杨树速生丰产用材林定向培育技术规程 | |
| 43 | LY/T1896－2010 | 南方型杨树纤维用材林造林技术规程 | |
| 44 | LY/T1897－2010 | 华北落叶松人工林经营技术规程 | |
| 45 | LY/T1898－2010 | 天然次生低产低效林改培技术规程 | |
| 46 | LY/T1899－2010 | 桤木培育技术规程 | |
| 47 | LY/T1900－2010 | 柚木培育技术规程 | |
| 48 | LY/T1901－2010 | 红皮云杉培育技术规程 | |
| 49 | LY/T1902－2010 | 南方红豆杉药用林栽培技术规程 | |
| 50 | LY/T1903－2010 | 乌桕栽培技术规程 | |
| 51 | LY/T1904－2010 | 硬头黄竹纸浆林培育技术规程 | |
| 52 | LY/T1905－2010 | 麻竹扦插繁殖技术规程 | |
| 53 | LY/T1906－2010 | 金佛山方竹栽培技术规程 | |
| 54 | LY/T1907－2010 | 马尾松花粉生产技术规程 | |
| 55 | LY/T1908－2010 | 紫胶虫种胶、紫胶原胶丰产技术规程 | |
| 56 | LY/T1909－2010 | 美国黑核桃栽培技术规程 | |
| 57 | LY/T1910－2010 | 食用桂花栽培技术规程 | |
| 58 | LY/T1911－2010 | 仙客来盆花生产技术规程 | |

（续）

| 序号 | 标准编号 | 标准名称 | 代替标准号 |
|---|---|---|---|
| 59 | LY/T1912－2010 | 切花月季生产技术规程 | |
| 60 | LY/T1913－2010 | 切花百合生产技术规程 | |
| 61 | LY/T1914－2010 | 植物篱营建技术规程 | |
| 62 | LY/T1915－2010 | 诱虫灯林间使用技术规程 | |
| 63 | LY/T1916－2010 | 主要观赏植物商品名称规范 | |
| 64 | LY/T1917－2010 | 观赏植物颜色表示方法 | |
| 65 | LY/T1918－2010 | 野生动物饲养管理技术规程 野猪 | |
| 66 | LY/T1919－2010 | 元蘑干制品 | |
| 67 | LY/T1920－2010 | 梨枣 | |
| 68 | LY/T1921－2010 | 红松松籽 | |
| 69 | LY/T1922－2010 | 核桃仁 | |
| 70 | LY/T1923－2010 | 室内木质门 | |
| 71 | LY/T1924－2010 | 木制茶具 | |
| 72 | LY/T1925－2010 | 防腐木材产品标识 | |
| 73 | LY/T1926－2010 | 抗菌木(竹)质地板　抗菌性能检验方法与抗菌效果 | |
| 74 | LY/T1927－2010 | 集成材理化性能试验方法 | |
| 75 | LY/T1928－2010 | 松香树脂稳定性试验方法 | |
| 76 | LY/T1929－2010 | 竹炭基本物理化学性能试验方法 | |
| 77 | LY/T1930－2010 | 用于生产精油和抗氧化剂的迷迭香干叶 | |
| 78 | LY/T1931－2010 | 4 号紫胶原胶 | |
| 79 | LY/T1932－2010 | 马占相思栲胶 | |
| 80 | LY/T1933－2010 | 林业机械　自行式苗木移植机 | |
| 81 | LY/T1934－2010 | 园林机械　坐骑式草坪割草机 | |
| 82 | LY/T1084－2010 | 毛杨梅栲胶 | LY/T1084－1993 |
| 83 | LY/T1085－2010 | 落叶松栲胶 | LY/T1085－1993 |
| 84 | LY/T1086－2010 | 余甘栲胶 | LY/T1086－1993 |
| 85 | LY/T1091－2010 | 橡碗栲胶 | LY/T1091－1993 |
| 86 | LY/T1094－2010 | 林业机械　球果烘干机 | LY/T1094－1993 |
| 87 | LY/T1121－2010 | 园林机械　电链锯 | LY/T1121－1993 |
| 88 | LY/T1152－2010 | 林业机械　林木种子培养箱 | LY/T1152－1994<br>LY/T1153－1994 |
| 89 | LY/T1173－2010 | 东北、内蒙古林区营林用火技术规程 | LY/T 1173－1995 |
| 90 | LY/T1202－2010 | 园林机械　以汽油机为动力的步进式草坪割草机 | LY/T 1202.1～1202.5－2001 |
| 91 | LY/T1320－2010 | 软木纸 | LY/T1320－1999 |
| 92 | LY/T1322－2010 | 紫胶原胶 | LY/T1322－1999 |
| 93 | LY/T1323－2010 | 紫胶虫种胶 | LY/T1323－1999 |
| 94 | LY/T1355－2010 | 松脂 | LY/T1355－1999 |
| 95 | LY/T1453－2010 | 萜烯树脂 | LY/T1453－1999 |
| 96 | LY/T1486－2010 | 林业机械　手提式挖坑机 | LY/T1486－1999<br>LY/T1487－1999<br>LY/T1488－1999<br>LY/T1489－1999 |
| 97 | LY/T1562－2010 | 狩猎场总体设计规范 | LY/T1562－1999 |
| 98 | LY/T1580－2010 | 定向刨花板 | LY/T1580－2000 |

**【2010 年林业标准计划项目】** 围绕服务林业生态建设、产业建设等林业中心工作，2010 年的林业标准项目重点保障有利于促进森林可持续经营、湿地保护、荒漠化治理，提高林业产业的市场竞争力，推动科技进步和技术创新，推进与国际接轨的项目。国家林业局批准 2010 年林业行业标准制修订项目 166 项；经国家标准化管理委员会审查批准林业国家标准项目 32 项。

**2010 年度林业行业标准项目表**

| 标准项目编号 | 标准项目名称 |
|---|---|
| 2010 - LY - 001 | 林业信息化网络系统建设规范 |
| 2010 - LY - 002 | 林业数据库设计总体规范 |
| 2010 - LY - 003 | 森林资源数据库术语定义 |
| 2010 - LY - 004 | 林业信息交换体系技术规范 |
| 2010 - LY - 005 | 林业信息 WEB 服务应用规范 |
| 2010 - LY - 006 | 林业信息服务接口规范 |
| 2010 - LY - 007 | 林业工程管理信息分类与代码 |
| 2010 - LY - 008 | 森林资源数据编码类技术规范 |
| 2010 - LY - 009 | 森林资源数据采集技术规范 |
| 2010 - LY - 010 | 森林资源数据处理技术规范 |
| 2010 - LY - 011 | 森林资源核心元数据 |
| 2010 - LY - 012 | 林业信息图示表达规则和方法 |
| 2010 - LY - 013 | 森林信息产品类技术规范 |
| 2010 - LY - 014 | 地位指数表编制技术规程 |
| 2010 - LY - 015 | 野生动植物保护信息分类与代码 |
| 2010 - LY - 016 | 森林火灾信息分类与代码 |
| 2010 - LY - 017 | 湿地资源管理信息分类与代码 |
| 2010 - LY - 018 | 荒漠化信息分类与代码 |
| 2010 - LY - 019 | 林业信息目录体系技术规范 |
| 2010 - LY - 020 | 造林树种与培育技术数据库建设规范 |
| 2010 - LY - 021 | 全国营造林综合核查技术规程 |
| 2010 - LY - 022 | 西南山地退化天然林恢复技术规程 |
| 2010 - LY - 023 | 防护林体系建设生态效益评价技术规范 |
| 2010 - LY - 024 | 北方地区近自然河岸林营建规程 |
| 2010 - LY - 025 | 沟壑区水土保持林营造技术规程 |
| 2010 - LY - 026 | 西南山地退化天然次生林结构调整快速恢复技术规程 |
| 2010 - LY - 027 | 红松阔叶混交林营建技术规程 |
| 2010 - LY - 028 | 矿山废弃地植被恢复与重建技术规范 |
| 2010 - LY - 029 | 水曲柳种子繁殖技术规程 |
| 2010 - LY - 030 | 花楸苗木播种繁殖技术规程 |
| 2010 - LY - 031 | 红桤木育苗技术规程 |
| 2010 - LY - 032 | 钻天柳育苗及造林技术规程 |
| 2010 - LY - 033 | 红砂容器育苗技术规程 |
| 2010 - LY - 034 | 翅荚木育苗技术规程 |
| 2010 - LY - 035 | 树莓苗木质量分级 |
| 2010 - LY - 036 | 油茶播种育苗技术规程 |
| 2010 - LY - 037 | 青檀育苗技术规程 |
| 2010 - LY - 038 | 贴梗海棠育苗技术规程 |
| 2010 - LY - 039 | 枣种质资源调查及数据采集技术规范 |
| 2010 - LY - 040 | 降香黄檀栽培技术规程 |
| 2010 - LY - 041 | 檀香栽培技术规程 |
| 2010 - LY - 042 | 楸树珍贵用材林造林技术规程 |
| 2010 - LY - 043 | 麻疯树嫁接技术规程 |
| 2010 - LY - 044 | 桑树栽培技术规程 |
| 2010 - LY - 045 | 麻竹丰产栽培技术规程 |
| 2010 - LY - 046 | 慈竹林培育技术规程 |
| 2010 - LY - 047 | 大叶速生槐培育技术规程 |
| 2010 - LY - 048 | 沙棘生产技术规程 |
| 2010 - LY - 049 | 清香木培育技术规程 |
| 2010 - LY - 050 | 丁香栽培技术规程 |
| 2010 - LY - 051 | 复叶槭栽培技术规程 |
| 2010 - LY - 052 | 柞木栽培技术规程 |
| 2010 - LY - 053 | 无花果栽培技术规程 |
| 2010 - LY - 054 | 油茶高干嫁接技术规程 |
| 2010 - LY - 055 | 乐昌含笑栽培技术规程 |
| 2010 - LY - 056 | 钝叶娑罗双人工林培育技术规程 |
| 2010 - LY - 057 | 杜仲丰产技术规程 |
| 2010 - LY - 058 | 蒙桑培育技术规程 |
| 2010 - LY - 059 | 油茶靠接技术规程 |
| 2010 - LY - 060 | 光皮树繁育技术规程 |
| 2010 - LY - 061 | 光皮桦用材林培育技术规程 |
| 2010 - LY - 062 | 毛环竹丰产栽培技术规程 |
| 2010 - LY - 063 | 北细辛栽培技术规程 |
| 2010 - LY - 064 | 柠条平茬复壮技术规程 |
| 2010 - LY - 065 | 绿化植物废弃物处置和应用技术规范 |
| 2010 - LY - 066 | 切花百合脱毒种球质量等级 |
| 2010 - LY - 067 | 三色堇盆花生产技术规程 |
| 2010 - LY - 068 | 香石竹种苗生产技术规程 |
| 2010 - LY - 069 | 文心兰切花质量等级 |
| 2010 - LY - 070 | 春石斛栽培技术规程 |
| 2010 - LY - 071 | 绿青苔草育苗技术规程 |
| 2010 - LY - 072 | 芍药切花露地生产栽培技术规程 |
| 2010 - LY - 073 | 八仙花(绣球)切花生产技术规程 |
| 2010 - LY - 074 | 山茶花盆栽技术规程 |
| 2010 - LY - 075 | 羊踯躅栽培技术规程 |
| 2010 - LY - 076 | 梅花切花生产技术规程 |
| 2010 - LY - 077 | 蜡梅栽培技术规程 |
| 2010 - LY - 078 | 有害植物分级 |
| 2010 - LY - 079 | 红脂大小蠹防治技术规程 |
| 2010 - LY - 080 | 桑天牛防治技术规程 |
| 2010 - LY - 081 | 化学信息诱引松材线虫快速取样技术规程 |
| 2010 - LY - 082 | 油茶苗木产地检疫规程 |
| 2010 - LY - 083 | 紫茎泽兰防治技术规程 |
| 2010 - LY - 084 | 皱小蠹防控技术规程 |

（续）

| 标准项目编号 | 标准项目名称 |
|---|---|
| 2010 – LY – 085 | 云南松切梢小蠹受害木清理技术规程 |
| 2010 – LY – 086 | 林用隔离试种苗圃建设技术规程 |
| 2010 – LY – 087 | 松材线虫病疫木热处理设施建设技术规范 |
| 2010 – LY – 088 | 落叶松枯梢病检疫技术规程 |
| 2010 – LY – 089 | 油茶籽采后处理技术规程 |
| 2010 – LY – 090 | 松果粉 |
| 2010 – LY – 091 | 国家森林资源连续清查技术规程 |
| 2010 – LY – 092 | 使用林地可行性报告编写规范 |
| 2010 – LY – 093 | 东北、内蒙古重点林区伐区调查设计技术规程 |
| 2010 – LY – 094 | 东北、内蒙古重点林区伐区作业质量检查技术规程 |
| 2010 – LY – 095 | 全国森林采伐限额执行情况检查技术规程 |
| 2010 – LY – 096 | “三总量”检查技术规程 |
| 2010 – LY – 097 | 森林工程生态评价导则 木材采伐工程 |
| 2010 – LY – 098 | 森林工程生态评价导则 林区路桥工程 |
| 2010 – LY – 099 | 森林工程生态评价导则 木材储运工程 |
| 2010 – LY – 100 | 森林工程生态评价导则 总纲 |
| 2010 – LY – 101 | 森林火灾损失评估技术规范 |
| 2010 – LY – 102 | 雷击火调查与鉴定规范 |
| 2010 – LY – 103 | 森林消防安全标志及设置要求 |
| 2010 – LY – 104 | 长江上游地区森林防火生物阻隔带工程建设技术规程 |
| 2010 – LY – 105 | 林木种苗工 |
| 2010 – LY – 106 | 林业从业人员管理技术规范 |
| 2010 – LY – 107 | 国家森林城市评价指标 |
| 2010 – LY – 108 | 湿地生态系统定位观测指标体系 |
| 2010 – LY – 109 | 湿地生态系统健康评价指标 |
| 2010 – LY – 110 | 湿地功能评价指标体系 |
| 2010 – LY – 111 | 湿地生态系统定位管理评估规范 |
| 2010 – LY – 112 | 国际重要湿地管理计划编写技术规范 |
| 2010 – LY – 113 | 亚湿润干旱区荒漠（沙地）生态系统定位观测指标 |
| 2010 – LY – 114 | 西南干热（旱）河谷及岩溶石漠化荒漠生态系统定位观测指标 |
| 2010 – LY – 115 | 荒漠生态系统服务功能评价基准与指标 |
| 2010 – LY – 116 | 陆生野生动物安全管理规范 |
| 2010 – LY – 117 | 野生动物饲养管理技术规程 红腹锦鸡 |
| 2010 – LY – 118 | 野生动物饲养管理技术规程 鸵鸟 |
| 2010 – LY – 119 | 野生动物生物廊道设计技术规程 |
| 2010 – LY – 120 | 野生动物饲养场建设总体规范 |

（续）

| 标准项目编号 | 标准项目名称 |
|---|---|
| 2010 – LY – 121 | 野生动物饲养管理技术规程 食蟹猴 |
| 2010 – LY – 122 | 野生动物饲养管理技术规程 蟒蛇 |
| 2010 – LY – 123 | 朱鹮人工饲养技术规程 |
| 2010 – LY – 124 | 林业生物质固体成型燃料生产技术规范 |
| 2010 – LY – 125 | 林业生物质固体成型燃料 |
| 2010 – LY – 126 | 木质生物质颗粒燃料 |
| 2010 – LY – 127 | 生物柴油用木本油脂 |
| 2010 – LY – 128 | 木梳 |
| 2010 – LY – 129 | 脚手杆 |
| 2010 – LY – 130 | 原木归楞 |
| 2010 – LY – 131 | 实木衣架 |
| 2010 – LY – 132 | 食品用木制容器与器具 |
| 2010 – LY – 133 | 胶结处木材破坏率的测定方法 |
| 2010 – LY – 134 | 轻型木结构建筑覆面板用定向刨花板 |
| 2010 – LY – 135 | 校用木质课桌 课椅 |
| 2010 – LY – 136 | 平板架和包装用木材质量分级 |
| 2010 – LY – 137 | 防虫（蛀）胶合板 |
| 2010 – LY – 138 | 乒乓球拍用胶合板 |
| 2010 – LY – 139 | 木质吸音板 |
| 2010 – LY – 140 | 定向结构麦秸板 |
| 2010 – LY – 141 | 喷播用木质纤维 |
| 2010 – LY – 142 | 生物质重组刨切单板 |
| 2010 – LY – 143 | 回收利用木材交付要求 |
| 2010 – LY – 144 | 棕榈藤材材性试样采集与制备方法 |
| 2010 – LY – 145 | 异长叶烯 |
| 2010 – LY – 146 | 余甘子类树皮 |
| 2010 – LY – 147 | 五倍子 |
| 2010 – LY – 148 | 竹炭包 |
| 2010 – LY – 149 | 电工层压木板生产综合能耗 |
| 2010 – LY – 150 | 紫胶生产综合能耗 |
| 2010 – LY – 151 | 竹木复合板生产综合能耗 |
| 2010 – LY – 152 | 饰面用浸渍胶膜纸生产综合能耗 |
| 2010 – LY – 153 | 林业机械 植树机 |
| 2010 – LY – 154 | 园林机械 电动草坪割草机 |
| 2010 – LY – 155 | 林业机械 手持式森林测高器 |
| 2010 – LY – 156 | 园林机械 草坪修边机 |
| 2010 – LY – 157 | 林业机械 林业工厂化育苗 苗盘尺寸 |
| 2010 – LY – 158 | 园林机械 电动碎枝机 |
| 2010 – LY – 159 | 园林机械 手扶牵引式果岭覆沙机 |
| 2010 – LY – 160 | 双圆锯裁边机 |
| 2010 – LY – 161 | 单头裁板锯 |
| 2010 – LY – 162 | 木地板行业清洁生产技术要求 |
| 2010 – LY – 163 | 通道式干燥机 |
| 2010 – LY – 164 | 林间锯段机 |
| 2010 – LY – 165 | 立式横向刨切机 |
| 2010 – LY – 166 | 削片制方生产线通用技术规范 |

**2010 年度林业国家标准项目表**

| 标准项目编号 | 项目名称 |
|---|---|
| 20100532－T－432 | 植物新品种特异性、一致性、稳定性测试指南 黄栌属 |
| 20100533－T－432 | 植物新品种特异性、一致性、稳定性测试指南 栾树属 |
| 20100534－T－432 | 植物新品种特异性、一致性、稳定性测试指南 石榴属 |
| 20100535－T－432 | 自然保护区名词术语 |
| 20100536－T－432 | 非洲热带木材材种鉴定标准(第一册) |
| 20100537－T－432 | 户外用防腐木地板 |
| 20100538－T－432 | 建筑模板支撑用木工字搁栅 |
| 20100539－T－432 | 木材和工程复合木材的持续负载和蠕变影响评定 |
| 20100540－T－432 | 木材及其复合材料耐火试验方法 锥形量热仪法 |
| 20100541－T－432 | 木结构用单板层积材 |
| 20100542－T－432 | 南美洲热带木材材种鉴定标准(第一册) |
| 20100543－T－432 | 高密度纤维板 |
| 20100544－T－432 | 陆生野生动物资源调查技术规程 第 1 部分 导则 |
| 20101546－T－432 | 木质活性炭试验方法 碘吸附值的测定 |
| 20101547－T－432 | 木质活性炭试验方法 焦糖脱色率的测定 |
| 20101548－T－432 | 木质活性炭试验方法 铁含量的测定 |
| 20101549－T－432 | 林业机械 便携式割灌机和割草机 词汇 |
| 20101550－T－432 | 林业机械 便携式油锯 被动式锯链制动器性能 |
| 20101551－T－432 | 林业机械 便携式油锯 词汇 |
| 20101552－T－432 | 林业机械 便携式油锯 锯链制动器性能 |
| 20101553－T－432 | 林业机械 移动式和自行式林业机械 术语、定义和分类 |
| 20101554－T－432 | 自行式林业机械 滚翻保护结构实验室试验和性能要求 第 1 部分：通用机械 |
| 20101555－T－432 | 防腐剂对白蚁毒效实验室试验方法 |
| 20101556－T－432 | 木材顺纹抗压弹性模量测定方法 |
| 20101557－T－432 | 集装箱底板用胶合板 |
| 20101558－T－432 | 胶合板 第 1 部分：分类 |
| 20101559－T－432 | 胶合板 第 2 部分：尺寸公差 |
| 20101560－T－432 | 胶合板 第 3 部分：普通胶合板通用技术条件 |
| 20101561－T－432 | 胶合板 第 4 部分：普通胶合板外观分等技术条件 |
| 20101562－T－432 | 体育馆用木质地板 |
| 20101563－T－432 | 刨花铺装机通用技术条件 |
| 20101564－T－432 | 人造板机械安全通则 |

**【2010 年废止林业行业标准目录】** 2010 年，根据《中华人民共和国标准化法》、《林业标准化管理办法》有关要求，国家林业局对现有 842 项林业行业标准进行了复审。经复审，批准废止《森林铁路线路和信号标志》等 131 项标准。

**2010 年废止林业行业标准目录表**

| 序号 | 标准编号 | 标准名称 |
|---|---|---|
| 1 | LY/T 1003－1991 | 森林铁路线路和信号标志 |
| 2 | LY/T 1025－1991 | 封边带涂胶机 参数 |
| 3 | LY/T 1026－1991 | 封边带涂胶机 精度 |
| 4 | LY/T 1027－1991 | 封边带涂胶机 制造与验收技术条件 |
| 5 | LY/T 1032－1991 | 人造板机械产品标准编写规定 |
| 6 | LY/T 1037－1991 | 运材挂车型式和基本参数 |
| 7 | LY/T 1038－1991 | 运材挂车通用技术条件 |
| 8 | LY/T 1039－1991 | 运材挂车试验方法 |
| 9 | LY/T 1040－1991 | 运材挂车 车轴 |
| 10 | LY/T 1046－1991 | 林业机械产品鉴定规程 |
| 11 | LY/T 1048－1991 | 木材侧面式叉车产品质量分等质量指标 |
| 12 | LY/T 1049－1991 | 木材侧面式叉车产品质量分等试验方法 |
| 13 | LY/T 1050－1991 | 木材侧面式叉车产品质量分等检验规则 |
| 14 | LY/T 1052－1991 | 升降式喷洒器 技术条件 |
| 15 | LY/T 1053－1991 | 升降式喷洒器 试验方法 |
| 16 | LY/T 1054－1991 | 猎枪压底火器 |
| 17 | LY/T 1061－1992 | 竹质卫生筷子 |
| 18 | LY/T 1074－1992 | 林用门式起重机 技术条件 |
| 19 | LY/T 1075－1992 | 林用门式起重机 型式与基本参数 |
| 20 | LY/T 1076－1992 | 林用门式起重机 使用安全规程 |
| 21 | LY/T 1077－1992 | 175F 汽油机技术条件 |
| 22 | LY/T 1089－1993 | 红根栲胶 |
| 23 | LY/T 1092－1993 | 森林铁路车辆产品型号编制规则 |
| 24 | LY/T 1093－1993 | 森林铁路内燃机车产品型号编制规则 |
| 25 | LY/T 1116－1993 | 手抬机动泵技术条件 |
| 26 | LY/T 1117－1993 | 集材拖拉机使用安全规程 |
| 27 | LY/T 1120－1993 | 保鲜山野菜 |
| 28 | LY/T 1123－1993 | 松材线虫病检疫技术 |
| 29 | LY/T 1134－1993 | 原木纵向板链输送机 型式与基本参数 |
| 30 | LY/T 1135－1993 | 原木纵向板链输送机 技术条件 |
| 31 | LY/T 1136－1993 | 原木纵向圆环链输送机 型式与基本参数 |
| 32 | LY/T 1137－1993 | 原木纵向圆环链输送机 技术条件 |
| 33 | LY/T 1144－1993 | 运材汽车大修验收技术条件 |
| 34 | LY/T 1146－1993 | 林用圆盘整地机 技术条件 |
| 35 | LY/T 1147－1993 | 林用圆盘整地机 试验方法 |
| 36 | LY/T 1149－1994 | 林区公路养护技术规范 |
| 37 | LY/T 1151－1994 | 木片散装汽车技术条件 |

（续）

| 序号 | 标准编号 | 标准名称 |
|---|---|---|
| 38 | LY/T 1154－1994 | 森林铁路货车两轴转向架 |
| 39 | LY/T 1160－1995 | 塑料弹壳 |
| 40 | LY/T 1161－1995 | 纸弹壳 |
| 41 | LY/T 1162－1995 | 塑料壳猎枪弹 |
| 42 | LY/T 1163－1995 | 纸壳猎枪弹 |
| 43 | LY/T 1164－1995 | 旋切机维修规则 |
| 44 | LY/T 1165－1995 | 鼓式削片机产品质量分等 |
| 45 | LY/T 1186－1996 | 飞机播种治沙技术要求 |
| 46 | LY/T 1191－1996 | 热磨机维修规则 |
| 47 | LY/T 1195－1996 | 杨树速生丰产用材林主要栽培品种苗木 |
| 48 | LY/T 1203－1997 | 硬质木纤维瓦楞板 |
| 49 | LY/T 1205－1997 | 薄型硬质纤维板 |
| 50 | LY/T 1276－1998 | 割灌机　声功率级的测定 |
| 51 | LY/T 1277－1998 | 猎枪弹　弹丸 |
| 52 | LY/T 1288－1998 | 绞盘机　试验方法 |
| 53 | LY/T 1292－1998 | 运材挂车　转盘 |
| 54 | LY/T 1332－1999 | 湿地松松香 |
| 55 | LY/T 1350－1999 | 指接材物理力学性能试验方法 |
| 56 | LY/T 1351－1999 | 指接材 |
| 57 | LY/T 1354－1999 | 木炭 |
| 58 | LY/T 1366－1999 | 橡碗单宁除垢剂 |
| 59 | LY/T 1368－1999 | 木材水运机动船舶技术管理规程 |
| 60 | LY/T 1376－1999 | 人造板机械涂漆颜色 |
| 61 | LY/T 1383－1999 | 林用索道索系 |
| 62 | LY/T 1386－1999 | 运材汽车定型试验规程 |
| 63 | LY/T 1387－1999 | 轻型汽油动力喷灌机 |
| 64 | LY/T 1390－1999 | 林业自行式机械　动态车外噪声测量方法 |
| 65 | LY/T 1391－1999 | 林业自行式机械　静态车外噪声测量方法 |
| 66 | LY/T 1392－1999 | 林业自行式机械　驾驶员耳旁噪声测定方法 |
| 67 | LY/T 1395－1999 | 森林铁路车辆　车轴型式尺寸 |
| 68 | LY/T 1396－1999 | 森林铁路车辆　车轴技术条件 |
| 69 | LY/T 1397－1999 | 森林铁路车辆　铸钢整体车轮 |
| 70 | LY/T 1398－1999 | 森林铁路车辆　轮对组装技术条件 |
| 71 | LY/T 1399－1999 | 森林铁路车辆　车轮轮缘踏面外形 |
| 72 | LY/T 1400－1999 | 松针粉 |
| 73 | LY/T 1429－1999 | 火药式注射枪 |
| 74 | LY/T 1434－1999 | 自行式林业机械驾驶室防护装置试验方法和性能要求 |
| 75 | LY/T 1436－1999 | 柠檬桉速生丰产林 |
| 76 | LY/T 1442－1999 | 醋酸乙烯合成触媒载体活性炭 |
| 77 | LY/T 1443－1999 | 松焦油化学成分测定方法 |
| 78 | LY/T 1449－1999 | 东北、内蒙古国有林区木材生产能耗 森铁蒸汽机车燃料消耗量 |

（续）

| 序号 | 标准编号 | 标准名称 |
|---|---|---|
| 79 | LY/T 1474－1999 | 木材液压起重臂　名词术语 |
| 80 | LY/T 1475－1999 | 木材液压起重臂　基本参数 |
| 81 | LY/T 1476－1999 | 木材液压起重臂　技术条件 |
| 82 | LY/T 1477－1999 | 木材液压起重臂　试验方法 |
| 83 | LY/T 1479－1999 | 原木索式输送机　型式与基本参数 |
| 84 | LY/T 1480－1999 | 原木索式输送机　技术条件 |
| 85 | LY/T 1481－1999 | 原木纵向可拆链输送机　型式与基本参数 |
| 86 | LY/T 1482－1999 | 原木纵向可拆链输送机　技术条件 |
| 87 | LY/T 1483－1999 | 鸟枪 |
| 88 | LY/T 1491－1999 | 悬挂式挖坑机　技术条件 |
| 89 | LY/T 1492－1999 | 悬挂式挖坑机　试验方法 |
| 90 | LY/T 1493－1999 | 林用圆盘整地机　圆盘与接盘的安装尺寸 |
| 91 | LY/T 1498－1999 | 森林铁路车辆　种类、型式及主要参数 |
| 92 | LY/T 1499－1999 | 森林铁路原条台车技术条件 |
| 93 | LY/T 1501－1999 | 森林铁路车辆　无导框滑动轴承铸钢轴箱体技术条件 |
| 94 | LY/T 1512－2003 | 木质卫生筷子 |
| 95 | LY/T 1514－1999 | 252L 型履带式营林拖拉机 |
| 96 | LY/T 1519－1999 | 集材 80 型拖拉机大修验收技术条件 |
| 97 | LY/T 1520－1999 | 集材 50 型拖拉机大修验收技术条件 |
| 98 | LY/T 1521－1999 | 绞盘机　缠绕卷筒　型式与尺寸 |
| 99 | LY/T 1522－1999 | 林业机械　联接装置尺寸 |
| 100 | LY/T 1525－1999 | 森林铁路车辆强度设计规范 |
| 101 | LY/T 1534－1999 | 橄榄油、油橄榄果渣油及其检验 |
| 102 | LY/T 1535－1999 | 橄榄油、油橄榄果渣油检验　检验总则 |
| 103 | LY/T 1536－1999 | 橄榄油、油橄榄果渣油检验　透明度、色泽、气味滋味鉴定法 |
| 104 | LY/T 1537－1999 | 橄榄油、油橄榄果渣油检验　水分及挥发物测定方法 |
| 105 | LY/T 1538－1999 | 橄榄油、油橄榄果渣油检验　杂质测定法 |
| 106 | LY/T 1539－1999 | 橄榄油、油橄榄果渣油检验　酸度(酸价)测定法 |
| 107 | LY/T 1540－1999 | 橄榄油、油橄榄果渣油检验　酸败及过氧化值测定法 |
| 108 | LY/T 1541－1999 | 橄榄油、油橄榄果渣油检验　碘值测定法 |
| 109 | LY/T 1542－1999 | 橄榄油、油橄榄果渣油检验　皂化值测定法 |
| 110 | LY/T 1543－1999 | 橄榄油、油橄榄果渣油检验　不皂化物测定法 |

（续）

| 序号 | 标准编号 | 标准名称 |
|---|---|---|
| 111 | LY/T 1544－1999 | 橄榄油、油橄榄果渣油检验　含皂试验 |
| 112 | LY/T 1545－1999 | 橄榄油、油橄榄果渣油检验　含皂量测定法 |
| 113 | LY/T 1546－1999 | 橄榄油、油橄榄果渣油检验　脂肪酸成分含量测定法 |
| 114 | LY/T 1547－1999 | 橄榄油、油橄榄果渣油检验　维生素 E 测定法 |
| 115 | LY/T 1548－1999 | 橄榄油检验　BELLER 指数测定法 |
| 116 | LY/T 1549－1999 | 橄榄油、油橄榄果渣油的试验 |
| 117 | LY/T 1550－1999 | 橄榄油、油橄榄果渣油检验　半干性油试验 |
| 118 | LY/T 1551－1999 | 橄榄油、油橄榄果渣油检验　茶油的定性试验 |
| 119 | LY/T 1552－1999 | 橄榄油、油橄榄果渣油检验　净重量、净体积测定法 |
| 120 | LY/T 1553－1999 | 橄榄油、油橄榄果渣油检验　总砷含量测定法 |
| 121 | LY/T 1554－1999 | 橄榄油、油橄榄果渣油检验　总汞的测定法 |
| 122 | LY/T 1555－1999 | 橄榄油、油橄榄果渣油检验　净含量测定法 |
| 123 | LY/T 1569－1999 | 转子式刨花干燥机维修规则 |
| 124 | LY/T 1583－2000 | 网带式单板干燥机维修规则 |
| 125 | LY/T 1584－2000 | 热压机维修规则 |
| 126 | LY/T 1585－2000 | 宽带砂光机维修规则 |
| 127 | LY/T 1586－2000 | 热压机　产品质量分等 |
| 128 | LY/T 1590－2001 | 气流刨花铺装机维修规则 |
| 129 | LY/T 1591－2001 | 油锯　声功率级测定方法 |
| 130 | LY/T 1592－2001 | 林业机械　驾驶员保护结构　实验室试验和性能要求 |
| 131 | LY/T 1600－2002 | 混凝土模板用浸渍胶膜纸贴面胶合板 |

**【林业标准化示范区项目】**　围绕木本粮油作物发展，重点开展油茶、核桃、板栗等木本粮油标准化生产示范区建设，国家林业局2010年新建11个全国林业标准化示范区，推动标准实施示范，提高木本粮油发展水平，带动地方经济发展和农民增收。

**2010年全国林业标准化示范区项目表**

| 序号 | 标准编号 | 示范区项目名称 | 示范地点 |
|---|---|---|---|
| 1 | 2010－BZSFQ－001 | 全国油茶标准化示范区 | 安徽 |
| 2 | 2010－BZSFQ－002 | 全国油茶标准化示范区 | 江西 |
| 3 | 2010－BZSFQ－003 | 全国油茶标准化示范区 | 湖南 |
| 4 | 2010－BZSFQ－004 | 全国毛竹笋标准化示范区 | 浙江 |
| 5 | 2010－BZSFQ－005 | 全国板栗标准化示范区 | 河南 |
| 6 | 2010－BZSFQ－006 | 全国葡萄标准化示范区 | 河北 |
| 7 | 2010－BZSFQ－007 | 全国森林城市建设标准化示范区 | 重庆 |
| 8 | 2010－BZSFQ－008 | 全国银杏标准化示范区 | 四川 |
| 9 | 2010－BZSFQ－009 | 全国核桃标准化示范区 | 贵州 |
| 10 | 2010－BZSFQ－010 | 全国枸杞标准化示范区 | 宁夏 |
| 11 | 2010－BZSFQ－011 | 全国苹果标准化示范区 | 内蒙古 |

**【新批准成立两个国家林业局产品质量检验检测机构】**2010年，根据《国家林业局产品质量检验检测机构管理办法》的要求，按照行政许可审批有关规定，国家林业局新批准成立国家林业局林产品质量检验检测中心（北京）、国家林业局林产品质量检验检测中心（石家庄）。国家林业局将逐步完善林业产品质量监督检验体系，促进林产品质量安全保障体系的建立，推动林业产业又好又快地发展。

**【全国林产品质量检验检测机构建设规划（2011～2020）】**　2010年，为适应国民经济发展需要，确保林产品安全、产业健康发展、市场有序竞争，国家林业局科技司编制《全国林产品质量检验检测体系建设规划（2011～2020）》（简称《规划》）。《规划》明确了全国林产品质量检验检测体系建设的指导思想、基本原则和建设目标，对全国林产品质量检验检测体系建设进行合理布局，强化全国林产品质量检验检测机构的能力建设，提出《规划》实施的保障措施。

**【国际标准化组织木材技术委员会（ISO/TC218）成员国年会】**　2010年8月，国际标准化组织木材技术委员会（ISO/TC218）第九届成员国年会在北京召开，这是中国首次承办木材标准化工作国际会议。会议由国家标准化管理委员会和国家林业局承办，中国林科院木材工业研究所和国际竹藤网络中心协办。来自中国、俄罗斯、美国、加拿大、日本、乌克兰、白俄罗斯、马来西亚、肯尼亚、博茨瓦纳等国家的60多位代表出席会议。国家林业局副局长张永利，国家标准化管理委员会副主任孙晓康出席并致辞。会议批准中国提出并承担的《实木地板一般技术要求》国际标准立项，提高了我国在国际标准化工作的话语权，也体现了中国作为木制品贸易大国的责任和义务。会议还提出开展《木材废弃物分类》、《非结构锯材目测分等要求》等国际标准制定工作。

**【国际标准化组织人造板技术委员会（ISO/TC89）成员国年会】**　2010年3月，国际标准化组织人造板技术委员会（ISO/TC89）第十八届成员国年会在上海召开。会议由国家标准化管理委员会和国家林业局承办，中国林科院木材工业研究所和全国人造板标准化技术委员会协办。会议召集纤维板、刨花板、胶合板和试验方法分技术委员会或工作组，重点讨论中国主持的《细木工板》和《装饰单板饰面胶合板》两项人造板国际标准，推动了我国人造板标准国际交流与合作。

【林业标准化项目绩效考核】 2010年12月，由国家林业局科技司组织实施的2008年和2009年林业行业标准制修订项目通过财政部绩效考核。考核组重点对中国林科院木材工业研究所、国家林业局北京林业机械研究所、国家林业局哈尔滨林业机械研究所、黑龙江省森工总局和东北林业大学等单位承担的标准项目进行专家现场考核和绩效评价。

【林业标准培训工作】 2010年5月，国家林业局科技司在重庆举办全国林业标准编写培训班。主要结合林业特点，针对林业系统的标准化现状，重点培训了《标准化工作导则 第1部分：标准的结构和编写》(GB/T1.1－2009)，同时介绍了林业标准体系情况，如何采用国际标准以及如何编写强制性标准等内容；并对标准项目管理和财政补助经费管理等内容进行讲解。其目的在于进一步提高林业标准编写人员的标准化水平，提高标准的编写质量。

【林产品质量安全监督工作座谈会】 2010年11月，国家林业局科技司在浙江组织召开林产品质量安全监督工作座谈会。来自全国25个国家级（局级）林产品质量检验检测中心（站）的代表和部分省林业厅（局）的代表参加会议。会议重点研讨了如何更好地加强全国林产品质量安全监管工作，讨论《林产品质量安全监管办法（初稿）》。 （林业标准化由科技司标准处供稿）

# 林业知识产权保护与管理

【综 述】 2010年，林业知识产权工作全面推进。制定下发《国家林业局贯彻实施〈国家知识产权战略纲要〉指导意见》，开展林业知识产权宣传周活动，启动林业知识产权试点示范工作，建立林业知识产权基础数据库和网上林业专利分析系统，研究制定《林业知识产权“十二五”规划》，明确林业知识产权工作“十二五”发展思路、目标和重点任务。

【林业知识产权宣传周】 在全国知识产权宣传周（4月20～26日）活动期间开展林业知识产权宣传活动。在4月26日知识产权宣传日，举行林业植物新品种数据库运行启动仪式，对第一批26家林业知识产权试点单位进行授牌，对林业知识产权执法工作进行座谈讨论。

【林业知识产权试点示范】 为贯彻落实《国家知识产权战略纲要》和中央林业工作会议精神，全面提升林业知识产权创造、运用、保护和管理能力，增加林业知识产权保护与管理意识，2010年，启动第一批26家林业企事业知识产权试点单位，制定完成试点工作方案和实施计划。

第一批全国林业知识产权试点单位名单

| 序号 | 单 位 |
|---|---|
| 1 | 中国林业科学研究院林业研究所 |
| 2 | 中国林业科学研究院木材工业研究所 |
| 3 | 国际竹藤网络中心 |
| 4 | 河北省林业科学研究院 |
| 5 | 内蒙古自治区林业科学研究院 |
| 6 | 辽宁省干旱地区造林研究所 |
| 7 | 吉林省林业科学研究院 |
| 8 | 吉林省白城市林业科学研究院 |
| 9 | 上海市林业总站 |
| 10 | 大亚科技集团有限公司 |
| 11 | 福建省林业科学研究院 |

（续）

| 序号 | 单 位 |
|---|---|
| 12 | 江西省林业科学院 |
| 13 | 泰安市泰山林业科学研究院 |
| 14 | 湖北省林业科学研究院 |
| 15 | 湖南省林业科学院 |
| 16 | 湖南恒盾集团有限公司 |
| 17 | 广东省林业科学研究院 |
| 18 | 广西壮族自治区林业科学研究院 |
| 19 | 四川林合益竹业有限公司 |
| 20 | 甘肃省治沙研究所 |
| 21 | 青海清华博众生物技术有限公司 |
| 22 | 宁夏林业研究所（有限公司） |
| 23 | 中国吉林森林工业集团有限责任公司 |
| 24 | 黑龙江省带岭林业科学研究所 |
| 25 | 大兴安岭地区农业林业科学研究院 |
| 26 | 深圳市燕加隆实业发展有限公司 |

【林业知识产权基础数据库】 2010年，重点完善和建设林业知识产权资源导航、林业专利、林业植物新品种权、软件著作权、林业地理标志、林业知识产权动态、林业知识产权文献和林业知识产权法律法规等10个林业知识产权基础数据库，入库记录达到30多万条；开发中国林业知识产权网，建立网上林业专利分析系统，开展国内外木地板专利的实时检索、下载和预警分析工作。

【重点出口林产品知识产权预警机制】 2010年，在充分调研的基础上，建成林业专利信息预警分析系统，该系统可实时检索并下载81个国家的林业专利数据，并建立专利信息系统。采用智能化的数据挖掘技术和先进的可视化技术，系统可自动进行几十种重要的专利分析，自动生成近百种统计图表，为林业专利预警分析研

究提供基础数据分析平台。

**【木地板行业专利预警分析研究】** 2010 年，对重点林产品领域进行动态跟踪和调查分析，选定木地板行业进行专利预警分析研究。完成国内外木地板专利的实时检索并下载，建立中国木地板专利库和世界木地板专利库，并进行数据加工和处理，初步掌握木地板的专利分布情况和发展趋势，增强知识产权预警能力。

**【《林业知识产权"十二五"规划》编制】** 2010 年，经过大量的前期调研和资料搜集工作，完成《林业知识产权"十二五"发展规划》报告初稿的撰写。

**【林业知识产权保护与管理培训】** 2010 年 11 月 15 ~ 19 日，在福建厦门举办林业知识产权保护与管理培训班，就国家知识产权战略纲要实施情况、林业知识产权保护与管理现状、林业知识产权"十二五"规划、林业植物新品种权申请、审批程序、林业知识产权信息平台和预警机制建设等内容进行培训，来自各省（区、市）林业厅（局）科技处负责同志和第一批 26 家试点单位的 60 多名代表参加了培训。

**【油茶知识产权保护与管理座谈会】** 2010 年 12 月 3 日，在湖南召开油茶知识产权保护与管理座谈会。来自 14 个油茶种植省（区、市）林业厅（局）科技处负责同志、林科院分管领导、有关林业大学科技处负责同志及从事油茶研究的专家参加了会议，就油茶科研及知识产权保护与管理情况进行座谈交流。

（林业知识产权保护与管理由科技中心综合管理处供稿）

## 林业植物新品种保护

**【综　述】** 2010 年，依照《中华人民共和国植物新品种保护条例》及其林业实施细则等相关法律法规的规定，国家林业局开展了林业植物新品种权申请受理、审查、授权，完善了植物新品种测试体系，积极履行植物新品种保护公约，加强了林业植物新品种保护宣传，林业植物新品种保护工作取得明显进展。

（科技中心新品处）

**【植物新品种权申请受理、审查与授权】** 2010 年，共受理、审查国内外品种权申请 89 件，对 95 个新品种权申请进行了初步审查，对 38 个新品种权申请进行了实质审查。共发布初审公告等 7 批，对初步审查合格的品种权申请进行了公开。林业植物新品种授权 26 件。

（科技中心新品处）

**【林业植物新品种测试体系建设】** 2010 年，继续加强对国家林业局批准建立的植物新品种测试中心华北分中心、华南分中心、华东分中心和植物新品种基因测定实验室、南方植物新品种基因测定实验室的建设和管理工作，2 个分中心及 1 个专业测试站已完成竣工验收，新品种测试体系建设进一步得到完善；完成核桃属、梅花等 10 项测试指南编制工作。（科技中心执法处）

**【林业植物新品种保护宣传】** 2010 年，将 1999 ~ 2009 年林业植物授权新品种详细信息进行了整理，汇编成《中国林业植物授权新品种（1999 ~ 2009）》，在 4 月 26 日的林业知识产权宣传活动上举行了赠书仪式，向各省（区、市）林业部门广泛发放；举行了新版植物新品种保护网开通仪式，展示了新版网站的各项新功能；建立授权品种数据库，将授权品种的详细信息公布在植物新品种保护网上，方便广大林农，特别是拿到林权证的农民获取信息，也为林农和品种权人架起沟通平台，在品种权人许可下，确保品种及栽培技术的供给。

（科技中心新品处）

**【来自台湾地区的品种权申请受理】** 2010 年，在国台办的统一组织下，参加了 6 次两岸知识产权保护合作协议磋商活动，就其中植物新品种保护的内容进行了协商；组织专家起草了《台湾地区申请人在大陆申请植物新品种权的暂行规定》，以农业部、国家林业局联合公告的形式对外发布，正式启动对中国台湾地区开展植物新品种权申请的受理工作。（科技中心新品种处）

**【植物新品种保护国际公约履约】** 2010 年，认真执行中荷植物新品种保护合作项目，安排我国专家赴荷兰讲授中国植物新品种保护制度 1 次，安排 3 人赴荷兰参加短期培训，安排 1 人赴荷兰参加中长期培训，荷方专家来华培训林业测试人员 60 多名；参加东亚植物新品种保护论坛第三次会议，争取中国的最大利益；参加 UPOV 理事会、技术工作组会议，充分发表中国的观点；组织专家对"UPOV1991 年文本与 1978 年文本的异同及其对亚洲国家的影响"进行研究。

（科技中心新品处、执法处）

## 林业生物安全与遗传资源管理

**【综　述】** 转基因林木是一种高技术结晶，具有特有的防治病虫害、抗干旱盐碱、生长速度快等一个或多个方面的优点，为利用现代生物技术成果治理困难立地和开发优质高效林业开创了新的途径，尤其对全国生态治理和沙区、山区林业建设有着现实意义，为发展林业高技术产业、促进林业生物技术更好地为人类服务有着十分重要的意义。

**林木转基因工程活动管理审批** 按照国务院第412号令和国家林业局《开展林木转基因工程活动审批管理办法》的规定，2010年完成了对东北林业大学申报的转基因桦树中间试验和北京林业大学申报的转基因地被菊等4个项目的实地考察、评审和许可工作。“十一五”期间共完成林业转基因生物行政许可119项，其中许可113项，不许可6项 。

**林业转基因生物安全监测** 2010年，安排和实施3个转基因林木监测项目；召开了转基因林木监测项目座谈会，对前期项目监测工作进行了总结，对监测工作提出了要求，对今后的监测工作进行了谋划；对2007年度安排的转基因林木监测试点项目进行了总结和验收，初步获得转基因林木在田间生长的安全性数据，对今后的转基因林木商品化生产提供了基础性数据。

**转基因林木立法** 转基因生物安全问题已成为全球广泛关注的热点问题之一，国内民众也十分关心和重视。林业转基因生物安全管理责任重大，不仅涉及林业生物技术和产业的健康发展，更重要的是国家生态安全和中国生态文明社会建设的基础保障。但是国内目前开展林业转基因生物安全管理工作的法律依据还不充分，没有相应的林业转基因生物法律和行政法规，通过调研和反复研究，国家林业局提出《关于提请林业转基因生物安全管理立法的建议》，正在和有关部门沟通，争取林业转基因生物安全管理的立法取得明显进展。

**林业转基因宣传、培训和信息化建设** 2010年，在贵州举办了林业转基因生物安全管理培训班，各省级林业主管部门、各省级林业科学研究院所及相关大学、各转基因林木监测项目承担单位的管理人员和科研人员共约80余人参加了培训。培训班就《开展林木转基因工程活动审批管理办法》、转基因森林植物及其产品安全性评价技术规程、开展林木转基因工程活动的申报及审批程序、国内外转基因生物安全研究及发展趋势、转基因林木及基因漂移快速检测技术等内容进行培训，收到了很好的效果；完成了林业转基因生物安全管理信息化系统建设，为林业科技工作者提供查询服务。

**转基因调研与指导** 2010年，科技中心深入基层开展调研，及时解决有关问题，做好服务工作。对山东、北京等地转基因林木的中试情况进行了调研，对中试的一些难点问题进行研究，提出了相应的解决方案。对中国林科院转Bt基因“健杨94”环境释放结果报告进行了研究，并对中国林科院、北京农学院、河北农业大学等单位的申报转基因林木的有关情况给予指导和帮助。

**《卡塔赫纳生物安全议定书》谈判** 2010年，科技中心派员参加3次履约谈判和相关会议，完成《卡塔赫纳生物安全议定书》林业相关内容的谈判，取得重大突破，维护了国家利益。《卡塔赫纳生物安全议定书赔偿责任与补救补充议定书》已在2010年召开的缔约方大会第五次会议上通过，标志着转基因生物安全管理的国际法诞生。

**遗传资源获取和惠益分享谈判** 2010年，科技中心派员参加3次履约谈判和相关会议，完成《生物多样性公约》林业相关遗传资源获取和惠益分享谈判工作，取得重大突破，维护了国家利益。《生物多样性公约关于遗传资源获取及公正和公平地分享其利用所产生惠益的名古屋议定书》在2010年召开的缔约方大会第十次会议上通过，标志着生物遗传资源的获取与利用进入新的阶段。 （科技中心生物安全管理处）

## 森林认证

【综 述】 2010年森林认证工作取得实质性进展。制定下发《国家林业局关于加快推进森林认证工作的指导意见》，明确开展森林认证的指导思想、原则、目标和任务，推动我国森林认证工作顺利开展。组织制定《森林认证标志管理办法》、《森林认证审核员能力要求》和《森林认证培训方案》，编写《森林认证培训教材》，完成森林认证标准体系框架，完善森林认证管理和技术规范。启动中国森林认证体系审核试点，在黑龙江新青和吉林汪清两个林业局开展培训、技术管理规范、标准测试改进、审核等工作。开展基础研究工作，完成森林认证成本效益分析研究，为相关决策、林业对外谈判提供依据和参考。开展森林认证审核员培训，首批培训的39名学员，全部通过中国认证认可协会考试，为认证审核工作提供了人才保障。编制与国际主要森林认证体系森林认证认可计划体系（PEFC）互认文件，筹建成立体系互认管理机构，提交加入PEFC的意向申请，加快了互认进程。

**森林认证管理** 组织起草了《国家林业局关于加快推进森林认证工作的指导意见》，并于2010年9月16日发布实施，进一步明确了森林认证工作的指导思想、工作原则和主要任务，为开展森林认证工作指明了方向。

**审核试点** 2010年，为加快推进森林认证工作，检验和完善森林认证国家标准与技术规范，加强森林认证机构建设，培养森林认证审核人才，组织开展了认证审核试点调研工作，根据“先行试点，稳步推进”的原则，在充分调研的基础上，选择吉林汪清林业局和黑龙江新青林业局先期开展森林经营认证审核试点。组织开展试点的单位的培训工作，提高试点单位对森林认证的认识和理解，指导试点单位建立健全内部管理体系，为开展审核工作打基础。

**国际互认** 2010年，在全面深入研究国际森林认证体系的基础上，选择森林认证体系认可计划（PEFC）开展国家森林认证体系国际互认。按照PEFC秘书处的

要求，研究提出了互认文件清单，组织编写会员申请材料，提交了会员申请意向，编写了互认文件中文稿。组织召开专家讨论会，就互认材料的完整性、可行性等进行了专家咨询和评估。

**标准体系建设** 2010年，完成了《中国森林认证 人工林》、《中国森林认证 竹林》等认证标准和《产销监管链认证审核导则》的编制工作。

**能力建设** 2010年，为加快推进森林认证实践，培养森林认证审核员队伍，确保认证审核质量，组织编写了《森林认证审核员技能培训教材》，举办了国家林业局第一期森林认证审核员培训班，为全面开展森林认证工作提供了人才保障。

**森林认证宏观研究** 2010年，组织开展了"森林认证成本效益分析研究"等专题研究，为准确把握和全面了解森林认证对森林经营和林产品贸易的影响、开展森林认证提供决策依据。

**森林认证情况调查** 2010年，组织开展森林认证现状调查工作，进一步了解了国外认证机构在我国开展森林认证情况，基本搞清了全国森林经营单位和木材加工企业认证状况，规范认证市场，确保森林认证工作稳步、健康、有序发展，为整顿和规范认证市场奠定基础。

（科技中心认证管理处）

## 引进国外智力工作

**【综　述】** 积极争取国家外专局项目审批并认真组织落实。2010年度引智出国培训项目计划经审核批准5个出国团组，共105人，资助经费112万元人民币；组织落实2010年引进国外技术管理人才项目计划，获批引进国外技术、管理人才项目24项，引进专家36人（次），争取外专局资助经费95万元；引智示范推广项目4项，资助经费46万元；组织开展农业引智成果推广示范基地建设；积极组织外国专家友谊奖申报及评审工作，国家林业局规划院选报的意大利专家温南齐奥·瓦勒拉尼先生获得外国专家"友谊奖"，受到中国政府表彰，成为国家林业局推荐的第十名获奖专家。

（局引进国外智力领导小组办公室）

# 林业信息化

**【林业信息化综述】** 2010年，全国林业信息化建设进入了全面发展的新阶段，取得突破性进展，成为现代林业建设的一大亮点。各级林业部门按照“加快林业信息化、带动林业现代化”的总体思路，扎实推进林业信息化建设，做了大量卓有成效的工作，进展快，标准高，效果好。

**《全国林业信息化发展“十二五”规划》编制完成** 以《全国林业信息化建设纲要》为指导，经过深入调研，编制了《全国林业信息化发展“十二五”规划》，明确了今后五年林业信息化的建设目标、重点任务和保障措施；超前开展中国林业信息化发展战略研究，深入分析林业信息化的发展趋势、机遇挑战，提出中长期林业信息化发展的科学方略。

**全国林业信息高速公路主干网建成** 全国林业专网节点由37个增至72个，联通了全国各省级林业部门和国家林业局京内外直属单位，建成集传输文字、视频、语音等各类信息数据的高标准信息高速公路。国家林业局完成办公内网升级改造，实现与互联网的物理隔离、京内外各单位的互联互通。各地各单位加大机房标准化建设力度，改善运行环境和发展条件。

**“中国林业网”统一门户网站形成** 国家林业局对原有50多个司局、直属单位网站和30多个省级林业部门网站进行了有机整合，新建森林公园等网站群，同时链接国家部委、林业相关单位、世界有关网站，建设中国林业网络博物馆、中国林业网络博览会，打造了中国林业统一的对外服务窗口。中国林业网经过大规模升级改版，科学构建了信息发布、在线办事、互动交流、林业展示四大版块，增建中文繁体版和英文版，设立了中国林业网络电视台。在2011年中国政府透明度报告中，国家林业局信息公开在中央部委中名列第二。开通中国首个网络森林医院，提供了网络植树平台。互动交流形式内容日益丰富，实现在线访谈、在线直播、在线交流常态化。国家林业局政府网在中央部委排名中，由2006年的第二十三名跃升至2010年的第十一名，年访问量突破1.5亿人(次)，荣获中央部委优秀政府网站和中国政府网站领先奖。各省级林业部门网站建设水平不断提高，共获得各类奖励57项。

**林业系统进入无纸化办公时代** 自2010年6月1日起，国家林业局正式启用综合办公系统和移动办公系统，形成了集工作、信息、学习、生活和交流五大平台于一体的网络化办公大平台。局机关全体职工、京内外直属单位及各省级林业部门都可按权限登录，实现办文、办会、办事等政府机关主要工作的在线办理，彻底打破传统办公方式的时空界限，实现随时随地办公的新模式，获得中央移动办公二类成果奖。全国林业系统如果都实现网上办公，每年可节约财政支出35亿元，节约纸100亿张，折合木材24万立方米，相当于吸收44万吨二氧化碳，释放39万吨氧气。

**数据库和应用系统建设得到整合强化** 实施国家自然资源和地理空间数据库、国家林业局内外网整合改造等重点项目，新建林业标准数据库、电子图书馆等一批重点数据库，整合改造36个林业综合数据库、27个林业专题数据库和28个林业专题产品库，初步实现省级以上林业专业数据集中管理和跨部门数据共享。启动实施林业资源监管体系建设项目，新建森林资源、湿地资源、荒漠化资源、生物多样性资源监管信息系统以及林业基本建设管理系统重点应用系统等，升级完善了森林防火指挥系统等。建设了集基础数据交换、空间数据管理和信息发布于一体的内外网平台。

**金林工程立项等取得突破** 经过积极协调，认真谋划，“金林工程”得到立项，总投资为100多亿元，其中一期工程就达3亿多元，计划用2～3年完成一期建设任务。紧紧抓住信息化从“互联时代”到“物联时代”发展的良好契机，在国家发改委等部门的大力支持下，国家林业局成为国家物联网应用示范工程6个试点部委之一。同时，国家林业局还坚持点面结合、各具特色、分期分批的原则，确定辽宁、福建、湖南和吉林森工集团为首批全国林业信息化示范省。各示范省高度重视，采取强有力措施，加大投资力度，按照示范主题，进行重点攻关，取得了一大批示范成果。

**林业信息化形成良好的运行机制** “十一五”期间，全国各级林业主管部门共投入林业信息化建设资金12.6亿元，平均每年2.5亿元，资金投入得到加强；新建防火墙、防篡改、漏洞扫描、安全审计等一批软硬件安全设施，对机房、网络、服务器及应用系统进行7×24小时监控，信息安全保障不断完善；国家林业局与有关部委、高等院校、科研单位、重点IT企业等进一步加强了合作交流。

**制度标准不断健全** 制定《全国林业信息化工作管理办法》、《中国林业网管理办法》、《国家林业局办公网管理办法》、《全国林业专网管理办法》、《国家林业局中心机房管理办法》等10多项制度，实现网络管理、网站维护、项目建设、资金运行等重要事项有规可依、有章可循。成立了全国林业信息化标准委员会。研究制定了林业信息化标准指南、林业信息化标准体系等8个亟需的基础性标准。梳理确认300多个现行标准，提出154个推荐使用标准和117个参考使用标准。

**【各级林业信息中心成立】** 2010年3月，中央编办批准成立国家林业局信息中心；6月，国家林业局印发关于成立国家林业局信息中心的通知，编制30人，负责组织、协调、指导、监督、管理全国林业信息化建设和电子政务工作，与国家林业局信息化管理办公室两块牌子一套人马。河北等2/3的省级林业部门设立了独立信息化机构，专职人员达到295人。湖南14个市级林业部门全部成立了信息化工作领导小组，组建了专门管理机构。

**【全国林业信息化10件大事评选和林业网站绩效评估】** 组织了“2010年度林业信息化10件大事评选”和“2010年全国林业网站绩效评估”活动，对国家林业局各司局、各直属单位子站和全国各省(区、市)林业厅(局)网站的建设和运行维护情况进行绩效评估和综合考核。

全国林业信息化10件大事分别是：国家林业局信息中心正式成立、中国林业网和国家林业局办公网开通运行、全国林业系统无纸化办公、《全国林业信息化工作管理办法》等信息化管理办法出台、国家级信息系统先后开通或启动、省级信息系统快速推进、首次全国林业信息化示范省建设工作座谈会召开、开展首次全员信息化培训、国家林业局被确定为首批国家物联网应用示范单位、《中国林业信息化发展报告2010》正式出版。

中国林业网子站前10名分别是：国家林业局信息化管理办公室子站、国家林业局调查规划设计院子站、国家林业局野生动植物保护与自然保护区管理司子站、中国森防信息网子站、国家林业局林业工作站管理总站子站、国家林业局农村林业改革发展司子站、中国林业出版社子站、中国花卉协会子站、国家林业局森林公安局子站、国家林业局林业基金管理总站子站。

省(区、市)林业厅(局)网站前10名分别是：上海市林业局网站、首都园林绿化政务网、福建省林业厅网站、浙江林业网、辽宁省林业厅网站、广东林业网、河北林业网、湖南林业信息网、河南省林业厅网站、江西省林业厅网站。

**【中国林业信息化大事记】**

**1月21日** 中国林业网和国家林业局办公网开通运行，整合了50多个业务子站和一批重点数据库及应用系统，建成首个国家林业政府网站群。

**1月29日** 电子政务管理实践案例评选活动总结大会召开，国家林业局荣获知识管理奖和电子政务管理效能提升奖。

**1~3月** 国家林业局组织开展首次全员信息化培训，连续举办5期培训班学习中国林业网、国家林业局办公网和综合办公系统的应用，为国家林业局内外网应用和实现无纸化办公奠定了基础。

**2月4日** 全国林业信息数据标委会年会召开，并完成《林业信息术语》等6个标准的专家评审。

**2月10日** 吉林森工"三网"融合项目完成方案设计，进入实施阶段。

**3月2日** 国家网络森林医院开通运行，实现了森林疾病在线"就医问药"和"在线咨询服务"。

**4月1日** 国家林业局综合办公系统开始试运行。

**5月10日** 组织编制《国家重大信息化工程建设规划(2011~2015)》林业信息化项目建议。

**6月1日** 国家林业局综合办公系统正式启用，标志着全国林业系统开始进入无纸化办公时代。

**7月7~28日** 组织参加赴英国电子政务管理培训班。

**7月8日** 国家林业局印发《中国林业网管理办法》、《国家林业局办公网管理办法》、《全国林业专网管理办法》、《国家林业局中心机房管理办法》和《国家林业局网络信息安全应急处置预案》5项信息管理制度。

**7月9日** 国家林业局印发《全国林业信息化工作管理办法》。

**11月8日** 国家林业局信息办印发《办公计算机安全管理办法》等8项信息安全管理办法。

**11月10日** 林业资源综合监管服务体系试点建设项目正式启动，这是《全国林业信息化建设纲要》第一个行动计划的核心内容，信息技术在林业核心业务中的应用深入发展。

**11月26日** 首次物联网示范工作会议召开，国家林业局和有关部委被列入首批物联网示范单位。

**12月8日** 国家林业局政府网获2010年绩效评估"品牌栏目"奖。

**12月16日** 第九届中国政府网站绩效评估结果发布会召开，国家林业局政府网在73个部委网站综合排名中位列第十一名，荣获优秀政府网站称号。

**12月23日** 印发《国家林业局信息办财务与资产管理办法(试行)》。

**12月27~28日** 首次全国林业信息化示范省建设工作座谈会在北京召开，会议向首批全国林业信息化示范省颁发了奖牌，宣布了首次中国林业网子站和各省(区、市)林业厅(局)网站绩效评估结果，宣布了"十一五"全国林业10件大事和2010年全国林业信息化10件大事评选初步结果。

**12月30日** 《中国林业信息化发展报告2010》正式出版，这是首部中国林业信息化发展报告。

(林业信息化由冯峻极供稿)

# 林业教育与培训

12

# 林业教育与培训

**【林业干部教育培训规范化、信息化、组织化建设】** 2010年1月，国家林业局局长贾治邦在全国林业厅局长会议上讲话中强调，坚持依法治林和人才强林，推进干部教育培训规范化、信息化、组织化，指明了林业教育培训工作的发展方向。

2010年，林业干部教育培训规范化、信息化、组织化建设进展顺利。国家林业局出台关于加强林业应对气候变化培训工作的文件，进一步规范林业应对气候变化培训工作；举办全国林业远程培训教材建设暨网络课程建设工作培训班，对地方林业教育培训部门负责人进行林业干部教育培训信息化建设进行专题培训；充实中国林业教育培训网在线学习平台，开发"人工林公益林抚育原理及关键技术"等远程教育课件，完善了林业干部学习档案管理平台，开发了面向地方林业干部学习培训的管理模块；承办全国党员干部现代远程教育"林业生态与产业发展"栏目，向中央组织部报送了52周、3120分钟林业课件，巩固发展了面向农村基层干部宣传林业方针政策、弘扬生态文明的阵地；完成林业干部教育培训管理创新研究，组织开展了现代林业干部教育培训体系研究；组织编制了全国林业教育培训"十二五"规划。 （吴友苗）

**【县级领导干部林业专题培训】** 根据中共中央组织部关于委托有关部委抽调地方党政领导干部参加专题研究班的工作安排和《国家林业局关于举办中央组织部委托的2010年地方党政领导干部林业建设专题研究班的通知》(林人发〔2010〕95号)精神，2010年6月和9月，国家林业局分别举办沿海地区和"三北"地区2期县级领导干部林业专题研究班，培训70个县、市分管林业工作的县(市)长。

沿海地区林业建设专题研究班2010年6月21～30日在浙江杭州举办，来自沿海地区12个省(市)30名主管林业的副县长等县级领导干部参加了培训。研究班设置了生态旅游、公益林建设与管理、沿海防护林建设、湿地保护、森林防火、集体林权制度改革与深化、森林资源管理、林业与气候变化、森林健康、林业项目规划与管理等10个专题讲座，组织了一次座谈交流、一次县长论坛，并安排了浙江上虞沿海防护林建设和临安林业产业发展两次现场教学。

三北地区林业建设专题研究班于2010年9月6～15日在山西省太原市举办，来自全国11个省(区)的40名主管林业工作的副县长等县(市)级领导参加了培训。研究班设置了林业应对气候变化、集体林权制度改革与深化、中国荒漠化现状及防治对策、三北防护林工程黄土丘陵区治理的理论与实践、天保工程现行政策和发展趋势及管理、森林防火、林业产业发展和生态旅游8个专题讲座，并安排了一次县长论坛、一次座谈交流、两天现场教学。 （吴友苗）

**【中国西部地区林业人才培养项目启动】** 2010年5月26日，由国家林业局和日本国际协力机构合作的中日技术合作中国西部地区林业人才培养项目在北京启动。该项目将针对中国西部地区集体林权制度改革和国有林场改革两个领域，培养基层林业改革人才。项目由国家林业局管理干部学院负责实施，旨在通过在广西、四川、陕西、宁夏4个试点省(区)开展示范培训等，完善适合西部地区集体林改和国有林场改革而培养县级及其以下林业工作者的培训方式方法。同时，将派遣项目专家赴日研修、邀请日方短期专家来华授课、举办研讨会，以达到分享经验、引进日本林改经验和理念、互利双赢的目的，也为中日务林人交流学习提供平台。项目为期4年。为保证项目顺利开展，国家林业局和试点省(区)林业厅(局)专门成立了项目领导小组，并下设项目办公室，建立健全了项目运行机制。 （吴友苗）

**【新疆林业干部培训】** 为深入贯彻落实《国务院关于进一步促进新疆经济社会发展的若干意见》精神，协助新疆地区做好林业干部教育培训工作，切实提高林业干部的素质和能力，为新疆现代林业建设提供人才保障，国家林业局人事司与新疆维吾尔自治区林业厅在京联合举办了两期新疆林业干部培训班，培训林业厅机关处级干部及直属林场领导等112人。培训班为期1个月，安排了时政热点、民族特色、林业专题、能力建设、综合素质等模块的专题讲座和林业执法案例及现场教学等课程。 （陈峥嵘）

**【国家林业局关于加强林业应对气候变化培训工作的通知】** 为切实履行《联合国气候变化框架公约》义务，贯彻落实中央林业工作会议精神、《中国应对气候变化国家方案》和《应对气候变化林业行动计划》，国家林业局人事司于2010年12月发出通知，就加强林业应对气候变化培训工作作出全面部署。《通知》明确，林业应对气候变化培训工作总体目标是：通过培训，培养一批政治素质高、科研能力强、工作作风实的应对气候变化专家；培养一批将生态系统、生态建设与气候变化紧密联系开展工作的地方党政领导；培养一批具有可持续发展、节约资源、保护生态、改善环境、合理消费、循环经济观念的林业专业技术人才。文件所附《林业应对气候变化培训大纲》以国家林业局《应对气候变化林业行动计划》为依据，以基层林业领导干部和林业专业技术人员为主要对象，内容涵盖林业应对气候变化的政策和技术等方面。 （陈峥嵘）

**【林业学科建设】** 2010年，林业学科建设取得重要进展。2010年1月，国务院学位委员会第二十七次会议日前审议批准设置林业硕士专业学位等19种专业学位，进一步完善林业人才培养体系，创新林业人才培养模式，满足了国内生态文明建设事业发展对林业专门人才的迫切需要。2010年12月，国家林业局在北京举办全国林学一级学科建设高级研讨班，研讨班以“加强学科建设，谋划林学一级学科可持续发展”为主题，有关农林院校，中国林业科学研究院等23个单位的学科带头人和负责人、研究生培养管理部门或学科管理部门负责人共70余人参加了研讨。国家林业局副局长张永利在开班仪式上讲话。

北京林业大学沈国舫院士、中国林业科学研究院唐守正院士、东北林业大学马建章院士、北京林业大学尹伟伦院士分别作学术报告，介绍了国内林学学科历史、现状以及未来发展趋势，同时也提出林学学科建设所面临的一些问题和今后的对策。（吴友苗）

**【教育部、国家林业局共建北京林业大学等3所大学】** 为深入贯彻全国教育工作会议和中央林业工作会议精神，2010年11月29日，教育部和国家林业局在京签署协议，双方将合作共建北京林业大学、东北林业大学和西北农林科技大学。根据共建协议，教育部将支持3所大学进一步加强有关林业学科的建设，设立“林业基层场站大学生”计划，推进学校与国家相关科研单位建设合作实体，为3所大学培养高层次应用性创新型林业人才提供政策支持。国家林业局将进一步发挥3所大学在现代林业建设中的基础和骨干作用，为3所大学参与林业科研项目、重大工程项目、国际合作项目提供支持，支持3所大学结合现代林业建设的需要，在林业产业和生态建设一线建立试验示范站和示范基地，探索区域林业科技创新与示范推广的新机制和新模式。

（陈峥嵘）

**【3所林业高校建立及更名】** 根据《高等教育法》和《普通本科学校设置暂行规定》等有关规定以及2010年1月全国高等学校设置评议委员会五届四次会议的评议结果，教育部正式同意在南京森林公安高等专科学校基础上建立南京森林警察学院，西南林学院正式更名为西南林业大学，浙江林学院更名为浙江农林大学。

（吴友苗）

**【《关于做好大学生“村官”有序流动工作的意见》】** 2010年5月，中组部、教育部、国家林业局等13个部门联合出台《关于做好大学生“村官”有序流动工作的意见》，以建立健全大学生“村官”有序流动机制。《意见》明确了聘用期满的大学生“村官”留村任职工作、考录公务员、自主创业发展、另行择业、继续深造学习等5条出路，引导大学生“村官”有序流动。这是继2009年出台《关于建立选聘高校毕业生到村任职工作长效机制的意见》之后，中央和国家机关出台的有关大学生“村官”的又一重要文件，标志着中国大学生“村官”政策体系逐步形成。（吴友苗）

**【第二届林业教育国际研讨会】** 2010年5月18～21日由中国林业教育学会、林业教育国际伙伴、北京林业大学、加拿大不列颠哥伦比亚大学等联合举办的第二届林业教育国际研讨会在加拿大温哥华举行。本届林业教育国际研讨会主办单位增加了加拿大林业高等教育协会。来自中国、加拿大、美国等22个国家的150名代表参加了会议。与会代表以全球可持续林业与林业教育为主题，针对全球林业及教育领域面临的困难和挑战、当前和未来社会对林业教育发展的要求、本地区、本国、本学校林业教育现状及构想、依托网络技术共享林业教育资源，开展林业教育的国际合作等的议题进行深入的探讨；就提升林业教育应变能力，加强国际合作，解决社会发展对林业的需求与林业教育发展不相适应的矛盾等问题达成共识。中国林业教育学会杨继平理事长主持开幕式并应邀在大会上作了题为“中国林业未来发展与人才需求”的发言。（吴友苗）

**【北美枫情杯2011届全国林科十佳毕业生评选】** 评选于2010年10月15日在京启动，2010年12月15～16日举行颁奖典礼。活动以“展现真我风采，弘扬生态文明”为主题，按照院校推荐、资格审查、网络投票及专家综合评审四个环节有序进行，评选出本专科组十佳毕业生10名、优秀毕业生40名；研究生组十佳毕业生10名、优秀毕业生40名。南京林业大学干昌伟等10人被评为研究生组十佳毕业生，内蒙古农业大学邓霁廷（女）等10人被评为本专科组十佳毕业生。（吴友苗）

**【中国林业教育学会荣获全国先进社会组织称号】** 2010年2月，民政部决定，授予中国企业联合会等595个社会团体、民办非企业单位和基金会全国先进社会组织称号，中国林业教育学会是唯一获此殊荣的林业社会组织。中国林业教育学会自1996年12月成立以来，围绕林业建设和林业人才培养的中心工作，组织召开西部地区生态环境建设人才培养、林权法律制度研究、生态文明建设与教育、林业院校毕业生就业指导等学术研讨和工作座谈会，开展林业教育课题研究、林业优秀教材、优秀论文评选和林业教育管理者培训，为实施科教兴林和人才强林战略、发展现代林业作出了积极贡献。

（吴友苗）

## 北京林业大学

**【综　述】** 2010年，北京林业大学占地面积46.88万平方米，建筑面积34.32万平方米，教学综合实习林场775.1公顷。学校固定资产总值170 390万元，其中教科仪器设备资产值43 621.37万元。全年教育经费投入76 473万元，其中国家拨款54 278万元，自筹经费22 195万元。下设13个学院及体育教学部，开设55个本科专业及方向，覆盖9个学科门类；具有26个一级学科，4个一级学科博士点，35个博士学位授权点，73个硕士学位授权点和11个专业学位授权点；5个博士后流动站，其中博士后流动站进站22人，出站9人，在站77人。有1个一级国家重点学科(涵盖7个二级学科),2个二级国家重点学科,1个国家重点(培育)学科;10个国家林业局重点学科;1个北京市一级重点学科,4个北京市二级重点学科,1个北京市交叉重点学科;建有25个研究所,1个国家工程实验室,1个国家工程技术研究中心,1个国家级野外台站,4个教育部重点实验室,3个教育部工程技术研究中心,1个教育部科技创新团队,5个国家林业局重点开放性实验室,1个北京市重点实验室,1个北京市工程技术研究中心,5个国家林业局定位观测站,1个国家级理科人才培养基地。学校现有教职工1678人,其中专任教师1079人,包括教授196人、副教授444人;有博士生导师183人,硕士生导师346人;中国工程院院士4人。有长江学者4人,"973"项目首席科学家1人,"千人计划"人选1人,国家"百千万人才工程"人选5人,国家"新世纪百千万人才工程"人选3人,国家有突出贡献专家8人,省部级有突出贡献专家20人,享受政府特殊津贴专家107人。毕业生5410人,其中,学历教育学生中全日制研究生1009人(博士生180人、硕士生829人),普通本专科生3064人,成人教育本专科生1100人(本科生526人、专科生574人);非计划招生高等教育学生中在职人员攻读硕士学位授予学位237人,本科毕业生一次就业率94.65%。招生8542人,其中,学历教育学生中全日制研究生1328人(博士生242人,研究生1086人),普通本专科生3398人,成人教育本专科生3430人(本科生2190人、专科生1240人);非计划招生高等教育学生中在职人员攻读硕士学位386人。现有在校生27 157人,其中学历教育学生中全日制研究生3905人(博士生918人、硕士生2987人),普通本专科生13 079人,成人教育本专科生8671人(本科生5170人、专科生3501人);非计划招生高等教育学生中在职人员攻读硕士学位1502人。留学生毕业2人,招生31人,在校攻读学位共49人。图书馆建筑面积23 400平方米,馆藏纸质文献155.6万册,电子文献37 000GB。

**【新增网络工程专业】** 2010年1月2日,教育部公布2009年度高等学校专业设置备案或审批结果。北林大获批新增网络工程专业,自2010年开始招生。城市规划专业的专业年限由四年调整为五年。

**【第十一届中国青年科技奖】** 2010年1月13日,第十一届中国青年科技奖在京揭晓,北林大材料学院教师许凤获奖。

中国青年科技奖是1987年由中央组织部、人事部、中国科协在钱学森的提议下共同设立并组织实施,奖励40岁以下、从事自然科学和交叉科学的青年科技工作者,每两年评选一次,每届获奖人数不超过100名。

许凤,女,1970年6月2日出生,博士、教授、博士生导师,全国优秀博士学位论文获得者、新世纪优秀人才计划项目获得者、黑龙江省杰出青年基金获得者,第十一届中国青年科技奖获得者,享受国务院政府特殊津贴专家。

**【获国家科技进步二等奖】** 北林大主持完成的项目我国北方几种典型退化森林的恢复技术研究与示范获得2010年度国家科技进步奖二等奖。

**【入选国家"新世纪百千万人才工程"】** 2010年1月25日,经人社部、科技部、教育部、财政部、国家发改委、国家自然科学基金委员会、中国科协批准,北林大张德强入选"新世纪百千万人才工程"国家级人选。教育部直属高校共115人入选。

**【入选新世纪优秀人才支持计划】** 2010年2月25日,教育部公布2009年度新世纪优秀人才支持计划入选人员名单,北林大温俊宝、庞晓明、高宏波、刘俊国等教师入选。

**【成立中国低碳经济研究中心】** 2010年3月10日,中国低碳经济研究中心成立。该中心依托北林大经管学院,致力于地区性、全国性以及全球性的低碳经济问题的研究。中心研究领域涉及森林与低碳经济、林产品贸易与环境、林业碳汇、林木生物质能源等问题。来自国家林业局、清华大学、中国农业大学、北京市园林绿化局、北京建工学院、北京农学院及北林大的专家学者参加中心揭牌仪式。仪式结束后,与会专家学者围绕低碳经济热点问题、中国低碳经济研究中心的发展定位等展开讨论。

**【出版《北京林业大学年鉴》】** 2010年3月18日,《北京林业大学年鉴》首发式举行。校党委书记吴斌、校长尹伟伦、党委副书记周景和副校长逄广洲,年鉴编委会成员、编辑部成员及全体组稿人近120人参加会议。年鉴编辑部对11位2009年年鉴工作先进个人进行表彰,并部署2010卷组稿工作。

《北京林业大学年鉴(2009卷)》由中国林业出版社出版发行,该书全面、系统地分类记述学校2008年各方面工作的新成就、新发展、新变化、新经验,收录了2002~2008年的学校大事记,全书73万字,彩图31幅。《北京林业大学年鉴2009卷(电子版)》由中国学术期刊(光盘版)电子杂志社出版发行。

**【《中国省域生态文明建设评价报告》发布】** 2010年5月18日,由北林大生态文明研究中心生态文明建设评价(ECCI)课题组撰写的全国首部《中国省域生态文明建设评价报告(ECCI 2010)》发布。ECCI课题组汇集50余位生态、环保、管理、法学、哲学等多学科多领域专家意见,历时两年完成报告。该书首次从生态活力、环境质量、社会发展、协调程度四个维度,整体把握和建构生态文明建设;首次把中国31个省域分为六大生态文明建设类型,对2005~2008年各省域生态文明建设综合情况及现状进行客观评价。

**【新增一个北京市重点学科】** 2010年5月26日,北京市教委、市学位委员会公布2010年度增列为北京市重点学科的名单。北林大二级学科土壤学增列为北京市重点学科,建设周期截至2012年。

北林大土壤学科起源于北京林学院建院时成立的土壤教研室。1983 年开始招收硕士研究生，1986 年国务院学位委员会批准为森林土壤学硕士点，1990 年由森林土壤学改为土壤学，2005 年被国务院学位委员会批准为首个林业院校的土壤学博士点，并同时被授予一级学科农业资源利用硕士学位授予点

**【承办第四十七届国际风景园林师世界大会】** 2010 年 5 月 29 日，第四十七届国际风景园林师世界大会在苏州开幕。这是国际风景园林师联合会(IFLA)世界大会首次在中国大陆举办，来自世界各地的风景园林及相关行业领域的代表近 2500 人参加大会。本届大会的主题为“和谐共荣、传统的继承与可持续发展”，旨在讨论经济全球化、快速城镇化背景下，如何传承发展传统的风景园林文化艺术，兼顾保护和发展，实现人与自然和谐共处，促进城市健康可持续发展。北林大派出专家、学者、研究生约 30 人参加会议，50 名研究生志愿者参与大会组织和服务工作。

IFLA 于 1948 年 9 月在英国剑桥成立，总部设在法国凡尔赛，是受联合国教科文组织指导的国际风景园林行业的最高组织，现有 52 个国家的风景园林学会会员。2005 年中国风景园林学会正式加入 IFLA，成为代表中国的国家会员。IFLA 每年召开一次全球性年会，轮流在三大区(亚太区、美洲区、欧洲区)举行。

**【成立中国林地资源研究中心】** 2010 年 6 月 1 日，北林大成立中国林地资源研究中心，该中心下设林地资源调查与评估研究室、林地药用与香料植物资源利用研究室、林地食用资源加工利用研究室以及林地经济动物利用研究室等 4 个研究室。其将依托北林大生物科学与技术学院的科研与人才资源，开展林地资源的调查与评估，林地药用、食用植物与香料植物资源的利用研究，林地动物资源的调查与利用研究。

**【沈国舫院士获光华工程科技奖】** 2010 年 6 月 9 日，第八届光华工程科技奖在北京揭晓并颁奖。中国国务委员刘延东、中国科学院院长路甬祥、中国工程院原院长徐匡迪等为获奖专家颁奖。本届光华工程奖有中国工程科技领域 27 位专家分获“工程奖”和“青年奖”。北林大教授、博士生导师、中国工程院院士沈国舫获本届光华工程科技奖“工程奖”。

本届“工程奖”获奖者每人获奖金 15 万元，沈国舫拿出 10 万元捐给沈国舫森林培育基金用以重点奖励全国森林培育学科的优秀研究生。

**【新增 8 个硕士专业学位授权点】** 2010 年 6 月 13 日，北林大学位评定委员会召开新增硕士专业学位授权点审核会议，对各专业学位授权点的设置申请进行表决，决定增设林业硕士、旅游管理硕士、翻译硕士、工商管理硕士、国际商务硕士、会计硕士、应用统计硕士和艺术硕士等 8 个硕士专业学位授权点。

**【主办并参加亚太地区林业院校长会议】** 2010 年 7 月 21～23 日，由亚太森林恢复与可持续管理网络、大自然保护协会亚洲负责任林业与贸易项目、北林大和联合国粮农组织共同主办的亚太地区林业院校校长会议在中国北京国际饭店召开。会议共有来自 21 个国家的 37 所高等林业院校的 56 名代表和 6 个林业国际组织的 21 名代表参会。会议主题为林业教育促进森林可持续发展，旨在为促进亚太地区林业院校长之间的交流，共同推动林业人才培养设置，以满足森林可持续管理的需求。

**【联手牛津大学实施中国猫科动物保护建设项目】** 2010 年 8 月 17 日，由中国和英国共同策划的中国猫科动物保护能力建设项目举行启动仪式。中国猫科动物保护能力建设项目获得英国政府助研基金达尔文创新基金(Darwin Initiative)支持，由北林大和英国牛津大学合作实施。这是达尔文创新基金在猫科动物保护领域与中国的首次合作，也是中国首次实施大规模的猫科动物保护与监测行动。该项目预计在 3 年内对超过 500 名保护区一线工作者、猫科动物保护管理者以及研究分析人员进行野外生存技能、野外调查方法和数据收集与分析等方面的培训，并最终在全国建立 5 个猫科动物监测中心，完善中国的猫科动物监测与管理体系。

全球现存 36 种猫科动物中有 13 种分布在中国。其中虎、豹、雪豹等大型猫科动物的保护受到全世界的普遍关注。

**【首获 IWA 全球创新项目奖】** 2010 年 9 月 19～25 日，第七届世界水大会在加拿大蒙特利尔举行。北林大环境学院教师王洪杰博士参加的 Iron - Based Adsorbents and Related Technologies for the Simultaneous Removal of As(Ⅲ) and As(Ⅴ): Application for Drinking Water Treatment and Water Environment Remediation 项目，经过全球水行业知名专家数轮评审，以其在饮用水除砷及水体砷污染治理方面取得的研究与工程应用成果，被授予国际水协会(International Water Association, IWA)2010 年全球应用研究创新项目奖(Project Innovation Awards)，这是中国首次获得该奖项。

**【签署人才培养和科技合作协议】** 2010 年 10 月 18 日，北林大与赤峰市林业局签订人才培养和科技合作协议。双方合作协议旨在更好地实施“科技兴林”战略，发挥北林大在人才、技术、设备、教育等方面的优势，利用赤峰市的区位优势、资源优势和产业基础，进一步提高赤峰市的生态建设质量和水平，加大林业科技人才的培养力度，进行全面的人才培养和科技合作。北林大将采取委托培养、举办培训班等方式为赤峰市林业局培养技术人才和管理人才，并根据建设现代林业要求和赤峰市实际，进行科技合作，开展技术攻关、技术推广与服务等。

**【中国青年鸟类学家研讨会在北林大召开】** 2010 年 10 月 14～15 日，中国青年鸟类学家研讨会暨第六届翠鸟论坛在北林大学召开。本次翠鸟论坛是由中国动物学会鸟类学分会主办，北林大研究生院和生物学院承办，共有来自全国 18 所高校的 86 名研究生参加，其中 36 人作研讨会交流报告。

**【举办首届中国水足迹培训】** 2010年10月26～28日，由北林大自然保护区学院和国际水足迹网路(Water Footprint Network)共同举办首届中国水足迹培训。来自中国大陆、中国香港特别行政区，印度、英国等地23名学员参加培训。在此次培训中，“水足迹之父”、国际水足迹网络科学主任、荷兰特文特大学的Arjen Hoekstra教授和北林大自然保护区学院刘俊国教授对水足迹的评价方法、实用工具、科研前沿、企业应用动态等内容作了深入的介绍。应Hoekstra教授的邀请，北林大成为中国首位加入国际水足迹网络的合作伙伴，并担任全球水足迹网络同行评议委员会委员。

**【成立林业生物质能源研究所】** 2010年10月29日，北林大举行林业生物质能源研究所成立揭牌仪式。林业生物质能源研究所将针对重点地区的生物质能源一体化生产进行研究。下设林业生物质能源植物培育、能源加工装备、能源转化、能源综合利用等四个研究室，主要研究领域涉及林业生物质能源的栽培、加工、转化和综合利用一体化研究。

**【与德国德累斯顿工业大学签署联合培养协议】** 2010年11月21～27日，北林大赴德国德累斯顿工业大学和教育与手工业基金会进行回访。考察了解德国德累斯顿工业大学的办学实力、教学师资、管理服务、毕业方向和费用等方面的具体情况。双方经过充分交流与沟通，最终达成合作意向并签订联合培养“职业教育与人力资源开发”专业硕士预科。

**【获北京高校创先争优活动三项表彰】** 2010年12月3日，北京市教育工委召开北京高校创先争优活动阶段总结部署暨表彰大会。会上为获得北京高校优秀党建工作创新项目、北京高校育人标兵和北京高校成才表率的集体和个人颁奖。北林大党委组织部和水保学院党委联合申报的“以三级共建为载体，拓展高校党组织的实践平台”被评为北京高校优秀党建工作创新项目，材料学院李建章教授被评为北京高校育人标兵，水保学院硕士研究生张骅被评为北京高校成才表率。

**【北林大第一届青年学术年会召开】** 2010年12月11～12日，北林大第一届青年学术年会召开。本次会议以青年学术交流为切入点，邀请林业行业、基础研究以及社科领域的高层管理人员解读政策并进行宏观指导。会议结合北林大两期科技创新计划项目进展汇报，组织青年教师和研究生进行分组学术交流。参会的青年教师和研究生269人，有153人主持科技创新计划，占总人数的56.88%；主持国家自然科学基金的有39人，占总人数的14.5%。大会交流论文260余篇，其中《全球农田生态系统氮元素循环高空间分辨率分析》、《温和条件下离子液体中杨木的均相酯化改性》、《氯化钠诱导耐盐和盐敏感杨树根组织和细胞离子流的变化》、《以资源最优管理为基础的野生动物资源价值计量模型》、《重金属污染与综合防治——砷污染治理技术研究与工程示范》等5篇论文作大会主题交流。

**【北林大被评为党建和思想政治工作先进校】** 2010年12月14日，市委组织部、市委教育工委、市教委、市人力资源和社会保障局联合组成的党建和思政工作评审委员会经过入校考察、答辩、集中评审、公示等环节，并经市委常委会讨论，决定授予北林大北京市党的建设和思想政治工作先进普通高等学校荣誉称号。

**【承办全国林学一级学科建设高级研讨班】** 2010年12月16～17日，全国林学一级学科建设高级研讨班在北林大开班。本次研讨班是由国家林业局人事司主办、由北林大承办，以“加强学科建设，谋划林学一级学科可持续发展”为主题。探讨林学一级学科建设及其发展趋势；林学一级学科体系、招生、培养方案、管理办法；按林学一级学科培养研究生及其质量保障体系；发挥林学学科在现代林业建设中的作用等内容。研讨班上，北林大沈国舫院士、中国林科院唐守正院士、东北林大马建章院士、北林大尹伟伦院士分别为代表作报告，介绍中国林学学科的历史、现状和发展趋势以及学科建设所面临的一些问题。研讨班有来自全国林业(农林)大学、有关农业大学(林学院)，中国林业科学研究院，中国林业教育学会等共23个单位的学科带头人或负责人，研究生培养管理部门或学科管理部门负责人70余人参加。

**【北林大第十五届研究生学术文化节闭幕】** 2010年12月20日，北林大第十五届研究生学术文化节闭幕。本次研究生学术文化节于11月14日开幕，以“绿色、交融、跃动”为主题，倡导“弘扬绿色以秉承校旨，交融思想以汇聚文化，跃动青春以飞扬个性”，历时1个月。文化节期间，先后开展院士讲堂、名家访谈、博士讲坛、研究生“学术之星”评选、“林之萃”2010汇编、“研究生就业论坛”、研究生辩论赛、研究生趣味运动会等主线活动，涵盖学术报告、科技竞赛、期刊讲座、就业实践、文化沙龙等内容。

**【与海淀区东升乡政府签署战略合作框架协议】** 2010年12月28日，北林大与北京市海淀区东升乡人民政府签署战略合作框架协议。双方将本着“资源共享、优势互补、务实求效、合作共赢”的原则，在八家郊野公园提升改造及中关村花卉园艺中心项目的规划、建设、管理和运营等方面进行全面深入的战略合作。海淀区东升乡人民政府将在100公顷的八家郊野公园提升改造中为北林大设立相应的科研基地和教学实习区，用于发展学校相关科学研究、教学实习。海淀区人民政府、北京市园林绿化局、海淀区园林绿化局、海淀区农工委、海淀区科委、海淀区东升乡等6家单位及北林大校领导、有关职能部门和学院负责人出席签字仪式。

**【学生获奖情况】** 截至2010年年底，北林大学生竞赛取得好成绩。5月21日，学生SIFE(赛扶)团队获全国创新公益大赛二等奖。SIFE是一个全球性的以在校大学生为主体的商业实践社团。中国赛扶项目参考总部设在美国的国际赛扶的运营模式，在中国开展面向在校大学生的具有公益性的商业社会实践活动。5月30日，

2010年国际大学生风景园林设计大赛中，学生作品“黄河之滨的碛口古镇的保护与和谐再生”获得一等奖，学生作品“寻找逝去的泉”获得二等奖。6月，在2010年全国大学生英语竞赛中，共评出C类竞赛特等奖49名，一等奖223名。1人获得C类竞赛特等奖，11人获一等奖。31人获二等奖，61人获三等奖。8月6日，第三届中国大学生（文科）计算机设计大赛（专业媒体设计与电子音乐设计类决赛赛区）在广西南宁举行。北林大信息学院学生作品《寻梅》获得本届大赛一等奖，并作为大赛闭幕式展演作品之一进行展播。《寻梅》结合2D、3D、Virtools等技术制作手段，汲取交互游戏、景观漫游、影视动画等艺术表现元素，巧妙有趣地向观众展示如梅花般娇美、似梅花般坚韧的纳西民族，演绎出自强不息、包容万象的中华民族精神。10月8日，学生作品《北京节沃有限责任公司》获得第七届“挑战杯”中国大学生创业计划竞赛金奖。同时，北林大获得此项赛事的高校优秀组织奖。10月23～24日，北林大《深井救援机械装置》获得第四届全国大学生机械创新设计大赛一等奖。10月30日，在中日韩大学生风景园林设计竞赛中，北林大园林学院学生获得一等奖、二等奖、三等奖各一名，在总共五个奖项中占据三席。11月19日，北林大作品《小鬼当家》获得第二届中国优秀游戏制作人评选大赛（CGDA）最佳游戏创意奖一等奖。12月22日，北林大学生作品《书游纪》获得中国学院奖游戏设计大赛二等奖。（北京林业大学由刘继刚供稿）

## 东北林业大学

**【综　述】** 2010年，东北林大设有17个学院和3个教学部，有5个博士后科研流动站、4个一级学科博士点、36个二级学科博士点、10个一级学科硕士点、80个二级学科硕士点、5个种类21个领域的专业学位硕士点和61个本科专业。拥有2个一级学科国家重点学科、12个二级学科国家重点学科、6个国家林业局重点学科、2个黑龙江省重点学科群、4个黑龙江省重点一级学科和15个黑龙江省重点二级学科；有4个教育部重点实验室，4个国家林业局重点实验室，5个省级重点实验室，7个省教育厅重点实验室；有1个教育部工程研究中心，1个高等学校学科创新引智基地，2个国家林业局生态系统定位研究站，1个省中试基地，2个省普通高校人文社会科学重点研究基地，2个省中小企业共性技术研发推广中心；有东北林业大学大庆生物技术研究院、植物资源生态与分子工程研究院等37个研究机构；有帽儿山实验林场、凉水实验林场等10个校内实习基地和190个校外实习基地。

学校现有教职工2766人，其中教学人员1472人，包括教授286人、副教授606人，具有博士学位494人，硕士学位616人；中国工程院院士及受聘两院院士7人，“长江学者”特聘教授3人，“龙江学者”特聘教授8人和讲座教授2人，19人入选教育部“新世纪优秀人才支持计划”，国家级有突出贡献中青年专家4人，享受国务院政府特殊津贴专家102人，“国家百千万人才工程”一、二层次人选4人，“新世纪百千万工程”人选6人，国家杰出青年基金获得者1人，全国百篇优秀博士学位论文获得者5人。近年来，有国家教学名师奖获得者2人，全国优秀教师5人，省级教学名师奖获得者5人，省级优秀教师6人，全国“五一”劳动奖章获得者和省级模范教师4人。2010年，毕业本科生4112人，全日制在校生达22 243人，其中博士研究生855人，硕士研究生2709人，本专科生18 644人，留学生35人。教学行政用房面积370 490平方米，学生宿舍面积148 280平方米，教学科研仪器设备总值4.6亿元，图书馆面积41 765平方米，馆藏纸质文献186.37万册。

**【省委副书记杜宇新考察东北林大】** 2010年4月9日，省委副书记杜宇新一行对东北林大高效膨胀阻燃剂及阻燃聚烯烃集成技术研究及成果转化情况进行考察调研。杜宇新希望东北林大的科研技术成果多与哈市本埠企业进行合作，并指示在场企业家与东北林大专家就合作事宜进行进一步商榷。杜宇新还就高校如何与企业合作，如何使科学研究更贴近市场、服务地方经济等问题提出了建议。

**【吴国春任东北林大党委书记】** 2010年10月29日，教育部党组任命吴国春为中共东北林业大学委员会书记，王学全不再担任党委书记、常委职务。中纪委驻教育部纪检组组长王立英代表教育部党组宣读了决定。

**【林业生物制剂工程研究中心项目通过验收】** 2010年4月12日，东北林大林业生物制剂教育部工程研究中心建设项目通过教育部验收，填补了东北林大在教育部工程中心的空白。

**【东北林大教育发展基金会成立】** 2010年4月29日，东北林大召开东北林业大学教育发展基金会成立大会暨第一届理事会会议。东北林业大学教育发展基金会于2010年4月9日经黑龙江省民政厅批准正式成立，为非公募基金会，是接受社会捐赠、募集办学经费并有效管理使用所筹资金的组织机构。

**【获全国“五四”红旗团委荣誉称号】** 2010年5月4日，在2009年度全国优秀团组织评选中，东北林大团委获全国“五四”红旗团委荣誉称号。东北林大团委首次获此殊荣，这也是黑龙江省2009年度唯一一所获此殊荣的高校。

**【新增两个本科专业】** 2010年1月27日，教育部发文批准东北林大设置动物科学、软件工程两个本科专业。至此，东北林大拥有本科专业61个。

**【斯巴鲁生态保护奖】** 2010年3月，东北林大常家传教授被评为2009年斯巴鲁生态保护奖先进个人。斯巴鲁生态保护奖是2008年斯巴鲁汽车(中国)有限公司与中国野生动物保护协会共同设立的，旨在表彰和奖励在野生动物保护及生态文明建设中涌现出来的先进个人和集体。全国共评选出38位2009年斯巴鲁生态保护奖先进个人。

**【省级教学团队】** 东北林大森林保护系列课程教学团队、森工技术与装备教学团队被黑龙江省教育厅评为2010年度省级教学团队。至此，东北林大已有省级教学团队5个。

**【首届全国大学生数学竞赛】** 2010年5月16日，东北林大理学院2007级数学与应用数学专业学生叶楠在首届全国大学生数学竞赛中获一等奖。全国大学生数学竞赛由中国数学学会主办，是全国大学生数学类最高级别比赛，竞赛分为非数学专业组和数学专业组。2009年10月，全国22个省、市、地区分9个赛区进行初赛。经过筛选，94人进入数学专业组决赛。本次比赛共设18个一等奖，叶楠总成绩排名第二。

**【与韩国生产技术研究院签署汽车工程技术合作协议】** 东北林大与韩国生产技术研究院就汽车工程技术合作问题进行了会谈，双方就汽车工程技术领域未来合作的具体事宜进行了探讨和交流，双方在合作会谈纪要上签字，今后将联合进行汽车技术方面的开发，包括学术交流、学生交流、技术交流等。

**【土木工程专业顺利通过本科教育评估】** 2010年6月，东北林大收到住房和城乡建设部土建专业评估公告〔2010〕第1号文件，土木工程学院土木工程专业顺利通过住房和城乡建设部本科教育评估，评估有效期为5年。2010年，全国设土木工程专业的院校有430多所，通过评估的院校有56所。

**【2009中国大学生年度人物】** 2010年6月29日，东北林大2008级森林资源保护与游憩专业学生刘家霖被评为2009中国大学生年度人物，并参加在人民大会堂举行的颁奖典礼。颁奖典礼上，组委会以短片的形式叙述了刘家霖的感人事迹，颁奖词为“瞬间的选择缘于道德积淀”。此次评选活动由教育部思想政治工作司、共青团中央学校部、人民日报教科文部共同指导，人民网和大学生杂志社联合主办，全国各地推荐的1100多名候选人中最终选拔评选出10位2009中国大学生年度人物。

**【世界黑土质量与管理国际研讨会在东北林大举办】** 2010年7月13~16日，世界黑土质量与管理国际研讨会(ISSQMWM'2010)在东北林大成功举办，本次会议由中国科学院东北地理与农业生态研究所和东北林大主办，共有来自美国、加拿大、阿根廷、乌拉圭、澳大利亚、乌克兰、法国和日本8个国家的26名专家以及150余名国内代表参加。会议中心议题是黑土保护与可持续利用，与会专家和学者围绕黑土侵蚀与环境、土壤有机碳动态与驱动因素、黑土肥力与管理、黑土可持续管理技术四个方面的主题，进行交流和研讨，为展示黑土耕地保育方面的新技术，促进黑土退化阻控、保障粮食安全的新知识传播，保护黑土与可持续利用建立了一个国际合作交流平台。

**【国家级特色专业】** 2010年7月14日，东北林大的园林、农林经济管理两个专业被教育部、财政部批准为第六批高等学校特色专业建设点。至此，东北林大已拥有9个国家级特色专业。

**【英语大赛】** 2010年8月，东北林大2010级英语语言文学专业语用学方向研究生李春晖同学以专业组全国第一名的成绩获“ACTS全国校园素质教育英语口语素质能力大赛”特别金奖。ACTS全国校园素质教育英语口语素质能力大赛是由美国国家教育管理集团、夏威夷州全球教育基金会、新中国教育基金会、中国就业与发展论坛组织委员会等单位联合主办，融国际流行的语言能力、职业素质能力、专业人才三种甄别和选拔为一体化。该竞赛是中国素质教育领域中权威性、规模大、规格高影响力大的一项国际竞赛。

**【海峡两岸林业敬业奖励基金】** 2010年10月19日，东北林大马建章院士获2010海峡两岸林业敬业奖励基金。海峡两岸林业敬业奖励基金是在原刘业经教授奖励基金的基础上建立的，每年颁奖一次。基金自1996年起至2010年已颁奖15次，共奖励了68位作出重要贡献的林业教学和科技人员。

**【获中国高校优秀科技期刊奖】** 2010年10月28日，《东北林业大学学报》、《植物研究》分别荣获教育部科学技术司颁发的第三届中国高校优秀科技期刊奖。

**【《中国木本植物病原总汇》】** 2010年11月20日，东北林大出版社出版的国家“十一五”重点规划图书《中国木本植物病原总汇》获得首届黑龙江省出版奖，该奖是黑龙江省图书出版的最高奖项，全省仅10种图书入选，《中国木本植物病原总汇》位列10种图书之首。

**【教育部和国家林业局共建东北林大】** 2010年11月29日，教育部和国家林业局在北京林业大学举行签字仪式，合作共建北京林业大学、东北林业大学和西北农林科技大学3所教育部直属高校，加大资金和政策扶持力度，共同培养林学专业创新型人才。教育部部长袁贵仁、国家林业局局长贾治邦代表两部门签署共建协议并讲话。教育部和国家林业局共建东北林业大学，是东北林大发展史上的一件大事。这对于学校突出办学特色、培养林业创新人才、进一步主动服务国家现代化林业发展和生态文明建设具有重要意义。

**【两名学生获全国林科十佳毕业生称号】** 2010年12月16日，东北林大森林生物工程专业博士研究生关桦楠和东北林大森林保护与游憩专业本科生金香香获得“北美枫情杯"2011届全国林科十佳毕业生称号。此活动由中国林业教育学会和国家林业局人才开发交流中心共同举办，目的是为激励和引导广大学生勤奋学习、健康成长，进一步提高涉林院校的人才培养质量，促进林业企业共同参与新时期林业人才的培养，搭建林科毕业生就业平台，引导广大林科毕业生合理择业，更好地参与现代林业建设。

**【获全国学生资助工作先进单位称号】** 2010年12月20日，东北林大在2010年高校国家奖学金获奖学生暨全国学生资助工作先进单位表彰大会上被授予全国学生资助工作先进单位荣誉称号。

**【获第二届梁希优秀学子奖】** 2010年，东北林大博士研究生关桦楠、硕士研究生班巧英、本科生杨成虎、邓淋中获第二届梁希优秀学子奖称号。"梁希优秀学子奖"是为纪念著名林学家和林业教育家梁希先生，激励林业高校学生树立"献身、创新、求实、协作"的科学精神，促进林业高校学生全面发展，经科技部批准，中国林学会设立的。2007年首次开展评选工作，每两年评选一次，奖励对象为全国林业高等院校和设有林学院的农大、综合性大学林业及相关专业的本科生、在读硕士生和博士生。本次评选共产生41名获奖者。

**【签署校际协议】** 2010年5月24～29日，东北林大访问团对日本东北公益文科大学进行了校际访问活动，两校签署了《东北林业大学与日本东北公益文科大学基本协议书》，将以此基本协议为基础进一步开展多方面、多领域的交流合作。7月6日，校长杨传平会见了以校长权英重为首的韩国江原大学代表团一行，双方就两校开展学者交流、学生互换等合作项目进行会谈并正式签署校际合作协议。8月18日，俄罗斯太平洋国立大学校长伊万琴科一行3人来东北林大访问交流，双方签署了《合作合同》，将在学术研究、教师交流、学生交流等领域进行合作。8月25日，东北林大与芬兰赫尔辛基大学续签《学术合作双边协议》，两校同意在学术交流、举办学术会议、讲学、科研项目合作、学生交流等领域继续进行合作。11月19日，东北林大与俄罗斯海参崴国立经济与服务大学签署了合作协议的《补充协议》，两校将在合作协议基础上依据《补充协议》创造更为广阔的合作空间。

**【科研获奖】** 2010年，东北林大科研项目总合同经费同比2009年增加了32.7%，首次突破亿元大关。获得各类科技奖励67项，其中国家科技进步奖二等奖2项(第二、第四完成单位)，黑龙江省科学技术奖12项，黑龙江省高校科学技术奖9项，第三届梁希青年论文奖15项。全校申请专利127件，获得授权专利57件。

**【学生比赛获奖】** 2010年4月，东北林大学生在2010年美国大学生数学建模竞赛中获二等奖1项，三等奖1项。在首届全国大学生数学竞赛中获数学专业组国家级一等奖2项，二等奖2项，三等奖5项；获非数学专业组国家级一等奖1项，二等奖3项，三等奖4项。7月18～22日，东北林大游泳运动队在第十一届中国大学生游泳锦标赛中夺得单项5块金牌、1块银牌、3块铜牌，获得女子甲组团体总分第六名，男子甲组团体总分第七名，男、女甲组团体总分第六名的成绩，在奖牌数量、团体总分等方面取得重大突破。7月23日，东北林大体育代表团在黑龙江省第十五届大学生运动会上获团体冠军。9月，东北林大园林学院师生参与创作的橱窗花艺设计作品荣获第二届"绿化博览会"橱窗设计金奖。10月，东北林大在第七届"挑战杯"中国大学生创业计划大赛中首获三项铜奖，并首次获得"校级优秀组织奖"荣誉称号，创东北林大历史最好成绩。10月30日，东北林大园林学院刘香环老师和杨琴芝同学的作品分别获得第五届国际压花艺术作品比赛银奖。这是东北林大近年来压花画在国际压花比赛中获得的最好成绩。

（东北林业大学由黄靖强、朱立明供稿）

## 南京林业大学

**【综　述】** 2010年，南京林业大学各类全日制在校学生29 046人，其中博士与硕士研究生、外国留学生3000余人。招收本科生6472人，毕业本科生3654人。招收研究生986人，毕业研究生665人。教职工1867人，其中专任教师1150余人、中国工程院院士2人、外聘院士7人、长江学者特聘教授1人、全国优秀教师5人、具有副高以上职称483人。学校占地面积466.33公顷，其中新庄主校区83.80公顷，句容下蜀校区291.33公顷，南方学院淮安校区88.47公顷，江宁工程培训中心等2.73公顷。有教学科研仪器设备总值2.7亿元，图书馆纸质文献总量150万册。

2010年，全校有18个学院及研究生院、体育教育部和公有民办南方学院。有5个博士后流动站、3个一级学科博士点、30个博士点及博士学位授权领域、2个一级学科硕士点、54个硕士点及硕士学位授权领域和22个专业学位授权领域。有1个国家重点学科一级学科(林业工程)，5个国家重点学科二级学科(生态学、林木遗传育种、林产化学加工工程、木材科学与技术、森林保护学)，10个省部级重点学科。有35个省部级研究开发机构、重点实验室和工程研究中心，有46个校级科研所和研究中心。有58个本科专业，其中国家级特色专业(建设点)6个，省级品牌专业(建设点)6个，省级特色专业(建设点)10个。有国家级优秀教学团队1个，国家级人才培养模式创新实验区1个，国家级实验教学示范中心2个，国家级精品课程3门。与20多个国家的50多所高校或科研机构建立了学术交流和研究合作关系，具有招收外国留学生和港、澳、台学生的资质。2010年，曹福亮教授获十佳全国优秀科技工作者提名奖，张齐生院士获江苏省高校优秀共产党员标兵称号，尹佟明教授获2010年度江苏省十大青年科技之星称号。赵博光教授获海峡两岸林业敬业奖励基金。《南林报》荣获全国高校优秀校报称号。“森林工程”列为国家级特色专业建设点，南方学院淮安校区首批2497名新生入学。《麦秸纤维/聚丙烯复合材料制造工艺与性能研究》被评为全国优秀博士学位论文。林学博士后流动站被评为全国优秀博士后流动站。成立江苏环境与发展研究中心。承办中国林业经济论坛。与昆明市、姜堰市、扬州市等人民政府签订科技合作协议。加入江苏省花木产业技术创新战略联盟。

**【南林大领导班子调整】** 2010年4月，江苏省委任命封超年为南京林业大学党委委员、常委、书记，曹福亮为南京林业大学校长、党委副书记，张树泉为党委委员、常委、副书记，赵茂程为党委常委、副校长。因年龄关系，陈景欢不再担任南京林业大学党委书记、常委、委员职务，余世袁不再担任南京林业大学校长、党委常委、委员职务。因工作调整，聂影不再担任南京林业大学党委副书记、常委、委员、纪委书记职务。10月，经公推公选，王浩任南京林业大学党委常委、副校长。

**【与淮安市政府共建公有民办南方学院】** 2010年5月12日，南京林业大学与江苏省淮安市人民政府签署共同建设南方学院合作协议，江苏省人民政府副省长曹卫星出席签约仪式并为南方学院揭牌。南林大校长曹福亮、淮安市市长高雪坤分别代表双方在合作协议上签字。根据共建协议，淮安市人民政府、南京林业大学决定将南方学院迁至淮安市办学。淮安市人民政府搭建平台，地方投入全部固定资产建设资金，南京林业大学投入品牌、管理等无形资产和学科专业、教育教学等资源。9月，南京林业大学南方学院2497名本科新生到淮安校区报到入学。共建的南方学院实行“2+2”办学模式(2年在淮安，2年在南京)。

**【南林大与昆明市政府签订战略合作协议】** 2010年11月，南林大校长曹福亮与昆明市副市长李喜签订《昆明市人民政府南京林业大学战略合作框架协议》。副校长施季森与昆明市林业局局长张之亮、云南姜氏科技有限公司总经理姜猛签订《南京林业大学昆明市林业局云南姜氏科技有限公司产学研战略合作框架协议》以及《南京林业大学竹类研究所昆明市国土局战略合作框架协议》等。根据协议，南林大将与昆明市政府在教育、林业科技、生态环境建设、林业产业等领域开展全方位、深层次的长期合作。双方合作期限暂定5年，内容包括南林大作为昆明林业人才深造培训基地，联合开展人才培训与交流，在昆明建立大学生实习培训基地和研究生工作基地，推荐毕业生到昆明林业等相关部门工作。双方开展生态建设及滇池流域面源污染治理工作的相关科学研究。昆明每年定期举办林业科技洽谈与项目对接活动，促进南林大的科学技术成果在昆明转化为生产力等。

**【森林工程为国家级特色专业建设点】** 2010年，南林大森林工程被增列为国家级特色专业建设点，这是南林大继园林、林产化工、木材科学与工程、机械设计制造及其自动化、农林经济管理等专业后的第六个国家级特色专业建设点。

**【全国优秀博士后科研流动站】** 2010年12月，全国博士后工作会议暨纪念博士后制度25周年座谈会在北京召开。人力资源社会保障部和全国博士后管理委员会对优秀博士后科研流动站予以表彰。南林大林学博士后科研流动站被评为全国优秀博士后科研流动站。全国博士后综合评估工作每五年开展一次，该评估是继2005年博士后科研流动站首次全国公开评估后的第二次评估。据悉，本次共有935个博士后科研流动站参加评估(南林大共有3个流动站参加评估)，其中148个流动站被评为全国优秀博士后科研流动站。

**【南林大建成二代高通量DNA测序平台】** 2010年9月，南林大林木遗传育种学科建成国际一流的二代高通量DNA测序平台。该平台测序通量每个RUN达4亿～5亿碱基，平均读长约400碱基。该平台的建成为南林大深入开展林木基因组学研究提供了重要平台。

**【获十佳全国优秀科技工作者提名奖】** 12月14日，中国科学技术协会在北京人民大会堂举行中国科协会员日暨全国优秀科技工作者颁奖大会。南林大曹福亮教授获得十佳全国优秀科技工作者提名奖荣誉称号，叶建仁教授获得全国优秀科技工作者荣誉称号。此次活动，经过网上和专家投票，共产生977名全国优秀科技工作者，其中40名十佳全国优秀科技工作者提名奖、10名十佳全国优秀科技工作者。

**【南林大承办中国林业经济论坛】** 2009年12月11日，以“生态和谐与林业发展”为主题的第八届中国林业经济论坛在南林大开幕。北京大学、美国奥本大学、北京林业大学等28所高校和中国林业科学研究院、国家林业局经济发展中心等科研院所参会，提交论文93篇，论文围绕“森林生态系统可持续管理”、“全球气候变化与林业”、“集体林权后续改革”、“林业产业发展问题研究”、“林产品贸易趋势与对策”等林业热点问题进行交流和探讨。

**【获全国生态建设突出贡献奖】** 2009年11月，国家林业局对全国生态建设突出贡献奖的林木种苗先进单位和先进工作者进行表彰，南林大施季森、高捍东、季孔庶等201名同志获得全国生态建设突出贡献奖——林木种苗先进工作者称号。全国有112个单位获得全国生态建设突出贡献奖——林木种苗先进单位称号。

**【参加绿色大学建设国际研讨会】** 10月，2010绿色大学建设国际研讨会在清华大学举行，南林大副校长王国聘应邀作题为《建设绿色大学，推动和引领绿色发展》的主题报告。内容包括深化环境理论的研究和创新，引领绿色文化；深化环境人文精神的培养和塑造，引领绿

色教育；深化环境友好型科技创新，引领科技的绿色转型；深化绿色校园建设，引领绿色社区；深入社会传播绿色文化，引领社会公众等。新华网对王国聘的主题报告进行了报道。来自意大利、日本、韩国等国家的100多名大学校长和专家参会。

**【获江苏省十大青年科技之星称号】** 2011年1月9日，第三届江苏省青年科学家年会主论坛在江苏省会议中心举行。南林大长江学者特聘教授尹佟明获2010年度江苏省十大青年科技之星称号。这是江苏省农林系统青年科技工作者首次入选江苏省青年科技之星。本次年会由江苏省科学技术协会主办，南京大学、东南大学等19所高校联办。全国政协副主席徐匡迪院士、江苏省委书记罗志军、江苏省代省长李学勇等领导到会并讲话。

**【海峡两岸林业敬业奖励基金】** 2010年10月19日，2010年度海峡两岸林业敬业奖励基金颁奖仪式在北京举行，南林大赵博光教授获殊荣。海峡两岸林业敬业奖励基金是在原刘业经教授奖励基金的基础上建立的，2005年更名为海峡两岸林业敬业奖励基金。基金自1996年起至2010年已颁奖15年，共奖励了68位作出重要贡献的林业教学和科技人员，在林业教育和科技界产生重大影响。本年度共有5人获奖。

**【参与承办杨树人工林多功能可持续经营国际研讨会】** 2010年5月30日，由国际林联、中国生态学学会、中国林业科学研究院和中国林学会共同主办，南林大参与承办的杨树人工林多功能可持续经营国际研讨会在江苏省泗阳县召开。来自意大利、美国、加拿大等杨树研究领域的专家120余人参会。南林大副校长薛建辉主持研讨会并接受中央电视台的专题采访。研讨会上，专家学者围绕杨树遗传育种与高效培育，杨树人工林的健康与可持续经营，杨树木材、生物质材料与能源开发等主题进行深入讨论。南林大方升佐教授在大会上作《中国杨树人工林经营管理现状》专题报告。

**【主办江苏生态文明建设高层学术论坛】** 2010年11月12～14日，南林大和盐城市人民政府共同主办2010江苏生态文明建设高层学术论坛。南林大副校长、江苏省生态学会理事长薛建辉主持开幕式。会上，生态学专家围绕沿海开发与生态保护主题展开交流讨论，为沿海地区开发过程中生态环境的保护建言献策。本届论坛是继2008年镇江、2009年苏州后，召开的第三届江苏省生态文明建设高层论坛。

**【参加中医药现代化国际科技大会】** 2010年11月25日，由科技部、卫生部、四川省人民政府等共同主办的第三届中医药现代化国际科技大会在成都召开。南林大曹福亮、徐莉、赵林国等教授应邀出席大会。曹福亮分别在“林源中药培育与开发利用”、“中药资源的可持续利用和保护”两个专题会场作题为《中国银杏资源综合利用》和《银杏，全人类的共同财富》的主题报告。来自美国、英国、德国等21个国家和地区的专家2000余人参会。

**【获全国百篇优秀博士论文】** 2010年10月，南林大潘明珠的博士论文《麦秸纤维/聚丙烯复合材料制造工艺与性能研究》荣获全国百篇优秀博士论文。潘明珠，本科期间的学分积点连续4年名列班级榜首，用两年时间完成硕士学习，提前一年攻读南林大博士。两年来，她发表的论文有6篇被SCI收录，1篇被EI收录。

**【南林大加入省花木产业技术创新战略联盟】** 2010年11月16日，江苏省花木产业技术创新战略联盟在如皋成立。联盟由省内23家科研院所和花木生产龙头企业组成。南林大成为战略联盟成员单位，高捍东教授当选为该联盟专家技术委员会委员。花卉产业是江苏的特色和优势产业，种植面积与产值居全国之首。江苏省花木产业技术创新战略联盟由企业牵头，以省内优势高校和科研院所为依托，旨在推进产学研联合，实现花卉产业技术创新，推动江苏省花卉产业快速发展，并对推进江苏省花卉产学研联合与花卉产业科技创新具有重要意义。

（南京林业大学由钱一群供稿）

## 中南林业科技大学

**【综　述】** 2010年，学校通过深入开展创先争优活动，深化内涵建设，全面启动和实施目标管理，完成各项工作任务，有力地促进了学校各项事业的新发展。

**扎实推进“四大工程”** 学校研究制定了2010年度学科引领、教育提质、人才强校、管理创新“四大工程”实施项目。通过实施校级重点学科建设、省部级科技创新团队（基地）培植计划等两个项目，推进学科引领工程；通过精品课程、双语课程等14个项目，推进教育提质工程；通过海内外高层次人才引进、博士引进和培养、人才团队和平台培育、设置校级特聘教授岗位等4个项目，推进人才强校工程；通过学校规章制度汇编、开展校内分配制度改革、办公用房改革、水电改革、后勤改革等项目，推进管理创新工程。

**加强学科建设** 生物学博士学位授权一级学科点和法学、机械工程、土木工程、化学工程与技术、食品科学与工程、工商管理等6个硕士学位授权一级学科点通过评审，由此学校新增10个二级学科博士学位授权点和24个二级学科硕士学位授权点。新增森林培育和木材科学与技术2个学科为国家特色重点学科，生态学和森林培育2个学科为湖南省优势特色重点学科。新增林业硕士、风景园林硕士2个专业学位点和其所有领域；新增农业信息化等5个农业推广硕士领域以及生物工程等6个工程硕士领域，使全校专业硕士学位由有原来的三大类别4个领域扩大到五大类别15个领域，拓展了研究生教育的招生和培养。9个“十一五”湖南省重点学科顺利通过省教育厅评估。

**推进教育质量工程** 提高本科教学质量。组织和开展校、省、部三级质量工程项目的建设及申报工作，获得国家和省级教育教学质量与教学改革专项经费243.6万元。立项国家级特色专业1个；省级精品课程2门；省级教学团队1个；省级教学名师1人；省级青年教师教学能手3人；省级大学生研究型学习和创新性实验17项；省级优秀教学实习基地4个。组织申报教育部2010年度战略性新兴产业相关专业，3个新专业通过省教育厅评审并报教育部备案。获得省级优秀教学成果二等奖2项、三等奖4项。在土木工程、机械设计制造及其自动化、会计学等3个专业中开办创新型人才培养实验班，推行部分课程分级教学。在全省高校中率先开办国际教育本科实验班。中南林大学生获得省第四届“挑战杯”大学生创业计划竞赛二等奖、省首届大学生工程训练综合能力竞赛二等奖等多项奖励。2010届本科毕业生外语过级率达74.37%，考研升学率达13.2%，均创近年新高。

稳步推进研究生教育。获得省研究生教改项目3项、省研究生创新项目20项。在2010年研究生学位论文评优中，获得省优秀博士论文1篇、省优秀硕士论文5篇。出台《关于进一步加强和改进研究生就业工作的实施意见》，建立研究生就业工作两级管理体制。进一步规范非全日制研究生教育，制定《非全日制研究生教育暂行管理办法》。

逐步提升继续教育水平。全年完成函授、业余和自考23个专业班级的理论与实践教学，举行了成人高等教育创办50周年庆典。

**推进科技创新，开展产学研合作** 全年立项国家科研项目22项，其中国家自然科学基金项目17项，国家社会科学基金项目5项。立项省部级项目59项、教育部人文社会科学基金课题4项，省各类社会科学课题58项。2010年获得国家科技进步二等奖1项，省自然科学一等奖和科技进步一等奖各1项，二、三等奖4项。获湖南省哲学社会科学优秀成果二等奖1项，三等奖2项。全年到账科研经费共计8486万元，比2009年翻了一番，超目标任务3400万元。发表中文核心期刊学术论文818篇，SCI、EI、CSSCI收录论文261篇。

平台建设积极推进，编制完成学校“中央支持地方高校发展专项资金2010~2012年项目建设规划”，全年共争取到财政部专项建设资金3300万元。南方林业生态应用技术国家工程实验室竣工并投入使用，粮食深加工国家工程实验室顺利通过国家发改委组织的专家评审，新增林业生物技术湖南省重点实验室和湖南省高校“林业信息技术”产学研基地，组织申报“竹业湖南省工程研究中心”，并已经省发改委正式下文批复。

学校以自主创新为基础，加大产学研合作力度，与企事业单位签订的科技服务、技术转让等横向项目90余项，新建立科普、产学研等基地9个。与湖北、海南、广西等省(区)林业部门和湖南多个地市签订产学研合作协议，开展全方位产学研合作。全校召开首次产学研工作大会，认真总结产学研合作的成绩和经验，表彰一批先进集体和个人，出台产学研工作管理办法，对下一阶段产学研工作进行全面部署。

**加强师资队伍建设** 坚持高标准引进人才，大力培养人才，不断提高师资队伍整体素质。全年新引进博士学位教师44人，博士学位教师比例达20.26%。新增教育部“新世纪优秀人才支持计划”1人，省“百人计划”1人，“芙蓉学者”讲座教授2人，省“新世纪121人才工程”人选11人，省科研创新团队1个，上报国家“千人计划”人选1人，入选省青年骨干教师培养对象7人。遴选学校“树人学者计划”特聘教授5人。

**开放办学与交流** 加大招生改革力度，新增5个省份一本招生，全校一本招生省份达到12个，居同类院校前列。2010年共完成普通本专科招生计划6300名(不含独立学院2350名)，生源质量继续提高。完成硕士研究生招生计划561人(其中专业学位95人)。博士录取工作继续贯彻校院两级管理，严格执行教育部有关要求，取得了良好的效果。学校被评为湖南省普通高校招生工作先进集体。

全年学校主办、承办影响力较大的国际国内学术会议22次。接待国家、省市和主管部门领导来校视察、指导和检查近200人次，接待兄弟院校及相关单位来访600多人次，接待外方大学来访15次。58名2010届毕业生出国留学和攻读国外大学硕士学位。获得国家公派泰国来华留学生计划名额10名，短期进修生、语言留学生21名，派出各类海外交换学生20人。加强校友联络沟通，接待回校班级23个，其他校友机构代表93次。学校作为湖南省确定的对口支援边远地区本科院校的5所综合实力较强的省属高校之一，开始多方位援助湘南学院。

**存在的问题和不足** 一是队伍建设仍然存在薄弱环节，高层次人才特别是大师级领军人才比较匮乏；二是自主创新和科技成果转化有待进一步加强，承担国家重大项目偏少，高水平科研成果不多；三是目标管理相关制度体系有待进一步完善和改进；四是人才培养模式需要加大改革创新力度；五是部分管理干部执行力不够强，工作能力和综合素质还有待进一步提高。

(中南林业科技大学由李波涛供稿)

## 西南林业大学

【综 述】 2010年经教育部批准，学校正式更名为西南林业大学。学校占地面积80余公顷；设有资源学院、园林学院、保护生物学学院、交通机械与土木工程学院、木质科学与装饰工程学院、生态旅游学院、经济管理学院、环境科学与工程系、计算机与信息科学系、人文社会科学系、外语系、基础部、继续教育学院(职业

技术学院）等13个教学单位；现有全日制在校生13 583人，其中本科生12 240人，硕士研究生924人；专任教师738人，其中正高职务110人、副高职务201人，拥有国家突出贡献专家、国务院特殊津贴获得者、国家“百千万人才工程”、教育部新世纪优秀人才、云南省教学名师等一批专家学者；现有一级学科硕士点8个，专业硕士学位点4个，省部级重点学科7个，本科专业54个，云南省教学科研团队3个，国家级精品课程1门，云南省精品课程16门。

**【质量工程建设】** 2010年，西南林业大学狠抓质量工程建设取得成绩。交通运输专业被评为2010年度云南省特色专业建设点；花卉学、竹类培育与利用、管理学被评为2010年度云南省精品课程；水土保持与荒漠化防治教学团队被评为2010年云南省省级教学团队；水土保持实验教学示范中心被评为2010年云南省本科实验教学示范中心；西南林业大学园林专业人才培养模式创新实验区、基于森工特色的人才培养模式创新实验区被评为2010年云南省人才培养模式创新实验区；伍建榕教授、支玲教授被评为2010年云南省教学名师；潘涌智教授工作室被评为云南省名师工作室。

**【科研成果】** 2010年，西南林业大学高度重视科研工作，取得成效。杜官本教授主持的环保防潮型刨花板工业化生产技术获云南省科技进步奖一等奖；周彤燊教授主持编写的中国地星科鸟巢菌科真菌研究与科志获云南省自然科学奖三等奖；文冰教授主持的云南省基于森林碳汇的应对气候变化制度建设项目、叶文教授主持的香格里拉普达措国家公园规划技术项目获云南省科技进步奖三等奖；王传发副教授的论文《偏离与调适：规范民族区域自治运行——兼以西南E自治县为例》获云南省第十三次哲学社会科学优秀成果奖一等奖。

**【国务院学位委员会批准西南林业大学新增博士学位授予单位项目建设规划】** 2010年，国务院学位委员会根据国务院学位委员会《关于同意实施2008～2015年新增博士、硕士学位授予单位立项建设规划的通知》精神，批准西南林业大学新增博士学位授予单位项目建设规划，标志着西南林业大学博士学位授予单位立项建设进入实质性阶段。

**【西南林业大学成立大会】** 2010年5月18日，西南林业大学成立大会举行。国家林业局党组书记、局长贾治邦，中共云南省委副书记、省长秦光荣等领导发来贺信贺电；中共云南省委常委、省委宣传部部长张田欣，国家林业局副局长李育材为西南林业大学揭牌；副省长曹建方、省人大常委会副主任李春林、省政协副主席罗黎辉等领导出席成立大会；副省长曹建方，省委高校工委书记、省教育厅厅长罗崇敏等领导发表讲话，祝贺西南林业大学成立，并提出了希望。

**【获2009年度云南省科学技术奖】** 2010年6月29日，云南省委、云南省人民政府组织召开2009年度云南省科学技术奖颁奖大会。西南林业大学主持的两项科研技术成果获奖励，其中杜官本教授等的苯酚－尿素－甲醛共缩聚树脂结构形成及控制机理获自然科学奖一等奖，董文渊教授等的山地丛生竹种群生长特性、培育技术和生态效益研究与应用获科学技术进步奖三等奖；西南林业大学参与完成的高山植物多样性研究、甜角良种繁育及栽培技术分别获得自然科学奖一等奖及科学技术进步奖三等奖。

**【成人高等教育第七届工作会议】** 2010年7月3日，主题为“西南林业大学成人高等教育发展战略研讨”的西南林业大学成人高等教育第七届工作会议召开。来自广西、广东、贵州、云南等省（区）近60个分院、教学站（点）共77位代表参加会议。西南林业大学刘惠民校长在会上作《抓住学校发展契机，规范管理再创辉煌》的重要讲话；西南林业大学继续教育学院院长董文渊教授作《全面协调多元推进，开拓创新多元发展》的工作报告；贵州分院、大理分院、临沧函授站和昆明市林技校代表就成人高等教育和农业推广专业硕士招生及教学管理等工作进行会议交流。

**【林权制度及其改革国际培训研讨班举办】** 2010年7月5日，由国家林业局主办的林权制度及其改革国际培训研讨班在西南林业大学举行，来自亚太地区的巴布亚新几内亚、缅甸、印度、泰国、马来西亚、柬埔寨、斯里兰卡、印度尼西亚、孟加拉国、越南、老挝、蒙古等国家的林业部门官员及相关国际组织代表参加了本次研讨班。研讨班的召开对深入推动中国林权制度改革具有重要的作用，也将帮助提高亚太地区国家林业发展和改善农村社区发展的能力，促进亚太地区森林的恢复和可持续经营，为区域和全球森林资源管理作出积极贡献。

**【第三届海峡两岸森林经理学术研讨会在西南林业大学召开】** 2010年7月6～7日，主题为“森林生态系统经营”的第三届海峡两岸森林经理学术研讨会在西南林业大学举行，共有78位国内外专家、学者参加会议。

**【国家林业局西南地区生物多样性保育重点实验室2010年第一次学术委员会会议】** 2010年7月13日，会议在西南林业大学举行。会议共有三项议程：一是审议重点实验室2007年启动的8项开放基金课题的结题报告，6项课题通过结题验收，2项课题延期一年验收；二是对提交的17份2010年度开放基金课题申请书进行评审，同意资助来自中科院昆明植物所、西南林业大学、云南农业大学、重庆师范大学、云南省林科院、中国普洱茶研究院等单位申请的15项课题研究；三是审议并原则通过国家林业局西南地区生物多样性保育重点实验室使用申请表和国家林业局西南地区生物多样性保育重点实验室使用协议。

**【西南林业大学与多家单位签订联合培养硕士研究生协议】** 2010年7～10月，西南林业大学分别与云南省林科院、四川省林科院、广东省肇庆学院、浙江省林科院等单位签订联合培养硕士研究生协议，旨在加强森林培育、林木遗传育种、生态学、森林保护生态学、植物学、园林植物与观赏园艺、林木遗传育种学、木材科学与技术等多个领域的研究生联合培养工作。

**【质量工程检查】** 2010年11月22日，根据《云南省教育厅关于对普通高等学校进行教学检查的通知》精神，由云南大学、昆明理工大学、云南艺术学院等高校专家为成员的省教育厅质量工程与常规教学检查小组到西南林业大学检查指导质量工程工作。检查组通过听取汇报、查阅材料、调查走访等形式对学校的质量工程工作进行全面检查，在充分肯定成绩的同时提出了意见和建议。

**【参与云南省第二届生态文明与生态经济学术大会】** 2010年11月27～28日，以"发展低碳经济，促进生态文明"为主题的云南省生态经济学会第二届生态文明与生态经济学术大会在云南大理农业学校举行。经学术大会论文评选委员会评选，西南林业大学提交的多篇论文获奖：付建生的《低碳经济背景下我国竹产业发展优势探析》、盛文东的《城市森林在低碳城市建设中的作用》、李雯的《生态旅游视域下乡村旅游发展对策研究》、范志云的《低碳经济视域下的城市湿地建设》等获优秀论文一等奖，唐瑜的《对生态资源受益主体生态补偿的意愿调查与分析》、朱峰的《生态文明视域下的低碳经济发展研究》、杨奕的《低碳经济背景下云南林产化工发展对策》等获优秀论文二等奖，张伟焕的《基于低碳经济的竹产业发展优势研究》、王魏楠的《低碳经济视域下的农村生态环境保护对策》、邱月群的《试论低碳经济的理论与发展路径》等获优秀论文三等奖。

**【全国林科十佳毕业生评选活动】** 2010年12月7日，由中国林业教育学会和国家林业局人才开发交流中心共同举办的"北美枫情杯"2011届全国林科十佳毕业生评选活动在北京举办。西南林业大学缪福俊同学获研究生组全国林科十佳毕业生荣誉称号，张仕艳、李青红同学获研究生组全国林科优秀毕业生荣誉称号，欧阳靓同学获本专科组全国林科十佳毕业生荣誉称号，白雪(园林学院)、白雪(资源学院)、孙铭鹤、梁栋同学获本专科组全国林科优秀毕业生荣誉称号。

**【木材科学与技术省级重点学科第二届研究生、导师学术论坛举行】** 2010年12月11日，中国林学会木材工业分会西南地区委员会2010年年会暨西南林业大学木材科学与技术省级重点学科第二届研究生、导师学术论坛在西南林业大学举行，本次论坛的主题为"生物多样性与木材加工利用"。 (西南林业大学由杨林供稿)

## 南京森林警察学院

**【综　述】** 2010年，南京森林警察学院设有治安系、侦查系、警务管理系、警务技战术系、信息技术系、教学实训基地、继续教育部。国家林业局警官培训中心、森林消防指挥培训中心、野生动植物刑事物证鉴定中心和林业职业教育研究中心挂靠在学院。目前专业设置有治安管理、森林消防、侦查、刑事技术、警务管理、信息网络安全、警察指挥与战术等7个专业，全日制在校生4448人。学院现有专任教师295人，其中，正高职称25人，博士、硕士研究生146人，聘请兼职教授15人、高级教官20人。学校占地总面积76.2公顷，总建筑面积近20万平方米。学院拥有教学仪器设备总值4230万元，图书馆馆藏文献总量达271万册，其中纸质图书57万册。

**【建立南京森林警察学院】** 2010年3月18日，教育部向国家林业局发出《教育部关于同意在南京森林公安高等专科学校基础上建立南京森林警察学院的通知》(教发函〔2010〕25号)。

通知指出，根据《高等教育法》和《普通高等学校设置暂行条例》的有关规定以及全国高等学校设置评议委员会五届四次会议的评议结果，同意在南京森林公安高等专科学校基础上建立南京森林警察学院。

通知批准南京森林警察学院全日制在校生规模暂定5300人，首批设置5个本科专业，即治安学、侦查学、刑事科学技术、消防工程(林火管理方向)、信息安全。

**【荣获第二届梁希优秀学子奖】** 2010年3月26日，中国林学会组织评选，经过专家初审、评审委员会评审和社会公示，最终在来自全国25所林业高校和设有林学院的农大、综合性大学上报的候选人中评出41名获奖者，中国林学会发文对获奖者进行通报表彰。学校吴灵、陈臻昱两名同学荣获第二届梁希优秀学子奖。

梁希优秀学子奖是为纪念著名林学家和林业教育家梁希先生，激励林业高校学生树立"献身、创新、求实、协作"的科学精神，促进林业高校学生全面发展，经科技部批准设立的。2007年首次开展评选工作，奖励对象为全国林业高等院校和设有林学院的农大、综合性大学林业及相关专业的本科生、在读硕士生和博士生，对获奖者颁发证书和奖金。

**【获2009年度"我的青春故事"江苏省大学生成长体验报告会最佳典型称号】** 根据共青团江苏省委、江苏省学生联合会《关于表彰2009年度"我的青春故事"江苏省大学生成长体验报告会先进集体和个人的决定》(团苏委联〔2010〕1号)，2010年3月26日，特警0702区队的陈臻昱同学被评为2009年度"我的青春故事"江苏省大学生成长体验报告会最佳典型。此次报告会全省共表彰23个最佳典型、149个优秀典型。

**【获中国大学生自强之星提名奖】** 2010年2月初，由共青团中央、全国学联主办的2009年度寻访中国大学生自强之星活动评选结果揭晓，特警0702区队的陈臻昱同学荣获2009年度中国大学生自强之星提名奖，并获得中国大学生新东方自强奖学金2000元。

2009年度寻访中国大学生自强之星活动是共青团中央、全国学联为贯彻落实党的十七大和团的十六大精神，弘扬中华民族传统美德，促进社会和谐，激励广大青年学生自立自强、奋发成才而举办的重要活动。此次寻访活动于2009年12月启动，经过院级、省级推荐以及评委会的评定，最终产生10名中国大学生自强之星标兵、100名中国大学生自强之星、800名中国大学生自强之星提名奖获得者，获奖者将共同分享由新东方教育科技集团提供的220万元中国大学生新东方自强奖学金。2009年12月底，经各团总支推荐、学生处(团委)评议和校党委批准，陈臻昱同学代表学校被推荐为2009年度寻访中国大学生自强之星活动候选人。

**【获2008~2009年度江苏省高等学校和谐校园称号】** 2010年1月19日，根据《省教育厅关于在全省高等学校深入开展和谐校园创建活动的通知》(苏教社政〔2008〕2号)精神，经自评申报，江苏省教育厅组织评审，南京森林公安高等专科学校被授予2008~2009年度江苏省高等学校和谐校园荣誉称号。

2008~2009年度，学校以加强党的建设和思想政治工作为抓手，以“政治建警、文化育警”为特色，以内涵建设为重点，以改革人才培养模式、提高人才培育质量为中心，以依法民主治校为保障，努力提升学校核心竞争力，推进和谐校园创建活动，取得显著成绩。

开展高等学校和谐校园评选是江苏省为推进教育事业率先发展、科学发展、和谐发展的重要举措，与省级文明单位创建工作直接接轨，此次评选共有60所学校获此殊荣。

**【获2007~2009年度全国森林防火工作先进单位称号】** 2010年3月9日，国家森林防火指挥部、国家林业局作出决定，授予南京森林公安高等专科学校等100个单位全国森林防火工作先进单位称号。

2007年以来，学校高度重视、不断加强森林消防专业建设，提高人才培养质量，充分发挥警官培训中心、林火研究中心、《森林防火》杂志等单位的作用，不断强化森林防火在职人员培训、科技研发与成果推广、宣传咨询工作，为森林防火一线培养、培训了一批高素质人才，为森林防火工作提供了强有力的技术支持和人才保障。

**【召开全国森林公安民警招录培养体制改革试点工作会议】** 2010年4月7日，国家林业局森林公安局在南京森林公安高等专科学校召开全国森林公安民警招录培养体制改革试点工作会议。国家林业局森林公安局曹真巡视员出席会议并作讲话。国家林业局森林公安局政治处崔洪浩处长主持会议。来自全国各省(区、市)森林公安局的领导、政工部门负责人和学院领导参加了会议。学院有关职能部门负责人列席会议并参与交流讨论。

江苏省公安厅政治部人事处卢靖东科长和学院教务处处长陶珑分别就江苏省招录培养体制改革试点工作的整体情况和招录培养体制改革的实施方案、细节向与会代表作了说明。

**【参加第二届南京市手语风采大赛】** 2010年4月18日，由南京市手语联盟主办的第二届南京市手语风采大赛在中国药科大学举行。共有来自东南大学、南京师范大学、南京特殊教育职业技术学院以及南京森林高等专科学校等10所高校的11支参赛队参加比赛。学校手语社组织同学表演的手语操《国家》获得现场评委、嘉宾以及观众的一致好评。最终，学校参赛队以30.35的总分数荣获团体冠军。

**【为青海玉树地震灾区捐款】** 2010年4月23日，为响应国家林业局号召，由工会、团委倡议并组织为青海玉树地震灾区捐款的爱心活动。全体校领导出席捐款活动动员仪式并带头捐款，全校师生参加了捐款活动。此次活动共筹集到61 890.1元善款。

**【南京森林警察学院】** 2010年5月18日，国家林业局下发《关于南京森林公安高等专科学校更名为南京森林警察学院的通知》(林人发〔2010〕124号)。

通知指出，为适应新形势下发展现代林业、建设生态文明、推动科学发展全局工作的需要，加强森林公安队伍长远建设，全面提升森林公安队伍整体素质，根据《高等教育法》和《普通本科学校设置暂行规定》的有关规定，经教育部、中央机构编制委员会办公室批准同意，决定将南京森林公安高等专科学校正式更名为南京森林警察学院。

南京森林警察学院为本科层次的普通高等院校，仍由国家林业局统一领导和管理。

**【研究部署“十二五”规划编制工作】** 2010年5月28日，党委书记王海忠主持召开党委会，专题研究部署学院“十二五”规划编制工作。党委委员出席会议，有关部门负责人参加会议。

会议指出，“十二五”期间是学校升本后发展的关键时期，全院上下都要高度重视学院“十二五”规划的编制工作，精心编制“十二五”规划，指导、促进学院今后的科学发展。

**【参加江苏南京第三届“仙林成才杯”模拟法庭大赛决赛】** 2010年5月28日，由栖霞区政法委、仙林大学城管委会、栖霞区人民法院、栖霞团区委、仙林街道主办的江苏南京第三届“仙林成才杯”模拟法庭大赛决赛在栖霞区人民法院开赛。南京大学、南京师范大学、南京财经大学、三江学院、金陵科技学院以及南京森林警察学院参加决赛。当天共有4场模拟法庭，学院参加的分别是第一模拟法庭的审判方(图像0801区队的时会强、图像0801区队的徐碧航、侦查0909区队的张国梁)和第三模拟法庭的被告方(侦查0808区队的宋楠、治安0903区队的邱超彬)，荣获团体一等奖、审判方二等奖、被告方三等奖。

**【国家林业局任命南京森林警察学院领导班子】** 2010

年6月12日，国家林业局党组成员、中纪委驻国家林业局纪检组组长陈述贤受国家林业局党组和贾治邦局长委托，莅临南京森林警察学院宣布领导班子，并代表国家林业局党组对学院工作作出指示。国家林业局人事司司长张永利、国家林业局森林防火办常务副主任焦德发、国家林业局人事司副司长丁立新等领导出席宣布南京森林警察学院领导班子任命大会。南京森林警察学院领导班子成员、中层干部和副高以上职称人员参加了会议。

会上，张永利司长宣读关于南京森林警察学院党政领导的任免决定。中共国家林业局党组决定：王海忠同志任中共南京森林警察学院委员会书记，苏惠民同志任中共南京森林警察学院委员会副书记，王邱文同志任中共南京森林警察学院委员会副书记、中共南京森林警察学院纪律检查委员会书记，林平同志任中共南京森林警察学院委员会政治部主任。国家林业局决定：苏惠民同志任南京森林警察学院院长，张高文同志任南京森林警察学院常务副院长，张治平同志、李明同志任南京森林警察学院副院长。

**【国家林业局森林公安司法鉴定中心正式成立】** 2010年9月6日公安部来电通知，国家林业局挂靠在南京森林警察学院的国家林业局森林公安司法鉴定中心正式成立。中心负责从事法医类、痕迹检验、理化检验、文件检验、声像资料、电子物证、心理测试等7大类鉴定业务范围，标志着中国森林公安司法鉴定纳入规范化管理序列，凸现行业鉴定的特色。

**【参加江苏省首届教育博览会】** 2010年9月16~18日，江苏省首届教育博览会在南京国际展览中心举行。南京森林警察学院应邀参展，院党委副书记王邱文应邀参加开幕式，并亲切慰问负责参展的工作人员。

本届教育博览会以“共享优质教育，建设美好江苏”为主题，以“展示教育成果，加强教育服务，促进教育交流，扩大教育影响”为宗旨，通过生动丰富的展览形式，让社会各界全面、系统地了解江苏教育，为江苏教育事业更好更快发展营造更加积极和谐的社会氛围。博览会共有各级学校和各种教育团体等260余家单位参展。

**【全国森林公安系统警务技能大比武】** 2010年10月26日上午，全国森林公安系统警务技能大比武在南京森林警察学院开幕。出席开幕式的有国家林业局森林公安局局长杜永胜、副局长潘世学以及南京森林警察学院的领导，参加开幕式的还有各省森林公安局参赛代表队领队、教练、队员和南京森林警察学院的部分学生代表。

参加大比武的有34支代表队，66名教练员和224名参赛队员，其中正式队员168人。这次3天的赛程，主要内容包括：PPC300分射击比赛、计算机运用与执法办案考试、武装越野3个比赛项目。

26日下午，各代表队在南京森林警察学院地下靶场参加了PPC300分射击比赛。

**【举行南京森林警察学院揭牌仪式】** 2010年10月28日，南京森林警察学院举行揭牌仪式。全国绿化委员会副主任、国家林业局党组书记、局长贾治邦，全国政协人资环委副主任、国家林业局原党组成员江泽慧，江苏省委常委、副省长黄莉新共同为南京森林警察学院揭牌。贾治邦局长和黄莉新副省长发表讲话。

**【参加江苏省第三届理工科大学生人文社会科学知识竞赛】** 2010年10月31日，由江苏省教育厅高教处、江苏省高教协会联合举办的江苏省第三届理工科大学生人文社会科学知识竞赛总决赛在江苏教育电视台演播大厅举行。赛后，主办方举行了隆重的颁奖仪式。学生处乔春华老师代表学院参加了颁奖仪式。

此次竞赛旨在深化教学改革，促进文理相融，以培养全面发展的创新型人才。南京森林警察学院同学在此次知识竞赛中取得优异成绩，共获得二等奖1名，三等奖1名，优秀奖17名，学院荣获优秀学校奖。

**【科技立项】** 2010年，学院科技立项主要项目有12个，分别为国家公益性林业行业科研专项项目2个，公安部科技局项目2个，国家林业局科技司“948”项目1个，软科学项目、局法规司项目各1个，省教育厅科技项目5个。

**【组织开展中央高校基本科研业务费项目的申报工作】** 2010年起首次获得100万高校基本科研业务费，科技处按照上级管理文件的有关规定，组织起草有关管理办法，发布了项目申报通知，组织召开院学术委员会会议进行评审，共有49个项目通过立项，其中青年项目11个，一般项目18个，重点项目13个。

**【森林消防专业教学团队】** 2010年9月4日，由《省教育厅关于公布2010年江苏省高等学校优秀教学团队遴选结果的通知》(苏教高〔2010〕30号)获悉，以治安系主任张思玉教授为带头人的森林消防专业教学团队被评为江苏省优秀教学团队。

**【“单兵多媒体电台研发”课题】** 2010年11月3日，公安部科技信息化局发送的“公科信传发〔2010〕191号传真电报，由南京森林警察学院申报，薛殿杰教授主持的“单兵多媒体电台研发”课题，已被批准为公安部2010年应用创新计划项目。该项目是南京森林警察学院承担的第一个公安部应用创新计划项目。

**【获公安部第二届公安院校学生科技应用创新成果奖】** 2010年11月3日，根据公安部《关于公布2007年公安院校学生科技应用创新成果奖的通知》(公科成〔2007〕14号)，科技处组织申报的“实用公安笔录系统(网络版)”(信息系学生李辉制作)和“基层警民关系和谐构建的思考”(管理系学生于永恒撰写)获得2007年公安院校学生科技应用创新成果奖三等奖。

**【用于耕翻防火线的悬挂式铧式犁的示范应用项目】** 2010年11月3~5日，国家林业局科技司在浙江省富阳市召开林业科技成果推广计划项目验收会，对全国26

个单位包括4位院士主持的共77个项目进行验收。项目验收采用量化打分的形式，对合同任务完成情况、经费使用、组织推广机制和示范带动作用等4个方面进行考核。丛静华教授主持的用于耕翻防火线的悬挂式铧式犁的示范应用(〔2007〕115号)项目获得总分排名第六，顺利通过验收。

**【江苏省第二批高等学校品牌、特色专业验收】** 在2009年12月省教育厅组织开展的江苏省第二批高等学校省品牌特色专业建设点检查验收工作中，侦查专业的验收结论为“优秀”，顺利通过江苏省的检查验收工作。

侦查专业于2006年被批准为江苏省第二批特色专业建设点。在本次验收工作中，共有60个品牌专业、152个特色专业接受检查验收，其中26个品牌专业、39个特色专业的验收结论为优秀，其余专业的验收结论为良好。

**【师资队伍建设】** 2010年，学院以能力建设为核心，以优化结构为主线，推进师资队伍建设。引进治安学教授1人、副教授2人，晋升高级职称14人(其中正高6名)、中级职称23人，师资队伍在保持数量适度增长的同时，专业、学历、学缘、职称和双师素质结构得到明显改善。学校组织12位教师，其中教授4人、副教授6人，组成3个森林公安工作服务队，分别前往东北、西南、东南三大林区，深入到森林公安基层单位开展服务，受到广大森林公安民警的欢迎和好评。

**【毕业生就业工作】** 2010年，学院采取多种措施，统筹兼顾，提升毕业生就业能力，努力为现代林业建设事业输送高素质的建设者和保卫者。建立了一支精干、高效、专业的就业辅导队伍(包括公务员考试辅导团队)，开设了有关就业技能、技巧以及公务员考试的必(选)修课程和活动，对学生进行应试及就业技能、求职技巧方面的培训。2010年，先后举办各类小型招聘活动40余次，接待用人单位40多家。对小型招聘会学校高度重视，充分准备，精心组织，为用人单位提供热情周到的服务，得到用人单位和毕业生的好评。截至11月中旬，2010届1495名毕业生中有1321名毕业生就业，总就业率达91.57%。

(南京森林警察学院由夏桂林供稿)

# 林业教育信息统计

**2010/2011学年初普通高、中等林业院校和其他高、中等院校林科基本情况汇总**

单位:人

| 名称 | 学校数(所、个) | 毕业生数 | 招生数 | 在校学生数 | 毕业班学生数 | 教职工数 | |
|---|---|---|---|---|---|---|---|
| | | | | | | 合计 | 其中:专任教师 |
| **总计** | — | **101 905** | **206 611** | **514 412** | **119 649** | **14 722** | **8700** |
| 一、研究生 | 75 | 5398 | 6663 | 19 384 | 6580 | — | — |
| 1. 高等林业院校 | 6 | 3501 | 4866 | 13 917 | 4711 | 10 975 | 6866 |
| 2. 其他高等院校(林科) | 62 | 1678 | 1528 | 4658 | 1577 | — | — |
| 3. 科研单位 | 7 | 219 | 269 | 809 | 292 | — | — |
| 二、普通本专科生 | 365 | 52 803 | 61 289 | 212 240 | 55 703 | — | — |
| 1. 高等林业院校 | 6 | 22 040 | 25 374 | 95 242 | 22 631 | — | — |
| 2. 南京森林警察学院 | 1 | 1483 | 1500 | 4451 | 1475 | 360 | 247 |
| 3. 其他高等院校(林科) | 358 | 29 280 | 34 415 | 112 547 | 31 597 | — | — |
| 三、中专生 | 618 | 43 704 | 138 659 | 282 788 | 57 366 | — | — |
| 1. 中等林业(园林)职业学校 | 31 | 12 242 | 23 032 | 54 720 | 15 156 | 3387 | 1587 |
| 2. 其他中等职业学校(林科) | 587 | 31 462 | 115 627 | 228 068 | 42 210 | — | — |

**2010～2011 学年初普通高等林业院校和其他高等院校、科研院所林科分单位研究生情况**

单位：人

| 学校名称 | 毕业生数 | 招生数 | 在校学生数 | 毕业班学生数 |
|---|---|---|---|---|
| **总　计** | **5398** | **6663** | **19 384** | **6580** |
| **一、博士生** | **598** | **827** | **3389** | **1747** |
| 1. 高等林业院校 | 430 | 608 | 2576 | 1377 |
| 北京林业大学 | 180 | 242 | 918 | 442 |
| 东北林业大学 | 126 | 196 | 855 | 469 |
| 南京林业大学 | 83 | 121 | 591 | 351 |
| 中南林业科技大学 | 41 | 49 | 212 | 115 |
| 2. 林业科研单位 | 90 | 96 | 324 | 135 |
| 中国林业科学研究院 | 90 | 96 | 324 | 135 |
| 3. 其他高等院校（林业学科） | 78 | 123 | 489 | 235 |
| **二、硕士生** | **4800** | **5836** | **15 995** | **4833** |
| 1. 高等林业院校 | 3071 | 4258 | 11 341 | 3334 |
| 北京林业大学 | 829 | 1086 | 2987 | 966 |
| 东北林业大学 | 854 | 1031 | 2709 | 726 |
| 南京林业大学 | 582 | 865 | 2306 | 723 |
| 中南林业科技大学 | 371 | 543 | 1435 | 414 |
| 西南林业大学 | 256 | 375 | 924 | 213 |
| 浙江农林大学 | 179 | 358 | 980 | 292 |
| 2. 其他高等院校（林业学科） | 1600 | 1405 | 4169 | 1342 |
| 北京师范大学 | 9 | 3 | 13 | 7 |
| 中国农业大学 | 21 | 20 | 70 | 22 |
| 中国人民大学 | 2 | 1 | 3 | 2 |
| 北京农学院 | 19 | 18 | 69 | 28 |
| 天津科技大学 | 1 | 4 | 10 | 1 |
| 河北农业大学 | 68 | 44 | 166 | 63 |
| 山西大学 | 4 | 7 | 16 | 3 |
| 山西农业大学 | 28 | 21 | 55 | 14 |
| 内蒙古农业大学 | 94 | 65 | 236 | 85 |
| 沈阳农业大学 | 75 | 57 | 184 | 70 |
| 辽宁工程技术大学 | 10 | 5 | 17 | 6 |
| 东北师范大学 | 5 | — | 1 | 1 |
| 吉林农业大学 | 35 | 17 | 64 | 25 |
| 北华大学 | 23 | 10 | 36 | 13 |
| 东北农业大学 | 40 | 38 | 103 | 35 |
| 上海交通大学 | 15 | 9 | 38 | 15 |
| 上海财经大学 | — | 2 | 3 | 1 |
| 南京农业大学 | 24 | 31 | 94 | 32 |
| 苏州大学 | 15 | 16 | 38 | 8 |
| 浙江大学 | 8 | 6 | 19 | 8 |
| 安徽农业大学 | 65 | 73 | 175 | 48 |
| 福建农林大学 | 111 | 137 | 322 | 73 |
| 福建师范大学 | 2 | 2 | 4 | 1 |
| 江西农业大学 | 44 | 42 | 117 | 36 |
| 南昌大学 | 3 | 2 | 12 | 6 |
| 江西财经大学 | 3 | 5 | 8 | 2 |
| 山东建筑大学 | 5 | 6 | 20 | 7 |

（续）

| 学校名称 | 毕业生数 | 招生数 | 在校学生数 | 毕业班学生数 |
|---|---|---|---|---|
| 山东轻工业学院 | 3 | — | — | — |
| 青岛农业大学 | 19 | 12 | 47 | 19 |
| 曲阜师范大学 | 5 | — | 5 | 4 |
| 山东农业大学 | 69 | 67 | 198 | 65 |
| 聊城大学 | 10 | 6 | 11 | 1 |
| 河南农业大学 | 37 | 32 | 73 | 17 |
| 华北水利水电学院 | 3 | 3 | 13 | 3 |
| 华中农业大学 | 90 | 86 | 274 | 101 |
| 湖北民族学院 | 6 | 4 | 7 | 1 |
| 长江大学 | 12 | 7 | 17 | 6 |
| 湖南师范大学 | 3 | — | 1 | 1 |
| 吉首大学 | 2 | 4 | 13 | 3 |
| 仲恺农业工程学院 | 13 | 18 | 27 | 4 |
| 华南农业大学 | 56 | 53 | 175 | 70 |
| 华南师范大学 | 7 | 8 | 23 | 7 |
| 广西大学 | 32 | 36 | 102 | 31 |
| 广西师范大学 | 10 | 2 | 6 | — |
| 海南大学 | 27 | 32 | 79 | 19 |
| 西南大学 | 66 | 52 | 160 | 56 |
| 西南交通大学 | 9 | 6 | 22 | 10 |
| 四川大学 | 17 | 7 | 23 | 10 |
| 西华师范大学 | 14 | 1 | 7 | 2 |
| 四川农业大学 | 115 | 64 | 256 | 89 |
| 贵州大学 | 27 | 33 | 92 | 27 |
| 云南农业大学 | 25 | 31 | 83 | 21 |
| 西藏大学 | 4 | — | 2 | — |
| 长安大学 | 1 | — | 1 | — |
| 西北农林科技大学 | 147 | 151 | 442 | 133 |
| 西安理工大学 | 3 | 3 | 8 | 2 |
| 陕西科技大学 | 2 | — | 1 | 1 |
| 陕西师范大学 | 4 | — | 3 | — |
| 甘肃农业大学 | 15 | 24 | 55 | 16 |
| 兰州交通大学 | 1 | — | — | — |
| 青海大学 | 4 | 5 | 7 | — |
| 新疆农业大学 | 13 | 17 | 43 | 11 |
| 3. 科研单位 | 129 | 173 | 485 | 157 |
| 中国林业科学研究院 | 115 | 152 | 427 | 139 |
| 中国农业科学院研究生院 | 1 | 2 | 5 | 2 |
| 中国科学院沈阳应用生态所 | 1 | 1 | 3 | 1 |
| 中国科学院南京土壤研究所 | 2 | 2 | 4 | 1 |
| 中国科学院华南植物研究所 | 5 | 6 | 18 | 6 |
| 武汉植物研究所 | — | 4 | 6 | — |
| 中国科学院新疆生态与地理研究所 | 5 | 6 | 22 | 8 |

**2010～2011 学年初普通高等林业院校和其他高等院校、科研院所林科分学科研究生情况**

单位：人

| 专业名称 | 毕业生数 | 招生数 | 在校学生数 | 毕业班学生数 |
|---|---|---|---|---|
| **总　　计** | **5398** | **6663** | **19 384** | **6580** |
| **一、博士生** | **598** | **827** | **3389** | **1747** |
| 1. 林业学科小计 | 540 | 738 | 3016 | 1552 |
| 森林工程 | 38 | 85 | 338 | 174 |
| 木材科学与技术 | 31 | 51 | 202 | 103 |
| 林产化学加工工程 | 12 | 27 | 92 | 42 |
| 林木遗传育种 | 39 | 51 | 164 | 66 |
| 森林培育 | 96 | 84 | 408 | 227 |
| 森林保护学 | 20 | 43 | 173 | 83 |
| 森林经理学 | 31 | 37 | 170 | 88 |
| 野生动植物保护与利用 | 9 | 28 | 98 | 45 |
| 园林植物与观赏园艺 | 30 | 58 | 220 | 102 |
| 水土保持与荒漠化防治 | 37 | 60 | 188 | 80 |
| 林业经济管理 | 74 | 65 | 383 | 244 |
| 其他林业学科 | 123 | 149 | 580 | 298 |
| 2. 林业院校和科研单位其他学科 | 58 | 89 | 373 | 195 |
| 草业科学 | 5 | 4 | 20 | 11 |
| 发育生物学 | 4 | 4 | 16 | 6 |
| 机械设计及理论 | 9 | 15 | 120 | 89 |
| 生物化学与分子生物学 | 4 | 11 | 26 | 7 |
| 微生物学 | 2 | 5 | 18 | 3 |
| 遗传学 | 7 | 5 | 19 | 12 |
| 载运工具运用工程 | 7 | 5 | 22 | 14 |
| 制浆造纸工程 | 1 | 6 | 33 | 20 |
| 思想政治教育 | 1 | 2 | 8 | 3 |
| 动物学 | — | 1 | 1 | — |
| 环境科学与工程 | 4 | 7 | 26 | 11 |
| 农业经济管理 | 11 | 18 | 46 | 13 |
| 食品科学与工程 | — | 1 | 1 | — |
| 细胞生物学 | 3 | 5 | 17 | 6 |
| **二、硕士** | **4800** | **5836** | **15 995** | **4833** |
| 1. 林业学科小计 | 3322 | 3436 | 9874 | 3068 |
| 森林工程 | 118 | 165 | 452 | 129 |
| 木材科学与技术 | 126 | 167 | 512 | 157 |
| 林产化工加工工程 | 85 | 92 | 261 | 81 |
| 林木遗传育种 | 152 | 128 | 392 | 121 |
| 森林培育 | 404 | 261 | 769 | 247 |
| 森林保护学 | 209 | 153 | 461 | 141 |
| 森林经理学 | 255 | 191 | 577 | 192 |
| 野生动植物保护与利用 | 168 | 92 | 281 | 76 |
| 园林植物与观赏园艺 | 980 | 1007 | 3002 | 984 |
| 水土保持与荒漠化防治 | 247 | 314 | 829 | 237 |
| 林业经济管理 | 78 | 80 | 272 | 92 |
| 其他林业学科 | 500 | 786 | 2066 | 611 |

（续）

| 专业名称 | 毕业生数 | 招生数 | 在校学生数 | 毕业班学生数 |
| --- | --- | --- | --- | --- |
| 2. 林业院校和科研单位其他学科 | 1478 | 2400 | 6121 | 1765 |
| 材料加工工程 | 5 | 6 | 22 | 6 |
| 材料学 | 8 | 15 | 41 | 11 |
| 草业科学 | 19 | 16 | 50 | 16 |
| 测试计量技术及仪器 | 7 | 13 | 36 | 10 |
| 车辆工程 | 6 | 12 | 26 | 6 |
| 道路与铁道工程 | 23 | 30 | 90 | 28 |
| 地图学与地理信息系统 | 34 | 50 | 159 | 52 |
| 动物学 | 12 | 33 | 89 | 22 |
| 动物遗传育种与繁殖 | 6 | 3 | 7 | 2 |
| 发酵工程 | 4 | 2 | 11 | 3 |
| 发育生物学 | 19 | 17 | 52 | 17 |
| 法学理论 | 8 | 7 | 26 | 10 |
| 风景园林 | — | 272 | 401 | 120 |
| 高分子化学与物理 | 15 | 18 | 47 | 16 |
| 工业设计工程 | — | 33 | 33 | — |
| 管理科学与工程 | 56 | 56 | 165 | 46 |
| 国际贸易学 | 24 | 13 | 39 | 12 |
| 果树学 | 9 | 5 | 11 | 3 |
| 汉语言文字学 | 7 | 7 | 27 | 11 |
| 化学工程 | — | 5 | 5 | — |
| 化学工艺 | 16 | 18 | 50 | 15 |
| 环境工程 | 22 | 21 | 68 | 19 |
| 环境科学 | 60 | 90 | 270 | 84 |
| 环境与资源保护法学 | 75 | 82 | 279 | 95 |
| 会计学 | 32 | 32 | 87 | 21 |
| 机械电子工程 | 5 | 16 | 36 | 4 |
| 机械工程 | 14 | 8 | 20 | 12 |
| 机械设计及理论 | 26 | 44 | 115 | 22 |
| 机械制造及其自动化 | 6 | 25 | 55 | 3 |
| 计算机技术 | — | 8 | 8 | — |
| 计算机软件与理论 | 9 | 9 | 26 | 10 |
| 计算机应用技术 | 54 | 62 | 172 | 55 |
| 技术经济及管理 | — | 4 | 9 | — |
| 检测技术与自动化装置 | 11 | 18 | 50 | 9 |
| 建筑与土木工程 | — | 36 | 41 | 5 |
| 交通信息工程及控制 | 2 | 2 | 13 | 8 |
| 交通运输工程 | — | 13 | 14 | — |
| 交通运输规划与管理 | 6 | 8 | 33 | 12 |
| 结构工程 | 21 | 43 | 107 | 33 |
| 金融学 | 5 | 6 | 18 | 5 |
| 科学技术哲学 | 21 | 17 | 51 | 15 |
| 控制理论与控制工程 | 26 | 20 | 53 | 12 |
| 旅游管理 | 29 | 25 | 82 | 28 |
| 伦理学 | 17 | 15 | 40 | 10 |
| 马克思主义基本原理 | 6 | 13 | 32 | 8 |

（续）

| 专业名称 | 毕业生数 | 招生数 | 在校学生数 | 毕业班学生数 |
|---|---|---|---|---|
| 马克思主义中国化研究 | 14 | 23 | 83 | 27 |
| 农产品加工及储藏工程 | 22 | 27 | 79 | 16 |
| 农村与区域发展 | — | 112 | 159 | 42 |
| 农业电气化与自动化 | 11 | 6 | 8 | — |
| 农业机械化工程 | 9 | 8 | 20 | 6 |
| 农业经济管理 | 6 | 21 | 37 | 3 |
| 农业生物环境与能源工程 | 8 | 6 | 22 | 10 |
| 农业信息化 | — | 15 | 38 | 23 |
| 企业管理 | 43 | 70 | 240 | 79 |
| 桥梁与隧道工程 | 12 | 27 | 61 | 11 |
| 轻工技术与工程 | — | 7 | 7 | — |
| 人口、资源与环境经济学 | 20 | 11 | 35 | 13 |
| 设计艺术学 | 154 | 238 | 649 | 205 |
| 生理学 | 5 | 8 | 24 | 8 |
| 生物化工 | 12 | 12 | 38 | 13 |
| 生物化学与分子生物学 | 44 | 45 | 147 | 52 |
| 生物物理学 | 10 | 19 | 49 | 15 |
| 生药学 | 11 | 21 | 66 | 11 |
| 食品加工与安全 | — | 25 | 25 | — |
| 食品科学 | 21 | 25 | 78 | 28 |
| 水生生物学 | 4 | 13 | 31 | 5 |
| 思想政治教育 | 27 | 37 | 92 | 25 |
| 特种经济动物饲养 | 12 | 5 | 16 | 5 |
| 统计学 | 13 | 11 | 37 | 11 |
| 外国语言学及应用语言学 | 35 | 44 | 102 | 27 |
| 微生物学 | 32 | 43 | 119 | 33 |
| 细胞生物学 | 18 | 24 | 78 | 23 |
| 行政管理 | 37 | 46 | 134 | 37 |
| 岩土工程 | 6 | 10 | 26 | 4 |
| 养殖 | — | 1 | 1 | — |
| 药物化学 | 2 | 10 | 25 | 5 |
| 遗传学 | 21 | 18 | 57 | 15 |
| 应用化学 | 7 | 16 | 47 | 14 |
| 应用数学 | 13 | 15 | 39 | 9 |
| 应用心理学 | 9 | 13 | 41 | 13 |
| 英语语言文学 | 34 | 40 | 106 | 32 |
| 园艺 | — | 1 | 1 | — |
| 载运工具运用工程 | 19 | 25 | 70 | 20 |
| 植物营养学 | 17 | 11 | 32 | 8 |
| 制浆造纸工程 | 37 | 35 | 112 | 33 |
| 自然地理学 | 8 | 8 | 24 | 8 |

## 2010～2011 学年初普通高等林业院校和其他高等院校林科分学校学生情况

单位:人

| 学校名称 | 毕业生数 | | | 招生数 | | | 在校学生数 | | | 毕业班学生数 | | |
|---|---|---|---|---|---|---|---|---|---|---|---|---|
| | 合计 | 本科生 | 专科生 | 合计 | 本科生 | 专科生 | 合计 | 本科生 | 专科生 | 合计 | 本科生 | 专科生 |
| **总　计** | **52 803** | **32 698** | **20 105** | **61 289** | **42 755** | **18 534** | **212 240** | **153 614** | **58 626** | **55 703** | **35 493** | **20 210** |
| **一、普通高等林业院校** | **23 523** | **20 499** | **3024** | **26 874** | **25 461** | **1413** | **99 693** | **93 672** | **6021** | **24 106** | **21 927** | **2179** |
| 北京林业大学 | 3064 | 3064 | — | 3398 | 3398 | — | 13 079 | 13 079 | — | 3099 | 3099 | — |
| 东北林业大学 | 4464 | 4112 | 352 | 4647 | 4647 | — | 18 644 | 18 503 | 141 | 4317 | 4176 | 141 |
| 南京林业大学 | 3654 | 3654 | — | 3974 | 3974 | — | 15 390 | 15 390 | — | 3761 | 3761 | — |
| 中南林业科技大学 | 5551 | 4362 | 1189 | 6150 | 5394 | 756 | 22 785 | 20 513 | 2272 | 5695 | 5132 | 563 |
| 西南林业大学 | 2401 | 2401 | — | 3711 | 3711 | — | 12 240 | 12 240 | — | 2668 | 2668 | — |
| 浙江农林大学 | 2906 | 2906 | — | 3494 | 3494 | — | 13 104 | 13 104 | — | 3091 | 3091 | — |
| 南京森林警察学院 | 1483 | — | 1483 | 1500 | 843 | 657 | 4451 | 843 | 3608 | 1475 | — | 1475 |
| **二、其他高等院校(林科)** | **29 280** | **12 199** | **17 081** | **34 415** | **17 294** | **17 121** | **112 547** | **59 942** | **52 605** | **31 597** | **13 566** | **18 031** |
| 北京联合大学 | 12 | — | 12 | 13 | | 13 | 42 | — | 42 | 15 | — | 15 |
| 北京城市学院 | 98 | — | 98 | 20 | — | 20 | 159 | — | 159 | 94 | — | 94 |
| 中国农业大学 | 51 | 51 | — | 34 | 34 | — | 197 | 197 | — | 53 | 53 | — |
| 北京农业职业学院 | 79 | — | 79 | 33 | — | 33 | 215 | — | 215 | 110 | — | 110 |
| 北京农学院 | 123 | 123 | — | 140 | 140 | — | 530 | 530 | — | 145 | 145 | — |
| 天津科技大学 | 45 | 45 | — | 70 | 70 | — | 249 | 249 | — | 50 | 50 | — |
| 天津滨海职业学院 | 17 | — | 17 | 26 | — | 26 | 82 | — | 82 | 29 | — | 29 |
| 天津城市建设学院 | 56 | 56 | — | 97 | 97 | — | 284 | 284 | — | 68 | 68 | — |
| 天津农学院 | 127 | 93 | 34 | 172 | 139 | 33 | 705 | 456 | 249 | 195 | 103 | 92 |
| 河北政法职业学院 | 130 | — | 130 | 112 | — | 112 | 414 | — | 414 | 239 | — | 239 |
| 唐山职业技术学院 | 44 | — | 44 | 108 | — | 108 | 300 | — | 300 | 99 | — | 99 |
| 河北科技师范学院 | 99 | 53 | 46 | 141 | 77 | 64 | 415 | 351 | 64 | 108 | 108 | — |
| 中国环境管理干部学院 | 56 | — | 56 | 58 | — | 58 | 215 | — | 215 | 57 | — | 57 |
| 河北工程大学 | 59 | 59 | — | 42 | 42 | — | 292 | 200 | 92 | 141 | 74 | 67 |
| 河北农业大学现代科技学院 | 73 | 73 | — | 70 | 70 | — | 267 | 267 | — | 71 | 71 | — |
| 廊坊东方职业技术学院 | — | — | — | 58 | — | 58 | 87 | — | 87 | — | — | — |
| 保定职业技术学院 | 55 | — | 55 | 76 | — | 76 | 229 | — | 229 | 86 | — | 86 |
| 河北农业大学 | 417 | 281 | 136 | 353 | 233 | 120 | 1353 | 1044 | 309 | 446 | 294 | 152 |
| 河北北方学院 | 76 | — | 76 | 68 | — | 68 | 162 | — | 162 | 50 | — | 50 |
| 河北旅游职业学院 | 130 | — | 130 | 87 | — | 87 | 326 | — | 326 | 105 | — | 105 |
| 沧州职业技术学院 | 29 | — | 29 | 49 | — | 49 | 149 | — | 149 | 47 | — | 47 |
| 沧州师范学院 | 43 | — | 43 | 74 | — | 74 | 135 | — | 135 | 61 | — | 61 |
| 廊坊职业技术学院 | 85 | — | 85 | 108 | — | 108 | 302 | — | 302 | 107 | — | 107 |
| 廊坊师范学院 | 28 | — | 28 | — | — | — | 37 | — | 37 | 37 | — | 37 |
| 衡水学院 | 109 | 70 | 39 | 60 | 60 | — | 193 | 159 | 34 | 73 | 39 | 34 |
| 衡水职业技术学院 | 23 | — | 23 | 33 | — | 33 | 236 | — | 236 | 103 | — | 103 |
| 山西林业职业技术学院 | 616 | — | 616 | 436 | — | 436 | 1344 | — | 1344 | 439 | — | 439 |
| 长治职业技术学院 | 23 | — | 23 | 49 | — | 49 | 129 | — | 129 | 27 | — | 27 |
| 山西农业大学信息学院 | 91 | 91 | — | 150 | 150 | — | 423 | 423 | — | 97 | 97 | — |
| 山西运城农业职业技术学院 | — | — | — | 52 | — | 52 | 102 | — | 102 | — | — | — |
| 山西农业大学 | 254 | 189 | 65 | 258 | 258 | — | 723 | 723 | — | 180 | 180 | — |
| 运城学院 | 52 | — | 52 | 68 | 68 | — | 112 | 68 | 44 | 44 | — | 44 |
| 山西师范大学 | 33 | 33 | — | 83 | 83 | — | 159 | 159 | — | — | — | — |
| 吕梁学院 | 70 | — | 70 | 37 | — | 37 | 178 | — | 178 | 74 | — | 74 |
| 内蒙古农业大学 | 665 | 568 | 97 | 881 | 853 | 28 | 2794 | 2651 | 143 | 593 | 538 | 55 |
| 内蒙古民族大学 | 54 | 54 | — | 78 | 78 | — | 329 | 329 | — | 87 | 87 | — |
| 内蒙古商贸职业学院 | — | — | — | 26 | — | 26 | 27 | — | 27 | — | — | — |
| 乌兰察布职业学院 | 36 | — | 36 | 66 | — | 66 | 197 | — | 197 | 53 | — | 53 |
| 沈阳大学 | 68 | 36 | 32 | 63 | 32 | 31 | 228 | 130 | 98 | 66 | 31 | 35 |
| 辽宁林业职业技术学院 | 581 | — | 581 | 395 | — | 395 | 1564 | — | 1564 | 692 | — | 692 |
| 辽宁商贸职业学院 | 16 | — | 16 | — | — | — | 7 | — | 7 | 7 | — | 7 |
| 沈阳大学科技工程学院 | 30 | 30 | — | — | — | — | 81 | 81 | — | 30 | 30 | — |
| 沈阳建筑大学 | 23 | 23 | — | 22 | 22 | — | 99 | 99 | — | 30 | 30 | — |
| 沈阳化工大学 | — | — | — | 27 | 27 | — | 27 | 27 | — | — | — | — |
| 沈阳农业大学 | 199 | 178 | 21 | 210 | 165 | 45 | 863 | 742 | 121 | 183 | 148 | 35 |
| 沈阳农业大学科学技术学院 | 52 | 52 | — | 75 | 75 | — | 258 | 258 | — | 56 | 56 | — |

（续）

| 学校名称 | 毕业生数 | | | 招生数 | | | 在校学生数 | | | 毕业班学生数 | | |
|---|---|---|---|---|---|---|---|---|---|---|---|---|
| | 合计 | 本科生 | 专科生 | 合计 | 本科生 | 专科生 | 合计 | 本科生 | 专科生 | 合计 | 本科生 | 专科生 |
| 辽宁科技学院 | — | — | — | — | — | — | 111 | — | 111 | 59 | — | 59 |
| 辽东学院 | 68 | — | 68 | 83 | — | 83 | 298 | — | 298 | 104 | — | 104 |
| 辽宁农业职业技术学院 | 137 | — | 137 | 121 | — | 121 | 325 | — | 325 | 85 | — | 85 |
| 辽宁工程技术大学 | 56 | 56 | — | 47 | 47 | — | 202 | 202 | — | 52 | 52 | — |
| 阜新高等专科学校 | 11 | — | 11 | 24 | — | 24 | 77 | — | 77 | 21 | — | 21 |
| 辽宁职业学院 | 35 | — | 35 | 32 | — | 32 | 151 | — | 151 | 55 | — | 55 |
| 吉林农业大学 | 230 | 194 | 36 | 255 | 224 | 31 | 923 | 892 | 31 | 229 | 229 | — |
| 长春大学 | 68 | 68 | — | 76 | 76 | — | 298 | 298 | — | 83 | 83 | — |
| 吉林建筑工程学院建筑装饰学院 | — | — | — | 64 | 64 | — | 174 | 174 | — | 28 | 28 | — |
| 吉林农业大学发展学院 | 75 | 75 | — | 90 | 65 | 25 | 374 | 224 | 150 | 112 | 57 | 55 |
| 吉林农业科技学院 | 53 | 24 | 29 | 133 | 133 | — | 373 | 290 | 83 | 55 | 29 | 26 |
| 北华大学 | 126 | 126 | — | 195 | 195 | — | 790 | 790 | — | 206 | 206 | — |
| 松原职业技术学院 | 17 | — | 17 | 7 | — | 7 | 29 | — | 29 | — | — | — |
| 延边大学 | — | — | — | 68 | 68 | — | 212 | 212 | — | 35 | 35 | — |
| 哈尔滨师范大学 | 18 | — | 18 | 34 | 34 | — | 130 | 67 | 63 | 19 | — | 19 |
| 黑龙江林业职业技术学院 | 214 | — | 214 | 235 | — | 235 | 946 | — | 946 | 358 | — | 358 |
| 黑龙江农垦职业学院 | — | — | — | 47 | — | 47 | 47 | — | 47 | — | — | — |
| 齐齐哈尔职业学院 | — | — | — | 10 | — | 10 | 23 | — | 23 | — | — | — |
| 黑龙江大学 | 29 | 29 | — | 29 | 29 | — | 142 | 142 | — | 41 | 41 | — |
| 黑龙江生物科技职业学院 | 109 | — | 109 | 76 | — | 76 | 311 | — | 311 | 111 | — | 111 |
| 黑龙江农垦科技职业学院 | — | — | — | — | — | — | 1 | — | 1 | — | — | — |
| 黑龙江农业工程职业学院 | 56 | — | 56 | 61 | — | 61 | 149 | — | 149 | 44 | — | 44 |
| 东北农业大学 | 143 | 143 | — | 53 | 53 | — | 496 | 496 | — | 157 | 157 | — |
| 黑龙江生态工程职业学院 | 211 | — | 211 | 72 | — | 72 | 449 | — | 449 | 184 | — | 184 |
| 黑龙江畜牧兽医职业学院 | 130 | — | 130 | 26 | — | 26 | 195 | — | 195 | 80 | — | 80 |
| 伊春职业学院 | — | — | — | 54 | — | 54 | 152 | — | 152 | — | — | — |
| 齐齐哈尔大学 | 27 | 27 | — | 56 | 56 | — | 198 | 198 | — | 29 | 29 | — |
| 大庆职业学院 | 35 | — | 35 | — | — | — | — | — | — | — | — | — |
| 黑龙江八一农垦大学 | 96 | 96 | — | 61 | 61 | — | 289 | 289 | — | 101 | 101 | — |
| 佳木斯大学 | 32 | 32 | — | 38 | 38 | — | 113 | 113 | — | 34 | 34 | — |
| 黑龙江农业职业技术学院 | 124 | — | 124 | 27 | — | 27 | 119 | — | 119 | 57 | — | 57 |
| 牡丹江师范学院 | 53 | 53 | — | 68 | 68 | — | 186 | 186 | — | 54 | 54 | — |
| 黑龙江农业经济职业学院 | 67 | — | 67 | 69 | — | 69 | 284 | — | 284 | 119 | — | 119 |
| 黑龙江农垦林业职业技术学院 | 40 | — | 40 | — | — | — | 55 | — | 55 | 55 | — | 55 |
| 大兴安岭职业学院 | 42 | — | 42 | 35 | — | 35 | 173 | — | 173 | 83 | — | 83 |
| 上海交通大学 | 13 | 13 | — | 141 | 141 | — | 210 | 210 | — | 23 | 23 | — |
| 上海商学院 | — | — | — | 72 | 72 | — | 322 | 322 | — | 103 | 103 | — |
| 上海应用技术学院 | 40 | 40 | — | 77 | 77 | — | 283 | 283 | — | 49 | 49 | — |
| 上海海洋大学 | 57 | 57 | — | 37 | 37 | — | 125 | 125 | — | 38 | 38 | — |
| 同济大学 | — | — | — | — | — | — | — | — | — | — | — | — |
| 上海农林职业技术学院 | 151 | — | 151 | 113 | — | 113 | 302 | — | 302 | 84 | — | 84 |
| 上海建桥学院 | 36 | — | 36 | — | — | — | 128 | — | 128 | 50 | — | 50 |
| 南京农业大学 | 58 | 58 | — | 34 | 34 | — | 236 | 236 | — | 78 | 78 | — |
| 江苏联合职业技术学院 | 56 | — | 56 | — | — | — | 244 | — | 244 | 121 | — | 121 |
| 三江学院 | 12 | — | 12 | 23 | — | 23 | 64 | — | 64 | 14 | — | 14 |
| 金陵科技学院 | 76 | 49 | 27 | 78 | 78 | — | 333 | 333 | — | 73 | 73 | — |
| 金陵科技学院龙蟠学院 | 72 | 72 | — | 126 | 126 | — | 279 | 279 | — | 74 | 74 | — |
| 南京交通职业技术学院 | 35 | — | 35 | 45 | — | 45 | 126 | — | 126 | 34 | — | 34 |
| 无锡城市职业技术学院 | 40 | — | 40 | 35 | — | 35 | 70 | — | 70 | 35 | — | 35 |
| 徐州工程学院 | 128 | 91 | 37 | 94 | 94 | — | 432 | 395 | 37 | 158 | 121 | 37 |
| 徐州师范大学 | 49 | 49 | — | 47 | 47 | — | 188 | 188 | — | 48 | 48 | — |

（续）

| 学校名称 | 毕业生数 | | | 招生数 | | | 在校学生数 | | | 毕业班学生数 | | |
|---|---|---|---|---|---|---|---|---|---|---|---|---|
| | 合计 | 本科生 | 专科生 | 合计 | 本科生 | 专科生 | 合计 | 本科生 | 专科生 | 合计 | 本科生 | 专科生 |
| 苏州大学 | 40 | 40 | — | 24 | 24 | — | 134 | 134 | — | 40 | 40 | — |
| 苏州农业职业技术学院 | 187 | — | 187 | 126 | — | 126 | 482 | — | 482 | 175 | — | 175 |
| 苏州科技学院 | 60 | 60 | — | — | — | — | 215 | 215 | — | 60 | 60 | — |
| 苏州科技学院天平学院 | — | — | — | 67 | 67 | — | 160 | 160 | — | — | — | — |
| 硅湖职业技术学院 | 46 | — | 46 | 14 | — | 14 | 100 | — | 100 | 47 | — | 47 |
| 南通农业职业技术学院 | 168 | — | 168 | 157 | — | 157 | 410 | — | 410 | 89 | — | 89 |
| 连云港师范高等专科学校 | — | — | — | — | — | — | 40 | — | 40 | 20 | — | 20 |
| 淮阴工学院 | — | — | — | 67 | 67 | — | 67 | 67 | — | — | — | — |
| 江汉大学 | — | — | — | 17 | — | 17 | 48 | — | 48 | — | — | — |
| 梧州学院 | — | — | — | 43 | 43 | — | 86 | 86 | — | — | — | — |
| 扬州大学 | 33 | 33 | — | 61 | 61 | — | 256 | 256 | — | 54 | 54 | — |
| 扬州圤境资源职业技术学院 | 190 | — | 190 | 78 | — | 78 | 303 | — | 303 | 121 | — | 121 |
| 扬州大学广陵学院 | — | — | — | 91 | 91 | — | 250 | 250 | — | 65 | 65 | — |
| 江苏城市职业学院 | — | — | — | 34 | — | 34 | 34 | — | 34 | — | — | — |
| 江苏农林职业技术学院 | 385 | — | 385 | 405 | — | 405 | 1036 | — | 1036 | 244 | — | 244 |
| 南京林业大学南方学院 | — | — | — | 294 | 294 | — | 775 | 775 | — | 199 | 199 | — |
| 江苏畜牧兽医职业技术学院 | 101 | — | 101 | 157 | — | 157 | 465 | — | 465 | 140 | — | 140 |
| 宿迁学院 | 57 | 57 | — | 37 | 37 | — | 150 | 150 | — | 40 | 40 | — |
| 杭州职业技术学院 | 138 | — | 138 | — | — | — | 148 | — | 148 | 148 | — | 148 |
| 杭州万向职业技术学院 | 37 | — | 37 | — | — | — | — | — | — | — | — | — |
| 绍兴文理学院元培学院 | — | — | — | 37 | 37 | — | 37 | 37 | — | — | — | — |
| 浙江大学 | 27 | 27 | — | — | — | — | 40 | 40 | — | 17 | 17 | — |
| 浙江外国语学院 | 43 | — | 43 | — | — | — | — | — | — | — | — | — |
| 浙江农林大学天目学院 | 100 | 100 | — | 141 | 141 | — | 447 | 447 | — | 110 | 110 | — |
| 宁波城市职业技术学院 | 92 | — | 92 | 46 | — | 46 | 263 | — | 263 | 98 | — | 98 |
| 温州科技职业学院 | 175 | — | 175 | 188 | — | 188 | 522 | — | 522 | 168 | — | 168 |
| 温州职业技术学院 | 19 | — | 19 | 68 | — | 68 | 187 | — | 187 | 56 | — | 56 |
| 嘉兴职业技术学院 | 134 | — | 134 | 157 | — | 157 | 438 | — | 438 | 130 | — | 130 |
| 金华职业技术学院 | 157 | — | 157 | 41 | — | 41 | 268 | — | 268 | 124 | — | 124 |
| 台州科技职业学院 | — | — | — | 41 | — | 41 | 147 | — | 147 | 62 | — | 62 |
| 丽水学院 | 134 | 89 | 45 | 117 | 77 | 40 | 493 | 332 | 161 | 133 | 94 | 39 |
| 丽水职业技术学院 | 213 | — | 213 | 134 | — | 134 | 469 | — | 469 | 205 | — | 205 |
| 安徽城市管理职业学院 | 74 | — | 74 | 73 | — | 73 | 191 | — | 191 | 59 | — | 59 |
| 安徽林业职业技术学院 | 246 | — | 246 | 357 | — | 357 | 794 | — | 794 | 199 | — | 199 |
| 安徽农业大学 | 335 | 256 | 79 | 244 | 244 | — | 986 | 917 | 69 | 357 | 288 | 69 |
| 安徽建筑工业学院 | 50 | 50 | — | — | — | — | 61 | 61 | — | 61 | 61 | — |
| 芜湖职业技术学院 | 60 | — | 60 | 56 | — | 56 | 126 | — | 126 | 16 | — | 16 |
| 淮南师范学院 | 44 | 44 | — | 137 | 137 | — | 492 | 492 | — | 48 | 48 | — |
| 安庆职业技术学院 | 56 | — | 56 | 107 | — | 107 | 198 | — | 198 | 37 | — | 37 |
| 安徽农业大学经济技术学院 | 76 | 76 | — | 92 | 92 | — | 345 | 345 | — | 75 | 75 | — |
| 黄山学院 | 199 | 106 | 93 | 276 | 276 | — | 940 | 871 | 69 | 235 | 166 | 69 |
| 滁州学院 | — | — | — | 48 | 48 | — | 48 | 48 | — | — | — | — |
| 安徽科技学院 | 103 | 103 | — | 66 | 66 | — | 307 | 307 | — | 68 | 68 | — |
| 阜阳师范学院 | 32 | 32 | — | 83 | 83 | — | 236 | 236 | — | 54 | 54 | — |
| 宿州职业技术学院 | 79 | — | 79 | 97 | — | 97 | 249 | — | 249 | 61 | — | 61 |
| 巢湖职业技术学院 | 58 | — | 58 | 36 | — | 36 | 76 | — | 76 | — | — | — |
| 六安职业技术学院 | 65 | — | 65 | 62 | — | 62 | 230 | — | 230 | 71 | — | 71 |
| 皖西学院 | — | — | — | — | — | — | 87 | — | 87 | 87 | — | 87 |
| 池州职业技术学院 | 75 | — | 75 | 147 | — | 147 | 313 | — | 313 | 77 | — | 77 |
| 宣城职业技术学院 | 42 | — | 42 | 80 | — | 80 | 179 | — | 179 | 36 | — | 36 |
| 福州黎明职业技术学院 | 13 | — | 13 | 51 | — | 51 | 127 | — | 127 | 33 | — | 33 |
| 福建农林大学 | 403 | 403 | — | 668 | 668 | — | 2108 | 2108 | — | 477 | 477 | — |
| 福建农业职业技术学院 | 109 | — | 109 | 272 | — | 272 | 679 | — | 679 | 179 | — | 179 |

（续）

| 学校名称 | 毕业生数 | | | 招生数 | | | 在校学生数 | | | 毕业班学生数 | | |
|---|---|---|---|---|---|---|---|---|---|---|---|---|
| | 合计 | 本科生 | 专科生 | 合计 | 本科生 | 专科生 | 合计 | 本科生 | 专科生 | 合计 | 本科生 | 专科生 |
| 福建农林大学东方学院 | 33 | 33 | — | 46 | 46 | — | 203 | 203 | — | 50 | 50 | — |
| 三明学院 | 41 | — | 41 | — | — | — | 52 | — | 52 | 52 | — | 52 |
| 福建农林大学金山学院 | — | — | — | 148 | 148 | — | 186 | 186 | — | — | — | — |
| 武夷山职业学院 | — | — | — | — | — | — | 36 | — | 36 | — | — | — |
| 漳州城市职业学院 | 22 | — | 22 | 56 | — | 56 | 123 | — | 123 | 36 | — | 36 |
| 漳州师范学院 | — | — | — | 97 | 97 | — | 305 | 305 | — | 50 | 50 | — |
| 漳州职业技术学院 | — | — | — | 57 | — | 57 | 210 | — | 210 | 82 | — | 82 |
| 福建林业职业技术学院 | 152 | — | 152 | 154 | — | 154 | 540 | — | 540 | 189 | — | 189 |
| 龙岩学院 | — | — | — | — | — | — | 72 | — | 72 | 39 | — | 39 |
| 闽西职业技术学院 | 45 | — | 45 | 48 | — | 48 | 166 | — | 166 | 87 | — | 87 |
| 宁德职业技术学院 | — | — | — | 28 | — | 28 | 106 | — | 106 | 35 | — | 35 |
| 江西农业大学 | 209 | 164 | 45 | 246 | 213 | 33 | 899 | 798 | 101 | 197 | 165 | 32 |
| 南昌工程学院 | 76 | 48 | 28 | 94 | 62 | 32 | 361 | 268 | 93 | 88 | 56 | 32 |
| 江西生物科技职业学院 | 71 | — | 71 | 113 | — | 113 | 255 | — | 255 | 52 | — | 52 |
| 江西赣江职业技术学院 | — | — | — | 30 | — | 30 | 30 | — | 30 | — | — | — |
| 江西农业大学南昌商学院 | 82 | 82 | — | 85 | 85 | — | 348 | 348 | — | 72 | 72 | — |
| 江西财经大学 | 103 | 55 | 48 | — | — | — | 154 | — | 154 | 96 | — | 96 |
| 江西科技师范学院 | 44 | — | 44 | 89 | — | 89 | 256 | — | 256 | 56 | — | 56 |
| 景德镇高等专科学校 | 106 | — | 106 | 52 | — | 52 | 133 | — | 133 | 42 | — | 42 |
| 九江学院 | — | — | — | 23 | 23 | — | 61 | 61 | — | — | — | — |
| 江西渝州科技职业学院 | 2 | — | 2 | — | — | — | 12 | — | 12 | 12 | — | 12 |
| 江西环境工程职业学院 | 97 | — | 97 | 411 | — | 411 | 921 | — | 921 | 208 | — | 208 |
| 井冈山大学 | — | — | — | 45 | 45 | — | 147 | 147 | — | — | — | — |
| 宜春学院 | 88 | 48 | 40 | 88 | 60 | 28 | 295 | 205 | 90 | 65 | 33 | 32 |
| 山东建筑大学 | 70 | 70 | — | 69 | 69 | — | 276 | 276 | — | 74 | 74 | — |
| 山东省农业管理干部学院 | 118 | — | 118 | 65 | — | 65 | 300 | — | 300 | 129 | — | 129 |
| 山东轻工业学院 | 34 | 34 | — | 36 | 36 | — | 116 | 116 | — | 41 | 41 | — |
| 青岛农业大学 | 126 | 126 | — | 120 | 120 | — | 540 | 540 | — | 154 | 154 | — |
| 青岛求实职业技术学院 | 132 | — | 132 | 45 | — | 45 | 112 | — | 112 | 41 | — | 41 |
| 淄博职业学院 | 34 | — | 34 | 27 | — | 27 | 80 | — | 80 | 26 | — | 26 |
| 东营职业学院 | 39 | — | 39 | 25 | — | 25 | 133 | — | 133 | 41 | — | 41 |
| 山东大王职业学院 | — | — | — | 5 | — | 5 | 45 | — | 45 | 24 | — | 24 |
| 烟台职业学院 | 75 | — | 75 | — | — | — | 43 | — | 43 | 38 | — | 38 |
| 青岛农业大学海都学院 | — | — | — | 53 | 53 | — | 158 | 158 | — | — | — | — |
| 潍坊学院 | 31 | 31 | — | 40 | 40 | — | 147 | 147 | — | 34 | 34 | — |
| 潍坊职业学院 | 308 | — | 308 | 168 | — | 168 | 703 | — | 703 | 310 | — | 310 |
| 潍坊科技学院 | 57 | — | 57 | 50 | — | 50 | 206 | — | 206 | 87 | — | 87 |
| 济宁职业技术学院 | 30 | — | 30 | 9 | — | 9 | 131 | — | 131 | 60 | — | 60 |
| 山东农业大学 | 459 | 458 | 1 | 382 | 382 | — | 1472 | 1471 | 1 | 524 | 523 | 1 |
| 泰山职业技术学院 | 87 | — | 87 | 38 | — | 38 | 220 | — | 220 | 91 | — | 91 |
| 莱芜职业技术学院 | 28 | — | 28 | 16 | — | 16 | 63 | — | 63 | 40 | — | 40 |
| 临沂大学 | 92 | 79 | 13 | 100 | 78 | 22 | 398 | 346 | 52 | 79 | 65 | 14 |
| 山东现代职业学院 | — | — | — | 20 | — | 20 | 50 | — | 50 | — | — | — |
| 聊城大学 | 80 | 61 | 19 | 38 | 38 | — | 154 | 154 | — | 45 | 45 | — |
| 聊城职业技术学院 | — | — | — | 25 | — | 25 | 119 | — | 119 | 43 | — | 43 |
| 山东英才学院 | — | — | — | 21 | — | 21 | 91 | — | 91 | 40 | — | 40 |
| 滁州职业技术学院 | 32 | — | 32 | 79 | — | 79 | 171 | — | 171 | 48 | — | 48 |
| 德州学院 | 7 | — | 7 | — | — | — | 9 | — | 9 | 9 | — | 9 |
| 河南农业大学华豫学院 | — | — | — | 76 | 76 | — | 165 | 165 | — | — | — | — |
| 河南城建学院 | — | — | — | 38 | 38 | — | 38 | 38 | — | — | — | — |
| 商丘师范学院 | — | — | — | 44 | 44 | — | 44 | 44 | — | — | — | — |
| 滨州职业学院 | 31 | — | 31 | 30 | — | 30 | 160 | — | 160 | 100 | — | 100 |
| 菏泽学院 | 101 | 101 | — | 21 | 21 | — | 113 | 113 | — | 34 | 34 | — |

（续）

| 学校名称 | 毕业生数 | | | 招生数 | | | 在校学生数 | | | 毕业班学生数 | | |
|---|---|---|---|---|---|---|---|---|---|---|---|---|
| | 合计 | 本科生 | 专科生 | 合计 | 本科生 | 专科生 | 合计 | 本科生 | 专科生 | 合计 | 本科生 | 专科生 |
| 河南农业大学 | 234 | 234 | — | 216 | 216 | — | 722 | 722 | — | 266 | 266 | — |
| 河南农业职业学院 | 255 | — | 255 | 260 | — | 260 | 663 | — | 663 | 207 | — | 207 |
| 河南科技大学林业职业学院 | 477 | — | 477 | — | — | — | 404 | — | 404 | 404 | — | 404 |
| 河南科技大学 | 177 | 177 | — | 400 | 217 | 183 | 1198 | 720 | 478 | 223 | 223 | — |
| 安阳工学院 | 27 | — | 27 | — | — | — | 37 | — | 37 | 10 | — | 10 |
| 河南科技学院 | 97 | 97 | — | 127 | 127 | — | 560 | 560 | — | 58 | 58 | — |
| 新乡学院 | 103 | — | 103 | 119 | — | 119 | 348 | — | 348 | 94 | — | 94 |
| 濮阳职业技术学院 | 52 | — | 52 | 103 | — | 103 | 251 | — | 251 | 71 | — | 71 |
| 许昌职业技术学院 | 63 | — | 63 | 47 | — | 47 | 183 | — | 183 | 70 | — | 70 |
| 三门峡职业技术学院 | 59 | — | 59 | 78 | — | 78 | 214 | — | 214 | 63 | — | 63 |
| 商丘职业技术学院 | 96 | — | 96 | 110 | — | 110 | 265 | — | 265 | 45 | — | 45 |
| 信阳农业高等专科学校 | 307 | — | 307 | 323 | — | 323 | 1072 | — | 1072 | 343 | — | 343 |
| 周口职业技术学院 | 33 | — | 33 | 28 | — | 28 | 133 | — | 133 | 55 | — | 55 |
| 黄淮学院 | 70 | — | 70 | 156 | 156 | — | 505 | 415 | 90 | 155 | 65 | 90 |
| 武汉软件工程职业学院 | 19 | — | 19 | 36 | — | 36 | 101 | — | 101 | 33 | — | 33 |
| 湖北生物科技职业学院 | 70 | — | 70 | 116 | — | 116 | 291 | — | 291 | 76 | — | 76 |
| 华中农业大学 | 180 | 180 | — | 200 | 200 | — | 849 | 849 | — | 205 | 205 | — |
| 湖北民族学院科技学院 | — | — | — | 31 | 31 | — | 60 | 60 | — | — | — | — |
| 武汉民政职业学院 | 44 | — | 44 | 67 | — | 67 | 293 | — | 293 | 112 | — | 112 |
| 湖北生态工程职业技术学院 | 419 | — | 419 | 606 | — | 606 | 1656 | — | 1656 | 532 | — | 532 |
| 华中农业大学楚天学院 | 87 | 87 | — | 300 | 300 | — | 513 | 513 | — | 32 | 32 | — |
| 武汉科技大学中南分校 | 28 | 9 | 19 | — | — | — | 66 | 14 | 52 | 32 | — | 32 |
| 武汉生物工程学院 | 280 | 47 | 233 | 319 | 83 | 236 | 1015 | 286 | 729 | 368 | 74 | 294 |
| 湖北三峡职业技术学院 | 28 | — | 28 | 33 | — | 33 | 121 | — | 121 | 54 | — | 54 |
| 荆楚理工学院 | 36 | — | 36 | 86 | — | 86 | 252 | — | 252 | 85 | — | 85 |
| 长江大学 | 163 | 163 | — | 167 | 145 | 22 | 623 | 520 | 103 | 203 | 146 | 57 |
| 荆州职业技术学院 | 14 | — | 14 | 32 | — | 32 | 122 | — | 122 | 48 | — | 48 |
| 黄冈职业技术学院 | 92 | — | 92 | 82 | — | 82 | 192 | — | 192 | 26 | — | 26 |
| 咸宁职业技术学院 | 89 | — | 89 | 83 | — | 83 | 133 | — | 133 | 28 | — | 28 |
| 随州职业技术学院 | 13 | — | 13 | — | — | — | 39 | — | 39 | 21 | — | 21 |
| 恩施职业技术学院 | 51 | — | 51 | 23 | — | 23 | 133 | — | 133 | 69 | — | 69 |
| 湖北民族学院 | 38 | 38 | — | 80 | 80 | — | 213 | 213 | — | 18 | 18 | — |
| 仙桃职业学院 | 52 | — | 52 | 25 | — | 25 | 107 | — | 107 | 48 | — | 48 |
| 湖南农业大学 | 105 | 103 | 2 | 80 | 80 | — | 408 | 408 | — | 124 | 124 | — |
| 湖南城市学院 | 58 | 58 | — | — | — | — | 89 | 89 | — | 34 | 34 | — |
| 湖南农业大学东方科技学院 | 131 | 131 | — | 132 | 132 | — | 551 | 551 | — | 139 | 139 | — |
| 湖南生物机电职业技术学院 | 167 | — | 167 | 185 | — | 185 | 572 | — | 572 | 212 | — | 212 |
| 中南林业科技大学涉外学院 | 105 | 105 | — | 140 | 140 | — | 530 | 530 | — | 122 | 122 | — |
| 长沙职业技术学院 | 21 | — | 21 | 18 | — | 18 | 64 | — | 64 | — | — | — |
| 湖南科技大学 | — | — | — | 57 | 57 | — | 223 | 223 | — | 50 | 50 | — |
| 湖南环境生物职业技术学院 | 216 | — | 216 | 226 | — | 226 | 674 | — | 674 | 270 | — | 270 |
| 吉首大学张家界学院 | — | — | — | 58 | 58 | — | 82 | 82 | — | — | — | — |
| 邵阳学院 | 35 | 35 | — | 55 | 55 | — | 179 | 179 | — | 39 | 39 | — |
| 邵阳职业技术学院 | 3 | — | 3 | — | — | — | 2 | — | 2 | 2 | — | 2 |
| 岳阳职业技术学院 | 46 | — | 46 | 55 | — | 55 | 137 | — | 137 | 39 | — | 39 |
| 益阳职业技术学院 | 30 | — | 30 | 38 | — | 38 | 213 | — | 213 | 66 | — | 66 |
| 永州职业技术学院 | 24 | — | 24 | 28 | — | 28 | 88 | — | 88 | 32 | — | 32 |
| 怀化学院 | 36 | 36 | — | 72 | 72 | — | 264 | 264 | — | 44 | 44 | — |
| 娄底职业技术学院 | 27 | — | 27 | 90 | — | 90 | 218 | — | 218 | 65 | — | 65 |
| 吉首大学 | 38 | 38 | — | 68 | 68 | — | 196 | 196 | — | 53 | 53 | — |
| 湘西民族职业技术学院 | 28 | — | 28 | 16 | — | 16 | 32 | — | 32 | — | — | — |
| 仲恺农业工程学院 | 86 | 86 | — | 113 | 113 | — | 342 | 342 | — | 103 | 103 | — |
| 华南农业大学 | 370 | 370 | — | 373 | 373 | — | 1210 | 1210 | — | 297 | 297 | — |

（续）

| 学校名称 | 毕业生数 | | | 招生数 | | | 在校学生数 | | | 毕业班学生数 | | |
|---|---|---|---|---|---|---|---|---|---|---|---|---|
| | 合计 | 本科生 | 专科生 | 合计 | 本科生 | 专科生 | 合计 | 本科生 | 专科生 | 合计 | 本科生 | 专科生 |
| 私立华联学院 | 36 | — | 36 | 53 | — | 53 | 170 | — | 170 | 45 | — | 45 |
| 韶关学院 | 72 | 35 | 37 | 75 | 53 | 22 | 320 | 206 | 114 | 114 | 58 | 56 |
| 深圳职业技术学院 | 110 | — | 110 | 147 | — | 147 | 459 | — | 459 | 147 | — | 147 |
| 佛山科学技术学院 | 31 | 31 | — | 56 | 56 | — | 234 | 234 | — | 63 | 63 | — |
| 顺德职业技术学院 | 132 | — | 132 | 219 | — | 219 | 535 | — | 535 | 150 | — | 150 |
| 湛江师范学院 | 33 | 33 | — | 47 | 47 | — | 168 | 168 | — | 37 | 37 | — |
| 广东海洋大学 | 86 | 86 | — | 105 | 105 | — | 409 | 409 | — | 93 | 93 | — |
| 广东农工商职业技术学院 | — | — | — | 54 | — | 54 | 113 | — | 113 | — | — | — |
| 广东海洋大学寸金学院 | — | — | — | 109 | 109 | — | 212 | 212 | — | — | — | — |
| 长江大学文理学院 | 38 | 38 | — | 29 | 29 | — | 115 | 115 | — | 23 | 23 | — |
| 肇庆学院 | — | — | — | 47 | 47 | — | 152 | 152 | — | 26 | 26 | — |
| 惠州学院 | 19 | 19 | — | 71 | 71 | — | 183 | 183 | — | 31 | 31 | — |
| 嘉应学院 | 69 | 33 | 36 | 77 | 47 | 30 | 191 | 161 | 30 | 35 | 35 | — |
| 阳江职业技术学院 | 38 | — | 38 | 66 | — | 66 | 215 | — | 215 | 88 | — | 88 |
| 广西大学行健文理学院 | — | — | — | 35 | 35 | — | 118 | 118 | — | — | — | — |
| 广西职业技术学院 | 23 | — | 23 | — | — | — | 23 | — | 23 | 23 | — | 23 |
| 广西大学 | 202 | 202 | — | 249 | 249 | — | 875 | 875 | — | 244 | 244 | — |
| 桂林理工大学 | 37 | 37 | — | — | — | — | 26 | 26 | — | 26 | 26 | — |
| 玉林师范学院 | — | — | — | 54 | — | 54 | 54 | — | 54 | — | — | — |
| 广西农业职业技术学院 | 124 | — | 124 | 135 | — | 135 | 398 | — | 398 | 129 | — | 129 |
| 广西生态工程职业技术学院 | 193 | — | 193 | 352 | — | 352 | 818 | — | 818 | 235 | — | 235 |
| 北京航空航天大学北海学院 | — | — | — | 54 | 54 | — | 114 | 114 | — | — | — | — |
| 广西英华国际职业学院 | 16 | — | 16 | 8 | — | 8 | 40 | — | 40 | 14 | — | 14 |
| 贺州学院 | — | — | — | 12 | — | 12 | 58 | — | 58 | 20 | — | 20 |
| 广西城市职业学院 | 43 | — | 43 | 54 | — | 54 | 146 | — | 146 | 47 | — | 47 |
| 三峡旅游职业技术学院 | 21 | — | 21 | 23 | — | 23 | 129 | — | 129 | 53 | — | 53 |
| 海南师范大学 | — | — | — | 44 | 44 | — | 87 | 87 | — | — | — | — |
| 海南职业技术学院 | 42 | — | 42 | 84 | — | 84 | 235 | — | 235 | 69 | — | 69 |
| 海南大学 | 160 | 160 | — | 152 | 152 | — | 598 | 598 | — | 133 | 133 | — |
| 琼台师范高等专科学校 | — | — | — | 28 | — | 28 | 67 | — | 67 | — | — | — |
| 海南大学三亚学院 | 56 | 56 | — | 99 | 99 | — | 389 | 389 | — | 79 | 79 | — |
| 重庆三峡职业学院 | 144 | — | 144 | 301 | — | 301 | 742 | — | 742 | 223 | — | 223 |
| 重庆工贸职业技术学院 | 47 | — | 47 | 149 | — | 149 | 338 | — | 338 | 121 | — | 121 |
| 西南大学 | 232 | 232 | — | 408 | 408 | — | 1139 | 1139 | — | 162 | 162 | — |
| 重庆城市管理职业学院 | 104 | — | 104 | 167 | — | 167 | 383 | — | 383 | 98 | — | 98 |
| 西南大学育才学院 | — | — | — | 93 | 93 | — | 240 | 240 | — | 59 | 59 | — |
| 重庆文理学院 | 95 | 95 | — | 212 | 212 | — | 589 | 589 | — | 99 | 99 | — |
| 西南交通大学 | 36 | 36 | — | — | — | — | 34 | 34 | — | 34 | 34 | — |
| 四川大学 | 19 | 19 | — | — | — | — | 38 | 38 | — | 23 | 23 | — |
| 成都理工大学 | 22 | 22 | — | 52 | 52 | — | 179 | 179 | — | 31 | 31 | — |
| 成都学院 | — | — | — | 91 | 91 | — | 358 | 358 | — | 48 | 48 | — |
| 四川国际标榜职业学院 | 29 | — | 29 | 56 | — | 56 | 107 | — | 107 | 28 | — | 28 |
| 成都农业科技职业学院 | 151 | — | 151 | 182 | — | 182 | 471 | — | 471 | 150 | — | 150 |
| 绵阳师范学院 | 43 | 43 | — | 67 | 67 | — | 251 | 251 | — | 73 | 73 | — |
| 内江职业技术学院 | 53 | — | 53 | 44 | — | 44 | 133 | — | 133 | 52 | — | 52 |
| 南充职业技术学院 | 35 | — | 35 | 98 | — | 98 | 233 | — | 233 | 68 | — | 68 |
| 西华师范大学 | 35 | 35 | — | 126 | 56 | 70 | 332 | 176 | 156 | 37 | 37 | — |
| 眉山职业技术学院 | 49 | — | 49 | 28 | — | 28 | 101 | — | 101 | 40 | — | 40 |
| 广安职业技术学院 | 49 | — | 49 | 25 | — | 25 | 128 | — | 128 | 56 | — | 56 |
| 四川农业大学 | 831 | 645 | 186 | 1016 | 854 | 162 | 4122 | 3744 | 378 | 875 | 758 | 117 |
| 四川现代职业学院 | — | — | — | 63 | — | 63 | 63 | — | 63 | — | — | — |
| 西昌学院 | 48 | 48 | — | 55 | 20 | 35 | 237 | 148 | 89 | 88 | 55 | 33 |
| 贵州师范大学 | 43 | 43 | — | 61 | 61 | — | 261 | 215 | 46 | 96 | 50 | 46 |

（续）

| 学校名称 | 毕业生数 | | | 招生数 | | | 在校学生数 | | | 毕业班学生数 | | |
|---|---|---|---|---|---|---|---|---|---|---|---|---|
| | 合计 | 本科生 | 专科生 | 合计 | 本科生 | 专科生 | 合计 | 本科生 | 专科生 | 合计 | 本科生 | 专科生 |
| 贵州大学 | 220 | 220 | — | 227 | 227 | — | 972 | 972 | — | 242 | 242 | — |
| 贵州师范大学求是学院 | 18 | 18 | — | — | — | — | 98 | 98 | — | 61 | 61 | — |
| 安顺职业技术学院 | 26 | — | 26 | 20 | — | 20 | 103 | — | 103 | 37 | — | 37 |
| 铜仁学院 | 34 | — | 34 | 32 | — | 32 | 95 | — | 95 | 38 | — | 38 |
| 贵阳职业技术学院 | — | — | — | 107 | — | 107 | 107 | — | 107 | — | — | — |
| 贵阳学院 | — | — | — | 63 | 63 | — | 127 | 127 | — | — | — | — |
| 黔西南民族职业技术学院 | — | — | — | 15 | — | 15 | 41 | — | 41 | 12 | — | 12 |
| 黔东南民族职业技术学院 | 21 | — | 21 | 18 | — | 18 | 89 | — | 89 | 37 | — | 37 |
| 黔南民族职业技术学院 | — | — | — | 28 | — | 28 | 105 | — | 105 | 32 | — | 32 |
| 云南民族大学 | 73 | 73 | — | 85 | 85 | — | 271 | 271 | — | 47 | 47 | — |
| 云南农业职业技术学院 | 263 | — | 263 | 118 | — | 118 | 491 | — | 491 | 225 | — | 225 |
| 云南师范大学文理学院 | 71 | 71 | — | 69 | 69 | — | 347 | 347 | — | 52 | 52 | — |
| 云南林业职业技术学院 | 749 | — | 749 | 776 | — | 776 | 1843 | — | 1843 | 488 | — | 488 |
| 昆明学院 | — | — | — | 37 | — | 37 | 37 | — | 37 | — | — | — |
| 昆明理工大学 | — | — | — | 31 | 31 | — | 67 | 67 | — | — | — | — |
| 云南农业大学 | 200 | 200 | — | 157 | 157 | — | 661 | 661 | — | 209 | 209 | — |
| 玉溪农业职业技术学院 | 50 | — | 50 | 69 | — | 69 | 177 | — | 177 | 48 | — | 48 |
| 思茅师范高等专科学校 | 51 | — | 51 | 37 | — | 37 | 104 | — | 104 | 46 | — | 46 |
| 云南热带作物职业学院 | 163 | — | 163 | 100 | — | 100 | 348 | — | 348 | 132 | — | 132 |
| 云南国防工业职业技术学院 | — | — | — | 62 | — | 62 | 62 | — | 62 | — | — | — |
| 西双版纳职业技术学院 | 16 | — | 16 | 16 | — | 16 | 16 | — | 16 | — | — | — |
| 西藏职业技术学院 | — | — | — | 98 | — | 98 | 239 | — | 239 | 48 | — | 48 |
| 藏大农学院 | 238 | 148 | 90 | 279 | 201 | 78 | 705 | 529 | 176 | 190 | 128 | 62 |
| 西北农林科技大学 | 351 | 351 | — | 523 | 523 | — | 1862 | 1862 | — | 337 | 337 | — |
| 西安外事学院 | — | — | — | 27 | 27 | — | 117 | 117 | — | 29 | 29 | — |
| 西安东方亚太职业技术学院 | — | — | — | 16 | — | 16 | 16 | — | 16 | — | — | — |
| 延安大学西安创新学院 | 40 | 40 | — | 61 | 61 | — | 165 | 165 | — | 40 | 40 | — |
| 咸阳职业技术学院 | 20 | — | 20 | 65 | — | 65 | 186 | — | 186 | 68 | — | 68 |
| 西安职业技术学院 | — | — | — | — | — | — | 13 | — | 13 | — | — | — |
| 杨凌职业技术学院 | 28 | — | 28 | 30 | — | 30 | 89 | — | 89 | 30 | — | 30 |
| 延安大学 | 37 | 37 | — | 40 | 40 | — | 198 | 198 | — | 54 | 54 | — |
| 汉中职业技术学院 | 13 | — | 13 | 21 | — | 21 | 40 | — | 40 | 3 | — | 3 |
| 榆林学院 | 39 | — | 39 | 60 | 35 | 25 | 186 | 83 | 103 | 50 | — | 50 |
| 安康学院 | 27 | — | 27 | 85 | 63 | 22 | 277 | 174 | 103 | 71 | 36 | 35 |
| 甘肃农业职业技术学院 | 159 | — | 159 | 45 | — | 45 | 148 | — | 148 | 63 | — | 63 |
| 甘肃农业大学 | 176 | 176 | — | 229 | 229 | — | 836 | 836 | — | 176 | 176 | — |
| 甘肃林业职业技术学院 | 672 | — | 672 | 671 | — | 671 | 1891 | — | 1891 | 575 | — | 575 |
| 河西学院 | — | — | — | 25 | — | 25 | 87 | — | 87 | 62 | — | 62 |
| 青海大学 | — | — | — | 45 | 45 | — | 94 | 94 | — | — | — | — |
| 青海畜牧兽医职业技术学院 | 47 | — | 47 | 22 | — | 22 | 125 | — | 125 | 45 | — | 45 |
| 宁夏大学 | 81 | 81 | — | — | — | — | 186 | 186 | — | 68 | 68 | — |
| 宁夏职业技术学院 | 36 | — | 36 | 44 | — | 44 | 113 | — | 113 | 35 | — | 35 |
| 新疆农业大学 | 210 | 210 | — | 181 | 181 | — | 773 | 773 | — | 139 | 139 | — |
| 新疆农业大学科学技术学院 | 46 | 46 | — | 153 | 153 | — | 450 | 450 | — | 79 | 79 | — |
| 巴音郭楞职业技术学院 | 33 | — | 33 | 35 | — | 35 | 87 | — | 87 | 15 | — | 15 |
| 塔里木大学 | 107 | 107 | — | 100 | 100 | — | 419 | 419 | — | 100 | 100 | — |
| 伊犁师范学院 | 40 | — | 40 | 26 | — | 26 | 121 | — | 121 | 35 | — | 35 |
| 伊犁职业技术学院 | 48 | — | 48 | 15 | — | 15 | 84 | — | 84 | 31 | — | 31 |
| 石河子大学 | 103 | 103 | — | 173 | 173 | — | 615 | 615 | — | 144 | 144 | — |

## 2010～2011 学年初普通高等林业院校和其他高等院校林科分专业学生情况

单位:人

| 专业名称 | 毕业生数 | | | 招生数 | | | 在校学生数 | | | 毕业班学生数 | | |
|---|---|---|---|---|---|---|---|---|---|---|---|---|
| | 合计 | 本科生 | 专科生 | 合计 | 本科生 | 专科生 | 合计 | 本科生 | 专科生 | 合计 | 本科生 | 专科生 |
| **总　　计** | **52 803** | **32 698** | **20 105** | **61 375** | **42 841** | **18 534** | **212 326** | **153 700** | **58 626** | **55 703** | **35 493** | **20 210** |
| **一、林科专业** | **32 926** | **15 756** | **17 170** | **38 611** | **21 455** | **17 156** | **128 357** | **75 660** | **52 697** | **35 342** | **17 303** | **18 039** |
| 1. 林业工程类 | 2876 | 2100 | 776 | 4159 | 3412 | 747 | 14 092 | 11 847 | 2245 | 3435 | 2590 | 845 |
| 森林工程 | 481 | 274 | 207 | 548 | 456 | 92 | 1905 | 1473 | 432 | 491 | 273 | 218 |
| 木材科学与工程 | 1944 | 1416 | 528 | 3044 | 2474 | 570 | 10365 | 8705 | 1660 | 2479 | 1886 | 593 |
| 林产化工 | 451 | 410 | 41 | 567 | 482 | 85 | 1822 | 1669 | 153 | 465 | 431 | 34 |
| 2. 森林资源类 | 6075 | 3231 | 2844 | 7847 | 4211 | 3636 | 24240 | 14652 | 9588 | 6222 | 3291 | 2931 |
| 林学 | 3994 | 2048 | 1946 | 5630 | 2844 | 2786 | 17296 | 10317 | 6979 | 4336 | 2237 | 2099 |
| 森林资源保护与游憩 | 1363 | 823 | 540 | 1654 | 914 | 740 | 5297 | 3204 | 2093 | 1262 | 695 | 567 |
| 野生动物与自然保护区管理 | 718 | 360 | 358 | 477 | 367 | 110 | 1561 | 1045 | 516 | 624 | 359 | 265 |
| 森林资源类新专业 | — | — | — | 86 | 86 | — | 86 | 86 | — | — | — | — |
| 3. 环境生态类 | 23 629 | 10 079 | 13 550 | 26 261 | 13 488 | 12 773 | 88 674 | 47 810 | 40 864 | 25 368 | 11 105 | 14 263 |
| 园林 | 22 637 | 9087 | 13 550 | 24 671 | 11 898 | 12 773 | 83 794 | 42 930 | 40 864 | 24 432 | 10 169 | 14 263 |
| 水土保持与荒漠化防治 | 860 | 860 | — | 994 | 994 | — | 3527 | 3527 | — | 784 | 784 | — |
| 环境生态类新专业 | 132 | 132 | — | 596 | 596 | — | 1353 | 1353 | — | 152 | 152 | — |
| 4. 农林经济管理类 | 346 | 346 | — | 344 | 344 | — | 1351 | 1351 | — | 317 | 317 | — |
| 农林经济管理 | 346 | 346 | — | 344 | 344 | — | 1351 | 1351 | — | 317 | 317 | — |
| **二、林业院校非林科专业** | **19 877** | **16 942** | **2935** | **22 764** | **21 386** | **1378** | **83 969** | **78 040** | **5929** | **20 361** | **18 190** | **2171** |
| 安全工程 | — | — | — | — | — | — | 75 | 75 | — | — | — | — |
| 包装工程 | 161 | 161 | — | 182 | 182 | — | 679 | 679 | — | 158 | 158 | — |
| 保险 | — | — | — | 33 | 33 | — | 78 | 78 | — | — | — | — |
| 材料成型及控制工程 | 57 | 57 | — | 46 | 46 | — | 207 | 207 | — | 49 | 49 | — |
| 材料化学 | 51 | 51 | — | 154 | 154 | — | 446 | 446 | — | 56 | 56 | — |
| 财务管理 | — | — | — | 45 | 45 | — | 198 | 198 | — | — | — | — |
| 草业科学 | 58 | 58 | — | 58 | 58 | — | 259 | 259 | — | 27 | 27 | — |
| 测绘工程 | 107 | 107 | — | 151 | 151 | — | 580 | 580 | — | 98 | 98 | — |
| 测控技术与仪器 | 59 | 59 | — | 49 | 49 | — | 251 | 251 | — | 55 | 55 | — |
| 朝鲜语 | — | — | — | 28 | 28 | — | 100 | 100 | — | 26 | 26 | — |
| 车辆工程 | 40 | 40 | — | 233 | 233 | — | 643 | 643 | — | 57 | 57 | — |
| 城市管理 | 58 | 58 | — | 68 | 68 | — | 243 | 243 | — | 60 | 60 | — |
| 城市规划 | 374 | 374 | — | 314 | 314 | — | 1228 | 1228 | — | 278 | 278 | — |
| 地理信息系统 | 226 | 226 | — | 224 | 224 | — | 889 | 889 | — | 218 | 218 | — |
| 电气工程及其自动化 | 66 | 66 | — | 219 | 219 | — | 743 | 743 | — | 132 | 132 | — |
| 电气信息工程 | — | — | — | 33 | 33 | — | 33 | 33 | — | — | — | — |
| 电子科学与技术 | — | — | — | 30 | 30 | — | 146 | 146 | — | 45 | 45 | — |
| 电子商务 | 114 | 114 | — | 59 | 59 | — | 399 | 399 | — | 114 | 114 | — |
| 电子信息工程 | 453 | 453 | — | 352 | 352 | — | 1694 | 1694 | — | 479 | 479 | — |
| 电子信息科学类 | — | — | — | 210 | 210 | — | 210 | 210 | — | — | — | — |
| 电子信息科学与技术 | 52 | 52 | — | 59 | 59 | — | 236 | 236 | — | 57 | 57 | — |
| 动画 | 34 | 34 | — | 174 | 174 | — | 352 | 352 | — | 21 | 21 | — |
| 动物科学 | 81 | 81 | — | 116 | 116 | — | 340 | 340 | — | 67 | 67 | — |
| 动物医学 | 55 | 55 | — | 42 | 42 | — | 212 | 212 | — | 56 | 56 | — |
| 俄语 | 22 | 22 | — | 67 | 67 | — | 282 | 282 | — | 33 | 33 | — |
| 法学 | 360 | 360 | — | 367 | 367 | — | 1552 | 1552 | — | 405 | 405 | — |
| 法语 | 33 | 33 | — | 114 | 114 | — | 252 | 252 | — | 48 | 48 | — |
| 高分子材料与工程 | 198 | 198 | — | 268 | 268 | — | 927 | 927 | — | 199 | 199 | — |

（续）

| 专业名称 | 毕业生数 | | | 招生数 | | | 在校学生数 | | | 毕业班学生数 | | |
|---|---|---|---|---|---|---|---|---|---|---|---|---|
| | 合计 | 本科生 | 专科生 | 合计 | 本科生 | 专科生 | 合计 | 本科生 | 专科生 | 合计 | 本科生 | 专科生 |
| 给水排水工程 | — | — | — | 58 | 58 | — | 223 | 223 | — | 58 | 58 | — |
| 工程管理 | 240 | 240 | — | 276 | 276 | — | 1113 | 1113 | — | 247 | 247 | — |
| 工程力学 | 28 | 28 | — | — | — | — | 80 | 80 | — | 29 | 29 | — |
| 工商管理 | 494 | 494 | — | 468 | 468 | — | 1473 | 1473 | — | 352 | 352 | — |
| 工业工程 | 55 | 55 | — | 75 | 75 | — | 264 | 264 | — | 53 | 53 | — |
| 工业设计 | 578 | 578 | — | 423 | 423 | — | 2075 | 2075 | — | 530 | 530 | — |
| 公安学类新专业 | — | — | — | 136 | 136 | — | 136 | 136 | — | — | — | — |
| 公共事业管理 | 92 | 92 | — | 183 | 183 | — | 496 | 496 | — | 84 | 84 | — |
| 广播电视新闻学 | — | — | — | 27 | 27 | — | 55 | 55 | — | — | — | — |
| 广告学 | 208 | 208 | — | 226 | 226 | — | 1013 | 1013 | — | 251 | 251 | — |
| 国际经济与贸易 | 684 | 684 | — | 502 | 502 | — | 1814 | 1814 | — | 486 | 486 | — |
| 国际商务 | — | — | — | 50 | 50 | — | 101 | 101 | — | — | — | — |
| 过程装备与控制工程 | 55 | 55 | — | 55 | 55 | — | 243 | 243 | — | 57 | 57 | — |
| 汉语言 | — | — | — | 28 | 28 | — | 114 | 114 | — | 27 | 27 | — |
| 汉语言文学 | 156 | 156 | — | 161 | 161 | — | 531 | 531 | — | 128 | 128 | — |
| 化学 | 41 | 41 | — | 47 | 47 | — | 190 | 190 | — | 51 | 51 | — |
| 化学工程与工艺 | 226 | 226 | — | 258 | 258 | — | 1061 | 1061 | — | 239 | 239 | — |
| 环境工程 | 183 | 183 | — | 221 | 221 | — | 937 | 937 | — | 252 | 252 | — |
| 环境科学 | 310 | 310 | — | 196 | 196 | — | 1029 | 1029 | — | 321 | 321 | — |
| 环境科学类新专业 | — | — | — | 88 | 88 | — | 88 | 88 | — | — | — | — |
| 会计学 | 771 | 771 | — | 1194 | 1194 | — | 4113 | 4113 | — | 931 | 931 | — |
| 机械电子工程 | — | — | — | 141 | 141 | — | 269 | 269 | — | — | — | — |
| 机械类 | — | — | — | 239 | 239 | — | 239 | 239 | — | — | — | — |
| 机械设计制造及其自动化 | 787 | 787 | — | 944 | 944 | — | 3723 | 3723 | — | 916 | 916 | — |
| 计算机科学与技术 | 727 | 727 | — | 459 | 459 | — | 2611 | 2611 | — | 733 | 733 | — |
| 建筑环境与设备工程 | 68 | 68 | — | 63 | 63 | — | 303 | 303 | — | 63 | 63 | — |
| 建筑学 | — | — | — | 171 | 171 | — | 450 | 450 | — | 56 | 56 | — |
| 交通工程 | 134 | 134 | — | 57 | 57 | — | 310 | 310 | — | 145 | 145 | — |
| 交通运输 | 443 | 443 | — | 384 | 384 | — | 1713 | 1713 | — | 387 | 387 | — |
| 金融学 | 168 | 168 | — | 334 | 334 | — | 1160 | 1160 | — | 304 | 304 | — |
| 经济学 | — | — | — | 69 | 69 | — | 212 | 212 | — | 44 | 44 | — |
| 景观建筑设计 | — | — | — | 65 | 65 | — | 200 | 200 | — | — | — | — |
| 旅游管理 | 531 | 531 | — | 424 | 424 | — | 1786 | 1786 | — | 506 | 506 | — |
| 农村区域发展 | 30 | 30 | — | 47 | 47 | — | 199 | 199 | — | — | — | — |
| 农学 | 44 | 44 | — | 97 | 97 | — | 260 | 260 | — | 38 | 38 | — |
| 农业机械化及其自动化 | — | — | — | — | — | — | 125 | 125 | — | 23 | 23 | — |
| 农业资源与环境 | 31 | 31 | — | 74 | 74 | — | 286 | 286 | — | 86 | 86 | — |
| 汽车服务工程 | — | — | — | 44 | 44 | — | 154 | 154 | — | — | — | — |
| 轻化工程 | 182 | 182 | — | 209 | 209 | — | 774 | 774 | — | 206 | 206 | — |
| 热能与动力工程 | 115 | 115 | — | 155 | 155 | — | 541 | 541 | — | 120 | 120 | — |
| 人力资源管理 | 126 | 126 | — | 153 | 153 | — | 547 | 547 | — | 125 | 125 | — |
| 日语 | 195 | 195 | — | 243 | 243 | — | 1045 | 1045 | — | 236 | 236 | — |
| 软件工程 | — | — | — | 101 | 101 | — | 378 | 378 | — | 62 | 62 | — |
| 社会工作 | 44 | 44 | — | 86 | 86 | — | 327 | 327 | — | 71 | 71 | — |
| 社会体育 | 30 | 30 | — | 32 | 32 | — | 126 | 126 | — | 35 | 35 | — |
| 摄影 | 32 | 32 | — | — | — | — | 132 | 132 | — | 42 | 42 | — |
| 生态学 | 60 | 60 | — | 125 | 125 | — | 347 | 347 | — | 74 | 74 | — |
| 生物工程 | 119 | 119 | — | 137 | 137 | — | 576 | 576 | — | 142 | 142 | — |
| 生物技术 | 289 | 289 | — | 323 | 323 | — | 1130 | 1130 | — | 307 | 307 | — |
| 生物科学 | 212 | 212 | — | 209 | 209 | — | 784 | 784 | — | 164 | 164 | — |
| 食品科学与工程 | 333 | 333 | — | 346 | 346 | — | 1541 | 1541 | — | 402 | 402 | — |
| 食品质量与安全 | 28 | 28 | — | 39 | 39 | — | 218 | 218 | — | 30 | 30 | — |
| 市场营销 | 389 | 389 | — | 224 | 224 | — | 1200 | 1200 | — | 317 | 317 | — |
| 数学与应用数学 | 96 | 96 | — | 98 | 98 | — | 394 | 394 | — | 89 | 89 | — |
| 数字媒体艺术 | — | — | — | 61 | 61 | — | 294 | 294 | — | 61 | 61 | — |
| 体育教育 | 32 | 32 | — | 55 | 55 | — | 182 | 182 | — | 45 | 45 | — |
| 通信工程 | 121 | 121 | — | 158 | 158 | — | 644 | 644 | — | 200 | 200 | — |

（续）

| 专业名称 | 毕业生数 | | | 招生数 | | | 在校学生数 | | | 毕业班学生数 | | |
|---|---|---|---|---|---|---|---|---|---|---|---|---|
| | 合计 | 本科生 | 专科生 | 合计 | 本科生 | 专科生 | 合计 | 本科生 | 专科生 | 合计 | 本科生 | 专科生 |
| 统计学 | 159 | 159 | — | 87 | 87 | — | 501 | 501 | — | 154 | 154 | — |
| 统计学类新专业 | — | — | — | 90 | 90 | — | 90 | 90 | — | — | — | — |
| 土地资源管理 | 57 | 57 | — | — | — | — | 106 | 106 | — | 57 | 57 | — |
| 土木工程 | 871 | 871 | — | 1335 | 1335 | — | 4055 | 4055 | — | 970 | 970 | — |
| 网络工程 | — | — | — | 30 | 30 | — | 30 | 30 | — | — | — | — |
| 文化产业管理 | 1 | 1 | — | 64 | 64 | — | 246 | 246 | — | 60 | 60 | — |
| 物理学 | 29 | 29 | — | 41 | 41 | — | 182 | 182 | — | 43 | 43 | — |
| 物流工程 | 168 | 168 | — | 150 | 150 | — | 731 | 731 | — | 178 | 178 | — |
| 物流管理 | — | — | — | 152 | 152 | — | 417 | 417 | — | 86 | 86 | — |
| 物业管理 | — | — | — | 123 | 123 | — | 462 | 462 | — | 108 | 108 | — |
| 消防工程 | 35 | 35 | — | 46 | 46 | — | 158 | 158 | — | 34 | 34 | — |
| 心理学 | 83 | 83 | — | 67 | 67 | — | 314 | 314 | — | 81 | 81 | — |
| 信息管理与信息系统 | 267 | 267 | — | 203 | 203 | — | 1213 | 1213 | — | 319 | 319 | — |
| 信息与计算科学 | 206 | 206 | — | 205 | 205 | — | 941 | 941 | — | 212 | 212 | — |
| 行政管理 | 35 | 35 | — | 39 | 39 | — | 169 | 169 | — | 30 | 30 | — |
| 艺术类 | — | — | — | 295 | 295 | — | 295 | 295 | — | — | — | — |
| 艺术设计 | 972 | 972 | — | 1135 | 1135 | — | 4256 | 4256 | — | 1118 | 1118 | — |
| 艺术设计学 | 202 | 202 | — | — | — | — | 525 | 525 | — | 191 | 191 | — |
| 音乐表演 | 47 | 47 | — | 43 | 43 | — | 192 | 192 | — | 64 | 64 | — |
| 印刷工程 | 56 | 56 | — | 54 | 54 | — | 187 | 187 | — | 50 | 50 | — |
| 应用化学 | 136 | 136 | — | 166 | 166 | — | 604 | 604 | — | 147 | 147 | — |
| 应用物理学 | — | — | — | — | — | — | 52 | 52 | — | — | — | — |
| 英语 | 599 | 599 | — | 662 | 662 | — | 2518 | 2518 | — | 649 | 649 | — |
| 园艺 | 196 | 196 | — | 281 | 281 | — | 986 | 986 | — | 243 | 243 | — |
| 侦查学 | — | — | — | 414 | 414 | — | 414 | 414 | — | — | — | — |
| 政治学与行政学 | 50 | 50 | — | 58 | 58 | — | 190 | 190 | — | 38 | 38 | — |
| 植物保护 | 92 | 92 | — | 100 | 100 | — | 347 | 347 | — | 62 | 62 | — |
| 治安学 | — | — | — | 293 | 293 | — | 293 | 293 | — | — | — | — |
| 中药学 | 80 | 80 | — | — | — | — | 178 | 178 | — | 57 | 57 | — |
| 资源环境与城乡规划管理 | 165 | 165 | — | 238 | 238 | — | 776 | 776 | — | 138 | 138 | — |
| 自动化 | 290 | 290 | — | 282 | 282 | — | 1029 | 1029 | — | 238 | 238 | — |
| 汽车检测与维修技术 | 45 | — | 45 | — | — | — | — | — | — | — | — | — |
| 市场营销 | 75 | — | 75 | — | — | — | — | — | — | — | — | — |
| 涉外旅游 | 55 | — | 55 | — | — | — | — | — | — | — | — | — |
| 酒店管理 | 5 | — | 5 | — | — | — | 2 | — | 2 | 2 | — | 2 |
| 网络系统管理 | 67 | — | 67 | — | — | — | 3 | — | 3 | 3 | — | 3 |
| 物业管理 | — | — | — | — | — | — | 22 | — | 22 | 22 | — | 22 |
| 旅游管理 | 179 | — | 179 | — | — | — | 28 | — | 28 | 28 | — | 28 |
| 机电一体化技术 | 54 | — | 54 | — | — | — | 31 | — | 31 | 31 | — | 31 |
| 商务英语 | — | — | — | — | — | — | 113 | — | 113 | 34 | — | 34 |
| 室内设计技术 | 62 | — | 62 | — | — | — | 39 | — | 39 | 39 | — | 39 |
| 森林消防 | 32 | — | 32 | — | — | — | 40 | — | 40 | 40 | — | 40 |
| 电子商务 | 97 | — | 97 | 72 | — | 72 | 248 | — | 248 | 47 | — | 47 |
| 酒店管理 | 177 | — | 177 | 320 | — | 320 | 515 | — | 515 | 53 | — | 53 |
| 艺术设计 | 144 | — | 144 | 98 | — | 98 | 327 | — | 327 | 65 | — | 65 |
| 道路桥梁工程技术 | 76 | — | 76 | — | — | — | 71 | — | 71 | 71 | — | 71 |
| 会计电算化 | 282 | — | 282 | 152 | — | 152 | 504 | — | 504 | 115 | — | 115 |
| 警察管理 | 115 | — | 115 | 63 | — | 63 | 299 | — | 299 | 118 | — | 118 |
| 信息网络安全监察 | 150 | — | 150 | — | — | — | 255 | — | 255 | 126 | — | 126 |
| 警察指挥与战术 | 137 | — | 137 | — | — | — | 133 | — | 133 | 133 | — | 133 |
| 国际商务 | 134 | — | 134 | 79 | — | 79 | 418 | — | 418 | 186 | — | 186 |
| 刑事技术 | 222 | — | 222 | — | — | — | 402 | — | 402 | 192 | — | 192 |
| 侦查 | 394 | — | 394 | 282 | — | 282 | 1215 | — | 1215 | 433 | — | 433 |
| 治安管理 | 433 | — | 433 | 312 | — | 312 | 1264 | — | 1264 | 433 | — | 433 |

## 2010～2011 学年初普通高等林业院校分学科专业学生情况

| 学校 | 专业 | 毕业生数 | 招生数 | 在校学生数 | 毕业班学生数 |
|---|---|---|---|---|---|
| **北京林业大学** | **学生总数** | **4073** | **4726** | **16 984** | **4507** |
| | 其中:林业学科专业学生 | 1148 | 1272 | 4682 | 1381 |
| | 占学生总数的比例(%) | 28.2 | 26.9 | 27.6 | 30.6 |
| | **一、研究生合计** | **1009** | **1328** | **3905** | **1408** |
| | (一)博士小计 | 180 | 242 | 918 | 442 |
| | 1. 林业学科 | 127 | 167 | 656 | 332 |
| | 森林工程 | 2 | 4 | 13 | 5 |
| | 木材科学与技术 | 4 | 7 | 36 | 20 |
| | 林产化工加工工程 | 1 | 6 | 15 | 5 |
| | 林业工程新专业 | 12 | 17 | 73 | 35 |
| | 林木遗传育种 | 9 | 12 | 36 | 12 |
| | 森林培育 | 19 | 20 | 72 | 34 |
| | 森林保护学 | 4 | 10 | 27 | 9 |
| | 森林经理学 | 6 | 13 | 58 | 32 |
| | 野生动植物保护与利用 | 2 | 7 | 27 | 14 |
| | 园林植物与观赏园艺 | 16 | 17 | 59 | 26 |
| | 水土保持与荒漠化防治 | 14 | 22 | 66 | 26 |
| | 林学新专业 | 2 | 7 | 20 | 8 |
| | 林业经济管理 | 36 | 25 | 154 | 106 |
| | 2. 其他学科 | 53 | 75 | 262 | 110 |
| | (二)硕士小计 | 829 | 1086 | 2987 | 966 |
| | 1. 林业学科 | 327 | 360 | 1070 | 346 |
| | 森林工程 | 6 | 7 | 23 | 8 |
| | 木材科学与技术 | 36 | 40 | 114 | 35 |
| | 林产化工加工工程 | 16 | 20 | 56 | 16 |
| | 林业工程新专业 | 19 | 17 | 67 | 20 |
| | 林学新专业 | 3 | 21 | 59 | 15 |
| | 林木遗传育种 | 24 | 25 | 76 | 26 |
| | 森林培育 | 35 | 34 | 101 | 32 |
| | 森林保护学 | 19 | 24 | 71 | 22 |
| | 森林经理学 | 25 | 25 | 75 | 28 |
| | 野生动植物保护与利用 | 15 | 16 | 49 | 16 |
| | 园林植物与观赏园艺 | 70 | 70 | 206 | 67 |
| | 水土保持与荒漠化防治 | 36 | 48 | 131 | 44 |
| | 自然保护区学 | 6 | — | — | — |
| | 林业经济管理 | 17 | 13 | 42 | 17 |
| | 2. 其他学科 | 502 | 726 | 1917 | 620 |
| | **二、本专科生合计** | **3064** | **3398** | **13 079** | **3099** |
| | (一)本科生小计 | 3064 | 3398 | 13 079 | 3099 |
| | 1. 林科专业 | 694 | 745 | 2956 | 703 |
| | 木材科学与工程 | 121 | 156 | 574 | 130 |
| | 林产化工 | 97 | 90 | 353 | 98 |
| | 林学 | 84 | 98 | 398 | 89 |
| | 森林资源保护与游憩 | 30 | 30 | 98 | 22 |
| | 野生动物与自然保护区管理 | 29 | 32 | 116 | 23 |
| | 园林 | 189 | 175 | 767 | 188 |
| | 水土保持与荒漠化防治 | 85 | 97 | 372 | 88 |
| | 农林经济管理 | 59 | 67 | 278 | 65 |
| | 2. 其他专业 | 2380 | 2653 | 10123 | 2396 |

（续）

| 学校 | 专业 | 毕业生数 | 招生数 | 在校学生数 | 毕业班学生数 |
|---|---|---|---|---|---|
| | （二）专科生合计 | — | — | — | — |
| **东北林业大学** | **学生总数** | **5444** | **5874** | **22 208** | **5512** |
| | 其中：林业学科专业学生 | 1073 | 1036 | 4111 | 1191 |
| | 占学生总数的比例(%) | 19.7 | 17.6 | 18.5 | 21.6 |
| | **一、研究生合计** | **980** | **1227** | **3564** | **1195** |
| | （一）博士小计 | 126 | 196 | 855 | 469 |
| | 1. 林业学科 | 74 | 141 | 572 | 302 |
| | 森林工程 | 15 | 27 | 111 | 60 |
| | 木材科学与技术 | 5 | 19 | 60 | 26 |
| | 林产化学加工工程 | 2 | 5 | 25 | 15 |
| | 林学 | 7 | 19 | 60 | 23 |
| | 林木遗传育种 | 9 | 11 | 35 | 16 |
| | 森林保护学 | 4 | 9 | 48 | 30 |
| | 森林培育 | 4 | 4 | 19 | 11 |
| | 森林经理学 | 3 | 5 | 30 | 18 |
| | 野生动植物保护与利用 | 6 | 14 | 46 | 20 |
| | 水土保持与荒漠化防治 | 3 | 7 | 25 | 13 |
| | 园林植物与观赏园艺 | 1 | 4 | 12 | 7 |
| | 林业经济管理 | 15 | 17 | 101 | 63 |
| | 2. 其他学科 | 52 | 55 | 283 | 167 |
| | （二）硕士小计 | 854 | 1031 | 2709 | 726 |
| | 1. 林业学科 | 227 | 210 | 612 | 189 |
| | 森林工程 | 25 | 39 | 95 | 25 |
| | 木材科学与技术 | 16 | 20 | 64 | 17 |
| | 林产化学加工工程 | 10 | 7 | 24 | 12 |
| | 林学 | 24 | 30 | 77 | 17 |
| | 林木遗传育种 | 15 | 14 | 59 | 24 |
| | 森林培育 | 11 | 6 | 22 | 7 |
| | 森林保护学 | 28 | 15 | 51 | 18 |
| | 森林经理学 | 29 | 20 | 58 | 20 |
| | 野生动植物保护与利用 | 21 | 13 | 37 | 6 |
| | 园林植物与观赏园艺 | 28 | 28 | 83 | 29 |
| | 水土保持与荒漠化防治 | 14 | 12 | 24 | 8 |
| | 林业经济管理 | 6 | 6 | 18 | 6 |
| | 2. 其他学科 | 627 | 821 | 2097 | 537 |
| | **二、本专科生合计** | **4464** | **4647** | **18 644** | **4317** |
| | （一）本科生小计 | 4112 | 4647 | 18 503 | 4176 |
| | 1. 林科专业 | 732 | 685 | 2927 | 700 |
| | 森林工程 | 58 | 106 | 397 | 68 |
| | 木材科学与工程 | 115 | 147 | 558 | 116 |
| | 林产化工 | 41 | 53 | 196 | 44 |
| | 林学 | 65 | 93 | 395 | 69 |
| | 森林资源保护与游憩 | 55 | 51 | 206 | 54 |
| | 野生动物与自然保护区管理 | 117 | 68 | 349 | 99 |
| | 园林 | 206 | 92 | 520 | 184 |
| | 农林经济管理 | 75 | 75 | 306 | 66 |
| | 2. 其他专业 | 3380 | 3962 | 15576 | 3476 |
| | （二）专科生合计 | 352 | — | 141 | 141 |
| | 1. 园林技术 | 40 | — | — | — |
| | 2. 其他专业 | 312 | — | 141 | 141 |
| **南京林业大学** | **学生总数** | **4319** | **4960** | **18 287** | **4835** |

（续）

| 学校 | 专业 | 毕业生数 | 招生数 | 在校学生数 | 毕业班学生数 |
|---|---|---|---|---|---|
| | 其中:林业学科专业学生 | 801 | 890 | 3239 | 1290 |
| | 占学生总数的比例(%) | 18.5 | 17.9 | 17.7 | 26.7 |
| | **一、研究生合计** | **665** | **986** | **2897** | **1074** |
| | (一)博士小计 | 83 | 121 | 591 | 351 |
| | 1.林业学科 | 60 | 82 | 421 | 258 |
| | 森林工程 | 1 | 9 | 37 | 21 |
| | 木材科学与技术 | 9 | 13 | 55 | 32 |
| | 林产化学加工工程 | 4 | 7 | 19 | 9 |
| | 林业工程新专业 | 2 | 10 | 49 | 29 |
| | 林木遗传育种 | 5 | 8 | 32 | 19 |
| | 森林培育 | 12 | 8 | 41 | 22 |
| | 森林保护学 | 6 | 3 | 37 | 25 |
| | 森林经理学 | 3 | 1 | 20 | 17 |
| | 野生动植物保护与利用 | — | 1 | 4 | 1 |
| | 园林植物与观赏园艺 | 5 | 7 | 35 | 19 |
| | 水土保持与荒漠化防治 | 4 | 4 | 19 | 13 |
| | 林学新专业 | — | — | 1 | 1 |
| | 林业经济管理 | 9 | 11 | 72 | 50 |
| | 2.其他学科 | 23 | 39 | 170 | 93 |
| | (二)硕士小计 | 582 | 865 | 2306 | 723 |
| | 1.林业学科 | 188 | 216 | 676 | 221 |
| | 森林工程 | 5 | 8 | 21 | 5 |
| | 木材科学与技术 | 15 | 37 | 131 | 40 |
| | 林产化学加工工程 | 19 | 17 | 43 | 12 |
| | 林业工程新专业 | 25 | 26 | 89 | 33 |
| | 林木遗传育种 | 11 | 17 | 47 | 12 |
| | 森林培育 | 28 | 23 | 70 | 26 |
| | 森林保护学 | 18 | 18 | 49 | 15 |
| | 森林经理学 | 15 | 12 | 48 | 21 |
| | 野生动植物保护与利用 | 2 | 2 | 4 | 1 |
| | 园林植物与观赏园艺 | 29 | 30 | 102 | 33 |
| | 水土保持与荒漠化防治 | 13 | 16 | 39 | 10 |
| | 林学新专业 | 2 | — | 1 | 1 |
| | 林业经济管理 | 6 | 10 | 32 | 12 |
| | 2.其他学科 | 394 | 649 | 1630 | 502 |
| | **二、本专科生合计** | **3654** | **3974** | **15 390** | **3761** |
| | (一)本科生小计 | 3654 | 3974 | 15 390 | 3761 |
| | 1.林科专业 | 553 | 592 | 2142 | 811 |
| | 森林工程 | 24 | 28 | 104 | 23 |
| | 木材科学与工程 | 175 | 242 | 825 | 202 |
| | 林产化工 | 23 | 27 | 116 | 30 |
| | 林学 | 168 | 169 | 619 | 415 |
| | 园林 | 100 | 97 | 354 | 110 |
| | 农林经济管理 | 63 | 29 | 124 | 31 |
| | 2.其他学科 | 3101 | 3382 | 13248 | 2950 |
| | (二)专科生合计 | — | — | — | — |
| **中南林业科技大学** | **学生总数** | **5963** | **6021** | **22 252** | **5669** |
| | 其中:林业学科专业学生 | 784 | 762 | 2950 | 758 |
| | 占学生总数的比例(%) | 13.1 | 12.7 | 13.3 | 13.4 |
| | **一、研究生合计** | **412** | **592** | **1647** | **529** |
| | (一)博士小计 | 41 | 49 | 212 | 115 |

（续）

| 学校 | 专业 | 毕业生数 | 招生数 | 在校学生数 | 毕业班学生数 |
|---|---|---|---|---|---|
| | 1. 林业学科 | 18 | 31 | 130 | 60 |
| | 森林工程 | 2 | 5 | 25 | 14 |
| | 木材科学与技术 | 1 | 2 | 14 | 7 |
| | 林产化学加工工程 | 4 | 3 | 10 | 3 |
| | 林业工程新专业 | — | 3 | 3 | — |
| | 林木遗传育种 | 2 | 1 | 5 | 3 |
| | 森林培育 | 6 | 1 | 29 | 20 |
| | 森林保护学 | 2 | 5 | 13 | 5 |
| | 森林经理学 | 1 | 3 | 9 | 1 |
| | 野生动植物保护与利用 | — | 1 | 1 | — |
| | 园林植物与观赏园艺 | — | 3 | 17 | 7 |
| | 水土保持与荒漠化防治 | — | 1 | 1 | — |
| | 林学新专业 | — | 3 | 3 | — |
| | 2. 其他学科 | 23 | 18 | 82 | 55 |
| | （二）硕士小计 | 371 | 543 | 1435 | 414 |
| | 1. 林业学科 | 188 | 175 | 454 | 127 |
| | 森林工程 | 6 | 9 | 24 | 6 |
| | 木材科学与技术 | 8 | 12 | 35 | 11 |
| | 林产化学加工工程 | 7 | 11 | 25 | 6 |
| | 林业工程新专业 | — | 14 | 14 | — |
| | 林木遗传育种 | 7 | — | 3 | 1 |
| | 森林培育 | 45 | 13 | 34 | 9 |
| | 森林保护学 | 10 | 3 | 11 | 4 |
| | 森林经理学 | 46 | 20 | 71 | 25 |
| | 野生动植物保护与利用 | 8 | 1 | 5 | 1 |
| | 园林植物与观赏园艺 | 40 | 47 | 156 | 52 |
| | 水土保持与荒漠化防治 | 10 | 12 | 25 | 4 |
| | 林学新专业 | — | 29 | 29 | — |
| | 林业经济管理 | 1 | 4 | 22 | 8 |
| | 2. 其他学科 | 183 | 368 | 981 | 287 |
| | **二、本专科生合计** | **5551** | **5429** | **20 605** | **5140** |
| | （一）本科生小计 | 4362 | 5394 | 20 513 | 5132 |
| | 1. 林科专业 | 529 | 521 | 2274 | 563 |
| | 森林工程 | 47 | 38 | 164 | 22 |
| | 木材科学与工程 | 108 | 83 | 413 | 113 |
| | 林产化工 | 52 | 34 | 169 | 50 |
| | 林学 | 113 | 138 | 511 | 113 |
| | 森林资源保护与游憩 | 33 | 30 | 152 | 40 |
| | 园林 | 139 | 143 | 675 | 182 |
| | 农林经济管理 | 37 | 55 | 190 | 43 |
| | 2. 其他学科 | 3833 | 4873 | 18 239 | 4569 |
| | （二）专科生合计 | 1189 | 35 | 92 | 8 |
| | 1. 林科专业（花卉） | 49 | 35 | 92 | 8 |
| | 2. 其他学科 | 1140 | — | — | — |
| **西南林业大学** | **学生总数** | **2657** | **4086** | **13 164** | **2881** |
| | 其中：林业学科专业学生 | 776 | 920 | 3156 | 706 |
| | 占学生总数的比例（%） | 29.2 | 22.5 | 24.0 | 24.5 |
| | **一、研究生合计** | **256** | **375** | **924** | **213** |
| | （一）博士小计 | — | — | — | — |
| | （二）硕士小计 | 256 | 375 | 924 | 213 |
| | 1. 林业学科 | 142 | 133 | 313 | 61 |

（续）

| 学校 | 专业 | 毕业生数 | 招生数 | 在校学生数 | 毕业班学生数 |
|---|---|---|---|---|---|
| | 森林工程 | 5 | 11 | 17 | 2 |
| | 木材科学与技术 | 8 | 11 | 25 | 6 |
| | 林产化学加工工程 | 1 | 3 | 6 | — |
| | 林木遗传育种 | 6 | 8 | 19 | 2 |
| | 森林培育 | 11 | 13 | 35 | 8 |
| | 森林保护学 | 20 | 13 | 30 | 5 |
| | 森林经理学 | 17 | 19 | 36 | 5 |
| | 野生动植物保护与利用 | 28 | 11 | 28 | 6 |
| | 园林植物与观赏园艺 | 31 | 24 | 67 | 19 |
| | 水土保持与荒漠化防治 | 8 | 11 | 23 | 4 |
| | 林业经济管理 | 7 | 9 | 27 | 4 |
| | 2. 其他学科 | 114 | 242 | 611 | 152 |
| | **二、本专科生合计** | **2401** | **3711** | **12 240** | **2668** |
| | (一)本科生小计 | 2401 | 3711 | 12 240 | 2668 |
| | 1. 林科专业 | 634 | 787 | 2843 | 645 |
| | 森林工程 | 59 | 62 | 253 | 61 |
| | 木材科学与工程 | 70 | 98 | 364 | 76 |
| | 林产化工 | 45 | 41 | 149 | 35 |
| | 林学 | 110 | 132 | 504 | 95 |
| | 森林资源保护与游憩 | 93 | 104 | 392 | 90 |
| | 野生动物与自然保护区管理 | 33 | 39 | 157 | 40 |
| | 园林 | 136 | 217 | 651 | 165 |
| | 水土保持与荒漠化防治 | 34 | 48 | 165 | 29 |
| | 农林经济管理 | 54 | 46 | 208 | 54 |
| | 2. 其他专业 | 1767 | 2924 | 9397 | 2023 |
| | (二)专科生合计 | — | — | — | — |
| 浙江农林大学 | **学生总数** | **3085** | **3852** | **14 084** | **3383** |
| | 其中：林业学科专业学生 | 578 | 758 | 1995 | 739 |
| | 占学生总数的比例(%) | 18.7 | 19.7 | 14.2 | 21.8 |
| | **一、研究生合计** | **179** | **358** | **980** | **292** |
| | (一)博士小计 | — | — | — | — |
| | (二)硕士小计 | 179 | 358 | 980 | 292 |
| | 1. 林业学科 | 172 | 352 | 391 | 282 |
| | 林业工程 | 11 | 16 | 43 | 10 |
| | 林木遗传育种 | 10 | 14 | 36 | 9 |
| | 森林培育 | 21 | 26 | 64 | 17 |
| | 森林保护学 | 11 | 19 | 43 | 9 |
| | 森林经理学 | 7 | 16 | 48 | 14 |
| | 园林植物与观赏园艺 | 22 | 55 | 157 | 46 |
| | 林业经济管理 | 90 | 206 | — | 177 |
| | 2. 其他学科 | 7 | 6 | 589 | 10 |
| | **二、本专科生合计** | **2906** | **3494** | **13 104** | **3091** |
| | (一)本科生小计 | 2906 | 3494 | 13 104 | 3091 |
| | 1. 林科专业 | 406 | 406 | 1604 | 457 |
| | 木材科学与工程 | 147 | 151 | 674 | 182 |
| | 林学 | 64 | 59 | 352 | 119 |
| | 森林资源保护与游憩 | 50 | — | — | — |
| | 园林 | 87 | 124 | 333 | 98 |
| | 农林经济管理 | 58 | 72 | 245 | 58 |
| | 2. 其他专业 | 2500 | 3088 | 11 500 | 2634 |
| | (二)专科生合计 | — | — | — | — |

**2010～2011 学年初普通中等林业(园林)职业学校和其他中等职业学校林科分学校基本情况**

单位:人

| 学校名称 | 毕业生数 | 招生数 | 在校学生数 | 毕业班学生数 |
|---|---|---|---|---|
| **总　　计** | **43 704** | **138 659** | **282 788** | **57 366** |
| **中等林业(园林)职业学校(包含高职中专部)** | **12 242** | **23 032** | **54 720** | **15 156** |
| 涿鹿县宝峰寺林业中学 | 87 | 96 | 276 | 60 |
| 山西林业职业技术学院 | 40 | — | 35 | 35 |
| 沈阳市园林学校 | 73 | 70 | 157 | 31 |
| 辽宁林业职业技术学院中专部 | 32 | 65 | 150 | 37 |
| 伊春市双丰林业局高级职业中学 | 32 | — | — | — |
| 朗乡林业局职业中学 | 25 | 20 | 85 | 33 |
| 漠河县阿木尔林业局中学职业高中 | 30 | — | — | — |
| 黑龙江农垦林业职业技术学院 | 35 | — | 10 | 10 |
| 黑龙江林业职业技术学院(中专部) | 133 | 156 | 529 | 186 |
| 黑龙江省伊春林业学校 | 1079 | 1750 | 4061 | 2106 |
| 黑龙江省齐齐哈尔林业学校 | 370 | 605 | 1673 | 567 |
| 黑龙江省林业卫生学校 | 1519 | 2639 | 6486 | 1198 |
| 上海市园林学校 | 224 | 206 | 775 | 260 |
| 福建省浦城县石陂林业职业中学 | 92 | — | — | — |
| 福建林业职业技术学院 | 82 | 71 | 281 | 107 |
| 福建三明林业学校 | 908 | 1856 | 5945 | 1560 |
| 西峡县工业中等职业学校 | 294 | 68 | 444 | 169 |
| 河南省农业经济学校 | 1232 | 2803 | 5019 | 945 |
| 湖北省黄冈林校 | 1328 | 753 | 2264 | 915 |
| 湖北省园林工程学校 | 486 | 791 | 1854 | 731 |
| 广东省林业职业技术学校 | 978 | 1706 | 4141 | 1193 |
| 广西壮族自治区桂林林业学校 | 455 | 1117 | 1953 | 435 |
| 贵州省林业学校 | 209 | 1247 | 4176 | 1575 |
| 云南林业职业技术学院(中专部) | 103 | 1062 | 1733 | 125 |
| 普洱林业学校 | 107 | 444 | 1648 | 439 |
| 陕西省榆林林业学校 | 474 | 774 | 1767 | 557 |
| 陕西省林业广播电视学校 | — | 50 | 50 | — |
| 甘肃省庆阳林业学校 | 940 | 1259 | 3529 | 820 |
| 甘肃省庆阳市庆城县太白梁林业中学 | 181 | 728 | 1337 | 95 |
| 宁夏生态工程学校 | 243 | 1549 | 2408 | 550 |
| 新疆林业学校 | 451 | 1147 | 1934 | 417 |
| **其他中等专业学校(林科)** | **31 462** | **115 627** | **228 068** | **42 210** |

## 2010～2011学年初普通中等林业(园林)职业学校和其他中等职业学校林科分专业基本情况

单位:人

| 专业名称 | 毕业生数 | 招生数 | 在校学生数 | 毕业班学生数 |
|---|---|---|---|---|
| **总　　计** | **43 704** | **138 659** | **282 788** | **57 366** |
| **林科专业** | **34 345** | **124 779** | **248 794** | **47 372** |
| 林产化工 | 119 | 97 | 415 | 176 |
| 现代林业技术 | 4024 | 14 198 | 27 557 | 5589 |
| 木材加工 | 673 | 8969 | 15 296 | 4063 |
| 森林资源保护与管理 | 1115 | 4702 | 7610 | 1677 |
| 生态环境保护 | 122 | 119 | 603 | 279 |
| 园林绿化 | 4781 | 18 130 | 31 198 | 5027 |
| 园林技术 | 14512 | 47 289 | 87 335 | 18 187 |
| 农林类新专业 | 8999 | 31 275 | 78 780 | 12 374 |
| **非林科专业** | **9359** | **13 880** | **33 994** | **9994** |
| 播音与节目主持 | — | 3 | 4 | 1 |
| 采矿技术 | — | 20 | 20 | — |
| 茶叶生产与加工 | — | 83 | 188 | — |
| 船舶电气技术 | — | — | 7 | 7 |
| 船舶制造与修理 | — | — | 26 | 24 |
| 道路与桥梁工程施工 | 1 | 98 | 194 | 3 |
| 电气技术应用 | 153 | 71 | 229 | 93 |
| 电子电器应用与维修 | 43 | — | 42 | 42 |
| 电子技术应用 | 460 | 20 | 592 | 341 |
| 电子商务 | 346 | 256 | 778 | 314 |
| 电子与信息技术 | 160 | 28 | 249 | 134 |
| 动漫游戏 | — | 24 | 24 | — |
| 法律事务 | — | — | 97 | 72 |
| 房地产营销与管理 | — | 20 | 69 | 16 |
| 服装设计与工艺 | 55 | 64 | 316 | 198 |
| 工程测量 | — | — | 4 | — |
| 工程造价 | — | 59 | 73 | — |
| 工业分析与检验 | — | 60 | 60 | 60 |
| 工艺美术 | — | 46 | 68 | — |
| 工艺美术 | — | — | 22 | 22 |
| 广播影视节目制作 | — | — | — | — |
| 国际商务 | — | 14 | 28 | — |
| 果蔬花卉生产技术 | 35 | 300 | 467 | 94 |
| 焊接技术应用 | 36 | 13 | 57 | 44 |
| 航空服务 | 27 | 26 | 55 | 44 |
| 护理 | 1232 | 2696 | 6143 | 1030 |
| 化工机械与设备 | — | — | 2 | 2 |
| 化学工艺 | 133 | 78 | 220 | 106 |
| 会计 | 215 | 335 | 852 | 345 |
| 会计电算化 | 642 | 619 | 1961 | 709 |
| 会展服务与管理 | — | — | 7 | — |
| 机电技术应用 | 457 | 69 | 750 | 488 |
| 机电设备安装与维修 | 115 | 224 | 403 | 135 |
| 机械加工技术 | 30 | 20 | 247 | 89 |
| 机械制造技术 | 66 | 32 | 115 | 47 |
| 计算机动漫与游戏制作 | 37 | — | 37 | 37 |
| 计算机平面设计 | 37 | 39 | 65 | — |
| 计算机网络技术 | 97 | 49 | 343 | 255 |
| 计算机应用 | 1633 | 1316 | 4551 | 2132 |

（续）

| 专业名称 | 毕业生数 | 招生数 | 在校学生数 | 毕业班学生数 |
|---|---|---|---|---|
| 计算机与数码产品维修 | — | 21 | 21 | — |
| 家具设计与制作 | 56 | 66 | 168 | 48 |
| 建筑工程施工 | — | 176 | 253 | — |
| 建筑装饰 | 42 | 8 | 50 | 30 |
| 金融事务 | — | 7 | 17 | — |
| 酒店服务与管理 | 29 | 284 | 392 | 36 |
| 康复技术 | 3 | — | — | — |
| 口腔修复工艺 | 232 | 170 | 446 | 139 |
| 粮油储运与检验技术 | 28 | — | — | — |
| 林产化工 | — | — | 51 | 49 |
| 旅游服务类新专业 | 14 | — | — | — |
| 旅游服务与管理 | 142 | 59 | 278 | 164 |
| 旅游外语 | — | 100 | 141 | — |
| 美术设计与制作 | 44 | 51 | 145 | 44 |
| 模具制造技术 | 332 | — | 352 | 342 |
| 农产品保鲜与加工 | 86 | 134 | 406 | 160 |
| 农村电气技术 | — | 590 | 790 | 3 |
| 农村经济综合管理 | — | 568 | 899 | — |
| 农村医学 | — | 46 | 46 | — |
| 农林牧渔类新专业 | 87 | 66 | 435 | 68 |
| 农业机械使用与维护 | — | 421 | 428 | — |
| 农业与农村用水 | — | 19 | 19 | — |
| 平面媒体印制技术 | — | — | 17 | — |
| 汽车运用与维修 | 82 | 299 | 519 | 78 |
| 轻纺食品类新专业 | — | 5 | 5 | — |
| 商品经营 | — | 8 | 21 | — |
| 商务俄语 | 41 | 11 | 62 | 28 |
| 设施农业生产技术 | — | 345 | 440 | 46 |
| 生态环境保护 | — | 1 | 14 | 13 |
| 生物技术制药 | — | 1 | 13 | — |
| 市场营销 | 57 | 29 | 140 | 29 |
| 市政工程施工 | — | 107 | 279 | 88 |
| 数控技术应用 | 892 | 483 | 1560 | 576 |
| 水利水电工程施工 | 16 | — | 5 | 5 |
| 通信技术 | 1 | 43 | 112 | — |
| 土木水利类新专业 | 6 | — | 19 | 3 |
| 网页美术设计 | 1 | — | — | — |
| 文秘 | 380 | 691 | 1558 | 526 |
| 物流服务与管理 | 44 | 5 | 45 | 40 |
| 现代农艺技术 | 10 | 956 | 1181 | 15 |
| 信息技术类新专业 | — | — | 24 | — |
| 畜牧兽医 | 41 | 1050 | 1451 | 53 |
| 畜禽生产与疾病防治 | — | — | 136 | — |
| 学前教育 | 77 | 37 | 92 | 36 |
| 眼视光与配镜 | — | 45 | 86 | — |
| 药剂 | — | 36 | 36 | — |
| 营养与保健 | 58 | — | 83 | 29 |
| 影像与影视技术 | — | 1 | 1 | — |
| 中草药种植 | 58 | 155 | 155 | 1 |
| 中药制药 | 46 | 19 | 93 | 74 |
| 种子生产与经营 | 92 | — | — | — |
| 其他新专业 | 352 | 85 | 1145 | 387 |

## 2010～2011 学年初普通高等林业院校教职工情况

单位：人

| 学校名称 | 教职工数 | | | | | | | | | | |
|---|---|---|---|---|---|---|---|---|---|---|---|
| | 总计 | 校本部教职工 | | | | | | | | | |
| | | 合计 | 专任教师 | | | | | | 行政人员 | 教辅人员 | 工勤人员 |
| | | | 小计 | 正高级 | 副高级 | 中级 | 初级 | 无职称者 | | | |
| **总　　计** | **10 965** | **10 175** | **6709** | **925** | **1962** | **2412** | **1389** | **21** | **1660** | **999** | **807** |
| 一、高等林业院校 | 10 593 | 9818 | 6464 | 913 | 1898 | 2326 | 1306 | 21 | 1589 | 982 | 783 |
| 北京林业大学 | 1588 | 1442 | 991 | 157 | 365 | 381 | 68 | 20 | 194 | 163 | 94 |
| 东北林业大学 | 2756 | 2321 | 1356 | 241 | 422 | 451 | 241 | 1 | 452 | 336 | 177 |
| 南京林业大学 | 1805 | 1669 | 1148 | 142 | 279 | 439 | 288 | — | 247 | 112 | 162 |
| 浙江农林大学 | 1267 | 1237 | 853 | 117 | 276 | 345 | 115 | — | 193 | 125 | 66 |
| 中南林业科技大学 | 2234 | 2221 | 1481 | 170 | 417 | 451 | 443 | — | 358 | 158 | 224 |
| 西南林业大学 | 943 | 928 | 635 | 86 | 139 | 259 | 151 | — | 145 | 88 | 60 |
| 二、森林公安高等学校 | 372 | 357 | 245 | 12 | 64 | 86 | 83 | — | 71 | 17 | 24 |
| 南京森林警察学院 | 372 | 357 | 245 | 12 | 64 | 86 | 83 | — | 71 | 17 | 24 |

| 学校名称 | 教职工数 | | | 其他人员 | | | |
|---|---|---|---|---|---|---|---|
| | 科研机构人员 | 校办企业职工 | 其他附设机构人员 | 聘请校外教师 | 离退休人员 | 附属中小学幼儿园教职工 | 集体所有制人员 |
| **总　　计** | **88** | **262** | **440** | **1112** | **4279** | **105** | **242** |
| 一、高等林业院校 | 83 | 262 | 430 | 1089 | 4113 | 105 | 242 |
| 北京林业大学 | — | 113 | 33 | 227 | 732 | 37 | — |
| 东北林业大学 | 6 | 111 | 318 | 74 | 1065 | 29 | 187 |
| 南京林业大学 | 37 | 38 | 61 | 296 | 950 | — | 55 |
| 浙江农林大学 | 12 | — | 18 | 50 | 5 | — | — |
| 中南林业科技大学 | 13 | — | — | 285 | 1011 | — | — |
| 西南林业大学 | 15 | — | — | 157 | 350 | 39 | — |
| 二、森林公安高等学校 | 5 | — | 10 | 23 | 166 | — | — |
| 南京森林警察学院 | 5 | — | 10 | 23 | 166 | — | — |

**2010～2011 学年初普通中等林业**

| 学校名称 | 教职工 | 校本部职工数 | | | | | | |
|---|---|---|---|---|---|---|---|---|
| | | 合计 | 专任教师 | | | | | |
| | | | 计 | 正高级 | 副高级 | 讲师 | 助理讲师 | 教员 |
| **合　计** | **3375** | **2723** | **1587** | **3** | **498** | **554** | **423** | **109** |
| 涿鹿县宝峰寺林业中学 | 28 | 28 | 25 | — | 4 | 21 | — | — |
| 沈阳市园林学校 | 41 | 41 | 36 | — | 6 | 20 | 10 | — |
| 朗乡林业局职业中学 | 46 | 42 | 35 | — | 6 | 20 | 9 | — |
| 朗乡林业局教师进修学校 | 21 | 21 | 8 | — | 1 | 4 | 2 | 1 |
| 黑龙江省伊春林业学校 | 143 | 141 | 67 | — | 46 | 10 | 6 | 5 |
| 黑龙江省齐齐哈尔林业学校 | 201 | 201 | 110 | — | 51 | 16 | 38 | 5 |
| 黑龙江省林业卫生学校 | 261 | 160 | 91 | — | 35 | 24 | 26 | 6 |
| 上海市园林学校 | 168 | 168 | 70 | — | 11 | 37 | 22 | — |
| 福建三明林业学校 | 314 | 138 | 92 | — | 35 | 29 | 24 | 4 |
| 西峡县工业中等职业学校 | 22 | 18 | 12 | — | — | 6 | 4 | 2 |
| 河南省农业经济学校 | 191 | 153 | 79 | — | 13 | 24 | 22 | 20 |
| 湖北省黄冈林校 | 186 | 186 | 87 | — | 28 | 28 | 20 | 11 |
| 湖北省园林工程学校 | 114 | 114 | 54 | — | 21 | 11 | 13 | 9 |
| 广东省林业职业技术学校 | 282 | 227 | 136 | — | 61 | 52 | 21 | 2 |
| 广西壮族自治区桂林林业学校 | 112 | 106 | 83 | — | 13 | 49 | 21 | — |
| 贵州省林业学校 | 169 | 158 | 88 | — | 30 | 39 | 19 | — |
| 普洱林业学校 | 61 | 60 | 44 | — | 16 | 18 | 10 | — |
| 陕西省榆林林业学校 | 213 | 201 | 112 | — | 37 | 48 | 27 | — |
| 陕西省林业广播电视学校 | 322 | 102 | 78 | 3 | 16 | 20 | 19 | 20 |
| 甘肃省庆阳林业学校 | 119 | 119 | 83 | — | 25 | 27 | 31 | — |
| 甘肃省庆阳市庆城县太白梁林业中学 | 20 | 20 | 20 | — | 2 | 4 | 8 | 6 |
| 宁夏生态工程学校 | 129 | 118 | 80 | — | 17 | 7 | 41 | 15 |
| 新疆林业学校 | 212 | 201 | 97 | — | 24 | 40 | 30 | 3 |

(园林)职业学校教职工基本情况

单位:人

| | | | 校办厂(场)职工 | 附设机构人员 | 兼任教师(不在教职工数中) |
|---|---|---|---|---|---|
| 教辅人员 | 行政人员 | 工勤人员 | | | |
| **402** | **340** | **394** | **4** | **—** | **648** |
| 3 | — | — | — | — | — |
| 4 | — | 1 | — | — | — |
| 4 | 2 | 1 | — | — | 4 |
| 10 | 3 | — | — | — | — |
| 21 | 26 | 27 | 2 | — | — |
| 25 | 20 | 46 | — | — | — |
| 23 | 30 | 16 | — | — | 101 |
| 20 | 49 | 29 | — | — | — |
| 11 | 25 | 10 | — | — | 176 |
| 2 | 2 | 2 | 2 | — | 2 |
| 43 | 5 | 26 | — | — | 38 |
| 53 | 23 | 23 | — | — | — |
| 27 | 8 | 25 | — | — | — |
| 26 | 31 | 34 | — | — | 55 |
| 11 | 9 | 3 | — | — | 6 |
| 30 | 12 | 28 | — | — | 11 |
| 4 | 6 | 6 | — | — | 1 |
| 11 | 40 | 38 | — | — | 12 |
| 12 | 12 | — | — | — | 220 |
| 8 | 17 | 11 | — | — | — |
| — | — | — | — | — | — |
| 18 | 5 | 15 | — | — | 11 |
| 36 | 15 | 53 | — | — | 11 |

2011～2012 学年初普通

| 学校名称 | 总　计 | 教学及辅助用房 | | | | |
|---|---|---|---|---|---|---|
| | | 计 | 教　室 | 图书馆 | 实验室、实习场所 | 体育馆 |
| **一、学校产权建筑面积** | **3 708 898** | **1 646 767** | **518 159** | **192 602** | **757 910** | **145 740** |
| 1. 高等林业院校 | 3 547 115 | 1 570 592 | 498 465 | 180 964 | 730 358 | 128 449 |
| 北京林业大学 | 330 012 | 122 258 | 40 138 | 22 521 | 50 379 | 9220 |
| 东北林业大学 | 890 798 | 306 800 | 63 208 | 41 765 | 153 235 | 39 216 |
| 南京林业大学 | 679 167 | 305 648 | 68 360 | 31 146 | 169 503 | 26 700 |
| 浙江农林大学 | 389 986 | 200 013 | 127 813 | 20 785 | 38 133 | 4110 |
| 中南林业科技大学 | 815 010 | 394 956 | 118 185 | 34 933 | 200 845 | 37 124 |
| 西南林业大学 | 442 142 | 240 917 | 80 761 | 29 814 | 118 263 | 12 079 |
| 2. 森林公安高等学校 | 161 783 | 76 175 | 19 694 | 11 638 | 27 552 | 17 291 |
| 南京森林警察学院 | 161 783 | 76 175 | 19 694 | 11 638 | 27 552 | 17 291 |
| **二、正在施工面积** | **46 520** | **35 007** | **10 000** | **—** | **22 887** | **2120** |
| 1. 高等林业院校 | 32 887 | 32 887 | 10 000 | — | 22 887 | — |
| 北京林业大学 | — | — | — | — | — | — |
| 东北林业大学 | 23 492 | 23 492 | 10 000 | — | 13 492 | — |
| 南京林业大学 | — | — | — | — | — | — |
| 浙江农林大学 | — | — | — | — | — | — |
| 中南林业科技大学 | 9395 | 9395 | — | — | 9395 | — |
| 西南林业大学 | — | — | — | — | — | — |
| 2. 森林公安高等学校 | 13 633 | 2120 | — | — | — | 2120 |
| 南京森林警察学院 | 13 633 | 2120 | — | — | — | 2120 |
| **三、非学校产权建筑面积** | **209 313** | **154 544** | **80 317** | **601** | **72 826** | **—** |
| 1. 高等林业院校 | 209 313 | 154 544 | 80 317 | 601 | 72 826 | — |
| 北京林业大学 | 51 350 | 49 600 | 600 | — | 49 000 | — |
| 东北林业大学 | — | — | — | — | — | — |
| 南京林业大学 | — | — | — | — | — | — |
| 浙江农林大学 | 37 601 | — | — | — | — | — |
| 中南林业科技大学 | 120 362 | 104 944 | 79 717 | 601 | 23 826 | — |
| 西南林业大学 | — | — | — | — | — | — |
| 2. 森林公安高等学校 | — | — | — | — | — | — |
| 南京森林警察学院 | — | — | — | — | — | — |

高等林业院校校舍情况

单位:平方米

| | 行政办公用房 | 生活用房 | | | | | | 教工住宅 |
|---|---|---|---|---|---|---|---|---|
| 会　堂 | | 计 | 学生宿舍 | 学生食堂 | 教工单身宿舍 | 教工食堂 | 生活福利及其他用房 | |
| **32 356** | **231 342** | **1 429 674** | **1 051 755** | **121 466** | **60 239** | **18 824** | **177 390** | **401 115** |
| 32 356 | 221 493 | 1 353 915 | 1 011 485 | 104 890 | 50 513 | 18 824 | 168 203 | 401 115 |
| — | 22 343 | 185 411 | 151 567 | 7456 | 7153 | — | 19 235 | — |
| 9376 | 63 690 | 266 573 | 148 280 | 14 067 | 4414 | 4966 | 94 846 | 253 735 |
| 9939 | 63 425 | 254 478 | 196 587 | 22 638 | 21 622 | 9501 | 4130 | 55 616 |
| 9172 | 30 793 | 159 180 | 133 118 | 17 382 | 7621 | — | 1059 | — |
| 3869 | 33 063 | 340 101 | 284 910 | 23 573 | 3600 | 3857 | 24 161 | 46 890 |
| — | 8179 | 148 172 | 97 023 | 19 774 | 6103 | 500 | 24 772 | 44 874 |
| — | 9849 | 75 759 | 40 270 | 16 576 | 9726 | — | 9187 | — |
| — | 9849 | 75 759 | 40 270 | 16 576 | 9726 | — | 9187 | — |
| **—** | **—** | **11 513** | **11 513** | **—** | **—** | **—** | **—** | **—** |
| — | — | — | — | — | — | — | — | — |
| — | — | — | — | — | — | — | — | — |
| — | — | — | — | — | — | — | — | — |
| — | — | — | — | — | — | — | — | — |
| — | — | — | — | — | — | — | — | — |
| — | — | — | — | — | — | — | — | — |
| — | — | — | — | — | — | — | — | — |
| — | — | 11 513 | 11 513 | — | — | — | — | — |
| — | — | 11 513 | 11 513 | — | — | — | — | — |
| **800** | **4950** | **49 819** | **38 009** | **6258** | **3192** | **1258** | **1102** | **—** |
| 800 | 4950 | 49 819 | 38 009 | 6258 | 3192 | 1258 | 1102 | — |
| — | 150 | 1600 | 1600 | — | — | — | — | — |
| — | — | — | — | — | — | — | — | — |
| — | — | — | — | — | — | — | — | — |
| — | — | 37 601 | 29 809 | 5000 | 2792 | — | — | — |
| 800 | 4800 | 10 618 | 6600 | 1258 | 400 | 1258 | 1102 | — |
| — | — | — | — | — | — | — | — | — |
| — | — | — | — | — | — | — | — | — |
| — | — | — | — | — | — | — | — | — |

## 2010～2011 学年初普通高等林业院校资产情况

| 学校名称 | 占地面积(平方米) | | | 图书资料 | | 拥有教学用计算机(台) | 语音实验室座位数(个) | 多媒体教室座位数(个) | 网上教学课程数(种) | 固定资产总值(万元) | |
|---|---|---|---|---|---|---|---|---|---|---|---|
| | 总面积 | 其中 绿化用地 | 其中 运动场地 | 一般图书(万册) | 电子图书(片) | | | | | 合计 | 其中:教学、科研仪器设备资产 |
| **一、学校产权** | **9 764 489** | **3 975 728** | **475 461** | **989** | **294 266** | **33 155** | **7218** | **80 326** | **2403** | **847 836** | **160 250** |
| 1. 高等林业院校 | 9 002 518 | 3 559 526 | 390 245 | 933 | 293 012 | 31 472 | 6898 | 74 647 | 2335 | 801 222 | 155 604 |
| 北京林业大学 | 468 796 | 124 750 | 56 505 | 150 | 20 391 | 5256 | 616 | 12434 | 2001 | 163 500 | 35 744 |
| 东北林业大学 | 1 359 837 | 400 000 | 100 291 | 186 | 54 657 | 7209 | 1400 | 13 457 | 294 | 154 360 | 46 324 |
| 南京林业大学 | 3 730 262 | 1 492 104 | 66 475 | 150 | 146 061 | 5336 | 1124 | 13 660 | 40 | 116 157 | 26 347 |
| 浙江农林大学 | 1 547 074 | 748 044 | 64 681 | 154 | 37 280 | 4134 | 692 | 15 285 | — | 119 405 | 16 963 |
| 中南林业科技大学 | 1 307 246 | 586 000 | 62 175 | 180 | 26 000 | 5373 | 2392 | 12 931 | — | 95 570 | 17 906 |
| 西南林业大学 | 589 303 | 208 628 | 40 118 | 114 | 8623 | 4164 | 674 | 6880 | — | 152 229 | 12 320 |
| 2. 森林公安高等学校 | 761 971 | 416 202 | 85 216 | 56 | 1254 | 1683 | 320 | 5679 | 68 | 46 614 | 4646 |
| 南京森林警察学院 | 761 971 | 416 202 | 85 216 | 56 | 1254 | 1683 | 320 | 5679 | 68 | 46 614 | 4646 |
| **二、非学校产权** | **202 700** | **70 000** | **13 500** | **35** | **—** | **980** | **210** | **1585** | **—** | **—** | **5300** |
| 1. 高等林业院校 | 202 700 | 70 000 | 13 500 | 35 | — | 980 | 210 | 1585 | — | — | 5300 |
| 北京林业大学 | — | — | — | — | — | — | — | — | — | — | — |
| 东北林业大学 | — | — | — | — | — | — | — | — | — | — | — |
| 南京林业大学 | — | — | — | — | — | — | — | — | — | — | — |
| 浙江农林大学 | — | — | — | — | — | — | — | — | — | — | — |
| 中南林业科技大学 | 202 700 | 70 000 | 13 500 | 35 | — | 980 | 210 | 1585 | — | — | 5300 |
| 西南林业大学 | 437 329 | — | — | — | — | — | — | — | — | — | — |
| 2. 森林公安高等学校 | — | — | — | — | — | — | — | — | — | — | — |
| 南京森林警察学院 | — | — | — | — | — | — | — | — | — | — | — |

（林业教育信息统计由人事司教育处供稿）

# 林业对外开放

**【林业外事工作综述】** 2010年，新签署《中华人民共和国国家林业局与阿拉伯联合酋长国阿布扎比环境署关于开展波斑鸨保护、繁育和放归自然的合作的协议》、《中华人民共和国国家林业局和越南社会主义共和国农业与农村发展部关于林业合作的谅解备忘录》、《中华人民共和国国家林业局与奥地利共和国联邦农业、林业、环境与水资源管理部关于林业合作的谅解备忘录》、《中华人民共和国国家林业局和尼泊尔政府森林与土壤保护部关于林业和野生动植物保护合作的谅解备忘录》、《中华人民共和国国家林业局与印度尼西亚共和国林业部关于林业领域合作的理解备忘录》、《中华人民共和国国家林业局和刚果共和国可持续发展、林业经济与环境部关于林业合作谅解备忘录》共6份双边林业部门间合作协议，是历史上签署协议最多的年份；争取到日本、韩国、澳大利亚、德国、欧盟、国际热带木材组织、联合国粮农组织、世界自然基金会、湿地国际等多边政府间和民间合作项目110个，金额2055万美元；争取到科技部和商务部对外援助培训项目6个，发改委中美能源环境十年合作研究项目1个，项目总金额约725万元人民币。全年共审批581批/2092人(次)的出访和来华，其中派出380批共计1400人(次)，请进201批共计692人(次)。 (黄一川)

## 林业重要外事活动

**【贾治邦局长出访阿联酋】** 应阿联酋阿布扎比酋长国环境署的邀请，国家林业局局长贾治邦率中国林业代表团于2010年3月16~21日访问了阿联酋，贾治邦局长与阿联酋阿布扎比环境署署长阿勒博瓦迪举行了正式会谈，就两国在林业、湿地、生物多样性及防治荒漠化等领域的合作进行交谈并达成一致，双方签署了《中华人民共和国国家林业局与阿拉伯联合酋长国阿布扎比环境署关于开展波斑鸨保护、繁育和放归自然的合作协议》。代表团考察了阿联酋全国鸟类研究中心和阿布扎比郊外的猎隼训练营。 (夏 军)

**【祝列克副局长出访澳大利亚、马来西亚、印度尼西亚】** 应马来西亚自然资源与环境部、印度尼西亚林业部、澳大利亚农业、渔业和林业部邀请，国家林业局祝列克副局长率团于2010年8月22日至9月2日访问马来西亚、印度尼西亚、澳大利亚。在马期间，祝列克副局长与马来西亚半岛林业局局长拉萨尼以及马来西亚自然资源和环境部代表进行工作会谈，还向马方介绍了亚太森林恢复与可持续管理网络的情况。在印度尼西亚期间，祝列克副局长与印度尼西亚林业部秘书长苏纳尤草签了《关于林业领域合作的谅解备忘录》，双方还就亚太森林网络工作交换了意见。在澳期间，国家林业局副局长祝列克和澳大利亚农渔林业部副秘书长罗达迪·克森女士出席了中澳林业工作组第九次会议暨中澳打击非法采伐工作组第一次会议。 (王 骅)

**【张建龙副局长出访美国】** 2010年5月21日，国家林业局张建龙副局长在美国华盛顿会晤了保护国际执行总裁克劳德·加斯克。会谈期间，加斯克总裁向张建龙一行介绍了保护国际近年的工作及发展战略，双方就加强自然保护领域的合作事宜交换了意见，并探讨了进一步加强双方合作的领域和项目。会谈结束后，双方签署了《国家林业局与保护国际基金会合作原则机制》。该"原则机制"的签署将进一步加强和规范双方的合作，并明确双方的责任和义务。在美期间，张建龙一行还访问了大自然保护协会总部。 (胡元辉)

**【印红副局长出访德国】** 应德国农村、食品和消费者保护部邀请，2010年5月16~21日，国家林业局印红副局长率中国林业代表团访问德国，出席在德国柏林召开的中德森林可持续经营研讨会并在开幕式上致辞。德国农村、食品和消费者保护部国务秘书尤丽娅·克罗克娜，德国经济合作与发展部国务秘书古德龙·科普出席开幕式。访德期间，代表团还拜会了德国农村、食品和消费者保护部，德国联邦议会，巴伐利亚州农村、食品和消费者保护部，考察了德国州有林和公有林，参观了主要面向中小学和幼儿园学生的森林学校和森林体验中心。 (王 骅)

**【印红副局长率代表团赴澳门特区赠送大熊猫】** 2010年12月18~20日，国家林业局印红副局长率代表团乘专机携中央政府向澳门特区赠送的一对大熊猫抵达澳门。在澳门国际机场，印红副局长和澳门特区行政法务司司长陈丽敏共同主持了中央政府赠澳门特区大熊猫交接仪式。在澳门期间，印红副局长拜会了澳门特区行政长官崔世安。代表团赴澳门前，在成都大熊猫繁育基地举行了欢送仪式，国务院港澳办副主任华建、国家林业局副局长印红、驻澳门中联办副主任高燕、四川省常务副省长魏宏以及澳门特区民政总署副主席罗永德等出席欢送仪式。 (黄晓光)

**【孙扎根副局长出访澳大利亚】** 2010年3月21日，澳大利亚阿德莱德动物园为大熊猫"网网"和"福妮"举行大熊猫馆开馆仪式，国家林业局孙扎根副局长与南澳副总督黎文孝出席开馆仪式并剪彩，并参观大熊猫馆。开馆仪式前，孙扎根分别会见了南澳副总督和南澳动物园协会总裁，并就双方今后的合作、交流等事宜交换了意见。 (胡元辉)

**【陈述贤组长出访蒙古、朝鲜】** 应蒙古自然环境和旅游部、朝鲜国土和环境保护省邀请，国家林业局党组成员、中央纪委驻国家林业局纪检组组长陈述贤率团于2010年9月15~24日访问蒙古、朝鲜，出席中蒙林业工作组第二次会议、中朝林业工作组第一次会议。在蒙古期间，陈述贤会见蒙古自然环境和旅游部部长甘苏克、考察蒙古林业及中国支持蒙古开展森林病虫害防治的情况。在朝鲜期间，陈述贤与朝鲜国土和环境保护省副省长金炯俊共同主持林业工作组会议，双方商定了合作优先领域和方式。代表团还考察了朝鲜的苗圃建设情况。（张　喆）

**【张永利副局长出访美国】** 为落实中美战略与经济对话成果及中美打击非法采伐及相关贸易谅解备忘录，2010 年 11 月 8～9 日，国家林业局张永利副局长率国家林业局、海关总署及相关林业企业组成的中国代表团，赴美与美国国务院和贸易代表办公室等部门举行中美打击木材非法采伐及相关贸易双边论坛第三次会议。会议通报了论坛及海关数据交换机制的进展，探讨了未来合作重点、雷斯法案实施问题，通过了中美林产品贸易木材合法性认定方案及策略研究项目。（夏　军）

**【杨继平率团访问加拿大】** 应加拿大不列颠哥伦比亚大学和美国华盛顿大学邀请，中国林业教育学会理事长杨继平于 2010 年 5 月 17～27 日率中国林业教育代表团一行 6 人赴加拿大出席第二届林业教育国际研讨会，并赴美国考察林业教育。

第二届林业教育国际研讨会是在 2008 年中国举办首届林业教育国际研讨会的基础上召开的第二次会议，是促进各国林业教育同行交流的平台。（郭瑜富）

**【江泽慧率团访问印度尼西亚林业部和马来西亚】** 应印度尼西亚林业部和马来西亚自然资源与环境部的邀请，国际竹藤网络中心主任江泽慧率代表团一行 5 人于 2010 年 3 月 26 日至 4 月 4 日赴两国访问，与两国竹藤科研机构商谈科研合作事宜并考察竹藤资源栽培和利用技术，与印度尼西亚林业研究所签署了合作协议。

印度尼西亚和马来西亚均为国际竹藤组织的创始国，有着丰富的竹藤资源和利用这些资源的成功经验。此次江泽慧主任率团出访有利于进一步加强与他们在竹藤领域的合作，了解其非木质林产品开发与利用情况。（郭瑜富）

**【江泽慧率团访问美国】** 应国际木材解剖学会和美国农业部林务局邀请，国际竹藤网络中心主任江泽慧率代表团一行 5 人于 2010 年 6 月 22～27 日访问美国，参加国际木材解剖学会、国际木材科学院及国际林联共同举办的联席研讨会，并与美国农业部就中美共建中国园项目谅解备忘录续签、中国园设计方案、筹集资金等问题进行会谈，以推动共建中国园项目取得实质性进展。（郭瑜富）

**【南非农林渔业部技术代表团访华】** 应国家林业局邀请，南非农林渔业部林业技术代表团一行 4 人于 2010 年 5 月 22～26 日访华，考察中国林业能力建设及培训、森林防火、国有林资源评价、气候变化和森林保护情况。代表团在华期间与国家林业局有关部门进行座谈，考察中国林科院、局管理干部学院、国际竹藤网络中心。该团组是根据中南两国政府间林业合作谅解备忘录执行的互访团组。（黄晓光）

**【芬兰斯道拉恩索公司副总裁访华】** 2010 年 5 月 14 日，国家林业局副局长张建龙在北京会见了芬兰斯道拉恩索公司副总裁万科仕（Markus Mannstrom）先生。双方就斯道拉恩索公司在华投资项目的相关问题及解决途径进行了探讨。（郭瑜富）

**【莫桑比克农业部林业司司长访华】** 2010 年 4 月 19 日，国家林业局总工程师姚昌恬会见莫桑比克农业部林业司司长塔奎迪尔女士，双方就两国林业发展现状和林业政策进行交流，并就中国企业参与莫森林开发和林业发展事宜交换了意见，双方一致认为加强双方林业合作，尤其是在中非合作论坛框架下推动两国林业合作，将有利于促进两国林业发展。（郭瑜富）

## 林业对外科技交流与合作

**【中越签署部门间合作谅解备忘录，中斯召开林业工作组会议】** 应越南农业与乡村发展部和斯洛伐克农业部邀请，国家林业局局长贾治邦率中国林业代表团于 2010 年 9 月 16～25 日访问越南和斯洛伐克。访越期间，贾治邦与越南农业部长高德发举行正式会谈，双方签署《中华人民共和国国家林业局与越南社会主义共和国农业与乡村发展部关于林业合作的谅解备忘录》。访斯洛伐克期间，贾治邦与斯洛伐克农业部长西蒙就加强中斯林业合作事宜进行会谈并达成共识，出席了中斯林业工作组会议。（夏　军）

**【中奥签署部门间合作谅解备忘录】** 2010 年 5 月 5 日，贾治邦局长与奥地利农业、林业、环境及水资源管理部长尼克劳斯·贝拉科维奇在北京续签了《中华人民共和国国家林业局与奥地利共和国联邦农业、林业、环境及水资源管理部关于林业合作的谅解备忘录》。双方探讨了在植树造林、森林可持续经营、人员交流培训等领域的合作前景。

中奥林业合作潜力较大，奥地利在近自然林业、荒溪治理、水土保持、林业技术等领域有很多成熟的理论和技术值得中国学习借鉴。1994 年，原林业部与奥地利联邦农林部签署《关于林业合作的谅解备忘录》，为中奥林业部门间的合作与交流建立了固定渠道。此次续签的备忘录结合当前林业发展趋势，扩大了合作领域，引入了更加灵活的合作方式，将有利于推动今后多层次交流和全方位合作。（王　骅）

**【中尼（泊尔）签署部门间合作谅解备忘录】** 应国家林

业局邀请，尼泊尔森林与土壤保护部部长迪帕克·博哈拉于2010年6月2～5日来华访问。6月3日，印红副局长与博哈拉部长在北京签署《中华人民共和国国家林业局和尼泊尔森林与土壤保护部关于林业和野生动植物保护合作的谅解备忘录》，并就两国林业发展、野生动植物保护管理、造林绿化、履行濒危野生动植物物种国际贸易公约等交换意见。今后，双方将根据上述备忘录在森林可持续经营与利用、野生动植物保护、自然保护区建设、履行国际公约、科技交流、公共宣传与教育等领域开展合作。（王　骅）

**【中印（印度尼西亚）签署部门间合作谅解备忘录】** 2010年9月15日，印红副局长与印度尼西亚林业部长祖尔基夫里·哈桑在北京签署了《中华人民共和国国家林业局与印度尼西亚共和国林业部关于林业领域合作的谅解备忘录》，并共同见证《中国国家林业局国际竹藤网络中心和印度尼西亚林业研究与发展局关于竹藤科研合作的实施计划》的签字仪式。

1992年6月，原林业部和印度尼西亚林业部签署《关于林业合作的谅解备忘录》。2002年2月，中国和印度尼西亚签署政府间《关于合作打击非法林产品贸易的谅解备忘录》。此次谅解备忘录是以1992年《合作谅解备忘录》为基础，重新签署的一份新谅解备忘录，纳入了打击非法林产品贸易的内容。新备忘录涵盖森林可持续经营、木质和非木质产品加工、生物质能源、野生动植物保护和可持续利用等领域，已成为两国林业部门合作的框架性文件。双方将通过制定实施计划开展具体合作。（王　骅）

**【中刚（果）（布）签署部门间合作谅解备忘录】** 应国家林业局邀请，刚果（布）可持续发展、林业经济与环境部长琼博于2010年10月29日至11月8日访华。期间，国家林业局局长贾治邦会见了琼博部长，双方共同签署《中华人民共和国国家林业局和刚果共和国可持续发展、林业经济与环境部关于林业合作谅解备忘录》。琼博部长还拜会了环保部部长周生贤、广西壮族自治区副书记陈际瓦，并考察河北、江苏、广西植树造林和木材加工业的情况。（黄晓光）

**【中芬林业工作组第十六次会议和研讨会】** 2010年9月1日，由国家林业局和芬兰农林部主办、中国林科院和芬兰林业发展中心承办的中芬中国农村林业改革与森林可持续经营研讨会在京召开。张建龙副局长和芬兰农业和林业部部长锡尔卡－莉萨·安蒂拉女士出席会议开幕式并分别致辞。

9月1日，贾治邦局长在京会见安蒂拉部长一行，回顾了两国自签署林业合作协议三十年来在林业高层交往、科技交流、经贸合作等方面取得的显著成效，一致同意进一步加强在林业全方位、多层次、宽领域的合作与交流。8月31日，中芬林业工作组会议第十六次会议在京举行，通过了2011～2012年度合作计划。今后两年，双方将在森林防火、林权改革、多功能森林经营、林业发展机制等领域开展合作与交流。（王　骅）

**【中印（度）部门间林业工作组第二次会议】** 根据2006年签署的《中华人民共和国国家林业局和印度环境与森林部关于林业合作的协议》，应国家林业局邀请，印度环境与森林部林业总司长甘帕亚博士率印度代表团一行于2010年4月18～23日访问中国。期间，双方召开中印林业工作组第二次会议。会议回顾中印（度）林业合作进展，就造林和人工林经营技术、资源清查和遥感技术应用、科研与培训三个合作领域进行讨论并达成共识。（夏　军）

**【中印（度）老虎保护会议】** 2010年8月30日至9月3日，印度环境与森林部野生动物管理考察团来华，与国家林业局就打击野生动物犯罪、老虎保护以及野生动物研究培训合作等进行磋商。（夏　军）

## 林业经济技术交流与合作

**【中德湿地生物多样性保护项目】** 2010年10月，根据中德两国政府有关合作协议，国家林业局与德国技术合作公司（GTZ）交换签署了《中德技术合作中国湿地生物多样性保护项目执行协议》。双方决定自2010年7月至2014年6月在华开展为期4年的中国湿地生物多样性保护项目。项目旨在通过在项目省和保护区进行技术合作，提高项目点湿地生物多样性保护管理水平，并为中国其他地区湿地生物多样性保护和管理提供经验和模式。中德两国政府各提供不超过300万欧元的项目投入。项目将在黑龙江、山东、浙江3省的4个保护区开展试点工作。

中德技术合作（TZ）是中德林业合作的重要组成部分。第一个项目开始于1985年。截至2010年，全国已累计实施14个技术合作项目，援助金额5018万欧元。项目涵盖病虫害防治、迹地更新、保护区建设、森林保护与恢复、荒漠化防治、森林监测、林业教育与培训、林业可持续发展等多项内容。（王　骅）

**【中澳湿地能力建设项目】** 由商务部牵头、国家林业局参与的中澳环境发展伙伴项目进展顺利，国家林业局派员出席项目第四次高层圆桌会，在会上介绍中国林业"十二五"规划重点，并全面参与项目进展、独立评估报告、项目剩余阶段工作等重要议题的讨论。国家林业局申报的湿地管理政策、指南与能力建设项目获批准并正式启动，澳方为此提供无偿援助120万澳元。该项目旨在通过能力建设，制定相关国家技术指南，改善中国湿地保护管理机构协调机制，为制定国家湿地保护政策提出建议等。（夏　军）

【中日朱鹮技术合作项目】 中日技术合作《人与朱鹮共存的地区环境建设项目》协议于2010年1月29日签署，日本政府为此提供500万美元资金用于项目活动。项目旨在通过各种活动完善项目地的自然和社会环境信息；建立朱鹮野化放飞的相关体系，促进种群增长；建立示范性的社区参与型模式；提高包含从事朱鹮保护在内的自然环境保护工作者和当地社区公众的意识。项目实施地为陕西省洋县、宁陕县和河南省罗山县，为期5年。

（张　喆）

# 林业多边国际交流与合作

【保护老虎国际论坛】 2010年11月21日在俄罗斯圣彼得堡召开。国家林业局局长贾治邦率中国代表团出席会议。这次论坛是迄今为止举办的最高级别的国际老虎保护会议，分部长级会议和虎分布国政府首脑会议两个阶段，除交流各国老虎恢复计划、研究全球老虎恢复计划资金机制外，还将批准全球老虎恢复计划，通过老虎分布国政府首脑宣言。

贾治邦在部长级会议上发言指出，拯救野生虎具有重大的生态和文化意义，中国为此做出了不懈努力。自20世纪80年代开始，中国通过健全法律法规、设立保护管理机构、建立保护区网络、实施生态保护工程、补偿人虎冲突损失、禁止虎骨贸易、加大执法力度、制止偷猎和非法贸易虎产品、开展宣传教育、推进国际合作等积极措施，促进了中国野生虎栖息地的恢复和改善，使得中国的老虎野生种群出现了增长势头。

老虎分布于13个亚洲国家，受栖息地丧失、人虎冲突、偷猎和非法贸易等影响，全球野生虎种群已由20世纪初的10万头下降到目前的不足3500头。为推动各方面对老虎保护工作的重视，探讨全球野生虎保护措施，协调各国采取一致行动，拯救野生虎不致灭绝，2009年以来已先后召开加德满都全球老虎研讨会、华欣老虎分布国部长级会议、巴厘老虎峰会预备会和新德里全球老虎恢复计划研讨会。这次论坛是在上述会议的基础上召开的，来自俄罗斯、中国、孟加拉国、老挝和尼泊尔等五国政府首脑，所有老虎分布国的森林或环境部长，濒危野生动植物种国际贸易公约、迁徙物种公约、联合国环境规划署等十几个国际公约和政府间国际组织负责人，世界银行、全球环境基金、美国国务院、法国发展署、日本环境部、德国自然保护和核安全部、韩国环境部等十几个援助组织或政府部门负责人，世界自然基金会、国际野生动物保护学会等20余家非政府组织负责人，以及其他方面代表共500余人出席了论坛。

（张忠田）

【大森林论坛2010年年会】 2010年9月20～23日，国家林业局印红副局长出席在福建武夷山市召开的大森林论坛2010年年会。本届年会由国家林业局与美国资源与产权机构（RRI）共同主办，福建省林业厅承办。来自中国、巴西、喀麦隆、加拿大、民主刚果、印度尼西亚、墨西哥、美国等国家的近40位高级别林业官员出席会议。本届会议的主题为“过渡时期的森林治理”，与会各国代表就林业发展所面临的机遇和挑战、林业在应对气候变化中的作用和林权改革等议题进行研讨。

会议期间，与会代表就建立国际森林管理体系问题进行了广泛的研讨。一致认为在经济全球化的今天，森林面临来自经济与社会发展及环境等多重压力，林业部门肩负以往从未有过的多方面责任。大森林论坛作为世界林业大国林业部门定期交流和沟通的平台，有利于加深世界各国林业同行之间的相互了解和增进友谊，促进世界林业的可持续管理。

大森林论坛是2005年9月成立的，每年召开一届年会，针对世界林业热点问题进行非正式研讨。自2006年以来，论坛先后在美国、俄罗斯、巴西和加拿大召开了4次年会。

（张忠田）

【气候变化和森林大会】 2010年5月27日，由国家林业局祝列克副局长任团长，外交部、国家林业局和中国气象局组成的中国代表团在挪威出席奥斯陆气候变化与森林大会。会议由挪威首相斯托尔滕贝格和印尼总统苏西洛共同主持，来自50多个国家、20多个国际组织、非政府组织代表与会，其中包括8位国家元首或政府首脑、18位部长或部长级官员。此次会议的主要目的是减少发展中国家毁林、森林退化排放及森林保护、可持续管理等增加碳汇行动的自愿临时性伙伴关系（简称“减少毁林等行动伙伴关系”，英文缩写“REDD＋”）。

会议宣布正式建立自愿性的、不具法律约束力的、临时的REDD＋伙伴关系，明确伙伴关系的核心目标、原则、组织管理和伙伴成员责任。50多个国家加入该伙伴关系。参会各国、国际组织、非政府组织一致认为森林在减缓气候变暖具有重要作用。发达国家承诺将提供40多亿美元用于REDD＋行动，发展中国家表示愿将发展和保护森林作为参与减缓全球气候变暖、推进本国可持续发展的措施尽早付诸实施。会议还同意日本和巴布亚新几内亚作为伙伴关系下届共同主席国，任期至2010年年底。

祝列克副局长在会上代表中国政府宣布加入伙伴关系。

会前，祝列克还会见挪威环境与国际发展部长艾里克·苏海姆先生，双方就REDD＋伙伴关系相关事宜交换了意见。祝列克副局长还向挪方简要介绍了中国林业应对气候变化开展的有关工作。挪方对中国在上述领域取得的成就表示赞赏，希望中国在上述领域继续发挥重要作用。

（张忠田）

【亚洲虎保护部长级会议】 应泰国自然资源与环境部的邀请，国家林业局前总工程师卓榕生于2010年1月

27～29日率团出席在泰国华欣市召开的首届亚洲虎保护部长级会议。来自亚洲13个虎分布国的部长和高级官员及世界银行、濒危动植物种贸易公约秘书处和有关动物保护的非政府组织的代表近150人出席会议。

会议由泰国自然资源与环境部长主持。13个虎分布国分别介绍各自虎保护现状和发展战略。会议就虎栖息地保护、国际执法、生态旅游、社区发展和虎保护资金投入等议题进行了深入研讨。在此基础上，会议经过磋商，形成并通过亚洲虎保护部长级宣言，简称《华欣宣言》。 （张忠田）

**【濒危野生动植物种国际贸易公约第十五届缔约国大会】** 2010年3月13～25日在卡塔尔首都多哈举行。全球共有160多个国家的政府、200多个政府间和非政府组织派遣代表团参加本次会议。中国政府派出以国家林业局副局长印红为团长，外交部、农业部、国家林业局、国家濒管办、国家濒危物种科学委员会等部门以及香港特别行政区和澳门特别行政区政府人员组成的代表团参加会议。

本届会议讨论了由各缔约国提交的42份关于《公约》附录修订提案，以及70多份政策性文件，涉及濒危野生动植物国际贸易行政管理、立法、执法以及公约发展战略规划、财政预决算等方面。会议就上述事宜通过一系列决议和决定。

会议期间，中国代表团全面参与各项议题讨论和决策的同时，重点关注包括老虎、大象、犀牛、藏羚羊、金枪鱼、鲨鱼、红珊瑚、热带木材等多同中国关系密切的相关物种提案，以及涉及非致危性判定、从海上引进、遵约、执法等政策性议题，积极主动开展工作，维护中国权益，充分履行国际义务，积极发挥一个负责任大国的作用。特别是会议期间，代表团根据国务院指示，在驻外使领馆的大力支持和配合下，成功应对欧盟针对中国虎保护和管理的提案，否决了关于鲨鱼的四项提案，最大限度地维护了国家权益，为国内产业发展和管理营造良好的外部空间。

作为《公约》常委会副主席国和亚洲地区代表，中国代表主持了3月12日召开的《公约》常委会第五十九次会议，参与了《公约》十五届缔约国大会开幕式的组织工作，并作为大会主席团成员全程参与会议组织方面的各项工作。 （刘　昕）

# 亚太森林网络管理中心

**【综　述】** 2010年，亚太森林恢复与可持续管理网络（以下简称网络）本着积极务实、稳步推进、趋利避害、注重实效的总体要求，坚持重点在外、兼顾国内；立足周边、面向亚太；服务林业、服务外交的原则，积极贯彻落实网络部际协调小组第五次会议精神，围绕推动网络向区域性国际组织发展的中心任务，以加强组织机构建设为保障，强化能力建设，狠抓试点项目，加大信息共享，力促区域政策对话，网络工作取得了实质性进展。

**能力建设项目** 围绕“林业与乡村发展”和“森林资源管理”两个主题，面向东南亚周边国家，网络分别于2010年6月和11月举办林权改革培训班和森林资源管理培训班。来自该地区16个经济体的29名学员参加了两期培训班，其中80%的学员为各经济体林业主管部门的司局级领导。通过国际专家的理论讲授、学员的国别报告、中国的案例分析和野外实地参观，推广了中国经验，掌握了国别和区域信息。网络主题培训受到各经济体的高度关注。同时，网络依托北京林业大学开展的奖学金项目于2010年9月正式启动，受到周边国家的高度重视，部分国家希望网络扩大招生规模。目前网络已同西南林业大学协商，发挥其地缘优势和相关专业优势，增设奖学金项目。

*林权制度国际培训研讨班* 由网络主办、国家高原湿地研究中心与西南林业大学共同承办的网络林权制度国际培训研讨班于2010年7月5日在昆明正式开班。此次研讨班是亚太森林网络能力建设项目林业与农村可持续发展系列培训班之一，邀请了区域专家、国际项目专家及国内学者，对亚太区域林权总体状况及各国林改政策措施进行对比分析，组织展开讨论，介绍交流经验，旨在通过林业发展促进各国乡村地区发展。培训班的14名学员分别来自巴布亚新几内亚、缅甸、印度、泰国、马来西亚、柬埔寨、斯里兰卡、印度尼西亚、孟加拉国、越南、老挝、蒙古12国林业部门的高级管理官员。

*森林资源管理国际培训研讨班* 2010年11月8日，网络主办的森林资源管理国际培训研讨班在昆明开班。本次研讨班是“森林资源管理”系列主题下的第四期研讨班，邀请了10多位区域专家、国际项目专家及知名学者，主要就亚太区域森林资源管理政策和制度层面对比分析，旨在通过制度和技术层面的建设和完善提高各国森林资源管理的水平。参加培训的15名林业部门高级官员分别来自秘鲁、马来西亚、菲律宾、尼泊尔、缅甸、泰国、柬埔寨、斯里兰卡、印度尼西亚、孟加拉国、文莱、蒙古和越南，共13个国家。

*亚太森林网络奖学金项目* 网络依托北京林业大学开展的奖学金项目于2010年3月正式启动。该项目旨在通过资助亚太地区优秀的林业部门管理人员、科研人员和学者深造学习，促进各经济体间林业领域的理解和合作，提高区域森林恢复与可持续管理水平。2010年9月，网络面向周边柬埔寨、泰国、老挝等国家录取8名研究生，赴北京攻读林业经济和森林经营两个专业的硕士学位。

**示范项目** 在制定和完善示范项目管理办法、项目合作和项目实施方案的基础上，越南的森林恢复与可持续管理能力建设示范项目和尼泊尔的社区参与森林可持续经营项目分别于2010年10月底和11月初启动，受到两国政府的高度重视。此外，网络还启动由联合国粮农组织区域办公室承担的林业减贫区域政策分析项目和由中国林科院承担的亚太森林资源信息库建设项目。2010年，共落实示范项目资金676万元人民币。

越南森林恢复与可持续管理能力建设示范项目　网络资助的越南森林恢复与可持续管理能力建设示范项目于2010年10月27日在越南河内正式启动。该项目是网络与越南国家林业局合作的第一个示范项目，将示范天然次生林恢复技术、非木质林产品生产、加工经验，社区脱贫致富和森林生态功能发挥等方面的作用。示范项目资金总额为585 750美元，其中网络资助499 750美元，实施方配套86 000美元。

尼泊尔社区参与森林可持续经营示范项目　网络资助的尼泊尔社区参与森林可持续经营示范项目于2010年11月1日在尼泊尔加德满都市正式启动。项目活动重点是经验示范和能力建设，促进社区小型林业企业发展，合理开发利用非木质林产品，增加林农收入。项目资金总额为577 159美元，其中网络资助500 479美元，实施方配套资金76 680美元，由尼泊尔社区林业用户联合会负责实施，项目期2年。项目是通过帮助社区制定和示范林业可持续经营的标准和指标以及发展小型林业企业，增加就业机会，增加居民收入，提高当地居民参与森林可持续管理的能力。通过项目实施，传授知识、传播技术，示范经验，提高社区参与森林可持续管理的意识和能力。

林业为贫困人口服务：在亚太地区推动林业政策适应减贫战略项目　2010年3月3日，网络同联合国粮农组织签署了《林业为贫困人口服务：在亚太地区推动林业政策适应减贫战略协议》。该项目旨在研究和总结不丹、柬埔寨、中国、印度、印度尼西亚、老挝、尼泊尔、巴布亚新几内亚、菲律宾、泰国和越南在森林恢复和可持续管理方面的政策和措施，帮助林业部门在战略规划制定中采取相应措施以减少贫困。项目将通过举办林业政策分析培训班，开展政策分析研究，组织利益相关者参加的国家研讨会和区域性研讨会等活动，评估各国现行的林业减贫政策和措施，分析存在的问题，并针对各国的实际情况和需求，就各国未来林业减贫政策和措施提出相应建议。

**机构建设**

首届亚太森林恢复与可持续管理网络APEC经济体联络人会议　2010年6月24日，在北京召开。来自12个APEC经济体和网络秘书处共24名代表参加了会议。会议主要讨论了建立亚太森林网络联络人工作机制，具体包括明确联络人职能与任务、建立会议交流机制和资助机制探讨等内容。会议通过《亚太森林恢复与可持续管理联络人工作机制(草案)》，确定了联络人工作职责。目前，已有16个APEC成员经济体、10个非APEC经济体和3个国际组织正式确定了联络人。该机制的建立，有益于亚太网络与区域内各经济体的交流，为未来网络开展的各项活动提供强有力的支持。

**其他活动**

大湄公河次区域森林可持续管理国际研讨会　2010年6月21～23日，由网络主办的大湄公河次区域森林可持续管理国际研讨会在云南丽江召开。来自大湄公河次区域的泰国、老挝、柬埔寨、缅甸、越南以及中国云南省和广西壮族自治区的林业主管部门官员，湄公河流域管理委员会、大自然保护协会亚洲负责任林业与贸易、西南林业大学的林业专家以及网络代表20余人参会。会议主要介绍了次区域内森林可持续管理的现状，交流次区域各国森林经营政策和管理方面的成功经验，探讨次区域各国在森林可持续管理方面面临的挑战及解决途径，并就未来亚太森林网络与次区域国家开展森林恢复与可持续管理活动的重点领域和合作方式进行研讨。会议明确森林资源监测和森林资源管理能力建设为合作重点。同时，网络积极同外交部沟通，将湄公河次区域森林经营能力建设纳入温家宝总理出席2010年10月在布鲁塞尔举行的第十八届亚欧首脑会议成果。

亚太区域林业院校校长会议　2010年7月21～23日，由网络、大自然保护协会和北京林业大学共同主办的亚太区域林业院校校长会议在北京召开。会议的主题是“面向森林可持续经营的林业高校课程设计”，区域内56名林业院校长出席会议。会议分析了该地区林业教育现状、问题和发展趋势，同意建立亚太地区林业院校合作机制，明确北京林业大学作为合作机制协调单位。　　　　　　　　（亚太森林网络管理中心）

## 林业民间国际合作与交流

**【综　述】** 2010年，正值小渊基金项目实施10周年，与世界自然基金会开展合作30周年，对外合作项目中心(以下简称“合作中心”)利用这个契机，围绕建设现代林业和林权改革的需要，积极推动林业民间合作与交流的深入发展。2010年，合作中心在强化国际合作项目归口管理的同时，争取新的多双边国际合作项目94个，受援资金约633万美元。在国际民间合作中继续加大双边合作的力度，在与日本日中绿化交流基金事务局的合作，争取到日方对84个(其中新增项目17个)项目提供援助资金8.47亿日元；与瑞典斯凯孚集团的合作进一步加强，并签署合作框架协议，瑞方将在五年内投入2500万瑞典克郎用于生态造林。2011年将投入390万瑞典克朗在辽宁省阜新蒙古族自治县开展试点项目，营造260公顷生态林；与瑞典林主协会交流，双方探讨了可能合作的领域，并就中国实行林权制度改革后，如何为广大林农提供服务方面积极推动合作，双方还就签署合作谅解备忘录达成一致意向。在多边合作方面也取得了积极的进展：先后与世界自然基金会、湿地国际等5个国际非政府组织召开了合作年会，确定了双方的合作领域，争取新项目76个，落实援助资金3000万元人民币；继续加强对国际非政府组织在华活动的监管，积极探讨有效的管理途径，不断从制度上规范与国际非政府组织的合作；根据《基金会管理条例》的要求，启动了保护国际基金会代表处的注册工作；积极参与国际民间活动，为推动打击非法采伐及相关贸易国际行动，研究探讨木材合法性认定技术，组织有关国际非政府组织和有关单位举办了木材合法性技术认定研讨会。通过内外互动与交流，不断促进中国林业又好又快的发展。在开展"国际森林文书"履约工作方面：研究联合国森林论坛会议的相关文件，制定应对联合国森林论坛第九次次会议各议题的方案和参会原则，组织起草国家履约报告等，积极推动"国际森林文书"各项工作的顺利开展。

（孙念军）

【林业重要外事活动】

**贾治邦局长会见韩国驻华大使柳佑益** 2010年5月13日国家林业局局长贾治邦会见韩国驻华使馆大使柳佑益。贾治邦向柳佑益介绍了中国包括集体林权制度改革在内的林业相关情况。柳佑益向贾治邦通报中韩合作陕西吴起县荒漠化治理项目和北京八达岭地区森林保护示范项目已获韩政府批准，即可签署项目实施协议。宾主还就双边林业合作、防沙治沙、野生动植物保护、人员交流与培训等交换意见并达成广泛共识。

（许强兴）

**贾治邦局长会见联合国副秘书长沙祖康秘书长** 贾治邦局长于2010年6月18日在国家林业局会见来访的联合国副秘书长沙祖康。会见中双方就中方参与联合国森林论坛、2011年国际森林年活动、2012年地球峰会等事项进行了交流。（刘　昕）

**贾治邦局长会见日本农林水产大臣山田正彦** 2010年8月27日，国家林业局局长贾治邦会见来京出席第三次中日经济高层对话的日本农林水产大臣山田正彦。双方就中日打击木材非法采伐及相关贸易、促进日本木材对华出口以及共同感兴趣的问题交换意见并达成广泛共识。

**贾治邦局长会见日本环境大臣小泽锐仁** 2010年8月27日，国家林业局局长贾治邦会见来京出席第三次中日经济高层对话的日本环境大臣小泽锐仁。双方就中日野生动物、特别是朱鹮保护合作以及双方共同感兴趣的问题交换了意见并达成广泛共识。会见后，贾治邦与小泽锐仁签署了《中日朱鹮保护合作计划》。根据该计划，双方将在保护中国朱鹮现有野外种群、扩大繁育中日朱鹮人工饲养种群、中日朱鹮放归自然行动、中日朱鹮保护技术领域的调查研究和开发等领域开展合作。

（许强兴）

**张建龙副局长会晤保护国际执行总裁** 2010年5月21日，国家林业局张建龙副局长在美国华盛顿会晤保护国际执行总裁克劳德·加斯克。会谈期间，加斯克向张建龙一行介绍保护国际近年的工作及发展战略，双方就加强自然保护领域的合作事宜广泛深入地交换了意见，并探讨进一步加强双方合作的领域和项目。会谈结束后，双方签署《国家林业局与保护国际基金会合作原则机制》。该"机制"的签署将进一步规范双方的合作。在美期间，张建龙一行还访问了大自然保护协会总部。

**印红副局长会见日本驻华大使馆公使山崎和之** 2010年10月21日，国家林业局副局长印红在成都会见日本驻华大使馆公使山崎和之一行。双方强调中日民间绿化合作的重要意义，高度评价合作十年来所取得的积极成果，并表示将进一步推动中日民间绿化合作向更高水平发展。双方还就中日林业合作广泛交换意见。国家林业局国际合作司司长曲桂林和外交部亚洲司参赞孙美娇会见时在座。会见后，双方共同出席由国家林业局和日本日中绿化交流基金事务局联合举办的中日民间绿化合作实施10周年纪念大会暨中日林业合作高级研讨会。

**陈述贤组长会见日本驻华大使馆公使片山和之** 2010年7月9日，国家林业局党组成员、中央纪委驻国家林业局纪检组组长陈述贤在北京会见以日本驻华大使馆公使片山和之为团长、由日本外务省、林野厅、日中绿化交流基金有关官员组成的中日民间绿化合作委员会第十一次会议日方代表团一行。双方对中日民间绿化合作实施十年来取得的积极成果给予高度评价，并就进一步加强中日林业合作交换了意见。（陈　璐）

**张永利副局长出席第三次中日经济高层对话** 2010年8月28日，国家林业局副局长张永利出席在京由王岐山副总理和日本外务大臣冈田克也共同主持的第三次中日经济高层对话。期间，与日本农林水产大臣山田正彦就双边互惠共赢合作中的林业合作议题——中日打击木材非法采伐进行了对话。

中日就商签两国政府间《关于打击木材非法采伐及相关贸易支持森林可持续经营的合作备忘录》达成共识，并列入第三次中日经济高层对话成果。2010年8月27日，中国国家林业局局长贾治邦与日本环境大臣小泽锐仁签署的《中日朱鹮保护合作计划》，也被列入此次对话成果。（张　喆）

【林业民间国际交流与合作】

**中日民间绿化合作项目年度检查** 根据中日民间绿化合作委员会会议精神，合作中心组织国内造林、生态、水土保持、荒漠化防治等学科的专家，于2009年10月至2010年1月对2009年执行的60个项目进行实地检查验收。根据专家提交的报告，项目总造林4654.86公顷，平均造林成活率达89.5%。日本小渊基金事务局先后派出4批专家对其他14个项目实施年度检查，对项目造林成效给予积极评价。（陈　璐）

**中日民间绿化合作2010年工作年会** 年会2010年2月25～26日在日本东京举行。合作中心常务副主任金普春与日中绿化交流基金事务局长梶谷辰哉共同主持工作年会。会议期间，双方就中日民间绿化合作委员会第十一次会议和10周年纪念庆典活动筹备工作交换意见并达成识。（张　喆）

**小渊基金友好林植树活动** 2010年3月2日在湖北孝昌县团山举行。日本茨城县日中友好协会会长森秀男率28人代表团来华出席植树活动，湖北省林业局，省对外友好协会，孝感市、县政府领导和当地农民、学生代表180人共造中日友好林。（许强兴）

**中日合作四川地震灾区森林植被恢复与重建示范项目启动会暨研讨会** 2010年3月19日在成都举行。项目旨在通过学习和借鉴日本在此领域的技术和经验，提供适合四川地震灾区（汶川、北川和绵竹地区）森林植

被恢复的技术规范。合作形式为建立示范点和对相关人员进行培训。项目期限5年，日本政府将无偿对项目活动提供600余万美元的援助。

国家林业局国际合作司曲桂林司长在项目启动仪式和研讨会上讲话。科技部、日本驻华使馆、日本国际协力机构中国事务所等官员与会并致辞，项目实施地四川、甘肃和陕西省林业厅和地震受灾县相关的80余人参加会议。（张　喆）

**日本梦松原协会植树访华团**　2010年4月20日，合作中心常务副主任金普春在国家林业局会见以日本梦松原协会会长川口道子女士为团长的日方植树访华团一行。双方就进一步加强中日民间绿化合作等事宜交换了意见。日本梦松原协会自2001年起在陕西省旬邑等地开展小渊基金植树造林活动。

**中日合作中国黄土高原植被恢复山西示范林营造项目**　2010年4月25日在山西省吕梁市方山县峪口镇举行启动仪式。日本埼玉县日中友好协会理事长中崎惠先生率日方植树访华团一行6人，对外合作项目中心，山西省人民对外友好协会，山西省林业厅，吕梁市外事办公室、吕梁市林业局，方山县政府及林业局的有关领导和当地群众参加启动仪式，中日双方在项目地共同植下友谊树。

中国黄土高原植被恢复山西示范林营造项目是由山西省林业厅和日本埼玉县日中友好协会共同申请的2009年度中日民间绿化合作项目之一。该项目计划利用3年时间营造生态示范林200公顷，在土地沙化和水土流失问题并重的黄土高原，建成一个森林植被恢复与重建的示范样板基地。

**中日合作内蒙古赤峰市治沙造林项目**　2010年4月14日，在赤峰市敖汉旗三义井林场举行启动仪式。该项目的日方实施团体日本九州农业与食品产业振兴会理事长山崎金重先生与合作中心、内蒙古自治区林业厅、赤峰市政府和林业局、敖汉旗政府和林业局的有关领导以及当地群众参加了启动仪式，并为项目纪念碑揭碑。该项目一期合作3年，计划于春季完成年度造林任务。

**中韩林业合作项目实施协议**　2010年5月14日，国家林业局国际合作司副司长章红燕与韩国国际协力团中国事务所所长郑胤吉在京签署中韩合作陕西吴起县荒漠化治理项目和北京八达岭地区森林保护与公众教育项目实施协议。根据协议，韩国政府将为上述项目分别提供100万美元无偿援助资金开展项目活动。（许强兴）

**中日民间绿化合作委员会第十一次会议**　2010年7月9日，在北京举行。国家林业局国际合作司司长曲桂林与日本驻华大使馆公使片山和之共同主持会议，合作中心常务副主任金普春在会上汇报了中方一年来的工作。中日双方肯定中日民间绿化合作十年来的积极成效，并就新年度实施方针以及共同推动合作继续发展达成共识。外交部、日本外务省、林野厅、日中绿化交流基金事务局有关官员出席会议。（陈　璐）

**中日民间绿化合作“小渊基金”2011年实施项目**　经日本政府批准，中日民间绿化合作“小渊基金”2011年度项目于2010年10月确定。日方批准对84个项目(其中17个新项目)提供资金援助8.47亿日元。合作涉及防沙治沙、水土保持、水源涵养、石漠化治理、海防林建设、灾后生态恢复重建、生态文化教育、湿地和生物多样性保护等领域。合作团体来自林业、青联、妇联、对外友协、工会、建设、环保等部门。

2010年正值中日民间绿化合作成功实施10周年，中日民间绿化合作自2000年10月启动以来，已争取日方资金援助总额近60亿日元，共实施项目180个，项目区涉及29个省(区、市)。中日民间绿化合作取得积极的生态、经济和社会效益，政治影响不断扩大，受到中日两国政府高层积极评价，并列入中日两国领导人会谈的重要议题，成为发展两国关系的亮点。

（许强兴）

**中日民间绿化合作实施10周年纪念大会暨中日林业合作高级研讨会**　2010年10月21日，由国家林业局与日本日中绿化交流基金共同主办的中日民间绿化合作实施10周年纪念大会暨中日林业合作高级研讨会在成都召开。国家林业局副局长印红在会上致开幕词。本次会议由国家林业局国际合作司、合作中心和四川省林业厅承办，中华全国青年联合会、四川省人民政府、日本驻华大使馆、日本国际协力机构协办，目的是为纪念中日民间绿化合作实施10周年，宣传中日民间绿化合作成果。会上对评选出的中日民间绿化合作优秀项目和团体及先进个人进行表彰，交流中日林业合作经验，探讨合作前景。外交部、科技部、中华全国青年联合会、四川省人民政府的有关领导、全国主要项目省(区)林业主管部门领导、中日双方项目实施团体负责人及日本外务省、林野厅、日本国际协力机构中国事务所等日方相关机构高级官员共约150人出席会议。会后代表一同参加日中绿化交流基金援建的四川彭州市灾后重建紧急造林项目的揭碑仪式和纪念植树活动。（陈　璐）

**与瑞典斯凯孚集团签署林业合作框架协议**　2010年5月21日，国家林业局对外合作项目中心与斯凯孚中国投资有限公司林业合作框架协议在北京签署。合作中心苏明副主任、瑞典斯凯孚集团马格森副总裁分别代表双方在协议书上签字。

9月19日，合作双方在沈阳签署《中瑞合作斯凯孚集团造林项目框架协议》。该协议确定了项目选择的原则、程序，项目实施的规则、要求以及项目资金使用的流程，并明确各方职责，确保合作项目顺利实施。同时，辽宁省林业厅副厅长马志刚和马格森先生分别代表双方签署项目实施计划，明确斯凯孚造林项目首期试点项目的地点、规模、技术要求、资金投入、报账程序等具体细节。斯凯孚集团2009年决定在中国投资2500万瑞典克郎，与相关部门合作开展造林绿化项目。根据上述两个文件规定，斯凯孚集团计划于2010年投入390万瑞典克朗在辽宁省阜新蒙古族自治县开展试点项目，营造260公顷生态林，以减少沙地造成的危害，遏制科尔沁沙地南移，改善中国的生态环境。

**与瑞典农民联合会合作**　应瑞典农民联合会的邀请，合作中心组织安徽、福建和重庆林业厅(局)有关人员一行8人于6月6~11日赴瑞典考察瑞典农民联合会。该组织在处理林农与国家利益关系、森林可持续经营、森林资源管理等方面的理念对中国实行林权制度改革后，如何通过林农组织为广大林农提供服务有重要的借鉴意义。访问期间，代表团与该组织举行会谈，交流中瑞两国林业发展现状及长远规划，探讨建立长期的合作关系，并就签署合作谅解备忘录达成初步意向。

（郭瑜富）

**中德财政合作重庆造林项目** 2010年4月6～11日，德国复兴信贷银行项目经理Meyer先生任组长的检查组对中德财政合作重庆造林项目进行终期评估。检查组肯定重庆项目根据项目规划所取得的各项成果和项目在生态、制度以及社会经济方面所产生的积极影响，并为项目的可持续提出抚育和森林经营等方面的具体建议。

**中德财政合作四川造林项目** 2010年4月16～21日，德国复兴信贷银行项目经理Meyer先生任组长的检查组对中德财政合作四川造林项目进行终期评估。检查组肯定四川项目完成了多项目标，取得显著的生态、社会和经济影响，但是由于2008年的大地震导致一些项目成果受到破坏。检查组同时提出鼓励农民保护森林、运用近自然理念、引入森林经营农户组织发展模式等可持续发展的建议。（余 跃）

**中澳农业合作协议** 根据中澳农业合作协议2009/2010年度计划安排，应澳大利亚农林渔业部的邀请，2010年3月13～24日由合作中心、福建省林业厅、湖南省林业厅有关人员组成的中国森林可持续经营代表团一行5人对澳大利亚森林可持续经营进行为期12天的考察。考察团学习澳大利亚实施森林可持续经营的做法和经验，了解澳大利亚人工林发展的政策机制和措施，考察澳大利亚桉树人工林经营过程中的森林病虫害控制、生物多样性保护以及环境保护等措施。澳方的这些经验与做法将有助于中国在提高森林可持续经营，特别是在桉树人工林经营水平方面借鉴和运用。

为执行中国与澳大利亚农业合作协议2010～2011年度合作计划，应国家林业局邀请，由澳大利亚农渔林业部派遣的澳大利亚西澳州西南发展委员会主任强纳森·伯奇(Jonathan Birch)先生一行3人于2010年11月5～18日访华，并分赴广东、广西、浙江、北京、河北等省(区、市)进行考察。代表团来华的主要目的是考察中国人造板加工企业，探讨建立中国有关地区与澳大利亚西澳地区木材工业的经贸联系，吸引中国相关企业赴西澳州投资。代表团考察胶合板、中密度板、细木工板等木材加工企业、家具生产企业和国有林场，访问中国林科院等科研机构，并与国家林业局、广西林业厅等有关部门进行交流，全面了解中国木材加工行业的基本情况和对外贸易情况。同时也介绍了西澳州的基本情况和投资机会，进一步加深了相互了解。（郭瑜富）

**与保护国际基金会2010年合作项目年会** 国家林业局与保护国际基金会2010/2011年度合作项目年会，于2010年9月17日在北京召开，来自保护国际、国家林业局有关司局、直属单位以及有关省(区)林业厅相关部门负责人参加会议。双方在总结上一年度合作项目成果和经验的基础上，对2010/2011年度的合作项目进行磋商，并初步达成共识，形成《国家林业局与保护国际基金会2010/2011年度合作备忘录》。根据《备忘录》，2010～2011年度，国家林业局将与保护国际基金会在湿地及淡水资源保护、林业碳汇和气候变化、野生动物疫病防控及自然保护区4个领域开展合作，并在青海、四川和云南省实施项目试点，援助资金约200万美元。

**与大自然保护协会2010年合作项目年会** 2010年7月22日，来自大自然保护协会、国家林业局有关司局、直属单位以及有关省(区)林业厅的30多位代表参加在成都召开的合作年会。会议期间，双方在总结上一年度合作项目成果和经验的基础上，对2010/2011年度的合作项目进行磋商，并达成共识，形成《国家林业局与大自然保护协会2010/2011年度合作备忘录》。根据《备忘录》，国家林业局2010～2011年度将与大自然保护协会在生物多样性保护、气候变化和森林可持续经营等8个领域开展合作，并在内蒙古、四川和云南省(区)实施项目试点，援助资金约600万元人民币。

**可持续林业与市场发展国际研讨会** 为帮助林产工业企业更好地了解合法及认证林产品市场发展的公共政策，探讨相关的应对机制，推动落实有关多边和双边协议和进程，2010年9月，合作中心与大自然保护协会等单位在北京召开可持续林业与市场发展国际研讨会，来自国内外的400多位代表参加会议。与会代表在两天的会议中讨论关于中国林产品贸易政策、美国雷斯法案进展、中国森林认证进程、绿色建筑业木材使用趋势及其对中国林产工业界的影响等议题。此次会议为全球林业产业管理人员和政府、企业以及行业协会等利益相关方提供了一个交流与对话的平台。（杨瑷铭）

**与世界自然基金会2010年合作项目年会** 来自世界自然基金会、国家林业局有关司局、直属单位以及有关省(区、市)林业厅(局)的40多位代表于2010年7月14～15日在北京参加了国家林业局与世界自然基金会2010年合作项目年会。会议期间，双方在总结上一年度合作成果和经验的基础上，对2010年的合作项目进行磋商，并达成共识，形成《国家林业局与世界自然基金会2010/2011年度合作项目备忘录》。根据《备忘录》，2010～2011年度，国家林业局将与世界自然基金会在湿地保护与管理、野生动植物保护、森林保护与可持续经营等领域开展合作，共同实施46个自然保护项目，援助资金3000万元人民币。

**与绿色中国共成长暨世界自然基金会来华开展合作30周年交流会** 2010年6月5日是世界环境日，也是上海世博会世界自然基金会荣誉日。国家林业局与世界自然基金会在上海世博中心共同举办与绿色中国共成长暨世界自然基金会来华开展合作30周年交流会。来自政府、企业、社区的代表约120人参加会议。中央纪委驻国家林业局纪检组组长、局党组成员陈述贤和世界自然基金会全球总干事詹姆士·李普出席论坛并致辞，双方简要回顾30年来的合作历程，并表示将进一步扩大合作领域、丰富项目合作形式，不断推动中国自然保护和生态建设。（荣林云）

**与国际野生生物保护学会2010年合作年会** 2010年9月16日来自国际野生生物保护学会、国家林业局有关司局、直属单位以及有关省(区)林业厅相关部门的负责人参加了合作年会。会议听取国际野生生物保护学会的工作报告，讨论《国家林业局与国际野生生物保护学会2010/2011年合作工作计划》，并就合作项目达成共识。根据《工作计划》，2010～2011年度，该学会将与中国相关林业部门在野生东北虎及其栖息地的保

护、青藏高原生物多样性保护等领域开展26个合作项目，援助资金约472万元人民币。（丁　蕾）

**与湿地国际2010年合作项目年会**　2010年4月6~7日在兰州举行。来自国家林业局湿地保护管理中心、合作中心、湿地国际－中国办事处以及云南、四川、甘肃、新疆、青海等省（区）的代表参加会议。与会双方回顾上一年度开展的合作项目执行情况，并商定2010年的合作项目计划。根据会议纪要，2010年双方将共同开展10个合作项目，援助资金900多万元人民币。（王　智）

# 国际金融组织贷款

**【林业持续发展项目（人工林营造部分）】**　经过6年半的实施，该项目已经竣工。共完成人工林营造330 173公顷，是项目评估计划面积的140.88%，超额完成计划任务，取得明显的经济、社会和生态效益，经世界银行项目竣工验收组考核，评定为“满意”项目。项目的成功实施，不仅为中国林业建设争取到部分资金，建设一批速生丰产用材林和经济林基地，增加中国森林资源储备，通过引进发达国家先进的项目管理理念，提高林业项目的管理水平和建设效益，并促进林业对外开放整体水平的提升。（苏　宁）

**【林业持续发展项目（人工林营造部分）后期经营管理培训班】**　为确保项目林得到合理抚育管理，巩固项目实施成果，实现项目既定目标。2010年8月，国家林业局世界银行贷款项目管理中心在辽宁省举办项目后期经营管理培训班。在总结各项目省制定的后期经营管理方案的基础上，统一部署和完善项目后期经营管理措施，促进项目经营管理水平的提高。（苏　宁）

**【林业持续发展项目（保护地区管理部分）】**　全球环境基金赠款“林业持续发展项目保护地区管理部分”（简称GEF项目）于2003年1月启动，在湖北、湖南等7个省、13个自然保护区全面实施，于2010年8月31日竣工。该项目的实施，不仅积极探索和实践林业可持续发展的方法和途径，而且在吸收国外保护区管理理念和方法的基础上，探索出许多符合中国自然保护区实际的管理方法和经验。该项目实施的成果，得到世界银行和国内主管部门的高度评价。世界银行在2010年年底的竣工总结评价中给予中方“非常满意”的最高评价。2010年，财政部对国内在建的88个GEF项目进行绩效评估检查，该项目实施成效名列前茅。

2010年围绕GEF项目竣工总结，世行中心精心组织、周密安排，确保项目圆满收尾。一是组织编制项目竣工文件，做好项目竣工总结筹备。二是开展汶川地震受灾自然保护区的恢复重建工作。三是组织国内野外巡护和监测数据分析专家，对保护区人员进行生态系统本底图及生物多样性监测培训，进一步提高自然保护区人员的生态本底图和监测数据的管理和实际运用能力。四是组织、编撰和印刷大型画册《为了我们共同的家园》，并发放给项目各省、各保护区。五是集中国内外专家编撰《参与式理论在自然保护区有效性管理中的应用》、《自然保护区社区发展理论与实践》、《自然保护区管理计划编制技术与实践》、《自然保护区管理热点问题研究——GEF项目应用性研究初探》和《中国GEF项目自然保护区与周边社区合作管理案例研究》等项目的五部系列成果专著。六是安排经费组织云南省项目办编制《省自然保护区巡护技术规程》和《省自然保护区生物多样性监测技术标准》。七是组织、接待和陪同世行竣工检查组会谈，并安排野外考察。（陈京华）

**【林业综合发展项目】**　2010年10月正式生效实施，项目总投资13.6亿元，其中世行贷款1亿美元，折合人民币6.8亿元，国内配套资金6.8亿元。计划在河北、山西、辽宁、浙江和安徽5省68个县的部分生态环境脆弱地区，营造多功能人工林92 973公顷，修复低质低效林39 641公顷。恢复项目森林植被，增加森林覆盖率，项目建成后，使项目区森林覆盖率提高1.9个百分点。

截至2010年年底共完成新造混交型防风固沙林、生态经济型防风固沙林、间作型农田防护林以及水源涵养林、水土保持林等多功能防护人工林6980.1公顷，实现了良好的项目开局。（苏　宁）

**【江西生物质能源林示范项目】**　该项目是中国林业首次利用欧洲投资银行贷款并以应对气候变化为主题的项目，项目计划在2009~2013年5年内，在江西省19个县（市、区，林场）建立29 373公顷生物质能源林示范基地。

该项目以国家鼓励发展生物质能源为契机，利用江西省优越的自然地理条件和丰富的林地资源，建设生物质能源林示范基地，满足社会对清洁、可靠、经济、安全的可再生能源原料需求。项目总投资37 857万元，其中欧投行贷款2500万欧元，占项目总投资的70%；地方配套资金1071.43万欧元，占项目总投资的30%。截至2010年年底，全省已完成项目造林14 764公顷，其中完成油茶造林13 560公顷，完成光皮树造林1204公顷。（石　敏）

**【西北三省区林业生态发展项目】**　亚洲开发银行贷款西北三省（区）林业生态发展项目于2006年立项，2010年12月底正式签字生效。该项目是亚洲开发银行资助的首个林业项目。项目涉及陕西、甘肃、新疆3省（区）16个地（州、市）共计55个县。

项目内容包括经济林建设、生态林建设和项目管理支持三部分。目标是通过在西北三省（区）贫瘠和退化土地上恢复林草植被，充分发挥森林植被在防风固沙、

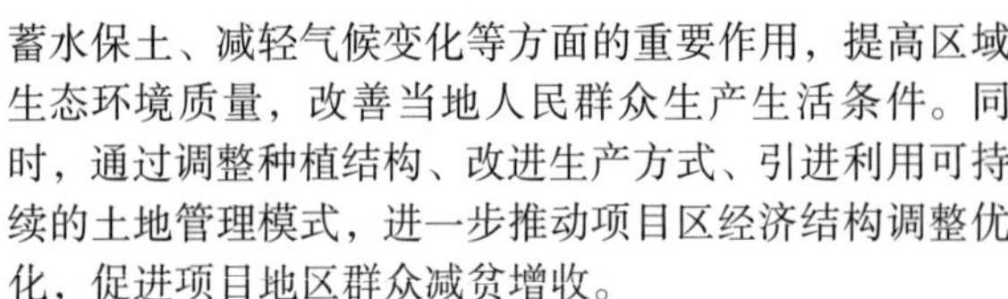
蓄水保土、减轻气候变化等方面的重要作用，提高区域生态环境质量，改善当地人民群众生产生活条件。同时，通过调整种植结构、改进生产方式、引进利用可持续的土地管理模式，进一步推动项目区经济结构调整优化，促进项目地区群众减贫增收。

项目建设期 2011 ~ 2015 年，总投资约为 1.771 亿美元，其中拟利用亚行贷款 1 亿美元(甘肃 3334 万美元、陕西 3333 万美元、新疆 3333 万美元)，全球环境基金赠款 510 万美元，三省(区)配套 3190 万美元、企业和农户自筹 4010 万美元。 (宋　磊)

# 国有林场和林业工作站建设

14

# 国有林场改革与发展

**【综　述】**　2010年在国家加大民生和生态建设投入的大背景下，各地国有林场抓住机会，在国有林场改革、基础设施建设和森林经营等方面都作出大量切实有效的工作，并取得成绩。

**国有林场基本情况**　截至2010年年底，全国共有国有林场4507个，按预算管理方式划分：全额拨款的林场424个，差额拨款的林场1746个，自收自支的林场2337个；按行政隶属关系划分：省管林场451个，地(市)管林场676个，县管林场3380个；按行政级别划分：处级以上林场2个，处级林场184个，科级林场2284个，股级林场1816个，其他行政级别林场221个；按经营规模划分：经营面积5万亩以下的林场2238个，5万~10万亩的林场786个，10万~50万亩的林场1181个，50万亩以上的林场302个。

全国国有林场0.55亿公顷的林业用地总面积中，商品林面积0.1亿公顷，公益林面积0.43亿公顷，其中重点公益林面积0.27亿公顷。有林地面积0.3亿公顷，疏林地面积0.02亿公顷，灌木林地面积0.09亿公顷，宜林荒山荒地面积0.08亿公顷。

**国有林场人员情况**　全国国有林场现有总人口271万人，其中国有林场职工总数66万人(在职职工43.5万人，离退休职工22.6万人)，职工家属90万人，代管农村人口115万人。

在职职工中已参加基本养老保险的职工32万人，占在职职工总数的73.5%；已参加基本医疗保险的职工27万人，占在职职工总数的62%；已参加失业保险的职工18万人，占在职职工总数的41%；已参加工伤保险的职工13.6万人，占在职职工总数的31%；已参加生育保险的职工11万人，占在职职工总数的25%。离退休职工中，已参加基本养老保险的职工16万人，占离退休职工总数的71%；已参加基本医疗保险的职工14万人，占离退休职工总数的62%。

**国有林场经营情况**　截至2010年年底，国有林场年末总资产780.1亿元，其中流动资产175.4亿元，非流动资产604.7亿元(固定资产净值123.8亿元)；负债276.2亿元，其中流动负债215.3亿元，非流动负债61亿元；所有者权益503.8亿元，其中实收资本89.8亿元(国家资本49.5亿元)，林木资本396.8亿元，资本公积32亿元，盈余公积17.2亿元，未分配利润-32亿元。全年营业总收入106.8亿元，净利润3.2亿元，比2009年增加1.7亿元。截至2010年年末，含林木资产的资产负债率35.4%，比2009年增加1.6个百分点。不含林木资产的资产负债率73%，比2009年增加0.5个百分点。

2010年，全国国有林场营业收入106.8亿元，比2009年增加4.8亿元；营业总成本122亿元，比2009年增加7亿元；营业外净收入2.4亿元，比2009年减少0.7亿元。2010年，盈利国有林场2272个，亏损林场2085个，亏损面47.9%，比2009年增加3.2个百分点；亏损林场亏损额23.2亿元，比2009年增亏3.2亿元。盈亏相抵，2010年全国国有林场净利润3.2亿元，比2009年增加1.7亿元。

2010年，国有林场职工工资总额43亿元，人年均工资9885元；离退休职工养老金总额29.4亿元，其中林场负担9亿元，人年均养老金13 053元。年末累计拖欠职工工资费用总额48.3亿元，主要包括拖欠职工工资35.5亿元，涉及13.8万人；拖欠医药费0.3亿元；拖欠离退休金8.3亿元，涉及4万人。

**受灾情况**　2010年8月7日，甘肃省甘南藏族自治州舟曲县发生特大山洪泥石流地质灾害。由于地处低洼地带，舟曲县林业局以及白龙江林管局所属的舟曲林业局受灾严重，其中地处泥石流与白龙江交叉处的九二三林场受灾最为严重，林场职工失踪69人，另有131户职工400多人无家可归。据不完全统计，此次灾害使九二三林场直接经济损失总计达2772万元。灾情发生后，甘肃省林业厅迅速作出反应，副厅长火统元8月8日凌晨带队连夜赶赴舟曲县灾害现场开展抢险救灾工作，并在经费紧缺的情况下，筹集救灾资金100万元，以救助受灾林业职工。国家林业局局长贾治邦作出重要批示，派工作组8月9日赶赴灾区现场查看灾情，慰问职工，指导抢险救灾工作，并紧急援助救灾资金100万元。截至2010年年底，舟曲县受灾国有林场已在省委省政府领导下按照灾后重建规划展开重建工作。　(郝　明)

**【国有林场改革与发展】**　2010年5月12日，温家宝总理主持召开国务院第一百一十一次常务会议，对《关于加快国有林场改革的意见》进行审议。会议确定由国家发改委和国家林业局牵头，会同有关部门组成改革工作小组，就国有林场和国有林区改革问题作进一步深入调查研究，提出意见，通过试点，总结经验，有序推进，不断完善。

**成立国有林场和国有林区改革工作小组**　根据国务院常务会议要求，2010年8月30日，国家发改委副主任彭森主持召开国有林场和国有林区改革工作小组第一次会议，正式成立由国家发改委和国家林业局牵头、有关部门参加的国有林场和国有林区改革工作小组，明确部门分工，研究讨论下一步改革工作。

**开展国有林场改革调研**　一是国家发改委下发通知，组织各省(区、市)国有林场改革调研，国家林业局配合国家发改委对调研报告进行分析和汇总。二是于10月中旬，国家林业局会同国家发改委、中央编办、民政部、人社部、住建部和银监会组成联合调研组赴江西省进行国有林场改革调研，听取江西省有关方面的工作汇报，实地走访部分林场，了解国有林场改革有关情况。

**召开国有林场和国有林区改革座谈会**　为进一步调查研究，听取有关方面的意见和建议，国家发改委、国家林业局于2010年11月10日在北京召开国有林场和国有林区改革座谈会。会议由国家林业局张建龙副局长主持，国家发改委副主任彭森出席会议。参加会议的有国家发改委、中央编办、民政部、财政部、人社部、住建部、银监会等部门同志和部分地方代表。会议听取有关地方同志关于国有林场改革工作的汇报，进一步研究了国有林场改革思路。（李建锋）

**【扶持贫困国有林场脱贫】** 中央扶贫资金总量持续增加。通过积极争取，2010年国有林场财政扶贫资金总量增加到2.6亿元，较2009年增加1000万元，共扶持700多个林场，有效地促进了国有林场扶贫工作的开展。同时，为使扶贫资金的分配更加公平公正和透明，充分发挥扶贫资金分配机制的作用，国家林业局对扶贫资金因素法分配中贫困性因素的因子和各因子所占的权重比例进行了调整，使因素法更加完善。

为积极配合国家有关农村最低生活保障制度和扶贫开发政策有效衔接扩大试点工作，进一步推进国有贫困林场扶贫工作，下发《国家林业局关于认真贯彻落实〈国务院办公厅转发扶贫办等部门关于做好农村最低生活保障制度和扶贫开发政策有效衔接扩大试点工作意见的通知〉有关问题的通知》，促进国有林场最低生活保障制度的建立，低保面显著减少。继续探索创新扶贫机制，扩大科技进林场等智力扶贫的试点范围。根据国家调高贫困标准的实际情况，国家林业局对国有林场贫困界定标准进行前期研究，并经科技司同意立项。（杜书翰）

**【国有林场基础设施建设】** 在2009年国有林场危旧房改造试点顺利实施的基础上，2010年改造工程全面启动，国家林业局审批了28个省（区、市）的实施方案。国家发改委批复的16.6万户改造任务已全部下达，中央、省、市、县、林场和职工筹资达110亿元，这是多年来对国有林场基础设施建设最大的一笔投入。国家林业局会同国家发改委等部门召开国有林场危旧房改造培训会，并会同国家发改委、住建部出台《国有林场危旧房改造工程项目管理办法》，会同国家发改委、住建部、国土部、农业部等6部门完善危旧房改造规划。

国家林业局和国家能源局联合下发《关于开展国有林区供电保障基础数据调查和做好电网改造升级改造规划的通知》，部署国有林场供电保障基础数据调查、国有林场电网改造升级规划和推进国有林场供电体制改革等工作。

国家林业局办公室和国家广电总局办公厅联合下发《关于开展国有林区广播电视覆盖情况调查工作的通知》，要求各地抓紧就国有林区包括国有林场广播电视覆盖情况进行一次系统摸底调查。截至2010年年底，据不完全统计，全国国有林场不通电的职工有9.3万户，未能与当地电网实现同网同价的林场1400个，需改造升级生活用电线路3.5万千米。

2010年8月召开全国国有林场基础设施建设座谈会，对国有林场基础设施建设工作作出全面部署。下发《国家林业局场圃总站关于切实抓好国有林场基础设施建设有关工作的通知》（林场场字〔2010〕67号），并建立国有林场基础设施建设有关工作进展情况月报制度。

（李建锋）

**【国有林场森林经营】**

**抓好国有林场森林抚育补贴试点工作** 2010年中央财政安排森林抚育补贴试点资金20亿元，试点任务133.33万公顷，其中安排到国有林场33.33万公顷，涉及林场693个。国家林业局森林抚育补贴试点小组在做好有关工作的同时，广泛开展调研，总结研究通过森林经营安置职工就业的办法。

**抓好国有林场示范性森林经营方案的编制** 国家林业局场圃总站委托局调查规划设计院为河北省赤城县黑龙山林场、辽宁省实验林场和湖南省靖州苗族侗族自治县排牙山国有林场编制的示范性森林经营方案已完成，并陆续通过评审。以上3个林场将严格按照试点经营方案实施森林经营，并总结试点经验，向全国推广。

国家林业局场圃总站与北京林业大学合作，在前期对国外国有林管理研究的基础上，经进一步修改完善，编辑出版《世界国有林管理研究》一书。（杜书翰）

**【宣传塞罕坝精神】** 国家林业局党组对国有林场的发展非常重视，2010年全国林业厅局长会议在河北省塞罕坝机械林场召开，这是全国林业厅局长会议首次安排在基层林场举办。根据贾治邦局长提出的号召全国国有林场要学习借鉴塞罕坝机械林场的成功经验，按照分类经营的要求，不断推进国有林场改革的重要指示，为全面总结塞罕坝机械林场四十八年来建设发展的成功经验，深入挖掘“艰苦创业、无私奉献、科学求实、开拓创新、爱岗敬业”的塞罕坝精神的深刻内涵，树立改革发展旗帜。经国务院纠风办批准，为表彰先进，国家林业局授予河北省塞罕坝机械林场国有林场建设标兵称号，以全绿委、国家林业局的名义，创作“塞罕坝赋”，并于2010年9月在塞罕坝机械林场举行国有林场建设标兵授牌暨塞罕坝赋碑揭幕仪式，张建龙副局长出席仪式并讲话。同时，国家林业局组织宣讲团，在全国林业系统宣传塞罕坝精神，宣讲团已在山东威海和国家林业局机关举办两场报告会。（杜书翰）

**【国有林场信息化建设及宣传】**

**国有林场数据库建设** 为了规范国有林场数据库的填报和管理，2010年10月，国家林业局场圃总站在山东省淄博市原山林场召开国有林场数据库工作座谈会，并在会后印发《国有林场数据库管理暂行办法》，对国有林场数据工作的人员保障、填报手段、审核确认等工作环节进行规范。截至2010年年底，全国绝大部分省份已填报了2008~2009年度数据，数据库在国有林场各项政策和规划的制定中已开始发挥作用。

**中国林场信息网的建设** 2010年由场圃总站主办的中国林场信息网正式上线运行，网站设有“最新要闻”、“通知公告”、“政策法规”、“地方快报”、“林场协会”等栏目。在2010年10月召开的国有林场数据库工作座谈会上，网站的后台正式向各省（区、市）国有林场主管部门开放，省级国有林场主管部门可自主向网站发布消息，由场圃总站进行审核后刊登到网站。截至2010年年底，网站共发布消息280余条，其中重要消息70余条。中国林场信息网已成为全社会了解国有林场行业发展的窗口。（郝　明）

# 林业工作总站建设

**【综　述】** 2010年，工作总站紧紧围绕"发展现代林业、建设生态文明、推动科学发展"的林业发展总体思路，立足本职，围绕中心，服务大局，在转变思路促林改，完善基础增投入，稳定机构重协调，调处纠纷建和谐，强化执法保稳定等方面做出了积极贡献，取得成效。

**林业站建设进一步加强** 一年来，工作总站积极争取林业站建设投资，继续加大内外协调力度，多层次、全方位向发改委、财政部等有关部门汇报争取，林业站建设资金大幅增加，本年度中央财政安排林业站建设投资6000万元，比2009年增加了1000万元。在253个县(市、区)开展了重点县林业站建设，在82个林业站开展标准化林业站建设试点，为1万多个林业站配备业务设备。及时总结宁夏重点林业乡镇单独设站、一般乡镇合并建站、实行垂直管理的经验做法，在河北、内蒙古、四川等省(区)得到推广。在各级各部门的重视和支持下，林业站建设得到全面加强，全国设有地市级林业站300个、县级林业站2295个、乡镇林业站28 806个，占全国乡镇总数的82%。80%以上的林业站人员经费纳入了财政预算。

全国林业站本底调查项目完成成果汇总工作，这是新中国成立以来首次对林业站建设情况进行全面调查，为林业站建设和管理的科学化提供了依据。

**林业站的职能得到充分发挥和拓展** 围绕集体林权制度改革这个中心工作，在辽宁省本溪市召开了全国省级林业站站(处)长会议，国家林业局副局长张建龙出席会议并作《认清形势 明确任务 全面加强林业工作站工作》的讲话，全面部署当前和今后一个时期林业站的工作特别是服务林改工作。认真落实温家宝总理提出的集体林权制度改革后服务体系必须尽快跟上，农民最需要的是科技服务的指示精神，全方位加强基层林业科技推广和技术服务，确保尽快实现由调整生产关系向发展生产力的转变。全国林业站建立示范基地面积172万公顷，推广面积1180万公顷，累计培训林农100多万人次。全国14万多林业站职工和70万护林员在林改第一线辛勤工作，有力地保障了林改的顺利推进，林业站真正成为林改的"操盘手"。积极引导和推进林业经合组织建设，赴辽宁、江苏等省开展调研，在云南腾冲召开全国林业专业合作经济组织建设现场会，汇编全国林业专业合作经济组织现场会经验交流材料。此外，开展了38个林业站编制简易森林经营方案试点工作、24个服务体系一站式服务试点等工作。这些工作既为林业改革和发展作出了贡献，也为林业站发展拓展了空间。

**加强林政稽查工作和林权争议处理工作** 做好群众举报的受理工作，受理批转举报案件84件；督查督办一批有影响的典型案件；进一步规范林业行政案件统计分析工作，下发国家林业局新的《林业行政案件统计表》和《林业行政案件统计分析系统》；举办全国林政案件统计分析人员培训班。拟定《国家林业局重大省际林权争议突发事件应急预案》；完成《林木林地权属争议处理条例(征求意见稿)》；正在制定《省际林权争议调处指导性意见》。

**推进森林保险工作** 工作总站与中国人民财产保险股份有限公司签订《共同推进森林保险的合作框架协议》，并下发《关于共同推进森林保险试点工作的通知》，在海口举办森林保险培训班，联合编发《森林保险宣传手册》和森林保险宣传海报。

**加强林业站人员岗位培训** 2010年完成1.2万人(次)林业站站长培训，4.6万人(次)林业站站员培训；举办多期油茶、竹产业等专业技术培训班；举办林业经合组织、森林保险、简易森林经营方案编制等培训班或研讨班。全国林业站职工中专以上学历达到80%以上，其中大专以上学历超过40%。引导林业站加强林农培训。加强行风建设，与局纪检组监察局组成联合调研组，赴四川省对林业基层预防职务犯罪工作情况进行调研，并对基层林业站开展预防职务犯罪活动情况进行抽查。同时，实行林业站建设项目廉政建设"一票否决"。林业站涉林渎职案件高发势头得到初步遏制。

**机关建设得到加强** 开展创先争优活动和强党性、促政风、带行风活动，组织学习《廉政准则》、《四项监督制度》等廉洁从政的规定和要求，组织学习优秀共产党员王瑛等先进人物的事迹；用发生在身边的案例，从正反两方面教育干部职工严于律己，拒腐防变，干部职工廉洁从政的自觉性普遍加强。重视干部的成长进步，加强干部的思想政治和业务知识学习，为干部职工学习创造积极宽松的条件。　　(工作总站)

**【全国林业站本底调查项目结束】** 为加强对林业站建设的科学化管理和分类指导，提高林业站的管理水平和服务能力，进一步推动林业站工作更好地服务和保障现代林业建设和集体林权制度改革。国家林业局从2008年开始，历时三年，组织完成全国林业站本底调查工作。本底调查的基准时间为2008年12月31日。通过本底调查，全面掌握管理体系以及林业站管理指导的乡村护林员队伍、乡村林场、全国林业站机构、队伍、基础设施、办公设备、职能作用发挥、经济合作组织等基本情况，了解林业站辖区内森林资源及生态建设现状。

**乡镇林业站管理机构基本建成，管理服务能力提高** 全国共有省、地、县三级林业站管理机构3013个，其中2315个管理机构经过编制部门批准，占77%，698个为林业部门内设机构。林业站管理机构中，归口营林造林部门管理的968个，林政资源部门的1067个，科技部门的414个，其他564个。全国林业站管理部门核定编制30 623人，现有在职职工33 555人，其中专职管理人员20 423人。

全国3013个林业站管理机构中，办公用房面积总计447 890平方米，平均149平方米，1152个管理机构的办公用房有自己产权，占38%。配备计算机9672台，每个管理机构平均3.2台，人均0.29台，配备汽车1275辆，占管理机构数的42%。

**基层林业管理服务网络基本形成，基础保障作用增强** 据调查统计，全国有乡镇林业站29 528个。其中乡镇独立设站的17 628个，区域(跨乡镇)设站的2526个，农业综合服务中心8481个，其他893个。管理体制方面，林业部门垂直管理的有8608个，县级林业主管部门和乡镇双重管理的有11 129个，乡镇管理的9781个。29 528个林业站中，山区有11 730个，半山丘陵地区有10 187个，平原及牧区有7611个。林业站辖区内林业用地面积2.2亿公顷、有林地面积1.4亿公顷、经济林0.13亿公顷、活立木蓄积量7亿立方米、国家级公益林0.53亿公顷、省级公益林0.72亿公顷。

**乡镇林业站职工队伍不断壮大，人员素质逐步提高** 全国乡镇林业站现有在岗职工134 573人，其中长期职工130 169人，核定编制130 243人。在岗职工中，经费渠道财政全额的为91 939人，财政差额的12 681人，林业经费的16 387人，自收自支的13 566人；35岁以下48 351人，36～50岁的70 974人，51岁以上的15 275人。文化程度方面，大专以上63 476人，中专33 180人，高中26 151人，初中以下11 766人。专业技术职称方面，高级职称1841人，中级职称22 508人，初级职称50 758人。

**乡镇林业站基础设施逐步完善，工作能力进一步强化** 在全国29 582个乡镇林业站中，11 979个站有独立站房，站房总面积567万平方米，其中办公用房面积25万平方米，站均84平方米，林业站站房中4965个站为危房。产权归属方面，6298个站房归林业局所有，2889个站房归林业站所有，18 005个站房归乡镇政府所有。配备汽车4397辆、摩托车12 473辆，配备固定电话基地台、对讲机等通讯工具34 901台、套，配备计算机20 903台，配备打印机、传真机、复印机、一体机等20 096台(套)。

**乡镇林业站职能发挥作用，服务林改成效显著** 调查年度，乡镇林业站指导完成新造林面积521.27万公顷，育苗面积36.67万公顷，抚育作业面积856.53万公顷，四旁植树4746亿株，采伐设计面积159.73万公顷，代收规费97 148万元，全国有14 611个林业站受林业局委托行使林业行政执法权，受理林政案件88 804件，参与调处林权纠纷203 054件、受理林业承包合同纠纷27 915件，指导森林病虫鼠害防治面积1073.13万公顷，扶持指导科技推广面积445.73万公顷，现有站办示范基地45万公顷。另外，乡镇林业站管理指导乡村护林员703 885人，其中专职人员281 685人，兼职人员422 200人。乡镇林业站管理指导乡村林场64 590个，林场经营面积1008.13万公顷，从业人员726 636人。乡镇林业站指导扶持的林业经济合作组织26 197个，会员239万人，带动农户609万户，连接基地面积332.2万公顷。 (张志刚)

**【全国林业工作站站(处)长工作会议】** 为认真贯彻落实好全国林业厅局长座谈会精神，推进集体林权制度改革，7月26～27日国家林业局工作总站在辽宁省本溪县召开全国林业工作站站(处)长工作会议。会议的主题是高举集体林权制度改革的大旗，以深入推进集体林权制度改革，富民兴林为落脚点，以发挥林业站职能作用当好林改操盘手为抓手，分析形势，学习经验，明确任务，全面加强林业站工作。会议达到了预期目的，取得了良好效果。

基本情况。中央林业工作会议召开后，围绕局党组的工作部署，总站积极督导各级林业站参与林改、服务林改、推动林改，并筹备召开林业站服务林改的工作会议。为更好地贯彻落实全国林业厅局长座谈会精神，将厅局长座谈会精神传达到全国林业站系统，工作总站将会议确定在本溪县以现场会的形式召开。张建龙副局长亲自参加会议并讲话。国家发改委农经司吴晓松副司长莅临会议并作指导，局法规司、资源司、林改司、计资司、科技司等司局和单位的领导出席会议。全国31个省(区、市)林业厅局林业工作站的主要负责人和辽宁省14个地级市林业工作站主要负责人参加会议，出席会议代表约100人。

会议深入学习贾局长在全国林业厅局长座谈会上的讲话精神，总结近年来全国林业站工作的成效和经验，分析认识当前林业改革发展面临的五个“前所未有”的新形势和中央赋予林业的“四个地位”和“四大使命”，重点安排部署当前和今后一个时期林业站工作。与会代表还参观考察本溪县林业站建设、林业站指导发展林下经济和林业合作经济组织的现场。 (侯 艳)

**【全国林业专业合作经济组织建设现场会】** 2010年10月29～30日，国家林业局工作总站在云南省腾冲县召开全国林业专业合作经济组织建设现场会。会议的主要目的是贯彻落实全国集体林权制度改革百县经验交流会精神，研究部署林业经合组织建设工作，推动林业经合组织健康稳步发展，为深化林业改革和巩固扩大集体林权制度改革成果打下坚实基础。来自全国30个省(区、市)和新疆生产建设兵团的省级林业站站(处)长参加了会议。会议期间，代表们参观考察了云南省腾冲县林业专业合作经济组织和林业站建设现场，云南省林业厅、腾冲县政府、福建省永安市林业局、江苏省宜兴市湖父镇政府、浙江省淳安县大墅林业中心站5个单位作典型经验介绍。 (侯 艳)

**【乡镇林业工作站站长能力测试试点工作】** 为贯彻落实《2010～2020年干部教育培训改革纲要》和全国林业工作会议精神，建设高素质的林业队伍，发展现代林业，建设生态文明，推动科学发展提供有力的人才支撑，国家林业局工作总站把加强林业站人员能力建设摆到更加重要的位置，计划在2011年启动乡镇林业工作站站长能力测试工作。

为顺利推进能力测试工作的开展，2010年11月23日和12月8日，工作总站分别在内蒙古自治区呼伦贝尔市、安徽省蚌埠市先期进行站长能力测试试点，测试内容为《基层林业工作站站长指导性岗位培训计划》(林站培字〔2003〕4号)规定的《森林资源管理》、《林木栽培技术》、《林业政策法规》、《林业工作站管理》4门课程和集体林权制度改革政策，以及乡镇林业工作站站长岗位规范对岗位能力要求的内容。两市县、乡镇林业站站长及林业技术人员共计119人参加测试，110人通过测试，测试通过率为92.4%。（罗 雪）

**【森林保险工作】** 为贯彻落实贾治邦局长在全国林业厅局长会议上提出的“在基层林业工作站培训一大批熟悉森林保险的业务队伍，扩大森林保险规模、实现农民与保险公司双赢奠定坚实基础”的要求，国家林业局党组决定，由局工作总站负责森林保险试点工作的具体落实。2010年，工作总站重点抓了以下几方面工作。

**与财政部等有关部门协调争取优惠政策** 一是2月份配合局计财司和财政部、保监会、中国人民保险集团股份有限公司联合召开森林保险座谈会。二是在实地调研和向各省、市征集意见的基础上，对《财政部、农业部、林业局、保监会关于加强农业保险基层服务有关事项的通知(代拟稿草稿)》和《关于保险公司委托农林部门有关基层机构开展农业保险服务工作的通知(草稿)》提出修改意见和建议，与财政部、保监会协商沟通，争取联合发文尽快出台。

**强化与保险公司的合作** 一是与人保财险签订合作框架协议。2010年12月9日，中国人民财产保险股份有限公司与国家林业局林业工作站管理总站在京签订《共同推进森林保险的合作框架协议》，双方约定在森林保险承保、理赔、防灾防损等方面开展全面合作。贾治邦局长和人保集团董事长吴焰分别为签字仪式题词“森林保险利国利民”、“勇担责任服务林农”；祝列克副局长出席签字仪式并致辞。二是联合下发指导性文件。在签订合作框架协议的基础上，与人保财险联合下发《关于共同推进森林保险试点工作的通知》(人保财险发〔2010〕330号)，对保险公司和林业主管部门双方在推进森林保险试点工作中的责任、权利和义务及如何发挥林业站在森林保险试点工作中的作用等提出指导性意见。

**开展宣传培训工作** 一是编印了《森林保险宣传手册》和宣传海报，并向6个试点省发放《宣传手册》7万份，宣传海报近2万份。二是举办森林保险培训班。2010年12月6～9日，工作总站与人保财险在海口共同举办首届森林保险培训班，对森林保险试点省及部分积极申请纳入试点的省份的相关工作人员近100人进行系统培训。内容涉及国家集体林权制度改革政策及进展情况、林业生产与气候变化、全国森林灾害种类及防控、森林保险经营模式与体系建设、森林保险业务流程和实务操作及相关金融知识等，得到学员的一致好评。

**完善林业站服务机制** ①2010年初，南方多省区遭受严重洪涝灾害，森林资源受到严重损害，为搞好森林保险理赔工作，下发《国家林业局林业工作站管理总站关于协助做好森林保险查勘定损理赔工作的通知》(林站综字〔2010〕21号)，明确要求福建、江西、湖南3省各级林业主管部门和乡镇林业站协助保险公司做好因洪涝灾害造成森林资源损失的森林保险查勘定损理赔工作。②指导地方成立森林保险组织机构，目前已有湖北、河南、内蒙古、云南、浙江、江西、青岛、福建等省(区、市)成立森林保险工作领导小组和协调小组。

（许惠娟）

# 林业计划统计

15

# 林业计划统计

【《全国林地保护利用规划纲要(2010～2020年)》】 2010年6月，国务院常务会议审议并原则通过，国家林业局以林函规字〔2010〕181号文印发《林地规划》。《纲要》确定今后10年全国林地保护利用的主要任务和目标。一是严格保护林地，确保林地规模适度增长。到2020年，林地保有量增加到3.12亿公顷，占国土面积比重提高到32.5%以上。二是加大森林保护力度，确保森林面积总量逐步增加。到2020年，森林保有量达到2.23亿公顷，森林覆盖率达到23%以上。三是科学经营林地，提高森林质量和综合效益。确保重点公益林、重点商品林和生态屏障等用地需要，合理调整天然林地和人工林地结构。建立林地质量评价定级制度，实施森林质量工程和木本粮油工程，提高林地生产力。四是优化结构布局，统筹区域林地保护利用。对不同区域林地实行差别化保护利用政策，规范林地利用秩序。五是深化集体林权制度和国有林场改革。创新管理制度，形成有利于保护林地和发展森林资源的管理机制。

（陈嘉文　覃鑫浩）

【《全国林木种苗发展规划(2011～2020年)》】 2010年7月，国家发改委、财政部、国家林业局联合发布《全国林木种苗发展规划(2011～2020年)》。

《规划》目标是到2015年全国造林基地供种率和造林良种使用率将分别由现在的63%和51%提高到80%和65%，主要造林树种种子供应全部实现基地供种，商品林造林全部使用良种；到2020年，全国造林全部实现基地供种，造林良种使用率达到75%。

《规划》主要建设内容是着力推进林木良种选育推广、种苗生产供应、种苗行政执法和种苗社会化服务四大体系建设，加快推进林木良种化进程，全面提高良种壮苗生产能力。①林木种质资源调查与保存；②林木良种选育；③林木种苗基地建设，建设林木良种基地300处，林木采种基地100处，全国扶持保障性苗圃300处；④全国林木种苗行政执法能力建设1000处；⑤加强林木种子储备建设。

（陈嘉文　覃鑫浩）

【《大小兴安岭林区生态保护与经济转型规划(2010～2020年)》】 2010年11月，国务院批复国家发改委、国家林业局会同有关部门编制的《关于大小兴安岭生态保护与经济转型规划》。12月，国家发改委和国家林业局将《规划》联合印发黑龙江省、内蒙古自治区政府、国务院有关部门。规划范围涵盖大小兴安岭林区的50个县(市、旗、区)，规划区国土总面积43万平方千米，人口818万人。

《规划》目标是到2020年森林资源得到初步恢复，生态布局合理，涵养水源、保持水土、维持生物多样性的功能将明显提升，森林覆盖率达70%以上，每公顷木材蓄积量达95立方米。城镇居民人均收入达到2.5万元，农村居民人均收入达到1万元，成为生态环境良好、产业特色鲜明、社会文明和谐、人民生活富裕的社会主义新林区。

《规划》主要内容一是加强林区生态保护与建设，调减森林采伐量，实行森林分类经营，强化森林管护与保护，加快森林资源培育，加强自然保护区和湿地保护与建设，开展环境综合治理，加强森林生态功能区保护和建设；二是优化林区局场和城镇布局；三是加快林区产业转型升级；四是改善林区基础设施；五是加快林区社会事业发展。

（陈嘉文　覃鑫浩）

【林业固定资产投资建设项目批复情况】

**森林防火项目** 共审批森林防火项目101个，批复总投资94 894万元，其中中央投资67 732万元，地方配套投资27 162万元。

| 序号 | 项目名称 | 批复文号 | 批复投资(万元) | | |
|---|---|---|---|---|---|
| | | | 合计 | 中央 | 地方 |
| | **合　计** | | **94 894.0** | **67 732.0** | **27 162.0** |
| 1 | 河北省森林火险预警监测系统建设项目 | 林规批字〔2010〕111号 | 544.0 | 404.0 | 140.0 |
| 2 | 天津市森林火险预警监测系统建设项目 | 林规批字〔2010〕112号 | 97.0 | 60.0 | 37.0 |
| 3 | 山西省森林火险预警监测系统建设项目 | 林规批字〔2010〕113号 | 490.0 | 363.0 | 127.0 |
| 4 | 内蒙古自治区森林火险预警监测系统建设项目 | 林规批字〔2010〕114号 | 1458.0 | 1284.0 | 174.0 |
| 5 | 内蒙古自治区森工林区森林火险预警系统建设 | 林规批字〔2010〕115号 | 937.0 | 825.0 | 112.0 |
| 6 | 辽宁省森林火险预警监测系统建设项目 | 林规批字〔2010〕116号 | 602.0 | 369.0 | 233.0 |
| 7 | 吉林省森林火险预警监测系统建设项目 | 林规批字〔2010〕117号 | 743.0 | 545.0 | 198.0 |
| 8 | 黑龙江大兴安岭林业集团公司森林火险预警监测系统建设项目 | 林规批字〔2010〕118号 | 368.0 | 328.0 | 40.0 |
| 9 | 黑龙江省地方林区森林火险预警监测系统建设项目 | 林规批字〔2010〕119号 | 834.0 | 733.0 | 101.0 |
| 10 | 黑龙江省森工林区森林火险预警监测系统建设项目 | 林规批字〔2010〕120号 | 867.0 | 647.0 | 220.0 |
| 11 | 浙江省森林火险预警监测系统建设项目 | 林规批字〔2010〕121号 | 655.0 | 399.0 | 256.0 |

（续）

| 序号 | 项目名称 | 批复文号 | 批复投资(万元) | | |
|---|---|---|---|---|---|
| | | | 合计 | 中央 | 地方 |
| 12 | 安徽省森林火险预警监测系统建设项目 | 林规批字〔2010〕122 号 | 991.0 | 743.0 | 248.0 |
| 13 | 福建省森林火险预警监测系统建设项目 | 林规批字〔2010〕123 号 | 870.0 | 532.0 | 338.0 |
| 14 | 江西省森林火险预警监测系统建设项目 | 林规批字〔2010〕124 号 | 1120.0 | 842.0 | 278.0 |
| 15 | 山东省森林火险预警监测系统建设项目 | 林规批字〔2010〕125 号 | 262.0 | 148.0 | 114.0 |
| 16 | 河南省森林火险预警监测系统建设项目 | 林规批字〔2010〕126 号 | 467.0 | 345.0 | 122.0 |
| 17 | 湖北省森林火险预警监测系统建设项目 | 林规批字〔2010〕127 号 | 843.0 | 623.0 | 220.0 |
| 18 | 湖南省森林火险预警监测系统建设项目 | 林规批字〔2010〕128 号 | 1292.0 | 974.0 | 318.0 |
| 19 | 广东省森林火险预警监测系统建设项目 | 林规批字〔2010〕129 号 | 1032.0 | 642.0 | 390.0 |
| 20 | 广西壮族自治区森林火险预警监测系统建设项目 | 林规批字〔2010〕130 号 | 1491.0 | 1309.0 | 182.0 |
| 21 | 海南省森林火险预警监测系统建设项目 | 林规批字〔2010〕131 号 | 475.0 | 291.0 | 184.0 |
| 22 | 重庆市森林火险预警监测系统建设项目 | 林规批字〔2010〕132 号 | 359.0 | 311.0 | 48.0 |
| 23 | 四川省森林火险预警监测系统建设项目 | 林规批字〔2010〕133 号 | 1960.0 | 1701.0 | 259.0 |
| 24 | 云南省森林火险预警监测系统建设项目 | 林规批字〔2010〕134 号 | 1765.0 | 1532.0 | 233.0 |
| 25 | 西藏自治区森林火险预警监测系统建设项目 | 林规批字〔2010〕135 号 | 1211.0 | 1211.0 | 0.0 |
| 26 | 陕西省森林火险预警监测系统建设项目 | 林规批字〔2010〕136 号 | 985.0 | 862.0 | 123.0 |
| 27 | 甘肃省森林火险预警监测系统建设项目 | 林规批字〔2010〕137 号 | 879.0 | 769.0 | 110.0 |
| 28 | 青海省森林火险预警监测系统建设项目 | 林规批字〔2010〕138 号 | 295.0 | 250.0 | 45.0 |
| 29 | 宁夏回族自治区森林火险预警监测系统建设项目 | 林规批字〔2010〕139 号 | 156.0 | 132.0 | 24.0 |
| 30 | 新疆维吾尔自治区森林火险预警监测系统建设项目 | 林规批字〔2010〕140 号 | 596.0 | 514.0 | 82.0 |
| 31 | 辽宁省彰武等 4 县(市)重点火险区综合治理二期建设项目 | 林规批字〔2010〕141 号 | 566.0 | 226.0 | 340.0 |
| 32 | 内蒙古自治区呼伦贝尔市岭西重点火险区综合治理二期建设项目 | 林规批字〔2010〕142 号 | 1095.0 | 876.0 | 219.0 |
| 33 | 内蒙古自治区呼和浩特市大青山重点火险区综合治理二期建设项目 | 林规批字〔2010〕143 号 | 775.0 | 620.0 | 155.0 |
| 34 | 内蒙古自治区乌海市重点火险区综合治理建设项目 | 林规批字〔2010〕144 号 | 452.0 | 362.0 | 90.0 |
| 35 | 内蒙古自治区伊图里河林业局重点火险区综合治理二期建设项目 | 林规批字〔2010〕145 号 | 1220.0 | 976.0 | 244.0 |
| 36 | 内蒙古自治区甘河林业局重点火险区综合治理二期建设项目 | 林规批字〔2010〕146 号 | 1087.0 | 870.0 | 217.0 |
| 37 | 内蒙古自治区库都尔林业局重点火险区综合治理二期建设项目 | 林规批字〔2010〕147 号 | 1117.0 | 894.0 | 223.0 |
| 38 | 内蒙古自治区图里河林业局重点火险区综合治理二期建设项目 | 林规批字〔2010〕148 号 | 1216.0 | 973.0 | 243.0 |
| 39 | 内蒙古自治区阿里河林业局重点火险区综合治理二期建设项目 | 林规批字〔2010〕149 号 | 1122.0 | 898.0 | 224.0 |
| 40 | 内蒙古自治区乌尔旗汉林业局重点火险区综合治理二期建设项目 | 林规批字〔2010〕150 号 | 1012.0 | 810.0 | 202.0 |
| 41 | 内蒙古自治区吉文林业局重点火险区综合治理二期建设项目 | 林规批字〔2010〕151 号 | 1082.0 | 866.0 | 216.0 |
| 42 | 内蒙古自治区克一河林业局重点火险区综合治理二期建设项目 | 林规批字〔2010〕152 号 | 1252.0 | 1002.0 | 250.0 |
| 43 | 内蒙古自治区金河林业局重点火险区综合治理二期建设项目 | 林规批字〔2010〕153 号 | 1149.0 | 919.0 | 230.0 |
| 44 | 内蒙古自治区阿龙山林业局重点火险区综合治理二期建设项目 | 林规批字〔2010〕154 号 | 1083.0 | 866.0 | 217.0 |
| 45 | 内蒙古自治区根河林业局重点火险区综合治理二期建设项目 | 林规批字〔2010〕155 号 | 1301.0 | 1041.0 | 260.0 |
| 46 | 黑龙江大兴安岭十八站林业局重点火险区综合治理二期建设项目 | 林规批字〔2010〕156 号 | 700.0 | 560.0 | 140.0 |
| 47 | 黑龙江大兴安岭图强林业局重点火险区综合治理二期建设项目 | 林规批字〔2010〕157 号 | 651.0 | 521.0 | 130.0 |
| 48 | 黑龙江大兴安岭西林吉林业局森林重点火险区综合治理二期建设项目 | 林规批字〔2010〕158 号 | 713.0 | 570.0 | 143.0 |

（续）

| 序号 | 项目名称 | 批复文号 | 批复投资(万元) | | |
|---|---|---|---|---|---|
| | | | 合计 | 中央 | 地方 |
| 49 | 黑龙江省东北林业大学帽儿山、凉水森林重点火险区综合治理建设项目 | 林规批字〔2010〕159 号 | 210.0 | 126.0 | 84.0 |
| 50 | 黑龙江省美溪林业局森林重点火险区综合治理二期建设项目 | 林规批字〔2010〕160 号 | 978.0 | 587.0 | 391.0 |
| 51 | 安徽省六安市森林重点火险区综合治理二期建设项目 | 林规批字〔2010〕161 号 | 568.0 | 341.0 | 227.0 |
| 52 | 安徽省九华山地区森林重点火险区综合治理二期建设项目 | 林规批字〔2010〕162 号 | 676.0 | 406.0 | 270.0 |
| 53 | 福建省南平市森林重点火险区综合治理二期建设项目 | 林规批字〔2010〕163 号 | 1290.0 | 800.0 | 490.0 |
| 54 | 江西省景德镇森林重点火险区综合治理二期建设项目 | 林规批字〔2010〕164 号 | 945.0 | 567.0 | 378.0 |
| 55 | 江西省庐山森林重点火险区综合治理二期建设项目 | 林规批字〔2010〕165 号 | 909.0 | 545.0 | 364.0 |
| 56 | 江西省鄱阳湖南部森林重点火险区综合治理建设项目 | 林规批字〔2010〕166 号 | 440.0 | 264.0 | 176.0 |
| 57 | 江西省赣南森林重点火险区综合治理二期建设项目 | 林规批字〔2010〕167 号 | 1344.0 | 806.0 | 538.0 |
| 58 | 山东省鲁中原山系重点火险区综合治理建设项目 | 林规批字〔2010〕168 号 | 1750.0 | 700.0 | 1050.0 |
| 59 | 山东省济南南部森林重点火险区综合治理建设项目 | 林规批字〔2010〕169 号 | 887.0 | 355.0 | 532.0 |
| 60 | 山东省莱芜市森林重点火险区综合治理二期建设项目 | 林规批字〔2010〕170 号 | 556.0 | 222.0 | 334.0 |
| 61 | 湖北省随州市森林重点火险区综合治理二期建设项目 | 林规批字〔2010〕171 号 | 686.0 | 412.0 | 274.0 |
| 62 | 湖南省长沙市森林重点火险区综合治理二期建设项目 | 林规批字〔2010〕172 号 | 790.0 | 474.0 | 316.0 |
| 63 | 湖南省邵阳市森林重点火险区综合治理二期建设项目 | 林规批字〔2010〕173 号 | 1277.0 | 766.0 | 511.0 |
| 64 | 湖南省湘潭市森林重点火险区综合治理二期建设项目 | 林规批字〔2010〕174 号 | 687.0 | 412.0 | 275.0 |
| 65 | 湖南省永州市森林重点火险区综合治理二期建设项目 | 林规批字〔2010〕175 号 | 864.0 | 518.0 | 346.0 |
| 66 | 湖南省张家界市森林重点火险区综合治理二期建设项目 | 林规批字〔2010〕176 号 | 1006.0 | 604.0 | 402.0 |
| 67 | 广东省级韶关片重点火险区综合治理二期建设项目 | 林规批字〔2010〕177 号 | 1832.0 | 733.0 | 1099.0 |
| 68 | 广东省肇庆市森林重点火险区综合治理二期建设项目 | 林规批字〔2010〕178 号 | 1598.0 | 639.0 | 959.0 |
| 69 | 广西壮族自治区梧州市森林重点火险区综合治理二期建设项目 | 林规批字〔2010〕179 号 | 1271.0 | 1017.0 | 254.0 |
| 70 | 海南省尖峰岭森林重点火险区综合治理二期建设项目 | 林规批字〔2010〕180 号 | 323.0 | 258.0 | 65.0 |
| 71 | 四川省广安市森林重点火险区综合治理建设项目 | 林规批字〔2010〕181 号 | 1034.0 | 827.0 | 207.0 |
| 72 | 四川省阿坝自治州九寨沟森林重点火险区综合治理建设项目 | 林规批字〔2010〕182 号 | 322.0 | 258.0 | 64.0 |
| 73 | 重庆市石柱、涪陵、梁平森林重点火险区综合治理二期建设项目 | 林规批字〔2010〕183 号 | 1197.0 | 958.0 | 239.0 |
| 74 | 贵州省毕节地区森林重点火险区综合治理二期建设项目 | 林规批字〔2010〕184 号 | 1510.0 | 1208.0 | 302.0 |
| 75 | 云南省滇东北森林重点火险区综合治理二期建设项目 | 林规批字〔2010〕185 号 | 1390.0 | 1112.0 | 278.0 |
| 76 | 云南省滇东南文山州森林重点火险区综合治理二期建设项目 | 林规批字〔2010〕186 号 | 1926.0 | 1541.0 | 385.0 |
| 77 | 云南省红河州森林重点火险区综合治理建设项目 | 林规批字〔2010〕187 号 | 986.0 | 789.0 | 197.0 |
| 78 | 云南省怒江州边境森林重点火险区综合治理建设项目 | 林规批字〔2010〕188 号 | 910.0 | 728.0 | 182.0 |
| 79 | 陕西省商洛蟒岭森林重点火险区综合治理二期建设项目 | 林规批字〔2010〕189 号 | 441.0 | 353.0 | 88.0 |
| 80 | 甘肃省武威市重点火险区综合治理建设项目 | 林规批字〔2010〕190 号 | 554.0 | 443.0 | 111.0 |
| 81 | 青海省黄南州森林重点火险区综合治理二期建设项目 | 林规批字〔2010〕191 号 | 886.0 | 709.0 | 177.0 |
| 82 | 青海省大通县森林重点火险区综合治理二期建设项目 | 林规批字〔2010〕192 号 | 858.0 | 686.0 | 172.0 |
| 83 | 新疆兵团农六师森林重点火险区综合治理二期建设项目 | 林规批字〔2010〕193 号 | 148.0 | 118.0 | 30.0 |
| 84 | 湖北省鄂南重点火险区综合治理二期建设项目 | 林规批字〔2010〕194 号 | 1003.0 | 802.0 | 201.0 |
| 85 | 内蒙古自治区大兴安岭国家级森林防火物资储备库建设项目 | 林规批字〔2010〕195 号 | 990.0 | 594.0 | 396.0 |
| 86 | 黑龙江大兴安岭加格达奇省级森林防火物资储备库建设项目 | 林规批字〔2010〕196 号 | 930.0 | 930.0 | 0.0 |
| 87 | 黑龙江大兴安岭塔河省级森林防火物资储备库建设项目 | 林规批字〔2010〕197 号 | 413.0 | 124.0 | 289.0 |
| 88 | 黑龙江省黑河省级森林防火物资储备库建设项目 | 林规批字〔2010〕198 号 | 388.0 | 116.0 | 272.0 |
| 89 | 广东省广州市省级森林防火物资储备库建设项目 | 林规批字〔2010〕199 号 | 422.0 | 127.0 | 295.0 |
| 90 | 广东省东莞市周边地区森林防火物资储备库建设项目 | 林规批字〔2010〕200 号 | 818.0 | 245.0 | 573.0 |
| 91 | 内蒙古自治区海拉尔航空护林站改扩建项目 | 林规批字〔2010〕201 号 | 486.0 | 146.0 | 340.0 |

（续）

| 序号 | 项目名称 | 批复文号 | 批复投资(万元) | | |
|---|---|---|---|---|---|
| | | | 合计 | 中央 | 地方 |
| 92 | 吉林省敦化航空护林站完善升级改扩建项目 | 林规批字〔2010〕202 号 | 1410.0 | 1128.0 | 282.0 |
| 93 | 大兴安岭韩家园森防直升机场建设项目 | 林规批字〔2010〕203 号 | 2020.0 | 1212.0 | 808.0 |
| 94 | 黑龙江省黑河航空护林站改扩建项目 | 林规批字〔2010〕204 号 | 1258.0 | 1006.0 | 252.0 |
| 95 | 黑龙江省牡丹江航空护林站莲花直升机场建设项目 | 林规批字〔2010〕205 号 | 1928.0 | 1157.0 | 771.0 |
| 96 | 重庆市航空护林站建设项目 | 林规批字〔2010〕206 号 | 1401.0 | 841.0 | 560.0 |
| 97 | 黑龙江省大兴安岭林区森林防火数字通信系统建设项目 | 林规批字〔2010〕207 号 | 840.0 | 672.0 | 168.0 |
| 98 | 陕西省劳山林业局森林防火视频监控及指挥系统建设项目 | 林规批字〔2010〕208 号 | 1563.0 | 1250.0 | 313.0 |
| 99 | 吉林省通讯和信息指挥系统建设项目 | 林规批字〔2010〕209 号 | 828.0 | 662.0 | 166.0 |
| 100 | 国家林业局森林防火卫星林火监测系统更新改造项目 | 林规批字〔2010〕210 号 | 2526.0 | 1516.0 | 1010.0 |
| 101 | 国家林业局森林防火卫星林火监测系统更新改造项目 | 林规批字〔2010〕211 号 | 384.0 | 384.0 | 0.0 |

**国家级自然保护区建设项目** 国家级自然保护区建设项目 40 个，批复总投资 39 596 万元。其中中央投资 32 027 万元，地方配套投资 7569 万元。

| 序号 | 项目名称 | 批复文号 | 批复投资(万元) | | |
|---|---|---|---|---|---|
| | | | 合计 | 中央 | 地方 |
| | **合 计** | | **39 596.0** | **32 027.0** | **7569.0** |
| 1 | 新疆艾比湖湿地国家级自然保护区基础设施建设项目 | 林规批字〔2010〕12 号 | 1175.0 | 940.0 | 235.0 |
| 2 | 广西雅长兰科植物国家级自然保护区基础设施建设项目 | 林规批字〔2010〕13 号 | 1250.0 | 820.0 | 430.0 |
| 3 | 黑龙江大沾河湿地国家级自然保护区基础设施建设项目 | 林规批字〔2010〕14 号 | 1016.0 | 813.0 | 203.0 |
| 4 | 黑龙江穆棱东北红豆杉国家级自然保护区基础设施建设项目 | 林规批字〔2010〕15 号 | 944.0 | 755.0 | 189.0 |
| 5 | 四川长沙贡玛国家级自然保护区基础设施建设项目 | 林规批字〔2010〕16 号 | 1182.0 | 946.0 | 236.0 |
| 6 | 陕西青木川国家级自然保护区基础设施建设项目 | 林规批字〔2010〕17 号 | 1020.0 | 816.0 | 204.0 |
| 7 | 内蒙古大青山国家级自然保护区包头分局基础设施建设项目 | 林规批字〔2010〕18 号 | 1130.0 | 904.0 | 226.0 |
| 8 | 吉林松花江三湖国家级自然保护区基础设施建设项目 | 林规批字〔2010〕19 号 | 1323.0 | 1058.0 | 265.0 |
| 9 | 湖南六步溪国家级自然保护区基础设施建设项目 | 林规批字〔2010〕20 号 | 1260.0 | 1008.0 | 252.0 |
| 10 | 湖南阳明山国家级自然保护区基础设施建设项目 | 林规批字〔2010〕21 号 | 1162.0 | 930.0 | 232.0 |
| 11 | 山东马山国家级自然保护区基础设施建设项目 | 林规批字〔2010〕22 号 | 661.0 | 529.0 | 132.0 |
| 12 | 黑龙江八岔岛国家级自然保护区基础设施二期工程项目 | 林规批字〔2010〕23 号 | 729.0 | 583.0 | 146.0 |
| 13 | 黑龙江凤凰山国家级自然保护区基础设施二期工程项目 | 林规批字〔2010〕24 号 | 1052.0 | 842.0 | 210.0 |
| 14 | 黑龙江乌伊岭国家级自然保护区基础设施二期工程项目 | 林规批字〔2010〕25 号 | 803.0 | 642.0 | 161.0 |
| 15 | 浙江乌岩岭国家级自然保护区基础设施二期工程项目 | 林规批字〔2010〕26 号 | 910.0 | 728.0 | 182.0 |
| 16 | 河南小秦岭国家级自然保护区基础设施建设二期工程项目 | 林规批字〔2010〕27 号 | 915.0 | 732.0 | 183.0 |
| 17 | 内蒙古哈腾套海国家级自然保护区基础设施二期工程项目 | 林规批字〔2010〕28 号 | 865.0 | 676.0 | 189.0 |
| 18 | 山东荣成大天鹅国家级自然保护区基础设施二期工程项目 | 林规批字〔2010〕29 号 | 898.0 | 718.0 | 180.0 |
| 19 | 四川察青多松白唇鹿国家级自然保护区基础设施二期工程项目 | 林规批字〔2010〕30 号 | 765.0 | 612.0 | 153.0 |
| 20 | 四川贡嘎山国家级自然保护区基础设施二期工程项目 | 林规批字〔2010〕31 号 | 1167.0 | 893.0 | 274.0 |
| 21 | 四川王朗国家级自然保护区基础设施二期工程项目 | 林规批字〔2010〕32 号 | 890.0 | 712.0 | 178.0 |
| 22 | 西藏雅鲁藏布江中游河谷黑颈鹤国家级自然保护区基础设施二期工程项目 | 林规批字〔2010〕33 号 | 910.0 | 910.0 | 0.0 |
| 23 | 西藏珠穆朗玛峰国家级自然保护区基础设施二期工程项目 | 林规批字〔2010〕34 号 | 1075.0 | 1075.0 | 0.0 |
| 24 | 陕西汉中朱鹮国家级自然保护区基础设施二期工程项目 | 林规批字〔2010〕35 号 | 1028.0 | 822.0 | 206.0 |
| 25 | 云南黄连山国家级自然保护区基础设施二期工程项目 | 林规批字〔2010〕36 号 | 1152.0 | 922.0 | 230.0 |
| 26 | 云南大山包黑颈鹤国家级自然保护区基础设施二期工程项目 | 林规批字〔2010〕37 号 | 935.0 | 748.0 | 187.0 |
| 27 | 云南永德大雪山国家级自然保护区基础设施二期工程项目 | 林规批字〔2010〕38 号 | 818.0 | 655.0 | 163.0 |
| 28 | 安徽牯牛降国家级自然保护区基础设施三期工程项目 | 林规批字〔2010〕39 号 | 851.0 | 680.0 | 171.0 |

（续）

| 序号 | 项目名称 | 批复文号 | 批复投资(万元) | | |
|---|---|---|---|---|---|
| | | | 合计 | 中央 | 地方 |
| 29 | 广东象头山国家级自然保护区基础设施三期工程项目 | 林规批字〔2010〕40 号 | 1015.0 | 812.0 | 203.0 |
| 30 | 黑龙江南瓮河国家级自然保护区基础设施三期工程项目 | 林规批字〔2010〕41 号 | 950.0 | 950.0 | 0.0 |
| 31 | 江西九连山国家级自然保护区基础设施三期工程项目 | 林规批字〔2010〕42 号 | 719.0 | 575.0 | 144.0 |
| 32 | 江西武夷山国家级自然保护区基础设施三期工程项目 | 林规批字〔2010〕43 号 | 770.0 | 616.0 | 154.0 |
| 33 | 山西芦芽山国家级自然保护区基础设施三期工程项目 | 林规批字〔2010〕44 号 | 640.0 | 512.0 | 128.0 |
| 34 | 山西阳城蟒河猕猴国家级自然保护区基础设施三期工程项目 | 林规批字〔2010〕45 号 | 681.0 | 545.0 | 136.0 |
| 35 | 宁夏贺兰山国家级自然保护区基础设施三期工程项目 | 林规批字〔2010〕46 号 | 916.0 | 733.0 | 183.0 |
| 36 | 天津八仙山国家级自然保护区基础设施三期工程项目 | 林规批字〔2010〕47 号 | 766.0 | 613.0 | 153.0 |
| 37 | 内蒙古赛罕乌拉国家级自然保护区基础设施三期工程项目 | 林规批字〔2010〕48 号 | 853.0 | 682.0 | 171.0 |
| 38 | 内蒙古达赉湖国家级自然保护区基础设施三期工程项目 | 林规批字〔2010〕49 号 | 765.0 | 612.0 | 153.0 |
| 39 | 陕西牛背梁国家级自然保护区科研监测宣教工程建设项目 | 林规批字〔2010〕50 号 | 1085.0 | 868.0 | 217.0 |
| 40 | 河北塞罕坝国家级自然保护区基础设施二期工程建设项目 | 林规批字〔2010〕262 号 | 2550.0 | 2040.0 | 510.0 |

**森林病虫害防治项目**　共审批林木种苗项目 60 个，批复总投资 67 478 万元。其中中央投资 44 233 万元，地方配套投资 23 245 万元。

| 序号 | 项目名称 | 批复文号 | 批复投资(万元) | | |
|---|---|---|---|---|---|
| | | | 合计 | 中央 | 地方 |
| | **合　计** | | **67 478.0** | **44 233.0** | **23 245.0** |
| 1 | 北京市美国白蛾等林业有害生物检疫御灾体系基础设施建设项目 | 林规批字〔2010〕51 号 | 1792.0 | 1075.0 | 717.0 |
| 2 | 天津市美国白蛾等林业有害生物检疫御灾体系基础设施建设项目 | 林规批字〔2010〕52 号 | 1318.0 | 793.0 | 525.0 |
| 3 | 安徽省松材线虫病等林业有害生物检疫御灾体系基础设施建设项目 | 林规批字〔2010〕53 号 | 1505.0 | 903.0 | 602.0 |
| 4 | 湖北省松材线虫病等林业有害生物检疫御灾体系基础设施建设项目 | 林规批字〔2010〕54 号 | 2058.0 | 1239.0 | 819.0 |
| 5 | 江西省松材线虫病等林业有害生物检疫御灾体系基础设施建设项目 | 林规批字〔2010〕55 号 | 2078.0 | 1254.0 | 824.0 |
| 6 | 江苏省松材线虫病等林业有害生物检疫御灾体系基础设施建设项目 | 林规批字〔2010〕56 号 | 1641.0 | 984.0 | 657.0 |
| 7 | 浙江省松材线虫病等林业有害生物检疫御灾体系基础设施建设项目 | 林规批字〔2010〕57 号 | 1582.0 | 949.0 | 633.0 |
| 8 | 福建省湄洲岛松材线虫病等林业有害生物检疫御灾体系建设项目 | 林规批字〔2010〕58 号 | 361.0 | 217.0 | 144.0 |
| 9 | 广东省松蚧虫等林业有害生物检疫除害体系基础设施建设项目 | 林规批字〔2010〕59 号 | 1638.0 | 982.0 | 656.0 |
| 10 | 海南省椰心叶甲等林业有害生物检疫除害基地项目 | 林规批字〔2010〕60 号 | 832.0 | 666.0 | 166.0 |
| 11 | 云南省松材线虫病等林业有害生物检疫御灾体系基础设施建设项目 | 林规批字〔2010〕61 号 | 802.0 | 642.0 | 160.0 |
| 12 | 贵州省松材线虫病等林业有害生物检疫御灾体系基础设施建设项目 | 林规批字〔2010〕62 号 | 1526.0 | 1221.0 | 305.0 |
| 13 | 新疆维吾尔自治区苹果蠹蛾检疫防控基础设施建设项目 | 林规批字〔2010〕63 号 | 1673.0 | 1338.0 | 335.0 |
| 14 | 新疆生产建设兵团杨树天牛等林业有害生物预防体系基础设施建设项目 | 林规批字〔2010〕64 号 | 462.0 | 370.0 | 92.0 |
| 15 | 黑龙江省杨树天牛等林业有害生物检疫御灾体系建设项目 | 林规批字〔2010〕65 号 | 1847.0 | 1108.0 | 739.0 |
| 16 | 黑龙江省森工林区杨树天牛等林业有害生物检疫御灾体系基础设施建设项目 | 林规批字〔2010〕66 号 | 1910.0 | 1146.0 | 764.0 |
| 17 | 吉林省东部地区栗山天牛等林业有害生物检疫御灾体系基础设施建设项目 | 林规批字〔2010〕67 号 | 1695.0 | 1017.0 | 678.0 |

（续）

| 序号 | 项目名称 | 批复文号 | 批复投资(万元) | | |
|---|---|---|---|---|---|
| | | | 合计 | 中央 | 地方 |
| 18 | 江苏省苏中沿江沿海地区苗木花卉检疫监管体系建设项目 | 林规批字〔2010〕68 号 | 426.0 | 256.0 | 170.0 |
| 19 | 江西省南昌市苗木花卉基地及木材交易集散地林业有害生物检疫监管体系建设项目 | 林规批字〔2010〕69 号 | 946.0 | 568.0 | 378.0 |
| 20 | 四川省成都市及周边地区苗木花卉和木材集散地林业有害生物检疫监管体系建设项目 | 林规批字〔2010〕70 号 | 1493.0 | 1194.0 | 299.0 |
| 21 | 陕西省陕南松材线虫病检疫监管基础设施建设项目 | 林规批字〔2010〕71 号 | 1637.0 | 1309.0 | 328.0 |
| 22 | 陕西省富平林业有害生物检疫除害处理基础设施建设项目 | 林规批字〔2010〕72 号 | 198.0 | 157.0 | 41.0 |
| 23 | 甘肃省杨树天牛等林业有害生物检疫御灾体系基础设施建设项目 | 林规批字〔2010〕73 号 | 1575.0 | 1260.0 | 315.0 |
| 24 | 山西省北部地区林业有害生物检疫监管体系基础设施建设项目 | 林规批字〔2010〕74 号 | 1393.0 | 836.0 | 557.0 |
| 25 | 河南省杨树食叶害虫等林业有害生物检疫御灾体系基础设施建设项目 | 林规批字〔2010〕75 号 | 1757.0 | 1054.0 | 703.0 |
| 26 | 福建省闽北松材线虫病等林业有害生物防控体系基础设施建设项目 | 林规批字〔2010〕76 号 | 1637.0 | 982.0 | 655.0 |
| 27 | 浙江省浙西钱江源重点林区松材线虫病防控基础设施建设项目 | 林规批字〔2010〕77 号 | 1241.0 | 745.0 | 496.0 |
| 28 | 广东省沿海防护林有害生物综合防控体系基础设施建设项目 | 林规批字〔2010〕78 号 | 1092.0 | 659.0 | 433.0 |
| 29 | 广西壮族自治区防城港市沿海沿边重点区域林业有害生物综合防控体系基础设施建设项目 | 林规批字〔2010〕79 号 | 526.0 | 421.0 | 105.0 |
| 30 | 河南省南水北调中线工程源头区松材线虫病等林业有害生物综合防控体系基础设施建设项目 | 林规批字〔2010〕80 号 | 1631.0 | 979.0 | 652.0 |
| 31 | 四川省峨眉山—乐山松材线虫病防控体系建设项目 | 林规批字〔2010〕81 号 | 568.0 | 454.0 | 114.0 |
| 32 | 重庆市渝东南少数民族地区林业有害生物防控体系基础设施建设项目 | 林规批字〔2010〕82 号 | 1136.0 | 909.0 | 227.0 |
| 33 | 湖南省南岳衡山松材线虫病等林业有害生物防控体系建设项目 | 林规批字〔2010〕83 号 | 1772.0 | 1063.0 | 709.0 |
| 34 | 湖南省湘南地区松材线虫病等检疫性林业有害生物预防除治体系建设项目 | 林规批字〔2010〕84 号 | 1860.0 | 1116.0 | 744.0 |
| 35 | 江西省油山重点生态区位松突圆蚧等林业有害生物预防体系基础设施建设项目 | 林规批字〔2010〕85 号 | 713.0 | 428.0 | 285.0 |
| 36 | 河北省石家庄市美国白蛾等林业有害生物综合防控体系基础设施建设项目 | 林规批字〔2010〕86 号 | 1923.0 | 1154.0 | 769.0 |
| 37 | 河北省京津周边苗木花卉木材生产交易重点地区美国白蛾等林业有害生物防控体系基础设施建设项目 | 林规批字〔2010〕87 号 | 1130.0 | 678.0 | 452.0 |
| 38 | 河南濮阳市美国白蛾等林业有害生物综合防控体系基础设施建设项目 | 林规批字〔2010〕88 号 | 718.0 | 431.0 | 287.0 |
| 39 | 辽宁省沿海及周边地区防护林美国白蛾等林业有害生物应急防控体系基础设施建设项目 | 林规批字〔2010〕89 号 | 1548.0 | 929.0 | 619.0 |
| 40 | 山东省聊城市美国白蛾等林业有害生物综合防治体系基础设施建设项目 | 林规批字〔2010〕90 号 | 902.0 | 541.0 | 361.0 |
| 41 | 甘肃省兰州市杨树天牛等林业有害生物综合防控体系基础设施建设项目 | 林规批字〔2010〕91 号 | 921.0 | 737.0 | 184.0 |
| 42 | 黑龙江省北部重点公益林区杨树天牛等林业有害生物综合防控体系基础设施建设项目 | 林规批字〔2010〕92 号 | 1942.0 | 1165.0 | 777.0 |
| 43 | 内蒙古自治区西部生态脆弱区林业有害生物防控体系基础设施建设项目 | 林规批字〔2010〕93 号 | 840.0 | 672.0 | 168.0 |
| 44 | 内蒙古自治区呼伦贝尔岭南次生林区林业有害生物综合治理基础设施建设项目 | 林规批字〔2010〕94 号 | 489.0 | 391.0 | 98.0 |
| 45 | 内蒙古自治区绰源林业局落叶松毛虫等林业有害生物灾害风险防控体系建设项目 | 林规批字〔2010〕95 号 | 473.0 | 378.0 | 95.0 |
| 46 | 西藏自治区林芝地区林业有害生物防治基础设施建设项目 | 林规批字〔2010〕96 号 | 1021.0 | 1021.0 | 0.0 |

（续）

| 序号 | 项目名称 | 批复文号 | 批复投资(万元) | | |
|---|---|---|---|---|---|
| | | | 合计 | 中央 | 地方 |
| 47 | 甘肃小陇山林区落叶松主要有害生物防控体系基础设施建设项目 | 林规批字〔2010〕97 号 | 982.0 | 786.0 | 196.0 |
| 48 | 新疆维吾尔自治区准噶尔盆地周边天然荒漠林鼠害天敌招引基础设施工程项目 | 林规批字〔2010〕98 号 | 1273.0 | 1018.0 | 255.0 |
| 49 | 宁夏回族自治区盐池毛乌素沙地林业有害生物综合防控体系基础设施建设项目 | 林规批字〔2010〕99 号 | 557.0 | 446.0 | 111.0 |
| 50 | 内蒙古自治区锡林郭勒盟浑善达克沙地林业有害生物监测与防控体系基础设施建设项目 | 林规批字〔2010〕100 号 | 436.0 | 349.0 | 87.0 |
| 51 | 青海省林地鼠害等林业有害生物应急防控体系基础设施建设项目 | 林规批字〔2010〕101 号 | 1556.0 | 1245.0 | 311.0 |
| 52 | 安徽省松材线虫病媒介昆虫松褐天牛天敌繁育中心建设项目 | 林规批字〔2010〕102 号 | 408.0 | 163.0 | 245.0 |
| 53 | 河北省廊坊市文安天敌繁育场建设项目 | 林规批字〔2010〕103 号 | 480.0 | 192.0 | 288.0 |
| 54 | 江苏省苏北林业有害生物天敌繁育场建设项目 | 林规批字〔2010〕104 号 | 416.0 | 166.0 | 250.0 |
| 55 | 山东省青岛市林业有害生物天敌繁育场建设项目 | 林规批字〔2010〕105 号 | 388.0 | 155.0 | 233.0 |
| 56 | 山东省黄泛平原林业有害生物天敌繁育中心建设项目 | 林规批字〔2010〕106 号 | 688.0 | 275.0 | 413.0 |
| 57 | 内蒙古自治区通辽市森林昆虫天敌繁育基地建设项目 | 林规批字〔2010〕107 号 | 373.0 | 149.0 | 224.0 |
| 58 | 甘肃省杨尺蠖核型多角体病毒制剂厂建设项目 | 林规批字〔2010〕108 号 | 607.0 | 182.0 | 425.0 |
| 59 | 吉林省卵孢白僵菌生物制剂厂改扩建项目 | 林规批字〔2010〕109 号 | 528.0 | 158.0 | 370.0 |
| 60 | 云南省森林植物检疫隔离试种苗圃建设项目 | 林规批字〔2010〕110 号 | 558.0 | 558.0 | 0.0 |

**森工非经营性建设项目** 共审批森工非经营性建设项目 77 个，批复总投资 62 144 万元。其中中央投资 49 717 万元，地方配地方配套投资 12 427 万元。

| 序号 | 项目名称 | 批复文号 | 批复投资(万元) | | |
|---|---|---|---|---|---|
| | | | 合计 | 中央 | 地方 |
| | **合 计** | | **62 144.0** | **49 717.0** | **12 427.0** |
| 1 | 内蒙古自治区大兴安岭林管局生态文化宣教基地 | 林规批字〔2010〕261 号 | 2797.0 | 2238.0 | 559.0 |
| 2 | 内蒙古自治区绰尔林业局供热系统改扩建工程建设项目 | 林规批字〔2010〕295 号 | 1240.0 | 992.0 | 248.0 |
| 3 | 内蒙古自治区得耳布尔林业局给水程建设项目 | 林规批字〔2010〕220 号 | 968.0 | 774.0 | 194.0 |
| 4 | 吉林省林业勘察设计院水暖电等附属设施改造项目 | 林规批字〔2010〕222 号 | 466.0 | 373.0 | 93.0 |
| 5 | 吉林省吉林市湾沟林业局中心林场给水建设项目 | 林规批字〔2010〕224 号 | 902.0 | 722.0 | 180.0 |
| 6 | 吉林省吉林市红石林业局中心林场给水建设项目 | 林规批字〔2010〕225 号 | 910.0 | 728.0 | 182.0 |
| 7 | 吉林省吉林市八家子林业局局址给水改扩建项目 | 林规批字〔2010〕321 号 | 1006.0 | 805.0 | 201.0 |
| 8 | 吉林省白石山林业局职工医院改扩建项目 | 林规批字〔2010〕226 号 | 740.0 | 592.0 | 148.0 |
| 9 | 吉林省天桥岭林业局职工医院改造建设项目 | 林规批字〔2010〕223 号 | 883.0 | 706.0 | 177.0 |
| 10 | 吉林省白河林业局职工医院改造建设项目 | 林规批字〔2010〕221 号 | 360.0 | 288.0 | 72.0 |
| 11 | 吉林省临江林业局局址供热系统改扩建项目 | 林规批字〔2010〕322 号 | 1001.0 | 800.0 | 201.0 |
| 12 | 吉林省红石林业局局址供热系统改扩建项目 | 林规批字〔2010〕308 号 | 878.0 | 702.0 | 176.0 |
| 13 | 吉林省大石头林业局局址供热系统改扩建项目 | 林规批字〔2010〕323 号 | 1271.0 | 1017.0 | 254.0 |
| 14 | 吉林省湾沟林业局局址供热系统改扩建项目 | 林规批字〔2010〕309 号 | 1252.0 | 1002.0 | 250.0 |
| 15 | 吉林省白河林业局局址供热系统改扩建项目 | 林规批字〔2010〕312 号 | 831.0 | 665.0 | 166.0 |
| 16 | 吉林省大兴沟林业局局址供热系统改扩建项目 | 林规批字〔2010〕310 号 | 904.0 | 723.0 | 181.0 |
| 17 | 吉林省三岔子林业局局址供热系统改扩建项目 | 林规批字〔2010〕320 号 | 830.0 | 664.0 | 166.0 |
| 18 | 吉林省敦化林业局局址供热系统改扩建项目 | 林规批字〔2010〕311 号 | 1408.0 | 1126.0 | 282.0 |
| 19 | 吉林省黄泥河林业局局址给水工程改扩建项目 | 林规批字〔2010〕318 号 | 1517.0 | 1214.0 | 303.0 |
| 20 | 吉林省红石林业局局址给水工程水毁恢复重建项目 | 林规批字〔2010〕319 号 | 1004.0 | 803.0 | 201.0 |
| 21 | 黑龙江省松花江林区远程教学系统改扩建项目 | 林规批字〔2010〕239 号 | 375.0 | 300.0 | 75.0 |

（续）

| 序号 | 项目名称 | 批复文号 | 批复投资(万元) | | |
|---|---|---|---|---|---|
| | | | 合计 | 中央 | 地方 |
| 22 | 黑龙江省牡丹江中心医院综合楼改扩建项目 | 林规批字〔2010〕229 号 | 1512.0 | 1210.0 | 302.0 |
| 23 | 黑龙江省上甘岭林业局局址供热系统改扩建项目 | 林规批字〔2010〕298 号 | 878.0 | 702.0 | 176.0 |
| 24 | 黑龙江省绥阳林业局局址供热系统改扩建项目 | 林规批字〔2010〕302 号 | 742.0 | 594.0 | 148.0 |
| 25 | 黑龙江省穆棱林业局局址供热系统改扩建项目 | 林规批字〔2010〕296 号 | 1017.0 | 814.0 | 203.0 |
| 26 | 黑龙江省乌马河林业局局址供热系统改扩建项目 | 林规批字〔2010〕325 号 | 1054.0 | 843.0 | 211.0 |
| 27 | 黑龙江省友好林业局局址供热系统改扩建项目 | 林规批字〔2010〕299 号 | 846.0 | 677.0 | 169.0 |
| 28 | 黑龙江省鹤立林业局局址供热系统改扩建项目 | 林规批字〔2010〕324 号 | 971.0 | 777.0 | 194.0 |
| 29 | 黑龙江省金山屯林业局局址供热系统改扩建项目 | 林规批字〔2010〕315 号 | 977.0 | 782.0 | 195.0 |
| 30 | 黑龙江省苇河林业局局址供热系统改扩建项目 | 林规批字〔2010〕297 号 | 862.0 | 690.0 | 172.0 |
| 31 | 黑龙江省大海林林业局局址供热系统改扩建项目 | 林规批字〔2010〕291 号 | 626.0 | 501.0 | 125.0 |
| 32 | 黑龙江省双丰林业局局址供热系统改扩建项目 | 林规批字〔2010〕306 号 | 741.0 | 593.0 | 148.0 |
| 33 | 黑龙江省铁力林业局局址供热系统改扩建项目 | 林规批字〔2010〕301 号 | 666.0 | 533.0 | 133.0 |
| 34 | 黑龙江省绥棱林业局局址供热系统改扩建项目 | 林规批字〔2010〕304 号 | 976.0 | 781.0 | 195.0 |
| 35 | 黑龙江省桦南林业局局址供热系统改扩建项目 | 林规批字〔2010〕294 号 | 1004.0 | 803.0 | 201.0 |
| 36 | 黑龙江省红星林业局局址供热系统改扩建项目 | 林规批字〔2010〕300 号 | 824.0 | 660.0 | 164.0 |
| 37 | 黑龙江省南岔林业局局址供热系统改扩建项目 | 林规批字〔2010〕292 号 | 838.0 | 670.0 | 168.0 |
| 38 | 黑龙江省汤旺河林业局局址供热系统改扩建项目 | 林规批字〔2010〕293 号 | 778.0 | 622.0 | 156.0 |
| 39 | 黑龙江省桃山林业局局址供热系统改扩建项目 | 林规批字〔2010〕303 号 | 1058.0 | 846.0 | 212.0 |
| 40 | 黑龙江省郎乡林业局局址供热系统改扩建项目 | 林规批字〔2010〕305 号 | 1018.0 | 814.0 | 204.0 |
| 41 | 黑龙江省双鸭山林业局局址排水改扩建工程项目 | 林规批字〔2010〕230 号 | 1129.0 | 903.0 | 226.0 |
| 42 | 黑龙江省红星林业局局址给水改扩建项目 | 林规批字〔2010〕233 号 | 856.0 | 685.0 | 171.0 |
| 43 | 黑龙江省兴隆林业局局址给排水改扩建项目 | 林规批字〔2010〕231 号 | 1554.0 | 1243.0 | 311.0 |
| 44 | 黑龙江省八面通林业局局址给排水改扩建项目 | 林规批字〔2010〕232 号 | 1451.0 | 1161.0 | 290.0 |
| 45 | 黑龙江省带岭林业实验局局址给水管网改扩建项目 | 林规批字〔2010〕241 号 | 1338.0 | 1070.0 | 268.0 |
| 46 | 黑龙江省鹤北林业局第一中学基础设施改造工程 | 林规批字〔2010〕234 号 | 496.0 | 397.0 | 99.0 |
| 47 | 黑龙江省苇河林业局中心小学集中办学建设项目 | 林规批字〔2010〕238 号 | 1020.0 | 816.0 | 204.0 |
| 48 | 黑龙江省金山屯林业局第二中学改扩建项目 | 林规批字〔2010〕236 号 | 727.0 | 582.0 | 145.0 |
| 49 | 黑龙江省通北林业局第一中学集中办学建设项目 | 林规批字〔2010〕237 号 | 560.0 | 448.0 | 112.0 |
| 50 | 黑龙江省柴河林业局职工医院改扩建项目 | 林规批字〔2010〕240 号 | 651.0 | 521.0 | 130.0 |
| 51 | 黑龙江省方正林业局医院改扩建项目 | 林规批字〔2010〕227 号 | 619.0 | 495.0 | 124.0 |
| 52 | 黑龙江省美溪林业局五道库林场生物质气化集中供气建设项目 | 林规批字〔2010〕235 号 | 720.0 | 576.0 | 144.0 |
| 53 | 黑龙江省乌马河林业局西岭林场生物质气化集中供气建设项目 | 林规批字〔2010〕228 号 | 431.0 | 345.0 | 86.0 |
| 54 | 黑龙江省大兴安岭技工学校改扩建工程建设项目 | 林规批字〔2010〕242 号 | 1234.0 | 987.0 | 247.0 |
| 55 | 黑龙江省大兴安岭实验中学运动场设施建设项目 | 林规批字〔2010〕244 号 | 387.0 | 310.0 | 77.0 |
| 56 | 黑龙江省大兴安岭新林林业局塔源林场场址给水工程建设项目 | 林规批字〔2010〕243 号 | 400.0 | 320.0 | 80.0 |
| 57 | 黑龙江省大兴安岭十八站林业局局址供热系统改扩建项目 | 林规批字〔2010〕288 号 | 1091.0 | 873.0 | 218.0 |
| 58 | 黑龙江省大兴安岭韩家园林业局局址供热系统改扩建项目 | 林规批字〔2010〕307 号 | 738.0 | 590.0 | 148.0 |
| 59 | 黑龙江省大兴安岭呼中林业局局址供热系统改扩建项目 | 林规批字〔2010〕314 号 | 1371.0 | 1097.0 | 274.0 |
| 60 | 黑龙江省大兴安岭松岭林业局局址供热系统改扩建项目 | 林规批字〔2010〕290 号 | 1324.0 | 1059.0 | 265.0 |
| 61 | 黑龙江省大兴安岭新林林业局局址供热系统改扩建项目 | 林规批字〔2010〕313 号 | 1200.0 | 960.0 | 240.0 |
| 62 | 四川省林业局中心医院供电设施改扩建工程 | 林规批字〔2010〕246 号 | 60.0 | 48.0 | 12.0 |
| 63 | 四川省大渡河造林局可尔因、丹巴林场饮水工程 | 林规批字〔2010〕254 号 | 150.0 | 120.0 | 30.0 |
| 64 | 四川省第五林业工程处机关给排水改扩建项目 | 林规批字〔2010〕253 号 | 340.0 | 272.0 | 68.0 |

（续）

| 序号 | 项目名称 | 批复文号 | 批复投资(万元) | | |
|---|---|---|---|---|---|
| | | | 合计 | 中央 | 地方 |
| 65 | 四川省甘孜州道孚林业局足湾等三处职工居住地饮水工程建设项目 | 林规批字〔2010〕245 号 | 154.0 | 123.0 | 31.0 |
| 66 | 四川省甘孜州力邱河林业局营造管护三、四、五队及华阳退休基地饮水工程 | 林规批字〔2010〕251 号 | 278.0 | 222.0 | 56.0 |
| 67 | 四川省甘孜州炉霍林业局古比苗圃等 3 个场地饮水建设项目 | 林规批字〔2010〕249 号 | 205.0 | 164.0 | 41.0 |
| 68 | 四川省甘孜州翁达林业局 713、714 林场饮水工程 | 林规批字〔2010〕250 号 | 148.0 | 118.0 | 30.0 |
| 69 | 四川省甘孜州新龙林业局阿色等 3 个林场饮水工程 | 林规批字〔2010〕252 号 | 291.0 | 233.0 | 58.0 |
| 70 | 四川省凉山州雷波林业局新市、高枧退休基地饮水工程 | 林规批字〔2010〕248 号 | 226.0 | 181.0 | 45.0 |
| 71 | 四川省攀枝花市普威林业局米易退休基地等 3 个场地饮水工程 | 林规批字〔2010〕247 号 | 223.0 | 178.0 | 45.0 |
| 72 | 云南省广南县清水江林业局棚户区和林区片区给排水及供电改造 | 林规批字〔2010〕257 号 | 117.0 | 94.0 | 23.0 |
| 73 | 云南省南盘江林业局棚户区和林区部分片区给排水及供电改造项目 | 林规批字〔2010〕255 号 | 227.0 | 182.0 | 45.0 |
| 74 | 云南省漾江林业局五印等 7 个基层林场和片区给排水及供电改造项目 | 林规批字〔2010〕256 号 | 210.0 | 168.0 | 42.0 |
| 75 | 云南省中甸林业局三坝等两个林场给排水及供电改造项目 | 林规批字〔2010〕258 号 | 172.0 | 138.0 | 34.0 |
| 76 | 陕西省宁东林业局基层管护站给排水建设项目 | 林规批字〔2010〕259 号 | 207.0 | 166.0 | 41.0 |
| 77 | 新疆天山西部国有林管理局棚户区改造给排水及供暖基础设施建设项目 | 林规批字〔2010〕326 号 | 908.0 | 726.0 | 182.0 |

**直属单位基础设施建设项目** 共审批直属单位建设项目 35 个(包括初步设计批复 11 个、可研报告批复 24 个)，批复总投资 45 047 万元。其中中央投资 37 774 万元，地方配套投资 7273 万元。

| 序号 | 项目名称 | 批复文号 | 批复投资(万元) | | |
|---|---|---|---|---|---|
| | | | 合计 | 中央 | 地方 |
| | **合　计** | | **45 047.0** | **37 774.0** | **7273.0** |
| | **直属单位初步设计** | | **22 366.0** | **15 093.0** | **7273.0** |
| 1 | 局森林防火信息指挥系统升级完善建设项目初步设计 | 林规批字〔2010〕4 号 | 1938.0 | 1938.0 | 0.0 |
| 2 | 东北森林防火物资储备库迁址建设项目 | 林规批字〔2010〕5 号 | 1363.0 | 1363.0 | 0.0 |
| 3 | 西南森林防火物资储备库建设项目 | 林规批字〔2010〕8 号 | 1915.0 | 1915.0 | 0.0 |
| 4 | 国产遥感影像在森林资源调查和灾害应急评估中的应用高技术产业化示范工程项目实施方案 | 林规批字〔2010〕9 号 | 8000.0 | 1000.0 | 7000.0 |
| 5 | 全国森林资源清查 2010 年专用设备购置建设项目 | 林规批字〔2010〕10 号 | 1600.0 | 1600.0 | 0.0 |
| 6 | 局华东院职工食堂单身宿舍及其他附属用房建设项目初步设计 | 林规批字〔2010〕332 号 | 2228.0 | 2228.0 | 0.0 |
| 7 | 局中南院综合作业楼、院区维修改造及挡土墙加固工程建设项目初步设计 | 林规批字〔2010〕333 号 | 382.0 | 382.0 | 0.0 |
| 8 | 局三北局职工食堂翻建项目初步设计 | 林规批字〔2010〕334 号 | 984.0 | 984.0 | 0.0 |
| 9 | 中国林科院亚林中心科研综合用房建设项目初步设计 | 林规批字〔2010〕335 号 | 2827.0 | 2827.0 | 0.0 |
| 10 | 局管理干部学院培训学员运动场地及健身设施建设项目初步设计 | 林规批字〔2010〕336 号 | 470.0 | 470.0 | 0.0 |
| 11 | 南京森林警察学院运动场地看台项目初步设计 | 林规批字〔2010〕337 号 | 659.0 | 386.0 | 273.0 |
| | **可研报告批复** | | **22 681.0** | **22 681.0** | **0.0** |
| 1 | 国家卫星林业遥感数据应用平台建设项目 | 林规批字〔2010〕3 号 | 2342.0 | 2342.0 | 0.0 |
| 2 | 局西山绿化基地护林防火道路改造工程项目 | 林规批字〔2010〕6 号 | 263.0 | 263.0 | 0.0 |
| 3 | 局林业资源综合监管信息系统建设项目 | 林规批字〔2010〕11 号 | 2952.0 | 2952.0 | 0.0 |
| 4 | 局驻厦门办事处供电等设备设施改造工程项目 | 林规批字〔2010〕213 号 | 835.0 | 835.0 | 0.0 |
| 5 | 局管理干部学院林业干部教育培训网络基础工程建设项目 | 林规批字〔2010〕214 号 | 740.0 | 740.0 | 0.0 |

（续）

| 序号 | 项目名称 | 批复文号 | 批复投资（万元） | | |
|---|---|---|---|---|---|
| | | | 合计 | 中央 | 地方 |
| 6 | 局昆明勘察设计院生活办公区室外雨污分流改造工程建设项目 | 林规批字〔2010〕215 号 | 312.0 | 312.0 | 0.0 |
| 7 | 局三北局院区基础设施改造工程项目 | 林规批字〔2010〕216 号 | 660.0 | 660.0 | 0.0 |
| 8 | 局中南林业调查规划设计院挡土墙及院区公共设施维修改造项目 | 林规批字〔2010〕217 号 | 697.0 | 697.0 | 0.0 |
| 9 | 局林产工业规划设计院西侧业务用房设施维修改造项目 | 林规批字〔2010〕218 号 | 640.0 | 640.0 | 0.0 |
| 10 | 局林业机械质量检验检测中心（哈尔滨）基础设施建设项目 | 林规批字〔2010〕219 号 | 696.0 | 696.0 | 0.0 |
| 11 | 甘肃省白水江国家级自然保护区管理局机关院区基础设施改造工程 | 林规批字〔2010〕260 号 | 274.0 | 274.0 | 0.0 |
| 12 | 中国保护大熊猫研究中心灾后重建配套工程建设项目 | 林规批字〔2010〕263 号 | 1206.0 | 1206.0 | 0.0 |
| 13 | 中国林科院南方国家桉树种质资源库建设项目 | 林规批字〔2010〕265 号 | 825.0 | 825.0 | 0.0 |
| 14 | 林业有害生物及野生动物疫源疫病监测预报国家级信息系统改扩建项目 | 林规批字〔2010〕266 号 | 1432.0 | 1432.0 | 0.0 |
| 15 | 国家竹藤工程技术研究中心实验用房及附属设施建设项目 | 林规批字〔2010〕267 号 | 510.0 | 510.0 | 0.0 |
| 16 | 中国林科院油茶工程技术研究中心油茶精深加工中试基地建设项目 | 林规批字〔2010〕279 号 | 1969.0 | 1969.0 | 0.0 |
| 17 | 局竹子研究开发中心实验基地建设项目 | 林规批字〔2010〕280 号 | 626.0 | 626.0 | 0.0 |
| 18 | 中国林科院华北林业实验中心野外试验基地基础设施建设项目 | 林规批字〔2010〕283 号 | 905.0 | 905.0 | 0.0 |
| 19 | 局森林资源与环境管理重点实验室仪器设备购置项目 | 林规批字〔2010〕285 号 | 316.0 | 316.0 | 0.0 |
| 20 | 中国林科院林业新技术研究所植物水分生理实验室设备购置项目 | 林规批字〔2010〕286 号 | 212.0 | 212.0 | 0.0 |
| 21 | 中国林科院沙林中心实验场居民区道路、场地硬化改造工程 | 林规批字〔2010〕327 号 | 530.0 | 530.0 | 0.0 |
| 22 | 西北荒漠化沙化实验监测基地工程项目 | 林规批字〔2010〕339 号 | 2898.0 | 2898.0 | 0.0 |
| 23 | 黑龙江省大兴安岭阿木尔林业局蓝莓种质资源保存建设项目 | 林规批字〔2010〕317 号 | 663.0 | 663.0 | 0.0 |
| 24 | 黑龙江省大兴安岭呼中林业局偃松林木种子资源收集保存建设项目 | 林规批字〔2010〕316 号 | 178.0 | 178.0 | 0.0 |

**林业科技教育基础设施建设项目** 共审批林业科技教育基础设施建设项目 20 个，批复总投资 8404 万元。

| 序号 | 项目名称 | 批复文号 | 批复投资（万元） | | |
|---|---|---|---|---|---|
| | | | 合计 | 中央 | 地方 |
| | **合 计** | | **8404.0** | **8404.0** | **0.0** |
| 1 | 中国林科院黄河小浪底森林生态系统定位研究站水热碳通量观测仪器及配套设施建设项目 | 林规批字〔2010〕264 号 | 595.0 | 595.0 | 0.0 |
| 2 | 安徽黄山生态系统定位研究站建设项目 | 林规批字〔2010〕287 号 | 369.0 | 369.0 | 0.0 |
| 3 | 甘肃敦煌西湖湿地生态系统定位研究站建设项目 | 林规批字〔2010〕275 号 | 395.0 | 395.0 | 0.0 |
| 4 | 甘肃兴隆山森林生态定位研究站建设项目 | 林规批字〔2010〕270 号 | 427.0 | 427.0 | 0.0 |
| 5 | 广东东江源森林生态系统定位研究站建设项目 | 林规批字〔2010〕274 号 | 400.0 | 400.0 | 0.0 |
| 6 | 河北小五台山森林生态系统定位研究站建设项目可行性研究报告 | 林规批字〔2010〕273 号 | 498.0 | 498.0 | 0.0 |
| 7 | 河南鸡公山森林生态系统定位观测研究站扩建项目 | 林规批字〔2010〕269 号 | 294.0 | 294.0 | 0.0 |
| 8 | 吉林省莫莫格湿地生态系统定位研究站建设项目 | 林规批字〔2010〕272 号 | 443.0 | 443.0 | 0.0 |
| 9 | 黑龙江嫩江源森林生态系统定位观测研究站扩建工程项目 | 林规批字〔2010〕271 号 | 425.0 | 425.0 | 0.0 |
| 10 | 黑龙江小兴安岭森林生态定位研究站项目 | 林规批字〔2010〕277 号 | 448.0 | 448.0 | 0.0 |
| 11 | 江苏太湖湿地生态系统定位研究站建设项目 | 林规批字〔2010〕329 号 | 522.0 | 522.0 | 0.0 |
| 12 | 辽宁辽东半岛森林生态系统定位研究站建设项目 | 林规批字〔2010〕328 号 | 375.0 | 375.0 | 0.0 |
| 13 | 内蒙古呼伦贝尔沙地生态系统定位站建设项目 | 林规批字〔2010〕268 号 | 550.0 | 550.0 | 0.0 |

（续）

| 序号 | 项目名称 | 批复文号 | 批复投资（万元） | | |
|---|---|---|---|---|---|
| | | | 合计 | 中央 | 地方 |
| 14 | 浙江凤阳山森林生态系统定位研究站建设项目 | 林规批字〔2010〕330 号 | 430.0 | 430.0 | 0.0 |
| 15 | 浙江天目山森林生态系统定位研究站建设项目 | 林规批字〔2010〕331 号 | 432.0 | 432.0 | 0.0 |
| 16 | 江苏盐城滨海湿地生态站建设项目 | 林规批字〔2010〕276 号 | 390.0 | 390.0 | 0.0 |
| 17 | 国家林业局黄土高原林木培育重点实验室基础设施建设项目 | 林规批字〔2010〕278 号 | 291.0 | 291.0 | 0.0 |
| 18 | 广东省森林病虫害生物防治重点实验室更新改造建设项目 | 林规批字〔2010〕284 号 | 483.0 | 483.0 | 0.0 |
| 19 | 国家林业局林产品质量检验检测中心（广州）建设项目 | 林规批字〔2010〕282 号 | 322.0 | 322.0 | 0.0 |
| 20 | 国家林业局林产品质量检验检测中心（贵阳）建设项目 | 林规批字〔2010〕281 号 | 315.0 | 315.0 | 0.0 |

（刘跃祥　曾德梁）

**【林业投资情况】** 2010 年，林业投资在高位基础上继续稳步增长。一年来贯彻落实国家扩大内需战略的各项政策措施，按照“发展现代林业、建设生态文明、推动科学发展”的总要求，以科学发展为主题，以加快转变发展方式为主线，统筹林业三大体系、统筹林业改革发展、统筹林区民生改善，努力争取国家加大投资力度，保持林业持续较快发展。全国共落实林业基本建设投资 164.2 亿元，比 2009 年增加 16 亿元，再创历史新高。

根据五中全会精神，准确把握现代林业发展的新要求，积极调整投资结构，加大资金整合力度，突出重点，优化布局，提高效益。继续实施以生态建设为主的林业发展战略，不断加快重点生态工程建设步伐，生态建设和保护投资稳步增长，直接用于生态建设和保护的投资达到 100 亿元，占总投资的 60%。结合林业生态建设实际，进一步加强三北、沿海等防护林工程建设，全年落实投资 33 亿元。继续加快重点区域治理项目建设步伐，安排投资 18 亿元集中用于 47 个关系民生、生态区位相对重要、地方重视、短期内治理能够取得明显成效的区域。大幅度增加森林防火投资，2010 年安排投资 11 亿元，较 2009 年增加 5 亿元。争取国家安排森林公安派出所建设资金 5.88 亿元，将纳入国家规划尚未安排投资 2792 个基层派出所全部纳入投资计划，一次性安排解决。新开辟西藏生态屏障建设、省级森林资源管理信息化建设试点、林权管理服务体系与林改档案管理试点项目投资渠道，拓展建设领域。

林业棚户区（危旧房）改造稳步推进，林区民生有效改善。2010 年，国家进一步加大林业棚户区改造投资扶持力度，不断加快林业棚户区改造步伐，共落实投资 47 亿元，是 2009 年的 2 倍。其中国有林区棚户区安排投资 30.7 亿元，安排改造任务 20.5 万户；国有林场危旧房改造安排投资 16.3 亿元，安排改造 16.3 万户。林业棚户区（危旧房）改造作为一项国家保障性安居工程的重要组成部分，为实现林区广大职工群众住有所居，促进林区民生改善，为发展现代林业、建设生态文明、推动科学发展作出贡献。同时，以棚户区改造为契机，联合国家发改委开展专题调研，研究解决棚户区改造配套供热项目建设问题，建立和完善投入机制，逐步解决包括棚户区配套供热以及医疗、卫生、教育等林区民生问题。（张利明　孙嘉伟）

**【全国林业统计分析报告】** 2010 年是“十一五”规划的收官之年。

**生态建设与保护**

营造林总体状况　2010 年，各级林业部门紧紧围绕林业“双增”目标，以林业重点生态工程建设为龙头，以集体林权制度改革为动力，大力开展荒山造林，全国共完成荒山荒地造林面积 590.99 万公顷，比 2009 年减少 5.63%，完成计划任务的 99.8%。其中人工造林 387.28 万公顷，飞播造林 19.59 万公顷，无林地和疏林地新封山育林 184.12 万公顷。西部 12 个省区（含新疆兵团）共完成造林面积 342.77 万公顷，占全部造林面积的 58%。

2010 年造林面积较 2009 年有所减少的原因一方面是由于特大干旱、严重洪涝等自然灾害对新造林产生一定影响；另一方面，2008 年第四季度中央扩大内需新增 255 万公顷造林任务使 2009 年的造林面积大幅增长，若扣除这一因素，2010 年造林仍保持较大规模。

2010 年，中央财政森林抚育补贴试点由 2009 年的 12 个省区市（单位）扩大到 27 个省区市（单位），全国森林抚育面积持续增长，共完成中幼龄林抚育面积 666.17 万公顷，比 2009 年增长 4.70%，完成低产低效林改造面积 66.56 万公顷，比 2009 年增长 22.48%。

完成有林地造林面积 38.80 万公顷；更新造林 30.67 万公顷；四旁（零星）植树 24.69 亿株。全国苗木产量和育苗面积分别为 414.18 亿株和 66.04 万公顷，林木种子采集量为 5.09 万吨。

2010 年造林总体上呈以下几个特点：

1. 生态公益林保持较高比重。从林种结构看，在全部造林面积中，用材林 80.99 万公顷、经济林 111.09 万公顷、防护林 394.34 万公顷、薪炭林 1.89 万公顷、特种用途林 2.68 万公顷，占全部造林面积的比重分别为 13.70%、18.80%、66.73%、0.32% 和 0.45%。生态公益林（防护林和特种用途林）占全部造林面积的比重为 67.18%，仍保持较高水平。

2. 乡土树种占较高比重。从树种类型看，在全部造林面积中，使用乡土树种的面积为 340.43 万公顷，所占比重为 57.60%。使用珍贵树种的面积为 10.15 万公顷，使用速生树种的面积为 74.10 万公顷。

3. 混交林所占比重有待提高。从结构类型看，在全部造林面积中，纯林面积 319.67 万公顷，混交林面积 216.32 万公顷，其他类型 55.00 万公顷，所占比重分别为 54.09%、36.60% 和 9.31%，混交林比重有待提高。

国家林业重点工程　2010 年，国家林业重点工程完成造林面积366.96万公顷，比2009年减少20.16%，占全部造林面积的62.09%。其中天保工程、退耕还林工程(不含京津工程退耕)、京津风沙源治理工程、三北及长江流域等重点防护林体系工程、速生丰产用材林基地建设工程造林面积分别为88.55万公顷、98.26万公顷、43.91万公顷、136.06万公顷和0.18万公顷，占全部造林面积的比重分别为14.98%、16.63%、7.43%、23.02%和0.03%，其他社会造林占全部造林面积的37.91%。

1. 天然林资源保护工程。①工程区木材产量。2010年工程区木材产量达到1299.48万立方米，比2009年减少12.43%，仅占全国木材总产量的16.06%。②公益林建设。2010年天保工程完成各项公益林建设面积88.55万公顷，其中人工造林16.88万公顷，飞播造林7.33万公顷，无林地和疏林地新封山育林64.34万公顷。森林管护面积为10 486万公顷。自1998年工程实施以来，工程累计完成人工造林283.06万公顷、飞播造林326.60万公顷、新封山育林746.20万公顷。③人员结构及安置情况。天保工程实施13年来，完成一期建设任务，工程区累计一次性安置职工67.20万人，其中2010年一次性安置1668人。天保工程区年末全部在册职工人数为87.04万人，其中在岗职工62.78万人，下岗待安置职工11.09万人，离开本单位保留劳动关系人员13.17万人。参加基本养老保险人数为91.76万人，参加基本医疗保险人数为106.85万人。

2. 退耕还林工程。2010年退耕还林工程共完成造林面积99.65万公顷(含京津风沙源工程中1.39万公顷)，其中退耕地造林0.03万公顷，荒山荒地造林67.48万公顷，无林地和疏林地新封山育林32.14万公顷。全年完成种草面积0.49万公顷。西部12个省区(含新疆兵团)共完成56.34万公顷的退耕还林任务，占退耕工程总造林面积的56.53%。

随着先期实施的退耕地补助陆续到期，从2008年起退耕还林工程涉及的粮款兑现面积呈逐年下降的趋势，2010年涉及粮款兑现的退耕地面积为812.44万公顷。全年粮食补助资金168.73亿元，生活费兑现金额36.70亿元，全年粮款兑现涉及2753万农户。

自1999年工程试点以来累计完成退耕地造林906.29万公顷，荒山荒地造林1481.20万公顷，新封山育林225.46万公顷。累计粮食补助资金总计1804.23亿元，累计生活费兑现金额总计229.71亿元。

3. 防沙治沙及京津风沙源治理工程。2010年防沙治沙工作全面实行省级政府防沙治沙目标责任制，并继续推进石漠化治理工程和38个全国防沙治沙综合示范区建设。第四次全国荒漠化沙化监测结果显示，2005～2009年，全国沙化土地面积年均缩减1717平方千米，比上个监测期年均多缩减434平方千米，沙化土地减少的省份达到29个。全国土地沙化防治进入“整体遏制、局部恶化”的新阶段。

2010年，京津风沙源治理工程范围内的75个县共完成造林43.91万公顷，其中人工造林11.39万公顷，飞播造林12.26万公顷，无林地和疏林地新封山育林20.26万公顷。草地治理面积17.73万公顷，小流域治理面积13.40万公顷，治理总面积达到75.04万公顷。另外，还建设暖棚95.14万平方米；购置各类饲料机械1.13万台；完成水利配套设施1.47万处；生态移民1322人，涉及到324户。

京津风沙源治理工程实施10年来累计完成治理总面积达到889.79万公顷，其中林业工程576.76万公顷，草地治理221.22万公顷，小流域治理91.81万公顷。在林业工程中，累计完成人工造林291.35万公顷、飞播造林77.84万公顷、新封山育林207.57万公顷。

4. 三北及长江流域等防护林体系建设工程。2010年，工程共完成造林面积136.06万公顷，其中人工造林89.92万公顷，无林地和疏林地新封山育林46.14万公顷。分工程看，三北防护林四期工程完成造林面积92.83万公顷，长江流域防护林二期工程完成造林面积11.88万公顷，沿海防护林二期工程完成造林面积17.32万公顷，珠江流域防护林二期工程完成造林面积6.68万公顷，太行山绿化二期工程完成造林面积6.92万公顷，平原绿化二期工程完成造林面积0.43万公顷。

在全部造林面积中，防护林面积所占比重为83.90%，其中水土保持林和防风固沙林所占比重最高，分别达到26.74%和22.53%。另外还完成低产低效防护林改造面积2.04万公顷。

自2001年以来，工程累计完成人工造林682.02万公顷、飞播造林29.11万公顷、新封山育林401.67万公顷。其中三北四期工程累计完成人工造林429.36万公顷、飞播造林10.12万公顷、新封山育林200.20万公顷。

5. 野生动植物保护及自然保护区建设工程。截至2010年底，林业系统自然保护区已达2035处，总面积1.24亿公顷，占全国国土面积的12.89%，其中国家级自然保护区247处，面积7597.42万公顷。与2009年相比，林业系统自然保护区数量增加23个，面积增加82.72万公顷。90%的陆地生态系统类型、85%的野生动物种群和65%的高等植物群落得到有效保护。

年末实有自然保护小区4.88万个，总面积1588万公顷。野生植物就地保护点351个，总面积为476万公顷。国家划定禁猎(采)区2425个，总面积为8706万公顷。野生动物种源繁育基地560个，野生植物种源培育基地503个。野生动物园61个，植物园87个，狩猎场147个。野生动植物保护管理站5456个，野生动植物科研及监测机构663个，鸟类环志中心(站)148个。全国从事野生动植物及自然保护区建设的人员达4.87万人，其中各类专业技术人员1.38万人。

6. 湿地保护与恢复工程。2010年启动第二次全国湿地资源调查，并建立长江、黑龙江等流域湿地保护网络。截至2010年底，湿地自然保护区达550多处，国家湿地公园达140多处，国际重要湿地达37处，面积为391万公顷，湿地示范区面积为251万公顷。全国共有1820万公顷的自然湿地得到有效保护，自然湿地保护率达到50.3%。

7. 重点地区速生丰产用材林基地建设工程。2010年，荒山荒地造林中速生树种造林74.10万公顷，占全部造林总面积的12.54%。重点地区速生丰产用材林基地建设工程共造林6230公顷，其中荒山荒地造林1777公顷，更新造林4439公顷。完成改培面积8010公顷。

**林业产业发展** 2010年，国家继续加强对林业产业发展的扶持和指导，成功应对国际金融危机对林业产业的冲击和影响，林业产业发展继续保持强劲势头。

林业产业总产值 2010年林业产业总产值首次突破2万亿元大关，达到2.28万亿元(按现价计算)，比2009年增长30.21%。这是继2006年首次突破1万亿元大关的基础上，在"十一五"收官之年突破的又一大关，实现五年之内的两次历史性突破。"十一五"期间林业产业总产值的平均增速达到21.91%，产业规模迈上新台阶。

分产业看，第一产业产值8895.21亿元，占全部林业产业总产值的39.05%，同比增长23.11%；第二产业产值11 876.95亿元，占全部林业产业总产值的52.14%，同比增长36.24%；第三产业产值2006.86亿元，占全部林业产业总产值的8.81%，同比增长29.43%。近年来，林业三次产业的产值结构逐步调整，不断优化，已由"十五"末期的52:41:7，调整为39:52:9，林业工业化进程明显加快，第三产业比重逐步加大，产业结构调整迈出新步伐。

产业素质实现新的提升，特色产业集群初步形成。第一产业中包括干鲜果品、茶、中药材以及森林食品等在内的经济林产品种植与采集业产值为5158.19亿元，所占比重最大，为57.99%；第二产业中包括锯材、人造板等在内的木材加工及木竹制品制造业产值为4994.43亿元，所占比重最大，为42.05%；第三产业中林业旅游与休闲服务业发展迅速，产值为1310.37亿元，所占比重最大，为65.29%，全年涉及林业旅游和休闲的人数为10.32亿人次。增长速度最快的产业分别是有木竹浆造纸业、林业生态服务业(主要包括自然保护区管理和森林水土保持等)和林化产品制造业，增长速度分别为75.45%、52.87%和49.56%。

分地区看，东部10省林业产业总产值为11 088.27亿元，占全部林业产业总产值的48.68%；中部6省林业产业总产值为4574.58亿元；西部12省林业产业总产值为4648.80亿元；东北地区林业产业总产值为2467.37亿元。东部省份增长较快，比2009年增长34.98%。林业产业总产值超过1000亿元的省份共有9个，分别是广东、山东、浙江、福建、江苏、广西、四川、湖南和江西。

木材生产及林产工业

1. 木材产量。2010年木材产量为8089.62万立方米，比2009年增长14.45%。

在全部木材产量中，原木产量7513.21万立方米，比2009年增长16.01%；薪材产量576.41万立方米，比2009年减少2.64%。木材产量按生产单位分，林业系统内国有企业单位生产的木材为1385.99万立方米；系统内国有林场、事业单位生产木材1293.30万立方米；系统外企、事业单位采伐自营林地的木材266.02万立方米；乡(镇)集体企业及单位生产木材产量423.69万立方米；村及村以下各级组织和农民个人生产的木材4720.62万立方米。2010年农民自用材采伐量823.37万立方米，农民烧材采伐量2174.48万立方米。

2. 锯材与木片、木粒加工产品产量。2010年全部锯材产量3722.63万立方米，比2009年增长15.26%。木片、木粒加工产品1873.51万实积立方米，比2009年增长45.71%。

3. 人造板产量。2010年，全国人造板产量是近五年来增长速度最快的一年，达到15 360.83万立方米，比2009年增长33.03%。在全部人造板产量中，胶合板7139.66万立方米，比2009年增长60.40%，占全部人造板产量的46.48%；纤维板4354.54万立方米，比2009年增长24.82%，占全部人造板产量的28.35%，其中中密度纤维板产量为3894.24万立方米；刨花板产量1264.20万立方米，比2009年减少11.66%，占全部人造板产量的8.23%；其他人造板2602.43万立方米(细木工板占63.49%)，比2009年增长19.61%，占全部人造板产量的16.94%。另外，单板产量为2724万立方米，人造板表面装饰板产量为2.95亿平方米。

从分省情况看，人造板生产主要集中在东、中部地区，山东、江苏、广西、河北、河南、广东、福建、安徽8省(区)产量均超过700万立方米，8省(区)人造板产量共计11 921.95万立方米，占全国人造板总产量的77.61%，其中山东首次突破3000万立方米，江苏突破2000万立方米，广西、河北和河南3省的人造板产量均已突破1000万立方米。

4. 木竹地板产量。2010年木竹地板产量达到4.79亿平方米，比2009年增长26.92%。在木竹地板产量中，实木木地板1.12亿平方米，占全部木竹地板产量的23.32%；复合木地板2.68亿平方米，占全部木竹地板产量的55.97%；其他木地板5980万平方米；竹地板3940万平方米。木地板产量最大的省份是浙江省，产量达到8014万平方米。

5. 林产化工产品产量。2010年，全国松香类产品产量133.28万吨，比2009年增长19.32%。松节油类产品产量15.84万吨，樟脑产量1.16万吨，冰片963吨，栲胶类产品10 925吨，紫胶类产品产量3804吨。

经济林、竹、油茶、花卉产业 2010年虽然连续遭遇特大干旱、严重洪涝等极端天气，但全年各类经济林产品总量与2009年相比基本持平，达到1.26亿吨。从产品类别看，有增有减，其中水果种植面积为1235万公顷，水果产量为11 030万吨，比2009年减少1.36%；干果产量为743万吨，比2009年增长10.37%；林产饮料产品的产量为139万吨，比2009年减少2.59%；林产调料产品的产量为50万吨，比2009年增长6.76%；林产工业原料产量168万吨，比2009年增长7.50%；木本油料产量为113万吨；竹笋干、食用菌等森林食品产量为256万吨；木本药材的产量为117万吨。

2010年竹材产量为14.30亿根，比2009年增长5.42%，其中毛竹9.35亿根，篙竹4.95亿根。村及村以下各级组织和农民生产竹材10.84亿根，竹产业产值达821亿元。

2010年，中央财政扶持油茶产业发展力度进一步加大，油茶良种种苗供需矛盾大大缓解，油茶造林良种良法得到普遍应用，油茶低产林抚育改造稳步推进。年末实有油茶林面积304万公顷，当年新造油茶林16.43万公顷，低产林改造13.68万公顷。繁殖圃294个，苗木产量5.46亿株，油茶籽产量为109万吨。油茶产业产值达140亿元。

2010年受上海世界博览会及各地城市绿化美化蓬勃开展的带动，花卉产业发展良好。花卉种植面积76.40万公顷，比2009年增长20.78%；切花切叶125亿支，比2009年增长1.02%；盆栽植物29亿盆，比2009年增长45.86%；观赏苗木57亿株，比2009年增长13.74%；草坪3.23亿平方米，比2009年增长39.69%。具有一定规模的花卉市场4500多个，花卉企业4.06万个，其中大中型花卉企业7700多个；花卉从业人员387万人，花农115万户；控温温室面积和日光温室面积分别为4042万平方米和13 886万平方米。

林业主要产品销售价格　2010年，全国主要林业工业产品销售价格涨跌互现，木材综合平均价格为每立方米699元，比2009年提高23.94%；竹材综合平均价格为每根7元；锯材综合平均价格为每立方米1100元，比2009年提高8.16%；木片综合平均价格为每实积立方米624元，比2009年下降5.60%；木地板综合平均价格为每平方米125元，比2009年提高3.31%；胶合板综合平均价格为每立方米1650元，比2009年下降6.99%；中密度纤维板综合平均价格为每立方米1496元，比2009年提高3.96%；刨花板综合平均价格为每立方米1130元，比2009年下降1.82%；林化产品中，松香综合平均价格为每吨10 587元，比2009年提高57.45%，增幅较大；栲胶综合平均价格为每吨8493元，比2009年提高14.65%；紫胶综合平均价格为每吨15 648元，比2009年下降14.04%。

**林业投资**　2010年，中央林业投入再创历史新高，林业公共财政支持制度初步建立，林业金融扶持政策取得重大突破，林区民生工程和基础设施建设扎实推进，强林惠林政策体系初步形成，为兴林富民提供了有力保障。

林业建设资金到位情况　2010年，林业系统实际到位各类建设资金1662.56亿元，比2009年增长20.66%。实际到位的各类建设资金按来源分，国家预算内资金到位额为944.96亿元，占资金到位总量的56.84%；国内贷款、利用外资、自筹资金和其他资金为176.25亿元、7.02亿元、256.87亿元和277.46亿元，分别占资金到位总量的10.60%、0.42%、15.45%和16.69%，其中增幅最大的是国内贷款资金，比2009年增长137.84%，主要是由于近年来国家林业局会同各金融机构积极支持林权抵押贷款工作，贷款规模不断扩大。

2010年，林业建设到位资金按内容分，用于国家和地方林业生态体系建设工程的资金为753.12亿元，用于种苗、防火、林业有害生物防治等林业基础设施建设资金为202.33亿元，用于森林生态效益补偿、造林、森林抚育补贴试点等林业财政专项补助资金311.99亿元。

林业投资完成情况　2010年，全部林业投资完成额达到1553.32亿元，比2009年增长14.95%，其中国家投资完成745.24亿元，占全部林业投资完成额的47.98%。林业建设投资从以中央为主、地方参与转向中央、地方投资与社会投资各半的态势。在全部林业投资完成额中，营林固定资产投资完成1194.29亿元，森工固定资产投资完成359.03亿元。按建设性质分，林业基本建设投资完成1449.19亿元，更新改造资金82.21亿元，其他资金21.92亿元。

林业重点工程投资完成额为477.48亿元，比2009年减少6.14%，占全部林业投资完成额的30.74%。其中天然林资源保护工程投资73.13亿元，退耕还林工程（不含京津退耕）完成投资292.73亿元，京津风沙源治理工程完成投资43.71亿元，三北及长江流域防护林建设工程投资总额57.09亿元，野生动植物及自然保护区建设工程和重点地区速生丰产用材林基地建设工程投资分别为10.01亿元和0.81亿元。

2010年，林区民生工程和基础设施建设扎实推进，国有林区棚户区和危旧房改造工作进展顺利，林区生产生活条件明显改善。林业系统全年房屋建筑面积大幅增加，房屋施工面积达到1166.26万平方米，竣工面积827.07万平方米，分别比2009年增长51.46%和78.02%。其中，住宅施工面积为992.38万平方米，竣工面积为758.82万平方米，住宅竣工价值达88.80亿元。

全部林业投资完成额分地区看，西部省区林业投资完成额939.23亿元，占全部林业投资完成额的60.47%；中部省区林业投资完成额211.71亿元，占13.63%；东部省区林业投资完成额192.96亿元，占12.42%；东北地区林业投资完成额205.91亿元，占13.26%。

林业利用外资情况　2010年，全国林业利用外资项目个数为339个，实际利用外资规模达到6.57亿美元，比2009年增长18.56%，其中国外借款0.84亿美元，外商直接投资5.50亿美元，无偿援助0.23亿美元，分别占林业实际利用外资总规模的12.85%、83.63%和3.52%。林业实际利用外商直接投资金额占全国实际利用外商直接投资的0.62%。

**主要林产品进出口贸易**　2010年面对复杂多变的国内外环境和各种重大挑战，坚持实施应对国际金融危机一揽子计划及相关政策措施，加快推进经济发展方式转变和经济结构调整，林产品进出口贸易呈现增长势头强劲、均衡协调发展的良好态势。

根据海关统计数据汇总分析，2010年全国林产品进出口贸易总额为962.7亿美元，比2009年增长37.1%，与全国进出口贸易总额34.7%的增幅相比，高出2.4个百分点。其中出口额487.8亿美元，比2009年增长34.3%；进口额474.9亿美元，比2009年增长40.1%。

林产品进口　从进口林产品结构看，推动林产品进口额大幅攀升的进口林产品主要是原木、锯材、纸及纸板纸制品、纸浆、废纸、天然橡胶和棕榈油等，上述林产品进口额达到391.1亿美元，占林产品进口总额的82.3%。分产品看：

1. 原木。2010年累计进口量3434.8万立方米，金额60.7亿美元，分别比2009年增长22.4%和48.6%。

2. 锯材。2010年累计进口量1481.2万立方米，金额38.8亿美元，分别比2009年增长49.1%和66.6%。

3. 纸及纸板纸制品。2010年累计进口量353.65万吨，金额46.1亿美元，分别比2009年增长1.2%

和18.8%。

4. 纸浆。2010年累计进口量1137.0万吨，金额88.2亿美元，分别比2009年减少16.9%和增长28.8%。

5. 废纸。2010年累计进口量2435.2万吨，金额53.5亿美元，分别比2009年减少11.5%和增长41.0%。

6. 天然橡胶。2010年累计进口量186.1万吨，金额56.7亿美元，分别比2009年增长8.8%和101.4%。

7. 棕榈油。2010年累计进口量569.6万吨，金额47.11亿美元，分别比2009年减少11.6%和增长11.7%。

林产品出口　2010年林产品出口主要产品为木家具、纸及纸板纸制品、木制品和胶合板等，上述林产品出口额达到329.5亿美元，占出口额的67.5%。分产品看：

1. 木家具。累计出口量3.0亿件，金额161.6亿美元，分别比2009年增长20.6%和34.3%。

2. 纸及纸板纸制品。累计出口量661.28万吨，金额95.6亿美元，分别比2009年增长10.1%和26.4%。

3. 木制品。累计出口金额38.3亿美元，比2009年增长22.9%。

4. 胶合板。累计出口量754.7万立方米，金额34.0亿美元，分别比2009年增长33.7%和34.8%。

**林业系统劳动工资和安全生产**　截至2010年底，全国林业系统各种经济类型单位共计46 396个，其中国有经济单位45 950个，集体经济单位191个，其他各种经济单位255个。国有经济单位中，企业2200个，事业单位39 952个，机关3798个。

2010年林业系统在册职工共计170.24万人，比2009年增长3.46%。其中在岗职工134.71万人。在岗职工按所属行业分，木材及竹材采运企业、国有林场和林业工作站位居前三位，分别为44.43万人、35.07万人和12.33万人。

林业系统在岗职工年平均工资首次突破2万元，达到20 235元，比2009年增长13.44%。从所有制类型看，国有林业经济单位在岗职工年平均工资最高，达到20 386元，集体经济单位年平均工资为9569元，其他各种经济单位年平均工资为11 282元；分地区看，东北地区林业系统在岗职工年平均工资最低，仅为15 037元，东部省区林业系统在岗职工年平均工资最高，达到30 390元，两者相差一倍多；分林业行业看，林业公共设施管理业和林业教育业年平均工资最高，分别为40 007元和37 676元，非木质林产品加工业和木竹材采运业年平均工资最低，分别为12 449元和14 276元。

2010年，林业系统安全生产形势不容乐观，在林业生产第一线，林业生产事故伤亡情况比2009年有所增加。轻伤、重伤和死亡分别为875人次、116人次和165人，分别比2009年增长153人次、14人次和58人。2010年，全国共发生森林火灾7723起，为2003年以来的近八年中火灾次数最少的一年，比近三年(2007～2009年)平均值下降3031起，下降幅度达28.2%。其中一般火灾4795起，较大火灾2902起，重大火灾22起，特大火灾4起。因森林火灾伤亡108人，其中轻伤、重伤和死亡人数分别为25人次、18人次和65人。

（注：以上数据除进出口数据外，均为林业统计年报数据。）　（刘建杰　于百川　姜喜麟）

**【林业利用外资】**　国家林业局紧紧围绕国家利用外资总体要求和部署，扩大林业利用外资规模，拓宽外资来源和投资领域，提高利用外资质量和效益。①配合国家发改委完成亚行贷款1亿美元西北3省区林业项目的审批工作。②相继启动实施世行贷款1亿美元造林项目、欧投行贷款2500万欧元内蒙古碳汇造林示范项目。③开展编制林业利用国际金融组织贷款“十二五”规划，为下一步统筹协调好国内资金和国外资金以及世行、亚行和欧投行贷款投资重点和布局等奠定基础。

（付健全　田　禾）

**【境外森林资源合作】**　统筹两种资源、两个市场，按照机制保障、规划先行、创新合作的要求，不断将境外森林资源合作引向深入。

1. 配合商务部、财政部协调落实境外森林资源合作7项扶持政策，明确给予林业对外经济技术合作项目前期费用、境外突发事件处置费用、资源回运运保费等补助，对用于项目经营的贷款给予贴息。同时加强对企业的宣传力度，为企业“走出去”做好服务工作。

2. 加强规划编制工作，谋划编制林业“走出去”战略规划、对俄合作专项规划等，并与俄伊尔库茨克州加强林业合作交流，召开中俄企业合作推介会，取得良好成效。

3. 切实开展境外森林资源合作信息库建设工作，初步完成部分重点对象国的信息库建设，并完成境外森林资源合作指导意见和境外森林资源合作行为规范的编写。

（付健全　田　禾）

**【应对国际林业热点问题】**　坚持以我为主、积极应对、树立形象、合作共赢的原则，精心组织应对谈判方案，着力做好国际木材非法采伐及相关贸易等热点问题的应对工作，维护正常的林产品贸易秩序。

1. 自5月中美第二轮战略与经济对话以来，积极推进落实中美打击非法采伐双边论坛工作，与美方代表召开多次视频会议，并与美方举办打击木材非法采伐及相关贸易双边论坛第三次会议，就《雷斯法案修正案》、木材合法性认定项目等议题与美方进行磋商。

2. 力推中国政府倡导的木材合法性认定办法，利用中美、中欧、中印(尼)、中澳等双边、多边协调机制，就促进森林可持续发展，促进合法林产品贸易健康发展议题进行磋商，推动合作开展中方提出的合法木材认定体系研究项目。

3. 与澳方召开中澳林业工作组第九次会议以及合作打击木材非法采伐及相关贸易工作组第一次会议，组织有关部门和企业代表与澳方就打击木材非法采伐的下一步工作开展进行交流和磋商。

4. 推进中英合作《中国木材合法性认定体系研究项目》，取得阶段性成果，并在北京召开项目国际研讨会，组织外方人员赴有关省市进行实地考察。

5. 参加刚果盆地森林伙伴关系国际研讨会，向国际社会宣传中国在打击木材非法采伐及相关贸易方面所取得的成就。　（付健全　田　禾）

【林产品对外贸易工作】 加强动态监测和分析预警，做好争取林产品贸易政策和相关标准的制定工作，妥善做好林产品贸易国际摩擦，促进林产品贸易健康发展。

1. 把握当前国际林产品贸易的热点问题，大力促进林产品国际贸易的发展，邀请国务院有关部门、行业协会及相关企业召开应对全球林产品贸易热点问题研讨暨培训会。

2. 会同商务部公平贸易局召开应对林产品贸易摩擦暨推广地板专利技术座谈会，组织有关协会和企业就提高中国在国际林产品贸易中的影响、调整中国林业产业结构、开展海外维权以及需要国家相关扶持政策等进行研讨。

3. 加强林产品国际贸易有关标准研究和制定工作，组织有关单位配合海关总署完成单板饰面板等3个林产品加工贸易单耗标准的编制工作，并通过专家委员会审定。

4. 配合商务部完成中阿经贸工作组第三次会议的磋商工作，阐述中方与阿方开展林业合作的立场，并提出双方可以务实合作的领域。

5. 根据林产品贸易发展新形势，及时调整林产品进出口贸易动态监测方式，由原来的针对主要林产品扩大到林产品全口径进行跟踪分析，及时做好林产品对外贸易动态监测、分析预警工作。基本完成林产品贸易数据库平台建设，为企业及时提供信息服务奠定了基础。

（付健全 田 禾）

【农业综合开发】

完成2010年农业综合开发林业项目计划的批复工作 2010年分别与国家农发办联合下发《国家林业局国家农业综合开发办公室关于2010年农业综合开发林业生态示范和名优经济林等示范项目计划的批复》（林规发〔2010〕92号）和《国家林业局国家农业综合开发办公室关于2010年农业综合开发林业新增项目计划的批复》（林规发〔2010〕209号），两次共批复中央财政资金30 616万元（含新增资金1000万元），其中林业生态示范项目13 433万元，名优经济林等示范项目17 183万元（含新增资金1000万元）。特别是为支持木本油料产业建设，国家农发办首次在年度计划已经批复的情况下，新增木本油料专项资金1000万元，促进了木本油料产业发展。

争取2011年农业综合开发林业项目投资 2011年，国家农发办进一步加大农业综合开发林业项目的投入力度，共安排中央投资37 077万元，比2010年增加21.1%，其中林业生态示范项目14 776万元，名优经济林等示范项目22 301万元（其中木本粮油专项资金1亿元）。

开展《农业综合开发林业建设“十二五”规划》的编制工作 为进一步科学谋划新时期农业综合开发林业工作，在总结“十一五”工作的基础上，深入贯彻落实中央林业工作会议精神，认真分析查找农业综合开发林业项目面临的形势和有关问题，提出“十二五”期间农业综合开发林业工作的总体思路、基本原则、工作目标以及重点任务，为“十二五”期间农业综合开发林业项目的顺利实施提供理论指导。

开展2011年农业综合开发林业项目计划的编报工作 组织编制《2011年农业综合开发林业项目申报指南》（规开函〔2010〕97号），同时下发《〈农业综合开发林业生态示范项目建议书〉编写参考大纲》、《〈农业综合开发名优经济林等示范项目可行性研究报告〉编写参考大纲》，并会同国家农发办联合下发。根据2011年投资情况，采取因素法下达了2011年项目分省指标。制定《农业综合开发林业项目评审标准》，对各省上报的2011年项目进行为期一周的评审论证。在评审的基础上，提出2011年项目初步计划，通过司务会审议通过后上报国家农业综合开发办公室。

开展项目检查验收工作 为进一步规范农业综合开发林业项目资金管理工作，组织有关司局赴浙江、福建等省开展2005～2007年农业综合开发名优经济林等示范项目检查验收工作，并配合国家农发办赴云南、山东对部门项目进行资金检查。通过检查，国家农发办对农业综合开发林业项目完成情况、资金使用情况给予高度评价。

举办农业综合开发林业项目统计、计划报表培训班 按照国家农发办关于使用软件编报项目计划和统计工作的总体要求，组织各有关省于3月底开展系统培训，并在培训班上完成农业综合开发林业项目年度统计和计划报表的编制工作。

（王新凯 韩 非）

【林业对口援疆】 深入学习贯彻中央新疆工作座谈会议精神，筹备祝局长赴新疆调研工作，与新疆自治区政府、新疆生产建设兵团共同召开全国对口支援新疆工作座谈会议。根据《中共中央国务院关于推进新疆跨越式发展和长治久安的意见》，提出贯彻落实新疆工作会议的分工方案，研究出台《国家林业局关于支持新疆加快林业发展的意见》（林规发〔2010〕191号），进一步明确新疆生态建设、林果业发展、改善民生等方面工作的目标任务。此外，协调中央新疆工作协调小组办公室，将林业对口援疆工作专题刊发1期简报，加大林业对口援疆工作的宣传。同时，为进一步加强新疆林业管理工作，协调有关单位，支持新疆举办6期不同内容、不同层次的林业援疆培训班，培训新疆林业干部350人左右。

（王新凯 韩 非）

【林业对口援藏】 深入学习贯彻中央第五次西藏工作座谈会议精神，对会上讨论通过的《中共中央、国务院关于推进西藏跨越式发展和长治久安的意见》（中发〔2010〕4号）和《中共中央、国务院关于加快四川云南甘肃青海省藏区经济社会发展的意见》（中发〔2010〕5号）中涉及林业方面的重要举措进行任务分工，召开专题座谈会研究探讨分工意见和具体援藏措施，并以《国家林业局办公室关于印发落实中央第五次西藏工作座谈会两个文件重要举措分工方案的通知》（办规字〔2010〕87号）正式印发有关司局和直属单位。

协调有关司局，将林业援疆援藏工作开展情况实时向中央政法委、中央统战部等有关单位汇报，第一时间将国家林业局所作的工作反映到中央和国务院领导。

（王新凯 韩 非）

【木本油料产业发展】

大力推进油茶产业发展工作 深入贯彻落实《全国油茶产业发展规划（2009～2020年）》。争取油茶产业发展资金的投入力度，2010年农业综合开发油茶专项资金达到6000万，为油茶产业的快速发展奠定了基础。

*组织编制《全国核桃产业发展规划》和《全国油橄榄产业发展规划》* 为深入贯彻落实党中央、国务院领导关于进一步加快食用植物油发展意见，保障供给安全的有关指示精神，按照局党组关于大力发展木本油料产业发展的总体要求，组织局规划院、设计院在充分调研的基础上，对全国核桃、油橄榄等主要木本油料产业发展情况进行深入分析，提出今后一个时期国家扶持木本油料工作的总体思路、目标任务和政策措施。

*争取木本油料产业发展的政策环境* 积极组织赴财政部、国家农发办等有关单位，就目前木本油料产业发展形势、存在的问题以及需要国家进一步帮扶的有关建议进行沟通和协调。财政部有关领导和有关部门对木本油料产业发展提出具体要求，并表示进一步加大财政投资力度。 （王新凯 韩 非）

**【林业对口扶贫】**

*继续做好林业扶贫培训工作* 为贯彻国务院关于做好新时期扶贫工作的总体要求，加强九万大山地区林业科技成果转化与实用技术推广，国家林业局计财司继续与国际竹藤中心为广西、贵州两省（区）举办林业扶贫培训班。培训分3期，培训林业基层技术干部、企业（农民专业合作社）技术人员以及林农200多人。

*配合国务院扶贫办做好新时期国家扶贫实施纲要的编制工作* 根据新时期扶贫纲要编制工作的总体要求，协调国务院扶贫办，结合林业重点工程建设，提出今后一个时期林业扶贫工作的总体思想和主要任务。

*继续做好莽人克木人等少数人群扶贫工作* 按照胡锦涛总书记和温家宝总理关于进一步扶持莽人克木人脱贫致富的批示精神，2010年安排农业综合开发林业项目中央资金400万元，扶持云南莽人克木人聚居区发展经济林产业，促进当地人民群众脱贫致富。据统计，三年来，通过农业综合开发林业项目累计投入中央资金1000万元，完成党中央、国务院领导交办的任务。

（王新凯 韩 非）

**【山区综合开发】** 在中科院和国务院发展研究中心共同倡议“中国山区发展”的基础上，与中科院地理所和成都山地所共同组织《科学时报》的山区发展主题文章，分别于2010年9月7日和10月22日在《科学时报》头版头条发表“读山：让我们眼光更深邃清澈”和“喊山：让我们心灵更感天应地”的震撼性署名文章，为继续搞好山区综合综合开发造势呐喊。同时，进一步对《全国山区木本油料实施纲要》进行修改完善。

（王新凯 韩 非）

**【三峡对口支援】**

*组织开展三峡库区生态环境监测工作* 为进一步做好三峡库区生态环境监测系统森林资源监测工作，为各级政府提供三峡库区发展建设的可靠数据，经与国务院三峡办库区司协调，于2010年开始开展为期两年的三峡库区森林资源和陆地野生动物监测工作。为做好监测工作，国务院三峡办和国家林业局于7月份在重庆市万州区和涪陵县分别举办中心站（局规划院）、重点站（湖北设计院、重庆市设计院）及27个库区基础站的授牌仪式，为有效开展库区森林资源监测工作打下基础。同时，于10月份在北京举办三峡库区森林资源监测工作培训班，对湖北、重庆两省（市）中心站和基层监测站技术人员进行监测方法、步骤、技术规范等系统培训。

*组织召开三峡移民对口支援工作座谈会* 为支持重庆开展的“绿化长江、重庆行动”工作，与国务院三峡办联合召开三峡移民对口支援工作座谈会，组织东、中部19个省（市）林业部门与重庆库区22个县签订合作备忘录，开展对口支援工作。指导林科院有关所编制完成《三峡工程后续工作生态建设与环境保护分项规划》林业部分。 （王新凯 韩 非）

**【防灾减灾】** 积极组织有关司局、直属单位采取不定期座谈研究、收集资料等方式，对林业管理的四项自然灾害（森林防火、林业有害生物防治、沙尘暴、野生动物疫病疫源防控）进行系统总结和预测，通过每月会商和季报、年报方式及时与国家减灾委等部门进行沟通并作汇报，把林业自然灾害情况第一时间反映到国务院，并争取有关政策。参与《中国自然灾害要览》一书的编纂，及时提供相关材料，受到国家减灾委的表扬。

（王新凯 韩 非）

# 生态与林业产业统计

## 全国历年造林面积

单位:千公顷

| 年 别 | 造林面积 | | | |
|---|---|---|---|---|
| | 合计 | 人工造林 | 飞播造林 | 新封山育林 |
| 1949～1952 | 1707.33 | 1707.33 | | |
| 1953 | 1112.93 | 1112.93 | | |
| 1954 | 1166.20 | 1166.20 | | |
| 1955 | 1710.53 | 1710.53 | | |
| 1956 | 5723.27 | 5723.27 | | |
| 1957 | 4355.07 | 4355.07 | | |
| 1958 | 6098.67 | 6098.67 | | |
| 1959 | 5449.67 | 5442.67 | 7.00 | |
| 1960 | 4143.93 | 4136.93 | 7.00 | |
| 1961 | 1441.33 | 1432.33 | 9.00 | |
| 1962 | 1198.73 | 1188.73 | 10.00 | |
| 1963 | 1530.13 | 1516.03 | 14.10 | |
| 1964 | 2911.33 | 2893.23 | 18.10 | |
| 1965 | 3425.33 | 3403.23 | 22.10 | |
| 1966 | 4533.33 | 4351.83 | 181.50 | |
| 1967 | 3904.00 | 3540.99 | 363.01 | |
| 1968 | 3413.33 | 2858.81 | 554.52 | |
| 1969 | 3479.33 | 2753.31 | 726.02 | |
| 1970 | 3884.00 | 2976.48 | 907.52 | |
| 1971 | 4525.13 | 3404.40 | 1120.73 | |
| 1972 | 4635.73 | 3473.33 | 1162.40 | |
| 1973 | 4982.87 | 3925.47 | 1057.40 | |
| 1974 | 5002.47 | 4114.74 | 887.73 | |
| 1975 | 4973.73 | 4437.66 | 536.07 | |
| 1976 | 4925.73 | 4323.06 | 602.67 | |
| 1977 | 4793.27 | 4218.54 | 574.73 | |
| 1978 | 4496.33 | 4125.73 | 370.60 | |
| 1979 | 4489.27 | 3910.27 | 579.00 | |
| 1980 | 4552.00 | 3940.00 | 612.00 | |
| 1981 | 4110.07 | 3681.00 | 429.07 | |
| 1982 | 4495.60 | 4115.80 | 379.80 | |
| 1983 | 6324.40 | 5603.13 | 721.27 | |
| 1984 | 8253.67 | 7290.74 | 962.93 | |
| 1985 | 8336.80 | 6948.80 | 1388.00 | |
| 1986 | 5274.00 | 4158.20 | 1115.80 | |
| 1987 | 5414.20 | 4207.27 | 1206.93 | |
| 1988 | 5533.27 | 4574.80 | 958.47 | |
| 1989 | 5023.33 | 4109.53 | 913.80 | |
| 1990 | 5208.47 | 4353.34 | 855.13 | |
| 1991 | 5594.47 | 4751.80 | 842.67 | |
| 1992 | 6030.40 | 5083.70 | 946.70 | |
| 1993 | 5903.40 | 5044.40 | 859.00 | |
| 1994 | 5992.66 | 5190.24 | 802.42 | |
| 1995 | 5214.61 | 4629.35 | 585.26 | |
| 1996 | 4919.38 | 4314.96 | 604.42 | |
| 1997 | 4354.93 | 3737.75 | 617.18 | |
| 1998 | 4811.05 | 4086.00 | 725.05 | |
| 1999 | 4900.71 | 4276.85 | 623.86 | |
| 2000 | 5105.14 | 4345.01 | 760.13 | |
| 2001 | 4953.04 | 3977.32 | 975.72 | |
| 2002 | 7770.97 | 6896.04 | 874.93 | |
| 2003 | 9118.89 | 8432.48 | 686.41 | |
| 2004 | 5598.08 | 5018.89 | 579.19 | |
| 2005 | 3637.68 | 3221.29 | 416.39 | |
| 2006 | 3838.79 | 2446.12 | 271.80 | 1120.87 |
| 2007 | 3907.71 | 2738.52 | 118.67 | 1050.52 |
| 2008 | 5353.74 | 3684.26 | 154.07 | 1515.41 |
| 2009 | 6262.33 | 4156.29 | 226.34 | 1879.70 |
| 2010 | 5909.92 | 3872.76 | 195.95 | 1841.21 |
| 1949～1952 | 1707.33 | 1707.33 | | |
| 1953～1957 | 14 068.00 | 14 068.00 | | |
| 1958～1962 | 18 332.33 | 18 299.33 | 33.00 | |
| 1963～1965 | 7866.79 | 7812.49 | 54.30 | |
| 1966～1970 | 19 213.99 | 16 481.42 | 2732.57 | |
| 1971～1975 | 24 119.93 | 19 355.60 | 4764.33 | |
| 1976～1980 | 23 256.60 | 20 517.60 | 2739.00 | |
| 1981～1985 | 31 520.54 | 27 639.47 | 3881.07 | |
| 1986～1990 | 26 453.27 | 21 403.14 | 5050.13 | |
| 1991～1995 | 28 735.54 | 24 699.49 | 4036.05 | |
| 1996～2000 | 24 091.21 | 20 760.57 | 3330.64 | |
| 2001～2005 | 31 078.66 | 27 546.03 | 3532.64 | |
| 2006～2010 | 25 272.49 | 16 897.96 | 966.82 | 7407.71 |
| **1949～2010** | **275 716.68** | **237 188.42** | **31 120.55** | **7407.71** |

注:1. 1985 年以前,造林成活率达到40%即统计造林面积,以后为达到85%以上统计。

2. 根据造林技术规程(GB/T 15776－2006),本表自2006 年起将无林地和疏林地新封山育林面积计入造林总面积。

## 全国历年新封山育林和迹地更新面积

单位:千公顷

| 年份 | 新封山育林面　积 | 迹地更新面积 | 年份 | 新封山育林面　积 | 迹地更新面积 |
|---|---|---|---|---|---|
| 1949 ~ 1952 | | 22.53 | 1989 | 4535.33 | 719.10 |
| 1953 | | 16.53 | 1990 | 4910.47 | 671.50 |
| 1954 | | 38.80 | 1991 | 6220.47 | 664.10 |
| 1955 | | 39.20 | 1992 | 5874.10 | 673.60 |
| 1956 | | 94.13 | 1993 | 4795.60 | 739.20 |
| 1957 | | 55.80 | 1994 | 4844.44 | 722.70 |
| 1958 | | 391.13 | 1995 | 4538.49 | 750.96 |
| 1959 | | 560.33 | 1996 | 3659.83 | 794.75 |
| 1960 | | 483.73 | 1997 | 3865.81 | 798.38 |
| 1961 | | 157.07 | 1998 | 9699.10 | 806.30 |
| 1962 | | 106.33 | 1999 | 6704.50 | 1042.83 |
| 1963 | | 183.00 | 2000 | 6130.00 | 919.80 |
| 1964 | | 206.53 | 2001 | 5821.90 | 515.29 |
| 1965 | | 238.93 | 2002 | 2561.36 | 379.00 |
| 1966 | | 321.00 | 2003 | 1817.34 | 285.99 |
| 1967 | | 303.00 | 2004 | 1196.55 | 319.31 |
| 1968 | | 240.00 | 2005 | 1763.00 | 407.55 |
| 1969 | | 233.00 | 2006 | 1120.87 | 408.24 |
| 1970 | | 325.00 | 2007 | 1050.52 | 390.91 |
| 1971 | | 307.53 | 2008 | 1515.41 | 424.00 |
| 1972 | | 319.00 | 2009 | 1879.70 | 344.25 |
| 1973 | | 356.73 | 2010 | 1841.21 | 306.71 |
| 1974 | | 362.00 | 1949 ~ 1952 | | 22.53 |
| 1975 | | 422.00 | 1953 ~ 1957 | | 244.46 |
| 1976 | | 420.80 | 1958 ~ 1962 | | 1698.59 |
| 1977 | | 416.40 | 1963 ~ 1965 | | 628.46 |
| 1978 | | 458.40 | 1966 ~ 1970 | | 1422.00 |
| 1979 | | 409.33 | 1971 ~ 1975 | | 1767.26 |
| 1980 | | 421.93 | 1976 ~ 1980 | | 2126.86 |
| 1981 | 3652.33 | 442.60 | 1981 ~ 1985 | 26 889.87 | 2580.47 |
| 1982 | 5732.00 | 438.80 | 1986 ~ 1990 | 25 277.07 | 3308.40 |
| 1983 | 5678.07 | 508.80 | 1991 ~ 1995 | 26 273.10 | 3550.56 |
| 1984 | 6780.67 | 552.00 | 1996 ~ 2000 | 30 059.24 | 4362.06 |
| 1985 | 5046.80 | 638.27 | 2001 ~ 2005 | 13 160.15 | 1907.14 |
| 1986 | 5736.13 | 577.40 | 2006 ~ 2010 | 7407.71 | 1874.12 |
| 1987 | 5449.13 | 703.50 | **1949 ~ 2010** | **129 067.13** | **25 492.90** |
| 1988 | 4646.00 | 636.90 | | | |

注：2004 年后新封山育林面积指无林地和疏林地新封山育林面积。

## 全国营林生产主要指标2010年与2007年比较

| 指 标 名 称 | 单位 | 2010年 | 2009年 | 2010年比2009年增减(%) |
|---|---|---|---|---|
| **一、荒山荒(沙)地造林面积** | **公顷** | **5 909 919** | **6 262 330** | **-5.63** |
| (一)按造林方式分 | | | | |
| 1.人工造林 | 公顷 | 3 872 762 | 4 156 293 | -6.82 |
| 其中:竹林面积 | 公顷 | 69 978 | 87 468 | -20.00 |
| 2.飞播造林 | 公顷 | 195 948 | 226 337 | -13.43 |
| 3.无林地和疏林地新封 | 公顷 | 1 841 209 | 1 879 700 | -2.05 |
| (二)按经济成分分 | | | | |
| 1.公有经济造林 | 公顷 | 3 266 278 | 3 583 134 | -8.84 |
| ①国有经济造林 | 公顷 | 1 746 703 | 1 820 928 | -4.08 |
| ②集体经济造林 | 公顷 | 1 519 575 | 1 762 206 | -13.77 |
| 2.非公有经济造林 | 公顷 | 2 643 641 | 2 679 196 | -1.33 |
| (三)按林种用途分 | | | | |
| 1.用材林 | 公顷 | 809 937 | 801 317 | 1.08 |
| 2.经济林 | 公顷 | 1 110 896 | 1 002 555 | 10.81 |
| 3.防护林 | 公顷 | 3 943 432 | 4 407 654 | -10.53 |
| 4.薪炭林 | 公顷 | 18 887 | 23 705 | -20.32 |
| 5.特种用途林 | 公顷 | 26 767 | 27 099 | -1.23 |
| (四)按树种类型分 | | | | |
| 1.其中:速生树种 | 公顷 | 740 974 | — | — |
| 2.其中:乡土树种 | 公顷 | 3 404 268 | — | — |
| 3.其中:珍贵树种 | 公顷 | 101 522 | — | — |
| (五)按结构类型分 | | | | |
| 1.纯林 | 公顷 | 3 196 667 | — | — |
| 2.混交林 | 公顷 | 2 163 194 | — | — |
| 3.其他类型 | 公顷 | 550 058 | — | — |
| **二、有林地造林面积** | **公顷** | **388 021** | **463 485** | **-16.28** |
| 1.林冠下造林 | 公顷 | 76 355 | 137 386 | -44.42 |
| 2.飞播营林 | 公顷 | — | — | — |
| 3.有林地和灌木林地新封 | 公顷 | 311 666 | 326 099 | -4.43 |
| **三、更新造林** | **公顷** | **306 708** | **344 254** | **-10.91** |
| **四、四旁(零星)植树** | **万株** | **246 930** | **245 555** | **0.56** |
| **五、年末实有封山(沙)育林面积** | **公顷** | **23 938 134** | **21 537 816** | **11.14** |
| **六、森林抚育** | | | | |
| 1.低产低效林改造面积 | 公顷 | 665 598 | 543 412 | 22.48 |
| 2.幼林抚育作业面积 | 公顷次 | 13 011 459 | 14 878 720 | -12.55 |
| 3.幼林抚育实际面积 | 公顷 | 7 769 016 | 9 555 999 | -18.70 |
| 4.成林抚育面积 | 公顷 | 10 486 104 | 10 607 972 | -1.15 |
| 其中:中、幼龄林抚育面积 | 公顷 | 6 661 746 | 6 362 619 | 4.70 |
| 5.抚育改造出材量 | 立方米 | 8 764 648 | 7 521 559 | 16.53 |
| 其中:中、幼龄林抚育出材量 | 立方米 | 5 502 556 | 5 352 398 | 2.81 |
| **七、林木种苗** | | | | |
| 1.林木种子采集量 | 吨 | 50 866 | 61 265 | -16.97 |
| 2.当年苗木产量 | 万株 | 4 141 786 | 3 343 846 | 23.86 |
| 3.育苗面积 | 公顷 | 660 410 | 661 796 | -0.21 |
| 其中:本年新增育苗面积 | 公顷 | 196 854 | 188 748 | 4.29 |
| 4.年末实有母树林面积 | 公顷 | 318 142 | 295 668 | 7.60 |
| 5.年末实有种子园面积 | 公顷 | 69 002 | 66 537 | 3.70 |
| 6.年末实有采穗圃面积 | 公顷 | 15 032 | — | — |

| 地 区 | 有林地造林面积 | | | | 更新造林 | 四旁（零星）植树（万株） | 年末实有封山（沙）育林面积 | | | |
|---|---|---|---|---|---|---|---|---|---|---|
| | 合 计 | 林冠下造林 | 飞播营林 | 有林地和灌木林地新封 | | | | 低产低效林改造面积 | 幼林抚育作业面积（公顷次） | 幼林抚育实际面积 |
| **全国合计** | **388 021** | **76 355** | **—** | **311 666** | **306 708** | **246 930** | **23 938 134** | **665 598** | **13 011 459** | **7 769 016** |
| 北 京 | 22 591 | 47 | — | 22 544 | 362 | 511 | 113 703 | 1739 | 43 798 | 16 234 |
| 天 津 | — | — | — | — | — | 615 | 26 014 | — | 88 879 | 49 427 |
| 河 北 | — | — | — | — | 4201 | 10 037 | 1 008 697 | 1062 | 577 458 | 383 084 |
| 山 西 | 8721 | — | — | 8721 | — | 11 098 | 830 259 | 153 | 211 516 | 159 030 |
| 内蒙古 | 3506 | 406 | — | 3100 | 17 278 | 4696 | 3 244 339 | 8825 | 491 697 | 335 466 |
| 内蒙古集团 | — | — | — | — | 8790 | 23 | — | — | 27 945 | 19 932 |
| 辽 宁 | 15 657 | 13 923 | — | 1734 | 6893 | 14 169 | 1 562 327 | 12 003 | 202 001 | 180 801 |
| 吉 林 | 36 863 | 36 863 | — | — | — | 1332 | 372 824 | 4174 | 737 426 | 414 494 |
| 吉林集团 | 18 803 | 18 803 | — | — | — | 1 | 46 633 | — | 143 640 | 89 190 |
| 黑龙江 | 30 341 | 4874 | — | 25 467 | 6531 | 2202 | 630 712 | 3078 | 759 340 | 452 926 |
| 龙江集团 | 4347 | 4347 | — | — | 6531 | 290 | 357 266 | 2319 | 135 631 | 89 423 |
| 上 海 | — | — | — | — | — | 213 | — | 353 | 27 052 | 9017 |
| 江 苏 | 710 | — | — | 710 | 1871 | 14 554 | 25 124 | 1061 | 318 756 | 234 078 |
| 浙 江 | 18 861 | 911 | — | 17 950 | 11 846 | 2492 | 851 008 | 27 193 | 59 118 | 47 297 |
| 安 徽 | 9388 | 567 | — | 8821 | 211 | 14 318 | 512 701 | 12 864 | 528 957 | 307 795 |
| 福 建 | 14 283 | — | — | 14 283 | 79 892 | 1807 | 419 340 | 10 113 | 340 217 | 284 307 |
| 江 西 | 18 592 | 7911 | — | 10 681 | 39 010 | 12 033 | 621 188 | 37 481 | 589 194 | 408 506 |
| 山 东 | 13 736 | 40 | — | 13 696 | 4481 | 17 830 | 262 426 | 10 114 | 1 371 050 | 524 928 |
| 河 南 | — | — | — | — | 579 | 27 328 | 367 458 | 12 144 | 973 155 | 732 656 |
| 湖 北 | 4311 | 220 | — | 4091 | — | 12 820 | 885 823 | 27 274 | 293 644 | 242 322 |
| 湖 南 | — | — | — | — | — | 12 261 | 481 243 | 73 567 | 471 946 | 410 882 |
| 广 东 | 28 844 | 1780 | — | 27 064 | 48 088 | 6923 | 145 192 | 19 295 | 207 321 | 173 294 |
| 广 西 | 36 712 | 65 | — | 36 647 | 67 520 | 5052 | 2 150 974 | 19 896 | 668 269 | 466 528 |
| 海 南 | — | — | — | — | 2003 | 1348 | 300 030 | 1948 | 4194 | 5140 |
| 重 庆 | — | — | — | — | — | 9893 | 314 726 | 23 351 | 96 505 | 80 454 |
| 四 川 | 14 425 | 3229 | — | 11 196 | 4578 | 30 570 | 1 496 972 | 115 392 | 483 464 | 220 804 |
| 贵 州 | — | — | — | — | — | 2473 | 742 098 | 3904 | 159 610 | 122 144 |
| 云 南 | 70 162 | 5519 | — | 64 643 | 6400 | 9261 | 1 614 501 | 143 296 | 30 632 | 29 022 |
| 西 藏 | 23 112 | — | — | 23 112 | 1467 | 159 | 958 252 | — | — | — |
| 陕 西 | 970 | — | — | 970 | — | 11 088 | 904 986 | 77 504 | 308 859 | 261 715 |
| 甘 肃 | 4668 | — | — | 4668 | — | 5489 | 778 433 | 1201 | 195 685 | 139 230 |
| 青 海 | — | — | — | — | — | 1124 | 771 513 | — | 51 337 | 51 337 |
| 宁 夏 | — | — | — | — | 452 | 947 | 233 662 | — | 606 395 | 284 806 |
| 新 疆 | 11 568 | — | — | 11 568 | 3045 | 2244 | 1 311 609 | 16 613 | 2 107 134 | 734 442 |
| 新疆兵团 | — | — | — | — | 605 | 260 | 281 037 | 18 | 226 727 | 83 543 |
| 大兴安岭 | — | — | — | — | — | 44 | — | — | 6850 | 6850 |

## 主要指标完成情况

单位:公顷

| 森林抚育 | | | | 林木种苗 | | | | | | |
|---|---|---|---|---|---|---|---|---|---|---|
| 成林抚育面积 | | 抚育改造出材量（立方米） | | 林木种子采集量（吨） | 当年苗木产量（万株） | 育苗面积 | | 年末实有母树林面积 | 年末实有种子园面积 | 年末实有采穗圃面积 |
| 合计 | 其中:中、幼林抚育面积 | 合计 | 其中:中、幼林抚育出材量 | | | 合计 | 其中:本年新增育苗面积 | | | |
| **10 486 104** | **6 661 746** | **8 764 648** | **5 502 556** | **50 866** | **4 141 786** | **660 410** | **196 854** | **318 142** | **69 002** | **15 032** |
| 66 686 | 53 799 | 9764 | 4374 | 88 | 10 807 | 12 321 | 802 | 7 | 323 | — |
| 77 983 | 54 260 | 17 710 | 6866 | — | 4986 | 6770 | 2871 | — | — | — |
| 375 502 | 263 752 | 174 993 | 129 532 | 3634 | 201 385 | 42 932 | 16 118 | 10 403 | 929 | 6 |
| 44 890 | 32 473 | 5101 | 5101 | 2951 | 172 453 | 40 047 | 19 228 | 10 325 | 1098 | 23 |
| 1 480 273 | 940 438 | 1 027 808 | 932 982 | 1728 | 279 564 | 14 433 | 9815 | 28 588 | 2039 | 60 |
| 172 862 | 172 862 | 671 875 | 671 875 | — | 3592 | 53 | 12 | 13 422 | 170 | — |
| 60 382 | 42 381 | 396 429 | 246 330 | 1671 | 489 432 | 17 936 | 7933 | 11 457 | 3301 | 447 |
| 316 075 | 245 254 | 2 010 840 | 1 596 000 | 4237 | 88 701 | 4431 | 1430 | 43 400 | 3784 | 5 |
| 31 988 | 29 511 | 244 842 | 205 356 | 252 | 6051 | 256 | 71 | 13 574 | 1100 | — |
| 334 223 | 292 381 | 1 041 643 | 588 147 | 2867 | 149 238 | 13 402 | 4085 | 128 163 | 7952 | 718 |
| 151 530 | 145 904 | 322 188 | 256 973 | 71 | 37 047 | 404 | 70 | 88 107 | 4323 | 4 |
| 56 327 | 15 400 | — | — | — | 6260 | 47 | 9 | — | — | — |
| 483 437 | 296 557 | 191 735 | 108 902 | 55 | 367 121 | 75 084 | 12 666 | 171 | 127 | 40 |
| 171 322 | 80 744 | 188 548 | 72 499 | 52 | 263 732 | 101 405 | 15 931 | 2528 | 1830 | 133 |
| 629 653 | 310 648 | 659 298 | 305 514 | 771 | 104 099 | 37 794 | 6709 | 3116 | 1816 | 723 |
| 101 930 | 62 382 | 256 485 | 243 623 | 16 | 47 822 | 1396 | 971 | 932 | 1013 | 83 |
| 217 084 | 125 178 | 197 558 | 115 701 | 244 | 126 747 | 16 201 | 4395 | 2949 | 931 | 555 |
| 1 121 663 | 861 487 | 381 508 | 119 987 | 6371 | 315 057 | 83 221 | 23 347 | 317 | 265 | 251 |
| 951 213 | 634 613 | 261 797 | 143 865 | 1240 | 202 990 | 25 533 | 16 852 | 1520 | 259 | 235 |
| 304 352 | 158 559 | 452 326 | 48 182 | 4386 | 113 487 | 34 293 | 7086 | 4060 | 3021 | 1342 |
| 245 566 | 206 314 | 160 051 | 96 709 | 501 | 97 798 | 24 066 | 1860 | 6152 | 966 | 146 |
| 182 063 | 136 501 | 4852 | 3979 | 646 | 59 529 | 3029 | 964 | 413 | 898 | 30 |
| 503 878 | 180 467 | 447 952 | 104 369 | 153 | 81 735 | 1762 | 1194 | 4461 | 979 | 89 |
| 11 825 | 6725 | — | — | 17 | 6196 | 542 | 182 | — | 60 | — |
| 51 145 | 49 836 | 27 559 | 27 559 | 249 | 81 422 | 15 062 | 4215 | 7935 | 2259 | 142 |
| 197 520 | 155 673 | 133 558 | 104 214 | 4143 | 160 938 | 6890 | 2873 | 5548 | 4600 | 1037 |
| 68 187 | 51 202 | 265 801 | 120 454 | 373 | 102 551 | 3266 | 1929 | 7255 | 5383 | 41 |
| 48 640 | 44 972 | 125 299 | 54 940 | 5900 | 118 425 | 5823 | 3505 | 4920 | 3783 | 2589 |
| — | — | — | — | — | 1623 | 728 | 272 | — | 500 | — |
| 313 167 | 158 743 | 45 801 | 42 986 | 5542 | 217 085 | 22 138 | 9561 | 10 463 | 15 470 | 470 |
| 231 774 | 147 527 | 15 577 | 15 577 | 520 | 144 742 | 17 361 | 8456 | 5798 | 559 | 669 |
| 3489 | 2600 | — | — | 171 | 51 799 | 2827 | 907 | 244 | 430 | 39 |
| 422 137 | 170 294 | — | — | 1508 | 31 836 | 18 114 | 5352 | 500 | 25 | — |
| 1 320 334 | 787 202 | 7158 | 6667 | 832 | 41 010 | 11 507 | 5322 | 4925 | 3279 | 5159 |
| 151 548 | 61 938 | — | — | 47 | 7651 | 1393 | 601 | 4196 | 1337 | 1 |
| 93 384 | 93 384 | 257 497 | 257 497 | — | 1211 | 49 | 14 | 11 592 | 1123 | — |

| 指　标 | 总　计 | 天然林资源保护工程 | 退耕还林工程 | 京津风沙源治理工程 | |
|---|---|---|---|---|---|
| | | | | | 合　计 |
| **一、本年完成造林面积** | **3 669 648** | **885 479** | **982 617** | **439 126** | **1 360 649** |
| （一）按造林方式分 | | | | | |
| 1. 人工造林 | 1 844 845 | 168 751 | 661 256 | 113 858 | 899 203 |
| 2. 飞播造林 | 195 948 | 73 334 | — | 122 614 | — |
| 3. 无林地和疏林地新封 | 1 628 855 | 643 394 | 321 361 | 202 654 | 461 446 |
| （二）按林种用途分 | | | | | |
| 1. 用材林 | 255 297 | 30 732 | 161 613 | 8908 | 52 267 |
| 2. 经济林 | 408 224 | 23 227 | 219 684 | 2643 | 162 670 |
| 3. 防护林 | 2 979 972 | 826 873 | 584 264 | 427 241 | 1 141 594 |
| 4. 薪炭林 | 13 470 | 380 | 12 266 | — | 824 |
| 5. 特种用途林 | 12 685 | 4267 | 4790 | 334 | 3294 |
| **二、低产低效防护林改造面积** | **20 378** | **—** | **—** | **—** | **20 378** |
| **三、年末实有封山育林面积** | **12 601 059** | **6 253 522** | **1 713 433** | **2 219 889** | **2 414 215** |
| **四、全部林业投资完成额** | **4 720 065** | **731 299** | **2 927 290** | **382 406** | **570 888** |
| 其中：国债资金 | 296 908 | 41 612 | 105 956 | 47 958 | 86 407 |
| 中央财政专项资金 | 3 319 407 | 549 474 | 2 393 817 | 281 208 | 52 143 |
| **五、本年资金来源总计** | **4 848 478** | **714 936** | **3 154 990** | **238 503** | **633 977** |
| 其中：地方配套资金 | 335 831 | 58 390 | 60 596 | 5013 | 204 942 |
| （1）国家预算内资金 | 4 449 440 | 691 594 | 3 099 379 | 238 325 | 369 842 |
| 其中：国家预算内基建资金 | 512 834 | 85 191 | 152 589 | 38 825 | 217 974 |
| 国债资金 | 264 663 | 35 519 | 89 594 | 53 246 | 75 591 |
| 中央财政专项资金 | 3 476 822 | 542 277 | 2 752 645 | 141 630 | 24 047 |
| （2）国内贷款 | 17 900 | — | — | — | 435 |
| （3）利用外资 | 7051 | — | — | — | 10 |
| （4）自筹资金 | 217 395 | 1207 | 26 279 | 63 | 174 024 |
| （5）其他资金 | 156 692 | 22 135 | 29 332 | 115 | 89 666 |
| **六、群众投工投劳（折资）** | **91 299** | **—** | **—** | **—** | **91 299** |

建设情况

单位:公顷,万元

| 三北及长江流域等重点防护林体系建设工程 | | | | | | 野生动植物保护及自然保护区建设工程 | 速生丰产用材林基地建设工程 |
|---|---|---|---|---|---|---|---|
| 三北防护林四期工程 | 长江流域防护林二期工程 | 沿海防护林二期工程 | 珠江流域防护林二期工程 | 太行山绿化二期工程 | 平原绿化二期工程 | | |
| **928 240** | **118 814** | **173 238** | **66 834** | **69 224** | **4299** | **1777** | — |
| 606 561 | 77 274 | 134 645 | 44 539 | 31 885 | 4299 | 1777 | — |
| — | — | — | — | — | — | — | — |
| 321 679 | 41 540 | 38 593 | 22 295 | 37 339 | — | — | — |
| 10 573 | 9487 | 22 073 | 8621 | 1341 | 172 | 1777 | — |
| 138 154 | 7580 | 3936 | 6612 | 5126 | 1262 | — | — |
| 776 238 | 101 219 | 146 994 | 51 521 | 62 757 | 2865 | — | — |
| 376 | 448 | — | — | — | — | — | — |
| 2899 | 80 | 235 | 80 | — | — | — | — |
| **3658** | **5824** | **5852** | **4911** | **133** | — | — | — |
| **1 700 922** | **137 574** | **243 820** | **114 502** | **217 397** | — | — | — |
| **286 749** | **49 422** | **190 419** | **27 177** | **16 471** | **650** | **100 107** | **8075** |
| 57 620 | 7740 | 14 632 | 6049 | 366 | — | 14 975 | — |
| 11 012 | 11 817 | 19 170 | 6470 | 3634 | 40 | 42 765 | — |
| **279 891** | **80 584** | **187 218** | **22 043** | **15 866** | **48 375** | **61 207** | **44 865** |
| 35 872 | 24 208 | 92 332 | 1803 | 3347 | 47 380 | 5877 | 1013 |
| 196 454 | 66 638 | 69 609 | 21 091 | 15 691 | 359 | 49 569 | 731 |
| 118 210 | 32 540 | 45 686 | 10 795 | 10 501 | 242 | 18 255 | — |
| 62 444 | 6128 | 4166 | 2853 | — | — | 10 713 | — |
| 5109 | 6188 | 6899 | 4491 | 1360 | — | 15 997 | 226 |
| — | — | — | — | — | 435 | — | 17 465 |
| — | 10 | — | — | — | — | 1002 | 6039 |
| 58 822 | 5602 | 61 220 | 649 | 175 | 47 556 | 2299 | 13 523 |
| 24 615 | 8334 | 56 389 | 303 | — | 25 | 8337 | 7107 |
| **62 143** | **7270** | **12 482** | **2963** | **6441** | — | — | — |

## 各地区按造林方式和按林种用途分的造林面积

单位:公顷

| 地　区 | 总　计 | 按造林方式分 | | | 按林种用途分 | | | | |
|---|---|---|---|---|---|---|---|---|---|
| | | 人工造林 | 飞播造林 | 无林地和疏林地新封山育林 | 用材林 | 经济林 | 防护林 | 薪炭林 | 特种用途林 |
| **全国合计** | **590 919** | **3 872 762** | **195 948** | **1 846 209** | **809 937** | **1 110 896** | **3 943 432** | **18 887** | **26 767** |
| 北　京 | 13 887 | 7765 | — | 6122 | — | 721 | 11 989 | — | 1177 |
| 天　津 | 11 315 | 11 315 | — | — | 6246 | 750 | 4319 | — | — |
| 河　北 | 283 878 | 138 365 | 76 601 | 68 912 | 18 951 | 14 784 | 249 143 | — | 1000 |
| 山　西 | 282 371 | 156 785 | 2668 | 122 918 | 10 | 52 304 | 223 722 | 6335 | — |
| 内蒙古 | 655 180 | 229 930 | 76 679 | 348 571 | 10 219 | 5434 | 638 740 | — | 787 |
| 内蒙古集团 | 90 | 90 | — | — | 90 | — | — | — | — |
| 辽　宁 | 190 669 | 102 903 | — | 87 766 | 26 344 | 7497 | 156 795 | — | 33 |
| 吉　林 | 82 584 | 39 329 | — | 43 255 | — | 30 | 82 487 | — | 67 |
| 吉林集团 | — | — | — | — | — | — | — | — | — |
| 黑龙江 | 233 777 | 166 411 | — | 67 366 | 15211 | 659 | 210 287 | 796 | 6824 |
| 龙江集团 | — | — | — | — | — | — | — | — | — |
| 上　海 | 1349 | 1349 | — | — | — | 465 | 884 | — | — |
| 江　苏 | 86 256 | 73 234 | — | 13 022 | 15 868 | 7476 | 62 226 | 129 | 557 |
| 浙　江 | 15 214 | 12 999 | — | 2215 | 1162 | 2329 | 11 709 | — | 14 |
| 安　徽 | 48 711 | 28 465 | — | 20 246 | 10 371 | 7765 | 30 106 | 469 | — |
| 福　建 | 29 875 | 29 125 | — | 750 | 15 345 | 3350 | 11 148 | 30 | 2 |
| 江　西 | 200 778 | 170 875 | — | 29 903 | 103 883 | 32 509 | 59 733 | 2119 | 2534 |
| 山　东 | 205 131 | 198 998 | — | 6133 | 36 101 | 37 856 | 129 877 | — | 1297 |
| 河　南 | 231 700 | 178 850 | — | 52 850 | 50 928 | 23 208 | 157 306 | — | 258 |
| 湖　北 | 192 213 | 119 075 | — | 73 138 | 53 721 | 28 569 | 105 752 | 1854 | 2317 |
| 湖　南 | 213 448 | 178 146 | — | 35 302 | 71 886 | 32 285 | 108 005 | 551 | 721 |
| 广　东 | 95 144 | 91 952 | — | 3192 | 33 620 | 11 061 | 50 383 | — | 80 |
| 广　西 | 143 254 | 125 341 | — | 17 913 | 108 013 | 9323 | 25 577 | 1 | 340 |
| 海　南 | 14 166 | 14 166 | — | — | 600 | 2085 | 11 256 | 40 | 185 |
| 重　庆 | 255 235 | 173 188 | — | 82 047 | 71 723 | 27 090 | 153 755 | 1973 | 694 |
| 四　川 | 382 225 | 206 421 | — | 175 804 | 66 328 | 29 189 | 286 636 | — | 72 |
| 贵　州 | 206 603 | 72 714 | — | 133 889 | 9541 | 35 676 | 159 885 | 1034 | 467 |
| 云　南 | 661 500 | 596 879 | — | 64 621 | 71 629 | 482 862 | 104 722 | 1125 | 1162 |
| 西　藏 | 62 299 | 42 010 | — | 20 289 | 1667 | 585 | 60 047 | — | — |
| 陕　西 | 364 312 | 199 534 | 40 000 | 124 778 | 3886 | 59 410 | 300 883 | 133 | — |
| 甘　肃 | 232 761 | 148 567 | — | 84 194 | — | 32 223 | 194 671 | — | 5867 |
| 青　海 | 117 804 | 33 720 | — | 84 084 | — | — | 117 804 | — | — |
| 宁　夏 | 94 932 | 71 001 | — | 23 931 | 1608 | 25 153 | 68 121 | — | 50 |
| 新　疆 | 251 601 | 203 603 | — | 47 998 | 1996 | 138 248 | 108 797 | 2298 | 262 |
| 新疆兵团 | 51 972 | 46 639 | — | 5333 | — | 33 721 | 18 251 | — | — |
| 大兴安岭 | 3080 | 3080 | — | — | 3080 | — | — | — | — |

注：全国合计造林面积中包括军事管理区 46 667 公顷人工营造的防护林。

## 各地区林业重点工程造林面积

单位:公顷

| 地区 | 全部造林面积 | 重点工程造林面积 | | | | | | 其他造林面积 |
|---|---|---|---|---|---|---|---|---|
| | | 合计 | 天然林资源保护工程 | 退耕还林工程 | 京津风沙源治理工程 | 三北及长江流域等重点防护林体系建设工程 | 速生丰产用材林建设工程 | |
| 全国合计 | 5 909 919 | 3 669 648 | 885 479 | 982 617 | 439 126 | 1 360 649 | 1777 | 2 240 271 |
| 北京 | 13 887 | 8100 | — | — | 7787 | 313 | — | 5787 |
| 天津 | 11 315 | 11 315 | — | — | 170 | 11 145 | — | — |
| 河北 | 283 878 | 244 442 | — | 24 132 | 131 358 | 88 952 | — | 39 436 |
| 山西 | 282 371 | 226 426 | 54 129 | 64 335 | 17 066 | 90 896 | — | 55 945 |
| 内蒙古 | 655 180 | 606 397 | 116 902 | 51 997 | 282 745 | 154 753 | — | 48 783 |
| 内蒙古集团 | 90 | — | — | — | — | — | — | 90 |
| 辽宁 | 190 669 | 138 468 | — | 36 180 | — | 102 199 | 89 | 52 201 |
| 吉林 | 82 584 | 80 198 | — | 34 685 | — | 45 513 | — | 2386 |
| 吉林集团 | — | — | — | — | — | — | — | — |
| 黑龙江 | 233 777 | 170 464 | — | 40 672 | — | 129 792 | — | 63 313 |
| 龙江集团 | — | — | — | — | — | — | — | — |
| 上海 | 1349 | — | — | — | — | — | — | 1349 |
| 江苏 | 86 256 | 37 645 | — | — | — | 37 645 | — | 48 611 |
| 浙江 | 15 214 | 11 617 | — | — | — | 11 617 | — | 3597 |
| 安徽 | 48 711 | 48 615 | — | 22 659 | — | 25 956 | — | 96 |
| 福建 | 29 875 | 10 822 | — | — | — | 10 822 | — | 19 053 |
| 江西 | 200 778 | 53 910 | — | 36 651 | — | 17 259 | — | 146 868 |
| 山东 | 205 131 | 37 393 | — | — | — | 37 393 | — | 167 738 |
| 河南 | 231 700 | 98 183 | 13 331 | 44 333 | — | 40 519 | — | 133 517 |
| 湖北 | 192 213 | 103 159 | 62 665 | 30 160 | — | 10 334 | — | 89 054 |
| 湖南 | 213 448 | 52 025 | — | 35 340 | — | 16 685 | — | 161 423 |
| 广东 | 95 144 | 32 477 | — | — | — | 32 477 | — | 62 667 |
| 广西 | 143 254 | 55 872 | — | 23 406 | — | 30 870 | 1596 | 87 382 |
| 海南 | 14 166 | 12 667 | — | 3370 | — | 9205 | 92 | 1499 |
| 重庆 | 255 235 | 90 312 | 60 000 | 30 312 | — | — | — | 164 923 |
| 四川 | 382 225 | 319 953 | 248 358 | 71 595 | — | — | — | 62 272 |
| 贵州 | 206 603 | 104 336 | 46 673 | 36 663 | — | 21 000 | — | 102 267 |
| 云南 | 661 500 | 236 593 | 71 273 | 152 749 | — | 12 571 | — | 424 907 |
| 西藏 | 62 299 | 11 906 | 3165 | 8741 | — | — | — | 50 393 |
| 陕西 | 364 312 | 291 620 | 130 701 | 60 737 | — | 100 182 | — | 72 692 |
| 甘肃 | 232 761 | 148 658 | 48 996 | 44 027 | — | 55 635 | — | 84 103 |
| 青海 | 117 804 | 63 670 | 17 955 | 20 855 | — | 24 860 | — | 54 134 |
| 宁夏 | 94 932 | 94 932 | 11 331 | 20 238 | — | 63 363 | — | — |
| 新疆 | 251 601 | 217 726 | — | 39 033 | — | 178 693 | — | 33 875 |
| 新疆兵团 | 51 972 | 40 052 | — | 999 | — | 39 053 | — | 11 920 |
| 大兴安岭 | 3080 | 3080 | — | 3080 | — | — | — | — |

注：退耕还林工程中包括军事管理区46 667公顷荒山荒地造林。

## 天然林资源保护工程建设情况

| 指　　标 | 单位 | 合计 | 东北、内蒙古等国有重点林区 | 长江上游、黄河上中游地区 |
|---|---|---|---|---|
| **一、工程区木材产量** | **立方米** | **12 994 841** | **9 132 338** | **3 862 503** |
| 其中:人工林木材产量 | 立方米 | 5 283 784 | 1 804 482 | 3 479 302 |
| **二、荒山荒(沙)地造林面积** | **公顷** | **885 479** | **—** | **885 479** |
| 1. 人工造林 | 公顷 | 168 751 | — | 168 751 |
| 2. 飞播造林 | 公顷 | 73 334 | — | 73 334 |
| 3. 无林地和疏林地新封 | 公顷 | 643 394 | — | 643 394 |
| 按林种用途分 | | | | |
| 1. 用材林 | 公顷 | 30 732 | — | 30 732 |
| 2. 经济林 | 公顷 | 23 227 | — | 23 227 |
| 3. 防护林 | 公顷 | 826 873 | — | 826 873 |
| 4. 薪炭林 | 公顷 | 380 | — | 380 |
| 5. 特种用途林 | 公顷 | 4267 | — | 4267 |
| **三、年末实有封山(沙)育林面积** | **公顷** | **6 253 522** | **681 969** | **5 571 553** |
| **四、年末实有森林管护面积** | **公顷** | **104 857 371** | **35 098 188** | **69 759 183** |
| 其中:国有林管护面积 | 公顷 | 60 473 583 | 34 599 281 | 25 874 302 |
| 林业职工代管的集体林面积 | 公顷 | 9 305 745 | — | 9 305 745 |
| **五、工程区项目实施单位人员情况** | | | | |
| 1. 年末全部在册职工人数 | 人 | 870 415 | 704 295 | 166 120 |
| 其中:混岗职工人数 | 人 | 131 872 | 131 271 | 601 |
| (1)年末在岗职工人数 | 人 | 627 802 | 469 581 | 158 221 |
| (2)年末下岗待安置职工人数 | 人 | 110 952 | 106 537 | 4415 |
| (3)年末离开本单位保留劳动关系人数 | 人 | 131 661 | 128 177 | 3484 |
| 2. 年末其他从业人员 | 人 | 25 093 | 3600 | 21 493 |
| 3. 林业单位全年平均在岗职工人数 | 人 | 553 536 | 412 231 | 141 305 |
| 4. 自工程实施以来累计一次性安置职工人数 | 人 | 672 039 | 597 721 | 74 318 |
| (1)全民职工人数 | 人 | 422 297 | 350 277 | 72 020 |
| (2)混岗职工人数 | 人 | 249 742 | 247 444 | 2298 |
| 其中:本年一次性安置职工人数 | 人 | 1668 | 1129 | 539 |
| (1)全民职工人数 | 人 | 488 | 63 | 425 |
| (2)混岗职工人数 | 人 | 1180 | 1066 | 114 |
| 5. 本年一次性安置费 | 万元 | 3010 | 1155 | 1855 |
| 6. 年末实有离退休人数 | 人 | 616 908 | 471 526 | 145 382 |
| 7. 当年离退休人员生活费 | 万元 | 905 171 | 690 302 | 214 869 |
| 8. 年末参加基本养老保险人数 | 人 | 917 631 | 705 896 | 211 735 |
| 其中:在岗职工 | 人 | 503 157 | 382 897 | 120 260 |
| 9. 年末参加基本医疗保险人数 | 人 | 1 068 548 | 822 647 | 245 901 |
| 其中:在岗职工 | 人 | 544 242 | 412 408 | 131 834 |
| **六、全部林业投资完成额** | **万元** | **731 299** | **372 257** | **359 042** |
| 其中:国债资金 | 万元 | 41 612 | 80 | 41 532 |
| 中央财政专项资金 | 万元 | 549 474 | 340 717 | 208 757 |
| 1. 造林 | 万元 | 116 190 | — | 116 190 |
| 2. 森林管护 | 万元 | 232 624 | 86 319 | 146 305 |
| 3. 社会保险(养老、医疗、失业、工伤、生育) | 万元 | 196 474 | 145 426 | 51 048 |
| 4. 政社性支出 | 万元 | 130 931 | 109 409 | 21 522 |
| 5. 其他 | 万元 | 55 080 | 31 103 | 23 977 |

## 退耕还林工程建设情况

| 指　　标 | 单位 | 合　计 | 退耕还林工程 | 京津风沙源治理工程中的退耕还林 |
|---|---|---|---|---|
| **一、造林面积** | **公顷** | **996 528** | **982 617** | **13 911** |
| 1. 退耕地造林 | 公顷 | 333 | 333 | — |
| 其中：生态林面积 | 公顷 | 333 | 333 | — |
| 25°以上坡耕地退耕面积 | 公顷 | 333 | 333 | — |
| 严重沙化耕地退耕面积 | 公顷 | — | — | — |
| 2. 荒山荒地造林 | 公顷 | 674 834 | 660 923 | 13 911 |
| 3. 无林地和疏林地新封 | 公顷 | 321 361 | 321 361 | — |
| 按林种用途分 | | | | |
| 1. 用材林 | 公顷 | 162 012 | 161 613 | 399 |
| 2. 经济林 | 公顷 | 220 898 | 219 684 | 1214 |
| 3. 防护林 | 公顷 | 596 562 | 584 264 | 12 298 |
| 4. 薪炭林 | 公顷 | 12 266 | 12 266 | — |
| 5. 特种用途林 | 公顷 | 4790 | 4790 | — |
| **二、当年种草面积** | **公顷** | **2 020 017** | **1 713 433** | **306 584** |
| 其中:退耕地种(育)草面积 | 公顷 | 4867 | — | 4867 |
| **三、年末实有封山(沙)育林面积** | **公顷** | **2867** | **—** | **2867** |
| **四、补助粮、款兑现** | | | | |
| 1. 当年粮款兑现退耕地总面积 | 公顷 | 8 124 446 | 7 101 332 | 1 023 114 |
| 2. 自工程实施以来累计粮食补助资金总计 | 万元 | 18 042 294 | 16 366 723 | 1 675 571 |
| 其中：当年粮食补助资金合计 | 万元 | 1 687 294 | 1 508 884 | 178 410 |
| 其中：当年新退耕地粮食补助资金 | 万元 | 55 | 55 | — |
| 3. 自工程实施以来累计生活费兑现金额总计 | 万元 | 2 297 136 | 2 040 311 | 256 825 |
| 其中：当年生活费兑现金额合计 | 万元 | 366 993 | 326 496 | 40 497 |
| 其中：当年新退耕地生活费兑现金额 | 万元 | 93 | 93 | — |
| 4. 当年粮款兑现涉及户数 | 户 | 27 532 879 | 25 238 899 | 2 293 980 |
| **五、全部林业投资完成额** | **万元** | **3 220 455** | **2 927 290** | **293 165** |
| 其中：国债资金 | 万元 | 108 777 | 105 956 | 2821 |
| 中央财政专项资金 | 万元 | 2 672 780 | 2 393 817 | 278 963 |
| 1. 粮食补助资金 | 万元 | 1 635 029 | 1 455 443 | 179 586 |
| 2. 种苗费 | 万元 | 132 787 | 128 324 | 4463 |
| 3. 生活费补助 | 万元 | 395 480 | 354 570 | 40 910 |
| 4. 巩固退耕还林成果专项资金 | 万元 | 862 248 | 805 764 | 56 484 |
| 5. 其他费用 | 万元 | 194 911 | 183 189 | 11 722 |

## 京津风沙源治理工程建设情况

| 指　　标 | 单　位 | 本年实际 |
|---|---|---|
| **一、治理情况** | | |
| （一）荒山荒（沙）地造林面积 | 公顷 | 439 126 |
| 1. 人工造林 | 公顷 | 113 858 |
| 2. 飞播造林 | 公顷 | 122 614 |
| 3. 无林地和疏林地新封 | 公顷 | 202 654 |
| 按林种用途分 | | |
| 1. 用材林 | 公顷 | 8908 |
| 2. 经济林 | 公顷 | 2643 |
| 3. 防护林 | 公顷 | 427 241 |
| 4. 薪炭林 | 公顷 | — |
| 5. 特种用途林 | 公顷 | 334 |
| （二）年末实有封山（沙）育林面积 | 公顷 | 2 219 889 |
| （三）草地治理面积 | 公顷 | 177 274 |
| （四）暖棚建设面积 | 平方米 | 951 372 |
| （五）饲料机械台数 | 台 | 11 332 |
| （六）小流域治理 | 公顷 | 134 030 |
| （七）水利设施 | 处 | 14 714 |
| （八）生态移民人数 | 人 | 1322 |
| （九）生态移民户数 | 户 | 324 |
| **二、全部投资完成额** | **万元** | **437 091** |
| 其中：林业投资完成额 | 万元 | 382 406 |
| 其中：国债资金 | 万元 | 47 958 |
| 中央财政专项资金 | 万元 | 281 208 |
| 1. 造林 | 万元 | 293 126 |
| 2. 科技费用 | 万元 | — |
| 3. 其他 | 万元 | 89 280 |

## 三北及长江流域等重点防护林体系工程建设情况

单位:公顷,万元

| 指　　标 | 三北及长江流域等重点防护林体系建设工程 | | | | | | |
|---|---|---|---|---|---|---|---|
| | 合　计 | 三北防护林四期工程 | 长江流域防护林二期工程 | 沿海防护林二期工程 | 珠江流域防护林二期工程 | 太行山绿化二期工程 | 平原绿化二期工程 |
| **一、荒山荒(沙)地造林面积** | **1 360 649** | **928 240** | **118 814** | **173 238** | **66 834** | **69 224** | **4299** |
| 1. 人工造林 | 899 203 | 606 561 | 77 274 | 134 645 | 44 539 | 31 885 | 4299 |
| 2. 飞播造林 | — | — | — | — | — | — | — |
| 3. 无林地和疏林地新封 | 461 446 | 321 679 | 41 540 | 38 593 | 22 295 | 37 339 | — |
| 按林种用途分 | — | — | — | — | — | — | — |
| 1. 用材林 | 52 267 | 10 573 | 9487 | 22 073 | 8621 | 1341 | 172 |
| 2. 经济林 | 162 670 | 138 154 | 7580 | 3936 | 6612 | 5126 | 1262 |
| 3. 防护林 | 1 141 594 | 776 238 | 101 219 | 146 994 | 51 521 | 62 757 | 2865 |
| 其中:水源涵养林 | 140 223 | 67 320 | 27 417 | 16 555 | 14 341 | 14 590 | — |
| 水土保持林 | 363 790 | 234 248 | 31 796 | 44 183 | 22 325 | 31 138 | 100 |
| 防风固沙林 | 306 571 | 282 070 | 2608 | 13 321 | — | 8489 | 83 |
| 农田、牧场防护林 | 62 683 | 55 813 | 2532 | 4268 | — | 20 | 50 |
| 护岸护堤林 | 18 982 | 4061 | 3454 | 11 467 | — | — | — |
| 护路林 | 14 440 | 9379 | 1019 | 4042 | — | — | — |
| 4. 薪炭林 | 824 | 376 | 448 | — | — | — | — |
| 5. 特种用途林 | 3294 | 2899 | 80 | 235 | 80 | — | — |
| **二、年末实有封山(沙)育林面积** | **2 414 215** | **1 700 922** | **137 574** | **243 820** | **114 502** | **217 397** | **—** |
| **三、低产低效林改造面积** | **20 378** | **3658** | **5824** | **5852** | **4911** | **133** | **—** |
| **四、全部林业投资完成额** | **570 888** | **286 749** | **49 422** | **190 419** | **27 177** | **16 471** | **650** |
| 其中:国债资金 | 86 407 | 57 620 | 7740 | 14 632 | 6049 | 366 | — |
| 中央财政专项资金 | 52 143 | 11 012 | 11 817 | 19 170 | 6470 | 3634 | 40 |
| 1. 造林 | 500 883 | 244 528 | 42 979 | 180 604 | 17 740 | 14 892 | 140 |
| 2. 低产低效防护林改造 | 5804 | 598 | 860 | 2653 | 1673 | 20 | — |
| 3. 种苗 | 26 944 | 22 314 | 1420 | 2085 | 1125 | — | — |
| 4. 森林防火 | 1779 | 500 | 103 | 160 | 299 | 717 | — |
| 5. 病虫害防治 | 1431 | 929 | 176 | 176 | 95 | 45 | 10 |
| 6. 科技费用 | 739 | 385 | 91 | 228 | 35 | — | — |
| 7. 其他 | 33 308 | 17 495 | 3793 | 4513 | 6210 | 797 | 500 |
| **五、群众投工投劳(折合资金)** | **91 299** | **62 143** | **7270** | **12 482** | **2963** | **6441** | **—** |

## 林业系统野生动植物保护及自然保护区工程建设情况

| 指　　标 | 单位 | 本年实际 |
| --- | --- | --- |
| **一、年末实有自然保护区个数** | **个** | **2035** |
| 其中:国家级 | 个 | 247 |
| **二、年末实有自然保护区面积** | **百公顷** | **1 237 092** |
| 其中:国家级 | 百公顷 | 759 742 |
| **三、年末实有自然保护小区个数** | **个** | **48 783** |
| 年末实有自然保护小区面积 | 百公顷 | 158 766 |
| **四、野生植物就地保护点个数** | **个** | **351** |
| 野生植物就地保护点面积 | 百公顷 | 47 597 |
| **五、禁猎(采)区个数** | **个** | **2425** |
| 禁猎(采)区面积 | 百公顷 | 870 559 |
| **六、国际重要湿地个数** | **个** | **37** |
| 国际重要湿地面积 | 百公顷 | 39 148 |
| **七、湿地示范区面积** | **百公顷** | **25 083** |
| **八、野生动物种源繁育基地** | **个** | **560** |
| **九、野生植物种源培育基地** | **个** | **503** |
| **十、野生动植物保护管理站** | **个** | **5456** |
| **十一、鸟类环志中心(站)个数** | **个** | **148** |
| 鸟类环志中心(站)人员 | 人 | 336 |
| **十二、野生动植物科研及监测机构个数** | **个** | **663** |
| 其中:各类专业技术人员 | 人 | 3221 |
| **十三、野生动物园个数** | **个** | **61** |
| **十四、植物园个数** | **个** | **87** |
| **十五、狩猎场个数** | **个** | **147** |
| 其中:对外国人开放的狩猎场个数 | 个 | 13 |
| **十六、从事野生动植物及自然保护区建设的职工人数** | **人** | **48 723** |
| 其中:各类专业技术人员 | 人 | 13 835 |
| **十七、野生动植物及自然保护区投资情况** | **万元** | **100 107** |
| 其中:国债资金 | 万元 | 14 975 |
| 中央财政专项资金 | 万元 | 42 765 |

## 林业产业总产值

（按现行价格计算）

单位:万元

| 指　标 | 总产值 | 指　标 | 总产值 |
|---|---|---|---|
| **总　计** | **227 790 232** | **二、第二产业** | **118 769 494** |
| **一、第一产业** | **88 952 112** | （一）涉林产业合计 | 115 613 617 |
| （一）涉林产业合计 | 85 649 762 | 其中:湿地产业 | 129 299 |
| 其中:湿地产业 | 293 742 | 1. 木材加工及木、竹、藤、棕、苇制品制造 | 49 944 331 |
| 1. 林木的培育和种植 | 14 785 731 | （1）锯材、木片加工 | 7 817 800 |
| （1）育种和育苗 | 4 827 538 | （2）人造板制造 | 26 639 470 |
| （2）造林 | 5 628 820 | （3）木制品制造 | 11 767 815 |
| （3）林木的抚育和管理 | 4 329 373 | （4）竹、藤、棕、苇制品制造 | 3 719 246 |
| ①幼林的抚育和管理 | 2 134 190 | 2. 木、竹、藤家具制造 | 16 354 583 |
| ②成林的抚育和管理 | 2 195 183 | 3. 木、竹、苇浆造纸 | 29 187 530 |
| 2. 木材和竹材的采运 | 8 815 154 | 4. 林产化学产品制造 | 3 286 800 |
| （1）木材采运 | 7 224 082 | 5. 木制工艺品和木制文教体育用品制造 | 2 539 547 |
| ①商品材 | 5 957 923 | 6. 非木制林产品加工制造业 | 9 123 246 |
| ②农民自用材 | 536 581 | 7. 其他 | 5 177 580 |
| ③农民烧柴 | 729 578 | （二）林业系统非林产业 | 3 155 877 |
| （2）竹材采运 | 1 591 072 | **三、第三产业** | **20 068 626** |
| 其中:除毛竹、蒿竹外的其他竹材 | 416 997 | （一）涉林产业合计 | 17 283 988 |
| 3. 经济林产品的种植与采集 | 51 581 909 | 其中:湿地产业 | 323 822 |
| 其中: 水果及干果的种植与采集 | 35 101 489 | 1. 林业旅游与休闲服务 | 13 103 652 |
| 茶及其他饮料作物的种植与采集 | 4 266 853 | 2. 林业生态服务 | 1 969 235 |
| 林产中药材的种植与采集 | 2 726 395 | 3. 林业专业技术服务 | 481 646 |
| 森林食品的种植与采集 | 5 423 919 | 4. 林业公共管理及其他组织服务 | 1 729 455 |
| 4. 花卉的种植 | 7 031 168 | （二）林业系统非林产业 | 2 784 638 |
| 5. 陆生野生动物繁育与利用 | 2 261 097 | 补充资料:竹产业产值 | 8 209 741 |
| （1）陆生野生动物狩猎和捕捉 | 163 164 | 油茶产业产值 | 1 399 048 |
| （2）陆生野生动物饲养 | 2 097 933 | 全部山区县茶、桑、果产值 | 12 203 134 |
| 6. 林业生产辅助服务 | 1 174 703 | 全部丘陵县茶、桑、果产值 | 6 969 072 |
| （二）林业系统非林产业 | 3 302 350 | | |

## 重点地区速生丰产用材林基地工程建设情况

| 指　　标 | 单位 | 本年实际 | 指　　标 | 单位 | 本年实际 |
|---|---|---|---|---|---|
| **一、各种地类造林面积** | **公顷** | **6230** | 3. 大径级用材林 | 公顷 | 7252 |
| 1. 荒山荒（沙）地造林 | 公顷 | 1777 | 4. 其他工业原料林 | 公顷 | 5172 |
| 2. 更新造林 | 公顷 | 4439 | **四、当年造林和改培面积按树种分：** | | |
| 3. 非林业用地造林 | 公顷 | 14 | 1. 桉树 | 公顷 | 5684 |
| 各种地类造林面积按投资主体分： | | | 2. 湿地松、火炬松、马尾松 | 公顷 | 275 |
| 1. 林场（国有、集体）造林面积 | 公顷 | 3848 | 3. 杉木、柳杉 | 公顷 | 3 |
| 2. 内资企业造林面积 | 公顷 | — | 4. 杨树 | 公顷 | 30 |
| 3. 外资企业造林面积 | 公顷 | 155 | 5. 落叶松、红松、云杉、冷杉、樟子松 | 公顷 | 5278 |
| 4. 合资企业造林面积 | 公顷 | — | 6. 柚木、楠木、西南桦、桃花心木 | 公顷 | 35 |
| 5. 农户造林面积 | 公顷 | 1413 | 7. 水曲柳、核桃楸、黄波罗、椴树 | 公顷 | 1057 |
| 6. 其他主体造林面积 | 公顷 | 814 | 8. 竹类 | 公顷 | — |
| **二、改培面积** | **公顷** | **8010** | 9. 其他 | 公顷 | 1878 |
| **三、当年造林和改培面积按培育目的分：** | | | **五、全部林业投资完成额** | **万元** | **8075** |
| 1. 浆纸原料林 | 公顷 | 92 | 其中：国家投资 | 万元 | 1116 |
| 2. 人造板原料林 | 公顷 | 1724 | | | |

## 全国森林工业主要产品产量2010年与2009年比较

| 主要指标 | 单　位 | 2010年 | 2009年 | 2010年比2009年增减（%） |
|---|---|---|---|---|
| 木材产量 | 万立方米 | 8089.62 | 7068.29 | 14.45 |
| 原木 | 万立方米 | 7513.21 | 6476.27 | 16.01 |
| 薪材 | 万立方米 | 576.41 | 592.02 | -2.64 |
| 竹材产量 | 万根 | 143 007.81 | 135 649.87 | 5.42 |
| 锯材产量 | 万立方米 | 3722.63 | 3229.77 | 15.26 |
| 人造板产量 | 万立方米 | 15 360.83 | 11 546.65 | 33.03 |
| 其中：胶合板 | 万立方米 | 7139.66 | 4451.24 | 60.40 |
| 纤维板 | 万立方米 | 4354.54 | 3488.56 | 24.82 |
| 刨花板 | 万立方米 | 1264.20 | 1431.00 | -11.66 |
| 其他人造板 | 万立方米 | 2602.43 | 2175.85 | 19.61 |
| 木竹地板产量 | 万平方米 | 47 917.15 | 37 753.20 | 26.92 |
| 松香类产品产量 | 吨 | 1 332 798 | 1 117 030 | 19.32 |
| 栲胶类产品产量 | 吨 | 10 925 | 11 000 | -0.68 |
| 紫胶类产品产量 | 吨 | 3804 | 2755 | 38.08 |

## 各地区森林工业主要产品产量

单位:万立方米,万平方米,万根,吨

| 地 区 | 木材 | 竹材 | 锯材 | 人造板 | | | | | 木地板 | 松香类产品产量 | 栲胶类产品产量 | 紫胶类产品产量 |
|---|---|---|---|---|---|---|---|---|---|---|---|---|
| | | | | 合计 | 胶合板 | 纤维板 | 刨花板 | 其他人造板 | | | | |
| **全国合计** | 8089.62 | 143 008 | 3722.63 | 15 360.83 | 7139.66 | 4354.54 | 1264.20 | 2602.43 | 47 917.15 | 1 332 798 | 10 925 | 3804 |
| 北 京 | 9.72 | — | — | 22.05 | — | 22.05 | — | — | 163.37 | — | — | — |
| 天 津 | 21.47 | — | — | 5.50 | 0.40 | — | 4.80 | 0.30 | 32.70 | — | — | — |
| 河 北 | 71.34 | — | 190.62 | 1190.81 | 389.90 | 299.05 | 233.68 | 268.18 | 41.80 | — | 1200 | — |
| 山 西 | 4.77 | — | 1.54 | 72.01 | 9.20 | 14.15 | 26.01 | 22.65 | — | — | — | — |
| 内蒙古 | 320.55 | — | 400.33 | 82.93 | 25.03 | 14.31 | 26.22 | 17.38 | 8.83 | — | 763 | — |
| 内蒙古集团 | 241.83 | — | — | | — | — | — | — | — | — | — | — |
| 辽 宁 | 194.64 | — | 189.63 | 262.86 | 121.92 | 74.58 | 30.24 | 36.12 | 4594.69 | 500 | — | — |
| 吉 林 | 475.89 | — | 114.46 | 236.14 | 91.43 | 53.43 | 61.59 | 29.69 | 3182.71 | — | — | — |
| 吉林集团 | 108.00 | — | 1.59 | 61.60 | 0.50 | 11.27 | 49.46 | 0.36 | 340.95 | — | — | — |
| 黑龙江 | 571.43 | — | 124.32 | 162.38 | 31.12 | 30.92 | 58.54 | 41.80 | 513.31 | — | — | — |
| 龙江集团 | 404.71 | — | 66.84 | 78.59 | 10.32 | 25.10 | 30.88 | 12.29 | 138.02 | — | — | — |
| 上 海 | — | — | 1.64 | 110.05 | 8.61 | 19.00 | — | 82.43 | 3589.73 | — | — | — |
| 江 苏 | 150.90 | 437 | 56.37 | 2301.19 | 1375.97 | 400.36 | 129.89 | 394.97 | 7046.07 | — | — | — |
| 浙 江 | 198.21 | 16 811 | 299.34 | 507.33 | 155.89 | 109.97 | 15.37 | 226.10 | 8014.40 | 12 800 | — | — |
| 安 徽 | 458.19 | 9384 | 139.09 | 730.47 | 381.18 | 211.44 | 42.66 | 95.20 | 3481.75 | 3692 | — | — |
| 福 建 | 684.57 | 41 386 | 163.84 | 749.45 | 283.75 | 174.59 | 165.62 | 125.49 | 1707.40 | 86 243 | — | 13 |
| 江 西 | 340.74 | 6199 | 153.36 | 249.94 | 69.42 | 123.04 | 19.44 | 38.04 | 2188.44 | 66 045 | — | — |
| 山 东 | 301.28 | — | 599.82 | 3523.73 | 2207.78 | 806.30 | 121.24 | 388.41 | 3350.92 | — | — | — |
| 河 南 | 237.98 | 203 | 104.21 | 1173.83 | 365.10 | 403.68 | 90.60 | 314.46 | 548.68 | 2550 | 1550 | — |
| 湖 北 | 221.10 | 2616 | 66.00 | 289.53 | 43.66 | 177.42 | 14.12 | 54.33 | 2795.83 | 13 871 | — | — |
| 湖 南 | 557.60 | 6029 | 238.17 | 479.95 | 211.82 | 82.71 | 26.74 | 158.68 | 1547.52 | 24 764 | 10 | 14 |
| 广 东 | 654.91 | 13 252 | 128.02 | 784.11 | 202.53 | 387.48 | 90.60 | 103.50 | 3866.92 | 129 081 | — | 517 |
| 广 西 | 1270.36 | 26 292 | 337.22 | 1468.35 | 898.01 | 439.12 | 40.57 | 90.66 | 27.30 | 801 838 | 6376 | — |
| 海 南 | 95.75 | 1616 | 9.94 | 36.85 | 13.82 | 18.97 | 3.50 | 0.57 | 0.25 | 4242 | — | — |
| 重 庆 | 26.14 | 105 | 17.72 | 29.59 | 20.79 | 1.05 | 4.15 | 3.60 | 3.00 | 800 | — | — |
| 四 川 | 162.61 | 4447 | 136.96 | 583.37 | 157.09 | 310.93 | 52.17 | 63.18 | 837.00 | 2239 | — | 101 |
| 贵 州 | 181.10 | 415 | 65.60 | 51.61 | 29.43 | 7.85 | 1.11 | 13.23 | 51.12 | 4593 | — | — |
| 云 南 | 532.24 | 13 005 | 144.27 | 162.46 | 43.05 | 95.91 | 4.90 | 18.59 | 292.40 | 179 540 | 946 | 3159 |
| 西 藏 | 69.90 | 36 | 9.51 | — | — | — | — | — | — | — | — | — |
| 陕 西 | 32.66 | 776 | 0.83 | 58.06 | 0.61 | 57.21 | 0.25 | — | — | — | 80 | — |
| 甘 肃 | 3.03 | — | 0.02 | 0.89 | 0.60 | 0.29 | — | — | — | — | — | — |
| 青 海 | 1.61 | — | — | — | — | — | — | — | — | — | — | — |
| 宁 夏 | — | | — | — | — | — | — | — | — | — | — | — |
| 新 疆 | 36.49 | — | 2.23 | 3.08 | 0.51 | 2.57 | — | — | — | — | — | — |
| 新疆兵团 | 5.77 | — | — | — | — | — | — | — | — | — | — | — |
| 大兴安岭 | 202.45 | — | 27.56 | 32.32 | 1.04 | 16.19 | 0.20 | 14.90 | 31.04 | — | — | — |

## 主要木材、竹材产品产量

单位:万立方米,万根,万吨

| 产品名称 | 单位 | 全部产量 |
|---|---|---|
| **木材及竹材采伐产品** | | |
| **一、木材** | **万立方米** | **8089.62** |
| 其中:热带木材 | 万立方米 | 556.59 |
| (一)原木 | 万立方米 | 7513.21 |
| 其中:针叶原木 | 万立方米 | 1534.26 |
| 1. 直接用原木 | 万立方米 | 2764.40 |
| 2. 特级原木 | 万立方米 | 100.25 |
| 3. 等内加工原木 | 万立方米 | 1578.33 |
| 其中:针叶原木 | 万立方米 | 761.94 |
| 4. 造纸用原木 | 万立方米 | 396.98 |
| 5. 胶合板材 | 万立方米 | 851.52 |
| 6. 杉原条 | 万立方米 | 598.44 |
| 7. 其他原木 | 万立方米 | 1223.29 |
| (二)薪材 | 万立方米 | 576.41 |
| **二、竹材产品** | | |
| (一)竹材 | 万根 | 143 007.81 |
| 1. 毛竹 | 万根 | 93 495.69 |
| 2. 篙竹 | 万根 | 49 512.12 |
| (二)小杂竹 | 万吨 | 1000.85 |
| 补充资料: | | |
| 1. 按生产单位分的全部木材产量和竹材产量 | | |
| (1)系统内国有企业单位生产的木材 | 万立方米 | 1385.99 |
| (2)系统内国有林场、事业单位生产的木材 | 万立方米 | 1293.29 |
| (3)系统外企、事业单位采伐自营林地的木材 | 万立方米 | 266.02 |
| (4)乡(镇)集体企业及单位生产的木材 | 万立方米 | 423.69 |
| (5)村及村以下各级组织和农民个人生产的木材 | 万立方米 | 4720.62 |
| (6)村及村以下各级组织和农民个人生产的竹材产量 | 万根 | 108 410.44 |
| 2. 农民自用材采伐量 | 万立方米 | 823.37 |
| 3. 农民烧材采伐量 | 万立方米 | 2174.48 |

## 全国森林工业主要产品产量

| 产品名称 | 单位 | 产 量 | 产品名称 | 单位 | 产 量 |
|---|---|---|---|---|---|
| **木材加工及竹、藤、棕、苇制品** | | | 4. 人造板表面装饰板 | 万平方米 | 29 534.98 |
| 一、锯材 | 万立方米 | 3722.63 | 五、木竹地板 | 万平方米 | 47 917.15 |
| 1. 普通锯材 | 万立方米 | 3628.68 | 1. 实木木地板 | 万平方米 | 11 176.07 |
| 2. 特种锯材 | 万立方米 | 28.79 | 2. 复合木地板 | 万平方米 | 26 821.06 |
| 3. 枕木及其他锯材 | 万立方米 | 65.16 | 3. 其他木地板 | 万平方米 | 5979.62 |
| 二、木片、木粒加工产品 | 万实积立方米 | 1873.51 | 4. 竹地板 | 万平方米 | 3940.40 |
| 三、人造板 | 万立方米 | 15 360.83 | **林产化学产品** | | |
| (一)胶合板 | 万立方米 | 7139.66 | 一、松香类产品 | 吨 | 1 332 798 |
| 1. 木胶合板 | 万立方米 | 6154.74 | 1. 松香 | 吨 | 1 205 991 |
| 2. 竹胶合板 | 万立方米 | 361.79 | 2. 松香深加工产品 | 吨 | 126 807 |
| 3. 其他胶合板 | 万立方米 | 623.13 | 二、松节油类产品 | 吨 | 158 403 |
| (二)纤维板 | 万立方米 | 4354.54 | 1. 松节油 | 吨 | 128 617 |
| 1. 木质纤维板 | 万立方米 | 4246.18 | 2. 松节油深加工产品 | 吨 | 29 786 |
| (1)硬质纤维板 | 万立方米 | 334.27 | 三、樟脑 | 吨 | 11 588 |
| (2)中密度纤维板 | 万立方米 | 3894.24 | 其中:合成樟脑 | 吨 | 10 685 |
| (3)软质纤维板 | 万立方米 | 17.66 | 四、冰片 | 吨 | 963 |
| 2. 非木质纤维板 | 万立方米 | 108.36 | 其中:合成冰片 | 吨 | 391 |
| (三)刨花板 | 万立方米 | 1264.20 | 五、栲胶类产品 | 吨 | 10 925 |
| 1. 木质刨花板 | 万立方米 | 1212.08 | 1. 栲胶 | 吨 | 10 925 |
| 2. 非木质刨花板 | 万立方米 | 52.12 | 2. 栲胶深加工产品 | 吨 | — |
| (四)其他人造板 | 万立方米 | 2602.43 | 六、紫胶类产品 | 吨 | 3804 |
| 其中:细木工板 | 万立方米 | 1652.29 | 1. 紫胶 | 吨 | 2080 |
| 四、二次加工材及相关板材 | | | 2. 紫胶深加工产品 | 吨 | 1724 |
| 1. 单板 | 万立方米 | 2723.53 | 七、木材热解产品 | 吨 | 592 029 |
| 2. 强化木 | 万立方米 | 35.14 | 其中:木炭 | 吨 | 399 660 |
| 3. 指接材 | 万立方米 | 345.91 | | | |

## 全国主要经济林产品生产情况

单位:吨

| 指 标 | 产 量 | 指 标 | 产 量 |
|---|---|---|---|
| 一、水果产量 | 110 304 098 | 5. 仁用杏 | 69 037 |
| 1. 苹果 | 31 279 460 | 6. 山杏仁 | 125 109 |
| 2. 柑橘 | 23 330 802 | 7. 银杏(白果) | 70 957 |
| 3. 梨 | 14 471 040 | 8. 榛子 | 60 952 |
| 4. 葡萄 | 8 342 154 | 9. 松子 | 68 912 |
| 5. 桃 | 9 716 920 | 10. 其他干果 | 534 695 |
| 6. 杏 | 2 470 808 | 三、林产饮料产品(干重) | 1 393 414 |
| 7. 荔枝 | 1 620 758 | 1. 毛茶 | 1 280 144 |
| 8. 龙眼 | 1 331 583 | 2. 可可豆 | 60 |
| 9. 猕猴桃 | 632 805 | 3. 咖啡 | 42 666 |
| 10. 其他水果 | 17 107 768 | 4. 其他林产饮料产品 | 70 544 |
| 二、干果产量 | 7 429 434 | 四、林产调料产品(干重) | 500 506 |
| 1. 核桃 | 1 284 351 | 1. 花椒 | 250 505 |
| 2. 板栗 | 1 701 680 | 2. 八角 | 116 580 |
| 3. 枣(干重) | 2 587 612 | 3. 桂皮 | 76 118 |
| 4. 柿子(干重) | 926 129 | 4. 其他林产调料产品 | 57 303 |

（续）

| 指　标 | 产　量 | 指　标 | 产　量 |
|---|---|---|---|
| 五、森林食品(干重) | 2 559 436 | 七、木本油料 | 1 125 787 |
| 1. 竹笋干 | 481 192 | 1. 油茶籽 | 1 092 243 |
| 2. 食用菌 | 1 584 442 | 2. 油橄榄 | 4940 |
| 3. 山野菜 | 331 301 | 3. 文冠果 | 24 |
| 4. 其他森林食品 | 162 501 | 4. 其他木本油料 | 28 580 |
| 六、木本药材 | 1 174 297 | 八、林产工业原料 | 1 680 272 |
| 1. 杜仲 | 234 583 | 1. 生漆 | 20 093 |
| 2. 黄柏 | 16 927 | 2. 油桐籽 | 433 624 |
| 3. 厚朴 | 95 465 | 3. 乌桕籽 | 33 709 |
| 4. 枸杞 | 149 374 | 4. 五倍子 | 18 197 |
| 5. 山茱萸 | 52 314 | 5. 棕片 | 55 698 |
| 6. 其他木本药材 | 625 634 | 6. 松脂 | 1 115 711 |
| | | 7. 紫胶(原胶) | 3240 |

**全国油茶与花卉产业情况**

| 指　标 | 单位 | 产　量 |
|---|---|---|
| 一、油茶产业发展情况 | | |
| 1. 年末实有油茶林面积 | 公顷 | 3 044 388 |
| 当年新造面积 | 公顷 | 164 329 |
| 当年低改面积 | 公顷 | 136 755 |
| 2. 繁殖圃个数 | 个 | 294 |
| 繁殖圃面积 | 公顷 | 3602 |
| 3. 苗木产量 | 万株 | 54 646.60 |
| 4. 油茶籽产量 | 万吨 | 109.22 |
| 二、花卉产业发展情况 | | |
| 1. 年末实有花卉种植面积 | 公顷 | 764 003 |
| 2. 切花切叶产量 | 万支 | 1 252 068 |
| 3. 盆栽植物产量 | 万盆 | 289 360 |
| 4. 观赏苗木产量 | 万株 | 570 772 |
| 5. 草坪产量 | 万平方米 | 32 345 |
| 6. 花卉市场 | 个 | 4528 |
| 7. 花卉企业 | 个 | 40 619 |
| 其中:大中型企业 | 个 | 7703 |
| 8. 花农 | 万户 | 115.38 |
| 9. 花卉从业人员 | 万人 | 386.84 |
| 其中:专业技术人员 | 万人 | 16.67 |
| 10. 控温温室面积 | 万平方米 | 4042 |
| 11. 日光温室面积 | 万平方米 | 13 886 |

# 劳动工资统计

## 林业系统国有单位从业人员和劳动报酬主要指标2010年与2009年比较

| 主要指标 | 单位 | 2010年 | 2009年 | 2010年比2009年增减(%) |
|---|---|---|---|---|
| 一、企事业机关单位个数 | 个 | 45 950 | 45 483 | 1.03 |
| 其中：1. 林业 | 个 | 40 021 | 39 721 | 0.76 |
| 2. 工业 | 个 | 394 | 390 | 1.03 |
| 二、从业人员年末人数 | 人 | 1 373 069 | 1 316 405 | 4.30 |
| 其中：1. 林业 | 人 | 1 149 470 | 1 109 712 | 3.58 |
| 其中：木材及竹材采运业 | 人 | 449 769 | 422 307 | 6.50 |
| 国有林场 | 人 | 360 485 | 355 516 | 1.40 |
| 2. 工业 | 人 | 36 235 | 27 883 | 29.95 |
| 其中：木材加工及竹藤棕草制品业 | 人 | 16 732 | 9234 | 81.20 |
| 林产化学产品制造业 | 人 | 718 | 1116 | -35.66 |
| 三、在岗职工年末人数 | 人 | 1 325 267 | 1 274 909 | 3.95 |
| 其中：1. 林业 | 人 | 1 111 488 | 1 076 805 | 3.22 |
| 其中：木材及竹材采运业 | 人 | 444 281 | 418 851 | 6.07 |
| 国有林场 | 人 | 350 698 | 346 323 | 1.26 |
| 2. 工业 | 人 | 32 284 | 24 251 | 33.12 |
| 其中：木材加工及竹藤棕草制品业 | 人 | 16 193 | 9040 | 79.13 |
| 林产化学产品制造业 | 人 | 678 | 1073 | -36.81 |
| 四、在岗职工年工资总额 | 千元 | 25 733 946 | 22 246 666 | 15.68 |
| 其中：1. 林业 | 千元 | 18 681 355 | 16 252 260 | 14.95 |
| 其中：木材及竹材采运业 | 千元 | 5 736 739 | 4 785 862 | 19.87 |
| 国有林场 | 千元 | 5 825 808 | 5 103 117 | 14.16 |
| 2. 工业 | 千元 | 635 950 | 351 778 | 80.78 |
| 其中：木材加工及竹藤棕草制品业 | 千元 | 351 821 | 118 130 | 197.83 |
| 林产化学产品制造业 | 千元 | 12 884 | 17 155 | -24.90 |
| 五、在岗职工年平均工资 | 元 | 20 386 | 17 985 | 13.35 |
| 其中：1. 林业 | 元 | 17 789 | 15 601 | 14.02 |
| 其中：木材及竹材采运业 | 元 | 14 276 | 12 025 | 18.73 |
| 国有林场 | 元 | 17 118 | 15 065 | 13.63 |
| 2. 工业 | 元 | 18 701 | 14 909 | 25.44 |
| 其中：木材加工及竹藤棕苇制品业 | 元 | 19 238 | 13 558 | 41.90 |
| 林产化学产品制造业 | 元 | 18 947 | 16 338 | 15.97 |

林业系统各地区按行业分

| 地区 | 总计 | 国有经 | | | | | |
|---|---|---|---|---|---|---|---|
| | | 合计 | 企业 | 事业 | 机关 | | |
| | | | | | | 小计 | 木材及竹材采运企业 |
| **全国合计** | **46 396** | **45 950** | **2200** | **39 952** | **3798** | **39 454** | **798** |
| 北京 | 248 | 247 | 9 | 216 | 22 | 138 | — |
| 天津 | 88 | 88 | 3 | 75 | 10 | 77 | — |
| 河北 | 1560 | 1560 | 38 | 1354 | 168 | 1290 | — |
| 山西 | 2203 | 2203 | 17 | 2058 | 128 | 2002 | — |
| 内蒙古 | 1599 | 1593 | 44 | 1367 | 182 | 1348 | 20 |
| 内蒙古集团 | 53 | 49 | 24 | 25 | — | 27 | 19 |
| 辽宁 | 1688 | 1682 | 32 | 1538 | 112 | 1520 | — |
| 吉林 | 1570 | 1534 | 249 | 1206 | 79 | 1382 | 21 |
| 吉林集团 | 46 | 46 | 46 | — | — | 9 | 8 |
| 黑龙江 | 1896 | 1813 | 117 | 1574 | 122 | 1538 | 40 |
| 龙江集团 | 209 | 158 | 86 | 59 | 13 | 47 | 40 |
| 上海 | 41 | 41 | — | 39 | 2 | 13 | — |
| 江苏 | 792 | 782 | — | 757 | 25 | 755 | 14 |
| 浙江 | 1053 | 1041 | 18 | 925 | 98 | 872 | — |
| 安徽 | 1445 | 1434 | 50 | 1202 | 182 | 1201 | 12 |
| 福建 | 1944 | 1910 | 232 | 1491 | 187 | 1549 | 167 |
| 江西 | 2276 | 2271 | 323 | 1756 | 192 | 1941 | 206 |
| 山东 | 2361 | 2359 | 51 | 2199 | 109 | 2215 | 3 |
| 河南 | 1142 | 1137 | 19 | 953 | 165 | 917 | 1 |
| 湖北 | 2078 | 1921 | 103 | 1692 | 126 | 1671 | 11 |
| 湖南 | 2951 | 2938 | 136 | 2618 | 184 | 2541 | 50 |
| 广东 | 2159 | 2141 | 52 | 1876 | 213 | 1749 | 9 |
| 广西 | 2158 | 2146 | 134 | 1805 | 207 | 1737 | 1 |
| 海南 | 223 | 223 | 29 | 176 | 18 | 184 | 6 |
| 重庆 | 1219 | 1217 | 9 | 1139 | 69 | 1112 | — |
| 四川 | 3601 | 3583 | 194 | 3154 | 235 | 3115 | 84 |
| 贵州 | 2384 | 2384 | 97 | 2156 | 131 | 2182 | 58 |
| 云南 | 2337 | 2327 | 99 | 1990 | 238 | 1972 | 53 |
| 西藏 | 75 | 75 | 3 | 24 | 48 | 27 | — |
| 陕西 | 1650 | 1647 | 48 | 1459 | 140 | 1425 | 8 |
| 甘肃 | 1501 | 1501 | 12 | 1363 | 126 | 1296 | — |
| 青海 | 350 | 350 | — | 283 | 67 | 267 | — |
| 宁夏 | 312 | 311 | 4 | 282 | 25 | 275 | — |
| 新疆 | 1326 | 1326 | 60 | 1095 | 171 | 1092 | 25 |
| 新疆兵团 | — | — | — | — | — | — | — |
| 局直属单位 | 166 | 165 | 18 | 130 | 17 | 51 | 9 |
| 大兴安岭 | 64 | 63 | 18 | 29 | 16 | 13 | 9 |

## 企、事业及机关单位个数

单位:个

| 济　单　位 | | | | | | | |
|---|---|---|---|---|---|---|---|
| 农　林　牧　渔　业 | | | | | | | |
| 国有林场 | 国有苗圃 | 林业工作站 | 木材检查站 | 种苗站 | 病虫害防治站 | 治沙站 | 其他 |
| **4557** | **1732** | **20 670** | **2375** | **871** | **1595** | **79** | **6777** |
| 25 | 15 | 28 | 5 | 5 | 8 | 1 | 51 |
| 1 | 9 | 52 | 1 | 2 | 1 | — | 11 |
| 141 | 149 | 568 | 23 | 43 | 68 | 4 | 294 |
| 241 | 135 | 1066 | 63 | 62 | 87 | 5 | 343 |
| 306 | 83 | 493 | 30 | 58 | 81 | 15 | 262 |
| — | — | — | — | — | — | — | 8 |
| 180 | 40 | 797 | 50 | 51 | 63 | 1 | 338 |
| 305 | 41 | 710 | 56 | 8 | 40 | — | 201 |
| — | — | — | — | — | — | — | 1 |
| 385 | 65 | 624 | 55 | 45 | 78 | — | 246 |
| — | 2 | — | — | 2 | 2 | — | 1 |
| 1 | 1 | 11 | — | — | — | — | — |
| 72 | 55 | 417 | 24 | 4 | 15 | 3 | 151 |
| 99 | 11 | 481 | 69 | 26 | 61 | — | 125 |
| 133 | 63 | 576 | 112 | 20 | 74 | — | 211 |
| 105 | 55 | 806 | 50 | 17 | 39 | — | 310 |
| 241 | 69 | 834 | 255 | 23 | 64 | 2 | 247 |
| 180 | 156 | 1393 | 47 | 53 | 96 | — | 287 |
| 87 | 81 | 208 | 89 | 37 | 86 | 1 | 327 |
| 241 | 40 | 809 | 142 | 40 | 69 | — | 319 |
| 206 | 75 | 1517 | 256 | 41 | 49 | 5 | 342 |
| 188 | 51 | 1056 | 185 | 19 | 55 | — | 186 |
| 154 | 62 | 742 | 155 | 41 | 73 | — | 509 |
| 32 | 7 | 67 | 46 | — | 9 | — | 17 |
| 73 | 6 | 852 | 68 | 18 | 34 | — | 61 |
| 186 | 107 | 2165 | 152 | 31 | 87 | — | 303 |
| 90 | 36 | 1452 | 133 | 59 | 88 | 1 | 265 |
| 151 | 16 | 1207 | 93 | 49 | 59 | 2 | 342 |
| 3 | 19 | — | 4 | — | 1 | — | — |
| 226 | 105 | 435 | 143 | 40 | 41 | 11 | 416 |
| 267 | 95 | 446 | 49 | 50 | 65 | 11 | 313 |
| 100 | 26 | 61 | 5 | 4 | 14 | 1 | 56 |
| 64 | 11 | 131 | 2 | 5 | 18 | 1 | 43 |
| 74 | 48 | 665 | 13 | 20 | 72 | 15 | 160 |
| — | — | — | — | — | — | — | — |
| — | — | 1 | — | — | — | — | 41 |
| — | — | 1 | — | — | — | — | 3 |

| 地　区 | 国　有　经 | | | | | |
|---|---|---|---|---|---|---|
| | 采矿业 | 制　造　业 | | | | |
| | | 小　计 | 木材加工及木、竹、藤、棕、苇制品业 | 木、竹、藤家具制造业 | 木、竹、苇浆造纸业 | 林产化学产品制造 |
| **全国合计** | **6** | **373** | **234** | **48** | **3** | **18** |
| 北　京 | — | — | — | — | — | — |
| 天　津 | — | — | — | — | — | — |
| 河　北 | — | 11 | 4 | — | — | 3 |
| 山　西 | — | 5 | 2 | — | — | — |
| 内蒙古 | — | 2 | 1 | — | 1 | — |
| 内蒙古集团 | — | 1 | — | — | 1 | — |
| 辽　宁 | — | 13 | 10 | 1 | — | — |
| 吉　林 | 1 | 20 | 13 | 3 | — | 1 |
| 吉林集团 | 1 | 17 | 10 | 3 | — | 1 |
| 黑龙江 | 1 | 25 | 14 | — | — | 1 |
| 龙江集团 | — | 17 | 12 | — | — | — |
| 上　海 | — | — | — | — | — | — |
| 江　苏 | — | — | — | — | — | — |
| 浙　江 | — | — | — | — | — | — |
| 安　徽 | 1 | 5 | 4 | 1 | — | — |
| 福　建 | — | 16 | 3 | — | — | 3 |
| 江　西 | — | 20 | 8 | 3 | — | 3 |
| 山　东 | — | 21 | 3 | 17 | — | — |
| 河　南 | 1 | 1 | — | — | — | — |
| 湖　北 | — | 13 | 7 | 2 | — | 1 |
| 湖　南 | 1 | 77 | 55 | 17 | 1 | 1 |
| 广　东 | — | 10 | 7 | — | — | — |
| 广　西 | — | 3 | 3 | — | — | — |
| 海　南 | — | 2 | 2 | — | — | — |
| 重　庆 | — | 1 | 1 | — | — | — |
| 四　川 | — | 77 | 66 | 3 | — | 3 |
| 贵　州 | — | 23 | 20 | — | 1 | 1 |
| 云　南 | — | 6 | 2 | — | — | 1 |
| 西　藏 | — | — | — | — | — | — |
| 陕　西 | — | 17 | 6 | 1 | — | — |
| 甘　肃 | — | 3 | 2 | — | — | — |
| 青　海 | — | — | — | — | — | — |
| 宁　夏 | — | — | — | — | — | — |
| 新　疆 | — | 2 | 1 | — | — | — |
| 新疆兵团 | — | — | — | — | — | — |
| 局直属单位 | 1 | — | — | — | — | — |
| 大兴安岭 | 1 | — | — | — | — | — |

（续）

| 济单位 | | | | | |
| --- | --- | --- | --- | --- | --- |
| 木质工艺品和木质文教体育用品制造业 | 非木质林产品加工业 | 其他 | 电力、燃气及水的生产和供应业 | 建筑业 | 批发和零售业 |
| **2** | **12** | **56** | **15** | **22** | **239** |
| — | — | — | — | — | — |
| — | — | — | — | — | — |
| — | 3 | 1 | — | — | 7 |
| — | 1 | 2 | — | — | 14 |
| — | — | — | — | 1 | 1 |
| — | — | — | — | 1 | 1 |
| — | — | 2 | — | — | — |
| — | — | 3 | 1 | 2 | 2 |
| — | — | 3 | — | 1 | 2 |
| — | 2 | 8 | 2 | 9 | 20 |
| — | 2 | 3 | 2 | 9 | 9 |
| — | — | — | — | — | — |
| — | — | — | — | — | — |
| — | — | — | — | 1 | 12 |
| — | — | — | — | 2 | 12 |
| — | — | 10 | — | 2 | 14 |
| — | — | 6 | — | 1 | 2 |
| — | — | 1 | — | — | — |
| — | — | 1 | — | — | 5 |
| 1 | — | 2 | — | 1 | 15 |
| 1 | — | 2 | — | — | 2 |
| — | — | 3 | 4 | — | 12 |
| — | — | — | 6 | — | 82 |
| — | — | — | — | — | 1 |
| — | — | — | — | — | 3 |
| — | — | 5 | — | 1 | 11 |
| — | 1 | — | — | 1 | 2 |
| — | — | 3 | — | — | 13 |
| — | — | — | — | — | — |
| — | 4 | 6 | — | 1 | 7 |
| — | 1 | — | — | — | — |
| — | — | — | — | — | — |
| — | — | — | — | — | — |
| — | — | 1 | 1 | — | 1 |
| — | — | — | — | — | — |
| — | — | — | 1 | — | 1 |
| — | — | — | 1 | — | 1 |

| 地　区 | 国有经济 | | | | | |
|---|---|---|---|---|---|---|
| | 科学研究、技术服务和地质勘查业 | | | 水利、环境和公共设施管理业 | | |
| | 小计 | 其中 | | 小计 | 其中 | |
| | | 科技交流和推广服务 | 规划设计管理 | | 自然保护区管理 | 野生动植物保护 |
| **全国合计** | **731** | **309** | **159** | **693** | **415** | **152** |
| 北　京 | 5 | — | 5 | 81 | 1 | 2 |
| 天　津 | — | — | — | — | — | — |
| 河　北 | 30 | 25 | 1 | 5 | 3 | 1 |
| 山　西 | 28 | 14 | 11 | 16 | 12 | 2 |
| 内蒙古 | 18 | 3 | 4 | 16 | 14 | — |
| 内蒙古集团 | 2 | — | — | 1 | — | — |
| 辽　宁 | 19 | 8 | 6 | 13 | 8 | 5 |
| 吉　林 | 8 | 3 | 3 | 5 | 4 | 1 |
| 吉林集团 | — | — | — | — | — | — |
| 黑龙江 | 18 | 4 | 4 | 13 | 5 | 2 |
| 龙江集团 | 9 | 1 | 2 | 2 | — | — |
| 上　海 | 1 | 1 | — | 19 | 1 | 1 |
| 江　苏 | — | — | — | — | — | — |
| 浙　江 | 41 | 30 | 3 | 13 | 12 | 1 |
| 安　徽 | 13 | 6 | 4 | 15 | 10 | 3 |
| 福　建 | 54 | 16 | 23 | 26 | 21 | 4 |
| 江　西 | 56 | 21 | 16 | 24 | 11 | 11 |
| 山　东 | 6 | 1 | — | 5 | 4 | 1 |
| 河　南 | 26 | 3 | 3 | 10 | 7 | 3 |
| 湖　北 | 68 | 44 | 15 | 16 | 5 | 9 |
| 湖　南 | 66 | 27 | 13 | 35 | 24 | 8 |
| 广　东 | 62 | 21 | 4 | 71 | 58 | 13 |
| 广　西 | 43 | 15 | 4 | 18 | 17 | 1 |
| 海　南 | 3 | 2 | — | 11 | 9 | 2 |
| 重　庆 | 21 | 14 | 7 | 6 | 5 | 1 |
| 四　川 | 23 | 16 | 5 | 101 | 44 | 49 |
| 贵　州 | 15 | 5 | 3 | 15 | 14 | 1 |
| 云　南 | 23 | 8 | 4 | 67 | 65 | 1 |
| 西　藏 | — | — | — | — | — | — |
| 陕　西 | 12 | 5 | 4 | 17 | 8 | 9 |
| 甘　肃 | 21 | 12 | 3 | 40 | 31 | 9 |
| 青　海 | 4 | 1 | 3 | 2 | 2 | — |
| 宁　夏 | 1 | — | 1 | 6 | 5 | 1 |
| 新　疆 | 13 | 4 | 1 | 22 | 12 | 9 |
| 新疆兵团 | — | — | — | — | — | — |
| 局直属单位 | 33 | — | 9 | 5 | 3 | 2 |
| 大兴安岭 | 3 | — | 3 | 2 | — | 2 |

（续）

| 单　位 | | | | 集体经济单位 | 其他各种经济单位 |
|---|---|---|---|---|---|
| 教育 | 卫生、社会保障和社会福利业 | 公共管理和社会组织 | 其他 | | |
| **69** | **31** | **4051** | **266** | **191** | **255** |
| — | — | 22 | 1 | 1 | — |
| — | — | 10 | 1 | — | — |
| — | — | 212 | 5 | — | — |
| 4 | 3 | 128 | 3 | — | — |
| 2 | 5 | 188 | 12 | 4 | 2 |
| 1 | 5 | 1 | 9 | 2 | 2 |
| 1 | — | 113 | 3 | 6 | — |
| 1 | — | 93 | 19 | 23 | 13 |
| — | — | — | 16 | — | — |
| 20 | 9 | 130 | 28 | 70 | 13 |
| 16 | 9 | 20 | 18 | 47 | 4 |
| 2 | 1 | 2 | 3 | — | — |
| — | — | 26 | 1 | 10 | — |
| — | — | 99 | 3 | — | 12 |
| — | — | 183 | 2 | 2 | 9 |
| — | 1 | 227 | 21 | 25 | 9 |
| 1 | 1 | 201 | 24 | 4 | 1 |
| — | — | 110 | 2 | 2 | — |
| — | — | 171 | 6 | 5 | — |
| 2 | 1 | 126 | 8 | 9 | 148 |
| 3 | — | 209 | 4 | 5 | 8 |
| 3 | 1 | 220 | 9 | 7 | 11 |
| 3 | — | 210 | 44 | 5 | 7 |
| — | — | 20 | 2 | — | — |
| — | — | 72 | 2 | 1 | 1 |
| 2 | 2 | 236 | 15 | 8 | 10 |
| 1 | — | 140 | 5 | — | — |
| 3 | 1 | 239 | 3 | 3 | 7 |
| — | — | 48 | — | — | — |
| 3 | 2 | 152 | 11 | 1 | 2 |
| 3 | 2 | 135 | 1 | — | — |
| — | — | 77 | — | — | — |
| 2 | — | 25 | 2 | — | 1 |
| 2 | — | 189 | 4 | | — |
| — | — | — | — | — | — |
| 11 | 2 | 38 | 22 | — | 1 |
| 8 | 2 | 17 | 15 | — | 1 |

## 林业系统按行业分职工伤亡事故情况

| 国民经济行业 | 轻 伤（人次） | 重 伤（人次） | 死 亡（人） |
|---|---|---|---|
| **总 计** | **875** | **116** | **165** |
| **一、农、林、牧、渔业** | **855** | **113** | **123** |
| 其中：国有林场 | 175 | 30 | 54 |
| 木材及竹材采运业 | 586 | 44 | 12 |
| **二、采矿业** | **2** | **—** | **—** |
| **三、制造业** | **6** | **—** | **38** |
| 1. 木材加工及木、竹、藤、棕、苇制品业 | 6 | — | — |
| 2. 木、竹、藤家具制造业 | — | — | — |
| 3. 木、竹、苇浆造纸业 | — | — | — |
| 4. 林产化学产品制造 | — | — | 37 |
| 5. 其他 | — | — | 1 |
| **四、建筑业** | **1** | **—** | **—** |
| **五、其他** | **11** | **3** | **4** |

# 固定资产投资统计

## 林业固定资产投资 2010 年主要指标与 2009 年比较

单位：万元

| 指标名称 | 2010 年 | 2009 年 | 2010 年比 2009 年增减（%） |
|---|---|---|---|
| **林业固定资产投资完成额（万元）** | **15 533 217** | **13 513 349** | **14.95** |
| 其中：国家投资 | 7 452 396 | 7 104 764 | 4.89 |
| 一、基本建设投资完成额 | 14 491 880 | 12 881 763 | 12.50 |
| 其中：国家投资 | 7 327 541 | 7 070 314 | 3.64 |
| 二、更新改造投资完成额 | 822 069 | 520 547 | 57.92 |
| 其中：国家投资 | 55 635 | 17 171 | 224.01 |
| 三、森工其他投资完成额 | 219 268 | 111 039 | 97.47 |
| 其中：国家投资 | 69 220 | 17 279 | 300.60 |
| 四、本年新增固定资产 | 5 668 829 | 4 622 205 | 22.64 |
| **营林固定资产投资完成额（万元）** | **11 942 956** | **11 161 861** | **7.00** |
| 一、营林基本建设投资完成额 | 11 709 639 | 11 095 168 | 5.54 |
| 其中：国家投资 | 6 909 319 | 6 822 495 | 1.27 |
| （一）按构成分：建筑安装 | 876 634 | 631 212 | 38.88 |
| 设备工器具购置 | 187 338 | 147 133 | 27.33 |
| 其他费用 | 10 645 667 | 10 316 823 | 3.19 |

（续）

| 指标名称 | 2010 年 | 2009 年 | 2010 年比 2009 年增减(%) |
|---|---|---|---|
| (二) 按用途分:营造林业 | 7 668 906 | 7 247 012 | 5.82 |
| 木材及竹材采运业 | 199 188 | 216 338 | -7.93 |
| 木材加工及竹藤棕苇制品业 | 327 248 | 387 698 | -15.59 |
| 其他 | 3 514 297 | 3 244 120 | 8.33 |
| (三) 本年新增固定资产 | 3 500 334 | 3 376 013 | 3.68 |
| 二、营林更新改造投资完成额 | 233 317 | 66 693 | 249.84 |
| 其中: 国家投资 | 54 183 | 13 831 | 291.75 |
| (一) 按构成分:建筑安装 | 64 300 | 37 701 | 70.55 |
| 设备工器具购置 | 3665 | 1653 | 121.72 |
| 其他费用 | 165 352 | 27 339 | 504.82 |
| (二) 按用途分:营造林业 | 96 910 | 44 433 | 118.10 |
| 木材及竹材采运业 | 2874 | 327 | 778.90 |
| 木材加工及竹藤棕苇制品业 | 1600 | 1610 | -0.62 |
| 其他 | 131 933 | 20 323 | 549.18 |
| (三) 本年新增固定资产 | 50 437 | 37 013 | 36.27 |
| **森工固定资产投资完成额(万元)** | **3 590 261** | **2 351 488** | **52.68** |
| 一、森工基本建设投资完成额 | 2 782 241 | 1 786 595 | 55.73 |
| 其中: 国家投资 | 418 222 | 247 819 | 68.76 |
| (一) 按构成分: 建筑安装 | 1 772 794 | 1 075 003 | 64.91 |
| 设备工器具购置 | 351 218 | 119 984 | 192.72 |
| 其他费用 | 658 229 | 591 608 | 11.26 |
| (二) 按用途分:营造林业 | 171 375 | 30 297 | 465.65 |
| 木材及竹材采运业 | 361 305 | 213 435 | 69.28 |
| 木材加工及竹藤棕苇制品业 | 1 102 310 | 539 204 | 104.43 |
| 其他 | 1 147 251 | 1 003 659 | 14.31 |
| (三) 本年新增固定资产 | 1 500 689 | 830 735 | 80.65 |
| 二、森工更新改造投资完成额 | 588 752 | 453 854 | 29.72 |
| 其中: 国家投资 | 1452 | 3340 | -56.53 |
| (一) 按构成分:建筑安装 | 147 820 | 115 448 | 28.04 |
| 设备工器具购置 | 240 683 | 162 247 | 48.34 |
| 其他费用 | 200 249 | 176 159 | 13.68 |
| (二) 按用途分:营造林业 | 98 | 635 | -84.57 |
| 木材及竹材采运业 | 5658 | 12 325 | -54.09 |
| 木材加工及竹藤棕苇制品业 | 330 594 | 261 193 | 26.57 |
| 其他 | 252 402 | 179 701 | 40.46 |
| (三) 本年新增固定资产 | 447 334 | 290 888 | 53.78 |
| 三、森工其他投资完成额 | 219 268 | 111 039 | 97.47 |
| 其中: 国家投资 | 69 220 | 17 279 | 300.60 |
| (一) 按构成分 建筑安装 | 52 342 | 19 401 | 169.79 |
| 设备工器具购置 | 28 424 | 8109 | 250.52 |
| 其他费用 | 138 502 | 83 529 | 65.81 |
| (二) 本年新增固定资产 | 170 035 | 87 556 | 94.20 |

林业系统各地区按行业分

| 地区 | 总计 | 合计 | 企业 | 事业 | 机关 | 国有 | |
|---|---|---|---|---|---|---|---|
| | | | | | | 小计 | 木材及竹材采运企业 |
| **全国合计** | **1 347 142** | **1 325 267** | **549 304** | **682 556** | **93 407** | **1 095 242** | **444 281** |
| 北京 | 24 518 | 24 450 | 1627 | 21 569 | 1254 | 4955 | — |
| 天津 | 1141 | 1141 | 60 | 923 | 158 | 961 | — |
| 河北 | 26 632 | 26 632 | 4303 | 18 776 | 3553 | 17 817 | — |
| 山西 | 24 763 | 24 763 | 153 | 22 555 | 2055 | 21 108 | — |
| 内蒙古 | 112 497 | 112 155 | 58 845 | 46 988 | 6322 | 101 533 | 57 146 |
| 内蒙古集团 | 60 527 | 60 191 | 57 535 | 2656 | — | 57 915 | 57 146 |
| 辽宁 | 25 617 | 25 578 | 1647 | 22 502 | 1429 | 22 438 | — |
| 吉林 | 123 978 | 121 729 | 85 467 | 33 106 | 3156 | 101 067 | 56 133 |
| 吉林集团 | 35 193 | 35 193 | 35 193 | — | — | 22 861 | 20 393 |
| 黑龙江 | 322 034 | 314 315 | 246 357 | 62 994 | 4964 | 292 022 | 237 785 |
| 龙江集团 | 262 094 | 255 304 | 244 399 | 9013 | 1892 | 238 444 | 237 785 |
| 上海 | 1876 | 1876 | — | 1638 | 238 | 444 | — |
| 江苏 | 16 402 | 16 321 | — | 16 106 | 215 | 15 935 | 354 |
| 浙江 | 12 760 | 12 639 | 632 | 9953 | 2054 | 9266 | — |
| 安徽 | 23 822 | 23 371 | 1791 | 19 483 | 2097 | 20 366 | 467 |
| 福建 | 25 111 | 23 691 | 5442 | 14 148 | 4101 | 16 672 | 3610 |
| 江西 | 56 193 | 56 128 | 14 594 | 35 087 | 6447 | 47 130 | 7271 |
| 山东 | 25 587 | 25 575 | 2056 | 21 666 | 1853 | 21 783 | 28 |
| 河南 | 30 340 | 30 272 | 182 | 24 952 | 5138 | 24 360 | — |
| 湖北 | 31 746 | 27 378 | 2253 | 21 950 | 3175 | 21 646 | 234 |
| 湖南 | 50 719 | 49 370 | 3368 | 39 502 | 6500 | 37 262 | 2358 |
| 广东 | 35 916 | 35 694 | 3327 | 26 303 | 6064 | 25 483 | 635 |
| 广西 | 45 784 | 45 254 | 3578 | 38 258 | 3418 | 36 576 | 14 |
| 海南 | 6851 | 6851 | 2244 | 4038 | 569 | 5848 | 1117 |
| 重庆 | 8677 | 8537 | 155 | 7057 | 1325 | 6660 | — |
| 四川 | 52 419 | 51 074 | 15 925 | 28 844 | 6305 | 40 639 | 12 214 |
| 贵州 | 23 176 | 23 176 | 3929 | 17 009 | 2238 | 19 124 | 2024 |
| 云南 | 43 501 | 42 911 | 9935 | 24 767 | 8209 | 28 347 | 5886 |
| 西藏 | 7214 | 7214 | 5824 | 301 | 1089 | 6125 | — |
| 陕西 | 34 689 | 34 173 | 3437 | 28 228 | 2508 | 28 738 | 2337 |
| 甘肃 | 39 978 | 39 978 | 9607 | 27 628 | 2743 | 30 392 | — |
| 青海 | 9727 | 9727 | — | 9081 | 646 | 9029 | — |
| 宁夏 | 9968 | 9830 | 842 | 8489 | 499 | 7669 | — |
| 新疆 | 22 255 | 22 255 | 4053 | 16 203 | 1999 | 18 507 | 2599 |
| 新疆兵团 | — | — | — | — | — | — | — |
| 局直属单位 | 71 251 | 71 209 | 57 671 | 12 452 | 1086 | 55 340 | 52 069 |
| 大兴安岭 | 62 969 | 62 927 | 57 671 | 4400 | 856 | 54 563 | 52 069 |

## 在岗职工人数

单位:人

| 经济单位 | | | | | | | |
|---|---|---|---|---|---|---|---|
| 农林牧渔业 | | | | | | | |
| 国有林场 | 国有苗圃 | 林业工作站 | 木材检查站 | 种苗站 | 病虫害防治站 | 治沙站 | 其他 |
| **350 698** | **31 218** | **123 304** | **21 650** | **7070** | **11 554** | **1191** | **104 276** |
| 963 | 1555 | 460 | 62 | 76 | 143 | 25 | 1671 |
| 58 | 199 | 207 | 9 | 43 | 8 | — | 437 |
| 6943 | 1673 | 2543 | 188 | 382 | 579 | 41 | 5468 |
| 8679 | 2057 | 4293 | 425 | 363 | 597 | 86 | 4608 |
| 32 418 | 2154 | 3703 | 221 | 551 | 822 | 293 | 4225 |
| — | — | — | — | — | — | — | 769 |
| 12 972 | 750 | 4010 | 351 | 358 | 529 | 2 | 3466 |
| 31 696 | 1803 | 4600 | 405 | 65 | 357 | — | 6008 |
| — | — | — | — | — | — | — | 2468 |
| 45 556 | 1564 | 2257 | 335 | 251 | 387 | — | 3887 |
| — | 563 | — | — | 45 | 19 | — | 32 |
| 49 | 97 | 298 | — | — | — | — | — |
| 9087 | 2197 | 2554 | 315 | 28 | 88 | 5 | 1307 |
| 4158 | 159 | 2315 | 895 | 180 | 386 | — | 1173 |
| 10 639 | 2657 | 3115 | 1215 | 56 | 447 | — | 1770 |
| 5617 | 302 | 3812 | 892 | 65 | 139 | — | 2235 |
| 26 288 | 1141 | 5426 | 2693 | 167 | 405 | 20 | 3719 |
| 8059 | 1992 | 7771 | 495 | 314 | 654 | — | 2470 |
| 9860 | 1933 | 3139 | 1964 | 515 | 860 | 4 | 6085 |
| 8955 | 601 | 5432 | 1365 | 428 | 541 | — | 4090 |
| 14 403 | 1256 | 12 252 | 2619 | 320 | 350 | 87 | 3617 |
| 12 661 | 514 | 7327 | 1593 | 121 | 338 | — | 2294 |
| 23 751 | 532 | 3503 | 1356 | 273 | 360 | — | 6787 |
| 2765 | 82 | 283 | 312 | — | 65 | — | 1224 |
| 2931 | 28 | 2732 | 198 | 137 | 267 | — | 367 |
| 8093 | 901 | 8574 | 845 | 169 | 518 | 2 | 9323 |
| 5115 | 251 | 7354 | 783 | 219 | 338 | 1 | 3039 |
| 5559 | 98 | 9203 | 548 | 488 | 377 | 17 | 6171 |
| 5851 | 272 | — | — | — | 2 | — | — |
| 11 788 | 1745 | 5321 | 1076 | 788 | 691 | 249 | 4743 |
| 18 440 | 1636 | 2817 | 346 | 485 | 677 | 227 | 5764 |
| 6079 | 254 | 1016 | 22 | 20 | 120 | 16 | 1502 |
| 4530 | 253 | 1471 | 23 | 60 | 177 | 7 | 1148 |
| 6735 | 562 | 5403 | 99 | 148 | 332 | 109 | 2520 |
| — | — | — | — | — | — | — | — |
| — | — | 113 | — | — | — | — | 3158 |
| — | — | 113 | — | — | — | — | 2381 |

| 地　区 | 国　有　经 | | | | | |
|---|---|---|---|---|---|---|
| | 采矿业 | 制　造　业 | | | | |
| | | 小　计 | 木材加工及木、竹、藤、棕、苇制品业 | 木、竹、藤家具制造业 | 木、竹、苇浆造纸业 | 林产化学产品制造 |
| **全国合计** | **2211** | **25 690** | **16 193** | **1891** | **19** | **678** |
| 北　京 | — | — | — | — | — | — |
| 天　津 | — | — | — | — | — | — |
| 河　北 | — | 3516 | 209 | — | — | 9 |
| 山　西 | — | 12 | 5 | — | — | — |
| 内蒙古 | — | 53 | 47 | — | 6 | — |
| 内蒙古集团 | — | 6 | — | — | 6 | — |
| 辽　宁 | — | 573 | 193 | — | — | — |
| 吉　林 | 983 | 10 223 | 8065 | 954 | — | 318 |
| 吉林集团 | 983 | 8670 | 6553 | 954 | — | 318 |
| 黑龙江 | — | 3190 | 2593 | — | — | 106 |
| 龙江集团 | — | 2691 | 2233 | — | — | — |
| 上　海 | — | — | — | — | — | — |
| 江　苏 | — | — | — | — | — | — |
| 浙　江 | — | — | — | — | — | — |
| 安　徽 | 91 | 222 | 220 | 2 | — | — |
| 福　建 | — | 730 | 669 | — | — | 36 |
| 江　西 | — | 579 | 161 | 358 | — | 5 |
| 山　东 | — | 1656 | 330 | 512 | — | — |
| 河　南 | 5 | 5 | — | — | — | — |
| 湖　北 | — | 409 | 199 | 3 | — | 2 |
| 湖　南 | 4 | 291 | 204 | 21 | 10 | 15 |
| 广　东 | — | 170 | 140 | — | — | — |
| 广　西 | — | 265 | 265 | — | — | — |
| 海　南 | — | 2 | 2 | — | — | — |
| 重　庆 | — | 27 | 27 | — | — | — |
| 四　川 | — | 1028 | 618 | 21 | — | 124 |
| 贵　州 | — | 526 | 504 | — | 3 | 7 |
| 云　南 | — | 1147 | 1061 | — | — | 56 |
| 西　藏 | — | — | — | — | — | — |
| 陕　西 | — | 430 | 181 | 20 | — | — |
| 甘　肃 | — | 625 | 493 | — | — | — |
| 青　海 | — | — | — | — | — | — |
| 宁　夏 | — | — | — | — | — | — |
| 新　疆 | — | 11 | 7 | — | — | — |
| 新疆兵团 | — | — | — | — | — | — |
| 局直属单位 | 1128 | — | — | — | — | — |
| 大兴安岭 | 1128 | — | — | — | — | — |

（续）

| 济单位 | | | | | |
|---|---|---|---|---|---|
| 木质工艺品和木质文教体育用品制造业 | 非木质林产品加工业 | 其他 | 电力、燃气及水的生产和供应业 | 建筑业 | 批发和零售业 |
| **14** | **443** | **6452** | **4383** | **3441** | **4816** |
| — | — | — | — | — | — |
| — | — | — | — | — | — |
| — | 37 | 3261 | — | — | 105 |
| — | 7 | — | — | — | 169 |
| — | — | — | — | 164 | 129 |
| — | — | — | — | 164 | 129 |
| — | — | 380 | — | — | — |
| — | — | 886 | 31 | 1112 | 252 |
| — | — | 845 | — | 1104 | 252 |
| — | 52 | 439 | 1804 | 1447 | 435 |
| — | 52 | 406 | 1804 | 1447 | 213 |
| — | — | — | — | — | — |
| — | — | — | — | — | — |
| — | — | — | — | 3 | 178 |
| — | — | — | — | 37 | 245 |
| — | — | 25 | — | 10 | 209 |
| — | — | 55 | — | 24 | 16 |
| — | — | 814 | — | — | — |
| — | — | 5 | — | — | 24 |
| — | — | 205 | — | 22 | 127 |
| 14 | — | 27 | — | — | 8 |
| — | — | 30 | 186 | — | 131 |
| — | — | — | 31 | — | 1435 |
| — | — | — | — | — | 18 |
| — | — | — | — | — | 31 |
| — | — | 265 | — | 607 | 404 |
| — | 12 | — | — | 6 | 36 |
| — | — | 30 | — | — | 756 |
| — | — | — | — | — | — |
| — | 203 | 26 | — | 9 | 68 |
| — | 132 | — | — | — | — |
| — | — | — | — | — | — |
| — | — | — | — | — | — |
| — | — | 4 | 7 | — | 3 |
| — | — | — | — | — | — |
| — | — | — | 2324 | — | 37 |
| — | — | — | 2324 | — | 37 |

| 地区 | 国有经济 | | | | | |
|---|---|---|---|---|---|---|
| | 科学研究、技术服务和地质勘查业 | | | 水利、环境和公共设施管理业 | | |
| | 小计 | 其中 | | 小计 | 其中 | |
| | | 科技交流和推广服务 | 规划设计管理 | | 自然保护区管理 | 野生动植物保护 |
| **全国合计** | **25 893** | **5910** | **7913** | **36 410** | **14 925** | **1321** |
| 北京 | 126 | — | 126 | 17 939 | 35 | 41 |
| 天津 | — | — | — | — | — | — |
| 河北 | 475 | 343 | 77 | 368 | 304 | 5 |
| 山西 | 563 | 294 | 242 | 432 | 295 | 33 |
| 内蒙古 | 735 | 130 | 106 | 589 | 424 | — |
| 内蒙古集团 | 84 | — | — | 162 | — | — |
| 辽宁 | 305 | 171 | 78 | 592 | 562 | 30 |
| 吉林 | 986 | 76 | 758 | 690 | 684 | 6 |
| 吉林集团 | — | — | — | — | — | — |
| 黑龙江 | 2717 | 889 | 1074 | 338 | 66 | 183 |
| 龙江集团 | 2204 | 883 | 697 | 68 | — | — |
| 上海 | 95 | 95 | — | 839 | 24 | 11 |
| 江苏 | — | — | — | — | — | — |
| 浙江 | 577 | 315 | 104 | 316 | 299 | 17 |
| 安徽 | 105 | 40 | 26 | 160 | 113 | 12 |
| 福建 | 721 | 140 | 252 | 339 | 321 | 11 |
| 江西 | 1034 | 415 | 319 | 228 | 133 | 71 |
| 山东 | 80 | 3 | — | 191 | 186 | 5 |
| 河南 | 490 | 39 | 23 | 51 | 42 | 9 |
| 湖北 | 1018 | 477 | 330 | 419 | 173 | 62 |
| 湖南 | 1911 | 369 | 127 | 1981 | 1813 | 49 |
| 广东 | 1668 | 579 | 185 | 1307 | 1021 | 172 |
| 广西 | 1265 | 271 | 119 | 644 | 641 | 3 |
| 海南 | 134 | 51 | — | 186 | 163 | 23 |
| 重庆 | 252 | 170 | 82 | 145 | 138 | 7 |
| 四川 | 433 | 240 | 152 | 957 | 738 | 112 |
| 贵州 | 564 | 32 | 230 | 343 | 341 | 2 |
| 云南 | 1580 | 174 | 885 | 1865 | 1833 | 2 |
| 西藏 | — | — | — | — | — | — |
| 陕西 | 579 | 87 | 346 | 611 | 521 | 90 |
| 甘肃 | 977 | 440 | 168 | 2504 | 1969 | 135 |
| 青海 | 52 | 12 | 40 | — | — | — |
| 宁夏 | 43 | — | 43 | 1439 | 1410 | 29 |
| 新疆 | 670 | 58 | 274 | 370 | 227 | 83 |
| 新疆兵团 | — | — | — | — | — | — |
| 局直属单位 | 5738 | — | 1747 | 567 | 449 | 118 |
| 大兴安岭 | 455 | — | 455 | 118 | — | 118 |

（续）

| 单位 | | | | | |
|---|---|---|---|---|---|
| 教育 | 卫生、社会保障和社会福利业 | 公共管理和社会组织 | 其他 | 集体经济单位 | 其他各种经济单位 |
| **9373** | **5756** | **101 832** | **10 220** | **5999** | **15 876** |
| — | — | 1254 | 176 | 68 | — |
| — | — | 158 | 22 | — | — |
| — | — | 4251 | 100 | — | — |
| 357 | 38 | 2055 | 29 | — | — |
| 87 | 726 | 7120 | 1019 | 244 | 98 |
| 50 | 726 | 36 | 919 | 238 | 98 |
| 8 | — | 1506 | 156 | 39 | — |
| 122 | — | 4904 | 1359 | 463 | 1786 |
| — | — | — | 1323 | — | — |
| 2686 | 2625 | 6000 | 1051 | 4168 | 3551 |
| 2407 | 2625 | 2913 | 488 | 3329 | 3461 |
| 223 | 3 | 238 | 34 | — | — |
| — | — | 384 | 2 | 81 | — |
| — | — | 2056 | 243 | — | 121 |
| — | — | 2097 | 48 | 201 | 250 |
| — | 62 | 4419 | 529 | 129 | 1291 |
| 4 | 39 | 6603 | 471 | 64 | 1 |
| — | — | 1853 | 12 | 12 | — |
| — | — | 5183 | 154 | 68 | — |
| 339 | 48 | 3275 | 75 | 116 | 4252 |
| 660 | — | 7188 | 65 | 51 | 1298 |
| 341 | 3 | 6174 | 231 | 130 | 92 |
| 560 | — | 3625 | 853 | 67 | 463 |
| — | — | 634 | 29 | — | — |
| — | — | 1339 | 83 | 22 | 118 |
| 97 | 226 | 6409 | 274 | 44 | 1301 |
| 163 | — | 2258 | 156 | — | — |
| 439 | 9 | 8298 | 470 | 20 | 570 |
| — | — | 1089 | — | — | — |
| 270 | 577 | 2590 | 301 | 12 | 504 |
| 816 | 919 | 3548 | 197 | — | — |
| — | — | 646 | — | — | — |
| 90 | — | 499 | 90 | — | 138 |
| 265 | — | 2363 | 59 | — | — |
| — | — | — | — | — | — |
| 1846 | 481 | 1816 | 1932 | — | 42 |
| 1146 | 481 | 1228 | 1447 | — | 42 |

林业系统各地区按行业分

| 地　区 | 总　计 | 国有经 | | | | | |
|---|---|---|---|---|---|---|---|
| | | 合　计 | 企　业 | 事　业 | 机　关 | 小　计 | 木材及竹材采运企业 |
| **全国合计** | **20 235** | **20 386** | **14 700** | **22 486** | **36 400** | **17 659** | **14 276** |
| 北　京 | 50 744 | 50 853 | 47 081 | 49 766 | 74 756 | 43 211 | — |
| 天　津 | 25 393 | 25 393 | 26 426 | 24 775 | 28 608 | 24 874 | — |
| 河　北 | 24 483 | 24 483 | 36 090 | 21 882 | 31 713 | 23 730 | — |
| 山　西 | 22 163 | 22 163 | 9553 | 21 412 | 31 275 | 20 886 | — |
| 内蒙古 | 21 900 | 21 928 | 17 641 | 24 075 | 45 727 | 20 074 | 17 623 |
| 内蒙古集团 | 17 873 | 17 903 | 17 634 | 23 624 | — | 17 713 | 17 623 |
| 辽　宁 | 20 483 | 20 506 | 13 919 | 20 060 | 34 577 | 19 284 | — |
| 吉　林 | 18 267 | 18 444 | 18 760 | 16 212 | 33 690 | 17 076 | 18 497 |
| 吉林集团 | 22 484 | 22 484 | 22 484 | — | — | 21 567 | 22 080 |
| 黑龙江 | 12 891 | 12 993 | 11 101 | 17 620 | 37 176 | 11 670 | 11 041 |
| 龙江集团 | 12 282 | 12 361 | 11 101 | 36 388 | 44 931 | 11 057 | 11 041 |
| 上　海 | 79 627 | 79 627 | — | 76 419 | 102 080 | 67 549 | — |
| 江　苏 | 15 399 | 15 392 | — | 15 131 | 34 902 | 15 058 | 25 233 |
| 浙　江 | 48 701 | 48 844 | 22 916 | 43 786 | 81 050 | 41 833 | — |
| 安　徽 | 17 982 | 17 993 | 11 474 | 16 867 | 33 789 | 16 514 | 7114 |
| 福　建 | 26 770 | 27 344 | 20 752 | 26 874 | 37 756 | 25 169 | 19 452 |
| 江　西 | 14 597 | 14 583 | 11 998 | 13 472 | 26 134 | 12 774 | 12 390 |
| 山　东 | 23 108 | 23 112 | 19 726 | 22 816 | 35 075 | 22 445 | 34 961 |
| 河　南 | 16 062 | 16 062 | 9514 | 14 949 | 22 650 | 15 016 | — |
| 湖　北 | 16 849 | 18 327 | 12 458 | 17 416 | 28 541 | 16 566 | 9478 |
| 湖　南 | 19 943 | 20 064 | 17 443 | 18 996 | 27 982 | 17 491 | 16 071 |
| 广　东 | 28 112 | 28 167 | 15 909 | 25 889 | 44 336 | 22 622 | 19 495 |
| 广　西 | 21 599 | 21 657 | 15 403 | 20 884 | 36 261 | 19 599 | 15 475 |
| 海　南 | 23 357 | 23 357 | 17 531 | 23 536 | 49 752 | 20 981 | 21 248 |
| 重　庆 | 23 376 | 23 578 | 14 773 | 21 198 | 37 300 | 20 889 | — |
| 四　川 | 22 638 | 22 887 | 18 257 | 22 672 | 36 174 | 20 892 | 21 393 |
| 贵　州 | 21 877 | 21 877 | 12 378 | 22 761 | 31 800 | 20 233 | 13 877 |
| 云　南 | 23 509 | 23 693 | 17 449 | 23 470 | 32 347 | 22 171 | 17 913 |
| 西　藏 | 14 948 | 14 948 | 8436 | 40 910 | 43 029 | 9940 | — |
| 陕　西 | 25 036 | 25 144 | 15 761 | 25 578 | 33 302 | 24 333 | 15 146 |
| 甘　肃 | 23 140 | 23 140 | 12 500 | 24 273 | 38 141 | 22 591 | — |
| 青　海 | 22 233 | 22 233 | — | 20 497 | 46 236 | 20 343 | — |
| 宁　夏 | 25 538 | 25 850 | 17 409 | 25 956 | 38 921 | 24 221 | — |
| 新　疆 | 27 110 | 27 110 | 29 728 | 25 354 | 35 607 | 25 004 | 36 207 |
| 新疆兵团 | — | — | — | — | — | — | — |
| 局直属单位 | 21 330 | 21 333 | 15 128 | 46 975 | 44 944 | 15 782 | 15 351 |
| 大兴安岭 | 16 383 | 16 383 | 15 128 | 28 424 | 36 739 | 15 236 | 15 351 |

在岗职工年平均工资

单位:元

| 济　单　位 | | | | | | | |
|---|---|---|---|---|---|---|---|
| 农林牧渔业 | | | | | | | |
| 国有林场 | 国有苗圃 | 林业工作站 | 木材检查站 | 种苗站 | 病虫害防治站 | 治沙站 | 其他 |
| **17 118** | **17 797** | **22 895** | **22 485** | **27 987** | **28 225** | **32 962** | **23 540** |
| 49 384 | 44 058 | 50 708 | 35 123 | 52 275 | 54 713 | 75 211 | 35 955 |
| 27 228 | 19 403 | 23 921 | 24 433 | 27 189 | 24 081 | — | 27 299 |
| 24 521 | 16 617 | 31 735 | 21 000 | 21 231 | 22 291 | 30 821 | 21 576 |
| 21 540 | 15 178 | 19 404 | 14 470 | 22 598 | 21 388 | 16 370 | 24 000 |
| 20 249 | 22 256 | 32 428 | 36 610 | 35 752 | 36 147 | 36 010 | 32 166 |
| — | — | — | — | — | — | — | 24 346 |
| 16 821 | 12 934 | 20 159 | 27 099 | 27 016 | 27 451 | 30 350 | 25 989 |
| 13 646 | 11 704 | 20 713 | 26 317 | 32 215 | 25 081 | — | 20 107 |
| — | — | — | — | — | — | — | 16 400 |
| 13 030 | 13 638 | 21 939 | 20 968 | 26 025 | 26 677 | — | 19 684 |
| — | 13 469 | — | — | 28 289 | 36 211 | — | 32 204 |
| 82 622 | 28 921 | 77 807 | — | — | — | — | — |
| 12 152 | 9240 | 25 565 | 33 093 | 18 357 | 20 808 | — | 16 629 |
| 31 741 | 39 822 | 48 520 | 45 416 | 63 120 | 58 889 | — | 51 912 |
| 14 428 | 12 422 | 22 556 | 20 689 | 25 398 | 22 983 | — | 22 206 |
| 27 636 | 24 446 | 26 841 | 26 362 | 29 773 | 30 914 | — | 24 714 |
| 9623 | 14 073 | 19 517 | 20 334 | 21 919 | 24 040 | 23 375 | 18 549 |
| 22 890 | 19 540 | 21 659 | 18 008 | 25 528 | 28 292 | — | 24 743 |
| 13 927 | 12 664 | 15 892 | 13 723 | 14 429 | 15 451 | 17 969 | 17 508 |
| 15 643 | 12 463 | 17 910 | 17 003 | 20 350 | 17 746 | — | 16 954 |
| 14 622 | 11 497 | 18 669 | 21 234 | 23 912 | 24 557 | 22 980 | 23 570 |
| 22 773 | 17 015 | 20 144 | 22 428 | 39 804 | 34 802 | 16 380 | 27 227 |
| 18 143 | 18 001 | 21 498 | 19 932 | 23 241 | 25 740 | — | 23 191 |
| 18 813 | 11 126 | 51 560 | 22 081 | — | 36 577 | — | 20 209 |
| 21 692 | 18 223 | 18 325 | 21 571 | 27 961 | 31 457 | — | 23 197 |
| 19 230 | 20 447 | 21 773 | 24 287 | 30 106 | 29 296 | — | 20 015 |
| 21 370 | 20 768 | 19 933 | 23 995 | 25 112 | 32 877 | 28 057 | 20 656 |
| 22 633 | 21 838 | 21 763 | 25 774 | 26 697 | 30 339 | 18 169 | 25 809 |
| 8600 | 40 454 | — | — | — | 57 000 | — | — |
| 22 887 | 21 263 | 25 712 | 26 759 | 33 256 | 28 299 | 40 185 | 28 675 |
| 19 469 | 19 714 | 27 587 | 29 952 | 29 716 | 29 021 | 36 451 | 28 176 |
| 17 298 | 30 241 | 32 835 | 39 075 | 46 329 | 45 584 | 46 562 | 19 792 |
| 22 709 | 18 913 | 23 866 | 31 598 | 32 269 | 31 967 | 23 850 | 29 885 |
| 17 054 | 25 166 | 27 902 | 27 690 | 34 944 | 32 019 | 34 903 | 26 572 |
| — | — | — | — | — | — | — | — |
| — | — | 32 607 | — | — | — | — | 22 196 |
| — | — | 32 607 | — | — | — | — | 11 873 |

| 地区 | 国有经 | | | | | |
| --- | --- | --- | --- | --- | --- | --- |
| | 采矿业 | 制造业 | | | | |
| | | 小计 | 木材加工及木、竹、藤、棕、苇制品业 | 木、竹、藤家具制造业 | 木、竹、苇浆造纸业 | 林产化学产品制造 |
| **全国合计** | **18 087** | **19 672** | **19 238** | **27 929** | **19 611** | **18 947** |
| 北京 | — | — | — | — | — | — |
| 天津 | — | — | — | — | — | — |
| 河北 | — | 21 362 | 18 616 | — | — | 27 152 |
| 山西 | — | 28 452 | 28 452 | — | — | — |
| 内蒙古 | — | 13 974 | 12 120 | — | 28 500 | — |
| 内蒙古集团 | — | 28 500 | — | — | 28 500 | — |
| 辽宁 | — | 17 000 | 22 234 | — | — | — |
| 吉林 | 15 910 | 23 388 | 21 617 | 39 156 | — | 17 086 |
| 吉林集团 | 15 910 | 23 907 | 22 826 | 39 156 | — | 17 086 |
| 黑龙江 | — | 11 856 | 11 738 | — | — | 20 412 |
| 龙江集团 | — | 11 656 | 11 763 | — | — | — |
| 上海 | — | — | — | — | — | — |
| 江苏 | — | — | — | — | — | — |
| 浙江 | — | — | — | — | — | — |
| 安徽 | 5000 | 15 710 | 15 874 | 4800 | — | — |
| 福建 | 22 500 | 27 302 | 28 009 | — | — | 20 867 |
| 江西 | — | 12 453 | 19 660 | 8623 | — | 10 457 |
| 山东 | — | 19 903 | 21 148 | 21 840 | — | — |
| 河南 | 6000 | 3600 | — | — | — | — |
| 湖北 | — | 11 197 | 15 510 | 30 000 | — | 6000 |
| 湖南 | 3000 | 12 516 | 11 498 | 17 400 | 18 000 | 17 247 |
| 广东 | — | 12 127 | 13 256 | — | — | — |
| 广西 | — | 29 304 | 29 304 | — | — | — |
| 海南 | — | 2400 | 2400 | — | — | — |
| 重庆 | — | 9778 | 9778 | — | — | — |
| 四川 | — | 17 148 | 18 295 | 15 810 | — | 17 170 |
| 贵州 | — | 14 968 | 15 331 | — | 7200 | 7200 |
| 云南 | 23 765 | 16 726 | 16 016 | — | — | 31 738 |
| 西藏 | — | — | — | — | — | — |
| 陕西 | — | 14 260 | 16 365 | 10 000 | — | — |
| 甘肃 | — | 10 297 | 7868 | 9000 | — | — |
| 青海 | — | — | — | — | — | — |
| 宁夏 | — | — | — | — | — | — |
| 新疆 | — | 22 267 | 27 980 | — | — | — |
| 新疆兵团 | — | — | — | — | — | — |
| 局直属单位 | 21 159 | — | — | — | — | — |
| 大兴安岭 | 21 159 | — | — | — | — | — |

（续）

| 济　单　位 | | | | | |
|---|---|---|---|---|---|
| 木质工艺品和木质文教体育用品制造业 | 非木质林产品加工业 | 其他 | 电力、燃气及水的生产和供应业 | 建筑业 | 批发和零售业 |
| **16 800** | **12 449** | **19 105** | **12 837** | **19 096** | **15 268** |
| — | — | — | — | — | — |
| — | — | — | — | — | — |
| — | 9395 | 21 659 | — | — | 6851 |
| — | 28 452 | — | — | — | 14 710 |
| — | — | — | — | 14 661 | 25 558 |
| — | — | — | — | 14 661 | 25 558 |
| — | — | 14 342 | — | — | — |
| — | — | 25 363 | 14 903 | 21 353 | 20 929 |
| — | — | 17 283 | — | 21 373 | 20 929 |
| — | 11 308 | 10 403 | 10 427 | 15 805 | 16 253 |
| — | 11 308 | 11 056 | 10 427 | 15 805 | 19 280 |
| — | — | — | — | — | — |
| — | — | — | — | — | — |
| — | — | — | — | 5800 | 28 895 |
| — | — | — | — | 19 189 | 11 952 |
| — | — | 12 053 | — | 26 600 | 11 505 |
| — | — | 15 964 | — | 14 650 | 11 619 |
| — | — | 14 400 | — | — | — |
| — | — | 3600 | — | — | 5751 |
| — | — | 6787 | — | 23 636 | 10 727 |
| 16 800 | — | 8741 | — | — | 17 006 |
| — | — | 6900 | 15 760 | — | 17 420 |
| — | — | — | 21 175 | — | 13 769 |
| — | — | — | — | — | 4739 |
| — | — | — | — | — | 20 734 |
| — | — | 14 681 | — | 23 129 | 17 898 |
| — | 8640 | — | — | 7200 | 20 252 |
| — | — | 16 383 | — | — | 13 141 |
| — | — | — | — | — | — |
| — | 8461 | 49 294 | — | 33 420 | 13 032 |
| — | 19 326 | — | — | — | — |
| — | — | — | — | — | — |
| — | — | — | — | — | — |
| — | — | 6557 | 27 461 | — | 44 558 |
| — | — | — | — | — | — |
| — | — | — | 14 227 | — | 20 730 |
| — | — | — | 14 227 | — | 20 730 |

| 地　区 | 国　有　经　济 | | | | | |
|---|---|---|---|---|---|---|
| | 科学研究、技术服务和地质勘查业 | | | 水利、环境和公共设施管理业 | | |
| | 小计 | 其中 科技交流和推广服务 | 其中 规划设计管理 | 小计 | 其中 自然保护区管理 | 其中 野生动植物保护 |
| **全国合计** | **37 123** | **30 875** | **41 534** | **40 007** | **25 909** | **32 241** |
| 北　京 | 59 902 | — | 59 902 | 51 648 | 75 276 | 48 022 |
| 天　津 | — | — | — | — | — | — |
| 河　北 | 26 037 | 23 280 | 35 897 | 23 104 | 24 828 | 35 800 |
| 山　西 | 31 698 | 29 794 | 34 272 | 25 067 | 26 602 | 24 304 |
| 内蒙古 | 35 786 | 33 805 | 31 700 | 29 846 | 37 494 | — |
| 内蒙古集团 | 13 679 | — | — | 12 440 | — | — |
| 辽　宁 | 36 547 | 39 429 | 29 369 | 25 881 | 25 222 | 38 229 |
| 吉　林 | 42 079 | 32 225 | 43 032 | 11 731 | 11 640 | 22 000 |
| 吉林集团 | — | — | — | — | — | — |
| 黑龙江 | 32 385 | 30 440 | 31 230 | 31 261 | 17 259 | 35 214 |
| 龙江集团 | 31 765 | 30 547 | 30 789 | 39 439 | — | — |
| 上　海 | 89 474 | 89 474 | — | 84 437 | 75 692 | 97 583 |
| 江　苏 | — | — | — | — | — | — |
| 浙　江 | 65 754 | 55 598 | 114 181 | 45 458 | 43 920 | 76 000 |
| 安　徽 | 21 156 | 21 463 | 23 548 | 19 368 | 18 748 | 19 818 |
| 福　建 | 23 312 | 28 307 | 26 319 | 30 519 | 30 622 | 37 300 |
| 江　西 | 20 050 | 18 557 | 22 168 | 23 783 | 20 544 | 27 658 |
| 山　东 | 34 363 | 36 000 | — | 36 988 | 37 080 | 33 600 |
| 河　南 | 16 060 | 19 066 | 25 259 | 14 362 | 14 648 | 13 026 |
| 湖　北 | 17 535 | 13 859 | 24 531 | 23 131 | 22 182 | 27 020 |
| 湖　南 | 29 819 | 28 342 | 21 023 | 23 912 | 25 025 | 21 352 |
| 广　东 | 40 071 | 52 291 | 58 203 | 33 288 | 35 146 | 28 306 |
| 广　西 | 37 337 | 21 148 | 28 299 | 22 429 | 22 431 | 21 840 |
| 海　南 | 17 219 | 19 697 | — | 26 272 | 26 937 | 22 110 |
| 重　庆 | 22 667 | 24 364 | 19 148 | 33 398 | 26 884 | 32 592 |
| 四　川 | 34 465 | 31 330 | 39 030 | 26 679 | 26 060 | 31 502 |
| 贵　州 | 26 446 | 25 433 | 27 839 | 32 161 | 32 245 | 21 384 |
| 云　南 | 22 967 | 25 616 | 21 017 | 21 849 | 21 847 | 31 846 |
| 西　藏 | — | — | — | — | — | — |
| 陕　西 | 37 065 | 29 962 | 43 023 | 32 536 | 33 354 | 28 053 |
| 甘　肃 | 25 103 | 27 199 | 26 178 | 20 261 | 19 629 | 35 831 |
| 青　海 | 47 318 | 49 404 | 46 692 | — | — | — |
| 宁　夏 | 31 847 | — | 31 847 | 29 707 | 29 700 | 30 145 |
| 新　疆 | 41 636 | 26 058 | 47 349 | 25 404 | 24 332 | 35 849 |
| 新疆兵团 | — | — | — | — | — | — |
| 局直属单位 | 55 286 | — | 73 909 | 34 200 | 36 847 | — |
| 大兴安岭 | 28 369 | — | 53 904 | 24 723 | — | — |

（续）

| 教育 | 卫生、社会保障和社会福利业 | 公共管理和社会组织 | 其他 | 集体经济单位 | 其他各种经济单位 |
|---|---|---|---|---|---|
| **37 676** | **30 295** | **35 656** | **24 435** | **9569** | **11 282** |
| — | — | 74 756 | 23 279 | 12 072 | — |
| — | — | 28 608 | 24 978 | — | — |
| — | — | 30 654 | 21 849 | — | — |
| 30 397 | 22 052 | 31 275 | 10 224 | — | — |
| 37 161 | 19 551 | 44 693 | 27 958 | 8702 | 23 626 |
| 26 200 | 19 551 | 33 000 | 28 299 | 8691 | 23 626 |
| 43 080 | — | 35 221 | 13 240 | 5585 | — |
| 32 639 | — | 26 932 | 34 826 | 9046 | 8940 |
| — | — | — | 35 400 | — | — |
| 40 562 | 37 819 | 36 207 | 17 555 | 7664 | 10 165 |
| 41 486 | 37 819 | 40 352 | 19 393 | 7284 | 11 666 |
| 56 513 | 109 667 | 102 080 | 87 914 | — | — |
| — | — | 29 138 | 14 600 | 16 780 | — |
| — | — | 81 015 | 17 919 | — | 32 716 |
| — | — | 33 640 | 3888 | 19 428 | 16 043 |
| — | 45 333 | 36 966 | 22 362 | 16 296 | 17 554 |
| 26 060 | 31 508 | 26 065 | 16 582 | 27 500 | 14 600 |
| — | — | 36 448 | 9183 | 14 083 | — |
| — | — | 21 155 | 15 678 | 15 937 | — |
| 40 302 | 23 300 | 28 081 | 29 088 | 13 763 | 6200 |
| 37 933 | — | 28 416 | 14 555 | 13 429 | 15 613 |
| 47 848 | 15 000 | 44 960 | 44 332 | 27 991 | 9019 |
| 47 935 | — | 36 666 | 13 872 | 12 695 | 17 216 |
| — | — | 47 486 | 21 034 | — | — |
| — | — | 37 194 | 11 306 | 7227 | 15 044 |
| 29 366 | 20 369 | 35 958 | 21 146 | 11 639 | 12 892 |
| 30 412 | — | 33 579 | 20 958 | — | — |
| 20 496 | 27 726 | 32 308 | 12 182 | 9180 | 9800 |
| — | — | 43 029 | — | — | — |
| 39 752 | 17 539 | 33 185 | 16 085 | 8400 | 18 246 |
| 17 044 | 17 970 | 34 041 | 9714 | — | — |
| — | — | 46 236 | — | — | — |
| 30 460 | — | 38 921 | 29 857 | — | 3261 |
| 33 369 | — | 38 881 | 17 453 | — | — |
| — | — | — | — | — | — |
| 43 224 | 40 798 | 41 799 | 33 097 | — | 15 550 |
| 33 165 | 40 798 | 30 750 | 19 530 | — | 15 550 |

各地区按事业分的营林

| 地区 | 总计 | 造林 | 更新造林 | 低产林改造 | 森林管护 | 中、幼龄林抚育 | 种苗工程 | 森林防火 | 森林病虫鼠害防治 |
|---|---|---|---|---|---|---|---|---|---|
| **全国合计** | **11 709 639** | **4 975 390** | **85 950** | **61 917** | **682 443** | **325 091** | **126 666** | **132 916** | **69 594** |
| 北京 | 304 740 | 241 975 | — | 298 | 11 019 | 654 | 1018 | 11 225 | 2712 |
| 天津 | 30 323 | 22 446 | — | — | — | — | — | 200 | 580 |
| 河北 | 316 564 | 198 543 | 45 | — | 3671 | 2097 | 811 | 5353 | 2759 |
| 山西 | 657 941 | 500 330 | — | 20 | 21 507 | 1409 | 3598 | 4070 | 2404 |
| 内蒙古 | 658 289 | 234 012 | 215 | — | 79 412 | 12 700 | 2251 | 8717 | 1756 |
| 内蒙古集团 | 60 411 | — | — | — | 18 291 | 250 | — | 2531 | 41 |
| 辽宁 | 317 498 | 176 997 | 169 | 1417 | 28 092 | 2896 | 3284 | 2136 | 2086 |
| 吉林 | 260 175 | 31 720 | 2930 | 27 | 22 052 | 12 454 | 2150 | 5404 | 2066 |
| 吉林集团 | 59 254 | 1293 | 2910 | — | 6071 | 7508 | 859 | 2028 | 252 |
| 黑龙江 | 448 059 | 105 118 | — | — | 42 570 | 40 510 | 3529 | 13 743 | 1841 |
| 龙江集团 | 196 125 | — | — | — | 21 056 | 37 380 | 472 | 8251 | 550 |
| 上海 | 47 302 | 29 350 | 350 | 939 | 7079 | 869 | 100 | 100 | 256 |
| 江苏 | 709 193 | 558 587 | 434 | 179 | 4366 | 6159 | 14 498 | 8458 | 6387 |
| 浙江 | 52 159 | 16 745 | 475 | 1992 | 200 | 738 | 2070 | 1687 | 1336 |
| 安徽 | 152 186 | 71 004 | 244 | 431 | 13 877 | 7023 | 8650 | 836 | 1611 |
| 福建 | 52 737 | 20 756 | 1568 | 2332 | 8155 | 1134 | 1558 | 2104 | 725 |
| 江西 | 254 838 | 129 818 | 2247 | 200 | 23 459 | 5438 | 1930 | 4227 | 1189 |
| 山东 | 230 203 | 133 424 | 1202 | 728 | 17 464 | 13 353 | 5545 | 4721 | 16 973 |
| 河南 | 325 638 | 101 761 | 100 | 110 | 1885 | 4235 | 12 662 | 629 | 3611 |
| 湖北 | 292 026 | 141 559 | 1759 | 12 670 | 20 670 | 6424 | 3216 | 2939 | 732 |
| 湖南 | 373 541 | 166 838 | 11 558 | 12 430 | 20 946 | 7478 | 3352 | 2194 | 2148 |
| 广东 | 77 995 | 14 958 | 10 142 | 5973 | 3113 | 3055 | 1569 | 4428 | 1690 |
| 广西 | 1 159 150 | 424 907 | 45 425 | 6241 | 62 070 | 131 824 | 13 678 | 16 408 | 626 |
| 海南 | 43 860 | 10 343 | 785 | — | 6802 | 1093 | 1231 | 189 | 199 |
| 重庆 | 577 434 | 445 751 | — | — | 10 321 | 1837 | 1375 | 2436 | 2511 |
| 四川 | 1 700 326 | 380 404 | 682 | 1688 | 45 994 | 15 721 | 6715 | 4279 | 2574 |
| 贵州 | 332 761 | 118 161 | 1340 | — | 10 707 | 3098 | 778 | 4378 | 1426 |
| 云南 | 448 133 | 180 679 | 2429 | 13 363 | 40 359 | 3288 | 12 321 | 11 122 | 2550 |
| 西藏 | 75 792 | 17 002 | 992 | — | 45 507 | 2066 | 351 | 711 | 783 |
| 陕西 | 374 740 | 201 549 | — | 808 | 21 130 | 2890 | 7450 | 711 | 1079 |
| 甘肃 | 722 797 | 64 285 | — | — | 27 631 | 2529 | 2050 | 3658 | 1260 |
| 青海 | 147 661 | 21 147 | — | — | 11 567 | 2000 | 4126 | 675 | 169 |
| 宁夏 | 146 527 | 51 536 | — | — | 2918 | 250 | 550 | 1200 | 1014 |
| 新疆 | 295 035 | 163 685 | 829 | 71 | 51 177 | 23 165 | 4250 | 1139 | 2046 |
| 新疆兵团 | 129 014 | 82 908 | 349 | 54 | 17 516 | 19 396 | 2349 | 49 | 491 |
| 局直属单位 | 124 016 | — | 30 | — | 16 723 | 6704 | — | 2839 | 495 |
| 大兴安岭 | 88 907 | — | 30 | — | 16 723 | 6704 | — | 1737 | 177 |

基本建设投资完成额

单位:万元

| 林业工作站 | 森林公安 | 森林公园 | 野生动植物保护及自然保护区 | 湿地恢复与保护 | 花卉 | 林政及木材检查站 | 林业调查规划设计 | 林业教育 | 林业科技及重点实验室 | 其他 |
|---|---|---|---|---|---|---|---|---|---|---|
| **12 575** | **75 099** | **62 555** | **82 269** | **112 884** | **117 648** | **10 513** | **15 987** | **54 927** | **21 263** | **4 683 952** |
| 629 | 13 | 4509 | 85 | 90 | 1253 | — | 70 | 120 | — | 29 070 |
| 100 | — | — | 100 | — | — | — | — | — | — | 6897 |
| 337 | 995 | 611 | 309 | 801 | 22 | 23 | 7 | 11 | 96 | 100 073 |
| 108 | 3543 | 740 | 2218 | 6561 | 400 | 48 | 986 | 96 | 445 | 109 458 |
| 414 | 8713 | 2955 | 1308 | 3398 | — | 88 | 3905 | 232 | 350 | 297 863 |
| — | — | — | — | — | — | 60 | — | — | — | 39 238 |
| 285 | 121 | 220 | 1183 | 784 | 125 | — | 260 | — | 300 | 97 143 |
| 315 | 7340 | — | 6572 | 430 | — | 90 | 301 | 10 121 | 401 | 155 802 |
| — | 3806 | — | — | — | — | 10 | — | 4050 | 100 | 30 367 |
| 20 | 13 814 | — | 1468 | 1784 | — | 10 | 3 | 25 984 | 470 | 197 195 |
| — | 13 334 | — | — | — | — | — | — | 25 884 | — | 89 198 |
| 403 | — | — | 953 | — | — | 10 | 94 | 505 | — | 6294 |
| 571 | 279 | 1410 | 1992 | 72 543 | 2775 | 304 | 638 | 250 | 263 | 29 100 |
| 503 | 418 | 15 180 | 523 | 823 | — | 375 | 20 | 41 | 128 | 8905 |
| 171 | 419 | 6230 | 1738 | 403 | 599 | 80 | 115 | 13 | 400 | 38 342 |
| 359 | 1846 | 255 | 3049 | 774 | 244 | 330 | 73 | 11 | 1007 | 6457 |
| 445 | 4551 | 60 | 547 | — | 65 | 449 | 140 | 15 | — | 80 058 |
| 286 | 119 | 253 | 709 | 6357 | 5369 | 196 | 188 | 83 | 385 | 22 848 |
| 74 | 1352 | — | 361 | 67 | 2073 | 93 | — | 273 | 140 | 196 212 |
| 1125 | 1365 | 5794 | 492 | 3690 | 7342 | 370 | 469 | 295 | 153 | 80 962 |
| 2234 | 1743 | 3784 | 2622 | 239 | 671 | 1172 | 300 | 156 | 972 | 132 704 |
| 95 | 236 | 9816 | 754 | 500 | — | 75 | 298 | — | 439 | 20 854 |
| 582 | 1113 | 648 | 7836 | — | 28 748 | 31 | 971 | 2442 | 42 | 415 558 |
| 132 | 72 | — | 178 | 950 | 240 | 82 | 20 | 62 | 21 | 21 461 |
| 162 | 1863 | 4230 | 3516 | 2339 | — | 191 | 97 | — | 1150 | 99 655 |
| 948 | 4604 | 537 | 11 195 | 2890 | 67 250 | 3016 | 1142 | 323 | 1724 | 1 148 640 |
| 152 | 2819 | 756 | 1169 | 258 | 82 | 384 | 202 | 20 | 151 | 186 880 |
| 1337 | 4293 | 753 | 6861 | 805 | 268 | 407 | 760 | 8 | 170 | 166 360 |
| — | — | — | 2058 | — | — | 5 | 5 | 11 | — | 6301 |
| — | 595 | 1045 | 1026 | — | — | 30 | — | 307 | 211 | 135 909 |
| 251 | 5445 | 2641 | 3348 | 2259 | — | 40 | 20 | 1301 | 567 | 605 512 |
| — | 2488 | — | 7569 | 1650 | — | — | 140 | — | 300 | 95 830 |
| — | 390 | — | 1056 | 2300 | — | — | — | 100 | 1754 | 83 459 |
| 527 | 1007 | 128 | 414 | 166 | 122 | 1438 | 82 | 345 | 376 | 44 068 |
| 171 | — | — | — | 166 | 50 | — | 2 | 14 | 226 | 5273 |
| 10 | 3543 | — | 9060 | 23 | — | 1176 | 4681 | 11 802 | 8848 | 58 082 |
| — | 3543 | — | 400 | — | — | — | — | 5360 | — | 54 233 |

## 各地区林业固定资产投资完成情况

单位:万元

| 地区 | 总计 | 营林固定资产投资 | | | 森工固定资产投资 | | | |
|---|---|---|---|---|---|---|---|---|
| | | 合计 | 基本建设 | 更新改造 | 合计 | 基本建设 | 更新改造 | 其他投资 |
| **全国合计** | **15 533 217** | **11 942 956** | **11 709 639** | **233 317** | **3 590 261** | **2 782 241** | **588 752** | **219 268** |
| 北京 | 348 034 | 348 034 | 304 740 | 43 294 | — | — | — | — |
| 天津 | 30 323 | 30 323 | 30 323 | — | — | — | — | — |
| 河北 | 317 065 | 317 065 | 316 564 | 501 | — | — | — | — |
| 山西 | 657 941 | 657 941 | 657 941 | — | — | — | — | — |
| 内蒙古 | 819 932 | 658 289 | 658 289 | — | 161 643 | 111 954 | — | 49 689 |
| 内蒙古集团 | 221 668 | 60 411 | 60 411 | — | 161 257 | 111 588 | — | 49 669 |
| 辽宁 | 317 498 | 317 498 | 317 498 | — | — | — | — | — |
| 吉林 | 489 491 | 260 175 | 260 175 | — | 229 316 | 194 721 | 22 063 | 12 532 |
| 吉林集团 | 195 312 | 59 254 | 59 254 | — | 136 058 | 108 782 | 14 744 | 12 532 |
| 黑龙江 | 1 058 455 | 448 059 | 448 059 | — | 610 396 | 610 196 | 200 | — |
| 龙江集团 | 806 521 | 196 125 | 196 125 | — | 610 396 | 610 196 | 200 | — |
| 上海 | 47 627 | 47 627 | 47 302 | 325 | — | — | — | — |
| 江苏 | 720 751 | 711 251 | 709 193 | 2058 | 9500 | 3000 | 4000 | 2500 |
| 浙江 | 52 940 | 52 690 | 52 159 | 531 | 250 | 250 | — | — |
| 安徽 | 152 316 | 152 316 | 152 186 | 130 | — | — | — | — |
| 福建 | 55 557 | 52 737 | 52 737 | — | 2820 | 2219 | 473 | 128 |
| 江西 | 285 369 | 284 073 | 254 838 | 29 235 | 1296 | 296 | 1000 | — |
| 山东 | 235 169 | 235 169 | 230 203 | 4966 | — | — | — | — |
| 河南 | 325 638 | 325 638 | 325 638 | — | — | — | — | — |
| 湖北 | 322 295 | 297 710 | 292 026 | 5684 | 24 585 | 18 585 | 6000 | — |
| 湖南 | 373 541 | 373 541 | 373 541 | — | — | — | — | — |
| 广东 | 77 995 | 77 995 | 77 995 | — | — | — | — | — |
| 广西 | 3 716 926 | 1 297 678 | 1 159 150 | 138 528 | 2 419 248 | 1 730 570 | 541 265 | 147 413 |
| 海南 | 44 111 | 44 111 | 43 860 | 251 | — | — | — | — |
| 重庆 | 577 434 | 577 434 | 577 434 | — | — | — | — | — |
| 四川 | 1 715 300 | 1 700 603 | 1 700 326 | 277 | 14 697 | 14 577 | 120 | — |
| 贵州 | 332 761 | 332 761 | 332 761 | — | — | — | — | — |
| 云南 | 459 922 | 452 575 | 448 133 | 4442 | 7347 | 4936 | 74 | 2337 |
| 西藏 | 78 515 | 77 815 | 75 792 | 2023 | 700 | 700 | — | — |
| 陕西 | 376 174 | 375 069 | 374 740 | 329 | 1105 | — | 1105 | — |
| 甘肃 | 722 797 | 722 797 | 722 797 | — | — | — | — | — |
| 青海 | 147 661 | 147 661 | 147 661 | — | — | — | — | — |
| 宁夏 | 146 527 | 146 527 | 146 527 | — | — | — | — | — |
| 新疆 | 298 387 | 295 778 | 295 035 | 743 | 2609 | 1560 | — | 1049 |
| 新疆兵团 | 129 457 | 129 457 | 129 014 | 443 | — | — | — | — |
| 局直属单位 | 228 765 | 124 016 | 124 016 | — | 104 749 | 88 677 | 12 452 | 3620 |
| 大兴安岭 | 193 656 | 88 907 | 88 907 | — | 104 749 | 88 677 | 12 452 | 3620 |

(林业统计资料由刘建杰、于百川供稿)

# 林业财务会计与资金稽查

# 林业财务和会计

【综　述】 2010年，各级林业计财部门紧紧围绕“发展现代林业、建设生态文明、推动科学发展”和深化林业改革、实现兴林富民的林业建设大局，始终按照“抓重点，求突破；要政策，建机制；立规矩，保安全”的总要求和健全完善林业计财工作七大体系的总目标，牢固树立“大局意识、服务意识、改革创新意识、学习研究意识、合作意识、程序意识和廉政意识”，认真履行职责，完成各项工作任务，取得新的成果，为现代林业建设提供了有力保障。

**完善现代林业建设的规划体系** ①认真组织编制“十二五”林业发展规划。完成中央交办的生态文明建设与可持续发展、林业应对气候变化两个十七届五中全会文件起草重大课题研究。组织编制《林业发展“十二五”规划基本思路》，形成《林业发展“十二五”规划(讨论稿)》。同时，在国家“十二五”规划中争取林业占位，将森林覆盖率和蓄积量指标写入《中共中央关于制定国民经济和社会发展第十二个五年规划的建议》。②林业重大专项规划制定工作取得突破。完成《全国林地保护利用规划纲要(2010～2020年)》并经国务院审议通过，全面启动省县两级林地保护利用规划编制工作。配合国家发改委完成《大小兴安岭林区生态保护与经济转型规划》编制工作，并经国务院批准。完成《全国造林绿化规划纲要》、《全国林木种苗发展规划(2011～2020年)》编制工作。协助国家发改委，牵头开展《全国生态保护与建设规划》和《全国山洪泥石流地质灾害易灾区生态环境综合治理规划》的调研、编制工作，突出了林业的主体地位。③加快推进其他林业专项规划编制工作。重点协调《国家级沙化土地封禁保护区规划》国务院报批工作。全面开展《农业综合开发林业建设“十二五”规划》、《退耕还林工程规划》、《京津风沙源治理工程二期规划》、《三北工程五期规划》、《防沙治沙规划》等专项规划编制工作，不断充实完善各领域专项规划。

**完善现代林业建设的公共财政体系** 2010年争取中央财政和基本建设投入770.4亿元，其中财政投入606.2亿元，在退耕还林等专项资金大幅度减少的情况下，比2009年增加63.2亿元，增幅11.64%；基建投资164.2亿元，比2009年增加16亿元，增幅10.80%。林业公共财政政策主要有：①首次开展林木良种补贴试点。试点资金两亿元，其中国家重点林木良种基地补贴1亿元，林木良种苗木培育补贴1亿元。良种基地补贴试点涉及29个省(区)，内蒙古、龙江、大兴安岭森工(林业)集团公司和新疆生产建设兵团的131处国家重点林木良种基地，试点补贴面积2.28万公顷，补贴标准为：种子园、种质资源库每亩分别补贴600元，采穗圃每亩补贴300元，母树林、试验林每亩分别补贴100元。良种苗木培育补贴试点对象为22个省(区)和龙江森工集团国有育苗单位使用林木良种，采用组织培养，轻型基质、无纺布和穴盘容器育苗，幼化处理等先进技术培育的5亿株良种苗木，中央财政平均每株补贴0.2元。②首次开展造林补贴试点。试点资金3.15亿元，包括对造林主体造林费用的直接补贴2.85亿元，对试点县工作经费的间接费用补贴3000万元。试点涉及全国20个省(区)，补贴对象为使用先进技术培育的良种苗木在宜林荒山荒地、沙荒地人工造林和迹地人工更新，面积不小于1亩(含1亩)的林农、林业合作组织以及承包经营国有林的林业职工。造林补贴试点资金包括造林直接补贴和间接费用补贴。造林直接补贴：是指对造林主体实施造林所需费用的补贴。人工造林，乔木林每亩补助200元，灌木林每亩补助120元，木本粮油经济林每亩补助160元，水果、木本药材等其他经济林每亩补助100元，新造竹林每亩补助100元；迹地人工更新，每亩补助100元。间接费用补贴是指对试点县组织开展补贴造林工作必需的经费的补贴，按照中央财政造林补贴总额的5%的比例安排。③继续开展森林抚育补贴试点。补贴资金由2009年的5亿元增加到20亿元，补贴标准仍为每亩100元，试点省(区)由11个扩大到26个，任务由33.33万公顷扩大到共133.33万公顷。④林业机械纳入补贴范围。将林业机械划分成六大类20小类，共128种通用林业机械设备。协调财政部、农业部，2010年将32种林业机械纳入农机购置补贴范围。⑤提高森林生态效益补偿标准。集体所有的国家级公益林中央财政森林生态效益补偿标准由每亩每年5元提高到10元。2010年安排补偿基金75.8亿元，比2009年增加23.3亿元。补偿面积0.7亿公顷，其中集体林0.39亿公顷，国有林0.312亿公顷。⑥首次安排湿地保护补助资金。补助资金两亿元，补助对象为20个国际重要湿地、16个湿地类型自然保护区和7个国家湿地公园。补助资金主要用于湿地监控、监测设备购置和湿地生态恢复以及管护人员劳务支出等。⑦基本明确了天保工程二期主要政策。经广泛征求意见、组织专家论证，并协调国家发改委、财政部、人社部，四部门联合向国务院上报天保工程二期有关政策的意见和两个实施方案。2010年12月29日，国务院常务会议审议通过天保工程二期实施方案。天保工程二期，中央财政将实行森林管护、森林抚育、社会保险、政社性支出、公益林建设、后备资源培育等补助政策，大幅度提高补助标准，工程总投入将达2440.2亿元(其中中央财政1936亿元，基本建设投资259.2亿元)，不再要求地方财政配套。⑧进一步支持集体林权制度改革相关政策不断落实。协调财政部，追加安排集体林改工作补助经费9.12亿元，其中对七次连清后新增的0.13亿公顷集体林，继续按每亩补助1元标准给予补助；对西部12省(区)的0.93亿公顷和享受西部地区政策的3个自治州的0.032亿公顷集体林，按每亩补助0.5元的标准共追加补助7.21亿元。对福建、江西等基本完成明晰产权、承包到户任务的10个省(市)进行调查统计，并协调财政部在2010

年农业合作社专项资金中，加大对林业专业合作社的支持力度。⑨广筹林业预算内基本建设资金。2010年，林业基本建设投资164.2亿元，比2009年增加16亿元，增幅达10.80%。新开辟西藏生态屏障建设、省级森林资源管理信息化建设试点、林权管理服务体系与林改档案管理试点项目投资渠道，拓展了建设领域。2010年下达造林生产计划592万公顷，安排投资计划32亿元。同时，编制2011年投资结构安排建议方案，申请林业项目中央基本建设投资338亿元。⑩积极争取农业综合开发林业项目投资。协调国家农业综合开发办公室，共批复2010年农业综合开发林业项目资金3.06亿元。争取2011年农业综合开发林业项目投资3.7亿元，比2010年增加21.1%，其中林业生态示范项目14 776万元，名优经济林等示范项目22 301万元(其中木本粮油专项资金1亿元)。⑪加强林业项目储备。完成331个项目的集中审查审核工作，批复项目总投资30.5亿元，包括森林防火项目101项，林业有害生物防治项目60项，国家级自然保护区项目40项，国有林区基础设施项目77项，局直属单位项目27项(其中初步设计5项，可行性研究报告22项)，生态定位站、局级重点实验室、局级质检中心等项目24项。编制完成《国家林业资源和生态建设监管服务信息系统项目建议》，并多次向国家发改委作专题汇报，已将建议报告主要内容纳入《国家重点信息化工程建设规划》初稿。⑫协调落实2010年度部门预算资金。2010年初，部门预算"一下"控制数30.4亿元(不包括地震重建资金8625万元和预算内基建资金1.8亿元)，按可比口径同比2009年预算增加2.37亿元，增长8.45%。同时年中预算执行追加下达森林防火物资、行业公益性专项等项目预算1.31亿元，累计达到31.7亿元，比2009年同口径预算数9600万元，增长3.12%，确保了重点急需项目支出的需要。

**健全现代林业建设的金融支持体系** ①进一步加大中央财政森林保险保费补贴力度。在2009年江西、湖南、福建三省试点的基础上，增加浙江、辽宁、云南三省，并将公益林保费补贴比例由30%提高到50%。②制定林权抵押贷款政策。会同国家开发银行联合下发《关于开展林权抵押贷款工作的指导意见》，对贷款对象、重点支持领域、可作为贷款抵押的林权范围、贷款期限与利率等作了明确规定。③林业贷款规模不断增加。全年共争取和安排林业贴息贷款和基本建设贴息贷款额181.03亿元，全国涉林贷款达1000亿元。

**完善林业资金和资产使用管理的安全运行体系** ①完善林业建设标准体系。举办林业工程建设标准培训班，组织有关专家对《林业工程建设标准体系》进行修改完善，拟增加油茶、生物质能源、低产林改造等相关建设标准。组织完成《林业工作站建设标准》、《国有林场建设标准》等新标准的起草工作。②继续推进预算改革。高质量编制完成并及时上报2009年部门决算和住房改革支出决算，在财政部组织的部门决算评比中获一等奖。首次实现国家林业局预算信息公开，在收到部门预算批复15日内将部门收支预算总表和财政拨款预算及时在国家林业局政府网站上向社会公布。开展项目支出定额标准体系建设工作，编制上报2010年度项目支出定额标准建设计划。组织开展"林业标准化"和"林木种质资源清查与保护"财政项目支出预算绩效考评工作，并按财政部要求按时上报项目绩效考评报告。③加强预算执行工作。制定《国家林业局预算执行进度管理暂行办法》，实行预算执行情况通报制度；结合国家林业局预算执行和资金、资产管理的实际情况，部署2010年预算执行情况的自查自纠工作。④继续开展"小金库"专项治理工作。根据《中央治理"小金库"工作领导小组关于做好2010年"小金库"治理工作的通知》精神，认真开展专项治理"回头看"工作，上报《关于报送国家林业局"小金库"专项治理工作总结的函》，部署相关单位开展整改工作，并制订《国家林业局社会团体和国有企业"小金库"专项治理重点检查方案》，组织4个检查组对17个单位进行重点检查。⑤开展林业重点工程建设领域突出问题排查。成立多个工作组，分别对全国除台湾省外31个省(区、市)中央林业投资使用管理情况，2008年以来重点工程建设领域突出问题，四川、甘肃、陕西省地震灾后恢复重建资金管理及项目进展情况，国家林业局华东院迁址工程、南京警校扩建工程建设及资金使用情况进行重点检查。⑥做好地震灾后恢复重建基金落实和监管工作。根据四川卧龙和甘肃白水江保护区管理局建设实际情况的需要，依其申请办理有关项目预算的调整文件。协助川陕甘三省争取和落实恢复重建资金，并继续做好局直属单位地震灾后恢复重建资金使用情况的监管和拨付工作，督促其加快恢复重建工作进度。⑦切实加强对国有林区棚户区和国有林场危旧房改造工作的管理。组织专家和相关技术人员，对34个棚户区改造实施方案进行集中审查并及时批复，确保投资的有效落实。召开北方林业棚户区改造现场会，对国有林区棚户区改造和国有林场危旧房改造工作进行全面部署安排。会同国家发改委、住房城乡建设部等相关部门联合颁发《国有林区棚户区改造工程项目管理办法》和《国有林场危旧房改造工程项目管理办法(暂行)》，进一步明确和完善细化各项规定和优惠政策，确保工程建设有章可循。积极争取与棚户区改造相配套的供热等基础设施项目投资，开辟新的投资渠道。

**健全林业产业发展和林产品贸易的政策环境体系** ①增强林业产业发展的前瞻性指导。继续推进国家林业龙头企业认定工作，起草了《2010年国家林业重点龙头企业认定工作计划》。积极促进产业集群的发展，制定《国家林业局关于建设国家级林产品贸易加工示范区的意见》。组织召开"木材安全保障战略研究"专家论证会，完成《木材安全保障战略研究》。②大力推进木本油料产业发展。加大现代农业生产发展资金对油茶产业的支持力度，协调财政部在《关于做好2010年财政支持现代农业生产发展工作的通知》(财办农〔2010〕31号)中明确统筹支持油茶产业发展的意见。进一步争取油茶产业发展资金，2010年农业综合开发油茶专项资金达到6000万元，为油茶产业的快速发展奠定了良好的基础。编制完成《全国核桃产业发展规划(初稿)》和《全国油橄榄产业发展规划(初稿)》。③推动林下经济发展。下发《关于提报林地立体生态开发典型模式有关材料的通知》，在此基础上完成《林地立体开发指南(初稿)》，争取专家论证后早日发布，指导广大林农及相关企业大力发展林下经济。与《中国绿色时报》合作，开展林地立体开发典型宣传推介工作，先后5期报道林地立体开发典型经验。④加强市场监督和管理，规范市场行为。配合商务部、国家发改委、环保部等有关部门，联合下发《关于在餐饮与饭店业开展减少使用一次性筷子工作的通知》，规范一次性筷子的生产、流通行业；配合质检等部门开展建材市场整顿工作，加强对木质家具、人造板等产品的质量监管，促进行业整体素质的提升；加强对交易会、博览会的指导，协调落实国家林业局和黑龙江、山东、福建、浙江等省政府共同举办的首届中国(伊春)森林产品博览会、第七届中国林产品交易会、第六届海峡两岸(三明)林业博览会暨投资贸易洽谈会、2010中国义乌(国际)森林产品博览会等会议方案及相关事宜。⑤加强林业产业服务体系建设。制订《信息采集和加载工作方案》，加强全国林业产业基础数据库建设；对全国林产品贸易的有关情况进行收集、总结与分析并及时发布；修改《国家林业局关于建设重点林产品市场和林业企业联系制度通知(征求意见稿)》；继续做好对行业安全生产工作的指导，在全行业组织开展林业"安全生产年"活动和"安全生产大检查"。⑥林业利用外资工作取得新进展。完成欧洲投资银行贷款内蒙古碳汇造林示范项目与财政部的项目转贷协议签署工作。协调西北三省区批复亚行贷款林业项目可研报告，为下一步争取亚行贷款新项目奠定基础。与欧洲投资银行就利用3亿欧元贷款开展森林可持续经营示范项目达成共识。⑦境外森林资源合作向纵深发展。会同商务部完成部分重点对象国的信息库建设工作，以及境外森林资源合作指导意见和境外森林资源行为规范的初稿。编制完成《中国东北地区与俄远东及东西伯利亚地区林业合作规划纲要》，积极协调利用中非发展基金扩大对非林业合作。主动应对打击木材非法采伐和林产品贸易国际摩擦等国际林业热点问题。

**完善现代林业建设的统计评价体系** ①进一步调整和完善林业统计方法制度。对林业指标进行归并和调整，对森林抚育的方式给予更加明确的界定。②积极开展林业统计执法大检查工作。下发《国家林业局关于开展统计法和统计违法违纪行为处分规定贯彻执行情况大检查的通知》(林规发〔2010〕176号)，并成立3个检查组，赴广东省、四川省和大兴安岭林业集团公司进行统计执法检查。③现代林业统计评价工作取得新进展。确定一套较为科学合理的统计评价指标和评价方法(25个指标，因子分析法)，并完成评价报告初稿。

**建立森林资源资产化管理的制度体系** 森林资源资产化管理是使森林资源管理适应社会主义市场经济发展的需要，对传统森林资源管理的根本性改革。目前在森林资源资产化管理方面还十分欠缺，制度体系尚未建立，制约着现代林业的发展、生态文明的建设和科学发展的推动。2010年下半年起着手开展森林资源资产评估体系建设的研究，为全面建立森林资源资产化管理的制度体系奠定基础。 (袁卫国)

**【国家林业局部门预算改革】** 2010年，国家林业局按照中央部门预算编制和改革要求，积极推进包括部门预算公开、完善预算分配机制、绩效评价试点、项目支出标准建设等在内的各项改革措施，国家林业局部门预算管理进一步向规范化、制度化、透明化迈进。

**部门预算资金投入继续增长** 经过积极争取，2010年初批复下达部门预算30.38亿元(不包括地震灾后重建资金和预算内基建资金)，年中追加森林防火物资、行业公益性专项等项目预算1.36亿元，全年部门预算累计31.74亿元，与2009年全年同口径部门预算数30.73亿元相比较，增加1.01亿元，增长3.3%。安排重点保障重大急需项目，如外交类新增安排亚太森林恢复网络专项资金项目，科学技术类重点安排公益性行业科研专项经费、中央级科学事业单位修缮购置专项和非营利性科研机构改革专项启动费等，农林水事务类重点安排森林航空消防飞行补助、大兴安岭义务教育补助、退耕还林工程阶段验收、森林资源清查与动态监测等项目。

**推进基本支出预算管理工作** ①继续推进基本支出定员定额试点工作。2010年，财政部在2009年基本支出定员定额试点范围基础上，将国家林业局防治荒漠化管理中心、国有林场和林木种苗管理总站和湿地管理中心3个参公单位新增纳入定员定额试点范畴。因此，国家林业局2010年纳入财政部基本支出定员定额试点的单位累计33个，其中参公21个单位全部纳入试点范围。经测算，2010年新增3户参公单位基本支出定员定额补助相应增加187.2万元，一般试点事业单位定员定额补助增加224.93万元。②理顺新增事业单位国家林业局信息中心基本支出预算。2010年经协调争取，财政部追加安排信息中心基本支出预算73.29万元，保障了信息中心基本运转和人员开支需求。

**理顺预算外纳入预算管理单位安排相关预算工作** 为贯彻落实《国务院关于编制2009年中央预算和地方预算的通知》(国发〔2008〕35号)有关规定，财政部决定从2010年1月1日起，将按预算外资金管理的全国性及中央部门和单位行政事业性收费逐步纳入财政预算管理。国家林业局共有3个预算外资金收费项目按规定纳入预算管理，分别是国家林业局人才开发交流中心的人事档案保管费、人力资源开发中心技术等级考核或职业技能鉴定费，中国林业科学研究院木材工业研究所的产品质量监督检验收费。上述3个预算外资金收费项目纳入预算管理后，对所涉及两个执收单位的预算支出产生较大影响，按照财政部相关规定精神，国家林业局申请中央财政安排相关预算弥补上述两个执收单位的预算支出。经积极争取，财政部追加安排国家林业局人才开发交流中心项目预算305万元，专项用于购买劳务支出和有关项目支出；安排中国林业科学研究院木材工业研究所基本支出预算450万元，专项用于人员支出和日常公用支出。

**首次完成向社会公开部门预算信息工作** 根据财政部批复的国家林业局2010年部门预算，国家林业局按要求在15天内批复各预算单位2010年部门预算。同时，根据《财政部关于进一步做好预算信息公开工作的指导意见》，在收到部门预算批复15日内将部门收支预算总表和财政拨款预算及时在国家林业局政府网站上向社会公布，实现国家林业局预算信息的首次公开。

**启动项目支出定额标准体系建设工作** 根据财政部

统一部署，2010年制定《国家林业局中央本级项目支出定额标准管理暂行办法》，并结合国家林业局部门预算项目具体情况，选择国家森林病虫害预测预报补助、林业应对气候变化碳汇计量和监测体系建设、野生动物肇事补偿试点补助和林业信息网络等4个标准建设，正式启动国家林业局项目支出定额标准体系建设工作。2010年初步完成4个项目基本情况调研工作，设计项目标准体系模板，指导4个项目主管单位完成项目标准体系材料编制工作。在此基础上，2011年4个项目将进入标准的初步设计和征求意见阶段，继续推进国家林业局项目支出定额标准体系建设工作。

**继续推进项目支出预算绩效评价试点工作** 从2006年国家林业局实施项目支出预算绩效评价工作以来，截至2010年累计已完成7个项目的绩效评价工作。2010年，根据财政部推进绩效评价试点工作的要求，国家林业局制定下发《国家林业局关于进一步推进中央部门预算项目支出绩效评价试点工作的通知》(林规发〔2010〕9号)，进一步明确评价各方的职责，调整评价工作程序、评价内容体系和评价文本，并按照新的绩效评价要求进行评价。2010年选择"林业标准化"和"林木种质种苗质量监管与保护"两个绩效评价试点项目，并针对中国林业科学研究院、北京林业机械研究所、哈尔滨林业机械研究所、大兴安岭林业集团公司、东北林业大学、龙江森工集团、浙江省林业厅等单位开展现场绩效评价，继续推进国家林业局项目绩效评价试点工作。

**继续开展野生动物肇事补偿试点工作** 为妥善解决各地因野生动物损毁作物、伤害人畜的补偿问题，国家林业局2008年启动野生动物肇事补偿试点工作。2010年部门预算中专项安排试点经费1000万元，继续选择吉林省、云南省、陕西省和西藏4个省(区)开展补偿试点工作。

**继续严格出国经费先行审核制度** 为加强因公出国(境)经费预算的审核管理，国家林业局2010年在制定出台《国家林业局因公出国(境)经费预算管理暂行办法》的基础上，出台《国家林业局因公出国(境)经费预算管理暂行办法补充规定》，并严格执行出国经费预算先行审核制度，对不符合规定安排的出国(境)申请，坚决予以杜绝。

**部门预算和决算编制工作** 一是财政部根据《中央部门预算编报考核评比办法(试行)》，首次组织对中央部门预算工作进行全方位的考评，本次考评共评出一、二、三等奖60名，国家林业局在参加评比的160个部门中获得二等奖。二是2009年度财务决算报表工作质量继续得以巩固提高。国家林业局2009年度部门决算和住房改革决算均获财政部评比一等奖，其中部门决算自2005年以来已连续五年获得一等奖。

**继续加强部门预算规章制度建设** 结合财政项目支出预算管理，2010年制定下发《国家林业局履行国际公约和国际合作配套项目资金管理办法》和《国家林业局荒漠化项目资金管理办法》，进一步明确和规范项目支出预算管理。

**启动国家林业局部门预算管理信息系统建设工作** 长期以来，国家林业局部门预算管理一直缺乏有效的信息管理系统支持。无论是部门预算改革前、还是部门预算改革后的预算管理方式，都不能满足当前对部门预算管理的需要，随着部门预算改革的逐步推进和深入，建立和开发国家林业局部门预算管理信息系统，实现国家林业局部门预算的信息化管理已刻不容缓。经过多方筹备，国家林业局2010年正式启动国家林业局部门预算管理信息系统的建设工作，确定北京用友政务软件有限公司作为系统开发单位。经双方多次磋商，初步拟定"国家林业局部门预算管理信息系统"的初步方案，按照"总体规划，分步实施"原则，计划于2011年底前完成信息系统的一期建设任务，包括部门预算的门户管理建设、预算数据库的建立、项目支出预算管理(项目细化分配管理)模块的建立，以及综合查询分析模块的建立。

(徐旺明)

**【开展"小金库"专项治理工作】** 根据中央治理"小金库"工作领导小组《关于做好2010年"小金库"治理工作的通知》要求。2010年，国家林业局继续深入开展党政机关和事业单位"小金库"专项治理工作。

**做好"小金库"专项治理重点检查发现问题的整改工作** 2010年5月12日，财政部监督监察局将《财政部关于国家林业局"小金库"专项治理重点检查结论和处理决定》(财监〔2010〕35号)送达国家林业局。2010年8月20日，国家林业局向财政部报送《国家林业局关于报送"小金库"专项治理重点检查处理决定执行情况的函》(林函规字〔2010〕182号)。

**联系林业实际，认真开展"回头看"** 2010年5月6日，国家林业局印发《国家林业局"小金库"专项治理工作领导小组关于全面开展"小金库"专项治理"回头看"工作的通知》(林治组发〔2010〕2号)，在全局范围再次安排部署开展专项治理"回头看"工作。在以"五查五看"为重点，扎实开展自查自纠工作的基础上，将专项治理工作与扩内需促增长政策落实情况、规范津贴补贴工作、加强党政机关、事业单位财务管理等工作紧密结合，切实加大专项治理力度，扩大专项治理工作综合成效。6月25日，国家林业局向中央治理"小金库"工作领导小组办公室报送《关于报送"小金库"专项治理"回头看"工作总结的函》(林治组发〔2010〕7号)。

**部署国家林业局社会团体和国有企业专项治理工作** 根据《中共中央办公厅国务院办公厅印发〈关于深入开展"小金库"治理工作的意见〉的通知》(中办发〔2009〕18号)、《中共中央纪委监察部民政部财政部审计署关于印发〈社会团体"小金库"专项治理实施办法〉的通知》(中纪发〔2010〕28号)和《中共中央纪委监察部财政部审计署国务院国资委关于印发〈国有及国有控股企业"小金库"专项治理实施办法〉的通知》(中纪发〔2010〕29号)精神，国家林业局研究制订《国家林业局社会团体和公募基金会"小金库"专项治理实施方案》和《国家林业局国有及国有控股企业"小金库"专项治理实施方案》，全面推进社会团体和国有企业专项治理工作。国家林业局纳入本次专项治理范围的社会团体和国有企业共86户，其中社会团体19户，国有企业67户。

**部署"小金库"专项治理摸底排查工作** 根据《深入贯彻落实贺国强同志关于"小金库"治理工作讲话和批示精神的通知》精神，结合2010年11月5日召开的中央单位"小金库"治理重点检查布置会的工作部署，国

家林业局在全局范围部署开展了“小金库”治理摸底排查工作。（张　栩）

【加强国有资产管理】 2010年2月10日，国家林业局印发《国家林业局直属事业单位国有资产管理暂行办法》(林规发〔2010〕34号)；2010年5月21日，根据《财政部关于实施〈中央行政单位国有资产处置收入和出租出借收入管理暂行办法〉有关问题的补充通知》(财行〔2009〕567号)规定，国家林业局向财政部报送了《国家林业局办公室关于报送中央行政单位国有资产出租出借事项的函》(办函规字〔2010〕148号)；2010年6月9日，根据《财政部关于正式实施行政事业单位资产管理信息系统有关问题的通知》(财办〔2010〕39号)、《关于实施行政事业单位资产管理信息系统有关问题的补充通知》(财办〔2009〕43号)和《关于印发行政事业单位资产管理信息系统统计报表有关问题的通知》(财办行〔2009〕31号)要求，国家林业局向财政部报送了行政事业单位资产管理信息系统统计报表及电子数据；2010年8月20日，根据财政部《关于〈中央级事业单位国有资产使用管理暂行办法〉的补充通知》(财教〔2009〕495号)文件，国家林业局在对局直属单位2009年9月1日前未经批准实施的对外投资、出租出借等事项统计核实的基础上，向财政部报送《国家林业局关于报送直属单位出租出借和对外投资事项备案的函》(林函规字〔2010〕183号，涉及国有资产39 149万元；2010年9月17日，根据《国务院机关事务管理局关于编报2009年中央行政事业单位国有资产年度决算报告的通知》(国管资〔2010〕167号)，国家林业局向国务院机关事务管理局报送了2009年度中央行政事业单位国有资产决算报告；2010年12月6日，根据《国务院机关事务管理局关于编报2011年中央行政事业单位国有资产年度配置调整计划和2012年资产配置计划的通知》(国管资〔2010〕166号)，国家林业局向国务院机关事务管理局报送了2011年中央行政事业单位国有资产年度配置调整计划和2012年资产配置计划。（张　栩）

【全国林业行业财政资金收支状况】 2010年，全国林业行业预算投入1327亿元，其中中央投入750亿元，地方投入577亿元。与2009年相比，预算投入增加168.2亿元，其中中央投入增加82.1亿元，地方投入增加86.1亿元。全年实际到位资金1353.2亿元，实际支出1280.2亿元。

**中央预算投入(投资计划)** 中央预算投入750亿元，包括基本建设投资185.5亿元，财政投入564.5亿元(财政专项资金562.4亿元，森林植被恢复费1.7亿元，新疆生产建设兵团机构运行支出0.4亿元)。①基本建设投资185.5亿元，主要包括棚户区改造47亿元，三北、沿海等防护林建设工程33亿元，退耕还林工程16亿元，天然林资源保护工程11亿元，森林防火11亿元，京津风沙源治理工程9.4亿元，野生动植物及自然保护区建设工程4.3亿元，病虫害防治3亿元。②财政投入564.5亿元，其中财政专项资金562.4亿元，主要包括退耕还林工程323.7亿元，森林生态效益补偿基金75.8亿元，天然林资源保护工程54.1亿元，森林抚育20亿元，林业(含基本建设)贷款贴息8.7亿元，林业科技推广示范资金3亿元，林业有害生物防治2亿元，国有贫困林场扶贫资金2.6亿元，农业综合开发林业项目3亿元。与2009年667.9亿元相比，2010年中央预算投入增加82.1亿元，其中基本建设投资增加37.3亿元，主要是棚户区危旧房改造投资增加23亿元；财政投入增加44.8亿元，主要是森林生态效益补偿基金增加23.8亿元，森林抚育增加15亿元，新启动林木良种和造林补贴试点分别安排2亿元和3.5亿元。

**地方预算投入(投资计划)** 地方各级财政投入577亿元(含育林基金、植被恢复费77.9亿元)，其中省级256.1亿元，比2009年增加41.1亿元，地市级112.7亿元，比2009年增加20.7亿元，县级208.2亿元，比2009年增加24.3亿元。按项目分，包括基本建设投资76.4亿元，财政投入500.7亿元(机构运行支出165.1亿元，财政专项资金249.1亿元，政府性基金77.9亿元，林业行政事业性收费及其他8.6亿元)。财政专项资金主要包括森林培育64.3亿元，森林生态效益补偿基金39.8亿元，天然林资源保护工程7.1亿元，退耕还林工程8.1亿元，森林防火3.7亿元。与2009年490.9亿元相比，2010年地方预算投入增加86.1亿元，主要是基本建设投资中棚户区(危旧房)改造增加21.9亿元，财政投入中机构运行支出增加21.4亿元，财政专项资金中森林生态效益补偿基金增加6.8亿元，森林培育增加安排11.9亿元。

**资金到位与支出情况** 2010年，中央与地方林业行业财政资金到位1353.2亿元，实际支出1280.2亿元，加上年初结余217亿元，年末结余290亿元。

基本建设投资　本年实际收到248.3亿元，支出217.6亿元，年末结余83.5亿元(2009年年末结余52.8亿元)，主要包括棚户区(危旧房)改造结余23亿元，天然林资源保护结余9亿元，三北、沿海等防护林工程建设结余6.7亿元。

财政资金　2010年实际收到1104.9亿元，支出1062.6亿元，年末结余206.6亿元(2009年年末结余164.2亿元)。结余较多的主要是财政专项资金结余128.9亿元，主要包括退耕还林工程36.2亿元，森林生态效益补偿基金31.1亿元，天然林资源保护工程9.6亿元，森林培育10.5亿元。政府性基金结余63.4亿元，其中森林植被恢复费34亿元，育林基金29.4亿元。

**天然林资源保护工程财政专项资金** 全国天然林资源保护工程(以下简称“天保工程”)财政资金实际收入79亿元(不含基本建设投资)，比2009年的77.9亿元增加1.1亿元。具体是中央财政专项资金54.1亿元，地方财政补助(含配套)7.1亿元，企业自筹16.2亿元，其他收入1.6亿元。当年实际支出86亿元，年末累计结余9.8亿元(比2009年减少8.3亿元)。分项收入与支出情况如下：①森林管护费收入29亿元(比2009年增加2.5亿元)，其中中央财政补助22.5亿元，地方财政补助2.8亿元，企业自筹3.6亿元，其他0.1亿元；全年实际支出29.7亿元。②政策性社会性支出收入28.8亿元(比2009年增加4.5亿元)，其中中央财政补助16.3亿元，地方财政补助1亿元，企业自筹10.2亿元，其他收入1.3亿元；全年实际支出29.1亿元。③

社会保险补助收入23.1亿元，其中中央财政补助18.3亿元，地方财政补助2.4亿元，企业自筹2.4亿元；全年实际支出27.4亿元。④职工培训费收入4780万元，中央财政补助4512万元，地方财政补助238万元，企业自筹30万元；全年实际支出4368万元。2010年末，全国天保工程财政资金结余9.8亿元(比2009年18.1亿元减少8.3亿元，其中社会保险费减少4.9亿元，职工分流安置费减少1.7亿元)，主要是森林管护费4亿元，社会保险费3.6亿元，政策性社会性支出0.4亿元，职工分流安置费0.7亿元。从省区来看，云南省结余最多，达2.2亿元，其次为四川省、贵州省和吉林省，分别结余1.7亿元、1.5亿元和1.3亿元。

*天保工程实施单位职工参保情况* 共有国有职工79.8万人，应参加基本养老保险人数69.7万人，实际参保68.4万人，参保率98.1%；应参加基本医疗保险人数72.5万人，实际参保71.3万人，参保率98.3%；应参加失业保险人数62.7万人，实际参保60.1万人，参保率95.9%；应参加工伤保险人数64.3万人，实际参保62.3万人，参保率97%；实际参加生育保险人数50.2万人。共有离退休职工64万人，实际参加基本养老保险50.5万人，参保率78.9%；参加基本医疗保险56.6万人，参保率88.4%。

*天保工程实施单位职工工资福利情况* 全年国有职工工资总额84.3亿元，人年均工资10 564元；离退休职工养老金总额86.6亿元，其中单位负担8.4亿元，人年均养老金13 514元。年末累计拖欠职工工资费用总额14.7亿元(比2009年减少2.5亿元)，其中主要包括职工工资11.9亿元，涉及3.9万人；拖欠医药费0.17亿元；拖欠离退休金2.5亿元，涉及1.7万人。

**森林生态效益补偿基金** 2010年，各级财政森林生态效益补偿基金预算115.7亿元(比2009年增加30.4亿元)，其中中央补偿基金75.8亿元，比2009年增加23.3亿元，补偿面积0.7亿公顷，集体和个人所有的国家级公益林补偿标准由5元提高至10元。地方补偿基金39.9亿元，比2009年增加7.1亿元。实际收到补偿基金116.3亿元(比2009年增加31.7亿元)，中央、省级、地市级、县级分别为75.8亿元、32.7亿元、4.9亿元、2.9亿元。根据各省(区、市，下同)决算数据，除重庆、西藏以外的其他29个省(区、市)安排省级森林生态效益补偿基金，共32.8亿元。2010年，省级补偿基金最多的是广东省7.2亿元，其次为上海市3.7亿元，浙江省3.6亿元。2010年，森林生态效益补偿基金实际支出102.7亿元(比2009年增加29.7亿元)，其中中央补偿基金支出67.7亿元(比2009年增加25.7亿元)，年末结余34.3亿元(年初结余为20.7亿元)。结余最多的为广西壮族自治区达6.3亿元，其次分别为新疆维吾尔自治区4.1亿元，云南省3.8亿元。

**育林基金收支状况**

*征收与提取情况* 2010年，全国征收提取育林基金50.2亿元，其中林业主管部门征收26.2亿元，国有森工企业和林场(苗圃)提取19.5亿元，营林产品销售净收入及其他4.5亿元。与2009年相比少征收提取育林基金8.3亿元，主要是国有森工企业和林场(苗圃)少提取6.7亿元。育林基金征收主要集中在南方集体林区，湖南、福建、江西和广西等省(区)分别征收育林基金5亿元、4.3亿元、3.3亿元和3.9亿元，合计16.5亿元，占全国征收育林基金总额的63%。育林基金提取主要集中在东北、内蒙古重点国有林区，吉林省、龙江森工集团、内蒙古森工集团分别为8.8亿元、3.6亿元和1.9亿元，合计14.3亿元，占全国育林基金提取总额的73%。

*收支情况* 林业部门收到(含自提自用)育林基金64亿元(比2009年增加1.4亿元)，其中国有森工企业、林场与苗圃自提自用14.4亿元，财政和林业主管部门拨入34.3亿元，营林产品销售净收入及其他15.3亿元。全年实际支出61亿元，其中森林培育18亿元，有害生物防治1.2亿元，森林防火与扑救4.5亿元，森林资源监测1.5亿元，林业技术推广0.7亿元，营林护林等基础设施建设和设备购置4.7亿元，其他支出30.5亿元(含林业行政事业经费支出8.9亿元)。全国共有28个省(区、市)将育林基金用于林业行政事业经费支出，支出最多的为湖南省2.4亿元，其次是福建省1.4亿元，吉林省1亿元，江西省0.9亿元。2010年末，全国育林基金结余83.7亿元，与年初结余80.7亿元相比增加3亿元，结余主要集中在东北、内蒙古重点国有林区，共61.4亿元，占全国的73.4%，其中吉林省19.5亿元，龙江森工集团17.3亿元，内蒙古森工集团10.3亿元，大兴安岭林业集团公司14.3亿元。

**森林植被恢复费** 2010年，全国征收森林植被恢复费61.9亿元，征收数额最大的为江西省8.9亿元，其次为云南省8.7亿元，广东省7.2亿元。按收入级次分，中央级2.6亿元，省级48.9亿元，地市级1.1亿元，县级9.3亿元。与2009年征收55.3亿元相比，本年多征收6.6亿元。2010年，林业部门实际收到各级财政拨入森林植被恢复费57.3亿元(比2009年增加5.3亿元)，其中中央级1.6亿元，省级41.5亿元，地市级2.9亿元，县级11.3亿元。本年实际支出51.2亿元(比2009年增加5.3亿元)。具体支出资金用途为①整地、造林、抚育等营林生产36.7亿元，比2009年增加10.8亿元。②营林管理费、调查规划设计、森林保护等营林费用支出9.3亿元。③其他支出5.2亿元(含林业部门行政事业经费支出1.4亿元)，比2009年减少5.8亿元。④年结余34亿元，比2009年增加5亿元。

(段亮红)

**【全国国有森工企业财务状况】** 2010年全国国有森工企业财务报表共汇总18个省(区)1057户企业(比2009年减少29个)，经营面积0.55亿公顷，其中林地面积0.38亿公顷；年末职工147万人，其中国有职工69.4万人，混岗职工16.3万人，离退休职工61万人；企业总资产757.5亿元，全年总收入216亿元，净利润4.7亿元，比2009年增加2.7亿元。

**资产负债情况** 2010年末，全国国有森工企业总资产757.5亿元，其中流动资产338.4亿元(货币资金94.8亿元)、非流动资产419.1亿元(固定资产净值279.6亿元)；总负债498.3亿元，其中流动负债310.6亿元、非流动负债187.8亿元；所有者权益259.2亿元，其中实收资本162亿元(国家资本143.2亿元)，资本公积143.8亿元，专项储备0.9亿元，盈余公积9.4

亿元，未分配利润-75.5亿元，股东权益18.7亿元。2010年末含林木资产的资产负债率65.8%，比2009年增加1.9个百分点。不含林木资产的资产负债率68.5%，比2009年增加2.2个百分点。

**损益情况** 2010年，全国森工企业营业总收入216亿元，比2009年增加29.7亿元；营业总成本212.1亿元，比2009年增加29.1亿元；营业外净收入0.5亿元，扭亏为盈比2009年增加2.3亿元。2010年，盈利企业438户，亏损企业594户，亏损面57.6%，比2009年增加0.7个百分点；亏损企业亏损额12.6亿元，比2009年减亏3.7亿元。盈亏相抵，2010年全国森工企业净利润4.7亿元，比2009年增加2.7亿元。净利润增加的主要原因是受全球经济复苏等影响，木材等林产品价格上涨(木材平均售价比2009年上涨78.9元)。国有林区净利润3.5亿元，其中东北、内蒙古重点国有林区盈亏相抵实现净利润3.7亿元，比2009年增加1.7亿元。具体是内蒙古森工集团扭亏为盈实现利润1.1亿元，龙江森工集团、大兴安岭林业集团公司和吉林省分别盈利0.6亿元、0.1亿元、1.9亿元。集体林区净利润由2009年的0.4亿元增加到1.2亿元，主要是江西省扭亏为盈实现利润0.4亿元，广西壮族自治区盈利0.6亿元。2010年底，全国森工企业累计未弥补亏损80.1亿元，比2009年74.1亿元增加6亿元。

**收入和利润主要情况及分析** 2010年，全国森工企业营业收入216亿元，比2009年增加29.7亿元；营业利润68.9亿元，比2009年增加14.4亿元。以林木采伐为主的种植业是森工企业营业收入与利润的最主要组成部分。2010年，全国森工企业种植业营业收入109.6亿元，占总收入的51%；营业利润56.8亿元，占总营业利润的82%。按地区分，国有林区营业收入187.9亿元(东北、内蒙古重点国有林区177.3亿元)，比2009年增加29.7亿元，占87%；集体林区收入28.1亿元，占13%。集体林区收入主要集中在福建、江西和广西等3省(区)，分别为13.5亿元、3.9亿元和6.1亿元，合计占集体林区总收入的84%。

2010年，森工企业政策性社会性支出共32.4亿元(比2009年增加4亿元)，其中教育9.6亿元、医疗卫生3.4亿元、公检法司8.9亿元、政府经费3.5亿元、环卫等其他7亿元。扣除各级财政补助14.5亿元(天保工程中央财政补助6.6亿元)和事业等收入后，企业实际负担9.5亿元。

**主要产品产销情况及分析**

木　材　全年产量1232.5万立方米，比2009年增加27万立方米；销量1287.4万立方米，比2009年增加30万立方米。木材销售收入105.3亿元，比2009年增加12.4亿元。木材平均售价818.3元/立方米，比2009年上升78.9元。营业利润54.7亿元，比2009年增加12亿元，占森工企业营业利润总额的79.4%，占种植业营业利润的96.1%。从地区分布来看，木材产销主要集中在东北、内蒙古重点国有林区，产量1076.2万立方米，占全国的87.3%；销量1113.3万立方米，占全国的86.5%。受全球经济回暖的影响，2010年森工企业木材平均售价比2009年增加78.9元，增幅11%，由此导致木材收入增加12.4亿元。

纤维板　全年产量48万立方米，比2009年减少0.5万立方米；销量49.8万立方米，比2009年减少2万立方米；实现销售收入6.3亿元，比2009年减少0.3亿元；平均售价1254.1元/立方米，比2009年降低14.2元；实现营业利润0.2亿元，比2009年增加0.1亿元。纤维板的产量主要在吉林、福建和广西等3省(区)，分别为11.3万立方米、11.5万立方米和15万立方米，合计占全国国有森工企业产量的79%。

刨花板　全年产量71.8万立方米，比2009年增加2.8万立方米；销量74.9万立方米，与2009年持平；实现销售收入11亿元，比2009年增加0.5亿元；平均售价1466.9元/立方米，比2009年增加59.8元；实现营业利润1.2亿元，比2009年增加0.5亿元。刨花板产量主要集中在吉林森工集团和福建省，分别为48万立方米和14.3万立方米，占全国国有森工企业产量的86.8%。

**税费缴纳和财政资金收入情况**

缴纳税费　2010年，全国森工企业上缴税费7.5亿元(比2009年减少0.2亿元)，主要包括增值税3亿元、营业税0.95亿元、所得税0.9亿元。缴纳社会保险费21.7亿元，其中基本养老保险13.1亿元，基本医疗保险6.6亿元。以林业"三剩物"和次小薪材为原料生产的资源综合利用产品本年缴纳增值税1亿元，以前年度应返还增值税0.2亿元，实际返还1亿元，年末应返还0.2亿元。

财政资金收入　2010年，森工企业实际收到财政资金143.2亿元(比2009年增加28.3亿元)，其中：①基本建设投资62.9亿元(比2009年增加10.1亿元)，主要是棚户区改造46.4亿元，其中棚户区改造比2009年增加8.2亿元，天保工程3.1亿元。②财政投入80.3亿元(比2009年增加18.2亿元)，包括机构运行支出1.3亿元，财政专项资金73.3亿元(主要是天保工程42.1亿元、森林培育9.1亿元、石油价格补贴5.2亿元、补偿基金2.4亿元,)，政府性基金5.3亿元(主要是森林植被恢复费2亿元)，其他0.2亿元。

投入按级次分：①中央投入111.8亿元(比2009年增加25.8亿元)，包括基建投资44.2亿元(比2009年增加10.6亿元，含天保工程2.8亿元，棚户区改造28.7亿元，比2009年增加5.4亿元)；财政投入67.6亿元，其中财政专项62.7亿元(主要包括天保工程38.5亿元，森林培育9.1亿元，石油价格改革财政补贴5.2亿元，中央财政森林生态效益补偿基金1.9亿元)。②省级投入29.4亿元，包括基本建设投资18亿元，财政投入11.4亿元(其中专项资金9.8亿元)。③地市级投入1亿元，包括基本建设投资0.2亿元，财政投入0.8亿元。④县级投入1亿元，包括基本建设投资0.5亿元，财政投入0.5亿元。

**职工参保与工资福利情况**

参保情况　国有职工69.5万人，应参加基本养老保险人数63.6万人，实际参保62.4万人，参保率98.1%；应参加基本医疗保险人数63.9万人，实际参保62.5万人，参保率97.8%；应参加失业保险人数56.9万人，实际参保54.7万人，参保率96.1%；应参加工伤保险人数59.1万人，实际参保57.6万人，参保

率97.5%；实际参加生育保险人数46.1万人。离退休职工61.1万人，实际参加基本养老保险50万人，参保率81.8%；参加基本医疗保险54.3万人，参保率88.9%。

工资福利情况　全年国有职工工资总额66亿元，人年均工资9501元；离退休职工养老金总额80.2亿元，其中企业负担5.3亿元，人年均养老金1.3万元。年末累计拖欠职工工资费用总额3.1亿元，其中主要包括职工工资2.3亿元，涉及2.3万人；拖欠医药费0.25亿元；拖欠离退休金0.3亿元，涉及1.3万人。

（段亮红）

**【全国国有林场财务状况】**　2010年，全国国有林场财务报表共汇总30个省（区、市）4494个国有林场（比2009年增加279个，主要是青海增加64个，江苏增加46个，黑龙江增加30个），经营面积0.57亿公顷，其中林地面积0.38亿公顷。年末职工68.6万人，其中国有职工43.2万人，混岗职工1.8万人，离退休职工23.7万人。年末总资产900.6亿元，负债343.9亿元，所有者权益556.7亿元。全年营业总收入126.6亿元，比2009年增加17.9亿元，实现净利润13.5亿元，比2009年增加10.8亿元。

**资产负债情况**　2010年末，全国国有林场总资产900.6亿元，其中流动资产227.8亿元（货币资金99亿元），非流动资产672.8亿元（固定资产净值139.7亿元）；总负债343.9亿元，其中流动负债265.4亿元，非流动负债78.5亿元；所有者权益556.7亿元，其中实收资本101.3亿元（国家资本53.8亿元），林木资本426.7亿元，资本公积36.6亿元，盈余公积19.3亿元，未分配利润－27.2亿元。2010年末含林木资产的资产负债率38.2%，比2009年35.7%增加2.5个百分点。不含林木资产的资产负债率75.3%，比2009年73.3%增加2个百分点。

**损益情况**　2010年，全国国有林场营业总收入126.6亿元，比2009年增加17.9亿元；营业总成本138.9亿元，比2009年增加13.9亿元；营业外净收入3.7亿元，比2009年增加1.5亿元。承包户上交净收入7.4亿元，比2009年增加0.8亿元。补贴收入14.3亿元，比2009年增加2.9亿元。

2010年盈利林场2382个，亏损林场2112个，亏损面47%，比2009年减少1.4个百分点；亏损林场亏损额20.4亿元，比2009年减亏2.8亿元。盈亏相抵，2010年全国国有林场净利润13.5亿元，比2009年大幅增加10.8亿元，是2009年2.9亿元的4.66倍。2010年，国有林场净利润大幅增加的主要原因：一是随着经济复苏，木材等林产品价格上涨（如木材平均售价比2009年上涨71.6元），山东、广西、广东等省（区）非林非木产业发展比较迅速。2010年，国有林场营业总收入比2009年增加17.9亿元，营业利润比2009年增加10.5亿元（主要是种植业6.9亿元，非林非木产业3.4亿元），净利润增加5.4亿元。二是营业外净收入、承包户上交净收入、补贴收入等比2009年增加5.2亿元。

2010年净利润增加最多的是黑龙江省1.4亿元，广西壮族自治区2.5亿元，另外江西省减亏2.5亿元（主要原因是2009年部分国有林场将往年拖欠职工工资等费用进行账务处理）。黑龙江和广西的具体情况是，①2010年黑龙江省净利润1.3亿元，与2009年亏损0.1亿元相比增加1.4亿元。主要原因一是木材销售83万立方米，比2009年增加7万立方米，木材售价690元/立方米，比2009年提高72元。由此，木材销售收入比2009年增加1亿元，营业利润比2009年减亏0.24亿元。二是营业外净收入、承包户上交净收入、补贴收入等比2009年增加1.16亿元。②广西壮族自治区净利润5.4亿元，比2009年增加2.5亿元。主要原因是2010年大部分林场速生丰产桉树林进入采伐期，原木销售数量大幅增加（销售297万立方米，比2009年增加59万立方米，增幅25%），由此林场木材销售收入和木材加工产品收入比2009年大幅度增加。

**收入和利润主要情况及分析**　2010年，全国国有林场营业收入126.6亿元，比2009年增加17.8亿元；营业利润52.2亿元，比2009年增加10.5亿元。以林木采伐为主的种植业是国有林场营业收入与利润主要组成部分。2010年，全国国有林场种植业营业收入84.5亿元，占总收入的67%；营业利润40.9亿元，占总营业利润的79%。同时，非林非木产业发展比较快，经济效益开始显现，实现营业收入25.4亿元（比2009年增加4.8亿元），占林场总收入的20.2%；营业利润9.7亿元，占总营业利润的18.6%，与2009年对比增加3.1亿元（占当年营业利润增加总额的30.4%）。

按地区分，营业收入最多的分别是广西32.8亿元，吉林12.6亿元，黑龙江8.2亿元。以上3省（区）合计53.6亿元，占全国42.5%。净利润最多的也是以上3省（区），其中广西5.4亿元，吉林1.7亿元，黑龙江1.3亿元，以上3省（区）合计8.4亿元，占全国62.2%。2010年，湖南省亏损最多，为4857万元。

2010年，国有林场政策性社会性支出共2.5亿元（比2009年减少0.2亿元），其中教育0.4亿元、医疗卫生0.5亿元、公检法司0.8亿元，环卫等其他0.8亿元。扣除各级财政补助和事业等其他收入1.5亿元后，企业实际负担1亿元。

**主要产品产销情况及分析**

木　材　全年产量1036万立方米，比2009年减少10万立方米；销量1086万立方米，比2009年减少18万立方米。木材销售收入68.4亿元，比2009年增加6.7亿元。木材平均售价630.2元/立方米，比2009年上升71.6元（2010年，广西的木材销售量为297万立方米，占全国的27.4%，主要是速生丰产桉树林，平均售价为506元，所以国有林场木材的平均售价低于全国水平）。营业利润34.4亿元，比2009年增加5.9亿元，占国有林场总营业利润的66.3%，占种植业营业利润的84.1%。

纤维板　全年产量84.4万立方米，比2009年增加7.3万立方米；销量84.1万立方米，比2009年增加12.4万立方米；实现销售收入10.1亿元，比2009年增加1.8亿元；平均售价1199元/立方米，比2009年增加了39.7元；实现营业利润2184万元，比2009年减少687万元。辽宁省和广西壮族自治区的纤维板产量分别为8.2万立方米和76.2万立方米。

苗　木　销售收入9.6亿元，比2009年增加2.3亿元。实现营业利润4.3亿元，比2009年增加0.9亿元。

旅游服务业　营业收入7.3亿元，比2009年增加0.2亿元。营业利润1.5亿元，比2009年增加0.7亿元。

**税费缴纳和财政资金收入情况**

缴纳税费　2010年，全国国有林场上缴税费2.4亿元(比2009年增加0.4亿元)，主要包括增值税1.1亿元、营业税0.4亿元、所得税0.2亿元。缴纳社会保险费17.1亿元，其中基本养老保险12.4亿元，基本医疗保险3.8亿元。以前年度应返还增值税1413万元，本年缴纳0.7亿元，实际返还0.6亿元，年末应返还0.2亿元。

财政资金收入　2010年，国有林场实际收到财政资金103.8亿元(比2009年增加37.8亿元)，其中：①基本建设投资24.1亿元，比2009年增加16亿元，其中天保工程2.2亿元，与2009年基本持平，危旧房改造14.5亿元，比2009年增加14亿元。②财政投入79.8亿元(比2009年增加21.9亿元)，包括机构运行支出22.6亿元，比2009年增加4.9亿元；财政专项资金49.6亿元(比2009年增加15亿元)，主要包括天保工程7.2亿元，森林生态效益补偿基金15.3亿元，森林培育8.6亿元，石油价格补贴6.4亿元，贫困国有林场扶贫资金2.3亿元；政府性基金5.2亿元，其他2.4亿元。

投入按级次分　①中央投入52.5亿元(比2009年增加22亿元)，包括基建投资15.8亿元(含天保工程2亿元、危旧房改造8.4亿元)；财政投入36.8亿元，其中财政专项35.9亿元(主要包括天保工程6.1亿元，中央财政森林生态效益补偿基金11.5亿元，森林培育6.9亿元，石油价格改革财政补贴6.2亿元)。②省级投入22.4亿元(比2009年增加7.8亿元)，包括基本建设投资7.5亿元，财政投入14.9亿元(其中专项资金8亿元)。③地市级投入12.3亿元(比2009年增加4.1亿元)，包括基本建设投资0.5万元，财政投入11.8亿元。④县级投入16.6亿元(比2009年增加3.9亿元)，包括基本建设投资0.4亿元，财政投入16.2亿元。

**职工参保与工资福利情况**

参保情况　国有职工43.2万人，应参加基本养老保险人数37.7万人，实际参保31.4万人，参保率83.3%；应参加基本医疗保险人数34.2万人，实际参保27.5万人，参保率80.4%(比2009年增加3个百分点)；应参加失业保险人数23万人，实际参保16.7万人，参保率72.6%(比2009年增加3.4个百分点)；应参加工伤保险人数19.9万人，实际参保14.1万人，参保率70.8%(比2009年增加5.3个百分点)；实际参加生育保险人数11.3万人。离退休职工23.7万人，实际参加基本养老保险17.2万人，参保率72.6%；参加基本医疗保险16.9万人，参保率71.3%。

工资福利情况　全年国有职工工资总额52亿元，人年均工资11 966元，比2009年增加2081元。离退休职工养老金总额34.3亿元(其中林场负担10.5亿元)，人年均养老金14 507元，比2009年增加1472元。年末累计拖欠职工工资费用总额48.1亿元，主要包括拖欠职工工资35.9亿元，涉及11.3万人；拖欠医药费0.3亿元；拖欠离退休金8.3亿元，涉及3.6万人。

(段亮红)

**【全国国有苗圃财务状况】**　2010年，全国国有苗圃财务报表共汇总30个省(区、市)1578个国有苗圃(比2009年增加3个)，总资产45.9亿元(比2009年增加4.9亿元)，全年总收入13.3亿元(比2009年增加1.8亿元)，净利润5623万元，与2009年1718万元相比净利润增加3905万元。苗圃总经营面积19.59万公顷，其中育苗面积5.88万公顷，有林地苗圃面积10.4万公顷；年末职工5万人，其中国有在册职工3.2万人，离退休职工1.7万人。

**资产负债情况**　2010年末，全国国有苗圃总资产45.9亿元，其中流动资产21.5亿元(货币资金8亿元)，非流动资产24.4亿元(固定资产净值14.8亿元)；总负债26.6亿元，其中流动负债23.2亿元、非流动负债3.4亿元；所有者权益19.3亿元，其中实收资本14.5亿元(国家资本5.3亿元)，林木资本1.7亿元，资本公积4.3亿元，盈余公积1.3亿元，未分配利润-2.4亿元。与2009年相比，国有苗圃资产增加4亿元，负债增加2.1亿元，所有者权益增加1.9亿元。2010年末，含林木资产的资产负债率57.9%，比2009年减少0.5个百分点。不含林木资产的资产负债率60.7%，比2009年减少0.7个百分点。

**损益情况**　2010年，国有苗圃营业总收入13.3亿元，其中林业收入10.5亿元(主要是苗木收入8.3亿元)，占79%，与2009年相比增加2.5亿元；非林业收入2.8亿元，占21.1%。与2009年相比，营业总收入增加1.5亿元。营业总成本14.9亿元，比2009年增加1.7亿元。营业外净收入1667万元，比2009年减少490万元。承包户上交净收入2565万元，比2009年增加407万元。补贴收入1.8亿元，比2009年增加0.5亿元。2010年，国有苗圃盈利893个，亏损685个，亏损面43.4%，比2009年减少2.3个百分点。亏损苗圃亏损额0.4亿元，比2009年减亏0.36亿元。盈亏相抵，2010年国有苗圃扭亏增盈，实现净利润0.56亿元，与2009年利润0.17亿元相比增加0.39亿元。年末未分配利润-2.4亿元，比2009年减少0.2亿元。

**税费缴纳和财政资金收入情况**

缴纳税费　2010年，全国苗圃上缴税费3338万元，主要包括增值税1242万元、营业税1186万元、所得税514万元。缴纳社会保险费1.3亿元，其中基本养老保险9618万元，基本医疗保险3022万元。年末未交税费1479万元，主要包括增值税460万元、营业税244万元。年末欠缴社会保险费5734万元，主要是基本养老保险费5137万元。

财政资金收入　2010年，苗圃实际收到财政资金5亿元(比2009年增加1.4亿元)，其中：①基本建设投资4426万元，主要是种苗投资2748万元。②财政投入4.6亿元(比2009年增加1.3亿元)，主要包括机构运行支出2.3亿元，财政专项资金2亿元。

投入按级次分　①中央投入1.1亿元(比2009年增加0.6亿元)，包括基建投资1958万元(含种苗投资1077万元)；财政投入9096万元，其中财政专项8775万元(主要包括天保工程594万元，生态效益补偿基金647万元，石油价格改革财政补贴4072万元)。②省级投入7664万元(比2009年增加1737万元)，包括基建

投资997万元，财政投入6667万元(其中专项资金4840万元)。③地市级投入7520万元(比2009年增加929万元)，包括基本建设投资571万元，财政投入6949万元。④县级投入23 878万元(比2009年增加5691万元)，包括基建投资900万元，财政投入22 977万元(主要是机构运行支出18 290万元)。

**职工参保与工资福利情况**

参保情况　年末，国有在册职工3.2万人，参加基本养老保险人数2.2万人，参加基本医疗保险人数1.8万人，参加失业保险人数1万人，参加工伤保险人数0.8万人，参加生育保险人数0.6万人。离退休职工1.7万人，参加基本养老保险1.1万人，参保率64.7%；参加基本医疗保险1.1万人，参保率64.7%。

工资福利情况　全年国有职工工资总额4.5亿元，人年均工资14 120元(比2009年增加1962元)；离退休职工养老金总额2.5亿元，其中苗圃负担0.38亿元，人年均养老金14 541元。年末累计拖欠职工工资费用总额2.6亿元，其中主要包括职工工资1.8亿元，涉及7024人；拖欠医药费170万元；拖欠离退休金0.4亿元，涉及8297人。　(段亮红)

## 林业资金稽查

**【综　述】**　2010年，国家林业局重点工程稽查办公室按照国家林业局强化资金管理的总体要求，紧紧围绕确保林业资金安全有效运行这个主题，突出工作重点，创新工作方法，不断加大对重点林业资金的监管力度。全年共派出32个稽查工作组、96人(次)、累计280个工作日，对森林抚育补贴试点资金、森林生态效益补偿资金、中央林业投资、中央林业投资项目(工程)地方配套资金以及强农惠农资金开展稽查，稽查资金总额80.79亿元，查出违规违纪金额1.68亿元。同时参加国家发改委组织开展的对北京市重点产业振兴和技术改造投资的专项稽查以及财政部组织开展的对湖南、广西两省(区)林业科技项目稽查调研工作。

**【稽查工作】**　2010年，国家林业局重点工程稽查办公室组织开展森林抚育补贴试点资金、森林生态效益补偿基金、中央林业投资和中央林业投资项目(工程)地方配套资金稽查工作。分别对内蒙古、吉林、龙江森工等11个单位的森林抚育补贴试点资金和对陕西、辽宁、湖南等9省(区)的森林生态效益补偿基金的使用管理情况进行稽查和调研；对山西、山东两省中央林业投资以及中央林业投资地方配套资金落实情况进行稽查。稽查资金总额28.45亿元，查出违规资金0.26亿元。

**【强农惠农专项资金检查】**　根据国家林业局强农惠农资金专项清理和检查工作领导小组办公室分工，国家林业局重点工程稽查办公室组织开展对10个局直属预算单位的强农惠农资金林业项目及资金重点检查工作，组织开展对云南、贵州等11个省份强农惠农资金(中央对地方转移支付部分)林业项目及资金的专项督查工作，组织开展对福建省厦门市强农惠农资金专项清理和检查工作的督查。检查、督查资金总额52.34亿元，查出违规违纪资金1.42亿元。

**【加强与外部部门业务联系和工作配合】**　2010年，国家林业局重点工程稽查办公室进一步加强与国家有关部门以及国家林业局各有关司局的业务联系和工作配合。参加国家发改委组织开展的对北京市重点产业振兴和技术改造投资的专项稽查工作和财政部组织开展的对湖南、广西两省(区)林业科技项目稽查调研工作。

**【加强稽查工作宣传与交流】**　2010年，国家林业局重点工程稽查办公室加强稽查工作的宣传与交流。全年编报稽查工作信息22条，编辑、印发《稽查工作简报》2期。

**【林业内部审计】**　2010年，林业内部审计工作围绕国家林业局重点任务，贯彻落实局党组“加强内部免疫系统建设，强化对局直属单位内部审计监督”的要求，在加强领导干部经济责任审计的同时，将审计关口前移，开展经常性的预算执行审计工作，为保证资金安全运行，提高资金使用效率发挥了重要作用。从审计结果看，绝大多数被审计单位能认真履行工作职责，执行国家各项财经法规的有关规定，但是有不少单位在预算执行和财务收支管理方面存在问题，主要是基本支出挤占项目经费、串项列支事业费、无预算列支费用等。

**加强内部审计机构和队伍建设**　2010年为了进一步加强对国家林业局直属单位内部审计监督工作，对原有审计处业务工作进行了调整，由一个审计处扩大到两个审计处，分别为经济责任审计处和预算执行审计处，并相应增加了审计人员。

**进一步加强经济责任审计**　对18名国家林业局直属单位领导干部进行经济责任审计，其中3名为离任前审计。审计金额21.85亿元，查出各类违规违纪和管理不规范资金8126.78万元。

**开展预算执行审计**　对9家国家林业局直属单位进行预算执行情况审计。审计金额1.1亿多元，查出各类违规违纪及管理不规范资金1629万元。

(林业资金稽查由局基金总站供稿)

# 林业贴息贷款

【综 述】 2010年，林业贴息贷款管理工作，紧紧围绕全面推进现代林业产业建设的战略任务，按照扩大规模、强化管理、改进服务的总体要求，扎实推进林业贴息贷款管理工作，使贴息贷款在服务林改、服务产业发展和林业建设方面取得新进展。

**林业贴息贷款规模持续增长** 2010年，协调财政部下达林业贴息贷款项目建议计划规模180亿元，比2009年增加20亿元，增长12.5%。受金融形势变化的影响，2010年林业贴息贷款落实难度加大，实际落实新增林业贴息贷款162亿元，中央财政安排贴息资金为7.6亿元，比2009年增加了1.1亿元，增长17%。

**全面推进林业小额贴息贷款试点工作** 2010年在林业贴息贷款项目安排上，深入推进集体林权制度配套改革，重点扶持林业小额贴息贷款项目建设，对各地申报的符合贴息规定的林业小额贴息贷款项目全部予以安排。下达林业小额贴息贷款计划规模48亿元，比2009年增加15亿元，增长45%。同时全力抓好林业小额贴息贷款落实工作，通过采取深入集体林权制度改革重点地区调查研究、加强工作部署和业务培训等工作措施，积极组织指导地方林业主管部门克服小额贷款量大、面广、规模小、管理难度大等实际困难，进一步探索和完善林业小额贴息贷款服务和管理模式，认真做好林业小额贴息贷款落实工作。2010年，实际落实林业小额贴息贷款36.8亿元，比2009年增长27.47%；落实中央贴息资金1.33亿元，比2009年增长58.33%。林业小额贴息贷款申报由2009年的11个省区增加到2010年的20个省区。

**林业贴息贷款使用效益情况** 2010年，全国实际落实林业贴息贷款162亿元，占下达计划90%。其中工业原料林项目落实贷款54.37亿元，占当年贷款落实总额的33.56%；经济林项目落实贷款40.58亿元，占当年贷款落实总额的25.05%；其他种植业项目落实贷款12.78亿元，占当年贷款落实总额的7.89%；多种经营项目落实贷款54.30亿元，占当年贷款落实总额的33.50%。项目单位利用林业贴息贷款及其配套资金营造工业原料林54.94万公顷，抚育73.63万公顷次，新造改造经济林34.02万公顷，种植其他经济植物17.2万公顷。多种经营已投产项目创产值247.09亿元，创利税31.28亿元；未投产项目预计创产值13.86亿元，创利税1.64亿元，共安置就业人员13.09万人。

2010年在林业贴息贷款项目安排上，围绕今后一个时期要全力完成的林业双增和木本油料发展等战略目标任务，积极引导信贷资金及各种社会资金投入林业建设领域，对各种市场主体从事的有利于生态环境建设的工业原料林和确保粮油安全的木本油料基地及其精深加工等项目建设优先扶持。在2010年度实际落实林业贴息贷款中，工业原料林类占33.56%，位居林业贴息贷款四大类别之首；木本油料产业项目贴息贷款21.2亿元，较2009年增长5.9亿元，增长39%。

**林业贴息贷款管理调研工作** 为了深入了解《林业贷款中央财政贴息资金管理办法》新政策出台后林业贴息贷款管理工作面临的新情况、新问题，以及深入贯彻落实党中央国务院关于西部大开发新10年的战略部署和目标要求，赴广东、江西和甘肃等地区对完善地方林业贴息贷款管理实施细则、加大林业小额贴息贷款落实力度、不断完善与创新林业贴息贷款项目管理、监督和服务机制等方面开展调查研究，进一步推进各省区完善贴息贷款政策，不断提高贴息贷款项目管理水平。

**全面开展林业贴息贷款专项检查** 为了切实加强林业贴息贷款项目管理工作，管好用好林业贴息贷款，确保林业贴息贷款支持现代林业建设政策性目标的实现，下发《关于开展林业贴息贷款项目及贴息资金检查工作的通知》，全面部署各地林业主管部门对2009年度中央财政贴息项目及贴息资金管理情况进行全面检查，重点对申报中央财政贴息资金项目是否符合规定要求、项目实施情况、贴息资金到位及使用管理情况等进行监督检查。在各地全面自查的基础上，基金总站分别对湖南、江西、广西、山东、河南和重庆6省(区、市)进行重点抽查，针对检查工作发现的主要问题，下发《关于林业贴息贷款项目及贴息资金检查工作情况的通报》，提出整改要求。

**召开全国林业贴息贷款管理业务会** 2009年5月，在广东省广州市组织召开全国林业贴息贷款项目管理业务工作会，中国人民银行、中国农业银行和中国农业发展银行的有关同志应邀参加会议。会议对2009年林业贴息贷款项目管理工作情况进行全面总结，深入分析新形势下林业贴息贷款项目管理工作面临的新形势、新任务和新要求，全面部署2010年林业贴息贷款管理重点工作，要求林业贴息贷款管理工作要深入贯彻落实中央林业工作会议精神和胡锦涛总书记等中央领导关于林业工作的重要指示，结合全国林业厅局长会议要求，认真总结好“十一五”，科学谋划好“十二五”，进一步完善林业贴息贷款政策措施，切实发挥林业贴息贷款在推进现代林业建设中的重要作用。

**加强与金融机构业务合作** 积极协调中国人民银行、中国农业发展银行和中国农业银行等金融管理部门，进一步加强对林业贴息贷款工作的支持力度。①着力做好2010年度林业贴息贷款项目建议计划落实工作。积极协调中国农业发展银行下发《关于做好2010年林业贷款工作的意见》、中国农业银行下发《关于推荐林业贴息贷款项目的通知》，分别将国家林业局下达的2010年度林业贴息贷款建议计划推荐给各省级分行和总行营业部，要求对林业贴息贷款项目进行积极支持。②进一步加强与政策性银行的业务合作。与中国农业发展银行共同研究制定年度业务合作工作方案，定期进行业务协调与沟通，针对贴息贷款落实工作中出现的新问题与新

情况，共同商讨对策，积极促进各级林业部门与农发行的业务合作与相互支持。③联合开展调查研究工作。与中国农业发展银行一同赴甘肃、重庆，就政策性银行进一步加大对西部地区信贷投入支持林业和沙产业发展以及加强贴息贷款项目贷后监督检查开展联合调研，为争取金融部门加大对林业产业建设的支持奠定了基础。

**开展林业贴息贷款管理业务培训** 为了扎实推进林业贴息贷款管理工作，不断强化干部队伍管理意识、责任意识和服务意识，专门举办2010年度林业贴息贷款项目及贴息资金管理培训会。会上通报对2009年度林业贴息贷款项目及贴息资金检查情况，强调要进一步加强学习，牢固树立依法依规办事意识，通过建立健全管理制度和机制，明确监管责任，切实提高新形势下林业贴息贷款项目管理能力，确保贴息贷款政策性目标的实现。同时对2010年度林业贷款中央财政贴息资金申报、审核工作及2011年度林业贴息贷款建议计划申报工作进行了全面部署，对林业贴息贷款建议计划和中央财政贴息资金申报管理、林业贴息贷款项目效益统计及其网上录入、审核等业务进行专门培训。 （刘文萍）

# 林业精神文明建设

17

# 林业纪检监察

【综 述】 2010年，林业纪检监察工作坚持标本兼治、综合治理、惩防并举、注重预防的方针，着力加强领导干部党性修养和作风建设，积极构建林业系统惩治和预防腐败体系，扎实推进反腐倡廉教育、制度、监督、改革、纠风、惩治、预防等各项工作，取得成效。

**加强监督检查，发挥服务、促进和保障作用** 1. 加强集体林权制度改革情况的监督检查。会同有关部门，配合国务院办公厅、发改委、财政部、人民银行、法制办、银监会、保监会等部门，组成5个督查组，对10个省(区)集体林权制度改革的情况进行督促检查，促进中央林业工作会议精神和集体林权制度改革政策措施的贯彻落实。

2. 加强中央扩大内需、灾后恢复重建等政策落实情况的监督检查。按照中央扩大内需监督检查工作领导小组的统一部署和安排，会同有关部门承担了中央扩大内需林业检查组的工作，由国家林业局牵头带队，对3个省(区)的中央扩大内需林业投资项目进行为期一个月的检查。按照《国家林业局关于开展2010年中央林业投资重点检查工作的通知》安排，组织开展对中央扩大内需新增林业项目、汶川玉树灾后重建项目、林业棚户区改造项目的检查，先后组织17个检查组，分赴全国有关省(区)和直属单位进行检查，推动中央重大政策措施在林业系统的贯彻落实。

3. 加强中央强农惠农资金使用管理情况的监督检查。根据财政部、监察部、国务院纠风办、审计署《关于开展强农惠农资金专项清理和检查工作的实施意见》，按照部际会议的分工，会同有关部门，由国家林业局牵头带队，对福建省及厦门市的强农惠农资金自查自纠工作进行包片督导检查；派出10个工作组，对13个省(区)、11个预算单位的强农惠农林业专项资金使用管理情况进行重点检查，检查单位数占强农惠农林业项目单位的53%，检查项目186个，涉及金额52.3亿元，对发现的问题督促整改，进一步规范强农惠农资金的使用管理。

4. 加强巡视检查。会同有关部门，协助局党组制定出台《中共国家林业局党组巡视工作办法(试行)》，印发《关于成立国家林业局党组巡视工作领导机构的通知》，明确局党组巡视工作的目标、任务、原则、机构、程序和要求等，成立局党组巡视组，对国家林业局西北华北东北防护林建设局进行了巡视。

**查处违纪违法案件** 1. 始终保持案件查办工作力度。2010年共收到信访举报200件，属于受理范围的71件，组织初步核实23件，了结13件；其中11件失实，2件存在违纪问题，立案查处1件，指导其他部门查办案件2件，指导林业系统查办行业案件1件，协助司法机关立案查处2件，发监察建议2件，批评教育4件，共对12人实施党纪政纪处分；其中追究党纪责任7人，追究政纪责任9人，移送司法机关2人；受追究人员中，司局级干部3人，处级干部3人，一般干部1人，其他人员5人；会同有关部门，督办破坏森林资源案件60起，涉案林地651.65公顷，林木6676立方米。

2. 坚持把案件查办工作摆在重要位置，主要抓了六方面工作。①对全绿委办公室综合组原主要负责人严重违纪违法问题进行立案调查。②对国有林场和林木种苗工作总站贪污受贿案的涉案人员进行党纪政纪处理。③对举报反映有关单位人员的问题发出监察建议。④对有关部门和直属单位查办案件工作进行指导。⑤对林业行业重大违法违纪案件进行督办。⑥对反映林业系统问题的信访件进行转办处理。

3. 坚持发挥案件查办的治本功能。在查办案件的同时，对查办的案件进行总体分析和个案剖析，查找案件发生原因和规律，针对存在的问题，及时研究提出堵塞漏洞的对策和建议，有针对性地组织开展集中廉政警示教育活动，将近年来发生在直属机关的违纪违法案件在全体干部和职工中进行通报和剖析，为干部职工敲响警钟。

**加强领导干部廉洁自律工作** 1. 深化廉洁自律宣传教育。①认真学习贯彻《廉政准则》。协助局党组制定《中共国家林业局党组关于贯彻实施〈廉政准则〉的意见》，在机关党员干部中组织开展《廉政准则》学习宣传教育活动，举办《廉政准则》辅导报告，使机关党员干部进一步明确了廉洁自律纪律要求。②集中开展警示教育活动。协助局党组制定《国家林业局关于开展“强党性促政风带行风”主题警示教育活动的安排意见》，召开警示教育动员部署大会，局党组书记贾治邦亲自进行动员部署，纪检组组长陈述贤对发生的违纪违法案件进行通报和剖析，组织参观反腐倡廉基地、举办报告会、观看电教片、开展大讨论、进行知识测试等活动，取得很好的教育效果。③深入开展预防涉林职务犯罪宣传教育活动。会同有关部门，组织机关干部参观全国检察机关惩治和预防渎职侵权犯罪展览，与最高人民检察院渎职侵权检察厅联合编写《破坏森林资源渎职案例评析》，汇编了156个林业系统渎职侵权案例。④坚持把反腐倡廉教育列入干部教育培训计划。会同有关部门，在公务员岗位培训班中专门安排廉政教育课程，共培训机关公务员和直属单位处级干部70人。

2. 强化反腐倡廉制度建设。督促有关司局认真落实国家林业局党组关于惩防腐败体系工作规划的《实施办法》，制定出台《中共国家林业局党组巡视工作办法(试行)》、《国家林业局重要工作事项督促检查办法》、《国家林业局直属事业单位国有资产管理暂行办法》等制度，正在抓紧制定《森林抚育资金管理暂行办法》、《林业生产救灾资金管理办法》等制度。认真贯彻实施《党政领导干部选拔任用工作责任追究办法(试行)》、《党政领导干部选拔任用工作有关事项报告办法(试

行)》、《关于领导干部报告个人有关事项的规定》等中央新颁布的制度，采取一系列措施切实加大制度执行力。

3. 切实履行监督职责。①加强对各司局、直属单位领导班子的监督。纪检组长通过参加党组会、局务会、局长办公会及相关业务工作会议，对各司局、直属单位党政领导班子执行党的政治纪律、中央重大决策部署情况等进行监督，对举报反映司局级领导干部的问题，及时进行谈话、提醒。②加强对重点领域和关键环节权力行使的监督。对6个直属单位开展的8个副司局级岗位的竞争上岗工作进行全程监督，对国家林业局拟选拔任用的干部进行廉政审核61人次，对15个司局和直属单位实施林业项目资金、政府采购、行政许可等制度的情况进行检查。③认真落实“三谈两述”、函询、报告个人有关事项等监督制度。同下级党政主要负责人谈话30人次，实施领导干部任前廉政谈话96人次，实行诫勉谈话4人次，领导干部述职述廉844人次，领导干部报告个人有关事项255人次，考查考核单位67个，对17个事业单位主要领导干部进行任期经济责任审计。

**深入开展各专项治理工作** 1. 加大专项治理力度，推进机关作风建设。①深入开展“小金库”和工程建设领域突出问题专项治理工作。印发《关于全面开展“小金库”专项治理“回头看”工作的通知》，组织开展“小金库”专项治理“回头看”。对直属单位所办企业和局属社会团体进行“小金库”检查，对“小金库”举报情况进行核实。印发国家林业局《关于开展对工程建设领域突出问题进行检查的通知》，会同有关司局对各直属单位2008年以来立项的在建项目和竣工项目进行了全面排查和重点检查。②深入开展制止公款出国(境)旅游专项工作。加强因公出国(境)管理，严格控制党政干部因公出国(境)规模和数量，将因公出国(境)经费全部纳入预算管理，从经费源头上把关。加强对因公出国(境)情况的监督，对局属中心、学会、协会因公出国双跨团组的情况进行全面检查。③深入开展厉行节约工作。督促各单位严格执行中央关于厉行节约的文件要求，严格控制会议数量、经费、规模。经党组会研究审定，将2010年全局会议由73个缩减为22个，将重要活动由66个缩减为13个，对会议和活动经费实行严格审核。④对局机关和直属单位举办庆典、研讨会、论坛活动开展清理摸底。2010年已举办庆典、研讨会、论坛活动47项，其中举办庆典7次，研讨会23次，论坛活动17次。机关司局举办6项，占13%。通过这次自查，摸清底数，提出强化管理的措施，为解决此类活动过多过滥问题打下基础。⑤继续推进行政审批制度改革。按照行政审批制度改革工作部际联席会议的统一要求，对2008年10月以来行政审批项目的变化情况进行摸底登记。推进行政许可审批政务公开建设，实现了37项林业行政许可事项网上申办、办事指南查询、表格下载、审批办理、结果查询和公示等功能，使行政许可审批更加公正透明、更加高效。

2. 强化对系统和行业的监督管理，推进林业系统政风行风建设。①深入推进林业纠风工作。进一步巩固林业治理公路“三乱”成果，加强对重点地区、路段木材检查站的明察暗访，对个别“三乱”隐患进行严厉整治，严防“三乱”问题反弹。②继续巩固治理商业贿赂专项工作成果。针对林业行业商业贿赂问题的表现形式和特点，研究建立健全防治商业贿赂的对策和长效机制，提出林业领域商业贿赂问题的思路和对策。③加强林业农村党风廉政建设。会同有关司局加大对各地林业部门纪检监察机构的协调指导力度，积极推进各省区市纪检监察部门参与集体林权制度改革工作，不断探索在集体林权制度改革中加强林业农村党风廉政建设的有效途径和方法。④开展全国森林公安机关警车和涉案车辆违规问题专项治理工作。召开专项工作电视电话会议，制订《全国森林公安机关警车和涉案车辆违规问题专项治理工作方案》，督促地方各级林业主管部门在警车管理使用工作中履行职责，促使林业系统警车和涉案车辆违规问题得到初步遏制。⑤深入开展文明窗口创建活动。印发《国家林业局关于开展全国林业系统“文明窗口单位”创建活动的通知》，及时发现和推广乡镇林业工作站、木材检查站等林业系统文明窗口单位的先进典型经验，在林业系统基层单位中形成了争创文明窗口的良好风气。

3. 加强执法监察，推进林业依法行政建设。①严厉打击破坏森林资源的违法犯罪活动。在全国范围开展为期三个月“春季行动”，出动执法人员100.9万人次，查处案件6.4万起，打掉犯罪团伙263个，打击处理违法犯罪人员9.1万人，收缴木材20.8万立方米，收回林地6184公顷，挂牌督办20起涉林重大刑事案件，有效地维护了《森林法》的权威性。②积极推进林业综合行政执法改革。以相对集中林业行政处罚权为主要内容，制定并印发《国家林业局关于开展林业综合行政执法示范点建设的通知》，在全国建立100个左右林业综合行政执法示范点，促使示范单位理顺执法职能，整合执法队伍，完善执法制度，规范执法行为。③在全国林业系统开展统计法和统计违法违纪行为处分规定贯彻执行情况大检查。从6~9月，分动员、自查、抽查、处理和总结四个阶段，对各级林业主管部门、国家林业局机关司局和直属单位、负有提供统计资料的林业基层单位进行检查，有力地遏制了在林业统计上弄虚作假的行为。

**加强纪检监察干部队伍建设** 1. 加强思想建设。深入学习科学发展观等马克思主义最新理论成果，认真开展民主生活会活动，促使党员干部进一步坚定理想信念，坚定政治立场，增强宗旨意识、大局意识和责任意识，不断提高思想理论水平。

2. 加强作风建设。深入开展“做党的忠诚卫士、当群众贴心人”主题实践活动和创先争优活动，贯彻落实中央纪委《关于进一步加强和改进纪检监察干部队伍建设的若干意见》，加强对干部的教育、管理和监督，促使党员干部增强党性修养，改进工作作风，遵守工作纪律和廉政规定，努力树立可亲、可信、可敬的良好形象。

3. 加强学习型党支部建设。认真贯彻落实中央纪委监察部和国家林业局党组关于推进学习型党组织建设的部署和要求，加强对干部的能力培养和锻炼，组织开展集中业务学习和研讨活动，选派干部参加各类干部培训班学习，选派年轻干部到基层挂职锻炼，选派干部加入四室办案人才库，不断增强干部的综合素质，促使全体干部在语言能力，写作能力、办事能力方面有较大提高。

4. 加强制度建设。根据党风廉政建设新形势、新任务和新要求，对组局内部各项规章制度进行修订、补充和完善，落实工作责任制，强化内部管理的制度化、规范化，推动组局各项业务工作良性机制的形成。

5. 加强调查研究和工作交流。形成《关于广西公务人员参与林业开发情况的调研报告》、《关于四川省预防涉林职务犯罪工作的调研报告》、《预防林业渎职犯罪研究报告》等调研成果，与国家安监总局纪检组监察局、国务院侨办纪检组监察局召开座谈会，进行工作交流。通过开展调查研究和工作交流，提高干部理论联系实际的能力和水平，拓展工作思路。

**【全国林业系统党风廉政建设工作会议】** 2010 年 3 月 25～26 日在南宁市召开。会议认真学习贯彻十七届中央纪委五次全会、国务院第三次廉政工作会议以及全国林业厅局长会议精神，总结交流林业系统党风廉政建设和反腐败工作，对 2010 年林业系统反腐倡廉建设作出部署。国家林业局党组成员、中央纪委驻局纪检组组长陈述贤出席会议并讲话。

陈述贤总结了 2009 年林业系统反腐倡廉建设工作取得的成效，分析了当前林业系统党风廉政建设和反腐败工作面临的新形势和新任务，对做好 2010 年林业系统党风廉政建设和反腐败工作提出明确要求。

（林业纪检监察由周洪供稿）

# 国家林业局直属机关党的建设和机关建设

**【综　述】** 2010 年，国家林业局直属机关以加强党的执政能力建设和先进性建设为主线，以建设学习型党组织和开展创先争优活动为抓手，把服务中心、建设队伍两大核心任务贯穿机关党组织活动始终，以改革创新精神加强和改进直属机关党的建设，提高直属机关党的建设科学化水平，努力走在基层党组织建设的前头，为发展现代林业、建设生态文明、推动科学发展提供了坚强的政治和组织保证。

**大力推进学习型党组织建设，不断强化思想理论武装工作** 根据中央的部署和局党组的要求，国家林业局直属机关深入开展以“增强素质、提升能力、促进工作”为主题的建设学习型党组织活动，局党组印发《中共国家林业局党组关于推进学习型党组织建设的实施意见》，局直属机关党委提出贯彻落实党组实施意见的具体方案，各级党组织扎实开展，稳步推进，全面提高党员干部的思想政治素养和实践能力。

*强化中心组学习表率作用* 局党组理论学习中心组开展了 11 次理论学习，就“两会”、十七届四中五中全会、中央纪委五次全会、中央人才工作会议、国务院第三次廉政工作会议、深入学习实践科学发展观总结大会、《廉政准则》、国家“十二五”规划、围绕发展方式转变加快林业发展、林业如何应对气候变化等专题进行了系统学习，贾治邦局长以“用坚强的党性作保障，扎实做好各项本职工作”为题，为局党组理论学习中心组成员、各司局和在京直属单位主要负责人上了一次党课，有效发挥局党组及各级中心组在理论学习中的导向、示范和表率作用。各级党组织中心组普遍开展中国特色社会主义理论体系的学习、宣传、教育，使党员干部成为建设学习型党组织的精心组织者、积极促进者、自觉实践者。局党组中心组率先垂范，带动和促进机关学习型党组织建设的经验做法被中央国家机关工委《信息交流》2010 年第 177 期和紫光阁网站刊发。

*学习贯彻中央十七届五中全会等重要会议精神* 认真贯彻落实十七届五中全会精神，党组及时召开扩大会议进行传达学习，直属机关党委下发《关于认真组织学习贯彻党的十七届五中全会精神的通知》，举办学习贯彻五中全会精神司局级领导干部理论研修班。研修班紧紧围绕林业发展“十二五”规划这一主题，认真学习贾治邦局长的重要讲话和祝列克副局长作的林业“十二五”规划编制工作说明，听取国家发改委体改司孔泾源司长就中央“十二五”规划建议所作的辅导讲座，专题讨论林业发展“十二五”规划，观看《最高利益——美国林业发展百年》的纪录片。通过学习，提高对五中全会重大意义的认识，加深对中央“十二五”规划建议的把握，明确了新形势下林业发展“十二五”规划的任务，进一步增强解放思想、深化改革的坚定性，有效推动适应中国国情林情，科学可行的《林业“十二五”发展规划》编制工作。及时组织传达学习中央经济工作会议、农村工作会议和全国“两会”精神，引导党员干部不断增强贯彻落实党的基本理论、基本路线、基本纲领、基本经验的自觉性和坚定性，同时还充分利用党委简报编发各单位学习情况，交流各单位学习体会和贯彻落实措施。国家林业局学习贯彻五中全会精神工作得到工委的高度肯定，在工委《信息交流》和紫光阁网站等予以刊载。

*建立健全理论学习制度* 针对司处级干部理论学习现状，建立健全 7 项学习制度，即司局级干部理论学习研修班制度，司处级党员干部学习进修班制度，党支部书记培训制度，司处级干部任职培训、岗位培训制度，京外直属单位党建工作座谈会制度，林业系统机关党委专职书记研讨班制度，积极选派司处级干部参加上级组织的专题进修制度，使党员领导干部不断增强运用马克思主义中国化最新成果武装头脑、指导实践、推动林业事业科学发展的自觉性和坚定性。7 项学习制度得到工委领导的高度肯定，工委《信息交流》2010 年第 145 期和紫光阁网站刊发。

*加强党员干部培训和信息宣传工作* 充分发挥局党校理论教育主渠道、主阵地作用，举办了两期司处级党员领导干部进修班，推荐 4 名党政干部参加中央党校中央国家机关分校青年干部班和青年科级干部培训班，组

织15批干部职工参加工委举办的部长报告会和“强素质、做表率”等有关论坛讲座。以纪念“七一”建党89周年为契机，围绕如何扎实有效地推进学习型党组织建设，邀请工委委员、宣传部长陈祥如为干部职工作了一场题为《扎实有效地推进学习型党组织建设》的报告。认真落实“五五”普法规划，抓好普法宣传教育，开展检查验收工作，强化干部职工学法、懂法、用法、守法和执行政策的意识。全年共编发简报32期，向工委报送专报信息15期，在局内、外网发布信息30多条，在紫光阁网站发布信息38条，有效推动局直属机关党建工作，扩大了林业的影响力。

扎实做好学习型党组织建设调研工作　建立学习型党组织联系点，选择机关司局、京内外直属单位等6个有代表性的单位作为联系点，加强指导，重点培育，及时发现问题，总结经验。成立“建设机关学习型党组织问题研究”课题调研组，并在党员干部中开展以“提交一份调研报告、开展一次问卷调查、组织一次研讨活动”为内容的“三个一”活动，同时受工委党建研究会委托，首次作为牵头单位组织17个部委就开展学习型党组织建设中的经验做法以及存在的问题开展专题调研。撰写《加强机关学习型党组织建设，为推动现代林业科学发展提供坚强保障》和《建设机关学习型党组织问题研究重点课题组A组调研报告》，得到工委领导的高度评价，两篇报告均荣获中央国家机关党建研究会2010年度调研课题一等奖，在《机关党建研究》2010年第22、24期予以全文发表，并推荐给全国党建研究会参加评选，国家林业局荣获优秀组织奖。

**扎实开展创先争优活动，充分激发党组织和党员队伍的生机和活力**　根据中央关于开展创先争优活动的部署和党组的要求，国家林业局直属机关党委认真部署，各级党组织精心谋划，广大党员积极参与，创先争优活动稳步推进，取得明显成效。

抓好创先争优活动　中央国家机关深入开展创先争优活动动员大会闭幕后，局党组及时召开国家林业局创先争优活动启动大会，党组书记、局长贾治邦亲自作动员讲话。印发《中共国家林业局党组关于深入开展创先争优活动的实施意见》，明确创先争优活动的目标要求、主要内容、开展方式、组织领导和基本要求，成立局创先争优活动领导小组和办公室。各级党组织成立了由一把手任组长的领导小组，形成党组织负总责、党组领导带头抓、支部书记亲自抓，一级抓一级，一级带一级的创先争优活动工作格局。

重点做好分类指导和领导点评　严格按照程序要求，精心组织，分类指导，做到规定动作不走样，自选动作有特色。建立局领导联系点制度，各位局领导深入联系点单位亲自讲授党课，了解创先争优活动进展情况，发现、挖掘先进典型，以点带面有力地推动全局创先争优活动的深入开展。认真开展创先争优领导点评工作，对基层党组织和党员干部从完成中心工作、改进机关作风、加强基层领导、提高干部素质等方面，特别是围绕“十二五”破解发展难题的情况开展点评，帮助被点评的党组织及时总结经验、找出差距、发现问题、抓好整改。贾治邦局长三次深入联系点规划院进行点评指导，局党组对京内40个司局及直属单位党组织进行点评，中央国家机关创先争优领导小组组长、中央国家机关工委常务副书记杨衍银深入联系点中国林科院调研指导，现场点评。

突出典型引领和示范教育　局党组总结和挖掘出“艰苦创业、无私奉献、科学求实、开拓创新、爱岗敬业”的塞罕坝精神，并召开全国林业厅局长座谈会，开展现场学习交流，局创先争优活动领导小组办公室印发学习通知，在直属机关和林业系统举办塞罕坝精神事迹报告会。组织开展向杨善洲、郭明义、王瑛、沈浩等优秀共产党员、先进人物学习。广泛开展公开承诺、争创“党员示范窗口”和“党员先锋岗”活动，引导干部职工时刻牢记全心全意为人民服务的宗旨，切实为基层解难题，为林农办实事、办好事，立足本职岗位创先争优。

《紫光阁》杂志2010年第12期刊发贾治邦局长谈创先争优活动专题文章。中央国家机关工委《信息交流》(2010年第60期)介绍国家林业局创先争优活动主要做法。中国林科院在中央国家机关创先争优活动经验交流会上介绍了经验做法。通过扎实开展创先争优活动，增强基层党组织的凝聚力和战斗力，调动和激发广大党员干事创业的积极性、创造性，党员干部的责任意识、争先意识、创新意识不断增强，服务林业发展的能力不断提高。

**认真抓好党的自身建设，切实增强基层党组织的凝聚力和战斗力**　国家林业局各级党组织始终坚持把加强基层党组织建设作为党建工作的重中之重，着力在不断增强党组织和党员队伍的创造力、凝聚力和战斗力上鼓实劲、下工夫。

认真做好党组织换届选举工作　按照党章和党的组织工作条例的规定，督促和指导党组织换届改选工作，指导资源司、保护司、天保办等6个党支部和经研中心党委进行换届选举，组建林改司党支部，9个基层党组织进行调整，强化党的核心领导作用，保证了基层党的建设和各项党务工作活动的正常开展。

加强对党员的教育管理和服务　各级党组织坚持“三会一课”制度，通过上党课、主题党日活动、警示教育，激发广大党员自我教育、自我提高的内在动力，不断增强党员意识、责任意识、忧患意识、使命意识；指导基层党组织严格坚持党费收缴管理制度等，加大检查督促的工作力度；认真贯彻中央关于发展党员的方针，加强对入党积极分子的培养教育，共发展新党员30名，转正44名，并对33名入党积极分子进行培训。

开展纪念建党89周年主题党日活动　直属机关党委印发《关于组织开展“积极投身创先争优”主题党日活动的通知》，不断将活动引向深入。各级党组织结合自身实际，突出本单位特色，采取专题组织生活、宣传学习先进典型、重温入党誓词、参观教育基地、专题调研、走访慰问老党员和困难党员等方式，组织主题党日活动，开展革命传统教育，重温革命先辈事迹，激发广大党员干部爱党、爱国、敬业的精神，积极投身创先争优活动中。

认真组织开好党员领导干部民主生活会　紧紧围绕“贯彻落实《党员领导干部廉洁从政若干准则》和‘四项监督制度’，加强领导干部作风建设”这一主题，召开党员领导干部民主生活会。受局党组委托，直属机关党委、人事司、离退休干部局和直属机关工会分别召开民主党派代表、领导干部代表、离退休干部代表和职工代表4个座谈会，广泛征求意见和建议，并及时向局党组领导反馈。按照民主生活会规定的主题，党组领导结合个人的思想、工作实际，认真总结，查找差距，制定整改措施。各级党组织按照规定的主题、内容、程序和要求，组织党员领导干部深化理论学习，广泛征求意见，深入谈心交心，撰写发言提纲，严肃开展批评和自我批评，制定整改措施，民主生活会开得认真、严肃、务实，达到了沟通思想、提高认识、廉洁从政、推进工作的目的。

*做好基层党建工作指导* 年初召开直属机关“两建”工作会，对全年的党的建设和机关建设工作作出了具体部署，提出明确要求。加强对京外直属单位党的建设工作的督促和指导，召开森林资源监督专员办党建工作研讨会，根据实际对专员办组织设置情况作了重新调整；举办全国林业系统机关党建工作研讨班，较好地推动党建工作责任制的落实。不断加强和改进离退休干部党的建设工作，丰富活动内容，创新活动方式，增强离退休干部党支部工作的活力；同时坚持通报重要情况和重要工作制度，及时听取离退休干部的意见和建议，并热心为老同志排忧解难，做到工作细致、服务到位。

**深入推进反腐倡廉建设，牢固构筑思想道德防线** 国家林业局党组始终高度重视党风廉政建设和反腐败斗争，继续深化惩治和预防腐败体系，建立健全拒腐防变教育长效机制，形成完善权力运行监控制度，党风政风明显改进。

*抓好《廉政准则》宣传教育* 中央《廉政准则》颁布后，局党组立即组织学习，印发贯彻落实意见，并提出四条具体要求。局直属机关党委、纪委利用报刊、网络、橱窗、张贴宣传挂图、组织知识测试等多种方式，广泛宣传《廉政准则》，引导干部职工充分认识《廉政准则》的重大意义，时刻牢记8个方面的禁止行为和52个“不准”，把握“什么能做，什么不能做”，提高防范违纪行为发生的警惕性。分别邀请中央纪委法规室副巡视员赵向军、监察专员王凡为国家林业局专兼职纪检监察干部、机关全体和京内外直属单位处级以上干部作《廉政准则》辅导报告，组织开展深入讨论和学习效果测试。

*集中开展警示教育活动* 会同驻局纪检组监察局、人事司，利用一个月左右的时间在局直属机关集中开展以“强党性、促政风、带行风”为主题的警示教育活动，深刻剖析发生在身边的违纪违法典型案例，着重加强理想信念、廉洁从政和警示教育“三项教育”，突出抓好党性、党风、党纪“三个重点”，组织开展专题辅导、观看电教片、举行报告会、参观法制教育基地、进行大讨论和知识测试“六项活动”，贾治邦局长亲自作动员讲话，提出具体要求，陈述贤组长通报了2010年国家林业局党风廉政建设开展情况和近期案件情况，用身边事教育身边人。召开警示教育活动和反腐倡廉工作汇报交流会，陈述贤组长总结一年来反腐倡廉工作，部署下一阶段重点工作，9家单位进行汇报交流，进一步把警示教育活动推向深入。制作党风廉政建设教育大型展览，宣传建党以来党和国家在反腐倡廉建设方面的路线、方针、政策和重大举措，介绍了100位人民英模和100位感动中国人物先进事迹。

*强化制度建设* 认真组织学习贯彻“四项监督制度”，研究制定《中共国家林业局党组关于转发干部选拔任用工作“四项监督制度”的通知》，提出贯彻落实具体意见。研究制定《中共国家林业局党组巡视工作办法（试行）》，成立巡视工作领导小组，并设立巡视工作办公室。2010年11月，局党组启动巡视工作，派出巡视组对三北局进行巡视。邀请北京市崇文区纪委书记张岚针对廉政风险防控方面内容进行专题辅导，组织纪检监察干部分析查找岗位风险点，研究探索廉政风险防控机制。各级党组织始终坚持“一岗双责”，认真落实党风廉政建设责任制，以贯彻落实“四项监督制度”和《廉政准则》为重点，查找工作漏洞，开展制度的清理整顿，做好“废、改、立”工作，形成用制度管权、按制度办事、靠制度管人的长效机制。

*加强监督检查工作* 局党组和各级党组织坚持在重大节日、重要活动期间进行廉政提醒，认真落实“三重一大”报告制度，督促各级党员领导干部自觉遵守廉洁自律各项规定。严格执行“三谈两述”、函询、报告个人有关事项等制度，纪检监察部门同下级党政主要负责人谈话30人次，实施领导干部任前廉政谈话96人次，实行诫勉谈话4次，领导干部述职述廉844人次，考查考核单位67个，机关纪委书记同下级党组织有关人员重点谈话6人次。按照局党组惩防体系具体意见，加强对财政资金、林业重大政策贯彻落实情况、干部任免、竞争上岗等重点部位、重要领域和关键环节的监督，全过程参与6个直属单位开展的8个副司局级岗位的竞争上岗工作，对拟选拔任用的干部进行廉政审核61人次，对集体林权制度改革、林业系统扩大内需、灾后恢复重建等中央及林业重大政策贯彻落实情况开展监督检查。

*严肃查办违纪违法案件* 重视信访举报和查处工作，组织对群众举报的1名处级干部经济方面的线索进行核查，并与其进行谈话。坚持依纪依法办案，对场圃总站5名违法涉案人员进行党纪政纪处理，对1名正司局级干部、3名处级干部给予开除党籍、行政开除处分，对1名一般干部给予行政开除处分。

*组织纪检监察干部培训* 2010年5月18～20日与驻局纪检组监察局联合举办2010年局机关和直属单位纪检监察干部培训班，局机关纪委委员、各支部纪检委员、设党委（党组）单位纪委书记（纪检组长）和监察处长共90余人参加培训。选派直属单位纪委书记参加纪工委举办的培训班，不断提高纪检干部的政治素质、业务水平和工作能力。

**积极开展统战群众工作，有效构建和谐文明机关** 紧紧围绕现代林业建设的中心工作任务，统筹协调国家林业局直属机关各民主党派和工青妇组织，结合局直属机关实际，因地制宜开展各具特色、生动活泼的活动。

*加强统战工作* 积极支持局各民主党派基层组织开展活动，推动民主党派和无党派代表人士参政议政。坚持联系制度，定期沟通信息，重大问题、重要事项主动向民主党派和无党派人士征求意见和建议。切实增强工作主动性，积极扩大林业社会影响，加强与各级统战部门和各民主党派中央的联系沟通，民进中央与中国林科院召开调研座谈会，指导成立中国民主建国会北京市朝

阳区国家林业局支部，推荐2名民主党派人士担任第一届国家环境特约监察员，选派1名无党派代表在北京市副处级岗位挂职锻炼。指导侨联组织认真贯彻党的侨务政策，积极开展"聚侨心、送温暖"活动，大力营造直属机关安定团结的良好环境。

加强共青团工作　组织团员青年开展戴团徽、唱团歌活动，举行向基层团组织和团员青年赠书仪式，举办以"学习的原理"为主题的报告会，开展直属机关团员青年体育健身运动，制定下发推进学习型团组织建设的实施意见，号召团员青年为现代林业建设奉献青春。积极争取团工委的工作支持，向全国青联和中央国家机关青联推荐3名优秀青年领导干部担任委员及常委，推荐3名优秀青年干部参加国际间青年交流，2名优秀青年荣获中央国家机关"五四"奖章称号。

加强工会和体协工作　召开局直属机关工会联合会第四届委员会第一次全委会，选举产生第四届委员会常务委员会委员、主席。举办2010年春节团拜会和纪念"三八"妇女节100周年联欢会，开展干部职工篮球、乒乓球、羽毛球和游泳比赛，指导群众文体协会依照各自章程开展活动，并组织参加中央国家机关第三届职工运动会和全国第四届体育大会，既提高了干部职工身体素质，又扩大了林业的社会影响。国家林业局代表团在中央国家机关第三届职工运动会上表现突出，并荣获体育道德风尚奖。开展捐助活动，广泛动员局直属机关干部职工和单位发扬"一方有难，八方支援"的精神，捐助资金322.8万元支援青海玉树灾区抗震救灾。

加强稳定工作　认真贯彻中央关于维护稳定工作的重要指示精神，坚持在中央重要会议、重大节日、重大活动之前尤其在上海世博会和广州亚运会期间，及时部署稳定工作，开展"维稳"教育和安全工作检查，狠抓稳定工作责任制落实。各级党组织始终坚持稳定工作无小事的原则，坚持重点部位定期检查和重点人员思想排查制度，严格规范值班、请示报告和信息报送工作，确保了机关及直属单位的安全稳定。　（王小明）

# 林业宣传

【综　述】 2010年，国家林业局宣传办公室贯彻国家林业局党组的决策部署，围绕林业改革发展的中心工作，组织大量主题突出、内容丰富的宣传活动，为发展现代林业、建设生态文明、推动科学发展营造良好的社会氛围。中央主要新闻媒体和新闻网站刊发各类林业稿件1.1万多条。其中《人民日报》426条，中央电视台1201条，新华社1600多条，中央人民广播电台200多条。①保持林业新闻宣传的势头。围绕林业改革发展的新进展、新典型，紧扣现代林业建设的新需要，通过深挖亮点，提炼特点，不断深化宣传主题，新闻宣传影响力和感染力显著增强。开展集体林权制度改革宣传。"两会"前后，重点组织林改高端访谈，贾治邦局长接受中央电视台"小崔会客"、中央人民广播电台等多家媒体高端访谈。4～6月集中报道林改现场会、林改专题新闻发布会等活动，召开林改宣传策划会。9～11月开展"聚焦林改典型县"宣传活动，召开林改宣传专题工作会议，组织全国林改百县经验交流会报道，集中宣传本溪、敖汉旗等5个典型，在《人民日报》等媒体推出林改典型县专版，组织近20个县委书记、县长参加中央人民广播电台等在线访谈，《中国绿色时报》报道近百个林改典型县。发动地方林业部门开展宣传，形成上下联动宣传林改的高潮。开展造林绿化宣传。以森林资源"双增"目标为宣传重点，组织全方位、多角度宣传。及时报道春季旱灾对林业的损失及抗旱造林保苗情况、全国义务植树29年的成就，召开造林绿化专题新闻发布会，报道中国森林生态服务评估研究成果等。组织城市森林建设、塞罕坝精神、"绿化长江重庆行动"等典型宣传。以内参、"两会"专版刊发"两会"代表、委员和专家对林木良种、造林、抚育三项补贴政策的建议，报道中央财政森林抚育补贴试点政策实施成效。开展林业产业宣传。竹产业宣传是2010年的亮点，被纳入中央宣传部"转变经济增长方式"主题宣传内容，并作为中央宣传部亲自抓的三个专题之一。由中央宣传部组织媒体记者集中赴浙江、江西进行专题采访，在中央主要媒体刊播报道100多篇(条)，成为中央宣传部在创新经济报道方式上的标杆性报道。积极开展野生动植物和生物多样性保护宣传。开展"虎年话虎"主题宣传，组织境内外媒体，宣传中国爱虎、护虎的主张和行动，对沈阳野生动物园东北虎死亡等事件进行舆论引导。组织媒体围绕中央领导批示和国务院会议以及四川木里县、云南香格里拉县等多起森林火灾进行报道。通过新闻发布会、专家访谈、署名文章、实地采访等形式，宣传林地保护规划纲要、第四次全国荒漠化和沙化土地监测结果等。及时报道西南旱灾、玉树地震和舟曲泥石流灾害对林业的影响及林业抗灾救灾行动，宣传汶川灾后林业重建、棚户区改造和基础设施建设。开展林业应对气候变化宣传。组织林业"两会"代表、委员就林业碳汇做媒体专访，报道中国绿色碳基金会成立、林业碳汇高峰论坛等一系列活动，编辑制作林业应对气候变化对外宣传专题片、对外宣传册。②凝聚林业宣传的各种力量。上下联动、左右互动，是形成强大宣传声势的重要保证。加强与各民主党派的工作联系。与全国政协人环资委共同做好关注森林活动，与全国人大环资委开展中华环保世纪行大小兴安岭采访报道活动，与全国工商联、中国农林水利工会、农工党中央等召开联席会议、举办培训班、开展调研、主办宣传活动；召开民主党派座谈会，做好"两会"林业提案议案工作，2010年"两会"林业议案提案达390多件。加强林业宣传指导。下发宣传工作要点，制定省级林业宣传工作综合评价办法、局属报刊和媒体新闻通气会管理办法，召开10次专题新闻发布会、4次宣传通气会，组织完成报刊年度核验、报刊审读工作，做好林业出版社转企改制服务工作，全面接手并成功改版“绿野寻踪”、“绿色时空”两个电视栏目。开展国家生态文明教育基地创建工作。推动地方开展生态文明教育基地创建工作，已有新僵、湖南等12个省(区、市)进行部署。与教育部、共青团中央联合对国家生态文明教育基地申报单位进行考察核验，并在第三届中国生态文明建设高层论坛上授予北京大学等10家单位“国家生态文明教育基地”称号。③打造生态文化的精品佳作。打造精品是林业生态文化工作的重要目标。组织著名报告文学作家徐刚到福建、江西、浙江、海南、辽宁、新疆等地采风，创作反映集体林权制度改革的大型报告文学并在《人民日报》上刊载。编校完成“森林培育与管理分典”、“森林生态与资源分典”等4个分典送出版社编辑加工；编辑出版面向中小学生的《走近森林》图书，顺利推进《中国林业志》长篇编写工作。完成大型系列专题片《大漠长河》拍摄、后期制作工作，启动《湿地空间》大型系列电视专题片摄制工作。举办林海雪原生态摄影培训班、第二届中国绿化博览会林业展、国际老虎峰会老虎保护展、财政部林业专题展等。④推进国家森林城市创建工作。有序规范是国家森林城市创建工作健康发展的关键。明确国家森林城市创建活动坚持“命名授予”方式和“典型示范”的定位，组织专家修订《国家森林城市评价指标》、《国家森林城市申报与考核办法》、《国家森林城市复查办法》，制定《国家森林城市建设规划编制导则》、《国家森林城市考察管理办法》。指导国家森林城市规划编制工作，积极推进省级森林城镇的创建工作，浙江、辽宁、江西、河北、广西、内蒙古等省(区)相继开展省级创建活动。组织专家组核查验收国家森林城市，授予8个城市国家森林城市称号。成功举办第七届中国城市森林论坛，从内容和会务组织等多方面凸显了城市森林建设促进低碳、节约、环保的主题。

**【集体林权改革宣传】** 根据林改的新实践，不断深化宣传主题，形成林改宣传的连续高潮。①围绕林改新实践，组织高层访谈。2010年“两会”前后，国家林业局局长贾治邦接受中央电视台“小崔会客”、中央人民广播电台“做客中央台”、新华网“高端访谈”、凤凰卫视“问答神州”、中国网络电视访谈，收到很好舆论效果。②围绕林改新成效，组织集中报道。抓住中央林业工作会议召开一周年之际，召开林改专题新闻发布会，集中报道林改的新成效。《人民日报》一版和其他版面、中央电视台“新闻联播”、中央人民广播电台“新闻和报纸摘要”、新华社等播发专题报道和相关消息。《经济日报》、《农民日报》、《学习时报》、各大网站等刊发系列报道和贾治邦局长署名文章。③围绕林改新典型，组织“聚焦林改典型县”大型宣传。中央宣传部专门下发林改典型宣传方案。各中央主要媒体在“加快经济发展方式转变调研行”专栏中，对100个典型进行综合报道。《人民日报》、《经济日报》、《农民日报》、香港《文汇报》相继推出8个专版，深入报道本溪、敖汉、浏阳、武宁、腾冲5个典型县的经验。央广、中国网对20个县的县委书记、县长进行“书记县长谈林改”访谈。《中国绿色时报》对100个典型县作了系列报道。④发动地方开展林改主题宣传。召开全国林改专题宣传工作会议，部署地方林改宣传工作。据不完全统计，9~12月各地组织大型林改专题采访活动30多次，在省级主要新闻媒体上开设林改专版、专栏50多个，刊发林改报道近5000条，形成全国上下联动、高潮迭起的林改宣传新局面。

**【生态建设宣传】** 以森林资源“双增”为宣传重点，组织媒体广泛宣传生态建设成就和典型。一是广泛宣传造林绿化成效。抓住春季造林和植树节的契机，及时报道旱灾对林业的损失及抗旱造林情况。召开植树造林专题新闻发布会，宣传全国造林绿化进展和成效，发布中国森林生态服务评估研究成果。二是深入宣传造林绿化典型。在《人民日报》、《经济日报》等刊登38个专版，宣传城市森林建设的典型。报道塞罕坝机械林场造林绿化事迹以及“绿化长江重庆行动”活动。协同中央组织部对云南省保山原地委书记杨善洲20余年带领群众植树造林的感人事迹进行采访报道。三是及时宣传林业三项补贴政策。以内参、“两会”专版等形式，刊发代表、委员和相关专家对林木良种、造林、抚育三项补贴政策的建议，报道中央财政森林抚育补贴试点政策实施、全国林木种苗发展规划和全国林木种苗工作成效。

**【林业产业宣传】** 通过积极争取，竹产业被中央宣传部纳入“转变经济增长方式”三个亲自抓的专题之一，中央主要媒体共刊播竹产业报道100多条，成为林业产业宣传的一个突出亮点。其中《人民日报》推出述评两篇，新华社播发报道20多篇，中央电视台“新闻联播”连续播发3条，《经济日报》推出“重新认识竹产业”系列报道30篇，《光明日报》推出系列报道4篇，中央人民广播电台在“新闻和报纸摘要”和“新闻纵横”播出报道多篇。此外还围绕全国油茶产业现场会、第三届中国义乌国际森林产品博览会、第六届海峡两岸林业博览会、中国温州森林旅游节等活动，对林业产业进行宣传报道。

**【野生动植物和生物多样性保护宣传】** ①开展“虎年话虎”主题宣传。2010年春节后，组织境内外媒体和网站，以国家林业局领导署名文章、答记者问等形式，介绍中国人爱虎、护虎的历史和成效。利用在俄罗斯召开“保护老虎国际论坛”峰会和政府首脑会议之机，宣传中国拯救野生虎的积极行动和坚定主张。对沈阳市森林野生动物园东北虎死亡、江西省三清山和吉林省延边等地发现虎踪迹等事件进行有效的舆论引导。对赠送澳门大熊猫、大熊猫上海世博行、“为世博服务保生物安全”林业植物检疫执法行动、甘肃省野马放归等活动进行宣传。②加强森林防火宣传。针对2010年春季南方和西南地区干旱，森林火灾频发的严峻形势，组织新闻媒体围绕中央领导批示、国务院电视电话会议、国家森林防火指挥部的工作部署以及大兴安岭呼中、云南香格里拉等10多起森林火灾的扑救情况进行报道，做到了“四个及时”：及时刊发火险预警预报，及时普及火灾预防和扑救知识，及时宣传中央的工作部署，及时报道扑火情况。③组织林地、湿地保护和防止荒漠化宣传。通过召开新闻发布会、专家访谈等多种形式，宣传林地保护利用规划纲要和森林资源清查结果，跟踪报道“春季行动”等专项活动。刊发国家林业局局长贾治邦“湿地日”署名文章，开展“沿海湿地万里行”采访活动，报道全国湿地保护的现状和成就。开展“6·17”防治荒漠化日宣传活动，《人民日报》推出“走进西部看治沙”系列报道，中央电视台推出10集防治荒漠化系列报道。④强化林业抗灾和民生改善宣传。及时报道林业在西南严重旱灾、青海玉树地震和甘肃舟曲泥石流灾害中的抗灾救灾情况。开展自然灾害深度报道，宣传林业的重要地位和作用。适时报道重点国有林区实施棚户区改造和基础设施建设取得的成效。

**【林业应对气候变化宣传】** 应对气候变化是林业建设的新任务，也是林业宣传的新领域。①组织“两会”宣传。借助“两会”这个平台，组织代表、委员到人民网“两会”网络视频演播室、中央人民广播电台“小城大事两会说”作专访，加大林业应对气候变化宣传报道。②开展实践活动宣传。组织开展北京市建院附中碳汇科普林基地建设、第三届中国生态文化高峰论坛暨生态文明建设高层论坛和“中外记者延安行”等一系列活动，以及围绕中国绿色碳基金会成立、2010中国碳汇林业与低碳经济发展高峰论坛，广泛宣传全国在倡导绿色低碳生活理念、碳汇林业建设、林业生物质能源发展等方面的探索和成效。③组织对外宣传。为配合全球气候变化大会的对外宣传，制作《应对气候变化——中国林业在行动》宣传片，出版《中国林业》、《森林应对气候变化：中国的责任与义务》宣传册。

**【凝聚宣传林业力量】** 为了充分调动各方面支持林业的积极性，重点抓了五项工作。一是加强与各民主党派的联系。与全国政协人环资委下发关注森林活动2010年活动方案。与全国人大环资委开展“走近大小兴安岭——祖国北方绿色生态屏障建设纪行”采访报道活动。联合全国工商联召开第六次联席会议、举办第六期民营企业家林业培训班、开展民营企业参与国土绿化和应对气候变化调研。与中国农林水利工会召开第九次联席会议。与农工党中央共同主办“环境与健康宣传周”活动。二是做好“两会”提案议案工作。召开8个民主党派中央相关部门负责人座谈会，听取各党派或代表、委员提出的林业提案议案。据统计，2010年“两会”的林业议案提案数量390多件，其中5个民主党派以党派中央名义提出加强林业机构的提案。三是加强林业行业宣传指导。下发2010年林业宣传工作要点，明确总体要求。颁布《省级林业宣传工作综合评价办法》，调动各地共同搞林业宣传的积极性。四是加强局属报刊管理。召开4次局属报刊通气会，明确每个季度林业宣传重点。开展国家林业局属5报1刊的审读工作，组织完成报刊年度核验、记者证登记换发。全面接手“绿野寻踪”、“绿色时空”两个电视栏目，并对两个栏目进行改版。五是加强新闻发布工作。继续编撰好《林业新闻信息通报》，向中央媒体和局属报刊发送。围绕林业重点工作部署，2010年共召开10次专题新闻发布会，及时将林业声音传递给媒体和社会。

**【打造林业生态文化精品】** 重点在创新形式、提升质量上加大工作力度。一是开展文艺创作活动。组织著名作家徐刚到福建、江西、浙江等地采风，创作出大型报告文学《林海苍茫 路在何方——中国集体林权制度改革剪影》，并在《人民日报》上刊载。联合世界自然基金会，编辑出版面向中小学生的《走近森林》图书。举办林海雪原生态摄影培训班，实地开展生态摄影创作。完成大型系列专题片《大漠长河》拍摄和制作工作，启动《湿地空间》大型系列电视专题片摄制工作。二是做好展示展览工作。举办西部大开发10周年生态环境与人居环境成就展、第二届中国绿化博览会“中国林业和生态建设的辉煌成就展”、俄罗斯圣彼得堡国际老虎峰会中国老虎保护成就展，特别是在财政部办公大楼举办的中央财政加大投入力度全面推进林业生态建设专题展览，开创林业展览进入中央部委的新记录。三是推进林业典志编纂。“森林培育与管理分典”已由出版社编校完成，“森林生态与资源分典”等4个分典已送出版社编辑加工。顺利推进《中国林业志》长篇编写工作。四是开展国家生态文明教育基地创建工作。积极推动地方开展创建工作，新疆、湖南等12个省(区、市)已经启动。对国家生态文明教育基地进行考察核验，并在第三届中国生态文明建设高层论坛上，授予北京大学等10家单位国家生态文明教育基地称号。

**【国家森林城市创建】** 2010年把重点放在建章立制、规范指导上。一是规范管理。明确国家森林城市创建的“命名授予”方式和“典型示范”的定位。修订《国家森林城市评价指标》、《国家森林城市申报与考核办法》、《国家森林城市复查办法》，制定《国家森林城市建设规划编制导则》、《国家森林城市考察管理办法》。二是强化指导。组织专家先后到20多个城市进行督促指导、核查核验，促进这些城市创建工作的开展。推进省级森林城镇的创建，已有浙江、辽宁、江西、河北、广西、内蒙古等省(区)相继启动。三是办好论坛。4月成功举办第七届中国城市森林论坛，全国政协副主席白立忱出席论坛并作重要讲话，贾治邦局长发表主题演讲，17位市长和专家作专题讲演，76个城市的市长等500多人参加论坛。这届论坛提倡和践行的低碳、节约、环保理念受到了与会代表和社会的好评。

(林业宣传由曹靖供稿)

## 林业报刊

**【中国绿色时报社】** 2010年，中国绿色时报社充分发挥“一报两刊一网”(《中国绿色时报》、《中国林业》、《森林与人类》和中国林业新闻网)优势，始终围绕林业中心工作、社会关注热点等开展宣传报道工作，加强宣传策划，突出报道重点，强化质量管理，发挥林业主流媒体应有的作用，为发展现代林业、建设生态文明、推动科学发展营造良好的舆论氛围，取得预期的宣传成效。

**坚持正确的舆论导向，深化办报办刊理念** “一报两刊一网”坚持“传播生态文明、服务林业大局、服务林业基层”宗旨，大力宣传党和国家的林业方针政策，宣传林业在国家经济社会发展全局中的战略地位和重要作用，宣传生态文明和现代林业建设。2010年，《中国绿色时报》、《中国林业》对党和国家领导人关于林业的重要活动、重要讲话和批示等作了精准报道，及时传递党的声音，极大地鼓舞务林人的士气。“一报一刊”把宣传报道国家林业局的工作部署作为首要任务，及时把林业的各项政策措施传递到基层，充分发挥报刊的行业政策指导和专业信息服务作用。作为综合性科普刊物，《森林与人类》以自然探索、动植物保护、人文地理等为报道重点，面向社会普及生态知识、传播生态文化、弘扬生态文明，引导人们转变生产生活观念，树立人与自然和谐的价值观。

**突出报道重点，增强报刊核心竞争力** 围绕全国林业厅局长会议确定的工作重点，推出一批重点报道。一是集体林权制度改革宣传报道形成规模。集体林改宣传既推出“林改人物”、“聚焦林改典型县”新专栏，丰富报道内容，又继续办好“聚焦林改”系列栏目，形成连续性。全年报刊共宣传37个典型人物、60多个林改典型县。二是林业生态建设贯穿全年报道的始终。重点报道了“森林重庆建设”、江西省造林绿化“一大四小”工程建设、福建省城乡绿化一体化“四绿”工程建设等，同时关注西部地区生态建设，推出“西部大开发十周年特别报道”。三是林业产业报道向纵深拓展。突出报道油茶、花卉、种苗、林浆纸、竹藤、林业装备等，并组织、参与10多个林业专业展会、节会的承办。四是生态文明宣传形式多样。生态文明宣传注重传播新理念新思想、推出新成果，并突出报道关注森林活动、创建森林城市等。五是林业重大典型宣传力度明显加大。多侧面、多角度集中报道塞罕坝精神和杨善洲等全国重大先进典型。

**围绕重大事件，打好三大报道战役** 围绕西南干旱、玉树大地震、南方洪灾等突发事件组织报道，打好林业抗灾救灾宣传报道重大战役。针对西南干旱，开设“热点关注·西南大旱”专栏，及时报道西南5省区林业因灾受损情况和抗旱措施，刊发有关稿件260多篇、图片130多幅，并推出6个版面的专题报道。针对林业抗震救灾，重点报道了青海玉树地震灾区林业部门带头抗震救灾的先进事迹、林业系统支援灾区的壮举，武警森林官兵、林业干部职工在抗震救灾中涌现出来的感人事迹，弘扬主基调、唱响主旋律。青海省林业局为此专门给报社发来感谢信。针对林业抗洪抢险，用两个多月的时间集中报道了广西、云南、四川、福建、湖南、贵州、江西和吉林等林区灾情和林业系统救灾行动。

**关注社会热点，努力增加报纸亮点** 将读者关注的全国“两会”作为报道重点，以专栏和图片形式展开集中报道，内容涉及林权制度改革、林业在应对气候变化中的作用、木本油料产业发展、生态建设和保护、现代林业发展等，形成报道声势和规模，成为报纸的一大亮点。围绕森林碳汇、低碳经济、野生动植物保护等热点话题，突出宣传林业在应对气候变化所起的重要作用，推出《应对气候变化 林业低碳前行》，《应对气候变化，中国林业成为世界亮点》、《森林碳汇：中国的努力》、《为什么受伤的总是湿地》等一批重点报道。围绕燕加隆国际维权的热点话题，推出“燕加隆现象”系列解读报道，从中寻找中国林业企业的成长共性，给读者以更多的思考和启迪。

**加强活动策划，扩大报刊影响** “一报两刊”围绕打造品牌，扩大社会影响，策划了一系列活动。开展中国林业产业年度人物、中国林业产业十大新闻等评选活动，第二届“十大生态美文”评选活动，《森林防火条例》知识竞赛活动等，吸引读者广泛参与；与林业有关单位合作，推出一系列专题、专刊、专栏报道，获得了社会效益和经济效益的双丰收。

**强化采编管理，推出精品力作** 报社从制度建设、业务培训、质量考核等工作入手，着力提升报刊质量，推出一批精品力作。2010年，报社有14件作品获中国产经新闻奖和摄影奖，1件作品获全国首届节能减排绿色好新闻奖；2人分获森林奖、梁希林业宣传突出贡献奖，40多篇作品获关注森林新闻奖和文化艺术奖，《森林与人类》杂志获梁希林业图书期刊奖。同时，报社荣获第二届中国绿化博览会先进工作单位称号，1人获得第二届中国绿化博览会先进工作者称号。 （蔡 鸿）

## 林业出版

【综 述】 2010年是贯彻落实中央经济工作会议、中央林业工作会议、全国林业厅局长会议和全国新闻出版局长会议精神，全面完成中国林业出版社转企改制任务的关键一年，也是落实中国林业出版社“十一五”重点图书出版规划的收官之年。一年来，在局党组的正确领导下，经过全社干部职工的共同努力，围绕“十一五”重点发展战略目标任务，狠抓各项工作措施的落实，较好地完成了年度图书出版任务。生产经营、图书销售、财务管理、转企改制等工作运转平稳，也取得了预期的社会效益和经济效益。

**图书出版工作** 为全面落实全国林业厅局长会议和贾治邦局长考察中国林业出版社的重要讲话精神，结合林业图书出版工作实际，研究提出了2010年工作的总体思路：在科学发展观的引领下，在局党组的坚强领导下，始终坚持服务林业中心工作，全面完成转企改制，实施两大林业出版工程，落实好“十一五”规划的任务，制定好"十二五"林业出版规划，扩大优良资产资源，建立新的特约编审队伍，大幅度提高编辑队伍和管理队伍员工素质，做深做透行业读者市场，着力打拼大众读者市场，确保团结稳定大局，为实现"强社富民"的奋斗目标而共同努力！从图书出版任务完成情况看，一年来，重点在林业方针政策、林业科技、林业产业、林业教育、地方林业、"三农"、社会大众等方面努力做好出版支撑服务，图书出版形势平稳发展。截至2010年11月底，共出版图书513种，190万册，其中：新书286种，80万册，重印书227种，110万册。共计生产码洋8180万元。累计用纸760吨。生产总品种与2009年同期基本持平，新品种图书略有减少，重印书和生产总码洋比2009年同期有所增加，体现了平稳发展的态势。

**图书营销工作** 2010年图书营销工作的基本思路是以扩大图书发行和回款为重点，以抓好重点客户和重点图书销售为基本点。一年来，在面临市场图书品种短缺的情况下，加强了回款和销售重点的调整，强化了图书营销工作力度。截至11月底，共销售图书151万册，销售码洋4534万元，销售实洋2859万元，回款1966万元，组织预算收入3840万元，均比2009年同期有所增长。组织参加了北京全国图书订货会、成都全国图书交易博览会及在其他省份召开的地方图书订货会和教材巡展，取得了预期效果。同时，重点开展了三农图书的销售推广工作，先后到四川等17个省开展农家书屋图书推广，从而使2010年的三农图书销售册数、销售码洋和实洋比2009年有大幅增长。

**转企改制工作** 根据中央的统一部署和国家林业局党组的要求，中国林业出版社认真开展了转企改制工作。年初，如期向中央各部门各单位出版社体制改革领导小组上报了《中国林业出版社转企改制工作方案》，于3月1日获得批准。3月下旬，向局计资司请示，开展了清产核资工作，9月份清产核资工作基本结束。《关于中国林业出版社清产核资报告》于10月中旬上报财政部。根据改革的要求，开展了职工社会保障衔接工作。社会保障方案于9月上报北京市社保局待批。同时，为做好改制后的全员聘任工作，认真研究制订了《中国林业出版社全员聘任工作实施方案》，方案对全员聘用工作的基本原则、组织机构和岗位设置、聘用工作程序、人员聘用条件等若干问题做了明确规定。方案于10月报局人事司。

**业务管理工作** 强化管理，完善各项规章制度并狠抓落实。编务管理方面，一是审议并印发了《中国林业出版社关于选题论证及申报审批程序的规定(试行)》和《中国林业出版社确定有关人员三审资格和调整编辑加工费标准的意见》，使编务工作制度得到了进一步完善；二是组织论证了9批(次)选题，审批各类选题686种(套)，其中，社重点61种(套)，规划教材99种(套)；三是组织了"十二五"国家重点图书出版规划项目的申报工作。共申报10种(套)，其中，中国森林生态网络体系工程建设系列丛书、林业应对气候变化丛书、西藏湿地3种(套)被列为重点；四是加强书号管理，实行书号实名申领。财务管理方面，一是按规定编报了2010年度经费和基本建设财务决算。进行了2009年度企业所得税审计和汇算及增值税的退税申报工作；二是按局的统一要求，进行了政府采购，小金库的自查自纠工作；三是按时编报了2011年两上预算和2011年、2012年资产配置计划；四是配合中介机构完成了清产核资工作。出版管理和图书校对印装方面，2010年共承印图书513种，180万册，校对92种图书的若干个校次，5486万字的校对任务，印制图书用纸760吨。用纸款600余万元。后勤和基本建设方面，一是完成了信息化ERP项目的启动和建设工作，基本实现了办公自动化；二是完成了职工食堂改造工程和办公用房纱窗安装工程；三是认真开展百善书库后续完善工程、安贞西里职工宿舍住宅节能改造项目的立项、申报和批复后的启动工作；四是继续做好车辆管理、设备维护和交通安全及防火防盗等工作。党政综合和人事管理方面，一是完成了2009年度人事劳资统计报表的编报、组织机构代码证、法人证书、图书出版许可证、税务登记证的年检和法人变更工作；二是完成了岗位设置、工资测算和转企改制后全员聘任工作方案的制订工作；三是完成了2010年新进高校毕业生的考试录用和职业资格考试报名及职称评审申报工作，共招聘3名应届毕业生(其中博士生2名，本科生1名)；四是完成了新编辑上岗培训工作，共有4名新编辑参加了培训并取得结业证书；五是抽调了管理和营销部门的5名同志到编辑部门，进一步壮大了专业技术编辑人才队伍；六是进一步加强了档案管理和离退休干部工作。

**党建工作** 一是认真开展警示教育活动，通过开展警示教育活动，广大党员进一步增强了党员意识和依法行政的自觉性，强化了反腐倡廉的意识，思想上受到了熏陶，灵魂得到了净化，对筑牢反腐倡廉的思想道德防线起到了重要的推动作用。二是通过坚持社党委中心组学习制度、狠抓制度建设和制度检查落实等工作抓好党风廉政建设。认真落实局小金库专项检查要求，对检查中发现的图书库存账实不符、记账凭证不规范等财务问题进行了及时整改。三是按照局党组的统一部署扎实开展创先争优活动。

**【中国森林资源报告——第七次全国森林资源清查】** 贾治邦主编，2010年1月出版。该书为国家林业局根据《森林法》、《森林法实施条例》的有关规定，于2004～2008年组织开展了第七次全国森林资源清查工作的结果。通过与第六次清查结果相比，我国森林面积、森林覆盖率、森林蓄积量都有所增加，森林资源质量稳步提高。通过该书介绍的中国森林资源现状、动态变化、生态功能效益，以及保护与发展的策略，让全社会进一步了解中国的森林资源，进一步关注森林、爱护森林、营造森林，共同为发展森林资源、增加森林碳汇、实现到2020年全国森林资源增长的奋斗目标贡献力量。

**【北京林业大学年鉴2009】** 北京林业大学编纂，2010年1月出版。《北京林业大学年鉴2009》是一部资料性工具书，全面、系统地记述了学校2008年各方面工作的新成就、新发展、新变化、新经验，《北京林业大学年鉴2009》共约70万字。该书的出版，不仅是年鉴工作者向北京林业大学返京复校30周年献上的一份厚礼，而且是学校史志工作的一个新起点，更为学校建校60年的校史修编积累了翔实的资料。

**【中国竹编艺术】** 徐华铛著，2010年1月出版。《中国竹编艺术》一书，邀请了我国当代竹编艺术大师俞樟根、何福礼、卢光华、刘嘉峰任顾问，由工艺家、鉴评家徐华铛精心著述。在组织编写过程中，编写组从全国各地数千幅优秀竹编艺术品照片中精选了500余幅清晰典型的照片，并用精确生动的语言系统叙述了竹编的发展史、中国各地的竹编特色、竹编分类、竹编技艺等内容，生动展示了竹编工艺篮、盘、瓶、席、扇、动物、屏风等竹编艺术品的风韵，全面展示了中国传统竹编艺术的造型美、技艺美、材质美。

**【中国传统门窗木雕】** 徐华铛编著，2010年1月出版。中国传统门窗上的木雕艺术是古代木雕艺术家留下的一份珍贵文化遗产。该书以精炼的文字，配以300余幅传统门窗木雕彩照，系统介绍了传统门窗木雕的沿革、种类和构成，剖析了镌刻在传统门窗上的文化内涵，展示了蕴含在传统门窗中的美学意蕴，书后还附有仿古门窗雕刻和装饰实例，是一本极富观赏价值、文化内涵和实用价值的精美画册。

**【山西野生植物检索表】** 金山等编著，2010年2月出版。该书共记录了分布在山西省境内的野生植物共计144科、675属、2093种(包括变种和变型)，其中蕨类植物20科35属107种，裸子植物4科9属19种，被子植物120科631属1967种。

**【中国森林生态服务功能评估】** 本书项目组主编，2010年3月出版。该书项目组在采用国家林业局资源司提供的第七次森林资源清查I类数据，对中华人民共和国范围内森林生态系统的主要生态服务功能(森林生态服务功能评估方法、森林生态服务功能物质量评估、森林生态服务功能价值量评估和不同龄组、不同起源森林生态服务功能评估，中国各省份森林生态服务功能)进行了评估。它既是中国林业实际和生态建设的成果，也是检验中国生态建设成绩较为有效的方法。

**【森林生态体系快速构建理论与技术研究】** 袁位高、朱锦茹、沈爱华等编著，2010年3月出版。全书共分5篇18章，着重论述分析了中国亚热带东部地区森林生态体系快速构建的理论基础、技术体系、营建模式以及生态效益监测与评价。首次提出了自然演替和人工促进快速演替相结合的“二元演替方法”技术体系，制订了森林生态系统可持续发展优化经营方案；展现了林业苗木专用复配制剂、林木包衣丸化种子、边坡植生基材、滨海盐碱地林木生长促进剂、修根型育苗容器等新型材料和实用技术；集成了阔叶林发展、生态经济型公益林、平原农田防护林、饮用水源区清洁林、河道生态绿化、工业污染区生态林、困难立地造林等技术模式；构建了森林生态状况与效益评价指标体系，总结了一套较为成熟的程序化的监测体系和监测技术，实现了森林生态效益实时监测。该书既有理论创新，又有发明专利技术及配套模式技术和研究方法等最新研究结果。

**【园林草坪与地被】** 杨秀珍主编，2010年4月出版。该教材分3篇：第一篇为草坪篇，较系统地介绍草坪形态特征和分类，阐述草坪建植原则和程序，草坪的养护管理以及病虫害防治等。第二篇为地被植物篇，介绍了地被植物的分类与繁殖栽培管理。第三篇为应用篇，以草坪和地被植物的园林应用为主，分析草坪和地被植物的景观艺术美和配置原理，并介绍了边坡绿化技术和体育运动草坪建植养护技术。

**【林业有害生物防治历(一)】** 国家林业局森林病虫害防治总站主编，2010年4月出版。该书以中国发生面积较大、危害较严重的200种林业有害生物为编写对象，提供了大量具有明显特征的照片，并按照林业有害生物发育进度和时间变化列出了防治方法，简单易懂、方便查阅。全书文字通俗简练，图片清晰明了，防治方法科学实用，可供基层林业有害生物防治工作者、森林管护人员、森林经营者和林农等使用，也可用作新农村建设的科普教材、大专院校的教学参考书。

**【年鉴论坛】** 孙关龙主编，2010年5月出版。该书结合年鉴研究、年鉴理论与实践、编辑工作探索、年鉴史、国外年鉴研究等内容，构建年鉴科学体系，以服务年鉴和促进年鉴学科体系建设为宗旨，为年鉴学的建设夯实基础。

**【世界国有林管理概览】** 刘俊昌等主编，2010年7月出版。本书在结合中国国有林场管理和改革实际基础上，对世界国有林管理整体情况及30多个国家国有林管理制度和改革的经验教训进行科学系统的梳理和深入客观的研究，就国有林管理体制机制、经营模式和方向、改革内容和措施、未来发展等进行了客观陈述和深入剖析，形成按照洲、区域和国别三个层次，以国别为主的研究报告，将为各级林业部门及国有林场工作者系统了解、学习和借鉴国外国有林管理提供有益的帮助。

**【林火预防扑救三十六法】** 雷加富主编，2010年8月出版。该书针对中国森林火灾的特点，配合典型案例分析，归纳整理出林火预防扑救的36个经典方法，共分预防篇、扑救篇、安全篇3篇进行了介绍。每一种方法都配一张彩色图片，直观地表现了每一种方法的操作实施要求。本书适合从事林火预防扑救的各级管理人员参考、基层指战员的实际应用，同时适合向大众宣传。

**【花卉国际贸易实务】** 罗宁主编，2010年7月出版。该教材介绍了花卉进出口产品的主要种类，花卉进出口贸易的特点和应遵循的国际、国内的法律、法规、程序、主要单证的办理及货款的支付，花卉进出口产品的贸易方式、包装、运输、保险和检疫等，阐述了濒危物种、新品种保护、花卉产品认证与花卉进出口贸易的关系和影响。

**【中国林业科学研究院院史(1958～2008)】** 《中国林

业科学研究院院史》编委会编，2010 年 9 月出版。本书包括发展历程、科学发展、研究机构、人物与成果 4 篇 43 章以及附件和大事记。全书 125 万字，是中国林业科学研究院历史上一部最系统、最完整、大跨度的史册。对人们较完整地了解中国林业科学研究院院史，系统地保存史料，研究林业科技的发展历程，总结科学研究经验，增强开创未来的信心都有十分重要的现实意义和深远的历史影响。

**【遍洒绿荫——叶培忠纪念文集】** 中国工程院《遍洒绿荫》编委会编著，2010 年 9 月出版。该书收录了中国工程院院士王明庥教授、中国工程院资深院士陈俊愉教授、中国工程院院士任继周教授等的 30 多篇纪念文章，他们都怀着深厚的感情，由衷地从不同的角度真实地叙述了叶培忠教授在林业科教领域中的感人事迹，追忆他在科学研究中坚持真理、勤于实践的科学态度，在教书育人中一丝不苟、为人师表的高尚品质以及在生活中艰苦朴素、克己奉公的精神风范。

**【生态建设与改革发展：2009 林业重大问题调查研究报告】** 贾治邦主编，2010 年 10 月出版。2009 年，林业重大问题调查研究工作紧密围绕现代林业与生态文明建设、发展林业与应对气候变化、集体林权制度改革、国有林业改革、林业产业发展、林业发展支撑保障等重点领域来开展。通过多部门和知名专家学者参与，各调研组深入基层、深入实际、深入研究，在实践中发现典型、提炼问题，形成了一批具有较高价值的研究成果，取得了显著的政策效果和社会影响，对推动科学决策和促进林业发展发挥了重要作用。

**【多样性的中国森林】** 陈建伟主编，2010 年 12 月出版。该书是一部运用精美图片，科学、艺术地阐述中国森林的著作。是作者几十年林业工作的结晶，是对中国森林的学术思考、长期的保护实践以及深厚的生态摄影积累的完美结合。全书收录了作者的 250 余幅生态摄影作品，生动、直观地展现出中国森林生态系统及其生物多样性，启发读者认识中国森林，欣赏森林之美，同时思考人与自然的关系。

**【沙棘属植物育种研究】** 张建国著，2010 年 10 月出版。沙棘是一个具有重大生态价值和经济价值的树种。该书系统介绍了全国近 20 年来沙棘育种所取得的成果。全书共分为 5 章，主要介绍国内外沙棘育种概况、引进大果沙棘适应性及其栽培模式、生态经济性杂种的选育、沙棘新品种适应性特点、沙棘的扦插繁殖技术。该书可供林学、农学、医药、水土保持等领域的基层科技人员、相关科研院所研究人员和大专院校师生参考。

（段植林）

# 各省、自治区、直辖市林业

# 18

# 北京市林业

【概　述】 2010年，全市园林绿化系统高标准、高质量完成了市委、市政府和首都绿化委员会第二十九次全会部署的各项工作任务，以及承办的为民办实事工程和各项折子工程。全市新增造林面积1.07万公顷，新增城市绿化面积617.5公顷，改造绿地面积369.3公顷。

## 生态建设

宜林荒山造林工程　完成造林面积5000公顷，植树529.4万株。其中，爆破造林666.67公顷，植树71.2万株；人工造林4333.33公顷，植树458.2万株。涉及7个远郊区(县)、45个乡(镇)、176个地块，共组建专业施工队伍218支，施工人员9632人，修建作业道路172 497米，打防火道108 514米，打井21眼，配备水泵612台，铺设管线548 102米。

播草盖沙　完成播草盖沙面积1066.67公顷，栽植植物主要有二月兰、板蓝根、饲料桑、紫花苜蓿等。

五河十路绿色通道建设　新建绿色通道绿化面积3793.33公顷，主要包括2009年六环路西线、京包线、S2线3条公路2826.67公顷及2010年京承高速三期和京山铁路二期两条道路966.67公顷。完成2.57万公顷五河十路绿色通道绿化带养护工作，补植补造树木11.9万株，树木修枝整形98.3万株，抗旱浇水530万株，树干涂白650万株，林地除草23吨，清理垃圾143吨，病虫害防治750万株，全市绿色通道护林员人达到2762人。

绿化造林工程　计划完成绿化造林1.07万公顷，全市实计新增造林1.07万公顷，补植补造1.33万公顷，共栽植各类苗木3200余万株。其中：三北防护林建设工程、太行山绿化工程完成造林3333.33公顷，补植补造1.33万公顷；二道绿隔完成绿化面积2400公顷；重点绿色通道完成绿化面积2866.67公顷；京津风沙源治理工程完成人工造林1000公顷，爆破造林666.67公顷；废弃矿山生态修复工程完成绿化1466.67公顷；山区困难地区造林工程完成人工造林3333.33公顷；彩叶树种造林工程完成造林1333.33公顷；公路河道绿化工程完成绿化300千米；生态林管护工程完成林木抚育2万公顷。

城镇绿化　全市完成新增城市绿化面积617.5公顷，改造绿地面积369.3公顷的建设任务。其中：新建公园绿地面积365.6公顷，改造公园绿地面积219公顷；完成滨河森林公园建设1715.4公顷；新建、改建道路绿化287.6公顷；完成居住区绿化103公顷；改造老旧小区100余处；新建屋顶绿化53 125平方米，停车场绿化63 650平方米。

京津风沙源治理工程　2010年国家级京津风沙源治理工程人工造林任务1000公顷、爆破造林666.67公顷、封山育林2.67万公顷，市级荒山造林任务3333.33公顷。涉及怀柔、密云、门头沟、昌平、平谷、延庆、房山等区(县)。工程建设任务全部完成。

立项关停废弃矿山植被恢复工程　2010年(2008年立项)实施关停废弃矿山植被恢复工程总面积1486.67公顷，涉及房山、密云、门头沟、顺义、怀柔、平谷、丰台、延庆、昌平等区(县)。全市累计完成建设面积1093.13公顷，占计划任务的73.5%，栽植苗木112.2万株，清理浮石12.4万立方米，弃渣平整134万立方米，干砌挡墙6.4万立方米，浆砌挡墙9.2万立方米，使用生态袋16 781立方米，植生袋17 171立方米，客土回填110万立方米，配备水泵149台，建蓄水池148座。

平原治沙工程　建设任务4570.13公顷，其中沙坑治理172.4公顷，灌草覆盖2067公顷，残次林改造1265.67公顷，示范区建设1066.67公顷。涉及昌平、大兴、房山、海淀、怀柔、平谷、顺义、通州、密云、丰台等区(县)及共青、黄垡市属林场苗圃，主体工程建设全部完工。2010年9月，有关部门对有关区(县)工程建设完成情况进行了检查验收。

退耕还林工程　按照国家林业局退耕办有关工程检查验收的通知要求，2010年3～4月，完成了对密云、怀柔、平谷、延庆、昌平、门头沟等6区(县)的退耕还林验收工作。

水源保护林建设工程　2010年3月完成对北京市2007～2008年度水源保护林建设工程的全面检查验收工作，涉及密云、平谷、昌平、怀柔、房山、门头沟6区(县)的1266.67公顷水源保护林。

林下经济建设　全年共完成林下经济建设3686.67公顷，超额完成1686.67公顷。涉及昌平、大兴、房山、海淀、丰台、怀柔、门头沟、平谷、顺义、通州、延庆等区县。2010年进一步加大示范基地建设力度，重点是在房山、平谷、密云、延庆等区(县)确定适宜的地块，进行了以林缘玫瑰、林下仿野生菌、林下中草药、林下饲料桑、芳香类等为主要建设对象的示范建设，并对2009年建设的部分示范基地进行完善。2010年共建设和完善各类示范基地576.67公顷，建设成效良好，初步达到了示范推广、辐射带动的效果。其中林缘玫瑰示范基地96.67公顷、林下仿野生菌种植示范基地313.33公顷、中草药示范基地13.33公顷、林下饲料桑种植示范基地86.67公顷、芳香类植物种植示范基地66.67公顷。

## 森林资源保护

森林防火　2010年度防火期，全市共接到森林火情报警82起，较2009年下降54%。其中，发生一般森林火灾5起，过火面积1.41公顷，过火有林地面积0.70公顷。与2009年同期相比，过火面积下降90%；过火有林地面积下降90%，均取得了首都园林绿化体制改革以来的最好成绩。

森林防火机制保障体系建设进一步完善　一是航空护林机制不断完善。市编办正式批复成立北京市航空护林站，各项基础设施建设资金全部到位。二是长效投入机制不断完善。目前，森林防火资金已纳入市级财政预算，森林防火通讯设备、车辆装备、扑救物资、宣传教育、科技研发以及市属专业森林消防队运行等经费得到了有效保障。区(县)财政也进一步加大森林防火投入，长效稳定的投入保障机制得到了巩固和加强。

*森林防火基础装备体系建设进一步加快* 一是预警监测体系建设明显加强。新建瞭望塔36座，使全市瞭望塔总数达到179座，瞭望监测范围从2009年的60%提高到65%；新建视频监测3套，使全市视频监测总数达到57套，监测范围从2009年的43%提高到43.3%，设置各类临时森林防火检查站242个，成功申报了森林火险预警系统和全自动火情监测识别系统项目，逐步形成气象预警、高山瞭望、视频监测、定点检查的综合预警监测体系。二是林火阻隔体系建设稳步加强。西山林场森林防火阻隔系统一期工程全部竣工并交付使用；西山、八达岭、松山等3个林场森林防火阻隔系统建设项目二期初步设计已获市发改委批复，核定工程总投资近1.3亿元；各级森林防火机构组织人工开设隔离带和清理林下可燃物共计6.19万公顷，培育生物防火隔离带2324公顷。三是应急通讯体系建设稳步加强。市森林防火指挥系统投入正常运营，投资近300万元用于更新移动通讯系统，使之与新建成的移动指挥系统相互匹配，全面提高森林火灾应急移动通讯指挥效能。四是指挥扑救体系建设稳步加强。目前，全市专业森林消防队已达到99支、2844人，半专业森林消防队达到258支、5550人，以分布合理、点面结合的专业森林消防队为核心力量，以乡镇专业森林消防队为有效力量，以武警森林部队及驻京部队为坚强后盾的扑救体系格局进一步得到巩固。市级防扑火物资储备总量达到近两万件(套)，各区县有效扑火物资储备合计7.3万件(套)。

*森林防火综合管理体系建设进一步加强* 一是做到因时设防。针对本年度森林防火期雨雪天气多于常年的特点，市防火办先后6次召开工作会议并下发通知，还特别针对农村两委换届可能引发的负面影响进行了有针对性的超前部署。与此同时，夏占义副市长和安钢副秘书长先后在重要时间节点几次深入一线检查森林防火工作；门头沟区、房山区、顺义区、怀柔区、延庆县和密云县等主要领导亲临一线指导检查森林防火工作；市园林绿化局领导两次分组到各区县督导检查，市防火办领导赴各区县检查防火工作十余次，全市森林公安民警在元旦、春节、元宵节、清明节、“五一”节等重要时间节点全部停休，坚持战斗在森林防火一线。二是坚持因地制宜。针对火情多发地区，市防火办派出工作组，有针对性地加强监督和检查，并协调武警森林指挥部机动支队历时60天在房山区和怀柔区驻扎官兵100人，实施“防控前置、扑救前移、靠前驻防”，为有效预防和扑救森林火灾发挥了重要作用。另外，昌平区则在该区重点部位封山封沟142条，制作警戒线悬挂在山沟路卡入口，强化源头管理，工作成效明显。三是落实因险而动。针对大风、高温等极端高火险天气，市森林防火指挥中心发布橙色预警5次，各级森林防火机构调配增加人员，延长看护时间，从源头上管住了火源。

*森林防火法治保障体系建设进一步强化* 一是严格落实各级森林防火责任制。全市认真贯彻落实新修订的《森林防火条例》精神，严格落实地方行政首长负责制，坚持“三长”负责制和区县领导包乡镇、乡镇领导包村的“两级包片”责任制，层层签订各类责任状共计19.3万份，确保了全市森林防火工作的各项部署一贯到底，全面落实。二是构建完善森林防火法治规范体系。年内，《北京市实施〈森林防火条例办法〉》立法项目取得了突破性进展，房山区、密云县依据新《条例》划定森林防火区，并以人民政府名义发布实施；市防火办修订完成了《北京市森林防火年度考核办法》，重点针对区县森林防火指挥部(即区县政府)的责任制落实、工作保障、森林火灾预防和扑救等内容进行了量化考核；制定完善了《北京市森林防火指挥中心工作规范》和《北京市森林火灾扑救前线指挥部工作规范》，进一步促进了森林防火工作的科学化与规范化管理。三是建立完善了森林防火宣教体系。11月份，全市统一组织了森林防火宣传月活动，共发放各类宣传品179.7万份，挂横幅8900余条，发送短信5700余条，设置固定宣传牌6200余块，设置新型太阳能森林防火语音宣传杆10个，并举办了“5·12”防灾减灾日森林防火宣传活动，营造“人人防火、树树平安，时时防火、国泰民安”的氛围。四是加大森林防火责任追究力度。本年度防火期，共制止违章用火4361起，总计罚款1.4万元。延庆县强化责任落实，严格追究倒查，2010年度共有121名护林员因脱岗、旷工或缺勤受到处罚，共计扣除工资33 281元，并有74人被取消管护资格。

*森林公安* 2009年11月至2010年9月，全市共接警情1517起，较2009年减少11%；已结办1396起，结办率为92%。全市森林公安机关受立案514起，其中刑事案件58起，林业行政案件447起，治安案件9起；按案别分，盗伐案件79起，滥伐案件186起，毁林案件117起，其他案件132起。与2009年相比，案件总数下降5%，其中刑事案件增加38%，林业行政案件下降8%，治安案件下降31%；按案别分，盗伐案件减少14%，滥伐案件增加5%，毁林案件下降24%，其他案件增加15%。

2010年4月1日至6月30日，按照国家林业局的统一部署，组织开展了以打击盗伐、滥伐、非法运输木材、放火或失火烧毁林木、非法占用林地等为重点的“春季行动”。全市各单位共出动人员7339人次，其中森林公安民警5338人次，出动车辆2823台次；接到群众举报线索72条，根据线索查破案件21起；刑事立案6起，破案3起，破获特大案件1起；清查木材交易市场168处次，清查木材经营加工场所215处次，清查征占用林地场点97处次；抓获犯罪嫌疑人4人，行政处罚90人，林政罚款112 005元。

*林木有害生物防治* 2010年，全市林木有害生物发生面积3.96万公顷，有效防治面积3.93万公顷，防治率达到99.43%，无公害防治率达到100%；测报准确率98.9%。全市果树病虫害发生面积18.72万公顷(次)，防治面积29.76万公顷(次)；应施种苗产地检疫面积1.28万公顷，种苗产地检疫率达到100%；成灾面积40公顷，成灾率0.058‰。测报准确率、无公害防治率分别比国家下达指标任务提高13.9、20.0个百分

点，成灾率比国家下达指标任务降低了1.342个千分点，全市未发生美国白蛾灾害。

林政稽查　2010年，共受理各类行政案件172件。其中受理各类野生动物保护行政案件146件；受理林木、林(绿)地类案件26件。在受理的146件野生动物类案件中，受理举报直接查处案件32件，转督办案件32件，专项检查行动81件，协查案件1件，案件处理率达100%。在查处案件过程中共出动396人次，108车次。共收缴各种野生动物603只(条)，其中北京市重点保护野生动物143只(条)；国家保护的有益的或者有重要经济、科学研究价值的陆生野生动物460只。收缴非法粘鸟网具12套，翻笼1个。

花卉产业　2010年生产鲜切花4500万支，盆栽植物1.25亿盆。全年花卉生产面积0.47万公顷、产值14亿元，分别比去年增长4.5%、15%。围绕"绿色北京，让美好走进生活"的主题，组织开展了"三节一展"为主的花事活动。先后展示3000多个品种的月季、菊花、郁金香等花卉1500万株，吸引游客近百万人次。以花为媒，宣传北京花卉产业、弘扬花卉文化，引导花卉消费，推动产业发展。

蜂产业　2010年全市蜜蜂饲养量达26.3万群，比2009年增加10.7%；引进优良种蜂王1500只，蜜蜂良种率达50%；蜂蜜产量627万千克，比2009年增加18.98%；蜂王浆产量11.4万千克，比2009年增加58.33%；全市共有蜂业专业合作组织54个，有蜂业产业基地56个，售蜂收入450万元，蜂授粉收入1100万元，养蜂总产值1.7亿元，蜂产品加工产值超过9亿元，出口创汇超过1000万美元。

国际合作项目　2010年与德国、联合国发展计划署(UNDP)、世界自然保护联盟(IUCN)合作开展了6个项目，成功申请中韩森林保护项目和中日小渊基金2个国际合作项目，组织开展了"中朝友好苗圃"对外援助项目。

**林木苗木**　坚持合理整合、优化结构，为首都造林绿化工程提供优良苗木。

截至2010年底，共有苗圃1086个，实际育苗面积0.94万公顷，全市年总产苗量2.51亿株，出圃苗木5576万株，可供下一年造林绿化苗木1.37亿株，实现产值26.8亿元。全市可供园林绿化的针、阔、花灌木树种达130多个，针、阔、花灌木育苗比例为25:38:37，育苗结构更加符合市场需求。

**首都义务植树**　2010年，全市军民共栽植各类树木210万余株，挖坑217万个，养护树木548.12万株，清扫绿地1334.18万平方米，设咨询站633个，出动宣传车445辆，发放宣传材料119万份，出动绿色小信使10万人，悬挂宣传标语8558幅。发放邮册1500册，广告笔5万支，宣传折页10万张、张贴画3万张，有力地推动了首都绿化美化工作。

2010年有11所学校被评委花园式单位，有12所高校1000多名师生参加了义务植树劳动，认建认养绿地320万平方米，认养树木2700多株。市创建花园式街道办事处3个，花园式单位37个，花园式单位150个。推荐报送全国绿化先进集体8个，全国绿化劳动模范4人，全国绿化先进工作者4人。

**【果树产业】**　2010年，全市果树产业继续以建设都市型现代农业为方向，用新理念引领产业发展、新技术支撑产业发展、新机制推进产业发展，以实现果树产业实现"三个转变"和建设"两个一流"为工作重心，以抓好果品专业村建设为重要内容，以农民增收致富为落脚点，推广一流技术，建设一流水平的果品生产基地，实现"安全、优质、高效、生活、生态"五位一体的发展目标。

1. 果品收入4.7亿元，果农户均果品收入1.18万元。尽管遭遇严重冻害，各级政府主管部门鼓励果农严格采取减灾措施，全力推进科学化管理，如不疏花晚疏果、人工授粉、施施足有机肥、增加套袋等一系列保树保质措施，2010年果品总收入同比增长4.7亿元。2010年全市果品产量为9.08亿千克，同比减产7.1%。其中鲜果产量达到8.5亿千克，同比减产7.6%；干果产量达到5781.8万千克，同比略有增长。北京市果品直接收入达36.6亿元，同比增长14.7%，创历史新高。其中，鲜果收入达到29.5亿元，同比增长12.0%；干果收入7.1亿元，同比增长27.4%。板栗产量同比减少8.7%，因产量降低，市场变得紧俏，导致收入猛增到3.7亿元，占到干果收入的52.1%。平谷2010年大桃收入增长1.4亿元，达到9.4亿元，平谷区整体果品收入可达到12亿元。密云果品总收入达4.4亿元，增长1.1亿元。房山果品总收入3.5亿元，增长8000万元。通州、顺义也有较显著增长，分别达到2.56亿元和2.79亿元。从2006年以来，全市果品收入连续4年增长超过10个百分点，2010年全市30.9万户果农户均果品收入达1.18万元，同比增长10.3%。

2. 完成春季果树发展。全市春季完成果树发展0.51万公顷、440.9万株。其中，结合退耕还林结构调整新发展果树0.29万公顷(鲜果0.19万公顷)、304.5万株，其中山区县占2600公顷；更新老杂劣果树1266.67公顷、73.6万株(山区县933.33公顷、51.2万株)。各山区县继续积极利用酸枣及山杏等野生资源嫁接品种。全市共完成野生果树资源嫁接147.4万株。其中，酸枣接大枣134.3万株，怀柔占到122.9万株。山杏嫁仁用杏13.1万株，主要集中在昌平、密云。

3. 加大桃、柿子、苹果的品种结构调整力度。按照果树产业"十二五"发展规划要求，调整传统磨盘柿、硬肉桃系列品种结构，改接日本甜柿品种、早中熟苹果品种及国内外水蜜桃系列品种。2010年昌平、房山、平谷三个区县完成传统涩柿品种高接换优95.25公顷、32 446株，新栽植甜柿22.33公顷、12 967株(大兴13.33公顷温室、8000株，平谷7.33公顷、4600株，昌平1.33公顷、167株，朝阳0.33公顷、200株)，12 967株。甜柿品种主要有阳丰、次郎、早生次郎、西村早生等。

4. 设施果树继续成为增收亮点。到2010年，全市已有设施果树1193.33公顷，其中结果面积733.33公顷，生产设施果品1310万千克，收入27 521万元，平均每公顷收入37.5万元，惠及万余户果农。

因设施栽培果品提前上市，温室花期、果品成熟期分别与春节、清明节、"五一"节假期相逢，大大提升了市民前往郊区休闲、赏花、摘果的兴趣和内容，极大

地丰富了都市型现代农业的内涵，在为果农带来丰硕的经济效益的同时，产生了很好的社会效益，反之又推动了设施果树栽培技术的提高和树种的不断扩大，鲜杏、樱桃、草莓、李子、果桑设施栽培等都有较大程度的发展，特别是近些年一些南果北种也有了较快发展。

5. 京郊果园观光采摘效益持续攀升。2010 年京郊果园观光采摘直接收入达 3.3 亿元，共接待游客 904.7 万人(次)，采摘果品总量达 4163.8 万千克，采摘直接收入达 3.3 亿元。京郊采摘开放果园已由 2009 年的 926 个增加到 1114 个，面积达到 3.43 万公顷(同比增长 4.9%)。通过观光采摘促销果品 6356.3 万千克，促销收入 2.9 亿元，与 2009 年基本持平。

2010 年，号称"春果第一枝"的樱桃因冻花芽较重，减产 25.3%，总产量 319.5 万千克，但市民采摘的兴致未减，在仅有两周多的采摘期内约有 69.8 万人(次)的市民来到果园，实现采摘收入 0.84 亿元，采摘的樱桃量占总产量的 59.3%，而采摘收入占到了总收入的 64.6%。平谷北寨红杏成熟时，北寨村就接待游客 4 万余人(次)，50 万千克红杏有 20 万千克被采摘，综合采摘收入达到 180 万元。大兴安定镇千亩古桑园接待观光采摘 10 万人(次)，采摘 15 万千克桑葚，收入 170 万元。

(北京市林业由黄桂林供稿)

# 天津市林业

【概　述】

**植树造林**　2010 年，全市计划造林 14 000 公顷，实际完成 15 525.87 公顷，占计划的 110.9%，栽植各类树木 1840 万株。其中，市级重点工程完成造林 8770.6 公顷，占计划的 120.5%，栽植各类树木 755.3 万株，苗木规格高，林带结构合理，栽植质量较往年有很大提高。分别组织市党政军领导、市直机关干部、大专院校师生开展义务植树活动，完成义务植树 500 万株，收缴绿化费 600 余万元。截至 2010 年年底，全市有林地面积达到 20.9 万公顷，灌木林面积 4571.2 公顷，疏林地 6017 公顷，未成林造林地 9417.1 公顷，苗圃 7435 公顷，采伐迹地 33 公顷，四旁树 3069.9 万株，折合林地 21806.8 公顷。以全市农村土地总面积 109 万公顷为基数，林木覆盖率为 21.5%。

**林政资源管理**　①完成了"十二五"期间年森林采伐限额和天津市林地保护利用规划大纲的编制工作。②全市共审核征占用林地 72 件，征占用林地面积 244.2 公顷，收取森林植被恢复费 1344.9 万元。③按照市政府简化行政审批工作要求，林木采伐审批权下放到区县后，加强与区县沟通、协调，及时发放林木采伐审批表。并按照国家林业局的部署，开展了森林采伐管理改革试点工作。④针对个别区县工作进展较慢的情况，下发《关于全面推进集体林权制度改革的通知》，加强了工作督促力度，积极稳步推进集体林权制度改革。

**森林病虫害防治**　2010 年全市林业有害生物发生面积 10 603.3 公顷，无成灾面积，成灾率为零；全年防治面积 301 900 公顷，无公害防治率为 95%，比 2009 年有一定程度的提高。对全市森林危害最大的美国白蛾防治作业面积 196 986.67 公顷，防治作业面积、地面施药面积、飞机防治面积分别比计划增加 22%、30% 和 39%。经市防控办和国家林业局组织检查验收，全市平均有虫株率为 0.063%，达到了国家林业局下达的防控指标。此外，2010 年春尺蠖防治面积 13 026.67 公顷、杨扇舟蛾防治面积 15 120 公顷、光肩星天牛防治面积 12 033.33 公顷、杨树病害防治面积 12 046.67 公顷、六星黑点豹蠹蛾防治面积 1640 公顷，均达到了有虫不成灾的治理目标。

**森林防火**　①传达全国森林防火电视电话会议精神，统一全市上下做好森林防火重要性的思想认识。加强重点地段和火险高发时段的防火检查工作，坚决消除火灾隐患。②强化火灾应急处置，抓好扑救工作的落实。对扑火队伍进行全方位培训，实现山区视频监控和地面巡护等手段相结合，做到早发现、早处置。③认真组织学习《森林防火条例》，丰富防火宣传形式。市森林防火指挥部下发了《天津市关于贯彻落实〈森林防火条例〉的通知》，努力增强森林防火工作人员和人民群众的法律意识。④与北京市、河北省建立了联防工作机制，通过加强工作联系，保证了交界地区出现火险后，可以得到迅速解决。通过各项防火措施的落实，实现连续 20 年无重大森林火灾的目标。

**野生动植物、自然保护区和湿地保护与管理**　①救护各类野生动物 670 余只，其中国家二级保护动物 19 只，市级保护动物 650 余只。②根据国家林业局的统一安排，天津市林业局于 7 月 22 日举办了全市野生动物疫源疫病监测信息网络直报系统培训班，为该系统在全市范围内的顺利启用奠定了基础。同时加快各监测站点建设，使监测工作覆盖更广。③2010 年 5 月 15 日，天津市林业局破获一起重大非法猎捕案，共查获野生鸟 408 只，在查获鸟中有国家二级重点保护鸟类松雀鹰 2 只，赤腹鹰 4 只，其余 402 只均为多种"三有鸟"，有效地打击了违法犯罪活动，保护了野生动物资源。④通过专家检查验收、实地调研、对重点湿地的补充调查，不断增强《天津市湿地资源调查报告》的严谨性和科学性。

**【栽植友谊林】**　2010 年 4 月 9 日，天津市林业局与市人力资源和社会保障局、市外国专家局共同组织在津外籍人士和海外归国人员 200 余人在大港官港义务植树基地开展栽植"海外人才友谊林"活动，植树 1000 余株。这也是天津市连续第二年组织种植"海外人才友谊林"，此项活动的开展拓展了义务植树的范围和影响，取得了很好的效果。

**【爱鸟周宣传活动】**　2010 年 4 月 11～17 日，由天津市林业局主办，天津市野生动植物保护管理站、天津市野生动植物保护协会、中华人民共和国濒危物种进出口管理办公室天津办事处、天津市野生动物救护驯养繁殖中心、天津自然博物馆协办，天津市蓟县林业局承办的，以“科学爱鸟护鸟，保护生物多样性”为主题的天津市第二十九届爱鸟周宣传活动在蓟县举行。本届爱鸟周开幕式上，与会领导向天津市河西中心小学和天津自然博物馆王凤琴研究员颁发斯巴鲁生态保护先进单位和先进个人的奖牌。爱鸟周期间，进行了鸟类放飞、鸟类专家组织观鸟以及生态道德教育等活动。

**【林业有害生物防治】** ①开通运行森林网络医院。按照国家林业局的统一部署，2010 年 10 月，天津市森林网络医院正式开通运行，为普及森防知识，及时解决生产中的技术难题提供了便捷通道。②加强了林业病虫害的监测预报工作。及时开展了杨树烂皮病、美国白蛾、舞毒蛾、松材线虫病、红脂大小蠹等的监测，监测覆盖率达 100%，测报准确率达 90% 以上。在此基础上，对主要林业有害生物的发生期和防治时期等及时发布预警信息，全年共发布病虫情动态 154 期，科学指导防治工作。③加强检疫工作。2010 年，全市进行产地检疫 0.51 万公顷，产地检疫率为 100%；调运检疫苗木 1619 万株，木材 16 万立方米；复检苗木 869 万株，木材 7.5 万立方米；处理违章案件 358 件，进行除害处理 2 批次。对全市 45 家木材加工厂和 15 个苗圃进行了检疫执法检查。同时对天津市新造林地的苗木调运进行了复检，蓟县公路检疫站在检查中发现 560 株国槐带有检疫对象日本双棘长蠹，通过进行处理，防止了危险性病虫害进入我市，保证天津市重点造林工程林业生态安全。

**【全市造林绿化工作动员会】** 2010 年 10 月 29 日，市政府召开 2010～2011 年度造林绿化工作动员会。会议深入贯彻市委九届八次全会精神，全面总结 2009 年以来造林绿化工作取得的成绩和经验，部署 2010 年秋冬季和 2011 年春季造林绿化任务。市委副书记、市长黄兴国出席会议并讲话。市委常委苟利军主持会议，副市长李文喜做工作部署，市政府秘书长李泉山，副秘书长于忠诚、刘剑刚出席会议。市政府办公厅、市政府研究室、市有关部门负责同志，有农业区县的区县长、分管区县长以及农委、林业(农林)局负责同志参加了会议。

黄兴国指出，搞好造林绿化，是实现天津城市定位的重要要求。胡锦涛总书记对天津提出要建设独具特色的国际性现代化宜居城市，国务院对天津城市的定位将生态宜居城市作为重要内容，市委九届八次全会通过的“十二五”规划建议把生态建设作为重要目标；搞好造林绿化，是转变经济发展方式、推进节能减排、加快经济社会发展的重要途径。“十二五”时期，破解环境资源瓶颈，必须把生态建设摆在重要位置。森林是陆地最大的储碳库和最经济的吸碳器。扩大森林面积，是最简单、最经济的固碳减排方式；搞好造林绿化，是使天津大地绿起来的重要途径，是功在当代、造福子孙的惠民工程，具有很高的生态效益、社会效益和经济效益。我们要深入贯彻落实中央和市委部署，按照建设生态文化、生态经济、生态环境、生态人居的要求，把造林绿化工作坚持不懈地抓下去，加大力度，抓出更大成效。

黄兴国强调，当前和今后一个时期，要重点抓好四项工作：一是紧密结合“十二五”规划，高水平编制造林绿化规划。围绕绿色通道、绿色河流、绿色村庄和农田林网、环城绿化、园区绿化、成片绿化等重点环节，用好的规划指导造林绿化工作。二是用改革思路和市场化办法，研究制定种养政策。坚持谁种谁有、依靠群众，采取政府补贴、公益养护和公司化经营等手段，走出一条政府减负、企业受益、农民增收的多赢路子。三是探索碳汇交易，明确交易标准和流程，让多种树多绿化的地区、单位和个人得到更多利益。四是表彰宣传造林绿化先进人物，在全社会营造良好氛围，充分调动各方面造林绿化的积极性。

**【生态效益补偿基金管理】** 根据《财政部国家林业局关于印发〈中央财政森林生态效益补偿基金管理办法〉的通知》(财农〔2009〕381 号)，市财政局、市林业局结合天津市实际，修订了《天津市实施〈中央财政森林生态效益补偿基金管理办法〉细则》。《细则》对公益林补偿范围、标准和补偿程序等做了详细规定，进一步规范和加强了中央财政森林生态效益补偿基金管理，提高资金使用效益。

**【林业大事】**

**3 月 11 日** 市政府在武清区召开 2010 年春季造林现场推动会。会议对 2009 年秋冬季造林绿化情况进行总结，对 2010 年春植各项工作进行了安排部署，拉开全市春季造林绿化序幕。副市长李文喜出席会议并讲话，市农委主任张国庆，市农委副主任、市林业局局长李森阳，市财政、市农垦集团负责同志，有农业区县主管区县长、滨海新区主管区长，塘、汉、大管委会主管主任陪同考察并参加会议。

**3 月 20 日** 天津植树日。副市长李文喜，副秘书长于忠诚，市农委主任张国庆及市农委副主任、市林业局局长李森阳等到静海县林海循环经济示范区参加义务植树活动，并实地检查春季造林情况。市林业局领导班子成员、静海县党政负责同志参加。

**3 月 23 日** 张高丽、黄兴国、刘胜玉、邢元敏、何立峰、谢建华、董泽平等市党政军领导同志，在建设中的梅江会展中心，与广大市民一起义务植树，共建绿色天津。

**5 月 15 日** 市林业局喜迁新址，由河西区西园南里 55 号迁至紫金山路 3 号增 1 号。

**6 月 4 日** 市委办公厅、市政府办公厅以津党办发〔2010〕59 号文件印发《市委农工委、市农委主要职责内设机构和人员编制规定》，内附《天津市林业局(天津市绿化委员会办公室)主要职责内设机构和人员编制规定》。

**9 月 7 日** 市机构编制委员会办公室以津编字〔2010〕129 号文件批复市林业工作站主要职责。

**9 月 13 日** 副市长李文喜听取市林业局关于林业重点工作的汇报，对做好植树造林和病虫害防治工作提出具体要求。市林业局局长李森阳作工作汇报，副局长王海静、吴学东参加了汇报。

**10 月 26 日** 市编委批复同意成立天津市林业调查

规划设计院，为市林业局管理的自收自支事业单位，等级规格相当处级，编制20名，从林果服务站(市花卉产业中心)划入。

**10月28日** 市委任命陶润立同志为天津市林业局(天津市绿化委员会办公室)党委委员、书记(正局级)。

**10月29日** 市政府召开2010～2011年度造林绿化工作动员会。会议深入贯彻市委九届八次全会精神，全面总结去年以来造林绿化工作取得的成绩和经验，部署2010年秋冬季和2011年春季造林绿化任务。市委副书记、市长黄兴国出席会议并讲话。市委常委苟利军主持会议，副市长李文喜做工作部署，市政府秘书长李泉山，副秘书长于忠诚、刘剑刚出席会议。

**11月8日** 市政府任命陶润立同志为天津市林业局(天津市绿化委员会办公室)局长(主任)。

**12月8日** 市委、市政府召开2010～2011年度秋冬季造林绿化现场推动会。会议通报了全市秋冬季造林绿化工作进展情况，对下一步工作做出了安排部署。市委常委苟利军出席会议并讲话，市政府副秘书长于忠诚、市委办公厅副主任孙学瑞出席，市农委、市林业局负责同志，滨海新区及有农业区县分管区县长，塘、汉、大管委会分管主任及大港油田公司负责同志参加了会议。

**12月12日** 市林业局组织召开《天津湿地资源调查报告》专家论证会。专家组经讨论一致同意通过对报告的评审。

**12月15日** 市林业局、市档案局联合下发《天津市集体林权制度改革档案管理办法》(津林政〔2010〕180号)。

(天津市林业由王浩供稿)

# 河北省林业

**【概　述】** 2010年河北省各级林业部门按照省委、省政府的部署要求，以科学发展观为指导，全面贯彻落实中央林业工作会议、全省林业工作会议精神，统筹兼顾，突出重点，扎实推进各项林业工作，取得了显著成效。

**造林绿化** 全年共完成造林绿化283 878公顷，是年度任务的106.5%，其中：人工造林138 365公顷，飞播造林766 001公顷，新封山育林68 912公顷；完成中幼林抚育263 752公顷；义务植树1.2亿株，新建义务植树基地191个。京津风沙源治理、退耕还林、太行山绿化、三北防护林、沿海防护林等国家重点林业工程稳步推进，世行、德援和日援等项目造林任务进展顺利。狠抓造林质量管理，积极推广容器苗造林、地膜覆盖、保水剂等抗旱促活实用造林技术，加强补植补造和抚育管护工作，着力提高造林面积核实率、造林成活率和保存率，造林绿化质量明显提高。

**集体林权制度改革** 全年完成明晰产权面积0.47万公顷，累计达到553.27万公顷，占总任务的99.9%；登记发证面积95.1万公顷，累计达到406.3万公顷，占总任务的73.4%。在平泉等6个县(市)开展了林木采伐改革试点。在易县等34个县(市)建立了林权流转服务中心，累计流转林地面积13.1万公顷，流转金额4.1亿元。截至2010年共引导建立林业专业合作组织2290个。

**森林资源管护** 全年发生森林火灾34起；过火面积211公顷，受害森林面积5.96公顷；森林火灾受害率控制在0.3‰以下。完成美国白蛾等林业有害生物防治作业面积108万公顷(次)，林业有害生物成灾率控制在4‰以下。全省自然保护区增加到27处，其中国家级8处，自然保护区面积已达53万公顷，占全省土地总面积的2.8%。

**林果产业** 全年完成果树结构调整和树体改造13.77万公顷，占任务的103.3%；建设和完善高标准外向型基地14.37万公顷，占任务的107.8%。全省果树面积达到153.33多万公顷，居全国第一位；果品产量达到1140.0万吨，位居全国第二位，梨、红枣、板栗、仁用杏产量居全国第一位。强化果品质量安全监管，完成1830个批(次)果品质量安全例行监测，全省果品抽检合格率均达到99.16%以上，优势特色果品生产区域更加集中。全省速生丰产用材林基地总面积达53.33多万公顷，人造板生产企业2500多家，年产量1190.8万立方米。全省花卉示范基地建设0.08万公顷，花卉良种普及率达到80%以上。全省现有森林公园80处，森林旅游经营面积达到753.75万公顷，实现旅游收入15.2亿元，直接带动其他产业产值21.9亿元。林禽、林菌、林药、野生动物养殖等林下经济发展势头迅猛，成为林业经济新的增长点。2010年全省实现林业产业总产值6 937 260万元，与2009年相比增长12.8%。

**【河北造林投资"以奖代补、先造后补、多造多补"】** 为加强和规范造林绿化工程资金管理，河北省自2010年1月1日起施行《造林绿化工程以奖代补、先造后补、多造多补资金管理办法》，旨在从根本上解决林业工程"干与不干一个样、干多干少一个样、干好干坏一个样"的问题。以奖代补专项资金将纳入省级财政预算，按照全省设区市年度森林覆盖率净增量考核综合排名，以奖励形式安排造林绿化建设补助资金。先造后补是指国家和省里安排的造林绿化资金下达到县(市、区)后，先造林后领取造林补助的管理方式。多造多补是指省林业行政主管部门对经过检查确认的本年度超计划完成造林任务的县(市、区)，在下年度中给予补助的管理方式。以奖代补、先造后补、多造多补的资金来源为国家安排的重点造林绿化工程建设资金和省级预算安排的林业建设资金。以奖代补、先造后补、多造多补资金的补助对象为组织工程实施的设区市、县(市、区)林业行政主管部门。

**【河北省林业局赴滦平县偏桥村开展帮扶工作】** 为贯

彻落实温家宝总理在滦平县偏桥村考察时的讲话精神及河北省委、省政府安排部署，2010年2月底到3月初，河北省林业局领导多次带领有关处室负责同志到偏桥村进行调研和现场办公，帮助当地党委、政府谋划兴林富民的发展思路，提出了“林业发展与农民致富相结合、发展经济林与发展生态林相结合、山体绿化与通道绿化相结合、村庄绿化美化与生态旅游相结合”的思路；确定了“当年见成效，两年上台阶，三年大变样”的目标。帮扶工作突出一个“快”字、强调一个“实”字，项目建设进展快、成效好。偏桥村2010年完成造林绿化457公顷，新建果园51.37公顷，村屯绿化栽植杨树6万株，进村道路两侧、村屯周围基本绿化完毕，完成旧果园改造4.67公顷，果树高接换优0.34万株，偏桥村绿化主体任务已经完成。同时，完成滦平县境内京承高速、京承旅游路两侧重要节点绿化533.33公顷。

**【新民居建设绿化标准】** 2010年2月26日，河北省绿化委员会办公室、省林业局出台《关于新民居示范村绿化实施意见》，提出了村庄绿化必须坚持的原则和标准。《实施意见》提出，新民居绿化必须体现农村特色，以“创建绿色家园、建设富裕新村”为主要目标，充分利用经济林树种及经济作物，实现生态效益与经济效益双赢。全省将加大四旁绿化力度，加快实施街道两侧、村庄公共绿地、庭院、空心村绿化。新建新民居示范村绿地率要超过30%，改造村绿地率要超过25%，并按居住人口人均1平方米以上标准建设公共绿地。在新民居绿化的布局配置上，通村道路要全部绿化，建设防护林带。村庄周围要依形就势，建设环村生态或经济林带。村庄规划范围内的空地、坑塘、撂荒地、沟壑地和次耕地，合理选择树种，实施造林绿化。村庄范围内的单位、部门和工厂绿化覆盖率要超过35%；绿化要注重乔、灌、花、藤的立体搭配，突出景观特色。村内至少建设一个休闲公园或园林小品，利于群众娱乐、休憩和健身；绿化树种以冠幅大、遮阴好的高大乔木为主，适当配置花灌草，绿化覆盖率超过35%。按照规划，2012年河北15%左右的行政村，村庄绿化覆盖率将超过35%，并将建成7500个不同类型、各具特色、标准较高、具有广泛代表性的新民居示范村绿化样板。

**【义务植树制度化基地化】** 2010年3月20日，河北省省委书记、省人大常委会主任张云川、省长陈全国、省政协主席刘德旺等24位省级领导与2000多名干部群众，在石家庄鹿泉市省会义务植树基地种下1万多株树苗。河北省级领导在全国“两会”后的第一个休息日参加义务植树活动，这项制度在2007年写进河北省委常委会会议纪要，为全省义务植树制度化建设起到了积极的推动作用。近年来，河北省出台了一系列法律法规，将义务植树纳入法制化、制度化轨道，制定完善了省绿委成员会议、义务植树登记卡等制度。其中，省级领导挂牌植树等形式的义务植树活动已推行4年，对省级领导和驻石的厅局级领导下发《义务植树通知书》已成惯例。义务植树从到现场参加向以资代劳、爱绿护绿、认种认养等多种形式发展，极大地提高了公民义务植树尽责率。从2001年起，河北省义务植树工作从春季一季扩展为春、夏、秋三季，提高了义务植树的成效。此外河北省还狠抓义务植树基地建设，探索出了完善竞价拍卖、租赁经营等多种义务植树基地开发模式。

**【生态文化建设】** 2010年河北省着力从基地建设、机构建设和培树典型三方面入手，加大生态文化体系建设力度。①生态文化基地建设在全国起到了示范作用。10月16日，第三届中国生态文化高峰论坛在河北省唐山市举行，全国政协副主席郑万通等领导出席会议并作重要讲话。会上，塞罕坝机械林场被授予全国生态文化示范基地称号，唐山钢铁集团有限责任公司被授予全国生态文化示范企业称号，乐亭县赵蔡庄村和定州市钮店社区被授予全国生态文明村称号。②生态文化普及工作走在全国前列。3月29日“创建全国绿色校园”活动动员大会在香河一中召开，教育部、全国绿化委员会、国家林业局领导出席仪式并揭碑。提高了广大青少年的环保意识和生态文明意识。③推出了一系列生态文化产品。由报告文学作家艾前进撰写的长篇报告文学《使命至上——塞罕坝务林人的光荣和梦想》出版发行。电视连续剧《塞罕坝》，已经完成剧本创作，此外还编辑出版了《塞罕坝诗歌集》。

**【河北省利用世行项目情况】** 从1990年开始，河北省利用世行贷款持续实施了国家造林项目、森林资源发展和保护项目、贫困地区林业发展项目、林业持续发展项目四期世行项目，总投资5.81亿元人民币，其中利用世行贷款4308万美元，涉及全省除唐山、沧州外的9市63个县(市、区)。经过林业部门和项目区广大农民的共同努力，河北世行项目建设取得显著成效。①增加了森林资源。四期项目累计完成造林报账面积175 403公顷，是计划任务126 591公顷的138.6%，其中杨树、落叶松等速生丰产用材林面积154 669公顷，板栗、葡萄、枣、核桃、苹果等经济林面积20 734公顷；四期项目的平均造林成活率均在91%以上。根据造林规程和项目竣工的幼林摸底调查，一类林面积141 937公顷，二类林面积23 832公顷，三类林面积9634公顷，分别占造林报账面积的80.9%、13.6%和5.5%，其中一、二类林面积达94.5%。世行项目发展的林业资源，将有效缓解全省的木材供应紧张及果品市场供应状况。②改善了生态环境。项目县平均提高森林覆盖率2～4个百分点。在山区特别强调以项目村为单位，按流域进行综合治理，凡在5度坡以上的地方，都必须采取反坡梯田、水平阶或鱼鳞坑整地“品”字型栽植的措施，此举有效地控制了水土流失。在平原区项目造林重点利用河流两岸的沙荒地造林，项目的实施对河北平原防沙治沙、改善生态环境起到了极大的促进和推动作用。③提高了农民收入。首先是木材及果品生产的直接收入，四期项目用材林主伐时累计可生产规格材1992.5万立方米，产值95.2亿元；经济林生产各种干鲜果品157万吨，产值55.1亿元。其次是开发荒山荒地增加耕地间作农作物的收入。通过造林整地将荒山、沙荒地开发，在造林的前3～4年种植花生、豆类等经济作物增加收入。第三是次耕地改造提高的收入。次耕地泛指“望天收”的土地，通过项目打井及灌溉设施配套，次耕地变成好耕地，粮食至少要增加1倍的产量。据2006年对8个世行项目村林果产业每村百户跟踪调查显示：生产结构优化，林果业比重上升，百户林果面积发展到181.46公顷，比2002年本底调查时的86.85公顷增加了94.61公顷，林果面积增长了1.1倍。农民收入多元化，纯收入达2886元，比上年增加了351元，增长了13.8%，比全省平均增速高出4.6个百分点。从各业对农民纯收入的增长贡献率分析，林果业增收贡献率为40.7%，居第一位。

**【林业科技推广示范点建设】** 2010年，河北省省级林业科技示范点建设从实际出发，立足本区域发展、组织推广林业新科技、新成果，创建一批林果生产示范、推广的新典型，为全省林果业发展树立了良好的示范典型。2010年示范点建设完成各类林业新科技、新成果示范面积230.4公顷，辐射推广1120公顷。省林业科技推广总站多次组织示范点实施地农民考察学习、聘请专家举办培训班并协助成立专业合作社，提高了果农示范点建设的积极性和技术水平。此外，还通过加强树上、树下管理、推广新科技产品、推广新品种建立科技示范基地等多种方法提高示范建设质量，增加科技含量，使示范点建设质量较往年有大幅度提高。

**【森林草原防火责任落实到人】** 2010年3月19日，河北省政府森林草原防火指挥部印发通知，将河北省重点林区森林防火责任人进行了明确，设区市、县(市、区)都落实了第一责任人、主要责任人和直接责任人。河北省要求，各级领导要切实负起责任，有关部门要通力协作，各地各单位要采取有效措施，进一步加大工作力度，确保实现森林防火控制目标。对防火责任制不落实、玩忽职守、工作不力、指挥不当，引发重大森林火灾、造成重大人员伤亡的，将按照规定追究有关领导的责任。指挥部同时提出全省重点林区森林防火控制目标：确保不发生重大森林火灾；确保不发生重大人身伤亡事故；确保不发生危害北京的森林火灾；确保森林火灾受害率不超过0.3‰。

**【城市绿化净增量考核】** 河北省绿委办和省文明办组织省人大、省政协部分常委以及有关专家组成考核组，于2010年6月3~9日和6月21~27日分两个阶段对省内11个设区市建成区绿化净增量进行了考核。考核组通过现场检查和听取工作汇报，对各设区市去冬今春城市绿化工作进行了综合评定，最终确定2010年度城市绿化净增量考核排名为：唐山、邯郸、张家口、秦皇岛、承德、石家庄、衡水、沧州、廊坊、保定、邢台。通过考核发现，2009年冬季至2010年春季以来各市市委、政府高度重视城市绿化工作，投资力度大、机制活、措施硬，取得了显著成绩，11个设区市建成区新增乔木275万株，灌木1600万株(丛)。同时河北省还把绿化考核结果与林业项目资金分配挂钩，建立了"以奖代补、先造后补、多造多补"的造林投资新机制。通过考核，有效遏制了造林绿化数字虚假的歪风，全省造林面积核实率和造林质量显著提高。

**【国家林业局局长贾治邦参观考察河北省塞罕坝机械林场】** 2010年7月12日，国家林业局局长贾治邦与参加全国林业厅局长座谈会的代表一起，参观考察了河北省塞罕坝机械林场。贾治邦表示，要像当年农业学大寨、工业学大庆一样，全国林业系统也要认真学习塞罕坝机械林场建设积累的成功经验，大力弘扬几代塞罕坝人创造的伟大精神，推动两大生态屏障建设和现代林业建设又好又快发展。贾治邦听取了塞罕坝人的奋斗史，对塞罕坝"艰苦奋斗，无私奉献"的务林人精神以及林业生态建设取得的巨大成就给予高度肯定。贾治邦说，塞罕坝林场所取得的丰硕成果，令人震撼，令人折服，确确实实是一个非常了不起的伟大创举。贾治邦说，森林旅游一定要注意保持当地的原生态，保护好当地良好的生态条件，原生态是当地独一无二的旅游优势，良好的生态是城里最稀缺的资源，在开发过程中一定不能破坏。贾治邦一行还来到阴河林场，深入职工食堂、宿舍了解林场职工的生活情况。在林场新建的职工公寓楼前，贾治邦说，国有林场在加强营林管护的同时，一定要加强职工生活区建设，要把生活区建设成花园，建设成果园，建设成职工的生活乐园。要着力改善林场职工的生活条件，加强林区水、电、路建设，建设好林区职工子弟学校和林区医院，解决林业职工的后顾之忧。

**【河北省出台推进林权抵押贷款工作的指导意见】** 2010年8月31日河北省金融办、河北省人行和河北省林业局联合印发《关于推进林权抵押贷款工作的指导意见》，以进一步推进全省集体林权改革工作，拓宽林业建设融资渠道，巩固和发展改革成果，加快全省林业发展。《意见》要求，在符合基本信贷制度的前提下，放宽贷款准入条件，简化审批手续，逐步扩大林权抵押贷款业务规模；积极探索林权抵押贷款模式，制定符合实际的操作流程和实施办法。积极开展林农个人林权抵押贷款业务，探索林业产业化龙头企业、"林业专业合作组织+担保机构"、林业专业合作组织、"公司+基地+林农"、林农自主联合等林权抵押贷款新形式。《意见》对林权抵押贷款利率、贷款期限、担保手段等作了明确的规定。借款人实际承担的利率原则上不超过中国人民银行规定的同期限贷款基准利率的1.3倍；抵押贷款期限一般不超过15年；对采取林权抵押反担保措施的担保机构，担保倍数可放大到10倍；用材林的幼龄林、产出前的经济林抵押率不超过评估值的60%；用材林的中、近熟林，盛果期的经济林抵押率不超过评估值的70%；用材林的成、过熟林，盛产期的经济林抵押率不超过评估值的80%。

**【河北省在第二届中国绿化博览会摄影展上获佳绩】** 第二届中国绿化博览会围绕"绿色，生命的色彩"主题，组织开展了绿博会摄影展。2010年8月4~5日，绿博会执委办在郑州市嵩山饭店举行绿博会摄影作品评奖会，河北省在这次摄影展中荣获唯一优秀组织奖，并荣获特等奖1项、金奖1项、银奖2项。塞罕坝机械林场王龙的作品"流淌"获特等奖；省林业局宣传中心范明祥的作品"魅力千岛湖"获金奖；塞罕坝机械林场刘亚春的作品"林海晨雾"和省林业局野生动植物保护处武明录的作品"林海"获银奖；另外还有部分作品荣获优秀奖。在此次绿博会摄影展各类奖项中，河北省获奖最多。

**【唐山市荣获全国绿化模范城市称号】** 2010年4月1日，全国绿化委员会下发了关于表彰全国绿化模范单位的决定，授予21个城市(区)、89个县(市)、225个单位全国绿化模范单位荣誉称号。唐山市和北京市海淀区、山西省长治市等21个城市获得全国绿化模范城市称号；遵化市和涿州市、冀州市等89个县(市)获得全国绿化模范县称号。"全国绿化模范城市"是全国绿化委员会对造林绿化和生态建设成绩所授予的最高荣誉，每两年评比一次。唐山市是本次评比中河北省唯一获得此殊荣的地级市。

**【林业大事】**

**1月28日** 河北省林业工作会议在石家庄市召开。这次会议是省委、省政府召开的一次十分重要的会议，主要任务是贯彻落实中央林业工作会议精神，分析当前林业形势，安排部署今后一个时期林业改革发展工作。

**3月1日** 从即日起河北省境内的承德、张家口、秦皇岛、唐山、廊坊、沧州六市的行政区域和石家庄、保定、邢台、邯郸四市的所有山区县(市、区)的行政区域划为野生动物禁猎区。今后每年的3月1日至11月30日为禁猎期，在禁猎区和禁猎期内禁止猎捕所有野生动物。

**3月29日** "创建全国绿色校园"活动动员大会在香河一中召开。国家林业局植树造林管理司司长、全国绿化委员会办公室秘书长王祝雄、教育部发展规划司副司长陈峰、省林业局局长武国堂及廊坊市、香河县有关负责同志出席大会。此次活动旨在提高广大青少年的环保意识、树立生态文明观念，共同营造良好教书育人环境，打造人与自然和谐发展的绿色校园，把"绿色理念"植入学生心灵。

**3月** 国家林业局下发通知批复河北省国有林场危旧房改造2010年实施方案，标志全省国有林场有史以来最大规模的民生建设工程——国有林场危旧房改造工程全面启动。工程涉及河北省46个国有林场，涵盖4000户林场职工，其中新建3733户，改造267户。

**4月30日** 河北省使用全国木材运输管理系统正式签发了第一张新版木材运输证，这标志着河北省已经率先启用全国木材运输管理系统并试运行。

**5月10日** "2010中国·北戴河国际观鸟摄影大展"观鸟比赛颁奖暨摄影大展启动仪式在北戴河举行。

**5月29日** 河北省林业局与河北科技大学、河北师范大学、石家庄市动物园等单位在石家庄市动物园联合组织开展以"保护野生动物，普及科普知识"为主题的保护野生动物科普宣传活动，共有500余人参加活动。活动通过向游客宣传野生动物的有关知识，提高人们对野生动物的生活环境和生活习性的了解，号召大家携起手来，共同保护野生动物，保护人类的生存环境。

**7月29日** 河北省林业局印发《河北省林果质量安全监督检验体系建设规划(2011～2015)》。到2015年，将在11个设区市和108个重点县(市、区)全部建立林果质量安全监督检验机构，全省林果质量安全监督检验做到县不漏乡、乡不漏村、村不漏户，100%满足全省林果产品基地、市场、企业监测全覆盖的需要。根据《规划》，到2015年，河北省林果质量安全监督检验信息平台和追溯体系将实现有效运转，省、市、县三级林果质量安全监督检验机构100%联网，监测数据和信息共享，质量安全事故、问题产品100%可追溯。

**10月8日** "国有林场建设标兵"授牌暨《塞罕坝赋》碑揭幕仪式在塞罕坝举行。国家林业局副局长张建龙为塞罕坝林场授牌并作讲话。

**12月20日** "塞罕坝精神"报告会在国家林业局举办。"塞罕坝精神"报告团由河北省林业局局长武国堂，纪检组组长、监察专员王金品，塞罕坝机械林场场长刘春延，林场退休干部陈彦娴，资源科科长赵亚民，展览馆馆长刘晓秋组成，报告团员分别作了报告。会前，国家林业局党组书记、局长贾治邦会见"塞罕坝精神"报告团全体成员。 (河北省林业由袁媛、胡俊达供稿)

# 山西省林业

**【概 述】**

**造林绿化** 2010年，山西省继续坚持山上治本与身边增绿共同推进的发展思路，以创建林业生态县为抓手，启动了国家造林补贴、森林抚育补贴、林木良种补贴和育苗补贴试点，扎实推进国家林业重点工程和省级造林绿化工程建设，造林绿化取得新的成绩和进步。全年完成营造林32.82万公顷，其中人工造林19.39万公顷、飞播造林0.27万公顷、封山育林13.16万公顷。天然林资源保护、退耕还林、京津风沙源治理、三北防护林和太行山绿化等国家林业重点工程完成23.49万公顷；以汾河流域绿化、交通沿线荒山绿化、石太高速铁路绿化为重点的省级造林绿化工程完成5.04万公顷。四旁植树11 098万株，其中义务植树5181万株。

**集体林权制度改革** 集体林权制度改革全面铺开。省政府在右玉县召开林改现场推进会，省林业厅先后举办5期林改培训班，5次通报林改进展情况。林改信息采集系统全面推广应用，走出了"参与式林改、数字化确权、信息化应用"的路子。各市、县都组建由书记或市长、县长任组长的林改工作领导组，出台林改实施方案，全力加以推进。全年完成集体林地确权322.07万公顷，其中家庭承包经营248.13万公顷，均山到户率为77%；调处林权纠纷2714件，没有发生一起因林改引发的群体性上访事件。全省累计完成确权面积393.8万公顷，其中家庭承包经营294.6万公顷，均山到户率为74.8%。同时配套改革取得新进展，灵石、沁源等县启动了县级生态公益林补偿机制，每公顷每年给予150

元补偿。

**森林资源保护** 全省112个市、县和国有林场组建了森林公安机构，新招录公安民警489名，填补了山西没有市、县森林公安机构的空白。省政府与各市签订了森林防火责任书，强化各级政府一把手森林防火责任，充分发挥森林远程视频监控系统作用，开展实时监控；加快森林专业消防专业队组建，新组建49支；加大对森林火灾发生问责力度，处理相关责任人员141人。全年未发生一起重特大森林火灾和人员伤亡事故，过火面积、受害面积等指标比2009年有了大幅度下降。林业有害生物防治不断加强，创办了山西网络森林医院，建成省级天敌繁育中心，林业有害生物防治面积15.01万公顷，占发生面积的63.8%，无公害防治率达到80.6%，成灾率控制在1.3‰以下。组织开展了“绿锋一号”、“春季行动”等一系列专项行动，共查处各类案件1538起。加强重点林区、自然保护区建设，黑茶山自然保护区晋升为国家级自然保护区，国家级自然保护区增加到6处；新建了宁武县马营海、中阳县陈家湾、柳林县三川河、离石区东川河、屯留县绛河、平顺县太行水乡、襄汾县双龙湖、关帝山国有林管理局梅洞沟、太岳山国有林管理局七里峪等9处湿地公园。

**林业产业** 坚持生态产业化、产业生态化的思路，始终把干果经济林、种苗花卉、森林旅游作为林业产业发展的重点来抓，加快发展林业产业。组织开展了全省经济林发展情况普查，编制和修订了干果经济林、森林旅游、种苗花卉等专项规划。干果经济林得到快速发展，全年新发展核桃、红枣、仁用杏等干果经济林6.67万公顷，成为近年来发展速度最快的一年。林木种苗加快发展，全年新育苗1.92万公顷，育苗总面积达到4.0万公顷，是近年来育苗最多的一年。森林旅游加快推进，全年接待游客达620多万人次，门票收入达5957万元。

**林业科技** 林业科研机制不断创新，与山西大学、山西农业大学合作，依托林业职业技术学院、林业技工学校、省市科研院所、林业推广站以及院县、校场共建基地，建立了产学研科技创新联盟体系。加大科研攻关力度，乡土树种振兴计划进入到优树扩繁阶段。半干旱风沙盐碱地抗盐碱树种选择利用、核桃良种规范高效育苗技术示范与推广等6项应用研究成果通过鉴定。加快推进科技成果转化，集中推广林业生态、干果经济林等30项成果、16个品种，建成了科技示范工程1300公顷。林业标准化建设步伐进一步加快，颁布《红脂大小蠹综合管理技术规程》，审定了《杨树伐桩嫁接更新造林技术规程》、《太行山石灰岩区仁用杏栽培技术规程》、《山西省生态公益林营造质量管理规程》，编制了《枣树品种选育技术规程》国家行业标准和《煤矿废弃地造林及质量管理技术规程》地方标准。

**林业对外开放** 中日林业合作不断加强，继续实施了中国黄土高原造林技术普及培训项目、山西省五台山绿化项目，启动实施了日中绿化交流基金中国黄土高原植被恢复山西示范林营造项目，中日合作中国黄土高原林业新技术及管理方法推广普及项目，完成造林66.7公顷，修建林道1.5千米。

**林业投资** 2010年，山西省林业投融资总量达到68.28亿元，其中国家投资19.96亿元，省级投资14.15亿元，市、县及社会投资34.17亿元。在中央投资中，财政投资14.22亿元，基建投资7.55亿元；在省级投资中，省财政投资6.60亿元，省发改委投资7.55亿元；在市、县及社会投资中，市、县两级财政投资26.42亿元。

**【山西省造林绿化现场会】** 2010年6月21～22日，省政府在晋中市召开了全省造林绿化现场会。省委书记袁纯清向会议发来贺信，省委副书记、省长王君出席会议并讲话，副省长刘维佳主持会议。省人大常委会副主任王雅安、省政协副主席李雁红出席会议。会议要求，各级党委政府要以强烈使命感和责任感，坚定不移实施生态兴省战略，切实把造林绿化作为加快经济发展方式转变的重要内容来抓。以建造一个山川秀美的新山西为目标，坚持全民造林，增强林业发展活力，提高生态建设质量，不断优化林业发展环境，促进兴林富民，努力实现大地增绿、林业增效、农民增收目标，开创经济社会发展和生态建设新局面。一要认真贯彻落实中央和山西省关于造林绿化的决策部署，切实把省委、省政府《关于实施生态兴省战略加快推进林业改革发展的意见》落到实处。二要编制好林业生态建设总体规划纲要。以汾河两岸为中轴线，以太行山和吕梁山为重点，集中建设防沙治沙、涵养水源、治理水土流失、农田保护和美化城乡的四大屏障。围绕农民致富目标，因地制宜建设干果经济林、工业用材林、种苗花卉、森林生态旅游、林下经济和森林食品五大产业体系，力争使山川秀美新山西的宏伟蓝图早日变成现实。三要突出工作重点。继续坚持山上治本和身边增绿同步推进的思路，加快造林绿化步伐，让三晋大地真正绿起来；全面推进集体林权制度改革，确保全年完成200万公顷的集体林地确权任务；继续大力实施以干果经济林为重点的富民工程，全年新发展干果经济林66.7万公顷，力争到2015年总面积达到120万公顷，基本实现全省农民人均0.07公顷干果经济林的目标。四要以创建林业生态县为抓手，扎实推进林业生态省建设。五要加强组织领导，为加快造林绿化步伐、推进林业生态省建设提供强有力保证。会议参观了灵石、介休、平遥、太谷、榆次等县(市、区)造林绿化工程，晋中市、壶关县、临县作了典型发言，表彰奖励2009年以来涌现出的造林绿化先进市、县和单位。

**【全省造林绿化先进集体】** 2010年6月20日，省政府下发《关于表彰全省造林绿化先进集体的通报》(晋政函〔2010〕68号)，对2009年在全省造林绿化中涌现出的先进集体进行命名表彰：授予晋中市全省造林绿化先进市称号，奖励50万元；授予右玉县等5个县山西省林业生态县称号，各奖励30万元；授予临县等10个县(市、区)全省经济林建设十强县称号，各奖励10万元；授予娄烦县等30个单位全省造林绿化先进单位称号，各奖励5万元；授予长治市等5个单位全省捐赠碳汇造林先进单位称号。

**全省造林绿化先进市** 晋中市。

**山西省林业生态县** 右玉县、祁县、壶关县、阳城县、夏县。

**全省经济林建设十强县** 临县、汾阳市、太谷县、晋中市榆次区、黎城县、古县、永和县、万荣县、临猗县、芮城县。

**全省造林绿化先进单位** 娄烦县、古交市、左云县、广灵县林业局、朔州市朔城区、山阴县、怀仁县、保德县、忻州市林业局、吕梁市林业局、柳林县、孝义市、灵石县、介休市、平遥县、阳泉市郊区、长治市林业局、长治市国土资源局、山西南耀集团小常矿业有限公司、晋城市城区、高平市、洪洞县、翼城县、吉县、新绛县、永济市、中国太原卫星发射中心、山西省中条山国有林管理局、山西省林业生态实验基地、山西省造林局。

**全省捐赠碳汇造林先进单位** 长治市、寿阳县、大原中和房地产开发有限公司、山西省大岳山国有林管理局、山西省林业调查规划院。

**【省人大常委会作出大力推进林业生态建设决定】** 2010年7月16日，山西省第十一届人民代表大会常务委员会第十七次会议审议通过《大力推进林业生态建设的决定》。《决定》包括加快林业生态建设的重要性和紧迫性，林业生态建设的总体要求和目标，开展创建林业生态县和森林城市活动，深化集体林权制度改革，加强森林资源保护管理，加快林业产业发展，强化林业科技支撑，加大对林业扶持力度，坚持依法推进林业生态建设，广泛动员全社会参与林业生态建设等10个方面的内容。《决定》的通过和出台，对进一步加快林业生态建设、推进林业改革发展提供了坚强的法制保障。

**【全国京津风沙源治理工程省部联席会议暨现场会在晋召开】** 2010年8月6~7日，全国京津风沙源治理工程第十一次省部联席会议暨现场会在山西省朔州市召开。国家发改委副主任杜鹰，国家林业局党组副书记、副局长祝列克出席会议并讲话。农业部、水利部、财政部、国土资源部、环境保护部等部委和北京、天津、河北、内蒙古等省(区、市)领导出席会议交流了经验。会议指出，京津风沙源治理工程正处于攻坚克难和巩固成果的关键阶段。要求各地加大协调推进力度，进一步建立健全推进工程建设的体制和机制，将前一阶段积累的经验规范化、制度化、法律化，为一期工程后期和二期工程展开提供制度保障，如期完成各项目标任务。要坚持探索生态建设的客观规律，从单纯推进工程建设转为推进建设和巩固成果并重，做好已取得生态建设成果的巩固工作，尽快着手谋划二期工程建设。

**【山西省林业生态建设总体规划纲要】** 2010年11月9日，山西省人民政府办公厅印发了《山西省林业生态建设总体规划纲要(2011~2020年)》。《纲要》明确提出要加快“绿化山西”建设，实现“两步走、翻一番”目标。即：第一步，到2015年，全省森林覆盖率达到23%以上，力争达到24%，超过全国规划平均水平；第二步，到2020年，全省森林覆盖率达到26%以上，力争达到28%，超过国际通用生态良好指标最低线；全省森林覆盖率在14.12%的基础上实现翻一番。森林面积到2015年达到376.67万公顷，到2020年达到433.33万公顷。森林蓄积量到2015年达到13 390万立方米，到2020年达到15 400万立方米。林业产业总产值到2015年翻一番，达到250亿元；到2020年翻两番，达到500亿元。总体布局：以汾河两岸为中轴线，以太行山和吕梁山为重点，集中建设四大生态屏障，发展五大产业集群。四大生态屏障是指晋北晋西北防风固沙林区、吕梁山黄土高原水土保持林区、太行山土石山水源涵养林区、中南部盆地防护经济林区。五大产业集群是指干鲜果经济林建设、速生丰产用材林建设、林木种苗花卉产业、森林旅游产业、林下资源开发和灌木林产业。

**【实施生态兴省大战略 建设山川秀美新山西高层论坛】** 2010年1月17日，省绿化委员会、省林业厅、省委宣传部、省委党校、省社科院、省政府发展研究中心、山西日报社在太原市联合举办了“实施生态兴省大战略，建设山川秀美新山西高层论坛”。围绕“绿色转型、林业崛起、生态兴省”的主题，研究和探讨了如何推进林业生态省建设。副省长刘维佳出席论坛并作讲话，省政协原副主席、省改革创新研究会会长吕日周，中国科学院院士、中国林科院首席科学家蒋有绪教授，国家林业局造林绿化管理司司长王祝雄，中国林科院副院长刘世荣，省人大常委、农工委副主任牛西五，省社科院副院长潘云，省委党校教授郑延涛，山西日报社副总编杨小宁，省政府发展研究中心副主任王亦兵，长治市市长张保等领导、学者、专家出席并发表了演讲，达到了集专家之智、献兴省之策、借舆论先导、凝广泛共识之目的。

**【创建林业生态县活动】** 为深入贯彻落实中央和省委林业工作会议精神，全面推动实施生态兴省战略，山西省开展了创建林业生态县活动。2010年2月10日，省政府办公厅转发了省林业厅制定的《山西省创建林业生态县实施方案(试行)》。《方案》明确了创建林业生态县的指导思想、建设目标、创建标准、申报与审批、保障措施等，提出力争2015年全省30%的县(市、区)达到林业生态县标准，2020年80%的县(市、区)达到林业生态县标准。各地都纷纷出台相应的实施方案和措施，大力开展林业生态县创建活动。在全省造林绿化现场会上，省政府授予右玉县、祁县、壶关县、阳城县、夏县山西省林业生态县称号。

**【省直林区森林文化建设年活动】** 2010年，山西省坚持文化导航，以宣传林区、讴歌森林为切入点，在省直九大林局深入开展了森林文化建设年活动。省直各林局编撰了一本以历史文化、人文景观、自然地理、民间传说为主要内容的书籍，开展了一次省直林局在现代林业建设中做表率的论坛，举办了一次以“森林之歌”为主题的文艺汇演，组织了一次以“森林之韵”为主题的职工运动会，开展了一次以“森林之魂”为主题的标语征集，组织了一次林区精神、行业理念、林场标识征集等“六个一”活动，极大地活跃了广大职工的物质文化生活，丰富了森林文化内涵，加强了文化阵地建设，为全社会关心林区、支持林区，推动省直林区转型跨越发展营造了良好的氛围。

【林业大事】

1月6日　山西省政府办公厅印发《关于加快城郊森林公园建设的意见》(晋政办发〔2010〕3号)。

1月15日　省林业厅、省档案局联合召开全省集体林权制度改革档案管理工作电视电话会议。

2月5日　全省林业局局长暨党风廉政建设工作会议在太原召开，副省长刘维佳出席会议并讲话。

2月10日　山西省政府办公厅印发《关于转发省林业厅山西省创建林业生态县实施方案(试行)的通知》(晋政办发〔2010〕9号)。

3月12日　省绿化委员会、太原市绿化委员会在太原市森林公园广场举行2010年义务植树宣传活动。副省长、省绿化委员会主任刘维佳，省军区副司令员何永才，省绿化委员会成员单位领导，太原市委、市人大、市政府、市政协、警备区等领导出席了活动。

3月20～24日　山西省组团参加了第十届亚太兰花大会暨第二十届中国兰花博览会，参展的中型景观获得铜奖。

4月3日　副省长、省森林防火指挥部总指挥刘维佳在省森林防火应急指挥中心检查指导清明节期间全省的森林防火工作。

4月6日　省、市军民义务植树暨捐资碳汇造林活动在太原市杏花岭区举行。省委常委、宣传部长胡苏平，副省长刘维佳，省级老领导李立功、王庭栋，省政协原副主席、省改革创新研究会会长吕日周，太原市政府、省林业厅有关领导，省军区、太原警备区、25基地以及省城社会各界代表300余人参加。

4月9日　省林业厅、省气象局举行林业有害生物监测预报合作框架协议及研究项目启动签字仪式。

4月10日　全省军民义务植树活动暨碳汇造林示范项目启动仪式在寿阳举行。副省长刘维佳，省政协副主席李雁红，省军区副司令员何永才，省政协原副主席、省改革创新研究会会长吕日周出席仪式。

4月15日　全省第二十九届爱鸟周活动启动仪式在吕梁市离石区举行，主题为“科学爱鸟护鸟、保护生物多样性”。

4月25日　中日合作中国黄土高原植被恢复山西示范林营造项目在吕梁市方山县启动。

4月28日　副省长刘维佳在沁县考察北美蜜槐良种繁育及造林技术示范项目。

5月11日　省政协副主席、农工党山西省委主委周然就“推进生态兴省战略、实现绿色转型发展”在省林业厅调研。

6月9日　省委副书记、省政协主席薛延忠在左权县调研集体林权制度改革工作。

6月11日　副省长刘维佳在中条山国有林管理局陈村林场考察林业有害生物天敌繁育工作。

6月21～22日　省政府在晋中市召开全省造林绿化现场会，全面启动林业生态省建设。

6月29～30日　省委常委、统战部部长李政文带领省民主党派、工商联和无党派人士代表，考察晋中市造林绿化工程。省人大常委会副主任、民革省委主委谢克昌，副省长、民盟省委主委张平，省政协副主席、省工商联主席韩儒英，省政协副主席、农工党省委主委周然，省政协副主席、九三学社省委主委刘滇生等参加考察。副省长刘维佳陪同了考察。

7月1日　省林业厅召开全省森林防火和抗旱工作视频会议。

7月7～8日　省委常委、省人大常委会党组副书记、副主任申联彬，省人大常委会副主任靳善忠、安焕晓、郭海亮，带领部分驻并省人大常委会组成人员考察全省森林远程视频监控系统和灵石、介休、平遥、祁县、太谷、榆次等县(市、区)的造林绿化工程，并召开座谈会听取全省林业生态建设工作汇报。

7月16日　山西省人民代表大会第十一届常务委员会第十七次会议审议通过《大力推进林业生态建设的决定》。

8月4日　省委常委、组织部部长汤涛考察省森林防火远程视频监控工作。

8月5～6日　山西省野生动物保护协会第四次会员代表大会在太原召开。

8月8～10日　省直林区半年工作会议在太行山国有林管理局召开。

8月17日　全省集体林权制度改革推进会在右玉县召开，副省长刘维佳出席会议并讲话。

9月4～5日　山西省林学会第十一届会员代表大会在晋城市召开，选举产生了新一届理事会，省林业厅党组书记、厅长耿怀英当选为理事长，省林业厅总工程师任建中当选为常务副理事长。

9月25～26日　全省林业种苗工作现场会在太谷县召开，刘维佳副省长出席会议并讲话。

10月9日　山西省人民政府办公厅印发《山西省林业生态建设总体规划纲要(2011～2020年)》。

10月12～16日　中央扩大内需林业专项检查组深入大同、忻州、吕梁、临汾等地进行了检查。

12月7日　省委常委会任命李永林为省林业厅党组书记。

12月15日　省委书记袁纯清就集体林权制度改革作出“发扬成绩、继续推进，林产富民、绿化山西”的批示。

12月17～24日　省林业厅、省摄影家协会、省林学会、省生态学会在省文联大厦联合举办“绿化山西，生态兴省”摄影展。省委常委、省人大常委会副主任申联彬，省委常委、宣传部长胡苏平，副省长刘维佳，省政协副主席周然出席开幕式。

12月20日　省政府召开全省冬季森林防火工作电视电话会议，传达了全国森林公安森林防火工作会议和全国重点省(区)森林防火工作座谈会精神，通报了全省森林防火工作情况，深刻分析了当前全省面临的森林防火形势，表彰了2007～2009年森林防火工作先进单位和个人。副省长、省森林防火指挥部总指挥刘维佳出席会议并讲话。

12月28日　联合国气候变化天津会议“碳中和林”揭碑仪式在长治市襄垣县举行。

(山西省林业由谢英杰、贯向前供稿)

# 内蒙古自治区林业

## 【概　述】

### 发展与成就

林业生态建设　①严格落实营造林责任制。继续开展厅领导联系盟(市)包点和林业发展改革督查调研和营造林生产督查指导工作。强化了各级领导造林绿化目标责任制，进一步完善了行政领导负责制、科技承包责任制、责任追究制和实绩考核制。②加强质量管理。认真贯彻落实国家和自治区有关政策，严格执行技术规程和标准，强化重点工程管理，科学编制实施方案和造林作业设计，组织实施了森林抚育补贴试点。积极调整林种树种结构，在大力推进樟子松基地建设的基础上，推广应用油松、落叶松、沙棘等树种，进一步优化了林分结构，提高了造林成活率和林分质量。③增强林业科技支撑作用。积极争取国家各类林业科技项目，编制了容器苗、飞播造林等技术标准和规程，重点推广了以节水、抗旱造林技术为主的适用技术，加大林业科技成果转化和适用技术综合应用力度，提高了林业建设质量和效益。

全区共完成林业生态建设面积 68.3 万公顷，占自治区下达任务的 102.5%，其中完成人工造林 24.7 万公顷，飞播造林 7.8 万公顷，封山(沙)育林 35.8 万公顷。完成四旁植树 4409.4 万株。共 1000 多万人(次)参加义务植树，植树 7400 多万株。以樟子松基地建设为突破口，积极调整林种树种结构，完成樟子松基地建设 4 万公顷。

森林资源管理　①严格执行林地定额管理制度，完成审核审批各类工程建设征占用林地项目 728 项，面积 1.14 万公顷，征收森林植被恢复费 4.6 亿元。②严格执行森林采伐限额，全年采伐林木蓄积 180 万立方米，占“十一五”年采伐限额的 36.4%。③组织开展了自治区和旗(县)级 2010～2020 年林地保护和利用规划编制工作。④完成了开鲁县、敖汉旗和临河区森林采伐管理改革试点阶段性工作，试点成效明显，受到了当地群众的普遍欢迎。⑤组织开展了鄂温克旗、阿拉善盟阿左旗等 11 个旗(县)的森林资源二类调查，调查总面积 2 580 万公顷。⑥开展了乙级以下林业调查规划设计单位资格认证和绩效考评，重新认证乙级以下资格单位 65 个。⑦完成了 42 个旗(县)的造、封、飞营造林实绩和成效核查。⑧森林资源管理信息系统的应用软件开发基本完成，在试点地区的调试运行工作进展顺利。⑨大力督办查处超占、未批先占林地等违法使用林地行为，配合自治区有关部门，对大青山国家级自然保护区内的矿山进行了清理整顿，配合国家林业局专员办，对赤峰市、呼和浩特市、鄂尔多斯市等地征占用林地行政许可项目进行监督检查。

森林资源保护　①森林草原防火。针对 2010 年严峻的防火形势，自治区林业厅及早安排部署，层层落实责任，先后派驻了前指、督查员和 40 多个检查组，深入重点火险区和防火一线检查指导，厅领导也多次到各地督查。特别是 6 月 25 日以来，大兴安岭北部林区气候异常，短时间内发生 48 起雷击火灾，由于组织严密，指挥有力，措施到位，经过全体扑火人员 3 天的艰苦奋战，将火灾全部扑灭，受到了国家森防指的充分肯定。全区共发生森林火灾 88 起，受害森林面积 8559 公顷，森林火灾受害率 0.36‰；草原火灾 13 起，受害草原面积 407.7 公顷，草原火灾受害率 0.005‰。当日灭火率达到 99%。实现了不发生大的人为森林草原火灾和人员伤亡事故的目标。②林业有害生物防治。防治体系建设扎实推进，监测预警、检疫御灾能力得到提高，防治水平不断增强，防灾减灾工作成效明显，共防治各类林业有害生物 54.8 万公顷，其中无公害防治面积 51 万公顷，无公害防治率 93%。③野生动植物和湿地保护与管理。开展了第二次陆生野生动物资源调查试点、第二次湿地资源调查工作。切实加强自然保护区管理，古日格斯台自然保护区晋升国家级自然保护区已通过国家评审委员会评审；经国家林业局批准，着手建设阿拉善黄河国家级湿地公园和白狼洮河国家级湿地公园。加强了陆生野生动物疫源疫病监测和濒危野生动植物物种进出口工作。④森林公安工作。加强森林公安队伍建设与管理，严把“进口”关，强化“五条禁令”，“五化”建设和警务技能大比武活动取得显著成效，“三基”工程建设取得阶段性成果，队伍建设水平得到提升。组织开展了“春季行动”、“保护过境候鸟行动”、“冬季行动”等一系列专项行动。全区共发现和受理各类林业案件 25 005 起，共侦破和查处 24 852 起，综合查处率为 99.4%，挽回直接经济损失 5163 万元。⑤森林生态效益补偿。与自治区财政厅联合制定了《自治区森林生态效益补偿基金管理实施细则》，完成了国家级公益林补充区划界定工作。全区共启动重点公益林补偿面积 760 万公顷，中央财政投入补偿资金 8.95 亿元；自治区、盟(市)、旗(县)三级财政共启动地方公益林补偿面积 66.7 万公顷，投入资金 3000 万元。

林业产业　①完成了 2010 年产业化项目的申报、评审工作，安排林业产业扶持资金 1000 万元，扶持产业项目 32 个。②开展了内蒙古肉苁蓉地理标志认证工作，完成了考察、取样、地理范围划定及其技术规范的编制。③积极开展人造板、家具市场秩序专项整治工作。④进行了第二批林业产业化龙头企业评选的摸底调查。⑤制定了“十二五”林业产业发展思路、目标及措施。⑥积极调整林业产业结构，突出区域和资源优势，强化基地建设和龙头企业培育，积极发展节能减排、低碳、循环经济，促进了生态建设和成果巩固，带动了农牧民就业增收。2010 年，全区林业产业总产值 190 亿元，农牧民人均林业收入 355 元，与 2009 年同比增加 15 元。

林业改革　①全面推进主体改革。商品林改革基本完成，公益林改革进展顺利。2010年新增确权面积280万公顷、发证面积75万公顷。全区累计完成确权面积1040万公顷、发证面积558万公顷，确权率47.7%。②积极探索配套改革。联合中国人民银行呼和浩特中心支行、自治区农牧业厅出台了林权等抵押贷款的指导意见，已累计办理林权抵押1.25万公顷，贷款2.3亿元，缓解了林农资金短缺问题。已成立盟(市)、旗(县)林业综合服务中心或相关机构10个。积极引导和扶持农民林业专业合作社建设，已成立28个。③加强督促检查。2010年初，配合国办工作组完成了对全区林改的督查。11月18~28日，按照自治区主要领导的批示精神，自治区林业厅与有关部门组成工作组，对呼和浩特等6盟(市)林改进行了实地督查。④树立和推广典型示范。经过推荐和国家实地核查，开鲁县、敖汉旗、宁城县、杭锦旗、乌拉特前旗被确定为全国林改百县典型县，组织中央和自治区新闻媒体记者，对5个旗(县)林改工作进行专题报道，起到了宣传典型、以点带面的示范作用。

*生态文化体系建设* 围绕植树节、湿地日、世界防治荒漠化与干旱日、爱鸟周、西部大开发十周年以及集体林权制度改革、防沙治沙、创建国家森林城市等，组织相关媒体开展了宣传报道活动，积极倡导人与自然和谐相处。积极参加了内蒙古自治区成就展和西部大开发十周年生态环境与人居环境成就展。在中国绿化基金会、人民日报社网络中心、绿色中国杂志社、绿色中国网络电视中心共同举办的“2009绿色中国年度焦点人物”评选活动中，经过公众投票，内蒙古自治区林业厅主要领导被评为“2009绿色中国年度焦点人物”创新奖。呼和浩特市荣获国家森林城市称号，亿利资源集团获得了全国生态文化示范基地称号，巴彦淖尔市杭锦后旗双庙镇黄家滩村、赤峰市喀喇沁旗王爷府镇黑山沟村获得了全国生态文化村称号，内蒙古博源控股集团有限公司获得了全国生态文化示范企业称号。全区生态文化内涵进一步丰富，生态文明观念明显提高。

*基层林业站建设* 按照林业站的职能和标准化建设要求，全区坚持“建设、完善、巩固和职能发挥”的方针，切实加强基层林业站机构能力和推广体系建设，全面提高了基层林业站整体水平。完成了11个旗县国家重点林业站建设，7个旗县的自治区级林业站建设，5个标准站和1个模式站建设项目。

*林业科技* 编制了自治区《“十二五”林业科技发展规划》、《陆地生态系统定位研究中长期发展规划》和《林业地方标准体系构建与发展规划》，制订了《林业科技服务林改实施方案》，出台了《林业科技项目管理办法》，编制了容器苗、飞播造林、沙障设置、杨树低产低效林划分及改造、蒙古栎育苗等技术标准和规程。争取国家各类林业科技项目10余项，重点推广了以节水、抗旱造林技术为主的9项适用技术，完成指令性技术推广任务48万公顷。组织召开了商都县部队造林、浑善达克沙地西缘治理、乌珠穆沁沙地治理、巴丹吉林沙漠亚布赖山段治理等专家咨询论证会。

*林业法制* 草拟了《林业行政许可监督管理办法》，进一步规范林业行政许可工作；参与自治区人大组织开展的林业生态建设检查；配合自治区政府法制办，着手修改《内蒙古自治区森林草原防火条例》；出台了《内蒙古自治区人民政府关于进一步加强三北防护林工程建设的意见》、《森林抚育试点实施办法》、《造林补贴试点管理办法》、《公益林采伐更新管理办法》、《农田防护林采伐管理办法》、《集体人工商品林采伐管理办法》和《灌木资源采伐更新管理办法》；开展了“五五”普法检查验收工作。

**存在问题** ①受国家林业重点工程布局和任务的限制，各地生产任务不尽平衡，有的区域任务重，有的区域明显不足。②个别地区依法使用林地意识不强，未批先占林地、违法占用林地、超审核面积占用林地、征占用林地项目森林植被恢复不合格等问题仍然不同程度存在。③由于政策扶持力度不足，林业产业融资困难，在一定程度上影响了林业产业的发展。此外，具有核心竞争力、带动能力强的龙头企业较少，拉动产业发展能力不强。

**【内蒙古自治区党委、政府全面安排部署林业发展改革工作】** 2010年9月14日，全区林业工作会议在呼和浩特市召开，本次会议是自治区深入贯彻落实中央林业工作会议精神，全面落实科学发展观，深化林业改革、加快林业发展召开的一次重要会议，也是以自治区党委、政府名义召开的第一次全区林业工作会议，对内蒙古自治区推进林业改革与发展，促进生态保护与林业惠民，构筑祖国北方绿色生态屏障具有重要意义。

内蒙古自治区党委副书记、自治区主席巴特尔，国家林业局副局长张建龙出席会议并作讲话，自治区党委副书记、自治区常务副主席任亚平主持会议，自治区副主席郭启俊出席会议并作总结讲话。

巴特尔在讲话中全面回顾了西部大开发十年来内蒙古林业发展所取得的成绩，他说，西部大开发10年来，自治区林业发展取得了显著成绩，为维护祖国北方生态安全，促进全区经济社会全面协调可持续发展作出了重要贡献：①林业生态建设成效显著；②林业惠民作用明显增强；③林业改革取得积极进展；④林业保障支撑体系建设得到加强。巴特尔在讲话中，提出了今后一个时期全区林业发展的总体目标：2011~2020年，完成林业生态建设总面积666.7万公顷，年均完成66.7万公顷。到2015年，全区森林覆盖率达到21.5%，生态状况实现整体遏制、治理区全面好转。到2020年，全区森林覆盖率达到23%，生态状况明显改善。

张建龙充分肯定了内蒙古林业所取得的成绩，突出强调了要深刻认识新时期林业的新地位和新使命，充分认识集体林权制度改革的重大意义，并对内蒙古林业改革与发展提出殷切的希望。

郭启俊在总结讲话中强调，自治区各盟(市)及有关部门要统一思想，提高认识，毫不动摇地坚持以生态建设为主的林业发展战略，保护生态环境、深化林业改革、加快林业发展，切实把各项工作落到实处。要以建设祖国北方绿色生态屏障为目标，加快构建完备的林业生态体系、发达的林业产业体系和繁荣的林业文化体系，积极推进现代林业建设。要协调、处理好改革与发展、生态与经济、建设与保护、兴林与富民的关系，不断完善相关政策，加大林业建设投入和支持，使林业发挥更好的生态效益、经济效益和社会效益，确保国家和自治区下达的任务和目标顺利完成。

会议分组讨论了将以自治区政府名义出台的《关于推进集体公益林改革的指导意见》和《关于加快国有林场改革与发展的意见》两个文件；通辽市、巴彦淖尔市、赤峰市、鄂尔多斯市、大兴安岭林管局从不同方面就林业改革和发展进行了典型发言。

会议对全区林业生态建设先进集体、森林草原防扑火先进集体和先进个人和森林资源管理先进集体和先进个人进行了表彰，并颁发奖牌和荣誉证书。

自治区各盟(市)主要领导、分管盟(市)长、副秘书长，发改、财政、林业部门的主要负责人，自治区有关部门负责人参加了会议。

**【自治区举行大型森林草原防火宣传活动】** 为进一步贯彻落实国家和自治区森林草原防火工作电视电话会议精神，激发全区森林草原防火宣传热潮，提高广大干部群众的防火责任意识，自治区森林草原防火指挥部(以下简称防火指挥部)与呼和浩特市防火指挥部于2010年4月1日在呼和浩特市新华广场联合举办了主题为“加强森林草原防火，为低碳经济保驾护航”的大型宣传活动。

自治区人大常委会副主任赵忠、政府副主席郭启俊、政协副主席牛广明、政府副秘书长于清理、林业厅厅长高锡林，呼和浩特市政府副巡视员高炜明、市政协副主席张赢等参加了这次活动。

这次宣传活动由自治区林业厅副厅长呼群主持，自治区政府副秘书长、自治区防火指挥部副总指挥于清理作讲话。他指出，内蒙古自治区地处祖国北疆，森林草原资源丰富，建设和保护好这些资源，是一项功在当代、荫及子孙的大事。同时，大力发展低碳经济，积极构建“碳汇大区”，实现温室气体排放量尽可能低的经济发展方式，是一种以低能耗，低污染为基础的绿色经济，尤其是要有效控制二氧化碳这一主要温室气体的排放量，内蒙古的目标是要建成我国重要的森林碳汇基地。

自治区防火指挥部成员单位，呼和浩特市防火指挥部成员单位、市林业局，呼和浩特市新城区、赛罕区、回民区、玉泉区林业局等部门和单位2000余人参加了这次活动，活动共动用车辆100多台，发放宣传材料近10万份，并向广大市民展示防火宣传图板，讲解防扑火知识，进行万人签名，特别是防火吉祥物虎威威在这次活动中首次在自治区亮相，引起广大市民的关注，起到良好的防火宣传效果。

**【多伦县等5个旗(县、区)荣获全国绿化模范单位荣誉称号】** 为加快国土绿化事业科学发展，扎实推进城乡绿化一体化和生态文明建设，共建美好绿色家园，努力实现人与自然和谐发展，形成全社会办林业、全民搞绿化的新局面。2010年4月1日，全国绿化委员会决定，对在绿化国土、改善生态事业中作出突出成绩的城市、县、单位予以表彰，授予全国绿化模范单位荣誉称号。内蒙古自治区多伦县、土默特右旗、宁城县、乌审旗、乌兰察布市集宁区获得此项殊荣。

**【内蒙古自治区领导参加义务植树活动】** 2010年4月13日上午，自治区党委书记胡春华、自治区主席巴特尔等领导同志来到呼和浩特市回民区段家窑自治区党政军义务植树基地，与首府千余名干部群众、部队官兵、共青团员和少先队员代表等各界人士一起参加义务植树活动。

胡春华一边挥锹培土，一边向自治区林业厅和呼和浩特市有关负责同志了解全区和首府的植树造林情况。胡春华对大家说，绿化造林不仅能营造出满目苍翠，还能使空气清新、水质洁净。广大干部群众一定要重视植树造林，要动员组织各界力量参加到义务植树造林活动中来，通过栽绿、爱绿、护绿和长期不懈的努力，让我们的天更蓝、地更绿、水更清，使内蒙古真正成为祖国北方重要的生态屏障。

巴特尔在植树中叮嘱当地干部，让大青山绿起来是我们几代人的共同夙愿，一定要注意造林质量，落实责任，巩固治理成果，要进一步加大投入力度，强化管护措施，提高树木的成活率。

**【呼和浩特市荣获国家森林城市称号】** 2010年4月27日，在湖北武汉市举行的第七届中国城市森林论坛上，呼和浩特市被全国绿化委员会、国家林业局授予国家森林城市称号。

近10年来，呼和浩特市在全市范围内，开展了大规模的植树造林活动，实施了大青山干旱阳坡造林科技示范工程等八大生态建设精品工程和绕城高速公路绿化隔离带建设等十大创森重点工程；在市区周边，建设了4个万亩以上生态园；在核心区内，建设了4个千亩以上的大型公园和数十个大中小相结合的绿地广场。启动了环城水系生态工程，加大河道治理力度，加强河道两岸环境等整体治理，逐步形成了“森林城市”的生态防护体系。截至2009年底，呼和浩特市森林覆盖率达到29.89%，市区空气质量优良天数由2001年的196天增加到2009年的346天。

**【北京军区再为商都添新绿】** 2010年4月28日，北京军区司令员房峰辉、政委刘福连，国家林业局局长贾治邦，内蒙古自治区党委书记胡春华、自治区主席巴特尔等领导齐聚商都县，共商军地合作构建北疆生态屏障大事，达成了军地合作、军民携手，加快北疆大地绿化进程的共识。座谈会后，与会领导参观了前两年建设成就，并与广大官兵和当地干部群众一起参加了植树劳动。

内蒙古商都县距北京360千米，属于京津风沙源重点治理区。2010年是北京军区在商都义务植树活动开展的第三年。4月23~29日，北京军区7000官兵进驻商都，与当地3000余名干部群众开展为期一周的义务植树会战，完成了800公顷的建设任务，共筑京津生态防护林。

**【内蒙古自治区防火指挥部与蒙古国苏和巴托省突发事件应急指挥部签订边境地区森林草原防火联防的协定】** 2010年5月26日，内蒙古自治区防火指挥部与蒙古国苏和巴托省突发事件应急指挥部，在内蒙古自治区锡林

浩特市召开了关于边境地区森林草原防火协商会议，签订了《中华人民共和国内蒙古自治区防火指挥部与蒙古国苏和巴托省突发事件应急指挥部关于边境地区森林草原防火联防的协定》，协议双方在共同遵守《中华人民共和国政府和蒙古国政府关于边境地区森林草原防火联防协定》的基础上，就预防、扑救、通信联络、越境扑火、经验技术交流、死伤人员抚恤等事宜进行了进一步明确。

内蒙古自治区与蒙古国毗邻，有3170余千米的边境线，与苏和巴托省有600千米的边境线，内蒙古自治区有3个旗与苏和巴托省毗邻，这些地区有森林面积25万公顷，草原面积932万公顷，边境两侧森林草原资源十分丰富。保护好这片森林草原，对保障两国人民生命财产安全、生态安全和推动固碳减排战略的实施具有重大的意义。

**【国家林业局贾治邦局长到包头市调研】** 2010年9月6~8日，国家林业局局长贾治邦带领国家林业局有关部门负责同志到包头市调研林业生态建设情况。贾治邦一行在自治区副主席、包头市委书记郭启俊，自治区林业厅厅长高锡林等陪同下，先后到包头市大青山南坡绿化区、黄河湿地等地进行了实地调研。

在调研中，贾治邦充分肯定了近年来包头市林业生态建设取得的成绩。他指出，建设生态文明是党的十七大提出的全面建设小康社会的重要内容。城市在高速发展的同时，生态建设也要协同发展。林业部门要把最好、最多、最优质的生态产品提供给老百姓，实现城市环境优美、人民生活幸福。包头市在抓好国家林业重点工程建设的同时，立足本地实际，启动实施了全市三大生态工程，全面加强森林、湿地和草原三大生态系统的建设和保护，成效明显，值得学习和推广。

**【内蒙古樟子松基地建设全面启动】** 2010年10月24日，内蒙古自治区林业厅在锡林郭勒盟多伦县召开会议，全面启动全区樟子松基地建设工作。

樟子松是内蒙古自治区优良的乡土树种，具有防风固沙、涵养水源、耐干旱、耐贫瘠等优良生物学特性，是沙地造林的先锋乔木树种。长期以来，经过全区林业部门的不懈努力，樟子松造林得到了健康持续发展。各地采取封育、人工造林，积极发展樟子松，樟子松林面积逐步增加，樟子松造林、育苗技术也日趋完善。全区樟子松林地已发展到33.8万公顷，其中天然林22.4万公顷，人工林5.9万公顷，新造林5.5万公顷。

“十二五”期间，内蒙古将围绕呼伦贝尔、科尔沁、毛乌素三大沙地，辐射周边适宜区域，完成樟子松基地建设任务33.3万公顷。

为实现这一建设目标，呼伦贝尔沙地坚持以封为主、封造结合的方式，积极营造防风固沙林和牧场防护林，培育重要的后备森林资源；科尔沁沙地坚持以人工造林为主，大力营造樟子松林带、林网、片林，改变目前单一的林分结构，建设针阔混交、多林种、多树种结合的森林生态体系；毛乌素沙地坚持建设、改造、提高相结合，积极发展樟子松，优化林分结构，建设乔灌结合、稳定高效的沙地防风固沙体系。同时，在其他条件适宜的地区，按照因地制宜、适地适树的原则，大力营造以樟子松为主的混交林。积极完善政策机制，切实强化科技支撑，大力夯实种苗基础，全面加强保护管理，确保樟子松基地建设稳步推进。

**【通辽市防沙治沙】** 近些年来，通辽市紧紧抓住国家实施西部大开发的战略机遇，依托三北防护林、防沙治沙、退耕还林等国家重点生态建设工程，加快推进防沙治沙步伐，取得了“人进沙退”的良好成效，使科尔沁沙地在全国四大沙地中率先实现了治理速度大于沙化速度的良性逆转，通辽市被列入全国防沙治沙综合示范区。全市森林面积达到了136.8万公顷，森林覆盖率达到了24.18%。

全市各级党委、政府坚持将防沙治沙作为全市最大的基础工程认真组织实施，实行一把手负总责、一票否决的“两个一”领导责任制，把生态建设作为硬性目标签订责任状，一级抓一级，层层抓落实，“沙害不除，奋斗不止”，真正做到了一任接着一任干，一张蓝图绘到底。形成了全党动员，全民动手，全社会参与防沙治沙的良好氛围。

从1999年开始连续三届政府分别组织实施了“5820”工程、“双百万亩”工程和“323”林业示范工程，一抓五年不变。探索出了以大工程带动大发展的防沙治沙长效机制。在大工程的辐射带动下，全市防沙治沙逐步向质量效益型和全面质量管理型转变，以年均完成人工造林6.7万公顷，综合治沙20万公顷的速度向前推进。

通辽市总结多年的防沙治沙实践经验，成功推广应用了“两行一带”、生物经济圈、近自然林、植物再生沙障等12种林草复合经营治理模式；在造林技术上，研究、推广、应用了机械钻孔造林、容器苗雨季造林、使用生根粉、保水剂造林等10余种抗旱造林系列技术。

严厉打击乱垦滥牧、乱捕滥猎、乱采滥挖等破坏生态环境的违法行为。市委、市政府出台了《关于全面实行禁牧，转变畜牧业生产经营方式，加快发展生态畜牧业的意见》、《关于加快自然保护区建设的决定》等一系列防沙治沙配套政策，为沙区林草植被自然修复创造条件。同时，坚持自然修复与人工恢复相结合，建立各类林业自然保护区61处，在全国率先建立4处沙地封禁保护区。有效遏制了土地沙化、荒漠化、湿地退化、鸟类及动植物种群的减少，维系了人与自然和谐发展。

通辽市积极探索解决沙区群众的出路与生路问题，把加速推进防沙治沙作为促进生产发展、农牧民致富的有效途径，着力发展林沙产业，改善沙区群众生产生活条件。全市有木材经营加工企业600多家，年加工能力近200万立方米。全市商品用材林基地面积达33.3万公顷，灌木生物质能源林发电厂即将投入生产，文冠果能源林建设项目正在实施，以沙地葡萄为主的经济林产业已形成规模，效益显著。同时，依托丰富沙地资源优势，以提高沙地生产力为核心，鼓励农牧民群众建立沙地生态经济圈，搞林下养殖业、种植业，积极引进开发利用沙资源的企业，生产沙砖、型砂等产品。全市已初步形成了以木材加工、果品、林木生物质能源发电、生态旅游为主的林沙产业多元化发展格局。

【四项林业科技推广成果荣获2010年度自治区农牧业“丰收奖”】 为进一步调动广大农牧业科技人员积极性、创造性，加速科技成果应用、转化和推广，自治区农牧业“丰收奖”评审委员会组织开展了2010年度农牧业“丰收奖”的评审工作。自治区林业厅选送参评的林业技术推广成果有4项获奖。其中：赤峰市“高寒漫甸、低山丘陵区防护林体系营建技术推广”获一等奖；呼伦贝尔市“呼伦贝尔沙地治理分区及其技术模式推广”和乌兰察布市“落叶松毛虫无公害防治技术推广应用与研究”获二等奖；乌海市“濒危珍稀植物四合木硬枝扦插育苗及人工造林技术推广”获三等奖。

（内蒙古自治区林业由张爱军供稿）

## 内蒙古森林工业集团

【概 述】 2010年，内蒙古森工集团全年实现林业产业总产值45.99亿元，同口径增长34.5%。主产品木材销售271.34万立方米，平均售价695元/立方米，同比提高6.1%；固定资产投资完成22.17亿元，同比增长43.9%。实现全部营业收入26.4亿元，剔除棚户区改造配套资金后实现利润1.11亿元，超计划实现利润3094万元，完成目标值的138.7%。净资产收益率为1.2%；成本费用率为4.3%。全面完成各项生产建设任务，完成自治区下达的经营指标。

**生态建设**

森林资源管理 强化守边意识，严防林缘后退，保障生态功能区完整性。林政资源等管理部门协调当地公检法机关共同开展专项打击活动，共查处林政案件1984起，收回林地493.3公顷，恢复造林360公顷。落实林地管理制度，严格审批程序科学使用林地征占用定额，实现林地“占补平衡”。进一步推动生态移居，恢复移居的林场办公区、居民区、废旧贮木场、工程作业区植被1866.7公顷。结合管护体系建设，清理807家不达标的家庭生态林场，扩大森林腹地无人区面积22万公顷。

森林经营 编制完成《内蒙古大兴安岭林区三级区划方案》和《森林可持续经营利用方案》，合理调整公益林范围和位置，为科学经营森林奠定基础。全年更新造林9013.3公顷，森林抚育完成14 533.3公顷，育苗完成106.6公顷，产苗量8683.5万株。采取工程造林手段开展身边增绿工程完成造林221公顷。科学合理地编制《2011～2020年森林抚育补贴实施方案》，全面完成森林抚育试点任务，有效促进森林生长。林木良种化进程加快，甘河种子园晋升为国家级木材良种基地。

根据国家连清结果和资源档案统计显示，“十一五”期间林区有林地面积净增67.4万公顷，森林覆盖率达到78.21%，比5年前提高1.76个百分点。活立木蓄积增加5303万立方米，森林蓄积增长6105万立方米，有林地平均每公顷蓄积增加5.62立方米，森林资源总量恢复到开发初期水平，林分质量、结构明显改善，为森林资源快速持续增长打下了基础。

防控森林灾害 全林区发生火警火灾78起，与2009年环比下降9.2%，受害森林面积8679.1公顷，森林受害率为1‰。森林火灾当日灭火率96.2%。全面提升防治生物灾害能力，完成防治面积14.3万公顷，防治合格率达到95.3%。有害生物成灾率0.02‰，预报准确率89.3%，种苗产地检疫率达到100%，无公害防治率达到国家指标的84%，完成国家“四率”指标。

**企业改革与管理**

生产管理 开展管理创新课题216个，重点推进生产组织管理方式、生产作业管理方式创新，全面落实原条下山管理，主伐原条进场率达到95.9%，与2009年环比提高17%。实施物资零库存、数码监控微机判读、木材生产作业招投标、木材竞价销售、资金结算中心等制度创新，提高管理水平。加强能耗定额管理，有效堵塞漏洞，万元产值综合能耗下降6.1%，实现增收节支6140万元。

主辅分离 全面完成主辅分离辅业改制工作，规范合法处置“三类资产”，共冲减核销国有权益1.3亿元。组建林区林产工业协会，会员单位52家。52家会员单位2010年总产值53 412万元，总利润2678万元，职工收入比2008年改制前平均增长20%。全部完成148家改制企业工商注册、土地资产处置、税费减免等相关工作。

机构与劳动用工制度改革 进一步规范人力资源调配流程，实行人员统一进出管理，及时掌握人员流动信息，人事统计工作被自治区评为先进单位。根据需要组织开展中专技校毕业生招录考试，共招录员工738人。加大人才引进力度，招聘本科以上学历毕业生323人。完成高层次人才引进目标，引进高层次人才3人。

企业管理 承办自治区企业管理工作交流总结会议，阿里河、根河、莫尔道嘎等林业局被评为企业管理先进单位。加强效能监察，对新林区建设、棚户区改造工程进行重点监察，避免和挽回经济损失306万元。清理“小金库”资金47.2万元。成品油效能监察清理债权68万元，立案查处两起。在2009年自治区国有企业经营业绩考核中被评为A级企业。

社会职能移交 协议移交牙克石林业热电厂和阿尔山、根河市棚改新增供热职能。完成牙克石、鄂伦春、根河旗（市）所在地和大杨树林业局的城镇消防灭火职能移交。将林区等级公路建设、管理维护职能和电力、通信、文化娱乐等公共、公益基础设施建设纳入属地和行业统一规划，由政府和行业主导建设管理。牙伊公路、根白公路实行协议移交。对棚改工程新增电力设施，协调由电力系统维护管理。社会职能的有序归位大量减少企业非经营性支出，大幅提高移交人员的待遇，促进林区社会事业资源的有效整合，实现公共基础设施建设与属地、行业同步发展。

**替代产业**

*旅游产业*　林区2010年接待游客31万人(次)，比2009年增长12.9%，实现综合收入2.1亿元，比2009年增长14.8%。投资4800万元建设莫尔道嘎白鹿岛宾馆，提高重点景区接待能力。阿柴旅游公司景区升级改造，达到日接待能力6000人。阿柴景区全年接待游客5万人，实现营业收入541万元。投资7014万元建设完成阿柴景区金江沟—杜鹃湖环线旅游公路38.5千米。

*赴俄采伐*　3个对俄森林采伐合作项目累计采伐林木16.55万立方米，加工板材1万立方米，累计过货木材15.1万立方米，实现营业额1220万美元，派出劳务人员574人。与俄罗斯联邦阿穆尔州洁雅木材生产联合体股份有限公司签订合作开发森林资源及木材深加工项目合同，合同金额2亿美元。

**改善民生**　增加工资。按照28.13%比例为在岗职工增加工资，在岗职工年均工资达到17 873元，职工人均率年收入达到19 282元。

**完善社会保障体系**　大集体人员属地养老参统缴费政策争取自治区补贴6000万元，参统人员由3.2万人增加到4.3万人。完成对3万名“老工伤”人员伤残等级和劳动能力鉴定。

*棚户区改造*　完成2009年、2010年棚户区改造工程面积173万平方米，为计划的81%。3.5万户10万多名林业职工家属迁入新居。将15万人的安全饮水工程纳入自治区民生工程规划，投资6295万元先期改造的7家林业局已进入工程实施阶段。

*新林区建设*　改造局场址办公场所159处、42.9万平方米。改扩建检查站、管护站117处、2.9万平方米。完成四旁植树75.8万株，景观林抚育1.1万公顷。修建文化广场37处，公园11处，景观雕塑132处。扩建市区干道1.7万平方米，硬化道路42.5万平方米，砂化道路28.9万平方米，挖掘排水沟6.4万米，全面改善职工生产生活环境。

*关注弱势群体*　制定下发《困难职工帮扶专项资金管理办法》，困难职工建档率100%。筹集发放帮扶资金1224万元，实现进档职工全覆盖。各级工会筹集“金秋助学”资金288.6万元，资助困难职工子女1891人。扶持引导职工发展家庭经济，成立种养殖、家庭旅店、食用菌等产业协会30个，向1062户困难职工投放无息贷款434.2万元，876户职工家庭实现脱贫。

（张小平　于洪奎　张铁军　陈林涛　杨建飞　闫光刚　刘万军）

**【森工大事】**

**1月6日**　自治区党委书记胡春华一行来林区进行工作调研。

**1月11～16日**　林管局(森工集团)在清华大学举办现代企业管理高级研修班。

**1月13～14日**　自治区党委副书记、自治区政府主席巴特尔来林区慰问并检查工作。

**1月27日**　国家林业局森林资源管理体制改革试点工作总结会议在牙克石召开。

**1月31日**　根河板业有限责任公司召开2009年度股东分红大会。

**2月2日**　由中国产业报协会和中国环境报道网联合主办评选的2009年全国生态文明建设十大新闻发布会在北京举行。内蒙古大兴安岭林管局局长、内蒙古森工集团总经理安国通入选2009年全国生态文明十大新闻人物。

**2月6日**　在国务院第五次全国民族团结进步表彰大会上，林管局(森工集团)被授予全国民族团结进步模范集体荣誉称号。

**3月1日**　全国森林草原防火工作电视电话会议召开。内蒙古大兴安岭林管局、得耳布尔林业局、根河林业局、根河航站、武警内蒙古大兴安岭森林支队荣获先进单位称号。林管局局长安国通、满归林业局局长白俊山等荣获先进个人称号。

**3月5～14日**　全国人大代表、森工集团总经理助理、计划处处长娄伯君参加十一届全国人大三次会议。

**4月23日**　以国家发改委稽查办特派员袁锡卿为首的中央拉动内需检查组来林区检查林区棚户区改造及第四批中央重点项目建设情况。

**7月20～23日**　自治区国资委出资企业管理工作交流总结会在林区召开。

**7月21～23日**　国家林业局副局长印红到林区考察调研。

**7月29日**　自治区党委副书记、自治区主席巴特尔到林区考察调研。

**8月6日**　内蒙古自治区党委书记胡春华到大杨树林业局考察调研。

**8月10日**　以全国人大常委会环资委副主任委员张文台为组长的“中华环保世纪行”新闻采访组和以自治区人大常委会副主任郝益东带队的“内蒙古环保世纪行”记者团来林区采访。

**8月17日**　以国家发改委农经司吴晓松副司长、国家林业局计资司郝燕湘副司长为首的中央促进内蒙古经济发展调研组生态一组到林区考察调研。

**8月19日**　林区开发建设先驱者杰尔格勒纪念碑落成仪式在图里河林业局举行。

**8月29日**　主题为“重点国有林区生态地位、作用和贡献”的东北、内蒙古四大重点国有林区首次年会在莫尔道嘎林业局举行。

**8月31日**　由中国国土经济学会、中国报告文学学会、内蒙古自治区文联、内蒙古大兴安岭林管局共同举办的“新林区、新形象”暨《大兴安岭时间》报告文学研讨会在呼和浩特举行。

**9月29日**　林区第六次民族团结进步表彰大会召开。

**10月22日**　内蒙古森工集团与俄罗斯联邦阿穆尔州洁雅木材生产联合体股份有限公司合作开发森林资源项目举行签约仪式。

**12月10日**　自治区国资委外派第二监事会进驻内蒙古森工集团启动大会召开。

（内蒙古森林工业集团由陈林涛供稿）

# 辽宁省林业

【概　述】 2010年，辽宁省林业工作超额完成省委省政府确定的各项目标任务，多项工作位居全国前列，受到国家林业局、省委省政府的多项表彰。树起了一面旗帜(集体林权制度改革成为全国一面旗帜)；创造了三项历史之最(造林绿化、林业产业发展、争取资金创历史最高水平)；实现五项全国领先(位居全国林业信息化建设4个示范省之首，林业宣传工作获得国家全部奖项，林业政务信息全国排名第一，森林资源监测水平全国最高，林业产值增幅居全国之首)。

**生态工程建设**　全省完成造林绿化作业面积50.33万公顷，为年度计划的1.35倍，造林核实合格率达93.3%，平均成活率近90%。全省完成全民义务植树1.53亿株，是计划的1.7倍。造林绿化规模、资金投入力度、绿化标准效果、领导重视程度以及在全国的位次均是近年来的最高水平，实现了历史性突破。辽西北边界防护林体系建设工程、沿海经济带绿化工程提前超额完成规划建设任务。大连市、本溪市获得全国造林绿化模范市荣誉称号。森林经营工作扎实推进。在注重造林绿化、增加林地面积的同时，狠抓了森林经营试点工作，研究制定推动森林经营工作的政策措施，森林经营试点工作取得成效。

**林权制度改革**　全省以确权为标志的集体林权制度主体改革已基本完成，确权率达到99.4%以上，历史遗留问题正在逐步解决，建立电子档案等规范化管理工作加速推进。以“一个体系四项制度”建设为重点的配套改革全面深化。新建林业综合管理服务中心14个，累计已达到40个，实现了重点林业县(区)全部建立综合管理服务中心的目标，并开始向林业重点乡镇延伸；新建林业合作经济组织1035个，新增林业专业协会322个，累计分别达到2286个和907个；新增以林抵押贷款15亿元，累计达到32亿元；编制村级森林经营方案750个；落实政策性保险试点任务76.67万公顷；采伐限额管理改革深得人心；信息服务网络的建设与应用取得可喜成效。林改的效益日益凸显，农民造林护林、发展林业产业的积极性空前高涨，全省涉林农民人均林业收入达到1824元，占全省农民人均收入的27%以上，是2005年的2.7倍，东部山区已达60%。辽宁林改被国家林业局赞誉为全国一面名副其实、当之无愧的鲜亮旗帜。

**林业产业发展**　全省林业总产值达到921亿元，是2005年的3.5倍，比2009年增长31.9%，增幅位居全国前列，提前超额完成了省委省政府确定的林业产业三年倍增计划。林业产业“一县一业”加速推进，全省已有10个县确定了板栗、红松、榛子、核桃、山野菜、中药材、鹿等作为“一县一业”产业。招商引资取得丰硕成果。全年新签约项目135个，投资额235亿元，其中亿元以上企业31家，总投资15亿美元的玖龙林浆纸一体化项目已落户沈阳新民。全年新增规模以上林产品加工企业181家，累计达到670家。全年共创省级以上品牌23个，累计达到79个。国家林业局命名各种产业基地20个，林业产业发展的名牌战略正在加速实现。彰武等林产品加工园区建设成效明显，已经成为林业产业发展的重要载体和平台。林业生态旅游与休闲服务业发展势头强劲，收入超过50亿元。全省林业产业协会正式成立，林业产业网站已经开通，为全省林业产业的加速发展创造了有利条件，全省林业产业蓬勃发展，势头强劲。

**森林资源状况**　全省林地面积697万公顷，有林地面积555万公顷，活立木蓄积量2.85亿立方米，森林覆盖率38.2%。全省公益林面积289.58万公顷(国家公益林180.53万公顷、地方公益林109.05万公顷)、商品林面积257.65万公顷。2010年，全省森林生态服务功能价值超过3500亿元。

**森林资源管护**　进一步加强森林采伐、资源监测、木材流通、征占林地审核审批和林权管理，现代林业试点和采伐管理改革试点取得新进展，完成了“十二五”征占林地、采伐限额等规划编制及申报工作，组织编制了林地保护利用规划，为“十二五”及今后一个时期森林资源规范管理奠定了基础，创造了条件。生态公益林管护力度加大。国家和省级生态公益林补偿标准全面提高，公益林管护机制改革和补偿到户工作全面推行，管护核查和资源监测试点工作全面加强。森林火灾发生率明显下降。全省森林火灾数量同比下降63.7%，是1998年以来最少的一年。林业有害生物防治效果好于2009年，监测覆盖率和种苗产地检疫率均达到98%以上，无公害防治率达到88.8%，林业有害生物成灾率低于0.36‰。封山禁牧取得初步成效。较好地完成了打击犯罪和林区维稳任务。全省共查处各类涉林案件2505起，严厉打击了各类毁林违法犯罪，维护了林区治安稳定。

**强林惠民政策逐步完善**　林业投资创历史新高，争取省以上投资首次突破20亿元，达到24亿元，是2009年的1.3倍，是2007年的2倍。全社会投入造林绿化的资金超过166亿元，是2009年的2.4倍，投资规模创历史之最。支持林业发展的公共财政制度逐步建立。公益林补偿标准逐步提高，湿地保护补偿摆上日程，做了大量前期调研准备工作；全省有80%的乡镇林业工作站经费已经或正在纳入县级财政一般预算管理，本溪市乡镇林业工作站已经确立实行“条块结合，以条为主”的管理体制；全省绝大多数林业事业单位经费纳入财政预算；造林补贴、以奖代补、支持林业产业发展的财政政策逐步完善。林业金融保险扶持政策取得重大突破。财政厅、人民银行、保险公司等联合出台政策支持以林抵押贷款，省财政安排专项资金启动了政策性保险试点，加大了贷款贴息支持力度，争取贷款贴息2575万元。本溪市成立了林业融资担保公司，进一步促进了

资金向林业涌入。林区民生工程和基础设施建设扎实推进。全省 7826 户、1.56 亿元危旧房改造资金已经落实，一期2600 户改造工程建设进展顺利，林区给水、道路、供电已纳入行业和地方建设规划。

**【林业基础建设】** 依法治林成效明显，进一步贯彻落实了《辽宁省防沙治沙条例》、《辽宁省湿地保护条例》和《辽宁省封山禁牧规定》等林业法律法规。省政府出台了《关于切实加强森林资源流转管理工作的意见》，完成了生态公益林立法论证和林地管理立法调研工作，依法行政工作受到省政府表彰。科技兴林全面加强，科技支撑作用日益增强，人才强林取得实效。林业信息化建设取得重大突破，在全国率先开通了林业政务商务一体门户网站，与中国移动公司开展了战略合作，加快了林业物联网建设，与数字林业核心平台建设一同成为辽宁林业信息化建设的三个重大突破。实现了省与市100%网上公文流转，网上办证实现省市县 100%覆盖，林业统计、资源监测等应用系统开发取得良好成效。基层林业站站舍和办公设施明显改善，职能得到充分发挥。种苗建设得到加强，进一步加大市场引导和管理力度，全省育苗面积近 1.6 万公顷，产苗量 56 亿株，良种使用率达 49%以上，基本保证了造林绿化用苗需求。

**【沈阳市林业信息化建设】** 2010 年，沈阳市林业局始终把林业信息化建设作为提升林业现代化的助推器，作为提升行政管理能力和公共服务能力的有效途径，强力打造网络设施，潜心研发系统软件，不断增强服务能力，切实提高管理水平。一是持续研发，不断进行技术改造升级。加快研发步伐，检验完善信息化建设的先进性、实用性、行业性、系统性、安全性和可行性，适时进行技术改造，建成上下连通、功能完备、运转高效、国内领先的信息化平台。二是分步实施，强力推进基础设施建设。完成市县乡三级机房建设，提前实现省市县乡四级网络建设目标，为各项系统应用夯实了基础。三是改版升级门户网站，满足林农果农致富需求。门户网站内容丰富，满足了林农果农“足不出户”即可获取天下林情，“足不出乡”即可办理审批手续的需求，突出了政府门户网站的服务功能。四是搭建数字林业平台，满足林业部门业务需求。核心平台建设囊括了数字林政、数字造林、数字森防等 16 个子系统，实现了资源更新、快速成图、快速列表、快速查询、造林规划、造林管理等多项功能，提高了林业部门行政管理效率。五是坚持建设应用同步，提升服务管理功能。开通远程监控系统，市、县、乡三级实现对森林资源 24 小时有效监管，有效避免了森林火灾的发生。开通远程会商系统，实现了信息化办公新模式。全面启动了 OA 办公自动化系统、档案管理系统和办证系统、地理信息系统。

**【大连市城乡绿化美化】** 一是创建国家森林城市取得决定性胜利。大连市委、市政府将创森工作写入《政府工作报告》，作为全市重点工作加以推进。为保证创森工作需要，全市 2004～2010 年共投入专项资金 60 亿元，植树 6.9 亿株。国家森林城市 38 项指标全部达到要求，最终通过了国家林业局组织的森林城市创建检查。二是十大造林绿化工程全面完成。完成道路绿化工程 1079.7 千米。重点建设了滨海大道(二期)绿化工程、土羊高速公路绿化带、长兴岛高速公路连接线绿化带、庄河疏港路绿化带、普兰店莲城大道绿化带；建设金州石河村、旅顺刘钟村等绿化村 110 个，绿化瓦房店工业园、普兰店海湾、金州登沙河等 6 个各类园区；建设水源涵养林 0.35 万公顷；绿化荒山 0.35 万公顷；绿化已治理的河流 300 千米；建设海防林和治沙林 0.53 万公顷；建设废弃矿坑生态植被修复 21 万平方米；建设板栗、榛子生产基地 0.16 万公顷；建设完善西城、英歌石、大连湾等森林公园或植物园 6 处；新建百亩以上规模化苗圃 25 处，总面积 293 公顷，改造百亩以上规模化苗圃 36 处，总面积 387.67 公顷。

**【鞍山市生态建设】** 2010 年，鞍山市林业工作紧紧围绕大规模造林绿化这一主题，建机构、抓工程、重实效，造林绿化工作实现了领导重视程度最高、投资规模最大、设计起点最高、建设标准最高、绿化速度最快、群众参与最多、绿化效果最好等七个历史之“最”，取得了生态效益和社会效益“双丰收”，造林绿化实现多项突破。一是完成生态廊道绿化工程。市政府出资 700 万元作为启动资金，在总长 175.5 千米的堤坝两侧营造 100 米宽、以速生杨为主的工业原料林，实际完成造林 0.27 万公顷。二是完成荒山荒地造林。以岫玉观光带、海岫公路、丹海高速等重点公路两侧迎面山的退蚕、封山、造林、绿化为重点，完成荒山荒地造林 0.05 万公顷，植树 253 万株。三是绿化村屯。全年市政府投入 600 万元启动资金，全面推进绿色村庄建设，进一步绿化村屯 612 个。四是实施台安西北部沙化治理工程。以鞍羊线、沈盘线、西马线、库二线高速公路、高速铁路两侧为重点，环绕台安县桑林镇、西平林场、洪家农牧场、桓洞镇、西佛镇、新台镇、新开河镇等镇场，建设寒富苹果生态经济林产业基地 0.156 万公顷、189 万株。五是改造沙化蚕场。市政府拿出 500 万元先期补助资金，以岫岩县为重点，对沙化严重的蚕场进行退蚕还林改造，营造以日本落叶松为主的速生丰产林。已完成退蚕还林 1.1 万公顷，残次蚕场补植补造 0.41 万公顷。

**【抚顺市造管并举保护绿化成果】** 2010 年，抚顺市高度重视造林绿化管护工作，将管护工作置于造林绿化同等重要地位，全力抓好。一是加强法规建设。经过调查研究，抚顺市人大颁布了《抚顺市森林资源保护条例》、《抚顺市城市绿化管理条例》，抚顺市政府制定并印发了《抚顺市封山禁牧管理办法》、《关于禁止在林地和城市绿化用地内开垦耕种的通告》、《关于印发抚顺市环城林带造林补植实施方案的通知》。二是加强管护队伍建设。经多年建设完善，已拥有森林公安干警、资源林政工作人员、森林病虫害防治检疫人员和园林管理人员 480 余人，公益林护林员 3000 余名。全市已连续 30 年未发生重大级的营造林质量事故；连续 23 年实现无重大森林火灾；无公害防治率已达 98.8%，位居全省之首。三是注重古树保护工作。全市对 5800 余株古树进行了调查登记，并编印了《抚顺古树》，以宣传生态文化，寓教于树，唤起世人珍爱人类的摇篮，关注并投入造福子孙的绿色事业建设之中。

**【本溪市集体林权制度改革】** 2010 年，本溪市通过放活森林经营权、规范森林资源流转、建立林业融资体系等措施，不断深化林权配套制度改革，逐步破解了林农取得林权以后面临的诸多难题，加快了本溪林业兴林富民的步伐。主要是侧重抓了"五个一"建设。一是制定一套方案。结合《关于加强科学营林工作的意见》，编制完成了 115 个村的森林经营方案和产业发展规划。推广应用了低产低效林改造、果材兼用林培育、林地复合经营等七类重点森林经营模式。二是形成一套网络。培育林业合作经营组织，全市共组建林业专业合作社 529 个，组建各类协会 184 个。三是健全一个体系。建立、健全林业投融资体系，全市以林抵押贷款累计达到 4.9 亿元；成立了辽宁华兴融资担保有限责任公司；从年初开始，开展了政策性森林保险，全年落实了 11.53 万公顷。四是搭建一个平台。全市建立了 8 个林业综合管理服务中心和乡级分中心。五是建立一套制度。出台了《关于进一步深化集体林权制度改革、加快现代林业发展的决定》，同时加大公共财政投入扶持力度。颁布实施《本溪市森林资源流转条例》。2010 年 6 月，国家林业局贾治邦局长在本溪市调研工作时，评价本溪是"全国林改当之无愧、名副其实的一面鲜亮旗帜"。

**【丹东市林产品加工企业蓬勃发展】** 2010 年，丹东市在重点抓好商品林、丹东板栗、红松果材林、林地中药材、林蛙养殖、苗木花卉等特色产业基地建设的基础上，加大林业龙头企业扶持和培育力度。全市林产品加工企业累计 447 家，其中规模以上企业 52 家，产品产量 56.4 万吨(万立方米、万平方米、万件)，产值 24 亿元。丹东市已获得省新增固定资产投资 1000 万元以上奖励的林产品加工企业 2 家，荣获辽宁名牌产品 2 家，被命名首批省级林业产业龙头企业 9 家。丹东市投资亿元以上企业 4 家：丹东市安民木业集团有限公司 2.6 亿元，宽甸北方山奇菌业有限公司 2.3 亿元，丹东宝钢人造板有限公司 1.3 亿元，丹东玉华食品有限公司 1.1 亿元。计划投资亿元以上企业 2 个：佰山集团(由英国佰山投资控股)有限公司计划在东港前阳经济开发区投资 7.5 亿元，占地 26.67 公顷，建设的木制品工业园区包括年产 300 万平方米实木复合地板、10 万立方米塑木复合产品、20 万立方米 LVL 建材、20 万平方米实木门窗等生产项目以及仓储物流项目。宽甸北奇原生态农产有限公司现有资产 0.8 亿元，计划投资后达 1.2 亿元。

**【锦州市森林资源管护工作再上新台阶】** 锦州市坚持以科学发展观为统领，以生态建设为目标，按照"东用、西治、南扩、北保，全面封山"的林业发展布局，全面完成了 2010 年各项工作目标和任务，特别是森林资源管护工作取得了丰硕成果，全市生态环境得到明显改善。一是森林防火实现新突破。2010 年，全市共发生森林火灾 16 起，其中一般森林火灾 12 起，较大森林火灾 4 起，过火面积 124 公顷，受害森林面积 11.3 公顷，受害率为 0.12‰，大大低于省规定 0.4‰的指标，没有发生人员伤亡事故。二是行政执法力度不断加大。全市开展了"春季行动"等严打专项行动 5 次，严厉打击乱砍滥伐林木、乱征滥占林地、乱捕滥猎野生动物的违法犯罪行为，共查处各类涉林案件 197 起，查处违法犯罪人员 205 人(次)，缴获并放生非法猎捕的野生鸟类 3200 只，收缴木材 190 立方米，挽回经济损失 1000 多万元，有力地保护了森林资源安全。三是封山禁牧工作成效明显。按照《锦州市封山禁牧专项整治行动实施方案》，加大宣传力度和资金投入，全市已设立永久性宣传标志、标牌、界桩 3673 个，设置围栏 11.5 万多延长米，总计投入资金 366 万元。召开了全市封山禁牧工作现场会，通过制定乡规民约，提倡引导舍饲圈养，并采取较为严厉的禁牧措施，起到了很好的封禁成效。四是林业有害生物防治工作扎实有效。2010 年，全市共发生各种森林病虫害 88 万亩，通过加强测报、检疫和防治工作，防治率达到了 98%，其中生物防治率 38 %、无公害防治率 94%、成灾率 0.19‰，外来有害生物得到了有效控制。

**【营口市造林绿化创造历史新高】** 2010 年，营口市圆满完成了预定的造林绿化工作任务。全年完成造林作业面积 1.376 万公顷，完成计划的 163.73%；封山育林面积 553.33 公顷，完成计划的 103.75%；农村路旁植树 78.5 万株，完成计划的 100.64%；全市义务植树 800 万株，完成计划的 133.3%。营口市首次开展了"三集中"(集中资金、集中地块、集中效应)造林活动，确定了 12 块精品造林工程区，共 224 公顷。从立地条件到规划设计、从苗木规格到施工质量、从栽植抚育到全程管护都严格按照规划施工，确保了工程质量。营口市坚持城乡一体化推进，把任务分解落实到各市(县、区)和市直有关部门。全市累计投入资金达 15.33 亿元，成为营口市造林投入历史上最多的一年。全市城乡造林首次实行"四制"造林方式，即招投标制、法人制、报账制、监理制。尤其是"三集中"地块和部门绿化，全部栽植大苗，达到了当年造林当年成林的效果。营口市把宣传群众、发动群众、动员社会力量参与造林绿化活动，作为开展造林绿化的第一要务来抓。充分利用广播、电视、报刊、网络等现代媒体，进行多角度、全方位立体宣传。一个全党动员、全民动手、城乡联动、齐抓共管造林绿化的浓厚氛围在全市空前高涨。

**【阜新市探索工程造林模式】** 2010 年，阜新市探索出招投标造林及质量监理模式，为大规模造林工程的健康、科学实施打下了坚实的基础，也为全国工程造林特别是三北地区的造林摸索出了一条切实可行的道路。阜新市成立了造林资质评审委员会，作为林业工程建设的组织管理机构。出台了《阜新市工程造林单位资质管理办法(试行)》，申报造林资质的单位提出了具体要求，并对后续的年度审批及资质升级等作了详细规定，为工程造林资质的颁发打下了良好基础。阜新市已有 77 家单位取得工程造林资质，具备了参加工程造林招投标的资格。同时，为切实提高资金利用率，阜新市在推行招投标造林的基础上，制定《阜新市造林绿化工程质量监理管理办法(试行)》。全市范围内培养了一批具有林业职称的高水平造林绿化工程质量监理人员。经单位申报，市级林业部门审批，全市已拥有两个符合规定的造林质量监理公司。在阜新市工程造林资质管理、质量监理制度的不断完善下，阜新市2010年高标准地完成了人工造林4.34万公顷，超计划30%，是2009年同期的1.5倍，完成秋季整地面积1.77万公顷。

**【辽阳市形成毛皮动物繁育利用产业链条】** 辽阳市不断拓展农民致富途径，经过十几年的不断发展完善，形成了从毛皮动物养殖、毛皮硝染、裘皮服装加工到市场批发销售一个完整的毛皮动物繁育利用产业链条，年产值61亿元，可解决全市20%劳动力就业问题。毛皮裘皮产业成为农民增收致富重要途径。2010年，该市"龙头企业+基地+农户"的产业模式已经形成，野生动物养殖农民专业合作社和佟二堡皮草商会在组织协调产业发展中发挥了重大作用，全市共有驯养毛皮动物800余户，年出栏貂、狐、貉等80万只，产值5亿元，毛皮裘皮生产企业200余家，年生产裘皮服装产量达到50万件，产值达到50亿元；硝染企业10家，硝染毛皮数量2500万张，产值1.5亿元；毛皮裘皮服装经营业户3000余户；在佟二堡有大型皮装、毛皮、裘皮市场9处和长达1千米的裘皮服装销售一条街，其中总投资4.5亿元，以佟二堡为中心的貂、狐、貉、獭兔养殖规模不断扩大，养殖产业已辐射全市10多个乡镇，全市从事野生动物驯养、硝染、加工、营销的农民达到3.5万人，占劳动力总数20%以上。2010年，辽阳市被辽宁省林业产业协会命名为"毛皮动物繁育利用示范市"。

**【铁岭榛子产业实现新突破】** 铁岭榛子资源丰富，有"贡榛"、"御榛"美称。铁岭将榛子作为农业三大主导产业之一，通过实施基地升级战略，实现榛园产量、质量新突破；实施龙头牵动战略，实现榛子产业化经营新突破；实施科技兴榛战略，实现榛子产业技术管理新突破；实施名优品牌战略，实现铁岭榛子名特优新突破。截至2010年底，全市榛子基地面积7万公顷，年产量2万吨，山区农民人均榛子收入1500元，深加工企业建成投产，生产出榛子油、榛子粉等产品。铁岭榛子市场吸引各产区榛子向铁岭汇聚，铁岭已成为中国榛子集散地，营销网点遍及全国大中城市，加工企业106家，营销企业269家，年加工销售2.5万吨榛子，产业产值实现24亿元。"平榛原产地"、"中国榛子之乡"、"中华名果"、"中国榛子之都"等称号相继落户铁岭。2010年成功举办首届中国(铁岭)榛子节。

**【朝阳市高标准开展荒山绿化工程建设】** 从2009年开始，辽宁省在朝阳市实施了500万亩荒山绿化工程，该工程计划三年时间。2010年，为全面推进500万亩荒山绿化工程建设，朝阳市在工程实施中，统筹兼顾，全面发展，始终坚持"六个结合"。一是把造林绿化与林权制度改革相结合；二是把造林绿化与产业结构调整相结合；三是把造林绿化与提高管理水平相结合；四是把造林绿化与科技支撑相结合；五是把造林绿化与强化森林资源管护相结合；六是把专业队造林与全民造林相结合。经过努力，全市共完成荒山造林绿化面积15.14万公顷，实现了朝阳造林绿化史上工程造林成活率最高、合格面积最大、投入最多的"三个历史之最"，全市人工造林平均成活率达到了90%以上，平均合格率达到了95%以上。

**【盘锦市城乡绿化实现新跨越】** 盘锦市不断加大城乡绿化力度，把植树造林当成工程项目包装与管理，引入市场竞争和风险机制，2010年共投入城乡绿化5.1亿元，确定村屯绿化、绿色通道、农田林网、园区校园、河流两岸(荒地造林)绿化、城市绿化六项重点工程，累计完成造林面积0.3万公顷。其中农田林网和荒地造林0.15万公顷、绿色通道建设0.02万公顷、河流两岸造林0.13万公顷。村屯绿化完成300个，植树60.2万株；完成各类园区绿化236个，植树11.8万株；完成学校校园绿化71个，植树20.25万株。林木绿化率上升到8%，提高1.1个百分点。

**【葫芦岛市林业产业"一县一业"发展迅猛】** 2010年，葫芦岛市全力推进林业产业"一县一业"发展战略，发展态势良好，格局初定，林业总产值迅速攀升，实现34.07亿元，是"十一五"期初的3.1倍，有力促进了林农增收致富和县域经济可持续发展。目前，"建昌核桃"、"南票大枣"已经成为建昌县和南票区的产业名片，并注册了国家地理标志商标。不仅这两个地方，葫芦岛市除龙港区(主城区)外，其他5个县(市、区)都拥有了属于自己的代表性林业产业：南票区和连山区将发展大枣产业作为"一县一业"的主导产业；建昌县和绥中县将核桃产业作为一县一业的主导产业；兴城市着力发展平欧杂交大果榛子产业。全市"一县一业"的林业产业发展格局初步形成。林业产业发展迅猛。

(辽宁省林业由省林业厅办公室供稿)

# 吉林省林业

**【概　述】** 2010年全省到位各类建设资金总额55.42亿元，其中国家投资到位29.78亿元。全省利用外资7938万元，全部用于日本政府贷款松花江中上游林业生态工程建设。全省林业自筹资金和其他资金到位总额24.78亿元，占全年各类林业资金到位总量的44.76%。共编制各类林业建设项目82个，争取国家投资10亿多元。争取国家森林抚育、林木良种补贴等专项资金4.6亿元。将区划界定的省级公益林全部纳入省级财政补偿范围，并将权属为集体和个人的生态公益林补偿标准由每亩每年5元提高到10元。安排林业专项资金2000万元，支持林业产业项目46个，共带动项目投资20.2亿元。共建设林业产业园区8个，其中国家级特色产业园区1个、省级林业特色产业园区7个；建设省级林业龙头企业(基地)105个，其中省级林业龙头企业75个，林业产业基地30个。在东部林业比重较大的县份农民收入70%来源于林业。

**【林业产业】** 2010年，全省完成林业产业总产值763亿元，比2009年增长18.63%。全省生产木材475.89万立方米，比2009年增长20.46%，林木采运产值45.47亿元，比2009年增长30.01%，占全部林业产业总产值的5.96%；全省人造板产量达到236.14万立方米，比2009年增长22.42%，人造板产值达68.64亿元，比2009年增长31.89%，占全部林业产业总产值的8.99%；全省木地板产量达3182.7万平方米，比2009年增长26.51%，木地板产值47.11亿元，比2009年增长82.54%，占全部林业产业总产值的6.17%；全省林业旅游接待人数达929.9万人次，旅游与休闲服务产值达45.5亿元，比2009年增长14.06%，占全部林业产业总产值的5.96%；全省陆生野生动物繁育与利用产值达35.60亿元，比2009年增长7.04%，占全部林业产业总产值的4.67%。

**【生态建设】** 2010年完成各类生态建设任务11.95万公顷，其中，人工造林面积3.93万公顷，无林地和疏林地新封面积4.33万公顷，林冠下造林面积3.69万公顷。完成低产低效林改造面积4174公顷，成林抚育面积31.61万公顷，母树林面积4.34万公顷，中幼龄林抚育5.33万公顷。2010年末天然林资源保护工程实有森林管护面积375.36万公顷，木材产量249.3万立方米，累计一次性安置职工11.09万人，全年完成投资6.6亿元，其中国家投资5.55亿元。退耕还林工程完成生态建设任务3.47万公顷，全年兑现粮食补助资金4.26亿元，生活补助费7576万元，种苗补助2157万元，巩固退耕还林成果专项资金5154万元，完成工程建设投资5.83亿元，其中，中央财政专项补助资金5.16亿元。三北防护林四期工程完成生态建设任务4.55万公顷，完成工程投资7716万元。松花江中上游林业生态工程全年完成造林面积2.67万公顷，其中人工造林1.19万公顷，林冠下造林1.48万公顷，完成日本政府贷款投资8995万元。

**【创建绿色家园行动】** 2010年，全省计划对42个试点县(市、区)2000个村屯进行绿化美化，实际绿化美化村屯2165个，其中达到省级标准的村屯2096个。共投入村屯绿化资金1.05亿元，平均每个自然屯投入资金5.2万元。

**【森林资源保护管理】** 2010年，吉林省胜利实现连续30年无重大森林火灾目标，成为全国唯一取得这样成就的省份。在全省组织开展了以打击侵占蚕食林地行为为重点的专项行动，共清理收回流失林地16.46万公顷，查办案件8397起，查处违法人员8364人，收缴林地使用费1431万元。加强木材加工运输管理，在全国率先启用了全国统一木材运输办理系统。全省新增木材检查站60个，调整37个。全省森林有害生物发生总面积23.97万公顷，发生率比2009年下降18.53%。全省通过开展各类专项整治活动，依法查处各类林业行政案件1.55万起，处罚林业行政违法人员1.55万人次，行政罚款1987万元，收缴木材1918立方米，挽回经济损失1000万余元。

**【集体林权制度改革】** 截至2010年年末，全省集体林权制度改革主体任务基本完成，进入检查验收阶段。全省共完成确权到户面积232.53万公顷，占参改林地面积96%；签订各种承包经营合同141万份，涉及林地面积226.18万公顷，占参改林地面积的94.1%；共排查矛盾纠纷2.84万件，涉及林地面积14.13万公顷，已调处解决1.96万件，矛盾纠纷调处率达到70%以上；已核发林权证18万本。在通化县、农安市开展了集体林采伐管理改革试点，出台《关于改革和完善集体林采伐管理的意见》，制定《吉林省集体林权流转若干规定》。

**【民生实事】** 2010年，国家下达吉林省2010～2011年4.08万户林业棚户区(危旧房)改造任务全部开工，完工2.52万户，建筑面积126万平方米，完成投资16.4亿元，剩余1.56万户将于2011年全部完成竣工。开工建设职工医院改扩建项目5个、中心林场给水建设项目8个、局址集中供热项目17个，完成职工医院改扩建项目2个。全省林业职工年平均工资达到1.8万元，同比增长17.2%。

**【制定林业政策】** 2010年6月7日，省政府印发《关于批转吉林省2010～2020年林业产业发展规划的通知》(吉政明电〔2010〕12号)。8月3日，省政府办公厅转发《省林业厅关于支持抢险救灾和灾区恢复重建政策意见的通知》(吉政办明电〔2010〕97号)。10月14日，省级专项资金(基金)审核委员会印发《关于下达2010年全省林业产业发展专项资金计划的通知》(吉专资办〔2010〕19号)，这是省级财政首次设立林业产业发展专项资金，有力推动了林业经济强省战略的实施。12月24日，省政府印发《关于组织实施〈吉林省第二个十年绿化美化吉林大地规划〉的意见》(吉政发〔2010〕38号)，到2020年，全省森林覆盖率达到45%，90%以上的村屯绿化覆盖率达到30%以上。12月31日，省政府办公厅下发《关于创建绿化标准县(市、区)的实施意见》(吉政办明电〔2010〕160号)。

**【湿地立法】** 吉林省湿地资源十分丰富，其特点是类型多、分布广、区域差距明显，生物多样性丰富。东部主要是以长白山为主的森林沼泽湿地和泥炭沼泽湿地；中部主要是以湖泊为主的湖泊湿地和以水稻田为主的人工湿地；西部主要是以松花江、第二松花江和嫩江为主的河流及平原湿地。多年来湿地保护工作分散在不同的部门或领域，形成了多头管理无序开发的局面。针对湿地保护和管理工作中存在的无章可循、无法可依的问题，自2006年起，吉林省林业厅着手湿地立法工作，经过充分调研、广泛征求意见和积极沟通协调，于2010年形成《吉林省湿地保护条例(送审稿)》，被省人大确定为当年正式出台的条例之一，在2010年11月26日吉林省第十一届人民代表大会常务委员会第二十二次会议讨论通过，将于2011年3月1日起施行。

【洪涝灾害】 2010年7月下旬以来，吉林省中南部和东部经历了强降雨过程，林业系统遭受了历史上从未有过的特大暴雨、洪水、泥石流等自然灾害，损失十分惨重。吉林省内8个地区41个县(市)的林业部门和单位受灾，直接经济损失达22.74亿元。其中，木材损失765万立方米，损失5.66亿元；苗圃受灾面积860公顷，损失2.43亿元；林区养殖业损失1.64亿元；种植业受灾面积0.66万公顷，损失2.08亿元；162家林区企业停产停业，损失1.09亿元；2348户林区居民房屋倒塌，损毁住房面积15.35万平方米，损失1.95亿元；3923千米供水管线、670千米输电线路、7664千米林区道路和1512座桥涵被洪水冲毁或受损严重，直接经济损失4.42亿元；受灾人口5.77万人，因灾死亡2人；其他经济损失3.47亿元。灾害造成的损失是吉林省林业历史上波及范围最广、受灾程度最重、恢复难度最大的一次。全省林业累计出动抢险救灾10万多人次，投入救灾资金5000多万元，转移安置林区群众5.7万多人。为灾区争取救灾资金和中央预算内基本建设项目投资各1000万元，争取救灾材采伐限额指标49万立方米。

【森林公安推公转制】 2005年7月，国务院办公厅下发《关于解决森林公安及林业检法编制和经费问题的通知》(国办发〔2005〕42号)，将森林公安编制统一纳入政法专项编制序列，森林公安经费列入各级财政预算。

2008年12月，根据人事部、国家林业局《关于做好全国森林公安机构核定政法专项编制后人员过渡有关工作的通知》(国人部发〔2008〕15号)精神，吉林省人事厅、林业厅、公安厅联合下发《全省森林公安机构核定政法专项编制后人员过渡工作的意见》(吉人联字〔2008〕137号)，对2005年8月15日以前进入森林公安队伍，截至2008年2月15日仍在森林公安机构工作的人民警察以及2005年8月15日以后调入森林公安机构担任副科级以上领导职务或副处级以上非领导职务的人员，进行了考核过渡、培训过渡、考试录用过渡。全省符合过渡公务员条件的森林公安民警4974人(不含地方公安派到森林公安工作且不占森林公安编制的人员53人)，其中考核过渡3825人，培训考试过渡1066人，考试录用过渡83人；因超龄、刑事处罚、辞退、辞职和未授衔等原因不予过渡28人。

2009年9月，吉林省机构编制委员会下发《关于全省森林公安机关机构设置和政法专项编制分配下达有关事宜的通知》(吉编〔2009〕26号)，全省森林公安机构改革实行林业和公安部门双重领导的管理体制，省森林公安局党政工作由省林业厅领导，公安业务工作接受国家林业局森林公安局和省公安厅领导。省森林公安局为正处级建制，其直属森林公安机构为科级建制。白山地区的松江河、露水河、临江、三岔子、泉阳、湾沟森林公安局，吉林地区的红石、白石山森林公安局，省直属的辉南森林公安局、莫莫格森林公安分局、向海森林公安分局、蛟河实验局森林公安分局，由省森林公安局直接管理。白山市森林公安局与白山市公安局不再合署办公，在白山市森林警察支队基础上建立白山市森林公安局；吉林森林公安局改建为吉林市森林公安局。白山、吉林市森林公安局改制后负责所属地方森林公安机关的业务和队伍建设管理工作，不再负责所属国有森林公安机关的业务和队伍建设管理。长春、四平、辽源、通化、白城、松原6个地区森林公安机构统一改建为森林公安局，负责领导所属地区县(市、区)森林公安局(分局)业务和队伍建设工作。上营森林公安局由吉林市林业局和吉林市森林公安局领导，长白森林公安局由长白县林业局和白山市森林公安局领导。51个县(市、区)森保科(大队、分局)，按照行政区划，统一改建为森林公安局(分局)，接受市级森林公安局领导。长白山保护局森林公安局，划归长白山公安局管理，其森林公安业务由省森林公安局指导。

2010年4月，吉林省机构编制委员会下发文件，批复了省森林公安局的“三定方案”(吉编办发〔2010〕89号)，文件批复省森林公安局设2个副处级机构(政治部和交通警察支队)、11个内设机构，编制总数90名，正处级领导职数2名，副处级领导职数8名；新成立森林案件侦查直属分局(副处级)、省森林公安局警察训练支队(副处级)、省林业看守所(正科级)三个直属机构，撤销原省森林公安干警学校。全省森林公安5021人全部纳入公务员编制，经费纳入财政预算。

【吉林省委书记孙政才对森林防火工作作出指示】 2010年9月15日，吉林省委书记对森林防火工作作出批示：“林业是一项重要的基础产业，也是一项具有特殊功能的公益事业。做好森林防火工作，对于保护森林资源、发展林业产业、加强生态建设、促进经济社会又好又快发展都具有十分重要的意义。吉林省是全国林业大省，多年来在各级党委、政府和有关部门的共同努力下，已经平安渡过了60个防火期，连续30年没有发生重大森林火灾。这是一个了不起的成绩。全省广大森林公安民警、森警部队官兵和森林防火战线干部职工，长期战斗在森林资源保护一线，为推进现代林业建设、维护生态安全、促进经济社会发展作出了重要贡献。实践证明，这是一支让党和政府放心，让人民满意的队伍，无愧‘森林卫士、绿色家园守卫者’的光荣称号。

森林防火是一项长期而艰巨的工作。今年全省气候异常极端，森林防火形势比较严峻。各级党委、政府和各有关部门一定要以对党、对国家、对人民、对历史高度负责的态度，精心组织部署，狠抓工作落实，扎扎实实地做好森林防火工作；一定要坚持防火于未燃，克服麻痹大意思想，未雨绸缪，严阵以待，靠前布防，高度戒备，加强森林防火预警和防范体系建设，从思想上筑牢防火墙，从源头上消除安全隐患；一定要突出工作重点，特别是要把握紧要时期，抓住关键环节，死守重点部位，管住特殊人群，严格火源管理，强化预警监测，科学部署力量，加强应急处置，把各项措施和责任落到实处；一定要加强组织领导，把加强森林防火列入重要工作日程，全面落实行政首长负责制，建立和完善主要领导亲自抓、分管领导具体抓、工作部门合力抓的工作机制，加强检查督办，严肃工作纪律，把责任机制落到实处。

总之，希望大家继续保持奋发有为的精神状态，发扬连续作战的优良作风，发扬成绩，再接再厉，努力把我省森林防火工作提高到一个新的水平，为吉林经济社会又好又快发展作出新的更大的贡献。"

**【吉林省省长王儒林对森林防火工作作出批示】** 2010年9月14日，吉林省省长王儒林对森林防火工作作出批示："今秋森林防火工作尤为重要和艰巨，务请各级政府主要领导同志高度重视，突出做好大灾之年的森林防火工作，确保洪灾过后无火灾。尤其要密切注意胜利实现全省连续30年无重大森林火灾目标后出现的新情况、新问题，坚决克服盲目乐观和松懈思想，深刻吸取俄罗斯森林火灾及国内特大森林火灾教训，继续坚持实行预防为主的方针，坚持实行各级政府负总责的领导体制，坚持执行政府、部门和单位主要领导为第一责任人的制度，坚持全面落实综合性防扑火的预案，确保以强有力的措施坚决夺取森林防火新的更大的胜利！"

**【吉林省首家全国生态文化村挂牌】** 2010年10月27日，吉林省首家全国生态文化村——梨树县刘家馆子镇东五家村正式命名挂牌。东五家村被授予此项殊荣，成为吉林省首家在生态文明建设方面获得国家命名的行政村，开创吉林省农村国家级生态文明建设史上的先河。近年来，东五家村大力开展植树造林、发展生态产业、建设生态文化，把一个原本贫穷落后的乡村，建设成为交通便捷、环境优美、乡风文明、村民富裕的社会主义新农村，成为全省生态文化发展的典型。

**【林业大事】**

**1月27日** 全省林业局局长会议在省宾馆召开。

**2月11日** 发布吉林省人民政府2010年森林防火命令。

**2月12日** 省编委印发《关于调整吉林省人民政府森林防火指挥部成员的通知》(吉编发〔2010〕3号)。

**2月23日** 省政府召开全省确保连续30年无重大森林火灾决战动员会。

**2月26日** 国家林业局下发《关于吉林省国有林区棚户区改造增加采伐限额的批复》(林资发〔2010〕36号)。

**3月1日** 在国务院召开的全国森林草原防火工作电视电话会议上，省政府森林防火指挥部发言并荣获表彰。

**3月16日** 省政府办公厅下发《关于进一步加强林地保护管理工作的通知》(吉政办明电〔2010〕26号)。

**3月19日** 全省十年绿化美化吉林大地决战年动员大会在省政府电视电话会议室召开。会议由省政府秘书长、省绿委副主任李福升主持，省政府副省长、省绿化委员会主任王守臣出席会议并作讲话。

**3月22～26日** 组织开展了全省森林火灾调度业务模拟演练。

**3月27日至5月5日** 省林业厅协调省移动、省联通、省电信三大通讯运营商向全省约1600万手机用户免费发送森林防火公益性宣传短信约5920万条。

**3月30日** 省林业厅召开创先争优活动动员大会，以"争、创、评"活动为载体，全面启动创先争优活动。

**4月8日** 省政府办公厅下发《关于进一步加强东北虎、豹保护工作的通知》(吉政办明电〔2010〕39号)。

**4月8日** 省编办印发《关于吉林省森林公安局主要职责内设机构和人员编制规定的批复》(吉编办发〔2010〕89号)。

**4月9日** 全省林政工作会议召开，这是改革开放以来省林业厅首次专门召开的林政工作会议。

**4月19日** 省编委印发《关于设立省森林公安局警察训练支队的批复》(吉编发〔2010〕8号)。

**4月28日** 东北重点省区春季森林防火工作座谈会召开，吉林省林业厅在会上作工作汇报。

**4月30日** 省编办印发《关于调整吉林省林业信息中心编制的批复》(吉编办发〔2010〕107号)。

**5月14日** 省政府同意建立吉林抚松野山参省级自然保护区(吉政函〔2010〕79号)。

**5月14日** 省政府同意建立吉林柳河罗通山珍稀植物省级自然保护区(吉政函〔2010〕80号)。

**5月27～28日** 2010年中国东北虎栖息地保护规划研讨会在长春紫荆花大酒店召开。

**6月2～5日** 国家森林防火指挥部副总指挥李育材带队到吉林省开展"总结吉林省连续30年无重大森林火灾经验"专题调研工作。

**6月7日** 省政府印发《关于批转吉林省2010～2020年林业产业发展规划的通知》(吉政明电〔2010〕12号)。

**6月7日** 王守臣副省长主持召开专题会议，研究化解集体林权制度改革矛盾纠纷问题。

**6月15日** 全省胜利实现连续30年无重大森林火灾。

**6月22日** 国家发改委、国家林业局、住房城乡建设部正式下达2010年林业棚户区改造投资计划。吉林省地方国有林场危旧房被纳入林业棚户区改造实施范围，地方国有林场危旧房改造正式启动。

**6月28～29日** 全省林业产业大会在吉林市和敦化市召开，省政府副省长王守臣和国家林业局党组成员、纪检组长陈述贤到会并作讲话。

**7月1日** 省政府印发《关于增设和调整木材检查站的批复》(吉政函〔2010〕110号)。

**7月1～7日** 武警吉林省森林总队赴黑龙江省大兴安岭地区实施跨区增援灭火作战。

**7月12日** 全省"十二五"期间年森林采伐限额指标编制工作完成。省政府向国务院上报了《关于申请批准吉林省地方林业"十二五"期间年森林采伐限额建议指标的请示》(吉政文〔2010〕85号)。省林业厅向国家林业局上报了《关于全省国有林业局"十二五"期间年森林采伐限额的报告》(吉林资〔2010〕471号)。

**7月28日** 吉林省林学会成立50周年纪念大会暨第十一次会员代表大会召开。

**8月3日** 省政府办公厅转发《省林业厅关于支持抢险救灾和灾区恢复重建政策意见的通知》(吉政办明电〔2010〕97号)。

**8月25日** 国家森林防火指挥部办公室关于对2009年度省级森林防火指挥部办公室工作考核情况的通报中，吉林省取得第三名。

**8月27日** 在四平市和长春市所辖的6个县级、11个乡级行政区域共诱捕到美国白蛾成虫237头，于8月下旬在3处又查找到美国白蛾幼虫257条。这是吉林省首次发现美国白蛾的危害。省林业厅组织相关人员60余人，在四平市梨树县梨树镇胡家村一社发现美国白蛾幼虫的现场召开了美国白蛾封锁扑灭现场会，对发现的美国白蛾幼虫全部实施了封锁扑灭。

**8月29日** 乔恒副厅长代表吉林省林业厅与俄罗斯滨海边疆区狩猎监督局、联邦稀有动植物及濒危物种特别保护局签署《中俄东北虎及远东豹跨境保护》合作协议。

**8月29~31日** 2010年中国珲春东北虎国际文化节和中国·珲春虎保护与虎文化国际论坛在珲春市举行。原国家林业局副局长、中国野生动物保护协会会长赵学敏，中华人民共和国濒危物种进出口管理办公室常务副主任苏春雨，国家林业局保护司副司长严旬，中国野生动物保护协会秘书长臧春林，吉林省人民政府副秘书长李福升出席了开幕式。

**8月30日** 省林业厅与吉视传媒股份有限公司正式签订合作协议，由吉视传媒出资负责全省林业信息专网建设，实行交钥匙工程，全省林业信息专网建设自此全面铺开。

**9月10日** 吉林省林业系统“盛世兴林”职工运动会在吉林农业大学体育场召开。省委常委、省委秘书长房俐，省人大常委会副主任、省总工会主席包秦，省政协副主席常显玉，中国林业体协主席蔡延松出席了开幕式。

**9月13~14日** 首届中国(吉林)林业苗木园艺展销会在长春国际会展中心举行。省人大常委会副主任杨绍明、省政府副省长王守臣、省政协副主席林炎志、国家林业局场圃总站站长杨超、省林业厅厅长张德新、省农委副主任吴晓光、省林业产业协会会长王玉明、吉林森工集团董事长柏广新、延边朝鲜族自治州林管局局长刘怀、吉林农业大学党委书记姚秋杰、吉林省农科院副院长赵玉民以及部分兄弟省(区)林业厅(局)领导出席了开幕式。

**9月15日** 省政府在长春召开2010年全省秋季森林防火工作会议。

**9月26日至10月5日** 第二届中国绿化博览会在郑州举办，吉林省获得室外展银奖、室外展优秀组织奖、先进工作单位等奖项。

**9月27日至10月14日** 开展“吉林省清理清查长白山腹地非法入区人员”专项行动。

**10月9日** 通化、集安、敦化三县(市)委书记出席全国百县林改经验交流会并在会上作经验介绍。

**10月14日** 省级专项资金(基金)审核委员会印发《关于下达2010年全省林业产业发展专项资金计划的通知》(吉专资办〔2010〕19号)，这是省级财政首次设立林业产业发展专项资金，有力推动了林业经济强省战略的实施。

**10月20~23日** 国家林业局张建龙副局长到吉林考察棚户区改造、集体林权制度改革、长白山林区森林资源保护等有关情况。

**11月2~4日** 东北亚跨境区域自然保护专家组会议在珲春市举行。国家林业局、联合国东北亚经社理事会以及俄罗斯、日本、韩国、蒙古等国的代表，黑龙江、吉林、辽宁、内蒙古四省(区)林业厅及国内外相关专家和国际组织的代表出席了会议。

**11月8日** 历时4个月改版设计、架构建设，集全省林业行政管理部门与林业生产经营单位信息资源于一体的新版吉林省林业厅网站(吉林林业网)正式上线运行，并首次启用了网上在线直播功能，开创了吉林省政府职能部门网站在线直播先河。

**11月13日** 省政府决定，任命孙亚强为省林业厅副厅长(吉政干任〔2010〕89号)。

**12月5日** 吉林省首届关注森林活动总结表彰大会在吉林省宾馆召开。大会命名了两个吉林省森林城市、5个吉林省生态文明教育基地；对3名关注森林特别奖、20名关注森林奖、10名关注森林突出贡献奖、10名关注森林突出贡献奖、10名关注森林宣传工作奖、20家关注森林组织奖、39件关注森林新闻奖和35件关注森林文化艺术奖获得者进行了表彰。

**12月16日** 《吉林省林业发展“十二五”规划》经厅长办公会审定通过。

**12月23日** 吉林省林业标识图案经厅党组会研究确定(释义：抽象的丹顶鹤环绕成圆形构成，丹顶鹤象征吉林，寓意吉祥、腾飞；湿地、长白山、森林和动物组成的生态系统，突出体现了吉林省的自然资源，尤其是林业资源的独有特点；以绿色为主，象征着吉林林业资源的勃勃生机；动感中不失稳重，线条流畅，整体和谐、大气、浑然天成；“厚德广润”意指以深厚的恩德滋润万物，德泽育人，容载万象，突出体现了吉林林业的“德”，以德育人，以德载物，以谓之厚德广润；“吉地善林”道出了吉林林业以吉林省广袤的大地，丰富的自然资源为基础，力于林，而精于林，善行、善事)。

**12月24日** 省政府印发《关于组织实施〈吉林省第二个十年绿化美化吉林大地规划〉的意见》(吉政发〔2010〕38号)。

**12月29日** 吉林省第二十四次绿委(扩大)会议在长春召开。会议由省政府副秘书长、省绿委副主任李福升主持，省政府副省长、省绿化委员会主任王守臣出席会议并作讲话。

**12月31日** 省政府办公厅下发《关于创建绿化标准县(市、区)的实施意见》(吉政办明电〔2010〕160号)。

(吉林省林业由芦静供稿)

# 吉林森工集团

【概　述】

**经济运行**　2010年，吉林森工集团抓住国内外经济回升向好的有利时机，围绕集团“三六九八”发展战略、深化改革、转变方式、强化管理、拓展市场，集团经济持续快速健康发展。实现林业总产值100亿元，比2009年增加18.1亿元，增幅22.1%。资产总额100亿元，比2009年底增加36.2亿元，增幅56.7%。净资产32.7亿元，比2009年底增加4.4亿元，增幅15.5%。实现销售收入51.8亿元，比2009年增加11.8亿元，增幅29.5%。木材销售收入12.8亿元，占全部销售收入的24.7%。实现利润总额1.6亿元，比2009年增加0.3亿元，增幅23%。

**项目建设**　完成吉林森工金桥地板工业园建设项目及配套工程建设。与吉林省信托公司共同出资完成吉林森工云龙木业有限公司重组，开发出高档木百叶窗、透气窗等新的产品系列。组建吉林森工房地产开发有限公司和投资有限公司。入股吉林天治基金管理有限公司、梅河口民生村镇银行、吉林盛业农村商业银行、长白山交通旅游运输股份有限公司、紫鑫药业股份有限公司，金融证券业实现净利润4794万元，占集团净利润的41%。重组吉林省旅游投资公司和深圳市大盛半导体科技有限公司。完善白山湖至长白山“水上黄金旅游通道”。

**森林经营**　全年投入营林生产费用8084万元，组织完成1.4万公顷春季造林的任务、39.3万公顷国家级重点公益林的区划工作和2.08万公顷森林抚育任务；完成《集团“十二五”森林资源经营发展规划》的编制工作。森林资源管护实现辖区31年无森林火灾，未发生大面积森林病虫害。与科研院校合作，完成长白山林区人工促进天然林生长技术研究等科研课题阶段性工作。完成松江河林业局、露水河林业局FSC森林认证工作。推进景观苗木和绿化苗木基地建设，实现苗木销售收入1500万元。森林食品医药产业实现销售收入2.47亿元。

**经营管理**　制定《吉林森工集团资产清查及损失处理办法》等多项管理制度，完善全面预算管理体系、内控制度体系和风险防范体系，进一步严格资金使用程序、决策程序和审批程序。在各林业局实行资产监督专员委派制，强化二级企业的资产监管监督工作，实现监督机构全覆盖、监督资产全要素、监督管理全过程。开展“安全生产基础管理年”活动，全年无死亡、无重伤、无重大工业火灾。通过集团协调和企业间沟通，对闲置资产进行内部调剂，整合资源，发挥存量闲置资产的效能。“金桥”牌实木复合地板铺进人民大会堂宴会厅，被专家誉为“中国最好，世界一流”。吉林森工金桥地板集团通过ISO9000质量管理体系认证。吉林森工“露水河”刨花板品牌被国家工商总局商标局认定为中国驰名商标。

**技术创新**　“林木市场成熟理论”获吉林省社会科学优秀成果一等奖。木基复合课题项目成功研发脱硫石膏纤维板，开辟循环经济新的产品系列。林业信息化基地建设纳入国家林业局试点，开发研制的“经济运行系统”和“森林防火监控系统”得到了国家林业局的肯定，达到国际先进水平。推进轮式拖拉机集材技术改造，在全集团组织推广临江林业局轮式拖拉机集材经验，提高了木材生产效率，降低了生产成本。完成森林空气科技攻关研究项目中试车间建设。研制旋切法生产实木复合地板技术，进入到技术推广示范阶段。

**抗洪救灾**　2010年7月下旬，集团因遭受特大暴雨袭击，共有8个林业局5个加工企业受灾。造成生产生活设施、林地、林木、苗木等直接经济损失达19.1亿元。在抗洪救灾中，紧急下拨1700万元抗洪救灾资金，共出动人力3.2万多人(次)，动用机械设备1245台(套)，投入物资和抗洪抢险资金3000余万元，转移安置员工群众9850余人，集团系统无一人伤亡，所有水毁设施特别是水毁道路在最短时间内得到恢复。在灾后重建工作中，集团一手抓灾后重建，一手抓生产经营，做到两手抓，两不误，受灾员工安置率100%，受损房屋修复率100%，水毁房屋开工率100%，重点生产设施和防火通道修复率100%，实现入冬前所有受灾员工群众有房住，灾区孩子有学上，受灾群众基本生活有保障，灾后恢复正常生产的目标。

**思想建设**　开展“解放思想、创新发展”大讨论，争创“四强”党组织、争做“四优”共产党员等活动。健全了党风廉政建设三级责任网络体系，制定《党务公开工作实施意见》，召开了党风廉政建设和反腐倡廉工作会议。围绕重点建设项目、大宗物资采购等实施全过程效能监察，共立项60项，涉及金额20亿元，集团纪委被中央纪委评为党务公开先进联系点。召开第二次职工代表、会员代表、股东代表大会，严格履行民主程序，维护和保障员工民主参与和民主管理的权利。制定《吉林森工集团矛盾纠纷排查化解工作方案》，落实信访包保责任制，及时化解各种矛盾，全年未发生到省进京上访事件。

**民生工作**　投入15.8亿元，完成2万多户、104万平方米棚改工程；投入3.23亿元对林区供暖、饮水等民生工程和生产作业设施设备进行改造；在岗员工年均收入2.5万元，比2009年增加2909元，增幅13.2%。推广白石山林业局居民区天然气改造经验，推广白石山林业局、临江林业局自主创业经验和做法。落实三级包保责任制，解决困难员工的实际生活问题，支出资金298万元，走访慰问困难员工。为集团机关和在长春未参保单位人员办理省直机关医疗保险。

【森工大事】

**1月28日**　副省长王守臣出席集团2011年度工作会议，并作讲话。

**3月31日至4月1日** 集团举办企业文化建设骨干培训班，集团60余名政工干部参加培训。

**4月26日** 集团机关举行为玉树灾区捐款活动。共捐款56 292.00元。

**4月28日** 集团天然气工程建设推进会在白石山林业局召开。

**4月29日** 集团“希海植树日”启动仪式在红石林业局举行。

**7月31日** 集团第二次职工代表、会员代表、股东代表大会在长春召开。来自集团各条战线的208名代表参加会议。

**8月2~3日** 集团董事长、党委书记柏广新一行到受灾最严重的红石林业局和白石山林业局指挥部署抗洪救灾工作。

**8月5日** 集团召开抗洪救灾攻坚大会，并举行为集团受灾企业捐款活动，共捐款100万元。

**9月2~6日** 集团参展第六届东北亚投资贸易博览会。展出集团开发的8个系列266种产品，推介项目35个，接待中外客商8千余人(次)，达成意向销售额1.5亿元。

**9月3日** 吉林省森林抚育试点工作现场会在临江林业局召开。

**9月13~14日** 集团参展中国(吉林)首届林业苗木园艺展销会。

**10月11~13日** 集团参加全国林业行业第十一届乒乓球比赛，并取得女子团体第一名，男子团体第二名，厅处级男子团体第三名，女子单打第一名、第三名，男子单打第三名的成绩。

**11月8日** 吉林省国资委李来华主任一行到集团开展工作调研。

**12月1日** 集团召开党风廉政建设和反腐倡廉工作会议。

**12月8日** 吉林省政府与人民大会堂管理局在北京人民大会堂联合举办吉林森工集团人民大会堂宴会厅地板工程竣工仪式。上海大世界基尼斯总部为该工程颁发单间室内铺装木地板面积之最证书，该工程被中国林产工业协会授予中国林业产业科技创新奖，被中国木材流通协会授予优秀工程奖。

**12月27日** 集团召开人民大会堂宴会厅金桥地板生产铺装工程总结表彰大会。副省长王守臣等领导出席会议。

(吉林森工集团由刘力武、吴在军供稿)

# 黑龙江省林业

**【概　述】** 2010年，全省林业干部职工抓造林，促防火，强产业，兴改革，各项工作推进有力，为全省经济社会更好更快发展作出林业应有的贡献。

**大小兴安岭生态功能区建设** 2010年，国务院正式批复《大小兴安岭生态保护与经济转型规划》。规划共涉及7个市(地)、39个县(市、区)，总面积20.6万平方千米，占全省近半，总人口578.2万人，总投资5000亿元，规划内容涵盖大小兴安岭经济社会发展各个方面。1月9日，国家发展改革委和国家林业局在黑龙江省召开大小兴安岭林区生态保护与经济转型规划宣传贯彻会议，王宪魁省长亲自致辞，国家发展改革委张国宝副主任就规划作权威解读，吕维峰副省长对此给予高度评价，功能区建设正式启动实施。

**造林绿化** 2010年，是造林绿化三年会战的决战年，省委、省政府的高度重视产生了强大的拉动力，全年完成造林绿化31.77万公顷，占计划的112%，其中三北工程造林22.46万公顷，绿化村屯11 482个，绿化公路11 155.9千米。

**森林防火** 2010年，突出表现在防得住，打得好。全年共发生火灾30起，比2009年减少45%，过火总面积13 808.62公顷，受害森林面积11 737.62公顷，森林受害率0.11‰。春秋两个防期共发生4起火灾；夏季由于极端天气的影响，6月26日大兴安岭呼中发生雷击过境森林火灾，集中爆发26个火场，省委、省政府和国家林业局主要领导亲赴战斗一线，在吕维峰副省长的亲自指挥下，全省上下一心，重兵扑救，在最短的时间内将火灾扑灭。温家宝总理给予高度评价：“大兴安岭森林火灾扑救工作组织及时、科学、果断、有力，把损失降到了最低程度。”贾治邦局长指出：“这场大火，是一次天灾，也是一次扑火史上的奇迹！”

**集体林改** 2010年，是集体林权制度改革和全省森林、林木、林地流转试点攻坚之年，全省各地按照中央总体部署，集体林权制度主体改革全面完成，全省明晰产权119.67万公顷，占集体林总面积99.09%，发放林权证面积88.67万公顷。改革中涌现出一批先进县(市)，拜泉、克东、汤原三县作为其中的典型代表，在全国集体林权制度改革百县经验交流会上作了经验交流。

**湿地保护** 2010年，开展湿地保护与建设，完成全省湿地资源调查。争取湿地生态效益补助和自然保护区能力建设项目，2010年全国共确定43个补助试点单位，黑龙江省有8个。建立和落实扎龙湿地生态长效补水机制，启动核心区生态移民，一期共搬迁5个村屯、1440人。

**产业发展** 2010年，认真谋划产业发展思路，转变发展方式，确立融合式、灵巧式、突破式的发展战略，依托资源和地缘优势启动产业振兴计划，展开产业结构调整和发展方式转变。大规模培育蓝莓、树莓、沙棘等经济苗木；在尚志市建立寒带浆果生产科研基地，加快推动生产加工；成立省人大常委会副主任申立国为会长的省林业产业协会，发挥引领协调作用；作为全省十大重点产业项目之一的林产品加工产业牵头单位，编制《产业发展推进方案》并论证实施，广泛洽谈招商，林业产业正步入发展快车道。全年地方林业总产值实现

350亿元，比2009年增长22%。

**面临的困难和问题** 一是造林绿化难度越来越大，土地资源渐成造林瓶颈；二是资源保护面临难题，工程项目占地和林地保护矛盾突出；三是森林质量明显偏低，林分蓄积、林龄结构问题凸显；四是产业发展相对滞后，资源优势未得发挥；五是管理方式粗放落后，人才、队伍建设亟待加强。

**【林业大事】**

**2月2日** 全省林业工作会议在哈尔滨召开，共有240余人参加会议。

**2月28日** 省委省政府召开会议，听取全省森林防火工作汇报。省委书记吉炳轩主持会议并作重要讲话，省领导栗战书、杜宇新、杜家亳、刘国中、吕维峰出席汇报会并发表了意见。省林业厅厅长韩连生同志汇报了全省森林防火工作情况。

**3月1日** 按照省委书记吉炳轩关于强化森林防火和造林绿化宣传工作的指示，省委常委、省委秘书长刘国中召集省委宣传部和省林业厅领导，部署森林防火和造林绿化宣传工作，要求省委宣传部和省林业厅认真研究宣传方案，强化主流媒体对森林防火和造林绿化的宣传报道工作。省森林草原防火指挥部副总指挥金强参加会议。

**3月2日** 吕维峰副省长召开会议专题研究部署森林防火和造林绿化工作。省政府副秘书长金济滨出席会议，厅领导刘亚文、杨克杰和金强参加会议。

**3月8日** 省委宣传部下发《关于2010年全省森林防火和造林绿化工作的宣传报道方案》，对2010年的森防及造林绿化宣传工作作出了具体的安排部署。

**3月10日** 省林业厅召开干部大会，省政府副省长吕维峰、省委组织部常务副部长夏杰出席会议，厅领导及副处级以上干部参加了会议。会议宣布省委决定，蔡炳华同志任省林业厅党组书记，韩连生同志不再担任省林业厅党组书记职务。

**3月12日** 省政府召开2010年春季全省森林草原防火工作电视电话会议。会议由省政府副秘书长金济滨主持，副省长、省政府森林草原防火指挥部总指挥吕维峰作重要讲话，表彰了2007~2009年度全省森林防火工作先进单位和签订2010~2012年度森林防火责任状。厅领导蔡炳华、李树铭、金强出席会议。

**4月15日** 省人大常委会十六次会议表决通过蔡炳华同志任黑龙江省林业厅厅长。

**5月12日** 省林业厅、省档案局联合制定出台《黑龙江省林权制度改革档案管理办法》。

**5月21日** 黑龙江省集体林权制度领导小组办公室制定下发《黑龙江省集体林权制度改革质量检查验收办法》。

**5月25~28日** 省林业厅组织开展严厉打击破坏野生鸟类资源违法犯罪集中统一行动。全省各级森林公安机关出动警力831人(次)，车辆247台(次)；清理宾馆、饭店78家，清理市场19个；共计查获破坏野生动物案件341起；处罚各种违法人员439人，其中治安拘留11人，林业行政处罚428人；收缴野生动物活体21 343头(只)，死体10 863头(只)，收缴野生动物制品187千克，收缴猎具1831件，放飞各种野生鸟类2.1万余只。

**6月12日** 由黑龙江省林业厅、黑龙江省林学会、省人力资源和社会保障厅、黑河市人民政府共同主办的第三届"黑龙江·黑河中俄林业生态建设学术论坛"在黑河市开幕。省政协副主席赵雨森，省林业厅领导蔡炳华、杨国亭，省人力资源和社会保障厅副厅长于夫等领导与中俄林业专家出席论坛开幕式。蔡炳华致开幕词。

**6月26日** 内蒙古阿里河林业局森林火烧入大兴安岭呼中林业局呼源林场，引发了"6·26"森林火灾。

**6月27日** 国务院副总理回良玉、国家林业局局长贾治邦、省委书记吉炳轩、省长栗战书、副省长吕维峰分别对大兴安岭呼中林业局"6·26"森林火灾扑救工作作出重要批示。

**8月10日** "6·26"呼中雷击森林火灾扑救工作表彰大会在哈尔滨召开。吕维峰副省长总结了"6.26"雷击森林火灾扑救工作的经验教训并就当前及今后一个时期森林防火重点工作作出了部署。厅领导蔡炳华、王凤友、李树铭、金强、张凤仙出席会议。

**9月14日** 首届"中国·七星河湿地观鸟节"在宝清县举办。副省长孙尧、省政协副主席李继纯、副厅长刘亚文等领导出席开幕式。

**10月15日** 《黑龙江省森林公园管理条例》经黑龙江省第十一届人大常委会第二十次会议表决通过，并于2010年12月1日起施行。

**12月14日** 黑龙江省成立了林地保护利用规划编制工作领导小组。副省长吕维峰为组长，省政府副秘书长金济滨和省林业厅厅长蔡炳华为副组长，领导小组日常工作由省林业厅承担。

**12月17日** 《黑龙江牡丹峰国家级自然保护区管理条例》经省第十一届人大会常委会第二十二次会议表决通过，并将于2011年3月1日开始施行。

**12月20日** 全面完成了全省集体林权制度主体改革任务。

**12月21日** 省委经济工作会议表彰全省推进"八大经济区"和"十大工程"建设先进单位。省林业厅荣获全省推进"八大经济区""十大工程"建设先进单位贡献奖。

**12月21~26日** 省林业厅组织制定和修订的《杨树农田防护林营造技术规程》、《林业有害生物普查技术》、《市县林区主要林分类型形高表》、《防风种子质量分级及检验技术规程》、《龙胆种子质量分级及检验技术规程》和《森林采伐更新技术规程》、《林木良种基地技术档案》等7项省林业地方标准通过省质量技术监督局组织的审定。

**12月28日** 黑龙江省林业产业协会成立。国家林业局局长、中国林业产业协会会长贾治邦，省长王宪魁发来贺信，国家森林防火指挥部副总指挥李育材出席会议，省人大常委会副主任申立国、省政府副省长吕维峰等领导出席成立大会并讲话，申立国同志当选首届林业产业协会会长。厅领导蔡炳华、王凤友、李跃民、张凤仙及有关单位负责同志出席大会。

(黑龙江省林业由崔祥娟供稿)

# 黑龙江森林工业

【概　述】 2010年，黑龙江森工在国家林业局和省委、省政府的正确领导下，认真贯彻落实科学发展观和省委"八大经济区"、"十大工程"的战略部署，坚持把"解放思想、统一认识、凝心聚力、加快发展"作为重点，深入开展"解放思想、加快发展"大讨论和"远学江浙、近学农垦"活动。在推动森工发展上，进一步解放思想、统一认识，理清思路、坚定信心，提升了发展的内在动力，加快了科学发展步伐，各方面工作取得显著成就，全系统呈现出新的面貌。

2010年主要经济指标完成情况：产业总产值完成343.8亿元，增长16%；完成增加值143.9亿元，增长15.9%；全行业实现利润1.8亿元，增长0.4亿元。实现营林产值2.5亿元；完成木材生产394.5万立方米，销售木材409.7万立方米，实现销售收入33.9亿元；木材加工园区达到12个，实现林产工业产值60.5亿元，增长15.3%；多种经营实现产值160.2亿元，增长33.4%；接待游客350万人(次)，森林旅游实现产值11.7亿元，增长36.9%；合作投资48.35亿元，建设风力发电项目7个，总装机容量28万千瓦。

【营林生产】 2010年，黑龙江森工营林工作取得了丰硕成果，林区生态环境建设进展显著，营造林质量逐年提高，营林各项生产稳步发展。

**更新造林** 累计完成人工更新造林总面积823.2公顷，为计划的100.5%。其中：育林费更新造林完成765.9万公顷，合格率99.7%。秋整地完成624.4公顷。核查2008年造林保存面积1140公顷，造林面积保存率99.9%，株数保存率93.8%。

**森林抚育** 2010年完成森林抚育23.3万公顷。母树林抚育5146.7公顷。完成2009年度国家森林抚育补贴试点任务，作业质量达到国家规定标准。启动2010年度国家森林抚育补贴试点工作。完成涉及蓄积消耗的抚育补贴试点伐区审批工作，共审批采伐面积54 156.3公顷，采伐蓄积247 993立方米，出材45 657立方米。累计完成森林抚育补贴试点任务6.02万公顷，经省级验收，作业质量达到国家规定标准。同时制定下发了《龙江森工集团2011～2020年森林抚育补贴实施方案》。

**植树绿化** 局场所大苗绿化1800公顷；70.1万人参加义务植树，义务植树39.9万公顷。

**苗圃作业** 育苗面积389.9公顷，新播67.1公顷。产苗量50 284.7万株，产成苗530.98万公顷，其中容器育苗29.6万株，阔叶树种培育比例5.4%。苗木自给率100%，上山成苗率90.7%。

**种子生产** 全年累计母树林面积5146.7公顷，面积合格率100%；种子生产190吨；发放林木种子经营许可证52份，生产许可证347份；良种使用率55%，基地供种率80%；林木种子检验合格率92%。

**病虫害防治** 林业有害生物成灾率降到0.4‰以下，无公害防治率达到97.21%，测报准确率达到95.65%以上，种苗产地检疫率达到100%。

**气象观测** 各级气象站通过设备更新、横向学习、技术培训、与国家、省气象部门开展资料汇交，实现气象资源共享，森工气象灾害性天气预报准确率达到90%以上，提高20%，为森工林区生态建设、经济发展、防灾减灾、人民生活提供了更准确、更及时的服务。

**公园建设** 出台了《黑龙江省森林公园管理条例》，明确了森工总局是黑龙江国有林区森林公园的行业主管和监督管理部门。依法维护了黑龙江省森工国有林区森林公园管理的合法权益。《条例》于2010年12月1日起实施。

**主要工作** 在营造林、绿化工作管理上，办法和经验更加成熟实用。营林工作坚持做到"六个到位"(即各级领导重视到位、生产组织、质量责任落实到位、春造基础工作落实到位、技术培训到位、劳力落实到位、调度指挥到位)。继续执行造林成效奖惩制度，严把"四关"(调查设计关、种苗质量关、栽植质量关、检查验收关)，确保造林质量。加大投入，严抓细管育苗作业环节。全民动员，局场所绿化提档升级。加快苗木花卉产业化发展，确定兴隆、海林、双鸭山林业局为绿化苗木花卉基地，规划育苗面积82.8公顷，可育苗面积50.3公顷；大树培育基地392公顷。

【多种经营】 2010年多种经营总产值完成183.4亿元，比2009年增长16%；从业人员收入达10 937元，比2009年增长16.6%。

**主要产品产量** 栽培木耳16亿袋，完成计划的112%，比2009年增长3.3%；木耳产量5.8万吨，完成计划的112 %，比2009年增长10 %。山野菜采集3.34万吨，完成计划的110%，比2009年增长11%。农业播种面积31.7万公顷，完成计划的102 %，比2009年增长4%；粮食产量83.8万吨，完成计划的108%，比2009年增长23%。青贮饲料产量5.6万吨，完成计划的90%，比2009年减少5.3%；畜牧业养牛19.1万头，完成计划的105%，与2009年持平；养羊29万只，完成计划的105 %，与2009年持平；养猪96.9万头，完成计划的106%，比2009年增长1 %；养禽1591万只，完成计划的109%，比2009年增长7 %；养蜂14.3万箱，完成计划的93%，比2009年增长1.4%。人工药材种植面积1.07万公顷，完成计划的109%，比2009年增长8%；药材产量3万吨，完成计划的136%，比2009年增长27%。

**主要成效** 农业计划播种面积31.2万公顷，实际完成31.7万公顷，完成计划的102%。争取粮食直补和水稻良种补贴、大豆良种补贴、玉米良种补贴、小麦良种补贴资金8233万元；新建农业综合开发小区16处，获中央及省投资1428万元，总计争取国家和省政策性扶持资金9661万元，比2009年增加201万元。科学种田技术得到普遍推广，有力地推动了农业向高质、高效化目标的迈进。

绿特(色)产业发展平稳。黑木耳栽培实现16亿袋，秋耳的种植比率扩大、新技术得到认可并逐步推广，生产成本降低，工厂化制菌、系列化经营的生产方式已见雏形。以五味子、"两参"、平贝为代表的优势药材品种规模稳定，规模化、科学化、市场化的生产、经营方式基本形成。五味子面积达4800公顷，与2009年持平；"两参"栽培积达632.8公顷，比2009年增加12.8公顷；平贝面积达2266.7公顷，比2009年增加200公顷。

畜牧业健康发展。常规养殖项目稳步发展，规模化、集约化、标准化养殖程度明显提高。各林业局根据资源条件与区域优势，注重发展特色养殖项目，林蛙、山猪、狐、鹿、狐、獭兔、河蟹等特色养殖在林区普遍开展。动物防疫工作开展有序。

龙头企业拉动作用进一步提升。以食用菌、山野菜、农产品、饮品、畜产品等产品为代表的龙头企业在深化体制改革、转换经营机制、产品提档升级上下工夫、做文章，使企业建设得到进一步加强，企业效益进一步提高，有效地拉动了区域经济的发展。

市场开拓有新成效。继续利用各类展会平台，推广"黑森"品牌，走出去推销山特产品、全力开拓国内外、省内外市场。开展招商引资工作，坚持跟踪问效、保持业务联系，实现了"展会效应"的长期化和最大化。通过展会，广泛宣传了企业、产品，使更多国外企业了解森工集团、了解"黑森"系列产品，广泛结交了各国商贸客户，建立一批业务合作伙伴，为森工产品进入国际市场奠定了基础。

**【森林旅游】** 2010年，累计接待游客370万人(次)，产值15.5亿元，比2009年增长37%。总局旅游局被评为黑龙江省旅游发展突出贡献奖，黑龙江省旅游安全生产先进单位。山河屯凤凰山景区被评为中国最具魅力景区，东方红珍宝岛湿地景区被评为中国最美森林湿地景区。

**旅游景区建设** 重点抓雪乡、凤凰山、亚布力、清河、平山等旅游景区的A级晋评和S级滑雪场晋评工作。完成了清河林业局3A级景区评定工作和景区门票申请工作，完成了中国雪乡的4A申报工作。2010年凤凰山接待游客15万人(次)，企业收入1600万元，户均收入10万元。

**行业管理** 对旅游质监工作进行信息化管理，完成网上申报工作。林业局都建立了质量与投诉管理系统，实行旅游投诉案件网上申报制度。

**旅游名镇建设** 累计投入7069万元，重点建设亚布力旅游名镇核心区的公用基础设施，不断完善森林公园的综合功能。完成了上海世博会黑龙江馆拆迁工作，为下一步整体搬迁到亚布力滑雪旅游区奠定了基础。

**【林产工业】**

**主要指标完成情况** 2010年黑龙江森工林产工业产值完成66.6亿元，比2009年增长10.8%；产品销售利润完成2.5亿元，比2009年增长4.2%，销售收入完成60.6亿元，实现利润1146万元。

**主要产品产量** 锯材90万立方米，比2009年增长8.8%。胶合板5.3万立方米，比2009年减少10.2%；刨花板28.2万立方米，比2009年减少1.4%；细木工板19.2万立方米，比2009年增长9.1%；中密度纤维板23.5万立方米，比2009年减少4.9%；硬质纤维板2.6万立方米，比2009年减少23.5%。集成材14.4万立方米，比2009年增长45.5%。家具6.9亿元，比2009年增长1.5%。卫生筷子147.1万标箱，比2009年减少19.0%。强化复合地板125.7万平方米，比2009年增长541.3%。

**木材生产** 2010年，木材生产完成394.5万立方米，完成计划的96%。木材销售422.6万立方米，比2009年增加了67.93万立方米。木材每立方米平均售价864.15元，比2009年增加47.55元。木材产值完成36.69亿元，比2009年增加7.56亿元。木材生产造材合格率达到98.5%，商品化管理指标达到98.6%，通过合理造材提高效益6000万元。

**木材经销** 2010年(2009年11月1日至2010年10月30日经销段)，牡丹江、松花江、合江林区所属23个林业局和带岭林业局共销售木材288.4万立方米，比2009年多销售49.2万立方米；木材平均售价928元/立方米，比2009年提高48元/立方米；木材销售收入实现26.7亿元，比2009年增加5.7亿元。

**木业园区建设** 位于哈尔滨阿城经济开发区的"中国龙江森工木业园"，占地面积100万平方米，一期项目双象地板于2011年5月开工建设。工业园区建设项目：一是搬迁松江胶合板厂的460万平方米强化复合地板生产线，二期工程将新建1050万平方米实木地板、实木复合地板、多层实木地板项目，项目总占地40万平方米；二是建设年产10万套实木板式家具、16.8万套实木门、1万套软包沙发、300栋木屋的家具生产项目，占地40万平方米，该项目已列入2011年省发改委扶持项目；三是建设20万立方米大幅面、连续平压人造板生产线，项目占地30万平方米。

**【资源保护和管理】** 截至2010年年末，黑龙江森工林区经营总面积为1009.8万公顷，森林面积由2009年的846.0万公顷增加到849.8万公顷，增加3.8万公顷，增长0.4%；活立木总蓄积由2009年的7.5亿立方米增加到7.7亿立方米，增加0.2亿立方米，增长2.7%；平均公顷蓄积由85.2立方米提高到87.2立方米；森林覆盖率达到84.2%，提高0.3%。

**采伐限额管理** 国家林业局下达全年木材生产计划为414.35万立方米，森林蓄积消耗限额655.57万立方米。实际审批采伐蓄积624.8544万立方米，审批出材量420.6049万立方米，结余采伐限额47.1545万立方米，木材产量结余4.7865万立方米。开展了对新青等10个林业局的2009年度采伐限额执行情况考核及冬运期间伐区作业质量检查。共抽查71个林场(所)210个小班，采伐作业质量合格率为82.4%。从总体上看，各森林经营单位凭证采伐意识有所增强，采伐管理制度得

到进一步落实。

**森林调查** 完成黑龙江森工林区第八次全国森林资源连续清查任务。国家林业局抽查了187块样地，合格率为100%。完成穆棱、桦南、乌马河和金山屯林业局二类调查工作，做到当年调查当年提报成果，外业质量全部达到规程规定的优级标准。完成了国家级公益林的区划工作，为科学经营森林资源奠定了基础。

**林地管理** 积极支持全省公路建设，完成了铁力至通榆、尚志至五常段等21个建设项目占用林地申请材料的审查、评审和上报工作，并已得到国家林业局的审核、审批。加强林权管理基础工作，制定《调整东方红、迎春林业局施业区范围调查工作方案》。对穆棱、绥阳、金山屯林业局超审核审批面积违法占用林地案件依法进行了查处，并通报全省。开展林地保护利用规划编制工作，下发《黑龙江省森林工业总局关于编制省级县级林地保护利用规划的通知》，明确编制林地保护利用规划的基本原则、工作重点和组织领导，确保规划编制工作的顺利进行。

**林政管理** 完成木材运输统计月报和林业行政案件统计报表及案件分析报告工作。全年发生林业行政案件6429起，查处6423起，查处率99.91%，行政处罚6539人。建立木材检查站电子档案，完善木材运输管理网络平台建设，全国木材运输管理系统在森工林区全面启用。严格审核木材经营加工厂(点)，发放木材运输证。强化林政执法工作，加强对林政稽查和木材检查人员的业务培训，适时组织开展林政检查活动，严厉打击各种破坏森林资源的违法行为。

**森林资源监督** 完成对鹤北、乌马河、海林、东方红、兴隆5个林业局的省级“三总量”执行情况检查，对检查中发现的问题进行督促整改。查办国家林业局、省、总局转办件12起，受理群众来信、来访19起(件)，有3件正在督办，其余均已查结。开展“基础建设年”活动，完善森林资源监督规章制度，规范管理文书档案，监督信息传递基本达到规范、适时和网络化；改善监督机构办公条件，改善交通工具和通讯设备，办公设施、设备仪器、工具配置及更新水平基本达到或超过“基础建设年”要求标准。

**法制工作** 编辑、印刷了《黑龙江省森林资源管理局规范权力运行制度》。完成《黑龙江省森林资源管理法律法规文件选编(三)》的搜集、整理工作。开展道管执法监督检查，为384位道路检查执法人员补办道路检查证。

**【森林防火】** 2010年，按照国家森林防火指挥部和省委、省政府、省森林防火指挥部的部署，对森林防火工作的重视程度和工作力度超越历史，狠抓各项措施的落实，取得了全年没有发生森林火灾的历史最好成绩，并圆满完成了援外扑火任务。

**责任落实** 森工总局及“三江”林区15名厅级、329名处级领导实行森林防火包片责任制，逐级签订森林防火责任状753份，明确规定了各项工作完成指标，做到了森林防火的每个环节、每项工作都有专人负责，每个山头、每个地块都落实了责任人。全面开展了与周边县(市)、村屯地局县共建、场村共建工作，实行“联防联治包保责任制”，做到有火同打、无火同防、联防联责。

**宣传到位** 制定了森林防火宣传工作方案，充分利用各种媒体宣传森林防火典型案例、法规和常识，对农林混居区域进行全覆盖地宣传，把森林防火告示张贴、发放到农林混居区域的家家户户。在林区公路干线、要道口布设了9756块永久性森林防火标牌，设置了2万多面森林防火彩旗。

**排查隐患** 春、秋两防期间，共派出由处级以上领导带队的各级各类森林防火督查组535个。由总局、林管局、林业局党政领导带队的巡查工作组、流动检查队、“三清”工作队不间断的在重点林区进行流动巡查、蹲点检查和重点督查；派出由森林防火、森林公安、纪检监察和新闻单位人员组成的联合暗访检查组，深入重点林区查火险隐患、查薄弱环节、查防范措施落实，对存在的问题公开曝光、限期整改、追究责任。

**队伍建设** 每个林业局、每个林场(所)都组建了50～100人的局级森林消防队、15～30人的场级森林消防队。在远离林业局址、交通不便的重点林场及关键部位，增加驻防执勤点，增派了123支、2756人的扑火力量靠前布防，确保有火就近快速扑灭。开展了扑火实战演练和业务技能比武大赛等活动，提高防范意识和应对能力。

**能力建设** 在各林场(所)、林区周边村屯、林区重要设施周围开设了防火隔离带，在重点火险区利用接力水泵、消防水车和装甲车等实施以水灭火作业，增加人工增雨设备和加强作业人员的培训。在交通不便的重点火险区配备了履带式运兵车。各级森林防火指挥中心可视传输系统已投入使用，全面开展了森林防火电子沙盘指挥系统建设。完善了超短波中继通讯网络，利用移动中继系统，加强应急通讯保障系统。并投入2000多万元，建设沾河重点火险区的防火道路及森林防火阻隔系统。举办了由各林管局、林业局主管副局长、防火办主任、各航空护林站、森林消防总队及有关单位负责人参加的全省森工系统森林防火培训班，聘请了5位森林防火专家为授课教师，系统讲解了森林防火条例、森林防火目标考核办法、森林防火信息化应用、森林防火典型案例分析、森林防火电子沙盘的应用等方面的知识，提高了业务水平和工作能力。

**援外扑火** 2010年夏季，按照省森防指的统一部署和安排，牡丹江、松花江、合江林区共派出1531人远赴大兴安岭参加援外扑火战斗，全体扑火指战员纪律严明、作风过硬，发扬了敢打敢拼、吃苦耐劳的精神，圆满完成了前线森林防火指挥部交派的扑火任务，受到了省政府的表彰和当地群众的一致好评。

**【天然林资源保护工程】** 2010年，黑龙江森工天保工程财政专项资金的中央投资到位162 288万元，其中：森林管护费21 054万元，政社性、社会性支出80 294万元，基本养老统筹补助34 670万元，四险补助24 970万元，培训费1300万元；地方配套资金到位70 906万元。

实施天保工程13年实现了森林面积、蓄积和森林覆被率“三增长”，森林面积由1997年的748.6万公顷，增加到2010年的849.8万公顷，增加101.4万公顷，比工程前增加了13.5%；森林总蓄积由1997年的

63 850.5 万立方米，增加到 2010 年的 77 197.4 万立方米，增加了 13 346.9 万立方米，比工程前增加了 20.9%；森林覆盖率2010 年为84.2%，比1997 年提高了9.7 个百分点，提高生态效益、经济效和社会效益。据测算，实施天保工程以来，森工林区就增加生态效益和木材效益共计 3447.9 亿元，是同期工程投入的 14.9 倍。

开展天保工程实施情况复查。配合国家林业局对所属的沾河、兴隆、桃山和东京城林业局进行了国家级核查，通过了国家级的核查验收。

**【林场(所)撤并整合】** 制定下发了《关于整合撤并林场(所)的实施意见》、《整合撤并林场(所)检查验收工作方案》，组织开展了对牡丹江、松花江、合江林区有关林业局整合撤并林场(所)的检查验收工作。2010 年 61 个林场(所)撤销机构设置，其中完成撤并搬迁任务的有 22 个林场(所)，完成部分搬迁任务的有 11 个林场(所)。

**【改革开放】** 针对第一期管护承包经营已到期的实际，制定和修改了《黑龙江省国有林区森林资源管护承包经营条例》和《进一步完善森林资源管护承包经营责任制的指导意见》。

**深化改革** 伊春林权制度改革试点及鹤北森林资源管理体制改革试点：按照 2009 年 9 月，国家林业局针对林改存在问题所提出的“认真整改，暂不扩大试点范围和面积”要求，积极整改，并向国家林业局进行专题报告。继续完善鹤北森林资源管理体制改革试点工作，制度建设、队伍建设进一步加强，各项管理监督措施得到落实。

**招商引资** 2010 年哈洽会签约合同项目 30 个，总签约额90.3 亿元。推进对俄森林资源开发，完成对俄森林采伐55 万立方米、加工木材 25 万立方米、派出劳务人员 2400 人。

**【新林区建设】**

**基础设施** 2010 年新林区建设投入资金 45 亿元，其中公路建设完成投资

32 466.15 万元(国家补贴 5870 万元，省财政补贴 1949.6 万元，省交通补贴6231.65 万元，总局补贴 1758 万元，林业局自筹 16 629.9 万元)，建设 36 个项目、595 千米。局址水泥、沥青、砖路面完成 80.00 千米，硬化率达 86.2%；通林场(所)水泥、沥青路面完成 687.42 千米；自来水入户 22 069 户，入户率达 86.9%；新建砖瓦化住房面积 175.05 万平方米，住房砖瓦化率达 90.4%。

**环境整治** 植树 341.3 万棵，绿化面积 1110.88 万平方米。义务献工 53.33 万人次，栽绿篱 82.57 万延长米，清运垃圾 200.92 万立方米，新建厕所 1048 个，钉板杖子 35.92 万延长米，砌排水沟 10.42 万延长米。

**文体卫生** 林业局址新建综合性文化站 68 个、2.17 万平方米。建休闲场所 67 个、51.78 万平方米；改造 D 级中小学危房 4.22 万平方米；局医院达标建设投入 5287.7 万元；林场(所)卫生所建设投入 178 万元；计生站建设投入 90.5 万元。

**社会保障** 参加养老保险(含退休人员)518 950 人，参保率92.7 %；医疗保险 561 064 人，参保率 93.3%；人员培训 10.7 万人次。国有在岗职工年均工资由 2005 年的 5076 元，增长到 2010 年的 12 361 元，年均增长 19.5%。

**【棚户区改造】** 2010 年，棚户区改造任务为 9.9 万户，面积为 495 万平方米，其中新建 78 494 户，改造 20 506 户，工程总投资 552 988 元，其中中央投资 148 500 万元，省级配套 99 000 万元，企业和职工自筹 305 488 万元。中央投资和省级配套资金已经全部到位，企业和职工自筹资金到位 248 845 万元。2010 年完成工程投资 414 741 万元，已完工面积 420.75 万平方米、84 150 户。

**【森工大事】**

**1 月 28 日** 黑龙江省森工企业调整职工工资会议在哈尔滨召开。会议决定从 2010 年 1 月 1 日起对森工企业职工工资进行调整，人均月增资 200 元。

**2 月 16～18 日** 省委书记吉炳轩就林业发展和城镇化建设等问题在亚布力林业局调研。要求进一步解放思想，转变观念，调整结构，加快发展，改善民生，推动森工林区尽快实现新的跨越。

**3 月 4 日** 全省森工工作会议在哈尔滨召开。会议提出了坚持以邓小平理论和“三个代表”重要思想为指导，深入贯彻落实科学发展观，认真落实党的十七届四中全会、全国林业厅局长会议、省委经济工作会议和吉炳轩书记重要讲话精神，继续深入抓好“四大体系”建设和“五大产业”发展，加快现代林业建设步伐。

**4 月 24 日** 副省长于莎燕赴通北林区就森工企业与市县镇开展区域经济一体化工作情况进行调研，对所取得的工作成果给予肯定，并对下一步工作提出指导性意见。

**5 月 17 日** 副省长于莎燕在兴隆林业局调研小城镇建设和绿化工作。总局领导高金芳、吴爱国陪同调研。

**5 月 25～26 日** 黑龙江省委书记吉炳轩在东京城林业局、柴河林业局调研，对旅游名镇建设、城乡社会发展一体化工作提出要求。

**6 月 2 日** 黑龙江省委常委、省政府副省长杜家毫在亚布力林业局调研。提出要努力把亚布力国家森林公园打造成为国际滑雪旅游胜地。总局领导高金芳、李文达、姜传军陪同调研。

**6 月 8 日** 中共中央政治局常委李长春在黑龙江调研，总局党委书记高金芳就黑龙江森工棚户区改造情况进行了汇报。

**6 月 24～25 日** 黑龙江省长栗战书就后大冬会时期亚布力景区的发展建设进行了现场办公。栗战书要求，按照省委、省政府关于旅游名镇建设的部署，要坚定信心，抓紧工作，力争用 3 年左右时间把亚布力建设成为国内著名的集体育旅游、生态保护、休闲度假于一体的风景名胜区。

**8 月 16～17 日** 总局党委书记高金芳，副局长毕

卫星、吴爱国陪同黑龙江省人大常委会副主任刘东辉、符凤春，副秘书长刘福到清河、兴隆和柴河林业局审核评议“三棚一草”改造工作。

**8月19日** 森工总局党委书记高金芳、副局长李文达陪同黑龙江省副省长吕维峰到绥棱林业局调研。

**9月9日** 国家林业局局长贾治邦，黑龙江省副省长吕维峰，国家林业局副局长祝列克、张永利，中央纪委驻国家林业局纪检组组长、局党组成员陈述贤出席森工兴隆林业局棚户区改造一期竣工二期启动仪式。森工总局领导高金芳、李文达出席仪式。

**9月10日** 全国森林抚育暨北方林业棚户区改造现场会在哈尔滨市召开。国家林业局局长贾治邦，黑龙江省副省长吕维峰，国家林业局副局长祝列克、张永利，中央纪委驻国家林业局纪检组组长、局党组成员陈述贤，国家发改委农经司副司长吴晓松，黑龙江省森工总局党委书记高金芳，黑龙江省林业厅厅长蔡炳华出席会议。高金芳在会上做了典型发言。

**9月20日** 森工总局党委书记高金芳，副局长李文达陪同省委书记吉炳轩赴兴隆、绥棱、通北林业局就林区棚户区改造、森工林区和地方合作共建以及区域经济一体化发展进行考察调研。

**10日5～6日** 森工总局党委书记高金芳、副局长李文达陪同省长王宪魁到亚布力、绥阳林业局就旅游名镇建设、棚户区改造和产业发展进行调研。

**10月18日** 森工总局党委书记高金芳陪同省长王宪魁到绥棱林业局视察调研。

**11月18日** 森工总局党委书记高金芳陪同王宪魁省长赴绥棱林业局考察调研产业发展情况。

**11月20日** 黑龙江省林业公安交警支队正式成立。

**11月30日** 森工总局党委召开领导干部大会，黑龙江省委宣布关于调整森工总局主要领导的决定。省委决定魏殿生同志任黑龙江省森工总局（中国龙江森工集团总公司）党委副书记、局长（总经理），免去刘忠敏党委副书记、局长（总经理）职务。副省长吕维峰、国家林业局副局长张永利出席会议并讲话。省委组织部常务副部长夏杰宣布省委决定。

**12月1日** 森工总局党委书记高金芳、局长魏殿生、副局长姜传军陪同省委书记吉炳轩考察亚布力旅游名镇建设、东京城林业局棚户区改造工作。

**12月10～11日** 森工总局副局长姜传军陪同国家旅游局副局长祝善忠、省旅游局副局长刘显富到大海林、亚布力林业局调研森林旅游产业发展情况。

（黑龙江森林工业由宋淑华、姜东涛供稿）

## 大兴安岭林业集团公司

**【概　述】** 2010年，大兴安岭林业集团公司全面实施“生态固本、低碳转型、绿色崛起、富民兴区”战略，着力建设“五大功能区”，重点推进“十大工程”，全面加强生态建设，重点发展接续产业，着力创新经营机制，切实改善社会民生，生态型花园式新林区建设取得阶段性成果。地区生产总值实现98.2亿元，同比增长16.1%，总量比“十五”期末翻一番，是改革开放32年以来发展速度最快的一年。三次产业结构调整到40.1∶22.8∶37.1，二产比重比“十五”期末提高8.5个百分点；财政一般预算收入实现5.2亿元，增长49.4%，收入是“十五”期末的4.1倍，增幅创历史最高水平，名列全省第二位；规模以上工业企业增加值实现14亿元，增长34.5%，总量是“十五”期末的5.7倍，增速名列全省第五位；全社会固定资产投资实现51.75亿元，增长41.6%，投资规模是“十五”期末的4.8倍。

**生态建设** 森林资源逐步增长，有林地面积673.8万公顷，活立木总蓄积增加到5.23亿立方米，森林覆盖率80.87%，比“十五”期末提高1.93个百分点，活立木总蓄积5.23亿立方米，比“十五”期末增加387万立方米，实现森林覆盖率和活立木总蓄积的双增长；主动调减活立木产量65.3万立方米，减少森林资源经营性消耗96.85万立方米。依法查处资源林政与野生动物案件292起，挽回经济损失3450万元。投入营林绿化资金2.65亿元，完成中幼林抚育补贴试点4.67万公顷，退耕还林、火烧区人工更新、天然中幼林抚育3.2万公顷，在全国森林经营现场会上作典型经验介绍。启动生态建设项目10个，总投资5124万元，双河自然保护区一期工程等4个项目已完工。建立全国首个省级野生药材资源保护区，新增自然保护区面积36.5万公顷，自然保护区面积达到全区经营总面积的21%，高于全国和全省平均水平，南瓮河湿地被列入国家湿地补助一期试点。森林防火投入累计5000万元，重点强化林火防控能力建设，全年无人为森林火灾发生。营林生产投入是以往每年的3倍，累计2.65亿元，尤其是中幼林抚育补贴试点，安置就业9800多人，人均增收4882元。主要污染物二氧化硫减排954吨、化学需氧量减排967吨，超额完成“十一五”减排目标。

**替代产业** 将矿产开发、生态旅游、绿色食品等作为主导产业加快发展，投入地质找矿资金2.4亿元，启动勘查项目251个，特别是松岭岔路口铅锌钼勘探取得重大突破，初步探明钼资源储量超过100万吨；规划投资35亿元的大北极村景区建设全面启动；4个北药代表品种生物指纹图谱和品质综合评价已完成；超越、北极冰等蓝莓加工企业不断壮大，重点产业带动规模以上工业企业实现增加值14亿元，占GDP的14.2%。中俄原油管道运营子公司在漠河注册，每年新增税收3亿元，全年实现外贸进出口总额3415.2万美元，增幅居全省第二位；招商引资到位资金42.4亿元，其中，亿元以上项目22个。出台促进非公有制经济发展实施细则，非公经济实现增加值34.1亿元、税收3.6亿元，分别增长22.7%和24.6%。支持新兴产业和重点骨干企业生产发展，规模以上工业企业实现利税3.8亿元，增长

24%。北极村晋升国家4A级旅游景区，阿木尔蓝莓酒庄、寒温带森林植物园、九曲十八弯等景区景点竣工开放，举办中国·漠河圣诞世界开园仪式暨首届冬至节，旅游接待人数223万人(次)，增长51.9%，是“十五”期末的12.8倍；实现旅游收入20.2亿元，增长61.7%，是“十五”期末的19倍。矿业生产快速增长，规模以上矿业企业实现增加值7.3亿元，增长34.7%，总量是“十五”期末的18倍。恒友家具获中国驰名商标，木制别墅、实木地板等精深加工产品市场占有率不断提高，林产工业实现产值19.8亿元，增长25.4%，是“十五”期末的2.4倍。建成野生蓝莓集约化经营基地0.42万公顷，北奇神保健食品开发取得重大成果，绿色食品实现销售收入14.2亿元，增长35%。新增俄罗斯森林资源开采权5200万立方米，增长11.5倍，境外商品材生产完成50.5万立方米，加工板材5.3万立方米。外贸进出口总额完成3415.2万美元，增长67%，是“十五”期末的4.09倍。

**项目建设** 启动重点项目63个，总投资181.8亿元，开复工53项，33个产业项目全部开复工，累计投资11.7亿元，是年度计划的110.2%，其中，10个与省、18个与县区(局)签状项目全部完成年度目标。云冶矿业铅锌冶炼一期、超越野生浆果加工、古莲河露天煤矿矸石砖厂等20个产业项目投入生产或试生产，塔河兴森生物质发电项目2条生产线试车。砂宝斯岩金、海诺斯脱硫剂、林格贝寒带生物改扩建等13个产业项目进展顺利。中俄原油管道建成运行，漠河口岸成为黑龙江省过货量最大的口岸，管道运营子公司和边境贸易公司完成注册投入运营，每年为地方缴纳税费3亿元。塔河综合物流中心投入使用，省级火炬计划寒带生物特色产业基地建设得到批复，省级珍贵野生药材补植抚育科研基地一期完工。国道京加公路加格达奇至白桦段建成通车，填补了大兴安岭区没有高等级公路的空白，漠河至北极村一级公路完成投资64.5%，古莲至洛古河铁路一期完成投资67.5%，加格达奇机场主体工程完工。组织参加第二十一届哈洽会、上海世博会大兴安岭活动周、赴发达地区考察招商等重要活动，与中国燃气、雨润集团、法国达尔凯等12家国内外500强企业达成合作协议，招商引资到位资金42.4亿元，增长38.5%，是“十五”期末的6.5倍。实际利用境外资金1583万美元，增长119.9%，是“十五”期末的19.5倍。成立全省首家农村商业银行，与环球租赁公司合作融资10亿元，林业集团公司企业债券发行工作进展顺利，与开发银行、农业发展银行以及各家商业银行的金融合作进一步扩大。

**百姓民生** 出台《重点民生工程发展规划和实施意见》。兑现松岭、新林、呼中三区公务员工资。深入开展“家庭致富”工程，从事户数3.5万户，户均增收4087元。城镇居民人均可支配收入10 548元，增长13.8%，比“十五”期末增加3968元。农民人均纯收入6822元，增长27.7%，比“十五”期末增加3270元。城镇登记失业率控制在3.25%；城镇低保人均月补差额由162元提高到185元，农村低保人均年补差额由800元提高到1000元；基本医疗核销比例提高2个百分点，职工大额医疗费最高限额提高到10万元；2.2万名“五七工”、“家属工”纳入省养老保险统筹，2673名中央下放政策性关闭破产和地方依法破产国有企业退休人员纳入城镇职工基本医疗保险；率先在全省实现新型农村养老保险全覆盖。棚户区改造工程新开工115万平方米，回迁安置居民10 736户。大兴安岭技工学校被认定为国家级技工学校。率先在全省实施基本药物制度，药品零差率销售推广至加格达奇区、松岭区和呼玛县。地区医院工程主体封闭，实验中学水暖管网改造、职业学院维修如期完工。有4所学校通过省级标准化先进学校、32所学校通过合格学校验收。建成9个城市社区卫生服务中心，社区卫生服务覆盖面达到100%。

**【中国·漠河圣诞世界开园仪式暨首届冬至节活动】** 2010年12月19~20日，由大兴安岭地区行署、黑龙江省旅游局、黑龙江省邮政集团公司、黑龙江省邮政储藏银行、黑龙江省电信公司、黑龙江省新闻办公室主办，漠河县人民政府承办，以“相约中国北极，畅享快乐圣诞”为主题的中国·漠河圣诞世界开园仪式暨首届冬至节迎宾酒会在漠河大兴安岭国际会议中心举行。期间，举行圣诞邮票首发、圣诞首日封首发、圣诞明信片首发揭牌仪式。中外代表手持火炬共同点燃圣诞树王，并为举行集体婚礼的10对新人赠送亲笔签名的首日封，来自芬兰的圣诞老人为10对新人赠送“同心锁”。新华社、《人民日报》、中央人民广播电台等35家新闻媒体157名记者参加开园仪式。中国圣诞世界园位于北极村东侧22千米处，占地1平方千米。圣诞老人之家、邮局、狂欢广场和滑雪场等一期工程已建设完成。二期重点建设娱乐购物区功能用房、圣诞历史博物馆、温泉养生馆，推进滑雪场的提档升级。三期开发休闲宾馆区及情侣度假别墅，完善接待服务功能。

**【创立大兴安岭神州北极木业有限公司】** 2010年12月29日，大兴安岭神州北极木业有限公司在加格达奇创立。大兴安岭神州北极木业有限公司是林管局投资创立的一家有限责任公司，公司注册资本1.5亿元，拥有漠河宜家、图强诚誉、福莱克西木屋生产线、新林兴盛木业4家工厂。公司经营范围以木结构房屋设计、制造、安装为主，兼营木材生产及林产品加工、境外采伐、木材及其制品进出口贸易、房地产开发等。

**【天保工程】** 2010年，安排塔河、十八站林业局作为国家编制森林抚育方案试点单位，编制森林抚育方案，提交国家林业局有关部门。组织编制《大兴安岭林业集团公司森林抚育补贴实施方案(2010~2020)》，上报国家林业局。依据国家林业局天保工程“四到省”考核办法，全面开展资金、责任、目标和任务落实情况的自查工作。2010年，天保工程实施方案核定大兴安岭林区活立木产量214.4万立方米，林业集团公司计划活立木产量149.1万立方米，主动调减木材产量65.3万立方米。实际完成活立木产量146.04万立方米。国家计划拨付大兴安岭林业集团公司财政专项补助资金67 562万元，其中森林管护事业费18 814万元，社会性支出补助26 017万元，基本养老保险统筹补助14 778万元，基本医疗保险补助费、失业保险补助费、工伤保险补助

费和生育保险补助费7453万元，富余职工培训费500万元，国家财政专项补助资金全部按计划完成。

【森林资源管护】 推进管护新机制。在韩家园、十八站、加格达奇林业局继续试点实行“远封近包”、“林农联合管护”和“管、育、用”一体化森林经营新机制，使农户从管理对象变成林业经营主动参与者。联合大兴安岭技工学校举办首期森林资源管护岗前培训班，集中30天时间对呼中、新林、松岭林业局150名管护人员进行系统培训，提高管护人员素质和管护效能。新建、维修、改建部分管护站，全区资源管护站由天保初期的285座增加到472座。全区落实管护人员24 957人，管护家庭承包户1175户，设立管护站472座，管护面覆盖全部林业用地。

【资源数据管理】 开展第八次全国森林资源连续清查，完成本区1307块固定样地现地调查和20 890块临时样地判读调查任务，在地区和国家林业局组织的核查中，抽检样地复位率均达100%。先后开展图强、呼玛县林业局森林资源二类调查，科学规划两局长远森林资源经营方案。组织开展年度森林资源监测，及时更新资源监测数据库。按照2010年产量调减计划和2011年生产预安排，组织伐区调查设计，保证调查设计质量和精度，验收主伐调查设计9518公顷、更新伐19 830公顷、抚育伐9081公顷和森林补贴抚育调查设计39 974公顷。启动剩余物资源调查，查清全区可利用剩余物总量和分布，为合理利用剩余物资源提供翔实依据。

【营林绿化】 2010年，行署、林业集团公司出台《关于加强新时期营林绿化工作的意见(试行)》、《“生态型花园式”新林区造林绿化工作实施方案》。采取营林业务人员驻局、林业局业务人员驻场、林场业务人员包片制度，同时由处级领导带队进行机动式督办检查，共计派出现地督办人员100多人(次)，并实行生产进度日报表制度，保证4.67万公顷中幼林抚育补贴试点任务按时全面完成，创新森林经营模式 放大抚育试点效应努力构建国有林区森林经营长效机制的典型经验，在全国经营现场会上国有林区推广。全区完成义务植树102万株。以加区、漠河、塔河、呼玛为重点进行村屯绿化，共计完成266.67公顷，完成计划100%。全区完成庭院绿化20万株，完成全年计划100%；完成示范绿篱1万延长米,完成全年计划100%；完成火烧区森林植被恢复人工更新造林2200公顷，完成全年计划100%；完成天然中幼林抚育16 600公顷；预测发生林业有害面积12.608万公顷，测报准确率98.21%；防治林业有害生物3.64万公顷，无公害防治率95.08%；应施种苗产地检疫面积8213.96公顷，实施种苗产地检疫面积8210.96公顷，种苗产地检疫率99.96%；珍贵树种新播面积2.93公顷，常规造林树种新播面积11.98公顷，花灌木新播面积2.98公顷，完成主要造林树种常规造林树种新播面积11.98公顷，培育容器苗1899.53万株、裸根苗949.42万株。

【工业园区】 2010年度，加格达奇、塔河、漠河、呼玛4个工业园区完成基础设施投资813.98万元。其中，加区累计完成投资262.2万元，漠河累计完成投资15万元，呼玛累计完成投资536.78万元。4个园区当年引进项目3个，总投资规模1860万元，到位资金1426万元。截至2010年年末，4个园区共有宜家木业、华城木业、凯达木业、宏翔木业、库伦斯木艺、鑫玛热电、金圣酒业、百盛蓝莓、三江食品、香麦食品等17家企业进入生产和试生产阶段。实现产值30 286.06万元，实现利润651.65万元，上缴税金1159.34万元，安置就业1970人。

【森林防火】 2010年，完成《大兴安岭森林防火大型扑火设备建设项目》、《大兴安岭林区森林防火通信系统建设项目》、《塔河移动航站建设项目》、《韩家园机场建设项目》等12个项目的可研报告，其中8个项目获国家批复，总投资6054万元。以“看住人、封住山、管住火”为目标，开展野外火源治理专项行动，严把宣传教育、入山审批、监督检查和“三清”四个关键环节，在全区105个重点入山检查站全部配发金属探测仪，对所有入山人员进行快速、彻底的安全检查。对主伐、营林生产点、中俄原油管道、电网改造工程和加漠公路建设实行跟班作业管理。全区组成603个“三清”工作组，对重点区域、重点部位采取空中、地面、水路等方式反复清查，清除野外作业点3处、擅自入山人员15人。充分利用卫星监测、飞机巡护、高山瞭望、地面巡查等立体式监测网，强化火情监测措施，加大飞机巡护密度，共计飞行787架(次)，累计飞行1482.1小时。及时准确发布火险等级预报，按火险等级启动预警响应级别，发挥快速小分队作用，利用机动车、马匹、巡逻艇等交通工具，对重点火险地段、主要河流、沟系进行机动巡护，安排森林部队和地区直属专业扑火队实施飞机载人巡护，有效控制初发火。高火险天气及时组织实施人工增雨作业，降低高危地段火险等级，共进行5次联合人工增雨作业，发射人工增雨火箭弹305发。推进地理信息系统和通讯系统的升级改造，实现地理信息三维化和通讯数字化。对重点火险区实行靠前布防，将地区直属专业队600人和森林部队650人分别靠前驻防韩家园林业局、加格达奇林业局、十八站林业局、呼玛县、松岭区、呼中自然保护区，富克山施业区等重点火险区，有效缩短了扑火半径。各县(区、局)按照地防指统一部署，投入精兵驻守施业区内的重点火险区，防火期内全区累计靠前布防38处2839人。2010年，实现春防无人为火，秋防“零火情”。

【基础设施】 城镇功能不断提升。2010年，棚户区改造新开工面积115万平方米，竣工53.7万平方米，回迁安置居民10 736户。加格达奇机场主体工程已完工，古洛地方铁路一期工程完成工程量66%，国道京加公路加白段建成通车，完成漠大线林区伴行路、加嫩公路以及605.5千米通乡公路林地占用等手续，并及时组卷上报，漠大线林区伴行路及两条通乡公路已全部开工。投资3800多万元，全面完成13个省级试点村建设。加格达奇污水处理和饮用水水源地污染防治项目通过省验收，甘河入境和出境水质分别达到Ⅱ、Ⅲ类标准。新林、塔河、阿木尔等地集中供热工程交付使用，图强给水工程入户基本完成，城镇集中供热、自来水普及率分别达到39%和73%。

**【改革创新】** 巩固完善十八站林业局综合配套改革，解决11 618名林业事业编制归属问题，四区和所属乡(镇)、街道办事处行政代码已全部纳入省地方标准体系。成立国林矿业有限责任公司。整合漠河宜家、图强诚誉等4家企业优良资产，组建神州北极木业有限公司。在林产工业系统率先进行布局调整、资产整合和股份运营尝试。大兴安岭农村商业银行挂牌运营，成为大兴安岭区首家地方银行，并在五大连池和海伦两地分别设立村镇银行。与金融机构合作融资10亿元工作进展顺利。启动重点科技项目33项，开发新产品15种，建立科技示范基地5个，高新技术企业实现产值4.1亿元，增长33%。

**【生态旅游】** 打造区域品牌，扩大对外影响。围绕做大做强生态旅游产业，投资1000多万元编制完成《旅游城镇体系规划》、《旅游发展总体规划》等11个规划。以北极村为龙头，加快观音山、采金小镇等景区景点和配套设施建设，圣诞世界开园，国际会议中心、加区金马饭店等竣工投入使用，北极村晋升国家4A级景区，并入选全国首批特色景观旅游名镇(村)，大兴安岭地区被国内权威媒体授予中国最佳休闲度假旅游目的地。举办北极光节、第二届国际蓝莓节和首届低碳经济论坛等活动，全年接待重要团组1321个，其中，国家级领导7人，省部级领导205人。

**【“兴安二号”专项行动】** 从2010年3月份开始，在全区范围内组织开展为期百天的打击破坏森林资源“兴安二号”专项行动。建立资源、公安、野生动植物保护、纪检、工商等部门联合办案机制，先后开展舆论广泛宣传、资源综合检查、运输秩序整顿、林地保护清理、野生动物保护、明察暗访稽查等分项行动。在行动期间，全区查处各类森林资源案件98起，处理违法犯罪人员121人，罚款49万元，收回林地4.6公顷，收缴野生动物600只，没收木材1112立方米、苗木9237株、猎捕工具520件，责令纳入总量木材34 610立方米，累计为国家挽回经济损失3139万元。表彰行动中涌现出的16个先进单位、11个先进管护站、65名先进个人，严肃追究了重特大典型案件相关领导和管理人员的责任。全年资源部门查处各类林政案件271起，罚款115万元，为国家挽回经济损失3450万元。

**【樟子松等林木种苗资源收集保存建设项目】** 启动大兴安岭樟子松等林木种苗资源收集保存建设项目，建设单位与项目施工单位负责人签订项目建设合同。樟子松等林木种苗资源收集保存建设项目建设期为2年，建设的主要内容是建立珍稀濒危树种樟子松、黄波罗、水曲柳林木种苗资源原地基因保存库6处，总面积348.5公顷。保存种苗资源样本680份。并在林业集团公司种苗管理站及10个林业局建立林木种苗资源信息数据库。

**【大兴安岭入选中国三大低碳旅游区】** 2010年，由《国家地理》杂志和国内100多名旅游摄影记者评选出中国三大低碳旅游区，大兴安岭以综合得分18分名列第二。本次评出的国内三大低碳旅游区分别是云南香格里拉、东北大兴安岭和贡嘎山燕子沟。这是大兴安岭继荣获中国最美十大森林、中国最佳生态旅游目的地、中国最令人向往的50个地方和中国大学生最喜欢的旅游城市等称号之后，获得的又一项殊荣。

**【组建大兴安岭特色产品批发市场】** 市场由原地区林产工业处办公楼改建，建筑总面积5000平方米，市场分为3个区，一楼为绿色食品区；二楼为绿色食品散货区；三楼为林木产品及旅游产品区。市场汇集全区12大系列686个品种的绿色食品、8大类67个品种的林木产品和13大类78个品种的旅游产品，浓缩林区特色产品精华。市场采取“政府主导、市场化运作、有偿使用”的原则进行管理。

**【呼中林业局“6·26”雷击火】** 2010年6月26～28日，呼中林业局施业区因雷击相继引发26起夏季森林火灾。黑龙江省政府总计调动25 458人参加扑火战斗，其中，武警森林部队4258人、专业森林消防队11 028人、武警内卫2000人、解放军2332人、后备森林消防队5840人。扑火期间，投入消防车120台、推土机135台、运兵车等其他车辆2084台；投入飞机10架，累计飞行200小时25分，机降44架(次)743人，吊桶作业114架(次)570吨水，运送给养16架(次)18.4吨，侦察火场55架(次)。经过全体指战员7个昼夜的扑救，7月3日，26处火场全部扑灭。

**【漠河县(林业局)旅游产业】** 2010年，委托中国城市规划院，编制《漠河北极村旅游名镇建设规划》等10余个规划，推进北极村配套设施建设，完成标准示范街改造，硬化路面6.8千米，栽植花草12平方米，绿化树木9.8万株，完成洛古河和松苑公园改造工程，完成北极圣诞村和滑雪场一期工程。参加《城市之间》活动，策划《奥利弗逛漠河》节目，漠河县取得通过文艺活动上央视的历史性突破。有规模宾馆165家，县内宾馆52家，其中四星级1家，三星级1家，二星级1家；北极村家庭宾馆113家，其中，三星级27家、二星级34家、一星级18家、农家院29家，日接待能力达4000人以上，旅行社19家，导游员近100人。旅游商品生产企业4家，旅游纪念品经销店23家，开发、销售旅游商品8大类400种。全年接待游客65万人次，实现收入5.41亿元，同比分别增长51.4%和51.5%。

**【塔河县(林业局)产业项目】** 建立大项目储备库，储备项目187个，其中，超亿元项目10个，超千万元项目50个。塔林西水利枢纽、兴森生物质能源和超越野生浆果改扩建项目被纳入省重点推进项目。发展绿色矿业，注册成立嘉泰矿业投资公司，引入勘探队伍23个，勘探资金1600万元，樟岭高锶矿泉水项目建成年产1万吨生产线，海诺斯脱硫项目完成厂房建设和部分设备安装。发展林木产品精深加工业，投资600万元完成凯达、宏翔木业技术改造；建成兴森生物质能源炭加工生产线1条，林产工业产值实现2.4亿元，精深加工比重达76%。发展绿色食品业，成立北极鄂伦春生物工程公司，研发9种鄂药产品；编制蓝莓繁育、种植、保护和加工基地项目可研，整体规划被列入省蓝莓产业发展规划，超越野生浆果改扩建工程建成投产，新增7条生产线，绿色食品产值实现1.6亿元，增长22%。发展生态旅游业，编制《鄂伦春风情小镇规划》，新建瓦拉干莫日根别墅610平方米，县宾馆被国家旅游局评定为三星级旅游宾馆。发挥区位优势，与古莲河煤矿、哈尔滨铁路局合作，在原塔林贮木场建设仓储物流园，现已进入试运营阶段。推进对俄采伐项目，成立东北亚工贸有限公司。三次产业比重由"十五"期末的27:9.2:63.8调整到36.7:16.2:47.1，二产比重比"十五"期末提高7个百分点，产业结构进一步优化。

**【松岭区(林业局)产业发展】** 加快产业发展进程。依托大兴安岭林格贝有机食品有限公司及其带动的相关企业，创建占地面积4平方千米的中小企业"寒带生物"创业基地，基地组织中小企业管理人员参加"全区非公经济龙江巡回大讲堂"等创业培训活动，协调解决企业反映的困难和问题，帮助企业解决各种困难。中小企业创业基地被命名为黑龙江省级创业基地。2010年，林格贝新建花青素生产车间12 000平方米，实现产值1.37亿元；大森林木业引进细木工板、强化地板生产线两条，实现产值5977.3万元；晟峰木业生产工作台面290立方米、各类家具2218套(件)，实现产值1904.5万元；大信木质颗粒顺利投产，实现产值1152.7万元；澳林食品完成二期投资240万元，新建腌制车间3000平方米，腌制卜留克、白菜230万千克，腌制成熟产品全部通过哈尔滨南极市场销往北京、大连等地。壮志岔路口铅锌多金属矿完成项目投资9000万元，初步探明铅锌储量30万吨、钼储量172万吨。

**【新林区(林业局)对俄森林资源开发】** 2010年，制定《境外企业采伐制度》、《企业员工管理制度》等境外企业规章制度。赴俄采伐人员290人按时序、分批次进入俄罗斯外贝加尔边疆区克拉斯诺奇科依区，进行伐区调查设计、采运设备检修等项工作。新林后贝加尔经济贸易有限公司以280万美元收购俄罗斯联邦西伯利亚特朗斯林业有限责任公司赤塔分公司100%股权，包括位于外贝加尔边疆区克拉斯诺奇科依区和乌廖德区32.6万公顷林地，黑洛克区一个26.1公顷的货场、一条1253延长米铁路专用线、一栋290平方米办公用房等，6月3日，完成股份变更。投资1000万人民币收购俄罗斯特朗斯木材有限责任公司100%股权，包括31 077公顷林地，年生产木材3.9万立方米，1万立方米库存材及60台(套)采运设备等资产，股权变更手续已办结。10月29日，在国家林业局召开的《中国企业境外森林可持续经营利用指南》试点工作准备会议上，新林林业局被纳入境外森林资源开发与利用企业试点单位。年生产木材3万立方米。

**【呼中区(林业局)发展低碳经济】** 打造生态旅游休闲度假基地。建设滨水生态旅游城镇，聘请中国城市规划院对白山、苍山石林、自然保护区等五大景区和旅游城镇进行总体规划设计，申报"呼中兴安第一塔"省级保护文物，对呼玛河大堤和部分内河进行景观改造，在白山景区建设15千瓦风光互补发电系统，呼中在全国最美的十大秋色评选中名列第九位。开发木制工艺品、根雕、手工饰品、学生版画等系列旅游商品，打造旅游商品知名品牌，延长旅游产业链条，2010年，实现旅游综合收入5083万元。加强与黑龙江省地质科学研究所、黑龙江有色地勘局706队、沈阳宏泰矿业开发有限公司等单位的合作，全力推进呼中、碧水、宏伟3处多金属矿的详查工作。促成黑龙江地质勘察技术院有限公司与虹京钼业、云冶集团的合作，将资源优势转化为经济优势。与大兴安岭兴森能源高科技有限责任公司合作，推进30万瓦生物质能源发电、综合利用联合供暖项目；与黑龙江瑞阳电力有限责任公司合作，推进呼中、呼源、碧水城镇及街道照明风光互补节能改造项目。做好年产10万吨生物质固体燃料项目可研论证和申报工作。打造绿色环保人造板生产基地，按照"原木不出区"的工作目标，调整林产工业产业结构，形成以集成材精深加工利用产品——实木复合门窗、木制别墅等高附加值、终端产品为龙头的新的产业格局体系，2010年，实现林产工业产值17 355万元。打造绿色食品生产加工基地，引进福建润德源有限公司麦饭石生物制剂项目，推广黑木耳原料催熟营养剂新技术，2010年，黑木耳养殖7520万袋，实现产值1.4亿元。

**【图强林业局资源培育保护】** 执行采伐限额，抓好伐区调查设计。结合"兴安二号"专项行动，成立林政执法检查小组，对林业局主要支岔线采取不定路线、不定车辆和不定时间的方式昼夜进行堵截。对木材加工厂采取不定时检查，加强原料进场和成材销售的监管，关停1家不合格木材加工厂。严格执行凭证运输，对无证木材运输车辆坚决不予放行，充分发挥木材检查站等三道防线的执法检查作用，对运输车辆进行登记。提前完成中俄原油管道工程塔漠线和漠兴线的占地申报工作，为项目开工建设提供保障。进一步抓好中幼龄林抚育补贴工作，成立中幼龄林抚育补贴领导小组，编制《图强林业局2010年中幼龄林抚育补贴试点工作实施方案》，截至10月末，累计完成中幼龄林抚育补贴调查设计6000公顷。在5个落叶松容器苗基地义务植树24 000株；在局址周边植树、栽花、种草，栽植20个品种绿化树1750株，大苗造林15公顷，樟子松容器大苗造林37 500株；设立示范绿篱场地2处，绿篱1000延长米；更换草坪22 000平方米，种植10个品种花卉6万株。城镇绿化主要以枯死、损毁绿化树进行补植替换方式进行造林，补植各类绿化树6979株。

**【十八站林业局资源培育保护】** 通过调减活立木产量、规范生产行为、提高伐区作业质量，森林资源实现有序开发。开展"兴安二号"专项行动，查处资源刑事案件4起、林政案件11起，收缴木材40余立方米。全面推行营林工程化管理，承担的602.7公顷工程化造林任务一次100%验收合格，创造十八站乃至大兴安岭工程化造林的历史记录。在3.33万公顷森林抚育补贴试点中，通过采取注册公司、取消外委、跟班作业、三级验收、合同管理等措施，作业质量明显提高，一次通过地区验收。投入资金597万元，实施四区、十三区、局址西出口和街道补栽四大绿化工程，播种草坪6000平方米，平整绿化面积1万平方米，种植绿化樟松大苗454株，云杉110棵。通过建立长效治本机制、强化火源管理、认真落实"四个联防"等有效措施，防火工作做到基础工作到位、联防协作到位、责任落实到位、火源管理到位、预警反应到位，形成"纵向到底、横向到边、联防协作"的防火工作格局。

**【阿木尔林业局产业项目】** 北极冰蓝莓酒庄建设作为黑龙江省重点推进10个项目之一，累计投入资金1200余万元，完成总投资3558.7万元的33.7%。酒庄主体工程竣工。精深加工产品在原有冰酒、干红、白兰地和冰红酒基础上，又研发蓝莓干蓝、蓝莓奢藏干红、蔓越莓果脯等新产品。依托在加格达奇、漠河设立的蓝莓酒庄旗舰店，产品累计销售1000余万元。配套改造的三星级蓝莓会馆、蓝莓广场和步行街全部竣工投入使用。阿木尔板业公司累计生产落叶松三层复合地板和桦木实木地板15.03万平方米，销售9.1万平方米，实现销售收入1192万元，实现利税189万元。其中，大连分公司累计出口加拿大14个货柜2.6万平方米，创汇40.46万美元；内销6.5万平方米，实现销售收入922万元。境外采伐累计生产过境木材8.47万立方米，进口材销售额1264万元，实现外贸进口额168万美元。组织人员3次赴俄实地踏查林地，已购买30万立方米10年的采伐权。申请劳务指标和设备维修工作已基本结束。蓝莓园建设委托黑龙江省农科院进行整体设计，改造工程已完工，2栋温室大棚进度过半。栽植蓝莓32万株，总面积21.33公顷。

**【韩家园林业局中幼林抚育补贴试点】** 制定《韩家园林业局中幼林抚育补贴试点实施方案》、《韩家园林业局中幼林抚育补贴试点资金管理办法》、《韩家园林业局中幼林抚育技术标准》、《韩家园林业局中幼林抚育补贴试点工作考核方案》，成立领导小组。有7个林场、3个扑火大队、1个营林公司，1个家庭林场承担抚育试点任务。并采取主管部门领导包片、技术员跑线，施工单位技术员跟班作业的做法，把具体责任落实到人头。建立健全各项管理制度，实行质量事故行政责任追究制。采取举办培训班、召开森林抚育试点工作现场会、经验交流会等形式，学习和探索森林抚育补贴工作的新方法和新思路，健全适合现有资源状况的技术规程和标准及相关制度体系，为建立健全森林抚育补贴试点工作提供经验。2010年，抚育试点完成13 333.97公顷。

**【加格达奇林业局生态建设】** 2010年，推行林下资源经营权有偿转让，完善《加格达奇林业局原生态利用林地管护承包经营管理办法》、《加格达奇林业局"涉农林地管理责任制"实施方案》，出台《加格达奇林业局资源防火管护站工作人员行为规范》，制发管护人员工作卡1083张；开展林下资源野生蓝莓专项调查，按照《加格达奇林业局林下资源保护利用管理办法》，签订转让合同33份，转让蕨菜地块15个、蓝莓地块18个；开展"管、育、用"一体化试点，在林下试养森林鸡2000只，种植老山芹0.67公顷，收入近5万元；投入30万元，吸收农民参与资源、防火管护；投入152万元，新建25处管护外站。按照法人制、招投标制、监理制、营林公司的"三制一公司"模式运行，健全营造林施工质量管理机制。全面完成0.467万公顷中幼龄林抚育补贴试点任务和林业局二级验收，完成计划100%；完成庭院绿化8000株，栽植绿篱1000延长米，义务植树6000株，大苗造林40.25万株，种子园抚育200公顷，古里湿地植被恢复工程500公顷，古利库矿体植被恢复工程1000公顷，加区周边及机场附近74.6公顷18.22万株樟子松退耕绿化任务。投入资金2500多万元，建设瞭望塔、防火公路、桥涵、机具装备、扑火队营房等防火基础设施设备；投入124万元，提高扑火队员伙食补助；秋防期间，打烧防火阻隔带3355.4千米。实现全年无涉火案件、无森林火灾、无人为火情。

**【林业大事】**

**2月1~2日** 召开年度第一次地委扩大会议暨全区经济工作会议，会议的主要任务是：深入贯彻中央、省委经济工作会议和全国林业厅局长会议精神，认真总结2009年工作，准确把握当前形势，全面部署2010年工作任务，确定2010年主要预期目标为地区生产总值增长16%，财政一般预算收入增长20%，城镇固定资产投资增长35%，城镇居民人均可支配收入增长7%，农民人均纯收入增长7%。

**3月2日** 李海涛同志任中共大兴安岭地委委员、书记。

**3月15日** 大兴安岭地区行政公署发布《关于切实做好春季森林防火工作的布告》，3月15日起，全区进入春季森林防火期。提出开展森林防火宣传教育；落实各项林火预防措施；严格执行入山管理"五个一律"和野外吸烟弄火"五个一律"；强化应急处置能力等要求。

**4月10日** 国家林业局职业技能鉴定站在大兴安岭地区成立(设在大兴安岭职业学院)。这是国家林业局在全国设立60个鉴定站之一，标志着大兴安岭地区林业人才队伍建设林业职业技能鉴定工作迈上一个新台阶。

**4月** 漠河县北极村入选全国首批特色景观旅游名镇(村)。

**7月1日** 国家森林防火指挥部总指挥、国家林业局局长贾治邦抵达呼中扑火指挥部，研究部署扑救呼中"6·26"雷击山火工作。深入火场一线察看火情，慰问扑火将士。

**7月22日** 召开第三次地委扩大会议暨全区经济工作会议，会议提出全面实施"生态固本、低碳转型、绿色崛起、富民兴区"战略，着力建设"五大功能区"，重点推进"十大工程"，把大兴安岭建设成为"生态优良、产业优化、环境优美、生活富裕"的最富裕、最文明、最和谐的生态型花园式新林区的发展思路。会议传达全国林业厅局长座谈会议精神，宣布《大兴安岭地区行署、大兴安岭林业集团公司关于2009年"经济和社会发展目标"、"经济目标"责任状兑现复查结果和2010年上半年主要经济指标完成情况的通报》和全区项目建设情况的通报。

**7月23日** 召开全区春夏季森林防火总结表彰大会，表彰春防工作中和呼中"6·26"雷击火扑救过程中涌现出的先进集体和个人。

**7月** 大兴安岭林业集团公司入选2010黑龙江企业100强，位列第三十四名。

**7月** "五六"火灾纪念馆被国家文物局授予国家三级博物馆称号。

**8月13日** 举办以"发展低碳经济·建设生态文明"为主题的2010中国(大兴安岭)低碳经济论坛。

**8月** 中国大兴安岭第二届国际蓝莓节暨山特产品交易会签订经贸合作项目23项，签约额6.62亿元，签约额比上届增加1.17亿元，增长21.5%。其中，经济合作项目9项，签约额2.82亿元；贸易项目11项，签约额3.8亿元。

**8月** 在首届中国低碳旅游建设峰会上，大兴安岭地区获中国低碳旅游示范区称号；全国高科技农业循环产业发展中心、中国循环经济产业发展中心授予大兴安岭地区中国野生蓝莓之乡称号。

**10月16日** 在北京举行的全国低碳发展经验交流会暨低碳中国突出贡献城市授牌仪式上，大兴安岭被评为全国低碳中国突出贡献城市十强之一。

**10月19日** 大兴安岭地区历史上第一家地方性商业银行——龙江银行大兴安岭分行正式挂牌营业。

**10月20日** 召开全区营林绿化和资源保护管理工作会议。会议确定，当前和今后一个时期，本区要把营林绿化和资源保护管理作为头等大事，进一步创新工作举措，狠抓工作落实，争取到"十二五"期末，森林覆盖率达到81%，活立木蓄积达到5.38亿立方米，郁闭度0.4以上，林分面积占森林面积90%以上。

**10月25日** 大兴安岭地区首条一级公路——加嫩公路一期工程加格达奇至白桦段公路通过黑龙江省交通运输厅组织的交工验收，正式通车。

**10月** 北极村被全国旅游景区质量等级评定委员会批准为国家4A级旅游景区。

**11月1日** 国务院正式批复《大小兴安岭林区生态保护与经济转型规划》，明确提出在大兴安岭建设低碳经济示范区。

**12月27日** 国家林业局党组听取大兴安岭地区"十一五"期间和2010年工作及下步工作思路汇报。

**12月29日** 大兴安岭农村商业银行正式挂牌成立，为中国最北一家农村商业银行。注册资本金11 000万元，下设1个营业部、6个支行和1个分理处。该银行前身是加格达奇区农村信用合作联社。

(大兴安岭林业集团公司由陈广辉、王艳供稿)

## 上海市林业

**【概　述】** 2010年是上海世博会举办年，也是全面实现"十一五"规划目标的收官之年。一年来，全市绿化市容系统按照市委、市政府的总体要求和工作部署，以世博运行保障工作为契机，以深入学习实践科学发展观活动为抓手，不断加强自身建设，努力提升上海生态环境整体水平，以"整洁、有序、美观"的生态市容环境，为实现世博会的"成功、精彩、难忘"作出了应有的贡献。完成世博绿化市容保障任务，实现市容环境"整洁、有序、美观"。通过综合整治绿化市容环境，加强城市绿化花卉养护和道路及公共场所保洁，确保城市环境优美整洁干净。采取全面巡查与重点督察相结合，世博重点保障区域总体处于可控状态，确保街面秩序规范有序。新建和改造景观灯光，全面完成世博绿化改造、花卉景观布置任务，确保城市景观美观靓丽。全面加强林业有害生物预警防控、森林防火和植物检疫工作，确保城市生态安全。制订《绿化市容保障方案》，建立应急保障联动机制，建立绿化、市容环卫、城管执法、林业等各专业应急队伍，完成应对百万客流等应急任务，确保应急处置及时有效。把握世博会后绿化市容的发展形势，研究"十二五"期间绿化市容的重点目标，基本完成绿化市容"十二五"规划的编制。

**【生态环境建设】** "十一五"城乡生态环境建设成效显著。新建各类绿地1000公顷，相继建成辰山植物园、世博园区绿地、卢湾滨江绿地、长宁延天绿地、静安雕塑公园二期等一大批大型公共绿地，城区绿化覆盖率提高到38.15%，人均公共绿地面积13平方米。基本完成沪宁城际铁路绿色廊道建设和环境综合整治，启动沪杭城际铁路绿色廊道建设和环境综合整治。积极推进屋顶绿化、垂直绿化、悬挂绿化和阳台绿化等立体绿化建设，新建屋顶绿化达到49公顷。推进沿海防护林、水源涵养林、通道防护林、防污染隔离林等生态公益林和经济果林建设，2010年完成生态公益林及经济果林建设1066.67公顷。新增林地面积累计达到1.2万公顷，森林覆盖率提高到12%；经济果林种植面积稳定在2.53万公顷左右，年产值约15亿元，成为农村经济新的增长点。

**【湿地管理】** 指导南汇东滩、崇明东滩和淀山湖等3处重要湿地和栖息地的恢复优化；推动南汇东滩野生动物禁猎区、崇明东滩湿地公园和崇明东滩鸟类国家级自然保护区鸟类栖息地优化与互花米草治理项目的建设管理；实施淀山湖区域(以大莲湖为核心)湖滨带污染控制及湿地修复示范项目、上海市湿地资源调查与监测评估体系研究项目。继续推进水鸟环志和芦苇带鸟类环志工作，崇明东滩、浦东九段沙自然保护区开展水鸟环志和旗标47种4718只，芦苇带鸟类环志33种1050只。全年回收环志水鸟7种54只，其中首次回收到大洋洲塔斯马尼亚岛环志的翻石鹬。

【提升绿地景观功能】 加快绿化景观优化推进力度，迎世博600天期间，全市累计完成绿地整治2829公顷，为计划量的113%；绿地调整改造823公顷，为计划量的156%；行道树设施更新73 703套，为计划量的164%；通过道路沿线绿地的调整改造，优化布局，更新设施，应用新优植物等，营造出一批绿化特色道路和绿化景观亮点，重点区域和主要道路已基本形成了季相丰富、结构合理、生物多样、特色鲜明的城市绿化景观。世博期间，全市共布置花坛花境约30公顷，组合容器花卉22641组，灯杆挂花8411组，垂直绿化22 578米，花卉量2000万盆，主题景点282个，用花量6500多万株。

【"共建绿色家园、同庆世博盛会"全民义务植树活动】本次全民义务植树绿化宣传活动发动早、内容丰富、题材多样。一季度举办"绿化你我阳台、扮靓幸福家园"上海市市民窗阳台绿化大赛；3月份结合植树月组织各区开展各种绿化宣传、植树、认建认养活活动；5月份发动社会志愿者护绿巡查。中共中央政治局委员、上海市委书记俞正声，市委副书记、市长韩正，市人大常委会主任刘云耕，市政协主席冯国勤，市委副书记殷一璀等3月17日在卢湾区南园滨江绿地，参加2010年全民义务植树活动。中国移动通讯还向广大手机用户发送600万条植树公益短信，全市共131万人次参与直接义务植树，设124个植树点，植树182.1万株；128块绿地、75 125株树木(其中古树名木77株)可供单位团体、市民认建认养，面积达153万平方米。546家单位，4171人参与树木认建认养。收取认建认养资金137.5万元。经折算后，全市义务植树尽责率达到85.47%。

【搭建森林资源数字化管理平台】 结合第八次全国森林资源连续清查，全力推进全市行政区域范围内的森林资源"一类"和"二类"调查，建立、健全全市森林资源小班卡片67万张，引入林地权属、土地属性、土地取得方式及养护主体等调查因子60多项，组织开发上海市森林资源管理系统应用平台，基本摸清了上海森林资源的家底，从涵养水源、保育土壤、固碳释氧、净化环境等8个方面，对上海市森林生态系统主要生态服务功能进行定量分析和评估，从具体数字上反映上海森林资源的生态服务价值。

【严格执行病虫害的测报防治和森林防火督查维护城市生态安全】 修订完善绿化林业有害生物应急防控预案，在全市范围内建立完善了155个绿化林业有害生物预警防控测报点和检测点，其中新增20个监测预报点，提高了监测预报的覆盖面。全年共收集监测数据700余组，5000多个数据，分析气候资料70余组。抽样调查150余条道路，15 000余株行道树。全年分析汇总日巡视报告912份，周巡视报告128份，形成一周有害生物预测预警报告21份，对20种重点有害生物监测进行了监测，发现一种危险性有害生物，编发预警信息24期。组建了9支应急防控队伍，切实抓好世博园区及周边地区、国家森林公园、大型生态片林、重要景观道路、重点区域的防控工作和水杉赤枯病，悬铃木白粉病等重点病虫害的防治及联防联治，完成世博期间病虫害的测报防治工作。

【启动森林生态功能定位监测】 结合科技下乡和课题项目实施，利用现有生态监测系统，在松江叶榭和奉贤南桥黄浦江水源林中，设立了12块固定监测样地，启动森林生态功能定位监测。开展林分密度调控试验、生物群落动态监测、小气候定位监测等相关技术研究，系统评价林地的生态功能和抚育效果，为建立良好的林相结构和植物群落，提高森林经营质量提供科学依据。

【打造林业精品示范点】 通过推进实施公益林基础设施建设、中幼林抚育、经济果林"双增双减"和套袋技术以及森林植被恢复费项目，着力打造一批林业建设管理的示范点。组织开展上海市林业复合经营示范点和上海市林业生态休闲示范点推荐活动，初步形成崇明港东、港西公益林，嘉定黄渡公益林，闵行浦江镇公益林、奉贤黄浦江水源涵养林，青浦练塘水源涵养林、松江泖港片林等一批公益林示范点和34家服务世博果品供应基地。推进《上海市"十二五"森林采伐限额》和《上海市"十二五" 征占用林地定额》规划的编制，完成了《上海市森林防火规划》和《上海市林业"三防"体系建设规划》。组织开展2010年全市公益林养护质量等级和工作考核，并会同有关部门研究制定生态补偿转移支付资金使用管理办法。

【世博推荐果品安全监管】 对34家服务世博果品供应基地的授牌；每月对各基地上报的田间档案进行审核，每个季度进行至少一次的现场检查监督；开展果品农残检测，严把产地环境、生产过程和产品质量关，确保食品安全；印发宣传册500余份，通过互联网、报纸、电视等多家媒体宣传世博推荐果品基地，取得良好的社会效果和市场反应。在世博会期间，其中有9家推荐基地的果品经世博指定的第三方物流进入了世博园区。

【开展林业科技攻关和林业标准化建设】 围绕生态公益林生态功能提升、林业有害生物预警防控、生态林与经济林新品种引进繁殖、果品优质安全标准化生产等技术，开展科技攻关。2010年有6个项目通过专家验收并完成成果登记，植物新品种"培忠杉"(东方杉)的研究与开发应用获得上海市科技进步一等奖，非洲菊新品种选育及推广利用和墨杉、杂交柏等优良针叶树种引种繁育及造林技术研究分别获局科技成果一等奖和三等奖。同时，开展相关标准制定和修订，其中《出口花卉常见刺吸式害虫检测识别规程》审定通过后即被上升为国家标准，《东方杉嫩枝扦插技术规程》送审稿通过专家审定。承担了上海市技监局下达的《上海果品等级鲜葡萄》及《公益林养护技术规程》两项地方标准的制定任务；《天牛防治技术规程》、《桃栽培技术规范》列入2010年第一批上海地方标准制修订项目计划。积极推进标准化示范区建设，第六批全国林业标准化项目水蜜桃标准化示范区建设进展顺利。农业部花卉质量检测中

心(上海)通过农业部组织的专家复审。

**【植物新品种东方杉示范推广】** 抓住国家级良种基地建设契机，扩大东方杉示范推广，做好东方杉国家林木良种基地的建设。加强对东方杉母树林的保护，新建采穗圃2公顷，开展母株选优和扩繁，初步选出耐盐碱、耐寒、生长快、干型好等类型优树94株，扦插东方杉穗条50万根，生产东方杉生根苗36万株。专门成立东方杉推广小组，实行种苗开发、苗源组织和技术指导为一体，加大推广力度，在崇明北横引河、杭州湾等地营造东方杉示范林20公顷共4万余株，在市区延安路外滩、肇家浜路和瑞金南路等地段推广种植东方杉31处7179株。

**【林业技术服务体系建设】** 一是开展星级林业养护社评比。共有46家养护社通过了本次星级养护社评定，其中三星级2家，二星级6家，一星级38家。进一步规范了养护社的考核与管理。二是筹备建立经济果林“乡土专家”，把实践经验丰富、动手能力强、具有创新思维能的果树栽培能手纳入专家库，作为果实技术推广体系的延伸。三是推进标准化乡(镇)林业站建设。根据《国家林业局林业工作站管理总站关于对林业站开展科技推广工作进行定点指导总结的通知》(林站培字〔2010〕9号)要求，确定嘉定区安亭镇林业站、浦东新区新场镇林业站、奉贤区南桥镇林业站等3个乡(镇)林业站为定点指导单位，明确了指导内容和工作重点。

**【查处破坏野生动植物资源违法活动】** 2010年，全市执法检查共出动5486人(次)，1370车(次)，检查农贸市场、餐厅、大卖场、花鸟市场等2110家(次)；检查野生动物驯养繁殖单位135家(次)；查获非法运输51起；乱捕乱猎等454起；查获青蛙、蟾蜍8100千克；各类保护野生动物8684只(条、头)；拆除各种网具832张；罚款14 006元；积极探索与工商、公安等部门的联动管理机制，严厉查处破坏野生动物资源的重大刑事、行政处罚案件。全年查处涉及野生动物资源保护的刑事案件8起，查办行政处罚案件6起。在世博期间，组建了一支野生动植物保护志愿者队伍，对重点中心城区的35家花鸟市场、农贸市场和古玩市场等区域进行不间断的暗访监督，及时将敏感问题解决在萌芽状态。在普陀、黄浦、徐汇等中心城区组建“野生动物检查员”队伍，壮大了野生动物保护队伍。

**【加强疫源疫病监测体系建设】** 积极开展野外监测区域专项督查工作。按照《野生动物疫源疫病监测规范》，对10个区(县)监测管理站、25个国家级和市级监测站(点)加强指导和检查。全年执行日报告制度，共收集全市各监测站的监测信息日报4609份，上报国家林业局监测总站和市重大疾病防治指挥部办公室监测报告668份。共接到和处理各种有关野生动物疫源疫病防控(禽流感)方面的市民来电86起，收集和处理各种鸟类36只。完善体系建设，规范开展监测。基本完成5个国家级监测站项目，加强新增设的青浦大莲湖区域市级监测站建设，指导促进项目建设规范开展。

**【切实做好野生动植物资源调查和监测】** 开展基础数据收集工作。继续组织开展上海水鸟同步监测，开展14次同步调查记录到各种水鸟111种109 360只(次)；组织开展10次城市公园绿地野生鸟类资源监测，记录到鸟类102种10 163只；开展崇明生态岛1%物种监测，进行调查12次，记录到鸟类78种53 198只(次)；开展10次南汇东滩禁猎区野生鸟类资源监测，共记录到鸟类164种24 579只(次)。开展南汇滩涂湿地物种栖息地营造及湿地动态保育对策研究，完成项目实施区域内的地形塑造、植被控制等基础设施的建设工作；开展极小种群的扩繁与恢复研究，完成再次的引种工作和栖息地适应性改造；开展“獐的重引入种群扩繁技术和野化技术研究”协作，第一批放养在浦南生态涵养林内的獐成功繁殖，南汇东滩禁猎区内野外放养取得初步成效；开展横沙东滩野生鸟类资源调查，共进行6次野外调查，记录到鸟类128种75 268只(次)；开展滨江森林公园鸟类招引示范研究，基本查清滨江森林公园内野生鸟类的资源现状与变化规律；完成淀山湖区域(以大莲湖为核心)湖滨带污染控制及湿地修复示范的相关项目。有效提高野生动物重要栖息地的管理与宣传工作。在全市14块野生动物栖息地共竖立宣传警示牌71块。完善野生动物资源数据库和野生动植物专业网格化系统，完成PDA采集系统和平台系统进行修改完善。

**【强化世博期间巡护执法和野生动物疫源疫病管理力度】** 开展了以保护鸻鹬类水鸟及其栖息地春季专项行动即“春隼二号”行动，强化野生动物疫源疫病监测工作，每月按时报送《上海市世博期间野生动物保护管理工作信息每月报告表》。加强重点时段及春节、“五一”和国庆期间安全管理工作，制定严格的周末行政值班和工作日值班制度，强化信息报送制度。组织开展隐患排查活动，强化责任和各项措施的落实。同时完成了世博期间中外宾客的接待工作。世博会期间，崇明东滩鸟类国家级自然保护区接待了包括黑山共和国副总理、库克群岛副总理、崇明生态岛建设论坛代表及辰山植物园国际研讨会代表等外国嘉宾近500余人。

**【举办“2010年大熊猫上海世博行”活动】** 为了给世博会增添光彩，展现中国大熊猫保育和生物多样性保护成果，唤起全社会对生态文明建设的关注和关心，国家林业局和上海市人民政府、四川省人民政府联合举办了“2010年大熊猫上海世博行”活动，安排10只大熊猫来沪进行为期近一年的展示。这10只大熊猫都是汶川大地震后出生，1岁半左右，6雌4雄，名字分别叫做“平平、安安、韵韵、佑佑、汉媛、壮妹、奥运、闽闽、阿灵、武阳”。1月5日抵沪，上海动物园为熊猫“世博大使”修建了700多平方米的新家，为适应熊猫活泼好动的天性，还特地搭建了木架与彩色滑梯，让它们尽情玩耍运动。上海野生动物园在园内开辟了大熊猫饲料竹园，上海动物园还在沪郊松江佘山和浙江安吉建立了竹子供应基地。为更好地让海内外游客在参观上海世博会的同时观赏大熊猫风采，世博大熊猫2010年1月20日正式在上海动物园展出，6月30日，转至上海野生动物园“世博大熊猫馆”继续展出，“2010年大熊猫上海世博行”系列活动同时启动。

【营造野生动植物宣传氛围】 以“世博年”、“国际野生动物多样性年”为契机，积极搭建宣传平台，整合社会力量，发挥区(县)野保部门力量，先后筹备开展了“爱鸟周”等品牌活动，形成全市良好的舆论氛围。开展各类市级活动12项，区县活动57项，参与的学生、市民15万余人。东方网对全市爱鸟周启动仪式暨河口城市生物多样性恢复最佳实践交流研讨会作了全程现场直播，结合植树节，与新闻晨报联合开展闵行体育公园鸟类招引投喂台悬挂活动；组织召开第五届市民观鸟大赛；在部分社区设置特定的鸟类识别标牌，开展鸟类宣传活动等。召开第六届未成年人生态道德教育研讨会；审核签约新加入上海市野生动物保护特色教育学校16所；评选表彰十佳特色学校10所；组织评选第二十五届英特尔上海市青少年科技创新大赛“生态道德教育实践奖”学校4所。加强志愿者队伍建设，在世纪公园、植物园等地开展36次志愿者定点观鸟和野生动物知识普及活动；组织志愿者参与日本名古屋生物多样性交流节、菲律宾首届东盟国际观鸟大赛等国际交流活动，提升志愿服务水平。设立大学生野生动物保护宣传小额资助基金，资助3所高校社团宣传活动。在“湿地日”、“生物多样性日”、“地球日”发挥宣传攻势。组织市民开展“湿地乐悠游”活动；组织14所学校200名学生在上海动物园开展“生物多样性现时寻”活动；通过成果展示、现场宣传积极参展第四十一个世界地球日活动等。启动12月的“野生动物保护宣传月”活动。

【互花米草生态治理项目】 继续协调推进崇明东滩项目初步设计审批工作。组织编制《初步设计概算补充及评审修改说明》、《保护区管护基础设施有关情况说明的报告》等，为项目初步设计审批创造条件。通过招投标确定了施工准备期道路工程施工单位、监理单位，依照工程建设管理程序办妥了开工手续，10月底，施工准备期道路工程基本完成，成立项目现场指挥部和项目专家工作组。会同复旦大学、华东师范大学等有关单位完成市科委崇明东滩鸟类国家级自然保护区互花米草生态控制与鸟类栖息地优化关键技术研究项目结题和验收工作。积极申请中央湿地补助专项资金，在国家林业局和财政部的支持下，成功申请了500万元用于先期开展互花米草生态治理示范项目。

【东滩鸟类环志研究和资源监测】 2010年在崇明东滩共环志旗标水鸟42种4518只，其中春季环志水鸟26种2784只；秋季共环志水鸟41种1734只；全年回收水鸟7种54只，首次回收到大洋洲塔斯马尼亚岛环志的翻石鹬。芦苇带林鸟环志种数继续增加，全年共环志芦苇带鸟类33种(总种数34)1050只，新增鸟种6种，为中华攀雀、斑背大苇莺、红颈苇鹀、北鹨、栗耳鹀和褐柳莺。数量最多的分别为震旦鸦雀498只，东方大苇莺258只，黑眉苇莺95只。全年共组织实施了28次水鸟同步调查活动，基本覆盖保护区80%核心区滩涂湿地，共记录水鸟72种40 141只，分别隶属于6目13科，基本上是涉禽和水禽为主，其中鸻鹬类数量最多24 802只，其次为鸥类6247只，雁鸭类4862只，鹭类4230只。全年重点加强了北迁、南迁期间鸻鹬类的专项调查。时隔五年，东滩保护区再次记录到国家一级保护动物东方白鹳，并首次记录到国家一级保护动物白鹤。发布了《2009年上海崇明东滩鸟类国家级自然保护区年度资源监测公报》。强化野生动物疫源疫病监测力度，东滩保护区共监测到鸟类84种21.5万只，相关数据已录入GIS系统。春季采集并检测鸟类血液样本98个，其中37样本被超低温长久保存，初步建立鸟类血液样本库和数据库。

【开展环境教育和科普宣传活动】 2010年1月崇明东滩鸟类国家级自然保护区鸟类科普教育基地“一线四馆”开工建设，6月底主体建筑施工工程完工。年内完成鸟类、鱼类和底栖动物等标本的采购、标本收集行政许可申请；2号馆休息室(贵宾厅)和4号标本馆都已完成布置和布展工作，并开始试运行，经受了中秋小长假和国庆黄金周的考验，获得了社会各界好评。结合主题日活动，组织开展环境教育和科普宣传。2月2日开展了湿地日“应对气候变化，携手保护生物多样性——我的东滩之旅”主题活动、4月份开展了以“低碳观鸟”为主题的爱鸟周活动、6月5日“世界环境日”，举行了通用汽车(GM)首个志愿者生态服务基地落户东滩的仪式，吸引了大量游客关注，起到了很好的社会宣传效果。

【推广保护区志愿者之家项目】 年内共招募38名个人志愿者，分别参与鸟类环志、环境教育和科普讲解等保护区的日常管理工作中，累计服务373天，其中鸟类环志志愿者196人(次)，环境教育志愿者137人(次)，科普讲解志愿者40人(次)，确立核心志愿者3名。企业体验式志愿者活动深入实践，已有德宝汽车车友会、诺华生物制药、3M、利丰集团、通用汽车、江森自控、汇丰技术及汇丰银行等社团或企业志愿者8个批(次)近400人(次)参与体验式志愿者活动。完成志愿者之家项目有效管理案例的编写，并入选陈家宽教授主编的《长江湿地网络有效管理案例》一书。崇明东滩鸟类国家级自然保护区也被上海市文明委授予上海市志愿者服务基地光荣称号。

【开展国内外保护区之间交流协作】 召开中国东部水鸟迁徙网络姊妹保护区第三次会议，近50人参加了会议，充分展示了各保护区近年来在管护、科研和宣传教育方面的成果，相互交流了保护管理经验，增进了姊妹保护区之间的感情；组织参加长江湿地保护网络2010年会和华东自然保护区联盟年会，不断提升保护区在网络、联盟内的影响力和知名度，在长江湿地保护网络2010年会上，东滩鸟类国家级自然保护区被国家林业局湿地保护管理中心授予长江湿地保护管理先进集体称号，并在大会上作业务交流。与杭州西溪国家湿地公园一起倡议成立中国湿地类博物馆联谊会，并派代表团参加了首届年会。积极与国际组织进行沟通协调，推进合作项目的开展。基本完成与TNC签署的为期5年的湿地保护项目，并对项目实施成果进行总结和宣传。与WWF进行沟通协调，推进志愿者之家项目的顺利进行，

参与世博 WWF 展示馆的布展工作，同时加大了与 GM 的沟通联系，研究策划新的合作项目。

**【加强自然保护区水鸟研究】** 邀请了澳洲水鸟研究群 Jeannie Baker 女士到保护区交流访问，并就斑尾塍鹬合作研究进行研讨；成功接待第十五届海峡两岸自然保护区业务交流研讨会的台湾专家和贵宾，并进行了自然保护区业务交流。派遣研究人员参加拉姆尔湿地公约东亚区域中心在韩国仁川组织的业务培训和经验交流活动。创办了东滩水鸟研究通讯《彩沙》，并进一步加强了与东亚—澳大利西亚涉禽迁徙网络有关研究机构、自然保护区的信息交流和互访，与澳大利亚涉禽研究组、中国台湾水鸟研究机构保持了密切联系，扩大东滩鸟类国家级自然保护区在国内水鸟环志研究领域的影响力。

**【加强东滩保护区管护执法力度】** 积极开展巡护检查，以日常执法与专项执法相结合，及时制止违法行为。根据鸟类迁徙规律和不法分子在保护区活动规律，保护区定期安排日常巡护，全年共出动巡护人员 3750 多人(次)，巡护路程近 3.45 万千米，监测到鸟类 84 种、21.5 万多只。开展了“夜鹰二号”、“春隼二号”专项执法行动，“夜鹰二号”行动共出动巡查执法人员 1600 人(次)，巡查里程达 8000 千米，在崇明电视台和广播电台连续 10 天播放《越冬鸟类保护管理通告》，发放宣传资料 2000 份，悬挂宣传横幅 9 条，张贴通告 35 份，在大石头景点、学校和前哨社区宣传 5 次。“春隼二号”行动共出动巡查执法人员 240 人(次)，巡护里程达 2500 千米，发放宣传单 290 多份，悬挂宣传横幅 9 条，整个执法行动期间没有发生偷猎鸟类等违法行为。与公安边防、林业站等部门积极开展联合执法行动，清除地笼 9 只约 50 米、割除定置网竹竿 1355 根，网具约 4500 米，现场查处违法铺设吹沙管道 1 起，及时开展调查取证工作。充分发挥电子监控系统功能，加强了监控巡护记录和数据采集工作。

**【提升老公园品质】** 世博期间共完成 35 座老公园改造任务。5 月 1 日至 10 月 31 日，全市公园游客量约 7407 万人次，其中收费公园 796 万人次。21 座公园举办了主题活动，如滨江森林公园杜鹃花展、植物园春季花展、人民公园荷花展、共青森林公园百花展、杨浦公园图片展等公园主题活动、挖掘公园文化内涵，为市民和游客提供丰富多彩的游园活动。

**【上海辰山植物园试开园】** 历时三年多的建设，除展览温室(土建、安装基本完成，室内绿化施工完成 90% 以上)外的工程基本竣工，建设完成投资 21.6 亿元，于 2010 年 4 月 26 日向社会试开园。开园后接受了“五一”、“十一”假期的考验，总体上游园秩序良好、平安有序，游客量逐步上升。“十一”黄金周期间迎来了试开园以来的游客量高峰，日均游客量达万余人次，最高超过 1.5 万人次。开展了多项主题活动。9 月 18 日至 10 月 31 日举办了“辰山秋韵 花都庆典”活动，活动期间共吸引游客 15 万余人，超过活动开展前四个多月的游客总量；10 月 3 日在园区举行了盛大的“德中同行”竹亭落成仪式。两座竹亭将在辰山植物园内永久保留，作为游客休憩赏景的场所。日后竹亭内还将举办音乐会、科普展览等丰富多彩的活动，宣传中德文化的交汇和中德人民的友谊以及承办和主办多个重要会议等，得到社会各界的认同。全年累计参观游客达到 30 多万人次，门票收入超过 900 万元。

**【上海辰山国际植物园学术研讨会】** 2010 年 10 月 11 ~ 14 日举办全球植物园界首个“零排放”国际会议——上海辰山国际植物园学术研讨会，出席人员近 300 人。其中邀请国内外著名植物园园长、植物界学者以及植物园保护国际组织的专家约 90 人，包括国外专家学者 29 人，国内 60 人。与会嘉宾来自英国丘园，美国密苏里植物园，耶鲁大学，加拿大皇家植物园，德国汉堡大学，法国波尔多植物园，澳大利亚墨尔本皇家植物园，肯尼亚国家标本馆，印尼亚茂植物园，美国长木公园等 13 个国家 20 多个著名植物园和科研机构。国内注册代表 161 位，来自全国 29 个省(区、市)65 家单位。另外，还有来自上海生科院以及局系统内部的 50 多人旁听。此次会议提高了辰山植物园在世界植物园界的知名度，为今后与国内外植物园的合作交流打下坚实基础。

**【提高森林公园绿地景观质量】** 在迎世博 600 天整治中，完成了公园建筑物整修 72 个项目，改善了建筑设施外观面貌，公园服务设施面貌也焕然一新；园绿化景观进行了调整，绿化改造面积 2437 平方米、花境种植面积 1310 平方米、绿化整理面积80 293平方米，使公园的绿化景观面貌得到了明显的改善。在公园出入口、重点游乐区等重要场所部署了 37 个视频监控点，并在一些重点区域分别设置了 20 多个巡逻位，使公园的安全运行得到有效控制；提高绿地景观质量，累计移栽(种植)竹类 5777 株、乔木 55 株、攀绿植物 500 株、绿篱 7 平方米、灌木 4670 株、地被植物 2519 平方米、补种草坪 4612 平方米、地形平整66 651平方米。结合世博会举办，坚持“森林文化”品牌，举办多项大型游园活动。一是举办第九届都市森林百花展，通过个性化的花境布置和每月推进不同主题花卉，营造绚丽多姿的春天，烘托迎世博、办世博气氛。二是举办第十届都市森林狂欢节，结合上海旅游节，以“绿化狂欢”充分展示“城市让生活更美好”的世博主题，营造国庆节日的欢乐气氛。三是举办第六届都市森林菊花展，在秋季通过 4 万盆、200 多个品种菊花展示和造型，展现菊花文化艺术。通过 3 个品牌主题活动，吸引了 72 万余人(次)的市民前来游园活动。全年游客量 147 万余人(次)，其中团体游客量达 11 万余人(次)。

**【第八届中国杜鹃花展】** 4 月 16 日至 5 月 16 日在上海滨江森林公园举行。此次展览是沪上首次大规模的专业杜鹃展览活动，八成展品系首次和上海市民见面。花展以“杜鹃花开庆世博”为主题，自公园正门至杜鹃园沿线规划有 14 个主题景点，占地约 1160 ~ 1360 平方米，从不同角度演绎“杜鹃花开庆世博” 的主题。同时还设置有一个 2400 平方米的展馆，一个近 500 平方米的精品展馆，可供游客观赏的花展区域面积达到 35 公顷。

来自全国23个省(市)、几大不同纬度带2万余株(盆)计200多个品种的杜鹃花把滨江森林公园装扮得分外妖娆。滨江森林公园还调整优化了杜鹃园的布局，新收集50多个品种的杜鹃资源，建立杜鹃资源圃，开展上海地区杜鹃花适生课题研究，为杜鹃园的可持续发展打下了良好基础。同期还举办了杜鹃产业论坛，来自全国的杜鹃专家会对产业的发展前景等提出新的见解。

**【森林音乐烧烤节和柑橘采摘节】** 9月21日至10月7日，滨江森林公园首次举办2010滨江森林音乐烧烤节。本届森林音乐烧烤节由于形式新颖，被列为2010年度上海市旅游节项目，汇集户外烧烤、现代音乐等多元因素，让游客在独特的环境中体验户外烧烤的乐趣，近距离享受现代音乐，真正参与到户外活动中，放松心情。10月25日起，举办为期一个月的柑橘采摘节，滨江森林公园内2.67公顷无公害柑橘园向市民游客开放，让游客在橘园中边欣赏、边采摘，体会融入自然，收获丰收的快乐。

**【2010上海竹荷文化艺术节】** 以“情系世博，传承经典”为主题的2010竹荷文化艺术节于6月18日至10月31日在上海古猗园举办。本次艺术节是古猗园历届主题活动中规模最大、历时最长的一次，共接待30万中外游客，同期增长18.3%，为上海打造了一张典雅精致的文化名片。竹荷文化艺术节分成“荷风雅韵”、“绿竹猗猗”两个篇章，将赏荷、品竹主题有机结合，展示湖栽、缸载、盆栽荷花、睡莲500多种，地栽、缸栽、立地标本竹品种90余种，营造了10个赏荷景观、10大竹艺景观。展示荷花刺绣、荷花瓷器、国内代表水平的中国竹刻、竹编艺术以及竹丝画、彩竹画、竹制古典家具等，邀请了成都望江楼、安吉竹博园、苏州拙政园、江苏尚湖风景区等单位参展，向中外宾客呈现了中国传统优秀文化游园。 (上海市林业由胡建文供稿)

# 江苏省林业

**【概　述】** 2010年江苏省共完成营造林面积10.97万公顷(成片造林7.61万公顷，四旁植树和新建农田林网折算3.36万公顷)；封山育林1.37万公顷，四旁植树1.4亿株，超额完成国家林业局下达的植树造林任务。全省参加义务植树3418万人次，尽责率81%，义务植树1.05亿株；新建义务植树基地28个，面积0.25万公顷。全省森林覆盖面积211.7万公顷，林地面积178.8万公顷，森林覆盖率20.64%，活立木总蓄积8461.4万立方米。“千村示范，万村行动”绿色村庄建设活动扎实推进，新建绿化示范村1210个，完成溧水县、浦口区、锡山区、新沂市、金坛市、常熟市、吴中区、海安县、如东县、赣榆县、淮阴区、建湖县、亭湖区、仪征市、宝应县、丹徒区、扬中市、靖江市、姜堰市、沭阳县20个县(市、区)行政村村庄绿化整体推进任务和沪宁城际铁路、沿海高速公路、京沪高速公路3条重要通道两侧村庄绿化任务。全省现有国家森林城市1个，全国绿化模范市和县(市)26个，国家级森林公园和湿地公园21个，省级森林公园和湿地公园53个，全国生态文化示范基地1个和全国生态文化村3个。绿化模范城市、国家级湿地公园和生态文化村等创建工作均居全国前列。

**森林资源管理** 加强生态公益林管理，全省区划界定生态公益林45.32万公顷。建立省级以上公益林生态效益补偿机制，生态效益补偿标准由2009年的每亩15元提高到每亩20元，2010年度共计下发生态效益补偿基金10 424万元，其中国家级生态效益补偿基金783万元，省级生态效益补偿基金9641万元。加强林地保护管理，完成省级县级林地保护利用规划的工作方案、技术方案和编制大纲草案，协调服务国家和省重点工程征占用林地，编制完成全省“十二五”期间林地征占用定额。严格林木采伐管理，2010年共下达《采伐林木批准书》201件，批准216家申请采伐单位采伐(含间伐)森林、林木面积8891公顷、采伐蓄积144 220立方米，满足了生态建设、产业建设和群众增收的需要，保护了林木所有者造林积极性。严厉打击林业领域中各种违法犯罪活动，2010年度共发生林政案件1648起，查处案件1638起，查处率为99.27%。全省森林资源一类清查和二类调查全面完成，调查小班105万个，调查数据1.5亿组，利用GPS、航空遥感技术构建了基于GIS的森林资源地理信息系统，实现全省森林资源信息的数字化，真正实现了全省森林资源一张图、一个库、一套数。

**野生动植物及湿地资源保护** 全省自然保护区发展迅速。截至2010年底，全省已建立自然保护区41个，其中国家级3个、省级10个、市县级28个；从类型看，湿地类型24个、森林生态系统类型9个、野生动物类型5个、地质遗迹类型3个。全省自然保护区总面积约90.81万公顷，占全省国土面积8.85%，基本保护了全省90%以上典型的森林生态系统。自然保护区濒危物种保护和拯救作用日益显著。大丰麋鹿国家级自然保护区麋鹿种群已由建区时的39头发展壮大到1618头，该保护区是目前世界上最大的半野生放养麋鹿种群，野生麋鹿种群达156头。盐城沿海珍禽国家级自然保护区为丹顶鹤、灰鹤、黑嘴鸥、大天鹅、小天鹅等珍稀濒危鸟类提供了栖息地和繁殖地，每年来此越冬的丹顶鹤稳定在800～1000只，约占其世界种群的40%～50%；来此繁殖的黑嘴鸥约1000余只，约占其世界种群的50%。湿地保护与恢复工程进展顺利，2010年新建3处国家级湿地公园、6处省级湿地公园。17个太湖湿地保护与恢复项目有序推进，苏州太湖湿地生态定位站启动建设，湿地保护与恢复项目的实施带动了全省湿地保护工作取得突破性发展。野生动植物保护执法力度明显加大，组织开展了“绿盾行动”、“飞鹰行动”和“候鸟三号行动”等专项行动，有力打击了非法猎捕、非法运输和非法经营利用野生动物的违法行为。野生动物救护体系初步建立，全省13个市都成立了野生动物救护中心，初步建立了救护网络体系，建立了“有求必救、有救必速、救而有效”的野生动物救护新机制。野生动物疫源疫病监测取得新进展。组织编制了《江苏省野生动物疫源疫病监测体系基础设施建设工程可行性研究报告》，全省已建立8个国家级、34个省级、74个市县级监测站，初步构建起监测网络体系，基本覆盖了全省主要候鸟集中活动区域。积极推广野生动物疫源疫病监测信息网络直报系统，大大提高了监测信息的安全性、时效性。严格执行野生动物疫源疫病监测日报告制度，加强节假日监测值守，保证了社会公共卫生安全。

**林业有害生物防治** 2010年全省林业有害生物发生面积9.4万公顷，同比上升12.8%，其中病害发生面积1.29万公顷，虫害发生面积8.11万公顷。监测覆盖率92%，成灾率1.2%，防治率85.6%，无公害防治面积8万公顷、无公害防治率86.7%。松材线虫病在宜溧山区等局部地区较为严重；美国白蛾在连云港市5个县(市、区)发生；有害植物及竹类病虫害发生危害加重；杨树枝干害虫局部偏重；杨树食叶害虫发生面积比2009年增加近一倍，是近10年来发生面积最大、危害程度最重的一年。松材线虫病除治面积达1.47万公顷，累计清除病死树及衰弱树近40万株，灭虫处理病材3万余吨，销毁病枝梢5万余吨，疫点更新改造面积200公顷，应用肿腿蜂生物防治松褐天牛面积0.27万公顷，拔除2个乡镇级疫点，完成了国家林业局下达的年度除治任务。通过强化专业测报和综合治理，在出现异常气候的情况下，全省杨树病虫害仍控制在轻度发生与危害水平，未出现大面积灾害。加大林业有害生物监测、检疫力度，及时发现了美国白蛾疫情，并成功地阻止了疫情的扩散。建成省级森林植物检疫隔离试种苗圃，建立健全防治专业队20支，配置监测防治车辆38台。

**森林防火** 全面落实森林防火责任制，森林防火基础设施逐步完善，森林防火能力不断增强。2010年全省共发生森林火灾37起，过火总面积32.3公顷，受害森林面积2.26公顷，分别比上年同期下降26%、33.9%和54.8%，全省未发生重特大森林火灾。森林火灾发生率为3.5次每10万公顷、受害率为0.0072‰，控制率为0.071公顷/次。2010年全省新开辟防火通道300余千米、生物防火林带180千米，新建林火远程数码监控系统2套、省级物资储备库1个、瞭望台3座、市级森林防火指挥中心2个、森林火险预警系统11套，组建4支以水灭火机械化消防专业队，全省森林防火综合防控能力进一步提高。截至2010年底，省护林防火指挥部与武警内卫部队联合组建了9支、总人数1000人的武警森林灭火突击队；联合省军区在全省范围内共组建了52支民兵森林防火专业应急分队；在重点林区以林场职工为基础组建25支森林消防专业队，总人数1230人；在有林乡镇组建253支半专业扑火队伍，总人数达6000余人。2010年12月，举办了全省首届森林消防技能竞赛和演练活动，提高了全省森林消防队伍技战水平，检验了快速反应和应急作战能力。

**林业产业** 2010年全省实现林业总产值1559.8亿元，列全国第四，同比增长37.3%。全省木材、竹材年供应能力635万立方米、889万根。人造板年产量2291万立方米，总量位居全国首位。人造板、家具等木制产品效益持续上升，杨树等板纸一体化产业2010年实现产值1069.6亿元，其中人造板产值610亿元、地板业产值240亿元。2010年杨树速丰林、林木种苗与花卉、野生动植物驯养繁育等产业快速发展。重点建设了淮北(徐州、宿迁、淮安、连云港、盐城等地)造林苗木主产区、沿江(如皋、江都、浦口、张家港等地)花木盆景主产区、苏南(武进、锡山、吴中、吴江等地)园林绿化苗木主产区。林木种苗产业产值达173亿元，在田苗木面积10.4万公顷，苗木总产量28亿株，实现转移农村劳动力26万人。银杏等特色林产品综合利用产业产值达140亿元，转移农村劳动力30万人。野生动植物繁育利用产业产值95亿元，拥有企业100余家，固定资产40亿元，从业人数超2万人。森林、湿地生态旅游产业产值达82.2亿元，其中森林公园园区内直接旅游收入9亿元。全年旅游人数3800万人次，占当年全省旅游总人数的24%。森林旅游业从业人员达1.2万人。森林、湿地生态旅游业已经成为全省林业发展新的增长点。

**科技兴林** 下达2010年度中央财政林业科技推广示范项目9项，经费900万元。组织省有关林业科研、推广单位申报省科技厅科技支撑(农业)项目3项、软科学项目1项、基础设施项目1项、自然科学基金项目5项，省质量技术监督局农业地方标准制(修)订项目10项。大力实施林业品种、技术、知识三项更新工程，项目资金的投入明显增加，专项经费从2009年的1900万元增加到2010年的2060万元。结合绿色江苏建设科技成果示范推广应用的重点需求，大力示范推广沿海地区高效生态防护林建设技术、丘陵山区健康森林构建技术、平原林区杨树高效栽培技术、森林资源保护技术、林业重大灾害防控关键技术及耐盐碱树种、村庄绿化优良树种等三大类15个领域。

**依法治林** 积极规范行政行为，努力推进依法行政。严格执法人员管理，发放林业行政执法证件近300个，截至2010年底全省共发放林业行政执法证1402个。为规范林业行政处罚行为，保障公平、公正地行使林业行政处罚自由裁量权，2010年制定了《江苏省林业局行政处罚自由裁量权适用规则》、《江苏省林业局行政权力静态信息更新调整有关规定》，建立了全省林业系统依法行政工作报告制度。上报修订《江苏省〈森林防火条例〉实施办法》、《江苏省湿地保护条例》、《江苏省陆生野生动物保护条例》、《江苏省林业有害生物预防与控制管理办法》等立法计划建议。

**森林公安** 加大投入力度，2010年争取经费490万元用于派出所建设，共安排建设项目20个。实现1/3基层所队基础设施、单警装备和车载装备达标，50%森林公安派出所与地方公安信息资源共享。开展全省森林公安民警大轮训和以“法律法规知识考试、执法案卷考评、信访工作考查”为主要内容的“三考”活动，提高森林公安民警办案能力，2010年组织二期民警集中培训和比武竞赛活动。选拔人员组成代表队参加全国森林公安民警大比武，取得了计算机能力和执法办案团体项目第一名。2010年在全省范围组织开展了严厉打击破坏森林资源违法犯罪专项行动(代号“春季行动”)。“春季行动”将非法征占用林地、乱砍滥伐和非法收购、运输木材作为集中打击的重点，通过集中查处一批大案、要案，集中整治一批重点地区和部位，有效遏制破坏森林资源案件的上升势头。全省共出动人员4205人次(其中警力1320人次)、车辆1029台次，共清查木材交易市场、收购站(处)120个，木材经营加工场所327个、林地征占用项目110个，排查案件线索165件，查处林政案件312件，立刑事案件38起，破刑事案件31起，打毁犯罪团伙3个，抓获违法犯罪人员55人，收缴财物价值791.4万元，林木材积415.07立方米，有效地保护了森林资源。在组织严打专项行动的基础上，全年共出动警力3451人次，查处涉林行政案件534起，办理刑事案件107起。通过加大督办案件的侦办力度，有效震慑了涉林犯罪。

**集体林权制度改革** 全省各地各部门按照省政府《关于深化集体林权制度改革的实施意见》要求和全省林业工作会议的部署，加强组织领导，加强政策解读与宣传，加强统计通报和督促指导，积极稳妥地深化集体林权制度改革。全省完成林改面积111.3万公顷，改制率达99.9%，林权证和股权证发放率分别达到98.7%、99.2%，完成了全省集体林权制度主体改革任务。加快集体林权制度改革配套政策研究，省林业局与省农行联合制定并印发《林权抵押贷款管理办法》，为林农解决融资难题。鼓励引导林业经济组织建设，全省建立林业专业合作组织3143个，经营面积7.47万公顷，进一步促进了生态受保护、发展添活力、农民得实惠。

**项目资金管理** 狠抓项目资金运行监管工作，发出《关于开展中央林业投资建设项目自查工作的通知》、《关于开展林业贴息贷款项目及贴息资金检查工作的通知》和《关于开展中央财政森林生态效益补偿基金使用管理情况自查工作的通知》，布置各市县按照有关通知要求，认真组织开展自查检查工作。派出督查组对各市县承担实施的绿色江苏建设专项资金、林业贷款贴息资金等项目资金使用管理情况进行稽查，确保资金安全运行。2010年，会同省发展改革委、省财政厅下达林业项目资金(计划)67 817.26万元，为全省各项林业工作有序运转提供资金保障。利用林业贷款贴息等资金，扶持全省一批林业龙头企业发展，下达省级以上林业贷款财政贴息资金3476万元，较上年增长16%。争取省级财政加大对绿色江苏建设的投入力度，2010年省林业局预算数达4.27亿元，较上年增长19%。

**林业信息化** 抓好政务信息报送和网站维护工作，发出《2010年度江苏林业网内容保障考核结果的通报》，2010年更新政务信息6000多条。开展2010年度省辖市林业政务网站测评活动，召开省辖市林业网站测评工作座谈会，提升了全省市级林业网站管建水平。完成行政权力网上公开透明运行信息系统建设并投入运行，已有94项行政权力网上运行，制定《行政权力网上公开透明运行工作管理规定》，2010年网上运行权力事项共计220件。推广应用办公自动化软件，实现网上公文流转和无纸化办公，2010年网上流转公文400件。完善政务公开制度，强化政府信息公开力度，2010年主动公开政府信息130条。加强信息安全和保密工作，配置内网安全管理系统软件及内外网安全隔离和信息交换设备，可实时检测内网是否与因特网联通，对违规者可以强制报警和响应，加强了对移动存储设备的管理。

**林业宣传** 制定了《省级生态文明教育基地管理办法》，与省教育厅、团省委联合开展了“江苏省生态文明教育基地”创建工作，泰兴古银杏森林公园、无锡市竹海公园、沭阳县苏北花卉园、宝应湖国家湿地公园、新沂市马陵山风景名胜区等五家单位成为全省第二批省级生态文明教育基地。开展了“全国生态文化示范企业”和“全国生态文化村”创建工作，大亚科技集团有限公司和宿迁市沭阳县新河镇周圈村、常州市武进区雪堰镇雅浦村获得荣誉称号。以《中国绿色时报》、《新华日报》、江苏林业网为平台，开展植树节、湿地日、爱鸟周等主题宣传。2010年在省级以上媒体刊发的林业新闻140篇(次)，其中《江苏新时空》、《新华日报》及《中国绿色时报》头版刊发的稿件48条。通过江苏林业网、林业工作简报专栏大力宣传集体林权制度改革的进展情况、推进措施和典型经验。在新华日报组织开展“市县领导话林改”专题宣传活动，刊登各市县领导谈林改的文章30多篇。全年共编发《江苏林业情况》65期、《林业工作简报》164期，编辑出版《江苏绿化》6期。

**【省领导参加义务植树】** 2010年3月2日，江苏省委、省人大、省政府、省政协、省军区和南京市领导，一起来到南京城东的沪宁城际铁路沿线聚宝山庄段参加义务植树。参加植树活动的领导有梁保华、罗志军、王国生、赵克志、朱善璐、弘强、李云峰、黄莉新、李笃信、丁解民、朱龙生、徐鸣、李小敏、陈宝田、包国新、季建业等。梁保华在接受媒体采访时说，绿化江苏，人人有责，人人受益。江苏要科学发展，必须在改善人居环境方面作出更大努力。2009年全省的森林覆盖率达到19.2%，2010年的目标要超过20%。完成这个任务难度很大，潜力也很大。希望全省上下继续努力，坚持不懈地植树造林，改善江苏的生态环境，使江苏大地更绿，人居环境更优。南京2014年将举办青奥会，要办成一个绿色青奥会。今天我们在沪宁城际铁路沿线植树，这条铁路不仅是一条快速的交通线，也要建成为一条优美的绿色林带。我们对绿色江苏的建设充满信心，经过不懈的努力，江苏的未来一定更加美好。自2003年初实施绿色江苏建设以来的7年里，全省共造林81.07万公顷，超过此前30年的总和，占现存林木资源总量的50.8%，全省森林覆盖率由11.36%提高到19.2%，增长速度为全国同期的3倍。

**【江苏园】** 由全国绿化委员会、国家林业局共同主办的第二届中国绿化博览会2010年9月26日至10月5日在郑州举办，江苏园在94个室外展园中荣获特等奖，并在获得特等奖的5家单位中位列第一。

江苏园占地面积近1万平方米，整体布局以“城市山林”为骨架，多样化生境的植物造景为主题，乔、灌、花、草合理配置，植物个体和群体健康和谐生长。以“绿韵江南”为设计意境，叠山理水，掇山筑亭，“山、水、林、园”融为一体，创造出现代城市繁忙节奏下的

婉约品味空间和步移景异的视觉景观效果。以"生态休闲"为设计主旨，满足人们观赏、游憩、亲水、健身等需求，体现以人为本的思想，充分展示了"让绿色融入我们的生活"的绿博办会主题。秀美独特的建筑风格和深厚的文化底蕴，体现了江苏园的鲜明特色，也是文化景观的价值和魅力所在。全园植物配置划分为金粟飘香、酣春入画、山色秋景、蓟草芳菲、碧波绿溢等5个区域。

**【沪宁城际铁路绿色廊道建设工程】** 大力推进沪宁城际铁路绿色廊道建设工程，抓好设计方案审查、施工督促检查和竣工检查验收工作，打造成高标准、高质量、高水平的亮丽风景线，全线绿化与环境整治投入资金34.02亿元，其中绿化资金18.96亿元，全线绿化面积4333公顷，栽植树木600多万株，拆违拆旧95.31万平方米，房屋改造出新1472.2万平方米。

**【全省深化集体林权制度改革推进会】** 2010年5月21日，全省深化集体林权制度改革推进会在南京召开。会议要求进一步加快推进集体林权制度改革，确保年内完成省政府确定的主体改革任务。省委胥爱贵副秘书长、省政府杨根平副秘书长出席会议并讲话，省林业局夏春胜局长对前阶段全省深化集体林权制度改革工作开展情况进行了总结，并对下一步工作作了具体部署。

会议指出，当前全省集体林权制度改革正处在全面推开的冲刺阶段，尚有18.18万公顷集体林地未实施改革，30.08万公顷集体林地虽已经落实经营主体，但需要按照新一轮改革的要求进一步完善。2010年年底前完成主体改革任务是省委、省政府的既定目标任务，要完成好这一目标任务，必须着重把握好以下几个关键环节：一要准确把握政策法规。要在准确把握改革政策、符合法律法规的基础上，结合本地实际，制定、完善并实施推进改革的具体方案，因地制宜、分类指导。二要坚持兴林富农目标。要充分尊重农民意愿，切实保障农民的知情权、参与权、决策权、监督权。在改革过程中要将保护、开发、利用有机结合起来，想方设法鼓励、吸引农民和社会各界参与林业改革，投资发展林业，让农民通过改革增收致富，让林业资源通过改革不断增加，让林业产业通过改革发展壮大。三要确保农村社会稳定。各级党委、政府要高度重视，始终把稳定放在重要位置，对出现的矛盾、纠纷和苗头性问题，要细致地做好工作。按照尊重历史和依法依规的原则，深入排查林地权属矛盾，妥善处置历史遗留问题，防止出现新的矛盾，避免因工作措施不到位、防范预案不落实而引发新的不稳定因素。四要协调推进配套改革。集体林权制度改革是一项系统改革，要着力推进主体改革，明晰集体林地林木的产权，明确股权和利益分配，同时还要协调推进相关配套改革，抓紧研究和制定森林生态效益补偿、林地承包经营权和林木所有权流转、林权抵押贷款等配套政策措施，促使全省集体林权制度改革不断向纵深推进，增强林业改革发展的活力。

省深化集体林权制度改革领导小组成员单位负责同志、各市政府分管副秘书长、集体林权制度改革重点县(市、区)政府分管负责同志、各市县林改办主任或林业主管部门主要负责同志参加会议。

**【江苏省国有林场危旧房改造工作会议】** 2010年7月11日，全省国有林场危旧房改造工作会议在连云港市东海县召开，传达学习省委常委、副省长黄莉新的重要批示，总结、交流前阶段全省国有林场危旧房改造工作，分析存在问题，研究部署下一步工作。省政府副秘书长杨根平出席会议并讲话，省林业局夏春胜局长作工作部署，严宏生副局长主持会议。

会议要求各有关县(市、区)政府要高度重视国有林场职工危旧房改造工作，紧紧抓住国家加大投资的难得机遇，加强组织领导，严格执行政策，落实配套资金，精心部署实施，保质保量完成改造任务。各有关部门要加强业务指导和督促检查，强化资金监管和工程管理，努力将此项工程建设成为优质高效廉洁工程，确保将这项惠及广大国有林场职工的实事项目办实办好。

涉及2010年有改造任务的14个县(市、区)政府分管负责同志、林业主管部门负责同志及20个国有林场场长参加会议。

**【江苏省绿化造林现场会】** 2010年3月28日，《新华日报》头版头条刊发报道《徐州：石头上种出"森林城市"》，省委书记梁保华作出批示："这篇报道好。徐州植树造林、见缝插绿的经验值得全省推广。"省委常委、副省长黄莉新批示："请省林业局按照梁书记要求，总结推广徐州植树造林好的经验，更大力度地推进绿色江苏建设，确保2010年森林覆盖率达到20%的目标任务顺利完成。"

4月15日，省林业局在徐州召开全省绿化造林现场会，认真落实省领导的指示精神，学习借鉴徐州的先进经验，专题研究部署造林绿化工作，推进绿色江苏建设。省林业局夏春胜局长出席会议并讲话，葛明宏副局长主持会议。

夏春胜指出，徐州的造林绿化经验值得认真总结，具体表现在五个方面：领导重视、认识到位、实施科学、投入大增和管理规范。徐州的荒山绿化精神值得深入学习和大力弘扬，这种精神包括了五项内涵：一是锲而不舍的实干精神。二是永不满足的进取精神。三是不畏艰难的拼搏精神。四是注重实效的科学精神。五是艰苦奋斗的奉献精神。这就是以刘开田老人为代表的特别能吃苦、特别讲奉献、特别爱林业的"三特"精神。全省林业部门要大力弘扬这种精神，大力推进绿色江苏建设，确保2010年森林资源倍增目标的如期实现。

**【苏州市建立生态补偿机制】** 为深入贯彻落实科学发展观，加大生态环境保护力度，加快生态文明建设，统筹区域协调发展，积极探索苏州实现"两个率先"进程中有效保护生态环境的可行途径，苏州市委、市政府出台了《关于建立生态补偿机制的意见(试行)》。《意见》明确了相关政策措施，对生态补偿标准、生态补偿资金的承担和生态补偿资金的拨付、使用与管理等予以规范。生态补偿标准方面，按照基本农田、水源地、重要生态湿地、生态公益林等实施分类补偿。其中，对太湖、阳澄湖及各市、区确定的其他重点湖泊的水面所在的村，按每个村50万元给予生态补偿；列为县级以上生态公益林的，按100元/亩给予生态补偿；对水源地、重要生态湿地、生态公益林所在地的农民，凡农民人均纯收入低于当地平均水平的，给予适当补偿，标准由各市、区确定。生态补偿资金的承担方面，根据现行财政体制，各区生态补偿资金由市、区两级财政共同承担，其中，水源地及太湖、阳澄湖水面所在的村，市级以上生态公益林的生态补偿资金，由市、区两级财政各承担50%；其他生态补偿资金由各区承担。各县级市生态补偿资金由各县级市承担，市级财政对各县级市生态补偿工作进行考核并适当奖励。生态补偿资金的拨付、使用与管理方面，补偿资金每年由市及各市、区按上述标准核定后，拨付乡镇、村，主要用于生态环境的保护、修复和建设；对直接承担生态保护责任的农户进行补贴；发展乡镇、村社会公益事业和村级经济等。

《意见》要求，建立优化乡镇财政体制、设立生态补偿专项资金、完善财政投入机制、健全生态环境的保护治理机制、引入市场机制、完善生态补偿保障措施等六项生态补偿的保障机制，为相关政策措施的施行提供有力支撑。

**【出台全省林权抵押贷款实施办法】** 2010年9月8日，中国农业银行股份有限公司江苏省分行和江苏省林业局联合印发通知，正式出台了《中国农业银行江苏省分行林权抵押贷款实施细则(试行)》。《实施细则》共7章34条，对贷款对象、条件、用途、期限、利率、担保以及贷款管理等方面作了明确规定。《实施细则》在严格遵守有关规定的同时，还在充分放宽贷款用途、初步解决资产评估难题、尽量降低可抵可押林地面积等方面有所突破，体现了江苏特色，在全国也起到一定的示范作用。《实施细则》的实施，对进一步放活江苏集体林地、林木经营权，进一步解放江苏林业生产力，将起到积极的推动作用。

**【江苏省森林资源二类调查成果通过专家评审】** 2010年9月16日，江苏省林业局邀请南京林业大学、南京大学、国家林业局资源司、华东森林资源监测中心、国家林业局规划院及省有关部门的专家对江苏省森林资源二类调查成果进行了评审。

根据省政府办公厅《关于做好全省森林资源二类调查工作意见的通知》要求，从2007年开始，全省用3年时间开展并完成森林资源二类调查工作。三年来，全省组织2055名技术人员，组建529个调查工组，投入5668万元调查专项经费，野外实地调查勾绘小班105.4万个，量测四旁树样地6.6万个，检尺树木189.8万株，调查原始数据1.5亿组。调查采用最新的1:5000及1:10 000航空遥感影像为主要信息源，全面运用GPS技术进行小班定位和样地导航，应用GIS技术构建江苏森林资源信息管理系统，自主研发基于Dbisam的数据库软件进行数据汇总，经过地方各级政府和林业主管部门以及全体调查人员的共同努力，完成了外业调查和内业数据汇总，并初步形成了成果报告。

评审委员会认为江苏此次调查外业操作严谨，质量监督到位，数据翔实可靠，调查在技术方法与实践方面有创新和突破，填补了江苏资源调查与监测领域的空白，达到国内同类调查成果的领先水平。调查不仅全面查清了江苏各地森林资源数量、结构和空间布局，客观反映了绿色江苏建设成效，分析了全省森林资源的变化动态，提出了加强绿色江苏建设，加快江苏林业可持续发展的对策建议，为江苏现代林业建设打下了坚实基础，而且为进一步提升森林资源动态监测和分类经营管理水平、指导和规范森林经营管理、编制林地保护利用和林业中长期发展规划提供了科学依据，建议尽早报批后加快推广应用。

**【全省集体林权制度改革现场推进会】** 为贯彻落实全国集体林权制度改革百县经验交流会精神，加大林改推进力度，确保年底前全面完成林权主体改革任务，2010年11月3～4日，省委农村工作领导小组在溧阳召开全省集体林权制度改革现场推进会，省委常委、副省长黄莉新出席并讲话，省委副秘书长胥爱贵主持会议。省财政厅、省委农办、省农委、省林业局等省有关部门负责人，南京、无锡、徐州、常州、淮安、镇江市党委或政府分管领导，苏州、南通、连云港、盐城、扬州、泰州、宿迁市党委或政府分管秘书长，30个集体林权制度改革重点县(市、区)分管领导，各市和36个县(市、区)林业部门负责同志参加了会议。

会议参观了溧阳市集体林权制度改革现场，通报了全省林改进展情况，部分市、县(市、区)作了交流发言。 (江苏省林业由李祥供稿)

# 浙江省林业

**【概　述】** 2010年，是全面启动“森林浙江”建设的开局之年。下发浙江省委、省政府《关于加快林业改革发展 全面推进“森林浙江”建设的意见》(浙委〔2010〕8号)和省委关于推进生态文明建设的决定，确定了新阶段林业建设的发展方向和工作重点。一年来，全省各级林业部门坚持以科学发展观为指导，认真贯彻落实省委、省政府“调结构促转型谋发展、抓统筹惠民生保稳定”的总体部署，按照加快林业改革发展、全面推进“森林浙江”建设和生态文明建设的工作要求，采取有力措施，狠抓工作落实，各项工作有序推进。

**林业生态建设** 切实加强生态公益林建设管理，全省新增省级公益林66.67万公顷，并对符合标准的按每公顷255元的标准进行补助。全力推进平原绿化，认真贯彻落实省委召开的全省平原绿化工作座谈会精神，各地形成“书记市长抓绿化”的局面，平原林木覆盖率净增近1个百分点。加快重点防护林工程建设，深入推进村庄绿化建设，扎实推进森林城市(城镇)创建。深入开展“关注森林”活动，组织开展林业应对气候变化系列活动，激发全民参与绿化造林的热情。全省共完成造林更新3.3万公顷，是计划的119%；全省参加义务植树2180.8万人(次)，完成义务植树6542.6万株。

**集体林权制度改革** 推进林权流转，全省新增林权流转面积3.67万公顷。认真贯彻落实《农村土地承包纠纷调解仲裁法》精神，37个县建立仲裁机构。推进林权抵押贷款，组建华东林业产权交易所，全省38个县(市、区)开展林权抵押贷款业务，贷款规模突破30亿元，惠及农户5万户。落实政策性林木保险新政策，全省公益林火灾保险投保面积197万公顷，用材林、竹林、经济林综合保险投保面积217.11万公顷。加大林权纠纷调处力度，妥善解决450余起山林纠纷，重点组织调处“杭金”市际长达40多年的“热点”纠纷。全面推进森林采伐管理改革试点，进一步落实森林经营自主权。

**林业产业** 启动现代林业园区建设，认真贯彻落实现代农业园区建设现场会精神。组织实施2009年油茶产业提升项目和干果产业生产发展项目，新造和改造油茶(干果)0.9万公顷。启动实施十万千米林道建设工程，新建林区道路9597.61千米，其中主干道7356.91千米、辅助道2240.7千米。举办第三届中国义乌国际森林产品博览会、浙江笋竹产品西北行、2010中国(温州)森林旅游节、2010中国(萧山)花木节等活动，进一步提升我省森林产品品牌，拓展林产品市场。全年林业行业总产值1964亿元。

**森林资源保护** 切实加强林地保护管理。编制了“十二五”森林采伐限额，完成全省森林资源连续清查第六次复查。加强湿地保护管理，开展全省湿地保护规划的实施及市级湿地保护规划的编制。扎实推进“平安林区”创建活动。加强森林消防工作。全力抓好松材线虫病防治工作，完成松材线虫病除治4.07万公顷，清理病死木、雪压木、衰弱木等76.38万株，烧毁枝丫等剩余物680.65万千克，安全利用疫木10 530万千克。

**林业建设支撑保障能力** 林业立法进展顺利，省政府颁布实施《浙江省野生植物保护办法》。深化完善林技推广责任制度，初步建成林技推广、动植物疫病防控、林产品质量监管“三位一体”的基层林业公共服务体系。组织开展可食林产品省级例行监测工作，质量状况总体较好。扎实开展“森林浙江”林木良种推广行动。部署开展深入贯彻落实科学发展观、扎实推进服务型基层党组织建设和“森林先锋”创先争优活动，为推进生态文明、“森林浙江”建设提供坚强的政治保证和组织保证。

【林业改革】

**林权信息化** 2010年，全省有56个县开展林权信息管理系统建设工作，将林权证属性与空间属性全部数字化录入系统，并可根据需要及时更新，实现动态管理，做到人、地、证相符，图、表、册一致。成为林权流转、林权抵押贷款、森林保险等工作的基础和依据。庆元、龙泉等9县(市)还创造性地开展“林权IC卡”建设工作，在林权信息管理系统底层数据的基础上，实现与金融系统对接，有效解决林权抵押贷款工作中的“评估难”、“耗时长”等问题。

**均股均利** 根据中央10号文件精神，对主体改革时集体统管山比例较高的县，通过均股、均利等其他方式落实产权。在总结2009年6个县试点经验的基础上，2010年在所有集体统管山达30%的县全面推进这项工作，已有15个县(市、区)基本完成任务。

**标准化平台建设** 组织编制标准化平台建设标准，加大督促检查力度，22个示范县平台建设趋于标准化，规范化。

**林权流转** 在取得自然保护区集体林租赁、集体林国家赎买等成果的基础上，2010年重点开展林权流转模式调研。深入研究浙江能福营造林合作社典型经验，探索既能实现林业持续经营，又能规避农民失山失地风险的流转机制，总结提升出“能福”模式，为规范林权流转提供参考。

【林业生态建设】

**森林状况** 全省林地面积660.74万公顷，森林面积601.36万公顷，森林覆盖率60.58%(含灌木林)，活立木总蓄积2.42亿立方米，森林蓄积2.17亿立方米，毛竹总立竹量20.23亿株，乔木林每公顷蓄积量52.87立方米。

**平原绿化** 针对全省平原地区缺林少绿，生态建设滞后于经济发展的实际，采取一系列推进行动，加快推进平原绿化步伐。3月10日，省委召集10个县(市、区)党委书记，在余杭区召开全省平原绿化工作座谈会，省委副书记夏宝龙亲自主持会议并部署平原绿化工作。同时，提出了“1818”平原绿化行动，计划到2015年新增林木面积12万公顷，林木覆盖率达到18%以上。

**中国绿色碳汇基金浙江专项** 为全面推进“森林浙江”建设，充分发挥林业在应对全球气候变化中的特殊作用，先后在温州等地先行开展公益林碳汇补偿试点，提出公益林实行碳汇补偿的政策建议、探索碳汇市场与交易的创立机制、研究公益林碳汇计量方法等，强化森林碳汇在应对气候变化中的主体地位。在成立温州专项和鄞州专项、建设临安碳汇林基地的基础上，通过多方调研学习、策划和申报，2010年9月，中国绿色碳汇基金会和国家林业局气候办已审核正式批复设立中国绿色碳汇基金会浙江专项，这是中国绿色碳汇基金会设立的第一个省级碳汇专项基金。

**森林生态效益补偿资金** 新增66.67万公顷省级重点公益林，按生态公益林最低补偿标准每公顷255元进行补助，认真抓好补偿资金的发放落实，共落实新增省级公益林补助资金1.25亿元。

**森林抚育经营试点** 会同省财政厅编制下发《浙江省森林抚育经营试点工作方案》，明确试点工作的总体目标和主要内容，确定试点单位22个，面积2万公顷。其中确定开化等集体林权制度改革县试点单位10个，面积1.33万公顷；建德林场等国有林场试点单位12个，面积0.67万公顷。项目总投入8 180万元。

**重点防护林工程建设** 全省共完成重点防护林1.94万公顷，占建设任务的102.9%，其中：完成人工造林1.02万公顷，占人工造林任务的103.3%；完成封育改造0.91万公顷，占封育改造任务的102.4%。直接拉动内需1.55亿元，提供用工69万工，有效地促进项目区林农增收致富。

**村庄绿化** 会同省农办、财政厅、环保厅等8部门先后下发《关于下达2010年度"千村示范万村整治"工程待整治村建设计划的通知》和《关于下达2010年省级绿化示范村创建计划的通知》，加强对待整治村绿化以及绿化示范村创建的技术指导。全省共完成待整治村绿化3200个，完成省、市、县绿化示范村创建1151个，其中省级绿化示范村264个。

**森林公园** 加强森林公园建设管理，大力发展森林旅游，2010年新命名慈溪达蓬山、兰溪城市、绍兴稽东香榧、桐庐白云源4处省级森林公园，至此全省共有省级以上森林公园107处，其中国家级森林公园35处。

**"森林浙江"良种推广行动** 年初在全省启动森林浙江良种推广行动，共推广林木良种90个；推广良种造林1.93万公顷，营造示范林近0.67万公顷；检查种苗740个批(次)，平均合格率为97.8%；全省举办各类培训班277次，培训人数1.6万多人(次)；总结良种富民典型31个，培育良种富民示范户1096个。

**2010中国(萧山)花木节** 3月18～19日，2010中国(萧山)花木节在浙江(中国)花木城举行。本次花木节首次升格为全国性展会，改名为2010中国(萧山)花木节暨第五届中国园林绿化产业交易会。参展企业涵盖园林花木整个产业链，从全国各地邀请100家园林施工企业、100家园林设计单位、100家建设单位(园林管理部门、房产商)、100位花木经纪人和100家大型骨干苗圃前来赴会参观、交流。

**林分质量** 继续实施阔叶化改造和生物防火林带建设，全面提高林分质量，增强森林生态功能和景观功能，共完成阔叶化改造1.02万公顷，建成生物防火林带690千米。

**【"关注森林"活动】**

**"关注森林"工作** 在省政协第十届第三次会议期间召开省"关注森林"工作会议。为完善森林城市城镇创建工作，组织修改《浙江省森林城市城镇创建考核验收办法》。制定下发《浙江省森林村庄创建考核办法(试行)》，着力改造提升现有村庄绿化水平，推动村庄绿化向森林提升、向生态转型、向自然发展。

**森林城市创建** 宁波市在第七届中国城市森林论坛上被授予国家森林城市称号。全省共成功创建森林城市6个，森林城镇23个，森林村庄89个。

**"关注森林"市、县长访谈节目** 宁波、丽水、余杭、秀洲、安吉5位市、县长(书记)从不同角度，介绍经验做法、传播先进理念、倡导关注森林，在浙江电视台公共新农村频道"政策面对面"栏目连续播出后，社会反响强烈。

**【林业产业】**

**林业产值** 2010年，全省林业产业总产值为1964亿元，比2009年增加388.2亿元，同比增长25%。总产值中：第一产业产值549.4亿元，增加96.1亿元，增长21%；主要增加在花卉苗木和经济林产品的种植及采集，产值分别为140.96亿元、325.1亿元，增加37.5亿元、39.1亿元，增长36%和14%。第二产业产值978.7亿元，增加204.6亿元，增长26%；主要增加在木竹藤棕苇制品制造、木竹藤家具和工艺品制造，产值分别为492.3亿元、189.6亿元、125.4亿元，增加81.3亿元、36.2亿元、44.0亿元，增长20%、24%、54%。第三产业产值435.9亿元，增加87.4亿元，增长25%；主要增加在森林旅游和林木相关产品批零贸易，产值分别为224.3亿元、179.4亿元，增加40.4亿元、35.6亿元，增长22%、25%。

**兴林富民工程建设** 以改善民生、转变林业发展方式为目标，以竹林、珍稀干果、油茶、珍贵树种等为重点，以现代林业园区建设为抓手，推进产业转型升级。①组织竹产业生产发展项目验收。完成34个项目实施县(市)的外业验收、质量抽查、专家评审等工作，对浙江省竹产业生产发展项目进行全面总结。②启动现代林业园区建设。根据省现代农业园区协调小组会议精神，成立了领导小组。全省先后公布三批共98个省级现代农业综合区创建点名单，其中以林业为主的有32个。制定林业主导产业示范区和精品园建设方案编制提纲和建设标准，先后公布三批共99个现代林业主导产业示范区和115个现代林业特色精品园创建点。③启动林区道路建设工程。深入基层开展林区道路建设调研，编制全省林区道路建设规划、技术规程和建设标准。④组织实施油茶产业提升项目和干果产业生产发展项目。完成油茶采穗圃和苗圃50.6公顷、油茶良种新造林1732.9公顷、低产林改造提升3143.53公顷；完成山核桃新造示范林基地599.07公顷，复合或生态经营示范基地1132.87公顷；完成香榧新造示范林基地1082公顷，复合或生态经营示范基地1304.47公顷。油茶项目投入建设资金8573万元。干果项目投入建设资金10 854.8万元。

**浙江笋竹产品西北行活动** 3月26～27日，浙江省林业厅在西安举办。这是继2009年之后开展的又一次大型跨区域林产品推介活动，这次活动是政府部门、行业协会在买方市场条件下，抓产业、促发展的有益探索，也是落实中央扩大内需政策的一项举措。安吉、临安、龙游、德清、遂昌、龙泉、庆元、遂昌、衢江等20多个主要产竹县(市、区)党委、政府领导、林业局和协会领导、60多家浙江省重点笋竹加工企业、合作社负责人参与推介。活动以推销竹笋产品为主，共有100多种竹笋加工品、60多种竹炭系列产品、80多种竹材加工产品参加推介。活动邀请了西安市各主要酒店经理和厨师长、各大超市、大型蔬菜批发市场、副食品市场、建材市场等100多位代表参与。有6家企业签订销售合作协议，显示出较好的市场潜力。

**林业专业合作社** 全省农民林业专业合作社发展到1512个，社员数13.45万个，带动农户69.03万户，带动基地27万公顷，有力地促进林业增效、林农增收。出台《浙江省林业厅关于提升发展农民林业专业合作社的指导意见》，提出下一阶段全省林业专业合作组织建设的目标任务和工作措施。

**森林旅游** 2010年在温州和绍兴举办两次森林旅游节。6月29日以"走进海上名山，体验森林旅游"为

主题的2010中国(温州)森林旅游节暨浙江省第三届森林旅游节在乐清雁荡山国家森林公园拉开帷幕。9月26日，2010中国(新昌)天姥山森林旅游节在新昌千丈幽谷景区广场举行开幕仪式。这次森林旅游节活动丰富，有第三届天姥山登山节等系列活动。

**中国义乌国际森林产品博览会** 第三届森博会由国家林业局和浙江省政府共同主办，浙江省林业厅和义乌市政府承办，以“引领低碳经济、共享森林产品”为主题，规格高、影响大。有来自境外的30多个国家和地区、国内20个省(区、市)的1200企业家参展，设国际标准展位2160个，展览面积5万平方米。吸引来自100多个国家和地区的11.26万名境内外采购商参会，其中境外客商6326人，给广大参展商带来巨大商机。据统计，展会期间共实现总成交额28.21亿元，其中外贸14.89亿元，占总成交额的52.8%。这次森博会专设“台湾馆”，举办台湾农林精品展，台湾有近200家农林企业参展，展位数达400个。

**【森林资源保护】**

**林地管理** 抓审核审批，依法保障经济社会发展对林地的需求。全年全省共办理各类征占用林地项目1557个，面积5698.7公顷。

**森林防火** 全省共发生森林火灾80起，发生率为每10万公顷1.37起，同比下降67.35%；受害森林面积302.38公顷，受害率为0.05‰，同比下降80.76%；无重特大森林火灾、无人员伤亡事故。

**林业有害生物防治** 超额完成国家林业局下达的森防目标管理“四率”指标。实施松材线虫病疫点限期拔除和“服务世博 绿盾护林”检疫执法专项行动，启动“十乡拔除，百乡封锁”工程。临安市、嵊州市、德清县、西湖区、洞头县5个发生区的疫情得到有效控制，达到国家林业局基本拔除的标准。

**生物多样性保护** 全省实施湿地保护规划，指导市级开展湿地保护规划编制，10个市完成编制工作。推进湿地保护区与湿地公园建设发展，新建省级以上湿地公园3处。开展2010年野生动物保护宣传月暨爱鸟周活动。抓好扬子鳄、朱鹮等物种人工驯养繁殖工作。在2009年5对成年朱鹮繁殖孵化17只小朱鹮，成活13只的基础上，又成功繁殖10只。全面完成扬子鳄、朱鹮的普系建档工作。组织实施浙江省极小种群拯救保护项目，对天台鹅耳枥等11种极小种群物种开展保护工作。实施浙江沿海极危鸟类中华凤头燕鸥的调查监管和保护宣传项目，3个繁殖巢全部繁殖成功，成鸟和当年的3只新生个体于9月底离开繁殖岛屿，中华凤头燕鸥繁殖个体的数量正在逐渐恢复。舟山荣获中国獐之乡称号、泰顺荣获中国黄腹角雉之乡称号。

**森林公安** 推进“平安林区”创建活动，开展以“冬季行动”和“春季行动”为主的严厉打击破坏森林和野生动植物资源违法犯罪行为专项行动，共查处各类森林和野生动植物案件4306起。

**【林业科技】**

**林产品标准化生产** ①建立健全林业标准体系。组织制定、修订《油茶丰产栽培技术规程》、《松褐天牛诱捕技术规程》、《红豆树栽培技术规程》等8项省级地方标准和《松材线虫病疫木热处理设施建设技术规范》等5项林业行业标准。②加大标准推广力度。组织实施并验收26个省级林业标准化推广示范项目，共建立示范基地0.86万公顷，辐射推广3.64万公顷，带动农户7万余户，增加产值2.36亿元。③组织培育森林食品基地。2010年共组织培育森林食品基地101个，涉及18大类可食林产品，基地总面积2.09万公顷，产值6.3亿元，辐射推广面积为5.71万公顷，带动林农7.5万余户。④打造林产品品牌。积极组织实施《浙江质量振兴纲要》和《浙江名牌产品重点培育发展目录(林业类)》，以提高全省林产品质量和市场竞争力，推动林业企业的科技创新和品牌建设。共有69个林产品被评为2010年浙江名牌。

**林产品质量安全** ①组织开展预警抽查。对杨梅、山核桃和早园笋等可食林产品在上市初期进行预警抽样检测，及时掌握可食林产品上市初期的质量安全状况，以便更好地加强质量监控，保障消费安全，同时将抽查结果及建议进行发布。②组织开展可食林产品省级例行监测工作。根据2010年全省可食林产品质量安全例行监测方案，开展食用笋、干果、山地水果中农药残留及重金属含量监测，全年共抽检食用笋、干果、山地水果等1350批(次)及森林食品基地环境质量114批(次)，其中可食林产品综合合格率为97.7%，比2009年提高0.3个百分点。同时，重视后处理工作，一方面对不合格的产品，在分析原因的基础上，提出整改措施；另一方面及时向省政府、省级有关部门及各市林业局通报抽查结果。

**林业科技周** 9月份，组织全省林业科技系统举办以“建设森林浙江，发展碳汇林业”为主题的浙江省第七届林业科技周，设1个主会场，11个分会场，上下互动。参加主会场活动的有国家林业局、省政府领导和11位司局级领导及专家、林业经营者、林农等。活动期间全省共举办技术培训班、技术讲座、科技下乡等377个(次)，参与人数达32 801人(次)，发放各种技术书籍和资料32 310余份。

**【林业大事】**

**1月6~7日** 全省野生动植物保护发展与合理利用工作会议及全省林业局局长会议在象山召开，会议邀请省发改委、省科技厅有关领导及专家学者到会指导。

**1月11日** 由省关注森林组织委员会、省绿化委员会、省林业厅主办的“应对气候变化——2010年全省千万珍贵树木发展”行动在开化举行。省委副书记夏宝龙出席启动仪式，省、市、县有关部门及基层群众共150余人参加启动仪式和植树活动。

**1月13日** 省委常委、政法委书记、公安厅厅长王辉忠一行到省林业厅检查指导工作。

**1月16日** 由省绿化委员会、共青团省委、省教育厅、省林业厅联合主办，浙江大学绿化委员会承办的应对气候变化——浙江省千校万人同栽千万棵树行动启动仪式在浙江大学紫金港校区举行。省政协主席周国富出席并宣布活动启动，浙江大学党委书记张曦致辞，当天种植各类树木5.5万株。

**1月25日** 省委、省政府下发《关于加快林业改革发展 全面推进“森林浙江”建设的意见》(浙委〔2010〕8号)。《意见》强调加快林业改革发展、全面推进“森林浙江”建设的重要意义，对加快林业改革发展的指导思想、目标任务、基本原则和具体措施作出明确规定，确定了新阶段林业建设的发展方向和工作重点。

**1月28日** 全省关注森林工作会议召开，省政协主席、省关注森林组委会主任周国富参加会议并讲话，省人大常委会副主任、省关注森林组委会副主任程渭山宣读表彰第二批省森林城市(城镇)的决定，省林业厅厅长、省关注森林执委会主任楼国华作工作报告，省政协副主席、省关注森林组委会副主任陈艳华主持会议。

**1月28日** 浙江省油茶产业协会在杭州成立。

**2月17日** 国家林业局对浙江省林业遭受雨雪冰冻灾害发来慰问电，对浙江省广大林业系统干部职工春节期间坚守岗位、积极投身防灾抗灾表示慰问。

**3月1日** 省政府召开全省森林消防工作电视电话会议，省委常委、副省长葛慧君参加会议并讲话。

**3月3日** “应对气候变化——阿里巴巴碳汇林营建”行动启动仪式在杭州萧山举行。省委常委、副省长葛慧君，省有关单位负责人，阿里巴巴集团董事局主席马云与阿里巴巴员工等300多人参加仪式。

**3月4日** 省党政军领导在杭州参加义务植树劳动。夏宝龙、葛慧君、林恺俊、程渭山、张家盟、斯鑫良、陈艳华、王海涛等与省及杭州市部分机关干部、驻浙解放军和武警官兵等300余人一起参加义务植树。

**3月5日** 林业科技下乡暨“建设森林浙江 发展低碳社会”活动在临安举行。省人大常委会副主任程渭山参加启动仪式并宣布活动开始。

**3月10日** 省委在余杭召开平原绿化工作座谈会，省委副书记夏宝龙主持会议并讲话。余杭、慈溪、瑞安、秀洲、平湖、长兴、上虞、永康、江山、路桥10个县(市、区)委书记在会上发言，省林业厅、省交通运输厅、省农办、省水利厅、省农综办等有关部门负责人参加会议。

**3月18日** 浙江省林木种质资源保育与利用公共基础平台暨“森林浙江”良种推广行动在杭州启动。省委常委、副省长葛慧君和国家林业局副局长张建龙共同为“种质资源平台”揭牌并启动“森林浙江”良种推广行动。

**3月18～19日** 2010中国(萧山)花木节在浙江(中国)花木城举行。省政协主席周国富，省委常委、副省长葛慧君，省人大常委会副主任程渭山，国家林业局副局长张建龙，中国花卉协会副会长王兆成，省林业厅厅长楼国华及相关花木产业主管部门的负责人参加开幕式。

**4月9日** 全省野生动物保护宣传月暨爱鸟周活动启动仪式在嘉兴海盐南北湖景区举行。省人大常委会副主任程渭山参加启动仪式。

**5月22日** 国际竹藤组织成员国竹藤产业发展部级研讨班40多名成员到安吉县考察。省委常委、副省长葛慧君在安吉会见研讨班五国部长。

**5月30日** 中国竹炭产业基地建成典礼暨中国竹炭产业科技创新论坛在遂昌举行，全国政协人资环委副主任、国际竹藤组织董事会联合主席、中国竹产业协会会长江泽慧，省政协副主席冯明光等参加建成典礼。

**6月6日** 浙江林学院正式更名为浙江农林大学。

**6月24日** 省人大常委会副主任程渭山到省林业厅调研指导林业种子种苗工作，并实地考察森禾种业股份有限公司。

**6月27日** 中国绿色碳基金鄞州专项成立典礼在宁波举行，国家林业局气候办主任王祝雄宣读中国绿色碳基金鄞州专项成立批文，省政协主席周国富宣布中国绿色碳基金鄞州专项成立，国家林业局副局长张建龙、中国绿化基金会主席王志宝、省人大常委会副主任程渭山、宁波市政协主席王卓辉为中国绿色碳基金鄞州专项揭牌。该专项共募集资金7000多万元。

**6月29日** 2010中国(温州)森林旅游节暨浙江省第三届森林旅游节在乐清雁荡山国家森林公园举行，国家林业局副局长张建龙出席开幕式并讲话，省人大常委会副主任程渭山宣布开幕，省政协副主席冯明光等出席开幕式。

**7月24～25日** 全国集体林权制度改革工作座谈会暨农村林地承包经营纠纷调解仲裁现场会在安吉召开。

**7月28日** 省林业厅与省气象局在杭州签订合作备忘录。旨在进一步加强林业、气象部门合作，提高林业防御气象灾害的能力，提高发展高效林业、防范森林火灾、保护生态安全的水平，充分发挥林业在应对气候变化中的重要作用，为“森林浙江”和生态文明建设作贡献。

**7月29日** 全省各市林业局局长会议暨全省林业专业合作组织建设经验交流会在杭州召开。

**8月3日** 省委书记、省人大常委会主任赵洪祝到省林业厅调研，并听取工作汇报。

**8月6日** 全省集中调处山林纠纷案件签字仪式暨工作表彰会在杭州召开。省委副书记夏宝龙参加会议并讲话。会上有关当事村签署调解协议，建德、兰溪、浦江3县(市)政府签订《关于共同推进市际山林纠纷调解工作框架协议》。会议同时对近年来在山林纠纷调处工作中作出突出贡献的15个集体和43名个人记功表彰。

**9月5日** 省林业厅、杭州市政府、中国林科院、建德市政府在建德联合举办浙江省第七届林业科技周，国家林业局副局长张永利，中国林科院院长张守攻参加活动并讲话。省委常委、副省长葛慧君宣布活动开幕，省政协副主席陈艳华，省政府副秘书长陈龙参加开幕式。

**9月10日** 浙江省、黑龙江省“十二五”粮食产销合作和林业合作签约仪式在哈尔滨举行，浙江省林业厅厅长楼国华和黑龙江省林业厅厅长蔡炳华共同签署《浙江、黑龙江两省林业合作框架协议》，省委副书记夏宝龙，省委常委、副省长葛慧君，省人大常委会副主任程渭山和黑龙江省党政领导出席签约仪式。

**9月12～15日** 中国工程院院士沈国舫带领生态保育课题组专家赴浙江省沿海地区，对以沿海防护林体系建设为重点的沿海区域生态建设情况进行实地调研。

**9月25日** 省委常委、副省长葛慧君到省林科院、森禾种业余杭基地调研指导林业科研、花卉产业等工作。

**9月26日** 2010中国(新昌)天姥山森林旅游节在新昌举行，省政协主席周国富、国家林业局副局长张建龙、省人大常委会副主任程渭山、副省长王建满、省政协副主席徐辉等参加开幕式。

**10月5日** 第二届中国绿化博览会在郑州闭幕，浙江园荣获本届绿博会室外展园评选的特等奖。

**10月7日** 中央政治局委员、中央书记处书记、中央组织部部长李源潮到浙江省林业龙头企业德华控股股份有限公司调研非公有制企业党组织开展创先争优活动情况。

**10月27日** 2010中国碳汇林业与低碳经济发展高峰论坛在临安市举行，国家林业局授予临安市"全国碳汇林业试验区"牌匾。全国政协副主席白立忱宣布论坛开幕，国家林业局副局长祝列克，省委副书记夏宝龙，省委常委、杭州市委书记黄坤明，副省长葛慧君，省政协副主席黄旭明出席论坛。

**10月27日** 国家林业局副局长祝列克实地参观考察浙江信林担保有限公司。

**11月2~4日** 全国政协委员、省政协主席周国富率驻浙全国政协委员和省政协中共界别组委员，赴丽水视察生态文明建设情况。

**11月15~16日** 全省毛竹覆盖"双百万"示范行动现场会在湖州市吴兴区召开。省林业厅首次奖励湖州市吴兴区埭溪镇山背村村民、毛竹覆盖技术推广应用突出代表孙士明奖金10万元。

**11月16~19日** 省林业厅组织新华社、中国新闻社、《农民日报》、《中国绿色时报》、《浙江日报》、浙江电台、浙江电视台、《钱江晚报》、《农村信息报》、《浙江科技报》、《浙江林业》杂志11家新闻媒体的记者赴温州、鄞州、临安等地，深入实地采访浙江省发展碳汇林业有关情况。

**11月25~27日** 国家林业局在杭州召开林产品质量安全监督工作座谈会，全国重点林业产业省(区、市)林业厅(局)科技处负责人及国家林业局局级林产品质量检验机构负责人参加会议。

**12月6日** 华东林业产权交易所挂牌成立暨签约仪式在杭举行，省委副书记夏宝龙为华东林交所揭牌，并开通华东林业产权交易网，省人大常委会副主任程渭山参加。

**12月8日** 省委常委、组织部部长蔡奇到省林业厅调研。

**12月9日** 浙江省生态文化协会成立大会召开，省委书记、省人大常委会主任赵洪祝发来贺信，省政协主席周国富，省委常委、副省长葛慧君，省委常委、宣传部部长茅临生，省人大常委会副主任程渭山，省政协副主席陈艳华，国家林业局总工程师卓榕生，中国生态文化协会副秘书长张引潮等出席会议。

**12月21日** "浙江森林状况及其生态经济价值"新闻发布会在杭州召开，省政府新闻办副主任干飞主持会议，省林业厅总工程师、新闻发言人蓝晓光进行发布。

**12月22日** 省林业厅在鄞州召开全省林业局局长会议暨全省林木种苗花卉工作会议，国家濒管办上海办事处、国家林业局场圃总站、省发改委、省财政厅、省科技厅等负责人一同参加。(浙江省林业由肖林供稿)

# 安徽省林业

**【概　述】**

**发展与成就**

*营林生产*　全省共完成营造林21.53万公顷，其中成片人工造林5.73万公顷，占目标任务的122.8%；森林经营15.80万公顷，占目标任务的197.5%。义务植树1.1亿株，完成国省道和大江大河绿化2639.30千米，县乡村道路、沟渠绿化7201千米，启动实施了绿色长廊示范工程建设，完成合六叶、合淮阜高速公路和合宁城际铁路三条道路高标准绿化396千米。共完成集镇绿化581.53公顷，自然村庄绿化5691个、新增绿化面积8303.47公顷。森林质量"1115"提升行动计划顺利推进，首批主攻的油茶、毛竹和杨树三大树种质量提升取得新突破，全年新造油茶6393公顷、竹林3467公顷以及杨树19 400公顷，新建4个万亩毛竹高效示范园。组织实施了国家重点林木良种基地补贴试点工作，建设基地627公顷，培育良种苗木1500万株。新续建林木良种基地1733.33公顷，重点完成油茶良种采穗圃86.67公顷、油茶种质收集区和试验示范林120公顷、杨树良种采穗圃和繁育圃173.33公顷。生态文化基地建设步伐明显加快，淮南市上窑国家森林公园被批准为国家生态文明教育基地，绩溪县瀛洲乡龙川村、徽州区潜口镇唐模村被授予"全国生态文化村"称号，安徽恩龙林业集团有限公司被授予"全国生态文化示范企业"称号。

*森林资源保护*　林地和林木采伐管理全面加强，全年共审核征占用林地577件，省级依法审核同意使用林地面积2600公顷，控制在国家林业局下达的定额之内；纳入限额管理的森林资源消耗量763万立方米，控制在省政府下达的823万立方米指标以内。完成了"十二五"森林采伐限额编制工作。森林公安执法力度进一步加大，先后组织开展森林火灾案件查处、"春季行动"和打击破坏野生动物资源违法犯罪等专项行动，全省森林公安机关共侦破和查处各类林业案件5369起，安徽省林业厅被评为全国"春季行动"优秀组织单位。依法治林进程不断加快，《安徽省陆生野生动物造成人身伤害和财产损失补偿办法》即将出台，《安徽省林木种子条例》、《安徽省林权管理条例》完成立法论证、修改完善工作。《安徽省古树名木保护条例》于2010年3月12日正式实施，全省已完成古树名木资源清查，初步建立全省古树名木信息管理系统。据统计，全省共有古树名木22 251株，其中：古树21 877株、名木374株。

*野生动植物资源保护与自然保护区建设*　组织编制了《安徽省湿地保护总体规划(2010~2030年)》，开展

了湿地补助试点，升金湖和安庆沿江水禽自然保护区纳入国家湿地补助范围，共投入资金950万元。做好全省第二次湿地资源调查的前期准备工作，编制了《安徽省湿地资源调查工作方案》和《安徽省湿地资源调查实施细则》。完成全省自然保护区基本情况调查。开展了全省野生动物观赏展演单位清理整顿和监督检查工作。继续做好野生动物疫源疫病监测工作，全年无重大疫情发生。扬子鳄野生种群数量增长，扬子鳄人工繁殖1196条。

林业有害生物防治　组织开展"林业植物检疫执法年"和"为世博服务，保生物安全"林业植物检疫执法专项行动，林业有害生物防治"四率"指标均达到国家林业局要求，其中测报准确率为97.38%、成灾率为0.52‰、无公害防治率为75.6%、种苗产地检疫率为94.2%；突出抓好松材线虫病综合治理，在全国首家出台了《松材线虫病防治责任追究规定》，与2009年相比，松材线虫病净减少6个疫情发生区、22个疫情发生点、面积减少926.67公顷；皖北地区各市县全面发动、主动部署、积极防控，有效抵御了美国白蛾的入侵。

森林防火　积极开展无森林火灾单位创建活动，加强军地扑火协作，协调预备役部队在巢湖等地组建森林防火应急队伍，开展军地联合扑火实战演练，出台了《武警森林指挥部驻皖部队遂行任务实施细则(试行)》，森林防火总体态势继续保持平稳。全年共发生森林火灾184起，其中一般森林火灾93起、较大森林火灾91起，受害森林面积392.74公顷，森林火灾受害率0.103‰，控制在省政府下达的0.5‰目标以内，没有发生重大森林火灾和重大人员伤亡事故，获国家林业局通报表彰。

集体林权制度改革　在基本完成集体林权制度主体改革的基础上，省、市、县各级层层开展检查验收，全面组织"回头看"，进一步补缺补差，不断巩固完善改革成果。积极探索推进配套改革，全省已建立林权管理服务中心91个，其中县(区)级55个、乡(镇)级36个；林权流转达5.1万宗，涉及林地面积29万公顷，流转金额25.2亿元；已办理林权抵押贷款1.9万宗，抵押林地9.27万公顷，办理贷款15.4亿元；成立农民林业专业合作组织598个。调处林权纠纷14 200件，调处率93.9%。

林业产业　各地认真贯彻全省林业产业大会精神，进一步明确林业产业发展思路，不断强化工作举措，全面激发加快发展林业产业的积极性，林业产业经济保持蓬勃发展的良好势头。一是林业产业规模不断扩张，2010年林业产值达715.42亿元，比2009年增长39.3%；其中一产265.23亿元、二产384.06亿元、三产66.13亿元。宣城、六安、宿州、阜阳、黄山、滁州、安庆等7市林业年产值超过50亿元；有22个县(市、区)林业年产值超过10亿元，10个县(市、区)超20亿元。二是大力引导新型产业发展，新增苗木花卉育苗面积0.67万公顷，苗木花卉种植总面积达4万公顷、年产值达到40亿元；森林旅游呈现良好态势，全省森林公园年接待游客600多万人次，实现森林旅游直接收入3.5亿元，较2009年有显著增长。三是积极打造产业发展平台，成功举办2010中国合肥苗木花卉交易大会，圆满完成第二届全国绿化博览会、第三届中国义乌国际森林产品博览会参展工作，进一步扩大了安徽省林业企业和林产品的知名度。

全年共生产木材458.19万立方米，其中乡、村及其以下各级组织、农民采伐417.26万立方米；生产竹材9383.87万根，其中毛竹8849.25万根、篙竹534.62万根；生产小杂竹27.64万吨；水果产量215.89万吨，干果产量19.95万吨，林产饮料产品(干重)7.79万吨，林产调料产品(干重)9吨，森林食品(干重)9.95万吨，木本药材1.46万吨，木本油料2.59万吨、林产工业原料1.21万吨。

**2010年安徽省主要经济林产品产量表**

| 产　品 | 单　位 | 产　量 |
|---|---|---|
| 苹果 | | 38.59 |
| 梨 | 万吨 | 95.82 |
| 葡萄 | 万吨 | 19.37 |
| 桃 | 万吨 | 41.55 |
| 杏 | 万吨 | 8343 |
| 猕猴桃 | 吨 | 10 374 |
| 柿子(干重) | 吨 | 32 340 |
| 柑橘 | 吨 | 32 865 |
| 枣(干重) | 吨 | 9287 |
| 核桃 | 吨 | 16 402 |
| 板栗 | 吨 | 137 239 |
| 毛茶（干重） | 吨 | 77 327 |
| 食用菌(干重) | 吨 | 53 095 |
| 生漆 | 吨 | 213 |
| 油桐籽 | 吨 | 3054 |
| 油茶籽 | 吨 | 25 864 |
| 乌桕籽 | 吨 | 121 |
| 五倍子 | 吨 | 52 |
| 棕片 | 吨 | 1048 |
| 竹笋干 | 吨 | 15 113 |
| 松脂 | 吨 | 7621 |

**2010年安徽省主要林产工业产品产量表**

| 产　品 | 单　位 | 产　量 |
|---|---|---|
| **木材加工产品** | 万立方米 | 139.09 |
| 一、锯材 | 万实积立方米 | 42.74 |
| 二、木片 | 万立方米 | 730.47 |
| 三、人造板 | 万立方米 | 381.18 |
| (一)胶合板 | 万立方米 | 298.27 |
| 1. 木胶合板 | 万立方米 | 75.41 |
| 2. 竹胶合板 | 万立方米 | 7.50 |
| 3. 其他胶合板 | 万立方米 | 211.44 |
| (二)纤维板 | 万立方米 | 174.64 |
| 其中：中密度纤维板 | 万立方米 | 42.66 |
| (三)刨花板 | 万立方米 | 95.20 |
| (四)其他人造板 | 万立方米 | 74.41 |
| 其中：细木工板 | 万立方米 | 23.04 |
| 四、单板 | 万平方米 | 3481.75 |
| 五、木竹地板 | 吨 | 3692 |
| **林产化学产品** | 吨 | 1088 |
| 一、松香 | 吨 | 38 371 |
| 二、松节油 | 吨 | 33 370 |
| 三、木材热解产品 | | |
| 其中：木炭 | | |

林业科技　全面启动了科技服务林改工作，制订了《安徽省科技服务林改实施方案》，按照“因地制宜、双向选择”的原则，选派60名林业科技特派员。继续实施好“十项急需实用林业技术”、“林业科技推广‘2111’示范工程”和“科技兴林致富示范户建设”等林业科技项目，在全省21个县举办杨树技术推广示范培训班，全省科技兴林致富示范户突破1万户，全面完成“十一五”建设任务。成功争取中央财政林业科技推广示范资金1100万元。组织实施省级科技示范县(工程)项目10个、森林生态网络示范项目8个、科研项目6个。安徽省林业标准化技术委员会正式成立，红壳竹笋材两用林丰产栽培技术规程、杨树速生丰产造林技术规程、造林技术规程和油茶营造林技术规程成为新的省级地方标准。国家林业局和国家标准委新批准太湖为全国油茶标准化示范区，全省国家级标准化示范区达到9个。毛环竹丰产栽培技术规程被列为2010年度全国林业行业标准。

林业对外合作　世行贷款“林业综合发展”项目(即五期项目)正式启动。中德合作三期项目成功通过德方评估，两国政府已签署项目《财政协议》；中德合作池州生物质发电项目通过德方评估。中日民间绿化合作(也称“小渊基金”绿化合作)造林项目进展顺利，在中日民间绿化合作实施10周年纪念大会上，安徽省荣获“优秀组织奖”，安徽实施的3个项目均获得“绿色丰碑奖”。与此同时，积极拓宽合作渠道，深化合作内容，不断争取新的林业合作项目，歙县生物质发电项目，已进入专家选点、考察论证阶段；成功申请“小渊基金”淮北石质山地生态恢复示范项目。全年共接待外国官员、专家126人(次)，选派25人赴国外进修培训或学术交流。

林业项目和资金管理　一是林业投入继续保持较高幅度增长，全年中央和省安排的林业投资超过16.3亿元，落实林业贴息贷款15.12亿元；各项林业基金筹集规模创历史新高，省本级共收取森林植被恢复费1.89亿元、收缴育林基金1310万元。安徽省被纳入中央财政森林抚育补贴试点、林木良种补贴试点和湿地保护补助范围。二是国有林场危旧房改造工程扎实推进，2010年第一批启动的7400户改造任务，中央和省分别投资7400万元，至年底前大部分已开工建设，进展顺利；国有林场扶贫项目深入实施，林区基础设施建设得到进一步改善。三是生态效益补偿机制不断完善，全面完成公益林区划界定，全省共区划界定公益林166.10万公顷，其中国家级公益林118万公顷、省级公益林48.10万公顷；属于集体的公益林补偿标准提高到每亩10元，兑现林农公益林补偿收益超过2亿元。四是项目和资金管理监督得到加强。省委、省政府组织开展了对《关于加快林业改革发展的若干意见》(皖发〔2009〕30号)贯彻情况的专项督查。在厅机关和直属事业单位组织开展了治理“小金库”回头看活动，并组织开展了林业社会团体“小金库”清理检查工作以及清理规范行政事业单位和社会团体经营服务性收费等活动，规范建立了行政事业单位国有资产基础信息。积极配合开展全省强农惠农资金检查和巩固退耕还林成果工程建设大检查，配合中央、省有关部门对安徽省扩大内需林业投资及项目进行检查。会同省财政厅联合印发了《安徽省林业贷款财政贴息资金管理办法》(财农〔2010〕300号)，进一步完善了全省林业贷款贴息资金管理制度。安徽省林业财务管理工作受到国家林业局的通报表彰。

**存在问题**　一是造林绿化难度加大。随着全省造林绿化工作的深入开展，主战场已转入皖北石质山地等立地条件困难区域，绿化进程受到制约。二是森林资源总体质量不高。全省乔木林单位面积蓄积量61.97立方米/公顷，与全国平均水平相比依然偏低，幼、中龄林比重大，人工林树种单一，生态系统整体功能有待提高。三是林区民生问题依然突出。林区基础设施薄弱，经济社会发展滞后，生产生活条件亟待改善。四是林业发展方式较粗放。科技含量不高，经营管理水平较低，转变发展方式任重道远。

**【油茶、毛竹和杨树三大树种质量提升行动】**　油茶、毛竹和杨树是全省森林质量提升行动计划首批主攻的三大树种，得到了省委、省政府的高度重视，作为农村支柱产业重点推进，在引领农民增收致富上取得新突破。油茶产量翻番工程取得实质性进展，各级党委、政府围绕贯彻落实2009年全省油茶产业发展现场会精神，从组织领导、科技支撑、资金投入和机制创新等多方面入手，制定出台了一系列政策措施；省人大工作研究会领导对油茶产业发展高度关注，先后赴黄山、宣城两市6个县以及六安市3个县开展调研，并向省委、省政府提交了调研报告，王三运省长和赵树丛副省长为此作出批示；省林业厅全力做好规划制订、组织实施和技术指导等工作，会同省发改委、省财政厅编制出台《全省油茶产业发展规划》。据统计，2010年，全省累计投入各类油茶建设资金2.3亿元，完成油茶基地造林6393公顷，建设油茶良种采穗圃86.67公顷、油茶种质收集区和试验示范林120公顷。杨树丰产示范工程和竹林增效致富工程建设进一步加快，报请省政府出台了《关于加快竹产业发展的意见》、《关于加快杨树产业发展的意见》，杨树丰产示范以及杨树间伐与修枝技术推广示范建设取得初步成效，广德、宁国、霍山、黄山区等4个竹子科技示范园建设初具规模，并开始发挥示范引导作用。2010年新造竹林3467公顷、杨树19 400公顷，新续建杨树良种采穗圃和繁育圃173.33公顷。

**【安徽省绿色长廊示范工程】**　为认真贯彻落实中央和全省林业工作会议精神，加快全省造林绿化步伐，根据省委、省政府关于绿色长廊建设的指示要求，省绿化委员会从2010年起在全省启动绿色长廊示范工程建设，利用3～5年时间，完成境内11条高速公路和两条高速铁路2440千米的绿色长廊示范工程建设任务。按照“突出重点、提高标准、分步实施”的原则，2010年率先实施了合淮阜、合六叶高速公路和合宁高速铁路396千米建设工程，林带宽度达30～200米，累计造林3216公顷，对全省绿色长廊工程建设起到了较好的示范带动作用。主要做法：一是加强组织领导，强化责任措施。沿线6个市14个县(市、区)政府高度重视，一些地方实行主要领导亲自抓、分管领导具体抓，形成了一级抓一级的工作格局，并研究出台相关责任追究办法，明确奖惩，加大行政推动力度。各级林业部门把示范工程建设作为工作的重中之重，加强技术指导，跟踪技术服务，全程技术监督。二是加大政策引导，强化资金扶持。通过争取省财政支持以及整合项目资金，省级补助每千米达2万元。同时，各地立足当地实际，纷纷制定出台了扶持政策。如合肥市财政对50米宽林带按照每亩600元，连续5年支持用地补助；并按照每亩1000元标准对苗木费进行补助。三是拓宽工作思路，创新建设模式。按照生态建设产业化的思路，实行长廊建设与培育绿化大苗、发展林业特色产业相结合，鼓励大户承包造林，创新机制，明晰产权，极大地提升了绿色长廊建设质量。

**【安徽省森林资源第八次连续清查】** 根据国家林业局部署，安徽省于2009年开展了第八次森林资源清查工作。本次清查自2008年12月着手准备，2009年12月底前完成外业调查和内业统计汇总分析，2010年3月完成清查成果报告。森林资源清查结果显示，安徽省林地面积443.18万公顷，占省土地总面积32.08%。森林面积380.42万公顷，占林地面积的85.84%，森林覆盖率27.53%，林木绿化率31.69%。活立木总蓄积21 710.12万立方米，其中森林蓄积18 074.85万立方米，占83.26%。全省乔木林单位面积蓄积61.97立方米/公顷。乔木林中，针叶林、阔叶林、针阔混交林的面积之比为42:48:10。同2004年清查相比，全省林地面积净增3.78万公顷，森林面积净增20.35万公顷，森林覆盖率提高了1.47个百分点，活立木蓄积净增5451.77万立方米，其中森林蓄积净增4319.44万立方米，乔木林平均每公顷蓄积增加11.18立方米，乔木林中阔叶林和针阔混交林面积比重提高了8个百分点。总体来看，自2004年清查以来，安徽省森林资源保护和发展成效明显，呈现出森林资源数量持续增长、质量进一步提高趋势。

**【合肥市加快森林城市建设】** 为进一步提高环境承载力，推进现代化滨湖大城市和现代产业基地建设，加快向区域性特大城市迈进，合肥市委、市政府提出“十二五”时期植树造林4万公顷，森林覆盖率达到25%以上，创建国家森林城市和生态园林城市的目标。市委、市政府主要领导亲自动员部署、率队调研检查，市委、市政府多次组织外出考察，召开动员大会和现场会，统一思想、强化举措；各级各部门迅速行动、加大投入、落实措施，在庐州大地掀起了新一轮植树造林、清洁家园热潮。

此次植树造林规模之大、标准之高、机制之新、发动之广泛、社会反映之良好，在合肥市植树造林史上前所未有。市委、市政府把植树造林列入各级党委、政府绩效考核内容，明确要求各级党政一把手负总责，像抓工业、抓招商一样抓植树造林，争当绿化书记、绿化县(区)长、绿化乡(镇)长；对任务完成好的给予奖励，对未完成任务或未达标的实行问责。市委主要领导亲自召开会议，专题研究出台《合肥市植树造林导则》，从造林规划、树种选择、种苗管理到造林整地、栽植抚育都制定了具体标准，有力指导、规范要求，力争栽一棵活一棵，种一块绿一片。按照“树随田走，谁栽谁有”，“谁投资谁所有，谁经营谁受益”，“不造公有林，不栽无主树”等原则，以明晰产权为核心，以市场化的思路、产业化的办法，大力发展非公有制林业和规模林业，形成了政府引导，企业、大户和农户共同参与的投资格局。多数企业、大户亩均投入达到4000元以上，有的达到每亩7000元以上。

**【黄山市绿色质量提升行动】** 黄山市是旅游城市、山区城市，也是林业资源大市。为推进转型发展、绿色发展、和谐发展，建成“生态文明展示区”，黄山市委、市政府决定从2011年开始，利用5年时间(前3年为建设期，后2年为巩固完善提高期)，投资10.74亿元，实施绿色质量提升行动。以52个景区景点(含20个重要节点)、百佳摄影点、百村千幢和新农村建设、51条交通旅游干线干道等两侧山场及其周边的园区建设、城镇绿化等为五大重点，计划建设1162个绿色质量提升点，涉及三区四县92个乡(镇)，371个行政村，面积9.67万公顷。力争全市森林覆盖率由77.4%提高到78.6%，林分单位面积蓄积量由5.37立方米/公顷提高到62.7立方米/公顷，经济林面积比重由10.9%提高到13.6%，建成区绿化覆盖率由46.96%提高到48.46%，城市绿地率由43.07%提高到44.07%以上，人均公共绿地由14.14平方米提高到15.5平方米以上。通过实施绿色质量提升行动，努力把景区景点、百佳摄影点及周边环境打造成旅游、文化、生态三位一体、有机融合的美丽窗口，把主要交通干道、旅游干线打造成生态优良、赏心悦目的景观大道，把广大乡村打造成山清水秀、风光迷人的山水田园，把沿河两岸打造成绿树掩映、风情别致的山水画廊，把中心城镇打造成环境优雅、文明和谐的温馨家园，使城市品位更加提升、城市特色更加彰显、城市环境更加宜居，为建设景观优美、特色鲜明的现代国际旅游城奠定坚实基础。截至2010年底，全市已开工439个点，占2011年计划任务437个点的100.5%，完成投资3.5亿元，占计划投资3.6亿元的97%。

**【林业大事】**

**1月4日** 省绿化委、省林业厅授予淮北市全省石质山造林绿化突出贡献奖。

**1月19日** 2009年度安徽“十大新闻”、“十大新闻人物”评选结果揭晓，舍己救人的森林公安民警曹军当选“安徽十大新闻人物”。

**2月8日** 武警森林指挥部驻皖部队揭牌仪式在黄山市营地举行。国家森防指副总指挥、国家林业局副局长孙扎根，省委常委、副省长赵树丛出席仪式并揭牌，武警森林指挥部副主任李全海少将宣布进驻命令。

**2月24日** 全省林业局局长会议在合肥召开，省委常委、副省长赵树丛出席会议并讲话。

**3月11日** 省暨合肥市义务植树活动在合肥市滨湖新区塘西公园举行。省党政军领导和军事院校领导王明方、段敦厚、赵树丛、臧世凯、唐承沛、向孝民、熊安东、马家利、吴翔、吴化军、黄建伟、陈旭、罗亚拉、朱永和、罗忠安以及省、市机关干部和驻肥部队官兵共2000余人参加义务植树。

**3月12日** 《安徽省古树名木保护条例》正式实施。

**4月9~11日** 中共中央政治局常委、国务院总理温家宝到安徽蚌埠、池州两地考察，实地考察贵池区紫岩村集体林权制度改革情况。

**4月14日** 省委中心组组织学习贯彻温家宝总理在安徽考察时重要讲话精神，专门听取省林业厅关于全省集体林权制度改革工作的汇报，省委书记王金山就贯彻落实温家宝总理重要讲话精神，着力推进集体林权制度改革提出要求。

**5月4日** 省林业厅、省出入境检验检疫局决定在全省开展"为世博服务、保生物安全"为主题的林业植物检疫执法专项行动。活动至10月底结束。

**5月23~26日** 华东七省(市)林业厅(局)长第一届第四次会议在安徽召开。华东七省(市)林业部门负责同志、办公室主任，国家林业局福州专员办、上海专员办、合肥专员办专员及办公室主任、华东林业调查规划院院长及办公室主任以及会议秘书长等，共30余人出席会议。安徽省委常委、副省长赵树丛在芜湖看望会议代表。

**5月26日** 省委常委、副省长赵树丛会见以布隆迪文化教育部长格梅洛·罗斯为团长的国际竹藤组织代表团一行。

**5月26~28日** 受国家林业局邀请和安排，南非农林渔业部林业发展司司长平蒂女士率领的林业代表团一行4人，到安徽考察植树造林、森林防火、森林公园和自然保护区。省林业厅厅长韩柏泉，党组成员、巡视员程鹏分别会见代表团一行，并就加强双方林业合作交换了意见。

**5月28日** 省林业厅、省监察厅联合颁布《安徽省松材线虫病防治责任追究暂行规定》。

**7月12日** 萧县皇藏峪被国家旅游局和国家林业局联合认定拥有全国最大的古树群落。

**8月18~19日** 马达加斯加共和国国会议员、生态协会主席冈斯塔先生，马达加斯加共和国驻华大使馆商务参赞拉法诺梅扎纳·巴齐尔先生到安徽考察泡桐发展情况。

**10月16日** 上窑国家森林公园被国家林业局、教育部、共青团中央、中国生态文化协会联合授予国家生态文明教育基地称号。

**11月6日** 省委书记张宝顺会见国家林业局局长贾治邦，副局长张建龙，省委常委、合肥市委书记孙金龙，省委常委、副省长赵树丛，省委常委、省委秘书长詹夏来等参加会见。

**11月7日** 2010中国·合肥苗木花卉交易大会在肥西县中国中部花木城举行。省长王三运、国家林业局局长贾治邦出席开幕式，并共同启动大会开幕式水晶球，省委常委、合肥市委书记孙金龙，省委常委、副省长赵树丛，国家林业局副局长张建龙分别致辞。

**11月7日** 国家林业局在合肥召开全国林木种苗工作会议。国家林业局局长贾治邦、副局长张建龙，省委常委、副省长赵树丛出席会议并讲话。

**11月20日** 国家竹藤工程技术研究中心建设项目开工典礼在黄山市举行。全国政协人资环委副主任、国际竹藤网络中心主任江泽慧，省委常委、副省长赵树丛，国家林业局副局长张永利，国际竹藤组织总干事古珍为工程中心建设项目奠基并讲话，同时为国际竹藤组织安徽太平竹藤科技培训基地揭牌。

**11月29日** 省人民政府办公厅发布《关于加快竹产业发展的意见》和《关于加快杨树产业发展的意见》。

**12月28日** 省绿化委员会在合肥召开主任会议。省委常委、副省长、省绿化委员会主任赵树丛出席会议并讲话，省军区、省发改委、省财政厅、省住建厅、省林业厅等主任单位有关负责同志参加会议。

(安徽省林业由王小明供稿)

# 福建省林业

**【概　述】** 2010年，是福建省林业发展史上不平凡的一年，也是福建林业地位上升，林业系统锐意进取、再创佳绩的一年。主要体现在以下几个方面。

**提升林业地位** 福建省委、省政府对林业工作高度重视，多次对林业工作进行研究部署。2月22日，省委书记孙春兰在全省领导干部大会上传达胡锦涛总书记在闽考察讲话精神时强调，要切实加强植树造林和城市绿化工作，推进城乡统筹发展，建设环境优美的宜居城市综合体。省长黄小晶提出，要大力开展城乡绿化，扩大森林面积，提高城乡绿化层次与水平，优化发展环境。2月26日，常务副省长张昌平主持召开福建省绿化委员会第二十二次全体成员会议，专题审议2010~2012年城乡绿化一体化"四绿"工程实施方案；3月13日，省政府正式印发该实施方案，并于3月17日召开全省电视电话动员大会，全面启动实施以"绿色城市、绿色村镇、绿色通道、绿色屏障"为主要内容的"四绿"工程建设。随后，全省9个设区的市政府及时动员部署，结合当地实际，制定并印发《"四绿"工程建设实施方案》。推动城乡绿化一体化进程。7月23日，省委八届九次全会审议通过《关于进一步贯彻落实胡锦涛总书记来闽考察重要讲话精神 推动福建跨越发展的若干意见》，再次明确要求"加强生态建设和环境保护，实施城乡绿化工程，继续保持森林覆盖率居全国首位"。11月初，省委常委会、省政府常务会专门听取林业工作汇报。11月22日，省委召开八届十次全会，学习贯彻党的十七届五中全会精神，贯彻落实科学发展观，要求按照省委、省政府"大干150天，打好五大战役"的工作部署，全省各级各部门抢抓机遇，共谋发展，把开展城乡绿化一体化"四绿"工程建设，作为贯彻胡锦涛总书记来闽考察重要讲话、践行科学发展观的重大举措，作为加快生态省建设、改善人居环境的民生优先工程，大力推进福建林业跨越发展，不断提升城乡绿化水平，不辜负总书记青山绿水的重托；共福建省委八届十次全会通过的"十二五"规划《建议》提出了推进"森林福建"建设的新目标。11月22日，省委、省政府 下发《关于进一步加快造林绿化推进森林福建建设的通知》。11月24日，省委、省政府又召开五级党政主要领导、超过20万人参加的高规格、大规模的全省造林绿化动员视频会议，孙春兰书记和黄小晶省长亲自进行动员部署，掀起全省新一轮造林绿化的高潮。12月25日，在全省经济工作会议上，林业多项工作被列入"五大战役"。孙春兰书记要求持续抓好"四绿工程"，如期完成植树造林43.33万公顷任务。黄小晶省长在总结时专门就如何完成43.33万公顷造林绿化任务提出四点要求：一是要与大户造林很好结合；二是要与城市建设很好结合；三是要与金融支持很好结合；四是要与深化林改发证很好结合。省委、省政府的重视支持，推动了"森林福建"建设，促进了林业地位的提升。

**造林绿化** 全省完成造林15.51万公顷，占年指标的105.7%，超额完成全年任务。新启动的森林抚育、造林补贴试点、现代油茶等3个项目实施进展顺利。特别是"四绿"工程全面启动，取得明显成效，共投入资金59亿元，植树8431.95万株。

**林权改革** ①发证有进展。各地认真开展林改"回头看"，稳步推进林权登记发证工作。全省新增林权发证面积69.93万公顷，发证率提高7.15个百分点，其中林权证到户率提高15.26个百分点。②森林保险有拓展。2006年率先实施森林防火保险试点；2009年森林火灾保险实现全省统保；2010年又将险种拓展为森林综合险，把林木生长过程中发生的森林火灾、林业有害生物以及暴雨、台风、雨淞、干旱等人力无法抗拒的自然灾害列入保险责任范围，并进一步对保险方案进行优化，列入省政府为民办实事的内容。全省承保森林面积302.56万公顷，其中省级以上生态公益林281.75万公顷全部纳入森林综合保险。③公益林补偿标准有提高。省级以上重点生态公益林的补偿标准已从每年每亩7元提高到12元(省级以上自然保护区15元)。④林业贷款增量拓面。2010年，全省金融机构累计发放各类林业贷款75.45亿元；其中新增林权证抵押贷款10.42亿元，林业小额贴息贷款8.84亿元。⑤林业合作组织建设规范推进。编印《林业合作经济组织建设工作手册》，指导各地进一步推进和规范林业合作经济组织建设。落实"三免三补三优先"政策，省林业厅投入150万元，扶持林业合作经济组织发展壮大。全省共成立农民林业专业合作社1433个，促进了林业规模经营、集约经营。⑥采伐管理制度改革有突破。下发《关于规范林木采伐指标管理的意见》，在全省全面推行林木采伐指标分配"阳光操作"，做到公开、公平、公正。在15个县(市、区)开展采伐管理改革试点，积极探索"一控、三严、三放"的采伐管理机制，初步落实林农对商品林的采伐处置权。⑦林业税费改革有序推进。育林基金标准由林木产品销售收入的20% 降到10%。林业部门行政事业经费由同级财政部门通过部门预算予以核拨，不得从育林基金中列支。积极争取中央财政对育林基金减征部分给予一定的转移支付补助，从2010年起每年转移支付补助达2.05亿元。2011年造林绿化免收营业税。

**产业发展** 积极贯彻落实《林业产业振兴规划》。2010年12月29日，省林业厅、发改委、财政厅、外经贸厅、国税局、地税局6部门联合发布《福建省林业产业振兴实施方案》，进一步转变发展方式，加快产业发展，全力做大做强福建林业产业。2010年全省完成林业产业总产值1673亿元，比增13.6%，名列全国前茅。①企业效益大幅提升。全省规模以上林业企业工业产值、增加值分别比2010年增长28.7%、32.6%；实现出口交货值185.6亿元，比2010年增长26%；完成税金总额37亿元，比2010年增长35%；利润总额81.8亿元，比2010年增长63.5%。②企业实力持续增强。林业龙头企业进一步壮大，示范带动作用日益明显。新增中国驰名商标2个、省级名牌产品42个。新增上市企业1家，现有境内外上市企业7家。③新兴产业得到发展。加快推进森林旅游，创建"森林人家"休闲健康游品牌，建立"森林人家"示范点357个；发展生物医药、生物质能源、竹纤维利用等产业，无患子、红豆杉、雷公藤、草珊瑚、厚朴等基地建设和精深加工快速发展。④闽台交流持续推进。成功举办第六届海峡两岸林业博览会、第十二届海峡两岸花卉博览会，借助"6·18"、"9·8"等合作平台，推进两岸林业经贸合作和交流。2010年全省林业行业新增台资项目28项，总投资3.2亿美元，利用台资2亿美元。⑤企业发展环境持续优化。持续加强政企、银企、校企、科企等对接平台建设，推进森林认证和资源综合利用认定工作，引导企业可持续发展。

**资源保护** ①林地保护规划编制工作全面启动。全面落实国家林地保护利用规划纲要，及时开展全省林地保护利用规划编制工作，严格林地征占用审核审批，进一步强化林地保护。②森林火灾大幅下降。全省共发生森林火灾131起、受害面积1448.6公顷，发生率、受害率分别同比下降77.4%、86.8%，未发生重、特大森林火灾和人员伤亡事故，创新中国成立以来最好成绩。③森林病虫害有效防治。全省林业主要有害生物防治面积9.97万公顷，防治率达97.3%，其中松材线虫病除治0.28万公顷，全面完成年度目标。建立22个网络森林医院，探索远程防治体系建设。④林业执法行动有力。先后开展"冬季行动"、"春季行动"、"严打整治行动"等专项执法行动，破坏森林资源高发态势得到有效遏制。全省共查处涉林案件2.89万起，挽回直接经济损失1.01亿元。⑤生物多样性和湿地保护得到加强。启动湿地立法工作，拟定《福建省湿地保护条例(草案)》。《闽江河口湿地自然保护区管理办法》已经省人大批准实施。全面完成湿地资源外业调查和重点湿地调查工作。⑥维护林区稳定力度加大。依托省、市、县三级66个林木林地权属争议处理机构，与公安、信访、综治、土地、司法等部门建立联合会审与协调机制，有效提高林权争议调处效率和质量。省政府出台《关于合

理调整林地使用费标准 维护林区稳定的通知》，在保障林地所有者合法权益的同时，维护国有林场、采育场经营区的稳定。全省共调处林权争议337起、面积0.71万公顷，促进了林区和谐稳定。

**提高科技支撑能力** ①林业科研有新进展。全年争取国家、省有关部门林业科研项目60多项，经费1600多万元。种苗科技攻关进展顺利，收集保存优良种质资源384份，选出优良家系20个、优良杂交组合30个、优良单株64株，通过审定良种130个，认定良种基地5处117.07公顷，用攻关成果建设高世代种子园89.53公顷，攻关成效进一步显现。森林生态效益评价专项研究取得突破，首次评估福建省森林资源涵养水源、保育土壤、固碳释氧、积累营养物质、净化大气环境、生物多样性保护、森林游憩7项功能12个指标，总价值超过7000亿元。中德"中国森林可持续经营政策与模式"和森林碳汇研究进展顺利。②林业"三化"继续推进。启动全国林业信息化示范省建设，努力提高电子政务和信息化水平，经国家林业局考评，省林业厅网站绩效获全国第三名。在5个县开展营造林机械化试点，使用机械整地造林183.33公顷；部分营林机械设备列入国家和省农机补贴目录。继续推进林业标准化工作，起草国家标准1项、林业行业标准3项、省地方标准10项，2个国家级林业标准示范区通过验收，5个林产品获得国家地理标志产品保护。③科技服务水平有新提升。52个县开通"96355"林业服务热线，培训农民技术人员达5万人(次)。选派100名林业科技特派员，印发《林业热线服务1000问》3000册，油茶栽培、毛竹丰产、病虫害防治等实用技术手册5000多册，为林农生产提供良好服务。21个科技示范项目列入国家、省有关部门项目计划，示范项目资金补助1575万元，建立油茶等高效栽培示范园20个、示范基地2000多公顷，促进林业增效和林农增收。

**抗灾救灾** ①林业灾后重建进展顺利。6月发生洪灾以后，全省林业系统全力以赴，有力有序开展救灾，取得明显成效。争取国家和省资金支持，筹措下拨救灾资金2300万元。下发《关于灾后恢复林业生产工作的指导意见》，对受灾需要采伐的林木，在伐区设计、审批、指标及运输管理上出台专门的便民政策。举办两期专门培训林农的灾后恢复生产培训班，先后抽调专家和科技人员1000余人深入灾区开展救灾指导和服务。全面完成灾后重建恢复生产任务，共修复林区道路14 396千米、涵洞5705个、桥梁848座。②国有林场危旧房改造稳步推进。全省国有林场危旧房改造累计完成投资9260万元，2000套改造任务已竣工1653套、封顶199套、完成主体工程施工148套，建成或基本建成达92.6%，超过省政府规定(60%)的进度要求。

**自身建设** ①基层基础建设得到加强。加大对森林公安、林业执法机构、国有林场、有害生物防治、种苗的投入，基层站(所、场)硬件和森林防火、有害生物防治、种苗等基础设施建设不断加强。厅办公大楼完成外部主体工程建设，已进入内部装修阶段。②党的建设全面推进。加快学习型党组织建设。深入开展"创先争优"、"三级联创"和创建精神文明单位活动。坚持"两手抓，两手都要硬"，全面贯彻落实《建立健全教育、制度、监督并重的惩治和预防腐败体系实施纲要》和《党员领导干部廉洁从政若干准则》。加强林业干部队伍建设，认真做好离退休干部工作，依法维护林业职工权益，关心困难职工生活。③机关作风进一步转变。按照福建省委"大干150天"的要求，狠抓治庸治懒治散，弘扬谷文昌、塞罕坝精神，学习黄金水同志创新、实干、奉献精神，着力提高办事效率，建设勤政、务实、高效的机关作风，用好的作风保障林业各项工作任务的落实，树立林业新形象。

**【召开全省造林绿化动员视频大会】** 2010年11月24日，福建省委、省政府在福州召开全省造林绿化动员视频大会，研究部署今冬明春造林绿化工作。省委书记孙春兰、省长黄小晶出席会议并讲话，国家林业局局长贾治邦发来贺信。

贾治邦在贺信中强调，福建省委、省政府历来十分重视林业建设，进入新世纪以来相继出台了一系列指导林业改革发展的重要文件，并多次召开高规格会议进行动员部署，推动全省林业建设取得了重大成就。全省森林覆盖率达63.1%，位居全国首位，2009年实现林业总产值1400多亿，农民林业收入年均增长20%～25%。特别是在全国率先开展了集体林权制度改革，并取得了巨大成功，为全国林改探索了路子、树立了典型、作出了示范，贡献重大，影响深远。

孙春兰书记指出，造林绿化，利在当代、造福子孙。福建生态优势明显，要大力发展绿色经济、低碳经济和循环经济，形成节约能源资源和保护环境的产业结构、增长方式和消费模式。要深刻认识造林绿化是贯彻落实中央精神，建设生态优美之区的实际行动。

黄小晶省长指出，要持续推进生态省建设，扎实做好新一轮全省城乡造林绿化八个方面工作。一是明确新一轮造林绿化的任务。二是形成造林绿化的责任主体。三是抓好林地的落实。四是保证苗木供应。五是加强科技造林和服务保障。六是推进林改的深化。七是做好资金筹措。八是保护森林资源。

会上，福州、厦门、漳州、泉州、三明、莆田、南平、龙岩、宁德9个设区市和平潭综合实验区管委会以及省农办、省教育厅、省国土资源厅、省住房和城乡建设厅、省交通运输厅、省林业厅、省外经贸厅、省铁路建设办公室的负责人，向黄小晶省长递交了造林绿化责任状。

全省各县、乡(镇、社区、街道)、村党政领导通过视频系统在各地分会场参加会议。

**【实施"四绿"工程，建设"森林福建"】** 2010年2月26日，张昌平常务副省长主持召开福建省绿化委员会第二十二次全体成员会议，专题审议2010～2012年城乡绿化一体化"四绿"工程实施方案；3月13日，省政府正式印发该实施方案，并于3月17日召开全省电视电话动员大会，全面启动实施以"绿色城市、绿色村镇、绿色通道、绿色屏障"为主要内容的"四绿"工程建设。据统计，截至2010年12月31日，全省"四绿"工程共投入资金59亿元，种植乔灌木8431.95万株。其中绿色城市新增城市绿地4432.17公顷，植树1626.4万株，市县共新增公园44个，市县共新增中心绿地142个，创建绿色军营101个，创建绿色校园391个，创建绿色开发区35个。绿色村镇新增乡镇建成区绿化覆盖面积1391.04公顷，植树806.4万株，已创建绿色乡镇145个，创建绿色村庄1002个。绿色通道当年新增绿化里程2722.6千米，种植乔灌木902.95万株。绿色屏障完成"三沿一环"造林绿化26 266.67公顷，治理水土流失26 600公顷，种植树木5094.2万株，培育绿化苗木2387.3万株，投入资金2.7亿元。其中平潭综合实验区造林4233.33公顷，植树1000.9万株，投入资金2450万元。

2010年12月，中共福建省委、省人民政府又作出了进一步加快造林绿化，推进"森林福建"建设的战略部署，提出2010年冬到2011年春，全省完成造林绿化43.33万公顷，力争到2013年全省森林覆盖率达到65%，到2015年森林覆盖率达到65.5%的奋斗目标。2010年入冬以来，全省全面加快森林城市、森林村镇、森林通道和森林屏障建设，让森林进城、上路、下乡入村，并依据林网化、水网化原则建设，形成林水相依、城乡一体的森林生态网络体系，带动全省2010年冬到2011年春1人种植5~10棵树、1村新建1片景观和1乡(镇)新建6.67公顷、1城(县城)新建20公顷、1市新建66.67公顷森林公园，努力实施大造林、大绿化，持续优化林种树种结构，增强森林生态功能，改善生态环境，为福建科学发展、跨越发展提供强有力的生态支撑，力争实现"一年一变化、三年大变样"的绿化目标，把福建建设成山川秀美、人与自然和谐、经济社会可持续发展的"生态优美之区"，使八闽大地的天更蓝、地更绿、水更清。

**【福建省森林生态服务功能评估】** 2010年10月31日，福建省政府新闻办公室在福州国家森林公园召开新闻发布会，公布福建省森林生态服务功能及其价值评估成果。全国政协人资环委副主任、国际竹藤网络研究中心主任、国际木材科学院院士江泽慧，福建省委常委、常务副省长张昌平，省林业厅厅长陈家东等出席新闻发布会。省委宣传部副部长、省政府新闻办公室主任朱清主持新闻发布会。

根据评估，福建省森林生态系统在涵养水源、保护生物多样性、固碳释氧、净化大气环境、保育土壤、森林游憩、积累营养物质、沿海防护林8项服务功能总价值为7012.73亿元，每公顷森林提供的价值平均为8.27万元。

本次评估工作，由中国林科院、国家林业局中国森林生态系统定位研究网络中心和福建省林科院共同组织数十位专家、科研人员，以福建省2007年森林资源二类数据为基础，依据国家林业局《森林生态服务功能评估规范》(LY/T1721-2008)，对福建省森林生态服务功能进行评估。评估共选取了涵养水源、保育土壤、积累营养物质、净化大气环境、生物多样性保护、森林防护、森林游憩8项功能13个指标。

**【《福建省林业产业振兴实施方案》出台】** 2010年12月29日，福建省林业厅、省发改委、省财政厅、省外经贸厅、省国税局、省地税局联合发布《福建省林业产业振兴实施方案》。一、二、三产业产值的比重由2009年的27.1∶70.6∶2.3调整为25∶65∶10；全省培育5个年产值100亿元以上的集中区，10个年产值50亿元以上的林业产业重点县(市、区)，10个年产值10亿元以上的林业重点企业。

《福建省林业产业振兴实施方案》还提出了一系列林业产业振兴政策措施。主要包括将林业良种补贴和林业机具补贴纳入政府农业和农机补贴范围，继续扶持油茶林、竹林基地建设；鼓励金融机构开办林权抵押贷款、林农小额信用贷款和林农联保贷款等业务，期限最长可为10年以上，其利率一般应低于信用贷款利率，小额林权抵押贷款的利率可不上浮或少上浮。继续安排林业产业化专项扶持资金，用于扶持省林业产业化龙头企业开展森林认证、科技创新、品牌建设等，对我国企业从事境外投资，境外林业合作等对外经济技术合作业务予以支持。企业或个人森林经营面积达到0.13万公顷以上规模，已编制森林经营方案的可以单独编限；允许森林经营单位跨行政区域编制森林经营方案，跨行政区域编制采伐限额，允许经营单位自主确定短轮伐期用材林主伐年龄。

**【遭受特大暴雨洪灾袭击】** 2010年入汛以来，福建省多次出现强降雨过程，特别是6月14~20日，福建的北部、西部、中部地区再次遭受持续暴雨到特大暴雨袭击，南平、三明、龙岩等8个设区市的大部分县市(区)发生严重的洪涝灾害和地质灾害，林业损失惨重。南平市辖区的建瓯市林业局办公楼被洪水淹没进水深1.9米，光泽县林业局办公楼被洪水淹没水深1.5米，顺昌县林业局办公楼被洪水淹没水深1.2米。三明市辖区的清流县林业受灾尤为严重。据不完全统计，全县林业受灾损失达12 765万元。其中受灾台资花卉苗木企业6家，受损面积46.67公顷，直接经济损失2600多万元；水淹非洲菊、玫瑰、菊花等鲜切花基地面积226.67公顷，直接经济损失7000多万元；淹没绿化大苗基地206.67公顷，直接经济损失2700多万元。

据统计，截至6月22日18时，全省林业系统受灾人口96 410人，转移人口13 602人，直接经济损失15.94亿元。其中：南平市6.84亿元，三明市5.65亿元，龙岩市2.19亿元，厅直属单位4599万元。其中林木受灾面积3.17万公顷，直接经济损失3.68亿元；房屋倒塌(含危房)8023间，直接经济损失1.49亿元。受损新造林地、苗木花卉面积3323.47公顷，直接经济损失3.27亿元；毁坏林区道路11 443千米、桥梁618座、涵洞3764个，直接经济损失4.84亿元；林业系统供水、供电、通讯线路及办公设施基础设施损失6396万元；林业加工企业的产成品、半成品、原材料及生产设备等其他损失2.02亿元。

福建省林业厅党组高度重视这次特大暴雨洪灾的防抗工作，努力把灾害造成的损失降到最低限度。先后制定下发《关于进一步加强暴雨山洪地质灾害防御工作的通知》等文件10多份，部署和落实林业系统各项防御暴雨洪水工作，对受灾需要采伐的林木，在伐区设计、审批、指标及运输管理上出台专门的便民政策。举办了两期专门培训林农的灾后恢复生产培训班，先后抽调林业专家和科技人员1000余人深入灾区开展救灾指导和服

务。争取国家和省资金支持，筹措下拨救灾资金2300万元。厅机关、厅直属单位及离退休干部职工捐款8.79万元。

经过林业系统的共同努力，全省林业抗洪救灾取得明显成效。到2010年底，全省已全面完成灾后重建恢复生产任务，共修复林区道路14 396千米、涵洞5705个、桥梁848座。

**【下发《关于加快造林绿化推进森林福建建设的通知》】** 2010年11月22日，中共福建省委、福建省人民政府向各市、县(区)党委和人民政府，平潭综合实验区党工委和管委会，省直各单位下发《关于加快造林绿化推进森林福建建设的通知》。通知要求：①切实提高对造林绿化重要性的认识；②明确造林绿化目标、任务和重点；③落实林地、种苗和造林主体；④科学造林和管理；⑤加强森林资源保护；⑥加大政策扶持力度；⑦加强造林绿化的组织领导。

**【福建省生态文化协会揭牌】** 2010年10月3日，省生态文化协会在福州国家森林公园揭牌。全国政协人资环委副主任、国际竹藤网络研究中心主任、中国生态文化协会会长江泽慧，福建省委常委、常务副省长张昌平，中国工程院院士、中国科学院研究员李文华，中国科学院院士、中国林科院首席科学家蒋有绪，中国林科院首席科学家彭镇华，国家林业局科技发展中心主任胡章翠，中国林学会副理事长赵良平，北京林业大学党委书记吴斌，南京林业大学副校长薛建辉，厦门大学教授卢昌义，中国科学院研究员赵景柱，福建省直各有关单位领导、新闻媒体记者共计100多人出席揭牌仪式。江泽慧、张昌平共同为福建省生态文化协会成立揭牌。

福建省生态文化协会是由福州国家森林公园、福建省林业职业技术学院、福建省林业科技推广总站、福建省林业调查规划院、福建生态工程学校等5家单位联合发起，经福建省林业厅同意、福建省民政厅批准成立的非营利性社会团体。

**【福建现代油茶项目建设】** 福建是我国油茶中心产区之一，全省适宜种植油茶的山地面积达133多万公顷。全省现有油茶林面积18.61万公顷，其中0.67万公顷以上的有尤溪、浦城、福安3个县(市)，0.33万～0.67万公顷的有顺昌等30个县(市、区)。全省年产茶油籽11.9万吨，参与油茶产业发展的企业有85家，其中18家为龙头企业，带动8.4万农民参与油茶产业发展。

**良种优苗供应** 全省建设油茶种质资源库13.33公顷，改建临时采穗圃50.33公顷、新建采穗圃53.33公顷，省定点培育油茶良种苗木3808万株，其中嫁接苗3005万株、实生苗420万株、扦插苗383万株。全省选育出60多个优良无性系(家系、品系)，其中油茶闽43、闽48、闽60三个优良无性系，比一般品种产油量高出2～4倍。形成油茶良种苗木生产繁育体系，全面满足油茶造林对良种优苗的需求。

**油茶示范林建设** 2010年，中央和省级财政共安排现代农业(油茶)、扩大内需等油茶专项资金5400多万元，启动实施种苗基地建设、新造或抚育示范基地建设，以及科技支撑与技术培训等项目建设，有力地推进了福建省油茶产业发展。其中，中央安排了邵武、浦城、大田、尤溪、长汀、连城、永泰、闽清、福安、柘荣、德化、顺昌、平和13个县(市)的现代农业(油茶)生产发展项目、扩大内需的油茶示范林项目。13个油茶项目县现已完成示范林0.45万公顷，带动全省完成油茶林新造0.77万公顷，抚育1.61万公顷。

**技术培训指导** 省林业厅下发《油茶实用技术》和《油茶栽培年事表》，开展技术下乡活动，举办3期省级培训班，培训市、县和企业技术骨干人员400多人。各地则采取集中授课、现场点评、互相观摩等办法，培训业务人员和林农达5000多人(次)，并分发丰产栽培手册8万余册，形成省、市、县、乡、村、户上下联动的科技推广技术服务网络。

**油茶产业发展目标及布局** 到2020年，全省油茶林基地规模达34.67万公顷以上，力争全省油茶林进入盛产期后每公顷产茶油达450千克以上，年产茶油总产量达16万吨以上，并在空间布局上，着力构建闽北、西沿武夷山脉油茶产业发展带和闽中戴云山油茶产业发展区、闽南博平岭油茶产业发展区、闽东鹫峰山油茶产业发展区。

**【竹藤资源及生物资源利用研究和示范基地】** 2010年10月31日，国际竹藤网络中心和福建省林业厅在福州举行共建竹藤资源及生物资源利用研究和示范基地签约仪式。全国政协人资环委副主任、国际竹藤网络中心主任江泽慧，福建省委常委、常务副省长张昌平出席。

根据协议，福建省林业厅将提供200～333.33公顷土地，用于该基地科研基础设施建设以及竹藤资源和生物资源的繁育、保存和培育，国际竹藤网络中心将所承担的各类项目在基地实施，并负责解决相应的研究和中试经费。双方还将共同申报各类项目，做好基地建设，在该示范基地合作产生的各类成果和经济收益将由双方共享。

福建省林业生物资源十分丰富，并有大量的林下植物和非木质森林资源以及采伐和加工剩余物，这些丰富的林业生物资源，将为其利用研究提供有力的物质保障。

**【全球气候变化与碳汇林业学术研讨会】** 2010年11月2日在福州市举行。全国政协人资环委副主任、中国林学会理事长江泽慧出席研讨会开幕式并致辞。

全球气候变化与碳汇林业学术研讨会是第十二届中国科协年会林业系列活动之一，研讨会的主要任务是总结交流碳汇林业发展经验与成功模式、国内外科研动态和成果，深入研讨气候变化背景下提高我国森林碳汇功能和潜力的技术途径，有针对性地提出我国林业应对气候变化的对策措施。

全球气候变化与碳汇林业学术研讨会由中国科协、福建省政府共同主办，中国林学会、福建省林业厅承办。本次研讨会共征集到学术论文70篇，有100多位专家学者参加研讨会。

（福建省林业由刘建波供稿）

# 江西省林业

【概　述】 2010年是江西全面实施鄱阳湖生态经济区国家战略的第一年。全省各级林业部门牢牢抓住省委、省政府推进鄱阳湖生态经济区建设和林业等七个系统国有企业改革等一系列重大机遇，积极推进造林绿化"一大四小"工程建设，不断深化各项林业改革，切实加强森林资源保护，全省林业工作继续保持良好发展态势。

**森林培育**　2010年全省荒山荒地造林面积为200 778公顷，其中人工造林170 875公顷，无林地疏林地新封29 903公顷。按林种结构分，完成用材林造林面积103 883公顷，经济林面积32 509公顷，防护林面积59 733公顷，薪炭林面积2119公顷，特种用材林面积2534公顷，分别比2009年增加了－13.17%、39.67%、－27.62%、23.56%、250.48%。全省公有制经济造林面积为47 863公顷，占造林总面积的23.84%，其中国有经济造林面积26 259公顷，集体经济造林面积为21 604公顷；非公有制经济造林152 915公顷，占总造林面积的76.16%，比2009年增长了3.92个百分点，为全省各经济成分造林的主力军，充分体现了全省社会各界发展林业高涨的积极性。特别是全省造林绿化"一大四小"工程建设坚持以通道绿化为重点，成效显著。全年完成省级以上通道绿化达标里程4065.2千米，其中：高速公路绿化1126.7千米，国道绿化995.6千米，省道绿化1942.9千米。

**重点工程建设**　2010年全省完成林业重点工程造林面积为59 310公顷。其中退耕还林工程为36 651公顷，长江流域防护林工程为13 876公顷，珠江流域防护林工程为3383公顷。

2010年完成退耕还林工程总投资86 724万元，其中粮食补助资金36 228万元，种苗费3976万元，其他费用46 520万元。工程资金来源主要为国家预算内资金，其中国债资金1695万元，中央财政专项资金68 430万元，这两项资金比重占总投资额的78.91%。

重点防护林工程完成投资6343万元，其中长防林工程5304万元，珠防林工程1039万元。在投资来源中，国债资金为1251万元，中央财政专项资金为3129万元。群众投劳折合资金701万元。

**野生动植物保护及自然保护区建设**　截至2010年底，全省建成各类自然保护区195处，其中国家级自然保护区8处，建成各类自然保护小区1575处；实有保护区面积达115.17万公顷，其中国家级保护区面积为14.44万公顷，占全部保护区面积的12.54%。

截至2010年年底，全省拥有77处野生植物种源培植基地。全省建立各级野生动植物保护管理站258个，从事野生动植物及保护区建设的职工为4380人，其中1181人为专业技术人员，占职工总人数的26.96%。

**林业产业及总产值**　2010年，面对极为复杂的经济社会发展环境和历史罕见的特大洪涝灾害，全省林业产业逆势上扬，实现总产值1053亿元，同比增长14.66%。林业第一产业、第二产业、第三产业结构为46.5%、35.2%、18.3%。第三产业发展较快，2010年全省林业第三产业产值达到238.5亿元，比2009年增长27.19%。2010年，全省农民人均来自林业的纯收入达到900元，比2009年增长9.76%。

2010年，全省木材产量为340.74万立方米，与2009年基本持平。其中：原木产量为321.95万立方米，占全部产量的94.49%，比2009年增加7.14万立方米，增长2.27%。全省竹材产量为6198.69万根，小杂竹16.13吨，分别比2009年减少16.49%、12.1%。2010年全省茶油产量54 491吨；笋罐头25 267吨；食用菌及山野菜加工20 436吨；中药材加工8501吨；水果、坚果加工112 107吨。2010年全省锯材产量1 533 601立方米，比2009年增长了21.3%。木片产量550 077实积立方米，比2009年增长了71.65%。2010年全省人造板产量为2 949 385立方米，比2009年产量略有下降，其中胶合板产量1 094 172立方米，刨花板产量增加194 446立方米，其他人造板产量780 399立方米。

江西省2010年林业产业发展呈现以下4个特点：一是油茶特色产业发展较快。省政府出台了《关于加快油茶产业发展的意见》，并设立了5000万元油茶产业发展专项资金，很多市县也建立了油茶产业发展激励机制，并整合部门资金扶持油茶发展。2010年全省油茶示范县达到52个，高产油茶林面积达到9.87万公顷。建立了国家油茶种质基因库，全省新建改建亩产50千克的高产油茶采穗圃20个，年产优质油茶苗木1.2亿株。积极扶持澳门高氏集团等10家龙头企业，建设"五位一体"油茶科技园。全省新发展油茶经营户8万多户，新建高产油茶林66.67公顷以上的企业(大户)有105家。2010年全省茶油总产量达到6万吨。二是毛竹等传统产业加快发展。全面放开毛竹产业发展政策，取消毛竹计划管理，建立毛竹产品运输"绿色通道"，并连续两年免征毛竹育林基金。采取禁笋育竹、竹腔施肥、低产改造等综合措施，加快恢复遭受雨雪冰冻灾害的毛竹林资源，全省活立竹总株数比灾前增长27.2%。引导企业加快调整产业结构，提升产品档次，毛竹经营和加工水平有所提高，竹产品已从过去单一的竹地板，发展成为竹键盘、竹家具等多样化的高科技、高附加值产品。同时，积极建设红心杉、湿地松、杨树等速生丰产林基地，2010年全省速生丰产林造林面积达10万公顷。三是苗木花卉、森林旅游等新型产业进一步壮大。全省各地抓住实施造林绿化"一大四小"工程建设的重大机遇，大力发展苗林一体化基地。全省苗木花卉种植面积由2005年的不足1.3万公顷，增加到2010年的3.3万多公顷，总产值接近100亿元，其中绿化苗木的面积和产值分别占94%和98%。2010年全省林业旅游与休闲接待人数达3000多万人次，旅游收入突破140亿元。四是林业产业整合重组进程加快。先后引进深圳飞尚集团

完成了省内5家松香企业的兼并重组，引进巨人集团等战略投资者对江西丰林投资开发有限公司进行增资扩股。支持组建崇义林业股份有限公司。目前全省省级林业龙头企业157家，省级农业产业化龙头企业63家，有5家林业龙头企业被省政府确定为重点上市扶导企业。

**林业建设投资** 全省2010年到位各类林业建设资金总量为472 986万元。其中：国家预算内资金203 121万元，利用外资2016万元，自筹资金56 215元，其他资金208 634万元。增长幅度达39.19%，连续5年保持高位增长。

**林业招商引资** 2010年全省林业利用外资项目为44个，利用外资3750万美元。其中营造林724万美元，木竹材加工1000万美元，占26.67%，其他2026万美元。营造林项目主要为中德造林和世行贷款三期造林项目。

**林业系统机构及从业人员** 截至2010年年底，全省林业系统共有各种经济性质单位2276个，其中国有经济单位2271个，集体单位4个，其他各种经济单位1个。单位个数变化的主要原因是森工企业、国有林场的倒闭和合并。2010年年末，全省林业系统共有在册职工91 673人，比2009年下降4.82%，其中在岗职工56 193人，比2009年下降2.65%。

全省林业系统从业人员年均工资稳步增长。2010年林业系统在岗职工人均工资14 597元，比2009年增长1198元，增幅为8.9%。

在林业系统国有经济行业中，职工收入行业之间差距较大。平均工资最高的为卫生、社会保障业31 508元，其次为教育26 060元、公共管理24 417元。年人均工资最低的行业是竹、藤、棕家具制造业8623元。行业差距较大，2010年工资最高与最低行业相差3.65倍。 （胡 弦）

**【回良玉副总理称赞江西省造林绿化工作】** 2009年6月11日，回良玉副总理来江西检查防汛抗洪时感慨地说："江西正在绿色崛起，我没想到就这一年多，道路两旁的树多起来了，又密又大。这件事说起来容易，做到可不是一件容易的事。"

**【江西省林业抗洪救灾工作】** 6月14～30日，江西遭受有气象记录以来最强暴雨的持续袭击。江西省年均降水量1481毫米，有28条河流119次出现超警戒洪水。全省林业苗圃受灾面积0.28万公顷，林地受灾面积33.33万公顷；洪水毁损木材7.8万立方米、毛竹84.8万根；2010年高标准打造的高速公路、国道、省道1428千米通道绿化大部分冲毁；新造林地损失3.34万公顷，淹没、损毁林场房屋1.2万余间，冲毁林区道路6203千米，桥涵420座，林区受损供电线路、通讯线路530余千米；全省苗圃地造林苗木损失近10亿株。全省林业因特大洪涝灾害造成的直接经济损失达23.6亿元。灾情发生后，省林业厅迅速启动抗灾救灾紧急预案，及时指导救灾和灾后重建，争取林业救灾补助资金3603万元，取得林业灾后重建阶段性胜利。

**【省领导开展春节植树团拜活动】** 2010年2月20日，省委书记苏荣、省长吴新雄、省委副书记王宪魁、省政协主席傅克诚等省领导和100多个省直单位主要负责人到2009年春节后上班第一天新春万人植树活动植树点——南昌市红谷滩新区卧龙山，检查植树效果。随后来到南昌市青山湖区天香园，与省市机关干部、驻赣部队官兵、当地群众一起开展新春万人植树活动。据统计，2010年全省参加义务植树2261.6万人次，植树16 224.53万株。

**【全省造林绿化"一大四小"工程建设】** 省委、省政府始终把保护江西良好的生态环境放在首位，把实施造林绿化"一大四小"工程建设作为全省四大生态工程之一，"一大"指抓好宜林荒山造林，确保2010年全省森林覆盖率达63%；"四小"，即抓好县城和政府所在地的绿化；抓好农村自然村的绿化；抓好基础设施、工业园区和矿山裸露地绿化，列为龙头工作和品牌工程。省政府先后召开造林绿化"一大四小"工程建设现场会、造林管护现场会及年度总结表彰暨动员大会，对全省造林绿化"一大四小"工程建设进行动员部署。省林业厅提出了调整造林绿化规划、调整通道绿化建设标准、调整财政资金补助办法等"三个调整"的工作思路，改革造林绿化机制，把工作的主动权交给市县两级，调动了基层树典型、创品牌的积极性。全省涌现出南昌、宜春、上饶以及井冈山、广丰、樟树等一批好的造林绿化模式，新余市在全省首个成功创建"国家森林城市"。据统计，2010年，全省完成造林绿化面积25.84万公顷，占年度计划的134.4%，造林成活率88.6%以上。完成省级以上通道绿化达标里程4065.2千米，其中：高速公路绿化1126.7千米，国道绿化995.6千米，省道绿化1942.9千米，基本形成了以高速公路和国省道绿化为骨架的城乡绿化大格局。全省城乡绿化水平显著提升，老百姓生活的幸福指数大幅提高，"一大四小"工程成为德政工程和老百姓满意工程。

**【全省林业产权制度配套改革】** 2010年，省委书记苏荣和省长吴新雄分别主持召开省委常委会议和省政府常务会议听取全国集体林权制度改革百县经验交流会精神，对深化林权制度配套改革进行研究部署。在全国率先将村级林业公益事业建设纳入中央财政村级"一事一议"以奖代补范围，并在全省60个县试点。林业专业合作社列入中央财政农民专业合作资金补助范围，并先行启动40个林业专业合作社示范点建设，争取中央财政补助资金465万元，填补了江西林业专业合作组织无财政投资的空白。全省列入全国林权管理服务中心建设试点省，并先期在遂川、武宁、铜鼓、德兴等4个县(市)试点，争取中央投资200万元。南方林业产权交易运营建设加快，建立辐射7个省市的南方林权交易网、网上商城和统一的网上交易平台，制定统一规范的制度规则体系，6月林权交易正式启动，至2010年年底完成林地林木等林权交易234宗，成交面积0.57万公顷，交易金额2.05亿元，综合成交价格比起拍价平均提高33%；全省累计交易山林9.69万宗，面积41.06万公顷，交易金额44.3亿元。全省340万公顷生态公益林森林保

险继续实行财政统保，并在全国率先启动由单一的火灾保险改为综合灾害保险；商品林保险取得新突破达到240.87万公顷；全省森林保险总面积580.87万公顷，占全省森林面积的66.8%。林权抵押贷款余额突破40亿元，中央和省财政安排林权抵押贷款贴息资金6000万元。全省调处山林权属争议683起，调处争议面积0.93万公顷。

**【森林资源管理与保护】** 2010年，省十一届人大常委会第十八次会议审议通过《江西省森林公园条例》，从2011年1月1日起实施。《江西省湿地保护条例》和《江西省森林防火条例(修改)》正式列为省政府2011年立法工作计划项目。全省森林采伐管理改革试点工作在放活商品林经营、采伐指标分配、小片间伐，科学经营森林等4个方面取得实质性突破，顺利完成阶段性目标任务。联合国家林业局驻福州专员办在20个县查处违法占用林地项目368起、面积666.67公顷；全省开展林地执法服务年活动，全年审核征占用林地项目1836个、面积10 937公顷，征收森林植被恢复费6.58亿元，比2009年分别增长72.39%、63.21%、67%。加强专业森林消防队、半专业森林消防队、森林航空消防队和驻赣森林武警部队等4支队伍建设，开展“森林防火宣传月”、“野外火源集中整治行动”等活动，森林防火工作得到进一步加强。2010年，全省发生森林火灾62起，过火面积1106.66公顷，受害森林面积553.94公顷，同比分别下降83.2%、85.9%、82.2%。突出松材线虫病防治和社会化防治两个重点，加强组织管理，加大检疫执法和宣传，全面推进林业有害生物监测预警、检疫御灾、防治病灾体系建设，取得明显成效。先后在全省组织开展“冬季行动”、“春季行动”和打击非法占用林地，非法运输木材、保护鄱阳湖候鸟资源等一系列林业严打专项行动，共查处各类森林案件20 783起，处理违法犯罪人员26 092人(次)，收缴木材5.35万立方米，收缴野生动物5069只(头)，为国家挽回直接经济损失7292万元。全省高速公路木材检查站总数增加到10个，80%的市、县组建了流动巡查队伍，134个木材检查站安装电子监控设施，占总数64%。新组建省级森林公园40处，面积19 203.39公顷。江西省林业厅组织开展创建省级湿地公园活动，批准浮梁三贤湖等23处湿地开展省级湿地公园创建工作，面积8744.99公顷；武宁庐山西海、修水修河源、赣县大湖江、兴国潋江等4处国家湿地公园通过国家林业局审批，面积39 288.3公顷。全省“十一五”森林资源二类调查结束。到2010年底，全省森林覆盖率达到63.1%，活立木蓄积量44 530.5万立方米，林地面积1072.0万公顷，有林地面积918.5万公顷，毛竹林面积98.6万公顷。“十一五”期间，江西森林资源实现“五增长一提高”，森林覆盖率由60.05%增长到63.1%，增加3.05个百分点，活立木蓄积量由35 357.2万立方米增长到44 530.5万立方米；林地面积由1062.6万公顷增长到1072.0万公顷；有林地面积由871.7万公顷增长到918.5万公顷；毛竹林面积由82.4万公顷增长到98.6万公顷。

**【林业科技发展】** 2010年，全省林业科技总投入6000余万元，同比增长20%。国家油茶种质资源基因库(南昌)项目建设，收集1000余份油茶种质材料，并进行繁殖试验和生产，培育出嫁接苗2万余株，播种4万余粒，优良品种收集区种植优良品种59个，面积10公顷，苗木成活率95%以上。微波预处理水浸取茶籽油技术项目研究通过省级专家鉴定。省林业厅与安义县人民政府签约江西林业科技园合作建设项目，规划建设面积10平方千米。省林业厅与中南林业科技大学合作组建油茶高产培训基地。出版全国首部《油茶实用技术图解》系列丛书。丰城市被命名为“中国高产油茶之乡”。樟树良种种质资源收集保存，快繁技术研究项目启动，建立46.67公顷龙脑樟、芳樟良种采穗圃和5个化学类优良品种试验林，扦插繁育樟树良种苗230万株，并组建了江西樟树工程技术中心。2010年全省新增竹腔施肥面积5.33万公顷，立竹度同比增长24.6%，新竹量同比增长22.8%。首批24个中央财政林业科技推广项目全面启动实施，资金总额5000万元。启动林业科技特派员创业服务活动，全省选派102名2010年全国林业科技特派员，以技术入股、技术承包、技术顾问、创办专业合作经济社等方式服务林农，涉林企业和林业大户。浙江农林大学在资溪县成立国家木质资源综合利用工程技术研究中心资溪分中心。省林科院被列为国家林业局第一批知识产权试点单位。江西省森林案件检测鉴定中心正式成立。

**【林业自身建设】** 2010年省林业厅荣获全省创业服务年活动先进单位、江西省第十二届文明单位、省直机关第七届文明单位、省直机关第五届十佳文明单位、全省公共机构节能先进单位等荣誉称号。省林业调查规划研究院被授予全国模范职工之家荣誉称号。永新县林业工业公司三湾采育林场副场长向含光和铜鼓县山珠人造板有限责任公司生产厂长王勤(女)被评选为全国劳动模范。省林业厅林政资源保护管理处处长严成被授予全省先进工作者荣誉称号。赣州市上犹县森林公安局五指峰派出所所长黄居财被评为全国公安机关爱民模范。森林防火、森林公安、森防、宣传信息、林业普法等获得国家林业局表彰。

**【林业大事】**

**1月8日** 省委书记苏荣考察南昌市“森林城乡、花园南昌”建设工作，强调要紧紧抓住“三大机遇”，全力推进造林绿化“一大四小”工程建设。

**1月19日** 南方林业产权交易所正式投入运行。

**2月8日** 省关注森林活动组织委员会第一次主任会议在南昌召开。省政协副主席刘晓庄出席会议并讲话。

**2月25日** 省政府召开全省造林绿化“一大四小”工程建设流动现场会。省领导陈达恒、余欣荣出席会议。

**2月25日** 省长吴新雄在《江西森林防火简报》上作出批示：“森林火灾的防范十分重要，我省任务很重，务请防火指挥部精心部署，严格要求，严密防范，工作抓早抓紧抓主动。”

**3月1日** 省政府召开全省森林防火工作电视电话

会议，部署全省森林防火工作。省委常委、副省长陈达恒出席并讲话。

**3月1～30日** 全省开展森林防火宣传月活动。

**3月2日** 省政府森林防火总指挥部和省林业厅在南昌首次召开江西省森林防火新闻发布会。

**3月2日** 江西省鄱阳湖绿色家园公益基金会与中国绿化基金会共同建立中国绿化基金会鄱阳湖绿色专项基金。

**3月23日** 江西省16家竹业企业加入中国品牌竹地板企业联盟。

**3月25日** 省政府出台《关于加快油茶产业发展的意见》(赣府发[2010]11号)。

**4月9日** 省林业厅召开国有林场危旧房改造工作电视电话会议，部署国有林场危旧房改造工作。

**4月14日** 2009～2010年度秋冬春航顺利结航，共实施航空护林63架(次)，吊灭洒水153桶，发现并报告森林火情12起，飞机人工增雨作业增加降雨量13.6万吨。

**4月16日** 省委常委、常务副省长凌成兴考察彭泽县造林绿化“一大四小”工程建设。

**4月23日** 全省林业科技特派员科技创业服务行动启动，100名林业科技特派员下基层创业。省领导谢茹、刘晓庄出席启动仪式并为科技特派员授证书。

**4月26日** 江西省林科院列为全国第一批林业知识产权试点单位。

**4月27日** 新余市荣获江西首个国家森林城市称号。

**5月2日** 省委书记苏荣到进贤县考察造林绿化“一大四小”工程建设工作，强调要坚持从实际出发，突出重点、难点，坚持不懈地抓下去，确保实现预期目标。省林业厅厅长刘礼祖随同考察。

**5月4日** 江西环境工程职业学院增挂“江西环境工程技工学校”的牌子。

**5月14～15日** 全省林业局长会议在南昌召开。省领导陈达恒出席并讲话。

**5月15日** 南方林业产权交易所门户网站在南昌开通，并成功组织首场林业产权远程拍卖系统演示，来自江西、上海、湖南、贵州、海南等省市的拍卖者参于网上竞拍。

**5月18日** 省林业厅授予江西晨鸣纸业有限公司等157家企业为首批江西省省级林业龙头企业称号(有效期2年)。

**5月25日** 全省完成加拿大一枝黄花春季普查工作。

**6月1～2日** 省委副书记王宪魁到全南县调研国有林业企业改革工作。

**6月3日** 省林业厅与安义县签约江西林业产业科技园合作建设项目，规划建设面积10平方千米。

**6月5日** 江西列入国家林业局组织实施、财政部支持的集体林权制改革跟踪监测项目。

**6月7日** 江西省出台首个全省性森林防火规划《江西省森林防火中长期发展规划》(赣发改农经字〔2010〕82号)。

**6月9～12日** 省林业厅组织开展江西省首次鄱阳湖鹭鸟调查工作。

**6月14～30日** 江西省遭受有气象记录以来最强暴雨的持续袭击，全省平均降雨量1481毫米，林业直接经济损失23.6亿元。

**6月24日** 南昌“11·22”特大非法猎捕、出售小天鹅案主要犯罪嫌疑人全部归案，13人被判实刑。

**8月9日** 省政府办公厅出台《关于完善江西省造林绿化“一大四小”工程建设规划意见的通知》(赣府厅字〔2010〕131号)，将工程建设时间由3年延长至5年，即2008～2012年；总规模由97.67万公顷扩大到102.3万公顷，2008年33.33万公顷，2009年、2010年分别20万公顷，2011年15.67万公顷，2012年13.33万公顷；总投资由120.91亿元增加到225.36亿元。

**8月18日** 江西首个林业有害生物防控中心项目在永修县云居山—拓林湖国家重点风景名胜区开工建设。

**8月22日** 江西首次开展人工驯养繁殖野生动物放生活动，2万余条蛇放归大自然。

**8月23日** 江西省泰和县签下森林综合险理赔第一单。泰和县国有林产营运管理中心2010年投保的80公顷幼林，因受洪涝灾害获赔20万元。

**9月7日** 省林业厅确定峡江县林木良种场松类、油茶良种基地等13处基地为江西省第一批省级林木良种基地。

**9月13～19日** 由全国政协人口资源环境委员会副主任江泽慧任组长，江西省政协副主席刘晓庄任副组长的全国政协竹藤产业调研组到铜鼓、宜丰、奉新等县调研竹产业情况。

**9月17日** 省十一届人大常委会第十八次会议审议并通过《江西省森林公园条例》，从2011年1月1日起正式实施。

**9月29日** 省政府召开全省森林防火工作会议。省领导陈达恒出席会议并讲话。

**10月16日** 武宁县罗坪镇长水村、横峰县姚家乡兰子畲族村被评为全国生态文化村。

**10月29日** 省林业厅与中南林业科技大学合作林业培训基地在丰城市白土镇岗霞村油茶高产培训基地揭牌。

**11月1日** 江西省被国家林业局列为全国县级林权管理服务中心建设试点省份，将先期在遂川、武宁、铜鼓、德兴等4个县(市)进行试点。

**11月2日** 全国人大常委会副委员长华建敏在省领导苏荣、胡振鹏陪同下到江西鄱阳湖国家级自然保护区考察。

**11月3日** 全省启动首届关注森林奖评选活动。

**11月4日** 省政府在南昌召开全省造林绿化“一大四小”工程建设年度总结表彰暨动员大会。省领导苏荣、吴新雄、陈达恒、胡振鹏、刘晓庄出席会议。

**11月9日** 省政府批准新建浮梁黄字号黑鹿等10处省级自然保护区。

**11月12日** 江西丰林投资开发有限公司增资扩股签约仪式在南昌举行，巨人集团等9个战略投资人向丰林公司增资7000万元。省林业厅厅长刘礼祖出席并讲话。

**11月20~23日** 省领导吴新雄、刘上洋、孙刚参观首届中国鄱阳湖国际生态文化节林业生态文化展厅。

**11月21日** 省委书记苏荣主持召开省委常委会议，传达全国集体林权制度改革百县经验交流会议精神。

**12月6日** 铜鼓县奔步科教有限责任公司制作的长2.01米、宽0.69米竹键盘获上海大世界吉尼斯颁发的吉尼斯世界纪录证书。

**12月10日** 江西油茶网正式开通。

**12月10日** 省林业厅首次调用直升机侦察鄱阳湖捕鸟天网。

**12月27日** 省人大和省林业厅联合召开贯彻实施《江西省森林公园条例》新闻发布会。省领导陈达恒、姚亚平、魏晓琴，省林业厅厅长刘礼祖出席。

**12月29日** 江西省航空护林站竣工。省领导陈达恒，省林业厅厅长刘礼祖出席竣工典礼。

（江西省林业除署名外由钟传宇供稿）

# 山东省林业

**【概　述】** 2010年是实施"十一五"规划收官之年。五年造林83.81万公顷，有林地面积达到358.2万公顷，林木蓄积量达到9400万立方米，林木覆盖率达到22.8%；林业产业年产值由560亿元提高到1820亿元，年均增长45%；集体林权制度改革全面展开，国有林场改革不断深化；基础设施建设和林业应急处置能力全面加强，森林防火、林业有害生物防控能力不断提高，资金投入不断加大，林政管理和执法水平较大提升，科技创新成效显著，生态文化建设取得实质性进展，全省林业建设保持了良好发展态势。2010年，全省各地认真贯彻落实全省林业改革与发展工作会议精神，坚持生态优先、产业支撑、文化引领的发展思路，坚持改革与发展相结合，以改革促发展，坚持统筹兼顾，突出重点，集中力量打好集体林权制度改革、绿化山东和水系生态建设、做大做强林业产业三个攻坚战，较好地完成了全年任务，多项工作都取得新的突破。集体林权制度改革进展顺利，全省基本完成明晰产权、承包到户工作。全省水系生态建设开局良好。全省完成造林20.51万公顷，完成年计划的150%，是"十一五"以来造林最多的一年；新育苗2.06万公顷，完成年计划的123.6%；新建和完善农田林网30.07万公顷，同比增加50.3%；新建和完善绿色通道8698千米，同比增加40%。全省林业产业快速发展，林业产业总产值达到1820亿元。全年省级以上财政投入达9.4亿元，同比增长28.2%，创历史新高。公益林生态效益补偿资金达到1.8亿多元。林业贴息贷款达到13.3亿元，同比翻了一番。林权抵押贷款额度超过8亿元。

**【集体林权制度改革】** 2009年12月30日，省委、省政府召开全省林业改革与发展工作会议，对全省集体林权制度改革作出安排部署。各市都把林改摆上重要议事日程，召开高规格、大范围的动员会议，成立工作机构，组织专业队伍，增加经费保障，积极推进集体林权制度改革。6月17~30日，省委办公厅、省政府办公厅、省委农工办、省发改委、省财政厅、省林业局牵头组成6个督查组，对全省林改工作进行了督导检查。12月8~17日，省委办公厅、省府办公厅、省水利厅、省发改委、省财政厅、省监察厅、省农业厅、省林业局为组长单位，组成8个督查组，再一次对林改工作进行了督导检查。7月5~9日，省人大常委会组织部分委员赴枣庄、泰安、青岛和威海对集体林权制度改革进行专题调研。11月8日，省委、省政府在泰安市召开全省集体林权制度改革工作现场会议，对林改工作作进一步动员部署。省林业局把林改作为一号工程来抓，实行局领导包片、处（室）联系市的工作机制，推动全省面上改革顺利开展。截至年底，全省基本完成明晰产权、承包到户工作，有的已完成勘界确权、登记发证。全省已明晰产权174.33万公顷，占总任务的67.5%；完成勘界98.41万公顷，占总任务的48.9%；完成发证66.09万公顷，占总任务的32.8%。同时，稳步推进配套改革，在林权抵押贷款、林地流转、林农合作组织建设等方面进行了有益探索。全省已成立5处林权管理服务中心，专业合作组织达到800多家，组织管理进一步规范。

**【山东省林权抵押贷款管理办法】** 2010年6月17日，中国人民银行济南分行、省财政厅、省林业局、中国银监会山东监管局和中国保监会山东监管局联合制定出台了《关于印发〈山东省林权抵押贷款管理办法〉（试行）的通知》（济银发〔2010〕95号），这是山东省首次制定林权抵押贷款管理办法，使林地成为了真正意义上的不动产，打破了长期制约林业发展的瓶颈，扩大了新农村建设和农民致富的融资渠道。《办法》在五个方面有创新与突破。一是允许一般公益林用于抵押，激活了公益林具备的特殊商品价值地位；二是抵押贷款资金使用范围全面放开，不再局限于林业或相关产业，将林地、林木变成了具有增值潜力、投资效益、发展活力的商品；三是贷款资金若用于林业贴息贷款规定范围内的项目，同样享受国家贴息优惠；四是确定贷款抵押率为评估价值的60%（含）以内。并明确生态公益林建设为扶持重点，采取预期评估法，抵押率控制在40%~60%；五是贷款额度低于10万元的可免评估。

**【水系生态建设】** 为加强全省水系生态建设，进一步提升生态和资源环境承载力，省发改委牵头制定了全省水系生态建设总体规划。2009年12月29日，省委办公厅、省政府办公厅转发了省发改委等9部门《关于加强全省水系生态建设的意见》，重点突出"四带三区两湖一环"生态建设，计划经过5~10年的时间，全省新增林业投入160多亿元，完善或新建农田林网化面积233.33万公顷，新增造林面积91.33万公顷，新（续）

建湿地自然保护区、湿地公园162处，面积133.33万公顷。2010年3月22日上午，山东省水系生态建设启动仪式暨全民义务植树活动在济南北郊黄河大堤举行。省委书记、省人大常委会主任姜异康，省委副书记、省长姜大明，济南军区司令员范长龙、政委刘冬冬出席启动仪式，并共同按动启动标志球。省委副书记、省政协主席刘伟主持启动仪式，省长姜大明作了讲话。启动仪式结束后，山东省和济南市有关部门负责同志，省绿化委员会成员单位负责同志，部队官兵代表等共1000多人参加植树活动，植树5000多株。

**【林业产业】** 2010年8月18日，省政府出台《关于实施蔬菜等五大产业振兴规划的指导意见》（鲁政发〔2010〕81号），把果业、苗木花卉等纳入全省农业产业振兴规划。11月26日，省政府办公厅转发了省林业局、省发改委、省财政厅、省科技厅等9部门的《关于加快全省林业产业发展的意见》（鲁政办发〔2010〕72号），明确了林业产业的发展重点，提出了具体的扶持政策和保障措施，推动产业发展继续保持强劲势头。2010年全省林业产业总产值达到1820亿元，同比增长83.8%，增幅居全国第一位。产业结构进一步优化，一、二、三产业比重达到37.8∶60∶2.2，第二产业首次超过第一产业。全省主要林产品进出口总额首次突破100亿美元。苗木、花卉年产值首次双双超过100亿元，森林旅游直接收入首次超过10亿元，成为农民增收的新亮点。

**【森林防火】** 2010年3月1日，山东省召开全省森林防火工作电视会议，副省长贾万志对森林防火工作进行了安排部署。11月8日，省政府召开全省森林防火森林公安工作会议，贾万志再一次对全省森林防火工作作出部署，并代表省政府与各市签订了年度森林防火责任书，推动了森林防火工作有序开展，确保全省森林防火形势保持总体稳定。全省发生森林火灾19起，其中一般森林火灾9起，较大森林火灾10起，过火林地面积52.44公顷，烧死烧伤树木32 872株，杜绝了重大以上森林火灾和人员伤亡现象发生。

**【飞机防控美国白蛾】** 2010年3月25日，省森防站与5家飞防公司签订了飞防协议，在全省开展大面积的飞机防控美国白蛾工作。经过充分准备，8月5日至9月26日，全省8个市、42个县（市、区）适时开展了飞机施药防治美国白蛾工作，飞防面积62.68万公顷。其中：济宁市16.25万公顷，德州市14.34万公顷，聊城市12.43万公顷，菏泽市6.73万公顷，淄博市4.82万公顷，泰安市4.47万公顷，济南市2.4万公顷，潍坊市1.23万公顷。据各地调查，防治效果达95%以上，有效遏制了美国白蛾疫情的蔓延。同时，比人工防控节省资金2.07亿元。

**【松材线虫病防治】** 2010年，全省各地认真贯彻落实全国松材线虫病防治会议精神，加强植物检疫，加大除治力度，创新防治机制，松材线虫病疫情得到了有效控制。全省发生面积由0.147万多公顷压缩到0.109万公顷，同比减少34%。荣成市、崂山区疫情病死树伐除率100%。长岛县、文登市病死树率控制在万分之三以下，达到了基本拔除目标。青岛市南区、市北区两年没有发现病死树，拔除了疫情。淄博市鲁山林场、潍坊市沂山林场新发生疫情，及时进行了除治，圆满完成了国家林业局下达的防治任务。

**【林政资源管理】** 2010年，按照国家林业局要求，及时启用征占用林地审核审批管理信息系统，严格按照定额管理，依法审批、依法行政。审批征占用林地项目152起，审批林地面积1021公顷。加强木材运输经营加工管理，木材签证点达到198个，木材检查执法人员达1300多人，治理公路“三乱”实现连续5年群众来信来访零举报，林政资源管理水平明显提升。10月30～31日，省林业局召开了省级县级林地保护利用规划编制工作会议，11月26日，省政府办公厅下发了《关于编制林地保护利用规划的通知》（鲁政办字〔2010〕197号），启动实施了全省林地保护利用规划编制工作。

**【国有林场建设】** 2010年依托国有林场资源，全省新建东阿黄河、淄川峨庄2处国家级森林公园，泗水凤仙山、枣庄龙门观、蓬莱卧虎山等6处省级森林公园。认真落实国有林场分类经营政策，全省有28个林场成为全额事业单位，68个成为差额事业单位，45个林场解决了通电和吃水问题。4000户林场职工纳入国家保障性安居工程，已改造危旧房1522户，建设面积10.5万平方米。

**【科技兴林】** 2010年11月15日，国家林业局论证通过山东省启动建设国家级黄河三角洲盐碱地森林生态系统定位研究站；12月30日，省科技厅批复建设林业外来有害生物防控省级工程中心，为林业科技创新提供了良好平台。加强科技攻关研究，省林科院等单位选育出3个杨树优良新品种，获省科技进步一等奖。加快林业标准化建设和植物新品种保护，山东农大、省林科院、省林木种苗站等单位新制定行业标准15项，申请了17个新品种权，审定认定林木品种57个，数量位居全国前列。大力开展科技下乡活动，启动实施了科技特派员创业行动，培训林农20多万人（次）。

**【合作共建绿色山东领导小组第一次会议】** 2010年12月23日，国家林业局、山东省人民政府合作共建绿色山东领导小组第一次会议在北京召开，会议听取了领导小组办公室关于2010年度合作共建情况的汇报，对“十二五”期间以及2011年度合作共建工作进行了研究安排。会议研究确定，“十二五”期间，国家林业局将在水系生态建设、自然保护区和湿地建设、森林经营、森林资源保护和林业产业发展等方面，加大对山东的支持力度，投入将在“十一五”的基础上至少翻一番。

国家林业局副局长祝列克和有关司（局）主要负责人，山东省副省长贾万志、省政府办公厅副主任高洪波、山东省林业局局长贾崇福等参加了会议。

**【世行贷款山东生态造林项目启动实施】** 2010年7月27日，世界银行贷款山东生态造林项目启动培训暨林业持续发展项目表彰会议在济南召开，标志着世行贷款山东生态造林项目正式启动实施。世界银行东亚太平洋地区中蒙可持续发展局副局长羿艾德先生和山东生态造林项目经理刘瑾女士出席了会议。该项目是山东省首次独立组织实施的世行贷款造林项目，是山东林业引进外资最多的造林项目，项目计划投资7.4亿元，造林6.6万公顷，将对全省林业生态建设具有积极的推动作用。

**【齐鲁园获第二届中国绿博会特等奖】** 2010年9月26日至10月5日，第二届中国绿化博览会在郑州举行。山东省设计建造的“齐鲁园”获得本届绿博会最高奖——特等奖，山东省绿化委员会获得优秀组织奖，同时获得绿博会先进工作单位，另外有15名同志获得先进工作者称号。

齐鲁园，占地面积8935平方米，以海岱文化为主线，配以油松、垂柳、国槐、银杏、蓝梅、石榴等乡土树种和耐冬、牡丹、菊花、荷花等山东名花，展示了齐鲁大地“一山、一水、一圣人”的历史文化精髓和国土绿化成就。荟萃了青岛、威海、日照和胶南全国绿化模范城市的地方特色景观，体现了生态山东、文化齐鲁的新风貌。

**【中国菏泽牡丹高新技术产业发展论坛】** 2010年4月16日，在菏泽市举行，国家林业局原副局长、国家森防指副指挥长李育材，山东省副省长贾万志，省林业局局长贾崇福，中科院研究员、中国工程院院士李文华等43位专家领导出席论坛。

李育材在论坛上指出，菏泽牡丹产业有着明显的区域特色，要加大资源培育力度，将牡丹标准化建设作为牡丹产业发展的重要内容，更好地带动农民致富增收；要加强科技支撑，加大经费投入，对牡丹高新技术进行联合攻关，积极探索产学研结合的新模式，做到基础研究与实用研究相结合，科学研究与农民致富相结合，优良品种选育与分子育种相结合，科研院所与本地一线“土专家”相结合，努力促进菏泽牡丹品种升级，不断提高牡丹产业的市场竞争力；要依靠市场拉动，科技驱动，政府推动，企业联动，产业带动，利益驱动的力量，不断推进牡丹产业化进程，拉长牡丹产业链条，为促进菏泽经济发展贡献更大力量，发展壮大中国牡丹生态、产业、文化体系建设作出更大贡献。

论坛上，北京林业大学校长、中国工程院院士尹伟伦，山东农业大学教授、中国工程院院士束怀瑞等多位国内权威学者作了专题报告。同时，国家林业局确定在菏泽市建设国家牡丹高新技术产业基地，李育材和贾万志共同为国家牡丹高新技术产业基地揭牌。

**【第七届中国林产品交易会】** 2010年9月19日，在山东省菏泽市开幕，历时4天，累计到会人数达16.7万人(次)，参展企业达320家，签订投资和销售合同及协议122个，其中内资合同、协议117个，金额89.6亿元，外资合同、协议5个，金额1.4亿美元，现场交易额8700万元。期间，还举行了中国菏泽投资项目洽谈会、参展产品评奖与发布、大型林业展会推介会等系列活动。

**【2010中国(昌邑)北方绿化苗木博览会】** 2010年9月20日，2010中国(昌邑)北方绿化苗木博览会暨第十五届中国园林花木信息交流会在昌邑市开幕。本次盛会由国家林业局、山东省人民政府主办，国家林业局国有林场和林木种苗工作总站、中国花卉报社、山东省林业局、潍坊市人民政府、昌邑市人民政府承办。博览会突出“传播绿色文化，构建和谐社会”主题，以生态文明建设为主旨。博览会历时17天，举办了绿色和谐全国美术作品邀请展、苗木企业产品展示交易、中国花卉报社理事年会、全国苗木行业领袖年会、信息交流会、共进摄友精品展等活动。本次博览会共设置展位500个，组织参展企业600家以上，分别来自比利时、荷兰等国家以及福建、辽宁、内蒙古等国内20多个省(区、市)，共签约招商引资项目15个，总投资16.35亿元。

(山东省林业由王树军供稿)

# 河南省林业

**【概　述】** 2010年，河南林业工作以科学发展观为指导，按照重在持续、重在提升、重在统筹、重在为民的要求，扎实苦干，全面落实省委、省政府和国家林业局部署的重点工作，林业改革发展继续保持良好的态势，完成各项林业工作目标。

**生态建设**　按照《河南林业生态省建设规划》和《2010年河南林业生态省建设实施意见》，继续抓好国家重点林业工程，突出抓好山区生态体系建设、农田防护林体系改扩建、村镇绿化、生态廊道网络建设等省级重点林业生态建设工程。据核查，全省共完成造林合格面积27.71万公顷，为目标任务26.67万公顷的103.9%。义务植树和部门绿化深入开展，全省参加义务植树5144万人(次)，义务植树20 914万株，为目标任务1.88亿株的111.24%。全面完成省委、省政府向全省人民承诺的十大实事之一的村镇绿化工作，共绿化8370个村，是目标任务5000个村的167%。稳步推进森林经营，完成森林抚育和改造1.66万公顷。林木良种工作得到加强，扶持了五大类20个树种的优质种苗培育，完成大田育苗2.55万公顷，为目标任务2.0万公顷的127.7%。林业生态县创建活动取得新进展，又有28个县(市、区)达到创建标准，全省林业生态县(市、区)总数已达102个。完成了森林资源年度动态监测工作，森林资源持续增长，生态功能不断增强。

**集体林权制度改革**　河南省政府和河南省林业厅先后召开了集体林权制度改革座谈会、经验交流会、林改档案管理工作会，深入总结推广各地先进经验。加强了河南省集体林权制度改革领导机构建设，加大新闻媒体集中报道力度，集体林权制度改革氛围更加浓厚。深入168乡(镇)和500余个行政村开展了集体林权制度改革调研督导，加快了集体林权制度改革工作步伐。全省通过家庭承包等形式完成集体林地明晰产权面积430万公顷，占集体林地总面积452.53万公顷的95%；发放林权证271.3万本，发放林权证面积321万公顷，占集体林地总面积的71%；调处林权纠纷面积444.4万公顷，占林权争议面积的68.2%。开展林权流转等改革试点，内乡等11个试点县(市)试点工作进展良好。全省共建立林权交易机构43个，流转林地32.35万公顷，流转资金6.67亿元，办理林权抵押贷款面积3.03万公顷，贷款金额8.19亿元；办理森林保险面积0.11万公顷，保险金额9000万元；成立林业专业合作社706个，合作社农户12.11万户。集体林权制度改革，充分激发了农民造林、育林、护林的积极性，有力地推动了林业生态建设和保护。

**森林资源管护** 天然林资源保护和公益林管理工作不断强化，经国家林业局核查，天保工程封山育林、森林管护和"四到省"考核全部为100分。严格林地定额管理和采伐限额制度，全年审核审批征占用林地410起，审核审批率达95%以上，伐区林木凭证采伐率和办证合格率均在95%以上。加强了木材加工运输管理，全省林业系统没有发生大的公路"三乱"事件。加强了森林火灾物资储备和综合防控能力建设，全年飞机航空护林51架(次)飞行154小时，共发生森林火灾519起，受害森林面积505.2公顷，受害率为0.15‰，低于1‰的控制目标。强化了美国白蛾、松材线虫病等重点林木病虫害的防控工作，林木病虫害成灾面积0.21万公顷，成灾率为0.49‰，低于4‰的控制目标。野生动物保护管理和疫源疫病监测工作得到加强，共救护野生动物1150只(头)，报送疫源疫病监测信息报告单732份，全省没有发生重大野生动物疫病疫情。

**林业产业** 召开了河南省林业产业现场观摩会，对今后一个阶段林业产业发展进行了安排部署。制定《河南省林业产业化重点龙头企业认定监测管理办法》，好想你枣业股份有限公司等145家企业被确定为首批省级林业产业化龙头企业。加快经济林和工业原料林基地建设，全省共营造以杨树为主的工业原料林2.07万公顷，为目标任务2.0万公顷的103%，新发展经济林1.23万公顷，为目标任务1.0万公顷的123%。河南省政府印发《河南省花卉产业发展规划》，各地认真落实、大力推进，全省新增花卉面积1.11万公顷。郑州林产品质量检测中心检测能力进一步增强，检测类别扩大到10大类43个产品，完成抽验155批次。积极搞好森林旅游，全省森林公园和自然保护区旅游区共接待游客2670万人(次)，直接旅游收入达到6.2亿元，比2009年增长11.3%。全省完成林业总产值752亿元，为目标任务693亿元的108.5%。第二届中国绿化博览会和第十届中原花木交易博览会成功举办，绿博园建成了风格各异、各具特色的展园94个，展示了国土绿化成果，受到国家林业局，省委、省政府和社会各界的高度评价；花木交易博览会参会企业达2000多家，签约项目124个，举办了花木产业高层论坛和盆景、插花等园艺大赛，取得了良好效果。

**保障能力建设** 一是科教兴林能力增强。组织专家学者对林业在中原经济区建设中的功能作用进行专题研讨，对110个林业生态省建设专题开展调研。新建科技示范园区25个，制定林业行业标准10个，完成科技成果37项，推广了一批林业新技术和林果新品种。深入开展送科技下乡活动，选派科技特派员89名，送科技下乡2000多人(次)，共培训林农41万人(次)。林业职业教育快速发展，河南省林业学校被河南省政府确定为首批省级示范性职业学校，2009年录取新生1778人，毕业生就业率达96%。二是林业法制工作得到强化。林业系统"五五"普法目标任务全面完成，通过了河南省检查验收。培训林业行政执法人员1864名，对林业行政执法进行了专项监督检查。审核清理了河南省林业厅规范性文件，共废止失效文件127个。三是基础建设得到提高。完成了《河南林业生态省建设规划》中期调整方案、《河南省湿地保护工程实施规划》、"十二五"征占用林地定额报告等规划方案的编制工作。开展了国有林场危房改造，为3101户林场职工改造危房面积25万多平方米，开工率达90%。完成了河南林业信息网网站群建设，全省森林资源数据库及应用系统建设进展顺利，通过了阶段验收。四是加强了森林公安工作。全省100个县(市)制定了森林公安"三定"方案，人员过渡工作圆满完成。规范了森林公安办案考评工作，组织开展了涉林案件专项打击行动，全省森林公安机关共受理各类案件10 554起，打击处理违法犯罪人员12 547人。五是加大了资金投入。全年共落实林业建设资金96.42亿元，较2009年增长22%。其中中央及省级31.14亿元(省级财政6.9亿元，中央资金24.24亿元)，市、县财政26亿元，吸引社会资金18亿元，利用外资和贴息贷款21.28亿元。六是队伍建设取得新进展。加强了基层林业站规范化建设，基层林业站呈现出恢复向好趋势。林业系统首个博士后工作站在河南省林科院正式成立，高层次林业人才培养平台建设取得重要突破。继续推进干部人事制度改革，在河南省林业厅机构改革中新设立了农村林业改革发展处，河南省林业厅森林公安局改为河南省森林公安局，由内设机构改成能够独立行使执法权的直属单位，河南省推广站、种苗站和森防站由事业单位改为参照公务员法管理单位，66名干部得到了提拔任用和轮岗调整，河南林业厅的职能进一步完善，机构进一步健全，班子结构进一步优化。

**存在问题** 一是造林绿化任务仍然艰巨，巩固造林成果和新造林难度越来越大。二是保护与发展的矛盾日益突出，对林地管理形成较大压力。三是林业质量效益不高，人均森林蓄积只有全国的1/8，森林经营亟待加强，转变发展方式任重道远；林业产业规模小，链条短，附加值低，产品结构趋同，缺乏具有重大带动能力的龙头企业。四是集体林权制度改革进入攻坚阶段，林权证发证率只有71%，配套政策亟待完善，部分地区明晰产权质量有待提高。五是林业基础设施建设落后，国有林场水、电、路等基础设施和危旧房改造任务依然艰巨。六是林业人才队伍建设亟待加强，高端人才偏少，人才知识结构、专业结构不合理。

(徐　忠　胡建清)

【河南省森林资源流转管理办法】 2010年1月14日，河南省省长郭庚茂签署河南省政府令130号令，公布了《河南省森林资源流转管理办法》，该办法于2009年12月31日经河南省政府第五十八次常务会议审议通过，自2010年3月1日起施行。该办法共六章二十八条，明确了森林资源流转范围与期限、流转程序与管理、流转资产评估与法律责任等内容。

【洛阳市通过国家森林城市创建验收】 2010年1月20～21日，国家森林城市建设综合考察组对洛阳市创建国家森林城市进行考察验收。考察组先后深入洛阳市周山森林公园、中泰世纪花城、一拖集团、解放军外国语学院和伊川、宜阳、嵩县等地，分类察看了造林绿化、古树保护、创建森林城市宣传等情况，并通过查阅资料、入户调查、听取汇报等方式，对洛阳市创建国家森林城市工作进行了考察。考察组指出：洛阳市把创建国家森林城市工作摆上了重要位置，做出了艰苦的努力，取得了突出的成效。一是领导重视，率先垂范。二是组织有力，工作扎实。三是动员充分，群众支持。经考察组随机抽查，洛阳市民对创建森林城市的知晓率、支持率、满意率都达到99%以上。四是理念先进，特色鲜明。洛阳市提出的“牡丹山水林城，宜居生态洛阳”的创建森林城市理念内涵丰富，体现了洛阳市的地理气候条件和人文特点。

【全省林业局局长会议】 2010年2月2日，河南省林业局长会议在郑州召开。会议深入贯彻落实河南省委经济工作会议、河南省委林业工作会议和全国林业厅(局)长会议精神，全面总结2009年林业工作，分析当前林业工作面临的新形势，研究部署2010年工作任务。会议要求：一要坚定不移地抓好资源培育工作，完成造林面积26.87万公顷。二要毫不松懈地抓好集体林改工作。三要千方百计地抓好林业产业发展。四要着力提高资源保护能力。五要着力提高科教兴林能力。六要着力提高基础保障能力。七要着力提高行政管理能力。八要切实抓好“十二五”规划编制、第二届中国绿化博览会和第十届中原花木交易博览会筹办、国有林场危旧房改造等工作。

【全省林业生态建设现场会】 2010年2月23日，全省林业生态建设现场会在平顶山召开。会议总结交流了全省林业生态建设经验，安排部署了2010年植树造林绿化工作。河南省副省长、省绿化委员会主任刘满仓出席会议并讲话。省绿化委员会成员单位负责人、各省辖市政府主管副市长和林业部门负责人参加会议。刘满仓强调，加快林业生态建设是贯彻落实科学发展观的具体体现，是加快新农村建设的重要途径，是转变经济发展方式、保持经济平稳较快发展的重要举措，是保障全省粮食安全的有效措施。要清醒认识加快林业生态建设的深远意义、现实意义，增强紧迫感和责任感，把林业生态建设抓实抓好。刘满仓要求，一要继续推进林业生态省建设，坚持以山区生态体系建设、农田防护林体系改扩建等八项重点林业生态工程建设为主体，以创建林业生态县为载体，发挥大工程带动大发展的优势，建立宜居的森林生态环境体系，提高全省经济社会发展的生态承载能力，为加快工业化、城镇化进程提供环境容量。二要深化集体林权制度改革，真正实现“林有其主，主有其权，权有其责，责有其利”，从根本上解决长期以来林权、产权归属不清晰，经营主体不落实，经营机制不灵活，利益分配不合理等问题。三要加快造林绿化进度，各地尽快落实造林任务，并明确责任单位和进度要求，抓着有利时机，确保在一个月内完成造林任务。四要大力发展林业产业，实现“林业生态建设产业化，产业发展生态化”，坚持以林业生态建设为主的发展战略，协调推进林业生态建设和林业产业发展。五要依法治林，巩固林业生态建设成果。依法严厉打击各种破坏生态资源和毁林行为，加强森林防火和森林病虫害防治工作。

【“保护母亲河行动”春季活动】 2010年3月12日，由共青团河南省委、河南省林业厅主办，共青团郑州市委、郑州市林业局、郑州市二七区委、区政府承办的河南省“保护母亲河行动”春季活动启动仪式在郑州市二七区樱桃沟举行。河南省委常委、组织部部长叶冬松，河南省委常委、郑州市委书记王文超等参加了启动仪式。启动仪式上，郑州市团市委书记高京燕带领参会全体青少年庄严宣誓：低碳生活，积极践行，珍爱生灵，治理水土，奉献青春，不辱使命。叶冬松指出，“保护母亲河行动”春季活动及义务植树活动，对于推动保护母亲河和生态环境具有重要的意义，植树造林，低碳生活，保护生态环境要从青少年抓起，广大青少年要积极行动起来，投身到绿化祖国的事业中来。启动仪式后，叶冬松和王文超为河南省青少年生态绿化示范林揭碑，并现场进行了义务植树活动，近3000名志愿者参加了这次行动 。

【义务植树活动】 2010年3月18日，河南省委书记卢展工、省长郭庚茂等省领导与数百名省市直属机关干部一起在郑州中国绿化博览园参加义务植树活动。劳动间隙，卢展工听取了郑州市市长赵建才关于郑州市林业生态建设以及承办第二届中国绿化博览会的筹备情况汇报的指出，绿化很重要，植树造林、绿化环境，对建设好林业生态省、搞好环境保护、发展低碳经济具有十分重要的作用。造林绿化直接关系生态环境的改善，绿色植物不仅能吸收二氧化碳和二氧化硫等有害气体，改善人们的生活环境，而且还能提高经济社会发展的环境承载能力，是发展低碳经济的重要支撑。我们一定要坚持不懈地抓好造林绿化工作，进一步推动林业生态省建设。

【制定《陆生野生动物疫源病监测技术规范》】 2010年3月21日，河南省质量技术监督局组织省林业厅、省动物疫病监测中心、省质量技术监督局、河南农业大学、河南教育学院、郑州市动物园的专家，对河南省野生动物疫源疫病监测中心制定的《陆生野生动物疫源疫病监测技术规范(送审稿)》进行审定。专家们听取了河南省野生动物疫源疫病监测中心的情况汇报，实地察看了资料，认为该标准规定的技术要求科学合理、切合工作实际，实用性和可操作性强，达到了国内先进水平。一致同意该标准通过审定。《陆生野生动物疫源疫病监测技术规范》规定了河南省陆生野生动物疫源疫病监测范围、术语和定义、用具、防护措施、疫源疫病种类、强度、内容、结果处理、无害化处理、疫情报告等技术。

**【林业外事活动】** 2010年5月5～8日，日本国际协力机构中国事务所足立佳菜子女士和所长助理张阳先生一行赴西峡县、淅川县实地检查日元贷款河南造林项目实施情况。检查组对项目营造的经济林、防护林进行了检查，并与部分项目农户进行了座谈。检查组对项目实施4年来所取得的成效给与了充分的肯定，通过实地的考察，认为经济林已初见效益，防护林的水土保持和生态环境改善作用明显。各级项目管理和技术人员认真执行了项目的技术标准和实施规定，充分调动了农户对项目实施的积极性，对项目的管理、培训和技术服务体系十分满意。双方就日贷项目的后期管理以及后续合作等事宜进行了讨论，日方表达了对河南日贷造林项目后期加强合作的愿望，对实施日贷技援项目给予大力支持。日元贷款河南造林项目截至2009年底，全省共完成营造林186 417.9公顷，占计划194 190公顷的95.99%。其中：防护林155 364.3公顷，占计划163 610公顷的94.96%；用材林19 114.8公顷，占计划18 700公顷的102.2%；经济林11 938.8公顷，占计划11 880公顷的100.4%；主要树种有杨树、火炬松、刺槐、楸树、枣、花椒、山茱萸等。3月25～31日，以Matthias Hahl（马林海）先生为组长的德国复兴信贷银行检查组一行3人对河南省实施的中德合作造林项目进行了检查。截至2009年底，该项目共计完成营造林16 192.06公顷，占项目目标任务的48.84%。检查组在豫期间，对嵩县、鲁山县、卢氏县、南召县以及省项目办财务状况、项目农户的种苗费、劳务费的发放情况进行了检查；并深入到卢氏、鲁山两县实地考察了小流域治理以及项目营造的防护林、用材林、经济林、封山育林等类型。双方就项目实施理念、营造林技术等方面开展了讨论，在造林间作、新造林管护费用、劳务费支付标准等方面达成一致协议，并要求项目切实做好新造林的防火和除草的管护工作。7月13～14日，河南省林业厅、省财政厅联合在卢氏县召开中德财政合作河南省农户林业发展项目工作会议，洛阳、平顶山、三门峡、南阳市林业局分管副局长、项目办主任以及嵩县、鲁山、卢氏、南召县林业局、财政局局长、分管副局长、项目办主任参加了会议，会议还邀请了河南农业大学、河南省林业调查规划院、河南省林业科学研究院等德援项目监测协作单位有关人员参加了会议。与会人员实地考察了卢氏县中德项目小流域综合治理工程，听取了各项目单位对项目启动以来的实施情况汇报，通报了全省项目进展及德国复兴信贷银行检查情况，针对项目实施过程中出现的新问题、新情况进行了交流。7月15日，日韩园林树木种植者协会考察团一行23人在团长三上常夫的带领下到鄢陵县考察花木生产，并举行花木园林发展交流座谈会。座谈会上，鄢陵县委副书记向考察团简要介绍了鄢陵县情，日方代表团三上常夫、上林隆行、岛山富夫分别介绍了日本花木园林的新品种开发、先进技术引进、应用和市场营销等情况，并对未来日本与鄢陵在花木园林方面的合作与交流提出了设想。随同日本考察团来鄢陵的金圣镐先生（韩国人）就韩国园林植物的发展现状、发展趋势以及经济发展对园林植物工程建设的影响等方面进行了介绍。与会的鄢陵花木企业就有关花木栽培技术、樱花品种认定等方面和日本考察团进行了交流。10月14～16日，由河南省林业厅承办的财政部与日本国际协力机构（JICA）日元贷款植树造林项目研讨培训会在郑州举办，11个省（区）的财政厅、发改委、林业厅以及项目实施机构的110余人参加了培训。会议期间，与会代表赴尉氏县参观了利用日元贷款营造的防风固沙林，并对所营造的项目林在保护基本农田和改善当地生态环境方面的作用给予了充分的肯定。11月27～29日，全国政协委员、香港维德集团主席庄启程先生一行对商丘市林业资源和木材加工企业进行考察。香港维德集团主要从事木材加工制造，集团主要采用进口优质大径级原木，生产单板、胶合板和装饰板材，其产品档次以及市场占有率在国内同行中走在前列。目前，该集团正加快实施产业升级，积极寻求新的发展空间。庄启程一行听取了商丘市经济社会发展情况介绍，对林业资源情况进行了全面考察，并参观了鼎盛木业有限公司、南海松本（商丘）木业有限公司、河南瑞丰木业有限公司。庄启程认为商丘市气候适宜、雨水充沛、土壤肥沃、立地条件及林业基础好，非常适应林业发展。他表示，将进一步加强与商丘市的联系和沟通，谋求双方合作事宜，努力实现双赢。

**【漯河市获国家森林城市称号】** 2010年4月27日，在武汉市举办的第七届中国城市森林论坛上，漯河市被授予国家森林城市称号。至此，河南省已有许昌市、新乡市、漯河市先后成功创建国家森林城市。

**【豫鲁两省美国白蛾联防联治协作会议】** 2010年5月13日，河南、山东两省在濮阳市召开了美国白蛾联防联治协作会议。两省森防站主要负责人及分管负责人和相关技术人员，濮阳市、聊城市林业局主要负责人、分管负责人及两市疫情发生区内相邻的台前县、范县、南乐县、清丰县、阳谷县、莘县等县政府的分管副县长共计40余人参加了会议。会上，聊城市和濮阳市分别介绍了本市2009年美国白蛾发生与防治情况及2010年防治计划；河南省森防站与山东省森防站，濮阳市林业局与聊城市林业局，台前县与阳谷县，范县、清丰县、南乐县与莘县分别签订了联防联治合作协议。协议明确了双方各自的职责，协商了联防区美国白蛾防治的重大措施，互相督促检查联防区相邻县对联防协议的执行情况。在交界区域实行跨界监测制度，及时通报本辖区发生情况和发生趋势，适时协调组织边界县进行联防联治。联合加强对林木种苗流通的检疫管理工作，加强信息交流，开展科技交流与合作等。与会人员还对美国白蛾防治技术等进行了座谈讨论。

**【卢氏县人工繁育大鲵获成功】** 2010年6月8日，卢氏县狮子坪乡富科特大鲵养殖合作社，经过近两年的科学繁育，人工模拟自然养殖模式成功繁育出大鲵60尾。卢氏县狮子坪乡大鲵养殖合作社根据大鲵生活习性采用三种模式进行繁育研究，第一种为山洞养殖模式，第二种为人工模拟河道模式，第三种是室内养殖模式。此次繁育大鲵成功为人工模拟河道模式。

**【全省集体林权制度改革工作现场会】** 2010年7月9日，河南省集体林权制度改革工作现场会在信阳市召开，副省长刘满仓，国家林业局林改领导小组副组长黄建兴、林改司司长张蕾，省林业厅厅长王照平等出席会议，省集体林权制度改革领导小组成员单位负责同志以及各省辖市分管林业副市长、林业局局长、林改办主任参加了会议。与会人员参观了信阳市浉河区林权流转交易服务中心、浉河区董家河镇集体林权制度改革服务中心以及浉河区十三里桥乡寺河村、浉河港镇龙潭村的林改成果。会议通报了全省林改工作进展情况，并对下一阶段工作进行了安排。刘满仓指出，自2007年11月全省集体林权制度改革全面启动以来，各地按照省委、省政府的统一部署和要求，做了大量深入细致的工作。全省通过家庭承包和其他经营形式明晰集体林地产权384.67万公顷，占集体林地总面积的85%。全省已建立林权交易和评估机构25个，流转林地20.67万公顷，办理林权抵押贷款3.5亿元。集体林改促进了河南林业生态省建设，2008~2010年全省年均造林近40万公顷。

**【林业生态效益】** 2010年7月30日，河南省政府在南阳淮河源国家森林公园召开新闻发布会，河南省省长助理何东成出席发布会并发布《2009年河南省林业生态效益公报》。中国森林生态系统定位研究网络中心、河南省林科院等单位的专家，按照国家林业局2008年3月31日发布的《森林生态系统服务功能评估规范》(LY/T 1721-2008)和河南省林木及湿地资源等资料，共同完成了河南省林业生态效益评估(2009年度)项目。按涵养水源、保育土壤、固碳释氧、积累营养物质、净化大气、保护生物多样性、防护农田、森林游憩、节能减排等9个方面共26项指标计算出了河南省林木生态服务功能的实物量和价值量。按保护生物多样性、景观游憩、蓄水调洪、净化水质、固碳释氧等5项指标计算出了河南省湿地生态服务功能的实物量和价值量。经评估，2009年河南省林业生态效益总价值为4376.83亿元，其中林木生态效益价值为3473.86亿元，湿地生态效益价值为902.97亿元。其中全省林木的防护作用使全省可增产粮食489.91万吨，价值74.52亿元；增产油料、棉花、蔬菜625.35万吨，价值169.7亿元。保护农田效益总价值244.22亿元/年。全省林木固定二氧化碳量为7984.26万吨，等同于燃烧3203万吨标准煤排放的二氧化碳量，相当于全省工业用燃煤二氧化碳排放量的25.56%，相当于2.43亿成年人一年的排碳量，固碳价值为228.63亿元/年；释放氧气量为5029.6万吨，相当于1.82亿成年人一年的氧气吸入量，释氧价值为502.96亿元/年。固碳释氧总价值731.59亿元/年。全省村镇林木节能556.71千瓦/时，节约能源的价值为183.71亿元/年。节约标准煤2226.84万吨/年，减少二氧化碳、二氧化硫、氮氧化物排放量为1764.77万吨/年，减少排放有害气体价值184.31亿元。减少发电厂排放的粉尘1514.25万吨/年，减少排放粉尘价值27.63亿元。节能减排总价值395.65亿元/年。全省林木和湿地通过涵养水源调节水量190.77亿立方米/年，相当于河南省地方大中型水库总库容247.46亿立方米的77.09%，调节水量价值为1165.72亿元/年；净化水量190.77亿立方米/年，净化水量价值为440.24亿元/年。涵养水源总价值为1605.96亿元/年。全省林木提供负氧离子的数量为$3.46\times10^{20}$个/年，吸收二氧化硫、氟化物、氮氧化物52.3万吨/年；滞尘量为5980.72万吨/年。净化大气总价值为113.74亿元/年。全省林木固土量为1.76亿吨/年，保肥量为992.95万吨/年，相当于5.33万公顷耕地的土壤耕作层，保育土壤总价值为171.50亿元/年。全省林木年增加氮、磷、钾量分别为10.46万吨/年、1.13万吨/年、10.22万吨/年，积累营养物质总价值为24.22亿元/年。全省林木和湿地保护生物多样性总价值为801.6亿元/年。全省森林和湿地游憩总价值为288.35亿元/年。

**【第二届绿博会书画摄影作品评奖揭晓】** 2010年8月4日，第二届绿博会执委会办公室在郑州举行绿博会书画、摄影作品评奖会，中国书法家协会、中国摄影家协会、国家林业局摄影协会和河南省、郑州市摄影家协会的专家共10人组成评审组。经过专家们反复审查和严格评定，共评出美术作品特等奖1个、金奖1个、银奖3个。书法作品特等奖2个，金奖4个，银奖12个，优秀奖320个。摄影作品特等奖3个，金奖5个，银奖15个，优秀奖320个。历时5个月，以“绿色，生命的色彩”为主题的“第二届中国绿化博览会书画、摄影展”征集活动圆满结束。这些获奖作品在9月26日至10月5日第二届绿博会开幕期间，在绿博园公开展出。

**【飞播造林】** 截至2010年8月15日，河南省飞播造林工作结束，先后使用卢氏、济源、上街和安阳机场，完成了三门峡、洛阳、济源、许昌、焦作、安阳、新乡等7市13个县(市、区)的飞播造林任务。共完成19个播区，作业156架(次)，飞行时间208小时，飞播造林面积1.39万公顷。

**【国家级自然保护区管理评估】** 2010年8月5~16日，由环保部、国家林业局等7部(委局)组成的国家级自然保护区管理评估组，对河南省林业系统的宝天曼等9处国家级自然保护区进行了评估。评估组听取了保护区管理机构的工作汇报和自评估报告，查阅了相关文件资料，实地察看了主要保护对象变化、管护设施建设、资源开发利用状况，并与当地政府及相关部门、社区群众、保护区管理人员进行了座谈。经评估，认为河南省林业系统国家级自然保护区在为河南省经济社会发展构建生态屏障方面作出了突出贡献，对全省自然保护区建设近30年来所取得的成绩予以充分肯定。同时，指出了保护区建设管理中存在的问题，并提出了下步工作建议。评估组希望河南省加快生态省建设步伐，进一步提升保护区的建设和管理水平，建立和完善财政保障体系，加强人才队伍建设，规范日常巡护、科研监测、科普宣传等工作，推动自然保护区由规模数量型向质量效益型转变。

【第十届中原花木交易博览会】 2010年9月6日第十届中原花木交易博览会在鄢陵国家花木博览园开幕。原中共中央政治局委员、中央军委副主席、国务委员兼国防部长曹刚川出席开幕式并宣布开幕。河南省委副书记、省长郭庚茂，济南军区副政委吕建成，全国人大教科文卫委员会副主任委员、解放军总政治部原副主任刘永治，全国政协人资环委副主任、中国花卉协会会长江泽慧，国家林业局副局长张永利，中国兵器工业集团总经理张国清，省人大常委会副主任王菊梅，副省长刘满仓，省政协副主席靳绥东，省军区司令员刘孟合等出席开幕式。刘满仓主持开幕式。郭庚茂在致辞中指出，河南地处黄河中下游，属暖温带向亚热带的过渡区，是适宜南花北移、东花西送的理想之地；河南花卉文化积淀深厚，花卉栽培历史悠久，鄢陵早在宋朝就被定为宫廷御用鲜花来源地，洛阳牡丹、开封菊花享誉海内外；河南连南贯北、承东启西，是全国重要的交通运输枢纽，优越的区位优势和运输优势为河南发展花木产业奠定了良好基础。郭庚茂说，目前国际花卉业正逐步向包括我国在内的发展中国家转移，我国花卉生产区域布局也处于加速调整时期，这为河南加快发展花木产业提供了重要机遇。经过这几年的快速发展，花卉已经成为全省除粮、棉、油、菜、药材之外的第六大经济作物，花木产业已经成为河南农业、农村经济中最具发展前景的新兴产业之一。为促进花木产业做大做强，河南省专门制定了发展规划，明确提出了到2020年建成特色鲜明、产业体系健全、在国内外具有较强市场影响力的花卉大省、花卉强省的发展目标，以“魅力花都、绿色家园”为主题，重点展示花木产业新技术、新成果、新产品、新品种等。开幕式上，许昌市被中国花卉协会命名为“中国花木之都”称号，江泽慧向许昌市委副书记、市长李亚授“中国花木之都”匾牌。花博会期间，举行了花木产业高层论坛、招商引资、项目签约和生态文化游、盆景大赛、插花大赛等一系列活动。

【第二届中国绿化博览会】 2010年9月26日，第二届中国绿化博览会(绿博会)在郑州开幕。河南省人民政府副省长刘满仓主持开幕式。开幕式上首先宣读了国务院副总理回良玉发来的贺信。国家林业局局长贾治邦，河南省委副书记、省长郭庚茂分别在开幕式上致辞。随后，全国政协副主席罗富和宣布第二届绿博会开幕。第二届中国绿博会由全国绿化委员会、国家林业局、河南省人民政府共同主办；河南省绿化委员会、河南省林业厅、郑州市人民政府共同承办；各省(区、市)绿化委员会、林业厅(局)和各部门(系统)绿化委员会协办。本届绿博会时间为2010年9月26日至10月5日，来自全国各个省(区、市)和相关行业的86个以及国际友好城市的8个精品园林同时开展。第二届中国绿博会内容主要包括建设郑州·中国绿化博览会，举办室外绿化景点建设展，集中展示各地区、各部门绿化新成就；举办国土绿化成就展，宣传中国国土绿化的方针、政策，介绍国内外绿化领域的新技术、新理念、新成果；举办绿色论坛，组织由国内外造林绿化、城市建设等方面的知名专家、教授、学者参加的学术交流和研讨活动；开展苗木、花卉、园林绿化机械的展览展示等；开展盆景奇石展、书画摄影展、插花比赛、文化演艺等活动。绿博会结束后，此园将永久性存在。10月5日，第二届中国绿化博览会在郑州市落下帷幕。第二届绿博会组委会副主任李育材，国家林业局副局长张永利，河南省副省长刘满仓，省林业厅厅长王照平、巡视员张胜炎及郑州市有关领导出席闭幕式。在闭幕式上，举行了颁奖仪式。绿博会组委会为河南省绿化委员会、河南省林业厅、郑州市人民政府、郑州市林业局颁发了特别贡献奖。向江苏园、齐鲁园、北京园、浙江园、八一园颁发室外展园特等奖。此外，还评选出金奖10个、银奖20个、优秀组织奖25个、先进单位141个、先进工作者336名。插花花艺活动、盆景奇石、书画摄影展及其他活动也都评出相关奖项。

【第十届中国菊展暨第二十八届开封菊会】 2010年10月18日，第十届中国菊花展览会暨中国开封第二十八届菊花花会在古都开封开幕。本届菊展和菊会历时一个月，以“菊花盛世·和谐家园”为主题，以弘扬和繁荣菊花文化、加强菊花栽培技艺交流与合作为宗旨，全国共有63个城市参展，设主会场1个(包括龙亭公园、天波杨府、中国翰园三个景区)、分会场11个，主会场共设置景区16个、布展景点90个。本届菊展有6个亮点。一是参展城市创历届之最。来自北京、上海、天津、重庆等21个省(区、市)的63个城市参展，确定制作室外景点城市21个，从参展城市数量到景点制作，均创全国菊展历史之最。二是布展规模创历届之最。本届菊展主会场设在著名的龙亭湖风景区，在其他主要景区点设分会场11个。按照“植物造景，彰显技艺；两会合办，优势互补；菊花盛世，自然和谐；菊韵花海，规模恢宏；传承发展，共创未来”五大特色，全市共布展菊花145万盆(含陪衬花卉)，布置室外景点170个。三是布展菊花品种最全。2010年布展的菊花品种为历届菊展最全的一次，有国华月山、国华强大、春日剑山、圣光华宝、紫云飞月等1100多个品种，众多精心培育的菊花新品种也在本届菊会亮相，短日照、长日照菊花将有效充实、拉长菊会展期，使整个菊会期间花开不断。2010年菊会无论从菊花用量上还是菊花品质上，都大大超过往年，形成了菊韵花海的壮丽景象。四是造型菊最美。本届菊展主会场布展以植物造景为主，九本菊、十六本菊、大立菊、塔菊、盆景艺菊、大悬崖菊等，集中展示了全国各地高超的菊花栽培和造景技艺。菊花工人精心培育扎制的菊龙、菊球、菊塔、菊画、菊花孔雀、菊花瀑布等各种造型。五是布展设计最精。本届菊展景点的布展设计突出了空间布展、水面布展、现代工艺和声光电制作等特色，各城市制作的景点亮点纷呈，充分展现了各自独特的地域特色和文化内涵。六是活动内容创历届之最。第十届中国菊花展览会将推出一系列评比和交流活动，包括第十届中国菊花展览会插花艺术评比活动、2010国际菊花研讨会暨产业化发展论坛、中国菊花种质资源基因库挂牌仪式等。

【全省森林防火工作电视电话会议】 2010年10月28日，河南省召开全省森林防火电视电话会议，省政府护林防火指挥部成员单位、省政府应急办负责同志在主会场参加了会议，省委宣传部、省委农办的负责同志应邀参加了会议，副省长刘满仓出席会议并讲话。河南省林业厅王照平厅长通报了上半年全省森林防火工作开展情况，分析了今冬明春森林防火形势，安排部署了今冬明春森林防火工作。刘满仓在讲话中指出，“十二五”时期，是我国深入贯彻落实科学发展观、全面建设小康社会承上启下的关键时期，是我省全面建设小康社会、建设林业生态省的重要时期。我省森林防火工作既迎来了良好的机遇，也承担着繁重的任务，我们要准确把握当前森林防火面临的严峻形势，把认识统一到中央和省委省政府对生态文明建设的总体要求上来，把工作统一到全国森林防火工作会议精神上来，切实做好森林防火工作。刘满仓强调，一要切实提高认识，及早安排部署。要科学分析气候状况，研判森林火险情况，细化预测结果，及早做出森林火灾发生等级预告。二要认真开展安全隐患大排查，彻底消除火灾隐患。近期，各地要成立由森防指主要领导为组长、各成员单位参与的隐患排查活动领导小组，抽调精兵强将，认真组织开展一次“纵向到头、横向到边，不留死角、不留空白”的森林火灾隐患排查整改活动。三要突出工作重点，强化火源管理。切实把火源管理工作摆到突出位置来抓，着力实现“火源管理法制化、疏堵结合人性化、督导检查经常化”，全面提高用火管火水平，从根本上消除火灾隐患。四要应急预案到位，强化扑火准备。针对当前森林防火的严峻形势，各地要全面进入临战状态，严阵以待，积极做好扑救突发森林火灾的各项准备工作。五要强化宣传教育，增强防火意识。宣传教育是森林防火工作的第一道工序，要因地制宜，因人施教，提高宣传教育的针对性和实效性。刘满仓要求，一要落实好政府行政首长负责制。森林防火工作实行各级人民政府行政首长负责制和部门分工责任制，政府主要负责同志为第一责任人，分管负责同志为主要责任人，成员单位主要领导为单项工作具体责任人。各级政府领导要自觉承担森林防火职责，履行责任，切实抓好森林防火工作。二要落实好森防指各部门分工负责制。各级森防指成员单位要根据要求，履行各自职责，积极参与森林火灾预防扑救和各项工作，主动履行职责，密切配合，通力协作，形成合力。三要落实好林权所有人和经营者负责制。林权所有人和经营者是森林防火的直接责任人，要签订责任状，督促林权所有人和森林经营主体看好自己的山，管好自己的林，防好自己的火，建立起基层联防联保的森林防火工作机制。四要落实好责任追究。责任追究的目的是为了把防火措施落实到位，切实做好森林防火工作，确保社会稳定，确保人民群众生命和财产安全。要认真贯彻落实《省森林防火责任追究办法》，层层建立绩效评估制度和责任追究制度。有关省辖市、县(市、区)政府分管负责同志和护林防火指挥部成员，有森林防火任务乡镇的乡镇长，国有林场负责同志在分会场参加了会议。

**【河南省花卉协会第五届理事会成立】** 2010 年 12 月 7 日，河南省花卉协会第五届理事会成立(换届)大会在郑州召开。会议通过了修改后的协会章程，选举产生了新一届理事会。何东成当选为本届会长。

**【全省集体林权制度改革工作经验交流会】** 2010 年 12 月 9 日，河南省集体林权制度改革工作经验交流会在郑州召开。各省辖市分管副市长、林业(农林)局局长、农办主任，集体林地面积在 3.33 万公顷以上的县(市、区)长和林业(农林)局局长，河南省集体林权制度改革领导小组成员单位负责同志等共 180 人参加了会议，副省长刘满仓出席会议并作讲话。会议传达了全国百县林改经验交流会精神，通报全省林改工作情况、提出下步林改工作建议。信阳市浉河区、内乡县、嵩县、灵宝市、舞阳县政府主要领导介绍了林改工作经验，林改进度较慢的两个县政府领导作了表态性发言。刘满仓强调，集体林权制度改革是我国农村改革的又一重大突破，是全面解放农村生产力的重要举措，要统一思想，提高认识，增强作好集体林权制度改革工作责任感和使命感；按照省政府确定的林改工作责任目标，2010 年全省要基本完成明晰产权的改革任务，时间很紧，任务很重，要突出重点，加大力度，扎实推进集体林权制度改革工作。刘满仓要求，集体林权制度改革工作事关广大农民切身利益，事关社会和谐稳定，各级各有关部门要进一步加强领导，强化措施，确保圆满完成集体林权制度改革任务。

**【豫鄂两省松材线虫病联防联治协作会】** 2010 年 12 月 10 日，豫鄂两省松材线虫病联防联治协作会议在新县召开。河南省、湖北省森防站站长，黄冈市、孝感市、信阳市林业局局长，森防站站长，红安县、麻城市、大悟县、新县林业局长局长等共 38 名代表参加了会议。会上，豫鄂两省相互通报了各自松材线虫病发生情况及防治情况，对松材线虫病预防和除治工作进行了交流。会议讨论了松材线虫病发生、传播特点、发展趋势，客观分析了松材线虫病防范面临的严峻形势。会议认为，两省要在创新松材线虫病除治机制、强化疫木管理、疫情监测等方面还要继续加大工作力度，努力降低松材线虫病的发生面积和病死树数量，有效遏制松材线虫病扩散蔓延。会议强调，一要加强疫情发生毗连地区疫情监测，把监测工作落到实处。二要积极探索松材线虫病科学防治机制，高标准完成除治目标。三是疫木源头管理不能丝毫松懈，要对疫木安全利用全过程严格监管，坚决防止疫情人为传播。四是毗连地区要进一步加强松材线虫病联防联治信息通报，及时沟通情况。五是交流除治经验、新术、共享资源，提高防控工作成效，有效阻止松材线虫病的扩散蔓延。

**【林业生态县创建工作】** 2010 年 12 月 30 日，根据《河南省林业生态县检查验收办法》，河南省林业厅对 2009 年申报验收的林业生态县(市、区)，对照申报条件和创建标准进行了审查、审核和外业验收，共有 28 个县(市、区)达到林业生态县建设标准，分别是新郑市、巩义市、通许县、新安县、宜阳县、汝州市、平顶山市湛河区、林州市、安阳县、安阳市龙安区、浚县、新乡县、修武县、焦作市马村区、解放区、禹州市、商水县、项城市、永城市、虞城县、商丘市睢阳区、睢县、固始县、光山县、渑池县、漯河市源汇区、方城县、社旗县。 (河南省林业除属名外由胡建清、刘玉供稿)

# 湖北省林业

**【人工造林与封山育林】** 2010年，全省完成荒山荒地造林总面积19.23万公顷，其中人工造林面积11.91万公顷，在人工造林面积中，有竹林面积1093公顷。按林种分，用材林5.37万公顷，其中速生丰产林4.72万公顷；经济林2.86万公顷；防护林10.58万公顷；薪炭林1854公顷；特种用途林2317公顷。按权属分，公有经济成分造林4.94万公顷，其中国有经济成分造林2.5万公顷、集体经济成分造林2.44万公顷；非公有经济成分造林14.28万公顷。在人工造林中，林业重点工程完成人工造林面积3.59万公顷，其中完成天然林资源保护工程人工造林2664公顷，退耕还林工程26 828公顷；长江流域防护林二期工程造林6401公顷。全省完成无林地和疏林地新封山育林面积73 138公顷，有林地和灌木林地4091公顷。全省共完成中幼林抚育实际面积15.86万公顷、完成四旁零星植树1.28亿株。6月28日，全国绿化委员会、国家林业局在北京举行全国造林绿化新闻发布会，邀请湖北等4个造林绿化成绩突出的省份在会上通报典型经验。

**【新农村建设】** 2010年，省林业厅继续抓仙洪新农村建设试验区、鄂州一体化试点、全省88个试点乡（镇）和脱贫奔小康试点等四个层次 新农村建设试点林业工作与绿色家园创建的指导和督办。一是仙洪试验区林业建设。2010年是第一期建设目标完成年，按照规划的9项林业建设目标，已完成沟渠路绿化151千米，植树25.93万株；完成村庄庭院绿化18个村，植树102.34万株；完成农田林网面积4833公顷，植树44.8万株；完成优质林木和工业原料林基地建设面积4867公顷；完成花卉苗木基地93.3公顷；洪湖昌兴公司建设20万立方米中密度纤维板厂，仙桃引进仙安林业建设年产23万立方米中密度纤维板，监利引进15万立方米中密度纤维板厂的“福人”项目；完成林业血防林建设3350公顷；完成低产林改造1400公顷；完成长防林、荒山造林、平原绿化等其他林业工程1900公顷。二是鄂州市城乡一体化试点林业建设。完成苗木花卉产业基地3067公顷；完成农田林网折合造林面积1667公顷；建设绿色通道折合造林面积200公顷，建设里程165千米；建设河港景观林带68千米；完成以日本杂柑（天草）、黄金梨、晚熟枣等为主的低产林改造任务1200公顷；建成以经济林果与绿化美化相结合的森林社区综合示范点7个和庭院林果花卉示范户1280个。三是全省88个新农村建设试点乡（镇）林业建设，完成低产林改造面积1.56万公顷。四是建立脱贫奔小康试点。省林业厅选派新一批工作队员到鹤峰县太平乡唐家村驻点帮助工作。工作队筹资145.2万元，完成硬化村组入户道路4602米，改造低产林43.3公顷，开展科技法制培训、慰问贫困户和特困党员等活动。2010年，唐家村人均收入在4270元以上，比2009年增长15%以上。

**【油茶产业发展】** 2010年湖北省年末实有油茶林面积11.52万公顷，其中当年新造面积1.08万公顷、当年低产林改造的油茶面积4570公顷，全省油茶繁殖圃32个，面积1794公顷，油茶苗木产量4240万株。全省油茶籽产量71 054吨。全省油茶产业年产值4.23亿元。全省21个油茶良种繁育基地完成油茶芽苗砧嫁接容器育苗7099万株，新造油茶基地21 887公顷，油茶加工产值超过4.7亿元。实行油茶种苗准入制，做到“四定三清楚”。要求新造或改造的油茶林，必须一律使用经过省级以上部门鉴定的优良品种。执行油茶种苗“三证一签”制度。

**【集体林权制度改革】** 2010年，全省基本完成林改主体改革任务，省林业厅配合国家林业局开展林改立法调研及全国百县经验交流会典型人选调研；配合湖北省物价局开展森林资源资产交易收费标准的调研；配合湖北省委政研室、省政府研究室召开林改专题调研座谈会，并对京山、宜都、南漳三县进行实地调研。省林业厅推介京山、南漳、通山、恩施、宜都等5个县（市）的县（市）委书记参加了全国集体林权制度改革百县经验交流会，并上报国务院典型交流材料5份，其中恩施市委书记谭文骄在大会上作了典型发言。

**【木本生物质能源林建设】** 2010年全省生物质能源林培育及更新、改造面积39 660公顷，其中荒山荒地新造面积10 460公顷。按照国家林业局的部署，省林业厅组织编制了《湖北省生物质能源林发展规划》。

**【林业碳汇工作】** 2010年，省林业厅联合省绿化委员会向全省发出了《大力开展植树造林　争做碳零排放公民（家庭、单位）的倡议书》，号召全社会投入造林减排行动。襄樊、黄冈、宜昌等地也相继发出倡议，推进造林减排行动。在《湖北日报》上专版刊登植树造林对间接减排，吸收二氧化碳的好处，社会反响强烈。武汉市江夏区利用中国绿色碳基金的碳汇造林项目，在国家林业局和省林业厅的指导下，按规程不断加强抚育管护等相关技术操作工序，完成了国家碳汇造林试点任务。

**【林业血防工程造林】** 2010年度全省有22个县（市、区）实施林业血防工程，共完成当年造林任务1.79万公顷。2010年，湖北省政府与省林业厅等省直相关部门签订了2010年度血防目标责任书。省林业厅对所联系的黄州区血防联系点，由主管厅领导亲自带队检查督办数次，促进了血防综合治理的整体推进。各实施单位编制了县级实施方案，并将具体建设目标与任务层层分解落实到基层建设单位，落实到山头地块和田间地头、做到重点突出、布局合理、任务明确。在工程建设中，积极推行项目法人负责制、合同制和监理制。建立和完善规章制度，规范工程管理，把工程建设纳入到法制化、规范化和科学化管理的轨道。省林业厅组织省财政、省发改委、省血防办及相关林业专家对林业血防工程“年度作业设计”进行评审。各项目县（市）根据年度作业设计组织施工，省林业厅派出工程监理专班对实施质量进行检查与监督。

**【低丘岗地开发与低产林改造】** 2010年全省完成低产林改造2.73万公顷，新增崇阳、京山、松滋、当阳、秭归、恩施市6个县（市、区）作为低产林综合改造试点。各试点单位按照省林业厅的指导意见，结合本地实际，开展试点工作，探索改造模式，为全省扩大实施低产林综合改造和森林经营工作，在技术和制度上奠定了基础。

**【国有林场改革与建设】** 2010年全省国有林场241个，在册职工人数1.18万人。省林业厅编写了《湖北省国有林场危旧房改造2010年度实施方案》上报国家林业局，并得到批准。该方案共涉及85个国有林场，改造户数8500户。省林业厅于2010年6月29日、7月1日、11月8日分别召开了三次国有林场危旧房改造工作会议。全面部署国有林场危改工作。举办全省国有林场危旧房改造业务培训会，宣传、讲解国家危改政策，同时就项目组织管理、实施方案的编制等进行培训，全省85个项目林场场长及17个市（州）林场科长参加了培训。签订省与县国家保障性住房建设相关政策目标管理责任书，与85个项目林场所在的43个县级人民政府签订了目标管理责任书，明确了地方政府的主体责任，做到“目标、任务、资金、责任”四到县，要求地方政府配套资金不低于省级配套资金的50%，全面落实税费减免、土地划拨、房屋产权等优惠政策。总结推广钟祥市盘石岭林场危改试点林场的试点经验，建房形式呈现多元化，如原址新建、异地新建、购买经济适用房、购买企业搬迁留置房等。盘石岭林场危改任务156户，其中123户为新建，按正常建房缴费，办理林场危改应缴纳各类规费为473.08万元，实际缴纳费用仅10.39万元，优惠比例达97.9%。全省8500户林场危旧房改造计划已开工2500户，已完工151户。中央和省级配套资金（各1万元/户），共1.7亿元已下拨各地。

省国有林场管理站2010年共完成经营收入715.1万元，其中省林工商公司收入700万元；沙口林场收入15.1万元。超额完成全年690万元的经营收入目标任务。

2010年，太子山林管局完成收入6600万元，利润380万元，职工自营经济收入1950万元。全年新造林90公顷，播种育苗3.81公顷，扦插育苗20万株，移植大规格苗9500株，中规格苗10 000株，根繁苗1.33公顷，抚育897.47公顷，林木施肥15公顷，防火线化学除草13.57公顷，木材生产8040立方米，松毛虫飞防1333.3公顷，低丘岗地改造完成166.67公顷。

**【外资造林】** 2010年，全省林业利用外资项目3个，实际利用外资金额158万美元，其中全部为无偿援助。实施的外资项目全省完成营造林面积6.68万公顷，其中人工造林面积1066.67公顷，人工造林抚育面积1.72万公顷，封山育林面积4.84万公顷，可报回资金1196.5万元。在实施的外资项目中，全省完成德援二期项目人工造林面积846.67公顷，人工造林抚育面积5420公顷，封山育林面积4.84万公顷，可报回德国援助资金781万元。实施的日贷造林项目已完成2008年度日贷造林项目抚育面积1.18万公顷，可报回资金315.5万元。组织实施的速丰林大径材项目新造林面积220公顷，可报回中央林业基建资金100万元。省林业厅外资办开展造林技术、病虫害防治、森林可持续经营、环保技术、先进管理理念等多种培训，培训5000人（次）。

**【义务植树】** 2010年，全省四旁零星植树1.28亿株。2月23日，省委书记罗清泉、省长李鸿忠率省委、省人大、省政府、省政协、省军区领导，在省林科院试验林场集体参加义务植树活动，拉开省义务植树的序幕。2010年，湖北省直机关义务植树的组织方式，分宣传、政法、党群等八大系统，分期分批开展义务植树活动，将“植树节”变成了“植树月”，并在洪山区花山镇和鄂州市庙岭镇建立两片义务植树基地，落实了管护责任。2010年省委、省政府决定实施的环“一江两山”交通沿线1139千米长的林业生态景观工程，共完成人工造林4159.53公顷，占计划任务的108.8%；完成封山植树266.33公顷、墓地植树4.7万株，分别占计划任务的101.9%、117.5%。根据全国绿委、教育部和国家林业局的有关要求，湖北省绿化委员会、省教育厅、省林业厅联合发出了《关于在全省开展“弘扬生态文明，共建绿色校园”活动的通知》（鄂绿委〔2010〕1号）。7月10～20日，省林业厅与省教育厅联合在华中科技大学和湖北第二师范学院共同组织开展千名中学校长绿化知识大培训活动。11月26日，省绿委、省教育厅、省林业厅联合发出通知，对2010年的“绿色生态校园”创建活动进行检查、评比，并表彰100所绿色文明校园。5月17日，李鸿忠省长主持召开省政府常务会议，审议通过《湖北省古树名木保护管理办法》（以下简称《管理办法》），自2010年8月1日起施行，这是湖北省首部古树名木保护方面的政府规章。4月，全国绿委授予湖北省荆门等15个市、县、单位全国绿化模范单位荣誉称号，授予湖北省吴恒洲等18名同志全国绿化奖章。2010年启动省级绿化模范单位的复核表彰工作，由省绿委委员带队的检查验收组对部分省直单位的绿化进行了复核考评，并表彰121家全省绿化模范单位。全国绿化委员会项目有国道重点段绿化和义务植树补助，2010年投资分别为800万元和500万元。湖北省国道重点段绿化和义务植树补助分别落实40万元和30万元，共计70万元，是全国各省（区、市）绿化办方面资金最多的省份，比去年增加10万元。

**【武汉市第七届中国城市森林论坛】** 2010年4月28日，为期两天的第七届中国城市森林论坛闭幕。全国政协常委、全国政协人口资源环境委员会副主任王少阶，中央纪委驻国家林业局纪检组组长、局党组成员陈述贤，经济日报社副总编林跃然，全国政协人口资源环境委员会办公室副巡视员张燕妮，省林业局局长王海涛，武汉市委副书记涂勇，武汉市委常委、副市长张学忙等领导和论坛全体代表出席闭幕式；全国政协委员、原国家林业局副局长、关注森林活动组委会副主任赵学敏主持闭幕式。此次论坛通过《第七届中国城市森林论坛武汉宣言》，授予了武汉市国家森林城市称号。

【天然林资源保护工程】 2010 年，全省荒山荒地造林面积 62 665 公顷，其中人工造林 2664 公顷，新封山育林面积 60 001 公顷。年末全省实有森林管护面积 336.12 万公顷，管护人员 8645 人。当年一次性安置职工人数 114 人，安置费 106 万元。全年林业投资完成总额 16 187 万元。其中用于造林 5177 万元，用于森林管护 6069 万元，社会保险 2851 万元，政策性支出 1221 万元，其他 869 万元。天保工程区按照天保实施方案确定的人数配齐专、兼职护林员；每个管护站做到有管护队伍、有房子、有牌子、有管护图、有管护制度。每天坚持巡山护林工作，采取记巡山日记、巡护地区村组长在巡山日记上签字、定期考核巡护效果等方法，强化护林员巡护工作，确保天然林资源得到保护。2010 年启动天保区 21 个县(市)人工商品林采伐工作，各地严格按照省批准的伐区作业设计进行采伐。省天然林资源保护工程领导小组办公室出台了《湖北省天然林资源保护工程责任追究办法》规定，各地签订了天保工程建设目标责任状，明确了工程建设的责任主体，增强了各级各部门实施好天保工程的责任感；在全省天保区全面开展了天保工程监理工作，并通过招投标确定监理公司，明确监理公司的工作职责，确保了工程建设质量。丹江库区七县(市)纳入天然林资源保护工程二期实施范围。开展湖北省天保工程一期十年总结和宣传工作及天保十年生态效益监测工作。省林科院结合工程项目的监测成果，完成天保工程生态效益监测成果报告。

【生态公益林】 2010 年，湖北省公益林生态效益补偿总面积为 170.6 万公顷，其中国家级公益林补偿面积为 103.93 万公顷，省级公益林补偿面积为 66.67 万公顷；补偿资金为 21 939 万元，其中国家级公益林补偿资金为 14 080 万元，省级公益林补偿资金为 7859 万元。2010 年，按照国家林业局新修订的《国家级公益林区划界定办法》要求，省林业厅组织全省进行国家级公益林区划界及新增调整工作。2010 年经调整新增后全省国家级公益林面积达到 221.18 万公顷，其中非天保工程区国家级公益林面积为 84.21 万公顷，天保工程区国家级公益林面积为 136.96 万公顷。从 2010 年开始，湖北省国家级公益林和省级公益林补偿标准有新的提高，对“属集体林”的，由 2009 年前的每年每亩 5 元提高到每年每亩 10 元。2010 年补偿资金比 2009 年净增 9144 万元，增加率为 71.47%。其中国家级公益林生态效益补偿资金净增 6285 万元，增加率为 80.63%；省级公益林补偿资金净增 2859 万元，增加率为 57.18%。2010 年，省林业厅修订出台了《湖北省生态公益林管理办法》，为全省生态公益林资源管理走向规范化、制度化打下了基础。

【退耕还林】 2010 年，退耕地配套荒山荒地造林 3.02 万公顷，年末实有封山育林面积 3332 公顷。2010 年粮款兑现退耕地总面积 34.29 万公顷，粮食补助资金 76 057 万元，生活费兑现金额 8734 万元，粮款兑现涉及农户 1 338 507 户。全部林业投资完成额 133 149 万元。其中粮食补助资金 69 077 万元，种苗费 7151 万元，生活费补助 7221 万元，巩固退耕还林成果专项资金 40 075 万元，其他费用 9625 万元。省林业厅组织开展检查督办，加强全省退耕还林地块的抚育管理，巩固退耕还林工程建设成果；配合省发改委完成 2010 年巩固退耕还林成果专项规划项目的下达、林业建设项目的实施指导、规划项目实施情况省级联合检查、国家部委专项规划实施情况联合检查的迎检等工作，配合省财政厅下达 2010 年度的退耕还林各项资金拨付。按照《退耕还林条例》要求，督促各地开展县级检查验收。制定 2009 年度全省退耕还林省级复查方案，组织对涉及 16 个工程县(市)的 2006 年度退耕还林荒山造林、坡耕地退耕还林造林成效和 2009 年度退耕还林荒山造林实绩进行了全面核查。2010 年 4 月，国家林业局授予湖北省林业厅全国退耕还林工程 2009 年度阶段验收工作先进单位称号(办退字〔2010〕35 号)。

【长江防护林工程】 2010 年，全省长江防护林工程荒山荒地造林面积 10 334 公顷，其中人工造林 6401 公顷，新封山育林面积 3933 公顷。其中水源涵养林 3114 公顷、水土保持林 3052 公顷、护岸护堤林 601 公顷，其他林种 3567 公顷。完成全部林业投资额 4202 万元。

【自然保护区建设】 2010 年全省实有自然保护区个数 49 处、面积 919 672 公顷，其中国家级自然保护区 6 处、面积 253 253 公顷；省级自然保护区 17 处、市级自然保护区 24 处、县级自然保护区 6 处；自然保护小区 176 处，总面积达 114.92 万公顷，占全省国土总面积的 6.18%。2010 年，省政府批准宜昌长阳崩尖子、恩施巴东神农溪和咸丰二仙岩、襄樊谷城南河、神农架大九湖晋升为省级自然保护区，总面积达 5.3021 万公顷，生存有金丝猴、林麝、黑熊等珍稀野生动物及珙桐、红豆杉、秦岭冷杉等珍稀植物。十堰赛武当、鹤峰木林子通过了国家级自然保护区晋级评审。

【湿地保护与管理】 2010 年，湖北省境内国际重要湿地 1 个，面积 41 412 公顷。全省湿地示范区面积 35 466 公顷。省林业厅组织编制了《湖北省湿地保护中长期规划(2011 ~ 2030 年)》和《湖北省湿地保护实施规划(2011 ~ 2015 年)》，对《湖北湿地保护工程“十二五”实施规划》进行了专家评审。继续抓大九湖、沉湖、涨渡湖和丹江库区湿地保护与恢复工程建设，指导大九湖湿地公园管理局完成建设任务，其他三处湿地按国家投资进度实施。省法制办将《湖北省湿地保护条例(草案)》列入省人大“十二五”立法计划。完成黄冈遗爱湖、钟祥莫愁湖等 6 处国家湿地公园报批工作；组织编制武汉蔡甸区后观湖、武汉江夏区藏龙岛、襄樊市襄阳崔家营 3 处新建省级湿地公园的总体规划，进行专家评审。

谷城汉江、蕲春赤龙湖、赤壁陆水湖、荆门漳河等 4 处湿地公园，获国家林业局批准，进入 2010 年度最新

62 处国家湿地公园试点名单。湖北省共有 8 处湿地公园，其中国家级 2 处，省级 6 处，总面积达 23 908.5 公顷。

**【野生动物疫源疫病监测与防控】** 2010 年，全省野生动植物科研及监测机构 69 个，专业技术人员 195 人。省林业厅组织举办了两期全国野生动物疫源疫病监测网络直报培训班，普及推广监测网络直报技术和方法，保证监测网络直报系统的科学试运行。对全省各国家级、省级监测站的应急值守情况共进行抽查 65 次，结果在岗 55 次，在岗率达 91.7%。赴孝感云梦等地开展野生动物疫源疫病采样检测试验，摸清全省各地主要的野生动物疫源疫病的种类及其空间分布规律。在全国率先推出了全省首期野生动物监测趋势预报，开启野生动物疫源疫病主动预警监测的转变。组织召开湖北省野生动物疫源疫病监测与防控专家座谈会，来自武汉大学、中科院武汉病毒所、华中农业大学、华中师范大学、世界自然基金会武汉办公室等科研院所的专家教授参加了座谈会，对加强科研合作、规范监测管理等问题进行了交流。

**【野生动植物保护与管理】** 2010 年，全省野生动物种源繁育基地 31 个，野生植物种源培养基地 13 个，野生动植物保护管理站 119 个，野生动物园 2 个，植物园 2 个，狩猎场 12 个。2010 年，湖北省林业厅重点抓了华南虎再引入和神农架金丝猴国家级研究基地两大项目争取工作。五峰后河作为华南虎再引入项目首选目的地，通过了国家林业局和国务院审批，并报国家发改委立项实施；国家林业局批准在湖北省神农架保护区加挂“国家林业局(神农架)金丝猴研究基地”牌子，为神农架金丝猴保护研究工作提供了平台。4 月 1～2 日，襄樊林业局举办了 2010 年全国暨湖北第二十八届爱鸟周活动启动仪式。9 月 25～26 日，在武汉东湖宾馆 2010 年长江湿地保护网络年会，通过了加强湿地保护管理工作的《武汉宣言》。省林业厅组织编制了《湖北省野生动植物保护及自然保护区建设“十二五”总体规划》，制定下发了《关于进一步加强陆生野生动物保护管理的紧急通知》，组织全省开展了一次以保护陆生野生动物为主要对象专项执法检查，打击了盗猎、贩卖、偷运、违法经营利用陆生野生动物的违法行为。制定下发了《关于进一步规范野生动植物行政许可事项办理的通知》，2010 年共办理各类野生动植物行政许可事项 61 份，核发国家重点保护野生动物驯养繁殖许可证 16 份、湖北省国家重点野生动物特别经营许可证 13 份、野生动物出省运输证 20 份、国家级保护野生植物采集证 2 份、野生动植物进出口证明书 5 份、野生动植物产地证明 5 份。根据《国家林业局关于对野生动物观赏展演单位野生动物驯养繁殖活动进行清理症断和监督检查的通知》(林护发〔2010〕195 号)要求，在全省野生动物观赏展演单位进行了全面清理整顿及监督检查，规范了全省野生动物观赏展演行为，消除了安全隐患。2010 年共接到救护求救电话 65 次，开展了 48 次救护行动，电话指导各地救护 17 次。

共救护动物 29 种 74 头(只、条)，其中国家一级保护动物 4 种 6 头(只、条)、国家二级保护动物 9 种 20 头只(条)，救护成活率达 87.3%；建立《野生动物救护档案》24 份、《野生动物死因分析报告》10 份；放生野生动物 5 次 31 只。处理了石首麋鹿非正常死亡事件。派专家现场指导救护，防止了疫情蔓延和事态进一步扩大。建立《野生动物救护档案》24 份，《野生动物死因分析报告》10 份。落实动物放生制度，开展科学放生动物行动 5 次，共 31 只。落实动物托管制度。2010 年 5 月，将 1 只国家一级保护动物黑尾蟒托管到九峰森林动物园，使蟒蛇的观赏价值得到充分发挥。

**【保护大洪山风景名胜区生态资源】** 大洪山风景名胜区横跨随州、钟祥、京山两市一县，于 1989 年被国家建设部批准命名为国家级风景名胜区，其核心景区在钟祥市客店境内，面积约 187 平方千米。为了保护好景区植被和生态环境，钟祥市等林业部门从 2010 年起，除林农自用材外，对重点景区乡镇实施全面封山育林，出台了五项硬性管理措施，保护大洪山风景名胜区生态资源。一是不再下达商品材生产计划，全面停止商品材采伐。二是 2009 年已办商品材采伐证尚未采伐的，限期换证。三是发挥森林公安局、林政稽查大队、木材检查站、乡镇林业工作站等林业执法队伍作用，加大对乱砍滥伐打击力度。四是加大对古树名木保护力度。对古树名木按年代、分品种和区域进行登记造册，组织乡镇林业站定期巡查；五是实施公益林补偿。

**【2010 年全国暨湖北省“爱鸟周”活动在襄樊启动】** 2010 年 4 月 1 日，全国政协副主席罗富材在襄樊市宣布，2010 年全国暨湖北省“爱鸟周”活动启动，主题是“科学爱鸟护鸟，维护生物多样性”。2010 年是全国第二十九届、湖北第二十八届爱鸟周。湖北省鸟类资源丰富。据统计，全省共有鸟类 456 种，占全国鸟类种数 1244 种的 36.7%。其中有东方白鹳、黑鹳等国家一级保护鸟类 12 种，白琵鹭、天鹅等国家二级保护鸟类 67 种。启动仪式上，襄樊市被中国野生动物保护协会授予中国红嘴相思鸟之乡称号。红嘴相思鸟被列入《国家保护的有益的或者有重要经济、科学研究价值的陆生野生动物名录》，是省级重点保护鸟类，在该市分布数量约为 2400 万只。

**【林产工业】** 2010 年全省林业产业年总产值 706.94 亿元，其中第一产业 322.17 亿元、第二产业 296.13 亿元、第三产业 88.64 亿元。2010 年，全省木材产量 221.1 万立方米，竹材产量 2615.56 万根。主要林产品锯材 66 万立方米、木片 18.99 万立方米，人造板产量 289.53 万立方米，其中胶合板 43.66 万立方米，纤维板 177.42 万立方米，刨花板 14.12 万立方米，细木工板等其他人造板 54.33 万立方米。

**【主要经济林产品】** 2010 年全省主要经济林产品生产情况分别为：水果产量 438.37 万吨，年末实有种植面积 37.63 万公顷，年末实有结果面积 29.08 万公顷，其中苹果 9761 吨、柑橘 308.22 万吨、梨 59.51 万吨、葡萄 6.56 万吨、桃 51.44 万吨、杏 2079 吨、猕猴桃 1.12

万吨。干果产量42.23万吨，年末实有种植面积34.77万公顷，年末实有结果面积18.88万公顷，其中核桃9.23万吨、板栗27.67万吨、枣2.98万吨、柿子1.42万吨、银杏白果7721吨。林产饮料产品12.52万吨，年末实有种植面积18.23万公顷，其中毛茶12.52万吨。林产调料产品1051吨，年末实有种植面积3655公顷，其中：花椒1005吨、桂皮14吨。森林食品12.28万吨，其中竹笋干9347吨、食用菌9.01万吨、山野菜9399吨。木本药材11.12万吨，年末实有种植面积10.64万公顷，其中杜仲1.18万吨、黄柏3365吨、厚朴6566吨、枸杞148吨、山茱萸1601吨、其他木本药材8.77万吨，。木本油料7.19万吨，年末实有种植面积11.53万公顷，年末实有结果面积7.24万公顷，其中油茶籽7.11万吨。林产工业原料7.58万吨，其中生漆0.78万吨、油桐籽1.69万吨、乌桕籽9401吨、五倍子1892吨、棕片1949吨、松脂3.78万吨。2010年全部经济林产品的种植与采集产值198.82亿元，其中水果及干果的种植与采集95.61亿元、茶及其他饮料作物的种植与采集产值44.11亿元、林产中药材的种植与采集20.69亿元、森林食品的种植与采集32.06亿元。竹产业产值12.74亿元。

**【鄂州市为林业招商企业提供永久性后续服务】** 鄂州市林业部门创新工作方法，探索出一套为林业招商企业提供永久性后续服务的路子，受到招商企业的青睐。该市林业局与鄂城区合作，实行市、区、镇、村四级一个团队招商，一个专班担责，一竿子服务到底的办法，引进浙商明胜花卉苗木公司。从招商信息采集、考察谈判、引进落户、公司注册到土地流转和133.33公顷花卉苗木基地建设，均在1个月时间内完成。该市林业局已与市农机办达成协议，全市招商引进的林业企业需要购置农机具的，由林业部门出具证明，农机部门直接给予农机补贴优惠政策。

**【苗木花卉】** 2010年全省实有国有苗圃40个，在册职工人数811人。年末实有母树林面积4060公顷，年末实有种子园面积3021公顷，林木种子采集量4386吨，其中良种种子采集量1565吨。2010年完成育苗面积3.43万公顷，其中当年新增育苗面积7086公顷，当年苗木产量11.35亿株，其中良种苗木产量5.86亿株。当年的育种与育苗总产值15.12亿元。2010年年末实有花卉种植面积3.58万公顷。切花切叶产量0.841亿支，盆花植物产量1.29亿盆，观赏苗木产量2.68亿株，草坪产量290.86万平方米，全省共有花卉市场241个，花卉企业1293个，花卉从业人员11.19万人，全年花卉种植总产值24.04亿元。

**【森林公园和森林旅游】** 2010年，全省林业旅游与休闲产业2398.32万人(次)，旅游收入48.17亿元，林业旅游与休闲产业直接带动的其他产业产值34.84亿元，其中全省林业旅游2275.67万人(次)，旅游收入44.13亿元，林业旅游直接带动的其他产业产值30.32亿元；林业疗养与休闲122.65万人(次)，旅游收入4.04亿元，直接带动的其他产业产值4.52亿元。

**【十堰市沧浪山国家森林公园挂牌】** 2010年11月16日，湖北沧浪山国家森林公园挂牌暨沧浪山国家森林公园副县级管理局成立仪式在十堰郧县举行。湖北沧浪山国家森林公园是2008年经国家林业局批准设立的，位于十堰市郧县境内，规划总面积7466.7公顷。公园境内峰岭连绵、沟壑纵横，1000米以上的山峰有19座，其中沧浪山主峰有1826米，为十堰市境内最高峰。公园内森林覆盖率达到92%以上，有植物1000多种，野生动物100多种。境内森林景观和人文景观资源丰富，有迭瀑、深峡、峭壁、岩洞、怪石、碧水、古寨和万亩野生蜡梅林等50多处景点，其中万亩野生蜡梅林具有很高的观赏和科研价值。

**【野生动物驯养繁殖】** 2010年全省野生动物种源繁育基地31个。全年陆生野生动物繁育与利用总产值3.77亿元。省野生动物救护中心依靠社会企业，拓宽野生动物驯养繁殖发展道路。

**【孝感市林业板块基地建设】** 2010年，孝感市大悟县、孝昌县、孝南区等孝感市林果集中产区，有板栗、早蜜桃、冬枣等基地5.7万公顷，拥有中原红、腰子栗和大红袍等当地优势品种。长期以来，由于经营分散，造成林果品种、技术服务、销售不能有效整合，资源优势得不到充分发挥，形成了典型的小而全生产格局，林果产品满足低端消费的大路货多，满足高端需求的优质产品少，经营林果效益得不到有效保证。为了彻底扭转这一局面，变资源优势为市场优势，由孝感市政府牵头，协调相关县(市、区)签订协议，打破行政区划界限，实行连片开发，整合林果品种、技术服务、市场销售资源，实现统一规划、品种、技术支持、市场平台，打造优势林果板块。先后建成优质板栗、早蜜桃、冬枣板块基地，大悟板栗、孝昌冬枣等一批林果产品通过整合品牌、统一包装成功打入市场。

**【宜昌市兴山县林业产业】** 宜昌市兴山县为加快林业产业发展，一是栽好一棵树，大力种植核桃。建设核桃基地2万公顷，年创产值9亿元，核桃深加工综合产值达到38亿元。二是建好一片园，大力构建现代林业产业示范园。在黄粮张家河流域，建设优质核桃种苗繁育基地，核桃产品深加工基地，木材精细加工基地及珍稀植物繁育基地，融科研、种苗、加工于一体综合发展。三是开发一个区，大力发展生态旅游业。从界岭至龙门河区域，以国有林场为依托，建立坟淌坪渡假休闲区、高岚朝天吼漂流区、龙门河神农洞风景区、万朝山国家自然保护区等生态旅游景区，促进国有林场振兴和发展。

**【森林防火】** 2010年，全省森林防火林业建设下达资金6166万元。省财政投入500万元用于防火物资器材的购买，比2009年增加了300万元。全省共发生森林火灾632起，其中一般森林火灾554起，较大森林火灾78起；过火面积3069.1公顷，其中受害森林面积561.9公顷，森林火灾受害率0.09‰，与2009年同期相比，森林火灾发生起数、过火面积和受害森林面积分别下降6.17%、44.9%和36.6%。森林火灾造成1人死亡，没有发生其他重大森林火灾。湖北省森林防火办、省林业厅还被国家森林防火指挥部和国家林业局评为2007年至2009年度森林防火先进单位。

**【恩施土家族苗族自治州恩施市率先为基层配备专业森林消防车】** 2010年11月18日，恩施州恩施市举行专业森林消防车配发仪式。此举是恩施市在贯彻恩施州提出的生态立州战略，打造"仙居恩施"的具体举措。恩施市自2000年被纳入国家天保工程实施范围后，生态系统进入良性循环，该市森林覆盖率由十年前的51.3%上升到63.71%。为进一步强化森林防火工作，确保林业生态安全，恩施市2010年投入280万元财政资金为乡镇、国有林场一次性配发21台森林防火专用车，改善基层森林消防设施条件。

**【森林病虫害防治】** 2010年，全省森林病虫害防治站69个，从业人员即在册职工人数556人。林业有害生物防治林业建设资金到位882万元，其中国家预算内资金524万元。全省林业有害生物发生面积32.51万公顷，成灾面积控制在1.32万公顷，成灾率为1.86‰，控制在3‰目标以内；完成防治面积27.45万公顷，防治率占发生率的84.43%，其中无公害防治面积23.81万公顷，无公害防治率为86.77%；测报准确率、种苗产地检疫率分别达到96.04%、100%。

**【森林公安专项行动】** 2010年度，全省共组织开展了4个全省性林业严打统一行动和23个区域性专项整治行动。1月10日至4月20日，全省森林公安机关开展以侦查破案为抓手，以打击破坏森林和野生动物资源犯罪为重点的"破案攻坚百日会战"。行动期间，全省共出动人员22 924人(次)，出动车辆9173台(次)；查处森林和野生动物案件2301起，侦破刑事案件164起，含重大案件16起，特大案件10起。抓获违法犯罪人员203人，打掉犯罪团伙5个，行政处罚2215人次；收缴木材8665.34立方米，查获国家重点保护野生植物237株，为国家挽回经济损失370余万元。8月1日至9月30日，开展"春季铲毒行动"。全省出动警力12 567人次，车辆3598台次，发现案件线索23起，铲除毒品原植物3014株，巩固和扩大了禁毒成果。4月1日至6月30日开展了"春季行动"。全省共清查木材交易市场、经营加工场所及征占用林地1440处，9月1日至11月30日，开展严厉打击破坏野生动物资源违法犯罪专项行动。全省共清理检查野生动物经营和驯养场所1125处，侦破刑事案件15起，查处行政案件144起，处理违法犯罪人员166人，收缴野生动物活体40 407头(只)。

**【爱民模范王燕山】** 2010年3月26日，公安部在北京召开全国公安机关爱民模范先进事迹报告会，并表彰全国公安机关的100个爱民集体、200名爱民模范。湖北省荆州市监利县森林公安局局长王燕山被公安部授予爱民模范荣誉称号，并作为全国森林公安系统唯一代表受到胡锦涛、温家宝等党和国家领导人亲切接见。

**【森林公安办案】** 2010年全省森林公安机关共受理各类涉林案件8357起，查处8153起，其中刑事案件立案716起，侦破661起；省森林公安局督办大要案件47起，结案47起；受理行政案件7641起，查处7492起，综合查处率为97.6%。处理各类违法犯罪人员31 046人(次)，为国家挽回直接经济损失5194万元。全省森林公安机关全年共受理重特大案件65起，其中特大案件14起，重大案件51起，国家和省级挂牌督办的10起重特大刑事案件全部告破，重特大案件破案率达100%。抓获犯罪嫌疑人245人，打掉犯罪团伙5个；查处林业行政案件2380起，行政处罚1762人(次)；收缴木材4352立方米，国家重点保护野生植物327株。对大案、要案和群众来信来访案件，坚持以发督办函和实地督办的方式督促有关单位及时予以查处。全年先后13次派员对荆州、鄂州、京山、阳新等地大要案件进行实地督办，5次派员暗访，对44起信访举报案件进行了转办或督办，重点督办查处了35起有影响的大要案件。

**【森林采伐】** 2010年，全省森林采伐管理改革网上办证工作得到加强。全省"十二五"期间年森林采伐限额总量为915.9万立方米，比"十一五"期间增加52.67万立方米，增长6.1%。南漳、京山、公安、赤壁等四县市被列入国家森林采伐改革试点县市，开展森林采伐改革试点工作。加强了对大树采挖的管理。省林业厅下发了《关于进一步规范树木采挖管理严厉打击乱采滥挖树木违法行为的紧急通知》，严厉打击乱采滥挖树木的违法行为。

**【林地管理】** 2010年，全省林地管理开展了林地清理工作，全省共清理征占用林地2272宗，其中非法使用林地案件564宗，补缴森林植被恢复费1360万元。据统计，2010年全省共收缴森林植被恢复费3.28亿元。2010年，国务院批复《全国林地保护利用规划纲要(2010年~2020年)》，根据国家林业局部署，湖北省编制了湖北省林地保护利用规划工作方案和技术方案以及《省级林地保护利用规划编制大纲》。

**【林业案件】** 2010年，全省资源林政系统共受理林业行政案件16575起，查处16351起，案件查处率为98.65%。处理了大量群众信访案件。今年仅资源处接待群众上访达36次之多。资源处转办和督查林业案件96起，结案73起，结案率76%。省林政稽查总队直接调查督办案件28起，结案25起，结案率89.2%。

**【木材流通管理】** 2010年，全省木材检查站142个，从业人员即在册职工人数1388人。查处了假证运输，配合河南省林业厅，对两省结合部伪造出省木材运输证案件进行了调查处理。启用了木材运输管理信息系统。

**【林业工作站】** 2010年，全省实有林业工作站809个，在册职工人数5640人。省林业厅组织开展了"林业站规范化建设年"活动，举办3期林业站站长培训班，培训站长240人。湖北省林业工作总站主办了《湖北林业站

网讯》；湖北省林业工作站宣传工作在全国排名中位于第三；2010年，湖北省有11个林业工作站达到林业标准站建设项目要求。争取国家项目资金200万元。召开湖北省简易森林经营方案编制试点座谈会；11月25～27日在武汉协助国家林业局举办全国林政案件统计分析会，全国31个省、自治区、直辖市的代表和湖北省林政稽查队参加了会议。

**【森林资源监测】** 2010年完成湖北省“一类清查”的后续工作，通过了成果验收，质量评定为“双优”。全省“二类调查”外业全部结束转入内业汇总，启动了生物量建模工作。通过建模样本采集、组织协调、外业调查、内业核查等工作。5月16日至6月19日，中南院对湖北省2009年度采伐限额执行情况、营造林综合实绩、征占用林地和退耕还林工程阶段验收等四项进行了核查。

**【襄樊珍稀濒危树种秃杉种质资源保护及繁育项目】** 2010年，《襄樊市珍稀濒危树种秃杉种质资源保护及繁育项目可行性研究报告》正式被湖北省发改委批复立项。

**【林业勘察设计】** 2010年，省林业勘察设计院为加强森林碳汇监测、增强森林资源监测应对全球气候变化的服务能力，全年固定26名工程技术人员组成“二类调查”技术服务专班，20人长期坚持在全省各地开展技术指导、进度跟踪督办与巡回质量抽检、阶段检查验收；6人负责森林资源数据库建设，自主开发的小班数据录入系统经试点测试，已在全省推广使用。参与环“一江两山”交通沿线十堰、神农架等地一期工程督办与检查，编制完成景观带建设中期实施方案。完成了郑州绿博会湖北园建设任务和省检察院院内绿化改造。完成天保工程、国家公益林、退耕还林工程阶段验收与信访件调查核查、工程监理和世行四期项目竣工验收。完成了国家林业局交办的承担咸宁、黄石、荆门、荆州4市13个县级单位退耕还林工程2010年阶段验收重点核查工作。根据《国家林业局关于编制省级县级林地保护利用规划的通知》〔林规发(2010)203号〕要求，编制了全省林地保护利用规划工作方案和技术方案。修订完善了《湖北省林业勘察设计院职工收入分配办法》等11项管理规章制度。全年市场层面共签订各类勘察设计施工合同158项，新增合同额3367.5万元。于2010年申报国家林业局优秀勘察设计成果，获二等奖2项，三等奖3项；申报省工程咨询成果，获一等奖2项，二等奖1项，三等奖2项，优秀奖1项。

**【依法治林】** 2010年，省林业厅全面落实“五五”普法总结验收工作。建立了文字档案资料八大类，进行分类装订。组织了厅机关和各市州林业局干部进行了法律知识考试，编印了《林情专报、法治信息专版》，总结推广了恩施州林业局为民服务全程代理工作，举办了全省林业系统行政执法“一案一考评”培训班；向国家林业局推荐了丹江口市、京山县、兴山县和宣恩县林业局为全国林业综合行政执法改革示范点。办理了国家林业局和省人大、省政府法制办提出的相关法规“草案”征求意见15件(次)，共提出修改意见20余条；解答基层林业部门电话咨询、来信来访咨询100多人次。申报的《湖北省古树名木保护管理办法》于2010年8月1日颁布实施。4月20日，邀请中南财经政法大学法学院副院长、博士生导师高利红教授在荆州市第三届人大常委会第三十三次会议上，作了森林法法制讲座，8月10日，组织人员前往鹤峰县太平乡唐家村对300多村民进行法制培训。出台了《湖北省林业行政执法证件管理办法》。制定了《湖北省林业行政执法证件管理办法》，承办了国家林业局政策法规司于2010年11月24～26日，在湖北省的宜昌市举办的全国林业行政执法人员骨干培训班。制定了省林业系统2011～2015年依法行政实施规划，对2000～2009年，以省政府和省政府办公厅名义下发的33份涉林规范性文件及3部省政府规章进行了清理。接受了省政府法制办对行政复议告知制度落实情况的集中检查，组织全省15名行政执法人员参加了国家林业局组织的行政许可和规范化执法培训班，制定了公务员培训实施计划，完成了《湖北省古树名木保护管理办法》指导实施意见。

**【科技推广】** 2010年，中央财政林业科技推广示范资金项目共争取到11个项目，项目总经费为1100万元。其中国家林业局投资金额100万元为湖北省的恩施、襄樊、宜昌、荆门、随州、十堰6市州的林业推广站纳入体系建设。下发《省林业厅办公室关于进一步做好厅重点林业科研推广项目管理工作的通知》，对全省的重大林业科技成果进行了遴选，推荐“生物生态抑螺技术成果推广应用”等8个项目成果申报2010年省政府科技奖励，有4项成果进行了复评。完成了2008至2009湖北发展研究奖成果推荐申报工作。成立了由39名专家组成的湖北省林业科学发展专家咨询委员会。成立了湖北省现代林业科技产业园科技支撑暨科技特派员工作协调服务领导小组及办公室，完成了全省科技特派员选派和指导工作，共遴选、派送60名科技特派员。8月5日、11月22日分别与中南林业科技大学和华中农业大学签订了战略框架合作协议，举办了签约仪式。组织厅直单位专家赴鄂州开展了“林业科技下乡”活动；组建林业科技服务团参加了由湖北省委宣传部和省科协联合主办的科技活动周。与省科技厅联合制定下发了《关于加快推进现代林业科技产业园区建设有关事项的通知》(鄂林科〔2010〕112号)。省林业科技推广中心完成良种育苗等任务。

**【教育与培训】** 2010年，湖北省生态工程职业技术学院和湖北省园林工程技术学校完成了招生任务。2010年省生态工程职业技术学院高职毕业生共1360人，毕业生最终就业率为88.38%。该学院共计申报了8个省级及国家级教学质量工程项目，其中有6个项目获批准。园林技术专业实训基地被国家财政部、教育部正式批准为中央财政支持的职业教育实训基地。湖北省园林工程技术学校2010年招收大、中专、技校生582人，占计划500人的116%；已完成各类职业技能鉴定及培训人数1700人次，占计划1500人的113%；校办产业已完成产值700万元，占计划630万元的111%。该校先后与华中农业大学、武汉工业学院签订了联办成人大专、本科班的协议，与石首方圆职业学校、立德培训中心签订了设立分校的联合办学协议。于2010年11月18日，与广州前程教育培训中心签订了联合办学协议。

【林业科研】 2010年，共申报各类科研项目39项，其中申报国家项目27项，立项19项；申报省直有关单位项目12项，立项7项。争取项目资金2415万元，比2009年增长415万元。湖北省林科院鉴定验收成果4项，发表科技论文30余篇，编制完成林业地方标准7项，审(认)定品种3个；获国家科技进步二等奖1项，省科技进步二等奖1项，省科技进步三等奖1项，省科技成果推广三等奖2项。开展全省森林生态效益监测与价值评估的研究，完成《湖北省林业生态效益价值评估报告》。于2010年1月15日，湖北省林业厅邀请中国林科院、北京林业大学、南京林业大学、省委政研室、华中农业大学、湖北大学、武汉大学、中科院武汉植物园等单位专家组成专家组对湖北省林业生态效益价值评估报告进行了评审，并在《湖北日报》上予以了公布。省林科院被省绿化委员会评为湖北省绿化模范单位，有3个项目通过科技部专家评审，进入了国家“十二五”科技计划项目库，投资总额3000万元，制定《湖北省林科院科技奖励条例》，与中国林科院林化所签订了全面科技合作协议，组织了湖北省木本粮油工程技术研究中心的申报及争取工作，组织编制了林产工业科技创新联盟、木本粮油产业技术创新联盟组建方案，开展了联盟组建的前期调研工作，在湖北省林科院荆州分院加挂湖北省林科院平原林业研究所牌子，在襄樊挂牌成立了湖北省林科院襄樊珍贵树种研究所，被国家林业局列为第一批全国林业知识产权试点单位。

【对外合作交流】 2010年，省林业厅实施了中国孝昌与日本国茨城县日中友好林小渊基金造林项目。2010年3月2日在孝昌县团山镇举行了项目启动仪式。该项目建设规模100公顷，总投资140.9万元人民币，其中日方投资97.481万元。对下一个项目的实施方案进行了审定。国家林业局于2010年10月在四川省成都召开了中日民间绿化合作实施十周年高级论坛会议，湖北省林业厅获得了国家林业局的奖励。2010年9月22日，德国政府与中国财政部正式签署协议，实施湖北森林可持续经营项目。该项目由德国政府提供贷款500万欧元，在湖北省钟祥、宜城、沙洋、安陆和大悟五个县市实施可持续森林经营，省级财政配套资金996万元已落实。2010年已经办理了出国(境)培训、考察团队7个，含厅直单位和市、县林业局等共计38人，分别是省林业厅组团4个，32人，参加国家林业局组团3个，共6人。2010年完成了4批次外事接待活动，共42人次。于2010年3月1日至3日，与省外办对外友协一起接待了日本茨城县日中友协代表团一行30人。于2010年6月初与省外办对外友协一起接待了日本茨城县小渊基金项目委派的项目专家到孝昌就小渊基金造林项目实施情况进行了检查；于2010年6月22日至29日，与省林木育种中心一起接待了日本林木育种中心所属热带林木育种技术园园长加藤一隆先生。于2010年10月底接待了日本郡山市日中友好协会代表团，并组织了该团向太子山子弟小学的赠款和赠物活动。

【林业预算外资金征收与管理】 2010年，实施林业贴息贷款项目的企业共有31家，全年共安排林业贴息贷款计划6.5亿元，落实贴息资金3537.69万元。根据国家林业局稽查办的工作要求，完成了中央生态效益补偿基金和中央林业投资项目工程地方配套资金的省内自查工作，向国家林业局稽查办上报了自查报告。于2010年4月，与省财政厅农财处联合召开了湖北省林业贴息贷款中央财政贴息资金管理细则会议，邀请了市、县林业、财政有关部门及项目实施单位参加。于2010年6月4日召开了全省林业贴息贷款2010年度计划落实会议，开展了中央财政生态效益补偿基金稽查。于2010年9月，省林业厅对通山、崇阳等县进行了检查，组织会计师事务所开展了对厅机关财务收支审计和厅直部分单位财务收支审计工作。对局直属事业单位2008~2009年度财务收支情况进行了一次审计。审计师事务所对省林科院、林勘院、种苗站的审计工作已完成。

【资金与计划管理】 2010年，全省林业系统实际到位资金28.01亿元，比2009年增长了6.5%，其中国家投资、含国债资金20.8亿元，比2009年增长7.55%，占全部林业建设资金的74.26%。在国家投资中，国家预算内基本建设资金2.52亿元，国债资金1.12亿元，中央财政专项资金16.03亿元。在全部到位资金中，林业生态体系工程资金19.4亿元，占69.26%；林业基础设施建设资金2.06亿元，占7.35%；林业专项补助资金3.91亿元，占13.96%；财政事业费1.16亿元，占4.14%。在天然林资源保护、退耕还林、长江流域防护林建设、野生动植物保护等林业重点工程建设和生态公益林补偿、集体林权改革等方面，主要依靠国家投资，其中林业重点工程国家投资达到16.03亿元，占全部到位资金的57.23%。全年共争取落实国家和省对“武汉城市圈”的林业建设投入达8.14亿元。争取环“一江两山”林业生态建设项目资金，全年落实资金1100万元，全年共落实各类对口帮扶、支援资金达8.86亿元。组织开展了“会计管理年”活动。协助鹤峰县承办了湖北省委、省政府定点帮扶脱贫奔小康试点工作现场会。共落实对口鹤峰帮扶资金4094万元，受到省委、省政府领导的好评。已落实援藏资金25万元，“1＋1”对口帮扶神农架下谷坪乡75万元，“616”工程43 199万元，脱贫奔小康试点28 708万元，其中对口扶持鹤峰4094万元，对口支援三峡库区28 552万元，鄂州城乡一体化2505万元，仙洪试验区3752万元。

【种苗管理】 2010年，全省林木种苗站40个，在册职工人数491人。于2010年11月7日在合肥召开的全国林木种苗工作会议上，国家林业局授予湖北省武汉市林木种苗管理站、宜昌市林木种苗管理站、石首市林木种苗管理站3个单位全国生态建设突出贡献奖林木种苗先进单位荣誉称号；授予湖北省十堰市国有林场和林木种苗工作站李竹芹、建始县国有长岭岗林场杨年友、嘉鱼县国营王家月苗圃场蔡光文、武汉市江夏区林业科学技

术推广站陈邦海、荆门市林木种苗管理站张曲波5名同志全国生态建设突出贡献奖林木种苗先进工作者荣誉称号。

**【宜昌市林业】** 宜昌市各县市区林业部门围绕创建国家森林城市、建设全省木本油料大市目标，科学谋划、狠抓落实，各方面工作呈现良好势头。宜都市加强效能建设，采取落实一个村公益林建设任务，做好一宗征占林地清理工作，完成一个"二清"小班调查，参与一次执法行动，提高工作效率和服务质量。枝江市加强森林防火应急队伍建设，与驻地部队实行连队共建，组建专业扑救队，百洋、安福寺等五个重点乡镇以村为单位，其他乡镇以乡镇为单位组建防火应急队，提高应急水平。当阳市围绕科技兴林目标，成立白僵菌、油茶、湿地松、杨树、刺槐和花卉苗木等6个课题组，开展新模式、新品种、新技术试验研究，为广大林农提供了更多的实用技术服务。远安县优化服务流程，帮助星球、盼盼等企业申报扶持项目，组织参加各类博览会、展销会和林业产业化龙头企业评选，提升了企业的竞争力和知名度。兴山县推行森林防火工作落实到基层。秭归县以完善林业要素市场建设为重点，加快建设林权登记管理、森林资源资产评估及森林资源交易等中心，完成林权流转审核登记。夷陵区以严厉打击涉林违法犯罪行为，办理各类涉林案件174起，查处率100%，确保了森林资源安全。长阳县以建设百万亩木本油料产业大县为目标，采取高起点规划、建园、造林、高要求管理，完成木本油料产业基地建设面积。五峰县以非木科技产业园为平台，狠抓采花毛尖、长乐科技等龙头企业的培育，发展省、市级林业产业化龙头企业13家，建成各类林业基地。西陵区加强干部队伍建设，调整、充实林业队伍力量，整合现代农业项目，加快城区林业发展步伐。伍家区以郊区森林防火为重点，狠抓火源管理，确保了辖区内森林资源安全。点军区结合郊区特点，以高农科技园为依托，大力开展生态景观工程和花卉苗圃基地建设。猇亭区克服林业执法力量薄弱的难题，集中力量，严格执法，加强了森林防火预防工作。

**【宣传、信息管理】** 2010年，省林业厅制发了《湖北省2010年度林业宣传工作要点》、《湖北省林业厅新闻发布管理办法》、《湖北省林业宣传工作考评办法》，对全省林业宣传工作进行安排部署，实行目标责任制管理。组建了一个500多人的全省林业宣传队伍体系，先后3次邀请省委党校、《湖北日报》、荆楚网等单位的专家、记者，对全省林业宣传员进行了3次集中培训；省林业厅争取省财政厅2010年度预算安排了450万元宣传工作经费，保障林业宣传之所需。2010年10月，争取省交通管理部门的支持，又多方筹措160万元资金，在福银高速公路武汉至十堰段、沪渝高速公路武汉至宜昌段两侧共树立了4块长20米、宽7米的钢结构单立柱双面林业公益性广告牌。省部级以上新闻媒体刊发反映湖北省林业建设成就的报道达到900余篇。全年组织新华社湖北分社、中新社湖北分社、《人民日报》湖北记者站、中央电台湖北记者站、《经济日报》湖北记者站、《光明日报》湖北记者站和《湖北日报》、湖北广电总台、湖北卫视、荆楚网等主流媒体记者，宣传武汉第七届中国森林城市论坛、襄樊2010年全国暨湖北省"爱鸟周"启动仪式、武汉长江湿地网络年会和集体林权制度改革等一系列重大活动，中央和湖北省各大新闻媒体进行了广泛报道。承办了2010年度中国绿色时报发行年会暨记者站工作会议，湖北省林业厅宣传中心被中国绿色时报授予中国绿色时报优秀记者站荣誉称号。湖北林业网站专门开设"生态文化"栏目，共收录生态诗歌、散文、纪实文学等优秀作品400余篇；于2010年10月，湖北省林业厅被湖北环保世纪行组委会和湖北省新闻工作者协会授予2007~2010年湖北环保世纪行优秀组织奖称号，《梁子湖观察系列报道》和《麋鹿回家还有多远》等作品分获一、二等奖；于2010年10月16日，经省林业厅、省教育厅、团省委推荐，湖北省宜昌市宜昌市大老岭国家级森林公园在第三届中国生态文化高峰论坛暨中国生态文明建设高层论坛上，被国家林业局、教育部、共青团中央、中国生态文化协会联合授予国家生态文明教育基地称号。2010年9月25日，由湖北省承办的2010年长江湿地保护网络年会在武汉成功召开。全国政协常委、全国政协提案委员会副主任、原湖北省政协主席王生铁，国家林业局副局长印红，湖北省委常委张昌尔，世界自然基金会亚太地区主席伊莎贝尔女士，湖北省人大副主任罗辉，省政协副主席仇小乐，原湖北省政协副主席宋德福，汇丰银行(中国)有限公司行长兼行政总裁黄碧娟等领导出席会议。省林业厅在全省林业系统组织评选100名林业基层工作先进典型，编著出版了《湖北省100名林业基层工作先进典型事迹汇编》，国家林业局局长贾治邦、湖北省省长李鸿忠、省林业厅厅长王海涛分别作序。

**【林业大事】**

**1月4日** 为加强全省森林防火工作的组织领导，经省政府同意，省森林防火指挥部颁布实施《湖北省森林防火工作政府行政首长负责制考评实施办法》。

**1月12日** 省委书记罗清泉就湖北省油茶产业批示："油茶产业发展态势很好，要进一步完善规划，依靠科技，创新体制，坚持政府引导与市场运作相结合，走出一条科学可持续发展油茶产业的道路。"

**1月12~13日** 湖北省副省长赵斌到神农架林区调研护林防火等工作。

**1月14日** 由国家质检总局宣布湖北省黄冈麻城市生产的"麻城茶油"，获国家地理标志产品保护。

**1月15日** 省林业局召开专家评审会，公布首份由中国林科院、省林科院等单位合作按照国家标准《森林生态系统服务功能评估规范》完成的《湖北省现代林业生态效益价值评估报告》。2009年湖北省林业生态效益总价值为4718.68亿元，占湖北1/3面积的森林的总价值，相当于全省GDP的37.02%。其中森林生态效益价值为3476.51亿元，湿地生态效益价值为1242.17亿元。森林吸收二氧化碳有效降低了大气二氧化碳含量，每年产生468.61亿元效益，成为应对全球气候变暖的重要途径。森林生态效益与产业部门的生产经营有直接关系，如全省旅游业利用森林旅游休憩，接待2280万名游客，占全省旅游总收入的8.21%。而农林牧渔部门利用森林涵养水源所获效益占2009年全省农林牧渔业产值的45.01%，全省人均享有7736元。全省有森林603.75万公顷，湿地156.3万公顷。

**1月20日** 湖北省林业改革发展研究中心在华中师范大学正式挂牌成立，省林业局局长王海涛、华中师范大学校长马敏共同签署《湖北省林业局华中师范大学共建湖北省林业改革发展研究中心合作协议》，并共同为湖北省林业改革发展研究中心揭牌。

**2月1日** 省委办公厅、省政府办公厅联合下发通知，从2010年起连续3年，由省财政每年安排10亿元专项调度资金切块安排到20个省级农产品加工园区所在的县(市、区)，支持园区发展。其中蕲春县的湖北现代林业低碳经济产业园、老河口市的森林食品科技产业园、黄陂区的武汉花卉科技产业园、咸安区的森工科技产业园等4个湖北现代林业科技产业园每年获得5000万元的资助。

**2月2日** 省林业局、省湿地保护基金会在世界湿地日之际联合推出《2009年度湖北省湿地报告》，报告从资源功能、生态功能和人文功能等方面对湖北省湿地的生态系统服务功能进行了评价，湿地专家计算出"千湖之省"湖北每年湿地生物栖息地价值为33.52亿元，湖北湿地为我国野生动植物的重要栖息地。湖北湿地分为河流、湖泊、沼泽和沼泽化草甸、库塘4大类以及永久性河流等9小类。湖北省已建立湿地自然保护区与小区31处、湿地公园7处，总面积达383 561.38公顷，占全省湿地总面积的24.1%，1/3自然湿地得到有效保护。

**2月5日** 湖北省在武汉召开全省林业局长会议。省政府副省长赵斌出席并作重要讲话，他要求进一步构建生态、产业与文化相互促进的新格局。

**2月8日** 湖北中油林业发展有限公司汇澄茶油加工项目奠基仪式在湖北省京山经济开发区举行。湖北省林业局党组成员、纪检组长、能源办主任王启平出席奠基仪式并作了重要讲话，省林业局党组成员、总工程师洪石和湖北汇澄茶油股份有限公司总经理杨柯为项目揭牌。

**2月17日** 湖北省委书记罗清泉在《省林业局关于请求将湖北现代林业科技产业园纳入全省"四个一批"支持范围的请示》上批示。

**2月25日** 省委书记罗清泉、省长李鸿忠、省政协主席宋育英及省领导苏晓云、黄先耀、李明波、李春明、吴永文、刘友凡、蒋大国、郭生练、赵斌、张岱梨、李佑才、周宜开、仇小乐、陈柏槐等和300多名省直机关干部来到位于武汉近郊的九峰国家森林公园，开展义务植树活动。

**2月23日** 湖北省林业局批准设立湖北现代林业曾都创汇科技产业园。该产业园属随州市曾都区，占地66.67公顷，5家涉林企业年可创产值20亿元。

**3月1日** 在全国森林草原防火工作电视电话会议召开之后，湖北省政府在武昌召开了全省森林防火工作电视电话会议。会议由省政府副秘书长梅祖恩主持。副省长、省森林防火指挥部指挥长赵斌，省森林防火指挥部常务副指挥长、省林业局党组书记、局长王海涛出席会议并作讲话。

**3月9日** 省委书记、省人大常委会主任罗清泉，省委副书记、省长李鸿忠在北京湖北大厦会见国家林业局局长贾治邦一行。双方就深入贯彻中央林业工作会议精神，抢抓机遇，促进湖北林业更快发展进行了会谈。

**3月12日** 根据鄂组干〔2010〕206号文件，经省委同意何先国、鲁水清、余志中、罗昌文、刘兴礼同志任省林业局副巡视员。任职时间自2010年2月9日计算。

**4月9日** 湖北省委常委张昌尔率省委副秘书长、省委财经办(省委农办)主任刘田喜和省委办公厅有关领导到省林业局调研。

**4月27日** 为期两天以"城市森林·低碳城市·两型社会"为主题、全国关注森林活动组委会举办，国家林业局、全国政协人资环委、湖北省政府和经济日报社主办，武汉市人民政府承办的第七届中国城市森林论坛在武汉开幕。武汉、呼和浩特、本溪、宁波、新余、漯河、西昌、遵义等8市被全国绿化委员会、国家林业局授予国家森林城市称号。

**5月16日** 由省政府主办，神农架政府承办，省林业局等单位联办，以主题为"践行低碳文明生活，发展生态文化旅游"和"游万年山水经典，品千古神农文化"为活动口号的第四届中国神农架国际生态文化旅游节开幕式暨林区建区40周年庆祝大会在木鱼镇举行。全国政协副主席何厚铧出席开幕式并宣布本届旅游节开幕。

**5月26日** 湖北省政府在武昌召开了"金林搭桥·银企对接"工作座谈会议。赵斌副省长要求，各级政府部门要加强服务，积极搭建银企合作平台；金融部门要更新观念，进一步加大对现代林业建设的支持力度。会上，湖北省林业局局长王海涛分别与中国农业银行湖北省分行副行长李新平、中国农业发展银行湖北省分行副行长沙伏清、省农村信用社联合社主任刘志高签署战略合作协议。

**5月31日** 省长李鸿忠颁发了"湖北省人民政府第336号令"，《湖北省古树名木保护管理办法》已经2010年5月17日省人民政府常务会议审议通过，现予公布，自2010年8月1日起施行。

**6月3日** 湖北省委书记、省人大常委会主任罗清泉带领省林业局局长王海涛等省直8个厅局负责人到神农架林区调研，在大九湖召开神农架保护与发展调研办公会。湖北省委副秘书长、政研室主任吕东升主持调研办公会。

**6月8日** 湖北省委常委、常务副省长李宪生到襄樊市谷城县薤山国家森林公园调研。李宪生详细了解景区建设情况和发展规划。

**7月8日** 省政府批准神农架林区大九湖湿地和恩施州咸丰县二仙岩湿地为省级自然保护区。

**7月9日** 在湖北省委副书记、武汉市委书记杨松等领导的陪同下，中共中央政治局委员、中央书记处书记、中央组织部部长李源潮，视察了位于湖北省蕲春低碳经济产业园的燕加隆集团森诺韦尔地板一体化生产、研发基地.

**7月14日** 省委书记罗清泉一行在黄冈市有关领导的陪同下，深入蕲春县园区和企业，调研县域经济发展情况。罗书记一行先后调研了蕲春低碳经济产业园区

企业凯迪绿色能源有限公司、李时珍医药集团，对两企业的发展给予了高度评价和充分肯定。

**7月28日** 湖北省湿地保护基金会第一届理事会第五次会议在武汉召开，省政协原副主席、省湿地保护基金会理事会理事长宋德福，省林业局局长王海涛等出席会议。省湿地保护基金会理事会成员参加会议。

**8月4日** 湖北省林业局局长王海涛与中国民生银行武汉分行行长张金顺在省林业局签署战略合作协议。根据协议，在“十二五”期间，中国民生银行武汉分行将优先为湖北现代林业科技产业园区企业、林业产业化龙头企业、林业经营大户等林业经济主体提供综合授信支持。在合作期间，平均每年力争提供16亿元新增综合授信额度。

**8月5日** 湖北省林业局党组书记、局长王海涛与中南林业科技大学校长周先雁在湖北省林业局签署产学研合作框架协议。

**8月17日** 湖北省委常委张昌尔在咸宁市市长任振鹤，市委常委、统战部长胡建华，市委常委、嘉鱼县委书记刘海军的陪同下，视察了咸宁市嘉鱼县官桥村万亩油茶基地、听取了湖北田野集团董事长周宝生关于油茶基地建设情况的汇报。

**8月31日** 武警驻鄂森林部队营房建设奠基仪式在武汉市江夏区青龙山林场举行，国家林业局党组成员、纪检组长陈述贤，国家森林公安局局长、防火办副主任杜永胜，武警森林指挥部副主任沈金伦少将，湖北省政府副秘书长梅祖恩，湖北省林业局局长王海涛以及武汉市和江夏区领导等出席了奠基仪式。

**9月13日** 2010年鄂粤现代林业产业投资招商会在广州亚洲国际大酒店举行，由湖北省政府举行的与来自美国、中国香港、广东、福建、中国台湾等地的100多名客商汇集一堂参加招商会暨林业项目签约仪式。14个湖北现代林业产业签约项目共吸引39.185亿资金投资兴林。

**9月15日** 根据省委组织部《关于王铭德同志工作调动及任职的通知》(鄂组通〔2010〕687号)与《关于陈年山同志任职的通知》(鄂组通〔2010〕697号)，省委决定：王铭德同志任湖北省林业局副局长、党组成员，试用期一年。试用期从2010年8月27日起计算；陈年山同志任湖北省纪律检查委员会驻省林业局纪检组组长、省林业局党组成员，试用期一年。试用期从2010年8月20日起计算。

**9月24～25日** 由国家林业局、美国产权与资源组织和北京大学共同举办的林权改革国际研讨会在北京大学博雅国际会议中心举行，湖北省唯一参会单位京山县作了题为“林改要让群众作主”的经验交流，引起了国内外参会者的浓厚兴趣。

**9月25日** 由国家林业局湿地保护管理中心、湖北省林业局和世界自然基金会(WWF)共同举办的，以“湿地·生物多样性·气候变化适应”为主题的2010年长江流域湿地保护网络年会在湖北省武汉市召开。全国政协常委、全国政协提案委员会副主任、原湖北省政协主席王生铁，国家林业局副局长印红，湖北省委常委张昌尔，世界自然基金会亚太地区主席伊莎贝尔女士，湖北省人大副主任罗辉，湖北省政协副主席仇小乐，原湖北省政协副主席宋德福，汇丰银行(中国)有限公司行长兼行政总裁黄碧娟等领导出席了会议，张昌尔在会上致辞。

**9月26日** 中国生态文化协会命名了湖北省嘉鱼县官桥镇官桥村等45个村为第二批全国生态文化村称号。

**9月29日** 省第十一届人民代表大会常务委员会第十八次会议决定，任命王海涛为湖北省林业厅厅长。

**9月29日** 湖北省政府召开全省森林公安森森防火电视电话会议，湖北省政府副省长、省森林防火指挥部指挥长赵斌出席会议并作重要讲话。会议由省政府副秘书长梅祖恩主持，湖北省林业局局长、省森林防火指挥部副指挥长王海涛出席会议并通报全国森林公安森林防火工作会议精神和去冬今春全省森林防火情况。

**9月30日** 湖北省机构编制委员会印发《关于将湖北省林业局更名并调整为省政府组成部门的通知》(鄂编文〔2010〕25号)。通知指出，经中央编制办批准，湖北省林业局更名为湖北省林业厅，由省政府直属机构调整为省政府组成部门，排序在省农业厅之后。依照有关规定，自2010年10月8日起启用“湖北省林业厅”。

**10月10～11日** 湖北省委常委张昌尔、省林业厅厅长王海涛、省委政策研究室副主任梅学书同志以及京山、南漳、通山、恩施、宜都等5个县(市)党委负责人参加了在北京召开的全国集体林权制度改革百县经验交流会议。湖北省恩施市委书记谭文骄等全国16位县(市)委书记在大会上进行了典型发言，湖北其他4个县市作了书面经验交流。

**10月17～19日** 国家林业局副局长印红在湖北省林业厅副厅长李新水、神农架林区党委副书记谢登峰的陪同下，到神农架调研神农架国家级示范自然保护区建设。

**10月19日** 湖北省委常委、统战部长苏晓云、省林业厅厅长王海涛、中国家具协会副理事长朱长岭、潜江市委书记朱汉桥等领导出席了在潜江市举办的华中家具产业园奠基仪式。这标志着我国中部地区规模最大、产业链高度完善、高科技低能耗的低碳家具产业聚集区正式动工建设。

**10月25日** 湖北省林业厅揭牌仪式在武汉东湖宾馆举行。国家林业局局长贾治邦，省委书记、省人大常委会主任罗清泉，省委常委张昌尔，省委常委、省委秘书长李春明，省人大常委会副主任罗辉，副省长赵斌，省政协副主席郑心穗等出席了揭牌仪式。

**10月26日** 由全国红色旅游工作协调办、国家林业局、省政府主办，省旅游局、省林业厅、黄冈市政府承办，并以“大别山水、人文黄冈”为主题的首届中国黄冈大别山旅游节开幕式在黄冈遗爱湖公园文化广场举行。全国政协副主席李兆焯、国家林业局局长贾治邦，全国红色旅游工作协调办副常务主任罗迪辉，省人大常委会副主任刘友凡、副省长田承忠、省政协副主席李宗柏、省政府副秘书长梅祖恩、省林业厅厅长王海涛、黄冈市市长刘雪荣等出席开幕式。黄冈市市委书记刘善桥、省军区司令员汪金玉分别致辞。贾治邦作了讲话。黄冈大别山地区是全国重点生态林区，拥有风光秀美、独具特色的森林旅游资源。

**11月7日** 湖北省首个国家空气质量背景监测站在神农架林区开始试运行。这个建在海拔2800多米的监测站填补了湖北不能监测臭氧的空白，也是全国海拔最高的大气监测站。

**11月8日** 湖北省委常委张昌尔到洪湖调研近3年来仙洪试验区新农村建设工作情况。

**11月8日** 湖北省丹江口市库区省级湿地自然保护区已经湖北省政府批复后正式建立，这是该区所在的十堰市继赛武当、十八里长峡、堵河源、房县野人谷省级自然保护区之后的第五个省级保护区。丹江口保护区建设规模总面积4.51万公顷，项目总投资1572.5万元。

**11月16日** 随州古银杏地理标志集体商标，经国家工商总局商标局核准注册。是曾都区品牌发展战略取得的新突破。随州银杏拥有千年以上的银杏树308株，百岁以上的1.7万株，银杏年产值8000多万元。

**11月19日** 湖北省政府副省长赵斌专程到省林业厅调研林业"十二五"规划编制。

**11月19日** 湖北省政府副省长、省森林防火指挥部指挥长赵斌，率省政府副秘书长、省森林防火指挥部第一副指挥长梅祖恩，省森林防火指挥部常务副指挥长、省林业厅厅长王海涛一行，专程来到省森林防火指挥中心值班室，督查防火值班工作，并就全省森林防火作重要指示。

**11月19～20日** 湖北省委政研室、省政府研究室、省林业厅联合在武汉召开全省集体林权制度改革调研座谈会。湖北省林业厅党组书记、厅长王海涛，副厅长刘晓洪、蔡静峰、王铭德出席座谈会。湖北省政府副秘书长、研究室主任严官金、省委政研室副主任梅学书分别主持了会议。

**11月24日** 湖北宝源木业有限公司在荆门举行定向结构板项目投产庆典仪式，由湖北宝源木业有限公司投资5.3亿元、年产22万立方米OSB板(定向刨花板)生产线在东宝森工科技产业园试产成功。OSB生产线的竣工投产，结束了中国使用OSB产品长期依赖进口的局面。

**11月24日** 湖北省政府在武昌召开全省冬季防火工作电视电话会议，副省长、省森林防火指挥部指挥长赵斌作了重要讲话。

**11月26日** 湖北省委常委张昌尔在武昌主持召开湖北省集体林权制度改革工作领导小组会议，省政府副省长赵斌出席并讲话。

**12月10日** 湖北省政协人口资源环境委员会、省绿化委员会、省林业厅等9部门联合成立的关注森林活动组委会和执委会在武昌举行第一次全体会议，湖北省政协副主席郑心穗出席会议并讲话。

**12月17日** 湖北省森林防火指挥部成员会议在湖北省林业厅召开。副省长、省森林防火指挥部指挥长赵斌出席会议并作重要讲话。省政府副秘书长、省森林防火指挥部第一副指挥长梅祖恩主持会议。

**12月29日** 国务院常务会议决定实施天然林资源保护二期工程，湖北省实施范围在原有基础上新增加丹江口库区的11个县(市、区)。

(湖北省林业由彭锦云供稿)

# 湖南省林业

【**概　述**】 2010年，全省完成人工造林26.21万公顷，补植补造12.72万公顷。全省森林覆盖率57.01%，比2009年增长0.58个百分点；森林蓄积量4.02亿立方米，比2009年增长1900万立方米。全省林业产业总产值1150亿元，同比增长22%。

**集体林权改革** 全省完成产权明晰面积1186.67万公顷，发放林权证1166.67万公顷，分别占总任务的98.93%和97.51%，为总任务0.12亿公顷的97.5%，超额完成了国家要求发证80%即可合格的要求，比国家规定的5年时间提前了3年。同时，配套改革顺利推进。一是将林业管理机构人员经费纳入财政预算，解决林业站、木材检查站"两站"人员"吃皇粮"的问题。二是进一步完善采伐指标"入村到户工程"，基本解决林农采伐难问题。三是成立林权交易中心或要素市场99个，森林资源资产评估机构94个，流转林地38.73万公顷，金额24.5亿元，抵押森林面积54万公顷，获贷款13.3亿元。

**"两条底线"** 全省造林26.21万公顷，为计划任务的165%，比2009年多造林5.24万公顷。同时，补植补造12.72万公顷，新增封山育林20万公顷，完成中幼林抚育33.33万公顷，低产低效林改造20.92万公顷。为抓好武广高铁沿线的造林绿化，徐明华副省长先后两次召开沿线党政主要领导参加的专题会议，亲自组织部署。据国家核查，湖南省营造林质量继续保持全国第一，退耕还林连续3年被授予全国退耕还林工程阶段验收先进单位称号。在全省的共同努力下，森林覆盖率从56.43%增至57.01%，增长0.58个百分点；森林蓄积量从3.83亿立方米增至4.02亿立方米，净增1800多万立方米，顺利实现省政府"十一五"发展目标。

**资源管护** 林地管理进一步加强。开展"林地管理年"活动，查处违法使用林地项目622起。争取国家追加计划0.23万公顷，完成8条高速公路、5条铁路、1座核电站建设征占用林地项目的审核报批工作。调整公益林区划，国家级和省级公益林增加33.33万公顷，总量达到489.07万公顷。2010年，全省森林公安机关办理各类案件14 719件，打击处理违法犯罪人员18 925人，挽回直接经济损失2.34亿元；全省林业检察机关共办理各类案件1643件，涉及2063人；全省各级林业审判机关审理各类涉林案件3078件、判处罪犯943人。灾害防控能力显著增强。全省森林火灾次数、林木损失分别较2009年下降53%和68%。松材线虫病发生面积下降46%，林业有害生物成灾率控制在4‰目标以下。

野生动物疫源疫病监测防控体系不断完善，应对危及公共健康生态问题的能力逐步提高。

**林业产业水平** 全省林业产业总产值达1150亿元，增长22%，成为湖南省八个超千亿元的产业之一。第一产业中，新造油茶4160公顷，低改抚育7286.67公顷，全省油茶林面积122.47万公顷，年产茶油12.1万吨，油茶产业年产值达72.66亿元，面积、产量、产值分别占全国的40.8%、46.5%；66.1%，均居全国第一位。楠竹林达84.67万公顷、18.26亿株，稳居全国第二位。花卉苗木生产面积3.33万公顷，年销售额26.5亿元。第二产业中，林板、林纸、林化、林药、林食、家具等支柱产业继续快速发展。成功举办首届湖南家具博览会，湖南人用湖南家具的信心指数上升，先后有120多家省内外企业投资湖南家具。认真贯彻实施《林产品质量安全条例》，积极参与"三湘农产品质量安全行"活动，查处一批质量不合格企业和产品。第三产业为社会提供了森林公园、湿地公园、自然保护区、"森林人家"等优秀旅游资源，森林旅游年接待游客近3000万人(次)，年产值154亿元。

**富民能力** 经争取，全省实施的林业补贴主要有七项：一是退耕还林补贴。新增退耕还林计划3.53万公顷、投资7090万元。全年到位资金20.79亿元。二是工程造林补贴。对防护林、血防林等生态工程造林每亩补贴200元。三是公益林补贴。国家级、省级公益林全部纳入生态效益补偿范围，补偿标准由5元/亩提高到10元/亩。四是良种补贴。对试点单位的种子园、采穗圃及良种苗木培育等每亩补贴100～600元。五是造林补贴。对试点地区的人工造林、迹地更新每亩补200元。六是森林抚育补贴。先行对承担森林抚育试点任务的国有林场每亩补100元。七是国有林场危旧房改造补贴。争取国家2010年下达改造计划两万户，中央、省级财政直接补贴3.5亿元，列全国第一位。在强林惠林政策的带动下，林业逐步成为山区林区农民致富的重要渠道。

**生态文化** 新建或晋升森林公园9处，总数达104处、41.67万公顷，数量居全国第一；新建3处国家级、两处省级自然保护区，总数达116处、133.6万公顷，占全省国土面积的6.3%；新建国家湿地公园4处，总数达13处、12.87万公顷，数量居全国第一；扩建国有林场20个，总数206个、113.47万公顷，生态文化基础设施持续改善。成功举办张家界国际森保节、植树节、观鸟节、世界湿地日、樱花节、油茶节、竹文化节等生态文化节庆活动，生态文明理念逐渐深入人心。首次确立湖南林业标识，湖南林业杂志改版为《林业与生态》，创作和推出《绿色恋歌》、《摇钱树——油茶》等多部生态文化作品。林业宣传工作实现新突破，在中央、省级主流媒体发稿2184篇，其中头版725篇。

**"四项工作"** 林木测土配方信息系统得到完善。全省共组织1328个核查组，调动3000多名技术人员，核查470多万个小班、3360多万立地因子，对15.2万个小班重新进行土壤采样分析，确保测土配方平台的科学性和准确性，为今后的推广使用奠定了坚实基础。无节良材和优材更替扎实推进。全省完成无节良材培育3.27万公顷，累计完成6万公顷；实施优材更替4667公顷，累计完成1267公顷。创建林产品品牌和林业人才品牌工作有了新进展。新增林业龙头企业35家，总数达232家；新增名牌产品1个，全省林产品名牌产品达132个。新增林业工程系列高级工程师106名，湖南省林科院建立博士后科研工作站，推选"121人才工程"人选16名。

**支撑保障** 林业投入继续增长。争取国家和省级财政投入50.3亿元，较2009年增长13.5%。加上贴息贷款和市、县级的投入，全年林业投入达82亿元，增长16%。科技兴林扎实推进。实施各级各类科研项目200项，获省科技进步二等奖3项、三等奖4项。在65个县(市、区)开展林业科技进村入户示范行动，确定科技示范村611个、示范户1.3万户，建立各类林业科技示范林4.73万公顷。举办各类林业实用技术培训班1190期，13.5万人参加培训。 (胡　锋　李邵平)

**【全省林业产业总产值突破千亿元大关】** 2010年，全省林业产业总产值达1150亿元，成为全省八个产值超过千亿元的产业之一。 (黄　勇)

**【首届湖南家具博览会】** 2010年9月28日至10月1日，由湖南省人民政府主办、湖南省林业厅承办的首届湖南家具博览会在长沙红星国际会展中心举办。湖南省委书记周强，国家林业局局长贾治邦，湖南省委副书记、代省长徐守盛等出席开幕式。 (何　宏)

**【湖南建成全国第一个林木测土配方信息系统】** 全省历时2年共组织6000多名技术人员，采集、编制、核查、录入全省1293.3万公顷林业用地近500万个小班的8000多万个立地因子数据，在全国率先建成湖南省林木测土配方信息系统。 (吴　慧)

**【全国油茶产业发展现场会在湖南耒阳召开】** 2010年9月27日，全国油茶产业发展现场会在湖南省衡阳市耒阳市召开。国家林业局局长贾治邦，湖南省委副书记、代省长徐守盛，国家林业局副局长祝列克出席会议并讲话。湖南省人民政府副省长徐明华、省政协副主席龙国键出席会议。来自全国14个油茶产区的622名代表参加会议。 (王中超)

**【湖南基层林业行政事业经费全额纳入财政预算】** 2010年，全省122个县(市、区)林业局(农林局)、1902个基层林业站、344个木材检查站的行政事业经费全额纳入财政预算，总人数达26 917人，各级财政共安排林业行政事业经费6.7亿元/年。 (张运明)

**【《湖南省林产品质量安全条例》】** 2010年3月1日正式实施。为宣传贯彻《条例》，全省全年共举办各类培训班122期，培训1.2万人(次)，发放各种宣传资料5万多份，主流媒体宣传报道350多次，完成检测350批(次)。 (何　宏)

**【湖南成功争取中央财政解决育林基金降标专项转移支付】** 2010年，在育林基金征收比例由占林木产品销售

收入的20%降低为10%后，争取国家财政部批复下达湖南中央财政转移支付4.08亿元。（黄 勇）

【湖南林业生态文化建设】 2010年，推出了由湖南省林业厅厅长邓三龙作词、著名作曲家刘青作曲、著名歌唱家张也首度演唱的《绿色恋歌》，填补了湖南林业歌曲创作上的空白。（周彰军）

【湖南首次设立野生鸟类禁猎期】 2010年，湖南省首次发布《关于禁止猎捕野生鸟类》的通告，规定自2010年10月22日至2015年12月31日的五年内，在全省范围内禁止猎捕野生鸟类。（陈红长）

【湖南荣获4项全国退耕还林工作先进单位称号】 2010年，湖南省林业厅被国家林业局授予2010年全国退耕还林工程管理巩固成果工作、确权发证工作先进单位和2009年、2010年阶段验收先进单位称号。（刘正平）

【湖南两万户国有林场危旧房改造全面启动】 2010年，全省投入国家和省级财政资金3.5亿元，全面启动两万户国有林场危旧房改造，竣工6356户、31.78万平方米。（谭 浩）

【湖南林地管理年活动】 2010年，全省查处自2008年1月1日以来的各类建设项目违法征占用林地622起，补缴森林植被恢复费1200多万元。（朱 昕）

【完成第二次湿地资源调查】 2010年，湖南省共判读、区划、调查、核实湿地斑块15 269块，掌握了全省湿地类型、面积、分布、野生动植物及保护管理状况等本底数据。（徐永新 马清相）

【湖南被确定为国家林木良种补贴试点省份】 2010年，湖南省被确定为全国首批国家重点林木良种基地和良种苗木培育基地补贴双试点省份，补贴资金890万元。（吴振明）

【湖南省人民政府办公厅通报“十一五”全省林业有害生物防治工作目标管理考核结果】 2010年12月，省人民政府办公厅发文通报全省14个市(州)人民政府执行《林业有害生物防治工作目标管理责任书》(2006～2010)考核结果。（张 祺）

【湖南油茶雄性不育杂交新品种选育及高效栽培技术和示范科研成果获国家科学技术进步二等奖】 2010年1月，该项目在中共中央、国务院举行的2009年国家科学技术奖励大会上获此奖项。（钟武红）

# 广东省林业

【概 述】 2010年是广东省建立现代林业产权制度的“改革年”，是建设现代林业强省的“落实年”。在省委、省政府的正确领导和国家林业局的精心指导下，全省广大务林人深入贯彻落实科学发展观，继续解放思想，坚持改革开放，求真务实，开拓创新，科学发展生态、民生、文化、创新、和谐等“五个林业”，完成各项工作任务，现代林业强省建设成效显著，为促进全省经济社会发展发挥了重要作用，作出了重要贡献。全省林业用地面积1098.1万公顷，有林地面积954.5万公顷，活立木蓄积量4.39亿立方米，森林覆盖率57.0%，林业产业总值2802亿元，森林生态效益总值8818.5亿元。全省参加义务植树2200万人(次)，植树9700万株。2010年中央和省级财政对林业投入达26.9亿元，创历史新高，是2005年的2.7倍，为全省现代林业发展提供了有力的资金保障，其中省级财政对林业投入达到19.5亿元。全省完成造林作业面积19.13万公顷，中幼林抚育11.8万公顷，封山育林22 493公顷。

【集体林权制度改革】 2010年在全省全面铺开集体林权制度改革，省委、省政府领导对林改工作高度重视，多次作出批示，亲自部署。省政府有关部门通力协作、狠抓落实，全省各地全力以赴、全面推进，林改工作不断向纵深发展，基本完成明晰产权主体改革工作任务。全省纳入林改的集体林地面积达980万公顷，涉及4346万农民。参加林改工作人员达85万人，各级财政投入林改资金累计5.1亿元。全省已完成953.33万公顷集体林地的外业勘界，占林改面积的97.2%；已对946.67万公顷集体林地进行林权登记(第二榜)公示，占林改面积的96.8%；发放林地使用权林权证84.3万本，发证面积846.67万公顷，占林改面积的86.9%；已对541.6万公顷集体山林发放股份权益证书626.7万本。全省各地基层林业体制、金融支撑保护、社会化服务等配套改革同步推进，河源、肇庆、梅州、惠州、云浮、韶关等市完成基层林业体制改革。肇庆、云浮两市及四会等14个县(市)建立了林业产权交易中心，流转林地面积114万公顷，流转金额达22.9亿元，为农民增收开辟新途径。据对全省2180户农户的入户调查，2010年按股分配总收入比2009年增收11万元，增长111%，户均增收57元。通过林改，明晰了山林权属，落实了林农权益，农民生产性和财产性收入大幅提升，激发了广大农民植树造林、耕山致富的积极性，初步呈现出林业发展、农民增收、生态良好、林区和谐的可喜局面。

【林业生态建设】 全省各地加大林业投入，构建生态屏障，进一步推进了国土绿化美化生态化。全省完成造林作业面积19.13万公顷，其中宜林荒山造林9.51万公顷，有林地造林28 867.67公顷，迹地更新48 066.67公顷，低产林改造19 266.67公顷。完善生态公益林效益补偿机制取得新突破。省政府同意从2010年起统筹使用中央森林生态效益补偿基金和省级生态公益林效益补偿资金，并扩大省级生态公益林面积32.867万公顷，省级以上生态公益林面积增加到387.67万公顷，面积增加了9%。补偿标准提高到每年每亩14元。

积极创建林业生态县。惠州、云浮两市被评为广东省林业生态市，翁源县、南雄市、海丰县、徐闻县、英德市、饶平县和佛山市南海区、顺德区、高明区，茂名市茂南区，肇庆市鼎湖区，清远市清城区等12个县(市、区)被授予广东省林业生态县称号。全省已有4个地级市被评为林业生态市，73个县(市、区)被评为林业生态县。

**【林业重点生态工程】** 以重点生态工程带动林业生态建设大发展。实施了林分改造、水源涵养林、沿海防护林及红树林、野生动植物及自然保护区等重点工程，大力开展森林经营和抚育，使全省森林面积不断增加，质量不断提升。2010年共投入2.75亿元，完成重点工程建设任务7.24万公顷。此外，积极开展林业生态文明"万村绿大行动"，建成1950个林业生态文明村。积极参与珠三角绿道网建设，基本建成所承担的1038.4千米省立绿道。加强碳汇林业发展和林业应对气候变化工作，出台并实施《广东林业应对气候变化行动计划》。

**【资源林政管理】** 严格执行征占用林地定额管理制度。2010年共会审征占用林地13批次，审核审批征占用林地1115宗，面积13 046.67公顷。其中，上报国家林业局审批的项目18宗，面积4200公顷，收缴森林植被恢复费7.19亿元。继续推进林木采伐管理改革试点工作，针对林农反映强烈的采伐申请程序复杂、采伐指标分配不公平合理等"采伐难"问题，积极探索进一步改革完善森林采伐和木材生产计划管理机制。完成木材运输流动巡查试点，探索和建立固定检查与流动巡查相结合的木材运输检查新机制，林区木材生产和流通秩序明显好转。

**【森林灾害防治】** 森林防火工作进一步加强，责任制建设不断深化，野外火源管理不断强化，在森林火灾高发期及时开展巡查，加大省级财政投入，升级改造防火指挥中心，不断提高森林防火综合保障能力。全省森林火灾过火面积676公顷，受害森林面积304公顷，森林火灾受害率为0.03‰。加强林业有害生物防治，省政府成立松材线虫病防治指挥部，推动建立政府主导的重大林业有害生物防治协作机制，明确责任，落实措施，松材线虫病发生面积、病死树和疫点数"三下降"(基本根除3个县级疫点，根除或基本根除7个疫点镇)。薇甘菊灾害得到有效控制，防治区薇甘菊覆盖度控制到小于5%。

**【林业产业】** 广东省各地林产企业在各级林业主管部门帮助扶持下，认真贯彻落实省委、省政府"三促进一保持"战略部署，努力调整产品结构，积极巩固林业产业发展的良好趋势，取得新的成效。全省林业产业总产值达到2802.16亿元，比2009年增长27.36%，其中第一产业379.07亿元、第二产业2378.11亿元(木竹家具589.70亿元、人造板226.38亿元、木地板103.25亿元、木竹浆纸1353.10亿元、松香45.64亿元、其他木制品60.04亿元)、第三产业44.98亿元。支持协助林业企业和林农申请贴息贷款11.2亿元，争取中央财政贴息资金3494万元。全省生产三板682.21万立方米，生产木地板15 209.25万平方米、生产木片33.2万绝干吨、生产木竹纸浆41.7万吨、生产松脂及其衍生产品33.98万吨、生产油茶油6200吨。2010年经省审批三板厂5个，新增产能37万立方米，其中纤维板新增10万立方米、刨花板27万立方米，木片10.5万绝干吨。新评选省级林业龙头企业22家，全省总计达74家。省林业局与省旅游局合作，制定《广东省森林生态旅游示范基地评定标准》，全省共评定省级森林生态旅游示范基地77家。全省各级森林公园共计424处，总面积99.22万公顷，占全省国土面积的5.51%，其中国家级25处、省级67处、市县级332处。

**【林业科技】** 继续推进省林业科技创新专项的实施，共实施林业科技创新项目30项，基本构建乡土阔叶树种、珍贵树种、油茶等研究协作网络，建立各类试验示范林1666.67公顷、良种繁育示范基地52公顷，并选择保存一批优良乡土阔叶树种、珍贵树种、油茶、松杉等种质资源，培育林木新品种7个，项目取得初步成效。省林业局成立油茶科技攻关协作组，制订《广东省油茶科技攻关协作组工作方案》，在全省收集保存种质资源1600多份，粤韶77-1等13个良种通过省级良种审(认)定，建立油茶良种采穗圃13.33公顷、示范林33.33公顷，申请发明专利2项。全面实施中央财政林业科技推广示范项目，营造各类油茶良种示范林213.33多公顷，建立油茶良种采穗圃16.67公顷，繁育油茶良种苗50多万株。继续加强林业科技创新示范基地建设，省优良珍贵树种培育试验示范基地规模已达154公顷；省高脂马尾松良种繁育基地基本建设，培育高脂马尾松良种苗木20万株。2010年，共有5项林业类科技成果获2009年度广东省科学技术奖；5项林业科技推广项目获2009年度省农业技术推广奖；10项省地方标准经省质量技术监督局发布实施，2个国家级、1个省级林业标准化示范区通过了验收；5个产品获广东省名牌产品称号。积极推进粤港澳和国际林业科技交流与合作，为香港渔农自然护理署举办林业培训班2期、45人(次)，接待港方来粤开展林业考察交流活动3批、15人(次)；广东省有4批、20人(次)林业科技和管理人员前往港澳开展林业培训、考察及交流活动。省林科院与澳门民政总署分别签订供应竹子给澳门大熊猫作为饲料及派专家协助澳门防治外来有害生物的协议。

**【自然保护区建设】** 2010年，完成省人大自然保护区议案建设任务，自然保护区实现跨越式发展：网络体系基本形成，基础设施明显改善，管理体系初步建立，管护措施不断完善，社会影响逐步扩大，生态效益日益显著。自然保护区建设管理工作继续走在全国前列。华南虎驯养繁殖研究中心驯养的两头华南虎"王子"与"公主"在2010年7月成功交配，"公主"于10月21日喜诞两头虎崽(现保存一头)。象头山国家级自然保护区加入中国生物圈自然保护区网络。车八岭国家级自然保护区正式启动实施全球环境基金(GEF)车八岭保护区社区可持续发展的示范管理项目。全省林业系统已建立各种类型、不同级别的自然保护区266处，其中国家级5

个、省级53个、市县级208个，总面积115.14万公顷，约占全省国土面积的6.41%。

【湿地资源保护】 认真办理省政协重点提案，摸索建立重点湿地生态效益补偿机制。2010年，《加强湿地保护，建立重点湿地生态补偿机制》(第20100687号)被列为省政协主席会议重点督办提案，省政协黄龙云主席带队实地考察并在广州南沙湿地召开现场调研座谈会。省林业局牵头，会同省财政厅、农业厅、水利厅和海洋与渔业局积极协商办理提案，选择6个不同类型、最具有代表性的重点湿地作为湿地生态补偿试点，制订了《广东省重点湿地生态效益补偿试点方案》，将1000万补偿试点资金元纳入2011年的省级财政预算。完成广东省第二次全国湿地资源调查工作成果总结和报送工作。根据国家发改委和国家林业局的批复，在广东省河源新港、珠海淇澳红树林、惠东白盆珠、汕头海岸湿地等4处湿地实施保护工程，基建部分已开工建设。

【野生动植物保护】 组织开展“粤安10”、“春季行动”、“绿粤行动”、保平安亚运等专项行动，有效地遏制涉林违法犯罪高发态势。全省森林公安机关共受理森林和野生动物案件5170起，查处4695起，其中受理刑事案件730起，查处339起；受理行政案件4440起，查处4356起，共处理各类违法犯罪人员8245人(次)，其中逮捕149人；收缴国家保护野生动物约2万只，收缴木材30万立方米，为国家挽回直接经济损失2985万元，林区治安秩序持续稳定。做好野生动植物保护工程和极小种群野生动植物拯救保护工程，组织有关单位开展华南虎、鳄蜥、野生鸟类、水雉、水鹿、平胸龟、苏铁、兰科植物、木兰科、土沉香、水松、紫荆木等珍稀濒危野生动植物的资源调查、监测、人工培育工作。组织开展华南虎再引入项目选址考察，完成《华南虎重引入选址调研报告》，并配合国家林业局华南虎再引入候选地点科学考察专家组做好实地考察、评估等工作。承办国家极度濒危野生动物种群繁育工作会议，共同研究朱鹮等极度濒危野生动物种群的交流和谱系建设。经国家林业局批准，在广州香江野生动物世界和珠海横琴动物主题公园分别建设华南珍稀野生动物物种保护中心，开展珍稀濒危野生动物迁地保护、科学研究、种质基因保存、科普教育等野生动物保护工作。规范敏感物种穿山甲、稀有蛇类、虎、象牙及其制品的经营利用，对省内有关单位和个人库存敏感物种穿山甲片、稀有蛇类、虎、象牙及其制品情况开展了调查、登记备案、清理整顿、统计、年度限额下达以及标识试点上报等工作。广东省地方标准《梅花鹿人工饲养技术规范》和《国兰生产技术与商品质量分级》经省质量技术监督局发布实施；与华南灵长类中心合作承担的广东省实验猴繁育标准化示范区项目通过验收。积极规范陆生野生动物资源保护管理费收费问题。自2010年7月1日起按照财政部、国家发改委的规定对出口陆生野生动物或者其产品的，不再收取野生动物资源保护管理费，切实减轻企业负担。进一步加强野生动物疫源疫病监测防控工作，促进野生动物保护和公共卫生安全。

【森林公安正规化建设】 2007年在全国率先将森林公安编制置换成中央政法专项编制，省森林公安局被国家林业局评为全国森林公安系统落实编制经费工作先进集体。从2008年省森林公安局领导班子实现整体高配，至2010年，有15个市、44个县森林公安机关领导高配或进入林业部门领导班子，71个森林公安派出所达到科级或副科级建制。狠抓派出所规范化建设，已评定一级所6个、二级所33个、三级所98个、四级所45个，合格率82.4%。下沉警力2222人，占全部警力的92%，其中县分局1152人、森林公安派出所1070人，逐步打牢了基层基础。2010年，围绕“平安亚运”目标，各级森林公安机关及早部署，精心准备，积极参与安保工作，群防群治，坚决打击林区内制贩枪支、爆炸物、各类黑恶势力和“黄、赌、毒”等违法犯罪活动。发放宣传材料34 000多份，开展宣传教育活动2400多次，检查林区内易燃易爆化学品生产经营单位560家、爆炸物品从业单位655家、管制刀具生产经营单位620家，排查安全隐患5600多处，为广州亚运会成功举办创造了稳定、良好的林区环境。继广州市分局后，肇庆市分局、深圳市分局龙岗派出所两个单位被评为全国森林公安执法示范单位。

【林权抵押贷款工作】 为全力推进集体林权制度改革，全省大力开展以林权抵押贷款为核心的林业投融资业务，探索林业保险与林业融资互动机制，解决林农最急迫的林业发展资金不足问题，使“活树变现钱，青山变银行”。自2007年底启动林改以来，全省已有67个县(市、区)开展了林权抵押贷款业务，至2010年底，全省已累计发放林权抵押贷款48亿元，促进了林业经济快速增长。银林合作使森林成为可以随时变现的“绿色银行”，使林农耕山有利、致富有路，造林、育林、护林的积极性空前高涨，林农“把山当田耕，把树当菜种”，比以往任何时候都更加重视林业。林权抵押贷款有效地缓解了林业投入不足，对提高林业经营规模化、集约化水平，实现林业增效、林农增收，激活了农村经济，形成了“林农得实惠、林业得发展、金融增投入”的多方共赢新格局。

【首次开展航空护林工作】 2010年4月9日，随着一架EC135直升机试飞成功，结束了广东这个林业大省没有航空护林的历史。为适应新形势下森林防火工作的需要，省森林防火指挥部和省政府公务飞行服务队多次调研协调，初步制定了广东省航空护林工作方案，计划在广州建立森林航空护林站，开展航空巡护、侦察火情、森林大火扑救等工作。根据方案安排，广东省航空护林工作将在省政府统一组织下，由广东省森林防火指挥部组织承担各航护站后勤保障工作，并由省政府公务飞行服务队承担全省森林防火航空护林巡护与灭火任务。广东省将以广州森林航空护林站为中心辐射全省，并在韶关、河源、梅州、肇庆、清远以及粤东、粤西建立7~8个监时航护站(点)，用于直升机执行航护与灭火任务时停降及加油，航空护林范围基本覆盖全省大部分林业重点县。2010年，采用直升机与地面消防队员协同配合，迅速高效地扑灭近20宗山火，有效保障了人民群众生命财产安全。

【林业大事】

**1月23日** 华南地区第一个国家级动物物种保护中心——华南珍稀动物物种保护中心在珠海奠基。

**2月25日** 省政府在增城市召开全省林业工作会议，李容根副省长出席会议并讲话，省林业局张育文局长作《促改革优结构惠民生 扎实推进现代林业强省建设》主题报告。

**2月26日** 中央政治局委员、广东省委书记汪洋到广州、东莞进行绿道网建设专题调研，并参加广州增城市的义务植树活动。

**3月2日** 以"携手绿色亚运、共建和谐家园"为主题的义务植树活动在广州亚运城亚运公园举行。

**3月20日** 广东省林业局、广州市林业与园林局等部门联合启动以"保护野生鸟类，迎接亚运盛会"为主题的"鸟节"和爱鸟周宣传活动，放飞罚没及经救护的广东省重点保护野鸟共858只。

**3月22日** 珠三角绿道网建设启动仪式在广州举行。中央政治局委员、广东省委书记汪洋出席仪式，省长黄华华致词。

**4月23日** 省政府在增城市召开省绿委第十一次全体会议和松材线虫病防治工作会议。

**4月27日** 省林业局、中国人民银行广州分行在肇庆市高要市联合召开全省林权抵押贷款工作推进会。

**5月14日** 省政府召开全省推进集体林权制度改革电视电话会议，李容根副省长出席会议并作讲话。

**5月15日** 粤桂两省(区)松材线虫病联防联治工作会议在封开县召开。

**7月23日** 省十一届人大常委会第二十次会议通过《广东省森林公园管理条例(草案)》，于9月1日正式实施。

**8月19** 省政府在梅州兴宁市召开广东省油茶产业发展现场会，李容根副省长出席会议并讲话，省林业局张育文局长作主题报告。

**10月8日** 省政府召开全省森林防火工作电视电话会议。李容根副省长出席会议并讲话。

**10月26日** 广东省正式启用直升机开展森林航空消防工作。

**11月4日** 国家林业局副局长印红到肇庆市调研自然保护区和野生动植物保护管理工作情况。

**12月9日** 省委、省政府召开全省林改工作座谈会，李容根副省长出席会议并作讲话。

**12月19日** 俄罗斯联邦林务局副局长特鲁诺夫率森林防火工作考察团到惠州市考察。

（广东省林业由欧阳学工供稿）

# 广西壮族自治区林业

【概　述】 2010年，广西林业系统紧紧围绕建设生态文明示范区和林业强区目标，以科学发展为主题，以加快转变林业发展方式为主线，按照国家现代林业发展战略部署，紧紧围绕生态文明示范区和林业强区建设目标，团结和依靠广大群众，大力开展林业生态体系、林业产业体系和生态文化体系建设，战胜了西南特大干旱等自然灾害给林业造成的困难，全面实现了建设林业强区"三步走"战略第一步目标，林业经济快速增长，林业改革发展实现了重大突破。

**森林资源** 2010年，广西植树造林总面积275 099公顷，比2009年增长5.66%，其中荒山造林143 254公顷，迹地更新119 535公顷，低产林改造造林11 910公顷。四旁(零星)植树5051.66万株，比2009年增长41.95%。三年新造林抚育实际面积466 528公顷，比2009年增长3.86%。实施成林抚育503 878公顷，其中中幼林龄抚育180 467公顷。苗木培育1726公顷，产苗量8.17亿株。在完成的植树造林总面积和四旁(零星)植树中，全民义务植树8378万株。据2010年底森林资源监测结果显示，广西森林覆盖率达58%，比2009年增长0.22个百分点，比"十五"期末增长5.29个百分点；活立木蓄积量6.02亿立方米，比2009年增长3.4%，比"十五"期末增长17.64%。2010年，广西森林生态服务总价值达8500亿元。森林覆盖率、活立木蓄积量、森林生态服务总价值指标排位均居全国前列。

**林业生态** 2010年，广西林业生态重点工程建设呈现以下特点：一是林业生态重点工程新造林比重增加，森林生态功能治理范围扩大。全年林业重点工程造林100 025公顷，比2009年增长39.8%，占荒山造林面积的70%，比2009年增长18.7个百分点。在林业重点工程造林中：沿海防护林二期工程造林23 648公顷；珠江防护林二期工程造林15 258公顷；巩固退耕成果工程新造林面积23 406公顷；石漠化治理工程试点县造林面积37 713公顷。二是速生丰产林面积不断扩大，森林碳汇承载能力不断增强。2010年广西营造速生丰产林162 407公顷，速丰林基地规模达1800万公顷，碳汇功能基础支持不断强化。三是生态公益林保护成效显著。2010年落实国家和自治区级生态公益林补偿资金75 324万元，比2009年增长90.49%，实施补偿面积530.9967万公顷，占区划面积的97%，确保生态公益林各项生态功能的正常发挥。四是封山育林工作进展顺利。新增封山育林面积53 800公顷，其中无林地和疏林地封育17 913公顷、有林地和灌木林地封育35 887公顷。各项目单位严格按照各个工程项目和有关技术规程的要求，选择符合条件的宜封林地进行封育，落实管护措施强封严管，并在宜人工造林的地块实施补植补造的育林措施，加快郁闭成林，确保封育效果。

**产业发展迈上新台阶** 2010年8月，广西林业厅印发《广西林业产业发展"56820"行动计划实施方案》，成立木材精深加工产业发展领导小组和林产化工产业发展领导小组，制定产业发展政策措施，强力推动林产工业的发展。一是产业总产值突破千亿元大关，第二产业产值增长贡献率超过80%。2010年广西实现产业总产值

1277多亿元，比2009年增长44.77%。二是木材加工工业发展贡献率突出。按优势产业分类：商品林、经济林、木材加工、制浆造纸、林产化工产值分别为140亿元、260亿元、407亿元、147亿元、120亿元，同比增长率分别为22.33%、37.37%、54.72%、72.41%、107.68%，对五大优势产业总产值增长贡献率分别为7.01%、19.27%、39.61%、17.05%、17.06%。三是五大优势产业的地位呈现巩固增强趋势。2010年五大优势产业总产值1074亿元，占产业总产值的84.1%，比2009年提高了3.6个百分点。

**生态文化体系建设** 2010年，广西生态文化建设通过各种形式以及不同媒体扩大林业宣传，加强森林公园、自然保护区和森林植物动物标本场馆等文化设施建设，充分挖掘和鼓励生态文化创作，倡导绿色、低碳、环保、节约的发展理念，生态文化核心价值观逐步成为资源节约型、环境友好型社会建设的重要支撑。一是通过电视、广播、报纸、杂志、网络、会展等不同形式扩大林业宣传，全社会自然生态保护意识不断提高，低碳、环保、节约的行为方式备受推崇并逐渐成为社会道德规范。二是深入开展世界湿地日、爱鸟周、野生动植物宣传月等生态文明宣传教育活动。三是打造森林旅游品牌和提升森林旅游品位，森林旅游休闲的容量和品质不断提高，吸引更多的人愿意通过森林旅游的方式去感受生态文明的魅力。到2010年底广西建成森林公园50处、林业自然保护区63处，全年吸纳森林旅游休闲总人数达2035万人(次)，比2009年增长59.73%。

**林业固定资产投资** 2010年，广西完成林业固定资产投资371.69亿元，比2009年增长38.66%。一是第二产业投资是投资的重点。按三次产业分类：一、二、三产业固定资产投资分别为80.21亿元、264.45亿元、27.02亿元，同比增长率分别为32.25%、36.22%、103.64%，对林业固定资产总投资增长贡献率分别为18.88%、67.85%、13.27%，二产的投资总量居于产业投资首位。二是第三产业投资比重增加。一、二、三产业固定资产投资结构由2009年的22.6%∶72.4%∶5%调整到了2010年的21.6%∶71.1%∶7.3%，2010年比2009年分别提高了-1个百分点、-1.3个百分点、2.3个百分点。三是木材加工投资加大，五大项目投资主体地位呈现削弱趋势。投资按主要五大项目分类：造林、木材加工、制浆造纸、林产化工、其他林产品加工投资分别为65.06亿元、169.65亿元、70.67亿元、11.61亿元、12.5亿元，同比增长率分别为29.4%、64.03%、-4.63%、68.92%、28.57%，对五大主要项目总投资增长贡献率分别为19.75%、51.47%、21.45%、3.53%、3.8%。2010年五大主要项目投资总额329.52亿元，占林业固定资产投资的88.65%，比2009年降低了1.88个百分点。

**林业改革** 2010年，广西完成集体林权制度主体改革勘界确权面积946.67万公顷，发证面积813.33亿公顷。截至2010年底，广西累计完成主体改革勘界确权面积1226.67万公顷，占广西集体林地总面积的91.6%；累计发证面积1013.33亿公顷，占总任务的75.8%。2010年启动配套改革并确定17个试点县(市、区)，起草制定配套改革政策文件，召开广西林下经济发展现场会，广西配套改革工作扎实推进。做好国有林场改革前期调研，确保广西国有林场改革的顺利实施。广西壮族自治区林业厅直属国有企业改革稳步推进，直属企业改制、下放和职工分流工作进展顺利。

**林产品进出口贸易** 2010年，广西林产品进出口贸易下滑，进出口贸易量进一步缩减，呈现负增长趋势，比2009年减少10.08%，其中出口量同比减少20.43%。全年进出口贸易总额10.6亿美元，比2009年增长14.28%。其中出口值6.88亿美元，同比增长10.88%；进口值3.72亿美元，同比增长16.78%。出口贸易以经济林、林产化工和木材加工产品为主，出口值分别为1.75亿美元、1.69亿美元、1.56亿美元，占出口贸易份额分别为25.58%、24.63%和22.78%，出口产品主要有柑橘、松香、木衣架、人造板等。进口贸易以经济林、木本油料和制浆造纸产品为主，进口值分别为2.08亿美元、1.09亿美元、0.34亿美元，占进口贸易份额分别为55.85%、29.46%和9.28%，进口产品主要有热带木本水果、棕榈油、回收纸浆等。

**林业系统组织机构建设** 2010年，广西各级林业系统现有各种经济性质单位2448个，比2009年增长1.28%。其中建设主体机构为国家机关、国有林场和乡镇林业站共1393个单位，占广西机构总数的56.9%。国家机关、国有林场和乡镇林业站机构个数分别为207、154和1032。2010年，广西林业系统从业人员年末人数5.4万人，其中建设主体机构的国家机关、国有林场和乡镇林业站年末从业人员共3.66万人，占广西从业年末总人数的67.7%，国家机关、国有林场和乡镇林业站年末从业人员分别为0.34万人、2.88万人和0.44万人。国家机关、国有林场和乡镇林业站从业人员占广西林业系统从业总人数的比例分别为：6.2%、53.3%和8.1%。2010年广西林业科技人员14 398人，比2009年增长3%，占年末职工总数的26.9%，比2009年增长1个百分点。2010年，广西林业系统职工平均收入21 599元，比2009年增长12.3%，其中，国家机关、国有林场和乡镇林业站职工平均收入分别为36 261元、18 143元和21 498元，比2009年增长分别为8.5%、15.3%和1.2%。2010年，广西国有林场在岗职工人均森林管理面积36公顷，乡镇林业站职工人均森林管理面积1563公顷。

**林业科技与对外合作** 2010年，广西林业部门落实项目库科技项目60项，申报各类科技项目58项，验收及鉴定项目成果共31项，获奖成果5项以上。落实重点领域重点项目推广12项，建立林业各类示范推广点31个，开展以“送科技下乡，真情系林农”为主题的送科技下乡活动，有效促进广西科技成果转化应用率不断提高。2010年审定林业行业标准2项，地方标准13项。加强与芬兰斯道拉恩索公司和印度尼西亚金光集团的林浆纸一体化建设项目合作；加快实施世界银行贷款广西综合林业发展和保护项目和碳汇项目建设；积极推进中日合作海防林示范项目建设；深化与泰国、澳大利亚等国家在油茶、桉树的研究合作；拓展与越南、泰国等东盟国家的林业交流与合作空间。2010年广西林业实际利用外资19 288万美元。比2009年增长42.8%。

(陈祖群)

【森林资源培育】

**退耕还林工程** 2010年，广西新增退耕还林工程建设任务28.333公顷，其中：荒山荒地造林任务24 333公顷，封山育林任务4000公顷，安排36个县(市、区)实施，重点与速生丰产林工程建设、石漠化治理相结合。各县(市、区)接到计划任务通知后，按要求及时将任务分解落实到乡镇、村、屯和农户。全年完成退耕还林计划任务13 533万公顷，占计划任务的47.8%，其中完成荒山荒地造林11 533公顷，占计划任务的47.4%，封山育林2000公顷，占计划任务的50%。余下部分将于2011年上半年完成。2010年上半年重点放在完成2009年度计划任务和历年计划任务的补植补造工作。2009年度国家安排广西退耕还林工程建设计划任务2.67万公顷(其中荒山荒地人工造林2万公顷，封山育林6666.67公顷)，截至2010年6月底，已全部按计划完成任务。2010年国家安排广西退耕还林各项补助经费71 536万元，其中补助粮食折款57 128万元，现金补助6688万元，种苗和造林补助费7720万元。2010年广西已兑现粮食补助款42 345.2万元、现金补助3912.8万元，种苗费3836.7万元。2010年国家安排广西巩固退耕还林成果专项资金35 232万元。

**珠防林工程** 2010年，广西有20个县(区、市、区直林场)实施珠防林工程项目，其中兴业县实施2008年度计划的余留任务，金城江区、融安县、三江县、兴宾区、西林县、田阳县、靖西县、平乐县、兴安县、全州县、资源县、八步区、昭平县、平桂区共14个县(区)实施2009年度的计划，荔浦县和雅长林场实施2009年和2010年度的计划，藤县、隆林县和罗城县实施2010年度的计划。据年报统计，共完成人工造林9333公顷，其中为荒山造林8831公顷、低效林改造502公顷。按林种分，防护林3550公顷、用材林5646公顷、经济林137公顷。完成封山育林6427公顷，其中无林地和疏林地封育4435公顷、有林地和灌木林封育1992公顷。共投入资金5897万元，其中国家投资2345万元，群众投工投劳折资1931万元。项目主要安排在桂林、百色、贺州等地，各项目县优先将工程安排在石山地区造林和封山育林，加快石漠化治理步伐。

**海防林工程** 2010年，广西共有14个县(市、区、区直林场)实施海防林工程项目，其中灵山县和浦北县实施2008年度的剩余任务和2009年度的任务，合浦县、铁山港区、钦南区、钦北区、防城区、港口区、东兴市、上思县、博白县、宁明县、龙州县、凭祥市12个县(市、区)实施2009年度的任务。据年报统计，共完成人工造林17 636公顷，其中荒山造林17 604公顷、低效林改造32公顷。按林种分，防护林3039公顷、特用林234公顷、用材林14 103公顷、经济林260公顷。低效有林地和灌木林地封山育林6044公顷。共投入资金14 756万元，其中国家投资3635万元，群众投工投劳折资5127万元。

**石漠化治理** 2010年，都安、大化、凤山、平果、田东、田阳、环江、柳江、忻城、平乐、马山、天等共12个县继续实施石漠化综合治理试点工程。截至年底统计，实际完成情况是，林业措施方面，完成人工造林1560公顷、封山育林36 153公顷。农业措施方面，完成人工种草520公顷，建畜舍28 844平方米，建青贮池3989.5立方米，购买切草机443台。水利措施方面，完成坡改梯65公顷，新建排灌沟渠70.37千米，拦沙坝18座，沟道整治24.1千米，蓄水池220座，田间生产道路37.5千米。实际投资10 232万元，其中中央投资9600万元，地方投资632万元。其中林业项目计划投资3730.04万元，实际投资3726.25万元，占已投资总额的36.4%。2010年，各试点县还完成了2010年度实施方案的编制工作。

**封山育林** 2010年，新增封山育林面积53 800公顷，其中无林地和疏林地封育17913公顷、有林地和灌木林地封育35 887公顷。按项目分，退耕还林工程3668公顷、珠防林工程6427公顷、海防林工程6044公顷、石漠化综合治理工程36 153公顷、面上封山育林1508公顷。 (杨先伟 尹国平)

【国有林场建设】 2010年，广西151个国有林场总经营面积近133.33多万公顷(场内部分)，约占广西林地面积的9%，森林蓄积量7410万立方米，占广西森林蓄积总量的12%；职工总人数4.9万人，其中：在职职工2.8万人，离退休人员2.1万人，林业总人口12.6万人。2010年实现总产值60亿元，比2009年增长23%，其中第一产业产值30亿元，第二产业产值25亿元，第三产业产值5亿元；经营总收入35亿元，比2009年增长12%，其中种植业收入18亿元，加工业收入15亿元，其他收入2亿元；年末国有资产总额150亿元(不含林地)，纳入社会养老保险4.1万人，占职工总人数的83%。

**林场改革** 2010年，广西林业厅相继出台了《关于加强自治区直属国有林场自营经济和承包造林管理的通知》、《关于加快转变发展方式，促进自治区直属国有林场跨越发展的意见》与《关于印发自治区直属国有林场场务公开意见的通知》等文件，推进了自治区直属国有林场科学、民主、规范、有序管理，促进了管理体制机制创新，实现了国有林场科学发展、跨越发展、和谐发展。

**扶贫工作** 2010年，中央和广西各级财政、林业部门加大对国有贫困林场扶持力度，累计投入资金2930万元，其中：中央投入800万元，自治区配套300万元，市县配套及林场自筹1830万元。扶持了29个贫困林场29个项目，其中：新建林区公路120千米，维修林区公路150千米，经济林低改300公顷，营造珍贵树种200公顷，营造速生丰产林240公顷，全年职工培训800多人(次)，扶持特色经济林、珍贵树种、速生丰产等生产性项目，项目投产后预计将产生直接经济效益3850多万元。国有林场扶贫模式由过去以改善职工生活条件为主向以生产性扶持为主转变。

**林区民生** 2010年8月19日，广西召开了国有林场危旧房改造工作会议暨开工仪式，标志着广西有史以来国家投入最大、涉及面最广的国有林场基础设施建设工程正式启动。广西危旧房改造任务2.6万户，按照统一规划、合理布局、突出重点、配套建设、因地制宜、整体推进的原则，力争用三年的时间全面完成国有林场危旧房改造任务，彻底解决国有林场职工群众的住房困

难问题，推动国有林场健康、快速、协调发展。根据中央和自治区有关规定，国有林场危旧房改造的政策实行“1150，一免一减”，即中央财政每户补助1万元；广西财政每户配套1万元；国有林场危旧房改造一律免收城市基础设施配套费等各种行政事业性收费和政府性基金、免征城镇土地使用税；对经营服务性收费按低限实行减半收取等优惠政策。以限价商品房、经济适用房、集资房、公租房等不同方式建设，建设用地按相应的供应方式供给。2010年广西68个林场全面开工改造危旧房1万户，改造面积达84万平方米，项目总投资11亿元。（张振球）

**【林业产业】** 2010年，广西实现产业总产值1277多亿元，比2009年增长44.77%。按三次产业分类：第一产业产值为445.69亿元、同比增长率为14.15%、对产业总产值增长贡献率为13.99%；第二产业产值为783.58亿元、同比增长率为70.36%、对产业总产值增长贡献率为81.98%；第三产业产值为47.27亿元，同比增长率为50.73%，对产业总产值增长贡献率为4.03%；一、二、三产业结构进一步优化。

**产业结构调整** 2010年，广西产业结构调整效果明显。一是林业第二、三产业发展加速，一产发展速度变缓，主导产业由一产转向二产，工业化进程加快发展，为三次产业协调发展奠定基础。三次产业占总产值比重由2009年的44.28%∶52.16%∶3.56%调整到2010年的34.91%∶61.39%∶3.7%，2010年比2009年分别增长了-9.37个百分点、9.23个百分点、0.14个百分点。二是木材加工、制浆造纸、林产化工支撑发展能力显著增强。商品林、经济林、木材加工、制浆造纸、林产化工五大支柱产业产值比重由2009年的16.12%∶26.67%∶37.06%∶12.01%∶8.14%调整为13.03%∶24.16%∶37.93%；13.72%∶11.16%，2010年比2009年增长分别为-3.09百分点、-2.51个百分点、0.87个百分点、1.71个百分点、3.02个百分点。三是林业工业规模以上企业比重逐渐提高，林产工业实力逐渐增强。人造板、制浆造纸、林化工业规模以上工业比重由2009年的71%∶71%∶0.97%提高到2010年的82%∶90%∶98%。2010年比2009年分别增长了11个百分点、19个百分点、1个百分点。

**林业产品产量** 2010年，广西木材产量1270万立方米，同比增长31.87%。竹材产量26 292万根，同比增长8.63%。经济林产品总产量859万吨，同比增长17.18%，其中水果产量744万吨，同比增长20%；松脂产量49.57万吨，同比增长5.51%；八角产量9.96万吨，同比增长5.8%；玉桂产量2.86万吨，同比增长13.49%；油茶籽产量14.37万吨，同比增长7.8%。鲜切花产量7291万支，同比增长32.8%。盆栽植物2002万盆，同比增长7.1%。人造板产量1468.34万立方米，同比增长69.77%。机制纸与纸板产量225.11万吨，同比增长21.41%。松香类产品产量80.18万吨，同比增长23.54%。栲胶类产品产量6376万吨。森林旅游休闲总人数2035万人(次)，同比增长59.73%；总收入达21.68亿元，同比增长44.91%，森林旅游有效拉动其他产业发展。

**林浆纸一体化项目** 2010年，林浆纸一体化项目建设稳步推进。梧州林浆纸一体化项目前期工作进展顺利，已完成园区规划环评和园区污水处理厂和园区自来水厂的前期工作。9月，钦州林浆纸一体化重点项目——广西金桂浆纸业有限公司一期工程年产30万吨制浆项目建成投产，年产60万吨造纸项目同时开工建设。金桂浆纸业有限公司规划营建原料林基地13.3万公顷，2010年累计完成造林9.6万公顷。（周献逸）

**【园林花卉和经济林】**

**花卉产业概况** 花卉产业是广西着力打造的五大林业支柱优势产业和农业百亿元产业之一。到2010年底，广西花卉种植面积2.67万公顷，年产值60亿元。其中园林工程、花卉深加工等相关产业产值达12亿元。广西的花卉种植区域主要集中在南宁、桂林、柳州、梧州、玉林、贵港和北海等中心城市。广西现有种植规模100亩以上的花卉种植企业、花卉大户2000多家，花卉交易市场13个，各类从业人员45万人，花农100多万户。

*基地建设* 2010年，广西重点抓好广西花卉产业示范基地、台湾花卉产业园、中国—东盟花卉博览园和柳州市柳北青茅花卉产业园四大重点花卉示范项目的督导工作，以大项目为突破口，带动广西花卉产业大投资、大发展。其中，由七坡林场承建的广西花卉产业示范基地建设已初具规模，基地目前已完成53.33公顷的“三通一平”等基础设施建设；建成国兰生产大棚4.5万平方米、蝴蝶兰生产大棚4000平方米、兰花展示大棚1500平方米。基地的招商工作进展顺利，已与12家台资花卉企业签约，签约用地44.67公顷，引进资金总额7.3亿元。此外，台湾花卉产业园建设也已启动，已落实土地156.67公顷，并与台商签订合作协议，双方共同建设和开发台湾花卉产业园。中国—东盟花卉博览园为南宁市“1180”重点建设工程项目，东盟花卉博览园现已签订进场种植大户25户，租赁的75.592公顷土地已全部招商完毕，基础设施建设全面展开。柳州青茅花卉产业园累计完成投资2255万元，平整土地86.67公顷，初步完成“三通一平”等基础设施建设。项目引进企业8家，已开展生产的企业4家。

*花卉品牌* 经过多年的培育，广西已形成了一批如桂林桂花、北海罗汉松、梧州宝巾花、兰花、茉莉花、玉兰、金花茶、岭南盆景等颇具特色的花卉品牌。桂林是我国著名的桂花之乡，全市现有桂花种植面积达2666.67公顷，年销售收入3亿多元。广西是“茶族皇后”金花茶的故乡，金花茶在钦州、防城港及北海合浦的人工种植面积达666.6多公顷，通过对其进行深加工，形成了以金花茶萃取液、金花茶茶叶等产值超亿元的金花茶深加工产业。广西栽培的国兰在国内外声名远扬，广西形成以南宁、柳州、玉林容县、百色乐业、桂林荔浦为主的兰花生产区域，总种植面积133.33公顷，年产兰花667万盆，产值过亿元。

*招商引资* 2010年3月和5月，广西壮族自治区林业厅分别组织区内花卉企业代表前往台湾进行花卉考察及推介活动，并通过举办座谈会、花卉项目推介、花卉界联谊等活动进一步增进桂台花卉界的交流与合作。广

西花卉产业示范基地、柳州青茅花卉产业园等重点花卉项目的招商引资工作，更是取得了显著成效，成功引进中国台湾省和韩国等的花卉合作项目 18 个，实际引资过 9 亿元人民币。

桂台花卉合作　2010 年，广西重大花卉项目成功引进台湾花卉合作项目 17 个，实际引资近 9 亿元人民币。2010 年 7 月 4 日，自治区林业厅在台湾彰化县举行桂台花卉产业座谈会。桂台两地政界及花卉界等代表 160 人参加了座谈会，桂台与会嘉宾分别就桂台农林业及花卉产业的合作进行深入探讨，并取得了丰硕成果。会后，自治区林业厅与台湾工商建设研究会签订《桂台花卉产业合作交流备忘录》，广西花卉协会与台湾兰花育种者协会签订《协会间科研与人才培养合作备忘录》。广西花卉企业与台湾 10 家花卉企业签署 10 个花卉投资项目，合同金额 3.02 亿元人民币。自治区党委书记郭声琨，自治区副主席陈武，自治区党委常委、秘书长余远辉，自治区副主席陈章良等领导出席桂台花卉项目的签约仪式。自治区党委书记郭声琨为项目签约致贺词。10 月 21 日，为扩大桂台花卉的交流，巩固来桂台花卉间取得的成果，自治区林业厅在南宁举办桂台花卉合作座谈会。会上，13 家台商花卉企业代表与广西花卉企业及各市林业局负责人进行座谈，就深化桂台花卉产业合作进行广泛交流，倾听台湾客商对投资广西花卉产业的意见及建议，开展桂台花卉合作项目的招商及对接工作。

**经济林**　2010 年末，广西经济林总面积 1 760 590 公顷，其中：水果类 934 426 公顷，干果类 83 836 公顷，林产饮料类 58 395 公顷，林产调料类 356 874 公顷，木本药材 11 705 公顷，木本油料类 315 357 公顷。2010 年经济林实现总产值 260 亿元，比 2009 年增加 71 亿元，增长 37.5%，经济产品产量 796 万吨，其中：水果类 745 万吨，干果类 14 万吨，林产饮料类 4 万吨，林产调料类 13 万吨，木本药材 5 万吨，森林食品 6 万吨，木本油料类 15 万吨，林产工业原料 57 万吨。

油茶　广西是我国油茶的主要产区之一，种植面积列全国第三位。广西油茶林面积 36 万公顷，其中，已挂果（投产）面积 32 万公顷，2010 年油茶籽总产量为 14 万吨，新造油茶原料林基地 4666.67 公顷。3 月 26 日，在南宁举办广西油茶产业发展论坛暨项目签约仪式，签约投资项目 14 个，总投资产达 35 亿元。同时，召开广西油茶产业协会会员大会，选举产生协会第一届理事长、常务理事、秘书长和理事，组建成立广西油茶产业协会。2010 年中央和自治区财政安排油茶产业发展专项资金 7430 万元，其中中央预算内投资 2430 万元，自治财政专项资金 5000 万元。

八角　八角是南亚热带的一种特色经济林，主要分布在我国南方的广西、广东和云南等省（区），国外仅越南北部有少量分布。广西栽培面积约 560 万亩，主要产于防城、苍梧、藤县、德保、那坡、右江、凌云、凤山、宁明、上林、龙州、凭祥、金秀、容县、北流、桂平、平南、浦北等县（市、区）及自治区直属的高峰、六万、雅长和派阳山等林场，常年八角干果产量约 6 万 ~7 万吨，栽培面积和产量均占全国 85% 以上。2010 年，广西八角主产区遭受历史罕见的秋冬春连旱，八角受灾严重，国务院总理温家宝对八角受灾情况高度重视，作出了重要指示，根据温家宝总理的批示精神，广西采取了积极有效的技术措施和必要的扶持政策，克服了旱灾带来的影响，确保大灾之年不减产，全年八角干果总产量达 99626 吨，比 2009 年略有增加，加工茴油 2608 吨。受国际、国内需求的影响，八角干果销售价格出现了快速回升，干果销售价格达 20 元/千克，比 2009 年上涨了 80%。

肉桂　广西是我国肉桂的主要产区，种植面积和产量占全国总量的 50% 以上，现有肉桂林面积 13.5 万公顷，其中，已投产面积约 10 万公顷，2010 年桂皮产量为 28 655 吨，桂油产量约 1000 吨。

油桐　广西是我国油桐的主要产区之一，种植面积列全国第三位。油桐是重要的天然优质工业原料树种，广西油桐林面积 15.8 万公顷，其中，已挂果（投产）面积 14.5 万公顷。2010 年，油桐籽产量为 72 536 吨。

松香　松脂资源是广西的优势资源之一，是中国最大的松香生产基地。2010 年，广西松香产量达 495 750 吨，占全国松香产量的 40% 以上。

（张振球　李　凯）

**【森林和野生动植物保护】**

**林地管理**　2010 年，广西建设项目征用占用林地面积共 9634.8504 公顷，共 584 宗，收取森林植被恢复费共 65 085.3279 万元。其中，长期征占用林地 476 宗，面积 8958.7042 公顷，收取森林植被费 61 971.3361 万元；临时占用林地 77 宗，面积 480.1822 公顷，收取森林植被费 3113.9918 万元；直接为林业生产服务项目 31 宗，面积 195.9640 公顷。所有项目中，经国家林业局审核批准的项目 31 宗，面积 5463.9344 公顷，森林植被恢复费 40 389.1077 万元。与 2009 年同期相比，项目宗数增加 111 宗，增长 23.46%；征占用林地的面积增加 3744.1046 公顷，增长 63.55%；收取的森林植被恢复费增加 30 258.7777 万元，增长 86.88%。建设项目征占用林地的宗数、面积、收取的森林植被恢复费都创了历史新高。

**林地定额管理**　2010 年是实施林地定额管理的第三年，国家林业局下达广西 2010 年的林地定额是 6000 公顷，因上报国家林业局审批的自治区统筹推进重大项目、临时占用林地项目、森林经营单位在所经营的林地范围内修筑直接为林业生产服务的工程设施三种类型的使用林地不占用广西林地定额，2010 年广西实际使用林地定额没有超出限额。

**项目建设年**　2010 年是自治区“项目建设年”，广西壮族自治区人民政府确定 2010 年自治区层面新开工/前期工作重大项目 304 项（含增补项目），许多重大基础设施项目和产业建设项目集中开工建设，征地量大，林地定额总体偏紧。2010 年，广西壮族自治区林业厅通过改变林地监管的方式，变被动把关为主动服务，使建设业主积极配合林业部门及时办理林地使用手续，按时完成了一大批重大项目征占用林地的手续，保证了重大项目的如期开工，林地管理工作本身及地方经济发展都赢得了主动。

**林地保护利用规划**　2010 年 7 月 25 日，国务院批复了《全国林地保护利用规划纲要（2010 ~ 2020 年）》（以下简称《纲要》)，要求各省、自治区、直辖市人民政府及相关部门共同实施。为切实加强广西林地保护利用规划编制工作的组织领导，保障工作的进行，广西壮族自治区人民政府下文《广西壮族自治区人民政府办公厅关于成立自治区林地保护利用规划编制工作领导小组的通知》(桂政办发〔2010〕199号)成立以陈章良副主席为组长，曾东副秘书长、陈秋华厅长为副组长，发展改革委、财政厅、国土资源厅、环境保护厅、水利厅、农业厅、林业厅等有关部门领导为成员的广西林地保护利用规划(2011～2020年)编制领导小组，并在自治区林业厅设立办公室。2010年8月，广西省县级林地保护利用规划编制工作全面启动。2010年11月26日，《广西林地保护利用规划大纲(2010～2020年)》通过专家评审。

**森林生态效益价值评估**　2010年3月，广西组织开展了首次森林生态效益价值评估，评估结果显示：广西森林生态系统服务功能总价值为8388.93亿元，占全国森林生态服务功能价值量8.4%，位列第四位，是广西林业总产值的11倍，大于广西地区生产总值。广西森林每年固碳4870.15万吨(折算成吸收二氧化碳1.79亿吨)，每年吸收的二氧化碳相当于2007年广西温室气体排放量(1.55亿吨)的115.5%，实现零排放。

**林木采伐**　2010年，自治区林业厅共下达广西商品材生产计划3079万立方米(指蓄积量，含2009年结转指标)，完成木材生产1688多万立方米(蓄积量)，比2009年同期增长30%。

**“十二五”森林采伐限额**　2011年1月26日，国务院以《国务院批转林业局关于全国“十二五”期间年森林采伐限额审核意见的通知》(国发〔2011〕3号)正式下达了全国“十二五”期间年森林采伐限额，广西“十二五”期间年森林采伐限额为3681.8万立方米，占全国的13.6%，总量居全国第一，比“十一五”增加1176.8万立方米，增量超过全国其他省区的增量总和，增量和增幅居全国第一。从森林类别分项看，广西商品林采伐限额居全国第一，约为全国的1/6；从森林起源分项看，广西人工林采伐限额居全国第一，接近全国的1/5，其中短轮伐期用材林限额居全国第一，超过全国的1/3。人工林、速丰林、商品林面积均居全国第一，成为全国最大的木材生产基地。

**野生动物管理**　2010年，广西壮族自治区林业厅先后完成编制《广西野生动植物保护工程“十二五”规划》、《广西野生动植物繁育利用产业“十二五”发展规划》的编制工作，开展《广西陆生野生动物物种分布名录》编制工作。截至2010年底，广西共发现陆生野生脊椎动物1145种，比原来的884种增加261种。组织开展广西首次野生动物行政许可专项检查，及时发现并纠正在野生动物驯养繁殖及经营利用过程中无证或超范围驯养繁殖、经营利用的违法行为，联合自治区公安厅等9个厅局联合下发《关于进一步加强野生动物保护管理工作的通知》(桂林发〔2010〕74号)，明确林业、公安、交通运输、卫生、工商、水产畜牧、食品药品监管、出入境检验检疫等各部门在野生动物猎捕、栖息地保护、养殖、经营、运输、检疫等方面的工作职责，加大野生动物保护管理工作的力度，形成有效管理野生动物的合力。加强珍稀濒危野生动植物的拯救保护，对白头叶猴、东部黑冠长臂猿、瑶山鳄蜥、黑叶猴、白颈长尾雉、黄腹角雉、冠斑犀鸟等一批珍稀濒危动物进行监测，白头叶猴、东部黑冠长臂猿、白颈长尾雉等珍稀濒危野生动植物野外种群得以持续扩大。建立全国最大的虎、黑叶猴、冠斑犀鸟、大壁虎、眼镜蛇、滑鼠蛇等珍稀野生动物人工繁育种群，并发展壮大梅花鹿、猕猴、黑熊、虎纹蛙、果子狸、环颈雉、眼镜王蛇、竹鼠等野生动物人工繁育种群。加强野生动物收容救护工作，自治区林业厅野生动物救护科研中心，全年共收容救护野生动物6270只(条)和3262.35千克，放生371只(条)和475千克。

**野生植物管理**　2010年，广西组织完成极小种群野生植物的统计工作，开展广西火桐、望天树、兰科、苏铁、金花茶等重点物种及栖息地的调查监测，实施广西火桐、广西青梅等5个极小种群野生植物拯救保护项目，重点物种种群数量稳中有增。依托雅长兰科植物保护区，重点抓好全国最大的带叶兜兰、莎叶兰和大香荚兰野生居群及贵州地宝兰种质资源保护、收集和保存工作。继续实施龙滩水电站淹没珍稀濒危野生植物迁地保护工程、德保苏铁“再引种”工程，花坪保护区与中科院植物所合作开展的银杉有性繁殖和无性繁殖种植试验。3月30日，自治区人民政府发布《广西壮族自治区重点保护野生植物名录(林业·第一批)》，为执行《广西壮族自治区野生植物保护办法》提供执法依据。

**野生动植物保护宣传与对外合作**　2010年2月2日、3月22日、9月12日广西分别举办了关爱湿地宣传周、2010广西爱鸟周活动启动仪式、保护野生植物宣传月启动仪式等活动。全面完成了联合国发展计划署(UNEP)资助的中国欧盟生物多样性项目广西示范项目(ECBP)中林业部门负责的项目；稳步推进全球环境基金(GEF)资助的广西综合林业保护与发展加强自然保护区管理子项目。与国际野生生物保护学会(WCS)合作，于2010年3月在南宁举办第二届中国边境野生生物卫士颁奖仪式和野生生物保护执法培训。成功举办了与亚州兰花保育委员会联合召开的第六届亚州兰科研讨会暨第二届广西国际兰花研讨会。

**自然保护区建设管理**　2010年，广西森林和野生动物类型自然保护区建设管理得到进一步巩固和发展。自治区人民政府办公厅印发《广西森林和野生动物类型自然保护区面积和界线确定推进工作方案》(桂政办电〔2010〕188号)，自然保护区面积和界线确定工作全面推进。自治区林业厅出台实施《广西森林和野生动物类型自然保护小区建设管理办法》，自然保护小区作为自然保护体系的重要补充，步入规范化建设管理轨道。2010年，自然保护区保护管理能力得到有效提升，6处自然保护区获得中央国家级自然保护区补助资金560万元；完成猫儿山国家级示范保护区实施方案的评审上报工作；举办地理信息管理系统培训班，21处保护区的40名业务骨干参加培训；在环境保护部、国家林业局等7部门开展的自然保护区管理评估工作中，受检的11处国家级自然保护区优、良、中评估等级分别为6处、4处、1处。自然保护区机构建设取得新突破，广西12个国家级保护区管理机构已有7个管理机构被批准纳入参照公务员法管理事业单位，5个地方级保护区管理机

构被批准由差额管理转为全额管理。完成编制《广西林业自然保护区“十二五”发展规划》。至2010年底，广西已建立林业系统管理的自然保护区63处，面积138.5万公顷，占广西国土面积的5.8%，其中国家级12处，自治区级41处，市级2处，县级8处。

**湿地管理与保护**　2010年，广西湿地保护管理和建设工作扎实推进。组织开展第十四个“世界湿地日”专题报道、板报、横幅等系列宣传活动，组织中小学生参观与广西自然博物馆联合举办的湿地板报展，并组织专家现场咨询，宣传效果良好。完成申请报建北海滨海国家湿地公园相关工作，启动了广西第二次湿地资源调查准备工作，组织编制和评审通过《广西壮族自治区湿地资源调查工作方案》和《广西壮族自治区湿地资源调查实施细则》，并报国家林业局中南规划院审查。成立了由厅长为组长、分管厅长为副组长，相关处室领导为成员的自治区湿地资源调查工作领导小组。积极与自治区财政厅沟通协调，落实好2011年自治区本级调查配套资金150万元。组织编制“十二五”湿地项目规划，确定了湿地保护体系、湿地综合治理、湿地可持续利用示范、能力建设与科技支撑体系建设等工程项目建设内容。进一步完善《广西湿地保护条例(草案)》，并函报自治区法制办。认真承办自治区政协关于会仙湿地提案的相关工作，精心制订办理提案工作方案，主动向提案委汇报会仙湿地保护与修复的工作思路，组织有关专家考察调研、召开座谈会，邀请国家林业局湿地保护管理中心邓侃处长和有关专家到实地考察指导。同时，主动与自治区水利厅联系沟通，在会仙湿地保护与修复建设方面达成了建设国家湿地公园的共识，联系协调国家林业局中南林业规划设计院开展会仙国家湿地公园总体规划工作。继续指导澄碧河和茅尾海红树林自然保护区湿地建设项目工作。成功举办创建红花谷国家湿地公园研讨会，会议形成了会议纪要，对柳州市今后开展湿地公园建设有较强的针对性和指导性。加强与先进省区交流学习，组织相关业务干部及桂林、柳州、钦州、防城港市林业局湿地保护管理负责人赴安徽、浙江、四川和西藏等省区就湿地保护管理工作进行了为期5天的学习考察，达到了预期的目的。

**森林防火**　2010年，广西共发生森林火灾715起，其中一般森林火灾382起，较大森林火灾333起，没有发生重大、特大森林火灾；火场总面积16 906公顷，受害森林面积1600公顷；烧毁成林蓄积50 014立方米，烧死幼树3749万株；森林火灾受害率0.12‰；因森林火灾死亡4人，伤1人，在有组织的扑救过程中，无1人伤亡；其他直接损失折款482.46万元。全年出动扑火人数52 583人次、车辆5565台次、飞机36架次、直接开支扑火经费462.12万元。已查明森林火灾原因605起。其中：生产性火源445起，非生产性火源124起。生产性火源中烧荒烧炭315起，占52.1%，造林炼山52起，占8.6%。非生产性火源中上坟烧纸23起，占3.3%，野外吸烟13起，占2.1%，痴呆人弄火23起，占3.8%。此外，故意纵火32起，外省烧入1起，越南烧入2起。已处理森林火灾案件447起，处理相关责任人397人，其中刑事处罚101人。

*基础建设*　2010年，广西投入森林防火资金23 125万元(国家6182万元，地方16 943万元)，用于瞭望系统建设840万元、通信系统建设1971万元、阻隔系统建设2529万元，购置交通工具1495万元、购置扑火机具1713万元，其他项目支出14 577万元。全年新建瞭望台43座、储备库30座9440平方米，购买无线电台951台(部)、森林消防专用车辆69辆、扑火机具47 164台(把、套)、计算机36台，营建防火林带327千米，开设防火线860千米。

*火源管理*　2010年，广西森林防火部门组织10多万人入山排查，排除隐患4000余处，制止违章用火3700多起，清理坟边、田边、村边、路边及防火线可燃物1.1万公顷。清明节期间组织10多万人盯牢坟头，首次做到清明节无一起火灾发生。

*宣传教育*　2010年，广西森林防火部门针对学生开展“课堂宣教”，落实187名防火办主任在1万多所中小学开设辅导课。针对农村留守老人开展“上门宣教”，组织3万多名宣传员进村入户宣传。编印近20万份森林火灾案件判例，建固定宣传碑6500多块，贴宣传牌1万多个。印送5万本《森林防火知识普及读本》。全年播放宣传电影2700多场次，出动宣传车辆2.9万台次，印发宣传资料900多万份，发送手机短信1000多万条。

*队伍建设*　2010年，广西壮族自治区林业厅设立了森林防火处作为自治区林业厅内部处室。举办100多期培训班、培训1.6万人次。成功举办广西历次中规模最大、规格最高、内容最全、的森林消防队伍防火演练竞赛活动，共16支队伍880名森林消防队员参加，现场观摩的领导、嘉宾500多人。

**森林病虫害防治**　2010年，广西森林病虫害发生面积34.95万公顷，发生率为3.1%，同比下降3.2%。其中：病害发生面积3.13万公顷，占9.0%；虫害发生面积31.83万公顷，占91.0%，其中马尾松毛虫发生面积6万公顷，同比上升33.0%；松材线虫病新增桂平市疫点；红树林害虫发生733.33公顷，桉树病虫害局部灾害严重。森林病虫成灾面积0.51万公顷，成灾率为0.40‰，属偏重发生年份。全年无公害防治8.47万公顷，无公害防治率87.20%。

*森防目标管理*　2010年，广西林业有害生物成灾率0.4‰；林业有害生物预测准确率为98.0%；林业有害生物无公害防治率为87.2%；林业有害生物检疫率为99.8%；松材线虫病防治控制在国家林业局下达给广西的目标责任内，全面完成国家下达的各项目标管理任务。

*检疫执法*　2010年4月23日，广西举行了“广西林业检疫执法专项行动”启动仪式，首次在广西范围开展林业检疫执法专项行动，共查处违章调运森林植物及其制品的行为79起，检查种苗、花卉生产基地、花卉市场500个，生产、加工企业4267个，车站、码头等流通场所96个，园林绿化、家具、重点工程建设工地等涉木单位666个，复检、补检木材9.8万立方米，编印检疫执法宣传材料6.9万多份。同时，严格实施境外引进林木种苗的监管措施，办理境外林木种苗引进的行政许可审批10件，引进苗木共11 710株，零投诉；实施种苗检疫面积为0.27万公顷，种苗检疫率为99.9%；调运木材1885.3万立方米，检疫木材1889.6万立方

米，检疫率为99.8%。（王　波　邱承刚　刘杰恩）

【森林公安】 2010年，广西森林公安机关共受理各类破坏森林和野生动物资源案件9424起，查破8831起，案件的综合查处率为93.71%，其中受理的刑事案件2141起，破1564起，破案率为73.05%，受理林业行政案件7283起，查处7267起，查处率99.78%。全年共打击处理各类违法犯罪人员9915人，其中逮捕1067人，拘留125人，罚款3589人。通过查处案件直接挽回经济损失3222万元，收缴木材38 307立方米，收缴野生动物43 519只(头)(其中国家一级野生保护动物126只，国家二级野生保护动物1701只)，打掉破坏森林和野生动物资源犯罪集团45个共203人，涉案52起。2010年1月，广西壮族自治区森林公安局获得国际野生生物保护学会(WCS)与中国野生动物保护协会授予的中国边境野生生物卫士奖。9月，在国家林业局“春季行动”总结表彰中，广西壮族自治区林业厅被评为全国8个优秀组织单位之一，南宁市森林公安局等4个单位被评为先进基层单位。

**查处森林火灾案件** 针对2009年入秋以来广西部分地区遭遇持续严重干旱、森林火灾案件频繁发生、给森林资源造成了严重破坏的形势，从2010年2月1日起至5月31日，自治区森林公安局组织广西森林公安机关集中开展查处森林火灾案件专项行动，严厉打击各种森林火灾违法犯罪。据统计，2010年广西共发生森林火灾刑事案件663起，破案502起，重大案件117起，特大案件30起，直接经济损失1483万元。

**春季行动** 2010年4月1日至6月30日，广西壮族自治区林业厅在广西范围内开展代号为“春季行动”的、严厉打击破坏森林资源违法犯罪专项行动。行动中，林业厅党组高度重视，陈秋华厅长亲自担任领导小组组长，落实工作措施和行动经费，专门划出50万元作为专项行动经费，确定了13起重特大案为林业厅督办案件。广西各级林业部门一把手也亲自挂帅担任领导小组组长，制订工作方案，落实工作措施，全力以赴开展好专项行动工作。据统计，此次专项行动，广西共出动人员36 420人(次)(其中森林公安民警21 300人(次))，出动车辆8790台(次)，其中立刑事案件立案532起，破案359起(其中破重大案件68起，破特大案件21起)，共抓获人员1403人，打掉犯罪团伙19个；查处行政案件2235起，行政处罚2860人，(其中林政罚款360万元，共收缴林木木材16 807立方米、林地650公顷、违法所得476万元、国家重点保护植物26株)；清查木材交易市场、收购站390处，清查木材经营加工场所3260处，清查征占用林地场点186处，野生动物案件17起，收缴野生动物总数2669(只)条，国家一级野生动物61只，国家二级1158只。2010年广西挂牌督办案件13起，已破11起(其中国家林业局督办案件1起，已破)，市级督办案件64起，破案45起。

**飞鹰二号行动** 2010年9月1日至11月30日，根据《国家林业局森林公安局关于开展严厉打击破坏野生动物资源违法犯罪专项行动的通知》(林公明发〔2010〕76号)和广西壮族自治区林业厅、公安厅的统一部署，组织开展了代号为“飞鹰二号行动”的严厉打击破坏野生动物资源违法犯罪专项行动。据统计，此次行动中，广西共出动人员24 732人(次)，其中森林公安民警18 027人(次)；出动车辆8804台(次)。刑事案件立案60起，破案40起(其中破重大案件3起，破特大案件3起)，共抓获人员171人，打掉犯罪团伙3个；查处行政案件298起，行政处罚312人，其中林政罚款184 137元)；清理野生动物驯养繁殖场所309处，清理野生动物加工经营场所1195处，检查野生动物活动区307处；收缴野生动物总数32 602头(只)(其中野生鸟类20 671只)，收缴野生动物制品2件(重量合计515.8千克)，收缴猎具共1241件，其中猎枪32支，违法所得22 830元，涉案价值889 420元。专项行动获得群众举报线索268条，根据群众举报破案116起。

**确保林区社会稳定工作** 2010年，广西森林公安机关深入开展以山林纠纷为主的社会矛盾大排查、大接访、大调处、大防控活动，协助有关部门调处化解了钦廉林场与合浦县、灵山县、浦北县林地林木纠纷、博白林场与当地林地林木纠纷、大桂山林场与苍梧县林地林木纠纷、金秀与桂平林地林木纠纷、维都与来宾市兴宾区林地林木纠纷等。据不完全统计，协助有关部门调处化解涉林矛盾纠纷上万起。同时，认真做好节日会期间林区社会稳定工作。广西森林公安机关积极做好林区禁种、铲毒工作，确保广西林区无种植毒品原作物现象。

（冯基兰）

【农村生态能源建设】

**管理推广机构** 2010年，广西共有农村能源行政管理推广机构678个，工作人员1941人。其中，省级机构1个，工作人员32人；地级机构15个，工作人员78人；县级机构93个，工作人员647人；乡级机构569个，工作人员1184人。在农村能源管理推广人员中，本科及以上文化程度的271人，大专文化程度的869人，高中及以下文化程度的801人。

**农村沼气服务体系建设** 2010年，广西新增省级实训基地1个，新增从业人员2人；2010年末累计地级服务站1个，从业人员6人；新增县级服务站16个，新增从业人员98人，2010年末累计县级服务站47个，从业人员241人；新增乡村沼气服务网点623个，新增从业人员1235人，2010年末累计乡村服务网点5246个，从业人员11 958人，可为186.326万户沼气户提供服务。

**经费投入** 2010年，广西共投入农村能源建设资金62 849.86万元，其中中央财政拨款36 505.15万元，省级财政拨款9134.6万元，地级财政拨款651.11万元，县级财政拨款792.52万元，农户自筹15 766.48万元，其他投入1331.22万元。

**户用沼气池** 2010年，广西新增建池户161 147户，2010年末累计371万户。2010年，广西户用沼气池利用287.28万户，沼气池年总产气量12.5475亿立方米，建池户年均产气量436.77立方米。

**大中型沼气工程** 2010年，广西新增大中型沼气工程489处，2010年末累计建成大中型沼气工程2731处。其中2010年末累计处理工业废弃物工程14处，总池容0.622万立方米，年产气量79.46万立方米，供气户数0.668万户，沼气发电装机容量1.7千瓦，年发电

量0.59万千瓦时；2010年新增处理农业废弃物工程489处，年末累计处理农业废弃物工程2717处，总池容17.921万立方米，年产气量2116.514万立米。2010年末累计处理农业废弃物工程中，大型沼气工程78处，总池容2.932万立方米，年产气量328.804万立方米，供气户0.7242万户，装机容量331千瓦，年发电量176.42万千瓦时；中型沼气工程606处，总池容7.647万立方米，年产气量884.486万立方米供气户10 702户，装机容量26千瓦，年发电量2万千瓦时；小型沼气工程2033处，总池容7.342万立方米，年产气量903.224万立方米，供气户0.676万户。

**生活污水净化沼气池** 建成生活污水净化沼气池683处，总池容4.07万立方米。其中村级处理系统378处，总池容0.6万立方米；学校生活污水净化沼气池375处，总池容3.48万立方米。

**微型水力开发** 新增微型水力发电机83台，装机792.5千瓦。2010年末累计有微型水力发电机15 154台，装机总容量26 247.6千瓦。

**风能利用** 新增小型风力发电机10台，装机容量2.5千瓦。2010年末累计有小型风力发电机1116台，装机总容量114.5千瓦。

**太阳能利用** 新增太阳能热水器34 817台，共10.45万平方米，2010年末累计有太阳能热水器180 649台，共46.08万平方米。

**秸秆能源化利用** 共有农作物秸秆气化站1处，秸秆沼气集中供气4户，供气户数652户。

**省柴节煤炉灶推广** 新增省柴节煤灶8.35万户，2010年末累计有省柴节煤灶用户741.99万户。2010年，广西新增节能炉0.126万台，2010年末累计有节能炉2.42万台。

**职业技能培训与鉴定** 2010年，广西培训11 023人(次)，累计培训211 751人(次)，累计鉴定30 706人(次)。其中，沼气生产工当年培训10 627人(次)，累计培训196 986人(次)，持证人数16 128人；农村节能员累计培训14 287人(次)；太阳能利用工累计培训478人(次)。

**产业发展** 累计有农村能源企业5250家，从业人员12 524人，总产值1752.81万元，固定资产34 379万元，利润总额249.25万元，缴纳税金20.67万元。其中沼气服务类企业5246家，从业人员12 500人，总产值1487.81万元，固定资产34 099万元，利润总额210.25万元，缴纳税金1.17万元；节能炉灶炕产业3家，从业人员16人，总产值135万元，固定资产250万元，利润总额19万元，缴纳税金9.5万元；太阳能热利用产业1家，从业人员8人，总产值130万元，固定资产30万元，利润总额20万元，缴纳税金10万元。

**农村地区能源消费** 合计消费1936.82万吨标煤，其中生活用能消费848.34万吨标煤，生产用能1088.49万吨标煤。各项农村生活、生产用能见下表。

**2010年广西农村生活用能情况**

| 项目 | 用量 | 折标准煤(万吨) | 项目 | 用户数(万户) | 使用量 | 折标准煤(万吨) |
|---|---|---|---|---|---|---|
| 秸秆 | 463.20万吨 | 217.70 | 沼气 | 289.82 | 127 592.05万立方米 | 77.19 |
| 薪柴 | 603.50万吨 | 307.79 | 液化石油气 | 272.15 | 58.36万吨 | 100.05 |
| 煤炭 | 137.07万吨 | 97.91 | 太阳能 | 18.06 | 46.08万平方米 | 5.53 |
| 电力 | 346.557万千瓦时 | 0.0426 | | | | |
| 成品油 | 29.48万吨 | 42.12 | | | | |

**2010年广西农村生产用能情况**

| 项 目 | 用 量 | 折标准煤(万吨) |
|---|---|---|
| 煤炭 | 631.49万吨 | 451.07 |
| 焦炭 | 35.91万吨 | 34.88 |
| 成品油 | 155.23万吨 | 221.76 |
| 电力 | 526244.41万千瓦时 | 64.68 |
| 秸秆 | 34.39万吨 | 16.16 |
| 薪柴 | 588.1万吨 | 299.93 |

(钟小兰)

# 海南省林业

**【概　述】** 2010年，全省林业建设取得了显著的工作成效。海南省林业局以科学发展观为指导，按照中央关于加快林业改革发展的总体要求和部署，紧紧围绕全省经济社会发展大局，以建设生态文明示范省和国际旅游岛为目标，全力做好各项工作。

**林业体制机制创新** 采取有效措施，继续推进体制机制创新工作。①圆满完成集体林权制度主体改革任务。坚持直面矛盾，因地制宜，不断探索创新，采取有效措施，大力推进集体林权制度改革工作。全年完成勘界面积79.5万公顷(含规划外面积)，占林改面积的104.5%，已发放林权证51.34万本，发证面积75.94万公顷，占应发证面积的99.1%。全省没有发生一起群众因林改而上访的事件。4月，国家林业局在海南省召开全国解决历史遗留问题、深入推进集体林权改革现场会，称赞“海南找到了林改的真谛”，实现了民生林改、生态林改、和谐林改。在抓好主体改革的同时，集体林权制度配套改革也在同步进行。2010年，起草了海南省支持林业发展和林权改革的5个指导性意见，在澄迈、昌江、屯昌、儋州、五指山等5个市、县建立了林业服务中心，在屯昌县部署开展森林采伐管理改革试点工作，积极推进林权抵押贷款。②顺利完成国有林场改革试点前期准备工作。在充分调研的基础上，制订了

《海南省国有林场改革实施方案》，完成对国家林业局及省政府直属各厅(局)、各市、县政府的征求意见工作，并将改革实施方案呈送省政府审批。③继续探索森林生态效益补偿基金制度。加大省级财政补偿重点公益林投入，从2008年起，将全省规划的89.72万公顷公益林全部纳入中央、省级财政森林生态效益补偿范围实施补偿，5年时间将海南省现行的森林生态效益补偿基金标准从每公顷每年75元提高到300元，2010年已提高到每公顷每年210元；同时自2008年起用5年时间将海南省现行财力性生态补偿转移支付在现有2000万元的基础上提高到6000万元。④逐步完善了林业内部的体制机制。经沟通协调，将猕猴岭和邦溪省级自然保护区收归海南省林业局统一管理，为进一步理顺管理体制奠定了基础。

**造林绿化** 认真贯彻落实全国沿海防护林建设现场经验交流会精神，全面实施"绿满琼州"造林绿化工程，实行重点工程、社会造林与"身边增绿"并举，生态环境得到明显改善。全年共完成造林1.53万公顷，是计划造林任务1万公顷的153%；完成育苗面积321.5公顷，分床育苗5000万株；完成中幼林抚育1.93万公顷，是"十一五"期间中幼林抚育面积最多的一年；完成义务植树1406万株，为计划任务的113%，参加人数220万人。全省森林面积204.13万公顷，活立木蓄积量1.24亿立方米，森林覆盖率60.2%。主要采取以下措施：①提前规划，加强监督。2010年初下达年度造林计划，派出工作组驻点市、县督导，指导规划部署，加快落实造林地块，认真抓好设计、种苗、林地、种植和管护"五个落实"，有效地提高了造林质量。②大力开展开展海防林"回头看"活动。通过海南省政府印发《海南省人民政府办公厅关于开展海防林建设回头看活动的通知》，对2007年以来海防林建设进行全面检查、整改和完善，有效推动了各市、县海防林建设工作，全年完成海防林造林1400公顷，其中退塘还林200.67公顷，巩固和提高海防林建设成效。③提高补助标准。2010年落实了造林补助地方配套资金，使造林补助标准从原来每亩100元提高到每亩400元，进一步激发了农民群众植树造林的积极性，全面完成退耕还林荒山造林2000公顷任务，并完成历年遗留任务2666.67公顷。

**森林资源管护** 采取有效措施，进一步做好森林资源管护工作。①加强天然林管护工作。严格按照目标、责任、任务、资金"四到省"的规定，与各天保工程实施单位签订了目标管理责任状，把全省45.9万公顷的天保工程管护面积落实到1456名管护人员，做到责任明确，制度管人。②严格规范林木管理。认真执行林木采伐限额制度，依法审批林木采伐申请，核发林木采伐面积2.34万公顷，批准采伐林木蓄积量14.5万立方米，出材量9.9万立方米，收取育林基金300万元。③严格控制林地征占用。按照征占用林地审批办法，定期召开专家预审和联审会，加强调查论证工作。2010年共办理征占用林地78宗(其中临时征占用林地29宗)，面积3190.9公顷(临时征占用林地217公顷)，共收取森林植被恢复费1.87亿元(其中收取临时征占用林地植被恢复费521.1万元)。④严厉打击破坏森林资源的专项行动。组织开展打击破坏森林资源违法犯罪专项行动和木材经营加工清理整顿专项行动，查处各类森林和野生动植物案件667起，打击和处理各类违法犯罪人员570人(次)，收缴林木树木(木材)2108立方米，查获陆生野生动物16 591只(头)，挽回直接经济损失204.61万元，各类毁林违法行为得到基本遏制。⑤继续加强自然保护区建设。筹集738万元，新建29个护林监测站点，使护林点的分布更加科学合理，促进森林资源管护工作；信息化保护区建设稳步推进，基本数据库已完成数据录入，使保护区管理更加方便快捷。在由国家环保部、国家发改委、国家财政部等7部委组成考察专家对海南省9处国家级自然保护区进行有效管理考察评估中，有4处被确定为"优秀"等级，均为林业系统的保护区，分别为五指山、尖峰岭、霸王岭和大田保护区。

**森林防火** 继续抓好森林防火工作。严格落实"预防为主，积极消灭"的森林防火工作方针，落实森林防火行政首长负责制，加强野外用火和火源管理。2010年，举办两期培训班，拨发各类扑火机具及配套设备700件(套)，切实抓好专业扑火队伍建设，完善防火设施设备，重点抓好元旦、春节、清明和"五一"等几个重要节日和博鳌亚洲论坛年会等活动期间森林防火工作。全年共发生森林火灾121起，其中一般森林火灾85起，较大森林火灾36起，没有发生重特大森林火灾和人员伤亡事故。火场总面积236.53公顷，受害森林面积126.47公顷，森林火灾受害率为0.06‰，比2009年的0.08‰相比下降了25%，实现连续17年森林火灾受害率控制在0.3‰内，低于全国平均值。

**森林病虫害防治** 继续抓好森林病虫害防治工作。①有效控制椰心叶甲疫情。继续采取生物防治为主，化学防治为辅的防治方针。全年18个市、县野外释放寄生蜂共3.76亿头(姬小蜂3.09亿头、啮小蜂0.67亿头)，挂椰甲清药包防治21万株，施洒绿僵菌防治10万株。全省历年累计释放寄生蜂已经达到33亿头，椰心叶甲寄生蜂防治的疫树已经达到333.45万株，占全省疫树的99%；通过寄生蜂野外自然迁飞达到持续控灾的疫树154万株，占全省疫树的46%。②抓好薇甘菊防治工作。2010年薇甘菊疫情在海口、文昌、琼海、五指山、临高、澄迈、定安、昌江、屯昌等9个市、县发生，危害面积达850.67公顷，疫情较为严重，全年完成防治360公顷，有效地控制了薇甘菊疫情扩散蔓延。③加强桉树枝瘿姬小蜂和抗风桐虫防治工作。2010年海南省17个市、县(除文昌市外)发生桉树枝瘿姬小蜂危害，危害面积达6666.67公顷，采取加强普查监测、强化检疫检查和检疫封锁等防控措施，并积极组织疫区森防站、林农和广大群众开展群防群治，有效地控制了桉树枝瘿姬小蜂疫情。组织人员在西沙群岛东岛开展抗风桐病虫害防治工作，防治面积110公顷，抗风桐虫害得到控制。

**林业产业** 2010年，林业产业取得较大进展。①森林旅游业发展迅速。高标准、高规格地启动了《海南热带森林旅游总体规划》编制工作，将整个海南热带森林作为一个大的森林公园和森林生态系统来进行高质量经营。3月，邀请国内知名专家学者到海南省开展森林调研，为森林生态旅游发展"问诊把脉"；11月，全国森林公园和森林旅游工作座谈会在海南省召开，对加快海南森林旅游业发展、引领全国生态旅游起到了推进作用。海南省全年森林旅游接待游客14万人(次)，旅游收入达1亿元；②做大做强花卉产业。重点发展花卉基地、花卉会展，开拓花卉市场，全省花卉种植面积5400公顷，花卉企业达540家，花农3579户，年销售额7亿多元，从业人员1.3万人。成功举办海南省第九届迎春花市活动，为企业和花农搭设市场平台，引导拉动花卉消费，有效推动海南花卉产业健康有序发展。协助办好第四届中国(三亚)国际热带兰花博览会，进一步扩大海南兰花产业的知名度，拓展发展空间。③发展林产品加工业。做好全省木材经营加工产业发展规划，整合资源，优化布局，初步形成以大型企业为龙头的木材经营加工体系。2010年3～4月，在全省范围开展了一次木材经营加工清理整顿专项行动，实地检查木材经营加工单位914家，查处违法经营加工单位123家，依法取缔违法经营加工单位38家，进一步规范了海南省木材经营加工市场。投资241亿元的金光集团洋浦纸浆厂和年产15万立方米的屯昌高密度纤维板厂相继投产，推动了海南省林产品加工业再上新台阶。2010年海南省木材经营加工产业产值达85亿元，出口额2000万美元，从业人员3.8万人。④继续推动野生动植物产业发展。2010年为促进海南野生动物养殖规范健康发展，对全省野生动物养殖单位进行清理整顿，依法取缔38家野生动物驯养繁殖单位。据不完全统计，2010年全省陆生野生动物养殖企业(含个体)72家，从事养殖工作人员有1万多人，其中实验动物养殖场5个，养殖实验动物3万多只；龟鳖养殖场11个，年产龟鳖2000万多只；鳄鱼养殖场9个，养殖鳄鱼8万多条；孟加拉虎养殖场1个，孟加拉虎存栏345头；蟒蛇养殖场1个，养殖蟒蛇5万多条；其他蛇类养殖场8个，养殖眼镜蛇4万多条。

**林业民生** 继续争取资金和政策支持，切实做好林区民生工程。①开工建设全省林区林场危旧房改造工程4800户(含2009年提前实施的3000户)，是计划任务4514户的106％，其中已竣工3239户，极大改善了林区住房条件。②完成林业系统通畅工程道路161.8千米，全面通过检查验收，并被列入海南省2011年公路接养规划，移交海南省公路局接养，解决了林区出行难问题。③争取资金1599万元，全面完成26个林区林场及保护区建设饮水工程70处，解决了2.132万林区人民的安全饮水问题。

**【强降雨洪涝灾害】** 2010年9月30日至10月8日和10月15～17日，海南省连续遭受持续强降雨天气的影响，引发了49年来最为严重的洪涝灾害。据统计，灾害造成全省林业系统经济损失达3.8亿元，其中林木损失2257.75公顷，损毁种苗2191.8万株，造成海南省2010～2011年造林种苗出现较大缺口，极大影响全省海防林、退耕还林等重点工程造林任务；受灾花卉种植面积618.27公顷；林业系统基础设施受损严重，主要包括：毁损林区道路848.89千米，塌方96 977立方米，损毁桥梁涵洞123个，损毁房屋10 847.72平方米，毁损供电线路4.9千米，界碑界桩73个，木材加工厂机电设施211台，船只2艘。海南省林业局迅速组织人员深入各受灾地区进行灾后生活生产恢复指导工作，及时落实救灾专项资金，采取有效方法措施，使林业系统生产生活迅速恢复正常，确保圆满完成全年各项任务。

**【吊罗山山体滑坡事件】** 由于海南省持续强降雨天气的影响，2010年10月2日下午3时许，吊罗山林区发生了多处山体滑坡。其中在吊罗山林业局上山道路约3.5千米处，发生大面积山体滑坡灾情，滑坡的土方量达到4万立方米，滑坡与暴雨形成的泥石流造成吊罗山林区重大损失：两名男性工人失踪；1间房屋被泥石流摧毁、埋没；约100米的盘山公路被大石头和泥石流埋没，交通中断，致使林区9名职工滞留在吊罗山保护区办公楼内，125名游客和23名工作人员滞留在海拔900米高的吊罗山度假村内无法下山。海南省林业局迅速行动，在灾害发生不到3小时就赶赴现场，积极搜救失踪人员并果断封锁事故路段。省委、省政府高度重视吊罗山救灾，卫留成书记、罗保铭省长亲自作出批示，并派出以省长助理、省旅游委主任陆志远为组长的领导小组赶赴吊罗山事发地点，现场指挥抢险救援工作。陵水县委、县政府在抢险救灾过程中给予大力支持。在尝试使用直升机接送游客下山由于天气原因无法实施后，现场指挥部果断采取分批转移游客的方法，林业系统干部职工清理沿途山体滑坡地段的障碍物，开辟下山通道。10月4日上午11时许，海南省林业局组织了60多人的护送队，沿途安排林区职工，森林公安武警，护林员，边防、消防官兵搭设缆绳和扶手等相应的保障设施保护，采取“一对一”的方式护送被困人员下山的办法，护送转移被困游客撤离下山，至下午3时30分，125名游客和23名工作人员全部安全转移下山。10月6日凌晨2时，由于连降3小时的特大暴雨，南喜河暴发了50多年来罕见的特大山洪，吊罗山林业局迅速组织居住在沿河两岸的职工群众撤离，至凌晨5时共撤离职工群众126人，没有发生安全事故。在特大暴雨灾害期间，海南省林业局领导班子驻点指导工作，与吊罗山林区干部职工一起抢险救灾，先后成功解决了路断、水断、电断、通信断、粮食断、煤气断等“六断问题”，确保林区群众安全度过此次灾害。

**【国家林业局解决历史遗留问题深入推进林改现场会】** 国家林业局解决历史遗留问题、深入推进集体林权制度改革现场会2010年4月14日在海口市召开。全国政协副主席白立忱，国家林业局局长贾治邦，海南省委副书记、省长罗保铭出席会议并讲话。大会由国家林业局副局长张建龙主持。海南省副省长陈成在会上介绍了海南解决历史遗留问题、深入推进集体林权制度改革工作的做法和经验。贾治邦充分肯定了海南省林改取得的显著成绩，要求认真总结海南解决林权历史遗留问题的重要经验，指出海南在解决林权历史遗留问题上有四大重要经验：①加强组织领导，敢于面对矛盾。海南把解决历史遗留问题作为林改的关键环节来抓。海南省委、海南省政府主要领导多次作重要批示，海南省政府专门召开处理林权历史遗留问题动员大会，组织专项调处，各级政府成立了工作班子，加强组织领导为解决历史遗留问题提供了组织保证。②完善工作机制，实行领导包案。海南各地各部门分解落实责任，完善工作机制，实行领导包案，并建立了部门联动机制和重大、疑难案件会审机制，启动了处理历史遗留问题问责制，对不能完成任务和因预防与处置方法不当而引发群体性事件的主要领导和直接责任人实行行政问责，有效推动了历史遗留问题的解决。③坚持家庭承包，有针对性地科学处置。海南坚持"按户承包、按人分地、人人有份"，确保每个农户拥有均等财产权。针对不同的历史遗留问题采取不同措施，有效解决了"三过"难题、"谁占谁有"问题和林权纠纷难题。④充分依靠群众，规范调解程序。海南坚持把群众利益放在首位，将决定权交给群众，历史遗留问题由群众自主决策。在具体操作中，充分尊重农民的意愿，多方面听取意见，努力做到发挥民智、符合民心、体现民意。在具体工作中，以调解为主、仲裁为辅，尽可能减少诉讼，力求在解决林地纠纷过程中保持农村社会和谐稳定。

**【野外放归中华花龟活动】** 2010 年 7 月 25 日，国家林业局、海南省林业局、三亚市林业局等 8 个单位组织的野外放归中华花龟活动在亚龙湾热带天堂森林旅游区举行。这是中国首次野外放归中华花龟。活动共放归人工养殖的中华花龟 666 只，其中包括成体 30 只、亚成体 70 只、幼体 566 只。活动邀请香港著名演员温兆伦先生为形象大使，扩大了活动影响力，使群众更加关注生态保护。 （海南省林业由麦匡耀供稿）

# 重庆市林业

**【概　述】** 2010 年是森林重庆建设纵深推进之年。重庆林业建设势头不减，全面完成年度目标任务。全年完成森林工程建设任务 33.33 万公顷，其中新造林 20 万公顷，低效林改造 13.33 万公顷。栽植各类苗木 3.5 亿株，其中 5 厘米以上大苗 2823.5 万株。森林覆盖率由 2009 年的 35% 提高到 37%。完成林业投入 133 亿元，实现林业产值 265 亿元，农民人均林业收入达 500 元。重庆市"森林进城"、"森林围城"格局基本形成，城市整体形象明显提升，市民幸福指数不断增长，荣获中国最具幸福感城市称号。

**绿化长江　重庆行动**　贾治邦局长提出绿化长江的倡议后，重庆市积极策划、主动作为，开展了一系列活动。"绿化长江 重庆行动"得到了党和国家领导人高度重视，成立了高规格的"绿化长江 重庆行动"组织委员会，贾庆林主席亲自任活动名誉主席，回良玉副总理任名誉主任，贾治邦局长、黄奇帆市长和中央有关部委主要领导任主任。先后组织开展了院士专家库区行、中外媒体库区行、"绿化长江 重庆行动"新闻发布会、北京启动仪式、全市动员会、大型公益演出、绿化长江工作会等一系列在市内外具有广泛影响的活动。回良玉副总理出席 10 月 8 日北京启动仪式并作重要讲话。全市当天组织了 111 万人植树，种植各类苗木 683 万株，植树面积近 0.67 万公顷。同时，活动还募集认捐认建绿化资金 21.6 亿元。"绿化长江 重庆行动"，不仅创新了国土绿化的投入机制，而且形成了保护母亲河的广泛共识，掀起了绿化长江新高潮，累计完成营造林 66.67 万公顷。长江生态屏障建设被列为全国林业"十二五"重大生态屏障建设之一。

**森林工程建设**　①城区种大树种好树。新建、改建城市绿地 0.8 万公顷，种植 5 厘米以上大苗 500 万株，仅主城区种植 20 厘米的银杏、香樟、桂花超过了 10 万株。新建了一批城市公园，城市公园发展到 530 个。全市有 90 多条干道绿化升级。新建城周森林屏障 1.33 万公顷。高标准建成照母山森林公园、鸿恩寺森林公园、龙头寺公园、永川神女湖公园、凤凰湖公园，新建一批市级湿地自然保护区、湿地公园和集生态、休闲、运动于一体的休闲公园、广场。主城区绿地率提升到 36.49%，绿化覆盖率达到 39.83%，人均公共绿地超过 11.69 平方米。全面开展了创建国家森林城市活动，落实工作责任，分解目标任务，开展市级森林城市评选工作，组织专家对第一批 15 个区县进行验收。北碚区获全国第一个森林城市标准化示范区、南岸区获全国绿化模范区称号。②农村建基地强产业。集中打造了 10 个万亩速丰林示范片，10 个万亩特色产业示范片，新建产业基地 8 万公顷。永川、丰都、大足的工业原料林，秀山的金银花，梁平的笋竹，巫溪、城口的干果基地已成规模。建成林业产业基地 36 万公顷，基本形成了工业原料林、中药材、油茶、笋竹、特色经果林基地，实现林业产业总产值 265 亿元，林农在林业中人均收入达到 500 元。投入"两翼"农户万元增收工程林业专项资金 2000 万元，新建林下经济市级示范基地 10 个，新发展林下经济 18 万公顷，带动林农 40 万户，林农户均增收 3500 元以上。引进林业企业 120 余家。石柱县引进山西鑫源兄弟集团，投资 7.2 亿元建设年产 22 万立方米林板一体化项目；彭水县引进四川资阳同兴沙石有限公司，投资 2 亿元建设 10 万立方米中高密度纤维板项目。建设林业专业合作社 170 个。新建市级以上森林公园 5 个，大力培育森林旅游，旅游人数突破 3000 万人(次)，旅游收入达到 17.6 亿元。③荒山绿化整体推进。以沟系、流域、山头为单元，加大荒山造林和整片绿化力度。多数区县集中连片绿化 3~5 个山头、建 2~3 个万亩以上示范片，实现了局部分散造林向区域化、规模化造林转变，建成万亩示范片 107 片、6.04 万公顷。加强"绿色村镇"建设，利用"四旁"隙地，推进农村房前屋后绿化，建成生态镇 30 个、绿色村庄 500 个。④通道和水系绿化进程加快。绿化里程达两万千米，高速公路景观林带初步形成，干道及节点绿化档次显著提升。渝北绕城高速、江津"三路三道"、渝宜高速长寿段、垫江通道两侧连片绿化示范片、武隆、秀山等通道工程提档升级；打造了江津渝泸高速先锋连接线、永川昌州大道、江北城立交(一期)、嘉华大桥接线工程、直港大道等一批绿化精品工程。在乌江、嘉陵江、大宁河以及区县绕城河两岸，重要饮水源营造景观林、防护林、水源涵养林0.84万公顷。巫山大宁河绿化效果好，与小三峡秀美风光相得益彰。璧山高标准规划实施璧南河50千米两岸景观林建设工程。云阳、奉节、合川、彭水等水系工程亮点突出。⑤种苗基地规模壮大。苗木基地建设步伐加快，全市新建苗圃0.27万公顷，建成“林苗一体化”基地0.73万公顷，花卉苗木基地规模已达2.067万公顷，种苗生产能力达到16亿株。其中上千亩的苗木基地32个。储备了一批大苗，其中20厘米以上大树208.86万株，储备的银杏树苗达1.3亿株。今天种苗“进口”，来年种苗“出口”的苗木“仓库”正在形成。种苗价值提升，现在圃苗木价值超过了80亿元，成为林农增收的重要渠道。

**林业改革** 集体林权制度改革，坚持“四级书记负责制”。①主体改革实现了“五年任务、两年完成”的目标。已发证农户531万户，发证面积361.73万公顷，分别占应发证的98.6%、97.5%，惠及1800万农民，成为全国首批12个完成主体改革的省(区、市)之一。南川、丰都、奉节、万州出席全国集体林权制度改革百县经验交流会，并作典型发言。2009年，国家林业局在上报党中央、国务院的报告中和回良玉副总理在全国集体林权制度改革百县经验交流会上都充分肯定了重庆在林权改革、植树造林所取得的成绩。贾治邦局长还在上海浦东干部学院作报告时，介绍了森林重庆建设以及林改情况。国家集体林改领导小组负责人高度评价重庆的林改具有早、准、实、稳、快“五大特点”，是比较彻底、有勇有谋、着眼于富民的改革。②配套改革取得实质性进展。近1/2的区县建立了林权管理服务中心。林权抵押贷款逐步推开，填补了林权抵押融资的空白。加强银林合作，23万户林农得到金融支持，授信金额22.54亿元，发放农户小额贷款8.38亿元，发放惠农卡50万张。全市以转让、租赁、拍卖、联营等形式流转山林52万公顷，流转金额9.1亿元。农民自发造林、合作造林面积达10万公顷，比林改之初增长了2倍。林木采伐管理改革试点顺利推进，江津、石柱、丰都3区县在全国森林采伐管理改革试点区县座谈会上作了经验交流发言。林改加快了林地流转，吸引了社会资金参与造林，推动了林业多种经营，集聚了林业金融要素，促进了农民致富。③国有林场改革起步。积极争取国家近7000万资金，改造国有林场危旧房，重庆成为全国仅有的3个一次性安排到位的省(市)之一。目前已动工的区县为36个，占36个实施区县的100%，共6915户，占总改造户数的100%，为国有林场职工办了一个大实事。

**国家重点工程** 持续推进退耕还林、天然林资源保护、石漠化治理和湿地保护等国家林业重点工程。①巩固退耕还林成果120.8万公顷，完成退耕还林市级年度复查和阶段性验收工作。全国退耕还林工作会在重庆市召开，推广云阳等区县的经验。开展森林抚育试点工作，完成3.33万公顷抚育任务。②落实天然林管护责任，管护面积达到282.4万公顷。全市新增国家重点公益林15.39万公顷，实施封山育林6万公顷，国有林业企事业单位职工社保、医保实现参保率100%。③酉阳、彭水、巫溪、巫山和奉节等5个国家石漠化综合治理试点县实施营造林3.04万公顷，全面完成试点任务。

**资源保护** ①森林资源管理加强，科学编制全市“十二五”期间森林采伐限额，启动森林资源规划设计调查工作。②加大保护区建设工作力度。行政许可审批率、疫源疫病重点监测覆盖率达100%。积极探索自然保护区规范化管理，尽力拯救和保护珍稀濒危野生动植物种，积极引导和鼓励野生动植物资源利用。③森林防火工作卓有成效。没有发生重特大森林火灾和重大人员伤亡事故，创下了7月份无森林火灾的“零”记录。森林受害率为0.03‰，远低于0.3‰的控制标准。林业有害生物防治成效明显。④按照“一集中、四创新”防治工作思路，认真开展松材线虫病集中除治，防治各类林业有害生物26.96万公顷，无公害防治26.79万公顷，无公害防治率为99.4%，江北区三年未发生松材线虫病虫害，达到控险标准。成功实施了云阳长江防护林飞机施药防治柏木叶蜂虫害工作，防治面积0.53万公顷，成灾率较往年下降98.94%。受药区虫口平均死亡率达98%以上。开展“利剑2010”云贵川渝藏林业植物检疫联合执法专项行动，种苗产地检疫率99.8%，调运检疫率达100%。⑤严厉打击各种破坏森林资源和野生动植物资源的违法犯罪行动，森林公安机关立案6331件，侦破查处6217件，打击处理各类违法犯罪人员9004人，维护了林区稳定。

**社会各界积极参与** 森林重庆已入脑入心，深得群众拥护。建立健全规范化、基地化、科学化、制度化的全民义务植树机制。人大系统深入开展“森林重庆建设人大代表在行动”主题活动，政协系统开展“政协委员助推森林重庆发展”活动。在全市上下开展“我种一棵树，共建一片林”身边增林活动；“绿满城乡、福满巴渝”，“双十”行动；“让城市走进森林，让森林拥抱城市”，“森林八创”活动，“百万民兵绿化长江”行动；大学生种树社会实践活动；“绿化长江 重庆行动”系列活动、“BMW”绿荫植树行动，充分调动了全社会种树、兴林、护绿的热潮。特别是以“情寄于树，铭志于林”，打造“一江碧水、两岸青山”为主题的“绿化长江 重庆行动”，参与面之广、募集资金之大、社会评价之高，掀起了森林重庆建设高潮。

**科技支撑能力建设** 按照市委“把区县领导培养成林业专家”的要求，着力培养高层次管理型林业干部。①市委组织部、市林业局组织了部分区县党政主要领导、分管领导及林业局局长赴瑞士、德国培训学习，近200名处级以上干部参加了市林业局与国家林业局林干院联合举办的领导干部培训班，800名乡镇领导干部接受了林业专业知识的培训，邀请了一批国内外著名院士、专家、学者来渝办讲坛、授课，实现了“请进来”、“走出去”、“送下乡”的有机结合。②加强国家级林业科技示范县建设，推进区县林业科技示范基地建设，建成林业科技示范片4万公顷。建立完善了科技成果、专家和技术需求3个林业科技数据库。建成区县林业科技推广机构31个。③大力开展林业科技推广，组织1000多名林业科技人员和300多名林业科技专家送科技下乡，为广大农民传授先进实用技术。④加强科技研发创新。有3个国家公益型重大项目立项，实现了“零”的突破，是西南地区唯一承担的省份。重庆市林业资源信息管理系统研发试点成功，填补了重庆林业空白。建立森林空气负氧离子监测体系，启动武陵山森林生态定位站等一批科技创新平台的立项和建设。

**林业投资** 按照“政府主导、市场运作、社会参与”的原则，创新投入机制。以中央和市区县财政投入为引导，整合工程项目资金，搭建投资平台，争取金融支持，鼓励社会投入，基本形成财政补助、金融支持、社会支撑、农民投入的资金保障机制。区县还探索出了“农民供土地，业主出资金，双方共管护，收益两分成”；业主租地造林；“政府＋公司＋基地＋农户”等筹资造林模式。突破了依靠财政单一投资造林的新机制。2010年争取投资24.9亿元，同口径增长12.1%。社会资本积极投入到产业基地和种苗基地建设，为农民就业、增收和森林工程的跨越式发展提供了强有力的资金保障。

**林业法制和生态文化建设** ①森林重庆建设走上法制化建设轨道。2010年7月，市三届人大十八次常委会议审议通过了《重庆市森林建设促进条例》。森林建设促进条例以促进型立法的形式，对重庆市森林建设规划的制定与实施、森林的保护与管理、资金投入、土地利用等作出明确规定，具有突出的重庆地方特色和创新性。以地方性立法形式推动森林建设可持续发展，在重庆市甚至全国均属首次，对推动森林重庆建设的可持续发展具有里程碑意义。②生态文化建设丰富多彩。2010年3月成功举办第十届亚太兰花大会暨第二十届中国兰花博览会，25个国家和地区、27个省(区、市)代表参展，扩大了重庆林业对外开放，提升了重庆林业的国际知名度。成功举办花卉与生态文明论坛、绿化长江高层论坛、中美两江论坛以及森林重庆青年人才论坛活动。生态文化深入农村，永川区南大街办事处黄瓜山村、南岸区长生桥镇凉风村被评为全国生态文化村。

**林业宣传工作** ①党和国家领导人高度关注森林重庆建设。胡锦涛总书记、温家宝总理对三峡库区生态问题作出重要指示，贾庆林主席充分肯定重庆搞造林运动，新华社集中反映的三峡库区生态环境问题和建议，引起了李克强副总理的高度关注，并作出批示。②理论界对森林重庆建设给予极大关注并积极建言献策。院士专家针对库区生态环境修复与建设提出建议。在中国科协年会森林重庆论坛上，院士专家发表了《森林重庆宣言》。③中外媒体极大关注森林重庆建设。中央和地方媒体刊登森林重庆建设的报道1500余篇(条)，中外媒体对森林重庆的报道频度和力度达到空前。新华社、《人民日报》、《光明日报》、《中国绿色时报》、中央电视台等中央媒体，以《森林重庆——一个直辖市的绿色宣言》、《重庆一个站立着的城市》、《重庆一年种了十年树》、《一座正在建设的绿色丰碑》、《起步实 进度快 效果好》为题，对森林重庆作了重点报道，新华社发了通稿。第十届亚太兰花大会暨第二十届中国兰花博览会期间，亚洲卫视以《赏闻花中君子，品味森林重庆》为题专题报道森林重庆建设；凤凰卫视以《重庆亚太兰花展 世界名花聚山城》为题，新闻播报兰花展盛况。2010年8月，在国务院新闻办举行的“绿化长江 重庆行动”新闻发布会上，《人民日报》、中央电视台、亚洲卫视、凤凰卫视等61家媒体、126名记者参会，中央电视台第四套节目进行了现场直播，重庆卫视转播，新华网、中国网等进行了网络直播。10月8日在北京人民大会堂举行的“绿化长江 重庆行动”启动仪式，上百家中外媒体200余名记者参加，中央电视台第四套节目现场直播，开创了新中国成立以来地方绿化宣传之先河，在海内外引起强烈反响。④省(区、市)交流力度加大，江西、辽宁、福建、天津等省(市)纷纷组团来渝考察森林重庆建设情况，江西省委书记苏荣作出江西向重庆学习的批示，加强了相互交流。重庆市连续3年在全国林业厅局长会上交流森林重庆建设经验。重庆市林业局获得重庆市“五一”劳动奖状。这是社会各界对市委、市政府高度重视林业工作的认同和充分肯定，也是重庆林业发展的骄傲。

**【林业大事】**

**1月3日** 市政府办公厅下发了《关于切实加强森林资源保护和管理的通知》，进一步强化了林地、林木、森林资源流转、木材加工和运输的管理。

**3月20~24日** 第十届亚太兰花大会暨第二十届中国兰花博览会在重庆举行。

**3月30日** 编制完成全市“十二五”期间年森林采伐限额报告，完成全市重点公益林数据区划重新核定工作。

**3~6月** 全市森林公安开展“春季行动”专项行动。共出动警力和林业执法人员9658人(次)、车辆1952台(次)，受理查处各类森林案件1444起，打击处理违法犯罪人员1865人。

**3~10月** 全市开展“利剑2010”云贵川渝藏林业植物检疫联合执法专项行动，出动执法人员达4500余人(次)，检疫车辆1200余台(次)，查处各类检疫违法案件258件，涉及案值2000余万元。

**4月6日** 贾治邦局长到重庆调研，他指出：“森林重庆建设为我国现代林业发展树立了一面旗帜，这一壮举是深入贯彻落实科学发展观的生动实践，彰显了绿色发展的新理念，创造了一年种下十年树的新奇迹，探索了大规模林业投融资的新模式，开辟了农民就业增收的新渠道，为推动全国林业发展和生态建设树立了榜样”。

**4月30日** 全面开展督查松材线虫病集中除治工作。各督导小组深入云阳、万州、忠县等15个区县、103个乡镇(林场)、319个村(工区)、1077个小班，取样检测了4775株样木，出动车辆482车次，督导1386人次。

**4月30日至5月10日** 在云阳县开展长江防护林飞机施药防治柏木叶蜂虫害工作。共飞行84架次，防治面积0.53万公顷，虫灾防治率为100%，受药区虫口平均死亡率达98%以上。飞防后受药区单株地下预蛹平均虫口密度不足4头/株，较防治前的29头下降了86.2%。

**5月11~13日** 李文华、蒋有绪、尹伟伦、向仲怀等院士赴库区考察了长江沿岸的造林绿化和湿地(消落带)保护现状，并向温家宝总理呈报了建议。

**5月28日** 全国人大副委员长严隽琪、全国政协副主席罗富和等领导到缙云山保护区考察。

**7月1～30日** 全市森林公安机关在全市开展严厉打击破坏野生动物资源违法犯罪活动专项行动。共出动民警和执法人员4100多人(次)，清查集贸市场、餐馆、酒店650家，巡查森林公园、自然保护区和其他重点景区80余处，共收缴各类野生动物及其制品2523多件(只、头)，取缔13个野生动物及其制品违法经营加工点，查处野生动物行政案件130件，处理违法人员139人。

**7月15日** 市委、市政府通报全市集体林权主体改革考核结果，确定了22个先进区县、17个达标区县。7月22日，召开全市林改主体改革总结视频会议，表彰了50个先进集体和99个先进个人。

**7月23日** 市三届人大常委会第十八次会议审议通过《重庆市森林建设促进条例》，自10月1日起正式施行。

**8月31日** "绿化长江 重庆行动"新闻发布会在国务院新闻办公室举行，贾治邦、黄奇帆、王志宝出席新闻发布会。

**10月8日** "绿化长江 重庆行动"启动仪式在北京人民大会堂金色大厅和重庆41个活动场隆重召开，回良玉、贾治邦、聂卫国以及全国绿化委员会成员单位负责人、"绿化长江 重庆行动"联合发起和支持单位负责人、企业代表共400余人出席，现场募集资金15.2亿元。回良玉发表讲话。重庆主活动场和各区县分活动场共组织111万人上山植树683万株。

**10月9～11日** 万州、南川、奉节、丰都区县党委政府负责人参加了全国林改百县经验交流会，万州区政府代表在大会上作了发言。

**10月12日** "绿化长江 重庆行动"公益演出在重庆人民大礼堂举行，现场从300多家企业和个人募集资金6.4亿元。

**10月13日** 举办对口支援工作会议和高层论坛。16个省市与重庆市长江沿线区县签订对口支援协议，支援重庆绿化长江两岸。

**10月29日** 市政府召开全市绿化长江工作会议。标志着长江绿化工作全面推进，迅速展开。

**11月16～17日** 市委召开三届八次全会，提出要按照"十年种出百年树"的进度，2012年成功创建国家森林城市，2015年基本建成森林重庆。

**12月31日** 《中共重庆市委关于制定重庆市国民经济和社会发展第十二年五年规划的建议》中进一步明确了"森林重庆"建设的目标和措施。

(重庆市林业由谭挺锋供稿)

# 四川省林业

**【概　述】** 2010年，四川林业奋力推进生态建设、加快产业发展、深化改革开放、维护安全稳定。全省现有林地0.24亿公顷，居全国第三位；森林面积0.167亿公顷，居全国第四位；森林蓄积16.5亿立方米，居全国第二位。完成营造林70.8万公顷；实现林业产业总产值1157亿元，同比增长21.4%；农民林业人均纯收入576元，同比增加10.6%。全省森林覆盖率34.82%，同比增长0.41个百分点。

**灾后生态修复** 2010年，省林业厅高度重视汶川地震灾后生态修复重建工作，狠抓项目开工和建设进度，72个重建项目全部开工，累计完成投资84.7亿元，占估算总投资的85.7%(香港援建卧龙项目除外)，灾后重建"三年任务两年基本完成"目标业已实现。运用现代林业科技成果，借鉴国外治山先进经验，加快项目建设进度，缩短植被恢复周期，累计完成林草植被恢复28万公顷，占规划任务的91.3%，灾区生态功能逐步恢复。加强重建项目督促指导，严把建设质量关、技术关，着力开展大熊猫走廊带植被恢复与建设，积极改造大熊猫潜在栖息地植被，全年恢复大熊猫栖息地9万公顷，恢复总面积达到9.33万公顷，占规划任务的87.2%。解决项目重建中的困难和问题，抓紧项目前期工作，加快项目形象进度，加强项目质量监管，累计修复重建林木种苗基地0.27万公顷，恢复林区水电路通讯线路3322千米，修复各类房屋79.5万平方米，分别占规划总任务的96.8%、87.9%、79.3%。

加快推进卧龙灾后重建，克服道路不畅、泥石流等次生灾害频发等困难，灾后重建取得重大进展，开工建设项目16个，其中完工项目2个。除省道303线外，卧龙已落实灾后重建项目67个，其中国家林业局汶川地震灾后恢复重建项目10个；四川省汶川地震灾后生态修复项目11个；香港特区政府援助项目23个；广东援建项目18个，阿坝州、汶川县安排的灾后重建切块资金项目5个。年底已经完工25个，开工25个，完成招标2个。来自国家林业局、四川省林业厅、香港政府援助的重建资金、广东援建资金、州县切块资金计21亿元。已到位资金62 474万元，支出55 838万元。其中国家林业局灾后重建项目资金27 000万元，到位27 000万元，使用26 214.98万元；四川省林业厅灾后重建项目资金总投资31 416万元，到位1322万元，使用1316.90万元；香港援建资金138 598.78万元，到位资金19 815.5万元，支出14 551.336 745万元；广东省援建资金13 434.8万元，其中揭阳市7648万元，潮州市5786.8万元，全部到位，全部支出；阿坝州、汶川县切块资金902万元，到位902万元，支出320万元。

**集体林权制度改革** 2010年，省林业厅3次召开专题会议研究部署集体林权制度改革工作，多次派出督导组督促指导，全面完成了"明晰产权、承包到户"的主体改革任务。全省累计确权集体林0.109亿公顷，确权率99.1%；颁发林权证0.106亿公顷，颁证率96.7%。督促指导各地认真执行《四川省林权纠纷调处办法》，建立健全纠纷调处机制，组织开展以林权流转清理和林权纠纷调处为主要内容的"回头看"活动，妥善解决历史遗留问题，及时消除和化解各种因林权纠纷引发的不稳定因素，累计调处林权纠纷5万多件，调处面积23.2万公顷，调处率96%，广大林农合法权益得到有效维护。省政府及时召开工作会议，出台相关政策文件，正式启动深化改革工作。继续实施生态效益补偿，改革木材采伐运输管理，研究政策性森林保险，规范林权流转管理，林业经济日趋活跃。全省累计开展林权抵押贷款9.4万公顷，贷款金额9.3亿元，流转林地38.73万公顷，交易金额13.3亿元。

**生态建设** 全省坚持实施生态优先战略，继续深入推进生态重点工程建设，森林、湿地生态系统建设取得新进展。

**造林绿化** 2010年，大力开展造林活动，完成营造林70.8万公顷，其中人工造林37.316万公顷、封山育林33.49万公顷；广泛开展以“治理城乡环境、建设生态文明”为主题的义务植树活动，义务植树4389.6万人(次)、1.77亿株。省政府召开城乡绿化现场会，省绿委印发《四川省城乡绿化规划纲要》，安排部署城乡绿化工作。推进森林城市、绿化模范创建活动，认定绿化模范县14个、绿化模范单位95个、绿化示范村88个，4个单位和20名个人获全国绿化模范、全国绿化奖章表彰。城市绿化、城周绿化、村镇绿化、通道绿化全面加强，完成农田林网和平原绿化14 667万公顷，建设绿色通道5100千米。组织召开森林碳汇工作会，积极争取国内外支持，开展林业碳汇计量方法与应用研究，启动了广元市、遂宁市建设低碳经济试验区，发展碳汇示范林建设。搞好森林碳汇项目，与瑞士诺华制药集团达成0.388万公顷清洁发展机制造林项目合作协议，落实项目资金800万美元，在30年的项目期内，将间接减少120万吨二氧化碳排放量，项目区群众每户年增加收入800元，森林碳汇工作走在全国前列。

**天然林资源保护工程** 加强工程建设目标、任务、资金、责任“四到市州”考核管理，206个天保工程实施单位落实森林管护责任制，层层签订森林管护责任书，实现对0.215亿公顷森林的常年有效管护。完成天保工程公益林建设25.48万公顷，其中人工造林9万公顷、封山育林16.48万公顷。森工富余人员通过森林管护、公益林建设、种苗工程、林下资源开发等渠道得到妥善安置。天保工程区养老保险、医疗、工伤、失业、生育等五项保险全面落实，在职职工和离退休人员纳入社会保障体系，职工利益得到有效保护。扎实推进森工企业棚户区改造，新建和改建职工住房1750户、87 500平方米，完成投资6518.4万元。对天保工程区200余名工程技术人员开展了专业技能及接续政策相关培训，编制上报了“四川省天保工程二期实施方案”。

**退耕还林工程** 扎实推进巩固退耕还林成果专项建设，落实中央新增巩固退耕还林成果专项建设资金4.6亿元。组织省林业调查规划院、省林业科学研究院、凉山州林业调查规划设计院技术人员，对全省165个县验收面积进行抽查，配合完成国家林业局重点核查工作，退耕还林面积合格保存率99.8%。足额落实农户补贴政策，大力发展工程后续产业，巩固退耕还林成果188.83万公顷，其中退耕地还林89.09万公顷、荒山造林和封山育林99.73万公顷，没有出现毁林复耕行为。完成国家下达四川省年度退耕还林工程配套荒山荒地造林和封山育林计划任务各1.8万公顷，落实新增任务中央投资6890万元。

**沙化石漠化治理** 省财政继续安排防沙治沙试点资金2000万元，在原红原、若尔盖、理塘、石渠等4个试点县的基础上，新增色达、稻城、壤塘和阿坝4县，全年治理沙化土地0.23万公顷。再次组织专家深入实地开展科学考察，并邀请包括6名两院院士在内的30多位专家学者，综合论证川西北沙化科考报告，形成了《川西北地区土地沙化科学考察报告》。在此基础上，向国务院报送《四川省人民政府关于专项支持川西北防沙治沙工作的请示》，将川西北防沙治沙纳入了四川林业发展“十二五”规划。

**林业“三防”** 2010年全面落实森林防火责任制，继续推进“两项制度”建设，严格管控野外火源，切实加强基层基础工作，军地联动协同机制初步形成。加强火情预警监测，科学组织扑救火灾，森林防火取得新成绩。全年发生森林火灾353起，受害森林1232公顷，损失林木蓄积16.5万立方米。积极配合扑灭道孚县“12·5”山地灌丛草地火灾，全省火灾损失率0.09‰。多渠道争取资金2296万元，建成森林网络医院防治基础数据库，建立11个国家级和14个省级陆生野生动物疫源疫病监测站。强化林业检疫执法，加强蜀柏毒蛾、松材线虫等重点林业有害生物防治，调用飞机对14个县(市、区)实施控灾防治2.3万公顷；林业有害生物成灾340公顷，成灾率0.21‰，低于3‰的控制指标，无公害防治率和测报准确率分别为94.35%和93.43%，种苗产地检疫率达100%。全面加强森林公安工作，落实独立执法权，增加基础建设投入，开展警用车辆和涉案车辆专项治理，举办全省首次警务技能大比武。组织开展以“保资源、查火案、促平安”为重要内容的3次全省性专项严打行动，成功侦破“12·2”买卖木材运输证等一批特大案件。全年受理各类案件11 142起，破获和查处各类案件10 984起，同比增长11.3%，挽回直接经济损失4000多万元，案件查处率98.6%，办案质量不断提升，保护森林资源能力进一步增强。

**森林资源管护** 2010年，全省坚持依法治林，出台《四川省湿地保护条例》，修订《四川省木材运输管理条例》。组织开展涉林政府规章和规范性文件补充清理工作，修改发布、审查备案规范性文件22件。深化“两集中两到位”行政审批制度改革，推进行政许可审批“一站式”服务，全年办理行政审批事项3100余件，现场办结率、按时办结率、群众满意率均达100%，实际办理提速69%。积极推行采伐管理制度改革，开展森林抚育补贴试点，建立集体林木材生产计划备案制度，完成全省“十二五”期间年森林采伐限额编制，强化了木材流通管理和公路“三乱”治理工作。加强采伐限额管理，完成林木采伐510万立方米。修订完成《四川省集体和个人林权登记发证实施办法》和《四川省林地管理办法》，完成“十二五”征占用林地定额编制工作。做好重点工程建设项目征占用林地工作，全年审核工程建设项目600余个，征占用林地9000余公顷，未超过国家下达林地征占用定额。征收森林植被恢复费近5亿元。

**野生动植物保护** 完成“世博”大熊猫展示及大熊

猫赠澳系列工作，大熊猫科学研究、人工繁育和野外救助工作再创佳绩，人工繁育存活大熊猫幼仔 29 只，存活率 100%，同比增加 7 只；救活野生大熊猫 3 只，其中收养 1 只、放归野外 2 只。依法进一步规范出售、收购、利用、驯养繁殖许可证核发等行政许可事项的申请条件、申报材料、办理程序，完善国家和省重点野生动物驯养繁殖许可证年检验证工作，对 12 家野生动物驯养繁殖单位(个人)核发国家二级和省重点驯养繁殖许可证。开展野生动物驯养繁殖和观赏展演单位清理整顿及监督检查，发现和查处一批违法违规开展野生动物展览宣传单位，规范了野生动物展演活动。

**自然保护区建设** 多渠道争取保护项目建设资金 7234 万元，同比增加 1415 万元，增长 24%。完成五台山猕猴保护区等 4 处市级保护区晋升省级的申报工作。组织鞍子河等 3 个省级熊猫保护区开展晋升国家级的前期材料准备工作，格西沟、黑竹沟 2 处自然保护区晋升国家级顺利通过了国家级保护区评审委的评审，鞍子河保护区通过国家林业局的预评估。完成长沙贡马等 7 个保护区基本建设项目可研报告报批工作，以及攀枝花苏铁等 8 处保护区的总体规划和贡嘎山等 3 处保护区的综合科学考察报告。全省保护区数量 124 个，保护面积 780 万公顷，占全省幅员面积的 16.1%，居全国第三位。编制完成四川省湿地保护工程中长期规划，积极争取国家级湿地保护区补助资金，湿地保护工作步入法制化、规范化、信息化轨道。批建 6 处省级湿地公园，申报 3 处国家级湿地公园，在长江上游构建了嘉陵江流域湿地保护网络。

**林业产业** 2010 年，大力推进以规模化发展、标准化生产和集约化经营为主要特征的现代林业产业基地建设，建成现代林业产业基地 66.67 万公顷。其中短周期木质原料林 32 万公顷，竹林 18.6 万公顷，珍贵用材林 2.67 万公顷，特色干果、木本油料、木本药材、森林蔬菜等特色经济林 13.33 万公顷。加快产业结构和加工布局调整优化，转变经济发展方式，全省规模以上林业企业 600 家，其中亿元林业企业 55 家、10 亿元以上企业 5 家。全省竹浆产能达 170 万吨，位居全国第一；木竹人造板产能突破 700 万立方米，接近发达省(区)水平。推进 25 个林业产业强县培育县建设，在政策、项目、科技等方面重点扶持，建立了以点促面、重点突破、示范带动的林业产业发展新机制。一批林业产业强县脱颖而出，邛崃、纳溪、叙永、安县、朝天、沐川、洪雅、南部、雨城、天全等 10 个县(区、市)被省政府授牌认定为四川省林业产业强县。全省加快发展工业原料林、特色经果林、旅游景观林等特色林业产业，积极发展生态旅游业，累计接待生态旅游 1.5 亿人(次)，实现生态旅游收入 210.5 亿元，同比增长 22.7%。大力发展林下经济，特色林业产业规模不断壮大，效益不断提升，优势越来越突出，成为一些地方县域经济的支柱产业和农民增收的重要来源。

**保障能力建设** 2010 年，加强林业投入方向研究和投入政策争取，争取中央和省级财政林业投入 109.6 亿元，同比增加 28 亿元，增幅 34%。启动实施中央财政森林抚育补贴、造林补贴、林木良种补贴和湿地保护补助试点，落实中央财政森林公安转移支付 2230 万元，省级财政投入现代林业产业基地建设资金突破 1 亿元。加大林业重大科技项目储备申报，获国家和省批准立项 55 个，同比增长 66%，落实科技投入 2000 余万元，同比增长 45%。加强种苗质量监督抽查，种子和苗木抽检合格率分别为 96.7%、98.8%。加强林木良种选育、繁殖和推广，争取中央、省林木良种补贴 714 万元，6 个国家重点林木良种基地和 2000 多万株良种苗木得到补贴。建成国家级麻疯树和桫椤种质资源库。落实外援资金 1.3 亿元，同比增长 90%。中日合作四川地震灾后森林植被恢复项目启动。

**谋划“十二五”林业发展** 加快形成以林业发展“十二五”规划为基础、各类专项规划为支撑、定位清晰、统一衔接、功能互补的林业发展规划体系。组织编制四川省林业发展“十二五”规划基本思路，在广泛征求专家、厅机关相关处室和各市州林业部门意见的基础上，编制了《四川省林业发展“十二五”规划(草案)》。编制完成《森林防火发展规划》、《“十二五”生物质能源林发展规划》、《“十二五”低产低效林改造规划》、《“十二五”林业信息化建设规划》等，编制完成《“十二五”防沙治沙规划》、《“十二五”湿地保护建设规划》、《“十二五”林业产业发展规划》、《“十二五”特色经济林发展规划》、《“十二五”林木种苗发展规划》、《“十二五”生态旅游总体规划》初稿。协调配合省发改委编制成渝经济区发展规划、青藏高原东南缘川西北地区生态环境保护与建设规划、藏区跨越式发展规划、安宁河流域跨越式发展规划。协调开展灾区生态损失再评估工作，编制易灾地区生态环境综合治理专项规划、灾区生态恢复规划、川西北防沙治沙规划，牵头编制了汶川地震灾区发展振兴规划。

**【生态旅游】** 全年共接待游客 13 974.2 万人(次)，实现生态旅游直接收入 210.5 亿元，同比增长 22.7%，带动社会收入 947.0 亿元，连续 5 年全国排名第一。

**编制生态旅游发展规划** 根据国民经济发展要求，省林业厅和市(州)林业部门开展“十二五”生态旅游发展规划编制，从深化体制机制改革、强化旅游发展规划、积极实施品牌战略、搞好旅游宣传促销、加强生态环境保护、推进人才教育培训、推进旅游项目招商、规范旅游企业发展等方面明确了未来 5 年生态旅游发展总体目标。

**制定生态旅游建设标准** 为规范生态旅游区的建设，省林业厅组织起草了地方性标准《四川省生态旅游区等级划分与评定》。该标准规定了生态旅游区的基本内容、等级评定与划分以及评分细则，适用于森林、湿地、荒漠和野生动植物类型的生态旅游区。

**湿地生态旅游发展** 近年来，四川省形成以九寨沟、黄龙为龙头，若尔盖、泸沽湖、木格措等为重要支撑的湿地生态旅游品牌。湿地生态旅游在四川生态旅游中的比重逐年增加。2010 年，共接待游客 952.6 万人(次)，实现直接收入 8.9 亿元，是 2009 年的 2.6 倍。7 月 30 日，在阿坝州若尔盖县召开了四川省首届湿地生态旅游发展座谈会。会议就湿地保护、生态旅游现状、机遇与挑战、湿地公园规划建设进行研讨。通过开展“四川省湿地生态旅游发展研究”科研项目，深入绵阳、蒲江、仁寿、简阳等地调研湿地生态旅游发展现状，研究湿地生态旅游开发模式和湿地生态旅游产品开发。

**乡村生态旅游典型示范** 通过抓乡村生态旅游的典型示范建设，全省形成了利用湿地景观和天然林资源保护、退耕还林成果发展乡村生态旅游的遂宁市蓬溪县赤城镇莲珠桥村发展模式以及通过石漠化治理和退耕还林工程建设，发展生态旅游等产业的宜宾市筠连县腾达镇春风村发展模式，并被省委书记刘奇葆誉为"春风村模式"在全省推广。10月16日，在河北省唐山市举行的第三届中国生态文化高峰论坛和中国生态文明建设高层论坛上，莲珠桥村、春风村被中国生态文化协会授予全国生态文化村称号。

**灾后生态旅游市场恢复** 2010年，指导参与了以"新家园·新气象·新机遇·新绵竹"为主题的"2010四川·绵竹第十二届梨花节"、以"加快剑门关旅游文化产业重建和开发"为主题的"剑门关重建竣工开放仪式暨2010中国蜀道·剑门关文化旅游节"、以"新阿坝·新汶川·新印象"为主题的中国·阿坝首届大樱桃节等展现灾后重建良好面貌的一系列重大节庆活动。灾后重建助推了全省生态旅游发展水平的提高，为灾区经济发展带来了勃勃生机。

**生态旅游相关活动** 9月6日，由省生态旅游协会主办的首届四川低碳生活与生态旅游发展论坛在雅安周公山举行。开幕式举行了"低碳生态旅游示范单位"授牌仪式，评选出四川九寨国家森林公园、四川唐家河国家级自然保护区等8家单位为全省首批低碳生态旅游示范单位，并形成了"倡导低碳生活、发展生态旅游"的雅安宣言。9月10日，由国家林业局森林公园管理办公室、四川省林业厅、四川省旅游局、成都市人民政府共同主办的中国·成都第二届森林文化旅游节在成都市大邑县举行。

**生态旅游宣传** 2010年，省林业厅联合《成都商报》连续第五年向社会发布红叶指数，首次制作红叶地图，共发布了5期红叶指数信息，深受广大游客好评。红叶彩林观赏已成为四川的特色生态旅游产品，南江、宝兴、黑水等地挖掘红叶资源，大力打造"红叶经济"，有效拉动当地旅游经济发展，"红叶效应"逐步显现。同时开展了野生花卉观赏指数监测工作，制定了《四川省野生花卉观赏指数监测与发布办法(试行)》。4月15日，省生态旅游协会举办了野生花卉观赏指数监测培训班，对全省近30个景区的相关人员就野生花卉开放监测方法、观赏指数分级和监测信息报送进行培训。

(四川省林业由贾发扬、张革成、贺捷、杨晓华供稿)

# 贵州省林业

**【概　述】** 2010年，全省完成营造林20.66万公顷，其中人工造林完成7.27万公顷，封山育林完成13.39万公顷。按工程分，退耕还林工程完成3.67万公顷，天然林资源保护工程完成4.67万公顷，珠江防护林工程完成2.10万公顷，石漠化综合治理植被恢复完成8.93万公顷，森林植被恢复费等项目完成1.29万公顷。全省完成育苗面积0.33万公顷，育苗10.25亿株。完成义务植树2630万株。

经果林得到持续发展。全省水果年末实有种植面积19.05万公顷，较2009年16.54万公顷增长15.2%；总产量达到75.7万吨，较上年65.4万吨增长15.9%。其中柑橘、梨、桃产量合计为45.4万吨，占全部水果产量的60%。全省干果年末实有种植面积5.01万公顷，较上年3.58万公顷增长40.1%；全年产量达到6.0万吨，较上年5.7万吨增长5.3%。其中核桃、板栗产量合计为3.46万吨，占全部干果产量的60.6%。全省新造油茶林0.44万公顷、改造油茶低产林527公顷。

全省生产商品材181.1万立方米，较2009年木材产量130.5万立方米增长38.8%。生产竹材415.4万根。生产人造板51.6万立方米，较上年47.0立方米增长9.7%；生产锯材64.6万立方米，较上年41.2万立方米增长56.8%。生产干果6.0万吨，较2009年5.7万吨增长5.6%；生产油茶等木本油料2.0万吨，较2009年增长63.2%；年末实有花卉种植面积0.82万公顷，生产切花20263万支，较2009年增长6.1%。竹笋干、食用菌、山野菜等森林食品产量2.09万吨，比2009年增长4.5%。

全年共到位各类林业建设资金36.26亿元，比2009年34.12亿元增长6.3%，其中国家预算内资金35.05亿元，林业贷款0.98亿元，其他资金0.27亿元。全省全部林业产业总产值总量(按现行价格计算)295.54亿元，比2009年247.59亿元增长19.4%。分产业门类完成情况看：第一产业总产值实现173.24亿元，比2009年123.53亿元增长40.3%；第二产业总产值实现58.58亿元，较2009年69.01亿元减少15.1%；第三产业总产值实现63.71亿元，比2009年55.05亿元增长15.7%。

受特大旱灾影响，全省森林火灾高发，共发生森林火灾2533次，受害森林面积6782公顷，森林火灾受害率为0.95‰，与2009年相比，森林火灾次数上升62.4%，受害面积上升81.7%，受害率上升0.42个千分点。林业有害生物发生面积25.77万公顷，成灾率0.81‰，无公害防治率达到96.9%。全省林业系统共查处林业案件10 592起，查处率97.1%。没收木材38 642立方米，对10 960人实施行政处罚，为国家挽回经济损失2068万元。

**【退耕还林】** 自2000年开始实施退耕还林以来，全省退耕还林工程十年累计完成营造林125.27万公顷，其中退耕地还林43.80万公顷、荒山造林81.47万公顷，为贵州森林覆盖率增加了近6个百分点。退耕还林工程涉及全省87个县(市、区)、200万农户，是贵州投资

规模最大、影响范围最广、建设成效最好的重点生态工程。据工程效益监测，监测区土壤侵蚀模数由退耕前的3325吨/(平方千米·年)降低到1031吨/(平方千米·年)。在退耕还林43.8万公顷的情况下，全省粮食产量从2009年的1100万吨增加到了2010年的1168万吨。

**【天保工程】** 贵州省自2000年正式启动天然林资源保护工程以来，累计投入资金31.13亿元，其中中央资金29.59亿元、省级资金1.54亿元。通过加强森林管护、停伐减产、公益林建设和其他工程营造林等，使天保工程区森林面积增加102.67万公顷，森林蓄积从1.32亿立方米增加到2.39亿立方米，森林覆盖率从33.67%增加到41.45%，实现了森林面积、蓄积、覆盖率三个同步增长。天保工程涉及贵州省长江流域70个县(市、区、特区)，工程实施以来，累计减少商品材产量760万立方米。每年聘请护林员2万~3万人，对工程区550万公顷森林资源实施有效保护。

**【中央森林生态效益补偿】** 2004年，贵州省珠江流域40万公顷国家级公益林纳入中央森林生态效益补偿范围，补偿标准为每年每亩5元。2006年，中央将贵州省珠江流域国家级公益林的补偿面积扩大为63.82万公顷。2009年，中央将补偿面积扩大到117.73万公顷，其中包括珠江流域的国家级公益林71.13万公顷、长江流域46.60万公顷。2010年，中央将国家级公益林的补偿标准由每年每亩5元提高到10元。

**【特大旱灾】** 2010年，贵州遭受历史罕见的冬春连旱，林业损失巨大。林地受灾面积共76.31万公顷，直接经济损失32.53亿元，其中有林地受灾面积34.59万公顷、损失林木蓄积122.3万立方米、经济损失19.26亿元，新造林地受灾面积20.50万公顷、经济损失8.42亿元，封山育林地受灾面积21.19万公顷，经济损失3.98亿元，苗圃受灾面积280公顷，损失苗木1.68亿株，经济损失8597万元。森林火灾受灾面积6782公顷，损失林木蓄积20.1万立方米、幼树1994万株，造成经济损失1.23亿元。

**【省林业科学研究院两项成果获省科学进步三等奖】** 2010年1月，贵州省科学技术奖励大会在贵阳举行，会议授予2009年度贵州省科学技术奖励共授奖92项，其中最高科学技术奖1项、贵州省科学进步奖80项、贵州省科学技术成果转化奖11项。贵州省林业科学研究院主持完成的贵州省主要生物质能源树种评价与筛选和贵州省木本观赏植物主要病虫害研究两项成果获科技进步三等奖。

**【省林业厅设立贵州省林业信息中心】** 2010年3月5日，贵州省编委正式下发《关于设立贵州省林业信息中心的批复》，同意省林业厅设立省林业信息中心。批复明确，省林业信息中心为正县级事业单位，主要职责是拟定全省林业信息化建设总体规划和中长期规划；承担林业信息资源数据库、林业电子政务网、林业数据中心及省林业厅机关局域网的建设及运行管理；负责林业信息的收集、统计、分析和应用；负责全省林业电子政务应用系统的软件开发与应用指导及林业信息化技术培训工作。省林业信息中心的成立，标志着贵州林业信息化建设进入实质阶段。

**【遵义市荣获国家森林城市称号】** 在2010年4月第七届中国城市森林论坛上，全国绿化委员会、国家林业局授予遵义市国家森林城市称号。这是继贵阳市2004年获得首个国家森林城市称号以来，贵州又一城市获此殊荣。近年来，遵义市把创建森林城市作为改善生态环境，建设宜居城市的重要工程来抓，共投入财政资金29亿元，通过规划建绿、腾地造绿、拆墙透绿、见缝插绿等工程，大力开展城市森林建设。全市森林覆盖率达到48.56%，城区绿地面积达到2266公顷，人均公共绿地9.5平方米。

**【"锦屏文书"特藏馆开工建设】** 2010年7月，总投资1900多万元的"锦屏文书"特藏馆在贵州省锦屏县三江镇开工建设，记载清水江流域数百年林业经济史的贵州锦屏文书将得到有效保护。明清以来，清水江流域少数民族地区的优质杉木、楠木作为"皇木"不断被运往北京，由此带动了清水江流域与中原、江南等地的木材贸易。当地少数民族在林木经营过程中，将有关林木买卖、土地租佃、账目收入、利润分配等经济活动写成契约文书，视为珍宝、代代相传，统称为"锦屏文书"。据初步统计，保存至今的"锦屏文书"约有10余万件。"锦屏文书"已经入选《中国档案文献遗产名录》，是国家重点抢救保护的档案文献。近年来，水火等自然灾害和烟熏虫蛀加速了"锦屏文书"的消亡，一些地方还出现了倒卖文书现象，特藏馆的建立，将对收集、整理、保护和研究"锦屏文书"发挥重要作用。

**【省人大出台《贵州省森林林木林地流转条例》】** 2010年7月28日，省第十一届人民代表大会常务委员会第十六次会议审议通过《贵州省森林林木林地流转条例》，自2010年10月1日起施行。《贵州省森林林木林地流转条例》共7章37条，规定了森林、林木、林地流转的管理主体、遵循的原则、流转范围、期限、方式、流转程序、流转管理、争议调处、法律责任等。《贵州省森林林木林地流转条例》的施行，将对全省规范流转行为、保障流转当事人的合法权益，促进全省林权流转，加速林业发展发挥重要作用。

**【贵州省启动军民共建贵毕路绿色通道建设工程】** 2010年11月30日，军民共建贵毕路绿色通道建设工程在黔西县正式启动。中国人民解放军总后勤部、成都军区、国家林业局及贵州省委、省政府、省军区及省林业厅、毕节地区的有关领导出席了启动仪式。军民共建贵毕路绿色通道建设工程是省林业厅、毕节地区与省军区多次协商达成的生态建设工程，并得到总后勤部、成都军区、国家林业局的支持。贵毕路绿色通道建设工程由军地共同投入，计划用3年时间完成贵毕公路沿线733.33公顷经果林和防护林的栽植，进一步加快毕节试验区林业生态建设步伐。 (贵州省林业由侯勇军供稿)

# 云南省林业

【概　述】 2010年，云南省林业系统深入实施"生态立省"发展战略和"生态建设产业化、产业发展生态化"的发展思路，全面落实科学发展观，牢牢把握扩大内需、应对气候变化、发展绿色经济等重大历史机遇，不断深化改革，完善政策措施，强化科技支撑，狠抓工作落实，圆满完成各项任务，取得了显著成效。

【省委省政府高度重视林业工作】 省委召开由省、州、县三级党政主要领导参加的省委林业工作会议，深入贯彻中央林业工作会议精神，全面部署当前和今后一段时期云南林业改革发展任务；省委、省政府作出《关于加快林业发展建设森林云南的决定》，省政府出台《关于加快木本油料产业发展的意见》、《关于推进中低产林改造的意见》、《关于加快林业产业发展的意见》、《关于推进林农专业合作社的意见》，进一步完善加快林业发展的政策保障体系；省委常委会、省政府常务会多次听取林业工作情况汇报，对集体林权制度改革、中低产林改造和林业产业发展等重点工作进行专题研究；省委、省政府领导带头深入基层、深入林区调查研究，帮助解决林业工作面临的问题和困难，切实加强对林业工作的领导。

**林业抗旱救灾工作**　2010年云南省遭受特大旱灾，面对百年一遇的特大旱灾，国家林业局给予高度关注，贾治邦局长等领导多次深入云南考察指导，并派出11个工作组赴云南帮助抗旱救灾。全省林业系统把抗旱救灾作为压倒一切的中心任务，深入贯彻落实党中央、国务院、国家林业局和省委省政府的决策部署，采取厅领导挂钩州(市)、派出技术指导组蹲点指导、编印《林业抗旱技术手册》、暂停年度休假安排、层层落实工作责任制、启动行政问责等超常措施应对超常旱情，取得显著成效。全省累计投入林业抗旱救灾资金6.44亿元、2394万人(次)，最大限度降低灾害损失。

**集体林权制度改革**　自2006年全省正式启动集体林权制度改革以来，截至2010年12月31日，云南省共成立林改组织领导机构17.0162万个，参加林改人员76.01万人；林改资金投入13.45亿元，共排查山林纠纷16.54万起，涉及面积104.03万公顷，已调处16.3213万起，涉及面积100.17万公顷，起数和面积调处率分别为98.7%、96.3%；应确权集体林地面积0.182亿公顷，已确权集体林地面积0.179亿公顷，占98.6%，确权宗数1207.09万宗。发证本数878.23万本(林权证555.27万本，股权证209.76万本，均利证114.54万本)。

**林改配套改革**　云南省新颁布实施的《云南省林地管理条例》，对林地权属管理、林地使用权流转、林地保护和利用及违反林地管理的法律责任等方面进行了规范；云南省还出台《云南省森林资源资产评估管理暂行办法》，并邀请国家林业局、中国资产评估协会对全省近500名森林资源评估人员进行培训，推动森林资源资产评估工作顺利开展；云南省同时建立《云南省林业金融服务联席会议制度》，下发《关于做好云南省林权抵押贷款业务重点推进县(市)工作的通知》，决定选择23个县作为林权抵押贷款业务的重点推进县，全省林权抵押贷款余额达50亿元，贷款户数7419户；全省已建立89家林权流转服务中心，开展林权登记发证、林地林木流转、林权抵押贷款、森林资源资产评估等工作。

**林业生态建设**　2010年，云南省完成营造林73.33万公顷，为年计划的1.83倍，其中人工造林62万公顷，为年计划的2.07倍；天保工程完成森林管护1264.35万公顷，为计划的105.5%，完成公益林建设11.7万公顷、为计划的99.71%；完成退耕还林和巩固成果项目营造林17.53万公顷，9.61万公顷到期面积顺利通过国家验收，确保补助政策的兑现；新建沼气池10.63万户、完成率为111.9%，农村改灶16.41万户、完成率为164.1%。生物多样性保护工程得到切实加强，滇西北生物多样性保护深入推进，极小种群物种保护行动顺利启动，野生动物肇事补偿制度更加完善，国家公园建设试点稳步推进。农村能源建设工程新建沼气池9.5万户(仅为省林业厅负责实施部分)，完成率为100.00%；农村改灶项目完成101 313户，完成率为101.31%。森林生态效益补偿日益完善，301.17万公顷国家级公益林纳入中央基金补偿范围，315.33万公顷省级公益林由省级财政筹资2.37亿元实施了生态效益补偿。

**以木本油料为主的林业产业**　认真落实省政府与国家林业局签署的建设木本油料产业示范区合作备忘录，加强领导、加大投入，全力推进木本油料产业发展。同时，各地立足资源优势，积极发展特色产业，林浆纸、林化工、竹藤、野生动物驯养繁殖、森林生态旅游、木材加工及人造板、林下资源开发等九大林产业全面发展。木本油料种植面积已达200多万公顷，总产量超过40万吨，总产值近百亿元；省级林业龙头企业从无到有，发展到154家，带动农户近300万户。2010年全省林业总产值达574.8亿元，比2009年增长25%。

**中低产林改造**　加快推进中低产林改造是云南省委、省政府立足云南省情、林情作出的一项战略决策，是推动"森林云南"建设，实现林业大省向林业强省转变的重大举措，对促进广大山区群众增收致富、巩固集体林权制度改革成果等具有十分重要的意义。2010年，全省中低产林改造完成14万公顷，占年度计划的105%。2010年，国家和地方财政共计投入中低产林改造资金4.76亿元。其中国家森林抚育试点补贴资金1.1亿元，占23.11%；省级财政专项资金1.05亿元，占22.06%；地方财政投入改造专项资金0.27亿元，占5.67%；企业完成投资1.6亿元，占33.6%；林农投入0.74亿元，占15.5%。

**森林资源** 逐级落实森林资源保护责任制，严格执行林地征占用定额管理和林木采伐限额管理制度，加大执法力度，严厉打击破坏森林资源的违法犯罪活动，加强火灾防范和应急处置，强化林业有害生物监测防治。林业行政案件查处率达 99%，森林火灾当日扑灭率达 95.2%，林业有害生物测报准确率达到 85%、无公害防治率达到 83.2%、成灾率控制在 7.8‰以内，有效保护了森林资源。

**【种苗行业管理】** 《云南省林木种苗管理规定》于 2007 年列入省政府立法计划，2010 年 7 月 9 日省政府常务会审议通过，于 2010 年 10 月 1 日起施行。该规定共 27 条，明确了林木种苗的保护、开发和利用的专项资金；对引进林木种质资源引种试验的监督管理，林木良种退出制度，非主要林木品种的选育登记，林木良种推广政府补贴，林木良种基地的良种产量年度预测预报及农民自繁自用剩余种苗的出售、串换管理等内容，从林木种质资源保护与利用，林木品种选育、审定与推广，林木种苗生产、经营和使用，林木种苗质量管理，服务与监督和法律责任等方面对《种子法》、《种子条例》等相关内容进行了细化和补充。

**【云南省集体林权制度主体改革表彰暨林业产业发展大会】** 2010 年 7 月 27 日，在昆明市召开。会议全面总结集体林权制度主体改革工作，表彰奖励林改中涌现的先进集体和先进个人，深入分析林业产业发展形势，进一步研究深化集体林权制度配套改革，加大中低产林改造力度，推进现代林业又好又快发展，对《云南省人民政府关于加快林业产业发展的意见(征求意见稿)》进行讨论。

**【棚户区改造项目】** 2010 年国家下达云南省 38 家单位 5000 户棚户区改造任务，总投资 48 968 万元。截至 2010 年年底，全省 38 家单位已全部开工建设，开工率 100%，竣工 409 套，竣工面积 19 824 平方米。项目资金已到位 32 914 万元(中央资金及省级配套 12 500 万元已足额到位)，占投资计划的 67.2%，累计完成投资 7882 万元。

**【网络森林医院开通】** 2010 年 9 月 17 日，云南省网络森林医院开通仪式在昆明举行。云南省网络森林医院是在国家森林网络医院整体框架下，为顺应林改新形势下林农对林业有害生物防治公共服务的新要求而创办的。网络森林医院以专业基础数据库和专家库为支撑，提供开放式的便民网络服务和管理系统，具有服务和管理双重功能，业务跨度大、覆盖范围广、服务手段多、功能性强的特点。系统开通后，全省广大林农通过登录网站，足不出户就可以自我诊治林业有害生物，与专家进行面对面咨询，从而使自家林木的病虫害得到及时有效的防治，是广大林农"求医问药"的新平台。

**【积极推进林权抵押贷款业务】** 省委、省政府高度重视集体林权制度改革工作，把积极推进林权抵押贷款业务作为缓解广大林农、涉林企业融资困难，调动广大林农耕山育林的积极性，促进林农增收、产业升级、生态改善的有效途径，一是林权抵押贷款业务快速增长。截至 2010 年年底，全省 16 个州(市)中，共有 14 个州(市)6 家银行业金融机构(农信社、农行、农发行、国开行、中行、建行)开办林权抵押贷款业务，贷款余额 49 亿元，比年初增加 17.23 亿元，增长 54.23%。贷款户数 7419 户，比年初增加 3634 户，增长 96%。二是林权抵押贷款以涉农银行"唱主角"。农信社、农行、农发行 3 家涉农银行业金融机构贷款余额分别为 20.04 亿元、13.51 亿元和 11.65 亿元，占全部林权抵押贷款余额的 92.25%。三是林权抵押贷款投向以林业和农业为重点。全省林权抵押贷款投向林业及林业相关产业贷款余额 27.76 亿元，占全部林权抵押贷款余额的 56.66%。投向农业贷款余额 5.13 亿元，占 10.48%。林权抵押贷款集中投向林业和农业，激活了农村林业产业资源，促进了森林资源优势转化为现实经济优势。四是林权抵押贷款地理分布趋于合理。林权抵押贷款分布以森林资源集中和市场交易活跃的州(市)为主，地理分布趋于合理。其中普洱、保山、西双版纳 3 个州(市)的林权抵押贷款较为活跃，贷款余额分别为 13.84 亿元、9.08 亿元、8.34 亿元，合计 31.26 亿元，占同期全部林权抵押贷款余额的 63.8%。昆明、临沧、红河、德宏、大理、玉溪、楚雄 7 个州(市)的贷款余额分别为 4.28 亿元、3.68 亿元、2.51 亿元、1.73 亿元、1.61 亿元、1.57 亿元、1.16 亿元。五是林改配套服务体系快速成长。林权抵押登记机构、森林资源资产评估机构、林权交易市场和林农专业合作社建设不断完善。

**【省政策性森林火灾保险试点项目】** 2010 年 11 月 3 日，云南省政策性森林火灾保险试点项目(试点州市：昆明市、曲靖市、玉溪市、普洱市、大理州)签约暨启动仪式在昆明市翠湖宾馆举行。

2010 年，云南省对试点五州(市)行政区域内生长和管理正常的公益林和商品林共 851.8047 万公顷(公益林 374.814 52 万公顷、商品林 476.9898 万公顷)纳入保险范围，其中昆明市 113.7625 万公顷(公益林74.482 36 万公顷、商品林 39.28 万公顷)、曲靖市 137.508 847 万公顷(公益林 81.843 13 万公顷、商品林 55.6657 万公顷)、玉溪市 99.7649 万公顷(公益林 55.1134 万公顷、商品林 44.651 52 万公顷)、普洱市 304.486 54 万公顷(公益林 75.019 万公顷、商品林 229.467 853 万公顷)、大理州 196.281 53 万公顷(公益林 88.356 927 万公顷、商品林 107.924 607 万公顷)。

保费总计 5110.8262 万元(中央财政投入 1983.025 284万元、省财政投入 1277.706 55、州县财政投入 991.512 642 万元、林业经营者投入 858.581 724 万元)。其中公益林实行统一全额投保，共计保费 2248.887 12 万元(中央财政投入保费 1124.443 56 万元、占 50%；省级财政投入保费 562.221 78 万元、占 25%，州县财政投入保费 562.221 78 万元占 25%)；商品林以财政补贴(70%)为主、林业经营者适当承担(30%)的方式投保，共计保费 2861.939 08 万元，其中财政承担部分统一投保，共 2003.357 356 万元(中央财政投入保费 858.581 724 万元、占 30%，省级财政投入保费 715.484 77 万元、占25%，州县财政投入保费 429.290 862

万元、占15%)，林木经营者个人承担部分保费(若全部投保的前提下，保费合计858.581 724万元)，是否投保由林木经营者自主选择。

**【云南省5县被确定为全国集体林权制度改革典型县】** 2010年11月25日，由省委宣传部、省林业厅、省林改办联合举办，以“深化配套改革，推进产业发展，促进林农增收”为主题的云南省林改典型县新闻发布会在凤庆县召开。在2010年国家林业局确定的全国集体林权制度改革100个典型县中，云南省的凤庆县、腾冲县、景谷县、石屏县、武定县位列其中。

**【深入开展学习杨善洲同志先进事迹】** 2010年，省林业厅对深入学习杨善洲同志先进事迹进一步作出安排。主要是：搞好“五个结合”：一是与学习贯彻党的十七届五中全会精神结合起来；二是与开展“创先争优”活动结合起来，坚持学习杨善洲同志先进事迹；三是与建设学习型党组织、学习型机关、学习型党员领导干部结合起来；四是与开展“三个一”主题实践活动结合起来；五是与开展“党员承诺”、“岗位奉献”、“服务群众”、“亮牌示范”活动结合起来，着力提高学习活动效果。开展“六个一活动”：组织一次杨善洲同志事迹报告会；举行一次学习杨善洲同志事迹演讲会；开展一次学习杨善洲同志事迹体会交流；组织一次主题征文活动；总结一批创先争优先进典型；组织一次党团工组织骨干到杨善洲同志耕耘的大亮山实地感受学习。做到“八个进入”：要把学习杨善洲同志的事迹，真正进入领导班子，进入机关处室，进入林业学校，进入各事(企)业单位，进入离退休干部，进入林业家家户户，进入各个岗位，进入比学赶超。通过扎实有效的学习活动，不断推进林业系统创先争优活动的深入开展。12月23日下午，杨善洲先进事迹报告团到省林业厅进行宣讲，厅机关及厅属各单位近1000人参加会议。

**【林权及林产业管理信息系统】** 2010年10月，由云南省林业厅组织开发的云南省林权及林产业管理信息系统通过了省工信委、省发改委、省财政厅组织的专家评审，被列为国家电子政务工程重点项目。该项目计划投资1.5亿元，其中省级林权及林产业信息系统平台建设预计投资1500万元，资金到位230余万元；各州(市)、县林权管理服务中心信息平台建设1.4801亿元下拨到位。该项目计划于2011年底基本搭建完成全省系统及网站。

**【国家级自然保护区基础设施进一步完善】** 2010年，云南省组织竣工验收大山包黑颈鹤、永德大雪山国家级自然保护区基础设施一期工程建设项目。永德大雪山、黄连山、大山包国家级自然保护区基础设施建设二期工程3个项目获国家项目支持，国家林业局批复建设项目总投资2905万元，中央投资2325万元，省地方配套580万元；哀牢山国家级自然保护区保护设施建设项目获国家发改委支持，项目总投资2857.0万元，中央投资2000.0万元，省地方债券配套428.5万元，州(市)投资428.5万元。

**【农村能源建设】** 2010年，省政府继续将“新建农村沼气20万户、农村改灶10万户”的农村能源建设，作为全省重点督查的二十项重点工作之一。按照省政府“合力共建、分块实施”的要求，省林业厅负责组织实施农村能源建设任务：新建农村沼气9.5万户(国家巩固退耕还林沼气项目3.16万户、省级财政项目6.34万户)和农村改灶10万户(国家巩固退耕还林农村改灶项目3.05万户、省级财政项目6.95万户)。共投入建设资金16 350万元，创历史新高。其中：省级财政完成资金12 885万元，比2009年增加5386万元，增长71.8 %。截至11月30日，省林业厅负责实施的农村沼气完成90 648户，完成率为95.41%；农村改灶项目完成135 392户，完成率为135.39%。预计年底全省完成农村户用沼气200 000户，为计划数的100%。农村改灶项目完成135 392户，完成率为135.39%。

**【退耕还林工程】** 2009年度退耕还林计划任务由于国家计划下达晚，于2010年跨年度实施，截至2010年年底，云南省全面完成荒山荒地造林2万公顷，封山育林1.33万公顷，巩固成果专项规划建设项目后续产业种植业12.764万公顷，补植补造1.432万公顷。截至2010年年底，兑现各项补助资金13.2亿元，其中兑现粮食折现10.1亿元、现金补助1亿元、种苗造林补助0.7亿元、粮食调运费1.4亿元。

**【林区治安防控】** 2010年，云南省森林公安开展“冬季行动”、“春季行动”等一系列专项行动，共办理行政案件13 858件，侦破刑事案件2843起(其中重特大案件389起)，打击处理违法犯罪人员24 453人，收缴林木木材34 648立方米、国家保护野生动物12 171头(只)，为国家挽回经济损失6884万元；林区禁毒工作扎实开展，共办理毒品案件16起，抓获犯罪嫌疑人36人，缴获毒品海洛因13 337克，冰毒13 633克，鸦片11 955克，卡苦13克，罂粟壳478.5千克，铲除毒品原植物大麻39 244株。林区禁毒工作先后5次受到国家禁毒委、国家林业局森林公安局贺电表扬。

(云南省林业由王锐供稿)

# 西藏自治区林业

**【概　述】** 2010年是西藏林业工作迎来新机遇、面临新挑战、谋划新发展的重要一年。全区林业工作坚持以科学发展观为指导，认真贯彻中央第五次西藏工作座谈会、中央林业工作会议和全区林业工作会议精神，按照区党委、政府关于"保增长、保民生、保稳定"的总要求和对林业工作的指示及工作部署，以森林面积和蓄积量"双增长"、林业综合效益和农牧民收入"双提高"为目标，通过全体务林人的共同努力，林业经济运行良好。全年到位林业建设资金13亿元，同比增长18.2%；实现林业产值约8.50亿元，同比增长11.80 %；带动农牧民增收近6.60亿元，与2009年基本持平。

**造林绿化** 通过重点区域造林绿化、退耕还林、拉萨市及周边造林、生态安全屏障等项目，共完成植树造林6.23万公顷(含工程封育2.31万公顷)。根据全区林业工作会议精神，形成了《西藏自治区2011～2015年造林(营林)绿化工作指导意见》，明确了强化水利配套、科学确定标准、给地(市)一定的造林自主权、加大管护投入、大力发展兼用林等政策措施。下一步将改进资金下达办法，由6∶2∶2三次下达改为一次性下达到地(市)财政，由地(市)监管；同时，努力实现在春季造林前下达或预拨。

**林业项目** 2010年共到位林业项目建设资金13亿元，比2009年增长18.2%。实施森林生态效益补偿基金的落实、天然林资源保护、安全屏障规划项目、重点区域造林、退耕还林、防沙治沙、自然保护区建设等重点工程。2010年第一次编制并试用造林工程定额标准。

**资源林政管理** 全力抓好安居工程木材供应管理工作。针对往年安居工程木材供应存在的问题，2010年西藏自治区林业局要求各级安居办要对安居工程建设面积、替代材使用情况逐一调查核实，统筹分配安居木材，并及时将每户安居木材供应数量进行逐级公示。安居木材不得使用在非安居房建设领域，更不得流入市场，因使用替代材而减少木材需求的，相应调减木材供应计划。2010年采取该措施后，按建设户数计，本应供应安居工程木材32.88万立方米，统计后实际需求21.62万立方米，实际减少供应11.26万立方米，减少34.25%的供应量；狠抓木材运输"源头"的管理。加强了对木材检查站、木材加工场(点)的监管力度。2010年初，西藏自治区林业局同自治区监察厅、自治区安居办下发通知，采取"一刀切"的办法，取缔所有由个体、私人承包的木材加工场(点)，仅林芝地区就取缔个体承包的木材加工场(点)71个，全地区只保留了12个(7个县各1个，国有森工企业5个)。这一措施有效堵住了乱砍滥伐木材的出口和盗运超方的源头，成效十分明显。2010年林政案件减少119起，大大减轻木材检查站的压力。

**集体林权制度改革试点** 完成拉萨、日喀则、山南、林芝、昌都5个地(市)6个试点乡(镇)的勘界确权工作，完成勘界面积2433.82公顷，669个宗地，发放林权证669本，并组织了"回头看"活动。

**森林防火** 2010年，全区共发生林火9起，其中：一般森林火灾7起，较大森林火灾2起。过火面积164.41公顷，受灾面积16.24公顷，与2009年同期相比，森林火灾次数下降了18%。

**森林和野生动植物保护** 2010年，全区共发生林业行政案件230起，其中：盗伐林木99起、滥伐林木3起、非法征占用林地2起、非法收购运输木材97起、非法经营加工木材12起、非法猎捕野生动物4起、非法收购出售运输野生动物及其产品8起、违反森林植物检疫规定1起、违反林木种苗管理规定1起、其他案件3起，查处206起，查处率90%。没收木材1472.88立方米，野生动物239只，没收苗木17.5万株；没收非法所得6.9万元，罚款2366.36万元；违法征占用林地232.82公顷。案件发生总数比2009年减少119起，下降34%。组织开展"高原利剑"、"绿箭"等4次保护野生动物专项行动，共查获野生动物皮20张，头角297个，收缴小口径步枪1支，抓获盗猎分子2人。

**林业有害生物防治** 开展首次"利剑"森林植物检疫专项行动，查处并依法销毁检疫对象苗木30万株。对发生在曲水县聂当乡周边的青杨天牛虫灾状况进行了调查(780公顷，1 528 840株)，制订防控方案。严格外调苗木的审核，共发出检疫要求书300份，将日喀则、山南无检疫要求书并带有西藏补充检疫对象的30万株违法调运苗木依法查处、焚烧；防控外来有害生物。在山南、日喀则引进苗木中查获国家重点检疫对象——光肩星天牛等有害生物，并及时进行了处置；强化林业生物灾害监测与防治工作。及时掌握虫情发生发展动态，实行日报告制度，做到防早、防小、防了。

**基础性工作** 首次开展全区宜林地资源、人工林及苗圃专项普查工作，2010年10月底外业工作全部完成。开展全区第二次湿地资源调查，调查湿地7万多块，填写资料表格近20多万份，已转入业内工作。开展对唐古拉山以北由西藏实际占用，属青海省界内的5.5万平方千米区域内的湿地进行补充调查。两项调查共出动200多名技术人员。同时完成资源林政、营造林、野生动植物及湿地保护等方面共50多个项目的前期工作。

**林业宣传** 中央电视台播出西藏林业新闻2条、西藏电视台播出林业新闻12条、西藏卫视"在西藏"栏目中播出反映西藏林业建设成就的3集专题片《我们的家园》。2010年向区党委、政府，国家林业局共上报信息233条，被采用191条，采用率82%。编制完成了《中国林业年鉴》、《西藏年鉴》、《中国西藏发展报告》、《今日新西藏》等涉及林业部分的文字征稿和图片征集宣传工作。

**存在问题** ①由于受特殊气候和地理环境因素的影响，全区生态系统保护与恢复难度较大，生态安全形势依然严峻；②适宜直接造林绿化的土地资源有限，加之水利等配套设施跟不上，造林成活率、保存率、成林率较低；③荒漠化和土地沙化问题仍然没有从根本上得到有效遏制，防沙治沙形势十分严峻；④作为林业资源大区的产业化经济效应还没有凸现出来，林业产业总体规模偏小，发展较为缓慢；⑤林业改革还处于起步阶段，体制不顺、机制不活等深层次原因还制约着林业的发展；⑥林业基础工作比较薄弱，对家底的掌握还不具体、不系统，林业的专项工作规划还有不少空白。

**【天保工程】** 工程区位于长江上游昌都地区的芒康、贡觉、江达三县，该工程2000年5月启动实施。工程实施10年来，全面停止了天然林商品性采伐，林木采伐量大幅度调减，森林生态功能明显恢复。保护森林面积120多万公顷，减少森林消耗405.65万立方米，新增森林面积26.7万公顷，森林覆盖率由原来的38.65%

提高到39.35%，提高了0.70个百分点。

**【日喀则开展集体林权制度改革试点公示】** 日喀则地区严格按照集体林权制度操作流程，认真开展集体林权制度改革公示工作。一是认真核实涉及林改的林地面积，核对面积949.67公顷、31个宗地；二是认真核实地界、地名，确保公示的准确性；三是做好翻译工作和书面相关材料的编印工作；四是逐乡逐村讲解区林改办制定的公示内容、方式和有关程序以及林改的重要作用，要求做到每个村民知情、晓情，保证信息反馈渠道的畅通。

**【湿地生态系统】** 为保护青藏高原脆弱的生态环境和湿地资源，已建国际重要湿地2处，国家级湿地公园3处，各级湿地自然保护区17处。

**【"高原利剑"行动】** 2010年，武警西藏森林总队和西藏自治区林业局联合开展了"高原利剑"行动。此次行动中，共行程2500余千米，查获藏羚羊皮10张、狼皮4张、岩羊皮3张、狐狸皮3张，藏羚羊头24个、盘羊头7个、野牦牛头3个，有力地打击、震慑了盗猎和非法收购、买卖国家保护野生动物制品行为。

**【保护生物多样性】** 西藏林业系统已建立各级各类自然保护区61处，总面积4129.68万公顷，占西藏国土面积的34.41%，高于全国21.61个百分点。其中：包括珠峰等8个国家级和工布等10个自治区级自然保护区，总面积达39.7万平方千米，占全区国土面积的33.08%；建立色季拉等国家森林公园8处、多庆错等国家湿地公园3处。使全区80%以上的珍稀濒危野生动植物集中栖息地、156万公顷的原始森林、150万公顷的重要湿地得到有效保护，90%以上的自然湿地及其生态系统基本保持着原生状况。

**【林木种苗建设】** 西藏现有各级各类苗圃250多个。已建设苗圃0.13万公顷，新建江孜沙棘、朗县巨柏等10个良种采种基地，建设面积达700多公顷。大量培育苗木，尤其是乡土灌木树种的培育。全区共出圃苗木约1.5亿株，是"十五"期间1.2亿株的1.25倍。

**【羌塘国家级自然保护区建设】** 羌塘自然保护区于1993年7月被西藏自治区人民政府批准为自治区级自然保护区，2000年4月被国务院批准晋升为国家级自然保护区。羌塘国家级自然保护区所代表的生物地理地域是世界上最独特的区域之一，是以保护高原草原和高寒荒漠草原生态系统和藏羚羊、藏野驴、野牦牛等珍稀濒危物种为目的的野生动物类自然保护区，在中国乃至全球都具有非常强的代表性，总面积为29.8万平方千米。10年来，羌塘国家级自然保护区建设取得了可喜成绩，藏羚羊由保护前的6万多只恢复到现有的10万～12万只，野牦牛由保护前的6000多头恢复到9000多头，藏野驴由保护前的5万多匹恢复到8万多匹，其他野生动物种群数量也呈现出逐年递增趋势。

**【荒滩变绿洲】** 日喀则市昔日的最大旱区——曲美乡，通过实施重点区域生态公益林建设项目，如今已是无水变有水、荒滩变绿洲、风口变风景、生活变殷实。曲美乡境内已建成沿318国道的绿色长廊27.2千米，成片林地1540.47公顷，绿化农田道路148条、260千米，设置网围栏25.25万米。在改善生态环境的同时，生态建设也促进了广大农牧民的增收致富。工程直接为曲美乡农牧民带来工资性收入450万元，人均增收740元。

**【林业大事】**

**1月11日** 拉萨市林业绿化局召开全市林业绿化工作会议。会议总结了2009年的林业绿化工作并全面安排部署了2010年工作任务；拉萨市政府与各县（区）签订《林业绿化责任书》和《森林防火责任书》；会议还对在2009年造林绿化工作中成绩突出的先进集体和个人进行了表彰。

**1月31日** 西藏自治区林业局召开全区林业局局长会议，认真贯彻落实中央第五次西藏工作座谈会、中央林业工作会议、全区经济工作和农村工作会议精神。会上，自治区次仁副主席作了讲话。

**3月** 国家森林防火指挥部、国家林业局表彰2007～2009年度全国森林防火工作先进单位和先进个人。西藏林芝地区森林防火指挥部办公室、昌都地区芒康县林业局荣获2007～2009年全国森林防火工作先进单位称号，胥平、格桑等5人荣获2007～2009年度全国森林防火先进个人称号。

**4月23日** 西藏自治区白玛赤林主席一行到日喀则地区检查、指导林业工作，重点考察了日喀则市西郊曲美乡造林示范工程。

**6月17～18日** 西藏自治区召开全区林业工作会议。自治区党委、人大、政府、政协领导，各地(市)、县党委或政府和林业部门主要领导以及分管林改工作领导，区(中)直单位主要负责同志共计近400人参加了会议。会上，西藏自治区党委书记张庆黎，西藏自治区党委副书记、人大常委会主任向巴平措，西藏自治区主席白玛赤林出席会议，并作讲话；国家森林防火指挥部副总指挥李育材同志受国家林业局委托到会指导。

**6月** 西藏林芝县、昌都地区职业技术学院被全国绿化委员会评为全国绿化模范单位，边巴次仁、江村、吴泽林、土登扎西、卓加、格桑班登6名同志获全国绿化奖章。

**7月2日** 根据西藏自治区党委张庆黎书记在全区林业工作会议上的指示精神，区党委农工办、区林业局组成联合工作组对日喀则市西郊曲美乡以林业为龙头、资源综合利用情况进行专题调研。

**8月18～19日** 林芝地委、行署召开全地区林业工作会议。

**9月28～29日** 山南地区召开林业工作会议。

**11月11日** 西藏自治区党委副书记、自治区常务副主席郝鹏和副主席次仁一行到自治区林业局调研指导工作。

**11月11～13日** 西藏召开了全区森林公安森林防火工作会议。深入贯彻落实全国森林公安森林防火工作会议精神，认真总结"十一五"期间全区森林公安和森

林防火工作，深入分析森林公安和森林防火工作面临的新形势，安排部署"十二五"期间及2011年全区森林公安和森林防火工作。西藏自治区副主席次仁亲临会议并作讲话。（西藏自治区林业由陈平供稿）

# 陕西省林业

【概　述】 2010年，陕西省完成造林35.93万公顷，比2009年增长10%。重点区域绿化稳步推进，栽植各类苗木9803万株，折合面积4.33万公顷；集体林权制度改革快速推进，剩余的55个县(区)669.07万公顷集体林勘界确权工作全部完成。林业产业发展有了新突破，新增干杂果经济林面积10.33万公顷，超额完成60%。森林公园接待游客936万人次，以门票为主的直接经济收入3.6亿元，增长11.1%。全省林业总产值达到255亿元，超额完成任务的10.9%。2010年的林业工作，为全面完成"十一五"林业建设目标做了完美收官。

【造林绿化】 2010年，完成造林35.93万公顷，超额完成目标任务的35%，其中人工造林19.53万公顷、飞播造林4万公顷、封山育林12.4万公顷。"三化一片林"绿色家园建设全省共完成示范村建设180个，占年度目标任务的120%。"三化一片林"绿色家园建设绿化折合面积1800公顷，其中：庭院绿化栽植苗木42.61万株，村庄绿化完成321.32千米，路渠绿化完成499.43千米，营造片林960公顷，共栽植各类苗木233.4万株。部门绿化初见成效，太中银铁路沿线绿化建设，春季一季完成285千米铁路绿化，栽植各类苗木4897万株；渭河沿岸绿化，累计完成550千米绿化，栽植各种苗木369万株。2009年中央财政安排森林抚育试点面积1.33万公顷目标任务全面完成。2010年，全省参加义务植树1330万人次，植树8938余万株。

【重点区域绿化】 重点区域绿化是省政府确定身边增绿的重点绿化工程，该工程已实施两年，2010年公路绿化8277千米，栽植苗木1249万株；铁路绿化714千米，栽植苗木54万株；河流水系绿化2819千米，栽植苗木2390万株；直观坡面绿化2.07万公顷，栽植苗木3338万株；"三化一片林"绿色家园建设栽植各种苗木15135万株；城市栽植各种苗木524万株，景观效果良好；环城林带栽植各种苗木348万株；各类工矿区绿化共栽植苗木1447万株，折合面积20.66万公顷；重点出入境口及旅游景点绿化栽植各种苗木290万株。耀州区对照金革命纪念馆和香山景区进行了全面绿化。咸阳市对汉高祖刘邦、汉惠帝刘盈的墓区进行大面积绿化。渭河近堤绿化林带工程建设取得阶段性成果。工程自2009年初开始实施，经过2010年的补植补栽，渭河近堤绿化林带工程建设绿化长度550.07千米，绿化面积2678.06公顷，栽植各类苗木369.16万株，完成投资5319.80万元，面积完成率占总建设规模的104%。

【集体林权制度改革】 55个县(区)共669.07万公顷集体林地全部完成外业勘界和确权工作。其中：家庭承包553.79万公顷，占82.8%；拍卖及大户承包45.31万公顷，占6.8%；集体股份合作经营53.85万公顷，占8%；保留村组集体经营16.11万公顷，占2.4%；承包到户率89.6%。共签订林地承包合同147万份，发放林权证120万本，发证面积332.93万公顷，发证率50%。各类林权纠纷调处10 908起，面积42.23万公顷，调处率达96%。至此，提前一年完成全省集体林权制度主体改革任务。各级林业部门与金融部门密切协作，不断加大林权抵押贷款工作力度，2010年抵押贷款额达5.4亿元，解决群众发展林业生产的资金需求。

【林业产业发展】 2010年，按照省政府《关于加快推进核桃等干杂果经济林产业发展的意见》精神，部署有序推进干杂果经济林基地建设，编制完成核桃等5个干果经济林基地建设专项规划，明确陕西省五大干杂果经济林建设目标和年度任务，根据规划，到2015年，全省新建和改造核桃等五大干杂果经济林70.07万公顷，使干杂果总面积由100.47万公顷增加到136.67万公顷；到2020年，全省再新建和改造核桃等干杂果经济林80万公顷，总面积达到183.33万公顷，其中核桃达到66.67万公顷；基本实现全省农民人均0.07公顷干杂果经济林。印发《陕西省林业厅核桃经济林基地建设项目作业设计办法(试行)》、《陕西省林业厅核桃经济林基地建设检查验收暂行办法(试行)》和《陕西省林业厅核桃良种穗条及苗木生产使用管理办法(试行)》。通过制度约束，进一步科学规范干杂果经济林基地建设，提高标准化建园质量。全省新建干杂果经济林10.33万公顷，改造8.13万公顷。其中核桃新建7.73万公顷，改造3.27万公顷，分别是年计划任务的165%和122%。共落实核桃经济林基地建设省级补助资金1.14亿元，其中核桃采穗圃和良种繁育基地补助资金2470万元，核桃经济林基地建设补助资金9000万元。

【森林资源保护】

**森林防火** 年初，省政府办公厅下发《关于切实加强森林防火工作的紧急通知》，全面安排部署全省森林防火工作，要求责任明确，措施到位，防火工作横向到边、纵向到底、不留死角。省林业厅多次召开党组会、厅长办公会议，专题研究防火工作，厅领导多次赴防火一线调查研究，检查指导。据统计，全年共发生火灾81起，受害森林面积81.78公顷，森林火灾受害率为0.01‰，低于全省0.2‰的控制目标和1‰的国家标准，没有发生重、特大森林火灾和人员伤亡事故。

**森林公安** 森林公安紧紧围绕"五化建设"总体目标，以打击涉林违法犯罪为重点，全省组织开展"冬季行动”、“春季行动”一系列严打专项整治行动，稳定林区治安，确保森林资源安全。被国家林业局评为春季行动优秀组织单位。据统计，2010 年全省森林公安出动警力 60 656 人(次)，出动车辆 20 652 台(次)，受理各类案件 3715 起，查处 3662 起，其中立刑事案件 133 起、破案 121 起。打击处理各类违法犯罪人员 4416 人(次)，收缴木材 3323.7 立方米、幼树、竹子 41 273 株、野生植物 157 株；收缴野生动物 765 头(只)，皮张 17 张；挽回直接经济损失 1034 万元。按照国家林业局统一部署，开展警车专项治理，全省共清理整顿收回外借外挂车辆 109 台，强制报废不符合警用管理规定车辆 48 台，清理封存无牌无证套牌警车 58 台，查扣违规车辆 20 余台，注销警牌 20 副，警转民 39 辆，清理整顿 O 牌车 84 辆，专项治理取得成效。

**森林病虫害防治** 林业有害生物防治工作认真贯彻“预防为主、科学防控、依法治理、促进健康”的方针，强化目标责任管理，加强组织领导，落实防治责任，全面完成国家林业局下达的“四率”控制指标。全省实施森林监测面积 861.46 万公顷，各类林业有害生物发生面积 40.24 万公顷，其中轻度 27.97 万公顷、中度 8.16 万公顷、重度 4.11 万公顷；完成有效防治面积 27.26 万公顷，其中无公害防治 22.81 万公顷，成灾面积 4.1 万公顷，成灾率控制在 4.3‰，无公害防治率达到 83.6%；测报准确率达到 92.3%；种苗产地检疫率达到 95.4%。由于极端气候影响，病虫害蔓延速度快，危害加重。全省召开 3 次森防会议，制定 15 种主要病虫害的年度防治方案和防治预案，落实防治责任制，加大经费投入力度，主要灾害得到控制。重点实施松材线虫病、美国白蛾、松毛虫、松大小蠹、杨树病虫、经济林病虫害的治理，防治工作取得成效，主要灾害得到控制，全省连续 5 年没发生美国白蛾疫情。加强植物检疫工作，全省实施种苗产地检疫 1.5 万公顷，检疫率达到 95.4%；实施调运检疫林木种子 2915.5 吨、苗木 15 468.2万株、木制品 97 353.6 立方米、果品 33 063.9 吨、花卉 1336.5 万株，药材 2713 吨，发现带检疫对象 3 批，除害处理 3 批。全省开展松材线虫病检疫执法检查专项行动 725 次，参与专项行动 5811 人(次)，查处违规运输检疫案件 75 起，查处违规检疫事件 14 起。

**【野生动物保护】** 2010 年，全省共繁殖朱鹮 275 只，其中野外繁殖 231 只，人工繁殖 44 只。据统计，陕西省朱鹮种群数量已达 1077 只。林麝产业发展迅猛。全年林麝繁殖 715 只，全省林麝存栏数量已达 2675 只，占全国林麝饲养量的 55%，居全国之首。野生动物管理进一步规范。高度重视疫源疫病的防控工作，在全省 285 个监测站(点)实行 24 小时值班和疫情报告制度。进一步强化“五证一计划”(即特许猎捕证、狩猎证、驯养繁殖许可证、经营利用许可证、运输证和狩猎计划)的管理，全年办理运输证 42 份，受理审批 12 家单位驯养繁殖、经营利用的许可申请。

**【林政资源管理】** 2010 年共审核征占用林地建设项目 551 起，占用林地面积 3973 公顷，未超林地定额。第八次森林资源清查顺利完成，清查成果已经公布。全省林地面积 1226.67 万公顷，占土地总面积的 59.64%；森林面积 853.33 万公顷，森林覆盖率 41.42%；活立木总蓄积 4.2 亿立方米，乔木林每公顷蓄积 61.93 立方米。间隔期内，全省林地面积、森林面积、林木蓄积、森林覆盖率稳步增长，森林消耗大幅减少，林分质量有所提高。

**【林业政策法规】** 2010 年，依照新一轮政府机构改革“三定”方案确定的职能，对林业行政执法依据进行梳理，对执法职权进行分解。经过梳理，现有林业行政执法依据 83 件，其中法律 10 件、行政法规 16 件、部门规章 40 件、地方性法规 10 件、省政府规章 7 件。严格林业行政执法主体资格管理和对委托执法单位的监督管理，清理临时性执法机构，依法注销了 500 余名不具备执法条件的林业执法人员执法资格，收缴林业行政执法证。对《陕西省森林管理条例》、《陕西省实施〈中华人民共和国野生动物保护法〉办法》等 5 部地方法规和共同实施的两部地方法规逐条进行清理。指导西安市长安区、商洛市山阳县、榆林市神木县、咸阳市旬邑县、铜川市印台区等 5 个县级林业部门继续推进林业综合行政执法试点工作。7 月 29 日，《陕西省古树名木保护条例》、《陕西省野生植物保护条例》两部法规草案经省人大常委会审议通过，于 10 月 1 日起实施。完善《林业厅规范性文件审查备案管理办法》，规范规范性文件制定发布程序，前移审查关口，逢文必审，变事后审查为事前审核。省林业厅对负责起草实施的 6 部省政府规章、14 部省政府规范性文件和 2003 年以来以省林业厅名义发布的 50 余件规范性文件进行全面清理。2010 年，组织省林业厅领导、厅机关全体公务员、事业单位副处级以上干部参加法律知识专题讲座，聘请省人大、省法制办、省行政学院的领导讲授宪法、规范性文件管理制度和依法行政有关知识。赴铜川、渭南、商洛、安康等地指导并开展林业执法人员培训工作，举办培训班 10 期，培训执法人员 1000 余人。开展“五五”普法总结验收工作。推进“法律六进”活动深入开展。坚持组织处级以上领导干部年度普法考试和全省林业职工年度普法考试，参考率和合格率均达到 95% 以上。邀请省行政学院、省法制办领导教授到厅机关进行《行政复议法》、依法行政基本知识等专题讲座。加强行政执法的层级监督。在全省范围内组织开展林业行政执法人员抽查考试活动，厅法规处组成 3 个抽考小组，分赴各地组织培训考试。抽考活动历时 4 个月，按照 10% 比例随机抽取出咸阳、汉中、榆林、渭南、铜川、安康 6 市和厅直属牛背梁、太白山、佛坪、长青自然保护区管理局、省楼观台林场、省森林公安局第一、第二、第三分局等单位的 454 名林业执法人员参加考试，涉及 50 余个县(区)和厅直属单位的 300 余个执法单位，采取闭卷考试的形式进行。

**【林业科技】** 2010 年，组织征集、申报林业科研项目 20 个，其中申报国家林业局公益性林业科研专项 6 个，“948”引智项目 3 个，省科技厅科研项目 8 个，省“13115”科技产业化项目 2 个，省重大科技创新项目 1 个。获批准项目 6 个，其中长柄扁桃优良品种选育及丰产栽培技术研究项目列入国家林业局公益性林业科研专项计划，葡萄抗根瘤蚜砧木多抗聚合育种技术引进列入“948”引智项目计划，黄土高原经济林栽培技术研究等4个项目列入省科技厅科研计划。省林业厅组织并下达科研计划两批共14个项目。组织科研项目评选报奖和成果审定，推动科技进步与创新发展。评选出省林业厅科技进步奖4项，其中特等奖1项，一等奖3项，推荐省科技进步奖2项，推荐省农业技术推广奖2项，推荐2010年省青年科技新星候选人1人并获选；组织评审鉴定科研、推广成果6项；受国家林业局委托，完成科研项目验收现场查定2项。组织申报的《朱鹮人工饲养技术规程》标准制定项目列入国家林业局2010年行业标准计划，2009年国家林业局行业标准计划项目《文冠果育苗技术规程》、《核桃双嫩芽接技术规程》已完成送审稿上报国家林业局，申报的国家林业局2010年标准化示范项目“蓝田县全国核桃标准化示范区”获得批准，受国家局委托完成了4个标准化示范项目的验收。

**【林业国际合作】** 2010年，省国际合作项目中心与各项目建设单位共同检查各项目指标完成情况，较好地完成全省林业国际合作项目的建设任务。实施林业外资项目3个，引进外资38 420万元人民币。其中引进无偿援助资金6000万元人民币，占引进外资总数的15.6%；引进国外贷款42亿日元，折合人民币32 420万元，占引进外资总数的84.4%。新争取国际合作项目两个，引进无偿援助270万美元(折合人民币1844万元)，贷款3333万美元(折合人民币22 764万元)。

**【林业计划与资金】** 2009年11月3日，正式下发《关于开展〈陕西省林业“十二五”和中长期规划〉编制工作的通知》，对全省“十二五”规划编制工作进行部署；2010年初，成立“十二五”规划编制领导小组，明确规划工作办事机构和编制机构；4月初，在安康、宝鸡等地深入调研的基础上，研究提出“十二五”林业发展总体思路；4月21日，在充分征求意见的基础上下发《关于组织开展全省林业“十二五”规划重大前期课题研究的通知》，确定了16个重大研究课题，并安排课题专项经费；4月30日，组织召开全省林业“十二五”规划重大课题研究专题汇报会议，对16个重大课题研究成果逐一进行审查评议。编制完成“三北”防护林五期工程规划、关山天水经济区生态建设规划、森林经营规划、国有林区饮水安全规划、国有林区道路补充调查规划、国有林区电网改造规划以及部分国家级自然保护区建设二期总体规划等专项规划。组织起草《陕西林业“农民千亿增收”工程发展规划(草案)》。

**【林业宣传】** 2010年，宣传工作围绕集体林权制度改革、重点区域绿化、林业产业等林业重点工作，进一步加强策划水平和协调力度，组织新闻媒体，宣传林业建设取得的新成效、涌现的新典型和好经验，呈现出电视有影、报纸有文、电台有声、网络有内容和重要时段有重要宣传报道的局面。全年在中央和省级新闻媒体上播发宣传陕西林业工作的电视、文字、图片报道500多篇(条)，《山绿了 心定了 人富了——陕西林业10年发展纪实》、《陕西绿色版图向北推进400公里》、《新西部新蓝图——让更多绿色覆盖三秦大地》等一批重要报道，充分发挥宣传的重要作用，展示了林业建设新成就。在全省林业工作会议期间，联合西部网对会议进行全程拍摄转播，实现陕西省林业会议的首次现场直播，社会各界特别是全省林业系统的广大干部职工，通过网络视频与参会代表同步学习会议精神。植树节前夕，连续一周在省政府新城广场电子大屏播放《春来了，植树去》、《陕西一江一河变身绿色长廊》、《陕西野生动植物保护成效显著》、《一亩树林的作用》等宣传短片，号召大家参加植树活动，共建绿色陕西；在电视纪录片《大秦岭》播出之前，录制播出了《大秦岭开播专题晚会》。

(陕西省林业由王莉、郭震供稿)

## 甘肃省林业

**【概　述】** 2010年，全省林业系统广大干部职工紧紧围绕大地增绿、农民增收的目标，根据林业发展的新形势、新任务和新要求，团结一致，艰苦奋斗，扎实工作，全力争取重点工程项目和资金，突出抓好集体林权制度改革、棚户区改造、1000万亩优质林果基地建设等重点工作，积极应对舟曲特大泥石流等重大自然灾害，坚持加快发展抓项目，农民增收抓产业，体制创新抓改革，资源管护抓执法，根本保证抓党建，全省林业建设保持了良好的发展态势，取得了显著成效。

**落实国办29号文件** 《国务院办公厅关于进一步支持甘肃经济社会发展的若干意见》(国办发〔2010〕29号)文件下发后，省林业厅迅速行动，及时形成《实施方案》，制定具体落实措施，并由厅领导带队多次赴国家有关部委汇报衔接，争取扶持政策。国家林业局和甘肃省政府签署了贯彻落实国办29号文件的部省联建协议，下发《关于支持甘肃省生态建设的通知》，提出支持甘肃省加快生态建设的具体措施。及时编制并向国家有关部委报送了石羊河流域防沙治沙、祁连山水源涵养区生态环境保护和综合治理等规划和方案，配合中咨公司完成了上述规划的现场评估论证工作，部分项目已进入审批程序。国办29号文件涉及的重点生态工程已基本完成规划编制工作。

**集体林权制度改革** 截至2010年底，全省共投入林改工作补助经费1.55亿元；完成勘界确权面积345.78万公顷，占应改面积的93.39%；有135.04万农户拿到了林权证，发证面积209.07万公顷，颁证率超过60%；排查林权纠纷5010起，调处4832起，调处面积8.11万公顷，调处率96.45%。甘肃省委、省政府确定两年完成主体改革的目标可如期实现。各市(州)、县(市、区)党委、政府对林改工作高度重视,相关部门积极配合,通力协作,做了大量务实的工作。7个试点县(区)为全省林改工作创造和积累了经验,为全省集体林改顺利推进发挥了典型带动和示范引导作用。

**项目资金管理** 2010年,全省共落实中央和省林业建设投资34.83亿元,较2009年增加了1.25亿元,创历史新高。其中中央投资27.42亿元,省级投资2.37亿元,利用外资1.68亿元,落实林业贴息贷款3.36亿元。对外合作交流有了新进展,15个正在执行的林业外资项目进展良好,利用外资2286万美元,省林业厅被甘肃省政府评为2008~2010年招商引资先进单位。全年完成营造林任务24.03万公顷,其中完成重点工程营造林16.29万公顷。甘肃省被国家林业局分别评为2010年度退耕还林工程阶段验收、工程管理工作先进单位和三北防护林工程优秀管理单位。完成义务植树8741万株,新建义务植树基地656个。全省森林生态效益补偿面积已达344.42万公顷,年补偿资金达3.36亿元。完成森林抚育试点任务1.33万公顷。大力开展"创绿色家园,建富裕新村"行动,有力推动城乡绿化一体化建设步伐。

**森林资源管护** 省政府出台《甘肃省陆生野生保护动物造成人身伤害和财产损失补偿办法》,林业法规体系进一步健全完善。建立重大建设项目征占用林地专家评审等3项制度,完成全省"十二五"征占用林地定额和编限工作。二类调查工作有序展开,进度加快。全省林地保护利用规划编制工作顺利进行。林业行政执法力度进一步加大,查处林政案件2946起,查处率99.36%。开展"春季行动"等专项整治行动,严厉打击破坏森林和野生动植物资源违法犯罪活动。加大林区禁种铲毒工作力度,实现省直重点林区禁种铲毒工作"零产量"的目标。森林防火和林业有害生物防治工作进一步加强,野生动物疫源疫病防控工作规范有序。加大自然保护区建设力度,太子山省级自然保护区晋升国家级自然保护区已通过国家评审。国家林业局批建张掖黑河湿地为甘肃省第一处国家湿地公园。

**森林病虫害防治** 坚持预防为主,强化监测预警,以35个国家级中心测报点为依托,42个省级测报点为骨干,601个乡(镇、林场)监测点为基础,扩大监测覆盖面,提高预报准确率,及时发布《甘肃省2009年林业有害生物发生情况及2010年发生趋势预测》。截至2010年10月,全省林业有害生物发生面积23.83万公顷,成灾面积1.69万公顷,完成防治面积20.28万公顷。其中,无公害防治面积16.53万公顷,产地检疫种苗面积2.33万公顷,成灾率控制在为3‰以下,无公害防治率、测报准确率、种苗产地检疫率分别达到81.5%、86.5%、100%,全面完成国家林业局2010年下达的林业有害生物防治考核"四率"指标。

**森林防火** 坚持"预防为主、积极消灭"的方针,在降水偏少、持续干旱、野外火源管理难度大、森林火险天气等级偏高的情况下,采取各种措施加强火源管控,防止重特大森林火灾发生,森林防火工作取得显著成效,为促进全省经济平稳较快发展和维护林区社会和谐稳定作出贡献。2010年,全省共接报森林火灾热点53起。经核实,发生森林火灾18起,其中一般森林火灾13起,较大森林火灾5起,过火总面积272.54公顷,受害森林面积38.03公顷,无重特大森林火灾和人员伤亡事故发生。火灾发生后,当地防火部门快速反应,积极扑救,将火灾造成的损失降低到了最小程度。经查处,几起森火是由智障人员玩火、小孩燃放烟花爆竹、群众烧地埂和耕地荒草、放牧取暖等因素引起。

**林业产业发展** 全省各地扶持林业产业发展,经济林果、种苗花卉、森林旅游、林产加工、林下经济和动物养殖等六大林业支柱产业有较快发展,全省2010年林业总产值162.2亿元,比2009年增长38%,经济林果(不含沙棘和文冠果)面积115.28万公顷,农民年人均林业收入733元,占全省农民年人均总收入的22.4%,林业产业已经成为农村经济和农民收入的重要增长点。省政府出台《甘肃省1000万亩优质林果基地建设规划(2010~2012年)》,重点发展苹果、核桃、花椒、葡萄、红枣等林果产业,促进其向规模化、标准化、无公害化发展。加大以经济林果丰产栽培技术为主的林业科技推广工作。编制《甘肃省特色经济林产业发展规划(2011~2020年)》,进一步规范和指导全省特色经济林的发展。国家林业局安排甘肃省碳汇林建设任务0.53万公顷,落实补助资金2800万元。

截至2010年年底,经济林种植总面积达115.28万公顷(不含沙棘和文冠果面积),挂果面积72.25万公顷,果品总产量563万吨(商品产量450万吨),实现纯收入90亿元。全省各类花卉栽培总面积达0.32万公顷,年产鲜切花15 137.6万支,培育盆景盆花16亿盆,生产各类种球3327万株(万粒),年总产值7.35亿元。花卉企业达到271家,专业花卉市场101个,从业人员达2万人。年农民年生产苗木13.35亿株,采收种子34.3万千克,销售种苗实现纯收入7.6亿元。共有各类林产品加工企业500多个,大型企业48个,从业人员5819人,其中技术人员1700人。主要林区和林缘区共发展野生动物、家畜等林业养殖场50多个,养殖各类动物、家畜279.84万(头、只),年产值2.67亿元,年利润1亿元。全省有林下产品加工为主的林型企业16家,年实现纯收入3.2亿元。

**森林旅游业** 截至2010年年底,全省森林公园总数达到83处,其中国家级森林公园21处。森林公园从业人员达3036人,接待游客270万人(次),实现森林旅游总收入4652.35万元。其中公园门票收入1826.28万元,食宿收入1837万元,娱乐配套服务收入212.45万元,其他旅游收入589.7万元。全省森林公园累计修建景区道路1450千米。

**保障体系建设** 深入开展"作风建设年"和"创先争优"活动,增强林业干部职工的宗旨意识、责任意识、纪律意识和服务意识。进一步加强制度建设,制定和完善《甘肃省林业厅行政议事规则》等23项制度,强化机关规范管理。干部人事制度改革不断深化,完成厅机关机构改革,开展中层干部轮岗交流和竞争上岗工作。不断充实和强化省政府政务大厅林业窗口工作,林业业务办结率100%。林业政务信息公开工作不断健全完善,与国家林业局办公网实现了并网。省人大和省政协建议提案办结率达100%,受到代表、委员和上级主管部门的好评。林业应急和救灾工作快速有效，特别是舟曲特大山洪泥石流灾害和天水等地暴雨灾害发生后，省林业厅反应迅速，及时派出工作组赴一线指导抗灾救灾，组织专家对舟曲泥石流灾害进行生态评估，争取和自筹救灾资金200万元，组织厅系统踊跃捐款，募捐资金47万元，支持抗灾救灾和恢复重建。开展林业宣传和生态文明创建活动，祁连山国家级自然保护区管理局被授予国家生态文明教育示范基地称号。围绕特色林果产业发展、良种繁育、资源培育、病虫害防治等重点开展科研和技术推广工作，林业科技创新和科技成果转化能力不断加强，科技贡献率逐步得到提高。

**【天保一期建设】** 甘肃省政府于1998年10月1日发布政府令，在全省全面停止森林采伐，正式启动天然林资源保护工程。天保工程一期期限为2000～2010年，工程区土地总面积2098.4万公顷，占全省土地总面积的46.1%，是全省实施范围和投资规模都较大的林业生态建设工程。天保工程实施十多年来，工程区生态恶化的状况得到有效遏制，森林生态系统逐步恢复，生物多样性不断增加，生态环境得到明显改善。1997年，全省木材生产限额为78.19万立方米，加上生产单位超限额采伐、违法盗伐、林区群众薪炭消耗，实际每年砍伐林木约230万立方米。停采12年，累计少砍林木3000万立方米左右，相当于整个白龙江林区森林蓄积量的60%。

**森林资源稳步增长** 天保工程实施以来，累计完成公益林建设92.4万公顷，活立木蓄积从1.7亿立方米增加到2.3亿立方米，增加0.6亿立方米。工程区森林覆盖率由18.48%增加到23.18%，提高4.7个百分点。实现森林面积和森林蓄积的双增长。

**水土流失逐年减缓** 根据嘉陵江北碚、渭河华县观测站统计，1996年嘉陵江、渭河平均输沙量分别为1.48亿吨、3.56亿吨，2007年分别为0.3亿吨、0.894亿吨，比1996年分别减少393.3%和298.2%。

**动植物种群不断扩大** 通过实施天保工程，林区内红豆杉、水青树、连香树、白皮松等珍稀濒危植物物种得到有效保护，羚牛、黑熊、豹、金丝猴、梅花鹿、猕猴、林麝、蓝马鸡等国家一、二级保护动物逐渐回到原来的栖息地，野生动植物的个类、种群和数量大幅增加。

**社会经济效益明显** 通过实施天保工程，林区职工、群众的生态保护意识增强，爱林、护林、造林的风气越来越浓，林业职工由砍树人转为护树人和植树人，林区职工就业结构也发生历史性的变化，林区资源优势逐步转变为经济优势。特别是森林旅游和种苗产业已经成为林区重要的支柱产业。冶力关森林公园，大峪沟森林公园，小陇山植物园等已经成为甘肃省的名牌景区。天保工程的实施促进了林区资源的开发，助推了新型产业的成长，推动了林区经济社会发展。

**【三北防护林四期工程建设】** 甘肃省是全国三北防护林工程建设的主战场之一，三北四期工程自2001年启动实施，2010年完成建设任务，共完成造林45.89万公顷，其中人工造林29.25万公顷，封山育林16.64万公顷；完成投资88 966.5万元。

**生态效益** 在河西沙区，30%的沙漠化土地已得到初步治理，长达千余千米的河西走廊绿洲基本实现林网化。在中东部水土流失区，40%的水土流失面积得到治理，治理区的土壤侵蚀模数下降25%以上，流入黄河的泥沙量明显减少。

**沙化面积** 全省三北防护林工程累计治理较大风沙口470余处，控制流沙面积20多万公顷，通过封育保护灌木林和中药材资源11万多公顷，使1400个村庄免遭流沙危害，实现了由"沙进人退"到"人逼沙退"的转变，沙化土地面积减少8.36万公顷。

**林农收入** 截至2010年底，三北地区各类经济林总面积已超过66.67万公顷，年果品产量274万吨，年产值31.5亿元。林农人均果品收入由368元增加到714.6元。经济林果已成为农民稳定增收的重要来源。

**人居环境** 三北防护林四期工程围绕新农村、小康村镇建设，按照生态景观型、生态经济型、生态防护型建设模式，加快"千村万户绿化"、"绿色文明乡村"、"生态小康村镇"建设，涌现了敦煌市南湖乡龙勒村、高台县合黎乡五一村等一批兴林致富、美化家园的示范村镇，极大地改善和提高了人居环境质量。

**【1000万亩优质林果基地建设项目】** 根据甘肃省委、省政府《关于实施〈中共中央国务院关于加大统筹城乡发展力度进一步夯实农业农村发展基础的若干意见〉的意见》(甘发〔2010〕1号)、《关于启动六大行动促进农民增收实施意见》和2010年全省农村工作会议的有关精神，省林业厅组织编制《甘肃省1000万亩优质林果基地建设发展规划(2010～2012年)》，并广泛征求省发改委、省财政厅、省农牧厅等相关部门的意见建议，修改完善，经由省政府办公厅下发各地实施。优质林果基地建设期为3年，其发展目标是到2012年，完成12个优势、特色树种共72.33万公顷优质林果基地建设。基地果品总产量达到643.2万吨，产值达185.56亿元，建设区户均林果收入达到5000元以上。经济林果布局更加优化，优势林果产品质量、效益和竞争实力明显提高。

**【国有林区棚户区(危旧房)改造】** 甘肃省林业厅把国有林区棚户区(危旧房)改造作为改善林区民生的大事来抓，列为年度林业工作的重中之重，于2010年9月在洮河林业局冶力关林场召开全省林业棚户区(危旧房)改造现场会，对进一步做好林业棚户区改造工作做了全面部署。截至2010年底，2009年1400户棚户区改造试点已经全部完成，开始入住；2010年8200户全部开工建设，省上确定的"14件、23项实事"之一的5000户已完成主体工程，其中1521户已实现入住。

**【林业大事】**

**2月6日** 全省林业局局长会议在兰州召开。

**3月3日** 召开省林业厅"作风建设年"活动动员大会，在全省林业系统组织开展"作风建设年"活动。

**4月7日** 全省林业生态建设暨春季造林绿化电视电话动员大会在兰州召开。

**9月2日** 全省国有林业棚户区(危旧房)改造现场会在冶力关召开。

**9月3日** 甘肃省人民政府第六十二次常务会议讨论通过《甘肃省陆生野生保护动物造成人身伤害和财产损失补偿办法》。

**9月25日** 甘肃省政府授予胡伯特·福斯特等7位专家2010年甘肃省外国专家"敦煌奖"。

**9月25日** 国家林业局保护司、省林业厅在甘肃敦煌西湖国家级自然保护区举行普氏野马放归仪式。

**9月28日** 联合国开发计划署、国家林业局、财政部及甘肃省财政厅、林业厅联合在北京召开UNDP/GEF加强甘肃省自然保护区建设保护具有全球意义的生物多样性项目协议文本审定会，审议通过《协议文本》。

**11月4日** 全省森林草原防火工作电视电话会议在省政府召开，副省长、省森林(草原)防火指挥部总指挥泽巴足出席会议并作讲话。

**11月** 甘肃省林业厅组织相关人员编制完成《甘肃省特色经济林产业发展规划(2011～2020年)》。

(甘肃省林业由巨玉平供稿)

# 青海省林业

**【概　述】** 2010年，全年共完成营造林任务9.22万公顷，其中完成人工造林任务4.91万公顷，封山育林4.41万公顷，义务植树1391万株，累计落实各项林业建设资金14亿元，是"十一五"以来，全省林业投资最多、造林规模最大、成效最好的一年。

**退耕还林工程** 完成人工造林0.87万公顷，封山育林1.33万公顷。全面完成2009年度巩固退耕还林成果沙棘基地建设任务1.13万公顷，枸杞基地建设任务0.31万公顷，核桃基地建设任务0.03万公顷。完成2002年6万公顷退耕还林地的阶段性验收工作。配合国家审计署和水利部、农业部联合检查组对全省巩固退耕还林成果专项建设管理情况进行了检查。

**"三北"防护林建设工程** 完成三北防护林工程人工造林1.47万公顷，封山育林1.14万公顷。立足当地实际，落实造林地块，高标准、高质量进行规划设计，科学施工，力求做到适地、适树和管护措施到位。在共和县沙珠玉乡全面完成机械沙障固沙28.4公顷，柠条直播造林42.33公顷的任务。

**天然林资源保护工程** 共完成人工造林0.15万公顷，封山育林1.93万公顷，完成2010年省财政支持天保工程区国有林场造林任务0.13万公顷；安排落实2010年中央预算内投资项目申报、分解及工程开工的各项准备工作；做好2010年天保工程区0.67万公顷的中幼林抚育补贴试点工作；实行国有公益林农牧民家庭合同制管护，确保198.33万公顷天然林得到保护。

**野生动植物保护和自然保护区建设工程** 编制完成青海省野生动物保护、湿地保护、自然保护区发展"十二五"规划。编制上报可可西里、青海湖两处国家级自然保护区能力建设项目，争取到可可西里国家级自然保护区能力建设补助资金120万元，三江源、孟达两处国家级自然保护区能力建设补助资金各80万元；组织完成三江源保护区总体规划修编前期工作，经国家林业局林业系统专家评审委员会评审通过后，已报环保部；完成柴达木梭梭林、可鲁克湖、大通北川河源省级自然保护区晋升国家级保护区的上报工作；委托中国林科院编制《青海珍稀濒危野生动物保护规划(2011～2020年)》和《青海省陆生野生动物疫源疫病监测体系规划》；编制上报青海黄南马麝资源就地保护工程，青海普氏原羚栖息地保护与恢复工程，普氏原羚野外救护及人工繁育研究，青海可可西里国家级自然保护区野生动物救助、养护及放归自然项目，黄南州麦秀林区马麝珍稀濒危物种野外救护与繁育等项目；开展《青海省重点保护陆生野生动物造成人身财产损害补偿办法(征求意见稿)》立法听证会。三江源自然保护区生态保护和建设工程林业项目已完成2009年度结转项目和2010年度新下达项目的组织实施工作，完成2011年度项目的申报工作。

**国土绿化**

*城镇绿化* 围绕"身边增绿、建设绿色家园"活动，以西宁南北山绿化和格尔木城市周边防沙治沙为重点，加大了对人口聚居区的绿化工作，2010年的造林重点安排在城镇周边具备灌溉条件，集中连片的地块。要求高起点、高标准造林，力求一次造林成型，取得实效。在城镇绿化中，将重点放到主要街道和城镇中心绿地绿化上。造林中缩短苗木假植环节，提高造林成活率。西宁南北山高质量、高标准完成453.33公顷的春季造林任务，为计划任务的125%，为构筑西宁绿色屏障打下了坚实的基础。

*村庄绿化* 按照建设社会主义新农村、新牧区的要求，2010年突出围绕身边增绿、改善人居环境这一目标，结合集体林权制度改革和新农村建设，安排资金2000万元，完成了100个村的村庄绿化工作，重点开展村庄、道路、庭院、农田林网绿化。

*全民义务植树活动* 组织开展"厅局长林"、"护士林"等一系列有特色的义务植树活动，通过行之有效的宣传活动，动员社会参与义务植树活动。

**集体林权制度改革** 2010年是青海全面推进集体林权制度改革的第一年，按照省委林业工作会议精神要求和省政府的统一部署，集体林权制度改革在全省范围内铺开，同时造林绿化投资机制、天保林管护机制、公益林管护机制及林业资金拨付使用管理机制改革等林改各项配套改革同步推进，全省共下达集体林地主体改革任务48.4万公顷，共投入林改工作的人员2173人，分级分层次培训林改技术人员3073人(次)，印发林改宣传材料26万册。全省共计完成林地勘界98.03万公顷，完成林权申请登记面积77.32万公顷、林地确权发证面积60.87万公顷，分别为全年总任务的202.5%、

159.8%、125.8%；全省共计签订家庭承包经营合同13 754份，股份制合同34 904份，核发林权证7 675本，落实农牧民家庭合同制管护国有公益林面积76.93万公顷。全面完成了省委、省政府安排的年度改革任务。2009年10月，在全国集体林权制度改革百县经验交流会上，湟中县和共和县被列为经验交流县，并作大会典型发言。

**生态效益补偿** 在森林生态效益补偿的基础上推进湿地生态效益补偿试点。全省有306.74万公顷国家重点公益林纳入中央财政森林生态效益补偿基金范围，2010年国家对公益林补偿标准进行了调整，即国有每公顷每年75元，集体每亩每年150元，全省共落实森林生态效益补偿资金2.73亿元。2010年，在落实森林生态效益补偿资金的基础上，争取国家湿地生态效益补偿试点项目，国家林业局将青海湖湿地、扎陵湖湿地、鄂陵湖湿地纳入国家湿地生态效益补偿试点范围，并下达湿地保护补助资金1650万元，项目实施方案和资金安排方案已编制完成。

**碳汇造林和碳汇交易** 2010年6月7日，省编办批准在省林业局造林选绿化管理处增挂了"青海省森林、湿地碳汇管理办公室"牌子，并着手开展相关工作。为加快推进此项工作，探索全省开展碳汇造林和碳汇交易有效途径，经省林业厅与保护国际基金会多次协商，初步商定自2011年起在海东地区的民和、乐都、平安、互助等地选择0.4万公顷新造林地作为试点，推进碳汇造林和碳汇交易工作。根据碳汇认证相关要求，结合青海实际，已编制完成《青海省开展碳汇造林及碳汇交易试点工作方案》，并开展了前期工作。

**森林资源安全**

*森林防火* 坚持"预防为主、积极消灭"的方针，广泛宣传动员群众，狠抓火源管理，认真督促检查各项预防措施的落实，2010年未发生重大森林火灾和人员伤亡事故。据统计，全省共发生森林火灾21起，其中一般森林火灾17起，较大森林火灾4起，受害森林面积303.8公顷。

*林业有害生物防控* 开展国家网络森林医院建设，提高林业有害生物防治信息化水平。2010年，全省共完成林业有害生物防控面积20.47万公顷，防治率达72.6%；无公害防治面积19.4万公顷，无公害防治率达95%；监测覆盖面积444.07公顷，监测准确率达95%；完成种苗产地检疫0.15万公顷，检疫率达100%；林业有害生物成灾面积1.25万公顷，成灾率2.8‰。国家投资启动了青海省黄河流域林业有害生物应急防控体系建设项目。

**严打专项行动** 各级森林公安机关通过开展"春季行动"、"铁拳行动"、"绿保行动"等专项行动，严厉打击破坏森林和野生动植物资源的违法犯罪行动，全力维护林区的治安稳定。全省森林公安机关共受理各类涉林和野生动物案件2239起，查处各类涉林和野生动物案件2149起，案件综合查处率为96%，共打击处理各类违法犯罪人员2 159人(次)，收缴木材347立方米，野生动物制品593件，为国家挽回经济损失149万元。

**林业产业** 为培育沙棘龙头企业，加快沙棘、枸杞产业的发展，结合三北防护林工程和退耕还林工程造林和补植补栽，在西宁市的大通、湟中和湟源县，海东地区的互助、平安、民和、乐都和化隆县开展沙棘基地建设，完成建设规模0.39万公顷。在海西柴达木地区开展枸杞基地建设，完成建设规模0.27万公顷。在基地建设中，龙头企业青海清华博众生物技术有限公司、青海柴达木药业公司和青海康普德生物制品有限公司发挥企业的优势，带动周边农牧民种植培育沙棘、枸杞基地的积极性，初步形成"公司+基地+农户"的模式。同时，邀请宁夏枸杞种植专家在海南州共和县沙珠玉乡完成了6.67公顷的枸杞生态经济林种植试验。

**科技推广** 全面完成2009年中央财政林业科技推广示范资金项目和省财政支农资金林业科技推广项目共33项，项目资金750万元。项目重点推广优良沙棘雌株繁育及造林、高寒干旱地区乡土灌木树种育苗造林、东部干旱山区抗旱造林、核桃良种繁育及栽培、柴达木地区生态经济林育苗及造林等科研成果转化和实用技术的推广应用。项目共完成高寒干旱乡土灌木树种育苗57.07公顷，培育以匙叶小檗、金(银)露梅等为主的乡土灌木树种苗木256万株；完成抗旱示范造林400公顷；风沙区杨柳深栽造林160公顷；引种樟子松造林6.67公顷；建立优良枸杞丰产、无公害栽培示范93.33公顷；建立优良核桃采穗圃3.33公顷，营造核桃栽培示范林20公顷，培训核桃种植户1000人(次)。同时，开展中藏药材种植，开展"桃耳七"科技示范推广。组织开展省科技厅下达的柴达木地区枸杞选育及丰产栽培技术研究和沙棘、白刺生态经济林种植技术推广及优良原料基地建设攻关项目的前期工作，完成枸杞新品种繁育材料的收集、整理和初选工作，对沙棘天然林、人工林生长区域的土壤含铅量进行了测定和分析评价，为枸杞、沙棘无公害栽培打下了基础，投入项目建设资金172万元。

组织实施2010年中央财政和省财政林业科技推广项目共38项，项目资金900万元；完成2010年国家林业局下达青海5个县级林业技术推广站建设项目和循化县1个标准化林业站建设试点项目，共完成150万元的设备采购和基础设施建设。

**林木种苗** 狠抓林木种苗质量监督检查，加大林木种苗工程项目的申报和在建种苗工程项目的监管，做好国家重点林木良种基地补贴试点工作，完成2010年省财政支持农林育苗补助资金的各项任务，落实"两证一签"和省外调运种苗审批等制度，有效地规范了种苗生产经营秩序。全省共完成新育苗0.09公顷，为计划任务的104.6%，为林业建设准备各类林木种子16.8万千克，各类苗木5.0亿株，保障了林业重点工程建设和国土绿化对林木种苗的需求。

**玉树抗震救灾及灾后重建** 玉树地震发生后，省林业局迅速派出救援队驰援玉树灾区开展救援工作，并紧急采购价值23万多元的物资支援灾区。及时向国家林业局上报基层林业系统损失情况，积极争取到救灾资金200万元。同时，编制完成《青海省林业系统玉树地震灾后恢复重建规划》，并派灾后重建工作组轮流进驻灾区，在玉树灾后重建现场指挥部的领导下开展灾后重建工作，重点对三江源碑体修复加固、灾后重建木材检疫检验、监管各木材市场和木材加工场所、林区和人工林内灾民居住地的森林防火等工作进行检查部署。

**为民办实事** 新一轮定点帮扶工作开展以来，省林业局党组高度重视，召开会议专题研究部署，并成立省林业局扶贫领导小组，要求把定点帮扶工作作为贯彻落实科学发展观、促进社会主义新农村建设和发挥林业行业特色优势的重要举措和具体实践抓好抓实。主要领导和分管领导多次深入到果洛州班玛县灯塔乡忠智牧委会调查研究，并组织抽调人员组成宣讲组，深入开展中央和省委1号文件精神和惠农政策的宣讲工作。全年共投入资金43.37万元，各类种苗6.5万株，帮助定点村社完成优良农产品种植实验、村级道路硬化、美化村庄建设等项目。协调省水利厅计划投入230万元，用于解决人畜饮水问题，已落实资金111.55万元，该工程将于2011年完成。

【林业大事】

**1月31日** 省政府办公厅印发《青海省集体林权制度改革实施方案》。

**2月8日** 省委林业工作会议召开。全国绿化委员会副主任、国家林业局局长贾治邦出席会议并讲话。省委书记、省人大常委会主任强卫主持会议并讲话。省委副书记、省长骆惠宁，副省长邓本太出席会议并讲话。会议对集体林权制度改革和高原现代林业建设进行全面安排部署。

**2月8日** 省委、省政府成立由省委副书记、省长骆惠宁任组长、副省长邓本太任副组长，省委副秘书长、省政府副秘书长及省直有关部门负责人为成员的青海省集体林权制度改革领导小组。领导小组下设办公室，办公室设在省林业局。

**3月2日** 全省林业工作会议召开，总结2009年林业工作，安排部署2010年林业任务。

**4月1日** 青海省级领导参加义务植树劳动。

**4月14日** 青海玉树地区发生里氏7.1级强烈地震，省林业局召开会议，紧急部署抗震救灾。

**5月5日** 省集体林权制度改革领导小组办公室下发《关于下达青海省集体林权制度改革2010年度主体改革任务》的通知，全省林改工作正式全面推开。

**5月11日** 为保护青海湖生态环境，使青海湖流域水资源等环境不受污染，省林业局下发通知，要求青海湖及其入注河流布哈河、沙柳河等河流流域，加强林业有害生物防控，严禁使用化学农药。

**6月1日** 青海省果洛州玛沁县雪山乡召开集体林权制度改革林权证发放及管护费兑现现场会，首批175户牧民取得林权证、签订管护合同并兑现管护经费，标志着青海集体林权制度改革取得实质性进展，牧民群众开始从此项改革中获益。

**6月4日** 省政府出台《国有林场危旧房改造工作指导意见》，将对青海各地开展国有林场危旧房改造工作起到推动作用。

**7月13日** 青海玉树州治多县扎河乡口前村发生一起成年野生棕熊伤人致死的恶性事件。省林业局接到报告后，高度重视，紧急部署，科学、合理地对此事给予处置。

**7月26日** 日本协力机构中国事务所副所长广泽一行来青海考察日元贷款青海湖流域周边地区生态环境综合治理项目。

**9月2日** 省林业局局长李三旦赴国家林业局调查规划设计院，就贯彻落实骆惠宁省长和国家林业局贾治邦局长关于三江源规划修编工作的重要指示，与部分专家座谈，安排部署下一步工作。

**9月17日** 为预防外来有害生物入侵，进一步健全预防外来有害生物防治体系，青海省投资279万元开展森林植物检疫隔离试种圃项目建设。

**9月26日** 针对青海黄南州尖扎县天然林区爆发大面积林业生物灾害，省林业局接到疫情报告后，迅速组织专业技术人员到现场调查，并调配防治药剂药械，及时拨付林业有害生物防控应急储备金17万元。

**9月28日** 由省林业局、省政府法制办组织的《青海省重点保护陆生野生动物造成人身财产损害补偿办法》立法听证会在西宁召开。此次立法听证会是青海省首次举办的立法听证会。

**11月4日** 首部反映青海自然保护区30余年建设发展历史、成就和经验的《青海自然保护区研究》一书在专家评审会上获得通过。

**12月2日** 根据青海省委书记强卫、省长骆惠宁对青海新闻网青新论坛网友留言作出的重要批示，省林业局开展专门调查，调查核实当年青岛人捐资在海南藏族自治州龙羊峡地区营造的"青岛林"情况。

**12月8日** 青杨雄株、西丰杨繁育及造林示范技术推广项目通过专家验收和成果评价。项目研究达到国内先进水平。

**12月30日** 省政府办公厅下发《青海省人民政府办公厅关于青海省林业局机构调整的通知》(青政办〔2010〕287号)，青海省林业局更名为青海省林业厅，由省政府直属机构调整为省政府组成部门，排序列青海省农牧厅之后。 (青海省林业由宋晓英供稿)

# 宁夏回族自治区林业

【概 述】 2010年，全区林业系统紧紧抓住国家实施新一轮西部大开发和扩大内需政策的机遇，围绕建设生态文明、促进科学发展的总体要求，以建设全国防沙治沙综合示范区为重点，以实施"六个百万亩"生态林业工程项目为抓手，以三北防护林、天然林资源保护、退耕还林等国家重点建设工程项目为依托，坚持"以成活为中心、以核查为根本、以效益为目的、以宣传为命脉、以服务为保障"的工作思路，为建设祖国西部生态

屏障和促进全区林业经济又好又快发展作出新的贡献。

**生态林业建设** 2010年，全区共完成营造林面积9.67万公顷，其中人工造林7.67万公顷，封育2万公顷；完成黄河金岸绿色长城造林绿化1.69万公顷；完成义务植树1800万株。退耕还林完成补植补造1.69万公顷，荒山造林0.67万公顷，封山育林0.27万公顷。

制定《宁夏六个百万亩生态经济林业建设项目实施方案》。加快"六个百万亩"工程建设进度。贺兰山东麓百万亩生态防护林建设项目，完成造林1.6万公顷；沿黄河百万亩湿地生态保护林建设项目，完成人工营造林总面积1.67万公顷；灌区百万亩特色经济林建设项目，完成新建基地1.6万公顷；毛乌素沙地百万亩防风固沙林建设项目，完成营造林1.5万公顷；中部干旱带百万亩枣树节水经济林建设项目，新发展红枣1.47万公顷；六盘山百万亩水源涵养林建设项目，完成营造林1.8万公顷。永宁县荣获滨河大道生态绿化先进县称号。

**防沙治沙示范区建设** 建立盐池、灵武、同心、中卫4个县级综合治理示范县。全区共治理沙漠化土地7.87万公顷。《宁夏防沙治沙条例》经宁夏回族自治区第十届人民代表大会常务委员会第二十次会议通过，2010年12月1日起施行。

**优势特色产业** 2010年完成特色经济林3万公顷。其中新增枸杞0.37万公顷、红枣1.33万公顷、苹果0.27万公顷、葡萄0.53万公顷，其他经济林及花卉0.67万公顷。重点培育区级龙头企业44家，27个涉林生产企业列入全区100个现代农业示范园基地建设范围。重点扶持新建24个、续建18个特色经济林示范基地；仁存渡护岸林场列入国家农业部标准果园创建项目；中宁县0.2万公顷枸杞出口基地被评为全国十大重点样板出口农产品质量安全示范基地。加大特色经济林产业名、特、优品种的推广和现代种植、管理技术的应用。"中宁枸杞"、"宁夏红"、"御马干红"、"同心圆枣"、"灵武长枣"、"西夏王"、"新华红"等一批特色经济林名牌品牌的经济效益和知名度进一步提升，全区林业及相关产业总产值达到110亿元。

**科技成果转化** 2010年经宁夏回族自治区科学技术进步奖专业组评审，宁夏林业防沙治沙事业获自治区科学技术进步奖11项。其中由宁夏农林科学院种质资源研究所等单位主持完成的有机枸杞生产树体保健和病虫可持续调控研究与示范获得一等奖；由宁夏林业局等单位主持完成的宁夏森林资源信息获取及管理系统研建、宁夏大学主持完成的宁夏维管植物资源及其系统分类研究、宁夏农林科学院植物保护研究所等单位主持完成的枸杞和甘草害虫生物控制与安全防治技术体系的建立获得二等奖；由宁夏贺兰山国家级自然保护区管理局等单位主持完成的宁夏贺兰山国家级自然保护区岩羊保护生物学专项研究、宁夏枸杞工程技术研究中心等单位主持完成的4ZGB－30型便携式枸杞采摘机的研制、宁夏农林科学院荒漠化治理研究所等单位主持完成的宁夏沙生中药材种质资源利用和规范化种植技术研究与示范、宁夏大学等单位主持完成的设施鲜切花关键生产技术集成研究与示范、宁夏大学等单位主持完成的宁夏贺兰山东麓葡萄酒产业关键技术体系研究与示范、宁夏农林科学院种质资源研究所等单位主持完成的设施果树优质高效综合配套栽培技术研究与应用、宁夏枸杞工程技术研究中心主持完成的枸杞种质资源规范化描述评价及种质鉴定技术研究获得三等奖。

**科技推广** 全年共推广营造林和产业化等新技术21项，推广面积1333.33多公顷，示范区的造林成活率提高20个百分点以上，特色经济林效益提高25%以上。在同心县推广的宁夏中部干旱带抗逆性优良品种同心圆枣繁育及造林技术推广项目为进一步做大做强同心圆枣提供了示范样板。在金沙葡萄基地区域推广了宁夏出口鲜食葡萄优质丰产栽培及贮运保鲜关键技术示范。

**科技下乡** 全年共组织大规模送科技下乡活动10次，开展技术讲座及科技大篷车服务21场(次)，发放书籍800多册、技术资料1500多份，培训基层技术人员和果农2万多人次，辐射带动果农超过5万人(次)，为银川市、吴忠市等基层工作林业单位配送价值50多万元的电脑、投影机等培训物资。组织林业科技大篷车深入固原、青铜峡、大武口、永宁市县林业建设一线，送资料、送专家、送技术到田间地头，帮助解决工程建设中遇到的技术难题。与宁夏黄河出版局联合开展农家书屋建设工程，为全区基层单位建设181个书屋。

建立40名科技特派员队伍，利用农村、农民的冬闲时间，组织全区林业特派员和专家，围绕全国防沙治沙示范省区、六个百万亩工程和集体林权制度改革等重点林业建设对科技的需求，深入各地开展形式多样的"百万农民培训工程"。为强化科学技术普及，与自治区科协、财政厅联合编写"建设绿色家园"大中小学生科普系列丛书。

**科技攻关** 结合生态环境治理、特色优势产业发展重点工程建设，在国家林业局生态公益专项的支持下，组织宁夏大学、北京林业大学、宁夏林业研究所等单位开展灌木资源抗逆性和灌木综合利用、宜林地盐碱化、沙漠化、贫瘠化治理与植被恢复等多项技术研究，在沙旱生灌木枝条利用研究上取得进展，在林业研究所植物园建成沙旱生灌木枝条热解转化中试生产线，已批量生产枝植炭复合有机肥，提高了林业综合生产能力。

**林业标准化** 全年共编制17项林业地方标准，其中完成《设施葡萄延后栽培技术规程》、《菊花切花设施栽培生产技术规程》、《香石竹鲜切花设施栽培生产技术规程》、《塑料大棚滴灌条件下鲜食葡萄促成栽培技术规程》、《SOD苹果生产技术规程》、《有机苹果生产技术规程》、《设施果桑促早栽培技术规程》、《设施桃促早栽培技术规程》、《设施葡萄打破休眠技术规程》、《半冷式温棚李促早栽培技术规程》、《灰叶铁线莲育苗技术规程》、《有机灵武长枣生产技术规程》、《燃煤烟气脱硫废弃物改良盐碱地造林技术规程》、《枸杞苗木质量》、《清水河流域枸杞规范化种植技术规程》、《枸杞热风制干技术规程》16项。

**外援项目** 宁夏GEF土地退化防治管理和政策支持项目工作全面展开。先后开展能力建设项目土地退化防治成果应用与推介、IEM信息中心数据库建设、土地退化防治监测指标体系建立等工作，同时承办中央项目办土地退化防治成果应用研讨会，受到中央项目办的高度评价。

**林业宣传** 全年在各类媒体播发林业新闻8000余

条，其中在中央电视台播出宁夏林业新闻9条；在《人民日报》、《经济日报》等中央主要媒体刊登宁夏林业报道16篇；在人民网、新华网等网络媒体刊登宁夏林业报道400多条；在《中国绿色时报》刊登宁夏林业报道70多篇；在宁夏电视台播出林业新闻160多条；在《宁夏日报》刊登林业报道300多篇，在宁夏人民广播电台播发林业新闻100多条；《新消息报》、《华兴时报》等自治区媒体登载林业报道1500多篇。

**森林资源保护** 进一步依法完善和规范林木采伐、征占用林地和野生动植物保护制度，及时查处、严厉打击违法征占林地案件和乱砍滥伐、乱捕滥猎等违法犯罪行为，案件查处率达100%。全年共受理各种征占用林地申请116宗，审核办结105宗，征占用林地面积507.7公顷，依法收取植被恢复费1728万元。全面完成宁夏森林资源连续清查工作和全区第四次荒漠化及沙化监测工作，建立了宁夏森林信息管理系统。

**湿地保护管理** 各地湿地管理机构相继成立，2010年申报增加国家湿地公园2处、国际重要湿地2处，全区湿地资源清查工作稳步推进，湿地补助试点工作在宁夏石嘴山、吴忠两地开展，银川、平罗两个湿地保护恢复工程全面实施。编制完成《湿地资源普查工作方案》和《宁夏湿地资源调查实施细则》。全区共区划重点调查湿地13处，区划调查小班约1500个。

**集体林权制度改革** 紧紧围绕“生态受保护、农民得实惠”这一核心，结合宁夏生态建设的实际情况，发挥优势，积极稳妥、创造性、高效率地开展集体林权制度改革工作，各试点地区集体林地基本落实经营主体，完成集体林地确权面积50.73万公顷，确权发证林地面积50.73万公顷，发放林权证13万多本。

**森林公安** 全区各级森林公安机关共受理各类森林和野生动物案件334起，查处324起，综合查处率为96%。其中立刑事案件34起(重特大案件6起)；受理森林行政案件307起，查处298起；受理野生动物行政案件3起，查处3起。共打击处理违法犯罪人员411人，罚款331人，其他处罚80人。收缴野生动物143头(只)，其中国家一级保护野生动物1头(只)，国家二级保护野生动物35头(只)，猎枪3支，林政罚款82万余元，为国家挽回经济损失100余万元。

**森林防火** 加强森林防火工作，建立森林防火警民联动机制，提高森林防火的应急处置能力，坚持严防死守，确保全年全区没有发生森林火灾事故。

**林业有害生物防治** 自治区确定监测的主要林业有害生物有森林鼠兔害、杨树蛀干害虫、杨树食叶害虫、落叶松红腹叶蜂、沙棘木蠹蛾、灰斑古毒蛾、枸杞瘿螨、臭椿沟眶象等24种，2010年林业有害生物发生面积33.632万公顷，防治面积20.63万公顷，成灾面积1.33万公顷，无公害防治面积16.21万公顷。

依法加强苗木检疫和林木病虫害防治工作。重点对南部山区鼢鼠、中部干旱带春尺蠖、苹果蠹蛾进行全面布控和防治。林业有害生物防治面积20.63万公顷，无公害防治面积16.21万公顷。无公害防治率78.6%，测报准确率87.3%。

编制2010年林业有害生物防治目标管理责任状任务指标，起草2010年度林业有害生物防治项目实施方案，办理自治区林业局对银川、吴忠、中卫、固原和石嘴山5个地级市及17个市(县、区、局)2010年度林业有害生物防治项目实施方案的批复。签订市、县(区)林业有害生物防治责任状。

对全区16个国家级中心测报点及6个自治区级测报点在年初进行了检查督导。

举办乡村级森防员培训班及各种类型的现场会培训县、乡、村三级森防员及其他专业技术人员1080人次。

**退耕还林** 争取2010年度退耕还林工程配套荒山荒地造林计划任务0.93万公顷(乔木造林0.33万公顷、灌木造林0.33万公顷、封山育林0.27万公顷)。争取2010年巩固退耕还林成果补植补造任务1.69万公顷、项目资金1268万元。争取完善政策补助资金7170.6万元。

正式出版《宁夏退耕还林工程实践》，组织编写《宁夏退耕还林实用手册》。

编制上报《宁夏退耕还林工程规划(2010～2015年)》，规划建设年限6年，总投资992 900万元，完成退耕还林建设任务43.33万公顷，其中退耕地造林23.33万公顷，荒山造林13.33万公顷，封山育林6.67万公顷。完成合作育苗33.33公顷1215万株。

**天然林资源保护工程** 2010年共完成封山育林21.57万公顷，飞播造林核实合格面积6.66万公顷，累计完成投资42 726万元，其中中央投资40 042万元，地方配套资金2684万元。

按照国家重点公益林区划界定的面积，通过核查统计，宁夏共纳入中央森林生态效益补偿的重点公益林面积36.07万公顷，其中国有24.68万公顷，集体、个人11.39万公顷，中央总投资3560万元。共纳入自治区森林生态补偿基金面积4.4万公顷，投资300万元，将补偿面积落实到山头地块。

全区分两期培训天然林资源保护工程技术人员和财务，人员150人，技能培训局直属自然保护区管理局国有林场职工200人。

**【贺兰山野外监测】** 宁夏贺兰山国家级自然保护区管理局从国外引进两台红外线自动拍摄相机，实现对珍稀野生动物种群及数量的动态监测。贺兰山国家级自然保护区位于银川平原和阿拉善高原之间，总面积20余万公顷，是中国六大生物多样性中心之一。

**【黄河金岸绿色长城建设】** 黄河金岸绿色长城实施单位有青铜峡、吴忠、中卫、中宁、兴庆、灵武、永宁、贺兰、平罗、惠农、石嘴山11个市、县(区)，完成营造林1.47万公顷，其中堤防林0.36万公顷，生态经济林0.44万公顷、生态景观林0.09万公顷、农田防护林0.19万公顷、庄点绿化0.03万公顷、封育及湿地保护0.35万公顷。

**【宁夏推广治沙经验】** 宁夏三面环沙，沙化土地占全区总面积的22.8%，比全国平均水平高出5个百分点，是土地沙化最为严重的省(区)之一。宁夏在长期的治沙实践中建立起“政府引导、工程带动、企业牵头、群众参与、多元化投资”的防沙治沙体制，创造草方格固

沙、生物工程治沙等技术，开创谁治沙谁所有谁受益的鼓励治沙机制，形成沙区生态经济林、沙区药材、沙区瓜果、沙区设施农业、沙区新能源、沙漠旅游休闲等主导沙产业，创造了利用外资治沙的宁夏模式。目前，宁夏治沙面积在100公顷以上的企业有60多家，开发治理沙荒地2万多公顷。6月29日来自叙利亚、伊拉克、埃及等国家的19位工程技术及基础研究人员在银川，参加由商务部主办、宁夏农林科学院承办的阿拉伯国家防沙治沙技术培训班。7月1日来自伊拉克、科威特、约旦、叙利亚、埃及等阿拉伯11国的官员到宁夏防沙治沙职业技术学院考察，寻求与宁夏在治沙方面的合作。

【西北最大特色植物种质资源圃】 该资源圃于2005年建成，荟萃了生态型植物、生态景观型植物、生态经济型和经济型植物、能源植物资源84科263属503种，国家级濒危植物17科19属21种。

【园林景观设计院】 宁夏宁苗园林绿化有限公司与北京林业大学景观设计院合作共同成立了宁夏宁苗景观设计院，成为自治区首家具有专业园林景观设计专项乙级单位。

【青铜峡生态立市】 青铜峡市被全国绿化委员会授予全国绿化模范县（市）荣誉称号，全市绿化覆盖率38.93%，人均公共绿地面积10.48%平方米。

【林业大事】

**3月8日** 青铜峡库区湿地，西吉县火石寨国家级地质森林公园，中国科学院寒区旱区环境与工程研究所沙坡头沙漠研究试验站被中国科协命名为全国科普教育基地。

**3月21日** 中共中央总书记、国家主席、中央军委主席胡锦涛到永宁县小任公司设施园艺生产基地考察，并作出重要指示。

**3月31日** 罗山国家级自然保护区管理局发现锥叶柴胡物种，该物种伞形科柴胡属的植物。锥叶柴胡外皮呈深褐色或红褐色，花期7～8个月，果期8～9个月。

**4月2日** “建设绿色家园”科普丛书在宁夏银川鸣翠湖国家湿地公园举行首发仪式，这是全国首套全面普及林业生态知识的大、中、小学生科普丛书。

**4月9日** 宁夏回族自治区副主席郝林海为永宁、盐池、彭阳林改试点县发放集体林权证。

**4月14日** 自治区林业局机关85名干部职工参加捐助活动，共计捐款76 430元，全部捐款送交宁夏红十字会转往青海玉树地震灾区。

**5月12日** 自治区政府任命开永安为自治区林业局党组成员、纪检组长。

**6月11日** 经国家质检总局批准“同心圆枣”为国家地理标志保护产品。

**6月20日** 彭阳县被授予国家园林县城称号。彭阳县绿化覆盖率41.6%，绿地率35.2%，人均拥有公共绿地34.1平方米。

**7月29日** 宁夏GEF土地退化防治二期项目正式启动。该项目获得全球环境基金（GEF）赠款共计20万美元。项目实施期三年，至2012年12月结束。

**8月7日** 在银川举办中国（宁夏）首届防沙治沙暨沙产业高峰论坛会。

**10月13日** 中国绿化基金会设立宁夏防沙治沙发展基金。

**10月15日** 经宁夏回族自治区第十届人民代表大会常务委员会第二十次会议通过《宁夏回族自治区防沙治沙条例》，从2010年12月1日起施行。

**10月29日** 宁夏回族自治区首座湿地博物馆落户沙湖，建筑面积4520平方米，总投资3000万元。

**11月12日** 宁夏林业书法家协会、生态文化协会分别在银川成立。宁夏林业局党组书记、局长王德林当选为宁夏林业书法家协会主席。宁夏林业局副局长李月祥当选为宁夏生态文化协会会长。

**11月16日** 宁夏网络森林医院正式开通，网络森林医院由各级林业有害生物防治机构和区内外有关科研院所、大专院校的100多名专家组成智囊团。

**12月6日** 经自治区司法厅行政审批办公室审核批准宁夏森林资源司法鉴定中心挂牌成立。

**12月8日** 自治区沙坡头国家级自然保护区被国家环境保护部、科技部授予国家环保科普基地称号。

（宁夏回族自治区林业由刘玲莉供稿）

## 新疆维吾尔自治区林业

【概　述】 2010年是新疆林业改革发展迈入新的里程碑的一年。为了贯彻落实中央新疆工作座谈会精神，自治区党委召开了七届九次全委（扩大）会议，提出牢固树立“环保优先、生态立区”理念，坚持走“资源开发可持续、生态环境可持续”发展道路，为新疆林业发展指明了方向。自治区党委、自治区人民政府先后召开自治区林业工作会议，林业援疆工作座谈会，集体林权制度改革工作会议等重要会议，为推进新疆林业改革发展提供强大动力。

**生态建设** 全区共完成造林19.66万公顷，其中三北四期工程人工造林13.82万公顷，封山（沙）育林2.93万公顷；退耕还林工程宜林荒山荒地人工造林1.97万公顷，封育0.89万公顷；一般造林0.05万公顷，育苗0.92万公顷，生产苗木8亿株。义务植树8496万株，四旁植树1962万株。下发《关于进一步开展义务植树活动，加强国土绿化工作的通知》。大力宣传贯彻《新疆维吾尔自治区义务植树条例》。协调中国移动新疆分公司、中国联通新疆分公司、新疆电信有限公司发送国土绿化公益宣传短信，呼吁全社会关注、支持并积极参与生态建设。根据自治区党委书记张春贤的指示精神，启动实施克州阿图什市北山坡造林绿化工程和乌鲁木齐市城市防护林建设工程。公益林得到全面管护，形成国家级公益林管护成效监测成果报告，对照最新二类资源数据修正录入国家级公益林小班因子，下发《关于国家级公益林管护费实行动态管理的通知》(新林计字〔2010〕673号)。完成新疆湿地公园"十二五"规划。对哈纳斯三期和西天山国家级保护区一期工程建设项目进行验收。全年完成沙化土地治理任务46.67万公顷。7月26日，下发《关于组织编制塔里木盆地周边和准噶尔盆地南缘防沙治沙工程县级建设规划和2010年年度作业设计的通知》(新林传发〔2010〕83号)。3月和9月份分别召开自治区防沙治沙示范区建设座谈会及现场经验交流会。3个国家级防沙治沙综合示范区完成工程建设任务0.167万公顷，为计划任务的120%。新增喀什市为全国防沙治沙综合示范市。完成全区第四次荒漠化和沙化监测工作。组织编制《自治区第四次荒漠化监测报告》及《自治区第四次沙化监测报告》。组建新疆防治荒漠化纪念馆，为国内首家此类主题纪念馆。开展重大沙尘暴灾害应急管理工作。根据2010年全国第六次森林资源二类调查，全区的森林覆盖率由"十五"期末的2.94%上升到4.02%，绿洲森林覆盖率由"十五"期末的14.95%提高到23.5%。根据新疆第四次荒漠化、沙化监测工作，全区荒漠化土地较2004年减少400多平方千米，土地沙化年扩展面积由104平方千米减少为82平方千米，扩展速度持续减缓。

**特色林果业** 新增林果面积11万公顷，全区林果种植面积达到113.33万公顷，有效株数超过9亿株，平均每公顷795株。2010年林果产量650万吨，产值200亿元以上，全区农民人均来自林果的收入达900元。阿克苏地区把大力发展红枣、核桃为主的特色林果业纳入构建农民人均8000～10 000元高收入结构的目标。喀什、和田和巴州一些林果业发展较早的县(市)，林果业收入已占到农民年人均收入的50%以上。巴州若羌县红枣面积0.93万公顷，2010年农民人均收入超过1.4万元，成为西北地区第一个人均收入超过万元的县，其中，农民人均纯收入中来自红枣的收入占到88%。建成南疆环塔里木盆地以杏、核桃、红枣、香梨、苹果等为主，面积超过86.67万公顷的特色林果主产区，吐哈盆地、伊犁河谷及天山北坡一带建成若干个以葡萄、红枣、枸杞、时令水果、设施林果为主的高效林果基地。全区果品贮藏保鲜与加工企业达212家，注册资本30亿元，精深加工产品400多种，年贮藏保鲜与加工处理能力181万吨。杏子加工初具规模，葡萄酒(汁)生产能力在国内葡萄酒行业中占有重要地位。部分林果精深加工产品，具有较高科技含量，在国内处于领先地位。30多家林果业企业已发展成为国家和自治区级农业产业化重点龙头企业。全区各种林果专业合作组织发展到近200个，10多万农民经纪人活跃在林果产品流通市场，拓宽了销售渠道，拓展了市场空间。果品出口态势良好，出口注册果园878个，面积6.67万公顷，136家包装企业获得出口认证。70多种产品荣获国家地理标志保护产品、中国名牌产品等称号。

**生态文化建设** 广泛开展林业生态建设、产业发展的宣传工作，倡导生态文明。分别在新华社、《中国绿色时报》、《新疆日报》、《新疆经济报》、新疆电视台、新疆人民广播电台、天山网、兴农网发表新闻报道80多篇，各类媒体发表林业新闻稿件200多篇。委托新疆电视台卫视频道拍摄以生态建设、林果业发展为主的公益宣传专题片，向卫视频道覆盖的19个省(区)进行播出。协助国家林业局、中央电视台拍摄反映荒漠化治理成就的6集高清电视系列专题片《大漠长河》。协助中央电视台连续开展6个批次的系列专题宣传和公益广告拍摄工作，分别在中央电视台"每日农经"、"聚焦三农"、"农产品·西部印象"、"致富经"、"科技苑"等栏目滚动播出。成功举办新疆特色林果产品展示交易会图片展。

**森林资源保护管理** 2010年森林资源得到有效保护，审核审批建设项目征占用林地197宗，涉及林地面积1928公顷。森林火灾得到有效控制，全区共发生森林火灾34起，受损林木95.48立方米，同比分别下降16起、30立方米。林业有害生物防控体系建设稳步推进，林业有害生物防控工作深入开展。林业有害生物累计发生面积105.11万公顷，成灾率为0.08‰，灾害预测预报准确率达99.9%。全年累计开展防治面积57.70万公顷，无公害防治率达78.84%。种苗产地检疫率达100%。全区森林公安机关共受理森林和野生动物案件1758起，查处1618起，打击处理各类违法犯罪人员2283人次，收缴违法猎捕野生动物933头只，木材343.91立方米。启动赛加羚羊引种保护项目的工作，分别于7月和9月配合国家林业局、濒科委等单位在新疆召开运动狩猎国际研讨会和赛加羚羊保护与利用国际研讨会，来自美国、肯尼亚，俄罗斯等十几个国家的代表参加会议。启动一批赛加羚羊、北山羊、塔里木马鹿、波罗的海红门兰等极小珍稀濒危物种项目，8月17日在阿克苏地区沙雅县举行塔里木马鹿野生野外种群扶壮项目启动仪式，国家林业局保护司司长张希武到现场参加了人工饲养的塔里木马鹿放归大自然活动。完成天保工程年度自查、复查和核查工作，形成《新疆天然林资源保护工程实施情况2009年度复查报告》。完成阿尔泰山温泉、哈巴河白桦等两处森林公园晋升国家级森林公园和申报昭苏夏塔古道国家级森林公园可行性研究报告的初审及相关材料的审查工作；截至2010年底，全区共建各级森林公园55处，经营总面积129.45万公顷，其中：国家级森林公园17处，经营总面积达80.79万公顷；自治区级30处，经营总面积48.47万公顷，县级8处，面积0.19公顷。落实特克斯科桑溶洞国家森林公园生态文化教育示范基地建设项目。

**集体林权制度改革** 11月15日，自治区人民政府召开自治区集体林权制度改革工作会议，出台《关于开展集体林权制度改革的意见》，全面部署全区集体林权制度改革工作，计划于2011年底前，全面完成集体林权制度改革主体改革任务。

**林业科技** 2010年落实各类林业科技项目161项，项目资金2783万元。重点围绕特色林果业发展，从林业科研、技术推广、科技培训、首席专家科技服务、基础平台建设、林业标准化、科普宣传和科技兴林目标责任制实施等八个方面，安排各类科技项目136项，下达自治区财政林业科技专项资金1000万元；自治区质量技术监督局确定区林业厅2010年度自治区地方标准制(修)订项目105项。

**民生工程建设** 国家下达新疆全区国有林区棚户区改造和国有林场危旧房改造任务6290户，总投资为39 471万元。截至2010年底，中央和自治区的13 975万元投资已全部到位，完工876户，其中棚户区改造完成576户，危旧房改造完成300户。

**【林业援疆工作座谈会】** 2010年4月29日，自治区人民政府与国家林业局召开第六次林业援疆座谈会。自治区副主席钱智主持座谈会并讲话，新疆生产建设兵团副司令员孔星隆对加强林业援疆工作提出建议，自治区林业厅党委书记张小平、兵团林业局局长杨江勇先后汇报新疆林业工作情况。国家林业局副局长祝列克充分肯定新疆林业建设各项工作取得的成就，并就进一步做好新疆林业工作和林业援疆工作提出要求。会议决定将进一步加大林业援疆工作力度，力争“十二五”期间国家对新疆林业投资达到200亿元，比“十一五”翻一番，并全面开展项目资金、政策、科技、人才、管理和干部人才援疆工作。

**【新疆特色林果产品乌鲁木齐展示交易会】** 2010年11月1日，自治区人民政府主办，自治区林业厅、自治区商务厅和新疆国际博览中心承办的2010年新疆特色林果产品展示交易会在乌鲁木齐市举行。自治区党委副书记、自治区主席努尔·白克力，自治区人大常委会副主任马明成、自治区副主席钱智及自治区相关部门和各地(州)的主要领导出席开幕式。来自山东、辽宁、河北、河南等省(区)林果产品加工与流通企业的同仁和区内外商客等代表团参加开幕式。自治区副主席钱智为开幕式致辞，林业厅党委书记张小平作了讲话，自治区主席努尔·白克力宣布2010年新疆特色林果产品展示交易会开幕。产品展示面积6000平方米，256家企业参展，213个展位，400多种产品参加展示，各地(州、市)、集团公司参展团人员达1000余人。展示交易会以库尔勒香梨、阿克苏红枣、吐鲁番葡萄、哈密大枣、和田石榴、阿克苏核桃、木纳格葡萄、红旗坡苹果等新疆品牌林果产品和各类特色加工产品为主，基地建设、科技支撑、贮藏保鲜加工、市场开拓、品牌建设等发展成果作为重点展示内容。对林业生态、十大工程、林业科技、生态文化等进行图文展示，对地州践行生态立区具体做法进行宣传。各地(州)签订销售与框架协议和意向等52个，涉及沙棘、红枣、核桃、杏、葡萄等林果干鲜果品，销售与签约总额近50亿元。

**【新疆特色林果产品广州交易会】** 2010年12月24～26日，自治区人民政府和国家林业局联合主办，自治区林业厅和广东世展展览集团承办的2010新疆特色林果产品广州交易会在广州市保利世贸博览馆2号馆举行。全区14个地(州、市)、近80个县(市)、180多家企业参加展会。展示展销产品达12大类、36个品种、480种。邀请近300家农产品贮藏、加工、销售的龙头企业以及农产品经销商、采购商、专业超市、大型超市的代表，以及外国驻广州商会的代表参加交易会期间的各类洽谈。此次交易会共签约91个项目，签约金额52.25亿元，销售金额336.24万元。签约项目中销售项目56个，加工项目26个，种苗繁育工程项目3个，种植基地建设项目5个，保鲜库项目1个。交易会现场3天共接待观众及客商近6万人次，销售收入336.24万元。

**【林木种苗】** 截至2010年，新疆共有苗圃6727处，年均可提供各类良种穗条2000万根(可形成接穗1.2亿个)，各类合格苗木约8亿株。实施特色林果良种补贴，提高补贴标准，将生态树种林木良种补贴试点纳入实施范围。制定实施《新疆特色林果良种补贴管理办法》。2010年，自治区财政投入1050万元用于良种补贴。承担国家林木良种补贴试点工作，资金投入共计1135万元。完成了2010年的林木良种补贴工作的计划分解下达、督查及检查验收工作。在阿克苏地区阿克苏市和伊犁州新源县两地启动林木种质资源调查试点工作。编制完成《新疆林木种苗发展规划(2011～2020年)》。

**【森林航空消防直升机机(索)降训练】** 2010年6月2～4日，新疆首次开展以森林航空消防直升机机(索)降为主的消防训练，由新疆军区陆航旅和武警新疆森林总队共同协作完成。训练采用空地协同配合，以航空索降训练为主，地面配合为辅的立体扑救方式全面进行，快速将扑火人员、装备和物资运送到火场，争取扑火战机，减少扑火人员体能消耗，为实现森林火灾“早处置”奠定了基础。

**【自治区集体林权制度改革工作会议】** 2010年11月15日，在乌鲁木齐市召开。自治区副主席钱智作了讲话，国家林业局林改司司长张蕾介绍我国林改现状及林改先进县经验，自治区林业厅党委书记张小平传达全国集体林权制度改革百县经验交流会议精神、自治区林业厅厅长尼加提·马合木提宣读《自治区人民政府关于开展集体林权制度改革工作的意见》。自治区党委副秘书长、农办主任代宁祥，自治区人民政府副秘书长王绍宁，自治区林业厅主要领导及厅机关副处以上干部，各地(州、市)分管领导及林业局主要领导，各试点县(市)分管领导及林业局主要领导，自治区各有关部门的领导，以及新闻媒体等200人参加会议。

**【林业大事】**

**1月28日** 自治区林业工作会议在乌鲁木齐召开。自治区主席努尔·白克力作了书面讲话，自治区副主席钱智、国家林业局副局长张建龙出席会议并讲话。

**3月16日** 自治区林业厅召开集体林权制度改革试点工作座谈会。

**4月13日** 在乌鲁木齐市召开自治区林业植物检疫执法专项行动新闻发布会。

**4月1日至6月30日** 在全区范围内组织开展代号为“春季行动”的严厉打击破坏森林资源违法犯罪专项行动。

**5月10～11日** 自治区人民政府在和田市召开了

新疆维吾尔自治区林业有害生物防控体系建设现场会。

**5 月** 全疆山区森林资源规划设计调查成果通过了自治区专家组的审查认定，标志着山区森林资源规划设计调查工作全部完成。

**6 月 17 日** 新疆防治荒漠化纪念馆在乌鲁木齐举行开馆仪式。自治区人民政府副主席钱智题写馆名。

**8 月 17 日** 塔里木马鹿野外种群扶壮项目启动仪式在新疆沙雅县坡墩林场举行，这是国家首次实施的野外放养塔里木马鹿扶壮工程。

**11 月 1 日** 新疆特色林果电子商务平台 1.0 版上线暨新疆特色林果电子商务股份有限公司揭牌仪式在乌鲁木齐国际会展中心举办，标志着“新疆林果网”正式启动。

**11 月 12 日** 自治区人民政府出台《关于开展集体林权制度改革工作的意见》，提出了“林权多元、统分结合、流转有序、产权明晰、分配公正、收益共享、尊重民意、激发民力、利于管护、促进发展”的基本原则，力争用 1 年左右的时间完成明晰产权的主体改革任务。

**11 月 12 日** 自治区主席努尔·白克力在自治区副主席钱智及有关厅局领导同志陪同下，到林业厅调研，与林业厅机关副处以上干部进行了座谈，专题听取林业工作汇报，共商林业事业发展大计。

**11 月 15 日** 自治区集体林权制度改革工作会议在乌鲁木齐召开。自治区副主席钱智作重要讲话，国家林业局林改司司长张蕾介绍全国林改现状及林改先进县经验。

**12 月 10 日** 自治区人民政府出台《关于加强林业有害生物防控工作的意见》。

（新疆维吾尔自治区林业由俞言琳、伍永明供稿）

# 新疆生产建设兵团林业

**【概　述】** “十一五”期间，在国家林业局的大力支持下，兵团林业各项事业都得到发展，并取得成绩。

**林业生态建设** “十一五”期间，兵团林业建设积极围绕三北防护林工程建设这个中心，加大对四级防护林体系和经济林基地建设的投资力度，使兵团重点区域的生态防护体系渐趋完善，林种结构渐趋合理，垦区林业对农业的保护功能逐步提高，抗御自然灾害的能力明显增强，林业的发展活力进一步显现。据统计，“十一五”期间累计完成人工造林 138 518 公顷，其中用材林 3561 公顷，防护林 56 718 公顷，经济林 78 223 公顷，特种用途林 16 公顷；5 年累计完成无林地和疏林地封育 32 194 公顷。其中 2010 年完成造林 51 972 公顷，其中防护林 12 918 公顷、经济林 33 721 公顷，无林地和疏林地封育 5333 公顷；按经济成份分，其中国有经济造林 50 230 公顷，非国有经济造林 1742 公顷，兵团非公有制造林稳步推进。

**退耕还林** 根据国家巩固退耕还林成果的总体要求，结合兵团自身实际，2008～2010 年兵团利用国家巩固退耕还林成果专项资金 3.4 亿万元，全面推广林业节水灌溉技术，实施退耕还林退耕户产业发展指导培训和补植补造等后续产业发展巩固工作，三年间推广林业节水灌溉面积 44 666.7 公顷，完成退耕地还林补植补造 11 333.3 公顷，培训退耕户 12 万人次，使兵团退耕地的林木保存率大幅提高，退耕户的收入进一步增加，部分承包经济林和生态经济兼用林的退耕户亩均收入达到了 2500 元以上，对巩固退耕还林成果发挥了积极作用。

**国家级公益林管护** 兵团区划界定的 981 333.3 公顷国家级公益林全部纳入中央财政森林生态效益补偿基金范围，管护任务责任层层落实到山头、地块和人头，各项管护工作全面展开，并取得了较好的成效。一是建立国家级公益林管护责任制。兵团 2010 年与各师签订了《国家级公益林管护责任书》。《责任书》明确规定：师长、团(场)长是国家级公益林管护第一责任人，分管副师长、副团(场)长是国家级公益林管护主要责任人，各级林业部门是国家级公益林管护直接责任人，每年定期进行考核，并实行奖罚。二是制定并印发了《新疆生产建设兵团重点公益林管理办法》和《新疆生产建设兵团重点公益林管理考核办法》，进一步规范兵团国家级重点公益林管护工作。三是落实管护人员。据检查已落实管护人员 2466 名、管理人员 495 名，层层签订管护责任书，国家级公益林管护任务全面落实。四是进一步加大了公益林重大抚育基础设施建设力度，完成补植补造 2511 公顷，围栏 1467 千米，建设了望塔 92 座、管护简易房 15 031 平方米，购置防火设备 2286 台件，对加强国家级公益林有效保护发挥了重要作用。

**森林资源管理**

林地占用征收管理工作　一是通过典型案件查处和警示教育，兵团各级领导干部法制意识进一步增强，依法管理的自觉性进一步提高，林地占用征收审核审批管理工作已步入规范管理轨道。“十一五”期间兵团办理林地征占用 67 宗、面积 515.7753 公顷，收缴森林植被恢复费 3623.49 万元，是兵团实施林地管理以来审核审批征占用林地和收缴森林植被恢复费最多的时期，其中永久征占用林地 66 宗，面积 514. 1153 公顷；临时征占用林地 1 宗，面积 1.66 公顷。其中 2010 年办理林地征占用 31 宗、面积 128.7091 公顷，收缴森林植被恢复费 1017. 9 万元。二是完成了兵团“十二五”林地征占用管理定额编制工作。随着中央援疆工作会议的召开和中央国家机关、全国对口支援新疆工作的全面展开，兵团以城镇化、新型工业化和农业现代化建设为中心的发展突飞猛进，根据林地征占用数量迅速增加的实际，按照国家林业局确定的标准测算，兵团“十二五”期间预计占用征收林地面积达 3722 公顷，年均占用征收林地面积 248 公顷，是“十一五”期间年实际占用征收林地面积的 1.86 倍。

林木采伐管理　一是根据国务院下达兵团“十一

五”森林采伐限额指标，兵团及时将限额分解下达到各单独编限师、团场，五年采伐林木24.7098万立方米；其中2010年采伐林木57 748立方米。在实施采伐管理中，坚持限额采伐、计划采伐和凭证采伐管理，坚决打击乱砍滥伐和盗伐木行为，林木采伐依法进行，经国家林业局西北林调院综合核查，未发现超限额、超计划采伐的现象。二是完成了兵团“十二五”期间年森林采伐限额编制工作并上报国家林业局。经测算，兵团“十二五”期间年森林采伐限额为47.9万立方米，是“十一五”期间年森林采伐限额18.6万立方米的2.57倍。

**林业有害生物防治**

*体系建设* 兵团、13个师森防站、5个国家级和25个兵团级预测预报中心站已基本建设完成，并已全面开展预测预报和防治工作，成为兵团保护森林资源安全的重要力量。

*森林病虫鼠害治理工作* 2006~2009年兵团对南疆一、二、三师天然胡杨林病虫害发生严重区域开展了大面积飞机生物防治工作，累计防治面积达9.5333万公顷，经专家现场验收，虫口减退率和叶片保存率均在95%以上；鼠害治理33.3333万公顷，蛀干害虫治理1333.3公顷，有效遏制了森林病虫鼠害的蔓延，为兵团今后大面积开展飞机生物防治森林病虫害奠定基础，森林资源安全得到保障。

*基础设施和防治装备* “十一五”期间，为兵团各级森防站配备了办公设备、预测预报仪器等；同时为124个团场配置了自动化高射程森防机械设备142台，其中大型车载喷雾机械126台，森林机械防治病虫害能力提高到1.333万公顷，多年来基层单位受防治手段局限防治难的问题得到了改善。

**天然林资源保护工程** 兵团农四师61、67、74和77团场中哈国境线天山山区9.9732万公顷天然林全部纳入国家天然林资源保护工程实施范围。兵团严格按照国家天然林资源保护的有关规定，并结合自身实际，建立健全了管护责任制，对山区天然林全面实行禁伐，落实管护人员和管护责任制，五年来未发生各类毁林案件，森林火灾也得到有效控制。

**林木种苗工作** ①建立健全了兵、师两级林木种苗行业管理和质量监督体系，为兵团林木种苗体系建设奠定了坚实的基础。②林木种苗依法行政能力进一步增强，造林用苗木质量呈逐年上升的态势。2009年、2010年连续两年兵团抽查的苗木苗批合格率都为97%以上。③通过林木种苗工程项目建设，不断提高兵团林木良种使用率和基地供种率。据2010年统计，兵团共有苗圃259处，实际育苗面积1393公顷，当年产苗量7650.7万株。年均种子量47吨，穗条产量7369万株。确保了林业快速发展对林木种苗的需求。④全面开展培训，人员素质普遍提高。“十一五”期间开展专题培训班8期，培训种苗执法及质检人员530人，并先后派出25人，参加国家林业局举办的全国林木种苗行政执法培训班。全面提升了兵团种苗从业人员的技术素质，确保了兵团林木种苗事业的健康发展。

**特色林果业发展** “十一五”期间，各师、团场紧紧抓住国家实施西部大开发和退耕还林工程的历史机遇，按照兵团农业结构调整总体要求，大力发展特色林果业，成效显著，发展特色经济林78 200公顷，其中2010年发展特色经济林33 721公顷，是前四年的总和，兵团特色林果面积已达到13.3333万公顷，年产果品产量106.4万吨，总产值37亿元。特色林果业的快速发展，对改善团场生态环境、加快兵团农业产业结构调整步伐、促进团场增效、职工增收等各方面都起到了重要作用。

**完成兵团森林资源规划设计调查** 在兵团领导的关心支持下，经过兵师团林业干部职工的共同努力，森林资源规划设计调查工作(以下简称“二类调查”)在兵团全面展开，标志着兵团森林资源管理与保护工作开始进入到科学管理和发展的新阶段。此次“二类调查”广泛应用“3S”技术，涉及农业师13个、团场148个，调查小班147 165个，经过近四年的努力，全面完成“二类调查”工作。兵团共有林业用地1 984 679.66公顷，其中有林地249 955.85公顷，疏林地52 469.27公顷，灌木林地1 037 245.66公顷，未成林地97 601.92公顷，苗圃地1074.77公顷，无立木林地27 729.44公顷，宜林地518 602.75公顷；活立木总蓄积25 267 282立方米，其中有林地(乔木林)蓄积22 704 883立方米、疏林地蓄积884 146立方米、四旁树蓄积1 636 131立方米、散生木蓄积42 122立方米。调查成果为兵团今后及“十二五”各类林业建设和森林资源管理实现科学化信息化管理奠定基础。

**森林公安队伍壮大，基础设施建设加强** 组织机构基本建立，基础设施建设进一步加强。成立13个基层森林公安派出所并基本完成基础设施建设，装备设备也基本到位，购置台式计算机41台，便携式计算机3台，复印机18台，打印机14台、GPS20部、运兵车10辆等。完成政法专项编制过渡、新警招录、培训工作，森林公安政法专项经费落实到位。落实森林公安100名民警编制，招录民警75人。建立了联动办案机制。兵团林业局与兵团自治区高级人民法院兵团分院、兵团人民检察院和兵团公安局联合下发了《关于新疆生产建设兵团森林公安机关办理森林及陆生野生刑事、治安和林业行政处罚案件有关规定的通知》和《关于进一步加强兵团森林公安机关管理的通知》，理顺了兵团及各师森林公安局办理森林及陆生野生动物刑事案件、治安案件和林业行政处罚案件的执法权限，保障执法活动顺利进行。

“十一五”期间，查处行政案件1540起，刑事案件52起，其中国家林业局督办案件10起，挽回经济损失3845余万元，起到很好威慑作用。

**湿地自然保护区管理和野生动植物资源保护工作** 湿地自然保护区管理体系初步形成。“十一五”期间，兵团规划的农六师青格达湖、农八师玛纳斯河流域、农七师奎屯河流域、农三师叶尔羌河流域湿地保护区先后纳入国家湿地自然保护区建设规划，得到了国家的大力支持。其中青格达湖、玛纳斯河流域湿地保护区已获得资金1582万元，项目建设任务已基本完成；奎屯河、叶尔羌河流保护区分别于2008年和2009年获得国家批准实施，目前，各项建设工作已顺利开展。野生动物保护工作全面启动。认真做好高致病禽流感防控工作，完善监测网络和预警应急机制。成立高致病禽流感防控工作指挥部，建立国家级和兵团级野生动物疫源疫病监测站7个，配备专职监测员35名。加强野生动物救助建设。在伊犁农四师和石河子农八师建立野生动物救助保护站4个，新建鸟类笼舍10处，并完善了供电、供水、投食设施、救护设备等，配备野生动物救护运输专用车2辆。以"飞鹰行动"和"绿盾行动"为契机，开展专项野生动物保护行动，出动执法人员892次、车辆376台次、查处案件463起、严惩涉案人员900余人、收缴野生动物505只、查获非法捕杀野生动物30只，其中国家重点野生动物7只，挽回经济损失136万元。

**森林防火工作** 一是强化管理，严格执行各项制度。在防火期间，加强森林防火组织机构建设，实行主要领导亲自抓、分管领导具体抓，建立健全各种规章制度，强化管理责任制。二是加大宣传，普及森林防火知识。三是加强基础设施建设。已建设防火道路和隔离带174千米，购置森林消防扑救车5辆，风力灭火机1000台、割灌机12台、扑火服130套，建瞭望塔76座、围栏908千米。兵团"十一五"期间共发生一般森林火灾47起，较大森林火灾14起，火场总面积193公顷，森林火灾无人员伤亡，没有发生重大森林火灾。

**存在的问题**

1. "十一五"期间编制的林地管理定额较小，已不能适应新疆经济建设发展的需求。近几年，新疆铁路、公路、石油和煤炭等基础设施建设和开发步伐加快，需征占用兵团管理的林地面积逐年加大，已超出了国家林业局下达兵团的"十一五"期间年林地管理定额30公顷编制的指标，已不能满足自治区重点工程建设的需求。

2. 基层团场林业站基础设施设备条件十分薄弱。团场林业站是兵团森林资源管理与保护工作的基层单位，对于管理保护好兵团森林资源具有十分重要的作用，但兵团团场林业站建设不能适应兵团林业发展的需要，一是办公条件十分简陋，有的办公场所危房，有的租用别单位办公场所，还有的林业站办公挤在不足20平方米的房间；二是办公设施落后，管理的科学性、信息化程度较低，基层团场林业工作站基础设施建设急需加强。

3. 林业案件查处比较困难。一是林业执法队伍薄弱。森林公安是兵团林业执法队伍主体，承担着兵团林业行政、刑事案件的查处工作，但兵团森林公安队伍力量十分薄弱，按兵团的森林资源面积应配备警察500名，但现实际到位警察不足100名，规划每个垦区应设置一处派出所，但因编制太少未能实现，形成执法管理上的空白和薄弱区域；二是内设机构不健全。由于森林公安编制少，兵团森林公安局4人，各师森林公安分局和派出所各为3人，所以内设机构不健全，无法制科室，办案难于开展。

4. 林权证发放工作进展比较缓慢，特别是退耕还林地和国家级公益林林地林权证发放工作进展十分缓慢，林权证发放面积较少，导致这些林地属性不确定，增大管理难度。 （贾寿珍）

**【植树造林】** 2010年，兵团共完成造林51 972公顷，完成国家4万公顷计划的129.93%。完成退耕还林荒山荒地造林999公顷；完成三北封沙育林5333公顷。在当年造林面积中私有造林面积达1742公顷；当年共完成育苗面积1393公顷，留床601公顷；更新605公顷，中幼林抚育83 543公顷。全兵团参加义务植树的干部职工人数为91.44万人，全民义务植树尽责率为92.33%，义务植树4672.58万株。

植树造林主要措施是①领导负责，科学指导。②明确任务，精心组织。③齐抓共管，突出重点。④监督管理、保证质量。⑤科学指导、加强经营。⑥严格管护，巩固成果。 （滕晓宁）

**【经济林园艺业】** 2010年，兵团经济林园艺生产和工作再创佳绩，当年营造经济林面积、果品总产、加工番茄生产面积和总产均创历史新高。

据统计，2010年经济林园艺生产总面积29.8693万公顷，总产751.7万吨，总产值达到120.4亿元。较2009年分别增长28.4%，-3.4%，74.5%。

2010年兵团完成经济林建园面积4.7233万公顷，创历史最新高。年末兵团果树保存面积17.61万公顷，果品总产122.54万吨，产值73.9亿元，较2009年的12.9213万公顷，103.09万吨，33.67亿元，分别增长36.6%，18.9%，119.5%。

2010年蔬菜（含加工番茄）面积达到7.968万公顷，总产量581.62万吨，总产值34.6亿元。分别比2009年增长7.91%、-1.23%、8.7%。其中：加工番茄面积达到4.548万公顷，总产441.3万吨，产值13.56亿元，分别比2009年增长4.2%、5.4%、5.7%。面积、产量、产值均创历史新高。

设施（温室大棚）农业生产面积0.32万公顷，较2009年新增0.1066万公顷，总产18.6万吨，产值4.7亿元，分别比2009年增长50.0%、34.8%、30.6%。

2010年兵团其他园艺类作物：如西甜瓜、加工万寿菊、香料植物等保持稳定，产值达10亿元左右。

2010年组织开展兵团四类果品评优活动，评选出4个金奖、8个银奖、13个优秀奖。其中：农一师十团的骏枣、农八师石河子总场的弗雷葡萄、农二师二十九团的香梨、农一师五团的富士苹果，获得兵团特色果品评优会金奖；农二师三十六团的灰枣、农一师十一团的金昌一号红枣、农一师八团的灰枣、农六师一〇一团的弗雷葡萄、农二师二二三团的克瑞森葡萄、农四师六十七团的红地球葡萄、农二师三十三团的香梨、农一师十团的富士苹果，获得兵团特色果品评优会银奖；农一师十二团的金昌一号红枣、农一师十三团的冬枣、农一师十团大漠枣业的赞皇枣、农十三师柳树泉农场的哈密大枣、农三师四十八团的灰枣，农八师一二一团的克瑞森葡萄、农二师二十四团的克瑞森葡萄、农七师一二四团的红地球葡萄、农一师八团的红地球葡萄、农四师七〇团的红地球葡萄、农一师阿拉尔农场的香梨、农一师阿拉尔农场的富士苹果、农十四师二二四团的骏枣，获得兵团特色果品评优会优秀奖。这次评优活动是自1996年以后兵团果品的首次评优活动，充分显示了兵团果树园艺业由注重数量增长向质量效益提高的转变，将促进兵团果品向高品质、高档次和高端市场方向迈进。

（邵 燕）

**【"十一五"期间义务植树】** "十一五"期间，兵团坚持以邓小平理论和“三个代表”重要思想为指导，深入贯彻落实科学发展观，扎实开展全民义务植树运动，全兵团通过义务植树栽植面积164.773千公顷，累积建各种纪念林23个，面积1.96千公顷，累积建“三八”绿色工程林11个，面积353公顷，累积建保护母亲河行动示范工程林7个，面积413公顷，适龄公民人数为567.82万人，实际参加人数为544.7万人，平均每年尽责率为95.87%，义务植树3.169亿株。 （滕晓宁）

**【森林公安建设】** 2010年，兵团森林公安局以保护森林资源安全、服务林业改革发展大局为工作重心，在推进森林公安队伍建设、落实执法权限、强化执法办案、加强基础建设等方面做了大量工作，深入推进森林公安“五化建设”，巩固了森林公安发展基础，维护了兵团范围内的森林资源安全和林区社会治安稳定。①积极配合加大打击毁林犯罪力度，维护林区治安稳定。2010年，在兵团森林公安机关范围内相继组织开展了社会治安“冬季行动”、严厉打击破坏森林资源违法犯罪专项行动（代号“春季行动”）和木材经营加工清理整顿等专项行动。②进一步理顺执法权限，从管理体制、办案权限、刑事、治安、行政案件的办案过程等方面，进一步加强森林公安执法规范化建设。③加强队伍管理，树立良好警风。一是规范编制警衔管理。二是开展警车专项治理。三是加强教育培训，提升队伍素质。④加大森林火灾查处力度。2010年兵团辖区内没有发生较大的森林火灾，已查处森林火灾案件30起，其中治安案件11起，林业行政处罚案件19起，森林火灾案件查处率达92.8%。⑤湿地管理和保护工作。加大保护区基础设施建设，建立围栏120千米，瞭望塔6座，永久性宣传牌15座。 （陈建民）

**【编制完成“十二五”年森林采伐限额】** 根据国家林业局的部署，2010年兵团完成了“十二五”期间年森林采伐限额的编制工作。

成立领导小组，组织协调完成限额编制工作。下发了《关于成立兵团“十二五”期间年森林采伐限额编制领导小组的通知》，成立了“十二五”编限工作领导小组，同时设立了编限工作办公室，组织指导编限方案制定、培训、汇总平衡等相关工作。

制订兵团“十二五”编限工作方案，明确工作任务。下发了《兵团林业局关于开展“十二五”期间年森林采伐限额编制工作的通知》，制订了《新疆生产建设兵团“十二五”期间年森林采伐限额编制方案》、《新疆生产建设兵团“十二五”期间年森林采伐限额技术方案》，并下发到各师团，明确了任务、质量标准和时间进度。

加强“十二五”编限的队伍建设。组织与安排专人负责编限工作，共计189人。

强化培训，提高“十二五”编限的能力。由兵团林业调查规划设计院成立了技术专家组，举办了兵团“十二五”期间年森林采伐限额编制技术与软件操作技术培训班，对兵团13个师、152个编限单位的编限人员进行了系统培训，提高了编限人员的素质与能力。

通过国家林业局审核，经国务院审批，兵团“十二五”期间年森林采伐限额为47.9万立方米，现已执行。 （贾寿珍）

**【全面完成森林资源规划设计调查】** 2008～2010年兵团开展森林资源规划设计调查（以下简称“二类”调查）工作，这是兵团成立55年来首次开展此项工作。兵团“二类”调查范围为兵团13个农业师、132个农业团场和26个具有森林资源的其他单位，合计158个团场和单位。调查森林资源为山区天然林、荒漠天然林包括国家级公益林，人工造林包括退耕还林、三北防护林、各类经济林，各类宜林地、无立木林地和苗圃地等。调查计划2008年开始，2010年结束，历时三年，分为三个阶段：2008年3～6月为提供材料、制定方案、开展培训等各项准备阶段。2008年7月至2009年10月为全面开展外业调查工作阶段，其中2008年7～12月完成了北疆农五、六、七、九、十、十二师共6个师、58个团场和单位外业调查工作并通过质量检查验收；2009年5～9月完成了南疆农一、二、三、十四师和北疆农四、八、十三师共7个师100个团场和单位外业调查工作并通过质量检查验收。2009年10月至2010年10月为内业数据资料整理、汇总、分析，提交成果阶段。截至2010年年底，“二类”调查外业调查工作已经结束，调查小班184 904个，初步成果也已通过各师、团场的审定，提交正式成果。 （贾寿珍）

**【华士飞司令员听取兵团防沙治沙工作汇报并作重要指示】** 2010年3月25日，华士飞司令员主持召开兵团司令员办公会议。兵团副政委、副司令员、秘书长、办公厅主任等主要领导出席了会议，兵团发改委、财务局、国土资源局、水利局、建设（环保）局、科技局等部门负责人参加了会议。兵团林业局陈谦总农艺师专题汇报了2009年兵团防沙治沙情况。一是沙区造林任务圆满完成。2009年完成人工造林49.906千公顷；其中防护林20.667千公顷，经济林29.24千公顷；当年参加义务植树人员达105.92万人，全民义务植树尽责率97.3%。二是沙区林业各项投资进一步加大。2009年国家安排兵团林业工程投资近4.66亿元，其中：退耕还林工程3.93亿元，三北防护林工程0.49亿元，其他3613万元，比2008年增加投资960万元。三是沙产业开发有了新突破。沙区经济林面积进一步扩大，总面积达到1.31万公顷，总产量103万吨，总产值近45亿元，农业结构进一步优化；利用沙生植物发展大芸面积进一步扩大，总面积已达0.16万公顷。

在听取了汇报后，华士飞提出三方面要求：一是要在艰苦的生存环境中切实发挥好国土卫士和生态卫士的作用。二是兵团的生态环境十分恶劣，是大环境造成的；兵团要结合自身实际，将防沙治沙和林业建设重点放在条田防护林和道路林建设上。三是要实事求是地搞好规划，不搞形象工程。兵团的防沙治沙规划要按照上述原则来制定实施。 （滕晓宁）

**【中国·阿拉尔首届“红枣文化节”】** 2010年10月15～16日，中国·阿拉尔首届“红枣文化节”在兵团农一师阿拉尔市举行。

近年来，农一师阿拉尔市，围绕兵团农业结构调整的总体部署，按照“基地决定品质，细分建立标准，包装提升价格，品牌拓展市场，绿色引导消费，文化铸就久远”的林果业发展理念，坚持把以红枣为重点的特色林果业作为农业内部结构调整的重中之重，把建立优势特色林果产业体系作为实施优势资源转换战略的重要步骤，实现了林果业基地规模的快速扩张。优势特色林果产业基地已逐步形成，林果业已成为调整优化农业经济结构和促进职工增收、团场增效的又一支柱产业，也是阿拉尔市最具招商引资热点的产业。截至目前，农一师阿拉尔市的特色林果总面积已达56.7万公顷，果品总产值达25亿元。 （滕晓宁）

# 林业人事劳动

19

# 国家林业局领导成员

**局长、党组书记：**贾治邦

**副局长、党组副书记：**李育材(2010 年 2 月免职)
祝列克(2010 年 2 月任党组副书记)

**副局长、党组成员兼直属机关党委书记：**张建龙

**副局长：**印　红

**副局长、党组成员：**孙扎根

**中央纪委驻国家林业局纪检组组长、党组成员：**陈述贤

**副局长、党组成员：**张永利(2010 年 6 月任职)

**总工程师：**姚昌恬(2010 年 8 月免职，退休)

# 新任国家林业局领导

**张永利**　男，汉族，1963 年 5 月出生，陕西省扶风县人，1985 年 12 月加入中国共产党，研究生学历，博士学位，高级工程师。1984 年 7 月西北林学院林业专业毕业后在林业部参加工作，先后在政策研究室、办公厅工作。其间，1984 年 7 月至 1985 年 8 月在河北省塞罕坝机械林场锻炼，1985 年 8 月至 1986 年 7 月在湖南省绥宁县锻炼，先后任塞罕坝机械林场阴河林场副场长、绥宁县林业局营林股副股长，1992 年 4 月任办公厅综合处副处长，1994 年 5 月任办公厅部长办正处级秘书，1997 年 8 月任办公厅部长办主任。1998 年 8 月任国家林业局办公室副主任，2000 年 7 月兼任调查研究室主任(副司局级)，2001 年 4 月任办公室主任，2002 年 11 月兼任机关服务局党委书记(正司局级)，2004 年 2 月任科学技术司司长兼科技发展中心主任，其间：2001 年 9 月至 2004 年 7 月在职攻读西北农林科技大学农业经济管理专业博士研究生，2005 年 3 月至 2006 年 1 月在中央党校一年制中青班学习，2008 年 6 月至 2008 年 9 月在国家信访局挂职锻炼，挂任正局级督查专员，2009 年 2 月任人事司司长，2009 年 4 月兼任国家林业局党校副校长。2010 年 6 月任国家林业局副局长、党组成员。

# 国家林业局内设机构负责人

**办公室**

主　任：封加平(2010 年 4 月免职)
彭有冬(2010 年 4 月任职)
巡视员：王建子(2010 年 4 月任职)
副主任：李世东(2010 年 6 月免职)
朱新飞

**政策法规司**

司　长：刘永范
副司长：王洪杰(2010 年 11 月任职)
卢昌强　文海忠(2010 年 2 月免职)
副巡视员：祁　宏

**造林绿化管理司(全国绿化委员会办公室、长江流域防护林体系建设管理办公室)**

司长、秘书长、主任：王祝雄
副司长、常务副主任：黎云昆(2010 年 3 月免职，退休)
巡视员：张柏涛(2010 年 9 月免职，退休)
丁付林(2010 年 4 月任职)
常务副秘书长：曹清尧(2010 年 10 月免职)
正司局级干部：黄正秋(2010 年 7 月任职)
副秘书长：向可文(2010 年 10 月任职)
副司长：李怒云(2010 年 11 月免职)
副巡视员：黄正秋(2010 年 7 月免职)
总工程师：吴　坚

**森林资源管理司**

司长、行管办主任：汪　绚(2010 年 9 月免主任)
巡视员：李忠平(2010 年 12 月任职)
行管办常务副主任、副司长：孙　建(2010 年 9 月免职)
副司长：徐济德
副巡视员：董新民(2010 年 5 月免职，退休)

**野生动植物保护与自然保护区管理司(野生动植物保护及自然保护区建设工程管理办公室)**

司长、主任：张希武
巡视员：陈建伟
副司长：刘亚文(2010 年 12 月任职)
副主任、副司长：贾建生
总工程师：严　旬

**农村林业改革发展司**

司　长：张　蕾

巡视员：安丰杰（2010 年 12 月任职）
副司长：李近如　江机生

**森林公安局（国家森林防火指挥部办公室）**

局长（副主任）、分党组书记：杜永胜
副主任、副局长、分党组成员：焦德发（2010 年 12 月任副局长、分党组成员）
巡视员、分党组成员：曹　真
副局长、分党组成员：潘世学　张　萍　崔永环

**发展规划与资金管理司（全国木材行业管理办公室）**

司　长：姚昌恬（2010 年 4 月免职）
封加平（2010 年 4 月任职）
副司长：郝燕湘（2010 年 4 月任职）
巡视员：高工英　工前进
主任、副司长：孙　建（2010 年 9 月任职）
副司长：杨　超（2010 年 4 月免职）　杨　冬
刘金富（2010 年 4 月免职）
副巡视员：张艳红　汤晓文

**科学技术司**

司　长：魏殿生
副司长：胡章翠
巡视员：张志达（2010 年 12 月任职）
副司长：靳　芳　李　兴
副巡视员：杜纪山

**国际合作司（港澳台办公室）**

司　长：曲桂林
副司长：章红燕（2010 年 6 月免职）

**人事司**

司　长：张永利（2010 年 12 月免职）
谭光明（2010 年 12 月任职）
巡视员：高红电（2010 年 2 月任职、12 月免职）
副司长：高红电（2010 年 2 月免职）
杨连清（2010 年 2 月免职）
蓝增寿　丁立新（2010 年 4 月任职）

**直属机关党委（直属机关纪委）**

常务副书记：谭光明（2010 年 12 月免职）
高红电（2010 年 12 月任职）
巡视员：杨百瑾（2010 年 4 月任职）
副书记、纪委书记：王希玲

**离退休干部局**

局　长：孙传玉
正司局级干部：杨建新
副局长：闫立民　张　强（2010 年 2 月任职）
副巡视员：张　强（2010 年 2 月免职）
马世魁（2010 年 2 月任职）
王景奇（2010 年 12 月任职）

## 中央纪委、监察部驻国家林业局纪检组、监察局负责人

**组　长：**陈述贤
**副组长、局长：**张习文（2010 年 3 月任职）
**副局长：**严晓凌
**综合室主任：**周　洪
**纪检监察一室主任：**籍永刚
**纪检监察二室主任：**吴兰香

## 国家林业局直属单位负责人

**国家林业局机关服务局**

局长、党委副书记：彭有冬（2010 年 4 月免职）
王永海（2010 年 4 月任职）
副局长：运文田　王寿奎　周　瑄　张全洲
副巡视员：徐志霞（2010 年 2 月任职）

**国家林业局国有林场和林木种苗工作总站**

总站长：郝燕湘（2010 年 4 月免职）
杨　超（2010 年 4 月任职）
副总站长：刘　红（2010 年 9 月免职）
总工程师：张健民
副总站长：杨连清（2010 年 2 月任职）
胡春姿（2010 年 6 月免职）　尹刚强

**国家林业局林业工作站管理总站**

总站长：陈凤学
巡视员：林海涛（2010 年 12 月任职）
副总站长：林海涛（2010 年 12 月免职）
米海生（2010 年 10 月免职，退休）
闫　振

**国家林业局林业基金管理总站（审计中心）**

总站长：孔　明
副总站长：王翠槐
总经济师：韩　冰（2010 年 6 月免职）
副总站长：丁立新（2010 年 4 月免职）　路　健
副主任：陈　彤
副总站长：李　冰（2010 年 6 月任职）

**国家林业局宣传中心（中国林业职工思想政治工作研究会）**

主　任：程　红
研究会秘书长：柳维河
副主任：叶　智　李金华

**国家林业局濒危物种进出口管理中心**

主　任：印　红（兼）

常务副主任：苏春雨
巡视员：孟　沙（2010 年 12 月任职）
副主任：孟　沙（2010 年 12 月免职）
周亚非　孟宪林

**国家林业局天然林资源保护工程管理中心**

主　任：张志达（2010 年 12 月免职）
副主任：陈　蓬（2010 年 2 月免职）
总工程师：叶荣华
副主任：陈学军　文海忠（2010 年 2 月任职）
樊　华

**国家林业局退耕还林（草）工程管理中心**

主　任：张鸿文
副主任：刘雪平（2010 年 6 月任职）
王殿富（2010 年 6 月任职）
巡视员：张秀斌（2010 年 12 月任职）
副主任：张秀斌（2010 年 12 月免职）
李青松（2010 年 11 月免职）
韩　冰（2010 年 6 月任职）　吴礼军
总工程师：敖安强

**国家林业局防治荒漠化管理中心**

主　任：刘　拓
巡视员：王信建（2010 年 12 月任职）
副主任：王信建（2010 年 12 月免职）
罗　斌　臧春林（2010 年 4 月免职）
许　庆　刘金富（2010 年 4 月任职）
总工程师：杨维西（2010 年 10 月免职，退休）
屠志方（2010 年 12 月任职）

**国家林业局世界银行贷款项目管理中心（速生丰产用材林基地建设工程管理办公室）**

主　任：安丰杰（2010 年 12 月免职）
副主任：姜喜山　陈道东　王连志
黄采艺（2010 年 6 月任职）
总工程师：苏宗海（2010 年 11 月免职）
许传德（2010 年 12 月任职）

**国家林业局对外合作项目中心**

主　任：曲桂林（兼）
常务副主任：金普春
副主任：苏　明　吴志民
刘立军（2010 年 9 月任职）

**国家林业局科技发展中心**

主　任：胡章翠（兼）
常务副主任：于建亚
副主任：王　伟　李明琪　黄发强

**国家林业局经济发展研究中心**

主任、党委书记：刘东生（2010 年 6 月免党委书记）
党委书记：王焕良（2010 年 6 月任职）
副主任：王焕良（2010 年 6 月免职）
戴广翠　周少舟　吴秀丽

**国家林业局人才开发交流中心**

主　任：王永海（2010 年 2 月任职、4 月免职）
副主任：王永海（2010 年 2 月免职）　路永斌　李天送

**国家林业局森林防火预警监测信息中心**

主　任：张　萍（兼）
副主任：王元法　陈介平

**国家林业局森林资源监督管理办公室**

主　任：汪　绚（兼）
副主任：张松丹　苏祖云

**国家林业局湿地保护管理中心**

主　任：马广仁
副主任：严承高　袁继明

**国家林业局信息中心**

主　任：李世东（2010 年 6 月任职）

**国家林业局国际竹藤网络中心**

主　任：江泽慧（兼）
常务副主任：岳永德
副主任：程　良　陈　森（2010 年 12 月免职，退休）
费本华

**中国林业科学研究院**

院长、分党组书记：张守攻
分党组常务副书记、副院长、京区党委书记：
李向阳（2010 年 6 月免职）
纪检组组长、分党组成员：陈幸良
副院长、分党组成员：储富祥　刘世荣

**国家林业局调查规划设计院**

院长、党委副书记：李忠平（2010 年 12 月免职）
党委书记、副院长：王忠武
常务副院长：刘国强（2010 年 6 月任职）
副院长：王庆杰（2010 年 12 月免职，退休）
刘国强（2010 年 6 月免职）　赵中南
唐小平（2010 年 6 月任职）
副院长、党委副书记：张惠新（2010 年 2 月免职）
总工程师：张煜星

**国家林业局林产工业规划设计院**

院长、党委书记：周鸿升（2010 年 2 月免党委书记）
党委书记：郭青俊（2010 年 2 月任职）
常务副院长：李　鹏（2010 年 2 月任职）
副院长：李　鹏（2010 年 2 月免职）
总工程师：肖小兵（2010 年 2 月任职）
副院长：李玉印（2010 年 2 月任职）
徐新华（2010 年 2 月任职）
王欲飞（兼，2010 年 2 月任职）

**国家林业局管理干部学院**

院　长：贾治邦（兼）
党委书记：王建子（2010 年 2 月免职）
李向阳（2010 年 6 月任职）
常务副院长：张周忙
副院长：方怀龙　刘家顺
党委副书记、纪委书记：黄桂荣

**中国绿色时报社**

党委书记：丁付林（2010 年 2 月免职）
社长、党委副书记：柏章良
总编辑：厉建祝
副总编辑：张连友　曾联盟
副社长：刘　宁（2010 年 2 月任职）

**中国林业出版社**

党委书记：柳学军
社长、党委副书记：金　旻
副社长、党委副书记、纪委书记：李玉峰

副社长、副总编辑：刘东黎
副总编辑：邵权熙

**国家林业局亚太森林网络管理中心**
主　任：曲桂林(兼)
常务副主任：章红燕(2010 年 6 月任职)
副主任：鲁　德　王春峰

**中国林学会**
秘书长：赵良平
常务副秘书长：李岩泉
副秘书长：沈　贵　尹发权

**中国野生动物保护协会**
秘书长：杨百瑾(2010 年 2 月免职)
臧春林(2010 年 4 月任职)
副秘书长：李青文　杨　丹(2010 年 9 月免职，退休)
赵胜利

**中国花卉协会**
秘书长：王殿富(2010 年 9 月免职)
刘　红(2010 年 9 月任职)
副秘书长：陈建武　张引潮

**中国绿化基金会**
副秘书长兼办公室主任：陈　蓬(2010 年 2 月任职)
副秘书长：赵志营
办公室副主任：杨旭东(2010 年 2 月任职)

**中国林业产业联合会**
秘书长：王　满
副秘书长：石　峰　王欲飞

**中国碳汇基金会**
秘书长：李怒云(2010 年 11 月任职)
副秘书长：苏宗海(2010 年 11 月任职)

**国家林业局驻内蒙古自治区森林资源监督专员办事处(濒危物种进出口管理中心呼和浩特办事处)**
专员、党组书记(主任)：刘树人
巡视员、党组成员：刘洪国(2010 年 12 月免职，退休)
副专员、党组成员：李国臣　高广文

**国家林业局驻长春森林资源监督专员办事处(濒危物种进出口管理中心沈阳办事处)**
专员、党组书记(主任)：王志高
副专员、党组成员：李伟明　傅俊卿

**国家林业局驻黑龙江省森林资源监督专员办事处(濒危物种进出口管理中心哈尔滨办事处)**
专员、党组书记(主任)：赵恩举
副专员、党组成员：孙文义

**国家林业局驻大兴安岭林业集团公司森林资源监督专员办事处**
专员、党组书记：孙国吉
副专员、党组成员：王荣满　段光晨

**国家林业局驻合肥森林资源监督专员办事处(濒危物种进出口管理中心济南办事处)**
专员、党组书记(主任)：薛全福

**国家林业局驻福州森林资源监督专员办事处(濒危物种进出口管理中心福州办事处)**
专员、党组书记(主任)：冯树清

**国家林业局驻武汉森林资源监督专员办事处(濒危物种进出口管理中心武汉、郑州办事处)**
专员、党组书记(主任)：何美成

**国家林业局驻海口森林资源监督专员办事处(濒危物种进出口管理中心海口、广州、南宁办事处)**
专员、党组书记(主任)：程　鹏(2010 年 2 月免职)
副专员、党组副书记(主任)：许　辉(2010 年 2 月任职)

**国家林业局驻成都森林资源监督专员办事处(濒危物种进出口管理中心成都、拉萨办事处)**
专员、党组书记(主任)：王洪杰(2010 年 11 月免职)
副专员、党组成员：许　辉(2010 年 2 月免职)
张志忠(2010 年 2 月任职)

**国家林业局驻贵阳森林资源监督专员办事处(濒危物种进出口管理中心长沙办事处)**
专员、党组书记(主任)：蒋周明

**国家林业局驻云南省森林资源监督专员办事处(濒危物种进出口管理中心昆明办事处)**
专员、党组书记(主任)：万兆奇

**国家林业局驻西安森林资源监督专员办事处(濒危物种进出口管理中心西安办事处)**
专员、党组书记(主任)：侯　龙

**国家林业局驻乌鲁木齐森林资源监督专员办事处(濒危物种进出口管理中心乌鲁木齐办事处)**
副专员、党组副书记(主任)：袁少青

**国家林业局濒危物种进出口管理中心上海办事处**
主　任：程　鹏(2010 年 2 月任职)
副主任：王招英(2010 年 2 月任职)

**国家林业局西北华北东北防护林建设局**
党组书记、副局长：曹丕玉
局长、党组副书记：潘迎珍
副局长、党组成员：张　炜　梁宝君

**国家林业局森林病虫害防治总站**
总站长、党委书记：马爱国(2010 年 11 月免党委书记)
党委书记：李青松(2010 年 11 月任职)
常务副总站长：潘宏阳(2010 年 4 月任职)
副总站长、党委副书记：潘宏阳(2010 年 4 月免职)
副总站长：郭丕毅(2010 年 3 月免职，退休)
党委副书记：付　贵(2010 年 4 月免职)
总工程师：宋玉双
纪委书记：李永成

**国家林业局东北航空护林中心**
主　任：白胜文(2010 年 2 月免职)
张惠新(2010 年 2 月任职)
党委书记：白胜文(2010 年 2 月免职)
付　贵(2010 年 4 月任职)
党委副书记、纪委书记：李炳泉
副主任：李世奇　张宝柱

**国家林业局西南航空护林总站**
总站长、党委书记：郝佩和
副总站长：史永林　和　宏

**南京森林警察学院**
党委书记：王海忠
院长、党委副书记：苏惠民(2010 年 12 月免职)
张高文(2010 年 12 月任职)
正院级调研员：苏惠民(2010 年 12 月任职)
常务副院长：张高文(2010 年 6 月任职、12 月免职)

党委副书记、纪委书记：王邱文
副院长：张治平　李　明
政治部主任：林　平

**国家林业局华东林业调查规划设计院**
院长、党委副书记：傅宾领
党委书记、副院长：刘裕春
党委副书记、纪委书记、副院长：周　琪
副院长、总工程师：何时珍
副院长：丁文义

**国家林业局中南林业调查规划设计院**
院长、党委副书记：周光辉
党委书记、副院长：康晓达
副院长：蒋云安
总工程师、副院长：熊智平
党委副书记、纪委书记、副院长：周学武

**国家林业局西北林业调查规划设计院**
院长、党委副书记：张　翼
副院长：彭长清
总工程师：李立球

**国家林业局昆明勘察设计院**
院长、党委副书记：唐芳林
党委书记、副院长：胡培兴
副院长、总工程师：张敏琦
副院长、纪委书记：周红斌

## 各省(区、市)林业厅(局)负责人

**北京市园林绿化局(首都绿化办)**
局长(主任)、党组书记：董瑞龙
副局长：史贵升(正局级)
党组副书记、巡视员：刘宝军(2010年3月任巡视员)
副主任：王苏梅　甘　敬
副局长：王振江　强　健　黄德峰　高士武
周剑平(2010年7月任职)
副巡视员：张建民　朱国城　廉国钊　贲权民

**天津市林业局**
党委书记、局长：李森阳(2010年10月免职)
陶润立(2010年10月任职)
副巡视员、副局长：王海静
党委副书记：李春国
副局长：齐龙云　吴学东

**河北省林业局**
局长、党组书记：武国堂(2010年12月免职)
副局长、党组副书记：刘凤庭(2010年11月任党组副书记)
副局长、党组成员：刘凤庭(2010年2月任职)
张　静(2010年11月免职)
雷永怀　闫铁龙(2010年11月任职)
副局长：葛会波
纪检组组长、监察专员、党组成员：王金品
巡视员：张　静(2010年11月任职)
副巡视员：闫铁龙(2010年11月免职)
李桂征(2010年11月任职)

**山西省林业厅**
厅长、党组书记：耿怀英
副厅长、党组成员：霍转业(正厅级)
常光明　周　洪
纪检组组长、党组成员：谢　璞
总工程师、党组成员：任建中
巡视员：杜创业
副巡视员：姚文达　温普德　刘虎山
党组成员、森林公安局局长：李　更

**内蒙古自治区林业厅**
厅长、党组书记：高锡林
副厅长、党组成员：曹文仲
纪检组组长、党组成员：李树平
副厅长、党组成员：田选明　呼　群
龚家栋(2010年10月任职)
总工程师：高桂英(2010年10月任职)
自治区防火指挥部专职副总指挥：阿勇嘎
副巡视员：杨俊平　云　岚(2010年7月离职退休)
乔　云　肖文武　王福英(2010年7月任职)　魏　江(2010年10月任职)

**辽宁省林业厅**
厅长、党组书记：曹　元
副厅长、党组副书记：侯喜丰
副厅长、党组成员：马志刚　黄庆宇
纪检组组长、党组成员：张志茹
副巡视员：史广海　赵永新

**吉林省林业厅**
党组书记、厅长：张德新
党组成员、副厅长、绿委副主任：栾胜宽
党组成员、副厅长：金德友
党组成员、纪检组组长、监察专员：姜国军
党组成员、副厅长：乔　恒
副厅长：孙光芝
党组成员、副厅长、森林防火专职副指挥：孙亚强
副巡视员：闫活承　尚静敏

**黑龙江省林业厅**
厅长、党组书记：韩连生(2010年2月免职)
蔡炳华(2010年2月任职)
巡视员：刘亚文(2010年8月任职)
副厅长：刘亚文(2010年8月免职)
杨克杰　王凤友
副厅长、森林草原防火指挥部专职副指挥：李树铭(2010年4月任副厅长)
纪检组组长：王瑞斌
省绿化委员会专职副主任：张凤仙

副巡视员：李跃民　杨国亭　金　强

**上海市绿化和市容管理局(上海市林业局)**

党组书记、局长：马云安
党组副书记：刘　磊
副局长：崔丽萍　夏颖彪　蔡友铭　鲁建平
　　恽奇伟
副局长、总工程师：黄兴华
巡视员：李子韦(2010年1月免职)　陶　渊
副巡视员：冯肃伟(2010年1月免职)
　　方　岩(2010年5月任职)

**江苏省林业局**

局长、党委书记兼任农委副主任、党组成员：
　　夏春胜
副局长、党委委员：严宏生[2010年9月免职、任农委(林业局)副巡视员]
　　葛明宏　卢兆庆
　　傅　兵(2010年9月任职)
纪委书记、党委委员：邱昱东
党委委员：仲志勤(2010年9月任职)

**浙江省林业厅**

厅长、党组书记：楼国华
巡视员、副厅长、党组成员：邢最荣(2010年6月任巡视员)
副厅长、党组成员：叶胜荣　杨幼平　俞　坚
　　张全洲(挂职干部，2010年3月免职)
副厅长：吴　鸿
纪检组组长、监察专员、党组成员：陈亚敏
总工程师：蓝晓光(2010年11月任职)
副巡视员：蓝晓光(2010年11月免职)

**安徽省林业厅**

厅长、党组书记：韩柏泉
巡视员、党组成员：汪炳瑜(2010年12月任职)
　　程　鹏
副厅长、党组成员：汪炳瑜(2010年12月免职)
　　赵　波
　　潘法祥(2010年12月任职)
　　齐　新(2010年12月任职)
纪检组组长、党组成员：张盛林
总工程师、党组成员：汤　坚
副巡视员：唐丽影　江贻东
副厅级纪律检查员、监察专员：孙桂英

**福建省林业厅**

厅长、党组书记：吴志明(2010年4月免书记、5月免厅长)
　　陈家东(2010年4月任书记、5月任厅长)
副厅长、党组成员：林少霖　张明接　谢再钟
纪检组组长、党组成员：黄文书

**江西省林业厅**

厅长、党组书记：刘礼祖
巡视员、党组成员：肖　河
副厅长、党组成员：魏运华　郭　家　詹春森　罗　勤
纪检组组长、党组成员：李晓浩

党组成员，省林科院院长、党委书记：黄小春
党组成员、森林公安局政委：邱水文
副巡视员：毛赣华
总工程师：胡跃进

**山东省林业局**

局长、党组书记：贾崇福
副局长、党组副书记：丁希滨
巡视员：石效贵(2010年1月免职)
　　田庆斌(2010年6月任职)
副局长、党组成员：田庆斌(2010年6月免职)
　　辛福智(2010年6月任职)
　　吴庆刚(2010年6月任职)
纪检组组长、党组成员：辛福智(2010年5月免职)
　　张保卫(2010年5月任职)
副巡视员：吴庆刚(2010年6月免职)

**河南省林业厅**

厅长、党组书记：王照平
副厅长、党组成员：刘有富　王德启　丁荣耀
　　李　军
党组成员、巡视员：张胜炎
纪检组组长、党组成员：乔大伟
党组成员、森林公安局局长：宋全胜
副巡视员：万运龙　谢晓涛

**湖北省林业厅**

厅长、党组书记：王海涛
副厅长、党组成员：李新水　董祚华　刘晓洪
　　蔡静峰　王铭德(2010年8月任职)
纪检组组长、党组成员：王启平(2010年8月免职)
　　陈年山(2010年8月任职)
总工程师、党组成员：洪　石
党组成员、森林公安局局长：陈毓安
巡视员：李德珍
副巡视员：吴恒洲　何先国(2010年2月任职)
　　鲁水清(2010年2月任职)
　　余志中(2010年2月任职)
　　罗昌文(2010年2月任职)
　　刘兴礼(2010年2月任职)
森林公安局副巡视员：陈精华(2010年5月任职)

**湖南省林业厅**

厅长、党组书记：邓三龙
副厅长、党组副书记：胡长清(2010年1月任职)
副厅长、党组成员：胡长清(2010年1月免职)
　　唐苗生　柏方敏
　　赵清云(2010年5月免职)
　　李益荣(2010年12月任职)
纪检组组长、党组成员：王光荣
总工程师、党组成员：文振军
副巡视员：柳开明　吴剑波(2010年2月任职)

**广东省林业局**

局长、党组书记：张育文
党组成员、巡视员：陈俊勤
副局长、党组成员：陈亚广　孟　帆　陈俊光
省纪委、省纪检组组长、监察专员：肖伟昌

党组成员、总工程师：谭天泳
党组成员、省森林防火指挥部专职副总指挥：杨胜强
副巡视员：王惠恒　苏荣春

**广西壮族自治区林业厅**

厅长、党组书记：陈秋华
巡视员：廖培来(2010 年 11 月免职)
副厅长、党组副书记：莫一平
副厅长、党组成员：陈湘文(2010 年 1 月免职)
韦纯良　李明琪(挂职干部)
刘中奇
总工程师、党组成员：蒋桂雄
纪检组组长、党组成员：王力生
副巡视员：肖　超

**海南省林业局**

局　长：关进平
副局长：周燕华(2010 年 5 月免职)
倪陈兴　黄金城
刘艳玲(2010 年 11 月任职)
党组成员、防火办主任：周绪梅(2010 年 9 月任职)
巡视员：秦忠文
副巡视员：曾　平

**重庆市林业局**

局　长：吴　亚
副局长：何　平(2010 年 6 月免职)
邓东华　杨富权　张　洪　王声斌
杨　冬(挂职干部，2010 年 8 月免职)
戴栓友(挂职干部)
纪检组组长：邓兴华
局长助理：彭泽民　谢志刚
总工程师：杜士才
副巡视员：张　静

**四川省林业厅**

厅长、党组书记：王　平
副厅长、党组成员：罗增斌　郭亨孝　刘书贵
纪检组组长、党组成员：赵光钦
防火指挥部专职副指挥长：龙先华
总工程师：骆建国(2010 年 8 月任职)
副巡视员：张绍荣　包建华　廖志抗
森林公安局局长：范成旭
林业工会主席：高　银(2010 年 3 月免职)　熊北蓉
卧龙特区主任：张和民

**贵州省林业厅**

党组书记、厅长：金小麒
党组成员、副厅长：杨洪俊　甘如一
沈晓春(2010 年 2 月任职)
副厅长：徐来富
党组成员、总工程师：聂朝俊
党组成员、机关党委书记：黄永昌
党组成员、纪检组组长：黄　勇
副巡视员：胡庆昌

**云南省林业厅**

党组书记：白成亮
党组副书记、厅长：陈玉侯
党组成员、副厅长：郭辉军　王德祥　冷　华
刘一丹　闫　振(挂职干部，2010 年 11 月免职)
党组成员、森林公安局局长：夏留常
党组成员、森林防火指挥部专职副指挥长：万　勇
党组成员、纪检组组长：拉玛·兴高
党组成员、厅长助理：罗　宁(2010 年 10 月任职)
巡视员：张林冲(2010 年 5 月免职)
副巡视员：刘全英　习建国

**西藏自治区林业局**

党组书记、副局长：杰　巴
局长、党组副书记：雷桂龙
副局长、党组成员：黄正秋(援藏干部，2010 年 7 月免职)　黄采艺(援藏干部，2010 年 8 月任职)　布　穷
郭　杰
纪检组组长、党组成员：泽达吉(2010 年 2 月免职)

**陕西省林业厅**

党组书记、厅长：张社年
党组成员：孙承骞
党组成员、副厅长：陈玉忠　王建阳　高永民
拓　平(2010 年 5 月任职)
彭　鸿　李嘉农(2010 年 5 月任职)
党组成员、森林资源管理局党委书记、局长：郭道忠
党组成员、总工程师：范民康
党组成员、纪检组组长：赵钰莹
党组成员、秦岭国家植物园园长：沈茂才(正厅级)
副厅长：唐周怀
党组成员、森林公安局局长：马利民(2010 年 11 月任党组成员)

**甘肃省林业厅**

党组书记、厅长：高清和
党组副书记、白龙江管理局书记：火统元(正厅级，2010 年 5 月任职)
党组成员、副厅长：高　攀　赵建林
段昌盛(2010 年 11 月任职)
樊　辉(2010 年 11 月任职)
党组成员、总工程师：樊　辉(2010 年 11 月免职)
党组成员、省绿化委员会办公室副主任：张肃斌
党组成员、森林公安局局长：张鹿鸣
党组成员、纪检组组长：李　智(2010 年 3 月任职)
巡视员：曾效先
副巡视员：段　巍(2010 年 12 月免职)
尚振潭(2010 年 12 月免职)　王成锁

**青海省林业局**

党组书记、局长：李三旦
党组成员、副局长：党晓勇　郑　杰　赫万成
李　冰(援青干部，2010 年 8 月任职)
党组成员、三江源国家级自然保护区管理局局长：李若凡
纪检组组长：马东田
巡视员：王　谦(2010 年 7 月免职)
副巡视员：肖俄力

副巡视员、总工程师：包玉玲(2010年1月免职)

**宁夏回族自治区林业局**

党组书记、局长：王德林

党组成员、副局长：佘进军　王洪界　李月祥　马　林

党组成员、纪检组组长：郭玉堂(2010年2月免职)　开永安(2010年5月任职)

副巡视员：李　安

**新疆维吾尔自治区林业厅**

党委书记：张小平

厅　长：尼加提・马合木提

副厅长：侯翠花　英　胜　吾拉孜别克・索力坦　李永成(援疆干部)

纪委书记：党元德

政治部主任：彭小明

总工程师：谢　军

巡视员：阿西木・托乎提(2010年12月任职)

副巡视员：朱马什・夏克尔提(2010年10月免职)　崔培毅(2010年1月免职)

# 人事工作

【综　述】 2010年，人事司认真贯彻胡锦涛总书记对林业工作的重要批示精神和十七届五中全会、中央林业工作会议、全国人才工作会议、全国教育工作会议和全国组织部长会议精神，在局党组的统一领导下，按照全国林业厅局长会议的总体部署，服务大局、改革创新，全力推进组织人事工作的科学化、民主化、制度化建设，着力建设适应林业形势、胜任林业工作的高素质的干部队伍。

**坚持改革创新，不断推进干部工作规范化、科学化** 林业改革发展面临的形势和任务变化，对干部选拔任用工作提出了新的要求。2010年，人事司坚持以改革创新精神统领干部人事工作，坚持民主、公开、竞争、择优的方针，坚持正确的考核导向和用人导向，特别是结合国家林业局干部队伍实际，进一步加大干部竞争上岗和轮岗交流力度，着力强化干部监督管理，加强领导班子建设，改善干部队伍结构。

*增强干部竞争上岗工作科学性*　在认真总结2009年亚太网络中心和在京直属单位副司局级职位竞争上岗工作的基础上，启动了新一轮干部竞争上岗工作。2010年组织开展13个司局级职位、12个处级职位的单位内部竞争上岗和1个司局级职位、6个处级职位较大范围的竞争上岗，在方案制定、程序设计和组织实施等方面坚持“大稳定、小调整”，既提炼保留2009年好的做法，又根据竞争职位特点和干部队伍实际对考察指标和要素采取有取有舍、有增有减，使竞争上岗更科学、更规范。同时结合竞争上岗，采用常规方式选拔36名司局级干部、2名处级干部。实践证明，这些做法得到各司局和直属单位的一致认同，得到中组部的充分肯定和高度评价。中组部《组工通讯》2010年第103期专门刊载国家林业局近年来开展竞争上岗工作的做法和经验，并请国家林业局作为课题承担单位，参与其《完善竞争性选拔干部方式问题研究》这一年度重点课题的研究和调研报告的撰写。

*着力加大干部交流力度*　根据国家林业局单位数量多、分布广，岗位差异性大、专业性强的特点，按照公平公正、优化结构、有效激励原则，国家林业局统筹推进、分步实施，逐步建立机关、京内外直属单位之间干部交流机制，形成干部轮岗交流的良性循环。一是全年对10个机关司局和29个直属单位领导班子进行调整，提拔交流21人，平级交流23人。积极、主动地加强与地方间干部交流，有3名干部交流到地方任职，3名地方干部交流到局机关任职。二是加强对关键岗位干部的管理，确定了20个处级关键岗位。三是加大基层选拔干部的力度，全年从地方部门选调28人、面向社会招录17人充实到局机关和参公管理单位，京内外直属单位共接收应届毕业生138人，进一步改善干部队伍结构，增强干部队伍活力。四是注重调动不同年龄段干部的积极性，选调8名直属单位主要负责人回机关工作，并推荐其中6人担任局属社团主要负责人，加强社团管理和规范化建设。

*加大干部监督管理工作力度*　对干部既心怀“老人心肠”，以正面教育为主，做到经常教育、经常提醒、经常帮助，又敢抓敢管，严格执纪，使干部始终在风清气正的氛围下工作。一是坚持民主集中、团结统一，稳步推进党政分设，进一步加强领导力量，避免重大问题决策出现失误。2010年对4个单位进行党政分设，目前全局17个设党委单位中已有16个实行党政分设。二是进一步强化干部监督。认真贯彻干部选拔任用工作四项监督制度，研究提出20条贯彻落实措施，进一步规范用人行为。认真贯彻《报告有关事项规定》和《移居管理规定》，做好报告前自查自纠工作，促进干部廉洁从政。加强对干部的审计监督，全年对12名直属单位主要领导开展任期经济责任审计，并将审计结果在全局范围内通报。三是广泛开展领导干部谈心谈话工作，坚持做到“四个必谈”。全年共与91名职务变动的司局级干部进行谈话，与群众有反映或考核有反映的1名司局级干部及时进行诫勉谈话。四是惩治用人上的不正之风，严肃查处违纪违法行为。全年对违反干部选拔任用工作的1名正司局级干部给予撤职、留党察看处分，对涉案的1名正司局级干部、2名处级干部、1名一般干部作出开除处分，对涉案的1名副司局级干部作出撤职处分。

**提高干部队伍整体素质和执政能力**　干部的教育培养和实践锻炼是组织人事工作的永恒主题。2010年，人事司注重引导和鼓励干部到基层实践锻炼，注重创新干部培养锻炼方式，注重增强教育培训的针对性、实效性，注重加强林业教育培训平台建设，干部队伍能力建

设有了新成绩。

*加大干部基层锻炼培养力度* 贯彻中央关于干部从基层来、到基层去的要求，统筹抓好干部实践锻炼。一是认真开展第五批、第六批援藏干部的轮换衔接工作，择优选派两名副司局级干部、4名处级干部到西藏和青海藏区工作锻炼。二是把"增强科学意识、增加科技知识"作为干部培养锻炼的重要内容和提高干部领导科学发展能力的重大举措，让干部在科技一线培养锻炼。在2009年选派3名新提拔干部到林科院任职基础上，2010年再选派3名新提拔干部到科研一线任职锻炼，实现科研院所与机关干部交流的良性循环，探索国家林业局干部培养锻炼的新机制。三是继续选派14名优秀年轻干部到广西、贵州等地挂职锻炼，同时安排中央三部委和来自西部、林业重点工程示范区以及革命老区的近20名地方干部到国家林业局挂职锻炼。四是与中组部等12个部门联合印发《关于做好大学生"村官"有序流动工作的意见》，推动农村基层干部培养和队伍建设，为全面推进集体林权制度改革提供有力的组织保证。

*继续开展大规模培训干部* 一是根据中组部干部培训计划，选派4名后备干部参加中青年干部党性教育专题培训。根据中央党校、国家行政学院和三所干部学院招生计划，选派16名司局级干部参加省部级和地厅级干部专题学习。二是认真贯彻贾治邦局长关于林业教育培训的一系列重要批示，扎实推进干部教育培训工作，组织完成中组部委托的2期县级领导干部研究班，培训70名县长；做好林业援疆培训工作，组织完成2期新疆林业干部培训班，培训新疆维吾尔自治区林业厅机关及直属单位、直属林场112名处级干部；全年共举办其他各类培训班100余期，培训机关公务员、直属单位领导干部和地方林业干部计7000余人次；三是与国际合作司共同组织实施中日合作中国西部地区林业人才培养项目，围绕集体林权改革及国有林场改革，举办国内示范培训班9期，培训496人次；四是大力推进林业远程教育培训工作，受中组部委托，完成农村党员干部现代远程教育林业专题教材制播工作，全年共送播52周、3120分钟林业专题教材课件。五是加强林业干部教育培训平台和教学课件开发，组织完成中国林业教育培训网改版工作。新版中国林业教育培训网已正常运行，共设有10个基础栏目、6个专题栏和2个资源栏目；举办林业远程培训教材建设暨网络课程建设工作培训班，部署林业远程培训教材建设暨网络课程建设工作。组织制作完成"森林的概念与特征"等4部林业基础知识网络课件。

*加强林业院校共建和学科专业建设* 一是组织完成国家林业局领导与教育部领导共同签署共建北京林业大学、东北林业大学、西北农林科技大学协议工作，进一步提高林业高等教育服务林业科学发展的能力。二是加强林业学科建设，举办林学一级学科建设高级研讨班，开展林业领域学科体系建设与发展战略研究，推进学科可持续发展。三是大力推进林业职业教育，组织推荐国家精品课程，向教育部推荐4门林业类课程，其中3门课程成功入选2010年国家精品课程。四是强化林业教育国际合作，在加拿大参与举办第二届国际林业教育研讨会。

*着力开展教育培训规划编制和课题研究* 一是认真组织学习贯彻《国家中长期教育改革规划纲要(2010～2020年)》、《2010～2020年干部教育培训改革纲要》，深入开展调查研究，结合林业实际，编制《全国林业教育培训工作"十二五"及中长期规划(初稿)》。二是组织完成《林业干部教育培训能力建设研究》，开展现代林业教育培训体系建设研究。三是积极开展林业热点问题，编制《林业应对气候变化培训大纲》，印发和实施《国家林业局关于加强林业应对气候变化培训工作的通知》。

**突出重点，谋划和开展林业人才工作** 林业人才队伍是胡锦涛总书记提出的林业改革发展"三个依靠"的重要组成部分和骨干力量。2010年以全国人才工作会议的召开为契机，以贯彻学习人才会议精神为重点和抓手，人事司迅速部署、认真安排，在全行业掀起一个重视人才工作，研究人才工作，宣传人才工作，做好人才工作的新热潮，林业人才队伍建设得到进一步加强。

*学习全国人才工作会议精神* 全国人才工作会议召开后，及时向局党组提出学习贯彻会议精神和《人才规划纲要》的安排建议。提请党组召开理论中心组学习会，对会议精神进行专题学习。对这次全国人才工作会议和《人才规划纲要》提出的重大政策和重大人才工程，逐条梳理、认真对接，着力研究制定配套的政策措施和具体实施方案，把中央的部署落实到林业人才工作的实际中。在此基础上，起草了贯彻落实会议精神和《人才规划纲要》、加强林业人才工作的实施意见(初稿)，并对局属单位贯彻落实会议精神提出了具体要求，将会议精神的贯彻落实持续引向深入。

*开展人才规划编制，增强人才工作的前瞻性* 编制林业人才发展规划是贯彻落实全国人才工作会议和《人才规划纲要》的重要举措和行业人才队伍建设的重要抓手。一是依据《国家中长期人才发展规划纲要(2010～2020年)》，组织编制了《林业生态建设与保护人才中长期发展规划》。二是积极向中组部反映林业和生态建设人才队伍建设方面的意见，促成中组部确定"生态建设与保护"这一重点领域以及《生态环境保护人才中长期发展规划》。三是参与环保部牵头的《生态环境保护人才中长期发展规划》编写，结合林业实际，在原则问题上不让步，集体拿出应对方案，维护了林业的应有地位。四是统筹编制《全国林业人才"十二五"及中长期发展规划(初稿)》。在规划编制过程中，注重与国家重大人才工程的对接，精心设计林业人才队伍建设重点工程。同时，为更好地解决人才队伍建设与业务工作脱节现象，组织完成9个重点领域的人才队伍摸底调研，并指导编制重点领域的人才发展子规划，初步形成林业人才规划体系。

*加强高层次人才队伍建设* 一是以业绩为导向，统筹考虑高层次人才培养与使用，向人社部推荐9名专业技术人才为国家林业局2010年享受政府特殊津贴人选。二是着力抓好西部林业人才工作。2010年是西部大开发10周年，为落实中央有关精神和局党组的部署，对西部林业人才工作作出重点安排。首次向云南省派出2名油茶博士，向广西北海市派出1名森林公园和旅游专业博士，为当地的特色经济林发展提供人才服务；组织

接收西部省区9名“西部之光”青年学术技术带头人、新疆少数民族4名科技骨干到林科院做高级访问学者，并制定完全符合个性化要求的研修计划、配备优秀的指导老师及指导团队；积极选派赴重庆的第三批“林业博士服务团”，并与重庆市沟通需求职位意向。三是提高林业人才评价工作的科学化和规范化水平，着力培养高技能人才，正式启动了林业特有工种国家职业标准编写工作和林业工程专业技术资格标准条件修订工作。组织高技能人才培养示范基地建设验收，完善系统人才调查统计指标。

开展表彰奖励工作，发挥典型示范和激励作用　一是按照2010年全国劳模表彰工作的统一安排，牵头组织40个林业劳模和先进工作者的接待活动。局领导集体会见劳模，并与劳模进行座谈。活动产生了良好的社会反响，对广大林业人才产生了很好的正向激励作用。二是贯彻落实李源潮同志的批示精神，向全国绿化、林业系统印发《关于向杨善洲同志学习的通知》和《关于追授杨善洲同志“全国绿化模范”荣誉称号的决定》，组织调研组赴云南施甸县调研和发掘杨善洲同志的先进事迹，并在局属报刊、网站开展系列宣传，以开展向杨善洲同志学习活动为主要载体和内容，深入推进全国林业系统创先争优活动的开展。向人社部推荐世博会先进集体和个人，经初审，濒管中心上海办事处被列为先进集体表彰对象，体现了林业参与世博会作出的重要贡献。

**坚持科学规范，不断加强机构保障能力建设**　按照局党组的部署和要求，继续把机构编制工作放在建设现代林业、全面推进集体林权制度改革的大局中去思考和谋划，以加强机构编制工作的科学化、规范化为重点，优化机构编制资源配置，严格机构编制统一管理，严格编制、领导职数的审批备案，深入开展调研、注重内外协调，机构保障能力建设有了新的提高。

推进派驻地方林业监管机构全面整合　为构建设置科学、监管有力、运转协调的林业资源监督管理机构体系，在2009年派驻地方林业监管机构合署办公的基础上，按照逐步推进全面整合的总体思路，会同局属相关单位，就各机构职能配置、名称定位等问题进行认真研究，提出了派驻监管机构整合初步方案。在此基础上，会同中央编办在京外召开两次调研协调会，听取地方林业主管部门和编制部门及服务对象的意见，并重点就整合后职能定位、与地方事权划分等问题，全力加强与中编办的沟通协调。同时抓紧完善拟报中央编办的文件。

理顺了有关单位的管理体制　一是按照局党组的指示，针对森林公安局和国家森防指办公室的管理体制问题，广泛征求该局（办）人员的意见。经提请局党组会议定，继续维持现有该局（办）合署办公体制，在此基础上，要求该局（办）进一步统一领导、明确分工、落实责任。二是进一步理顺了行管办管理体制，经局党组研究决定，明确将行管办由资源司改挂计财司，相关业务和领导职数、编制数及现有在职人员一并划入计财司，明确在计财司设1个处室具体承担相关业务。三是经协调，将分别由绿委办主管的《绿色时空》、野生动物保护协会主管的《绿野寻踪》两个栏目交由局宣传办管理，理顺了这两个栏目的管理体制。

推进机关内部“三定”工作　一是经协调和争取，中央编办批复为国家林业局增加18名行政编制，解决林改司和国家森防指办公室成立以来一直没有编制的问题，并明确林改司职能配置，为更好地组织推进集体林权制度改革提供重要基础。此次国家林业局增加编制是局党组高度重视、不断加强局机关建设的重大成果。二是调整并明确局办公室、计财司、造林司、林改司编制数量、内设处室及领导职数配备。三是在中央编办《环境保护部组织条例》征求意见过程中，按照实事求是、职责法定、有理有据的总体思路，高度重视、积极应对，经多个来回的征求意见、梳理和汇总，起草了《国家林业局关于对〈环境保护部组织条例〉意见的函》，维护了林业职能的完整性和应有地位。

加强事业单位机构建设　一是经大力协调，中央编办正式批准国家林业局成立国家林业局信息中心，经提请局党组审定，对信息中心的职能、内设处室设置等予以了明确。二是根据工作需要，对规划院、西北调查规划院、华东调查规划院的内设机构进行调整。三是协调中央编办、教育部正式批准将南京森林公安高等专科学校升格，更名为南京森林警察学院，并就学校升本后的办学指导思想、机构编制、干部职数等问题进行了反复研究，提出意见供局党组决策。同时协调南京森林警察学院升本后调整招生计划工作，调整后的2010年招生计划为本科1000人、专科500人。四是经大力协调和争取，国家公务员局批准国家林业局科技发展中心、退耕还林中心为参照管理事业单位。2010年，国家林业局参照管理单位达23个，在各部委中名次列前。同时就天保中心、预警中心、合作中心等单位申请参照管理问题，继续进行呼吁，努力争取，尽全力扩大局属单位参照公务员法管理范围，为林业长远发展创造有利条件。

林业社团工作得到新加强　一是在做好2009年社团年检工作的基础上，重点研究社会团体换届工作，从加强社团管理、发挥社团积极作用的角度出发，提出了应换届社团人事安排关意见。二是为进一步整合国家林业局社团资源，经协调，民政部已审批同意将中国林业产业协会更名为中国林业产业联合会。三是经民政部批准，新成立中国绿色碳汇基金会。2010年，国家林业局业务主管的一级社会组织有20个。

**坚持稳步推进，积极应对事业单位改革**　近年来，国家正酝酿或准备实施一系列事关事业单位长远建设的改革。国家林业局一方面加强同有关政策制定部门的沟通协调，积极反映呼声和诉求，争取在即将实施事业单位的各项改革中职能不减、阵地不失、人心不乱，赢得下一步工作的有利地位；另一方面结合全局事业单位数量庞大、类型复杂、人员众多的特点，在推进事业单位各项改革进程中，坚持以人为本，以干部利益为重，最大限度地调动事业单位干部队伍的积极性。

做好事业单位分类改革准备工作　事业单位分类改革，事关干部职工切身利益，事关林业发展大局，局党组高度重视。在2010年中编办等部门征求《关于分类推进事业单位改革的意见》及其4个配套文件意见过程中，人事司及时组织起草回复意见，积极呼吁、大力争取将国家林业局大部分事业单位列入主要承担行政职能事业单位或主要承担公益服务事业单位，力争在改革中维护好和发展好林业事业单位的利益，并对地方林业事业单位改革产生积极的带动作用。同时强化与各相关部门和局内相关方面的协调配合，密切关注事业单位分类改革的政策制定过程，向局里建议成立事业单位分类改革领导小组，具体负责改革中若干重要事项的组织研究和决策，确保国家林业局事业单位分类改革统筹推进。

*开展参照管理单位的实施工作* 协调国家公务员局完成21个参照管理单位、454名人员的登记备案工作，指导科技中心开展参照管理登记备案工作。随后，立即与人社部工资司进行反复沟通，组织开展这些单位工作人员的工资转制套改工作。专门召开参照管理单位工资转制套改培训会议，在会上逐个审核21个参照单位的工资转制套改材料，稳妥处理工资制度转换中的各种情况和问题，最大限度维护干部职工的利益，实现工资制度的平稳转换。

*稳妥做好劳资工作* 近几年，国家正在实施机关事业单位收入分配制度改革工作，由于政策实施进度与干部职工的期望有一定差距，机关和直属单位部分人员反映强烈。为此，人事司始终坚持以人为本，从干部职工利益出发，积极稳妥地推进这项工作。一是为加强人员和工资计划管理，为即将实施的事业单位绩效工资中收入水平能有较大幅度的提高打好基础，经争取，人社部下达国家林业局京内外直属单位工资总额6.7亿，较2009年增加近1亿，增幅达17.2%，这是持续5年较大幅度的增加。二是积极研究直属事业单位绩效工资政策，把握好其精神实质，并对涉及单位的有关情况进行认真调查摸底，积极利用各种机会和渠道，向人社部口头和书面多次反映情况。切实抓好设计院转制前退休职工提高补贴工作。三是细致做好工资变动审核工作。按照政策规定，及时兑现机关工作人员共278人年终一次性奖金、269人两年晋升职务工资档次和36人滚动晋升级别工资增资。审批局管干部和无人事权直属事业单位工作人员321人增加薪级工资，审核因调动和职务晋升46人工资变动。

*把握事业单位人事制度改革进程* 当前，国家高度重视事业单位人事制度改革，不断加大推进力度。人事司积极加强对国家有关改革政策制定研究的了解和对有关改革试点情况的跟踪，提出建议、反映诉求，确保国家林业局事业单位在改革中有更好的发展。一是在前两年局属单位实施岗位设置管理的基础上，向人社部提出把握好改革进程、分不同类型单位进行制度设计和做好人事制度与社会保障制度、收入分配制度衔接配套的政策建议。二是针对事业单位聘用制度实施中的有关情况，组织局属事业单位聘用制实施情况调研，向人社部提出适时推进改革、做好政策衔接、搞好宣传发动和发挥单位自身积极性等三方面政策建议。三是针对事业单位岗位设置管理实施中的有关情况，组织局属单位岗位设置管理情况调研，向人社部提出尽快实施事业单位绩效工资、整体协调推进事业单位人事制度改革、加紧完善相关后续政策等建议。

在做好以上工作的同时，人事司积极配合并完成中组部考核组的考核工作任务；扎实开展干部档案管理达标审核工作；结合重点工作的开展，始终重视组织人事部门自身建设，继续开展“讲党性，重品行，作表率”活动、人事司司长下基层活动和“创先争优”活动，组工部门和组工干部的整体水平和能力不断提升。

（林业人事劳动由严剑供稿）

# 国家林业局直属单位

20

# 国家林业局经济发展研究中心

【综　述】 2010年，国家林业局经济发展研究中心结合"三个深入、三个加强"的要求，进一步完善全年总体思路，突出工作重点，明确目标，突出核心，细化任务，加强保障，研究领域有了新拓展，决策服务能力有了新提高，各项工作顺利推进。

**以局中心工作为重点，加强决策服务**

组织开展重大问题调研，在决策服务功能上有突破 2010年，重大问题调研工作强化组织协调，突出重点，组织开展16项重大课题调研。组织中心内外、局内外，特别是国内一些知名专家开展调研，向党中央建言献策，为局党组决策提供参考；清华大学国情研究中心、北京大学光华管理学院、中央党校哲学部、清华大学经济管理学院等机构参加"林业公共财政"、"森林保险"等重大问题调研，中心通过多种渠道、多种方式把研究成果呈送中央高层，直接推动生态效益补偿、政策性森林保险、林权抵押贷款等重大林业政策出台。

积极有效地为司局工作服务　通过调配研究力量，配合开展相关研究，将研究过程有机地融入到司局工作中，中心有7人被长期抽调到司局帮助工作，全年共抽调20余人次协助有关司局开展工作。中心参加的工作主要有：参与《林业发展"十二五"规划》的制定和"十二五"规划林业科技人员现状调查；参与《全国生态保护与建设规划》制定；与产业协会共同组织召开林业产业"十二五"规划编制和林业产业信息交流座谈会；参与甘肃舟曲特大泥石流与森林植被关系调研；配合湿地办组织湿地补偿试点调研，组织中国社科院等研究机构和高校专家起草《湿地保护补偿试点办法》；参与《京津风沙源治理工程二期工程规划》社会经济效益分析；配合保护司开展"自然保护区集体林问题"调研；制定森林火灾评估标准；配合政法司开展全国林业行政执法人员管理系统运行、维护工作等。

深入调查研究，为基层林业工作和林农服务　以林业重点工程社会经济效益监测、林业产业发展监测、集体林权制度改革跟踪监测、重点工程与消除贫困等研究项目为平台，广泛建立研究联系点，深入实地开展调研，全年中心共赴基层调研80余次、230人(次)，完成有较高决策参考价值的调研报告16份，对把握林业建设和林农面临的困难及林业改革发展中存在的问题，提出对策和建议。

多渠道拓展研究空间，科研工作取得成果　2010年，中心在巩固原有研究项目的基础上，从2009年的59项增至82项，课题总经费增至1192万元，共形成调研报告85篇，研究报告21篇，发表论文41篇(1篇SCI论文)，出版书籍、专著10部。围绕热点深入研究，基础研究更加扎实。一是现代林业研究取得重要进展和技术突破。以当前林业统计指标为基础，构建现代评价指标体系，实现对全国31个省(区、市)的现代林业发展状况的综合评价；二是集体林产权改革相关政策问题研究；三是森林经营模式与政策研究；四是围绕林业气候变化开展林业碳汇机制等问题研究，起草《林业碳汇市场管理办法》，提出建立林业碳汇市场建议；五是开展湿地和森林生态效益补偿研究；六是开展"地方政府造林目标考核责任制办法"和"义务植树30周年调研方案"研究；七是与宣传中心联合开展"民营企业参与国土绿化应对气候变化"课题调研，为"两会"提案提供参考资料。

**以实施品牌战略为核心，着力打造工作平台**

《林业重大问题调查研究报告》　作为林业重大问题调查研究工作成果的载体，对推动科学决策、促进林业发展发挥了重要作用。

《中国林业发展报告》　品牌宣传进一步加强，连续出版11部，并组织召开10年总结座谈会。

林业重点工程社会经济效益监测　2010年，林业重点工程监测发挥调查面广、指标量大、调查层次多的优势，围绕林业重点工程，继续实施县、村、户三级跟踪监测，深入反映林业在维护生态安全、促进经济发展、增加就业和惠及民生等方面的积极贡献，为准确把握林业在经济社会发展全局中的战略地位发挥了特殊作用。尝试采用信息网报手段，提高数据时效，提高监测效率，提升监测质量；积极探索监测新途径，与北京林业大学联合开展全国3000多退耕农户问卷调查，将监测工作推向一个新高度；完善监测制度，加强监测交流，全面提高监测工作管理水平。

《林业产业年度监测报告》　面向企业，面向市场，采集微观数据，服务宏观决策。开展木材产品进出口贸易监测，动态掌握中国木材产品贸易现状；紧跟国际市场发展趋势，及时判断金融危机后的林业企业发展状态，并实现按季度发布。

集体林权制度改革监测　上规模、上层次、上水平，服务改革的能力不断增强。林改监测范围由1省扩大到5省，形成5省、50县、216个村，2212户的监测网络；与相关司局和地方林业科研院校合作，建立部门互联、优势互补、业务互动的合作监测机制；形成分省、分专题的监测报告，增强报告的针对性、可读性、实用性，服务决策的能力明显提高。

中央财政森林抚育补贴试点成效监测　完成启动前的准备工作。为全面贯彻中央林业会议精神，完成局党组2010年重大问题调研任务，认真落实贾治邦局长"把森林抚育经营作为现代林业建设的永恒主题"的指示精神，在森林抚育试点督查调研的基础上，中心协调有关司局单位，开展前期调研，完成《中央财政森林抚育补贴试点成效监测工作方案》和《中央财政森林抚育补贴试点社会经济效益监测办法》等编制工作。

《中国林业产业与林产品年鉴》　信息化建设成效显著，决策服务价值逐步显现，年鉴撰写工作已经完成；"中国林业产业与林产品信息网络平台"运行正常

并且不断完善，林业基层单位反映良好，这对系统反映中国林业发展状况，为中央和地方政府宏观调控及林业企业发展提供决策依据具有重要意义。

*《林业经济》* 围绕国家林业局中心任务，将集体林权制度改革等作为宣传重点，策划调整栏目，反映林改最新决策和发展动向；启动专家匿名审稿制，进行制度创新，2010年已确认审稿专家12位；开展提升期刊印发质量、降低邮资成本、加大协办宣传工作力度、构建理事会及理事单位候选库等经营管理活动。

*《绿色中国》* 在自身建设、杂志经营及内部管理方取得新进展。策划编辑出版的《百名县委书记话林改》(《绿色中国》专辑)，为交流林改典型经验提供了良好平台；举办2009绿色中国年度焦点人物、中国绿色宝贝评选及颁奖盛典活动，打造“绿色中国行”品牌，协办第二届中国绿化博览会“8+1：对话绿色城市”论坛；加强网络电视基础建设，与香港卫视的技术合作，全面提升网络电视的节目制作质量和对外宣传力度；秉承开门办刊理念，与人民网、新浪网、中国学术期刊网、《环境保护》杂志社等新闻媒体合作，连续5年成为获准进入“两会”的少数期刊。

*《决策参考》* 2009年创办以来，《决策参考》及时刊登中心政策性研究成果摘要，广泛汇集国内外重要林业政策信息及各地林业重大、敏感事件，得到局领导的充分肯定。

*中国林业经济论坛* 自1997年以来，由中国林业经济学会会同大专院校主办的中国林业经济论坛已经连续举办了12届，在学界具有一定的影响力。2010年中心与中国林经学会共同组织了庆祝林业经济研究所成立50周年、中国林业经济学会成立30周年、国家林业局经济发展研究中心成立15周年座谈会。

**加强合作与交流**

*参与林业政策研究* 邀请厉以宁、陈锡文、胡鞍钢、宋逢明、温铁军等知名专家，在倡导生态文明、推行绿色新政、推进集体林改、开展森林保险等领域积极向党中央建言献策，推动林业政策的制定和实施。

*开展合作研究* 2010年，农村林业政策研究室组织高校和研究单位师生40余人，历经8个月，前往全国10余省调研；集体林改监测项目组织高校师生125人，历时45天，对2000多个农户开展入户调查；林业重点工程监测项目组与北京林业大学联合开展全国3000多退耕农户问卷调查。

*开展国际学术交流与合作* 在继续执行中德、中澳合作项目的基础上，2010年新增联合国粮农组织(FAO)、世界自然基金会(WWF)、全球环境基金(GEF)、中德财政援助项目(KfW)及加拿大PEP等6个合作项目。参加联合国气候变化大会森林日和联合国森林论坛资金问题特设专家组第一次会议等重要国际会议并作大会发言。组织中日林产品贸易研讨会。中德技术合作项目全年共组织3批次32人(次)国际、国内专家咨询；组织完成海南岛东国有林场“森林经营方案”编制、福建永安森发技贸公司“森林可持续经营路线图”设计和湖南花岩溪国有林场经营方案设计前期调查；召开森林碳汇在森林可持续经营中的作用培训研讨会；组织2批13人赴德国考察培训、2人赴德国为期3个月的短期培训。与美国密西根州立大学、澳大利亚南十字星大学等国外研究机构开展学术交流。全年共组团派出30余人(次)出国考察交流与培训。

（经研中心办公室）

**【林业重大问题调查研究】** 2010年，林业重大问题调查研究工作继续坚持围绕中心、服务大局的方针，以重大问题调研为载体，形成一批具有较高价值的研究成果。

**研究确定调研题目** 2010年3~5月，经过中心研究、征求专家学者意见、征求有关司局和直属单位意见三个阶段，对林业重大问题选题进行研究梳理，开门拟题目，保证意见的广泛性和代表性。最终由贾治邦局长亲自确定了现代林业与生态文明建设、集体林权制度改革、林业产业发展、林业应对气候变化与森林可持续经营、林业经济理论与林业支持保障等6个方面的16项重大调研题目。调研选题继续增加研究类题目的比重，调研课题更加注重国家层面和战略层面，内容涉及“建设生态文明、发展现代林业、推动科学发展”的关键和核心问题。2010年5月14日，下发《国家林业局办公室关于开展林业重大问题调研工作的通知》(办发字〔2010〕72号)，调研工作正式展开。

**保障重大问题调研工作有序开展** 针对不同题目研究内容的性质和特征，将研究任务分置成研究性课题、调研类课题两类，对于研究性课题给予时间和资金上的保障，确保研究质量。试行报告专家评议制度，组织专家对成果进行评议，把专家意见及时反馈项目组，并把评议结果作为继续支持研究的重要依据。采用研究成果通过核心期刊专栏、出版物双渠道刊载双轨发行办法，以增强宣传的时效性和影响力。完善项目财务报告制度，确保财政资金使用的安全性、严肃性。

**提高决策服务的质量** 吸纳北京大学、清华大学和中国人民大学的相关课题组承担1/3的调查和研究项目，参与林业重大问题调研。胡鞍钢、宋逢明等专家主持和参与课题研究。清华大学胡鞍钢教授《从森林赤字到森林盈余——林业发展转型与绿色新政》的文章通过《国情报告》递交回良玉副总理，得到领导批示。

**服务林业发展大局** 在林业重大问题调研中，继续加强对森林保险问题的关注。2010年6月，中心与清华大学联合组织召开森林保险体系完善研究课题高层座谈会，有9位部级领导莅临会议，中央、地方十几个单位70多人参会。课题组提出扩大中央财政森林保险保费补贴试点范围，提高中央财政对商品林保费的补贴比例，取消县级财政配套保费补贴的比例要求。探索以省进行保费统筹，建立政府与公司合营的森林保险模式等建议，为进一步完善森林保险工作提出了新的思路。

（生态建设与保护研究室）

**【集体林权制度改革跟踪监测】** 在2009年工作基础上，2010年集体林改跟踪监测范围由福建省扩大到辽宁、江西、云南、陕西省，形成覆盖5省、50县、216个村，2212户的三级监测网络；与林改司、计财司和福建等相关省林业主管部门、北京林业大学等高校合作，建立部门互联、优势互补、业务互动的监测工作机制；组建100人以上的调查队伍，开展入户调查，掌握大量的一手改革情况和数据；形成监测报告，向局党组和相关司局汇报改革进展和成效，提出政策建议；参与完成

《中国林权制度改革成效与经验》国际培训教材的编写工作，提高对产权制度改革的理论研究能力，增强服务决策的能力。（国有林政策研究室）

**【中央财政森林抚育补贴政策成效监测】** 2010 年完成启动准备工作。在森林抚育试点督查调研的基础上，中心协调有关司局单位，编制《中央财政森林抚育补贴政策成效监测工作方案》，完成监测指标设计，召开监测方案征求意见座谈会，完善监测方案和监测办法，为全面启动国家级森林抚育补贴政策成效监测工作，推动抚育补贴政策制度化奠定了基础。

（林业与气候变化研究室）

**【《中国林业产业与林产品年鉴》】** 编辑部由国家林业局经研中心、计财司、产业协会共同组建。参编单位和人员涉及中央、省、地、县各级林业主管部门和林业产业部门负责人。该年鉴以收集县一级经统计部门核实的林业产业年度基础数据为主要任务，全面、准确反映全国林业产业资源分布，生产力布局状况，为中央和地方政府宏观调控，为林业企业发展提供决策依据。

年鉴编撰主要在网上进行，各县级单位数据传递以及各省、各地分层数据审核均在网上完成。

（林业产业与市场研究室）

**【中国林业经济论坛】** 2010 年 12 月，第八届中国林业经济论坛在南京林业大学召开。此次论坛以“繁荣学术交流，服务生态文明建设，促进林业经济发展”的宗旨，着眼现实和未来需要，围绕“生态和谐与林业发展”主题，开展学术报告会和专题研讨会。论坛由中国林业经济学会和中国林业经济论坛组委会共同主办，南京林业大学承办。参加论坛的有国家林业局经济发展研究中心、中国林业科学研究院、北京林业大学、南京林业大学、福建农林大学、东北林业大学、华南农业大学、西南林业大学、浙江农业大学、台湾大学、北京大学等单位的代表。（林业经济学会秘书处办公室）

**【《决策参考》】** 以实践科学发展观，大力宣传林权制度改革和现代林业建设，推动林业工作又好又快发展为出版宗旨。2010 年已出版 32 期，其中第 7 期刊登的《金融危机后呈 V 型回升状态——对我国林业企业形势的整体判断》一文得到贾治邦局长的肯定；第 8 期刊登的《林业与经济社会发展转型》一文受到国家林业局陈述贤组长的批字肯定。（绿色中国杂志社）

**【《林业经济》期刊】** 2010 年将集体林权制度改革等作为宣传重点，策划调整栏目，反映林改最新决策和发展动向，特别是及时刊出林改最新经验及研究成果。同时结合热点开设气候变化与林业、低碳经济及国有林业改革和荒漠化治理等栏目。

为切实提高办刊质量，2010 年启动专家匿名审稿机制。自 2010 年 4 月起《林业经济》列入中国人民大学书报资料中心出版的复印报刊资料——农业经济研究主要来源期刊，同时列入社会科学文摘来源期刊。

2010 年发行工作进一步理顺，协办经营取得重大进展，期刊社财务状况好转，实现扭亏为盈。全年发样刊近万份，对外媒体交换 16 家，网络宣传 10 家。自办发行保持 2009 年水平，其他渠道小幅增长；协办及理事会等经营活动异军突起，成为期刊社主要收入来源。

（林业经济期刊社）

**【《绿色中国》杂志】** 利用自身优势，构建跨媒体合作平台，多渠道、多形式宣传林业改革“热点”，在杂志编辑出版、网络电视发展、开展社会活动等方面取得新进展。

杂志编辑　2010 年起，对 A、B 版重新定位，A 版面向社会公众，图文并茂，多角度宣传全国林业、生态建设成就，共建绿色中国；B 版面向高端的绿色企业，多视角关注企业的可持续发展和社会责任，创造绿色财富的进程。

网络电视　①开展技术合作，提高节目制作、播出的质量。8 月份与香港卫视进行技术合作，投资 200 多万元从硬件、软件上对现有演播室进行重新改造，使网络电视在节目制作、对外宣传等方面得到较大的提升。②构建绿色典型的传播平台，向全社会传播绿色理念。继续与中国绿化基金会、人民网跨媒体合作，联合主办 2009 绿色中国年度焦点人物、绿色宝贝评选活动。③举办“绿色中国行”大型系列公益主题活动，弘扬绿色理念，共创绿色财富。2010 年的活动主要有 3 月 17 日在宁波举行的“绿色中国行——走进宁波”大型公益活动；9 月 26 日在郑州市第二届中国绿博会“8 + 1：对话绿色城市”论坛；10 月 18 日举办“绿色中国行——走进江山”大型公益活动。（绿色中国杂志社）

## 国家林业局人才开发交流中心

**【启动人才中心思想作风教育年活动】** 人才资源是第一资源，林业人才是现代林业建设的重要推动力量，全面加强林业人才工作，着力解决当前林业人才工作中突出问题已成为发展现代林业、建设生态文明、促进科学发展的必然要求。

拓宽干事创业的视野　2009 年人才中心各项工作取得成效，经济效益有提升。同时也面临着不少政策性、体制性、工作性障碍，尤其是存在干部队伍中思想观念不新、创新意识不强等问题，直接影响着中心进一步搞好人才队伍建设、更好地服务林业与生态建设发展大局的质量。为激励中心全体同志继续发扬成绩，正视问题，克服困难，迎接挑战，争取林业人才开发交流工作再上新台阶，林业人才中心领导班子集体酝酿和讨论，决定将 2010 年作为人才中心思想作风教育年，并印发《人才中心思想教育年活动方案》。人才中心以此为契机，加强自身建设，巩固和扩大科学发展观学习实践活动和干部集中教育管理活动的成果，构建务实、高效、精干、清廉的学习型党组织和学习型单位，更好地适应新形势，为现代林业建设提供人才支撑保障。

*做到工作有的放矢* 在深入学习林业厅局长会议和贾治邦局长讲话精神的基础上，结合林业人才工作的特点和单位实际，林业人才中心领导班子研究确立了人才中心全年工作思路和四项工作重点：一是密切关注事业单位改革的动向，找准人才中心的定位，为单位实现人才开发交流工作的可持续发展确立基本方向。二是积极追踪存档费和考核费两项行政事业性收费项目后续改革问题，及时反映单位诉求，切实保障人才中心的基本收入。三是以国家中长期人才发展规划纲要为指导，结合林业"十二五"规划，研究林业人才发展规划，积极参与林业专业技术人才知识更新工程和林业科技特派员科技创业行动，锐意探索有效的培训方式。四是在继续抓紧抓实现有的各项具体业务工作基础上，努力拓展新的业务领域，务求经济效益和社会效益双丰收。

*夯实生存发展的基础* 一是在局计资司和财政部的支持下，解决了长期困扰人才中心的应缴财政收入问题。从2006年以来，因国家收费政策未能明确，林业人才中心存档费和考核费两项收费收入长期挂账，未能及时按照国家要求上缴国库。在林业人才中心多次接受审计的过程中，都被列为整改的项目。2009年以来加大了沟通协调力度，经过一年多与各方协调，在国家明确相关政策的基础上，最终将2010年以前暂存挂账的收入一次性全部上缴中央财政，解决了历史难题。二是在国家林业局计财司的支持和帮助下，林业人才中心的基本支出和项目支出获得了财政经费保障。2010年1月份由于国家收费管理制度改革，在国家林业局计财司向财政部上报林业人才中心2010年度预算的过程中，林业人才中心存档费和考核费两项主要收费被明确列入预算内管理，需全额上缴中央国库财政且不能返还，这直接影响了林业人才中心的基本定位和基本收入。在国家林业局计财司的大力支持和帮助下，经反复沟通协调，财政部为林业人才中心追加了305万元财政经费预算，其中105万元用于基本支出，200万元用于项目建设。这给林业人才中心的生存和发展提供了基本支出支持和项目经费保障。

**【林业人才中心政务信息工作和网站建设】** 政务信息工作和网站建设对林业人才中心宣传人才队伍建设有重大意义，是快捷有效发布相关人才培训、技能鉴定、人事代理、人才交流等相关信息的重要途径。

**建立信息奖励制度** 为加强政务信息报送工作，充分调动干部职工的积极性和主动性，鼓励职工通过多编信息、快编信息、编好信息，切实提高信息工作质量，加强人才信息沟通，及时、准确、全面地反映中心各项业务工作情况，扩大中心工作的社会影响，林业人才中心研究制定《人才中心信息工作奖励办法》。2010年《人才中心工作简报》刊发数量比2009年增加一倍多，实现了由领导催要信息到处室主动提交信息的转变，简报的内容更丰富，部分简报采用彩色图片，信息质量得到提升。

**落实林业电子政务工作要点，推动林业人才开发交流电子商务平台建设** 在《国家林业局2010年信息化与电子政务工作要点》中，林业人才中心被列为责任单位之一。按照局党组关于加快林业信息化建设的要求，同时针对部委人才电子商务的开发推广各具特色的实际情况，林业人才中心不断加大中国绿色人才网的改造和人才开发交流电子商务平台的建设力度，积极推进人才网与部委人才网的信息共享，为林业人才服务领域和电子商务领域积累有益的经验。林业人才中心按照国家林业局内外网改造的要求，重点研究国家林业局主网"绿色人才"子站与中心商网的对接工作，在人才服务领域推进信息化建设和加强电子商务建设，为促进林业发展、满足用人需求、拓宽林业人才交流主渠道进行了大胆尝试。经认真研究，并通过反复调试，基本实现双网合并。合并后的网站根据中心五个处室业务情况分别开设综合处、人事代理处、人才培训处、技能鉴定处、人才开发处五个大栏目，根据各处室业务需求分别为每个处室设置2~4个小栏目，并授权由各处室自行管理更新，为各处室网络负责人培训后台管理的方法。通过双网整合，实现在一个统一的网站上体现中心的各项业务，从功能和页面方面给予用户耳目一新的感觉。

双网合并后，改进了网站的运营机制，打造了全新的人才开发交流电子商务平台，实现了质的飞跃。一是实现网站主体栏目的动态维护，上半年网站发布行业培训、职业技能鉴定、综合信息、绿色创业等相关内容近3000条；二是网站在线咨询量大幅增加，除咨询招聘应聘的业务之外，人才培训和职称评审的咨询数量也有增加，回答网站在线咨询726人次，拓宽了中心业务渠道；三是合并之后，网站访问量大幅度增加，6月份访问量达到4532人次，浏览量15 570人次，企业会员招聘业务也有明显增加。

**【人才培训工作】** 人才培训是林业人才中心工作的一项重要业务，也是与国家林业局各业务司局、各直属单位、地方各级林业主管部门联系最为广泛的一个业务领域。

**开展森林认证培训试点工作** 为深入贯彻落实中共中央、国务院《关于加快林业发展的决定》中提出的"积极开展森林认证工作，尽快与国际接轨"精神，结合中共中央、国务院《关于全面推进集体林权制度改革的意见》和中央林业工作会议的总体要求，加快推进森林认证工作，林业人才中心积极配合国家林业局科技司和科技中心开展以下主要工作：一是参与森林认证专家队伍的组建工作；二是参与森林认证培训教材的编审，承担部分章节的编写任务，并结合人才培训工作的特点和十多年人才培训的经验提出合理化建议；三是协助研究制定森林认证培训计划和实施方案。在各方的共同努力下，与局科技中心在海南联合举办首期森林认证审核员培训班，建立国内第一批森林认证审核员队伍。

**承担国家林业局援疆培训工作任务** 为贯彻落实中央新疆工作座谈会精神，进一步提高新疆自治区林业系统专业技术人员业务能力及技术水平，林业人才中心承办局计财司和新疆维吾尔自治区林业厅委托的新疆林业有害生物防疫培训班和新疆特色林果业专业职能培训班，共培训112人。

**承办出国培训考察服务性工作** 2010年上半年以来，林业人才中心转变思维方式，努力化解因政策性因素制约造成传统业务工作领域萎缩的问题，通过积极为各有关司局搞好服务，开辟了承担出国培训服务性工作的新路子。2010年上半年受局保护司的委托，承担全国自然保护区管理人员出国预培训工作，受南京森林警察学院的委托承担该单位出国考察团3个，派出13人。

**探索经济林产业人才培训工作** 在国家林业局造林司的具体指导和大力支持下，明确了职责分工，由造林司全面负责经济林产业从业人员培训的管理工作，林业人才中心负责经济林产业从业人员培训的组织承办工作。经过参与研究起草《全国经济林产业从业人员培训工作方案》，制定经济林产业人才培训计划，将经济林产业从业人员培训纳入《全国特色经济林发展规划》，2010年8月初举办经济林产业可持续发展高级研讨班暨管理人员培训班，正式启动了经济林产业从业人员培训项目，为今后稳定并较大规模地开展经济林从业人员培训奠定了基础。

**启动党政高级领导干部培训工作** 积极争取中央党校、国家林业局机关党委、人事司的支持，启动林业系统党政高级领导干部培训工作，开拓林业人才中心组织培训工作的新领域，提升了林业人才中心的对外形象。一是按照局党组关于积极争取名额，充分利用中央党校等培训机构大规模培训林业系统党政领导干部的要求，经与中央党校反复沟通协调，林业人才中心争取到中央党校的计划外培训指标，与中央党校对外培训中心正式签署培训合作协议，启动合作培训项目。二是林业人才中心与中央党校对外培训中心在中央党校联合举办全国林业系统学习型党组织建设厅局级干部研修班。这是中央党校首次为林业系统高级党政领导干部举办的专题研修班，共有30多位厅局级领导参加研修班学习。此次培训开设14个专题讲座和2次集体讨论。中央党校的十几位知名教授以及国家林业局张蕾司长、李怒云副司长等专家型领导受聘讲课，讲课内容涵盖学习型党组织建设、社会主义和谐社会、转变经济发展方式、集体林权制度改革、林业碳汇与应对气候变化等领域。

**开展林业院校创业师资培训和创业大赛** 为促进大学生就业，实现以创业带动就业，缓解林业院校大学生就业压力，按照中央和教育部、人社部的有关要求，林业人才中心积极谋划帮助林业院校开展创业培训和创业大赛的工作。经报人社部同意，举办一期全国林业院校创业师资专题培训班，为林业系统培训了首批30多人的创业师资队伍。在国家林业局有关单位的大力支持下，2010年从财政部争取到30多万元的专项资金支持，为启动林业系统创业技能大赛等工作创造了条件。

**依托社会培训力量协力构建培训平台** 在新的林业发展形势下，林业人才中心更加注重联合社会力量开拓培训鉴定市场，先后与陕西好前程教育咨询有限责任公司、宁夏缔景景观咨询有限公司、河北科技师范学院园艺科技学院、杭州寅初教育咨询有限公司等单位就合作开展景观设计师、花卉园艺师等相关工种培训鉴定工作正式签署合作协议。2010年主办两期景观设计师培训班，共培训景观设计员、助理景观设计师、景观设计师155人。此外，启动与地方培训机构共同建设培训基地项目，由中心与云南省林业培训中心共建培训基地的工作正在有序进行。

截至2010年12月底，全年共培训各类人员近9000人次，比2009年同期增长30%左右。

**【加强高技能人才培养和职业技能鉴定工作】** 组织开展林业行业特有工种职业技能鉴定工作，是林业人才中心的行政性职能。为切实加强高技能人才培养，努力打造一支数量充足、技艺精湛、结构合理、爱岗敬业的林业技能人才队伍，林业人才中心认真贯彻落实全国人才工作会议和《国家中长期人才发展规划纲要》精神，以提升职业素质和职业技能为核心，以培养林业技师和高级技师为重点，努力完善高技能人才培养培训体系，更加重视示范性高技能人才培养基地和实训基地建设，着力实现由偏重鉴定数量向数量与质量并重的转变。

**具体组织国家职业标准和教材编审工作** 在国家林业局人事司的直接领导下，具体筹备召开营林试验工等11个国家职业标准编制启动会，成立标准编审委员会、编写委员会和编写组，分别召开编写组长和执笔人工作会，聘请人社部职业技能鉴定中心专家讲授标准编制具体要求，布置编写的具体工作任务。在财政部的支持下，编制国家职业标准和相关教材工作正式列为财政支持项目，实现了职业标准及教材编制工作的财政经费保障常态化。

**注重行业特有工种鉴定题库建设** 由林业人才中心牵头开发的花卉园艺师职业技能鉴定国家题库通过人社部的审定，正式启用，这是林业行业开展鉴定工作以来开发的第一个国家级题库，为进一步做好鉴定工作打下了基础。2010年申报的国家题库（省）部级行业分库的认证，得到人社部同意批复。林业人才中心还组织专家对营造林工程监理员考试题库作了进一步的补充和完善。

**切实增强林业职业技能鉴定机构建设** 完成国家林业局森林病虫害防治总站、重庆市林业科学研究院、大兴安岭职业学院、宁夏回族自治区花卉协会4家新批准鉴定站的授牌工作。积极组织筹划新建林业行业职业技能鉴定站，审核了山东菏泽学院和东北林业大学两家单位提出的职业技能鉴定站建站申请。

**组织参与全国技能人才评选** 根据人社部《关于推荐第十届中华技能大奖全国技术能手候选人和国家技能人才培育突出贡献奖候选单位的通知》有关要求，林业人才中心在行业内积极开展组织推荐活动。经过竞赛组委会的评选，国家林业局有1人获中华技能大奖荣誉称号，这是国家林业局参加评选活动以来首次获得中华技能大奖，另有3人获全国技术能手荣誉称号。广西生态工程职业技术学院获国家技能人才培育突出贡献奖（单位）荣誉称号，1人获国家技能人才培育突出贡献奖（个人）荣誉称号。

2010年，全国林业职业技能鉴定人数达3.9万人，比2009年的3.3万人增长了18%。

**【增强服务意识，建立测评机制，扩大代理范围，提高代理质量】** 林业专业技术资格评定基础性工作、林业行业人才测评、代理企业接收毕业生、单位集体委托人事代理等人才服务业务有了新的发展。

**完成林业工程专业技术资格标准条件修订的阶段性工作** 为进一步客观准确地评价林业工程专业技术人员的专业水平和业务能力，提高林业人才评价工作的科学化和规范化水平，进一步加强林业专业技术人才队伍建设，国家林业局专业技术资格评定办（挂靠在林业人才中心）研究决定对现行林业工程专业技术资格评审条件进行修订。经过对专家提出的有关问题进行梳理汇总、整理相关依据材料、修订工作方案等环节，形成林业工程专业技术资格标准修订蓝本。

**为建立森林资源资产评估师制度开展前期工作** 这项工作主要是以具有建立森林资源资产评估师制度的法律依据为前提，针对建立此项执业资格制度及建立后开展相应工作进行调研，了解掌握建立执业资格制度的方法步骤和相关材料准备，为加快建立森林资源资产评估师执业资格制度的步伐做准备工作。目前已经起草《关于建立森林资源资产评估师执业资格制度前期准备工作调研方案》。

**创建林业行业人才测评机制** 经与人社部全国人才流动中心反复沟通，正式建立合作开展林业行业人才测评机制。联合开发《林业行业人才测评系统》，在《中国绿色人才网》开设林业行业人才测评专栏，为林业行业企事业单位和相关人才提供测评服务。合作开发林业行业人才测评人员培训，与人社部全国人才交流中心联合举办首期林业行业人才测评人员高级研修班，40余名林业企业相关专业人员和人力资源从业人员参加培训。

**新增4家具有接收毕业生资格的在京企业** 按照人社部要求，林业人才中心对4家拟代理接收毕业生的企业的经营状况、利税情况、缴纳社会保险及人员情况等进行全面的核查，经审查全部符合要求，同意具有接收资格。

**拓展人事代理服务单位和业务范围** 林业人才中心正式与国家林业局亚太森林网络管理中心、林业工作站管理总站、中国绿色碳汇基金会、国林矿通资产评估公司签订人事代理和集体存档协议。正在与中国林科院、国家林业局信息中心等单位联系，洽谈开展人才派遣、保险代理等人事代理服务，进一步拓展人事代理服务范围。

**策划2011届全国林科十佳毕业生评选活动** 通过与中国林业教育学会合作，创新活动内容，邀请林业企业冠名赞助，林业人才中心策划开展2011届全国林科十佳毕业生评选活动。这项活动恰当的市场运作确保了活动的运作经费，促进了林业院校大学生就业，扩大了人才中心在广大涉林院校中的社会影响。

（国家林业局人才开发交流中心由何乐观供稿）

## 中国林业科学研究院

**【综　述】** 2010年，中国林科院各项工作取得新进展。

**服务林业全局取得成效** 配合林业发展全局，积极参与国际公约、进程、标准等的谈判和讨论，特别是在墨西哥坎昆联合国气候变化大会上维护了国家利益，受到国家发改委等部门的表彰；在总结热林中心珍贵树种的培育技术和示范推广成果基础上，提出建立南方珍贵优良树种培育示范工程，加强森林培育和集约经营、林业科学实验林基地建设等建议；完成3本最新成果汇编。启动木竹产业技术创新战略联盟组织实施的“863”重大项目，为产学研结合机制与模式创新起到良好示范作用。

**科技创新能力得到提升** 围绕林业生态建设和产业发展急需解决的重大关键技术开展集中攻关，林木良种选育、林业生态建设与保护、林业生物资源高效利用等技术研究取得重大突破。开展优良用材抗逆新品种及经济林新品种的扩繁和栽培技术的推广示范，进一步熟化林木新品种和规模化育苗栽培新技术。全年新增纵向科研项目121项，总经费15 606.5万元。共验收各类项目163项，鉴定（认定）科技成果25项，获授权专利30项，获新品种授权20个，出版科技专译著22部，发表科技论文500篇（其中SCI/EI收录50篇）；获国家科技进步奖1项，国家技术发明奖1项，省部级奖励3项。

**人才队伍建设得到加强** 首次开展院岗位等级调整工作，在全院范围内推行新的人才评价办法，完成首批“千人计划”引进人选的公开招聘，荒漠化所、湿地所完成首批人员聘任工作，院部新一轮聘任工作顺利开展。全年京内、外单位公开招聘引进人才77人，明确副司局级干部9人。完成院博士后流动站3个一级学科的评估工作。组织召开全院人才工作研讨会。

**研究生教育得到推进** 完成研究生部领导班子和工作人员的聘任工作，进一步完善研究生管理机构；完成风景园林和农业推广两个硕士专业学位的教学评估工作；图书馆新建500多平方米的研究生教室已投入使用，开工建设研究生公寓2期工程；招收硕士生153人，博士96人，专业学位研究生49人。

**科技产业得到发展** 组团参加大型科技项目对接活动17次，签订一批科技合作和成果转让协议，林木育苗新技术、高性能竹基复合材料制造技术等一批新技术、新成果投入应用；完成松花粉公司、工程设计院等公司的股份制改造，通过引入优质社会资源和先进管理经验，企业效益明显提升；林化所、热林中心、中林艺公司等通过强化企业管理、积极开拓业务，企业效益显著增加。全院实现经营收入3.74亿元，利润3500万元，比2009年增长10%。

**国际合作与交流得到增强** 全院共获得国际项目20项，总经费约100万美元。主办、承办和协办13次国际会议和国际培训班，包括商务部竹业发展官员研修班等重要活动。新签署双边合作协议3个，已签双边合作协议执行顺利，合作研究项目执行、学术交流、学术研讨会等取得良好成效。70多位专家参加在韩国举行的国际林联第二十三届世界大会，共举办学术分会边会10个，演讲学术报告21个，展示学术墙报17个，1位专家获得国际林联优秀博士论文奖，进一步提高了中国林科院在国际林联中的地位。

**科技基础设施和条件能力建设得到增强** 组织完成林木种质创新国家重点实验室和森林生态国家重点实验室的建设和申报工作；筹建国家油茶工程技术研究中心。全院共争取到各类预算资金总额为5.9亿多元，中国林科院图书馆等32个建设项目投入使用，已批复18批政府采购进口科研仪器设备，价值6400万元，科研条件得到较大改善。

**党建和精神文明建设取得成效** 全院认真学习贯彻党的十七届五中全会精神，积极开展创先争优活动，成为中央国家机关工委和局直属机关党委的创先争优活动联系单位。为加强对权力运行的监督，全年审计项目27项。再次通过全国绿化模范单位和中央国家机关文明单位标兵和首都文明单位标兵的考评。

**【民进中央与中国林科院合作协议】** 1月12日，全国人大常委、民进中央副主席王佐书，中国林科院院长张守攻代表双方签署合作协议。协议指出，建立双方领导互访、联系制度，保证双方合作的持续性和有效性；建立课题研究合作平台，采取委托与合作等研究方式进行课题研究。在林业、科技、三农等方面发挥各自优势，合作开展课题研究以及相应的理论、政策、策略等方面的咨询服务；继续在贵州毕节石漠化治理及金沙县林业生态建设与新农村建设等方面加强合作；进一步携手，共同推进智力支边扶贫工作，加强对甘肃河西走廊星火产业带建设与民勤盆地沙化治理等智力和技术支持；应用推广已有科技成果，为社会服务，共同促进区域经济社会发展。

**【应对全球林产品贸易热点问题研讨暨林产品国际贸易研究中心年会】** 1月18日在京召开。由国家林业局计资司举办、以中国林科院为依托的国家林业局林产品国际贸易研究中心承办。旨在共同研究应对国际金融危机冲击后续影响之计，会商应对当前国际林产品贸易热点、难点之策，探讨振兴国内林产品贸易发展之路。国家林业局总工程师姚昌恬出席会议并作《我国林产品贸易发展的机遇与挑战》主旨报告，19位与会代表先后作专题报告。出席会议的领导为新成立的林产品贸易研究中心专家委员会专家颁发聘书。

**【张来武副部长、李育材副局长考察热林所】** 1月22日，科技部副部长张来武，国家林业局副局长李育材到热林所，考察国家林业局重点开放实验室——热带林业研究实验室以及微生物、分子生物学、理化分析室等公共实验室和所容所貌，听取热林所科研工作汇报，充分肯定热林所开展的科研工作、取得的科研成果及先行开展的科技特派员工作，并对国家重大专项立项、科技成果转化平台建设及科技特派员工作给予指导。

**【中国林科院2010年工作会议】** 1月23日在广州举行。国家林业局副局长李育材出席会议开幕式并讲话。中国林科院院长张守攻作题为《全面提升自主创新能力为实现林业发展目标提供强大科技支撑》工作报告。会上颁发了2009年度中国林科院科技奖、优秀博士论文奖。

会议期间，召开了中国林科院2010年党建暨政研会年会。国家林业局直属机关党委常务副书记谭光明出席会议并讲话。中国林科院分党组书记、院长张守攻主持会议，中国林科院分党组常务副书记、副院长李向阳作《围绕院所中心任务以改革创新精神加强和改进党建工作》报告。会上表彰中国林科院政研会优秀论文获奖者并予颁奖。林业所、森环森保所、资昆所、热林中心4个党委先后做党建工作交流发言。

**【贾治邦局长考察热林所】** 1月24日，国家林业局局长贾治邦，副局长印红、孙扎根一行到中国林科院热林所，考察热带林业研究实验室、听取院所汇报。贾治邦充分肯定热林所自建所以来在科技创新、支撑发展、服务社会等方面取得的成绩，特别是在热带林生态系统定位研究、珍贵用材林培育、林下经济等方面取得的成果。并希望中国林科院，特别是热林所要实施一个方针，做到两个坚持，建立三个平台，围绕一个服务。实施一个方针：就是指“科技兴林、人才强林”的战略，特别是要加强在林业科研和推广工作第一线的人才培养。做到两个坚持：就是要“坚持深化改革、坚持科学发展”。建立三个平台：要建立为热带、南亚热带生态建设提供核心技术的科技创新平台、国际合作交流平台和科技成果推广与转化平台。围绕一个服务：要为中国林业、特别是为华南地区森林生态系统建设和林业发展提供核心技术服务。

**【李育材副局长到热林中心指导工作】** 1月25日，国家林业局副局长李育材到中国林科院热林中心，听取热林中心基本情况和发展现状汇报，参观石山树木园。李育材充分肯定热林中心在林业科研和林业生态建设中所取得的成绩，并表示国家林业局将在林业科研、森林培育、森林防火、条件建设等方面给予全力支持。

**【贾治邦局长到中国林科院慰问座谈】** 2月9日，国家林业局局长贾治邦、副局长祝列克、局总工程师姚昌恬到中国林科院慰问科技工作者并座谈。贾治邦强调，“科教兴林、人才强林”是我国现代林业发展战略的核心，人才和科技是林业发展的希望。贾治邦等考察中国林科院荒漠化所，了解、探讨和交流荒漠化研究及其防治等科技问题，并提出希望。

**【编制《山西省实施生态兴省战略林业发展总体规划纲要》合作项目】** 3月3日，山西省林业厅、中国林科院关于编制生态兴省总体规划合作项目签字仪式在太原市举行。中国林科院副院长刘世荣和山西省林业厅副厅长周洪出席仪式并分别代表双方在项目协议书上签字。该项目旨在全方位地落实中共山西省委在2009年底召开的省委林业工作会议上提出的“生态兴省”的战略目标。签字仪式后，召开规划纲要编制工作研讨会。

**【首届世界地板大会】** 3月23日，中国林科院和中国林产工业协会主办的地板大会在上海召开。大会以“低碳经济与全球机遇”为主题，深入讨论最受关注的低碳经济发展对地板行业发展的影响等议题，内容涵盖全球贸易、标准、技术、产品、市场、区域产业、品牌、营销等诸多方面。国家林业局原局长、中国绿化基金委员会主席、中国林业产业协会顾问王志宝出席大会并致辞。中国林科院院长张守攻代表主办方致欢迎辞。来自美国、德国、巴西、意大利、南非、印度等10多个国家和地区的木地板行业协会代表、企业领袖、行业专家和学者等500多人参加会议，50多位行业代表在会上作主题报告或专题报告。

**【河南省副省长刘满仓到泡桐中心指导工作】** 3月26日，河南省副省长刘满仓等到中国林科院泡桐中心，详细了解科研进展和实验室、实验基地建设等情况后，肯定了泡桐中心工作，并提出希望把握方向，找准定位，形成优势学科。发挥泡桐资源和研究基础优势，力争做专、做深、做精、做强，以科技推动林业及相关产业发展。

**【贾治邦局长考察热林中心和尖峰岭试验站】** 4月12～13日，国家林业局局长贾治邦先后到中国林科院热林中心、热林所尖峰岭试验站和国家热带森林生态定位站，深入考察调研，听取工作汇报，看望科技人员。

**【中国林科院学术委员会六届二次全会】** 4月23日在中国林科院召开。会议审阅和讨论《中国林科院科技创新“十二五”发展规划框架(初稿)》、《中国林科院基本科研业务费“十二五”重点资助方向(征求意见稿)》以及《中国林科院学术委员会章程》等文件，从基础建设、创新平台、制度保障等方面提出建议。会议期间召开了科技创新座谈会，进一步交流和探讨做好中国林科院“十二五”科技规划以及加强科研过程管理、科技产出、技术集成组装等措施。中国林科院院长张守攻出席会议，并对中国林科院“十二五”规划提出要求。

**【林业科技活动周启动仪式暨专家报告会】** 5月15日在中国林科院举行。由国家林业局科技司、北京市园林绿化局主办，中国林科院等共同承办。活动以“林业应对气候变化、倡导低碳生活”为主题，旨在贯彻落实国家林业局科普工作部署，宣传林业在应对全球气候变化中的作用，普及林业碳汇知识，倡导低碳生活，推动林业科普工作发展和科普社区建设。国家林业局科技司司长魏殿生、中国林科院院长张守攻出席启动仪式并分别致辞。中国林科院分党组成员、纪检组组长、海淀区科协副主席陈幸良主持启动仪式和专家报告会。启动仪式上，与会领导向与会学校、部队、居委会的代表赠送科普挂图等科普资料。专家报告会上，国家林业局造林司副司长、气候办常务副主任李怒云作《林业应对气候变化与发展低碳经济》科普报告。

**【中国林科院“十二五”发展规划科学顾问咨询会】** 5月19日在中国林科院召开。旨在进一步提升中国林科院“十二五”发展规划的前瞻性、战略性。中国林科院副院长储富祥从科技创新、学科发展、人才队伍建设、科技产业等方面介绍中国林科院“十二五”发展规划基本框架，顾问们分别从各个角度进行全面的讨论，特别是对如何创建世界一流林业科研院所、建设一流科研团队、实现一流科研产出，服务现代林业建设、充分发挥科技支撑作用，提出建设性的意见与建议。

**【中国森林生态服务评估研究成果新闻发布会】** 5月20日在京召开。发布会由中国林科院院长张守攻研究员主持，中国科学院院士蒋有绪研究员发布研究成果主要内容，中国科学院院士唐守正研究员等就有关问题分别答记者问。中国森林生态系统每年10万亿元的生态服务总价值包括六个方面：一是涵养水源年价值量4.06万亿元，年涵养水源量4947.66亿立方米，相当于12个三峡水库2009年蓄水至175米水位后的库容量。二是保育土壤年价值量0.99万亿元，年固土量70.35亿吨，相当于全国每平方千米土地减少730吨土壤流失，年保肥量3.64亿吨。三是固碳释氧年价值量1.56万亿元，年固碳量3.59亿吨。四是积累营养物质年价值量0.21万亿元，每年林木积累营养物质量0.17亿吨。五是净化大气环境的年价值量0.79万亿元，每年中国森林提供负离子1.68×1027个，吸收大气污染物量0.32亿吨，滞尘量50.01亿吨。六是生物多样性保护年价值量2.40万亿元。中国森林植被生物量和碳储量评估显示，中国森林植被生物量总量157.7亿吨，59.95%集中在西南和东北地区。全国乔木林总生物量中，天然林占83.29%，人工林占16.71%。栎类、杉木、杨树、马尾松、白桦和落叶松6个优势树种(组)的森林生物量占全国森林总生物量的近40%。中国森林植被碳储量总量78.11亿吨，60%集中在东北和西南两大地区。全国乔木林总碳储量中，天然林占83.05%，人工林占16.95%。栎类、杉木、杨树、落叶松和白桦5个优势树种(组)的森林碳储量占全国森林总碳储量的33%。

**【“大敦煌生态保护与区域发展战略”院士咨询项目启动】** 2010年5月21～22日项目专家研讨暨启动会在中国林科院召开。中国林科院院长张守攻在启动会上致辞，中国林科院副院长储富祥主持启动会。会议在听取项目各课题研究计划和实施方案的基础上，分别就进一步科学合理设计项目实施方案，确定项目咨询的战略重点与目标任务，组建研究团队，完善工作计划等提出指导意见和工作建议。科技部发展计划司、国家林业局科技司、甘肃省林业厅、敦煌市人民政府等部门领导50多人出席启动会。中国科学院、中国水科院、中国林科院、清华大学、北京师范大学、北京林业大学和甘肃省等科研、教学、生产单位的近30位代表参加研讨。

**【速生优质林木培育的遗传基础及分子调控项目中期评估汇报会】** 5月30日至6月1日在天津召开。科技部基础司副司长彭以祺、国家林业局科技司副司长李兴出席会议并对做好该项目提出希望。项目主持人、中国林科院院长张守攻研究员主持会议。中国林科院副院长储富祥出席会议并致辞。会议旨在加紧总结项目成果、推进项目进度，迎接中期评估。该项目为林业行业的第三个“973”项目。会上7个课题进行了课题研究进展总结与汇报。项目组专家从任务完成情况、研究工作的创新性、研究队伍的状态和水平等方面提出意见和建议。

**【林化所与南京林业大学全面合作协议】** 6月9日签约仪式在南京举行。中国林科院院长张守攻，南京林业大学党委书记封超年分别致辞。南京林业大学校长曹福亮与中国林科院林化所党委书记、所长蒋剑春分别代表双方在协议书上签字。根据协议，双方将在人才培养、科技研发、平台建设、科技信息、产品检测、科研实训等方面进行全面合作。这标志着双方合作步入实质性阶段。中国林科院以及南京林业大学的相关部门负责人参加签字仪式。

**【气候变化与森林碳汇和水国际研讨会】** 6月16日在云南省腾冲县举行。研讨会由国家林业局造林司、世界自然基金会北京代表处、中国林科院、美国林务局南方研究院和法国开发署联合主办，中国林科院承办。中国林科院副院长刘世荣主持会议开幕式。研讨会旨在了解、学习和借鉴发达国家充分发挥森林碳汇功能的经验以及林业应对气候变化的先进研究成果，同时展示中国森林碳汇的研究成果和应对气候变化的政策措施和实践经验。会议就气候变化与森林的减缓及适应功能、森林碳汇功能与碳汇管理、森林与水资源的关系与管理以及气候变化下的森林可持续经营4个专题进行研讨交流。来自中国、美国、加拿大、法国、德国、罗马尼亚、印度、喀麦隆8个国家的100多位专家和官员代表参加会议。

**【荒漠化防治国际伙伴关系高峰论坛】** 6月17～18日在中国林科院举行。论坛由国家林业局、中国履行联合国防治荒漠化公约委员会主办，中国林科院、国家林业局防治荒漠化管理中心承办。全国政协副主席、民进中央常务副主席罗富和，国家林业局副局长印红，联合国防治荒漠化公约秘书处代表杨有林等在论坛开幕式上致辞。中国林科院院长张守攻致欢迎辞并主持论坛开幕式。来自美国、日本、澳大利亚、马来西亚、以色列、土库曼斯坦等国家的专家介绍了本国在防治荒漠化方面的成功经验。论坛为确定荒漠化研究所中长期发展战略规划、构建全球荒漠化防治伙伴关系、履行防治荒漠化公约战略与对策指明方向，奠定了基础。国家林业局有关部门以及来自中国科学院、北京林业大学、东北林业大学、内蒙古农业大学和新疆、甘肃、青海、陕西、辽宁、内蒙古等省（区）林科院（所）和治沙所及治沙第一线的领导与专家学者近百人出席论坛。

**【中德矿区植被恢复与生态治理国际研讨会】** 6月17～18日由中国林科院林业所、德国矿区复垦研究所联合在京召开。研讨会旨在了解、学习和借鉴发达国家矿区植被恢复与生态治理的先进研究成果，同时展示中国相关研究成果及矿区生态治理的政策措施和实践经验。来自中国、德国相关科研机构、大学的专家学者和企业界及金融界代表40人参加会议，并就不同地区矿区植被恢复与生态治理中存在的实际问题、治理措施、治理前后的监测评估以及政府、矿山企业、科研人员、当地群众等应该起到的作用进行研讨交流。中国林科院院长张守攻、德国矿区复垦研究所所长 Michael Haubold-Rosar 等出席开幕式并致辞。

**【中国林科院2010年学位授予典礼】** 2010年7月12日在中国林科院举行。中国林科院学位评定委员会主席、院长张守攻讲话，为每位研究生拨穗授学位，赠院长、院士寄语。学位获得者和研究生导师代表发言。会上，宣读第七届学位评定委员会第三次会议审核通过的学位获得者名单，为222名毕业研究生（其中博士研究生90名、硕士研究生116名、硕士专业学位研究生16名）颁发学位证书，为获得2010年度优秀博士学位论文作者及其指导教师颁发荣誉证书、奖牌和奖金。

**【第二届中国林科院杰出青年】** 2010年7月29日，中国林科院发文公布并通报表彰。中国林科院林化所饶小平、林业所王军辉、资昆所杨汉奇、热林所梁俊峰、森环森保所孔祥波、荒漠化所周金星、资源所雷相东共7人当选。

**【木工所与南京林业大学学研全面合作框架协议】** 2010年9月29日在中国林科院举行。根据协议，双方将在木材加工、家具与木制品领域全面合作，开展科研项目研究、科技成果转化、科技社会服务、研究生培养、科研条件建设等。旨在有助于学研互动、资源共享、科技创新和技术推广，推动科学技术向现实生产力的转化，促进科研院所与大学的共同发展。中国林科院副院长储富祥、南京林业大学副校长薛建辉出席签字仪式并讲话。

**【伊春市森林与湿地资源价值评价新闻发布会】** 10月12日由伊春市人民政府、中国林科院在京举行。伊春市市长王爱文致发布词，副市长侯颖达主持新闻发布会。项目负责人、中国林科院科信所副所长王登举介绍项目主要研究结果。项目采用国内外常用的市场价格法、替代工程法等方法，分三大部分评价，结果为：一是伊春市森林和湿地生态系统服务的总价值为1753.32亿元/年，是地区生产总值（GDP）的10.24倍。二是森林与湿地资产总价值为1.26万亿元。三是伊春市森林与湿地对缓减全球气候变化、维护东北亚地区生态安全、保护全球生物多样性、维护国家木材安全、促进区域经济发展等方面有巨大的社会效益。

**【中国林科院与南京市人民政府林业科技合作框架协议】** 10月22日签字仪式在南京举行。根据协议，双方将建立长期而稳定的科技合作伙伴关系，并在南京市森林城市建设总体规划、南京现代林业可持续发展战略研究、林业技术培训与林业研究人才培养、林业新产品开发、植物新品种引进以及林业科技成果推广和林业技术咨询服务等方面开展广泛而深入的合作。南京市人民政府副市长陈维健、中国林科院院长张守攻分别致辞并代表双方签署合作框架协议；南京市农业委员会主任翟为民、中国林科院副院长储富祥代表双方签署关于编制《南京市森林城市建设总体规划》协议。江苏省林业局局长夏春胜发表讲话。

11月28日至12月3日，中国林科院组织11位从

事城市林业研究的专家赴南京实地考察调研，正式启动南京市森林城市建设总体规划项目。专家们考察城内、城郊、村庄、林场、道路、河岸、湖泊、公园等地的林业建设情况，与当地干部和群众进行座谈，收集大量相关资料，完成项目的前期调研工作。

**【林化所建所50周年庆典】** 10月23日庆典活动在南京举行。庆典开幕式上，全国政协人资环委副主任、国际竹藤网络中心主任、中国林科院原院长江泽慧，原林业部部长高德占，原林业部副部长、原中国林科院院长刘于鹤先后讲话，国家林业局科技司副司长李兴宣读国家林业局副局长张永利的书面讲话，科技部农村科技司农业处处长魏勤芳、江苏省林业局局长夏春胜、江苏省科技厅副厅长李奇、中国林科院院长张守攻先后致辞。中国林科院林化所党委书记、所长蒋剑春回顾林化所50年光辉历程。期间，林化所与湖北省林科院等9家企事业单位签署科技合作协议。中国林科院副院长储富祥主持开幕式。来自全国各地的高校、科研院所、企业等嘉宾以及林化所全所职工500余人参加庆典。开幕式后召开2010年生物质资源化学利用国际学术研讨会。

**【院科技企业工作交流与研讨会】** 11月3～5日在广东湛江中国林科院桉树中心召开。会议研讨了2007年中国林科院产业工作会议确定"科技示范型产业"新产业发展模式以来，全院产业发展取得的新进展、新思路以及遇到的新问题，修订1998年颁布的《中国林科院经济实体管理办法》，进行安全生产经验交流。中国林科院各所、中心分管产业及部分科技型企业负责人、院属公司的主要负责人参加会议。

**【林业科技服务和科普惠民活动】** 11月10日在贵州毕节举行。活动由国家林业局科技司、民进中央社会服务部和贵州省林业厅主办，中国林科院和贵州省毕节地区行署承办。活动旨在调动各方面的力量，加速林业科技成果的转化，支持毕节地区林业建设、生态建设和林农增收，同时落实中国林科院与民进中央和贵州省人民政府签订的林业科技合作的相关协议，推进民进中央和中国林科院共同启动的贵州省毕节地区"石漠化治理科技示范园"和"智力支边科技大院"工作。期间举办活动启动仪式暨科普报告会。全国人大常委、民进中央副主席王佐书，国家林业局科技司副司长李兴、中国林科院院长张守攻等出席并致辞。活动由中国林科院分党组成员、纪检组组长陈幸良主持。组委会向毕节地区和金沙县赠送由中国林科院自行研发的全光喷雾设备和轻基质网袋育苗容器机、多套中国林科院最新科技成果汇编、科普系列资料和展示设备以及订购的5年由中国林科院出版的8种实用性的科技期刊。科普报告会内容有林业应对气候变化与发展低碳经济和全球变化与林业碳汇。活动期间在毕节举行国家林业局、中国林科院专家咨询座谈会和中国林科院支持毕节发展特色经果林座谈会，中国林科院专家应邀到金沙县进行实地考察和科技对接。

**【中国现代林业技术装备发展战略研究】** 11月22日成果汇报暨评审会在中国林科院召开。该课题由中国林科院组织、北京林机所承担，哈尔滨林机所、林业新技术研究所等共同参加完成。评审委员会一致通过对该研究成果的评审。国家林业局副局长张永利出席会议并就加速发展我国林业装备发表讲话。中国林科院副院长储富祥主持会议，院长张守攻作总结讲话。

**【木竹产业技术创新战略联盟2010年度理事会会议】** 11月22日在京召开。中国林业产业协会秘书长、中国林产工业协会执行会长王满出席并讲话。木竹联盟理事长、中国林科院副院长储富祥作主题发言。会议审议并原则通过了《木竹产业技术创新战略联盟创新研发计划》等报告，审议通过8家单位正式成为木竹产业技术创新战略联盟新成员，为25家企业颁发了联盟发起单位牌匾。

**【加强基层学习型党组织建设问题研究课题】** 11月26日在全国党建研究会科研院所专委会上，中国林科院提交的《关于加强基层学习型党组织建设问题研究》成果获一等奖。该课题重点研究如何将学习型组织理论与中国林科院党建和创新团队建设相结合，激发各级党组织的创新能力；如何营造和形成重视学习、崇尚学习、坚持学习的浓厚氛围，牢固确立党组织全员学习、党员终身学习的理念；积极探索健全学习型组织的长效机制，提升党员的学习能力，增强党组织的创造力、凝聚力和战斗力。旨在通过分析中国林科院党建和科研团队建设中存在的主要问题，探索解决对策和途径，进一步增强中国林科院解决国家林业发展和生态建设重大科技问题的能力。

**【国家林业局与中国井冈山干部学院共建亚林中心教学点签字和揭牌仪式】** 12月18日在江西省分宜县的中国林科院亚林中心举行。国家林业局党组成员、中央纪委驻国家林业局纪检组组长陈述贤与中国井冈山干部学院副院长张友南代表双方分别签署协议、揭牌并讲话。国家林业局办公室副主任朱新飞主持仪式。中国林科院分党组书记、院长张守攻，中国井冈山干部学院副院长张友南、江西省林业厅纪检组组长李晓浩分别致辞。国家林业局、中国井冈山干部学院、江西省政府以及中国林科院等单位负责人参加签字和揭牌仪式。

**【中国林科院2010年度科技管理和国际合作工作会】** 12月23～24日在广州召开。国家林业局科技司副司长李兴介绍《林业科学和技术"十二五"发展规划》的总体思路。中国林科院副院长储富祥、刘世荣分别主持科技管理和国际合作会开幕式并讲话。会议报告了《中国林科院"十一五"科技工作总结及"十二五"工作思路》和《中国林科院"十一五"国际合作工作概述》。中国林科院热林所、林化所和亚林中心在科技管理专题会中作典型发言；中国林科院资信所、竹子中心和亚林所在国际合作专题会中作典型发言。中国林科院各所（中心）分管科研和国际合作、业务部门负责人等参加会议。

**【落叶松现代遗传改良与定向培育技术体系获2010年度国家科技进步二等奖】** 该成果由中国林科院院长张守

攻研究员主持完成。项目首次划定寒温带、温带、暖温带和北亚热带4个落叶松育种区，构建落叶松高效生态育种体系，创建干细胞同步化繁育体系与分子育种技术平台，开拓杂种优势利用新途径，提出纸浆材速生丰产培育及大中径材结构优化培育技术体系。选育出与各区相适应的优良新品系和高世代育种群体，获发明专利权4项、计算机软件登记权1项、良种审定9项，20个家系通过国家良种审（认）定，制定标准3项，在13省（区）推广应用44万公顷，成果的经济、社会、生态效益显著，总体达国际领先水平。

**【人造板及其制品环境指标的检测技术体系获2010年度国家技术发明二等奖】** 该成果由中国林科院木工所周玉成研究员主持完成。成果在突破国外检测环境控制精度极限的关键技术基础上，完成人造板及其制品检测环境的动态精确控制、极限测试样本制作和人造板及其制品检测仪器的高精度校准3项技术，实现人工气候箱内气体温湿度的鲁棒跟踪控制等5种控制方法，并成功开发自适应模糊控制实验压机、甲醛检测气候箱等6类具有自主知识产权、性能先进的系列化产品，颁布实施四项全国人造板及其制品环境指标检测仪器设备的行业标准，在人造板及其制品领域形成具有自主知识产权的检测技术体系。解决了人造板甲醛释放量检测环境动态控制精度低、干扰大的关键技术难题，实现检测仪器的最优化控制以及相关仪器设备的国产化。

（中国林业科学研究院由王秋丽供稿）

# 国家林业局调查规划设计院

**【综　述】** 2010年完成生产、科研任务350余项，全面实现既定的各项目标。

**林业资源调查监测工作** 2010年全力开展森林资源、荒漠化、湿地与野生动植物资源调查与监测工作，为国家林业局决策管理提供科学依据。①完成第七次全国森林资源清查汇总与成果汇编，组织编写《第八次全国森林资源清查2009年度清查成果报告》以及《第八次全国森林资源清查第一批7省（市）清查成果》，开展第八次全国森林资源清查技术支持与指导检查、全国森林生物量调查建模和“三总量”检查遥感应用技术指导以及三峡库区森林资源监测工作，完成监测区的营造林综合核查、征占用林地、采伐限额核查、退耕还林阶段检查验收等工作。②全面完成第四次全国荒漠化和沙化监测成果的数据汇总、分析和成果编写。重点开展全国荒漠化沙化、沙尘暴以及陆地植被长势和干湿状况监测，组织实施沙尘暴灾害应急体系建设项目，开展沙尘暴灾害风险评估数据库研建工作，编写全球干旱区土地退化评估项目中国国家土地退化评估报告。③组织开展第二次全国湿地调查，完成2009年调查的8个省级单位调查成果汇总和报告编写，完成陕西、内蒙古、辽宁、西藏等10个省（区）级单位的技术培训、遥感判读、野外调查指导和数据统计汇总，修订《湿地调查技术规程》和《湿地调查检查验收办法》。④编写第二次全国野生动物资源调查工作方案和技术规程，完成野生动物调查5个区域试点和第四次大熊猫资源调查方案与技术规程编写以及有关技术筹备工作，启动全国极小种群野生植物监测编目工作，承担四川卧龙等25个示范自然保护区实施方案的编写工作，为全国自然保护区建设提供技术支撑。

**林业重点规划编制** 2010年承担易灾地区生态环境综合治理专项规划、全国防沙治沙规划、全国油茶产业发展规划、天然林资源保护工程二期实施方案、全国湿地保护工程“十二五”建设规划、全国森林经营规划、三北防护林体系建设五期工程规划、全国林业生物质能源“十二五”发展规划、全国生态保护与建设规划等一批全国性林业重点规划编制任务。参与林业“十二五”规划思路研究和专题研究工作，完成经济社会发展对林业需求分析、全国林业发展布局研究等专题研究任务。参与完成全国林地保护利用规划纲要编制任务，承担省、县级规划编制的技术指导、培训和遥感数据处理任务。

**林业信息化工作** 在继续做好国家林业局网络系统、全国林业专网、公文传输系统、视频会议系统和全国森林资源管理信息系统及网络的运行、管理与维护工作的基础上，参与全国林业信息化建设“十二五”规划的编制工作，完成全国森林资源数据库扩建项目，开展国家林业局财务资金监管系统网络建设和技术服务，实施国家自然资源和地理空间基础信息库建设项目，申报卫星林业遥感数据应用平台建设项目。同时有效发挥网络电视的媒体作用，承担中央电视台“绿色时空”栏目、中央组织部全国远程办林业专题教材以及局网络电视的制播任务，制作各类专题片和访谈节目200余部。

**林业科技工作** 坚持科技强院的方针，不断加大科技工作力度，强化科技项目的申报、实施、检查和验收评价工作。全年完成国家“863”课题1项，国家林业局“948”引进项目成果推广项目1项，“十一五”林业科技支撑课题4项，国家林业局重点科研项目3项。完成森林经营方案编制与实施规范和简明森林经营方案编制技术规程等9项林业标准编制，有25项在编标准完成了征求意见。按计划正在实施的科研课题25项，林业标准项目40余项，当年新承担17项林业标准、3项科研项目，申报2011年标准项目14项，林业软科学研究项目1项。

**林业国际合作** 继续推进中意合作在内蒙古应用“瓦勒拉尼系统”开展示范造林项目，完成中意合作项目的年度工作任务和中方推广项目的总结验收，在满洲里困难立地开展示范整地造林近万亩，取得显著效果。推荐意方项目专家瓦勒拉尼先生参加2010年中国政府友谊奖的评选并获此殊荣，后续合作项目双方达成协议；中加科技合作项目森林可持续经营技术和认证指标标准体系研究取得新进展，收集汇编国际森林可持续经营认证指标，形成国家层面的可持续经营认证标准，完成项目南北两个示范点的森林经营指南。中俄共同开发和利用森林资源合作规划和世界粮农组织全球干旱区土地退化评估等国际合作项目取得新进展，开展中非、刚果、安哥拉等国家森林资源合作开发的考察论证，为中国林业实施“走出去”战略，保障国家木材安全提供了重要依据。

**新业务领域拓展** 随着全球气候变化，林业应对全球气候变化的特殊地位更加突出。经国家林业局批准，成立国家林业局碳汇计量监测中心，全面承担起全国林业碳汇计量监测的各项技术职责，统筹指导各区域计量监测中心的技术工作。编制完成全国林业碳汇计量监测技术指标体系和全国林业碳汇计量监测体系建设定额标准，林业碳汇计量监测体系建设项目正稳步推进，开展中石油、中海油、中粮总公司等企业生物质能源林和碳汇造林、CDM(清洁发展机制)碳汇交易等项目的咨询。配合集体林权制度改革，开展森林资源流转的评估工作，参与森林认证体系研究试点工作。

**为地方林业建设服务** 积极为地方各级政府和企业提供技术服务，参与和支持地方林业生态建设，承担自然保护区、林地使用、资源调查、林业生态建设、森林公园、林木种苗、工业原料林基地建设，重点火险区建设，林业病虫害及有害生物建设、湿地公园及湿地保护与恢复建设，林业信息化建设等项目可行性研究和规划设计项目223余项，受到地方政府和社会各界的好评。

（国家林业局调查规划设计院办公室供稿）

# 国家林业局林产工业规划设计院

【综　述】 2010年，设计院推动经营模式和增长方式的转型，取得全年产值首次突破亿元的历史性成果。全院总收入达1.1亿元，比2007年增加8652万元，年均增长67%。工程项目总承包取得重大进展；林产工业板块保持木材加工、林化等传统业务的开展，拓展造林规划、林板一体化等项目，稳住老客户，赢得新客户，取得重要突破。民用建筑板块产值创下历史新高，并积累了涉外项目的设计和管理经验。林业板块适时调整战略，在原有业务基础上，拓展国家湿地公园、森林城市总体规划等不同类型的林业项目，业务范围呈现多元化趋势。监理公司抓住机遇，通过优质高效的工作和成熟的客户管理，使监理公司在紧跟区域发展热点的同时，不断开拓新的业务领域。科技、碳汇等所在争取财政项目和公益项目上为全院作出贡献。园林工程板块成长迅猛，将成为全院新的经济增长点。

## 【工程咨询设计】

**吉林森林工业股份有限公司江苏分公司防潮刨花板工程项目** 荣获2010年国家林业局优秀工程勘察设计一等奖。项目是国内首条以防潮刨花板为主导产品的生产线。防潮刨花板的生产是以小径木、枝丫材为原料，经削片、刨片、干燥、筛选、施胶、铺装、单层平压、凉板、砂光和裁板等现代加工工艺组成，生产线根据需要能同时生产普通刨花板和强化木地板基材用均质刨花板。

该项目采用低能耗高效率的干燥技术、高精度的施胶技术和低能耗高精度的铺装技术等一些创新技术设计。

**河北唐山福春林木业有限公司10万立方米/年刨花板工程项目** 荣获2010年国家林业局优秀工程勘察设计二等奖。该项目主要生产设备引进芬兰美卓集团单层大幅面刨花板生产线和德国迈耶刨片生产设备。设计院承担的工程设计包括厂区工程、刨花板工程、制胶工程、供热工程、中心配电所、供水工程、二次加工车间、水源热泵机房、综合楼、单身宿舍等10个子项。

该项目引入多项节能技术，节能水平行业领先。采用高精度的施胶技术、低能耗高精度的铺装技术、大幅面单层平压技术、回弹补偿快速热压技术等先进技术。

**2011西安世界园艺博览会秦岭园规划项目** 荣获2010年度全国优秀工程咨询成果一等奖。项目集中设计院在园林规划、景观设计、植物配置、建筑设计等各专业的骨干力量，全方位阐释秦岭，塑造“虽由人做，宛自天开”的自然山水景观。

秦岭园是西安世博会的主景之一，体现出本届世博会“天人长安创意自然”的主题，项目占地面积21公顷，总投资1.2亿元。规划本着塑造自然山水，营建宁静环境，体现和谐家园的规划原则，把秦岭特色美重现园中，使秦岭园成为自然山水园林。在4种珍稀动物馆的规划中，将动物活动场地与山体地形有机结合，做到藏而不露，露而不显，展馆布局流线清晰，具有创新性。

**中国绿色碳基金江西高峰人工林碳汇计量项目** 荣获2010年度全国优秀工程咨询成果三等奖。在碳汇成为当前国际社会和国内社会热点的背景下，碳汇计量越来越显示出它的现实意义。

该项目为林业碳汇监测是首批试点项目，项目区涉及江西省赣州和吉安市的吉水县，碳汇计量面积6117.35公顷，计量年限20年。该监测报告符合《中国绿色碳基金造林项目碳汇计量与监测指南》的要求，项目前期工作调查深入细致，碳汇计量在可靠性、透明性、保密性方面合理、方法科学，具有一定的推广价值。

**广西百色丰林人造板有限公司5万立方米/年单板层积材项目** 荣获2010年度全国优秀工程咨询成果三荣奖。单板层积材是由旋切制得的单板，以顺纹方向按序组坯，端部斜接、搭接或对接，然后经涂胶、热压等工序压制而成的一种高强度的结构材料。它可以充分利用人工速生林及小径级原木，生产出高附加值的产品。优于实体木材，特别适用于大跨度的木结构上。

该项目利用速生丰产林桉树产出的小径低质木材，经单板层积加工生产出高强度结构用材，可以替代优质材，减少对珍贵天然林的破坏，提高木材综合利用率。

（国家林业局林产工业规划设计院由田健夫供稿）

# 国家林业局管理干部学院

**【综　述】** 2010年，学院坚持围绕中心，服务大局，以创建一流国家级行业干部学院为目标，着力强化干部教育培训能力建设，不断提升干部教育培训质量，各项事业取得可喜成绩。

**培训工作** 学院深入贯彻科教兴林、人才强林战略，坚持服务机关能力建设、服务林业中心工作、服务地方林业发展，大规模开展林业干部教育培训，切实抓好年度培训计划落实。全年共举办各类培训班85期，培训5539人(次)，各类培训班学员满意率在90%以上，为发展现代林业、建设生态文明、推动科学发展提供了有力的人才保障和智力支持。其中举办行业培训班75期，培训4973人(次)；计划内培训班43期，培训3062人(次)。

*理清培训工作思路* 为深入贯彻落实中央《2010～2020年干部教育培训改革纲要》精神，按照贾治邦局长教师节来院时提出的“创新培训思路，创新培训内容，创新培训方式”的指示，学院制定《国家林业局管理干部学院关于贯彻落实〈2010～2020年干部教育培训改革纲要〉的实施意见》，提出“坚持以完善格局、扩大规模、提高质量为重点，以改革创新为主线，坚持国家级特征、开放性特点和行业性特色”的培训工作思路，明确了今后十年学院干部教育培训工作的发展目标、重点任务和主要措施。

*培训改革创新* 加强培训需求调研，强化培训计划生成；初步建立以培训需求为导向的内容更新机制，形成以中国特色社会主义理论体系为中心、以提高推动林业科学发展能力为重点、以满足干部差异化需求为特色的课程体系。从主体班次、自主策划培训班、业务司局和地方林业部门委托培训班着手，探索运用研讨式、案例式、互动式等培训方法，不断增强林业干部教育培训的针对性和实效性，主体班次学员满意率均在95%以上。

*强化与地方林业部门的合作* 落实国家林业局援疆工作会议的相关部署和要求，学院精心承办两期由国家林业局人事司和新疆维吾尔自治区林业厅联合主办的新疆林业干部培训班，共有来自新疆维吾尔自治区林业厅直属机关单位的112名学员参加培训，得到局人事司、新疆林业厅和参训学员的一致好评，受到贾治邦局长的肯定，批示要“以此为契机，统筹协调，举全局之力，进一步加大对包括林业干部队伍建设在内的新疆林业工作的支持力度，为新疆林业建设作出更大的贡献”。此外与重庆市林业局联合举办重庆林业部门领导干部森林经营研修班，共有来自重庆市林业系统的69名干部参加培训。

*加强林业信息化培训* 为适应林业信息化发展和国家林业局内网、外网改版的需要，学院承办5期由国家林业局信息化管理办公室主办的中国林业网和国家林业局办公网应用技术培训班，共培训531人(次)，对局机关、京内直属单位和各省(区、市)林业厅(局)、森工集团的处级以上干部进行轮训，为国家林业局信息化建设的顺利推进提供了有力支持。

**党校教学** 强化研究式教学，注重培养学员运用理论研究和解决实际问题的能力，大力弘扬调查研究之风、刻苦钻研之风。组织学员深入林区一线开展调研，与干部群众座谈，就林业生态省建设等问题进行专题调研，形成《发展现代林业　促进林业生态省建设》等调研报告。

国家林业局党校报送的“中央党校分校、中央国家机关分校成立30周年”经验交流材料——《国家林业局充分发挥党校的阵地熔炉作用，努力推进学习型党组织建设》刊登在中共中央国家机关工作委员会《信息交流》上，并得到贾治邦局长的好评。

国家林业局党校办学工作被中央党校、中央国家机关分校评为分校先进办学单位和2006～2010年度优秀办学单位，并作为中央国家机关分校13家试运行单位之一，首批顺利通过ISO9000教学质量管理体系认证，获得中国质量认证中心颁发的证书。

**科研工作** 积极履行决策咨询职能。协助国家林业局人事司编制完成《全国林业人才“十二五”及中长期规划》和《全国林业教育培训“十二五”及中长期规划》，为加强林业干部队伍建设，推动林业人才工作提供必要的决策咨询服务。

着力开展林业干部教育培训理论研究。承担林业干部教育培训能力建设、现代林业教育培训体系建设、林产品贸易政策对林业的影响及对策研究等局级科研项目。组织完成大自然保护协会亚洲负责任林业与贸易项目委托的研究咨询课题——亚太地区森林可持续经营能力建设需求调研，提交英文研究报告。

进一步规范院内科研管理。切实完善科研制度，首次对专业技术人员科研工作进行量化，对其超额部分予以奖励，完成2008～2009年度学院科研奖励工作。

**国际合作与交流** 启动并实施中日技术合作中国西部地区林业人才培养项目，召开项目启动会暨项目联合委员会第一次会议，制定并通过项目四年培训规划；针对集体林权制度改革及国有林场改革，举办国内示范培训班9期，培训496人(次)，其中省级集体林改培训班1期共37人(次)。新项目的启动和实施受到科技部、国家林业局、日本国际协力机构的高度关注。

开展援外培训，成功举办商务部委托的发展中国家森林执法与施政官员研修班，来自巴基斯坦、泰国、加纳等亚非拉地区15个发展中国家的39名林业官员及代表参加研修，其中有5名司局级官员。

加强国际交流。成功接待南非农渔部、芬兰约恩苏大学、韩国山林人力开发研究院、日本国际协力机构等国外林业机构的官员及专家来访，邀请芬兰约恩苏大学专家来院授课；组织实施赴日本、韩国的国有林管理考

察团，与韩国山林人力开发研究院签订合作备忘录。加强与亚太森林恢复与可持续管理网络（APFnet）、瑞典SSC培训公司等国际组织的交流与联络。

**【国家林业局局长贾治邦来院慰问教职工】** 2010年9月1日，在第二十六个教师节即将来临之际，国家林业局党组书记、局长贾治邦到国家林业局管理干部学院看望和慰问教职工。他代表全国绿化委员会、国家林业局对全国林业教育培训战线的同志们致以节日祝贺和良好的祝愿。贾治邦局长听取院党委书记李向阳代表学院所作的题为《坚持一个中心，突出两大重点，实施三项战略，努力创建一流国家级行业干部学院》的汇报之后，对学院各项工作取得的成绩和发展思路予以充分肯定，并对学院今后工作和发展提出三点要求。一是坚持围绕中心抓培训，服务大局，改革创新，办出特色、办出水平；二是创新培训的针对性，创新培训思路，创新培训内容，创新培训方式；三是不断加强学院班子和队伍建设。贾治邦局长强调，要进一步加大对学院基础设施建设力度，以便进一步完善学院办学条件，提高学院的教学培训能力。贾治邦局长还接见部分教职工代表，考察学院基本建设情况，并为培训楼和图书馆的启用剪彩。

**【召开庆祝第二十六个教师节暨全院教职工大会】** 2010年9月10日，国家林业局管理干部学院召开庆祝第二十六个教师节暨全院教职工大会，深入学习贯彻贾治邦局长教师节慰问讲话精神。

院党委书记李向阳代表学院党委作题为《深入学习贯彻贾治邦局长重要讲话精神，努力创建一流国家级行业干部学院》的讲话，提出要以贾局长重要讲话为指导，认清当前学院面临的新形势，把握学院发展新机遇；要以贾局长重要讲话为指针，理清发展思路，明确发展方向，构建发展新格局；要以贾局长重要讲话为动力，全面争创五个一流，即加强干部队伍建设，铸一流班子；推进人才强院，建一流队伍；创新体制机制，强一流管理；加强条件建设，塑造一流环境；建设和谐校园，打造一流文化，再创发展新业绩。常务副院长张周忙作学院工作报告。

**【中国西部地区林业人才培养项目启动】** 2010年5月26日，中日技术合作项目在国家林业局管理干部学院举行启动仪式。日本驻华使馆、日本国际协力机构、国家科技部、国家林业局等相关部门，广西、四川、陕西、宁夏4省（区）林业厅局及项目培训基地代表近70人参加启动会。

该项目是由国家林业局和日本国际协力机构合作，国家林业局管理干部学院负责实施，针对中国西部地区，就集体林权制度改革和国有林场改革两个领域，培养基层林业改革人才的项目，实施期限为4年。该项目的启动实施，为提高试点省省级林业培训机构实施培训的能力，推进西部地区林业两项改革，具有重要意义。

**【林业干部教育培训能力建设研究项目通过评审】** 2010年3月31日，国家林业局科技司在北京召开评审会，组织有关专家对国家林业局人事司和国家林业局管理干部学院共同完成的国家林业局林业软科学研究先导专项项目——《林业干部教育培训能力建设研究》进行评审。评审委员会认为，项目选题正确，研究方法科学，数据资料翔实，结论客观准确，成果具有创新性、实用性，有较强的理论意义和实践价值。研究成果的运用将对行业培训主管部门完善教育培训管理，加强培训机构建设，提高林业干部教育培训针对性发挥重要作用。

（国家林业局管理干部学院供稿）

## 国际竹藤网络中心

**【国际竹藤网络中心研究机构暨科学顾问和学术委员会成立】** 2010年10月20日召开成立大会。全国政协人资环委副主任、国际竹藤网络中心主任江泽慧，科技部党组成员、科技日报社社长张景安，中国科学院副院长李家洋，国家林业局副局长张永利出席并讲话。科技部、北京市教委、国际竹藤组织、国家林业局有关司局和单位的领导参加会议。会上，江泽慧、张景安、李家洋、张永利共同为国家林业局批准竹藤中心成立的绿色经济研究中心、竹藤资源与环境研究中心、竹藤生物质新材料研究中心、竹藤资源化学利用研究中心、基因科学与基因产业化研究中心和热带森林植物种质资源试验中心等6个研究机构和博士后科研工作站揭牌。会上同时成立竹藤中心第一届科学顾问委员会和第二届学术委员会，并为24位委员颁发聘书。

**【国际竹藤组织第十四次董事会和第七届理事会】** 2010年11月，国际竹藤组织第十四次董事会和第七届理事会在卢旺达召开。董事会重点讨论国际竹藤组织2010年工作和2011年计划及预算、“以贸易量为基础计算成员国会费国际竹藤组织理事会工作组”会议进展情况、国际竹藤组织财务现状及可持续性、2010年上海世博会参展情况等议题。董事会充分肯定秘书处的工作，特别对中国政府大力支持国际竹藤组织成功参加上海世博会表示赞赏。同时要求国际竹藤组织继续做好维护现有成员国的稳定性及发展新成员国工作，积极开拓核心资金国际筹资渠道。第七届理事会审议通过“以贸易量为基础计算成员国会费国际竹藤组织理事会工作组”报告，批准2011～2012年度行政预算和成员国会费分摊方案，通过“以贸易量为基础计算成员国会费”和“修改《国际竹藤组织成立协定》相关条款”的理事会决议，选举产生第八届理事会主席国和副主席国，分别为孟加拉国和埃塞俄比亚。

**【国际竹藤组织中方协调领导小组第十四次会议】** 2010

年12月17日，国际竹藤组织中方协调领导小组第十四次会议在国际竹藤网络中心召开，会议通报了国际竹藤组织2010年主要工作开展情况和2011年工作计划，讨论关系国际竹藤组织可持续发展的战略性问题。来自外交部、国家发改委、科技部、财政部、商务部、海关总署、国家林业局、北京市政府办公厅等部门的40余位官员参会。

**【国际竹藤组织巩固和发展成员国】** 2010年，国际竹藤组织秘书处专门成立成员国事务部，改善和巩固与成员国之间的相互了解和沟通。随着2011年3月塞内加尔的加入，国际竹藤组织成员国已发展至37个，阿根廷也已正式确认保留其成员国资格。为了吸引欧盟和更多消费国以及新兴发展中国家加入，历时两年讨论的以国际贸易量为基础计算成员国会费的新体系在国际竹藤组织第七届理事会上最终获得通过，至此，欧盟加入国际竹藤组织的法律障碍基本消除，同时为长期以来悬而未决的巴西和墨西哥问题创造了转机。加拿大愿意继续为国际竹藤组织提供支持。此外，秘书处与泰国、柬埔寨、牙买加、南非等其他有兴趣加入国际竹藤组织的国家的沟通也在进行中。

**【竹藤资源培育与高附加值加工利用技术研究通过验收】** 2010年9月1～2日，国家林业局科技司组织召开“十一五”国家林业科技支撑计划重点项目竹藤资源培育与高附加值加工利用技术研究课题验收会议，对项目所属9个课题进行验收。项目各课题负责人、专题负责人以及各课题承担单位科研管理负责人共70余人参加会议。项目负责人、全国政协人资环委副主任、国际竹藤网络中心主任江泽慧教授出席会议并讲话。验收专家组结合现场查定意见，对课题的执行情况、经费使用情况、取得的成果进行综合评议，认为该项目所属9个课题经过5年的攻关研究，全面完成各项考核指标，成绩优秀，一致通过验收，并认定竹藤资源技术标准体系构建等25项科技成果。

**【竹类资源环境友好经营与循环利用关键技术研究与示范通过验收】** 2010年9月3～4日，国家林业局科技司组织召开“十一五”国家林业科技支撑计划项目竹类资源环境友好经营与循环利用关键技术研究与示范课题验收会，对项目所属8个课题进行验收。各课题负责人、课题承担单位科研管理人员和项目验收专家组出席会议。验收专家组结合现场查定意见，对课题的执行情况、经费使用情况、取得的成果进行了综合评议，认为该项目所属8个课题经过3年的攻关研究，全面完成各项考核指标，成绩优秀，一致通过验收，并认定难燃型竹纤维基超低密度建筑保温墙体材料等15项科技成果。

**【速生丰产竹林培育关键技术研究与示范通过验收】** 2010年9月1日，由国际竹藤网络中心承担的“十一五”国家科技支撑速生丰产竹林培育关键技术研究与示范通过国家林业局科技司组织的验收，该课题属于速生丰产林建设工程关键支撑技术研究项目。验收专家组对课题执行情况和经费使用情况进行综合评审，认为该课题全面完成任务书要求的各项考核指标，经费使用合理，成绩优秀，并认定板材用竹种筛选及丰产培育技术和适于中亚热带生长的大径丛生竹的开发与利用成果两项。

**【国家林业局“948”项目竹木基复合新材料技术引进与创新工作会议】** 2010年4月25日，会议在国际竹藤网络中心安徽太平试验中心召开。竹藤中心主任江泽慧出席会议并讲话，竹藤中心、中国林科院和江苏建筑科学研究院3个单位的专家和项目人员参加会议。会议听取项目总体进展报告和竹木复合覆面板、竹木复合梁结构材料、竹木基重组装饰材料以及标准评价等课题的研究情况，并就相关技术问题、人员分配和项目进度进行讨论交流。

**【毛竹基因组测序研究项目中期交流会】** 2010年5月21日，交流会由国际竹藤网络中心、中国林科院和中国科学院(上海)国家基因研究中心共同承担，在中国科学院(上海)国家基因研究中心召开。竹藤中心主任江泽慧、中国科学院上海分院副院长陈小亚、中国林科院首席科学家彭镇华、中国科学院(上海)国家基因研究中心主任韩斌、竹藤中心副主任费本华等14位专家出席会议。会上听取项目总体进展情况、毛竹cDNA文库与测序的情况、毛竹全基因组测序的进展情况以及中国林科院和竹藤中心相关工作的开展情况，并就毛竹本身多倍体、基因组大对基因组测序与数据分析带来的困难以及群体生物多样性等问题进行讨论。

**【竹、木基复合新材料技术引进创新与示范项目通过现场查定和验收】** 2010年8月6～7日，国家林业局科技司在国际竹藤网络中心安徽太平试验中心召开“948”重大(创新)项目现场查定和验收会议，对竹藤中心承担的竹、木基复合新材料技术引进与创新项目进行现场查定和验收。现场查定专家组对该项目建成的示范房屋进行检查，一致认为该项目完成任务书规定的考核指标，建议组织验收。验收专家组结合现场查定意见，对项目的执行情况、经费使用情况、取得的成果及前景等进行综合评议，一致通过验收，并认定竹木复合梁柱制造技术等7项重大成果。

**【竹产业发展专题调研】** 2010年9月13～19日，全国政协人资环委副主任、国际竹藤网络中心主任江泽慧率全国政协调研组，赴江西省有关市县进行竹产业情况的调研。调研是根据全国政协人资环委的工作安排，调研组深入宜春市铜鼓、宜丰、奉新等县的农村和企业，与竹农、企业家和林业基层部门同志进行座谈，考察了飞宇集团、康达集团、江桥竹业和新昌毛竹灾后重建示范点等竹加工企业和竹林基地；了解当地竹资源情况、竹产业加工情况、竹农收入、竹产业在当地经济发展中所起的作用以及有关政策的落实情况，并就“十二五”期间推动中国竹产业健康、快速、可持续发展提出了政策建设。

**【国家竹藤工程技术研究中心建设项目】** 2010年11月

20日，中国竹藤领域第一个新型的、产学研相结合的国家级工程中心——国家竹藤工程技术研究中心建设项目正式开工。全国政协人资环委副主任、国际竹藤网络中心主任江泽慧，安徽省委常委、副省长赵树丛，国家林业局副局长张永利，国际竹藤组织总干事古珍，国家发改委农经司副司长吴晓松，科技部计划司副巡视员刘玉兰出席仪式并致辞。财政部、国家林业局有关司局和单位，安徽省林业厅，安徽省黄山市、黄山区政府及各级林业主管部门有关同志参加仪式。出席仪式的领导共同为工程中心建设项目奠基培土，建设项目正式开工建设。国家竹藤工程技术研究中心于2007年经科技部批准筹建，其配套的实验用房及附属设施建设项目获准列入国家林业局2010年的基建项目，新建的竹藤工程材料实验用房建筑面积约1500平方米，将建成竹藤科技的集成基地、中试基地和成果转化基地。

**【热带森林植物种质资源保存与研究基地正式开工】** 2010年1月11日，国际竹藤网络中心在海南三亚举行热带森林植物种质资源保存与研究基地开工仪式。国家林业局副局长李育材，全国政协人资环委副主任、国际竹藤网络中心主任江泽慧，海南省委常委、三亚市委书记江泽林出席仪式并讲话。国家林业局有关司局和直属单位负责人，三亚市委、市政府，海南省林业局有关领导出席仪式。该项目主要针对国内和世界热带地区丰富的植物资源和特有竹类、棕榈藤以及其他珍贵林木、木本花卉资源，进行系统的种质资源收集、保存、保护和研发，是我国热带地区森林遗传资源保护、研究的"主题公园"，项目的实施对于丰富和完善全国森林植物种质资源保存体系具有重要作用。

**【国际竹藤网络中心2006/2007年度基本科研业务费专项资金项目验收和2008年度专项中期评估】** 2010年6月10～11日，验收和评估会议在国际竹藤网络中心召开。由竹藤中心基本科研业务费专项学术委员会组成的专家组对2006/2007年度立项的37个项目和2008年度立项的3个项目进行验收，并对2008年度立项的10个项目进行中期评估。专家组通过听取各项目负责人的工作汇报、质询和答辩，并对照项目合同书，严格审查项目考核指标、总结报告等验收和评估材料，形成验收和评估意见，参加验收的40个专项全部通过验收，10个专项完成中期评估。这50个研究项目涵盖生物质材料、竹藤生命科学、竹藤生物资源化学、竹藤培育与生理生态等四个学科领域，青年科研人员通过课题研究，在科研能力提升、科技创新、人才培养和成果产出等方面取得了很大成绩。

**【国际竹藤组织成员国竹藤产业发展部级研讨班】** 2010年5月19～28日，由商务部和国家林业局主办，国际竹藤网络中心和国际竹藤组织联合承办的国际竹藤组织成员国竹藤产业发展部级研讨班在中国举办，来自20个国家的36位学员参加研讨班，其中包括6位国际竹藤组织成员国的部长级官员。5月20日，研讨班参加上海世博会国际竹藤组织荣誉日活动，国家林业局局长贾治邦出席活动，荣誉日活动展示了竹藤资源和产品在促进城乡协调发展、加快城乡互动方面不可替代的作用和潜力。

**【发展中国家竹产品标准和认证研修班】** 2010年6月22日至7月5日，国际竹藤网络中心与国际竹藤组织共同承办商务部发展中国家竹产品标准和认证研修班，共有来自加纳、印度、缅甸、越南等12个发展中国家的19名学员参加。

**【商品共同基金从中国向孟加拉国和斯里兰卡输出竹笋生产、加工、销售技术通过验收评估】** 该项目自2007年实施，完成预定的全部任务。完成对孟加拉国、斯里兰卡技术人员在笋用林培育、竹笋加工和销售方面的培训；编写出版笋用林培育、竹笋加工技术手册并制定笋产品标准；孟加拉国完成笋用林营造和更新200公顷，斯里兰卡从中国引种麻竹、绿竹营造笋用林12公顷，长势良好；在孟加拉国和斯里兰卡建成竹笋加工厂，完成设备安装调试、笋产品试生产和技术人员的现场培训。2010年11月29～30日在斯里兰卡首都科伦坡召开项目完成研讨会，来自孟加拉国、斯里兰卡、中国、印度、印度尼西亚、缅甸等国家和国际竹藤组织代表共30多人出席会议。斯里兰卡科技部副部长穆斯塔法出席会议，对项目成果表示满意。

**【商品共同基金竹人造板预制房在亚非的开发和商品化项目】** 项目旨在通过在世界范围建立竹预制房开发和市场化体系，促进竹子用于环保房屋建筑。项目组于2010年4月考察国别合作方埃塞俄比亚和尼泊尔，听取各方项目进展情况，通过一系列的研究和商讨，确定竹人造板预加工中心和加工中心的选址、厂区布置、操作流程、优化升级方案和设备清单等；讨论竹预制房概念设计方案；商定2010年度工作计划和预算；完成对埃塞俄比亚和尼泊尔的竹材及竹人造板材的物理力学、防腐防霉等性能测试。2010年10月26～31日，项目工作组会议暨外方技术人员培训在福建永安举办，会议讨论竹预制房设计方案、在尼泊尔和埃塞俄比亚两国的预加工中心建设计划和设备采购方案、在两国竹预制样板房的建造计划及2011年工作计划等，项目全面实施。

**【国际热带木材组织基于人工林资源中国棕榈藤业可持续发展的能力建设项目】** 2010年5月14日，项目在北京召开结题会议，通过终期验收。该项目在海南、广东、广西完成6个试验示范基地建设，举办5期国内培训班，编写和印发《中国棕榈藤人工林资源管理与利用》技术手册，编辑出版《全球棕榈藤业可持续发展研讨会论文集》，完成藤笋(全藤)生物活性成分的分析与利用研究。

**【江泽慧会见芬兰农林部林业发展中心主任】** 2010年1月21日，国际竹藤组织董事会联合主席、国际竹藤网络中心主任江泽慧会见来访的芬兰农林部林业发展中心主任Ritva Toivonen女士一行。江泽慧在会谈中表示，双方开展低碳经济发展、木竹资源培育与综合利用以及木竹抗震建筑技术等领域的研究合作具备良好的基础与发展前景。Ritva Toivonen 女士表示芬兰政府及相关机构将全力支持双方的合作项目。双方还就拟开展项目的目标及其内容、潜在的资助渠道以及寻求资助的具体行动与措施等问题进行探讨。

**【江泽慧会见德国哥廷根大学林学院代表团】** 2010年3月4日，国际竹藤组织董事会联合主席、国际竹藤网络中心主任江泽慧会见来访的哥廷根大学林学院代表团，双方就生物资源可持续综合利用与科学研究等领域的合作进行会谈。江泽慧对哥廷根大学及其林学院与中国文化教育和林业科技界的合作，努力促进中德两国文化、教育及科技交流表示赞赏和肯定，双方表示拟在竹藤资源监测、培育与人工林建设，生物资源可持续综合利用，碳汇监测等领域开展国际合作。

**【江泽慧会见联合国防治荒漠化公约执行秘书】** 2010年4月9日，全国政协人资环委副主任、国际竹藤组织董事会联合主席、国际竹藤网络中心主任江泽慧在北京国际竹藤大厦会见《联合国防治荒漠化公约》执行秘书吕克·尼亚卡贾。双方就进一步加强合作、扩大合作领域、为发展中国家提供防治荒漠化培训进行会谈。2004年10月，联合国防治荒漠化公约国际培训中心在国际竹藤网络中心成立。

**【江泽慧会见美国农业部部长维尔萨克】** 2010年6月24日，正在美国访问的全国政协人资环委副主任、中国园中方建设领导小组组长、国际竹藤网络中心主任江泽慧在华盛顿会见美国农业部部长维尔萨克和副部长米勒，双方讨论共建中国园事宜，并就如何进一步推动中国园建设进程达成重要共识。中国驻美大使张业遂参加会见。

6月25日，江泽慧会见美国国务院负责东亚事务的助理国务卿坎贝尔，双方就合作推动共建中国园项目建设进行探讨，一致同意在中美战略与经济对话框架下积极推动中国园项目的落实。中国驻美大使馆公使谢锋参加会见。

**【江泽慧率中国竹藤合作代表团访问印度尼西亚和马来西亚】** 应印度尼西亚林业部和马来西亚自然资源与环境部的邀请，全国政协人资环委副主任、国际竹藤组织董事会联合主席、国际竹藤网络中心主任江泽慧教授为团长的中国竹藤合作代表团于2010年3月26日至4月4日对两国进行为期10天的工作访问。代表团访问印度尼西亚林业部、印度尼西亚林业研究和发展局、印度尼西亚竹子环保基金，马来西亚自然资源和环境部、马来西亚林业研究所等机构，并进行多方面交流。印度尼西亚、马来西亚方面介绍了两国政府部门、研究机构和民间团体在竹藤资源保护、开发和利用的情况；江泽慧介绍国际竹藤组织和国际竹藤网络中心的情况，并就推荐一名印度尼西亚董事进入国际竹藤组织董事会事宜与印度尼西亚林业部交换意见，还就加强双方的国际合作交流，特别是在竹藤科学研究和贸易方面的合作交换意见。

**【签署合作意向协议】** 2010年6月23日，在美国访问的全国政协人资环委副主任、国际竹藤网络中心主任江泽慧与美国林务局林产品研究所主任克里斯·瑞斯布莱特签署《国家林业局国际竹藤网络中心美国农业部林务局林产品研究所合作意向协议》。双方将在建筑用木材及木质结构材料的开发、测试和改进，相关代码和标准制定，木结构建造技术，生物质复合材料开发及应用，生物质材料防护与功能改良，小径木及其他林业生物资源在工程木制品、复合材料、生物能源领域的增值利用等方面开展合作。

**【岳永德常务副主任率团访问德国哥廷根大学】** 应德国哥廷根大学林学院院长 Christoph Kleinn 教授等邀请，2010年8月10～19日，国际竹藤网络中心常务副主任岳永德教授率团访问哥廷根大学林学院、汉堡大学林产品中心、德国建筑材料研究所及 Fraunhofer 分子生物学与应用生态学研究所。访问期间，岳永德代表竹藤中心与哥廷根大学副校长 Casper－Hehne 签署合作框架协议，双方将在竹藤资源监测、培育与人工林建设、生物资源可持续利用、碳汇林业等研究领域及人才培养方面开展广泛合作。

**【国际竹藤组织安徽太平竹藤科技培训基地】** 2010年11月20日，在竹藤中心安徽太平试验中心挂牌成立。全国政协人资环委副主任、国际竹藤组织董事会联合主席、国际竹藤网络中心主任江泽慧，安徽省副省长赵树丛，国家林业局副局长张永利和国际竹藤组织总干事古珍为培训基地揭牌。培训基地的建立，将为国际竹藤组织及其成员国提供良好的科技培训交流平台。

**【开展竹藤科技培训】** 2010年，竹藤中心围绕林业中心工作和以兴林富民，立足促进竹产业发展、竹产区农村经济发展和农民增收，主动适应集体林权制度改革新的要求，继续深入开展科技培训。10月和11月，竹藤中心与国家林业局计财司分别联合为贵州省和广西壮族自治区举办两期林业扶贫技术培训班，共培训林业基层学员170余人，培训班除安排常规的竹子培育和加工利用等方面的课程外，还安排地方迫切需要的油茶培育及加工利用的课程，组织专家到林场苗圃基地现场指导，解决地方在种苗培育和加工利用中的实际难题，满足两地的技术需求，确保扶贫工作取得实效。为促进南方林业大省和国际竹藤组织成员国竹产业发展，竹藤中心2010年先后为福建、浙江、云南和国际竹藤组织成员国举办竹资源培育和加工利用技术培训班，培训班除安排专家授课外，还组织学员到浙江省安吉县等竹产业发达地区知名竹企业参观考察和学习，与当地林业部门交流竹产业发展经验。5月24日至8月13日，竹藤中心在四川青神竹编培训基地为重庆市梁平县举办为期80天的林农竹编培训班，6月28日至9月18日，为西藏自治区定结县藏族群众举办为期80天的竹编培训班。9月17日至11月15日，竹藤中心在四川青神竹编培训基地为贵州荔波和广西融水两地的培训示范点合作社举办为期60天的竹编技术提高班。

在开展技术培训的同时，竹藤中心转变培训模式，

加大培训基地和示范点建设，努力扶植竹艺合作社发展。2010年，竹藤中心对建在四川青神的竹编基地的职能和培训模式进行转变和完善，基地除承担完成中心的培训任务外，还发挥师资技术优势，争取其他省份资金或项目开展竹编培训。中心设在贵州荔波和广西融水的培训示范点进一步发挥作用，继2009年贵州荔波学员结业后成立贵州省荔波县竹制工艺专业合作社，2010年6月15日，广西融水的结业学员挂牌成立融水县华融竹编工艺品专业合作社，该合作社参加2010桂林国际旅游世博会并获得铜奖。

**【国家林业局竹藤产品质量检验检测中心】** 2010年12月，国家林业局科技司组织专家对国际竹藤网络中心申报的国家林业局竹藤产品质量检验检测中心进行评审，竹藤中心在竹藤及竹藤材人造板产品、竹炭及林化产品、林业食品安全等3个方面具备检验检测能力，基本条件达到检验检测机构有关要求，评审组同意报国家林业局批准筹建。同月，国家林业局批复同意依托竹藤中心成立国家林业局竹藤产品质量检验检测中心。

**【唐山市生态城市总体规划项目】** 2010年9月10日，由国际藤网络中心和中国林科院共同承担的唐山市生态城市总体规划项目阶段性成果汇报会在北京举行。来自中国林科院、国际竹藤网络中心、北京林业大学、上海师范大学、河北农业大学、中国社科院、清华大学等9个主要参加单位的专题负责人和主要参加人员出席会议。项目技术负责人、中国林科院首席科学家彭镇华教授在听取各专题的汇报后，对项目组前期已完成的规划文本给予充分肯定。

**【签署共建协议】** 2010年10月31日，国际竹藤网络中心与福建省林业厅签署竹藤资源及生物资源利用研究和示范基地共建协议。全国政协人资环委副主任、国际竹藤网络中心主任江泽慧，福建省常务副省长张昌平，中国工程院院士李文华，中国科学院院士蒋有绪等出席签约仪式，竹藤中心常务副主任岳永德和福建省林业厅副厅长谢再钟分别代表双方签署协议。根据协议，双方将合作建设竹藤资源及生物资源利用研究和示范基地，共同致力于竹藤及生物资源的保护和开发利用，提高该领域的科学研究、技术推广和开发利用水平，为促进竹藤及生物资源的开发利用、建设生态文明和实现经济社会可持续发展发挥积极作用。

**【安徽太平试验中心科研基础设施建设项目完成验收】** 2010年，国际竹藤网络中心安徽太平试验中心竹木材料天然耐腐性研究基地建设项目主体工程、竹种质资源试验站建设项目和种质库科研供水管网改造项目建设完成并通过验收。竹木材料天然耐腐性研究基地建设项目主体于6月13日封顶，9月30日竣工并通过技术验收，项目的建成将为竹木材料学实验、种质资源保存、竹木结构材标本室建设等提供基础平台和有力支撑；竹种质资源试验站建设项目于12月完成纹洛温室、薄膜温室和荫棚的建设任务，并通过技术验收，该项目有利于提升竹类与木本花卉种质资源的保存条件，并为种质资源的开发和利用提供有力的保障和基础平台；种质库科研供水管网改造项目于12月完成灌溉管网敷设、管网增压、给排水改造等建设内容，通过技术验收并投入使用，完善竹种保存库灌溉供水系统，提升了灌溉系统的运行能力和保障能力。

**【国际标准化组织木材技术委员会第六届木材标准化科学与实践国际会议和第九届年会】** 2010年8月2～6日，国际竹藤网络中心和中国林科院协办的国际标准化组织木材技术委员会(ISO/TC218)第六届木材标准化科学与实践国际会议和第九届年会在北京举行。这是国际标准化组织木材技术委员会首次在中国举行的木材标准化工作国际会议，来自中国、俄罗斯、美国、加拿大、日本、乌克兰、白俄罗斯、马来西亚、肯尼亚等11个国家的60多位代表出席会议。国际标准化组织木材技术委员会主席Nikolay Vedmid先生主持开幕式，国家标准化管理委员会副主任孙晓康，国家林业局副局长张永利分别代表国家标准化管理委员会和国家林业局致欢迎词。在第六届木材标准化科学与实践国际会议上，全国政协人资环委副主任、全国木材标准化技术委员会主任委员、国际竹藤网络中心主任江泽慧教授作《中国木材标准化工作现状与展望》主题报告。

会议主要就最新的国际木材标准化科学与实践工作进展进行交流，术语、原木、锯材和加工材、试验方法、木制品和废弃木材等6个标准工作组分别召开会议，就各自领域的标准化问题进行研讨。会议批准两项国际标准立项建议和由中国代表团提出的《实木地板一般技术要求》国际标准立项，讨论已经批准立项的国际标准文本内容。

**【签订技术合作协议】** 2010年12月，国际竹藤网络中心与江西铜鼓江桥竹木业有限责任公司签订技术合作协议，双方将在改进和完善竹质键盘等系列产品生产工艺、进行产品推广以及横向技术服务、共同申报科研和产业化项目、标准制定和宣传等方面开展合作，竹藤中心提供技术支持，企业提供必要的研发经费支持。将竹子应用于电子产品领域，具有环保、附加值高等优点，有利于发挥竹材材质优势，符合国内资源可持续利用和发展低碳经济的要求，具有广阔的市场前景。

**【中国竹炭产业科技创新论坛】** 2010年5月30～31日，论坛由中国竹产业协会和浙江省林业厅在浙江省遂昌县联合举办。该论坛以“发展竹炭经济，引导低碳生活”为主题，全国政协人资环委副主任、中国竹产业协会会长、国际竹藤网络中心主任江泽慧出席会议并致辞。论坛期间举办中国竹炭产业科技创新专家报告会，竹藤中心常务副主任岳永德教授主持报告会，7名专家和2家企业代表作有关竹炭和竹醋液的科技开发、功能评价和产业发展等方面的专题报告。

**【中国林业青年学术年会】** 2010年7月30～31日，在成都召开的第九届中国林业青年学术年会上，国际竹藤网络中心被授予第三届梁希青年论文奖优秀组织单位称号，国际竹藤网络中心科研人员有1篇论文获第三届梁希青年论文奖二等奖，2 篇论文获三等奖。全国政协人资环委副主任、国际竹藤网络中心主任江泽慧出席大会并致开幕词。

**【第三届全国竹种园联席会议】** 2010 年 11 月 10 ~ 11 日，赤水市人民政府与国际竹藤网络中心联合主办的第三届全国竹种园联席会议在贵州省赤水市召开。来自全国主要竹子种质资源保存基地，包括竹种园、竹子主题公园、种质繁育基地和科研院所等 14 个单位的代表出席会议。与会代表围绕竹子种质资源保育主题进行交流，探讨在资源收集、保存圃库建设和竹种园管理的成功经验及面临的新情况。赤水市林业局、赤天化集团纸业公司竹科所分别介绍近年来赤水以丛生竹为代表的种质保育、纸浆竹种、品系选育等情况。 （竹藤中心）

## 国家林业局森林病虫害防治总站

**【全国林业有害生物发生情况】** 2010 年，全国经历大范围的异常气候。年初冬春之际，西南地区发生 50 年一遇的特大旱情；春季，东北、华北大部地区遭遇大范围持续低温天气；入夏之后，南方大部地区又出现持续暴雨，北方大部地区出现持续高温的灾害天气。高温干旱、低温冰冻对林木健康和生长造成严重的负面影响，抗性降低，有害生物危害愈呈加重。2010 年，全国林业生物灾害呈现偏重发生，局部成灾严重，全年发生面积 1199 万公顷，各地采取各种措施防治 837 万公顷。

**发生特点** 松树钻蛀性害虫上升明显，西南地区成灾严重；松树、杨树和经济林病害发生面积增加，为害程度加重；食叶害虫迅猛反弹，为害程度总体加重；一些突发性病虫上升，局部成灾；美国白蛾等外来有害生物出现新扩散；鼠(兔)害在西部地区为害较重；有害植物为害进一步增加。

**松材线虫病** 松材线虫病全国发生面积 5. 2 万公顷，发生面积、病死树数量、县级疫情发生区下降，比 2009 年减少 0. 8 万公顷，病死树减少 15 万株，省级疫情发生区减少 1 个，县级疫点达 187 个。在山东、安徽等地有 6 个县级行政区新发生疫情，疫情扩散蔓延的形势依然严峻。

**美国白蛾** 美国白蛾总体上发生增加、局部危害严重。受华北高温影响，在山东、河北、天津、北京、辽宁、河南等地第二代虫口基数较常年提高、发生面积扩大，达 68. 5 万公顷。在江苏连云港首次发生危害，吉林四平发现幼虫危害。

**森林鼠(兔)** 森林鼠(兔)在内蒙古、黑龙江、陕西、甘肃、青海、宁夏、新疆和重庆等地发生面积 193. 3 万公顷，其中野兔在内蒙古、陕西等地发生 18. 5 万公顷，危害面积扩大；鼢鼠继续在宁夏、青海、陕西等地人工林区和新植林地发生并造成严重危害；大沙鼠在新疆、内蒙古发生 7. 2 万公顷，主要危害胡杨天然林和梭梭人工林。

**松毛虫** 全国发生面积 91. 5 万公顷，广西、云南、重庆、四川、湖南、江西和辽宁等地局部地区发生较重。

**松蚧虫** 松蚧虫发生 59. 9 万公顷，同比下降 8%，其中松突圆蚧发生面积达 50. 8 万公顷，在与广东交界的江西和广西发生范围有所增加；湿地松粉蚧发生下降到 9. 2 万公顷，在湖南、江西有新扩散；日本松干蚧在吉林、辽宁有所下降，发生 5. 9 万公顷。

**松树钻蛀性害虫** 全国发生面积达 73. 3 万公顷，与 2009 年同期相比基本持平，纵坑切梢小蠹、松褐天牛等蛀干害虫危害较重。受西南干旱影响纵坑切梢小蠹在云南、四川等地发生面积达 15. 5 万公顷，滇东、中局部地区危害严重。松褐天牛比 2009 年上升 13%，在西南干旱区为害增加，发生面积 31. 7 万公顷，在贵州、重庆导致大范围发生松树受害致死。萧氏松茎象在江西、福建和贵州等 7 省发生面积 16. 6 万公顷，局部地区湿地松受灾严重。红脂大小蠹危害趋轻，发生面积 5. 3 万公顷，河北疫情扩散到保定的涞源县，局部虫口密度较大；北京怀柔、昌平新监测到红脂大小蠹成虫。

**杨树蛀干害虫** 杨树蛀干害虫在辽宁、内蒙古、陕西等地发生较重，发生面积 63. 1 万公顷。辽宁的杨干象、白杨透翅蛾呈逐年上升趋势，发生 8. 3 万公顷，与 2009 年相比略有上升。安徽桑天牛发生 7. 1 万公顷，蚌埠市、阜阳市部分地区危害有所加重，尤其是近年新栽植的 3 ~ 5 年生杨树发生偏重。

**杨树食叶害虫** 食叶害虫受气候条件和环境因素影响较大，受 2010 年夏秋季高温干旱影响，杨树食叶害虫在河北、内蒙古、河南、山东、江苏、安徽、湖北以及新疆、宁夏等省(区)发生 132. 8 万公顷，发生面积与 2009 年基本持平，但危害程度加重。杨扇舟蛾、杨小舟蛾发生 34. 7 万公顷，危害显著加重。

**杨树病害** 受当地春季低温影响，杨树灰斑病、烂皮病、溃疡病等病害在黑龙江、辽宁、山东和河南等省部分地区严重发生，发生面积 62. 9 万公顷，比 2009 年上升 52%，其中黑龙江 2010 年春气候异常，雨水偏多、湿度大、气温低、光照时数少，杨树灰斑病发生 22. 5 万公顷，沿路林带、低洼地域和新植林尤为严重。

**竹林、经济林有害生物** 竹林、经济林有害生物在南方和黄淮地区危害有所加重，发生面积达 78. 7 万公顷。入夏以来，受南方持续暴雨影响，江南、华南大范围松树、经济林受害，林木健康状况明显降低，引发松树枯萎、油茶炭疽等病害发生。油茶炭疽病、油茶煤污病、油茶软腐病、板栗干部病害、八角尺蠖等病虫在江西、浙江、湖南、广东、广西等地加重危害；枣尺蠖、食芽象甲在山西偏重发生，8 万公顷枣树林受害严重；新疆林果有害生物发生面积 29. 9 万公顷，红枣大球蚧等蚧类害虫在南疆普遍发生，为害严重，枣叶瘿蚊随着枣树种植面积的扩大，发生面积不断增加，苹果蠹蛾在新疆等地发生 1. 2 万公顷，疫情向东扩散。

**有害植物** 薇甘菊在广东的深圳、珠海等15个市快速扩散，在林缘、果园、溪河岸边、路边、铁路沿线和城市园林为害严重；金钟藤在海南中部自然保护区也有较大为害；新列为有害植物的野生葛藤在湖北、湖南、江苏等地部分地方正由点到面、由小片到大面积的失控蔓延，在严重危害的地段，葛藤正用覆盖、缠绕及排挤等方法，抢占生态位，严重影响原有植被，破坏生物多样性。

**其他有害生物** 西藏林芝地区的川滇高山栎林、高山松人工林，枯死现象十分严重，受灾面积4000公顷；松梢螟在湖南大面积为害，发生面积达13.4万公顷，严重威胁当地退耕还林、长江防护林、异地造林等重点项目造林工程；落叶松鞘蛾在内蒙古东部柴河、南木林业局等地人发生，发生14.7万公顷；舞毒蛾在内蒙古等地为害13.4万公顷；春尺蠖、灰斑古毒蛾等灌木林害虫在内蒙古、新疆加重；广西北部湾红树林虫害发生667公顷，以北海市合浦县广西山口红树林自然生态保护区较为严重，自2004年较大规模发生后，再一次暴发并造成局部灾害。

**【林业有害生物目标管理】** “十一五”期间，坚持推行防治目标管理责任制，把林业有害生物防治工作目标纳入地方政府森林资源保护和发展目标考核体系，实行政府之间、政府与林业部门之间的“双线”目标管理责任制。通过实施目标管理，林业有害生物防治工作的政府行为不断加大，对防治工作的重视程度明显增强，资金投入明显增加，防治成效不断提高。全国林业有害生物成灾由2005年的7.6‰降低至2010年的4.7‰，无公害防治率由70%提高到80%，测报准确率由76%提高到85%，林木种苗产地检疫率由92%提高到98%。

**【林业有害生物监测预报】**

**灾情信息管理** 及时掌握各国家级中心测报点及其辖区主要林业有害生物发生防治情况、发展动态和趋势，2010年共收到国家级中心测报点上报的虫情信息3804条、趋势预报信息929条。按时上报灾情报告，及时发布预警信息。每月向国务院应急办上报达到启动省级预案的灾害事件，向国家减灾委员会提供林业有害生物当月灾情和下月灾害趋势报告。发布《虫情动态》10期。

**趋势预报** 及时汇总全国林业有害生物年度发生情况，分析半年和全年主要林业有害生物发生趋势报告。在中国科协《预防与控制生物灾害咨询报告(2010)》、《中国绿色时报》、《森防工作简报》及中国森防信息网发布《我国林业有害生物2009年发生情况及2010年发生趋势预报》。2010年1月和3月在中央电视台天气预报栏目播发预警信息2次。全年通过广播、电视、报纸、互联网、简报、快讯等多种形式发布预报预警信息2万余条(次)，为及时有效开展防治提供依据，为有效控制有害生物灾害发挥了积极作用。

**村级森防员培训** 在2008年下发《关于实施村级森防员培训计划的意见》的基础上，积极指导各地有计划地开展培训。截至2010年年底，各地共编制教材1221种，制作光盘28万张，印发挂图、宣传单等数百万份，全国共举办村级森防员培训班14 319期，培训93.58万人(次)。

**【森林植物检疫】**

**检疫执法专项行动** 以检疫执法专项行动为平台，全面加强防范林业有害生物的入侵传播的工作。2010年4月，协助造林司在上海筹办以“为世博服务，保生物安全”为主题的华东6省1市林业植物检疫执法专项行动启动仪式，并共同组织开展为期6个月的服务世博会的专项执法行动，查处违法违规案件近千起。不定期地对西南3省1市1区开展的区域性联合检疫执法行动以及新疆、内蒙古等开展的省级专项检疫执法行动开展指导和协调工作。为提高检疫执法行动的规范性，森防总站制定调运检疫执法工作规范、检疫执法工作程序规范和检疫用语规范的等有关文件。

**林业检疫性和危险性有害生物名单修订** 森防总站下发通知，组织各地开展“林业危险性有害生物名单”和“林业检疫性有害生物名单”的修订工作，2010年初步提出全国林业检疫性和危险性有害生物名单。

**产地检疫** 以确保种苗安全为重点，突出种苗的产地检疫工作。继续以项目为支撑加大无检疫性有害生物种苗繁育基地的建设力度，扩大种苗产地检疫的覆盖面和提高种苗产地检疫率，并在春季造林绿化的关键期，组织指导各地开展种苗检疫检查专项行动，强化种苗的调运检疫工作，探索种苗检疫追溯体系的建设，确保全国造林绿化使用的种苗安全。

**【主要林业有害生物治理】**

**松材线虫病除治** 森防总站继续把松材线虫病防控工作作为“一号工程”，周密部署，加强指导。2010年年初指导各地编制2010年松材线虫病防治实施方案。3月协助造林司在北京召开2010年全国松材线虫病防治工作动员部署会。3月下旬至4月上旬，派遣4个工作组赴浙江、福建、江西、山东、河南、广东、贵州、重庆、陕西等省(市)就年度实施方案的制定进行督办和指导，重点落实年度防治目标和技术措施。对各地春季松材线虫病防治任务完成情况进行检查指导，并起草《松材线虫病防治工作情况报告》正式上报国家林业局。加强对新发松材线虫病疫点除治工作的指导，对2009年以来湖北红安县、河南信新县、江西庐山、四川泸定、广西桂平等新发现松材线虫病疫情地区指导地方林业部门制定除治方案，督促加快除治进度，防治疫情扩散。举办两期县级松材线虫病普查监测技术培训班，为广大松材线虫病发生和预防区培训150多名技术人员。组织开展释放肿腿蜂、花绒寄甲等生物措施防治松褐天牛试点，推广噻虫啉防治松褐天牛工作。

**美国白蛾防控** 按照“抓住薄弱环节，抓好第一代防治，确保防治成效”的原则，继续组织开展美国白蛾联防联治，建立美国白蛾防治的长效机制。在2009年已制定《美国白蛾无公害防治技术要点》的基础上，起草《关于进一步做好2010年美国白蛾防治工作的通知》。加强防治技术检查指导，赴河南省濮阳市及山东省聊城市、济宁市等2省4市11区(县)，对第一代美国白蛾防治情况进行现场指导；对与山东省发生区毗邻的安徽省宿州市、亳州市、阜阳市、六安市的美国白蛾普查进行实地技术指导；对北京、天津、河北、辽宁、吉林等地区的美国白蛾全年防治工作进行检查。通过现场检查和技术指导，完善当地美国白蛾防治技术，加快美国白蛾防治长效机制建立的进程。

**林木鼠(兔)害防治** 2010 年 5 月在新疆昌吉市召开林业鼠(兔)害防治综合实验示范项目总结暨现场观摩会，总结交流经验，分析国内林业鼠(兔)害发生形势，研究进一步加强林业鼠(兔)害防治工作的政策措施。组织开展国家"十一五"公关子课题林木鼠(兔)害综合控制关键技术研究，与有关单位协作，进行新型捕鼠器试验，并派员赴内蒙古、青海等地进行相关设备的野外试验。

**突发生物灾害的应急处置** 在 2009 年冬季和 2010 年春季云贵川等地特大干旱后，森防总站及时召开专题会议研究对策，编写完成 2 万字的《特大干旱区林业有害生物防治实用手册》，印刷 5200 册，下发云南、广西、贵州、四川、重庆等地，指导基层应对特大干旱可能引发的林业有害生物防治。

**林业有害生物防治成本的科学管理** 组织编制《林业有害生物防治成本估算指标》。该指标体系是编制、评估林业有害生物防治经费预算和项目可行性研究的重要依据，是编制林业有害生物防治建设规划的基础，也是主管部门审查林业有害生物防治经费预算和建设项目初步设计的参考标准之一。

**【科学研究和技术推广】** 为切实提高森防总站业务人员的专业素质，组织全站的专业技术人员对 40 种类的有害生物和 21 科类的寄主植物开展定向研究，培养专家型技术人才。每位专业技术人员都结合工作撰写研究论文，编制技术规范。坚持产学研协作，加强科学研究和技术推广。2010 年在研的重点项目有气候变化对林业生物灾害的影响及适应对策的研究、林业疫害生物防控标准体系研究、灰斑古毒蛾综合控制技术试验与应用、沙地云杉重齿小蠹聚集信息素应用技术、林木叶蜂天敌姬蜂及对寄主的生理适应性研究、落叶松鞘蛾性信息素应用技术推广、空静电喷雾技术及设备的推广应用、生态林重大生物灾害综合治理技术课题子项目荒漠林有害生物天敌种类及利用、湿地林木鼠害无公害综合防治技术研究、靖远松叶蜂病毒的研究"等 10 多个研究项目取得可喜的研究成果。加强有害生物标本的收集，2010 年新增昆虫标本 2.6 万多号、模式标本 100 多号，森防总站标本馆现存昆虫标本达 14.6 万多号、模式标本 1600 多号，已成为林业行业现存昆虫标本最多最全的标本馆。

**【林业有害生物防治行业宣传】** 积极利用《中国绿色时报》和中国森防信息网等载体发布森防工作信息，2010 年共发布森防动态信息 1.6 万多条，林业信息 300 多条。在网站上开设的森防专栏，访问人数累计达 200 多万人(次)。编发《森防工作简报》25 期。组织开展以"加快林权改革发展，推进生态文明建设"为主题的系列宣传活动。森防总站与《中国社绿色时报》记者组成记者团，先后到江西、青海、新疆、云南、上海、辽宁等地采访，深入了解森防工作中的典型事迹和先进经验，先后撰写 8 篇文章。各地共开展记者行、业务培训、检疫执法检查等活动 600 多(次)，参与人员达 2 万多人(次)，累计刊发交流典型文章 100 多篇。举办林业有害生物生态摄影比赛，全国共投送林业有害生物生态摄影作品 2000 多幅。

**【林业有害生物防治行业培训】** 为进一步提升林业有害生物防治行业从业人员的业务素质，森防总站申办成立特有工种职业技能鉴定站，2010 年 7 月经人社部批准，国家林业行业特有工种职业技能鉴定站在森防总站挂牌成立，负责全国森林病虫害防治员、野生动物保护员、标本员、动物疫源防治员、动物疫情信息员的培训和鉴定工作。2010 年举办两期培训班。为了高水平建站，高标准履责，切实担负起特有工种职业技能鉴定工作的重任，森防总站组织开展林业有害生物防治知识试题库的建设，组织北京林业大学、东北林业大学、南京林业大学、西南林业大学、西北农林科技大学、中南林业科技大学和辽宁林业职业技术学校等 7 所院校的专家教授开展试题库编写工作，2010 年年底提出试题库编写大纲和基本框架。

**【国家网络森林医院建设】** 国家网络森林医院以服务林农为宗旨，以现代信息技术为手段，以互联网为载体，以林业有害生物监测预警、检疫御灾、防治减灾和野生动物疫源疫病监测为主线，以专业基础数据库和专家库为支撑，是集自助诊治、专家诊治、专业支持、信息查询、知识宣传和行业管理等多种功能于一体的开放式网络便民服务平台，是由国家、省、市、县四级森防机构组成的网络服务和管理系统。构建全国林业有害生物防治查询、咨询诊断系统，为公众提供一个综合服务与知识传播平台，2010 年 3 月 2 日在北京开通，在职能部门和林农之间搭建新的便民服务平台，为林农"求医问药"提供新途径，为普及森防知识创建新窗口。到 2010 年底，50% 的省份建设省级网络森林医院，网络访问量达 32.4 万人(次)，78% 以上的用户问题得到解决。

**【野生动物疫源疫病监测】**

**疫情监测信息管理** 在野生动物集中分布区、候鸟迁徙停歇地、疫病高发区等重点区位、重点场所加强疫情隐患排查，全年坚持监测信息日报告制度，做到第一时间发现、第一现场控制，努力阻断野生动物疫病的扩散蔓延。2010 年共收到省级管理机构信息报告 9151 份。发现麋鹿魏氏梭菌病、野鸟高致病性禽流感等 6 起野生动物疫情，共计 47 起异常情况，涉及 19 个省(区、市)，导致约 37 种 1153 只野生动物死亡。编发《野生动物疫源疫病监测信息快报》332 期，编发《野生动物疫源疫病监测简报》5 期。组织开发的监测信息网络直报系统将于明年在全国范围内并网运行，将极大提高信息数据的动态管理。加强野生动物疫情风险分析和趋势预报，2010 年 12 月在哈尔滨召开 2010 年野生动物疫病发生趋势评估会商会，形成年度《突发野生动物公共卫生事件应对工作评估分析报告》。

**监测体系和制度建设** 参加编制《陆生野生动物疫

源疫病监测预警体系建设二期规划》和《"十二五"全国陆生野生动物疫源疫病监测体系建设规划》。组织制定《陆生野生动物疫源疫病监测工程项目建设标准》、《国家级野生动物疫源疫病监测站考核办法》。加强督导检查，对湖北等9个省(区)的野生动物疫源疫病监测工作开展情况进行现场检查和技术指导。于2010年春节等7个法定节假日期间，对北京等35个省(区、市)的421个(次)国家级监测站应急值守情况进行电话抽查，抽查结果显示在岗值守比率77.4%，比2009年同期提高近10%。

**科学研究和技术培训** 加强标准建设，制定《野生动物疫病分类与代码》、申报《野生动物疫病危害性等级分类》。编辑出版《野生动物疫源疫病监测》和《禽流感与野生动物疾病》。针对基层监测站监测人员在野生动物识别能力参差不齐的情况，指导各级林业部门开展技术培训工作，2010年6月在东北林业大学举办首次全国野生动物疫源疫病监测技能培训班。

（国家林业局森林病虫害防治总站由闫峻供稿）

# 国家林业局东北航空护林中心

**【北方森林航空消防综述】** 2010年，东北航空护林中心新一届党政领导班子深入贯彻党的十七届三中、四中、五中全会精神，全面贯彻落实科学发展观，紧紧围绕林业工作大局和东北森林航空消防的重点工作，举行"火场前指信息化指挥系统"实战演练；完成第一工作组赴黑龙江大兴安岭呼中火场执行扑救、协调任务；快速出击参与扑救"6·26"重大森林火灾和救援伊春鞭炮厂事故工作；通盘考虑制定东北、华北、西北省(区、市)3个航期的扑大火预案；多方协商完成2010年引进1架米-26TC直升机的艰巨任务；统筹兼顾编制东北、西北、华北"十二五"森林航空消防规划；及时调拨森林防火储备物资认真履行职责；积极开展创先争优活动；倡导和谐关注民生，有力推进北方森林航空消防工作的顺利开展。

**【航空护林飞行灭火】** 2010年，东北、内蒙古林区的森林航空消防工作自3月15日至11月10日，春、夏、秋三个航期历时257天，共租用各类飞机142架(包括配置在伊春、嫩江、塔河和根河、扎兰屯的5个航空化学灭火机群)。总计飞行2881架次，5625小时15分。日租天数7008天。其中机降飞行245架次、259小时46分、3206人次；洒水飞行183架次、1865吨；索降飞行10架次、60人次。空中发现火场102个，参与扑救火场112个，运送扑火物资58.5吨；对8个火场实施157架次航化灭火作业，喷洒灭火药液167吨，扑灭火线12 260米。

**【组织召开租机协调会议】** 东北航空护林总调度室提前着手调研用机情况，与供机部门取得联系，了解租用飞机的当前状态、调机中存在的困难，根据各省区用机的类型、数量，与各有关供机单位联系，积极挖掘机源，抢前落实飞机，满足各省区的用机需要。分别于春、夏、秋航期前组织召开北方航空护林租机协调会议，与供需双方签订租机协议(合同)。并于开航前多方协调，积极联络，确保森林航空消防飞机按时进场到位。

**【提高飞行费使用效率】** 东北航空护林总调度室为了更科学、有效地使用中央飞行费，杜绝无效飞行，在审批临时、次日飞行计划时，一方面动态掌握每架飞机的飞行时间，另一方面依据中国气象局发布的气象卫星云图和各地的气象预报、中国森林防火网即时发布的森林火险等级报告，按照东航中心制定的飞行计划审批制度要求，认真审批受理飞行计划。对不按火险等级安排巡护的现象给予及时纠正，使有限的飞行时间用在高火险期和扑救火灾的紧要关头，有效地提高飞行费使用效率。

**【制定扑大火预案】** 东北森林防火协调中心为配合国家森防办妥善处置森林火灾，根据2010年航空护林工作特点，按实际要求细化预案，分别修订完善《东北森林防火协调中心2010年春(夏、秋)航扑大火预案》。三份《预案》紧密结合东北、华北、西北省(区、市)森林防火实际，从全局出发，通盘考虑，逐条分析，逐字推敲，把准与实际工作的联系程度，认真考虑从飞机调用到各环节人员配备，确保及时出动，全面提高《预案》的可操作性和启动《预案》后的实效性。

**【完成实战演练】** 2010年，东航中心分别于5月19日在幸福航空护林站和9月28日在加格达奇航空护林站先后两次配合国家林业局防火办举行"扑火前指信息化指挥系统"实战演练。演练涉及的内容和科目有火场视频图像实时传输、空中侦察林火标绘系统标绘火场态势图传输、机舱内降噪耳机使用试验、火场综合信息卫星传输试验、综合通信指挥车应急通信等。全体参演人员在演练总指挥张惠新主任的领导下，相互配合，协同作战，完成综合通讯指挥车与国家林业局通信链路的建立、演练前指相关视频设备的架设、空中视频图像的拍摄、火场态势图的勾绘与传输等任务；并与黑龙江省森林保护研究所机载红外探火系统操作人员相互配合、认真探讨研究，完成机载红外探火系统视频输出接口与火场多媒体信息传输系统视频输入接口之间的正确通讯连接，成功地将红外探火视频图像传输到国家林业局森林防火指挥中心会议室及地面演练指挥部，实现演练现场与国家森林防火指挥中心的有效沟通，达到了预期目的。

**【第一工作组完成赴火场任务】** 2010年6月26日，黑龙江大兴安岭呼中发生雷击火，上午9：30东航中心接到国家森林防火指挥部办公室关于派第一工作组赴黑龙江、内蒙古交界火场执行扑救、协调任务的紧急通知，立即启动《2010年夏季扑大火预案》。张惠新主任率领工作组于中午12：00从哈尔滨出发，行程700余千米，在最短的时间内到达火场一线的呼中前指，并立即展开工作。16名精兵强将组成的工作组向扑火前指提供系统、全面、及时、可靠的第一手火场信息，火场侦察飞行39架次53小时46分，制作火场态势图及指挥图10幅，打印火场态势图300余份，汇报情况30余次，为前指扑火决策起到重要作用。经过8个昼夜的艰苦战斗，于7月3日12时山火全部扑灭。

**【快速调机参与火灾救援】** 2010年8月16日9时40分，伊春市乌马河区鞭炮厂发生爆炸，东航中心张惠新主任接到黑龙江省林业厅直升机支援救灾请求电话后，当即指示总调度室调动离伊春航站最近的幸福航站的一架卡32直升机前往事故现场施救。经过紧张的飞行前准备工作，14时许，卡32直升机携带吊桶飞临事故现场上空，开始洒水救灾作业。由于事故现场仍有发生再次爆炸的可能性，地面救援人员无法靠近施救。卡32直升机充分发挥空中优势，作业2小时52分，洒水78桶，385吨，为地面人员开展救援工作扫清障碍。此次调机抢险救灾行动，东航中心领导决策果断，航站和机组人员反应迅速，扑火效果显著，对救援取得最后胜利起到了决定性作用，得到地方政府和当地群众的赞誉。

**【引进第三架米-26TC直升机】** 2010年，东航中心积极协调相关航空公司，经过数次协商洽谈，完成2010年引进1架米-26TC直升机的艰巨任务。2007~2010年，共引进3架米-26TC直升机。该机无论是在执行机降扑火任务中还是在抗震救灾中都发挥突出作用。大、中型直升机的引进，不仅增强全国森林防火实力，提高预防和扑救森林火灾能力，而且对于发生重大突发自然灾害后的抢险救灾工作有重要作用。

**【编制北方“十二五”森防规划】** 2010年6月12日，东北航空护林中心在哈尔滨首次组织召开北方省(区、市)航空护林“十二五”发展规划专题座谈会。国家林业局防火办和黑龙江省、内蒙古自治区、吉林省、北京市、新疆维吾尔自治区、青海省、山西省、陕西省、甘肃省、黑龙江森工总局、黑龙江大兴安岭防火办的领导以及东北航空护林系统的13个航空护林站的相关负责人参加会议。会议由东航中心副主任张宝柱主持，国家林业局防火办张连生调研员、东航中心张惠新主任出席会议，并作动员讲话。会议就“十二五”期间航空护林的发展战略及如何提升“六大能力”进行深入探讨，共商森林航空消防发展大计。代表们对当前航空护林中存在的问题进行认真分析，对如何编制北方省(区、市)航空护林“十二五”发展规划提出具体意见和建议。2010年下半年，东航中心又以“提升六种能力，实现六化”为目标，组织相关人员根据北方森林航空消防工作实际，统筹兼顾、科学合理地编制东北、西北、华北“十二五”森林航空消防规划，为推动北方航空护林事业全面、协调、可持续发展起到积极作用。

**【完成计算机网络升级改造】** 2010年9月，东航中心组织技术人员对东航中心系统计算机网络进行升级改造，进一步解决东航系统各航站与中心联网的诸多问题，从整体上提高系统的网络信息化水平和网络的安全性。升级改造完成后，可同时使用IPSEC和SSLVPN的VPN方式进行组网，具备移动办公的功能，解决一直困扰着部分航站不能多点办公的难题，使各航空护林站和需要访问东航中心业务系统的领导和单位实现只要有互联网接入的地方就能随时登录东航中心的业务系统，有效地提高系统的科技含量和办公网络化水平。同时增加一台病毒防火墙和网络入侵防御设备，对一些被挂木马和有病毒的网站自动进行过滤，从而使中心的网络环境更加稳定，保证了业务系统的安全使用和卫星林火监测图像的及时上传。

**【调拨森防储备物资】** 东北森林防火物资储备库认真履行职责，完成2010年上级交给的森林防火物资储备任务。全年共出库森林防火储备物资6813件，其中油锯644台，灭火水枪3630支，扑火服1120套，割灌机340台，水泵50台，油锯350台，双人帐篷500顶，班用帐篷15顶，风力灭火机194台。

**【增加机群化学灭火力度】** 根据航空化学灭火基地飞机配备情况，积极为有关航站补充航空化学灭火药剂，于2010年2月19日与邯郸市中兴消防器材有限公司签订2010年春季航空化学灭火药剂购销合同。厂方按要求在3月末前向伊春、扎兰屯、根河航空护林站共发送75吨航空化学灭火药剂，保证各个航空化学灭火基地药剂充足。2010年5月13~26日，东航中心又组织工作组对扎兰屯、海拉尔、根河、加格达奇、塔河、嫩江等6个航空护林站的航空化学灭火工作进行督促、检查，为上级的绩效考核提供第一手数据，并结合实施《全国森林防火中长期发展规划》，为更新、改造现有的航空化学灭火设施设备提供必要的基础数据。

**【修订完善《制度汇编》】** 2010年年初，东航中心遵照行业管理和中心机关各处(部、室)的工作规律和特点，紧密结合实际，规划编印具有系统性、统一性、规范性、严肃性、可操作性、科学合理性与现实可行性的《东北航空护林中心岗位职责暨规章制度汇编》(简称《制度汇编》)，旨在进一步推动东航中心管理工作科学化、规范化和制度化建设，大力推进中心体制机制创新，努力建立适应航空护林事业发展需要的管理体系。

**【及时编报政务信息】** 在报送政务信息工作中，不断提高信息质量，严格审核，慎重把关，及时向国家林业局上报东航中心和东航系统各航空护林站的工作情况，反映工作动态，使国家林业局能真实全面地了解和掌握北方森林航空消防工作，为各级领导正确决策提供及时准确的信息服务，切实发挥政务信息的“直通车”、“主渠道”的重要作用。2010年共向国家林业局报送政务信息180条，同时也分别在中国森林防火网、国家林业局东航中心子站、东北航空护林中心网站上发表。

【实行无纸化办公】 东航中心自2010年4月1日起与国家林业局综合办公系统接轨，5月27日起正式实行无纸化办公。这对提高中心的办公效率、促进决策科学化、工作规范化、办公自动化发挥了重大作用。由于和传统的纸质文件材料运转不同，相应地带来一些新情况和新问题。东航中心根据本单位的实际情况制订具体培训方案，补充更新、调试安装一部分设备，并根据具体工作需要，分别对中心领导、各处处长、文秘人员等进行实际应用培训。

【开展创先争优活动】 东航中心党委坚持对党员进行严格教育，充分发挥党支部的战斗堡垒作用和党员的先锋模范作用，积极开展丰富的活动，提高党组织生活的质量。2010年6月26日，中心党委书记付贵组织带领全体在职党员集体赴辽宁抚顺雷锋纪念馆、抚顺战犯管理所、沈阳“9·18”纪念馆、驻葫芦岛军队某部等处参观学习。10月8日，组织《我为航空护林事业添光彩》主题演讲赛，参赛选手从自身工作入手，结合各自的工作岗位及业务实践，从不同角度表达对森林航空消防事业的热爱，充分体现对本职工作的责任心和使命感，进一步展示东航中心职工的精神风貌。

【加大对年轻干部的培养】 2010年根据东航中心多年来的实际状况，率先在党委分管部门进行岗位轮换。同时进一步加大对年轻干部的培养力度，使年轻干部系统掌握作为中层领导所需要的理论知识，不仅要在业务上有所建树，更要在理论水平和政治素养上达到优秀领导干部的标准。中心党委统筹兼顾，精心安排，选派一名副处级干部到黑龙江省伊春市挂职锻炼；选派两名40岁以下的年轻干部到国家林业局党校学习；选派两名40岁左右的处级干部参加第十五期处级干部任职培训；安排两名中心副司级领导参加延安干部管理学院的学习。

【倡导和谐关注民生】 东航中心党政领导在政治上对职工严格标准，工作上对职工讲求质量，生活上对职工关心爱护，切实解决多年来广大干部职工饮水、通勤、午餐等实际问题。于2010年10月成立工会和共青团组织，进一步加强对群众性组织的领导。工会和共青团成立后，努力开展各项工作，组织丰富多彩的文体活动，为职工群众谋利益，坚持把工作做到实处，逐步成为中心事业发展的有生力量。

（国家林业局东北航空护林中心由黄丽梅供稿）

## 国家林业局西南航空护林总站

【航空直接灭火取得新突破】 2010年春季，西南林区遭遇了百年一遇的特大干旱，森林火灾呈暴发态势。为了积极应对异常严峻的森林防火形势，西航总站提早对国家扶持引进的直升机驻场进行精心安排和布局，加强与空管部门的沟通协调，并规划了可跨区作业的战略性航线。因此，航空直接灭火工作取得效果，并有多项新突破，很好地发挥大型飞机的灭火作用。在扑救云南杨梅山火场、广西金钟山火场时，经自上而下的协调，M－26直升机的混合机组首次进入军用、军民合用机场备降，并依托军用机场作业，打破外籍机组不能进入军用机场作业的制度坚冰，并为今后使用军用、军民合用机场提供可借鉴的经验。在云南的K－32直升机多次转场到丽江、大理、保山等地实施吊灭，机动灵活的转场作业方式，弥补了战时不够，平时嫌多的矛盾。直升机为扑救火灾，在云南、四川和广西频繁跨省区调动，不仅检验了总站的综合调度能力，还进一步考验总站的指挥协调能力。在广东亚运会及亚残运会期间，由于广空区域内实施严格的航空管制规定，导致广东、广西、江西等省区的航护工作受到不同程度的影响，总站经自上而下多方协调，在上述区域内作业的飞机，没有因管制规定而油箱放空，螺旋桨、电瓶拆卸后分别封存，并且能在接到火情后正常实施航空灭火飞行，保证了救灾飞行。

【在广东省开展森林航空消防】 为了保障亚运会和亚残运会期间广东的森林生态安全及林区维稳工作，10月20日，西航总站正式在广东省开展森林航空消防工作。根据计划，广东省的森林航空消防工作自2010年10月20日至2011年2月28日使用1架K－32直升机和1架M－26直升机，分别以清远野外起降场和梅州民航机场为基地，开展航空灭火、火场侦察、火场急救、空投空运和防火宣传等工作，2架直升机计划飞行232小时。据统计，整个航期中，广东省两个基地共飞行49架次，扑救31起森林火灾，扑救率占同期全省发生火灾总数18%，确保“平安亚运”目标实现，确保人民群众生命财产和重要设施安全，确保元旦、春节、元宵等重要节日森林防火安全，确保了生态公益林、水源涵养林以及自然保护区等重要森林资源安全。

【加强对国家扶持引进飞机的管理】 2010年，国家扶持引进的直升机进驻西南护区，缓解了机源极度紧张的局面。为充分发挥大飞机的作用，更好地服务于森林航空消防工作，西航总站进一步加强对国家扶持引进飞机的管理。①对两架M－26飞机进行科学的部署，分别驻场于四川西昌和云南大理，用以覆盖川西地区和云南大部，用以保障重点区域，同时辐射广西西部。通过航期的实战证明，大型直升机“保重点、顾全局”的战略部署原则，非常正确，充分发挥了威力。②加强对机组的管理。开航前，总站及时与通航公司有关领导沟通联系，对曾在西南执行过任务的“问题机组”进行点名，督促通航公司严管队伍，务必树立良好的救灾服务意识，经过点名后，机组在春航期间的工作中提高服务意识，保证工作的正常开展。③严格执行租机合同，对影响飞行的违约行为加大处罚力度。春航期间，总站对国家扶持引进的飞机严格执行合同条款，对青岛公司和飞龙公司因自身原因导致停飞的情况进行处罚，反扣其低限时间，对确保2010年航护业务工作有序开展，并为今后管理工作的开展奠定基础。④加强与森防办的汇报沟通，保证在关键时段大型飞机能在护区内驻防。⑤精心筹划使用好飞行费。随着国家扶持引进飞机数量的增多，飞行费短缺的情形凸显，总站在认真做好飞行费预算的同时，加强汇报，积极申请飞行费的追加，并减少巡护机的数量，督促航站认真组织飞行，避免超飞现象的出现，严格控制飞行费支出。

**【完成重大火灾处置任务】** 2010根据国家森防指的指示，西南森林防火协调中心先后派出赴火场工作组第一梯队处置云南香格里拉、石林、四川雅江、广西百色、西藏林芝、云南宜良等6起影响较大的森林火灾，完成任务。由于2010年南方气候异常，各省均发生不同程度的干旱，森林火险等级居高不下，火灾较往年发生早，扑救难度大。2月5日，在扑救云南香格里拉森林火灾时，协调中心及时将大型通信指挥车调到火场，为火场前指提供通信服务，与国家森防办保持多媒体通信联系，为领导决策提供依据，保证上情下达，下情上报，发挥了其他通信手段不可替代的作用；2月8日，赴香格里拉火场工作组在火灾扑灭后刚撤回昆明，便接到国家森防指通知，云南昆明石林县发生的森林火灾尚未得到有效控制，要求中心派出火场工作组第一梯队前往火场，第一梯队队员们发扬连续作战精神，驾驶大型通信指挥车奔赴火场。为了进一步加强火灾扑救指导，2月9日，国家森防办派出杜永胜主任带队的工作组前往火场一线，并将M－26大型直升机从丽江调往昆明。2月10日，经过全体参战人员的共同努力，火场全线报灭，杜永胜主任充分肯定了第一梯队的高效工作。2月15日晚，国家森防办紧急通知中心第一梯队赶赴四川雅江火场。按照预案，2月16日早，史永林副主任即带队前往，出动及时，圆满完成了任务。

**【加强卫星林火监测】** 2010年，西南卫星林火监测分中心完善监测运行办法，加强监测管理，切实做好图像定位、热点跟踪、信息传输工作，做到接收认真、判别准确、处理快速、传输及时，确保热点信息准确定位、通报及时。据统计，全年共监测热点9700余个，为监测区内10个省区防火部门实现“打早、打小、打了”提供了可靠的监测信息，提供了优质服务。

**【森防物资储备调拨工作】** 2010年，西南森林防火物资储备中心狠抓内部管理，建立健全规章制度，不断完善工作程序，严格管理，安全出入库，完成上级交给的森林防火物资储备和调拨任务。据统计，全年先后向云南、四川、新疆、重庆、广西、山东、贵州等省（区、市），通过10个批次共调拨防火物资6173件，价值800多万元人民币。其中油锯740台、直升机吊桶6只、灭火耙1300把、灭火水枪2960支、睡袋30条、割灌机690台、水泵47台。同时验收入库2500台灭火机、900顶帐篷、2500支水枪、1000套组合工具、1000套个人装备、8160套扑火服，共计16 060件（套）。保证入库物资的数量准确，包装完好，质量合格。

**【完成森防储备物资招标采购工作】** 2010年，西航总站按照《国家林业局部门集中采购项目操作规程》的规定和程序，组织完成由国家林业局下达的2010年森林防火储备物资采购和2010年追加森林防火储备物资采购任务，得到各方面的肯定，取得较好成绩。为了保证采购工作的有序开展，党委专门成立领导小组，指定史永林副总站长具体负责，几个相关部门协同承办，工作中坚持集体议事制度，纪检监察和财务人员全程参与，重大事项集体讨论，主动向上级政府采购部门请示汇报，要求做到公平、公开、合法，在评标专家的帮助下，优中选优，最终选定中标产品。在编制招标文件和合同时，结合实际，最大限度保障政府采购方的利益。根据这批物资是应急储备物资的特点，对售后服务和培训方面提出重点要求，从法律角度对双方权利义务进行规范，整个招标程序和招标结果合法公正。

**【完成实战演练】** 2010年为积极应对南方严峻的森林防火形势，根据国家森林防火指挥部办公室指示，西南森林防火协调中心分别于1月19日和12月21日，两次组织赴火场工作组第一梯队在云南玉溪和昆明进行实战演练。西南森林防火协调中心主任郝佩和、副主任史永林参加演练。期间，第一梯队按照处置预案，对所有火场处置科目进行演练，并对便携式多媒体通信设备和森林防火大型通信指挥车车载设备进行了测试，还与国家森防办和西航总站调度指挥中心进行三方通话。通过演练，使第一梯队全体人员更加熟悉并掌握了森林防火专用通信指挥车各种设备的性能、操作和维护方法，进一步提高赴火场工作组第一梯队处置重特大森林火灾的快速反应能力，及时发现和解决设备存在的问题，实战演练达到预期目的。

**【对外航护业务交流】** 2010年，西航总站加强与空军及民航等有关航管部门的交流，定期走访，就工作中出现的问题进行沟通和交流，加深理解，达成共识，为今后更好地开展工作奠定了基础。总站还协助中国林科院，就直升机场站建设标准进行座谈；与中航工业集团直升机公司和602研究所对国产AC313直升机应用性进行座谈，参加国家森防办组织的AC313直升机调研活动；参加珠海国际航展等技术交流活动。

**【组织开展南方森林航空消防业务培训】** 2010年为了进一步提升从业人员的业务技能，建设一支高素质的森林航空消防队伍。9月10～19日，西航总站在普洱站组织开展2010年南方森林航空消防业务岗位练兵和岗位培训活动。参加培训的人员有总站航护处和下属航站、江西航站、河南航站的飞行观察员、飞行调度员以及广东省即将从事森林航空消防工作的人员共计60余人。史永林副总站长代表总站党委参加活动开班仪式，并对培训班提出要求。培训和练兵活动使新学员系统地学习了森林航空消防理论知识和飞行调度、飞行观察知识，初步掌握飞行调度和飞行观察技能以及业务设施设备的应用技术。通过对模拟火场实战练兵和演示点评，达到教学相长、取长补短的好效果，同时还规范飞行计划制定、业务信息起草、电子报表填报、值班日志填写、飞行任务书填写、火场视频和图片采集及处理、火场态势图制作和火情报告单填写等。通过此次培训和练兵活动，全面提升了飞行观察员和调度员在处置森林火灾中的应急应变应战能力，增强了业务人员对做好森林防火工作和森林航空消防工作的责任感和使命感，并为即将开展森林航空消防工作的广东省培养了一批专业人才。

**【争取重点建设项目资金】** 2010 年，西航总站围绕年初确定的工作重点，全力以赴，积极争取落实全站系统重点建设项目，努力把全站系统建设任务落实在项目上，落实在年度计划中，扎实推进西南森林航空消防事业向前发展。经过努力，西南森林防火物资储备库建设项目的初步设计文件得到国家林业局正式批复，总投资 1915 万元。西南森林防火物资储备库建设项目和西南森林航空消防移动航站建设项目的首期投资共计 2800 万元于 12 月下达到位。

**【编制上报“十二五”森防规划】** 根据 2010 年全国林业厅局长会议精神和国家林业局直属单位计划与资金管理工作会议的工作部署，西航总站高度重视“十二五”规划的编制工作，党委书记、总站长郝佩和亲自主持会议安排落实此项工作，对规划编制提出多项具体要求。在对全站系统“十一五”期间的基本建设工作进行全面认真梳理总结的基础上，总站项目办多次召开专题会议研究规划编制工作，并专门发文要求各航站按照科学发展观的要求，围绕提升西南森林航空消防履行职责的综合能力，就规划编制开展深入的调研论证。在此基础上，结合西南地区森林防火和森林航空消防工作的实际需求，对西南森林航空消防“十二五”期间的基本建设项目进行系统的整合，拟定西南森林航空消防直升机起降场建设项目、西南森林航空消防航行指挥保障系统建设项目、百色航站迁址南宁重建项目、普洱航站迁址昆明重建项目、西南森林航空消防林火探测及信息化应急处理系统建设项目，共计五个重点建设项目，形成《西南森林航空消防“十二五”发展建设规划》正式上报国家林业局。“十二五”期间，力争通过这些重点建设项目的实施，从根本上解决制约西南森林航空消防发展的重点难点问题，提升西南森林航空消防履行职责的综合能力，逐步建立起适合南方森林防火实际需要的科学化、标准化、规范化、现代化的森林航空消防体系，推动西南森林航空消防事业又好又快发展。

（国家林业局西南航空护林总站由杨林供稿）

## 国家林业局华东林业调查规划设计院

**【森林资源监测工作】** 2010 年，全院主要承担包括森林资源连续清查、营造林实绩综合核查、森林采伐限额执行情况检查、占用征用林地情况检查、退耕还林工程阶段验收的重点核查验收、《全国“十二五”造林绿化纲要》编写、栎类与杉木(一)森林生物量调查建模、林业数表建设、《森林采伐更新管理办法》修订、森林资源档案建立与更新和省级林地保护利用规划审查等森林资源监测工作，提交各类成果报告 44 个，为国家林业宏观决策提供科学依据。

**第八次全国森林资源清查** ①完成江苏省森林资源清查技术方案及其操作细则的审批、技术指导、卫片制作、内外业质量检查和数据处理分析工作，提交《第八次全国森林资源清查江苏省森林资源清查成果(2010)》报告。②完成全国森林资源连续清查统计程序的优化完善、技术培训和服务工作，包括按林地经营权数据统计的程序开发完善和优化完善，同时搞好技术培训和服务工作，提交《国家森林资源连续清查综合管理信息系统优化完善工作报告(2010 年度)》。③完成华东监测区 6 省全国森林生物量调查建模的技术指导、技术培训、外业质量检查、样本验收工作，编写《2010 年森林资源清查亚热带杉木(一)生物量调查建模工作实施方案》和《2010 年森林资源清查亚热带栎类生物量调查建模工作实施方案》，完成亚热带杉木(一)、栎类森林生物量参数测定、模型研建工作，提交《亚热带杉木(一)和栎类森林生物量调查建模工作报告》。④完成全国森林生物量调查建模技术研究工作，编写《国家森林资源连续清查森林生物量调查建模信息系统研建工作方案》，完成整个系统框架的搭建和测试、数据库结构的建立以及用户权限管理和样本数据管理模块的设计和开发。⑤完成《国家森林资源清查数据处理统计规范》的编制工作，在 2010 年 5 月提交送审修改稿的基础上，按照 GB/T 1. 1 – 2009 最新的规则对规范进行修改与完善，并按照有关规定完成报批稿的准备。

**全国营造林实绩综合核查** 承担并完成华东监测区 8 省(市)的外业核查、省级统计、成果报告编写上报等工作和速生丰产用材林基地建设工程、长江防护林建设工程核查全国汇总分析、报告编写上报工作，完成 8 个省(市)、94 个县(市、区)、6598 个小班的核查任务，核查面积 5. 7 万公顷，提交成果报告 13 个。

**全国森林采伐限额执行情况检查** 承担并完成华东监测区 10 个县(市、区)的森林采伐限额执行情况检查的外业检查、内业统计、成果报告编写上报等工作，负责全国森林采伐限额执行情况检查结果的汇总工作，编写全国报告，提交成果报告 11 个。

**全国占用征用林地情况检查** 承担并完成华东监测区 7 个省的 17 个县(市、区)占用征用林地情况检查的外业检查、省级统计、成果报告编写上报和大区报告编写上报等工作，提交成果报告 8 个。

**退耕还林工程退耕地还林阶段验收的重点核查验收** 承担并完成江西、山西、河南、安徽等 4 个省退耕还林阶段验收的重点核查验收的外业核查、省级统计、成果报告编写上报等工作，完成4个省、238个县(市、区)、101 583个小班的重点核查任务，核查面积14.6万公顷，提交成果报告5个。

**【对外技术服务】** 全院注重科技发展和对外技术服务，在完成国家林业局下达的指令性生产任务的同时，积极开展对外技术服务工作，努力提供高质量的咨询设计成果，服务于现代林业发展和生态文明建设。2010年共签订对外技术服务项目297个，合同金额4623万元。对外技术服务工作的开展，不仅拓宽全院的业务领域，而且培养和锻炼了专业技术人员的综合技术能力。

**【林业信息化建设】** 对照《全国林业信息化建设纲要》和《全国林业信息化建设技术指南》，华东院按"四横两纵"的总体框架结构的要求，结合杭州新址建设工程加强软硬件建设，有序开展院的信息化建设工作。认真贯彻落实国家林业局有关网络安全规定，加强涉密计算机和涉密存储器的管理，在涉密人员签订保证书的基础上，采取对涉密计算机和涉密存储器进行不定时检查的办法，同时定期及时向当地保密部门汇总上报院的涉密计算机和涉密人员情况，确保院涉密数据的安全。

**【思想政治建设】** 2010年重点工作：一是继续开展深入学习实践科学发展观活动和干部集中教育管理活动。二是认真学习贯彻党的十七大、十七届五中全会和中央林业工作会议等有关会议精神。三是开展"创建学习型党组织"、"创先争优"、"强党性、促政风、带行风警示教育"等一系列活动，推进全院干部队伍的思想、组织、作风、制度和反腐倡廉建设，不断增强院领导班子和干部队伍的创造力、凝聚力和战斗力。

**【管理制度建设】** 为了适应生态建设和林业事业的不断发展对院生产业务工作的需要，进一步完善了岗位设置管理等方面的规章制度，完成专业技术人员、工勤技能人员的晋升性岗位聘用工作。2010年聘用了5名专业技术岗位工作人员，其中硕士生1名，本科生4名。

**【干部队伍建设】** 加强中层领导班子建设，完成新一届中层领导班子的选聘工作。2010年3月，按照中央、局党组和院党委有关干部选任工作的相关规定，华东院在任期考核、民主推荐、民主测评、认真考察的基础上，完成各处室新一届领导班子人员的聘任工作。其中有3位优秀的年轻同志走上新的领导岗位，新提任的干部平均年龄为35.7岁，都具有硕士学位。

**【新址工程建设】** 将迁址工作作为宣传、激励华东院的重要举措和机遇，进一步抓好工程质量、进度和投资控制，同时安排专人负责与搬迁杭州有关的配套工作。杭州新址工程业务用房建设项目，内外部装饰及室外给排水、供电工程于2010年年底完工。

(国家林业局华东林业调查规划设计院由楼毅供稿)

# 国家林业局中南林业调查规划设计院

**【综　述】** 2010年，中南院全面完成以局指令性生产任务为主的各项森林资源监测工作并积极开展增效创收，科技水平、人才素质、管理能力、市场开拓等综合实力得到全面提升，各项工作取得新成绩。先后荣获全国模范职工之家、湖南省直单位模范集体、湖南省直工会"五一"奖状、长沙市文明创建优秀驻区单位等多项国家级、省市级荣誉称号。

在业务建设上不断创新工作机制，优质高效完成各项森林资源监测任务。一是重视生产质量，完成任务。通过科学分析，细化各项工作流程，形成一整套科学系统的工作实施方案，全面完成2010年国家林业局12项指令性任务。二是创新管理机制，确保质量安全。组织召开年度经济工作会议、生产工作研究部署会、年中工作总结评估会，通过职工岗前培训、质量教育、召开质量剖析会等多种方式，推行目标管理、分解工作责任、明确奖惩措施，严格实行全面质量管理。三是强化技术培训，提高业务水平。组织开展各类技术专题培训和技术指导工作，参与相关业务培训。2010年，全院在业务建设中始终坚持优质高效完成国家林业局指令性任务不动摇，保证高标准按时提交工作成果。中南院生产科研项目获全国优秀工程咨询成果二等奖1项，全国林业优秀工程咨询成果一、二等奖各1项。 (齐建文)

# 国家林业局西北林业调查规划设计院

**【概　述】** 2010年，西北院围绕林业中心工作，服务林业大局，奋发进取、扎实工作，全面组织实施张翼院长提出的"项目带动、人才强院、科技兴院"发展战略，优质高效地完成国家林业局下达的各项任务，经济效益再创历史新高，党的建设、干部队伍建设、基础能力建设进一步增强，为发展现代林业、建设生态文明，促进科学发展作出重要贡献，也为实施"十二五"规划奠定了坚实的基础。

**指令性任务** 2010年国家林业局资源司及相关司(局)共下达23项指令性任务，截至12月底，已有14

项全部完成，其他项目正在有序推进，项目完成质量得到国家局和有关司（办）的高度评价。主要任务包括：山西、宁夏两省（区）第八次森林资源连续清查的检查、指导；监测区9个省级单位131个县（局）的营造林综合核查；16个县（局）的林地征占用检查；10个县（局）的采伐限额检查；127个县（局）的退耕还林阶段验收；全国20个省级单位的天然林资源保护工程核查及"四到省考核"；东北重点林区1个县局的"三总量"检查；三北防护林工程、京津风沙源治理工程核查的汇总分析和报告编写；全国森林生物量调查建模技术支持以及林业数表建设的指导检查等。

**业务创收** 在抓好指令性任务的同时，2010年加强创收业务，取得了较好的成效。全年累计承揽技术服务项目125项，合同产值、到位资金与2009年相比均增长70%以上。传统规划设计业务、林业工程监理、湿地保护、自然保护区建设、项目评估等进一步巩固，林业碳汇、水土保持等新的业务领域不断拓展，园林业务努力实现与市场对接，人才培养、制度创新、机制转换等基础工作扎实推进，为大发展、大突破创造了基本条件。

**自身能力建设** 一是加强党的建设和精神文明建设，为各项工作顺利开展提供思想保障。2010年，西北院工作任务艰巨、责任重大，对"两建"工作提出了更高要求。围绕国家林业局"着力加强三项建设，认真开展两项活动"的部署要求抓党建工作，以组织开展"学习型党组织"创建活动、"创优争先"和"警示教育"主题实践活动为载体，进一步加强思想、组织、作风、制度建设和反腐倡廉建设，党员干部的综合素质有了新的提升，党支部的战斗堡垒作用和党员的先锋模范作用进一步加强，为各项工作顺利开展提供了有力保障。

二是着眼于科学发展，进一步加强干部队伍建设。以提高班子领导能力和决策能力为重点，加强民主集中制建设。坚持集体领导与个人分工负责相结合的制度，坚持重大事项议事规则和决策程序，增强民主决策、科学决策的能力；以转变作风为抓手，加强对干部的教育管理。通过开好党员领导干部民主生活会，建立上级与下级谈话制度、组织部门谈话制度、领导干部定期报告制度等多种方式，及时了解领导干部的思想、工作、作风和廉洁自律等情况；加强对干部的年度考核工作，促进干部更好地履行职责，为全院发展提供组织保证。

三是强化业务能力，不断提高技术水平。全年组织院内技术培训6批430余人次，组织参加院外培训11批60余人次，培训内容、层次、水平进一步提高；资质增项、换证、审验顺利通过有关部门审查，新增土地规划、水土保持方案编制等业务资质，业务领域进一步扩大。2010年有4人获注册咨询工程师资格，现有各类注册工程师已达24人，为拓宽业务奠定了基础。同时，增加专业设备253台（套），为生产工作顺利进行提供了保障。全年共有5个项目获得2010年度、全国林业优秀工程咨询或设计成果奖。其中《陕西省定边县毛乌素沙地防沙治沙科技示范区总体规划》获得2010年度全国优秀工程咨询成果一等奖。

四是注重基础设施建设，增强发展后劲。国家西北荒漠化沙化监测培训中心项目是2010年抓的事关院和职工切身利益的大事，经过多方努力，得到局领导和相关司局的高度重视和大力支持，并与西安浐灞生态区签订项目入区协议，项目可行性研究已获审批，即将进入实施阶段，该项目的建设对于强化职能，提升发展能力、服务国家生态建设、改善工作条件起到很好的推进作用。院信息网络建设项目正在实施，将构筑新的监测业务和信息化平台，对促进业务、政务等工作上台阶发挥重要作用。 （王义贵）

## 国家林业局昆明勘察设计院

【综　述】 2010年，昆明院按照国家林业局的整体部署，以"立足西南、服务林业，立足林业、服务社会"为宗旨，新签项目合同100项，完成勘察设计咨询产值10 155万元，突破了1亿元大关，比2009年增长了27%，实现年初制定的全年完成产值、利润增长10%以上，职工收入增长10%，科技队伍增长10%，获奖项目增长10%，总产值突破1亿元大关的计划。

**退耕还林工程重点核查验收工作** 2010年，昆明院负责组织四川、云南2个省退耕还林工程国家级重点核查验收工作，全院完成验收面积为10.8万公顷。

**参与全国林地保护利用规划卫星遥感影像集中处理工作** 2010年派出4名技术人员参与全国林地保护利用规划卫星遥感影像集中处理工作。

**林业碳汇计量工作** 2010年，昆明院负责全国碳汇造林试点项目云南省腾冲县、广西壮族自治区平乐县、四川省大英县、利州区共613.33公顷碳汇造林计量与监测任务及大英县、平乐县、腾冲县三个项目县的林业碳汇造林作业设计任务。

**标准化工作** 2010年完成林业行业标准湿地公园设计规范、林火阻隔系统建设标准、林区公路设计规范等标准规范的征求意见稿编制，于8月上报国家林业局标准化委员会；作为主编单位与参编单位西南航空护林总站密切合作，完成了森林防火专业队伍建设标准、森林防火预警监测系统建设标准的调研及收集资料工作；参与林业工程协会标准化委员会的标准复审工作，8～11月组织实施林业工程名词术语及计量标准等13项林业行业标准的编制单位、相关技术专家进行函审，完成函审意见的汇总，于12月3～5日在昆明召开标准复审会议，组织专家对13项标准复审，形成复审会议纪要上报标准主管部门。

**《林业建设》** 2010年完成《林业建设》编6期期刊的编辑和出版发行工作。

**服务林业生态建设工作** 2010年完成云南南滚河国家级自然保护区规划编制、滇池高原湿地自然保护区总体规划、广西壮族自治区金秀瑶族自治县生态保护与建设总体规划、广西金秀圣堂山景区旅游概念性总体规划、昆明市东川区创建国家森林城市实施规划、云南建水县、泸西县石漠化初步设计、福建师范大学校园景观绿化设计、云南省宁蒗县4400公顷林地森林经营方案编制等项目。

**服务社会工作** 发挥全院在林业和工程上综合性勘察设计优势，在农业、交通、水电、市政工程等领域，完成大量的工程规划勘察设计工作，完成云南省芒市扶贫总体规划、云南省峨山县"十二五"旅游发展规划、中国永胜边屯文化博览园规划及云南永胜边屯文化博物馆设计、广西金秀县农业综合开发66.67公顷油茶基地建设可研、丽江市古城区新团片区道路设计、澜沧江上游西藏段梯级电站对外交通规划、西藏觉巴电站进场、进坝路水保方案等项目。

**实施林业"走出去"战略** 2010年认真贯彻落实国家林业局党组关于加强林业国际合作的工作方针，积极拓展国外林业咨询市场，实施"走出去"战略，先后派出专家组到缅甸、印尼、瓦努阿图、巴布亚新几内亚等国为业主进行了技术咨询服务。

**职工队伍建设** 2010年吸收博士毕业生8人、硕士毕业生15人，充实了人才队伍。全院正式职工394人(其中离退休职工194人，在职200人)，另有不在编制的外聘技术人员近200人。专业技术人员占在职人员的87%，在职职工平均年龄38岁，90%以上职工具有大学本科以上学历，60%以上具有硕士以上学历或者高级工程师以上职称。

**质量管理** 2010年按照ISO9001－2008版质量体系管理要求，调整充实体系内容，昆明院新版质量管理体系通过认证审核。2010年完成的小湾水电站水库淹没凤庆县漭街渡大桥复建工程勘察获国家林业局优秀勘察设计成果一等奖；国道214线芒康至隔界河(藏滇界)公路改建工程获国家林业局优秀勘察设计成果二等奖；《曲靖市两江沿河景观整治工程修建详细规划》获全国优秀工程咨询成果二等奖及国家林业局优秀工程咨询成果一等奖；《洛羊物流片区呈黄路改建工程可行性研究报告》获全国优秀工程咨询成果三等奖及国家林业局优秀工程咨询成果一等奖；《西藏林芝雅尼国家湿地公园总体规划》获全国优秀工程咨询成果三等奖及国家林业局优秀工程咨询成果二等奖；《云南丽江玉龙雪山省级自然保护总体规划》获国家林业局优秀工程咨询成果二等奖；《重庆市森林防火信息指挥系统工程建设项目可行性研究报告》、《云南金沙江中游河段阿海水电站施工区绿化总体规划》、《昆明市益宁路工程可行性研究报告》获国家林业局优秀工程咨询成果三等奖；昆明院参与的《云南省国家公园发展战略研究》获云南发展研究一等奖。

2010年9月6日，国家林业局同意在昆明院挂牌成立国家林业局西南林业碳汇计量监测中心。

2010年11月17日，国家国家林业局张永利副局长、云南省孔垂柱副省长共同为国家林业局西南林业碳汇计量监测中心揭牌。

(国家林业局昆明勘察设计院由张凤仙供稿)

# 林业社会团体

21

# 中国林学会

【综 述】 2010 年，中国林学会荣获科技部、中央宣传部、中国科协授予的全国科普工作先进集体称号；决策咨询工作得到中国科协的肯定，在中国科协人才与调宣工作会议上作典型经验介绍；在中国科协年会上承办的林业分会场和论坛被评为优秀会场；主办的期刊《林业科学》再次荣获百种中国杰出学术期刊称号。

**学术交流** 中国林学会及各分会共举办学术交流活动40余次，参会代表7000人(次)，交流论文2000余篇。举办第九届中国林业青年学术年会、第三届全国森林保护学术大会、中国科协年会分会场——全球气候变化与碳汇林业学术研讨会等重点学术交流活动。与福建省林业厅共同举办“森林福建”论坛，对“森林福建”建设提出建议和意见，福建省委、省政府依据专家建议和意见，下发《关于加快造林绿化、推进森林福建建设的通知》。造林、竹子、森林经理、遗传育种、木材工业、经济林、树木学、森林工程、森林土壤、树木生理生化、引种驯化、木材科学、林业机械、林业情报等分会(专业委员会)结合现代林业建设和本学科发展重点问题，组织开展近30项专题学术研讨活动。

**国际学术交流与合作** 中国林学会正式成为世界自然保护联盟团体会员。召开首届森林科学论坛——森林应对自然灾害国际学术研讨会、生物质资源化学利用国际学术研讨会。加强与国外林业非政府组织的交流，吸收国际林业非政府组织的先进管理经验，学会组团赴韩国参加国际林联第二十三届世界大会。组团赴澳大利亚、新西兰考察访问，参加外单位组团赴美国、英国、德国等考察交流。有关分会举办中德矿区植被恢复与生态治理、挑战性地区的城市林业、统计遗传与计算生物学等国际研讨会。

**科学普及** 中国林学会及分会共举办科普讲座70余次，受众人数14 890人(次)；举办科普展览15次，受众人数4.5万余人(次)；组织科技下乡60余次。联合北京园林学会等6个单位在地坛公园开展以“播洒一片绿色让世界更美，爱护千万树木让你我同行”为主题的植树节宣传活动；联合中国地震学会、国家林业局治沙办等13家单位开展“防灾减灾日”科普宣教活动；举办“倡导低碳生活，共建绿色家园”科普展览活动。通过举办专题展览、社区咨询、科普讲座、张贴海报标语、发放科普读物等方式，向公众普及森林应对气候变化、森林碳汇、森林火灾、森林病虫害、沙尘暴等自然灾害科普知识，引导公众养成勤俭节约、绿色低碳、健康文明的生活方式。举办第二十六届林学夏令营，使在校学生学知识，增强生态意识。深入辽宁、江西、浙江、陕西等地开展科普服务林改调研，增加浙江龙泉、陕西蓝田为林改试点县，制订完善科普服务林改试点实施方案，采取培训、示范、发放科普资料、现场指导等形式，普及推广林业实用技术。组织开展科普资源共享建设，制订《林业科普资源共建共享项目实施方案(2011～2015)》，围绕经济林、林下种养业等林业实用技术组织开展林业科普资源共建共享，与7个省级林学会签订合作协议，落实具体任务。举办油茶高新品种选育与规模化扩繁技术、核桃高效栽培技术、人工林可持续经营技术培训班，培训300多人。

**决策咨询** 学会下发《中国林学会关于贯彻落实〈中国科协关于加强决策咨询工作推进国家科技思想库建设的若干意见〉的通知》，对学会系统加强决策咨询工作提出具体要求。组织开展长防林工程专家考察活动，完成《长江流域防护林体系建设工程专家考察报告》，总结工程建设的成效，指出存在问题，提出加强长防林工程建设的思路、对策和建议；组织起草《关于加强长江流域防护林体系三期工程建设的建议》，并以专家的名义通过中国科协报国务院领导。开展木本粮油产业发展调研，组织专家对油茶、油桐、核桃、栗、枣等木本粮油资源分布和总体产量、产业化现状、开发利用潜力等方面进行调研，组织有关专家撰写《木本粮油产业化发展战略研究报告》。开展木材安全问题研究，完成《中国木材安全问题研究报告》和《关于山东、河南、江苏三省保障木材安全的专题调研报告》初稿。开展湿地资源保护与湿地生态建设对策研究，完成《我国湿地资源保护与湿地生态建设对策研究报告》、《盐城湿地资源保护与湿地生态建设对策分析报告》、《洞庭湖湿地资源保护与湿地生态建设对策分析报告》、《三江源湿地资源保护与湿地生态建设对策分析报告》和《三江平原湿地资源保护与湿地生态建设对策分析报告》。与其他学会共同组织编写《2009年生物灾害状况和2010年预防与控制生物灾害报告》，具体组织林业生物有害防控分报告。《报告》上报国务院，温家宝总理作重要批示。国家林业局贾治邦局长批示要求主管司局研究提出意见，认真贯彻落实总理批示精神。生物质材料科学分会提出关于加大生物质材料产业发展力度的建议，分别上报全国政协、北京市有关部门。信息在《北京统战信息》上刊发，得到中共北京市委书记刘淇的批示。经济林分会组织专家提出关于加快中国战略性绿色新兴产业“杜仲天然橡胶产业”发展的建议，由全国人大代表作为提案递交全国两会，受到国家有关部门的高度重视。

**产学研结合** 与国际林联、国际杨树委员会、江苏省泗阳县政府共同主办第三届中国杨树节。节会期间举办国际杨树产业博览会、杨树人工林可持续经营国际研讨会、中国人造板发展论坛、杨树文化展示、经贸合作洽谈等活动。举办桉树论坛暨新产品展示会、第六届中国竹业学术大会和2010中国赤水首届竹文化节暨中国竹产业高端论坛。承办由国家林业局主办的林源中药开发与利用研讨会。森林昆虫分会举办第三届全国林用药剂药械开发应用经验交流会及产品展示会，林业机械分会举办林业技术装备发展战略研究科技论坛、新形势下林业机械发展论坛等。

**表彰奖励** 学会组织开展全国优秀科技工作者候选人评选推荐工作，曹福亮、宋湛谦、杨传平、张启翔、费本华5人荣获全国优秀科技工作者称号，其中曹福亮为十佳全国优秀科技工作者提名奖获得者。组织开展第三届梁希青年论文奖评选活动，评选共收申报论文221篇，比上届增加88篇。最终产生获奖论文112篇，其中一等奖11篇，二等奖31篇，三等奖70篇，在第九届中国林业青年学术年会上举行了颁奖仪式。同时在《中国绿色时报》、国家林业局网站、中国林学会网站对评选结果进行宣传报道。森林昆虫分会组织开展萧刚柔森林昆虫奖评选，林业机械分会开展优秀论文奖的评选，造林分会成立沈国舫森林培育奖励基金。

**科技期刊** 学会主办期刊《林业科学》采用在线采编系统、聘请国际编委、加大国际赠阅力度，推进学术期刊国际化与现代化进程。再度被列为2010年中国科协精品科技期刊B类示范项目，并作为40家精品科技期刊代表之一参加第六十二届法兰克福国际图书展。2010年11月在中国科技期刊综合评价总分排名中，《林业科学》在国内近5000种科技期刊中的1946种核心科技期刊中位居第七，较2009年提高两位，再次被评为百种中国杰出学术期刊。竹子分会主办的《竹子研究汇刊》被评为全国优秀核心期刊，林业期刊分会完成林业科技期刊编排规范标准制定工作。

**组织建设** 继续健全会员档案，坚持实施《中国林学会员优惠优先实施办法》。加强对分支机构换届改选的指导，2010年共有森林经理、树木生理生化、木材科学、引种驯化、森林土壤、森林公园分会6个分支机构进行改选换届。完善学会网站，丰富网站内容和功能。在国家林业局子网站中，学会网站点击率一直位于前五位。加强信息报送和对外宣传工作，2010年共向中国科协、国家林业局报送信息100余条，在《中国绿色时报》刊登学会有关活动专题报道近20篇。

**【第九届中国林业青年学术年会】** 2010年7月30～31日在成都召开。年会由中国林学会主办，中国林科院、国际竹藤网络中心、北京林业大学、东北林业大学、南京林业大学、中南林业科技大学、西南林业大学、西北农林科技大学、浙江农林大学协办，中国林学会青年工作委员会和四川省林学会承办。全国政协人资环委副主任、中国林学会理事长江泽慧，国家林业局副局长张永利，四川省委常委、副省长钟勉，国家林业局科技司副司长、科技发展中心主任胡章翠，四川省林业厅厅长王平，中国林学会常务副秘书长李岩泉等领导、专家出席开幕式。中国林学会副理事长兼秘书长赵良平主持开幕式。来自政府部门、科研机构、大专院校、林业基层单位等600余名代表参加了年会。

开幕式上，江泽慧致开幕词，钟勉、张永利作讲话。中国林科院首席科学家彭镇华研究员，江苏省首席科学家、南京林业大学校长曹福亮，中国林科院副院长刘世荣，北京林业大学林学院院长骆有庆，东北林业大学王清文，四川省林业厅副厅长郭亨孝分别作题为《中国城市森林建设的理论与实践》、《林业科学和森林生态系统经营决策系统的关系》、《森林生态系统管理与土壤可持续固碳能力》、《森林生物灾害的生态调控理论与实践》、《生物质资源高效利用模式探索》、《建立和完善生态补偿机制的思考》的特邀报告。大会还邀请河北塞罕坝林场场长刘春延作题为《塞罕坝精神的内涵和时代要求》的特邀报告。

年会主题是“推动科技创新，造就杰出人才”，共设8个专题分会场，分别围绕困难立地的品种选育与栽培技术，高效森林培育技术与对策，现代森林经营管理与高新技术应用，生态保护与生物多样性，林业工程与资源化利用技术，林下经济发展与林源生物资源开发，林权改革与制度创新，野生动植物、湿地与自然保护区等组织学术报告，开展专题研讨并提出对策建议。本届年会共提交学术论文345篇，各分会场共有188人作了专题学术报告。

年会开幕式上颁发了第三届梁希青年论文奖和第三届梁希青年论文奖优秀组织单位奖。会议期间还召开中国林学会青年工作委员会首届三次全委会。

**【首届森林科学论坛——森林应对自然灾害国际学术研讨会】** 2010年4月13日，学术研讨会在北京召开。全国政协人资环委副主任、国际竹藤组织董事会联合主席、中国林学会理事长、国际木材科学院院士江泽慧出席大会并致开幕词，国家林业局副局长祝列克、中国科协书记处书记程东红出席大会并讲话。

学术研讨会是中国林学会确定的“森林科学论坛”的第一次国际学术会议，由中国林学会、国际林联、世界自然保护联盟共同发起，由中国林学会、中国生态学会、中国水土保持学会、中国气象学会共同主办。会议以“尊重把握自然规律，防御减轻灾害损失”为主题，以“认识自然，把握规律，共同提高应对自然灾害能力”为主要任务。

中国科学院院士、著名生态学家蒋有绪，中国工程院院士、著名气象学家丁一汇作特邀报告。来自美国、加拿大、芬兰、日本、印度、尼泊尔、巴基斯坦、孟加拉国等13个国家的专家，野生救援 、森林趋势、世界自然保护联盟、世界自然基金会等国际组织官员，以及中国从事气象、水利和林业的学者近200人出席会议。中央电视台、中国林业网络电视、新华社、《人民日报》、《光明日报》、《经济日报》、《科技日报》、《农民日报》、《中国绿色时报》等20多家媒体到会进行跟踪报道。

**【生物质资源化学利用国际学术研讨会】** 2010年10月22～26日，由中国林学会主办、中国林业科学研究院林产化学工业研究所和南京林业大学承办，在南京召开。来自日本九州大学、日本神户大学、日本明治大学、法国普罗旺斯大学、希腊雅典大学、美国南方林业工作站、美国北卡州立大学，美国加州大学、瑞典皇家工学院、韩国能源研究所、华盛顿州立大学、芬兰赫尔辛基大学、新西兰坎特伯雷大学等多家国外院校和研究机构，以及有来自中科院能源研究所、东南大学、北京林业大学、东北林业大学、广西大学等国内院校近180位学者代表参加了会议。

会议邀请中国工程院的王涛院士、宋湛谦院士以及来自韩国能源研究所的Jin－Suk Lee教授分别作《中国森林生物质能源资源研究现状》、《林产化工与生物产业》、《韩国生物质能源研究现状》3个主题报告。

大会分3个议题，共收到摘要138篇，论文全文127篇，其中生物质能源方面论文37篇，生物质材料与化学品方面论文63篇，树木提取物与分泌物方面论文27篇。

**【中国赤水首届竹文化节暨中国竹产业发展论坛】** 2010年11月10～11日，论坛在贵州省赤水市举行。大会由中国林学会竹子分会和赤水市政府联合举办，赤水市林业局和赤天化纸业股份有限公司共同承办。来自全国16个省(区、市)的林业部门领导、竹类专家、学者、管理工作者、企业家代表、30个中国竹子之乡的代表、第三届全国竹种园联谊会代表等200余人参加会议。竹子分会副主任委员兼秘书长傅懋毅主持论坛开幕式。竹子分会副主任委员、国家林业局竹子研究开发中心主任王树东致开幕词，中共贵州省赤水市委书记穆嵘坤和赤天化集团公司董事长兼党委书记郑才友先生分别致欢迎辞，中国林学会尹发权副秘书长，竹子分会主任委员、浙江省林业厅楼国华厅长，贵州省人大常委会傅传耀副主任出席会议并作讲话。贵州省林业厅沈晓春副厅长、贵州省遵义市申楚副市长等领导出席会议。

中国林科院亚林所首席科学家萧江华、国家林业局竹子研究开发中心主任王树东、浙江大学教授张英等9位专家针对竹产业宏观发展、微观产品开发，现代竹林培育、竹文化产品的培育，以及中国东西部竹产业发展比较等方面对竹产业发展中存在的问题和挑战提出新的见解和思考。

赤水首届竹文化节暨竹产业发展论坛通过推介竹乡文化旅游资源、竹业经济发展、竹制工艺精品、科技成果荟萃和举办经贸合作恳谈、专题讲座、信息发布等多种形式，搭建赤水与世界交流的平台。文化节期间，代表们参加了赤水建市20周年庆典大会，参观翠竹长廊、竹种园、竹海和赤天化纸业公司现代化的竹浆生产线，营造了竹子友谊林。

**【全球气候变化与碳汇林业学术研讨会】** 2010年11月2日，由中国林学会、福建省林业厅承办的第十二届中国科协年会第五分会场全球气候变化与碳汇林业学术研讨会在福州市召开。中国林学会理事长、国际木材科学院院士江泽慧，中科院院士、北京大学教授、中科院植物所所长方精云，福建省林业厅厅长陈家东等出席会议开幕式。开幕式由中国林学会副秘书长尹发权主持。来自国内高校、科研院所和相关部门的近200位专家学者出席会议，共收到学术论文70多篇。

**【"森林福建"论坛】** 2010年10月31日下午，由中国林学会、福建省林业厅举办的"森林福建"论坛在福州举行。参加"森林福建"论坛活动的有特邀专家、厅级机关领导及林业科学技术人员共160多人。福建省林业厅厅长陈家东主持论坛。福建省人民政府省长助理郑松岩出席论坛并致辞。

全国政协人资环委副主任、中国林学会理事长、国际木材科学院院士江泽慧就"践行绿色发展理念，推进森林福建建设"作专题报告。

中国工程院院士李文华、中国科学院院士蒋有绪、中国林科院首席科学家彭镇华分别作题为《建设森林福建，发挥生态系统服务功能》、《福建天然商品林可持续经营》、《福建城乡人居林建设》的专题报告。专家们从不同角度对福建林业建设和生态环境保护提出了一系列的构想和建议，为福建林业发展建言献策。

**【第三届中国森林保护学术大会】** 2010年9月27～29日在上海召开。会议由中国林学会主办，南京林业大学、中国林学会森林病理分会、中国林学会森林昆虫分会、上海市林学会承办。中国林学会副理事长兼秘书长赵良平，国家林业局科技司副司长李兴，国家林业局造林司副司长吴坚，国家林业局森林病虫害防治总站常务副总站长潘宏阳，中国林学会副秘书长尹发权，上海市林业局副局长蔡友铭，上海市林学会理事长陈文泉，南京林业大学副校长薛建辉，中国林学会病理分会主任委员张星耀等有关领导和专家出席会议开幕式。开幕式由南京林业大学研究生院院长叶建仁主持。会议以"促进低碳经济，维护森林健康，实现森林有害生物的可持续控制"为主题，来自全国各地的270余名专家、学者参加会议。

代表们重点围绕危险性林业有害生物的监测预警，森林有害生物流行成灾机制和可持续控制，高新技术在森林病虫防控中的应用以及城市森林有害生物的防控与管理4个专题展开了深入交流。经大会学术委员会评选，产生12篇优秀报告。

**【2010年植树节宣传活动】** 2010年4月3日，由中国林学会、北京园林学会、地坛公园等单位联合举办的北京2010年植树节宣传活动在北京地坛公园举行。活动主题是"播洒一片绿色让世界更美，爱护千万树木让你我通行"。活动期间免费向公众发放《森林防火知识手册》、《林业碳汇应对气候变化宣传册》、《保护野生动物相关知识》、《北京市古树名木保护条例》等科普宣传资料，开展绿化美化咨询、有奖知识竞猜等活动。活动现场展出低碳科普知识展板50块，倡导公众保护、节约森林资源，养成绿色低碳、健康文明的生活方式和消费方式，使森林资源更好地造福全人类，为人类社会可持续发展作出新贡献。

**【共建绿色森林科普展览活动】** 2010年9月27～28日，由中国林学会、北京林学会联合举办的科普展览活动与第三届北京森林论坛在北京同时举办。出席第三届北京森林论坛的200余名海内外代表参观展览。展览共展出26组，约43平方米的宣传展板，宣传和普及森林应对气候变化的科学知识和法律法规，介绍和展示国家在应对气候变化方面的措施和成效，倡导低碳生活方式，共建绿色森林。

**【林业科普资源共建共享工作座谈会】** 2010年11月15日由中国林学会组织在京召开。中国林学会沈贵副秘书长、黑龙江省林业厅杨国亭副厅长等领导出席会议。来自河北、山西、内蒙古、吉林、黑龙江、四川6省(区)

的林学会以及西北农林科技大学等有关单位负责林业科普资源共建共享工作的负责人、科技专家参加座谈会。中国科普研究所、科学普及出版社的有关人员应邀参加会议。

会议的主要任务是，贯彻胡锦涛总书记在纪念中国科协成立50周年大会上的讲话中关于科普资源共建共享工作的重要指示精神，落实《全民科学素质行动计划纲要(2006～2010～2020年)》和中央林业工作会议精神，研究部署林业科普资源共建共享工作，动员林学会系统和社会各界力量共同参与林业科普资源的开发、集成和服务，为提高广大公众科学素质、普及林业科学知识、促进林农增产致富服务发挥积极作用。

座谈会上，沈贵作《搭建林业科普资源，共建共享平台》的报告。座谈会期间，河北、山西、内蒙古等7个单位的代表围绕板栗、核桃、四合木等林业领域的科技成果开展林业科普资源共建共享工作提出构想和具体思路。

**【长江流域防护林体系建设工程专家考察汇报会】** 2010年5月9日，中国林学会在北京组织召开汇报会。全国政协人资环委副主任、中国林学会理事长江泽慧教授出席并主持会议，中国科学院院士张新时、唐守正、蒋有绪，中国工程院院士冯宗炜，中国林科院首席科学家彭镇华、盛炜彤和水利部原总工朱尔明等项目专家指导组、实地考察组的30多名专家学者以及中国林学会副理事长兼秘书长赵良平、国家林业局相关司局、中国科协调宣部有关领导参加会议。

会上，赵良平介绍了长江流域防护林体系建设工程专家考察任务实施情况。专家考察报告起草组组长肖文发研究员汇报《长江防护林体系建设工程专家考察报告(讨论稿)》主要内容。专家们对此次考察工作以及考察报告给予了充分的肯定，并提出对报告进行修改和完善的意见和建议。

**【林源中药培育与开发利用研讨会】** 2010年11月25～26日，中国林学会承办由国家林业局科技司、国家质检总局科技司主办的林源中药培育与开发利用研讨会专题活动。国家林业局副局长张永利出席会议，国家林业局科技司副司长杜纪山在会上作主题报告，中国工程院院士、东北林业大学马建章教授等7位来自林源中药各研究领域的专家就林源中药的培育和开发等作专题报告。来自全国20多个省份的200多名代表出席会议。

**【森林经营与森林质量问题专家座谈会】** 2010年7月20日，中国林学会在京召开座谈会，特邀中国科学院院士唐守正，中国林科院研究员盛炜彤、侯元兆、黄鹤羽、惠刚盈、张会儒、陆元昌，北京林业大学教授亢新刚等专家参加会议。座谈会上各位专家就全国森林经营现状、现有森林质量、森林经营需要解决的问题进行交流和探讨，建议将森林经营如何布局、森林经营方案的编制、森林经营试点的建设以及森林经营人才队伍建设等内容作为2011年专题调研的重点。

**【第三届中国杨树节】** 2010年5月29～30日，中国杨树节在江苏省泗阳县举办。本届杨树节由中国林学会、国际林联、国际杨树委员会、泗阳县政府共同主办。

开幕式上，全国政协副主席孙家正和国家林业局局长贾治邦发来贺电。国家林业局总工程师姚昌恬出席开幕式并宣读贾治邦的贺信。江苏省人大常委会副主任丁解民、江苏省政协副主席包国新等领导，中国工程院院士张齐生、宋湛谦、马建章等250多名专家学者，国际林联主席李敦求、国际杨树委员会主席斯蒂芬·比索菲、联合国粮农组织官员吉姆·卡尔等30多位国外嘉宾以及200多名企业界代表出席活动。中国林学会副理事长兼秘书长赵良平致开幕词。

第三届中国杨树节的主题是“杨树造福人类”。杨树节期间举办国际杨树产业博览会、杨树人工林可持续经营国际研讨会、中国人造板发展论坛、杨树文化展示、经贸合作洽谈、“魅力泗阳”大型文艺晚会等形式多样的活动。

**【核桃等经济林调研活动】** 2010年9月2～5日根据主要木本粮油发展战略研究项目实施方案，中国林学会副秘书长尹发权一行深入河南省开展核桃等经济林调研活动。考察活动主要针对河南省核桃等经济林栽培面积、种质资源状况、产值、利用途径等方面进行调研。通过对河南省济源市、洛阳市等地的核桃等木本粮油生产基地的实地考察以及与当地林业部门的座谈，初步掌握部分研究区域的实际情况，了解地方发展木本粮油所存在的现实问题，为项目后续的研究工作奠定了基础。9月1～3日，中国林学会、河南省林学会在河南济源市共同举办核桃栽培技术培训班。此次培训被列入国家林业局2010年科技推广项目。

（中国林学会由郭丽萍供稿）

# 中国野生动物保护协会

**【综　述】** 2010年中国野生动物保护协会以“繁荣生态文化，建设生态文明”为主线，加大科普宣传工作的力度，坚持开展“爱鸟周”、“保护野生动物宣传月”等品牌活动，普及野生动植物保护知识，努力提高全民的科学文化素质和生态保护意识。组织以大熊猫为代表的珍稀野生动物国际交流活动，增强世界对中国的了解，促进中国人民和各国人民的友谊。协会不断壮大会员队伍，吸引更多的社会力量投身生态保护事业，全国会员34万多人，是国内最大的生态保护组织。（曹丽萍）

**【“爱鸟周”系列活动】** 2010年4月3日，中国野生动物保护协会在湖北省襄樊市举办2010年全国暨湖北省

"爱鸟周"启动仪式。全国政协副主席罗富和莅临启动仪式会场，来自全国15个省级野生动植物保护协会秘书长及襄樊市中小学生代表、行业代表等千余人参加启动仪式。仪式上举行授牌、表彰、文艺演出、生态讲座、生态书画展等各项活动，全国30余家新闻媒体对活动进行报道。

举办首届"网络爱鸟周"活动，实现"爱鸟周"活动创新发展，随着网上观鸟、"爱鸟百句箴言"征集、爱鸟护鸟倡议支持、野鸟摄影作品鉴赏等活动的陆续开展，数亿网友参加活动，在全国掀起爱鸟热潮。

推广科学观鸟，引领爱鸟护鸟新风尚。2010年5月10日，协会与河北省野生动物保护协会、秦皇岛市政府在北戴河联合主办2010年中国·北戴河国际观鸟比赛颁奖及鸟类摄影大展启动仪式，有11支国外观鸟队和20支国内观鸟队参加观鸟比赛。

2010年"爱鸟周"，全国31个省(区、市)相继开展各具特色的观鸟活动、野鸟摄影、书画展览、征文活动、文艺演出、知识竞猜等为主要内容的爱鸟活动。

(卢琳琳)

**【"2010中国爱虎行动"系列活动】** ①2010年1月，中国野生动物保护协会相继组织开展北京文化名人拒绝使用虎制品签名、万人爱虎倡议、虎年画虎演拍会，并在北京、上海、广州、长春等城市举办爱虎书法、绘画、摄影展，在北京地铁5号线举办"走进虎的世界"摄影展等虎文化展示活动。7月16日召开"保护老虎，我们在行动"启动仪式暨新闻发布会。7月29日召开"'7·29'全球老虎日、保护老虎·我们在行动"新闻发布会，《人民日报》、新华社、中国新闻社、《北京晚报》等40余家新闻媒体出席新闻发布会，引起社会各界广泛关注。②开展网络"虎生态文化寻踪"活动，在搜狐网开辟公益网页和专栏，通过老虎知识闯关、爱虎楹联征集、虎精美图片欣赏、寻找我身边的虎文化以及为保护老虎所开展的活动的报道等增加人们对虎知识的了解。③2010年8月组织来自全国8个省、不同岗位的20名志愿者开展"走近虎的生活家园志愿者行动"。聆听珲春东北虎保护区专家关于东北虎现状和各项拯救措施的情况介绍，现场察看密林深处被东北虎捕杀的马匹骨骸，科学考察东北虎的活动踪迹，走访与虎关系密切的当地居民区，慰问基层野生动物保护站及"农民巡护队"、边防部队、春化镇小学，带妆参加珲春东北虎国际文化节开幕式的游行活动，亲身感受林业生态建设和保护东北虎的重大意义。 (卢琳琳)

**【举办公共场所野生动物图片展】** 2010年，中国野生动物保护协会继续利用地铁站等客流量大的特点，举办野生动物图片展等活动，加大野生动物保护宣传力度，加强社会各界对野生动物的了解，提高公众的野生动物保护意识。制作《熊猫宝宝成长日记》纪录片，在地铁视频中播放，介绍中国保护大熊猫的研究工作，讲述人类对于野生动物的关爱，展示中国野生动物保护成果，受到公众好评。 (罗晓韵)

**【斯巴鲁生态保护之旅】** 2010年由中国野生动物保护协会、斯巴鲁汽车(中国)有限公司主办的斯巴鲁生态保护之旅，分别走访吉林珲春东北虎国家级自然保护区和新疆卡拉麦里有蹄类国家级自然保护区；拍摄《人与自然和谐家园》的纪实性纪录片。

2010年斯巴鲁生态保护奖评选更加关注基层的生态保护者，评选出70名斯巴鲁生态保护奖先进个人。

(卢琳琳)

**【会员日活动】** 2010年2月2日，中国野生动物保护协会在北京青兰大厦召开会员日活动大会，赵胜利副秘书长主持会议，首都数十位文化界名人联手提出"反对滥食野生动物，拒绝进入滥做野味饭店消费"倡议。张抗抗、邓友梅、舒乙、赵大年等知名作家和新闻记者在"反对滥食野生动物，拒绝进入滥做野味饭店消费"宣传横幅签字，进一步推动野生动物保护事业的发展。

(梦 梦)

**【全国蛙类专业委员会年会暨第四届蛙业论坛】** 2010年3月13~14日论坛在哈尔滨市召开，由中国野生动物保护协会养殖委员会主办。与会专家和代表围绕"提高技术、关注现状、持续发展"的主题进行交流和探讨。来自黑龙江、吉林、辽宁、内蒙古、山东等地的近百位代表参加会议，并就加强野外资源保护，提高资源利用率达成共识，认为以半人工养殖为主，全人工为辅的养殖模式是产业发展的方向。 (曹丽萍)

**【未成年人生态道德教育活动】** 2010年，中国野生动物保护协会继续配合中央电视台少儿频道完成节目外出拍摄及相关策划工作。继续围绕"绿野寻踪"节目开展未成年人科普教育工作。4月，联合中国少年出版社、《儿童文学》等单位共同开展"未成年生态道德教育"活动，为玉树灾区捐赠了大批科普读物。7月，联合新锐国际文化发展中心共同开展"未成年人生态道德教育"主题实践活动，举办百场生态道德教育进校园活动。8月，联合北京市和平里街道办事处在和平里街道六铺炕社区举办"绿野寻踪"走进社区青少年暑期宣传周活动。开展系列活动，进一步增强未成年人的生态保护意识。

(卢琳琳)

**【海峡两岸生态文化展】** 2010年，协会与台湾中华农业交流协会、台湾中华诗书画家协会共同在台北动物园举办海峡两岸团圆和谐生态文化展，活动内容丰富多彩，诗人吟诵两岸共同熟悉的诗词及歌赋，小学生展示自己的书画作业，书画家们切磋挥毫，充满中华传统文化的诗情画意和同胞的亲情厚谊，共同书写两岸自然保育之美景，把生态文化展活动推向高潮。本次展览在台湾引起社会各界的广泛关注。 (卢琳琳)

**【野生动物保护协会会长、秘书长工作座谈会】** 2010年4月1日在湖北省襄樊市召开。北京、湖北、云南、山西、安徽、陕西、内蒙古、河北、辽宁、江西、吉林等15个省(区、市)野生动物保护协会会长、秘书长、特邀嘉宾、有关新闻单位的代表参加会议。座谈会由中国野生动物保护协会会长赵学敏主持，参加座谈会的各省(区、市)野生动物保护协会的代表汇报2009年协会的工作，并提出2010年的工作计划。杨百瑾秘书长通报中国野生动物保护协会2010年工作重点。

(梦 梦)

【中国野生动物保护协会四届三次常务理事(扩大)会议】 2010年5月28日在北京召开。来自有关省(区、市)及单位的常务理事和部分理事代表参加会议。会议由中国作家协会副主席、协会副会长陈建功主持，副会长卓榕生、陈建伟等出席会议。赵学敏会长作《建设生态文明 推动科学发展 努力开创全国野生动物保护协会工作新局面》的工作报告，会议回顾协会二十六年来的发展历程，明确今后一段时期协会的发展方向和工作思路，审议选举并通过了臧春林为协会秘书长，向与会理事、常务理事通报关于批准马国良等11人为资深会员。

(王晓婷)

【中国鸟(兽)类之乡评审】 2010年，中国野生动物协会开展中国鸟(兽)类之乡的评审、命名授牌工作，分别授予贵州绥阳县中国布谷鸟之乡、湖北襄樊市中国红嘴相思鸟之乡、河南三门峡市中国大天鹅之乡、浙江泰顺县中国黄腹角雉之乡、浙江舟山市中国獐之乡。到2010年年底，协会已在全国命名46个中国鸟(兽、爬行)类之乡。其中中国鸟类之乡35个，中国兽类、爬行类之乡11个。

(尹峰 梦梦)

【大熊猫国际合作项目】 2010年6月，中国野生动物保护协会与神户王子动物园筹备并签署大熊猫延期协议。7月与日本东京上野动物园签署大熊猫合作研究协议，来自卧龙的一对大熊猫“比力”和“仙女”将赴日参加十年合作研究。8月应日方邀请，派遣专家组赴日考察日本大熊猫现有场馆，给予日方在场馆建设、日常饲养管理方面的指导意见。9月，中国在美合作的大熊猫“苏琳”和“珍珍”顺利返回中国雅安碧峰峡基地。11月，协会联合卧龙大熊猫保护研究中心举办“海归大熊猫乐园”的落成典礼，邀请合作国家使馆代表参加，展现中国大熊猫国际合作的风采以及卧龙2010年繁殖成果，取得良好的社会反响。12月在奥地利举办大熊猫幼子命名仪式和中泰大熊猫项目回顾等重要外事活动。

(钟义 张玲)

【鲟鱼委员会成立】 为规范鲟鱼保护、驯养繁殖与经营利用行为，营造公平的市场环境，保护鲟鱼经营利用者和消费者的合法权益，促进中国鲟鱼保护、驯养繁殖与经营利用事业的健康有序发展，2010年5月，中国野生动物保护协会水生野生动物保护分会在杭州市召开鲟鱼委员会成立大会。选举产生第一届委员会成员，选举产生委员会主任委员、副主任委员，聘请委员会顾问，讨论、通过《鲟鱼委员会章程》和《鲟鱼委员会成员自律公约》，交流鲟鱼保护、驯养繁殖与经营利用管理经验。

(曹丽萍)

【水生野生动物之乡命名专家评审会】 为推进水生野生动物栖息地保护工作，提升公众的保护意识，根据《陕西省渔业局关于申报“中国汉中娃娃鱼之乡”称号的报告》(陕渔发〔2010〕11号)和中国野生动物保护协会《水生野生动物之乡命名管理办法》的有关规定，5月31日至6月2日，协会水生野生动物保护分会在陕西汉中召开水生野生动物之乡命名专家评审会，对汉中市大鲵养护情况进行实地考察，听取报告编制单位情况汇报。经专家评审，同意授予汉中市中国大鲵之乡称号，并于6月7日向汉中市授予“中国大鲵之乡”牌匾和证书。

(王晓婷)

【毛皮动物专业委员会年会暨毛皮动物养殖技术研讨会】 2010年8月20～21日在大连金州召开，会议由中国野生动物保护协会养殖委员会主办，来自辽宁、黑龙江、吉林、山东、河南、河北等地的150多位代表参加会议。会议进行毛皮专业委员会换届选举工作，评选出毛皮动物养殖示范基地和养殖十佳单位，颁发杰出贡献奖和突出贡献奖。多位教授和养殖专家就中国毛皮业市场分析、学习国内外先进经验提高科学养殖水平、水貂疾病防治等方面作专题报告，企业代表进行经验交流，国家林业局、中国野生动物保护协会等有关领导与到会代表进行座谈。

(王宁)

【中国蛇类保护与利用研讨会暨爬行动物专业委员会学术年会】 2010年9月15～16日在湖南省永州市召开，会议由中国野生动物保护协会养殖委员会主办。来自湖南、广西、海南、江西、江苏、贵州、浙江、广东、湖北、安徽、福建等地的领导、专家、养殖企业代表等共计118人参加会议。代表们就养殖与贸易管理、试点推广等方面进行讨论。会议指出，中国的蛇类动物养殖业具有中国特色，前景广阔。

(曹丽萍)

【《中国野生动物园》】 2010年10月，中国野生动物保护协会组织编撰的《中国野生动物园》一书出版，国家林业局局长贾治邦为该书题写序言，该书回顾总结动物园和野生动物园的发展历程，重点对国内野生动物园发展中存在的问题和今后的发展道路进行了思考，不仅为各地野生动物园完善功能、弥补不足提供有益借鉴，而且对于各级林业部门加强野生动物园管理也具有指导意义。

(王宁)

【中国雁鸭类养殖技术研讨会暨雁鸭类专业委员会成立大会】 2010年11月15～16日在江西南昌举办，由中国野生动物保护协会养殖委员会主办。来自江西、浙江、湖南、江苏、上海、福建、海南、陕西、山西、河南、河北、山东、安徽、黑龙江、吉林、宁夏等16个省(区、市)90余名养殖企业代表参加会议。会议通过投票方式选举出雁鸭类专业委员会主任、副主任委员及委员。有关专家对中国野禽养殖现状及发展对策、野禽流行病学研究等方面进行探讨，知名养殖企业代表在会上与大家交流自身的经验和遇到的困难。会议明确今后一段时期工作重点。一是大力开展全国范围内的野禽养殖调研，进一步了解和掌握全国野禽养殖现状；二是与高校联合加强科学饲养管理研究，成立雁鸭类种源基地及养殖示范基地，并加强良种培育；三是加强地区内交流合作，建立行业服务体系，形成集产品加工、销售等一条龙的产业链服务；四是尽快出台行业标准，大力推广标准化、规模化养殖；五是加强建设信息交流媒介，提高信息沟通效率；六是编写雁鸭类养殖技术指导手册。

(曹丽萍)

【首届海峡两岸“宝石珊瑚”作品摄影大赛】 2010年11月11～15日为加强对水生野生动物的保护、开发、利用，促进海峡两岸的和谐、交流与发展，由中国野生动物保护协会水生野生动物保护分会主办，北京市渔业协会、台湾区珠宝工业同业公会、台湾宝石珊瑚联谊会、香港宝石厂商会承办，北京市摄影行业协会、北京市渔业协会红珊瑚专业委员会协办的首届海峡两岸“宝石珊瑚”作品摄影大赛在北京国际展览中心举行。100余位来自各个行业的摄影爱好者从不同角度对精雕细刻的珊瑚作品进行拍摄，经过3天的现场拍摄，共有200余幅摄影作品参加评选，经过专家评比，《台湾珊瑚》等20幅作品获奖，并为获奖作品及作者颁发证书和奖励。

（王晓婷）

## 中国野生植物保护协会

**【全国松茸保护与可持续发展座谈会】** 2010年6月23～25日在西藏林芝地区召开，会议由中国野生植物保护协会主办。会议旨在进一步宣传野生植物可持续发展理念，交流松茸保护、研究与发展的成果和经验，引导对松茸的合理采挖，完善松茸采集和进出口的管理工作，实现松茸的永续利用。中科院微生物所的专家就松茸的国内外分布、种类的划分、资源状况和贸易状况等作专题报告。大会播放由云南省国际商会松茸分会制作的介绍云南松茸及如何保护和采集松茸的DVD光盘。与会代表就松茸的保护、采集和进出口管理、国内外贸易等进行交流。

（于永福）

**【中国野生荷花之乡授牌仪式】** 中国野生植物保护协会与湖南省旅游局和岳阳市政府于2010年8月8日在岳阳市联合举办授予湖南省岳阳市君山区中国野生荷花之乡的授牌仪式。此次授牌仪式与荷花旅游节结合在一起，对野生植物保护起到了很好的宣传作用。

（于永福）

**【野生植物保护管理培训班暨工作经验交流会】** 2010年，中国野生植物保护协会分别在山西省和广东省举办两期部分省（区、市）野生植物保护管理培训班暨工作经验交流会。国家林业局保护司、国家濒管办有关领导出席会议。相关省（区、市）林业厅（局）保护处（站）、野生动植物保护协会、重要保护区派员参加会议。通过培训，进一步提高保护管理人员的业务素质、管理水平和对野生植物的保护意识。通过交流，大家共享野生植物保护管理经验，共同探讨工作中存在的问题，互相学习，相互借鉴，达到了共同提高的目的。 （于永福）

**【松茸采集与进出口行政许可实施情况监督检查】** 受国家林业局保护司委托，中国野生植物保护协会组成专家组于2010年9～11月赴黑龙江、四川、云南、西藏等省（区）开展松茸采集与进出口行政许可实施情况监督检查工作。通过检查，掌握松茸采集和进出口行政许可的执行情况，了解在松茸采集和进出口工作中存在的问题，对今后松茸的行政许可和监督检查提出意见和建议。

（于永福）

## 中国花卉协会

**【第四届中国（三亚）国际热带兰花博览会】** 由中国花卉协会、三亚市人民政府、海南省兰花协会联合主办，于2010年1月10～16日在三亚举办。中国花卉协会会长江泽慧，副会长刘向东以及海南省、三亚市的领导出席开幕式并参观指导。本届兰博会以“兰花文化，美丽产业”为主题，展出总面积1.2万平方米，吸引了来自新加坡、马来西亚、泰国、日本、印度、英国等国家和中国内地及港澳台地区的120多家参展商，展出3万余盆（株）兰花精品及兰艺作品。

**【第六届中国盆栽花卉交易会】** 2010年1月18～20日在广州召开。本届交易会展览面积5000多平方米，分盆栽花卉、金花奖、国兰、花卉资材等4个主题专区，有国内外上千家采购商前来参展和考察，吸引了众多专业观众参观和采购。广州花卉研究中心培育的“朝霞红掌”、番禺沙湾镇兰花协会选送的“墨兰银拖”、浙江省义乌市义金农庄选送的“大花蕙兰龙卷风”、花都先锋园艺培育的“一品红冰晶”、华力园艺培育的“猪笼草米兰达”等作品荣获“金花奖”。本届盆花交易对提升国内盆栽花卉的专业化水平，促进盆栽市场的流通发挥了积极的作用。

**【第十届亚太兰花大会暨第二十届中国兰花博览会】** 2010年3月20～24日在重庆国际展览中心举行，由中国花卉协会、重庆市人民政府联合主办。中共中央政治局委员、重庆市委书记薄熙来、全国政协副主席罗富和、重庆市市长黄奇帆、中国花卉协会会长江泽慧、国家林业局副局长张建龙以及国家有关部委领导、部分省（区、市）政府代表团等嘉宾出席开幕式并参观展览。

大会以“兰花聚巴渝，沁香飘世界”为主题，展出面积近2万平方米。来自马来西亚、泰国、日本、澳大利亚、美国、菲律宾、丹麦、德国、荷兰、俄罗斯等近30个国家和中国台湾、香港、澳门地区的50家相关组织和机构参会，境内有27个省（市）参展参会。参展的兰花珍品近千种，国兰5万余株、洋兰3万余株。展会期间组织了国际兰花论坛、兰花分会年会、植树纪念、颁奖等系列活动。兰花大会展示亚洲太平洋地区国家（地区）的兰花资源，开展兰花信息技术交流，推动了中国兰花产业的国际化进程，促进了中外兰花文化的交流与发展。

【第十二届中国国际花卉园艺展览会】 由中国花卉协会主办，北京长城国际展览公司和上海国际展览中心承办，于2010年4月14～17日在北京举行。展出总面积1.7万平方米，有来自美国、加拿大、荷兰、英国、法国、比利时、澳大利亚、韩国、新加坡、斯里兰卡等国家和中国内地及台港澳地区的336家企业和机构参展。

【筹办2011西安世界园艺博览会】 2011西安世园会经国务院批准，由国家林业局、中国贸促会、中国花卉协会和陕西省人民政府主办，西安市人民政府承办。西安世园会将于2011年4月25日至10月22日在西安浐灞生态区举行，主题为"天人长安·创意自然——城市与自然和谐共生"。①成立组织委员会。西安组委会第一次组委会会议于6月17日上午在人民大会堂召开。中共中央政治局委员、全国政协副主席王刚，国家林业局局长贾治邦，中国贸促会会长万季飞，中国花卉协会会长江泽慧出席会议并讲话。陕西省省委副书记、代省长赵正永主持会议。陕西省省委常委、西安市委书记孙清云汇报筹备工作进展情况和下一步工作安排。会后，主承办单位还举行新闻发布会。这标志着大会组委会正式成立，各项工作进入有序筹备阶段。②长安塔、主场馆等主体建筑均已封顶，基础设施建设基本完成；③招展任务全部完成，有30个国家和地区的109个室外展园参展，有108个单位进场施工；④共同商议西安世园会国际竞赛的项目、时间和具体安排；⑤宣传工作有序推进，花卉协会协助西安在京启动与新浪网站合作的世园会宣传专栏，举行世园会特许产品首发仪式等活动。

【启动第八届中国花卉博览会的申办工作】 第八届中国花卉博览会将于2013年举办。2010年秘书处在总结前几届花博会的基础上，制定《申办中国花卉博览会暂行办法》，经广泛征求意见，确定申办办法并于5月下发各省花协和分支机构实行。截至9月底，河北省唐山市、河南省许昌市、江苏省常州市、云南省昆明市提交申办材料。经审核，四个城市均符合申办条件，确定为候选城市。下一步将按程序做好专家考察，各省市花协和分支机构推荐，成立申办领导小组，并召开会议确定举办城市。

【国际交流与合作】 1. 筹备参加2012年荷兰世界园艺博览会(简称"荷兰世园会")。2012荷兰世园会是国际园艺生产者协会和国际展览局批准并注册的A1级世界园艺展会，展期半年，主题是"积极融入自然，改善生活品质"，占地66公顷。荷兰世园会分休闲与健康、绿色动力、教育与创新、环境、世界舞台5个主题区。2010年完成申请手续，得到国务院批准，将由国家林业局代表中国参展，中国花卉协会负责具体实施。根据荷兰世园会主题，拟定了初步参展方案。与荷兰世园会组委会进行商议，确定中国展区的位置和面积。参展经费得到财政部同意，分两年列入国家林业局2011年财政预算。

2. 组团参加台北国际花卉博览会。2010台北国际花卉博览会是经国际园艺生产者协会批准，由世界各国(地区)城市政府以城市名义而非国家名义申办的国际性展览，展会类别为A2/B1类。该博览会会期是2010年11月至2011年4月。根据国台办意见，由国家林业局负责牵头，中国花卉协会负责组织北京市、上海市和西安市参加展出。2010年11月3～10日，花卉协会组团赴台北参加开幕式等系列活动。3个城市的展区设计、布置均突出地方特色，体现了中国文化。

3. 参加亚洲花店业协会理事会。第三十一届亚洲花店业协会理事会于2010年3月29日在上海国际会议中心召开。会议审议通过三十届理事会的会议纪要；听取台湾花店业协会筹备洲际杯花艺大赛的情况介绍；商议洲际杯花艺大赛的参赛组织、参赛选手和比赛规则等事宜，并就进一步拓展亚洲花店业协会的国际交易进行探讨。

4. 参加2010年国际园艺生产者协会春季和秋季会议。春季会议于2010年3月23～28日在泰国举办，秋季会议于10月2～8日在韩国召开，中国花卉协会均组团参加会议。除参加国际园艺生产者协会会议外，还帮助唐山申办2016世界园艺博览会，并获得举办权；还指导西安、青岛向国际园艺生产者协会汇报筹备进展和招展招商情况。西安在本次年会上提出承办2011年会秋季会议的申请，并获得理事会的同意。

【组织评选2010年全国十佳花木种植企业】 根据国际园艺生产者协会和国际花卉栽培杂志(AIPH/FCI)制定的2010国际年度种植者评选标准、候选人推荐及评比程序，中国花卉协会于上半年组织开展全国十佳花木种植企业评选活动。通过向各省(区、市)花卉协会和深圳市花卉协会下发通知组织参评，共有12个省(市)的43家企业参评，评审并选出20家2010年全国优秀花木种植企业，并从20家中选出2010年全国十佳花木种植企业，最后推荐浙江森禾种业股份有限公司参加2010国际年度种植者的评选，该公司在评选中获银玫瑰奖，英国企业获金玫瑰奖。

【推进花卉标准工作】 在国家标准化管理委员会和国家林业局科技司的指导下，协会开展花卉标准工作，推进各项工作的开展。①2010年上半年的工作主要是在前期完成情况调查、数据搜集、文稿编写、征求意见的基础上，组织专家召开两次标准审定会议，共审定16项花卉标准。其中出口花卉常见刺吸式害虫检测识别规程等8项林业行业标准和富贵竹生产技术规程等8项国家标准，已将报批稿上报国家林业局科技司和国标委。②全国标准化技术委员会与国家林业局科技司和起草单位签订2011年5项林业标准，开始了标准的起草工作。

【花协工作】 1. 完成花卉园艺师(五、四、三级)国家题库的编写。在编写组成员和各有关方面的共同努力下，由协会和国家林业局职业技能鉴定指导中心共同组织编写的花卉园艺师(五、四、三级)题库送审稿于2010年1月底完成并于4月底审定，5月提交人社部。10月，人社部命题处已将该题库正式入库。

2. 完成福建、广东濒危花卉进出口调研报告。福建、广东濒危花卉进出口调研是局保护司委托中国花卉协会承担的课题项目。在2009年年底派员赴福建、广东实地调研的基础上，完成课题的数据分析、报告起草、征求意见和定稿工作，顺利结题，得到局保护司的好评。

3. 召开中国扬州万花会。该活动由中国花协主办，4月份在扬州举办，2010年是第三次举办。协会副会长刘卓慧出席开幕式并致辞。

4. 授予许昌中国花木之都称号。根据河南省许昌市提出的申请，协会经慎重研究，作出关于命名许昌市为中国花木之都的决定，江泽慧会长亲自为许昌授牌，协会还为许昌组织相关宣传活动。

5.《中国花卉园艺》杂志社稳步发展，按期出刊。在人员变动比较大的情况下，完成24期杂志的出版发行，2010年稳定了记者队伍，每期都有独立的主题，文章的前瞻性、代表性更突出。

6. 协会网站信息更新更及时，版面布局更合理。在局办公厅、局信息办的大力支持下，在西安未来公司的密切配合下，完成协会网站的升级改版。目前网站栏目基本固定，风格基本确定，内容定期更新，已进入平稳运行阶段。升级改造后的协会网站既是国家林业局信息网的组成部分，又保留独立域名，具有相对的独立性。网站信息量大、图文并茂，截至12月4日，协会网站访问量达到47.19万人次，在44个国家林业局子网站中位居前列。

**【花协分支机构活动】** 2010年2月19～20日，梅花蜡梅分会在上海举办第十二届中国梅花蜡梅展览。3月9日，茶花分会与重庆市南山植物园在重庆举办第七届中国茶花博览会暨茶花育种年会。4月9日，梅花蜡梅分会与北京有关单位共同举办北京市第五届赏梅会暨第三届北京明城墙梅花文化节。4月中旬，零售业分会召开理事会，筹备换届有关事宜。4月16日，杜鹃花分会在上海举办第八届中国杜鹃花展。4月28日，由世界月季联合会、中国花卉协会月季分会和常州市人民政府共同主办的以“和平、和谐”为主题的第四届中国月季花展暨2010世界月季联合会区域性大会在常州市紫荆公园举办。7月3日至8月29日，荷花分会在安徽合肥举办第二十四届全国荷展。9月10～12日，花文化专业委员会与广西南宁市政府在广西横县举办中国国际茉莉花文化节。10月11日，桂花分会在上海举办第三届中国桂花论坛。11月15～17日，蕨类植物分会在深圳召开第五届亚洲蕨类植物国际研讨会暨中国花卉协会蕨类植物分会第四届会员代表大会。 （中国花卉协会供稿）

# 中国绿化基金会

**【综　述】** 2010年，中国绿化基金会围绕建设现代林业，以扩大社会募集资金规模、提高公众参与绿化程度为目标，进一步加大宣传力度，精心打造绿化公益品牌，共筹集到账资金1.11亿元，达年度常规筹资历史最高水平；实施绿化公益项目22个，绿化面积近0.4万公顷；与部门、企业、新闻媒体等单位建立新的合作伙伴26个，签定合作协议39项；组织开展大型公益活动31次，参与祖国绿化和生态文明公益事业的人数超过百万人。

**成立第六届理事会**　在人民大会堂召开换届大会，顺利完成换届工作。第六届理事会由贾庆林担任名誉主席，王志宝担任主席，调整优化了理事会组成结构，修订《中国绿化基金会章程》。贾庆林接见与会代表，并发表重要讲话。国家林业局局长贾治邦出席换届大会并作讲话，对基金会寄予希望，提出明确要求。王志宝主席对第五届理事会工作作了全面总结，提出了第六届理事会今后五年的工作目标。

**扩大绿化基金募集规模**　①落实绿化财政专项基金500万元，保证绿化基金的稳步增长。②面向全社会开展劝募工作，募集到账资金1.06亿元，其中社会公众的个人累计捐赠首次突破100万元，超额完成本年度资金募集计划任务，并保持持续增长的良好势头。

第六届理事会建立了与各省厅的合作联席制度，确定“谁募资、谁使用、谁受益”的原则，建立“政府引导、基金会搭台、企业捐款、绿化造林”的运作机制，设立“重庆长江专项基金”，在人民大会堂召开启动大会，回良玉等中央领导出席了会议，来自央企和民企以及外企共400多家企业积极捐赠，累计认捐资金达16.32亿元。宁波鄞州区在中国绿化基金会设立鄞州碳汇造林专项基金，一期募集资金4870万元。

设立中国烟草金叶生态基金，连续五年累计捐赠2500万元；设立立高生态表彰专项基金，五年捐资500万元；设立自然中国专项，已接受捐款300万元；还有绿色畅想、绿色影视、绿色1+1、婷美绿色等25个专项。

创建网络植树募款和手机短信捐款两大平台，为社会公众开辟便捷、透明的公益捐赠渠道。在网络植树募款方面，自主创建了“e－tree网络植树”公益网，主办了第二届中国网络植树节大型全民在线互动植树公益活动，并与腾讯公益、淘宝网、支付宝、搜狐、网易等国内互联网行业多个具有品牌影响力的一流公司合作，带动了数百万网友对绿化公益事业的关注和参与。网络募集绿化资金已突破300万元。

中国绿化基金会于2009年成功从工业信息化部申请了短信捐款代码，联合三大电信运营商（中国移动、中国电信和中国联通）开通捐赠号码为“10699969”的手机短信捐款通道。

响应国家林业局的号召，为“4·14”青海玉树灾区捐赠200万元，用于玉树地区灾后重建和生态恢复工作。在人民大会堂主办“天域天堂”赈灾义演晚会，首都各界代表近万人观看演出。

**开展丰富多彩的宣传活动，大力倡导生态文明行为**

**理念** 切实加大“西部绿化行动”、“全球十亿绿树运动”、中国绿色碳基金、中国网络植树节及“华夏绿洲助学行动”等特色品牌的推广力度。在电视媒体、平面媒体、网络媒体以及广播媒体等加大对中国林业和绿化工作的报道力度。先后邀请成龙、刘翔、刘媛媛、张靓颖、黄奕等明星参加“BMW 绿荫行动”、“绿色平安，低碳100”、网络植树等公益活动。组织开展艺术家野外生态采风，举办“宁夏多种一棵树、北京少落一粒沙”，“传播生态文化、弘扬生态文明”等艺术家笔会活动。特别是与神华集团合作，组织中国美协、中国书协20余名艺术家，创作了30幅反映矿区生态环境的书画作品，促进神华集团推进矿区绿化工作的开展。

**加强国际交流合作，不断扩大国际影响力** 加强同联合国开发计划署联络与沟通，争取并实施了全球环境基金小额赠款项目；联合大自然保护协会、联合国环境规划署、联合国荒漠化公约秘书处等机构，编辑出版了《林业应对气候变化之公众参与——幸福家园·西部绿化行动报告》。在国家林业局对外合作项目中心支持下，先后与日中友协、奥伊斯加组织、日本绿化沙漠协会等日方团体推进合作，联合申请日中绿化交流基金，在河北等5省(市)组织实施6个小渊基金项目，同时新增3个项目。 （费　勇）

# 中国林业产业联合会

**【综　述】** 2010年，中国林业产业协会紧密围绕国家林业局重点工作，充分发挥协会的桥梁和纽带作用，立足于服务国内林业发展改革和服务于全国林业企业，在反映行业诉求、当好政府参谋、搭建服务平台、解决国际争端、促进经济发展等方面进行积极探索和大胆实践，各项工作稳步扎实推进。根据协会工作的发展需要和国家林业局决定，经国家民政部2010年12月6日批准(民函〔2010〕296号)，中国林业产业协会更名为中国林业产业联合会，并在此后召开的全国林业厅(局)会议上正式宣布组建。

**【全国林业产业“十二五”规划编制暨林业产业信息交流座谈会】** 2010年1月25日，会议由中国林业产业协会、国家林业局经济研究中心主办，湖北省林业局、湖北省咸宁市林业局支持，中国林业产业协会信息业务部、国家林业局经济发展研究中心产业研究室、湖北省咸安区林业局承办在湖北咸宁召开，与会代表对当前林业产业发展形势及“十二五”规划进行总结和讨论，国家林业局副局长祝列克、湖北省副省长赵斌出席会议并讲话。中国林业产业协会副会长、武警森林指挥部原政委闫文彬宣读表彰决定。中国林业产业协会秘书长、中国林产工业协会执行会长王满主持会议并代表主办方致辞。湖北省林业局局长王海涛、咸宁市市长任振鹤致欢迎辞。

会议对中国林业产业协会、中国林产工业协会、中国林业产业杂志编辑部、中国林业产业网评选出的2009中国林业产业年度人物、林业产业集群建设先锋人物、林业会展中心领军人物、林业信息平台建设突出贡献奖获得者进行表彰。受表彰的产业园区、板材基地、国际维权企业、林业产值超50亿元县(市)、社团组织、林业产业发展较快省份的代表在会上作典型发言。

**【2009中国林业产业重大问题调查研究报告】** 报告是国家林业局委托中国林业产业协会组织开展的重点调研课题。①报告配合国家“十二五”规划编制工作，重点进行林业产业带、产业布局和国有林区研究；②按照第二届全国林业产业大会的主题报告精神，系统地开展林业十大产业和重点龙头企业问题的研究；③配合5部委颁布的《林业产业振兴规划》的落实工作，开展后金融危机时期林业产业结构调整的研究；④对行业关心的“森林认证”、“林产品国际贸易”以及“林业生物质材料开发利用”、“木地板”、“木制门”等热点问题进行调研分析。

**【2010世界地板大会】** 2010年3月23日由中国林产工业协会与中国林业科学研究院主办的被全球木地板产业界誉为“达沃斯峰会”的2010世界地板大会在上海召开，木地板产业在促进低碳经济发展中的重要作用和地位成为与会代表热议的话题。

本次大会以“低碳经济与全球机遇”为主题，围绕时下最受关注的低碳经济发展对地板行业发展的影响等话题展开讨论，议题涵盖贸易、标准、技术、产品、营销等诸多方面。

同期举办的2010上海地板展览会作为亚太最大的地面材料及铺装专业展，其涵盖铺装行业的整个产业链，已成为整个地板行业的风向标。地板业巨头悉数参展，带来最新的产品和理念。

**【第九届中国国际木门业展览会】** 2010年4月15日，展会由中国林产工业协会、中国建筑装饰协会、中国国际展览中心集团公司在北京主办。国家林业局原局长王志宝、原总工程师卓榕生等出席会议，国家林业局、中国林业产业协会、中国名牌推进工作委员会、中国林产工业协会、中国消费者协会、中国产业报协会、中展集团等单位的领导和专家以及全国知名木门企业的负责人应邀参加。中国林业产业协会秘书长、中国林产工业协会执行会长王满，中国建筑装饰协会常务副会长徐朋等在开幕式上讲话。

2010第九届中国国际门业展览会设有10个展厅、4000余个展位，以全国木门30强为核心，有300余家木门企业参展，迎接观众达10万余人(次)，被誉为“中国木门第一展”。

**【中国地板行业服务年暨第二届全国地板“超级店员”大**

赛启动】 2010年5月26日，大赛启动发布会在国家林业局礼堂举行。在发布会现场，与会地板企业签署《2010年中国地板行业服务年优质服务争创企业承诺书》，标志着地板行业服务年正式启动。同时，第二届全国地板"超级店员"大赛也正式启动。原林业部副部长、中国林业产业协会名誉顾问蔡延松出席启动仪式，并宣布服务年启动。国家林业局办公室主任彭有冬出席会议，并代表贾治邦局长致辞。

作为中国地板行业服务年重要活动之一，第二届全国地板"超级店员"大赛于5月26日至10月26日在全国范围内展开。

**【中国地板专利联盟启动仪式暨中国地板知识产权高峰论坛】** 2010年6月12日由中国林产工业协会等单位支持的中国地板专利联盟启动仪式暨中国地板知识产权高峰论坛在北京举行。国家林业局原总工程师卓榕生出席会议并致辞。会上，燕加隆集团宣布德国主动起诉国际地板巨鳄unilin公司不正当竞争一案取得胜诉、德威木业集团起诉西班牙弗奥斯集团专利无效一案告捷。会上，相关领导、行业专家、国内知名地板企业代表就如何推进核心知识产权自主创新等问题展开讨论，并启动以燕加隆集团、德威地板为发起单位的中国地板专利联盟，从此众多地板企业将抱团推动"中国创造"。

国家林业局、商务部、国家知识产权局、中国林产工业协会、中国专利保护协会等诸多单位的领导和专家与国内知名地板企业百余人出席会议。

**【首届中国(伊春)森博会】** 2010年7月5日，由国家林业局、黑龙江省政府主办，中国林业产业协会、伊春市政府承办，在黑龙江省伊春市召开，共吸引来自国内的300家森林产品企业参展。原黑龙江省委副书记、省政协副主席周同战宣布首届中国(伊春)森林产品博览会开幕，国家林业局森林防火指挥部副总指挥、原国家林业局副局长李育材出席开幕式。

本届森博会宗旨是通过展会搭建展销平台，促进企业间的交流合作，提升森林产品的层次水平。展会共设三大展区：即森林食品展区、家具展区、木制工艺品展区。展区面积1万平方米，按照国际标准设置展位400个。博览会期间举办全国林业中小企业投融资和企业品牌发展论坛。

**【中林天合森林认证中心启动森林认证试点】** 根据国家认监委、国家林业局《关于开展森林认证工作的意见》和认证机构前期准备的实际情况，中林天合森林认证中心在配合局科技发展中心筹划已确定的汪清、新青林业局认证审核综合试点工作，做好随时实施认证审核各项技术业务的同时，依照《中国森林认证实施规则(试行)》，按照自愿认证的原则，经与申请认证的森工企业相互沟通，先后与辽宁抚顺县林业局和黑龙江铁力、兴隆林业局达成实施森林经营认证意向，并在申请认证单位积极准备的基础上，按照森林经营认证申请与受理程序履行认证合同手续，中林天合森林认证中心随即对申请认证单位的相关基本材料进行审核，并组成审核组分别对上述3个单位进行现场预审核。

**【搭建招商引资平台】** 为贯彻第二次全国林业产业大会精神，为林业企业搭建招商引资的沟通平台，中国林业产业协会于5月、8月分别组织吉林延边林业集团赴江苏、浙江经贸考察和国内林产品制造龙头企业赴延边商务考察。双方取长外短、互通有无、互利双赢。

**【木制建材下乡试点工作启动】** 2010年8月21日，中国林产工业协会主持的木制建材下乡试点活动正式启动。国家林业局原局长、中国林业产业协会顾问王志宝和中国林业产业协会、中国林产工业协会、中国消费者协会有关领导出席会议，国家林业局、住建部、工信部、商务部等部门有关负责人到会指导。全国木制建材下乡采取企业直接让利的方式，补贴农民消费者。企业各下乡销售网点一律实行明码标价，保证不提价销售或变相提价销售；企业在全国木制建材下乡试点期间，严把试点产品质量，保证给农民提供优质低价产品，坚决杜绝将低劣产品销售给农民；企业保证最大化调配公司资源，优先满足木制建材下乡的需要，抓好畅销产品的采购、生产、品质保证及物流建设，确保不断货，不降低质量；制定统一的服务规范，免费为农民送货上门、不含辅料的铺设安装，按照标准提供免费保修服务。

**【森林旅游分会理事会暨第二届森林旅游研讨会】** 2010年8月25~26日在哈尔滨市召开，中国林业产业协会秘书长王满、中国林业产业协会旅游分会理事长刘世勤、黑龙江省森工总局党委书记高金芳等领导和嘉宾出席会议并讲话。

森林旅游产业已成为林业产业中的支柱产业。截至2009年年底，全国共建立森林公园2458处，总规划面积1652.5万公顷，占全国有林地面积的6%，已有17处森林公园被联合国列为世界自然和文化遗产保护名录、10处森林公园被列入世界地质公园，从事森林公园管理和服务的职工总数达12.7万人；2009年，全国森林公园共接待游客3.3亿人(次)，直接旅游收入达225.9亿元，比2008年分别增长21.5%和20.3%。会议期间，与会人员就建立规范化的森林旅游服务体系和森林旅游的现状与发展趋势、森林旅游信息服务平台建设、森林旅游品牌建设等问题进行研讨。

**【林业产业信息协调会】** 2010年8月27~28日，中国林业产业协会主办，大兴安岭林业集团公司支持，中国林业产业协会信息业务部、大兴安岭林业集团公司林产工业处、漠河县林业局承办的信息协调会在黑龙江省漠河县召开。中国林业产业协会副会长寇文正、中国林业产业协会秘书长王满出席会议并作主旨发言。大兴安岭林管局副局长包国荣莅临致辞。来自全国部分省(区、市)的林业厅局产业处(办)、各省(区、市)产业协会负责人和《中国林业产业》杂志部分编委参加会议。会议研究了林业产业"十二五"发展规划编制工作。

**【中国林业产业体系建设及布局研究】** 2010年由中国林业产业协会主持完成的中国林业产业体系建设及布局研究软科学项目通过国家林业局科技司主持的专家组验收。

专家组认定该项目深刻论述了中国林业产业在国民经济和社会发展中的地位与作用，以及林业产业发展对农村发展、农民致富、劳动就业的重要贡献；深入研究中国林业产业现状，首次从森林资源培育、人造板生产等12个支柱产业所构成的全国林业产业体系建设和布局进行系统研究，提出全国现代林业产业发展的政策建议和措施。专家组认为：该项目选题正确、研究方法科学、数据资料翔实、结论客观准确，符合林业产业发展实际，完成了项目合同确定的研究任务，取得的研究成果具有理论性、实用性和创新性，对于指导全国林业产业体系建设和布局实践、编制林业产业"十二五"规划具有重要参考价值，为制定全国的林业产业政策提供重要依据。

**【人造板行业可持续发展国际研讨会】** 2010年10月10～11日，人造板行业可持续发展国际研讨会在陕西杨凌召开。国家林业局原总工程师、中国绿化基金会副主席兼秘书长卓榕生，中国林业产业协会副秘书长、中国林产工业协会秘书长石峰，陕西省林业厅副厅长彭鸿，杨凌示范区管委会主任助理孙华等领导出席研讨会并讲话。来自全国70余家知名人造板生产企业代表参加研讨会。本次研讨会由中国林产工业协会主办，杨凌示范区管委会和陕西省林业厅协办，陕西中兴林产有限公司承办。此次研讨会旨在探讨"十二五"期间人造板行业发展政策，研究人造板行业可持续发展经济模式。研讨会期间，与会代表就国家林业税费改革、人造板行业发展等有关问题进行座谈和技术交流。

**【签署《环境可持续发展合作谅解备忘录》】** 2010年10月21日，中林天合(北京)森林认证中心与沃尔玛(中国)投资有限公司、沃尔玛全球采购办公室三方在北京共同签署《环境可持续发展合作谅解备忘录》。经协商，双方将以环境可持续发展为中心，重点围绕森林认证，在认证业务、能力建设、高层沟通以及其他共同关心的热点问题等方面开展合作。国家林业局副局长张永利和沃尔玛公司事务及政府关系执行副总裁戴思理出席签字仪式。

张永利强调，抓紧机遇扎实推进森林认证实施，是中国林业可持续发展的重要举措和广大林业企业的迫切需求。戴思理表示，此次与专业的森林认证机构合作，将为推动和加快沃尔玛在环境可持续发展上的努力再次奠定了良好的发展基础。

**【举行首届中国(铁岭)榛子节】** 2010年10月29～31日在辽宁省铁岭市东北物流城举行。国家林业局原总工程师姚昌恬、辽宁省人大常委会副主任王专在开幕式上为铁岭市"中国榛子之都"牌匾揭牌。铁岭市榛子资源丰富，经营历史悠久，生产面积、产量及加工水平在全国领先，特别是近年来为农民增收作出了贡献。中国林科院榛子研究中心、中国榛子批发市场也在首届中国(铁岭)榛子节开幕式上揭牌。榛子节期间举办榛子产品及林副产品展洽会、招商说明会和榛子产业发展座谈会等相关活动。

**【中国(横林)地板产业发展研讨会】** 2010年10月30日在常州市武进区召开，会议由中国林产工业协会、常州市武进区政府主办。会议就美国提出地板"反倾销、反补贴"的问题进行研讨，讨论《地板产业提升计划(2010～2012年)》，并就横林地板特色产业快速、可持续发展进行探讨。中国林业产业协会，中国林产工业协会、中国林科院、江苏省林业局等单位的代表200人参加会议。

**【第三届中国义乌国际森林产品博览会】** 2010年11月1日，由国家林业局和浙江省政府主办的义乌国际展览中心开幕。本次森博会的主要议题是引领林业产业的转型升级。博览会期间举办多场新技术、新产品、新设备推介会，有20余家企业登台展示、推介。这些项目汇集浙江省众多的绿色、健康、环保最新科技产品和技术，如环保无毒性竹炭材料、天然生物洗涤剂、高效清除室内有害气体净化装置、森林食品研发等。

**【全国林业龙头企业高层峰会】** 2010年11月5日在沙县开幕。峰会由中国林业产业协会、中国林产工业协会、福建省林业厅、三明市政府主办，以"林业产业转型升级"为主题，邀请中国林业集团公司、大兴安岭林业集团、吉林森工集团、内蒙古森工集团、延边林业集团、大亚科技人造板集团、四川升达林业产业股份公司、湖南泰格林纸集团有限责任公司等40余家全国林业龙头企业、涉林上市公司代表、产值50亿元以上市县林业单位代表60余人参加。中国林业产业协会副秘书长、中国林产工业协会秘书长石峰主持会议。

**【召开第六届海峡两岸林博会】** 2010年11月6日由国家林业局和福建省政府主办，在三明开幕。本届林博会以"发展绿色产业，建设绿色家园"为主题，以林业产业转型升级为目标，突出展示生物医药及生物产业发展方向，突出对台合作，受到两岸业界普遍关注。全国人大常委会副委员长、民革中央主席周铁农，国家林业局局长贾治邦，福建省省长黄小晶，台湾亲民党主席宋楚瑜出席开幕式并致辞。本届林博会展馆面积2万平方米，共有389家境内外企业、单位参展；重点推介50个对台招商项目，对接引进10项涉林台资项目、10项台湾林业"五新"成果。除综合展示展销、项目洽谈签约等主体活动外，林博会期间还举办海峡两岸生物医药发展论坛、生态旅游高峰论坛、深化林改研讨会、林产品订货会等活动。

**【中国木地板之都签约仪式】** 2010年11月20日，由中国林产工业协会、浙江省湖州市南浔区政府主办的中国林产工业协会和南浔区政府合作共建"中国木地板之都"签约仪式暨发展规划研讨会在北京举行。国家林业局总工程师姚昌恬、中国林产工业协会执行会长王满、南浔区委书记高屹、中国林产工业协会秘书长石峰、中国林科院木材工业研究所所长叶克林等出席会议并致辞。会上，中国林产工业协会向南浔区政府颁发"中国木地板之都"证书，中国林产工业协会和南浔区政府签订共建中国木地板之都合作协议。南浔区政府作"中国木地板之都——南浔”发展规划报告。叶克林围绕木地板今后的发展方向和前景作专题发言。

**【中国地板行业辉煌15年大会】** 2010年11月21日，以“绿色产业，承载未来”为主题的中国地板行业辉煌15年大会在北京举行。国家林业局原局长、中国林业产业协会顾问王志宝，全国工商联原副主席沈建国，著名经济学家艾丰，国家林业局总工程师姚昌恬，中国林业产业协会副会长闫文彬、寇文正，中国林产工业协会顾问张齐生、张森林，中财办局长王韩民、中国林产工业协会执行会长王满、国家林业局行管办主任孙建、中国绿色时报社总编辑厉建祝、中国林产工业协会秘书长石峰，中国消费者协会副秘书长柴保国、中国林科院木材工业研究所所长叶克林以及来自全国各地的500余位嘉宾参加大会。

大会回顾中国木地板行业十五年来的发展历程，表彰十五年来对中国地板行业发展作出突出贡献的先进个人，颁发第二届全国地板“超级店员”大赛个人优胜特等奖。在本次大会上，国家林业局及中国林产工业协会的相关领导，对地板行业十五年来取得的成就给予充分的肯定，并且希望中国地板行业能够在全球化、低碳经济的新形势下，实现中国由“世界地板大国”向“世界地板强国”的转型。

**【《中国木地板行业服务规范》发布】** 2010年11月21日，中国林产工业协会地板专业委员会理事大会新闻发布会在北京举行，发布《中国木地板行业服务规范》在内的多项标准性文件，涵盖了有关地板行业产品、服务、市场渠道等多方面内容。会上还发布《常用实木鉴别手册——地板卷》，《木地板使用说明书》（即强化木地板、实木地板、多层实木复合地板、三层实木复合地板、竹地板、软木地板等6种品类地板使用说明书）以及《三层实木复合地板产业调研报告》、《地板渠道终端调查报告》等，在为地板企业提供规范服务参考依据的同时，也为广大消费者提供了解地板行业、掌握地板产品使用维护方法等方面的机会和建议。此次发布的《中国木地板行业服务规范》是地板行业继2005年推出首部行业服务规范之后，完善地板行业服务体系的重要举措，要求地板企业为消费者提供完善的售前、售中、售后服务，还应为服务人员建立持续高效的培训体系，确保企业的服务质量，并应具备现代化的服务设备与设施，具备完成承诺服务的能力。

**【森林认证审核员培训班】** 为加强认证审核员业务理论学习，提高审核员基本素质，经中国认证认可协会批准，中林天合（北京）森林认证中心于2010年12月1～4日在北京举办森林认证审核员培训班，经中国认证认可协会确认资质的专、兼职审核员及相关单位的专业技术人员60余人参加培训。培训班得到沃尔玛（中国）投资有限公司、沃尔玛全球采购办公室、世界自然基金会（WWF）的协助。

培训班由中国认证认可协会确认资质的培训教师授课，以认证认可基本知识、森林认证基本理论及认证审核现场操作为主要内容，详解了中国认证认可、中国森林认证的相关政策、法规和标准。培训结束后，中国认证认可协会注册部进行了森林认证审核员资质考试。

**【第五届中国林业产业发展与人才开发论坛】** 由国家林业局人才开发交流中心、中国林业产业协会、中国林产工业协会、中国林业教育学会共同举办，于2010年12月16日在北京召开。原林业部副部长、中国林业产业协会顾问、中国绿色碳汇基金会理事长刘于鹤等领导出席大会，会议由国家林业局人才开发交流中心副主任路永斌主持。论坛期间，国家林业局人才开发交流中心对获得2010年度林业产业人力资源开发领袖企业的单位、林业企业优秀职业经理人和低碳竞争力焦点领军人物进行表彰。本次论坛对进一步促进林业产业人才开发、为林业院校与企业搭建互动平台起到推动作用。

（中国林业产业联合会由白会学供稿）

# 中国水土保持学会

**【组织建设】** ①2010年12月14日，中国水土保持学会在北京召开第四次全国会员代表大会，选举产生第四届理事会理事168名，其中常务理事35名；领导机构由理事长1名、副理事长5名、秘书长1名共7人组成。②成立中国水土保持学会城市水土保持生态建设专业委员会，至此已有专业委员会14个。③广东省、湖北省、宁夏回族自治区、广西壮族自治区先后成立水土保持学会，全国已有24个省（区、市）成立水土保持学会。

**【网络建设】** 改进和完善中国水土保持学会网站（www. sbxh. org），及时更新内容和发布信息，截至2010年年底，点击率达50万人（次）。新建并开通中国水土保持科学网站（www. sswcc. org）。

**【学术活动】** ①2010年3月27日至4月4日，中国水土保持学会泥石流滑坡防治专业委员会赴巴基斯坦，积极开展国际减灾援助，对巴基斯坦KKH公路堰塞湖进行考察，完成巴基斯坦KKH公路堰塞湖应急处置研究。②2010年4月13日，由中国林学会、国际林联、世界自然保护联盟共同发起，中国林学会、中国生态学会、中国水土保持学会、中国气象学会联合主办，中国林学会秘书处、国家林业局对外合作项目中心承办，中国林科院、国际竹藤网络中心、北京林业大学协办的首届森林科学论坛——应对森林自然灾害国际学术研讨会在北京友谊宾馆召开。③2010年4月26日至5月5日，由中国水土保持学会、台湾中华水土保持学会主办，台湾中兴大学承办的第七届海峡两岸山地灾害与环境保育学术研讨会在台湾召开。④2010 年 7 月 5 ~ 8 日由中国环境资源与生态保育学会主办，山东省水土保持与环境保育重点实验室，山东临沂师范学院、中国科学院地理科学与资源研究所与台湾中国文化大学地理学系、香港中文大学地理与资源管理学系、中国水土保持学会共同承办的海峡两岸三地环境与资源学术研讨会暨第二届中国环境资源与生态保育学会会员代表大会在山东临沂师范学院召开。⑤2010 年 7 月 6 ~ 10 日，应中国水土保持学会之邀，台湾中华水土保持学会荣誉理事长访问中国水土保持学会、北京林业大学、水利部水土保持司、中国水利水电科学研究院和北京市水务局等单位。⑥2010 年 7 月 9 ~ 13 日，中国水土保持学会水土保持生态修复专业委员会、水土保持与荒漠化防治教育部重点实验室及林业生态工程教育部工程研究中心在贵阳联合召开第二届全国水土保持生态修复学术研讨会。⑦2010 年 8 月 14 ~ 17 日，全国沙棘学术研讨会在黑龙江省孙吴县召开。会议由水利部沙棘开发管理中心，中国水土保持学会沙棘专业委员会，黑龙江省黑河市委、黑河市政府主办，黑龙江省孙吴县县委、县政府承办。全国有关沙棘管理、生产、科研和加工企业等方面的 120 多位代表参加研讨会。⑧2010 年 9 月 25 ~ 27 日，中国水土保持学会规划设计专业委员会 2010 年学术年会暨换届选举会议在贵阳市召开，会议选举产生第三届委员会委员 165 名，副主任委员 3 名，主任委员 1 名。⑨2010 年 10 月 12 ~ 14 日，由世界水土保持协会和中国水土保持学会发起，中国科学院、水利部、陕西省政府共同主办，中国科学院、水利部水土保持研究所承办的土地退化防治国际学术研讨会暨第一次世界水土保持协会理事会会议在西安召开。⑩2010 年 10 月 25 日至 11 月 2 日，中国水土保持学会组团赴台湾进行水土保持科技示范园建设及经营管理交流考察。⑪玉树地震以后，中国水土保持学会泥石流滑坡防治专业委员会迅速开展玉树震区地表灾害解译工作，提交玉树地震次生山地灾害遥感调查与灾后重建危险性评估报告。为重建指挥部和地方政府在灾区重建和灾害防治方面提供科学依据和技术支撑。⑫中国水土保持学会泥石流滑坡防治专业委员会对贵州关岭“6·28”重大滑坡进行灾后考察，取得难得的第一手资料，探讨该暴雨滑坡的成灾条件、发生过程、灾情评估、预警防治等方面的关键问题，向当地有关部门提交考察报告和治理建议。⑬甘肃舟曲暴发特大泥石流并导致特大灾害发生后，中国水土保持学会泥石流滑坡防治专业委员会组织考察队赶赴灾害现场，开展科学调查工作，获取宝贵的第一手资料和数据，并在舟曲县将《关于舟曲特大山洪泥石流灾后重建与全国城镇泥石流减灾的认识和建议》当面呈交给温家宝总理，其中部分建议在部署舟曲灾后重建工作时被采纳。⑭全年完成《中国水土保持科学》6 期正刊和 1 期增刊的出版工作，刊出文章 153 篇。在舟曲“8·7”特大黏性泥石流灾害的背景下，第六期推出山洪泥石流的专栏，对泥石流灾害的发生原因、防治措施、灾后重建及类似地区的泥石流灾害预防进行集中报道。⑮2010 年 8 月 14 日，《中国水土保持科学》第二届编委会第二次会议在北京林业大学召开，会议进一步明确期刊的特色与定位，讨论通过《〈中国水土保持科学〉优秀论文奖评选办法》。⑯据 2010 年版《中国科技期刊引证报告(核心版)》公布的数据：2009 年影响因子 0.852，在 1946 种中国科技论文统计源期刊中，影响因子排序为第一百七十五位；在农业工程类期刊中，影响因子和综合评价总分均位于第三位。

**【科学普及与青少年教育】** ①为响应 2010 年全国科普日“坚持科学发展、走近低碳生活”的主题活动，中国水土保持学会组织北京林业大学附小的同学，开展以“低碳生活从小做起”为主题的手抄报科普活动。②2010 年 7 月 19 ~ 21 日，中国水土保持学会、北京市密云县水土保持工作站、北京林业大学附属小学在北京密云联合举办 2010 小学生水土保持科普教育实践活动。③2010 年 4 月 3 日，中国水土保持学会组织中国水土保持学会学生科协参加第二十六届绿色咨询活动，学生科协成员参加主题为“低碳生活节能减排；水土保持青山绿水”的绿色咨询活动。④2010 年 4 月 3 日、4 月 10 日，中国水土保持学会学生科协进行“低碳生活——世博——让生活更美好”主题知识竞赛预赛和决赛。⑤2010 年 5 月 12 日，中国水土保持学会整合中国科协提供的中国数字科技馆上的科普资源，组织水土保持防灾减灾及相关领域的专家，在北京林业大学开展题为“山地灾害防灾减灾基本知识及应对策略”的科普展览、科普宣传和咨询活动。⑥2010 年 7 月 13 日，中国水土保持学会、林丰源生态环境规划设计院以及北京林业大学水土保持学院共同组织“中国水土保持学会学生科协科尔沁沙地生态恢复实践”暑期社会实践活动。⑦2010 年 7 月 10 ~ 14 日，中国水土保持学会组织中国水土保持学会学生科协在百望山森林公园内对植物进行样线调查及土壤紧实度测量等实践活动，对景区内游客进行“物种保护，低碳消费”宣传。⑧举办 4 期生产建设项目水土保持方案编制资格证书单位甲级水土保持方案编制技术人员培训班，参加培训学员 1000 余人。⑨与中国水利水电勘测设计协会联合举办 3 期注册土木工程师(水利水电工程)水土保持考前培训班，培训学员 300 余人。

(中国水土保持学会由郑慧供稿)

## 中国林场协会

**【综　述】** 2010 年，中国林场协会围绕国有林场改革与发展为中心，遵循为会员服务，为国有林场改革发展服务为宗旨，团结全体会员，充分发挥协会的桥梁和纽带作用，取得显著成绩。

**深入调查研究，为林场主管部门当好参谋** 2010年，中国林场协会按照二届十次常务理事会的工作部署，围绕"国有林场内部发展产业经营体制和机制改革"的主题进行大量的调查研究。秘书处在沈茂成会长的带领下，先后深入到江苏、河北、新疆、江西和湖南等省(区)的25个国有林场进行调查，同当地林场主管部门的领导和林场负责人一起座谈研讨，听取意见，取得一系列的调研成果。7月在《中国绿色时报》上刊登沈茂成会长撰写的深化国有林场改革的调研报告《抓住根本重点突破》，阐述在国有林场改革中，解决好国有林场管理体制问题的重要性。9月21日，中国林场协会根据在调研中各地林场的反映，向张建龙副局长上报关于国有林场存在几个问题的汇报。11月24日，沈茂成会长为争取在国有林场改革中把国有林场的体制机制问题解决好，根据协会秘书处调查研究的情况再次向温家宝总理、回良玉副总理和国家林业局领导上报关于建立国有林场森林资源资产管理体制的建议，希望在国务院即将出台的国有林场改革文件中，进一步明确国有林场的森林资源资产管理体制、国有林场的行政管理体制和国有林场的性质定位等问题。温家宝总理、回良玉副总理及贾治邦局长和张建龙副局长均作重要批示。协会所提出的这些建议，对国家制定国有林场改革实施意见，提供了依据，对国有林场的改革与发展产生积极影响。

**开展国有林场场长异地挂职学习考察活动，加强管理人才队伍建设** 为了总结国有林场场级领导干部异地挂职学习考察活动的经验，加大林场管理人才队伍的培训力度，不断提高国有林场的管理水平，4月，协会在江苏省虞山林场召开国有林场场长挂职经验交流座谈会。由江苏、山东、广西、湖北、河北等省(区)的6个场级领导干部培训基地林场介绍接收挂职场长学习的经验，参加挂职学习考察的云南、河北、贵州、河南、重庆等省(市)的6个场长到会汇报挂职学习考察的体会和收获，并对搞好学习考察活动提出意见和建议。通过这次会议，协会秘书处进一步修改完善场级领导干部异地挂职学习考察办法，并向国家林业局上报《中国林场协会关于国有林场场级干部异地挂职学习考察活动开展情况及建议的报告》，国家林业局以林场发〔2010〕220号文批转这个报告，要求各省(区、市)林业厅(局)结合本地实际，予以学习参考。2010年，各省(区、市)报名参加挂职学习考察的场长有60多名，比2009年增加140%。由于培训基地接待能力有限，由广西、江苏、浙江、山东等省(区)的17个培训基地林场先后安排贵州、江西、吉林、四川、新疆等省(区)派出的42名场长参加挂职学习，比2009年增加17名。

**组织区域论坛活动，扩大会员经验交流渠道** 为广泛开展协会活动，给更多的会员林场创造外出学习的机会，中国林场协会从2008年起，先后在全国组建中南、华东、北方、西部四个片区国有林场改革发展论坛组织，搭建一个学习交流国有林场改革发展经验的平台，每个片区采取各省(区)轮流主办的形式开展活动。2010年年初，秘书处专门召集四个举办论坛的轮值省召开论坛活动筹备会议，商讨协调论坛活动的组织安排工作。2010年各片区开展了论坛活动。①7月7~8日在河北省木兰林管局和塞罕坝机械林场召开首届北方地区国有林场改革发展论坛。②8月10~12日在乌鲁木齐市召开首届西部地区国有林场改革发展论坛。③9月8~10日在江西省井冈山市召开华东地区第二届国有林场改革发展论坛。④10月16~17日在湖南省张家界举办第二届中南地区国有林场改革发展论坛。参加四个片区论坛活动的人员有省(区、市)林场主管部门负责人和120多名林场场长，其中有30个林场在会上介绍改革发展的经验。会议除交流经验，座谈研讨工作外，还进行了现场观摩学习。

**加强信息交流，提高协会凝聚力** 为让更多的会员林场了解全国林业的发展形势，学习先进林场的成功经验，协会主要做了以下几个方面的工作：一是编辑发行14期《林场信息》，每期发行700多份，及时传达国家林业局有关林业方针、政策和重要决策部署，介绍各地国有林场改革发展的经验特别是国有林场改革内部经营体制机制和发展产业的经验。二是通过《中国绿色时报》等媒体宣传国有林场的先进典型、建设成就，反映需要解决的问题。三是开展"如何当好国有林场场长"的征文活动。四是为配合国务院出台国有林场改革文件，协会草拟关于加快国有林场改革宣传纲要编写提纲。

**加强协会自身建设，确保工作正常进行** 一是为了工作需要，调整部分理事和常务理事，采用通讯选举的方式，选举国家林业局场圃总站杨超站长为协会秘书长，确保了协会工作的正常运转。二是新发展会员5个，会员总数达到1453个。其中单位会员1206个，个人会员243人，省级团体会员4个。三是推动建立省级协会组织，已建立湖南、江西、安徽、四川省等省级林场协会组织。 (付光华)

# 林业大事记与重要会议

22

# 2010年中国林业大事记

## 1月

**1月1日至3月30日** 国家林业局首次开展全员信息化培训，连续举办培训班5期，学习中国林业网、国家林业局办公网和综合办公系统的应用，为实现无纸化办公奠定基础。

**1月1日至4月7日** 在全国组织开展"冬季行动"，办理森林和野生动物案件22 191起，收缴林木木材49 284.97立方米，野生动物151 280头(只)、野生动物制品及皮张31 826件。

**11日** 国家林业局副局长印红在北京会见蒙古国林业局局长图格拉格。双方就森林病虫害防治、森林防火等领域的合作进行探讨，对两国森林病虫害防治合作交换了意见。

**12日** 全国森林抚育补贴试点工作正式启动。财政部和国家林业局决定从2009年起开展森林抚育补贴试点，拨付试点补贴资金5亿元，安排试点任务33.33万公顷，每公顷补助1500元。

**19日** 国家林业局与中信集团签署战略合作协议，双方将在生态建设、发展林业产业方面开展全方位合作。国家林业局局长贾治邦、中信集团公司董事长孔丹分别致辞。国家林业局副局长祝列克、局总工程师姚昌恬出席，副局长孙扎根主持仪式。

**20日** 国家林业局、上海市政府、四川省政府举办"2010大熊猫上海世博行"开幕仪式，国家林业局副局长印红出席开幕式并讲话。

**21~22日** 全国林业厅(局)长会议在广州召开。会议的主要任务是深入贯彻落实中央决策部署，总结2009年林业工作，分析林业面临的新形势，谋划林业发展思路，研究部署2010年林业工作。国家林业局党组书记、局长贾治邦作题为《深入贯彻落实中央决策部署，努力实现林业发展宏伟目标》的主题报告。局党组副书记、副局长李育材主持会议。副局长祝列克、张建龙、印红、孙扎根，局党组成员、中央纪委驻局纪检组组长陈述贤，局总工程师姚昌恬，武警森林指挥部主任王佐明出席会议。全国林业科技特派员科技创业行动在会上启动，并正式开通中国林业网、国家林业局办公网。

**23日** 全国集体林权制度改革厅(局)长座谈会在广州召开，国家林业局局长贾治邦出席会议并讲话。

**27日** 中央编办批复明确国家林业局退耕还林(草)工程管理中心职责。

**28日** 国家林业局专家咨询委员会召开全体会议，局长贾治邦、副局长李育材出席会议并讲话。

**1月31日至2月1日** 全国野生动植物保护及自然保护区建设管理工作会议在海南省海口市召开，国家林业局副局长印红出席会议并讲话。

## 2月

**4日** 国家林业局直属机关党的建设和机关建设工作会议在北京召开。局党组书记、局长贾治邦出席会议并讲话，局党组成员、副局长、局直属机关党委书记张建龙对机关党建工作进行部署。局党组成员、中央纪委驻局纪检组组长陈述贤对反腐倡廉工作作出安排，局党组成员、副局长李育材、祝列克、印红、孙扎根，局总工程师姚昌恬出席会议。

**9日** 国家林业局发布2010年第2号公告，批准发布84项林业行业标准。

## 3月

**1日** 国务院在北京召开全国森林草原防火工作电视电话会议。中共中央政治局委员、国务院副总理回良玉出席会议并作重要讲话，强调要强化防控能力、落实好各项责任，坚决避免发生重大森林草原火灾和重大人员伤亡。国务院副秘书长张勇主持会议。国家森林防火指挥部总指挥、国家林业局局长贾治邦通报2009年森林防火工作情况和2010年工作安排。副局长李育材出席会议，副局长孙扎根宣读《关于表彰2007~2009年度全国森林防火工作先进单位和先进个人及颁发全国森林防火工作纪念奖章的决定》。

**2日** 国家林业局局长贾治邦在全国松材线虫病防治工作动员部署会上强调，按照国务院和国家林业局的部署，全力做好2010年松材线虫病防治工作。副局长李育材主持会议。

**同日** 国家林业局发布2010年第4号公告，公告注销林木种子经营许可证的两家企业名单。

**10日** 经中编办批准同意，国家林业局信息中心成立。

**12日** 全国绿委办发布《2009年中国国土绿化状况公报》。

**13~20日** 国家林业局副局长印红率中国代表团出席在卡塔尔多哈举行的濒危野生动植物种国际贸易公约第十五届缔约国大会。

**16~21日** 国家林业局局长贾治邦访问阿拉伯联合酋长国。访问期间，贾治邦与阿联酋阿布扎比环境署署长阿勒博瓦迪举行正式会谈，就两国在林业、湿地、生物多样性及防治荒漠化等领域的合作进行交谈并达成一致，双方签署《中华人民共和国国家林业局与阿拉伯联合酋长国阿布扎比环境关于波斑鸨保护、繁育和放归的合作协议》。

**18日** 教育部正式同意在南京森林公安高等专科学校基础上建立南京森林警察学院。批准南京森林警察学院全日制在校生规模暂定5300人，首批设置治安学、侦查学、刑事科学技术、消防工程(林火管理方向)、信息安全5个本科专业。

**同日** 国家林业局召开直属单位计划与资金管理会议，提出让资金项目在阳光下安全高效运行。祝列克副局长出席会议并讲话，局总工程师姚昌恬主持会议。

**20日** 第十届亚太兰花大会暨第二十届中国兰花

博览会在重庆开幕，全国政协副主席、中国花协兰花分会会长罗富和，全国政协人资环委副主任、中国花协会长江泽慧，国家林业局副局长张建龙出席开幕式。

**25日** 联合国粮农组织发布2010年全球森林资源评估主要结果报告，充分肯定中国在造林绿化、林业发展和生态建设中取得的瞩目成就，高度评价中国在扭转全球森林资源持续减少中所作的重大贡献。

**27日** 全国绿委、中共中央直属机关绿委、中央国家机关绿委、首绿委联合组织的“共和国部长义务植树”活动在北京举行。168名部级领导参加义务植树。

**29日** 2010年中华环保世纪行宣传活动在北京启动，主题是“推动节能减排，发展绿色经济”。全国人大常委会副委员长陈至立出席启动仪式并宣布活动启动。全国人大环资委主任委员汪光焘主持启动仪式，全国人大环资委副主任委员张文台作2009年中华环保世纪行宣传活动总结，宣读2010年宣传活动计划，国家林业局党组成员、中央纪委驻局纪检组组长陈述贤出席启动仪式并讲话。

**30日** 国家林业局副局长祝列克会见APEC首任固定任期执行主任诺尔一行，双方就加强亚太森林恢复与可持续管理网络与APEC合作事宜交换意见。

**31日** 中欧天然林管理项目研讨和总结会在北京举行，国家林业局副局长孙扎根出席会议并讲话。

## 4月

**1日** 国家林业局开始电子与纸质文档双轨运行。

**同日** 国家林业局决定，4月1日至6月30日在全国范围内开展为期3个月的打击破坏森林资源违法犯罪行为的“春季行动”。

**2日** 全国绿委第二十八次全体会议在北京召开。中共中央政治局委员、国务院副总理回良玉出席会议并作重要讲话，强调指出深入开展全民义务植树运动，将国土绿化事业不断推向前进。国家林业局局长贾治邦作工作报告。会议审议通过表彰全国绿化模范单位和颁发2009年度全国绿化奖章的决定。

**同日** 国家林业局发布2010年第5号公告，公告2010年度种子(苗)免税进口计划。

**3日** 党和国家领导人胡锦涛、吴邦国、温家宝、贾庆林、李长春、习近平、李克强、贺国强、周永康在北京海淀区北坞公园参加首都义务植树活动。胡锦涛强调开展全民义务植树活动，对于改善环境质量、建设生态文明、应对气候变化、推动科学发展，都具有重要意义。要持之以恒地把这项活动开展下去，动员全社会为建设祖国秀美山川作出不懈努力，为广大人民群众创造一个优美宜居的生活环境。

**7日** 国家林业局召开全国森林公安机关警车和涉案车辆违规问题专项治理工作电视电话会议，副局长孙扎根出席会议并讲话。

**8日** 国家林业局与中国气象局签订森林防火与气象合作框架协议，联手提升森林火灾预警能力。国家林业局局长贾治邦与中国气象局局长郑国光出席签字仪式并讲话，国家林业局副局长孙扎根，中国气象局副局长矫梅燕分别代表双方签署协议。

**同日** 国家林业局副局长祝列克在北京会见联合国防治荒漠化公约执行秘书吕克·尼亚卡贾。双方就公约的履行、扩大中国防治荒漠化经验技术、推动中非在荒漠化防治领域合作等事宜交换了意见。

**9日** 国家林业局局长贾治邦在北京会见泰国自然资源与环境部部长素威。双方就大熊猫合作、生物多样性合作、林业全方位合作等议题进行会谈，并达成广泛共识。

**11日** 中共中央政治局常委、国务院总理温家宝在安徽考察时说，我特别重视集体林权制度改革这件事，因为它给山区农民开辟了一条致富的路子。农民有了经营权凡可以在林地上做大文章，不仅可以种植林木，还可以发展林下产业，不仅有经济效益，还有生态效益和社会效益。我们要加强制度建设并给予技术指导，把这件事情办好。

**13日** 森林科学论坛——森林应对自然灾害国际学术研讨会在北京开幕。来自中国、美国、加拿大等13个国家的专家、国际组织官员等参加会议，国家林业局副局长祝列克，全国政协人资环委副主任、中国林学会理事长江泽慧出席开幕式。

**14日** 国家林业局在海南省海口市召开全国解决历史遗留问题、深入推进集体林权制度改革工作现场会，全国政协副主席白立忱、国家林业局局长贾治邦出席会议并讲话，副局长张建龙主持会议，海南省省长罗保铭致辞。会议主要任务是以中央10号文件和中央林业工作会议精神为指导，认真落实温家宝总理重要批示精神，总结推广海南省在解决林权历史遗留问题方面的成功经验，提高认识，统一思想，深入推进集体林权制度改革。

**同日** 青海省玉树县发生强烈地震。国家林业局迅速召开会议，研究部署玉树抗震救灾工作，派出专门工作组赶赴玉树震区开展林业抗震救灾工作。国家林业局、中国绿化基金会紧急拨付200万元资金，用于抗震救灾和灾后重建。

**19日** 国家林业局、国家质检总局和上海市政府在上海举行以“为世博服务、保生物安全”为主题的林业植物检疫执法行动启动仪式，正式开展为期6个月的林业植物检疫执法行动。国家林业局局长贾治邦、国家质检总局副局长魏传忠、上海市副市长沈骏出席启动仪式并讲话，国家林业局副局长祝列克主持启动仪式。

**同日** 国家林业局副局长印红在北京会见印度环境与森林部林业总司长甘帕亚博士一行，双方交流了各自的林业情况，探讨在植树造林、森林可持续经营、气候变化等领域的合作前景并达成广泛共识。

**21日** 中澳环境发展伙伴项目——湿地管理政策、指南与能力建设项目在北京启动。项目旨在完善中国湿地保护管理政策，提高中国湿地管理能力与技术水平，探索中国湿地保护的管理模式，提高中国履行湿地公约能力，促进中澳两国在生态领域合作伙伴关系的持续发展。

**26日** 国家林业局局长贾治邦获“2009绿色中国年度焦点人物”年度大奖。

**27日** 经中编办批准，南京森林公安高等专科学校更名为南京森林警察学院。

**28日** 国家森防指副总指挥、国家林业局副局长孙扎根出席东北重点省区春季森林防火工作座谈会并讲话。

29日 国家林业局与新疆维吾尔自治区政府在乌鲁木齐市召开林业援疆工作座谈会。国家林业局副局长祝列克出席会议并讲话。国家林业局和新疆维吾尔自治区政府、新疆生产建设兵团共同研究进一步加大新形势下林业对口援疆工作力度，促进新疆林业健康快速发展。新疆维吾尔自治区政府副主席钱智主持座谈会，新疆生产建设兵团党委常委、副司令员孔星隆出席会议。

## 5月

5日 国家林业局局长贾治邦在北京会见奥地利农业、林业、环境与水资源管理部长尼克劳斯·贝拉科维奇一行。双方探讨了在植树造林、森林可持续经营、人员交流培训等领域的合作前景，并续签《中华人民共和国国家林业局与奥地利共和国联邦农业、林业、环境及水资源管理部关于林业合作的谅解备忘录》。

6日 中国-全球环境基金干旱生态系统土地退化防治伙伴关系框架下的土地退化防治能力建设项目总结暨土地退化防治管理与政策支持项目启动大会在北京举行，国家林业局副局长孙扎根出席会议并讲话。

7日 第十三届中国武警十大忠诚卫士评选结果在北京揭晓。武警黑龙江森林总队二级警士长于连合当选中国武警十大忠诚卫士。

11日 国家林业局局长贾治邦主持召开深入开展创先争优活动动员大会，传达中央国家机关工委创先争优活动动员大会精神，安排部署局机关开展创先争优活动。局领导祝列克、印红、孙扎根、陈述贤，局总工程师姚昌恬出席会议。

13日 国家林业局局长贾治邦在北京会见韩国驻华大使柳佑益。双方就林业合作、防沙治沙、野生动植物保护、人员交流与培训等交换意见并达成广泛共识。

14日 国家林业局副局长张建龙在北京会见芬兰斯道拉恩索公司副总裁万科仕先生。双方就斯道拉恩索公司在华投资项目的相关问题及解决途径进行探讨。

16~21日 国家林业局副局长印红率中国林业代表团访问德国，出席在德国柏林召开的中德森林可持续经营研讨会并在开幕式上致辞。

20日 国家林业局局长贾治邦在上海出席国际竹藤组织荣誉日活动暨国际竹藤大会开幕式并致辞，全国政协人资环委副主任、国际竹藤组织董事会联合主席江泽慧，国家林业局副局长孙扎根，国际竹藤组织总干事古珍出席仪式。

同日 国家林业局召开新闻发布会，发布中国森林生态服务评估研究成果。这是首次在全国尺度上，对森林植被生物量和碳储量以及森林涵养水源、保育土壤、固碳释氧、营养物质积累、净化大气环境和生物多样性保护等生态服务进行评估。

21日 国家林业局副局长张建龙在美国会晤保护国际执行总裁克劳德·加斯克。双方就加强自然保护领域的合作事宜广泛深入地交换意见，并签署《国家林业局与保护国际基金会合作原则机制》。在美期间，张建龙一行还访问了大自然保护协会总部。

同日 国家林业局发布2009年全国林业统计年度报告。全国造林面积连续4年大幅增长；全国林业产业总产值年平均增速为19.92%。2009年，林业投资增长36.88%，是近年来增速最快的一年。

同日 国家林业局决定追授以身殉职的苏贵平“森林卫士”荣誉称号。

27日 国家林业局副局长祝列克率团出席在挪威召开的奥斯陆气候变化与森林大会。会议的主要目的是建立减少发展中国家毁林、森林退化排放及森林保护、可持续管理等增加碳汇行动的自愿临时性伙伴关系(REDD+)。祝列克在会上代表中国政府宣布加入伙伴关系，并强调中国政府的立场。会前，祝列克还会见了挪威环境与国际发展部长艾里克·苏海姆，双方就REDD+伙伴关系相关事宜交换意见。

同日 国家林业局和全国工商联、中国光彩会第六次联席会议在北京召开，国家林业局党组成员、中央纪委驻局纪检组组长陈述贤和全国工商联副主席谢经荣出席会议并讲话。

29日 国家林业局宣布，经商中央有关部门和澳门特区政府，将成都大熊猫繁育研究基地的谱系为“717”和“710”的一对大熊猫赠送澳门特区。

31日 财政部、国家林业局联合印发《关于2010年湿地保护补助工作的实施意见》(财农〔2010〕114号)。

## 6月

1日 国家林业局正式实行无纸化办公。

3日 国家林业局副局长印红在北京与尼泊尔森林与土壤保护部部长迪帕克·博哈拉签署《中华人民共和国国家林业局和尼泊尔森林与土壤保护部关于林业和野生动植物保护合作的谅解备忘录》。

5日 由国家林业局和世界自然基金会共同主办的与绿色中国共成长暨世界自然基金会来华开展合作30周年论坛在上海世博园举行，局党组成员、中央纪委驻局纪检组组长陈述贤出席论坛并致辞。世界自然基金会总干事詹姆士·利普、世界自然基金会中国首席代表欧达梦出席论坛。

7日 原林业部党组副书记、副部长马玉槐(部长级医疗待遇)，因病在北京逝世，享年93岁。

8日 中共中央组织部决定张永利任国家林业局党组成员。

9日 国务院总理温家宝主持召开国务院常务会议，审议并原则通过《全国林地保护利用规划纲要(2010~2020年)》。

17~18日 荒漠化防治国际伙伴关系高峰论坛在北京举行。论坛旨在构筑交流平台，汇聚各方智慧，携手共建地球家园。全国政协副主席、民进中央常务副主席罗富和，国家林业局副局长印红出席论坛并致辞。

18日 国家林业局局长贾治邦在北京会见联合国副秘书长沙祖康一行。双方就联合国森林论坛第九届年会、国际森林年等事宜交换了意见，对进一步加强双方合作等进行探讨。

18~19日 国家发改委、财政部、水利部、农业部、国家林业局在陕西省柞水县联合召开全国巩固退耕还林成果部际联席第一次会议暨现场会，国家林业局副局长祝列克出席会议并讲话。

20日 国家林业局组织召开“森林保险体系完善研究”课题高层座谈会，介绍“森林保险体系完善研究”课题组研究成果，并就如何建立森林保险发展长效机制、

完善森林保险政策等有关问题进行探讨。局长贾治邦出席会议并讲话，副局长祝列克主持会议，张建龙出席座谈会。

22日　国务院决定，任命张永利为国家林业局副局长。

## 7月

13日　全国林业厅局长座谈会在河北省塞罕坝机械林场举行。局长贾治邦指出，要认真总结今年上半年工作，切实做好下半年工作，准确把握林业改革发展形势，全面完成林业建设任务，要大力弘扬塞罕坝精神，把现代林业建设不断引向深入，努力开创现代林业建设新局面。副局长祝列克主持会议，局领导张建龙、陈述贤、张永利、姚昌恬等出席会议。

23日　国家林业局印发《关于支持新疆加快林业发展的意见》，明确提出将进一步加大资金投入力度，从七个方面对新疆林业发展给予重点支持，全力推进新疆林业生态建设。

28～29日　全国退耕还林工作座谈会在北京召开，国家林业局副局长张永利出席会议并讲话。

29日　国家发改委下达资金5.88亿元，启动中西部省区森林公安派出所房建工程。

## 8月

1日　国家林业局局长贾治邦代表中国政府出席上海世博会萨摩亚国家馆日并致辞。

6～7日　京津风沙源治理工程省部际联席会议在山西省朔州市召开，会议总结工程建设成效与经验，部署安排工程二期规划编制工作。国家林业局副局长祝列克出席会议并讲话。

17日　国务院总理、国务院振兴东北地区等老工业基地领导小组组长温家宝在北京主持召开领导小组第二次全体会议。会议审议并原则通过《大小兴安岭林区生态保护和经济转型规划》与《关于加快东北地区农业发展方式转变建设现代农业的指导意见》。

25日　国家林业局副局长祝列克在雅加达会见印度尼西亚林业部秘书长苏纳尤。双方就亚太森林恢复与可持续管理网络交换了意见。

26日　国家林业局召开贯彻落实全国林地保护利用规划纲要工作会议。贾治邦局长作《贯彻落实全国林地保护利用规划纲要，全面开创林地保护利用管理工作新局面》的报告，印红副局长宣读《国务院关于全国林地保护利用规划纲要(2010～2020年)的批复》，张建龙副局长作大会总结报告。局领导陈述贤、张永利出席会议。

27日　国家林业局局长贾治邦在北京会见日本环境大臣小泽锐仁，双方回顾中日两国在野生动物保护和生态建设上的合作，并共同续签《中华人民共和国国家林业局与日本国环境省关于朱鹮保护的合作计划》，为中日朱鹮保护合作提供了框架性文件。

31日　中国绿色碳汇基金会在北京成立。

## 9月

1日　国家林业局局长贾治邦在北京会见芬兰农林部长安蒂拉女士一行，双方就中芬林业合作30年来取得的成就给予高度评价，一致同意进一步加强全方位、多层次、宽领域的合作与交流。

同日　中澳林业工作组第九次会议在澳大利亚堪培拉举行。国家林业局副局长祝列克和澳大利亚农渔林业部副秘书长罗达迪·克森女士率团出席会议，当日下午，中澳打击非法采伐工作组第一次会议在堪培拉召开。

3日　中国绿化基金会第六届理事会成立大会在北京举行。中共中央政治局常委、全国政协主席、中国绿化基金会名誉主席贾庆林会见与会人员并讲话，国家林业局局长贾治邦出席会议并讲话，局领导张建龙主持会议。

6～7日　全国森林公安森林防火工作会议在北京召开，国家森防指总指挥、国家林业局局长贾治邦，局领导张建龙、孙扎根和公安部副部长黄明出席会议并讲话，局领导陈述贤出席会议。

8日　国家林业局副局长印红在北京会见美国鱼和野生物局副局长丹尼尔·阿舍一行，双方就中美自然保护与野生动植物保护合作事宜进行了交流。

10日　全国森林抚育经营现场会在黑龙江省哈尔滨市举行。国家林业局局长贾治邦、副局长祝列克出席会议并讲话，局领导陈述贤出席，局领导张永利主持会议。

15日　国家林业局副局长印红和印度尼西亚林业部长祖尔基夫里·哈桑在北京签署《中华人民共和国国家林业局与印度尼西亚共和国林业部关于林业领域合作的谅解备忘录》，并共同出席《中国国家林业局国际竹藤网络中心和印度尼西亚林业研究与发展关于竹藤科研合作的实施计划》的签字仪式。

15～24日　中央纪委驻国家林业局纪检组组长、局党组成员陈述贤率中国林业代表团访问蒙古国、朝鲜，出席中蒙林业工作组会议和中朝林业工作组会议。就广泛开展中蒙林业合作与交流等问题交换了意见，确认将在森林病虫害防治、森林防火、林木种苗、人员培训等领域开展合作。与朝方商定了合作优先领域和方式，考察了朝鲜苗圃建设情况。

17日　国家林业局局长贾治邦在越南河内会见越南农业与农村发展部部长高德发，双方就进一步加强中越两国在林业领域的交流与合作进行了深入探讨，并一致同意在森林植被恢复、打击非法采伐等方面开展多层次交流活动。双方签署了关于林业合作的谅解备忘录。

20～23日　国家林业局副局长印红出席在福建省武夷山举行的大森林论坛2010年年会并致词。本届会议主题为“过渡时期的森林治理”，来自中国、巴西、喀麦隆、加拿大、民主刚果、印度尼西亚、墨西哥、美国等8个国家的近40位高级别林业官员出席会议。

23日　正在斯洛伐克访问的国家林业局局长贾治邦在布拉迪斯会见斯洛伐克农业、环境与地区发展部长佐尔特·西蒙，双方探讨了在林业应对气候变化、生物质能源林营造、温带树种的引种与栽培等方面的合作事宜。访斯期间，考察了布拉迪斯拉发森林公园，出席了中斯林业工作组会议开幕式。

24日　国家林业局副局长张永利在北京会见“友谊奖”获奖专家温南齐奥·瓦勒拉尼博士。

26日　第二届中国绿化博览会在河南省郑州绿博

园开幕。国务院副总理回良玉为绿博会发来贺信。全国政协副主席罗富和宣布第二届中国绿化博览会开幕，国家林业局局长贾治邦、河南省省委副书记郭庚茂出席并致辞。国家林业局副局长张永利，国土资源部副部长王世元等出席，河南省副省长刘满仓主持开幕式。

**27日** 全国油茶产业发展现场会在湖南召开。国家林业局局长贾治邦主持会议，并指出要推进油茶产业科学有序健康发展。副局长祝列克作主题报告。

**28日** 财政部和国家林业局自2010年起设立中央财政森林公安转移支付资金，下达2010年中央财政转移支付资金5亿元。

## 10月

**8日** "绿化长江重庆行动"启动仪式在北京和重庆同时举行。中共中央政治局常委、全国政协主席贾庆林担任"绿化长江重庆行动"组委会名誉主席。中共中央政治局委员、国务院副总理、全国绿委主任回良玉出席北京主会场启动仪式并分别讲话。全国绿委副主任、国家林业局局长贾治邦主持启动仪式。

**10～11日** 全国集体林权制度改革百县经验交流会在北京举行。中共中央政治局常委、国务院总理温家宝作出重要批示，中共中央政治局委员、国务院副总理回良玉出席会议并讲话，中央农村工作领导小组副组长田成平主持，国家林业局局长贾治邦，局领导祝列克、张建龙、印红、孙扎根、陈述贤、张永利出席会议。

**10月12日至11月9日** 由国家林业局党组成员、副局长张建龙任组长，国家林业局、国家发改委、财政部、审计署和监察部等单位组成的中央第二十三检查组，分别对山西、吉林、广西与两个局直属单位开展为时近1个月的中央扩大内需促进经济增长政策落实林业专项检查工作。

**15日** 全国野生动物观赏展演监督检查工作正式启动，国家林业局派出6个野生动物观赏展演清理整顿监督检查组对全国各地开展为期45天的监督检查工作。

**20日** 国家林业局副局长张永利代表国家林业局与25个省(区、市)政府和新疆生产建设兵团在北京签订2010年度退耕还林工程责任书。

**同日** 经国家林业局批准，绿色经济研究中心、竹藤资源与环境研究中心、竹藤生物质新材料研究中心、竹藤资源化学利用研究中心、基因科学与基因产业化研究中心和热带森林植物种质资源试验中心等6个研究机构在国际竹藤网络中心揭牌成立。国家林业局副局长张永利出席并为研究机构揭牌。

**21日** 中日民间绿化合作实施10周年纪念大会暨中日林业合作高级研讨会在四川成都召开，国家林业局副局长印红出席并致开幕词。

**22日** 国家林业局林业碳汇计量监测中心揭牌仪式在北京举行，副局长张永利为中心揭牌。

**23日** 中国林科院林产化学工业研究所成立50周年暨2010年生物质资源化学利用国际学术研讨会在北京召开。国家林业局局长贾治邦为林化所建所50周年题词"创新林化科技，发展生物产业。"副局长张永利出席研讨会。

**27日** 《中共中央关于制定国民经济和社会发展第十二个五年规划的建议》把生态环境质量明显改善确定为"十二五"时期经济社会发展的主要目标内容之一。

**同日** 2010中国碳汇林业与低碳经济发展高峰论坛在浙江省临安市举行，国家林业局副局长祝列克、浙江省委副书记夏宝龙出席论坛。

**28日** 国家林业局局长贾治邦出席南京森林警察学院揭牌仪式并讲话，副局长孙扎根出席揭牌仪式。

**同日** 全国森林公安系统警务技能大比武在南京森林警察学院举行，国家林业局局长贾治邦、副局长孙扎根出席颁奖仪式并讲话。

**29日** 国家林业局局长贾治邦在北京会见来访的加拿大环境部长杰姆·普兰蒂斯，双方就共同关心的林业问题和两国开展野生动物保护合作交流了意见。

## 11月

**1日** 国家林业局局长贾治邦在北京会见应邀来访的刚果共和国可持续发展、林业经济与环境部部长亨利·琼博一行，双方共同签署《国家林业局和刚果可持续发展、林业经济与环境部关于林业合作谅解备忘录》。

**同日** 由国家林业局和浙江省政府共同主办的第三届中国义乌森林产品博览会开幕。全国政协副主席白立忱、浙江省政协主席周国富出席开幕式，国家林业局副局长祝列克出席开幕式并致辞。本届展会以"引领低碳经济、共享森林产品"为主题，展览面积超过5万平方米，展位达2160个，规模居亚洲同类展会之首。

**同日** 国家林业局、国家发改委、财政部联合印发《全国林木种苗发展规划(2011～2020年)》。

**2日** 国家林业局、广东省政府、广州亚运会组委会在广州联合举行广州亚运大熊猫展示活动首展仪式，向公众展示12只亚运大熊猫的风采，为广州亚运会助威。国家林业局副局长印红，广东省副省长刘昆、广州市副市长陈国分别致辞。

**4日** 由国家林业局批准，依托北京大学建立的国家湿地保护与修复技术中心在北京举行揭牌仪式。局党组成员、中央纪委驻局纪检组组长陈述贤出席仪式。

**6日** 国家林业局与福建省政府共同举办的第六届海峡两岸林业博览会暨投资贸易洽谈会在福建省三明市开幕。国家林业局局长贾治邦、副局长张建龙，福建省省长黄小晶，台湾亲民党主席宋楚瑜出席开幕式。福建省委常委、常务副省长张昌平主持开幕式。

**7日** 2010中国·合肥苗木交易大会在安徽省合肥市肥西县中国中部花木城开幕。国家林业局局长贾治邦与安徽省省长王三运共同启动大会开幕式水晶球。国家林业局副局长张建龙出席并讲话。

**同日** 全国林木种苗工作会议在安徽省合肥市举行，国家林业局局长贾治邦主持会议并讲话，安徽省副省长赵树丛、国家林业局副局长张建龙出席会议并讲话。

**同日** 武警森林指挥部直升机支队大庆基地启用暨授装仪式在黑龙江省大庆市举行。由我国自主研发、改装成功的6架森林灭火直升机正式列装武警森林指挥部直升机支队。国家森林防火指挥部副总指挥、国家林业局副局长孙扎根，武警部队司令员王建平为直升机支队授装。

**9～10日** 世行贷款林业综合发展项目实施启动会在北京召开，项目总投资13.6亿元，其中世行贷款1

亿美元。在河北、山西、辽宁、浙江、安徽5个省实施。国家林业局副局长祝列克、世行项目经理刘瑾女士出席启动会并讲话。

**10日** 国家林业局直属机关警示教育活动动员部署会议在北京举行。局党组书记、局长贾治邦出席会议并讲话，局领导祝列克、印红、孙扎根、陈述贤出席会议。

**15日** 国家林业局局长贾治邦在北京会见世界自然基金会全球总干事詹姆斯·李普，双方就进一步推动合作、保护老虎以及森林认证等交换意见并达成广泛共识。

**17日** 全国湿地保护管理工作会议在福建福州举行，国家林业局副局长印红出席会议并讲话。

**同日** 全国碳汇造林试点启动会和国家林业局西南林业碳汇计量监测中心揭牌仪式在云南省昆明市举行，国家林业局副局长张永利、云南省副省长孔垂柱出席会议。

**20日** 中国竹藤领域中第一个新型的、产学相结合的国家级工程中心——国家竹藤工程技术研究中心建设项目在国际竹藤网络中心安徽太平试验中心举行开工仪式，国家林业局副局长张永利出席开工仪式。

**21日** 国家林业局局长贾治邦率中国代表团出席在俄罗斯圣彼得堡举行的保护老虎国际论坛，并应邀主持部分部长级会议，发表主题讲话，出席新闻发布会，阐述中国政府保护老虎的立场，回答新闻媒体的提问。

**22日** 《全国林业信息化发展“十二五”规划(2011～2015)》通过专家审定。

**23日** 人社部、国家公务员局批复国家林业局退耕还林(草)工程管理中心为参照《公务员法》管理单位。

**26日** 国家林业局林业资源综合监管服务体系试点建设项目正式启动。

**29日** 国家林业局、教育部共建北京林业大学、东北林业大学、西北农林科技大学协议签字仪式在北京举行，国家林业局局长贾治邦、教育部部长袁贵仁代表双方签署共建协议并讲话，国家林业局副局长张永利宣读共建协议。

## 12月

**6日** 全国绿委、国家林业局决定追授杨善洲同志“全国绿化模范”荣誉称号。

**8日** 全国重点省区森林防火工作座谈会在湖南举行，国家森防指副总指挥、国家林业局副局长孙扎根出席会议并讲话。

**9日** 国家林业局林业工作总站与中国人保财产保险股份有限公司在北京签订《共同推进森林保险的合作框架协议》。国家林业局副局长祝列克出席仪式并致辞，中国人民保险集团股份有限公司监事会主席周树瑞出席。

**13日** 国家林业局副局长孙扎根在北京会见蒙古国国家安全委员会秘书、国家紧急情况总局局长一行，就森林防火进行会谈。

**15日** 国家林业局举行直属机关警示教育活动进展情况暨反腐倡廉建设工作汇报交流会。局党组成员、中央纪委驻局纪检组组长陈述贤出席会议并讲话。

**同日** 全国林学一级学科建设高级研讨班在北京举行，国家林业局副局长张永利出席开班仪式并讲话。

**16日** 国家林业局政府网在第九届中国政府网站绩效评估中取得历史最好成绩，综合排名列73个部委第十一名，获得中国政府网站领先奖、优秀政府网站奖和品牌栏目奖等。

**同日** 国家森林防火指挥部副总指挥、国家林业局副局长孙扎根在北京会见来访的俄罗斯林务局副局长特鲁诺夫一行。双方就加强森林防火合作交换了意见。

**17日** 国家林业局与甘肃省省委、省政府召开座谈会。国家林业局局长贾治邦提出，西北造林绿化要适地适树科学规划，提高造林绿化成效。国家林业局副局长祝列克出席座谈会，甘肃省委副书记鹿心社、副省长泽巴足介绍了甘肃林业工作情况。

**18日** 中央政府赠送给澳门特别行政区的大熊猫“开开”、“心心”抵达澳门，入住澳门石排湾郊野公园大熊猫馆。

**同日** 国家林业局与中国井冈山干部学院共建亚林中心教学点协议签字和揭牌仪式在江西省分宜县中国林科院亚林中心举行。局党组成员、中央纪委驻局纪检组组长陈述贤出席仪式并讲话。

**20日** 国家林业局党组举办学习弘扬塞罕坝精神，深入推进创先争优活动报告会，局党组书记、局长贾治邦会前接见“塞罕坝精神”报告团全体成员，局党组成员、中央纪委驻局纪检组组长陈述贤主持报告会。

**23日** 国家林业局与山东省政府合作共建绿色山东领导小组会议在北京举行。会议提出要以改革为动力合作共建绿色新山东。国家林业局副局长祝列克、山东省副省长贾万志出席会议。

**27日** 全国林业信息化示范省建设工作座谈会在北京召开。国家林业局局长贾治邦、副局长祝列克出席会议并讲话。

**同日** 全国野生动物观赏展演清理整顿和监督检查情况总结会议在广州召开。国家林业局副局长印红出席会议并讲话。

**同日** 中共中央、国务院授予国家林业局濒管中心上海办事处上海世博会先进集体荣誉称号。

**29日** 国务院总理温家宝在北京主持召开国务院第一百三十八次常务会议，会议决定2011～2020年实施天然林资源保护二期工程，实施范围在原有基础上增加丹江口库区的11个县(市、区)，中央投入2195亿元。力争经过10年努力，新增森林面积520万公顷，森林蓄积净增加11亿立方米，森林碳汇增加4.16亿吨，生态状况与林区民生进一步改善。

**30日** 首部《中国林业信息化发展报告(2010)》正式出版。

(国家林业局办公室供稿)

# 2010年林业重要会议

**【全国集体林权制度改革百县经验交流会】** 2010年10月10～11日，全国集体林权制度改革百县经验交流会在北京召开。会议的主题是：高举中国特色社会主义伟大旗帜，以邓小平理论和“三个代表”重要思想为指导，深入贯彻落实科学发展观，进一步学习贯彻党的十七大、十七届三中、四中全会、《中共中央国务院关于全面推进集体林权制度改革的意见》和中央林业工作会议精神，认真总结交流集体林权制度改革的成效和经验，进一步安排部署当前和今后一个时期集体林权制度改革工作，为如期实现中央提出的用5年左右时间基本完成明晰产权、承包到户改革任务的要求，为改善民生、扩大内需、转变经济发展方式、建设生态文明、推动经济社会科学发展作出新贡献。

中共中央政治局常委、国务院总理温家宝作出重要批示，强调集体林权制度改革极大地调动了农民的积极性，不仅推进了植树造林，而且促进了林下产业发展，使山地改变了面貌，农民增加了收入，实现了经济、社会和生态效益的统一，要认真总结经验，继续完善政策，把这件利国利民的大事办好。

中共中央政治局委员、国务院副总理、中央农村工作领导小组组长回良玉出席会议并作重要讲话。会议由中央农村工作领导小组副组长田成平主持。

国家林业局党组书记、局长贾治邦在会议结束时作总结讲话。

会议强调，集体林权制度改革是继农村“大包干”之后，农村生产关系的又一次大调整，农村社会生产力的又一次大解放。当前林改正处在全面深化、整体推进的关键阶段，必须进一步加大工作力度，切实明晰产权，强化政策扶持，健全服务体系，确保如期完成中央确定的改革任务，实现“国家得绿、农民得利”。县一级作为林改最关键的环节，书记、县长要亲自抓、负总责，确保领导到位、工作到位、措施到位。

会议指出，党中央、国务院对集体林权制度改革工作高度重视，2008年专门发出了《中共中央国务院关于全面推进集体林权制度改革的意见》，2009年专门召开中央林业工作会议，对林改工作作出全面部署。胡锦涛总书记、温家宝总理等中央领导同志多次深入山区林区调研林改工作，多次作出重要指示指导林改实践。地方各级党委政府高位推动、精心组织，有关部门大力支持、密切配合，广大基层干部群众大胆探索、勇于创新，推动林改工作取得重大进展和显著成效。目前，全国集体林地已完成确权的面积1.45亿公顷，占总面积的79.5%；重新核发全国统一林权证的集体林地1.149亿公顷，占总面积的63%；6779万农户拿到林权证，直接惠及近3亿农民。

会议指出，实践证明，林改推进了农村体制机制创新，促进了节能减排，提升了生态承载力，激发了山区林区后发优势，推动了基层民主政治建设，必将为进一步促进农业农村经济大发展注入强大动力，为转变经济发展方式作出重要贡献，为实现可持续发展提供有力保障，为缩小区域发展差距开辟有效途径，为完善乡村治理机制发挥积极作用。

会议指出，各地林改进展还不平衡，个别地方认识还不到位，明晰产权、承包到户还需攻坚克难，完善政策、创新机制更需要下大气力，必须充分认识林改工作的长期性、艰巨性和复杂性，进一步增强责任感、紧迫感和使命感，精心谋划，趁势而上，努力把林改工作全面推向深入。一要切实明晰产权，坚持承包到户，确保农民享有平等的承包经营权。二要加大投入力度，强化政策扶持，完善林业支持保护制度。三要健全服务体系，创新服务机制，提高林业社会化服务水平。四要发展林业产业，拓宽增收渠道，增强农民兴林致富能力。五要加强林权管理，规范流转行为，维护农民合法权益。

会议强调，要继续高位推动，坚持主要领导抓林改，各级党委、政府要把林改作为深入学习实践科学发展观的重要行动，作为各地开展“创先争优”活动的重要内容，主要领导要深入林改一线，及时指导工作，解决实际问题；要积极稳妥推进，坚持规范有序抓林改，林改事关千家万户切身利益，事关农村社会和谐稳定，推进过程中一定要坚持原则不动摇，严格程序不走样，坚持质量优先，进度服从质量；要强化生态保护，坚持统筹兼顾抓林改，立足于增加森林资源、增强生态功能，实现生态建设与产业发展良性互动。

参加会议的人员有：中央农村工作领导小组成员，各省、自治区、直辖市党委或政府分管林业工作的负责同志，各省、自治区、直辖市（含新疆生产建设兵团）政策研究室主任（或农委主任），林业厅（局）主要负责人，107个集体林权制度改革典型县县委主要负责同志，部分乡镇党委书记和村支部书记，中央和国务院有关部委、有关人民团体负责同志，武警森林指挥部负责同志，内蒙古、吉林、龙江、大兴安岭森工（林业）集团和国家林业局各司局、各直属单位主要负责同志等参加会议。 （涂先喜）

**【全国林业厅局长会议】** 2010年1月21～22日在广州市召开。会议的主要任务是：深入贯彻党的十七大和十七届三中、四中全会及中央经济、农村、林业工作会议精神，认真落实胡锦涛总书记、温家宝总理等中央领导同志重要批示精神，系统总结2009年林业工作，深入分析林业面临的新形势，科学谋划林业发展思路，研究部署2010年林业工作。

国家林业局局长贾治邦作了题为《深入贯彻落实中央决策部署，努力实现林业发展宏伟目标》的主题报告。国家林业局副局长李育材主持会议，并在会议结束时作总结讲话。国家林业局副局长祝列克、张建龙、印红、

孙扎根，国家林业局党组成员、中央纪委驻局纪检组组长陈述贤，国家林业局总工程师姚昌恬，武警森林指挥部主任王佐明出席会议。广东省副省长李容根出席会议并致辞。

会议首先对2009年的工作作了简要回顾，指出，2009年是新中国成立60周年，是我国应对国际金融危机关键之年，也是我国林业发展史上具有里程碑意义的一年。一年来，党中央召开了新中国成立60年来的首次中央林业工作会议，全国掀起了加快林业改革发展的新热潮；提前实现了2010年森林覆盖率达到20%的奋斗目标，有力提升了我国在应对气候变化中负责任大国形象；重点国有林区棚户区改造全面实施，林区民生明显改善；林业政策调整取得重大突破，强林惠林政策体系开始建立；全国林业信息化建设取得突破性进展，林业发展进入了“以信息化带动现代化”的新阶段。

会议指出，在特大旱情等自然灾害和国际金融危机严重影响的情况下，2009年完成造林588.47万公顷，义务植树24.8亿株，林业产业总产值达到1.58万亿元、同比增长9.8%。一年来，发展现代林业、建设生态文明、推动科学发展取得重大进展。林业改革取得重大成效，生态体系建设扎实推进，林业产业体系初步形成，生态文化体系建设深入开展，林业“三防”工作成效显著，强林惠林政策实现重大突破，科教兴林、依法治林不断强化，林业信息化建设取得实质性进展，林业国际影响力显著提升，林业队伍建设继续加强。

会议指出，当前我国林业改革发展面临着千载难逢的好机遇，承担着十分重大的历史任务。一是发展林业已成为深入贯彻落实科学发展观的重大实践，成为全党全国工作的战略重点。二是发展林业已成为建设生态文明的首要任务，林业部门已成为生态文明建设的主体部门。三是发展林业已成为全球政治的重大议题，成为应对气候变化的战略选择。四是发展林业已成为增加农民收入的重要途径，成为拉动国内需求的战略举措。

会议指出，当前和今后一个时期，林业改革发展的总体要求是，以邓小平理论和“三个代表”重要思想为指导，深入贯彻落实科学发展观，全面落实中央林业工作会议和胡锦涛总书记、温家宝总理等中央领导同志重要批示精神，依靠人民群众，依靠科学技术，依靠深化改革，扎实开展植树造林，大力发展林业产业，全面加强生态保护，着力强化森林经营，确保2020年比2005年新增森林面积4000万公顷，新增森林蓄积量13亿立方米，森林覆盖率达到23%以上，林业产业总产值达到4万亿元，为发展现代林业、建设生态文明、推动科学发展作出新贡献。

会议强调，2010年是“十一五”和“十二五”衔接之年，是贯彻落实中央林业工作会议和中央领导同志重要批示精神的关键之年。各级林业部门一定要扎实落实中央关于林业工作的决策部署，圆满完成10项重点林业工作任务。一要积极稳妥地推进改革，创新林业体制机制；二要全面强化生态建设，着力改善生态状况；三要继续加强“三防”工作，切实巩固建设成果；四要着力强化森林经营，进一步提高森林质量；五要大力发展林业产业，促进农民就业增收；六要加快发展生态文化，增强社会生态意识；七要继续推进科教兴林，全面提升发展水平；八要大力加强基础建设，加快改善林区民生；九要加强国际交流合作，扩大林业对外开放；十要强化行政能力建设，提高林业管理水平。

山西省林业厅、辽宁省林业厅、江西省林业厅、河南省林业厅、广东省林业局、云南省林业厅、重庆市林业局在会上作了典型发言。各省、自治区、直辖市林业厅局长，内蒙古、吉林、龙江、大兴安岭森林（林业）集团公司总经理，新疆生产建设兵团和各计划单列市林业局局长，国家林业局各司局、各直属单位主要负责人参加会议。中央、国务院有关部门和有关林业高等院校的同志应邀出席会议。（涂先喜）

【全国林业厅局长座谈会】 7月12～14日在河北省塞罕坝林场召开。会议的主要任务是：深入贯彻落实中央林业工作会议和全国林业厅局长会议精神，认真学习塞罕坝林场的成功经验，全面回顾2010年上半年工作，安排部署下半年工作。

国家林业局局长贾治邦在会上发表讲话，讲话指出，各级林业部门要把大力弘扬塞罕坝精神作为当前的一项重要工作，以此振奋精神，鼓舞斗志，凝聚力量，推动发展。国家林业局副局长祝列克主持会议。国家森林防火指挥部副总指挥李育材，副局长张建龙，局党组成员、中央纪委驻局纪检组组长陈述贤，副局长张永利，局总工程师姚昌恬，武警森林指挥部参谋长郝晓光出席会议。河北省副省长张和出席会议并致辞。

会议认为，2010年上半年，国际金融危机的阴霾还没有完全散去，国内又相继遭受西南地区严重干旱、北方地区持续低温和南方省份洪涝等自然灾害。同时，随着哥本哈根气候大会的召开，国际社会对林业更加关注，林业发展面临的形势十分复杂，改革发展承担着繁重任务、面临着严峻考验。在党中央、国务院的正确领导下，各级林业部门认真贯彻落实中央决策部署和胡锦涛总书记、温家宝总理、回良玉副总理等中央领导的重要批示精神，按照全国林业厅局长会议的安排部署，科学谋划，从容应对，克服困难，狠抓落实。上半年，全国完成造林493.62万公顷，义务植树21.46亿株，截至5月底，林业产业总产值达到7375亿元，同比增长21.8%。半年来，各项工作都取得了积极进展：生态建设成效明显，集体林权制度改革深入推进，林业产业全面复苏，强林惠林政策体系不断完善，林业应急和救灾工作快速有效，林区民生逐步改善，生态文化建设继续加强，林业信息化建设全面推进，支撑保障能力明显提升。

会议指出，2010年是两个五年规划的衔接之年。做好下半年工作，不仅关系到全面完成今年林业建设任务，而且关系到为“十一五”规划收好尾、打好结。下半年，要根据年初全国林业厅局长会议的安排部署，对照“十一五”林业发展目标，认真检查，狠抓落实，确保全面完成今年和“十一五”各项林业建设任务。一是抓好造林绿化和森林经营，加快推进国土绿化进程；二是强化资源保护与灾害防控，切实巩固林业建设成果；三是全面深化林业改革，创新林业发展的体制机制；四是大力发展林业产业，促进农民就业增收；五是着力改善林区民生，切实改变林区生产生活条件；六是认真编制林业发展"十二五"规划，科学谋划林业发展蓝图；七是全面增强支撑保障能力，确保林业持续发展；八是继续加强人才队伍建设，全面提高林业行政执行能力。

会议强调，经过近50年的艰苦奋斗，几代塞罕坝林场干部职工在极端困难的立地条件下，成功营造了75万公顷人工林，创造了一个变荒原为林海、让沙漠成绿洲的绿色奇迹。伟大的事业孕育伟大的精神，伟大的精神推动伟大的事业。塞罕坝人在创造绿色奇迹的同时，也创造了伟大的塞罕坝精神。这种精神的内涵概括为五句话：一是艰苦创业精神，二是无私奉献精神，三是科学求实精神，四是开拓创新精神，五是爱岗敬业精神。当前，全国林业发展既迎来了十分难得的历史机遇，又面临着前所未有的严峻挑战。把这次会议放在塞罕坝召开，主要目的就是要亲身感受一下塞罕坝林场建设取得的巨大成绩，认真学习塞罕坝林场建设积累的成功经验，大力弘扬几代塞罕坝人创造的伟大精神。以此为动力，推进两大生态屏障建设和现代林业建设又好又快发展。

各省、自治区、直辖市林业厅局长，内蒙古、吉林、龙江、大兴安岭森林(林业)集团公司总经理，新疆生产建设兵团和各计划单列市林业局局长，国家林业局各司局、各直属单位主要负责人参加会议。中央和国务院有关部门的同志应邀出席会议。 (涂先喜)

**【全国绿化委员会第二十八次全体会议】** 2010年4月1日，全国绿化委员会召开全体会议，认真贯彻落实中央1号文件、中央林业工作会议和全国"两会"精神，深入分析林业发展和植树造林形势，全面安排部署今年的造林绿化任务。国务院副秘书长、全国绿化委员会副主任张勇主持会议。中共中央政治局委员、国务院副总理、全国绿化委员会主任回良玉出席会议并讲话。全国绿化委员会副主任、国家林业局局长贾治邦在会上作了工作报告。全国绿化委员会全体成员参加了会议。

会议印发了中央直属机关事务管理局、广东省增城市、北京市海淀区、广西壮族自治区4个典型材料，审议通过了关于表彰"全国绿化模范单位"的决定和关于颁发2009年度"全国绿化奖章"的决定。 (伍赛珠)

# 附　　录

## 国家林业局各司（局）和直属单位等全称简称对照

1. 国家林业局办公室（办公室）
2. 政策法规司（政法司）
3. 造林绿化管理司（造林司）
长江流域防护林体系设管理办公室（长防办）
4. 森林资源管理司（资源司）
5. 野生动植物保护与自然保护区管理司（保护司）
野生动植物保护及自然保护区建设工程管理办公室（保护办）
6. 农村林业改革发展司（林改司）
7. 森林公安局（公安局）
国家森林防火指挥部办公室（防火办）
8. 发展规划与资金管理司（计资司）
全国木材行业管理办公室（行管办）
9. 科学技术司（科技司）
10. 国际合作司（国际司）
11. 人事司（人事司）
12. 直属机关党委（机关党委）
13. 监察部驻国家林业局监察局（监察局）
14. 离退休干部局（老干部局）
15. 机关服务局（服务局）
16. 信息化管理办公室（信息办）
17. 国有林场和林木种苗工作总站（场圃总站）
18. 林业工作站管理总站（工作总站）
国家林业局森林资源行政案件稽查办公室（稽查办）
19. 林业基金管理总站（基金总站）
审计中心
20. 宣传办公室（宣传中心）（宣传办）
21. 濒危物种进出口管理中心（濒管办）
濒危物种进出口管理办公室
22. 天然林资源保护工程管理中心（天然林资源保护工程管理办公室）（天保办）
23. 西北华北东北防护林建设局（三北局）
24. 退耕还林（草）工程管理中心〔退耕还林（草）工程管理办公室〕（退耕办）
25. 防治荒漠化管理中心（环北京地区防沙治沙工程管理办公室）（治沙办）
26. 世界银行贷款项目管理中心（世行中心）
速生丰产用材林基地建设工程管理办公室（速丰办）
27. 科技发展中心（科技中心）
植物新品种办公室（新品办）
28. 经济发展研究中心（经研中心）
29. 人才开发交流中心（人才中心）
30. 对外合作项目中心（合作中心）
31. 森林防火预警监测信息中心（预警中心）
32. 湿地保护管理中心（湿地办）
33. 森林资源监督管理办公室（监督办）
34. 亚太森林网络管理中心（亚太中心）
35. 中国林业科学研究院（林科院）
36. 调查规划设计院（规划院）
37. 林产工业规划设计院（设计院）
38. 管理干部学院（林干院）
39. 中国绿色时报社（报社）
40. 中国林业出版社（出版社）
41. 竹藤网络中心（竹藤中心）
42. 中国林学会（林学会）
43. 中国野生动物保护协会（中动协）
中国植物保护协会（中植协）
44. 中国花卉协会（花协）
45. 中国绿化基金会（中绿基）
46. 中国林业产业联合会（中产联）
47. 驻内蒙古自治区森林资源监督专员办事处（内蒙古专员办）
48. 驻长春森林资源监督专员办事处（长春专员办）
49. 驻黑龙江省森林资源监督专员办事处（黑龙江专员办）
50. 驻大兴安岭林业集团公司森林资源监督专员办事处（大兴安岭专员办）
51. 驻成都森林资源监督专员办事处（成都专员办）
52. 驻云南省森林资源监督专员办事处（云南专员办）
53. 驻福州森林资源监督专员办事处（福州专员办）
54. 驻西安森林资源监督专员办事处（西安专员办）
55. 驻武汉森林资源监督专员办事处（武汉专员办）
56. 驻贵阳森林资源监督专员办事处（贵阳专员办）
57. 驻海口森林资源监督专员办事处（海口专员办）
58. 驻合肥森林资源监督专员办事处（合肥专员办）
59. 驻乌鲁木齐森林资源监督专员办事处（乌鲁木齐专员办）
60. 驻上海森林资源监督专员办事处（上海专员办）
61. 驻北京森林资源监督专员办事处（北京专员办）
62. 森林病虫害防治总站（森防总站）
野生动物疫源疫病监测总站（监测总站）
63. 东北航空护林中心（东航中心）
64. 西南航空护林总站（西航总站）
65. 南京森林警察学院（南京警院）
66. 华东林业调查规划设计院（华东院）
67. 中南林业调查规划设计院（中南院）
68. 西北林业调查规划设计院（西北院）
69. 昆明勘察设计院（昆明院）

# 书中部分单位、词汇全称简称对照

北京林业大学（北林大）
长江流域防护林（长防林）
东北林业大学（东北林大）
国家发展和改革委员会（国家发改委）
国家工商行政管理总局（国家工商总局）
国家开发银行（国开行）
国家环境保护部（国家环保部）
国家森林防火指挥部（国家森防指）
国务院法制办公室（国务院法制办）
国务院纠正行业不正之风办公室（国务院纠风办）
国务院西部地区开发领导小组办公室（国务院西部开发办）
国有资产监督管理委员会（国资委）
林业工作站（林业站）
林业科学研究所（林科所）
林业科学研究院（林科院）
南京林业大学（南林大）
全国绿化委员会（全国绿委）
全国绿化委员会办公室（全国绿委办）
全国人大常委会法制工作委员会（全国人大常委会法工委）
全国人大环境与资源保护委员会（全国人大环资委）
全国人大农业与农村委员会（全国人大农委）
全国普及法律常识办公室（全国普法办）
全国政协人口资源环境委员会（全国政协人资环委）
森林病虫害防治（森防）
森林病虫害防治检疫站（森防站）
森林防火指挥部（森防指）
森林工业（森工）
世界银行（世行）
速生丰产林（速丰林）
天然林资源保护工程（天保工程）
西北、华北北部、东北西部风沙危害和水土流失严重地区防护林建设（三北防护林建设）
亚洲开发银行（亚行）
中国光彩事业促进会（中国光彩会）
中国吉林森林工业（集团）总公司（吉林森工集团）
中国科学院（中科院）
中国龙江森林工业（集团）总公司（龙江森工集团）
中国内蒙古森林工业集团有限责任公司（内蒙古森工集团）
中国农业发展银行（中国农发行）
中国农业科学院（中国农科院）
中国银行业监督管理委员会（中国银监会）
中国证券监督管理委员会（中国证监会）
中央机构编制委员会办公室（中央编办）
珠江流域防护林（珠防林）

# 书中部分国际组织中英文对照

濒危野生动植物种国际贸易公约(CITES，Convention on International Trade in Endangered Species of Wild Fauna and Floraesertification)
大自然保护协会(TNC，The Nature Conservancy)
国际热带木材组织(ITTA，International Tropical Timber Organization)
国际野生生物保护学会(WCS，The Wildlife Conservation Society)
国际植物新品种保护联盟(UPOV，Intemarional Union For The Protection of New Varieties of Plants)
联合国防治荒漠化公约（UNCCD，United Nations Convention to Combat Desertification)
联合国粮食及农业组织(FAO，Food and Agriculture Organization of the United Nations)
欧洲投资银行(EIB，European Investment Bank)
全球环境基金(GEF，Global Environment Facility)
森林管理委员会（FSC，Forest Stewardship Council)
森林认证认可计划委员会，泛欧森林认证体系(PEFC，Pan European Forest Certification)
湿地国际(WI，Wetlands International)
世界自然保护联盟(IUCN，International Union for Conservation of Nature and Natural Resources)
世界自然基金会（WWF，旧称 World Wildlife Fund Intenational——世界野生生物基金会，现在更名 World Wide Fund for Nature)
亚太经济合作组织(APEC，Asia-Pacific Economic Cooperation)
亚太森林恢复与可持续管理网络(APFNet，Asia-Pacific Network for Sustainable Forest Management and Rehabilitation.)
亚洲开发银行（ADB，Bsian Development Bank)

# 索　　引

# H

## T



## W

## Y

## Z